Wolfgang Mantl (Hg.)

Politik in Österreich

Die Zweite Republik: Bestand und Wandel

Studien zu Politik und Verwaltung

Herausgegeben von
Christian Brünner · Wolfgang Mantl · Manfried Welan

Band 10

Wolfgang Mantl (Hg.)

Politik in Österreich

Die Zweite Republik: Bestand und Wandel

BÖHLAU VERLAG WIEN · KÖLN · GRAZ

Redaktionelle Mitarbeit:
Veronika Cortolezis-Csoklich
Angelika Preindl
Heribert J. Wulz

Umschlagentwurf:
Ulrike Dietmayer

Umschlagbild: Tanzende vor dem Parlament in Wien, 1945.
Institut für Zeitgeschichte, Wien.

Die Deutsche Bibliothek – CIP-Einheitsaufnahme

Politik in Österreich : Die Zweite Republik:
Bestand und Wandel / Wolfgang Mantl (Hg.). –
Wien ; Köln ; Graz : Böhlau, 1992
(Studien zu Politik und Verwaltung ; Bd. 10)
ISBN 3-205-05379-6
NE: Mantl, Wolfgang [Hrsg.]; GT

ISBN 3-205-05379-6

Satz: Zehetner Ges. m. b. H., A-2105 Oberrohrbach
Druck: Remaprint, A-1160 Wien
Bindung: Papyrus, A-1050 Wien

Der Herausgeber

Wolfgang Mantl

Die Autoren

Alfred Ableitinger   Rudolf Bretschneider
Ernst Bruckmüller   Erhard Busek
Veronika Cortolezis-Csoklich   Hubert Feichtlbauer
Heinz Fischer   Friedhelm Frischenschlager
Bernd-Christian Funk   Johann Götschl
Valentin Inzko   Markus Jaroschka
Hanns Koren   Norbert Leser   Edwin Loebenstein
Wolfgang Mantl   Joseph Marko
Elisabeth Orth   Oswald Panagl   Anton Pelinka
Waltraud Petek   Meinrad Peterlik   Walter Pieringer
Manfred Prisching   Sonja Puntscher Riekmann
Erwin Ringel   Kurt Salamun   Bernd Schilcher
Karin Maria Schmidlechner   Heinrich Schneider
Irmfried Speiser   Gerfried Sperl   Leopold Spira
Dieter Stiefel   Josef Thonhauser   Gunther Tichy
Ilse Tielsch   Theodor Tomandl   Peter A. Ulram
Leopold Ungar   Andreas Unterberger
Hannelore Valencak   Alois Vogel
Engelbert Washietl   Erika Weinzierl
Walter Weiss   Manfried Welan
Gerhart Klaus Wielinger
Kurt Wimmer   Valentin Zsifkovits

Der Dank des Herausgebers
und des Verlages gilt den Förderern des Werkes:

Bundeskanzleramt
Bundesministerium für Wissenschaft und Forschung
Bundesministerium für Unterricht und Kunst
Bundesministerium für auswärtige Angelegenheiten

Steiermärkische Landesregierung
Niederösterreichische Landesregierung
Oberösterreichische Landesregierung
Salzburger Landesregierung
Tiroler Landesregierung
Vorarlberger Landesregierung
Stadt und Land Wien
Stadt Graz

Erzdiözese Wien
Diözese Gurk-Klagenfurt
Diözese Innsbruck
Diözese Linz
Diözese Eisenstadt
Österreichisches Militärordinariat

Österreichische Forschungsgemeinschaft

„Modell Steiermark"

Der Dank des Herausgebers
und des Verlages gilt den Förderern des Werkes:

Universität Graz
Stiftungs- und Förderungsgesellschaft
der Paris-Lodron-Universität Salzburg

Bundeskammer der gewerblichen Wirtschaft
Kammer der gewerblichen Wirtschaft für Steiermark
Kammer für Arbeiter und Angestellte für Steiermark
Kammer für Arbeiter und Angestellte für Wien
Österreichischer Gewerkschaftsbund

Österreichische Elektrizitäts-Aktiengesellschaft
(Verbundgesellschaft)
Steirische Wasserkraft- und Elektrizitäts-Aktiengesellschaft
Oberösterreichische Kraftwerke-Aktiengesellschaft

Bausparkasse Wüstenrot Salzburg
Stiefelkönig Graz
Siemens Aktiengesellschaft Österreich

Österreichische Kontrollbank Aktiengesellschaft
Raiffeisenzentralbank Wien
Die Erste Österreichische Spar-Casse-Bank
Verband österreichischer Banken und Bankiers
Raiffeisenlandesbank Steiermark
Landes-Hypothekenbank Steiermark
Grazer Wechselseitige Versicherung
Steiermärkische Sparkasse

Inhalt

Vorwort

An eine ältere Tradition Grazer Seminare für Hörer aller Fakultäten (1965–1971) anknüpfend, die mein Lehrer, der Verfassungsrechtler und Politikwissenschafter Gustav E. KAFKA (1907–1974), und der Historiker Alexander NOVOTNY (1906–1986) initiiert hatten und an denen ich als Assistent KAFKAs ebenso mitwirkte wie Alfred ABLEITINGER als der NOVOTNYs (Themen waren 1. Nationalsozialismus, 2. Politischer Katholizismus, 3. Sozialismus und Anarchismus der Neuzeit), begann ich als junger Dozent 1977 ein *Konversatorium* „Politisches Denken Österreichs im 20. Jahrhundert" als Collegium Publicum, das ich 1984 abschloß. Das war der Keim dieses Buches, das als „work in progress" in achtjähriger Arbeit aufgebaut wurde.

Die Eigenart dieses Sammelbandes liegt in der *Interdisziplinarität* unter einem Dach, das man „Kulturwissenschaften" nennen kann, in der *Pluralität* der Ansätze, Methoden, Stile und Wertungen und schließlich im bewußt auch *personalen Zugang,* der sich besonders in Essays, autobiographischen Notizen und vier Erzählungen manifestiert, die sich neben den „klassischen" wissenschaftlichen Aufsätzen finden. Diese farbige Vielfalt ist umso mehr zu rechtfertigen, als nach den großen Systemen von Heinz FISCHER und Anton PELINKA/Fritz PLASSER nunmehr mit dem „Handbuch des politischen Systems Österreichs" (hg. v. Herbert DACHS u. a.) ein Werk vorliegt, das durch Materialreichtum, analytische Kraft und Homogenität ausgezeichnet, eine gründliche und umfassende sozialwissenschaftliche Information bietet.

Seit der Mitte der achtziger Jahre sind viele Selbstverständlichkeiten der *Zweiten Republik* brüchig geworden. Das Bild des „annus mirabilis" 1955 „verschwimmt", deshalb wählte ich auch ein Photo aus dem für die geistig-moralische Grundlegung der Zweiten Republik so wichtigen Jahr 1945 als Umschlagbild. Österreich steht wieder in einer Schwellensituation, die gemeineuropäisch als *„Zeitenbruch"* erlebt wird. Gerade die Ungewißheit des soziopolitischen *Wandels* macht eine Vergewisserung des historischen *Bestandes* zum intellektuellen Gebot.

Das von 50 renommierten Wissenschaftern, Politikern, Journalisten und Schriftstellern dreier Generationen getragene Werk *„Politik in Österreich"* hat sich das Ziel gesetzt, in anspruchsvollen Beiträgen *historische Entwicklungslinien, soziokulturelle Grundmuster* und *politische Konfigurationen* der Zweiten Republik vorzustellen. Als „Vorspann" dienen Ausführungen über die *Erste Republik* und die *nationalsozialistische Herrschaft* in und über Österreich. Darüber hinaus wird die politische Kultur in den

Blick genommen, die „vor“ und „hinter“ den Normen und Institutionen des politischen Systems steht. Diesem interdisziplinären kulturwissenschaftlichen Ansatz dienen Beiträge, die einzelne *politische Denker* präsentieren und Emanationen von *Dichtung und Musik* in den politischen Zusammenhang mit der Zweiten Republik stellen, aber auch *Essays,* die eine Widerspiegelung der Zweiten Republik in Geisteshaltung und „Lebensgefühl“ aus ganz subjektiver Sicht bezwecken, dergestalt die rationale wie emotionale Grundierung dieses Landes in Erinnerung und Erfahrung ebenso freilegend, wie dies mit dichterischen Mitteln in vier eigens für diesen Band verfaßten *Erzählungen* geschieht.

Besonderes Augenmerk wird auf die jüngere *Gegenwart* und die *Veränderungen* der letzten Jahre gelegt. Es werden *Zukunftserwägungen* angestellt, wenn auch keine pflegeleichten Handlungsrezepte vorgelegt. Es schmerzt besonders, daß zwei große Österreicher unter den Autoren des Bandes sein Erscheinen nicht mehr erleben: Hanns KOREN und Leopold UNGAR, die beide den „Reichtum“ der Zweiten Republik mitverkörpern.

Es nimmt nicht wunder, daß neben vielen *Gemeinsamkeiten* der Beiträge (die historische Bedeutung der Jahre 1945 und 1955, die Leistungen der Wiederaufbauzeit, die Signalwirkung von Zwentendorf und Hainburg) auch *Divergenzen* das Buch durchziehen (Österreichs Rolle in der Vergangenheit, die heutige Bewertung von Staatsvertrag und Neutralität und – unvermeidlich – die Frage des EG-Beitritts). Es sollte eben nichts über den Kamm eines einheitlichen Seminar- und Institutsprofils geschoren werden.

Am Ende des langen und mühsamen Weges der Produktion dieses Buches ist mannigfacher *Dank* zu sagen: zuerst den *Autoren,* dann jenen *Institutionen* und *Personen,* die das Erscheinen des Werkes finanziell unterstützten. Ein Kreis von *Mitarbeitern* an der Grazer Universität hat dankenswerterweise einzelne Schritte der Buchherstellung unterstützend begleitet: Robert FEIERTAG, Joseph MARKO, Renate MERL, Leopold NEUHOLD und Michaela SCHITTER.

Die lange Last der *redaktionellen Mitarbeit* trugen Veronika CORTOLEZIS-CSOKLICH, die über die „Durststrecke“ der Spätachtzigerjahre das Textcorpus betreute, dann Angelika PREINDL und Heribert J. WULZ, die von der vollen Wucht der Endredaktion getroffen wurden und bravourös aushielten. PREINDL besorgte das Namensregister und stellte das Autorenverzeichnis zusammen. WULZ stand mir buchstäblich Tag und Nacht zur Seite, verwaltete umsichtig die Finanzfragen und kompilierte das Sachregister, all dies eine wirklich exzellente Leistung. Und Sabrina SCHERZ oblagen die mit großer Präzision erstellten Schreibarbeiten. Ihnen allen gilt mein besonders herzlicher Dank.

Im Böhlau-Verlag ist Peter RAUCH und seiner Frau Christina für ihre beharrliche, so noble und schließlich zum Erfolg führende Sorge um Herausgeber, Autoren und Mitarbeiter aus ganzem Herzen zu danken. Zu danken ist auch Eva REINHOLD-WEISZ. Ulrike DIETMAYER hat alles aufopfernd ins Werk gesetzt, um dieses Buch in die Welt zu befördern. Feines Geschick bewies sie bei der Buchgestaltung, einschließlich des Umschlagbildes.

Ich wäre nicht ohne die Hilfe meiner Familie ans Ziel gelangt: Meine Frau Maria begleitete schon das seinerzeitige Konversatorium, dann inspirierte sie unermüdlich anregend, ratend, mahnend das Buchprojekt. In den letzten „heißen" Tagen beteiligten sich alle unsere Kinder gewissenhaft am Korrekturlesen: Leopold, Johannes, Josef und Anna. Eine ruhige Arbeitsatmosphäre gewährte mir meine Schwiegermutter Franziska GASSER in ihrem Bärnbacher Haus.

Das Buch versteht sich bei aller Anerkennung der Leistungen der Zweiten Republik als ein durchaus *problembewußtes, kritisches* Opus, das die wissenschaftliche Diskussion anregen, der politischen Bildung dienen und die Bürger dieses Landes zum Gespräch über ihre Republik einladen will.

Graz, zu Pfingsten 1992 Wolfgang Mantl

I.
Die Erste Republik als Kontrastbild

Die „Summe“ der Ersten Republik

Norbert Leser

Jeder Versuch, eine Art Bilanz oder „Summe“ der *Ersten Republik*[1] zu ziehen, muß die Erfahrungen, die die Österreicher nach der Zerstörung der österreichischen Demokratie 1933/34 und nach der Auslöschung der österreichischen Unabhängigkeit 1938 gemacht haben, einbeziehen, ja zur vollen Geltung bringen, ist es doch eine Erfahrungstatsache nicht bloß des politischen Lebens, daß man den Wert einer Person oder einer Sache, eines materiellen oder ideellen Wertes und Gutes, erst schätzen lernt, wenn man sie, unwiederbringlich oder nur zeitweise, verloren hat und ohne diese Werte auskommen muß. Zum Glück handelte es sich bei der österreichischen Demokratie und Selbständigkeit um Werte, die zwar vorübergehend verlorengingen, den Österreichern aber auch wieder zurückgeschenkt wurden, nicht ohne daß sie selbst ihren Beitrag zur wiedergewonnenen Freiheit geleistet hatten. Erst dieser Beitrag, der im österreichischen Widerstand und im Wege des Umdenkens in breiten Schichten der Bevölkerung erbracht wurde, versetzte die Österreicher in die Lage, mit der wiedererlangten Freiheit umsichtig und klug umzugehen, sich ihrer würdig zu erweisen und sie mit Weitblick und Tatkraft zu nützen. Bilanzen können erst gezogen und „Summen“ erst geschrieben und in dauernden Besitz überführt werden, wenn eine Entwicklung abgeschlossen ist, wenn man auf eine bereinigte und überwundene Situation zurückblickt und sich mit dem Rechte des Nachgeborenen oder einsichtiger Gewordenen über sie erhebt.

Diese allgemeinen Aussagen gelten auch, ja im besonderen Maß für Österreich, das in der Zweiten Republik eines der lehrreichsten und ermutigendsten Beispiele für die Fähigkeit, aus der Geschichte zu lernen und Nutzanwendungen aus ihr abzuleiten, abgibt und darstellt. Die „Summe“ der Ersten Republik konnte erst in der Zweiten artikuliert und praktiziert werden, erst ab 1945 war die historische Lage dazu angetan, die in der Periode der Unterdrückung und Latenz erarbeiteten, durch Leid gefilterten und

1. Peter DUSEK/Anton PELINKA/Erika WEINZIERL: Zeitgeschichte im Aufriß. Österreich von 1918 bis in die achtziger Jahre. Wien 1981. – Heinz FISCHER (Hg.): Das polit. System Österreichs. 3.A., Wien 1982. – Karl GUTKAS/Alois BRUSATTI/Erika WEINZIERL: Österreich 1945–1970. 25 Jahre Zweite Republik. Wien 1970. – Hanns Leo MIKOLETZKY: Österr. Zeitgeschichte. Vom Ende der Monarchie bis zur Gegenwart. 3.A., Wien 1969. – Norbert SCHAUSBERGER: Österreich. Der Weg der Republik 1918–1980. Graz – Wien 1980. – Erika WEINZIERL/Kurt SKALNIK (Hg.): Österreich. Die Zweite Republik. 2 Bde. Graz – Wien – Köln 1972. – Dies: Österreich 1918–1938. Geschichte der Ersten Republik. 2 Bde. Graz – Wien – Köln 1983.

erhärteten Tatsachen und Schlußfolgerungen in der politischen Realität wirksam werden zu lassen, sie in eine neue und hoffnungsvollere Konstellation einzubringen.

Dabei war die Lage Österreichs nach 1945 in vieler Hinsicht keineswegs rosiger als 1918, ja sie war durch die Anwesenheit der vier Besatzungsmächte im Land und die schwelende Drohung des neuerlichen Verlustes der Unabhängigkeit oder doch der Teilung in gewissem Sinne noch gefährdeter als 1918. Der grundlegende Unterschied, der aber von allem Anfang an bestand, war der, daß die Österreicher in ihrer Mehrheit den Staat, der 1918 aus dem Zerfall des Habsburgerreiches entstanden war, als etwas empfunden hatten, das ihnen in den Schoß gefallen war und mit dem sie nichts Rechtes anzufangen wußten, während das *Wiedererstehen Österreichs* 1945 von der großen Masse der Bevölkerung als Wohltat empfunden, ja mit Begeisterung begrüßt und registriert wurde, obwohl die Begleitumstände der Befreiung, besonders in der sowjetischen Besatzungszone, alles andere als begeisternd waren. Die Österreicher empfingen den neuen und doch alten Staat, der durch die Zeit des Nationalsozialismus nur seiner Handlungsfähigkeit beraubt war, nicht als bloßes Geschenk und Einlösung der in der Moskauer Deklaration vom 1. November 1943 enthaltenen Verheißung der Wiederherstellung Österreichs, sondern auch als Ergebnis eigener Kämpfe und Wünsche. Es war daher auch nicht bloßer Opportunismus, der die Österreicher schon die längste Zeit und erst recht 1945 gar nicht auf die Idee kommen ließ, das Schicksal Deutschlands, das nach der Niederlage sicher auch nicht begehrenswert war, zu teilen und im deutschen Staatsverband zu verbleiben. Der Wunsch der Österreicher, selbständig zu bleiben und unabhängig zu werden, war 1945 eine ebenso natürliche Reaktion wie die 1918 vorherrschende und vom damaligen Bewußtseinsstand aus durchaus verständliche, wenn auch verhängnisvolle Überzeugung, daß Österreich nicht lebensfähig sei und seine Kleinstaatexistenz möglichst bald aufgeben und in einer größeren Einheit aufgehen lassen müsse.

1918 fehlte es an jenem subjektiven Moment der Bereitschaft und Empfänglichkeit, ohne das auch die besten objektiven Voraussetzungen und Daten bloße Möglichkeiten bleiben und ungenützt verkommen. Prinzipiell wäre es auch schon damals möglich und wünschenswert gewesen, mit dem Staat, den die historischen Umstände beschert hatten, vorliebzunehmen und das Beste aus ihm zu machen. Man hätte sich schon damals das Maß an der *Schweiz* nehmen können, die auch seit Jahrhunderten als Kleinstaat existiert, ohne aus ihrer Kleinheit den falschen Schluß des Minderwertigkeitskomplexes zu ziehen und sich um eine größere Einheit, in der sie sich geborgen fühlen könne, umzusehen. Doch die Verantwortlichen des neuen Staates ließen die Chance, Österreich schon damals als selbstbewußten Kleinstaat zu konstituieren, ungenützt und setzten damit die Tradition der Staatsmänner und herrschenden Schichten des alten Österreich fort, die auch nicht imstande waren, den Appell von Alfred FISCHHOF und Karl RENNER, Österreich nach dem Muster der Schweiz in eine „Eidgenossenschaft“ der auf seinem Territorium siedelnden Völker umzubauen, ernst zu nehmen und in die Tat umzusetzen. Ähnlich wie man im alten Österreich vor der Macht des anbrandenden und überufernden Nationalismus kapitulierte und das alte Österreich so den zentrifugalen Kräften in seinem Inneren und den Zerstörungswünschen von außen preisgab, gab man auch 1918 der Versuchung nach, die eigenen Probleme durch die erträumte Einverleibung in einen Großstaat oder ein Großreich zu lösen. Und wenn schon die politisch Verantwortlichen nicht genügend Mut und Phantasie besaßen, um sich ein lebensfähiges und lebenswürdiges Österreich im Herzen Europas vorzustellen, wie konnte man diese Fähigkeit zum Umdenken von den desorientierten Massen erwarten?

Um die damalige Reaktion psychologisch verständlich erscheinen zu lassen, kann man sich eines Vergleiches bedienen, der die damalige Bewußtseinslage wohl ziemlich genau trifft: Die Österreicher von damals sind mit Besitzern einer geräumigen Wohnung vergleichbar, die über Nacht aus ihrer großzügigen Behausung delogiert und auf das Niveau einer Kleinwohnung mit Zimmer und Küche gesetzt werden. Statt sich die realistische, aber psychologisch unvermittelte Frage vorzulegen, ob es nicht auch möglich sei, das neue Heim wohnlich zu gestalten und in seinen vier Wänden eine menschenwürdige Existenz aufzubauen, hielt man nach einer *Ersatzlösung* für den geraubten Großraum Ausschau: nach der Lage der Dinge und auf Grund der historischen Traditionen, die in Österreich nachwirkten, bot sich die Forderung des Anschlusses an die deutsche demokratische Republik als natürliche Lösung an, die denn auch in den Beschluß der Provisorischen Nationalversammlung vom 12. November 1918, mit dem sich Österreich als selbständiger Staat konstituierte, Eingang fand.

Ein kleiner Teil der Österreicher liebäugelte mit der Möglichkeit einer *Restauration* der untergegangenen Monarchie oder doch eines Großstaates im Donauraum, nur die wenigsten konnten oder wollten sich vorstellen, daß es auch möglich sei, innerhalb der Grenzen des Staates, der durch den Friedensvertrag von St. Germain einiger deutschsprachiger Länder beraubt worden war und dafür durch den Zuwachs des Burgenlandes bloß teilentschädigt wurde, zu verbleiben. Die erste Lehre, die das Schicksal der Ersten Republik den Österreichern vermittelt hat und nach wie vor vor Augen führt, ist die Einsicht, daß ein Staat nur dann Aussicht hat, zu bestehen und als selbständige Einheit zu überleben, wenn die politisch Verantwortlichen und seine Bewohner *Vertrauen* zu ihm haben und auch willens sind, ihn zu bejahen und zu verteidigen. Es genügt nicht, einen Staat als Provisorium und Transitorium hinzunehmen, um ihn gegen zerstörende Tendenzen in seinem Inneren und feindliche Gewalten von außen zu schützen, dazu bedarf es vielmehr einer zusätzlichen Anstrengung und einer tieferen Fundierung, als sie 1918 und in den darauffolgenden Jahren gelegt wurde.

Es war nämlich nicht bloß so, daß es an dem für die Existenz eines Staates notwendigen Optimismus und an dem vitalen Zutrauen zu den eigenen Kräften mangelte, es fehlte auch an einem politischen *Grundkonsens,* der die politischen Kräfte befähigen hätte können, über die Schwierigkeiten der Situation hinwegzukommen. Während die Koalition der beiden großen Parteien, die 1945 trotz der absoluten Mehrheit einer Partei ganz selbstverständlich begann und mehr als zwanzig Jahre dauern sollte, in der Zweiten Republik der äußere Ausdruck von Gemeinsamkeiten war, die sich nicht in der Abwehr der Besatzungsmächte und dem Verlangen nach voller Wiederherstellung der österreichischen Souveränität erschöpften, sondern gleichzeitig die Resultante gemeinsamer Leiden und hart erkämpfter Überzeugungen darstellten, war die 1918 geschlossene Koalition, die kaum zwei Jahre währte, nur ein Notbehelf gewesen, der von beiden Seiten der Not und nicht dem eigenen Trieb gehorchend, aufgegriffen wurde. Die Koalition war nach 1918 lediglich eine mit Widerwillen und auf Zeit abgeschlossene Vernunftsbindung gewesen, die bei der ersten sich bietenden Gelegenheit unter beiderseitiger Erleichterung aufgekündigt wurde. Denn die Voraussetzung einer Fortsetzung und tieferen Fundierung einer solchen Koalition wäre ein Grundkonsens gewesen, der trotz des formellen Gelingens des Verfassungwerkes von 1920, das fortan die Rahmenordnung des staatlichen Lebens bildete, politisch und inhaltlich nicht zustandekam. Ja es fehlte schon an der elementaren Vorbedingung für die Erarbeitung und Stabilisierung eines tragfähigen Konsenses: an dem Vorhandensein einer gemeinsamen Interpretation und Lesart der historischen Schicksale, die die Österreicher gemeinsam betroffen hatten, die aber durchaus verschieden verarbeitet und aufgenommen wurden, so daß es nicht zu einer Schicksalsgemeinschaft als Vorstufe einer Nationswerdung und Einswerdung der Bevölkerung kam.

An der Wiege der Ersten Republik standen nicht nur denkbar verschiedene politische Elternteile, die nach anfänglichem und vordergründigem äußeren Zusammenwirken in durchaus verschiedene Richtungen zogen, sondern auch grundverschiedene Stimmungen und Anforderungen, die auf das neugeborene Kind einstürmten und es ihm nicht erlaubten, zu einer inneren Stabilität, die sich auch angesichts äußerer Bedrohungen bewähren könnte, zu gelangen. Zum Unterschied von anderen Ländern, wo – wie in Frankreich und den Vereinigten Staaten – der Staatsgründungstag und der Unabhängigkeitstag Daten und Erinnerungen an Ereignisse darstellen, die einen Großteil der Bevölkerung mit gemeinsamen Gefühlen und Impulsen durchfluten, ja zu einer Einheit zusammenschweißen, war der Tag der Gründung und Ausrufung der Republik, der 12. November, ein Datum, das von den an ihm beteiligten, bzw. von ihm betroffenen politischen Kräften und Bevölkerungsteilen mit durchaus gemischten Gefühlen, ja mit diametral entgegengesetzten Reaktionen und Erwartungen begleitet und quittiert wurde. Dieser unterschiedliche Zugang vertiefte sich im Laufe der Ersten

Republik nur noch mehr, statt abzuklingen und in ein gemeinsames Bekenntnis zu diesem Staat, zu Demokratie und Republik, einzumünden. In historischer Sicht läßt sich also sagen und rückblickend feststellen, daß die Zerstörung der österreichischen Demokratie und der Verlust der österreichischen Unabhängigkeit in einem *fundamentalen Dissens* grundgelegt waren, der nicht bloß einen Schönheitsfehler, sondern einen Konstruktionsmangel des neuen Staates darstellte und der alle weiteren Übel nach sich zog.

Die vor allem in der *Christlichsozialen Partei* vereinigten bürgerlichen und kleinbürgerlichen Schichten betrachteten den neuen Staat von allem Anfang an mit Mißtrauen, ja zum Teil mit offenem und verstecktem Haß, identifizierten sie ihn doch nicht nur mit dem betrauerten Untergang des alten Österreich, dessen Ergebnis und Nutznießer er war, sondern auch mit dem gleichzeitigen sozialen und prestigemäßigen Abstieg, der für sie mit dem Übergang von der Monarchie zur Republik vielfach verbunden war. Die Tatsache, daß die österreichische Arbeiterschaft parallel dazu einen längst fälligen, aber sehr ins Auge springenden, wenn auch objektiv bescheidenen Aufstieg erlebte und in der Sozialgesetzgebung unter Minister Ferdinand HANUSCH alte gewerkschaftliche und politische Forderungen erfüllt erhielt, steigerte die Bereitschaft, die Republik als Zeichen der eigenen Erniedrigung zu betrachten und dementsprechend zu verurteilen. Auf Seiten der Arbeiterschaft und der sie repräsentierenden bzw. führenden *Sozialdemokratie* wiederum bestand die umgekehrte Neigung und Bereitschaft, die sozialen Fortschritte und Errungenschaften mit der Republik gleichzusetzen und sich in die Rolle einer Schöpferin dieser Republik, die in Wahrheit allen Beteiligten unvorbereitet in den Schoß gefallen war, hineinzusteigern. So ergänzten sich die grundverschiedenen Interpretationen und Lesarten der einander befehdenden politischen Lager, die sich als quasi-militärische Einheiten fühlten und gerierten, in verhängnisvoller Weise, ja diese selbstgefälligen Stilisierungen der politischen Wirklichkeit, die allesamt von der nüchternen Wahrheit abwichen und zur Erhöhung des eigenen Selbstgefühls großzügig bis vergewaltigend mit ihr umgingen, schaukelten einander in tragischer Weise auf. Es ist unter diesen Vorzeichen kein Wunder, daß das Demokratieverständnis der großen politischen Lager zu wünschen übrig ließ und nicht jenen Standard erreichte, der in der Zweiten Republik trotz aller Schwächen und Defekte auch unseres Systems immerhin etabliert wurde.

Die Vorbehalte und Verstöße gegen den Geist der *Demokratie* waren allerdings von unterschiedlicher Schwere und Qualität: Es besteht kein Zweifel, daß es das bürgerliche Lager war, das der Demokratie mit größerer und mit der Zeit immer steigender Skepsis gegenüberstand und schließlich auch die entscheidenen Schläge zur Zerstörung ihrer Funktionsfähigkeit führte. Doch auch das Demokratieverständnis der Sozialdemokratie hält, obwohl sich diese politische Kraft bis zuletzt an die Spielregeln der parlamentarischen Demokratie hielt, ja bis zur Selbstaufgabe an diese klammerte, rückblickend einer Prüfung auf Herz und Nieren nicht stand. Auch das Demokratieverständnis der Sozialdemokratie war nicht frei von einer Überschätzung der eigenen Partei, die man nicht für einen Teil neben anderen und unter dem Ganzen des Staates , sondern für das vorweggenommene Ganze hielt. Es stimmt zwar nicht, wie die bürgerlichen Gegner der Sozialdemokratie vorwarfen, daß sie nach einer „Diktatur" (des Proletariats) strebte, die sie im Linzer Programm von 1926 vielmehr ausdrücklich nur als Not- und Defensivmaßnahme deklarierte und bloß als ultima ratio in Aussicht stellte, wohl aber ist es zutreffend, daß auch ihr Bekenntnis zum Mehrparteiensystem mehr eine Anpassung an die gegebene Situation als Ausfluß einer fundierten Überzeugung war und daß sie die parlamentarische Demokratie nicht zuletzt deshalb so energisch stützte, weil sie unter dem Einfluß des marxistischen Determinismus und Notwendigkeitsglaubens davon überzeugt war, daß die Zeit für sie arbeite und daß ihr der parlamentarische Weg früher oder später die Mehrheit bringen würde. In dieser Beziehung dachten und planten die Führer des österreichischen Bürgertums realistischer, aber auch entschlossener und gewalttätiger: Sie erkannten schon die längste Zeit, daß es für sie eine realistische Alternative zur parlamentarischen Demokratie, nämlich die autoritäre Regierungsform, gab, der sie – vor allem unter dem Eindruck der erfolgreich scheinenden faschistischen Experimente in den Nachbarländern – auch mehr und mehr zuneigten und die sie schließlich auch herbeiführten. Dieser Entschluß war freilich verhängnisvoll und kurzsichtig: Er führte nicht nur zur Ausschaltung des verhaßten politischen Gegners und der österreichischen Demokratie überhaupt, er begrub auch das eigene politische Lager unter sich und trug zur Unterminierung der österreichischen Abwehrkraft gegenüber dem Nationalsozialismus bei.

Jedenfalls kam es nicht zu jener Konsensbildung und zur Etablierung jener politischen Gemeinsamkeit, die vielleicht imstande gewesen wäre, die österreichische Geschichte, ja unter Umständen die ganze Weltgeschichte, die mit der Überwältigung Österreichs einen abschüssigen Verlauf nahm, in andere Bahnen zu lenken. Die Erste Republik bietet vielmehr ein abschreckendes Beispiel für ein politisches System, das von seinen Anfängen her durch falsche Weichenstellungen und fehlende Sicherheitsmaßnahmen *negativ* charakterisiert war und dann auch den historischen Bewährungsproben nicht standhalten konnte. Auch diese Lehre der Ersten Republik haben die Österreicher in der Zweiten in zwar nicht ausreichender, aber doch prinzipiell zukunftweisender Weise beherzigt und gezogen.

Doch nicht nur die Grundbedingungen des staatlichen Lebens der Ersten Republik waren auf Abkehr von Gemeinsamkeiten und auf zunehmende Polarisierung eingestellt, auch die übrigen Rahmenbedingungen fügten sich in diese Mechanik und negative Dynamik, wirkten nicht abschwächend, sondern verstärkend auf die Grundbefindlichkeit und Hauptbewegungsrichtung ein. Zu den schon erwähnten, den Gesamtstaat aushöhlenden Tendenzen gesellten sich nämlich noch andere Faktoren und Momente, die die zentrifugalen Kräfte stärkten und beschleunigten. So gab es nicht nur an der politisch-staatlichen, sondern auch an der sozial-wirtschaftlichen Front Formen und Bestrebungen, die auf *Konflikt und Konfrontation,* statt auf Konsens und Versöhnung hinausliefen. Nicht nur der politische sondern auch der als Klassenkampf etikettierte soziale Kampf wurde mit der Absicht geführt, den Widerpart an den Rand der Gesellschaft zu drängen oder überhaupt aus ihr zu verdrängen. Die bürgerliche Seite träumte davon, den „sozialen Schutt“ wegzuräumen und die „Straße“, die damals in deren Sprachgebrauch noch ein Synonym für die Macht der Massen und im besonderen der organisierten Arbeiterschaft war, freizukämpfen. Die sozialistische Programmatik ging damals noch von der Erwartung aus, den Unternehmer als Sozialfigur überflüssig zu machen und früher oder später durch eine sozialisierte Wirtschaft zu ersetzen. Diesen durchaus verschiedenen ökonomisch-sozialen Leitvorstellungen und Zielen entsprach auch eine Organisationsform, die es nicht einmal zu einem einheitlichen Zusammenwirken der Arbeitnehmer im Rahmen eines überparteilichen Gewerkschaftsbundes, wie er ab 1945 bestand, geschweige denn zu einer Kapital und Arbeit in einem Dachverband vereinigenden Sozialpartnerschaft, die in der Zweiten Republik die stabile Achse des politisch-ökonomischen Systems bildete, kommen ließ, es gab vielmehr Richtungsgewerkschaften von unterschiedlicher Stärke, aber mit einer vergleichbaren Intensität in der Bekämpfung des Wollens des politischen Gegners. Persönlichkeiten, die, wie Karl RENNER auf sozialdemokratischer und Leopold KUNSCHAK auf christlichsozialer Seite, die zur politischen und sozialen *Versöhnung* aufriefen und nichts von perfekten Endlösungen hielten, standen damals noch auf verlorenem Posten und fanden wenig Gegenliebe bei ihren Widersachern, aber auch in den eigenen Reihen.

Auch der *Föderalismus* war in der Ersten Republik ein desintegrierender, die politische Polarisierung fördernder Faktor. Während es in der Zweiten Republik schon in den historischen Länderkonferenzen des Jahres 1945 zu einem Zusammenstehen der Bundesländer und zu einer demonstrativen Unterstützung der Zentralgewalt, der Regierung RENNER, kam, um ihr in dem Kampf gegen die Besatzungsmächte und für den wirtschaftlichen Wiederaufbau Schützenhilfe zu leisten, war der Gegensatz zwischen dem „Roten Wien“ und der in Wien residierenden Zentralgewalt auf der einen, und den übrigen Bundesländern auf der anderen Seite, ein weiterer Umstand, der das Zusammenwachsen und Einswerden der Österreicher verhinderte, vielmehr der Entfremdung und Polarisierung Vorschub leistete. Es gehört zu den besonders tragischen Zügen dieser Polarisierung, daß die Leistungen der Aufbauarbeit, die die Sozialdemokratie im „Roten Wien“ leistete, dieser Partei positive Impulse und starke Zukunftshoffnungen vermittelte, das österreichische Bürgertum und seine politischen Exponenten aber erst recht dazu anstachelte, gegen dieses Bollwerk und diesen Vorbau einer neuen Zeit vorzugehen und das Schicksal der Minorisierung der bürgerlichen Kräfte, das man in Wien vor Augen hatte, von ganz Österreich abzuwenden. Ähnlich verhielt es sich mit den großen Demonstrationen, die am 1. Mai, dem Tag der Arbeit, alljährlich stattfanden und die Freund und Feind viele Jahre darüber hinwegtäuschten, wie weit der Prozeß des realen Machtverlustes, der mit dem Zerbrechen der Koalition 1920 und ihrem Gang in die Opposition für die Sozialdemokratie eingeleitet worden war, bereits fortgeschritten war.

Der 15. Juli 1927, an dem es in Wien im Anschluß an ein freisprechendes Urteil eines Geschwornengerichtes, das zwei Tote, die auf sozialdemokratischer Seite im Jänner 1927 bei einer handgreiflichen Auseinandersetzung zwischen Frontkämpfern und Schutzbündlern im burgenländischen Ort Schattendorf, zu beklagen gewesen waren, ungesühnt ließ, zu großen Demonstrationen mit schweren Ausschreitungen kam, erhellte die Szene blitzartig und brachte die bis dahin erfolgreich überdeckten Machtverhältnisse zum Vorschein. Dieser Tag ist nicht bloß eine Episode im Auf und Ab der Ersten Republik, sondern als ein *Schicksalsdatum* zu betrachten, das eine Schlüsselrolle in der Geschichte der Ersten Republik spielt, ja als Zäsur und Vorwegnahme der späteren Zerstörung der Demokratie und Republik in die Geschichte der Zwischenkriegszeit eingeht. Von diesem Datum und Ereignis wirkten alle Faktoren zum Untergang der Sozialdemokratie und der österreichischen Demokratie insgesamt zusammen. Es hätte besonderer Anstrengungen und Weichenstellungen, ja eines „Kommando retour“ bedurft, um die sich von diesem Ereignis an dramatisch zuspitzenden Entwicklungen in eine andere Richtung zu lenken und das Unheil, das mit diesem Tag heraufzog und besiegelt schien, aufzuhalten.

Aber die Versuche, der Entwicklung gegenzusteuern, wurden entweder zu spät oder halbherzig unternommen, waren jedenfalls nicht mehr imstande, eine Kurskorrektur herbeizuführen. So stieß das SEIPELsche Koalitionsangebot vom Juni 1931, das an die Adresse der Sozialdemokratie gerichtet war, nicht nur auf innerparteilichen christlichsozialen Widerstand, sondern fand auch bei der Sozialdemokratie eine kühle Aufnahme. Auch dies ist eine Lehre, die aus dem Schicksal der Ersten Republik, das kein unentrinnbares Fatum, sondern eine Kette von Fehlentscheidungen und Versäumnissen war, zu ziehen ist: daß *vertrauensbildende Maßnahmen* rechtzeitig getroffen und ausgebaut werden müssen und daß auch guter Wille nichts mehr ausrichtet, wenn das allgemeine Mißtrauen schon zu stark um sich gegriffen hat.

Doch es geschah nach dem ominösen 15. Juli 1927 nicht nur nichts, um dem rollenden Rad in die Speichen zu greifen, sondern es wurde viel getan, um die *Militarisierung* des politischen Lebens, die eine Begleiterscheinung der Ersten Republik war, voranzutreiben. Besonders Ignaz SEI-

PEL als dem Führer des bürgerlichen Lagers und der bürgerlichen Koalition ist es anzulasten, daß er die Aufrüstung der Heimwehren unterstützte und absegnete, obwohl die Sozialdemokratie am 15. Juli und in den Tagen danach nicht ihr Stärke, sondern ihre Schwäche und Ohnmacht demonstriert hatte, die sie sich freilich nicht eingestand, um nicht vollends an der Möglichkeit der aktiven Gestaltung der politischen Realität zu verzweifeln.

Die politischen Parteien waren und blieben *Lager* im militärischen Sinne des Wortes, die nicht nur in den militärischen Kategorien von Sieg und Endkampf dachten, sondern auch durch die Existenz und Pflege von paramilitärischen Verbänden, wie der Heimwehr und dem Schutzbund, dazu beitrugen, das politische Klima zu vergiften und einer Konfrontation im Wege der Gewalt in die Hände zu arbeiten. Die Führer dieser Lager, die gleichzeitig auch potentielle Bürgerkriegsarmeen waren, meinten im Sinne der Huldigung GRILLPARZERs an RADETZKY, daß in ihrem Lager und nur in diesem Österreich sei, und daß der politische Gegner nicht nur der Konkurrent, sondern auch der böse Feind sei, den es zu bannen und unschädlich zu machen gelte. Auch das Bundesheer war von der bürgerlichen Regierung in ein verläßliches Instrument ihrer Politik umgewandelt, unter dem Deckmantel der „Entpolitisierung“ war eine zielstrebige Umpolitisierung durchgeführt, war die überwiegend sozialdemokratische Volkswehr der ersten Jahre der Republik in ein bürgerliches Machtinstrument verwandelt worden. Auch in dieser Beziehung unterscheidet sich die Zweite Republik wohltuend und vorteilhaft von dem Bild, das die Erste schon damals bot und im Rückblick erst recht bietet: Es fehlt nicht nur an den das politische Leben erhitzenden und zum Zusammenstoß treibenden Parteiarmeen und an den als Selbstschutzorganisationen deklarierten Wehrverbänden, die mehr bedrohten als sie schützten, sondern auch an der Einbeziehung des Bundesheeres in den allgemeinen Konfrontationskurs. Der Status der Neutralität, den Österreich im Zusammenhang mit dem Staatsvertrag annahm und der endlich der historisch längst fällige Rückgriff auf die Vorbildfunktion der Schweiz für Österreich war, und die damit im Zusammenhang stehende Entscheidung für ein Heer der allgemeinen Wehrpflicht haben es sehr erleichtert, die Fehler und Sünden der Ersten Republik auch auf militärpolitischem Gebiet zu vermeiden und eine Wiederholung auch dieser negativen Erfahrung zu verhindern.

Wenn davon die Rede war, daß SEIPEL seinen Einfluß nach dem 15. Juli 1927 überwiegend im Sinne einer Stärkung der rechten Ordnungskräfte und erst zu spät im gegenteiligen des Abbaues der Spannungen geltend machte, so ist damit schon ein weiteres Problem und Faktum angesprochen, die sich in der Ersten Republik polarisierend und nicht integrierend auswirkten: nämlich die Haltung der *katholischen Kirche,* die damals auch ein politischer Machtfaktor war, dessen Repräsentant der Prälat und Bundeskanzler SEIPEL darstellte. Auch diese Einstellung der katholischen

Kirche ist als Reaktion auf historische Gegebenheiten und von der Geschichte erzwungene Rückzüge verständlich: Der Zusammenbruch des Habsburgerstaates beraubte die katholische Kirche des mächtigen Rückhaltes der Krone, die die Kirche in der Einheit von Thron und Altar stützte, aber auch von ihr gestützt wurde. Als Ersatz für diese verlorengegangene Stütze bot sich nun die Christlichsoziale Partei an, die sich für kirchliche Belange in allen Bereichen einsetzte, ja den verlängerten Arm der Kirche im politischen Raum abgab. Die Kirche hatte sich außerdem einer starken Infragestellung und Agitation durch die Sozialdemokratie, in der die Freidenker und Kulturkämpfer den Ton angeben, zu erwehren und hatte somit einen Grund mehr, sich auf eine kirchentreue Partei abzustützen und zum Auskunfts- und Zufluchtsmittel der Identifizierung mit einer als christlich etikettierten Partei zu greifen. Die Sozialdemokratie konnte sich bei ihrem Kampf gegen kirchliche Machtpositionen und -ansprüche wiederum darauf berufen, daß sie in dieser Beziehung nur das Werk des bürgerlichen Liberalismus und der Aufklärung fortsetze und nicht der Religion, sondern nur dem Klerikalismus zu Leibe rücken wolle.

Jedenfalls bestand eine Situation tragischer *Verkennung* und feindseliger *Verstrickung* : Die Kirche war unfähig, in den Anliegen des Sozialismus verschüttetes christliches Gedankengut und in den Sozialisten selbst entlaufene Schafe, deren man sich im Geist des Evangeliums besonders annehmen müßte, statt sie als massa damnata zu verurteilen und zu bekämpfen, zu erblicken, die Sozialisten wiederum waren nicht imstande, zu begreifen, daß im eigenen Wollen christliche Elemente, die eine Brücke zur religiösen Tradition schlagen, verborgen liegen und der bewußten Aneignung harren. Die Identifizierung der Kirche mit einer Partei brachte der Kirche nur kurzfristige Vorteile, aber schwerwiegende langfristige Nachteile, wie die massenhaften Kirchaustritte und die Entfremdung der Arbeiterschaft von der Kirche, Phänomene, die schon den späten SEIPEL an der Zweckmäßigkeit der Verbindung von Priester und Staatsmann in einer Person irre machten und nach seinem Abgang erst recht zu einer Besinnung und Kehrtwendung der kirchlichen Politik in dieser Frage führten.

Die Erste Republik brachte es nicht zustande, die Voraussetzungen für ihr Bestehen und Überleben von innen her zu schaffen und eine Gemeinsamkeit hervorzubringen, die den Stürmen der Zeit standhielt. Diese Unfähigkeit, Gemeinsamkeit und Vertrauen zu bilden, wird am Fehlen einigender *Symbole* , die in anderen Ländern eine verbindende Funktion haben, deutlich und sinnfällig. Vom *Staatsgründungstag,* der diese positive Wirkung jedenfalls nicht ausstrahlte, war schon die Rede. Es war aber auch ein Tag gewesen, an dem sich der neue Staat konstituiert, gleichzeitig aber selbst aufgegeben hatte, ein in der Völkergeschichte ziemlich einmaliger Vorgang. Abgesehen davon aber gemahnte dieser Tag an die ungeheuren Gegensätze, die er aufgerissen und nicht beendet hatte. Es ist daher auch kein Wunder, daß dieser Tag in der Ersten Republik nur von den Staatsspitzen und von der Sozialdemokratie, vor dem Republikdenkmal, nicht aber von den Exponenten des bürgerlichen Lagers und auch nicht von der großen Masse der Bevölkerung gefeiert wurde. Ja selbst in der Zweiten Republik, als nach der Wiedererlangung der vollen Souveränität 1955, die Frage eines Staats- und Nationalfeiertages zur Debatte stand, griff man nicht, obwohl dies an sich naheliegend gewesen wäre, auf den Staatsgründungstag des Staates, der ja 1938 nicht untergegangen, sondern nur an der Ausübung seiner Funktion gehindert war, zurück, weil dieses Datum, sofern es bei vielen Menschen inzwischen nicht überhaupt in Vergessenheit geraten ist, auch heute noch eher trennend als vereinigend wirkt, jedenfalls keine begeisternden Assoziationen zu erwecken vermag.

Auch das Schicksal des *Staatshymne* in der Ersten Republik illustriert die prekäre Situation dieses Staates. Die erste Staatshymne, deren Text der Staatskanzler RENNER selbst beisteuerte und die kein geringerer als der Opernkomponist Wilhelm KIENZL vertonte, kam trotz dieser mächtigen Schirmherren nicht über den Dunstkreis der Schulklassenzimmer hinaus und wurde niemals populär. In den späten zwanziger Jahren entschloß man sich endlich, dem österreichischen Patriotismus durch die Revitalisierung der alten HAYDN-Melodie des „Gott erhalte“ auf die Beine zu helfen, zu der der Priesterdichter Ottokar KERNSTOCK einen republikanischen, aber treu-deutschen Text schrieb. Augen- und Ohrenzeugen des Endes Österreichs als selbständiger Staat wissen nun zu berichten, daß es nach der Rückkehr des letzten österreichischen Bundeskanzlers Dr. Kurt SCHUSCHNIGG vom Obersalzberg nach Wien und seiner als Antwort auf das Ultimatum HITLERS gedachten Rede vom 24. Februar 1938 im damaligen Parlament, die durch Lautsprecher auf die Ringstraße übertragen wurde, und die mit den denkwürdigen Worten „Bis in den Tod Rot – weiß – rot!“ schloß, zu folgender Szene kam: die im Spalier auf der Ringstraße versammelten Wiener stimmten zu der intonierten Hymne und Haydn-Melodie drei verschiedene Texte an, die einen, damals noch zahlreicher vertretenen älteren Jahrgänge fielen in das „Gott erhalte“ ihrer Schulzeit zurück, ein anderer Teil sang den Text KERNSTOCKS, den sie in ihrer Schulzeit gelernt hatten und ein anderer nicht unbeträchtlicher Teil der Anwesenden nahm jenen Text vorweg, der wenige Wochen später alle anderen Lieder und Versionen verdrängen sollte: sie sangen aus voller Kehle das „Deutschland, Deutschland, über alles“ und leiteten so zum bevorstehenden Anschluß über. Diese Episode vermag mehr als langatmige Ausführungen zu zeigen, wie hoffnungslos verfahren die Lage dieses Staates damals schon war. Man könnte sagen, daß die Verwirrung der Geister damals schlagartig zum Vorschein und an die Oberfläche kam und daß es zu einem negativ verkehrten Pfingsterlebnis, das nicht vom Heiligen Geist, sondern vom Geist der Zwietracht inspiriert wurde, führte: während zu Pfingsten alle verschiedene Sprachen sprachen und einander doch verstanden, sprachen in Österreich alle die gleiche Sprache und hörten dieselbe Melodie, gaben aber verschiedene Texte und Versionen von sich. Außerdem wird an Hand dieser Episode und der Texte der Staatshymne, die eine starke deutschnationale Schlagseite hatten, deutlich, daß die Österreicher der Ersten Republik auch deshalb kein selbstverständliches und ungebrochenes Verhältnis zu ihrem Staat und seiner Dauerhaftigkeit hatten, weil sie bestenfalls eine gespaltene Loyalität besaßen, indem sie sich in erster Linie der deutschen Kulturnation und erst in zweiter Linie der österreichischen Staatsnation verbunden und zugehörig fühlten.

In der Zweiten Republik ist diese verkrampfte und im übrigen auf den deutschen Sprach- und Kulturraum beschränkte Unterscheidung, die die Österreicher unter anderem daran hinderte, schon damals zu einer Einheit zusammenzuwachsen, mehr und mehr in Vergessenheit geraten und von einer vollinhaltlichen Bejahung Österreichs als *Staat und Nation* abgelöst worden, ohne daß dies zu einem österreichischen Provinzalismus geführt hätte und die Österreicher im übrigen auch nicht hindert, sich der deutschen Sprach- und Kulturgemeinschaft in besonderer Weise verbunden zu fühlen, ohne daß daraus – wie in der Ersten Republik – dem Gesamtstaat und seiner Verankerung im Bewußtsein der Staatsbürger abträgliche Konsequenzen entstünden. Auch in dieser Beziehung ist die Geschichte über eine Form des Minderwertigkeitskomplexes, die uns dazu verurteilte, uns als zweitbester deutscher Staat zu fühlen und uns damit noch mehr in dem Kleinheitswahn, der wiederum kompensatorische Größenphantasien auf den Plan rief, versinken ließ, hinweggegangen. Das mangelnde Vertrauen in die eigenen Fähigkeiten war für das negative Schicksal der Ersten Republik jedenfalls viel ausschlaggebender als die objektiven Schwierigkeiten selbst, die man vorschnell als Alibi dafür nahm, es nicht mit dem Staat, der einem historisch auferlegt war, zu versuchen.

Wenn die positive „Summe“ der Ersten Republik, die erst in der Zweiten geschrieben und festgehalten werden konnte, inventarisiert und gewürdigt wurde, müssen auch die *Defizite* der Aufarbeitung der Vergangenheit, die Fehlreaktionen und -entwicklungen der Zweiten Republik eine wenigstens summarische Darstellung finden, schon deshalb, um nicht den ganzen Schatten auf die Erste und das ganze Licht auf die Zweite Republik zu werfen und so beiden gegenüber ungerecht zu werden. So sehr das Österreich der Zweiten Republik Grund hat, sich seiner Vorzüge und der im Vergleich zur Vergangenheit erreichten Fortschritte zu rühmen, so wenig Anlaß besteht, in Selbstgefälligkeit zu verfallen und mit Famulus WAGNER das Eigenlob „wie herrlich weit wir es gebracht“ haben, anzustimmen. Vielmehr muß auch das Mißlungene inmitten des im großen und ganzen Gelungenen aufgespürt und zur Erwägung gestellt werden, denn jede Zeit und Entwicklung haben ihre Fehler, denen gegenüber man sich nicht blind, sondern bewußt und kritisch verhalten sollte.

Fehlentwicklungen, die den positiven Haupttrend einer Gesamtentwicklung beeinträchtigen und überschatten können, sind meist nicht das Ergebnis bewußter Planungen und Störungen, sondern passieren mitunter, weil gewisse Aspekte der Entwicklung übersehen, unterschätzt oder verdrängt werden. Auch aus einer an sich begrüßenswerten Korrektur von historischen *Fehlentwicklungen* können neue Fehlerquellen entstehen, wenn man im Eifer des Gefechtes gewisse Dosierungen und Tugenden übertreibt, so daß sie unversehens zu Lastern und Deformationen werden. Ähnlich wie der Tugendhaushalt des einzelnen durch die Betonung einer bestimmten Tugend auf die Kosten aller anderen in Unordnung gebracht werden und zu einer Disharmonie der Gesamtpersönlichkeit führen kann, so kann es auch in einem Gemeinwesen geschehen, daß an sich positive Entwicklungen außer Kontrolle geraten und so aus Vernunft Unsinn, aus Wohltat Plage wird.

Eine Tendenz dieser Art läßt sich bei der Entwicklung des österreichischen *Parteiensystems* nach 1945 konstatieren. An sich war es eine große Leistung, daß sich die alten Parteien, vor allem die beiden Großparteien und klassischen „Lager“ der österreichischen Politik, in so kurzer Zeit regenerierten. In gewisser Hinsicht waren die Parteien faktisch vor dem neu zu errichtenden Staat da und bildeten erst nach ihrer Konstituierung dessen Organe und besetzten sie mit ihren Vertrauensleuten. Dieser unerwartet schnelle Regenerationsprozeß, der bei der ÖVP in Form einer Parteineugründung, bei der SPÖ in Form der Anknüpfung an die Vergangenheit und der betonten Kontinuität mit ihr vor sich ging, war nicht nur eine beachtliche ideelle und organisatorische Leistung, die Etablierung des Parteiensystems auf der Basis der Gleichberechtigung und des Eingebundenseins in eine als permanent konzipierte Große Koalition stelle auch einen enormen Fortschritt gegenüber der Ersten Republik dar, als die Parteien in polarer Gegensätzlichkeit gegeneinander standen und die Nachkriegskoalition nur als vorübergehende Notlösung, ja als widernatürliche Allianz betrachteten, die möglichst bald der Konfrontation von Regierung und Opposition Platz machen sollte. Die Parteien hatten sich 1945 aufgrund der historischen Erfahrungen zu der Überzeugung, daß die eigene Partei jeweils nur Teil und nicht das Ganze ist, durchgerungen. Diese Haltungsänderung hat nicht nur dem Staatsganzen, sondern auch den Parteien selbst, die in der Ersten Republik potentielle Bürgerkriegsvereinigungen mit militärischem Flankenschutz waren, gutgetan. Im Gegensatz zur Monopolisierung des gesamten öffentlichen und gesellschaftlichen Lebens, die in der Ersten Republik angestrebt und vom Bürgerblock auch durchgezogen wurde, kam es in der Zweiten zu den Institutionen des Proporzes, des Junktims, der „Packelei“ zwischen den Parteien und der Ersetzung der Opposition alten Stils durch eine „Bereichsopposition“ im Rahmen einer stabilen und als selbstverständlich empfundenen Großen Koalition, ohne daß die unikolore Besetzung und Monopolisierung aufgehört hätte, nach wie vor Bereiche der politischen Wirklichkeit, wie einzelne Bundesländer und bestimmte Institutionen, zu beherrschen und zu charakterisieren. Aber mit dem generellen

Alleinvertretungs- und Allbeglückungsanspruch einer Partei mit dem gleichzeitigen Ziel, die andere an den Rand oder ganz aus der Gesellschaft hinauszudrängen, war es glücklicherweise vorbei.

Das ändert aber nichts daran, ja begünstigte, daß damit einhergehend eine Aufteilung des Staates und der Gesellschaft zwischen den Parteien stattfand. Die *Großparteien,* die den Staat 1945 geschaffen und getragen hatten, bezogen aus diesem Schöpfungserlebnis vielfach auch Allmachtsgefühle, die eigentlich dem Schöpfer vorbehalten bleiben sollten. Mit dem Essen kam der Appetit und die Parteien wuchsen sich nicht nur zu Ungetümen mit einer Rekordorganisationsdichte in der europäischen Parteilandschaft aus, sondern entwickelten auch die Neigung, in den gesellschaftlichen und privaten Bereich einzudringen und ihre Ingerenz auf Lebenssphären auszudehnen, die von der Parteipolitik frei sein sollten. Besonders im öffentlichen Dienst wirkte sich die Neigung, nur Parteigänger zum Zug kommen zu lassen, verhängnisvoll aus. Der verfassungsmäßig verankerte Grundsatz der gleichen Zugänglichkeit aller öffentlichen Ämter für alle Staatsbürger wurde durch die Praxis der Parteien ausgehöhlt und soziologisch unterlaufen. Besonders im Bereich der verstaatlichten Wirtschaft zeitigte der dort sogar die längste Zeit verankerte parteipolitische Proporz und Einfluß schädliche und dysfunktionale Folgen, denn in der Wirtschaft ist die Vorrangigkeit politischer und gar parteipolitischer Erwägungen vor sachgebundenen ökonomischen besonders unangebracht. Die Parteien gaben sich vielfach auch der Selbsttäuschung hin, daß dieser hohe Grad an Organisierung und Ingerenz ein Symptom einer echten Politisierung der Bevölkerung sei, statt sich einzugestehen, daß das ungebremste Wachstum und das Überwuchern der Patronage in Form der Posten- und Wohnungsvergabe einerseits von dem Wunsch nach den Mitgliedsbeiträgen, die den Parteikassen zugutekommen, andererseits von der Herrschsucht der Parteisekretäre und von der Eigengesetzlichkeit, die jeder soziale Organismus entwickelt, diktiert waren.

Diese ungebührliche Expansion des Parteieinflusses rief naturgemäß Abwehrreaktionen und Gegenkräfte auf den Plan, die sich die Brechung dieses Einflusses und Dyopols der Großparteien zum Ziele setzten. Dies ist eine der Wurzeln für den Aufstieg des *„dritten Lagers“,* das 1945 nicht vorhanden und zugelassen war und 1949 als „Verband der Unabhängigen“ erstand und zum Sammelbecken vieler ehemaliger Nationalsozialisten, aber auch vieler Unzufriedener und Protestwähler wurde, die sich durch die bisherige Aufteilung des Staates in parteipolitischer Einflußsphären übergangen und verkürzt fühlten. Von sozialistischer Seite wurde die Rekonstruierung des klassischen dritten Lagers der österreichischen Innenpolitik sogar aktiv gefördert, um das Monopol der ÖVP als bürgerlicher Partei zu brechen. Es gelang zwar, dieses Monopol und auch die damit zusammenhängende absolute Mehrheit der ÖVP zu brechen, aber die SPÖ verlor genau so viel Mandate wie die ÖVP an die neue politische Kraft.

Rückblickend mutet es kurzsichtig an, daß sich die Großparteien auf einen Wettlauf und die Stimmen der „Ehemaligen“ einließen und um die Gunst der neuen Partei buhlten, statt durch eine staatstragende Weichenstellung und durch eine Verständigung untereinander dafür zu sorgen, daß die Rolle einer dritten Partei, deren Gründung sicher nicht auf Dauer zu verhindern gewesen wäre, nicht die eines „Züngleins an der Waage“ oder eines Koalitionspartners für eine der beiden Großparteien wird und damit zu üppig gedeiht.

Überhaupt läßt sich gerade aus vergleichender politologischer Sicht sagen, daß die Entscheidung für das *Verhältniswahlrecht* nicht eine im Interesse der Stabilität der Demokratien war, sondern im Gegenteil eine, die auch in Österreich die Gefahrenquellen für die Demokratie erhöht und die Regierbarkeit erschwert hat. Ein *Mehrheitswahlrecht,* nicht notwendig nach britischem Muster, wohl aber in der Form der Notwendigkeit der Erringung absoluter Mehrheiten in einem Wahlkreis, wie sie in Frankreich und im alten Österreich geherrscht hatte, hätte starke Regierungen und eine starke Opposition begünstigt, durch die Notwendigkeit des Eingehens von Wählerkoalitionen bei Stichwahlen aber auch die Wählermobilität und -dominanz gefördert. Das Mehrheitswahlrecht hätte, wie der deutsche Politologe Ferdinand A. HERMENS für die Weimarer Republik nachwies, nicht nur in der Vergangenheit großes Unheil, so vor allem die Machtergreifung HITLERs, verhindern können, es wäre auch ein guter Dienst an der Zukunft der Demokratie gewesen, die mit dem Verhältniswahlrecht die Parteienvielfalt, aber auch die Kräftezersplitterung und Schwäche der Demokratie begünstigt und heraufbeschwört.

Eine andere dominierende Konstante der österreichischen Nachkriegswirklichkeit ist die *Sozialpartnerschaft,* die in dieser organisierten und sich nach 1945 immer mehr verfestigenden und institutionalisierenden Form ein österreichisches Spezifikum darstellt. Auch diese Erscheinungsform des politischen Lebens ist, wie die Große Koalition, unter anderem als Reaktionsbildung auf Fehlentwicklungen der Ersten Republik entstanden. An die Stelle des Klassenkampfes und der parteipolitisch ausgerichteten Gewerkschaften, die das Bild der Ersten Republik prägten, trat 1945 und später eine dem Wiederaufbau Österreichs, aber auch dem Abbau der alten sozialen Feindseligkeiten überaus förderliche Zusammenarbeit der Klassen und ein überparteilicher Gewerkschaftsbund. Die Erfolge dieser Sozialpartnerschaft, die Österreich einen beispiellosen sozialen Frieden und Wohlstand bescherten, sind mit Recht oft gerühmt worden und erfreuen sich weltweit großer Zustimmung und Anerkennung.

Doch auch in diesem Falle sind die Nachteile und Schattenseiten der eigengesetzlich weiterlaufenden und außer demokratische Kontrolle geratene Entwicklung nicht zu übersehen. Die Sozialpartnerschaft entwickelte durch Ausdehnung ihrer Kompetenz und Ingerenz auf Gebiete, für die sie eigentlich gar nicht vorgesehen gewesen war, übermäßigen Einfluß und bot einer sensibilitierten Öffentlichkeit im Laufe der Zeit immer mehr *Angriffsflächen.* Aber auch innerhalb ihres ureigenen Bereiches machten sich zunehmend Erstarrungen, bürokratische Schwerfälligkeiten und Abnützungserscheinungen bemerkbar. Gerade die wohltätige, stabilisierende Wirkung als geheime Achse und konstante Dominante des gesellschaftlichen Systems bei allen Veränderungen des Politischen geriet mit dem Postulat der Demokratisierung und Transparenz, das Bruno KREISKY für alle Lebensbereiche verordnet hatte, immer mehr in Konflikt.

Deutliche Zeichen und Warnsignale für diese abnehmende Wirksamkeit und fehlende Flexibilität, bzw. Durchsetzungsfähigkeit der Sozialpartner waren die Volksabstimmung über die Inbetriebnahme des Kernkraftwerkes Zwentendorf 1978 und die Vorgänge um den geplanten Bau des Wasserkraftwerkes in Hainburg 1984. In beiden Fällen unterlagen die Sozialpartner, obwohl sie sich in der Bejahung der Sache einig waren, der Bevölkerungsmehrheit, bzw. im Falle Hainburgs lautstarken und einflußreichen Minderheiten. Diese beiden Ereignisse indizierten aber nicht nur eine sinkende Effektivität der Sozialpartnerschaft, sondern auch eine bedenkliche Tendenz der Politik, sich um die *Verantwortung,* die die Politiker und besonders die Regierung kraft Wählerauftrag übernommen haben, herumzudrücken und an die Wähler zurückzudelegieren oder vor dem Druck militanter Gruppen, auch wenn sie nicht die Mehrheit der Bevölkerung repräsentieren, zurückzuweichen. Zwentendorf und Hainburg haben jedenfalls Schwachstellen unseres politischen Systems und unserer politischen Praxis offenbar gemacht und auch für die weitere Zukunft negative Präzedenzfälle geschaffen.

Eine andere Fehlentwicklung bzw. ein Versäumnis, die der österreichischen Politik 1945 und auch später unterlaufen sind, liegt nicht, wie die bisher angemerkten, auf einer institutionellen, sondern auf einer *geistig-moralischen* Ebene. Es lassen sich eben nicht alle Probleme des Gemeinschaftslebens, wie die Päpste in ihren Enzykliken immer wieder betonten, auf Zustände und Zuständereform reduzieren, auch die Frage der Gesinnung des einzelnen und des Kollektivs spielt im Zusammenleben der Menschen und Völker eine entscheidende Rolle. So auch in Österreich. Doch auch in diesen Gesinnungsfragen stehen, soweit es sich um Fehlentwicklungen handelt, nicht böser Wille und schlechte Absicht an erster Stelle, obwohl auch das Walten solcher Mechanismen nicht auszuschließen, sondern selbstkritisch zu erforschen ist. Gerade in Österreich darf man annehmen, daß die Gesinnungsschlamperei und -verschlampung auch eine auf die moralische Ebene übertragene Form des „Durchwurstelns" und der Halbheit ist, die wir auch sonst im politischen und gesellschaftlichen Leben beobachten können. Und auch diese Laster oder Schwächen sind Kehrseiten und Übertreibungen von an sich funktionalen Haltungen und Mechanismen; Halbheiten und Kompromisse gehören nun einmal, im Gegensatz zur eisernen Konsequenz und Rücksichtslosigkeit der Diktatur und des Fanatismus, zum Repertoire und zu den Requisiten der Demokratie, zumal der österreichischen, in der vielfach nichts so heiß gegessen wie gekocht wird, in der aber mitunter auch dort, wo es von der Sache her erforderlich wäre, den Dingen nicht auf den Grund gegangen wird. Unter diesen Vorzeichen kann sich eine an sich liebenswürdige und verzeihliche Schwäche zu einem moralischen Defizit und echten historischen Versäumnis auswachsen.

Ein solches Versäumnis besteht unbestreitbar darin, daß sich das offizielle Österreich nach 1945 nicht dazu durchrang, eine kollektive *Trauerarbeit* angesichts all dessen, was 1938 – 1945 in Österreich und unter Mitwirkung vieler Österreicher geschehen war, zu leisten und Denkprozesse dieser Art in größerem Umfang einzuleiten. Das heißt nicht, daß in dieser Richtung nichts geschehen wäre, es gab vielmehr eine umfassende Aufklärungsarbeit, die sich im Motto einer Nachkriegsausstellung im Wiener Künstlerhaus „Niemals vergessen!" manifestierte. Doch auch diese erzieherische Tätigkeit litt darunter, daß sie überwiegend unter dem Aspekt der fremden Schuld und nicht unter dem der Schärfung und Beunruhigung des eigenen Gewissens erfolgte. Man verschanzte sich allzuleicht und allzuschnell hinter der bequemen und an sich wahren, aber eben nur halbwahren Formel, daß Österreich das erste Opfer HITLERs war und versuchte, zu demonstrieren und zu beweisen, daß Österreich durch den Widerstand gegen den Nationalsozialismus einen Beitrag zu seiner Befreiung geleistet hatte.

Freilich ist auch diese verengte und einseitige Haltung, die einer *Besinnung* auf die Wurzeln des Übels und der moralischen Mitschuld nicht förderlich war, aus den Zeitumständen her verständlich, wenn auch, da alles verstehen bekanntlich nicht auch alles verzeihen heißt, nur bedingt verzeihlich. Gerade der Hinweis auf den Passus über die moralische und rechtliche Mitverantwortung Österreichs, der im ursprünglichen Entwurf des österreichischen Staatsvertrages enthalten war und um dessen Eliminierung von österreichischer Seite erfolgreich gekämpft wurde, nicht zuletzt unter Betonung des Beitrages des österreichischen Widerstandes, zeigt, in welch heikler Posititon sich die Verantwortlichen nach 1945 befanden. Angesichts der gerade von sowjetischer Seite immer wieder erhobenen Beschuldigung, daß Faschismus und Nazismus in Österreich noch nicht ausgerottet seien und weiter am Werke wären, wäre jede Selbstbezichtigung Österreichs Wasser auf die Mühlen der sowjetischen Saboteure, bzw. Verzögerer des Staatsvertrages gewesen und wäre von der österreichischen Bevölkerung nicht nur nicht verstanden, sondern als Schuß vor den eigenen Bug verurteilt worden. Es trafen sich also durchaus legitime realpolitische und taktische Überlegungen mit dem weniger legitimen und edlen Wunsch, eine belastete Vergangenheit und die Frage der eigenen Verstrickung in sie auf sich beruhen zu lassen.

Dazu kommt noch, daß es ja nicht nur um die Gewinnung der staatlichen

Unabhängigkeit und die Erringung des Staatsvertrages, sondern auch um die durchaus reale *Bedrohung,* die die Entwicklung Österreichs zu einer Volksdemokratie vorsah, ging. Angesichts dieser Bedrohung, die durchaus nicht eingebildet und weit hergeholt, sondern, jedenfalls bis zum Jahre 1950, ernst und realistisch war, erschien es vielen als Ablenkung und Luxus, ja als schädliche Abschweifung, sich mit einer abgetanen Vergangenheit, von der keine Gefahr mehr drohte, zu beschäftigen, statt seine Kräfte auf die Abwehr gegenwärtiger Übel und Gefahren zu konzentrieren. Die Reflexion der moralischen Fragen der Mitverantwortung und Mitschuld kamen also auch aus durchaus verständlichen und zeitgebundenen Gründen zu kurz. Es ist eine Erfahrungstatsache, daß in Konfrontation mit verschiedenen Übeln und Gefahren die Kräfte auf jenes Übel, das als vordringlich empfunden wird, konzentriert werden und kleinere oder schon überwunden geglaubte Übel demgegenüber verblassen. Dazu kam in Österreich noch der bald eingesetzte Kampf um die Gunst und die Stimmen der ehemaligen Nationalsozialisten, die man nicht abschreiben, sondern integrieren wollte und dies dadurch tun zu können meinte, daß man die Umworbenen nicht an für sie unangenehme Dinge erinnerte.

Trotzdem hätte von Seiten der politisch Verantwortlichen die Verpflichtung bestanden, diesen naheliegenden Versuchungen und Vereinfachungen entgegenzuwirken und es unter Vermeidung drohender Gefahren doch zu einer stärkeren kollektiven Besinnung und Wachrüttelung kommen zu lassen. Allerdings muß im Lichte der historischen Erfahrung gleichzeitig gesagt werden, daß es richtig war, die Kräfte auf die Abwehr der kommunistischen Gefahr, die von jüngeren Historikern rückblickend bagatellisiert, während die Gefahr von rechts dramatisiert wird, zu konzentrieren, auch wenn es nicht richtig war, die Vergangenheitsbewältigung weitgehend unter den Tisch fallen zu lassen und am Altar der Staatsräson zu opfern. Wie richtig die konsequent antikommunistische Haltung Österreichs war, zeigt der Zusammenbruch des Kommunismus, der einerseits offenbart, was sich Österreich dadurch erspart hat, andererseits aber Österreich ungeahnte Wirkungsmöglichkeiten in Mitteleuropa erschließt.

Die im Wahlkampf der Bundespräsidentenwahl 1986 geführte *Kampagne* gegen den schließlich erfolgreichen Kandidaten Kurt WALDHEIM und seine Kriegsvergangenheit hat gezeigt, daß versäumte Debatten und Gewissenserforschungen oft verspätet stattfinden, daß Verdrängtes und überwunden Geglaubtes immer wieder aufbrechen kann. Allerdings muß bezweifelt werden, ob es den Drahtziehern dieser Kampagne, die internationale Dimensionen annahm, tatsächlich um die Nachholung einer unterlassenen Gewissenserforschung und Trauerarbeit ging und nicht vielmehr um Absichten, die sich nicht zuletzt durch die kontraproduktive Kampagne nicht erfüllten. Andererseits kann nicht geleugnet werden, daß viele, vor allem junge Menschen, durch diese Kampagne zum Nachdenken und Nacherleben ermuntert wurden und die insgesamt entbehrlich, ja schädlich erscheinende Kampagne doch ihr Gutes hatte, wie überhaupt oft gute Dinge aus schlechten Wurzeln entsprießen und natürlich auch umgekehrt. Es ist allerdings wiederum eine Frage, ob die partielle moralische Erneuerung, die von dieser Debatte ausging, den politischen Polarisierungseffekt zwischen den Parteien und den Generationen, der eine Dauerfolge dieser Kampagne war, rechtfertigt und überwiegt. Jedenfalls müssen wir auch in diesem Falle mit dem Guten und Bösen, das diese markante Episode der österreichischen Geschichte angerichtet hat, leben und versuchen, das Beste daraus zu machen, die mißlichen Seiten zu überwinden und die positiven weiterwirken zu lassen.

Diese Maxime muß für Österreich im Zeichen der *europäischen Integration,* der sich Österreich in welcher endgültigen Form immer, nicht verschließen kann, überhaupt eine Richtschnur des politischen Handelns sein. Österreich ist durch seine seit 1945 betriebene Politik, trotz deren Belastungen und Schattenseiten gut gerüstet, um diese vielleicht größte Herausforderung für unsere Wirtschaft, aber auch für unser Gesellschafts- und Rechtssystem, in unserer bisherigen Geschichte zu bestehen. Freilich wird es noch verstärkter und zusätzlicher Anstrengungen bedürfen, um den Provinzialismus zu vermeiden und zu überwinden, ohne unsere Identität und Eigenart aufzugeben, die wir in eine größere europäische Wirklichkeit einzubringen und in ihr zu bewahren und schöpferisch weiterzuentwickeln haben.

Ein Pyjama für Herrn Dwořak

Alois Vogel

Da lag er nun auf der Bank, mit einem nassen Tuch auf dem Kopf, der eine Arm war ausgestreckt neben dem Körper, der andere hing zu Boden.

Zwei Arbeitskollegen hatten Dwořak, nachdem er von Unbekannten auf dem Korridor, der von der Setzerei zum Waschraum führte, niedergeschlagen worden war, nach Hause geschleppt. Als ihnen die Frau die Wohnungstür geöffnet und erschrocken über das Aussehen ihres Mannes zu klagen angehoben hatte, versicherten sie ihr ihre Hilfe. Sie versprachen, sich für Dwořak bei der Betriebsleitung einsetzen zu wollen. In der Direktion würde man sicher nicht glauben, daß der Mann grundlos zusammengeschlagen worden sei.

Die Frau hatte nur die blutunterlaufenen Augen, die verkrustete Platzwunde auf der Stirn und das beschmutzte Hemd gesehen. Sie hatte auf die Rede der Männer nicht geachtet. Sie war ihr im Augenblick nicht verständlich. Sie hatte wissen wollen, wie ihr Mann zu der Verletzung gekommen sei.

Die beiden Männer, die Dwořak durch die dunkle Küche geschleppt und, nachdem die Frau noch schnell einen Polster aus einem Bett gezogen und auf die Bank geschoben hatte, den Mann auf diese ausgestreckt hatten, konnten oder wollten keine Auskunft geben. Sie erzählten nur, während sie sich schon wieder zum Gehen wandten, daß der Verletzte in letzer Zeit mit einigen Kollegen Meinungsverschiedenheiten gehabt habe. Dabei blickten sie sich im Zimmer um. Neben der Tür zur Küche hing ein porzellanerner Weihwasserkessel und an der Wand gegenüber, zwischen den Fenstern, die auf die Gasse gingen, stand ein Trumeaukasten auf dem eine gipserne Herz-Marienstatue stand, davor Vasen mit Kunstblumen und zwei Kerzenleuchter mit Kerzen.

Die Frau, sie hatte eine Schürze über ihr langes dunkles Kleid gebunden, fragte ob sie ihnen nicht ein Gläschen Schnaps aufwarten dürfe. Sie habe einen Selbstangesetzten. Doch die beiden Männer blickten sich, nachdem sie noch das große Madonnenbild über den Ehebetten betrachtet hatten, verständnisvoll an und winkten dankend ab. Es blieb der Frau nichts anderes übrig, als sie unter Dankesworten zur Wohnungstür zu begleiten.

Der Verletzte hatte, trotz seiner verschwollenen Augenlider den einverständlichen Blick der beiden Männer wahrgenommen und wußte, was er zu bedeuten hatte. Er wußte, sie würden keinen Finger für ihn krümmen, damit er seine Stellung behielt.

Sowohl seine, als auch die Eltern der Frau waren aus ländlichen Gebieten Böhmens nach Wien gekommen. Sie verstanden noch gut Tschechisch und es kam auch öfters vor, daß sie sich in dieser Sprache unterhielten, besonders wenn sie von den Kindern nicht verstanden werden wollten.

In den Dörfern, in denen ihre Eltern aufgewachsen waren, war Religion eine Selbstverständlichkeit des Alltags, über die sie so wenig nachdachten, wie über das Kauen beim Essen oder das Schlucken beim Trinken, oder über die Gesetze der staatlichen Obrigkeit. Das war eben so. Die Frauen hatten eine große Anzahl von Kindern, die Mutter der Frau zwölf und die des Mannes gar vierzehn. Viele dieser Kinder starben schon im frühesten Alter. Das war eben so. Doch waren noch immer genug zu versorgen und immer war auch eines unterwegs. Da blieb keine Zeit über Dinge nachzudenken, die nicht das tägliche Leben betrafen. Dafür war der Herr Pfarrer zuständig, der hatte studiert und kannte sich aus. Da konnte man sowieso nicht mitreden. Der Herr Pfarrer konnte einem auch alles schön erklären, das hatte alles seine Ordnung und selbst dort, wo diese Ordnung nicht eingehalten wurde, wußte man von ihr und wußte, daß der Verstoß gegen diese Ordnung Sünde sei und von Gott bestraft werde, wenn schon nicht hier auf Erden, so doch in der Ewigkeit. Man betete zur Himmelsmutter und zu seinem Namenspatron; wenn man etwas verloren hatte, zum heiligen Antonius und bei Halsschmerzen zum heiligen Blasius. Für alle Leiden war ein anderer Heiliger da, an den man sich wenden konnte, und wenn er nicht half, so schadete es bestimmt nicht. Man konnte diese hohen Herrschaften ja nicht zu irgendetwas zwingen, man konnte sie nur oft genug bitten, und das machten die armen Leute in den böhmischen Dörfern auch allabendlich, zu den heiligen Zeiten oder beim Rosenkranz. Es war daher nur selbstverständlich, daß diese Menschen, wenn sie in die Stadt zogen, ihre religiösen Bräuche weiterpflogen und ihren Kindern übermittelten. Besonders die Frauen, von der städtischen Gesellschaft ausgeschlossen, durch die große Familie ganz auf den häuslichen Bereich beschränkt, bewahrten nicht nur die Formen, sondern auch das Denken der Vorfahren. Die Männer, durch den Umgang mit den städtischen Arbeitern in den Werkstätten und Fabriken geprägt, wurden jedoch bald von Zweifeln geplagt und wandten sich kritischen Überlegungen zu. Oft erfolgte dieser Wandel bereits in der ersten, manchmal erst in der zweiten oder dritten Generation.

Franz Dwořak, der nun wieder mit geschlossenen Augen auf der Sitzbank lag, war noch gänzlich von dem Glauben seines Herkommens erfüllt und lebte auch danach. Auch wurde er stark von seiner Frau beeinflußt, die vier Kinder geboren hatte. Sie war schon weit über vierzig, als das letzte, ein Knabe, kam. Und alles vollzog sich, wie in diesem Milieu üblich, in der Wohnung. Es war eine schwere Geburt. Die große Hingabe der Mutter an ihre Kinder schien den Mann auch dazu bestimmt zu haben, nicht sogleich den Ansichten seiner Arbeitskollegen zu folgen, selbst wenn er sich sagen mußte, daß die Kirche die Rechte jener Herrschaften vertrat, die sich christlich nannten und dabei an ihren Arbeitern und Angestellten recht unchristlich handelten.

Als die Frau nun wieder in das Zimmer trat und ihren Mann fragte, was denn geschehen sei und wie es dazu kommen konnte, daß er sich solchen Haß bei seinen Kollegen zugezogen habe, daß diese ihn sogar niederschlugen, bekam sie keine Antwort.

Sie drang nicht weiter in ihn. Sie war es gewohnt, oft auf ihre Fragen keine Antworten zu bekommen. Sie wußte, er würde schon auspacken, wie sie sich ausdrückte. Er galt überall als verschlossen. Und das machte sich auch in dem Haus, in dem sie wohnten, unangenehm bemerkbar. Zuerst mied man die Frau, machte ihr Schwierigkeiten. Mit der Nachbarin gab es oft Zwistigkeiten wegen der Reinigung des von beiden Parteien benützten Abortes. Immer waren es die Dwořakkinder, die beim Ausleeren des Kübels danebentrenzen. Überhaupt wurden die Kinder der Dwořaks von den anderen Bewohnern des Hauses argwöhnisch beobachtet. Da sich diese aber nicht viel anders als alle anderen Kinder verhielten und da die Frau Dwořak im Laufe der Jahre beim Wasserholen bei der Bassena dieser und jener Nachbarin ihre Leiden klagte, wurden die Kinder und die Frau allmählich auch von den anderen Hausbewohnern, wenn diese auch in ihrer Mehrheit anderen politischen Richtungen anhingen, akzeptiert. Aus der Abneigung wurde mit der Zeit ein gewisses Mitgefühl. Es konnte geschehen, daß eine Nachbarin bei Frau Dwořaks Tür anklopfte und der Öffnenden die Nachricht brachte, daß die Kräutlerin in der nächsten Gasse eine Kiste besonders billige Maschansker-Äpfel habe, schon ein bißchen angeschlagen, aber, wenn man sie ausschneide, könne man recht gut Strudel daraus machen, oder daß in der Greißlerei um die Ecke Magermilch zu billigem Preis ausgeschenkt werde. Frau Dwořak lief dann sofort hin, um einige Groschen einzusparen. Jeder im Haus wußte, was es heißt, mit dem geringen Lohn eines Arbeiters eine sechsköpfige Familie zu ernähren, zu kleiden und die Miete der Wohnung pünktlich zu zahlen.

Einmal war Herr Bojanowsky, der Vertrauensmann der Sozialdemokraten gekommen und hatte der Frau, obwohl sie ja, wie er sagte, eine Christliche sei, einen Freiplatz für ihren Ältesten, den vierzehnjährigen Franzl, in einem Erholungsheim der Kinderfreunde angeboten. Er könne dort vier Wochen in der frischen Luft, bei guter Kost unter anderen jungen Leuten leben und sie hätte einen Esser weniger. Frau Dwořak war dankbar darauf eingegangen und in dieser Zeit hatte sie auch, nachdem sie da und dort herumgefragt, eine Lehrstelle für den Buben gefunden.

Als Dank dafür, daß er ihrem Franzl den Freiplatz verschafft hatte, versprach sie dem Herrn Bojanowsky einen Rosenkranz für sein Seelenheil zu beten. Doch dieser meinte, den könne sie sich einmargerieren, er habe keine Seele, da er ein Freidenker sei. Er lasse sich verbrennen, denn wenn es einen Herrgott geben würde, könne der es doch nie und nimmer zulassen, daß eine Frau, die sich so ehrlich abplage wie sie, die Frau Dwořak, von ihrem Mann nur sekkiert werde und nichts als Sorgen und Mühen kenne.

Der Herr Bojanowsky, ein Invalide aus dem Weltkrieg, in dem man ihm am Isonzo das eine Bein abgeschossen hatte, meinte es gut. Er war ein gelernter Schlosser und half da und dort, wo es an Möbelstücken, Fenstern oder Türen etwas zum Ausbessern gab. Auf diese Weise verdiente er sich auch jeweils eine Kleinigkeit zu seiner geringen Rente dazu. Er hatte zwar nur einen Sohn, sah aber, wie schwer sich schon seine Frau tat, um mit den paar Groschen monatlich auszukommen. Wie erst, so sagte er sich, wenn da vier Kinder sind! Außerdem kam durch den Ortswechsel, so dachte er, der Bub der Dwořaks aus dem Milieu von Weihrauch und Weihwasser heraus und lernte etwas mehr die reale Welt kennen.

Und nun war es so weit gekommen, daß der alte Dwořak auch noch stempeln gehen mußte. Als er am nächsten Tag mit einem blauen Auge und einer Beule auf dem Kopf im Betrieb erschien, wurde er sogleich in die Direktion gerufen, wo man ihm mitteilte, daß er entlassen sei. Auf seine Beteuerung, daß er ja niemanden etwas getan habe, im Gegenteil, daß man ihn geschlagen hatte, wurde er mit der Antwort abgefertigt, daß das in diesem Betrieb noch niemals vorgekommen und daß es daher sicher auch kein Zufall sei.

Dwořak war schließlich nicht nur in dem Haus, in dem er wohnte, als Querulant bekannt, sondern auch in seiner Arbeitsstätte. So weigerte er sich etwa, und das als Einziger, der Gewerkschaft beizutreten, weil diese, wie er sagte, rot sei. Mit diesen Gottlosen wollte er nichts zu tun haben, und vor dem Mittagessen, das er, wie die meisten seiner Kollegen auf dem Arbeitsplatz aus dem mitgebrachten Menagereindl löffelte, machte er zum Erstaunen und dann zum Gaudium der ganzen Belegschaft ein Kreuzzeichen. Es war vorgekommen, daß sogar Neugierige, die es nicht glauben wollten, zu Mittag aus der Offsetdruckerei in den Setzersaal gekommen waren.

Frau Dwořak sah man nun noch öfters an dem Altar der Muttergottes knien und noch seltener zum Fleischhauer gehen. In der Nacht vom Freitag auf Sonntag aber lief sie zu den Fleischbänken des Simmeringer Schlachthofes, wo sich die Nacht über eine lange Menschenschlange vor der Ausgabestelle des Fleisches von notgeschlachteten Tieren bildete. Offiziell wurden diese Schlachtungen um ein sehr geringes Entgelt zum Verfüttern an Haustiere abgegeben. Doch jeder wußte, daß sich hier arme Leute anstellten, die das Risiko einer Erkrankung auf sich nahmen, nur um wieder einmal eine kräftige Nahrung zwischen die Zähne zu bekommen. Meistens fanden sich einige Frauen aus der Nachbarschaft zusammen, um von Favoriten, wo die Dwořaks wohnten, zu den Fleischbänken zu gehen. Es war nicht ganz ungefährlich. Da gab es die schlecht beleuchtete Unterführung der Ostbahn. Die Straßenbahn rumpelte immer mit Getöse durch. Man hätte dort nicht einmal schreien gehört. Es wurde erzählt, daß man an dieser Stelle einmal eine Frau ermordet und ausgeraubt hat. Natürlich, Vergewaltigungen gab es auch immer wieder in diesen Wohnvierteln. Die Polizei sah man nur selten und wenn, dann patrouillierten die Beamten zu zweit, oft auch beritten durch diesen Stadtteil. Daher waren es auch meistens vier oder fünf Frauen aus einer Gasse, die sich gemeinsam zu den Simmeringer Fleischbänken auf den Weg machten, und die Frau Dwořak war in solch einer Gruppe gerne gesehen. Sie war groß und stark und schon über fünfzig Jahre alt. Auch war sie nicht auf den Mund gefallen. Wenn die Frauen auf diesem Weg von einem betrunkenen Mann belästigt wurden, fand sie sogleich den richtigen Ton, um den Saukerl in die Schranken zu weisen. Sie hatte auch immer bei den nächtlichen Ausflügen nach Simmering ein Säckchen gemahlenen Pfeffer eingesteckt, den sie, falls sie von solch einem Mannsbild angegriffen werden sollte, diesem in das Gesicht geleert hätte.

Beim Tor des Schlachthofes waren mäanderartig angeordnete Eisenbarrieren, sie ließen nur einen der Wartenden hinter dem anderen stehen, sodaß es bei den vielen Frauen kein Vordrängen und keinen Streit geben sollte. Daß es manchmal trotzdem zu lärmenden Szenen kam, lag wohl daran, daß die Wartezeit lang war und sich die Menschen über Dinge unterhielten, über die sie oft verschiedener Meinung waren.

Über Politik wurde freilich fast nie gesprochen. Das war Männersache. Wenn die Frauen auch über die schlechte wirtschaftliche Lage klagten, daß sie durch ihre Initiative zu ändern wäre, daran glaubten sie nicht. Wenn tatsächlich einmal eine jüngere die anderen aufforderte, sich doch nicht alles gefallen zu lassen, wenn sie auf die fetten Renten der Politiker, die schönen Villen der Fabrikanten und das flotte Leben gewisser Großgrundbesitzer hinwies, wenn sie die Frauen aufforderte, sich zu organisieren, damit sie gegen die herrschende Macht auftreten könnten, bekam sie meistens ausweichende Antworten, wie, die Männer wären sowieso organisiert, sie hätten keine Zeit dafür bei drei oder vier Kindern, und überhaupt, was könnten sie schon ändern? Nein, man sprach lieber von den kleinen persönlichen Sorgen und Dingen.

So kam es auch, daß Frau Blahovec, die im Stockwerk über der Frau Dwořak wohnte, diese einmal fragte, ob denn ihr Alter immer schon so gewesen wäre.

Wie gewesen?, meinte darauf Frau Dwořak. Sie schien nicht recht verstehen zu wollen.

Na, so schwierig und grantig, so, na so wie er eben sei. Mit keinem Menschen im Haus rede er. Als ob ihm alle zu schlecht wären. Sie sei doch auch nicht so.

Die Frau Dwořak wackelte unschlüssig mit dem Kopf. Sie bohrte ihre Fäuste noch tiefer in die großen Taschen ihres grauen Mantels, während sie sich an das Eisengeländer der Absperrung lehnte. Nein, nein, früher sei er nicht so gewesen, durchaus nicht. Da sei er eigentlich recht gesellig gewesen, habe gerne getanzt und am Anfang ihrer Ehe seien sie viel ausgegangen, zu Redouten, zum Heurigen und so. Ja, das wären eben noch ganz andere Zeiten gewesen, damals! Er habe sogar Mundharmonika gespielt und auch Zither, zu der er recht schön gesungen habe. Aber dann sei ja bald der Krieg ausgebrochen und nachher sei alles anders geworden. Das erste Kind sei gekommen und nach dem Buben die beiden Mädeln, und schließlich das letzte Kind, und sie hätten es sich nicht mehr leisten können, öfters fortzugehen.

Ja, aber deswegen müsse man doch nicht gleich so unfreundlich zu allen Menschen sein, meinte die Frau Blahovec, wir können ja schließlich auch nichts dafür.

Frau Dwořak nickte. Das stimme schon. Ja, ja. Aber ihr Mann habe sie nie geschlagen, beteuerte sie ganz unmotiviert, er trinke nicht und habe bis jetzt auch immer für die Familie sorgen können. Und auch jetzt würde er Tag für Tag von einer Druckerei zur anderen laufen, um einen neuen Posten zu bekommen. Er würde schon wieder einen finden!

Sie wünsche es ihr, sie wünsche es ihr wirklich, warf Frau Blahovec, die eine Witfrau war und zwei Kinder zu versorgen hatte, dazwischen, aber ihr Seliger habe sie auch nie geschlagen, auch dann nicht, wenn er manchmal mit einem kleinen Rausch nach Hause gekommen sei.

Mit der Feststellung, daß eben jeder Mensch andere Eigenschaften habe, wollte Frau Dwořak das Thema abschließen, was ihr aber nicht gelang.

Vor den beiden stand Frau Fleischmann. Sie war Hemdennäherin und arbeitete in Heimarbeit. Außerdem war die große, blonde Frau Vorturnerin im Deutschen Turnverein, abstinent und begeisterte Bergsteigerin. Man hatte im Haus beobachtet, daß sie fast jedes Wochenende auf Bergtouren ging, und man sprach davon, daß sie immer mit einem anderen Begleiter nach Hause kam. Doch das war wohl übertrieben. Dabei trug sie meist ein Dirndlkleid und eine Bluse mit weitem Ausschnitt, der die Fülle, die darunter war, nur zur Not barg. Auch davon wurde natürlich im Haus gesprochen. In der Winternacht, vor den Fleischbänken in Simmering, hatte sie freilich einen dicken Wintermantel und eine pelzvortäuschende Plüschmütze auf dem Kopf. Die Hände staken in einem ebensolchen Muff.

Sie meinte, der Herr Dwořak hätte es ja auch nicht gerade leicht. Er sei noch in voller Manneskraft, und daß er mit vier Kindern schon genug habe, könne man verstehen. Schließlich könne man es einem Manne doch auch nicht verübeln, wenn er einmal wieder etwas anderes sehen möchte als Krampfadern und verschrumpeltes Zeug.

Einen Augenblick war es still. Man hörte nur von der Hauptstraße das Rumpeln der ersten Straßenbahnzüge, das Geklapper der Pferdehufe und das Scheppern der Kannen auf den Milchwagen, die von Greißler zu Greißler fuhren.

Einige jüngere Frauen lachten dann, doch die meisten, die zugehört hatten, murrten und meinten, die Fleischmann möge ihr ungewaschenes Maul halten, und die Frau Blahovec fragte, was das überhaupt mit dem Herrn Dwořak zu tun habe? Der sei doch sicher noch nie zu ihr gegangen, um sich ein Hemd oder ein Pyjama anmessen zu lassen, wie man es von anderen Männern weiß.

Nein, sicher nicht, und das wäre es ja eben, meinte die Frau Fleischmann zweideutig.

Was wäre es? Die Stimme der Frau Blahovec war scharf, während Frau Dwořak, die doch die Bemerkungen viel mehr hätte treffen müssen, vollkommen verstummt war.

Na, er könne es sich ja auch nicht rausschwitzen, meinte die Frau Fleischmann trocken, und der Pfarrer, zu dem die Dwořaks immer rennen, sicher auch nicht. Der wird sich seine Pyjamas schon bei jemandem anmessen lassen, fügte sie wieder anzüglich hinzu.

Die meisten Frauen tuschelten untereinander, einige lachten. Es klang nicht ganz echt. Frau Dwořak sagte nichts. Nur um ihre Mundwinkel zuckte es. Einzig Frau Blahovec, vielleicht weil sie die Situation heraufbeschworen hatte, fühlte sich bemüßigt zu brummen, das sei nur natürlich und der Pfarrer sei ja auch nur ein Mensch.

Nach dieser Winternacht vermißte man Frau Dwořak unter den bei den Fleischbänken angestellten Frauen. Es gehe sich jetzt nicht mehr aus, meinte sie, wenn sie wegen ihres Ausbleibens gefragt wurde. Die Arbeitslosenunterstützung sei eben zu knapp, sagte sie.

Sie ging nun noch öfter als früher in die Kirche und sorgte dafür, daß auch ihr Mann und alle vier Kinder Sonntags den Gottesdienst besuchten. Franz, der älteste, war schon einige Male ausgekniffen. Nun half ihm keine Ausrede. Er mußte mit der ganzen Familie mitmarschieren. Da das Gotteshaus aber ziemlich gut besucht war, konnte der Bursche bald wieder ungesehen von seiner Mutter verschwinden. Er drängte sich nach vorne und verließ das Kirchenschiff durch einen der Seitenausgänge.

Schließlich kam Weihnachten. Es war eine harte Zeit. Nicht so sehr für die Kinder, die merkten die Not nicht allzusehr. Die waren in Schulklassen, in denen nur ein, höchstens zwei Kinder von Eltern waren, die sich wirtschaftlich besser standen. Alle hatten gestopfte Strümpfe und geflickte Hosen an. Alle sahen die schönen Spielsachen nur durch die Auslagenscheiben. Der Steinbaukasten, der Matador oder die Puppen, das Diabolo-Spiel, das die Mädchen und Buben unter dem karg geschmückten Fichtenbaum fanden, waren meistens schon vom Cousin oder der Tante, von der älteren Schwester oder sonst einem Verwandten, der nichts mehr damit anzufangen wußte. Frisch gewaschen, ausgebessert, schön verpackt, erfreuten sich nun die Kleinen genau so sehr daran, wie es die meisten Vorbesitzer getan hatten. Neu waren bestenfalls da und dort ein Paar selbstgestrickte Fäustlinge, ein Paar Strümpfe, eine Zopfschleife, als besonders kostbares Stück eine von der Tante aus einem alten gewendeten Stoff geschneiderte Bluse. Den Kindern machte das Fest trotzdem Freude. Da waren Verwandte, die auf Besuch kamen. Da ging man selbst auf Besuch. Am Heiligen Abend versammelte sich die ganze Familie unter dem Christbaum. Der große Bruder spielte Geige und alle sangen Weihnachtslieder. Es wurde gebetet und wieder gesungen und nach der Bescherung, das war vielleicht das Schönste, durfte man lange aufbleiben, mußte nicht schon um acht Uhr ins Bett, man durfte spielen und alle, auch die Erwachsenen spielten mit. Den Kindern machte es auch nichts, daß die Tante die Hände über dem Kopf zusammenschlug und den Christbaum als Apfelbaum bezeichnete, weil in diesem Jahr keine Schokolade und kein Zuckerwerk auf den Zweigen hingen, sondern nur Kerzen staken und einige rotbackige Äpfel an roten Bindfäden baumelten.

Allein Herr Dwořak konnte in diesem Jahr nichts Rechtes mit seinem Weihnachtsgeschenk anfangen. Er dachte sogar, das Päckchen sei jemandem anderen zugedacht gewesen und nur der Namenszettel darauf sei vertauscht worden. Er glaubte, der Stoff, den er ausgewickelt hatte, sei für die größere Tochter und legte ihn wortlos vor dieser auf den Tisch, um den alle versammelt waren. Die Frau und die Kinder erklärten ihm erst, daß es ein gestreifter Flanell für ein Pyjama sei. Man hatte in der Familie zusammengespart und ihm gemeinsam das Material gekauft. Anfertigen könne er sich den Schlafanzug ja lassen, bis sie wieder etwas besser bei Kassa wären.

Herr Dwořak war bisher vor dem Schlafengehen und am Morgen immer in der Unterhose in der Wohnung herumgelaufen, im Winter in der langen mit den um die Knöchel zusammengebundenen Hosenbeinen und im Sommer, eigentlich nur, wenn es sehr heiß war, mit einer kurzen Hose aus grobem Leinen. Es war in dem Haus auch durchaus üblich, daß Männer in diesem Aufzug die paar Schritte von der Wohnung zum Wasserleitungsauslauf oder zum Abort über den Gang gingen. Der eine oder andere zog sich manchmal noch einen Mantel darüber an. Herr Dwořak vermutete nun, daß den Töchtern – die, da sie nun größer waren und in andere Familien kamen – sein Auftreten in der Unterhose nicht mehr schicklich schien. Er selbst fand freilich nichts dabei.

Der Winter war kalt, doch nicht sehr schneereich. Mit Schneeschaufeln konnte sich Herr Dwořak also nichts zur knappen Arbeitslosenunterstützung dazu verdienen. Nur etliche Kohlenbriketts, die er auf der Straße, auf der die mit Kohlen beladenen Autos vom Frachtenbahnhof zu den Kohlenhändlern fuhren, auflas, brachte er alle Tage nach Hause.

Es kam dann aber doch bald zu einer Änderung in den wirtschaftlichen Verhältnissen der Familie Dwořak.

Im Februar war der Aufstand der Arbeiter, und nach dessen blutiger Niederschlagung durch die Exekutive und die verschiedenen Wehrverbände wurden viele Menschen, von denen man wußte, daß sie sozialistisch organisiert waren oder gar aktiv am Kampf teilgenommen hatte, aus den staatlichen Betrieben entlassen. Im Buchdruckergewerbe waren das ziemlich viele. An ihrer Stelle wurden solche angestellt, von denen man eine christliche, vaterländische Gesinnung erwarten konnte. Meistens brachten diese eine Empfehlung eines bürgerlichen Mandatars oder, was noch mehr für den Stellensuchenden sprach, eines geistlichen Herren mit.

Herr Dwořak hatte eine sehr eindringliche Empfehlung seines Pfarrers und wurde daher auch bereits am ersten März in der Staatsdruckerei angestellt. Die Frau Dwořak wußte, ihre Bitten waren von der Himmelmutter erhört worden. Von dem ersten Lohn, den ihr Mann nach Hause brachte, kaufte sie eine dicke Kerze, die sie in der Kirche vor dem Bild der Allerheiligsten Jungfrau anzündete.

Der Herr Bojanowsky ging nach wir vor den ganzen Tag mit dem Schlosseranzug bekleidet im Haus herum. Er hatte nach wie vor da und dort seine kleine Reparaturen zu verrichten. Der Herr Bojanowsky war natürlich der Polizei bekannt. Bei einer Hausdurchsuchung hatte man bei ihm allerdings nichts Verdächtiges gefunden, und als man die zwei, drei „christlichen" Wohnparteien des Hauses danach befragte, ob sie ihn am 12. Februar gesehen hätten, konnten diese nichts Verbindliches sagen.

Die Frau Dwořak, die ja als eifrige Kirchengeherin bekannt war, wußte allerdings zu berichten, daß der Invalide mit dem Mann der Hausmeisterin, der eine Tischlerei im Haus betrieb und, wie die Polizei behauptete, auch ein „Roter" war, an dem Abend des 12. Februar in der Werkstätte des Hausmeisters und Tischlers bei einem Kerzenstummel, weil infolge des Generalstreiks das elektrische Licht nicht gebrannt, um den üblichen Einsatz, eine Flasche Bier, sie war auf der Hobelbank gestanden, geschnapst hatte. Auf polizeiliche Befragung des Tischlers stellte sich die Richtigkeit dieser Beobachtung heraus. Der Tischler wurde, wegen der Feuersgefahr, verwarnt. Man bedenke: in einer Tischlerei bei Kerzenlicht schnapsen! Der Hausmeister und Tischler empfand diese Verwarnung sein Leben lang als Auszeichnung. Der Herr Bojanowsky zahlte ein Bier.

Ende des Jahres schien es, als wäre den Töchtern Dwořaks wieder der Stoff für das Pyjama eingefallen. Sie drängten nun den Vater, sich den Schlafanzug endlich machen zu lassen.

Herr Dwořak sagte ja, aber ja, er unternahm aber nichts diesbezügliches. Die Frau Dwořak ließ die Dinge ihren Lauf gehen. Sie hatte genug andere Sorgen. Man sah sie nach wie vor bei der Muttergottes knien. Überhaupt wurde nach dem Februar das religiöse Leben im ganzen Lande auf einmal viel reger. Für die Schulkinder war der Kirchenbesuch obligatorisch. Sie wurden am Montag von ihrem Katecheten befragt, wer den Gottesdienst zelebriert und welche Farbe das Meßkleid gehabt hatte. Wußte ein Kind öfters nicht Bescheid, konnte es unter Umständen im Zeugnis ein schlechte Note im Unterrichtsfach Religion bekommen. Zu Ostern gingen die Kinder aller Schulklassen zur heiligen Beichte und zur heiligen Kommunion. Nur die Andersgläubigen durften zu Hause bleiben. Täglich zu Beginn des Schulunterrichtes mußten die Kinder gemeinsam beten. Wer eine Anstellung im öffentlichen Dienst hatte, tat gut daran, einer Religionsgemeinschaft beizutreten. Die Bezeichnung konfessionslos wurde wie eine Kampfansage an das Regime betrachtet. Altkatholiken und die evangelischen Bekenntnisse hatten einen sprunghaften Anstieg ihrer Mitgliedszahlen zu verzeichnen. Sogar der Bub des Herrn Bojanowsky, der bereits zehn Jahre alt war, der gut lernte und in die Mittelschule gehen sollte, mußte nun getauft werden. Er wurde in die lutherische Kirche aufgenommen und sein Vater machte, wenn er wußte, daß sein Gesprächspartner kein Denunziant sei, darüber abfällige Bemerkungen.

Etwa ein Jahr, nachdem Herr Dwořak die neue Stelle bekommen hatte, schien sich die wirtschaftliche Lage der Familie so weit gebessert zu haben, daß die Töchter den Flanell zur Frau Fleischmann trugen und den Vater zum Maßnehmen ankündigten.

Es vergingen aber wieder Monate, ehe es so weit war. Erst nach dem Sommer 1936 gab Herr Dwořak endlich dem Drängen seiner Mädchen nach und ging eines Abends zu der Hemdennäherin. Er kam aber bald zurück und brachte den gestreiften Pyjamastoff mit. Die Frau Fleischmann habe momentan so viel zu tun, sie werde in der nächsten Zeit sicher nicht dazukommen, für ihn oder einen anderen eine Arbeit übernehmen zu können. Sie habe große Ballen weißes Zeug dort liegen, woraus sie Hemden nähe. Es müsse ein größerer Auftrag sein, vermutete er. Dann sagte er noch etwas in tschechischer Sprache zu seiner Frau, worüber die beiden lachten. Die Mädchen beschlossen, eine andere Näherin zu suchen.

Die Hausparteien konnten in diesen Wochen beobachten, daß bei Frau Fleischmanns Wohnung junge Männer ein- und ausgingen, die die Ware holten und neues Weißzeug brachten, die aber auch oft in Gruppen kamen und stundenlang blieben. Das konnten doch wirklich nicht alles Liebhaber sein, sagten sich die Hausparteien. Das Rätselraten war groß. Doch der Herr Bojanowsky wußte es zu deuten und er sagte es auch jedem, zu dem er Vertrauen hatte: Das hat natürlich einen politischen Hintergrund! Bei ihm hatte ja alles einen politischen Hintergrund.

Er sollte aber recht behalten. Im März 1938 war Frau Fleischmann die erste, die eine Hakenkreuzfahne aus dem Fenster hängen hatte und ihre männlichen Besucher kamen nun mit Schaftstiefeln und weißen Hemden, manche trugen auch schon die braune Uniform.

Die Frau Fleischmann war es auch, die von Tür zu Tür ging und die Volksgenossen aufmerksam machte, daß in diesen historisch bedeutungsvollen Zeiten Beflaggung am Platze sei. Sie legte auch gleich verschiedene von ihr genähte Fahnen zur Auswahl vor. Alle Hausparteien steckten in diesen Tagen Fähnchen aus. Nur zu Bojanowsky und Dwořak ging Frau Fleischmann nicht. Auch der Tischler hatte einen kleinen Hakenkreuzwimpel in seiner Auslage.

Bojanowsky wurde an einem der ersten Tage nach dem „historischen“ 12. März von einem „Grünen Heinrich“, einem Kastenwagen der Polizei, abgeholt. Er kam erst nach Wochen, sehr abgemagert nach Hause, und man munkelte, daß er das seinem am Isonzo gebliebenen Bein zu verdanken hatte, sonst wäre er noch länger fortgeblieben.

An der Tür der Dwořaks klopfte aber eines Abends im Herbst ein Arbeitskollege des Mannes und erzählte der öffnenden Frau, daß ihr Mann von der Gestapo vom Arbeitsplatz weggeholt worden war.

Es war fast wie vor Jahren, als man ihn zusammengeschlagen gebracht hatte. Wieder bot die Frau Dwořak, sie war mit dem Kleinsten allein, diesmal unter Tränen dem Kollegen ein Gläschen selbstangesetzten Schnaps an, das dieser, obwohl er sich im Zimmern, in dem nichts wesentlich verändert war, umgesehen hatte, annahm. Er erzählte, Dwořak habe in der Firma immer wieder über die neuheidnischen Sitten, die da aus dem Norden eingeschleppt und uns aufoktroyiert würden, abfällige Bemerkungen gemacht. Die Kollegen haben ihn oft genug gewarnt. Irgendwer mußte ihn angezeigt haben.

Als Herr Bojanowsky, er trug jetzt nicht nur eine Bein-, sondern auch eine Zahnprothese, davon erfuhr, sammelte er heimlich bei den Hausparteien zur Unterstützung der verlassenen Frau und ihre Kinder einige Male kleinere Beträge, die so lange halfen, bis Frau Dwořak eine Halbtagsbeschäftigung fand.

Es war selbstverständlich, daß er nun bei Frau Fleischmann nicht vorsprach.

Herr Dwořak trug etliche Jahre den pyjamagestreiften Anzug, den man ihm in Dachau verpaßte. Dieser war zwar nicht von der Frau Fleischmann genäht; aber was wußte man in dieser Großen Zeit, wer wen einnähte.

II.
Österreich unter nationalsozialistischer Herrschaft

Österreich unter nationalsozialistischer Herrschaft:

Zulauf, Anpassung, Widerstand, Vernichtung

Anton Pelinka

I. Anschluß oder Besetzung?

Den überraschten Österreichern erklärte Bundeskanzler Kurt SCHUSCHNIGG am Abend des 11. März 1938, daß er der *Gewalt* weiche; daß er jedoch nicht bereit sei, „deutsches Blut“ zu vergießen.[1]

In dieser Erklärung, die der Bundeskanzler den Österreichern gab, tritt die ganze *Widersprüchlichkeit* österreichischen Verhaltens klar hervor. SCHUSCHNIGG berief sich, wenn auch in ganz allgemeiner Form, auf die militärische Erpressung, die von Berlin ausging;[2] auf die nackte Gewalt, die zunächst eine Gewalt der Worte war, denen freilich am Abend noch desselben Tages die Gewalt von Taten folgen sollte. SCHUSCHNIGG machte klar, daß das, was nun in den nächsten Tagen in Österreich ablaufen sollte, die Besetzung eines souveränen Staates durch die Truppen eines anderen, mächtigeren Staates war.

Doch dieser souveräne Staat, dieses Österreich, dieser Bundeskanzler wollten sich nicht zur Wehr setzen. Nicht einfach, weil sie die Chance des österreichischen Widerstandes zu gering schätzten; sondern auch, weil es eben um „deutsches“ Blut ging. Der *Mythos* vom Deutschtum, vom Reich, von der besonderen Bindung Österreichs an Deutschland wurde zur Schranke, die den Widerstand behinderte und, zunächst, verhinderte. SCHUSCHNIGGS widerstandslose Resignation war nur die Folge der in allen Lagern Österreichs ab 1918 für selbstverständlich gehaltenen *Anschlußbejahung*.[3] Österreich wurde für deutsch gehalten, das Aufgehen Österreichs in Deutschland wurde grundsätzlich bejaht – wenn auch nicht

---

1. Gerechtigkeit für Österreich! Rot-weiß-rot-Buch. Darstellungen, Dokumente und Nachweise zur Vorgeschichte und Geschichte der Okkupation Österreichs (nach amtlichen Quellen) 1. Teil. Wien 1946, 63.

2. Der Hochverratsprozeß gegen Dr. Guido Schmidt vor dem Wiener Volksgericht. Die gerichtlichen Protokolle mit den Zeugenaussagen, unveröffentlichten Dokumenten, sämtlichen Geheimbriefen und Geheimakten. Wien 1947, 459–467.

3. Norbert SCHAUSBERGER: Der Griff nach Österreich. Der Anschluß. Wien-München 1978, 29–110.

vielleicht zu diesem Zeitpunkt, wenn auch nicht mit diesen Methoden. Am Abend des 11. März 1938 ereignete sich das, worauf die Politiker der Ersten Republik hingearbeitet hatten, was sie in ihren Programmen verkündet hatten, was ihnen nur von den Siegermächten des Weltkrieges verboten war – der Anschluß an Deutschland.

Die siebenjährige Herrschaft des Nationalsozialismus über Österreich war von dieser *Doppelbödigkeit* gekennzeichnet: Österreich und seine Repräsentanten wollten ja diesen Anschluß, bejahten ihn auch nach dem 11. März 1938. Die österreichischen Bischöfe propagierten ebenso freiwillig ihr „Ja" zur „Volksabstimmung" vom 10. April 1938 wie Karl RENNER – Theodor Kardinal INNITZER und die anderen Bischöfe repräsentierten mit ihrer übereifrigen Anpassung das christlich-konservative Lager, RENNER das sozialistische Lager.[4] Beide blieben – zunächst – Gefangene des Reichsmythos; beide wurden deshalb zu Propagandawerkzeugen des Nationalsozialismus.

Die Frage Anschluß oder Besetzung war nur vordergründig eine staatsrechtliche und völkerrechtliche: Der Streit, ob Österreich als *souveräner* Staat nur handlungsunfähig war, oder ob Österreich zu existieren aufgehört hatte, bekam 1943 eine internationale, ab 1945 eine wichtige nationale Stellvertreterfunktion: An dieser Frage richteten sich die Interessen des österreichischen Widerstandes auf, an dieser Frage sollten sich jedoch auch die Konkordatsinteressen der SPÖ mit den antifaschistischen Traditionen eben dieser Partei reiben.[5]

Wichtiger, prägender als die rechtliche Fragestellung und die dahinterstehenden taktischen und strategischen Interessen war jedoch die lähmende Wirkung, die die *Reichsmythologie* auf Österreich hatte. Hunderttausende Österreicher, keineswegs nur überzeugte Nationalsozialisten, jubelten Adolf HITLER auf dessen Reise von Braunau über Linz nach Wien zu; Hunderttausende waren im hysterischen Massenwahn, als am 15. März HITLER auf dem Heldenplatz in Wien „Meldung vor der Geschichte" erstattete. Die Österreicher selbst schienen zu bestätigen, daß ihr Land „heimgeholt" worden war.

Der Jubel der Österreicher machte es dem *Ausland,* insbesondere den europäischen Mächten leicht, die Politik der Beschwichtigung gegenüber dem nationalsozialistischen Deutschland fortzusetzen. Nur Chile, China, Mexiko, die spanische Republik und die Sowjetunion erhoben offiziell Protest gegen die Besetzung Österreichs.[6]

4. Felix KREISSLER: Der Österreicher und seine Nation. Ein Lernprozeß mit Hindernissen. Wien-Köln-Graz 1984, 98–102.

5. Erika WEINZIERL: Die kath. Kirche, In: Österreich. Die Zweite Republik. Bd. 2, Hg.: Ds./Kurt SKALNIK. Graz-Wien-Köln 1972, 286–296.

6. Walter KLEINDEL: Österreich. Daten zur Geschichte und Kultur. Wien-Heidelberg 1978, 361. – Fritz FELLNER: Die außenpolitische und völkerrechtliche Situation Österreichs 1938. Österreichs Wiederherstellung als Kriegsziel der Alliierten, In: WEINZIERL/SKALNIK, Zweite Republik, Bd. 1, 53 – 145 (Anm. 5).

Und die Realität der *Besetzung,* einer brutalen Unterdrückung, stand hinter dem Jubel des Anschlusses. Noch am Abend des 11. März wurden in Österreich die Gegner des Nationalsozialismus verhaftet, wurden politische Häftlinge gequält, erhielten jüdische Österreicher einen brutalen Vorgeschmack des grausamen Schicksals, das sie erwartete. Viele sahen keinen anderen Ausweg als den Selbstmord – Egon FRIEDELL war nur ein Opfer von vielen. Am 26. März erklärte Hermann GÖRING in einer Kundgebung in Wien, daß diese Stadt binnen vier Jahren „judenrein" sein müsse – wie viele Versprechen der Nationalsozialisten wurde auch dieses fast buchstabengetreu eingehalten. Am 1. April transportierte die Polizeimacht des neuen Regimes, der sich auch viele Beamte des alten Regimes angeschlossen hatten, die ersten 157 politisch Gefangenen nach Dachau.[7]

Die Zusammensetzung dieses Transportes war typisch für die nationalsozialistische Politik der *Unterdrückung,* und sie sollte auch typisch werden für die Vorgeschichte der Zweiten Republik: Die Nationalsozialisten verfolgten vor allem jene Repräsentanten der beiden großen Lager, die noch am Vorabend der Besetzung durch einen Kompromiß zwischen den Bürgerkriegsgegnern von 1934 die österreichische Unabhängigkeit hatten retten wollen. Die Sozialdemokraten Robert DANNEBERG (er sollte nicht mehr zurückkehren) und Franz OLAH befanden sich neben den Repräsentanten der „Vaterländischen Front", wie Leopold FIGL, Alfons GORBACH, Josef REITHER und Richard SCHMITZ.

II. Anpassung und Zulauf

Die Besetzung Österreichs durch Deutschland war auch der Sieg einer österreichischen Partei – der NSDAP, die auf eine legale Vergangenheit bis 1933 und auf ein illegales Wirken danach zurückblicken konnte. Dieser durch militärischen Druck, durch direkte Erpressung errungene Sieg der *Nationalsozialisten* brachte der NSDAP unmittelbar nach dem „Anschluß" einen gewaltigen Zulauf. Zwischen 1938 und 1941 stieg die Mitgliederzahl der Partei in Österreich auf mehr als das Dreifache. Im Frühjahr 1942 betrug die Zahl der Mitglieder der NSDAP in Österreich, einschließlich derjenigen, die in der Wehrmacht und im Hilfsdienst waren, mehr als 800.000 – obwohl die Partei unmittelbar nach dem „Anschluß" keineswegs alle Anwärter aufnahm, sondern eine bewußt selektive Aufnahmepolitik betrieb.[8]

7. Radomir LUŽA: Österreich und die großdeutsche Idee in der NS- Zeit. Wien-Köln-Graz 1977, 53. – Siehe dazu auch die vielen Einzeldarstellungen bei Franz DANIMANN (Hg.): Finis Austriae. Österreich, März 1938. Wien-München-Zürich 1978.

8. LUŽA, Österreich, 84 f (Anm. 7).

Tabelle 1: Anzahl der Mitglieder der NSDAP in Österreich, Stand Frühjahr 1942

Gaue	Kreise	Ortsgruppen	Mitglieder	in der Wehrmacht und im Hilfsdienst
Kärnten	11	250	44.992	9.723
Niederdonau	26	718	178.706	48.407
Oberdonau	17	486	87.588	20.283
Salzburg	5	125	27.068	6.142
Steiermark	17	347	107.030	20.113
Tirol u. Vorarlberg	10	338	70.348	15.922
Wien	10	317	172.746	39.337
		insgesamt	688.478	159.927

Quelle: LUŽA, Österreich, 85 (Anm. 7).

1942, am – scheinbaren – Höhepunkt der Macht des Nationalsozialismus, waren somit mehr als 10% der Österreicher als *Mitglieder* registriert. Die NSDAP hatte mehr Mitglieder in Österreich, als die mit Abstand mitgliederstärkste Partei der Ersten Republik, die Sozialdemokratische Arbeiterpartei, je aufzuweisen hatte.[9]

Durch Kriegsverluste und verspätete Heimkehr von der Kriegsgefangenschaft war die Zahl der registrierten Nationalsozialisten nach der Befreiung geringer – sie betrug mehr als eine halbe Million, also etwas weniger als 10% der Bevölkerung. Die größte *Organisationsdichte* hatte die NSDAP in Tirol, Salzburg und Vorarlberg – die geringste im Burgenland (das als politische Einheit, als „Gau“ freilich während der Zeit der Besatzung nicht existierte) und in Niederösterreich.[10]

Tabelle 2: Registrierte Nationalsozialisten – November 1947

Land	Zahl	belastet	minder belastet	Bevölkerung	%-Anteil Bevölkerung
Wien	114.627	8.606	101.021	1,430.658	8,0
Niederösterreich	81.095	7.620	73.475	1,374.985	6,0
Oberösterr. (Süd)	71.259	7.335	63.924		8,1
Oberösterr. (Nord)	11.036	832	10.204	1,016.036	8,1
Salzburg	30.870	2.587	28.283	282.336	10,9
Steiermark	91.026	6.044	84.982	1,017.391	8,9
Kärnten	43.818	3.595	40.223	479.985	9,1
Tirol	48.149	3.225	44.924	343.904	14,6
Vorarlberg	17.045	1.219	15.826	162.715	10,4
Burgenland	14.908	1.066	13.842	258.934	5,7
	523.833	42.129	481.704	6,366.944	8,2

Quelle: LUŽA, Österreich, 87 (Anm. 7).

Der *Zulauf* zur NSDAP war also *regional* verschieden. Er war ganz allgemein in Westösterreich und auch in den südlichen Bundesländern über dem Durchschnitt, im Osten – auch in Wien – unter dem Durchschnitt. Der Zulauf zur NSDAP war aber auch *sozial* unterschiedlich. Die größte Anziehungskraft übte die NSDAP auf Beamte, Angestellte und Angehörige freier Berufe aus – Arbeiter und Bauern waren relativ schwach vertreten. Überdies war der Zulauf vor allem ein Zulauf der Männer – der Anteil der Frauen betrug nur etwa 15%.[11]

9. Kurt L. SHELL: Jenseits der Klassen? Österreichs Sozialdemokratie seit 1934. Wien-Frankfurt/Main-Zürich 1969, 95.

10. LUŽA, Österreich, 87 (Anm. 7).

11. LUŽA, Österreich, 86 (Anm. 7).

Die NSDAP war somit eine österreichische *Großpartei,* deren Organisationskraft der der NSDAP im Deutschen Reich entsprach. Die NSDAP war, darüber hinaus, eine *Volkspartei* mit deutlich bürgerlichem Akzent – sie erfaßte grundsätzlich alle sozialen Gruppen, freilich die Arbeiter als traditionelle Kerngruppe der Sozialdemokratie und die Bauern als traditionelle Kerngruppe der Christlichsozialen in deutlich geringerem Ausmaß.

Selbstverständlich waren nicht alle der mehr als 800 000 österreichischen NSDAP-Mitglieder überzeugte Nationalsozialisten. Anpassungsdruck, Opportunitätsüberlegungen, Milieuprägung spielten eine große Rolle – aber auch darin war die NSDAP dem Typus der modernen Volkspartei gleich. Die NSDAP konnte sich unmittelbar nach der Besetzung als *Schleuse* etablieren, durch die alle Ansprüche der Österreicher hindurch mußten – Ansprüche auf Karriere, Ansprüche auf Sicherheit, Ansprüche auf Wohnung.

Daß mehr als 800 000 Österreicher die Mitgliedschaft bei der NSDAP vorweisen konnten, bedeutete ja, daß etwa jede vierte österreichische Familie organisatorisch an die NSDAP gebunden war. Die NSDAP bildete einen engeren Kreis in der österreichischen Gesellschaft, in dem die relativen *Privilegien* der nationalsozialistischen Ordnung vergeben wurden. Verschiedene regionale Studien zeigen dies besonders deutlich.

Ernst HANISCH zeigt am Beispiel des Landes Salzburg den *Anpassungsdruck* auf Bauern und Arbeiter, also auf jene beiden sozialen Gruppen, die in der NSDAP deutlich unterrepräsentiert waren. Im bäuerlichen Milieu hatte sich die NSDAP – in Salzburg wie auch in den anderen „Reichsgauen" – vor allem mit dem dominanten katholischen Einfluß auseinanderzusetzen. Die NSDAP versuchte, in dieses Milieu stärker einzudringen, indem sie in Salzburg vier „Aufbaugemeinden" auswählte, denen besondere finanzielle Unterstützung zuging. Nach Beginn des Krieges wurde dies durch die „Hofpatenschaft" ergänzt, durch die ein nicht eingezogener Bauer die Leitung und Bewirtschaftung eines anderen Hofes übernahm, wo der Bauer eingerückt war. Überdies wurden – vorsichtig – Instrumente einer agrarischen Planwirtschaft mit genossenschaftlichen Elementen erprobt, wie etwa der gemeinsame Bau von Seilbahnen, Wasserleitungen und die Anschaffung eines Maschinenparks.[12]

Am Beispiel der Reaktion der Bauern im Lande Salzburg können auch die *Grenzen* des Zulaufes und der Anpassung im ländlichen Bereich verdeutlicht werden: „. . . die Bauern waren durchaus bereit, gewisse Modernisierungsangebote des Nationalsozialismus aufzunehmen, sie wiesen aber darüber hinausgehende ideologische Zumutungen halsstarrig ab."[13]

Gerhard BOTZ analysiert die *Anziehungskraft* der NSDAP im „Reichsgau" Wien. In Wien konzentrierte sich die NSDAP auf die Gewinnung der Arbei-

12. Ernst HANISCH: Nationalsozialistische Herrschaft in der Provinz. Salzburg im Dritten Reich. Salzburg 1983, 269–273.

13. HANISCH, Herrschaft, 273 (Anm. 12).

terschaft. Der nationalsozialistische Bürgermeister Hermann NEUBACHER versuchte unmittelbar nach dem „Anschluß" Teile der sozialdemokratischen Basis, die ab 1934 politisch mehr oder weniger heimatlos war – soferne sie sich nicht in der illegalen Opposition der Linken betätigt hatte, für die NSDAP einzunehmen. Sozialdemokraten, die nach dem Bürgerkrieg von 1934 aus dem Gemeindedienst entfernt worden waren, wurden wieder eingestellt. Vor allem in der Werbung vor der „Volksabstimmung" vom 10. April 1938 wurde in Wien der „deutsche Sozialismus" der NSDAP immer wieder hervorgekehrt. Durch eine Sonderaktion wurde Arbeitslosen Beschäftigung gesichert. Bestimmte soziale Hilfsmaßnahmen, wie etwa Massenverschickungen durch die Organisation „Kraft durch Freude", unterstrichen den sozialen Akzent nationalsozialistischer Politik.[14]

In Wien nutzte die NSDAP auch die geraubten Wohnungen und die freigewordenen Arbeitsplätze der jüdischen Bevölkerung, um eine attraktive, expansive *Sozialpolitik* vorzutäuschen. Da etwa 10% der Wiener Opfer der Nürnberger Rassengesetze waren, konnte die nun gegenüber dieser Minderheit plötzlich privilegierte Mehrheit an der Verteilung jüdischen Besitzes beteiligt werden. Tatsächlich beteiligten sich zehntausende Wiener an diesem von der Partei und vom Staat geplanten Raubzug. Die nationalsozialistische Verwaltung sah sich sogar gezwungen, die unkontrollierte „Arisierung" in geordnete Bahnen zu lenken. Wiener waren allzu übereifrig, ihren Mitbürgern jüdischer Herkunft die Wohnungen zu rauben. BOTZ kommentiert diese Form massenhafter Beteiligung am organisierten Antisemitismus in Wien:

„Die Beschaffung von Wohnraum nicht durch Neubauten, sondern durch Vertreibung der Juden kann als Musterbeispiel ‚negativer Sozialpolitik' gelten . . . allein durch die Vertreibung der Wiener Juden wurden 1938 bis 1942 etwa 70 000 Wohnungen frei, das sind immer noch um 10 000 mehr, als durch eine intensive, zehnjährige Wohnbautätigkeit der sozialdemokratischen Stadtverwaltung vor 1934 in Wien geschaffen werden konnten."[15]

III. Widerstand und Verfolgung

Die Anziehungskraft des regierenden Nationalsozialismus hatte zwar eine große Zahl von Österreichern erfaßt, dennoch aber die politische *Grundstruktur* des Landes nicht zerstört. Die NSDAP hatte im wesentlichen, mit wenigen Ausnahmen, die verschiedenen Organisationen des „Dritten La-

14. Gerhard BOTZ: Wien vom „Anschluß" zum Krieg. Nationalsozialistische Machtübernahme und politisch-soziale Umgestaltung am Beispiel der Stadt Wien 1938/39. Wien-München 1978, 129 – 139.

15. BOTZ, Wien, 463 (Anm. 14). – Vgl. dazu auch Hans WITEK: „Arisierungen" in Wien. Aspekte nationalsozialistischer Enteignungspolitik 1938–1940. In: Emmerich TÁLOS/Ernst HANISCH/Wolfgang NEUGEBAUER (Hg.): NS-Herrschaft in Österreich 1938- 1945. Wien 1988. 199–216.

gers", des deutschnationalen Lagers, übernommen; sie war die Repräsentantin dieses Lagers.[16] Die beiden anderen, größeren Lager jedoch konnten ihre Substanz erhalten – das sozialistische Lager und das christlich-konservative Lager. Das Weiterbestehen dieser politischen Struktur Österreichs war auch die Grundlage des österreichischen Widerstandes und der Wiedergründung der Republik Österreich nach der Befreiung 1945.

Das sozialistische Lager war nach dem Bürgerkrieg vom Februar 1934 in die *Illegalität* und ins Exil gezwungen. Die alte Partei, wesentliche Teile ihrer Führung, existierte in Form eines Auslandsbüros weiter, das zunächst in Brünn, später in Paris arbeitete. In Österreich selbst kristallisierte sich aus verschiedenen Strömungen die Gruppe der Revolutionären Sozialisten als die mit Abstand wichtigste sozialistische Oppositionsströmung heraus, die sich einerseits auf die Tradition der Sozialdemokratischen Arbeiterpartei berief, andererseits jedoch aus der Niederlage der Partei Konsequenzen für eine teilweise andere Politik zu ziehen bereit war.[17]

Unmittelbar vor der Besetzung Österreichs hatten sich die *Revolutionären Sozialisten* bereit erklärt, ohne wirkliche konkrete Zugeständnisse der Regierung SCHUSCHNIGGs ihre Anhänger für die für den 13. März 1938 vorgesehene Volksabstimmung zu einem „Ja" zur österreichischen Unabhängigkeit aufzurufen. Den Revolutionären Sozialisten war das austrofaschistische Regime das kleinere Übel.[18]

Die Revolutionären Sozialisten beschlossen in den Stunden der Besetzung, ihre *Untergrundorganisation* stillzulegen. Sie wußten, daß durch die Übernahme des Polizeiapparates des „autoritären Ständestaates" durch die Nationalsozialisten die polizeibekannten Revolutionären Sozialisten in unmittelbarer Gefahr waren. Dennoch wurden gerade die Aktiven unter den Revolutionären Sozialisten durch die ersten Verfolgungsmaßnahmen des nationalsozialistischen Sicherheitsapparates getroffen.[19]

Die Opposition des sozialistischen Lagers gegen die nationalsozialistische Herrschaft wurde zunächst auch durch die unklare Haltung der Sozialdemokratie zum *Anschluß* selbst behindert. Otto BAUER hatte in seinem bekannten Kommentar in Paris den Anschluß als solchen akzeptiert.[20] Karl RENNER bekannte sich vor der „Volksabstimmung" vom 10. April 1938 ebenfalls zum Verlust der österreichischen Unabhängigkeit. Anders als die Kommunisten und anders auch als bestimmte Teile des bürgerlichen Widerstandes war für die Sozialisten ihre Gegnerschaft zum nationalsozialistischen

16. Bruce PAULEY: Hitler and the Forgotten Nazis. A History of Austrian National Socialism. Chapel Hill 1981.

17. Otto LEICHTER: Zwischen zwei Diktaturen. Österreich Revolutionäre Sozialisten 1934-1938. Wien 1968.

18. LEICHTER, Diktaturen, 369–398 (Anm. 17).

19. Radomir LUŽA: The Resistance in Austria 1938–1945. Minneapolis 1984, 79.

20. KREISSLER, Österreicher, 111–114 (Anm. 4). – Ernst PANZENBÖCK: Ein deutscher Traum. Die Anschlußidee und Anschlußpolitik bei Karl Renner und Otto Bauer. Wien 1985.

Regime ohne patriotische Komponente. Erst die Erfahrungen mit der Praxis der Okkupation führte zu einem allmählichen Übergreifen des österreichischen *Patriotismus* auch auf die Sozialisten. 1940 wurde in Salzburg die Gruppe „Revolutionäre Sozialisten von Österreich" ins Leben gerufen, die Ende 1942 und Anfang 1943 von der Gestapo aufgedeckt wurde – der Name dieser Gruppe war für den Wandel des Österreichbewußtseins im sozialistischen Lager signifikant.[21] Und Adolf SCHÄRF fand erst am Vorabend des 20. Juli 1944 zu einem eindeutigen Bekenntnis zur österreichischen Unabhängigkeit – bis dahin war für ihn, wie für alle anderen Sozialdemokraten auch, der Widerstand gegen den Nationalsozialismus demokratisch und sozialistisch, nicht aber österreichisch motiviert.[22]

Auf der politischen *Linken* waren nur ansatzweise sozialdemokratische Organisationen als institutionelles Netzwerk im Untergrund aktiv. Auf der Linken dominierte im Organisationsbereich die Kommunistische Partei Österreichs. Die KPÖ betonte von Anfang an, in Übereinstimmung mit ihrer Politik im „Autoritären Ständestaat", die österreichische, patriotische Komponente. Und die KPÖ war auch in ihrem Widerstand von den Interessen der Sowjetunion beeinflußt: Nachdem die kommunistische Untergrundorganisation schon bald nach der Besetzung Österreichs schwere Verluste durch die Gestapo zu erleiden hatte, wurde sie auch zwischen dem Hitler-Stalin-Pakt und dem Sommer 1941 verfolgt; aber erst der Überfall Deutschlands auf die Sowjetunion provozierte ein besonders aktives Engagement der Kommunisten gegen die deutschen Kriegsanstrengungen.[23] Die Kommunisten waren zweifellos die am besten organisierte, aktivste politische Untergrundorganisation – sie hatten auch den größten Blutzoll zu begleichen. Der ständige Ausfall immer neuer Parteikader, die in den Konzentrationslagern oder auf den Hinrichtungsstätten des „Dritten Reiches" zugrunde gingen, führte Anfang 1944 zum faktischen Ausfall der KPÖ als Untergrundorganisation – der kommunistische Widerstand ging im letzten Jahr vor der Befreiung Österreichs im wesentlichen von der Exilorganisation in Moskau aus, ihre Aktivitäten standen in engem Zusammenhang mit der jugoslawischen Partisanenbewegung.[24]

Der *„bürgerliche"* Widerstand war von der zentralen Bedeutung der katholischen Kirche für das christlich-konservative Lager in Österreich geprägt. Nach den ersten Anpassungsversuchen, deren Höhepunkt der Aufruf der österreichischen Bischöfe vor dem 10. April 1938 war, wurde der Gegensatz zwischen der nationalsozialistischen Politik und den unmittelbaren Organisationsinteressen der Kirche immer deutlicher. Katholische Schulen

21. LUŽA, Resistance, 88–96 (Anm. 19).

22. Karl R. STADLER: Adolf Schärf. Mensch, Politiker, Staatsmann. Wien-München-Zürich 1982, 172–180.

23. Helmut KONRAD: Widerstand an Donau und Moldau. KPÖ und KSC zur Zeit des Hitler-Stalin-Paktes. Wien-München-Zürich 1978.

24. LUŽA, Resistance, 150–155 (Anm. 19).

wurden geschlossen, Klöster wurden aufgehoben, Jugendorganisationen wurden aufgelöst – die Kirche sollte sich auf den Kirchenraum beschränken. Der rasche Wandel in den Beziehungen zwischen Nationalsozialismus und Kirche kam in der Jugenddemonstration vor dem Stephansdom am 7. Oktober 1938 in Wien zum Ausdruck, die den „spontanen" Sturm auf das erzbischöfliche Palais am nächsten Tag nach sich zog.[25]

Dennoch war die *Kirche* im engeren Sinn, war der Klerus keineswegs eine oppositionelle Organisation. Einzelne Priester freilich waren in verschiedenen Untergrundzellen aktiv, und unter den Hingerichteten und in Konzentrationslagern Umgekommenen befanden sich relativ viele katholische Priester.[26]

Der „bürgerliche" Widerstand war in den ersten Jahren der Besetzung relativ stark von *legitimistischen* Interessen bestimmt. Unter den Anhängern der Vaterländischen Front und des „autoritären Ständestaates" befanden sich zahlreiche überzeugte Monarchisten, und die entschieden antinationalsozialistische Politik Otto HABSBURGs verhalf den Legitimisten zu Ansehen unter den Gegnern des Regimes.[27]

In einem ideologischen und sozialen Naheverhältnis zur Kirche und zu den Legitimisten standen verschiedene, *konservative* Widerstandsgruppen – dazu zählte die im Herbst 1938 gegründete „Österreichische Freiheitsbewegung", die 1940 der Gestapo zum Opfer fiel. Für die Motivation dieses Widerstandes war wesentlich, daß in der Gruppe enttäuschte, ehemalige Sympathisanten des Nationalsozialismus dominierten – wie der später hingerichtete Augustiner Chorherr Karl Roman SCHOLZ.[28]

Die aktiven Funktionäre der alten Christlichsozialen Partei und der Vaterländischen Front fanden erst gegen Ende des Krieges zu Organisationen, deren Zweck weniger der Widerstand und mehr die Vorbereitung auf die sich abzeichnende Befreiung war. Ab Frühling 1944 legten sich verschiedene Funktionäre des *christlich-konservativen* Lagers auf die Gründung einer neuen Partei, der Österreichischen Volkspartei, nach der Befreiung der Alliierten fest. Die Ereignisse des 20. Juli 1944 brachten diesen eher passiv Konspirierenden Verhaftung und Einweisung in das Konzentrationslager – die Gründer der ÖVP kamen im Frühjahr 1945 größtenteils fast direkt aus den Gefängnissen und Lagern.[29]

25. Erika WEINZIERL: Kath. Widerstand gegen den Nationalsozialismus in Österreich, In: Religion und Kultur an Zeitenwenden. Hg.: Norbert LESER. Wien-München 1984, 295.

26. Vergleiche dazu die einzelnen, dem kirchlichen Widerstand gewidmeten Kapitel in Widerstand und Verfolgung in Wien 1934–1945, 3 Bände, Wien und Wien-München 1975; Widerstand und Verfolgung im Burgenland 1934–1945, Wien und Wien-München 1979; Widerstand und Verfolgung in Oberösterreich 1934–1945, 2 Bände, Wien, Wien-München und Linz 1982; Widerstand und Verfolgung in Tirol 1934–1945, 2 Bände, Wien und Wien-München 1984.

27. LUŽA, Resistance, 29–42 (Anm. 19).

28. WEINZIERL, Widerstand, 298f. (Anm. 25).

29. Lois WEINBERGER: Tatsachen, Begegnungen und Gespräche. Ein Buch um Österreich. Wien 1948, 241–251.

Der österreichische Widerstand äußerte sich jedoch nicht nur in Form geheimer Konspiration, sondern auch als *Gegengewalt* : Auch in Österreich kam es zu Guerillaaktionen, zu Bildungen von partisanenähnlichen Kampfgruppen. Im Süden, in den Grenzgebieten Kärntens und der Steiermark, wurden Kontakte zur jugoslawischen Partisanenbewegung hergestellt – den Kärntner Slowenen kam für diese Kooperation eine wichtige Verbindungsrolle zu. Auch in der Obersteiermark, im Salzkammergut, im Wechselgebiet und in Tirol organisierten verschiedene Gruppen, teilweise kommunistisch, teilweise konservativ geprägt, aktiven, militärischen Widerstand gegen den Nationalsozialismus. Vor allem in den letzten Monaten und Wochen des Krieges hatte diese Kampftätigkeit, die das gebirgige Terrain Österreichs zu nutzen versuchte, eine gewisse militärische Bedeutung.[30]

Österreichischer militärischer Widerstand formierte sich jedoch auch innerhalb der Deutschen *Wehrmacht.* Neben Paris war Wien das einzige größere Zentrum, in dem der Putsch des 20. Juli 1944 erfolgreich war.[31] Und unmittelbar vor der Befreiung Wiens nahm eine österreichische Widerstandsgruppe in der Deutschen Wehrmacht Kontakt mit der Roten Armee auf, um die Befreiung Wiens ohne Zerstörung zu ermöglichen – einige österreichische Offiziere in deutscher Uniform wurden deshalb noch, während die Kämpfe in Wien andauerten, von der SS gehängt.[32]

In seiner empirischen *Analyse* des österreichischen Widerstandes nützt Radomir LUŽA die vorhandenen Akten verschiedener Gerichte, die gegen die österreichischen Widerstandskämpfer einschritten. Seine Aufstellung über die politische Verflechtung des österreichischen Widerstandes zeigt eine Verteilung, die sowohl für die Struktur der Ersten Republik, als auch für die Struktur der Zweiten Republik nicht repräsentativ ist: Der Anteil kommunistischer und legitimistischer Widerstandsgruppen liegt immer deutlich vor dem des sozialdemokratischen (sozialistischen) Widerstandes.[33]

Tabelle 3: Politische Verflechtung des Widerstandes

Politischer Hintergrund	
Kommunisten	44,5%
Revolutionäre Sozialisten	5,0%
Betriebszellen	2,8%
Legitimisten	6,5%
Traditionalisten	16,1%
Militär	3,8%
Zeugen Jehovas	2,9%
Österreicher – allgemein	17,7%
Heimatfront	0,7%
	100,0%
	(N = 2.795)

Quelle: LUŽA, Resistance, 293 (Anm. 19).

30. Otto MOLDEN: Der Ruf des Gewissens. Der österr. Freiheitskampf 1938–1945. 3. A. Wien-München 1970. – LUŽA, Resistance, 193–226 (Anm. 19).

31. Ludwig JEDLICKA: Der 20. Juli 1944 in Österreich. 2. A. Wien- München 1966.

32. LUŽA, Resistance, 227–242 (Anm. 19).

33. LUŽA, Resistance, 293 (Anm. 19).

Wenn auch diese Analyse keinen repräsentativen Querschnitt im engeren Sinn bietet, weil ihr nur die Gerichtsakten und damit die Widerstandshandlungen der Österreicher, die deshalb vor ein deutsches Gericht gestellt wurden, zugrunde liegen, so ist doch der Akzent eindeutig: Die Last des politisch aktiven Widerstandes lag überproportional bei den Kommunisten.

IV. Vernichtung

Der Nationalsozialismus verfolgte nicht nur Österreicher, die in politischer Opposition gegen das Regime standen. Er verfolgte auch solche, die aufgrund eines *Religionsbekenntnisses,* aufgrund der Zugehörigkeit zu einer *Volksgruppe* oder aufgrund einer als *„rassisch"* definierten Zugehörigkeit von vornherein als Gegner eingestuft waren. Zu den Religionsgemeinschaften, die unter dem Nationalsozialismus schwer verfolgt wurden, zählen vor allem die *Zeugen Jehovas*[34] – ihre Angehörigen wurden, weil sie den Wehrdienst grundsätzlich ablehnten, als „Bibelforscher" in die Konzentrationslager eingewiesen. Sie teilten dieses Schicksal mit den *Homosexuellen,* die wegen ihrer *sexuellen* Veranlagung verfolgt wurden.

Um die „Ostmark" *deutsch* zu machen, übte das nationalsozialistische Regime auch Druck auf die nicht deutschsprechenden Österreicher aus. Die *Slowenen* in Kärnten wurden einem Anpassungsdruck ausgesetzt, die bewußten Slowenen politisch verfolgt, teilweise auch Opfer einer systematischen Aussiedlungsaktion. Doch diese Repression motivierte den Widerstand der Partisanen und führte zu den Kontakten mit dem jugoslawischen Widerstand.[35]

Das schrecklichste Schicksal unter der nationalsozialistischen Herrschaft erlitten jene Österreicher, die aufgrund obskurer Kriterien als *„Juden"* oder als *„Zigeuner"* eingestuft wurden. Diese Österreicher hatten grundsätzlich von der nationalsozialistischen Herrschaft nichts anderes als den gewaltsamen *Tod* zu erwarten.

Der „Anschluß" brachte auch die Geltung der Nürnberger *Rassengesetze* für Österreich. Doch Österreicher warteten nicht auf die Administration der sozialdarwinistischen Rassenlehre, sie begannen mit der praktischen Unterdrückung anderer Österreicher umgehend: Beginnend mit dem Abend des 11. März 1938 kam es in ganz Österreich zu antijüdischen Ausschreitungen, die von der Polizei geduldet, im allgemeinen aber ohne direkte amtliche Beteiligung vor sich gingen. Der österreichische *Antise-*

34. LUŽA, Resistance, 62–65 (Anm. 19).

35. Hanns HAAS/Karl STUHLPFARRER: Österreich und seine Slowenen. Wien 1977, 74–88. – Valentin SIMA: Die Kärntner Slowenen unter nationalsozialistischer Herrschaft. vom „Anschluß" zur Aussiedlung. In: TÁLOS/HANISCH/NEUGEBAUER, NS-Herrschaft, 361–380 (Anm. 15).

mitismus konnte sich an jüdischen Mitbürgern austoben.[36] Hermann GÖRING gab mit einer Rede in Wien am 26. März 1938 den Startschuß für die *amtlichen Raubzüge* gegen Juden, gleichzeitig wurde die *Auswanderung* jüdischer Bürger unter der Voraussetzung ermöglicht, daß ein Großteil ihres Besitzes zurückblieb. Und in der Nacht vom 9. auf den 10. November brannten auch in Österreich die *Synagogen*. Als nach Kriegsausbruch die Möglichkeiten zur erzwungenen Auswanderung der Juden nicht mehr gegeben waren, begann ab 1941 die Deportation – 1941 und 1942 wurde die Mehrheit der in Österreich verbliebenen Juden in die *Ghettos* und *Vernichtungslager* transportiert, bis Ende 1944 war in Österreich die „Judenfrage" nahezu „gelöst".[37]

Die Spuren des österreichischen Judentums, das gerade auch im 20. Jahrhundert so wesentlich zur österreichischen Kultur beigetragen hatte, verloren sich im *Exil* und in den *Lagern* des „Dritten Reiches". Die Zahl der Österreicher, die aktiv gegen die Vernichtung ihrer jüdischen Mitbürger auftraten, die das Leben von Mitbürgern zu retten versuchten, ist auffallend gering.[38] Auch die katholische Kirche, deren Protest gegen die „Euthanasie"-Aktionen, gegen die Ermordung Behinderter, teilweise erfolgreich war, trat nicht in gleichem Ausmaß offen gegen die Vernichtung des Judentums auf.[39]

Ein ähnliches Schicksal, von den Österreichern noch weniger beachtet, war die Vernichtung der *Zigeuner* . Die vor allem im Burgenland ansäßigen Österreicher, die der Volksgruppe der Zigeuner zugerechnet wurden, wurden noch in der Spätphase von der Vernichtungsmaschine des „Dritten Reiches" erfaßt. In Lackenbach, im Burgenland, wo ein als „Sammellager" gedachtes Konzentrationslager war, begann für die meisten von ihnen der Weg in die *Vernichtung* in Auschwitz.[40]

V. Entwicklung aus der Verneinung

Die Herrschaft des Nationalsozialismus hinterließ eine eindeutige *Bilanz*. Etwa 2700 Österreicher wurden als Widerstandskämpfer zum Tode verurteilt und hingerichtet; etwa 16 000 Österreicher starben in den Konzentrationslagern, etwa 10 000 in den Gefängnissen. Mehr als 65 000 Österrei-

36. Herbert ROSENKRANZ: Verfolgung und Selbstbehauptung. Die Juden in Österreich 1938–1945. Wien-München 1978, 20–25. – Jonny MOSER: Österreichs Juden unter der NS-Herrschaft. In: TÁLOS/HANISCH/NEUGEBAUER, NS-Herrschaft, 185–198 (Anm. 15).

37. ROSENKRANZ, Verfolgung, 26 und 159–167 (Anm. 36).

38. Erika WEINZIERL: Zu wenig Gerechte. Österreicher und Judenverfolgung 1938–1945. Graz-Wien-Köln 1969.

39. WEINZIERL, Gerechte. 95–112 (Anm. 38).

40. Selma STEINMETZ: Österreichs Zigeuner im NS-Staat. Wien-Frankfurt/Main-Zürich 1966. – Erika THURNER: Nationalsozialismus und Zigeuner in Österreich. Wien-Salzburg 1983.

cher wurden wegen ihrer jüdischen Herkunft ermordet. Mehr als 6000 Österreicher, zumeist politische Flüchtlinge, wurden außerhalb des Landes von der Todesmaschine erfaßt. Mehr als 300 000 Österreicher starben als Soldaten des Großdeutschen Reiches oder als Zivilisten in dem Krieg, der vom Nationalsozialismus vom Zaun gebrochen worden war.[41]

Die Herrschaft des Nationalsozialismus war auch das Produkt einer Orientierung Österreichs an *Deutschland.* Zulange hatten Österreicher den deutschen Charakter ihres Landes für selbstverständlich gehalten, zu lange hatten auch die demokratischen Strömungen im Anschluß an Deutschland die Lösung der Lebensfragen Österreichs gesehen. Der Mangel an Österreichbewußtsein erleichterte dem Nationalsozialismus den Durchbruch.

Doch gerade die Herrschaft des Nationalsozialismus förderte die Bereitschaft, in Österreich etwas anderes als einen in Reichsgaue aufgegliederten Teil des Deutschen Reiches zu sehen. Die Erfahrung mit der Praxis des Anschlusses machte die Sehnsucht nach dem Anschluß weitgehend zunichte. Das schon vor 1938 vorhandene *Österreichbewußtsein* wurde nach 1938 in einem Ausmaß gestärkt, das ohne die konkrete Herrschaftspraxis des Nationalsozialismus wahrscheinlich nicht vorstellbar gewesen wäre.[42]

Diese *Herrschaftspraxis* erleichterte auch den *Brückenschlag* zwischen den Siegern und den Verlierern des Bürgerkrieges von 1934. Die Gemeinsamkeit der Opferrolle nach 1938, symbolisiert in der Gemeinsamkeit des Transportes in das Konzentrationslager Dachau, sollte zur Basis der Zweiten Republik werden.

Doch die *Opferrolle* Österreichs und der Österreicher und auch der österreichische *Widerstand* gegen den Nationalsozialismus kann darüber nicht hinwegtäuschen, daß die Auseinandersetzung zwischen den totalitär Herrschenden und den illegal Opponierenden zwischen 1938 und 1945 ein Konflikt zwischen zwei *Minderheiten* war. Die bewußten Nationalsozialisten waren zweifellos eine solche Minderheit – aber auch die bewußten Gegner des Regimes konnten sich nicht wirklich auf die Mehrheit des Landes stützen.[43] Zweifellos herrschte am Ende des Krieges eine weitverbreitete Erleichterung vor – doch mischten sich hier Friedenssehnsucht und direkte politische Motive. Zweifellos war 1945 eine große Mehrheit der Österreicher für die Unabhängigkeit des Landes, für das Wiedererstehen der Republik. Aber ebenso erscheint es gesichert, daß 1938 nur eine Minderheit bereit gewesen wäre, sich wirklich dem „Anschluß" entgegenzustellen; und dies nicht nur aus Einsicht in die Vergeblichkeit eines solchen Bemühens.

Die sieben Jahre nationalsozialistischer Herrschaft in Österreich wirkten als *Katalysator* eines Prozesses, der ohne diese Phase nicht in dieser Ge-

41. LUŽA, Österreich, 219 (Anm. 7).
42. KREISSLER, Österreicher, 359–371 (Anm. 4).
43. HANISCH, Herrschaft, 265–268 (Anm. 12).

schwindigkeit und nicht in dieser Eindeutigkeit abgelaufen wäre. Die Selbstfindung Österreichs als demokratische Republik war das Ergebnis einer konkreten Anschluß-Erfahrung, aber ebenso das Ergebnis des Krieges und einer nüchternen Einsicht in die Nützlichkeit eines bestimmten Weges.

Deutlichster Ausdruck dieser *Lernfähigkeit* und *Anpassungsfähigkeit* Österreichs ist die personelle Kontinuität der politischen Eliten. Jener Karl RENNER, der schon 1918 bis 1920 einer Koalitionsregierung als provisorischer Staatskanzler vorgestanden war, jener Karl RENNER, dessen Anschlußerklärung im April 1938 von den Nationalsozialisten als Propagandawaffe verwendet wurde – und es war jener Karl RENNER, der als Vertreter dieser Regierung den von ihm selbst begrüßten Anschluß für null und nichtig erklärte.[44]

Diese Lernfähigkeit und Anpassungsfähigkeit beinhaltet jedoch auch ein opportunistisches Kalkül. Allzusehr waren die politischen Eliten, die 1945 für die Wiedergründung der Republik verantwortlich waren, an einer Schuldzuweisung an „die Deutschen“ interessiert. Deshalb konnte zunächst eine Einsicht in eine österreichische Mitschuld, gerade auch im Zusammenhang mit der Vernichtung und Vertreibung des österreichischen Judentums, nicht Platz greifen.[45]

Erst später, nach einer Generation, wurde im Zusammenhang mit der Wahl Kurt WALDHEIMS zum Bundespräsidenten dieses opportunistische Kalkül breit diskutiert und kritisiert. Erst allmählich, schrittweise, setzte sich die Komplexität der österreichischen Wahrheit durch: Und dieses Wahrheit bestand eben aus Zulauf und Widerstand, aus Anpassung und Vernichtung . . .[46]

---

44. Anton PELINKA: Karl Renner zur Einführung. Hamburg 1989, 61–86.

45. Robert KNIGHT (Hg.): „Ich bin dafür, die Sache in die Länge zu ziehen.“ Wortprotokolle der österreichischen Bundesregierung von 1945–52 über die Entschädigung der Juden. Frankfurt/Main 1988. – Zur Geschichte des österreichischen Antisemitismus sowohl vor 1938, als auch nach 1945 siehe Bruce F. PAULEY: From Prejudice to Persecution. A History of Austrian Anti Semitism. Chapel Hill – London 1991.

46. Anton PELINKA/Erika WEINZIERL (Hg.): Das große Tabu. Österreichs Umgang mit seiner Vergangenheit. Wien 1987. – F. PARKINSON (Hg.): Conquering the Past. Austrian Nazism Yesterday and Today. Detroit 1989. – Zur Diskussion rund um die Wahl Kurt WALDHEIMs siehe insbesondere Hanspeter BORN: Für die Richtigkeit Kurt Waldheim. München 1987. – Andreas KOHL/Theodor FAULHABER/Günther OFNER (Hg.): Die Kampagne. Kurt Waldheim – Opfer oder Täter? Hintergründe und Szenen eines Falles von Medienjustiz. München-Berlin 1987. – Josef HASLINGER: Politik der Gefühle. Ein Essay über Österreich. Darmstadt-Neuwied/Rhein 1987. – Bernard COHEN/Luc ROSENZWEIG: Der Waldheim-Komplex. Wien 1987. – Robert Edwin HERZSTEIN: Waldheim. The Missig Years. New York 1988. – Michael PALUMBO: The Waldheim Files. Myth and Reality. London-Boston 1988.

Fünf Thesen zu den sozioökonomischen Folgen der Ostmark

Dieter Stiefel

Die Zweite Republik entstand aus den Trümmern des Zweiten Weltkriegs und aus der Apokalypse der *Nazizeit.* Die Bedeutung dieser zerstörerischen Epoche als Bruch in der gesellschaftlichen und politischen Entwicklung wird allgemein anerkannt, und man ist sich auch darüber einig, daß Österreich in dieser Zeit von seiner Sozialstruktur und von seinem kulturellen Niveau her ärmer geworden ist. Nicht ganz so einig ist man sich aber aus wirtschaftlicher Sicht. Sicher, – bei keiner der *ökonomischen* Analysen über die Nazizeit fehlt die Aufzählung der Verluste an Menschenleben, der Zerstörung von Wohnungen, Fabriken, Brücken usw., aber in der endgültigen und abschließenden Wertung wird dann auch die Vermutung ausgesprochen, Österreich habe doch vom Kontakt mit der reichsdeutschen Kriegswirtschaft profitiert[1], diese „dynamischen Kräfte" hätten einen Anstoß zur Modernisierung gegeben[2], einen „Stoß", welcher nach dem Kriege in gewissen Fällen zu einem Entwicklungssprung geführt[3] und Österreich geholfen habe, sich besser unter den westeuropäischen Industrienationen zu behaupten.[4] Die Antwort der Ökonomen und der Wirtschaftshistoriker ist also *ambivalent.* War die Zeit der Ostmark vielleicht doch gar nicht so schlecht für die weitere Entwicklung Österreichs? Gab es – neben den Katastrophen und dem Leiden – vielleicht doch auch langfristig günstige Auswirkungen aus der Zeit als Österreich noch Deutschland war? Hier soll versucht werden, der Kürze des Beitrages entsprechend, einige Thesen über die langfristigen sozioökonomischen Folgen dieser Zeit aufzustellen und so weit es in diesem Rahmen möglich ist, sie auch zu belegen.

---

1. Norbert SCHAUSBERGER: Rüstung in Österreich 1938–1945. Wien 1970, 185.
2. Radomir LUŽA: Österreich und die großdeutsche Idee in der NS-Zeit. Wien-Köln-Graz 1977, 228.
3. Kurt ROTHSCHILD: Wurzeln und Triebkräfte der Entwicklung der österr. Wirtschaftsstruktur. In: Wilhelm WEBER Hsg: Österreichs Wirtschaftsstruktur gestern – heute – morgen. Bd. I. Berlin 1961, 106f.
4. Felix BUTSCHEK: Die österreichische Wirtschaft 1938 bis 1945. Wien 1978, 112.

I. Die These vom Optimismus

Eine eindeutige Wertung der sozioökonomischen Folgen der Ostmark wird dadurch erschwert, daß zumindest die ersten Jahre nach dem *Anschluß* für viele Österreicher vorerst einmal eine recht gute Zeit waren. Der Verfolgung von politischen Gegnern und Minderheiten stand eine Verbesserung der ökonomischen Lage der Mehrheit der Bevölkerung gegenüber. Denn die Wirtschaftspolitik der Zwischenkriegszeit hatte es bis zum Schluß versäumt, den Österreichern eine einigermaßen stabile wirtschaftliche Existenz zu verschaffen. Mit der *Weltwirtschaftskrise* stieg die Arbeitslosenrate auf über 25% und fiel auch in der Zeit des Ständestaates nicht mehr wesentlich unter diesen Stand.[5] Mit dem Anschluß kam daher eine weitgehend stagnierende österreichische Wirtschaft schlagartig mit der auf *Rüstungshochtouren* laufenden reichsdeutschen Industrie in Verbindung. Die Folgen schienen allen jenen Recht zu geben, die an den Anschluß und an den Nationalsozialismus geglaubt hatten. Durch die großen ungenutzten Kapazitätsreserven an Arbeitskräften und Produktionsstätten kam es 1938 und 1939 in Österreich zu einem realen Zuwachs des Bruttonationalprodukts von je 13%, ein Wert, der während der gesamten Zwischenkriegszeit – vielleicht mit Ausnahme der Inflationszeit – nicht annähernd erreicht worden war. Die *Arbeitslosigkeit,* ein bis dahin scheinbar unlösbares Problem, war innerhalb weniger Monate verschwunden: Ein Jahr nach dem Anschluß herrschte praktisch Vollbeschäftigung. Mit der steigenden Beschäftigung – und z.T. auch steigenden Löhnen – nahmen auch Masseneinkommen und Massenkonsum stark zu: So wurde 1938 in Österreich um die Hälfte mehr Bier getrunken als im Vorjahr und der Umsatz an Damenkleidung verdoppelte sich.[6]

Der Anschluß war daher für viele Österreicher vor allem einmal eine Erleichterung des *Existenzdruckes* der vorangegangenen Jahre, was sicherlich auch die Haltung zu dem neuen Regime beeinflußt hat.[7] Um auf die Stimmung in Österreich zu schließen, muß nicht einmal an die Bilder vom Einzug HITLERs auf dem Wiener Heldenplatz erinnert werden, einen weitaus objektiveren indirekten Indikator stellten die *demographischen* Veränderungen dar. Hier stehen wir vor der bemerkenswerten Erscheinung, daß auf dem Gebiet der Republik Österreich im Jahre 1939 die höchste Heiratsrate in diesem Jahrhundert zu verzeichnen war. Es gingen etwa doppelt so viele Paare eine Ehe ein, wie 1929 oder 1955. Dementsprechend kam es auch 1940 zu einer der höchsten Geburtsziffern. Das, insbesondere in den 1930er Jahren, aufgestaute generative Verhalten – nicht nur katholische Kreise machten sich be-

5. Dieter STIEFEL: Arbeitslosigkeit – Soziale, politische und wirtschaftliche Auswirkungen am Beispiel Österreichs 1918–1938. Berlin 1979, 29.

6. BUTSCHEK, Wirtschaft, 65 – 67 (Anm. 4).

7. Hans KERNBAUER/Fritz WEBER. Österreichs Wirtschaft 1938–1945. In: Emmerich TÁLOS/Ernst HANISCH/Wolfgang NEUGEBAUER (Hg.): NS-Herrschaft in Österreich, 1938–1945. Wien 1988, 49–67.

reits Sorgen um die Bevölkerungsentwicklung Österreichs – entlud sich offensichtlich in den ersten Jahren nach dem Anschluß. Neben den Wanderungsgewinnen führte diese Erscheinung zu dem „österreichischen Wunder“, daß das Land den größten Krieg seiner Geschichte mit einem Bevölkerungszuwachs überstanden hatte.

Tabelle 1: Bevölkerungsbewegung 1938 bis 1945

Lebendgeborene	+ 979.829
Gestorbene incl. Militärsterbefälle und Vermißte	– 1,105.255
Wanderung	+ 169.400
Summe	+ 44.037

Quelle: BURTSCHEK, Wirtschaft, 121 (Anm. 4).

Obwohl die Bevölkerungsentwicklung ab 1942 auf Grund der Kriegseinwirkung negativ wurde, nahm sie dennoch auf Grund der hohen Geburtenzahl bis 1941 und auf Grund der Wanderungsgewinne bis 1945 um 44.000 im Verhältnis zu 1937 zu, und bis 1948 sogar um 148.000.

Diese Entwicklung in den ersten Anschlußjahren kann nun kaum als Zeichen von Angst und Mißtrauen gewertet werden, sondern sie zeigt eher, daß der Anschluß von vielen Österreichern zumindest vorläufig positiv aufgenommen wurde. Die Zeit der Ostmark dürfte daher auch von vielen in der österreichischen Bevölkerung *„ambivalent“* erlebt worden sein. Vorerst einmal als eine Zeit des Optimismus, der Erlösung vom kleinösterreichischen Ständestaat und die Integration in ein Reich, das vor Aktivität scheinbar nur so strotzte, dem selbst die Welt noch zu klein zu sein schien, und das mit Österreich große Pläne hatte. Die großen Möglichkeiten und Hoffnungen leuchten auch heute noch manchmal in den Darstellungen der Ostmark durch, auch wenn sie zumeist im Stadium der Planung stecken blieben. Dann folgte jedoch die zweite Phase, die der Realität der nationalsozialistischen *Kriegswirtschaft:* Spätestens ab dem Höhepunkt des Krieges 1942/43 mußte man erkennen, daß dieses Regime nur *Terror* und *Zerstörung* brachte. Dementsprechend mag es auch für die Stimmung der österreichischen Bevölkerung charakteristisch gewesen sein, daß die deutsche Herrschaft mit den höchsten Heiratsziffern begann und mit den niedrigsten Heiratsziffern in diesem Jahrhundert endete.

II. Die These von der Relativität der deutschen Großinvestitionen

Die Aussicht auf *Kapitalzufuhr* und *Investitionen* aus dem Deutschen Reich war ein Standardargument in der Anschlußdiskussion der Ersten

Republik. Man setzte daher auch große Hoffnungen in jene Projekte, welche bald nach dem Anschluß von den Nationalsozialisten verkündet worden waren: die Errichtung großer Industrieanlagen, den Ausbau der Wasserkräfte, den Bau von Autobahnen usw. Eine besondere Förderung sollte Linz zuteil werden, der „Geburtsstadt des Großdeutschen Reiches", mit einem neuen Rathaus, Museen, Hochschule, alles im Stil der sich an monströser Größe erfreuenden Architektur des Faschismus. Aber auch in Wien hoffte man auf Förderung und neue Aufgaben: ein „Hamburg des Ostens" zu werden. Mit der Expansion des Deutschen Reiches sollten ein Hafen- und Kanalsystem ausgebaut und die Donau zu einer der wichtigsten Wasserstraßen Europas werden. Im Projektemachen waren die Nationalsozialisten große Künstler!

Die überspannten Erwartungen führten jedoch bald zu *Enttäuschung*. Man mußte erkennen, daß eine spezielle Förderung der Ostmark ausblieb. Durchgeführt wurden nur unmittelbar kriegswichtige Projekte der Grundstoffindustrie, wie Linz, Lenzing, Ranshofen und ein etwas beschleunigter Ausbau der Wasserkräfte, der aber kriegsbedingt teilweise im Baustadium stecken blieb. Denn Österreich war zu einem Zeitpunkt an den deutschen Wirtschaftskörper angeschlossen worden, als sich dieser bereits intensiv in der Vorbereitung auf den Krieg befand. Die Deutschen hatten daher weder Interesse noch Zeit, die österreichische Wirtschaftsstruktur aktiv umzugestalten, Ziel war vielmehr die unmittelbare Nutzung der neu hinzugewonnenen wirtschaftlichen Ressourcen.[8] In Österreich konnte man die Enttäuschung kaum verhehlen. Bereits seit 1940 gab es Beschwerden, daß die technische Angliederung an das Deutsche Reich noch nicht gelungen sei, die Anlaufzeit bis zum Krieg wäre viel zu kurz gewesen und in der österreichischen Stammindustrie sei seit dem Anschluß nicht mehr viel geschehen: 70% der Industrieanlagen wären veraltet. In einer Stellungnahme der Gauwirtschaftskammer Oberdonau hieß es dazu 1941:

„Die Wirtschaft der Ostmark befand sich bei der Wiedervereinigung mit dem Großdeutschen Reich in einem Zustand der Erschöpfung. Die rasche und durch den Krieg bedingte Entwicklung der Gesamtwirtschaft des Reiches in den seither vergangenen $2^1/_2$ Jahren hat es verhindert, daß in dieser Zeit die ostmärkische Wirtschaft den Vorsprung der Altreichswirtschaft aufholen konnte. Dieser ist teilweise noch größer geworden, weil die größere Leistungsfähigkeit und vor allem das größere Rüstungspotential der Wirtschaft des Altreiches dort eine noch schnellere und größere Entwicklung herbeigeführt hat. Dadurch ist ein Spannungszustand entstanden, der heute schon sehr ungünstige Auswirkungen zeigt und trotz der Erschwernisse des Krieges soweit als möglich schon jetzt behoben werden muß, damit nicht ein dauerndes Zurückbleiben mit allen üblen, auch politischen Folgen eintritt."[9]

8. BUTSCHEK, Wirtschaft, 65 – 67 (Anm. 4).
9. SCHAUSBERGER, Rüstung, 176 (Anm. 1).

Mit der *Kriegswirtschaft* war der Zug für die Ostmark bereits abgefahren. Es ging nicht mehr um Umgestaltung, sondern nur mehr um die unmittelbare Nutzung der vorhandenen österreichischen Wirtschaftskraft. Zudem mag man sich fragen, inwieweit die Wirtschaft des „Altreiches" überhaupt an der Hebung der Produktivität des neu angegliederten Gebietes interessiert war. Zwar kam es nach dem Anschluß sehr bald zu einer recht umfassenden privatwirtschaftlichen Zusammenarbeit, doch erfolgte die Kooperation zumeist so, daß die höherwertige Produktion ins Reich verlegt wurde, während den österreichischen Unternehmungen die *Vorleistungen* und die *Halbfertigproduktion* überlassen wurden. Holz und Eisen spielten dabei eine wesentlich wichtigere Rolle als vor 1938. Damit waren aber gerade jene Bereiche ausgeweitet worden, die man in der Zwischenkriegszeit als bei weitem überdimensioniert für Österreich gesehen hatte. Mit den deutschen Großinvestitionen wurde Österreich daher als Lieferant für Rohstoffe und Halbfertigwaren, tendenziell in eine periphere Abhängigkeit gedrängt.

In den ökonomischen Analysen der Ostmarkzeit ist man sich daher auch durchaus darin einig, daß mit den deutschen Großinvestitionen eine extrem *ungleichgewichtige* Wirtschaftsstruktur in Österreich geschaffen wurde.[10] Die breite *Grundstoffbasis* entsprach keineswegs dem Überbau der *Finalindustrie*[11], denn sie war eben nicht das Ergebnis der organischen und historischen Wachstumsbedingungen der österreichischen Wirtschaft, sondern entsprang dem besonderen Interesse der deutschen Kriegswirtschaft.[12] Diese Investitionen waren daher ein problematisches Erbe für das neue Österreich. Man war daher auch 1945 keineswegs von den Vorteilen der Veränderung der Wirtschaftsstruktur überzeugt, und es gab viele Stimmen, die eher ein Wiederanknüpfen an das Jahr 1937 für günstig hielten, als die während der Okkupationszeit entstandenen Produktionsstruktur weiter zu entwickeln.[13] Sicher, – im *Wiederaufbau* zeigten sich auch die Vorteile dieser neuen Produktionsstruktur.[14] Der Krieg hatte zu den Zerstörungen auch den Typ an Produktionsstätten hervorgebracht, der unter den speziellen historischen Bedingungen eines Wiederaufbaus notwendig war.[15] Aber schon 1950 wurde davor gewarnt, daß nach dem Abflauen dieser historisch einmaligen Marktbedingungen sich beachtliche Schwie-

10. Bundesarchiv Koblenz: R 43 II/1358 b: Maßnahmen zur Angleichung der Produktionsbedingungen für die Ostmärkische Wirtschaft. Siehe auch LUŽA, Österreich, 134 f. (Anm. 2).

11. BUTSCHEK, Wirtschaft, 107 (Anm. 4).

12. SCHAUSBERGER, Rüstung, 107 (Anm. 1).

13. ROTHSCHILD, Wurzeln, 110 (Anm. 3).

14. Fritz WEBER: Österreichs Wirtschaft in der Rekonstruktionsperiode nach 1945. In: Zeitgeschichte, 1987, Heft 7.

15. Zum politischen und wirtschaftlichen Wiederaufbau siehe die Arbeiten von Günter BISCHOF: Der Marshallplan in Österreich. In: Zeitgeschichte, 1990, Heft 11/12, und: Between Responsibility and Rehabilitation: Austria in International Politics, 1940–1950. Cambridge/Mass. 1989.

rigkeiten zeigen könnten.[16] Bei aller Anerkennung der Leistungen der neuen Industrien für den Wiederaufbau, ist doch ein Teil der strukturellen Wirtschaftsprobleme, vor denen wir heute stehen, ein Erbe aus der Ostmarkzeit.

Aber, so könnte man einwenden, diese Großinvestitionen waren ja schließlich nicht alles. Vor allem ab 1942, als das Reich vermehrt vom Luftkrieg betroffen war, hatten sich viele *Produktionsstätten* auf das Gebiet der „Ostmark“ zurückgezogen, da dieses für die alliierten Flugzeuge erst sehr spät erreichbar war. Diese Funktion als „Reichsluftschutzkeller“ brachte Österreich zwar einen Investitionsboom, der aber völlig unorganisch war und auf Grund der Zerstörungen und Demontagen auch kaum eine bleibende Wirkung hinterließ.

Tabelle 2: Bestand an Werkzeugmaschinen in Österreich
Im Verhältnis zum Dezember 1937

	April 1945	Jänner 1946
Elektroindustrie	160%	66%
Fahrzeugindustrie	156%	5%
Maschinenbau	204%	82%
Eisen- und Metallwarenind.	124%	100%
Eisen- und Stahlbau	164%	75%

Quelle: Monatsberichte des Österr. Instituts für Wirtschaftsforschung, Heft 1/3/1945

Zieht man sich nicht auf die sehr allgemeine Formulierung zurück, daß jeder moderne Krieg ein technischer Lernprozeß sei und dadurch den Modernisierungsprozeß beschleunigen und einen Entwicklungssprung bewirken könne, muß die Bedeutung der deutschen *Kriegsinvestitionen* für Österreich relativiert werden. Die Großinvestitionen waren für die österreichische Wirtschaftsstruktur sehr problematisch und das durch die Rüstungskonjunktur vergrößerte industrielle Potential hat in Österreich bestenfalls die *Zerstörungen* und *Demontagen* wieder ausgeglichen.[17]

III. Die These von der destruktiven Strukturanpassung

Die österreichische Wirtschaft befand sich 1937 auf Grund der katastrophalen Weltmarktlage und der eigenen unglücklichen Wirtschaftspolitik immer noch in einer recht schwierigen Lage. Damit soll aber keineswegs auf die Diskussion um die „wirtschaftliche Nichtlebensfähigkeit“ der Er-

16. Kurt ROTHSCHILD: The Austrian Economy since 1945. London 1950, 7.

17. Vgl. BUTSCHEK, Wirtschaft, 107 (Anm. 4). – SCHAUSBERGER, Rüstung, 184 (Anm. 1).

sten Republik eingegangen werden.[18] Denn in der österreichischen Wirtschaft lagen sehr wohl große *Entwicklungsmöglichkeiten,* und ihre *Struktur* war – als ehemals zentrales Gebiet der Monarchie – bereits durchaus entwickelt. Charakteristikum war ein relativ hoher Anteil des *Dienstleistungssektors* und der *Konsumgüterproduktion* . In Wien etwa war man stolz, ein Zentrum der Mode zu sein, führend bei Taschen, Schuhen, Hüten und die österreichische Möbelindustrie hatte international einen großen Ruf. Diese Position wurde durch den Anschluß gründlich erschüttert.

Die Erfordernisse der *Kriegsproduktion* waren ein schwerer Schlag gegen diese spezielle österreichische Wirtschaftsstruktur. Dieser „Luxusindustrie" wurden während des Krieges immer stärker personell und rohstoffmäßig die Mittel entzogen und sie verlor auch weitgehend ihren Absatzmarkt. Nicht nur, weil viele ehemaligen Exportmärkte nun verschlossen waren, sondern auch auf Grund der Verarmung und Vernichtung wichtiger früherer Käuferschichten. Die österreichische *„Geschmacksindustrie"*, wie sie in der Zwischenkriegszeit genannt wurde, hat mit dem Zweiten Weltkrieg ihre Bedeutung weitgehend verloren.

Noch schlimmer erging es dem *Dienstleistungssektor,* der im Kriege einen besonders hohen Beschäftigungsanteil an die Güterproduktion abgeben mußte, und bis 1950 ebensoviele Prozentanteile am Bruttonationalprodukt verlor, wie – aus langfristig strukturellen Gründen – die Landwirtschaft.

Tabelle 3: Beschäftigte in den einzelnen Wirtschaftsbereichen
Anteil am Bruttonationalprodukt real zu Preisen von 1954

Beschäftigte in den einzelnen Wirtschaftsbereichen in %			
	Land- und Forstwirtschaft	Industrie und Gewerbe	Dienstleistungs-Sektor
1937	21,3	35,5	43,2
1944	17,1	48,8	34,1
Anteil am Bruttonationalprodukt real zu den Preisen von 1954 in %			
1937	19,9	41,1	39,0
1950	15,5	49,0	35,5

Quelle: Österreichs Volkseinkommen 1913 bis 1963. Monatsberichte des Österr. Instituts für Wirtschaftsforschung, 14. Sonderheft, Wien 1965, 9
Industrie und Gewerbe inkl. Elektrizität, Gas, Wasser

Die Wachstumsraten von 1937 bis 1950 zeigten recht deutlich diesen erzwungenen *Umstrukturierungsprozeß:* kriegsbedingt stark an Bedeutung gewonnen hatten alle Bereiche für den Wiederaufbau und die Wiedererrichtung der Infrastruktur und der Industrie.

18. Siehe hierzu die umfassende Darstellung bei Karl BACHINGER: Umbruch und Desintegration nach dem Ersten Weltkrieg. Österreichs wirtschaftliche und soziale Ausgangssituation in ihren Folgewirkungen auf die Erste Republik. Wien 1981, 337ff.

Tabelle 4: Reale Wachstumsraten nach Branchen
Jahresdurchschnitt 1937–1950 in %

Baugewerbe	7,2
Elektr., Gas, Wasser	6,8
Verkehr	4,1
Industrie	3,0
Wohnungswirtschaft	1,2
Öffentlicher Dienst	1,2
Gewerbe	0,4
Sonstige Dienstl.	0,0
Land- und Forstwirtschaft	– 0,5
Handel	– 0,5
Banken, Versicherung	– 0,6

Quelle: Mitteilungen des Österr. Instituts für Wirtschaftsforschung, Wien, verschiedene Jahrgänge.

Insgesamt hatte sich daher die österreichische Produktions- und Wirtschaftsstruktur *primitivisiert.* Der Ausbau der Grundstoff- und Investitionsgüterindustrie bei gleichzeitiger Reduzierung der Konsumgüterproduktion und des Dienstleistungsbereiches stellte Österreich nach 1945 vorerst einmal vor eine Wirtschaftsstruktur, die sicherlich ein geringes Entwicklungsniveau aufwies, als die der 1920er Jahre. Durch die deutschen Eingriffe kam es in Österreich zu der – dem üblichen Prozeß der Industrialisierung widersprechenden – Entwicklung, daß für eine gewisse Zeit der Dienstleistungssektor wieder an Bedeutung verlor und der Produktionsbereich auch relativ zunahm.

Die Primitivisierung der österreichischen *Wirtschaftsstruktur* kann auch an der Zusammensetzung des *Außenhandels* nachgewiesen werden: von 1937 bis 1950 stieg der Anteil der Rohstoffe und Halbfertigwaren am *Export* von 30% auf 52%, während der Anteil an Fertigwaren von 66% auf 44% zurückging. Eisen, Stahl und Holz, die gegen Ende der Ersten Republik an die 20% des österreichischen Exports ausmachten, erreichten in den fünfziger Jahren über 30%, während Kleider, Leder, Druckereierzeugnisse und ganz allgemein Konsumgüter an Bedeutung verloren.[19]

Verbunden war dieser Umstrukturierungsprozeß mit einer *geographischen Verlagerung* der österreichischen Außenhandelsströme in einem Ausmaß, das ohne den Krieg nicht denkbar gewesen wäre. In der Zwischenkriegszeit lag Österreich und vor allem Wien im Zentrum eines wirtschaftlichen Interessensbereiches und der wirtschaftliche Zusammenhang mit den Nachfolgestaaten der ehemaligen Monarchie war trotz politischer Trennung immer noch recht stark. Diese Beziehungen wurden durch den Zweiten Weltkrieg und seine Folgen weitgehend abgetrennt. Wien lag mit einem Mal nicht mehr im Zentrum, sondern an der Peripherie und die stärk-

19. Enno GROSSENDORFER: Österreichs Außenhandel 1831 bis 1978. In: Geschichte und Ergebnisse der zentralen amtlichen Statistik in Österreich 1829 – 1979. Wien 1979, 645/6.

sten Außenhandelsverbindungen verlagerten sich von dem Gebiet der ehemaligen Monarchie hin zur Bundesrepublik Deutschland. Diese Verschiebungen lassen sich auch aus den *Importen* ablesen:

Tabelle 5:

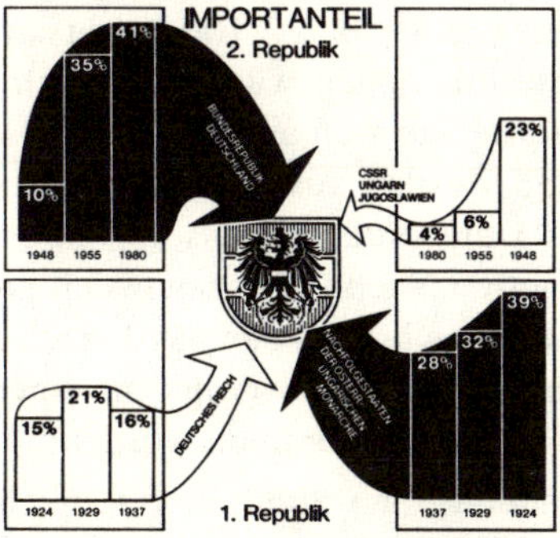

Quelle: Wirtschaft in der Praxis. Österr. Volkswirtschaftliche Gesellschaft. Verband für Bildungswesen. Wien, August 1982, Nr. 52.

IV. Die These von der großen Eigentumsverschiebung

Während der Zeit der Ostmark fanden die größten *Eigentumsübertragungen* statt, die man in Österreich je erlebt hatte. Unmittelbar nach dem Anschluß traf das zuerst die *Juden*. Ihre Vertreibung war für Österreich nicht nur aus menschlicher, sondern auch aus sozioökonomischer Sicht ein tragisches Kapitel. In Österreich war der jüdische Anteil an der Bevölkerung wesentlich höher als im „Altreich", vor allem in Wien betrug er an die 10%. Sie spielten in Wissenschaft, Kunst, freien Berufen und im Geschäftsleben eine bedeutende Rolle und hatten auch wesentlich zur Bildung der „österreichischen Kultur" und des „österreichischen Menschen" beigetragen, von denen bei der Diskussion um die österreichische Nation immer wieder die Rede ist.[20] Ihre Vertreibung war für Österreich ohne Zweifel ein großer Verlust, doch konnte sie für einzelne Parteigenossen – im Zusammenhang mit der *Arisierung* – ein großer materieller Gewinn gewesen sein. Allein in Wien wurden nach dem Anschluß 33.000 Geschäfte und 25.000 Unternehmen ihren jüdischen Inhabern entzogen. Davon wurden 26.000 bzw. 4.300 arisiert, der Rest geschlossen. Mindestens 50.000 Wohnungen und Häuser wurden frei, zumeist mit Ausstattung und Mobiliar, die entweder für Staats- und Parteizwecke requiriert oder auch der Arisierung zugeführt wurden. Daneben wurden Grundstücke und Mietshäuser im Wert von einer halben Milliarde Reichsmark und Wertpapiere in der Höhe von 266 Millionen Reichsmark vom Deutschen Reich

20. Vgl. Ernst BRUCKMÜLLER: Nation Österreich. Sozialhistorische Aspekte ihrer Entwicklung. Wien – Köln – Graz 1984.

selbst übernommen, das den Juden dafür lediglich Schuldscheine ausstellte.[21] Doch das war noch nicht alles. Mit der *Vertreibung* und *Vernichtung* aus rassischen Gründen wurde auch eine große Anzahl *beruflicher Positionen frei*. Die Juden waren etwa in der Medizin oder im juristischen Bereich besonders stark vertreten, unter den 2.100 Rechtsanwälten in Wien waren 1.600 Juden. Alle diese Positionen wurden mit dem Anschluß schlagartig frei. Die Postenjagd erstreckte sich auch auf den höheren Staatsdienst und die Universitäten. 1938 wurden aus rassischen oder politischen Gründen eine ganze Reihe von Universitätsprofessoren ihres Amtes enthoben und dem politisch qualifizierten Nachwuchs taten sich große Chancen auf. Wer hat da nicht alles mitgemacht bei der Jagd nach einem Posten, einem Geschäft, einer Wohnung oder doch wenigstens einem Möbelstück aus den Beständen, die den Juden weggenommen wurden!

Nach dem Krieg versuchte man zumindest teilweise eine *Wiedergutmachung*.[22] Aber die Politik der Nationalsozialisten erschwerte auch dies. Vielfach waren Familien völlig ausgerottet worden, sodaß ein Anspruchsberechtigter nicht mehr auffindbar war und die materielle Gutmachung scheiterte oft an der komplizierten Materie und Verfahrensmaschinerie. Auch das jüdische Eigentum unterlag nach 1938 allen Veränderungen, die Österreich bis zum Kriegsende durchmachen mußte. Manche der arisierten Unternehmen waren mit der Kriegswirtschaft stark ausgebaut worden und wurden dann zerstört und demontiert, sodaß 1945 von dem ursprünglichen Unternehmen praktisch nichts mehr vorhanden war. Häuser, Wohnungen und Einrichtungen wurden vielfach durch Kriegseinwirkungen zerstört. Und von den Menschen, die aus Österreich geflüchtet waren, hatten die meisten auch nur mehr ein sentimentales Interesse an Österreich, die wenigsten Emigranten kehrten nach dem Krieg wieder zurück. So stellten sich die sozioökonomischen Veränderungen, die durch den systematischen „Pogrom" ab 1938 geschaffen wurden, vielfach als endgültig heraus.

Die zweite große Eigentumsübertragung fand – auch nach heutigen Rechtsnormen – auf etwas legalerer Basis statt, und betraf die *deutschen Kapitalbeteiligungen*. Diese hatten zwar bereits in der Zwischenkriegszeit zugenommen, standen aber doch stets in einem angemessenem Verhältnis zu den Kapitalbeteiligungen anderer Länder.[23] Mit dem Anschluß änderte sich das. Die deutschen Ankäufe von österreichischen Unternehmen nahmen ein solches Tempo an, daß sie im März 1938 sogar kurzfristig verboten werden mußten. Bis 1939 befanden sich die großen Banken und ein

21. Gerhard BOTZ: Wien vom „Anschluß" zum Krieg. Nationalsozialistische Machtübernahme und politisch-soziale Umgestaltung am Beispiel der Stadt Wien 1938/39. Wien – München 1978, 339 – 341.

22. Dieter STIEFEL: Entnazifizierung in Österreich. Wien 1981.

23. Vgl. Fritz WEBER/Karl HAAS: Deutsches Kapital in Österreich. Zur Frage der deutschen Direktinvestitionen in der Zeit vom Ende des Ersten Weltkrieges bis zur Weltwirtschaftskrise. In: Jahrbuch für Zeitgeschichte 1970, 25.

großer Teil der Industrie unter deutscher Kontrolle.[24] Die Bereitschaft in Österreich zum Ausverkauf mag auf den ersten Blick erstaunen. Sie hängt zum einen mit dem Exodus des übrigen ausländischen Kapitals zusammen und zum anderen damit, daß sich die österreichischen Betriebe durch ein Zusammengehen mit den reichsdeutschen Unternehmen eine schnellere Integration in den für sie weitgehend neuen Markt erhofften. Andererseits erfolgte die Eigentumsübertragung vielfach auch unter politischem Druck. So forderte man etwa bei der Errichtung des „Göring-Konzerns", der für die Ostmark nicht nur die Werke in Linz, sondern ein umfassendes Industriekonzept vorsah, von der Credit-Anstalt die erwünschten Industriebeteiligungen einfach an und verhandelt auch nicht über den Preis, sondern setzte ihn von Berlin aus fest. Durch diese zweite Anschlußwelle auf privatwirtschaftlicher Basis und durch die erwähnten Großinvestitionen stand Österreich 1945 vor einem Ausmaß an deutschem Eigentum, der ein Ausdruck der Abhängigkeit der österreichischen Wirtschaft vom Reich gewesen war und der für die Souveränität eines jeden Landes problematisch gewesen wäre. Die Folgen sind bekannt: die *Verstaatlichungen,* die weit mehr aus diesen praktischen als aus ideologischen Gründen erfolgte, aber dennoch der Wirtschaft der Zweiten Republik ein spezifisches Gepräge gaben.[25]

Tabelle 6:

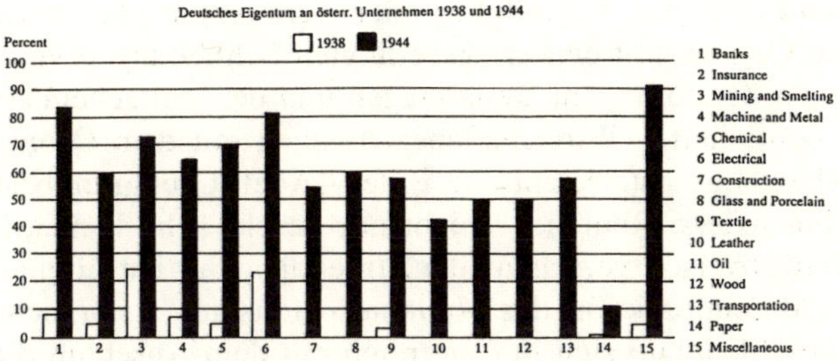

Quelle: LUŽA, Österreich, 332 (Anm. 2).

V. Die These von der egalitären Armut

Will man nun die sozioökonomischen *Auswirkungen* der Zeit der Ostmark zusammenfassen, so muß man sie in einen etwas größeren Zeitrahmen stellen. Denn im Grunde genommen wäre als Vergleichsbasis nicht das Jahr 1937 zu wählen, sondern „die gute alte Zeit" , die letzten Jahre vor dem Ersten Weltkrieg. Erst dann zeigt sich der drastische sozioökonomische Wandel Österreichs, vom Zentrum einer europäischen Großmacht zum neutralen Kleinstaat. Die Auflösung der „traditionellen" sozioökonomischen Struktur hatte bereits mit dem Zerfall der *Habsburgermonarchie*

24. LUŽA, Österreich, 128/9 (Anm. 2).

25. Herbert MATIS: Das Jahr 1945 – Die wirtschaftliche Ausgangssituation. In: Österreich in Geschichte und Literatur, Wien 1975, Heft 7, 14.

begonnen, der nicht nur Wien in seiner zentralen Stellung teilweise defunktionalisierte, sondern auch Adel und Großgrundbesitz weitgehend um ihre politische Position brachte. In der Inflation bis 1922 verlor dann auch das Bürgertum einen wesentlich Teil seines Vermögens, und damit auch an sozialer Stellung, was sich in einer deutlichen Verringerung der Einkommensunterschiede zu den Arbeitern zeigte.

Von 1929 bis 1934 erlebte dann Österreich den Zusammenbruch seiner großen *Banken,* die als letzte noch versucht hatten, den mitteleuropäischen Anspruch der österreichischen Wirtschaft aufrecht zu erhalten.[26] Das wäre heute nur mehr Geschichte. Aber als langfristig bedeutsam stellte sich heraus, daß sich damit das private Bankkapital als wirtschaftspolitische Kraft in der *Weltwirtschaftskrise* selbst eliminiert hatte und der Staat gezwungen wurde, zum Mehrheitsaktionär zu werden. Die Weltwirtschaftskrise brachte ansonsten, neben der großen Not der zahlreichen Arbeitslosen, den Zusammenbruch einer bedeutenden Zahl von kleineren und mittleren Unternehmen, ein Prozeß, der einmal „retrogressive Anpassung" genannt wurde,[27] um auszudrücken, daß nur mehr sehr stabile Unternehmen diese Katastrophe wirtschaftlich überdauern konnten.

Dennoch waren Wirtschaft und Gesellschaft Mitte der dreißiger Jahre immer noch recht ähnlich der der Monarchie. Der große Schnitt kam erst in der *Ostmark,* mit der Vertreibung oder Vernichtung der Juden und der politischen Gegner, mit den kriegsbedingten Schließungen von Unternehmungen, den Zerstörungen, Demontagen und der weitgehenden Vernichtung der traditionellen Wirtschaftsbeziehungen mit dem Osten. Bis 1945 war die ehemalige österreichische Elite – Adel, Großgrundbesitz, Unternehmer, Finanziers, Rentiers – nicht nur geschwächt, sondern zu einem großen Teil physisch verschwunden. Irgendjemand hat einmal das Wort von der „Abräumfunktion des Nationalsozialismus" gebraucht, und tatsächlich beschleunigte sich in Österreich mit dem Anschluß die Destruktion der „traditionellen", im Wesentlichen auf dem 19. Jahrhundert aufbauenden sozio-ökonomischen Struktur und ließ ein Österreich übrig, das mit dem vorangegangenen nicht mehr allzuviel zu tun hatte.

Nicht ganz zu Unrecht hat daher ein österreichischer Volkswirt das Bonmot geprägt, die Geschichte Österreichs beginne erst mit dem Jahr 1945. Tatsächlich war die Erste Republik wirtschaftlich, gesellschaftlich und kulturell weit mehr mit der Monarchie verwandt, als mit der heutigen Zweiten Republik. Auch die meisten großen Vermögen gingen verloren. Österreich hatte 1945 mehr als 30 Jahre Kriege, Inflationen und Wirtschaftskrisen hinter sich und es gab nur wenige Vermögen und Einkommen, die dadurch nicht entscheidend reduziert worden waren. Was blieb

26. Dieter STIEFEL: Die österr. Banken am Höhepunkt von Macht und Einfluß. In: Bankarchiv 1984, 95 f. – Siehe auch ds., Die große Krise in einem kleinen Land. Österr. Finanz- und Wirtschaftspolitik 1929–1938.

27. ROTHSCHILD, Wurzeln, 94 (Anm. 3).

war eine weitgehend *„egalitäre Armut“*, bei der – im Vergleich zu anderen westeuropäischen Ländern – Privilegien und Einkommensunterschiede stark reduziert worden waren.[28] Diese „egalitäre Armut“ brachte Österreich auch eine Chance. Österreich war ärmer geworden, aber auch ärmer an sozialen Konflikten. Starke wirtschaftspolitische Kräfte, wie das private Bankkapital oder die großen Privatunternehmen, waren in Österreich weitgehend verschwunden oder die Allgemeinheit hatte sich in Form der Verstaatlichung an ihre Stelle gesetzt.

So gesehen ist die Entwicklung der österreichischen Form des *Wohlfahrtsstaates,* der *Sozialpartnerschaft* und des *sozialen Friedens* weitgehend historisch zu verstehen: als Folge der Zertrümmerung seiner traditionellen sozioökonomischen Struktur und eines Wiederbeginnens bei „egalitärer Armut“ auf einer breiten politischen Basis, die auf dem *Konsens* von Arbeitnehmern und kleinen Selbständigen beruht und der der starke politische Gegner fehlt. Die „Modernisierungsfunktion“ der Ostmark beruhte daher auf *Zerstörung,* die Österreich nach den destruktiven Veränderungen die Möglichkeit gab, von vorne und von neuem anzufangen. Österreich hat diese Chance genutzt, aber es war das Glück des Menschen, dem sein Haus abgebrannt war, der es unter Not und mühevollem Einsatz neu und besser wieder aufbaute.

28. Die sozialen Ungleichheiten der heutigen österreichischen Gesellschaft sind daher im Wesentlichen erst nach 1945 wieder entstanden. Siehe dazu etwa Marina FISCHER-KOWALSKI/Josef BUCEK: Lebensverhältnisse in Österreich. Klassen und Schichten im Sozialstaat. Frankfurt/Main 1980.

Recht und Verwaltung zwischen Anschluß und Unabhängigkeitserklärung

Waltraud Petek

I. Staat und Recht im Nationalsozialismus

1. Ideologische Grundlagen

Mit der Besetzung Österreichs durch deutsche Truppen am 11. und 12. März 1938, der „Heimholung Östereichs ins Reich" – begannen für Österreich sieben Jahre *nationalsozialistischer* Herrschaft.[1] Zwar hatte bereits Bundeskanzler Engelbert DOLLFUSS die seit 1918 bestehende parlamentarische Demokratie durch die Ausschaltung des Parlaments 1933 beseitigt und gestützt auf das Kriegswirtschaftliche Ermächtigungs- Gesetz 1917[2] ein autoritäres Regime in Form eines Ständestaates mit der Vaterländischen Front als Staatspartei errichtet, nun aber wurde Österreich mit dem „Anschluß" in die totalitäre Herrschaft des Nationalsozialismus miteinbezogen.

In der Verfassung 1934[3] und durch das Ermächtigungsgesetz 1934[4] wurde zwar bereits die *Gewaltenteilung* zwischen der gesetzgebenden und der

1. Anschauliche Darstellungen der Zeit der nationalsozialistischen Herrschaft in Österreich auf Landes-, Gau- und Bezirksebene bieten Radomir LUŽA: Österreich und die großdeutsche Idee in der NS Zeit. Wien-Köln-Graz 1977. – Gerhard BOTZ: Wien vom „Anschluß" zum Krieg. Nationalsozialistische Machtübernahme und politisch-soziale Umgestaltung am Beispiel der Stadt Wien 1938/39. Wien-München 1978. – Ernst HANISCH: Nationalsozialistische Herrschaft in der Provinz. Salzburg im Dritten Reich. Salzburg 1983. – Klaus-D. MULLEY: Nationalsozialismus im Bezirk Scheibbs 1930–1945. Wien (Diss. phil.) 1981. Zu Recht und Rechtswissenschaft in Österreich unter der Herrschaft des Nationalsozialismus siehe insbesondere Ulrike DAVY u. a. (Hg.): Nationalsozialismus und Recht. Rechtssetzung und Rechtswissenschaft in Österreich unter der Herrschaft des Nationalsozialismus. Wien 1990.

2. KWEG vom 24. Juli 1917, RGBl 307, das jedoch nur für Belange des wirtschaftlichen Lebens für die Dauer von außerordentlichen Verhältnissen im Krieg gelten sollte.

3. Die Verfassung 1934 wurde zweimal erlassen: das erste Mal gestützt auf das KWEG im BGBl 239/1934 I und noch einmal auf Grund des Ermächtigungsgesetzes 1934 im BGBl 1/1934 II – siehe Wilhelm BRAUNEDER/Friedrich LACHMAYER: Österreichische Verfassungsgeschichte. 5. A. Wien 1989, 234.

4. Bundesverfassungsgesetz über außerordentliche Maßnahmen im Bereich der Verfassung vom 30. 4. 1934, BGBl 255/1934 I, das Nationalrat und Bundesrat auflöste und ihre Befugnisse der Bundesregierung übertrug.

vollziehenden Gewalt durch ein Gesetzgebungsrecht der Bundesregierung verdrängt, die *Grundrechte,* die Ausprägungen des rechtsstaatlichen und des bundesstaatlichen Prinzips, die Unabhängigkeit der Justiz und die Gerichtsbarkeit des öffentlichen Rechts blieben jedoch großteils erhalten.

Mit dem *Totalitätsanspruch*[5] des Dritten Reiches, der eine Zentralisierung und uniforme Regelung aller Bereiche des politischen, sozialen und geistigen Lebens verlangte, wurden die österreichische Verfassung und Rechtsordnung – wie überhaupt der Begriff des Rechts – einem grundlegenden Wandel unterworfen und in Instrumente der Macht verkehrt.

Im Deutschen Reich beherrschten bereits seit der *Machtübernahme* der Nationalsozialisten im Jahr 1933[6] drei Prinzipien der nationalsozialistischen *Ideologie* die Verfassungs- und Rechtsordnung: das Führerprinzip, das Volksgemeinschaftsprinzip und das Prinzip der Einheit von Partei und Staat.

Nach dem *Führerprinzip*[7] sind Staat und Gesellschaft streng hierarchisch organisiert. An der Spitze steht der Führer, der alle Staatsgewalt als Reichspräsident und Reichskanzler, oberster Gesetzgeber, oberster Richter und Heerführer in sich vereinigt und dem das Volk durch ein auf Treue und Gehorsam gegründetes Verhältnis, das alle Lebensbereiche umfaßt, verbunden ist. Eine Gewaltenteilung wird abgelehnt, da der Führer den „wahren Volkswillen", die politische Einheit und Gesamtheit des Volkes verkörpert und eine Machtkontrolle daher auf Grund der Identifizierung des Führers mit dem Volk nicht notwendig ist.

Auf der Rassenideologie des Nationalsozialismus basiert das *Volksgemeinschaftsprinzip*[8], nach dem nur „Artgleiche" die wahre Volksgemeinschaft

5. Karl-D. BRACHER: Totalitarismus. In: Alfred KLOSE/Wolfgang MANTL/Valentin ZSIFKOVITS (Hg.): Kathol. Soziallexikon. 2.A. Innsbruck-Graz 1980, Sp 3069f. Er nennt als typische Merkmale des *totalitären* Systems: 1. eine offizielle Ideologie mit umfassendem Anspruch, 2. eine einheitspolitische uniformierte Massenbewegung, 3. die Kontrolle aller relevanten Mittel der Massenkommunikation und des Zwanges, 4. die bürokratische Kontrolle der ökonomischen und sozialen Beziehungen und 5. die Erzeugung einer permanenten Kampfstimmung gegen einen absolut gesetzten Feind.

6. Über Aufstieg und Ausprägung des Nationalsozialismus siehe etwa Martin BROSZAT/Horst MÖLLER: Das Dritte Reich. Herrschaftsstruktur und Geschichte. München 1983. – Martin BROSZAT: Der Staat Hitlers. Grundlegung und Entwicklung seiner inneren Verfassung. 12.A. München 1989. – Hermann GLASER: Das Dritte Reich. Anspruch und Wirklichkeit. Freiburg/Breisgau 1961. – Gerhard GRIMM: Der Nationalsozialismus. Programm und Verwirklichung. München 1981. – Walther HOFER (Hg.): Der Nationalsozialismus. Dokumente 1933–1945. Frankfurt/Main 1987. – Ernst NOLTE: Der Nationalsozialismus. München 1963. – Georg L. MOSSE: Der national-sozialistische Alltag. Königstein/Taunus 1978.

7. Vgl. Ernst-W. BÖCKENFÖRDE (Hg.): Staatsrecht und Staatsrechtslehrer im Dritten Reich. Heidelberg 1985, 89ff. – Martin HIRSCH/Diemut MAJER/Jürgen MEINCK (Hg.): Recht, Verwaltung und Justiz im Nationalsozialismus. Köln 1984, 153ff. – Lothar GRUCHMANN: Rechtssystem und nationalsozialistische Justizpolitik. In: BROSZAT/MÖLLER, Reich, 85 (Anm. 6). – Bernd RÜTHERS: Die unbegrenzte Auslegung. In: DAVY, Nationalsozialismus, 1 ff. (Anm. 1).

8. Vgl. HIRSCH/MAYER/MEINCK: Recht, 236 (Anm. 7). – BÖCKENFÖRDE, Staatsrecht, 106 (Anm. 7). – Dieter GRIMM, Gemeinschaftsvorrang und subjektives Recht. In: DAVY, Nationalsozialismus, 38 ff. (Anm. 1).

bilden und nur diese in ihr eine geschützte Rechtsposition erhalten. Der Einzelmensch tritt in den Hintergrund, im Vordergrund steht die Gemeinschaft. Der Schutz des Einzelnen vor der Staatsmacht in Form von Grundrechten schwindet, ebenso subjektive Ansprüche gegen den Staat, nur der Volksgenosse, als Teil der Gemeinschaft, wird anerkannt. Rechte stehen dem Einzelnen nur bei getreuer Pflichterfüllung zu und von ihnen darf nur im Sinn der Gemeinschaft Gebrauch gemacht werden. „Fremdvölkische", „Artfremde", „Staats- und Volksfeinde" werden aus der Gemeinschaft ausgegrenzt, werden entrechtet, isoliert und letzten Endes vernichtet – zum Schutz der Volksgemeinschaft.

Das Prinzip der *Einheit von Partei und Staat*[9] macht das NSDAP-Programm des Jahres 1922 zum Ausgangspunkt und zur Leitlinie des gesamten Staatshandelns. Die NSDAP ist Trägerin des deutschen Staatsgedankens und mit dem Staat unlösbar verbunden. Dem Staat als statischem Element steht die Staatspartei NSDAP als dynamisches Element der „Bewegung" gegenüber, die den Staat führt. Partei- und Staatsorganisation bleiben zwar organisatorisch getrennt, durch Personalunion in den wichtigsten Funktionen, vor allem an der Spitze[10], werden jedoch der Führungsanspruch der NSDAP und die Einheit von Partei und Staat sichergestellt.

Unter dem Einfluß der nationalsozialistischen Weltanschauung wurden *völkische Gemeinschaftsrechtsvorstellungen* wach und *biologistische Naturrechtskonzepte* aufgestellt, bei denen der Wesenswille der Gemeinschaft im Vordergrund stand, der Einzelne entrechtet und bloß als Glied der Gemeinschaft gesehen wurde. Der Staat war nur sekundäre Ausdrucksform der primären Einheit der Volksgenossen; Staat und Recht stellten nur Mittel zum Zweck der Erhaltung und Förderung einer Gemeinschaft physisch und seelisch gleichartiger Lebewesen dar, die Rechtsordnung ein Mittel zur Durchsetzung der nationalsozialistischen Weltanschauung.[11]

Der *liberale Rechtsstaat* mit seiner Eingrenzung der Staatsmacht, dem Schutz des Einzelnen durch geordnete Rechtssetzungs- und Rechtsdurchsetzungsverfahren, Grundrechte und Grundrechtsschutz, Legalitätsprinzip und Verfahrenssicherheit, wurde sowohl von der NS-Führung wie auch von vielen Rechtsgelehrten dieser Zeit[12] abgelehnt, da dieses Konzept mit

9. Vgl. HIRSCH/MAYER/MEINCK: Recht, 275 (Anm. 7). – BÖCKENFÖRDE, Staatsrecht, 149 (Anm. 7).

10. Etwa HITLER als Führer des Staates und der Partei, HIMMLER als Reichsführer SS (einer Gliederung der NSDAP) und Chef der Polizei, bezeichnenderweise wurde das Parteiamt stets zuerst genannt.

11. Zum Rechtsdenken im Nationalsozialismus siehe Klaus ANDERBRÜGGE: Völkisches Rechtsdenken. Berlin 1978. – Jürgen MEINCK: Justiz und Justizfunktion im Dritten Reich. In: Zeitschrift für Neuere Rechtsgeschichte, 3 (1/1981), 28–49. – Hubert ROTTLEUTHNER (Hg.): Recht, Rechtsphilosophie und Nationalsozialismus. In: ARSP-Archiv für Rechts- und Sozialphilosophie, Beiheft 18, Wiesbaden 1983. – DAVY, Nationalsozialismus (Anm. 1), insbes. die Beiträge in Teil I. Auslegung und Ideologie.

12. Näheres bei BÖCKENFÖRDE, Staatsrecht (Anm. 7). – RÜTHERS, Auslegung, 4 (Anm. 7).

der nationalsozialistischen Staats- und Rechtsauffassung nicht vereinbar war, in der die Rechtssetzungsbefugnis Ausfluß der *Führergewalt* war und dem Einzelnen nur dann Rechtspositionen zustanden, wenn er sich als braver Volksgenosse in die Gemeinschaft einordnete.[13] So kam es zu einer Umwertung und zur Abschaffung des Rechtsstaates – das Recht wurde benützt, um den Rechtsstaat zu beseitigen.

2. Der Maßnahmenstaat

Da die Rechtsordnung zur Disposition der politischen Instanzen stand, wurde der *„Normenstaat"* – jenes Regierungssystem, das mit Herrschaftsbefugnis zur Aufrechterhaltung der Rechtsordnung ausgestattet ist und seine eigenen Gesetze respektiert – zurückgedrängt auf Positionen, in denen dies politisch zweckmäßig war. Sonst herrschte der *„Maßnahmenstaat"* – jenes Herrschaftssystem der unbeschränkten Willkür und Gewalt, das durch keinerlei rechtliche Garantien eingeschränkt ist und die Rechtsordnung mißachtet. Gerade dieses Nebeneinander eines scheinbar beibehaltenen Normenstaates, vor allem im Bereich der Justiz und der staatlichen Verwaltung, und eines auf der Führergewalt beruhenden Maßnahmenstaates, der im Zweifel immer den Ausschlag gab, war das Charakteristikum der nationalsozialistischen Herrschaft.[14]

Die Organe dieses Maßnahmenstaates waren die *Partei* und die von ihr errichteten neuen Machtinstrumente des *Terrors* mit den furchterregenden Abkürzungen SS, SD, Gestapo, KZ.

Die SS (für Schutzstaffel) war die Sicherheitsorganisation der NSDAP und wurde zur Elite des *Terrors,* ein „Orden guten Blutes", in dem barbarische Unmenschlichkeit als hervorragendes Zeichen der Auserwähltheit galt und dessen Ausbildung zur Härte in den der SS unterstellten Konzentrationslagern erfolgte. Der SD (für Sicherheitsdienst) war der Spionage- und Abwehrdienst der SS, die Gestapo (Geheime Staatspolizei) eine Verstärkung des Reichsführers SS und Chefs der Polizei HIMMLER.[15] In den KZs (Konzentrationslager, damals als KL bezeichnet) wurden dem Regime mißliebige Personen, bar jeglichen Rechtsschutzes, in Schutzhaft[16] genommen. Die KZs wurden zu Stätten unvorstellbaren Grauens, massenhaf-

13. „Wer die Interessen der Volksgesamtheit nicht anerkennt, kann auch den Schutz dieser Gesamtheit nicht in Anspruch nehmen." (Alfred ROSENBERG: Die nationalsozialistische Weltanschauung und das Recht. In: Deutsche Justiz 1938, 360, abgedruckt in: Ernst FRAENKEL: Der Doppelstaat. Frankfurt/Main 1974).

14. FRAENKEL, Doppelstaat (Anm. 13). – GRUCHMANN, Rechtssystem, 85 (Anm. 7).

15. GLASER, Reich, 163 (Anm. 6); – Hans BUCHHEIM u. a.: Anatomie des SS- Staates. Bd. I und II. Olten-Freiburg/Breisgau 1965.

16. Unter „Schutzhaft" verstand man ursprünglich die kurzzeitige polizeiliche Verwahrung, die zum Schutz und im eigenen Interesse einer Person (vor Gefährdung durch Angriffe einer Volksmenge o.a.) vorgenommen wurde, siehe Martin BROSZAT. In: BUCHHEIM, Anatomie, Bd. II, 11 (Anm. 15).

ter Zwangsarbeit, biologisch-medizinischer Experimente und des Massenmordes.[17]

Der Terror des Dritten Reiches gegen politische Gegner, „Fremdvölkische“, „Asoziale“ und „Lebensunwerte“ setzte auch in Österreich gleich nach dem *Anschluß* ein. Bereits am 1. April 1938 ging der erste Transport mit 157 Österreichern ins KZ Dachau[18], und besonders tragisch ist das Schicksal der österreichischen Juden, Zigeuner und Minderheiten.

Ausschreitungen – nicht nur des NS-Regimes, auch der Bevölkerung – gegen *Juden* setzten sofort nach dem Anschluß ein. Hermann GÖRINGs Ankündigung vom 26. März 1938 in Wien, das jüdische Element in Wien müsse bis 1942 ausgemerzt und zum Verschwinden gebracht werden[19], wurde schnell zur traurigen Wirklichkeit und die Entrechtung, Vertreibung und Vernichtung der österreichischen Juden mit für das Reich „vorbildlichem“ Eifer und Tempo vorangetrieben. Durch die Einführung der Rassengesetze des Reiches wurden die Juden aus dem Berufs- und Wirtschaftsleben gedrängt, enteignet, vielfachen Beschränkungen und Schikanen unterworfen, zur Auswanderung gezwungen, deportiert und in KZs und Erschießungsstätten der „Endlösung“ zugeführt – ermordet.[20] 1938 lebten in Österreich 185.246 Juden, davon allein in Wien 169.978. 65.459 österreichische Juden wurden zwischen 1938 und 1945 in den KZs und Vernichtungslagern des Dritten Reiches umgebracht, der Großteil der übrigen vertrieben oder deportiert. Zu Kriegsende gab es in Wien nur ca. 6.000 überlebende Juden![21]

Vergessen wird oft das Schicksal der österreichischen *Zigeuner*[22], die – obgleich als Indogermanen „Arier“ – als artfremd, asozial, arbeitsscheu und kriminell stigmatisiert wurden und ein ähnliches Schicksal erlitten wie die Juden. Von den 11.000 Zigeunern überlebten nur 4.500.[23] In Lacken-

17. Zum Thema KZ siehe vor allem BUCHHEIM, Anatomie (Anm. 15) sowie die unter Anm. 6 zitierte Literatur.

18. Dachau: Eine österreichische Kolonie. In: Kristian SOTRIFFER: Das größere Österreich. Wien 1982, 343 ff.

19. Erika WEINZIERL: Zu wenig Gerechte. Österreich und die Judenverfolgung 1938–1945. Graz-Wien-Köln 1969, 31.

20. Siehe WEINZIERL, Gerechte (Anm. 19). – Jonny MOSER: Judenverfolgung in Österreich 1938–1945. Wien 1966. – Herbert ROSENKRANZ: Verfolgung und Selbstbehauptung. Die Juden in Österreich 1938–1945. Wien-München 1978. – LUŽA, Österreich, 141–147 (Anm. 1). – Diemut MAYER: Der allgemeine Gleichheitssatz und seine Umwandlung zum Sonderrecht im nationalsozialistischen Staat. In: DAVY, Nationalsozialismus, 55 ff. (Anm. 1). – Walther KASTNER: Entziehung und Rückstellung. In: DAVY, Nationalsozialismus, 191 ff. (Anm. 1).

21. Zahlenangaben aus WEINZIERL, Gerechte, 31 u. 90 (Anm. 19). – MOSER, Judenverfolgung, 51f (Anm. 20).

22. Selma STEINMETZ: Österreichs Zigeuner im NS-Staat. Wien-Frankfurt/Main-Zürich 1966. – Erika THURNER: Nationalsozialismus und Zigeuner in Österreich. Wien-Salzburg 1983.

23. STEINMETZ, Zigeuner 43 (Anm. 22).

bach im Burgenland wurde ein eigenes Anhaltelager für Zigeuner errichtet, das zwar anders als die KZs nicht der SS, sondern der Kriminalpolizei unterstand, im übrigen aber durchaus einem KZ gleichkam. Viele der Zigeuner wurden auch in die großen KZs Dachau, Mauthausen, Buchenwald, Auschwitz und Ravensbrück verschleppt, wo an ihnen grausamste Experimente und Sterilisationen durchgeführt und Männer, Frauen und Kinder umgebracht wurden.

Aber auch die übrigen Volksgruppen, wie die Wiener *Tschechen,* die burgenländischen *Kroaten* oder die Kärntner *Slowenen* waren aufgrund der Rassenideologie des Nationalsozialismus Schikanen und Verfolgungen ausgesetzt.[24]

Gleich nach dem Anschluß wurden auch in Österreich *KZs* errichtet. Es entstanden das Hauptlager Mauthausen und 49 Nebenlager, vor allem in Ost- und Südösterreich. Außerdem bestand ab 1940 in Schloß Hartheim in Oberösterreich eine *Euthanasieanstalt* und eine *Vernichtungsstätte* für körperschwache Häftlinge aus den KZs Mauthausen und Dachau.[25] Die Gesamtzahl der zwischen dem 8. August 1938, dem Tag des ersten Eintreffens von Häftlingen, und dem Tag der Befreiung, dem 5. Mai 1945, für das KZ Mauthausen errechneten männlichen und weiblichen Häftlinge beläuft sich auf 197.464[26], von denen nur wenige überlebten.

Diese „außerrechtlichen" Bereiche nationalsozialistischer Herrschaft, die *Entrechtung* großer Teile der Bevölkerung, darf man bei einer Betrachtung der Rechtsordnung dieses Systems nicht übersehen.

II. Anschluß und Umgestaltung Österreichs

1. Der Anschluß

Die „Heimholung Österreichs ins Reich" warf die Frage auf, wie Österreich, ein Bundesstaat mit von Deutschland doch recht verschiedener Verfassungs- und Rechtslage und verschiedener Verwaltungsorganisation, in die Rechtsordnung und das administrative Schema des Dritten Reiches *eingeordnet* werden sollte.

Nach welchen *Modell* der Anschluß vollzogen werden sollte, war selbst im Kreis um Adolf HITLER bis zum Einmarsch nicht klar. Die Vorstellungen reichten von einer bloßen Personalunion unter dem Staatsoberhaupt Adolf HITLER als deutschem Reichspräsidenten und österreichischem Bundespräsidenten unter Aufrechterhaltung der formellen staatlichen Selbständig-

24. Karl STADLER: Österreich im Spiegel der NS-Akten. Wien-München 1966, 267ff.

25. Hans MARŠÁLEK: Die Geschichte des Konzentrationslagers Mauthausen. Wien 1974. – Markus GRASSL: „Erbgesundheit" und nationalsozialistisches Recht. Soziale Randgruppen im Dritten Reich. In: DAVY, Nationalsozialismus, 68 (Anm. 1).

26. MARŠÁLEK, Mauthausen, 115 (Anm. 25).

keit, aber einer starken wirtschaftlichen, militärischen und außenpolitischen Bindung Österreichs an Deutschland, bis zum – am stärksten von Hermann GÖRING vertretenen – „absoluten und direkten und totalen Anschluß". HITLER selbst soll anfangs für ersteren Plan einer vorsichtigen, stufenweisen Eingliederung, an deren Anfang eine bloße Personalunion stehen sollte, gewesen sein und sein Ziel erst unter dem Eindruck des Ausbleibens ernsthafter Reaktionen auf den Einmarsch geändert haben – die Reaktionen der Westmächte beschränkten sich auf Protestnoten und auch Benito MUSSOLINI hatte zu verstehen gegeben, daß er den Anschluß hinnehmen würde –, aber auch unter dem Eindruck des begeisterten Empfangs HITLERs durch die österreichische Bevölkerung, die, nach HITLERs Meinung, enttäuscht gewesen wäre, wenn er nicht den sofortigen Anschluß ans Reich verkündet hätte.[27]

Unter dem Eindruck der Ereignisse des 11. und 12. März 1938 beschloß die österreichische Bundesregierung – bereits eine nationalsozialistische Regierung unter Bundeskanzler Arthur SEYSS-INQUART – am 13. März 1938 aufgrund des Ermächtigungs-Gesetzes 1934 das Bundesverfassungsgesetz über die Wiedervereinigung Österreichs mit dem Deutschen Reich, BGBl 1938/75, dessen Artikel I lautet: „Österreich ist ein Land des Deutschen Reiches" und in dem für den 10. April 1938 eine freie und geheime Volksabstimmung über die *Wiedervereinigung* angesetzt wurde.[28] Bundespräsident Wilhelm MIKLAS legte sein Amt nieder.

Am selben Tag erließ auch die deutsche Reichsregierung ein Gesetz über die Wiedervereinigung Österreichs mit dem Deutschen Reich, RGBl 1938 I, 237, durch das das Anschlußgesetz auch Bestandteil der deutschen Rechtsordnung wurde. Somit war die rechtliche *Eingliederung* Österreichs auch von deutscher Seite vollzogen.

2. *Die Einführung der Grundordnung des Reiches*

Artikel II des deutschen Wiedervereinigungsgesetzes besagte, daß das derzeit in Österreich geltende Recht in Kraft bleibe und die Einführung des

27. Über den Anschluß sowie vornationalsozialistische Anschlußmodelle siehe Gerhard BOTZ: Die Eingliederung Österreichs in das Deutsche Reich. 2. A., Wien 1976. – Ds., Der 13. März und die Anschlußbewegung. Wien 1978. – Ds., Stufen der politisch-administrativen Gleichschaltung Österreichs 1938–1940. In: Die Verwaltung, 13(1980), 173–212.

28. Zur Nichtigkeit dieses Wiedervereinigungsgesetzes, da es unter dem Druck der Besetzung Österreichs entstanden ist, siehe Adolf MERKL: Das deutsche Eigentum und vermögensrechtliche Ansprüche Österreichs. In: Juristische Blätter, 77 (1955), 243 und 245. – BRAUNEDER/LACHMAYER, Verfassungsgeschichte, 248 (Anm. 3). – Zum nicht gültigen Zustandekommen und damit zur Nichtigkeit des Wiedervereinigungsgesetzes, da es durch den Rücktritt von Bundespräsident MIKLAS vor der Kundmachung nicht vom Bundespräsidenten gegengezeichnet wurde, sondern die Beurkundung durch den Bundeskanzler und die Gegenzeichnung durch die Bundesregierung erst einen Monat nach der Kundmachung erfolgten, siehe Ewald WIEDERIN: März 1938 – staatsrechtlich betrachtet. In: DAVY, Nationalsozialismus, 226 ff., insbes. 255 ff. (Anm. 1).

Reichsrechts durch den Führer und Reichskanzler oder den hierzu ermächtigten Reichsminister, dies war der Reichsminister des Inneren als Zentralstelle für die Durchführung der Wiedervereinigung, erfolgen werde. Doch galt dies nur im allgemeinen, nicht aber für das Verfassungsrecht im *materiellen* Sinn, denn durch die Eingliederung trat Österreich automatisch in die politische Grundordnung des Reiches ein, verlor also die Verfassung 1934 zum größten Teil am 13. März 1938 ihre Wirksamkeit. Insbesondere traten jene Bestimmungen außer Kraft, die einen souveränen Staat Österreich zur Voraussetzung hatten oder die mit der politischen Grundordnung des Reiches oder der nationalsozialistischen Weltanschauung in Widerspruch standen.[29]

Formell wurde die sogenannte Grundordnung des Reiches[30] durch Erlässe zwischen dem 15. und 17. März und in den darauffolgenden Monaten in Österreich eingeführt – ohne irgend ein Anzeichen dafür, erst einmal die Volksabstimmung abwarten zu wollen.

Man begann also sofort mit der Einführung von *Reichsrecht,* daneben blieb aber ein großer Teil des österreichischen Rechtes in Kraft. Neues im Zivilrecht brachte das Ehegesetz durch die Zivilehe, das Personenstandsgesetz durch die Einführung der Standesämter und auf dem Gebiet des Handelsrechts vor allem die Einführung des deutschen Handelsgesetzbuches. Im übrigen blieb aber das ABGB (Allgemeines Bürgerliches Gesetzbuch) in Kraft, war man doch bestrebt, bald ein reichseinheitliches „Volksgesetzbuch“ zu schaffen. Auch das Strafgesetzbuch blieb in Kraft, wurde aber später durch die scharfen deutschen Bestimmungen für „politische Delikte“ ergänzt.[31]

29. Helfried PFEIFER: Die Ostmark. Eingliederung und Neugestaltung. Wien 1941, 21.

30. Zu dieser *Grundordnung* des Reiches zählten z.B. das Staatsoberhauptgesetz vom 1. 8. 1934, RGBl. I, 747, das Gesetz zur Behebung der Not von Volk und Reich vom 24. 3. 1933, RGBl. I, 141, auch Reichsführer- oder Ermächtigungsgesetz genannt, das die Grundlage für die NS-Machtentfaltung bildete, das Gesetz über den Neuaufbau des Reiches vom 30. 1. 1934, RGBl. I, 75, das die Hoheitsrechte der Länder auf das Reich übertrug, Vorschriften über die Zuständigkeit der obersten Reichsbehörden, das Gesetz gegen die Neubildung der Parteien vom 14. 7. 1933, RGBl. I, 479, und das Gesetz zur Sicherung der Einheit von Partei und Staat vom 1. 12. 1933, RGBl. I, 1.016, die das Monopol der NSDAP sicherstellten und sie zur staatstragenden Partei machten, die Nürnberger Rassengesetze (Reichsbürgergesetz, Blutschandegesetz) vom 15. 9. 1935, RGBl. I, 1.146, das Wehrgesetz – bereits am 13. März 1938 wurde das Bundesheer der Wehrmacht eingegliedert und dem Befehl HITLERs unterstellt –, das Deutsche Beamtengesetz, das Gesetz über die Wiederherstellung des Berufsbeamtentums, das Nichtarier aus dem öffentlichen Dienst entfernte usw. Näheres bei PFEIFER, Ostmark, 3ff (Anm. 29).

31. Zu einzelnen Rechtsbereichen siehe DAVY, Nationalsozialismus (Anm. 1), insbesondere die Beiträge von Herbert HOFMEISTER: Privatrechtsgesetzgebung für Österreich unter der Herrschaft des Nationalsozialismus, 124 ff. – Theo MAYER-MALY: Nationalsozialismus und Arbeitsrecht, 173 ff. – Herbert LOEBENSTEIN: Strafrecht und Strafenpraxis im nationalsozialistischen Staat, 200 ff. – Gabriela PETROVIC: Das Sozialversicherungsrecht in der „Ostmark“, 307 ff. – Michael TANZER: Steuerrecht im nationalsozialistischen Staat, 331 ff.

3. Vom Land Österreich zu den Alpen- und Donaureichsgauen[32]

Österreich war nun ein *Land* des Deutschen Reiches. Zum Reichstatthalter in Österreich als ständigem Vertreter der Reichsregierung wurde am 15. März 1938 der bisherige Bundeskanzler Arthur SEYSS-INQUART ernannt, der auch mit der Führung der nunmehrigen „österreichischen Landesregierung“ beauftragt wurde.

Die *Hoheitsrechte* des Bundes und der Bundesländer waren, entsprechend dem Gesetz über den Neuaufbau des Reiches, einem der Reichsgrundgesetze, auf das Reich übergegangen, wurden aber zum Großteil wieder auf die Landesbehörden rückübertragen, die diese nun im Namen des Reiches auszuüben hatten. Ausnahmen bildeten vorerst nur Heer, Post, Finanz und Eisenbahn, die sofort den obersten Reichsbehörden übertragen wurden.

Die *Gesetzgebung* für Österreich wurde somit, im Rahmen der für Österreich geltenden reichsrechtlichen Vorschriften, großteils dem Reichstatthalter in Österreich rückübertragen, der daher, allerdings nur mit Zustimmung des zuständigen Reichsministers und des Reichsministers des Inneren, Landesrecht schaffen konnte, ja sogar eine Kompetenzerweiterung erfuhr, da ja Österreich als Bundesstaat an einen – freilich inzwischen gleichgeschalteten – Bundesstaat angegliedert worden war, das Reich jedoch keine Vorkehrungen für den Fall eines Subföderalismus getroffen hatte – das Neuaufbaugesetz sprach nur von Ländern und Landesbehörden. Somit gingen viele Rechte der ehemaligen Bundesländer auf den Reichsstatthalter als Führer der österreichischen Landesregierung über, während den Landeshauptleuten, die die Bundesländer vorerst weiterhin führten, nur ein begrenztes Verordnungsrecht zustand.[33]

Wie sah nun die österreichische Landesregierung aus? Im Sinne des *Führerprinzips* oblag dem Reichstatthalter die alleinige Leitung und Verantwortung, die Mitglieder der Landesregierung waren ihm gegenüber als Leiter der Verwaltungszweige weisungsgebunden und verantwortlich. Vor dem Anschluß hatte es in Österreich noch sechs Ministerien gegeben. Am 24. März wurden dann bereits das Ministerium für Justiz und das Ministerium für Landesverteidigung aufgelöst und ihre Kompetenzen gingen auf die entsprechenden Reichsministerien über. Die österrreichische Landesregierung bestand daher nur noch aus dem Amt des Reichstatthalters, das von SEYSS-INQUART geführt wurde, dem ebenfalls von diesem geführten Ministerium für innere und kulturelle Angelegenheiten, den von Hans FISCHBÖCK geführten Ministerien für Wirtschaft und Arbeit und für Finanz sowie dem von Anton REINTHALLER geführten Ministerium für Landwirtschaft.

Bei der Frage der Eingliederung Österreichs ins Deutsche Reich erhob sich

32. Siehe hierzu v.a. BOTZ, Eingliederung (Anm. 27). – LUŽA, Österreich, 1. Teil: Von Österreich zur Ostmark, 47–147 (Anm. 1).

33. BOTZ, Eingliederung, 63–70 (Anm. 27). – Ds., Stufen, 180- 195 (Anm. 27).

nun die Frage nach der Größe der *Verwaltungseinheiten* – ob es zu einem länderweisen Anschluß kommen sollte oder ob Österreich als eine Verwaltungseinheit angeschlossen werden sollte.

Nach einem Geheimdokument aus den Beständen des Chefs des Sicherheitshauptamtes und Reichsführers SS HIMMLER sollte die *„Südmark"*, wie der geographische Bezeichnungsvorschlag lautete, entweder am zweckmäßigsten als Einheit dem Reich angegliedert werden, oder aber, aus geschichtlichen, wirtschaftlichen und politischen Erwägungen, in sechs Gauen.[34]

Mit der Frage der administrativen Eingliederung hatte sich vor allem der Reichskommissar für die Wiedervereinigung, der Gauleiter von Saarpfalz, Josef BÜRCKEL, zu beschäftigen, der in dieser Funktion nur dem Führer unterstand und der auch kommissarischer Leiter der NSDAP in Österreich war. BÜRCKEL selbst war Verfechter der sogenannten *„Viererlösung"*, die, nach Reichsreformplänen aus dem Jahr 1934, für Österreich vier Verwaltungseinheiten vorsah: „Wien", „Donaugau" (Oberöstereich, Niederösterreich und das nördliche Burgenland), „Südgau" (Steiermark, Kärnten mit Osttirol und das südliche Burgenland) und „Tirol" (Nordtirol, Salzburg und Vorarlberg).[35] Man wollte ja einerseits Österreich als staatliche Einheit zerschlagen – HITLERs provinzieller Wien-Haß – andererseits schienen die einzelnen Bundesländer als Reichsgaue zu klein, erreichten sie doch oft nicht einmal die Größe deutscher Landkreise, der Untereinheiten der Gaue.

Gegen diese geplante *Zusammenlegung* der Bundesländer stellten sich aber die Nationalsozialisten der Bundesländer: Die Vorarlberger wollten nicht zu Tirol, die Kärntner nicht zur Steiermark und die Burgenländer waren empört über die Aufteilungspläne. Diese Äußerungen von *Länderpatriotismus* waren so stark, daß HITLER selbst BÜRCKELs Eifer zügeln mußte und mit dem Argument der besonders starken Tradition der österreichischen Bundesländer für die *„Siebenerlösung"* eintrat, wie sie auch dann im Ostmarkgesetz vom 14. April 1939 fixiert und am 1. April 1940 nach Auflösung des Landes Österreich verwirklicht wurde.[36]

Zwischen dem Inkrafttreten des Ostmarkgesetzes, am 1. Mai 1939, und dem 1. April 1940 bestand auf österreichischem Boden ein *Nebeneinander*

34. Österreich ob der Enns, Österreich nieder der Enns (mit dem nördlichen Burgenland und Wien), Steiermark (mit dem südlichen Burgenland und dem Lungau), Kärnten (mit Osttirol), Salzburg, Tirol (mit Vorarlberg) – siehe: Das österr. Sicherheitswesen und dessen Einbau in die Sicherheitspolizei des Reiches nach einer Eingliederung Österreichs (der Südmark). Dokumentationsarchiv des österr. Widerstandes. Nach BOTZ, Gleichschaltung, 177 (Anm. 27), dürfte es zwischen dem 15. Feber und dem 13. März 1938 abgefaßt worden sein.

35. Siehe auch die drei Modelle der administrativen Eingliederung bei BOTZ, Stufen, 184 (Anm. 27): a) Anschluß als Land ohne Staatscharakter, aber mit Sonderstellung, b) Eingliederung der einzelnen Bundesländer, c) Zerschlagung der historischen Strukturen und Bildung neuer Verwaltungseinheiten („totaler Anschluß").

36. BOTZ, Stufen, 196 (Anm. 27).

von dem im Abbau befindlichen Land Österreich, mit der Auflösung der österreichischen Zentralstellen und dem Übergang ihrer Kompetenzen auf die obersten Reichsbehörden oder die ehemaligen Bundesländer als Mittelinstanzen, und den im Aufbau befindlichen Reichsgauen.[37] Die *Liquidation* Österreichs und die Versuche, das Österreichbewußtsein auszumerzen, zeigen sehr augenscheinlich die offiziellen Bezeichnungen für Österreich: Hieß es nach dem Anschluß „Land Österreich", seit dem Ostmarkgesetz „Ostmark", so sprach man nach der Errichtung der Gaue nur mehr von den „Reichsgauen der Ostmark" und ab 1942 überhaupt nur mehr von den „Alpen- und Donaureichsgauen", um jede Erinnerung an Österreich oder jede Erwähnung Österreichs zu vermeiden.

4. Die Gauverfassung nach dem Ostmarkgesetz

Nach dem Gesetz über den Aufbau der Verwaltung in der Ostmark (Ostmarkgesetz) vom 14. April 1939[38] wurden im Gebiet des Landes Österreich sieben *Reichsgaue* gebildet: (das stark erweiterte) Wien, Kärnten (mit Osttirol), Niederdonau (mit dem nördlichen Burgenland), Oberdonau (mit dem Ausseerland und sudetendeutschen Gebieten), Salzburg, Steiermark (mit dem südlichen Burgenland) und Tirol (mit Vorarlberg als angegliedertem Verwaltungsbezirk).[39]

Der Reichsgau war staatlicher *Verwaltungsbezirk* und *Selbstverwaltungskörper.* An seiner Spitze stand der *Reichstatthalter* „neuen Typs", der durch das Ostmarkgesetz vermehrte Kompetenzen erhalten hatte. Er hatte die volle Befehlsgewalt über die staatliche Verwaltung und die Behörden der Reichssonderverwaltung, mit Ausnahme von Finanz, Justiz, Eisenbahn und Post, waren ihm „angegliedert", d.h. persönlich unterstellt.[40] Mit Zustimmung des Reichsinnenministers und der sonstigen beteiligten Reichsminister konnte der Reichstatthalter durch Verordnung Recht setzen, das dann im Amts- und Verordnungsblatt des jeweiligen Reichsgaus verlautbart wurde.

Ferner führte der Reichstatthalter unter der Aufsicht des Innenministers auch die sogenannte *Selbstverwaltung.* Unter Selbstverwaltung[41] wurde jedoch nicht die autonome Besorgung der Angelegenheiten einer Gruppe verstanden. Vielmehr waren die *„Stände"*, wie z.B. der Reichsnährstand,

37. PFEIFER, Ostmark, 80f (Anm. 29).

38. RGBl 1939 I, 777, GBl f. Ö. 500/1939.

39. Nach der Niederlage Jugoslawiens 1941 wurden dem Gau Steiermark noch die Untersteiermark, dem Gau Kärnten Oberkrain als gesonderte Verwaltungssprengel angegliedert.

40. Die Gaue der Ostmark und der Sudetengau waren Modelle für eine geplante Reichsreform, die im „Altreich" aufgrund der nationalsozialistischen Polykratie und der Länderegoismen noch nicht weit gekommen war.

41. BÖCKENFÖRDE, Staatsrecht, 127ff (Anm. 7). – Zur Kulturpolitik und zur Reichskulturkammer siehe Kurt HELLER: Die Rechtsgrundlagen für die Verfolgung von „entarteter Kunst" im Dritten Reich. In: DAVY, Nationalsozialismus, 285 ff. (Anm. 1).

die Reichswirtschaftskammer oder die Reichskulturkammer, öffentlich-rechtliche Körperschaften, die am inneren Aufbau der politischen Grundordnung mitzuwirken hatten und die vor allem der Gleichschaltung von Wirtschaft und Kultur dienten. Sie standen, gemäß dem Führerprinzip, unter der politischen Führung des Reiches, die sich nicht nur auf die herkömmliche Gesetzesaufsicht beschränkte, sondern Richtung und Ziel des ständischen Wirkens vorgab und die Stände zur Kontrolle der Bevölkerung oder, wie im Fall der Reichskulturkammer, zur Zensur einsetzte. Zur einheitlichen Ausrichtung der Stände auf die nationalsozialistische Weltanschauung wurden die ständischen Führungsstellen mit Parteimitgliedern besetzt, sodaß – insbesondere an der Spitze – Personal- und Realunion zwischen Parteiämtern und ständischen Ämtern bestand, die Stände also Reproduktionen der Einheitspartei darstellten.

Mit Ausnahme der Wehrmacht und der Justiz erstreckten sich die Befugnisse des Reichstatthalters – wenn auch mit differenzierter Intensität – auf den gesamten staatlichen Sektor und entsprachen somit dem vom Nationalsozialismus geforderten, wenn auch – vor allem im „Altreich" – oft durchbrochenen Prinzip der *Einheit der Verwaltung*. Überdies bekleidete er auch grundsätzlich das Amt des *Gauleiters* der NSDAP[42] und garantierte somit die unbedingte Einheit von Partei und Staat – quasi als „Unterführer".

Die verhältnismäßige Kleinheit der Reichsgaue auf österreichischem Gebiet erforderte für Verwaltungszweige, die nur in großen Räumen effektiv tätig sein können, die Bildung von Verwaltungsbezirken der *Mittelstufe*, die sich auf mehrere Gaue erstreckten. Diese wurden dann meist einem Reichstatthalter angegliedert oder auf andere Weise unterstellt. Dies traf vor allem für die Reichssonderverwaltung, für einige Zweige der allgemeinen Verwaltung, für berufsständische Körperschaften, die Reichsjustizstellen und die Heeresdienststellen zu.

So lag über dem Grundraster der österreichischen Reichsgaue ein mehrschichtiges Netz von *großräumigen* Verwaltungseinheiten, die dann jeweils einem Reichstatthalter angegliedert wurden[43].

Die Reichsgaue waren weiter untergliedert in *Land- und Stadtkreise*. Die Landkreise waren staatliche Verwaltungsbezirke und Selbstverwaltungs-

42. Zur Stellung der Gauleiter siehe Peter HÜTTENBERGER: Die Gauleiter. Stuttgart 1969.

43. BOTZ, Eingliederung, 112 f. (Anm. 27). – Ds., Stufen, 205 (Anm. 27). Es war z.B. dem Reichstatthalter von Wien die Wahrnehmung der Angelegenheiten des Vermessungswesens und der Statistik für die ganze Ostmark zugeteilt, dem Reichstatthalter von Niederdonau die Reichswasser- und Straßenverwaltung der Ostmark; zweigeteilt war die Ostmark hinsichtlich der Wehrkreise XVII (Wien für Ostösterreich) und XVIII (Salzburg für Westösterreich), Wien und Salzburg waren auch Sitz der jeweiligen Behörde eines „Höheren SS- und Polizeiführers"; Dreiteilung bestand hinsichtlich des Siedlungswesens und der Wasserwirtschaft sowie hinsichtlich der SS-Abschnitte und SA-Gruppen in „Donau", „Südmark" und „Alpenland"; Viergliederung – unter Abspaltung Oberdonaus von Niederdonau – galt hinsichtlich der Reichstreuhänder der Arbeit, der Landesarbeitsämter, der Landesversicherungsanstalten, der Organisation der gewerblichen Wirtschaft und hinsichtlich der Oberlandesgerichte.

körper. An ihrer Spitze stand der *Landrat* – entsprechend etwa dem Bezirkshauptmann –, dem im Ostmarkgesetz die gesamte staatliche Verwaltung auf der Stufe des Kreises im Rahmen der bisherigen Zuständigkeit sowie durch das Reichsministerium des Innern die bisherigen Sonderverwaltungskompetenzen übertragen wurden.[44] So blieben die Bezirksverwaltungsbehörden nahezu unverändert erhalten, erblickten doch die deutschen Reichsreformer in ihnen das Modell und den Grundstein für eine schon lange geplante „Deutsche Kreisordnung", in dem sie das Prinzip der Einheit der Verwaltung auf unterer Ebene verwirklicht sahen. Wie überhaupt die durch das Ostmarkgesetz geschaffene Gauverfassung Modellcharakter für das ganze Reich haben sollte, denn die Reichsreform steckte, wie schon erwähnt, noch in den Anfängen und war aufgrund der Machtkämpfe zwischen den Ländern und den Zentralbehörden nicht über die Erlassung der „Deutschen Gemeindeordnung 1935" hinausgekommen.

Die *Stadtkreise* waren Selbstverwaltungskörper, an deren Spitze der *Bürgermeister* mit der Amtsbezeichnung „Oberbürgermeister" stand, der auch die staatliche Verwaltung führte.

Auf *Gemeindeebene* wurde der *Bürgermeister* durch die Einführung der deutschen Gemeindeordnung am 1. Oktober 1938 zu einem weisungsgebundenen, dem Landrat vollkommen untergeordneten ausführenden Organ; auch wurden die ortspolizeilichen Aufgaben dem selbständigen Wirkungsbereich der Gemeinde entzogen. Es gab vielfach Gemeindezusammenlegungen[45] und Gründungen von Gemeindeverbänden, die der Kreisselbstverwaltung der Bezirksbehörden eingegliedert werden sollten.

5. *Schwierigkeiten bei der Durchführung des Verwaltungsumbaus*

Dem Gelingen der Umbaupläne stand vor allen die *polykratische* Struktur des Dritten Reiches entgegen. Trotz propagierter Einheit und Führerprinzip trat eine starke Ober-, Unter-, Neben- und Gegenschachtelung von Kompetenzträgern auf, die je nach Machtwillen, Gelegenheit und Herrschaftsfreiräumen ihre eigenen Vorstellungen von nationalsozialistischer Politik zu verwirklichen suchten. Eine immer stärkere *Rivaltiät* zwischen Staats-, Partei- und Sonderdienststellen kam zu Tage[46].

Die *Spannungen* zwischen den Zentralbehörden und den Partikulargewalten verstärkten sich dann noch während des Krieges: Die Reichstatthalter beriefen sich entweder auf eine unmittelbare Unterstellung unter den Füh-

44. Ein anschauliches Bild über die Entwicklung eines Bezirkes unter nationalsozialistischer Herrschaft gibt MULLEY, Nationalsozialismus (Anm. 1).

45. Im Zuge der Eingemeindungen wurde z.B. Wien um die umliegenden niederösterreichischen Gemeinden erweitert, ebenso Graz.

46. Peter HÜTTENBERGER: Nationalsozialistische Polykratie. In: Geschichte und Gesellschaft, 2 (1976), 417–442. – FRAENKEL, Doppelstaat (Anm. 13). – LUŽA, Österreich, 148–168 (Anm. 1). – BÖCKENFÖRDE, Staatsrecht, 101 (Anm. 7).

rer, was faktisch weitgehende Freiheit von Kontrolle bedeutete, oder auf andere auf HITLER zurückgehende Sonderermächtigungen, die einen Angelpunkt für eine Loslösung aus der Rechts- und Verwaltungseinheit des Reiches bildeten.

Weitere *Schwierigkeiten* bereitete die überstürzte Einführung von Reichsgesetzen in Österreich, die die Verwaltungsbehörden überforderte. Auch band die bald nach dem Anschluß einsetzende „Reichsverteidigungsarbeit" große Verwaltungskapazitäten und brachte der 1939 begonnene Krieg durch den Abzug von Beamten zum Kriegsdienst und in die Rüstungsindustrie den Umbau der Verwaltung zum Erliegen.

III. Justiz im Dritten Reich

1. „Im Namen des Deutschen Volkes"

Ab 22. März 1938 gab es in Österreich nur mehr Rechtsprechung „Im Namen des Deutschen Volkes".[47] Alle *Justizbehörden* im Land Österreich wurden unmittelbar den Reichsbehörden unterstellt. Die deutschen Gerichtsbezeichnungen wurden eingeführt: die Landes- und Kreisgerichte hießen nun „Landgerichte", die Bezirksgerichte „Amtsgerichte", und in Linz wurde ein viertes Oberlandesgericht errichtet.[48]

Mit 1. April 1939 kam es zur *Aufhebung* des Obersten Gerichtshofes und der Generalprokuratur und dem Übergang ihrer Zuständigkeiten auf das Reichsgericht und die Reichsanwaltschaft. Beim Reichsgericht war ein eigener Senat für österreichische Rechtsfälle zuständig, der österreichisches Recht anwandte.

Der Bundesgerichtshof der Verfassung 1934 wurde zum *Verwaltungsgerichtshof* verkürzt und seine Funktionen wurden stark eingegrenzt, da er keine Kontrolle von Entscheidungen oberster Reichsorgane durchführen durfte. Seine Zuständigkeit beschränkte sich auf Zuständigkeitskontrollen und die Prüfung der Gesetzmäßigkeit von Verordnungen und Bescheiden. Ab 3. April 1941 ging seine Zuständigkeit auf das Reichsverwaltungsgericht über, das einen Außensenat in Wien hatte.[49]

2. Stellung der Justiz und Steuerung der Rechtspflege

Wie sah nun die Stellung der *Justiz* im Dritten Reich aus, deren traditionelle Funktionsweise als unabhängige Gerichtsbarkeit ja mit dem Totalitätsanspruch des Nationalsozialismus kaum zu vereinen war?

47. Verordnung über die Rechtspflege in Österreich vom 22. März 1938, RGBl. I, 301, GBl. f Ö 20/1938, abgedruckt in PFEIFER, Ostmark, 37 (Anm. 29).

48. Siehe Kapitel „Justiz" in: PFEIFER, Ostmark, 222ff (Anm. 29).

49. PFEIFER, Ostmark, 676ff (Anm. 29).

Trotz der von der NS-Doktrin propagierten „Einheit der Staatsgewalt", mit dem „Führer als oberstem Richter", wurde die Justiz nicht dem Staatsapparat eingegliedert und selbst von nationalsozialistischer Seite stets ein Festhalten an der *Unabhängigkeit* der Gerichtsbarkeit betont. Es wurden zwar beharrlich Versuche einer faktischen Aushöhlung unternommen, vor allem durch das Beamtendienstrecht, doch kam es im Gegensatz zu den übrigen Staatsgewalten – man bedenke die Ausschaltung der Legislative, ihre Degradierung zu einem bloßen Akklamationsorgan oder die Säuberung und Gleichschaltung der Verwaltung – zu keiner solchen formellen Gleichschaltung der Justiz. Daß ein gewisses, wenn auch beschränktes Maß an richterlicher Unabhängigkeit immer noch gegeben war, zeigen deutlich ausgesprochene Mißfallens- und Unwillensäußerungen der NS-Führung sowie die Notwendigkeit des Aufbaus einer *Sonderjustiz* neben der ordentlichen Gerichtsbarkeit. Stark abweichende Entscheidungen zeigen, daß die Lenkung der Justiz nicht so stark war, wie oft angenommen wird. Die häufig festzustellende Übereinstimmung richterlicher Entscheidungen mit der Ideologie des Nationalsozialismus war vielfach auf die fehlende rechtsstaatliche und republikanische Tradition des Richterstandes und das Naheverhältnis vieler Richter zum Nationalsozialismus zurückzuführen.[50]

Eine vermehrte *Steuerung* und *Lenkung* der Rechtspflege setzte erst im Krieg, besonders ab 1942 – etwa in Form der „Richterbriefe"[51] – ein und betraf hauptsächlich die *Strafrechtspflege* und hier wiederum besonders Delikte von politischer Bedeutung.

Eingang ins *Zivilrecht* fand die NS-Weltanschauung vor allem über Generalklauseln wie „Sittenwidrigkeit", „Treu und Glauben" etc. Forderungen der NSDAP, aber auch einiger Rechtsgelehrter, das Parteiprogramm als unmittelbare Rechtsquelle anzuerkennen, stand die Gerichtsbarkeit, besonders das Reichsgericht, reserviert gegenüber und sah in Berechenbarkeit und Rechtssicherheit durchaus zu schützende Werte. Auch kam es keineswegs zu einer „unbegrenzten Auslegung", die Grenze bildete stets das geltende Recht, mochte es auch NS-Grundsätzen widersprechen[52].

Durch das NS-Gesetzgebungsmonopol der Machthaber waren jedoch große *Eingriffe* in die Rechtsordnung möglich, vor allem im *Strafrecht,* das nach den „sozialhygienischen" und sozialdarwinistischen Vorstellungen der NS-Ideologie der „Reinigung des Volkskörpers" diente, kam es zu großen Veränderungen. Die Aufhebung des strafrechtlichen Analogieverbotes und die innerstaatliche Feinderklärung an Juden und „Volksschädlin-

50. MEINCK, Justiz (Anm. 11). – Peter BÖHM: Zivilprozeß und Ideologie im nationalsozialistischen Staat. In: DAVY, Nationalsozialismus, 149 ff. (Anm. 1).

51. Ilse STAFF: Justiz im Dritten Reich. Frankfurt/Main 1978, 59 ff; siehe auch die dort und bei Maria SZECSI/Karl STADLER (Die NS-Justiz in Österreich und ihre Opfer. Wien-München 1962) abgedruckten Richterbriefe; sie sollten den Richtern jeweils an Hand eines kritisierten oder gelobten Urteils zeigen, wie die Rechtsprechung im Sinn der NS-Ideologie erfolgen sollte.

52. MEINCK, Justiz, 31ff. (Anm. 11).

ge" brachte neue Straftatbestände und Strafverschärfungen. Es kam im Strafrecht zu einer vermehrten Anknüpfung nicht nur an die Tathandlung, sondern auch an den Tätertypus, der Bewertung der strafbaren Handlung unter dem Gesichtspunkt der Zuordnung zu einer Gruppe, die zum Staatsfeind erklärt worden war.[53] Doch war die Rechtsprechung keineswegs einheitlich, teilweise wurden Strafrahmen ausgeschöpft, dann wieder nicht, und auch von der Analogiemöglichkeit des § 2 des deutschen Strafgesetzbuches[54], der auch für Österreich galt, wurde nur restriktiv Gebrauch gemacht.

3. Sondergerichtsbarkeit

Da es im Nationalsozialismus vor allem um die Sicherung von Stabilitäts- und Herrschaftsinteressen ging, eine Beeinträchtigung dieser aber nach politischen Kriterien entschieden werden mußte, kam es zum Aufbau einer *Sonderjustiz* in Form von Sondergerichten und dem Volksgerichtshof (VGH), die einen Einbruch in den traditionellen Justizapparat darstellten. Sie waren notwendig, weil die ordentliche Gerichtsbarkeit mit ihrem Schlußverfahren aus abstrakt fixierten Normen, einer relativ hohen verfahrensrechtlichen Sicherheit, der Möglichkeit von Rechtsmitteln und nicht zuletzt der Orientierung an der Rechtsprechung des Reichsgerichts für eine Aburteilung politischer Verbrechen, die ja rasch erfolgen sollte, nicht geeignet schien.

Sondergerichte wurden bei jedem Landgericht errichtet und entschieden in Senaten von drei Berufsrichtern. Rechtsmittel waren nicht zulässig; es gab nur ein Einspruchsrecht des Oberreichsanwaltes bei schwerwiegenden Bedenken gegen die Richtigkeit eines Urteils. Zuständig war dann der Besondere Senat des Reichsgerichts, von dessen fünf Mitgliedern nur der Vorsitzende und zwei weitere Mitglieder die Befähigung zum Richteramt haben mußten. Zuständig waren die Sondergerichte für Verbrechen und Vergehen nach dem Gesetz gegen heimtückische Angriffe auf Staat und Partei, nach der Verordnung über außerordentliche Rundfunkmaßnahmen, nach der Kriegswirtschaftsverordnung sowie für „Verbrechen und Vergehen, wenn die Anklagebehörde der Auffassung ist, daß die sofortige Aburteilung durch ein Sondergericht mit Rücksicht auf die Schwere und Verwerflichkeit der Tat, wegen ernsthafter Gefährdung der öffentlichen Ordnung und Sicherheit geboten ist".[55]

53. MEINCK, Justiz, 37ff. (Anm. 11): – GRUCHMANN, Rechtssystem, 97ff. (Anm. 7). – LOEBENSTEIN, Strafrecht, 200 ff. (Anm. 31).

54. „Bestraft wird, wer eine Tat begeht, die das Gesetz für strafbar erklärt oder die nach dem Grundgedanken eines Strafgesetzes oder nach dem gesunden Volksempfinden Bestrafung verdient. Findet auf die Tat kein bestimmtes Strafgesetz unmittelbar Anwendung, so wird die Tat nach dem Gesetz bestraft, dessen Grundgedanken auf sie am besten zutrifft."

55. MEINCK, Justiz, 44 ff (Anm. 11).

Dem *Volksgerichtshof* oblag die Aburteilung von Hoch- und Landesverrat, Angriffen auf den Staatspräsidenten und der Delikte nach der Verordnung zum Schutz von Volk und Staat. Er entschied in der Besetzung von fünf Mitgliedern, von denen nur der Vorsitzende und ein weiteres Mitglied Richter waren, die übrigen waren vom Reichskanzler ernannte hohe SS- und SA-Führer, durch die der Durchbruch des „gesunden Volksempfindens" gesichert und ein der NS-Ideologie entsprechendes Urteil gewährleistet werden sollte. Über die Funktion des Volksgerichtshofes führte der Präsident des Volksgerichtshofes, Roland FREISLER, in einer Rede zum vierjährigen Bestehen dieses Gerichtshofes aus: „Seine Aufgabe ist es nicht, Recht zu sprechen, sondern die Gegner des Nationalsozialismus zu vernichten."[56]

Neben der Verdrängung der ordentlichen Justiz durch die Sonderjustiz gab es aber noch einen weiteren staatlichen Sanktionsapparat durch die fast unbegrenzte Macht der Organe des *„Maßnahmenstaates"*, die durch die Institution der Schutzhaft vorbeugende Maßnahmen der Verbrechensbekämpfung außerhalb des gesetzlichen Rahmens setzen konnten. Damit war für politische Straftaten – und das hieß potentiell für alle strafbaren Handlungen – eine Sanktionskompetenz der Gestapo geschaffen worden, die auch dem Ausgleich zu milder Strafurteile dienen sollte.[57] Den konsequenten Abschluß dieser Entwicklung bildete die 13. Verordnung zum Reichsbürgergesetz vom 1. Jänner 1943, die bestimmte, daß strafbare Handlungen von Juden auch durch die Polizei geahndet werden sollten.

In *Österreich* gab es ab 20. Juni 1939 beim Oberlandesgericht in Wien einen Besonderen Senat als Hilfsgericht des Volksgerichtshofes und ab November 1939 gab es Sondergerichte bei den Landgerichten.[58] Hauptanklagepunkte vor den Sondergerichten waren vor allem Vorbereitung zum Hochverrat, Wehrkraftzersetzung, Heimtücke und Rundfunkvergehen. Während der NS-Zeit wurden auf den zivilen Hinrichtungsstätten in Österreich ca. 1.200–1.300 Todesurteile vollstreckt. Besonders auffallend an der Sondergerichtsbarkeit in Österreich ist die besonders harte Bestrafung von Tschechen sowie von Juden und Polen nach der Polenstrafverordnung.

56. GLASER, Drittes Reich, 133 (Anm. 6).

57. STAFF, Justiz, 94 (Anm. 50). – MEINCK, Justiz, 48f (Anm. 11).

58. Zur Sonderjustiz in Österreich siehe SZECSI/STADLER, NS-Justiz (Anm. 50). Rückschlüsse auf Sondergerichtsverfahren lassen sich aus den Akten des Besonderen Senates beim Oberlandesgericht Wien und aus den Akten des Sondergerichtes beim Landgericht Wien ziehen. Zwischen 1938 und 1944 wurden vom Besonderen Senat mindestens 2.854 Verfahren abgeschlossen. Aus dem Register der Staatsanwaltschaft geht hervor, daß von November 1939 bis April 1945 15.400 Sondergerichtsverfahren anhängig waren, davon waren ca. 4.500 politische Sondergerichtsverfahren.

IV. Rückkehr zum demokratischen Rechtsstaat

In der Unabhängigkeitserklärung vom 27. April 1945[59] erklärte die von Karl RENNER gebildete Provisorische Staatsregierung den im Jahre 1938 erzwungenen Anschluß an das Deutsche Reich für null und nichtig und verkündete die *Wiederherstellung* der Republik im Geiste der Verfassung von 1920.

Die *demokratische* und *liberale* Verfassung des Jahres 1920, und nicht die autoritäre des Jahres 1934, sollte der Zweiten Republik zugrunde gelegt werden. Gerade die Schreckensherrschaft des nationalsozialistischen Regimes hat gezeigt, wie machtlos der Einzelne, aber selbst ganze gesellschaftliche Gruppen in einem Staat der Willkür sind. Die Wertschätzung des Pluralismus, der Vielfalt der Meinungen, Ideen und Interessen in Staat und Gesellschaft sowie die Hochhaltung des Rechtsstaates mit seinen Verfahrensregeln und Schutzmechanismen, der Rechtssicherheit durch Rechtsetzungsverfahren, Normenkontrolle und Legalität, waren Werte, die im Staat Österreich so schnell wie möglich wieder verwirklicht und gestärkt werden sollten.

Die *Verfassungsrechtslage* vor der Ausschaltung des Parlaments 1933 wurde wiederhergestellt und nur jene Rechtsvorschriften wurden in die Zweite Republik übernommen, die mit dem Bestand eines freien und unabhängigen Staates Östereich und den Grundsätzen einer echten Demokratie vereinbar waren und kein typisches Gedankengut des Nationalsozialismus enthielten.[60]

Es dauerte einige Zeit, bis die Folgen und Auswirkungen des Dritten Reiches beseitigt werden konnten – noch sollten zehn Jahre der Besatzung durch die Alliierten Truppen, ein langer Kampf um die *Wiedererringung* der vollen Souveränität folgen. Doch schnell verschwanden die Reichsgaue, um wieder den neun Bundesländern Platz zu machen, die Behördenorganisation des Dritten Reiches wurde aufgelöst und die Bundes- und Landesbehörden wiedererrichtet.

Die Bewältigung des Nationalsozialismus wurde nach Kriegsende zwar rasch in Angriff genommen, einerseits im Bereich des Strafrechts durch das Verfassungsgesetz über das Verbot der NSDAP (Verbotsgesetz) und das Verfassungsgesetz über Kriegsverbrechen und andere nationalsozialistische Untaten (Kriegsverbrechergesetz)[61], andererseits durch Versuche einer Wiedergutmachung durch Rückstellung von Eigentum[62], vielfach

59. StGBl 1/1945.

60. Verfassungs-Überleitungsgesetz vom 1. Mai 1945, StGBl 4/1945, Rechtsüberleitungsgesetz vom 1. Mai 1945, StGBl 6/1945.

61. Verbotsgesetz, StGBl 13/1945; Kriegsverbrechergesetz StGBl 32/1945, wiederverlautbart BGBl 198/1947. Siehe dazu Winfried PLATZGUMMER: Die Bewältigung des Nationalsozialismus durch das Strafrecht nach 1945. In: DAVY, Nationalsozialismus, 209 ff. (Anm. 1).

62. Siehe dazu KASTNER, Entziehung, 191 ff. (Anm. 20).

folgte jedoch über den Mühen des – auch politischen – Wiederaufbaus Österreichs die Verdrängung und das Vergessen. Dies führte dazu, daß viele der Geschehnisse der NS-Zeit erst Jahrzehnte später – etwa anläßlich der Fernsehserien Österreich II und Österreich I oder des Bundespräsidentenwahlkampfs 1986 – öffentlich diskutiert wurden. Erst diese Diskussionen führten dann dazu, daß das gern gehegte Rollenverständnis von Österreich als „erstem Opfer" des Nationalsozialismus hin zu einem Einbekenntnis der Mittäterschaft vieler Österreicher an den Greueltaten des Nationalsozialismus revidiert wurde.

Einiges blieb von Dritten Reich, wie die Zivilehe, die Standesämter, das Handelsgesetzbuch – aber vor allem blieb die Erfahrung eines *totalitären* Staates, die der in der Ersten Republik oft verachteten Demokratie einen neuen Stellenwert gab und die Österreicher im Staatsbewußtsein und im Selbstbewußtsein ihrer Nation stärke.

III.
Historische Entwicklungslinien der Zweiten Republik

Die Vor- und Frühgeschichte der Zweiten Republik

Erika Weinzierl

Als am 13. März 1938 HITLER in Linz das Gesetz über die „Wiedervereinigung" Österreichs mit dem Deutschen Reich erließ, glaubten inner- und außerhalb Österreichs nur wenige an das *Wiedererstehen* einer freien Republik Österreich.[1] Am stärksten war diese Hoffnung bei den ersten Opfern des NS-Regimes, den allen früheren politischen Parteien in leitender Funktion angehörenden Häftlingen, von denen 157 bereits am 1. April 1938 in das KZ Dachau eingeliefert wurden. Dort stellten sie bald die einstigen Gegensätze zurück und „verwirklichten bereits im Lager jene nationale Einheit, in deren Genuß das Land selbst erst nach der Niederlage des Dritten Reiches und der Befreiung kommen sollte".[2] Aus den Berichten konservativer und kommunistischer Häftlinge geht auch hervor, daß sich in den Lagern eine Art österreichischer „politischer Universitäten" bildete. Die verschiedenen Gruppen veranstalteten Kurse über wirtschaftliche und politische Fragen und ausführliche Diskussionen der österreichischen Probleme unter dem NS-Regime und „nach dem Erlangen der nationalen Selbständigkeit". „Besonders die letzte Frage wurde zwischen allen österreichischen Gruppen der Antifaschisten eingehend besprochen und volle Übereinstimmung über ein österreichisches Wiederaufbauprogramm nach der Vertreibung der Nazis erzielt".[3] Nicht einig war man sich nach Beginn des Krieges in der Prognose über dessen Dauer. Auch über die Frage der Regierungsform und des Verbleibens in einem demokratischen deutschen Staatsverband gab es unterschiedliche Meinungen vor allem bei den politischen Emigranten.

In „Großdeutschland" wurde die Bildung von Gruppen, die die *Wiedererrichtung* eines selbständigen Österreich planten ebenso mit dem Tod bestraft wie jene, die den Sturz des NS-Regimes versuchten. Für die *Katholisch-Konservativen* seien als Beispiele dafür nur der Klosterneuburger Chorherr Roman Karl SCHOLZ mit seiner im Mai 1938 gegründeten ille-

---

1. Der im folgenden notwendigerweise beschränkte Raum hat eine so vielschichtige und ereignisreiche Entwicklung zu beschreiben, daß für zwangsläufige Verkürzungen oder Auslassungen um Verständnis gebeten werden muß.

2. Felix KREISSLER: Der Österreicher und seine Nation. Ein Lernprozeß mit Hindernissen. Wien-Köln-Graz 1984, 227.

3. Die hier wiedergegebene Schilderung des Kommunisten Otto HORN deckt sich weitgehend mit jener Hans BECKERs, eines früheren Funktionärs der Vaterländischen Front. Zitiert nach KREISSLER, Österreicher, 224 ff. (Anm. 2).

galen „Deutschen Freiheitsbewegung"[4], seit dem Winter 1939/40 „Österreichische Freiheitsbewegung", und der aus Innsbruck stammende Oberstleutnant des Generalstabes Robert BERNARDIS genannt, der wegen seiner Teilnahme an der Aktion der Männer des 20. Juli 1944 hingerichtet wurde.[5] Die „Österreichische Freiheitsbewegung", die vom Rechtsanwalt Dr. Jakob KASTELIC gegründete „Großösterreichische Freiheitsbewegung", und der „Österreichische Kampfbund" Dr. Karl LEDERERS[6] standen wegen der Ähnlichkeit ihrer Ziele miteinander in Verbindung. Laut Anklageschrift des Volksgerichtes waren das der Sturz der nationalsozialistischen Staatsführung und die Bildung eines neuen österreichischen Staates, der aus den „Donau- und Alpengauen" und Bayern bestehen und bis zur Mainlinie reichen sollte.[7] Vorstellungen dieser Art hatten auch andere legitimistische Gruppen, aber auch – wovon noch zu sprechen sein wird – Winston CHURCHILL und die britische Regierung.

Daß das Nachkriegsösterreich mit den Grenzen von 1937 der Staat der österreichischen Nation sein sollte, vertraten vor und während des Krieges nur die *Kommunisten*. Die in ihren eigenen Reihen zunächst nicht unumstrittene theoretische Grundlage dafür hatte ihnen Dr. Alfred KLAHR[8], dann selbst ein Opfer des Nationalsozialismus, mit einer 1937 in ihrer illegalen Zeitschrift „Weg und Ziel" veröffentlichten Artikelserie „Zur nationalen Frage in Österreich" gegeben. Diese Einstellung brachte die Kommunisten noch vor dem „Anschluß" zur Übernahme mancher patriotischer Parolen von SCHUSCHNIGG.[9] Der Wiener Bürgermeister Dr. Richard SCHMITZ war zu jener Zeit von sich aus für eine „Volksfront" im Kampf gegen den Nationalsozialismus – zu spät. Im österreichischen Widerstand haben übrigens die Kommunisten die meisten Opfer erbracht; nach ihnen Legitimisten und katholische Priester.[10]

Revolutionäre Sozialisten und *Sozialdemokraten* in der Heimat und im Exil – von wenigen Ausnahmen wie Otto LEICHTER abgesehen – vertraten bis 1943 die Vorstellung der *Beibehaltung des „Anschlusses"* Öster-

4. Christine KLUSACEK : Die österr. Freiheitsbewegung, Gruppe Roman Karl Scholz. Wien 1968.

5. Ludwig JEDLICKA : Der 20. Juli 1944 in Österreich. 2.A. Wien-München 1966.

6. KREISSLER, Österreicher, 229. (Anm. 2).

7. Edda PFEIFER: Beiträge zur Geschichte der österr. Widerstandsbewegung des konservativen Lagers 1938–1940. Wien (Phil. Diss.) 1963, 94.

8. KREISSLER, Österreicher, 179 f. (Anm. 2).

9. Helene MAIMANN: Politik im Wartesaal. Österr. Exilpolitik in Großbritannien 1938 bis 1945. Wien-Köln-Graz 1975, 31.

10. Vgl. dazu noch immer Jakob FRIED: Nationalsozialismus und kath. Kirche in Österreich. Wien 1947, 9. – Weiters Otto MOLDEN: Der Ruf des Gewissens – Der österr. Freiheitskampf 1938–1945. 3.A. Wien-München 1970 und die vom Dokumentationsarchiv des Österreichischen Widerstandes herausgegebene Dokumentationsreihe Widerstand und Verfolgung, von der bisher 3 Bände über Wien, je 2 Bände über Oberösterreich, Tirol, Niederösterreich, Salzburg und 1 Band über das Burgenland erschienen sind.

reichs an ein wieder demokratisiertes Deutsches Reich. Der Gesinnungswandel, der auch eine Spaltung bewirkte – Friedrich ADLER hielt im New Yorker Exil bis zu seinem Tod 1954 an der „großdeutschen" Idee fest –, ist auf zwei verschiedenen Ebenen festzumachen. Im Frühjahr 1943 suchte der ehemalige sozialdemokratische Innenminister von Hessen Wilhelm LEUSCHNER den nachmaligen ersten Vorsitzenden der SPÖ ab 1945 und späteren Bundespräsidenten Dr. Adolf SCHÄRF[11] auf, um ihn für die Teilnahme an der Verschwörung vom 20. Juli 1944 zu gewinnen und Vereinbarungen „über die Mitwirkung der österreichischen Sozialdemokraten zur Erhaltung des Anschlussses" zu besprechen. SCHÄRF war nach seiner eigenen Darstellung bis dahin nicht auf die Idee gekommen, daß die Alliierten an eine Wiederherstellung eines österreichischen Staates denken könnten, und auch LEUSCHNER dachte nicht daran. Während des dreistündigen Gespräches mit Leuschner überkam Schärf jedoch die Erkenntnis, die er auch aussprach: „Der Anschluß ist tot. Die Liebe zum Deutschen Reich ist den Österreichern ausgetrieben worden."[12]

LEUSCHNER war von dem *Christlichsozialen* Lois WEINBERGER zu SCHÄRF geschickt worden. WEINBERGER seinerseits hatte schon im Herbst 1942 dem früheren Oberbürgermeister von Leipzig Carl GOERDELER und dem vormaligen deutschen christlichen Gewerkschaftsführer Jakob KAISER, wie LEUSCHNER führende Männer des deutschen Widerstandes – GOERDELER sollte nach Gelingen des Putsches Reichs-, Leuschner Vizekanzler werden – ganz ähnlich geantwortet wie wenige Monate später Schärf: „Sehen Sie, wir wollen gewiß alles tun, um Ihnen zu helfen und wir werden uns freuen, wenn ihr draußen endlich so weit seid, wir werden nicht undankbar und bestimmt keine Verräter werden, aber laßt uns doch vor allem wieder das werden, was wir lange gewesen sind: Österreicher!"[13]

Namhafte und damit meinungsbildende Vertreter der beiden Parteien der *Großen Koalition* 1945–1966 haben also schon vor der Moskauer Deklaration der Alliierten vom November 1943 die *Selbständigkeit* des neuen Österreich bejaht und ab 1943 vor allem in Gesprächen zwischen Dr. Felix HURDES und WEINBERGER mit SCHÄRF und Dr. Alfred MIGSCH, der eine eigene Widerstandsgruppe „Wahrheit" gegründet hatte und gute Verbindungen zu Kommunisten und katholischen Kreisen besaß[14], die Zusammenarbeit nach dem Krieg vereinbart. Alle vier genannten Politiker waren während der NS-Zeit politische Häftlinge gewesen, am längsten und

11. Über SCHÄRF vgl. Karl R. STADLER: Adolf Schärf. Mensch, Politiker, Staatsmann. Wien-München-Zürich 1982.

12. Adolf SCHÄRF: Österreichs Erneuerung 1945–1955. Das erste Jahrzent der Zweiten Republik. 7.A. Wien 1955, 19f.

13. Lois WEINBERGER: Tatsachen, Begegnungen und Gespräche. Ein Buch um Österreich. Wien 1948, 135.

14. STADLER, Schärf, 174 (Anm. 11).

unter härtesten Bedingungen HURDES, der aus den Reihen der jüngeren Mitglieder der „Vaterländischen Front" kam[15] und 1936 – 1938 Mitglied der Kärntner Landesregierung gewesen war.

Ebenfalls noch vor der Moskauer Deklaration hatten die österreichischen *Exilanten* in Paris, nach dessen Fall in London, Moskau und New York nicht nur nachkommenden Flüchtlingen zu helfen versucht, sondern über Zeitschriften und Rundfunk auch für die Heimat bestimmte antinationalsozialistische Propaganda betrieben und Pläne für die Zeit „danach" gemacht. Wenn Helene MAIMANN durchaus zuzustimmen ist, daß die österreichische Emigrationsbewegung „jedenfalls neben den Freiheitskampf des Inlandes zu stellen" ist, so gilt das erst recht für ihre Konklusion, daß die österreichische Emigration in Großbritannien wegen der Gegnerschaft zwischen Sozialisten und Kommunisten nicht jene „politische Schlagkraft" erlangte, die möglich gewesen wäre[16]. Leider trifft das auch auf die anderen Exilländer zu.

Hier notwendigerweise sehr verkürzt, ergibt sich folgende geographische Zuordnung der politisch aktiven *Exilgruppen:* in *London* waren die stärksten Organisationen die „Free Austrian Movement", in der sich zwar auch Sozialisten und Bürgerlich- Konservative betätigten, die aber eindeutig kommunistisch dominiert waren und das sozialistische „London Office". Beide konnten zumindest bis 1943 keine besondere offizielle britische Förderung erreichen. Daß *Moskau* das Zentrum des kommunistischen Exils war, bedarf keiner weiteren Erklärung. In *Schweden* leitete Bruno KREISKY eine sehr aktive sozialistische Emigrantengruppe, die auch zu einer Zusammenarbeit mit Kommunisten bereit gewesen wäre, vor allem aber nach der Moskauer Deklaration sehr konkrete Nachkriegskonzepte für den Wiederaufbau Österreich entwickelte. In den *USA,* vorab in New York, waren selbstverständlich alle Gruppen vertreten, doch hat sich dort die monarchistische Bewegung unter der Führung Otto HABSBURGs bzw. „Ottos von Österreich", wie er sich später nannte, mit ihren Hoffnungen auf die Wiederherstellung zumindest einer Donaukonföderation besonders deutlich bemerkbar gemacht. Das einzige sichtbare Ergebnis ihrer Bemühungen war allerdings eher kläglich: Unter dem Einfluß Ottos ließ sich Präsident Franklin ROOSEVELT dazu bewegen, daß im Herbst 1942 in der US-Army eine eigene österreichische Truppeneinheit, das sogenannte selbständige Infanteriebataillon Nr. 101, aufgestellt wurde. Da der Widerstand gegen dieses Bataillon bei amerikanischen Regierungskreisen von Vertretern der ehemaligen Nachfolgestaaten, vor allem aber innerhalb der durchaus nicht miteinander kooperierenden österreichischen Exilgruppen groß war, und das Bataillon am 2. April 1943 nur aus 193 Mann – keineswegs nur Österreichern – bestand, wurde das Bataillon schon am

15. Ludwig REICHHOLD: Kampf um Österreich. Die Vaterländische Front und ihr Widerstand gegen den Anschluß 1933–1938. Wien 1984, 366.

16. MAIMANN, Politik, 236 (Anm. 9).

3. Mai 1943 wieder aufgelöst. Die von seinen Initiatoren angestrebte Symbolwirkung für die Wiederherstellung des selbständigen Österreich hat es nicht erreichen können. Im Gegenteil: Es hatte die Uneinigkeit des österreichischen Exils, das daher auch keine von allen Gruppen anerkannte Exilregierung zustande brachte, besonders markant werden lassen. Dennoch wird man nicht leugnen können, daß die Bewilligung zur Aufstellung dieses Bataillons „den einzigen erfolgreichen Versuch einer politischen Emigrationsgruppe aus Österreich in irgendeiner Form die Anerkennung der Selbständigkeit Österreichs zu erwirken", bedeutet hat[17].

Wesentlich wichtiger für diese bzw. auch für ein entsprechendes Umdenken im österreichischen Widerstand und im österreichischen Exil war jedoch die schon genannte *„Moskauer Deklaration"*. Sie geht auf das Memorandum „Die Zukunft Österreichs" zurück, das im Frühjahr 1943 im britischen Foreign Office von dem Berufsdiplomaten Geoffrey W. HARRISON verfaßt worden ist. Er untersuchte darin vier mögliche „Lösungen" der österreichischen Frage: 1. Verbindung Österreichs mit Deutschland, entweder voll integriert oder auf föderativer Basis; 2. Einbeziehung Österreichs in eine süddeutsche Konföderation: 3. Wiederherstellung Österreichs als freier und unabhängiger Staat; 4. Einbeziehung Österreichs in eine mittel- oder osteuropäische Konföderation. HARRISON wog die Vor- und Nachteile der verschiedenen Lösungen gegeneinander ab und hielt schließlich die dritte für den ersten notwendigen Schritt, dem schließlich eine Assoziierung mit einer mittel- oder südeuropäischen Konföderation folgen sollte. Aufgrund des Memorandums Harrisons entschied sich dann das britische Kriegskabinett unter dem Vorsitz von Winston CHURCHILL am 16. Juni 1943 vorrangig für die Vorbereitung der vierten Lösung, mit der Außenminister Anthony EDEN beauftragt wurde. Diese Entscheidung konkretisierend verfaßte HARRISON wenige Tage später den ersten Entwurf einer Erklärung über Österreich, die nach Verhandlungen mit den USA und der UdSSR publiziert werden sollte. Sie sollte den österreichischen Widerstand stärken. Daher war in ihr auch von einer *unentrinnbaren Verantwortung* der *Österreicher* die Rede, und daß ihre Haltung im Krieg in Rechnung gestellt werde. Dieser Punkt wurde nach der britisch-amerikanischen Einigung auf der Moskauer Konferenz Ende Oktober 1943 über sowjetischen Wunsch insofern verschärft, daß man nunmehr von der Verantwortlichkeit *Österreichs* sprach, was bedeutete, daß damit die Möglichkeit gegeben war, „die Frage der österreichischen Verantwortung von der moralischen Ebene (Verantwortlichkeit der Bevölkerung) auf die juristisch-völkerrechtliche Ebene (Verantwortlichkeit des Staates) zu transferieren."[18] Außerdem wurde die Verantwortlichkeit präzisiert: für die Teilnahme am Kriege an der Seite Deutschlands. Die Briten und Amerikaner

17. Franz GOLDNER: Die österr. Emigration 1938 bis 1945. 2.A. Wien-München 1977, 155.

18. Gerald STOURZH: Geschichte des Staatsvertrags 1945–1955. Österreichs Weg zur Neutralität. 3.A. Graz-Wien-Köln 1985, 5.

waren zwar mit diesen Änderungen nicht sehr zufrieden, stimmten jedoch zu. Die Außenministerkonferenz selbst strich einen Hinweis auf den Geist der „Atlantic Charta", ersetzte „Union" mit Deutschland durch „Annexion" und konkretisierte den Krieg als den „Hitler-Deutschland-Krieg". Der Hinweis auf die Assoziierung Österreichs mit seinen Nachfolgestaaten war schon vorher gestrichen worden.

Damit hatte die als Annex 6 des Protokolls der Moskauer Konferenz am 1. November 1943 unterzeichnete und veröffentlichte „Moskauer Deklaration" ihre endgültige Formulierung erhalten, die dann von den verantwortlichen österreichischen Politikern der ersten Stunde auch in die österreichische Unabhängigkeitserklärung vom 27. April 1945 wörtlich aufgenommen wurde. Im Zusammenhang mit ihr, der sich bereits am 16. November 1943 das französische Komitee für nationale Befreiung unter Charles de GAULLE angeschlossen hatte, sei hier nur noch darauf verwiesen, daß bereits im Dezember 1941 im Rahmen eines Meinungsaustausches bei einer Konferenz in Moskau über die Nachkriegsordnung Europas Anthony EDEN von den englischen Überlegungen über eine *Aufgliederung* Deutschlands berichtete und dabei sagte, die englische Regierung sei auf jeden Fall für eine Abtrennung Österreichs von Deutschland, habe aber darüber hinaus noch keine konkreten Vorstellungen. STALIN antwortete schriftlich: mit dem Vorschlag der Wiederherstellung Österreichs als unabhängiger Staat in seinen Vorkriegsgrenzen.[19] Daß die Deklaration, dieses für die Errichtung der Zweiten Republik so wichtige Dokument, in Moskau 1943 nur spät und am Rande behandelt wurde,[20] wird hier noch deshalb erwähnt, um die damalige reale Dimension der Österreichfrage[21] für die Alliierten und die taktisch kluge Auswertung der Moskauer Deklaration von österreichischer Seite 1945 aufzuzeigen.Weit über Österreich hinaus reichte ein anderer Beschluß der Moskauer Konferenz 1943: die Einsetzung eines Diplomatengremiums zur Beratung der Maßnahmen nach dem Sieg über Deutschland, die *„Europäische Beratungskommission"* (European Advisory Commission = EAC) mit Sitz in London. Sie nahm ihre Arbeit Anfang 1944 auf und beendete sie im Juli 1945. Dabei ging es vor allem um die Aufteilung der Besatzungszonen, bei der die restlichen Alliierten für Österreich zunächst nur wenig Interesse zeigten. Es war schließlich die UdSSR, die Ende 1944 eine Zoneneinteilung vorschlug, „die eine starke Beteilung der Amerikaner vorsah" und im wesentlichen der im Sommer 1945 vollzogenen Besetzung – die französische Zone al-

19. Zit. nach Wilfried AICHINGER: Sowjetische Österreichpolitik 1943–1945. Wien (Phil. Diss.) 1977, 22f.

20. Postwar Foreign Policy Preparation 1939–1945. Department of State publication 3580. Washington 1948, 198.

21. Vgl. zu der gesamten Problematik auch den ausgezeichneten Beitrag von Fritz FELLNER: Die außenpolitische und völkerrechtliche Situation Österreichs 1938. Österreichs Wiederherstellung als Kriegsziel der Alliierten. In: Österreich. Die Zweite Republik. Hg. v. Erika WEINZIERL/Kurt SKALNIK. Bd. 1. Graz-Wien-Köln 1972, 67 ff.

lerdings ausgenommen – entsprach. Der amerikanische Präsident ROOSEVELT, der im September 1943 noch sicher war, daß Österreich wie Ungarn und Kroatien unter ein sowjetisches Protektorat kommen werde, stimmte erst am 9. Dezember 1944 der Errichtung einer an Bayern anschließenden amerikanischen Besatzungszone in Österreich zu.[22] Zu Beginn des Jahres 1945 stand also folgendes fest: Österreich sollte wieder ein selbständiger Staat werden und unter dem Protektorat der Besatzungsmächte entnazifiziert und demokratisiert werden. Die österreichischen Exilorganisationen hatten sich jedenfalls auf die Wiedererlangung der Eigenstaatlichkeit geeinigt. In Österreich hatte die von Hans BECKER gebildete Widerstandgruppe 05 (Kennzeichen für Österreich) seit Anfang 1944 eine gesamtösterreichische Widerstandsorganisation angestrebt. Am 18. Dezember 1944 konstituierte sie sich über Initiative von Fritz MOLDEN in Wien als „Provisorisches Österreichisches Nationalkomitee" (POEN). Es bestand zunächst aus Katholisch-Konservativen, hatte aber von Anfang an auch Kontakte zu den Sozialisten, in erster Linie zu Dr. Adolf SCHÄRF und zu Kommunisten und konnte auch Verbindungen zu militärischen und politischen Führungsstellen der Alliierten aufnehmen. Mit dieser Aufgabe wurde Fritz MOLDEN beauftragt. Die in der Schweiz gedruckte illegale „Arbeiter-Zeitung" rief in ihrer ersten Nummer 1945 zur Unterstützung der 05 als überparteilicher österreichischer Widerstandsbewegung auf. In ihrem Rahmen hatte sich schon im November 1944 der sogenannte „Siebenerausschuß" gebildet, in dem alle politischen Richtungen vertreten waren. Er stand zunächst unter der Leitung BECKERs. Nach dessen Verhaftung im März 1945 übernahm Raoul BUMBALLA die Leitung des Ausschusses, der dann während des Kampfes um Wien im April 1945 die politische Führung des Widerstandes übernahm.[23]

Der Verlauf der *Kampfhandlungen* in Österreich kann hier nur angedeutet werden, obwohl er für die Frühgeschichte der Zweiten Republik von großer Bedeutung war. Nach dem Fall Budapests Mitte Februar 1945 war es klar, daß das nächste Ziel der russischen Truppen die Einnahme Wiens war. Obwohl SS-Divisionen versuchten, den russischen Vormarsch beim Plattensee zum Stehen zu bringen, konnten sowjetische Einheiten bereits am 28. März die ehemalige österreichisch-ungarische Grenze bei Güns überschreiten. Am 5. April verließ Reichsstatthalter Baldur von SCHI-

22. STOURZH, Geschichte, 6 f. (Anm. 18).

23. MOLDEN, Ruf, 205–210 (Anm. 10) und zuletzt Radomir LUŽA: The Resistance in Austria 1938–1945. Minneapolis 1984, 227ff. – Zur Gründung der POEN vgl. auch Fritz MOLDEN: Fepolinski und Waschlapski auf dem berstenden Stern. Bericht einer unruhigen Jugend. 3. A. Wien-München-Zürich 1976, 299. Über die Kontakte MOLDENs zum Berner Büro von Allen DULLES Hans J. THALBERG: Von der Kunst Österreicher zu sein. Erinnerungen und Tagebuchnotizen. Wien-Köln-Graz 1984, 136ff. – Vgl. auch Oliver RATHKOLB: Raoul Bumballa, ein politischer Nonkonformist 1945. Fallstücke zur Funktion der 05 im Widerstand und in der Parteienrestauration. In: Rudolf G. ARDELT/Wolfgang J. A. HUBER/Anton STAUDINGER (Hg.): Unterdrückung und Emanzipation. FS f. Erika Weinzierl. Wien-Salzburg 1985, 295–317.

RACH die zum „Verteidigungsbereich" erklärte Stadt Wien, in die schon am nächsten Tag von Süden her die ersten russischen Soldaten eindrangen. Der Befehlshaber der 3. Ukrainischen Front Marschall Fedor J. TOLBUCHIN hatte schon vorher über Befehl Moskaus Flugblätter über Wien abwerfen lassen, in denen er den Bürgern von Wien versicherte, daß die Rote Armee in österreichisches Gebiet nicht als Eroberer einmarschiere. Ihr Ziel sei ausschließlich die Zerschlagung der deutsch-faschistischen Truppen und die Befreiung Österreichs von deutscher Abhängigkeit. „Die rote Armee steht auf dem Boden der Moskauer Deklaration der verbündeten Mächte über die Unabhängigkeit Österreichs. Sie wird dazu beitragen, daß in Österreich die Zustände wiederhergestellt werden, die bis zum Jahr 1938 in Österreich bestanden, d.h. bis zum Einfall der Deutschen in Österreich. Die rote Armee kämpft gegen die deutschen Okkupanten, aber nicht gegen die Bevölkerung Österreichs". Das von den Nazis verbreitete Gerücht, daß die rote Armee alle Mitglieder der NSDAP vernichte, sei eine Lüge. Die Partei werde aufgelöst, die einfachen Mitglieder würden, falls sie sich loyal verhalten, völlig unbehelligt bleiben. „Um die Hauptstadt Österreichs, ihre geschichtlichen Denkmäler der Kunst und Kultur zu erhalten", sollten die Wiener daher nicht die Stadt verlassen, Verteidigungsmaßnahmen der Deutschen verhindern, selbst den Kampf gegen die Deutschen organisieren und die Verschleppung von Produktionsgütern und Lebensmittel durch die Deutschen zu verhindern versuchen.[24]

Die *russischen Truppen* wurden auch besonders in den Arbeiterbezirken, in denen die deutschen Soldaten von den Wienern zeitweilig stärker unter Feuer genommen wurden als von den Russen,[25] zunächst mit aufrichtiger Freude als Befreier begrüßt. Diese Freude verwandelte sich allerdings infolge der Plünderungen und Vergewaltigungen von seiten nachrückender russischer Soldaten, deren Verhalten den Parolen der nationalsozialistischen Propaganda recht zu geben schien, bald in das Gegenteil.

Die anfängliche freundliche Aufnahme durch die österreichische Bevölkerung und ihre Unterstützung der russischen Truppen wurden von der Sowjetregierung in deren am 9. April 1945 in der „Prawda" veröffentlichten Aufruf an die Österreicher im Sinne des Aufrufes von TOLBUCHIN ausdrücklich positiv zur Kenntnis genommen. HITLER dagegen telegraphierte aus Berlin: „Gegen die Aufständischen in Wien mit den brutalsten Mitteln vorgehen".[26] Bereits am 8. April fielen den nun auch schon von Westen her vorrückenden Russen die westlichen Außenbezirke zu. Mit dem *Angriff auf Wien* von Südwesten her befolgten sie übrigens einen Vor-

24. Erika WEINZIERL in Zusammenarbeit mit Peter HOFRICHTER (Bilddokumentation): Österreich. Zeitgeschichte in Bildern. 2. A. Innsbruck-Wien-München 1975, 332. – Vgl. dazu Manfried RAUCHENSTEINER: Krieg in Österreich. Wien 1970, und Ludwig JEDLICKA: Die letzte Kriegsphase. In: WEINZIERL/SKALNIK, Zweite Republik, 129–145. (Anm. 21).

25. Ferdinand KÄS: Wien im Schicksalsjahr 1945. Wien 1965, 19.

26. MOLDEN, Ruf, 247. (Anm. 10).

schlag der Widerstandsbewegung, der ihnen vom damaligen Oberfeldwebel Ferdinand KÄS in ihr Hauptquartier Hochwolkersdorf überbracht worden war. Die angekündigte österreichische Leistung, der Aufstand des Ersatzheeres in Wien, konnte allerdings wegen Verrats in letzter Stunde nicht realisiert werden.[27] Am 9. April hißte ein Wiener SS-Mann, der der Widerstandsbewegung angehörte, auf dem Stephansdom die rot-weiß-rote Fahne. An diesem Tag kam es auch zur ersten Verbindung mit der Widerstandsbewegung, deren politische Führung sich unterdessen im Palais Auersperg gesammelt hatte, mit russischen Fronttruppen. In der Nacht vom 9. zum 10. April zogen sich die noch kämpfenden SS-Verbände auf das östliche Ufer des Donaukanals zurück. Sie verursachten noch schwerste Schäden in der Wiener Innenstadt, vor allem den Brand des Stephansdomes. Die Löschversuche der Wiener waren buchstäblich nur Tropfen auf den heißen Stein: Der zu Kampfbeginn nach Westen geflohene Bürgermeister Hanns BLASCHKE hatte sämtliche Löschzüge der Feuerwehr mit sich genommen. Vom 12. bis 14. April zog die SS auch aus den nördlichen Bezirken ab. Die Schlacht um Wien war beendet. Radio Moskau verkündete am 13. April: „Die Bevölkerung Wiens und anderer Teile Österreichs hat der Roten Armee geholfen und . . . hat die Ehre der österreichischen Nation gerettet."

Nach der *Einnahme Wiens* stießen die Russen weiter nach Westen und Norden vor. Ende April befanden sich das Burgenland, Niederösterreich und ein beträchtlicher Teil der Steiermark unter ihrer Kontrolle. Zur selben Zeit drangen *französische Truppen* in Vorarlberg und *amerikanische* in Tirol, Salzburg und Oberösterreich ein. Wenige Tage später rückten von Süden her *britische Truppen* in Kärnten ein. Dort waren allerdings schon vorher jugoslawische Partisanen einmarschiert und hatten Klagenfurt besetzt, um auf diese Weise das Ergebnis der Volksabstimmung von 1920 zu korrigieren. Erst über russischen Druck hat dann Jugoslawien Südkärnten für die britische Besetzung freigegeben. In ganz Österreich wurden schon am 7. Mai, einen Tag vor dem Tag des Inkrafttretens des Waffenstillstandes, die Kämpfe eingestellt, obwohl noch Anfang Mai in Tirol auch österreichische Widerstandskämpfer deutschen Geschoßen zum Opfer fielen. Jedenfalls waren nun auch die obskuren Pläne des Tiroler Gauleiters Franz HOFER und anderer hoher nationalsozialistischer Funktionäre, die nur in ihrer Phantasie bestehende „Alpenfestung" noch ein Jahr halten zu können, hinfällig geworden, obwohl die Alliierten relativ lang an die reale Existenz dieser Schimäre glaubten. Auch der Versuch Ernst KALTENBRUNNERs, im Salzkammergut eine mehrheitlich aus ehemaligen Nationalsozialisten bestehende antirussische österreichische Regierung zu bilden, die die von den Nationalsozialisten mit Sicherheit erwartete Konfrontation zwischen den Westmächten und der UdSSR für Österreich ausnüt-

27. KÄS, Wien, 14 ff. (Anm. 25). – Friedrich VOGL: Widerstand im Waffenrock. Österr. Freiheitskämpfer in der Deutschen Wehrmacht 1938–1945. Wien 1977, 60ff.

zen sollte, schlug fehl. Mittlerweile wurden nämlich die österreichischen Interessen schon von der Ende April 1945 in Wien unter Staatskanzler Karl RENNER gebildeten *Provisorischen Staatsregierung* vertreten. Die Voraussetzung für deren Bildung waren die Kooperation der Russen mit Karl Renner und die Gründung *österreichischer Parteien* gewesen.

Die *„Entdeckung"* RENNERs durch die Russen ist übrigens nicht so zufällig zustande gekommen, wie man bis in die siebziger Jahre glaubte. Der erste Staatskanzler der Ersten Republik hatte sich nach dem „Anschluß" nach Gloggnitz in Niederösterreich zurückgezogen, wo er sich im wesentlichen privaten Interessen widmete. So lange es noch möglich war, fuhr er jeden Donnerstag nach Wien und traf sich regelmäßig mit alten Freunden und auch mit Dr. Adolf SCHÄRF. Ende März 1945, als die Nationalsozialisten Gloggnitz bereits verlassen hatten, zeigte sich RENNER jedoch sofort in der Öffentlichkeit und bestärkte die Gloggnitzer, vor den russischen Truppen nicht zu fliehen. Am 1. April 1945 marschierten diese in Gloggnitz ein. Bereits am nächsten Tag beauftragte Renner zwei ehemalige sozialistische Funktionäre mit der Bildung einer demokratischen Gemeindevertretung. Am 3. April intervenierte er bei der sowjetischen Ortskommandantur in Gloggnitz wegen Übergriffen russischer Soldaten gegen die Bevölkerung „und bot sehr konkret seine Dienste für die Wiedererrichtung der Republik Österreich an".[28] Er wurde auch vom Politoffizier der 103. Garde-Schützendivision erkannt. RENNER wurde daher sofort zu Fuß in das Truppenkommando in Köttlach geleitet, von wo man ihn mit einem Auto in das Hauptquartier der 9. Garde-Armee in Hochwolkersdorf fuhr. Dort empfing ihn am 5. April Generaloberst Alexej SCHELTOW, der ihm nach Weisungen Stalins das sowjetische Vertrauen aussprach und die russische Bereitschaft, ihn beim Wiederaufbau der demokratischen Ordnung in Österreich zu unterstützen, versprach. RENNER erklärte sich sofort dazu bereit und berief sich dabei auf seine Erfahrungen als Staatskanzler 1918/20 und als letzter Präsident des österreichischen Nationalrates vor 1938 bzw. bis 1933. RENNER selbst hat später erklärt, daß er sich in Hochwolkersdorf nur zur Einberufung des alten Parlaments verpflichtet habe, „damit dieses eine provisorische Regierung einsetze und sofort eine Neuwahl und eine Volksabstimmung über die Selbständigkeit und Unabhängigkeit Österreichs anordne". Daraufhin wurde er wieder nach Gloggnitz zurückgebracht, wo er insgesamt acht Aufrufe verfaßte und wie „ein voll handlungsfähiger Staatskanzler" agierte.[29] Am 9. April brachten die Russen RENNER und seine Familie in das eigens für ihn eingerichtete Schloß Eichbüchl bei Wiener Neustadt. Dort entwarf er seine ersten *Proklamationen* und schrieb am 15. April einen ersten langen *Brief* an STALIN. Darin verwies er zunächst auf seine persönlichen Kontakte mit LENIN, TROTZKI (!) und anderen russischen „Vorkämpfern", dankte für die

28. Siegfried NASKO (Hg.): Karl Renner in Dokumenten und Erinnerungen. Wien 1982, 32.
29. NASKO, Renner, 32. (Anm. 28).

ihm zuteil gewordene entgegenkommende Behandlung durch die Rote Armee, erklärte sich infolge seiner persönlichen Geschichte und der derzeitigen Umstände als berufen, „für das österreichische Volk zu sprechen", und als befähigt, „das Werk der Wiedererweckung Österreichs aufzugreifen und aufzubauen", wobei er bereits ausdrücklich von der Zweiten Republik sprach. Zwei Stellen in diesem fast überschwenglichen Brief waren jedoch mehr als problematisch, obwohl man in ihnen auch nur den Ausdruck der besonderen taktischen Fähigkeit des fünfundsiebzigjährigen RENNER sehen kann: Die Bitte an STALIN, Österreich im Rat der Großen unter seinen mächtigen Schutz zu nehmen, sowie die Schlußsätze: „Das Vertrauen der österreichischen Arbeiterklasse insbesondere in die Sowjetrepublik ist grenzenlos geworden. Die österreichischen Sozialdemokraten werden sich mit der KP brüderlich auseinandersetzen und bei der Neugründung der Republik auf gleichem Fuß zusammenarbeiten. Daß die Zukunft des Landes dem Sozialismus gehört ist unfraglich und bedarf keiner Betonung."[30]

Zu dieser Zeit wurde RENNER auch schon im Auftrag Marschall TOLBUCHINS von Wien aus *gesucht*. Der damalige Garde-Oberstleutnant der 4. Wiener Garde-Armee Jakow STARTSCHEWSKI traf schließlich in Begleitung des Adjutanten des ehemaligen kommunistischen Parteiführers Franz HONNER, Leo HÖLZLs, am 19. April RENNER in Gloggnitz, wohin dieser nur zu diesem Zweck zurückgekehrt war. Er wurde schon am nächsten Tag nach Wien zu TOLBUCHIN gebracht und erhielt als Wohnung eine Villa in Wien-Hietzing, Wenzgasse 2.

Was war aber der Grund der regulären *russischen Suche* nach RENNER gewesen? Nach den Erinnerungen des sowjetischen Armeegenerals S. M. SCHTEMENKO hatte STALIN selbst Anfang April 1945 bei einer Lagebesprechung im Hauptquartier nach Karl RENNER, einem Schüler Karl KAUTSKYs, gefragt. Im Hauptquartier wußte niemand, was aus RENNER geworden war. STALIN setzte daher fort, man dürfe die einflußreichen Kräfte, „die auf antifaschistischen Positionen stehen, nicht außer Acht lassen. Die Hitler-Diktatur hat sicherlich auch den Sozialdemokraten etwas beigebracht." Die 3. Ukrainische Front erhielt daher telephonisch die Weisung, RENNER zu suchen. Bereits am Abend des 4. April langte von ihr ein Bericht über das Treffen und Gespräch mit RENNER ein. Daraufhin diktierte STALIN ein Telegramm an den Kriegsrat der 3. Ukrainischen Front folgenden Inhalts: 1. RENNER sei Vertrauen zu erweisen. 2. Ihm sei mitzuteilen, daß das Oberkommando der sowjetischen Truppen ihn beim Wiederaufbau der demokratischen Ordnung unterstützen werde. 3. RENNER sei klar zu machen, daß die russischen Truppen Österreich nicht annektieren, sondern die faschistischen Okkupanten vertreiben würden. Das Telegramm wurde von STALIN und A. J. ANTONOV unterzeichnet.[31] Was sich STALIN von RENNER erwartet hat, wird möglicher-

30. NASKO, Renner, 149 f. (Anm. 28).

31. Dieser Bericht SCHTEMENKOs wurde 1972 als Vorabdruck in der „Neuen Zeit" 1972,

weise klar zum Ausdruck kommen, wenn auch die einschlägigen sowjetischen Akten zur Benützung freigegeben sein werden. Bis dahin ist der Vermutungsspielraum ziemlich breit. Selbst wenn die Vermutung einer englischen Journalistin, die mehrere Jahre später im „Observer“ veröffentlicht wurde, zutreffen sollte, nämlich daß Renner gerade der Mann zu sein schien, „den die Russen benötigten: alt, sehr alt, sehr beliebt, lange nicht mehr in Berührung mit der praktischen Politik, eine Verbindung mit der Vergangenheit, eine respektable Fassade für eine Volksfrontregierung, die rasch von einigen jungen Kommunisten erobert werden würde . . .,“[32] so war jedenfalls auch dieses Konzept nicht zielführend.

Noch von Eichbüchl aus hatte Renner einen anderen wichtigen *Brief* verfaßt. Am 17. April 1945 teilte er dem früheren christlichsozialen Finanzminister und Bürgermeister von Baden Josef KOLLMANN mit, daß er sich in Verbindung mit den Befehlsstellen der Roten Armee und durch sie mit Moskau bereit halte, wie 1918 die Erste, jetzt die „Zweite Republik Österreich zu organisieren“. Er nahm an, daß ihm dabei die sozialdemokratische wie die kommunistische Arbeiterschaft folgen würden und bereit seien, in erster Linie mit der Bauernschaft wie auch mit den aufrichtigen christlichsozialen Arbeitern und Bürgern in dem Sinn zusammenzuarbeiten, „daß alle politischen Auseinandersetzungen für die später zu erwartenden allgemeinen Wahlen vertagt bleiben“. Allerdings könne man der sozialdemokratischen Arbeiterschaft nicht zumuten, zu vergessen, „daß der Faschismus in Österreich ein von Mussolini aufgezwungenes Dollfuß- Gewächs gewesen ist“, daß DOLLFUSS die Arbeiter ihrer selbstgeschaffenen Einrichtungen beraubt, alle führenden Sozialdemokraten eingekerkert habe und nicht wenige von ihnen hingerichtet worden seien. Er, RENNER, habe immer angenommen, daß die christlichsozialen Nationalräte „in einer zwar nicht großen, aber erkennbaren Mehrheit diese Politik Dollfuß‘ nicht gebilligt und nur sich zu schwach erwiesen habe, ihr entgegenzutreten.“ Er bat daher KOLLMANN um Verständigung mit Leopold KUNSCHAK, Rudolf BUCHINGER und anderen demokratisch gebliebenen Christlichsozialen, ihnen einen Durchschlag dieses Briefes zu geben und sie, sobald er nach Wien kommen werde, zu ihm zu bringen: „Jene aber, die sich in herausfordernder Weise faschistisch betätigt haben, das ist die engere Dollfußclique sowie die engagierten Heimwehrführer, bitte ich, in der Versenkung verschwinden zu lassen . . .“. Er selbst stehe mit aller Entschiedenheit auf dem Standpunkt der *Verfassung* von 1920 und bestreite die Legali-

Nr. 21. 18ff publiziert. Manfried RAUCHENSTEINER hat den Inhalt 1972 in der Österreichischen Militärischen Zeitschrift 6/1972 und 1979 im „Sonderfall“ erwähnt. Eine ausführliche Darstellung findet sich bei S. M. SCHTEMENKO: The Last Six Months. Russian final battles with the Hitler's Armies in World War II, translated by Guy DANIELS. New York 1977, 325ff. Hier wurde aus dem bei NASKO, Renner, 259ff (Anm. 28), publizierten Text aus der „Neuen Zeit“ zitiert.

32. Zit. nach Manfried JOCHUM: Die Zweite Republik in Dokumenten und Bildern. Wien 1982, 5f.

tät wie die Vernunft aller Novellen dazu.[33] In diesem Zusammenhang ist die Parallelität der Vorstellungen RENNERs mit jenen der Londoner sozialdemokratischen Emigranten auffallend, die für die Wiedererrichtung der Republik Österreich auf Grundlage der Verfassung von 1920, allerdings mit der Novellierung 1929, eintraten.[34]

RENNER wußte bei der Konzipierung dieses Briefes allerdings nicht, daß sich in den wenigen Tagen seit der Eroberung Wiens die *politischen Parteien* bereits konstituiert hatten

Adolf SCHÄRF, der die letzte Kriegsphase im Allgemeinen Krankenhaus verbracht hatte, führte bereits am 12. April die ersten politischen Gespräche. An diesem Tag lud ihn der frühere sozialdemokratische Bezirksrat Anton WEBER ein, in das Palais Auersperg – wie schon erwähnt Sitz der 05 – und am 13. April in das Rathaus zu kommen. Auch andere führende Sozialdemokraten wie Oskar HELMER, Paul SPEISER u. a. wurden verständigt und trafen auch im Rathaus ein, wo es um die Bestellung des Wiener Bürgermeisters ging. Der ehemalige sozial-demokratische Stadtrat Anton WEBER war von der 05 dazu ausersehen worden, als Vizebürgermeister von den Russen und Kommunisten Rudolf PRIKRYL. Beide waren jedoch von Anfang an bereit, zugunsten eines geeigneteren Kandidaten zurückzutreten. Nach intensiven Verhandlungen fand sich dieser auch in der Person Theodor KÖRNERs, der am 14. April nominiert und auch vom russischen Stadtkommandanten anerkannt wurde. Ebenfalls am 14. April erfolgte die offizielle Neugründung der Partei durch die Wiedervereinigung der Revolutionären Sozialisten, unter ihnen der spätere Bürgermeister Felix SLAVIK, mit den Sozialdemokraten wie Josef AFRITSCH, KÖRNER, SCHÄRF und SPEISER. Aufgrund des Vorschlages von AFRITSCH wurde der Name *„Sozialistische Partei Österreichs" (Sozialdemokraten und Revolutionäre Sozialisten)"* gewählt. Beide Gruppen waren im provisorischen Parteivorstand vertreten. Vorsitzender sollte Karl SEITZ sein. Da dieser noch nicht in Wien war, wurde dann SCHÄRF zum provisorischen Vorsitzenden ernannt.[35] Dieser wurde von RENNER sofort mit den Vorbereitungen für die Bildung einer provisorischen Regierung betraut.

Bereits am 5. und 6. April wurden Felix HURDES, Leopold FIGL, Lois WEINBERGER und Hans PERNTER aus dem Wiener Landesgericht entlassen. Von ihnen war auch FIGL mit anderen Freunden am 12. April zu Marschall TOLBUCHIN gerufen und zur Mitarbeit am Wiederaufbau Österreichs aufgefordert worden. Für die späteren Gründungsmitglieder der ÖVP war das Palais Auersperg das erste Zentrum.[36] Dort wurde von

33. JOCHUM, Republik, 7 f. (Anm. 32).
34. MAIMANN, Politik, 218 (Anm. 9).
35. Oskar HELMER: 50 Jahre erlebte Geschichte. Wien 1957, 211 ff.
36. Ludwig REICHHOLD: Geschichte der ÖVP. Graz-Wien-Köln 1975, 72.

Lois WEINBERGER, der mittlerweile schon den Vorsitz des Arbeiter- und Angestelltenbundes übernommen hatte, zum ersten Mal der Name der neuen bürgerlichen Partei genannt: *Österreichische Volkspartei*.[37] Vorbereitende Gespräche für ihre Gründung waren schon am 15. April geführt worden, an dem man im Wiener Schottenstift die Arbeit begann. Am 17. April fand dort auch die eigentliche Gründungssitzung statt, an der ungefähr 20 Personen teilnahmen.[38] Den Vorsitz führte Leopold KUNSCHAK, geschäftsführender Vorsitzender war Hans PERNTER. Die Sitzung bestand im wesentlichen aus den Berichten WEINBERGERS und HURDES über die zurückliegenden Jahre und die in jener Zeit entstandenen Beschlüsse. Über sie – Zusammenarbeit mit allen demokratischen Kräften für ein neues Österreich – und den Namen der Partei, die nicht mehr wie in der Zwischenkriegszeit der weltlichen Arm der Kirche sein sollte, bestand volle Einigkeit. KUNSCHAK wurde Obmann, PERNTER geschäftsführender Obmann. BUMBALLA als Vertreter der Liberalen und der Widerstandsbewegung Obmann-Stellvertreter, HURDES Generalsekretär. Dazu wurden noch je zwei Vertreter des Bauern-, Angestellten- und Wirtschaftsbundes, unter ihnen FIGL, WEINBERGER und RAAB, in den Vorstand gewählt. Das Organisationsreferat übernahm Johannes EIDLITZ, Sekretär des Generalsekretärs wurde Herbert BRAUNSTEINER.[39]

Obwohl die *Kommunistische Partei* sich nicht zu einer Änderung des Namens und Programmes ihrer Partei veranlaßt sah, gab es im April 1945 in Österreich noch keine zentrale Parteiführung. Am 13. April trafen Johann KOPLENIG und Ernst FISCHER aus Moskau, am 21. April Franz HONNER und Friedl FÜRNBERG aus Jugoslawien in Wien ein. Sie alle hatten schwere Bedenken gegen die mittlerweile erfolgte Weichenstellung für die Bildung einer Regierung RENNER, erklärten sich aber schließlich als Vertreter der KPÖ zur aktiven Mitarbeit bereit.[40]

Mittlerweile plante RENNER schon die Zusammensetzung seiner *Regierung*,[41] in der von jeder Partei, auch dem „Antifaschistischen Landbund“, der aber bald der ÖVP beitrat, ein Vertreter dem Staatskanzler zur ständigen Verbindung zugeteilt werden sollte. Außerdem sah er vier politische und fünf volkswirtschaftliche Ressorts vor, von denen jedes von einem Staatssekretär, einem Unterstaatssekretär und fachlichen Amtsleiter gebildet werden sollte. Für die Kommunisten sah er einen Verbindungsmann und einen Staatssekretär vor. Als er am Nachmittag des 22. April in der

37. WEINBERGER, Tatsachen, 245 (Anm. 13).

38. REICHHOLD: Geschichte, 73 (Anm. 36).

39. Ds., Geschichte, 72–74 (Anm. 36).

40. Autorenkollektiv der Historischen Kommission beim ZK der KPÖ unter Leitung von Friedl FÜRNBERG: Geschichte der kommunistischen Partei Österreichs. Wien 1977, 239 f. – Ernst FISCHER: Erinnerungen und Reflexionen. Reinbek/Hamburg 1969, 470, berichtet allerdings, daß er schon am 10. April in Wien eingetroffen sei.

41. Zu den Regierungsverhandlungen REICHHOLD, Geschichte, 81–84 (Anm. 36).

Wenzgasse den Parteivertretern KÖRNER und MENTASTI (SPÖ), KUNSCHAK und KOLLMANN (ÖVP) und KOPLENIG und FISCHER (KPÖ) dieses Konzept vorlegte, stieß er auf energischen Widerstand der Kommunisten. Sie verlangten einen Stellvertreter des Regierungschefs sowie die Ressorts für Inneres, Unterricht und Volksaufklärung. Die Russen stellten sich uneingeschränkt hinter diese Forderungen. RENNER fiel darauf eine wesentlich kompliziertere Lösung im Sinne gegenseitiger Kontrolle ein: Dem Staatskanzler sollten vier Staatssekretäre ohne Portefeuille als Stellvertreter beigegeben werden. Mit ihm bildeten sie das sogenannte *„politische Kabinett"*. Die anderen Staatssekretäre waren Ressortchefs. In jedem Staatsamt sollten jene Parteien, deren Vertreter nicht mit der Leitung betraut waren, durch Unterstaatssekretäre vertreten sein. Finanz und Justiz sollten Parteilose übernehmen, die Kommunisten tatsächlich Inneres und Unterricht erhalten. Dieses Konzept wurde im wesentlichen auch verwirklicht. Dem politischen Kabinettsrat gehörten SCHÄRF (SPÖ), FIGL (ÖVP) und KOPLENIG (KPÖ) an. Seine Entscheidungen mußten *einhellig* getroffen werden. Machtmäßig schnitt unter russischem Druck die KPÖ am besten ab, die SPÖ am schlechtesten[42], obwohl die Regierung personell aus 10 Sozialisten, 9 Mitgliedern der ÖVP, 7 Kommunisten, 3 Parteilosen bzw. Fachleuten bestand.

Jedenfalls kam es unter diesen Bedingungen zur Bildung der *Provisorischen Regierung,* die sich am 27. April 1945 Marschall TOLBUCHIN vorstellte und danach die aus fünf Artikeln bestehende *Unabhängigkeitserklärung,* die Gründungsurkunde der Zweiten Republik, proklamierte. Auch sie stammte von Karl RENNER. Über Forderung Ernst FISCHERs wurde in sie der volle Text der Moskauer Deklaration mit dem Nachsatz über die österreichische Verantwortung für die Teilnahme an HITLERs Kriegen aufgenommen. Für das Wiedererstehen Österreichs sind jedoch die lapidaren beiden ersten Artikel bedeutsam, die sich grundlegend von jenen der Ausrufung der Ersten Republik am 12. November 1918 unterscheiden: Artikel I: Die demokratische Republik Österreich ist wiederhergestellt und im Geiste der Verfassung von 1920 einzurichten. Artikel II: Der im Jahre 1938 dem österreichischen Volk aufgezwungene Anschluß ist null und nichtig.

Am 28. April konnten die Wiener im „Neuen Österreich", dem „Organ der demokratischen Einigung", die von RENNER, SCHÄRF, KUNSCHAK und KOPLENIG unterzeichnete Erklärung lesen. Österreich war wieder erstanden. Der erste entscheidende Schritt zu *Staatsbildung* war getan. Der Weg zur vollen Freiheit und Souveränität war aber noch lange und beschwerlich, am mühsamsten zweifellos in den dem 27. April 1945 folgenden Monaten, die hier nur mehr sehr kurz beschrieben werden können.

Für die Wiener im *russisch* besetzten Österreich ging es vor allem um drei

42. STADLER, Schärf, 197 (Anm. 11).

fast unlösbar scheinende Probleme: Um die *Anerkennung* der Provisorischen Regierung als gesamtösterreichische Regierung innerhalb und außerhalb Österreichs, die die Verbindung mit den anderen „Zonen" Österreichs zur Voraussetzung hatte, in denen zum Zeitpunkt der Unabhängigkeitsproklamation noch gekämpft wurde, die Regelung der *Verfassungsfrage,* die Durchführung demokratischer *Wahlen* und um die *Versorgung* vor allem der Wiener mit dem zum Überleben notwendigen Mindestmaß an Nahrungsmitteln. Dabei halfen im Sommer 1945 die Russen mit der Lieferung u.a. von Erbsen, wofür sich RENNER bewegt bedankte.[43] Daß diese Hilfe kein Geschenk war, sondern bei den Staatsvertragsverhandlungen ab 1949 als „Erbsenschulden" fungierten, deren Tilgung sie einzufordern versuchten,[44] konnte RENNER damals nicht wissen.

Die *Verfassungsfrage* wurde am schnellsten gelöst. Bereits am 13. Mai hat die Provisorische Regierung mit der auf 1. Mai rückdatierten Annahme des Verfassungsüberleitungsgesetzes und der sogenannten „Vorläufigen Verfassung" Österreich Verfassungskämpfe erspart.[45] Das Bundes-Verfassungsgesetz in der Fassung von 1929 und alle anderen Bundesverfassungsgesetze traten mit dem Stand vom 5. März 1933, dem Tag nach der Parlamentsausschaltung, wieder in Kraft. Alle nach diesem Zeitpunkt erlassenen Gesetze wurden aufgehoben. Die „Vorläufige Verfassung" übertrug der Regierung für die Zeit, in der noch keine parlamentarischen Vertretungskörper bestanden, deren Rechte. Sie verlor am 19. Dezember 1945, dem Tag des Zusammentritts des neuen Nationalrates, ihre Wirksamkeit.

Was die Installierung der *Besatzung* betrifft,[46] so war *Niederösterreich* wie Wien bis zum 8. Mai zum größten Teil von den russischen Truppen erobert, ein Restteil aber erst am und nach dem 8. Mai besetzt worden. Im ersten Teil setzten sie so wie in Wien sofort Bürgermeister ein, wobei sie im Raum Wiener Neustadt sogar den Pfarrern ein Vorschlagsrecht zugestanden. Eine provisorische niederösterreichische Landesregierung bestellten sie bereits am 18. April: Leopold FIGL (ÖVP), Oskar HELMER (SPÖ) und Otto MÖDLAGL (KPÖ). Am 11. Mai wurde Niederösterreich offiziell für die österreichische Zivilverwaltung freigegeben.

Was das Schicksal des *Burgenlandes* betrifft, so hatte sich noch während der Schlacht um Wien der ehemalige Landesrat und Landesstatthalter Lorenz KARALL mit Politikern der Vorkriegszeit in Mattersburg getroffen, um die Wiedererrichtung des in der NS-Zeit zwischen den Gauen „Niederdonau" und Steiermark aufgeteilten Burgenlandes zu beraten. In Wien und Niederösterreich war man allerdings aus taktischen Gründen (Sorge vor

43. NASKO, Renner, 151ff. (Anm. 28).

44. STOURZH, Geschichte, 71 ff. (Anm. 18).

45. Manfried RAUCHENSTEINER: Der Sonderfall. Die Besatzungszeit in Österreich 1945 bis 1955. Graz-Wien-Köln 1979, 112 f.

46. Die folgende Schilderung nach RAUCHENSTEINER, Sonderfall, 30 ff. (Anm. 45) und JEDLICKA, Kriegsphase, 134 ff. (Anm. 24).

dem Wiederaufleben der Idee eines slawischen Korridors zwischen Ungarn und Österreich) vorläufig nicht sehr geneigt, darauf einzugehen. Von den Russen war dagegen die Wiederherstellung des Burgenlandes fest geplant, doch erfuhren die Burgenländer davon zunächst ebensowenig davon, wie, daß von ihr schon mehrmals bei der „Europäischen Beratungskommission" in London die Rede gewesen war.

In der *Steiermark,* die z. T. von den Russen, z. T. von bulgarischenVerbänden in der Roten Armee, von jugoslawischen, von amerikanischen und britischen Truppen erobert bzw. besetzt worden war, gab es eine regelrechte „Verwaltungsübertragung von nationalsozialistischen Funktiosträgern auf österreichische Repräsentanten".[47] Der Gauleiter und Reichsstatthalter der Steiermark Siegfried UIBERREITHER war am 8. Mai vor den Russen geflohen, worauf der Gauhauptmann Armin DADIEU die Geschäfte führte. Da aber vor allem durch die Nachrichten von BBC auch in der Steiermark die Bildung der Provisorischen Staatsregierung bekannt geworden war, hatten schon vor dem 8. Mai frühere Sozialdemokraten und Christlichsoziale die Zusammenarbeit beschlossen. Neun von ihnen, an ihrer Spitze Reinhard MACHOLD, forderten am 8. Mai vom Grazer Oberbürgermeister die Übergabe der Geschäfte und ließen sich auch von DADIEU dessen Kompetenzen übertragen. Sie bildeten den steirischen Landesausschuß – 5 SPÖ, 2 ÖVP, 2 KPÖ – mit einer vorläufigen Geschäftsverteilung. Sie sorgten auch für die kampflose Übergabe von Graz an die Russen. Diese lösten jedoch den Ausschuß auf und erkannten schließlich nach langen Verhandlungen mit MACHOLD am 15. Mai eine neue provisorische Landesregierung an, die drittelparitätisch besetzt war (3 SPÖ, 3 ÖVP, 3 KPÖ). Vier Tage danach kam Karl RENNER selbst nach Graz, wo er MACHOLD die Befugnisse erteilte, „namens der Staatsregierung"[48] in allen Bundesangelegenheiten die erforderlichen Verfügungen zu treffen. Bis Juli funktionierte auch die Verbindung Wien-Graz gut. Nach der gänzlichen Besetzung der Steiermark durch britische Truppen wurden allerdings von diesen die Zonengrenzen dicht gemacht.

Kärnten war in allen Plänen der Alliierten zur Besetzung durch die Briten vorgesehen, doch meldete ab Jänner 1945 auch TITO Ansprüche auf Südkärnten an. Auch in Kärnten hatten schon Politiker aus der Zeit vor 1938 vor dem 8. Mai eine provisorische Landesregierung gebildet (2 Sozialisten, 2 ehemalige Christlichsoziale und 1 Parteiloser), doch Gauleiter Friedrich RAINER wollte trotz der Vermittlung des Gauhauptmannes Meinrad NATMESSNIG nicht zurücktreten und stellte die Bedingung, daß kein Kommunist Mitglied des nunmehrigen Kärntner Vollzugsausschusses sein dürfte. Nach der telegraphischen Einschaltung der britischen Militärregierung für Österreich in Rom und des ehemaligen österreichischen Botschafters in London Sir George FRANCKENSTEIN durch den Vollzugs-

47. RAUCHENSTEINER, Sonderfall, 84 (Anm. 45).
48. RAUCHENSTEINER, Sonderfall, 85 (Anm. 45).

ausschuß trat RAINER schließlich zurück und beauftragte NATMESSNIG mit der Fortführung der Geschäfte, die dieser jedoch sofort dem Vollzugsausschuß übertrug. Auf die Einzelheiten der Auseinandersetzung zwischen den Briten bzw. den westlichen Alliierten und TITO kann hier nicht näher eingegangen werden. Die Westalliierten wandten sich schließlich an STALIN um Intervention, die – wie schon erwähnt – auch erfolgreich war: Die Verbände der 3. jugoslawischen Volksbefreiungsarmee wurden am 16. Mai der 3. Ukrainischen Front unterstellt und vom 19.–23. Mai von Marschall TOLBUCHIN aus Kärnten abgezogen. Da die Briten in Übereinstimmung mit den Amerikanern die österreichische Verwaltung von unten her aufbauen wollten, lösten sie am 4. Juni die provisorische Landesregierung auf und ernannten deren Mitglieder mit Ausnahme von zweien zu einem „konsultativen Landesausschuß". Die Ernennung der Bürgermeister und Bezirkshauptleute erfolgte nach komplizierten Richtlinien und war erst Ende Jänner 1946 abgeschlossen.

Tirol sollte zur amerikanischen Zone kommen, doch stand ab Feber 1945 auch eine französische Besetzung zur Diskussion. In Tirol gab es jedoch mehrere Widerstandsgruppen, an deren Spitze sich Mitte März Dr. Karl GRUBER stellte. Er organisierte auch eine militärische Gruppe, die ab 1. Mai systematisch alle deutschen militärischen Dienststellen und die NS-Verwaltung in ihren Besitz brachte. Als am Abend des 3. Mai amerikanische Truppen in Innsbruck einmarschierten, kamen sie bereits in eine vom NS-Regime befreite, festlich mit rot-weiß-roten Fahnen geschmückte Stadt, in deren Landhaus sich schon das Exekutivkomitee der Tiroler Widerstandsbewegung als eine Art Tiroler Landesregierung vorstellte (GRUBER, Hans GAMPER, Eduard REUT-NICOLUSSI). Das führte natürlich auch zu Kompetenzproblemen, die erst Ende Mai durch die alliierte Militärregierung unter Oberstleutnant WATTS beendet wurden. Von den Ereignissen in Wien wußten die Tiroler Politiker fast nichts. Dr. Karl GRUBER handelte daher in eigener Initiative, als er – allerdings vergeblich – beim State Department in Washington für die Belassung Tirols in der amerikanischen Zone eintrat.[49]

In *Vorarlberg* marschierten am 30. April französische Truppen ein. Sie waren auf ihre Aufgabe nicht entsprechend vorbereitet und wurden von den Amerikanern und Engländern beauftragt, sich nach deren Richtlinien – Fraternisierungsverbot, Aufbau der Verwaltung von unten – zu richten. Der kommandierende General des französischen I. Korps ließ allerdings an der Vorarlberger Grenze eine Tafel aufstellen, die besagte, daß hier Österreich, „ein befreundetes Land", beginne. Als die Franzosen begannen, Bürgermeister einzusetzen, baten mehrere Vorarlberger Bürgermeister um die

49. RAUCHENSTEINER: Sonderfall, 94 (Anm. 45). – Dazu auch Karl GRUBER in seinen beiden Memoirenwerken: Zwischen Befreiung und Freiheit. Der Sonderfall Österreich. Wien 1953. – Ein polit. Leben. Österreichs Weg zwischen den Diktaturen. Wien-München-Zürich o. J., 63 ff.

Einsetzung eines Landesausschusses, was am 24. Mai geschah. Einer seiner ersten Beschlüsse war die Wiederverselbständigung ihres Bundeslandes, d. h. die Trennung von Tirol.[50]

Die Stadt *Salzburg* wurde am 4. Mai den Amerikanern kampflos übergeben, doch waren der Übergabe kritische Auseinandersetzungen zwischen deutschen Militärs und Salzburger Politikern vorangegangen,[51] von denen sich Gauleiter Gustav A. SCHEEL als durchaus einsichtig erwies. Da in Salzburg die Vorgespräche früherer österreichischer Politiker über die Gestaltung der Zukunft nicht reibungslos verliefen und die amerikanische Militärregierung nicht entsprechend orientiert war, kam es erst am 23. Mai zur Bestellung einer provisorischen Landesregierung, in deren Agenden die Amerikaner bis zur Entnazifizierung laufend eingriffen. Die Zulassung der österreichischen politischen Parteien erfolgte am 1. Juni. Ende Juni war schließlich die Konsolidierung auch der Militärregierung erreicht.

Die Stadt Linz war infolge der Bemühungen des nationalsozialistischen Bürgermeisters Franz LANGOTH gegen den Willen des Gauleiters von „Oberdonau" Gustav EIGRUBER nicht verteidigt worden. LANGOTH wurde daher erst am 7. Mai von Ernst KOREF abgelöst, den die Vertreter aller österreichischen Parteien einstimmig zum Bürgermeister vorgeschlagen hatten. KOREF wurde schon am folgenden Tag vom US-Kommandanten für *Oberösterreich* Oberst SNOOKE in diesem Amt bestätigt. Die Konsolidierung der US-Besatzungsbehörden erfolgte sehr rasch, vor allem weil sie schon darauf vorbereitet waren, in Österreich tätig zu sein. Die drittelparitätisch besetzte provisorische Landesregierung unter der Führung des Sozialisten Alois OBERHUMMER wurde von den Amerikanern, die am 14. Mai auch die politischen Parteien verboten, nicht akzeptiert. Sie beauftragten einen Regierungsdirektor der NS-Zeit, Adolf EIGL, mit der Bildung einer Beamtenregierung, die er bis zu seiner Verhaftung im August 1945 leitete.

Obwohl die „Europäische Beratungskommission" den schon genannten britischen *Zonenplan* für Österreich im wesentlichen bereits im Dezember 1944 akzeptiert hatte, kam es vom Jänner bis zum Juni 1945 zu komplizierten Verhandlungen.[52] Bei diesen wurden den Russen noch das ganze Burgenland und das Mühlviertel zugestanden. Hauptstreitpunkt war jedoch *Wien*. Die Einsetzung der Regierung RENNER, vor der auch Otto HABSBURG den amerikanischen Präsidenten TRUMAN[53] brieflich dringend

50. RAUCHENSTEINER, Sonderfall, 94 f. (Anm. 45).

51. Ilse LACKERBAUER: Das Kriegsende in der Stadt Salzburg im Mai 1945. Wien 1977.

52. FELLNER, Situation, 81 u. 86 f. (Anm. 21).

53. „Die Russen haben in Wien einseitig ein Regime aufgestellt, das unter dem Druck der Kommunisten steht. Es hat Gerüchte gegeben, daß die Alliierten gegebenenfalls dieses kommunistische Regime, die sogenannte Provisorische Regierung anerkennen werden. Ich kann Ihnen versichern, daß die überwiegende Mehrheit der Österreicher gegen eine solche Regierung ist." Zit. nach STADLER, Schärf, 208 (Anm. 11).

warnte, die aber durchaus auch auf die russische Kenntnis eines britischen Memorandums vom Dezember 1944 in gleicher Intention zurückgehen könnte, waren für die Westalliierten ebenso ein Grund zum Mißtrauen wie die Bedingungen der Russen für die Aufgabe der nach Wien zu entsendenden Amerikaner und Engländer. Verständigt hatten die Russen von der Betrauung RENNERs die Amerikaner schon am 24. April und Staatskanzler RENNER hatte am 28. April der Regierung der UdSSR und der USA die Bildung der Provisorischen Regierung offiziell notifiziert.[54]

Marschall TOLBUCHIN hatte der Provisorischen Staatsregierung namens der Roten Armee die „de facto – Anerkennung" durch die Rote Armee ausgesprochen.[55] Die Amerikaner wollten zumindest abwarten. Zweifellos waren das schon die ersten Anzeichen des *„Kalten Krieges"*, die sich zunächst bei den Briten stärker zeigten als bei den Amerikanern.[56] Daher kam erst Anfang Juni 1945 über Judenburg die erste westalliierte Kommission zur Prüfung der Lage nach Wien. Aufgrund ihrer Ergebnisse waren sich bis zum 19. Juni die Westalliierten einig. Die ECA konnte daher am 22. Juni ihre Beratungen wieder aufnehmen. Auch die Russen stimmten schließlich dem letzten, von den Franzosen stammenden Vier-Zonen-Aufteilungsvorschlag für Wien und der gemeinsamen Kontrolle des 1. Bezirks (die „Vier im Jeep") zu. Daher wurden am 4. Juli das 1. Kontrollabkommen und am 9. Juli 1945 das Zonenabkommen unterzeichnet. Damit war die alliierte Herrschaft – an ihrer Spitze der Alliierte Rat mit einstimmig zu fassenden Beschlüssen – geregelt und der freie Zugang der Westalliierten nach Wien gesichert. Die Viermächtebesetzung Wiens war am 1. September vollzogen. Sie wurde ebenso wie die gemeinsame Kontrolle der Wiener Innenstadt selbst während der Höhepunkte des „Kalten Krieges" nicht verändert und bis 1955 beibehalten. Der Alliierte Rat trat am 11. September 1945 in Wien zu seiner ersten Sitzung zusammen. Mehr als 200 sollten ihr noch folgen.

In bezug auf die Besatzungsmächte war im Sommer und Frühherbst die erste Phase der österreichischen Nachkriegsgeschichte abgeschlossen. Offen war nach wie vor die Frage der *Anerkennung* der Regierung RENNER und jene der *Wahlen.* Zur ersten heißt es im Schlußprotokoll der Potsdamer Konferenz: „Die Konferenz hat einen Vorschlag der Sowjetregierung über die Ausdehnung der Autorität der österreichischen provisorischen Regierung auf ganz Österreich geprüft. Die drei Regierungen kamen überein, daß sie diese Frage überprüfen würden, nachdem die britischen und amerikanischen Truppen in Wien eingezogen waren. Es wurde vereinbart, daß von Österreich keine Reparationen gefordert werden sollen."[57]

54. Alfons SCHILCHER: Österreich und die Großmächte. Dokumente zur österr. Außenpolitik 1945–1955. Wien-Salzburg 1980, 1.

55. Adolf SCHÄRF: April 1945 in Wien. Wien 1948, 101.

56. FELLNER, Situation, 87 f. (Anm. 21).

57. FELLNER, Situation, 89 (Anm. 21).

Bei der 1. Sitzung des Alliierten Rates am 11. September war es vor allem um die österreichische, von westalliierter Seite massiv unterstützte Ablehnung einer bilateralen sowjetisch-österreichischen Erdölgesellschaft gegangen.[58] Dennoch wurde vorbehaltlich der Zustimmung des Alliierten Rates die Zulassung von *politischen Parteien* beschlossen. Marschall Iwan S. KONJEW beantragte, den Machtbereich der Regierung RENNER auf ganz Österreich auszudehnen. Der Antrag wurde jedoch wegen des vehementen britischen Einspruches nicht angenommen. Die Amerikaner und Franzosen suchten einen Kompromiß, was zweifellos eine Folge des Gesprächs war, das RENNER unmittelbar vor der Sitzung mit General Mark W. CLARK über seine weiteren Pläne führen konnte: So wie schon nach dem Ersten Weltkrieg schlug er die Einberufung von Länderkonferenzen für Verhandlungen mit den Bundesländern, danach Erweiterung der Regierung auch zur Verringerung des kommunistischen Einflusses und spätestens bis Ende November die Abhaltung von Wahlen vor, da diese infolge der klimatischen Bedingungen erst wieder im März möglich seien. CLARK war durch dieses Gespräch für RENNER und dessen Politik gewonnen.[59] Schwieriger war das bei den Engländern, wie auch die Korrespondenz RENNERs im Oktober 1945 mit seinem Londoner Beauftragten Walter WODAK zeigt.[60] RENNERs Gespräche mit den militärischen und politischen Vertretern hatten nur die Zustimmung zu einer Regierungsumbildung erreicht, für die die Briten allerdings Maximalforderungen stellten.

Mißtrauisch war man aber auch in Österreich selbst, besonders im „goldenen Westen“. Führend war dabei der Tiroler Landeshauptmann GRUBER, der sich allerdings schon im Frühsommer in Salzburg mit Herbert BRAUNSTEINER getroffen hatte. Dieser war als „Abgesandter der Bundes-ÖVP“ durch die Enns geschwommen, um sich über die Lage in Oberösterreich zu informieren, worauf GRUBER seine „Demokratische Staatspartei“ und alle anderen nicht sozialistischen Widerstandsgruppen mit der Tiroler Volkspartei vereinigte.[61] Der innerösterreichische Durchbruch gelang RENNER daher erst bei den beiden *Länderkonferenzen* in Wien.[62] Vorkonferenzen der Vertreter der westlichen Bundesländer hatte es schon in Salzburg gegeben, wo man sich darauf geeinigt hatte, die Aufnahme GRUBERs als Außenminister in die Regierung RENNER zu verlangen. Wenn die 1. Länderkonferenz in Wien vom 24.–26. September intern auch keineswegs in allen Fragen harmonisch verlief, so konnte doch über die wichtigsten Fragen Einig-

58. SCHÄRF, Erneuerung, 68 ff. (Anm. 12).

59. RAUCHENSTEINER, Sonderfall, 116 und 118 (Anm. 45).

60. Walter WODAK: Diplomatie zwischen Ost und West. Graz-Wien-Köln 1976, 147 ff. – Über die Persönlichkeit WODAKs vgl. zuletzt Reinhold WAGNLEITNER (Hg.): Diplomatie zwischen Parteiproporz und Weltpolitik. Briefe, Dokumente und Memoranden aus dem Nachlaß Walter WODAKs. Salzburg 1980, 5 ff.

61. GRUBER, Befreiung, 28 (Anm. 49).

62. Für das folgende Franz J. FEICHTENBERGER: Die Länder-Konferenzen 1945. – Die Wiedererrichtung der Republik Österreich. Wien (Phil. Diss.) 1965.

keit erzielt werden. Die für ganz Österreich anerkannte Regierung RENNER wurde durch drei der ÖVP angehörende Unterstaatssekretäre erweitert, unter ihnen Karl GRUBER für das Ressort Äußeres. Als Termin für die Wahlen in ganz Österreich wurde der 25. November festgelegt. Diese Ergebnisse veranlaßten die alliierten Oberbefehlshaber in ihrer Sitzung am 1. Oktober, ihren Regierungen die Anerkennung des Kabinetts RENNER vorzuschlagen, was so bald geschah, daß RENNER bereits am 20. Oktober in die Sitzung des Rates eingeladen wurde und die formelle Zustimmung zur Ausdehnung der Kompetenz seiner Regierung auf ganz Österreich erhielt, d. h. nun auch die De-facto-Anerkennung der westlichen Alliierten. Außerdem wurde die Abhaltung von Wahlen unter Anerkennung des Kontrollrechtes des Alliierten Rates gestattet.

Bei der 2. Länderkonferenz vom 9.–11. Oktober in Wien ging es vor allem um die Art der Durchführung der Wahlen, an denen die *Nationalsozialisten* nicht teilnehmen sollten, obwohl es bei der 3. Konferenz am 25. Oktober noch zu einer Änderung der Registrierungspflicht kam. Das Gesetz über das Verbot der NSDAP war von der Provisorischen Regierung bereits am 8. April, das Kriegsverbrechergesetz am 26. Juni 1945 erlassen worden. Die Forderung GRUBERs zwischen aktiven Nationalsozialisten und Mitläufern noch vor den Wahlen in jedem Einzelfall zu unterscheiden, setzte sich ebensowenig durch wie die kurze Zeit sogar von den Amerikanern vertretene Forderung, führende Männer des „pre-Nazi-Fascist-Regime" und dessen paramilitärischen Organisationen von führenden Positionen auszuschließen.[63] Die Absicht, nach den Wahlen eine SPÖ-ÖVP-Koalitionsregierung zu bilden, hatte RENNER dem britischen Hochkommissär schon am 22. September vertraulich mitgeteilt.[64]

Die *Wahlen* fanden, wie angekündigt, am 25. November 1925 statt. Ihr Ergebnis überraschte auch die Besatzungsmächte, an ihrer Spitze die sowjetische. Trotz oder eher wegen der massiven Unterstützung, die russische Truppen in Österreich und Wien der KPÖ, der „Russenpartei", erwiesen, legten die von Leid, Hunger, Kälte und Entbehrungen aller Art schwer geprüften Österreicher ein eindrucksvolles Bekenntnis zur *parlamentarischen Demokratie* ab. Da die Mehrzahl der Kriegsgefangenen zu dieser Zeit noch nicht heimgekehrt war und die ehemaligen Nationalsozialisten – wie schon gesagt – nicht wählen durften, waren von den 3,449.605 Wahlberechtigten 64% Frauen. Die in ganz Österreich frei und geheim durchgeführten Wahlen ergaben folgende *Mandatsverteilung:* 85 Mandate für die ÖVP, 76 für die SPÖ und 4 (!) für die KPÖ. Aufgrund dieses Ergebnisses kam es im Dezember zur Bildung einer *Großen Koalition* zwischen den beiden großen Parteien, die 11 Jahre zuvor einander noch in einem Bürgerkrieg bekämpft hatten. In die erste Koalitionsregierung FIGL – SCHÄRF wurde allerdings noch ein kommunistischer Minister (Karl ALTMANN)

63. Dieter STIEFEL: Entnazifizierung in Österreich. Wien-München-Zürich 1981, 31.
64. RAUCHENSTEINER, Sonderfall, 132 (Anm. 45).

aufgenommen. Er schied 1947 aus Protest gegen die Währungsreform aus. Mit der Wahl Karl RENNERs zum Bundespräsidenten durch die Bundesversammlung am 20. Dezember 1945 wurde die erste Aufbauphase des neuen Österreich erfolgreich abgeschlossen. Nach seiner Wahl dankte der neue Bundespräsident dem Parlamentspräsidenten Leopold KUNSCHAK und gab seiner Freude darüber Ausdruck, daß nach den schwierigsten Zeiten der Republik gerade KUNSCHAK und er die ersten zwei Österreicher waren, die sich in der Wenzgasse begegnet und verstanden hatten: „In diesem Zusammentreffen des Sozialisten und des Christlichsozialen und in der Verständigung habe ich ein Symbol der kommenden Dinge gesehen. Ich habe daraus die Zuversicht geschöpft, daß die Zusammenarbeit dieser zwei Parteien und auch aller anderen demokratischen Parteien das Fundament eines neuen, glücklicheren Österreich legen wird.“[65]

65. Zit. nach dem Sten. Prot. NR bei Heinz FISCHER (Hg.): Karl Renner. Porträt einer Evolution. Wien-Frankfurt/Main-Zürich 1970, 402.

Der Solitär

Ilse Tielsch

Harrander war eben dabei, einen der dicken Äste des alten Birnbaums abzusägen, der im vergangenen Winter erfroren war, als er die Glocken hörte. Er unterbrach seine Arbeit und blieb stehen, die rechte Hand um den Griff der Säge, die linke an die Rinde des Baumstamms gelegt und hörte dem Geläut nach, das in verschiedenen Tonhöhen, dünn, aber doch deutlich vernehmbar, von der Stadt unten zu ihm heraufklang, ein recht bescheidenes Gebimmel, wenn man bedachte, wie volltönend es in früheren Zeiten gewesen war. Harrander erinnerte sich gut daran, er war Musiker, wenn auch nicht im Hauptberuf, er hatte ein empfindliches Ohr für Klänge. Trotzdem fiel es ihm im Augenblick nicht ein, Vergleiche anzustellen. Daß es überhaupt noch Glocken gab, die man läuten konnte, empfand er allein schon als Wunder. So viele waren abgenommen, zu Waffen umgeschmolzen worden, andere waren schmelzend aus brennenden Türmen gefallen oder abgestürzt und in Trümmer zersprungen. Hatte man nicht noch vor wenigen Tagen befürchtet, in dieser Stadt würde kein Stein auf dem anderen bleiben? Er stand und lauschte den Tönen, die durch die dünne Luft des Maimittags an sein Ohr drangen und gab sich Mühe, auch die entferntesten von ihnen wahrzunehmen. Ein Glücksgefühl überkam ihn, wie er es lange nicht mehr gekannt hatte. Er drehte sich zu Pribil um, der eben dabeigewesen war, die dünneren Äste auf einem Hackstock zu zerkleinern, eine der wenigen Arbeiten, die er verrichten konnte, zu schweren Arbeiten war er kaum zu verwenden, weil er mit seinem Holzbein zu wenig Halt hatte und weil er überhaupt immer gleich Schmerzen bekam. Im Ersten Weltkrieg hatten sie ihm ein Bein abgeschossen, der Stumpf war von der schlecht sitzenden Prothese immer wundgescheuert, die wunden Stellen heilten nie ab. Allerdings war er dadurch bewahrt worden, trotz seines vorgerückten Alters im Zweiten Weltkrieg noch einberufen zu werden. Er hatte sich nicht verstecken müssen wie Harrander, den man zum Volkssturm holen wollte und der sich deshalb wochenlang in einer leeren Senkgrube verborgen hielt, in der es entsetzlich stank und die er sich nur spät nachts zu verlassen getraute.

Harrander drehte sich nach Pribil um, sah ihn an der Hausmauer lehnen, die Holzhacke in der herabhängenden Hand, ebenfalls horchend, ein melancholisches Lächeln im Gesicht. Er nickte ihm zu, ließ die Säge im Ast des Birnbaums stecken, ging auf das kleine, von der Sonne beschienene Haus zu, öffnete die Tür und rief in das winzige Wohnzimmer hinein: Hört ihr's? Die Glocken läuten, weil dieser Scheißkrieg jetzt wirklich zu Ende ist!

In dem Raum stand Harranders Frau Josefa, eine kräftige Person, die ihren Mann um beinahe einen halben Kopf überragte, obwohl er auch nicht eben klein war, beim Petroleumkocher und rührte in einem Topf. Auf der Holzbank im Hintergrund saßen die etwas mehr als fünfzigjährige Martha, Ehefrau von Josefas irgendwo an der Front verschollenem Neffen Eduard und deren um sechs Jahre jüngere Schwester Rosa. Von Marthas Mann war Monate vorher die letzte Feldpostnachricht gekommen, ihren sechzehnjährigen Sohn Willi hatte man für das allerletzte Aufgebot der Wehrmacht von der Schulbank weggeholt, seither war er unbekannten Aufenthalts. Rosa war unverheiratet geblieben. Die beiden Schwestern hatten nach der Einberufung des Ehemannes, beziehungsweise des Schwagers, den miteinander aufgebauten kleinen Installationsbetrieb weitergeführt, so gut und so schlecht dies bei der elenden Situation der letzten Kriegsjahre möglich gewesen war, zwei Frauen an der Heimatfront, wie es hieß. Die Nächte hatten sie, der Fliegerangriffe wegen, im Keller ihres Wohnhauses verbracht. Schließlich, als die Front bedrohlich nahe gekommen war, und als es im Geschäft nichts mehr zu verkaufen und auch kein Material mehr für Reparaturen gab, hatten sie sich an jenes Häuschen am Rand des Wienerwaldes erinnert, das Eduards Tante Josefa gehörte und in welches sie sich, nachdem die ersten Bomben auf Wien gefallen waren, geflüchtet hatte. Sie lebe dort, hatte man ihnen zugetragen, mit ihren beiden Männern, dem Harrander und dem Pribil. Die Art der Formulierung läßt unschwer erkennen, daß man die Lebensgemeinschaft der drei Personen für ein anrüchiges, jedenfalls verdächtiges Dreiecksverhältnis hielt, eine Vermutung, die nie auf irgendeine Weise bestätigt, aber auch nicht widerlegt worden ist. Fest steht, daß Josefa, bald nachdem sie den kaufmännischen Angestellten Leopold Harrander geheiratet hatte, der nebenberuflich das Flügelhorn blies, einen in der gleichen Kapelle blasenden Freund ihres Mannes, eben diesen Pribil, bei sich aufgenommen hat. Pribil, Flügelhornist wie Harrander, lebte von diesem Tag an mit den beiden im gemeinsamen Haushalt, zu dem auch Peter, der von Josefa heiß geliebte und verhätschelte Kater gehörte, ein großes und schweres Tier mit giftgrünen Augen und tiefschwarzem Fell, das auf Harrander wie auf Pribil gleichmäßig eifersüchtig war.

Es ist möglich, daß hin und wieder eine bissige Bemerkung über ihr Leben mit den beiden Männern an Josefas ebenfalls musikalisches Ohr gedrungen ist, jedenfalls scherte sie sich nicht darum. Sie unterstrich im Gegenteil noch die Tatsache, daß sie Harrander wie Pribil gleichmäßig schätzte, daß Pribil ihr ähnlich teuer wie Harrander war, dadurch, daß sie keinen von beiden mit ihren Vornamen ansprach, sondern immer nur mit dem Familiennamen. Der Unterschied bestand lediglich darin, daß sie Pribil mit dem distanzierten Sie anredete, während sie Harrander das vertrauliche Du zugestand. So hatte es nun schon vor mehr als dreißig Jahren begonnen und so war es noch, als Martha und Rosa vor der Tür ihres Häuschens standen und um Aufnahme baten. Josefa, eine gute Person, fragte weder Harrander noch Pribil um ihre Meinung, redete nicht lange herum und nahm sie auf.

Nachdem Harrander, an jenem sonnigen neunten Mai des Jahres 1945, die Haustür, die ohne Übergang in den kleinen Wohnraum führte, weit offen haltend, seiner Freude über das Glockengeläut und den zu Ende gegangenen Krieg mit kräftigen Worten Ausdruck gegeben hatte, legte Josefa den Kochlöffel neben den Petroleumkocher auf den Tisch, sprach ein inniges Gelobt sei Jesus Christus und schlug ein Kreuz. Dann faltete sie die kräftigen Hände und begann ein Vaterunser zu beten. Auch Martha betete und selbst ihre hagere Schwester, die schon Jahre vorher aus der Kirche ausgetreten war, weil sie die unter Hitler eingeführte Kirchensteuer nicht zahlen wollte, flocht die mageren Finger ineinander und bewegte die Lippen. So saßen sie, während die Glocken dünn von der Stadt heraufbimmelten, Harrander stand still in der Tür, Pribil, der niemals betete, lehnte draußen an der Mauer, alle waren sie von Dankbarkeit darüber erfüllt, daß nun die Angst zu Ende sein würde. Der Krieg war zu Ende, die Not würde nun auch bald ein Ende haben. Jetzt mußte nur noch Eduard heimkommen und auch Willi, der Sohn, dachte Martha, noch ehe es Josefa aussprach. Alles andere würde sich finden.

Die Glocken Wiens läuteten an jenem Mittag von zwölf Uhr an genau eine Viertelstunde lang. Harrander kehrte, noch ehe es wieder still geworden war, zu seinem Birnbaum zurück und sägte den Ast ab, verstaute dann die Säge im Schuppen, Pribil sammelte das Kleinholz rund um den Hackstock auf, dann gingen beide ins Haus. Josefa hatte ein Gericht aus Erdäpfeln und Gemüse bereitet, sie setzten sich um den Tisch und aßen. Harrander holte aus einem Versteck eine kleine Flasche mit Sliwowitz hervor, die er für diesen besonderen Anlaß aufgehoben hatte und sie tranken einander zu, tranken auf den Frieden und die glückliche Zeit, die nun endlich anbrechen sollte. Es war ein besonderer Tag, ein Tag, der sich nicht wiederholen würde, denn von nun an würde es keine Kriege mehr geben. Während die Frauen das Geschirr abwuschen und in den Schrank zurückräumten, holten die beiden Männer ihre Flügelhörner vom Dachboden, setzten sich damit auf die Bank vor dem Haus und begannen zweistimmig zu blasen. Aus einem der benachbarten Häuser kam keuchend ein alter Mann gelaufen und schrie ihnen zu, ob sie verrückt geworden seien. Ob sie mit ihrer verdammten Blaserei die da unten aufmerksam machen wollten? Ob sie die Frauen in Gefahr bringen wollten?

Der Krieg war zu Ende, aber jetzt sollte es erst so richtig anfangen mit dem Hunger, dem abgesperrten Strom, später der Kälte in unbeheizten Wohnungen, mit der Not verschiedenster Art, der Furcht vor etwas Schrecklichem, das eintreffen konnte, wenn man es am wenigsten erwartete. Zum Glück traf es nicht ein. Das Häuschen war abgelegen, halb von Bäumen versteckt, so daß sich keine Banditen dorthin verirrten. Als einmal doch ein kleiner Trupp stämmiger Rotarmisten vor der Tür stand und Einlaß begehrte, besann sich Josefa Harrander in ihrer Angst auf jene Sprache, die sie als Kind in Königgrätz gesprochen hatte und fauchte sie aus dem Fenster heraus auf böhmisch an, sie sollten sich gefälligst zum Teufel scheren, sonst ginge sie jetzt sofort zur Kommandantur. Was sie nicht zu hoffen gewagt hatte, trat ein. Die sichtlich Angetrunkenen blinzelten sie aus mongolisch geschlitzten Augen unsicher an, machten kehrt und verschwanden. Josefa schlug das Fenster zu, warf sich, am ganzen Körper zitternd, auf die hölzerne Sitzbank und weinte.

Harrander hatte sich nicht ans Fenster gewagt, wohl weil er gehört hatte, daß sie Männer einfingen und zur Aufbauarbeit nach Rußland verschickten. Man hörte allerlei in jenen Tagen und niemand wußte, was wahr oder was übertrieben war. Er war mehr als sechzig Jahre alt, hatte den Ersten Weltkrieg, abgesehen von Erfrierungen an Armen und Beinen, gesund überstanden, hatte während des Zweiten in ständiger Angst gelebt, daß man ihn doch noch vom Arbeitsplatz weg an eine der Fronten schicken würde, zuletzt hatte ihn diese Angst noch in jene stinkende Senkgrube getrieben. So rasch gewöhnte man sich die Angst nicht ab. Er war noch rüstig, ein bis auf unerhebliche Leiden gesunder Mann, jetzt wollte er leben, noch ein paar gute Jahre haben. Eine dumpfe Furcht davor, daß er durch einen unglücklichen Zufall jetzt noch zum Opfer werden könnte, hatte ihn in der dunkelsten Ecke des Zimmerchens zurückgehalten, als seine Frau das Fenster aufriß und schrie. Jetzt stand er neben der Weinenden und schämte sich. Er versuchte schüchtern, ihr über das Haar zu streichen, um sie zu beruhigen, aber sie stieß ihn weg. Bis zum Abend sprach sie kein Wort mit ihm, auch mit Pribil nicht, der sich während des Vorfalls in seiner Dachkammer versteckt gehalten hatte. Verächtlich schob sie den beiden beim Abendessen die Teller hin. Zwei Männer hatte sie durchzufüttern, die winzigen Vorräte waren beinahe aufgebraucht. Zwei Männer, was waren sie wert, wenn Gefahr drohte? Sie hatte es ja erlebt.

Man spricht häufig von der Sensibilität der Geiger und der Pianisten, dem Seelenleben jener Leute, die in Blaskapellen ihre Blechinstrumente spielen, schenkt man wenig Beachtung. Harrander jedenfalls dürfte in dieser Nacht nicht viel Schlaf gefunden haben. Noch ehe es hell wurde, stand er auf, ging auf den Dachboden und holte einen Rucksack herunter, legte ihn auf den Tisch, schnitt ein Stück Brot ab und wickelte es in Papier. Als er dabei war, es in den Rucksack zu stecken, stand Josefa in der Tür. Wohin gehst du, fragte sie. Harrander drehte sich nicht um, als er antwortete, er ginge hinunter in die Stadt, um nach dem Haus und der Wohnung zu sehen. Bring die Gläser mit dem Kirschenkompott mit, sagte Josefa, und in der Küchenkredenz muß noch Mehl sein. Mehr sagte sie nicht. Noch Jahre später sollte sie sich genau an diesen letzten Satz erinnern, den sie zu Harrander gesagt hatte, ehe er mit seinem Rucksack das Haus verließ. Immer wieder würde sie schildern, wie er sich in der Haustür noch einmal nach ihr umgedreht, sich dann nach der Holzhacke gebückt habe, die neben dem Hackstock auf dem Boden gelegen sei, wie er die Holzhacke in den Hackstock geschlagen habe. Wie sie ihm nachgeschaut habe, bis er hinter der Straßenbiegung verschwunden gewesen sei. Nein, er habe auf gar keinen Fall die Absicht gehabt, sie zu verlassen, wohin hätte er denn auch gehen sollen und sie hätten schließlich dreißig Jahre lang eine gute Ehe geführt. Er habe, ehe er ging, noch gesagt, er würde vor Einbruch der Dunkelheit zurückkommen.

Harrander kam nicht zurück, nicht an diesem Tag, nicht am nächsten, auch nicht am übernächsten. Er kam überhaupt nicht mehr. Josefa machte sich auf den Weg, ihn zu suchen, fragte bei Bekannten und Verwandten nach, fand ihr Wohnhaus von Russen besetzt und wagte sich nicht hinein, suchte ihren Pfarrer auf, ging sogar zur russischen Militärkommandantur. Überall schüttelte man den Kopf, niemand konnte ihr Auskunft geben. Harrander war verschwunden, irgendwo in dieser vom Krieg geschändeten, halb zerstörten, von Dreck und Gestank erfüllten Millionenstadt, er war verschollen und sollte es bleiben. Das allerdings wußte Josefa noch nicht, als sie die Stadt in allen Richtungen durchstreifte, meistens zu Fuß, denn die Wagen jener Straßenbahnlinien, die wieder verkehrten, waren so überfüllt, daß es ihr selten gelang, sich hineinzudrängen. Sie erinnerte sich einer Adresse nach der anderen, hoffte von einer zu anderen. Irgendwo mußte man doch etwas wissen, irgendwo mußte der Harrander doch geblieben sein. Sie ging zwischen Schutthaufen und zerbombten Häusern, durch ehemals gepflegte Parkanlagen, in denen Grabhügel aufgeworfen waren, über den Gürtel trottete eine Herde magerer Rinder, da und dort standen Lastwagen und Personenwagen ohne Reifen oder gar ohne Räder, die Motoren hatte man ausgebaut und gestohlen, hin und wieder begegneten ihr Leute, die klapprige Leiterwagerln über das ruinöse Straßenpflaster zogen. Erst am späten Nachmittag gab sie auf und machte sich auf den Rückweg, kam nach Einbruch der Dunkelheit in ihrem Häuschen an, zu müde, um Fragen zu beantworten, die man ihr stellte, sogar zu müde, um verzweifelt zu sein.

Für Pribil, den nur mittelgroßen, melancholisch Veranlagten, brachen harte Zeiten an. Er hatte es zwar immer verstanden, das Flügelhorn gefühlvoller zu blasen als sein Freund Leopold, aber in jenen Tagen zählten zwei kräftige Arme, zwei gesunde Beine, mehr als zu Herzen gehende Blasmusik. Ohne Harrander ging alles langsamer und schwieriger vor sich. Zwar konnten auch Rosa und Josefa gut mit der Säge umgehen, um das für den Küchenherd nötige Holz zu schneiden, da das Petroleum längst zu Ende gegangen war und man den Kocher nicht mehr benützen konnte, zwar hackte Pribil weiter die dünnen Äste zu Kleinholz und schichtete sie an der Schuppenwand auf, wer aber würde zum Beispiel den Wurzelstock des alten Birnbaums aus dem Boden graben, wenn seine Äste und auch der dicke Stamm zersägt und zu Scheitern zerhackt waren? Wer würde auf das

Dach klettern, wie es Harrander vorgehabt hatte, um die schadhaften Stellen auszubessern, durch die das Wasser eindringen würde, sobald es mit dem schönen Wetter zu Ende war? Wer würde alle die Arbeiten verrichten, die Harrander verrichtet hätte und die man Pribil nicht zumuten konnte? Auch die Lebensmittel gingen zu Ende, die winzigen Zuteilungen, die man nach stundenlangem Anstellen vor den Geschäften nach Hause brachte, reichten, obwohl sie für eine Woche vorgesehen waren, oft nur für einen Tag. Man würde viele Kilometer weit gehen müssen, um einen Bauern zu finden, der für ein Kleidungsstück oder für etwas Schmuck einige Erdäpfel zu geben bereit war, oder vielleicht gar einen Eßlöffel voll Schmalz.

Einer der glücklichen Zufälle, die sich hin und wieder ereignen, brachte ihnen gegen Ende des Monats Josefas Neffen Bruno ins Haus. Bruno, als Halbwüchsiger zur Heimatflak einberufen und nach kurzer Gefangenschaft nach Hause entlassen, war von seiner Mutter geschickt worden, um sich nach dem Stand der Dinge zu erkundigen, was den verschwundenen Harrander betraf, Josefa hatte die Cousine bei ihrem Erkundungsgang aufgesucht. Sie hatte den nicht eben intelligent aussehenden Neffen mit den wie Flügel abstehenden Ohren und den kleinen wasserblauen Augen nie recht gemocht, als sie ihm jedoch jetzt gegenübersaß, allein, Martha und Rosa waren irgendwo zu Einkäufen unterwegs, standen vor irgendwelchen Geschäften in der Schlange, schien sie über ihn nachzudenken. Sie weinte natürlich, Harranders wegen, zwischen den Zipfeln ihres Taschentuchs jedoch ließ sie ihre Augen doch hin und wieder zu Bruno hinüberwandern. Er war gewachsen, seit sie ihn zum letztenmal gesehen hatte und er schien, obwohl er zaundürr war, doch kräftig zu sein. Hände hatte er jedenfalls wie Abortdeckel, dachte Josefa, sich an eine in ihrer Kindheit in Königgrätz häufig gebrauchte Wendung erinnernd, es ließ sich sicherlich einiges anfangen mit diesen Händen. Sie wischte noch einmal mit dem Taschentuch über die Augen, ließ dann nachdenklich den Blick durch das Fenster wandern, wo der Stamm des Birnbaums in den blitzblauen Frühlingshimmel stieß, mit den von der Säge übriggelassenen Aststummeln wie mit Dornen besetzt. Der Wurzelstock fiel ihr ein, den man ausgraben mußte. Sie seufzte, drehte sich dann wieder Bruno zu und blickte ihn an, jetzt beinahe zärtlich, als wäre ihr eben, im Zusammenhang mit seiner Person, etwas Hübsches, jedenfalls etwas Erfreuliches, eingefallen.

Bruno erwiderte unsicher den freundlichen Blick der Tante. Er ahnte nichts Böses, als sie jetzt aufstand, mit Flasche und Gläsern wiederkam, dem Neffen ein Gläschen von dem noch von der Friedensfeier übriggebliebenen Sliwowitz einschenkte, sich selbst nur ein Tröpfchen, wie sie betonte. Sie hob ihr Glas und trank ihm zu. Auf die Zukunft, sagte sie, ihn freundlich betrachtend. Dann fragte sie nach seinen Plänen, begann dann einiges aus ihrem Leben zu erzählen, nicht ohne immer wieder des noch nicht wiedergekommenen Harrander zu gedenken, mit dem sie eine so glückliche Ehe geführt und es schließlich sogar zu einigem Wohlstand gebracht hatte. Abgesehen von dem Haus in der Neubaugasse, das zum Glück nicht von Bomben oder Artilleriebeschuß zerstört worden war, einem Haus mit Garage, hätte sich doch einiges angesammelt im Lauf der Jahrzehnte, das Gott sei Dank noch vorhanden sei. Zum Beispiel der Solitär, sagte sie, das Wort weich betonend, dabei mit der rechten Hand zärtlich über den linken Ringfinger streichend, als befände sich an ihm ein sehr kostbarer Ring. Der Neffe blickte sie fragend an. Du weißt nicht, was ein Solitär ist, fragte sie, und ohne eine Antwort abzuwarten, fuhr sie fort, ein besonders schöner, besonders großer Brillant sei das, einzeln gefaßt, sie habe ihn selten getragen, weil er so kostbar sei, während des Krieges überhaupt nicht, aus vielerlei Gründen. Jetzt habe sie ihn natürlich sehr gut versteckt. Einmal, sagte sie, während sie den Blick wieder zum Fenster hin wandte, einmal würde ihn wohl jemand aus ihrer nächsten Verwandtschaft besitzen, sie habe ja leider keine Kinder, die sie beerben könnten, keine Tochter und auch keinen Sohn, die sich, wenn sie alt geworden sei, um sie kümmern würden. Vor allem keinen Sohn, der ihr jetzt zum Beispiel, in diesen schwierigen Zeiten, bei den schweren Arbeiten behilflich sein könnte, die weder der arme Pribil mit seinem Holzbein, noch die zarte Martha oder auch Rosa, zu leisten imstande wären.

Brunos wasserblaue Augen verdunkelten sich und nahmen einen gierigen Ausdruck an. Wenn die Natur ihn auch nicht mit überdurchschnittlicher Intelligenz ausgestattet hatte, war er doch schlau genug, um den tieferen Sinn dessen, was die Tante eben gesprochen hatte, zu begreifen. Noch am selben Nachmittag schnitt er den dicken Stamm des Birnbaums um und zerlegte ihn mit der Säge in handliche Stücke. Pribil zerteilte die Klötze auf dem Hackstock in Scheiter. Er wunderte sich über den Eifer des Burschen, kannte den Anlaß nicht, Josefa hatte ihn darüber nicht aufgeklärt, sie hatte, wie sich später herausstellen sollte, ihre schwerwiegenden Gründe dafür. Auch Martha und Rosa, die gegen Abend mit nur spärlich gefüllten Einkaufstaschen zurückkamen, erfuhren nichts, waren daher beinahe ergriffen über dieses Zeugnis verwandtschaftlichen Zusammengehörigkeitsgefühls. Bruno, der seiner Mutter nach seiner Heimkehr alles erzählte, wurde von dieser beschworen, die Sache für sich zu behalten. Man könne ja nicht wissen, meinte sie, wer am Ende, die alternde Frau und ihren Besitz betreffend, noch auf böse Gedanken käme.

Es muß noch erwähnt werden, daß Bruno in der Woche, die diesem Ereignis folgte, nicht nur den Wurzelstock ausgrub, sondern auch den Schaden am Dach von Josefas Häuschen behob und außerdem noch mehrere andere Arbeiten verrichtete, die Harrander nicht verrichten konnte, weil er abwesend war.

Man sollte Josefa nicht verurteilen, weil sie den Neffen mit dem vielleicht einst als Erbe zu erwartenden Schmuckstück zu Hilfsdiensten anspornte, die er sonst wahrscheinlich nur widerwillig oder gar nicht zu leisten bereit gewesen wäre. War es nicht selbstverständliche Pflicht unter nahen Verwandten, einander zu helfen? War es verwerflich, einen so jungen und kräftigen Menschen mit Hilfe einer List auf diese Pflicht aufmerksam zu machen, ja ihn sogar zu veranlassen, sie freiwillig und gern zu erfüllen? Hatte sie nicht, indem sie ihn dazu brachte, seine jugendliche Kraft einer immerhin schon älteren und von ihrem Mann alleingelassenen nahen Verwandten zur Verfügung zu stellen, Erziehungsarbeit im besten Sinn geleistet? Würde die Cousine nicht, würde nicht auch Bruno ihr einst dafür dankbar sein? Nein, was Bruno betraf, war die Sache nicht schlimm, so jedenfalls sah es Josefa, der Erfolg schien ihr recht zu geben. Von den weiteren Auswirkungen dieses Erfolges wird noch die Rede sein.

Vorläufig ist festzuhalten, daß irgendwann Mitte Juni, der bis dahin vermißte Eduard heimkehrte, zum Skelett abgemagert nach unterwegs überstandener Ruhr, gestützt auf seinen Sohn Willi, den er bei einem Bekannten in Zell am See angetroffen hatte, einen ebenfalls körperlich heruntergekommenen Heimkehrer aus diesem nun endlich beendeten Krieg, erschöpft und ausgehungert standen die beiden vor der Tür, Martha und Rosa schwammen in Freudentränen, Josefa brachte herbei, was an Eßbarem noch vorhanden war, besorgt beobachtet von Pribil, der sich, was die kommenden Wochen betraf, dem Hungertod preisgegeben sah. Nachdem die beiden Heimkehrer gegessen hatten, fielen sie in einen totenähnlichen Schlaf, aus dem sie erst wieder am folgenden Mittag erwachten. Aneinandergedrängt saßen sie dann alle in dem zu kleinen Zimmer um den zu kleinen Tisch und berieten, was weiter zu unternehmen war. Pribil zeigte sich sehr erleichtert, als Eduard darauf bestand, mit seinem Sohn und den beiden Frauen in seine Wohnung zurückzukehren. Josefa und er wollten noch über den Sommer bleiben, in dem winzigen Gärtchen sprossen einige Zwiebeln, auch ein paar Kohlrüben und Erdäpfel würde man haben und am Kirschenbaum röteten sich die Früchte. Immerhin etwas, was eßbar war. Dann, im Herbst, würde man weitersehen. Alles, meinte Pribil, müßte sich ja bald normalisieren, alles müßte bald wieder in geregelte Bahnen kommen. Sie hatten die Not nach dem Ersten Weltkrieg überstanden, so schlimm würde es diesmal trotz der Zerstörungen nicht werden, was damals falsch gemacht worden sei, konnte nicht wieder passieren. Diesmal würde es einen besseren Anfang geben, vor allem in der Politik. Die Roten und die Schwarzen würden zusammenhalten, miteinander ein neues Österreich schaffen, zu Situationen wie damals im Vierunddreißigerjahr würde es niemals mehr kommen. Die Anhänger der Russenpartei würden immer weniger und die Nazis seien ohnedies erledigt für alle Zeit. Recht geschehe jedem, der sich habe einfangen lassen.

Eduard gehörte zu jenen Leuten, die schon verhältnismäßig früh auf jene gehört hatten, welche behaupteten, in Deutschland ginge es besser, die Nationalsozialisten brächten Arbeit und Brot. Jetzt stand er da mit seiner niedrigen Mitgliedsnummer und fürchtete sich. Er hatte zwar sein Parteibuch verbrannt, aber wer wußte, was noch auf ihn zukam? Pribil sah, wie er bei seinen Worten zusammenfuhr, merkte, daß er ihn an einer empfindlichen Stelle getroffen hatte und freute sich, wollte jedoch keinen Streit. Auch Harrander würde zurückkommen, lenkte er ein, Josefa schenkte ihm einen dankbaren Blick.

Es hatte seine Schwierigkeiten mit dem neuen Beginn. Eduard und seine Frau fanden ihre Wohnung zwar nur leicht beschädigt vor, einige Bombensplitter in den Wänden und in dem Ölbild mit dem springenden Hirsch, das im Wohnzimmer hing, die Fensterscheiben nur teilweise zerbrochen, aber das Geschäft war geplündert worden. Man hatte die Tür aufgebrochen, die Kästen lagen umgeworfen mit eingetretenen Rückwänden, alles, was noch von einigem Wert gewesen war, hatten die Diebe davongeschleppt, an eine Wiedereröffnung war vorläufig nicht zu denken. Eduard sollte jedoch während der nächsten Monate eine gewissermaßen einschlägige Beschäftigung auszuüben haben, man holte ihn zur Arbeit an den zerstörten Kanalanlagen. Auch der Sohn mußte mit, man hatte ihn noch im vorhergehenden Winter in seiner dunkelblauen HJ-Uniform gesehen, dem einzigen warmen Kleidungsstück, das er besessen hatte und das gegen Abschnitte der Reichskleiderkarte noch zu bekommen gewesen war. Früh verließen die beiden nun täglich das Haus, abends kehrten sie stinkend zurück, Martha brachte ihnen in einem Behälter das Mittagessen. So war es noch, als im September Josefa und Pribil erschienen und um Aufnahme baten.

Ein Haus mit Garage in der Neubaugasse, also beinahe im Zentrum der Stadt, unzerstört und mit großen, bequemen Wohnungen, konnte man, wenn es einmal besetzt war, nicht mehr so leicht zurückbekommen. Als die Russen Josefas Haus verlassen hatten, zogen Amerikaner ein. Die vier Alliierten hatten mittlerweile die Stadt, wie auch das Land, unter sich aufgeteilt. Auf der Wienzeile begegnete man scharenweise kleinen, dunkeläugigen Franzosen, durch Hietzing spazierten lange, sommersprossige Engländer mit Tellerkappen, in Döbling und Währing legten Kaugummi kauende Amerikaner ihre meist langen, in khakifarbenen Hosen steckenden Beine auf die Kaffeehaustische und schenkten Kindern, wenn sie gut aufgelegt waren, etwas von ihrer Schokolade. Die Mehrzahl der graugrün uniformierten Russen zog sich in die Gebiete jenseits der Donau zurück. Nur der innerste Stadtkern hatte sich als nicht teilbar erwiesen.

Josefa und Pribil hatten sich auf ihrem Weg von der Neubaugasse weg zum Wohnhaus ihrer Verwandten ausschließlich auf amerikanischen Gebiet bewegt, nun standen sie da, den Kater hatten sie in einer aus Maisstroh geflochtenen Tasche mitgebracht, auch er war abgemagert, weil es für ihn nicht genug zu fressen gab. Man wies ihnen das Wohnzimmer zu, gewährte ihnen Unterkunft zum Dank für das Rosa und Martha bewilligte Asyl, mitsamt ihrem Katzenvieh, das ihnen, wie Rosa bösartig bemerkte, die letzten Bissen wegfressen würde. Peter fauchte sie böse an, er mochte sie nicht. Wenige Tage später hatten sie noch enger zusammenzurücken, eine

Verwandte aus Mähren stand mit ihrem kleinen Sohn vor der Tür und bot einen so erbarmungswürdigen Anblick, daß man es nicht über das Herz brachte, sie wieder wegzuschicken. Wien war überfüllt mit Flüchtlingen und aus ihren Heimatländern Vertriebenen, die verloren durch die Straßen irrten, in Hauseingängen hockten oder in den Kellern der zerbombten Häuser Unterschlupf suchten. Die Lager, die man für sie eingerichtet hatte, waren hoffnungslos überbelegt, sie hätte in keinem davon Aufnahme finden können. Was würde man tun, wenn Harrander eines Tages zurückkehren würde? Es war beinahe ein Glück, fand Rosa, daß er noch nicht wiedergekommen war.

Acht Personen und beinahe nichts zu essen, es hatte rasch etwas zu geschehen. Josefa unterzog die Kästen der ungeplünderten Wohnung einer genauen Kontrolle und fand Entbehrliches, obwohl sich Martha und Rosa empört dagegen zur Wehr setzten, ihre über den Krieg geretteten Pelzmäntel, Fischledertaschen, bestickten Tischtücher und Silberlöffel entbehrlich zu finden. Sie sollten sich nicht so anstellen, meinte Josefa, das alles könnte man wieder kaufen, wenn die Zeiten besser geworden seien. Sie warf besorgt einen Blick auf den hungrigen Kater, der maunzend ihre Beine umstrich. Die Männer wagten nicht, ihr zu widersprechen. Pribil war es schließlich, der Stück für Stück zu einem jener Plätze schleppte, an denen man dafür Eßbares eintauschen konnte, sogar ein Paar Stiefel mit ungleich langen Schäften tauschte er gegen drei Eier ein. Schließlich fand sich jedoch wirklich nichts mehr, wofür auch der gutmütigste Schleichhändler noch ein Stäubchen Mehl gegeben hätte. Der allerletzte Gegenstand, von dem Josefa sich weinend trennte, war Harranders im Augenblick entbehrliches Flügelhorn.

Wer will es Josefa verdenken, daß sie auf sonderbare Gedanken kam? Eines Tages verließ sie die Wohnung mit einem Rucksack, ohne die anderen über ihre Absichten aufzuklären. Sie hatte sich an eine Nichte erinnert, die Hermi hieß und, bis zum Anfang des Krieges jedenfalls, eine kleine Gärtnerei am Stadtrand betrieben hatte, zu der jedoch, nach einem Streit aus irgendwelchen nichtigen Gründen, jede Verbindung abgerissen war. Jetzt war der Zeitpunkt gekommen, zu dem alte Feindschaften begraben, familiäre Bindungen neu geknüpft werden mußten. Was war aus Hermi geworden und was vor allem aus ihrer Gärtnerei? Josefa durchwanderte die Stadt, stand eine Stunde lang vor der zerstörten und noch nicht instandgesetzten Floridsdorfer Donaubrücke, bis sie an die Reihe kam, um den Notsteg zu benützen, kam schließlich vor dem kleinen Haus ihrer Nichte an. Daß die Gärtnerei noch bestand, registrierte sie mit einem erfreuten Blick.

Die Nichte Hermi fragte feindselig nach Josefas Wünschen. Josefa ließ sich nicht abschrecken, schob sie sanft, aber bestimmt zur Seite, betrat die Küche und ließ sich auf einem Sessel nieder. Sie jammerte ein wenig über ihre wunden Füße, zog einen Schuh aus und betastete die Wasserblase an der Ferse, fragte nach dem Ergehen der Nichte und begann dann, ohne eine längere Antwort abzuwarten, selbst zu erzählen. Von ihrem verschwundenen Harrander berichtete sie, von dem guten Leben, das sie mit ihm gehabt hatte, von dem gemeinsam erworbenen Vermögen, dem Haus mit Garage, dem Häuschen im Wienerwald, das die Nichte ja kannte. Sie erwähnte, daß sie ja leider kinderlos geblieben sei und daß der arme Pribil ihr nur ungenügende Hilfe zu leisten vermochte, daß sie alle hungerten und daß sie nicht wüßten, wie es mit ihnen weitergehen würde bei dieser Not. Ach, seufzte sie und entnahm ihrer Handtasche ein Taschentuch, um eine Träne abzuwischen, wie dankbar sei doch ein alternder Mensch für ein wenig Zuneigung und wie wenig Wert lege er doch auf Schmuck und ähnlichen Kram. Zum Beispiel der Solitär, sagte sie, ihren linken Ringfinger betrachtend, der große Brillant, den ihr der Harrander in seiner Liebe einmal geschenkt und den sie so selten getragen habe, weil er ihr zu kostbar gewesen sei. Wie wenig wichtig erschiene ihr jetzt ein solcher Besitz, wie gerne würde sie in ihrem Testament eine jüngere Verwandte damit bedenken, die ihr in dieser schweren Zeit ein wenig beistünde.

Die Augen der Nichte waren nicht wasserblau, wie jene des Neffen Bruno, sie waren grün und hatten einen hellbraunen Rand, aber der gierige Ausdruck, den sie annahmen, während sie sprach, war Josefa nun schon bekannt. Als sie wieder ging, fiel ihr Hermi um den Hals, küßte sie auf beide Wangen und bat sie, doch bald einmal wiederzukommen. Sie versprach es gerührt und es gelang ihr, den mit frischem Gemüse gefüllten Rucksack und die beiden großen Taschen voller Erdäpfel und Zwiebeln nach Hause zu bringen, ohne unterwegs einer Militärstreife in die Hände zu fallen.

Wieder werden die Kritiker meinen, Josefa habe unrecht gehandelt. Hatte sie nicht schon Bruno bezüglich des Ringes gewisse Hoffnungen gemacht? Konnte man, durfte man eine Sache zweimal versprechen, vor allem dann, wenn man sich dafür Gemüse schenken und gewisse Arbeiten verrichten ließ? Man muß wahrscheinlich erst einmal in einer ähnlichen Situation gewesen sein, um zu verstehen und zu verzeihen. War es vielleicht entschuldbarer, für eine winzige Packung mit Süßstofftabletten im Schleichhandel den Monatslohn eines Arbeiters, für drei Kilogramm Brot den einer ausgebildeten Krankenschwester zu verlangen? War es moralischer, sich einem der fremden Soldaten an den Hals zu werfen, wie dies die Tochter eines ihrer Cousins getan hatte, die sich für ihre Zuneigung mit Cadbury-Schokolade, Chesterfield-Zigaretten, Seife und Kaffee belohnen ließ? Und vor allem: Hatte sie denn überhaupt etwas versprochen? Hatte sie nicht den Solitär als kostbaren Besitz, den sie einer Verwandten vererben würde, nur erwähnt, also nur von ihm erzählt? Josefa dürfte sich keiner diesbezüglichen Schuld bewußt gewesen sein, denn sie suchte während der folgenden Zeit, in welcher die Lebensmittelrationen noch schmäler werden sollten, die Wege zu den verschiedenen Kaufläden noch vergeblicher, noch eine Reihe anderer Leute auf, die zur Familie gehörten, ihre Verwandtschaft war weit verzweigt. So besuchte sie eines Tages jenen Cousin, dessen Tochter in amerikanischen Kreisen verkehrte, um ihm und seiner Frau von Harranders Verschwinden und von ihrer nicht zuletzt dadurch verursachten Notlage zu erzählen. Harrander war ein tüchtiger Mensch gewesen, er hätte gewußt, wie zu helfen wäre, der arme Pribil wußte es nicht, er konnte sich nicht einmal um sich selbst kümmern, alle Last lag auf ihren Schultern. So sprach sie, weinend, die Frau des Cousins vergoß ebenfalls einige Tränen des Mitleids, während die Tochter der beiden beim Fenster stand und vorsichtig einen hauchdünnen Strumpf mit den Fingern dehnte, um ihn nach einer eventuell entstandenen Beschädigung abzusuchen, ein zartes Gestrick aus feinstem Nylon, das Paar kostete zu jenem Zeitpunkt gerade so viel, wie ein mittlerer Beamter im Monat verdiente. Josefa wischte ihre Tränen ab, steckte ihr Taschentuch in die Handtasche zurück, trat an die Seite der jungen Verwandten und bewunderte den kostbaren Strumpf, bewunderte auch die gepflegten Hände, die zarten Finger mit den langen, blutrot lackierten Nägeln. An eine solche Hand, meinte sie zärtlich, gehöre ein schöner Ring. Damit war die Überleitung zur Schilderung ihres Schatzes gelungen, in der sie sich diesmal, das sie schon einige Übung besaß, beinahe selbst übertraf. In allen Farben des Regenbogens ließ sie ihn funkeln und sprühen, einen blauweißen Diamanten von besonders gelungenem Schliff, der wirkungsvollste Schmuck für eine schöne Mädchenhand sei so ein Ring, den die Nichte sich denke könne, eben weil er so herrlich sei und so auffällig glänze und strahle, habe sie so selten gewagt, ihn anzustecken.

Muß gesagt werden, daß die Nichte die Hand mit dem Nylonstrumpf sinken ließ und Josefa mit geröteten Wangen und offenem Mund zuhörte, daß auch ihre Mutter von der eindrucksvollen Beschreibung des einzigartigen Schmuckstückes ergriffen war? Muß weiter gesagt werden, daß Josefa die Wohnung des Cousins mit lange entbehrten Köstlichkeiten aus amerikanischen Heeresbeständen verließ, daß sie von diesem Besuch duftende Seife, Tee und Kaffee, ja sogar Bananen und Kaugummi nach Hause brachte? Martha und Rosa waren sprachlos vor Staunen, als sie ihre Schätze auf den Küchentisch legte, die Flüchtlingsfrau Vilma brach in Tränen aus, der kleine Sohn verschluckte sich an der Schokolade und lag am folgenden Tag mit verdorbenem Magen im Bett.

Die Männer lobten die Großzügigkeit von Josefas Verwandtschaft, zur ihrer Entschuldigung muß gesagt werden, daß sie erst viele Jahre später einiges über die Methoden erfuhren, denen diese zu verdanken gewesen war. Damals jedenfalls wußten sie darüber noch nichts, auch nicht, woher das Brot stammte, das Josefa bald darauf nach Hause brachte, weil sie sich daran erinnert hatte, daß es unter ihren Cousins sogar einen Bäcker gab. Weil Brot zu den wichtigsten Nahrungsmitteln gehörte, sprach sie in der Küche dieses Bäckers nicht nur von ihrem Solitär, sondern auch von einem mit kostbarem Fell gefütterten Herrenwintermantel aus bestem Tuch, den

Harrander noch vor dem Krieg gekauft und nur selten getragen habe, einem Stadtpelz, wie man früher zu sagen pflegte, und sie vergaß nicht zu erwähnen, daß der Bäcker sie, was Körpergröße und Schulterbreite betraf, stark an ihren leider verschollenen Mann erinnere. Es war eine schmerzliche Erinnerung, die ihr Tränen entlockte und über die sie nur durch den erwähnten großen Brotlaib, den man ihr in die Einkaufstasche schob, hinwegzutrösten war.

Josefa brachte auch Süßstofftabletten nach Hause, einen beinahe unentbehrlichen und sehr teuren Artikel in jener zuckerlosen Zeit. Sie sorgte, als die kalten Monate begannen, sogar für Heizmaterial. Wenn man auch die Wohnung nur eben so zu temperieren vermochte, daß man darin nicht erfror, war dies doch keine Selbstverständlichkeit in jenen Tagen. Viele gingen damals nur knapp am Tod durch Erfrieren vorbei.

Man kann, wie gesagt, über die Handlungsweise der Josefa Harrander, geboren in Königgrätz, das damals noch österreichisch war, zugezogen in früher Jugend nach Wien, durchaus geteilter Meinung sein und man darf, was sie tat, keineswegs als für die Allgemeinheit typisch betrachten. Viele nützten damals die Not auf sehr schäbige Weise. Sie hat niemandem Schaden zugefügt und sie hat sich nicht bereichert, sie hat nur die Habgier anderer Leute klug für ihre Zwecke genützt. Irgendwann ist es ihr dann gelungen, ihre Wohnung in der Neubaugasse zurückzubekommen. Ihr werdet sehen, sagte sie beim Abschied, jetzt wird es bald besser werden, jetzt haben wir es bald überstanden. Sie sollte recht behalten, wie man ja weiß.

Harrander, um den sie bis zuletzt trauerte, kam nicht zurück, man hat niemals etwas über sein Schicksal erfahren. Josefa überlebte den Flügelhornisten Pribil und ihren Kater Peter, den sie ausstopfen ließ. Nach ihrem Tod stellten die Erben ihre Wohnung buchstäblich auf den Kopf. Sie zerschnitten die Bettmatratzen, trennten die Nähte der Sofakissen auf, krempelten ihre Hemdärmel auf, griffen, einander mißtrauisch betrachtend, in rußgeschwärzte Ofenlöcher, entfernten den Linoleumbelag in Vorzimmer und Küche und klopften die Holzböden sämtlicher Räume nach Hohlräumen ab, sie tappten durch den Keller, betasteten die feuchten Ziegelwände und suchten hinter Dachsparren nach einem möglichen Versteck. Es fand sich kein Solitär. Auch den Stadtpelz, jenen von Josefa so liebevoll beschriebenen, mit kostbarem Fell gefütterten und aus bestem Vorkriegstuch gefertigten Herrenwintermantel, nach dem vor allem der Bäcker suchte, fand man nicht.

Die innenpolitische Entwicklung

Alfred Ableitinger

Seit Jahrzehnten begleiten *zwei Szenen* die Geschichte der Zweiten Republik. Die eine überlieferte Adolf SCHÄRF aus dem Frühjahr 1943: Bei einem Gespräch mit Wilhelm LEUSCHNER, einem Abgesandten des deutschen Widerstandes, sei ihm, SCHÄRF, damals ganz plötzlich klar geworden, daß die Idee des staatlichen Zusammenschlusses Österreichs mit Deutschland, die die Erste Republik beherrscht hatte, gerade durch ihre Realisierung seit dem März 1938 obsolet geworden sei: „Der Anschluß ist tot".[1] Die andere Szene ist hinsichtlich ihrer Tradierung weniger faßbar, hinsichtlich ihrer Verbreitung indessen mindestens so bekannt wie die erste. Sie handelt von der „Lagerstraße" des KZ-Dachau, auf der sich sozialdemokratische und christlichsoziale bzw. „vaterländische" Angehörige der jüngeren politischen Elite der Ersten Republik verständigt hätten, in einem neuen Österreich jene tiefen politischen Gräben zwischen der politischen Linken und Rechten zuzuschütten, die so viel zum Untergang Österreichs in der Zwischenkriegszeit beigetragen hätten.[2]

Die erste Szene behauptet einen nationalen Konsensus über Österreich bereits 1943 und implizit erst recht 1945, die zweite die Herausbildung der fundamentalen innenpolitischen Maxime der Zweiten Republik schon während der Okkupation des Landes: des nachdrücklichen Kooperationswillens der zwei größten politischen Lager in ihm. Beide Szenen beanspruchen die Existenz zentraler Elemente österreichischer Identität seit 1945 bereits für die *Anfänge* der Zweiten Republik. Beiden steht der historische Befund von 1945 entgegen. Weder war die staatliche Existenz der Republik damals in den Herzen und Köpfen der Menschen positiv verankert, die ihre Bürger sein sollten, noch konnte bei ihnen innenpolitische Kooperationsbereitschaft vorausgesetzt werden: Die Österreichische Volkspartei wählte nicht ein ihren Anspruch auf ihre gesellschaftliche Reichweite manifestierendes „V" zu ihrem optischen Kurzsignal, sondern ein rotweißrotes „Ö"; so hielt sie es bis in die sechziger Jahre. Leopold FIGL fand für nötig, den Österrei-

1. Adolf SCHÄRF: Österreichs Erneuerung 1945–1955. Das erste Jahrzehnt der Zweiten Republik. Wien 1955, 19–22.

2. Vgl. Rudolf NECK: Innenpolit. Entwicklung. In Erika WEINZIERL/Kurt SKALNIK (Hg.): Österreich. Die Zweite Republik. 2 Bde. Graz-Wien-Köln 1972, hier Bd. 1, 150. – Ludwig REICHHOLD: Geschichte der ÖVP. Graz-Wien-Köln 1975, 44 f. – Zur Relativierung vgl. Manfried RAUCHENSTEINER: Die Zwei. Die Große Koalition in Österreich 1945–1966, Wien 1987, 19.

chern zu Weihnachten 1945 via Rundfunk zuzurufen: „Glaubt an dieses Österreich!" Und die politischen Funktionsträger dieses Jahres begegneten nicht nur einander damals und später mit erheblichem Mißtrauen, sie bezweifelten auch, daß ihre Anhänger die mühselige Kooperation der Elite mitmachen würden. Es herrschte nicht Identitätsgewißheit über Österreich, die Österreicher und die wesentlichen Elemente dieser Identität. Vielmehr war *Identitätsfindung* als Aufgabe erst gestellt. Kurzum: die beiden Szenen beschrieben nicht bestehende Sachverhalte, sie stellen sich im Rückblick als Instrumente dar, Identität dadurch stiften zu helfen, daß sie der jungen Republik eine *Gründungslegende* vermittelten.

In diesem Beitrag geht es um die Marksteine der *Innenpolitik* der Zweiten Republik. Dabei handelt es sich primär um den innenpolitischen *„Output"* des politischen Systems in Österreich, der ebenso als Produkt der Systemstruktur wie, in gewissem Maße, als deren Generator ins Auge zu fassen ist; damit treten, sekundär, allerdings die Aktivitäten der maßgeblichen Elemente des politischen Systems (Parteien, Verbände, Werthaltungen usw.) und die ihrer wichtigsten Personen sozusagen von selbst mit ins Bild.

Hinsichtlich der *Zeitdimension* drängen sich dabei *vier Hauptabschnitte* geradezu zwingend auf. Der *erste* hat vom Frühjahr 1945 bis zu den Wahlen am 25. November zu handeln. Ihm ist die relativ größte Ausführlichkeit gewidmet. Denn in ihm entscheiden die Provisorische Staatsregierung und ihre Träger, die Parteien von 1945, voran SPÖ und ÖVP, sowie die mit deren jeweiligen gesellschaftlichen Widerlagern verzahnten ökonomischen Interessensverbände nicht nur über die elementare Prozedur der Innenpolitik im neuen Österreich – Parteienkooperation auf Regierungsebene und Sozialpartnerschaft der organisierten Interessen, beides begleitet von sorgfältiger Machtbalance als Folge lebendigen, wechselseitigen Mißtrauens. Sie entscheiden auch inhaltlich einige Fundamentalien, die Österreich seither prägen, z. B. den hohen Staatsanteil im Wirtschaftsleben oder den Charakter von Entnazifizierung.

Der *zweite* Abschnitt reicht bis in die Mitte der sechziger Jahre: Zwei Jahrzehnte wird, die Basis von 1945 ausgestaltend, an einem Output gearbeitet, der i.e.S. politische und i.w.S. gesellschaftliche Systemverhältnisse hervorbringt, die sich sowohl positiv zueinander verhalten – wie sie mit dem westlichen politischen Umfeld des Landes positiv korrespondieren. Erstmals seit 1918 entsteht in Österreich etwas wie Normalität.

Dann folgt eine *dritte* Phase, die unter Systemgesichtspunkten im ganzen als eine konsolidierter Normalität aufgefaßt werden darf. Dies schließt aber nicht aus, daß sich während ihrer Dauer namentlich im Innern bedeutende neue Impulse geltend machen, die freilich zentrale Momente der Systemrealität nicht tangieren: Die Rede ist von den Alleinregierungen KLAUS und KREISKY (1966–1983) und ihrem Nachklang bis 1985/86.

In der Mitte der achtziger Jahre beginnt ein *vierter* Abschnitt. Jetzt gerät viel von dem, was mehr als eine Generation lang österreichische Normalität war, an sein Ende. Weder die Parteien noch die Sozialpartner vermögen die traditionelle Position bei ihrer jeweiligen Klientel zu behaupten, von ihnen unabhängige Medien treten mehr zwischen sie und die Bürger, staatliche Tätigkeit begegnet bald weithin sichtbar, bald still aber wirksam so massiven Bürgerprotesten, daß mitunter die Regierbarkeit des Landes im Großen wie im Kleinen in Frage steht. Dazu treten Veränderungen im Umfeld Österreichs, die auf die Gesellschaft des Landes irritierend zurückwirken: Die sog. Waldheim-Krise, die rapide Entwicklung der EG, der Zusammenbruch des sowjetisch dominierten Staatensystems werfen Fragen nach Gelingen oder Fehlschlag der seinerzeitigen Entnazifizierung, nach der Fähigkeit, einschneidende Reformen zu bejahen, nach dem Stellenwert der Neutralität im österreichischen Selbstbewußtsein auf. Es ist selbstverständlich ebenso unabsehbar, wie lange diese Phase währen wird, die geradezu nichts Hergebrachtes in Österreich prinzipiell unangetastet läßt, wie es unmöglich erscheint, diese Phase heute abschließend zu charakterisieren.

I. 1945: Grundlegung des „neuen Österreich"

1. Schwierige Anfänge

Zwischen dem 2./3. und 27./29. April 1945 wurde die erste Regierung des *neuen Österreich* geschaffen.[3] Diese Provisorische Staatsregierung steht damals nicht nur in einem schwierigen Verhältnis zur *Sowjetmacht* in

3. Ausführlich RAUCHENSTEINER, Zwei, 27–43 (Anm. 2) und Erika WEINZIERL in diesem Band. – Zur inneren Geschichte der Zweiten Republik generell: WEINZIERL/SKALNIK, Republik (Anm. 2) – Karl GUTKAS: Die Zweite Republik. Österreich 1945–1985. Wien 1985. – Hugo PORTISCH/Sepp RIFF, Österreich II. Bd. 1: Die Wiedergeburt unseres Staates. Wien 1985. Bd. 2: Der lange Weg zur Freiheit. Wien 1986. – RAUCHENSTEINER, Zwei (Anm. 2). – Zu den Parteien: Ludwig REICHHOLD: Geschichte der ÖVP. Graz-Wien-Köln 1975. – Robert KRIECHBAUMER: Von der Illegalität zur Legalität. Die ÖVP im Jahr 1945. Polit. und geistesgeschichtliche Aspekte des Entstehens der Zweiten Republik. Wien 1985. – SCHÄRF, Erneuerung, (Anm. 1). – Kurt L. SHELL: Jenseits der Klassen? Österreichs Sozialdemokratie seit 1934. Frankfurt/Main 1969. – Fritz KAUFMANN: Sozialdemokratie in Österreich. Idee und Geschichte einer Partei. Von 1889 bis zur Gegenwart. Wien 1978. – Karl STADLER: Adolf Schärf. Mensch, Politiker, Staatsmann. Wien-München-Zürich 1982. – Fritz WEBER u. a. (Hg.): SPÖ – was sonst? Wien 1983. – Ds., Der Kalte Krieg in der SPÖ. Koalitionswächter, Pragmatiker und Revolutionäre Sozialisten 1945–1950. Wien 1986. – Peter PELINKA/Gerhard STEGER (Hg.): Auf dem Weg zur Staatspartei. Zur Geschichte und Politik der SPÖ seit 1945. Wien 1988. – KLAUS ZAPOTOCKY: Österreich. In: Claus D.KERNIG (Hg.): Die Kommunistischen Parteien der Welt. Freiburg/Breisgau 1969, 382–394. – Leopold SPIRA: Ein gescheiterter Versuch. Der Austro-Eurokommunismus. Wien 1979. – Heinz GÄRTNER: Zwischen Moskau und Österreich. Die KPÖ-Analyse einer sowjetabhängigen Partei. Wien 1979. – Die Kommunistische Partei Österreichs. Beiträge zu ihrer Geschichte und Politik. Wien 1987. – Viktor REIMANN: Die Dritte Kraft in Österreich. Wien-München-Zürich 1980. – Kurt PIRINGER: Die Geschichte der Freiheitlichen. Beitrag der Dritten Kraft zur österr. Politik. Wien 1982. – Zu den Parteiprogrammen: KLAUS BERCHTOLD (Hg.): Österr. Parteiprogramme 1868–1966. Wien 1967. – Albert KADAN/Anton PELINKA: Die Grundsatzprogramme der österr. Parteien. Dokumenta-

Ostösterreich und in einem noch schwierigeren zu den *Westalliierten* – recte in einem Nicht-Verhältnis zu ihnen, das sie, beginnend mit dem 28. April, monatelang vergeblich zu überwinden trachtet. Sie steht auch in einem labilen Verhältnis zur heimischen *Bevölkerung* und sie urteilt anfangs vage und ambivalent über den *historischen Ort,* an dem sie selbst sich befindet. Mit einem Wort: sie ist unsicher über die Bedingungen ihrer Identität wie über die ihres Regierungsanspruches, und dies nicht nur nach außen gegenüber der kommenden Besatzung, sondern auch nach innen.

Beleg dafür sind gewisse *Wendungen,* die sie in ihren frühesten Erklärungen gebraucht und die sich in den ersten drei Nummern des Staatsgesetzblattes finden (Unabhängigkeitserklärung, Kundmachung über die Einsetzung einer provisorischen Staatsregierung, Regierungserklärung): Der *Krieg* ist ihr am 27. April „der längst verlorene", mit dem „Schluß gemacht" werden müsse, sagt die „Regierungserklärung"; er wird also nicht als der charakterisiert, der auch Österreich befreit und den es nun zu vollenden gilt. Damit macht sich die Regierung eine Sicht zu eigen, die damals wohl die *Bevölkerung* beherrscht: Schluß mit einem Krieg, in dem die Alliierten bisher eher der Feind waren als das Dritte Reich. Die Regierung spricht von „österreichischen Soldaten", die sie zwar wohl von „deutschen" unterscheidet, die jedoch nach dem Wortlaut der „Regierungserklärung" wie Truppen eines Bündnispartners HITLERs erscheinen und nicht als solche, die von einer fremden, das eigene Land besetzenden Macht zum Kriegsdienst gezwungen worden sind. Wenn man vermuten darf, daß diese Texte von Karl RENNER entworfen worden sind, so zeigt er sich in ihnen nicht voll auf der Höhe der ihm zugefallenen Aufgabe, ein zweites Mal in führender Rolle einen Staat zu gründen. Er setzt befremdliche Äußerungen fort wie in seinem ersten Brief an STALIN vom 15. April, in dem er gegenüber diesem Empfänger nicht nur Sonderbares über die große Zukunft des Sozialismus äußert, sondern das Desinteresse des Westens an Österreichs Selbständigkeit behauptet und kritisiert. Und er wird sie fortsetzen, wenn er am 30. April vor den Beamten der Staatskanzlei erklärt, der Anschluß-Gedanke an Deutschland sei „nicht durch unsere Schuld . . . gescheitert und begraben", er sei durch HITLER „auf alle Zeit verspielt" und „uns bleibt nichts übrig, als selbst auf den Gedanken eines Anschlusses zu verzichten", da die Weltmächte sich geeinigt hätten, „das selbständige Österreich wieder herzustellen".[4] Aber, wenn er dort fortsetzt, das möge

tion und Analyse. St.Pölten 1979. – Robert KRIECHBAUMER: Parteiprogramme im Widerstreit der Interessen. Die Programmdiskussionen und Programme von ÖVP und SPÖ 1945–1986. Wien-München 1990. – Zu Parteiensystem, Parteienstruktur, Parteien und Wählerschaft: Adam WANDRUSZKA: Österreichs polit. Struktur. Die Entwicklung der Parteien und polit. Bewegungen. In: Heinrich BENEDIKT (Hg.): Geschichte der Republik Österreich. Wien 1954, 289–485. – Peter GERLICH/Wolfgang C. MÜLLER (Hg.): Zwischen Koalition und Konkurrenz. Österreichs Parteien seit 1945. Wien 1983. – Anton PELINKA/Fritz PLASSER (Hg.): Das österr. Parteiensystem. Wien-Köln-Graz 1988.

4. Robert KNIGHT (Hg.): „Ich bin dafür, die Sache in die Länge zu ziehen." Die Wortprotokol-

„so manchem hart werden“, dann beweist er – wie die Staatsregierung in ihren Wendungen – doch auch ein Sensorium für die damalige Stimmungslage der Menschen im Land, die er teilt.

Und RENNER und seine Regierung wissen zugleich, daß diese auch nach *positiven Perspektiven* verlangt. RENNER findet es also erlösend, daß „wir wissen, woran wir sind“, daß die Österreicher wieder „Meister unserer eigenen Zukunft“ geworden seien: „Das wollen wir nun sein.“ Und auch die „Regierungserklärung“ läßt es an ermutigenden – und im Rückblick ungemein aufschlußreichen – Signalen nicht fehlen: Wo sie um das Vertrauen der Bevölkerung wirbt, betont sie, daß „ausnahmslos“ alle antifaschistischen Parteien die Regierung tragen, und fährt fort, daß in jedem „Staatsamt“ (= Ministerium) unterhalb des Staatssekretärs Funktionäre der beiden anderen Parteien als Unterstaatssekretäre wirken, um endlich den Bürgern zuzurufen: „Darum“ [!] könnt Ihr Euch „ohne Vorbehalt und ohne Besorgnis der neuen Staatsleitung anvertrauen“.

Die Regierung weiß von ihrem *Legitimitätsdefizit* gegenüber dem Staatsvolk. Sie begründet ihre Zusammensetzung nicht mit dem Modell, das die alliierte Gipfelkonferenz von Jalta für provisorische Regierungen im befreiten Europa vorgesehen hat, sie arbeitet vielmehr implizit negative Erfahrungen der Ersten Republik auf, sie orientiert sich an einer Regierungsstruktur, die RENNER schon 1920 verfassungsrechtlich verankert haben wollte. Sie weiß, daß sich die Österreicher kollektiv 1945 viel mehr als Bürger einer Gemeinde, eines Landes verstehen denn als solche des Kleinstaates, daß sie sich überregional als Anhänger politischer Lager definieren. Deren *Parteien* sind als Inhaber und Empfänger demokratischen Vertrauens durch ihre „Vorstände“ im Frühjahr 1945 handlungsfähig – wenn es im Lande überhaupt irgendwelche Kollektive sind –, diese unterzeichnen gemeinsam die „Unabhängigkeitserklärung“. Der *Staat* Österreich existiert demgegenüber gewissermaßen nur als Wille und Vorstellung und bedarf, um für seine Bürger zur Realität zu werden, u. a. einer *kooperativen Regierungsstruktur*, getragen von allen seinen Parteien. Schon deutet sich an, daß Wahlen in ihm fürs erste nur möglich sein werden, wenn vorab geklärt ist, daß unabhängig von ihrem Ausgang nach ihnen das Modell der Proporz- bzw. Konzentrationsregierung jedenfalls fortgesetzt wird – wenngleich mit veränderter Gewichtung ihrer Elemente –, und daß später Wahlresultate auf längere Zeit durch die Fortdauer dieses Modells bzw. das einer Dauerkoalition der beiden weitaus größten Parteien relativiert sein werden.[5]

le der österr. Bundesregierung von 1945 bis 1952 über die Entschädigung der Juden. Frankfurt/Main 1988, 76.

5. Anm. : Übrigens ist auch in diesen Passagen die Sprache der „Regierungserklärung“ bemerkenswert wegen ihrer geringen Präzision: Unter den antifaschistischen Parteien kommt – anders als in der gleichzeitigen „Unabhängigkeitserklärung“ – der Name „Österreichische Volkspartei“ nicht vor. Neben den „Sozialdemokraten“ begegnen „Sozialrevolutionäre“, die Sozialistische

Noch in einer dritten Dimension ahnt die Regierung Wesentliches von der sorgenvollen Befindlichkeit der *Bevölkerung* im östlichen Österreich während der Frühjahrswochen 1945 und von der geringen Kompetenz, die die Bevölkerung ihr vermutlich zuerkennt, wo es um die Behebung bestimmter Sorgen geht. Sie weiß, daß die Lage namentlich in Wien zur buchstäblichen *Chaotisierung der Lebensumstände* tendiert – wegen der Katastrophenpolitik des untergehenden Nationalsozialismus während der letzten Wochen, wegen der Plünderungen seitens der Wiener wie der Sowjetsoldaten – worüber in beiden Hinsichten die Regierungserklärung freilich schweigt –, wegen der Ungewißheit der Menschen bezüglich der fundamentalen Normen des kommenden sozialen Zusammenlebens. Besonders auf das letzte nimmt die Regierung Bezug. Sie versichert, daß keine der „drei [sic!] verbündeten Weltmächte" einen „Eingriff in die überlieferte innere staatsbürgerliche und wirtschaftliche Ordnung" beabsichtige; vielmehr verbürgten sie [!] „uns . . . Selbstbestimmung, die Unverletzlichkeit des Eigentums, die Freiheit aller religiösen Bekenntnisse, die staatsbürgerlichen Grundrechte und vor allem die Gleichheit vor dem Gesetz." Gesondert zitiert sie aus der „Erklärung der Sowjetregierung über Österreich", die am 15. April 1945 in der ersten Nummer der von der Besatzungsmacht edierten „Österreichischen Zeitung" publiziert worden war: die Sowjetunion habe „nicht das Ziel", „die gesellschaftliche Ordnung Österreichs zu ändern".[6] Und daran schließt die Regierungserklärung den Satz: „Nehme also [!] jeder auf seinem Besitztum . . . unbesorgt die Arbeit wieder auf." Das Wörtchen „also" spricht Bände. . .

Wie sieht die Provisorische Staatsregierung in diesem von ihr selbst als labil erkannten Kontext ihre *Aufgaben* und wie nimmt sie sich ihrer an? Betrachtet man die „Regierungserklärung" und die Gesetzestexte, die bis etwa Ende Juni kundgemacht werden, zusammen, so wird in ihnen eine innenpolitische *Strategie* sichtbar, die zwar zunächst mehr Absichten umschreibt als sie in Realität umsetzbar ist, die sich aber im Rückblick als ein kohärentes Ensemble von Perspektiven und Zielsetzungen darstellt, das grosso modo zur Geltung gebracht werden konnte und die Identität der Zweiten Republik prägte. Kurz- und mittelfristige Elemente mischen sich in diesen Dokumenten und in den sie begleitenden Aktionen:

Partei im Singular fehlt. Dafür wird ein „antifaschistischer Teil des Landbundes" aufgeführt. – Nicht nur „alle Klassen", auch alle „Berufsstände" repräsentiert die Regierung; sie scheut nicht dieses belastete Vokabel. – Gelegentlich ist kritisch von „Nazifaschisten" die Rede, dann von Verbrechen der „Faschisten"; offen bleibt, ob die Bezeichnungen synonym gemeint sind oder die zweite auf einen Oberbegriff abzielt, durch den allenfalls auch Funktionäre der Jahre 1934 – 1938 erfaßt werden, wie Dr. Renner am 30.April andeutet; vgl. dazu KNIGHT, Sache, 80 (Anm. 4).

6. Im Faksimile bei PORTISCH/RIFF, Österreich, Bd. 1, 148 bzw. 161 (Anm. 3). Ein gleichzeitig veröffentlichter Aufruf TOLBUCHINs wurde noch konkreter: „Alle persönlichen Rechte und Eigentumsrechte österreichischer Staatsbürger, privater Gesellschaften und Vereine und das ihnen zugehörige Privateigentum bleiben unangetastet."

a) *Behebung wirtschaftlicher Drangsal,* Verhütung von Seuchen, Sicherung des Anbaus der Felder und der Einbringung der Ernte; Beziehungen zu östlichen Nachbarländern und zur Sowjetunion zwecks Herstellung wenigstens primitiver Wirtschaftsbeziehungen, unterstützt von sowjetischen Krediten; Aufbau einer eigenen Sicherheitspolizei – zwecks Zurückdrängung sowjetischer bzw. kommunistischer polizeilicher Apparate – und einer „bescheidenen Wehrmacht", eines Heeresamts, das fürs erste nicht nur die personelle Demobilisierung der österreichischen Soldaten besorgen, sondern auch die vielerlei materiellen Ressourcen der deutschen Wehrmacht im Lande der Kontrolle der Regierung unterwerfen soll; Aufhebung speziell der Nürnberger- und generell aller NS-Rassengesetze; Aufhebung aller „sonstigen Anordnungen, die im Gegensatz zum Geist der Verfassung von 1920" stehen, d. h. selektiv solcher aus der Zeit seit 1938, aber auch aus den Jahren 1933/34 – 1938. Mit diesen Stichworten, zumeist der „Regierungserklärung" entnommen, sind die akutesten Aufgaben bezeichnet, denen sich die Staatsregierung gegenübersieht.

b) *Verfassungsentscheidungen* sind die ersten Schritte auf dem Weg, auf dem nicht näher bestimmt wird, wie das „neue Österreich" nicht beschaffen, sondern wie es positiv, in wesentlichen Grundzügen aussehen soll. Nur die elementaren Weichenstellungen über den Pluralismus antifaschistischer Parteien, über deren Kooperation in der Staats- und in den ersten Landesregierungen, über die Formierung eines einzigen Gewerkschaftsbundes gingen ihnen voraus – alles vor- bzw. außerkonstitutionelle Weichenstellungen. Jetzt folgen, rückdatiert auf den 1. Mai 1945, die Gesetze über Verfassungsüberleitung und vorläufige Verfassung (sowie das Gesetz über das Staatswappen und das über das Staatsgesetzblatt). Das VÜG sagt, was unter dem „Geist der Verfassung von 1920" zu verstehen sei: es ist der verfassungsrechtliche Status quo vom 5. März 1933. Nichts weniger als bloß Selbstverständliches ist damit entschieden. Nicht nur die von der Sozialdemokratie seinerzeit wenig bejubelte große Verfassungsnovellierung von 1929 wird damit inkludiert. Wichtiger ist, daß auf diese Weise die von kommunistischer Seite in der Staatsregierung geforderte, völlige Neuformulierung des Verfassungstextes in der ersten Maihälfte 1945 zurückgewiesen wurde – wie man weiß, nicht ohne dramatische Kontroverse. Auseinandersetzungen etwa um die Kompetenz von sog. Massenorganisationen im politischen Entscheidungsprozeß und um inhaltliche Zielvorgaben, etwa bezüglich weitgehender Verstaatlichung von Unternehmen oder erweiterter Mitbestimmungsrechte von Betriebsangehörigen, etwa hinsichtlich des Verhältnisses von Staat und katholischer Kirche brauchen also in Österreich nicht notwendigerweise bzw. nicht sofort stattzufinden; dem Verhältnis zu den Westalliierten, ohnehin prekär genug, bleiben dergestalt zunächst zusätzliche Belastungen erspart.

Dem VÜG wird eine *„Vorläufige Verfassung"* an die Seite gestellt, vorgeblich nur um zu regeln, was vom Verfassungsrecht von 1933 einstweilen nicht durchführbar erscheint. In Wahrheit geht sie signifikant darüber hinaus, bloß solche Lücken zu schließen. Sie schreibt nämlich nicht nur der Regierung – mangels vorhandenen Parlaments – legislative Kompetenz zu. Sie ist auch nicht allein der damaligen Umstände wegen zentralistischer angelegt als die Ordnung von 1920/29. Sie nimmt vielmehr in dieser und anderer Hinsicht spezifische Verfassungsvorstellungen der *Sozialdemokratie* aus der Gründungsphase der Ersten Republik auf, wenn sie offen läßt, „ob und inwieweit die bundesstaatliche Organisationsform . . . wieder in volle Geltung treten wird“, wenn sie von „Landes-Ausschüssen“ statt von Landesregierungen spricht, wenn sie für deren Mitglieder, die Landeshauptmänner und die Spitzenbeamten der Länder ein Enthebungsrecht der Staatsregierung statuiert, wenn sie vorsieht, daß die Verwaltungsbezirke als „Selbstverwaltungskörper ausgestaltet“ werden sollen. In einem Wort: Sie enthält langfristige Perspektiven für die Verfassungsordnung, durchaus geeignet, auch unabhängig von Wahlergebnissen, die parteipolitische Macht des „schwarzen“ und des „roten“ Lagers anders zu gewichten als in der Ersten Republik. Daß die Volkspartei diesem Text im Mai 1945 zustimmt, ist kaum zu erklären. Im Spätsommer 1945 wird sie, hierin vertreten durch ihre Spitzenfunktionäre aus Westösterreich, mit größtem Nachdruck die Revision der Vorläufigen Verfassung begehren und in wichtigen Punkten durchsetzen (Verf.Gesetz v. 12. Oktober 1945, StGBl. 19).

c) Als Drittes werden *Umrisse der künftigen Wirtschaftsordnung* teils rechtlich angedeutet, teils administrativ angepackt. In der Sache geht es dabei um Vermögenssicherung, selektive Verstaatlichung von Unternehmen, staatliche Wirtschaftsplanung, Organisation ökonomischer Interessenvertretung samt ihrer Integration in staatliche Wirtschaftspolitik, Anfänge der Geldpolitik, Bewirtschaftung der elementaren Lebens-, Betriebs- und Investitionsmittel, Preisregelung. Bis Sommer 1945 wird der grand design der von der Regierung angestrebten ökonomischen Struktur Österreichs mitsamt der Methodik, sie politisch herbeizuführen und mit ihr politisch dauerhaft umzugehen, weitgehend ausgebildet und teilweise auch sichtbar sein:

– *Vermögenssicherung* ist in mehrfacher Hinsicht absolut geboten. Viele Vermögen sind von ihren Inhabern bzw. Eigentümern im Zug der allgemeinen Fluchtbewegung bei Kriegsende zurückgelassen, viele sind seit 1938 „arisiert“ oder aus anderen Gründen vom Nationalsozialismus ihren Eigentümern entzogen worden, viele hatte sich das Deutsche Reich aus österreichischem Besitz unrechtmäßig selbst angeeignet, manche davon an Dritte weitergegeben. Die drei Gruppen von Vermögen überlappen einander teilweise, wie sehr und wie kompliziert sie dies tun, bleibt fürs erste unbekannt. Mit dem „Gesetz zur Erfassung arisierter und anderer vom Nationalsozialismus entzogener Vermögen“ und mit dem „Repatriierungsgesetz“ werden erste Schritte gesetzt (beide v. 28. Mai 1945, StGBl. 10 bzw. 11). Das eine wird noch zu erörtern sein, das zweite verlangt, vormals österreichisches Eigentum sicherzustellen, das in öffentliche deutsche Hand übergegangen war. Beide Gesetze verweisen zwecks Verwaltung der durch sie angesprochenen Vermögen auf das gleichfalls am 28. Mai 1945 erlassene „Verwaltergesetz" (StGBl. 9). Dieses bezieht sich freilich nicht nur auf diese Vermögen. Es stellt vielmehr die staatliche Kompetenz fest, in allen (!) Unternehmen und Betrieben von öffentlichem Interesse öffentliche Verwalter bzw. Aufsichtspersonen einzusetzen. Darüber urteilen die Staatsämter nach ihrem Ermessen. Zwar läßt das Gesetz die Eigentumsfrage unberührt. Aber da schon sehr bald selektive Verstaatlichung offen gefordert werden wird, darf angenommen werden, daß diese Perspektive wenigstens bei den Exponenten von SPÖ und KPÖ mit zu den Intentionen des Verwaltergesetzes gehörte. Auch der Umfang, in dem es angewandt wurde, und die Verfahrensregel, die es für die personelle Auswahl der Verwalter vorsah, sprechen dafür, daß schon mit ihm mehr angepeilt wurde als ein Instrument, mit dem nur einer akuten Notsituation begegnet werden sollte: Bereits im Spätsommer waren rund 3000 Verwalter ernannt, im Winter 1945/46 etwa 6000; schon im Dezember erhoben die Besatzungsmächte kollektiv Einspruch, um die Interessen ihrer (!) Staatsbürger zu wahren.[7] Bei der Personalauswahl hatte das Gesetz „den zuständigen Kammern einschließlich der Berufsvertretung der Arbeiter und Angestellten" ein Anhörungsrecht zugesprochen – auch kein Indiz für eine bloße Notmaßnahme, sondern ein sehr frühes für eine langfristige Perspektive.

– *Verstaatlichung:* Die unter maßgeblicher, zuweilen öffentlicher Mitwirkung von Regierungsmitgliedern aus SPÖ und KPÖ formulierten Forderungen der Gewerkschaften, die schwerindustriellen Unternehmen, insbesondere die „herrenlosen", sowie die Energiewirtschaft zu verstaatlichen, sind Ende August/Anfang September zum Regierungskonsens geworden. Denn der anfangs anscheinend nur innenpolitisch-parteiprogrammatisch hergestellte Zusammenhang zwischen Sicherung „herrenloser" und/oder unrechtmäßig in deutsche Verfügungsgewalt übergeführter österreichischer staatlicher bzw. privater Vermögen einerseits, Verstaatlichung andererseits hat seit dem Mai/Juni eine neue Dimension und Dringlichkeit gewonnen: Beschlüsse der Alliierten in Potsdam – Anspruch der Besatzungsmächte auf „deutsches Eigentum" in ihren österreichischen Zonen als Kompensation für ihren Verzicht auf förmliche Reparationsleistungen Österreichs – und, in Verbindung damit, der Konflikt der Regierung RENNER mit der Sowjetmacht im Lande über die Eigentumsverhältnisse und die Verwaltung der Erdölfelder im Marchfeld und im Weinviertel haben die ÖVP inzwischen diesem genuin linken Programmpunkt prinzipiell zustimmen lassen: „Austrifizierung" von Vermögen, die nun nicht mehr „her-

7. Oliver RATHKOLB (Hg.): Gesellschaft und Politik am Beginn der Zweiten Republik. Vertrauliche Berichte der US-Militäradministration aus Österreich 1945 in englischer Originalfassung. Wien-Köln-Graz 1985, 121. – Siegfried HOLLERER: Verstaatlichung und Wirtschaftsplanung in Österreich (1946–1949). Wien 1974, 5.

renlos" oder in deutschem Besitz sind, sondern über die vitale österreichische Interessen und alliierte Ansprüche zusammenstoßen, erscheint überhaupt nur mehr mittels Verstaatlichung aussichtsreich. Ein erstes einschlägiges Gesetz wird schon am 5. September 1945 beschlossen, seine Kundmachung aber von der sowjetischen Besatzung rundweg verboten.[8]

– *Staatliche Wirtschaftsplanung* ist im Spätsommer 1945 als eine ordnungspolitische Zielsetzung erkennbar, die über die temporäre öffentliche Verwaltung und die definitive Verstaatlichung von Unternehmen hinausgreift. Nach den Vorstellungen Karl WALDBRUNNERs (SPÖ), des energischen Unterstaatssekretärs für Industrie, Gewerbe, Handel und Verkehr, wird, grundsätzlich unabhängig von privatem oder öffentlichem Eigentum, zentrale staatliche Lenkung und Planung der Aktivitäten der maßgeblichen Wirtschaftssubjekte angestrebt.[9] Ihre Reichweite und Verfahrensweisen müssen freilich erst entwickelt werden. Das Gewicht, das sich für sie abzeichnet, erscheint jedenfalls bedeutend genug, um die ÖVP noch im September zu veranlassen, die Kontrolle über dieses Instrumentarium für sich zu beanspruchen.

– *Geldpolitik:* Sie steht 1945 unter dem doppelten Gebot, die Wirkung des herrschenden Geldüberschusses einigermaßen zu begrenzen und die Kreditfinanzierung staatlich zu kanalisieren. Ihm dienen drei Gesetze vom 3. Juli. Das über die Wiederaufnahme der Zahlungen der Kreditunternehmungen, das „Schaltergesetz" (StGBl. 1945/44) beschränkt vor allem drastisch das Maß, in dem von bestehenden Einlagen Barauszahlungen erfolgen dürfen: nur für den Lebensbedarf, für Lohn-, Pensions- und Krankengeldzahlungen, für Spital- und Begräbniskosten sowie für Mietzinse sollen sie überhaupt stattfinden können, und dies begrenzt. Einzig über Bareinzahlungen ab dem 5. Juli darf frei verfügt werden. Der Staat wünscht sie, um Kontrolle über die Geldmenge zu gewinnen: er verspricht, daß es für sie temporär keine Steuerstrafverfahren gibt und daß sie künftig gegenüber Reichsbankkonten günstiger behandelt werden. – Unter diesen Umständen wird gleichzeitig die Notenbank wiedererrichtet (Notenbanküberleitungsgesetz, StGBl. 1945/45); über ihre generellen Aufgaben hinaus wird ihr aufgetragen, die Aktiva der Deutschen Reichsbank in Österreich zu übernehmen und alle Ansprüche an sie geltend zu machen. – Schließlich etabliert die Regierung die „Kreditlenkungskommission" (StGBl. 1945/43) und weist ihren neun Mitgliedern, die unter Berücksichtigung der wirtschaftlichen Interessen zu ernennen sind, weitreichende Aufgaben zu; die Interessenvertretungen werden verpflichtet, mit ihr zu kooperieren. Im August wird die Regierung ein „Garantiegesetz" (StGBl. 1945/120) erlassen, mit welchem sie in einem Rahmen bis 50 Millionen RM für von der Kommission empfohlene Kredite die Ausfallshaftung übernimmt. Es ist

8. Renate DEUTSCH: Chronologie eines Kampfes. Geschichte der Verstaatlichung in Österreich. Wien o.J. (1978), 23–59.

9. RATHKOLB, Gesellschaft, 121 (Anm. 7).

gewiß mehr ein programmatischer Akt, der damit gesetzt wird, als ein damals wirksamer, aber es ist kein beliebiger.

– *Bewirtschaftung von Gütern, Preisregelung:* Hiebei knüpft die Regierung direkt an die Maßnahmen an, die das Dritte Reich seit Kriegsbeginn in wachsender Dichte ergriffen hatte bis hin zu einer – der Absicht nach – totalen Bewirtschaftung aller Ressourcen. Die einschlägigen Vorschriften werden daher 1945 nicht als spezifisch nationalsozialistische prinzipiell außer Kraft gesetzt, sondern nur Zug um Zug durch neue, österreichische ersetzt. Ab Anfang Juli ergeht diese Gesetzgebung, die nach Zeit und Gegenstand recht Unterschiedliches erfaßt: Sehr weitgehend berührt sie die Güter, geradezu vollständig die Preise. Am Anfang steht – wohl zufällig – die Bewirtschaftung von Baustoffen (StGBl. 1945/46), gefolgt von der der Lebensmittel (StGBl. 1945/63) und der landwirtschaftlichen Produkte (StGBl. 1945/69); am Ende (dieses Zeitabschnittes) steht – wohl weniger zufällig als wahlkampfbedingt – die Papierbewirtschaftung für Zeitungen, Zeitschriften und Reklamedruck (StGBl. 1945/147). Dazwischen liegen das Preisregelungsgesetz vom 23. Juli (StGBl. 1945/89) und die es ergänzende Verordnung (StGBl. 1945/199).[10] Der neue Staat demonstriert seinen Willen, seine Bevölkerung bei ihren elementaren Überlebensproblemen nicht sich selbst zu überlassen, und er bezeichnet einmal mehr die Weise, mit der einige Ordnung erzielt werden soll. Dazu gehört nicht zuletzt das Prozedurale, wenn bei der Güterbewirtschaftung den Handels- bzw. Landwirtschaftskammern stets maßgebliche Funktionen zugewiesen werden und den Arbeiterkammern bei der Preisregelung.

– *Wirtschaftliche Interessenvertretungen* begegnen überall in dieser Gesetzgebung, beginnend mit dem Verwaltergesetz.[11] Bis zum Sommer 1945 haben auch sie selbst eine rechtliche Gestaltung erfahren, die manches Neue enthält.

Auf der Unternehmerseite kommen primär die *Handelskammern* in Betracht. Schon vom 25. Mai – publiziert am 6. Juni – stammt das Gesetz, das die Gauwirtschaftskammern in sie überleitet (StGBl. 1945/15). Noch werden sie – wie 1920 – formell nur bis zur Länderebene hinauf organisiert, doch über ihnen ist bereits *ein* „Leiter der Österreichischen Kammern" vorgesehen (§ 4). Mit einem Wort: Die Vertretung der gewerblichen Wirtschaft durch *eine* Stimme wird schon institutionalisiert, die Bundeswirtschaftskammer angebahnt.

10. Zur Ausgangssituation der Wirtschaftspolitik: Franz NEMSCHAK: Zehn Jahre österr. Wirtschaft 1945–1955. Wien 1955 – Eduard MÄRZ: Österreichs Wirtschaft zwischen Ost und West. Wien 1965. – Alois BRUSATTI: Entwicklung der Wirtschaft und Wirtschaftspolitik. In: WEINZIERL/SKALNIK, Republik, Bd. 1, 421–426 (Anm. 2). – Felix BUTSCHEK: Die österr. Wirtschaft im 20. Jahrhundert. Stuttgart 1985, 65–78.

11. Zur Reaktivierung bzw. Austrifizierung der Organisationen der Land- bzw. der gewerblichen Wirtschaft durch die sowjetische Besatzung bzw. durch Bürgermeister KÖRNER (!) bereits Mitte April vgl. KRIECHBAUMER, Illegalität, 136 f. (Anm. 3).

Bezüglich der *Arbeitnehmer* konnte das Verwaltergesetz noch nicht von „Kammern", sondern nur von ihrer „Berufsvertretung" sprechen – im Singular. Es hatte den ÖGB vor Augen. Mitte Juli jedoch liegt ein Arbeiterkammergesetz vor (StGBl. 1945/95). Konsequent organisiert es die Arbeiterkammern territorial nach den Sprengeln der Handelskammern. Deren einem Leiter entspricht hier der Arbeiterkammertag, dem spezifische Kompetenzen vorbehalten sind (§ 23); folgerichtig ist dafür Vorsorge getroffen, daß dieses Kollegialorgan bereits beschlußfähig ist, wenn nur zwei Kammerpräsidenten und die Hälfte seiner sonstigen Mitglieder versammelt sind (§ 28); d. h. es genügte damals die Präsenz der Wiener und der niederösterreichischen Kammer.

Auch für die *Landwirtschaftskammern* könnte die Regierung nach dem Wortlaut der Vorläufigen Verfassung analog tätig werden, obgleich sie zwischen 1922 und 1936 auf landesgesetzlicher Basis errichtet worden waren. Jedoch verzichtet sie prozedural und inhaltlich darauf, in diesem Sektor zu zentralisieren, d. h. ÖVP-Interessen werden von ihr respektiert. In der Sache wird dadurch ein Ausweg gefunden, daß sie zugleich mit der Aufhebung der Normen über den Reichsnährstand das einschlägige österreichische Recht nach dem Stand vom 5. März 1933 rückwirkend vom 27. April 1945 wieder für geltend erklärt („13. Kundmachung" vom 10. Juli, StGBl. 1945/64).[12]

In einem Wort: faktisch schon im April/Mai 45, rechtlich – teilweise signifikant neugestaltet – spätestens im Juli existieren die Institutionen, die die parteipolitische Konzentrationsregierung RENNER als *Sozialpartner* heranzieht. Ein wirtschaftspolitisches Steuerungsmodell, das für die Zweite Republik geradezu charakteristisch werden wird, beginnt seine Tätigkeit.[13]

d) Schließlich *Entnazifizierung*: Das „neue Österreich" weiß sogleich, daß seine Identitätsfindung nach innen wie nach außen die aufmerksame Befassung mit dem nationalsozialistischen Totalitarismus erfordert. Aber, wenn es auch manches ahnt von den Problemen, die damit auf es zukommen, es ahnt gewiß nicht annähernd, *wie* schwierig und konfliktreich das Feld ist, dem es sich damit zuwendet, und wie lange dessen Bestellung währen wird.

Entnazifizierung begegnet 1945 in *drei Dimensionen* und in ihnen praktisch gleichzeitig. Zunächst als *Annullierung* spezifisch nationalsozialistischen *Rechts*. Diese beginnt mit dem Rechtsüberleitungsgesetz (StGBl. 1945/6), das zu ihrer Konkretisierung eine Serie von Kundmachungen vorsieht und zu deren Vorbereitung eine Kommission beruft, an deren Spitze dann Ludwig ADAMOVICH sen. tritt. Angefangen mit der

12. Andere Kammern werden ab Sommer 1945 organisiert, z.B. die der Rechtsanwälte bzw. der Notare (StGBl. 1945/103 bzw. 104).

13. Zur Vorgeschichte dieses Modells vgl. Gerald STOURZH/Margarete GRANDNER (Hg.): Histor. Wurzeln der Sozialpartnerschaft, Wien 1986.

„1. Kundmachung" vom 6. Juni (StGBl. 1945/14), die die Nürnberger und andere Rassengesetze betrifft, wird es 1945 insgesamt 30 Kundmachungen dieser Art geben. Hinzu kommen Maßnahmen, die z. B. Strafurteile bzw. Strafverfahren aufheben bzw. einstellen, die wegen Hochverrats am Deutschen Reich oder gemäß Sonderstrafrecht im Krieg verhängt bzw. angestrengt wurden (StGBl. 1945/48). Im großen und ganzen ging diese Entnazifizierung der Rechtsordnung – strikt zu unterscheiden vom sonstigen Umgang mit bislang deutschem Recht in Österreich[14] – damals wie später konfliktfrei vor sich. Sie griff entschieden genug zu und gab deshalb kaum zu Auseinandersetzungen Anlaß.

Anders verhielt und verhält es sich mit der Entnazifizierung, die sich auf *Entzug* von *Vermögen* und dessen *Rückstellung* bezog. Wohl sieht die Staatsregierung sofort das Problem und annähernd auch seinen Umfang. Aber teils erkennt sie noch nicht die Komplexität seiner Konsequenzen, teils weigert sie sich, auch elementare unter ihnen eindeutig zu ziehen. So beschließt sie am 10. Mai zugleich mit dem Verwalter- und dem Repatriierungsgesetz das zur „Erfassung arisierter und anderer vom Nationalsozialismus entzogener Vermögenschaften" (datiert auf 28. Mai, StGBl. 1945/10), und sie richtet mit ihm ein Amt ein, dem innerhalb eines Monats alle einschlägigen Vermögen von ihren damaligen Inhabern zu melden sind. Jedoch sie läßt bewußt offen, daß der Erfassung die Rückstellung an die Opfer des Vermögensentzuges bzw. deren Entschädigung folgen muß. Ihr steht dabei nicht nur, wie undeutlich im Augenblick auch immer, vor Augen, daß die Rückgabe „arisierten" Gutes schwierige rechtliche Verfahrens- und auch Abwägungsfragen aufwirft, daß sie mitunter mit den Interessen des österreichischen Staates als Eigentümer kollidieren wird und daß das Entschädigungspostulat erhebliche volkswirtschaftliche Implikationen haben kann. Sie weiß auch etwas davon, daß die *Gerechtigkeitserwägungen* einerseits und die *Bewußtseinslage* großer Teile der Bevölkerung im Lande andererseits besonders dort zueinander im Widerspruch stehen, wo es sich um Wiedergutmachung an Juden handeln wird; ja manche ihrer Funktionäre haben solchen Widerspruch mit sich selbst auszutragen. Ein tiefes Dilemma der österreichischen Staatsgründung von 1945 wird damit sichtbar: gerade der demokratische *Staat* Österreich hat es mit einer *Gesellschaft* zu tun, die durch eine generationenlange Sozialisationsgeschichte geprägt ist, in deren Folge viele ihrer Mitglieder zwischen 1938 und 1945 *Unrechtsakte* zumal gegen Juden vielfach leichthin begangen oder geduldet haben, Unrechtsakte, die nun von ihnen nicht als solche anerkannt werden. Gesellschaft und Staat müssen in diesem Belang erst Kurs finden, und es steht dahin, ob und wie es gelingen wird. Eine geradezu „unendliche Geschichte" nimmt damit im Mai 1945 ihren Anfang. Selbst

14. Vgl. etwa zur Aufhebung bzw. Weitergeltung deutschen Strafrechts in Österreich Eugen SERINI, Entwicklung des Strafrechts. In: WEINZIERL/SKALNIK, Die Zweite Republik, Bd. 2, 110 f.

in den fünfziger Jahren wird sie erst eine nur partiell zureichende Lösung gefunden haben. Der Kurs, den Österreich als Staat dabei schließlich einschlägt, wird nie ganz freiwillig gewählt sein, sondern stets von den westlichen Besatzungsmächten eingefordert werden müssen. Er wird auf Kritik treffen, und das Argument wird nicht fehlen, daß die Republik sich nicht auf die Seite der *Opfer* stelle, sondern sich zum Komplizen der österreichischen *Täter* seit 1938 mache – aus Kurzsichtigkeit wie aus innenpolitischem Opportunitätskalkül ihrer Parteien. Zum *demokratiespezifischen Dilemma* wird diese Kritik freilich nur selten vordringen. Aber wie immer es um ihren Tiefgang steht: In Österreich wird sie lange Zeit kaum wahrgenommen und öffentlich diskutiert werden, bis sie das Land Mitte der achtziger Jahre einholt.[15]

Die dritte Dimension von Entnazifizierung ist schließlich die, mit der dieser Terminus gewöhnlich schlechtweg identifiziert wird: der *Umgang mit Nationalsozialisten* im neuen Staat.[16] Ihn beginnt die Regierung öffentlich mit dem Verbotsgesetz, datiert auf den Tag des Kriegsendes (StGBl. 1945/13). Der Bevölkerung wird es, mitsamt seinen Ergänzungen und seiner Neufassung 1947, damals und später vielfach als ein Paukenschlag erscheinen, der oft älteres Unrecht durch neues abgelöste habe. Wieder begegnet das demokratische Dilemma des neuen Österreich: Daß die Besatzungsmächte sich bald sowohl kollektiv wie einzeln in ihren Zonen dieser Entnazifizierung annehmen,[17] bekräftigt es. Solche Entnazifizierung erscheint als von außen aufgezwungen, und die österreichischen Regierungen werden nicht selten verdächtigt werden, unfähig oder sogar unwillig zu sein, die heimische Bevölkerung gegen diesen Druck von außen zu schützen. Ein ganz großes Thema für die Identitätsbildung der Republik, ein brisantes Thema der innenpolitischen Auseinandersetzung zumal des ersten Nachkriegsjahrzehnts ist damit eröffnet. Die Resultate dieser Auseinandersetzung gehen seither selbstverständlich ebenso in die Gesellschaft wie in die Politik und Rechtsordnung Österreichs ein, und auch sie werden Mitte der achtziger Jahre wieder ins Zentrum der Diskussion über und in Österreich zurückkehren – zumeist unter sehr kritischen Vorzeichen, die das Defizitäre, das wirklich oder vermeintlich Mangelhafte der Befassung mit dem Nationalsozialismus in Österreich betonen.

Die Inhalte, um die es bei dieser Entnazifizierung ging, können weder hier

15. Grundlegend zum Problem und sehr kritisch im Urteil Robert KNIGHT (Hg.), „Ich bin dafür, die Sache in die Länge zu ziehen", bes. 42–70 (mit Quellenzitaten und Literatur/Anm. 4). Zur Problemsicht durch die Staatsregierung im Mai 1945, a.a.O., 81 und die Bemerkung Staatssekretär Georg ZIMMERMANNs, man habe die Rückstellung von Kirchen- und Klostervermögen, anders als zunächst beabsichtigt, darum nicht expressis verbis in das Erfassungsgesetz vom 28. Mai aufgenommen, „um nicht Ansprüche wachzurufen, ... namentlich der Juden ...". – Das demokratiespezifische Dilemma erörtert R. KNIGHT kurz a.a.O., 61.

16. So insbes. Dieter STIEFEL: Entnazifizierung in Österreich. Wien-München-Zürich 1981.

17. Oliver RATHKOLB: US-Entnazifizierung in Österreich zwischen kontrollierter Revolution und Elitenrestauration (1945 bis 1949). In: Zeitgeschichte 9/10, 1984, 302 – 325.

noch in der Folge in diesem Rahmen ausgebreitet werden. Bloß soviel sei angemerkt: Schon in der „Regierungserklärung" standen zwei Gesichtspunkte nebeneinander, der der *Bestrafung* nach einem Ausnahmerecht, wie es die Nationalsozialisten selbst praktiziert hatten, und der, die *Rückkehr* „in die Gemeinschaft des Volkes" für jene zu ermöglichen, die nur aus „Willensschwäche oder infolge ihrer wirtschaftlichen Lage" zu Nationalsozialisten geworden waren und an den „Verbrechen der Faschisten" (!) nicht teilgenommen hatten. Bei der Beratung des einschlägigen Gesetzes[18] kam man seit Ende April 1945 leicht überein, daß zumindest registriert werden müsse, wer „jemals" der NSDAP angehört hatte. Aufgrund von Anträgen der KPÖ bzw. Leopold FIGLs, selbst Opfer des nationalsozialistischen Gewaltregimes, wurde dann vorgesehen, auch Mitglieder der NS-Wehrverbände (SS, SA, Nationalsozialistisches Kraftfahrerkorps/NSKK, Nationalsozialistisches Fliegerkorps/NSFK) und materielle Förderer der NSDAP bzw. Parteianwärter der Registrierungspflicht zu unterwerfen. Mehr Schwierigkeiten bereitete die Differenzierung zwischen den zu Bestrafenden und den sog. Mitläufern. Als Kriterium wurde NS-Betätigung zwischen 1. Juli 1933 und 13. März 1938 gewählt, und mit ihm die Gruppe der „Illegalen" konstituiert. Als Hochverräter an Österreich sollte, wer ihr zugehörte, mit schwerem Kerker bestraft werden, wozu „Volksgerichte" berufen wurden. Die Zahl der damit Angesprochenen erreichte freilich eine Größenordnung von rund 100.000. So kam man auf den Gedanken, die Bestrafung generell nur anzudrohen bzw. weiterer Gesetzgebung vorzubehalten und sie nur dann wirklich stattfinden zu lassen, wenn Wiederbetätigung vorkam. Auf den Vorsatz stringenter *Vergeltung* wurde somit de facto verzichtet. Demgemäß hieß das Gesetz, dem Inhalt seines ersten Artikel entsprechend, auch bloß Verbotsgesetz. Über das bisher Angedeutete ging es jedoch noch in mehrfacher Hinsicht hinaus: Einerseits faßte es „Illegale", NS-Förderer, Mitglieder der Wehrverbände und z. T. auch Parteianwärter unterhalb der Ebene strafrechtlicher Verfolgung mit einiger Entschiedenheit an (Entlassung aus dem öffentlichen Dienst; Verbot, gewisse qualifizierte privatwirtschaftliche Tätigkeiten auszuüben; Bedrohung mit Polizeiaufsicht; Zwangsarbeit; Anhaltung in Zwangsarbeitslagern u. a. m.).[19] Andererseits sah es in § 27 sogar Ausnahmen von der Registrierung vor, worüber die Regierung entscheiden sollte. Von der Möglichkeit, dies zu beantragen, wurde so umfangreich Gebrauch gemacht, daß sich kraft § 27 das Gesetz überhaupt in wesentlichen Teilen als

18. Zu Genese und Inhalt vgl. STIEFEL, Entnazifizierung, 84–88 (Anm. 16).

19. Die zahlreichen, das Gesetz noch 1945 durchführenden bzw. ergänzenden Normen können hier nicht erörtert werden. Von spezifischem Interesse unter ihnen ist u.a. das „Wirtschaftssäuberungsgesetz" vom 12. September 1945 (StGBl. 1945/160), vor allem seiner Verfahrensvorschriften: Es räumt Betriebsräten und ÖGB Kontroll- und Antragsrechte ein und schafft „Spruchstellen" bei den Arbeitsämtern, die mit einfacher Mehrheit entscheiden; es ist somit ein Gesetz, das in sozialrevolutionärer Absicht hätte benützt werden können. Zu seiner Anwendung finden sich einige Angaben bei STIEFEL, Entnazifizierung, 192–195 (Anm. 16).

nicht administrierbar herausstellte; seine weitgehende Orientierung an der Prüfung jedes Einzelfalles überforderte die Behörden, beanspruchte unabsehbar viel Zeit, ließ die Besatzungsmächte unzufrieden werden.[20]

Strafrechtlich auszuübende *Vergeltung* stand, wie angedeutet, dem Verbotsgesetz ursprünglich Pate, und sie blieb ihm vorbehalten. Daß das neue Österreich von ihr praktisch gänzlich absehen sollte, kam ihren Gründern freilich nie in den Sinn. Außer Frage stand, daß Taten, „die den natürlichen Anforderungen der Menschlichkeit widersprechen" – gleichviel, ob sie im Zuge von Kriegshandlungen oder im Interesse des Nationalsozialismus gesetzt worden waren – schwere und schwerste Bestrafung erforderten und ebenso Delikte wie „Quälereien und Mißhandlungen" und andere Tatbestände mehr. Dem diente das Kriegsverbrechergesetz vom 26. Juni (StGBl. 1945/32) – gewiß ein Stück *Urgestein* der *Rechtskultur* der Zweiten Republik von Anfang an, soviel auch später manche seiner Verfahrensnormen auf der einen und, noch später, seine mitunter lässige Anwendung auf der anderen Seite ebenfalls Kritik herausforderten. Festgehalten werden muß, daß es die Volksgerichte beauftragte, einzelne Tatverdächtige zur Verantwortung zu ziehen, aber auch, daß es Personengruppen bildete, deren Angehörige ihrer Funktionen im NS-System wegen ipso facto Kriegsverbrechen, Verbrechen im Interesse des Nationalsozialismus bzw. Quälereien und Mißhandlungen im Sinne des Gesetzes begangen hatten. Schuf das Gesetz in dieser Hinsicht wünschenswerte und praktikable Klarheit, so gelang ihm dies nicht ebenso mit seinem Hochverratsdelikt; Volksgerichtshofprozesse, die dieses zum Gegenstand hatten, begegneten in den nächsten Jahren erheblichen Zweifeln.[21]

2. Schritte zur Konsolidierung

Mehrfach haben wir angedeutet: Nicht die Umsetzung der Maßnahmen der Staatsregierung steht hier in Rede, es sind die *inhaltlichen Ein- und Ausrichtungen*, die sie der Republik zudenkt und ihrer Bevölkerung zutraut, die *Methoden des Entscheidungsprozesses*, die sie wählt, und die *Verteilung von Einflußsphären*, die sich dabei, wenn auch mühsam, ergibt.

Ein *halbes Jahr* nach Kriegsende existierte das neue Österreich sichtbar wirklicher als im Frühjahr 1945. Das läßt sich am Besatzungsverhalten, an den Fortschritten der Integration Ost-, West- und Süd-Österreichs, aber auch daran erkennen, daß der Machtkampf der politischen Parteien und Akteure als selbstverständliches Moment aller Politik deutlicher hervortritt.

Die vier *Besatzungsmächte* schlossen am 4. Juli 1945 ein Abkommen, das sowohl die neu abgegrenzten Besatzungszonen inklusive der Kontrolle Wiens definierte, wie es einen Kontrollrat für Österreich als ganzes ein-

20. STIEFEL, Entnazifizierung, 94–99 (Anm. 16).

21. Zum ganzen, eingeschlossen die frühe Kritik STIEFEL, Entnazifizierung, 247–260 (Anm. 16).

setzte. Als sog. *1. Kontrollabkommen* umschrieb es zugleich vorsorglich die Rechte, die sich die Alliierten gegenüber der aus ihrer Sicht künftigen österreichischen Regierung und Verwaltung zusprachen. Aber schon vorher wie nachher prüften die drei westlichen unter ihnen, ob und unter welchen Voraussetzungen sie die Regierung RENNER anerkennen wollten. Die Potsdamer Konferenz kam schließlich überein, diese Frage zu entscheiden, nachdem die Vier ihre Positionen in Wien bezogen haben würden (ab 1. September).

Daß die Vier dergestalt ihrem Vorsatz, Österreich im Singular wiederherzustellen, bis zum Sommer 1945 offensichtlich einige Substanz gaben, erleichterte die ersten Schritte zur *Integration seiner Teile*. Die historisch fundierte und darum nur scheinbar spontane Bereitschaft politischer Kräfte und Personen in den nichtsowjetischen Zonen, das Land als die kleine Republik mitzubegründen, konnte ja nur unter den Voraussetzungen damals schon wirksam werden, die die Alliierten gerade schufen. Daß diese Bereitschaft allenthalben bestand, darf freilich nicht für schlechthin selbstverständlich genommen werden. 1918/21 war sie weder überall noch uneingeschränkt vorhanden gewesen. Die Fehlschläge, die damals mehr oder weniger separatistische Optionen in Vorarlberg und Tirol, tendenziell auch in Salzburg erfahren hatten, kamen jetzt der erneuten Staatsgründung gewiß zugute. Eine Rolle spielte wohl auch, daß 1945 in keiner Region Österreichs an eine spezifisch antinationalsozialistische Geschichte angeknüpft werden konnte, die zur Trennung von Österreich veranlaßt und zur Erwartung berechtigt hätte, außerhalb Österreichs eine positivere Zukunft erwarten zu dürfen. So nimmt es nicht wunder, es bestätigt vielmehr die angesprochene Disposition, daß im Frühjahr und Sommer 1945 Emissäre nicht zurückgewiesen werden, die von Wien aus nach West- und Südösterreich entsandt wurden, um frühere parteipolitische Bande wiederzubeleben. Generell begegneten diese Männer zwar zuweilen einiger Skepsis, wenn sie die Autonomie der Staatsregierung und ihrer Trägerparteien gegenüber der Sowjetmacht unterstrichen, sie begegneten aber keiner Verweigerung, wenn sie argumentierten, nur die Bereitschaft zur *Mitwirkung der West- und Südösterreicher* könne solche Autonomie im Verhältnis zu allen Alliierten sichern und ausdehnen.[22]

Als Forum der innerösterreichischen Integration wurden, nach dem Vorbild der Jahre 1918/19, *Länderkonferenzen* berufen. Die *1. Länderkonferenz* vom 24.–26. September 1945 brachte die Erweiterung der Regierung zugunsten der Volkspartei um Karl GRUBER (für Auswärtiges) und Vinzenz SCHUMY (für öffentliche Vermögensverwaltung), den Entscheid für den 25. November als den Tag der Wahlen zum Nationalrat und zu den Landtagen, die Einsetzung eines von der ÖVP nominierten Unterstaatsse-

22. REICHHOLD, Geschichte, 100–102 (Anm. 3). – Robert KRIECHBAUMER: Die ÖVP in Salzburg im Jahre 1945. – Versuch einer Rekonstruktion. In: Salzburg und das Werden der Zweiten Republik. Salzburg 1985, 100–104.

kretärs (Josef SOMMER) und einer parteipolitisch paritätisch gebildeten Kommission im Innenressort zur Vorbereitung und Durchführung der Wahl, die begrenzte Modifikation der Vorläufigen Verfassung. – Die *2. Länderkonferenz* (9.–11. Oktober 1945) beschloß über das Wahlgesetz, d. h. in der Sache darüber, welchen kraft Verbotsgesetz registrierten ehemaligen Nationalsozialisten das Wahlrecht verwehrt bzw. zuerkannt werden sollte. – Als Konsequenz aller dieser Entscheidungen anerkannten nun auch die USA, Großbritannien und Frankreich formell die gründlich umgestaltete Staatsregierung (20. Oktober). – Schließlich befaßte sich eine *3. Länderkonferenz* am 24. Oktober 1945 mit ersten Lockerungen der Registrierungspflicht: Der Wahlkampf war in vollem Gange.

Das führt zur *Auseinandersetzung* um die künftige *Machtverteilung* im Land. Die Kooperation der Parteien war von allem Anfang an von deren Machtrivalität begleitet gewesen, und das um so mehr, als gleichzeitig SPÖ und KPÖ nach den Erfahrungen der Ersten Republik den „Bürgerlichen" mißtrauten, wie deren Akteure von 1945 ein Zusammenspiel von SPÖ und KPÖ verspürten, gegen das es das Ziel zu forcieren galt, eine einzige große nichtsozialistische Partei zustande zu bringen und ihr Gewicht – wie schon 1919 – rasch durch Wahlen bestimmen zu lassen. Komplexer war der Beziehungsraster noch dadurch, daß innerhalb der SPÖ die Meinungen über den Umgang mit der KPÖ auseinandergingen – von tiefer Skepsis über den Wunsch nach Aktionseinheiten bis hin zur Einheitspartei[23] –, und daß die Gestaltung des Verhältnisses zur ÖVP – abwechselnd rücksichtnehmend und sie bedrängend – als Instrument für die einschlägige interne Kursbestimmung der SPÖ dienen konnte. So versprach z. B. der Versuch RENNERs, im April 1945 einen demokratischen Flügel des seinerzeitigen Landbundes ins Spiel zu bringen, einerseits die „Bürgerlichen" wie in den zwanziger Jahren gespalten zu halten und allenfalls den Einfluß des für die Ernährungsfragen so wichtigen ÖVP-Bauernbundes (Leopold FIGL, Josef REITHER) in den Landwirtschaftsorganisationen zu reduzieren,[24] andererseits die Eventualität offen zu halten, mit einer vierten Partei die Ansprüche der KPÖ zu konterkarieren. Während RENNER damals der KPÖ nur marginale Regierungsämter zudachte,[25] legte er die Vorläufige Verfassung gegen leicht vorhersehbare ÖVP-Interessen an, forcierten SPÖ und KPÖ seit Juni gemeinsam das Thema Verstaatlichung,[26] hielten SPÖ

23. Anton PELINKA: Auseinandersetzung mit dem Kommunismus. In: WEINZIERL/SKALNIK, Republik, Bd. 1, 176–179 (Anm. 2). – WEBER, Krieg, 6–57 (Anm. 3). – KRIECHBAUMER, Illegalität, 127–135 (Anm. 3).

24. In dieser Perspektive wird auch die oben Anm. 5 erwähnte Passage über den demokratischen Flügel des Landbundes verständlich. – Noch weitergehend die Interpretation der einschlägigen Erwägungen Renners bei RAUCHENSTEINER, Zwei, 31 (Anm. 2): Renner habe auf ein Bündnis der Arbeiter und Bauern angetragen „über die Köpfe einer nichtbäuerlichen Bürgerschaft hinweg."

25. REICHHOLD, Geschichte, 82 f. (Anm. 3).

26. Davon war schon im vorigen Abschnitt die Rede.

und KPÖ gemeinsame Vorbesprechungen vor den Regierungssitzungen ab.[27] So konnte es nicht erstaunen, daß ÖVP-Politiker westlich der Enns sowohl innerparteilich wie im Verhältnis zur Staatsregierung die skizzierte Gegenoffensive für geboten hielten, um ihre Wiener Parteifreunde aus ihrer strategischen Defensivposition quasi zu befreien.

Dementsprechend hart wurde bei der *1. Länderkonferenz* verhandelt.[28] Bezeichnenderweise trug GRUBER, der in Tirol zuerst eine eigene Partei, die Demokratische Staatspartei, begründet hatte und seit deren Auflösung nicht nur zum Sprecher Tirols, sondern Westösterreichs innerhalb der ÖVP avanciert war, einen Katalog von Forderungen vor, der erheblich mehr beinhaltete, als schließlich vereinbart wurde. Nach mehreren vorausgegangenen Treffen hatte ihn sich die Gesamtpartei erst am 23. September zu eigen gemacht, nicht zuletzt als das einzige taugliche Mittel, sich auch in den westlichen Regionen des Landes als alleinige nichtsozialistische Kraft etablieren und Skeptiker an sich binden zu können.[29] Er beinhaltete die Umbildung der Regierung durch ÖVP-Ländervertreter, rasche Abhaltung der Wahlen, die sofortige Inkraftsetzung der Verfassung 1929 anstelle der zentralisierenden Vorläufigen, einen Länderrat (notabene mit ÖVP-Mehrheit) als provisorische Legislative. In Wien nun wehrte sich RENNER gegen eine einschneidende Regierungsumbildung, es kam fast zum Exodus der Ländersprecher der ÖVP. Erst eine Intervention Ernst KOREFs (SPÖ Oberösterreich) brach die Bahn zum Kompromiß; erstmals widersprach ein Sozialist aus den Ländern der Wiener Parteiführung in offener Sitzung. Erzielte die ÖVP danach auch weniger, als sie anfangs begehrt hatte, so war ihre Position nun doch nicht nur in der Regierung gestärkt. Sie hatte auch den frühen Wahltermin – gegen mehr oder minder starken Einspruch der Wiener Stadtorganisation der SPÖ[30] – durchgesetzt und zusammen mit RENNER dem Kommunisten Franz HONNER die politisch-administrative Wahlvorbereitung entwunden und der schon erwähnten besonderen Kommission zugeordnet.

Bei der Beratung des *Wahlgesetzes* hingegen blieb sie hinter ihren Zielsetzungen weiter zurück. In dessen Entwurf fand die ÖVP die Tendenz, „Haß mit Haß zu vergelten";[31] tatsächlich schied der Entwurf alle gemäß Verbotsgesetz registrierungspflichtigen Parteianwärter, NSDAP-, SS- und SA-Mitglieder vom Wahlrecht aus, ferner NSKK- und NSFK-Mitglieder aus der Zeit vor März 1938 sowie die „Führer" dieser beiden Wehrverbände bis zum

27. RAUCHENSTEINER, Zwei, 60 (Anm. 2).

28. Zusammenfassend RAUCHENSTEINER, Zwei, 57 f. (Anm. 2).

29. REICHHOLD, Geschichte 114–116 (Anm. 3), nennt diese Konferenz, da sie eine Aktionsstrategie entwarf, der alle ÖVP-Richtungen beitreten konnten, den „ersten Parteikongreß der Volkspartei".

30. REICHHOLD, Geschichte, 121 (Anm. 3).

31. So in ihrem „Vertraulichen Informationsdienst" Nr.2; zitiert bei REICHHOLD, Geschichte, 451 f. (Anm. 3).

27. April 1945.[32] Bezüglich des Wahlrechts wurde somit schärfer zugegriffen, als es das Verbotsgesetz für die Masse der von ihm Betroffenen tat. SPÖ und KPÖ standen uneingeschränkt hinter diesen Bestimmungen – ideologisch leicht nachvollziehbar, wahlpolitisch aber insofern wohl kurzsichtig, als sie irrigerweise meinten, ihre Wählerklientel sei für den Nationalsozialismus nicht anfällig gewesen. Die ÖVP – wieder besonders durch ihre westlichen Ländervertreter – begehrte gewissermaßen, daß der Staat im Einzelfall nachweisen solle, daß er zurecht seinem Bürger das Wahlrecht vorenthalte. Von dem rechtspolitischen Grundsatz abgesehen, der darin zum Ausdruck kam, hatte sie damit selbstverständlich auch ihre aktuellen und mittelfristigen Wahlchancen in den Bundesländern vor Augen. Es lag nahe, daß sie nicht durchdringen konnte: Weder die beiden anderen Parteien, noch die Besatzungsmächte standen dafür zur Verfügung. Aber auch der administrative Aufwand des vorgeschlagenen Verfahrens hätte sich nicht mit der verfügbaren Zeit vertragen. So wurden nur Einspruchsrechte für jene aus den vom Wahlrecht ausgeschlossenen Gruppen vorgesehen, die vom Staat des Dritten Reiches Verfolgungen erlitten hatten; die Beweislast lag bei ihnen.[33]

Die *Wahlen* fanden am 25. November 1945 schon infolge dieser Vorentscheidungen unter bislang in Österreich einzigartigen Bedingungen statt; REICHHOLD nennt rund 400.000 – in Wien präzise 108.405 – „Ehemalige“, die an ihnen nicht teilnehmen durften.[34] Aber es gab darüber hinaus noch 271.000 Wahlberechtigte weniger als 1930, dem Jahr der letzten Nationalratswahl: Opfer des Krieges, Kriegsgefangene, vom NS-System Vernichtete, Emigranten, besonders jüdische, konstituierten diese Gruppe. Als Folge aller dieser Ursachen lag der Anteil der Frauen an den Wahlberechtigten einzigartig hoch: 64% gegenüber 53% im Jahr 1930 bzw. 57% im Jahr 1949. – In Anbetracht der Parteienkooperation während des vergangenen Halbjahres wurde der *Wahlkampf* mit bemerkenswerter Härte ausgetragen: SPÖ und KPÖ forcierten Verstaatlichung,[35] die ÖVP attakkierte die Praxis der Kommunisten im Polizeisektor.[36] Sie opponierte weiter dem Ausschluß „unbescholtener“ Nazis von den Wahlen,[37] während die

32. Es scheint freilich, daß RENNER seine schon sehr früh faßbare Absicht, frühere „Mussolini-Faschisten“ in Österreich zusammen mit Nationalsozialisten zu bestrafen und dem auch wahlrechtlich Ausdruck zu geben, noch nicht ganz aufgegeben hatte; vgl. RAUCHENSTEINER, Zwei 32, 59, 61f. (Anm. 2). – Praktische Wirkung konnte dies dadurch erhalten, daß Entnazifizierung durch die Besatzungsmacht auch Träger des Systems der Jahre 1933/34 – 1938 miterfaßte; vgl. für Salzburg KRIECHBAUMER, ÖVP, 98 (Anm. 22).

33. Vgl.. REICHHOLD, Geschichte, 121–123 (Anm. 3). – Karl UCAKAR: Demokratie und Wahlrecht in Österreich. Zur Entwicklung von polit. Partizipation und staatlicher Legitimationspolitik, Wien 1985, 460–462 f. – Wahlgesetz v. 19.Oktober 1945 (StGBl. 1945/198).

34. REICHHOLD, Geschichte, 127 (Anm. 3).

35. DEUTSCH, Chronologie, 54–57(Anm. 8).

36. So das „Intelligence Summary“ Nr. 25 vom 24. November, ediert in: RATHKOLB, Gesellschaft, 199 (Anm. 7). – Vgl. REICHHOLD, Geschichte, 126 (Anm. 3).

37. RATHKOLB, Gesellschaft, 192 f. (Anm. 7). – Dort auch die Drohung der Salzburger ÖVP

SPÖ „Nazis nach Sibirien, Kriegsgefangene nach Haus“ plakatieren ließ.[38] – In Prognosen wurde zumeist mit einem beachtlichen Abschneiden der Kommunisten gerechnet (15%), im übrigen eine relative Mehrheit der SPÖ (45% Stimmenanteil) vorhergesagt; der ÖVP traute man etwa 40% zu.[39] Ein US-Beobachter schrieb den Vorsprung u. a. dem Umstand zu, daß es ihr gelungen sei, in die Rolle des Mediators zwischen den Extremisten von rechts und links zu schlüpfen; damit ortete er vermutlich richtig, daß die Wählerschaft, besonders die von 1945, auf *Ausgleich* gestimmt war. Den erwartete diese aber offenbar eher von der Volkspartei.

Das *Wahlresultat* überraschte in doppelter Hinsicht: Erstens blieb die *KPÖ* sowohl deutlich unter den Prognosewerten wie hinter den zeitgenössischen Resultaten der meisten ihrer west-, süd- und osteuropäischen Schwesterparteien zurück. Mit 5,2% Stimmenanteil und bloß 4 von damals 165 Mandaten enttäuschte sie wohl auch die sowjetische Besatzungsmacht, deren Position sich in der Folge, wie oft vermutet wurde, gegenüber dem neuen Österreich deswegen spürbar verhärtete, weil sie von dessen Innenpolitik nichts mehr zu erwarten hatte.[40] Gesamtpolitisch hatten die Wähler der Zweiten Republik mit diesem Ergebnis, wie sich zeigen sollte, definitiv gegen einen *kommunistischen* Einfluß im Land entschieden. Der Versuch der KPÖ im Herbst 1950, doch noch ins innenpolitische Spiel zurückzukehren, schlug ebenso fehl, wie ihr zweiter Anlauf Mitte der sechziger Jahre scheiterte, mittels innerparteilicher Reform und begrenzter Bereitschaft, die SPÖ zu unterstützen, nochmals zu einem relevanten Element zu werden. – Freilich darf nicht übersehen werden, daß die KPÖ auch nach 1945 durch Jahre zumindest für die SPÖ noch ein beachtenswerter Faktor blieb: Beide Parteien rivalisierten im Wesen um dasselbe Wählersegment, so daß sowohl die SPÖ in regionalen Hochburgen der KPÖ wichtige Gewinne erhoffen durfte, wie nicht ausgeschlossen war, daß insbesondere in solchen Gebieten Wähler von ihr zur KPÖ abwanderten.[41]

---

mit Wahlboykott, weil die US-Besatzungsbehörde frühere Angehörige von Heimwehr und Ostmärkischen Sturmscharen aus dem öffentlichen Dienst entfernte. – Vgl. KRIECHBAUMER, ÖVP, 98–191 (Anm. 22).

38. REICHHOLD, Geschichte, 122 (Anm. 3).

39. Die Prognosen, die überliefert sind, zeigen eine beachtliche Schwankungsbreite: vgl. einerseits die Zusammenstellung bei PELINKA, Auseinandersetzung, 179f (Anm. 13), andererseits die Angaben bei REICHHOLD, Geschichte, 124 (Anm. 3) und die trotz anderer Quellen analogen bei RAUCHENSTEINER, Zwei, 65 f. (Anm. 2). Es konnte nicht ausbleiben, daß manche „liberalkatholische Elemente“ der ÖVP deren Niederlage vorhersahen und andere ÖVP-Kreise deren Sieg fürchteten; vgl. RATHKOLB, Gesellschaft, 198 (Anm. 7).

40. PELINKA, Auseinandersetzung, 181 (Anm. 13).

41. Die Wahlresultate im Detail leicht zugänglich bei: Rodney STIEFBOLD u.a. (Hg.): Wahlen und Parteien in Österreich. Bd. III: Teil C Wahlstatistik, Wien 1966, C 115 – C 122. – Die KPÖ erreichte 8% in Kärnten, 9% in Obersteier und im Viertel unter dem Wienerwald, 10% in Wien-Südost, 11% in Nordost; vgl. ebenda C 119 Tabelle 15. – Zu einschlägigen lokalen Ergebnissen Rudolf ARDELT: Wahlen im ersten Jahrzehnt der Zweiten Republik. In: Salzburg und das Werden der Zweiten Republik. Salzburg 1985, 84.

Die zweite Überraschung bot das unerwartet günstige Abschneiden der *ÖVP*: In sieben Bundesländern erzielte sie absolute Mehrheiten – die SPÖ absolute nur in Wien, relative in Kärnten – und konnte in ihnen nun definitiv die Landeschefs benennen, auch in der Steiermark. Für den Nationalrat erhielt sie 49,8% der Stimmen und 85 Mandate. Sie dankte diese *Siege* im Wesen vier Umständen: a) ihrer (einmaligen) Monopolstellung als *nichtsozialistischem* Wahlangebot; b) ihrer geradezu idealen Positionierung zur *katholischen Kirche*, d. h. der Nähe zu ihr und zugleich der Nichtidentifizierbarkeit mit ihr, bei eindeutiger Unterstützung durch sie, nicht zuletzt in der Frage des Umganges mit „Ehemaligen";[42] c) der bislang einzigartig hohen *Wahlbeteiligung* von 94%; d) dem enormen Überhang an *weiblichen* Wählern. Diese hatten an der Wahl allenfalls nur marginal weniger teilgenommen als Männer. Schon der Vorgängerin der ÖVP, der Christlichsozialen Partei, war die überproportionale Zustimmung der Frauen zugute gekommen (1930: 32% Stimmenanteil bei Männern, 39% bei Frauen; in Wien 21 bzw. 26%). Dieses Wahlverhalten setzte sich nun anscheinend fort und erfuhr 1945 eine signifikante Ergänzung, wo weibliche Angehörige von nicht wahlberechtigten oder abwesenden Männern ins Gewicht fielen: so stieg etwa der ÖVP-Anteil (verglichen mit dem der Christlichsozialen von 1930) in Wien auf 35% (gegen 24%) bei gleichzeitigem Anstieg des Frauenanteils an der Wählerschaft von 56% auf 65%.[43]

II. Auf dem Weg zur österreichischen Normalität (1945 bis 1966)

1. Die Parteienkonstellation

Nach den Wahlen war es kaum überraschend, daß ÖVP und SPÖ sich sehr rasch über eine *neue Regierung* samt Einbeziehung der KPÖ verständigten, daß die ÖVP am 20. Dezember 1945 ihre große Mehrheit in der Bundesversammlung für RENNER als Bundespräsidenten (mit der Kompetenzausstattung von 1929) zur Verfügung stellte.[44] Tags darauf trat die

42. Zum Verhältnis von Kirche, Staat und Gesellschaft vgl. generell den Beitrag von Heinrich SCHNEIDER in diesem Band. Zur Unterstützung der ÖVP-Position durch die katholischen Bischöfe 1945 u.a. RATHKOLB, Gesellschaft, 192 f. (Anm. 7).

43. Zur Wahlbeteiligung der Frauen vgl. die Tabellen 3 und 9 bei STIEFBOLD, Wahlen C 115 bzw. C 117: mit Ausnahme Tirols korreliert unterdurchschnittliche Wahlbeteiligung in keinem Wahlkreis mit überdurchschnittlichem Anteil an weiblichen Wahlberechtigten. – Zum Vergleich mit 1930 siehe ebenda die Tabellen 31 (C 108) und 5 (C 97) einerseits und die Tabellen 4 (C 116) und 15 (C 119) andererseits. – Der Zugewinn der ÖVP im Vergleich zu 1930 ist noch ausgeprägter in einigen „bürgerlichen" Wiener Wahlkreisen (Innen – Ost 30: 47%, Innen – West 32: 51%, Nord – West 27: 47%); Tabellen 31 (C 108) und 15 (C 119).

44. Den Weg zu dieser letzten Wahl des Staatsoberhauptes durch die vereinigten Kammern des Parlaments hatte das Verfassungsgesetz vom 13. Dezember 1945 (StGBl. 1945/232) freigemacht.

Regierung FIGL vor den Nationalrat. Wegen Heimwehrtätigkeit durften ihr Julius RAAB und Vinzenz SCHUMY nicht mehr angehören, wegen NS-Vergangenheit Andreas KORP (SPÖ); das Unterstaatssekretariat für Heerwesen mußte aufgelöst werden. Das alles hatten die Alliierten verfügt – alles aus eigenem Antrieb?

Damit traten Leopold FIGL und Adolf SCHÄRF an die Spitze der beiden maßgeblichen *Regierungsfraktionen und -parteien*, zwei Männer, die besser harmonierten, als dies zwischen FIGL und RENNER möglich gewesen war und weiter sein sollte.[45] Dazu kam der gute Draht FIGLs zum neuen Innenminister Oskar HELMER und dessen Achse mit seinem Staatssekretär Ferdinand GRAF (zugleich Direktor des Bauernbundes der ÖVP, FIGLs „Hausmacht"). Der Zweiten Republik gereichte diese *Personenkonstellation* zum Vorteil. Denn nachdem sie nun gewissermaßen „über dem Berg" war, erwarteten sie nicht nur sachlich die „Mühen der Ebene", auch die Widrigkeiten des „Alltagsdemokratismus" standen ihr bevor.[46]

Zu ihm gehörte nicht primär die *Normalität* der parteipolitischen Machtkonkurrenz, sondern gewisse Spezifika ihrer Austragung sowie strukturelle Eigentümlichkeiten der Parteien und der Koalition. Zu den ersten zählen wir, daß einige Teile der SPÖ die Wahlniederlage so schlecht verwanden, daß sie sowohl innenpolitisch die demokratische Qualität der ÖVP immer wieder in Zweifel zogen, wie sie auch deren Regierungsfähigkeit gegenüber Besatzungsmächten kritisierten.

Dem leistete die damals und meist auch später komplizierte, oftmals fragile *Führungsstruktur* der Volkspartei einigen Vorschub: Der noch nicht sehr erfahrene Parteiobmann FIGL hatte es nicht nur mit in ihren regionalen Milieus dominanten Landesorganisationen zu tun, deren hochgradige Autonomie sich bald in bundespolitischer Reserve, bald in massivem Engagement (GRUBER) ausdrückte, er stand auch mehr neben als über den drei Bündeorganisationen der Arbeiter und Angestellten, der Bauern und der Wirtschaftstreibenden. Besonders die beiden letzten begannen in den von ihnen geführten Landwirtschafts- bzw. Handelskammern ein Eigenleben zu führen, im agrarischen Sektor verstärkt durch die starke Länderkompetenz und verzahnt mit den Landesparteileitungen. Immerhin war FIGL selbst aus dem Bauernbund hervorgegangen. Gegenüber der gewerblichen Wirtschaft hingegen war er mehr auf den good will ihres Obmannes RAAB angewiesen, der zudem 1946 an die Spitze der neuen Bundeswirtschaftskammer treten sollte und überdies der Parlamentsfraktion der ÖVP vorstand. An solchem good will fehlte es zwar nicht, doch äußerte er sich eher darin, daß RAAB FIGL gegen Dritte verteidigte, als daß er sich dessen Ansichten leicht zu eigen machte.[47]

45. RAUCHENSTEINER, Zwei, 74 f. und 102 f. (Anm. 2).

46. Der treffende Terminus bei RAUCHENSTEINER, Zwei, 70. (Anm. 2).

47. REICHHOLD, Geschichte, 137–140 (Anm. 3); dort wird sogar schon für die vierziger Jahre von einem „Dualismus" zwischen RAAB und FIGL gesprochen (138).

Auf der anderen Seite blieb innerhalb der SPÖ die *Differenz* zwischen (rechten) Sozialdemokraten und (linken) Revolutionären Sozialisten noch durch Jahre lebendig.[48] Ihr Dauerkonflikt ging um die Wege, die zur Durchsetzung einer sozialistischen Gesellschaft einzuschlagen wären. Weder mochte die rechte Mehrheit der Partei, mit dem seit Dezember 1945 amtierenden, neuen Vorsitzenden Vizekanzler SCHÄRF an der Spitze, auf dieses Ziel prinzipiell verzichten, noch durfte sie der Parteieinheit wegen den latenten Verdacht nähren, dies wissentlich oder unwissentlich dennoch zu tun. Allerdings ging es rebus sic stantibus vornehmlich ohnehin darum, eine Politik zu entwickeln, die kurz- oder mittelfristig versprach, die Zweitrangigkeit der SPÖ hinter der ÖVP zu überwinden. Taktisch drängte sich dazu naturgemäß die fortgesetzte Diskreditierung der ÖVP im „Alltagsdemokratismus" auf. Strategisch versprachen zwar Kooperationskonzepte mit der KPÖ immer weniger, je mehr der Kalte Krieg in der Weltpolitik eskalierte, doch fehlte es gleichwohl nicht an Befürwortern solcher Versuche. Vor allem aber kam in dieser Perspektive in Betracht, die Wählerschaft der KPÖ mit Hilfe eines partiell betont sozialistischen und allemal gegenüber der ÖVP konfliktbetonten Kurses für die SPÖ zu gewinnen, ohne die SPÖ damit um die Sympathien in der politischen Mitte zu bringen. Fürs erste erforderte dieses Konzept sachpolitische Offensive, gepaart mit der wiederholten Drohung, von der Regierung in die Opposition zu wechseln oder neue Wahlen zu fordern.[49] Dabei kam der SPÖ zustatten, daß die Absprachen über die Regierungsbildung sich nicht auf den Zeithorizont einer ganzen, vierjährigen Wahlperiode erstreckten – das koalitionspolitische Spezifikum von Ende 1945.[50]

Mit diesem, die *Regierungsarbeit* nicht eben erleichternden Kurs vermochte die SP-Führung die interne Kritik der Linken in Grenzen zu halten bzw. deren Resonanz zu reduzieren.[51] Freilich wirkte die Entwicklung der Weltpolitik und, als deren Reflex, das Bedürfnis der SPÖ-Führung als Spitze einer großen österreichischen Regierungspartei, sich stark nach den westlichen Besatzungsmächten zu orientieren, in diesem Belang wieder kontraproduktiv. Erst in dem Maße, in dem Ende der vierziger Jahre im westeuropäischen Rahmen überhaupt die Fragwürdigkeit der Perspektive eines *„Dritten Weges"* zwischen US-Kapitalismus und Sowjetkommunismus sichtbar wurde, minimierte sich innerhalb der SPÖ das Problem der Auseinandersetzung mit der Parteilinken. Das erlaubte schließlich Anfang 1948 dem Parteivorstand, mit Erwin SCHARF einen ihrer Exponenten

48. WEBER, Krieg, 54–195 (Anm. 3). – Sehr kurz STADLER, Schärf, 311–315 (Anm. 3).

49. Dementsprechend betitelt RAUCHENSTEINER, Zwei, 116 (Anm. 2) ein Kapitel mit „Bündnis auf Widerruf".

50. Vgl. den Text des „Abkommen" von ÖVP und SPÖ vom Dezember 1945 mit dem vom 6. November 1949 (Punkt I, 3) bei RAUCHENSTEINER, Zwei, 539–541 (Anm. 2).

51. Wolfgang C. MÜLLER: SPÖ und große Koalition. Zur innerparteilichen Begründung und Diskussion der Regierungsbeteiligung (1945–1966). In: PELINKA/STEGER, Staatspartei, 23–46 (Anm. 3).

auszuschalten und der verbleibenden Linken damit zu signalisieren, daß sie darauf verzichten müsse, innerhalb der Partei als Gruppe weiterhin eine klassenkämpferische Politik zu fordern.[52] SCHARF ging zur KPÖ. Die Wahlen von 1949 zeigten, daß ihm dabei kaum bisherige SPÖ-Wähler folgten.

Innerparteilich fiel es der SPÖ seitdem leichter, sich als *Koalitionspartner* der ÖVP zu definieren; im November 1947 war der letzte KPÖ-Minister aus der Regierung ausgeschieden. Was blieb, war ihr Dilemma, es mit einem Regierungspartner zu tun zu haben, der über die absolute Parlamentsmehrheit gebot. So wenig auch die ÖVP Neigung zeigte, allein zu regieren, so sehr war dies für die SPÖ eine untragbare Position. Zumindest mußte sie erreichen, auf Dauer in starkem Maß an der Regierungsmacht beteiligt zu sein, mußte sie erzwingen können, daß die ÖVP nicht doch einmal eigene Wege ging. Diesem Ziel, identisch mit dem, die absolute Mehrheit der ÖVP strukturell zu brechen, diente das Auftreten einer zweiten *nichtsozialistischen* Bewegung. Es kann nicht erstaunen, daß die SPÖ es förderte, ja daß maßgeblich sie deren Etablierung als Partei bei den Besatzungsmächten betrieb und durchsetzte.[53] Von da an, spätestens, war die Große Koalition als solche ein gutes Stück stabiler. Freilich hing dies auch von ihrem *Output* ab.

2. *Die alliierten Besatzungsmächte*

Bevor der Blick auf ihn gerichtet werden kann, ist es erforderlich, des Verhältnisses österreichischer Institutionen zum *Alliierten Rat* zu gedenken. Ist es zusammenhängend auch noch nicht erforscht[54] – das Verdienst einer Reihe von Detailstudien wird damit nicht geschmälert[55] –, so können doch einige seiner generellen Determinanten festgehalten werden. Zunächst bestimmte nicht nur das erste Kontrollabkommen der Alliierten mit seinen rigiden Ansprüchen, die Österreich viel mehr als ein besiegtes denn als ein befreites Land, allenfalls als eine „bevormundete Nation“ erkennen ließen, dieses Beziehungsmuster. Zu ihm gehört vielmehr auch die autonome Praxis der *jeweiligen Besatzungsmacht* in ihrer Zone. Sie schlug sich auch nach der Anerkennung der Staatsregierung, nach der Anerkennung der durch sie geschaffenen bzw. auf alliierten Wunsch modifizierten Rechtsordnung, nach den Wahlen 1945 und nach der in ihrem Gefolge konstituierten parlamentarischen und Regierungsinstitutionen auf Bundes-, Länder- und

52. WEBER, Krieg, 169 bzw. 189–192 (Anm. 13).

53. Darüber wird unten noch zu handeln sein.

54. Einen ersten Versuch mit den damals zugänglichen Quellen unternahm Manfried RAUCHENSTEINER: Der Sonderfall. Die Besatzungszeit in Österreich 1945–1955. Graz-Wien-Köln 1979. – Viel wird weitergeführt in RAUCHENSTEINER, Zwei (Anm. 2).

55. Z.B. Günter BISCHOF/Josef LEIDENFROST (Hg.): Die bevormundete Nation. Österreich und die Alliierten 1945–1949. Innsbruck 1988.

Gemeindeebene in unzähligen *Interventionen* nieder, besonders solchen personeller Art, besonders auf dem Feld von personeller Entnazifizierung, dann auch auf dem der inneren Sicherheit (Flüchtlinge, Displaced Persons), nicht zuletzt im Bereich der Unternehmensverwaltung.

Freilich kam Besatzungsengagement österreichischen Stellen auch vielfach bei der Bewältigung der *Tagesaufgaben* zu Hilfe: Durch Beistellung von Ressourcen, über die Österreich nicht gebot, wohl aber die Besatzungsarmeen im Lande verfügten, durch Vermittlung von Auslandshilfe, durch wechselseitige Kontrolle der Alliierten untereinander.

Früh im Jahre 1946 begannen die Vier sodann über die Revision ihrer *Kontrollbefugnisse* zu beraten.[56] Diese Vorgänge mündeten in das zweite Kontrollabkommen vom 28. Juni 1946. Dessen wichtigstes neues Element bestand bekanntlich darin, daß es österreichische Gesetzgebung nicht mehr einfach von der Zustimmung des Alliierten Rates abhängig machte; sie erhielt vielmehr – sofern es sich nicht um Verfassungsgesetze handelte – Gültigkeit, wenn dieser nicht binnen Monatsfrist Einspruch erhob, wofür in ihm Einstimmigkeit gefordert war. Da die vier Alliierten untereinander zunehmend in ein Spannungsverhältnis gerieten, da global der Kalte Krieg die Weltkriegsallianz zugunsten eines bipolaren Systems ablöste, dem sich auch Frankreich mehr und mehr einordnen mußte, bedeutete dies, daß Österreich seitdem viel stärker auf eigenen Beinen stand als in den zwölf Monaten zuvor.

Freilich gewann dieser Zuwachs an *Autonomie* – von Unabhängigkeit und Souveränität Österreichs konnte so lange keine Rede sein, solange der Staatsvertrag nicht abgeschlossen war – nur in dem Maße reale Relevanz für österreichischen Handlungsspielraum, in dem sich besonders USA und Großbritannien in der Folge weiter für Österreich interessierten – sei es derart, daß sie weiter ein Gegengewicht gegen die sowjetische Präsenz im Lande bildeten, sei es, direkter, indem sie sich des österreichischen politischen und wirtschaftlichen Aufbaus annahmen. Für beides sorgte der *Kalte Krieg* an sich, für beides sorgten, durch ihn vermittelt, die intensiven Kontakte, die zwischen ihnen und österreichischen Institutionen und Personen gepflogen wurden.

3. Der innenpolitische Output

Zweites Kontrollabkommen und fortgesetztes Engagement der Alliierten beeinflußten zusammen naturgemäß sehr stark den innenpolitischen *Output* Österreichs. Dieser stand selbstverständlich primär unter dem *Gebot wirtschaftlichen Wiederaufbaus,* ja – darüber hinaus und gleichzeitig – *ökonomischer Neukonstruktion.* Eine „identitätsstiftende Nationalökonomie“[57] war nach 1945/46 auszubilden wie schon nach 1918/19. Mißlang sie, stand

56. RAUCHENSTEINER, Zwei, 75–81 (Anm. 2).

57. Anton MAURER/Ulrike MOSER: Der verwaltete Klassenkampf. Gewerkschaftspolitik in Österreich. In: PELINKA/STEGER, Staatspartei, 438 (Anm. 3).

der Zweiten Republik ein im ganzen ähnlich düsteres Geschick bevor, wie es der Ersten zuteil geworden war. Die ökonomischen Voraussetzungen, unter denen diese Aufgabe angenommen werden mußte, waren teils günstiger, teils schwieriger als 1918/19. Einerseits unterschied sich die Produktionsstruktur 1945 positiv von der von 1938. Das lag nicht zuletzt an den enormen Investitionen, die seither vorgenommen worden waren – unabhängig von ihren Motivationen, ungeachtet der Herkunft bzw. Aufbringungsart der Investitionsmittel. Die Wirtschaft des Landes war moderner geworden, im Industrie- und ansatzweise auch im Energiesektor vor allem; sie hatte an Produktionskraft und an regionaler Ausgeglichenheit zugenommen. Andererseits schlugen schwere kriegsbedingte Zerstörungen, dann Demontagen (vorrangig durch die sowjetische Besatzungsmacht), Verluste an Humankapital durch Emigration und Krieg massiv negativ zu Buch. Dazu kam, daß die *Kriegswirtschaft* das Geldkapital fast völlig aufgezehrt hatte und daß über die Eigentumsverhältnisse gerade an den wichtigsten Unternehmen Ungewißheit herrschte; die meisten von ihnen kamen als Deutsches Eigentum in Betracht, das die großen Vier beanspruchten. In Frage stand somit, auf welches materielle Substrat österreichische *Wirtschaftspolitik* sich überhaupt beziehen konnte. Zusätzlich hatte sie es mit einer, wie schon vor 1938, kraß unzureichenden landwirtschaftlichen Produktivität, mit einer „entgüterten" Ökonomie, demgemäß mit enormem Geldüberhang zu tun, ferner mit einem für Kleinstaaten zwar normalen Importbedarf, zu dessen Deckung aber weder verwertbare Devisenreserven noch fürs erste eine exportfähige Inlandsproduktion zur Verfügung standen. Schließlich waren die ökonomischen und politischen Verhältnisse in dem Umfeld, auf das sich Österreichs Außenwirtschaft hätte beziehen können, auf unabsehbare Zeit ungünstig, zumindest unsicher; aus im einzelnen ganz anderen Gründen war die Zweite Republik in dieser Hinsicht mit im ganzen sehr ähnlichen Problemen konfrontiert wie anfangs die Erste.[58]

Eine konsistente Wirtschaftspolitik zu entwickeln, brauchte unter diesen Umständen naturgemäß einige Zeit. Kurzfristig stand der Kampf gegen *Hunger* und oft buchstäblich tödliche Unterernährung im Vordergrund. Etwa 42% der Neugeborenen starben 1945 in Wien.[59] Angesichts der unzureichenden Agrarproduktion, der Zonenteilung und Länderinteressen war auf diesem Feld trotz aller Bewirtschaftungsversuche zunächst nur wenig zu verbessern. Ohne die Direkthilfe der drei Westalliierten in ihren Zonen und ohne das UNRRA-Programm (ab Frühjahr 1946: United Nations Relief and Rehabilitation Agency) hätten sehr viele Menschen wohl nicht überlebt.[60] Prekär blieb die Versorgungslage in der sowjetischen

58. Vgl. für dieses Resumee die oben Anm. 10 genannte Literatur. „Entgüterte" Wirtschaft: NEMSCHAK, Jahre, 66 (Anm. 10).

59. NEMSCHAK, Jahre, 8 (Anm. 10).

60. Wilfried MÄHR: Von der UNRRA zum Marshallplan. Die amerikanische Finanz- und Wirtschaftshilfe an Österreich in den Jahren 1945–1950. Wien (Phil. Diss.) 1985.

Zone, die lange auf Selbstversorgung angewiesen war. Hier geriet das Kabinett deshalb unter schweren politischen Druck durch die KPÖ. Die veranstaltete am 7. Mai 1947 vor dem Bundeskanzleramt eine gefährliche Demonstration gegen die „Hungerregierung“.[61] Es war derselbe Mai, in dem die KP in Ungarn die Macht an sich riß.

Auch sonst „griffen“ Regierungsmaßnahmen nur halb. Soviel sie mittels *Rohstoffbewirtschaftung* auch unternahm, um die Produktion zu steigern, mittels eines „Warenverkehrsbüros“ versuchte, bescheidenen Außenhandel zu organisieren: das Mißverhältnis zwischen Gütern und Geldmenge ließ sich nicht beheben. Geld- und währungspolitische Schritte wirkten nur temporär, z. T. halb kontraproduktiv. Das Schillinggesetz (30. November 1945, StGBl. 1945/231) entwertete zwar Reichsbanknoten und fror Guthaben weitgehend ein, doch Kreditexpansion und einstweilen unbegrenzte Besatzungskosten ließen es nicht einmal zur Zähmung der Inflation kommen. Auch der Anlauf, mit einer vom Staat eingesetzten „Zentralen Lohnkommission“ zu sinnvoller Einkommenspolitik zu gelangen, blieb zunächst ohne Erfolg. Das Devisengesetz vom Juli 1946 erfaßte zwar alle ausländischen Zahlungsmittel zwecks Importfinanzierung, aber die Festsetzung eines unrealistischen Schillingkurses gegenüber Dollar und Pfund machte dies nicht leichter (1:10 bzw. 40; später 1:26 bzw. 72).[62]

Zu allem kam, daß der kollektive Einspruch der Besatzungsmächte gegen das *Verwaltergesetz* in dessen Novellierung mündete, der zufolge das Agieren der öffentlichen Verwalter von Einzelbefehlen der jeweiligen Besatzungsmacht abhängig wurde (Feber 1946).[63] Das hieß nicht weniger, als daß die wichtigsten Unternehmen österreichischer Wirtschaftsverwaltung entzogen wurden. Den Hintergrund derart dramatischen alliierten Eingriffs bildeten einmal die offenen Fragen hinsichtlich der arisierten und sonstwie vom Nationalsozialismus entzogenen Vermögen, also das *Rückstellungsproblem,* dann, teilweise mit diesem verzahnt, der Themenkomplex *Deutsches Eigentum.* Es hatte Logik, daß sich die massivste, kurzfristige Horizonte durchbrechende Initiative österreichischer Wirtschafts- und Wirtschaftsordnungspolitik seit Anfang 1946 auf dieses Problemfeld richtete: das *1. Verstaatlichungsgesetz.*

Mit ihm wurde aufgegriffen, was bereits im Sommer 1945 versucht worden war. Wie damals verflochten sich auch jetzt spezifisch *sozialistische Motivationen* mit sozusagen *patriotisch-österreichischen.* Wie damals von ÖGB und Betriebsräten ging jetzt, im Jänner 1946, die Initiative von der SPÖ-Nationalratsfraktion aus, und wie damals traf sie auf die grundsätzliche Zustimmung der ÖVP, weil Verstaatlichung als das Mittel erschien, ein Maximum aus der Vermögensmasse des potentiellen Deutschen Eigentums

61. PELINKA, Auseinandersetzung, 190 (Anm. 23).

62. BRUSATTI, Entwicklung, 425–427 (Anm. 10).

63. HOLLERER, Verstaatlichung, 5–11 (Anm. 7); dort auch die weiteren Novellierungen des Verwaltergesetzes.

zu „austrifizieren". Sekundär kam für die ÖVP in Betracht, daß es der heimischen Privatwirtschaft an Kapital fehlte, um den gewaltigen Rekonstruktionsbedarf zu finanzieren. Als sich seit März in Verhandlungen mit den Westmächten abzeichnete, daß diese, anders als noch im Verwaltergesetz, in der Verstaatlichung keinen Affront gegen ihre Interessen erblicken würden – vorausgesetzt, daß eine künftige Entschädigungspflicht durch Österreich anerkannt würde –, ließ es die Wiener Regierung auf die Kollision mit dem sowjetischen Element ankommen.

Voraus ging eine ebenso mühsame wie charakteristische *Einigung* der zwei Großparteien über Umfang und organisatorische Gestalt des zu verstaatlichenden Sektors; die KPÖ blieb außerhalb dieser Konsensfindung. Am 26. Juli 1946 beschloß der Nationalrat das Gesetz – zuletzt sogar einstimmig – und schlug damit sowjetische Warnungen nochmals in den Wind. Die waren schon am 27. Juni, einen Tag vor Abschluß des 2. Kontrollabkommens, erstmals erfolgt, als die *Sowjetmacht* alles, was sie in ihrer Zone als Deutsches Eigentum beanspruchte, beschlagnahmt und in zwei Holdings (USIA und SMV) zusammengefaßt hatte. Das damals Angekündigte, wurde nun Realität: Wichtigste Industrie- und Transportunternehmen Ostösterreichs, dazu landwirtschaftliche Gutsbetriebe, blieben dem Zugriff österreichischen Rechts entzogen, erst recht der österreichischen Volkswirtschaft.

Dennoch tat das Gesetz seine Wirkung: Sobald die *Westmächte* die bislang von ihnen unter dem Titel des Deutschen Eigentums verwalteten Vermögen Österreich in vorerst treuhänderische Administration übertrugen, verfügte die Republik direkt bzw. indirekt über ein enormes *ökonomisches Potential*. Denn das Gesetz hatte schließlich mehr erfaßt, als noch im September 1945 geplant gewesen war: nicht nur Berg- und Hüttenbetriebe und sonstige Grundstoffindustrien, sondern zahlreiche verarbeitende und dazu drei (damals bilanzmäßig notleidende) Großbanken mit ihren starken Industriebeteiligungen.[64] – Im Jahr darauf kamen mittels des *2. Verstaatlichungsgesetzes* – diesmal ohne Konflikt mit dem Sowjetelement – noch fast alle Elektrizitätsversorgungsunternehmen des Landes dazu; anders als 1946, als sich der Bund allein zum Eigentümer gemacht hatte, wurden nun die Eigentumsrechte auf ihn, Länder und fünf Städte verteilt.[65]

In Summe hatte Österreich mit diesen *Verstaatlichungsaktionen* rechtlich und zu einem guten Teil auch direkt materiell das bis dahin entbehrte Substrat für jene *„identitätsstiftende Nationalökonomie"* gewonnen. Identität stiftete der verstaatlichte Sektor in der Folge einmal für große Teile der Arbeitnehmerschaft des Landes; in ihm sah sie eines ihrer genuinen Ziele ein gutes Stück realisiert, er führte sie näher an den Staat heran,

64. Zur Genese des 1.Verstaatlichungsgesetzes eingehend HOLLERER, Verstaatlichung, 17–67 (Anm. 7). – DEUTSCH, Chronologie, 60–79 (Anm. 8). – RAUCHENSTEINER, Zwei, 83–87 (Anm. 2).

65. HOLLERER, Verstaatlichung, 67–81 (Anm. 7).

dessen Mehrheitspartei und dessen Struktur ihr sonst als „bürgerlich“ und darum gegnerisch erschienen; weitgehende Verstaatlichung erleichterte ihr deshalb auch, in den kommenden Jahren eine Wirtschaftspolitik nicht nur zu tolerieren, sondern aktiv mitzutragen, der sie in der Ersten Republik opponiert hatte. Insofern aber Verstaatlichung als *Austrifizierung* 1946 überhaupt erst die Basis einer Wirtschaftspolitik schuf, die sich nicht mehr auf einen gleichsam luftleeren Raum bezog, ermöglichte sie noch auf andere Weise österreichische Identitätsstiftung: denn nun erst stand eine „kritische Masse“ von *Produktionskapazität* dem Land zur Disposition, an die eine spezifische Niedrigpreispolitik des verstaatlichten Sektors anknüpfen[66], an die sich eine bewußte Investitions- d. h. Kreditlenkungspolitik adressieren konnte, die schließlich auch die 1945 angepeilte, generelle wirtschaftliche Rahmenplanung aussichtsreich machte.

Mit Recht ist daher gesagt worden: „Zweites Kontrollabkommen, Beschlagnahme des Deutschen Eigentums in der Sowjetzone, aber auch das Verstaatlichungsgesetz hatten Österreich innerhalb von wenigen Tagen von Grund auf verändert.“[67] Gleichwohl dauerte es vom Sommer 1946 an noch rund ein Jahr, bis die neue Wirtschaftspolitik entwickelt war. Hoffnungen, mit dem *Staatsvertrag* in kurzer Frist neben anderen auch die USIA- und SMV-Betriebe zurückzuerhalten, spielten dabei mit. Vom Staatsvertrag aber erwartete man, daß er ähnlich rasch abgeschlossen werden würde, wie es mit den Friedensverträgen Italiens, Ungarns usw. geschehen war, d. h. binnen Monaten, nachdem der Rat der Außenminister der großen Vier ihn erst einmal offiziell auf seine Tagesordnung gesetzt haben würde. Das war auf der Ratstagung in Moskau im März/April 1947 der Fall. Aber die endete für Österreich enttäuschend. Die schon zuvor angespannten Beziehungen unter den Vier erfuhren durch ihre Differenzen über Deutschland – weniger über Österreich – eine solche Unterkühlung, daß im ganzen von einem Scheitern zu sprechen war. Jetzt *mußte* Österreich, soviel ihm zur nationalen ökonomischen Souveränität noch fehlte, umgehend eine *zusammenhängende Wirtschaftspolitik* entwickeln.[68] Zu Hilfe kam ihm, daß die USA diese Einschätzung in bezug auf ganz Westeuropa teilten, daß sie daran gingen, ein großes Paket ökonomischer Stabilisierung zu schnüren, das sie an ganz Europa, mithin auch an Österreich, adressierten. Die großen „Fifteen Weeks“ begannen erst richtig, an deren Ende George MARSHALL seine Rede in Harvard hielt.[69]

66. MÄRZ, Wirtschaft (Anm. 10). – Die Tatsache solcher Niedrigpreise, die u.a. auch den privaten Sektor gefördert hätten, kann nicht verifizieren Stephan KOREN: Sozialisierungsideologie und Verstaatlichungsrealität in Österreich. In: Wilhelm WEBER (Hg.): Die Verstaatlichung in Österreich. Berlin 1964, 135–150.

67. RAUCHENSTEINER, Zwei, 87 (Anm. 2).

68. NEMSCHAK, Jahre, 70 f. (Anm. 10). – Zu einer abweichenden Datierung, nämlich auf 1948, kommt BRUSATTI, Entwicklung, 432–434 (Anm. 10); für die Zeit davor erkennt er nur „Ansätze einer neuen Wirtschaftspolitik“.

69. Joseph M. JONES: The Fifteen Weeks (February 21–June 5, 1947). New York 1955.

Diese Wirtschaftspolitik ist zunächst *Lohn-, Preis- und Geldpolitik*, dazu bestimmt, Inflation so weit zu kanalisieren, daß Fehlleitung von Konsum und Investitionen minimiert, Verstetigung jener Rahmenbedingungen erzielt wird, innerhalb derer die Wirtschaftssubjekte ihre Entscheidungen treffen. Dazu dienen, beginnend mit August 1947, *„Lohn- und Preisabkommen“*, die „kühnsten wirtschaftspolitischen Maßnahmen“ überhaupt.[70] Sie setzen Preise für Nahrungsmittel, Brennstoffe, Mieten, Tarife öffentlicher Unternehmen und gewerbliche Bedarfsgüter auf Basis sehr knapp kalkulierter Produktionskosten fest und begrenzen temporär die Löhne auf einen Standard, der im Schnitt die Deckung der Lebenshaltung auf dem normierten Preisniveau ermöglicht. Der Erfolg dieser Stabilisierungsmaßnahmen war zeitweise um so stärker, als sie im November 1947 durch das Währungsschutzgesetz (StGBl. 1947/250) ergänzt wurden, das noch einmal die verfügbare Geldmenge drastisch reduzierte. Als er nachließ, wurde im Oktober 1948, Juni 1949, Oktober 1950 und Juli 1951 vier weitere Lohn- und Preisabkommen geschlossen, von denen besonders das zweite und dritte die Wirkung des ersten wiederholten.[71] Sie alle wurden im Rahmen einer *„Wirtschaftskommission“* vereinbart, in der sich auf Anregung der Regierung ÖGB, Arbeiterkammern, Bundeswirtschaftskammer und Industriellenvereinigung zusammenfanden.

Dann bedeutet diese Wirtschaftspolitik die Aktivierung der *Planungsarbeit* im Ministerium Peter KRAULANDS ab März 1947: Dreißig Arbeitskreise, besetzt mit Praktikern, und Planungsbehörden kooperieren, um eine generelle Rahmenplanung zu entwickeln. Kurzfristig orientierte Kern- steht neben langfristiger Konstitutionsplanung, Instrument zur Implementierung beider ist *Kreditlenkung*. Es versteht sich, daß in beiden den verstaatlichten Unternehmen ein strategischer Stellenwert zugedacht wird;[72] parallel wird ja das 2. Verstaatlichungsgesetz verabschiedet.

Ob allen diesen Aktivitäten per se Erfolg beschieden gewesen wäre, kann nur spekulativ erörtert werden. Tatsächlich kamen sie ihren Zielen binnen weniger Jahre jedenfalls so nahe, weil Österreich auf MARSHALLs Initiative positiv hatte antworten können. Die Regierung setzte im Juni/Juli 1947 erst die Teilnahme an den Beratungen durch, zu denen Washington die europäischen Staaten zwecks Ausarbeitung eines zwischen ihnen koordinierten, ökonomischen Rekonstruktionsprogramms als Gegenleistung für die Gewährung des *„Marshall-Planes“* einlud, dann, im Sommer 1948, die Teilnahme an der Marshall-Hilfe (= ERP-Programm: European Recovery Program) selbst und an der OEEC (Organization for European Economic Cooperation), dem Resultat der innereuropäischen Beratungen. Weder das erste noch das zweite verstand sich von selbst.[73] Denn die Sowjetunion

70. NEMSCHAK, Jahre, 71 (Anm. 10).

71. NEMSCHAK, Jahre, 66 (Anm. 10).

72. HOLLERER, Verstaatlichung, 130–248 (Anm. 7). Diese Planung lief 1949 ersatzlos aus.

73. Wilfried MÄHR: Der Marshallplan in Österreich. Graz-Wien-Köln 1989, 81–87.

verweigerte nicht nur sich den Marshall-Plan, sie zwang auch alle mittlerweile von ihr kontrollierten Länder Osteuropas zum Fernbleiben von ihm. Daß das von ihr teilbesetzte Österreich sich analogem Verhalten entziehen konnte, machte es vollends zum einzigartigen *„Sonderfall"* (Manfried RAUCHENSTEINER). – Die in ihrer Zusammensetzung sorgfältig abgestimmten *Güter,* die im Zuge von ERP ab 1948 vier Jahre lang nach Österreich kamen – weit überwiegend als Geschenke („Grants") – und die Gelder („Counterpart-Mittel"), die aus ihrem Verkauf in Österreich gegen Schilling im ERP-Fonds eingingen und als zinsgünstige Investitionskredite wiederverwendet wurden, lösten den massiven Schub von Neukonstruktion der heimischen Volkswirtschaft erst wirklich aus, verschafften den wirtschaftspolitischen Steuerungsmaßnahmen weitgehend erst die Grundlage, d. h. reale wirtschaftliche Aktivitäten im Land, auf die sie sich beziehen konnten.[74] In einem Wort: Das *„österreichische Wirtschaftswunder"* kam in Gang.

4. Die Sozialpolitik

Gewiß hatte diese Wirtschaftspolitik auch ihre *sozialpolitische Dimension,* freilich nicht im traditionellen Wortsinn. Zu ihrer Ermöglichung wurde sie deshalb von *Sozialpolitik* i.e.S. begleitet. Freilich konnte sie bis in die fünfziger Jahre kaum in der seither mit ihr hauptsächlich assoziierten materiellen Umverteilung bestehen. Im Gegenteil, *Lohnverzicht* stand auf der Tagesordnung, Staatsbeiträge zu Transferzahlungen in relevantem Umfang waren ausgeschlossen. Umverteilung fand eher in Richtung auf Aufbau des Kapitalstocks statt.

Unter diesen Umständen knüpfte Sozialpolitik i.e.S. beim *Arbeits- und Arbeitsverfassungsrecht* an: zunächst, selbstverständlich, durch Aufhebung des einschlägigen Rechts des Dritten Reichs, durch ein Arbeiterurlaubsgesetz 1946 (12 bis 24 Tage)[75], durch das Betriebsrätegesetz 1947, das diesen Instituten betrieblicher Mitbestimmung nicht zufällig mehr Kompetenzen zuweist als die analoge Gesetzgebung von 1919 und mit Zentralbetriebsräten auch höhere Organisationsebenen.[76] Das Landarbeitergesetz 1948 dehnt diese Regelungen auf eine bislang ausgeklammerte Berufsgruppe aus. Schließlich das Kollektivvertragsgesetz 1947: Es ermöglicht neben lohn- auch arbeitsrechtliche Abmachungen, definiert bzw. umschreibt vor allem die vertragsfähigen Organisationen; das sind die öffentlich-rechtlichen Kammern ex lege und freie Berufsvereinigungen dann, wenn ihnen der Staat die Kollektivvertragsfähigkeit bei Vorliegen gewisser Vorausset-

74. MÄHR, Marshallplan, 125–131, 144–150 und 173–226 (Anm. 74) und die in Anm. 10 genannte Literatur.

75. Emmerich TÁLOS: Staatliche Sozialpolitik in Österreich. Rekonstruktion und Analyse. Wien 1981, 336 f.

76. TÁLOS, Sozialpolitik, 330 (Anm. 75).

zungen zuerkennt. Damit wird in der Praxis eine signifikante Zentralisierung der einschlägigen Entscheidungsprozesse bewirkt, indem für die allermeisten Abschlüsse nur die inzwischen geschaffene Bundeswirtschaftskammer bzw. ihre Bundessektionen, -fachverbände, -innungen und -gremien und die Industriellenvereinigung auf der Arbeitgeberseite, de facto der ÖGB und nur in seinem Auftrag die (bundesweiten) Fachgewerkschaften auf der Arbeitnehmerseite in Erscheinung treten.[77]

Es fügt sich in dieses Bild, daß in den vierziger Jahren auch im *Sozialversicherungswesen* die wichtigsten Neuerungen das Organisationsrecht der Sozialversicherungsträger betreffen, kaum das Beitrags- und Leistungswesen. Das Sozialversicherungs-Überleitungsgesetz vom 12. Juni 1947 stellt vor allem die Selbstverwaltung der Träger wieder her, freilich charakteristischerweise derart, daß es sie nicht, wie bis 1933 auf direkte Urwahlen der Versicherungsangehörigen gründet, sondern ihre Beschickung durch die Kammern vorsieht.[78]

5. Die Hauptfaktoren des politischen Prozesses und ihr Zusammenwirken

Dieser wirtschafts- und sozialpolitische Kurs setzte auf Österreichs politischer Szene mehr und besonders komplexeren *Konsens* voraus, als er aus der Regierungskooperation der Großparteien an sich und aus deren beider Auseinandersetzung mit dem heimischen Kommunismus und dem Sowjetelement im Land entwickelt wurde. Nicht weniger war nämlich gefordert als die Bereitschaft der sozialdemokratischen Arbeiterbewegung zu einer „*Westintegration*“, die ihr, je konkreter deren Gestalt sich abzeichnete, desto mehr die Orientierung an einer bloßen Reformpolitik innerhalb einer bürgerlich-kapitalistischen Gesamtordnung abverlangte, d. h. die Korrektur bedeutender Dimensionen ihres Selbstverständnisses. Analoge Herausforderungen blieben der ÖVP und ihrem sozialen Umfeld demgegenüber erspart. Daß die westeuropäischen Sozialdemokratien ab 1947/48 mit ihrem faktischen Verzicht auf die Vision des Dritten Weges der österreichischen Sozialdemokratie die Bahn wiesen, daß diese sich stark an der Labour-Party und den britischen Trade Unions orientieren konnte, erleichterte manches. Es schmälert indessen nicht die Leistung, die allemal mit einer partiellen Selbstentäußerung vollbracht wird – zumal mit der Distanzierung von einer weithin heroisch aufgefaßten eigenen Geschichte.

Daß sie vollbracht wurde, schuldete die Zweite Republik primär dem *ÖGB* bzw. seinem leitenden Personal und der *SPÖ-Führung*, die es geschehen ließ, ja insgeheim guthieß, daß dieser bzw. diese eine Neudefinition seiner Struktur und Rolle vornahm.[79] Es verstand sich nicht ohne weiteres, daß

77. Gerhard WEISSENBERG: Sozialpolitik. In: WEINZIERL/SKALNIK, Republik, Bd. 2, 234 f. (Anm. 2). – MAURER/MOSER, Klassenkampf, 435 (Anm. 57).

78. TÁLOS, Sozialpolitik, 343 f. (Anm. 75).

79. Zum Folgenden TÁLOS, Sozialpolitik, 304–312 (Anm. 75). – MAURER/MOSER, Klas-

mit dem *Gewerkschaftsbund* ein ständestaatliches Modell der Jahre 1934–1938 in doppelter Hinsicht rezipiert wurde: im Verzicht auf politische Richtungsgewerkschaften und in der Zentralisierung gewerkschaftsinterner Willensbildung. Der Verzicht schloß ein gewisses Maß an Kompromißbereitschaft der großen sozialistischen Mehrheit der christlichen Minderheit gegenüber eo ipso ein – vielleicht Reflex des reziproken Verhaltens während der dreißiger Jahre[80] – und er half mit, eine Lizitationspolitik rivalisierender Richtungsgewerkschaften zu vermeiden. Die Zentralisierung von 1945, obschon bereits vor 1934 mit der Reduktion der Zahl der Fachgewerkschaften in Gang gekommen, bedeutete durch die Intensität, mit der sich nun der Gewerkschaftsbund über den Fachgewerkschaften etablierte, einen wahrhaft qualitativen Sprung. (Personal- und Finanzhoheit sowie Rechtspersönlichkeit allein bei ihm). Der hatte zur Konsequenz, daß von da an mit dem ÖGB eine machtvolle Institution existierte, die infolge ihrer Positionierung gegenüber den Fachgewerkschaften gar kein anderes Rollenverständnis entwickeln konnte, als sich auf die gemeinsamen Interessen möglichst aller Arbeitnehmer zu konzentrieren. Freilich hätte sich das inhaltlich darin manifestieren können, daß der ÖGB Einzelforderungen addierte und simpel in ein Maximalprogramm integrierte. Einer solchen Perspektive versagte er sich jedoch von Anfang an, er setzte vielmehr aus freien Stücken ein Rollenverständnis fort, das der ÖGB von 1934 nicht so freiwillig geübt hatte: eine *„Politik der Sachlichkeit“* zu betreiben, in der „die sozialpolitische Entwicklung vom jeweiligen Stand der wirtschaftlichen Möglichkeiten abhängig“ gemacht wurde.[81] In der Ersten Republik noch hatten sozialdemokratische Gewerkschafter es, wenigstens bis 1929, mit der gleitenden Lohnskala anders gehalten, obwohl ihnen auch damals ein vergleichsweise pragmatischerer Habitus als ihrer Parteiführung eigen gewesen war.[82]

Nicht weniger wichtig wurde, daß die SPÖ nach 1945 als *Partei* auf eine eigene Wirtschafts- und Sozialpolitik verzichtete, die mit der des ÖGB in Konkurrenz getreten wäre. Sie und die Wiener Arbeiterkammer delegierten ihre diesbezügliche Rolle de facto dem ÖGB, arbeiteten ihm zu. Dabei spielte mit, daß die Partei institutionell nicht ausgerüstet war, eigene Kompetenz zu entwickeln, und über den Apparat der einschlägigen Ministerien nicht gebot, bzw. daß die Arbeiterkammerspitze personell mit dem ÖGB verzahnt wurde, daß eine sorgfältige Balance der Ämterverteilung unter den beiden größten Fachgewerkschaften – Metall-Bergbau bzw. Bau- und Holzarbeiter – zur Geltung kam. In Summe kam damit dem ÖGB ein

senkampf, 429–445 (Anm. 57). – Heinz KIENZL: Wir bejahten den Fortschritt. Die Wirtschaftspolitik des ÖGB. Wien 1991.

80. REICHHOLD, Geschichte, 87–89 (Anm. 3); auch über das kommunistische und das sowjetische Besatzungsinteresse an der Einheitsgewerkschaft.

81. TÁLOS, Sozialpolitik, 304 (Anm. 75).

82. TÁLOS, Sozialpolitik, 308 f. (Anm. 75).

bislang unbekanntes Machtpotential zu, das seine Führung mit Vorsicht nach innen und Umsicht nach außen nützte und ausbaute. Seine Lohnpolitik war zurückhaltend, aber zugleich „solidarisch", d. h. sie achtete darauf, auf dem Arbeitsmarkt weniger durchsetzungsfähige Interessen besonders zu vertreten.[83] Seine Zurückhaltung nach außen ließ er sich einflußpolitisch entgelten: im Kollektivvertrags-, im Betriebsräte- und Sozialversicherungsrecht, im Verstaatlichtensektor.

Seinem realen *Monopol*, Arbeitnehmerinteressen zu definieren, entsprach auf Arbeitgeberseite seit Juli 1946 die *Bundeswirtschaftskammer*.[84] Ihre Errichtung war der eigentliche Preis dafür gewesen, daß die ÖVP dem Umfang des 1. Verstaatlichungsgesetzes zustimmte. Es kennzeichnete die machtpolitische Wirklichkeit, daß SCHÄRF und RAAB im März des Jahres dieses Junktim hergestellt hatten – ohne FIGL, den Parteiobmann. (Dementsprechend kamen in der Schlußphase der Verhandlungen ÖAAB-Konzepte zur späteren Vergenossenschaftung verstaatlichten Eigentums – „Eigentum in Arbeitnehmerhand" – nur noch in einem Formelkompromiß zur Geltung.)[85] Zwar hatte es das neue Institut mit Interessen zu tun, die weitaus differenzierter und auch untereinander konfliktreicher waren als die vom ÖGB vertretenen. Dem entsprach aber seine komplexere Binnenstruktur und die geringere Häufigkeit, mit der es selbst als dessen Verhandlungspartner auftrat. Diese Aufgabe überließ die Bundeswirtschaftskammer zumeist ihren Suborganen, der Industriellenvereinigung und anderen Verbänden mit freiwilliger Mitgliedschaft. Sie selbst hingegen trat nach außen nur bei Generalkollektivverträgen, in alle Unternehmerinteressen berührenden Fragen, z. B. in der Wirtschaftskommission, und gegenüber dem Staat, wenn dieser von ihr Stellungnahmen einforderte. Dennoch kam ihr damit und darüber hinaus intern bei der Interessenharmonisierung zwischen den Unternehmerbranchen ein so hoher Rang zu, daß mit ihr ein aktionsfähiges Gegenstück zum ÖGB geschaffen war. War der mit der SPÖ personell verflochten, so sie mit der ÖVP und den von ihr geleiteten Wirtschaftsministerien.

So standen seit Sommer 1946 die *Hauptinstrumente* bereit – Ministerien, Großparteien, ÖGB, Bundeswirtschaftskammer, Landwirtschaftskammern – aus deren Interaktionen produktive Kompromisse gewonnen werden konnten. Im einzelnen resultierten diese Kompromisse aus komplizierten Verzahnungen sachlich-inhaltlicher Elemente mit prozeduralen einerseits – Einbeziehung bei Entscheidungsfindungen und bei ihrem Vollzug – und machtpolitischer Balancierung andererseits. Nicht selten ließ dieses Netz-

83. MAURER/MOSER, Klassenkampf, 439 (Anm. 57).

84. Zum Folgenden jetzt kurz Franz TRAXLER: Gewerkschaften und Unternehmerverbände in Österreichs polit. System. In: Herbert DACHS u.a. (Hg.): Handbuch des polit. Systems Österreichs. Wien 1991, 335–352. – Ausführlicher Franz TRAXLER: Interessenverbände der Unternehmer. Frankfurt/Main 1986.

85. DEUTSCH, Chronologie, 64–79 (Anm. 8).

werk in ihm nicht organisierte Interessen (z. B. der Freiberufler und der öffentlichen Bediensteten) und schwächere Mitwirkende unberücksichtigt. Ausgeschlossen blieben stets die Kommunisten, auch von der Lohnkommission 1946, obwohl sie einen ÖGB-Vizepräsidenten stellten. Dasselbe galt ab 1947 für die „Wirtschaftskommission", die 1951, erweitert um einige Ministerien und die Nationalbank, per Gesetz in das „Wirtschaftsdirektorium" übergeleitet wurde; (nach dessen Aufhebung kehrt es 1957 als freiwillig beschickte *Paritätische Kommission* wieder).[86] Eine do-ut-des-Politik entfaltete sich, deren Output allerdings, wie zum Teil gezeigt, keineswegs im Abtausch nicht kompatibler Teilziele oder im Ermitteln kleinster gemeinsamer Nenner bestand, sondern durchaus in konsistenten Maßnahmen.

In einem Wort: Nach Vorstufen 1945 bildet die Zweite Republik ein wirtschafts- und sozialpolitisches *Steuerungssystem* aus, das auf konfliktreicher aber kompromißfähiger Partnerschaft der großen Interessenorganisationen und ihres führenden Personals beruht, auf deren und dessen inniger Verschränkung mit den zwei Großparteien und, über diese vermittelt, auf deren teils formeller, teils informeller Teilnahme an staatlichen Entscheidungen.[87] Eine politische Kultur sehr effizienten *Eliten-Konsenses* entsteht, der es nicht an bemerkenswert herrschaftlichen Zügen fehlt. Doch der Konsens, der „oben" seinen Ursprung hat, kann diese wohl so lang nicht entbehren, solange er „nach unten" in eine noch stark ideologisch segmentierte Gesellschaft wirken muß. Erst wenn diese traditionelle gesellschaftliche Mentalität in Österreich durch eine neue abgelöst sein wird, der der Kompromiß zur Selbstverständlichkeit und der Konflikt geradezu zum Übel geworden ist, wird die Kritik an der politischen Kultur der Nachkriegszeit – „Demokratie der Funktionäre" – breiteren Widerhall finden. Aber zuerst, über Jahrzehnte hinweg, wird gerade ihr wirtschaftlich-sozialer Output Zustimmung haben, wird er – unter den Stichwörtern „österreichisches Wirtschaftswunder", „sozialer Friede" – als *das* Signum der Zweiten Republik gelten.

6. Die Entstehungsgeschichte der vierten Partei

Freilich, von der *Partizipation* an dieser politischen Kultur ist in den ersten Nachkriegsjahren ein großer und auch seiner sozialen Charakteristik zufolge besonders wichtiger Bevölkerungsteil ausgeschlossen, z. T. auch von ihren bescheidenen materiellen Ergebnissen. Das ist die anfangs erwünschte Wirkung von Auseinandersetzungen mit der NS-Vergangenheit der

86. Gerald SCHÖPFER: Zur Genesis der österreichischen Sozialpartnerschaft. In: Ds. (Hg.), Phänomen Sozialpartnerschaft. FS f. Hermann Ibler z. 75. Geb. Wien-Köln-Graz 1980, 24.

87. Karl KORINEK: Das System der österr. Sozialpartnerschaft – Skizze der Bedingungen, der Prinzipien und der Grenzen des Systems. In: SCHÖPFER, Phänomen, 9 – 22 (Anm. 86). – Joseph MARKO in diesem Band.

österreichischen Gesellschaft, von *Entnazifizierung*. Diese Wirkung wird aber binnen weniger Jahre anders eingeschätzt werden, besonders wenn Entnazifizierung Dimensionen annimmt, die einschlägige österreichische Vorstellungen zugunsten alliierter zurückdrängen. Dann werden die Regierung und ihre Parteien, die kaum anders konnten, als sich alliierten Vorgaben zu beugen, im Land für von ihnen selbst unerwünschte Maßnahmen wenigstens mitverantwortlich gemacht werden. Anlaß und Resonanz für eine Protestbewegung werden sich einstellen, die in die *vierte Partei* mündet. Es wird danach wieder einige Jahre währen, bis sich in deren ursprünglicher Wählerschaft eine Differenzierung vollzieht, an deren Ende ein Teil sich den Großparteien integriert, der andere aber die Freiheitliche Partei (FPÖ) gebildet hat. Wenn es Mitte der fünfziger Jahre so weit ist, wird die politische *Drei-Lager-Struktur* der österreichischen Gesellschaft vollends wieder sichtbar sein – allerdings mit anderer Gewichtung als in der Ersten Republik – und durch drei Jahrzehnte Geltung behalten. Nicht synchron damit verläuft die *Vergangenheitsbewältigung*, die geistig-moralische Auseinandersetzung mit dem Nationalsozialismus als einem säkularen Unrechtsregime. Die Perspektiven der achtziger Jahre sehen vieles anders als die der Nachkriegsjahre.

Sowohl dieser langfristigen Zusammenhänge wegen wie unter dem Gesichtspunkt, daß der Output des politischen Systems österreichische *Identitätsfindung* sehr nachhaltig mitbestimmte, waren der Fortgang der Entnazifizierung in den vierziger Jahren und dann ihr Auslaufen zentrale Momente der inneren Republikgeschichte. Die Probleme des Verbotsgesetzes und seiner Handhabbarkeit sind oben ebenso angesprochen worden wie der Umfang von Wahlrechtsentzug. Als sie im Winter 1945/46 vollends wahrgenommen wurden, machten sich die Regierungsparteien an eine gründliche *Revision* des Verbotsgesetzes. Dabei standen sie auch unter dem Eindruck massiver alliierter Unzufriedenheit mit der österreichischen Entnazifizierungspraxis. Zwei Ziele wollten sie mit der Revision hauptsächlich bewirken: einmal die Korrektur des Erfordernisses, in jedem Einzelfall zu prüfen, ob Registrierung unterbleiben konnte, dann die definitive Festsetzung von Rechtsfolgen der Registrierung (Strafbestimmungen einerseits, Sühnefolgen andererseits). Sie sahen deshalb erstens vor, den individuellen Erlaß der Registrierung (§ 27 von 1945) generell zu streichen und statt dessen auf sie nur für bestimmte Personengruppen ex lege zu verzichten. Sie hielten zweitens „strafrechtliche Sonderbestimmungen" für Illegale aufrecht, machten deren Anwendung jedoch weiter von besonderen Umständen abhängig. Drittens, und darin sollte die einschneidendste Neuerung liegen, unterschieden sie unter den Registrierten unabhängig vom Zeitpunkt ihrer NS-Angehörigkeit die „belastete" und die „minderbelastete" Personengruppe und unterwarfen diese beiden sehr verschiedenen „Sühnefolgen". (Die Kriegsverbrechergesetzgebung blieb von dem allen unberührt.) In Summe sollte diese Reform für den Staat eine endgültige

Regelung der Entnazifizierung und für die Betroffenen berechenbare Perspektiven bringen.

Nicht nur über diese Grundzüge erzielten die drei Parteien Verständigung, auch über die *Kriterien* für Belastete bzw. Minderbelastete. Als jene wurden die Funktionäre von NSDAP, SA, NSKK usw. definiert sowie alle Mitglieder der SS (nicht der Waffen-SS). Alle anderen Registrierten hatten als Minderbelastete zu gelten. Die Sühnefolgen bezogen sich je nach Gruppe u. a. auf Vermögens- und Steuerabgaben, Gehalts- und Pensionskürzungen im und Entlassung aus dem öffentlichen Dienst, auf bestimmte Berufsverbote. Sie sollten für Minderbelastete 1948, für Belastete 1950 auslaufen. Ausschluß vom Wahlrecht sollte es nur für Belastete noch geben. – Im einzelnen differenziert ausgestaltet, wurde das alles vom Nationalrat Ende Juli 1946 beschlossen – notwendigerweise als Verfassungsgesetz. Doch unter den Alliierten waren nur die Briten bereit, es zu akzeptieren. So bekam es das Wiener Parlament im Dezember zurück mit 50 Änderungswünschen, auf die sich die Besatzungsmächte unterdessen verständigt hatten. Im Wesen begehrten sie weniger Ausnahmen von der Registrierung, Einschluß Jugendlicher in die Sühnefolgen, deren Verschärfung auch für Minderbelastete und deren längere Dauer (generell bis Ende April 1950). Im Nationalrat fehlte es nicht an Protest gegen diese Ansinnen; vor allem daß sie die „Trennung der Verführten von den Verführern", die das Gesetz bezweckte, geradezu zunichte machten, fand Kritik. Im Februar 1947 entschieden sich die drei Parteien dennoch, alle Änderungen anzunehmen: man wollte endlich einen „Schlußpunkt unter ein Kapitel . . . setzen, das zu den traurigsten der österreichischen Geschichte" gehörte. Auch stand die Moskauer Außenministerkonferenz der Vier bevor.[88]

Den *Stellenwert* dieser Entnazifizierung beleuchten einige Zahlen:[89] Ende Mai 1947 waren 523.833 Personen registriert (etwa 7,5% der Bevölkerung), davon 481.704 Minderbelastete, 42.129 Belastete. In der Folge stiegen die Registrierungsfälle leicht an, die Zahl der Belasteten ging zunächst wenig, dann deutlich zurück (1952: 34.411). Von der Registrierung ausgenommen waren 16.430, von der Sühnepflicht (infolge Alters oder Versehrtenstatus') 22.320 (beides bezüglich 1948). – Gesamtpolitisch ins Gewicht fiel vor allem die große Masse der *Minderbelasteten* (etwa 6,9% der Bevölkerung), die sich überhaupt zu Unrecht für eine Gesinnung bestraft fühlte,[90] um so mehr durch die Verschärfung des Gesetzes. Viele aus ihr waren schon vor seinem Inkrafttreten aus dem öffentlichen Dienst ausge-

88. Die Entscheidungsvorgänge bei STIEFEL, Entnazifizierung, 101–114 (Anm. 16). – Der Gesetzestext und andere einschlägig relevante Rechtsnormen samt eingehender Erläuterung: Das Nationalsozialistengesetz mit Verbotsgesetz erläutert von Egon PRAUNEGGER und Christian Friedrich HEIN. Graz 1947.

89. STIEFEL, Entnazifizierung, 115–118 (Anm. 16).

90. Diese Einschätzung, die sich übrigens nicht nur bei Registrierungspflichtigen fand, spiegelt anschaulich REIMANN, Kraft, 83–92 (Anm. 3).

schieden bzw. in ihm degradiert worden – besonders aus den Schulen, dem Bahndienst, den Justiz- und Finanzbehörden, den Ämtern der Landesregierungen.[91] Sie bildeten eine beruflich überproportional qualifizierte Gruppe und kamen als Opinionleaders stark in Betracht. Viele von ihnen tendierten dazu, ihr Geschick mit dem der Belasteten zu identifizieren, mit den meisten von diesen das Gefühl zu teilen, Parias der Republik zu sein. In der Vorgeschichte der *vierten Partei* sollte manifest werden, daß sogar nicht wenige, die das Verbotsgesetz 1947 selbst nicht betraf, ähnlich dachten. Jedenfalls: Obwohl sich die Parlamentsparteien schon seit dem Sommer 1947 um Teilamnestien für Minderbelastete der jüngeren Jahrgänge bemühten und obwohl sie, zur eigenen Überraschung im März vom Alliierten Rat dazu aufgefordert, im April 1948 ein allgemeines Amnestiegesetz für Minderbelastete einstimmig verabschiedeten,[92] blieb zwischen deren Mehrheit und ihnen auf Jahre eine Vertrauenslücke offen. Neben anderen hatte daran gewiß Anteil, daß die Amnestie für schon geleistete Sühnefolgen keine Entschädigung brachte (Wohnungsverluste).

An Protagonisten weiterer *Parteigründungen* hatte es seit 1945 nie gefehlt; neben anderen Umständen waren sie vor allem daran gescheitert, daß der Alliierte Rat sie nicht erlaubt hatte, die meisten, weil er unter ihrem Mantel NS-Wiederbetätigung vermutete. Seit immer mehr Kriegsgefangene heimgekehrt waren, die häufig ihren Kriegsdienst in anderem Lichte sahen als die antifaschistischen Parteieliten von 1945 und die mitunter nach langer Lagerhaft nun noch Sühnefolgen zu tragen hatten, und seit der Amnestie für Minderbelastete existierte eine, wenn auch inhomogene, soziale und mentale Basis von hinreichender Größe für eine *vierte Partei.* Denn die erwähnten Gruppen waren nunmehr wahlberechtigt. 1948 machten sich zwei Journalisten, Herbert A.KRAUS und Viktor REIMANN, beide aller NS-Sympathien unverdächtig, beide seit 1947 in den „Salzburger Nachrichten“ bzw. den „Berichten und Informationen“ publizistisch gegen die Entnazifizierungspolitik hervorgetreten, an die Parteigründung.Im März 1949 traten sie mit dem *„Verband der Unabhängigen“* (VdU) als Verein an die Öffentlichkeit. Er war als Sammelbewegung nicht integrierter Unzufriedener, aber auch als liberales Element beabsichtigt. An seiner Entstehungsgeschichte waren allerdings auch schon Personen und Gruppen beteiligt, die jedenfalls als deutschnational und zum Teil als vormals aktiv nationalsozialistisch zu qualifizieren waren; ob sie von Anfang an beabsichtigten, KRAUS und REIMANNs Initivative als Schutzschild zu nützen, um später selbst die Führung des Verbandes zu übernehmen, ob Dritte ihre Aktivitäten anstachelten, um den Verband bald diskreditieren zu

91. Für den öffentlichen Dienst liegen die fundiertesten Daten vor; vgl. STIEFEL, Entnazifizierung, 136–141 (Anm. 16).

92. STIEFEL, Entnazifizierung, 300–314 (Anm. 16). – Die Amnestiegesetzgebung für die Belasteten begann 1949 und endete 1957; trotz der immer geringeren Zahl der Betroffenen war sie zumeist von hitzigen innenpolitischen Auseinandersetzungen begleitet, auch dies ein Indiz für die erwähnte Identifikationstendenz seitens vieler Minderbelasteter.

können, blieb damals rätselhaft und ist seither nicht zureichend aufgeklärt.

Jedenfalls bemühten sich seit Frühjahr 1949 beide *Großparteien*, die neue Bewegung gleichzeitig publizistisch zu bekämpfen und mit ihr in Kontakt zu treten, sei es nun primär über KRAUS und REIMANN – so die SPÖ im April in Linz –, sei es über Exponenten der Deutschnationalen – so die ÖVP im Mai in Oberweis bei Gmunden. Bezeichnend war, daß für die SPÖ der Parteivorsitzende SCHÄRF selbst das Gespräch führte, während in der ÖVP-Delegation die formelle Parteispitze (Leopold FIGL als Obmann, Felix HURDES als Generalsekretär) nicht präsent war, wohl aber RAAB u. a. Das warf nicht nur Licht auf die jeweiligen parteiinternen Probleme, es spiegelte auch das Dilemma der ÖVP. Denn von vornherein befand sie sich dabei in der weniger günstigen Position, da sie die Kandidatur des Verbandes bei den im Herbst fälligen Neuwahlen zu verhindern trachten mußte, sich zu diesem Zweck jedoch den Bedingungen ihrer Gesprächspartner nicht einfach ausliefern konnte. In der Tat forderten diese mehr, als die ÖVP-Sprecher zu konzedieren bereit waren, man ging ohne Resultat auseinander. Dagegen konnte die SPÖ infolge ihrer strategischen Interessenlage den beiden Gründern des Verbands Hilfe bei dessen Genehmigung als Partei durch die Alliierten anbieten, ja sogar mit Regierungsbeteiligung nach den Wahlen winken. Die Kontakte gingen besonders über Innenminister Oskar HELMER weiter, und schließlich überzeugte die SPÖ die britische Labourregierung – und über diese die US-Administration – von der demokratiepolitischen Erforderlichkeit und Tunlichkeit der Zulassung des VdU als Partei.[93]

Schon damit kehrte die Zweite Republik tendenziell zur Drei-Lager-Struktur der Ersten zurück. Die *Wahlen* vom Oktober 1949 belegen diesen Befund:[94] 942.000 Personen mehr als 1945 hatten nun das Wahlrecht (666.000 Männer, 275.000 Frauen), ein Plus von 27%. Von der gesamten Wählerschaft waren „bloß" noch 57% Frauen. Mit 97% stieg die Wahlbeteiligung nochmals an. – Der VdU, der als WdU (Wahlpartei der Unabhängigen) kandidierte, kam auf 489.000 Stimmen, 11,66%. Regional lagen seine Schwerpunkte in Westösterreich (17-26%), in Kärnten (20%) und Graz und Umgebung (19%); weit unterdurchschnittlich schnitt er in Niederösterreich und Burgenland ab, z. T. auch in Wien. Auffällig war, daß seine regionalen Erfolge nicht mit besonders geringem weiblichen Wähleranteil korrelierten; d. h. viele der Frauen, die 1945 überproportional die ÖVP gewählt hatten, wandten sich (mit ihren männlichen Angehörigen?) der WdU zu, sobald es dieses Angebot gab. – KPÖ plus Linkssozialisten

93. REIMANN, Kraft, 96–125 (Anm. 3), auch über Kontakte HELMERs und Bruno PITTERMANNS mit anderen NS-Belasteten in der VdU-Bewegung. – REICHHOLD, Geschichte, 185–191 (Anm. 3). – STADLER, Schärf, 335–338 (Anm. 3). – RAUCHENSTEINER, Zwei, 132–141 (Anm. 2).

94. Die Ergebnisse im Detail bei STIEFBOLD, Wahlen, C 123 – C 133 (Anm. 41).

stagnierten bei 5,1%. – Überraschend war, daß *beide* Großparteien etwa gleich viele Stimmenanteile einbüßten: die ÖVP ging von 49,8 auf 44% zurück, die SPÖ von 44,6 auf 38,7%. Die ÖVP mochte dies in Summe erwartet haben; freilich waren ihre Verluste von Vorarlberg bis Oberösterreich mit je rund 15 Prozentpunkten besonders schmerzlich, wogegen sie sich in Wien vollkommen behauptete.[95] – Noch weniger vorbereitet traf die SPÖ das Resultat: besonders in Wien, Oberösterreich und in Vorarlberg, (wo sie sogar auf den dritten Rang absank).

In Mandaten bedeutete das alles: 77 ÖVP, 67 SPÖ, 16 WdU, 5 KPÖ.

7. Der Abstieg der Kommunisten

Besonders enttäuschend waren die Wahlen für die *KPÖ* samt den zu ihr übergegangenen *Linkssozialisten* ausgefallen. Die Konsenspolitik des ÖGB, die Lohn- und Preisabkommen, die in materieller Hinsicht mageren sozialpolitischen Ergebnisse der letzten Jahre hatten ihnen keinen zusätzlichen Zulauf beschert. Unzufriedenheit, die es ohne Zweifel gab, hatte sich nicht selten in Stimmen von Arbeitern und Angestellten für den VdU niedergeschlagen; anschließende Arbeiterkammer- und Betriebsratswahlen bestätigten diesen Befund.[96] Auch daß die KPÖ gelegentlich der Beratung des Währungsschutzgesetzes im November 1947 ihren Minister Karl ALTMANN aus der Regierung zurückgezogen hatte, brachte ihr keinen Vorteil. Zunehmend befand sie sich auf dem Weg der Isolation.

Im *Herbst 1950* allerdings schien sich nochmals eine Chance zu bieten, diese zu durchbrechen.[97] Das 4.Lohn- und Preisabkommen setzte Preise von Gütern und Dienstleistungen, die gerade für Arbeitnehmer von vitalem Interesse waren, scharf hinauf, ohne bei Löhnen und Pensionen annähernd ein Äquivalent zu schaffen. Im Grunde begann mit ihm eine neue Phase von ökonomischer Stabilisierungspolitik, die durch Steigerung der Weltmarktpreise als Folge des Koreakriegs (seit Juni 1950) einerseits, das herannahende Auslaufen der Marshall-Planhilfe andererseits, d. h. durch das Erfordernis, Importgüter in großem Umfang nunmehr bezahlen zu müssen,

95. Vorarlberg, Tirol, Salzburg gehörten neben Graz und Umgebung und Wien-Innen-Ost mit zu den Wahlkreisen mit dem stärksten Zuwachs an Wahlberechtigten (31–40%) – Erwähnung verdient zudem, daß 91% aller Vermerke, mit denen die Kandidatenlisten der Parteien umgereiht werden konnten, auf die ÖVP fielen; in Tirol trugen 24,4%, in Vorarlberg 17,7%, in der Steiermark noch 11,9% aller ihrer Stimmen solche Vermerke.

96. REIMANN, Kraft, 164–177 (Anm. 3).

97. Zum Folgenden: RAUCHENSTEINER, Zwei, 155–160 (Anm. 2). Reinhard MEIER-WALSER: Die gescheiterte Machtergreifung der österr. Kommunisten im Herbst 1950. In: Christliche Demokratie, 8 (1990), 81–110. – Michael LUDWIG/Klaus Dieter MULLEY/Robert STREIBEL (Hg.): Der Oktoberstreik 1950. Ein Wendepunkt der Zweiten Republik. Wien 1991. – Manfred LECHNER: Das Sonderprojekt. In: Helmut KONRAD/Manfred LECHNER: „Millionenverwechslung". Franz Olah. Die Kronenzeitung. Geheimdienste. Wien-Köln-Weimar 1992, 51–62 und 166–168 (mit der gesamten Literatur).

erzwungen wurde. Nun regte sich mehr *Protest* als bisher, gewiß auch weil ÖGB, Wirtschaftskammer und Regierung das Abkommen unter Ausschluß der Öffentlichkeit verhandelten, sein Inhalt, als er dennoch bekannt wurde, geradezu als Schock wirkte. KPÖ- und VdU-Betriebsräte riefen zum allgemeinen *Streik* auf, den der ÖGB verurteilte. Dennoch fand ihr Appell erstmals bedeutendes Echo: gegen 200.000 beteiligten sich in der letzten Septemberwoche, viele von ihnen auch an *Demonstrationen,* die nicht ohne Gewaltakte abliefen. Schwerpunkte waren Linz und Steyr mit starken VdU-Hochburgen, Wien und Niederösterreich mit den USIA- und SMV-Betrieben, Graz und die obersteirische Industriezone. An die Regierung wurde ein Ultimatum gerichtet. Bis zu seinem Ablauf am 3. Oktober wurde der Streik zwar ausgesetzt, jedoch eine „Exekutive" gebildet, die nicht weniger beanspruchte, als die „der österreichischen Betriebsrätekonferenz" zu sein – die eines neuartigen Forums. Regierung und ÖGB reagierten mit ganzer Schärfe. Jene beschuldigte z. B. die Kommunisten, sich „mit Mächten zu verbinden, für die sie sonst den Galgen fordern" – gemeint war das Bündnis mit den VdU-Arbeitern. Dieser berief eine Gegenkonferenz sozialistischer Gewerkschafter ein. Als der Streik wieder aufgenommen wurde, fehlte es ihm zwar schon an Resonanz in Oberösterreich und der Steiermark. Um so bedrohlicher und gewalttätiger nahm er sich dagegen in Wien und Niederösterreich aus. Zur Antwort rüsteten sich die Bau- und Holzarbeiter unter Führung Franz OLAHs mit Knüppeln, setzten sie den Straßenbahnverkehr wieder in Gang; sie ermöglichten *Weiterarbeit* dort, wo Kommunisten Belegschaften zum Streik zwingen wollten. Immer akuter wurde die Frage, ob die sowjetische Besatzung nur geschehen ließ, was geschah, ob sie die KPÖ unterstützte und mit dem direkten *Eingreifen* nur abwartete; zumindest beunruhigten Nachrichten aus dem USIA-Bereich, aus Wiener Neustadt und das Faktum, daß die Rundfunkstation des sowjetischen Sektors in Wien, die RAVAG, den Streikenden zur Verfügung stand. Andererseits bezahlten USIA-Betriebe den Streiktag nicht, beschwerten sich über den Produktionsausfall, der der Sowjetunion schade. – Schließlich brach die schon geschrumpfte Streikbewegung zwischen 4. und 6. Oktober 1950 zusammen.

Viel Gedankenarbeit und Publizität ist darauf verwendet worden, Charakter und eigentliche Zielsetzungen des Vorgangs zu ermitteln. Die meisten *Zeitgenossen* verstanden ihn als kommunistischen „Putsch"-Versuch und meinten damit zwar nicht unbedingt einen Staatsstreich, aber den Vorsatz, einige KP- und sowjetfeindliche Minister aus der Regierung zu entfernen (GRUBER, HELMER) und damit Österreichs Kurs im ganzen zu verändern.[98] *Neuere Literatur* erblickt in dieser Einschätzung eine bewußte Legendenbildung, dazu bestimmt, das zur Herrschaft gelangte System mittels Abgrenzung zum Kommunismus zu stabilisieren; Arbeitnehmerinteressen seien von ÖGB und Regierungsparteien der Raison „Kalter Krieger" ge-

98. So z.B. Franz OLAH noch 1980, zitiert bei LECHNER, Sonderprojekt, 51 f. (Anm. 97).

opfert worden.[99] Dem ist zumindest entgegenzuhalten, daß die Arbeiter selbst in ihrer großen Überzahl ihre Interessen doch lieber vom ÖGB vertreten sahen und daher nicht selten genötigt werden mußten, am Streik teilzunehmen. Auch ist nicht bewiesen, daß Sowjetpolitik und KPÖ nicht kooperierten, ja daß „die wahre Auseinandersetzung" sogar lautete: „KPÖ gegen Sowjets".[100] Die Vorgänge im USIA-Bereich können auf Koordinationsmängeln bzw. auf der Einstellung beruht haben, daß es in sowjetischen Betrieben niemals Berechtigung zum Streik gebe. Sie müssen jedenfalls konfrontiert werden mit den Hindernissen, die die sowjetische Besatzung überregionalen österreichischen Polizeieinsätzen bereitete, und mit den Geschehnissen in der RAVAG. In und außerhalb Österreichs ging immerhin nach dem Ausbruch des Koreakrieges die Sorge vor begrenzten militärischen Schlägen Moskaus um, die abgestimmt mit oder unabhängig von regionalen kommunistischen Aufruhrakten vorgestellt wurden.[101] – *Konsens* besteht über zweierlei: Der Oktoberstreik war in der Tat eine Legitimationskrise des Gewerkschaftsbundes, (die dieser allerdings unbeschädigt bewältigte), und er war der (vor)letzte Versuch des österreichischen Kommunismus, als relevanter Faktor in die Innenpolitik des Landes zurückzukehren. Er war ebenso fehlgeschlagen wie der rund 15 Jahre später mit ganz anderen Mitteln unternommene letzte fehlschlagen sollte.

8. Die Erfolgsgeschichte der fünfziger Jahre

Für die österreichische Innenpolitik war mit den Wahlen von 1949 ein *Paradigma* geschaffen, das bis 1971, knapp eine Generation lang, Gültigkeit haben sollte: bei vier und seit 1959 drei Parlamentsparteien verfügte keine über die absolute Mehrheit. So knapp war stets die Differenz der Stimmenanteile und der Mandatszahlen zwischen den beiden Großparteien – Minimum 0,5%, Maximum 5,32% Stimmanteil; Minimum 1, Maximum 10 Mandate Unterschied –, daß selbst die Präsenz einer geschrumpften „dritten Kraft" im Nationalrat genügte, um Koalitionen zu erzwingen, formelle (bis 1966) oder informelle (1970/71). Erst die Wahlen von 1971 durchbrachen wirklich dieses Paradigma: die SPÖ erreichte 50,03% der Stimmen und 93 von 183 Mandaten.[102]

99. LECHNER, Sonderprojekt, 51–62 (Anm. 97) mit Zusammenfassung dieser revisionistischen Literatur. – Sozusagen postrevisionistisch mit allerdings irreführendem Titel MEIER-WALSER, Machtergreifung (Anm. 97).

100. RAUCHENSTEINER, Zwei, 159 (Anm. 2).

101. Vgl. Hans-Peter SCHWARZ: Adenauer. Der Aufstieg: 1876–1952. 2.A. Stuttgart 1986, 727–775. – Dazu die bei LECHNER, Sonderprojekt, 63 (Anm. 97), zitierten Vorsorgen des CIA „für den Fall eines Angriffs der Roten Armee" (!) auf Westeuropa.

102. Die Daten übersichtlich bei PELINKA/PLASSER, Parteiensystem, 769 (Anm. 3). – Die Ausnahme von dem im Text formulierten Befund, die Wahl von 1966, bestätigt ihn in Wahrheit: Nur weil die damals auftretende viertstärkste Gruppierung, Franz OLAHs Demokratische Fortschrittliche Partei (DFP), zwar auf Kosten der SPÖ beachtliche 3,38% der Stimmen erzielte,

Zwang zur Koalition hieß nach 1949 auf unbestimmte Zeit zumindest Zwang zur Koalition der *Großparteien*. Der entsprach der strategischen Raison der SPÖ, die sich von einer Partnerschaft mit dem VdU nichts erwarten konnte. Er entsprach aber ebenso der fundamentalen Beurteilung der Lage durch die ÖVP-Spitze, die nach einem später viel zitierten Diktum von Julius RAAB die Arbeiter lieber am Verhandlungstisch hatte als auf der Straße. In anderen Worten: die Große Koalition wurde ebenso als die politische Voraussetzung funktionsfähiger Sozialpartnerschaft aufgefaßt, wie diese sich als die Bedingung erfolgreichen Koalitions-Outputs auf dessen wichtigstem Politikfeld, der Wirtschafts- und Sozialpolitik, darstellte. In anderen Worten: das Erscheinen des VdU auf der innenpolitischen Szene stabilisierte die Koalition der „Zwei“. Was darüber hinaus als Eventualität in Betracht kam, wurde wiederholt von ÖVP-Politikern ins Gespräch gebracht, die ihre politische Heimat in den Bundesländern hatten, in denen der VdU seine meisten Wähler sammelte, in West- und Südösterreich: Sei es nur, um ihre Manövrierfähigkeit in der jeweiligen Landespolitik zu verbessern, sei es aus ihren praktischen Erfahrungen aus dem Umgang mit dem VdU in den Ländern, sei es wegen ihrer Präferenz für das in den meisten Landesverfassungen verankerte Prinzip der Allparteienregierung, plädierten sie auch auf der Wiener Ebene für die Aufnahme des VdU in die Bundesregierung, zumindest für gelegentliche inhaltliche Abstimmung der ÖVP mit dem VdU, z. B. im Nationalrat. Namentlich nach dem für die ÖVP überraschenden Sieg des SPÖ-Kandidaten Theodor KÖRNER bei der ersten Volkswahl eines Bundespräsidenten (27. Mai 1951) äußerten sie sich in diesem Sinne.[103]

Es verstand sich allerdings, daß die SPÖ davon nichts wissen wollte; Partner in einer mehrheitlich *„bürgerlichen“ Kombination* zu sein, bot für sie keine lohnende Perspektive und drohte zudem, mittelfristig eine ausschließlich „bürgerliche“ Koalition zu legitimieren. Deshalb kam es auch nicht überraschend, daß RAAB, nachdem er im Juni 1951 FIGL als ÖVP-Obmann abgelöst hatte,[104] ohne Erfolg blieb, als er 1953 die Drei-Parteien-Koalition betrieb. In diesem Jahr verbuchte die SPÖ bei vorgezogenen Nationalratswahlen beachtliche Zuwächse; erstmals überflügelte sie die ÖVP an Stimmen, während diese dank des Wahlsystems ein Mandat Vorsprung rettete. RAAB scheint mit seiner Verhandlungsstrategie versucht zu haben, den Wahlsieg der SPÖ mit Hilfe der vorgeschlagenen neuen Regierungsstruktur zu unterlaufen, wenigstens aber den Schaden der ÖVP-Niederlage innerhalb der Koalition der „Zwei“ zu begrenzen, indem er mit jener gleichsam drohte. Letztlich scheiterte er an Bundespräsident KÖRNER, der mit aller Deutlichkeit klar machte, daß für ihn der VdU absolut

---

aber dennoch kein Mandat gewann, reichten 48,42% Stimmenanteil für die ÖVP zur absoluten Parlamentsmehrheit hin; Abstand zur SPÖ 5,78%, aber 11 Mandate.

103. RAUCHENSTEINER, Zwei, 167 f. (Anm. 2).

104. REICHHOLD, Geschichte, 208–211 (Anm. 3).

nicht koalitionsfähig sei.[105] Es hatte bei der Großen Koalition zu bleiben – wenigstens solange ein Staatsoberhaupt nicht anders dachte bzw. im Parlament keine absolute Mehrheit existierte.

Daß es ihren Akteuren schwer fiel, sich mit ihr emotional zurechtzufinden; daß mühsames Einerlei ihren Alltag bestimmte;[106] daß medial stets Polemik zwischen ihren Parteien stattfand; daß westalliierte Diplomaten unausgesetzt und besorgt über ihre Krisen berichten mußten und ständig von den Koalitionären in innenpolitischer Absicht über Krisen unterrichtet wurden: das alles hinderte doch nicht, daß die Große Koalition noch auf Jahre zum *konstruktiven Handeln* fähig blieb, gerade in „essentiellen Fragen".[107] Teilweise verhielt es sich bei ihm sogar anders als in den bisher diskutierten Politikbereichen: der Output war nicht durchwegs Ergebnis von Kompromiß und Interessenabtausch. Das gilt namentlich von der Mehrzahl der Fälle, die hier zu erwähnen sind, weil sie in und seit den fünfziger Jahren die *Identifikation* der Bevölkerung mit ihrem Staat vertieften.

Erstens ist da des *„Raab-Kamitz-Kurses"* zu gedenken. Im Zuge der Umbesetzung des ÖVP-Regierungsteams im Jänner 1952 war Reinhard KAMITZ Finanzminister geworden, eine Funktion, die in Österreich bekanntlich weit über die eines bloßen Budgetministers hinauswirkt. Von der Bundeswirtschaftskammer aus hatte er zwar die bisherige Wirtschaftspolitik bewußt mitgetragen. Jetzt fand er aber, daß die autonomen internationalen und nationalen ökonomischen Tendenzen eine drastische Kurskorrektur erforderten. 1951 hatte die Inflationsmarke fast 40% erreicht – trotz beginnender globaler Konjunkturabschwächung (Ende des Koreabooms), und trotz fortgesetzter selektiver Preissubventionierung über das Budget –, das Geldsparen im Land sank bedrohlich, das 5. Lohn- und Preisabkommen (Juli 1951) war wirkungslos geblieben, die ERP-Hilfe lief aus.

KAMITZ plädierte nun für – am westdeutschen Vorbild Maß nehmende – *marktwirtschaftliche* Gegensteuerung: Verknappung der Geldmenge, Korrektur des Schilling-Wechselkurses nach unten zwecks Verbilligung der Importe, Subventionsabbau im Budget, freiwillige Preissenkung durch Industrie und gewerbliche Wirtschaft. Der sichtbar an sein Ende gelangte Erfolg der bisherigen Strategie brachte es mit sich, daß SPÖ und ÖGB der neuen Strategie keinen wirklichen Widerstand leisteten. Allerdings führte der koalitionsinterne Streit um das Budget für 1953 zu den vorzeitigen Neuwahlen. Der relative Sieg, den sie der SPÖ bescherten, ging wohl auch darauf zurück, daß KAMITZ' Kurs zunächst eine *Stabilisierungskrise* mit hoher Arbeitslosigkeit nach sich zog (1953: 8,7%). Doch ließen sich weder er noch der im April 1953 zum Bundeskanzler aufgestiegene RAAB davon beirren. Und der rapide Aufschwung, der sich schon 1953 in allen relevan-

105. RAUCHENSTEINER, Zwei, 186–189 (Anm. 2).

106. RAUCHENSTEINER, Zwei, 175 (Anm. 2).

107. RAUCHENSTEINER, Zwei, 176 (Anm. 2).

ten Wirtschaftsdaten niederschlug und ab der Jahreswende 1953/54 auch den Arbeitsmarkt erfaßte, gab ihnen recht.[108] Nicht unbedeutend war, daß die ÖVP damit nachhaltig an Wirtschaftskompetenz gewann und sich mit weit besseren Aussichten ihrer gewerblichen Klientel, aber auch dem wirtschaftsliberalen Element des VdU präsentieren konnte. Noch mehr Gewicht kommt freilich dem Umstand zu, daß die nun nachweisbare Fähigkeit Österreichs, sich auch unter zunehmend konkurrenzbestimmten weltwirtschaftlichen Bedingungen geradezu glänzend behaupten zu können, Bevölkerung und Staat vollends zusammenführte. Daß dies unter marktwirtschaftlichen Vorzeichen geschah, war nicht gering zu bewerten: Es machte Österreich im westeuropäischen Kontext zu einem normalen Gebilde.

Mehr innerkoalitionärer Junktimierung bedurfte der Beschluß des *Allgemeinen Sozialversicherungsgesetzes* (ASVG). Seit der Jahreswende 1953/54 wurde seine komplizierte Materie verhandelt. Nicht weniger war mit ihm intendiert als erstens eine Kodifikation des Kranken-, Unfall- und Pensionsversicherungsrechts aller Unselbständigen (ausgenommen nur die des öffentlichen Dienstes), zweitens fühlbare Leistungsverbesserungen mit ihren Konsequenzen für das Beitragswesen und die erforderlichen Staatszuschüsse. Bis dahin hatte die Republik namentlich der inflationsbedingten Entwertung der Renten nur mit bescheidenen Anpassungsgesetzen und – bezeichnend! – fixen „Ernährungszulagen" begegnen können. 1954 erlaubte die Wirtschaftsentwicklung eine fühlbare Rentenerhöhung als Vorgriff auf das ASVG (Rentenbemessungsgesetz, BGBl. 1954/151). Im Sommer des „annus mirabilis" 1955 war schließlich dieses reif zur Verabschiedung – ein wahres soziales „Grundgesetz" für die Arbeiter und Angestellten, aber mit seinen unfallversicherungsrelevanten Passagen auch für die Selbständigen.

Die Industrie hatte ihm seiner Beitragsbestimmungen wegen bis zuletzt opponiert; durch die Junktimierung mit Kapitalmarktgesetzen kam es schließlich zum *Konsens*. Nur die niedergelassenen Ärzte streikten erstmals; ihr künftiger Status gegenüber den Krankenkassen befriedigte sie nicht.[109] – War mit all dem das ASVG bezüglich seiner integrativen Bedeutung schon kaum zu überschätzen, so kam doch noch hinzu, daß es sich in der Folge zum „Leitgesetz" (TÁLOS) für die sozialversicherungsrechtliche Positionierung der *Selbständigen* entwickeln sollte: 1957 wurde mit der Pensionsversicherung der *gewerblich Selbständigen* der Tatsache begegnet, daß diese seit Jahrzehnten schon nicht mehr in der Lage gewesen waren, eine einigermaßen angemessene Altersversorgung aus privaten Ersparnissen zu finanzieren. Zugleich wurde für die *Bauern* immerhin eine Zuschußrentenversicherung ermöglicht; in ihrem Fall sollte es

108. NEMSCHAK, Jahre, 10–12 (Anm. 10). – BUTSCHEK, Wirtschaft, 109–118 (Anm. 10). – Fritz DIWOK/Hildegard KOLLER: Reinhard Kamitz. Wien 1977.

109. TÁLOS, Sozialpolitik, 344–346 (Anm. 75).

bis 1965 dauern, ehe für sie ein volles Pensionssystem Wirklichkeit wurde.[110]

Endlich: *Staatsvertrag* und *Neutralitätsgesetz* hatten naturgemäß erstrangige *innenpolitische* Dimensionen. Die sind auf wenigstens zwei Ebenen zu finden: einmal auf der innerer Beschlußbildung, dann auf der ihrer identitätsstiftenden Wirkungen.

Auf der ersten gab es zwar von vornherein weitestgehenden Konsens darüber, daß man den *Staatsvertrag* wünschen müsse – trotz seiner seit 1949 intern bekannten, vielfach bedenklichen Inhalte, trotz des sicherheitspolitischen Preises, den er kosten mochte, trotz der sicherheitspolitischen Unwägbarkeiten, die nach seinem Abschluß vielleicht zu gewärtigen waren. Einzelne Kritiker wandten sich gegen das eine wie das andere; sie sahen 1954/55 im Zweiten Kontrollabkommen und der Praxis, mit der es mittlerweile angewandt wurde, faktisch ein Unterpfand *kollektiver Sicherheit* für Österreich, weitaus dem Status vorzuziehen, in dem sich Österreich nach Abzug der Besatzungssoldaten trotz des Neutralitätsgesetzes befinden würde. Nicht weniger behaupteten sie, als daß sich die Regierung zum Gefangenen ihrer eigenen Propaganda und langjährigen Politik gemachte habe.[111]

Mit dieser Argumentation waren sie freilich nicht nur isoliert, sie übersahen auch, daß die Regierung von sich aus die so skizzierten Gefahrenquellen so gut wie möglich minimierte. Dem diente bereits seit 1952 der Aufbau der B-Gendarmerie in Westösterreich, dem diente der Wille, sofort nach Vertragsabschluß ein Wehrgesetz (7. Sept. 1955) zu verabschieden, das ein Bundesheer mit allgemeiner Wehrpflicht ins Leben rief. Beides war, wenn schon nicht kraft eigener Urteilsbildung, zwingend erforderlich, um Bedenken der USA gegen die Entlassung Österreichs in seine Unabhängigkeit zu zerstreuen. Es verdient hervorgehoben zu werden, daß die Koalitionsparteien darüber relativ leicht Konsens zustande brachten. Selbstredend hatten sie dazu Übereinstimmung in einer Menge von Details zu finden, vor allem über die politische Kontrolle der bewaffneten Körper – denn das war nach den Erfahrungen von 1934 das Um und Auf für die SPÖ.[112]

Ähnlich war es mit der Konsensfindung bezüglich der Tunlichkeit gegangen, *immerwährende Neutralität* der Republik als Preis für den Abzug der Besatzungsmächte anzubieten. Dieser Gedanke behagte namentlich Vizekanzler SCHÄRF nicht. Er mißtraute RAABs Initiativen gegenüber der Sowjetunion schon seit Frühjahr 1953, fürchtete, daß sie die Beziehungen

110. TÁLOS, Sozialpolitik, 347–349 (Anm. 75); dort 351–373 auch die Finanzierungsmodalitäten und -probleme zusammengefaßt.

111. Alfred ABLEITINGER: Österr. Skepsis gegenüber Österreichs Staatsvertrag. Theodor Hornbostels und Friedrich Funders Diskussionen in den Jahren 1953–55. In: Geschichte und Gegenwart, 4 (1985), 191–212.

112. RAUCHENSTEINER, Zwei, 176, 218–221 und 307–309 (Anm. 2).

zu den USA schwer belasten würden, und hatte nicht unrecht damit, daß für die USA „Neutralität" ein negativ besetztes Vokabel darstellte. Innenpolitische Aspekte der Parteienrivalität spielten dabei gewiß mit. Schließlich kam man aber doch bald überein, die Neutralitätsidee ins interalliierte Gespräch zu bringen, allerdings mit dem strikten Vorsatz, daß es sich um selbstgewählte, nicht um Österreich auferlegte Neutralität handeln müsse. So wurde schließlich verfahren – zuletzt plötzlich mit Erfolg. In letzter Stunde endlich wurden noch im Mai 1955 dem Staatsvertragstext die schlimmsten „Giftzähne" (Friedrich FUNDER) seiner Fassung von 1949 gezogen; die sowjetische Bereitschaft dazu bedurfte in Österreichs Regierung freilich keiner Konsensanstrengung.

Noch weniger als für Raab-Kamitz-Kurs und ASVG brauchte die Koalition – um nun den Blick auf die zweite Ebene zu lenken – für Staatsvertrag und Neutralität der Bevölkerung gegenüber *Überzeugungsarbeit* zu leisten. Im Nationalrat stimmten nur die Abgeordneten des VdU gegen beide. Aber der war unterdessen in voller Auflösung begriffen, und was sich aus seinen Trümmern zu einer neuen Partei fügte, die FPÖ, bekannte sich spätestens ab 1964 immerhin zur Neutralität.[113] Die übergroße Mehrheit von Parlament und Bürgern quittierte schon 1955 die *erfolgreiche Regierungspolitik* mit bis dahin nicht für möglich gehaltenem Jubel.

So verdichtete sich die *„Nation Österreich"*. Seit der Mitte der fünfziger Jahre wächst das Österreichbewußtsein spürbar, mehr und mehr fängt man in der Bevölkerung an, „bewußt Österreicher (zu) sein."[114] *Staatsvertrag* und *Neutralität* sind dabei gewiß so sehr die primären Identifizierungssymbole, daß mit den Jahren sogar besorgte Fragen aktuell werden, ob deren Synonymsetzung mit Österreich selbst nicht zunehmend problematisch werde, ob nicht deren beider instrumentaler Charakter für Österreichs staatliche Existenz unterstrichen werden müsse.[115] Neben diese beiden Elemente treten, Selbstbewußtsein und Identität vermittelnd, *industriewirtschaftliche Prosperität, soziale Sicherheit, internationale kulturelle Geltung.* Auch für sie gibt es seit den fünfziger Jahren je spezifische *Symbole:* LD-Verfahren, Kaprun und Ybbs-Persenbeug; ASVG und Familienlastenausgleich (seit 1954); Wiederherstellung von Salzburger und Stephansdom (samt „Heimkehr" der Pummerin), Wiedereröffnung von Burgtheater und Staatsoper, „Festland Österreich" (Salzburg und Bregenz), Neujahrskon-

113. Salzburger Bekenntnis der Freiheitlichen Partei Österreichs, abgedruckt bei Erich REITER: Programm mit Programmentwicklung der FPÖ. Wien 1982, 276.

114. Ernst BRUCKMÜLLER: Nation Österreich. Sozialhistor. Aspekte ihrer Entwicklung. Wien-Köln-Graz. 1984 – Dirk LYON u. a.: Österreich›bewußt‹sein – bewußt Österreicher sein? Wien 1985.

115. Konrad GINTHER: Neutralität und Neutralitätspolitik. Die österr. Neutralität zwischen Schweizer Muster und sowjetischer Koexistenzdoktrin. Wien-New York. 1975. – Andreas UNTERBERGER in diesem Band. – Ein anderer Kritikpunkt bezieht sich schon länger darauf, daß Österreich die verteidigungspolitischen Konsequenzen seiner selbstgewählten Neutralität nie wirklich zog.

zerte. In diesen Symbolen – und anderen, die sich nennen ließen – wird manifest, was ein „zweites Heldenzeitalter" (Heimito von DODERER) in Österreich zwischen 1945 und etwa 1955 vollbracht hat.

9. Die „Erfüllung" der Großen Koalition

Nunmehr, um 1955, stand Österreichs innenpolitische Entwicklung nicht mehr unter dem Vorzeichen der *Identitätsfindung*. Die war, soweit Politik zu ihr beitragen konnte, nun geleistet. Wenngleich es an wichtigen Resultaten des innenpolitischen Prozesses auch weiter nicht fehlt, wird dessen *Output* nun insgesamt bescheidener, und er darf bescheidener sein. Politik richtet sich von nun an nämlich an eine Gesellschaft, die mit der Grundordnung, in der sie existiert, übereinstimmt, die der politischen Obsorge weniger bedarf, die wachsendes *Eigenleben* zeigt. Ihr wirtschaftliches Leben vollzieht sie teils in je autonomen Aktivitäten, teils läßt sie es von Institutionen und in Prozeduren regulieren, deren Funktionstüchtigkeit auch weitgehend unabhängig von politischen Vorgängen i.e.S. gegeben ist *(Sozialpartner, Paritätische Kommission 1957, Raab-Olah-Abkommen 1962). Medien,* die jetzt weder von Besatzungsmächten noch Parteien abhängen, gewinnen rasch an Bedeutung („Kurier", „Express", „Kronen Zeitung", „Die Presse", „Wochenpresse"; regionale Tageszeitungen von Bregenz bis Linz, von Graz bis Klagenfurt).

Unter diesen Umständen unterliegen die Bedingungen für *innenpolitischen Erfolg* – sowohl bezüglich der Wählerbetreuung und Wahlwerbung wie hinsichtlich der gefällten bzw. geforderten Entscheidungsinhalte -zunehmendem Wandel. Aber sie zeigen keine einheitliche Tendenz: Denn in der Gesellschaft gibt es sowohl weiterhin viele Erwartungen an den Staat – freilich mehr und mehr differenzierte, untereinander oft unverträgliche Ansprüche – wie die Forderung nach *„Entpolitisierung"*. Wünsche nach *„Betreuung"* durch das hergebrachte Gewebe von parteinahen Institutionen und Vorfeldorganisationen kreuzen sich mit der Kritik am allgegenwärtigen personellen *„Proporz";* Bereitschaft zur Partizipation an dem auch herrschaftlichen („feudalen") Geflecht, mit dem die großen Parteien die Gesellschaft durchdrungen haben, nun möglichst wenig außerhalb ihrer Kontrolle zu lassen und nichts der Kontrolle der anderen zu überlassen, kontrastiert mit dem Ruf nach Reduktion von Parteieinfluß, nach Machtverzicht der politischen Elite. Diese in vielem gegenläufigen, in manchem geradezu paradoxen Tendenzen werden zum Signum des nächsten Jahrzehnts, des zweiten und letzten der Großen Koalition.

Es kann nicht wunder nehmen, daß sich unter diesen Verhältnissen sowohl deren Erscheinungsbild nach außen wie deren Selbstwahrnehmung durch ihre Akteure ändert. Generell gilt: Wenn nun vermehrt *spezielle Forderungen* erhoben und in den koalitionären Entscheidungsprozeß eingespeist werden, Forderungen, die den Konsens über ihren gemeinsamen Nenner voraussetzen, die auf seiner Grundlage artikuliert werden und die deshalb nicht mehr in Wege der Konsensermittlung integriert werden können, dann treten Formen des Umganges mit Forderungen mehr und mehr hervor, die zuvor zwar auch immer wieder praktiziert, die aber von den Möglichkeiten produktiver Kompromißfindung über Grundlegendes überlagert worden waren. Es sind Formen, deren politische Logik zwar einleuchtet, deren inhaltlicher Output aber die Handelnden selbst und erst recht ihr „Publikum" immer weniger befriedigt.

Drei solcher Verhaltensformen sind vor allem festzustellen: *temporäre Nicht-Entscheidung* infolge wechselseitiger Blockierung von Forderungen innerhalb der Koalition; „politische", d. h. sachlich nicht nachvollziehbare *Junktimierung* der Entscheidung über nicht Zusammengehöriges; Ersatz bzw. Ergänzung inhaltlicher Entscheidung durch *Konsensfindung über Verfahrensregeln,* gewöhnlich in Gestalt kollegial verfaßter Administrativorgane auf der Basis von Parteienproporz: Die erste kann daran exemplifiziert werden, daß noch 1956 keine Entscheidung über die Zukunft der aus dem SMV-Bereich an Österreich übergegangenen Erdölwirtschaft gefallen war (so wenig wie über die seit 1955 mögliche zivile Luftfahrt). Erst im Jahr darauf wurde ihre Verstaatlichung beschlossen und zwar – ein Beispiel für den zweiten Verhaltensmodus – im Junktim mit der privatwirtschaftlichen Liquidierung anderer Restelemente des Deutschen Eigentums und der Ausgabe von „Volksaktien" für begrenzte Staatsanteile an Creditanstalt und Länderbank. Gegenläufige ordnungspolitische Zielsetzungen realisierte die Koalition also quasi uno actu. Daran, daß in der Folge weder weiter verstaatlicht noch privatisiert wurde, ist zu erkennen, daß zwar zwei Konzepte existierten, ihre Umsetzung aber nur im Zusammenhang tagespolitischer Erfordernisse strichweise geschah, im übrigen aber Opfer koalitionsinterner Blockierung blieb. Es gehört in die Rubrik des Junktimierens, daß der Erlös des Staates für die Ausgabe der Volksaktien der Erhöhung der Beamtengehälter diente. (Freilich stand die wieder im Kontext des ÖVP-Wunsches nach Entnivellierung in der Einkommenspolitik.)[116]

Legion sind schließlich die minutiösen Vereinbarungen über die Anwendung des *Parteienproporzes* bei zahlreichen Umorganisationen: Die Koalitionsabkommen von 1953, 1956, 1959 sehen ihn vor für Kommissionen innerhalb der Ministerien, die mit verstaatlichter Industrie, den drei Großbanken, dem Deutschen Eigentum zu tun haben, für die Industrie- und Bergbau-Verwaltung (IBV) des verstaatlichten Sektors von 1956, für dessen neuerliche Reorganisation 1959; für das staatliche Tabakmonopol; für den Medien- insbesondere den Rundfunkbereich; für den Rechnungshof.[117] Beziehen diese Absprachen sich sämtlich auf das bundespolitische Niveau, so werden sie 1962 von der Koalition mittels Verfassungsgesetzgebung auf die kollegialen Schulbehörden auf der Ebene von Ländern und

116. REICHHOLD, Geschichte, 274 f. und 286–291 (Anm. 3).

117. Die Texte bei RAUCHENSTEINER, Zwei, 544–551 (Anm. 2).

Bezirken sowie auf die Zusammensetzung der Gemeindevorstände ausgedehnt.

Genährt aus genuinem wechselseitigen Mißtrauen sowohl wie aus zunehmendem Konsens der Eliten – besonders häufig aus deren Erfahrung, im regionalen und lokalen, auch im sachorientierten Verwaltungsalltag persönlich gut kooperieren zu können –, hat das *konkordanzdemokratische* politische Steuerungsmodell damit seine letzten Gipfel erreicht. Es ist wichtig zu sehen, daß es weiter Effizienz beweist, vor allem in wenig spektakulären Belangen; darum erfährt es auch nach wie vor viel Zustimmung, darunter freilich auch mürrisch gewährte. Aber es ist nicht nur abstraktes Modell, sondern de facto Penetration von schier allem und jedem mit (oft partikularisierter) *Macht der Großparteien;* und darum erzeugt und verstärkt es selbst die Kritik an ihm, externe und interne.[118]

Bevor sie verfolgt wird und damit das *Ende der Koalition* in den Blick kommt, ist noch kurz an einige Aspekte des *Outputs* der Regierung zu erinnern. 1957 wurde mit dem Gewerblichen Selbständigen – Pensionsversicherungsgesetz (GSPVG), landwirtschaftlichem Zuschußrentengesetz und Mutterschutzgesetz bisherige, vorrangig auf Arbeitnehmer ausgerichtete Sozialpolitik tendenziell zur Gesellschaftspolitik ausgeweitet. Gingen diese Schritte auf ÖVP-Initiatoren zurück, so vermochte die Volkspartei, die seit 1956 einen bemerkenswerten Mandatsvorsprung vor der SPÖ hatte, diesen sonst kaum zu nutzen. Im Gegenteil, erst als sich nach den Wahlen von 1959 innerhalb der Koalition ein vollständiges Kräftegleichgewicht wiederhergestellt hatte, wurde wieder mehr Konsens auch in substantiellen Fragen möglich.[119] Die Regierungsparteien verständigten sich über eine aktivere Südtirolpolitik (1960/61), über eine aus ihrer Sicht abschließende Regelung der Rückstellungsfrage bezüglich arisierter Vermögen und Vermögensrechte (12. Novelle zum Opferfürsorgegesetz, BGBl. 1961/101); in beiden Bereichen kam dem neuen Außenminister Bruno KREISKY eine wichtige Rolle zu.[120] Seinem ebenso neuen Kollegen im Agrarressort Eduard HARTMANN gelang 1960 der Abschluß jahrelang stockender Verhandlungen über das Landwirtschaftsgesetz; mit seinem „Grünen Plan" bündelte er endlich, was die Regierung zur Stabilisierung eines notleidenden und schrumpfenden Bevölkerungsteiles und Wirtschaftssektors zu tun beabsichtigte – wirklich, gerade im internationalen Vergleich, ein „Nachziehverfahren".[121]

Wirtschaftsgeschichtlich und -politisch von noch größerer Bedeutung wur-

118. Exemplarisch für externe Kritik die Dokumentation von René MARCIC/Franz M. SCHMÖLZ/Erika WEINZIERL (Hg.): Zur Reform der österr. Innenpolitik 1955–1965. 2 Bde. Wien-Frankfurt/Main-Zürich 1966 und 1968.

119. RAUCHENSTEINER, Zwei, 433 (Anm. 2).

120. RAUCHENSTEINER, Zwei, 416–418 und 424 f. (Anm. 2).

121. REICHHOLD, Geschichte, 325 (Anm. 3). – Matthias SCHNEIDER: Landwirtschaft und Agrarpolitik. In: Hanns ABELE u.a. (Hg.): Handbuch der österr. Wirtschaftspolitik. 3.A. Wien 1989, 317–332.

de, daß Handelsminister Fritz BOCK (ÖVP), erhebliche Widerstände gerade auch in seiner eigenen Partei überwindend, bis zur Jahreswende 1959/60 Österreichs Beitritt zur EFTA durchsetzen konnte: Der Anteil des mit ihren Mitgliedsstaaten praktizierten Außenhandels stieg in der Folge rasant an, wenn die EFTA auch die Diskriminierungswirkung der Nichtmitgliedschaft Österreichs an der EWG nicht kompensieren konnte. Doch zunächst war die Freihandelsassoziation ja überhaupt nur als Interim zur Überbrückung der Frist gedacht, jenseits derer ihre Länder EWG-Mitglieder sein würden oder eine „große", ganz *Westeuropa* umfassende Freihandelszone geschaffen sein würde. In diesem Kontext war somit der Stellenwert der Entscheidung zum EFTA-Beitritt zu beurteilen. Daß seine weitergespannten Perspektiven sich nicht erfüllten, daß darum ab 1962 eine innerkoalitionäre Kontroverse darüber entbrannte, ob ein bilateraler Assoziationsvertrag Österreichs mit der EWG an ihre Stelle treten solle bzw. könne, war 1960 noch nicht abzusehen.[122]

1960/62 wurde das *Konkordatsproblem* weitgehend zu Ende und damit auch die Lösung der *Schulfrage* auf den Weg gebracht. Nachdem sich die SPÖ jahrelang geweigert hatte, das Konkordat als gültig anzuerkennen und anzuwenden, das die Regierung DOLLFUSS 1933 geschlossen hatte, lenkte sie ab 1957 vorsichtig ein. 1960 wurden die Vermögensfragen geregelt – darunter die Entschädigung für der katholischen Kirche vom Nationalsozialismus entzogener Vermögen –, die Diözese Eisenstadt errichtet. Dieser Durchbruch ermöglichte übrigens 1961 auch das in der Sache unstrittige Gesetz über die äußeren Rechtsverhältnisse der evangelischen Kirchen. 1962 schließlich verständigte sich die Republik mit dem Vatikan über offene Schulfragen (Religionsunterricht, Subventionierung katholischer Privatschulen).[123] Damit wurde zugleich definitiv die Tür zur Erledigung der seit 1918 strittigen Probleme des Schulsystems aufgestoßen, über die seit Jahren fruchtlos verhandelt worden war: denn „der Kampf in den (jeweils) eigenen Reihen war der schlimmste" gewesen. Ein großes Paket wurde geschnürt – von den Schulbehörden bis zur Schulorganisation – und in der Bundesverfassung verankert.[124]

Es war die letzte große Tat der Koalition, und es war eine charakteristische. Was so viel Zeit und Mühe zur Konsensfindung gefordert hatte, wurde nun mit den größtmöglichen *Gewährsgarantien* versehen: Verfassungsrang für die einschlägigen Gesetze, Parteienproporz für ihren Vollzug auf allen Ebenen.

122. REICHHOLD, Geschichte, 325 f. (Anm. 3). – BUTSCHEK, Wirtschaft, 132–134 (Anm. 10). – Hellmuth STRASSER: Der Weg Österreichs zu den Verträgen mit Brüssel. Wien 1972.

123. Erika WEINZIERL: Die kath. Kirche. In: WEINZIERL/SKALNIK, Republik, Bd. 2, 285–294 (Anm. 2).

124. Max NEUGEBAUER: Schulwesen. In: WEINZIERL/SKALNIK, Republik, Bd. 2, 328–345, Zitat: 331. (Anm. 2).

10. Die Große Koalition in ihrer Endphase

Kritik, wir haben es gesagt, gab es in allen diesen Jahren zunehmend an den *Mitteln,* mit denen sich die Koalitionsparteien gegenseitig kontrollierten, d. h. an der Durchwucherung der Gesellschaft mit ihrem Einfluß. Darauf vor allem zielt *externe Kritik,* sekundär auch auf die nachlassende *Kraft* des Systems, Probleme zu lösen: Kosten und Leistung des Systems scheinen ihr in ein Mißverhältnis geraten. Ähnliches nimmt die *interne Kritik* wahr, sie richtet sich dagegen, daß die jeweils eigene Partei öffentlich schlechte Noten bekommt, weil die andere sie daran hindert, die eigenen Konzepte zu realisieren. In einem Wort: diese Kritik richtet sich praktisch gegen den Zwang zur *exklusiven Koalition* der „Zwei". Ihn zu durchlöchern oder überhaupt zu brechen, wird mehr und mehr zum Anliegen beider Großparteien.

Schon 1953 haben sie erstmals in ihrem Koalitionsabkommen einen *„koalitionsfreien Raum"* prinzipiell für möglich erklärt – damals das Restprodukt von RAABs Bemühung, den VdU mit ins Spiel zu bringen. In den Abkommen von 1956 bis 1963 ist weiter von ihm die Rede.[125] Jedoch wird er zehn Jahre lang nicht genützt. Beide Koalitionsparteien konzentrieren sich stattdessen darauf, durch Wahlerfolge ihre Position *im* Regierungsbündnis zu verbessern. Das gelingt zuerst – fast -der Volkspartei 1956. Die ersten Nationalratswahlen nach dem Staatsvertrag bescheren ihr und ihrem Kanzler 4,7% Stimmenanteil mehr als 1953 und 82 Mandate; nur eines fehlt auf die absolute Mehrheit. Ihren Sieg verdankt sie ausschließlich dem Zerfall des VdU; dessen Nachfolgerin, die FPÖ, büßt 190.000 Stimmen ein (4,4% Anteil), die ÖVP legt 218.000 zu. RAABs Hoffnung, die VdU-Wähler zu „inhalieren", hat sich beinahe erfüllt. Gewinne zu Lasten der SPÖ sind ihm freilich versagt geblieben; auch die macht 65.800 Stimmen und knapp 1% Anteil mehr. Die KPÖ sinkt um 36.000 Stimmen und 0,86% Anteil.[126] Es ist ein Erfolg der Volkspartei, aber kein strategischer Durchbruch. – Den versucht RAAB 1957 ein zweites Mal gelegentlich der Neuwahl des *Bundespräsidenten* nach Theodor KÖRNERs Tod (4. April 1957). Er schließt ein Wahlbündnis mit der im April 1956 gegründeten Freiheitlichen Partei in Form eines gemeinsamen Kandidaten: Univ.-Prof. Dr. Wolfgang DENK. Der gute Gesprächskontakt mit dem ersten FPÖ-Obmann Anton REINTHALLER hat das ebenso ermöglicht wie eine Gruppe von FPÖ-Abgeordneten, die die Zukunft ihrer Partei an der Seite der Volkspartei sehen (Wilfried GREDLER, Jörg KANDUTSCH). Der richtige Mann in der Hofburg, so denkt RAAB, wird die Ausgrenzung der FPÖ beenden, die KÖRNER 1953 dekretiert hatte, wird neue Dynamik in der Regierung ermöglichen. Zugleich scheint RAAB darauf zu setzen, daß die

125. RAUCHENSTEINER, Zwei, 544, 546, 549 und 552 (Anm. 2).

126. Die Zahlen ermittelt aus der Tabelle bei PELINKA/PLASSER, Parteiensystem, 769 (Anm. 3).

Wähler der noch nicht konsolidierten FPÖ mittelfristig deren Überflüssigkeit erkennen werden, gerade wenn die Partei, die sie erst einmal gewählt haben, an die Seite der Volkspartei tritt. Kurz: RAAB hat seine „Inhalationstheorie" nicht aufgegeben.[127] Aber DENK unterliegt, SCHÄRF wird gewählt, für die Koalition hat sich (fürs erste) nichts geändert. Von nun an werden es Bundesländerpolitiker der ÖVP sein (Josef KRAINER sen., Josef KLAUS, Karl GRUBER), die in ihrer Partei fordern, mit der FPÖ auf Dauer zu rechnen, zu ihr ein positives Verhältnis herzustellen, mit ihr im koalitionsfreien Raum zu operieren. Das entspricht sowohl deren landespolitischer Interessenlage wie dem Fehlschlag der „Inhalation". Aber sie werden damit nicht durchdringen.[128]

Nur sehr langfristig operiert in diesem Belang die SPÖ erfolgreicher. SCHÄRFs Nachfolger im Parteivorsitz, Bruno PITTERMANN, setzt zunächst mehr auf das Erschließen neuer Wählerschichten. Schon um SCHÄRFs Wahlchancen zu verbessern, werden demonstrativ Akte gesetzt, das Verhältnis der SPÖ zur *katholischen Kirche* zu entspannen; der neue Wiener Erzbischof Franz KÖNIG erleichterte die Anknüpfung, die noch offenen Konkordatsfragen und die Korrektur der SPÖ-Haltung zu ihnen boten sich als Hebel an. Zwei Protagonisten dieses neuen Kurses, Franz OLAH und Felix SLAVIK, lassen sich 1959 sogar in Privataudienz von Papst JOHANNES XXIII. empfangen.[129]

Nicht zuletzt weil sie nach neuen Wählern sucht, gibt sich die SPÖ 1958 ein *neues Grundsatzprogramm:* Dieses „Wiener Programm" löst das von Linz aus dem Jahre 1926 ab und begräbt formell in mehr als nur kultur- und religionspolitischer Hinsicht das austromarxistische Erbe.[130] In der Tat war seine wahlpolitische Wirkung schon 1959 nicht gering. Erstmals drang die SPÖ auch in relevantem Umfang in Kleingemeinden vor, zu bäuerlichen und katholisch gestimmten Wählern. Sie machte 80.000 Stimmen mehr als 1956, während die ÖVP 70.000 verlor und die FPÖ gut 50.000 zurückgewann; sie überflügelte wie schon 1953 die Volkspartei an Stimmen, blieb aber um ein Mandat hinter ihr zurück. (Mandatsverteilung: 79 ÖVP, 78 SPÖ, 8 FPÖ, erstmals 0 für KPÖ). Jedoch war sie nach wie vor weit von der absoluten Mehrheit entfernt, ihr Stimmenanteil lautete auf nur 44,78%.[131] So drängte sich die Strategie geradezu auf, nun von der SPÖ aus den Kontakt mit der „dritten Kraft" wieder aufzunehmen. Deren Dis-

127. REICHHOLD, Geschichte, 285 f. (Anm. 3). – PIRINGER, Geschichte, 50–54 (Anm. 3) mit zusätzlichen Angaben über Absprachen, die die ÖVP nicht einhielt. – RAUCHENSTEINER, Zwei, 364–366 (Anm. 2).

128. REICHHOLD, Geschichte, 310 und 315 f. (Anm. 3). – PIRINGER, Geschichte, 78 f. (Anm. 3).

129. Das Vorstehende nach Franz OLAH, „Persönliche Verteidigungsschrift" bei KONRAD/LECHNER, „Millionenverwechslung", 190 f. (Anm. 97).

130. KRIECHBAUMER, Parteiprogramme, 288–334 (Anm. 3) mit reichem Quellenmaterial.

131. PELINKA/PLASSER (Hg.): Parteiensystem, 769 (Anm. 97).

kriminierung durch das an Grundmandaten orientierte Wahlrecht in Bund und Ländern diente zur Anknüpfung; im Vorfeld von Landtagswahlen in Wien und Salzburg bot die SPÖ ihre Hilfe an, die FPÖ mittels neuer Wahlgesetze in die Landtage zu bringen bzw. besser zu verankern. Sie stellte damit für die FPÖ Substantielleres in Aussicht, als die ÖVP in Bund oder Ländern je ernsthaft getan hatte. Noch war dieser Kurs politisches Gemeingut der seit 1956/57 kooperierenden neuen Führungsgruppe der SPÖ.[132]

Offensichtlich sind die Dinge seit 1957 in Fluß geraten – in der SPÖ mit dem Übergang von SCHÄRF zu PITTERMANN, in der ÖVP mit RAABs damaliger Wahlniederlage (sowie der von 1959) und seiner nachlassenden Gesundheit. *„Reform"* der Parteien steht auf der Tagesordnung. Aber was „Reform" jeweils bedeutet, hängt davon ab, wer in den Parteiführungen in ihrem Namen Neuerungen begehrt und wer bzw. welche Gruppe sich durchsetzt. *Machtkämpfe* gibt es in beiden. In der Volkspartei vollzieht sich der Wechsel in der Führung in zwei Etappen: 1960 in der Etablierung von Alfons GORBACH als Obmann und Hermann WITHALM als Generalsekretär, 1963 in der Ablöse GORBACHs durch Josef KLAUS; beide Male hat es der neue Obmann noch mit seinem Vorgänger zu tun, der jeweils rund ein Jahr lang Bundeskanzler bleibt, so daß sich die Verhältnisse komplizieren.[133]

In eine noch viel kritischere Lage gerät die SPÖ. Ihre Führungsgruppe von 1956/57 zerfällt infolge *dramatischer persönlicher Auseinandersetzungen* um die Macht in Partei und ÖGB. Zwar spricht manches dafür, daß dabei auch um ein herkömmlicheres und ein moderneres, „amerikanisiertes" Partei- und überhaupt Politikverständnis gerungen wird. Für das zweite steht Franz OLAH mit seinen Methoden, neue Medien zu kaufen oder wenigstens zu sponsern („Kronen Zeitung"), die materiell ausgeblutete FPÖ 1962/63 mittels einer Millionenzuwendung als Partner zu gewinnen bzw. von der ÖVP fernzuhalten, mit seiner Praxis, den ÖGB, dessen Präsident er seit 1959 ist, gegebenenfalls auch gegen die Partei in Stellung zu bringen, mit seiner mehr wählergruppenorientierten als weltanschauungsbezogenen Politik.[134] Aber weder er noch seine Gegner suchen sich ihre Partner in diesem Ringen skrupulös nach den für die SPÖ herkömmlichen bzw. neuen Kriterien aus, und schon gar nicht lassen sich die beiden Lager

132. OLAHs „Persönliche Verteidigungsschrift" bei KONRAD/LECHNER: „Millionenverwechslung", 195 (Anm. 97). – Zur Situation der FPÖ in Wien und Salzburg PIRINGER, Geschichte, 75 f. (Anm. 3).

133. REICHHOLD, Geschichte, 308–349 (Anm. 3).

134. Werner PLESCHBERGER: Die „Olah-Krise": Polit. Probleme der Modernisierung des österr. Parteiensystems in den sechziger Jahren. In: PELINKA/PLASSER, Parteiensystem, 695–716 (Anm. 3). – Helmut KONRAD: Die Kronen Zeitung. In: KONRAD/LECHNER: „Millionenverwechslung", 89–156 (Anm. 97). – Helmut KONRAD: An Organization of Voters or a Party with a Philosophy? The Political Conflict within the SPÖ in the 1960s. In: Austrian History Yearbook, 23 (1992), 120–134.

schließlich durch Präferenz für oder gegen die Fortsetzung der Großen Koalition definieren. Am Ende stehen im Herbst 1964 OLAHs Ausschluß aus der Partei und seine Antwort, eine eigene Partei zu gründen, die Demokratische Fortschrittliche Partei (DFP), mit ihr 1966 zu kandidieren und durch das Medium der „Kronen Zeitung“ die SPÖ zu bekämpfen. Die erleidet deswegen und weil sie sich von einer Wahlempfehlung der KPÖ für sie nicht distanziert im März 1966 ihre schwerste Wahlniederlage. Die Ära PITTERMANNs ist damit abgeschlossen, 1967 wird Bruno KREISKY Parteivorsitzender.

Traditionelle Motive der Nachkriegszeit und wie immer geartete, inhaltliche und taktisch neue begegnen somit während der ersten Hälfte der sechziger Jahre in der Innenpolitik nebeneinander. Die *Wahlkämpfe* von 1959 und 1962 werden sowohl mit alten Slogans geführt – „Gleichgewicht“ begehrt die SPÖ 1959 vom Wähler, „sozialistische Herrschaft“ sieht die ÖVP 1962 drohen[135] (und erst recht 1966 wegen der erwähnten Wahlempfehlung der KPÖ) – wie in ihnen neue Themen begegnen, die auf speziellere Wählergruppen gerichtet sind und auf deren spezifische Bedürfnisse. Gerade mit ihnen gewann die Volkspartei einen gewissen *„innovatorischen Vorsprung“*, da sie diese neuen Themen jenseits der parteiinternen Gruppierungen von Koalitionären hier, Reformern dort propagierte: Jugendbürgschaft, Erhöhung der Pensionen, Europa-Lohn, Europa-Reife überhaupt, Wohnbau, Regionalentwicklung. Zusammen mit der „Abwehrschlacht“ gegen die „sozialistische Herrschaft“, zusammen mit einem Wahlkampfstil, der Personen herausstreicht und auch sonst dem heraufziehenden „visuellen Zeitalter“ besser entspricht als jener der SPÖ, bewirken sie mit den relativen Wahlsieg der Volkspartei im November 1962. Sie werden dann in der „Aktion 20“ gebündelt (Jänner 1966), signalisieren eine „neue Politik der Sachlichkeit“, weil Erkenntnisse der *Sozialwissenschaften* fruchtbar gemacht werden sollen, und verhelfen 1966 noch einmal der ÖVP zu einem modernen Image[136] – während sich die SPÖ schier selbst zerfleischt, regionale Empfindlichkeiten ignoriert (Fussach 1964), die Pressefreiheit mit Füßen tritt (Besetzung der „Kronen Zeitung“ durch die Wirtschaftspolizei 1966), die KPÖ (scheinbar?) wieder salonfähig macht und mit der Behandlung OLAHs in Gestalt der DFP einen gefährlichen Rivalen in ihrer Wählerklientel geradezu züchtet.[137]

Das *Wahlresultat* vom 6. März 1966 zieht die Summe unter diese Jahre: 85 Mandate für die ÖVP, 74 für die SPÖ, 6 für die FPÖ; DFP und KPÖ erzielen keine Mandate. Erstmals seit 1949 verfügt die ÖVP wieder über

135. REICHHOLD, Geschichte, 395, 338 (Anm. 3).

136. REICHHOLD, Geschichte 301 f. und 313–315 (Anm. 3). – Karl PISA: Entwicklung der ÖVP seit der Ära Raab. In: politicum, 13. Heft 1982, 19–22. – Theodor FAULHABER: Geerntet haben andere – Ein Rückblick auf den Vorausblick der „Aktion 20“. In: Österr. Jahrbuch f. Politik '81. München-Wien 1982, 159–180.

137. RAUCHENSTEINER, Zwei, 464–479 (Anm. 2).

eine absolute Palamentsmehrheit. Aber, wie schon ausgeführt: dem Anschein zum Trotz ist das Paradigma von 1949 damit noch nicht wirklich an sein Ende gelangt.

Es war nur selbstverständlich, daß während dieser Jahre des *Übergangs* in den Parteiführungen, im politischen Stil, in den relevanten Themen und nicht zuletzt in der soziologischen und mentalen Struktur der Gesellschaft die Regierungskoalition keine achtbaren Ergebnisse mehr zu produzieren vermochte.[138] Das gilt besonders für ihre letzte Wahlperiode 1962–1966. Spätestens die Verhandlungen um die Regierungsbildung hatten 1962/63 deutlich gemacht, daß darüber kein Konsens mehr möglich war, welche Politik gegenüber den *Europäischen Gemeinschaften* zu verfolgen sei. Die ÖVP forcierte einen Assoziationsvertrag mit der EWG – damit Österreich nicht „in der Neutralität verhungert" (Josef KRAINER sen.) – die SPÖ widerstrebte dem, weil sie diese Zielsetzung für neutralitäts- und staatsvertragswidrig hielt (Kollision mit dessen „Anschlußverbot"), aber auch weil sie in der EWG bloß ein Kartell von Kapitalisten erblickte (Bruno PITTERMANN).

Im Frühjahr 1963 kam der Konflikt über die *Einreiseerlaubnis* Otto v. HABSBURGs dazu, über die der Verwaltungsgerichtshof positiv entschieden hatte. Der Streit war schon seit 1961 in der Regierung anhängig gewesen und erreichte nun 1963/64 seinen Gipfel. Die ÖVP forderte, dem Gerichtsentscheid gemäß zu handeln, die SPÖ mit Innenminister OLAH verweigerte die Ausstellung des Passes. Sie sprach von „Justizputsch", steigerte sich zu einem „Habsburgerkannibalismus" (Günther NENNING). Erstmals bildete sie im Nationalrat mit der FPÖ eine Mehrheit gegen ihren Koalitionspartner; OLAHs sehr direkter Draht zur FPÖ zeigte seinen Nutzen. Die Causa selbst blieb unerledigt, zumal sich die ÖVP nach der eindeutigen Wiederwahl SCHÄRFs (gegen RAAB) und vor ihrem Parteitag, in dem eine Kampfabstimmung über ihren Obmann bevorstand, in einem Tief befand.

Dieses Tief hielt noch ein gutes Jahr um so mehr an, als die SPÖ 1964 bereit schien, mit der FPÖ das Nationalratswahlrecht zu deren Gunsten (und zu Lasten der ÖVP) zu revidieren; erst als diese Absicht im Strudel der Olah-Krise versank, besserte sich die Lage der Volkspartei ein wenig, jedoch nicht die der Koalition. Die hatte 1964 eine Reform der *Rundfunk- und Fernsehanstalt* beschlossen, was an sich eines der letzten Lebenszeichen ihres Bestandes darstellte. Sie hatte ihr aber die Gestalt einer geradezu totalen Proporzlösung gegeben. Damit war zwar ein Modus koalitionsinterner Konfliktbereinigung gewählt worden, den man schon klassisch nennen konnte, doch vertrug er sich nicht mehr mit dem öffentlichen Bewußtsein jener Jahre. Alle unabhängigen Printmedien protestierten nicht nur, sie organisierten als Antwort das erste Volksbegehren der Republikge-

138. Zum Folgenden RAUCHENSTEINER, Zwei, 447–482 (Anm. 2).

schichte: Rund 830.000 Bürger sprachen sich für einen unabhängigen Rundfunk aus. Soviel die SPÖ dagegen auch polemisierte, als die ÖVP sich für das Begehren aussprach, war nicht allein der Koalitionsplan für den Rundfunk politisch tot.

Es war die *Koalition* selbst. Ihr Image in der öffentlichen Meinung sank und sank. Die ÖVP distanzierte sich von ihr mehr und mehr. Daß die KPÖ versuchte, sich, wie man später sagte, „eurokommunistisch" zu profilieren, indem sie die Wahl Franz JONAS', des SP-Kandidaten für die Bundespräsidentschaft, empfahl und nach dessen Erfolg gegen GORBACH (23. Mai 1965) auch die faktische Wahlgemeinschaft mit der SPÖ beschloß (Jänner 1966), die diese hinnahm,[139] beschleunigte das Ende der Koalition. Hinzu kam, daß OLAH im September 1965 mit seiner eigenen Partei auf den Plan trat. Zusammen mit der *Regeneration* der ÖVP und den zusätzlichen Fehlentscheidungen der SPÖ machte das alles wahrscheinlich, daß der Wähler im März 1966 neue Möglichkeiten eröffnen würde. Er tat es wirklich.

III. Die Zeit der Alleinregierungen und ihr Nachklang (1966 bis 1986)

1. Die fortbestehende politische Grundbefindlichkeit

Der Rückblick erkennt leicht, daß der 6. März 1966 eine Epoche beschloß und eine neue eröffnete. Deren Signum sind primär nicht Regierungen, die von *einer Partei* gebildet werden, „monocolore". Es ist vielmehr das dem unterliegende Faktum, daß von 1966 an knappe Parlamentsmehrheiten auch für zentrale politische Entscheidungen als ausreichend erachtet werden – und das schließt Regierungen jeglicher parteipolitischer Konfiguration ein. Karl PISA hatte den Trend dahin schon früh erkannt, wenn er als wichtigste Folge der Stagnation der Großen Koalition die *Legitimierung kleiner Mehrheiten* prognostizierte.[140]

Freilich ist zurecht immer betont worden, daß auch nach 1966 die „Große Koalition" der *Sozialpartner* fortexistierte, in der Einschätzung durch die Bevölkerung wohl mehr eine Manifestation der eigentlichen österreichischen Tagesrealität als bloß ein Sicherheitsnetz für Notfälle; (daß selbst dieses zuweilen tiefe Risse bekam, entging den Zeitgenossen zumeist). Damit korrespondiert, daß weder die Wahlentscheidung von 1966 eo ipso als Ende der Großen Koalition aufgefaßt, noch in der von 1970 damals der Beginn von SPÖ-Alleinregierungen erkannt wurde. Beide Male wurde vielmehr durch Wochen über ihre Fortsetzung bzw. Reetablierung verhan-

139. SPIRA, Versuch (Anm. 3). – Robert KRIECHBAUMER: Österreichs Innenpolitik 1970–1975. München-Wien 1981, 6.

140. PISA, ÖVP, 21 (Anm. 136).

delt, und der Sprung über den Schatten des Vertrauten wurde jenen, die ihn wagen wollten, nicht leicht gemacht. Schließlich darf die These formuliert werden: Es war ein Symptom für eine breit verankerte, zwei Jahrzehnte untergründig überdauernde *Erwartungshaltung* in der Bevölkerung und in ihrer „politischen Klasse", daß Mitte der achtziger Jahre die Rückkehr zur Großen Koalition als *die* Therapie galt. In der Stunde der politischen und ökonomischen Krise, gerade auch der Krise eines der österreichischen Identitätselemente der Nachkriegszeit, der Verstaatlichten Industrie, galt der Rekurs auf ein anderes als schlechthin geboten, der auf die „Zwei". Es muß offen bleiben, ob die seither gewonnenen Erfahrungen diesen geradezu reflexhaft zur Wirkung gekommenen politischen Habitus bestätigt oder außer Kraft gesetzt haben.

Die eben skizzierte These schließt per se die Behauptung ein, daß sich zwischen 1966 und 1986 das Ensemble der Elemente, das die innenpolitische Identität der Zweiten Republik nach 1945 ausmachte, nicht substantiell änderte – aller wiederholt aufflammenden Rede vom schleichenden Übergang zur *Dritten Republik* zum Trotz. Sicherheit, Vollbeschäftigung, Wirtschaftswachstum und angemessener Anteil an ihm, stille und zähe Abwehr irritierender Beanspruchung durch das internationale Umfeld, Pflege eines gewissen Prestiges in diesem Umfeld: alle diese Ansprüche an die Innenpolitik blieben im Wesen so konstant wie das Vertrauen in die seit den Nachkriegsjahren entwickelten Methoden, ihnen zu genügen. Was an neuen, differenzierteren Forderungen an das politische System herangetragen oder an Impulsen in ihm manifest wurde, erreichte nie wirklich systemgefährdende Energie; es konnte von ihm stets so integriert, in ihm so aufgearbeitet werden, daß fundamentaler Protest letztlich marginal blieb. Erst recht galt dies für die Fähigkeit des Systems, Anpassungs- und Restrukturierungserfordernissen zu begegnen, die aus der Dynamik der österreichischen Gesellschaft selbst oder aus internationalen Prozessen generiert wurden. So änderte sich während der zwei Jahrzehnte von 1966 bis 1986 in bedeutenden Teilbereichen zwar gewiß so viel, daß sich Österreichs Aussehen erheblich verwandelte, seine politische *Grundbefindlichkeit* wurde davon indessen kaum tangiert. Wieder steht dahin, ob und inwieweit dieser summarische Befund seither und zukünftig weiter Gültigkeit beanspruchen kann.

2. Die Ära Klaus (1966 bis 1970)

Die politischen Akteure betrachteten das Wahlergebnis des 6. März 1966 zunächst als einen *„Betriebsunfall"* für die Große Koalition und machten sich daran, ihn zu beheben.[141] Zwei Momente vor allem ließen sie dabei scheitern: die ÖVP-Regierung unter dem Reformer Josef KLAUS wollte,

141. REICHHOLD, Geschichte, 369–371 und 474 (Anm. 3). – RAUCHENSTEINER, Zwei, 479–482 (Anm. 2).

nach den jüngsten Erfahrungen und in Anbetracht der öffentlichen Meinung begreiflich, erstens keine Garantie für den Bestand der Koalition auf vier Jahre abgeben, d. h. unter Umständen für ihre Selbstfesselung; solche Garantie aber mußte die SPÖ fordern, wollte sie ihrer Rivalin nicht die Wahl des Zeitpunkts überlassen, sie aus der Regierung auszuschließen. Versuche, ein partiell koalitionsfreies Operieren mit dem Regierungsbündnis verträglich zu machen, hatten zu keinem Resultat geführt. Zweitens wünschte die ÖVP, nach den Erfahrungen mit dem machtbewußten SPÖ-Innenminister OLAH begreiflich, Zugriff auf die Sicherheitsdirektionen in den Ländern; die SPÖ dagegen weigerte sich, das gesamte bewaffnete Potential des Staates (Bundesheer, Polizei, Gendarmerie) der Kontrolle der ÖVP zu überlassen. Der 18. April 1966 brachte die Entscheidung. Schon tags darauf wurde die erste „Alleinregierung" ernannt.[142]

Dieses für KLAUS' Ungeduld typische Tempo scheint schon relativ bald als *kontraproduktiv* erkannt worden zu sein.[143] Die ÖVP-Spitze hatte sich weder taktisch („dramaturgisch", sagt Karl PISA) noch inhaltlich noch personell ernstlich mit der Eventualität befaßt, allein zu regieren, bzw. regieren zu müssen. In der Eile, in die er verfiel, unterließ es KLAUS, sein *Team* sorgfältig zu wählen. Er setzte es im Wesen nach dem parteiinternen Bünde- und Länderproporz zusammen, d. h. er versäumte es, ihm ein eigenes, von den Parteigremien verschiedenes Profil zu geben, in denen der Kanzler – selbst ohne Rückhalt in einem Bund oder einer Landesorganisation – ohnedies nicht ideal verankert war. Er übersah die Tunlichkeit, einzelne Fachleute, etwa aus der „Aktion 20", zu berufen, denen kein direkter „Parteigeruch" anhaftete, und damit die Bandbreite seiner Regierung zu erweitern. Mit Grete REHOR berief er zwar die erste Frau als Sozialminister, besonderes Echo fand dieser Akt jedoch damals noch nicht. Neue, junge Gesichter fehlten oder befanden sich noch in untergeordneten Rollen (Stephan KOREN, Josef TAUS). Nach gut anderthalb Jahren sah KLAUS sich veranlaßt, eine einschneidende Umbesetzung vorzunehmen; Hermann WITHALM trat als Vizekanzler neu, KOREN als Finanzminister nun in zentraler Stelle ein, dazu kam Kurt WALDHEIM als Außenminister.

Diese Regierungsumbildung war bedingt durch das Erfordernis eines „dramaturgischen" Konzepts an dem es bis dahin gefehlt hatte. Das wieder war u. a. daran gelegen, daß KLAUS wie die „Reformer"-Gruppe der ÖVP überhaupt nur in allgemeinen Umrissen wußte, was die Alleinregierung anstreben sollte, während es an einigermaßen konkreten Vorarbeiten man-

142. Erika WEINZIERL: Josef Klaus. In: Friedrich WEISSENSTEINER/Erika WEINZIERL (Hg.): Die österr. Bundeskanzler. Leben und Werk. Wien 1983. 348–378 (mit Literatur).

143. Josef KLAUS: Macht und Ohnmacht in Österreich. Konfrontationen und Versuche. Wien-München-Zürich 1971, 164 f. – REICHHOLD, Geschichte, 372 (Anm. 3). – Zum Folgenden generell auch Alexander VODOPIVEC: Der verspielte Ballhausplatz. Vom schwarzen zum roten Österreich. Wien-München-Zürich 1970.

gelte, erst recht an ihrer Koordinierung.[144] Den Mangel zu beheben erforderte Zeit – und die fiel in das ökonomisch kritische Jahr 1966/67. Als die Konzepte schließlich vorlagen, erschienen sie – abgesehen von ihrer begrenzten Abdeckung der relevanten Politikfelder – nur noch als Reaktion auf die *Krise,* nicht als autonomer Entwurf. Die Regierung hatte viele hochgespannte Erwartungen schon enttäuscht, als sie in der zweiten Hälfte der Legislaturperiode daran ging, *Opfer* zu fordern. Auch ihre z. T. neue Mannschaft konnte diesen Imageverlust nicht mehr kompensieren: die Verluste der Volkspartei, die in den Landtagswahlen in Oberösterreich 1967 begonnen hatten, setzten sich 1969 in Salzburg, Wien usw. fort.[145]

Opfer zu fordern,[146] das bedeutete 1968 einmal der Entschluß, nichtinvestive Staatsausgaben zu verknappen (Transferzahlungen für die schon 1965 dynamisierten Pensionen) und zugleich manche indirekte Steuer empfindlich zu erhöhen. Nachdem erst 1967 Lohn- und Einkommensteuer gesenkt worden waren, sah das zudem nach einer orientierungslosen Regierung aus. Opfer zu fordern, das hieß aber ebenso, eine öffentliche Mentalität mit der *Wahrheit* zu konfrontieren, daß sich seit etwa 1960 *ökonomische Strukturprobleme* aufgestaut hatten, deren Bewältigung nun auch außerhalb der Budgetpolitik scheinbar ohne soziale Ausgewogenheit erfolgen sollte. Für eine solche Bewältigung stand der *„Koren-Plan"* vom Winter 1967/68. Nicht nur sein Autor hatte seit Jahren eine *Wachstumsschwäche* der österreichischen Volkswirtschaft diagnostiziert, auch der schon 1963 eingerichtete sozialpartnerschaftliche „Beirat für Wirtschafts- und Sozialfragen" und die „Wirtschaftspolitische Aussprache", ein seit 1968 die Paritätische Kommission ergänzendes Forum von Regierung, Sozialpartnern, Nationalbank und Wirtschaftsforschungsinstitut, bestätigten sie. Aber der neue Finanzminister hatte ihre *Ursachen* mit besonderem Nachdruck an Faktoren festgemacht, deren politische Korrektur nun mit einer Fülle von Interessen kollidierte: an zu hohen Lohnkosten in der Industrie, die den Produktivitätszuwachs seit Jahren übertrafen; an der grundstofforientierten Produktionspalette und den Investitionshemmnissen in der Industrie; an deren durchschnittlich zu geringer Unternehmensgröße; am unterentwickelten Wettbewerb in Österreich, d. h. am Stellenwert sog. geschützter Sektoren; damit zusammenhängend an der ungenügenden Wettbewerbsfähigkeit im westeuropäischen Vergleich; am relativ marktfern produzierenden Agrarsektor und seinem Subventionsbedarf usw. Das konsequent *marktwirtschaftlich* und *angebotsorientierte* Maßnahmenbündel seines Planes (beschlossen April 1968), das diesen Problemen begeg-

144. REICHHOLD, Geschichte, 378 (Anm. 3).

145. Die Daten u. a. in: Österr. Jahrbuch f. Politik '90. Wien-München 1991, 947–955.

146. Zum Folgenden die in einzelnen Punkten einander widersprechenden, im ganzen konvergierenden Beiträge von Felix BUTSCHEK, Werner CLEMENT/Klaus GLASER und Horst KNAPP in: Werner CLEMENT/Karl SOCHER (Hg.): Stephan Koren 1919–1988. Wirtschaftsforscher und Wirtschaftspolitiker in Österreich. Wien 1989, 29–40, 49–72 und 73–82.

nen sollte, machte demgemäß bei aller ökonomischen Logik leicht den Eindruck der Bevorzugung gerade der scheinbar starken Unternehmen zu Lasten von Gewerbe, Bauern und Lohnempfängern. Es verletzte also prima vista ebenso Interessen der klassischen ÖVP-Klientel wie in vielen einzelnen Akzentsetzungen die des ÖGB. Wenigstens konnte sich die Regierung von diesem keine öffentlich wahrnehmbare Unterstützung erwarten, obwohl sie ihn in die Entscheidungsfindung einband und u. a. mit der aktiven Arbeitsmarktpolitik ein Neuland betrat, an dem auch ihm gelegen war.

Hinzu kam, daß sich diese *Wirtschaftspolitik* – der übrigens unter KORENs Amtsvorgänger Wolfgang SCHMITZ bereits im Sommer 1966 sechs „Wachstumsgesetze" zwecks Konjunkturbelebung vorangegangen waren – naturgemäß sehr *szientistisch-technokratisch* ausnahm. Aber nicht nur sie. Auch sonst ließ es die Regierung KLAUS an einer Visionen evozierenden Gesamtperspektive ihrer durchaus reichhaltigen Arbeit zu sehr fehlen, an „Etappenutopien",[147] um öffentlichen Beifall in größerem Umfang für sich gewinnen zu können. Sie befaßte das Parlament, dessen Arbeitskapazität mitunter überfordernd, mit einer Menge von einzelnen Gesetzesvorlagen (Allgemeines Hochschul-Studiengesetz, Forschungs-, Wasserbauförderungsgesetz, wichtige Reformen von Bundesbahn, Verstaatlichter Industrie, Wohnbau usw. betreffend).[148] Aber weder ihre Summe noch irgendeine für sich regte zur *Identifikation* an. Charakteristisch war, daß ein besonderes Anliegen von KLAUS, die Reform der *Grundrechte* in Österreich, von ihm schon 1964 einer Kommission im Bundeskanzleramt überwiesen und in der Folge von dieser so wenig wie vom Regierungschef zu einem öffentlichen, bewegenden Thema gemacht wurde.

Es scheint m. E. symptomatisch für sie, daß es an die Ära KLAUS später *keine plastische Erinnerung* gab. Nicht einmal die Rundfunkreform 1966, die den unabhängigen ORF im Sinne des vorangegangenen Volksbegehrens schuf, wurde mit ihr noch assoziiert, auch nicht die Leistung, durch die Vereinbarung des „Operationskalenders" mit Italien die Lösung des Südtirolproblems auf den Weg gebracht zu haben (1969). Vielleicht war es nur in einem eng begrenzten sozialen Segment anders, mit der Bauernpensionsversicherung 1969. KLAUS' Regierung legte mancherlei infrastrukturelle Grundlagen für den ab 1968/69 spürbaren Aufschwung. Aber sie handelte nur sach-, nicht auch machtgerecht, sie gab *keinen faszinierenden Ausblick* auf vier weitere Jahre einer ÖVP-Regierung.[149]

Das verursachte sie allerdings nicht nur selbst. Mit dem Wind des *Zeitgeists* in ihren Segeln angetreten, blies ihr dieser schon nach kurzer Frist entgegen. Der Rückblick erkennt, daß der sich aus durchaus unterschiedli-

147. PISA, ÖVP, 19 (Anm. 136).

148. REICHHOLD, Geschichte, 388–402 und 426–434 (Anm. 3).

149. PISA, ÖVP, 21 (Anm. 136).

chen Luftströmungen zusammensetzte: aus dem antiamerikanischen, antiwestlichen Vietnam-Syndrom; aus den neomarxistischen Momenten der 68er-Bewegung – mit jenen verflochten, aber nicht schlechthin identisch; aus der Bereitschaft das, was seit 1945 geworden war, für Restauration zu erklären mitsamt der Konsequenz, es hinter sich lassen zu sollen; aus dem daraus resultierenden Bedürfnis, endlich ein „liberales Nachholverfahren" in Gang zu setzen, aus dem Empfinden, der neue materielle Aufschwung erlaube zu genießen, nicht nur was der Nachkriegsgeneration versagt gewesen war, sondern was sie der nachgewachsenen, wie es schien, mißgönnte, auch aus akzentuiert technokratischen Elementen. Mit einem Schlag schier stand die Regierung für das Antiquierte, Enge, sogar Muffige.

Dieser letzte Effekt freilich wäre in Österreich wohl kaum eingetreten, hätte sich die *Opposition* jener Jahre nicht binnen kurzem von der SPÖ PITTERMANNs zu der KREISKYs verwandelt. Das geschah seit deren Parteitag Ende Jänner 1967, auf dem Bruno KREISKY nach vielen innerparteilichen Querelen im Vorfeld zum neuen Vorsitzenden gewählt worden war (mit zunächst nur rund 70%iger Zustimmung). Sehr rasch gelang es ihm, eine *informelle Koalition* der mit dem status quo unzufriedenen Tendenzen zu formieren, seiner Partei das Image der *Modernität* zu verschaffen. Ohne die traditionelle Anhängerschaft der SPÖ ernstlich zu irritieren, verstand er es, alle die Erwartungen von kulturliberalem Nachholbedarf, technokratischem Effizienzdenken, Alt- und Neomarxismus auf sich zu konzentrieren und im übrigen mit einer herkömmlich orientierten Oppositionspolitik zu kombinieren. Er stand für das, was der ÖGB mit seiner dominanten sozialistischen Fraktion an der Wirtschafts- und Sozialpolitik der Regierung KLAUS kritisierte, für die Programme, die „1400 Experten" erarbeiteten (z. B. Wirtschafts-, Wohnbau-, Humanprogramm) und konnte doch auch die Bewegung der Studenten und Intellektuellen veranlassen, ihre Hoffnungen an ihn zu adressieren. Seine *rhetorische* Begabung (und die mancher von ihm geförderter Mitarbeiter) kam in einem *Parlament* zur Geltung, das sich erstmals seit 1945 zu einer *Tribüne* politischer Auseinandersetzung machte und dessen Kontroversen nun in dem Fernsehen buchstäblich sichtbar wurden, dem die ÖVP die uneingeschränkte Berichterstattung gegen den anfänglichen Protest der SPÖ ermöglicht hatte. Den neuverfaßten ORF nutzte KREISKY virtuos als sein Forum, die *„Kulturrevolution"*, die sich in diesem Medium vollzog (u. a. in Gestalt des neuen Programms Ö 3), wurde zum Wasser auf seine Mühlen.

Schließlich geriet die Regierung KLAUS 1969 vollends in die Defensive, als sie es, nach neuerer Diktion, mit *zwei oppositionellen Bürgerbewegungen* zu tun bekam: die SPÖ initiierte ein *Volksbegehren* für die schrittweise Verkürzung der Normalarbeitszeit von 45 auf 40 Wochenstunden, obwohl die Sozialpartner übereingekommen waren, in einer gründlichen Studie die Auswirkungen dieses Schritts erst ermitteln zu lassen. Das Volksbegehren erreichte 890.000 Unterschriften.[150] Es versteht sich, daß die Bundeswirtschaftskammer Widerstand leistete. Schließlich stimmte sie doch einem entsprechenden Generalkollektivvertrag zu, und im Dezember 1969, die Wahlen standen unmittelbar bevor, kam es sogar zu einer von ÖVP und SPÖ getragenen gesetzlichen Regelung (stufenweise wirksam werdend ab 1. Jänner 1970 bis 1975).[151] – Die zweite Bewegung war von weit spontanerer und in ihrer Wirkung auf den Fortbestand der ÖVP-Mehrheit vermutlich zerstörerischerer Natur. Sie richtete sich gegen die infolge der Schulreform von 1962 nun bald fällige Einführung des 9. Gymnasialschuljahres. Elternvereine standen ihr Pate, gerade auch solche, die mit der ÖVP sympathisierten; mit seiner absoluten ÖVP-Mehrheit beschloß der steirische Landtag ein *Volksbegehren* in ihrem Sinne. Unterrichtsminister Theodor PIFFL-PERČEVIĆ dagegen verteidigte die offizielle Schulpolitik und insistierte, als er sich von KLAUS und WITHALM zu wenig unterstützt sah, auf seinen Abschied (Mai 1969). Die Regierung schien geradezu zu zerfallen, die neuen Männer, die KLAUS berief, Alois MOCK und Heinrich NEISSER machten damals den Eindruck purer Verlegenheitslösungen.

Zuletzt gab sich die ÖVP für die auf den 1. März 1970 ausgeschriebene Nationalratswahl noch eine in mehrfacher Hinsicht verfehlte *Wahlkampflinie;* das macht wenigstens der Rückblick wahrscheinlich.[152] Sie forderte vom Wähler wieder die absolute Mehrheit, obwohl das Element, das sie 1966 primär ermöglicht hatte, Franz OLAHs DFP, sich längst in Auflösung befand – nicht zuletzt wegen der strafgerichtlichen Verurteilung ihres Gründers 1969 – und obgleich die FPÖ mit der Aussage, eine Koalition wohl mit der ÖVP, nicht aber mit der SPÖ eingehen zu wollen, dazu beitrug, daß viele Wähler die „rote Gefahr" nicht sehr ernst nahmen, die die ÖVP an die Wand malte. Gemessen an diesem Anspruch der Volkspartei, war ihre Wahlniederlage in der Tat vernichtend: Obwohl rund 57.000 gültige Stimmen mehr abgegeben wurden als 1966, büßte sie 140.000 ein, wogegen die SPÖ fast 300.000 gewann, die FPÖ etwa 11.000. Der Stimmenanteil der SPÖ lag indessen mit 48,42% nicht höher als der der ÖVP 4 Jahre zuvor und deren Anteil übertraf mit 44,69% sogar den der SPÖ von 1966 deutlich.[153] In einem Wort: Trotz des Schocks, den die ÖVP erlitt, das Paradigma von 1949/59, wonach bei drei Parlamentsparteien keine zur absoluten Mehrheit kam, wenn nicht eine vierte Mandate knapp verfehlte, bestätigte noch einmal seine Gültigkeit.

Die SPÖ erzielte 81 Mandate (soviele wie die ÖVP 1962), die ÖVP 78

150. Vgl. die Tabelle bei Manfried WELAN: Regierungssystem und direkte Demokratie in Österreich. In: Friedrich KOJA/Gerald STOURZH (Hg.): Schweiz-Österreich. Ähnlichkeiten und Kontraste. Wien-Köln-Graz 1986, 193.

151. TÁLOS, Sozialpolitik, 335 f. (Anm. 75).

152. REICHHOLD, Geschichte, 436–439 (Anm. 3).

153. Die Zahlen bei PELINKA/PLASSER, Parteiensystem, 769 (Anm. 3) – Für eine eingehende Analyse vgl. KRIECHBAUMER, Innenpolitik, 23 f. (Anm. 139) mit weiterer Literatur.

(zwei mehr als die SPÖ 1962), die FPÖ blieb bei sechs.[154] Die Daten sprachen für die Wiederkehr der alten Verhältnisse. Aber es sollten ganz neue folgen.

3. Die Ära Kreisky (1970 bis 1983)

Daß es zu einer dreizehn Jahre währenden Ära KREISKY kommen werde, war 1970 keineswegs abzusehen.[155] Hergebrachte innere Strukturen standen dem an sich ebenso entgegen wie dramatische Veränderungen im internationalen Umfeld seit 1973. Nur die *ganz außerordentliche Begabung* des Kanzlers, sich ältere Strukturen im Lande ebenso nützlich zu machen – durch ihre Konservierung einerseits, durch Herstellen neuer Beziehungen zu ihnen andererseits –, wie auch sie partiell durch neue zu ersetzen; nur seine Fähigkeit, als ein Mann aus jüdischer Familie zwecks Machterhaltung und Prestigevermehrung Positionen einzunehmen und ostentativ zu verteidigen, die aus in- und ausländischen Erwägungen vor ihm niemand für Österreichs Politik Verantwortlicher zu beziehen gewagt hätte; nur seine Eigenschaft, durchaus disparate Erwartungen dauerhaft auf sich gerichtet zu erhalten; nur sein Wille, die kritischen ökonomischen Tendenzen seit etwa 1974/75 teils mittels einer ganz unsozialistischen Politik, teils mit einer kaltblütig-nonchalanten Praxis der Problemvertagung innenpolitisch für seine Regierung unwirksam zu machen, ja diese als Protagonisten eines spezifischen „österreichischen Weges" der Krisenbewältigung darzustellen *(„Austro-Keynesianismus");* nur, schließlich, sein einzigartiges Talent, seinen immer wieder inkonsistenten Kurs via Medien als kohärent und optimal zu verdolmetschen *(„Inszenierungen"):* nur das alles zusammen erklärt einigermaßen die Dauer seiner Ära.

KREISKYs Persönlichkeit integrierte derart zwar nicht wirklich die sich *pluralisierenden gesellschaftlichen Tendenzen* der siebziger Jahre, aber sie vermochte sie temporär gewissermaßen zu absorbieren. Deren traditionell politisch-soziale Milieus aushöhlender, „Lager"-Bindung zusehends obsolet machender Wirkung setzte er das *Identifikationsmittel Person* entgegen, das bislang so nur auf den vergleichsweise unpolitischen Ebenen der Länder und Gemeinden zur Geltung gekommen war („Landesvater"). Nichts

154. Stand nach der Nachwahl in drei Wiener Wahlkreisen vom 4.Oktober 1970 in Folge erfolgreicher Wahlanfechtung durch die FPÖ.

155. KRIECHBAUMER, Innenpolitik, passim (Anm. 139). – Alexander VODOPIVEC: Die Quadratur des Kreisky. Österreich zwischen parlamentarischer Demokratie und Gewerkschaftsstaat. Wien-München-Zürich 1973. – Paul LENDVAI/Karl Heinz RITSCHEL: Kreisky. Portrait eines Staatsmannes. Wien 1974 – Karl R.STADLER: Bruno Kreisky. In: WEISSENSTEINER/WEINZIERL, Bundeskanzler, 380–416 (Anm. 142). – Elisabeth HORVATH: Ära oder Episode? Das Phänomen Bruno Kreisky. Wien 1989. – Anton PELINKA: Die Ära Kreisky. Zur symbiotischen Anpassungsfähigkeit der Sozialdemokratie. In: PELINKA/STEGER, Staatspartei, 57–64 (Anm. 3). – Raimund LÖW: Von der Kreisky'schen Modernisierung zur Konterreform. 15 Jahre SP-Regierung. In: PELINKA/STEGER, Staatspartei, 65–74 (Anm. 3).

belegt diese Befunde besser, als daß in seinen letzten Amtsjahren, als seine Faszination einigermaßen verbraucht und er selbst von Krankheiten mitgenommen war, die widersprüchlichen Elemente seiner Wählerkoalition auseinanderzudriften begannen – zurück nach rechts zur ÖVP wie „voraus“ nach links zur Grünen Alternative – und daß auf Jahre keine andere Gestalt den *Bedarf an Identifikation via Persönlichkeit* decken konnte, der sich während (nicht notwendigerweise infolge) KREISKYs Ära ausgebildet hatte.

Deren Beginn, es wurde schon angedeutet, gingen *Verhandlungen* um die *Reetablierung* der *Großen Koalition* voraus. KREISKY selbst führte sie wohl nur, um seiner Partei und der Öffentlichkeit darzutun, daß sie aussichtslos bleiben mußten. Taktisch klug schlug er eine Zusammensetzung der Parlamentsausschüsse vor, die es der ÖVP durch die Verweigerung von Parität zwischen ihr und der SPÖ in ihnen unmöglich machte, mit der FPÖ zu koalieren; diese Option stand umgekehrt der SPÖ offen. So mußte es zum Scheitern kommen. Daß die Volkspartei die Reduktion der Wehrdienstzeit ablehnte bzw. verwässern wollte, erleichterte es; denn damit begehrte sie ein zentrales Wahlpostulat der SPÖ zu ignorieren, das der Wähler, wie es schien, legitimiert hatte.[156] Nun konnte KREISKYs Präferenz für eine stillschweigende Koalition mit der FPÖ wirksam werden. Formell kam sie nicht in Betracht, weil sich die FPÖ im Wahlkampf festgelegt hatte: „Kein roter Bundeskanzler“. Wohl aber ermöglichte diese – gegen die Zusage der längst diskutierten Reform des Nationalratswahlrechts – die Tolerierung einer *SPÖ-Minderheitsregierung,* die Votierung eines mit ihr abgesprochenen Budgets.[157] Bundespräsident Franz JONAS akzeptierte dieses Regierungsmodell; am 21.April 1970 ernannte er das Kabinett KREISKY I.

Vom skizzierten Zeitgeist abgesehen, dem es mit seinem Anspruch Genüge tat, endlich das *moderne Österreich* darzustellen, kamen mehrere Umstände seinem Erfolg entgegen: Seine Zusammensetzung wiederholte erstens nicht das Versäumnis KLAUS’, das Regierungsprofil personell über die Regierungspartei hinaus zu erweitern. KREISKY berief nicht nur mit Rudolf KIRCHSCHLÄGER einen parteilosen, sogar prononciert katholischen Berufsdiplomaten als Außenminister, er besetzte auch das Verteidigungsressort mit einem Fachmann, General Johann FREIHSLER. Ein neues Wissenschaftsministerium wurde errichtet und einer initiativen Frau anvertraut, Hertha FIRNBERG. An die Spitze der Finanzverwaltung trat mit Hannes ANDROSCH ein ganz junger kompetenter Mann, der nicht bloß die Phantasie der Jugend beflügelte. Analog hielt es KREISKY später, indem er Frauen ins Ministerium holte, für zwei von ihnen neue Aufgaben-

156. Die Verhandlungen eingehend bei KRIECHBAUMER, Innenpolitik, 25–36 (Anm. 139).

157. PIRINGER, Geschichte, 159–161, 166–171 und 174–176 (Anm. 3). – Piringer dementiert freilich den direkten Zusammenhang zwischen Budgeteinigung und Wahlgesetz (20. bzw. 27. November 1970) und gibt auch Beispiele für ÖVP-FPÖ Kooperation im Nationalrat.

bereiche, Gesundheits- bzw. Familienpolitik, definierte, wichtige Ämter mit Personen der „Blutgruppe Null" besetzte. Den Höhepunkt erreichte diese seine unorthodoxe Personalpolitik zweifellos mit der Kandidatur Rudolf KIRCHSCHLÄGERs zum Bundespräsidenten, die 1974 und wieder 1980 zu einem der größten Erfolge KREISKYscher Personalrekrutierung wurde.

Zweitens übte sich KREISKY schon 1970 in der Praxis, *staatspolitisch Bedenkliches* geschehen zu lassen, wenn es seinem *innenpolitischen Erfolg* nützte: Geringachtung der Verteidigungspolitik, nur notdürftig kaschiert durch Fachleute, die das mitmachten (FREIHSLER, später LÜTGENDORF; eine „Bundesheerreformkommission"); ein Minister mit SS-Vergangenheit (Hans ÖLLINGER für Landwirtschaft, der bald von sich aus resignierte und durch Oskar WEIHS ersetzt wurde, der ebenfalls auf die „nationale" Wählerschaft positiv wirkte).[158]

Drittens kam KREISKYs Regierung die *günstige Budgetsituation* zugute, die KORENs Kurs mitbewirkt hatte (Budgetnettodefizit 1970 0,6% BIP); einige Steuererleichterungen (Abschaffung der Autosondersteuer) und Mehrausgaben (Erhöhung der Witwenpension von 50 auf 60%) wurden im Verein von SPÖ und FPÖ schon für 1971 beschlossen.[159]

Im Laufe dieses Jahres verkündeten die demoskopischen Erhebungen eine so günstige Stimmung, daß KREISKY sich zu *neuerlichen Wahlen* entschloß; die FPÖ, nicht ahnend, daß der Verlust ihrer parlamentarischen Schlüsselposition bevorstand, stimmte zu. Mit dem Wahltag, dem 10. Oktober 1971, kam das seit 1949 gültige *Paradigma* an sein *Ende:* Erstmals seit den Sonderbedingungen von 1945 erzielte eine Partei trotz Konkurrenz von zwei anderen die absolute Mehrheit an Stimmen und Mandaten. Die SPÖ kam auf 50,03% Stimmenanteil und 93 von nunmehr 183 Sitzen, die FPÖ stagnierte (5,45%), die ÖVP behauptete sich immerhin als die einzige als Opposition verstandene Kraft (43,11%, 80 Sitze). 1975 und 1979 vermochte KREISKY mit seinem Team diesen Wahltriumph zu wiederholen, ja auszubauen; zuletzt bekam die SPÖ 51% und 95 Mandate, die ÖVP ging auf 77 zurück, die FPÖ gewann nur ein zusätzliches (11). Wenn es noch Zweifel gegeben hatte, so waren sie mit dem Oktober 1971 behoben. Nun galt auf Jahre: „KREISKY wer sonst?"

Hier steht noch der *Ertrag seiner Ära* in Rede. Was die politischen Kräfte anlangt, so bestand der wichtigste Ertrag darin, daß der Bundeskanzler ein strategisches Ziel *verfehlte*: die *Spaltung der Volkspartei* entlang ihrer bündischen Binnenlinien oder wenigstens ihre empfindliche Schwächung zugunsten von SPÖ wie FPÖ. Mit wieviel Mühe immer: Die ÖVP blieb Großpartei und behielt darum auch für die ihr traditionell nahen großen

158. STADLER, Kreisky, 403 f. (Anm. 155).

159. KNAPP, Koren, 80 (Anm. 146). – Hannes ANDROSCH: Zwei Jahrzehnte wechselvoller Verbundenheit. In: CLEMENT/SOCHER, Koren, 193 und 197 (Anm. 146). – PIRINGER, Geschichte, 168–172 (Anm. 3).

Interessenorganisationen ihren Stellenwert. Dazu kam ihr bald sogar wieder wachsendes Gewicht in den Ländern. 1972 gab sie sich ein *neues Grundsatzprogramm* in Salzburg, 1975 „Vier Pläne zur Lebensqualität". Zwar verbrauchte sie mehrere Parteiobmänner (WITHALM, SCHLEINZER und TAUS) nach KLAUS, der im Mai 1970 zurückgetreten war – Karl SCHLEINZER verlor sie durch Unfalltod 1975 –, doch konsolidierte sie sich spürbar seit 1979/80 (Statutenreform) unter Alois MOCK. Zumal die wiederkehrende konjunkturelle und permanente strukturelle ökonomische Schwäche brachte ihr ab 1981 wieder Wind in die Segel. Natürlich nützte ihr jetzt auch, daß sich die SPÖ verbraucht hatte, daß sich in ihr ein weithin wahrnehmbarer Konflikt zwischen KREISKY und ANDROSCH zutrug.

Mit der Statuswahrung der ÖVP korrespondierte die *Stagnation der FPÖ*. Wohl war seit der Wahlrechtsreform von 1970 ihre parlamentarische Existenz gesichert. Die hing nicht mehr davon ab, daß die Partei in einem der früheren größeren Wahlkreise (Kärnten, Salzburg) ein Grundmandat erreichte; wenn nun z. B. im neuen Wahlkreis Wien wenig mehr als 3% Stimmenanteil für ein solches Mandat genügten, hatte die FPÖ in der Tat ihre schlimmsten Sorgen hinter sich. Aber es gelang ihr nicht, eine Position zu erringen, die der FDP der siebziger Jahre entsprochen hätte. Weder die fortschrittsbewußten Kulturliberalen noch die Wirtschaftsliberalen vermochte sie in nennenswertem Umfang um sich zu scharen, die ersten präferierten KREISKY, die zweiten allenfalls ANDROSCH – wenn sie nicht der ÖVP die Treue hielten. Ob der FPÖ-Parteiobmann Friedrich PETER (1958–1978), der sich sehr um sie bemühte, dem als Person, weil mit SS-Vergangenheit behaftet, entgegenstand, steht dahin; zu einer ausgesprochenen Hilfe wurde er für seine Partei vermutlich nicht, wenn sie *Liberale* als Zielgruppe anpeilte. So hatte es Logik, daß die beiden Wege, die die FPÖ nach PETER bis 1986 beschritt, ihr Dilemma nicht lösten: Unter der Führung von Alexander GÖTZ (1978/79) legte sie infolge akzentuierter rechter Oppositionspolitik gegen KREISKY zwar 1979 rund 37.000 Stimmen zu (0,66 Prozentpunkte), aber das geschah allein auf Kosten der ÖVP, focht die absolute Mehrheit der SPÖ nicht an. Als sie sich anschließend unter Norbert STEGER (1979–1986) wieder zur Mitte hin orientierte, büßte sie zuerst den Oppositionsbonus ein – Rückgang bei den Wahlen von 1983 um 45.000 Stimmen (1,1 Prozentpunkte) und verlor in der Folge als Regierungspartner der SPÖ eine Regionalwahl nach der anderen. Erst die neuerliche Wende, die sie im September 1986 angesichts der sich abzeichnenden neuen Großen Koalition mit der Wahl Jörg HAIDERs vollzog, sicherte ihr Überleben. Ob sie das Dilemma der Partei auf Dauer behob, ist trotz ihrer Wahlerfolge seither noch nicht ausgemacht.

Schließlich die *SPÖ*. In mehr als nur einer Bedeutung des Wortes ist sie während der Ära KREISKY zur *„Staatspartei"* geworden. Das meint zunächst, daß sie seit den siebziger Jahren den Staat Österreich anerkennt.

War ihrer Vorgängerin in der Zwischenkriegszeit nur die Republik als Staatsform ein Wert, deren konkrete Ausgestaltung aber ein feindliches bourgeoises Klassengebilde, und reklamierte sie sich nach 1945 gewissermaßen immer wieder in den Staat, d. h. in seine Mitregierung hinein – z. B. indem sie den Zwang zur ausschließlich Großen Koalition aktiv betrieb –, so identifizierte sie sich nach 1970 um so entschiedener mit dem Staat, je mehr sie das Selbstgefühl entwickelte, daß sie ihm erst die zeitgemäße Ausprägung gab, daß sie ihn erst dazu veranlaßte, seiner Bevölkerung zu geben, wessen die bedurfte. „Staatspartei" Österreichs geworden zu sein, bedeutete für viele in der SPÖ freilich auch, den Staat mit der Partei zu identifizieren, seine Institutionen und Mittel ihr bzw. ihren größeren Interessengruppen und kleineren Clans dienstbar zu machen (Beschäftigte der Verstaatlichten Industrie; Club 45); kontraproduktive innenpolitische Entscheidungen, Anhäufung von Privilegien und selbst Korruptionsphänomene begleiteten diese Art von Identifikation. „Staatspartei" zu sein und sein zu wollen hieß aber auch, daß die SPÖ sich mehr als selbst seit ihren Programmen von 1958 als *Volkspartei der linken Mitte* definierte und daß sie, um dies werden und um als *die* Staatspartei glaubwürdig fungieren zu können, gesellschaftlichen Institutionen und Traditionen, die ihr an sich fremd waren, in der Regel gelassener gegenübertrat: dem *Katholizismus* im Lande vor allem,[160] was dessen dominierende Gestalt Kardinal Franz KÖNIG erleichterte, aber schließlich auch der Familie HABSBURG. Daß Analoges immer auch für das Österreich der *Unternehmer* galt, scheint nicht so zweifelsfrei.

Unter den ökonomischen *Interessenvertretungen* hielt die SPÖ naturgemäß mit dem sozialdemokratisch geführten *ÖGB* stets engsten Kontakt. Aus dessen Spitzenfunktionären wurden weiter die Sozialminister rekrutiert (Rudolf HÄUSER auch als Vizekanzler, Gerhard WEISSENBERG, Alfred DALLINGER), auch der einflußreiche Handelsminister Josef STARIBACHER und der Bautenminister Karl SEKANINA. Der ÖGB-Chef Anton BENYA fungierte durch Jahre als Präsident des Nationalrates. Die Wirtschafts- und Sozialpolitik der Regierung KREISKY wurde aufs engste mit diesen Funktionären abgestimmt. Nicht ganz freilich galt das für Fragen der Wirtschaftsverfassung. Auch als es schwieriger wurde, den wirtschaftspolitischen Regierungskurs angesichts des Widerspruchs zwischen KREISKY und ANDROSCH zu erkennen, wurde der herausragende Einfluß des ÖGB davon nicht betroffen. Erst seit Mitte der achtziger Jahre nahm er im Zeichen mehr strukturbedingter österreichischer als weltwirtschaftlich konjunktureller Krisenphänomene (Verstaatlichte Industrie) und im Zeichen des Konflikts mit der Anti-AKW und der Ökologiebewegung (Hainburg) tendenziell ab.

Das Gewicht der *agrarischen Interessenvertretungen* ging hingegen wäh-

160. Gerhard STEGER: Der Brückenschlag. Kath. Kirche und Sozialdemokratie in Österreich. Wien-München 1982. Vgl. auch den Beitrag von Heinrich SCHNEIDER in diesem Band.

rend der gesamten Ära KREISKY zurück. Das lag nicht primär an ihrer Verflechtung mit der ÖVP – die kam ihnen ab 1975 eher zugute – als am schrumpfenden Anteil des Agrarsektors überhaupt, an seiner Unterstützungsbedürftigkeit durch den Staat (Exportsubventionen, Marktordnungsgesetze). Freilich stieß auch dessen Konfliktfähigkeit gegenüber der Landwirtschaft an Grenzen, die allerdings nicht ernstlich ermittelt wurden. Denn in diesem Politikfeld verspürte die Regierung keinen wirklichen Willen zur Konfrontation.

Anders verhielt es sich anscheinend mit ihrer Haltung gegenüber der *Bundeswirtschaftskammer*. Zumindest hatte diese 1972/73 einen harten Test zu bestehen hinsichtlich ihrer Fähigkeit, die ordnungspolitischen Auffassungen ihrer wichtigsten Mitglieder zu verteidigen. Erst nachdem der Konflikt über die Arbeitsverfassung ausgetragen war, in dem die Unternehmervertretung immerhin Substantielles behauptete, bestand über den fortdauernden Stellenwert dieser Kammer im Machtgefüge der Innenpolitik kein Zweifel mehr. Der mit dem ersten Ölpreisschock 1973/74 einsetzende, dramatische wirtschaftspolitische Anpassungsbedarf zur Gegensteuerung gegen negative weltwirtschaftliche Einwirkungen nach Österreich stärkte vollends wieder deren Position.

In einem Wort: Der Ausgang des Ringens um die Arbeitsverfassung und die unmittelbar anschließenden internationalen ökonomischen Turbulenzen veranlaßten zur *Fortsetzung der sozialpartnerschaftlichen Entscheidungsprozesse* in Österreich mit, was die Vertretung von Arbeitgeber- bzw. Arbeitnehmerinteressen betraf, wie bisher ungefähr gleichgewichtigen Akteuren. Damit erfuhren schließlich auch die Organisationen des Agrarsektors eine tendenzielle Aufwertung über ihr ökonomisches Gewicht hinaus. Was sich seit den späten vierziger Jahren in Organisationsmacht und -verhalten als österreichische Normalität ausgebildet hatte, bewahrte so seine Geltung auch während der Ära KREISKY und über sie hinaus.

Wie stand es um den *sachpolitisch-inhaltlichen Ertrag* dieser Ära? Rückblickend ist es gewiß richtig, ihn vorrangig in den Entscheidungen zu orten, die während der siebziger Jahre unter dem Begriff *„liberales Nachziehverfahren"* rubriziert wurden. Damit sollte einerseits ausgedrückt werden, daß die Regierung KREISKYs wichtige Elemente der hergebrachten gesellschaftlichen Ordnung veränderte, die von ihr als dem Agenten des Zeitgeistes als *konservative* aufgefaßt wurden, andererseits, daß sie keine spezifisch *sozialistische* Politik betrieb. Das vor allem meint die Rede von der „symbiotischen Anpassungsfähigkeit" der Ära KREISKY und darauf vor allem richtet sich tendenziell marxistische Kritik an ihr.[161] Zu erinnern ist hier an die kleinen bzw. die große *Strafrechtsreform(en)* zwischen 1970 und 1975: Beginnend mit der Aufhebung der Strafdrohung gegen Homosexualität unter Erwachsenen bis hin zur „Fristenlösung" für das Abtrei-

161. Für beide Positionen exemplarisch PELINKA bzw. LÖW in: PELINKA/STEGER, Staatspartei, 57–64 bzw. 65–74 (Anm. 3).

bungsrecht, sind sie mit dem Namen des Justizministers Christian BRODA verbunden. Ohne Zweifel lagen sie im Hauptstrom des Zeitgeistes. Nur mit diesem Bewußtsein im Rücken konnte ja seitens der SPÖ mit der Fristenlösung der Konflikt mit Kirche und bewußten Katholiken riskiert werden; sein Ausgang gab ihr recht, denn wenn auch das Volksbegehren gegen die Regelung des Schwangerschaftsabbruchs 895.665 Unterstützungserklärungen mobilisierte, verschwand das Thema doch in der Folge aus der innenpolitischen Diskussion. Gerade der Entscheid über die Fristenlösung belegte, daß mittlerweile in Österreich auch kontroverseste Gegenstände mit kleiner Mehrheit verabschiedet werden konnten.

Zu erinnern ist ferner an die *Familienrechtsreformen* (1970/75), die die Rechtsstellung unehelicher Kinder verbesserten, das Rechtsverhältnis von Frau und Mann in der Ehe und das Ehescheidungsrecht reformierten. Zu erinnern ist an den wichtigen Übergang von der Haushalts- zur *Individualbesteuerung* der Einkommen mit seinen familienpolitischen Implikationen (1972), und an die Verkürzung der *Wehrdienstzeit* (1971).

Zu erinnern ist in diesem Kontext auch an das *Universitäts-Organisationsgesetz* 1975 (UOG), das sehr weitgehende Mitbestimmungsrechte für Studierende und den sog. „Mittelbau" mit sich brachte; mehr als in anderen Bereichen galt hier Demokratisierung als liberaler Nachvollzug. – Weniger eindeutig ist, inwieweit die Reform der *Gewerbeordnung* 1973 Liberalisierung bewirkte bzw. unter dem Eindruck der Gegenargumente der Bundeswirtschaftskammer doch mehr strukturelle Konservierung nach sich zog, als der Volkswirtschaft gut tat.

Zu fragen ist aber, ob alle diese (und manche anderen) Reformmaßnahmen jenseits ihres unbezweifelbaren Stellenwertes und ihrer Wirkung an sich in der ersten Periode absoluter Parlamentsmehrheit der SPÖ auch dazu dienten, einen gleichzeitigen, strategisch angelegten *Versuch* zu umhüllen, die *österreichische Sozialordnung* in spezifisch sozialistischem Sinne *umzuwälzen.* Unabhängig von seiner allfälligen taktischen Einrahmung wurde er jedenfalls angestellt. Es ging dabei um die Inhalte der Kodifikation des Arbeitsrechts, namentlich des kollektiven, um die *„Arbeitsverfassung"*.[162] Diese Kodifikation war seit Jahren in einer sozialpartnerschaftlich verfaßten Kommission beraten worden, sie sollte nach dem Ministerialentwurf von Sozialminister HÄUSER aber nun, 1972, Elemente beinhalten, für die es in der Kommission keinen Konsens, mitunter nicht einmal eine Mehrheit gegeben hatte, die indessen vom ÖGB gewünscht wurden. Im Wesen bestanden sie in Kompetenzen der überbetrieblichen Gewerkschaften in bezug auf die Betriebsräte einerseits, in den Mitbestimmungsregeln für die letzteren andererseits.

Die geplanten Neuregelungen hätten für die österreichische Sozialordnung

162. Ausführlich KRIECHBAUMER, Innenpolitik, 249–278 (Anm. 139) mit den verfügbaren Quellen und der Literatur. – TÁLOS, Sozialpolitik, 331 f. (Anm. 75).

einen tiefen *Einschnitt* bedeutet, da sie im Konnex mit dem einzigartig ausgedehnten direkt oder indirekt *verstaatlichten Unternehmenssektor* zu sehen waren. Es versteht sich, daß Industrie und Bundeswirtschaftskammer vehement opponierten, die Basis der *Sozialpartnerschaft* ausgehöhlt sahen. Warum und wie es im einzelnen schließlich dazu kam, daß der Regierungsentwurf im April 1973 der sozialpartnerschaftlichen *Konsensfindung* überantwortet wurde und daß die Regierung selbst ihn Ende Juni 1973 fühlbar entschärfte, obwohl der Sozialpartner-Kompromiß noch nicht vorlag,[163] ist noch unbekannt. Im November schließlich kamen Anton BENYA für den ÖGB und Rudolf SALLINGER für die Bundeswirtschaftskammer über die letzten offenen Fragen überein. Ob und inwieweit dabei auch die seit dem israelisch-arabischen Oktoberkrieg veränderte weltwirtschaftliche Szene mitspielte, kann einstweilen nur Gegenstand von Spekulation sein. Immerhin: ein *Dissens* zwischen Regierungs- und ÖGB-Politik scheint schon zuvor eingetreten zu sein. Er setzte sich insofern fort, als der ÖGB in den Folgejahren bis 1975 (8.Bundeskongreß) das Modell eines von ihm kontrollierten, aus Lohnbestandteilen gespeisten Investitionsfonds forcierte, die Regierung KREISKY dieses Thema indessen nicht aufgriff.[164]

Mitte der siebziger Jahre holten die teils weltwirtschaftlich induzierten, teils selbstverursachten *Probleme* die Regierung KREISKY ein. Deren Bewältigung stand nunmehr im Zentrum des innenpolitischen Geschehens. Die Zeit weitreichender Reformen war abgelaufen, ab 1975 wurde von ihnen nur noch in die Scheune gefahren, was seit Jahren vorbereitet und nun entscheidungsreif war. In Wahrheit teilte dieses Jahr die Ära KREISKY in zwei Abschnitte.

Ihr erster hatte unter geradezu idealen *ökonomischen* Bedingungen begonnen. Die struktur- wie die budgetpolitischen Wirkungen des Koren-Plans kamen zur Reife, der staatsfinanzielle Spielraum war weit und erlaubte großzügige Verteilungsmaßnahmen, allgemeine Hochkonjunktur mit in Österreich überproportionalen Wachstumsraten sorgten für Vollbeschäftigung. Dem entsprach ein *optimistisches Klima* im Lande, das dem Wahlsieg der SPÖ von 1971 zugute kam. Nur für sorgfältige Beobachter machten sich schon problematische Symptome bemerkbar: Arbeitskräftemangel, überdurchschnittliche Lohnsteigerungen und teils durch sie, teils durch Schillingabwertung gegenüber der D-Mark bedingte inflationäre Tendenzen.[165] Nur partiell wurde der letztgenannte Faktor durch den 1971 einsetzenden, aber zu seiner vollen Durchsetzung noch Jahre beanspruchenden Übergang zur „Hartwährungspolitik" aufgefangen.[166]

163. KRIECHBAUMER, Innenpolitik, 267 f. (Anm. 139).

164. KRIECHBAUMER, Innenpolitik, 270–278 (Anm. 139).

165. ANDROSCH, Jahrzehnte, 195 (Anm. 159).

166. ANDROSCH, Jahrzehnte, 196 (Anm. 159).

Mit dem internationalen *Wachstumsknick* 1974/75 schlug voll durch, was sich in den vorangegangenen Jahren an unzureichend aufgegriffenen Problemen aufgestaut hatte: die Nettolöhne stiegen pro Jahr auf weit über 10%, die Preise um 7–8%, das Sozialprodukt stagnierte bzw. sank, die Nettodefizite des Bundesbudgets rasten auf 3,8% des Bruttoinlandsproduktes (1970: 0,6%), die Zahlungsbilanz drohte, besonders 1977, außer Kontrolle zu geraten, Vollbeschäftigung war nicht mehr selbstverständlich. *Krisenmanagement* hatte an die Stelle von Reformpolitik zu treten. Man kann sagen, daß es bis zum Beginn der achtziger Jahre beachtliche Ergebnisse hervorbrachte (Stabilisierung der Zahlungsbilanz, Reduktion des Budgetnettodefizits auf 2,6% des BIP 1981), woran personell die Ernennung Stephan KORENs zum Chef der Nationalbank nicht geringen Anteil hatte, inhaltlich die nunmehr nachdrückliche Hartwährungspolitik, die die Unternehmen zur Kostensenkung und Produktivitätssteigerung nötigte. Auch der ÖGB versagte sich dem nicht, im Gegenteil, seine Lohnpolitik anerkannte, daß vermehrte Zahlungen der Volkswirtschaft für Erdöl nicht in den Tarifen kompensiert werden konnten.[167] Als Resultat dieses teils monetaristischen, teils „austrokeynesianischen Kurses" (selektives deficit spending) blieb das *Beschäftigungsniveau* vergleichsweise hoch, auch kam es nicht zum sozialpolitischen Stillstand (Entgeltfortzahlung 1974, 32. ASVG-Novelle 1976 mit der Möglichkeit freiwilliger Krankenversicherung und des Nachkaufs von Beitragszeiten in der Pensionsversicherung, Insolvenz-Entgeltsicherung 1977, Arbeiter-Abfertigung 1979, Gleichbehandlung von Mann und Frau bei der Festsetzung des Entgelts 1979).[168] – Der Wähler belohnte 1979 dieses relativ erfolgreiche „policy mix" noch einmal mit der (dritten) absoluten Mehrheit für die SPÖ.

Erst der *zweite Ölpreis-Schock* von 1980 entzog dieser Politik gedämpfter Beanspruchung der Verzichtsbereitschaft der Bevölkerung den Boden. Nun wuchsen nicht nur *Arbeitslosigkeit* und *Budgetdefizite* neuerdings empfindlich, auch unterlassene Strukturreformen forderten ihren Preis. Das galt namentlich zunehmend für die *Verstaatlichte Industrie*. Daß in ihr 1973 mit der Vereinigung von VOEST und Alpine-Montan-Gesellschaft nach österreichischen Begriffen ein Mammutkonzern geschaffen worden war, der sich angesichts der Vielfalt seiner Produktionspalette als immer

167. Vgl. ANDROSCH, Jahrzehnte, 196–200 (Anm. 159). – Allerdings scheint dieser wirtschaftspolitische Kurs seit 1977 die Entfremdung zwischen KREISKY und ANDROSCH herbeigeführt oder zumindest verstärkt zu haben.

168. TÁLOS, Sozialpolitik, 318, 327, 347 und 445 (Anm. 75); dort auch weitere Maßnahmen zugunsten der gewerblichen Pensionsversicherung, die SPÖ und ÖVP gemeinsam verabschiedeten. – Andere Reformen mit geringerer Breitenwirkung, aber Relevanz für das politische System i.e.S. bezogen sich 1975 auf die Geschäftsordnung des Nationalrats (mehr Rechte für die parlamentarische Minorität) und die Rechtsstellung der politischen Partien mit Folgen für ihre öffentliche Finanzierung; vgl. Anton PELINKA: Parteienfinanzierung im Parteienstaat. In: Österr. Jahrbuch f. Politik '77. München-Wien 1978, 225–241. – Anton KOFLER: Parteienfinanzierung und deren Auswirkungen auf innerparteiliche Strukturen, dargestellt am Beispiel der ÖVP. In: Österr. Jahrbuch f. Politik '80. München-Wien 1981, 361–389.

weniger steuerbar erwies, und daß in ihr selbst und in sie hinein politische Intervention, d. h. betriebswirtschaftlich kontraproduktive, gang und gäbe geworden war, ließ sich nun auch mit wiederholten Staatszuschüssen nicht mehr wirklich kompensieren. Die Verstaatlichte Industrie verlor zusehends ihre Fähigkeit, Beschäftigung auch auf Kosten der Rentabilität zu sichern.

Das alles leitete das Ende der Ära KREISKY ein. Wenn dem Bundeskanzler Mitte der siebziger Jahre nicht geschadet hatte, daß er den FPÖ-Obmann PETER, dessen Angehörigkeit zu einer SS-Einsatzgruppe bekannt geworden war, selbst gegen Simon WIESENTHAL verteidigt hatte, und wenn KREISKY sogar die Niederlage in der Volksabstimmung über die Inbetriebnahme des AKW Zwentendorf 1978 ohne spürbaren *Autoritätsverlust* bewältigt hatte, so sank nun sein Ansehen nachhaltig. Der Eindruck verbreitete sich, daß er weder den ökonomischen Turbulenzen mehr gegenzusteuern vermochte noch länger Kontrolle über seine Partei- und Regierungselite besaß, über die Korruptionsverdacht geäußert wurde (Causa ANDROSCH).

Es fehlte nur noch, daß die *ÖVP* unter diesen Umständen wieder Boden unter den Füßen gewann – was mit ihrem Obmann Alois MOCK seit 1979 einsetzte – und daß sich, als Langzeitfolge der Anti-AKW-Bewegung, links von der SPÖ eine ganz neue *„Alternativbewegung"* konstituierte, der die internationale Friedensbewegung der frühen achtziger Jahre einerseits, innenpolitische Aufregung um Waffenexporte verstaatlichter Unternehmen nach Chile und Argentinien andererseits zugute kamen. Als das 1983 geschehen war, war die absolute Mehrheit der SPÖ dahin: Am 24. April verlor sie 3,4% Stimmenanteil (nun 47,6%) und 5 Mandate, die ÖVP gewann 1,3% Anteil (43,2%) und 4 Mandate, die FPÖ sank wieder auf knapp 5% Anteil (trotzdem plus 1 Mandat), die verschiedenen grünen und alternativen Kandidaturen erreichten rund 170.000 Stimmen mit 3,5% Stimmenanteil, aber kein Mandat.[169] – Bruno KREISKY tat, was er angekündigt hatte: er trat als Kanzler und als Parteivorsitzender der SPÖ ab.

4. Die Kleine Koalition von SPÖ und FPÖ (1983 bis 1986)

Es folgen drei Jahre der *Kleinen Koalition* von SPÖ und FPÖ.[170] Sie bestätigt durch ihre Existenz und ihr rasches Ende Mehrfaches: Einmal daß die *FPÖ* für regierungsfähig gilt, daß sie zum Normalinventar der Republik gezählt wird; kaum irgendwo regt sich prinzipieller Protest gegen ihre Präsenz auf der Regierungsbank. Freilich spielt für dessen Ausbleiben eine

169. Die Daten bei PELINKA/PLASSER, Parteiensystem, 769 (Anm. 3).

170. Zum Folgenden insbesondere Peter KOSTELKA: Die kleine Koalition (1983 bis 1986). In: PELINKA/STEGER, Staatspartei, 75–93 (Anm. 3) – Sehr knapp Friedrich WEISSENSTEINER: Fred Sinowatz. In: WEISSENSTEINER/WEINZIERL, Bundeskanzler, 418–429 (Anm. 142) – und der Beitrag von Friedhelm FRISCHENSCHLAGER in diesem Band.

wichtige Rolle, daß es die SPÖ ist, die die Freiheitlichen zur Koalition lädt; ob Kernschichten der Sozialdemokratie, ob die durch die Kreisky-Jahre nicht wenig geprägte Medienszene 1983 eine ÖVP-FPÖ-Koalition ohne weiteres für ebenso legitim gehalten hätten, ist fraglich. So aber, wie sie tatsächlich komponiert war, belegte die Kleine Koalition, daß seit 1964 in Österreich Mehrheitsbildung gegen eine der Großparteien möglich ist, auch wenn sie nicht durch das Charisma mitgetragen wird, das zeitweise KLAUS und länger KREISKY als Sonderelement in die Innenpolitik einbrachten.

Jedoch ist nicht zu übersehen: Die Koalition Fred SINOWATZ/Norbert STEGER galt zugleich für eigentümlich unangebracht, für eine verfehlte Wahl der politischen Elite. Das Bewußtsein, das Land befinde sich in kritischen Verhältnissen, viel von dem, was die Bevölkerung als dauernde Leistung des Staates für sich erwarte, sei ernstlich gefährdet, verlangte schon 1983 in Wahrheit wieder nach der *Großen Koalition.* So war die Kleine Koalition von ihren ersten Tagen an ungeliebt: aus unterschiedlichen Gründen von großen Teilen der Stammwähler der Parteien, die sie bilden, von jenen Anhängern der ÖVP, die deren natürlichen Ort in der Regierung sehen, auch von vielen in dem zunehmenden Segment von Österreichern, die keinem der klassischen Lager mehr zuzuordnen sind, schließlich von maßgeblichen SP-Akteuren der neuen Regierung selbst. KREISKY hatte sie gewissermaßen in diese Konstellation gezwungen, und sie nahmen ihre Rollen spürbar contre coeur wahr.[171] Beleg alles dessen waren die *Niederlagen,* die die Koalitionsparteien bei Landtagswahlen ab Oktober 1983 regelmäßig erlitten: in Niederösterreich und Wien, in Salzburg, Tirol und Oberösterreich eindeutig; in Kärnten dergestalt, daß dort die von Jörg HAIDER verkörperte innerparteiliche Opposition der FPÖ siegte; hinzu kamen die für die SPÖ geradezu katastrophalen Arbeiterkammerwahlen des Frühjahres 1984.[172]

Daß die Koalitionsregierung keine Maßnahmen setzte, die zumindest energischen Willen signalisierten, fügte ein übriges zu ihrem *negativen Erscheinungsbild,* bestätigte die Skeptiker von Tag zu Tag: Was sie sich zur Budgetkonsolidierung vorgenommen hat, zerfällt ihr in den eigenen Händen, z. B. die Besteuerung der Zinserträgnisse. Mit der Verschärfung von Ruhensbestimmungen, mit der Aufhebung von Steuerbegünstigungen für Überstundenentgelte setzt sie ebenso unpopuläre wie substantiell unwirksame Schritte.[173] Bundeskanzler Fred SINOWATZ bekennt, was richtig ist, daß im Geflecht zeitgenössischer Innenpolitik alle Fragen „sehr kompli-

171. Dafür ist aufschlußreich die an sich überflüssige, defensive Argumentation in der Regierungserklärung: „Die Koalition von SPÖ und FPÖ ist nicht gegen irgend jemanden gerichtet, sondern entspricht der Logik des Wahlresultates"; dieses hätte auch zwei andere Kombinationen zugelassen. Vgl. WEISSENSTEINER, Sinowatz, 419 (Anm. 170).

172. Daten in: Österr. Jahrbuch f. Politik '90. Wien-München 1991, 947–956.

173. KOSTELKA, Koalition, 79, 81 f. und 83 f. (Anm. 170).

ziert" seien; aber es ist bezeichnend, daß ihm dies hämisch als Eingeständnis seiner *Ratlosigkeit* angerechnet wird. Im Winter 1984/85 bekräftigte seine Regierung diese Einschätzung angesichts der Ereignisse in den *Donauauen nahe Hainburg*. Dort soll ein Kraftwerk errichtet werden, dessen Umweltverträglichkeit schon seit längerem umstritten ist, dessen Bau gleichzeitig von Exponenten der Energiewirtschaft aus Versorgungsgründen und vom ÖGB aus Beschäftigungsgründen forciert wird. Vor Weihnachten 1984 wird der zur Rodung bestimmte Auwald durch Wochen besetzt, nicht Randgruppen, sondern die Avantgarde der Jugend, voran der Wiener Jugend, vollbringt dieses Werk, lebhaft unterstützt von ihrer Elterngeneration und dem Großteil der Medien. Schließlich versucht Innenminister Karl BLECHA, seinem Herkommen nach ein Mann der jungen Linken in der SPÖ, mittels Polizei den Ort räumen zu lassen. Der Einsatz führt nicht zum Ziel, ein „Weihnachtsfriede" wird verkündet, danach – auch unter dem Eindruck verwaltungsgerichtlicher Entscheidungen – ein einjähriges Moratorium. In Summe waren die Grenzen der Durchsetzungskraft der Regierung ans Licht gebracht – freilich wie sich dann zeigen wird, nicht allein die dieser Regierung der Kleinen Koalition.

Es kann nicht wundern, daß sich in der Folge der schleichende *Autoritäts- und Prestigeverfall* der Kleinen Koalition fortsetzte. Immer mehr erschien sie als ein *Epilog* auf die letzten Jahre der KREISKY-Ära, als *Prolongierung* von deren Immobilität, als *Verlängerung* der sozialdemokratischen Tendenzen jener Jahre, simpel die Macht zu erhalten, Privilegien zu pflegen und zu bewahren,[174] Korruptionsphänomene zu dulden; manches aus den Jahren vor und seit 1983, was in diesen Kontext gehört, kam jetzt an die Öffentlichkeit (Causa ANDROSCH, Fall Lucona). Darüber blieb letztlich resonanzlos, was an Entscheidungen *Prologcharakter* hatte: die große *Umbesetzung im SP-Team* der Regierung vom September 1984, durch die SINOWATZ einige Politiker von traditionell parteipolitischem Zuschnitt entfernte und durch den Typus des kompetenten Experten ersetzte (z. B. Erwin LANC versus Franz VRANITZKY), das kleine Revirement vom Feber 1985, das diese Tendenz fortführte (Heinrich ÜBLEIS statt Karl SEKANINA).

Nicht positiv, sondern, wenn überhaupt, dann negativ wurde der Regierung zugerechnet, was sie an *verteidigungspolitischen Initiativen* setzte. Damit wagte sie Engagement in einem Bereich, den KREISKY, der negativen internationalen Beurteilung ungeachtet, vernachlässigt hatte. Jetzt wurde insbesondere entschieden, mit dem *Draken* einen Abfangjäger zu erwerben. Aber die Regierung sprach sich damit nicht nur für *unpopuläre* Maßnahmen aus, sie stieß ein weiteres Mal an *Durchsetzungsgrenzen:* Nicht nur die „alternative" Politikszene, nicht nur die Linke der SPÖ, nicht nur

174. An diesem Eindruck vermochte der 1983 beschlossene Privilegienabbau für beamtete Parlamentarier in Bund und Ländern nichts zu ändern; KOSTELKA, Koalition, 79 f. (Anm. 170).

die Friedensbewegung protestierten. Die steierische Landesorganisation der ÖVP nahm sich des Themas an, weil die Draken ausschließlich in der Steiermark stationiert werden sollten. Im März 1986 organisierte sie in diesem Bundesland ein *Volksbegehren,* das 245.000 Unterschriften erhielt. In diesem bemerkenswerten Resultat mischte sich nicht nur regionalspezifische Abwehr und Zustimmung zur ÖVP-Opposition. In ihm wurde auch eine mittlerweile stark angewachsene *diffuse Abneigung* in der Bevölkerung manifest, überhaupt regiert zu werden: tendenziell kollidieren emanzipiertes Bürgerbewußtsein („Mut zum aufrechten Gang") und Staatsbürgerlichkeit.

Der Anfang vom Ende der Regierung SINOWATZ/STEGER wird im Grunde schon mit der frühen Nominierung Kurt WALDHEIMs zum ÖVP-Kandidaten für die *Bundespräsidentschaftswahl* 1986 eingeleitet (März 1985). Seine sehr gute Chance, gewählt zu werden, läßt die Elite der SPÖ absehen, daß die nächste Bundesregierung ohne sie oder mit wesentlich geringerem Anteil für sie gebildet werden wird. Diese Funktionäre, die Mitte der achtziger Jahre zumeist erst im mittleren Alter stehen, haben ihr politisches Leben fast ausschließlich mit dem Zeitgeist im Rücken und im Besitz der Regierungsmacht verbracht. Daß ihnen der Geist der Zeit nun immer heftiger entgegenweht, daß die neue Zeit nicht mehr mit ihnen geht, mißverstehen sie nur zu leicht als den Beginn wiederkehrender Restauration. Erstmals im Grunde werden sie nun selbst vom Wähler beurteilt werden, der sich seit 15 Jahren pro und contra an KREISKY orientiert hatte.

Demgemäß wird der *Wahlkampf* mit äußerster Härte geführt, demgemäß nimmt er Züge von Götterdämmerung an. Die FPÖ-Führung wird in ihn hineingerissen. Im Herbst 1985 kommen die Nachrichten vom faktischen Zusammenbruch der VOEST-Alpine-AG dazu. Er *delegitimiert* vollends die herrschende Klasse der Regierung, die der Verstaatlichten Industrie gerade erst 16 Milliarden Schilling zugeführt hatte. Jetzt setzt sie auf eine *Kampagne* gegen WALDHEIMs vermeintliche „braune Vergangenheit". Dabei mißachtet sie, wie kontraproduktiv sie damit dem Wähler gegenüber verfährt, weil sie das Selbstverständnis der Österreicher erschüttert, das diese seit 1945 – wie problematisch immer – ausgebildet haben, nämlich 1938 mehrheitlich *„Opfer"* gewesen zu sein und demgemäß in der Zweiten Republik mittels deren spezifischer Entnazifizierungspolitik *„Versöhnung"* mit der Minderheit von 1938 geleistet zu haben. Schließlich ignoriert sie, daß sie das Prestige des Landes in einem *internationalen Umfeld* beschädigt, in dem Interessen und wechselseitige Rücksichten jedenfalls kein geringeres Gewicht haben als rigide moralische Ansprüche.

Nachdem er bereits im ersten Wahlgang knapp an die erforderliche absolute Stimmenmehrheit herangekommen war, wird WALDHEIM am 8. Juni 1986 mit starker Mehrheit (53,9%) gewählt. Bundeskanzler SINOWATZ tritt zurück, Franz VRANITZKY an seine Stelle. Auch sonst wird die

Regierung erheblich umgebildet; der Trend zwar parteipolitisch bekennende, primär aber durch Expertenkompetenz ausgewiesene Personen zu berufen, wird fortgesetzt (Rudolf STREICHER, Peter JANKOWITSCH). Noch wichtiger aber ist, daß sogleich feststeht, daß noch im Herbst vorzeitig *Nationalratswahlen* stattfinden sollen und nach ihnen die Große Koalition erneuert werden wird. Der *Volkspartei* bekommt das nicht gut. Nach 16 Jahren in der Opposition wird ihr diese Rolle genommen, die zuletzt immer mehr zu einem Bonus geworden ist und mit der sie ein guter Teil ihrer Wählerschaft inzwischen assoziiert; ja sie selbst verzichtet im Wahlkampf de facto auf die Oppositionsrolle. Damit gibt sie ein Aktionsfeld weitgehend preis, dessen sich die *FPÖ* ab September bemächtigt; angesichts des ihr drohenden Desasters verweigert ihr Innsbrucker Parteitag Norbert STEGER die Wiederwahl, macht er Jörg HAIDER zum Vorsitzenden. Die FPÖ kehrt damit entschieden zu der *Protestpartei* zurück, als die sie bzw. ihre Vorgängerin angetreten sind. Eine Wählerschaft, die sich freilich in sozialer Zusammensetzung und mentalem Habitus von der von 1949 unterscheidet, lohnt es ihr 1986 und seither weiter.

Die *Wahl* vom 22. November 1986 beendet eine Epoche von zwanzig Jahren: Die SPÖ sinkt auf 43,1% Stimmenanteil ab und verliert 10 Mandate (80 statt 90). Aber auch die ÖVP büßt ein: 41,3% Anteil stellen einen Verlust von 2 Prozentpunkten dar (77 statt 80 Mandate). Die FPÖ schnellt von knapp 5% auf 9,7% Stimmenanteil hinauf, das Wahlbündnis der grünen bzw. grün-alternativen Gruppen auf 5,1% (18 bzw. 8 Mandate).[175] Die Ära *absoluter Mehrheiten* ist auf unabsehbare Zeit vorbei. Deshalb schon ist 1986 eine Zäsur erreicht. Andere Momente, die sich erst einstellen sollten, werden sie in der Folge vertiefen.

IV. Österreich im historisch-politischen Wandel nach 1986

1. Seite 1987 wieder Große Koalition

Im Jänner 1987 trat die Regierung der *Großen Koalition* ins Amt. Den Schwerpunkt ihres Arbeitsprogrammes setzte sie ganz allgemein auf wieder *aktive Wirtschaftspolitik* und dies hieß konkret auf Budget- und Steuerpolitik einerseits, integrationspolitische Initiativen im Hinblick auf Österreichs Verhältnis zur neuen Dynamik der EG andererseits.[176] In allen diesen Dimensionen erzielte sie namentlich in den ersten drei Jahren ihres

175. Die Zahlen bei PELINKA/PLASSER, Parteiensystem, 769 (Anm. 3).

176. Zum Folgenden die Beiträge von Hans SEIDEL: Die Wirtschaftspolitik der Koalitionsregierung bzw. von Gerhard LEHNER: Der Bundeshaushalt seit Amtsantritt der großen Koalition. In: Österr. Jahrbuch f. Politik '89. Wien-München 1990, 119–135 bzw. 167–186.

Bestandes – 1987–1989 – bemerkenswerte *Erfolge:* Das Nettodefizit des Bundesbudgets, das 1986 wieder 5,2% des BIP erreicht hatte und einer Vorschau zufolge bis 1992 auf 9% zu steigen drohte, wenn nicht drastisch gegengesteuert würde, erfuhr eine fühlbare Minderung auf rund 3,5% (1989); damit wurden nicht nur drohende Gefahren für die internationale Kreditwürdigkeit der Republik, für ihre Hartwährungspolitik abgewandt, wurde nicht nur die Sorge bezüglich der Inflationsrate gemindert, es wurde auch ein Stück verlorenen Handlungsspielraumes zurückgewonnen. Das alles dankte die Regierung einer überraschend günstigen Konjunkturentwicklung ebenso wie Vermögensveräußerungen und ihrer Konsequenz bei der Eindämmung ihrer Ausgaben. Freilich verlockten gerade diese ihre Erfolge die Koalition in den Jahren 1990 und 1991 zu einem Trendwechsel, den sie als *„Pause"* der Budgetkonsolidierung deklarierte.

In der *Steuerpolitik* gelang mit Wirkung ab 1989 eine sehr fühlbare Reduktion sowohl der Einkommen- und Lohnsteuer als auch eine noch stärkere der Körperschafts- und der Gewerbesteuer; damit wurden generell Leistungsanreize gesetzt, speziell auch im westeuropäischen Vergleich – solche für die Bildung bzw. Innenfinanzierung von Kapitalgesellschaften. Das wurde trotz Budgetkonsolidierung vollbracht; deren „Pause" nötigte allerdings seither dazu, die zweite Etappe der Steuerreform von 1993 auf 1994 zu vertagen.

Auch die Reform der *Verstaatlichten Industrie,* die schon 1986 unter SINOWATZ begonnen worden war und die 1987 von der Regierung VRANITZKY/MOCK mit Nachdruck fortgesetzt wurde, hatte nicht nur per se Stellenwert; ihre Bedeutung lag ebenso in einem Wandel der allgemeinen Stimmungslage zu mehr *Optimismus und Selbstvertrauen* hin wie darin, daß der mit ihr verbundene Subventionsabbau drohende Maßnahmen von EFTA- und EG-Staaten gegen staatlich alimentierte österreichische Exportpreise vermied und daß sie Subventionsabbau auch in anderen heimischen Sektoren politisch erleichterte (Agrarmarktordnung 1988).

Schließlich verhandelte die Koalition schon ab 1987 erfolgreich mit der *Europäischen Gemeinschaft* über österreichische Teilnahme an vielen Brüsseler Programmen im Forschungs- und Technologiebereich und forcierte in Österreich selbst die Forschungspolitik. Und sie brachte, angetrieben von Außenminister Alois MOCK, noch ein übriges zustande, indem sie bis Juli 1989 im Kreise ihrer Parteien, gegenüber der Konferenz der Landeshauptleute und gegenüber den Sozialpartnern die Auffassung durchsetzte, daß Österreich die volle Mitgliedschaft bei der EG beantragen solle. Da dies noch vor den Umbrüchen in Osteuropa geschah, legte allerdings namentlich die SPÖ Wert darauf, daß der „Brief nach Brüssel" einen *Neutralitätsvorbehalt* Österreichs enthielt.

Nichts weniger war somit die erneuerte Große Koalition als inaktiv bzw. so sich selbst lähmend wie es ihre Vorgängerin ab 1962 gewesen war. Dennoch wurden weder ihre Initiativen noch ihre für diese spürbaren Erfolge von der *Wählerschaft* nicht honoriert. Bereits im Herbst 1987 büßten die Koalitionsparteien bei Landtagswahlen im Burgenland und in Wien signifikant Stimmenanteile ein; im ersten Fall primär die SPÖ, im zweiten die ÖVP, in beiden in geringerem Maße auch die jeweils andere. Daß dem nicht nur je regionale Ursachen zugrundelagen, sondern ein allgemeiner *Trend,* bewies im Oktober 1988 der Wahlgang in Niederösterreich: die Volkspartei verlor 7% Stimmenanteil, die Sozialdemokratie 4%. Ein knappes halbes Jahr danach, am 12. März 1989, wählten Kärnten, Salzburg und Tirol ihre Landtage; zehn Wochen zuvor war die große *Einkommen- und Lohnsteuerreform* wirksam geworden, die nahezu jeder Wähler auf seinem Konto wohltuend verspüren konnte. Trotzdem sank der Stimmenanteil der SPÖ zwischen 2,5% und 5,6% (Kärnten), der der ÖVP sogar zwischen 6,3% (Salzburg) und 15,9% (Tirol); in Kärnten glitt die ÖVP auf den Rang der dritten Partei ab. Überall spielten zwar regionale Momente, den Trend verstärkend, mit: in Salzburg und Tirol besonders die Probleme mit dem europäischen Transitverkehr, in Kärnten die verfilzte Machtausübung der SPÖ und die Kandidatur Jörg HAIDERs. Gleichwohl gab es keinen Zweifel, daß auch *Abwendung* von den beiden Großparteien schlechthin diese Resultate verursachte.[177]

Was wieder dieser Abwendung zugrundelag, ist nur annäherungsweise zu bestimmen: *Nichtakzeptanz* gewisser „Opfer", die ausgabenseitige Budgetkonsolidierung und Reform der Verstaatlichten Industrie nach sich zogen (z. B. für „Stahlpensionisten"); relative Vernachlässigung mancher Politikfelder durch die Regierung (Familienpolitik, Umweltbereich); deren scheinbare Abkehr von bewußter Sorge um Vollbeschäftigung; deren vermeintliche europapolitische Euphorie, die befürchtete Negativa der Integration Österreichs nicht zu beachten schien (Transitproblem, Agrarsektor). Jedoch fand die Abwendung nicht nur in sozialen Segmenten statt, die sich gewissermaßen als die Lastenträger erneuter stürmischer *Modernisierung* empfinden mochten. Sie war gerade auch in urbanen Räumen, bei jüngeren Wählern, in ökonomisch prosperierenden Angestellten –, Dienstleistungs- und Selbständigensektoren zu diagnostizieren. Modernisierung selbst verwandelte soziokulturelle und damit politisch relevante *Standards,* enthomogenisierte traditionelle soziale Milieus, wirkte auf deren Pluralisierung hin, erzeugte neuartiges politisches Verhalten, auch desorientiert unpolitisches. Vieldeutige *Wahlabstinenz* nahm ebenso zu (besonders in Wien 1987 und bei den Arbeiterkammerwahlen 1989) wie *aktiver Protestgestus* bei den Nach- und bei den Vorhuten des gesellschaftlichen Wandels. Zu beiden, namentlich zum zweiten, trugen anlaßreiche Diskussionen über *Privilegien* der politischen Klasse, über deren, wie es schien, generelle *Korruption,* über deren Machtmißbrauch bei (Fall Lucona). Die *Medien*

177. Die Daten in: Österr. Jahrbuch f. Politik '89. Wien-München 1990, 986–994. – Für die Analyse: Franz SOMMER/Fritz PLASSER: Die Landtagswahlen 1989 und die Neustrukturierung regionaler Parteiensysteme. In: Österr. Jahrbuch f. Politik '89. Wien-München 1990, 37–65.

überhaupt und die wirtschaftliche Konkurrenz zwischen ihnen, die sie zur Konzentration auf derartige Themen veranlaßte, gaben dem breiteste Resonanz. Auf der Haben-Seite schlug das alles politisch zu Buch, vor allem im Aufstieg der FPÖ unter HAIDERs Führung, aber auch in der definitiven Etablierung der Grün-Bewegungen in Bund wie Ländern; auch sie brachten mit Peter PILZ eine gewisse Personalisierung des Protests gegen die „Herrschenden" zuwege.

So gingen die Koalitionsparteien trotz ihres ansehnlichen gemeinsamen politischen Outputs aus *defensiven Positionen* in die *Nationalratswahl* vom 7. Oktober 1990. Dabei kam der Sozialdemokratie immerhin zustatten, daß sie mit Bundeskanzler Franz VRANITZKY einen Kandidaten herausstellen konnte, der die sachlichen und personellen Schwächen seiner Partei vergessen zu machen vermochte, wogegen die Volkspartei durch den 1989 vollzogenen Wechsel in ihrer Obmannschaft von Alois MOCK zu Josef RIEGLER jedenfalls keine Verbesserung in der personellen Präsentation ihrer Position bewirkt hatte. So behauptete die SPÖ überraschend ihre Stellung: Bei um rund 7% auf 83,2% gesunkener Wahlbeteiligung erreichte sie zwar rund 137.000 Stimmen weniger, hielt aber 43% Stimmenanteil und 80 Mandate; auf VRANITZKY entfielen 576.315 Vorzugsstimmen, die wahlrechtsbedingt der SPÖ zugute kamen (12,2% aller ihrer Stimmen, in Wien sogar 21,5%). – Die ÖVP hingegen sackte auf einen präzedenzlosen Tiefstand ab: 543.000 Wähler weniger als 1986, 9,17% weniger Stimmenanteil (nun 32,13%), 60 anstelle von 77 Mandaten. – Umgekehrt verdoppelte die FPÖ nahezu ihr hervorragendes Ergebnis von 1986: plus 282.000 Stimmen, plus 6,83% Anteil (nun 16,6%), plus 15 Sitze. – Die Grüne Alternative dagegen stagnierte.[178]

2. Verhaltensänderungen und neue Herausforderungen

Konsolidierte Normalität, die Frucht der ersten 10–15 Jahre Nachkriegsentwicklung, war die Basis, die neue innenpolitische Impulse während der Perioden KLAUS und KREISKY hervorbrachte und zugleich systemkonform möglich machte. Seit der Mitte der achtziger Jahre steht sie sichtbar in *Frage*. Dabei ergibt sich ein eigentümlicher Befund: *Zentrale inhaltliche Elemente* dieser Normalität stehen viel weniger zur Disposition, als sich das *Grundmuster des politischen Verhaltens* der Österreicher verändert hat. Unter jenen sind nicht nur weiterhin Beschäftigung, soziale Sicherheit und damit wirtschaftliches Wachstum die primären Erwartungen, die das politische System zu erfüllen hat. Es sind namentlich auch Staatsvertrag, Neutralität, „Versöhnung" mit jenen, die zwischen 1933/34 und

178. Zur Analyse die Beiträge von Fritz PLASSER/Franz SOMMER/Peter ULRAM: Eine Kanzler- und Protestwahl. Wählerverhalten und Wahlmotive bei der Nationalratswahl 1990 bzw. von Wolfgang C. MÜLLER: Persönlichkeitswahl bei der Nationalratswahl 1990. In: Österr. Jahrbuch f. Politik '90. Wien-München 1991, 95–149 bzw. 261–283. – Die oben angeführten Daten aus den Angaben: A.a.O., 945 f.

1945 selbst „gefehlt" haben, und ihren Nachfahren, die als Markierungspunkte für Orientierung dienen, i.a.W. lange zurückliegende Entscheidungen bzw. Prozesse, deren Resultate für mehr oder minder *unantastbar* genommen werden. Die österreichische Gesellschaft ist eine unhistorische, insofern sie Auseinandersetzung mit dem zumeist ebenso verweigert, was ihre Elterngeneration für richtig entschieden hat, wie mit dem, was neue Entwicklungen des letzten Jahrfünfts allenfalls an Revision des Status quo im Lande erfordern.

Hierher gehört, daß die 1986–1988 mit einigem Aufwand geführten Erörterungen nicht nur über die „braune Vergangenheit" Österreichs, sondern auch über deren Aufarbeitung nach 1945 *(„Vergangenheitsbewältigung")* letztlich, soweit wir es zu erkennen meinen, folgenlos geblieben sind. Wohl scheint das „Bedenkjahr" 1988 den Informationsstand über die Jahre von 1938 bis 1945 verbreitert zu haben. Aber weder ist wahrscheinlich, daß seither ein Teil des gewissen Fundus an latentem *Antisemitismus* aufgelöst wurde, der seit langem Österreichs Geschichte begleitet, noch daß sich Einstellungen gegenüber dem und denen gewandelt haben, die im Land als *„fremd"* gelten und mit denen umzugehen deshalb vermutlich den selbstkritischen Appell gebietet, weniger soziale und kulturelle Homogenität im je eigenen Umfeld zu fordern (Ralf DAHRENDORF).

Wenn es denn ein Wert, ja eine um der Demokratiebewahrung willen unverzichtbare Leistung ist, daß Gesellschaften ein gewisses Maß an *multikultureller Pluralität* in sich selber ertragen und bejahen, dann scheint die österreichische seit 1986/88 keine fühlbare Selbstkorrektur ihrer traditionellen Attituden vollbracht zu haben. Jedenfalls sind Nationalsozialismus und die Liquidation seines Erbes nach 1945 seit den späten achtziger Jahren (wieder) kein öffentliches Thema mehr: *Resonanzlos* ist das im Juli 1991 vom Bundeskanzler abgelegte Einbekenntnis österreichischer Mitverantwortung an den Exzessen des Antisemitismus aufgenommen worden, ja vielleicht ist es nicht einmal als Faktum rezipiert worden. Resonanzlos wurde Anfang 1992 das Mindeststrafmaß für nationalsozialistische Wiederbetätigung reduziert, um Schwurgerichte zu veranlassen, tatsächlich Strafen zu verhängen, und resonanzlos sind mehrere Verurteilungen geblieben, die seitdem wirklich erfolgten. Nationalsozialistisch getönter Extremismus findet in Österreich keine Zustimmung, aber gewisse an sog. Positiva des Nationalsozialismus anknüpfende Bemerkungen („ordentliche Beschäftigungspolitik") erfahren auch keine negative Sanktion durch den Wähler. Das meinen wir, sind Belege dafür, daß Österreich in vielem – nicht nur in diesem Belang – simpel das Österreich geblieben ist, das es nach 1945 geworden war.

Anders steht es mit dem *Verhalten* seiner Menschen gegenüber seinem politischen System. 1945 konnten sich die Republikgründer zur Legitimation ihres Handelns auf den übereinstimmenden Willen der demokratischen politischen Parteien berufen, konnten sie hoffen, daß deren erklärte

Bereitschaft zur Regierungskooperation das Vertrauen der Österreicher in den neuen Staat fördern werde. Allerdings gab es damals nichts anderes, woran hätte angeknüpft werden können, als an zwei der drei traditionellen politischen Lager. Aber, wenn irgend etwas, stellten sie innenpolitisch *reale Faktoren* dar, Gehäuse, in denen Österreicher politisch wohnten und aus deren Interaktion das gemeinsame Haus der Republik errichtet werden mochte. Seit der Mitte der achtziger Jahre ist vollends sichtbar geworden, daß diese herkömmliche *Lagerbindung* der Österreicher zum Minderheitsphänomen geworden ist. Weder die Parteien, voran die beiden bisher großen, noch die mit ihnen eng verflochtenen sozialpartnerschaftlichen Organisationen haben ihre hergebrachte Position bei ihrer jeweiligen Klientel zu behaupten vermocht. Die zweiten, soweit sie als Kammern ausgebildet sind, werden wegen der nun sog. „Zwangsmitgliedschaft" angefochten; es ist aufschlußreich, daß dieses Wort das Vokabel „Pflichtmitgliedschaft" im öffentlichen Gebrauch abgelöst hat.

Die Parteien, voran die beiden bisher großen, erhalten signifikant weniger Zustimmung vom Wähler als noch 1983 und, insofern sie die doch in einem im Vergleich mit früheren Jahrzehnten annähernd ähnlichen Umfang gewinnen, geschieht dies aus neuartigen Gründen. Mehr als irgendwann zuvor haben wahlwerbende Parteien sich um starke *Wahlbeteiligung* aktiv zu kümmern. Die sinkt dennoch kontinuierlich – freilich nicht unter ein in etablierten Demokratien übliches Maß. Namentlich Erstwähler machen von ihrem neuen Recht unterdurchschnittlich Gebrauch. Gerade dies signalisiert, daß die traditionellen politischen *Sozialisierungsmuster* kaum noch wirken; demgemäß ziehen die zahllosen alten lagerimmanenten Vereine und Organisationen kaum mehr Nachwuchs an und mit ihnen verdorren die Lager selbst. Aus ihnen emigrieren freilich auch viele ihnen über lange Zeit freiwillig Zugehörige oder immerhin faktisch zurecht Zugezählte. Denn Dank für erwiesene Patronage nimmt ebenso ab wie die Erwartung künftiger Hilfe durch das Lager in persönlichen Anliegen, und Entrüstung über verweigerte Unterstützung nimmt vermutlich zu.

Da die Sektoren der Gesellschaft, die der parteipolitischen *„Betreuung"* im Alltag selbst nicht bedürfen und die solche für andere unter dem Titel unzulässiger Privilegierung scharf ablehnen, anwachsen, sind die Parteien verhalten, deren Einstellungen mehr Aufmerksamkeit zu widmen und die Stammwähler ihres jeweiligen Lagers tendenziell zu vernachlässigen. Ihre unausweichliche Ausrichtung auf beide Gruppen, auf Alt- und auf potentielle Neuwähler, erfordert allemal *Gratwanderungen,* die neben Erfolgen immer auch nach beiden Seiten hin Verluste bescheren. Unter diesen Umständen findet am ehesten Zuspruch, wer sich als *Protestbewegung* gegen „Altparteien" zu präsentieren vermag, und dies besonders bei der jungen Generation. Dabei ist es in national wohlfundierten Gesellschaften keine Überraschung, daß der Protest mehr anzieht, der eher rechts angesiedelt ist als links.

Protest richtet sich freilich nicht nur so sehr gegen *Parteien,* daß selbst von ihnen nominierte Kandidaten darin wetteifern, für parteiunabhängig zu gelten (Bundespräsidentschaftswahl 1992). Protest richtet sich auch gegen *staatliche Tätigkeit* dort, wenn diese nicht für Manifestation von Parteienherrschaft genommen wird. Er kleidet sich als Ablehnung überbordender *Bürokratie,* hat aber ebenso auch den unerfüllbaren Anspruch auf fehlerlose Verwaltung trotz höchster sachlicher Komplexität zur Grundlage wie die schon angedeutete Weigerung, hoheitliche Entscheidung überhaupt zu akzeptieren. Jedoch nicht allein die *Regierbarkeit* im großen und im kleinen steht damit in Frage, auch wie schon oft diagnostiziert wurde, die *Legitimität* des demokratischen *Mehrheitsprinzips* selbst ist es, besonders wo es im Namen überlokalen und überregionalen Regelungsbedarfes gegen lokale und regionale Urteilsbildung in Anspruch genommen wird. In einem Wort: Sowohl *was* für die Dauer von rund zwei Generationen als Grundkonsens in Österreich galt, ist nun in erheblichen Teilen zur Disposition gestellt, auch *wie* er ermittelt wird, ist nun mehr offen als bisher. Nicht eben Identitätsfindung, aber neue *Konsensfindung* ist schon seit einiger Zeit und bleibt einstweilen eine der zentralen Aufgaben österreichischer Innenpolitik.

Es scheint, daß sich Konsensfindung am ehesten über fortgesetzte *Aufwertung personaler Elemente* im politischen System eröffnet. Sei es daß Wahlgänge, in denen formell Parteien rivalisieren, de facto zum Gutteil durch Personalisierung entschieden werden – so die Nationalratswahl 1990 zugunsten von SPÖ und FPÖ durch den sog. VRANITZKY- bzw. HAIDER-Effekt; so wieder 1991 die steirische Landtagswahl mit der erfolgreichen Vorzugsstimmenkampagne der ÖVP für Landeshauptmann Josef KRAINER –, sei es daß neue Wahlordnungen Direktwahl von Personen in Ämter vorsehen – so auf kommunaler Ebene bereits in Kärnten und Tirol -: stets zeichnet sich die Bereitschaft der Gesellschaft ab, Personen mehr zu vertrauen als den herkömmlichen Parteien. Demgemäß bleibt abzuwarten, welche Wirkung das in Diskussion befindliche, stärker personenorientierte neue Nationalratswahlrecht nach sich ziehen wird, wie auch abzuwarten bleibt, ob bei Fortsetzung der skizzierten Tendenzen Verfassungsänderungen notwendig werden, um die bisher grundsätzlich über Parteien und Parlamentswahlen erfolgende Kreation von Regierungen durch partizipatorische Akte („Direktwahlen") zu ersetzen.

Konsensfindung über Sachen und Prozeduren ist in Österreich zudem um so mehr Problem und Aufgabe, als das Land mehr als jemals während der letzten drei Jahrzehnte auf *neue Herausforderungen* antworten muß: Es sind die Herausforderungen, die von der erneuerten Dynamik der *Europäischen Gemeinschaft* seit 1987, erst recht seit dem Maastricht-Vertrag von 1991 ausgehen; sie beinhalten für Österreich nun nicht mehr nur wirtschaftspolitische Provokationen, sondern die genuin politischsten, insofern hier wie anderswo die Bereitschaft zur Revision des *Neutralitätsstatus* als eines Mediums der Selbstidentifikation in Rede steht. – Es sind Herausforderungen, die von den neuen Nachbarschaftsverhältnissen in *Südost-, Ostmittel-,* ja in *Osteuropa* herrühren und die, neben anderem, erfolgreiche EG-Politik Österreichs noch dringlicher machen. – Es sind Herausforderungen, die von *demographischen* Entwicklungen generiert werden und die „Besitzstände" bzw. Zukunftserwartungen großer gesellschaftlicher Gruppen bzw. Schichten im Lande nachhaltig tangieren können. Es sind selbstverständlich noch zahlreiche andere Herausforderungen benennbar, wie sie z. B. von der *Frauenbewegung* oder von einem partiell neuen Rollenverständnis des *Verfassungsgerichtshofes* ausgelöst werden.[179] Ihr Katalog ist unabschließbar.

179. Martin MICHALITSCH: Die geänderte, realverfassungsändernde Rechtssprechung des Verfassungsgerichtshofes. Eine rechtspolit. Analyse. In: Österr. Jahrbuch f. Politik '89. Wien-München 1990, 187–207.

Die außenpolitische Entwicklung

Andreas Unterberger

I. Ringen um den Staatsvertrag

Mit dem Beginn der Befreiung Österreichs von den deutschen Einheiten beginnt 1945 gleichzeitig auch das *dritte* große Kapitel der Außenpolitik Österreichs in diesem Jahrhundert, das bis 1989 dauern soll. War das *erste* von der Behauptung der Rolle Österreichs angesichts des überschäumenden *Nationalismus* ringsum – vom slawischen bis zum italienischen und deutschen – geprägt und stand das *zweite* Kapitel ab 1918 komplett im Zeichen der Definition Österreichs gegenüber dem *Deutschen Reich* – mit den vielfältigen Facetten und Auswirkungen von Nicht-Anschluß und Anschluß – so steht Österreich ab 1945 schlagartig im Banne des *Ost-West-Konfliktes.* Auch wenn den Menschen im Lande dieser Konflikt zu Beginn vielfach noch nicht voll bewußt war, so läßt sich doch die Außenpolitik in dieser Epoche als Folge dieses Antagonismus und als Versuch der Selbstdefinition angesichts dieses Spannungsfeldes zusammenfassen. Und selbst die Erbschaften aus früheren Kapiteln der österreichischen Außenpolitik – die Südtirolfrage wie das Kapitel „deutsches Eigentum" – werden genauso von dieser Polarisierung erfaßt wie auch die Bemühungen um die wirtschaftliche Existenzsicherung nach außen.

Es ist zweifellos einer der großen *Erfolge* der österreichischen Politik, daß es in zehnjährigen Bemühungen gelungen ist, zuerst die wirtschaftlichen Verpflichtungen zu reduzieren und dann, buchstäblich am Vorabend der Staatsvertragsunterzeichnung, auch die Erwähnung einer österreichischen Mitschuld am Weltkrieg aus dem Vertrag vom Belvedere zu eliminieren. Die Moskauer Deklaration vom 1. November 1943 und die folgende Politik der Alliierten hatten Österreich hingegen eine merkwürdige Zwitterstellung zwischen einem Opfer und einem Mitschuldigen der nationalsozialistischen Taten zugewiesen.

Österreichs Entwicklung 1945 bis 1989 läßt sich für weite Bereiche auch so umschreiben: Österreichs Außenpolitik als die Summe der Bemühungen, einer Abhängigkeit von der *Sowjetunion* zu entgehen. Sorge wegen einer solchen Abhängigkeit schien schon 1945 voll berechtigt. Und dies nicht nur auf Grund der geographischen Situation und des Vorstoßes der Roten Armee in die Kernzonen der Republik. Zwei Indizien seien für diese Sorge erwähnt: Das eine ist die von Francis Kardinal SPELLMAN überlieferte Aussage des amerikanischen Präsidenten ROOSEVELT aus dem Jahr 1943, daß Österreich unter eine Art sowjetischen Protektorats fallen würde.[1] Das zweite ist ein Brief Karl RENNERs an den sowjetischen Machthaber STALIN.[2] Darin bietet sich RENNER am 15. April nicht nur zur Wiederbegründung eines souveränen Österreichs an, sondern er macht Stalin auch eindeutige politische Versprechungen: „Die österreichischen Sozialdemokraten werden sich mit der KP brüderlich auseinandersetzen und bei der Neugründung der Republik auf gleichem Fuß zusammenarbeiten. Daß die Zukunft des Landes dem Sozialismus gehört, ist unfraglich und bedarf keiner Betonung."

In dieser Sicht ist es auch zwangsläufig, daß das wichtigste Dokument, das am Beginn dieser Epoche steht, eines der Außenminister Großbritanniens, der Sowjetunion und der Vereinigten Staaten ist. Sie verkündeten 1943 – nirgendwo in der Welt hatte sich eine österreichische Exilregierung gebildet –, „daß Österreich, das erste freie Land, das der typischen Angriffspolitik Hitlers zum Opfer fallen sollte, von deutscher Herrschaft befreit werden soll."[3] Sie erklären nicht nur die Besetzung Österreichs für „null und nichtig", sondern auch, daß „ein freies unabhängiges Österreich wiederhergestellt" werden solle. Österreich wird zwar in freundlichen Worten die Hilfe der drei Mächte zugesichert, gleichzeitig wird es aber „erinnert" – und das ist der Pferdefuß der *Moskauer Deklaration* –, „daß es für die Teilnahme am Kriege an der Seite Hitler-Deutschlands eine Verantwortung trägt, der es nicht entrinnen kann, und daß anläßlich der endgültigen Abrechnung Bedachtnahme darauf, wieviel es selbst zu seiner Befreiung beigetragen haben wird, unvermeidlich sein wird."

Trotz des erwähnten gefährlichen Briefs gebührt RENNER aber zweifellos das Verdienst, zusammen mit dem unermüdlichen Kämpfer der ersten Nachkriegsjahre, Karl GRUBER, und dem begabten Strategen Julius RAAB das meiste für die Wiedererringung der vollen *Souveränität* Österreichs getan zu haben: Sein größtes Verdienst besteht vor allem darin, daß er und die anderen Männer der ersten Stunde mit der Regierungserklärung vom 27. April 1945 und der Regierungsbildung[4] raschest alles irgend mögliche getan haben, um den gesamtösterreichischen Staatsapparat wieder in Gang zu bringen.[5] Gleichzeitig gelang es der Regierung RENNER, bis

1. Gerald STOURZH: Geschichte des Staatsvertrages 1945–1955. Österreichs Weg zur Neutralität. 3.A. Graz-Wien-Köln 1985, 4. – STOURZH ist jedenfalls für das ausführlichere Studium dieser zehn Jahre unentbehrlich.

2. Eva-M. CSÁKY: Der Weg zu Freiheit und Neutralität. Dokumentation zur österr. Außenpolitik 1945 – 1955. Wien 1980, 34 – 35.

3. Stephan VEROSTA: Die internationale Stellung Österreichs 1938 bis 1947. Wien 1947, 52–53.

4. CSÁKY. Weg, 36–38 (Anm. 2).

5. Daß nach in Österreich herrschender Auffassung das Land 1938 bis 1945 nicht völkerrechtlich untergegangen war, wird kurz als „Okkupationstheorie" zusammengefaßt. Waldemar HUMMER: Der internationale Status und die völkerrechtliche Stellung Österreichs seit dem Ersten

zum Herbst das Mißtrauen der Westmächte zu reduzieren, sodaß sie schließlich auch im Westen anerkannt wurde. Durch die Einbindung der zwei großen Lager war die Legitimität der Regierung abgesichert und kein Spielraum für ein Marionettenkabinett vorhanden. Ähnliche Leistungen wurden auch in den Bundesländern gesetzt. Ein erster Blick nach *Südtirol* zeigt hingegen, daß dort das Vakuum zwischen Deutschem Reich und Rückkehr der Italiener nicht genutzt worden ist; eine sofort und klug aktive Südtiroler Landesregierung hätte nach Ansicht von Experten vielleicht mehr für Südtirol erreichen können als alle Bemühungen der folgenden 40 Jahre.[6] Freilich waren viele führende Südtiroler durch die NS-Zeit kompromittiert.

Die trotz aller Schwierigkeiten von allen Lagern und vom ganzen Land mit großer Selbstverständlichkeit exerzierte Gemeinsamkeit beim Wieder-Staat-Werden Österreichs ist gleichzeitig auch wichtigstes Ergebnis eines Faktums, das erst im Rückblick auffällig wird: Die Herausbildung einer *österreichischen Nation* in der NS-Zeit. Auch wenn manche dahinter nur Provinzialismus argwöhnen,[7] so ist doch die Existenz einer österreichischen Nation für die meisten Österreicher unbestrittene Tatsache und ein geradezu sensationeller Unterschied zur Ersten Republik.

Während mit dem zweiten Kontrollabkommen vom Juni 1946 bis zum Ende der Besatzungszeit die Handlungsfähigkeit der Regierung gesichert war – außer bei Verfassungsgesetzen war ein Veto der Alliierten nur noch einstimmig wirksam und diese Einstimmigkeit kam durch den Ost-West-Konflikt praktisch nicht zustande – waren die *Staatsvertragsverhandlungen* eher negativ von diesem Antagonismus geprägt. Weltpolitische Vorgänge verschoben immer wieder die Interessenlage. Nicht nur bei den Sowjets, sondern vice versa auch im Westen: Waren die Amerikaner vor allem anfangs an einem schnellen Abschluß interessiert, um die Rote Armee rasch wieder auch aus Ungarn hinauszubekommen (deren dortige Präsenz war ja formell mit der Besetzung Österreichs begründet), so machten die kommunistische Machtübernahme in der Tschechoslowakei (Feber 1948), der Koreakrieg und die erste sowjetische Atomexplosion (August 1949) Washington wieder mißtrauischer.[8] Zeitweise kam es deshalb auch zu bitterer Polemik zwischen den USA und Wien, wo man geglaubt hatte, nur mit den Sowjets fertig werden zu müssen.

Weltkrieg. In: Österr. Handbuch des Völkerrechts. Hg. v. Hanspeter NEUHOLD/Waldemar HUMMER/Christoph SCHREUER. Bd. 1. Wien 1983, 416–418.

6. So zumindest Staatssekretär a.D. Ludwig STEINER in einem Gespräch mit dem Autor.

7. Johann Chr. ALLMAYER-BECK: Nation Österreich? „Ist" und „Soll". In: Die Presse 14./15. Juli 1984, spectrum, 3.

8. Die sowjetische Geschichtsschreibung ist bemüht, überhaupt nur die USA als Bremser darzustellen. Typisch: Alexander JEFREMOW. In: 25 Jahre Staatsvertrag. Protokolle des wissenschaftlichen Symposions. Hg.v. Bundesministerium für Wissenschaft und Forschung, Wien 1980, 89–93.

Zwei Gründe haben in den erwähnten Phasen die USA einem Staatsvertrag gegenüber skeptisch gemacht. Zum einen wies das Pentagon gegenüber dem österreichfreundlichen State Department verstärkt auf die strategischen Nachteile einer Unterbrechung der Landverbindung Deutschland-Italien sowie auf das nach einem Abzug drohende *militärische Vakuum* hin (weshalb in Westösterreich auch schon insgeheim mit dem Aufbau von bewaffneten Strukturen begonnen wurde). Zum anderen aber hielten die Amerikaner die Österreicher auch für „naiv und unrealistisch",[9] weil sie zu *bilateralen Abkommen* mit der Sowjetunion vor allem in der Frage des Deutschen Eigentums bereit waren.

In diesem zweiten Punkt läßt sich auch aus österreichischer Warte der amerikanische Standpunkt nicht völlig verurteilen. Zumindest hat die Geschichte bewiesen, daß das Zuwarten bis 1955 Österreich einen weit günstigeren Vertragsabschluß gebracht hat, der zumindest nach der Vertragslage keine zweiseitigen Verpflichtungen zwischen Wien und Moskau mit sich gebracht hat. Bilaterale Kontrakte wären von den Sowjets zweifellos auf Dauer zur Druckausübung und Einflußnahme benutzt worden. Insbesondere angesichts der „Eigenwilligkeit", die sie bei der Interpretation von Verträgen an den Tag zu legen pflegten. Insofern war das amerikanische Bremsen also durchaus berechtigt. Andererseits war das Zuwarten angesichts der Ungewißheit historischer Entwicklungen ein riskantes Spiel und jedes *Besatzungsjahr* drückend. Das von Außenminister GRUBER verfolgte Ziel, die fremden Truppen praktisch um jeden Preis aus dem Land zu bekommen, hätte aber für die Nach-Staatsvertragszeit gewaltige Hypotheken mit sich gebracht.

Freilich: Auch die von den Westmächten schließlich akzeptierten Regelungen in den diversen Staatsvertragsentwürfen hätten zu *wirtschaftlicher Abhängigkeit* Ostösterreichs von der Sowjetunion geführt. Staatssekretär Bruno KREISKY befürchtete einen „halbkolonialen" Status Österreichs; RENNER drohte für den Abschluß eines solchen Staatsvertrages die Ausrufung eines „nationalen Trauertages" an.[10] Erst im Moskauer Memorandum vom 15. April 1953 gelang es, die katastrophalen in tragbare, wenn auch immer noch schmerzhafte Regelungen umzuwandeln. In den Jahren nach 1955 konnten die Lieferverpflichtungen Österreichs gegenüber der Sowjetunion noch weiter gemildert werden.

Es kann kein Zweifel bestehen, daß die Bezeichnung „Deutsches Eigentum" angesichts der österreichischen Entwicklung ein sehr künstlicher Titel war, und daß es in Wahrheit doch um *Reparationen* gegangen ist, auf die offiziell jedoch schon in Potsdam gegenüber Österreich verzichtet worden war. Während mit den Westmächten sehr bald Einigkeit über diese wirtschaftlichen Fragen erzielt werden konnte, war die Sowjetunion insbe-

9. STOURZH, Geschichte, 43 (Anm. 1).
10. STOURZH, Geschichte, 68 (Anm. 1).

sondere an den österreichischen Ölquellen, der DDSG, der Korneuburger Werft und anderen industriellen Werten interessiert. Wie künstlich die Forderungen waren, zeigte die Tatsache, daß für manche Werte Österreich doppelte Entschädigungspflicht drohte: an Bürger der Westmächte für ihr früheres Eigentum in Österreich und an die Sowjets unter dem Titel „Deutsches Eigentum".

In den ersten zehn Nachkriegsjahren entwickelte sich durch die Besatzungszonen ein *wirtschaftliches Gefälle,* das auch noch 40 Jahre später spürbar ist. Die Franzosen in Tirol und Vorarlberg, die Amerikaner in Salzburg und Oberösterreichs, die Briten in Kärnten, Steiermark und Osttirol erlaubten und förderten in qualitativ völlig anderem Ausmaß als die Sowjets die ökonomische Entwicklung. Niederösterreich, das Burgenland und das Mühlviertel leiden heute noch darunter.

Das Besatzungsregime hat aber neben seinen wirtschaftlichen und sicherheitspolitischen Auswirkungen – die noch lange anhaltende kommunistische Durchsetzung des Polizeiapparates[11] – noch zwei weitere wichtige Folgen: Die *gemeinsame Administration* des ersten Wiener Bezirkes (die restlichen waren wieder in Zonen geteilt) zwang die Alliierten – im Gegensatz zu Deutschland – auch in den eisigsten Zeiten des Kalten Krieges zu einem Minimum an Kooperation („Die Vier im Jeep"). Da die Sowjetunion möglichst viel Territorium für „ihr" Niederösterreich haben wollte wurde gleichzeitig auch die Expansion auf ein Groß-Wien rückgängig gemacht. Das scheint ein recht typisches Beispiel dafür, wie sehr Österreich am Beginn der Besatzungszeit bloßes *Objekt* der Alliierten war.

Es war eine der wichtigsten Entwicklungen der ersten zehn Jahre, daß Österreich schon Ende der 40er Jahre vom Objekt, über das die Vier verhandelten, langsam zum *Subjekt* wurde, das mit den Vieren über seine Zukunft verhandelte.

Wegen dieser anfänglichen Objektstellung waren in den ersten Nachkriegsjahren die an Österreich gerichteten *Gebietsansprüche* durchaus gefährlich. Konnten die tschechischen rasch abgewehrt werden, so waren die jugoslawischen auf Kärntner und sogar steirische Gebiete sehr heikel. Insbesondere in den Jahren, als Belgrad noch fest im sowjetischen Lager zu stehen schien. Im Laufe der Verhandlungen stellte sich dann aber allmählich heraus, daß für die Sowjets die Entschädigung für Deutsches Eigentum und später die Neutralität viel wichtiger waren. Erst der Bruch zwischen STALIN und TITO im Jahre 1948 hat die Gefahr jedoch wirklich entschärft und sogar eine, leider nur kurzfristige, Euphorie in Richtung auf einen Staatsvertragsabschluß gebracht.

Eine frühe Vorwegnahme des Kapitels „Österreich – Vereinte Nationen" brachte das Jahr 1947. RENNER wollte damals (aus Angst vor einem Bürgerkrieg) nach Abzug der Alliierten eine *UN-Truppe* im Land haben.

11. Packend beschrieben bei Hellmut ANDICS: Die Insel der Seligen. Wien 1976, 158–161.

GRUBER hat das damals heftig und wohl zu Recht bekämpft: bei der satzungsmäßigen Struktur der UN wäre wieder eine vollständige Abhängigkeit von den vier Mächten entstanden. Jedenfalls aber zeigt diese Episode interessante Parallelen zur späteren Außenpolitik Österreichs, die phasenweise durch die Weltorganisation (und insbesondere durch die Ansiedlung des dritten UN-Sitzes in Wien) eine Sicherung der österreichischen Souveränität erhoffte.

Bis ins Jahr 1953 tagten die alliierten Sonderbeauftragten 260 mal über die Österreichfrage. Ohne Erfolg. Ob es für den Abschluß eine kausale Rolle gespielt hat, daß ab der Berliner Konferenz 1954 Österreich erstmals *gleichberechtigter* Verhandlungspartner geworden ist? Vor allem die Vorgänge bis zum Abschluß des Moskauer Memorandums vom 15. April 1955[12] scheinen dies zu beweisen. Denn auch in dem nach 1953 ausgebrochenen ost-westlichen Tauwetter brachte man den Aktionen des kleinen Österreichs mehr Vertrauen entgegen als denen anderer Alliierter. Österreich hat – wahrscheinlich gar nicht voll bewußt – aber auch in den Frostjahren des kalten Krieges wichtige *Vorarbeit* für den Staatsvertrag geleistet: Die Haltung des Landes nach innen wie nach außen ließ im Westen keine Zweifel mehr aufkommen, daß es sich um ein verläßliches, demokratisches Land im westlichen Sinne handelt, dessen Aktionen kein Mißtrauen verdienen. So bekam Österreich den Rücken frei für die entscheidenden Gespräche mit der *Sowjetunion.*

Die Sowjetunion aber war – auch wenn bisher andere Phasen herausgestellt worden sind – über die längste Zeit das stärkste und oft das einzige Hindernis für die Wiedergewinnung der Souveränität. Neben den würgenden Entschädigungsforderungen für das Deutsche Eigentum – ob in Sachwerten oder Geld – verzögerte Moskau einmal durch den Vorwurf der mangelnden Entnazifizierung, einmal durch das Junktim mit der Triest-Frage. Und streckenweise war es überhaupt nicht zu Verhandlungen bereit. Da halfen auch österreichische und westliche Vorstöße, die eine Zurücknahme der schon gemachten Konzessionen androhten, ebensowenig wie ein praktisch einstimmiger Appell der auf GRUBERs Initiative durch Brasilien eingeschalteten UN-Generalversammlung.

Ende 1952 gab es aber dann die ersten sowjetischen Andeutungen: Österreich soll eine „strikte Neutralitätspolitik ähnlich Schweden, Schweiz" haben.[13] Damit sind die Weichen für die Entwicklung der nächsten zweieinhalb Jahre gestellt. Auch wenn noch am 6. April 1955 ein Artikel in der Arbeiter-Zeitung – in offenbarer Verwechslung mit einer neutralistischen, ideologischen Neutralität – von einer „unannehmbaren" *Neutralität* spricht und statt dessen „Paktfreiheit" postuliert.[14] Dieser Beitrag ist wohl be-

12. CSÁKY, Weg, 362 (Anm. 2).
13. STOURZH, Geschichte, 82 (Anm. 1).
14. Arbeiter-Zeitung, 6. April 1955, 1–2.

zeichnend dafür, wie sehr und wie lange semantische Mißverständnisse den Prozeß bremsen sollten, der Anfang 1953 durch den Amtsantritt von Julius RAAB und den praktisch gleichzeitigen der Stalin-Erben in Moskau eingeleitet worden ist.

RAAB brachte ein psychologisches Moment in die Bemühungen ein. Er warb um das sowjetische Vertrauen, insbesondere dankte er demonstrativ freundlich für Erleichterungen im Besatzungsregime und erntete viel Kritik. Eine seiner Kernaussagen: Es nütze nichts, „wenn man den russischen Bären, der mitten im österreichischen Garten drinnensteht, immer wieder durch laut tönende Sonntagsreden in den Schwanzstummel zwickt".[15]

Die Aufhebung der innerösterreichischen Personenkontrollen und der Postzensur brachten jedenfalls deutliche *Erleichterungen*. Die SPÖ befand sich damals unter Adolf SCHÄRF hingegen auf einem massiv antisowjetischen Kurs. Dieser verursachte den sich bis zu den österreichisch-internen Beratungen bei den Moskauer Gesprächen 1955 hinziehenden Widerstand der Sozialisten gegen das Wort Neutralität. Zum Unterschied von RAAB und ähnlich den Westmächten fürchteten die Sozialisten, daß die Sowjets unter Neutralität eine ideologische verstünden – die spätere Propaganda der österreichischen Kommunisten gegen „neutralitätswidrige", prowestliche Äußerungen war jedenfalls ein Indiz in diese Richtung. Man wollte anstelle eines so allgemeinen Wortes nur eine genaue Aufzählung der Pflichten akzeptieren. KREISKY im Juni 1953: „Non-alliance, nicht aber Neutralität sei eine Formel, die durchaus Inhalt der österreichischen Politik sein könne."[16]

Es wäre aber eine Vereinfachung, würde man die innerösterreichische Entstehung des *Neutralitätsgedanken* jetzt allein Julius RAAB zugute halten. Vielmehr gibt es da eine verwirrende Fülle von Äußerungen und Ideen in beiden Lagern, die sich Jahre hindurch einerseits skeptisch (insbesondere SCHÄRF) andererseits positiv über eine Neutralität äußern. Und das keineswegs konstant. Das frappierende daran ist, daß mit der Ausnahme des eine Landesverteidigung vorbereitenden Staatssekretärs Ferdinand GRAF, der einmal einen NATO-Beitritt befürwortet hat,[17] sich inhaltlich praktisch alle Politiker im wesentlichen für das ausgesprochen haben, was dann allgemein unter Neutralität verstanden wurde.

Es war aber sicher das Verdienst von Julius RAAB, der als erster Österreicher die *Zusammenhänge* zwischen Neutralität und Staatsvertrag erkannte und sah, daß die Probleme dieses Zusammenhangs gleichzeitig durch eine formal völlig eigenständige Neutralitätserklärung Österreichs umgangen werden könnten.

Eine von GRUBER veranlaßte Einschaltung Indiens, Ratschläge des finni-

15. STOURZH, Geschichte, 83 (Anm. 1).
16. STOURZH, Geschichte, 86 (Anm. 1).
17. STOURZH, Geschichte, 108 (Anm. 1).

schen Präsidenten Urho KEKKONEN über das Verhalten der Sowjets und etliche eigenmächtige Vorstöße des nach Moskau entsandten Botschafters Norbert BISCHOFF bereiteten den weiteren Weg ein wenig vor. Bis im Jänner 1954 die Berliner Konferenz wieder einen Rückschlag brachte, auch wenn die voll gleichberechtigte Teilnahme Österreichs an den Beratungen ein Novum war.

Zwei Bedingungen des sowjetischen Außenministers Wjatscheslaw M. MOLOTOW machten in Berlin alle Hoffnungen zunichte. Zum einen schlug er das Verbleiben alliierter Truppen in Österreich bis zum Abschluß eines deutschen Friedensvertrages vor. Das hat nicht nur den entschiedenen Widerstand der Österreicher gefunden, sondern hätte bedeutet, daß bis 1990 *Besatzungstruppen* in Österreich gestanden wären. MOLOTOWs zweite Bedingung – ein *Bündnisverbot* – wurde wiederum von den Westmächten intensiver abgelehnt als von Österreich. Die Westmächte und insbesondere der Bonner Bundeskanzler Konrad ADENAUER fürchteten ein gefährliches Beispiel für die Zukunft Deutschlands, das ihrer Meinung nach durch eine oktroyierte Neutralität den Russen ausgeliefert sein würde. Für Österreich war an diesem Punkt nur wirklich störend und inakzeptabel, daß nicht nur die Beteiligung an Militärbündnissen, sondern auch an „Koalitionen" verboten werden sollte. Österreich war „unter keinen Umständen" bereit, sich durch solche Gummiformulierungen etwa die Teilnahme an Organisationen zu verbauen, die ein *vereintes Europa* anstrebten. Das war jedenfalls eine interessante Haltung gegenüber dem später lange mit Neutralitätsgründen motivierten Verzicht auf eine EG-Mitgliedschaft.

Ein neues Revirement in Moskau – Nikita S. CHRUSCHTSCHOW wurde zum starken Mann – und die Bildung der NATO, die den Sowjets nun das Junktim mit der deutschen Frage offenbar als aussichtslos erscheinen ließ, machten dann 1955 endgültig den Weg zum *Staatsvertrag* frei. Moskau verzichtete auch auf das Koalitionsverbot. Und bei den auf sowjetische Einladung zustandegekommenen Verhandlungen in Moskau wurde in geschicktem Wechselspiel zwischen MOLOTOW und RAAB schließlich die Neutralitätsregelung, die nun für die Sowjets der entscheidende Punkt war, fixiert. Man einigte sich auf eine Neutralität nach dem *Muster der Schweiz,* die Wien aber aus *eigenen Stücken* erklären sollte. Um diese Eigenständigkeit zu betonen, hielt die österreichische Delegation sogar nach ihrer Rückkehr die diesbezüglichen Abmachungen eine Zeitlang geheim.

Für die Sozialisten waren wieder die Milderungen der Bestimmungen über das *„Deutsche Eigentum"* zentral. Auch hier waren die Sowjets plötzlich überraschend konziliant.

Was Moskau wollte: Neben den militärischen Überlegungen – Unterbrechung der Verbindung Deutschland-Italien für die neugegründete NATO – und einem Signal für die von CHRUSCHTSCHOW intendierte *Koexi-*

stenzpolitik[18] wollte man den Deutschen eine verführerische Alternative bieten, um sie doch noch aus dem westlichen Bündnis herausbrechen zu können. Es kam in der Folge auch zu vorübergehenden massiver Verstimmungen zwischen Bonn und Wien – die Deutschen zogen sogar eine Zeitlang ihren Botschafter ab; vordergründiger Anlaß war allerdings das auf sowjetischen Wunsch in den Staatsvertrag aufgenommene Verbot, Teile des „Deutschen Eigentums“ wieder in den Besitz deutscher Bürger zu übertragen.

Interessant ist, daß die in Moskau vereinbarte – und vom Westen nicht laut abgelehnte – *Garantieerklärung* für die österreichische Unabhängigkeit (nicht Neutralität, was sehr gefährlich wäre) nie realisiert worden ist. Auffällig ist, daß dieser Vorschlag vor allem von RAAB gekommen ist. Heute wird in Österreich das Fehlen von Garantien eher begrüßt. Als aber 1984 bei einem Staatsbesuch des österreichischen Bundespräsidenten der US-Präsident von amerikanischen Garantien für Österreich sprach, wurde dies von den Österreichern keineswegs zurückgewiesen.

Die Freilassung aller *Kriegsgefangenen* durch die Sowjetunion und eine Botschafter- und Außenministerkonferenz der vier Mächte prägten die Tage vor dem Abschluß des Staatsvertrages. Bei diesen Konferenzen wurden nicht nur die Westmächte in die politische Absichtserklärung des Moskauer Memorandums eingebunden, Österreich wurde auch noch rasch von den zahlenmäßigen Beschränkungen für das Bundesheer, der Pflicht zur Repatriierung von Flüchtlingen und vom Kriegsschuldartikel befreit.

II. Drei Jahrzehnte der Mythologisierung

Die feierliche und nunmehr für Österreich wirklich ungetrübte Unterzeichnung des *Staatsvertrages* am 15. Mai 1955, die Proklamation der *immerwährenden Neutralität* nach Abzug des letzten Besatzungssoldaten am 26. Oktober und die Aufnahme in die *Vereinten Nationen* am 15. Dezember sind lang erwarteter Abschluß eines zehnjährigen Ringens.[19] Sie sind aber auch zugleich Ecksteine der österreichischen Außenpolitik der folgenden 30 Jahre.

Dabei kann es keinen Zweifel geben, daß alle drei Dinge – Staatsvertrag, Neutralität und UN-Mitgliedschaft – einer *Mythologisierung* unterlegen sind, obwohl sie zweifellos nur Instrumente und nicht Ziele der österreichischen Außenpolitik sind, auch nicht sein können. Allerdings ist eine Diskussion über Ziele und Mittel, über die Grundlagen der österreichischen Außenpolitik, über, wenn man so will, eine *außenpolitische Doktrin* nie geführt worden. Das scheint zugleich eines der wichtigsten Versäum-

18. Hans MAYRZEDT/Waldemar HUMMER: 20 Jahre österreichische Neutralitäts- und Europapolitik (1955–1975). Wien 1976, 10–11.

19. Alle wichtigen Dokumente dazu u. a. auch in: NEUHOLD, Handbuch, Bd. 2, 453 ff (Anm. 5).

nisse der österreichischen Nach-Staatsvertragspolitik. Und auch der oft gelobte Pragmatismus der österreichischen Politik, ihre Beweglichkeit, wurde mangels eines klaren Ziel-Mittel-Katalogs immer stärker durch Unsicherheit geprägt,[20] klare Instrumente wurden zu Mythen, wie es neben der Neutralität auch der Entspannungspolitik passiert ist.[21]

Es blieb jedenfalls nicht bei dem *Neutralitätsverständnis,* das Julius RAAB anläßlich der Neutralitätserklärung klar definiert hat: daß Österreich nur eine militärische, aber keine ideologische, wirtschaftliche oder kulturelle Neutralität habe.[22] Schon bei der langen Diskussion um einen EG-Beitritt ist diese Linie aber in Vergessenheit geraten – insbesondere die Sozialisten, die unter Adolf SCHÄRF für möglichst geringe Restriktionen der österreichischen Bewegungsfreiheit gekämpft haben, interpretierten diese unter Bruno PITTERMANN plötzlich extensiv. Aber auch die ÖVP ist nicht ganz auf dem Kurs RAABs geblieben. Einen Höhepunkt erreichte diese *Uminterpretation* der Neutralität unter Bruno KREISKY. Er hatte noch 1958 richtigerweise gemeint, daß es ungenau sei, in Friedenszeiten von Neutralität zu sprechen,[23] später aber sprach er von „unserer Außenpolitik, die ja in jeder Phase Neutralitätspolitik sein mußte";[24] er trennte nie zwischen Neutralitätspolitik und Neutralitätsrecht,[25] wo das „Recht" die völkerrechtlichen Pflichten, die „Politik" aber die Österreich anheimgestellten Begleitmaßnahmen[26] umschreiben sollte. Aber selbst Völkerrechtsgelehrte suchten sogar in der Nord-Süd-Frage nach einer „neutralen Funktion".[27] Die Logik der Neutralitätsmythologie Bruno KREISKYs wurde manchmal geradezu abenteuerlich: „Sie hat uns ein hohes Maß an zusätzlicher Sicherheit gebracht, weil der neutrale Staat sich eben von militärischen Bündnissen freihalten kann."[28] Wenn die Logik dieses Satzes stimmt, dann wären die kleinen Staaten Westeuropas der NATO aus Masochismus beigetreten, um ihre Sicherheit zu reduzieren.[29]

Die Neutralität hat Österreich keinen zusätzlichen Schutz seiner Unabhän-

20. Sehr schön nachgewiesen durch Ferdinand TRAUTTMANSDORFF: Österreichs Außenpolitik als Sicherheitspolitik. In: Außenpolitik und Demokratie in Österreich. Hg. v. Renate KIKKER/Andreas KOHL/Hanspeter NEUHOLD. Salzburg 1983, 235–258.

21. Andreas UNTERBERGER: Mythologisierung der österreichischen Außenpolitik. In: Europäische Rundschau, 9 (1981), 89–96.

22. CSÁKY, Weg, 440 (Anm. 2).

23. Foreign Affairs, 38 (1958/59), 275.

24. Konrad GINTHER: Neutralität und Neutralitätspolitik. Wien-New York 1975, 127.

25. Grundlegend dazu: Alfred VERDROSS: Die immerwährende Neutralität Österreichs. Wien 1977, 44ff.

26. VERDROSS, Neutralität, 16 (Anm. 25).

27. Karl ZEMANEK. In: Österr. Zeitschrift f. Außenpolitik, 6 (1976), 366.

28. Paolo MAGAGNOTTI: Il Cancelliere Manda a Dire. Mailand 1980.

29. Eindrucksvoll: Heinrich PFUSTERSCHMID-HARDTENSTEIN: Sicherheit durch Außenpolitik oder durch Landesverteidigung? Eine falsche Alternative. In: Österr. Zeitschrift f. Außenpolitik, 3 (1980), 205–222, bes. 217.

gigkeit (wohl das oberste Ziel jeder Außenpolitik) gegeben. Sie hat Österreich auch nicht – über das Interesse jedes, insbesondere eines kleinen Staates an korrekten, rechtlichen und friedlichen Zuständen in der Welt hinaus – in die Rolle eines *Schiedsrichters* gestellt. Das scheint phasenweise in Vergessenheit geraten zu sein.

Vor allem für die siebziger Jahre trifft der Vorwurf Konrad GINTHERs zu: „An die Stelle der herkömmlichen Betonung der Landesverteidigung als eines wesentlichen, mit der immerwährenden Neutralität verbundenen Auftrags ist im Laufe der jüngeren Vergangenheit die Betonung eines positiven Friedens beziehungsweise einer aktiven Neutralitätspolitik im Dienste von Frieden und Entspannung getreten. Die österreichische Neutralitätsdoktrin wird dadurch in die Nähe eines Friedensmythos gerückt, abseits jenes sicherheitspolitischen Kalküls, das dem herkömmlichen völkerrechtlichen Institut der militärischen bewaffneten Neutralität zugrunde liegt."[30] Und Felix ERMACORA erkennt die UdSSR sogar als „spezifischen Neutralitätspartner" Österreichs an.[31] Eine formalrechtlich – trotz Moskauer Memorandums – sicher unrichtige Erkenntnis. In der politischen Praxis dürfte ERMACORA aber die österreichisch-sowjetischen Beziehungen richtig charakterisiert haben. „Im Bereich der internationalen Beziehungen Österreichs nimmt die UdSSR Einfluß auf die Neutralitätspolitik, sie interpretiert die österreichische Neutralität nach ihrer Version". Das sind jedenfalls ERMACORAs Konklusionen.[32]

Trotz der von Österreich betonten Freiwilligkeit sahen Experten in der Neutralität ein „vertragsähnliches Verhältnis",[33] und in fast jeder sowjetischen Stellungnahme über österreichische Politik wird für Moskau positives Verhalten als neutralitätskonform, für Moskau negatives als neutralitätswidrig abgestempelt. Umso falscher war das von allen zuständigen und unzuständigen Politikern im Laufe der Jahre gepflegte *Einbringen der Neutralität in alle möglichen Zusammenhänge.* Außenminister Willibald PAHR hat zumindest eine Zeitlang die „Äquidistanz" zu allen Großmächten „als Ausdruck einer echten Neutralitätspolitik" definiert.[34] Mit solchen Äußerungen hat man eindeutig das Bild vom brückenbauenden Österreich verlassen, das aber fest am pluralistisch-demokratischen Ufer verankert sein solle.[35]

30. GINTHER, Neutralität, 141 (Anm. 24).

31. Felix ERMACORA: 20 Jahre österr. Neutralität. Frankfurt/Main 1975, 222f.

32. Diese These vom spezifischen Neutralitätspartner UdSSR wird auch von der besten Untersuchung über den Unterschied zwischen Schweizer und österreichischer Neutralitätsauffassung geteilt, die sich auch sonst über weite Strecken mit den in im gesamten hier vorliegenden Beitrag bezogenen Positionen deckt. Jürg SPÄNI-SCHLEIDT: Die Interpretation der dauernden Neutralität durch das schweizerische und das österr. Parlament. Bern-Stuttgart 1983, bes. 231–249.

33. Für viele: Michael SCHWEITZER: Dauernde Neutralität und europäische Integration. Wien-New York 1977, 85.

34. Vortrag anläßlich eines Auslandsösterreichersymposions. 12. Mai 1980. Manuskript des BMfAA, 23, und: Die Presse, 13. Mai 1980.

35. Außenpolitischer Bericht. Wien 1979, 11.

Die wohl wichtigsten *Elemente* der Außenpolitik zwischen 1955 und 1989 waren: Mythologisierung der Neutralität als österreichischer Mission und als Schutz für Österreich; glücklicherweise folgenlos gebliebene Vernachlässigung der militärischen Dimension der Sicherheitspolitik;[36] der Irrglaube, durch Forcierung der UN, verbale Dritte-Welt-Politik und Entspannungsrhetorik der österreichischen Sicherheit zu dienen.

III. Die ignorierte Landesverteidigung

Die *Anfänge* österreichischer Landesverteidigung reichen – auch wenn man den rot-weiß-roten Widerstand gegen die Nationalsozialisten außer acht läßt – weit vor den Beginn des Bundesheeres im Jahr 1955. In den westlichen Besatzungszonen konnte durch den Aufbau der B-Gendarmerie schon lange vorher ein Verteidigungsinstrument entwickelt werden, das mit westlichen Waffen ausgestattet wurde. Nach dem kommunistischen Putschversuch 1950 wurde auch das sogenannte „Sonderprojekt" betrieben, daß außerhalb der regulären Exekutive unter Führung Franz OLAHs im Gewerkschaftsbereich Abwehrstrukturen gegen einen neuen Umsturzversuch der Kommunisten vorbereitete.[37]

Wußte man damals noch sehr genau, wozu man Verteidigungskräfte benötigt – vor allem zur Verhinderung einer Entwicklung wie in anderen Staaten Mittel- und Osteuropas –, so schien dieses *Bewußtsein* ab 1955 verloren zu gehen. Die Existenz des Bundesheeres wurde seither immer vor allem mit der abstrakt-juristischen, daher kaum populären Pflicht aus der Neutralität begründet; konkrete Bedrohungsbilder verschwanden im Neutralitäts- und Entspannungsmythos völlig aus den Politikerreden, sodaß das sicherheitspolitische Bewußtsein der Bevölkerung auf sich allein gestellt blieb. Die Politik stellte – zum Ruhme der eigenen Taten – die Situation des Landes immer als total gesichert dar. Im Zuge dieser Gesinnung und auch aus Bequemlichkeit wurden für das Bundesheer, das am Anfang – fast muß man sagen: leider, weil Budgetanteile die Tendenz zur Selbstfortschreibung haben, – von alliierten Waffenbeständen aufgepäppelt worden war, nie ausreichende Geldmittel zur Verfügung gestellt. Auch Anläufe zu einer Besserung – wie etwa der Beschluß einer „Wehrmilliarde" nach der ČSSR-Invasion 1968 – versandeten bald. So bot das Bundesheer ständig das Bild einer Armee, die aus finanziellen Gründen ihren Auftrag nicht erfüllen kann: Die Reste einer Luftwaffe haben nur noch Museumswert, woran auch die marginale Verbesserung durch Ankauf von zwei Dutzend ebenfalls antiquierter Flugzeuge kaum etwas ändern kann; das Heer ist nicht nachtkampftauglich; und vor allem fehlen ihm noch

36. Eine ganz typische Stimme dafür: Heinz FISCHER. Vortrag in: Österr. Zeitschrift f. Außenpolitik, 1 (1983), 66–72.

37. STOURZH, Geschichte, 80 (Anm. 1).

effektive Raketenwaffen zur Panzer- und Luftabwehr. Österreich ist auch das Land mit dem niedrigsten Anteil der militärischen Ausgaben am Bruttonationalprodukt. Österreichs Verteidigungsausgaben machten beispielsweise 1982 1,17 Prozent des Bruttonationalprodukts aus, in der Schweiz waren das 2,11, in Schweden 3,08, in Finnland 1,7 Prozent und in Jugoslawien sogar 4,5 Prozent.[38]

Vom Anfang an begleitete das Bundesheer noch ein zweites Grundübel: Die Struktur der von den Alliierten geschenkten *Waffen,* die Einstellung seiner ersten Führer, die praktisch alle im Weltkrieg geprägt worden waren, und das Fehlen einer Nachdenkphase ließen das Bundesheer nach den Grundzügen einer Großmachtarmee entstehen.[39] An den Mängel änderte auch eine Reform unter Minister Karl SCHLEINZER nichts; die ab 1965 und neuerlich ab 1975 forcierte „Umfassende Landesverteidigung" blieb eine bürokratische Selbstbefriedigung. In der Bevölkerung wuchs gleichzeitig die *Unzufriedenheit* mit dem Bundesheer. Ein Versuch eines Volksbegehrens zu seiner Abschaffung fand ziemliche Aufmerksamkeit; und schließlich konnten die Sozialisten im Wahlkampf 1970 den Vorwurf vom „Leerlauf" und das Versprechen „Sechs Monate sind genug" (statt der bisher neun Monate betragenden Wehrpflicht) mit großem Erfolg einsetzen.[40] Dieser Vorstellungskomplex lebt in den Parolen vom „Bundesheer light" ebenso fort wie in der Ebnung des Zugangs zum Zivildienst. Die neuerliche Reform durch die SP-Regierung stürzte das Heer in eine sofortige Krise, insbesondere die Einsatzbereitschaft des Bundesheeres war über lange Jahre überhaupt nicht mehr gegeben. Der Zwang der versprochenen Wehrdienstzeitverkürzung setzte aber auch eine sinnvolle Umformung des Bundesheeres in Gang. Die Teilung in ein Miliz- und ein Kaderheer und das Raumverteidigungskonzept, das sich neben ortsfesten Anlagen und Einheiten vor allem auf das Abgehen vom Frontdenken und das Übergehen zu einzelnen Verteidigungszonen in Verbindung mit hochmobilen Kampfeinheiten stützt, waren zweifellos positive Ideen für einen Kleinstaat in der Lage Österreichs, der, von kleineren Krisen abgesehen, sich nur durch die Strategie eines möglichst hohen Eintrittspreises (vieler drohender Opfer für einen angreifenden oder nur „durchmarschierenden" Aggressor) sinnvoll verteidigen hätte können. Freilich: auch oder gerade ein solches reines Defensivheer hätte entscheidend mehr finanzieller Mittel bedurft, um wirksam zu werden.

In kleineren *Krisensituationen* hat das Bundesheer aber nicht versagt. So etwa schon 1956, als die ungarische Revolution, die Kämpfe zwischen

38. Die Presse, 19./20. Mai 1984, 5. Angaben vom Internationalen Institut für Strategische Studien (London) und der Weltbank.

39. Walter MONDL: Sozialismus und Landesverteidigung. In: Wie sicher ist Österreich? Hg. v. Heinrich NEISSER/Fritz WINDHAGER. Wien 1982, 328ff.

40. JOSSECK, Helmut: Mehr Geld für Österreeichs Verteidigung. In: NEISSER/WINDHAGER, Österreich, 349 (Anm. 39).

Sowjets und Ungarn und die Flüchtlingswelle das blutjunge Bundesheer in sein erstes Abenteuer stürzten. Auch 1968 reagierte Österreich durch eine Teilmobilisierung auf die Invasion der ČSSR, ohne aber zum Glück wirklich auf die Probe gestellt zu werden. Eher eine außenpolitische Demonstration war zuvor die Entsendung von Heereseinheiten an die italienische Grenze, um den Übertritt von Bombenlegern nach Südtirol zu verhindern, als daß wirkliche Jagd auf diese in der Bevölkerung populären „Bumser" gemacht worden wäre.

Zweifellos ein Positivum in der Geschichte des Bundesheeres ist die häufige Teilnahme an *friedenserhaltenden* Operationen der Vereinten Nationen. Schon 1956 kamen in diesem Zusammenhang die ersten Österreicher in den Nahen Osten; es folgten Einsätze im Kongokrieg, auf Zypern und mehrfach im Nahen Osten. Ein Einsatz im Libanonkonflikt wurde hingegen von Bruno KREISKY als zu gefährlich abgelehnt.

Rund 1000 Österreicher – alles *Freiwillige,* die auf Kosten des Steuerzahlers gut dotiert werden, da eine vollständige Bezahlung der UN-Schulden unrealistisch ist – stehen ständig für solche friedenserhaltende Missionen im Einsatz.

Lange unbefriedigend geregelt war der *Zivildienst.* Ihnen gegenüber waren die Präsenzdiener in vielerlei Hinsicht benachteiligt, sowohl finanziell wie auch von der Diensteinteilung her. Andererseits mußten die Zivildiener eine „Gewissensprüfung" ablegen, die eher die Intelligenz und das Auswendiglernen bestimmter Argumentationen als wirklich das Gewissen abprüfen konnte. Erst 1991 einigte man sich schließlich auf eine Reform, die vor allem in einer Abschaffung der Gewissensprüfung und einer gleichzeitigen Verlängerung und Erschwerung des Zivildienstes besteht.

Heikelstes Problem im Zusammenhang mit der Landesverteidigung war lange das im Staatsvertrag festgehaltene *Raketenverbot.* Unklugerweise wurde es von österreichischen Politikern selbst in den Vordergrund gespielt, obwohl eine durchaus legitime Interpretation des Staatsvertrages den Erwerb von reinen Defensivraketen – zur Luft- und Panzerabwehr – zweifellos erlauben würde. Auch wenn die österreichische Diplomatie in den Tagen vor Unterzeichnung des Staatsvertrages in einer folgenschweren Vernachlässigung vergessen hat, den schon damals historischen, auf den Bestimmungen der anderen Friedensverträge[41] nach 1945 beruhenden Artikel 13 noch rasch streichen zu lassen[42] – was durchaus möglich gewesen sein dürfte –, so scheint doch klar, daß der neue Gedanke der Neutralität entgegen den früheren Staatsvertragsentwürfen eine effektive Landesverteidigung notwendig gemacht hätte. Die aber ist durch die militärtechnische Entwicklung seither nur noch mit Raketenwaffen möglich. Der

41. STOURZH, Geschichte, 30 (Anm. 1).

42. Manfried RAUCHENSTEINER: Staatsvertrag und bewaffnete Macht. In: Neue Fakten zu Staatsvertrag und Neutralität. Hg. v. Alois MOCK/Ludwig STEINER/Andreas KHOL. Wien 1980, 152.

Artikel 13, 1c meinte in seiner historischen Entstehungsgeschichte und insbesondere im Lichte des Annexes zum Staatsvertrag auch nur die großen Offensivraketen, wie etwa die deutschen V2, die seine Entstehung veranlaßt hatten.

Nachdem alle anderen Staaten Europas – auch solche mit entsprechenden Friedensvertragsklauseln – sich *Abwehrraketen* angeschafft hatten, begann man in Österreich erst unter Verteidigungsminister Robert LICHAL, der einen engen Konsens mit Bundeskanzler Franz VRANITZKY gefunden hatte, mit der langsamen Anschaffung von Abwehrraketen, ohne daß es zu Protesten des Auslandes gekommen wäre. Im Herbst 1990 wurde dann nach der deutschen Wiedervereinigung von Österreich auch die einschlägige Bestimmung des Staatsvertrages für obsolet erklärt.

Gibt es fast keine Analyse der Schweizer Außenpolitik, in der nicht die Landesverteidigung einen wesentlichen Platz einnähme,[43] so sehen da Österreichs *Außenminister* offenbar kaum Zusammenhänge. Es sind jedenfalls keine Äußerungen der Außenminister über den wahren Zustand des Heeres auffindbar. Ja, die von ihnen in der Ära KREISKY vertretene Ideologie, daß die Außenpolitik wichtiger als das Bundesheer sei, war im Grund ein Rechtfertigungsinstrument für die schlechte Dotierung der Landesverteidigung. Der Schluß einer NATO-Studie:[44] Österreich hätte wenig tun können, um bei einem Konflikt die Truppen des Warschauer Paktes aufzuhalten; dementsprechend bezogen fast alle bekanntwerdenden Pläne der beiden Bündnisse Österreich in irgendeiner Weise in ihre Dispositionen ein. Die Großmanöverserie insbesondere des Warschauer Paktes 1984 in der ČSSR und an der ungarischen Grenze zu Österreich haben eine sehr offensive Stärkedemonstration gegen Österreich gebracht. Jugoslawien, Italien, Deutschland und die Schweiz haben in den Jahren der Ost-West-Konfrontation ihre Sorge über das Vakuum und die offene Flanke in Österreich ausgedrückt.[45]

Neben der rein militärischen Seite der Landesverteidigung sieht es um alle anderen Aspekte noch viel kritischer aus. Vor allem der *Zivilschutz* liegt im argen, aber auch die Rohstoffsicherung und die anderen Bereiche der *wirtschaftlichen Landesverteidigung* wurden von den Regierungen ignoriert. Bruno KREISKY konnte aber mit diesen Problemen, deren Lösung Milliarden kosten würde, „nichts anfangen".[46]

Angesichts dieser sich durch Jahrzehnte hinziehenden Versäumnisse in Sachen Landesverteidigung sind die Hindernisse für eine österreichische

43. Den besten Vergleich zwischen der Schweizer und der österreichischen Sicherheitspolitik bietet: Peter HOLT: Some Problems of Permanent Neutrality as a Security Policy in Europe: Austria and Switzerland. Sussex 1978.

44. Die Presse, 24. Mai 1980.

45. Neben HOLT, Problems, 172 (Anm. 43), Hinweise bei: Gerd KAMINSKI: Bewaffnete Neutralität. Wien 1970, 176–179.

46. In einer TV-Diskussion am 28. September 1980.

Sicherheitspolitik durch die sogenannte *Friedensbewegung* Anfang der achtziger Jahre eher eine historische Fußnote geblieben.[47] Trotz vieler unabhängiger Initiativen hatten die Kommunisten die Kontrolle über die sich im „Friedensplenum“ manifestierende selbsternannte Friedensbewegung übernommen. Daher war die Stoßrichtung vor allem gegen die Stationierung der NATO-Nachrüstungswaffen in Westeuropa gerichtet. Nach deren Durchführung verlor die Friedensbewegung den meisten Schwung. Zur österreichischen Landesverteidigung hatte sie angesichts deren nachweisbar niemanden bedrohenden Realität nie eine echte Alternative entwickeln können. Lediglich bei den Exporten österreichischer Waffen, wo in der Tat aus wirtschaftlichem Interesse moralische Überlegungen hintangestellt wurden, hatte die Kritik aus dem friedensbewegten Bereich, der zweifellos auch den linken Flügel der Sozialisten umfaßte, ein wenig Erfolg.[48]

Am Beginn der neunziger Jahre begann in Österreich wieder eine militärische Strategie-Diskussion: Da an Stelle der einen großen Bedrohung durch die Sowjetunion nun wieder viele kleine durch regionale Konflikte getreten sind, rückten die Fragen ins Zentrum: Soll Österreich nicht wieder zum strategischen Ziel des *direkten Grenzschutzes* anstelle der Strategie des hohen Eintrittspreises bei einem feindlichen Durchmarsch zurückkehren? Und ist nicht eine *Berufsarmee* besser auf die neuen Aufgaben einstellbar als ein Milizheer?

IV. Minderheitenfragen

Nicht nur die Staatsvertrags-Vorschriften über das Bundesheer bereiteten Österreich von Anfang an Probleme. Dies tat auch der Artikel 7 über die Rechte der *slowenischen und kroatischen Minderheiten* in Österreich. Hier muß sich Österreich zweifellos ein minderheitenfeindliches Klima in Kärnten vorhalten lassen, wo ja das Minderheitenproblem einzig noch eine quantitative Rolle spielt, auch wenn der Staatsvertrag noch das Burgenland und die Steiermark erwähnt. Dieses Kärntner Klima ist zweifellos durch die zweimaligen jugoslawischen Versuche, Teile Kärntens zu annektieren, motiviert. Dennoch ist die lange Nichterfüllung des Artikels 7 – insbesondere bei den zweisprachigen Ortstafeln – nicht zu rechtfertigen gewesen. Die Minderheitenfrage hat auch in den siebziger Jahren zu einer völlig überflüssigen Belastung der Beziehungen zu Jugoslawien geführt. Das

47. Österreichs Politiker ließen die Friedensbewegung eher ins Leere laufen, statt sich ihr zu stellen. Zu den wenigen Auseinandersetzungsversuchen zählen: Alois MOCK: Standpunkte. Graz- Wien-Köln 1982, 122–124, und ein Beitrag von Peter JANKOWITSCH in der Zukunft, September 1984.

48. Die wichtigste Aufarbeitung der Friedensbewegung: Österr. Jahrbuch für Politik ’83. München – in den Beiträgen von Heinrich SCHNEIDER/Andreas UNTERBERGER/Andreas MAISLINGER, 571–652.

laxe Vorgehen gegenüber den Minderheiten stand insbesondere in Widerspruch zu der überaus skrupulösen Haltung beim „Raketenverbot". Im Jahre 1984 tauchte durch ein Volksbegehren des Kärntner Heimatdienstes eine zusätzliche, aber kaum diskutierte Frage in Zusammenhang mit dem Staatsvertrag auf: ob nicht durch den Versuch einer Schlechterstellung der Minderheit in Schulfragen (eindeutiges Ziel des Volksbegehrens) der Heimatdienst zu einer Organisation geworden ist, die der Minderheit ihre Rechte mindern will und die daher nach Ziffer 5 des Artikels 7 zu verbieten wäre. Auch die Südtirolfrage – wo Österreich in der umgekehrten Rolle eines Anwalts der Minderheit ist – hätte eigentlich ein viel großzügigeres Verhalten gegenüber der Minderheit auslösen sollen.

Das seit dem Ersten Weltkrieg an Italien angeschlossene *Südtirol* ist zweifellos jenes außenpolitische Problem, das die österreichische Außenpolitik in den vergangenen 40 Jahren am konstantesten beschäftigte. Und in zumindest zwei Phasen, 1946 und in den Jahren bis 1969, war es zweifellos überhaupt der dominanteste Aspekt österreichischer Außenpolitik. Obwohl keineswegs unmittelbar mit dem Ost-West-Konflikt zusammenhängend, sondern ein reines Produkt eines italienischen Imperialismus, wurde doch auch die Südtirolfrage eindeutig von der sowjetisch-amerikanischen Auseinandersetzung überschattet. Ging es anfangs darum, daß die Amerikaner ihren italienischen Freunden eine weitere Demütigung ersparen wollten, daß auf der anderen Seite die Sowjets Rücksicht auf die italienischen Kommunisten nahmen, während später der Westen sich nie gegen das NATO-Land Italien stellen wollte, oder darum, daß die Sowjets lange panische Angst zeigten, daß irgendwo in Europa die Nachkriegsordnung angetastet würde und daß nicht einmal in einem weit außerhalb ihres Imperiums liegenden Land das Selbstbestimmungsrecht als gefährlicher Präzedenzfall angewandt wird: so gab es in der für Europa bestimmenden Mächtekonstellation nie ein freundliches Klima für das Hauptanliegen der Südtiroler, nämlich das Selbstbestimmungsrecht. Erst deutsche Vereinigung und Jugoslawiens Zerfall belebten diese Frage wieder.

Die *Rückkehr zu Österreich* ist von den Südtirolern 1946 in einer eindrucksvollen Unterschriftensammlung verlangt worden; die Regierung FIGL – die zweifellos auch genug andere Sorgen gehabt hätte – stellte sich massiv dahinter, aber die Entscheidung war von den alliierten Außenministern schon getroffen worden, ohne daß Österreich oder die Südtiroler überhaupt mitsprechen hätten können:[49] Südtirol muß bei Italien bleiben. Lediglich kleinere Grenzkorrekturen wurden offengelassen, die aber dann auch nicht realisiert wurden. Nach dem Prinzip „Besser der Spatz in der Hand . . .„ versuchte darauf Außenminister GRUBER bei der Pariser Friedenskonferenz und schließlich im *Pariser Vertrag* (5. September 1946) mit dem italienischen Regierungschef Alcide de GASPERI für Südtirol wenigstens eine gewisse Autonomie zu sichern. Österreich hat im Pariser Vertrag

49. STOURZH, Geschichte, 15 (Anm. 1).

wie auch in den beiden Staatsverträgen nach den Weltkriegen die Brennergrenze als völkerrechtlich akzeptiert – akzeptieren müssen – jedoch nie eine Zusage abgegeben, auf das Selbstbestimmungsrecht als politisch-moralische Forderung zu verzichten. Allerdings hat Österreich seit 1946 darauf verzichtet, diese moralische Forderung laut zu erheben.[50]

Die im Pariser Vertrag zugesicherte *Autonomie* weist folgende Schwerpunkte auf: deutschsprachige Schulen, Gleichstellung der beiden Sprachen in Südtirol, Wiederherstellung der von den Faschisten italianisierten Familiennamen, ethnischer Proporz in den öffentlichen Ämtern sowie autonome Gesetzgebung. Dieser Vertrag ist von den Italienern eindeutig nicht eingehalten worden. Hauptsächlich deshalb, weil die „den deutschsprachigen Einwohnern der Provinz Bozen und der benachbarten zweisprachigen Ortschaften der Provinz Trient" zugestandene Autonomie vom Trientiner de GASPERI auf die gesamte Region Trentino/Südtirol angewandt wurde. In dieser Region haben aber die Italiener eine eindeutige Mehrheit. Im Jahre 1948 finden sich zwar einige offiziöse Äußerungen aus Bozen und Wien, die sich zufrieden über die Autonomie Südtirols zeigen,[51] aber spätestens in den fünfziger Jahren zeigte sich die völlige Aushöhlung der Autonomie. Die Südtiroler wurden weiterhin völlig zurückgedrängt, forcierte Zuwanderungen aus dem Süden und Polizeistaatmethoden sollten ihnen den Herrn zeigen.

Aber erst nach dem Abschluß des Staatsvertrages hatte Österreich den Rücken frei, um sich erneut voll der Südtirolfrage widmen zu können. Damit setzt eine der zähesten und mühsamsten, aber auch relativ erfolgreichsten Phasen österreichischer Außenpolitik ein, wenn man bei diesem positiven Urteil die Unerreichbarkeit der Brennergrenze ins Kalkül zieht. Österreichische Memoranden und ein erster Vorstoß bei den UN fanden zwar vorerst einmal die zynische Antwort Italiens, daß die Südtiroler schon 1939 in einem „freien Referendum" über ihre Zukunft entschieden hätten.[52] 1960 erzwang dann die österreichische Diplomatie – nicht zuletzt unter Abstützung auf die Dritte Welt – eine *Resolution der UN-Generalversammlung,* in der Österreich und Italien zu Verhandlungen aufgefordert wurden. Das war insofern ein wichtiger Erfolg, als damit das Recht Österreichs zu Verhandlungen fixiert worden ist und daß dadurch die italienischen Einreden, daß der Pariser Vertrag voll erfüllt sei und daß für eventuelle österreichische Beschwerden nur der Internationale Gerichtshof und nicht die UNO zuständig sei, wirkungslos geblieben sind.[53] Der IGH kann nur nach formalen Rechtsprinzipien, aber nicht nach Billigkeitserwägun-

50. Felix ERMACORA: Südtirol und das Vaterland Österreich. Wien 1984. 49.

51. ERMACORA, Südtirol, 70 (Anm. 50).

52. HITLER und MUSSOLINI haben 1939 den Südtirolern lediglich die Wahl gelassen, entweder im Land zu bleiben und total italianisiert zu werden oder aber ins Deutsche Reich auszuwandern.

53. Kurt WALDHEIM: Der österr. Weg. Wien 1971. 172f.

gen urteilen. Diese UN-Resolution wurde zur ständigen Grundlage der österreichischen Südtirolpolitik.

Während sich in der Folge die *Verhandlungen* zwischen Wien und Rom ohne Fortschritte hinzogen, brach in Südtirol eine massive Welle von Gewaltaktionen aus, deren Höhepunkt zweifellos der Herz Jesu-Sonntag 1961 war. Ein anfangs rein Südtiroler und von einem Gutteil der Bevölkerung getragener Kampf versuchte mit Anschlägen gegen öffentliche Objekte, aber ohne Blutvergießen, das Selbstbestimmungsrecht zu erreichen. Die Italiener antworteten mit der Umwandlung Südtirols in ein besetztes Land. Die Exekutive arbeitete bei der Jagd nach Bombenlegern und ihren Hintermännern mit Folterungen jeden Grades, die auch Todesopfer forderten. Die österreichische Regierung scheint in ihren Protesten gegen die Folterungen eher langsam gewesen zu sein – andererseits gibt es ernst zu nehmende Hinweise, das Außenminister KREISKY vor dem Beginn der Südtiroler Aktionen diesen insgeheim zugestimmt hat.[54] Die Südtiroler Erhebungsversuche gerieten nach dem harten Zugreifen der italienischen Behörden in den späteren Jahren verstärkt unter den Einfluß österreichischer und deutscher Rechtsradikaler, die bei ihren Anschlägen auch durchaus Todesopfer in Kauf zu nehmen bereit waren. Schließlich versuchte sogar der ČSSR-Geheimdienst mitzumischen, offenbar um ein NATO-Land zu destabilisieren. Aber auch zum italienischen Geheimdienst gehen manche Spuren, die auf Provokationen hindeuten. Das alles kann aber nichts daran ändern, daß Männer wie die Südtiroler KLOTZ, AMPLATZ und KERSCHBAUMER nicht nur in ihrer Heimat, sondern auch in Österreich viel Respekt genossen. Ob sie allerdings wirklich den Durchbruch zu substantielleren Konzessionen der Italiener (mit)ausgelöst haben, ist eine unbeantwortbare historische Streitfrage. Tatsache ist, daß während des Höhepunktes der Anschläge keine Fortschritte zu erzielen waren, daß sie aber andererseits sehr bald nach dem Abflauen eintraten – also durch die Angst Italiens vor einem Wiederaufflammen bewirkt gewesen sein könnten. Tatsache ist aber auch, daß in den sechziger Jahren in Italien ein allgemein antizentralistisches Klima entstanden ist, daß der römischen Regierung der Streit vor den UN unangenehm war und daß zwei historische Figuren den Kurs der christdemokratischen Partei von einer quasifaschistischen auf eine minderheitenfreundliche Haltung umgepolt haben: Aldo MORO in Rom und Alcide BERLOFFA in Bozen.

Der Einsatz des österreichischen Bundesheeres an der italienischen Grenze war in der Schlußphase ein Versuch, Rom günstiger zu stimmen, denn dort hatte man ein Junktim zwischen Südtirol und den österreichischen EG-Verhandlungen hergestellt.

1964/65 gelang den beiden *sozialdemokratischen* Außenministern KREISKY und SARAGAT der erste Entwurf eines Pakets. Es wurde aber von den

54. ERMACORA, Südtirol, 98 und 118–121 (Anm. 50).

Tirolern abgelehnt. Zweifellos hatten KREISKY und SARAGAT weniger Kompetenzen für die Südtiroler vorgesehen als das spätere Paket von 1969. Andererseits war dieser Entwurf das einzige Papier, in dem Italien jemals eine Schiedskommission zur Beurteilung der italienischen Autonomiemaßnahmen zugestanden hat. Allerdings war dieses Schiedsgericht auf fünf beziehungsweise acht Jahre befristet und die Hoffnung KREISKYs, daß anschließend eine Verlängerung zu haben sein werde, wurde von den Südtirolern als zu ungewiß angesehen. Ab diesem Zeitpunkt zog sich KREISKY aus der Südtirolpolitik zurück, die nunmehr zur Domäne des außenpolitischen Einflusses der *Volkspartei* wurde und bis zur Gegenwart geblieben ist.

In Verhandlungen der Außenminister Lujo TONCIC und Kurt WALDHEIM mit Rom wurde schließlich bis 1969 ein *Operationskalender,* der rechtlich nur den Charakter einer Verwendungszusage hatte, vereinbart. Dieser Kalender sollte durch abwechselnde Schritte Wiens und Roms die bilaterale Absicherung der Durchführung der Autonomiemaßnahmen gewährleisten. Diese Autonomiemaßnahmen wurden wieder in Verhandlungen zwischen Bozen und Rom im sogenannten *Südtirolpaket* zusammengestellt.

In einer überaus dramatischen Sitzung gelang es am 22. November 1969 dem Südtiroler Landeshauptmann Silvius MAGNAGO, seine Südtiroler Volkspartei zu einer Annahme dieses Paketes zu bewegen. Die Mehrheit war sehr knapp, die Gegner klagten einerseits über die zu geringen Konzessionen Italiens sowie die fehlende internationale Absicherung und beharrten andererseits auf dem Selbstbestimmungsrecht.

In einer rückblickenden Gesamtbeurteilung muß zweifellos festgehalten werden, daß die *Südtirollösung* von 1969 der Minderheit eine unvergleichlich bessere Stellung brachte, als sie je seit ihrer Abtrennung von Österreich hatte. Eine Fülle von wirtschaftlichen Kompetenzen, großzügige finanzielle Regelungen, machten die Provinz stark und selbstbewußt. Von vielen Bestimmungen profitierten ebenso die in der Provinz lebenden Italiener, die auch etliche Vetorechte haben. In der direkten Konkurrenz der drei Volksgruppen kamen Südtiroler deutscher und ladinischer Sprache durch zwei Bestimmungen der neuen Autonomie sogar in die Offensive gegen die Italiener: Durch den Zwang, daß alle neu aufgenommenen öffentlichen Bediensteten beide Sprachen sprechen und durch die Verteilung der Beamtenposten, aber auch der lange als Italianisierungsinstrument eingesetzten Sozialwohnungen streng nach der Größe der einzelnen Volksgruppen.

Seit aber die Italiener bei Beamtenstellen und Wohnungen nicht mehr bevorzugt werden, seit sie bei der Volkszählung 1981 erstmals einen noch dazu deutlich geschrumpften Anteil an der Bevölkerung Südtirols aufgewiesen haben, hat sich das *Klima* wieder deutlich verschärft. Eine zunehmende Zahl von autonomen Südtiroler Gesetzen wurde von Rom für ungültig erklärt, nationale Gesetze beschnitten die Rechte der Minderheit und nirgends gab es eine Handhabe, um Italien wieder zu mehr Wohlwollen zu zwingen.

Aus österreichischer Warte bleibt zu konstatieren, daß man in Wien in den siebziger und achtziger Jahren *keinerlei Initiative* in Sachen Südtirol mehr entwickelt hat. Daß man dort auch völlig übersehen hat, daß sich die geistige Orientierung der Südtiroler immer mehr von Österreich abwendet und auf Bayern oder ein kulturelles Niemandsland zwischen den Kulturen hinsteuert. In Wien wie Bozen wird auch ein höchst unerquicklicher Eiertanz aufgeführt, wenn die Diskussion auf das Wort „Selbstbestimmungsrecht für Südtirol" kommt.[55] Man hat für vieles keine Antwort und es steht zu befürchten, daß sich alle jene täuschen, die das Südtirolproblem für gelöst halten. Derartige Probleme lassen sich wohl prinzipiell nicht lösen. Das Zusammenleben zweier noch dazu so künstlich vermischter Gruppen wird immer wieder Konflikte verursachen. Und niemand kann garantieren, daß die Spannungen in den nächsten Jahren nicht wieder zunehmen werden. Im Frühjahr 1992 nach Abwicklung des nun schon zwei Jahrzehnte verspäteten Operationskalenders war die Frage offen, ob es sich Österreich leisten kann, die von Italien gewünschte *Streitbeilegungserklärung* abzugeben, ohne daß es eine internationale Absicherung der Minderheitenrechte gibt. Denn wenn Italien schon während der Paketrealisierung begonnen hat, alle Zugeständnisse wieder auszuhöhlen, so ist das dann umso mehr zu befürchten, wenn Südtirol für Rom wieder eine rein inneritalienische Angelegenheit ist. Die Gesamtentwicklung deutet jedoch auf die Streitbeilegung hin.

V. Österreich und die Dritte Welt

In den siebziger Jahren weit präsenter als die Südtirolfrage war eine ganz andere Weltgegend in der österreichischen Außenpolitik: der *Nahe Osten*. Hier hat zweifellos Bruno KREISKY seine persönliche Obsession mit der Nahostfrage in eine solche der gesamten österreichischen Außenpolitik umgewandelt.[56] Der Nutzen für Österreich blieb aber ein fraglicher. Die Entwicklung der österreichischen Exporte in die arabischen Länder – ein vielfach zitierter Erfolg – ist im Vergleich zu dem anderer Länder nicht mehr sonderlich eindrucksvoll; genausowenig wie der arabische Finanzierungsbeitrag für das Wiener Konferenzzentrum wirklich ein außergewöhnlicher Wert gewesen wäre. Der Schaden für Österreich durch KREISKYs

55. Neben weiten Passagen von ERMACORA, Südtirol (Anm. 50), auch sehr interessant: Antony E. ALCOCK: Geschichte der Südtirolfrage. Wien 1982, 163–167.

56. Eine umfangreiche, aber unkritische Darstellung dieser Nahostpolitik findet sich bei Hans THALBERG: Die Nahostpolitik. In: Die Ära Kreisky. Hg. v. Erich BIELKA/Peter JANKOWITSCH/Hans THALBERG. Wien 1983, 293–322.

Nahostpolitik hielt sich allerdings ebenfalls in Grenzen. Vor allem verhinderte die jüdische Abstammung KREISKYs einen sonst sehr wahrscheinlichen massiven Antisemitismus-Vorwurf aus dem Ausland. Und überdies konnte sich der Bundeskanzler zugute halten, daß er eine Pionierrolle bei der sich dann verallgemeinernden Erkenntnis gespielt habe, daß ohne Einschaltung der PLO keine Lösung des Nahostproblems gefunden werden könne. Unakzeptabel waren aber die immer wieder erfolgten Beleidigungen KREISKYs für israelische Politiker und sein nahtloser Wechsel zwischen Aktivitäten in der Sozialistischen Internationale („fact-finding-mission" der SI) und solchen in der Wiener Regierung.

Die starke Mitarbeit der österreichischen Sozialisten in der SI wie auch später der Österreichischen Volkspartei bei den neugegründeten konservativ-christdemokratischen Internationalen Europäischen Demokratischen Union (EDU) und Internationale Demokratische Union (IDU) bildete außerhalb der Geleise traditioneller Außenpolitik wichtige, interessante, aber dennoch nicht wirklich entscheidende *Aktivitäten*. Das dürfte sachpolitisch die internationale Zusammenarbeit mehrerer österreichischer Bundesländer in der Arbeitsgemeinschaft der Alpenländer (Arge Alp) – mit der wichtigen Einbindung Südtirols – und später in der Ostalpen-Adria Gemeinschaft (Arge Alpen-Adria) sowie im Versuch einer Donau-Kooperation noch etwas relevanter gewesen sein.

In der letzten Hälfte des Berichtszeitraumes wurden die Beziehungen Österreichs zur *Dritten Welt* ein immer wichtiger werdender rhetorischer Eckpfeiler. Auch wenn schon in der Vorbereitung des Staatsvertrages und bei der Südtirolresolution Entwicklungsländer wichtigste Alliierte Österreichs bei den UN waren, so haben doch vor allem die Diplomaten Kurt WALDHEIM und Peter JANKOWITSCH Entscheidendes für diese Beziehungen getan. Freilich ging diese Annäherung in der sozialistischen Epoche teilweise so weit, daß Österreich bei Abstimmungen in Internationalen Organisationen zu vergessen schien, daß es die Interessen eines westlichen Industrielandes des Nordens hat.[57] Jedenfalls brachte diese Annäherung WALDHEIM die für Österreich wichtige Ehre, zweimal UN-Generalsekretär zu werden.

Insbesondere aber steht diese Rhetorik in Widerspruch zu den tatsächlichen *Entwicklungshilfeleistungen* Österreichs an diese Länder der Dritten Welt. Österreich lag mit seiner öffentlichen Hilfe – das respektable Engagement kirchlicher Organisationen sei ausgeklammert – fast in allen Jahren im Schlußbereich der internationalen Entwicklungshilfestatistiken.

57. Wenn auch mit anderen Intentionen, so kommt doch eine Studie über das Abstimmungsverhalten Österreichs bei den Vereinten Nationen zu ebenfalls sehr interessanten Schlüssen, daß Österreich „laviert" und den „Eindruck des Mangels eines geordneten Konzepts" erweckt hat. In dieser Studie zeigt auch eine interessante Statistik (27), daß sich Österreich nach der Machtübernahme der Sozialisten signifikant stärker der Mehrheit (=Dritte Welt) angeschlossen hat. Manfred MOSCHNER/Franz QUENDLER: Das Abstimmungsverhalten Österreichs in den Vereinten Nationen. Wien 1982.

Insbesondere aber wurde von der Entwicklungsorganisation der OECD (des Zusammenschlusses der Industrieländer) die qualitative Struktur der österreichischen Entwicklungshilfe meist stark kritisiert: Österreich hat besonders ungünstige Konditionen bei seinen Entwicklungshilfekrediten; es rechnet sich zur Gänze die Leistungen für die in Österreich studierenden Studenten aus der Dritten Welt (die oft nie in die Heimat und zu deren „Entwicklung" zurückkehren) als Entwicklungshilfe an; und es widmet einen überaus geringen Anteil seiner ohnedies schmalen Hilfe der Gruppe der allerärmsten Länder.

In der Ära KREISKYs wurde auch intensiv ein internationaler *Marshall-Plan* für die Dritte Welt propagiert. Mangels inhaltlicher Präzisierung und internationalen Echos sowie angesichts der wirklichen Leistungen Österreichs kam diese Idee aber nie über die Propaganda-Phase hinaus.

Schon ab 1955 bildete die *UN-Mitgliedschaft* Österreichs einen vielzitierten „Eckstein" seiner Außenpolitik. In den Beziehungen zur Dritten Welt wie auch bei der Südtirol-Resolution wurde diese UN-Mitgliedschaft auch von Nutzen für Österreich. Die Hoffnung, eine zusätzliche Sicherung der österreichischen Sicherheit durch die Vereinten Nationen zu haben, war aber zweifellos Illusion. Insbesondere angesichts des schon in den sechziger Jahren einsetzenden Verfalls der Weltorganisation durch die damals entstehende antiwestliche Abstimmungsmehrheit der Dritten Welt. So ist auch die unter der Regierung KLAUS ergangene Einladung an die Weltorganisation, ihren dritten Sitz in Wien zu errichten, mehr von städtebaulicher und infrastruktureller Bedeutung für die Stadt Wien als von wirklichem außenpolitischen Nutzen. Ähnliches gilt für das Internationale Konferenzzentrum.

Durch seine allzu starke, aber falsch verstandene UN-Loyalität hat Österreich wohl auch versäumt, genügend Kritik an dem politischen wie bürokratischen Verfall der UN zu üben, der die siebziger und achtziger Jahre dominierte.

VI. Österreich im Ost-West-Konflikt

Entscheidende Dimension der österreichischen Außenpolitik war aber zweifellos in den Jahren nach 1955 die Stellung im *Ost-West-Konflikt*, oder wie schon anfangs erwähnt, die Frage, wie sehr Österreich von der Sowjetunion unabhängig war.

Vor allem schien sich eines auszuwirken: das konventionelle Übergewicht der *Sowjetunion* in Europa. In einer solchen Situation gibt es offenbar eine automatische Folge: Man rückt „freiwillig", also um den Anschein der Unabhängigkeit zu wahren, oder unbewußt näher an das Machtzentrum heran.[58] Leicht übertrieben hat das Alexander SOLSCHENIZYN so ausge-

58. Henry KISSINGER: Memoiren 1968–1973. München 1979, 221 f.

drückt: „Finnland und Österreich erwarten ihr Schicksal resignierend, ohnmächtig ohne Verteidigungsmöglichkeiten, können nicht auf ausländische Hilfe hoffen."[59]

Diese verstärkte *Rücksichtnahme* auf die Sowjetunion zeigte sich beim österreichischen Verhalten in der Frage der Raketenbewaffnung und des EG-Beitritts, wo jedesmal die Interessen im Widerspruch zu einer Anpassung an die sowjetischen Wünsche gestanden sind. Diese Entwicklung zeigte sich aber auch ganz deutlich bei der österreichischen Reaktion auf die militärischen Aktionen der Sowjetunion: Gab es 1956 noch eine scharfe Verurteilung der Niederwerfung des Ungarn-Aufstandes,[60] so war man 1968 zu den Vorgängen in der ČSSR schon um etliche Nuancen zurückhaltender und bat erstmals auch die Medien um solche Zurückhaltung; 1979/80 schließlich gab man geradezu knieweiche Erklärungen über die Afghanistan-Invasion ab. KREISKY stellte die Invasion absurderweise in Zusammenhang mit der NATO-Nachrüstung und meint entschuldigend aber unkorrekt, daß Afghanistan immer in der Einflußzone der Sowjetunion gelegen wäre.[61] Während Österreich sonst häufig bei Resolutionen mitstimmte, die Völkerrechtsverletzer vor den UN sehr konkret anprangerte, fand man nichts Tadelnswertes oder zu eigenen Resolutionsentwürfen Motivierendes daran, daß die Sowjetunion in der Afghanistan-Resolution der UN namentlich nie genannt wurde.

Kleine Steinchen in diesem Gesamtbild sind die Zurücknahme des Ehrenschutzes durch den damaligen Unterrichtsminister Fred SINOWATZ über ein Turnerbund-Fest, nachdem die „Prawda" protestiert hatte, oder die von Felix ERMACORA rapportierten Widerstände Bruno KREISKYs gegen eine Veranstaltung in Wien über die Einhaltung der Menschenrechtsbestimmungen der Schlußakte von Helsinki, die natürlich in erster Linie den Osten kritisiert hätte.

Auch in Zusammenhang mit der *Konferenz für Sicherheit und Zusammenarbeit in Europa (KSZE)* hat KREISKY 1974 voreilig – als noch viele, für die freien Länder wichtige Fragen offen waren und nur die sowjetische Ernte, nämlich die Absegnung der europäischen Nachkriegsgrenzen schon in der Scheune war – auf einen Abschluß der KSZE-Verhandlungen gedrängt. Im übrigen bleibt aber anzumerken, daß sich Österreichs Diplomaten in den vielfältigen KSZE-Phasen meist sehr geschickt verhalten haben. Sie setzten eines der wenigen Beispiele, wo die vielzitierte Vermittlungsfunktion eines Neutralen wirklich eine Rolle zwischen Ost und West gespielt hat. Allerdings hat es auch Perioden gegeben, in denen die Österrei-

59. Neue Zürcher Zeitung, 2. Juni 1975.

60. „Eine schwere Belastungsprobe für unsere Beziehungen zur Sowjetunion war die kalkulierte Folge." Ludwig STEINER: Zur Außenpolitik der Zweiten Republik. In: Diplomatie und Außenpolitik Österreichs. Hg.v. Erich ZÖLLNER. Wien 1977, 181.

61. Die Presse, 4. Jänner 1980, und Bruno KREISKY in: Europa – Ein Kontinent im Wandel. Hg.v. Daniel FREI. Zürich 1980, 161.

cher schon zu KSZE-Konzessionen an die Sowjetunion bereit waren, obwohl diese später – nach amerikanischem Insistieren – doch noch nachgegeben hat.

Dieser Vorzugsbehandlung für die Sowjetunion stand in den Kreisky-Jahren eine „Nachzugs"-Behandlung für die *Vereinigten Staaten* gegenüber. Mangelnde Sympathie für die „Solidarność" in Polen, Unterstützung für die sogar in der Dritten Welt umstrittene kubanische Sicherheitskandidatur, mehr Kritik an den USA wegen ihrer angeblich falschen Reaktion auf Afghanistan als an der Sowjetunion, abfällige KREISKY-Kommentare zu einzelnen amerikanischen Präsidentschaftskandidaten, Nichtteilnahme an Boykottaktionen gegen den Iran nach der dortigen Geiselnahme, schließlich auch der jahrelang durch österreichische Aussagen geisternde, eine sowjetische These aufnehmende Irrglaube, daß anstelle des Gleichgewichts die Entspannung (was auch immer das genau gewesen sein sollte)[62] einen militärischen Konflikt verhindert habe – all das sind Puzzlesteine, die sich allgemein in ein Bild wachsender Entfremdung von den Vereinigten Staaten einordnen ließen.

Daß diese Periode nicht nur eine Folge der Verschiebung der militärstrategischen Lage in Europa sondern auch durchaus *persönlicher* Akzente gewesen sein konnte, zeigt sich daran, daß am Ende der KREISKY-Ära, aber insbesondere unter SINOWATZ wieder viel mehr Sympathien für die Vereinigten Staaten entstanden.[63] Oder hängt dies damit zusammen, daß nicht nur innere Kritik am Antiamerikanismus, sondern auch der amerikanische Druck auf Österreich stärker wurden?[64]

Mit der Kandidatur Kurt WALDHEIMs und seiner Wahl zum österreichischen Bundespräsidenten kommt es jedenfalls zur bisher schwersten *Krise* zwischen Österreich und den Vereinigten Staaten. Daß die USA ein amtierendes Staatsoberhaupt auf die Liste der mit Einreiseverbot belegten Personen gesetzt haben, kann nur als provokativer Umgang einer Großmacht mit Kleinstaaten interpretiert werden.

Die anderen westlichen Demokratien verzichteten auf eine direkte Brüskierung WALDHEIMs. Sie ignorierten ihn aber völlig. Durch das Ausbleiben jeder relevanten Visite WALDHEIMs im westlichen Ausland, aber auch von wichtigen westlichen Politikern in Wien kann zweifellos für das Ende der achtziger Jahre insgesamt von einer schweren *Belastung* der

62. Auf dieses unterschiedliche Verständnis weist etwa hin: Andreas KHOL: Zur Kritik und Bestandsaufnahme der österreichischen Außenpolitik. In: Europäische Rundschau (1981), Nr. 3, 113.

63. Eine typische Rückkehr zur Anerkennung des Gleichgewichts der Kräfte in Erwin LANC: Die Außenpolitik der Bundesregierung. In: Österreich im Spannungsfeld der Weltpolitik. Hg. v. Club Niederösterreich 3/1984. Wien, 29.

64. Ein bürokratischer Anlauf zur Neubelebung des österreichisch- amerikanischen Verhältnisses war das am 14. Dezember 1982 von der Regierung beschlossene „USA-Konzept". In: Außenpolitischer Bericht 1982. Hg.v. BMfAA, 236–244.

österreichischen Außenpolitik gesprochen werden. Dies wurde vor allem zu einer Zeit schmerzhaft bewußt, da Österreich im Gegensatz zu den drei Jahrzehnten davor den Anschluß an Westeuropa suchte.

Die *Ursachen* dieser Waldheim-Krise waren vielfältige. Anlaß war zweifellos der unkorrekte Umgang WALDHEIMs mit seiner eigenen Biographie in mehreren Publikationen, der auch ohne weitere Beweise für viele Beobachter zum Indiz eines schlechten Gewissens wurde. Dazu kamen: das unausgesprochene Bestreben vieler Siegermächte des Weltkriegs, noch einmal (oder immer wieder) mit den bösen Deutschen moralisch abzurechnen, was man gegenüber den schwachen Österreichern aber viel leichter kann; der schlampige Umgang Österreichs mit seiner Vergangenheit in der NS-Zeit, wo das Land als Staat zwar Opfer war, wo sich aber sehr viele Bürger selbst schuldig gemacht haben; die araberfreundliche Politik Österreichs unter Bruno KREISKY und der Vereinten Nationen unter Kurt WALDHEIM; die massenmediale Eigendynamik (Boulevardzeitungen würden nie auf die Schlagzeile verzichten: Früherer UN-General war Nazi-Schlächter); die billige Strategie linksliberaler Kreise in Österreich, sich durch ständige WALDHEIM-Attacken einen Persilschein als Antifaschist und damit als moralisch höherstehendes Wesen zu verschaffen; sowie parteipolitische Taktiken der SPÖ.

Im Sommer 1991 hat eine Erklärung der Regierung im Parlament manche Vorwürfe des Auslands entkräftigt. Österreich hat sich darin in stärkerem Ausmaß als früher zur *Mitschuld* an den NS-Greueln bekannt. Wohl noch immer nicht endgültig geregelt ist die *Entschädigung* Österreichs an seine (ehemaligen) jüdischen Mitbürger für ihre Leiden in der NS-Zeit. Immer wieder sind Ansätze zu solchen Entschädigungen von bürokratischer Ignoranz konterkariert worden. Österreich hat sich nie wirklich mit großzügigen Gesten um jeden einzelnen dieser österreichischen Juden bemüht. Vielfach ist sogar nachweisbar, daß sozialrechtlich ehemalige SS-Angehörige besser behandelt werden als österreichische Juden.

Die Affäre WALDHEIM ist aber freilich schon deutliches *Signal,* daß Österreich aus dem Schatten der Ost-West-Spannungen heraustritt, daß ganz andere Fragen zu dominanten für die Republik werden.

In einer knappen Bilanz der österreichischen Außenpolitik wohl kaum mehr wert als einen Satz ist die *Auslandskulturpolitik,* die unter chronischem Geldmangel unbedeutend geblieben ist; der Streit, ob die traditionellen oder die Leistungen der Gegenwartskultur mehr forciert werden sollen, übersieht jedenfalls, daß angesichts der knappen Mittel überhaupt nur mit den schon weltweit bekannten, traditionellen Werten ein wirklich bedeutsames Echo gefunden werden kann.

Die *Informationsarbeit* über die österreichische Außenpolitik blieb, wenn man von KREISKY absieht, eine formalistische.[65] Der *diplomatische Ap-*

65. Einige interessante Thesen über Außenpolitik und öffentliche Meinung und insbesondere

parat, der bei Staatsvertrags-, EG- und Südtirol-Verhandlungen durchaus seine Qualitäten demonstrieren konnte, erstickte ansonsten immer stärker im Sich-Selber-Administrieren; einer seiner strukturellen Hauptfehler ist wohl das Denken in Scheinerfolgen – Resolutionen, Kommuniqués waren meist wichtiger als die Frage, ob all diese Papiere noch irgendeinen Output produzieren, irgendeinen Bezug zur Realität haben.[66]

Eines der positivsten Kapitel über weite Strecken der österreichischen Nachkriegsaußenpolitik war die *Flüchtlingspolitik.* Konnten aus dem Staatsvertrag noch der Zwang zur Repatriierung von Flüchtlingen entfernt werden, so gab es schon ein Jahr später die große Bewährungsprobe: 170.000 Menschen waren nach der Ungarn-Revolution aufzunehmen.[67] Und das damals noch keineswegs völlig vom Krieg erholte Österreich bewältigte zusammen mit internationaler Hilfe die Herausforderung ganz ausgezeichnet. Insgesamt waren es rund 1,8 Millionen Menschen, die in diesen 40 Jahren in Österreich Asyl fanden. Gleich nach dem Krieg, 1956 genauso wie bei der ČSSR-Invasion 1968. Auch die in letzter Zeit allerdings versiegende Emigration sowjetischer Juden über Österreich fand hier beispielgebende Kooperation. Und als palästinensische Terroristen in Österreich die Schließung eines Durchgangslagers für diese Juden erzwangen, änderte KREISKY nur ein wenig die Durchführungsmodalitäten, sodaß die Terroristen erfolglos blieben. In der letzten Zeit des Berichtszeitraumes trat allerdings eine *qualitative Änderung* des österreichischen Verhaltens ein, der wahrscheinlich einen bedauerlichen Verfall an moralischen Werten der Hilfsbereitschaft bei Bevölkerung und Regierung demonstrierte: Eine Welle von etwa 30.000 Flüchtlingen aus Polen wurde von Innenminister Erwin LANC durch die Wiedereinführung der Visapflicht und eine restriktive Praxis bei der Erteilung von Visa beendet. LANC befand sich damit in Einklang mit Anti-Polen-Emotionen unter der Bevölkerung. Die moralische und praktische Unsicherheit angesichts der Flüchtlings- und Wanderungsbewegungen steigerte sich nach 1982 nur noch.

VII. Außenwirtschaftspolitik

Neben den unbestreitbaren Folgen der österreichischen Außenpolitik gab es in den siebziger und achtziger Jahren auch zwei Aspekte, die zunehmen-

die eher sterile Debatte über einen außenpolitischen Konsens: Helmut KRAMER: Zur Rolle der öffentlichen Meinung in der Außenpolitik. In: Österr. Zeitschrift f. Politikwissenschaft, 13 (1984), 141–159.

66. Die fundierteste Auseinandersetzung mit dem diplomatischen Apparat, in der diesem das Absinken in die Unbedeutendheit angekündigt wird, stammt von Raoul KNEUCKER: Die Rolle der Bundesverwaltung in der Außenpolitik. In: KICKER/KHOL/NEUHOLD, Außenpolitik, 31–110 (Anm. 20).

67. Manfried RAUCHENSTEINER: Spätherbst 1956. Die Neutralität auf dem Prüfstand. Wien 1981.

de Sorgen bereiteten: Der eine war die rasch gewachsene *Verschuldung* einiger osteuropäischer Länder in Österreich. Es scheint so, daß eine ganze Reihe von österreichischen Ostexporten nur durch im Grunde unvertretbare Kreditzusagen zustandegekommen sind (also versteckte Subventionen an die verstaatlichte Industrie), ja daß auch viele der unnatürlich häufigen Ministerbesuche im Osten zum Zwecke der publizistischen Vermarktung daheim mit einem „Auftrag" abgeschlossen worden sind, der aber nur durch zu billige und zu umfangreiche Kredite zu holen gewesen war. Der zweite Grund zur Besorgnis ist der große Anteil des Ostens an den österreichischen *Energielieferungen*. Bei Gas fast zu 100 Prozent, bei Öl zeitweise zu 20 bis 30 Prozent und bei Kohle in manchen Jahren über 80 Prozent. Die Sorge über diese Abhängigkeit war auch in der Bevölkerung so sehr verwurzelt, daß sie zu ihrer Vermeidung zu höheren Energiepreisen bereit wäre.[68]

Am Beginn der österreichischen Nachkriegswirtschaftsgeschichte stand in außenpolitischer Hinsicht aber der *Marshall-Plan* aus 1948. Diese großzügige amerikanische Hilfe war für ganz Europa gedacht, durfte jedoch in den sowjetisch kontrollierten Gebieten nicht akzeptiert werden. Österreich konnte aber auf Grund des zweiten Kontrollabkommens mitmachen und damit seinen Wiederaufschwung einleiten. Österreich hat in den ersten zehn Nachkriegsjahren 1585 Millionen Dollar Auslandshilfe bekommen, wovon 956 Millionen Dollar durch den Marshall-Plan gekommen sind.[69] Da die rückgezahlten Gelder für Marshall-Plankredite im Lande geblieben sind, können aus diesen Mitteln heute noch Kredite finanziert werden. Ebenso wertvoll wurde die daraus resultierende Mitgliedschaft in OEEC/OECD.

Wenige Jahre später geriet die Außenwirtschaftspolitik neuerlich in das Magnetfeld des Ost-West-Konfliktes. Österreich mußte sein Verhältnis zur neuentstandenen *Europäischen Wirtschaftsgemeinschaft* (EWG) und ihren Schwesterorganisationen klären. Ein Fernbleiben Österreichs von der europäischen Einigung schien in der Tat ein Absurdum, hat doch kein anderes Land eine so starke einschlägige Tradition: von der multinationalen Struktur der k. und k. Monarchie bis zu Richard COUDENHOVE-KALERGIs Pan-Europa-Bewegung.

Begonnen hat die Entwicklung mit dem Scheitern der OEEC-Bemühungen um eine große Europäische Freihandelszone. Statt dessen kam es als Antwort auf die Gründung der Europäischen Wirtschaftsgemeinschaft der

68. KICKER/KHOL/NEUHOLD, Außenpolitik, Anhang 98 (Anm. 20). Schon weniger Besorgnis erregen die Abhängigkeit von den USA auf dem Sektor Ölsaaten und die von NEUHOLD im selben Band als gefährlich getadelten, allzu engen Bindungen an Deutschland und die Europäische Gemeinschaft. Ähnlich zu Neuhold: Manfred ROTTER: Austria's Permanent Neutrality and the Free Trade Agreement with the EEC: Strategies to reduce Dependences. In: Small States in Europe and Dependence. Hg.v. Otmar HÖLL. Wien 1983, 316.

69. STOURZH, Geschichte, 79 (Anm. 1).

Sechs (1957/58) im Jahre 1959/60 zur Gründung der *Europäischen Freihandelsassoziation* (EFTA). Nicht nur Österreich verband damit die Absicht, kollektiv eine Regelung des Verhältnisses zur EG zu erzielen. Außenminister KREISKY hatte lediglich darauf hingewiesen, daß dabei auf die Neutralität Rücksicht zu nehmen sei. Erst ein plötzlicher und für alle überraschender Ausbruch von Vizekanzler Bruno PITTERMANN brachte die SPÖ auf eine EG-feindliche Linie.[70] Da in den Ländern der sechs zufällig überall bürgerliche Regierungen an der Macht waren, forderte PITTERMANN, Österreich dürfe keinesfalls in diesen „Bürgerblock" hineinmanövriert werden.

Damit war die Frage praktisch zu einer total *parteipolitischen* geworden und ohne daß es im Ausland irgendjemanden interessiert hätte, brachte Österreich von sich aus die Problematik von Neutralität und Staatsvertrag als Hindernis ins Intergrationsspiel. Prompt gesellte sich alsbald zur inneren Debatte massiver sowjetischer Druck.

Nach dem Scheitern des Brückenschlags EG-EFTA und nachdem EFTA-Mitglied Großbritannien seinen Beitrittsantrag bei der EG gestellt hatte, beschloß 1961 Österreich dennoch, *Verhandlungen* über eine Teilnahme an einem gesamteuropäischen Markt aufzunehmen. Gleichzeitig wurde jedoch auch angekündigt, daß auf den außenpolitischen Status Österreichs Rücksicht genommen werden muß. Die einschlägigen Bedenken der Experten bezogen sich auf das Anschlußverbot des Staatsvertrags, auf die qualifizierte Unabhängigkeit der Neutralität und auf das in Moskau stipulierte Muster der Schweiz, die selbst wenig Lust zu einem vollen EG-Beitritt zeigte.[71]

In Absprachen mit den beiden anderen Neutralen wurden relativ gleichlautende Verhandlungsanträge an Brüssel gerichtet, eine „ausschließlich wirtschaftliche Vereinbarung" zu treffen. Dabei bezeichnete Außenminister KREISKY einige *Einschränkungen* als politisch unerläßlich: Aktionsfreiheit für die Wirtschaftsbeziehungen mit Drittstaaten, Kündigungsrecht, Suspendierungsrecht im Falle von Kriegen oder politischen Aktionen der EG, Beachtung der staatsvertraglichen Bestimmungen über Luftfahrt und Kriegsmaterial sowie die Schaffung selbständiger Assoziationsorgane.[72]

Begleitet von kritischen *sowjetischen Memoranden* begannen zähe Gespräche zwischen den einzelnen Neutralen und der EG. Nach dem Scheitern des britischen Beitrittsgesuches am Veto Frankreichs wurden die Gespräche zu einem österreichischen Alleingang. Die anderen Neutralen waren nicht mehr sonderlich interessiert. Überflüssige Probleme entstanden, als die österreichischen Sozialisten plötzlich darauf bestanden, eine Asso-

70. Rudolf KIRCHSCHLÄGER: Integration und Neutralität. BIELKA/JANKOWITSCH/THALBERG, Ära, 65 (Anm. 56).

71. KIRCHSCHLÄGER, Integration, 72–80 (Anm. 70).

72. KIRCHSCHLÄGER, Integration, 84–86 (Anm. 70).

ziierung mit der EG dürfe nicht mit einem Austritt aus der EFTA verbunden sein, was wieder für die EG nicht akzeptabel war.

Erst 1965 beschloß der EG-Ministerrat die Aufnahme von Verhandlungen mit Österreich. Die *Verhandlungslinie,* die damals vor allem von Handelsminister Fritz BOCK geprägt war, sah auch eine weitgehende Koordination von Agrar- und Wirtschaftspolitik vor. Die Frage der EFTA-Mitgliedschaft, der österreichische Wunsch, mit Osteuropa weiterhin Wirtschaftsverträge abschließen zu können waren die härtesten Probleme bei den im Prinzip positiven Verhandlungen. Nicht einmal in den vier Jahren der ÖVP-Alleinregierung konnte eine Lösung erzielt werden: Zum einen blockierten die Italiener mit einem Veto wegen der Südtirolfrage; zum anderen war die EG nach dem britisch-französischen Konflikt innerlich noch nicht reif für Erweiterungen, was insbesondere am politisch motivierten französichen Widerstand gegen eine Regelung mit Österreich ablesbar war. Dieser französische Widerstand ist nur durch das ohne viel Rücksichtnahme vorgebrachte italienische Veto aus der Aufmerksamkeit der Zeitgenossen entschwunden.[73]

1967/68 versuchte man, sich angesichts des weitgehenden Festfahrens der Gespräche auf spezifische *Handelsvereinbarungen* zu konzentrieren. Aber ebenfalls ohne Erfolg. Erst 1969 kamen in der EG die Dinge wieder in Bewegung. Das italienische Veto war weggefallen, Frankreich änderte seine Haltung gegenüber Österreich vollkommen. Allerdings wollte man beiderseits das alte Dossier mit seinen vielen heiklen Grundsatzfragen nicht mehr öffnen, sondern die EG verhandelte auf viel weniger intensiver Ebene mit den nicht beitrittswilligen EFTA-Ländern.

Am 22. Juli 1972 konnte schließlich ein Interimsabkommen und gleichzeitig ein ab 1973 in Kraft tretendes *Freihandelsabkommen* abgeschlossen werden, das eine viel schwächere Bindung Österreichs an die EG vorsieht als ursprünglich beabsichtigt. Es wurde lediglich eine Freihandelszone errichtet, aus der überdies wichtige Bereiche, vor allem die *Agrarprodukte,* ausgeschlossen waren. Überdies wurden die nichttarifmäßigen Handelshemmnisse nicht abgebaut. Ferner war von Koordination der Wirtschaftspolitik keine Rede mehr. Dafür konnte dieser Vertrag nicht einmal im entferntesten mehr neutralitätspolitische oder gar rechtliche Konsequenzen aufwerfen.

Es blieb aber umstritten, ob Österreich nicht doch in viel stärkerem Ausmaß, ja sogar als Vollmitglied mit einigen Ausnahmeregelungen der EG hätte beitreten können.[74] Andererseits ist der wirtschaftliche Schaden durch die Nicht-Mitgliedschaft lang nicht so groß geworden, wie Anfang der sechziger Jahre befürchtet.

73. WALDHEIM, Weg, 141–145 (Anm. 53).

74. Eine fundierte Stimme dazu: Michael SCHWEITZER: Dauernde Neutralität und europäische Integration. Wien-New York 1977, 217- 257.

Keine Frage aber ist, daß man vor allem in der Ära KREISKY-PAHR von Wien aus zuwenig Kontakt mit der EG gesucht hat, daß andererseits alle österreichischen Versuche zu einer Wieder-Dynamisierung der EFTA gescheitert sind.

In den achtziger Jahren gerät die österreichische Außenwirtschaftspolitik noch einmal in den Strudel der Ost-West-Auseinandersetzung. Und wieder steht der schon beim EG-Beitritt relevante *Osthandel* im Zentrum. Nicht nur die amerikanische Regierung, sondern auch manche österreichische Experten vermuteten, daß über Österreich unter der verschiedenartigsten Camouflage aus Sicherheitsgründen geheim gehaltene amerikanische Entwicklungen vor allem auf dem Computersektor nach Osteuropa gelangten. Die US-Regierung hat nun zunehmenden Druck auf Österreich ausgeübt, diese Exporte einzuschränken, bis Wien nachgab, alle vom Westen gewünschten Kontrollen einführte und schließlich von allen Diskriminierungen seitens der USA befreit wurde. Noch ein zweiter wirtschaftlicher Aspekt überschattete die Beziehungen zwischen den beiden Ländern: Unter Hinweis auf die in der Tat bestehenden Verpflichtungen aus dem GATT verhinderten die USA die Einführung einer Pflanzenölabgabe, in derem Schutz Österreich eine eigene *Ölpflanzenproduktion* aufbauen hätte können. Wohl nicht zu Unrecht vermutete man in beiden Fällen auch konkrete wirtschaftliche Interessen hinter der politischen Haltung der USA.

VIII. Die Wende ab 1989: Suche nach einer neuen Rolle

Wurden am Beginn dieses Aufsatzes drei Epochen österreichischer Außenpolitik seit Beginn dieses Jahrhunderts skizziert, so hat Ende der achtziger Jahre – das Jahr 1989 drängt sich aus mehrfachen Gründen als entscheidender Zeitpunkt eines Paradigmenwechsels auf – eine *vierte* Epoche begonnen: Der Ost-West-Konflikt ist zu Ende; Österreich steht plötzlich in einem *ganz anderen Europa,* das von der Intergration und von den Umwälzungen im Osten, den dort entstehenden nationalen Identitäten und neuen Freiheiten geprägt ist.

Die *Europäische Gemeinschaft* überwindet in den achtziger Jahren eine lange Periode der Stagnation, in der sie nur durch alljährlichen Streit um die Agrarpreise aufmerken hat lassen. Statt dessen imponiert die EG plötzlich der restlichen Welt – wo man teilweise in übertriebene Panik ausbricht – mit den ehrgeizigen Zielen eines Binnenmarktes, einer Politischen Union und einer Währungsunion.

Andererseits kommen in der *Sowjetunion* dramatische Umwälzungen ingang, die übrigens teilweise auch durch die EG-Entwicklungen ausgelöst worden sind. Abgesehen von allen Liberalisierungs-, aber auch Auflösungserscheinungen im Inneren wandelt sich die außenpolitische Haltung Moskaus komplett. Die Sowjetunion zerfällt. Die *Gemeinschaft Unabhängiger Staaten* (GUS) bleibt ein prekäres Konstrakt.

Die UdSSR gab in den Jahren nach 1985 so gut wie alle *imperialen* Attitüden auf. Mit der kompletten Freigabe aller Satellitenstaaten, aber auch sowjetischer Republiken fällt logischerweise auch der Anspruch, unter Hinweis auf Neutralität oder Staatsvertrag die österreichische Außenpolitik zu beeinflussen. Offiziell wurden zwar noch bisweilen die alten Töne von Moskau wiederholt; politisches Gegengewicht hatten sie aber auf Grund der neuen Lage am Beginn der neunziger Jahre keines mehr. Und im Herbst 1991 wurde bei einem Besuch des österreichischen Bundeskanzlers in Moskau vom (Noch-)Staatspräsidenten Michail S. GORBATSCHOW von diesem öffentlich erklärt, daß ein EG-Beitritt allein Sache Österreichs sei.

Die *Wende* in der Außenpolitik, die österreichische „Perestroika“, war aber nicht nur Folge äußerer Faktoren. Auch personelle Konstellationen haben diese Wende beschleunigt. Dazu gehört nicht nur ein Wiedereinzug der Volkspartei in die Regierung, sondern auch eine Wende in der SPÖ. Vor allem mit dem Wechsel der Außenminister von Erwin LANC zu Leopold GRATZ kehrt in die SPÖ-Außenpolitik wieder ein prowestlicher, integrationsfreundlicher Geist ein. Dieser wird dann durch Peter JANKOWITSCH beschleunigt und vor allem durch Franz VRANITZKY gefördert. VRANITZKY ist zwar außenpolitisch nicht versiert, hat aber aus ökonomischen Gründen klare Vorstellungen über die Bedeutung einer EG-Annäherung, was automatisch eine Abkehr von den alten solzialistischen Anti-EG-Positionen nötig macht.

Diese innerösterreichische Perestrojka führt immerhin dazu, daß Österreich rascher als andere Staaten in vergleichbarer Lage auf das welthistorische Fenster reagiert, das durch Gorbatschow aufgestoßen wird. Die *EG-Diskussion* beginnt in Österreich früher als in anderen Nichtmitgliedsstaaten und sie führt auch im Juli 1989 zu einem *Mitgliedschafts-Antrag,* bevor sich andere alte oder neue Demokratien dazu entschießen können. Dennoch sei festgehalten, daß außenpolitisch der EG-Antrag auch schon mindestens ein Jahr früher möglich gewesen wäre, was Österreich der EG gegenüber in eine noch deutlich günstigere Position versetzt hätte. Damals war aber die SPÖ-interne Diskussion noch nicht so weit gediehen. Die ökonomischen Notwendigkeiten zu einem EG-Beitritt waren aufgrund der hochgradigen Verflechtung Österreichs mit der Gemeinschaft immer klar gewesen, die politischen Hindernisse wurden erst durch die doppelte Perestrojka – in Moskau und in der SPÖ – beseitigt.

In den österreichischen Beitrittsantrag waren auf sozialistischen Druck noch Formulierungen aufgenommen worden, die auf einen ausdrücklichen *Neutralitätsvorbehalt* hinauslaufen. In der Folge wurden diese Klauseln jedoch mit der Formel: „Europas Sicherheit ist auch Österreichs Sicherheit“ abgeschwächt. Ob am Ende der Beitrittsverhandlungen die Neutralität jedoch nur noch ein inhaltsloses Schlagwort sein wird, muß vorerst offen bleiben. Viel Verständnis findet Österreich für die Neutralität im Ausland jedenfalls nicht mehr, was 1991 auch die Stellungnahme der EG-Kommission (Avis) zu Österreich – trotz aller Österreich-Freundlichkeit – gezeigt hat.

Auf die zweite Herausforderung, die ab 1989 – dem wichtigsten Jahr der Wende im *Osten* – an Österreich herantritt, hat das Land hingegen keine geeignete Wende gefunden. Die Herstellung besonderer Beziehungen zu den neuen Demokratien in der Nachbarschaft gelingt nicht, obwohl sich Österreich in den Jahren davor mehr als andere Länder um die dortigen Dissidenten und nunmehrigen Machthaber gekümmert hat. Diese Bemühungen waren zweifellos ein besonderes Verdienst des späteren ÖVP-Obmannes Erhard BUSEK.

Am besten gelingt noch gegenüber *Ungarn* die Herstellung eines guten Kimas. Gegenüber der *Tschechoslowakei* hat sich die österreichische Politik durch das völlig aussichtslose Hochspielen des Kernkraftthemas sofort wieder in die Sackgasse manövriert, in der sie während der kommunistischen Herrschaft ständig gesteckt war. Obwohl die Tschechoslowakei aus Umweltgründen (das gigantische Waldsterben und die weitreichende Luftvergiftung wird auf die vielen ungefilterten Kraftwerke mit schlechter Kohle zurückgeführt) noch auf viele Jahre auf die Atomkraft angewiesen sein wird, obwohl österreichische Politiker in den Jahren zuvor gegen den Bau eines slowakisch-ungarischen Donaukraftwerkes agitiert haben, obwohl die tschechoslowakischen Kernkraftwerke von der Atomenergiebehörde als sanierbar bezeichnet worden waren (während die IAEA bei anderen Ost-Kraftwerken durchaus auch auf eine sofortige Schließung gedrängt hat), verlangte Wien in geradezu ultimativem Ton die Schließung tschechoslowakischer Kernkraftwerke. Das stieß naturgemäß in Prag und Preßburg auf eisige Ablehnung, vor allem, weil das Thema 1990 von der SPÖ zum wichtigsten Wahlkampfschlager gemacht worden war, während Wien in der kommunistischen Ära die tschechoslowakischen Atomreaktoren kaum thematisiert hatte. Es war nur der staatmännischen Zurückhaltung der Prager Führung zu danken, daß man auf diese Politik Österreichs nicht mit der früher üblichen Hervorholung alter Ressentiments („Herren-Mentalität", „Habsburg-Komplex") geantwortet hat.

Diese Ressentiments hatten ja praktisch seit Ende der vierziger Jahre die Beziehungen geprägt; es war in diesen Phasen aber nicht nur bei ständigen Attacken der kommunistischen Propaganda geblieben – denen die österreichischen Medien meist gleich scharf replizierten –, auch die Grenze war in der KP-Zeit immer wieder eine blutige und jedenfalls die brutalste rund um Österreich gewesen. Auf Grund der heiklen Vergangenheit – die man durchaus auch bis 1618 oder noch früher zurück analysieren könnte – hätten jedenfalls 1989 die Beziehungen zwischen Wien und Prag eines behutsameren Neuanfangs bedurft.

Kaum geschickter agierte Österreich gegenüber *Polen*, einem Land, das traditionell Österreich-freundlich gesinnt ist. Dieser Gesinnung steht aber in Österreich eine Polenfeindschaft der Straße gegenüber, die von der Kronen-Zeitung auch noch geschürt worden ist. Das führte dazu, daß Österreich um viele Monate länger als die meisten EG-Staaten polnische Bürger durch eine schikanös gehandhabte Visapflicht fernhielt. Während in der kommunistischen Zeit – vor allem in den siebziger Jahren – Warschau in unverantwortlicher Höhe Kredite eingeräumt worden sind (diesen stand ein deutlich niedrigerer Anteil Österreichs am Polenhandel gegenüber), haben sich die Beziehungen zum Walesa-Polen relativ mager entwickelt. Ein weiterer belastender Faktor in den Beziehungen Wiens zum demokratischen Warschau war der Umstand, daß der Österreichische Gewerkschaftsbund unverständlich lange die Massengewerkschaft „Solidarność" ignoriert und statt dessen weiter die kommunistischen Gewerkschaften kontaktiert hatte.

Durchdachter entwickelte sich Österreichs Verhältnis zu den *südslawischen Nachbarn*. Früher als andere Staaten hat es das klare Recht der einzelnen Republiken auf Selbstbestimmung betont, es hat auch als einziges Land deutlich gegen die massiven Menschenrechtsverletzungen im Kosovo interveniert. Das hat zwar Österreich bei den Serben wie auch bei einigen Westmächten dümmliche Verdächtigungen eingebracht – Österreich wurden restaurative Tendenzen unterstellt –, diese Politik Österreichs ist aber zweifellos langfristig die beste Basis, mit den beiden südlichen Nachbarn *Kroatien* und *Slowenien* eine echte Freundschaft zu entwickeln. Diese Politik ist überdies die moralisch einzig tragbare. Einziger Kritikpunkt ist wohl: Man hätte kroatischen Gesprächspartnern, auf die Wien offensichtlich einen gewissen Einfluß hatte, deutlicher und lange vor Ausbruch des Kroatien-Krieges sagen müssen, daß sie den in der Republik befindlichen Gebieten auch das Selbstbestimmungsrecht zugestehen hätten müssen. Diese neue Entwicklung in Jugoslawien überschattete vollkommen einen anderen Problemherd der österreichischen Außenpolitik: In früheren Epochen war es immer wieder zu Spannungen mit Laibach und Belgrad gekommen, weil Österreich die slowenische Minderheit in Südkärnten nicht gut genug behandle. Dieser Vorwurf war in manchen Berei chen voll berechtigt, er wurde aber auch oft nur aus politischer Opportunität erhoben – etwa um von innerjugoslawischen Problemen abzulenken. Die Affäre um den Abdruck eines von den Kärntnern für sich allein beanspruchten alten slawisch-deutschen Symbols auf den slowenischen Geldscheinen zeigte aber auch nach der Unabhängigkeit Sloweniens, daß die Emotionen nicht endgültig begraben sind.

So wie in den Beziehungen zu den slawischen Nachbarländern ist auch in fast allen anderen Bereichen der Außenpolitik Ende der achtziger Jahre die Notwendigkeit eines *kompletten Kurswechsels* eingetreten.

Relativ problemlos und wenig verkrampft reagierte das Land auf die 1990 abgeschlossene *deutsche Vereinigung*. Viel unsicherer war man in Hinblick auf den eigenen *Staatsvertrag* und die *Neutralität*. Im Herbst 1990 hat Österreich nach etlichem Zögern einige Artikel des Staatsvertrags für obsolet erklärt. Diese Artikel betrafen vor allem Vorschriften für die Bewaffnung und für den Besitz an sogenanntem „Deutschem Eigentum" in Österreich. Wien hat dabei aber die Gelegenheit ausgelassen, gleich den gesamten Staatsvertrag für überholt zu erklären und seine Minderheiten- und Menschenrechtsbestimmungen zu eigenen Verfassungsbestimmungen zu erheben.

Denn die *positiven* Funktionen des Staatsvertrags sind inzwischen nur noch *historisch:* Die Beendigung der Besetzung Österreichs und die Sicherung der Stellung Österreichs im Ost-West-Konflikt. Für die *Zukunft* beinhaltet er hingegen einige potentielle *Einschränkungen* der österreichischen Souveränität – etwa durch vormundschaftsähnliche Rechte der vier Signatarbotschafter –, die eigentlich unakzeptabel sind. Deutschland – das zweifellos mehr Schuld am Weltkrieg trägt als Österreich, ist jedenfalls 1990 ohne solche demütigenden Formulierungen in die Zukunft entlassen worden. Formaler Anlaß für eine „Kündigung" des Staatsvertrags wäre ebenfalls der Deutschlandvertrag gewesen: Die vier ehemaligen Alliierten haben dabei nicht ihre im Staatsvertrag eingegangene Pflicht eingehalten, in den Deutschlandvertrag Bestimmungen über die Unversehrtheit Österreichs aufzunehmen.

Noch ungeschickter ging Österreich mit der *Neutralität* um. Die Regierung lehnt überhaupt jedes Nachdenken über die Funktionalität dieser Neutralität ab. Die in der Vergangenheit zweifellos gegeben war: Nicht nur zur Erlangung der Souveränität 1955, sondern auch in der Folge, um die sowjetische Armee, die ja als einziger Faktor eine wirkliche Bedrohung war, von Österreich fernzuhalten. Damals gab die Neutralität den Sowjets die Gewißheit, daß auch der Westen keine strategisch günstigen Stellungen in Österreich bezieht, solange sie sich selbst zurückhalten.

Diese Funktion ist tot. Dafür wird die *Sicherheitspolitik* Österreichs sich in den neunziger Jahren nach anderen Gefahren zu orientieren haben, bei denen Österreich nicht mehr stillschweigend mit einem Zu-Hilfe-Kommen der Nato im Ernstfall rechnen kann. Einem Land, das sich auf Grund seiner Neutralität selbst immer drückt, einem bedrängten Volk zu Hilfe zu kommen, wird kaum mit Hilfe im Ernstfall rechnen können, wenn sich die Helfenden nicht selbst etwas davon versprechen können.

Testfall für diese neue Herausforderung Österreichs war der *Golfkrieg*. Hier hat das Land nur halbherzig und immer verspätet seine Solidarität mit der westlichen Staatengemeinschaft demonstriert. Man war auch geistig nicht auf die Problematik vorbereitet. Daher mußte in einer nächtlichen Notaktion schnell die Novellierung zweier neutralitätsrechtlicher Nebengesetze beschlossen werden, als der Golfkrieg schon begann. Dabei hat man bestimmte Hilfeleistungen – etwa Waffendurchfuhr – für eine vom

UN-Sicherheitsrat genehmigte militärische Aktion erlaubt, die ansonsten als Neutralitätsverletzung gewertet worden wäre. Aber auch in der Folge hat das Innenministerium die Einzelgenehmigungen zu solchen Überflügen meist so verschleppt, daß die westlichen Armeen meist schon verärgert auf den Flug über Österreich verzichtet haben, als endlich die Genehmigung eintraf.

Die gleiche Problematik entsteht, falls sich im *EG-Europa* wie geplant eine Struktur kollektiver militärischer Sicherheit herausbilden sollte. Die Regierung deutet zwar vage an, daß sich Österreich dabei nicht ausschließen würde, sie kommt aber gegebenenfalls zweifellos wieder in eine ungünstige Optik, wenn sie dann neuerlich kasuistisch Neutralitätsregelungen ändern müßte, was ihr auch beim notwendigen Referendum über einen EG-Beitritt zusätzliche Schwierigkeiten bereiten würde. Zu einer prinzipiellen Änderung fehlt der Regierung aber der Mut, weil sich die Neutralität bei allen Meinungsumfragen sensationell hoher Popularität erfreut. Da öffentlich nie klar gesagt worden ist, daß die Neutralität funktionslos geworden ist, ist diese Einstellung der Bevölkerung aber keine Überraschung.

Für Österreich ist es in dieser vierten Phase seiner Politik in diesem Jahrhundert zur dominanten *Herausforderung* geworden, zu erkennen, daß es nicht mehr als behüteter Minderjähriger in der Staatengemeinschaft steht, sondern als selbstverantwortlicher Erwachsener. Vorerst dominiert aber narzißtische Selbstgefälligkeit, die sich an billigen Komplimenten berauscht, und die wehleidig die weltpolitischen Realitäten ignorieren will.

IV. Soziokulturelle Grundmuster

Psychotherapie und Politik

Walter Pieringer

I. „Österreich, stille Keimzelle der Psychotherapie"

Der aus dem Griechischen kommende Begriff *„Psychotherapie"* war zunächst eine Bezeichnung für die in der antiken Philosophie gepflegte dialogische Kunst der Wahrheitssuche und war in dieser Form philosophischer Nachfahre des älteren Orakel- und Äskulapkultes der griechischen Priesterärzte. Die Kunst, der leidenden Seele zu dienen, wie die wörtliche Übersetzung des Begriffes lautet, kennt auf der Welt abhängig von der leitenden Ideologie und Politik recht unterschiedliche Facetten. Immer jedoch bestand ein Ringen zwischen der Zuständigkeit weltlicher und geistlicher Psychotherapieansätze und zwischen professioneller Sonderstellung versus integrativer Entwicklung.

So wurde erst im vorigen Jahrhundert, parallel mit der Abspaltung der Psychologie von der Philosophie, die Hervorhebung der Psychotherapie aus der *Medizin* evident. In den letzten Jahren des Kaiserreichs und in den Jahren der Ersten Republik war Österreich die Keimzelle der wissenschaftlichen Psychotherapie schlechthin. Hans STROTZKA formuliert dies so: „Es gibt wohl kein anderes Land der Welt, das für die Entwicklung der Psychotherapie eine solche Bedeutung hat wie Österreich. Dies beginnt Mitte des 19. Jahrhunderts mit der „Diätetik der Seele", des Freiherrn von FEUCHTERSLEBEN und erreicht einen Höhepunkt mit den Namen Sigmund FREUD und Alfred ADLER, sowie den bedeutenden Schülern dieser beiden wichtigsten Pioniere der Psychotherapie."[1]

Die vielen Schulen und Methoden der Psychotherapie, wie sie derzeit im „Österreichischen Bundesverband für Psychotherapie" vertreten sind, entsprangen in ihren Kernaussagen der Diskussion der *Vorkriegszeit.*

Die *älteste* psychotherapeutische Schule wurde 1908 von Sigmund FREUD als „Wiener Psychoanalytische Vereinigung" gegründet und eroberte als Psychoanalyse die ganze Welt. Alfred ADLER wird nicht nur als Begründer der Individualpsychologie, die ebenfalls weltweite Ausbreitung findet, angesehen, sondern auch als Vater der Familientherapie. Jakob MORENO gründete im Wien der zwanziger Jahre sein psychotherapeutisches Stegreiftheater und Psychodrama und wurde damit zur Leitfigur für die Gruppentherapie und Gruppendynamik. Der Freud-Schüler Wilhelm

1. Hans STROTZKA: Psychotherapie in Österreich. In: Walter PIERINGER (Hg.): Neurologia et Psyiatria. Bd. 8, Suppl. 1. Graz 1985.

REICH und der Wiener Fritz PERLS sind als die Begründer, der erst in den letzten Jahren große Bedeutung gewinnenden Schulen der Bioenergetik und der Gestaltpsychotherapie anzuführen.

Die politische Bewegung mit den beiden großen Umbrüchen 1934 und 1938 führte mit der *Emigration* der meisten Psychotherapeuten zu einem drastischen Einbruch der Psychotherapieentwicklung in Österreich über Jahrzehnte. Während die Psychoanalyse und die Individualpsychologie verbunden mit den Namen August AICHHORN, Freiherr von WINTERSTEIN und Oskar SPIEL eine bescheidene Kontinuität erhalten konnten, kamen alle anderen Psychotherapieschulen erst über den Umweg der Vereinigten Staaten von Amerika in den letzten Jahrzehnten wieder nach Österreich. Eine erfreuliche Ausnahme war der in Graz lehrende Ordinarius für Interne Medizin, Ferdinand HOFF, der sich aktiv zur Psychotherapie in der Medizin bekannte. Er wurde nach dem Krieg nach Frankfurt/Main berufen.

Die *neue, zweite* Psychotherapiediskussion in Österreich, blieb aber weiterhin, großteils jenseits öffentlicher und politischer Bewegungen, eine Expertendiskussion. Konkrete Niederschläge fanden sich nur in einer bescheidenen Studienreform und in der Gründung kleiner Psychotherapieinstitute an den Medizinischen Fakultäten. Erst mit zunehmendem Interesse von Psychologen an der Psychotherapie und mit der dadurch notwendig gewordenen Bemühung um eine gesetzliche Regelung der Psychotherapie entwickelte sich ein großes öffentliches Interesse. Die nun auf allen wissenschaftlichen und politischen Ebenen laufende Auseinandersetzung um Herkunftsbestimmung und Kompetenzbereich der Psychotherapie gipfelte schließlich in einer raschen politischen Organisierung der Psychotherapie in Österreich.

Im folgenden sollen nun drei kurze Skizzen zur politischen Bewegung der Zweiten Republik aus der Sicht der Psychotherapie vorgestellt werden.

II. Skizze einer Epidemiologie der Zweiten Republik

1. Politik als Medizin im Großen

Der berühmte Pathologe Rudolf VIRCHOW (1821–1902) hat als Anhänger der Aufklärung in der Mitte des vorigen Jahrhunderts dazu beigetragen, daß das Philosophikum als bislang erster Abschnitt im Medizinstudium durch das Physikum (in Österreich durch die „Vorklinik") ersetzt wurde. Damit rückte die Medizin viel stärker in den *naturwissenschaftlichen* Bereich, ja viele zählen heute die Heilkunde überhaupt zu den Realwissenschaften. VIRCHOW selbst hat aber noch sehr konkret die Medizin als Politik und als Sozialwissenschaft verstanden: „Epidemien gleichen großen Warnungstafeln, an denen der Staatsmann von großem Stil lesen kann, daß in dem Entwicklungsgange seines Volkes eine Störung eingetreten ist, welche selbst eine sorglose Politik nicht länger übersehen darf." Die Störungen – die Symptome der Zeit – sind es, welche die prophylaktischen Maßnahmen – eine Politik für die Zukunft – bestimmen.[2]

Wenn wir die *Aufgaben der Medizin* konkret in Gesundheitsvorsorge, in Therapie der Erkrankten und in wissenschaftlicher Forschung sehen, so sind dies politische Grundkonzepte, die wir auch in der Wirtschaftspolitik, der Kulturpolitik, sowie der Außen- und Innenpolitik wiederfinden.

Übertragen wir die Hauptaussage der *Tiefenpsychologie* – daß all das, was wir aus dem Bewußtsein verdrängen, im Körper wirksam werde – von der Einzelperson auf die Gesellschaft, so sind Symptombildungen und pathologische Leiden in der Bevölkerung auch Ausdruck der Ausklammerung einer bestimmten Thematik aus Wirtschafts- und Kulturpolitik.[3] Die Beachtung der Epidemiologie, d.h. die quantitative und qualitative Beachtung von Erkrankungsfällen und deren Wandel, wäre demnach auch zentraler Handlungsauftrag jeder Politik.[4]

Bei allen *epidemiologischen* Forschungen bleiben aber zwei Fragen zumindest zum Teil unbeantwortet: die Frage der wahren Repräsentation der Gesamtbevölkerung und die Frage der gültigen Erfassung. Die Wechselwirkung von wissenschaftlicher Forschung und Gesellschaftsprozeß ist gerade innerhalb psychologischer Disziplinen schwer auflösbar und bezüglich ihrer Priorität kaum klärbar.

2. Woran stirbt der Österreicher der Zweiten Republik? Psychologische Assoziationen

Wenn wir zunächst den Wandel der *Sterbefälle* in Österreich selbst verfolgen und die Sterbefälle auch als Hinweis für die unbewältigte Dramatik dieser Erkrankungen annehmen, so ergeben sich folgende psychologische Assoziationen (siehe Tab. 1).

Es zeigt sich, daß Krankheiten des *Kreislaufsystems,* konkret ist es in Österreich noch immer der Herzinfarkt, weiter im Ansteigen sind, was aus medizinisch-psychologischer Sicht jedenfalls einen Hinweis für eine verstärkte Unterdrückung eines inneren Aggressionspotentials darstellt.[5]

Der weltweite, mäßige Anstieg an *Krebserkrankungen* findet sich auch in Österreich, wobei aber die Sterberate in den letzten Jahren nicht mehr

2. Heinrich SCHIPPERGES: Die Vernunft des Leibes. Gesundheit und Krankheit im Wandel. Graz-Wien-Köln 1984, 71.

3. Sigmund FREUD: Das Unbehagen in der Kultur (1930). Studienausgabe. Bd. IX. Frankfurt/Main 1974, 250.

4. Viktor v. WEIZSÄCKER: Der kranke Mensch. Eine Einführung in die medizinische Anthropologie. Stuttgart 1981.

5. Walter BRÄUTIGAM/Paul CHRISTIAN: Psychosomatische Medizin. 3. A. Stuttgart 1981, 134.

Tabelle 1:

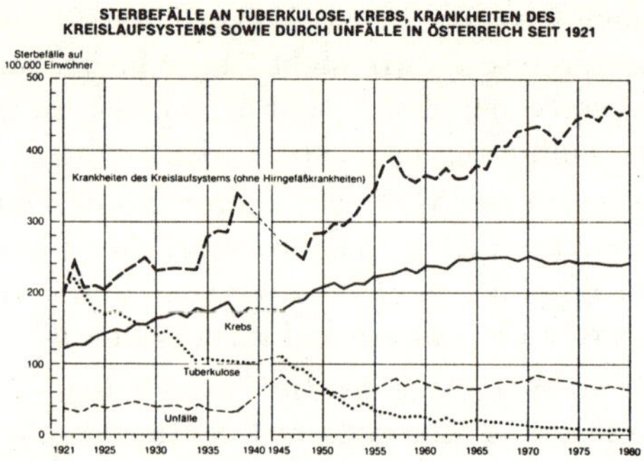

Quelle: Bericht über das Gesundheitswesen in Österreich, Bundesministerium f. Gesundheit und Umweltschutz (BMfGuU). Wien, 1982.

zugenommen hat. Dieses Phänomen ist aus medizinisch- psychologischer Sicht zumindest auch Ausdruck kulturell ungeklärter Bewältigung der Sinnfrage. Die Abnahme an *Tuberkulosesterbefällen* , trotz eines mäßigen Anstieges an Tuberkuloseerkrankungen in den letzten Jahren, wird insgesamt nicht nur als Hinweis auf verstärktes Hygienebewußtsein interpretiert, sondern auch als Abnahme idealistischer Wirklichkeitsvorstellungen. Die relativ stabile Kurve der *Unfalltoten* schließlich zeigt, daß der Aggressions-Autoaggressionspegel sich relativ hoch, doch gleichbleibend bewegt.

Wenn wir nun Österreich mit anderen europäischen Ländern vergleichen, so wird meist vor allem die hohe *Selbstmordrate* hervorgehoben.

Tabelle 2: Sterbeziffern nach wichtigen Todesursachen – Vergleich 1971/1977

gestorben auf 100.000 EW	Selbstmord		Straßenverkehr		„Altersschwäche“	
England	8	8	14	14	8	6
Frankreich	15	16	24	23	12	12
Österreich	19	25	39	39	111	78
Schweiz	19	23	29	30	26	11

Quelle: Bericht über das Gesundheitswesen in Österreich, BMfGuU. Wien, 1982.

Die bekannt hohe *Selbstmordrate* in Österreich, wobei Ungarn, Tschechoslowakei und Finnland höhere Raten aufweisen, korreliert mit der hohen Zahl an *Straßenverkehrstoten* in Österreich. Beide Aspekte sind zumindest auch als Zeichen eines relativ hohen unkultivierten *Aggressionspotentials* zu verstehen, welches sehr unmittelbar zu Selbstschädigung bzw. Selbsttötung führt.[6]

3. Zum Wandel privaten psychischen Leidens in der Zweiten Republik

Um die *psychische* Entwicklung einer Bevölkerung zu beurteilen, orientieren wir uns in der Regel an deren Werken und Taten. Analog zur Einzelper-

6. Michael BALINT: Angstlust und Regression. Stuttgart 1959.

son erweist es sich dabei, daß, vor allem auf die nahe Vergangenheit bezogen, Störungen und Fehlentwicklungen viel eher sichtbar werden als positive Initiationen. Dem folgend soll ein Einblick in die Entwicklung der österreichischen Bevölkerung der Zweiten Republik am Wandel psychopathologischer Symptome und psychischer Leidenszustände versucht werden. Für Psychiater und Psychotherapeuten zeigte sich in den Jahrzehnten der Zweiten Republik ein bestimmter Szenenwechsel vorherrschender Krankheitsbilder. Dieser Wechsel bestimmte auch die Themen der wissenschaftlichen Forschung. Waren es in den sechziger Jahren psychopathologische Zwangssymptome, die besonderes Interesse erweckten, erschienen in den siebziger Jahren die Dominanz der Depression, Anfang der achtziger Jahre die Regentschaft der „Borderline-Störung" (ein Krankheitsbild, welches an der Grenze zur Psychose steht) und Ende der achtziger Jahre schließlich die besondere Beschäftigung mit dem Krankheitsbild der „Panikattacken". Da offizielle Inzidenz- und Prävalenzstudien für diesen Zeitraum über Österreich fehlen,[7] wählten wir zur lebendigen Nachzeichnung dieser Zeit das Prinzip der mündlichen Überlieferung ärztlicher Konsilien.[8] In diesen Gesprächen wurde eine zum Teil doch auffällige Abfolge psychopathologischer Erscheinungen in den Jahren der Zweiten Republik sichtbar.

Bei dem nun folgenden Ordnungsversuch wollen wir typische und kritische *psychosoziale* Phänomene einander gegenüberstellen. Bei chronologischer Ordnung dieser epidemiologischen Phänomene, wobei wir metaphorisch eine Siebenjahresrhythmik wählten, zeigte es sich, daß die von uns als typisch bezeichneten physiologischen Erscheinungen und die psychopathologischen Phänomene in einer spezifischen Beziehung zueinander stehen und daß insgesamt der Wandel dieser Erscheinungen sich komplementär zu den psychoanalytischen Entwicklungsstadien verhält.

4. Eine Skizze vorherrschender psychosozialer Phänomene

Vorherrschende Phänomene sind aus tiefenpsychologischer Sicht immer nur Randerscheinungen, die aber doch wie *Leitlinien* die Hauptbewegung des Kulturprozesses aufzeigen.

Erstes *Jahrsiebent* (1946–1953) – Phase der Rekonvaleszenz
Typische Phänomene: äußere Reparation, innerer Aufbau, Armut und stille Not

7. Heinz KATSCHNIG/Hans STROTZKA: Epidemiologie der Neurosen. In: Handbuch der Sozialmedizin. Hg. v. Maria BLOHMKE u. a. Bd. 2., Stuttgart 1977, 273–310.

8. In Gesprächen mit den Professoren und Ärzten Dr. A. CHIZZOLA (Graz), Dr. H. GANNER (Innsbruck), Dr. W. WALCHER (Graz), Dr. A. PIERINGER (Graz), Dr. E. RINGEL (Wien), Dr. H. KOLMER (Graz) und in Balint-Gruppen wurden die Prävalenz und die Inzidenz psychopathologischer Erscheinungen in den Jahren der Zweiten Republik besprochen und mit anderen auffälligen sozialen Phänomenen verglichen.

Kritische Phänomene: keine bestimmte Symptomvorherrschaft
Tiefenpsychologisch: Phase der Latenz

Zweites Jahrsiebent (1953–1960) – Phase der Rollenfindung
Typische Phänomene: Mode: erstes neues Modebewußtsein
Sport: Vorherrschaft spielerisch-tänzerischer Sportarten, wie Tanzen und Eislaufen
Kritische Phänomene: vermehrtes Auftreten von hysterischen und konversionshysterischen Symptomen
Tiefenpsychologisch: Vorherrschaft des frühgenitalen oder ödipalen Themas; „Rollenspiel"

Drittes Jahrsiebent (1960–1967) – Phase der Autonomiebildung
Typische Phänomene: Mode: teure Kleidung und gute Qualität, und komplementär dazu allgemeine Verbreitung der Blue-Jeans-Mode
Sport: Vorherrschaft von mut- und leistungsorientierten Sportarten, Schisport wird zum Massensport
Kritische Phänomene: vermehrtes Auftreten zwanghaft-phobischer Symptome, neurotischer Perfektionismus
Tiefenpsychologisch: anales Thema, Macht- und Autonomieproblematik

Viertes Jahrsiebent (1967–1974) – Phase der Strukturierung
Typische Phänomene: Mode: auffallende Zunahme von Pelz- und Lederbekleidung
Sport: breite Popularisierung von Eishockey als echtem harten Kampfsport
Kritische Phänomene: deutliche Vorherrschaft depressiver Erkrankungen, wie endogener Depression oder larvierter Depression[9]
Tiefenpsychologisch: Vorrangigkeit der oral-aggressiven Thematik

Fünftes Jahrsiebent (1974–1981) – Phase der Besinnung
Typische Phänomene: „Erneuerungsbewegung", Sekten und Jugendreligionen, „Neuer Humanismus"
Mode: phantastische Kombinationen wie Blue Jeans und Trachtenjoppe. Kettenleibchen und Seidenschal
Sport: Innovation sogenannter narzißtischer Sportarten, die die ozeanische Weite zum Erlebnisinhalt haben, wie Drachenfliegen und Windsurfing
Kritische Phänomene: deutliche Zunahme sogenannter Borderline- Störungen
Tiefenpsychologisch: das narzißtische bzw. oral passive Thema wird zum Leitprinzip; der Erkenntniskonflikt

9. Wolfgang WALCHER: Die larvierte Depression. Wien 1969.

Sechstes Jahrsiebent (1981–1988) – Phase ohne Namen
Typische Phänomene: Die Frauenbewegung wird zu einem offiziellen Anliegen der Politik, Aufbruch autoritärer politischer Organisationen
Mode: fast nichts erweckt mehr Ärgernis, überraschen kann manches; die Pelzmode wird verpönt, Pelzmäntel werden besprüht und beklebt
Sport: Golf, der Sport der „Antisportler", wird Breitensport, bewußt „verrückte" Sportarten wie Freestyle-Skiing werden olympische Disziplin
Kritische Phänomene: psychiatrische Krankheitsbilder werden fast salonfähig, doch gleichzeitig äußert sich das Gewahrwerden von irdischen Grenzen im gehäuften Auftreten von Panikattakken.
Tiefenpsychologisch: es besteht keine spezifische Themenvorherrschaft, es findet sich ein bunter situationsspezifischer Bilderwechsel

Diese *Gegenüberstellung vorrangiger Symptome,* innerhalb der kulturellen Entwicklung, zeigt die Beziehung des sich wandelnden kulturellen Grundthemas zu psychopathologischen Phänomenen auf. Die dabei sichtbar werdende Komplementarität der kulturellen Entwicklung zur Ontogenese ist als Neotenieprinzip beschrieben.[10] Das heißt, im Verlauf der Entwicklung von Lebensprozessen übernehmen immer jüngere Gattungs-Arten die Botschaft der Alten. Demnach gelten für menschliche Kulturprozesse nicht nur evolutive, sondern auch emanative Prinzipien. So zeigt das jeweils Neue einer kulturellen Innovation immer auch einen ewig gültigen, einen archaischen Gehalt, wobei die Zeitenfolge komplementär verläuft. Nach dem Zusammenbruch und Jahren der Latenz erfolgte als erste Differenzierung der Gesellschaft, komplementär zur frühkindlichen Entwicklung, eine *Phase der ödipalen Prägung,* bzw. der Rollenidentitätsfindung (1953–1960), welche Ausdruck der Suche nach Art und Weise der persönlichen Rolle in der Gesellschaft (als Mann und Frau) ist. Sogenannte hysterische Phänomene als Ausdruck kritischer Überzeichnung dieses kulturellen Spielthemas, werden auch zu vorherrschenden psychopathologischen Phänomenen.

Die *nächste Phase* (1960–1967), die durch das vermehrte Auftreten von phobischen und zwanghaften Störungen gekennzeichnet war, signalisierte die Aktualisierung des sogenannten Autonomiekonfliktes in der Bevölkerung und war Ausdruck gespannter Orientierung nach zustehender Macht. Das vermehrte *Auftreten depressiver Störungen* Ende der sechziger Jahre und Anfang der siebziger Jahre (1967- 1974) zeigt die Aktualisierung des

10. Doris JONAS/David JONAS: Signale der Urzeit. Archaische Mechanismen in Medizin und Psychologie. Stuttgart 1977, 65.

Strukturkonfliktes in der Bevölkerung an, welcher die Frage der persönlichen Identität in der Gemeinschaft trägt. Gespannter Auftrag war es, hier und jetzt das persönliche Ich von der Masse abzugrenzen, um sich selbst gleichzeitig, seine Aggression kultivierend, als lebendiger Teil der Gemeinschaft zu erfahren. Die krankhafte Depression erweist sich dabei als Ausdruck der noch nicht geglückten sozialen Integration der persönlichen Aggression. Dieser psychische Strukturkonflikt ging der Strukturkrise in der österreichischen Wirtschaft um einige Jahre voraus. Schließlich zeigte das deutlich vermehrte Auftreten von sogenannten Borderline-Störungen in diesen Jahren (1974–1981) die Aktualisierung des Erkenntniskonfliktes in der Bevölkerung auf. Die damit verbundene Sinnkrise erschien auch in allen politischen Bereichen; so z. B. in der Wirtschaftspolitik, und ist vermutlich als Wegbereiter für einen Paradigmenwechsel, für einen Wechsel basaler Denkmodelle, im Kulturkreis anzusehen. Die Gegenwart nun, von 1981 bis heute, brachte schließlich ein zunehmendes Schwinden charakteristischer Prägungen in allen Bereichen des öffentlichen Lebens, ja hervorragende Charaktermerkmale werden als Karikaturen entlarvt oder nur als Spielvarianten ernstgenommen. Die Frauenbewegung fand offizielle Anerkennung, die Vorherrschaft der Männer in politischen wie in wissenschaftlichen Bereichen wird sachlich hinterfragt und als verkrustete Randerscheinung der menschlichen Lebensentwicklung bezeichnet.

III. Österreichs Erbe der Väter der Tiefenpsychologie

1. Die Narzißmusdiskussion fand nicht in Österreich statt!

Während in der Österreichischen Monarchie und in der Ersten Republik die entscheidende Diskussion der gesamten Tiefenpsychologie stattfand, die auf die ganze Welt übergriff, und während auch hier die Trennung der Schulen (zunächst Alfred ADLER, später Carl G. JUNG) ihren Ausgang nahm, vollzog sich die *Narzißmusdiskussion* der Psychoanalyse außerhalb Österreichs. Sie fand, großteils von Auslandsösterreichern getragen, vor allem in England und in den Vereinigten Staaten statt. Die Trennung vollzog sich noch im Kaiserreich Österreich in den Jahren 1910 und 1914, die Klärung des Trennenden und die versöhnende Aufarbeitung wurde erstmals zaghaft in der Not des Zweiten Weltkrieges und konkret erst in der Zweiten Republik verwirklicht.

In dieser Diskussion ging es um die Frage der primären Natur des Menschen, um die Frage der Urgefühle und archaischen Wertvorstellungen zu Leben, Liebe, Eros und Tod. Nach der Vorstellung FREUDs würde sich im *Narzißmus* die urmenschliche Größenphantasie, die ozeanische Weite und das ozeanische Glücksgefühl des eigenständigen Wesens spiegeln. Nach dieser Narzißmustheorie liebe der Mensch zunächst sich selbst, dann was er selbst war, was er sein möchte und schließlich die Person, die ein Teil des eigenen Selbst war (FREUD)[11]. ADLER[12] sah demgegenüber, daß das primäre menschliche Gefühl nicht dessen eigenständige Allmachtssituation, sondern dessen primäre soziale Dimension wiedergäbe. Demnach wäre die dyadische Mutter-Kind-Beziehung bzw. die Ur-Wir-Situation des Menschen nicht nur Ausdruck seiner kosmischen Identität, sondern auch Ausgang für sein emotionales Erleben. Während FREUD das Neugeborene als allmächtiges Objekt erkennt, dessen Zukunft entscheidend von seiner sozialen Umwelt bestimmt werde, ist für ADLER das Neugeborene vor allem unvollkommenes radikales Subjekt, welches sehr entscheidend z. B. auch seine Eltern beeinflusse. Die kritische Frage aus dieser Diskussion war, ob die bewußte menschliche Erlebnisdimension letztlich nur auf die Einzelperson begrenzt bleibe und im Sinne SCHOPENHAUERs die Welt als Wille und Vorstellung bestehe, oder ob die bewußte persönliche Erlebnisdimension das Du und die ganze Welt miteinschließe und damit eine Relativierung des einzelnen Lebens- und Handlungsbereiches zur Folge hätte. Dem primären Narzißmus bei Freud entspräche dann bei ADLER und BALINT das primäre Gemeinschaftsgefühl, die primäre Liebe bzw. die Ur-Wir-Befindlichkeit.[13] Für FREUD würde den Menschen primär keine Schuldigkeit (Erbsünde) bestimmen, und so sind für ihn auch irdische Erlösungsphantasien real. Bei ADLER bleibt der Mensch unvollkommener Teil des größeren Ganzen, welcher aber gleichzeitig Elemente dieses Ganzen in sich trage.

Die kritisch ausführliche, vielleicht auch übertriebene „Narzißmusdiskussion“ fand weltweit erst in den sechziger- und siebziger Jahren statt. Bekanntlich finden sich die literarischen Quellen für diesen Stoff in den „Metamorphosen“ von OVID: Narziß, der Sohn der Nymphe Leiriope, welche vom Flußgott vergewaltigt wurde, verschmäht, obgleich schön und begehrt, die Liebe der Frauen wie die der Männer. Sein Spiegelbild im Wasser einer Quelle erblickend, verliebt er sich „unsterblich“; ob in sein Spiegelbild, oder in sein „Selbst“, ist die entscheidende, aber unlösbare Frage. Sobald er nun sich in seiner Ausweglosigkeit dieser Situation erkennt, stirbt er den Verheißungen Teiresias' entsprechend. Narzissen erblühten später an seinem Sterbeplatz. Zuvor hatte sich noch die Nymphe Echo in Narziß verliebt und wurde wegen ihrer Geschwätzigkeit von der Göttin Venus auf die Fähigkeit, Echo zu geben, reduziert. Vor dem Hintergrund dieser antiken Schilderung der menschlich existentiellen Spannung zwischen Liebe, Tod, Eigenliebe und Selbsterkenntnis entwickelte sich eine weltweite psychoanalytische und psychotherapeutische Diskussion.

11. Sigmund FREUD: Zur Einführung des Narzißmus (1914). G. W. X London 1945, 138–179.

12. Alfred ADLER: Praxis und Theorie der Individualpsychologie (1920). Frankfurt/Main 1974, 29.

13. Fritz KÜNKEL: Charakter, Krisis und Weltanschauung. Leipzig 1935.

Die bekanntesten Vertreter dieser großen psychoanalytischen Bewegung waren vor allem der in Wien geborene amerikanische Psychoanalytiker Heinz KOHUT (1913–1981), Otto KERNBERG und Bela GRUNBERGER.

Für mich sind die wesentlichsten Fragen dieser Diskussion letztlich als unbeantwortbare Fragen des Lebens person-immanent: sich in sich selbst erotisch unendlich verlieben, kann Tod wie Wiedergeburt bedeuten. Unendliche Liebe zu sich selbst kann die Pforte zur Unendlichkeit erschließen und damit den Tod der irdischen Endlichkeit verwirklichen, wie das Ich vom umfassenderen Selbst abgekoppelt erscheinen lassen. In unzähligen psychoanalytischen Studien wurde immer wieder aus unterschiedlicher Perspektive diese Dimension der Ich-, Objekt- und Selbstbeziehung beleuchtet. Die politischen Folgerungen dieser Diskussion stehen noch aus.

Der einzige Österreicher, der sich ausführlicher zu dieser Diskussion äußerte, war der Analytiker Igor CARUSO, der schließlich in seinen Abhandlungen nach kritischen Analysen zur lapidaren Aussage kommt: „Der Narzißmus ist die Quelle der Liebe."[14] Damit wiederholt der Analytiker CARUSO das biblische Gebot: „Liebe deinen Nächsten wie dich selbst".

Selbst wenn diese oft allzu akademisch und stolz geführte Narzißmusdiskussion konkret „nur" diese religiöse Erkenntnis belebte, eröffnete diese Diskussion aber abstrakt auch einen Zugang zum menschlichen Wahn. Ansätze dieser Art sind bekanntlich von höchster politischer Bedeutung. Solange nämlich die Medizin, die Psychotherapie oder die Seelsorge innerhalb eines Kulturkreises keine herzhafte Begegnung mit dem „Wahn" erschließen kann, bleibt der Wahn abgespalten und damit Ausgeburt des Bösen, welches unbewußt zu den destruktivsten politischen Erscheinungen führt.

Ob dies nun wirklich ein spezifisch österreichisches Problem ist, daß solch heikle, identitätsbildende Diskussionen nicht im eigenen Land stattfinden, oder ob dies ein allgemein menschlich-soziales Phänomen ist, kann ich nicht beurteilen. Aus tiefenpsychologischer Sicht allerdings wäre dies eher ein allgemein menschlich-soziales Phänomen, womit die „Narzißmusdiskussion", die Frage um die letzten Verantwortungsbereiche, nicht national klärbar sei.

Jedenfalls Jahrzehnte nach der Trennung, meint BOLTERAUER,[15] bestehe eine größere *Übereinstimmung* der Lehre FREUDs und der ADLERs als je zuvor. Das primär Trennende wurde als unvereinbarer paradigmatischer Ansatz erkannt, den es weder aufzulösen noch zu verbinden gelte, sondern

14. Igor CARUSO: Narzißmus und Sozialisation. Bonn-Stuttgart 1976.

15. Lambert BOLTERAUER: Die narzißtisch gestörte Persönlichkeit im psychoanalytischen Aspekt von H. Kohut und im individualpsychologischen Aspekt von F. Künkel. In: Zeitschrift f. Individualpsychologie, 7 (1982), 76–142.

welcher in seiner Unvereinbarkeit Berücksichtigung finden muß und findet. In dieser Integration der zentralen polaren Ansätze könnte es liegen, daß die tiefenpsychologische Theorie und Wissenschaft ihre derzeit erfahrbare Grenze erreicht und damit auch im wesentlichen ihren Auftrag erfüllt hat. Die gegenwärtige Situation in der psychotherapeutischen Szene scheint dies zu bestätigten, indem die tiefenpsychologischen Schulen ihren anerkannten Platz haben, ein Konsenskonzept zulassen und im übrigen von neuen Strömungen, die noch viel mehr Spannung und Lebenslust in sich tragen, ergänzt und fortgesetzt werden.

2. *Ein konsensuelles tiefenpsychologisches Persönlichkeitskonzept*

Konsens besteht innerhalb aller Schulen der Tiefenpsychologie, daß sie ein dynamisches, entwicklungsbezogenes *Persönlichkeitskonzept* vertreten, welches neben der kausalen Dimension die Finalität beachtet. Einigkeit besteht aber auch, daß sowohl archaische, wie persönlich genetische Inhalte die unbewußte Tiefendimension der Person bewegen und daß nicht nur Abwehrstrategien, sondern auch primär kreative Impulse die Kulturentwicklung des Menschen und der Menschheit bestimmen. Damit ist die Persönlichkeitsentwicklung der Einzelperson nicht nur als kurze Rekapitulation evolutiver Stammesentwicklung anzusehen, sondern auch durch ein emanatives Prinzip grundgelegt. Die unterschiedlichen Ansätze von Sigmund FREUD, Alfred ADLER und Carl G. JUNG erlauben heute eine Zusammenschau.

In einem konsensuellen tiefenpsychologischen Persönlichkeitskonzept erweist sich der *Lebenslauf* der Person als offener, die Unendlichkeit und den Tod miteinbeziehender Kreis. Dieser umspannt vier genetisch angelegte archaische Kräfte, die zu zentralen Themen der menschlichen Existenz und damit zu Grundzügen der menschlichen Charaktereigenschaft werden können. Diese vier archaischen Kräfte, die auch als Triebe Bezeichnung finden, werden schon in den ersten Lebensjahren des Menschen zu persönlichen, aber noch nicht persönlich verantwortbaren Themen. Die volle bewußte Erfassung und Verantwortung „entwickelt" sich abhängig vom sozialen Milieu im Laufe des Lebens. Das erste Thema, das sogenannte *narzißtische* Thema, bleibt dabei als Erkenntniskonflikt bezüglich des konkreten Inhaltes neutral und undefiniert. Hier findet sich der Kern für jede *kreative* Tat, für jedes kreative Werk mit völliger Offenheit bezüglich politisch- ideologischer Richtungen. Diese menschliche Erkenntnisfähigkeit ist aber gleichzeitig existentielle Konfliktthematik für jede Einzelperson. In der Fähigkeit über Endlichkeit und Unendlichkeit existentiell reflektieren zu können, liegt die konflikthafte kreative Kraft des Menschen, die gleichzeitig helfen kann, sich die Erde untertan zu machen, wie auch sich und die Erde zu zerstören. Demnach ist ohne Sinnorientierung, sei sie auch noch so privat, wie z.B. in der Psychose, menschliche Existenz nicht lebbar. Auf dieser Ebene ist der Sinn des Lebens der Weg und der Zweck des Lebens das Leben selbst.

Als zweites zentrales Thema findet sich in der *Kulturentwicklung* der Einzelperson, wie auch in der der Stammesentwicklung, das der *persönlichen Identität* als sozialen Wesens. Es gründet sich in der konflikthaften Verbindung von Aggression und sozialem Prozeß. In der Fähigkeit, das Ich auch als Teil des Wir zu erkennen, findet sich der konflikthafte Auftrag des Menschen zur Strukturierung seiner Natur zur Person, nicht nur seelisch, sondern auch geistig und körperlich. Erst infolge dieser Strukturierung (personale Sozialisation) kommt es zur beginnenden Ausbildung unterschiedlicher Persönlichkeiten mit unterschiedlichen Zielvorstellungen und Ideologien. Die Wahrung und Weiterentwicklung dieser Individualität in der Gemeinschaft ist von den ersten Phasen der Ich-Entwicklung im ersten Lebensjahr an immer wieder an lebendige aggressive Auseinandersetzung mit dem Du und dem Wir gebunden. Demnach bleibt der Kampf und die Kultivierung des Kampfes impliziter Auftrag jeder sozialen Gesellschaftsordnung.

Nach der Strukturierung der menschlichen Existenz zur basalen Persönlichkeit erstellt sich als weiterer Entwicklungsschritt und als neues persönlich zu verantwortendes Thema das der *persönlichen Verfassung* und der persönlichen Macht. Mit der Erkenntnis der willentlichen Verfügbarkeit über eigene Körperfunktionen wird, in unserem Kulturkreis vor allem durch die Reinlichkeitserziehung initiiert, die Bestimmung der Konstitution, der körperlichen, seelischen und sozialen Verfassung und damit die Bestimmung der Macht eine persönlich zu verantwortende Entscheidung.

Als viertes Grundthema schließlich finden wir das der menschlichen *Sexualität.* Auf Existenzbestimmung, Strukturbestimmung und Konstitutionsbestimmung folgt die Bestimmung der persönlichen Funktion als Mann und Frau, bzw. die Bestimmung der persönlichen Rolle als Mann und Frau. Das bewußte Erkennen der geschlechtlichen Bestimmung vollzieht sich gegenläufig zum Verlust instinktiver konfliktfreier Sexualität. Die geschlechtliche Artikulierung aller Gegenstände (z. B. der Berg und die Wiese), wie die geschlechtliche Bestimmung der eigenen Organe (der Magen, die Lunge), aber auch die geschlechtsbezogene Bekleidung des Weibes und des Mannes erweisen sich als kulturtradierte verinnerlichte Bewältigungsformen dieses Konfliktes.

Waren nun bis zum Ende des sechsten Lebensjahres all diese Themen im Rahmen der frühen *Kindheitsentwicklung* in den Erlebnisbereich des Kindes durch Initiationsriten bewußt integriert worden, erfolgt nun nach einer Phase der Latenz mit der Pubertät das erste Aufkeimen einer kulturellen subjektiven Spannung. In einer der bisherigen Chronologie gegenläufigen Reihenfolge kommt es zunächst in der *Pubertät* zur kulturellen Übernahme der eigenen Geschlechtsrolle. Das Kind ist ab nun nicht mehr einfach Bub oder Mädchen, sondern es spielt von nun an auch zunehmend bewußt seine Geschlechtsbestimmung. Wo es nicht gelingt, mit lebendigen Symbolen dieses Kulturspiel persönlich zu verwirklichen und zu verantworten, wird dieses Spannungsthema zur Grundlage vieler Erkrankungen (z.B. Hysterie).

Ca. sieben Jahre später mit der *Adoleszenz* konstatiert sich dann das Thema der persönlichen Macht. Von nun an gilt es (in Österreich wurde die Großjährigkeit vom 21. Lebensjahr auf das 19. vorgerückt), von der familiär bestimmten und familiär zur Verfügung gestellten Macht Abschied zu nehmen, um die eigene Macht und Autonomie persönlich zu bestimmen und zu übernehmen. Die Wende der Adoleszenz wird damit auch zu einem normativen Krisenherd.[16] Dreimal sieben Jahre später erlebt der Mensch die Wende der *Lebensmitte,* wo die noch natürliche Kraft der Aggression und die natürliche Triebhaftigkeit voll in das gewollte soziale Kulturspiel der Person überzugehen haben. C. G. JUNG[17] formulierte so auch, daß der Mensch erst ab der Lebensmitte für seine final orientierte Psychologie vorrangig zuständig werde. Die Krise der Lebensmitte erweist sich als radikale Rückkehr zu der dem inneren Lebenslauf entsprechenden Aggression. Der Herzinfarkt, als typische Erkrankung der Krise der Lebensmitte, zeigt sehr konkret diese Neubestimmung und Rückkehr auf den eigenen Lebensweg an. Wieder ca. dreimal sieben Jahre später, um das 63. Lebensjahr, verwirklicht sich die letzte entscheidende Wende, die gleichzeitig Rückkehr zum ersten Erlebnisthema des Menschen wird. Mit der *Alterswende* wird die Überwindung des Erkenntniskonfliktes zum zentralen Auftrag der Kultur. Von nun an gilt es, Erkenntnisfähigkeit und Erkenntnisse selbst nicht nur als unbedingte Prinzipien des Lebens, sondern als Spielvarianten der Kultur zu erkennen. Der Archetypus „der alte Weise" wird hier konkretisiert. Der alte Weise weiß nicht mehr, was er wissen soll, sondern kann und will leben, auch ohne neue Erkenntnisse zu gewinnen.

Diesem *Entwicklungsmodell* folgend, zeigt jeder Lebensabschnitt seinen eigenen Horizont und seinen eigenen Zenit[18]. Dies führt zur politisch wesentlichen Einsicht, daß jedem Lebensabschnitt seine besondere Bedeutung zukomme. Sowohl die Kindheit wie das Alter liefern wesentliche Botschaften des Lebens für die menschliche Gemeinschaft. Die Psychoanalyse hat dabei schon aufgezeigt, daß in der kritisch achtsamen Auseinandersetzung mit den menschlichen Entwicklungsstufen der frühen Kindheit die lebbaren Grundlinien der Ästhetik, Ethik und Ökonomie reflektierbar werden. Den politischen Wert des Alters in unserer Zeit gilt es noch zu erhellen.

16. Erik ERIKSON: Kindheit und Gesellschaft. Stuttgart 1974.
17. Carl Gustav JUNG: Über die Psychologie des Unbewußten. Zürich 1916.
18. Walter PIERINGER: Krankheit und seelische Not. 2. A. Retzhof/Leibnitz 1984.

IV. Das Psychotherapiegesetz oder das Unbehagen in der Kultur

1. Der organisatorische Pahmen der Psychotherapie

Im Lande Sigmund FREUDs gab es länger als in den meisten anderen europäischen Ländern keine offizielle Regelung der Psychotherapie. Wohl hatten sich in den letzten Jahrzehnten alle psychotherapeutischen Bewegungen und Schulen auch in Österreich in Vereinigungen organisiert und eine bunte, lebendige Psychotherapiediskussion in Gang gebracht, eine offizielle Regelung und damit auch eine öffentliche Honorierung blieb lange aus.

Während die Hauptträger der Psychotherapiebewegung in Österreich zunächst überwiegend Ärzte waren, die gleichzeitig in psychotherapeutischen Vereinigungen wie an den Hochschulen als Lehrer wirkten, wurde das Klientel der Schüler zunehmend mehr auch von Psychologen, Pädagogen, Sozialarbeitern und Theologen bestimmt.

Auf Initiative von Erich PAKESCH, Hans STROTZKA, Wilhelm SOLMS, Walter SPIEL, Erwin RINGEL und Raoul SCHINDLER wurde 1977 ein Proponentenkomitee für die Gründung eines Dachverbandes Österreichischer Psychotherapeutischer Vereinigungen gebildet. Der Dachverband selbst wurde schließlich 1982 als offizieller Verein gegründet und umfaßte damals folgende psychotherapeutische Vereinigungen:

a) Österreichische Gesellschaft zur Förderung der Verhaltensforschung, Verhaltensmodifikation und Verhaltenstherapie

b) Österreichischer Arbeitskreis für Tiefenpsychologie

c) Österreichische Gesellschaft für Autogenes Training und allgemeine Psychotherapie

d) Österreichischer Arbeitskreis für Gruppentherapie und Gruppendynamik

e) Österreichischer Verein für Individualpsychologie

f) Wiener Psychoanalytische Vereinigung

g) Verband Österreichischer Vereinigungen für personenzentrierte Gesprächsführung und klientenzentrierte Psychotherapie.

Der erste Vorsitzende war Hans STROTZKA, der erste Sekretär Walter PIERINGER. Eine Vereinigung der psychotherapeutischen Schulen in einem Dachverband gab es bislang in Europa nicht.

Das Ziel dieses Dachverbandes war die Förderung der Psychotherapie an sich, die Förderung der Kommunikation unter den Schulen und die Vorbereitung für eine gesetzliche Regelung der Psychotherapie. In diesen Dachverband entsandte jeder Verein zwei Delegierte (in der Regel einen Arzt und einen Nichtarzt), die jedoch nur über eine Stimme verfügten. So wurde in diesem Dachverband nicht nur die gespannte Situation zwischen Psychotherapie und klinischer Medizin, sondern auch die Spannung zwischen psychotherapeutisch interessiertem Mediziner und Nichtmediziner zu bearbeiten versucht. Raschere Lösungen der Psychotherapie, wie z. B. die Schaffung eines Facharztes für Psychotherapie oder eines Diploms für „Arzt für Psychotherapie“, wurden zugunsten eines gemeinsamen größeren Konzepts der Psychotherapie zunächst aufgeschoben. In diesem Dachverband wurden wesentliche gemeinsame Grundlagen für die einzelnen Schulen der Psychotherapie unter der wachsamen Leitung von Hans STROTZKA und später Raoul SCHINDLER erarbeitet. Es wurden vergleichbare Ausbildungsstandards geschaffen und allgemeine Richtlinien für Theorie, Selbsterfahrung und Praxis entworfen. An weiteren Vereinigungen wurden die „Gesellschaft für Logotherapie und Existenzanalyse“ (die Schüler Viktor FRANKLs), die „Österreichische Gesellschaft für Analytische Psychologie“ (die Nachfahren C. G. JUNGs) und schließlich auch eine primär nicht methodisch organisierte Schule „Die Lehranstalt für Familientherapie der Erzdiözese Wien“ in den Dachverband aufgenommen.

2. *Eine neue Polarisierung*

Je mehr sich die Diskussion zum *„Psychotherapiegesetz“* in Richtung zunehmender Ausweitung der Quellenberufe zur Psychotherapie und Distanzierung zur etablierten Medizin entwickelte, wurde die Österreichische Ärztekammer erstmals selbst in der Organisation „Ärztliche Psychotherapie“ gesteigert aktiv.

Nachdem nun mit Beschlüssen vom 7. Juni 1990 ein Bundesgesetz für die Führung der Berufsbezeichnung „Psychologe“ oder „Psychologin“ und über die Ausübung des psychologischen Berufes im Bereich des Gesundheitswesens (Psychologengesetz, BGBl. 360) und ein Bundesgesetz über die Ausübung der Psychotherapie (Psychotherapiegesetz, BGBl. 361) normiert wurden, entstand in Österreich eine gespannte *gesundheitspolitische* Situation: drei „Psycho-Konzeptionen“ mit rechtlicher Regelung („Arzt für Psychotherapie“, „Psychotherapeut“, nach dem Psychotherapiegesetz und „Psychologe“, nach dem Psychologengesetz), stehen nun einer bunten auch „Psycho-Kompetenz“ beanspruchenden, nicht rechtlich geregelten Psycho-Bewegung, gegenüber (den nicht im Dachverband vertretenen Psychotherapieschulen und der großen Psycho-Esoterikbewegung). Die größte Spannung besteht zwischen der Berufsbezeichnung „Arzt für Psychotherapie“ und der Berufsbezeichnung „Psychotherapeut“, nach dem Psychotherapiegesetz. Der reale Grund dieser Spannung liegt, meiner Meinung nach, in der unterschiedlichen Schwerpunktsetzung der beruflichen Kompetenz. Während das Diplom „Arzt für Psychotherapie“ vor allem Qualifikationskriterien für den in der Praxis tätigen Allgemeinmediziner umfaßt und deswegen pragmatisch und integrativ ausgerichtet ist, ist die Qualifikation „Psychotherapeut“ nach dem Psychotherapiegesetz, zumindest bislang, streng schulenspezifisch ausgerichtet.

Als Mitgestalter beider Wege betrachte ich die Aufrechterhaltung und die Pflege *beider Psychotherapiebewegungen* in der österreichischen Kulturlandschaft als wünschenswert. Offizielle Vertreter der PsychotherapeutInnen, laut neuem Psychotherapiegesetz, welche nicht Ärzte sind, fühlen sich einer Einheitslösung zuliebe verpflichtet, das Diplom „Arzt für Psychotherapie“, wieder aufzuheben. Diese Tendenz findet große und laute Unterstützung durch viele PsychotherapeutInnen, die nun über das Psychotherapiegesetz eine Berufsidentität gewonnen haben. Die Schwierigkeit sehe ich darin, daß viele Ärzte, die eine Psychotherapieausbildung besitzen (mich miteingeschlossen), sich nun weiter nicht mehr aktiv standespolitisch für die Psychotherapie einsetzen wollen, weil ihr Tätigkeitsbereich eigentlich geklärt ist. Die nichtärztlichen Psychotherapeuten dagegen finden wohl eine gesetzliche Regelung vor, aber noch keine klare professionelle Kooperation im neuen Arbeitsgebiet – auch ist die Honorierung noch nicht geklärt – und sind dadurch zu besonderer politischer Aktivität aufgerufen. Daß dies gleichermaßen konstruktive wie destruktive Impulse tragen kann, hat Sigmund FREUD[19] in seiner Arbeit „Das Unbehagen in der Kultur“ untersucht. Er beschreibt dort die große Gefahr der Verzerrung der Wirklichkeit infolge gesteigerter Wünsche: „Meine Unparteilichkeit wird mir dadurch leicht, daß ich über all diese Dinge sehr wenig weiß, mit Sicherheit nur das eine, daß die Werturteile der Menschen unbedingt von ihren Glückswünschen geleitet werden, also ein Versuch sind, ihre Illusionen mit Argumenten zu stützen“.

Welche Bewegung nun stärker von *Illusionen* geleitet wurde, wird sich erst in der Zukunft weisen. Auch Gutachten, wie sie derzeit von Universitätsprofessoren zur Legitimierung beider Strömungen verfaßt werden, werden heute noch keine Klärung bewirken. Meine Kritik an den neuen „Psychotherapeuten“ („Psychotherapeutinnen“), wie sie nun durch das Gesetz geschaffen wurden – obgleich ich auch zu ihnen zähle – ist die, daß sie zur Sicherung des eigenen Areals die Organisationsform unter den Ärzten mit dem Diplom „Arzt für Psychotherapie“ bekämpfen wollen. Das Unbehagen in der Kultur dabei erlebe ich darin, daß gesellschaftliche Bewegungen ab einer gewissen Dynamik als Kulturbewegungen gedeutet werden und die darin Befindlichen dies mit einem positiven Entwicklungswert gegenüber den anderen verbinden. Der Medizin als leibbezogener Wissenschaft will man nun zu sehr die Kompetenz zur Psychotherapie nun absprechen, obgleich gerade der Leib, nach den Aussagen von C. G. JUNG und WEIZSÄCKER, es ist, der uns über die lebendigen Prinzipien der Seele belehrt.

Dennoch sehe ich insgesamt die Organisationsschritte der Psychotherapie

19. Sigmund FREUD: Das Unbehagen in der Kultur (1930). Studienausgabe. Bd. IX. Frankfurt/Main 1974.

in Österreich, auch wenn sie derzeit über getrennte Wege sich entwickelt, als begrüßenswert. In beiden Lehrplänen ist erstmals „Selbsterfahrung" in großem Umfang als fixer Ausbildungsteil rechtlich verankert. Damit wurde einem zentralen Anliegen FREUDs in breiter Form Rechnung getragen.

Das Psychotherapiegesetz, mit seiner Reglementierung der Ausbildungsschritte zum Psychotherapeuten, sichert einen bestimmten Qualitätsstandard und ermöglicht darüber hinaus nun auch „Nichtärzten", direkt und eigenverantwortlich in der Krankenversorgung mitzuwirken.

Im Land Sigmund FREUDs wurde damit ein neuer Berufsstand mit unklarer Zukunft gegründet. Ich selbst sehe diesen Stand in seinen Interessens- und Aufgabenbereichen zwischen den Religionen und der tradierten Medizin sich bewegen. Ob er beiträgt, was manche befürchten, daß die Medizin wieder in „Organiker" und „Psychiker" sich spaltet und die Seelsorge selbst in weltliche und geistliche sich teilt, oder ob eher eine herzhafte Belebung dieser verschiedenen Bereiche erfolgt, wird wohl von der Summe der Einzeleinstellungen dazu bestimmt werden.

V. Schluß

Aus *medizinisch-psychologischer* Sicht meinen wir politische Spannungsfelder und soziale Bewegungslinien in den Jahren der Zweiten Republik erkennen zu können, die sich als komplementäre Erscheinungen zur Ontogenese erweisen. Die spezifisch österreichische Färbung dieser Entwicklung ist heute umfassend noch nicht möglich. Jedenfalls stehen wir heute nach den Jahren der Funktionsfindung, der Autonomiebildung und der Strukturprägung erstmals wieder existentiell vor der Frage: „Wer ist nun dieser Österreicher der Zweiten Republik; was ist seine Identität?" Erwin RINGEL führt in seinem Buch „Die österreichische Seele" einige treffende Aspekte dazu an.[20] Ich möchte hier die Antwort auf diese Frage der gegenwärtigen Kunst- und Kulturszene überlassen, vor allem sie vermag die Identität des Österreichers der Gegenwart erkennen und erleben zu helfen. Psychopathologisches Leid ist zwar nicht, wie es VIRCHOW, aber auch noch FREUD dachten, nur Botschaft der Not aus unmittelbarer Vergangenheit, sondern ist auch „Kunstgriff des Lebens" und Hinweis auf die Zukunft.

Die Komplementarität evolutiver Prozesse, wie sie Ludwig BOLK[21] 1926 für die *Menschwerdung* formulierte, nach welcher die Menschheit sich in ihrer evolutiven Entwicklung gleichzeitig emanativ verjünge, gilt auch für psychisch-kulturelle Prozesse. Demnach ist die Botschaft der sogenannten neurotischen Manifestation wohl Ausdruck der Regression in frühkindli-

20. Erwin RINGEL: Die österr. Seele. Zehn Reden über Medizin, Politik, Kunst und Religion. Wien-Köln-Graz 1984.

21. Ludwig BOLK: Das Problem der Menschwerdung. Jena 1926.

che Seinsformen und damit ontogenetisch ein Archaismus, aber eben gleichzeitig auch einer Vision ähnlich, Hinweis auf zukünftige kulturelle Konfliktbereiche. So wollen wir in Anlehnung an Rudolf VIRCHOW wieder schließen: psychopathologische Erscheinungen gleichen großen Warnungstafeln, an denen der Staatsmann von großem Stil manches lesen kann. Sie weisen ihn nicht nur auf menschliche Schwächen hin, sondern in archaischer Sprache auch auf kulturelle Spannungsbereiche der Zukunft.

Das Österreichbewußtsein

Ernst Bruckmüller

„Nationalismus – eine von Sammelnamen besoffene Welt. Daß ich zum Beispiel Österreicher bin, ist mir auch mit einer Fülle widerwärtiger Individuen gemeinsam, so daß ich es mir verbitten möchte, lediglich mit Hilfe jenes Begriffes bestimmt zu werden ..."
(Heimito von Doderer)

Gibt es ein kollektives *„Österreich-Bewußtsein"?* Ist im raschen Wandel zur europäischen, zur Weltgesellschaft ein betont „österreichisches" Bewußtsein überhaupt sinnvoll? Bedeutet es nicht Abgrenzung, Ausgrenzung, Absonderung – in einer Zeit verschwindender Grenzen? Sollte nicht jedes gesonderte, auf einen Staat hin orientierte nationale Bewußtsein möglichst rasch gegen ein europäisches, ja weltbürgerliches Bewußtsein eingetauscht werden?

Mit diesen Fragen werden Problemfelder *individueller* und *kollektiver* Identität angesprochen. Und diese Identität ist in der Zweiten Republik eine andere als in der Ersten. Während die politische Religiosität des Joseph ROTH sich über die Bemühungen der „Klerikalen und klerikalen Trottel" mokierte, aus Österreich eine „sogenannte Nation" zu machen (wobei „Österreich" in Wahrheit eine „Religion", „die einzige Übernation" gewesen sei – übersetzt bedeutet diese Zuschreibung einer einzigartigen Besonderheit natürlich erst recht die Bezeichnung für eine ganze besondere Gruppierung von Menschen – also einer Nation), hat nach 1945 Heimito von DODERER ein „nationales" österreichisches Bewußtsein konstatiert, auf die Republik bezogen, dennoch auf ältere Traditionsstränge rekurrierend; wenn es auch nicht „lediglich mit Hilfe jenes Begriffes bestimmt" werden sollte.[1]

I. Der sozialwissenschaftliche Befund

Von den jeweils befragten Österreichern stimmten der Ansicht zu (in Prozent):[2]

1. Joseph ROTH: Die Kapuzinergruft (1938). Ausgabe Köln 1972, 175 f. – Heimito von DODERER: Repertorium. Ein Begreifbuch von höheren und niederen Lebens-Sachen. München 1969, 164.

2. Felix KREISSLER: Der Österreicher und seine Nation. Ein Lernprozeß mit Hindernissen. Wien-Köln-Graz 1984, 671 ff. – Georg WAGNER: Von der Staatsidee zum Nationalbewußtsein (I) – Die Meinungsumfragen über die Österr. Nation 1956–1980 (II). In: Ds. (Hg.), Österreich. Von der Staatsidee zum Nationalbewußtsein. Wien 1982, 109 ff. – Gerald STOURZH: Vom Reich zur Republik. Studien zum Österreichbewußtsein im 20. Jahrhundert. Wien 1990, 102.

	1964	1970	1972	1980	1987	1990
1. Österreicher sind Nation	47	66	62	67	75	74
2. Österreicher beginnen sich langsam als Nation zu fühlen	23	16	12	19	16	20
Summe aus 1. und 2.	70	82	74	86	91	94

Diese allgemeinen Aussagen sind nicht unerheblich nach *Alter* und *sozialer Position* zu differenzieren.

Von 1956 bis 1985 zeigt sich durchgehend eine stärkere, wohl auch unreflektiertere, Österreich-Identifikation bei *Bauern* und *Arbeitern.*

Schon 1956, im Rahmen der ersten Befragung zum (National-)Bewußtsein der Österreicher, ließen die *Höhergebildeten* eine deutlich größere Neigung erkennen, sich *„deutsch"* zu fühlen. Damals erklärten 49% der Befragten, Österreich sei ein „eigenes Volk" (gegen 46% – „Teil des deutschen Volkes"). Arbeiter sahen hingegen zu 62% und Bauern zu 56% Österreich als eigenständig an. Ganz ähnliche Schlüsse lassen die Ergebnisse einer Gallup-Studie zu, die 1966 für William T. BLUHM durchgeführt und 1973 in seinem Buch „Building an Austrian Nation" veröffentlicht wurden: Auf die Behauptung „Österreich ist eine völlig eigenständige Nation" antworteten 39% der Arbeiter und 33% der Bauern mit „Ja", aber nur 16% der Beamten. Dagegen wurde die Feststellung „Obwohl Österreich ein unabhängiger Staat ist, gehört Österreich zur deutschen Nation" nur von 8% der Arbeiter und 12% der Bauern, jedoch von 19% der Beamten bejaht (nach politischen Parteipräferenzen bejahten 30% der FPÖ-, 12% der ÖVP- und 6% der SPÖ-Anhänger diese Formulierung).[3] Auch die Ergebnisse der Umfrage zum österreichischen Nationalbewußtsein 1979 veranlaßten die Herausgeber zur Feststellung: „Bauern und Arbeiter fühlen sich Österreich als ihrer unmittelbar erlebten Heimat in umfassender Emotionalität verbunden. Die höher Gebildeten machen noch eher feinere Unterschiede und sind gegen Kultur und Lebensmuster kritischer."[4]

Eine ORF-Umfrage vom Herbst 1985 erhob *Landes- und Bundespatriotismus.* Dabei waren nach dem Berufsstatus selbständige Landwirte vor Fach- und sonstigen Arbeitern die ausgeprägtesten Patrioten, gefolgt von Arbeitslosen, Gewerbetreibenden (ganz knapp unter dem Durchschnitt!), Angestellten/Beamten, Freiberuflern, Großunternehmern, Schülern und Studenten. Nach dem Kriterium „Schulabschluß" wiesen Akademiker den geringsten, Menschen ohne abgeschlossene Schulbildung und Pflichtschulabsolventen den höchsten Grad an „Patriotismus" auf.[5] Es können

3. William T. BLUHM: Building An Austrian Nation. The Political Integration of a Western State. New York/Conn.-London 1973, 224ff.

4. Das österr. Nationalbewußtsein in der öffentlichen Meinung und im Urteil der Experten. Eine Studie der Paul Lazarsfeld- Gesellschaft, Wien 1980, 26.

5. Für die Überlassung der Daten habe ich Herrn Dr. Peter DIEM vom ORF herzlichst zu danken.

diese Zahlen verschieden interpretiert werden und natürlich auch bedeuten, daß erhöhte Bildungschancen verminderte Lokalborniertheit und größere Bereitschaft zu Weltbürgerlichkeit nach sich ziehen. Doch wird man auch deutschnationale Denkmuster als Hintergrund solcher Abstufungen nicht ausschließen können.

Die Umfrage von 1987[6] gestattet aber noch eine Reihe weiterer *Aussagen:*

1. „Nation" wird ganz überwiegend als auf einen *Staat* bezogene Gruppierung mit einem besonderen Selbstbewußtsein gesehen; nur eine Minderheit von etwa 21% führt nationales Bewußtsein auf gemeinsame *Sprache* zurück.
2. Hinsichtlich der *Generationsabfolge* ist bei den Sechzigjährigen 1987 (anders als 1980) die Österreich-Skepsis stärker ausgeprägt – „alt" sind heute die 1938 „jung" Gewesenen, während nur mehr sehr wenige Menschen noch von der Monarchie geprägt sind.
3. Die *stärkste* Österreich-Bejahung ist bei den Zwanzig- bis Fünfzigjährigen vorhanden.
4. Überraschend ist eine erhebliche *Skepsis* gegenüber einem österreichischen Nationalbewußtsein bei den ganz Jungen; die Unter-Neunzehn-Jährigen lagen mit 9% „keine Nation" bzw. 62% „Nation" erheblich über bzw. unter dem Durchschnitt. Läßt sich hierin eine zunehmende Brüchigkeit des für die Mittelgeneration bei allen Problemen doch selbstverständlichen Österreichbewußtseins infolge von Skandalen feststellen, genährt von sensationshungrigen Medien, hinter deren (an sich notwendiger) Kritik und Destruktion keinerlei integratives Wertsystem erkennbar ist, begünstigt von einer Kulturpolitik, die diesen Zerfall des österreichischen Selbstbewußtseins massiv fördert?[7]
5. Nach *Parteipräferenzen* ist bei der Gefolgschaft der „Grünen" die „reinste" „Österreich"-Gesinnung, praktisch ohne jedwede „deutsche" Färbung, zu finden. Etwas stärkere deutsch-orientierte Minderheiten gibt es bei SPÖ (ca. 6%) und ÖVP (ca. 6%); die bloß 5%ige deutsche Konfession der FPÖ-Anhänger wird freilich dadurch korrigiert, daß sich 23% dieser Gruppe durch die deutsche Vereinigung „angesprochen" fühlen (SPÖ: 10%, ÖVP: 12%, Grüne: 5%). Und diese Ergebnisse sind recht gut vergleichbar mit einer Fessel-Umfrage vom Dezember 1989, die in Ostösterreich (Niederösterreich und Wien) veranstaltet

6. STOURZH, Reich, 99 ff. (Anm. 2) – Die Daten bei Peter A. ULRAM: Österreichbewußtsein 1987. Wien 1988 (Datenband eines von Gerald STOURZH und Peter A. ULRAM durchgeführten Projektes des Jubiläumsfonds der Österr. Nationalbank).

7. Zu dieser Kulturpolitik nur ein paar Hinweise: die von der SPÖ installierte Vorherrschaft des bundesdeutschen Elements im Burgtheater, stete Berieselung auch noch durch den ärgsten bundesdeutschen Schwachsinn im „nationalen" ORF, prinzipielle Heranziehung (meist) bundesdeutscher Fachleute (Wissenschafter) auch bei den trivialsten Dingen usw. Ich führe dies letztlich auf den ungebrochenen Glauben der österreichischen Linken zurück, daß sich der „Fortschritt" eben nur westlich des Inn bzw. nördlich des Main abspiele – eine (unbewußte?) Fortsetzung Otto BAUERscher Vorstellungen?

wurde – danach haben 7% der Befragten insgesamt, aber 21% der FPÖ-Sympathisanten den Wunsch, Österreich möge sich einem wiedervereinigten Deutschland anschließen; immerhin noch 7% der ÖVP- und 5% der SPÖ-Sympathisanten äußerten analoge Bedürfnisse; nur die Grünen sind dagegen gänzlich immun.[8]

Kollektive Identität ist auch bestimmbar über das *Verhältnis zu Nachbarn*. Gerade von Nachbarn grenzt man sich ja deutlich ab, um Eigenständigkeit zu zeigen. Auf die Frage, welche Nation am sympathischsten erscheine (Österreich war hier als Antwort zugelassen), wurde 1980 Österreich am häuftigsten genannt (33%), gefolgt von Deutschland (26%), der Schweiz (11%), den USA (4%) und Frankreich (3%). Vergleicht man diese Fragestellung mit jener nach der „größten inneren Verwandtschaft" mit den Nachbarstaaten, so ergibt sich folgendes:

Die meisten *positiven* Antworten erhielt Deutschland (70%), gefolgt, al pari, von Ungarn und der Schweiz (je 10%), der Tschechoslowakei (5%) und Jugoslawien sowie Liechtenstein (je 1%).

Diese Daten von 1980 sind denen von 1987 nicht unähnlich, freilich mit bemerkenswerten *Veränderungen:* Nach wie vor führt Deutschland (64%), vor Ungarn (16%), der Schweiz (10%) und Italien (3%). Innere Verwandtschaft mit der Tschechoslowakei nahmen nur mehr 2% der Österreicher an, genausoviele wie mit Liechtenstein, Jugoslawien kam auf 1%.[9]

Bis 1990 *verschoben* sich diese Werte neuerlich: Nunmehr führte Deutschland mit 60% vor Ungarn, das sogar 23% erreichte. Die Schweiz sank auf 5%, die Tschechoslowakei wurde jetzt von 7% der Befragten als nächst verwandtes Nachbarland angesehen. Natürlich reflektieren diese Veränderungen sehr stark die Umwälzungen des Jahres 1989. Deutlich sind aber auch starke regionale Unterschiede: In Salzburg und Oberösterreich erhielt Deutschland überdurchschnittlich hohe Werte (Salzburg 1990: 89%, Oberösterreich: 76%), im Burgenland Ungarn (1990: 41%), in Wien die Tschechoslowakei (1990: 20%).[10]

II. Die politische Programmatik

Die Programmatik der *politischen Parteien* nimmt das Thema des nationalen Selbstbewußtseins sogleich mit der Unabhängigkeit Österreichs 1945 auf. Deutlich bezieht die *Österreichische Volkspartei* eine österreichisch-nationale Position. Es war dies zweifellos sehr stark auf die Persönlichkeit von Alfred MISSONG zurückzuführen, der sich mit vollem Engagement für die nationale österreichische Besonderheit einsetzte. Man kann aber in

8. Die Presse, 16./17. Dezember 1989, 4.
9. ULRAM, Österreichbewußtsein, 29 (Anm. 6).
10. STOURZH, Reich, 108 (Anm. 2).

zahlreichen Stellungnahmen der Zeit ganz allgemein eine weitreichende Identifikation der ÖVP-Politiker mit der völligen nationalen Eigenständigkeit Österreichs beobachten, oft in enger Verbindung mit der (positiven) Konnotation ständestaatlicher Bemühungen, aber auch mit Hinweisen auf die christlich-abendländische Tradition Österreichs. Diese starke österreichisch-nationale Note trat zurück, als man seit 1949 bemüht war, auch für ehemalige Nationalsozialisten attraktiv zu werden. Erst in den späten sechziger Jahren, im Zusammenhang mit der Nationalfeiertagsdebatte hat sich dann auch die ÖVP wieder stärker als bewußt „österreichische" Partei konturiert.[11]

Weniger akzentuiert äußerte sich 1945 noch die *SPÖ*. Hier wirkte die Haltung Otto BAUERS von 1938 stark nach; prominenter Vertreter einer gesamtdeutschen Lösung inklusive Österreichs blieb Friedrich ADLER. Immerhin hat Karl RENNER schon 1945 ein recht klares Bekenntnis zur österreichischen Eigenständigkeit abgegeben – hier und durch die Haltung der in der skandinavischen Emigration befindlichen Sozialdemokraten (Bruno KREISKY) eröffnete sich, im Gegensatz zur Haltung der Londoner Emigration, jene Perspektive, die die SPÖ bis Mitte der sechziger Jahre zu einer klaren und eindeutigen Bejahung der österreichischen nationalen Integration gelangen ließ.[12]

Von vornherein eindeutig verhielt sich auch die *KPÖ:* Auch sie verstand sich als österreichisch-nationale Partei. Sie blieb auch dabei, als sich die beiden Großparteien aus Gründen der Akzeptanz für ehemalige Nationalsozialisten in der nationalen Frage zunehmend Zurückhaltung auferlegten. Freilich nützte es diesen nur wenig: Da VdU und FPÖ eindeutige Bekenntnisse zur deutschen Nation bzw. zum „deutschen Volkstum" ablegten bzw. von ihren Wählern verlangten und SPÖ bzw. ÖVP soweit niemals gehen wollten (und konnten), hat sich der größte Teil von Österreichs Deutschnationalen in der FPÖ beheimatet; freilich existieren in den Großparteien auch nicht unerhebliche Restbestände solchen Gedankengutes.[13]

Der österreichische *Staat* und sein *Behördenapparat* verhielten sich einigermaßen analog zu den großen Parteien: Während nach 1945 alles Deutsche so verpönt war, daß man in der Schule statt Deutsch die „Unterrichtssprache" lehrte („Hurdestanisch", nach dem Unterrichtsminister Felix HURDES), trat die extreme Ablehnung alles Deutschen dann wieder zurück. Erst durch die Debatte um die Einführung des Nationalfeiertages wurde die Existenz der österreichischen Nation sozusagen auch „amtlich" festgeschrieben – zugleich wird aber gerade durch das Datum des Feiertages und durch die Dürre der Feiern (oder die seltsame Art, diesen Tag mit Gesundheitswanderungen zu begehen) ein bestimmtes emotionales Defi-

11. KREISSLER, Österreicher, 395ff. (Anm. 2).

12. KREISSLER, Österreicher, 398ff. (Anm. 2). Gerald STOURZH: Geschichte des Staatsvertrages 1945 – 1955. Österreichs Weg zur Neutralität. 3. A. Graz-Wien-Köln 1985, 101.

13. KREISSLER, Österreicher, 431ff. (Anm. 2).

zit, das man mit diesem Tag wohl amtlich zu beheben suchte, erst sicht- und spürbar.[14]

Stärker österreichbewußt geben sich bestimmte *Organe des Staates* eigentlich erst in jüngerer Vergangenheit. Während man die Verunglimpfung des Mittelschuldirektors Alexander GÖBHART seitens neonazistischer Kreise in Graz 1964 zunächst einmal gelassen hinnahm (und erst ein kräftiges Echo der Öffentlichkeit auf das Skandalöse des Vorganges hinwies), ist es heute zunehmend schwer, deutschnationale Zwecke etwa in Vereinsform zu gießen.[15]

Heute mangeln entsprechende Hinweise in den *Parteiprogrammen* weitgehend, teils aus Opportunismus gegenüber dem Deutschnationalismus, teils aber auch deshalb, weil bei der große Masse der Bevölkerung Österreichs Identität nicht in Frage steht.

III. Die „öffentliche Meinung“

Die „öffentliche Meinung“, wie sie im folgenden untersucht wird, ist genau zu trennen von der „veröffentlichten Meinung“ der (meisten) Medien: Ist in dieser eine distinkt deutschnationale Haltung verpönt, so existiert sie in jener mit einer gewissen Hartnäckigkeit weiter, erkennbar primär in gewissen *Leserbriefen,* die mit Vorliebe in honorigen bürgerlichen Tageszeitungen, wie der „Presse“ oder den „Salzburger Nachrichten“, aber auch in der „Kronen Zeitung“ erscheinen, mit einem hohen Anteil an Akademikern und anderen Angehörigen der sog. „Bildungsschichten“.

Für viele ältere Maturanten und Hochschulabsolventen, Selbständige und Freiberufler ist mit großer Sicherheit anzunehmen, daß ihre traditionell *„deutsche“ Selbstzuordnung* ungebrochen fortbesteht. Als Beleg dafür mag, neben der Wahrnehmung deutlicher einschlägiger Reaktionen während eines Vortrages des bekannten deutschen Historikers Michael STÜRMER in Wien seitens eines Publikums, das jedenfalls als „besitz- und bildungsbürgerlich“ einzustufen war,[16] die Auswertung von 29 Rezensionen, Leserbriefen und redaktionellen Beiträgen der Tageszeitung „Die Presse“ aus den Jahren 1983 bis 1986 dienen, von denen sich alle klar zu unserer Thematik äußerten: zehn von diesen 29 bezogen eine „öster-

14. Zum Nationalfeiertag vgl. WAGNER, Staatsidee, 454 (Anm. 2).

15. Affäre GÖBHART: Vgl. KREISSLER, Österreicher, 447ff (Anm. 2). Zur neueren Judikatur des VfGH vgl. Erkenntnis Slg. 11746/1988 – Abweisung einer Beschwerde gegen Untersagung eines Vereines, bei dem man eine wenigstens mittelbare Förderung der Vereinigung mit Deutschland vermutete.

16. Am 17. März 1987 im Wiener Haus der Industrie. Besonders „deutsche Worte“ fanden Otto SCHULMEISTER und Wilfried GREDLER. Eindrucksvoll auch der spontane Szenenapplaus für gewisse Äußerungen SCHULMEISTERs. Die Deutschen (Stürmer und der deutsche Botschafter) riefen schließlich, wohl erstaunt über die Möglichkeiten, die sich da auftaten, die Österreicher zu mehr Selbstvertrauen auf.

reichisch-nationale", neunzehn eine deutliche „deutsch-nationale" Position.[17]

Ganz ähnlich die Ergebnisse einer Studie, die Leserbriefe im Gefolge der umstrittenen *Haider*-Äußerungen vom August 1988 untersucht: Auch hier erweisen sich *deutschnationale* Haltungen im Verhältnis zu den Ergebnissen der Meinungsumfrage 1987 überrepräsentiert, wenn sie auch quantitativ nicht überwogen.[18]

Nationale Identität im Hinblick auf die *Sprachgruppe (Deutsch)* entwickelten in überdurchschnittlichem Maße Mitglieder jener sozialen Gruppen, deren persönliche Identität infolge der für ihre Sozialisation sehr hohen Bedeutung des Mediums „Sprache" besonders von jenen kulturellen Inhalten geprägt wurde, die mit der Sprache zu tun haben. Daher die bekannte Attitüde „Goethe ist auch unser", mit der in diesen Kreisen mit Vorliebe operiert wird (die tatsächlichen GOETHE-Kenntnisse sind dann oft recht bescheiden). Ideologisches Unterfutter für die sprach-nationale Tendenz liefern bis heute künstlerische und wissenschaftliche Strömungen des späten 18. und frühen 19. Jahrhunderts aus, die, wie Johann G. HERDER, die Romantik oder die neue Germanistik (Brüder Jakob und Wilhelm GRIMM) die sprachbestimmte Kultur als Ausdruck unwandelbaren nationalen Charakters interpretierten – ideale Basis für ein statisches Sprach-Nationalbewußtsein, das jede Idee einer Veränderbarkeit nationaler Identifikationsmuster strikt ablehnt.

Als Fernfolge dieser Entwicklung und als direkte Folge der deutschnationalen Orientierung von Professoren und Lehrern scheinen Akademiker, Studenten und mittelbürgerliche Kreise sehr starke Neigungen für den *Nationalsozialismus* entwickelt zu haben, wie die von Gerhard BOTZ u. a. vorgelegten Zahlen andeuten.[19] Das ist nun wesentlich mehr als ein quantitatives Problem: Da die Schichten mit höherer Bildung nun einmal die öffentliche Diskussion bestimmen, muß notwendig die jüngere Geschichte Österreichs erheblich stärker „deutsch" bestimmt erscheinen, als aus dem Blickwinkel der „stummen" Schichten. Damit wird, wenigstens zum Teil, auch erklärbar, warum die „öffentliche Meinung" weithin Kriegsteilnahme, Hitler-Orden und NS-Tätigkeit weniger negativ einschätzt als Wider-

17. Die herangezogenen Nummern der „Presse" stammen von 25./26. Juni, 9./10. Juli, 23./25. Juli, 19./20. November, 2./4. Dezember und 10./11. Dezember 1983, ferner vom 8./9. März, 12. Dezember, 20./21. Dezember und 24. Dezember 1986.

18. Tosca PURR: Leserbriefe zum Thema „Österr. Nation" in Wiener Printmedien. Wien (GRUWI-Dipl. Arbeit) 1989.

19. Gerhard BOTZ: Strukturwandlungen des österr. Nationalsozialimus (1904–1945). in: Isabella ACKERL/Walter HUMMELBERGER/Hans MOMMSEN (Hg.): Politik und Gesellschaft. Wien 1981, Bd. 2, 163–193. – Ds., Soziale Basis und Typologie der österr. Faschismen im innerösterr. und europäischen Vergleich. In: Faschismus in Österreich und international. Jahrbuch f. Zeitgeschichte, 1982. – Johannes DRESSEL: Sozialstruktur einer NS- Elite. Die österr. Abgeordneten zum Großdeutschen Reichstag 1938. In: Bericht über den 16. österr. Historikertag 1984, 1985, 644ff.

stand. „KZler" ist in meinen Kindheitserinnerungen (nach 1945) noch lange ein Schimpfwort gewesen. Nazi-Opfer trauen sich z.T. bis heute nicht, an die Öffentlichkeit zu treten. Literarisches Denkmal genau dieser Verhältnisse ist Gerhard FRITSCHs tragisch-grotesker Roman „Fasching".[20] Erst nach 1980, vielleicht *auch* als Folge des stärkeren Bewußtwerdens solcher Leitbilder seit dem Bundespräsidentenwahlkampf 1986, verlieren bestimmte weit verbreitete Muster an Prägekraft. So sank der Anteil jener Österreicher, die den „Anschluß" 1938 als Wiederherstellung der „natürlichen Verbindung mit dem deutschen Volk" beurteilten, von 34% (!) im Jahre 1980 auf (immerhin noch) 20% 1987.[21]

Die starke Präsenz solcher *„deutsch" orientierter Meinungsbildner* auch noch in Medien der achtziger Jahre zeigt, daß es sich hier keineswegs um ausschließlich „historische" Phänomene handelt. Die Intention ihrer Träger ist nicht nur Verherrlichung eines für sie selbst wichtigen Lebensabschnittes, sondern, über die Behauptung allgemeiner Mittäter- oder Mitläuferschaft aller (oder fast aller) Österreicher während der NS-Zeit, auch ihre eigene Exkulpierung.

Der Osttiroler *Bauer* Vinzenz SCHALLER, der ebenso wie der Oberösterreicher Franz JÄGERSTÄTTER den Eid auf Hitler (zunächst) verweigert hatte und von 1943 bis 1945 in Dachau inhaftiert war, schloß in seinen im Oktober 1945 verfaßten Aufzeichnungen mit dem äußerst bemerkenswerten Appell an die „. . . denkende Klasse, daß auch sie sich einmal Zeit nehmen möchte zu Besinnung . . .".[22] Ganz offenkundig hat die „denkende Klasse" durch lange Zeit zu wenig oder mindestens zu einseitig gedacht.[23]

IV. Die Schwierigkeiten der Österreicher mit sich selbst

Vom 30. Mai 1989 bis zum 21. Juni 1991 hatte ein österreichisches Bundesland einen Landeshauptmann (Jörg HAIDER/FPÖ in Kärnten), der die „österreichische Nation" im August 1988 eine „ideologische Mißgeburt" nannte und sich bis heute nicht vollständig von diesem Ausspruch distanziert hat. Daß er dieses Amt mit Hilfe einer Partei erhielt, deren Bundesorganisation sich 1945 emphatisch für die nationale Eigenständigkeit Öster-

20. Gerhard FRITSCH: Fasching. Reinbek/Hamburg 1967. – Andreas MAISLINGER: Bauern gegen Hitler. In: Österr. Monatshefte, 7/1985.

21. ULRAM, Österreichbewußtsein 1987, 53 (Anm. 6).

22. Vinzenz SCHALLER: Einsamer Weg. In: Thurntaler 8, 1984, Heft 11, 42.

23. Daß dies stets bekannt war, zeigen u. a. Zitate aus der „Furche" Nr. 43, 1960: „. . . kann ich mir nicht vorstellen, daß eine Idee, die Millionen fasziniert hat, so verabscheuungswürdig sei. Vor allem waren doch die Akademiker die ersten Anhänger Hitlers – Menschen also, denen man viel zutrauen darf – oder soll . . ." (Zit. nach KREISSLER, Österreich, 458/Anm. 2).

reichs erklärte, zeigt nicht nur den Verfall ideologischer Positionen, sondern auch die Neigung jener ÖVP-Landesorganisation, eine als allgemein verbreitet angenommene deutschnationale Orientierung in jenem Bundesland nicht zu enttäuschen. Solche Widersprüche und Bruchlinien erheischen Erklärungen – und die können wohl nur in der *Geschichte* gesucht werden.

Als die *Republik Österreich* nach dem Ersten Weltkrieg entstand, definierte sie sich selbst als *„Deutsch-Österreich"*. Sie wollte der Nationalstaat der deutschsprachigen Österreicher sein oder, in damaliger Terminologie, der „Deutschen" auf dem Gebiete der österreichisch-ungarischen Monarchie oder wenigstens ihrer westlichen Reichshälfte. Als Ausdruck des „nationalen" Selbstbestimmungsrechtes erklärte sich diese Republik am 12. November 1918 zugleich zu einem Teil der jungen Republik des Deutschen Reiches. Die Österreicher selbst, oder zumindest wichtige ihrer Vertreter, sahen sich offenkundig als „Deutsche". Auch wenn diese Selbstzuordnung bei vielen Menschen ein österreichisches Selbstgefühl nicht ausschloß, war sie doch zweifellos eine wichtige Voraussetzung für die Eingliederung Österreichs in Nazideutschland 1938 und die weitreichende Teilnahme vieler Österreicher an den militärischen und rassistischen Zerstörungswerken der Nationalsozialisten. Diese *„deutsche" Selbstinterpretation* wurde auch von vielen ausländischen Zeitgenossen geteilt: Britische und jugoslawische Politiker beispielshalber haben 1938 zu erkennen gegeben, daß sie die Eingliederung Österreichs in das Deutsche Reich akzeptierten, weil die Österreicher ja Deutsche seien und daher logischerweise mit dem größeren deutschen Staat vereinigt werden sollten.

Als die *Republik Österreich* nach dem Zweiten Weltkrieg wiedererstand, definierte sie sich selbst als *„Österreich"*. Das Wort „deutsch" wurde zunächst so sehr gemieden, daß an den Schulen – wie erwähnt – nicht mehr „Deutsch" gelehrt wurde, sondern „Unterrichtssprache". Sicher war dies auch Ausdruck des Versuches, sich von Deutschland und von der Mitverantwortung an Naziverbrechen abzukoppeln. Die Träger dieser neuen österreichischen Selbstdefinition waren aber in der Regel tatsächlich ehrliche „Österreicher", an deren antinazistischer Gesinnung und an deren durchaus „antideutschem" Österreichertum kein Zweifel möglich ist (etwa der Bundeskanzler Leopold FIGL oder der Unterrichtsminister Felix HURDES). Sie konnten zur ideologischen Legitimierung der neuen Situation ganz ebenso wie die Verfechter der „deutschen" Identität auf eine lange Argumentationskette mit historischen und kulturellen Daten verweisen. Diese reichte von der Betonung nichtgermanischer Elemente in der österreichischen Bevölkerung (Illyrer, Kelten, Römer, Slawen) über die frühe staatsrechtliche Eigenständigkeit des Herzogtums Österreichs innerhalb des Heiligen Römischen Reiches bis zur Funktion des übernationalen Habsburgerstaates als „Bollwerk" des christlichen Abendlandes gegen irgendwelche Barbaren, die aus dem Osten kamen.

Diese *Brüche* im österreichischen Selbstbewußtsein zeigen sich auch in den *nationalen Mythen und Symbolen.* Nationale Feiertage sind häufig dem Mythos revolutionärer und militärischer Erfolge verpflichtet. Fahnen und Hymnen verherrlichen die Siege der Vorväter mit dem Zweck, in der Gegenwart Gemeinschaft herzustellen und zu sichern. Wie sieht es mit solchen kollektiven Identifikationszeichen in Österreich aus?

Wir beschränken uns hier auf den *Nationalfeiertag.* In der Ersten Republik galt der 12. November, der Tag, an dem 1918 offiziell die Republik ausgerufen worden war, als Staatsfeiertag. Die politische Rechte, die sich dadurch Jahr für Jahr neuerlich an ihre damals recht bescheidene Rolle und an die (wenn auch nicht langlebige) Macht der Sozialdemokratie erinnert sah, liebte diesen Feiertag nicht. 1934 wurde er abgeschafft. – Nach 1945 knüpfte man an die Tradition von 1918 nicht an. Erst 1965 wurde der seit 1957 gefeierte „Tag der Fahne" als Nationalfeiertag deklariert. Es ist der 26. Oktober. Das war jener Tag im Jahre 1955, an dem der österreichische Nationalrat den Beschluß über die immerwährende Neutralität Österreichs gefaßt hat. Damit war die in Moskau eingegangene Verpflichtung der Österreicher, nach Abschluß und Inkrafttreten des Vertrages von sich aus die immerwährende Neutralität nach Schweizer Muster anzunehmen, erfüllt worden, und zwar genau am ersten Tag nach dem Ende jener 90-Tage-Frist, die vom Inkrafttreten des Staatsvertrages an (27. Juli 1955) den Alliierten ihrerseits für den Abzug ihrer Truppen zur Verfügung stand.[24]

Im Unterschied zu anderen Feiertagen dieser Art wird an diesem Tag weder eines besonderen militärischen Sieges, noch auch einer erfolgreichen Revolution oder der Erringung bzw. Behauptung der Unabhängigkeit gedacht. Sicher steht der Tag in einer engen Beziehung zur Erlangung der vollen staatlichen Eigenständigkeit und Souveränität, gewissermaßen als Abschluß jenes langen Prozesses, der im April 1945 begonnen und am 15. Mai 1955 mit der Unterzeichnung des Staatsvertrages seinen vielumjubelten Höhepunkt erreicht hatte. Aber stark *emotional* besetzt ist der Tag nicht (und es ist auch bezeichnend, daß für ihn regierungsamtlich eher triviale Aktivitäten wie Wanderungen propagiert werden). Ins Positive gewendet könnte man auch sagen: Der österreichische Nationalfeiertag bietet ganz sicher keinerlei Anlaß für nationalistischen oder chauvinistischen Überschwang.

Auch einzelne Personen können als nationale *Identifikationsfiguren* dienen. Die Umfrage von 1980 ergab im Hinblick auf verstorbene politische Führungspersönlichkeiten einen deutlichen Vorsprung von MARIA THERESIA vor Karl RENNER, dem Kaiser FRANZ JOSEPH und Julius RAAB. Aber dieses Quartett wurde nach Bekanntheit und Einschätzung der Bedeutung (bzw. Charakteristik für Österreich) klar von zwei Musikern geschlagen: Johann STRAUSS und Wolfgang Amadeus MOZART.

24. KREISSLER, Österreich, 494 (Anm. 2).

Unter den lebenden Österreichern wurde dem inzwischen verstorbenen Bruno KREISKY mit noch größerer Eindeutigkeit Bekanntheit, Bedeutung und Charakteristik für Österreich zugeschrieben – noch vor zwei so wichtigen Persönlichkeiten aus der Unterhaltungsbranche wie der Skiläuferin Annemarie MOSER-PRÖLL und dem inzwischen auch verstorbenen Schauspieler Heinz CONRADS.[25] Interessanter (und überraschender) ist die überragende Rolle Bruno KREISKYs für die österreichische Identität der jüngsten Vergangenheit. Albert F. REITERER hat in seinem Buch „Die unvermeidbare Nation" die zeitliche Koinzidenz der Befestigung des österreichischen Nationalbewußtseins mit der Regierungsperiode KREISKYs dargestellt. KREISKY sei, als Symbol der von der SPÖ 1970 angekündigten „Modernisierung" Österreichs und ebenso auf Grund seiner starken internationalen Präsenz, für die Österreicher (weit über die SPÖ hinaus) zur nationalen Identifikations- und Integrationsfigur geworden. In gewisser Weise könne er daher als „charismatischer Führer" interpretiert werden.[26] Im übrigen war KREISKY wohl auch das Symbol für ein neues säkularisiertes, republikanisches, für Sozialisten und andere Linke und Liberale stärker akzeptables und nicht mehr mit den alten Assoziationen, wie „katholisch", „habsburgisch" usw., verbundenes Österreichbewußtsein. – 1987 aber suchte das österreichische Selbstbewußtsein Identifikation kaum mehr bei Politikern, eher bei Künstlern und Musikern. Die gerade von KREISKY so forcierte „Rolle Österreichs in der Welt" verlor ihren Glanz. Stolz auf die österreichische Staatspolitik waren 1980 70%, 1987 nur mehr 27% – die Politik scheidet als nationaler Identifikationsfaktor aus.[27]

In der Tat existiert ein „verbindlicher" *nationaler Mythos* Österreichs heute nicht, vielleicht abgesehen vom Staatsvertrags-Mythos, der aber auch zu bröckeln begann. Es ist dieses Manko auf die Geschichte der letzten drei bis vier Generationen von Österreichern zurückzuführen, die eben, bis zum

25. Nationalbewußtsein, 39 f. (Anm. 4).

26. Albert F. REITERER: Die unvermeidbare Nation. Ethnizität, Nation und nachnationale Gesellschaft. Frankfurt/Main-New York 1988, 262. – Ich selbst habe 1984 in meinem Buch „Nation Österreich. Sozialhistorische Aspekte ihrer Entwicklung" (221) gemeint: „Im Falle Österreich wurden offenbar die Geschichte seit 1945, die *Wiederaufbauleistung,* die Erringung des *Staatsvertrages,* ein gewisses Ansehen einiger österreichischer *Spitzenpolitiker* (Kurt WALDHEIM, Bruno KREISKY) in der Welt zu dieser bewußtseinsbildenden Phase der nationalen Partizipation." Tatsächlich hat der Präsidentschaftswahlkampf von 1986 mit der erstaunlich positiven Stellungnahme WALDHEIMs zum Dienst in der Deutschen Wehrmacht die internationale Einschätzung Österreichs stark verändert. Intern entspricht diese Stellungnahme aber zweifellos der Haltung mancher Österreicher – als Ausdruck der „deutschen" Möglichkeit des österreichischen Nationalbewußtseins. Die Reaktionen auf WALDHEIMs Äußerungen (und Vergeßlichkeiten) zeigen aber, daß sich darauf (und auf seine Persönlichkeit) keine umfassende nationale Solidarisierung aufbauen läßt. Ob die ganze Diskussion im Hinblick auf den österreichischen Nationalkonsens desintegrativ gewirkt hat, läßt sich noch nicht vollkommen abschätzen. – Daß meine Analyse von 1984 damit jedenfalls widerlegt ist, bedarf keiner Debatte.

27. ULRAM, Österreichbewußtsein 1987, 27 ff. (Anm. 6).

Staatsvertrag 1955, kein historisches Ereignis als integrativ und identitätsstiftend erfahren konnten: 1918 war für die Linken „Revolution", für die Rechten Zerfall und Niederlage. 1938 bedeutete für alle Nationalsozialisten, Deutschnationalen und Deutschbewußten Erfolg und Triumph, für alle Österreichbewußten, Juden und politischen (rechten und linken) Gegner des Nationalsozialismus Katastrophe. 1945 brachte ebendiese Katastrophe für die großen Scharen der deutschbewußten und nationalsozialistischen Österreicher Freude über das Wiedererstehen Österreichs bei den Unterlegenen von 1938 (freilich konnte auch bei vielen „Ehemaligen" sukzessive ein positives Bewußtsein gegenüber dem neuen Österreich wachsen). Erst 1955 konnte sich tatsächlich ganz Österreich gemeinsam über den Abzug der vier Besatzungsmächte freuen. Hierin liegt der „kollektive Erfolg", den ein gemeinsames kollektives Bewußtsein wohl ebenso braucht wie die kollektive Erfahrung gemeinsamer gesicherter Existenz innerhalb gewisser Grenzen.[28] Freilich wird dieses Erfolgserlebnis bei den Jüngeren überlagert von kollektiven Traumatisierungen wie 1986, durch welche die Abschwächung des Österreichbewußtseins bei den Jungen wenigstens miterklärt werden kann.

V. Kontroversen der Historiker

Meinungsunterschiede unter *Historikern* spiegeln nicht bloß die an sich unbedeutenden Stürme im wissenschaftlichen Wasserglas. Sie werden dann wichtig für eine größere Öffentlichkeit, wenn die in der Regel eher subkutane Arbeit der Historiker im Bereich der Produktion, aber auch der Kritik von Ideologie in die Öffentlichkeit tritt. Was Österreichs Historiker in diesen Bereichen bis 1945 (sich) geleistet haben, muß hier als bekannt vorausgesetzt werden. Sicher diente es kaum je österreichischer Selbstfindung, eher der Selbstverlierung in der „deutschen Einheit". Hat sich daran etwas geändert?

1985 hielt der bekannte deutsche Historiker Karl Dietrich ERDMANN einen Vortrag, der ein „Forschungsvorhaben" zur deutschen Geschichte nach 1945 umreißen sollte. Die für unser Thema wichtigste These ERDMANNs lautet: Die deutsche Geschichte nach 1945 sei eine Geschichte dreier Staaten (BRD, DDR, Österreich), zweier Nationen (der deutschen und der österreichischen) und eines Volkes (eben des deutschen). Auf diese Weise konnte er Österreich seine nationale Identität zusprechen – und zu-

28. Peter GERLICH: Nationalbewußtsein und nationale Identität. Ein Beitrag zur politischen Kultur des Parteiensystems, in: Anton PELINKA/Fritz PLASSER (Hrsg.): Das österreichische Parteiensystem, Wien-Köln-Graz 1988, 235–269. Interessanterweise hat sich die identitätsstiftende Wirkung vom Staatsvertrag auf die *Neutralität* verschoben: Lt. einer SWS-Umfrage lehnen es 57% der Österreicher ab, die Neutralität abzuändern und zur EG zu kommen. Heinz KIENZL sprach in diesem Zusammenhang vom „mythologisierten" Charakter der Neutralität, als Sicherheits- (und damit Identitäts-) Spender. Vgl. „Die Presse", 9. 10. 1991, S. 5.

gleich auf dem Weg über die Behauptung der Zugehörigkeit der Österreicher zum *deutschen „Volk“* wieder kassieren. ERDMANN immunisierte seine Begrifflichkeit insofern, als er a limine jede Definition der von ihm verwendeten Begriffe ablehnte und eine nebulose „Anschauung“ als Ausgangspunkt seiner Untersuchung postulierte, um zu verhindern, daß die theoretischen Hintergründe und Voraussetzungen seiner „Anschauungen“ diskutiert werden konnten.[29] Zu Recht hat Rudolf ARDELT dazu festgestellt, daß ERDMANN sich „. . . in den Bereich einer auf einem Glaubensbekenntnis aufgebauten Geschichtswissenschaft . . .“ begeben habe.[30] ERDMANN konnte sich in seinem Vortrag immerhin auf den prominenten Salzburger Historiker Fritz FELLNER berufen, der schon früher dafür plädiert hatte, österreichische Geschichte als Teil der deutschen zu begreifen.[31] Beide blieben nicht ohne Widerspruch: Im Spätherbst 1985 antwortete Gerald STOURZH in einem breit angelegten Vortrag zur Problematik der österreichischen Geschichte im 19. und 20. Jahrhundert.[32] STOURZH schließt mit zwei Aufforderungen:

„. . . *Erstens* sollte uns die österreichische Identitätsbildung nicht hindern dürfen, einen moralischen ‚Haftungszusammenhang‘ – ein Wort aus der bundesdeutschen Diskussion – für die Österreicher und Deutschen gemeinsame NS-Zeit zu sehen. . . . Wie wird die NS-Zeit in dieser Republikgeschichte ‚untergebracht‘, ohne der Gefahr der Verdrängung oder des Bagatellisierens zu unterliegen? Eine Frage an Österreichs Historiker!

Zweitens ist aber auch deutlich zu machen, daß die Republik Österreich seit 1945 nicht Teil des ‚dreigeteilten Deutschland‘ ist, wie der bedeutende Kieler Historiker Karl Dietrich Erdmann in einem inzwischen berühmt gewordenen Vortrag im April 1985 (‚Drei Staaten – zwei Nationen – ein Volk?‘) formulierte . . . Eine derartige Auffassung der deutschen Geschichte nach 1945 als Geschichte eines ‚dreigeteilten Deutschland‘ hypostasiert nämlich ein ‚Normaljahr‘ als Bezugspunkt, das Jahr 1938, und das in diesem Jahr entstandene Großdeutsche Reich als Bezugsrahmen für das, was als deutsche Geschichte auch nach 1945 anzusehen sei. Die Wieder-

29. Karl Dietrich ERDMANN: Drei Staaten – zwei Nationen – ein Volk? Überlegungen zu einer deutschen Geschichte seit der Teilung. In: Geschichte in Wissenschaft und Unterricht, 36 1985, 671–683. Etwas erweitert als selbständige Publikation unter dem Titel: Österreichs Spuren in der deutschen Geschichte. Zürich 1989.

30. Rudolf ARDELT: „Drei Staaten – zwei Nationen – ein Volk?“ Oder die Frage: „Wie deutsch ist Österreich?“ In: Zeitgeschichte, 13 1985/86, 253–268.

31. Fritz FELLNER/Georg E. SCHMID: Ende oder Epoche der deutschen Geschichte? Bemerkungen zum Abschlußband des Gebhardt'schen Handbuches. In: Zeitgeschichte 5 (1977/78), 158ff. Die Rolle der Nation in der deutschen Geschichte der Gegenwart. Beiträge zu einer internationalen Konferenz in Berlin (West) vom 16. bis 18. Juni 1984, hrsg. v. Otto BUSCH und James SHEEHAN. Berlin 1985, 193ff, vgl. ferner Anm. 37.

32. Veröffentlicht unter dem Titel: Vom Reich zur Republik. Notizen zu Brüchen und Wandlungen im Österreichbewußtsein seit 1867. In: Wiener Journal, Nr. 78 und 79, März und April 1987. Jetzt wieder in STOURZH, Reich, 25–56 (Anm. 2). – Das folgende Zitat etwas erweitert ebd. 51 ff.

ausgliederung und Wiedererrichtung der Republik Österreich 1945 trug einen grundlegend anderen Charakter als jener Teilungsprozeß, der zur Errichtung und schließlich Konsolidierung der Bundesrepublik Deutschland sowie der DDR geführt hat. Es ist bemerkenswert, daß die jahrelange Übung, von ‚beiden' deutschen Staaten oder von ‚zwei' deutschen Staaten zu sprechen, in den letzten Jahren mancherorts abgelöst wird durch den Hinweis auf ‚drei' deutsche Staaten oder gar wie bei Erdmann auf das ‚dreigeteilte' Deutschland. *Dies* ist es, was ich als Tendenz zu einer ‚Wiedervereinnahmung' Österreichs bezeichne . . ."

Ziemlich genau ein Jahr später konnte Gerald STOURZH, gemeinsam mit Helmut RUMPLER und Moritz CSÁKY, neuerlich solche „Vereinnahmungstendenzen" feststellen. In der Tageszeitung „Die Presse" wurde von den schweren Bedenken der drei österreichischen Historiker gegenüber Planungen zur Errichtung eines Museums der deutschen Geschichte in Berlin berichtet, bei denen die österreichische Geschichte auch nach 1806 bzw. 1866 in einer ganz planen Weise als „deutsche" Geschichte weitergeführt wurde und, bis 1945, zur Gänze als Teil der *deutschen Geschichte* aufgefaßt werde.[33] Wieder wurde dabei, ebenso schon wie in den Reaktionen auf den STOURZH-Vortrag ein Jahr zuvor,[34] eine (mindestens!) Zweiteilung der österreichischen Historiker sichtbar: Einige, wie Fritz FELLNER, Lothar HÖBELT oder der Rechtshistoriker Wilhelm BRAUNEDER, neigen dazu, die deutschen Komponenten der österreichischen Geschichte zu betonen, während andere (neben den genannten wären etwa Anton STAUDINGER, Gerhard BOTZ, Hanns HAAS, Rudolf ARDELT, Ernst HANISCH, Erika WEINZIERL zu erwähnen) jedenfalls von einer gesicherten österreichischen Identität der Gegenwart ausgehend es unternehmen wollen, die Vergangenheit kritisch zu beleuchten.[35]

Sehr deutlich wird aus allen diesen Diskussionen, daß sie aus nichtwissenschaftlichen Motiven gespeist werden, daß ihnen die Geschichtswissenschaft aber nicht entgehen kann und soll – ebensowenig wie der Frage nach der Haltung ‚der' Österreicher zwischen 1938 und 1945.[36] Allerdings werden sie, sieht man von den breiter ausgeführten Thesen FELLNERs[37]

33. "Geschichte einer starken Umarmung". In: Die Presse, 12. Dezember 1986.

34. Der Vortrag von STOURZH war von Lothar HÖBELT in der „Presse" vom 7./8. Dezember 1985 in einer Weise kommentiert worden, die die „deutsche Frage" als „offen" bezeichnete – keineswegs im Sinn des Vortrages von STOURZH!

35. Auf einen Leserbrief von Moritz CSÁKY vom 21./22. Dezember 1985 mit dem Tenor, der deutsche Charakter Österreichs sei eine ewiggestrige Frage, ging's dann richtig und ressentimentgeladen los, ganz analog wie gegen STOURZH, RUMPLER und CSÁKY im Dezember 1986, mit häufig derart plumper Argumentation, daß man sich als Absolvent einer österreichischen Universität schämt, daß so viele dieser Herren einen akademischen Titel tragen.

36. Dazu die ausgezeichnete Studie von Radomir LUŽA: Österreich und die großdeutsche Idee in der NS-Zeit. Wien-Köln-Graz 1977.

37. Sowohl in den schon genannten Titeln wie in dem Beitrag: Die Historiographie zur österreichisch-deutschen Problematik als Spiegel der nationalpolitischen Diskussion. In: Heinrich

und STOURZH'[38] ab, im allgemeinen ohne eine breite Materialbasis geführt, weithin auch ohne gründliche methodisch-theoretisch Reflexion. Relativ ‚deutsch' orientierte Historiker wie Fritz FELLNER, Grete KLINGENSTEIN oder Lothar HÖBELT neigen ebenso wie Karl D. ERDMANN dazu, eine selbst bereits ‚historische' Begrifflichkeit zu verwenden, ohne diese selbst auf ihre Hintergründe zu untersuchen. So hat etwa Grete KLINGENSTEIN dem Autor dieser Zeilen in einer sehr scharfen Rezension empfohlen, überkommene Begriffe wie „Nation und Nationalität, Volk, Staatsvolk" usw. zu verwenden, ohne zu erkennen, daß von mir natürlich sehr bewußt Begriffe wie „Volk" ausgespart wurden, die sich zwar hervorragend zum Polemisieren eignen, auf Grund ihrer semantischen Unschärfe aber für eine wissenschaftliche Analyse unbrauchbar sind.[39] Auch die in der Zeitschrift „historicum" publizierte Geschichte der Diskussion um die Erdmann-These bleibt daher notwendig in jenen Grenzen, die als einziger Kritiker ERDMANNs wahrscheinlich Rudolf ARDELT sprengte. – Aber ebenso wie den von deutschnationalen Standpunkten aus operierenden Historikern ist auch den österreichisch-nationalen Positionen zuweilen der Vorwurf apriorischen Herangehens an das Problem nicht völlig zu ersparen; so, wenn immer wieder die „Reichsdisposition" des Wiener Beckens strapaziert wird, die, sozusagen schon von Ewigkeit her, hier eine besondere Staatlichkeit entstehen ließ.[40] Oder wenn die neutrale österreichische Kleinstaatlichkeit der Gegenwart mit dem Vorbild des keltischen „regnum Noricum" des 2. und 1. vorchristlichen Jahrhunderts begründet wird.[41]

Es scheint mir das Problem auch in den verwendeten *Gedankenkonstrukten (Modellen)* zu liegen: Fast alle „politischen" Historiker gehen doch irgendwie von einer Art von „deutscher" Einheit aus, die dann irgendwann (1804, 1866) gelöst worden und schließlich einer eigenen österreichischen Identität gewichen sei. Demgegenüber ist zu betonen, daß die postulierte „Einheit" nie in einer gesellschaftlich-politischen Alltagsbedeutung existierte. Die Geschichte des Heiligen Römischen Reiches Deutscher Nation ist vom 16. bis zum 18. Jahrhundert kein Schauplatz irgendeiner „Einheit", sondern des erfolgreichen Kampfes der Reichsstände gegen die Präponderanz des Hauses Österreich und gegen die Einbeziehung in dessen Staats-

LUTZ/Helmut RUMPLER (Hg.): Österreich und die deutsche Frage im 19. und 20. Jahrhundert. Wien 1982, 33–59.

38. Vgl. Anm. 32, ferner Ds., in: Nationalbewußtsein, 107–121 (Anm. 4), sowie Forschungsprojekt „Österreichbewußtsein 1987" (Anm. 6).

39. Das historisch-politische Buch, 33 (1985), 1 f. Meine Antwort darauf in: Österreich in Geschichte und Literatur, 1985, 402ff sowie, eher feuilletonistisch, im Wiener Journal Nr. 62, Nov. 1985.

40. Georg WAGNER nach Hugo HASSINGER, in dem in Anm. 2 zitierten Buch, 205.

41. WAGNER, Staatsidee, 117 (Anm. 2), mit Verweisen auf Heinrich LAMMASCH, Stephan VEROSTA und Richard MEISTER. Auch der Grazer Rechtshistoriker Hermann BALTL beschwört immer wieder diese Kontinuität.

bildung – so sieht die immer wieder postulierte „Einheit" und „Schicksalsgemeinschaft" in der historischen Realität aus. Es ist also durchaus logisch, daß sich längerfristig Österreich ebenso als Staat (und Nation) konstituierte wie das „außerösterreichische Deutschland" (in einem Begriff des späten 18. Jahrhunderts).

Viel nützlicher erscheint es da, von *sozialwissenschaftlichen Integrationsmodellen* auszugehen als von der Annahme ursprünglicher Einheit und späterer Desintegration: Dann wird sich herausstellen, daß eine Österreich umfassende „deutsche Einheit" in der Geschichte immer nur ein Ausnahmefall war (Wahl zum Frankfurter Parlament 1848, 1938–1945), die Regel hingegen eine langsamer oder schneller vor sich gehende staatliche Integration Österreichs, unabhängig von den Institutionen des alten Reiches (wie dessen Reichstag in Regensburg) oder des Deutschen Bundes. Das führte früh zu einer eigenen Identität der deutschsprachigen Österreicher, die sich einerseits an den Linien staatlicher Integration und andererseits, mit dem Sieg des sprachnationalen Modells, an den Sprachgrenzen orientierte: also ein deutsch-österreichisches Nationalbewußtsein, dem 1918/38 die österreichische Komponente verlorenzugehen drohte. Seit 1945 setzte sie sich doch wieder durch – wie wir für dieses Land hoffen, trotz aller Probleme dauerhaft erfolgreich.[42] Die Positionierung Österreichs in Europa und die Österreichs 1996 werden Probe aufs Exempel sein.

VI. Österreichbewußtsein – Grenzen, Gefährdungen, Chancen

Das schon relativ lange Erleben gesicherter *österreichischer Existenz,* gepaart mit einem gewissen materiellen Erfolg, dürfte die weitere unangefochtene Entwicklung österreichischer nationaler Identität sichern. Demgegenüber bleiben die „deutschen" Bestandteile des österreichischen Bewußtseins freilich spürbar, aber abnehmend: Die Turbulenzen um die Bundespräsidentenwahl von 1986 haben zwar möglicherweise einige Feindbilder neu belebt, aber nicht in empirisch wirklich faßbarer Weise dazu geführt, daß große Teile der österreichischen Bevölkerung aus diesen Schwierigkeiten vielleicht wieder in eine „deutsche" Identität geflüchtet wären. Obzwar kleine Gruppen tatsächlich so reagiert haben, ist insgesamt

42. Emil BRIX: Österreich und Deutschland. Bedingungen der getrennten Entwicklung im 20. Jahrhundert. In: Politische Studien, 39 (1988), 448–457, ist in seinem sonst recht klugen und bemerkenswerten Text ebenfalls dem Desintegrationsmodell verpflichtet. – Zahlreiche treffende Beobachtungen Anton PELINKAs in seinem Buch: Zur österr. Identität. Zwischen deutscher Vereinigung und Mitteleuropa. Wien 1990, lassen sich ebenso auf diese besonderen Bedingungen der Nationsbildung Österreichs zurückführen wie manche Zeugnisse in Oliver RATHKOLB/Georg SCHMID/Gernot HEISS (Hg.): Österreich und Deutschlands Größe. Ein schlampiges Verhältnis, Salzburg 1990.

die mentale Distanzierung von Deutschland, aber auch vom Nationalsozialismus heute wesentlich deutlicher ausgeprägt als 1980.[43]

Aufbauend auf älteren Gemeinsamkeiten und Traditionen, teilweise aber auch durchaus mit stark spürbaren Bruchlinien und Kanten, hat sich ab 1945 ein *nationaler österreichischer Konsens* verfestigt. Diesem Konsens mangelt aber, notwendig, die Möglichkeit, „Geschichte" (von Siegen, erfolgreichen Revolutionen, Befreiungskriegen) als legitimatorisches Element benützen zu können. Die bedeutungsschweren Jahre des 20. Jahrhunderts (1918, 1934, 1938, 1945) lösen bei den Österreichern je nach politischem Lager unterschiedliche Empfindungen aus. *Die große und wichtige Ausnahme: der Staatsvertrag 1955.*

Dies sollte nicht unter-, aber auch nicht überschätzt werden. *Österreichische Identität* bedarf daher zu ihrer dauerhaften Grundierung der steten Erfahrung der Österreicher, dazuzugehören, teilzuhaben, teilzunehmen, kurz, bedarf einer ausgeprägten Kultur der *politischen Partizipation*. Es ist nicht verwunderlich, daß gerade jene politische Gruppierung, die am radikalsten solche neue Formen fordert, auch am deutlichsten österreichisch-national orientiert ist, die grün-alternative Bewegung. Und es wird an den beiden österreichischen Großparteien liegen, ob solches Bewußtsein in Frustration und einem Auszug gerade politisch bewußter und engagierter Gruppen aus dem nationalen Konsens enden wird, oder in der Befestigung österreichischer Identität.

Ist solches *„Österreich"-Bewußtsein* in der Tat ein Wert, für den zu werben sich lohnt? Oder bedeutet es kleinhäuslerische Schrebergartenmentalität, „Flucht vor der Größe"? Das Gegenmodell zur nationalen Identität der Österreicher ist bei jenen, die nicht *„Deutschland"* meinen (und das ist bei nicht wenigen Leuten der Fall, die *„Europa"* sagen), *„Weltbürgerlichkeit"*. Freilich ist Weltbürgerlichkeit nicht erreichbar als Flucht vor eigenen Identitätsproblemen – nur wer sich seiner selbst sicher ist (also, um es klar zu sagen, wer die Frage „österreichisch" oder „deutsch" ein für alle mal geklärt hat), gibt einen unverkrampften Weltbürger und Europäer ab. Nur wer seine lokale, regionale und überregionale Identität in sich verarbeitet und gesichert hat, kann daher sinnvoll den Anspruch auf eine Identität erheben, die sich an der gesamten Menschheit der freiwilligen Assoziation freier Nationen zeigt, werden die Österreicher auch nur als eine dieser Nationen angehören können – als dritte Kolonne der Deutschen wird man uns zu Recht mißtrauen.

43. Interessanterweise widersprechen die Ergebnisse der Meinungsforschung den subjektiven Empfindungen des Autors. Gewisse wiederaufgeflammte „deutsche" Emotionen scheinen doch bloß bei Minderheiten vorhanden zu sein, freilich bei nicht einflußlosen Minderheiten. *Diese* Emotionen zeigen sich tatsächlich wieder deutlicher. Andererseits wird bei Mehrheiten die Trennung von der „deutschen" Vergangenheit (jetzt erst!) deutlicher artikuliert. Davon war oben im Kap. III. schon die Rede. Das empirische Material findet sich bei ULRAM, Österreichbewußtsein 1987, 53 (Anm. 6).

Nur wer seine lokale, regionale und überregionale Identität in sich verarbeitet und gesichert hat, kann daher sinnvoll den Anspruch auf neue Identität erheben, die sich an der gesamten Menschheit zeigt.

Die Sprache der Zweiten Republik

Gerfried Sperl

I. Sprache und Politik

Um Gottes willen, schon wieder wir, die *Politiker.* Natürlich. Dieses Thema betrifft die politische Sprache der Zweiten Republik und damit die Sprache der Politiker. Aber nicht nur. Denn politische Reden werden oft genug von Sekretären und Pressereferenten geschrieben, oder zumindest vorbereitet. Und die Politik wird nicht nur von Mandataren und Funktionären bestimmt, sondern auch von *Bürgern,* die ein Problem zur Sprache bringen, und natürlich von den *Journalisten,* deren Sprache ziemlich einflußreich ist. Die Presse-Sprache der Zweiten Republik aber klammern wir aus und konzentrieren uns auf Tendenzen des jeweiligen politischen Sprachgebrauchs in den verschiedenen Phasen der Zweiten Republik.

In der Bundesrepbulik Deutschland setzte Anfang der siebziger Jahre eine breite Diskussion über die *Sprache* und deren Macht in der *Politik* ein. Die Konservativen „begriffen", daß die Neue Linke der sechziger Jahre nicht nur neue politische „Begriffe" geschaffen hat, sondern über weite Strecken auch die politische Sprache „besetzt" hatte. Daher kam es zu einer „Instandbesetzung" jener Sprache, die – nach Meinung der Kritiker – durch ideologische Muster wie die „Hessischen Rahmenrichtlinien" verarmt und „umfunktioniert" worden war.

Die erste, vehement vorgetragene, *Kritik* kam an der Wende zu den siebziger Jahren vom damaligen CDU-Generalsekretär Kurt H. BIEDENKOPF, der zum Widerstand aufrief. In weiteren Kreisen bekannt wurde der in den Jahren 1974/75 geführte Briefwechsel zwischen dem bayerischen Kultusminister Hans MAIER und dem Schriftsteller Heinrich BÖLL nach dem Erscheinen der „Katharina Blum", einer Abrechnung mit der Springer-Presse. Der Disput konzentrierte sich auf einen Vortrag MAIERs, den dieser 1972 mehrmals gehalten hatte: „Aktuelle Tendenzen der politischen Sprache". Und – im Gegenzug – auf BÖLLs Nobelpreis-Rede: „Versuch über die Vernunft der Poesie".[1]

Verweilen wir kurz bei dieser *Auseinandersetzung,* weil sie in Österreich zwar nicht intensiv geführt wurde, aber doch die sprachliche und politische Entwicklung beeinflußt hat.

---

1. Vgl. Süddeutsche Zeitung, 29./30. Jänner 1977.

BÖLL siedelt sich sofort und geschickt in der Mitte zwischen *konservativem* und *linkem* „Vokabularismus" an – indem er „rituell angewandte Formen" der Linken ebenso kritisiert, wie jene konservative „Angst vor Emotionen", die sich in Vokabeln wie Sozial- und Tarifpartnern, Arbeitnehmer und Arbeitgeber ausdrücke. Der Literat plädiert für die Rückbesinnung auf „arm und reich", ein Begriffspaar, das MAIER wegen der klassenkämpferischen Aspekte beklagt.

Dahinter steckt natürlich die prägende Kontroverse zwischen der evolutionären Vernunft des Karl POPPER und dem *revolutionären* Elan des Herbert MARCUSE[2]. BÖLLs Plädoyer für Emotionen weist aber bereits in die damals erstmals auftretende, heute mächtige „alternative Politik" und in die Strukturen jener Jugendbewegung, die – wie bei den Zürcher Unruhen – der „etablierten Politik" zuviel Kälte und zuwenig Sinnlichkeit und Gefühl[3] vorwarf.

MAIER hat Angst vor „polarisierenden, militanten, parteiischen Neubildungen", BÖLL vor einer „totalen Versachlichung", die „Phantasie, Poesie" einem „datailgenauen Logikkalkül" und damit der Computersprache unterordne. Wenngleich man sich nicht in den „poetischen Staat" (NOVALIS) verirren könne, so müsse doch die politische Brisanz der Dichtung gegenüber der „Realgesinnung" (WERFEL) verteidigt werden.

Diese Klärung der Positionen ist deshalb so wichtig, weil damit auf ein Phänomen hingewiesen wurde, das durch die verkürzte Darbietung der *humanistischen Bildung* zu wenigen bewußt ist. Vor dem Entstehen der Massenmedien, vor allem aber im klassischen Griechenland hatte das literarische Wort hohes politisches Gewicht. Weil Kritik nicht über die Medien vervielfältigt werden konnte, fand sie im Theater statt. Später: Wer etwa Roman und Theater von BULGAKOW über den Herrn MOLIERE kennt, der weiß um die starke Wechselwirkung zwischen politischer und literarischer Sprache.

Warum entfaltete sich diese Diskussion in Österreich nicht? Der erste Punkt: Die Zweite Republik hat keine Tradition einer *literarisch-politischen* Auseinandersetzung. Es gibt sie nur im ganz persönlichen, im religiösen und partiell im Fäkal-Bereich[4], oder wenn einzelne Politiker glauben, das „gesunde Volksempfinden" verteidigen zu müssen. Im übrigen ist die Literatur eher ein Lieferant für Versatzstücke politischer Reden. Aber auch die Literatur selbst attackiert zuwenig, vereinzelte Angriffe werden

2. Revolution oder Reform. Herbert Marcuse und Karl Popper. Eine Konfrontation. München 1971.

3. Nicht zu verwechseln mit „Gefühl" in Verbindung mit „Geschmack" – Politik also als ästhetisches Verfahren. Vgl. Josef HASLINGER, Politik der Gefühle. Ein Essay über Österreich. Neuwied/Rhein 1987.

4. Zu erinnern ist: An die Konflikte um die Wiener Aktionisten, an die Auseinandersetzung zwischen Josef TAUS und Peter TURRINI, sowie an die ACHTERNBUSCH-Affäre (die mit alten Reibereien um den „steirischen herbst" zusammenhing).

selten erwidert.[5] Die meisten Schriftsteller konzentrieren sich auf ihr Opus, greifen in die aktuelle Diskussion jedoch nicht ein.

Der zweite Punkt: Nach den Wahlniederlagen der Jahre 1970 und 1971 war die ÖVP wohl zu schwach, um die „Sprache“ zur *Sprache* zu bringen, die Ära KLAUS hatte kein Umfeld geschaffen, in dem Intellektuelle eine solche Debatte eröffnen hätten wollen. Sie – die ÖVP – hat in den Todesjahren der Großen Koalition nicht begriffen, daß man auf längere Sicht nur dann mehrheitsfähig ist, wenn man eine politische Kultur entwickelt, die Dissidenten ernst nimmt. Gerade dies vermochte die SPÖ unter der Führung Bruno KREISKYs sehr rasch, wobei ihr klimatisch Günther NENNINGs „Neues Forum“ zu Hilfe kam. Ähnlich – aber schon seit Beginn der sechziger Jahre – die steirische Volkspartei. Sie kapselte sich von den neuen künstlerischen Tendenzen nicht ab, pflegte literarische Sprachmuster über den damaligen Kulturreferenten Hanns KOREN und hatte somit keinen Grund, die „Besetzung von Begriffen“ durch andere zu beklagen.[6]

II. Unterscheidungen

Um das gestellte Thema genauer fassen zu können, die Bedeutung der Sprache im *österreichischen* Kontext zu erklären und somit auch die Ausstrahlung der *deutschen* Thematik, sind Unterscheidungen nötig, die in zeitliche und strukturelle Phänomene münden.

1. Gruppenmerkmale der Sprache

a) Die Sprache der Herrschenden
b) Die Sprache des Aufbegehrens
c) Die Sprache der Subkultur

2. Die Sprache politischer Phasen

a) Die Sprache des Wiederaufbaus
b) Die Sprache der neuen Identität
c) Die Sprache der Gesellschaftskritik

5. Der einzige „angriffige“ Dichter war eigentlich Thomas BERNHARD. Wie die Beschlagnahme seines Buches „Holzfällen“ zeigte, ging es auch hier nicht eigentlich um politische Grundsätze, sondern um österreichische Tabus („Eine Erregung“). „Politische“ Schriftsteller sind zweifellos Peter TURRINI, Elfriede JELINEK und Michael SCHARANG. – Vgl. Michael SCHARANG: Das Wunder Österreich. Oder wie sich ein Land immer besser und dabei immer schlechter wird. Wien 1989.

6. Beim Begräbnis für Landeshauptmann Josef KRAINER sen. im Jahre 1971 hielten Bruno KREISKY und Hanns KOREN die Trauerreden. Man müßte diese als sprachliche Zeugnisse des Österreichischen publizieren. Hochinteressant: Die Trauerfeier wurde von Architekten der „Werkgruppe“ gestaltet, die wesentlich an der Gründung des „Forum Stadtpark“ beteiligt waren.

d) Die Sprache des Aufschwungs
e) Die Sprache der Skepsis und Einschränkung
f) Die Sprache des neuen Populismus

3. Symbol- und Körpersprache

a) Die Krawattengeneration
b) Die färbige Vielfalt
c) Die Pullover-Politik

Die *Sprache der Herrschenden.* Sie ist natürlich kein spezifisch österreichisches Phänomen und letztlich nicht rational begründbar: „Das Ziel der Menschenbeeinflussung, das in der Politik so oft im Vordergrund steht, ist in vielen Situationen nicht allein mit rationaler und sachlicher Argumentation erreichbar", schreibt der Grazer Ideologiekritiker Kurt SALAMUN[7], und bedient sich statt ideoligischer Muster zunehmend der Möglichkeiten der Werbung. Im österreichischen Zusammenhang interessieren uns zwei *Strategien,* die erfolgreich sein konnten, weil sie vermutlich mit den Gefühlen und dem Bewußtsein einer Mehrheit übereinstimmten. Erfolgreich war in der Ära RAAB die Strategie der *Identifikation,* weil Julius RAAB Baumeister war und dieser Beruf mit der Aufbau-Gesinnung zusammenfiel.[8] Ganz anders die Ära KREISKY. Seine Ausflüge in die Weltpolitik und in die Literatur spiegelten die Öffnung der sechziger Jahre (KENNEDY, JOHANNES XXIII.) und brachten die Renaissance des „Österreichischen" zum Ausdruck. Dazu kam KREISKYs völlig unverkrampftes Verhältnis zu den Medien und zum Fernsehen.[9] Bruno KREISKY arbeitete gleichzeitig sehr geschickt mit der Taktik der *Vereinnahmung,* indem er sich nicht scheute, öffentlich die Umgangssprache zu verwenden. Er sagte „es wurmt mich", oder: „der ist gefinkelt", oder „die MEIR hat micht heruntergeputzt . . .". Günther NENNING, trotz seiner „Wurstel"-Kontroverse mit KREISKY ein Architekt des SPÖ-Sieges von 1970, hat bereits 1966 kurz nach der Erringung der „Absoluten" durch die ÖVP das katholische Lager angesprochen. In der Juli-Nummer des „Neuen Forum" schrieb er unter dem Titel „Öffnung oder Untergang": „. . . wird Sozialismus häufig als Oberbegriff für die westliche Sozialdemokratie und den marxistisch-kommunistischen Sozialismus gebraucht. Das ist insofern korrekturbedürftig, als zum Sozialismus natürlich auch der christliche Sozialismus in allen seinen Spielarten gehört". Das war die Arbeit an der christlichen Flanke, während KREISKY durch beginnende Kritik an Israel selbst die freiheitlichen Fransen beeindruckte.

7. Vgl. Kurt SALAMUN: Ideologie und Aufklärung. Weltanschauungstheorie und Politik. Wien-Köln-Graz 1988, 14.

8. Vgl. Aufsatz d. Verf. in: Was, Nr. 35/1982.

9. KREISKY hat 1966 den SPIEGEL zu einer TV-Diskussion herausgefordert. Ein bis dato in Österreich einmaliger Vorgang. Vgl. auch die Diskussion über den „Journalistenkanzler".

Die *Sprache des Aufbegehrens* ist nicht die Sprache der Beherrschten, sondern jener im *Vorhof der Macht* – zum Beispiel der Grün-Alternativen vor dem Einzug in einen Gemeinderat, der studentischen Rebellen der sechziger Jahre, der Formulierer in den wissenschaftlichen Denkfabriken, teilweise auch die Sprache politscher Journalisten.

Ihre Hauptthemen waren in den fünfziger und sechzigerer Jahren die *Kritik* an der Großen Koalition, am Ämterproporz, an den Hierarchien: „Unter den Talaren der Muff von tausend Jahren", oder „Trau keinem über Dreißig" – beides natürlich Importe aus der Bundesrepublik. In den siebziger Jahren verlagerte sich die Kritik auf Umweltthemen, auf die Rüstungsproblematik und – besonders populär – auf die Politikergehälter.

Es gibt Anzeichen, daß neue *oppositionelle* Einstellungen aus tieferen Einsichten in alte Zusammenhänge entstehen könnten. Ermöglicht wird dies durch effiziente Methoden in der Altertumsforschung und durch biologistische Denkweisen, die stark in die Alternativbewegung hereinspielen. Mit Konrad LORENZ hatte Österreich dafür einen „genuinen Philosophen".[10]

Die Sprache der *Subkultur* ist scheinbar unpolitisch, aber der politische Unterton von *Rock-Texten* wie „Jetzt wird wieder in die Hände gespuckt, wir fördern das Brutto-Sozialprodukt" ist nur ein Aspekt der „Szene". Der andere sind die durch den Schweizer Harald NAEGELI europaweit konfliktträchtig gewordenen *„Graffiti"*, die – wie so oft – Leute aufregen, denen es sonst ein Anliegen ist, die „Geschichtslosigkeit" unserer Zeit zu beklagen. Die Graffiti-Tradition reicht bis in biblische Zeiten und blieb in der romanischen Welt stets virulent. Für uns ist sie neu. Heinz-Jürgen KRUPKA: „Als Zeichensystem des politischen Handelns sind Graffiti meist ein Ausdruck der Unlust und des Widerwillens gegen das System oder seine Machthaber . . . Ihre volle Bedeutung erhalten sie durch die Umwelt . . . das Graffiti „Lebt, Leute lebt" ändert seine Bedeutung jeweils damit, ob es in einer häßlichen Neubau-Siedlung, auf der Berliner Mauer oder an der Mauer eines AKW angebracht ist".[11]

Wegen der Anonymität des Autors oder Künstlers gehören Graffiti (In-

10. Folgende Schlüsselbücher sind hier zu nennen: Konrad LORENZ: Das sogenannte Böse. Versch. Auflagen 1963–81. Hans Peter DUERR: Traumzeit. Über die Grenze zwischen Wildnis und Zivilisation. Frankfurt/Main 1978. Paul FEYERABEND: Erkenntnis für freie Menschen. Frankfurt/Main 1980. Leopold KOHR: Die überentwickelten Nationen. Salzburg 1983. Erwin CHARGAFF: Warnungstafeln. Stuttgart 1982. Über LORENZ und dessen (österr.) Schüler wurden viele „Bio-Wörter" in den Sprachgebrauch getragen, über DUERR zahlreiche ethnologische Begriffe. In „Der gläserne Zaun" – Aufsätze zu Hans Peter DUERRs „Traumzeit" hg. v. Rolf GEHLEN/Bernd WOLF: Frankfurt/Main 1983, schrieben auch der Wiener Adolf HOLL, der Grazer Rechtsphilosoph Peter STRASSER und der Grazer Philosoph Sepp MITTERER, der über „Sprache und Wirklichkeit" dissertierte. Stark beeinflußt von der Diskussion dieser Strömungen ist die auch die steirische Kulturpolitik mitprägende Literaturzeitschrift „Sterz".

11. Vgl. Heinz-Jürgen KRUPKA: Die geheime Sprache der Dinge. In: Süddeutsche Zeitung. 4. Mai 1983.

schriften, Wandmal-Texte) in den Bereich der Subkultur (während das *Flugblatt* mit klar gekennzeichnetem Impressum der „Sprache des Aufbegehrens“ zuzuzählen ist). Ihr Inhalt bleibt denk-würdig unbeschadet der öffentlichen Ärgernisse. Diese „neuen Aphorismen“ könnten, wenn ihre Entstehung vergessen, ihre eigentliche oppositionelle Bedeutung verblaßt ist, sogar in die „Sprache der Herrschenden“ einrücken:

Die Frage ist: Gibt es ein Leben nach der Geburt?

Gott ist tot. Nietzsche.

Nietzsche ist tot. Gott.

Die Bullen von heute sind die hot dogs von morgen.

Hier herrschen Sucht und Ordnung.

III. Die zeitlichen Phasen

Die bereits genannten *Phasen* überlappen einander, die These wäre: Jede Zeit hat ihre sprachlichen Ausdrucksformen. Jene politische Richtung oder Gruppe, die eine solche – mit dem jeweiligen politischen Bewußtsein identische – „Stimmung“ erfaßt, begreift und benützt, ist erfolgreicher als andere.

Aus diesem Grund ist es sehr einleuchtend, daß die ehemaligen *Nationalsozialisten* knapp nach dem Krieg als Personen wohl wahlentscheidend waren, daß ihre Sprache aber (in der Struktur gleichgeblieben, aber „Reizvokabel“ vermeidend) keine prägende Wirkung haben konnte. Man hatte die Vergangenheit zwar nicht bewältigt, aber die Zukunft angepackt.

Aus den Wurzeln des Konsenses entstand ein ganz entscheidender politischer Begriff, der sich als mittlerweile tabuisierter Mythos gehalten hat – die *„Sozialpartnerschaft“* (mit der Graffiti-Kritik versehen: „Sozialpanzerschaft“). Und ein zweites Wort, das allgegenwärtig ist, aber umstritten blieb: *„Verstaatlichte“* (Industrie). Die meisten anderen Staaten verwenden den Ausdruck „nationalisiert“.

Etwas exotisch hört sich so manches an, das in den „programmatischen Leitsätzen“ der *Volkspartei* 1945 zu lesen ist. Begriffe wie „Ritterlichkeit“, oder „Lenkung“ oder „Miliz“ haben sich bei uns genausowenig durchgesetzt wie dieses Programm selbst, das nach dem Willen seiner Initiatoren an die katholische Tradition der britischen Labour-Party anknüpfte.

Durchgesetzt hat sich die Sprache des Wiederaufbaus, stets dem *Volk* und dem *Vaterland* verpflichtet. Sie hat ihre große Zeit nach dem Staatsvertrag und bröckelt dann ab bis hin zum Ende der Einparteienregierung KLAUS im Jahre 1970.

Von Anfang an haben die *Sozialisten* ihre „Gesellschaftsordnung“ ins Spiel gebracht, basierend auf der „Arbeiterbewegung“, während die *ÖVP* von einer „Arbeiterschaft" spricht – erinnernd an Wörter wie „Belegschaft" (heute noch in Unternehmen gebräuchlich) oder „Gefolgschaft". Redlichkeit, Sauberkeit, Korrektheit sind immer wieder zitierte Vokabel, die schließlich angesichts des wachsenden „Proporzes" zu Leerformeln werden.

Was die *Wirtschaftlichkeit* anbelangt, ist zunächst lediglich vom Ziel eines „hohen Beschäftigungsstandes" die Rede, in den sechziger Jahren hat sich die „Vollbeschäftigung" durchgesetzt. Eigentumsbildung, Eigenkapital sind ebenso wie die Kaufkraft Zeichen des „Wohlstandes". Erst 1961 taucht in einer Regierungserklärung die „Dritte Welt" ganz direkt auf. Noch spricht man nicht von „Unterentwickelten", sondern von „Minderentwickelten", denen man helfen müsse.

In den fünziger Jahren hat man noch keine Probleme „gelöst" oder „bewältigt", man hat sie in ganz traditioneller Art „gemeistert". 1953 und später räumen die *Regierungserklärungen* dem „Handwerk" breiten Raum ein, ebenso wie der „Lehrlingshaltung" (!). 1961 unter Alfons GORBACH spricht man nur noch von „Klein- und Mittelbetrieben" und von der „Lehrlingsausbildung". Trotzdem gibt es einen interessanten Gleichklang. Eine Passage der Regierungserklärung Julius RAABs vom 15. April 1953 könnte auch in jener des Kreisky-Nachfolgers Fred SINOWATZ stehen:[12] „Bei den langen Jahren ständigen Preisauftriebs müssen sich bei der Umstellung der Wirtschaftspolitik vom inflationistischen Kurs auf die Stabilisierung Schwierigkeiten und Reibungen ergeben."

Empfohlen werden aber weder eine Anonymitätsabgabe, noch eine Erhöhung der Mehrwert(Umsatz-)steuer, sondern ein Sparbegünstigungsgesetz kombiniert mit steuerlichen Erleichterungen zur Steigerung des „Mehraufkommens".

Zu kurz kam – verständlich – die Entwicklung einer *innovativen* politischen Kultur. Otto SCHULMEISTER kritisiert 1967:[13] „Wo klingt noch die Sprache des Schwierigen nach? . . . Wo erst ist das österreichische Gesicht zu entdecken . . .? Hier scheint nur zu oft etwas Teigiges, breihaft Erstarrtes . . . zur Ausstattung von heute zu gehören."[14] „Das verlorene Gesicht und die verlorene Sprache – auch ihr Verlust macht grausam schmerzlich bewußt, daß es heute zwei Österreich sind: das von damals und das von heute." SCHULMEISTER war etwas entgangen, das sich auch in den Regierungserklärungen des Josef KLAUS in den Jahren 1964 und 1966 nicht eingepflanzt hatte (wenngleich man eine „Modernisierung" nicht ableugnen kann – Forschung, Studienreform, Rundfunkreform, Straf-

12. Zit. nach Maximilian GOTTSCHLICH/Oswald PANAGL/Manfried WELAN: Was die Kanzler sagten. Regierungserklärungen der Zweiten Republik. 1945–1987. Wien-Köln 1989, 112.

13. Otto SCHULMEISTER: Die Zukunft Österreichs. Wien 1967.

14. Zu verweisen ist dabei auf die Assoziation mit den erst viel später auftretenden Farb-Gesichtern der Deix-Karikaturen.

rechtsreform). Im *Hintergrund* hatte sich etwas ereignet, das die Politik des offiziellen Österreich seit Jahren nicht verstanden hatte.

Im amerikanischen Princeton war ein *Österreicher* die Sensation der Tagung der Gruppe 47: Peter HANDKE wetterte gegen die „Beschreibungsliteratur“, dieser „zarte Beatle mit der unzarten Wut“ (Helmuth KARASEK), mit seinem „Zorn gegen die alten Bonzen“ (Joachim KAISER). „So schmerzlos wie bei ihm war die Wortmoderne selten zu haben“ (Rainer BAUMGART).[14]

HANDKE kam aus *Graz,* weil dort hochgekommen war, was man in *Wien* nicht wahrnahm oder sogar unterdrückte: nämlich die Literaturgruppe um Konrad BAYER, Ernst JANDL und Friederike MAYRÖCKER, assistiert von neuen Bewegungen in Kunst und Architektur (ACHLEITNER, HOLLEIN, PICHLER, NITSCH, HOLLEGHA, MIKL etc.) Daraus entwickelte sich die *Sprache der neuen Identität.* Ihren Beginn kann man in den Jahren 1958/59/60 ansetzen, ihr Ende ist – hoffentlich – nicht abzusehen.

Die *offizielle Politik* war zunächst vorbeigegangen an publizistischen Phänomenen wie dem von Friedrich TORBERG redigierten „Forum“, dem von Rudolf HENZ herausgegebenen „Wort in der Zeit“, wo sogar Andreas OKOPENKO und Thomas BERNHARD publizierten, an „Wort und Wahrheit“, wo neben Otto MAUER und Karl STROBL auch SCHULMEISTER den Ton angab. Die Politiker wußten zweifellos davon, aber sie nahmen die Wirkung nicht wahr. Führende Publizisten wie SCHULMEISTER waren mitten drin, begriffen aber die Motive der ganz Jungen nicht sofort.[15]

Gleichzeitig begann eine Renaissance der *Studentenzeitschriften.* In Wien „Top secret“ und „Top public“ von Werner VOGT, der Grazer „Impuls“ unter Kuno KNÖBL, dann Hans PREINER. Und erst recht das literarische Organ des Grazer Forum Stadtpark, die „manuskripte“, später die lebendigen Nummern der CV-Zeitschrift „academia“ unter Wolfgang AIGNER und Werner A. PERGER.[16]

Die Sprachfindung orientierte sich *philosophisch* an der Frankfurter Schule, *theologisch* an Karl RAHNER und Johannn B. METZ, *literarisch* an Franz KAFKA, strukturell an Ludwig WITTGENSTEIN – zunehmend aber auch an Amerikanern wie HANDKEs „Innenwelt der Außenwelt der Innenwelt“ zeigt. Aus dieser Spurensicherung und der Konfrontation mit der Welt entstand *Neues,* das man an Hand einer Passage aus Thomas BERNHARDs „Ungenach“ illustrieren kann. „Der Österreicher, meinte Moro, sei so, daß es nichts nützt, ständig, weil einem dieses geschlagene Volk immer noch leid tut, auf Mozart und Stifter, auf den verrückten Raimund und auf den wahnsinnsgemäßen Wittgenstein hinzuweisen, auf

15. Über Peter HANDKE, vgl. SPIEGEL Nr. 22/1970.

16. In der SPÖ eliminierte man Heinz BRANTLs hervorragende gemachte Wochenzeitung „Heute“, die eine Renaissance der politischen und kulturellen Kritik einleitete. Sie hätte so etwas wie eine österreichische „Zeit“ werden können.

die Natur hinzuweisen, die doch zweifellos eine österreichische Natur sei . . . ‚Man glaubt uns heute weder die Macht (und die Kultur!), die wir nicht haben, noch die Macht (und die Kultur!), die wir gehabt haben, oder überhaupt nie gehabt haben, weil man uns überhaupt nichts mehr glaubt'".

BERNHARD glaubte vor allem an seine Art der Literatur wie die anderen an die ihre. Es dauerte jedoch bis zur *sozialistischen* Alleinregierung, um diese „neue österreichische Identität" hoffähig zu machen. Sie wurde gefördert, was sich schließlich sogar in Künstlernamen auf Wahlempfehlungen für KREISKY ausdrückte. Mit Fug und Recht konnte deshalb auch Ernst JANDL über die österreichische Fahne dichten:

„Rot
ich weiß
rot"

III. *Exkurs:* KLAUS und KREISKY

Der „echte Österreicher" Josef KLAUS (Plakattext) aus dem Kärntnerischen und der Jude Bruno Kreisky verkörpern zwei ganz verschiedene Konzepte der österreichischen *Nachkriegspolitik*.[17] Der eine ein Schwimmer, Sauna-Geher und Bergsteiger aus den Alpen, musikalisch identifizierbar mit dem Volkslied, ein braungebrannter Mann, der auch Präsident des Schiverbandes hätte sein können. KLAUS „rauchte nicht wie Raab, trinkt nicht wie Figl, witzelt nicht wie Gorbach".[18] Der andere ein Anti-Sportler aus der großbürgerlichen Tradition der SCHNITZLER, HOFMANNSTHAL und BROCH, musikalisch identifizierbar mit SCHUBERT und SMETANA, eine narzißtische Spieler-Natur. Und doch haben sie eines gemeinsam, das sie – jeder in seiner Art – zu unverwechselbaren Gestalten dieses Österreich macht. Josef KLAUS wurde eine „unösterreichische Askese" zugeschrieben, weshalb man ihn für befähigt hielt, die abgelebte Große Koalition durch einen neuen Stil zu ersetzen. Das ist ihm gelungen, das ist seine große Leistung. Eine strenge politische Moral (überlagert freilich durch Machtgefühle) gehört gleichwohl auch zu jenen Eigenschaften Bruno Kreiskys, die ihn zum Verfolger von Hannes ANDROSCH machten: „Ich kann mir eine Politik ohne moralische Verantwortung überhaupt nicht vorstellen." Denn alles andere führe zu einem „Macchiavellismus".[19]

Vielleicht ist Josef KLAUS zu früh oder zu spät Kanzler geworden, jedenfalls nicht zum richtigen Zeitpunkt, um für die ÖVP jene Mehrheit abzusichern, die sie auch wegen der Olah-Krise erhielt. Die politischen Umstän-

17. Zum histor. Zusammenhang Alfred ABLEITINGER in diesem Band.
18. SPIEGEL-Einleitung zu einem KLAUS-Interview. 1967.
19. Vgl. SPIEGEL Nr. 19/1972.

de dürfen uns hier nicht weiter interessieren, wohl aber die sprachlichen Unterschiede der beiden Männer. KLAUS symbolisiert nicht nur das Finale des Wiederaufbaus, sondern auch den Optimismus des Aufschwungs. Seine Sachlichkeit aber läßt ihn eine seltsam hölzerne Sprache führen, eine unhistorisch-technische: „Es ging mir darum . . . zu präzisieren“ – „Meine Formel lautet: Optimismus mit viel Geduld“ – „Unsere Freiheit muß uns große Opfer wert sein“ – „Ich habe das . . . deutlich gemacht“. In Interviews antwortet KLAUS direkt oder entgegnet barsch, während KREISKY zuerst die Fragen für seinen Gebrauch „herrichtet“. KLAUS wirkt immer objektiv, KREISKY subjektiv. KLAUS redet hart an der Sache, KREISKY bringt Querverweise, weicht aus, zitiert Beispiele aus dem täglichen Leben: „Daherregieren“ – „Leute, die sich ein Jaukerl geben“. Er wirkt immer plastisch. Zur Sprache selbst kommt deren *Tonfall.* „Ham's die Sesseln für'n Sadat schon bestellt?“ im Zeit-Magazin 1975 zitiert.[20] Das war in einer Phase, als der Kanzler den Zenit des „Sonnenkönigs“ (Kurt VORHOFER) überschritten hatte und Thomas BERNHARD ätzen konnte: „Höhensonnenkönig“.[21] Tatsache ist, daß in Österreich die Vergangenheit wieder etwas galt und daß man das „Fin de Siècle“[22] samt den mitteleuropäischen Lebensweisen wiederzuentdecken begann.[23]

In seinem Drama „Der grüne Kakadu“ hat Arthur SCHNITZLER an Hand der Französischen Revolution in Wirklichkeit *Ironisches* über Österreich geschrieben und eine Vermischung zwischen Spiel *und* politischem Handeln konstatiert. Ideologisches („Konkurrenzkampf der Ideen“)[24] steht zwar im Vordergrund – gleichwohl sind psychologische Motive und persönliche Traditionen wichtiger. Nach Auffassung des amerikanischen Historikers Carl SCHORSKE führte HOFMANNSTHAL das SCHNITZLER-Szenario weiter. HOFMANNSTHALs These: Die große Kunst (sogar die politische) hängt ab von einem Anerkennen der psychischen Wirklichkeiten im alltäglichen Leben. Nicht die Stimmabgabe führe zum Umschwung, sondern das Gefühl einer „Teilnahme an der Zeremonie des Ganzen“. Das heißt: „Nur in einer rituellen Form der Politik, von welcher keiner sich ausgeschlossen fühlt, können die ungeformten Kräfte der widerstreitenden Individuen in Einklang gebracht werden“.[25]

Irgendwie verkörperte KREISKY die Wiedergeburt des Schwierigen und –

20. Vgl. DIE ZEIT, ZEIT-Magazin Nr. 41/1975.

21. Vgl. Interview mit Fritz RADDATZ. In: Die Zeit, 10. Juli 1981.

22. Roger BAUER, (Hg.): Fin de siècle. Zur Literatur und Kunst der Jahrhundertwende. Frankfurt /Main1977.

23. Eine Reihe jüngerer österr. Schriftsteller bemüht sich seit Mitte der siebziger Jahre um eine literarische Neuinterpretation Mitteleuropas. Siehe die Bücher Peter ROSEIs oder Helmut EISENDLEs und dessen Städteporträts in der „Süd-Ost Tagespost“ 1985/86. Beeinflußt freilich von den Initiativen und Texten Milan KUNDERAs und György KONRADs.

24. Vgl. SPIEGEL Nr. 19/1972

25. Carl. E. SCHORSKE: Wien. Geist und Gesellschaft im Fin de Siècle. Frankfurt /Main1982, 19.

trotz AKH – des Unbestechlichen. KLAUS, das war eher Karl SCHÖNHERRs heutiges Sprachprofil. Der „rote Kakadu“ las jeden Dienstag nach dem Ministerrat das politische Hochamt medial vervielfältigt. Während KLAUS des morgens in die Berlitz School eilte, telephonierte Kreisky im Bett. KLAUS konnte sich über etwas empören, KREISKY grantelte und attackierte sprachlich: „Der Herr Stangl oder wie er heißt . . .„ (über den Grazer SPÖ-Politiker Alfred STINGL).[26]

Begreiflich ist der Ärger KREISKYs im letzten Jahr seiner Regierung, als Oppositionschef Alois MOCK im Belvedere und in einem City-Palais quasi-staatliche Erklärungen abgab. Ein Rivale pfuschte in den Habsburg-Mythos, in die Licht-Metaphysik.[27]

IV. Weitere Phasen

Der *Sprache der Gesellschaftskritik* war nur eine kurze Lebensdauer beschieden. Sie ist nahezu identisch mit der Phase der studentischen Rebellion und den ersten Jahren der neu formulierten Emanzipation der Frauen. Sie reicht zeitlich also von etwa 1962 bis 1972 – ihr Ende ist markiert einerseits durch die Thesen des „Club of Rome“, andererseits mit der Stabilisierung der sozialistischen Regierungsmacht.

Diese Sprache leitet sich her vom *Neo-Marxismus* und der *Frankfurter Schule,* vom Aufstieg neuer wissenschaftlichen Fächer wie der Soziologie, Politikwissenschaft und Psychologie in ihrer anti-freudianischen Prägung. Ein ganzer Schub von neuen Begriffen überschwemmte auch bei uns den politischen Sprachgebrauch – vieles davon ist geblieben, weil die Macht dieser Sprache zwar nur kurz währte, sich aber tief einsenkte.

Es blieb nicht bei einzelnen Modewörtern. Ganze *Begriffsfelder* wurden wegen ihres theoretischen Hintergrunds geschaffen, neue Denkmethoden eingeführt, um die „industrielle Gesellschaft“ in den „Griff zu bekommen“. Man war „betroffen“ und „engagierte“ sich bei der „Veränderung“, die man gegenüber dem „Establishment“ durchsetzen mußte. Wer nicht mittat, hatte ein „falsches Bewußtsein“, wer sich gar widersetzte, war zumindest „faschistoid“. Deshalb mußten die Kinder auf jeden Fall „anti-autoritär“ erzogen werden. Wenn das auf Kritik stieß, fühlte man sich „diskriminiert“ – alles Wörter, die uns geradezu ein „Bedürfnis“ waren, die aber heute schon wieder viel von ihrer Berechtigung verloren haben.

Neben diesem Begriffsfeld von Macht und Ohnmacht bildete das *Theorie-Praxis-Problem* neue Aspekte heraus. Kurt SONTHEIMER hat von einem

26. Das „Älperische“ am Österreicher ist noch weniger erforscht als das „Wienerische“ und „Pannonische“ oder gar „Böhmische“ wie in: William M. JOHNSTON: Österr. Kultur- und Geistesgeschichte. Gesellschaft und Ideen im Donauraum 1848 bis 1938. Wien-Köln-Graz 1974.

27. Vgl. Ernst K. WINTER: Rudolph IV. von Österreich. Wien 1934.

„Einbruch der Theorie in das politische Denken" gesprochen.[28] In einer Zeit der Dominanz des Praktischen (Wiederaufbau) suchte man nach einem Instrument, das die Oberschicht der politischen Handwerker erschüttern konnte. Man fand es in der Theorie. Wer sie zu wenig benützte hatte ein „Theoriedefizit", wer damit erfolgreich umging, war „theoriebewußt", wer über viele Theoretiker verfügte, hatte ein großes „Theoriepotential". Man setzte sich letztlich nicht mehr mit historischen Vorgängen auseinander, sondern mit den Theorien über diese Vorgänge. Um der Theorie die richtige „Dimension" zu geben, wurde nur noch „demokratisiert", „differenziert", „postuliert" und „anvisiert" – bis hinein in den Kindergarten, wo die Kleinen nach langem Schweigen wenigstens die Qualität der Jause „problematisierten".[29]

Das war für die Eltern dann ein „Erfolgserlebnis", womit wir bei der *psychoanalytischen Euphorie* sind. Ein Einbruch, der genauso wie der zuvor geschilderte nicht abgeschlossen ist, weil natürlich etwas „dran" ist – weil man nicht nur ironisch über solche Phänomene hinwegschreiben kann. Hinter der „Theorie" stehen die Fehlentwicklungen der modernen Gesellschaft, die man durch Analyse und Therapie „eliminieren" will. Hinter der Psychoanalyse steckt die Sorge um die seelischen Verletzungen.

Jedenfalls sind die „psychosomatischen Auswirkungen" der „Frustrationstoleranz" noch nicht ausreichend untersucht, das aufgestaute „Aggressionspotential" gegenüber so vielen bedenkenlos verwendeten, von wenigen aber verstandenen Begriffen sitzt uns nach wie vor im Nacken.

Immerhin führen wir darüber immer noch ausführliche „Dialoge" – Jahre nach dem Ende der Paulus-Gesellschaft. Vor allem auf politischer Ebene, wenn es um Wahlgespräche geht. Im Sinne von Kurt LENK ist dies eine *Rechtfertigungs-Ideologie*.[30]

Viele dieser Begriffe (ausgenommen die psychologischen) wurden in den ersten „Roten Markierungen" Heinz FISCHERs auf die österreichische Situation übertragen. Weniger einflußreich war da Alois MOCKs „Die Zukunft der Volkspartei"[31], wenngleich es – im Rückblick – einige erstaunliche Formulierungen und Vorschläge gibt. Karl PISA sah die ÖVP als „Problemlösungspartei" und der Aufsatz von Helmuth SCHATTOVITS nimmt so manche alternative Organisationsform vorweg. Der Autor nannte dies einen „Vorschlag zur Dynamisierung der Partei".

Peter DIEM indessen ist im Mock-Buch jener Autor, der am lockersten mit

28. SONTHEIMER-Aufsatz in: Süddeutsche Zeitung, 11./12. Oktober 1975.

29. In Österreich wurden die neuen Kindergärten weniger von marxistischen, vielmehr von britischen Leitbildern geprägt (Summerhill).

30. Vgl. Kurt LENK: Volk und Staat. Strukturwandel politischer Ideologien im 19. und 20. Jahrhundert. Stuttgart 1971.

31. Alois MOCK (Hg.): Die Zukunft der Volkspartei. Eine kritische Selbstdarstellung. Wien -München-Zürich1971. – Heinz FISCHER (Hg.): Rote Markierungen. Beiträge zur Ideologie und Praxis der österr. Sozialdemokratie. Wien-München-Zürich 1972.

den neuen Wörtern umgeht. Abgesehen von den grassierenden Anglizismen schreibt DIEM von einer „Umsetzung christozentrischer Theorie in gesellschaftliche Praxis".

Der heutige Infratest-Guru des ORF kritisiert, was den jungen *Intellektuellen* damals feindlich erschien: die „Manipulation durch die Massenmedien", die „Überbetonung des Leistungsprinzips", der „Konsumzwang", die „repressive Sexualmoral" und/aber die „Scheinbefreiung durch den modernen Pansexualismus". Diese Speisekarte garnierte er mit der Forderung nach einer „Realisierung des Liebesgebots", ein Vorgriff auf alternative Inhalte.

Es ist bemerkenswert, daß einer der farbigsten *ÖVP-Denker* von Anfang an, Erhard BUSEK, in diesem Buch nicht aufscheint. Er gab gemeinsam mit Meinrad PETERLIK Ende der sechziger Jahre einen Band heraus, der sich (wie übrigens zuvor die TV-Diskussionsreihe Otto SCHULMEISTERs „X-32" im Jahre 1968) breiter angelegten Aspekten widmete: „Die unvollendete Republik" (Wien 1968).

Die *Frauenbewegung* hatte Österreich ebenfalls erreicht, sie äußerte sich publizistisch indessen eher sparsam. Gabrielle TRAXLER war eine der ersten, die 1973 mit ihrem Buch „Zwischen Tradition und Emanzipation"[32] die Lage der Frauen umschrieb und dabei direkt von Kate MILLETs „Sexus und Herrschaft" ausging. In einem eigenen, kurzen Kapitel beschäftigt sich Inge SOLLWEDEL mit den damaligen Lehrbüchern für den Deutschunterricht. Ihr Grundbefund: „Die Welt des Lesebuchs gehört weiter allein dem Mann, Frauen sind nur Randfiguren, da sie vorwiegend als Mütter agieren, erscheinen sie in der Kinderwelt des Grundschulbuches noch relativ häufig. In den Oberklassen tritt jedoch das weibliche Element stark hinter dem männlich bestimmten zurück".

Seit dem Ende der siebziger Jahre gibt es breitere *Ansätze,* die auch in der von der Steiermärkischen Landesregierung offiziell veranstalteten Akademie über die Frauenbewegung 1982 ihren Ausdruck fand.

Direkt im Anschluß an die *„Sprache der Gesellschaftskritik",* ist die *Sprache des Aufschwungs* zu beachten. Sie ist wirtschaftlich gekoppelt mit Begriffen wie „Europareife", „Vollbeschäftigung", „Hochkonjunktur", „Verteilungspolitik". Für sie ist signifikant, daß neue technische Vokabel auftauchten: Der Computer, der Reaktor, die Innovation, der Stellenwert, die Zielsetzung. Und daß die Werbesprache in der Ehe mit dem Fernsehen die Alltagssprache zu beherrschen begann. Vokabel der Superlative tauchten über die „Werbebotschaft" bei jungen Leuten auf: Super, phantastisch, echt stark, klassisch, sauber.

Politisch wichtig (natürlich gefördert durch kritischer gewordene Jugendliche) wurde der *Wechselwähler,* der erstmals – weil materiell auch ohne Parteibuch gesichert – die traditionellen Lager ins Wanken brachte.[33]Nicht

32. Gabrielle TRAXLER: Zwischen Tradition und Emanzipation. Wien 1973.

nur die Außenpolitik hat sich trotz/wegen Prags 1968 und Vietnams „entspannt". Österreich wurde via KREISKY und dessen Beziehungen zu Willy BRANDT und Olof PALME in eine internationale Sprachregelung gezogen, die Wolfgang BERGSDORF 1982 eine „Terminologie der Bewegung" nannte. Der Sprachkritiker schreibt: „Erneuerung, Wandel, Reform und Fortschritt werden zu charakteristischen Schlüsselwörtern einer Politik, die Bewegung in die Verhältnisse bringen möchte. Der zentrale Begriff der fünfziger Jahre „Freiheit" wird nicht mehr primär auf die personal verstandene Freiheit bezogen, die sich in der Garantie der bürgerlichen Freiheiten manifestiert, sondern er wird um eine gesellschaftliche Dimension erweitert, die ein prinzipiell konfliktuelles Verhältnis von Gesellschaft und Einzelnem signalisiert. Mit Hilfe der Demokratisierungsformel wird der notwendigerweise amorphe Gesellschaftsbegriff gegen den Staat in Stellung gebracht, der dennoch immer stärker zur Regelung von Interessensunterschieden und – gegensätzen in Anspruch genommen wird."[34]

Zusammen mit den *Abrüstungs-* und *Friedensinitiativen,* in die sich Österreich „aktiv" einschaltete, entstand ein Klima des Wohlbefindens, ja der Gleichheit, das innenpolitisch in einer Zeit der vollen Kassen durch freie Schulbücher, freie Schulfahrten, Beihilfen aller Art und steuerliche Trennung der Ehegatten gesteigert wurde. Es entstand die noch vom MONTINI-Papst formulierte „Insel der Seligen". Der erste Ölschock wurde lediglich als Störung empfunden, die Sprache des Aufschwungs wurde erst ab etwa 1975 langsam abgelöst.

Die *Sprache der Skepsis und Einschränkung* begann mit dem sinkenden Vertrauen in das Wachstum und der wachsenden Sensibilität gegenüber der Umwelt. Zur Ökonomie und zur Ökumene gesellte sich die *Ökologie.* Man begann eine „Schonwirtschaft" zu proklamieren, um nicht dereinst einen „Wegwerf-Menschen" zu produzieren. Statt Quantität wird nun auf Qualität gesetzt, sogar auf „Lebensqualität". Menschen kommen „sanft" auf die Welt, alles und jedes wird attraktiver, wenn es „bio" ist, und durch „Abwärme" betrieben wird. Auf jeden Fall hat ein Produkt „umweltfreundlich" zu sein, das Essen „kalorienarm". Achtung vor „fettreichen" Speisen, vor „kostenintensiven" Projekten!

Die *grün-alternativen* Gruppierungen werden zu Propagandisten dieser Begriffe, die Massenmedien nehmen sie gierig auf, weil sie weit weniger „fachchinesisch" und viel „gesünder" als vorhergegangene sprachliche Mo-

33. Entwicklungen dargestellt bei Fritz PLASSER/Peter A. ULRAM: Themenwechsel – Machtwechsel? In: Politik für die Zukunft, hrsg. von Stephan KOREN/Karl PISA/Kurt WALDHEIM. Wien 1984; siehe auch die neueste Zusammenstellung: Fritz PLASSER/Peter ULRAM (Hg.): Staatsbürger oder Untertanen. Frankfurt/Main 1991.

34. Wolfgang BERGSDORF: Ein Kampf um Wörter. In: Die Presse, 11./12. Juni 1982. Vgl. auch: Ds., Politik und Sprache. München 1978. Ähnliche Sichtweisen bringt: Martin GREIFFENHAGEN (Hg.): Kampf um Wörter? Politische Begriffe im Meinungsstreit. München-Wien 1980. Siehe auch GREIFFENHAGENs Vortrag beim Forum Alpbach 1976: „Gleichheit als Bedingung und Grenze der Freiheit".

den sind. Die Alternativen setzen die Gefühle (seltener die Liebe) gegen die Kälte der offiziellen Politik. Nicht zufällig setzt sich Erich FROMMs „Die Kunst der Liebe“ plötzlich in den Bestsellerlisten fest. In den Programmen der Alternativen Liste Österreich (ALÖ) wird ganz unbefangen eine „Befreiung der Sinnlichkeit als Bedingung für eine solidarische und ökologische Gesellschaft“ bezeichnet. Die alternative Sprache ist ihrer Struktur nach eine Mischung aus biologischen, gesellschaftskritischen und katholisch/theologischen Begriffen. Da sie innerhalb dieser Gruppen verstanden wird, erklärt man sie gleichzeitig zur „einfachen“ Sprache.

Diese Proklamation der *Einfachheit* ermöglicht erstaunliche Wiedergeburten. Mißbräuche und radikale Veränderungen (die Schritte zur „postindustriellen Gesellschaft“[35]) hatten zu einer Wertkrise und einem Wertwandel geführt.[36] Nach einer Phase der Beruhigung konnte eine unverdächtige Nachkriegsgeneration die „Heimat“ wieder aus der Mottenkiste holen und die „Naturverbundenheit“ nicht nur für den Alpenverein reklamieren.

Einschränkung und *Einfachheit* sind gleichzeitig ein neues Attribut der Sprache führender Politiker. Diese einfache Sprache hat es in der Spitzenpolitik natürlich immer gegeben, aber sie wurde durch Karl SEKANINA in einer verblüffenden Mischung hoffähig. Beispiele: „Ich möchte bei aller Schmerzlichkeit von solchen Operationen erreichen, daß wir das, was zu lange dauert, schneller fertigstellen und daraus eine Situation resultiert, die auch auf finanzieller Seite dann überschaubar wird und erledigbar wird.“[37] Oder: „Wir glauben, daß es sinnvoll ist, weniger Bauvorhaben zu beginnen, dafür aber die Verbleibenden rascher und wirtschaftlicher zu verwirklichen – und ich meine, daß dann auch das befürchtete Eintreten des sogenannten Gießkannenprinzips reduziert wird . . .“[38] Oder: „Man darf nicht vergessen, daß mein Ressort . . . einer gewissen Sonderbeurteilung bedarf . . . Ich beurteile die Chancen nicht schlecht. Das Spiel ist noch nicht abgepfiffen.“[39]

Wenn man auch Gefahr läuft, die Sprache der Einschränkung mit jener der „Beschränkung“ zu verwechseln: Der Schumacher- und Kohr-Slogan „Klein ist schön“ ist zum *Machtinstrument* geworden – klein, fein, einfach, billig. Diese Wörter haben – in einer Zeit des knappen Geldes – rasch Eingang gefunden in die Regierungserklärung des rot-blauen Kanzlers Fred SINOWATZ.

Nach einigen Passagen, in denen er seine Kabinettskonstruktion rechtfertigt, entwarf SINOWATZ ein *Szenario* der Bedrohungen: – Nicht nur Kriegsgefahren, die Vernichtung der ganzen Zivilisation sei zu bannen. –

35. Vgl. Daniel BELL,: Die nachindustrielle Gesellschaft. Reinbek/Hamburg 1979.
36. Vgl. Was, Nr. 24/1979, über : Liebe. Die Wiederkehr der Werte.
37. ORF-Mittagsjournal, 23. Juni 1980.
38. A.a.O.
39. Sozialistische Korrespondenz 23. Juni 1980.

Die Geißel der Arbeitslosigkeit sei zu bekämpfen. – Die Zeitbombe des Versagens im ökologischen Bereich müsse rasch entschärft werden. All das hätten nun in Österreich 23 Personen zu lösen – wie wenig das sind, angesichts dieser gigantischen Gefahren. Sie wollen „gemeistert" werden – nicht mit Hoffnung, sondern lediglich mit Zuversicht.

Um die *Wirtschaftsprobleme* zu lösen, werde es „Sparsamkeit" geben, „Effizienzprüfungen" und „Null-Budgetierung" (so als würde es überhaupt kein Budget mehr geben).

Das Wiener Institut für Publizistik hat für die „Wochenpresse" die *Regierungserklärungen* KREISKY 1970 und SINOWATZ 1983 verglichen.[40] Bruno KREISKY getraute sich noch, Wirtschaftswachstum zu verkünden. 18% seines Programms handelten davon. Bei SINOWATZ sind es nur 2% von 78 Seiten.

Beschäftigungspolitik war 1970 noch kein Thema. SINOWATZ widmet allein diesem Aspekt 22% der Erklärung. KREISKY reservierte 64% seines Programms der Mehrung ideeller und materieller Werte, SINOWATZ bescheidet sich mit 28%. Frauenfragen machen in der jüngsten Regierungserklärung nur noch 2% aus.

Aus dem *alternativen* Gedankengebäuden werden von der großen Politik indessen eilfertig jene Punkte übernommen, die bei der Disziplinierung der Bürger helfen. Allerdings ereignet sich noch etwas anderes: Der Programmhintergrund der traditionellen Parteien wird sichtbar – die ÖVP widmet sich vor allem den ihr historisch gut liegenden Bereichen der Bürgerbeteiligung und Dezentralisierung, während die SPÖ ziemlich streng auf zentralistischem Kurs bleibt.[41]

V. Die Ära Vranitzky

Franz VRANITZKY an der Spitze der Bundesregierung brachte einen neuen Boom an Wörtern, die eine Mathematisierung der Sprache bedeuten – und einen Einbruch neuer ökonomischer, aber auch aus dem Bereich der Logik stammender Schöpfungen – alles im Gefolge der nach wie vor modischen *Sprache des Aufschwungs*.

Man = operiert mit Größen =, = implizierte Ressourcen = und = quantifiziert Probleme =[42]. Diese geschraubte mit einer „zukunftsorientierten Bedeutung versehene großkoalitionäre Sprache findet sich auch in der Regierungserklärung Franz Vranitzkys von 1987: „Die neue Form der Partner-

40. Vgl. „Wochenpresse" vom 7. Juni 1983, dazu jetzt umfassend Maximilian GOTTSCHLICH in dem in Anm. 12 angeführten Sammelband.

41. Vgl. Eva M. FLUCH: Linguistische Überlegungen zu Methoden der Polit-Propaganda in Österreich. Graz (Germanist. Hausarbeit)1982.

42. Vgl. Uwe PÖRKSEN: Die lautlose Gewalt der Amöbenwärter. In: FAZ, 17. Jänner 1987.

schaft . . . ist bewußt sachlich und aufgabenorientiert. Sie ist auch offen und transparent." Die verblüffende Folgerung (eines Kanzlersekretärs?): „Sie ist demokratisch. Sie ist vorwärtsgerichtet. Sie ist kontrollierbar." – Was man in der Zeit der Skandale jeweils dazuschreiben müßte.[43]

VI. Die Sprache des neuen Populismus

„Die Justiz in Österreich ist heute eine politische Justiz, keine unabhängige. Die heutige österreichische Justiz ist tatsächlich eine gemeingefährlich-politische geworden." Dieses Zitat könnte, dem Satzaufbau nach, das Stilmittel der *Übertreibung* benützend, durchaus von Thomas Bernhard stammen – aus „Heldenplatz", aus „Beton", aus „Alte Meister".

Tatsächlich aber handelt es sich um eine Passage aus einer Haider-Rede, der damit sogar in einer neueren literarischen Tradition steht (formal, nicht unbedingt den Inhalten nach).[44]

Wenn der FPÖ-Obmann aber von *Sozialschmarotzern* spricht, oder von der österreichischen Nation als *Mißgeburt,* handelt es sich bereits um beabsichtigte Polemik zur Erreichung politischer Ziele. Er kalkuliert mit einem klar umrissenen Wählerreservoir, das mit zunehmender Bedeutung der Ausländerfrage größer wird – bis hin zur Wiener Wahl 1991, bei der die FPÖ fast zu einer 25-Prozent-Partei wurde.

Peter TURRINI hat deshalb gemeint, HAIDER sei beileibe kein Gegner der traditionellen Parteien (die er *Altparteien* nennt): „ Er ist ihr Übertreiber", weil er stets wechselnde Inhalte von sich gebe – mit dem Grundtenor, das zu sagen, was die Leute sich nicht zu sagen getrauen. HAIDER ist also ein nahezu perfekter *Interessenvertreter.*

HAIDER ist außerdem ein Beispielsfall für das weite Feld der Ideologiekritik, weil er bipolare Weltauffassungen und Gut-Böse-Bilder[45] transportiert, weil er äußerst talentiert *Feindbilder* entwirft, den *Neidkomplex* anspricht, das Mittel der *Herabsetzung* beherrscht: „Josef Riegler ist ja nur ein Alois Mock im Steireranzug." Dazu kommt sein Geschick, mit der Sprache zu spielen: „Ich bin nicht ausländerfeindlich, sondern inländer freundlich", erklärte er bei den Wahlkämpfen im Herbst 1991. Anregungen dafür lieferte ihm jahrelang der Klagenfurter *„Aula"*-Autor WIDMANN, der zuweilen auch in der Kärntner „Kronen Zeitung" schrieb.

Am stärksten ist HAIDER bei immer wieder abgewandelten *Rechnungen,*

43. Vgl. Hans HAIDER/Dieter LENHARDT: Problem gesehen – Maßnahme ins Auge gefaßt. In: Die Presse, 14./15. Februar 1987.

44. Vgl. Brigitte GALANDA: Ein teutsches Land. Die rechte Orientierung des Jörg Haider. Wien 1987.

45. Vgl. Ruth WODAK/Florian MENZ: Sprache in der Politik – Politik in der Sprache. Klagenfurt 1990. Insbesonders der Beitrag von Helmut GRUBER, 191 ff.

mit denen er die Mängel des Publikums bei Fachkenntnissen ausnützt. Das jüngste Beispiel: „Braucht Österreich angesichts der 180.000 Arbeitslosen wirklich 140.000 Ausländer?" Hier führt, was politische Polemik betrifft, die Spur zurück zu Bruno KREISKY, zu dessen berühmtesten Wahlkampf-Sätzen (freilich mit einer völlig anderen Zielsetzung) der folgende gehörte: „Ein paar Milliarden Schulden machen mir weniger schlaflose Nächte als Zehntausende Arbeitslose mehr."[46]

VII. Zeichensysteme

Als die Salzburger Bürgerliste 1977 in den Gemeinderat der Festspielstadt gewählt wurde, präsentierte sich deren Spitze vor den Fernsehkameras noch mit Krawatte oder mit offenem Hemd – auf jeden Fall mit *Sakko*. Im Frühjahr 1983, am Abend nach den Grazer Gemeinderatswahlen,[47] vollzog die Alternative Liste Graz (ALG), was auf studentischem Sektor längst üblich war und was die traditionsbewußten deutschen Bundestagsabgeordneten im Blick auf die „Grünen" als unerhört empfanden: Man trat im *Pullover* auf. Die neue politische Richtung hat da wie dort den Grundkonsens der Kleiderordnung gestört. Die Krawatte hat ihr Monopol eingebüßt.

Selbst die Arbeiterbewegung hat sich nach dem Zweiten Weltkrieg daran gehalten: In den gewählten Gremien der Republik beachtet man das *Protokoll der Krawatte und des Anzugs*. Natürlich konnte man anfangs nicht so sehr auf Äußerliches sehen. Aber eine gut gebügelte Hose mit Sakko, weißem Hemd und Krawatte gehörte zum anständigen Erscheinungsbild des Politikers. Zulässige Sonderformen waren von Anfang an die Trachten.

Die sechziger Jahre waren etwas *modischer*. Bruno KREISKY machte sich elegant durch den Nadelstreif – dieser wurde zum Dienstanzug der arrivierten Söhne à la ANDROSCH und VRANITZKY. In der Steiermark prägte Hanns KOREN das modische Bild der Diensttracht. An Josef TAUS wurde später sogar kritisiert, daß er schlecht passende Anzüge von der Stange trage. Fred SINOWATZ – körperlicher Gegensatz zum Gebot der Einschränkung – fiel durch unpassende Schuhe und Socken auf.

Parallel zum Aufkommen der britischen, französischen und italienischen Anzugmode der Männer, zur Haute Couture der Frauen (vor allem Fred ADLMÜLLER und Resi HAMMERER) preschten die jüngeren Funktionäre in den sechziger Jahren mit Jeans, Lederjacken und T-Shirt vor. Langhaarige haben damals ohnehin keine Chance gehabt, andere *Unkonventionelle* stiegen auf die vorgeschriebene (nicht niedergeschriebene) Kleider-

46. Vgl. Erwin ZANKEL: Ankurbler unterwegs. In: Kleine Zeitung, 9. Jänner 1982.

47. Zur ALG liegen recht profunde Arbeiten vor. Siehe die Aufsätze von Franz MERLI/Meinrad HANDSTANGER und Joseph MARKO in: Österr. Jahrbuch f. Politik '83. München-Wien 1984, 277–318.

ordnung um, wenn sie zu Amt und Würden gelangten.

Aber man konnte schon eher von einer *färbigen Vielfalt* sprechen, weil sich auch die Gesten veränderten. Das alte Zeichen des Schwurs, in den Schulen beim Aufzeigen geübt, weicht dem lockeren Handheben, in den Kirchen werden die Hände nicht mehr so oft gefaltet – die Jungen verschränken oder kreuzen sie.

In diesen Bereich der *Zeichensysteme* oder der „Zeichenlehre" (Semiotik)[48] gehört auch jenes „nonverbale Verhalten", das Rang- und Hackordnungen bestimmt. Selbst in der Politik, wo der Abgeordnete als Repräsentant des Volkes nach Möglichkeit keine Distanz zwischen sich und den Souverän legen sollte, ist der „Chef" immer noch dadurch ausgezeichnet, daß er einen Vorraum nebst Sekretärin besitzt, daß er in die Büros der Untergebenen ohne Klopfen eintritt, während umgekehrt „Voranmeldungen" nötig sind. Ein weiteres Zeichen für Ranghöhe[49] ist die „Berührungshoheit" des Spitzenpolitikers. Er kann, ja er soll sogar seine Untertanen berühren – ihnen zum Beispiel auf die Schulter klopfen – und Kinder herzen. Umgekehrtes Verhalten würde als ungehörig empfunden werden. Aber: Laxere Umgangsformen beginnen sich auch hier durchzusetzen.

Ein Mittelweg ist die *Pulloverpolitik,* die nicht nur von den Grünen und Alternativen, sonder mittlerweile von vielen Jungpolitikern der Großparteien praktiziert wird.[50] Von der Geistigkeit der Krawattengeneration ist freilich das „adrette Erscheinen" und das „gute Benehmen" übrig geblieben. Wichtig ist, daß nun auch Frauen selbst in Jeans wenn schon nicht in einen Landtag, so doch zu wichtigen Partei- oder Klubsitzungen gehen.[51] Seit der Wende in den neunziger Jahren haben Zeitgeist-Magazine alles „erlaubt": Jörg HAIDER kombiniert nicht nur Jeans und Lodenrock (als Landeshauptmann zumal), er konnte mit entblößtem Oberkörper prunken.

Diese Art der Selbstdarstellung ist begleitet von neuen *Zeichen-Varianten.* Bei den Alternativen ist der Tontopf mit Schnittlauch zum Symbol des Lebens und der Würze (auf den politischen Suppen) geworden, das Herz hat sich auf vielen Plakaten durchgesetzt.[52] Was früher unmöglich war, leistet sich diese Generation ebenfalls und ermöglicht es ihren Eltern: daß

48. Standardwerk von Charles W. MORRIS: Foundation of the theory of signs. Chicago 1938. Die Semiotik wurde geradezu populär durch die Bücher von Umberto ECO, dem Autor von „Der Name der Rose": Einführung in die Semiotik. München 1972. – Zeichen. Einführung in einen Begriff und seine Geschichte. Frankfurt/Main 1977.

49. Vgl. KRUPKA, Sprache (Anm. 11).

50. Über Aktionsformen siehe: Marina FISCHER-KOWALSKI: Universität und Gesellschaft in Österreich. In: Das politische System Österreichs. Hg. von Heinz FISCHER. 3.A. Wien 1982. 571–624. – Über Kleider: Marie-Theres HEMBERGER: Wenn der Protest Krawatte trägt. In: Die Presse, 13. Juni 1983.

51. Die steirische 3. Landtagspräsidentin (bis Oktober 1991) Dr. Lindi KALNOKY, aus einem deutschen Adelsgeschlecht gebürtig, ist eine passionierte Jeans-Trägerin.

52. Seit dem Steirirschen Katholikentag 1981 hat sich das Herz-Symbol auch anderweitig durchgesetzt.

sich Freunde in aller Öffentlichkeit und unbeschadet ihres Geschlechtes küssen. Erstmals konnte 1989 diskutiert werden, ob eine Abgeordnete als Mutter mitten im Parlament ihr Kind stillen darf.

In einer Zeit des Vormarsches der *Bilder–* und *Akü-Sprache* (das eine für Comics und Fernsehen, das andere für Kürzel oder „Makros" – hinter denen sich lange „Befehlsketten" verstecken) ist die Auseinandersetzung mit der Wissenschaft und mit der Kunst ein Gebot. Umso mehr, als in Österreich der Gegensatz zur Praxis ohnehin nicht die Theorie, sondern das Theatralische ist. Politik braucht zwar die Theorie vor der Praxis, um etwas zu bewegen – aber sie muß auch Daten und Fakten kennen, „Stimmungen"[53] begreifen und ihnen sprachlich nahekommen. Die Sprache der Politik ist gleichzeitig deren Spiegel.

Deshalb müssen Politiker jenseits der geschriebenen und veröffentlichten Sprache mithelfen, sinnstiftende *Symbole* zu schaffen – als Transportmedien für neue demokratische Umgangsformen. Der aus dem Osten kommende *„runde Tisch"* wäre ein Beispiel.[54]

53. Vgl. die Theorie Otto NEUTRATHs in dessen Aufsatz „Das Begriffsgebäude der Wirtschaftslehre und seine Grundlagen". In: Otto NEURATH. Gesammelte Schriften. Hg. v. Rudolf HALLER/Heiner RUTTE. Bd. 1. Wien 1981. Der „Lebensboden" meint den Weltzustand eines Zeitabschnitts, die „Lebenslage" die geistige und körperliche Kondition, die „Sachlage" den materiellen Hintergrund und die „Lebensstimmung" die Glücks- und Unglücksgefühle (-zustände).

54. Siehe Was, Nr. 63/Jänner 1991, über: Rituale.

Die österreichische Sozialstruktur

Irmfried Speiser

Wir leben in einer Zeit beschleunigten sozialen Wandels, der durch die „Wende“ in unseren Nachbarländern zusätzlich beeinflußt wird. Hat es da überhaupt Sinn, sich mit der augenblicklichen *Struktur* der österreichischen Gesellschaft zu befassen, wenn diese doch keineswegs als stabil angesehen werden kann? Wohl nur dann, wenn die Momentaufnahme dieser Struktur verglichen wird mit früheren Gegebenheiten. Dann kann damit einerseits das Besondere der Gegenwart aufgezeigt, andererseits können auch mit Vorsicht Trends festgestellt werden.[1]

I. Bevölkerungsstruktur

Tabelle 1

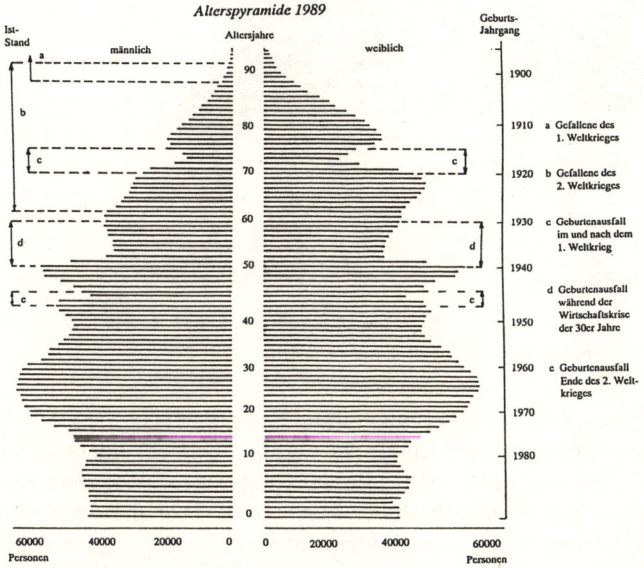

Quelle: Statistisches Handbuch für die Republik Österreich 1990 (Hg. Österr. Statist. Zentralamt), 33.

1. Für eine ausführlichere Darstellung des sozialen Wandels in Österreich siehe Erich BODZENTA/Hans SEIDEL/Karl STIGLBAUER: Österreich im Wandel. Gesellschaft, Wirtschaft, Raum. Wien-New York 1985. – Max HALLER: Die Sozialstruktur Österreichs – Entwicklungstendenzen und Charakteristika im internationalen Vergleich. In: Herbert DACHS u. a. (Hg.): Handbuch des polit. Systems Österreichs. Wien 1991, 37–49.

Die erste Graphik zeigt eine sogenannte *Bevölkerungspyramide* und zwar von 1989. Es fällt zunächst auf, daß der Altersaufbau sehr unregelmäßig ist, was selbstverständlich nicht biologisch bedingt ist. Die wichtigsten äußeren Ereignisse, die dafür verantwortlich sind, wurden angegeben. Dazu kommt noch eine starke Abnahme der Geburtenzahlen seit 1965, die zum größten Teil durch ein verändertes „generatives Verhalten" bedingt ist. Die leichte Zunahme von 1979 bis 1981 ist dagegen nur zu einem kleinen Teil durch eine Verhaltensänderung verursacht, hauptsächlich aber durch ein Anwachsen der gebärfähigen Jahrgänge.

Tabelle 2

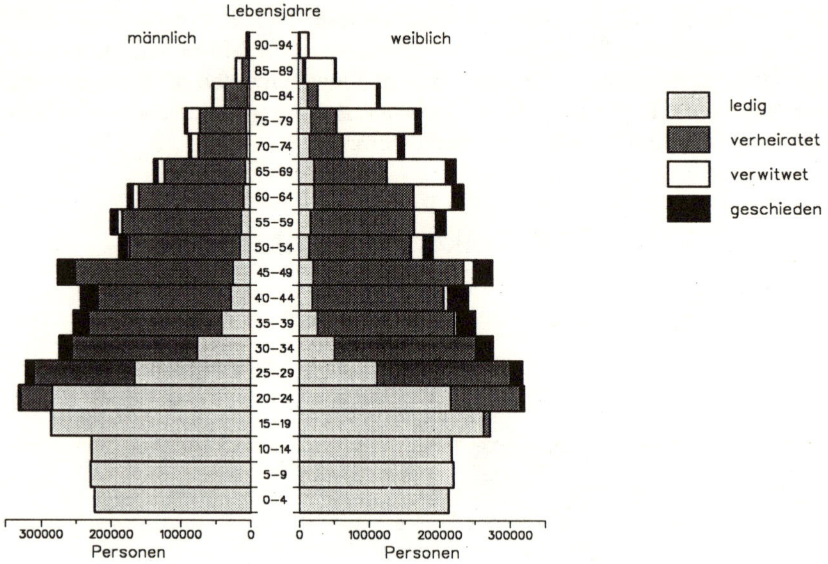

Quelle: Österr. Statistisches Zentralamt

In der zweiten Bevölkerungspyramide ist der *Familienstand* eingezeichnet. Wir sehen, daß der Anteil der Ledigen zwischen dem zwanzigsten und dem dreißigsten Lebensjahr allmählich abnimmt. Was man aus dieser Momentaufnahme nicht entnehmen kann, ist die Abnahme der Heiratsneigung in den letzten Jahren (verbunden mit einer Zunahme des Anteils unehelicher Geburten). Es ist (noch) nicht eindeutig entscheidbar, ob ein weit größerer Teil der Österreicher überhaupt nicht heiraten wird oder ob es sich überwiegend um aufgeschobene *Eheschließungen* handelt.[2]

2. Vgl. zum gesamten Problemkreis Rainer MÜNZ: Kinder als Last, Kinder aus Lust. Thesen zu Familienbildung und Kinderzahl. In: Demographische Information, 1984, 2–20. – Richard GISSER u. a.: Familiale Wirklichkeit aus demografischer und soziologischer Sicht. In: Lebenswelt Familie. Familienbericht 1989, 57–98, bes. 66 f.

II. Familienstruktur – Haushaltsstruktur

Bei der Betrachtung der *Familienstruktur* ist zu beachten, daß die Familienstatistik in Österreich (und nicht nur hier) ein Teil der Haushaltsstatistik ist. Nicht nur aus unserer Primärerfahrung, sondern auch aus repräsentativen Umfragen (der Meinungsforschungsinstitute und des Mikrozensus) wissen wir, daß es sehr intensive Familienbeziehungen etwa zwischen im eigenen Haushalt lebenden erwachsenen Kindern und ihren betagten Eltern gibt. Es werden also in den statistischen Angaben die Familienbeziehungen unterschätzt.

Tabelle 3: Familienstruktur
Privathaushalte Österreichs 1981 (Ergebnisse der Volkszählung umgerechnet)

Haushaltstyp	Anteil der HH		Anteil der Personen	
Ehepaare ohne weitere Personen	19		14	
Ehepaare (nur) mit im HH lebenden ledigen kinderlosen Kindern	34	60		70
Elternteile mit Kindern ohne weitere Personen	7		56	
Erweiterte Familienhaushalte	9		17	
Nichtfamilien-Mehrpersonen-HH	3		2	
Einpersonenhaushalte	28		10	
Zusammen	100 (2,763.870)		99* (7,466.233)	

Quelle: Ergebnisse der Volkszählung 1981 umgerechnet (Österr. Statistisches Zentralamt)

Tabelle 3 zeigt, daß drei Fünftel aller Haushalte mit mehr als zwei Dritteln der Personen sogenannte *Kernfamilienhaushalte* sind. Es mag Widerspruch erregen, daß Ehepaare als Familien bezeichnet werden. Es handelt sich dabei jedoch nur zu einem kleinen Teil um wirklich kinderlose Ehepaare. Einige stehen noch vor der Geburt ihres ersten Kindes, bei den meisten aber sind die Kinder schon aus dem Haus (nachelterliche Phase). Ein gutes Drittel aller Haushalte besteht aus Kernfamilien im landläufigen Sinn, dazu kommen die sogenannten unvollständigen Familien. Zusammen lebte 1981 über die Hälfte der Österreicher in vollständigen oder unvollständigen Kernfamilien mit Kindern. Erweiterte Familien aller Art bildeten nur ein Elftel der Haushalte mit einem Sechstel der Personen. Schließlich sind zwar mehr ein Viertel aller Haushalte Einpersonenhaushalte, in ihnen lebt aber nur ein Zehntel der Bevölkerung. So kann man also zusammenfassend sagen, daß die Kernfamilie den vorherrschenden Haushaltstyp bildet, daß daneben aber noch andere Typen vorkommen. Wir wissen, daß das nicht immer so war. Wenn Michael MITTERAUER auch den Mythos von der vorindustriellen Groß- bzw. Dreigenerationenfamilie zerstört hat, so stellt er doch fest, daß unsere Familien und Haushalte sich stark vom vorindustriellen *„Haus"* unterscheiden. Dieses war auch Produktionsgemeinschaft (wie heute noch die Bauernfamilie) und mußte daher einen bestimmten Personenstand haben – Hausherr, Hausfrau, weitere arbeitsfähige Personen – was schon Siebenjährige waren – ob verwandt oder nicht.[3] Daß dies heute nicht mehr so ist, ist selbstverständlich vor allem Folge der Änderung der Wirtschaftsstruktur. Vor dieser sollen jedoch noch kurz regionale Strukturmerkmale Österreichs besprochen werden.

III. Struktur der regionalen Ungleichheit

Familiengründungs- und Scheidungsverhalten sowie Familiengröße, aber auch wirtschaftliche Entwicklung und damit Berufschancen und noch andere Strukturelemente[4] sind in Österreich *regional* unterschiedlich. Bei allen statistischen Erhebungen (Geburtenstatistik, Volkszählung, Mikrozensus) zeigt sich z.B. ein gewisses *West-Ost-Gefälle* der Kinderzahl ebenso wie ein *Land-Stadt-Gefälle,* das allerdings geringer geworden ist.[5] Wie verstädtert ist nun Österreich? Nach der Volkszählung 1981 (revidierte Ergebnisse) lebten 48% der österreichischen Wohnbevölkerung in Gemeinden bis zu 5.000 Einwohnern, 1951 waren es 50%, danach scheint der Prozeß der *Urbanisierung* nur sehr langsam fortzuschreiten. Nun kann eine Kleinstadt mit nicht viel mehr als 5.000 Einwohnern durchaus eine große Bedeutung als zentraler Ort (etwa der Stufe Bezirksstadt vollausgestattet mit Krankenhaus, AHS, Handelsschule, Geschäften) haben – für die Urbanisierung wesentlicher scheint doch das Konzept der (Groß- und Mittel-) *Stadtregionen.* Zu diesen werden auch politisch selbständige Gemeinden gezählt, wenn ihre Verflochtenheit mit der Kernstadt groß ist (Pendler) und wenn sie auch sonst städtischen Charakter haben (geringer Landwirtschaftsanteil, nicht zu kleine Bevölkerungsdichte). Das Österreichische Statistische Zentralamt (ÖSTAT) unterscheidet dabei nur Kernraum (der auch aus mehreren Gemeinden bestehen kann) und Außenzone (aus der mindestens 20% der dort wohnenden Beschäftigten in den Kernraum pendeln) und grenzt danach *sechs Großstadtregionen* (Kernraum über 100.000 Einwohner) ab: Wien (der Kernraum besteht aus der Stadt Wien und 26 niederösterreichischen Gemeinden), Linz, Graz, Salzburg, Innsbruck-Hall und Klagenfurt. Diese hatten 1981 zusammen etwa 3,3 Millionen Einwohner, davon vier Fünftel im *Kernraum* (nicht den Kernstädten). Gut eineinhalb Millionen lebten in 36 Mittel- und Kleinstadtregionen, der Rest von

3. Siehe dazu Michael MITTERAUER/Reinhard SIEDER: Vom Patriarchat zur Partnerschaft. München 1977. – Siehe dazu die jeweiligen amtlichen Familienberichte 1979 und 1989 (Anm. 1).

4. Darüber informiert z.B. der 4. Raumordnungsbericht der Österr. Raumordnungskonferenz (ÖROK). Wien 1984.

5. Peter FINDL: Regionale Unterschiede von Kinderzahl und Kinderwunsch. In: Öst. Stat. Nachr., 39 (1984), 144 – 148. – Gabriele DENK: Familienstruktur: Jüngste Entwicklungen. In: Öst. Stat. Nachr. 45 (1990) 504–507.

2,7 Millionen (36%) in Landgemeinden. Gemessen nach diesem Konzept war also die Verstädterung Österreichs weiter fortgeschritten. Global gesehen erschien es allerdings so, als wäre sie im letzten Jahrzehnt zum Stillstand gekommen. Dies war jedoch dadurch bedingt, daß die Einwohnerzahl der Stadtregion Wien und zwar ausschließlich des Kernraums weiter zurückgegangen ist. Die übrigen Großstadtregionen haben ihre Einwohnerzahl weiter vergrößert – überwiegend durch die Zunahme in den Außenzonen – man kann daher von einer *Suburbanisierung* sprechen.[6] In der letzten Zeit hat sich noch eine stürmische Entwicklung vollzogen. Nicht nur alle Stadtregionen wachsen, auch die Stadt Wien wächst seit 1988 durch Zuwanderung. Und die Umwälzungen in den östlichen Nachbarländern beschleunigen dieses Wachstum. Genauere Daten zum derzeitigen Stand werden die Ergebnisse der Volkszählung 1991 bieten, die weitere Entwicklung wird auch von politischen Entscheidungen abhänge.[7]

IV. Wirtschaftsstruktur

Tabelle 4: Verteilung der *Berufstätigen*

Wirtschaftsabteilung	1910	1934	1951	1961	1971	1981	1989
Land- und Forstwirtschaft	39	37	33	23	14	9	8
Industrie und Gewerbe	31	32	38	41	42	41	37
Dienstleistungen	30	31	29	36	44	50	55
Summe	100	100	100	100	100	100	100
(Absolut in 1000)	3425	3295	3309	3332	3097	3412	3442

Quelle: 1989 Mikrozensus, ansonsten Volkszählungsergebnisse, bis 1971 zitiert nach BODZENTA[8]

6. Peter FINDL: Volkszählung 1981. Entwicklung der Stadtregionen. In: Öst. Stat. Nachr., 37(1982), 320–328. – Ds., Volkszählung 1981, Bevölkerungsentwicklung nach Gemeindegrößenklassen. In: Öst. Stat. Nachr., 38 (1983), 244–252.

7. Heinz FASSMANN/Peter FINDL/Rainer MÜNZ: Die Auswirkungen der internationalen Wanderungen auf Österreich (ÖROK 89). Wien 1991. – Albert F. REITERER: Regionale Mobilität: Wanderungen und Pendelverkehr (Wanderungen 2: Wanderungsströme). In: Öst. Stat. Nachr., 46 (1991), 484–494. – Ds., Regionale Mobilität: Wanderungen und Pendelverkehr (Wanderungen 3: Bevölkerungsstände und Herkunft). In: Öst. Stat. Nachr., 46 (1991), 572–578.

8. Erich BODZENTA: Gesellschaft im Wandel. In: Otto SCHULMEISTER (Hg.) : Spectrum Austriae. Österreich in Geschichte und Gegenwart. Neuausgabe: Wien u.a. 1980, 272–302.

Tabelle 5: Verteilung der *Gesamtbevölkerung*
(Erhaltene Personen sind nach dem Erhalter eingeordnet)

Wirtschaftsabteilung	1910[1]		1934[1]		1951[1]		1971[1]		1981[2]	
Land- u.Forstwirtschaft	31		27		22		11		8	
Industrie u. Gewerbe	32		33		37		33		32	
Handel u.Verkehr	15		13		12		19		20	
Freie Berufeu. öff. Dienst	7	26	7	23	9	22	12	32	15	35
Haushaltung, -wartung ohne Betriebsangabe	1		2		1		1		–	
Zusammen	90		35		82		77		75	
Pensionisten, Rentner			12		15				23	
10					23					
nicht einordenbar			3		3				2	
Zusammen	100		100		100		100		100	
	(6646000)		(6760000)		(6934000)		(7456000)		(7411000)	

Quelle: Volkszählungsergebnisse, bis 1951 zitiert nach BODZENTA[8]

Tabelle 4 zeigt die Verteilung der *Berufstätigen* auf die Wirtschaftssektoren. Dabei wurde die Land- und Forstwirtschaft gesondert erfaßt und Bergbau, Energie- und Wassergewinnung zu Industrie und Gewerbe hinzugenommen – es ist dies aufgrund der Beschäftigungsstruktur sinnvoller als eine Zusammenfassung der Urproduktion. Der Anteil der in der *Land- und Forstwirtschaft* Tätigen ist nun seit 1910 unter ein Zehntel gesunken, wobei diese Abnahme überwiegend in der Zweiten Republik erfolgte. Die Anteile im *Produktions- und Dienstleistungssektor* haben entsprechend zugenommen, wobei zunächst der Produktionssektor stärker wuchs, zuletzt aber vom Dienstleistungssektor überholt wurde.

In der *Tabelle 5* ist die Verteilung der Gesamtbevölkerung danach dargestellt, woraus sie ihren *Lebensunterhalt* gewinnt. Zunächst fällt das starke Anwachsen des *Pensonistenanteils* ins Auge. Er hat zwei Gründe: die Zunahme des Anteils alter Menschen durch Erhöhung der Lebenserwartung und (vor allem) durch den Geburtenrückgang einerseits, den Ausbau der Sozialversicherung andererseits. Abgesehen von diesen „berufslosen Einkommensempfängern" und den von ihnen erhaltenen Angehörigen finden wir eine ähnliche Entwicklung wie bei den Berufstätigen, freilich auch charakteristische Unterschiede. Auch der Anteil derjenigen, die von der *Landwirtschaft* leben, hat sich auf ein Viertel von 1910 reduziert, anders schaut es jedoch mit dem Anteil derjenigen aus, die *Produktionsberufen* zuzuordnen sind: Nach einem schwachen Anstieg ist er wieder auf den Wert von 1910 gesunken – offensichtlich hatten die Berufstätigen dieses Sektors damals überdurchschnittlich viel Familienmitglieder zu erhalten. Eindeutig ist auch hier der Anstieg des *Dienstleistungssektors,* wie es FOURASTIÉ vorausgesagt hat – weil er hier keine Rationalisierungsmöglichkeiten sah.[9] In der Tabelle ist dieser Anstieg von rund einem Viertel im Jahr 1910 auf ein Drittel im Jahr 1981 noch dadurch präzisiert, daß dieser Sektor aufgegliedert wurde.

Man sieht, daß zu Beginn immerhin 4% dem Bereich *„häusliche Dienste"* zuzuordnen war. Nach dem Krieg sank dieser Anteil auf 1%, zuletzt unter 0,5% (genauer 0,2%). Wir finden dafür einen eher mäßigen Anstieg des

9. Jean FOURASTIÉ: Die große Metamorphose des 20. Jahrhunderts. Düsseldorf-Wien 1964.

Bereiches *Handel und Verkehr* (inklusive Fremdenverkehr) mit einen Tief nach dem Krieg, wo zunächst produziert werden mußte. Ich habe diese *Wirtschaftsklassen* deswegen zusammengefaßt, weil hier im großen und ganzen wie bei der Produktion diejenigen zahlen, welche die Leistung konsumieren. Den stärksten Anstieg finden wir nun genau in dem Bereich, in dem dies nur zum kleinsten Teil der Fall ist: *öffentlicher Dienst* (mit Verwaltung, Gerichtsbarkeit, Schulwesen) und *freie Berufe,* wozu im besonderen auch das Gesundheitswesen gehört. In diesem Bereich gibt es nun leider auch die geringsten Rationalisierungsmöglichkeiten, während diese im Handel und Bankwesen durch die Mikroelektronik relativ groß sind, wahrscheinlich nicht viel geringer als im Produktionsbereich. Hier scheint mir im Personalbereich das strukturelle Dilemma der heutigen Volkswirtschaft zu liegen.

V. Struktur der sozialen Ungleichheit

In diesem letzten und umfangreichsten Abschnitt soll die österreichische *Klassen- bzw. Schichtstruktur* behandelt werden, wobei mit der Wahl der Termini meist bereits eine Vorentscheidung verbunden ist. Nach BODZENTA/FREYTAG ist *Schicht* ein „deskriptiver Ordnungsbegriff . . . (der) eine Kategorie von Personen (bezeichnet), die nach bestimmten sozialen Merkmalen, wie Beruf, Ansehen, Lebensstil, Bildungsgrad u. s. w. eine annäherend gleiche Lage in einer hierarchisch gedachten Sozialstruktur einnimmt“.[10] Es wurde viel Mühe darauf verwendet, Verfahren zur Schichteinordnung von Einzelpersonen und Familien zu entwickeln.[11] Große Verbreitung haben insbesondere verschiedene *Schichtindices* gefunden;[12] ihre Problematik soll kurz aufgezeigt werden. Im allgemeinen werden für Berufszugehörigkeit, Bildungsabschluß und Einkommen je nach Höhe Punkte vergeben und diese dann addiert. Dabei ist die Gewichtung dieser drei „Schichtdimensionen“ mehr oder weniger begründet (in der Marktforschung wird dem Einkommen ein besonders großes Gewicht beigemessen). Im Wesen des Summenindex liegt die Annahme der Austauschbarkeit der Indikatoren, was jedenfalls in Extremfällen sehr problematisch

10. Erich BODZENTA/Norbert FREYTAG: Soziale Ungleichheit. In: Erich BODZENTA (Hg.): Die österr. Gesellschaft. Wien- New-York 1972, 104.

11. Irmfried SPEISER u.a.: Messung sozialer Ungleichheit (Ein Seminar). Schriftenreihe des Inst. f. Soziologie an der GRUWI-Fakultät d. Univ. Wien, Nr. 14. Wien 1980. – Friedrich WALDHERR: Das Berufsprestige. Eine historisch-deskriptive und methodologische Analyse. Wien (Phil.Diss.) 1982.

12. IFES: berichte zur medialforschung, Sozialschichtindex. Wien 1972. – MEDIA-ANALYSE (MA) wird laufend durchgeführt und vom Dr. Fessel + GfK-Institut ausgewertet. – Erwin K. SCHEUCH/Hansjürgen DAHEIM: Sozialprestige und soziale Schichtung. In: Soziale Schichtung und soziale Mobilität. Sonderheft 5 der Kölner Zeitschrift f. Soziologie und Sozialpsychologie. Köln 1974, 65–103.

Tabelle 6: Verteilung der Beschäftigten und deren Haushalte auf Berufsschichten (mit mittleren

Berufsschicht	Männer Prozent- anteile 1989		Stand. Netto- Monatseink. Median Juni 1989
Freiberufliche Tätigkeit mit Hochschulbildung	1,1		
Freiberufliche Tätigkeit ohne Hochschulbildung	0,5	1.6	
Andere Selbständigkeit mit 10 u. mehr Arbeitnehmern	0,8		
mit 5 bis 9 Arbeitnehmern	1,2		
mit 1 bis 4 Arbeitnehmern	2,9		
ohne Arbeitnehmer	1,3	6,2	
Landwirte mit größerem Betrieb	0,5		
mit mittlerem Betrieb	3,8		
mit kleinerem Betrieb	1,3	5,6	
Beamte mit führender Tätigkeit (A)	0,2		(22.300)
mit hochqualifizierter Tätigkeit (A)	1,0		20.950
mit höherer Tätigkeit (B)	3,7		15.130
mit mittlerer Tätigkeit (C)	4,0		12.640
mit einfacher Tätigkeit (D)	1,5		10.560
mit Hilftätigkeit (E)	0,2		(8.830)
mit Facharbeitertätigkeit (P)	1,6		11.850
mit Hilfsarbeitertätigkeit (P)	0,7	12,9	10.360
Vertragsbedienstete mit führ. u. hochqu. Tätigkeit (a)	0,2		(14.420)
mit höherer Tätigkeit (b)	1,0		13.070
mit mittlerer Tätigkeit (c)	0,7		11.980
mit einfacher Tätigkeit (d)	0,8		10.430
mit Hilftätigkeit (e)	0,3		11.340
mit Facharbeitertätigkeit (p)	1,0		11.280
mit Hilfsarbeitertätigkeit (p)	1,1	5,1	10.040
Angestellte mit führender Tätigkeit	1,8		20.020
mit hochqualifizierter Tätigkeit	3,2		18.650
mit höherer Tätigkeit	5,3		16.530
mit mittlerer Tätigkeit	5,3		13.450
mit gelernter Tätigkeit	4,2		11.530
mit Hilftätigkeit	2,0	21,8	10.880
Arbeiter Vorarbeiter, Meister	2,4		14.070
Facharbeiter	21,0		10.940
angelernte Arbeiter	13,4		10.550
Hilfsarbeiter außer LW	4,7		9.490
in LW, FW	0,5	42,0	9.280
Lehrlinge	4,8		
Zusammen	100,0		11.730
Absolut	2,048.200		

Bei allen ausgewiesenen Einkommen handelt es sich um ein Vierzehntel der Jahreseinkommen. Die Personeneinkommen wurden auf eine Vierzigstundenwoche standardisiert. Angaben in Klammern bedeuten, daß wegen der Kleinheit der Kategorie die statistische Unsicherheit größer als 20% ist.

Einkommen bei den Unselbständigen)

Frauen			Haushalte			Gew.
Prozentanteile 1989		Stand. Netto-Monatseink. Median Juni 1989	Prozentanteile 1989		Stand. Netto-Monatseink. Median Juni 1989	Pro-Kopf-Einkommen 1989
0,6			1,3			
0,5	1,1		0,6	1,9		
0,6			0,9			
0,9			1,4			
2,9			3,6			
1,7	6,1		1,7	7,6		
0,5			0,5			
4,4			3,5			
3,4	8,3		1,7	5,7		
0,0			0,3		(37.360)	(9.850)
0,5		16.160	1,3		30.690	13.290
4,4		13.120	4,9		21.920	11.300
2,9		11.750	5,0		20.000	10.660
0,9		9.860	1,6		18.840	10.070
0,2		(11.400)	0,2		(24.890)	(12.240)
0,1			1,7		20.540	9.270
0,2	9,2	(8.810)	0,7	15,7	22.630	8.040
0,1			0,2		(25.140)	(14.910)
1,9		12.200	1,4		19,210	12.780
2,7		11.410	1,3		14.650	10.090
2,0		10.020	1,0		15.770	10.090
0,5		9.200	0,4		14.640	9.490
0,1		(7.370)	0,9		17.370	9.700
1,2	8,5	8.960	1,3	6,5	15.650	9.120
0,3		(12.610)	2,2		31.280	14.310
1,0		15.160	3,5		29.390	14.560
3,3		14.020	5,8		24.170	12.710
13,0		11.330	7,3		19.250	11.220
14,1		9.560	5,7		17.840	10.110
5,4	37,1	8.640	2,6	27,1	18.390	9.450
0,1		(8.640)	2,4		21.770	8.810
4,5		7.710	14,9		17.560	8.360
11,5		8.010	12,4		17.310	8.450
8,8		7.930	5,2		13.920	7.750
0,3	25,2	(5.080)	0,4	35,3	16.630	7.210
4,5						
100,0		9.680	100,0		19.020	9.830
1,406.700			1,663.500			

Bei den Berufstätigenhaushalten wurden alle als „ohne Angaben“ gezählt, wo nur ein Personeneinkommen fehlte. Zur Berechnung des Pro-Kopf-Einkommens wurden nach der Standardvariante „Kinder“ je nach Alter mit 0,33 bis 0,8 (19- bis 21jährige) der ersten erwachsenen Person gezählt. – Quelle: Österr. Statistisches Zentralamt

ist: Gleicht wirklich ein hohes Einkommen den Bildungsstand „nicht abgeschlossene Volksschule" oder einen wenig angesehenen Beruf aus? Ist demnach etwa ein Zuhälter zur Mittelschicht zu zählen? Noch problematischer wird die Sache, wenn verlangt wird, daß jeder Schicht ein bestimmter vorgegebener Prozentsatz zuzuordnen ist (wie bei der Media-Analyse) und danach die Grenzen bei den Punktezahlen zu legen sind, weil dadurch möglicherweise die Grenzen innerhalb von typischen Fällen (die natürlich häufiger sind als Extremfälle) gelegt werden.

Auf andere Versuche zur Schichtmessung kann hier nicht eingegangen werden, es sei auf die genannte Literatur verwiesen. Wie ist das nun mit *Klasse?* Während der englische Ausdruck „class" neutral ist, signalisiert die Verwendung des deutschen „Klasse" marxistische Einflüsse. CRONER und OSSOWSKI konnten allerdings zeigen, daß schon bei Karl MARX selbst der Ausdruck „Klasse" keineswegs einheitlich verwendet wird.[13] Einen Spezialfall bildet die „Klasse für sich", deren Mitglieder sich ihrer gemeinsamen Interessen bewußt sind. Dagegen sollen die „Klassen an sich" unabhängig vom Bewußtsein durch objektive Merkmale konstituiert werden. Solche objektiven Merkmale sind Besitz an Produktionsmitteln (Besitzende vs. Besitzlose), Arbeit (Arbeitende vs. nicht Arbeitende), sowie Verwendung von Lohnarbeit. Dichotomisierungen nach diesen Merkmalen führen zu verschiedenen Ergebnissen. Außer den Besitzern von Produktionsmitteln, die alle Arbeit andere machen lassen, gibt es solche, die selbst mitarbeiten und solche, die überhaupt allein, ohne Lohnarbeiter, arbeiten. Während diese Kriterien zunächst zu einer Differenzierung der Selbständigen führen, zeigten sich auch schon zur Zeit von MARX Unterschiede zwischen den „Lohnabhängigen", die sich inzwischen vergrößert haben. Größere Betriebe werden heute weitgehend von Managern geleitet, die nicht Besitzer sind, aber in keiner Weise dem Bild des Proletariers entsprechen.

In dieser kurzen Beschreibung soll weitgehend den Überlegungen von Max HALLER gefolgt werden,[14] insoweit sie in die amtliche Statistik (zur Konstruktion von „Berufsschichten") Eingang gefunden haben. (HALLER hat die Ergebnisse der entsprechenden Forschungsprojekte des Instituts für Höhere Studien in Wien (IHS), die in verschiedenen Publikationen, u. a. in BUCEK/FISCHER-KOWALSKI dargestellt wurden,[15] wissenschaftlich weiter aufbereitet. Er unterscheidet (in Anlehnung an Max WEBER),[16] zwischen einem *distributiven* und einen *relationalen* Aspekt der *sozialen*

13. Fritz CRONER: Soziologie der Angestellten. Köln-Opladen 1962. – Stanislav OSSOWSKI: Klassenstruktur im Bewußtsein. Neuwied/Rhein-Berlin 1962.

14. Max HALLER: Klassenbildung und soziale Schichtung in Österreich. Frankfurt/Main-New York 1982.

15. Josef BUCEK/Marina FISCHER-KOWALKSI (Hg.): Ungleichheit in Österreich. Wien 1979.

16. Max WEBER: Wirtschaft und Gesellschaft. 5.A. Tübingen 1972.

Ungleichheit. Beim erstgenannten geht es – verkürzt gesagt – um die Verteilung knapper Güter, wie Besitz und Einkommen, aber auch Bildung und damit um Macht. Hier spricht HALLER von Klassen oder neutraler (da Klassenbewußtsein nicht vorausgesetzt wird) von *Klassenlagen.* Beim zweiten geht es – wiederum vereinfacht ausgedrückt – um soziale Beziehungen (Familien-, Verwandtschafts- und Freundschaftsbeziehungen), die dem einzelnen Status vermitteln. Hiefür wird der Ausdruck *Schichten* verwendet. Selbstverständlich sind diese beiden Systeme sozialer Ungleichheit nicht unabhängig voneinander.

In *Tabelle 5* sind in der Vorspalte die derzeit in der österreichischen amtlichen Statistik unterschiedenen (teilweise zudsammengefaßten) *Berufsschichten* („Klassenlagen" nach Haller) angeführt. Die *Selbständigen* (zu denen die Mithelfenden gezählt wurden) sind zunächst unterschieden nach freiberuflich Tätigen, in Handel, Gewerbe und Industrie Tätigen sowie Landwirten. Innerhalb dieser drei Kategorien erfolgt die Aufgliederung bei den freiberuflich Tätigen nach Vorbildung, bei den Landwirten nach Betriebsgröße (erfragt wird die Selbsteinschätzung), bei den anderen Selbständigen nach der Zahl der Arbeitnehmer. Es ist klar, daß es sich hiebei um sehr grobe Gliederungsmerkmale handelt, sie geben aber doch Hinweise.

Die *Unselbständigen* sind zunächst nach ihrer arbeitsrechtlichen Stellung differenziert, innerhalb der dadurch gebildeten Kategorien erfolgt eine weitere Differenzierung nach Tätigkeit und – teilweise – nach Vorbildung.

Für berufstätige Männer und Frauen finden sich in den nächsten Spalten jeweils die Anteile an allen Berufstätigen und – für die Unselbständigen – die mittleren Einkommen (Mediane, d.h. daß 50% der Antworten einer Kategorie weniger und damit 50% mehr als diesen Betrag verdienen).

Zu Vergleichszwecken wurde im letzten Teil der Tabelle (soweit vorhanden) eine entsprechende *Haushaltsstatistik* aufgenommen. Für den *Lebensstandard* sind aber nicht die Haushaltseinkommen maßgebend, sondern die Pro-Kopf-Einkommen. Freilich zeigt die Tabelle, daß bei den mittleren Einkommen die Diskrepanzen sehr gering sind – sie zeigen sich deutlich erst bei Extremfällen: kinderlose Ehepaare, bei denen beide Ehegatten erwerbstätig sind versus kinderreiche Alleinverdienerehepaare, die sehr benachteiligt sind, zu diesen kommt ein Teil der Pensionisten, auf die hier aber aus Platzmangel nicht weiter eingegangen wird – es handelt sich um Alleinstehende bzw. Ehepaare mit Ausgleichszulage.

Aus dem *Individualteil* der Tabelle ist zunächst die unterschiedliche Verteilung von *Männern* und *Frauen* auf die verschiedenen Berufsschichten zu entnehmen. Während zwei Fünftel der berufstätigen Männer als Arbeiter tätig sind, sind es bei den Frauen nur ein Viertel. Dieser Unterschied wird vor allem dadurch bedingt, daß der Anteil der Facharbeiter etwa fünfmal so groß ist wie der Anteil der Facharbeiterinnen. Ganz gering ist der Anteil der Frauen, die der Berufsschicht „Vorarbeiter und Meister" zuzuordnen sind. Im öffentlichen Dienst ist der Anteil der Männer nur mehr unwesentlich größer als derjenige der Frauen. Dies wurde durch die sogenannte Verweiblichung des Pflichtschullehrerberufs und die Zunahme weiblicher Vertragsbediensteter in den unteren Kategorien bewirkt. Schon seit Jahren ist der Anteil in den Angestelltenberufen bei den Männern nur etwas mehr als ein Fünftel, bei den Frauen fast zwei Fünftel. In den drei unteren Angestelltenkategorien ist der Anteil der Frauen zwei- bis dreimal so groß wie derjenige der Männer. Das heißt allerdings nicht, daß überhaupt fast doppelt so viel Frauen wie Männer als *Angestellte* tätig sind. Es ist zu beachten, daß die Gesamtzahl der berufstätigen Frauen nur etwa zwei Drittel derjenigen der Männer beträgt. Doch überwiegen bei den Angestellten wie auch bei den *Landwirten* die Frauen auch absolut, sie führen dort kleine Betriebe, während die Männer sogenannte Nebenerwerbslandwirte, d. h. hauptberuflich außerhalb der Landwirtschaft meist als Arbeiter tätig sind.

Bei den übrigen *Selbständigen* sind (auch bei Einbeziehung der Mithelfenden) wieder eindeutig die Männer in der Überzahl. Zusammenfassend kann man feststellen, daß die *Benachteiligung der Frau* in der Berufshierarchie nicht nur ein Gerede von Feministinnen ist.

Diese Benachteiligung zeigt sich noch deutlicher beim *Einkommen.*[17] Der Wert der Einkommensangaben wird dadurch beeinträchtigt, daß es bei dieser Frage viele Antwortverweigerungen gab. Doch ist der Median ein so robustes Maß, daß sich die dadurch verursachten Fehler (in Richtung auf eine Unterschätzung des Einkommens) in Grenzen halten dürften.

Vergleicht man nun die *mittleren Einkommen* von *Männern* und *Frauen,* so findet man, daß in allen Berufskategorien das Einkommen der Männer deutlich höher ist. Das gilt auch für die öffentlichen Bediensteten, allerdings ist hier der Unterschied am geringsten. Er ist aber nicht nur auf die unterschiedliche (Dienst-) Altersstruktur zurückzuführen, sondern auch auf eine Bevorzugung der Männer bei der sogenannten freien Beförderung. Während die Unterschiede bei den Arbeitern teilweise auf unterschiedliche Arbeitsbedingungen zurückzuführen sind (Facharbeiterinnen sind größtenteils in anderen Branchen beschäftigt als Facharbeiter, Hilfsarbeiter haben öfters schwere körperliche Arbeit zu leisten), ist diese Erklärung bei den Angestellten nicht anwendbar.

Betrachtet man die Einkommen getrennt nach *Geschlecht* und *Hauptkategorien,* so ist innerhalb dieser eine klare Abstufung der Einkommen feststellbar. Zwischen den Hauptkategorien gibt es hingegen keine eindeutige Rangordnung. Öffentliche Bedienstete und Angestellte sind mehr oder weniger gleichgeordnet; Arbeiterinnen verdienen im Mittel weniger, dies gilt

17. Walter WOLF/Kurt VOLLMANN: Personen- und Haushaltseinkommen der unselbständig Beschäftigten 1989. In: Öst. Stat. Nachr., 46 (1991), 727–734. – Vgl. Irene WOLF/Walter WOLF: Einkommensunterschiede zwischen Männern und Frauen in Österreich. Hg. Bundesministerium für Arbeit und Soziales. Wien 1991.

jedoch nicht für Arbeiter, nur Hilfsarbeiter verdienen im Mittel deutlich weniger als öffentliche Bedienstete mit einfacher Tätigkeit. Die folgende *Übersicht* zeigt, wie das Österreichische Statistische Zentralamt die Hierarchien der einzelnen Hauptkategorien nebeneinander stellt.

Tabelle 7: Ordnung der Berufspositionen

Arbeiter	Angestellte	Öffentlicher Dienst	Landwirte	And. Selbständige (einschl. mithelf. Angehöriger)	Freiberuflich Tätige
Hilfsarbeiter	–	Handwerkl. Tätigkeit (Frauen)	–	–	–
Angel. Arbeiter; Lehrlinge	Hilfstätigkeit; Lehrlinge	Hilfstätigkeit	–	–	–
Facharbeiter	Gelernte Tätigkeit	Einfache Tätigkeit; Handwerkl. Tätigkeit (Männer)	–	–	–
Vorarb., Meister	Mittl. Tätigkeit	Mittl. Tätigkeit	Kleinbauern	Ohne Arbeitnehmer	–
–	Höhere Tätigkeit	Höhere Tätigkeit	Mittelbauern	1-4 Arbeitnehmer 5-9 Arbeitnehmer ↑	Ohne akad. Bildung
	Hochqualif. Tätigkeit	Hochqualif. Tätigkeit	Größere Bauern	10 od. mehr Arbeitnehmer ↑	Mit akad. Bildung ↑
	Führende Tätigkeit	Führende Tätigkeit		↑	↑

Quelle: Berufslaufbahnen, Ergebnisse des Mikrozensus Juni 1982. Bearbeitet im ÖSTAT, Wien 1983, 21.

Wenn auch einzelne *Zuordnungen* problematisch erscheinen (Kleinbauern, die sich entschließen, Nebenerwerbslandwirte zu werden, würden danach trotz Verbesserung ihrer materiellen Situation im allgemeinen um mindestens zwei Stufen absteigen), so dürften sie im großen und ganzen doch als Grundlage für weitere Überlegungen geeignet sein.

Inwieweit werden nun die Berufspositionen und Einkommen durch *Ausbildung* und *soziale Herkunft* beeinflußt?

Tabelle 2 suggeriert, daß sich *Bildung* zumindest für unselbständig Beschäftige lohnt.

Tabelle 8: Verteilung der unselbständig Beschäftigten auf Bildungsabschlüsse mit mittleren Einkommen (nur Auskunfterteilende – ohne Lehrlinge).

	Männer		Frauen	
Bildungsabschluß	Prozent-anteil	Stand. Monats-eink. (Median)	Prozent-anteil	Stand. Monats-eink. (Median)
Pflichtschule	20,9	10.270	32,3	8.410
Lehrabschluß	55,3	11.430	32,1	9.110
Berufsb. mittlere Schule	7,7	13.140	17,7	11.090
Allgemeinb. höhere Schule	4,7	14.140	5,6	11.690
Berufsb. höhere Schule	5,9	15.380	5,8	12.280
Hochschule/Universität	5,4	17.850	6,6	13.290
Zusammen	100,0 (1,114.500)	11.730	100,0 (704.800)	9.680

Quelle: Mikrozensus (Sonderprogramm Juni 1989)

Zunächst fällt der relativ hohe Anteil höher gebildeter Frauen auf. Er ist durch deren größere Erwerbsbeteiligung bedingt. Wenn auch wieder *große*

Unterschiede zwischen *Männern* und *Frauen* feststellbar sind, so ist innerhalb der Geschlechter der Zusammenhang zwischen Bildung und Einkommen eindeutig. Freilich konnte HALLER[18] mit Hilfe einer log-linearen Analyse zeigen, daß sich die *Ausbildung* überwiegend über die Berufsposition auf das Einkommen auswirkt: Ausbildung erklärt in allen Analysen (von verschiedenen Stichproben) etwa die Hälfte der Varianz der Berufsposition, der Nettoeffekt auf das Einkommen beträgt nur 6%. Die Ausbildung wiederum wird durch die Berufsschicht des Vaters beeinflußt: ein Fünftel bis ein Viertel der Varianz der Ausbildung wird durch sie erklärt; etwas, aber nicht viel kleiner ist im allgemeinen der direkte Einfluß der Berufsschicht des Vaters auf die Berufsposition der Söhne (und Töchter). HALLERs Daten stammen aus Mikrozensuserhebungen der Jahre 1971 bis 1973, die Ergebnisse dürften grundsätzlich auch noch später gelten. Es ist freilich umstritten, wie sich die sogenannte *Bildungsexplosion* auswirken wird (siehe dazu Tabelle 8).

Tabelle 9: Bildungsbeteiligung
(Studienquoten, d. s. Prozentanteile an den entsprechenden Altersjahrgängen)

Jahr	Maturanten 1)			Erstinskribierende 1)			Absolventen (Erstabschl.) 2)		
	m	w	Σ	m	w	Σ	m	w	Σ
1970	17,6	11,0	14,3	10,8	4,5	7,7	*	*	*
1975	20,1	18,6	19,3	12,0	9,1	10,6	5,8	2,4	4,2
1980	21,5	21,8	21,7	13,1	11,9	12,4	6,7	4,0	5,4
1985	23,8	25,2	24,5	14,8	15,4	15,1	6,8	4,9	5,9
1989	26,5	28,9	27,7	15,9	16,5	16,2	7,4	5,7	6,6

1) bezogen auf ein Viertel der 18- bis unter 22jährigen
2) bezogen auf ein Drittel der 24- bis unter 26jährigen
Quelle: Hochschulbericht 1990

Wie schaut es nun mit den beruflichen Veränderungen im Lebenslauf, der sogenannten *Intragenerationenmobilität,* in Österreich aus? Die Ergebnisse des Mikrozensus (Sonderprogramme September 1972 und Juni 1982) zu diesem Problemkreis scheinen zunächst trivial: Lehrlinge steigen zu Facharbeitern auf, Lehrer gehören zu den stabilsten Berufsgruppen, führende Tätigkeiten werden erst nach längerer Berufstätigkeit erreicht, wie überhaupt die Dauer der Berufstätigkeit einen wesentlichen Einfluß auf die Mobilität hat. Nicht mehr trivial ist die Feststellung, daß die Zahl der *Aufstiege* diejenige der *Abstiege* weit übertrifft. Nur steigenden Qualifikationswechsel wiesen 1982 44,3% der Beschäftigten auf, nur sinkenden 5,5% (1972 waren dies allerdings noch weniger: 2,7%). Es ist nun freilich anzunehmen, daß dies nicht so weitergehen wird. Im erweiterten Sozialbe-

18. HALLER, Klassenbildung, 90ff. (Anm. 14). – Vgl. Walter WOLF: Einkommensunterschiede zwischen Männern und Frauen nach Schulbildung und beruflicher Qualifikation. In: Öst. Stat. Nachr., 46 (1991), 32–34.

richt „soziale Struktur Österreichs" wurde aus diesem Grund ein „beträchtliches Anwachsen der sozialen Spannungen"[19] vorausgesagt.

Die wirtschaftlichen *Krisenerscheinungen* der siebziger und frühen achtziger Jahre, für welche die Zunahme der manifesten Arbeitslosigkeit (1980 Arbeitslosenrate durchschnittlich 1,9% des Arbeitskräfteangebots, 1990 5,4%) nur ein Indikator ist, haben sicherlich zu einer Zunahme der *Armut* geführt. Dabei gehört Österreich eher zu den begünstigten Staaten Europas.[20] Leider gibt es erst kaum seriöse Publikationen zu diesem Phänomen. FISCHER-KOWALSKI/SCHNEIDEWIND geben aufgrund einer IFES-Untersuchung aus dem Jahr 1983 an, daß in 10% der österreichischen Haushalte das gewichtete Pro-Kopf-Einkommen öS 3.000,– nicht übersteigt (während vor einigen Jahren der Anteil der Armen auf etwa 5% geschätzt wurde).[21] Dabei handelt es sich bei diesen Haushalten nur zu einem kleinen Teil (einem Neuntel) um solche ohne Erwerbseinkommen und ohne Pension, die übrigen sind Landwirtshaushalte und Arbeiterhaushalte (je um ein Drittel), Pensionistenhaushalte (ein Fünftel) aber auch einige Angestellten- und Beamtenhaushalte. Wie alle einschlägigen Mikrozensuserhebungen zeigen, spielt bei den Beschäftigtenhaushalten die Zahl der (unversorgten) Kinder und die damit verbundene ausschließliche Erwerbstätigkeit des Mannes eine wesentliche Rolle.[22]

Soviel zum *distributiven* Aspekt der sozialen Ungleichheit, den HALLER unter dem Terminus „Klassenlagen" behandelt. Wie verhält es sich nun mit dem, was HALLER „soziale Schicht" nennt (dem *relationalen* Aspekt der sozialen Ungleichheit)? Welche Menschen gehören den gleichen Vereinen an, schließen miteinander Freundschaft, heiraten einander? Aus dem Mikrozensus hat HALLER Daten über die *Heiratskreise* ausgewertet. Hier ist der *Bildungsabschluß* eindeutig die wichtigste Determinante, die Abweichungen von bildungsmäßiger Homogamie sind weitgehend in der unterschiedlichen Verteilung der Bildungsabschlüsse auf die Geschlechter begründet (mehr Männer mit Lehrabschluß und – noch – mit höherer Bildung).

Doch spielt auch die *Berufsschicht* für die Partnerwahl eine Rolle – es gibt kaum Heiraten zwischen Personen mit sehr weit voneinander entfernten Positionen; man berechnet umgekehrt aus den Heiratsmustern die „Di-

19. Bundesministerium für soziale Verwaltung (Hg.): Soziale Struktur Österreichs. Wien 1982, 71.

20. Bericht über die soziale Lage 1989 (Sozialbericht). Tätigkeitsbericht des Bundesministeriums für Arbeit und Soziales. Wien 1990.

21. Marina FISCHER-KOWALSKI/Peter SCHNEIDEWIND: Armut in der Krise. In: Österr. Jahrbuch f. Politik, '83. München-Wien 1984, 467–483.

22. Peter FINDL: Kinderzahl, Kinderwunsch und Einkommen. In: Öst. Stat. Nachr., 39 (1984), 330–333. – Walter WOLF: Berufstätigkeit der Frau und Familieneinkommen. In: Öst.Stat.Nachr., 39 (1984), 283–288. – Christoph BADELT: Die ökonomische Situation der Familien in Österreich. In: Familienbericht 1989, 143–227 (Anm. 2).

stanz" der Berufspositionen, die nachher recht plausibel erscheint. So haben mehr als drei Viertel der (zusammengefaßten) größeren Selbständigen und akademischen Freiberufler, sowie der höheren (und darüber) Angestellten und Beamten eine mindest mittlere Angestellte bzw. Selbständige außerhalb der Landwirtschaft zur Frau und weniger als 10% eine Arbeiterin. Bei „einfachen Angestellten" ist der Anteil der Frauen aus diesen beiden Kategorien etwa gleich groß, bei den Arbeitern sind zwei Drittel der Frauen ebenfalls Arbeiterinnen.[23]

Aus den unterschiedlichen Bildungsniveaus und den verschiedenen Berufserfahrungen in den einzelnen Schichten ergeben sich verschiedene *Subkulturen*, die sich wieder (vor allem über den Bildungsgang) auf die Klassenlagen der Kinder auswirken, distributive und relationale soziale Ungleichheit hängen eben eng zusammen.

VI. Zusammenfassung: Die Zweite Republik – Vergangenheit und Zukunft

Dieser Sammelband ist der Entwicklung der *Zweiten Republik* gewidmet. Wie bei den Darstellungen der einzelnen Bereiche der *Sozialstruktur* deutlich wurde, ist gerade für diese 1945 nicht als Jahr Null anzusehen.[24] Daß dies auch für die Politik gilt, wird nicht nur vielfach behauptet, sondern ist auch durch verschiedene Indikatoren, etwa das Wahlverhalten, nachweisbar. Für die Sozialstruktur jedenfalls gilt, daß die großen Veränderungen *innerhalb* der Zweiten Republik vor sich gegangen sind, von überragender Bedeutung ist dabei der *wirtschaftliche Aufschwung* gewesen. Er motivierte und ermöglichte die *Abwanderung* aus der Landwirtschaft. Dadurch wurden etwa burgenländische Kleinbauernhäuser zu Zweitwohnsitzen, ihren Hauptwohnsitz verlegten die Bauernkinder und früheren Pendler in die Arbeitsorte. Diesem *Urbanisierungs*vorgang stand gegenüber die Möglichkeit vieler Städter, aus den abgewohnten Gründerzeitvierteln an den Stadtrand, in moderne Wohnblocks oder sogar Einfamilienhäuser, zu ziehen. Verstädterung einerseits, steigende Masseneinkommen andererseits bewirkten den großen Aufschwung des *Fremdenverkehrs* – früher eine Angelegenheit der winzigen Oberschicht und eines kleinen Teils der Mittelschicht.

23. HALLER, Klassenbildung, 392 (Anm. 14).

24. Zur *Datenlage* und *Literatursituation* in Österreich ist noch folgendes zu bemerken: Die Ergebnisse der Erhebungen des ÖSTAT werden mehr oder weniger kommentiert an verschiedenen Orten publiziert. In allgemeinen zunächst in den Statist. Nachrichten, dann ausführlich zum Teil mit Vergleichsdaten – in den Beiträgen zur österr. Statistik, die wichtigsten Ergebnisse außerdem in den jährlich erscheinenden Statist. Handbüchern sowie einiges in Sonderpublikationen. Daher ist die Angabe der jeweils verwendeten Publikation bis zu einem gewissen Grade willkürlich. – Außerdem dankt die Autorin dem ÖSTAT für unveröffentlichte Daten sowie eigens angefertigte Graphiken.

Auch Änderungen der *Familienstruktur* sind teilweise auf die sozioökonomischen Strukturänderungen zurückzuführen: Die Familie als Produktionsgemeinschaft ist zur kleinen Minderheit geworden, und auch bei Selbständigen, sogar bei Landwirten, ist die Mitarbeit von Kindern nur mehr sehr beschränkt möglich. Freilich sind die Änderungen in der *inneren* Struktur der Familie, die größeren Ansprüche an Emotionalität, die rezente Abnahme der *Kinderzahl* (in der Stadt Tendenz von der Zweikinder- zur Einkinderfamilie) nicht ausschließlich auf ökonomische Faktoren zurückführbar. Hier hat auch ein *Wertewandel* stattgefunden.

Ähnliches gilt für die sogenannte *Bildungsexplosion* – das Recht auf Bildung wird unabhängig von wirtschaftlichem Bedarf beansprucht. Damit verbunden ist eine antizipierte Mündigkeit – obrigkeitliche Maßnahmen werden nicht mehr einfach hingenommen.

Wie wird das nun weitergehen?

Wenn wir wieder von der *Wirtschaft* ausgehen, so können wir hier eine Fortsetzung der angebahnten Entwicklung erwarten. Das bedeutet aber, besonders bei dem eher geringen Mut zur Veränderung, daß die *Strukturkrise* der Wirtschaft nicht so bald überwunden sein wird. Wir müssen mit einer weiteren Zunahme von – jedenfalls relativ – Armen, besonders Arbeitslosen, rechnen und es besteht die Gefahr der Überforderung des Sozialstaats. Andererseits ist mit einem weiteren Anwachsen des Anteils von Angestellten mit Spezialwissen zu rechnen. Die *europäische* Herausforderung übt einen Druck in Richtung auf Strukturreformen aus.

Viel unsicherer ist die Voraussage des *Wertewandels*. Prognosen, die einfach die Entwicklung der Scheidungszahlen extrapolieren (bis es mehr Scheidungen als Ehen gibt) scheinen nicht sehr seriös. Gerade bei den Einstellungen zur Familie, zu Kindern ist vieles offen.

Freilich ist zu vermuten, daß die *Ablehnung des nur Institutionellen* sich noch ausbreiten wird, ebenso der *Pluralismus,* daß der informelle Druck gegen abweichendes Verhalten noch abnehmen wird. Wenn diese Vermutungen (und es sind nur solche) stimmen, dann bedeutet dies aber auch, daß *viele Möglichkeiten zu Gestaltung* bestehen. Modelle alternativer Lebens- und Wirtschaftsformen können versucht werden und werden bei Erfolg vielleicht Nachahmer finden, dasselbe gilt für neue Formen der Politik, die auf Partizipation, Information der und Diskussion mit den Beteiligten beruht. Gebildetere Menschen könnten und müßten bereit sein, Verantwortung für ihre, für unser aller Zukunft zu übernehmen.

Anmerkungen zur politischen Kultur Österreichs

Rudolf Bretschneider
Peter A. Ulram

„Politische Kultur" ist im Deutschen ein doppeldeutiger Begriff: in der „politischen Umgangssprache" wie sie von Journalisten und Politikern gebraucht wird, bezeichnet sie die Umgangsformen, den Diskussionsstil etc. der politischen Akteure; in der Fachsprache der Sozialwissenschafter beschreibt sie die kollektiven Orientierungsmuster der Menschen zu den wesentlichen Elementen ihres politischen Systems.[1] „Politische Kultur" umschreibt, so verstanden, das Meinungsumfeld, in dem sich Politik abspielt bzw. in dem Politik abgespielt wird. Sie ist die Nährlösung, in der politische Aktionen zu Reaktionen führen, der Resonanzraum, in dem Paukenschläge oder politische Konflikte ein Echo finden oder verhallen. Der letztgenannte Begriff ist umfassender, er schließt das erste Verständnis ein, ohne sich aber darauf zu beschränken. Solche *Orientierungsmuster*[2] können sich beziehen auf

das *politische System* in seiner Gesamtheit (Systemkultur), also darauf, wie die politische Ordnung funktioniert und wie sie funktionieren sollte, wie die allgemeinen Prinzipien des politischen Zusammenlebens beschaffen sind usw;

die politischen Akteure und politische Handlungsweisen *(Prozeßkultur);*

die Ergebnisse von Politik als Bewertung wie Erwartungslage u. ä. m. *(Politikfeldkultur).*

Diese – zugegebenermaßen recht abstrakten – Dimensionen eines ebenso abstrakten Begriffs sollen im folgenden am *konkreten* Beispiel der Politischen Kultur Österreichs verdeutlicht, plastischer und (an)greifbarer gemacht werden.

Anders als in der Ersten Republik[3] ist der zentrale Bezugspunkt für die Menschen der Zweiten Republik der *österreichische Nationalstaat:* Die

---

1. Vgl. dazu Walter ROSENBAUM: Political Culture. New York 1975. – Gabriel A. ALMOND/Sidney VERBA (Hg.): The Civic Culture. Boston 1965. – Wolfgang C. MÜLLER: Polit. Kultur. In: Fritz PLASSER/Peter A. ULRAM (Hg.): Staatsbürger oder Untertanen? Polit. Kultur Deutschlands, Österreichs und der Schweiz im Vergleich. Frankfurt/Main-Bern 1991.

2. Peter A. ULRAM: Hegemonie und Erosion. Politische Kultur und polit. Wandel in Österreich. Wien-Köln-Graz 1990.

3. Gerald STOURZH: Vom Reich zur Republik. Studien zum Österreichbewußtsein im 20. Jahrhundert. Wien 1990. – Ernst BRUCKMÜLLER: Nation Österreich: Sozialhistorische Aspekte ihrer Entwicklung. Wien-Köln-Graz 1984.

überwiegende Mehrheit der Österreicher glaubt, daß Österreich eine eigenständige Nation sei, nur jeder Zwanzigste (5%) – bei den FPÖ-Wählern sind es etwas mehr, aber auch dort nur eine Minderheit – verneint die nationale Identität Österreichs. Man hegt zwar weitverbreitete Sympathie für die bundesdeutschen Nachbarn und ein Gutteil der Österreicher bekundet auch ein Gefühl innerer Verwandtschaft[4] mit ihnen; das Anschlußthema aber ist tot – auch die deutsche (Wieder)Vereinigung wurde von den Österreichern zwar begrüßt, doch eben als Angelegenheit der Deutschen gesehen, von der man sich kaum betroffen fühlte.[5] „Der Österreicher hat ein Vaterland, und liebts, und hat auch Ursach, es zu lieben" – im Nationalstolz übertrifft er sogar die meisten anderen Europäer. Was nicht nur positive Facetten aufweist, birgt ein überzogenes Nationalbewußtsein doch auch die Gefahr einer Verengung der europäischen Perspektiven und geht mitunter mit ausländerfeindlichen Tendenzen und einem Zwang zum Provinzialismus Hand in Hand.

Tabelle 1: Entwicklung des österreichischen Nationalbewußtseins (1956–1990)

In Prozent aller Östrreicher	1956*	1964	1970	1977	1980	1987	1989	1990
die Österreicher sind eine Nation		47	66	62	67	75	79	74
die Österreicher beginnen, sich langsam als Nation zu fühlen	49	23	16	16	19	16	15	20
die Österreicher sind keine Nation	47	15	8	11	11	5	4	5
keine Angabe	4	14	10	12	3	3	3	1

* 1956: Fragestellung nicht direkt vergleichbar.
Quelle: zit. nach PLASSER/ULRAM, Wandel (Anm. 4).

Tabelle 2: Ausgeprägter Nationalstolz im internationalen Vergleich

In Prozent sind auf ihre nationale Zugehörigkeit „sehr stolz" . . .	
1. USA	87
2. GB	58
3. A	53
4. F	42
5. CH	31
6. BRD	21

Quelle: zit. nach Fritz PLASSER/Peter A. ULRAM: Politischer Kulturvergleich: Deutschland, Österreich, Schweiz. In: PLASSER/ULRAM, Staatsbürger (Anm. 1).

4. In Ostösterreich und hier gerade in Wien ist das Gefühl der inneren Verwandtschaft freilich auch gegenüber Ungarn und der ČSFR recht ausgeprägt: Fritz PLASSER/Peter A. ULRAM: Politisch-kultureller Wandel in Österreich. In: PLASSER/ULRAM, Staatsbürger (Anm. 1).

5. Fessel+GfK/IFES 1990/1991: Das außenpolit. Bewußtsein der Österreicher.

Das Verhältnis der Österreicher zur *Demokratie* ist – auch dies anders als in der Ersten Republik – eindeutig positiv: Neun von zehn Bürgern halten sie als in jedem Fall einer Diktatur überlegen, nur 8% können unter Umständen auch einem autoritären System positive Seiten abgewinnen bzw. äußern diesbezüglich Gleichgültigkeit.[6] Die Notwendigkeit der zentralen Institutionen einer pluralistischen Demokratie – Parlament und Parteien – ist unbestritten – Alternativen werden nicht als Gegensatz, sondern als Ergänzung der repräsentativen Institutionen gesehen, insbesondere als Wunsch nach mehr direktdemokratischen Mitsprachemöglichkeiten.[7]

Die prinzipielle Akzeptanz demokratischer Einrichtungen und Spielregeln bedeutet freilich nicht, daß man auch mit ihrer konkreten Funktionsweise zufrieden sein muß. So ist – etwa im Vergleich zur Bundesrepublik Deutschland und der Schweiz – das *Vertrauen* in Regierung und Parlament äußerst gering. Medien und politischen Parteien wird überhaupt kaum Vertrauen entgegengebracht. Polizei und Gerichtswesen schneiden demgegenüber deutlich besser ab.

Tabelle 3: Vertrauen in Institutionen im Vergleich

In Prozent haben großes Vertrauen* zu . . .	Österreich	BRD	Schweiz
– Polizei	56	63	55
– Gerichte	53	58	52
– Behörden und Ämter	46	49	45
– Bundesheer / Bundeswehr / Armee	37	54	49
– Regierung und Parlament	27	48	51
– Medien, wie Zeitungen und Fernsehen	23	44	–
– Parteien	17	36	–

* 7stufige Skalierung, kumulierte Prozentsätze der Skalenpositionen 5–7 (großes Vertrauen)
Quelle: zit. nach PLASSER/ULRAM, Kulturvergleich (Tab.2).

Geht man den Gründen für das mangelnde Vertrauen in Parlament, Parteien (und übrigens auch: berufliche Interessenvertretungen) nach, so zeigt sich bald, daß es weniger die substanzielle Leistungsfähigkeit ist,[8] die Anlaß zur *Kritik* gibt, sondern ihre (vermutete oder erfahrene) konkrete Funktionsweise sowie die Verhaltensweisen und die (mangelnde) Qualität des Personals an ihrer Spitze.

Die *Einflußmöglichkeit* des einzelnen Mitglieds in den Parteien wird eher

6. Peter A. ULRAM: Polit. Kultur der Bevölkerung. In: Herbert DACHS u. a. (Hg.): Handbuch des polit. Systems Österreichs. Wien 1991, 466–474.

7. Fessel+GfK/IFES 1991: Parlamentsverständnis in Österreich.

8. Peter A. ULRAM: Thematischer Wandel im österr. Parteiensystem. In: Anton PELINKA/Fritz PLASSER (Hg.): Das österr. Parteiensystem. Wien-Köln-Graz 1988, 209–234. – Siehe auch Fritz PLASSER: Parteien unter Streß. Zur Dynamik der Parteiensysteme in Österreich, der Bundesrepublik Deutschland und den Vereinigten Staaten. Wien-Köln-Graz 1987.

gering eingeschätzt:[9] Weil sie im Mitgliederwachstum so erfolgreich waren, glaubt der oder die mitbestimmungswillige Einzelne, wenig Stimmengewicht zu haben. Überdies nimmt man an, daß viele Mitglieder nicht aus weltanschaulichen Gründen eine Parteimitgliedschaft anstreben, sondern um materieller Vorteile (Posten, Wohnung) willen; eine Motivation, die im übrigen rund ein Drittel der Österreicher versteht, billigt und auch für die eigene Person als Beweggrund für einen Beitritt nicht ausschließt.

Aus dieser Perspektive erscheinen Parteien dann nicht mehr als „Transmissionsriemen" der Willensbildung von „unten nach oben", sondern zumindest teilweise als Rückversicherungsanstalten oder Verteilungsapparaturen für gewisse *Positionsgüter.*

Was für die Parteien gilt, gilt in ähnlicher Form auch für andere politische *Großorganisationen:* In Österreich existiert ein – auch im internationalen Vergleich – hohes Ausmaß an politischer Entfremdung und damit korrespondierend ein relativ geringes Ausmaß an subjektiver politischer Kompetenz. Drei Viertel der Bevölkerung vertreten die Ansicht, daß Leute wie sie keinen Einfluß auf das haben, was die Regierung tut, zwei Drittel meinen, daß Politiker sich nicht viel darum kümmern, was die Leute denken, und mehr als die Hälfte glaubt, daß der Einfluß der Wähler auf die Politik sehr oder eher gering ist. Zugleich werden die Politiker mehrheitlich als machthungrig, wenig wahrheitsliebend und noch härter: als bestechlich und wenig effizient (ab)qualifiziert.[10]

Politik – jedenfalls soweit sie in herkömmlichen Strukturen und Verfahrensabläufen stattfindet – wird überhaupt als wenig attraktiv empfunden: nur bei einem Fünftel der Österreicher ruft sie positive Gefühle hervor (in der Schweiz bei mehr als der Hälfte), ein Viertel reagiert mit gleichgültiger Distanz, jede(r) Zweite mit eher negativen Emotionen (in der Schweiz nur ein Viertel).[11] Dementsprechend ändern sich auch die *Partizipationsorientierungen:* war man schon in den siebziger und beginnenden achtziger Jahren an parteipolitischer Aktivität wenig interessiert,[12] so hat sich diese Tendenz weiter verstärkt – em ehesten tut man sich noch mit Gleichgesinnten zusammen, um Probleme in der Gemeinde zu lösen bzw. zieht die Unterstützung bzw. Mitarbeit (bei) einer Bürgerinitiative in Erwägung – auch wenn die faktische Aktivität dann doch weit geringer ausfällt als die prinzipielle Bereitschaft dazu.[13] Erstmals gerät ab Mitte der achtziger Jahre auch die traditionell hohe Wahldisziplin der Österreicher ins Rutschen

9. Fessel+GfK 1981: Parteienverdrossenheit.

10. ULRAM, Hegemonie (Anm. 2).

11. PLASSER/ULRAM, Kulturvergleich (Tab.2).

12. Vgl. dazu Roland DEISER/Norbert WINKLER: Das polit. Handeln der Österreicher. Wien 1982, sowie Leopold ROSENMAYR (Hg.): Polit. Beteiligung und Wertwandel in Österreich. Einstellungen zu Politik und Wertwandel im internationalen Vergleich. München-Wien 1980.

13. PLASSER/ULRAM, Wandel (Anm. 4).

und die Parteibuchdichte – wie wohl noch die höchste in Europa – hat im Vergleich zu früher stark abgenommen.[14]

Tabelle 4: Indikatoren politisch-bürokratischer Entfremdung (1975–1986)

In Prozent der jeweiligen Gruppe*	75	76	78	79	80	81	83	84	85	86
– die Politiker kümmern sich zuviel darum, ihre Macht zu erhalten, anstatt sich über die wirklichen Bedürfnisse der Bevölkerung Gedanken zu machen (i)								80		
– Leute wie ich haben keinen Einfluß auf das, was die regierenden Politiker tun (b, h, i, k)		75					68	76	74	
– Abgeordnete und Politiker kümmern sich nicht darum, was der kleine Mann sagt und denkt (d, i)			59					73		
– der Einfluß der Wähler auf das politische Geschehen ist sehr gering oder eher gering (b, g, i)		47				55		65		
– Politiker haben für kleine Leute – wie meine Eltern – (**) nichts übrig (f, j)					(36)			(52)		
– der einzelne ist in der Partei ohne Einfluß (c, g)			53			58				
(***)			–			(57)				
– in den Parteien werden neue Ideen eher abgelehnt und			42							
(***) kaum berücksichtigt			–							
– im Gewerkschaftsbund hat das einzelne Miglied heute praktisch nichts mehr zu reden, alles wird von den Spitzenfunktionären entschieden (a, l)									70	
(****)	(65)								(76)	
– im ÖGB gibt es zuwenig Mitsprachemöglichkeiten für das einzelne Mitglied	50									60
(****)									(65)	
– Beamte und Behörden kümmern sich nicht um das, was Leute wie ich denken (l)									49	
– Ablehnungen der Statements: Die Staatsbürger haben genug Möglichkeiten, sich gegen Entscheidungen von Ämtern und Behörden zu wehren (e, l)					42				48	
– wenn man sich bei einem Amt beschweren will, wird man meist abgewimmelt oder schlecht behandelt (e, l)					47				48	

* Gesamtbevölkerung
** 14- bis 24jährige
*** Parteimitglieder
**** Gewerkschaftsmitglieder

() Sondergruppe **, ***, ****

Quelle: zit. nach ULRAM, Hegemonie (Anm. 2).

14. ULRAM, Kultur (Anm. 6).

Genuin staatliche Institutionen – wie Polizei, Gerichte, bis zu einem gewissen Grad auch Behörden und Ämter – gelten Herrn und Frau Österreicher als recht vertrauenswürdig. Der Staat ist aber nicht einfach nur *Ordnungsstaat*. Mit dem Ausbau sozialstaatlicher Einrichtungen erhalten die Termini *„Wohlfahrts- und Sozialstaat"* beinahe identitätsstiftende Bedeutung (auch wenn sie – anders als in der Bundesrepublik Deutschland – nicht in unserer geschriebenen Verfassung stehen).

Freilich ist auch das Bild vom „Staat" nicht ungetrübt. Vor allem die krisenhafte Wirtschaftsentwicklung der großen „Staatsindustrie" hat Zweifel und konsequenterweise auch *Reformwünsche* steigen lassen (nebst dem langsam steigenden Steuerdruck, den man mit unnotwendigen und „verschwenderischen" oder bürokratischen Ausgaben in Zusammenhang brachte).[15]

Daß die gefühlsmäßige Haltung gegenüber dem Staat auch in „friedlichen Krisen" deutlichen Änderungen unterworfen sein kann, zeigt ein Vergleich der Assoziationen zum Begriff *Staat* zwischen 1976 und 1989. Zwar ist der Begriff „soziale Sicherheit" noch immer die am häufigsten „passende" Assoziation. Die Zuordnungsfrequenz bzw. die Charakterisierung des Staates mit diesem Terminus hat jedoch signifikant abgenommen. Abgenommen hat auch das mit dem Staat verbundene Gefühl der Freiheit. Häufiger als noch 1976 ordnet man 1989 „kalte" Begriffe wie Verfassung und Bürokratie dem Staatsbegriff zu. Die Veränderungen fallen noch deutlicher aus, wenn man Teilgruppen der Bevölkerung betrachtet – z. B. jüngere Menschen oder Angehörige der oberen Bildungsschichten.

Der *Sozialstaat* – so könnte man knapp formulieren – ist unsicherer und kälter geworden.

Tabelle 5: Staatsbild in Österreich und der BRD

	Österreich		BRD
In Prozent denken bei „Staat" an . . .	1976	1989	1989
– soziale Sicherheit	64	55	56
– Verfassung	24	32	39
– Bürokratie	16	30	–
– Ordnung	33	30	30
– Freiheit	33	28	37
– Gerechtigkeit	29	28	37
– Steuerbelastung	27	25	24
– Wirtschaftslenkung	24	24	19
– Bevormundung	2	10	6
– Untertanen	3	6	7
– Gleichmacherei	3	5	7
– Anonymität	2	4	4

Quelle: PLASSER/ULRAM, Kulturvergleich (Tab. 2); PLASSER/ULRAM, Wandel (Anm. 4).

15. Rudolf BRETSCHNEIDER: Der Österreicher vor seinem Staat. In: Österreichische Monatshefte, 11./12. Heft 1979.

Darüber hinaus haben *Negativassoziationen* wie „Bevormundung“ und „Untertanen“ zugenommen. Im Vergleich zur Bundesrepublik Deutschland (alte Bundesländer) fällt auf, daß Freiheit und Verfassung seltener, Bevormundung und Wirtschaftslenkung häufiger genannt werden. Der Staat wird als Beschützer, aber auch als Bedrücker wahrgenommen.

Wenngleich der „soziale Garantismus“[16] nach wie vor eine zentrale Orientierung der Österreicher darstellt, so dominiert er doch das „politische Themenfeld“ nicht mehr so eindeutig wie dies noch in den siebziger Jahren der Fall gewesen ist. Auf der einen Seite hat der *soziale Garantismus* selbst eine Ausdifferenzierung bzw. Schwerpunktverlagerung erfahren (die Angst um die Sicherheit von Renten und Pensionen steht 1991 vor der Sorge um die Arbeitsplätze), auf der anderen Seite ist die Themenlandschaft überhaupt pluralistischer geworden: *Umweltschutz* und (etwas schwächer) diverse *partei- und bürokratiekritische Themen* haben stark an Bedeutung gewonnen; zuletzt auch die sogenannte *Ausländerfrage*. Für alle neuen Themen – Umweltschutz, Parteiverdrossenheit und Ausländerproblematik – gilt zudem, daß hier den beiden Traditionsparteien SPÖ und ÖVP nur eine geringe Problemlösungsfähigkeit zugeschrieben wird.[17]

Tabelle 6: Schaubild: Politische Prioritäten (1977–1991)

1977	1983	1987	1990	1991
1. Arbeitsplatzsicherung	1. Arbeitsplatzsicherung	1. Umweltschutz	1. Umweltschutz	1. Umweltschutz
2. Preisstabilität	2. Umweltschutz	2. Verschwendung öffentlicher Mittel verhindern	2. Sicherung von Renten und Pensionen	2. Sicherung von Renten und Pensionen
3. Verschwendung öffentlicher Mittel verhindern	3. Verschwendung öffentlicher Mittel verhindern	3. Arbeitsplatzsicherung	3. Verschwendung öffentlicher Mittel verhindern	3. Ausländerproblem
4. Arbeitsplatzbeschaffung	4. Arbeitsplatzbeschaffung	4. Arbeitsplatzbeschaffung	4. Korruption/ Privilegien bekämpfen	4. Arbeitsplatzsicherung/ -beschaffung
	5. Preisstabilität	5. Preisstabilität	5. Arbeitsplatzsicherung/ -beschaffung	5. Verschwendung öffentlicher Mittel verhindern
6. Umweltschutz				6. Korruption/ Privilegien bekämpfen

Quelle: Fessel + GfK, Politische Umfragen

16. Vgl. dazu Fritz PLASSER/Peter A. ULRAM: Unbehagen im Parteienstaat. Jugend und Politik in Österreich. Wien-Köln-Graz 1982. – Peter A. ULRAM: Thematischer Wandel im österr. Parteiensystem. In: PELINKA/PLASSER, Parteiensystem (Anm. 8).

17. Im Vergleich zur Situation der siebziger Jahre, wo Österreich nach der Schweiz das Land mit dem höchsten Ausmaß an allgemeiner wie bereichsspezifischer Regierungszufriedenheit war (ROSENMAYR, Beteiligung/Anm. 12 sowie Samuel H. BARNES: Il cittadino italiano: un caso particolare? In: Il Mulino 1985/6), hat zwar auch die Zufriedenheit mit der Leistungserbringung in den klassischen sozial- und wirtschaftspolitischen Bereichen abgenommen – die Kritik er-

Die hohe (nicht zuletzt auch emotionale) Wertigkeit der neuen Themen, perzipiertes Politikversagen, ausgeprägte Gefühle politischer Entfremdung und eine zwischen Zynismus und Aggression schwankende Haltung größerer Bevölkerungsgruppen gegenüber den Traditionsparteien und ihren personellen Repräsentanten geben denn auch den Nährboden für neue bzw. neuformierte politische Bewegungen und Parteien ab – die Grün-Alternativen auf der einen Seite, die rechtspopulistische FPÖ auf der anderen. Zugleich ist die Wählerschaft insgesamt beweglicher geworden. Die alten Lager- und Parteibindungen sind erodiert, in der jungen Generation so gut wie gar nicht mehr vorhanden.[18] Einem Parteiwechsel stehen somit kaum noch ideologisch-weltanschauliche oder traditionelle affektive Barrieren entgegen.

Unbehagen, Kritik, Verdrossenheit und Issue-Voting (von der Transitfrage in Tirol bis zum Ausländerthema in Wien) finden somit unmittelbaren Niederschlag im *Wahlverhalten*. „Wahltag ist Zahltag" – unter diesem Motto steht ein Gutteil der nationalen, regionalen und kommunalen Wahlgänge der letzten Jahre.[19] In gewisser Hinsicht kann die politische Kultur der ausgehenden achtziger und beginnenden neunziger Jahre somit auch als „Wählerprotestkultur" charakterisiert werden. Als Konsequenzen dieser Entwicklungen kommt es zu großflächigen Verschiebungen in den parteipolitischen Kräfteverhältnissen: Das über Jahrzehnte bestimmende Duopol der Großparteien hat einem *Mehrparteiensystem* Platz gemacht,[20] wobei die Übergänge zwischen Mittel- und Kleinparteien fließend sind und – zunächst auf Länderebene – auch frühere Großparteien zu Mittelparteien absteigen (z. B. ÖVP im Bund, SPÖ in Tirol, Steiermark und Oberösterreich) bzw. im Extremfall von der ehemaligen Klein- und nunmehrigen Mittelpartei FPÖ überholt werden können und auf eine wahlpolitische Restgröße reduziert werden (ÖVP in Kärnten und Wien).

Vergleicht man unsere Bestandsaufnahme der politischen Kultur Österreichs zu Beginn der neunziger Jahre mit dem traditionellen Bild der

reicht jedoch nie das Ausmaß jener in bezug auf die neuen Themen; zudem wird hier rascher auf politische Maßnahmen reagiert, sprich: Mit der Verbesserung der wirtschaftlichen Situation und der großen Steuerreform von 1987 nimmt die diesbezügliche Unzufriedenheit spürbar wieder ab – was bei den neuen Issues nicht ohne weiteres der Fall ist. Grosso modo sind Regierungszufriedenheit und Vertrauen in politische Instanzen derzeit deutlich niedriger als vor eineinhalb Jahrzehnten und Österreich hat seinen diesbezüglichen Spitzenplatz verloren. Vgl. dazu ULRAM, Wandel (Anm. 16) und PLASSER/ULRAM, Staatsbürger (Anm. 1).

18. Vgl. dazu Christian HAERPFER: Gesellschaft, Wählerverhalten und Parteiensystem. In: Journal für Sozialforschung, 2. Heft 1987, und Fritz PLASSER/Peter A. ULRAM/Alfred GRAUSGRUBER: The Decline of „Lager Mentality" and the New Model of Electoral Competition in Austria. In: Kurt LUTHER/Wolfgang C. MÜLLER (Hg.): Politics in Austria. Accomodation to Conflict? Special Issue of West European Politics 1991 (im Erscheinen).

19. Fritz PLASSER/Peter A. ULRAM: Wahltag ist Zahltag, Populistischer Appell und Wählerprotest in den achtziger Jahren. In: Österr. Zeitschrift f. Politikwissenschaft, 18 (1989), 151–164.

20. Vgl. dazu Wolfgang C. MÜLLER: Das Parteiensystem; und Christian HAERPFER, Wahlverhalten. In: DACHS, Handbuch (Anm. 6).

„versäulten Konkordanzdemokratie" wie es – mit unterschiedlicher Akzentuierung – von den Klassikern der österreichischen Politische Kultur-Forschung zu Beginn der sechziger Jahre gezeichnet worden ist[21], so wird deutlich, wie sehr sich die *subjektiven Grundlagen* der Politik der Zweiten Republik verändert haben. In mancher Hinsicht hat sich der „deviant case" der westeuropäischen Normalität angenähert – man denke nur an die Auflösung der Lagerbindungen, die Ausweitung der Demokratie- und Beteiligungsorientierung, die Pluralisierung der politischen Themenlandschaft und das weitgehende Verschwinden antisystemischer Vorbehalte; in manchen Bereichen treten aber neuartige Probleme zutage – man denke an das hohe Ausmaß an mangelnder individueller politischer Kompetenz, an Parteien- und Politikerverdrossenheit, an Ethnozentrismus mit stark chauvinistischen Untertönen, die die österreichische Politik vor neue und schwerwiegende Probleme stellen. Dazu kommt, daß die Funktionsweise, aber auch die organisatorische Verfaßtheit der traditionellen Parteien, der beruflichen Interessenvertretungen und last but not least der Verwaltung – wie die Mentalität eines Gutteils der dort tätigen Funktionäre – eher den politisch-kulturellen Rahmenbedingungen der fünfziger als jener der neunziger Jahre angepaßt erscheinen.

Eine Situation, die jener in unserem südlichen Nachbarland Italien nicht unähnlich ist – und tatsächlich sieht sich die traditionelle Politik beider Länder mit einer massiven populistischen Protestwelle konfrontiert (hier die neue Haider-FPÖ, dort die Lega Lombarda)[22], auf die sie bislang offenbar noch keine Antwort gefunden hat.

Dieses *Auseinanderklaffen* politisch-kultureller Orientierungen auf der einen, der eingefahrenen Spielregeln, Verfahrensweisen und Mentalitäten des politisch-administrativen Systems auf der anderen Seite, wird das politische Klima in Österreich noch länger prägen und das politische System beträchtlichem Streß aussetzen. Die einst so stabile, ruhige und berechenbare österreichische Politik ist instabiler und hektischer geworden – und auch vor Überraschungen nicht mehr gefeit. Die Bewertung dieser neuen Situation bleibt dem Publikum überlassen: Die einen – und hier nicht zuletzt die professionellen Beobachter und Kommentatoren – werden finden, daß die Politik in Österreich weniger langweilig und interessanter geworden ist; die anderen werden sich dann erinnern, daß die alte chinesische Aufforderung, „mögest Du in interessanten Zeiten leben" kein Glückwunsch, sondern ein Fluch gewesen ist.

21. Gerhard LEHMBRUCH: Proporzdemokratie: Polit. System und polit. Kultur in der Schweiz und in Österreich, Tübingen 1967. – G. Bingham POWELL Jr.: Social Fragmentation and Political Hostility. An Austrian Case Study. Stanford/Cal. 1970.

22. Renato MANNHEIMER: La Lega Lombarda. Milano 1991.

V.
Politische Konfigurationen

Die Sozialdemokratische Partei Österreichs

Heinz Fischer

I. Vorbemerkung

Zum Jahreswechsel 1988/89 feierte die *Sozialistische Partei Österreichs* (SPÖ) den hundertsten Jahrestag ihrer Gründung. Der Parteitag von 1888/89, der im niederösterreichischen Ort Hainfeld veranstaltet werden mußte, da dies in Wien aufgrund des damals bestehenden und gegen die Arbeiterbewegung gerichteten Ausnahmezustandes nicht möglich war, kann als der *Gründungsparteitag* der Sozialdemokratischen Arbeiterpartei, der heutigen Sozialdemokratischen Partei Österreichs, angesehen werden. Auf diesem Parteitag ist es vor allem Victor ADLER gelungen, die verschiedenen sozialdemokratischen Strömungen, die in Ansätzen schon seit der bürgerlichen Revolution von 1848, verstärkt aber seit den sechziger Jahren politisch in Erscheinung getreten waren, zu einer einheitlichen Partei mit einem klaren Programm zusammenzufügen.[1] Schon vor diesem Hainfelder Parteitag hatte die sozialdemokratische Bewegung im Zuge der Kämpfe um den Ausbau des konstitutionellen Rechtsstaates eine Reihe sozialer und demokratischer Errungenschaften durchgesetzt, allen voran die ersten Ansätze eines Vereins- und Versammlungsrechts, die auch heute noch zu den Fundamenten der demokratischen Verfassungsordnung gehören.[2]

Damit ist die Sozialdemokratische Partei Österreichs jene politische Kraft,

1. Zur Entwicklung der österr. Sozialdemokratie siehe Ludwig BRÜGEL: Geschichte der österr. Sozialdemokratie. 5 Bde. Wien 1922–1925. – Josef CAP: Sozialdemokratie im Wandel. Wien 1989. – Heinz FISCHER (Hg.): Rote Markierungen '80. Wien-München-Zürich 1980. – Erich FRÖSCHL/Maria MESNER/Helge ZOITL (Hg.): Die Bewegung. 100 Jahre Sozialdemokratie in Österreich. Wien 1990. – Fritz KAUFMANN: Sozialdemokratie in Österreich. Idee und Geschichte einer Partei. Von 1889 bis zur Gegenwart. Wien–München 1978. – Norbert LESER: Zwischen Reformismus und Bolschewismus. Der Austromarxismus als Theorie und Praxis. Wien 1968. – Helene MAIMANN (Hg.): Die ersten 100 Jahre. Österr. Sozialdemokratie 1888–1988. Wien 1988. – Anton PELINKA: Sozialdemokratie in Europa. Wien 1980. – Peter PELINKA: Sozialdemokratie in Österreich. 100 Jahre seit Hainfeld. Die Entwicklung einer Bewegung von Victor Adler bis Franz Vranitzky. Wien 1988. – Walter POLLAK: Sozialismus in Österreich. Von der Donaumonarchie bis zur Ära Kreisky. Wien–Düsseldorf 1979. – Kurt L. SHELL: Jenseits der Klassen? Österreichs Sozialdemokratie seit 1934. Frankfurt/Main 1969. – Karl UCAKAR: Die Sozialdemokratische Partei Österreichs. In: Herbert DACHS u. a. (Hg.): Handbuch des polit. Systems Österreichs. Wien 1991, 210–226.
2. Siehe Herbert STEINER: Die Arbeiterbewegung Österreichs 1867–1889. Wien 1964.

die auf die längste ungebrochene politische *Geschichte* zurückblicken kann und sich auch vorbehaltslos zu dieser ihrer Geschichte bekennt.[3] Diese *Tradition* bestimmte sowohl in organisatorischer als auch in programmatischer Hinsicht die Entwicklung der österreichischen Sozialdemokratie auch nach 1945, was zum Verständnis der Entwicklung der bald fünfzigjährigen Geschichte der Zweiten Republik einen kurzen historischen Rückblick erforderlich macht.

II. Zur Entwicklung der SPÖ

1. Von der Gründung zur Zweiten Republik

Insgesamt läßt sich die Geschichte der österreichischen Sozialdemokratie im wesentlichen in fünf Abschnitte gliedern. Der erste dieser Abschnitte umfaßt die *Pionierzeit* der Partei vom Gründungsparteitag in Hainfeld bis zur Katastrophe des Ersten Weltkrieges. Die *heroische Periode* von 1918 bis 1934, also die Zeit der Ersten Republik, bildet den zweiten Abschnitt. Der dritte Abschnitt, die Zeit der *Illegalität* von 1934 bis 1945, fällt in die dunkelste Periode des neuen Österreich. Die Geschichte der Illegalität mit ihren Tragödien und Heldentaten, mit Emigration, Verzweiflung und dem trotzigen Gedanken „Wir kommen wieder"[4] ist erst in Teilbereichen aufgearbeitet und aufgezeichnet. Der Zeitabschnitt von 1945 bis 1970 ist geprägt vom *Wiederaufbau,* der Großen Koalition und dem Zerfall dieser Koalition. Den fünften und letzten Abschnitt kennzeichnet die *sozialdemokratische Führungsrolle* in Österreich seit 1970. Es ist die Zeit eines den Staat und die Gesellschaft modernisierenden Reformsozialismus, der auch über die Grenzen Österreichs hinaus Beachtung und Anerkennung gefunden hat, in dem aber auch internationale Tendenzen und Entwicklungen stark auf die österreichische Sozialdemokratie einwirkten und nicht zuletzt zu der Namensänderung sozialistische Partei – sozialdemokratische Partei beitrugen.

Ab dem Einigungsparteitag in Hainfeld zur Jahreswende 1888/89 war die österreichische Sozialdemokratie eine organisatorisch und programmatisch geeinigte und gefestigte und vor allem politisch handlungsfähige *Massenpartei.* Den programmatischen Orientierungsrahmen sozialdemokratischer Politik bildeten die Beschlüsse des Hainfelder Parteitags. Danach sollte das „gesamte Volk ohne Unterschied der Nation, der Rasse und des Geschlechtes . . . aus den Fesseln der ökonomischen Abhängigkeit, . . . der politischen Rechtlosigkeit und . . . der geistigen Verkümmerung"[5] be-

3. Siehe dazu u.a. Hans HAUTMANN/Rudolf KROPF: Die österr. Arbeiterbewegung vom Vormärz bis 1945. Sozialökonomische Ursprünge ihrer Ideologie und Politik. 2. A. Wien 1976.

4. Walter WISSHAUPT: Wir kommen wieder! Eine Geschichte der Revolutionären Sozialisten Österreichs. Wien 1967.

5. Zit. nach BRÜGEL, Geschichte, Bd. 3, 400 (Anm. 1).

freit werden. Im Sinne dieser Prinzipien wurde eine Reihe von konkreten Forderungen und Programmpunkten erarbeitet, die der Entrechtung der arbeitenden Menschen entgegenwirken sollten. Der ökonomischen Ausbeutung und der politischen Unterdrückung wurde der Kampf angesagt. Die Sozialdemokratie strebte die freie Meinungsäußerung und das allgemeine, gleiche und direkte Wahlrecht als Mittel der Agitation und Organisation an. Es wurde eine weitreichende Arbeiterschutzgesetzgebung, die Sicherung der Unabhängigkeit der Gerichte und vieles andere gefordert.

Besonders bemerkenswert ist die große Bedeutung, die die österreichische Arbeiterbewegung in ihrer Pionierzeit dem Kampf um die *politische Demokratie,* insbesondere dem Kampf um das allgemeine und gleiche *Wahlrecht* beigemessen hat. Schon vor Hainfeld war in der Arbeiterbewegung die Forderung nach einem demokratischen Wahlrecht erhoben worden.[6] Nach ihrer organisatorischen Festigung in Hainfeld konnte die Arbeiterbewegung zur großen Kraftprobe mit dem Privilegienparlamentarismus antreten. So standen am 9. Juli 1893 mehr als 50.000 Männer und Frauen auf der Wiener Ringstraße, um für das allgemeine und gleiche Wahlrecht zu demonstrieren. Aber erst 1896 gelang durch die Durchsetzung der fünften, der allgemeinen Wählerkurie, der Durchbruch des allgemeinen Wahlrechts für Männer. Bei der auf der Basis dieser Wahlreform durchgeführten *Reichsratswahl* im Jahre 1897 konnten die Sozialdemokraten 14 von 125 Mandaten erringen und zogen damit erstmals in das Abgeordnetenhaus ein.[7] Im Jahre 1907 gelang schließlich der Durchbruch zum allgemeinen und gleichen Wahlrecht.

Die organisierte Arbeiterbewegung hatte in Österreich nahezu zwei Jahrzehnte für die Durchsetzung einer Forderung gekämpft, die ihr Vorsitzender, Victor ADLER, als „Forderung des bürgerlichen Liberalismus" bezeichnet hatte.[8] Das Ergebnis war aber auch 1907 noch immer bescheiden. Das Wahlrecht erlangten nur Männer und auch für sie war das Wahlrecht an die Bedingung einer einjährigen Seßhaftigkeit geknüpft. Auch eine durch das Mehrheitswahlsystem begünstigte Manipulation der Wahlkreiseinteilung war noch nicht beseitigt.

Dennoch kann die Durchsetzung des allgemeinen und gleichen Männerwahlrechts als ein Höhepunkt in dieser Pionierzeit der österreichischen Arbeiterbewegung angesehen werden. Die Sozialdemokratie konnte auf der Basis des *neuen Wahlrechts* mit 87 von 516 Mandaten in das Abgeordnetenhaus einziehen und stellte damit die stärkste Einzelfraktion im Parlament. Bei der Reichsratswahl von 1911 brachte vor allem der auch auf die

6. Siehe Victor ADLER: Das allgemeine, gleiche und direkte Wahlrecht und das Wahlunrecht in Österreich. Wien 1893.

7. Siehe Karl UCAKAR: Demokratie und Wahlrecht in Österreich. Zur Entwicklung von polit. Partizipation und staatlicher Legitimationspolitik. Wien 1985.

8. ADLER, Wahlrecht (Anm. 6).

Arbeiterbewegung übergreifende Nationalitätenkonflikt einen leichten Rückgang der sozialdemokratischen Mandatsstärke auf 83.[9]

Die Sozialdemokratie war zur Jahrhundertwende also bereits zu einer stattlichen politischen Kraft herangewachsen, die allerdings zu Beginn und im Verlauf des *Ersten Weltkriegs* schwer erschüttert wurde. Die Einheit der Arbeiterbewegung war in vielen europäischen Ländern durch die Gründung kommunistischer Parteien zerbrochen und die Haltung der europäischen Sozialdemokratien zum Krieg, die zum Teil ambivalent zum Teil zustimmend war, stärkte das Vertrauen der Massen in die Sozialdemokratie nicht. Auch die österreichische Sozialdemokratie hatte sich von der Aufbruchsstimmung zu Kriegsbeginn mitreißen lassen. Von dieser Stimmung wurde durchaus auch die Basis erfaßt, die realen Verhältnisse auf den Schlachtfeldern zeigten dem Volk aber bald, wer die Rechnung für den Krieg zu zahlen hatte. Die sogenannte „Burgfriedenspolitik" der Parteiführung stieß aus diesem Grund auf zunehmende Ablehnung an der Basis. Aber auch die Verzweiflungstat des Repräsentanten des linken Parteiflügels, Friedrich ADLER, das Attentat auf Ministerpräsident Karl Graf STÜRGKH, führte zu schweren Erschütterungen der Sozialdemokratie.[10]

Trotz der angedeuteten, durch den Ersten Weltkrieg bedingten Probleme der österreichischen Sozialdemokratie war es dieser aber gelungen, die Partei- und die Gewerkschaftsorganisation auch in den Kriegsjahren handlungsfähig zu erhalten. Die Arbeiterbewegung, die sich erst ein Jahrzehnt vor dem Zusammenbruch der Habsburgermonarchie das allgemeine und gleiche Wahlrecht und damit eine relevante Vertretung im Parlament erkämpft hatte, sah sich nun im Übergang zur *Republik* vor die Aufgabe gestellt, beim Aufbau eines neuen Staates die führende Rolle zu übernehmen. Ohne die stabilisierende Rolle der Sozialdemokratie wäre die Schaffung einer parlamentarischen Kontinuität unter den Bedingungen der revolutionären Nachkriegskrise kaum möglich gewesen.[11]

Es wäre aber falsch, die sozialdemokratische Politik in den Jahren 1918 bis 1920, in denen die Sozialdemokratie mit den bürgerlichen Parteien eine *Koalitionsregierung* gebildet hatte, nur unter dem Gesichtspunkt einer Beschwichtigung der aufgebrachten Massen zu sehen. Die revolutionäre Situation wurde nämlich von der Sozialdemokratie auch als Druckmittel zur Durchsetzung weitreichender *sozialpolitischer* Maßnahmen eingesetzt. Als Beispiel für solche Maßnahmen seien erwähnt: die Errichtung von Einigungsämtern, die Invalidenfürsorge und die staatliche Arbeitslosenunterstützung, Maßnahmen zur Bekämpfung der Wohnungsnot, der Achtstundentag, das Gesetz über die Errichtung von Betriebsräten, der bezahlte Urlaub für Arbeiter und die Errichtung der Kammern für Arbeiter und Angestellte.

9. Siehe UCAKAR, Demokratie (Anm. 7).

10. Siehe Johann W. BRÜGEL (Hg.): Friedrich Adler vor dem Ausnahmegericht. Wien 1967.

11. Siehe u. a.: Hans HAUTMANN: Rätedemokratie in Österreich 1918–1924. In: Österr. Zeitschrift f. Politikwissenschaft, 1(1972), 73–87.

Bald aber begann das Pendel zurückzuschwingen. Der Druck der Massen auf der Straße ließ nach und damit verringerte sich auch das Gewicht der Sozialdemokratie in der Koalition. Im Sommer 1920 riskierte die Christlichsoziale Partei bereits den *Bruch* mit der Sozialdemokratie. Sie erreichte bei den Wahlen im Oktober 1920 die relative Mehrheit und bildete mit den Großdeutschen eine bürgerliche Koalitionsregierung. Das Kräfteverhältnis zwischen dem sozialdemokratischen Lager und dem „Bürgerblock" blieb dabei relativ stabil. Die Christlichsozialen erlangten bei keiner Wahl der Ersten Republik eine absolute Mehrheit. Der Stimmenanteil der Sozialdemokraten ging 1920 von 41% auf 36% zurück, stieg aber in der Folge kontinuierlich an. Die SDAP erreichte 1923 40% und 1927 42% der Wählerstimmen. 1930 konnte sie diesen Prozentanteil annähernd halten.[12]

Als *heroische Phase* der österreichischen Sozialdemokratie wurde die Zeit von 1918 bis 1934 wegen der Stärke und der Einigkeit der Partei, ihrer organisatorischen Aufbauleistungen in vielen Lebensbereichen, ihrer Kultur- und Bildungspolitik für die breiten Massen, ihrer Leistungen im Diskussionsprozeß um die theoretische Ausrichtung der Arbeiterbewegung, wobei unter dem Namen *Austromarxismus* eine schöpferische Weiterentwicklung des Marxismus versucht wurde, bezeichnet. In organisatorischer Hinsicht ist der Aufbau von sogenannten Vorfeldorganisationen der Partei bemerkenswert. Die österreichische Sozialdemokratie der Ersten Republik sah die Notwendigkeit, eine Art Gegengesellschaft oder Gegenkultur gegenüber der bürgerlichen Kultur aufzubauen.

Während die Sozialdemokratie durch die Bürgerblockregierungen von der Mitarbeit im Gesamtstaat weitgehend ausgeschlossen wurde, hatte sie in der Bundeshauptstadt Wien die Möglichkeit, durch den Aufbau des *„Roten Wien"* mit seiner innovativen Kommunalpolitik zu zeigen, wie sie sich einen gesellschaftsverändernden Reformismus vorstellte.

Im Jahre 1926 kam es zur Beschlußfassung des berühmten *„Linzer Programmes"*[13], in dem u. a. die Frage abgehandelt wurde, wie sich die Sozialdemokratie zu verhalten habe, wenn die „Bourgeoisie" eine demokratisch legitimierte Umwälzung der Gesellschaft durch „gewaltsame Auflehnung" verhindern sollte. Es ist nicht die Aufgabe dieses Beitrags, auf all jene Ereignisse einzugehen, die schließlich zur Ausschaltung des Parlaments im März 1933 und zur Errichtung eines autoritären Systems führten.

Als sich am 12. Februar 1934 der Linzer Schutzbund gegen die Untersuchung des sozialdemokratischen Parteiheimes gewaltsam zur Wehr setzte, hatten Regierung und Heimwehr den Anlaß für die Zerschlagung der Arbeiterbewegung und der letzten Reste der Demokratie in Öster-

12. Zur Entwicklung in der Ersten Republik siehe u. a.: Felix KREISSLER: Von der Revolution zur Annexion. Österreich 1918 bis 1938. Wien 1970. – Charles A. GULICK: Österreich von Habsburg zu Hitler. 5 Bde. Wien 1950.

13. In Ernst WINKLER (Hg.): Die österr. Sozialdemokratie im Spiegel ihrer Programme. 2. A. Wien 1971.

reich.[14] Die „heroische Phase" der Sozialdemokratie war zu Ende und die bittere Zeit der Illegalität begann, über die auch nach und nach wissenschaftliche Literatur vorgelegt wird.

2. Die SPÖ in der Zweiten Republik

Im April 1945 begannen jene Funktionäre, die den Krieg und den Faschismus überlebt hatten, die Partei wieder aufzubauen. Der *neue Parteiname* „Sozialistische Partei Österreichs (Sozialdemokraten und Revolutionäre Sozialisten)" spiegelte den Kompromiß zwischen den radikalere Positionen vertretenden Revolutionären Sozialisten und den eher gemäßigten sozialdemokratischen Altfunktionären wider.[15] Der Klammerzusatz des Parteinamens wurde aber bereits im September 1945 stillschweigend gestrichen. Die *Parteistruktur* orientierte sich an den Normen der Sozialdemokratischen Arbeiterpartei der Ersten Republik.[16] Auch in *programmatischer* Hinsicht stellte sich die wiederaufgebaute Partei bewußt in die Tradition der SDAP. Bedingung für die Parteimitgliedschaft war die Anerkennung des Linzer Programmes von 1926.

Trotz dieser programmatischen *Kontinuität,* die auch im Aktionsprogramm von 1947 bekräftigt wurde, versuchte man, wie Julius DEUTSCH sich ausdrückte, nicht „. . . außer acht zu lassen, daß die besonderen Verhältnisse der Zeit nach dem Zweiten Weltkrieg eine entsprechende Anpassung erforderten. So entstand eine Partei, die mehr zur Bedachtnahme auf unmittelbar gegebene Tatsachen neigte als zum Festhalten an theoretischen Lehrmeinungen. . . . man bemühte sich . . ., die Theorie mit den Tatsachen des praktischen Lebens in Einklang zu bringen, und erblickte gerade in diesem Bestreben den Wert und die Bedeutung der marxistischen Methode."[17]

Die *drei Gründungsparteien* der Zweiten Republik, die SPÖ, die ÖVP und die KPÖ einigten sich bei Kriegsende darauf, gemeinsam für die Wiedererrichtung der demokratischen Republik einzutreten und dabei an die *Verfassungsordnung* der Ersten Republik anzuknüpfen. Damit konnte ein Kampf um die österreichische Verfassung 1945 vermieden werden. „Man setzte vielmehr mit der Verfassung dort fort, wo man mit der Demokratie aufgehört hatte."[18] Die staatsrechtliche Souveränität Österreichs blieb bis zum Abschluß des Staatsvertrages von 1955 allerdings durch die Alliierte Kon-

14. HAUTMANN/KROPF, Arbeiterbewegung, 163 (Anm. 3).

15. Fritz WEBER: Der Kampf für eine austromarxistische Partei – Die ersten Nachkriegsjahre. In: SPÖ – Was sonst? Wien 1983, 11–28. – SHELL, Klassen (Anm. 1).

16. Alfred PFABIGAN: Die Sozialistische Partei Österreichs (SPÖ). In: William F. PATERSON/Kurt Th. SCHMITZ (Hg.): Sozialdemokratische Parteien in Europa. Bonn 1979, 125–138.

17. Julius DEUTSCH: Was wollen die Sozialisten. Wien 1949, 86 ff.

18. Anton PELINKA/Manfried WELAN: Demokratie und Verfassung in Österreich. Wien-Frankfurt/Main-Zürich 1971, 46.

trolle überlagert. Die erste Regierung war eine *Konzentrationsregierung* der drei im Nationalrat vertretenen Parteien, wobei die ÖVP mit 85 Mandaten über eine absolute Mehrheit verfügte und die SPÖ mit 76 Mandaten nur zweitstärkste Partei blieb. Die KPÖ erlangte bei den ersten Wahlen 1945 nur vier Mandate. Sie schied 1947 aus der Konzentrationsregierung aus. Daraufhin bildeten die beiden Großparteien eine *Koalition,* die bis zum Jahre 1966 aufrecht bleiben sollte.

In dieser Zeit der *Großen Koalition* war die SPÖ immer um einige Mandate schwächer als die ÖVP, was zum Teil auch auf das damals geltende Wahlsystem zurückzuführen war. Bei den Wahlen 1953 und 1959 hatte die SPÖ nämlich einen höheren Stimmenanteil als die ÖVP, was sich aber nicht in einer Mandatsmehrheit der SPÖ niederschlug. In inhaltlicher Hinsicht ist die Zeit der Großen Koalition durch den wirtschaftlichen Wiederaufbau, den Abschluß des Staatsvertrags, weitreichende Verstaatlichungsmaßnahmen im Bereich der Grundstoffindustrien, die Erklärung der immerwährenden Neutralität, und den Aufbau eines Systems konsensualer Lösungen für wirtschaftliche und soziale Probleme im Rahmen der sogenannten Wirtschafts- oder Sozialpartnerschaft und auf der Basis der westeuropäischen pluralistischen, marktwirtschaftlichen Demokratie gekennzeichnet. Nach der vor allem für die Lohnabhängigen sehr harten Zeit des Wiederaufbaus ermöglichte ein lang andauernder Wirtschaftsaufschwung eine deutliche Verbesserung des Konsumniveaus der arbeitenden Menschen.

Bei der Nationalratswahl von 1966 erreichte die ÖVP die absolute Mehrheit der Mandate, die dennoch geführten Koalitionsverhandlungen scheiterten. Auf einem außerordentlichen Parteitag entschloß sich die SPÖ nach einer dramatischen Diskussion und trotz vieler Hinweise auf die verhängnisvolle Entwicklung nach dem Scheitern der Koalition in der Ersten Republik, auf eine weitere Regierungsbeteiligung unter den von der ÖVP vorgelegten Bedingungen zu verzichten und in *Opposition* zu gehen. Die vier Oppositionsjahre von 1966 bis 1970 wurden von der SPÖ zur organisatorischen Festigung und zur Ausarbeitung von Reformprogrammen für einen künftigen Regierungsauftrag durch die Wähler ausgenützt, wobei die Sozialdemokratie obendrein Rückenwind durch den *„Zeitgeist"* des Jahres 1968 und der Studenten- und Reformbewegung in Europa hatte.

1970 erlangte die SPÖ die relative Stimmen- und Mandatsmehrheit und bildete zunächst eine Minderheitsregierung. Unterstützt von der FPÖ führte die SPÖ während dieser *Minderheitsregierung* eine Wahlrechtsreform durch, deren Ziel eine möglichst große Gleichwertigkeit der Wählerstimmen war.[19]

Bei der Nationalratswahl von 1971 gewann die SPÖ erstmals in ihrer Geschichte die absolute Stimmen- und Mandatsmehrheit. Die 1970 er-

19. Siehe UCAKAR, Demokratie (Anm. 7).

reichte Führungsrolle war damit bestätigt und gefestigt. Auf der Basis der von zahlreichen Experten ausgearbeiteten Reformprogramme für viele gesellschaftliche Bereiche konnte nun eine für die siebziger Jahre charakteristische *sozialdemokratische Reformpolitik* in Angriff genommen werden. Es gab dabei eine Reihe von Reformmaßnahmen, die nichts anderes bedeuteten als sinnvolle und notwendige Nachziehverfahren, die die Rechtsordnung der gesellschaftlichen Entwicklung anpaßten. Ein zweiter Komplex von Reformen, deren Grundtendenz mehr soziale Gerechtigkeit und mehr Beteiligungschancen in allen gesellschaftlichen Bereichen war, basierte auf sozialdemokratischer Programmatik und Pragmatik.[20]

Ölschock, Energiekrise und die Auswirkungen der ökonomischen Krise der westlichen Industriegesellschaften mit den katastrophalen Folgeerscheinungen hoher Arbeitslosenraten machten auch vor den österreichischen Grenzen nicht halt. Zwar gelang es, die Arbeitslosenrate im internationalen Vergleich niedrig zu halten: Im Wahljahr 1983 zum Beispiel war die Arbeitslosenrate in Österreich mit 4,5% nur knapp halb so hoch wie im Durchschnitt der OECD-Staaten. Dennoch verlor die SPÖ bei der Nationalratswahl von 1983 die absolute Mehrheit, blieb aber die *stärkste Partei* im Parlament.

Für die Gesetzgebungsperiode 1983 bis 1986 bildete die SPÖ eine Koalition mit der FPÖ.

Nach den Nationalratswahlen von 1986, denen die Wahl von Jörg HAIDER zum neuen FPÖ-Parteiobmann vorausgegangen war, kam es zur Bildung einer SPÖ-ÖVP-Koalition, die auch nach der Nationalratswahl vom Oktober 1990 erneuert wurde.

Im einzelnen ist die Entwicklung des Anteils der Stimmprozente und der Mandate der SPÖ bei den Nationalratswahlen seit 1945 der nachstehenden Tabelle zu entnehmen, wobei zu bedenken ist, daß zwischen den Wahlen von 1970 und 1971 die Zahl der Mandate von 165 auf 183 erhöht wurde (siehe Tabelle 1).

Insgesamt hat sich aus einem Dreiparteienparlament, wie es unmittelbar nach dem Zweiten Weltkrieg existierte und das aus ÖVP, SPÖ und KPÖ bestand und in dem die ÖVP die stärkste Partei war, im Verlauf der Zweiten Republik ein Vierparteienparlament, bestehend aus SPÖ, ÖVP, FPÖ und den Grün-Alternativen herausgebildet, in dem die SPÖ die stärkste Fraktion ist, und das durch ein viel höheres Maß an Wählerfluktuation charakterisiert ist, als das in der Anfangszeit der Zweiten Republik der Fall war.

20. Heinz FISCHER: Zehn Jahre Reformpolitik in Österreich. In: Österr. Zeitschrift f. Politikwissenschaft, 9(1981), 17–26. – Ds., Markierungen (Anm. 1).

Tabelle 1:

Wahljahr	SPÖ-Prozentanteil	SPÖ-Mandate
1945	44,60	86
1949	38,71	67
1953	42,11	73
1956	43,05	74
1959	44,79	78
1962	44,00	76
1966	42,56	74
1970	48,42	81
1971	50,04	93
1975	50,42	93
1979	51,03	95
1983	47,65	90
1986	43,12	80
1990	42,78	80

Quelle: Eigene Aufstellung aufgrund der amtlichen Wahlergebnisse.

III. Das Programm

1. Von der Gründung zum neuen Programm

Analysiert man die Sozialdemokratischen *Parteiprogramme* von dem am Gründungsparteitag in Hainfeld beschlossenen Programm bis zu dem heute gültigen Parteiprogramm von 1978, wird einem der weite Weg, den die Sozialdemokratie in hundert Jahren zurückgelegt hat, deutlich bewußt. Der Weg von der Partei der rechtlosen Proletarier bis zur führenden Verantwortung in Staat und Gesellschaft kommt in der Programmentwicklung gut zum Ausdruck. Zur Zeit des *Hainfelder Programms* ging es noch darum, „das Proletariat politisch zu organisieren, es mit dem Bewußtsein seiner Lage und seiner Aufgabe zu erfüllen, es geistig und physisch kampffähig zu machen und zu erhalten, . . .“[21]. Diesem Ziel dienten nicht nur die sozialpolitischen Forderungen, sondern auch die Forderungen nach politischer Beteiligung der arbeitenden Menschen. Dem Parlamentarismus gegenüber ist das Hainfelder Programm noch äußerst distanziert. Die Sozialdemokratische Arbeiterbewegung werde das allgemeine, gleiche und direkte Wahlrecht als eines der wichtigsten Mittel der Agitation und Organisation anstrengen, „ohne sich über den Wert des Parlamentarismus, einer Form der modernen Klassenherrschaft, irgendwie zu täuschen . . .“[22]. Dieser Passus fehlt bereits im *Wiener Programm* von 1901, was als Zeichen der Annäherung der Arbeiterbewegung an den Parlamentarismus angesehen werden kann.

21. Zit. nach BRÜGEL, Geschichte, Bd. 3, 401 (Anm. 1).

22. Ds., Geschichte, Bd. 3, 401 (Anm. 21). – Bei der Annäherung der Sozialdemokratie an den Parlamentarismus spielte Karl KAUTSKY eine wichtige Rolle.

Das schon erwähnte *Linzer Programm* aus dem Jahre 1926 beschäftigt sich – noch unter dem Eindruck von Revolution und Konterrevolution der ersten Nachkriegsjahre stehend – vor allem mit der Frage des Kampfes um die Staatsmacht: „Hat die Sozialdemokratische Arbeiterpartei in der ersten Epoche ihres Kampfes die demokratische Republik erkämpft, so hat sie nunmehr die Aufgabe, die demokratischen Kampfmittel auszunützen, um und die Mehrheit des Volkes unter der Führung der Arbeiterklasse zu sammeln und dadurch die Klassenherrschaft der Bourgeoisie zu stürzen, der Arbeiterklasse die Herrschaft in der demokratischen Republik zu erobern. . . . Die Sozialdemokratische Arbeiterpartei wird die Staatsmacht in den Formen der Demokratie und unter allen Bürgschaften der Demokratie ausüben. Die demokratischen Bürgschaften geben die Gewähr dafür, daß die sozialdemokratische Regierung unter ständiger Kontrolle der unter der Führung der Arbeiterklasse vereinigten Volksmehrheit handeln und dieser Volksmehrheit verantwortlich bleiben wird.“[23]

Das Linzer Programm, das wohl als eines der wichtigsten Dokumente des *Austromarxismus* angesehen werden muß, das von bestimmten Grundüberzeugungen, wie der Unterscheidung von politischer und sozialer Demokratie und von der Möglichkeit eines Gleichgewichts der Klassenkräfte in bestimmten historischen Situationen ausgeht, bildete auch beim Neubeginn im Jahre 1945 die programmatische Grundlage der Partei. 1947 gab sich die SPÖ allerdings mit dem im wesentlichen von Julius DEUTSCH verfaßten *Aktionsprogramm* eine geänderte programmatische Grundlage. Das Aktionsprogramm war der Versuch einer Anpassung an geänderte politische Zusammenhänge, ohne die Grundsätze des Linzer Programms zu verleugnen. Typische, im Austromarxismus verwurzelte Inhalte, wie die Unterscheidung von politischer und sozialer Demokratie, fehlen allerdings.[24]

Der in der Zeit der Großen Koalition praktizierte Durchbruch von einer proletarischen Klassenpartei zu einer „Partei aller Arbeitenden“ fand im *Wiener Parteiprogramm von 1958* seinen Niederschlag, das wenige Monate nach der Wahl von Bruno PITTERMANN zum Vorsitzenden der SPÖ beraten und beschlossen wurde. „Mehr als ein Jahrhundert ist vergangen, seitdem Karl Marx feststellte, daß die Proletarier nichts zu verlieren haben als ihre Ketten.“ So beginnt das Kapitel über die „Partei aller Arbeitenden“, um fortzusetzen: „Der Sozialismus ist eine internationale Bewegung, die keineswegs eine starre Gleichförmigkeit der Auffassungen verlangt. Gleichviel, ob Sozialisten ihre Überzeugung aus den Ergebnissen marxistischer oder anders begründeter sozialer Analysen oder aus religiösen oder humanitären Grundsätzen ableiten, alle erstreben ein gemeinsames Ziel: eine Gesellschaftsordnung der sozialen Gerechtigkeit, der höheren Wohlfahrt, der Freiheit und des Weltfriedens.“[25].

23. Zit. nach WINKLER, Sozialdemokratie (Anm. 13).
24. PFABIGAN, SPÖ,129 (Anm. 16).
25. Zit. nach WINKLER, Sozialdemokratie, 82 (Anm. 13).

2. *Das Programm von 1978*

Mitte der siebziger Jahre, als durch die SPÖ-Regierung bereits eine Reihe von Reformen durchgeführt und damit ein Modernisierungsprozeß der Gesellschaft eingeleitet war, galt es, neue Perspektiven zu entwickleln und Antworten auf neu entstehende Probleme in Politik, Wirtschaft und Gesellschaft zu geben. Auf dem Parteitag 1978 wurde nach langen und intensiven Vorarbeiten das derzeit gültige *Parteiprogramm* beschlossen. Es ist als ein umfassendes politisches Konzept für die letzten beiden Jahrzehnte dieses Jahrhunderts anzusehen. Die grundlegenden Zielsetzungen dieses Programms sind in den einleitenden Sätzen festgelegt, wo es heißt:[26]

„Die Sozialisten wollen eine Gesellschaftsordnung, also eine Ordnung der Lebensverhältnisse und der Beziehungen der Menschen zueinander, deren Ziel die freie Entfaltung der menschlichen Persönlichkeit in der Gemeinschaft ist. Sie wollen die Klassen beseitigen und den Ertrag der gesellschaftlichen Arbeit gerecht verteilen. . . . Die sozialdemokratische Arbeiterbewegung war und ist die große Freiheitsbewegung Österreichs. In der ersten Phase ihres Wirkens hat sie die politische Demokratie und die Republik erkämpft, in der zweiten den Wohlfahrtsstaat aufgebaut und in der dritten Phase gilt es, die politische Demokratie und den Wohlfahrtsstaat zur sozialen Demokratie weiter zu entwickeln.

Das Parteiprogramm von 1978 enthält in seinen grundsätzlichen Aussagen nach wie vor die Grundwerte und ideologischen Zielsetzungen der österreichischen Sozialdemokratie. In einzelnen Formulierungen ist es überholt. Dennoch hält die SPÖ an der Tradition fest, Parteiprogramme nicht punktuell zu „novellieren“, sondern jeweils in einem Rhythmus von etwa zwei Jahrzehnten neue programmatische Dokumente zu verfassen.

Ein Grundsatzpapier, das aber nicht den Charakter eines neuen Parteiprogrammes hatte, war das Konzept „Sozialdemokratie 2000“, das auf dem Parteitag 1989 in Graz beschlossen wurde.

IV. Struktur und Organisation

1. *Innerparteiliche Demokratie*

Politische Parteien im heutigen Sinn sind als Instrumente politischer Partizipation der durch sie vertretenen Bevölkerungsgruppen entstanden. Das gilt auch für die SPÖ als Partei der *arbeitenden Menschen,* die, wie im Entwicklungsüberblick gezeigt, bis vor knapp hundert Jahren über keinerlei Möglichkeiten politischer Mitsprache oder gar Mitentscheidung verfügten. Die Massenparteien, wie sie am Ende des 19. Jahrhunderts entstanden,

26. Die Ausführungen zum Programm 1978 stützen sich auf: Heinz FISCHER: Zu den Grundsätzen sozialdemokratischer Politik. In: Ds., Markierungen, 13–34 (Anm. 1).

sind vor allem durch eine feste und dauernde Organisation gekennzeichnet, deren Aktivitätsradius über Wahlkämpfe und parlamentarische Klubbildungen hinausgeht. In Österreich entstanden diese Parteien im Bereich der sogenannten *drei Lager*, dem Sozialdemokratischen Lager, dem Christlichsozialen Lager und dem wesentlich kleineren Deutschnationalen Lager.[27] Wenngleich diese drei Lager in der politischen Landschaft des heutigen Österreich noch immer erkennbar sind, hat sich im Vergleich zu ihrer Entstehungszeit Wesentliches geändert. Bezüglich der Großparteien ist jedenfalls das Lagerdenken insofern relativiert, als sich beide Großparteien mehr oder weniger zu *Plattformparteien* gewandelt haben, die in ihrer Programmatik, Politik und Organisation möglichst über ihre ursprünglichen Lager hinauskommen wollen und eine breite Plattform für möglichst große Bevölkerungs- bzw. Wählerschichten anzubieten versuchen.[28]

Das Entstehen dieser Massenparteien als Instrumente politischer Partizipation führte jedenfalls bald zu innerparteilichen Strukturen, die nach der Beobachtung von Parteisoziologen schon zu Beginn des zwanzigsten Jahrhunderts *oligarchische* Tendenzen aufwiesen. Eine Reihe von soziologischen Mechanismen, wie etwa die bessere Informiertheit von Funktionären kann, wie bereits Robert MICHELS aufgezeigt hat, dazu führen, daß demokratische Prinzipien eines Organisationsstatuts in der Parteiwirklichkeit nicht voll zum Tragen kommen.[29]

Dieses Problem ist für die Sozialdemokratie in der Zweiten Republik sicher nicht geringer geworden als in der Ersten Republik. Jahrzehnte einer Mit- bzw. Alleinverantwortung im Staat, aber auch in den Ländern und in vielen Gemeinden, die intensive Beteiligung an der Verwaltung dieser Einrichtungen, bringen sicher die Gefahr einer *Verflechtung und Verfilzung* mit sich, was im Bereich der *innerparteilichen Demokratie* eine besondere Wachsamkeit erfordert. Innerparteiliche Demokratie ist gerade in einer Zeit großer Verantwortung für das Staatsganze eine ständige Herausforderung für die Partei und ihre Funktionäre, da sie als demokratisches Postulat nicht nur einen Wert an sich darstellt, sondern eine Voraussetzung für die Attraktivität und Funktionsfähigkeit der Partei als Instrument politischer Partizipation der durch sie repräsentierten Menschen darstellt.

Die SPÖ hat immer über ein *Statut* verfügt, das der Forderung nach innerparteilicher Demokratie zu entsprechen versuchte. Es war aber im Lauf der langen Geschichte immer wieder an gesellschaftliche Änderungsprozesse

27. Zur sogenannten Lagertheorie siehe: Adam WANDRUSZKA: Österreichs polit. Struktur. In: Heinrich BENEDITKT (Hg.): Geschichte der Republik Österreich. Wien 1954, 289–485.

28. Siehe Kurt LENK/Franz NEUMANN (Hg.): Theorie und Soziologie der politischen Parteien. 2 Bde. Neuwied/Rhein-Berlin1968.

29. Siehe Robert MICHELS: Zur Soziologie des Parteiwesens in der modernen Demokratie. Untersuchungen über die oligarchischen Tendenzen des Gruppenlebens. Leipzig 1911. Neudruck der 2. A. 1925. Stuttgart 1970.

anzupassen und es galt, die Augen vor der beachtlichen Divergenz zwischen dem Parteistatut und der Parteirealität nicht zu verschließen. Nicht zufällig wurde nach der Erringung der absoluten Mehrheit bald die Notwendigkeit einer innerparteilichen Strukturreform gesehen. Die in dieser Zeit begonnene Diskussion wurde auf dem Parteitag 1974 institutionalisiert, indem Kommissionen zur Ausarbeitung eines neuen Parteistatuts eingesetzt wurden. Es war dies auch die Zeit, in der die Bevölkerung sich immer stärker in außerparteilichen Aktivitäten zu artikulieren begann, in sogenannten *Bürger- oder Basisinitiativen.* Dr. Bruno KREISKY meinte damals: „Theoretisch müßten alle Bürgerinitiativen eigentlich zuerst in den Parteien entstehen. Daß sie dort nicht entstehen oder nur andeutungsweise ventiliert werden, ist ein Beweis dafür, daß hier irgendetwas nicht funktioniert. Entweder ist es die Reputation der Partei oder ist es das Instrumentarium der Partei oder man glaubt nicht, daß das, was innerhalb der Partei aktualisiert wird, dieselbe Wirkung hat, die man durch eine Bürgerinitiative erreichen kann . . .“[30]

Die in den siebziger Jahren diskutierten Probleme behielten auch in den achtziger Jahren und an der Wende zu den neunziger Jahren ihre Bedeutung und erlangten infolge der wachsenden Mobilität und Sensibilität der Wähler zusätzliches Gewicht. In diesem Sinn hat die SPÖ auf ihrem Grazer Parteitag im Oktober 1989 ein programmatisches Dokument unter dem Titel *„Sozialdemokratie 2000“* verabschiedet, in dem der Versuch gemacht wird, neue Themen aufzugreifen und programmatisch aufzuarbeiten.

Im Mittelpunkt des 32. ordentlichen Parteitages der SPÖ, der im Juni 1991 in Linz abgehalten wurde, stand die Änderung des Namens von „Sozialistische Partei Österreichs“ auf „Sozialdemokratische Partei Österreichs“, um internationalen Entwicklungen Rechnung zu tragen und die Abgrenzung von jenen postkommunistischen Parteien deutlicher zu machen, die sich in Sozialistische Parteien umbenannt hatten.

Darüber hinaus wurde den Delegierten zum Parteitag ein komplett neues *Organisationsstatut* der SPÖ vorgelegt, das einer Erprobungsphase unterzogen werden soll und am nächsten Parteitag (1993) zur Diskussion und Beschlußfassung stehen wird.

Es ist das Ziel dieser Organisationsreform, den Gedanken der *„offenen Partei“* zu stärken, den Einfluß der Parteimitglieder auf die Auswahl von Funktionären und Kandidaten zu vergrößern, die Wahlvorgänge zu demokratisieren und die faktischen und psychologischen Trennwände zwischen der „Innenwelt einer Partei“ und der übrigen politischen Landschaft durchlässiger zu machen.

Schwerpunkte der Veränderungen im neuen Parteistatut sind – abgesehen von der Namensänderung – folgende Punkte:

30. Bruno KREISKY: Rede auf dem Parteitag der Sozialistischen Partei Österreichs am 14. Feber 1974.

a) Änderung der Organisationsstruktur durch *themenbezogene* Initiativgruppen außerhalb der traditionellen Sektionen und Ortsgruppen;
b) verstärkte *Mitgliedermitbestimmung* durch Urabstimmungen und Vorwahlen;
c) Mitarbeitsmöglichkeit für *Nichtmitglieder;*
d) Möglichkeit des *bargeldlosen Inkassos* der Mitgliedsbeiträge.

Man muß sich freilich der Tatsache bewußt sein, daß die jüngsten Änderungen in der politischen Landschaft und in der Aufgabenstellung für die politischen Parteien so tiefgreifend sind, daß die politischen Parteien am Ende dieses Jahrhunderts grundlegend andere Positionen und Aufgaben in der Gesellschaft haben werden, als dies am Beginn der Zweiten Republik der Fall war, wobei Änderungen in den Statuten und Organisationsformen der politischen Parteien nicht der Motor dieser Entwicklung sind, sondern nur ein *Nachziehverfahren* darstellen.

2. *Die Mitgliederstruktur der SPÖ*

Bis in die Mitte der siebziger Jahre wurde die Existenz *politischer Parteien* von der Österreichischen Bundesverfassung und vor allem von der Verfassungswirklichkeit als Selbstverständlichkeit vorausgesetzt, doch gab es kein expliziertes Parteiengesetz.

Erst am 2. Juli 1975 wurde vom Nationalrat ein *Parteiengesetz* im Verfassungsrang beschlossen (und in der Zwischenzeit auch einige Male modifiziert), dessen wichtigste Bestimmungen wie folgt zusammengefaßt werden können:

a) Die *Existenz und Vielfalt* politischer Parteien sind wesentliche Bestandteile der demokratischen Ordnung der Republik Österreich.
b) Zu den Aufgaben der politischen Parteien in Österreich gehört die *Mitwirkung* an der politischen Willensbildung.
c) Die Gründung politischer Parteien ist *frei,* soferne bundesverfassungsgesetzlich nichts anderes bestimmt ist. Ihre Tätigkeit darf keiner Beschränkung durch besondere Rechtsvorschriften unterworfen werden.

Nach wie vor ist Österreich ein Land, das durch eine besonders hohe *Organisationsdichte* der politischen Parteien charakterisiert ist. D. h., der Anteil der Parteimitglieder an den Wählern einer Partei ist im internationalen Vergleich außerordentlich hoch, auch wenn die Zahl der Parteimitglieder, die in den siebziger Jahren einen Höhepunkt erreicht hat, derzeit deutlich rückläufig ist. Die SPÖ, die in den siebziger Jahren mehr als 700.000 Mitglieder hatte, zählte zum 31. 12. 1990 583.419 Mitglieder, gegenüber 604.840 zum 31. 12. 1989. Die Mitgliederentwicklung in den einzelnen Bundesländern und in der Gesamtpartei zum Wechsel von den achtziger zu den neunziger Jahren zeigt Tabelle 2.

Unter der Gesamtmitgliederzahl der SPÖ befinden sich derzeit fast genau zwei Drittel Männer (66,5%) und ein Drittel Frauen (33,5%). Der Anteil der *Frauen* an der Zahl der SPÖ-Mitglieder ist allerdings in den einzelnen Bundesländern sehr unterschiedlich hoch (siehe Tabelle 3).

Dabei muß allerdings bedacht werden, daß das „Gewicht" der *Bundesländer* an der Gesamtmitgliedschaft der SPÖ höchst unterschiedlich ist. Fast ein Drittel aller SPÖ-Mitglieder (31,5%) stammt aus der Landesorganisation Wien, während die Landesorganisation Vorarlberg mit knapp über 4.000 Mitgliedern weniger als 1% der Gesamtmitglieder stellt.

Tabelle 2: SPÖ-Mitglieder

Bundesland	Ende 1989	Ende 1990
Burgenland	28.154	27.508
Kärnten	49.486	47.084
Niederösterreich	126.412	122.817
Oberösterreich	90.965	88.166
Salzburg	21.949	21.140
Steiermark	86.390	83.273
Tirol	11.354	10.979
Vorarlberg	4.458	4.242
Wien	185.692	178.210
Bundesgebiet	604.860	583.419

Quelle: Statistisches Material der SPÖ

Tabelle 3: Anteil der Frauen an der Zahl der SPÖ-Mitglieder in den einzelnen Bundesländern

Bundesland	1990 (in %)
Burgenland	23,6
Kärnten	27,7
Niederösterreich	31,3
Oberösterreich	24,9
Salzburg	28,2
Steiermark	28,5
Tirol	24,2
Vorarlberg	26,3
Wien	45,3
Bundesgebiet	33,5

Quelle: Statistisches Material der SPÖ

Besonders interessant erscheint die Entwicklung des *Verhältnisses* zwischen den Wahlberechtigten, den SPÖ-Stimmen und den SPÖ-Mitgliedern:

Wie wir bereits gesehen haben, konnte die SPÖ in den siebziger Jahren mehr als 50% der gültig abgegebenen Stimmen erlangen und erzielte bei den Nationalratswahlen 1990 42,78%.

Die seit einiger Zeit geringer werdende *Wahlbeteiligung* bewirkt allerdings, daß der Anteil der SPÖ-Stimmen an der Gesamtzahl der Wahlberechtigten in den siebziger Jahren noch bei etwa 46% lag und in der Zwischenzeit auf 35,75% abgesunken ist. Hingegen ist der Anteil der

SP-Mitglieder an den SP-Wählern mit ca. 30% in den letzten Jahren relativ stabil geblieben, wie Tabelle 5 zeigt.

Tabelle 4: Anteil der Bundesländer an der Gesamtmitgliederzahl der SPÖ im Prozenten

Bundesland	in % vom Gesamt-migliederstand	Männer	Frauen
Burgenland	4,65	5,33	3,29
Kärnten	7,95	8,64	6,60
Niederösterreich	20,75	21,44	19,40
Oberösterreich	14,90	16,81	11,10
Salzburg	3,57	3,85	3,01
Steiermark	14,07	15,11	12,00
Tirol	1,86	2,11	1,34
Vorarlberg	0,72	0,80	0,56
Wien	31,53	25,91	42,70
	100	100	100

Quelle: Statistisches Material der SPÖ

Tabelle 5:

Wahl-jahr	Wahl-berechtigte	SP-Stimmen	SP-Mitglieder	Anteil der SP-Stimmen an den Wahl-berechtigten	Anteil der SP-Mitglieder an SP-Stimmen
1970	5,045.841	2,221.981	719.381	44,04%	32,38%
1971	5,024.324	2,280.168	702.083	45,38%	30,80%
1975	5,019.277	2,236.201	693.156	46,35%	29,80%
1979	5,186.735	2,413.226	721.262	46,53%	29,90%
1983	5,316.436	2,312.529	694.598	43,50%	30,04%
1986	5,461.414	2,092.024	669.906	38,30%	32,02%
1990	5,628.912	2,012.463	583.419	35,75%	29,00%

Quelle: Statistisches Material der SPÖ und amtliche Wahlergebnisse

3. Die Organisation der SPÖ

Nach dem organisatorischen Aufbau der SPÖ unterscheidet man zwischen *Parteimitgliedern* und *Vertrauenspersonen.*

Vertrauenspersonen sind nach dem Parteistatut jene Männer und Frauen unter den Parteimitgliedern, die in eine Parteifunktion gewählt oder mit einer bestimmten Aufgabe betraut wurden. Der Anteil der Vertrauenspersonen an der Gesamtmitgliederzahl liegt derzeit knapp unter 10% und schwankt zwischen 6,5% in Wien und fast 18% in Vorarlberg, sodaß man grob sagen könnte, je größer die Landesorganisation umso kleiner der Prozentsatz der Vertrauenspersonen.

Daß dies natürlich nicht in absoluten Zahlen gilt, ergibt sich aus der nachstehenden Tabelle über die *Organisationsstruktur* der SPÖ.

Tabelle 6: Parteimitglieder und Vertrauenspersonen

Jahr	Bundesland	Parteimitglieder	Vertrauenspersonen	Prozent
1990	Burgenland	27.508	3.539	12,90
	Kärnten	47.084	6.830	14,50
	Niederösterreich	122.817	15.596	12,70
	Oberösterreich	88.166	5.834	6,62
	Salzburg	21.140	2.971	14,05
	Steiermark	83.273	10.036	12,05
	Tirol	10.979	2.097	19,10
	Vorarlberg	4.242	788	18,58
	Wien	178.210	12.185	6,84
	Gesamt-SPÖ	583.419	59.976	10,28

Quelle: Statistisches Material der SPÖ:

Eine *realistische* Darstellung wird freilich anmerken, daß der Begriff der „Vertrauensperson" immer großzügiger gehandhabt wird und längst nicht mehr eine „ständige Mitarbeit" an den Aktivitäten und Veranstaltungen der Partei ausdrückt.

Schließlich soll die SPÖ noch im Lichte einer *Berufsstatistik* – gegliedert nach Männern und Frauen – beschrieben werden, aus der hervorgeht, daß rund ein Drittel der SPÖ-Mitglieder Arbeiter als Beruf angeben, rund ein Viertel Angestellte sind. Zählt man noch die 14% Beamte und die 12,5% Pensionisten hinzu, dann ergibt sich, daß nahezu 85% der SPÖ-Mitglieder diesen vier Kategorien angehören.

Tabelle 7: Berufsverteilung der SPÖ-Mitglieder im Dezember 1990

Beruf	Männer	Prozent	Frauen	Prozent	Gesamt	Prozent
Arbeiter	139.840	82,44	29.781	17,56	169.621	32,79
Angestellte	72.654	56,33	56.319	43,67	128.973	24,93
Beamte	59.095	80,78	14.064	19,22	73.159	14,14
Selbständige	6.289	75,87	2.000	24,13	8.289	1,60
Freie Berufe	1.913	77,67	550	22,33	2.463	0,48
Studenten	4.806	55,13	3.912	44,87	8.718	1,69
Pensionisten	35.471	55,37	28.593	44,63	64.064	12,38
Haushalt	205	0,51	39.892	99,49	40.097	7,75
Landwirte	1.207	87,97	165	12,03	1.372	0,27
Unbekannt	14.096	68,51	6.478	31,49	20.574	3,98
Summe	335.576	64,87	181.754	35,13	517.330	100,00

Quelle: Statistisches Material der SPÖ

4. Der Aufbau der Partei

Die Basiseinheit der SPÖ ist die sogenannte *Ortsorganisation,* in der alle in einer Ortsgemeinde wohnenden Parteimitglieder zusammengefaßt sind. In größeren Orten und Städten bestehen anstelle einer einzigen Ortsorganisation mehrere *Sektionen*. Die Ortsorganisationen bzw. Sektionen wählen in ihren Mitgliederversammlungen den *Orts- bzw. Sektionsausschuß*. Es gibt zur Zeit in Österreich rund 2.900[31] solcher Ortsorganisationen bzw. Sektionen. In diesen Basisorganisationen treffen sich einmal wöchentlich die Vertrauenspersonen zur Besprechung der aktuellen Parteiarbeit. Ihnen oblag bisher auch die Kassierung des Mitgliedsbeitrages und damit der ständige Kontakt mit den Mitgliedern.

Ortsorganisationen und Sektionen sind in den sogenannten *Bezirksorganisationen* und diese wiederum in den *Landesorganisationen* zusammengefaßt. Auch diese Organisationsebenen verfügen über demokratisch gewählte willensbildende *Organe*. Für den Bezirk ist dies der Bezirksausschuß und der *Bezirksvorstand*, für die Landesorganisation der Landesparteitag und der *Landesparteivorstand*.

Neben dieser regionalen Gliederung bestehen für besonders wichtige Bereiche der Parteiarbeit die sogenannten *Referate* der Partei. Solche Referate gibt es für die Bildungsarbeit, für die sozialdemokratische Frauenarbeit, für die Junge Generation, für die sozialdemokratische Betriebsarbeit, die von der Fraktion sozialdemokratischer Gewerkschafter wahrgenommen wird, für die sozialdemokratische Gemeindearbeit und für die sozialdemokratische Jugendarbeit. Für weitere, hier nicht erfaßte Bereiche gibt es die sogenannten *sozialdemokratischen Organisationen*, die vom Bundesparteitag ausdrücklich als solche anerkannt werden und deren gewählte Funktionäre Mitglieder der SPÖ sein müssen. Beispiele dafür sind der Freie Wirtschaftsverband, der Arbeitsbauernbund, der Bund Sozialdemokratischer Akademiker, der Sozialdemokratische Lehrerverein Österreichs, der Verband Sozialdemokratischer Studenten Österreichs, der Bund Sozialdemokratischer Freiheitskämpfer und Opfer des Faschismus, der Pensionistenverband Österreichs und andere.

Das höchste willensbildende Organ der Partei ist der *Bundesparteitag*. Der ordentliche Bundesparteitag wird vom *Bundesparteivorstand* mindestens alle zwei Jahre einberufen. Nach einem im Statut festgelegten Schlüssel setzt sich der Bundesparteitag aus Delegierten der Bezirks- und Landesorganisationen, aus Delegierten der Referate der Partei und der Sozialdemokratischen Organisationen, ferner aus den Mitgliedern des Bundesparteivorstandes, der Kontrollkommission und den Zentralsekretären, den Delegierten des Klubs der Sozialdemokratischen Abgeordneten und Bundesräte und einigen anderen Funktionsträgern zusammen.

Dem Bundesparteitag obliegt neben einer Reihe formaler Aufgaben die Beschlußfassung über die vom Bundesparteivorstand erstatteten *Berichte*, insbesondere über dessen politische, organisatorische und agitatorische Tätigkeit, über die Tätigkeit des Klubs der Sozialdemokratischen Abgeordneten und Bundesräte und andere Berichte aus der Parteiorganisation. Der Bundesparteitag berät und beschließt ferner über die ihm aus den delegationsberech-

31. Jahrbuch 91. Bericht an den 32. ordentlichen Bundesparteitag der SPÖ in Linz.

tigten Organisationen vorgelegten *Anträge* und *Resolutionen,* die immer ein breites Spektrum politischer und gesellschaftlicher Probleme behandeln. Zu den Aufgaben des Bundesparteitages zählt auch die *Wahl* zentraler Organe und Funktionäre der Bundespartei und der Referate. Insbesondere wählt der Bundesparteitag den aus 56 Mitgliedern bestehenden Bundesparteivorstand. Für den Großteil dieser 56 Mitglieder besteht allerdings ein im Statut genau geregeltes Nominierungsrecht der Landesorganisationen.

Der am Parteitag jeweils neugewählte Bundesparteivorstand wählt aus seiner Mitte den *Vorsitzenden* und die notwendige Anzahl von *Stellvertretern,* die zusammen das *„engere Parteipräsidium"* bilden. Dies geschieht noch während des Parteitags, da das Präsidium der Bestätigung durch den Bundesparteitag bedarf. Das Präsidium kann sozusagen als das engste Führungsgremium der Sozialdemokratischen Partei betrachtet werden. Das Präsidium tagt aber regelmäßig als sogenanntes *erweitertes Präsidium,* dem neben dem gewählten Präsidium auch die Landesparteivorsitzenden, zwei Vertreter der Fraktion Sozialdemokratischer Gewerkschafter und eine Vertreterin des Bundesfrauenkomitees angehören. Alle müssen jedoch gewählte Mitglieder des Bundesparteivorstandes sein.

An der Spitze der Partei steht der *Parteivorsitzende,* der, wie eben dargestellt, ebenso wie die anderen Mitglieder des Parteipräsidiums vom Bundesparteivorstand aus seiner Mitte gewählt und vom Bundesparteitag bestätigt wird. Die Tatsache, daß seit der Gründung der Sozialdemokratischen Partei 1888/89 mit Franz VRANITZKY derzeit erst der siebente Vorsitzende an der Spitze der SPÖ steht, zeigt ein hohes Maß an Kontinuität.

Die *Willensbildung* an der Spitze der Partei ist ein komplexer Prozeß, in dem der Parteivorsitzende jedenfalls eine zentrale Rolle und auch eine zentrale Verantwortung nach innen und außen innehat, wo aber doch in verschiedenen Entscheidungsbereichen unterschiedliche Profile der Willensbildung gezeichnet werden könnten.

In diese Entscheidungsprofile ist auch das *Zusammenwirken* der Partei mit Faktoren wie der sozialdemokratischen Gewerkschaftsfraktion, der sozialdemokratischen Parlamentsfraktion und – für den Fall einer Regierungsbeteiligung – mit den sozialdemokratischen Mitgliedern der Bundesregierung einzubeziehen.

Was die *sozialdemokratische Fraktion des Gewerkschaftsbundes* und damit den stärksten Faktor im ÖGB betrifft, hat sich über Jahre und fast Jahrzehnte hindurch ein Ritual entwickelt, das ziemlich genau abgrenzt, in welchen Bereichen der Politik die Gewerkschaftsfraktion welche Formen der Mitsprache in Anspruch nimmt und durch welche institutionellen und personellen Stukturen dieses gewährleistet wird. Dies darf natürlich nicht als starres System gesehen werden, sondern als eine Summe ungeschriebener Regeln und Verhaltensweisen, die darauf abzielen, das Zusammenwirken der „siamesischen Zwillinge" Partei und Gewerkschaft so reibungslos und effizient wie möglich zu gestalten.

Was die *sozialdemokratische Parlamentsfraktion* betrifft, ist diese auf der Basis der Bundesverfassung und der Geschäftsordnung des Nationalrates zwar ein eigener, von der SPÖ zu unterscheidender Rechtsträger, der auch in finanzieller und organisatorischer Hinsicht eigenständig ist. Aufgrund des Nominierungsvorganges der Mandatare, aufgrund der realen, wenn auch nicht rechtlichen Identität von politischer Partei und Wahlpartei, aufgrund des gemeinsamen politischen Bekenntnisses und auch der dadurch bedingten Abgrenzungen zu den anderen Parlamentsparteien gibt es einen hohen Grad an politischer Integration und Identität zwischen Parlamentsfraktion und Partei. Diese Verbindung kommt auch in dem Delegationsrecht des Abgeordnetenklubs an den Bundesparteitag, in der Berichtspflicht gegenüber dem Bundesparteitag, in der Gültigkeit des Parteistatut für die auf der Parteiliste kandidierenden Abgeordneten und in einer Reihe weiterer informeller Verbindungen von Partei- und Parlamentsfraktion zum Ausdruck. Auch das Phänomen des Klubzwanges erscheint in einem anderen Licht, wenn man bedenkt, daß Mitglieder einer Parlamentsfraktion sich dem gleichen Parteiprogramm und dem gleichen Wahlprogramm verpflichtet fühlen.

Was schließlich das Verhältnis von *Partei und Regierung* betrifft, hat sich herausgestellt, daß unterschiedliche Regierungsformen auch unterschiedliche Strukturen dieses Verhältnisses herausgebildet haben: Während in einer *SPÖ-Alleinregierung* weitgehende Identität und Parallelität zwischen Partei und Regierung als selbstverständlich empfunden werden und in der Zeit einer *Großen Koalition* jede der beiden Regierungsparteien sich jeweils voll und ganz mit „ihrer Regierungshälfte“ identifiziert und daher auch die andere Regierungshälfte samt und sonders der jeweils anderen Partei zuordnet, war die *Kleine Koalition* dadurch charakterisiert, daß es zwar das Bedürfnis nach einer klaren politischen Abgrenzung zwischen sozialdemokratischen und freiheitlichen Regierungsmitgliedern gab, andererseits aber doch auch dem Wunsch nach einem homogenen und einheitlichen Agieren der Gesamtregierung entsprochen werden mußte.

Eine Analyse der Situation in den einzelnen *Bundesländern* würde die Betrachtung über politische Willensbildung in wertvoller Weise ergänzen, aber den Rahmen dieser Arbeit bei weitem sprengen.

5. *Die Finanzierung der Partei*

Zum Abschluß dieses Teils über die Parteiorganisation sollen noch ein paar Worte zur *Finanzierung* gesagt werden. Jede Partei bedarf einer finanziellen Grundlage. Dies gilt insbesondere für eine Partei in der Größenordnung der SPÖ mit neun Landesorganisationen, 113 Bezirksorganisationen und 2.900 Lokalorganisationen bzw. Sektionen. Die vielfältigen Aufgaben politischer Parteien sind bekannt. Sie sind ein unverzichtbarer Faktor im demokratischen Willensbildungsprozeß, erfüllen im Bereich der politischen und staatsbürgerlichen Bildung wesentliche Aufgaben, bieten aber auch Menschen, die sich mit Problemen an Einrichtungen und Funktionäre der Partei wenden, soweit dies möglich ist, Hilfestellung. Diese, in der Parteienforschung mit „Patronagefunktion“ bezeichnete Aufgabe soll nicht mit dem Hinweis auf Protektion verteufelt werden. Das ist nämlich nicht gemeint. Es geht bei dieser „Servicefunktion“ in den allermeisten Fällen darum, daß sogenannte „kleine Leute“ zum Beispiel aufgrund von Informationsmängeln mit öffentlichen Institutionen in irgendeiner Weise nicht „zurechtkommen.“ Hier im Rahmen der gesetzlichen Möglichkeiten zu helfen, ist eine Aufgabe, der sich Parteien weder entziehen können noch wollen. All diese Aktivitäten der Parteien, auch die Wahlkämpfe, erfordern beachtliche finanzielle Aufwendungen.

Seit dem Parteiengesetz von 1975 und der Hand in Hand damit eingeführten Parteienfinanzierung gibt es auch die Verpflichtung der Parteien, *Rechenschaft* zu legen.

In der SPÖ gibt es einen normalen *Mitgliedsbeitrag* von derzeit 45 Schilling pro Monat und einen ermäßigten Beitrag von 35 Schilling. Der Anteil der sogenannten Vollzahler liegt bei 70,81% und der der E-Zahler daher bei 29,19%.

Bei einer Gesamtmitgliederzahl von 580.000 liegen die *Bruttoeinnahmen* aus den Mitgliedsbeiträgen bei rund 210 Mio Schilling, wobei etwa drei Viertel dieses Betrages auf die sogenannten Vollzahler und ein Viertel auf Mitglieder mit ermäßigtem Mitgliedsbeitrag entfallen.

Der Anteil der *Bundespartei* an diesen Mitgliedsbeiträgen lag im Jahre 1991 bei 108 Mio Schilling, also rund der Hälfte der Gesamtmitgliedseinnahmen. Weitere 42,5 Mio Schilling erhält die SPÖ nach dem Parteiengesetz.

Der Rechenschaftsbericht der SPÖ für das Jahr 1990 weist *Einnahmen* und *Ausgaben* von je 419 Mio Schilling aus, ist aber insoferne nicht repräsentativ, als es sich dabei um ein *Nationalratswahljahr* gehandelt hat, wo sowohl bei den Einnahmen (60 Mio Schilling Refundierung Wahlkampfkosten), als auch bei den Ausgaben (Nationalratswahlen 1990) außergewöhnliche Beträge aufscheinen.

In *Nichtwahljahren* werden die Einnahmen und Ausgaben der SPÖ auf Bundesebene zwischen 300 und 350 Mio Schilling liegen.

V. Partei und Gesellschaft

Der Versuch, eine politische Partei zu beschreiben und zu *analysieren*, kann naturgemäß von sehr unterschiedlichen Positionen aus erfolgen.

Man kann das scharfe Seziermesser der *Kritik* ansetzen und alle Schwächen und Fehler jener politischen Organismen, die Parteien nun einmal sind, auflisten.

Man kann, von einer *wertneutralen* Position ausgehend, Daten aneinanderreihen, und man kann schließlich eine Partei – noch dazu, wenn man sich ihr verbunden fühlt – aus ihrem *Selbstverständnis* heraus darzustellen versuchen.

Wenn ich den zuletzt genannten Zugang gewählt habe, so bin ich mir dennoch bewußt, daß politische Parteien von außen manchen ganz anders erscheinen mögen als nämlich undurchsichtige, eigennützige, opportunistische und vor allem an Machterhaltung oder Machterlangung orientierte *Apparate*.

Und auch die *Menschen,* die innerhalb der Parteien oder an der Spitze von Parteien tätig sind, werden sicher sehr unterschiedlich beurteilt.

Nun wäre es falsch zu leugnen, daß zwischen den Prinzipien und Grundsätzen einer Partei und ihrem tatsächlichen Verhalten oft ein *Spannungsverhältnis* besteht, das nicht geringer ist als jenes berühmte Spannungsverhältnis zwischen der geschriebenen Verfassung und der Realverfassung eines Landes. Und wenngleich Schlagworte wie Parteienverdrossenheit und Parteienkrise praktisch so alt sind wie die Parteien selbst, verfügen wir doch über eine Reihe von sozialwissenschaftlichen Daten, die im Zusammenhang mit einer Verdünnung der Lagermentalität in Österreich auch Loyalitätseinbußen für einige politische Parteien dokumentieren.

Und dennoch glaube ich, daß politische Parteien nicht nur unverzichtbare Bestandteile einer pluralistischen parlamentarischen Demokratie, sondern darüber hinaus wesentliche *Errungenschaften* der politischen Kultur eines Landes sind.

Die *Leistungen,* die von Parteien und ihren Mitarbeitern auf den verschiedensten Ebenen der Politik erbracht wurden und werden, sind meines Wissens noch nirgends zusammenfassend dargestellt worden; und die *integrative Funktion* der Parteien, ihre Fähigkeit, unterschiedliche Meinungen, Interessen und Zielsetzungen in sich auszugleichen und zu abstimmbaren Alternativen zusammenzufassen, macht die parlamentarische Demokratie überhaupt erst funktionsfähig.

Dies bedeutet, daß politische Parteien auch in der vorhersehbaren Zukunft eine *wichtige Rolle* im politischen System spielen werden und daß die Qualität dieses Systems nicht ohne Zusammenhang mit der Qualität der politischen Parteien sein wird.

Je genauer wir die Parteien *kennen,* je mehr sie *kontrolliert* und *gefordert* werden, je mehr sie sich auf ihre eigentlichen Aufgaben beschränken, aber auch je fairer und objektiver man sie behandelt, umso mehr werden sie das sein, was sie sein sollen und was auch der Name „Partei“ zum Ausdruck bringt: wesentliche *Teile* eines größeren Ganzen, nämlich einer demokratischen Gesellschaft. Dies ist auch das *Selbstverständnis* der SPÖ, deren wichtigstes Ziel es ist, diese demokratische Gesellschaft den Idealen der sozialen Demokratie asymptotisch anzunähern.

Die Österreichische Volkspartei

Erhard Busek

I. Einleitung

Als am 17. April 1945 im Wiener Schottenstift die *Österreichische Volkspartei* (ÖVP) gegründet wurde, dachte wohl keine der etwa zwanzig anwesenden Personen daran, was nach fast fünfzig Jahren aus dieser neuen Partei oder aus der neuen, der „Zweiten“ Republik Österreich geworden sein werde. Fünfzig Jahre mußten dieser Generation als für eine Zukunftsprojektion viel zu großer historischer Zeitraum erscheinen – man braucht sich nur das Schicksal Österreichs und Europas zwischen 1905 und 1945 vor Augen zu halten: zwei Weltkriege, an denen es selbst unmittelbar beteiligt war, als Mitverursacher, Kombattant und Besiegter; der Untergang des Habsburgerreiches, eine neue Staatenwelt in Mittel- und Osteuropa, totalitäre und autoritäre Diktaturen, die geistigen und sozialen Umwälzungen des Technik- und Industriezeitalters; nicht ganz zwanzig Jahre lang Erste Republik mit ihrem schwelenden Bürgerkrieg zwischen Schwarzen, Roten und Braunen, der Untergang des eigenen Staates im Dritten Deutschen Reich des in Österreich geborenen Adolf HITLER, und zuletzt – und als erstes Bewährungsproblem der neuformierten politischen Kräfte des noch nicht neu konstituierten Staates – die militärische Besetzung des Landes durch die Truppen der Alliierten.

Wem von den damaligen Parteigründern sollte es in den Sinn kommen, seine Gedanken über fünfzig Jahre vorausschweifen zu lassen und sich vorzustellen, daß es so lange Zeit ein ungeteiltes, lebensfähiges, nichtkommunistisches, souveränes *Österreich* geben sollte, das in diesem Zeitraum nicht eine einzige wirkliche Existenzkrise durchstehen mußte, das von allen Teilen seiner Bevölkerung in seiner Staatsform akzeptiert und von einer überwiegenden Mehrheit sogar als eigene Nation angesehen werden würde? Noch viel weniger hätten damals die Gründungsmitglieder der Österreichischen Volkspartei vorauszusagen gewagt, welchen kontinuierlichen Stellenwert in der österreichischen Politik diese neu gegründete Partei behaupten wird, welche Erfolge und Mißerfolge ihr bevorstehen, in welchem Wandel sie um die Erhaltung ihrer Identität kämpfen muß, und welchen Wandel sie selbst durch ihre Existenz den anderen politischen Faktoren des Landes aufzwingt. Dies alles wird unser Betrachtungsfeld sein, ein dem Gewordenen nachdenkender Rückblick – die Gründer dachten nicht an unser Heute, sondern an ihre bedrängte Stunde; sie waren erfolgreich dadurch, daß sie eine mutige Antwort auf die Herausforderung ihrer Zeit wußten – eine Stärke, um die sie die Heutigen oft beneiden können.

Name und Idee der Österreichischen Volkspartei wurden schon 1943 und 1944 in geheimen Konventikeln zwischen Leopold FIGL, Julius RAAB, Leopold KUNSCHAK, Lois WEINBERGER, Felix HURDES u. a. festgelegt, und stellen eine Verbindung von *Kontinuität* und *Neuorientierung* dar.[1] Man stützte sich auf das traditionelle katholisch-konservative und christlichsoziale Lager, sozioökonomisch konstituiert im Bauernstand, dem gewerblichen Mittelstand und dem städtischen, christlich orientierten Kleinbürgertum der Beamten, Angestellten und Arbeiter. Darüber hinaus sollte die ÖVP die *Sammelpartei* aller Nichtmarxisten sein, aller jener also, die den „bürgerlichen" Staat und die „bürgerliche" Gesellschaftsform bejahen; nicht Klassenpartei, sondern eben verschiedene Klassen und Schichten integrierende *„Volks"-Partei.* Die Erweiterung des Partei-Konzeptes gegenüber der christlichsozialen Vorgängerpartei wurde auch durch die Absage an eine religiös-konfessionelle Bindung akzentuiert. Die ÖVP stand zwar von Anfang an in geistiger Verbindung[2] mit den neuen christlichdemokratischen Parteien in Italien, Deutschland, Frankreich, Belgien und den Niederlanden, die ihre frühe ideelle Ausrichtung vor allem aus den „Nouvelles Équipes" der katholischen Erneuerungsbewegungen erhielten, lehnte aber eine Anlehnung an die Kirche von vornherein ab. Nicht nur, weil der *politische Katholizismus* durch die schlechten Erfahrungen in der Ersten Republik kompromittiert war, sondern auch aus der leidvoll angeeigneten Ablehnung aller quasireligiösen, heilserwartenden und heilsvollstreckenden Politik, und der aus der im Totalitarismus gewonnenen Überzeugung, daß demokratischer Parlamentarismus nur durch Pluralismus, weltanschauliche Toleranz und den Verzicht auf die politische Durchsetzung letzter Heilswahrheiten möglich ist. Wiewohl eine Reihe führender Männer der Gründergeneration der ÖVP überzeugte Christen waren und auch ihre politische Verantwortung in ihrem Christentum grundgelegt sahen, lehnten sie eine formale, im *Parteinamen* verankerte Bindung an Religion und Kirche ab.

Das besondere und spezifizierende Eigenschaftswort der neuen Partei sollte kein ideologisches sein, wie es die meisten anderen Parteien in Europa und Österreich tragen, sondern das patriotische Bekenntnis *„Österreichisch"*. Angesichts der nunmehr gegebenen Selbstverständlichkeit der

1. Zur Vorgeschichte und Entstehung der ÖVP vgl. vor allem Ludwig REICHHOLD: Geschichte der ÖVP. Graz-Wien-Köln 1975. – Kurt SKALNIK: Parteien. In: Österreich. Die Zweite Republik. Hg. v. Erika WEINZIERL/Kurt SKALNIK. Bd. 2. Graz-Wien-Köln 1972, 197–228. – Adam WANDRUSZKA: Österreichs polit. Struktur. Die Entwicklung der Parteien und politischen Bewegungen. In: Geschichte der Republik Österreich. Hg. v. Heinrich BENEDIKT. Wien 1954, 289–485. – Neuestens Wolfgang C. MÜLLER: Die Österr. Volkspartei. In: Herbert DACHS u. a. (Hg.): Handbuch des polit. Systems Österreichs. Wien 1991, 227–246.

2. Vgl. Franz HORNER: Konservative und christdemokratische Parteien in Europa: Geschichte, Programmatik, Strukturen. Wien-München 1981.

österreichischen Eigenstaatlichkeit ist der ursprüngliche programmatische Akzent dieser Bezeichnung heute fast nicht mehr erkennbar. Der Nationalitätenstreit der Monarchie, die Zweideutigkeiten der „deutsch-österreichischen“ Ersten Republik, die siebenjährige „deutsche Volksgemeinschaft“ im Dritten Reich erhielten eine zunächst noch programmatisch und voluntaristisch wirkende Absage; doch an der stetigen, wenn auch an Rückschlägen reichen Verwirklichung des österreichischen Nationalstaatsgedankens hat gewiß die Österreichische Volkspartei einen sehr großen, wenn nicht *den* bestimmenden Anteil.

Das Gründungskonzept der ÖVP, heute noch gültig, war somit klar: betonter österreichischer Patriotismus in Verbindung mit dem Bekenntnis zur *Republik,* zum parlamentarisch-demokratischen Parteienstaat bürgerlich-liberaler Form; „Volkspartei“ im Sinn einer breiten Sammlung und Integration aller sozialen Schichten und Berufsstände; christlich akzentuiert, ohne klerikal-konfessionelle Bindungen einzugehen.

Es war ein durchaus zeitgemäßes Parteikonzept, das sich auch sofort bewährte und auf Anhieb erfolgreich war. Die soziale und ideologische Breite der ÖVP, sowie ihre organisatorische Vielfalt, gelegentlich als Strukturschwächen von Anfang an bezeichnet, lassen sich auch immer wieder in Stärken umwandeln. Sucht man kritisch nach einem bleibenden *„Geburtsfehler“* der ÖVP, so könnte man ihn am ehesten in einem kulturpolitischen Konservativismus feststellen, der das geistige Erbe der Monarchie und der Zwischenkriegszeit sträflich unterschätzte und den bewußten Bezug zur Geschichte vernachlässigte oder es aus Unwissenheit verabsäumte, die emigrierte geistige Elite des Landes in ein demokratisch erneuertes Österreich zurückzuholen. Die ehemals europäische Weite des österreichischen Horizonts, erst eingeschränkt durch konfessionelle Enge, dann durch nationalsozialistischen Wahn vollends verfinstert, wich einem bis heute mehr oder weniger bemühten *Provinzialismus,* der bestenfalls stolz darauf ist, daß hier vor Jahrzehnten die Probleme der Moderne exemplarisch aufgebrochen und formuliert worden sind. Daß auch keine andere Partei dieses Manko der ÖVP wettmachen konnte, deutet darauf hin, daß es tiefere und tragischere Gründe für diese Unfähigkeit der politischen Kräfte Österreichs geben muß.

Das *Konzept von 1945* – eine österreichisch-patriotische, christlich inspirierte, parlamentarisch-demokratische, subsidiär föderalistische soziale Integrationspartei der Mitte – erwies sich auf Anhieb erfolgreich und hat im sozialen und geistigen Wandel der letzten vier Jahrzehnte der ÖVP die Position einer Großpartei und bestimmenden politischen Kraft gesichert. Ob dieses Konzept der ÖVP die geistige und soziale Spannkraft geben wird, die Herausforderung der Zukunft zu bestehen, wird zu beweisen sein.

Eine wesentliche historische Leistung der Österreichischen Volkspartei besteht weiters darin, aus ihrem *föderalistischen* Baugesetz heraus, unserer

Heimat die Teilung erspart zu haben. Damit ist uns ein vergleichbares Schicksal wie Deutschland erspart geblieben. Aus der 1945 rasch beginnenden Konfrontation von Ost und West, ist es verständlich, daß vor allem die politischen Führungen der westlichen Bundesländer, von der ÖVP dominiert, sich gegen die zentrale Regierung in Wien aussprachen, weil sie eine direkte Einflußnahme der russischen Besatzungsmacht fürchteten. Einige Briefe und Äußerungen des damaligen Staatskanzlers Karl RENNER, ließen auch diese Sorgen berechtigt erscheinen. Hier ist es wieder der Volkspartei der Ostregion und ihren Führern gelungen, Vertrauen für die neue Regierung zu erwecken und uns eine Teilung zu ersparen. Wenn es manchmal Zweifel an der Leistungsfähigkeit des Föderalismus gibt und die zentrifugalen Kräfte dieses Bauprinzips Österreichs kritisiert werden, so ist wohl die zweimalige Gründung unseres Landes 1918 und 1945 durch Länderbeschlüsse, ein gewichtiges Gegenargument dazu. Durch das eigene, in den einzelnen Bundesländern bestehende politische Kraftfeld der ÖVP, war und ist sie ungleich geeigneter, solche Schwierigkeiten zu bewältigen, als der zum Zentralismus tendierende Sozialismus.

II. Das Programm

1. Programmatische Grundfragen

Der Charakter der ÖVP als große Sammlung der sozialen und politisch-ideologischen Mitte sowie der Traditionszusammenhang mit dem christlichsozial-konservativen Lager kommt in der Programmatik deutlich zum Ausdruck – sowohl in den *offiziellen Grundsatzprogrammen* als auch in der durch *konkludente* Praxis erwiesenen politisch-ideellen Ausrichtung. Jene „zahlenlosen inneren Spannungen und Widersprüche, die doch immer durch einen starken Zusammenhalt, innerer Parteidisziplin und politischen Wirklichkeitssinn überwunden wurden"[3], die dem christlichsozialen Lager der Monarchie und Ersten Republik attestiert wurden, leben auch teilweise in der Österreichischen Volkspartei weiter.

Von Anfang an sind jedoch *drei frühere Widersprüche* ausgeräumt: der monarchistisch-legitimistische, der antiparteienstaatlich-autoritäre und der „Reichs"-mystisch-anschlußfreundliche. Im eindeutigen Bekenntnis zur nationalen Eigenstaatlichkeit Österreichs, zur parlamentarischen Republik und zur pluralistischen Parteiendemokratie lag 1945 wohl auch das wesentliche Motiv zur Neugründung der Partei. Geblieben sind die *Spannungen* zwischen Konservativismus und sozialreformerischen Tendenzen, zwischen kleinbügerlichem Provinzialismus und „großösterreichischen" Attitüden, zwischen Zentralismus und Föderalismus, zwischen politischem Katholizismus strenger Observanz und „liberalem" Säkularismus usw. Ob-

3. WANDRUSZKA, Struktur, 302 (Anm. 1).

wohl heute jede Großpartei bis zu einem gewissen Grad „Volkspartei" geworden ist und innerhalb ihrer Mitglieder und Wähler große soziale Differenzierungen aufweist, hat die ÖVP bis heute sozial die weiteste *Spannkraft;* sie mußte dieser *Vielfalt,* die ja von Anfang an ihrem Konzept entsprach, auch programmatisch genügen.

Die Abwertung aller Ideologien durch die Erfahrungen des Bürgerkriegs und des nationalsozialistischen Totalitarismus brachte es mit sich, daß nun das Hauptaugenmerk auf den materiellen *Ausgleich der Interessen* gelegt wurde und Fragen der geistigen Orientierung in den Hintergrund traten. Da selbst die ideologische Auseinandersetzung mit dem Hauptkonkurrenten SPÖ aus Gründen der Staatsräson oder großkoalitionären Friedens- und Ausgleichsräson oft vorzeitig beendet wurde, blieb eine parteiinterne ideelle Diskussion erst recht auf der Strecke. Der Wandel von „Österreichs Labour Party"[4], als die sich die ÖVP 1945 bezeichnete (und auch schon damals nicht war), über den Raab-Kamitz-Kurs und quasi-gaullistische „Reform-Attitüden" zu der betont antiideologischen Technokraten-Partei am Ende der sechziger Jahre bleibt innerhalb der Partei weitgehend unreflektiert (wie übrigens auch in der österreichischen Publizistik). Bezeichnend dafür ist das Paradoxon, daß der „Reform"-Gegner von 1963 und konservative Intellektuelle Heinrich DRIMMEL, nun einerseits der damaligen „apertura a destra"[5] zum Opfer fiel, andererseits aber die in der Ära KLAUS zum Zuge kommenden Partei-Intellektuellen des „Sinistrismo" bezichtigte und später die Niederlage von 1970 damit erklärte.

Wohl unbeobachtet von den eigenen Ideologen der Volkspartei, aber auch von der Öffentlichkeit, blieben zwei Entwicklungen, an deren Folgen die Partei heute noch zu leiden hat: die nach der Wiederaufbauphase verständliche Hinwendung zur *materiellen Dimension* der politischen Gestaltung wurde nicht von einer geistigen Aufarbeitung des entstehenden Wohlstands begleitet. Der ungeheure Erfolg der „Wirtschafts- und Wohlstands"-Volkspartei, machte auch eine Aufarbeitung nicht notwendig. Erst heute, wo wir an die Grenzen mancher Möglichkeiten anstoßen oder auch beginnende Knappheit Wertentscheidungen notwendig macht, zeigt sich der Mangel der Begleitung dieser Entwicklung, etwa durch die katholische Soziallehre. Dadurch wird aber der zweite Mangel sichtbar, der grob und ungenau mit der Entwicklung der *katholischen Kirche* seit dem Zweiten Vatikanum beschrieben werden kann. Von der ÖVP zu wenig beobachtet, ist die Kirche ihren selbständigen Weg gegangen, um sich nicht mehr als „acies bene ordinata", als wohlgeordnete Schlachtreihe zu verstehen, sondern als „Volk Gottes auf Wanderschaft". Der Ordnungsanspruch der Kirche war nicht mehr ohne weiteres ins Politische zu übersetzen. Enzykliken wie „Pacem in terris" und „Populorum progressio" boten vielfach Ansatzpunkte für die Sozialisten, die Kirche für sich zu reklamieren, was sich auch

4. So ein ÖVP-Plakat im Wahlkampf 1945, vgl. SKALNIK, Parteien, 202 (Anm. 1).
5. SKALNIK, Parteien, 210 (Anm. 1).

öffentlich durch die verschiedensten Gesprächsebenen mit der Hierarchie und mit katholischen Organisationen manifestierte. Zeitweise entstand der Eindruck, als wollte dem „rechten Integralismus“ der Ersten Republik ein „linker Integralismus“ der Zweiten Republik folgen. Erst die Fragen des „ungeborenen Lebens“, sowie die notwendige Beschäftigung der Kirche mit sich selbst, haben diese Entwicklung gestoppt und die Partner jeweils wieder jene Rollen anstreben lassen, die sie nach ihrer Eigendefinition haben. Beide Mängel aber haben die Entwicklung der Volkspartei im Geistigen begleitet und die siebziger und achtziger Jahre bestimmt.

Erst der Verlust der *Regierungsverantwortung* und die Jahre anhaltender Oppositionszeit haben eine vertiefte und permanente Reflexion der Struktur und Programmatik der ÖVP in Gang gesetzt. Der tiefgreifende soziale und kulturell-ideelle Wandel der österreichischen Gesellschaft bringt es aber mit sich, daß viele Traditionsstränge, die in der ÖVP wirksam waren, sich heute nicht mehr artikulieren und absterben. Dafür treten neue Gruppierungen mit neuen Bewußtseinsinhalten und Zukunftsprojektionen auf, teils „mitten in der ÖVP“ sozusagen, teils an ihren stets buchten- und halbinselreichen Rändern; teils wie selbstverständlich diszipliniert-loyale Mitarbeit suchend, teils in der (wohl ebenso legitimen) Absicht, die Partei als Vehikel ihrer eigenen politisch-ideellen Orientierungen zu benutzen. Jede *neue Generation,* jede *neue Gruppierung* stellt nicht nur *neue Fragen,* sie finden auch *neue Zugänge* zu den Problemen, sehen diese aus anderen Blickwinkeln und verlangen *neue Antworten.* Die explizite Diskussion darüber ist in der ÖVP schon deshalb schwerer als in anderen Parteien, weil in ihr von vornherein ein breiter *Methoden-Pluralismus* bezüglich der Realitätsfeststellung gilt. Eine einheitliche Welt-Erklärung zumindest in der Diagnose, wie sie sogar heute noch in der SPÖ gegeben ist, war ihr immer fremd. Insofern erfordert nicht nur der Interessenausgleich, sondern vielmehr noch „die Erarbeitung eines Grundprogrammes ein Denken in Kompromissen ab ovo“.[6]

2. *Die Grundsatzprogramme der ÖVP*

Die offiziellen *Grundsatzprogramme,*[7] die die ÖVP seit 1945 erarbeitete, zeigen zwar in den inhaltlichen Hauptpositionen eine weitgehende Konstanz, jedoch auffallende Unterschiede im „approach“ zur Politik, in der Sichtweise, Bewertung und Grenzziehung des Politischen.

6. Peter DIEM: Die Weiterentwicklung der ideologischen Grundlagen der ÖVP. In: Die Zukunft der ÖVP. Eine kritische Selbstdarstellung. Hg. v. Alois MOCK. Wien-München-Zürich 1971, 22.

7. Die Texte der Parteiprogramme finden sich bei Klaus BERCHTOLD (Hg.): Österr. Parteiprogramme 1868–1966. Wien 1967. – Albert Kadan/Anton PELINKA: Die Grundsatzprogramme der österr. Parteien. Dokumentation und Analyse. St. Pölten 1979. – Eine gründliche qualitative Darstellung bietet Robert KRIECHBAUMER: Parteiprogramme im Widerstreit. Die Programmdiskussionen und die Programme von ÖVP und SPÖ 1945–1986. Wien-München 1990.

a) Als bewußt *neue,* sich vom Ständestaat absetzende, und betont *österreichisch-patriotische* Partei mußte sich die ÖVP möglichst bald mit einem klaren Grundsatzprogramm vorstellen. Schon im Juni 1945 proklamierte sie ihre *„Programmatischen Leitsätze"*, ein klassisch-prägnantes Manifest, selbstbewußt, zupackend und ohne jegliche apologetische oder polemische Wendung gegen die Konkurrenzparteien. Voran steht das Bekenntnis zu einem „neuen, freien, selbständigen und lebensfähigen Österreich, das nach den Grundsätzen echter Demokratie gestaltet und regiert wird". Dabei werden „Freiheit, soziale Gerechtigkeit und Achtung vor der Menschenwürde" zu „Richtlinien der staatlichen Tätigkeit" erklärt. Es folgt ein Bekenntnis zu „ehrlicher Zusammenarbeit mit allen Österreich bejahenden Parteien". Neben der Wiederherstellung der Grund- und Freiheitsrechte wird die freie Entfaltungsmöglichkeit der Religionsgemeinschaften postuliert, aber keine nähere Bindung der Partei an das Christentum ausgesprochen. „Zielbewußte Pflege des österreichischen Geistes", „eine vollständige geistige Neuformung der Hoch- und Mittelschulen" und „gleiche Bildungsmöglichkeiten für alle Kinder und Jugendlichen unseres Volkes" bilden den Kern der kulturpolitischen Aussage. In der Wirtschaftspolitik wird die „durchgängige Geltung des Gemeinwohls als oberste Richtschnur" sowie die"Anerkennung des Leistungsprinzips" verlangt. Die „staatliche Einflußnahme auf die Wirtschaft" soll nur so weit gehen, als „dies vom Standpunkt der Gesamtwirtschaft aus zweckmäßig ist" – hingegen spricht man deutlich von „Lenkung der Wirtschaft" durch „weitestgehende Inanspruchnahme der beruflichen Körperschaften und Gewerkschaften" und von „staatlicher Lenkung" der Agrarpreise. Das sozialpolitische Programm wird in der Forderung nach einem „echten Sozialstaat, in dem jedem Tüchtigen der Aufstieg zu allen Stellen möglich ist, einem Staat mit vorbildlicher Sozialgesetzgebung und mustergültigen sozialen Einrichtungen" zusammengefaßt, dessen Aufgabe es ist, „eine gerechte Aufteilung der Lasten bei besonderer Berücksichtigung des Familienstandes (Kinderreichtum), gerechten Lohn, Altersversicherung für alle Stände, geeignete Vorkehrungen zur Schaffung von Eigensiedlungen und Ermöglichung des Grunderwerbes für alle arbeitenden Menschen" sicherzustellen. Außenpolitisch werden „freundschaftliche Beziehungen zu allen Staaten", vor allem zu den Alliierten und den mitteleuropäischen Nachbarstaaten angestrebt. Der Souveränitätsanspruch wird noch einmal durch die „Schaffung eines österreichischen Milizheeres zur militärischen Sicherung des staatlichen Hoheitsgebietes" angemeldet.

Die „Programmatischen Leitsätze" von 1945 werden hier deshalb so ausführlich zitiert, weil sie nicht nur das klare *Gründungsprofil* der Österreichischen Volkspartei zeigen, sondern doch auch ihre bleibenden Konturen, wenn sich im Lauf der Zeit auch Veränderungen und Abweichungen ergeben haben. Es ist wie bei einer alten Photographie: man erkennt unter den veränderten Zügen die eigene Identität wieder.

b) In der Folge nimmt der programmatische Elan der ÖVP deutlich ab. Das Grundsatzprogramm von 1952 *„Alles für Österreich"* weist eigentümliche Widersprüche zur tatsächlichen politischen Entwicklung der Partei auf: Zum Zeitpunkt des faktischen Erlahmens des christlich-sozialreformerischen Eifers und der ersten Öffnung nach rechts wird nun ein deutliches Bekenntnis zum Christentum in das Parteienprogramm ebenso aufgenommen, wie der „Solidarismus", der in der politischen Praxis von jetzt an den marktwirtschaftlichen, ordo-liberalen Grundsätzen weichen sollte. Die damalige Wendung zum Raab-Kamitz-Kurs wird nicht im Programm proklamiert, viel eher gibt dieser Text das Gedankengut der aus der ersten Reihe zurücktretenden Gründergeneration um Felix HURDES, Lois WEINBERGER, Karl LUGMAYER u. a. wieder. Zum ersten Mal wird auch deutlich am sozialistischen Gegner Maß genommen, das Programm enthält polemische Abgrenzungen, z. B. „zu klassenmäßigen und zentralistischen Bestrebungen".

c) Erst im Innsbrucker Grundsatzprogramm von 1958, *„Was wir wollen"*, wurde der erfolgreiche Raab-Kamitz-Kurs, nun auch schon nach seinem Höhepunkt, programmbestimmend. Das deutsche (ADENAUER/ERHARD) und auch das österreichische Wirtschaftswunder legten das Leitbild eines „Volkes von Eigentümern" nahe. Die sozialstaatliche Grundausstattung war inzwischen erreicht worden, kulturpolitisch war man am Höhepunkt der „Nachkriegs-Restauration". Der Wiederaufbau war abgeschlossen, die Freiheit des Landes vollends wiedererlangt, die Zukunftsperspektive lag im ökonomischen Wachstum. Das Programm sollte wohl auch einen (damals modernen) unideologischen Kontrast bilden zu dem neuen SPÖ-Programm, das sich zwar erstmals um eine ideologische Öffnung bemühte, in dem sich aber noch ausreichend „Kollektivismus", „Zentralismus" und „Materialismus" finden ließen, von dem sich das neue ÖVP-Programm polemisch distanzierte. Der ideologische Zusammenhalt der ÖVP war deutlich auf „Antisozialismus" und „Antimarxismus" reduziert. Die „Rote Katze", schon 1949 aus dem Sack gelassen, hatte viele Leben; erst 1970 war sie so endgültig tot, daß auch vereinzelte Wiederbelebungsversuche scheiterten.

d) Die ÖVP-Reform der Jahre 1961 – 1963 nach dem Abgang RAABs, brachte der Partei eine neue Dynamik, mit der sie die Endkrise der Großen Koalition überwand und Österreich in ein neues Regierungssystem, dem angloamerikanischen Konkurrenzmodell entsprechend, führte. Doch der verständliche Widerstand gegen Packelei, Proporz und Kompromiß führte zu einer pauschalen Abwertung des Politischen schlechthin. Rechtsstaatlichkeit, Fachlichkeit, Sachlichkeit, Effizienz, Leistung und Objektivität standen als Leitwörter, die in ihrem Extrem Anti-Ideologie, ja Anti-Politik bedeuteten. Dabei muß betont werden, daß die damalige politische Praxis der ÖVP (Habsburg-Krise, Olah-Krise, Rundfunkreform, Wohnungsreform, Grüner Plan, Wachstumsgesetze usw.) durchaus erfolgreich und weitaus „politischer“ war als die programmatische Gestalt, die diese Linie im *„Klagenfurter Manifest“* (Entwurf 1963, Beschluß 1965) erhielt. In dem familienhaft-harmonistischen Gesellschaftsbild dieses Programms ist der Staat ein Randbereich ordnender Gerechtigkeit, das soziale Leben weitgehend traditionell und statisch, Konflikte sind vermeidbare Pannen, die tatsächlichen Probleme der Industriegesellschaft werden kaum reflektiert. Die großen gesellschaftlichen und ideellen Umwälzungen der sechziger Jahre, die endgültige Säkularisierung der österreichischen Gesellschaft, das Zweite Vatikanische Konzil, die Verwissenschaftlichung der Lebensbereiche, das Bewußtsein der „Einen Welt“, die Entwicklungsproblematik, der wachsende Anspruch auf demokratische Partizipation und Mitbestimmung – dies alles wurde zwar in Arbeitskreisen der *„Aktion 20“* diskutiert, doch zu adäquaten programmatischen Festlegungen der ÖVP kam es kaum.

e) Erst die *Wahlniederlagen* von 1970 und 1971 veranlaßten die ÖVP, die jahrelang vernachlässigte ideenpolitische Diskussion nachzuholen und ein neues Programm zu erarbeiten, das das politische Denken der gesamten Partei repräsentieren, der Problemlage der Zeit gewachsen und zukunftsorientiert sein sollte. Trotz widriger Umstände – vor allem der tiefen Verunsicherung der Partei und ihrer Wählerschaft und der zahlreichen Demütigungen in der politischen Tagespragmatik – gelang es durch die *Programmarbeit,* das christlichdemokratische Gedankengut neu zu adaptieren und ein selbstbewußtes, modernes und zukunftsbezogenes Programm zu erstellen, das nach breiter und sehr intensiver Diskussion in den Parteigliederungen sowie in der Öffentlichkeit am 30. November 1972 vom Bundesparteitag als *„Salzburger Programm“* angenommen und einstimmig beschlossen wurde. Das neue Programm der ÖVP wurde auch von der gesamten christlichdemokratischen Bewegung in Europa mit großem Interesse aufgenommen und beeinflußte inhaltlich, stilistisch und im Modus seiner Erarbeitung die Programmarbeit mehrerer europäischer Schwesternparteien. Die aus dem „Salzburger Programm“ fortgesetzte Erarbeitung der vier *„Pläne zur Lebensqualität“* dauerte dann noch bis 1975. Damit erzielte die ÖVP ein aufgeschlossenes und problemorientiertes Profil.

Erneuerte die ÖVP von 1945–1972 ihr Grundsatzprogramm etwa im Siebenjahreszyklus, so gilt das *„Salzburger Programm“* nun schon knapp zwei Jahrzehnte, ohne daß es als überholt oder veraltet angesehen wird. Es hat die demagogischem Erfolge des Verteilungssozialismus ebenso überstanden wie die Fortschrittseuphorie der „Macher“-Gesellschaft, ja es hat gerade die engen Grenzen dieser politischen Vorstellungswelt frühzeitig aufgezeigt. In allen grundlegenden Fragen ist das „Salzburger Programm“ vom heutigen Bewußtsein keineswegs überholt, in vielen Orientierungen von der heutigen Praxis oft noch nicht eingeholt.[8] Damit soll das „Salzbur-

8. Gerhard WILFLINGER: Die Ideologiediskussion in der ÖVP 1970–1978, In: Österr. Jahrbuch für Politik '78. München-Wien 1979, 131–159.

ger Programm“ nicht für sakrosankt erklärt werden, vor allem sprachlich ist es streckenweise ein Kind seiner Zeit. Es erfüllte seinen Zweck besser, wenn weniger gläubig zu ihm aufgeblickt und es kritischer diskutiert würde. Seine Relevanz für das politische Handeln würde dadurch nur steigen.

f) Eine eigentümliche Metamorphose machte in der ersten Hälfte der Achtziger das *„Zukunftsmanifest“* durch: zuerst war es geplant als Einladung an politisch interessierte Wissenschafter und Intellektuelle, von ihrem fachlichen Standpunkt aus ein Positionspapier über Mängel des politischen Systems und der Entscheidungsfindung, über die sich in Gang befindlichen wissenschaftlichen und sozialen „Paradigmenwechsel“ zur postindustriellen Gesellschaft und neuen Aufgabenstellungen zu verfassen, als Appell der Wissenschaft an die Politik. Die innerparteiliche Debatte über den vorgelegten Problemkatalog verwandelte sich immer mehr zu einer grundsatzpolitischen Diskussion. Offensichtlich ist das Bedürfnis nach vertiefter programmatischer Auseinandersetzung und Befragung der eigenen Grundpositionen in einer Zeit der äußeren Angleichung der Parteien bis zur Verwechselbarkeit wieder gestiegen. Die Ratlosigkeit nach dem Zusammenbruch der Fortschrittseuphorie der sechziger und siebziger Jahre zwingt zur Rück- und Neubesinnung über das, was wir sind, was vor uns steht und was zu tun ist.

g) Die weitere *geistige Entwicklung* der ÖVP ist im einzelnen nicht abzusehen. Einige Problemfelder seien hier kurz angeführt: Das *Österreich-Bekenntnis* bedarf gerade angesichts der großen europäischen Transformationsprozesse neuer Vertiefung, damit es nicht nur an rückwärtsgewandten Jahrestagen feierlich beschworen wird.

Die *parteienstaatliche Demokratie* hat den Höhepunkt ihrer ausufernden Machtentfaltung hinter sich; die Zweite Republik, die von den Parteien gegründet wurde, muß nun endlich in den Besitz ihrer Bürger übergehen und der politischen Partizipation und Mitbestimmung den gebührenden Platz einräumen.

Freiheit, personales Menschenbild und *solidarisch-partnerschaftliche Gesellschaftsauffassung,* traditionelles Gedankengut der christlich-demokratischen Bewegung, erfahren heute im säkularisierten Denken des Westens eine Renaissance als einziger Schutz der Würde des Menschen vor den latenten Totalitarismen des Nihilismus und Materialismus. Immer dringender tritt auch die *Natur* als Schauplatz solidarischer Bewährung des Menschen in das Blickfeld wissenschaftlicher und politischer Diskussion.

Unbehandelt sind bisher die Probleme der *wissenschaftlichen Entwicklung* und ihrer Möglichkeiten und Gefahren. Einzig und allein rund um das Atomkraftwerk Zwentendorf fand eine Auseinandersetzung über die Beherrschbarkeit der Ergebnisse des Fortschritts statt. Probleme, die sich etwa aus der Gen-Technologie ergeben, sind programmatisch bis heute unbehandelt. Gerade eine Partei, die sich der personalen Verantwortung verpflichtet fühlt, wird um die Frage der *Ethik* der Wissenschaft, der Ethik des Umgangs mit den Dingen nicht herumkommen. Gerade in diesen Problemen kommt die Notwendigkeit einer intensiveren Wertbezogenheit der Politik zum Ausdruck, die auch immer wieder von Parteimitarbeitern und -sympathisanten verlangt wird.

Politik aus christlicher Verantwortung wird ein Charakteristikum der ÖVP bleiben. Die Gründer der Partei, die davon absahen, ihr ein „hohes C" in den Namen zu schreiben, gingen davon aus, „daß die ‚Schwarzen' bei den Schwarzen immer die Mehrheit haben".[9] Die Entkirchlichung Österreichs, der Niedergang des Verbandskatholizismus und die Anonymisierung des Christentums werden solche Mehrheitsfeststellungen immer weniger zulassen. Dennoch ist die Hoffnung berechtigt, daß die ÖVP weiterhin von einer Mehrheit der Christen gewählt und geführt wird, und der Auftrag des freien Gewissens zu personaler Verantwortung für den Nächsten und zur Vermenschlichung der Welt Richtschnur und Ziel ihrer Politik bleibt. Darin liegt die zum Handeln auffordernde Erkenntnis, daß die vorgefundene Welt, das politische System und die gegebene Gesellschaftsstruktur immer nur vorläufig und unvollkommen sind und aufgrund des *Schöpfungsauftrages* zum Besseren gewendet werden müssen, daß durch den Menschen allein aber nicht das endgültig Gute erwirkt werden kann. Nur in diesem offenbleibenden Horizont wird der Mensch nicht auf sich selbst zurückgeworfen und hat Grund zur Hoffnung. Österreich, Demokratie, Freiheit, Solidarismus und christliche Weltverantwortung sind die sicheren Orientierungspunkte, nach denen die ÖVP sich auch weiterhin programmatisch ausrichten wird.

II. Struktur und Organisation

1. Gliederung der ÖVP

„Die österreichische Innenpolitik, ja die gesamte soziale, ideelle und kulturelle Struktur des Landes ist von 1918 bis zur Gegenwart beherrscht durch das Neben-, Gegen- und Miteinander der drei großen Lager . . .: des christlichsozial-konservativen, des sozialistischen und des nationalen. Diese Gliederung hat sich über alle Umwälzungen hinweg als . . . stabil erwiesen . . ." schrieb Adam WANDRUSZKA 1954[10]– eine Feststellung, die auch heute noch gilt.[11] Von Beginn der Zweiten Republik an waren ÖVP und SPÖ die Erben der zwei großen *Lager,* während das ehemalige deutschnationale Lager durch den Nationalsozialismus kompromittiert war und sich erst 1949 im „Verband der Unabhängigen" und später in der FPÖ

9. So Dr. Felix HURDES in einem Gespräch mit dem Autor im Jahre 1965.

10. WANDRUSZKA, Struktur, 291 (Anm. 1).

11. So auch der Salzburger Historiker Gerhard BOTZ, zitiert in den „Salzburger Nachrichten", 7. März 1985: „Die Stärke der Lager sei seit 1919 im großen und ganzen stets gleich geblieben."

sammeln konnte. Die beiden großen Lager waren 1945 bemüht, sowohl die frühere ideologische Strenge und den Klassen-Charakter abzubauen, sich ideologisch und sozial *zu verbreitern.* Die SPÖ nannte sich 1945 zwar – entgegen ihrer weiteren Praxis – „sozialistisch" statt „sozialdemokratisch", verzichtete aber auf die Bezeichnung „Arbeiter"-Partei, obwohl sie noch längere Zeit ihre soziale Basis nicht nennenswert über die Arbeiterschaft hinaus verbreitern konnte. Die ÖVP hingegen verzichtete auf die frühere ideologische Bezeichnung „christlichsozial", obwohl gerade diese die einigende Klammer über die Sammlung der heterogenen sozialen Schichten war, die die Wählerbasis dieses Lagers darstellte.

Als der Partei der Bauern, der Gewerbetreibenden, der nichtsozialistischen Arbeiterschaft, Beamten und Angestellten lag der organisatorische Rückhalt der ÖVP von Anfang an bei den Subsystemen der *Berufsorganisationen.* Die *bündische Struktur* war schon mit der Parteigründung gegeben, ja sie ging ihr genau genommen sogar voraus. Daß Bauernbund, Wirtschaftsbund sowie Arbeiter- und Angestelltenbund nicht zu Berufsvereinigungen innerhalb der Partei reduziert wurden, sondern die konstitutiven und segmentierenden Elemente der Partei blieben, denen im Lauf der Zeit Jugendbewegung, Frauenbewegung und Seniorenbund zwar gleichberechtigt, aber weniger wirkungsvoll an die Seite gestellt wurden, ist eine Besonderheit der ÖVP unter den modernen Massenparteien geblieben. Die bündische Gliederung war und ist immer wieder Stein des Anstoßes und Anlaß zu reformatorischen Überlegungen,[12] die aber immer an der Rigidität der *Teilorganisationen* scheiterte.

Die Zahl der sogenannten *„Direktmitglieder"* der ÖVP macht kaum 1% aus; aber auch bei weitaus größerer Zahl würden sie für die ÖVP keine neue, durchgehende horizontale Basis bilden, sondern im gegebenen Vertikalaufbau wohl nur als siebente im Bunde der bisherigen sechs Teilorganisationen hinzutreten. Über die Stärken und Schwächen der bündischen Gliederung ist im Laufe der Parteigeschichte immer wieder diskutiert und polemisiert worden – mit dem Ergebnis, daß die Grundstruktur beibehalten wurde, sich aber das Postulat vom *„Vorrang der Gesamtpartei"* doch allmählich durchzusetzen begann, vor allem durch das Bundesparteiorganisationsstatut (BPOST) 1972 und seine Neufassung 1980. Die bisher mächtigen drei Bünde wurden in „Teilorganisationen" umbenannt und den Organisationen der Jugend, Frauen und Senioren gleichgestellt; die Finanzierung der Gesamtpartei aus Anteilen der Mitgliedsbeiträge wurde neu geregelt; Bundes-, Landes- und Ortsparteileitungen erhielten durch das „Praecipuum" ein stärkeres Mitsprache- und Gestaltungsrecht bei der Kandidatenaufstellung für Nationalrats-, Landtags- und Gemeinderatswahlen. Durch die Errichtung der „Politischen Akademie" und der Durchorganisa-

12. Siehe dazu vor allem Heinrich NEISSER/Peter DIEM: Zeit zur Reform. Parteireform, Parlamentsreform, Demokratiereform. Wien 1969 und Erhard BUSEK/Gerhard WILFLINGER: Demokratiekritik/Demokratiereform. Wien 1969.

tion des Bildungswesens auf allen Ebenen der Partei kamen in der Funktionärs- und Mitgliederschulung die Bildungsziele und Orientierungspunkte der Gesamtpartei zur Geltung. Hinzu kommt, daß der Druck der öffentlichen Meinung und der eigenen Anhängerschaft dem statutarisch festgelegten „Vorrang der Gesamtpartei" immer mehr zum Durchbruch verhilft.

Quer zur Gliederung in Teilorganisationen verläuft die *föderalistische Gliederung* der ÖVP in neun *Landesorganisationen.* Wurde das einheitliche Bild der ÖVP früher durch die Bünde-Egoismen beeinträchtigt, so heute eher durch ausgeprägte *Länder-Individualismen.* Dies liegt vor allem an dem proporzdemokratischen Regierungssystem in den Bundesländern, das eine andere politische Kultur als das Konkurrenz-Modell auf Bundesebene erfordert, wie auch an dem patrimonial-plebiszitären Regierungsstil der meisten Landeshauptmänner (die in der Regel auch Landesparteiobmänner sind). Die SPÖ kennt zwar dieses Problem ebenso, bei der ÖVP fällt die Partialisierung aber stärker auf, da sie in sechs Ländern (derzeit – mit Kärnten " in sieben ländern) die „Landeshauptmann-Partei" und überdies insgesamt föderalistischer gesinnt ist als die die SPÖ, in der die Führungsstile in Kärnten und im Burgenland eher nur als Exotismen am Rande registriert werden. Die föderalistische Gliederung der ÖVP ist überdies noch als Raster über alle Teilorganisationen zu legen, die in den Bundesländern auch jeweils verschiedene und oft sehr eigenständige Ausprägungen aufweisen.

Über diesem dichten Geflecht der bündischen und föderalistischen Vielfalt sind weiters auch *Gruppenbildungen* sekundärer politischer Sozialisation zu erwähnen, die einerseits weitere innerparteiliche Konkurrenzsituationen bewirken, andererseits auch integrative Kräfte über Länder- und Teilorganisationsgrenzen hinweg darstellen.[13] Diese Sekundärgruppen politischer Sozialisation bilden sich vor allem aus der Zugehörigkeit zu Jugend- und Studentenorganisationen. Die bedeutendsten Gruppen sind der ÖCV (Österreichischer Cartellverband der katholischen Studentenverbindungen), der MKV (Mittelschüler-Kartellverband) und die Katholische Aktion (Katholische Jugend, bestehend aus Arbeiterjugend, Landjugend, Studierende Jugend, Hochschuljugend, Katholische Frauenbewegung, Katholische Männerbewegung, Katholischer Akademikerverband); hinzu kommen kleine konfessionelle Gruppen anderer Religionsgemeinschaften (Evangelischer Arbeitskreis, Orthodoxe, Juden), Reichsbund, Kolping-Verband und diverse lose organisierte „Kreise", die sich um Personen oder thematische Fragen bilden. Festzustellen bleibt, daß sowohl die Bedeutung dieser Gruppen, als auch ihre Konkurrenz innerhalb der ÖVP kontinuierlich abnimmt.

Traditionelle Folgeerscheinung der politischen *„Lagermentalität"* in

13. Siehe dazu die kenntnis- und detailreiche Abhandlung von Alfred STIRNEMANN: Innerparteiliche Gruppenbildung am Beispiel der ÖVP. In: Österr. Jahrbuch für Politik, '80. München-Wien 1981, 415–448.

Österreich ist ein den Parteien zugeordnetes dichtes *Umfeld* an gesellschaftlichen Organisationen. Das Bundesorganisationsstatut der ÖVP erwähnt den Begriff „nahestehende Verbände“ und versteht darunter solche, „die die Grundsätze der ÖVP vertreten und mit der Partei in einer politischen Interessensgemeinschaft stehen“. Die Funktionäre dieser Verbände sind in den Organen der ÖVP vertreten. Es sind dies die „Katastrophenhilfe Österreichischer Frauen“, die „Kameradschaft Politisch Verfolgter“, der „Österreichische Akademikerbund“, das „Österreichische Kinderrettungswerk“, der „Österreichische Mieter-, Siedler- und Wohnungseigentümerbund“ und der „Österreichische Wohlfahrtsdienst“. Darüber hinaus gibt es eine Reihe von *Vereinigungen,* die zwar nicht „nahestehende Verbände“ im Sinne des ÖVP-Statuts sind, aber in einem gewissen Naheverhältnis zur ÖVP stehen – von der „Arbeitsgemeinschaft Katholischer Verbände“ über Studentenparteien, Elternvereine, bis hin zur „Österreichischen Turn- und Sport-Union“. Inwieweit diese Vereinigungen noch „eine Art von Vermittlungsfunktion zwischen dem gesellschaftlichen Alltag und den Parteien übernehmen“[14], oder dieses Naheverhältnis heute nicht eher als Verpolitisierung des gesamten Alltags Anstoß erregt und als Ärgernis sowohl den Parteien und noch viel mehr diesen an sich nützlichen Interessensorganisationen schadet, bleibt offen. Ob die alpine Berghütte „rot“ oder der Sportplatz „schwarz“ ist, sollte in einer offenen Gesellschaft ebenso egal sein wie die Frage, ob man den Ambulanzwagen des „Arbeiter-Samariterbundes“ oder des „Malteser-Hilfsdienstes“ zu Hilfe ruft.

2. Die Wählerstruktur der ÖVP

Mit dem *Verblassen* der umfassenden weltanschaulichen, gesellschaftlichen und politischen Deutungsmuster kommt es auch zu einer „sukzessiven Auflösung traditioneller Bindung in sozialer wie in politisch-weltanschaulicher Hinsicht. Zum einen nehmen die alten Trägergruppen der beiden großen Lager (Bauern, Gewerbetreibende, Industriearbeiter) in absoluten Zahlen ab . . . Neben den traditionellen Sozialgruppen etablieren sich die ‚neuen Mittelschichten‘, die etwa 20 bis 25 Prozent der Bevölkerung umfassen“[15] und deren Parteienbindung nur mehr schwach ausgeprägt ist. Seit den sechziger Jahren geht es in den Wahlkämpfen um die Erringung dieses langsam anwachsenden *„Wechselwähler“-Potentials.* Erst in den letzten Jahren nimmt der hohe Konzentrationsgrad des österreichischen Parteiensystems, gemessen am Stimmenanteil der beiden stärksten Parteien, ab: von seinem Höhepunkt im Jahr 1975 mit 93,4% auf 90,9% bei den

14. Herbert GOTTWEIS: Die Parteien und ihr politisches Umfeld. In: politische bildung – zeitschrift für erwachsenenbildung, 6 (1984), Heft 3–4, 2.

15. Fritz PLASSER/Peter A. ULRAM: Unbehagen im Parteienstaat. Jugend und Politik in Österreich. Wien-Köln-Graz 1982, 101.

Nationalratswahlen 1983.[16] Die Kandidatur von neuen, etwa „grünen“ bzw. „alternativen“ Parteien und, keineswegs deckungsgleich damit, die langsame Herausbildung eines „postmaterialistischen Lagers“ ließen diesen Konzentrationsgrad weiter sinken.

Der *soziale Wandel* im Laufe der Zweiten Republik hat jedenfalls beide Großparteien gleichermaßen betroffen. Zwischen 1961 und 1983 verringerten sich die traditionellen *„Kernschichten“* unter den Anhängern der beiden Großparteien um jeweils 25%: der Anteil der Industriearbeiter unter den SPÖ-Anhängern ging von 75% auf 50% zurück, der Anteil der Landwirte und Selbständigen unter den ÖVP-Anhängern von 57% auf 32%. Die Gruppe der Angestellten und Beamten stieg bei beiden Parteien im selben Zeitraum auf 44 bzw. 43%, der Anteil der Arbeiter unter den ÖVP-Anhängern blieb mit 25% etwa gleich, ebenso wie der geringe Anteil von Landwirten und Selbständigen SPÖ-Anhängern mit insgesamt 5–7%. Vom Berufsmilieu ihrer Anhänger her gesehen ist die ÖVP heute jedenfalls schon mehr eine Arbeiter- (24%) als eine Bauern-Partei (21%), zu 11% eine Selbständigen- und Freiberufler-Partei und zum überwiegenden Prozentsatz eine Angestellten- und Beamten-Partei (43%).[17]

Untersucht man die *Parteineigung*[18] verschiedener Wählergruppen, so ergeben sich die höchsten ÖVP-Präferenzen bei den Landwirten (89%), Gewerbetreibenden und Unternehmern (79%), freien Berufen (62%), Akademikern (61%), Maturanten (55%), Studenten (47%), am wenigsten bei Arbeitern (30%) und Facharbeitern (33%). Die ÖVP-Präferenz dominierte in den Mitachtzigerjahren bei Erstwählern und bis zu 25-Jährigen und nahm im Aufstieg der Altersstufen stetig ab; ihr Anteil unter den Pensionisten war notorisch unterdurchschnittlich.[19] Die Wahlen ab 1986 brachten bittere Rückgänge.

3. Die Mitgliederstruktur der ÖVP

Gemäß der Kriterien der gängigen Parteientypologie ist die ÖVP eine *Massenpartei* und *Volkspartei*. Aufgrund ihrer hohen *Organisationsdichte* (Relation zwischen Wählerzahl und Mitgliederzahl) ist sie zwar eine aus-

16. Anton PELINKA: Die Veränderungen haben bereits begonnen. Zur Sensibilität des österr. Parteiensystems. In: politische bildung – zeitschrift für erwachsenenbildung, 6(1984), 3.–4.ff., 31. – Die dramatische Zunahme dieser Veränderungen wird dokumentiert bei Christian HAERPFER: Wohlverhalten. In: DACHS, Handbuch, 475–492 (Anm. 1). – Wolfgang C. MÜLLER: Das Parteiensystem. In: DACHS, Handbuch, 181–196 (Anm. 1).

17. Wolfgang C. MÜLLER: Lagerdenken in Österreich, In: politische bildung – zeitschrift für erwachsenenbildung, 6(1984), Heft 3–4, 14.

18. Walter GÖHRING/Alfred STIRNEMANN: Parteienprofile – Die im Parlament der Zweiten Republik vertretenen Parteien im Vergleich. In: politische bildung – zeitschrift für erwachsenenbildung, 6 (1984), Heft 3–4, 81.

19. GÖHRING/STIRNEMANN, Parteienprofile, 43 (Anm. 17).

gesprochene *Mitglieder*partei[20]; sie verhält sich aber, aufgrund eher geringer politischer Aktivität der Mitglieder und infolge der Ausrichtung der Politik auf die Erringung des Wechselwähler-Potentials, insgesamt wie eine *Wähler*partei. Die Wünsche und Interessen der vielen Mitglieder werden eher durch die Teilorganisationen abgedeckt, wodurch die Organe der Gesamtpartei auf allen Ebenen sich an die außenstehenden, erst zu gewinnenden Wähler richten können. Über die *Zahl der Mitglieder* der ÖVP herrscht nicht nur in der Publizistik notorische Unklarheit, sondern auch im Parteiapparat selbst. Aufgrund der großen Bünde- und Länder-Autonomie wurde der immer wieder geforderte Aufbau einer zentralen Mitglieder-Evidenz stets behindert – schließlich ist die Zahl der Mitglieder der Teilorganisationen ausschlaggebend für die Zahl der Delegierten, die sie in die Parteiorgane entsenden. Um ein realistisches Bild von der tatsächlichen Mitgliederzahl der ÖVP zu bekommen, muß man auch berücksichtigen, daß es eine große Zahl von *Doppel- und Mehrfachmitgliedschaften*[21] gibt, die von der Summierung der Teilorganisationsmitglieder wieder abzuziehen sind. Weiters muß beachtet werden, daß etwa die Hälfte der Bauernbund- und ein Viertel der Wirtschaftsbundmitglieder sogenannte *„Familien"- Mitglieder* sind.

Die Zahl der *Mitgliedschaften* zur ÖVP betrug Ende der achtziger Jahre ca. 800.000 (mit Mehrfachmitgliedschaften), die Zahl der psychischen Mitglieder-Personen ca. 550.000. Die größte Zahl der Mitgliedschaften weist der Bauernbund mit 300.000 auf, es folgen ÖAAB mit 200.000, Seniorenbund mit 130.000, Junge ÖVP mit 120.000, Wirtschaftsbund mit 85.000 und Frauenbewegung mit 75.000. Die Zahl der Direktmitglieder erreicht bundesweit etwa 4.500. Die höchsten Organisationsdichten erreichen Oberösterreich, Niederösterreich und Salzburg mit annähernd 40 Prozent, die geringste Wien mit etwa 13 Prozent.

Der ungewöhnlich *hohe Organisationsgrad* der österreichischen Parteien ist nur dadurch zu erklären, daß die Mitgliederschaft bei einer Partei nicht so sehr wegen des Wunsches nach erhöhter aktiver politischer Partizipation eingegangen wird, sondern aus Tradition, sozialer Anpassung, beruflicher Interessensvertretung oder aus Protektionsmotiven. „Die Mitgliederschaft bei der SPÖ oder ÖVP ist registrierte Stammwählerschaft", bzw. „oft ein nüchternes Geschäft".[22] Ob dieses „Geschäft" weiterhin noch rentabel ist, wird immer fraglicher – und zwar für beide Seiten: die Bürger nehmen immer mehr Ärgernis an der *„Parteibuchwirtschaft"*, und für die

20. Anton PELINKA: Struktur und Funktion der polit. Parteien, In: Heinz FISCHER (Hg.): Das polit. System Österreichs. 3. A. Wien-München-Zürich 1982, 34 f.

21. Als konstruiertes Beispiel stelle man sich vor: eine pensionierte Gastwirtin mit Landwirtschaft, ist gleichzeitig Mitglied der Frauenbewegung, des Seniorenbundes, des Bauernbundes und des Wirtschaftsbundes. In der Praxis ergeben sich vor allem Doppelmitgliedschaften bei Frauenbewegungen und Seniorenbund einerseits und den beruflichen Bünden andererseits.

22. PELINKA, Struktur, 38 (Anm. 19).

Parteien wird es immer beschwerlicher, ihren Mitgliedern die erwartete Hilfe zu gewähren, anstatt von ihnen aktive Mitarbeit und politisches Engagement erwarten zu dürfen. Die große Zahl der Mitglieder, die für die Parteizentralen ja auch ein nicht zu unterschätzendes „Betreuungsproblem“ bedeutet, hat zur Folge, daß jener Teil der Mitglieder, die Partizipation suchen, enttäuscht werden und in frustrierte Inaktivität verfallen. Den tatsächlichen Wert der großen Zahlen gibt das Mindest-Kriterium der Mitglieder-Zustimmung an: die *Beitragszahlung*. Die Inkasso-Quote dürfte in weiten Teilen der Großparteien unter 50 Prozent liegen. In einigen Parteiorganisationen der ÖVP ist man daher vom Prinzip der Mitgliedermaximierung abgegangen und strebt das Konzept einer offenen Mitarbeiter-Partei an, die Raum läßt für das zeitlich und thematisch begrenzte Engagement aktiver Bürger, und die ihre Kapazitäten nicht in Kartei-Arbeit verschleißt.

4. Die Funktionäre der ÖVP

„Die Funktion, die in der idealtypischen Mitgliederpartei dem engagierten Mitglied zugedacht ist, übernimmt in Österreich der Funktionär.“[23] Die ÖVP hat derzeit über 38.000 *Funktionäre,* wozu wahrscheinlich eine ähnlich hohe Anzahl von untergeordneten Funktionären der Teilorganisationen hinzuzurechnen ist. Die auf den ersten Blick ungewöhnlich hohe Zahl wird durch Aufschlüsselung plausibel: 183 Abgeordnete zum Nationalrat, Bundesräte, Mitglieder von Landesregierungen, Landtagsabgeordnete, etwa 22.000 Gemeinderäte, über 4.000 Orts- und Gemeindeparteiobmänner, dazu kommen Mandatare in den Kammern der Berufsverbände etc. Verglichen mit der Zahl der Mitglieder und Funktionäre nimmt sich die der hauptberuflichen Mitarbeiter mit geschätzten 2.000 eher bescheiden aus. Bundesparteileitung und größere Landesparteileitungen haben etwa je 50–70 Mitarbeiter, hinzu kommen die Bundes- und Landesleitungen der Teilorganisationen, Politische Akademie, Landesbildungshäuser u.ä. Gemessen an den hauptamtlichen Apparaten anderer österreichischer Großorganisationen und ihrer Aufgabenstellung ist die ÖVP, unter betriebswirtschaftlichen Kriterien gesehen, ein durchaus effizientes Großgebilde.

Die *Rekrutierung* der Funktionäre und ihr Aufstieg zu höheren Funktionen erfolgt nur mehr zum geringen Teil über die berüchtigte *„Ochsentour“*. Ersitzen und Senioritätsprinzip spielen heute in der innerparteilichen Funktionärsauswahl wahrscheinlich eine weit geringere Rolle als in der durchschnittlichen Berufslaufbahn eines Angestellten oder Beamten. Statutarische Vorkehrungen wie Altersklausel, Wiederwahlklausel, Ämterkumulierungsverbote und Kandidatenauswahl durch das sogenannte „Praecipuum“ haben die alten Auswahlmuster ebenso verdrängt wie die von der Öffentlichkeit und dem Wählerpublikum geforderten Kriterien technokra-

23. Ds., Struktur, 39 (Anm. 19).

tischer und mediokratischer Kompetenz. Die Karriereaussichten des grauen Parteibürokraten, den es zugegebenermaßen auch noch gibt, sind kontinuierlich schlechter geworden. Wachen Verstand, menschlichen Umgang, sachliches Wissen und persönliche Verläßlichkeit zu zeigen, stellt jedenfalls keine Kontraindikation für eine politische Karriere mehr da. Die Frauen und Männer, die in den letzten Jahren ohne „Ochsentour" zu Spitzenrepräsentanten der ÖVP auf Gemeinde-, Länder- und Bundesebene wurden, beweisen die Richtigkeit dieser These.

IV. Die Stellung der ÖVP im politischen System

Die Österreichische Volkspartei war die *Mitschöpferin* der Zweiten Republik und ist ein *politisches Wesenselement* unseres heutigen Österreich geblieben. Sie ist mit dem in Summe unbestreitbar erfolgreichen Gang der Zweiten Republik als eine wichtige und bestimmende politische Kraft zutiefst verbunden. Fast fünfzig Jahre sind auch für eine Partei eine lange Zeit, besonders, wenn man den starken sozialen und geistigen Wandel, den auch Österreich durchschritten hat, bedenkt.

Hat die ÖVP ihre *Identität* bewahrt? Ja und nein. Sie ist heute nicht dieselbe ÖVP wie vor siebenundvierzig Jahren – genauso, wie die Zweite Republik 1992 eine andere ist als 1945. Aber die ÖVP hat im Laufe der Zweiten Republik ihren Charakter und ihre Funktion als *Volkspartei* bewahrt, und sie ist sich selbst *treu* geblieben, in ihren Vorzügen wie – leider auch – in ihren Schwächen.

Die unbestreitbare Tatsache, daß die ÖVP in der Zweiten Republik ihr westlich-liberaldemokratisches, solidaristisches und marktwirtschaftliches *Grundkonzept* im großen und ganzen hat durchsetzen können, wirft die Frage auf, warum sie diesen politischen Langzeiterfolg nicht in gleicher Weise in Wahlerfolge ummünzen kann. Für diese Erfolglosigkeit gibt es viele Gründe, neben negativen auch durchaus positive. Die negativen Gründe liegen vor allem im *Unvermögen* der ÖVP, die Dominanz des eigenen Gedankengutes zu erkennen und zu artikulieren, folglich in Verzagtheit, Kleinmut, defensiver Grundstimmung statt in offensiver Alternative zu erscheinen. Die ÖVP läßt sich oft denkfaul, apperzeptionsschwach, unsensibel, herzensträge, ängstlich und mißtrauisch bezüglich eigener Fähigkeiten präsentieren, anstatt selbst ein angriffiges Zukunftsbild zu zeichnen.

Die positiven Gründe dieser Erfolglosigkeit gehören hingegen zu den unverzichtbaren Eigenschaften der ÖVP: sie versteht sich immer *nur als Partei,* als Teil des Ganzen, und nimmt sich im Grunde nicht so wichtig; sie ist für niemanden Ziel und Zweck an sich, sondern eben nur politisches Vehikel und Medium politischer Gestaltung. Sie ist von ihrer Struktur und inneren Erfahrung her autonomistisch und föderativ, pluralistisch und antitotalitär, offen und vielfältig segmentiert. Die ÖVP ist für niemanden „geistige Heimat“, für niemanden erfüllende Lebensaufgabe oder Geschichtsziel schlechthin; sie ist für viele, die aus verschiedenen geistigen Heimaten kommen, das gemeinsame Mittel zur Gestaltung einer *offenen Gesellschaftsordnung*. Damit erfüllt die ÖVP ihren Zweck. Daß sie auch weiterhin Österreich dient und der Gemeinsamkeit aller Österreicher, ist von ihrem künftigen Weg zu hoffen und bei bleibender Anstrengung auch gewiß.

Die Freiheitliche Partei Österreichs

Friedhelm Frischenschlager

I. Einleitung

Zum Unterschied von der Ersten Republik konnte die politische Entwicklung Österreichs seit 1945 lange Zeit als ein ständiger *Konsolidierungsprozeß* charakterisiert werden. Die Eigenstaatlichkeit, der Verfassungskonsens, das parlamentarische Regierungssystem standen wie die wirtschaftliche Leistungsfähigkeit zunehmend außer Diskussion. Ebenso – wenn auch in einem längerfristigem Verlauf – kann von einer *Integration* des Parteiensystems gesprochen werden: Nach 1945 überwanden zunächst die beiden traditionellen großen politischen Lager, SPÖ und ÖVP, die Kooperationsunfähigkeit der Ersten Republik, ab Anfang der siebziger Jahre vermochte auch die *Freiheitliche Partei Österreichs* (FPÖ) aus ihrer Außenseiterrolle herauszukommen und zum voll anerkannten politischen Konkurrenten zu werden – eine Entwicklung, die mit Bildung der Kleinen Koalition 1983 ihren Höhepunkt zu finden schien. Der Abschluß eines Normalisierungsprozesses der österreichischen Parteiendemokratie kündigte sich zu diesem Zeitpunkt an. Damit wurde ein politischer Integrationszustand erreicht, den die Bundesverfassung zu ihrem Funktionieren voraussetzt (Verhältniswahl – Mehrparteiensystem – Regelfall Koalitionsregierungen). Ein politisches System auf der Grundlage eines „hinkenden Dreiparteiensystems", bestehend aus einer sozialdemokratischen, einer konservativen und einer kleineren liberalen Partei sowie wechselnden Koalitionen ähnlich der politischen Praxis in der Bundesrepublik Deutschland, begann sich abzuzeichnen.

Mit dem Innsbrucker Parteitag 1986, der folgenden Aufkündigung der Kleinen Koalition durch die SPÖ und der *Neupositionierung* der FPÖ unter Jörg HAIDER in ideologisch-programmatischer Hinsicht sowie durch ihren scharfen Oppositionskurs gegenüber den „Altparteien" wurde diese Entwicklung zunächst jedoch gestoppt.

Seitdem ist nicht nur ein Zustand der gesellschaftlich-politischen *Desintegration* des Parteiensystems zu beobachten.[1] Unter Umständen droht sogar eine Funktionsuntüchtigkeit des politischen Systems: Mit dem Ende der

1. Zu den Grundlagen und Entwicklungen des österr. Parteiensystems siehe Anton PELINKA/Fritz PLASSER (Hg.): Das österr. Parteiensystem. Wien-Köln-Graz 1987.

Kleinen und der Rückkehr zur Großen Koalition war ja nicht nur ein für ein parlamentarisches Regierungssystem üblicher „normaler" Regierungswechsel verbunden. Vielmehr scheint Österreichs Parteien- und Regierungssystem in längst überwunden geglaubte Muster zurückzufallen, wie sie in den fünfziger und sechziger Jahren vorherrschten: die Charakterisierung der Großen Koalition als einzige „politikfähige" Regierungsform, weil offenbar nur sie einschneidende Reformen aufgrund ihrer breiten Mehrheit gegenüber den Wählern aushalte. Das Parteiensystem wird in ein „staatstragendes, regierungsfähiges" und ein reines „Protestpotential"-Lager ausdifferenziert. Das gilt zwar auch gegenüber den Grün-Alternativen, im Falle der FPÖ wird aber eine Staats- und Demokratieunzuverlässigkeit vorgeschoben.

Für den Integrationszustand des politischen Systems als Voraussetzung für seine Leistungsfähigkeit, die außenpolitische Einschätzung und Handlungsfähigkeit Österreichs kommt der FPÖ und ihrer Entwicklung sowohl in programmatisch-ideologischer Hinsicht als auch bezüglich ihrer Stellung im politischen Entscheidungsprozeß eine wesentliche Bedeutung zu, insbesondere durch ihren Aufstieg zur *Mittelpartei*. Deshalb versucht dieser Beitrag, die FPÖ, ihre Geschichte und Entwicklung bis Anfang der neunziger Jahre insbesondere unter dem Aspekt ihrer Integration ins politische System bzw. österreichische Parteiensystem zu analysieren.[2]

II. Der FPÖ-Vorläufer VdU:

1. Rekonstruktion einer „Lagerpartei"?

Die FPÖ bzw. ihre Vorgängerin der Verband der Unabhängigen stellt im österreichischen Parteiensystem einen Sonderfall dar, weil sie seit 1949 existiert, aber bis Anfang der siebziger Jahre nur beschränkt ins normale parlamentarische Regierungssystem integriert war. Ihre gewählten Repräsentanten, ebenso wie das durch sie repräsentierte „Lager", wurden in einer *Außenseiterrolle* gehalten, wobei das Mißtrauen gegenüber ihrer Einstellung zur Eigenstaatlichkeit und Demokratie den Anlaß bzw. Vorwand abgaben. In diesem Bevölkerungsteil und seiner Partei schien sich ein gewisser „Nachlaß" der politischen Instabilität und Identitätsschwierigkeiten Österreichs nach 1918 zu manifestieren. Bezüglich der Teilhabe an dem in der Zweiten Republik gewonnenen Konsens hinsichtlich Eigen-

2. Zur Geschichte von VdU bzw. FPÖ siehe insbesondere: Viktor REIMANN: Die dritte Kraft in Österreich. Wien 1980. – Kurt PIRINGER: Die Geschichte der Freiheitlichen. Wien 1982. – Neue Freie Zeitung (NFZ) (Hg.): Meilensteine des Aufstiegs. 35 Jahre FPÖ. Wien 1991. – Bernhard PERCHINIG: National oder Liberal: Die FPÖ. In: Peter GERLICH/Wolfgang C. MÜLLER (Hg.); Zwischen Koaltion und Konkurrenz. Österreichs Parteien seit 1945. Wien 1983. – Kurt R. LUTHER: Die Freiheitliche Partei Österreichs. In: Herbert DACHS u. a. (Hg.): Handbuch des polit. Systems Österreichs. Wien 1991, 247–262.

staatlichkeit und Verfassung bestanden tatsächliche oder vorgeschobene Zweifel.

Gewöhnlich wird das österreichische Parteiensystem ausgehend von der *„Lagertheorie"* nach Adam WANDRUSZKA erklärt und die Gründung des VdU als Rekonstruktion einer Partei des „dritten", des nationalen Lagers dargestellt.[3] Für die Erste Republik mag die Lagertheorie ein geeignetes Erklärungsschema für das Parteiensystem hergeben, für die Zweite Republik nur eingeschränkt: Die Lagertheorie geht von einer politischen und gesellschaftlichen *Dreiteilung* Österreichs über alle historisch-politischen Umbrüche hinweg aus, die bei aller Konfliktträchtigkeit auf gleicher Ebene und geradezu vorgegebener Legitimation nebeneinander existieren. Das dritte Lager (Großdeutsche Volkspartei/GDVP, Landbund) der Ersten Republik spielte als Koalitionspartner der meisten Regierungen bis zum Ende der parlamentarischen Demokratie 1933 sogar eine „staatstragende" Rolle.[4]

Völlig anders die Situation nach 1945: Diese *horizontale* Strukturierung der politischen Lager, das Nebeneinander ihrer Parteien, wurde nun durch eine *vertikale* Trennlinie ersetzt: „Oben" die Gründerparteien der Zweiten Republik, die vorweg als antifaschistische, demokratisch ausgewiesene Parteien (ÖVP, SPÖ und ursprünglich auch KPÖ), welche das eine, über Legitimationsprobleme erhabene politische Lager bildeten. „Unten" die erst mit vierjähriger Verspätung 1949 gegründete Partei des dritten Lagers, der VdU, bei dessen Zulassung taktische Überlegungen der anderen Parteien eine entscheidende Rolle spielten und grundsätzliche Bedenken überdeckten, was aber an ihrer Außenseiterrolle nichts änderte. Eine nationalliberale Partei in Anknüpfung an die Großdeutsche Volkspartei und den Landbund konnte 1945 wegen der NS-Verflechtung des dritten Lagers nicht entstehen.[5]

Auch eine *personelle* Kontinuität im Sinne der Lagertheorie zwischen dem dritten Lager der Ersten Republik und dem VdU kann nur sehr beschränkt bestanden haben: Unbestreitbar bildete personelles Substrat der Wähler und Mitarbeiter des VdU das Reservoir der rund 600.000 durch die Entnazifizierunggesetze betroffenen Österreicher, wenngleich die Gründung des VdU von völlig unbelasteten liberalen Persönlichkeiten, wie Herbert A. KRAUS und Viktor REIMANN, ausging. Hinzu kamen die Weltkriegsheimkehrer, die volksdeutschen Heimatvertriebenen und lediglich Reste

3. Adam WANDRUSZKA: Österreichs polit. Struktur. Die Entwicklung der Parteien und polit. Bewegungen. In: Heinrich BENEDIKT (Hg.): Geschichte der Republik Österreich. Wien 1954, 289–485.

4. Manfred SAUER: Die Großdeutsche Volkspartei und der Landbund für Österreich in der Ersten Republik. In: Freie Argumente, 10/1974.

5. Siehe dazu insbesondere REIMANN (Anm. 2) und Werner MÜLLER-KLINGSPOR: Die Neubegründung des freiheitlich-nationalen Lagers in Österreich von 1945 bis 1949. Wien (Phil. Diss.) 1972.

der nationalliberalen Parteien der Zwischenkriegszeit. Von den letzteren hatten sich unmittelbar nach 1945 viele vor allem der ÖVP zugewandt. Wenn auch der Großteil des traditionellen dritten Lagers im Nationalsozialismus aufgegangen war, so darf der weit über diesen Bereich hinausgehende Zustrom aus den anderen politischen Lagern zur NSDAP nicht übersehen werden. Auch die Frontgeneration umfaßte natürlich die gesamte österreichische Bevölkerung und ebenso bestand hinsichtlich der Heimatvertriebenen kein großer Zusammenhang mit dem dritten Lager. Kein politisches Lager der Ersten Republik wurde durch die NS-Herrschaft und den Zweiten Weltkrieg in seiner soziologischen Substanz so durchgerüttelt und neu formiert wie das nationalliberale.

Ähnliches gilt für die *politisch-inhaltliche* Tradition: Geht man vom deutschnationalen Element aus und dabei von der in der Zwischenkriegszeit zentralen „Anschlußidee" (die allerdings von den anderen Parteien der Ersten Republik lange Zeit geteilt wurde), so war dieser nach 1945 international und innenpolitisch jeglicher Boden entzogen und stellte weder ein Anliegen des VdU noch hatte sie irgendeine politische Relevanz mehr bei seiner Anhängerschaft. Übrig blieb in unterschiedlichen Formulierungen ein Bekenntnis zur Zugehörigkeit der deutschsprechenden Österreicher zur „deutschen Volks- und Kulturgemeinschaft", bei gleichzeitiger Betonung der Eigenstaatlichkeit Österreichs. Dieses Bekenntnis stellte zwar ein wesentliches Unterscheidungsmerkmal und Argumentationsinstrument für NS-Verdächtigkeit des VdU dar, hatte aber über das Bekenntnishafte hinaus nach Wegfall der Anschlußidee keine tatsächliche praktisch-politische Bedeutung mehr.[6]

Diese völlig anderen politischen Rahmenbedingungen sowie die daraus abgeleiteten Ziele und Aufgabenstellungen des VdU bzw. der FPÖ relativieren die Lagertheorie als Erklärungsschema für den VdU. Der wesentlichste *Unterschied* zur Ersten Republik besteht darin, daß für den VdU und lange noch für die FPÖ die Legitimation und Anerkennung als integrierte demokratische Parteien eben nicht „naturgegeben" und selbstverständlich waren.[7]

2. Der VdU – ein Sonderfall in Österreichs Parteiengeschichte

In der Gründung des VdU und in ihren Widersprüchen, die sich noch lange auf die FPÖ übertrugen, spiegelt sich die außerordentliche politische Situation Österreichs nach 1945 (Besatzung, Kriegsfolgen, Entnazifizierung,

6. Siehe auch Anton PELINKA/Fritz PLASSER: Compared to What? Das österr. Parteisystem im internationalen Vergleich. In: Ds., Parteiensystem, 19 (Anm. 1).

7. Kritiker der Lagertheorie (Hermann FRITZ/Martin UITZ: Kritische Anmerkungen zur sogenannten Lagertheorie. In: Österr. Zeitschrift f. Politikwissenschaft, 3/1975), werfen WANDRUSZKA vor, mit der Lagertheorie eine Legitimationsbasis für die Partei des Dritten Lagers liefern zu wollen.

Verstaatlichung, Heimatvertriebene) wider und macht diese Partei zu einem *Sonderfall* und zu einer zeitlich begrenzten Erscheinung.

Die Gründer des VdU, Herbert A. KRAUS und Viktor REIMANN, wollten eine Partei mit Ausrichtung auf einen aufklärerischen, idealistischen *Liberalismus* mit zeitgemäßen wirtschafts- und sozialpolitischen Komponenten.[8] Entscheidender Ausgangspunkt stellte aber zweifellos die Vertretung der NS-Registrierten, Kriegsheimkehrer und Heimatvertriebenen dar. Deren Anliegen wurden aber von KRAUS und REIMANN im Programm des VdU unter dem liberalen Gesichtspunkt der Wiederherstellung der Rechtsstaatlichkeit und des Gleichheitsgrundsatzes und nicht unter NS-apologetischen Aspekten vertreten. Dennoch blieb zwischen dieser Klientel und dem liberalen Anspruch der Gründungsziele ein Widerspruch in der politischen Praxis unvermeidlich, der noch dazu von den politischen Gegnern propagandistisch verstärkt wurde.

Zweites Hauptanliegen des VdU bestand im Aufbau einer parlamentarischen *Opposition*. Nachdem der VdU bei der Nationalratswahl 1949 fast 12% der Stimmen und 16 Mandate erreicht hatte, die er zu gleichen Teilen von ÖVP und SPÖ abzog, bedeutete dies eine Herausforderung an die seit 1945 aufgebaute und gefestigte Machtverteilung der beiden Großparteien. Was lag näher, als sich gegenüber dem neuen Konkurrenten mit dem Vorwurf der NS-Verdächtigkeit zur Wehr zu setzen und damit auch zum Teil ausgesprochen undemokratische Pressionen zu rechtfertigen?[9]

Von einer für ein parlamentarisches Regierungssystem normalen Funktionsausübung der Oppositionsrolle konnte ebenso wenig gesprochen werden, wie von einer Beteiligung an der Regierung, was bestenfalls aus taktischen Gründen von den beiden Koalitionsparteien als Instrument gegenüber dem Koalitionspartner ins Spiel gebracht wurde. Diese *Erfahrungen* mit dem Herrschaftssystem der Großen Koalition mußte die Attraktivität der liberalen Ziele der VdU-Gründer bei Mitarbeitern und Anhängern des VdU reduzieren und stattdessen die Konfliktsituation zwischen dem sich gesellschaftlich und politisch deklassiert fühlenden NS-belastenden Bevölkerungsteil und den neuen Machthabern in den Vordergrund treten lassen.

Dies läßt sich auch an der *programmatischen* Entwicklung des VdU ablesen:[10] Politische Forderungen im Sinne der NS-Gesetz-Betroffenen, Heimkehrer und Vertriebenen nahmen im ersten VdU-Programm 1949 zwar eine herausragende Rolle ein, im übrigen aber standen die Ziele der Wiederherstellung der Wirksamkeit der Bundesverfassung, des Parlamentarismus,

8. Vgl. dazu Herbert A. KRAUS: Österreich zwischen 1945 und 1955. Wien 1979; und REIMANN, Kraft (Anm. 2).

9. Siehe dazu REIMANN, Kraft, 187 ff. (Anm. 2).

10. Erich REITER: Programme und Programmentwicklung der FPÖ. Wien, 1982 (auch mit dokumentarischem Anhang). – Friedhelm FRISCHENSCHLAGER: Funktions- und Inhaltswandel von Parteiprogrammen am Beispiel der FPÖ-Programme. In: Österr. Zeitschrift f. Politikwissenschaft, 7/1978.

der Rechtsstaatlichkeit sowie die Überwindung der Auswüchse der Großen Koalition (Proporz, Protektion usw.) im Vordergrund. Auf wirtschaftlichem Gebiet verfolgte das VdU-Programm ausgesprochen liberale Zielsetzungen (gegen Verstaatlichung, für Privateigentum und freie Marktwirtschaft, gegen Monopol-und Kartellmißbrauch usw.). Als deutschnationaler Punkt ist lediglich das Bekenntnis zum deutschen Volkstum anzusehen. Das VdU-Programm 1949 bezeichnet die Partei weder als national noch als liberal. Inhaltlich ist es als im wesentlichen liberal mit einer gemäßigten deutschnationalen Komponente einzuordnen.

Die Abkehr von den Gründungszielen infolge der äußeren und inneren Entwicklungen läßt sich am zweiten, 1954 beschlossenen *„Ausseer Programm"* ablesen: Jetzt tritt die deutschnationale Komponente wesentlich deutlicher hervor. (Österreich ist ein deutscher Staat; die deutsche Aufgabe Österreichs; der VdU bekennt sich als Partei, die „nationale Politik betreibt"). Dieses letzte VdU-Programm war der Versuch, die wegen der politischen Ghettoisierung durchsetzungsunfähige, deshalb zerstrittene und vom Auseinanderfall bedrohte Partei durch deutschnationale Akzentuierungen doch noch zusammenzuhalten. Damit mußte sich aber die „Ghetto-"Situation nur noch verstärken, der Widerspruch zum Gründungsziel in Richtung einer Parlamentspartei in einem normalisierten, offenen parlamentarischen Regierungssystem nur noch mehr verdeutlichen und die zentrifugalen Kräfte in der Partei vergrößern, was schließlich 1955 zum Zusammenbruch des VdU führte.

Für das *Scheitern* des Gründungskonzeptes einer liberalen, gemäßigt nationalen Partei und ihrer Integration ins politische System war folgendes entscheidend: Das Aufgehen des nationalliberalen Lagers der Ersten Republik im Nationalsozialismus machte eine Gründung in Anknüpfung an GDVP und Landbund 1945 unmöglich, nicht einmal eine Traditionsanbindung im Sinne der Lagertheorie schien machbar. Der Versuch einer „völlig neuen Partei" als liberaler Partei scheiterte am Mangel einer breiteren gesellschaftlichen Basis; die faktische Dominanz der NS-Gesetz-Betroffenen mußte diese Zielsetzung zwangsläufig überwuchern; die *Ghettoisierung* des VdU und seine zum Teil undemokratische Bekämpfung mußten zwangsläufig zu einer Radikalisierung der Anhängerschaft führen und damit die schmale innerparteiliche Basis der Gründer und ihre Ziele an Boden verlieren lassen.

III. Die FPÖ 1956 bis 1983

1. Der Weg aus der Isolation und in die Integration

Wenn der VdU als *Vorgänger* der FPÖ bezeichnet wird, stimmt dies organisatorisch und soziologisch, politisch-inhaltlich nur unter der Einschränkung auf die sich in der Schlußphase des VdU durchsetzende Linie. Dies manifestierte unübersehbar die Gründungsobmannschaft von Anton REINTHALLER, einem hochrangigen ehemaligen NS-Funktionär, und nach dessen Tod die Obmannwahl des ehemaligen SS-Offiziers Friedrich PETER (1958). Allerdings wurde die akzentuiert deutschnationale Linie des „Ausseer Programms" nicht in das neue FPÖ-Programm übernommen.

Der Übergang vom VdU zur FPÖ fand zu einem Zeitpunkt statt, der den Staatsvertrag, die wirtschaftliche Gesundung und die weitestgehende gesellschaftliche und wirtschaftliche Integration der NS-Gesetz-Betroffenen und Heimkehrer gekennzeichnet war. Die Republik streifte die Reste des *Provisorischen* ab, das Österreich seit 1918 begleitet hatte. Diese geänderten äußeren Verhältnisse mußten das Potential der FPÖ stark verringern, was sich im Nationalratswahlergebnis 1956 (Rückgang der FPÖ auf 6,5% gegenüber 11% des VdU 1953) niederschlug. Viele VdU-Anhänger arrangierten sich mit anderen Parteien. Insbesondere der starke Arbeitnehmerflügel war inzwischen zerschlagen und verschwand fast vollständig.

Die FPÖ blieb genauso *isoliert* wie der VdU. Tatsächlich läßt sich die damalige FPÖ „eher als Gesinnungsgemeinschaft denn als politische Partei in modernem Sinn" charakterisieren,[11] da sie abgesehen von einer reduzierten parlamentarischen Oppositionsfunktion, eigentlich außerhalb der Wirksamkeit des politischen Systems existierte. Organisatorisch und bei Wahlen erholte sie sich allerdings wieder (Nationalratswahl 1959 7,7% gegenüber 1956 6,5%).

Mit der Obmannschaft Friedrich PETERs begann 1958 ein langwieriger Prozeß der inhaltlich-programmatischen *Selbstfindung* in Richtung einer gemäßigt nationalen, im wesentlichen liberalen Partei, verbunden mit dem Ziel der „Anerkennung" als dritter, auch regierungsfähiger politischen Kraft – eine Entwicklung, die sich geradezu als „Peter-Weg" bezeichnen läßt.[12]

Der erste *Ausbruchsversuch* aus der Isolation durch einen gemeinsamen Bundespräsidentschaftskandidaten von ÖVP und FPÖ 1957 (Wolfgang DENK) scheiterte am Wahlsieg des SPÖ-Kandidaten Adolf SCHÄRF. Ein zweiter Anlauf mit der ÖVP, die *Isolation* der Partei zu durchbrechen und die Große Koalition zu überwinden, wurde unternommen, als die FPÖ um die Nationalratswahl 1962, als es zu einer Absprache zwischen ÖVP und FPÖ in Richtung einer Kleinen Koalition kam, die Gorbach für die ÖVP jedoch unter Hinweis auf Widerstände in seiner Partei nicht einhalten konnte.[13] Nach diesen Enttäuschungen mit der ÖVP bemühte sich die FPÖ ab 1963 verstärkt um Kooperation mit der SPÖ, mit teilweisem Erfolg, wie

11. Siehe PERCHINIG, National oder Liberal, 80 (Anm. 2).

12. Dazu aufschlußreich Friedrich PETER: Die erste Kleine Koalition in der Zweiten Republik – Vorgeschichte, Zwischenbilanz und Ausblick. In: Eur. Rundschau, 1. Heft 1984.

13. Siehe PIRINGER, Geschichte, 78 f (Anm. 2).

das gemeinsame Abstimmungsverhalten in der „Habsburg"-Affaire zeigte.[14]

Die kurz darauf ausbrechende „Olah-Krise" der SPÖ,[15] bei der auch finanzielle Zuwendungen aus dem Gewerkschaftsbereich an die FPÖ eine Rolle spielten, stürzte die FPÖ in eine schwere Krise, die nicht nur den erhofften Ausbruch aus der Opposition vereitelte, sondern auch bei der Nationalratswahl 1966 zu schweren Stimmeneinbußen der FPÖ führte (1962: 7,2%, 1966: 5,4%). Eine zwischen SPÖ und FPÖ weitestgehend vereinbarte Wahlrechtsreform, die der FPÖ einen ihrem Stimmenprozentsatz entsprechenden Anteil an Mandaten bringen sollte, blieb ebenfalls auf der Strecke.

Einen wichtigen Entwicklungspunkt für die FPÖ stellte die *neue parlamentarische Situation* nach Ende der Großen Koalition dar: Schon 1963/64 deutete sich ein größerer politischer Spielraum für die FPÖ im Parlament an. Ab der ÖVP-Alleinregierung 1966, als der Koalitionspakt weggefallen war, gab es mit der SPÖ eine über jeden Zweifel erhabene große Oppositionspartei, und nun konnte die FPÖ ebenfalls ihre parlamentarische Oppositionserfahrung voll ausspielen. Zugleich kam es als Ausdruck für die Lockerung der politischen Verhältnisse zu einem verstärkten Einsatz der direkten Demokratie (ORF-, Schul-, Arbeitszeitvolksbegehren). Die ORF-Reform verbesserte auch die medialen Voraussetzungen für die FPÖ. Mit der *Revitalisierung* des Parlamentarismus gegenüber den erstarrten Verhältnissen zur Zeit der Großen Koalition und der Aufwertung der Opposition konnte die FPÖ eine nun anerkannte Funktion unter Beweis stellen und einen ersten Schritt in Richtung Integration ins politische System setzen.

Die Nationalratswahl 1970 ließ eine neuerliche absolute Mehrheit der ÖVP unwahrscheinlich erscheinen, wodurch die Frage der zukünftigen *Regierungskonstellation* und die Rolle der FPÖ dabei an politischem Gewicht gewann. Wurde die Regierungsfähigkeit der FPÖ von der ÖVP und SPÖ zwar nicht mehr prinzipiell ausgeschlossen, so eröffnete eine allfällige Regierungsbeteiligung ein neues Dilemma für die FPÖ: Mit wem würde sie gegebenenfalls koalieren, wem zur Mehrheit verhelfen? In dieser Frage waren Führung und Wähler der FPÖ gespalten. Als die ÖVP im Wahlkampf 1970 einerseits das Gespenst einer rot-blauen Koalition propagandistisch mit Wirkung auf den bürgerlichen Wähleranteil der FPÖ stark in den Vordergrund rückte, wich die FPÖ mit einer hintergründigen Erklärung vom 16. Jänner 1970 aus: „Kein roter Kanzler – kein schwarzes Österreich".[16] Verschlüsselt enthielt diese Erklärung ein Koalitionsangebot an

14. Margarete MOMMSEN-REINDL: Die österr. Proporzdemokratie und der Fall Habsburg. Wien-Köln-Graz 1976.

15. Werner PLESCHBERGER: Die „Olah-Krise": Politische Probleme der Modernisierung des österr. Parteiensystems in den sechziger Jahren. In: PELINKA/PLASSER, Parteiensystem, 695–715 (Anm. 1).

16. Albert SCHMIDT: Die Erklärung vom 16. 1. 1970 – ein Fehler? In: NFZ, Meilensteine, 44 (Anm. 2).

die ÖVP und zugleich eine Absage an eine SPÖ-FPÖ-Koalition. Das Wahlergebnis brachte neben einem Stagnieren der FPÖ bei 5,5%, die relative Mehrheit der SPÖ und die Minderheitsregierung KREISKY, die von der FPÖ gestützt wurde.

Die Abhängigkeit der Regierung von der Parlamentsmehrheit erschloß der FPÖ erstmals mitentscheidende *Wirksamkeit* im Parlament. Vor allem die Zustimmung zum Budget 1971 ermöglichte der FPÖ in Zusammenwirken mit der SPÖ die Lösung eines existenziellen Problems: Die Beseitigung des mehrheitsfördernden, die FPÖ benachteiligenden Wahlrechtes, die der FPÖ bei der Nationalratswahl 1971 bei gleichem Ergebnis eine Verstärkung ihrer Parlamentsposition von 6 auf 10 Mandate brachte. Die ÖVP war übrigens noch im Wahlkampf 1970 für ein Wahlrecht in Richtung Mehrheitswahlrecht eingetreten, das zum Ende der parlamentarischen Repräsentanz der FPÖ geführt hätte.[17] Während der folgenden Ära der SPÖ-Alleinregierungen bestand zwischen SPÖ und FPÖ ein konstruktiv-positives Klima. Auch die ÖVP klärte ihr Verhältnis zur FPÖ auf ihrem Parteitag 1972, als sie die Regierungsfähigkeit der FPÖ grundsätzlich feststellte.

2. *Inhaltlich-programmatische Entwicklung der FPÖ 1956 bis 1983*

Der Weg der FPÖ aus der politischen Isolation stand in enger Wechselbeziehung zu ihrer *programmatischen* Entwicklung.[18] Ihre Programmgeschichte von der durch nachkriegsbedingte Gefühle geprägten „Gesinnungsgemeinschaft“ zur rechtsliberalen Programmpartei der achtziger Jahre belegt, daß wesentliche programmatische Entwicklungsschübe in einem kausalen Zusammenhang mit den Ausbruchsversuchen aus der politischen Isolation standen: Das 1964 erstmals liberale Akzente setzende „Salzburger Bekenntnis“ wurde in einer Öffnungsphase gegenüber der SPÖ beschlossen. Die erste ausführliche programmatische Ausformung der FPÖ 1973 mit dem „Gesellschaftspolitischen Manifest“ war das Ergebnis des politischen Programmbedarfes der FPÖ aufgrund der mit der SPÖ-Minderheitsregierung gestiegenen Akzeptanz und den parlamentarischen Mitwirkungsmöglichkeiten der FPÖ. Das 1985 beschlossene geltende Parteiprogramm schließlich entstand aus den durch die Regierungsbeteiligung ausgelösten Detaillierungsbedarf für das konkrete politische Verhalten in der Regierung.

Die *Hauptlinien* der Programmentwicklung: Mindestens bis zum „Manifest“ 1973 war die FPÖ eine Wählerpartei; wesentliche Merkmale einer Programmpartei fehlten. In bezug auf das letztgenannte Charakteristikum lag dies nicht am Fehlen von Programmen, sondern an deren bis an die Grenzen der Plakativität reichenden Verkürzung und thematischen Begren-

17. Siehe Peter DIEM/Heinrich NEISSER: Zeit zur Reform. Wien 1969. – Heinrich NEISSER/Anton PELINKA: Für ein mehrheitsförderndes Wahlrecht in Österreich. Wien 1971.

18. Siehe dazu insbesondere die Literatur in Anm. 10.

zung, die der Partei (und auch ihren Gegnern) breite Interpretationsspielräume offen ließen.

Im ersten, 1957 durch „Richtlinien freiheitlicher Politik" ergänzten Parteiprogramm fanden sich klar *„national"* geprägte Zentralaussagen und deutlich mehr *konservative* als *liberale* Elemente. Das „Leitbild der sozialen Volksgemeinschaft" wurde nicht nur der Klassengesellschaft, sondern auch dem „Liberalismus alter Schule" gegenübergestellt, „der alles dem freien Spiel der Kräfte überlassen wollte und damit den wirtschaftlich Starken begünstigte". Die österreichische Nation wurde als Konstrukt des Jahres 1945 bezeichnet; Aufgabe der „nationalen Partei in Österreich" sei die „Abwehr aller Bestrebungen, die auf eine Loslösung Österreichs vom Deutschtum gerichtet sind". Allerdings wurde ein klares Bekenntnis zur Eigenstaatlichkeit Österreichs abgelegt. Das „überragende Ziel" bildete die europäische Einigung im Zusammenschluß freier und gleichberechtigter Nationen.

Innenpolitisch stand die „Ausschaltung des demoralisierenden Parteiproporzes" im Vordergrund; die wirtschaftliche Abhängigkeit von politischen Machtapparaten könne zur „Unfreiheit des Geistes" führen, weshalb Gleichberechtigung, Toleranz, Gemeinschaftsgesinnung und Leistungswettbewerb Voraussetzungen zur „Förderung der freien Persönlichkeit in einer freien Gesellschaft" seien.

Liberale Elemente kamen vor allem im *wirtschaftspolitischen* Bereich zur Geltung. Das Bekenntnis zur sozialen Marktwirtschaft erfolgte unter ausdrücklicher Distanzierung vom Manchester-Liberalismus und unter Befürwortung eines maßvollen Staatsinterventionismus. Es schloß Behinderung durch Kartelle, ungerechtfertigte Monopole und die „Diktatur der Kammern" aus. Den „Wohlfahrtsstaat" lehnte man allerdings ab. Im betrieblichen Bereich sah das Programm den Gedanken der „sozialen Partnerschaft" vor, der freilich nichts mit der die Zweite Republik prägenden Sozialpartnerschaft gemein hat, sondern das Mitspracherecht der Belegschaft in den überschaubaren Leistungsbereichen sowie eine leistungsgerechte Erfolgsbeteiligung ins Auge faßte.[19]

Im „Salzburger Bekenntnis" (1964) versuchte die FPÖ auf der Basis von „nationalen, freiheitlichen und sozialen Grundsätzen" eine *Mitte-Position* zwischen den „alten Ideologien der Marxisten und Konservativen" einzunehmen und erklärte ihre Bereitschaft „zur Übernahme von Mitverantwortung, um einer durch Koalitionspakt und Proporz" erstarrten und daher „nicht funktionierenden Demokratie" entgegenzuwirken. Einem Regierungssystem ohne Wechselmöglichkeit zwischen Regierung und Opposition fehlten die entscheidenden Voraussetzungen einer funktionsfähigen parlamentarischen Demokratie; zudem gelte es, jeden Machtmißbrauch

19. Diese und die folgenden Programmzitate sind im Dokumentationsteil bei REITER, Programm, 241 ff. (Anm. 10) belegt.

durch die eventuelle Alleinherrschaft einer der beiden Regierungsparteien zu verhindern. Die neuerliche Forderung nach dem „Zusammenschluß der Völker und Staaten Europas" – konkret sollte Österreich an der Europäischen Wirtschaftsgemeinschaft teilnehmen, was den äußeren Rahmenbedingungen der von der FPÖ hier erstmals ohne Einschränkung anerkannten Neutralität allerdings nicht entsprechen sollte – wurde durch die pauschale Forderung konterkariert, „Österreich deutsch zu erhalten". Im Freiheitsgedanken, der ausdrücklich in den historischen Kontext mit den Freiheitskämpfen des 19. Jahrhunderts gestellt wurde, kamen liberale Positionen zur Geltung.

Das von 1968 bis Anfang 1985 gültige „Ischler Parteiprogramm" enthielt das konkreteste *Europabekenntnis* („Wir wollen den europäischen Bundesstaat"), die Verankerung des Umweltschutzgedankens und die Forderung nach Raumplanung. Das Bekenntnis zur demokratischen Republik Österreich wurde verbunden mit jenem zur „deutschen Volks-und Kulturgemeinschaft". Letzteres stellt zweifelsfrei einen deutlichen Indikator des nationalen Selbstverständnisses der FPÖ dar. Ausbau der unmittelbaren Volksrechte, Schutz des Einzelnen vor dem Übergriff staatlicher Einrichtungen, verständliche und anwendbare Gesetze, einfache und sparsame Verwaltung, ein fortschrittliches Ehe- und Familienrecht mit besserer Rechtsstellung der Frau sowie die wesentlichen wirtschafts- und sozialpolitischen Aussagen trugen eine liberale Handschrift, im Bildungs- und Kulturwesen mit stark elitären Zügen.

Bereits 1973 trat dieses Programm zugunsten des ausführlichen und fast alle wichtigen Politikfelder abdeckenden „Manifests zur Gesellschaftspolitik" in den Hintergrund. Erstmals konnten darin ideologisch begründete, allgemein-programmatische Grundsätze einer *„freiheitlichen Gesellschaft"* formuliert und theoretisch im Gedankengut eines modernen Liberalismus verankert werden.[20] Obwohl die Begriffe „national" und „liberal" nicht vorkommen, geht das Manifest von einem Menschen- und Gesellschaftsbild aus, das – wie außerparteiliche Kritiker hervorhoben – „einer liberalen Grundwertbestimmung den eindeutigen, unmißverständlichen Vorrang gibt".[21] Tatsächlich finden sich keine als „reaktionär" oder „rechtsextrem" interpretierbaren Passagen mehr, stattdessen als eine Absage an die historisch überholte Nationalstaatsideologie das Bekenntnis zur Gleichwertigkeit der Völker und das Eintreten für ethnische Minderheitsrechte.

Österreichs politisches System hat ab 1966 bis 1978/79 zweifellos eine

20. Dazu ausführlich Friedhelm FRISCHENSCHLAGER: Wie liberal ist FPÖ? In: Österr. Jahrbuch f. Politik '80. München-Wien 1981, 135–181.

21. Albert KADAN/Anton PELINKA: Die Grundsatzprogramme der österr. Parteien. Dokumentation und Analyse. St. Pölten, 1979, 39. Ähnliche Beurteilungen bei Anton PELINKA: Österreich. In: Joachim RASCHKE (Hg.): Die polit. Parteien in Westeuropa. Reinbek/Hamburg, 1978, 429; sowie PERCHINIG und LUTHER in Anm. 2.

erste *Normalisierung* erfahren. Die Parteien waren klar als Regierung oder Opposition positioniert. Die für die Große Koalition typisch, geteilte Usurpation der Macht wurde etwas zurückgedrängt, im Rahmen der absoluten Mehrheiten und des Zweieinhalbparteiensystems begannen die Parlamentsparteien mit der tatsächlichen Erfüllung ihrer Funktionen. Die FPÖ profitierte davon insbesondere, hatte sie doch schrittweise ihre politische Isolierung und Anrüchigkeit abschütteln können.[22] Damit hatte die FPÖ theoretisch den *Ausbruch* aus der politischen Isolation geschafft, rund eineinhalb Jahrzehnte nach ihrer Gründung. Die absoluten Mehrheiten der SPÖ 1971, 1975 und 1979 verhinderten allerdings die Probe aufs Exempel. Zugleich wurde dennoch ständig diskutiert, mit wem die FPÖ allenfalls koaliert, was für ständige innerparteiliche Spannungen sorgte. Die taktische Schwierigkeit, allenfalls als Mehrheitsbeschaffer für die eine oder andere Großpartei dazustehen, blieb politische wie auch wahlerfolgshemmende Schwierigkeit.

3. Die Ära Götz: Zwischen- oder Vorspiel?

Wie belastend sich für die FPÖ auf Dauer die konstruktive Opposition und Wahlstagnation auswirkte, zeigen die *Spannungen,* die zu den Übergängen in der Parteiführung von Friedrich PETER auf Alexander GÖTZ und später zu Norbert STEGER führten. Der zu PETERs Linie seit langem distanzierte steirische FPÖ-Chef GÖTZ, seit 1973 mit Unterstützung der ÖVP Grazer Bürgermeister, konnte Anfang 1978 in Graz wieder einen erdrutschartigen Wahlsieg einbringen. Eine Begeisterungswelle erfaßte die Funktionäre und führte im Herbst 1978 zur Ablöse PETERs durch A. GÖTZ.

Damit kam es für eineinhalb Jahre zu einer politischen *Neupositionierung* der FPÖ:[23] GÖTZ ging es nicht um „irgendeine Beteiligungsform an den bestehenden Macht- und Einflußstrukturen", sondern um eine grundlegende Veränderung des politisch praktizierten „Systems" durch Angriff von außen. Im Mittelpunkt stand das Brechen der absoluten SPÖ-Mehrheit, wobei für A. GÖTZ dies nur über härtestes „Attackieren statt Arrangieren" erreichbar schien. Obwohl GÖTZ das Ziel der Regierungsbeteiligung stark in den Hintergrund rückte, begann er trotzdem mit dem Aufbau einer allfälligen Alternative zur SPÖ-Alleinregierung durch Gespräche mit dem damaligen ÖVP-Obmann Josef TAUS mit Zielrichtung einer ÖVP-FPÖ-Regierung.

Die persönliche *Attraktivität* von Alexander GÖTZ wirkte stark ins ÖVP-Lager hinein. Er erschien tatsächlich als die bürgerliche Hoffnung gegen-

22. Sieht man vom „Rückfall" 1975 ab, als unmittelbar nach der Nationalratswahl 1975 Simon WIESENTHAL eine Diskussion über die SS-Vergangenheit Friedrich PETERs und entsprechende Auseinandersetzungen in der und über die FPÖ auslöste.

23. Dazu Alexander GÖTZ: Anders als die anderen. In: NFZ, Meilensteine, 56 ff. (Anm. 2).

über der politischen Persönlichkeit Bruno KREISKY. Zugleich profilierte sich die FPÖ nach rechts durch eine die Leistung und Eigenverantwortung betonende sozial- und wirtschaftspolitische Linie neben heftigen Angriffen auf den Parteien-, Verbände- und Bürokratiestaat. Zum Unterschied von F. PETER, der mit dem Konzept der „dritten Kraft" dem Lagerdenken verhaftet blieb, trachtete GÖTZ, die FPÖ über die traditionellen Lagerbindungen hinaus zu einer *Protest-* und dann *Reformbewegung* auszuweiten. Er wollte das traditionelle Lager- und Parteiensystem überwinden, sich nicht mit dem Konzept der „dritten Kraft" zufrieden geben, sondern die Parteien- und allgemeine politische Landschaft verändern, wie es ihm in Graz ja auch vorübergehend gelungen war.

Aber das politische *Konzept* von GÖTZ ging nicht auf. Die SPÖ baute die absolute Mehrheit bei den Nationalratswahlen 1979 aus, obwohl die FPÖ von 5,5 auf 6,1% anstieg, jedoch nur auf Kosten der ÖVP.

Mehrere interessante Phänomene der österreichischen *politischen Kultur* lassen sich anhand der Ära GÖTZ der FPÖ aufzeigen: Wird eine der Großparteien, hier die SPÖ, in ihrer Machtposition durch die FPÖ in Frage gestellt, fällt sie sofort in alte ideologische Argumentationsmuster gegenüber der FPÖ zurück: Die FPÖ wird wieder zur rechtslastigen Partei; allein der forsche, angreifende Oppositionsstil von GÖTZ genügte, neben seiner unbedeutenden HJ-Funktion als Siebzehnjähriger, um diese Reaktion der SPÖ hervorzurufen. Gegen eine ÖVP-FPÖ-Regierungskooperation wird mit dem historisch befrachteten „Bürgerblock"-Argument angekämpft, wobei mitschwingt, daß eine derartige Regierung und die Versetzung der SPÖ in den Oppositionsstand als eigentlich nicht wirklich legitim angesehen wird.

Wie gering das politische Eigengewicht einer dritten Partei im hinkenden Dreiparteiensystem ist und wie wenig ihr eine eigene politische Identität zuerkannt wird, belegt die Abwertung ihrer *Regierungsbeteiligung* als „Steigbügelhalter"-Funktion. Das hinkende Dreiparteiensystem hinkt nicht nur durch die Größen-Abstände zwischen den Parteien, sondern auch mangels Anerkennung der zumindest funktionalen Gleichheit auch einer kleinen Partei, wie es in der parlamentarischen Demokratie mit Mehrparteiensystem eigentlich selbstverständlich sein sollte.

Die Erfahrung aus der Götz-Ära der FPÖ belegt aber auch, daß das FPÖ-Potential stärker der *Oppositionsfunktion* zuneigt und dies bei Wahlen honoriert. Auch die FPÖ selbst hat ihr Selbstverständnis als voll aktionsfähige Partei im parlamentarischen Regierungssystem, die alle Funktionen, Regierung oder Opposition, grundsätzlich auszufüllen bereit ist, noch nicht erreicht.

Nach außen hin hatte die FPÖ keinen Grund zur Klage. GÖTZ hatte bei der Nationalratswahl 1979 die Jahrzehnte andauernde Wahlstagnation überwunden. Aber der Erfolg war nur ein halber, das politische Konzept gegenüber der SPÖ war nicht aufgegangen. Alle seit langem wirksamen inneren *Wider-*

sprüche der FPÖ konnten damit wieder an die Oberfläche kommen: Da die FPÖ-Attacken gegen die SPÖ zwar ÖVP-Wähler zur FPÖ herüberzogen, aber „Kreisky“-Wähler verprellten, kamen Zweifel über diesen Oppositionsstil auf; dasselbe galt für das ewige Dilemma, ob eher mit der ÖVP oder mit der SPÖ eine Kooperation zu suchen wäre. Jedenfalls geriet der „ÖVP-Kurs“ von GÖTZ unter Beschuß. Schließlich zwang das Abwandern eher ungebundener, liberaler Wähler zur Kreisky-SPÖ die FPÖ zur Fortführung der alten Debatte, ob eher eine rechtsbürgerliche (gar nicht so sehr deutschnational zu verstehende) programmatische Linie oder eine betont liberale zukunftsträchtiger sei, vor allem in Hinblick auf das Ziel des Brechens der absoluten SPÖ-Mehrheit. Zusammen mit Auseinandersetzungen rein persönlicher und organisatorischer Natur rutschte die FPÖ deshalb trotz des Wahlerfolges in eine Führungskrise, die schließlich zum überraschend schnellen Ende der Parteiobmannschaft von GÖTZ Ende 1979 führte.

Die FPÖ-Widersprüche personalisierten sich naturgemäß in der anschließenden *Obmanndiskussion*. Das Partei-Establishment der Vor-Götz-Ära, also der Führungskader um Friedrich PETER, sah sich in seinem Kurs durch das Scheitern des Götz-Konzeptes bestätigt und strebte wieder eine Korrektur in Richtung stärkerer Betonung der liberalen Position, des Wiederaufbaus einer Gesprächsbasis zur SPÖ und eines differenzierten Oppositionskurses an und sah dafür Norbert STEGER als den geeigneten Obmann an. Umgekehrt scharten sich die zahlreichen Götz-Anhänger um den Salzburger Vize-Bürgermeister Waldemar STEINER und später um Harald OFNER. Wie verunsichert die FPÖ dieser Zeit über ihre inhaltliche und funktionale Position war, belegt das Faktum, wie rasch die positive Stimmung um GÖTZ verfliegen und nach nur eineinhalb Jahre dauernder Obmannschaft mit der Neuwahl STEGERs ein weitgehend anderes politisches Konzept durchsetzbar werden konnte, wenn auch in einer relativ knapp gewonnen Kampfabstimmung gegen Harald OFNER. Das kann auch so interpretiert werden, daß die Mehrheit der FPÖ-Funktionäre der Gefahr einer neuerlichen Ghettoisierung der FPÖ, wie sie sich aufgrund der SPÖ-Propaganda gegenüber der Götz-FPÖ abzeichnete, ausweichen wollte.

Die Ära GÖTZ wurde oft als *„Zwischenakt“* in der FPÖ-Entwicklung aufgefaßt. Es hat sich inzwischen gezeigt, daß viele Parallen zur FPÖ „nach 1986“ bestehen, was programmatische Linie, Positionierung im politischen System und Oppositionsstil betrifft. So gesehen scheint es eher gerechtfertigt, die Ära GÖTZ als einen *Vorspann* zur „Haider-FPÖ“ anzusehen.

4. Der Übergang von Alexander Götz auf Norbert Steger

Mit dem Obmann-Wechsel im März 1980 erfolgte wieder ein tiefer politischer *Einschnitt* in die Entwicklung der FPÖ.[24] Zunächst konnte die FPÖ

24. Horst SCHENDER: Die Chance zu einem neuen Anfang. In: NZF, Meilensteine, 59 ff. (Anm. 2).

unter Norbert STEGER aber durchaus eine *Kontinuitätslinie* ziehen: Die traditionelle Oppositionsfunktion ließ sich durch seine aktive Rolle als Obmann des AKH-Untersuchungsausschusses öffentlich und politisch wirksam manifestieren. Auch andere Stoßrichtungen lassen durchaus eine Parallelität zu den Hauptanliegen von Alexander GÖTZ herstellen (Parteien-, Kammerstaat, Proporz, Marktwirtschaft, Korruptionsbekämpfung usw.).

Bezüglich der Position der FPÖ im politischen System erfolgt eine behutsame, aber konsequente *Neuorientierung:* Anders als GÖTZ, der über einen Frontalangriff durch Wählermobilisierung Strukturveränderungen anstrebte, ein Weg, der durch das Ergebnis der Nationalratswahl 1979 als gescheitert anzusehen war, setzte STEGER beim Ziel der Überwindung der gewachsenen Machtstrukturen auf die Korrekturfunktion der FPÖ von innen, gegebenenfalls aus der Regierungsposition heraus. Die Chancenlosigkeit, politische Verhältnisse aus der parlamentarischen Opposition heraus zu verändern, gehörte damals zum Erfahrungsschatz jahrzehntelanger freiheitlicher Oppositionsarbeit. Bereitschaft und Entschlossenheit, auch *Regierungsfunktion* anzustreben, um die politischen Strukturen und Entscheidungen beeinflussen zu können, sollten zum freiheitlichen Selbstverständnis einer parlamentarischen Partei werden. Regierungsbeteiligung wurde daher bewußt als Ziel angesprochen.

Das ewige *Dilemma,* mit wem gegebenenfalls koaliert werden soll, mußte ebenfalls geklärt werden. Die Abwertung einer Kooperation der FPÖ mit der SPÖ als Verrat am „bürgerlichen Lager“ und umgekehrt mit der ÖVP als demokratisch bedenkliche Ausschaltung der SPÖ durch den „Bürgerblock“ sowie die diesbezüglichen Widersprüche in der FPÖ selbst sollten im Sinne der prinzipiell *allseitigen* Kooperationsfähigkeit demokratischer Parteien im parlamentarischen Regierungssystem überwunden werden, ebenso die Reste des Denkens in feindlichen Lagern.

Nachdem aber das Projekt einer Kooperation mit der ÖVP mangels Wählerunterstützung als gescheitert anzusehen war, setzte sich die von Friedrich PETER immer vertretene Auffassung, wenn ein *Regierungseintritt* angestrebt wird, dann müsse dieser Versuch zuerst mit der SPÖ unternommen werden, wieder durch. Darüber bestand keine einheitliche Auffassung in der FPÖ und das wurde zunächst auch nicht offen deklariert, sondern erst im Nationalratswahlkampf 1983 von Norbert STEGER unmißverständlich ausgesprochen.

Schließlich sollte die Profilierung als die Partei, die in Österreich die Repräsentanz des *Liberalismus* in Anspruch nimmt, fortgesetzt werden. Nach der von GÖTZ in den Vordergrund gerückten Oppositionsrolle sollte eine programmatische Profilierung die politisch-inhaltliche Kompetenz der FPÖ wieder ausweiten, und zwar in zwei Richtungen:

Zum einen wurde mit der „Liberalen Marktwirtschaftskonferenz 90“ vor allem auf *wirtschafts- und sozialpolitischem* Gebiet eine gegenüber SPÖ, aber auch ÖVP liberale Profilierung eingeleitet, die zu inhaltlich beachtlichen Ergebnissen führte.[25] Dies diente auch als Vorbereitung auf eine allfällige Korrekturfunktion gegenüber der SPÖ-Wirtschafts- und Sozialpolitik im Falle einer Regierungsbeteiligung.

Der zweite inhaltliche Schwerpunkt knüpfte bei der seit Mitte der siebziger Jahre in der FPÖ, ausgehend von der Anti-AKW-Haltung,[26] erfolgten Profilierung in *Umweltschutzangelegenheiten* an. Zu diesem Zweck wurde die „Grüne Plattform" gegründet, die zwar bescheidener, aber ähnlich wie die Marktwirtschaftskonferenz arbeitete und mit den „Grünen Thesen" ebenfalls ein beachtliches Ergebnis erbrachte.[27] Ihr Ziel war zugleich, die FPÖ als Anlaufstelle für ökologische Bürgerinitiativen anzubieten. Tatsächlich konnte Norbert STEGER die FPÖ nicht nur rasch konsolidieren, sondern eine inhaltliche Profilierung in Richtung einer pragmatischen, aber die liberale Position beanspruchenden Programmpartei in Gang setzen.

Zur *innerparteilichen Beruhigung* trug auch die Bundespräsidentenwahl im Mai 1980 bei. Sie zwang die FPÖ zur Gemeinsamkeit, und die 17% Stimmen für den freiheitlichen Kandidaten Wilfried GREDLER stellten auch das Selbstvertrauen der FPÖ im Hinblick auf die Wähler wieder her. Die 1979 stark verjüngte FPÖ-Nationalratsfraktion konnte sich ebenfalls gut profilieren. Nach einer äußerst sprunghaften Phase schien die FPÖ wieder Fuß gefaßt zu haben. Ein politisches Ereignis ließ die latenten Widersprüche in der FPÖ schlagartig wieder sichtbar werden: Die ausschlaggebende Stimme der FPÖ im CA-Aufsichtsrat bei der Ernennung des langjährigen SPÖ-Vizekanzlers Hannes ANDROSCH zum CA-Generaldirektor löste wieder mediale und parteipolitische Angriffe auf die FPÖ wegen einer „Steigbügelhalter"-Funktion gegenüber den Sozialisten, wegen Postenschacher usw., aus. STEGER[28] betont, daß mit dieser Entscheidung – auch entgegen medialem Trommelfeuer – ein Vertrauensverhältnis zur SPÖ-Führung und insbesondere zum ÖGB-Präsidenten Anton BENYA hergestellt wurde, eine vertrauensbildende Maßnahme der FPÖ in Richtung Kleiner Koalition mit der SPÖ. Andererseits litt damit das durch die im AKH-Untersuchungsausschuß gewachsene „Saubermann"-Image der FPÖ und ihres Obmannes ungemein stark, dementsprechend fiel auch die innerparteiliche Kritik an dieser Entscheidung aus.

Im Nationalratswahlkampf 1983 verließ Norbert STEGER die seit der berühmten „16. Jänner-Erklärung" 1970 traditionelle FPÖ-Linie, eine Regierungsbeteiligung nicht als Ziel offen anzusprechen. Das offene Ansprechen des Zieles einer *Regierungsbeteiligung* und die Erklärung STE-

25. Freiheitliches Bildungswerk (Hg.): Liberale Marktwirtschaft 90. Wien 1982.

26. Gerulf STIX: Das Nein der FPÖ zur Atomkraft. In: NFZ, Meilensteine, 49 ff. (Anm. 2).

27. Grüne Plattform Österreich (Hg.): Die grünen Thesen. Ein Beitrag zu liberaler Politik und ökologischem Denken. Wien 1982.

28. Norbert STEGER: Die sozial-liberale Regierung. In: NFZ, Meilensteine, 62 (Anm. 2).

GERs[29] Anfang 1983, eine Regierungskooperation mit der SPÖ unter bestimmten Bedingungen anzustreben, setzte auf die Hoffnung, daß das Denken in feindlichen Lagern bereits durch eine Normalisierung der zwischenparteilichen Verhältnisse ersetzt worden sei; andererseits wollte STEGER schon im Wahlkampf geklärte Verhältnisse für die politische Entwicklung nach dem Wahltag herstellen, damit dann inner- und außerparteilich nicht mit „Wählertäuschung" argumentiert werden konnte.

Wie gewagt dieser Kurs war, zeigt das Ergebnis der *Nationalratswahl* 1983. Dem Rückfluß von „Götz-Wählern" zur ÖVP standen geringere Gewinne aus der SPÖ gegenüber, in summa ging die FPÖ von 6,1 auf knapp 5% zurück. Aber das politische Konzept war aufgegangen, die absolute Mehrheit der SPÖ erstmals seit drei Nationalratswahlen gebrochen, das Wagnis „Kleine Koalition" konnte angegangen werden.

IV. Die Kleine Koalition 1983 bis 1987

1. Die Bildung der Kleinen Koalition

Für die FPÖ stellte der erstmalige Eintritt in die *Bundesregierung* den Durchbruch zur endgültig anerkannten, prinzipiell gleichwertigen politischen Kraft dar. Ein *historisches Anliegen,* seit der Gründung verfolgt, war erreicht.[30] Die FPÖ erhoffte, daß damit das gewachsene Machtduopol, zusätzlich abgestützt durch die Sozialpartnerschaft, gelockert und schließlich ein offeneres und damit demokratischeres parlamentarisches Regierungssystem tatsächlich Praxis werde. Weiters sollte mit der Reformierung des ebenfalls jahrzehntelang sozialpartnerschaftlich von beiden Großparteien geprägten Wirtschafts- und Sozialsystems im Sinne einer Öffnung und Liberalisierung durch die Ausübung einer Korrekturfunktion gegenüber den Sozialisten begonnen werden. Schließlich hoffte die FPÖ, durch die Aufwertung als Regierungspartei ihre Wählerbasis auszuweiten sowie die Profilierung als Partei des Liberalismus in Österreich erleichtern zu können.

Die rasche Einigung mit der SPÖ darf über die *Ausgangsschwierigkeiten* nicht hinwegtäuschen: Die relativ klare Mehrheit von 102 SPÖ- bzw. FPÖ-Mandaten gegenüber 81 ÖVP-Abgeordneten konnte nicht verdecken, daß zwei Parteien koalierten, die bei der Wahl *Stimmeneinbußen* hinnehmen mußten. Im Falle der SPÖ war damit überdies der Verlust der Alleinregierung sowie das Ende der „Ära Kreisky" verbunden. Es gab keine gewachsene Koalitionsphilosophie und keine über gelegentliche kommunalpolitische Bündnisse hinausgehende Kooperationspraxis zwischen SPÖ und FPÖ. Im Gegenteil, sie waren alles andere als zwingend-logische Koali-

29. Interview in den „Salzburger Nachrichten", 4. Jänner 1983.

30. Siehe dazu inbesondere wieder PETER, Kleine Koalition (Anm. 12).

tionspartner, wie Norbert LESER es 1983 präzise formulierte: „Das Interesse der FPÖ ist . . . dem der SPÖ, mit der sie in einer Art Vernunftehe lebt, diametral entgegengesetzt: Während es der SPÖ darum gehen muß, ihren Anhängern und allen, die links von ihr stehen, nachzuweisen, daß die FPÖ dem Ziel des Sozialismus . . . nicht im Wege steht, hat sich die FPÖ gegenüber ihren Anhängern . . . um den gegenteiligen Nachweis zu bemühen. Diese beiden Interessen zum Ausgleich zu bringen, ohne daß einer der Partner einer Zerreißprobe ausgesetzt würde, der er nicht standhalten kann, kann man geradezu als die Quadratur des Zirkels ansehen, vor deren Lösung diese Koalition steht".[31]

Für die FPÖ bestand tatsächlich in mehrfacher Hinsicht eine neue, ungewohnte und somit belastende Situation: Sie und ihre Anhänger mußten einmal den *„Umstieg"* von der Opposition zur Regierungspartei schaffen und darüber hinaus bewerkstelligen, mit einer Partei zu koalieren, deren über ein Jahrzehnt bekämpfte Regierungsposition nun mit FPÖ-Hilfe „verlängert" werden sollte. Als weitere Schwierigkeit trat hinzu. daß die „sozialpartnerschaftliche Nebenregierung" von der SPÖ nicht in Frage gestellt wurde und damit der FPÖ das Profilieren gegenüber der ÖVP als Interessenvertreterin der Wirtschaft erschwert wurde. Die ÖVP wiederum mußte sich in einer existenziellen Herausforderung wähnen, schien doch mit dem Regierungseintritt der FPÖ das Kreisky-Konzept von der Spaltung des „bürgerlichen Lagers" in zwei Parteien und damit das Abdrängen der ÖVP von der Chance zur absoluten Mehrheit eingeleitet zu sein. Darauf antwortete die ÖVP mit einer Strategie der totalen Opposition gegenüber der FPÖ und viel weniger gegenüber der SPÖ.

Zu den parteiintern belastenden Ausgangsschwierigkeiten kamen eine Reihe *objektiver Erschwernisse* für die Politik der Kleinen Koalition: Die SPÖ-Alleinregierung hatte eine äußerst negative Budgetsituation hinterlassen. Die weltwirtschaftliche Situation war durch einen Konjunktureinbruch mit der Folge wachsender Arbeitslosigkeit in Österreich gekennzeichnet. Die bis heute fortwirkenden grundlegenden politischen Probleme neben der Budgetsituation (vor allem „Verstaatlichte", ÖBB, Landwirtschaft, Sozialversicherungsdefizit, Verwaltungskostenexplosion, Spitalswesen usw.), für die großteils über die Sozialpartnerschaft im Grunde beide Großparteien seit Jahrzehnten veranwortlich sind, wurden auch während der SPÖ-Alleinregierung nicht gelöst und lagen als Problemberge für die Kleine Koalition vor.

2. Zur Praxis der Kleinen Koalition

Die koalitionsinterne Situation war im Vergleich zur früheren – und auch heutigen – Großen Koalition relativ homogen. Die Kleine Koalition erzielte

31. Norbert LESER: Von der Ära Kreisky zur Ära nach Kreisky. In: Eur. Rundschau, 3. Heft 1983, 9.

auf vielen Gebieten durchaus beachtliche *Erfolge,* wenn auch tiefgreifende Gesamtreformen an der kurzen Dauer und am Festhalten der SPÖ an gewohnten Regierungslinien scheiterte. Es kam 1984 und 1985 zu einer grundlegenden Änderung des Budgetkurses (1986 holten die Kleine Koalition alte „Sünden" der SPÖ-Alleinregierung wieder ein). Eine Steuerreform, die den Vergleich zur späteren der Großen Koalition nicht zu scheuen braucht, brachte wesentliche Erleichterungen für die Wirtschaft und die Verhinderung der Besteuerung des 13./14. Gehaltes durch die FPÖ; in der Umweltpolitik konnten neue Wege beschritten werden, vor allem die Einrichtung des Umweltfonds oder z. B. die Einführung der Katalysatorpflicht; mit dem ÖIAG-Gesetz 1986 wurde eine tiefgreifende Verstaatlichtenreform eingeleitet; die Mietrechtsreform wurde angegangen, und im Justizressort eine gegenüber dem „Broda-Kurs" abgesetzte neue Linie eingeschlagen. Allein der FPÖ ist zu verdanken, daß es zu keiner Öffnung des AKW-Zwentendorf kam; die Exportpolitik und Wirtschaftsförderung des Handelsministeriums waren erfolgreich, und in der Verteidigungspolitik konnten Budgeterhöhungen durchgesetzt und zum Teil lange aufgestaute Probleme einer Lösung zugeführt werden, wie z. B. die Luftraumüberwachung.

Diese Erfolge wurden aber durch eine Reihe ungeheuer emotionalisierter, von der Opposition und den Medien zum Teil extensiv hochgespielter *Ereignisse* in den Hintergrund gerückt: Die FPÖ konnte sich bei der „Sparbuchsteuer" zwar weitgehend durchsetzen (Reduzierung von 20 auf 7,5%), trotzdem wurde dieser durchaus herzeigbare Kompromiß zum zentralen „Umfaller"-Beleg der ÖVP gegenüber der FPÖ und ihrem Obmann. In der völlig überdrehten Auseinandersetzung zwischen Landeshauptmann HASLAUER und dem ÖGB bzw. Sozialminister DALLINGER in Sachen „Ladenöffnungszeiten" zwang die SPÖ unter Androhung der Koalitionsfrage die FPÖ zur Zustimmung zur Verfassungsklage gegen den Salzburger Landeshauptmann, was einen Schlag mitten in die Emotionen der FPÖ-Anhängerschaft bedeutete. Der vom ÖGB und den Sozialpartnern durchgesetzte Baubeginn des Kraftwerkes Hainburg, den die FPÖ nicht verhindern konnte, führte zur Zerstörung der umweltpolitischen Glaubwürdigkeit der Kleinen Koalition und ebnete den Grün-Alternativen den Weg ins Parlament.

Die Rückstellung von Walter REDER nach Österreich Anfang 1985 und die persönliche Involvierung des FPÖ-Verteidigungsministers dabei ermöglichte der ÖVP-Opposition und den Medien, die FPÖ wieder ins „rechte Eck" zu rücken und insgesamt den Bestand der Kleinen Koalition zu gefährden.

Obwohl das „Aus" für Zwentendorf zwischen den Koalitionspartnern festgelegt war, versuchten Exponenten des ÖGB in der SPÖ zusammen mit VP-Sozialpartnern über eine „Volksabstimmung besonderer Art" doch noch eine Inbetriebnahme durchzusetzen, was an der FPÖ scheiterte. Die ÖVP junktimierte ihre Zwentendorf-Zustimmung an das Ausscheiden der FPÖ aus der Bundesregierung.

Das drohende Debakel in der Verstaatlichten Industrie Ende 1985, dessen Ursachen nicht in der Politik der Kleinen Koalition, sondern in der jahrzehntelangen sozialpartnerschaftlich geprägten Politik lag, löste zwar eine grundlegende Reform durch die Kleine Koalition aus, konnte aber am katastrophalen Imageverlust, vor allem der SPÖ, nichts ändern. Der Weinskandal 1986, ebenfalls ein Kind sozialpartnerschaftlicher Weinmarktordnungs-und Landwirtschaftspolitik, fiel nicht der mitverantwortlichen ÖVP, sondern der Kleinen Koalition auf den Kopf. Schließlich stand bei der Auseinandersetzung im Zuge der Bundespräsidentenwahl um Kurt WALDHEIM zwischen SPÖ und ÖVP der Großteil der FPÖ-Anhänger auf Seiten der Opposition.

Allen diesen, die Zeit der Kleinen Koalition medial beherrschenden Ereignissen, war gemeinsam, daß sie – mit Ausnahme des Falles „Reder-Frischenschlager" - außerhalb der Verantwortung der FPÖ standen, nur zum Teil ihren Ausgangspunkt in der SPÖ hatten (Zwentendorf, Haslauer-Anklage, „WALDHEIM"); im Falle der „Verstaatlichten", des Weinskandals und „Hainburg" lag über den Umweg Sozialpartnerschaft sogar eine geteilte Verantwortung von SPÖ und ÖVP vor. Feststeht, daß diese Ereignisse die positiven Aspekte der Kleinen Koalition medial und damit beim Wähler zuzudecken in der Lage waren.

3. Das Parteiprogramm 1985 – Abschluß der Entwicklung zur Programmpartei

Der programmatische *Nachholbedarf* der FPÖ dieser Zeit beruhte nicht nur auf den sozialen, ökonomischen und politischen Änderungen, für deren Lösung Richtlinien vonnöten sind, sondern vor allem darauf, daß die Regierungsbeteiligung konkrete Umsetzungsmöglichkeiten eröffnete, aber auch Entscheidungsdruck auslöste. Darüber hinaus ging es aber grundsätzlicher um eine auch theoretisch konsistente weltanschauliche Standortbestimmung der FPÖ, also um die Orientierungsfunktion des Parteiprogramms.

Mit dem „Gesellschaftspolitischen Manifest" hat die FPÖ den an sich entscheidenden Schritt zur *Programmpartei* gemacht und den Weg zu einer eigenständigen Variante des westeuropäischen Liberalismus gefunden. Dennoch bestanden eine Reihe von Unklarheiten.[32] Zum einen galt formal als Parteiprogramm noch immer das „Ischler Programm" von 1968. Das „Manifest" war nur eine Ergänzung dazu. Als „gesellschaftspolitisches" Manifest lag sein Schwerpunkt eben bei gesellschaftspolitischen Themen, Punkte wie Verfassungs-, Verwaltungs-, Justizreform, Verteidigungs- und Außenpolitik fehlten deshalb. Schließlich hatte das „Manifest" die nationale Komponente zwar weiterentwickelt, aber es fehlte noch immer eine Aussage über die konkreten politischen Auswirkungen daraus.

32. Zur damals notwendigen Programmarbeit siehe Friedhelm FRISCHENSCHLAGER: Programmentwicklung der FPÖ – aber wie? In: Freie Argumente, 1/1981.

Aus diesem Grunde beschloß die FPÖ 1982, die Programmarbeit mit einem Arbeitsausschuß unter Gerulf STIX und Friedhelm FRISCHENSCHLAGER wieder aufzunehmen, der auf dem außerordentlichen Programmparteitag 1985 einen Entwurf zur Beschlußfassung vorlegte, der fast einstimmig zum Programm erhoben wurde.[33]

Die wesentlichen *inhaltlichen* Linien: Aus der formal gültigen *„nationalen“* Komponente in früheren Programmen konnten keine politischen Ziele mehr formuliert werden: für einen Teil der Anhängerschaft blieb sie ein rein emotionales Bindemittel, für den politischen Gegner – aber auch aus der Sicht der Politikwissenschaft – ein leicht angreifbarer Reizbegriff, an dem mangels zukunftsweisender, konkreter Perspektiven jede Unterstellung festgemacht werden konnte. Aus allen diesen Gründen mußte der FPÖ daran gelegen sein, in ihrem neuen Programm eine definitorische Klärung dessen vorzunehmen, was sie heute unter „nationaler Politik“ versteht. Dazu heißt es nun: „Wir wollen eine nationale Politik, die den Völkern und Volksgruppen die Wahrung ihrer Lebensrechte und die Entfaltung ihrer Eigenart mit Hilfe liberaler Politik auf friedliche Weise ermöglicht.“ Das Neben- und Miteinander der ethnischen Gemeinschaften müsse unabhängig von staatlichen Grenzen von gegenseitiger Achtung und Toleranz getragen sein; nationale Überheblichkeit und jeder Mißbrauch nationaler Gefühle werden ebenso abgelehnt wie Chauvinismus, Hegemoniestreben und Imperialismus. Das Bekenntnis „zur demokratischen Republik Österreich als unserem Vaterland“ wird verknüpft mit der Würdigung der Existenz und des Wirkens der ethnischen Minderheiten, deren großzügiger Schutz befürwortet wird. Österreich sei, so die inhaltlich wesentliche Wandlung einer früher höchst umstrittenen Passage, „in den deutschen Volks-und Kulturraum eingebettet“ und solle auch in Zukunft dessen Entwicklung eigenständig mitgestalten.

Ansonsten beruft sich das Programm in allen 10 Kapiteln auf *liberale* Grundwerte und rückt die Bewältigung dementsprechender Aufgabenstellungen, womöglich auch gemeinsam mit anderen liberalen Kräften in Europa, in den Mittelpunkt.

Bereiche wie *Außen-* und *Sicherheitspolitik, Verfassung* und *Verwaltung* oder *Wirtschafts-* und *Finanzpolitik,* die im „Gesellschaftspolitischen Manifest noch kaum oder zu knapp behandelt worden waren, finden jeweils ausführliche Berücksichtigung. Nur wenige Beispiele sollen die neuen Akzente illustrieren: Während im Manifest noch der materielle Leistungsbegriff im Vordergrund stand und elitär gedeutet werden konnte, schließt das *Leistungsprinzip* im neuen Programm auch immaterielle Leistungen z. B. auf kulturellem oder sozialem Gebiet ein und wendet sich gegen die

33. FPÖ-Bundesgeschäftsstelle (Hg.): „Freiheit gilt uns als höchster Wert“. Das Programm der Freiheitlichen Partei Österreichs. Wien 1985. – Kritisch zum Parteiprogramm 85: Alfred STIRNEMANN: Das neue Parteiprogramm der FPÖ – eine kritische Analyse. In: Österr. Jahrbuch f. Politik '86. Wien-München 1987, 659 ff. – LUTHER, Freiheitliche Partei Österreichs (Anm. 2).

Diskriminierung von Lebensweisen, in denen Leistungsziele nur eine untergeordnete Rolle spielen. Auf die Bildung von Eliten, aber auch ihre ständige Bewährung durch Leistung, wird deshalb nicht verzichtet.

In der *Kulturpolitik* wird auf geistige Offenheit, Pluralismus und kulturelle Mündigkeit gesetzt; Aufmerksamkeit und Förderung gebühre den kulturellen Äußerungen aller gesellschaftlichen Gruppen und allen Tätigkeiten, von der Pflege der Volkskultur und des Brauchtums bis zu den Formen des experimentellen Kulturschaffens.

Beim Verhältnis *Individuum – Gesellschaft – Staat* wurde u. a. nach klassisch-liberalem Muster für „mehr Freiheit und weniger Staat" und gegen nachträgliche Gleichmacherei plädiert, womit aber kein Rückzug des Staates aus seiner sozialen Verantwortung, also etwa die Privatisierung der Armut, gemeint ist. Obwohl ein Mindesteinkommen im Sinne einer sozialen Grundversorgung sicherzustellen sei, dürften staatliche Einrichtungen den einzelnen nicht von seiner Verantwortung für sich selbst und von seiner sozialen Verpflichtung gegenüber den Mitmenschen entbinden.

Im *Wirtschaftsbereich* soll Privateigentum ganz allgemein sozialen, Eigentum an Boden und Landschaft zusätzlich ökologischen Verpflichtungen unterliegen. Überhaupt wird die schon traditionelle Betonung der *Umweltpolitik* noch verstärkt: der Ökologie müsse so lange eine Vorrangstellung eingeräumt werden, bis das Gleichgewicht mit der bisher bevorzugten Ökonomie wiederhergestellt ist.

Im Kapitel *„Rechtsstaat"* werden Ausbau und Verfeinerung von Instrumenten der direkten Demokratie befürwortet. Da ihr „Freiheit" als höchster Wert gilt, sieht die FPÖ übrigens im schleichenden Freiheitsverlust durch zunehmende Machtfülle, Willkür und Verselbständigungstendenzen der neuen Bürokratien (Interessensverbände, Großorganisationen, anonyme Apparate) eine moderne liberale Herausforderung: Wenn die ursprünglichen Aufgaben der Durchsetzung von Gruppeninteressen zum Selbstzweck oder die Apparate durch Gleichschaltung zum Werkzeug rein parteipolitischer Interessen werden, dann sei ein Ausbau der innerorganisatorischen Demokratie unerläßlich.

Das Kapitel *„Freiheit"* faßt zusammen: „Die Achtung vor den Freiheitsrechten aller Menschen erfordert das Einfügen der Freiheit in den Rahmen einer liberalen Ordnung. Politische Ordnungen haben der Entfaltung der Freiheit zu dienen. Indem Freiheit auch Verantwortung bedingt, bezwekken liberale Ordnungen ein Gleichgewicht von Rechten und Pflichten."[34]

Zusammenfassend läßt sich festhalten, daß für den *Liberalisierungsprozeß* der FPÖ innerparteiliche, innerstaatliche und internationale Faktoren ins Treffen zu führen sind: Innerparteiliche Motive ergeben sich aus der dargestellten Programmentwicklung mit einer Akzentverschiebung von konservativen (unzutreffend vereinfacht als deutschnational identifizierten) zu

34. Alle Zitate aus dem neuen FPÖ-Programm, siehe Anm. 33.

evolutionär-fortschrittlichen (als liberal apostrophierten) politischen Positionen in der Vergangenheit bis zu einem explizit liberalen Selbstverständnis im neuen Parteiprogramm von 1985. Innerstaatlich kann als Anstoß der Weg der Partei von der Isolation über die Anerkennung ihrer parlamentarischen und institutionellen Mitgestaltungskomponenten bis zur Regierungsbeteiligung verfolgt werden. Durch ihren Beitritt zur „Liberalen Internationale“ hat die FPÖ schließlich auch auf internationaler Ebene ihren Anspruch zum Ausdruck gebracht, in Österreich die politische Repräsentanz des Liberalismus zu übernehmen.[35]

4. Die Auswirkungen der Regierungsbeteiligung auf die FPÖ

Der erstmalige Eintritt in Regierungsverantwortung auf Bundesebene mußte naturgemäß für die Masse der FPÖ-Mitarbeiter und ihrer Anhänger aufgrund der jahrzehntelangen Gewöhnung an die Oppositions- und Kritikfunktion große *Umstellungsschwierigkeiten* bereiten. Zugleich waren die Erwartungen über das Durchsetzungspotential einer Fünfprozent-Partei gegenüber einer über ein Jahrzehnt ans Alleinregieren gewöhnten SPÖ weithin überschätzt worden. Der Mangel an Erfahrungen mit den Mechanismen und Voraussetzungen einer Koalition, wozu die Bereitschaft zum Kompromiß, zur nach außen gemeinsam zu vertretenden politischen Linie und eine gewisse Solidarität gehören, mußte dem jahrzehntelang gewachsenen freiheitlichen Bedürfnis, sich insbesondere von der SPÖ abzuheben, zuwiderlaufen und der „Steigbügelhalter“-Propaganda der ÖVP Vorschub leisten.

Ein weiteres, grundsätzlich jede Koalition betreffendes *Dilemma:* Auf der einen Seite mußte die FPÖ daran interessiert sein, daß die Regierungsform der Kleinen Koalition erfolgreich dasteht, wozu das Bild einer gewissen Geschlossenheit und Homogenität über Parteigrenzen hinweg notwendig ist. Auf der anderen Seite steht das Problem insbesondere des kleinen Koalitionspartners, sich gegenüber dem großen zu profilieren, seine Eigenständigkeit und den eigenen Beitrag innerhalb der Regierungstätigkeit herauszuheben. In der FPÖ bestand weithin die Erwartung, die FPÖ könne tagtäglich beweisen, wie sie den größeren Partner „niederzwingt“, was aber an den Realitäten einer Koalition vorbeigeht, will man den Gesamterfolg der Koalition nicht durch medienwirksam ausgetragenen Streit selbst zunichte machen. Die FPÖ-Führung hoffte, durch einen insgesamt positiven Eindruck diese Regierungsform zu „legitimieren“ und ihre von Haus aus nicht überwältigende Akzeptanz schrittweise auszuweiten. Daß dies an der in jahrzehntelanger Opposition gewachsenen Einstellung ihrer Anhängerschaft zum Teil vorbeiging, mit den wachsenden Schwierigkeiten der

35. Zur internationalen vergleichenden Einordnung der FPÖ in den westeuropäischen Liberalismus siehe Friedhelm FRISCHENSCHLAGER/Erich REITER: Liberalismus in Europa. Wien-München, 1984.

Koalition die Distanz zwischen Parteibasis und Führung bzw. der Regierungsfraktion vergrößern mußte, war einer der kurzfristig nicht lösbaren FPÖ-internen Widersprüche.

Über das Bestreben, das Funktionieren der Koalition nicht durch öffentlich ausgetragene Konflikte zu stören, kam der Aspekt der Profilierung als nicht sozialistisches Gegengewicht in der Regierung nur wenig zur Geltung. Die ÖVP-Propaganda von der *„sozialistischen* Koalitionsregierung" fand deshalb fruchtbaren Boden und vergrößerte ein FPÖ-internes *Identitätsproblem:* Der Regierungseintritt erfolgte zu einem Zeitpunkt der bewußten Profilierung der FPÖ zu einer liberalen Partei, was die traditionell konservativen bzw. nationalen Anhänger von Haus aus sensibilisiert hatte. Durch die Kooperation mit der SPÖ verstärkte sich das Mißtrauen gegenüber einem „nach links"-Abrutschen der FPÖ-Führung. Alte ideologische Widersprüche in der FPÖ mußten sich so nur verstärkten. Die Wahlmißerfolge zur Zeit der Kleinen Koalition auf Landes- und Gemeindeebene mußten die Verunsicherung der Partei und ihrer Funktionäre zusätzlich steigern.

Norbert GUGERBAUER beschrieb 1986 die Situation unter Anlehnung an die von Elisabeth NOELLE-NEUMANN entwickelte Schweigespirale folgendermaßen: „. . . daß die Parteigänger nach einer Kette von Mißerfolgen zunehmend weniger Farbe bekennen . . . und sich diese Entmutigung spiralenförmig ausbreitet. Die fehlende Siegeszuversicht färbt dann zwangsläufig auf das nächste Wahlergebnis ab, wodurch die Schweigespirale weiter angedreht wird . . ."[36] Eine Verschärfung der Situation mußte sich ergeben, wenn diese Widersprüche zugleich Gegenstand parteiinterner, aber öffentlich ausgetragener *Auseinandersetzungen* werden. Zentrum der Kritik gegenüber Parteiführung und Regierungsmannschaft war der Kärntner FP-Obmann Jörg HAIDER. Dabei wurde nicht die Tätigkeit der freiheitlichen Regierungsmitglieder in ihren Ressorts kritisiert, die zumeist positiv gesehen wurde, sondern die Kritik konzentrierte sich auf die behauptete zu große Nachgiebigkeit gegenüber dem sozialistischen Koalitionspartner.

Mit eine Rolle spielte das alte *Mißtrauen* in vielen Ländern gegenüber „Wien". Der föderalistische Aufbau der FPÖ lud geradezu ein, sich insbesondere bei Landtagswahlkämpfen mit Kritik gegenüber der Bundespartei und der Bundesregierung zu profilieren. Die von allem Anfang an kritische Haltung HAIDERs machte sich auch für die Kärntner FPÖ „bezahlt": Sie konnte als einzige Landesgruppe Wahlerfolge erzielen, was wiederum auf die kritische Stimmung in der Partei stimulierend wirkte und HAIDERs Position noch attraktiver erscheinen ließ, weil er eben Wahlen gewinne.

In manchen Kommentaren nach Ende der Kleinen Koalition[37] wird der

36. Norbert GUGERBAUER: Nationalratswahlen 86. Anatomie eines Erdrutsches. In: Freie Argumente, 4/1986, 195.

37. Harald OFNER: Wie können wir es besser machen? – Karl SEVELDA: Die sozial-liberale

mangelhafte *Informationsfluß* von den Regierungsmitgliedern zur Basis als eine der Hauptursachen der parteiinternen Schwierigkeiten beschrieben. Das mag richtig sein, zeigt aber eine interne Widersprüchlichkeit der FPÖ auf, wenn die Regierungsmitglieder neben ihrer Regierungstätigkeit die Unterstützung der eigenen Partei erst durch einen permanenten internen Werbefeldzug sicherstellen können. Das Problem lag tiefer. Offensichtlich hatte sich die Parteiführung mit Regierungseintritt und Profilierung in Richtung liberale Partei tatsächlich von einem Gutteil der Basis abgehoben, was durch noch so viel „Information" nicht überwunden hätte werden können. Mit zunehmenden personellen und inhaltlichen Auseinandersetzungen über die Regierungstätigkeit und mit Meinungsumfragen Mitte 1986, die den Wiedereinzug der FPÖ in den Nationalrat zweifelhaft erscheinen ließen, konnten Jörg HAIDER und seine wachsende Anhängerschaft in den verschiedenen Landesgruppen mit besten Aussichten die Auseinandersetzung um die Obmannschaft und damit um eine neuerliche Änderung der Positionierung der FPÖ beginnen.

5. Die Kleine Koalition – ein gescheitertes Regierungsmodell?

Die Bildung der ersten Kleinen Koalition hat vorläufig eine *neue Phase* in der Entwicklung der Zweiten Republik eingeleitet, in Richtung politischer Strukturen ähnlich denen der Bundesrepublik Deutschland, die unserer Formalverfassung wesentlich eher entsprechen als das gerne als „Realverfassung" beschriebene gewachsene System im Österreich der Zweiten Republik. Ihre historische Bedeutung liegt darin, daß mit dem Eintritt der FPÖ in die Bundesregierung der historische Prozeß der Desintegration der politischen Lager in Österreich, die oben beschriebene „vertikale" Strukturierung des Parteiensystems in „staatstragend" und „Protestoppositionspotential" überwunden wurde. Insofern kann der Eintritt der FPÖ, des dritten Lagers, in eine Bundesregierung als der Abschluß der Integration der Republik Österreich nach 1945 bezeichnet werden.

Ihr Ende hat die Rückkehr zur *Großen Koalition* ausgelöst und in der Folge die Gräben zwischen der FPÖ und den anderen Parteien wieder weit aufgerissen, aber damit die grundsätzliche Legitimität einer Kleinen Koalition nicht zerstört.[38] Die inzwischen eingetretene Änderung des Parteiensystems läßt sie sogar, wenn auch nicht im Augenblick, als eine wichtige Regierungskonstellation der Zukunft erscheinen.

In der praktizierten Form von 1983 bis 1987 ist sie nicht nur an eigenen Fehlern gescheitert, sondern ganz wesentlich an einigen grundlegenden

Koalition – ein unvollständiger Rückblick auf eine vergebene Chance, beide in: Freie Argumente, 1/1987.

38. Zur Einschätzung auch der Kleinen Koalition siehe: Universität Wien, Institut für Politikwissenschaft, Heinrich NEISSER/Friedrich WINDHAGER (Projektleitung): Koalitionsregierungen im Visier der Medienelite. Wien (Manuskript) 1987.

Strukturdefekten der österreichischen politischen Kultur: Der erstmalige FPÖ-Regierungseintritt mußte vom seit 1945 aufgebauten *Machtduopol* aus SPÖ und ÖVP als „Störfaktor" empfunden werden und die „Nebenregierung Sozialpartnerschaft" strapazieren. Zumindest der Gewerkschaftsflügel in der SPÖ gab ebenfalls der Sozialpartnerschaft (und der Großen Koalition) gegenüber einem offeneren parlamentarischen Regierungssystem den Vorzug und war an der Entwicklung einer politischen Kultur der Kleinen Koalition desinteressiert.

Koalitionskultur bestand und besteht in Österreich in einer sehr spezifischen, dem parlamentarischen Regierungssystem eigentlich entgegenstehenden *Konkordanzmechanismus* der beiden Großparteien inklusive Sozialpartnerschaft. Eine Koalitionskultur, die den Eintritt dritter Parteien wie der FPÖ, in einer Regierung als Normalvorgang im Rahmen der Bundesverfassung akzeptiert und nicht als machtstörende, fast „Staatsstreich"-verdächtige, eigentlich nicht legitime Zielsetzung betrachtet, war zwischen 1983 und 1987 jedenfalls noch nicht entwickelt.

Aus all diesen Umständen, Vorbedingungen und politisch nach 1945 erwachsenen politischen Praktiken ist aber auch die Entwicklung der FPÖ zu einer Partei, die neben der Oppositions- auch die Regierungsfunktion als *politische Selbstverständlichkeit* akzeptiert und anstrebt, so stark gehemmt worden, daß sich die vorherrschende Protest- und Oppositionsmentalität gegenüber den Belastungen einer Regierungsbeteiligung als dominierend erwiesen hat.[39]

V. Die FPÖ nach „Innsbruck" 1986

1. Zwischen Kontinuität und „neuer Partei"?

Nach außen vermittelte der *Innsbrucker Parteitag* (September 1986) den Eindruck einer Auseinandersetzung zwischen zwei kontroversen Persönlichkeiten, aber nicht um Grundsatzfragen wie Koalition oder „national" gegen „liberal". Auch stellte Jörg HAIDER die Regierungsbeteiligung als solche nicht in Frage – im Gegenteil, in seiner Rede fanden sich kaum Angriffe auf den „Noch-Koalitionspartner" SPÖ, wohl aber auf die oppositionelle ÖVP.[40] Die Rede von Norbert GUGERBAUER, dem „Strategen" des Obmannwechsels, stellte geradezu in den Mittelpunkt, warum das Argument der Steger-Anhänger, mit dem Obmannwechsel würde die Koalition auseinanderfallen, falsch wäre: Die SPÖ könne gar nicht anders als die Kleine Koalition fortsetzen. Entscheidend für die Mehrheit der Delegierten war der Eindruck, ohne Änderung der Führung würde die Partei,

39. Zur Oppositionskultur in Österreich siehe Anton PELINKA: Zur Entwicklung einer Oppositionskultur in Österreich. In: Österr. Zeitschrift f. Politikwissenschaft, 2/1989.

40. Freiheitliches Bildungswerk (Hg.): Jörg Haider, Rede am Bundesparteitag 1986.

gleichgültig ob in der Regierung oder nicht, die nächsten Nationalratswahlen verlieren.

Der Parteitag wollte nicht einen grundlegenden politischen Wandel durch den Obmannwechsel signalisieren. Der neugewählte Parteiobmann HAIDER sowie sein Generalsekretär GUGERBAUER betonten sowohl die inhaltliche *Kontinuität* der Partei auf der Grundlage des 1985 beschlossenen Parteiprogramms als auch die personelle Kontinuität unter Hinweis auf die weitgehend gleich gebliebene Führungsspitze der Partei.[41]

Die persönliche Konfrontation STEGER-HAIDER konnte natürlich nur scheinbar die politischen *Konflikte* hinter der Auseinandersetzung verdekken, deren Ausgangspunkt ja in den seit jeher bestehenden Widersprüchen in der FPÖ über die inhaltlich-programmatische Linie und Aufgabe im politischen System lag. Ihre vorläufige Lösung (fundamentale Systemkritik, radikale Opposition, ideologischer Rechtsruck) wurde allerdings durch die Aufkündigung der Kleinen Koalition geradezu erzwungen, durch die Wahlsiege HAIDERs bestätigt. Es sind die Widersprüche aber damit nicht endgültig behoben, nur vorläufig zugedeckt. In dem Augenblick, in dem die FPÖ wieder vor der Frage der Regierungsverantwortung steht, werden sie neuerlich aktualisiert sein.

Zunächst aber schien nach Innsbruck die *FPÖ-Linie* geklärt zu sein und nicht einmal die äußeren realen politischen Verhältnisse konnten dieses Bild trüben: Im sogleich nach Aufkündigung der Kleinen Koalition beginnenden Nationalratswahlkampf wurde ein scharfer Oppositionsstil seitens der FPÖ eingeschlagen, obwohl sie noch Regierungspartei war. Andererseits wiederum agierte die ÖVP-Opposition im Stile einer Regierungspartei, in Hinblick auf die bereits vereinbarte Große Koalition. Die ursprünglich von HAIDER vorgesehene Zurückziehung der FPÖ-Regierungsmitglieder unterblieb nach Beratungen in den Parteigremien. Darin sah Heinz FISCHER[42] ein besonderes Phänomen, weil JÖRG HAIDER sich „als echte und einzige Opposition zu repräsentieren“ verstand, „während seine stellvertretenden Parteiobmänner OFNER und KRÜNES Minister jener Regierung und jenes Systems waren, gegen das HAIDER in unbekümmerter Demagogie zu Felde zog“. Das zeigt, wie sehr bereits der Regierungsdurch den Oppositionsbonus ersetzt war. FISCHER folgerte daraus, „daß die Saat der ÖVP, nämlich ihre massive Negativpropaganda gegenüber der Regierung (d.i die Kleine Koalition) und ihre Forderung nach einer radikalen Wende . . . nicht der ÖVP nützte, sondern von HAIDER in die Scheune gefahren wurde“.

41. So interessanterweise auch Andreas MÖLZER: Jörg der Eisbrecher. Jörg Haider und die Freiheitlichen. Klagenfurt 1990.

42. Heinz FISCHER: Nationalratswahlen 1986. In: Die Zukunft 1/1987, 6.

2. *Die Nationalratswahl 1986: Einschnitt in die Entwicklung der Zweiten Republik und der FPÖ*

Mit der Nationalratswahl 1986 beginnt ein grundlegender *Wandel* im österreichischen Parteiensystem. Seit 1966 war das Zweieinhalbparteiensystem fast unverändert geblieben.

Zwei Großparteien, eine von ihnen jeweils mit absoluter Mehrheit ausgestattet, stand eine um 5% liegende kleine FPÖ gegenüber. Mit der Nationalratswahl 1986 scheint die Zeit absoluter Mehrheiten und Alleinregierungen vorbei zu sein. Zugleich begann der Aufstieg der FPÖ zur *Mittelpartei* mit ihren Sprüngen von 5 auf (1986) 9,7 und 1990 auf 16,7%. Hinzu kommt der erstmalige Einzug der FPÖ in alle Landtage, das Überholen der ÖVP auf Landesebene in Kärnten und Wien und ihre Repräsentanz in sieben von neun Landesregierungen. Der Trend setzt sich auf Gemeinde- und sogar Kammerebene fort. Zum ersten Mal seit dem Ausscheiden der KPÖ aus dem Parlament (1959) schaffte mit den Grün-Alternativen eine vierte Partei den Einzug ins Parlament. Das Zweieinhalbparteiensystem wird also durch ein ausgeprägtes *Mehrparteiensystem* abgelöst, und die weiterhin zunehmende Wählermobilität läßt kein Ende der Dekonzentration des Parteiensystems absehen.[43]

Die Antwort der Großparteien bzw. ihrer Sozialpartner auf die neue Wählermobilität, Destabilisierung des Parteiensystems und damit der gewohnten Machtstrukturen war die Rückkehr zur *Großen Koalition.* Allerdings handelte es sich dabei nicht nur um die in einem parlamentarischen Regierungssystem normale Koalitionsbildung zweier Parlamentsparteien, sondern die Begründung für die Große Koalition ging weit darüber hinaus: In Anlehnung an die Große Koalition bis 1966 wurde ihr der Charakter einer außerordentlichen Notwendigkeit verliehen, weil nur eine Regierung auf dieser „breiten Basis" als „Sanierungspartnerschaft" die zahlreichen großen Probleme der Innen- und Außenpolitik zu bewältigen imstande sei. Nur diese Regierungsform könne unpopuläre Maßnahmen, eine die Wähler belastende Reformpolitik tragen.

Die Große Koalition wurde also wieder mit der Notwendigkeit des *Krisenmanagements*, einer Regierung des „national government" begründet.[44] Zugleich entsprach sie der gewachsenen österreichischen „Realverfassung", weil die Mechanismen sozialpartnerschaftlicher Nebenregierung so in Deckungsgleichheit mit der äußeren Regierungsform gebracht wurden. Die Rückkehr zur Großen Koalition beendete somit vorläufig eine Phase

43. Siehe diverse Beiträge in PELINKA/PLASSER, Parteiensystem (Anm. 1).

44. Zur Großen Koalition bis 1966 siehe Manfried RAUCHENSTEINER: Die Zwei. Die Große Koalition in Österreich 1945 – 1966. Wien, 1987. – Zur Großen Koalition als „National Government" siehe Karl Heinz NASSMACHER: Das österr. Regierungssystem. Köln 1968. – Zur Großen Koalition ab 1987 siehe Wolfgang C. MÜLLER: Die neue große Koalition in Österreich. In: Österr. Zeitschrift f. Politikwissenschaft, 4/1988 (insbesondere zur Philosophie der Großen Koalition: 334).

der Zweiten Republik, in der, beginnend mit 1966, das der Bundesverfassung zugrunde liegende parlamentarische Regierungssystem in der Praxis zu wachsender Wirksamkeit gelangte, zunächst durch Alleinregierungen, letztlich durch die Kleine Koalition. Ab 1987 kehrt Österreich bis auf weiteres zum geteilten Machtduopol der beiden Großparteien zurück, „suspendiert“ tendenziell das parlamentarische Regierungssystem, weil die Große Koalition zur einzigen politikfähigen Regierungsform hochideologisiert und deshalb auf längere Zeit installiert sein will.

Hand in Hand damit geht wieder eine *Differenzierung* des Parteiensystems in „staatstragende“, zur Regierungspolitik befähigte Parteien (SPÖ und ÖVP) und dem „Protestpotential“, bestehend aus der „rechtslastigen“ FPÖ und vorläufig den Grün-Alternativen. Solange das Parteiensystem stabil war, konnte die Koalition formal eine breite Wählerlegitimation vorweisen. Nun, da die Große Koalition an den versprochenen Problemlösungen zu scheitern droht, zugleich der Oppositionsbonus das Wahlverhalten beeinflußt, schrumpft die Legitimation der Großen Koalition durch den Wähler dramatisch. Zugleich wehrt sich die Große Koalition gegenüber der Opposition, insbesondere gegenüber der FPÖ, mit politischer *Ausgrenzung,* indem ihre Demokratie- und Österreichverläßlichkeit in Frage gestellt wird. Damit baut sich wieder ein Fundamentaldissens im Parteiensystem auf, eine politische „Zweidrittel-Gesellschaft“, mit zwei sozialpartnerschaftlich abgesicherten Großparteien, die zusammen Regierung und politische Macht in Anspruch nehmen, daneben das tendenziell sich außerhalb des praktizierten Regierungssystems bewegende Protestpotential. Bei zunehmender Wählermobilität kann dies zu einer Funktionsschwäche unseres politischen Systems führen, wenn einerseits die Große Koalition als einzige handlungsfähige Regierungsform hochstilisiert wird und andererseits durch die „Grabenziehung“ zwischen den Parteilagern im Sinne einer politischen „Zweidrittel-Gesellschaft“ keine anderen Regierungsalternativen mehr wirksam werden können.

Selbst auf *Landesebene,* wo es in der Regel den verfassungsrechtlichen Zwang zur Zusammenarbeit durch das Modell der Konzentrationsregierung gibt, werden Ausgrenzungsmechanismen eingesetzt, wie das Vorenthalten des zweiten FPÖ-Landesregierungssitzes in der oberösterreichischen Landesregierung nach der Landtagswahl 1991 zeigt. In Niederösterreich wurde sogar die Mitarbeit der erstmals in den Landtag einziehenden FPÖ in den Ausschüssen dadurch vereitelt, daß dieser fast mit 10% Wählerunterstützung ausgestatteten Landtagsfraktion durch Herabsetzen der Mitgliederzahl der Ausschüsse der Anspruch auf Mitglieder in den Landtagsausschüssen verwehrt wurde. Diesen bedenklichen Praktiken steht eine noch grundsätzlich reibungslose Zusammenarbeit in den meisten anderen Bundesländern auf Landesregierungs-und Landtagsebene gegenüber (Vorarlberg, Tirol, Salzburg, Steiermark).

3. Die Entwicklung der FPÖ nach 1986 – eine neue Partei?

Die FPÖ hat 1986 auf dem Innsbrucker Parteitag an sich ihre inhaltliche und auch personelle Kontinuität stark betont. Die veränderten politischen Gegebenheiten nach der Nationalratswahl 1986 und die damit zusammenhängenden Neupositionierungen der FPÖ sind aber von so großem Ausmaß, daß die FPÖ zwar nicht als „neue" Partei gegenüber den „Altparteien", aber als stark verändertes *Phänomen* in der Parteienlandschaft bezeichnet werden muß. Interessant dabei ist, daß dieses neue Bild der FPÖ dadurch entstand, daß sie ihre in diesem Beitrag schon öfter aufgezeigten inneren *Widersprüche* klar und eindeutig in eine Richtung aufzulösen scheint:

Die Linie der Partei des *„dritten Lagers"*, die sich aus der durch historische Hypotheken bedingten Position des Außenseiters im Parteiensystem, mittels programmatischer Profilierung als demokratisch-liberale Partei und durch demokratisch legitimierte Mitarbeit im politischen System herausarbeitet und etabliert, wurde gleichsam mit dem Höhepunkt dieser Entwicklung – der Regierungsbeteiligung – beendet. Das Scheitern der Kleinen und die Rückkehr zur Großen Koalition brachte die FPÖ zurück auf den Weg der „das System" von außen attackierenden, oppositionellen Protestpartei.

Ab 1986 steht die *Mobilisierung* gegen die sich neuerlich verfestigende Zweiparteienmacht gegen den Kammer- und Verbändestaat sowie gegen die Grenzüberschreitungen der Sozialpartnerschaft wieder im Zentrum des politischen Wollens. So ist die Politik der FPÖ in Richtung Abbau der Privilegien, der Angriff auf die Machtsäulen der Großen Koalition, nämlich den Kammer- und Verbändestaat mittels Beseitigung der gesetzlichen Zwangsmitgliedschaft, die Bekämpfung des ORF-Monopols sowie die Reform des ebenfalls sozialpartnerschaftlich verwalteten Sozialversicherungsbereiches zu verstehen und der traditionelle Kampf gegen das Auswuchern des Parteienstaates. Damit knüpft die FPÖ an VdU-Traditionen an, zeigt aber auch starke Parallelen zur Linie der FPÖ unter GÖTZ.

Mit der Veränderung des Parteiensystems (von der Größenordnung der Parteien her) haben sich auch die Position der FPÖ und ihre Ziele im Konkurrenzkampf der Parteien verändert. Die Mobilisierung des Wählers, das Ausnützen und Erfassen aller Kritik- und Oppositionsströmungen in der Bevölkerung führen die FPÖ weg von einer primär die Mitbestimmung anstrebenden Partei. Sie will zunächst eine *Oppositions- und Protestpotential* organisierende Wählerpartei sein. Mit der Größe einer Mittelpartei hat sich auch die taktische Zielsetzung geändert. Es geht nicht mehr um einen Machtanteil, der in Kooperation mit einer anderen Großpartei angestrebt wird, auch nicht mehr um die „Zünglein"-, Korrektur-, Brems- oder Antreiberfunktion gegenüber einer anderen Großpartei, sondern die FPÖ will ausgehend von einem gewachsenen Wählervertrauen einer Mittelpartei sich als eigenständige *Machtalternative* zu den anderen Parteien als solchen aufbauen. Dies kommt in der von Jörg HAIDER öfters angedeuteten Kooperation z.B. mit der ÖVP, aber unter FPÖ-Führung, unter ihm als Bundeskanzler zum Ausdruck. Dieses Konzept untermauerte er durch das politische Meisterstück, in Kärnten zweitstärkste Fraktion und mit Hilfe der ÖVP Landeshauptmann zu werden. Damit will die FPÖ aus der negativ bewerteten Position des „Steigbügelhalters" oder „Mehrheitsbeschaffers" ausbrechen. Die potentiellen FPÖ-Wähler sollen aus der Drucksituation herausgeführt werden, in die sie die „Kopf an Kopf"-Rennen zwischen den Großparteien bringt und von ihnen ein „Gewissensopfer" für eine der Großparteien abverlangt. Die FPÖ will also die vielen Nachteile des demokratischen Konkurrenzkampfes einer kleinen Partei im Zweieinhalbparteiensystem überwinden und mit dem gewachsenen Eigengewicht einer Mittelpartei zu gleichen Ausgangssituationen in der Wahlkonkurrenz gelangen.

Mit dem Übergang zur wählermaximierenden *Protestpartei* verläßt die FPÖ auch den Weg der primär das „Lager" repräsentierenden Partei. Hand in Hand damit geht eine Entwicklung zur Entideologisierung, ein Abrükken von der Programm- zur Wählerpartei. Die Wählermaximierung muß den Rahmen des „dritten Lagers" sprengen und die FPÖ zunächst zur „Protest-Volks"-Partei machen. Im Zweieinhalbparteiensystem war es logisch, daß die Partei des „dritten Lagers" ihre liberale Wurzel aktivierte, die Integration ins politische System programmatisch dadurch unterlegte, daß sie – analog zur FDP in der BRD – die Funktion der liberalen Partei anstrebte. Dem diente zuletzt die Programmdiskussion 1985, allerdings ohne die deutschnationalen Traditionen völlig abzuschneiden, aber sie auf eine politisch unangreifbare Basis zu stellen. Mit dem Übergang zur Protest- und Wählerpartei sprengt die FPÖ ihre Traditionen der nationalliberalen Lagerpartei: Die Profilierung in Richtung liberale Partei spielt als Ziel keine besondere Rolle mehr; aber auch der harte Oppositionsstil und die in der Öffentlichkeit heftig angegriffenen Aussagen mit tatsächlich oder scheinbar deutschnational-rechtsradikalem Hintergrund, die den Eindruck einer Ideologisierung der FPÖ nach rechts erzeugen, haben keine Entsprechung in der politischen Praxis, vor allem für den Wähler. Das Ergebnis der Wiener Landtagswahl 1991 zeigt, daß die FPÖ als Protestpartei, nicht aber als ideologische Gruppierung gewählt wird. Es wäre ja absurd anzunehmen, daß 1991 plötzlich 20 und mehr Prozent der Wähler in Simmering oder Favoriten ihre Liebe zum Deutschnationalismus entdeckt hätten.[45]

Die FPÖ ist daher heute nicht mehr als „Lager"-Partei, auch nicht als Programmpartei, weder als liberale noch als „rechte" oder „nationale", sondern als *Protest-Wählerpartei* anzusprechen.

45. Siehe Wahlanalysen zur Wiener Landtagswahl.

4. *Ideologische Neupositionierung der FPÖ seit 1986?*

Der Innsbrucker Parteitag 1986 betonte die inhaltlich-programmatische Kontinuität der Partei. HAIDER und GUGERBAUER unterstrichen in ihren Parteitagsreden, daß Grundlage der Zusammenarbeit und des Zusammenhaltes der Partei auch nach 1986 das 1985 fast einstimmig beschlossene *Parteiprogramm* sei. Die wesentlichen weiteren programmatischen Arbeiten, die „Villacher Deklaration", auf dem Parteitag 1988 als Aktionsprogramm beschlossen sowie die sich inhaltlich an diese orientierenden „Blauen Markierungen", das Wahlprogramm für die Nationalratswahl 1990, zeigen keinerlei Abweichungen von den inhaltlichen Grundlinien des Parteiprogramms 1985.[46]

Zur *weltanschaulichen* Charakterisierung einer Partei genügt aber nicht der Hinweis auf das geschriebene Programm. Die politische Praxis, vor allem ihr Oppositionsstil, aber auch bestimmte Aussagen von FPÖ-Funktionären auf allen Ebenen haben seit 1986 wieder zum Aufflammen der Diskussion über die eigentliche ideologische Position der FPÖ geführt, sowohl in Österreich als auch auf internationaler Ebene. Insbesondere die Diskussion um die FPÖ-Mitgliedschaft in der Liberalen Internationale[47] und die Einordnung der FPÖ unter rechtsextreme Parteien in einer Erklärung des Europäischen Parlaments[48] haben in der Öffentlichkeit die Position als liberale Partei erschüttert und zu Behauptungen geführt, die FPÖ entwickle sich zu einer weit rechts und eigentlich außerhalb des Verfassungskonsenses stehenden Partei. Die FPÖ-Formulierung von den „alten Parteien" gegenüber der neu formierten FPÖ erleichterte derartige Infragestellungen.

5. *Zur Demokratie- und Verfassungsverläßlichkeit der FPÖ*

Der Übergang der FPÖ von der differenzierten Oppositionspolitik zu einer das „System" angreifenden *Opposition* wird gelegentlich als Kritik an der Verfassung als solcher gedeutet. Tatsächlich kann der FPÖ weder in der politischen Praxis noch in ihren Programmen eine negative Haltung gegenüber unserer Bundesverfassung nachgesagt werden. Im Gegenteil, alle Angriffe der FPÖ richten sich gegen die *„Realverfassung"*, die gewachsene

46. Bundesgeschäftsstelle (Hg.): Villacher Deklaration zur Erneuerung von Demokratie und Gesellschaft in Österreich. Resolution zum Bundesparteitag der FPÖ vom 1. Oktober 1988 in Villach, und Ds., Blaue Markierungen, Wahlprogramm der FPÖ zur Nationalratswahl 1990.

47. Zum Verhältnis FPÖ und Liberale Internationale ab 1986 siehe Alfred STIRNEMANN: Die Freiheitlichen – Abkehr vom Liberalismus? In: Österr. Jahrbuch f. Politik '87, Wien-München 1988, 183 ff. – Nach weiteren Auseinandersetzungen zwischen der FPÖ und einzelnen Mitgliedparteien hat die FPÖ am letzten Weltkongreß der LI bis auf weiteres auf ihr Stimmrecht in der LI verzichtet, ist aber Mitglied geblieben.

48. Amt für amtliche Veröffentlichung der Europäischen Gemeinschaft (EG): Untersuchungsausschuß Rassismus und Ausländerfeindlichkeit – Bericht über die Untersuchungsergebnisse. Luxemburg 1991.

Machtpraxis der beiden Großparteien, die im Widerspruch zur Logik unserer *Formalverfassung* steht.[49] Der Stil der FPÖ-Opposition mag im Einzelfall kritisierbar sein. Die FPÖ-Opposition will das „Protestpotential" mobilisieren, um zu verhindern, daß sich das für eine längere Zeit einrichtende großkoalitionäre System auch auf wachsende Legitimation durch den Wähler berufen kann.

Hierin liegt aber eine wichtige *demokratiepolitische* Funktion der FPÖ: durch Infragestellung und Schwächung des Systems der Großen Koalition und der Sozialpartnerschaft die *Offenheit* der Parteiendemokratie, des parlamentarischen Regierungssystems und damit der repräsentativen Demokratie überhaupt zu erhalten. Der Versuch, die Große Koalition als einzige politikfähige Regierung zu legitimieren, weil nur sie „unpopuläre" Sanierungs- und Reformmaßnahmen tragen kann, weil nur sie gegenüber der Wählermobilität „belastbar" genug sei, heißt, tendenziell das Regieren vom Wählen abzukoppeln versuchen. Dieses Anliegen des Offenhaltens der demokratischen politischen Kultur kann nicht als rechtslastig, sondern als Verwirklichung von im besten Sinne liberalen Verfassungsgrundsätzen bezeichnet werden.

6. Wie national ist die FPÖ seit 1986?

Ausgangspunkt für kritische Haltungen gegenüber der Österreich-und Demokratieverläßlichkeit der FPÖ bildet die *deutschnationale* Komponente in ihrem Parteiprogramm, im wesentlichen die auch im Programm 1985 enthaltene Feststellung der Zugehörigkeit der überwiegenden Mehrheit der Österreicher zur deutschen Volks- und Kulturgemeinschaft.

An sich besteht auch in dieser Frage eine traditionelle Kontinuität in der FPÖ. Mit dem „Gesellschaftspolitischen Manifest" 1973 hat aber die FPÖ einen klaren Trennungsstrich zu allen nationalistischen, chauvinistischen Interpretationsmöglichkeiten gezogen. Im Parteiprogramm 1985 wurde die nationale Komponente als „ethnisches Prinzip" auf eine allgemeine Ebene gehoben. Ergänzt wird dies durch die Forderung nach einer internationalen Sicherung der Volksgruppen und Minderheiten in einem europäischen Volksgruppenrecht. Die nationale Komponente im FPÖ-Programm verfolgt somit eindeutig menschen- und grundrechtliche Ziele im Zusammenhang mit der ethnischen Identität der Menschen. An die programmatische Feststellung, daß die Österreicher überwiegend der deutschen Sprach- und Kulturgemeinschaft angehören, knüpft die FPÖ kaum konkrete politische Folgerungen, (vor allem keine, die im Widerspruch zur Eigenstaatlichkeit Österreichs stehen), sieht man vom Anliegen des Eintretens für deutsche Minderheiten, wie z.B. in Südtirol oder in Gebieten der ehemaligen Monarchie ab.

49. Friedhelm FRISCHENSCHLAGER: Große Koalition – Österreichs Demokratie wohin? In: Freie Argumente, 3/1987.

Ein zweiter Angriffspunkt gegenüber der FPÖ bildet ihre *europapolitische* Linie, die von ihr ausgelösten Debatten um die immerwährende *Neutralität* und den *Staatsvertrag*. War schon in früheren Jahren der Europakurs der FPÖ in Richtung Vollmitgliedschaft auch „deutschnational" interpretiert worden,[50] so erscheint dies heute deshalb als überholt, weil die Vollmitgliedschaft weitestgehend allgemein politisches Ziel in Österreich geworden ist. Hinsichtlich der immerwährenden Neutralität, der die FPÖ am Beginn ablehnend gegenüberstand, diese aber seit 1970/71 ausdrücklich bejahte, ist ihre Diskussionswürdigkeit durch den Wegfall des Ost-West-Konfliktes und ihre Diskrepanz zur Integration Europas in Richtung politischer Union ebenfalls ein allgemeines Politthema geworden und kein Unterscheidungsmerkmal mehr zwischen der FPÖ und den Regierungsparteien. Ähnliches gilt hinsichtlich der Debatte um den Staatsvertrag. Besondere Bedeutung erhalten diese politischen Themen, weil sie oft als Bestandteil der österreichischen Identität aufgefaßt werden und die kritische Haltung der FPÖ zu ihnen als gegen die „Identität Österreichs" gerichtet interpretiert wird, was sachlich zu bestreiten ist.

Weitere Ansatzpunkte für die Kritik an der Rechtslastigkeit der FPÖ bilden deren *Minderheiten- und Ausländerpolitik.* Im Falle der Minderheitenpolitik, vor allem in Kärnten, wird zwar immer wieder der FPÖ eine slowenienfeindliche Haltung vorgeworfen, aber letztlich muß festgehalten werden, daß die Volksgruppenpolitik im wesentlichen inhaltlich stets von allen drei Landtagsparteien gemeinsam beschlossen und von ihren bundespolitischen Parteien mitgetragen wird.[51] Hinsichtlich der Ausländerpolitik können ebenfalls nur marginale Unterschiede herausgefunden werden.[52]

Ein immer wieder zu Konflikten führender Diskussionspunkt bilden *historisierende* Debattenbeiträge aus FPÖ-Kreisen über das Dritte Reich und den Zweiten Weltkrieg. Insbesondere die Aussage Jörg HAIDERs über die „Beschäftigungspolitik im Dritten Reich" ist hier als hervorstechendes Beispiel zu erwähnen. Derartige Aussagen mögen berechtigte Kritik wegen verschwommener Vorstellungen über diese historische Epoche hervorrufen, letztlich haben sie aber keine unmittelbare politisch-praktische Gegenwartsauswirkung, sieht man von ihrer Instrumentalisierung in der parteipolitischen Auseinandersetzung um den ideologischen Standort der FPÖ ab. Als Charakterisierung der FPÖ für eine rechtsradikale Partei kann dies wohl nicht genügen.

Vor allem stehen derartige Einschätzungen und ihre mediale Resonanz in einem Widerspruch zur Motivation der *FPÖ-Wähler.* Wie Max RIEDLS-

50. Z. B. Klaus BERCHTOLD: Grundlinien der Entwicklung der polit. Parteien in Österreich seit 1867. In: Ds. (Hg.): Österr. Parteiprogramme 1868–1966. Wien 1967, 99.

51. Zur freiheitlichen Minderheitspolitik siehe Freiheitliches Bildungswerk (Hg.): Dokumentation zur Tagung „Volksgruppen in der Alpen-Adria-Region" 1988 (Völkermarkt) Wien 1989.

52. Zur Ausländerproblematik und FPÖ siehe Dokumentation des Freiheitlichen Bildungswerkes (Hg.): Heimat-Suche. Österreich im Brennpunkt der neuen Völkerwanderung. Wien 1991.

PERGER[53] zusammenfaßt, sei „der Erfolg der FPÖ seit 1986 nicht einem Ansteigen rechtsradikaler Gesinnung in Österreich zuzuschreiben". Nach seinen Wahlanalysen ist der Aufstieg der FPÖ von der Fünfprozent-Partei zur Mittelpartei von rund 17% „nicht auf ein Wiederaufleben des nationalliberalen Lagers zurückzuführen . . .". Vielmehr ist die FPÖ die „Protestpartei gegen das politische Establishment geworden", wobei die „fortgesetzte Betonung der Zugehörigkeit Österreichs zur deutschen Volks- und Kulturgemeinschaft seitens der FPÖ als unwesentlich erscheint".

Zu einem ähnlichen Ergebnis kommt Kurt R. LUTHER, der sich mit den seit 1986 in der Öffentlichkeit diskutierten *Anlässen* befaßt, die der FPÖ als Beleg für ein „nationales, autoritäres bzw. antidemokratisches oder minderheitenfeindliches Ideengut" dienen[54] (Kontakte zu rechtsradikalen Kreisen, Veröffentlichungen in rechtsextremen Zeitungen, bestimmte Einzelaussagen, „Grenzland-Jahrbuch" usw.): „Es wäre jedoch verfehlt, würde man die nationale Tradition schlechthin mit diesen unrühmlichen Erscheinungen gleichsetzen, die deutlich nur den äußersten Rand des FPÖ-Meinungsspektrum darstellen . . . Für die Mehrzahl jener, die sich zur nationalen Tradition bekennen, bedeutet dies bloß einen volkstumsbewußten, konservativen Traditionalismus".[55]

VI. Schlußbemerkung

Ausgangspunkt dieses Beitrags war, daß die *Integration* des Dritten Lagers in das politische System Österreichs ein sehr langwieriger Prozeß war. Tatsächlich konnte diese als der Abschluß des Konsolidierungsvorganges der Republik Österreich nach ihrer instabilen Geschichte zwischen 1918 und 1945/55 angesehen werden. Diese Entwicklung hat Mitte der achtziger Jahre einen Einbruch erfahren, der unmittelbar und äußerlich sichtbar mit dem Anwachsen der FPÖ zur *Mittelpartei* und ihren neuen inhaltlich-programmatischen Akzenten sowie mit ihrer geänderter Position im politischen System zusammenhängt. Seither kann von Anzeichen einer *Desintegration* des Parteiensystems und der politischen Kultur gesprochen werden – ein Vorgang, der noch im Gange ist und daher nicht abschließend bewertet werden kann. Im Zusammenhang mit den weltweiten, gesamteuropäischen, aber auch innerösterreichischen politischen Umwälzungen kann diese Desintegration des politischen Lebens in Österreich zu noch sehr großen Belastungen führen.

53. Max RIEDLSPERGER: Heil Haider! Der Wiederaufschwung der FPÖ seit 1986. In: Freie Argumente, 4/1991, 5–26.
Dieser Autor befaßt sich seit langem mit den Parteien des Dritten Lagers; siehe The lingering shadow of Nazism: The Austrian Independent Party Movement. New York 1978.

54. Siehe zusammenfassend Brigitte BAILER-GALLANDA: Die neue Rechte. Jörg Haider – ein Politiker der neuen oder der ganz alten Art? Wien 1989.

55. LUTHER, Freiheitliche Partei Österreichs, 258 (Anm. 2).

Eine *Beurteilung* der FPÖ als rechtsradikal bis sogar neonazistisch geht – trotz bestimmter Erscheinungen – an den tatsächlichen Fakten der FPÖ vorbei. Die Instrumentalisierung derartiger Bewertungen zwecks Eindämmung und Ausgrenzung der FPÖ kann sich zu einem doppelten Bumerangeffekt entwickeln: Einerseits könnte ein immer größer werdender Bevölkerungsanteil als rechtsradikal abgestempelt werden, wenn der Wählerzustrom zur FPÖ weiterhin anhält; andererseits kann diese Strategie gegenüber der FPÖ zur Verstärkung radikalisierender Strömungen nach rechts innerhalb und außerhalb der FPÖ führen. Eine sachliche, harte *Auseinandersetzung* der politischen Konkurrenten mit der FPÖ und ihrer ideologischen Entwicklung ist legitim, und dieser hat sich die FPÖ auch zu stellen. Sie muß selbst an einer Klärung gegenüber verstärkt auftauchenden Rechtsradikalismen interessiert sein, will sie nicht insgesamt durch Tolerieren derartiger Erscheinungen ihre an sich gegebene, jedenfalls nicht rechtsradikale ideologische Positionierung leichtfertig der Interpretation des politischen Gegners überlassen.

Letztlich führt an folgender *Perspektive* bezüglich der Zukunft der FPÖ kein Weg vorbei: Ihr Ziel muß es sein, auch als Mittelpartei zur kooperationsfähigen politischen Kraft zu werden, die im Rahmen des parlamentarischen Regierungssystems und der Konkurrenzdemokratie *Regierungs- und Oppositionsfunktion* ausfüllen will und kann.[56] Damit ist aber auch eine inhaltlich-programmatische Positionierung notwendig, die letztlich über ihre Funktion als (jedenfalls demokratische) reine Wählerpartei hinaus in Konkurrenz zu konservativer und sozialistischer Politik im wesentlichen *liberale* Anliegen beanspruchen und ihnen zum Durchbruch verhelfen muß.

Österreich ist in vieler Hinsicht eine „steckengebliebene" Demokratie und hat auch im wirtschaftlich-gesellschaftlichen Leben einen *Nachholbedarf* an Öffnung und Liberalität. Die im Zuge des Zusammenbruchs des Ost-West-Konfliktes auftretenden nationalen Probleme und ethnischen Auseinandersetzungen zeigen, daß auch eine liberal aufgefaßte, „nationale" Position nichts Vergangenheitsbezogenes, sondern zur Gestaltung zukünftiger Politik in Europa Notwendiges ist.

Die FPÖ befindet sich – wie so vieles in der gegenwärtigen Politik in Österreich und Europa – in einem *Umbruch*. Vorschnelles Aburteilen durch den politischen Gegner aus machtpolitischen Gründen ist ebenso abzulehnen wie selbstgefällige politisch-programmatische Gedankenlosigkeit der FPÖ und simpler Populismus als Folge spektakulärer Wahlerfolge – in unserer schnellebigen Zeit kann auch die Wählergunst sehr kurzlebig sein. Die FPÖ hat ihre Widersprüche, die sie seit ihrer Gründung begleiten, noch lange nicht gelöst. Alle Parteien in Österreich leiden unter traditionellen, politischen *Widersprüchen*, die sich im Zusammenhang mit den

56. Zur polit. Zukunftsperspektive der FPÖ siehe Friedhelm FRISCHENSCHLAGER: Österreichs polit. Verfassung und die FPÖ. In: Die Presse, 17./18. September 1988.

großen politischen Veränderungen in Europa und damit in Österreich noch verstärken und so für zunehmende Verunsicherung und Destabilisierung des politischen Systems sorgen werden.

Deshalb ist Österreich und sind seine politischen Akteure gut beraten, die von Haus aus gegebene *Instabilität* der politischen Verhältnisse in Österreich nicht noch dadurch zu vergrößern, daß sie die FPÖ und ihre Wähler, die ein Bestandteil dieser Republik sind, desintegrieren. *Stabilität* und *Leistungsfähigkeit* des österreichischen politischen Systems werden auch davon abhängen.

Die Grüne Alternative

Sonja Puntscher Riekmann

I. Prolog

Die Geschichte der Grünen ist ein Bündel von *Erzählungen,* die nur wenige Gewißheiten vermitteln. Verschiedene Akteure und Autoren innerhalb und außerhalb der Grünen erzählen sie auf verschiedene Weise. Sie heute zu schreiben, muß schreiben über Differenzen sein.

So ist dies ein Versuch, durch die Darstellung differenter Akteure, Positionen und Kristallisationspunkte, die Verschiedenheit und damit die an Möglichkeiten reiche, aber auch gefährliche Offenheit des Projektes ins Zentrum der Analyse zu rücken. Als gewiß werden hier nur zwei Punkte vorausgesetzt:

Fluchtpunkt und Nenner aller grüner Bewegungen ist jenes *„Unbehagen in der Kultur",* das zu Beginn der siebziger Jahren keineswegs neu, sondern erneut und auf neue Weise virulent wird. Als konstante – teils latente, teils sichtbare – Begleiterscheinung der Moderne von Anbeginn ist es nun Resultat der Ubiquität des Häßlichen, der immer geschwinderen Deformation tradierter Räume und Bilder, des angsterfüllenden Gefahrenpotentials durch unsichtbare, unbegreifliche Wirkungen von technischen Erfindungen, des Zweifels an einer Ökonomie, die trotz hoher sozialer und ökologischer Kosten keine Stabilität gewährleistet. Es ist aber auch das Resultat des Verlustes von Sinn, Identität und Glauben an beständig neue Entwurfsmöglichkeiten der Moderne, die über den geschlossenen Kreis der ewigen Wiederholung des Immergleichen hinauswiesen. Dieses „Unbehagen in der Kultur" treibt unter den Trägern grüner Bewegungen divergierende Wahrnehmungen und politische Haltungen hervor: das Spektrum umfaßt einen pietistischen Biologismus – die „Kompostmoderne",[1] den Reformis-

---

1. Johannes VOGGENHUBER: Berichte an den Souverän Salzburg: Der Bürger und seine Stadt. Salzburg-Wien 1988, 18.

Zum *Thema* (außer der in den folgenden Anmerkungen genannten Literatur): Ulrich BECK: Politik in der Risikogesellschaft. Frankfurt/Main 1991. – Karl-W. BRAND/Detlef BÜSSER/Dieter RUCHT: Aufbruch in eine andere Gesellschaft. Neue soziale Bewegungen in der Bundesrepublik. Frankfurt/Main-New York 1983. – Rudolf BURGER: Abstriche. Vom Guten. Vom Schönen. Im Grünen. Wien 1991. – Reinhold CHRISTIAN/Peter A. ULRAM: Grün-Alternative Parteien in österr. Gemeinden. In: Österr. Jahrbuch f. Politik '87. Wien-München 1988, 509–539. – Herbert DACHS: Grünalternative Parteien. In: Ds. u. a. (Hg.): Handbuch des polit. Systems Österreichs. Wien 1991, 263–274. – Ralf FÜCKS (Hg.): Sind die Grünen noch zu retten? Reinbek/Hamburg 1991. – Herbert GOTTWEIS: Neue soziale Bewegungen in Österreich. In: DACHS, Handbuch, 309–324. – Fritz KELLER: Wien, Mai 1968. Eine heiße Viertel-

mus, den (Pseudo)Marxismus und die Revision der Moderne aus einem ökologischen Blickwinkel. Die Beziehungen dieser Positionen zu- und gegeneinander bestimmen die Dynamik der Umweltbewegungen, ihrer Diskurse und ihrer Politik, aber ebenso die Dynamik der Reaktionen auf sie.

Die Geschichte der Grünen ist auch eine Geschichte der *zeitgenössischen Demokratie:* einmal weil sich an ihr die Konfliktfähigkeit, Offenheit oder Geschlossenheit demokratischer Machtsysteme des späten 20.Jahrhunderts messen wie auch die Chancen neuer politischer Interessen, „Partei" im allgemeinen Kräftespiel zu werden, beschreiben lassen; zum anderen weil sich am grünalternativen Anspruch, in Bewegung und Partei neue radikaldemokratische Formen der Machtorganisation zu realisieren, Entwicklungsmöglichkeiten der Demokratie im Experiment zeigen.

Nun sind politische Veränderungen gerade in Demokratien nicht einfach das Ergebnis einer Entscheidung zur Veränderung, sondern bedürfen eines günstigen *Rahmens:* der Stärke und Plausibilität der artikulierten politischen Frage gegenüber anderen, des hohen Betroffenheitsgrades, der Bereitschaft und Fähigkeit zur Wahrnehmung des Themas, der Organisationsfähigkeit der neuen Interessen, der richtigen Akteure zum richtigen Zeitpunkt, der treffenden Sprache und Ästhetik, der Tüchtigkeit (virtù) und des Glücks (fortuna), aber auch und nicht zuletzt der Schwächen der etablierten Macht.

Nicht die *Umweltfrage* entsteht in den siebziger Jahren, sondern ihre Politisierung. Die Umweltverhältnisse der vorangegangenen Jahrzehnte waren um keinen Deut besser, aber die Kritik beschränkt sich auf einzelne Wissenschafter und verharrt zumeist auf einer akademischen Ebene. Auch die 1972 erscheinenden „Grenzen des Wachstums des *Club of Rome* sind das Werk prominenter Wissenschafter des ehrwürdigen Massachusetts Institute of Technology, aber sie haben im Gegensatz zu vergangenen Warnungen die Wirkung eines politischen Fanals. Die Sozialwissenschaften erklären dieses Phänomen in der Regel im Anschluß an Ronald INGLEHART mit dem summarischen Begriff des *Postmaterialismus:* erst relativ gesicherte ökonomische und soziale Verhältnisse erlauben den Bürgern und Bürgerin-

stunde. Wien 1983. – Bernd MARIN (Hg.): Verfall und Erneuerung im Bauwesen. Wien 1987. – Joseph MARKO: Bürgerinitiativen und grün/alternative Parteien in der repräsentativen Demokratie. Zu Bedingungen der Polarisierung polit. Systeme. In: Ds./Kurt SALAMUN (Hg.): Bedingungen eines konstruktiven Friedensbegriffs. Graz 1983, 77–103. – Helga NOWOTNY: Kernenergie: Gefahr oder Notwendigkeit. Anatomie eines Konflikts. Frankfurt/Main 1979. – Anton PELINKA: Bürgerinitiativen – gefährlich oder notwendig? Freiburg/Breisgau 1978. – Ds., Der grüne Zwiespalt. Die Grün-Alternativen zwischen Vielfalt und Spaltung. In: Österr. Jahrbuch f. Politik '88. Wien-München 1989, 379–390. – Joachim RASCHKE: Krise der Grünen. Bilanz und Neubeginn. Marburg/Lahn 1991. – Christian SCHALLER: Zur Rolle von Kleinparteien im polit. System Österreichs seit 1960. In: SWS-Rundschau, 28 (1988), 415–430; 29 (1989), 6–25.

2. Vgl. Niklas LUHMANN: Ökologische Kommunikation. Kann die moderne Gesellschaft sich auf ökologische Gefährdungen einstellen? 3. A. Opladen 1990.

nen die Wahrnehmung von Umweltproblemen und schüren deren Wunsch nach politischer Partizipation. Dies mag wohl richtig sein, trifft aber nur einen – den praktischen – Teil des Problems: nachdem das Haus gebaut ist, will man sich darin einrichten und leben, aber auch das verwüstete Gärtlein vor der Tür pflegen. Der zweite, unpraktische Teil des Umweltdiskurses entsteht aus einem Gefühl des Verlustes von Sinn und Identität, das sich höchst emphatisch in der Sorge um die Natur, als des Menschen große Mutter, äußert. In der Mythisierung und Subjektivierung von Natur offenbart sich der Versuch, eine nicht säkularisierbare Instanz, ein *Zentrum* zu stiften. Damit einhergehend wird die Angst vor der Apokalypse zum Apriori des Politischen erkoren.[2] Die zweite Seite der „ökologischen" Medaille gilt der Sinn- und Identitätsstiftung. Diese ist natürlich keine exklusiv postmaterialistische Haltung, sondern Ausdruck ewig gleicher immaterieller, metaphysischer Ansprüche. Dies ist auch die Seite, auf der jene rückwärtsgewandten, manchmal reaktionären und biologistischenTöne angeschlagen werden, die sich jedoch im Laufe der grünen Entwicklung in den hegemonialen liberaldemokratischen und/oder linken Positionen – mit national verschiedenen Schattierungen – aufheben.

Was nun die *Schwächen* der etablierten politischen Macht zu Beginn der siebziger Jahre in Westeuropa betrifft, so liegen sie dort, wo man zugleich ihre Stärken vermutet: in einer Kultur des *Konsenses* und in einer Politik der *Liberalisierung*. Die westeuropäische Politik der Nachkriegsjahre tendiert zur „Entideologisierung" im Sinne einer Entschärfung ideologischer Gegensätze zwischen den großen christlich- konservativen und sozialistischen Parteien und stützt sich konsensuell auf den Glauben an ein kontinuierliches *Wirtschaftswachstum*, das eine ebenso kontinuierliche Expansion allgemeiner Wohlfahrt garantiere. Der Übergang zu einer Gesellschaft des Überflusses sei wesentlich eine „technische" und keine politische Frage.[3] Daher beauftrage man am besten Verwaltungsexperten und einschlägige Institutionen mit Lösungsvorschlägen, die von den Parlamenten vertrauensvoll zu ratifizieren seien. Dieser Konsens produziert, was sich als „Sozialdemokratisierung" der gesamten etablierten Politik bezeichnen ließe. Seine Grenzen liegen natürlich an den Grenzen seiner Voraussetzung: in den Diskontinuitäten des Wirtschaftswachstums und der Verteilungsfrage, deren Technizität sich sehr rasch als Politik entpuppen wird. Sichtbar wird schließlich, daß die Verlagerung politischer Entscheidungen in sozialpartnerschaftliche Schattenregierungen nicht nur eine antidemokratische Intransparenz, sondern auch eine selektive Wahrnehmung und Vertretung von Interessen zur Folge hat. Nicht die gesamte, sondern nur wohlorganisierte Teile der Gesellschaft schreiten fort zu lichteren Höhen.[4]

Zweiter Schwächepol ist auf paradoxe Weise die *Dialektik sozialdemokra-*

3. Vgl. Volkmar LAUBER: From Growth Consensus to Fragmentation in Western Europe. Political Polarization over Redistribution and Ecology. In: Comparative Politics, 1983, 331.

4. Eine Absage an die Kultur des Konsenses gibt es auch von konservativer Seite vor allem im

tischer Liberalisierung des politischen Klimas und der politischen Institutionen: die liberal-demokratische Aufbruchsstimmung, die vor allem Länder mit sozialdemokratischem Regierungswechsel wie die BRD oder Österreich erfaßt, ermöglicht und fördert jene Partizipationswünsche, vor deren Konkretheit die herausgeforderten Instanzen aber dann doch zurückschrecken. Die Zurückweisung wurzelt sowohl in dem Widerspruch zwischen dem Mitspracheverlangen des Citoyen und der sozialdemokratischen Überzeugung, staatliche Institutionen seien zugleich auch politische Avantgarde und bedürften nicht der direkten Partizipation aus der *civil society,* aber auch in dem Widerspruch zwischen der starren Orientierung an der traditionellen Wählerklientel und der Notwendigkeit einer Öffnung gegenüber neuen Interessen, deren wahlpolitischer Nutzen noch ungesichert erscheint. Die Erstarrung des liberalisierenden Impetus und die Oligarchisierung der Sozialdemokratie im Apparat und Mechanismus der Macht tun ein übriges zur Provokation des Widerstandes.

Spekulativ läßt sich schließlich behaupten, daß die *relative politische Windstille* in Westeuropa und den USA der siebziger und frühen achtziger Jahre eine der Voraussetzungen für die *Politisierung* der Sorge um die Natur schafft: in der hegemonialen Wahrnehmung besteht die Welt wesentlich aus Ost- und Westblock, deren gegenseitige Abschreckungspolitik den Glauben an Gleichgewicht und Sicherheit garantiert, die Wachstumskrisen sind begrenzbar, der Nord-Süd-Konflikt ist eine Entwicklungs- und Schuldenfrage. Die großen Themen: Europäische Integration, Zusammenbruch des Kommunismus und geopolitischer Zerfall der Supermacht Sowjetunion und des gesamten mittel- und osteuropäischen Raumes, deutsche Wiedervereinigung, New World Order existieren noch nicht. Ihr Aufbrechen in den späten achtziger und frühen neunziger Jahren verändert die Umweltfrage, die Umweltbewegung und die grünen Parteien. Die Fragestellung ist lakonisiert und von allen Parteien kolonisiert, die Bewegung stagniert, die grün-alternativen Parteien erfahren – mit großen nationalen Unterschieden – zugleich Triumph und Niedergang: 1990 scheiden die deutschen Grünen aus dem Bundestag, 1992 erlangen die französischen Grünen bei den Regionalwahlen 15% der Stimmen. Auch der Maßstab für Erfolg und Mißerfolg hat sich verändert: Die Umweltkompetenz voraussetzend, verlangt man nun von den Grünen eine allseitige Kompetenz, mithin Regierungsfähigkeit. Unklare Haltungen, wie jene der deutschen Grünen in der Frage der Wiedervereinigung, können fatale Folgen haben. Daneben bleiben grüne Parteien auch ein Ziel der Protestwähler, die jedoch meist nur durch populistische Volten als Wähler gebunden werden könnten, eine Strategie, die heute auch bei Teilen der Grünen an Relevanz gewinnt.

Dies ist das *makroskopische* Tableau der grünen Geschichte. *Mikroskopisch* sind die Schub- und die Gegenkräfte grüner Bewegungen und Partei-

angelsächsischen Raum: der *Thatcherismus* war die forcierte Renaissance der Konkurrenzdemokratie und die Akzeptanz bzw. die Legitimierung sozialer Ungleichheit.

en nuancierter herauszuarbeiten, um sich ihrer politischen, sozialen und kulturellen Realität zu nähern. In der nun folgenden Darstellung der österreichischen Grünen wird das skizzierte Tableau noch weitere Modifikationen erfahren.

II. Akteure und Promotoren

Jede Darstellung der grünen Bewegungen beginnt mit der Frage: *wer war am Anfang?* Und die idiosynkratischen Antworten lauten: die Bürgerinitiativen, die Alternativbewegungen, die Naturschutzvereine, die grünen Parteien, der Club of Rome, Zwentendorf, Whyl und Wackersdorf, ja sogar „1968". In der Tat sind alle genannten Phänomene in unterschiedlichem Maße Wegbereiter, Inspiratoren oder Motoren der grünen Projektes. Ausdruck dieser Pluralität sind demzufolge sowohl die verschiedenen grünen Persönlichkeiten, Orientierungen und Stile, als auch die bis heute immer wieder auftretenden Bruchlinien der grün-alternativen Partei. Da existieren bürgerliche Rebellen neben sozialdemokratischen Renegaten, in den verschiedenen Varianten des Marxismus geschulte Studenten neben betroffenen Hausfrauen, Bauern und Gewerbetreibende, im Marsch durch die Institutionen enttäuschte 68er neben politisch nur vage definierbaren Experten, alternative Aussteiger und sich selbsterfahrende Lehrer neben dynamischen Aufsteigern, Radikalfeministinnen neben „neuen Müttern", Naturmystiker neben alternativen Gewerkschaftern, Personen mit langjähriger politischer Erfahrung neben vollkommen Neulingen auch in wichtigen Positionen, viele Betroffene neben wenigen Strategen, Radikaldemokraten neben Zentralisten... Die Liste der *Ambivalenzen und Gegensatzpaare* ließe sich weiter fortsetzen. Sie alle haben in der grünen Bewegung ein Wort, bestimmen Positionen und Ästhetik, formulieren unterschiedliche Interessen. Jenes „Unbehagen in der Kultur", das sie alle treibt, reicht nur punktuell zur vereinheitlichenden Organisationskraft, die permanent in Gefahr ist. Ambivalenzen sind wohl der Preis für die „Begabung" jeder politischen Bewegung.

In der Folge soll nun versucht werden, die *soziokulturellen Zusammenhänge* näher zu beleuchten, denen diese Typen politischer Akteure entstammen und deren Charakteristika sich in der grünen Bewegung fortpflanzen, verankern oder modifizieren.

1. „1968"

Der grüne Protest der siebziger Jahre ist auf zweifache Weise auch ein Ergebnis der *Revolten der sechziger Jahre:* er ist sowohl Profiteur als auch Kritiker der 68er Bewegung. „1968" ist eine Chiffre: sie ist nicht nur der Pariser Mai, die linke Studentenbewegung, die Apo, die großen Arbeiterstreiks, sondern auch die amerikanische Bürgerrechtsbewegung, die Anti-Vietnam-Bewegung, die Hippie Generation, der Prager Frühling.[5] Sie umfaßt sowohl die linke Systemkritik mit dem Anspruch marxistischer Gesellschaftsentwürfe, als auch deren Desavouierung durch den sowjetischen Einmarsch in Prag, sowohl die pathetische Aufladung des Demokratiebegriffes durch die amerikanische Bürgerrechtsbewegung, als auch praktische Versuche einer „Entkolonisierung" (Jürgen HABERMAS) von Lebenswelt. Die Befreiung aus den Zwängen des American Dream durch die Rückkehr zur „Wildheit" in der amerikanischen Hippiebewegung war der Vorbote einer Renaissance des (romantischen) Interesses an Natur.[6] Die Umweltbewegung der siebziger Jahre profitiert von der Auflehnung gegen das autoritär-patriarchalische Modell der Nachkriegsjahre, gegen seine „mißglückte Befreiung vom Nationalsozialismus",[7] und von der Postulierung anderer Lebensvorstellungen, sie negiert jedoch die revolutionären Hoffnungen auf eine – sozialistische – Systemveränderung oder besser: sie abstrahiert davon, denn sie ist Anwältin eines völlig neuen politischen Interesses, das klassische sozialistische Werte wie soziale Sicherheit, Umverteilung oder Vergesellschaftung des Reichtums transzendiert: des Interesses an Natur und Umwelt.[8]

Nach dem Eklat und Debakel von 1968, das im Laufe der siebziger Jahre zum Mythos gerät[9] oder sich im Terrorismus versteigt und verliert, scheint der Blick auf das Eigentliche, auf die unmittelbare Lebenswelt, objektive und subjektive Notwendigkeit zugleich. Die Veränderung der *Blickrichtung* bedeutet zunächst aber auch einen politischen Szenenschnitt und den Auftritt eines anderen Akteurs: der *Bürgerinitiative,* deren Träger primär nicht dem politischen Milieu der 68er entstammen, auch wenn es personelle Identitäten geben kann, sondern einer im traditionellen Sinne „unpolitischen" Mittelschicht, die ihre unmittelbare Betroffenheit zum Politikum erhebt. Erst an der Schnittstelle, wo der Einzelprotest umschlägt in eine Bewegung mit umfassenderen politischen Ansprüchen und zur Parteiwerdung drängt, erfolgt die Liaison mit Exponenten einer alten oder neuen Linken. In Österreich scheint man die Atmosphäre des Pariser Mai mit einiger Faszination zu rezipieren, ein österreichisches „1968" bleibt jedoch

5. Detlev CLAUSSEN: Chiffre 68. In: Dietrich HARTH/Jan ASSMANN (Hg.): Revolution und Mythos. Frankfurt/Main 1992, 219–228.

6. Ronald NASH: Wilderness and the American Mind. New Haven/Conn. 1974.

7. CLAUSSEN, Chiffre, 221 (Anm. 5).

8. Diese Darstellung trennt die linke Systemkritik von der neuen Diskussion über lebensweltliche Interessen, zumal – so scheint mir – der politische Diskurs der europäischen 68er die *marxistischen* Analysen zum Verhältnis von Mensch und Natur oder Gesellschaft und Natur weitgehend ausblendet. Zur Kritik des Verhältnisses von Mensch und Natur bei MARX und KROPOTKIN vgl. z. B. David PEPPER: The Roots of Modern Environmentalism. London-Sydney-Dover 1984, 147–186. – Alfred SCHMIDT: Der Begriff der Natur in der Lehre von Karl Marx. Frankfurt/Main-Köln 1978.

9. CLAUSSEN, Chiffre, 219 ff. (Anm. 5).

aus, sieht man vom Fall Taras BORODAJKEWYCZ ab, der bereits 1965 den studentischen Protest und den einzigen politischen Toten der Zweiten Republik provozierte.

2. *Die Bürgerinitiativen*

„1968" eröffnet jene politischen Spielräume, in denen die *Bürgerinitiativen* sich formieren können. Die theoretische Qualifizierung dieses politischen Akteurs ist von Anfang an kontroversiell: die Urteile schwanken zwischen der Formel „Der mündige Bürger erhebt das Haupt" und dem Vorwurf des egoistischen Sonderinteresses und des Mangels an umfassendem und längerfristigem politischen Anspruch.[10] Daneben stellt sich die Frage nach dem Bewegungscharakter dieser Initiativen, der von manchen Autoren heftig bestritten,[11] von anderen mythisch überhöht wird.[12] Jenseits dieser ideologisch aufgeladenen Beurteilung scheint es zur politischen Qualifizierung sinnvoll, die Bürgerinitiativen wie jedes andere politische Phänomen in einen machttheoretischen Kontext zu stellen. Das impliziert weniger die Frage nach den kurzsichtigen Partialinteressen als jene nach den Ausgangsbedingungen und der Fähigkeit von Bürgerinitiativen, die etablierte Macht herauszufordern und Anteile des „Machtbudgets" zu erringen.

Zu Beginn der siebziger Jahre tragen die politischen *Machtstrukturen* in Österreich folgende Merkmale:
- das von allen politischen Kräften getragene Bekenntnis zur *Konkordanzdemokratie,* die auf dem Konsens der Eliten in einer antimodernistischen, nahezu ständischen Gesellschaftsordnung gemäß den Machtsphären der drei Parteien SPÖ, ÖVP und FPÖ beruht;
- die weitgehende Verlagerung politischer Entscheidungen aus der relativen Öffentlichkeit der Parlamente in die *Schattenwelt* der Sozialpartnerschaft;
- die Überbetonung des *repräsentativen* Charakters der österreichischen Bundesverfassung durch den Parteien- und Verbändestaat, dem direktdemokratische Mittel wie Volksbegehren und Volksabstimmung totes Recht sind;
- die immer engere *Verschmelzung* von Legislative und Exekutive;
- die *Scheinwelt* einer Konkurrenzdemokratie, in der die SPÖ als Arbeiterpartei und die ÖVP als Wirtschafts- und Bauernpartei figuriert, obwohl beide Parteien in Wahrheit die Realisierung des Modells der „Volkspartei" anstreben;

10. Vgl. Anton PELINKA: Bürgerinitiativen und Ökologiebewegung. In: Umdenken. Analysen grüner Politik in Österreich. Wien 1984, 149–155. – Gerhard SCHATTAUER: Zur Rolle der alternativen Liste Österreichs (ALÖ) im grünalternativen Parteibildungsprozeß. Wien (Dipl. Arbeit Geschichte) 1988, 23–32.

11. Vgl. SCHATTAUER, Rolle (Anm. 10).

12. Vgl. Bernd GUGGENBERGER: Bürgerinitiativen in der Parteiendemokratie. Stuttgart u. a. 1980.

- die *Repräsentations- und Integrationslücken,* auf die jene Teile der Bevölkerung stoßen, die inspiriert und ermutigt durch Bruno KREISKYs Formel der „Demokratisierung aller Lebensbereiche" die Probe aufs Exempel machen wollen.[13]

Wie kommt es nun zur *Bildung* von Bürgerinitiativen, wer sind ihre *Träger* und wie gelingt es ihnen, dieses Muster der Machtverteilung zu verändern? In den frühen siebziger Jahren betritt auch in Österreich die Bürgerinitiative die politische Bühne. Ihr Interesse gilt nicht der Einkommensverbesserung oder der Veränderung von Produktionsverhältnissen, sondern der Gestaltung der eigenen *Lebenswelt.* Ihre Mitglieder sind meist Angehörige der neuen urbanen Mittelschichten. Sie will nicht den Sturz des Systems, sondern die Korrektur einer falschen Planungspolitik, die einen überschaubaren Lebensraum stört und zerstört. Die einzelnen Bürger finden kein Gehör bei jenen Politikern, die sie zu repräsentieren vorgeben, und entziehen diesen Vertrauen und Legitimation durch eigene Initiative in der öffentlichen Thematisierung ihres Problems und in der Konfrontation mit den politischen und administrativen Instanzen. Für die Beurteilung der politischen Qualität dieser Intervention empfiehlt es sich, den Blick auf folgende Faktoren zu richten: erstens auf den konkreten Erfolg für die konkreten Anliegen von Bürgerinitiativen, zweitens auf die quantitative Größe ihres Auftretens und drittens auf ihre Fähigkeit, Einsicht in die Komplexität von Politik zu erlangen und sich zu größeren Einheiten zusammenzuschließen mit dem Ziele der Parteiwerdung und Einmischung in das institutionalisierte politische Leben. Erfolg und Mißerfolg, Ansprüche und Modifikationen, Radikalisierungen und Anpassungen dieses Unternehmens sollen hier am Beispiel der *Städte Graz und Salzburg* dargestellt werden.

Die Welt des 20. Jahrhunderts ist eine *urbanisierte* Welt, das Leben urbanes Leben: auch am Lande. In einem „überhitzten Agglomerationsprozeß" verlieren Stadt und Land alle Konturen und festen Parameter. Die Ausweitung der Städte produziert amorphe Siedlungen, deren Prinzip der ökonomischen Verwertung und kaum mehr einer Idee von Urbanität geschuldet ist: „Städte sind kaum mehr auszumachen in Europa. Sie sind in Bewegung geraten, sind instabile Orte geworden, ziehen mit wachsender Geschwindigkeit über den Kontinent. Von Produktionszentren zu Ballungsräumen verdichtet, von Flughäfen, shopping-cities und Verkehrsknoten aufgeladen und beschleunigt, schieben sie sich – ein einziger hochenergetischer Strom – ihren eigenen Entwicklungsachsen entlang. Schon reißen sie die meisten der europäischen Regionen in ihre Peripherie".[14]

Die *Stadt* ist jener Ort, an dem die sozialen und ökologischen Kosten

13. Vgl. Joseph MARKO: Kommunale Reformpolitik in Graz. Entstehungsbedingungen alternativer Gruppen. In: Österr. Jahrbuch f. Politik '83. München-Wien 1984, 277–293.

14. Johannes VOGGENHUBER: Behemoth oder Versuche gegen ein Ungeheuer. In: Lotus: Salisburgo Verde. Mailand 1992.

dieses Prozesses konkret und zuerst erfahren werden. Daher formiert sich der Protest gegen die Zerstörung durch Straßen und Bauprojekte zunächst in der Stadt und kollidiert mit der demokratischen Realität von Stadtverfassungen, die in Österreich den Stadtsenaten eine subsidiäre Generalkompetenz und den Gemeinderäten im wesentlichen die Funktion der Legitimationsbeschaffung einräumen. Die Praxis der Konzentrationsregierungen unterminiert das demokratische Wechselspiel von Regierung und Opposition. Erst das Auftauchen der Bürgerinitiativen gegen die Trassenführung der Pyhrnautobahn durch die westlichen Stadtteile führt zum Beispiel in *Graz* zu einem Regierungswechsel und zur Bereitschaft der neuen ÖVP-FPÖ-Koalition, gewisse reformerische Akte zu setzen. Die Schaffung des „Büros für Bürgerinitiativen" ist allerdings ein janusköpfiges Unternehmen: es ist sowohl Forum der neuen Interessen als auch ein Instrument der Legitimationsbeschaffung für die Politik der Stadtregierung und damit Mittel zur Liquidierung des Bürgerprotestes. Die ursprünglich große Unterstützung der Bürgerinitiativen durch die lokalen Medien erodiert im Laufe der Zeit ebenso wie die Reformeuphorie mancher Verwaltungsbeamter. Damit wird in den späten siebziger Jahren deutlich, daß eine tiefgreifende Veränderung der Stadtpolitik nicht erreicht werden kann, solange Bürgerinitiativen strategische und organisatorische Koalitionen vernachlässigen.[15] Der neue „grün- alternative" Aufbruch in Graz zu Beginn der achtziger Jahre erfolgt denn auch aus weitgehend anderen sozialen und kulturellen Zusammenhängen. Allenfalls ließe sich behaupten, daß die Aspirationen der Alternativen Liste Graz von der einmal durchbrochenen politischen Stagnation profitieren und aus den Fehlern der Bürgerinitiativen gelernt haben.

Ganz anders verläuft die Geschichte der Bürgerinitiativen in *Salzburg,* die sich relativ konsistent und linear zur wahlwerbenden „Bürgerliste" entwickeln sollen. Auch hier platzen zu Beginn der siebziger Jahre die ersten Bürgerinitiativen in das politische Idyll der klaren und stabilen Machtverteilung seit 1953. Mit zum Teil sehr erfolgreichen Unterschriftensammlungen gelingt es ihnen, in den Bereichen Landschafts- und Grünlandschutz, Verkehrsplanung und Städtebau Projekte zu verhindern oder zumindest einen Aufschub in deren Realisierung zu erwirken (z. B. Großwohnanlagen beiderseits der Hellbrunner Allee, Generalverkehrsplan, Universitätssituierung in Freisaal).[16] Der Erfolg beruht auch auf der punktuellen medialen Unterstützung durch die „Salzburger Nachrichten" und das „Salzburger

15. SCHATTAUER, Rolle, 19–32 (Anm. 10), kritisiert die Euphorie, mit der national wie international das Phänomen der Bürgerinitiativen beschrieben wird, deren Bewegungscharakter eine Erfindung der Presse sei und deren quantitative Bedeutung für Graz erst durch die Schaffung des Büros für Bürgerinitiativen entstanden sei. Ich glaube, daß der Verweis auf den Charakter der Bürgerinitiativen als Vorfeldorganisationen der FPÖ bzw. auf deren eher seltene Konstituierung nach dem Vereinsrecht nichts oder wenig über die Bürgerinitiativen als *Machtfaktor* aussagt.

16. Vgl. VOGGENHUBER, Berichte, 55 ff. (Anm. 1).

Volksblatt", die allerdings dort ihre Grenzen findet, wo den Parteien politischer Schaden droht.[17]

Anders als im restlichen Österreich kommt es in Salzburg schon 1977 zur Bildung des *Vereins* „Vereinigte Bürgerinitiativen – Rettet Salzburg", der sich kurz nach seiner Gründung zur Kandidatur für die Gemeinderatswahlen im Oktober 1977 entschließt. Mit den prominenten Aktivisten Richard HÖRL (Bäckermeister), Herbert FUX (Schauspieler) und Eckehart ZIESEL (Oberlandesgerichtsrat) und einer auf demokratische und stadtökologische Themen zugespitzten Wahlkampfstrategie erobert die Bürgerliste 5,6% der Stimmen und damit 2 Sitze im Gemeinderat.[18] Fünf Jahre später im Rahmen der Gemeinderatswahlen 1982 wird die Bürgerliste das sensationelle Ergebnis von 17,6% der Stimmen, sieben Mandate und einen Stadtrat, der mit Johannes VOGGENHUBER besetzt wird, erreichen. Sie ist drittstärkste Fraktion im Gemeinderat vor der FPÖ. Der Übergang von den „egoistische Partialinteressen"[19] vertretenden Bürgerinitiativen, deren single issue-Orientierung die Auflösung nach Erreichung des Zieles inhärent ist, zum politischen Machtfaktor mit umfassenderen Konzepten und Strategien zur Eroberung der institutionellen politischen Bühne, ist geleistet. Und damit ist auch die Grundlage für das in den Folgejahren zu internationalem Ruhm gelangende „Salzburg-Projekt" geschaffen.

An den Beispielen Salzburg und Graz zeigt sich einmal mit positivem, einmal mit negativem Ausgang das *machtpolitische Potential* der Bürgerinitiativen. Die quantitative Größe des Phänomens scheint zumindest in diesen beiden Städten den Begriff „Bürgerinitiativbewegung" zu rechtfertigen. Die qualitative Wirkung läßt sich wie folgt skizzieren:

erstens *erschüttert* die Bürgerinitiativbewegung in weit größerem Maße als die „heiße Viertelstunde" (Fritz KELLER) des österreichischen Mai 1968 die heimische Konkordanzdemokratie;

zweitens gelingt einigen der Bürgerinitiativen aus Einsicht in die Komplexität von Politik der *Zusammenschluß* in Dachverbänden und damit der Sprung über die Enge des „single issue" hinaus, d. h. im Prozeß der politischen Bewußtwerdung und Artikulation, der Kollision mit den Entscheidungsträgern vor allem im kommunalpolitischen Bereich, des politischen bargaining mit seinen Erfolgen und Mißerfolgen gelingt die eigene Politisierung; und

drittens resultieren aus der Reaktion auf Erfolg und Mißerfolg von Bürger-

17. Vgl. Ds., a.a.O., 72 f. (Anm. 1).

18. Eine *Wählerstromanalyse* zeigt, daß 50% der Bürgerlistenwähler 1972 für die ÖVP, 15–20% für die FPÖ und nur 5–10% für die SPÖ votiert hatten. Dazu Herbert DACHS: Eine Renaissance des mündigen Bürgers? Über den Aufstieg der Salzburger Bürgerliste. In: Österr. Zeitschrift f. Politikwissenschaft, 12 (1983), 313 f.

19. Aus machttheoretischer Sicht erscheint dieser Standardvorwurf gegenüber Bürgerinitiativen nicht konsistent, zumal gerade die Atomisierung moderner demokratischer Gesellschaften die Vertretung von Partialinteressen institutionalisiert.

initiativen auch die Entscheidungen, *„grüne" Parteien und Listen* zur Kandidatur für die Parlamente auf allen Ebenen zu präsentieren.

3. Die Natur- und Lebensschützer

In Parallele und wohl auch als Reaktion auf „1968" tritt Ende der sechziger Jahre ein Protest gegen Natur- und Umweltzerstörung auf den Plan, dessen Argumente und Motive einem *biologistischen* Denken zuzuordnen sind. Seine ideologische Kraft ist in der späteren grün-alternativen Bewegung als gering einzuschätzen, er besetzt aber doch Teile grüner Ästhetik und Diskurse. In den Anfängen der Anti-Atomkraft-Bewegung gegen Zwentendorf und das im Schweizer Rüthi geplante Atomkraftwerk sind vor allem der „Weltbund zum Schutz des Lebens" und der „Bund für Volksgesundheit" aktiv. Die Zeitschrift „Gesundes Leben" startet 1969 eine Unterschriftensammlung gegen Zwentendorf und erreicht bis 1974 angeblich 100.000 Unterzeichungen. Auch in Oberösterreich werden diese beiden Organisationen gegen die geplanten Atomkraftwerke in St. Pantaleon und Bogenhofen auftreten. Während der „Weltbund zum Schutz des Lebens" und „Gesundes Leben" noch zwischen Rechtsextremismus und Konservativismus einzuordnen sind, entsteht im Laufe der siebziger Jahre eine Reihe von *Umweltsekten,* deren Ausrichtung wohl eindeutig als rechtsextrem und faschistoid zu bezeichnen wäre: dazu zählen die „Plangemeinschaft Schöneborn", die „Nationalrevolutionäre" und „Die Grünen Österreichs" des ehemaligen NPD-Leiters Alfred BAIER. Exponenten des „Weltbundes zum Schutz des Lebens" und des Zirkels um die Zeitschrift „Gesundes Leben" werden sich im Zuge der verschiedenen grünen Parteigründungsversuche in die *„Vereinten Grünen Österreichs"* (VGÖ) integrieren, jene der genannten Sekten aber in die vollkommene Bedeutungslosigkeit versinken.[20]

Die Benennung des Volksbegehrens zur Rettung der Hainburger Au nach Konrad LORENZ stellt denn auch keine *Rechtsorientierung* der grün-alternativen Bewegung dar, sondern ist vielmehr Ausdruck einer tiefen Geschichtslosigkeit der Jungaktivisten und einer opportunistischen Geschichtsverdrängung der älteren Prominenten des Hainburger Protestes. Die böse Ironie dieser Geschichte ist jedoch, daß ausgerechnet die jugendlich dominierte, antiautoritäre und antifaschistische grün-alternative Bewegung von jener typisch österreichischen Praxis der Vergangenheitsbewältigung, gegen die auch (ehemalige) Sozialdemokraten wie Freda MEISSNER-BLAU oder Günter NENNING nicht gefeit scheinen, aufs ideologische Glatteis geführt wird.

20. Vgl. SCHATTAUER, Rolle, 5–10 (Anm. 10).

4. *Die Alternativbewegungen*

Alternativ: dieses Wort avanciert in den siebziger Jahren zum prominenten politischen Begriff. Es ist nach dem lauten „Entweder" der 68er das leise „Oder", auf das sich die neuen Bewegungen eingestellt haben. Mit suggestiver Definitionskraft dringt es in nahezu alle gesellschaftlichen Bereiche vor. Von den alternativen Schulen über die alternative Medizin bis zur alternativen Ernährung formiert sich ein Diskurs, der nicht mehr die große ökonomische Systemalternative, sondern alternative *Lebens- und Kulturformen* meint. Manche propagieren – den männlichen Logozentrismus im Visier – die Parole vom „anderen" Denken und wenden sich fernöstlichen Religionen und Denktraditionen zu. Aber nicht alle übersehen, daß es nicht um die Möglichkeiten eines „anderen" Denkens, sondern um Möglichkeiten, „Anderes" zu denken geht. Das heißt, Alternativen zu denken, die Freiheiten eröffnen. Jedoch man spricht nicht mehr vom „Reich der Freiheit" oder von „Aufhebung der Entfremdung", obwohl diese Begriffe weiterhin präsent bleiben und vielfach unbewußt den theorteischen Fundus der Alternativbewegungen darstellen. Man spricht von antiautoritärer Pädagogik, ganzheitlicher Medizin, sanften Technologien, kleinräumigem Wirtschaften, Selbstverwaltung, kommunistischen Wohnformen (nicht mehr Produktionsverhältnissen) usw. In „small is beautiful" liegt kein großes Versprechen, sondern der diskrete Charme des Machbaren. Man sucht nicht mehr nach der großen und einzigen Antwort auf die große und einzige Frage, sondern differenziert die Felder und experimentiert im Projekt. Neben „alternativ" wird *„Projekt"* zum zweiten wichtigen Schlagwort eines politischen Diskurses, den alle Alternativbewegungen beherrschen, auch wenn sie sich sehr unterschiedlichen Themen widmen. Unter diesen Sammelbegriff lassen sich folgende Einzelbewegungen und Positionen subsumieren, die miteinander kommunizieren und sich oft nur vage gegeneinander abgrenzen. Viele Akteure sind simultan an mehreren Orten zu finden:

- die *Ökologiebewegung,* der sowohl die Anti-AKW-Bewegung als auch die Proponenten alternativer Technologien zuzurechnen sind,
- die *Landkommunenbewegung* mit ihrer Konsumkritik und ihrem Plädoyer für alternative Lebensstile,
- die *Frauenbewegung* und der Feminismus,
- die *Psycho-, Emanzipations- und Sensitivitybewegung,*
- die *religiösen Sekten* und der neue Spiritualismus,
- die *Friedens- und Abrüstungsbewegung,*
- die *Dritte-Welt-Initiativen,*
- die *Bürgerrechtsbewegung,*
- die *undogmatischen Linken* und Spontis[21]

Nur der *Feminismus* erhebt den Anspruch, eine neue globale Theorie zu

21. Vgl. Josef HUBER: Wer soll das alles ändern? Die Alternativen der Alternativbewegung. Berlin 1980.

liefern, die im Patriarchat den neuen Gesamtschuldigen an den Übeln der Welt und in der Geschlechterdifferenz deren Lösung definiert. In der Frauenbewegung jedoch dominiert wiederum das Projekt als operationable Einheit: das Frauenhaus, das Frauennetzwerk, die Arbeitsloseninitiative, die Selbsterfahrungsgruppe, die Kinderbetreuungsinitiative, das Zeitungsprojekt usw. Nicht nur viele dieser Frauenprojekte definieren sich explizit als „autonom" im Sinne der Parteiunabhängigkeit, auch die oben aufgelisteten Bewegungen und Initiativen verstehen sich als Alternative zum herrschenden Parteien- und Verbändestaat. Demnach ist eine *Parteiwerdung* und die institutionalisierte Einmischung in das politische System Österreichs außerhalb ihres Denkhorizontes.

Und doch wird es dazu kommen. Der Weg dahin ist langwierig und mühevoll. Er wird auf der kommunalen Ebene einiger Städte rascher und zielsicherer, auf nationaler Ebene langsam und mit schwierigen Verhandlungsoperationen beschritten. Die *Einigungsschritte* der Grünen in Österreich zur Kandidatur für den Nationalrat im Jahre 1986 geschehen wohl auch unter dem beschleunigenden Druck der großen *Kristallisationspunkte* wie Zwentendorf und Hainburg und der Entwicklungen grüner Bewegungen im Ausland. Der Blick richtet sich hauptsächlich auf die Bundesrepublik Deutschland.

III. Kristallisationspunkte und Magnetfelder

Für politische Bewegungen sind mobilisierende und kristallisierende Momente von existenzieller Bedeutung. Die Geschichte der Grünen ist auch eine Geschichte jener *Magnetfelder,* die in einem historischen Augenblick disparate Gruppen und Akteure anziehen und bündeln, um ihnen politische Relevanz zu verleihen. Der Protest benötigt einen Ort, um sich zu konkretisieren, ein Symbol, um sich zu orientieren. In einer Mediengesellschaft braucht er mehr denn je *Identifikationsfiguren,* die Öffentlichkeit herstellen. Das Zusammentreffen der verschiedenen Bewegungen und Akteure an einem Ort und im Namen eines Interesses generiert jedoch zunächst nicht die Gemeinsamkeit, sondern den Konflikt. Ob die Konfliktbewältigung eine gemeinsame Zieldefinition und Organisation hervorbringt oder den neuerlichen Zerfall und die Regression auf den Status quo, ist zu Beginn des Prozesses kaum abzuschätzen. *Zwentendorf* und *Hainburg* illustrieren beide Möglichkeiten. Das politische Magnetfeld kann jene, die es betreten, nachhaltig verändern, Bündnisse hervorbringen oder zerbrechen, Akteure in entscheidende Positionen setzen oder liquidieren. All dies hängt nicht nur vom Prozeß innerhalb eines solchen Magnetfeldes, sondern auch von äußeren Einflüssen ab: von Entscheidungen des politischen Gegners, von der Haltung der Medien und damit von der großen Öffentlichkeit.

1. Zwentendorf

Mitte der siebziger Jahre findet die österreichische Anti- Atomkraftbewegung in *Zwentendorf* endlich ihren Brennpunkt. Der Auftakt zum Widerstand wird schon früher durch Experten, Wissenschafter und Ärzte gegeben: 1969 erscheint das „Ärztememorandum" , ohne jedoch große Aufmerksamkeit zu erregen.[22] Daneben treten vor allem der „Weltbund zum Schutz des Lebens" und „Gesundes Leben" in Erscheinung. Die 1974 entstehende „Bürgerinitiative der Atomkraftgegner" teilt mit diesen beiden Vereinen die Infrastruktur. Öffentliches Gewicht wird diesem Widerstand aber erst durch die AKW-skeptische Berichterstattung der *„Oberösterreichischen Nachrichten"* , der *„Kronen Zeitung"* und der *„Linzer Rundschau"* zuteil.[23] Ab 1974 wird sich auch der Linzer Kommunistische Bund Österreichs in die Debatte einmischen, um „den Widerstand des Volkes gegen die imperialistische Energiepolitik der Regierung" zu organisieren.[24]

Die Ankündigung des Bundeskanzlers Bruno KREISKY, im Rahmen einer großen Informationskampagne auch den Atomkraftgegnern ein Forum zu bieten, führt zur *bundesweiten Koalition der Anti-AKW-Gruppen* in der „Österreichischen Initiative der Atomkraftgegner" (ÖIAG). Es ist der erste große Versuch einer Liaison zwischen linken und bürgerlichen Kräften in der Umweltbewegung. Im Magnetfeld „Zwentendorf" kommt es zu unaufhebbaren Differenzen, aber auch zu seltsamen Übereinstimmungen: Differenzen entstehen in der Frage der umfassenden Politisierung des Widerstandes und in der Forderung nach einer Volksabstimmung zur Inbetriebnahme von Zwentendorf. Ironischerweise sprechen sich sowohl rechte wie linke Gruppen gegen eine solche Forderung aus.[25] Die Dominanz der Linken in der ÖIAG führt 1977 zur Spaltung, das konservative Lager verläßt den Dachverband und kehrt zum Teil in der kurz vor dem Abstimmungstermin gegründeten ARGE *„Nein zu Zwentendorf"* wieder. Im Ehrenpräsidium der ARGE haben ganz neue, *prominente* Akteure Platz genommen: Alexander TOLLMANN (Geologe), Freda MEISSNER-BLAU (Journalistin) Bernd LÖTSCH (Ökologe), Robert JUNGK (Zukunftsforscher), Jörg MAUTHE (Wiener ÖVP-Stadtrat), Gerhart BRUCKMANN (Statistiker). In der ARGE finden wir aber auch die Gewerkschaftliche Einheit repräsentiert durch einen prominenten linken Intellektuellen : Theodor PRAGER. Diese Akteure profitieren von der Arbeit der Basisin-

22. Vgl. Friedrich FEHLINGER: Beiträge zur Geschichte der österr. Anti-Atomkraftwerksbewegung. Linz (SOWI-Dipl. Arbeit) 1979, 39.

23. Vgl. Ds., a.a.O., 58 f. (Anm. 22).

24. Vgl. SCHATTAUER, Rolle, 36 f. (Anm. 10).

25. Sowohl *reaktionäre* Gruppen als auch die *Internationale Kommunistische Liga* lehnen eine solche ab: die ersten aus Angst, dieser Politisierungsschritt könnte dem Unternehmen mehr schaden als nützen, die zweiten aus Angst, damit die bürgerlichen Kräfte im grünen Lager zu stützen.

itiativen und der ÖIAG, stellen aber selber einen neuen Dynamisierungsfaktor dar, zumal sie als bürgerliche oder sozialdemokratische Prominente Zugang zur Medienöffentlichkeit haben. Bruno KREISKYs Verknüpfung des Ergebnisses der Volksabstimmung mit einer Vertrauensabstimmung über seine Person führt natürlich zur Mobilisierung weiter ÖVP-Kreise und damit zum überwältigenden Sieg der Atomkraftgegner.

Nach Zwentendorf tauchen erste Vorstellungen einer *grünen Parteigründung* auf. Damit stellt sich auch erstmals die Frage nach der Priorität im Verhältnis von Bewegung und Partei. Die Alternativbewegungen haben diese Entwicklung stets perhorresziert, manche bürgerliche Prominente denken vor allem an eine mediengestützte Kandidatur und weniger an eine klassische Parteiorganisation, dort wo man über eine solche ernsthaft nachdenkt, werden die ersten Kämpfe um die Hegemonie eröffnet. Jedoch alle diese Vorstellungen münden zunächst ins Nichts: Die Linke verhält sich nach der Verdrängung der ÖIAG aus dem Zentrum des AKW-Widerstandes defensiv oder autodestruktiv, die bürgerlichen Akteure scheuen die Arbeit des strategisch- organisatorischen Denkens.

2. *Hainburg*

Obwohl im Laufe der frühen achtziger Jahre sowohl im alternativen wie im konservativen Lager *Konsolidierungs- und Institutionalisierungsversuche* zu beobachten sind, bedarf es zum endgültigen Durchbruch der Grünen auf Bundesebene eines weiteren Kristallisationspunktes. Auch diesmal formieren sich zuerst die Bürgerinitiativen der Anrainer rund um den geplanten Kraftwerksbau in *Hainburg*. Aber erst mit der Besetzung der Stopfenreuther Au durch Umweltschützer und Studenten Ende 1984, der Intervention durch prominente Grüne und nicht zuletzt mit der medialen Unterstützung durch die *„Kronen Zeitung"* erlangt der Widerstand politisches Gewicht. In Hainburg erfährt die Auseinandersetzung einen weiteren *Qualitätssprung* in der Formierung des gewerkschaftlichen Widerstandes gegen den Protest der Umweltschützer. Verlief die Konfliktlinie in Zwentendorf noch auf der Ebene des Widerspruchs zwischen Umweltinteresse und Großtechnologie, zwischen Atomkraftgegnern und Machtapparat, so stehen in Hainburg plötzlich Studenten, Anrainer und Naturfreunde gegen Arbeiter, die um ihre Arbeitsplätze fürchten. Der Konflikt zwischen *Umweltschutz und Arbeitswelt* ist damit eröffnet: in Wien gehen 50.000 Bauarbeiter gegen die protestierenden „Nichtstuer" auf die Straße, die Gewerkschafter werden in der Auseinandersetzung zu obsoleten „Betonierern". Nur ein ÖGB-Oktroi gegenüber den Arbeitern kann gewalttätige Auseinandersetzungen mit den Aubesetzern verhindern. Dieser Konflikt ist ein anderer als jener zwischen den Umweltschützern und der staatlichen Exekutivgewalt. Er signalisiert das Ende einer Ära, in der ein sich gerade in der Bauwirtschaft hypostasierndes Wachstum seine unangefochtene Legitimation verliert. Zugleich zwingt er die Umweltschützer, sich der Gesetzmäßigkeiten von Wirtschaft und Arbeit bewußt zu werden.

Weit expliziter als Zwentendorf ist Hainburg auch Ausdruck eines *naturmystizistischen* Diskurses: darin ist die Rede von der europäischen Einmaligkeit einer Au, ihrer Pflanzen und Tiere, für deren Rettung man bereit ist, sich vor die Raupen der Bauarbeiter zu werfen. Für dieses Stück Naturlandschaft scheut man auch nicht die Prügel der Polizei. Prominente wie NENNING und LÖTSCH verkleiden sich als Tiere. Die pathetische Identifikation mit der Urmutter Natur ist aber nur für ein paar Profis Teil eines politischen Kalküls, für viele ist sie Ausdruck einer neuen Identitätssuche. Der Zusammenprall mit dem klassischen sozial- und beschäftigungspolitischen Diskurs des Gegners provoziert den Verweis auf die notwendige Erhaltung der Erde als Voraussetzung für Leben überhaupt, auf die Rache der Natur, vor deren Schlägen man sich hüten müsse, und schließlich auf die Tatsache, daß man Geld nicht essen könne. *„Earth first"* heißt es auf einem Transparent der Friends of the Earth. Hier artikuliert sich ein antikapitalistisches Gefühl, das aber weder den theoretischen Prämissen des Marxismus geschuldet ist, noch dessen Konsequenzen anvisiert. Daher bringt es zunächst auch keine neue Theorie der politischen Ökonomie hervor, die auf eine bestimmte Politik hinzielte, sondern entriert das Gefühl der *apokalyptischen Angst* in die Politik. Angst ist denn auch zumindest für eine gewisse Zeit eine unhinterfragbare politische Kategorie: „Wer Angst hat, ist moralisch im Recht" (Niklas LUHMANN). Gegen Angst läßt sich kaum etwas einwenden. Allerdings ist dieses Element in der Realpolitik auch rasch verschlissen und muß durch konkrete Handlungen ersetzt werden, was von manchen grünen Akteuren in den Verhandlungen mit den Gegnern ebenso rasch erkannt wird. Der *Diskurs der Angst* wird aber noch lange als Grundrauschen den *praktischen Diskurs* grüner Politik begleiten.

Der Erfolg in Hainburg bedingt endgültig den Eintritt der grünen Bewegungen in die *institutionalisierte Politik:* hier entsteht das Einigungskomitee der verschiedenen Gruppen und Akteure, die nach Jahren der ideologischen Zerwürfnisse, Zweckbündnisse und Spaltungen ein gemeinsames Interesse zu formulieren vermögen. Über Vorgeschichte und Verlauf wird hier noch zu erzählen sein.

3. Das Salzburg-Projekt

Die Erfolgsstory der *Salzburger Bürgerliste* zeigt eine andere Entwicklung als die Alternativ-, Antiatomkraft-, Hainburgbewegungen. Durch die Praxis der Konzentrationsregierung und das Gemeinderatswahlergebnis von 1982 in Regierungsverantwortung gelangt, eröffnet sich der Bürgerliste und ihrem Stadtrat ein neuer Handlungsspielraum und Handlungszwang. Nun kann es nicht mehr um das Verhindern und Verzögern von Bauprojekten und Planungskonzepten gehen, man muß positive Antworten liefern.

An die Stelle des Verhinderten muß etwas anderes gesetzt werden. Die Pläne des Stadtrates Johannes VOGGENHUBER, verantwortlich für Stadtplanung, Baubehörde, Verkehr, Altstadtsanierung, Umweltschutz und Gewerbe, in Salzburg nicht nur touristisch motivierte Fassadensanierungen und Verkehrsberuhigungsprojekte zur einzigen städtebaulichen Wahrheit zu küren, sondern den Akzent auch und wesentlich auf den Neubau zu setzen, führen zu einem der wichtigsten *Urbanisierungsprojekte* der letzten beiden Jahrzehnte in Europa und zu einer politischen Zerreißprobe der politischen und zivilen Gesellschaft, aber auch der Bürgerliste selbst.

Das *Salzburg-Projekt* ist Chiffre für Verschiedenes: für den Widerstand gegen eine alte Konsonanz zwischen Politik, Verwaltung und dem „Bauherrensyndikat", für einen Architekturstreit, für neue Formen der Expertenpartizipation (Gestaltungsbeirat) und der Bürgermitsprache im administrativen Entscheidungsprozeß, für den Konflikt zwischen ästhetischem Konservativismus und Modernismus auch innerhalb der grünen Bürgerliste. Es ist aber auch Chiffre für das Gelingen grüner Entwürfe: viele der Bauprojekte werden nach langem Ringen und häufigen Rückschlägen realisiert,[26] im Juni 1985 verabschiedet der Gemeinderat die Grünland-Deklaration, jenen städtebaulichen Vertrag zwischen Politik und Bevölkerung, der Bodenspekulationen und Umwidmungen von deklarierten Grünflächen künftig verhindern soll.[27] Die Auseinandersetzungen um die Architekturprojekte und vor allem die Reformpläne im Verkehrsbereich (autofreie City, Tempo 30) führen 1987 zu schweren Stimmeneinbußen der Bürgerliste und dem Verlust des Stadtrates.

Das Salzburg-Projekt konfrontiert die grüne Bewegung und Partei mit einem politischen Konzept und einer politischen Praxis, die jenseits der grünen Kultur der Angst und Klage eine Möglichkeit zu ihrer *Bewältigung* darstellen. In der Geschichte der Grün-alternativen Partei wird auch diese Position zu einer – allerdings stets bedrohten – Konstante werden: bedroht sowohl von einer Politik der Gefühle als von Vereinnahmungen durch Pragmatismus. Daß aber der ehemalige Salzburger Stadtrat Johannes VOGGENHUBER 1988 auf dem Bundeskongreß in Röthelstein zum Geschäftsführer der Grünen Alternative gewählt wird, ist auch Ausdruck eines Willens der Partei, die Phase der Politik der Gefühle zu überwinden. Erkannt wird die Notwendigkeit von Politik als Profession, als Konsistenz von Entwurf und Praxis.

IV. Die Geburt der grünen Parteien

Zu Beginn des *Geburtsprozesses* in den frühen achtziger Jahren herrscht Ruhe in Österreichs Politik: noch gibt es stabile Verhältnisse unter der

26. Vgl. Dietmar STEINER (Hg.): Das Salzburg-Projekt. Wien 1986.
27. Vgl. VOGGENHUBER, Berichte, 121–128 (Anm. 1).

Alleinregierung der SPÖ, mit klaren Machtverteilungen zwischen SPÖ und ÖPV im ganzen Land und einer kleinen, berechenbaren FPÖ. Es ist anzunehmen, daß die Parteigründungswirren der alternativen und bürgerlichen Umweltbewegungen in den Machtzentralen den Eindruck der skurrilen quantité négligeable hinterlassen. Man glaubt nicht an eine bundesweite Konsolidierung der divergierenden, häufig zerstrittenen Gruppen und Akteure. In der Tat, die erste Prüfung bei der Nationalratswahl 1983 wird weder von den *Vereinten Grünen Österreichs (*VGÖ) noch von der *Alternativen Liste Österreichs* (ALÖ) bestanden.

Die *Parteigründungen* stehen einerseits im Zeichen des *Links-Rechts-Konfliktes,* andererseits im Zeichen der Dichotomie von *Partei und Bewegung*. 1981 kommt es zum dritten gesamtösterreichischen Alternativtreffen, wo erstmals der Aufbau regionaler Gruppen beschlossen wird. Vor allem die *Grazer Alternative Liste (ALG)* wird das Projekt „Bundespartei" mit Ausdauer gegen jene betreiben, die an lose Netzwerke und Projekte als wirksame Formen der Opposition gegen den Parteien- und Verbändestaat denken. An Dynamik gewinnt dieser oft träge verlaufende Prozeß durch die Wahlerfolge der bundesrepublikanischen Grünen, Bunten und Alternativen, aber vor allem durch die Gründung der *Vereinten Grünen Österreichs* mit dem deklarierten Ziel der Kandidatur zur Nationalratwahl 1983.

Die Gründer der VGÖ sind Exponenten der ARGE „Nein zu Zwentendorf" wie Alexander TOLLMANN und dem Alois ENGLANDER (Konsul a.D.), aber auch der Salzburger Gemeinderat Herbert FUX ist dabei. Wie eine *traditionelle Partei* konstruiert, verschreibt sich die VGÖ dem Umweltschutz und der demokratischen Ordnung des Staates.[28] Große persönliche Konflikte der VGÖ-Protagonisten vermitteln der Öffentlichkeit ein negatives Bild und vereiteln den Einzug in den Nationalrat. Danach verlassen TOLLMANN und FUX die VGÖ, deren Vorsitz der Steyregger Vizebürgermeister und ehemalige Sozialdemokrat Josef BUCHNER übernimmt. Der Richtungsstreit in dieser der bürgerlichen Mitte zuzuordnenden Partei mit unscharfen Abgrenzungen gegenüber der Rechten wird in der Bundesversammlung 1986 weiter eskalieren, zahlreiche Parteiausschlüsse und schließlich die Abspaltung der Wiener Landesgruppe nach sich ziehen. Das Bündnis mit der Grünen Alternative anläßlich der Kandidatur zum Nationalrat im Jahre 1986 wird der VGÖ und dem Konflikt zwischen links-alternativen und konservativen Grünen neues politisches Gewicht verleihen.

Im *alternativen* Lager entpuppt sich die *Grazer AL* als treibende Kraft der Bundesparteigründung. Auf einem Delegiertentreffen im März 1982 wird ein vom Steirer Erich KITZMÜLLER präsentiertes Programm als Diskussionsgrundlage der Wahlplattform akzeptiert. Es stellt den ersten systematischeren Versuch einer grün-alternativen Programmdiskussion dar, in de-

28. Vgl. Herbert DACHS: Bürgerlisten und Grün-Alternative Parteien in Österreich. In: Anton PELINKA/Fritz PLASSER (Hg.): Das österr. Parteiensystem. Wien-Köln-Graz 1988, 186.

ren Zentrum die Theorie der Dualwirtschaft steht. Inspiriert an André GORZ, Ivan ILLICH und Josef HUBER erarbeitet der sogenannte „Gföhler Kreis“ ein Konzept „für eine politische Ökonomie der Alternativbewegung in Österreich“ und provoziert den heftigen Widerspruch der Linken und Feministinnen.[29] Die Annahme einer Spaltung der Wirtschaft in zwei Sektoren, einen formellen und einen informellen, wobei der zweite, meist unbezahlte, Voraussetzung für den ersten sei, ist in den Augen der Marxisten falsch, in den Augen der Feministinnen anti-emanzipatorisch. Dieser Ansatz verfehle die Implikationen der Technik, aber auch des Verhältnisses von Kapital und Staat.[30] Aber der Streit zwischen Linken und Alternativen ist nicht nur hegemonial- programmatischer Natur, er ist auch Ausdruck *regionaler Vormachtskämpfe* zwischen Wien und Graz. Da die AL Wien 1983 lediglich zu den gleichzeitig stattfindenden Gemeinderatswahlen antreten will, verpaßt sie die Möglichkeit der Einmischung sowohl bei der Formulierung des Wahlprogramms als auch bei der Erstellung der Kandidatenlisten. Beinah verpaßt sie sogar die Aufnahme in die Alternative Liste Österreichs. Nachdem jedoch der Einzug in den Nationalrat nicht glückt, erhält die *AL-Linke,* die sich niemals der Illusion eines Manadatserfolges hingegeben hat, neuen Aufwind. Programmatisch und strukturell wird sie bis zur nächsten Station im grün-alternativen Parteiwerdungsprozeß 1986 bestimmend sein.

Bis 1986 verlagert sich das parteipolitische Geschehen auf die *Länder- und Gemeindeebene:* In Salzburg, Tirol, Voralberg und in der Steiermark schließt die AL Wahlbündnisse mit der Bürgerliste Salzburg und der VGÖ. Daraus resultieren die Erfolge in der Steiermark und in Voralberg, wo die AL-VGÖ-Wahlplattform mit 13% in den Landtag einzieht, während man sowohl in Tirol wie in Salzburg den Einzug in die Landtage verfehlt.

Im Magnetfeld Hainburg sind jedoch weder die VGÖ noch die ALÖ treibende Kräfte, auch wenn beide Verhandlungspartner in dem neuen Unternehmen Nationalratskandidatur 1986 sein werden. Weit wichtiger sind in diesem Einigungsabkommen die *Bürgerinitiative Parlament,* die MEISSNER-BLAU-Wahlbewegung aus dem Präsidentschaftswahlkampf 1986, einzelne prominente Figuren wie Freda MEISSNER-BLAU, Günther NENNING, Herbert FUX, Johannes VOGGENHUBER, Gerhart HEILINGBRUNNER. Zwar beschließt die von Ali GRONNER präsidierte ALÖ eine historische Öffnung gegenüber diesen von ihr als bürgerlich und telegen apostrophierten Promis, aber sie ist in den entscheidenden Augenblicken nicht mehr federführend. Im Einigungspoker vor den Nationalratswahlen 1986 werden Teile der AL-Linken eliminiert, andere in die *Grüne Alternative* integriert. Der Einzug in den *Nationalrat* mit 4,8% der Stimmen und 8 Mandataren – einer davon ist der VGÖ-Obmann Josef Buch-

29. Vgl. Gföhler Kreis (Hg.): Mehr sein. Mehr wagen. Einstieg in eine grün-alternative Wirtschaftsdiskussion. Graz 1985.

30. Vgl. SCHATTAUER, Rolle, 109 ff. (Anm. 10).

ner – stellt den Beginn eines neuen Kapitels der grünen Geschichte und den Auftakt zu neuen Konflikten dar.

V. Bewegung im Parlament

Der erste *grün-alternative Parlamentsklub* ist zunächst einmal ein Novum für alle: für die neuen Mandatare, für die anderen Parteien, für die Parlamentsbürokratie und die Verwaltung insgesamt. Es gilt, sich auf die neue, völlig unbekannte Parlamentsarbeit einzulassen, sich in Geschäftsordnungen und parlamentarische Gepflogenheiten einzuüben, außerparlamentarische Gesten abzustreifen, der eigenen Arbeit einen konsistenten Rahmen zu geben. Dafür fehlen die meisten Voraussetzungen: die programmatische Sicherheit, der think tank, der Zugang zu Information, das adäquate Personal usw. Die Euphorie über den (unerwarteten) Erfolg kann diese Defizite nur kurzfristig aufwiegen: auf die *alternative Regierungserklärung* – vorgetragen zur konstituierenden Nationalratssitzung im Dezember 1986 – folgt die Routine der Ausschüsse und Parlamentstage, der Präsidiale und der Parteienverhandlungen. Eine Beschränkung auf bestimmte Themen ist unmöglich. Die Vorstellung, die grünalternative Fraktion sei das parlamentarische Spielbein der grünen Bewegung, zerfällt sowohl unter dem Druck des parlamentarischen Alltags als auch im Lichte einer Realität, die man eskamotiert hatte: Die Abgeordneten des Parlamentsklubs sind nur zum Teil aus der grünen Bewegung und den beiden relevanten Parteien hervorgegangen. Im Grunde haben manche unter den Mandataren mit diesen nichts zu schaffen und wollen es auch nicht. Die Offenheit der Listen gegenüber Personen, die man aufgrund ihrer Kompetenz (Walter GEYER) oder ihrer symbolischen Kraft (Manfred SRB) kandidiert hat, wird mittelfristig zum Verhängnis. Das Zweckbündnis mit der VGÖ zerbricht, nachdem diese in finanzieller und personeller Hinsicht für die Grüne Alternative unannehmbare Forderungen stellt. Josef BUCHNER scheidet aus der Fraktion aus und verbleibt im Parlament. In umweltpolitischen Belangen wird es punktuell zu gegenseitigen Unterstützungen kommen. Ansonsten geht man getrennter Wege. Nach knapp zwei Jahren legen die Klubobfrau Freda MEISSNER-BLAU und ihr Stellvertreter und Justizsprecher Walter GEYER im November 1988 das Mandat nieder. Gründe dafür sind klubinterne Differenzen, deren tiefere Ursachen hier nur spekulativ angegeben werden können: eine allgemeine Enttäuschung über die geringen Wirkungsmöglichkeiten im parlamentarischen Geschäft, der Verlust von Beziehungen zur politischen Außenwelt, das Absinken in der Wählergunst aufgrund des in den Medien zementierten Eindrucks der Zerstrittenheit, die große, verhängnisvolle Abhängigkeit von den Medien, deren Interesse zunächst der Sensation des grünen Phänomens, schließlich aber doch der Erhaltung der politisch-kulturellen Hegemonie galt, die programmatische Leere in vielen Bereichen der Politik, die Erosion der Bewegung, deren

Spielbein man darstellen will, das Verblassen der großen Erfolgssymbole Zwentendorf und Hainburg, die Schwäche der grün- alternativen Partei und der Grünen Bildungswerkstätte, die weder strukturell noch inhaltlich in die Offensive zu gehen vermögen.

Der Parlamentsklub ist die Grüne Alternative. Die programmatischen Visionen eines basisdemokratischen Modells, in dem die Basis alles, die Mandatare nur Sprachrohre der Basis sind, erfährt in der Realität eine ironische Umkehrung: ohne Ressourcen, Infrastrukturen und qualifizierte Politiker im Hauptberuf ist die Partei mit ihren vielen ehrenamtlich engagierten oder gering bezahlten Aktivisten nicht in der Lage, Meinungsbildungen und Entscheidungsprozesse zu organisieren, deren Ergebnisse politische Autorität hätten und für die Mandatare verbindlich wären. Grün-alternative Politik ist in diesen ersten beiden Parlamentsjahren – mit Ausnahme des Umweltbereiches – meist das Ergebnis von Klubentscheidungen auf der Basis von Arbeit der wissenschaftlichen Referenten und der diesen zugänglichen Experten, von Einzelpositionen der Mandatare, oft gar von spontanen Einfällen. Einen wichtigen Teil dieser Politik stellen auch *Aktionen* im Parlament dar, von denen das Entrollen des Hakenkreuzfahne durch Andreas WABL wohl die spektakulärste und bedeutendste ist. Aufsehen erregten die neunstündige Rede Walter GEYERs zum Dampfkesselemissionsgesetz und die Demonstration mit Plakaten von berühmten österreichischen Emigranten im Ständestaat und nach dem Anschluß während der Debatte zum Asylgesetz 1991. In der zweiten Hälfte der Legislaturperiode werden zwei *politische Skandale* „Lucona" und „Noricum" die parlamentarische Arbeit bestimmen: Peter PILZ als grüner Vertreter in den einschlägigen Ausschüssen wird sich durch diese Arbeit zu einem der bekanntesten Politiker des Landes profilieren.

Vom Parlamentsklub geht auch die Entscheidung zur Parteireform aus. *Neues Grün* ist ein Konzept zur Professionalisierung und Profilierung der Partei: 1988 werden auf dem Bundeskongreß von Röthelstein mit Johannes VOGGENHUBER und Pius STROBL zwei neue hauptamtliche Geschäftsführer gewählt, die der Partei neues Gewicht verleihen sollen. Johannes VOGGENHUBER ist zuständig für die Außendarstellung, Pius STROBL für die innere Reorganisation der Partei. Einhellig ist der Wille, der Partei ein neues umfassendes Programm zu geben, eine Aufgabe, mit der ich selbst betraut werde. Die *Programmarbeit* wird in den beiden folgenden Jahren teilweise zu einem neuen Kristallisationspunkt der grünen Bewegung, zumal in der Auseinandersetzung um sozial- und demokratiepolitische Fragen auch die alte Rechts-Links-Frage wieder zum Tragen kommt. Nach einer langen und kontroversiellen Debatte in den Landesorganisationen der Partei und in einer breiten Öffentlichkeit werden am Programmkongreß im Tiroler Telfs die *Grünen Leitlinien* zu den Themen Sozial- und Gesundheitspolitik, Demokratie- und Umweltpolitik verabschiedet. Neben den politischen Analysen und Grundsätzen, bleiben viele

Fragen offen und bedürfen weiterer Arbeit in den folgenden Jahren. Aber diese wird ein ganz neues Thema bestimmen: die *europäische Integration* und Österreichs Beitritt zur Europäischen Gemeinschaft.

VI. Etablierung und Krise

Das Wahljahr 1990 ist wiederum ein Jahr der *Ambivalenzen*. Der Demoskopie zufolge scheint sich die Grüne Alternative nicht nur endgültig als vierte politische Kraft Österreichs etabliert zu haben, sondern auch neuen Erfolgen entgegenzueilen. In einem professionellen Wahlkampf agieren mit Ausnahme von Johannes VOGGENHUBER und Peter PILZ viele neue Figuren. Zum ersten Mal in der Parteiengeschichte Österreichs gelingt es der Grünen Alternative, das Gros der Kandidatenlisten *paritätisch* mit Männern und Frauen zu besetzen. Der Wahlkampf wird wesentlich von zwei Themen beherrscht: der *Ausländerfrage* und dem *EG-Beitritt Österreichs*. In der ersten vertreten die Grünen eine liberale Position, die von der FPÖ und in der Folge auch von der SPÖ konterkariert wird. In der zweiten erarbeiten die Grünen einen ablehnenden Standpunkt aus Gründen der Umwelt-, Demokratie-, Neutralitäts- und Sozialpolitik. Noch wenige Wochen vor der Wahl ergeben alle Umfragen eine wahrscheinliche Verdoppelung der Stimmenanteile der Grünen Alternative gegenüber 1986. Das Gegenteil ist jedoch der Fall: mit knapp 4,5% liegt sie unter dem Resultat von 1986, der österreichischen Wahlarithmetik ist es zu danken, daß letztlich 10 statt 8 Mandatare in den Nationalrat einziehen. Die Hälfte davon sind Frauen. Nur in Wien und Salzburg kann man gute Ergebnisse erzielen, das bei den Landtagswahlen so erfolgreiche Tirol verfehlt das Grundmandat.

Mit der Nationalratswahl 1990 beginnt eine Serie von *Mißerfolgen:* bei verschiedenen Landtagswahlen im Laufe des Jahres 1991 (Burgenland, Steiermark und Oberösterreich) verpaßt die Grüne Alternative den Einzug in die Landesparlamente, in der Steiermark wird sie aus diesem ausscheiden. Das Ausscheiden der erfolgreichsten grünen Partei Europas, der deutschen Grünen, aus dem Bundestag verschärft den Eindruck einer tiefen *Krise* des grünen Projektes. Analysen der Mißerfolge produzieren unterschiedliche Standpunkte, die von persönlichen Schuldzuweisungen bis zur Infragestellung der eigenen Daseinsberechtigung reichen. Jenseits einiger Fehler im Wahlkampf muß folgendes festgehalten werden: Die Grüne Alternative wird 1990 von einer weitgehend neuen Wählergruppe gewählt, nur mehr ein Drittel der Wähler von 1986 votieren auch 1990 für sie; die neuen Stimmen werden auf ÖVP- und nicht, wie allgemein vermutet, auf SPÖ-Seite gewonnen; in den letzten Wochen vor der Wahl gelingt es der SPÖ mit der Angstparole über eine mögliche ÖVP-FPÖ-Koalition, potentielle Grünwähler zurückzugewinnen und damit ihre Verluste in Grenzen zu halten; der große Sieger dieser Wahl heißt Jörg HAIDER, dessen rechtspopulistisches Wahlprogramm vor allem junge Protestwähler zu binden vermag.

Nach einer *Strategiedebatte* in Klub und Partei beschließt die Grüne Alternative eine neue politische Offensive zur Frage der Integration Österreichs in den europäischen Binnenmarkt zu lancieren. Große Teile der personellen und finanziellen Ressourcen werden in eine *Aufklärungskampagne* über die ökologischen, demokratie- und sozialpolitischen Nachteile einer Mitgliedschaft Österreichs in EG und EWR investiert. Die sicherheitspolitische Debatte innerhalb der EG läßt die Schwierigkeit oder gar Unmöglichkeit, an der österreichischen Neutralität festzuhalten, immer deutlicher zutage treten. Fokus dieser Debatte ist gemäß der österreichischen Verfassung eine Volksabstimmung auch im Falle eines Beitritts zum EWR, da dieser de facto eine EG-Integration vorwegnimmt. Ziel dieser Politik ist die Vermittlung eines Europakonzeptes, das nicht einer „Festung Europa" und einer Zweiteilung des Kontinentes in reiche und arme Regionen, vor allem in einen reichen Westen und einen armen Osten, das Wort redet. Darüberhinaus gilt es, die Opfer einer EG-Integration Österreichs zu analysieren und einer öffentlichen Diskussion zu stellen. Ein von der Grünen Alternative initiiertes Volksbegehren zur Abhaltung einer Volksabstimmung über den Beitritt zum Europäischen Wirtschaftsraum erzielt 127.000 Stimmen. Allerdings tauchen nun innerhalb des Grünen Parlamentsklubs vermehrt *Bedenken* gegen diese Anti-EG-Haltung auf: befürchtet wird eine Dämonisierung der EG und eine Isolierung der Grünen in dieser Frage. Dies ist wohl mit ein Grund für den Rücktritt des grünen EG-Sprechers Johannes VOGGENHUBER von seiner Funktion als Klubobmann zu Beginn des Jahres 1992. Allerdings ist auch diese Entscheidung ambivalent, da zugleich die Fortsetzung der bisherigen Anti-EG-Linie beschlossen wird. Vorläufiger Endpunkt dieser Debatte ist das im April 1992 von VOGGENHUBER präsentierte Konzept eines Forderungskatalogs als Basis für die EG-Verhandlungen der österreichischen Regierung und einer Strategie, die auf eine mit allen EFTA-Staaten konzertierte Vorgangsweise abzielt.

Der überraschende *Erfolg* der Grünen Alternative bei den Wiener Gemeinderatswahlen im Jahre 1991 – sie ziehen mit nahezu 10% der Stimmen, 7 Mandataren und einem Stadtrat ins Wiener Rathaus ein – scheint eine Phase der Stabilisierung einzuleiten. Die Erfolge der französischen und italienischen Grünen im Frühjahr 1992 bestätigen diesen Trend. Die Konkurrenz der VGÖ dürfte damit ebenfalls ihr Ende gefunden haben. Aber die *Zukunft* bleibt offen. Das Bild der österreichischen Parteienlandschaft ist nicht mehr dasselbe wie zu Beginn der achtziger Jahre und wird es wohl auch nie mehr sein: die ÖVP erodiert mit großer Geschwindigkeit, die SPÖ verliert auch und vor allem in ihren einstigen Hochburgen, Gewinner dieser Neuordnung ist bislang die FPÖ bei allen Wahlen. Ob die Grüne Alternative die Wiener Erfolge fortzusetzen vermag, ist nirgends verbürgt. Im

Herbst 1992 finden in Salzburg Gemeinderatswahlen statt. Die Umfragen attestieren den Grünen heute nahezu 20% der Stimmen. Auf regionaler Ebene siegen auch die deutschen Grünen wieder. Möglicherweise überträgt man jener Partei, die aus dem Protest gegen die Zerstörung von Lebenswelt entstanden ist, politische Verantwortung vorzugsweise dort, wo sie bisher ihre größte Kompetenz bewiesen hat: in den *Städten und Regionen.* Wenn mit der Zentralisierung von Macht in Brüssel unausweichlich und allerorten in Europa auch Forderungen nach *Dezentralisierung* auftauchen, wäre dies die große Chance der europäischen Grünen. Dazu bedürfte es jedoch auch ihrer Präsenz und Kompetenz in den nationalen und supranationalen Zentren.

So geraten die *grünen Geschichten* in eine neue Offenheit, und ihre Erzähler in neue Rollen und Fraktionen. Der Kristallisationspunkt heißt *Europa,* und in seinem politischen Magnetfeld formieren sich langsam neue Demokratiebewegungen. Den Grünen stellt sich die Frage, ob das Ziel nun die Gewinnung von politischen Marktanteilen in der nationalen Parteienlandschaft oder die Mitinitiierung einer internationalen Bewegung sei, die der Macht des Binnenmarktes die Macht jenes Konzeptes entgegenzusetzen vermag, das man einst mit der Parole des *ökologischen* und *sozialen* Umbaus der Industriegesellschaft angekündigt hatte.

Verbände und Sozialpartnerschaft

Joseph Marko

I. Sozialpartnerschaft: Zwischen Stabilität, Effizienz und Demokratie

Sowohl *historisch* gesehen im Vergleich zur Ersten Republik als auch im *internationalen* Vergleich westlicher Industrieländer weist das österreichische politische System der Zweiten Republik eine bemerkenswert hohe politische Stabilität und wirtschaftliche Effizienz auf, die zu einem in der Geschichte einzigartigen materiellen Lebensstandard für breite Bevölkerungsschichten führte. Dafür lassen sich auch eindrucksvolle empirische Belege finden: Wurde in der Ersten Republik noch durchschnittlich 1 Stunde im Jahr pro unselbständig Erwerbstätigem gestreikt, so waren es in der Zweiten Republik nur mehr 2,88 Minuten. Und im internationalen Vergleich mit 17 westlichen Industriestaaten liegt Österreich für den Zeitraum 1981–1989 mit durchschnittlich jährlich 1,3 *Streikminuten* hinter der Schweiz an zweiter Stelle.[1] Aber auch die wirtschaftliche *Effizienz*, definiert durch die Verwirklichung des magischen Dreiecks von überdurchschnittlichem Wirtschaftswachstum und unterdurchschnittlicher Inflation und Arbeitslosenrate, erweist sich im internationalen Vergleich als eindrucksvoll, wobei das Unternehmen Österreich in der Rezessionsphase 1973–1984 sogar noch besser wirtschaftete als in der Periode davor, wie die Tabelle 1 zeigt.[2]

---

1. Eigene Berechnungen nach den Tabellen 29 und 30 in: Rainer NICK/Anton PELINKA: Bürgerkrieg – Sozialpartnerschaft. Das politische System Österreichs – 1. und 2. Republik. Ein Vergleich. 2.A. Wien 1984, 80f. Vgl. auch Gerhard BOTZ: Streik in Österreich 1918 bis 1975. Probleme und Ergebnisse einer quantitativen Analyse. In: Gerhard BOTZ u. a. (Hg.): Bewegung und Klasse. Wien 1978, 807–831; Ds., Krisenzonen einer Demokratie. Gewalt, Streik und Konfliktunterdrückung in Österreich seit 1918. Frankfurt/Main 1987. Der Durchschnitt von 1,3 Streikminuten pro unselbständig Erwerbstätigen wurde nach der Streikstatistik in: Österr. Arbeiterkammertag (Hg.): Wirtschafts- und Sozialstatistisches Taschenbuch, Wien 1989, 42 und Ds., Taschenbuch 1991, Wien 1991, 42 errechnet.

2. Vgl. Manfred G. SCHMIDT: Politische Bedingungen erfolgreicher Wirtschaftspolitik. Eine vergleichende Analyse westlicher Industrieländer (1960–1985). In: Journal f. Sozialforschung (JfSF), 26 (1986), 254 und 258 sowie die diesbezüglichen Daten für 1988–90 in : Arbeit und Wirtschaft 1/1989, 6. Auch eine internationale Vergleichsstudie 1990 im Auftrag der UNO kam zu dem Ergebnis, daß konjunkturelle Krisenphasen in Ländern mit korporatistischen Strukturen besser gemeistert wurden, allerdings in der Lohnpolitik dies auf Kosten der sozial Schwachen ging. S. Lydia NINZ: Sozialpartnerschaft gut in Krisenzeiten. In: Der Standard, 17. Juli 1990, 14.

Tabelle 1: Wirtschaftswachstum, Inflation und Arbeitslosigkeit im internationalen Vergleich

	1960–1973			1973–1984			1988–1990		
	WiWa	InflR	Arbqu	WiWa	InflR	Arbqu	WiWa	InflR	Arbqu
Australien	5,2	3,6	1,8	2,7	10,7	6,2			
Belgien	4,9	3,6	2,3	1,7	8,0	8,9	2,6	1,6	10,1
BRD	4,5	3,5	0,8	1,7	4,6	4,5	2,8	1,9	8,0
Dänemark	4,4	6,3	1,3	1,7	10,2	7,8	0,8	4,1	9,3
Finnland	4,8	5,9	2,3	2,8	11,4	4,9	2,9	4,8	4,7
Frankreich	5,7	4,6	2,2	2,2	10,9	6,2	2,8	2,6	10,7
Griechenland	7,6	3,3	4,6	2,5	18,8	3,6			
Großbritannien	3,1	5,2	3,1	1,1	12,9	8,0	2,9	4,8	8,3
Irland	4,6	11,5	5,2	3,5	15,0	8,8			
Italien	5,4	4,4	5,5	2,0	16,2	7,6	3,2	4,5	11,3
Japan	9,6	6,2	1,2	3,9	7,4	2,1	4,7	1,0	2,5
Kanada	5,6	3,3	4,8	2,7	8,9	8,4			
Neuseeland	4,1	4,9	0,3	1,7	13,2	2,2			
Niederlande	5,1	4,8	1,2	1,6	6,2	7,6	2,2	1,2	12,4
Norwegen	4,2	5,0	1,7	3,9	9,3	2,1	1,6	4,7	3,3
Österreich	**4,9**	**4,1**	**1,7**	**2,4**	**5,9**	**2,4**	**2,7**	**2,2**	**3,7**
Portugal	7,0	5,3	2,4	2,3	23,1	7,2			
Schweden	4,1	4,5	2,0	1,7	10,0	2,3	1,9	4,7	1,9
Schweiz	4,3	4,2	0,1	0,5	4,2	0,4	2,3	2,6	0,8
Spanien	7,2	6,7	2,8	2,1	16,2	10,0			
USA	4,0	3,2	4,4	2,4	8,1	7,4	3,0	4,5	5,6
Durchschnitt	**5,2**	**5,0**	**2,5**	**2,2**	**10,5**	**5,6**	**2,6**	**3,2**	**6,6**

Quelle: Manfred G. SCHMIDT: Politische Bedingungen erfolgreicher Wirtschaftspolitik, in: JfSF, 26 (1986), 254 und 258 sowie Arbeit und Wirtschaft 1/1989, 6.

Für beide Faktoren, Stabilität und wirtschaftliche Effizienz, für die zudem ein wechselseitiges Bedingungs- und Wirkungsverhältnis angenommen wird, werden in erster Linie *politisch-institutionelle Rahmenbedingungen,* nämlich die Fähigkeit zur Politikkonzertierung und Koordinierung sowie friedliche sozialpartnerschaftliche Beziehungen zwischen Kapital und Arbeit, zur „statistischen“ Erklärung herangezogen.[3] Was damit jedoch bewiesen wird, ist in der entsprechenden Sozialpartnerschafts- und Neokorporatismusliteratur[4] schon weniger klar. So wird etwa von Arno TAUSCH die Frage aufgewor-

3. SCHMIDT, Bedingungen, 262 (Anm. 2); vgl. auch Reinhard NECK: Das österr. System der Sozial- und Wirtschaftspartnerschaft aus polit- ökonomischer Sicht. In : JfSF, 25 (1985), insb. 382 ff.

4. Alfred KLOSE: Ein Weg zur Sozialpartnerschaft. Das österr. Modell. Wien 1970. – Thomas LACHS: Wirtschaftspartnerschaft in Österreich. Wien 1976. – Johann FARNLEITNER: Die Paritätische Kommission. 2.A. Eisenstadt 1977. – Gerald SCHÖPFER (Hg.): Phänomen Sozialpartnerschaft. Wien 1981. – Anton PELINKA: Modellfall Österreich. Möglichkeiten und Grenzen der Sozialpartnerschaft. Wien 1981. – Bernd MARIN: Die Paritätische Kommission. Aufgeklärter Technokorporatismus in Österreich. Wien 1982. – Hans P. SCHACHNER: Un/Gleichge-

wicht der Sozialpartner. Wien (Phil.Diss.) 1984. – Hannes WIMMER (Hg.): Wirtschafts- und Sozialpartnerschaft in Österreich. Wien 1984. – Peter GERLICH/ Edgar GRANDE/ Wolfgang C. MÜLLER (Hg.): Sozialpartnerschaft in der Krise. Leistungen und Grenzen des Neokorporatismus in Österreich. Wien 1985. – Anton PELINKA: Sozialpartnerschaft und Interessenverbände. Wien 1986. – Theodor TOMANDL/ Karl FUERBOECK: Social Partnership. The Austrian System of Industrial Relations and Social Insurance. Ithaca-New York 1986. – Gerald STOURZH/ Margarete GRANDNER (Hg.): Histor. Wurzeln der Sozialpartnerschaft. Wien 1986. – Karl KORINEK u. a.: Rechtsfragen der Sozialpartnerschaft. Köln u. a. 1987. – Johannes W. PICHLER/ Theo QUENE (Hg.): Sozialpartnerschaft und Rechtspolitik. Veränderungschancen am Hintergrund des Modells des Niederländischen Sozial-Ökonomischen Rates. Wien-Köln 1990. – Herbert PRIBYL: Sozialpartnerschaft in Österreich. Wien 1991. – Vgl. weiters die Schwerpunktthemen Sozialpartnerschaft der Österr.Zeitschrift f. Politikwissenschaft (ÖZP), 2/1974 sowie 3/1982, Wirtschaftspolitische Blätter (WiPolBl),1–2/1970 sowie 4/1976 und christliche demokratie 2/1988. – Egon MATZNER: Sozialpartnerschaft. In: Heinz FISCHER (Hg.): Das polit. System Österreichs. 3.A. Wien 1982, 429–451. – Gerhard LEHMBRUCH: Sozialpartnerschaft in der vergleichenden Politikforschung. In: JfSF, 25 (1985), 285–303. – Alfred KLOSE: Gewerkschaften, Arbeiterkammern und Sozialpartnerschaft in Österreich. In: Wolfgang OCKENFELS (Hg.): Krise der Gewerkschaften – Krise der Tarifautonomie ? Bonn 1987, 51–64. – Anton PELINKA: Austrian Social Partnership: Stability vs. Innovation. In: West European Politics, 1987, 63–75. – Peter ROSNER: Sozialpartnerschaft – eine Revision. In: WiPolBl, 34 (1987), 515–528. – Franz TRAXLER: Klassenstruktur, Korporatismus und Krise. Zur Machtverteilung in Österreichs „Sozialpartnerschaft" im Umbruch des Weltmarkts. In: Politische Vierteljahresschrift (PVS), 28 (1987), 59–79. – Frederick C. ENGELMANN/ J. Paul JOHNSTON/ Charles K. HUMPHREY: Die Sozialpartnerschaft im Wertewandel. In: SWS-Rundschau, 29 (1989), 111–118. – Anton PELINKA: Sozialpartnerschaft ohne Kammern? Legitimationsprobleme des „Kammerstaates". In: Österr. Jahrbuch für Politik '89. Wien-München 1990, 619–631. – Heinz VOGLER: Die Zukunft der Sozialpartnerschaft. In: Europ. Rundschau, 18 (1990), 105–112. – Johann FARNLEITNER: Die Zukunft der Sozialpartnerschaft. In: WiPolBl, 38 (1991), 96–105. – Anton PELINKA: Österreich: Konkordanzdemokratie und Sozialpartnerschaft. In: Helga MICHALSKY (Hg.): Polit. Wandel in konkordanzdemokratischen Systemen. Vaduz 1991, 29–44. – Manfred PRISCHING: Bestandsaufnahme Sozialpartnerschaft. In: Wirtschaft und Gesellschaft, 17 (1991), 9–36. – Christian SCHALLER: Verbände und Sozialpartnerschaft (in den Bundesländern). In: Herbert DACHS u. a. (Hg.): Handbuch des polit. Systems Österreichs. Wien 1991, 804–815. – Emmerich TÁLOS: Sozialpartnerschaft. Kooperation- Konzertierung-politische Regulierung. In: DACHS, Handbuch, 390–409.

Ulrich v. ALEMANN/ Rudolf G. HEINZE (Hg.): Verbände und Staat. Opladen 1979. – Philippe C. SCHMITTER/ Gerhard LEHMBRUCH (eds.): Trends Towards Corporatist Intermediation. Beverly Hills-London 1979. – Ulrich v. ALEMANN (Hg.): Neokorporatismus. Frankfurt/Main 1981. – Christoph GUSY: Vom Verbändestaat zum Neokorporatismus. Wien 1981. – Rudolf G. HEINZE: Verbändepolitik und „Neokorporatismus". Opladen 1981.– Gerhard LEHMBRUCH/ Philippe C. SCHMITTER: Patterns of Corporatist Policy- Making. London-Beverly Hills 1982. – Ulrich v. ALEMANN/ Erhard FORNDRAN (Hg.): Interessenvermittlung und Politik. Opladen 1983. – Hannes SONNBERGER: Neokorporatismus statt Pluralismus im polit. System Österreichs. Wien (Phil.Diss.) 1983. – Jürgen FALTER/ Christian FENNER/ Markus Th. GREWEN (Hg.): Polit. Willensbildung und Interessenvermittlung. Opladen 1984. – Hans J. GLASMEIER: Durchstaatlichung und Selbstorganisierung der Gesellschaft. Kritik theoretischer Ansätze und historisch-systematischer Fallvergleich am Beispiel der Schweiz und Österreichs. München 1984. – Peter G. KATZENSTEIN: Corporatism and Change. Austria, Switzerland and the Politics of Industry. Ithaca-London 1984. – Wolfgang STREECK/ Philippe C. SCHMITTER (eds.): Private Interest Government – Beyond Market and State. London 1985. – Alan CAWSON: Corporatism and Political Theory. Oxford 1986. – Ulrich v. ALEMANN: Organisierte Interessen in der BRD. Leverkusen 1987; Ilja SCHOLTEN (ed.): Political Stability and Neo- Corporatism – Corporatist Integration and Social Cleavages in Western Europe. London 1987. – Peter J. WILLIAMSON: Corporatism in Perspective. London 1989.

Vgl. auch die Neokorporatismusdebatte in der Zeitschrift f. Parlamentsfragen 4/1979 und den

fen, ob diese Erfolge nur Produkte einer verspäteten, aufholenden Entwicklung waren, so daß von einem „Modell Österreich“[5] heute nicht mehr die Rede sein könne, da unsere Demokratie zu altern beginne und die weltwirtschaftliche Krise sich auch in Österreich voll auswirke. Daß diese Frage nicht von ungefähr gestellt wird, hängt mit der in der Neokorporatismusdiskussion aufgestellten Hypothese zusammen, daß es einen „säkularen Trend“[6] liberal-demokratischer Industrienationen hin zum Korporatismus gäbe. Demzufolge erschien das „Modell Österreich“ mit seiner vormodernen Verbändestruktur plötzlich als „postklassischer Parlamentarismus“[7] und die Prämodernität Österreichs – das sich nicht nur heute im Zusammenhang mit der Schaffung eines Binnenmarktes der EG, sondern bereits zu Beginn der siebziger Jahre nach dem Wahlslogan für sozialdemokratische wohlfahrtsstaatliche Regierungspolitik um „Europareife“ bemühte[8] – plötzlich in eine Post-Modernität mit allen Attributen eines Avantgarde-Modells, an dessen Wesen die Welt genesen könnte, umdefiniert.

Damit scheiden sich bereits beim grundsätzlichen Problem des Verhältnisses von *Ursache und Wirkung* die Geister. Sehen die einen in der Sozialpartnerschaft ein „Schönwetterphänomen“, dessen institutionelles Gefüge auf freiwilliger Basis Gefahr laufe, im Falle einer wirtschaftlichen Krise auseinanderzubrechen[9], so wird unter Umständen sogar gleichzeitig darauf

Schwerpunkt Neokorporatistische Politikentwicklung in Westeuropa in JfSF 4/1983; Wolfgang STREECK/ Philippe C. SCHMITTER: Gemeinschaft, Markt und Staat – und die Verbände ? Der mögliche Beitrag von Interessenregierungen zur sozialen Ordnung. In: JfSF, 25 (1985), 133–157. – Gerhard LEHMBRUCH: Comparative Political Economy of Neo-Corporatism: Inter-Organizational and Institutional Logics, Paper prepared for ECPR Joint Sessions. Amsterdam 1987. – Franz TRAXLER/ Georg VOBRUBA: Selbsteuerung als funktionales Äquivalent zum Recht? Zur Steuerungskapazität von neokorporatistischen Arrangements und reflexivem Recht. In: Zeitschrift f. Soziologie, 16 (1987), 3–15. – Peter GERLICH/Edgar GRANDE/Wolfgang C. MÜLLER: Corporatism in Crisis: Stability and Change of Social Partnership in Austria. In: Political Studies, 36 (1988), 209–223. – Franz TRAXLER: Politischer Tausch, kollektives Handeln und Interessenregulierung. In: JfSF, 28 (1988), 267–285; Paul WINDOLF: Vom Korporatismus zur Deregulierung. In: JfSF, 29 (1989), 367–387.

5. Arno TAUSCH: Das „Modell Österreich“ und die neoliberale Kritik, unveröff. Manuskript. Innsbruck 1987, 38; Felix BUTSCHEK: Die österreichische Wirtschaft im 20. Jahrhundert. Wien 1985, 206 ff. TRAXLER, Klassenstruktur, 64 (Anm. 4) sieht Österreich als Beispiel eines Landes mit „suboptimalem Entwicklungspfad“ auf Grund des hohen Fragmentierungsgrads des Kapitals.

6. LEHMBRUCH, Sozialpartnerschaft, 285 (Anm. 4).

7. Anton PELINKA: Postklassischer Parlamentarismus und Sozialpartnerschaft. In: ÖZP, 2 (1974), 333–345.

8. Vgl die Regierungserklärungen KREISKY I und II, StenProt NR, XII.GP, 27. April 1970, 18 sowie XIII.GP, 3. Nov.1971, 25.

9. MATZNER, Sozialpartnerschaft, 447 (Anm. 4) f. – Manfred PRISCHING: Legitimitätskrise der Sozialpartnerschaft. In: SCHÖPFER, Phänomen, 245 ff (Anm. 4). – Michael STEINER: Ende der Sozialpartnerschaft? Zur längerfristigen Entwicklung eines sozialen Konsenses. In: SCHÖPFER, Phänomen, 255 ff (Anm. 4). – Edgar GRANDE/ Wolfgang C. MÜLLER: Sozialpartnerschaftliche Krisensteuerung oder Krise der Sozialpartnerschaft. In: GERLICH/GRANDE/MÜLLER, Sozialpartnerschaft, 15 ff (Anm. 4).

hingewiesen, daß diese bisher alle Auf- und Abschwünge der Wirtschaft wie auch alle Pendelschläge von der Großen Koalition zu Alleinregierungen und wieder zurück überstanden hat. Stabilität und Effizienz also durch Sozialpartnerschaft oder Sozialpartnerschaft als deren Ergebnis?

Neben diesem grundsätzlichen Problem ist aber auch der empirische „Beweis" durch die genannten Indikatoren durchaus nicht eindeutig. Abgesehen davon, daß nicht jeder Streik in die vom Österreichischen Gewerkschaftsbund geführte Streikstatistik aufgenommen wird, vor allem wenn es sich um „wilde" Streiks handelt[10], ist die mangelnde Streikhäufigkeit als empirischer Indikator für *politische Stabilität* durchaus „eindimensional", wenn man die grundsätzliche Passivität der Österreicher als zusätzliche Variable bedenkt.[11] Wenngleich das Entstehen von Bürgerinitiativen und grün-alternativen Parteien zwar auch in Österreich in den siebziger Jahren zu einer Zunahme unkonventioneller Verhaltensweisen, insbesondere auch „wilder Streiks", führte, ist gerade für Österreich im internationalen Vergleich wieder auffallend, daß es ein geringeres Protestpotential wie auch eine geringere Bereitschaft zur Beteiligung an unkonventionellen Verhaltensweisen gibt.[12]

Aber auch das im Gegensatz zur Ersten Republik fast völlige Fehlen politischer Gewaltopfer[13] darf nicht voreilig als Zufriedenheit mit den Institutionen interpretiert werden, wie die Diskussion über das „Unbehagen im

10. Ferdinand KARLHOFER: „Wilde" Streiks in Österreich. Wien 1983, 29f; vgl. auch Walter SPOEHRIG: Streiks im internationalen Vergleich. Köln 1983.

11. So ist der Typus des „völlig Apathischen" mit einem Anteil von mehr als einem Viertel der am häufigsten vorfindbare Typ in der Bevölkerung und wenn man die Partei- und Verbandsmitglieder, die außer ihrer Verbandsmitgliedschaft absolut inaktiv sind, ebenfalls dieser Gruppe zurechnet, gehören mehr als 40% der Bevölkerung dazu. Vgl. Roland DEISER/ Norbert WINKLER: Das polit. Handeln der Österreicher. Wien 1982, 217 ff.

12. Gegen drohende Massenentlassungen in der Verstaatlichten Industrie waren nur 32% bereit, Protestaktionen zu unternehmen, wobei wiederum nur 24% Arbeitsniederlegungen und 7% die Besetzung eines Firmen- oder Amtsgebäudes gerechtfertigt halten. Vgl. dazu die IMAS-Umfrage, 9. – 23. Juli 1986, n=1500, in: Österr. Jahrbuch für Politik '86. Wien-München 1987, 902f. Dies deutet wiederum darauf hin, daß (drohende) Arbeitslosigkeit nicht unbedingt zu Protest, sondern eher zu Apathie führt. Vgl. Manfred PRISCHING: Stille Arbeitslose – Arbeitsmarktstrukturen und politische Stabilität. Universität Linz und Graz, Forschungsbericht 10, Dez. 1986 sowie Ds., Arbeitslosenprotest und Resignation in der Wirtschaftskrise. Frankfurt/Main-New York 1988. Zu unkonventionellen Verhaltensweisen vgl. für Österreich Leopold ROSENMAYR (Hg.): Polit. Beteiligung und Wertwandel in Österreich. München-Wien 1980, 40ff. Möglicherweise dürfte daher auch für Österreich zutreffen, was Heinrich ZWICKY: Polit. Aktivität, Illegitimität und Stabilisierung. Diessenhofen 1982, 259, für die Schweiz konstatiert: „daß – entgegen unseren Erwartungen – eine höhere Illegitimität in einem Kontext das durchschnittliche Niveau politischer Aktivität nicht erhöht." Entgegen seiner Schlußfolgerung, daß Illegitimitätspotentiale auf der artikulativen Ebene erfolgreich stabilisiert werden, dürfte es sich aber eher um den Ausdruck wachsender Polarisierung in der Gesellschaft handeln, die sehr wohl eine potentielle Bedrohung der Stabilität darstellt.

13. Gerhard BOTZ: Polit. Gewalt und industrielle Arbeitskämpfe in Wirtschaftskrisen. Versuch einer Extrapolation aus der Geschichte der Ersten und Zweiten Republik. In: Bernd MARIN (Hg.): Wachstumskrisen in Österreich. Bd. 2, Wien 1979, 264 und 277.

Parteienstaat“[14] im allgemeinen zeigt. Obwohl 1980 65% der Bevölkerung und sogar 78% der Akademiker die Zusammenarbeit der Sozialpartnerschaft für wichtiger als das Parlament erachteten[15] und selbst 1990 noch mehr als 50% der Österreicher der Meinung waren, daß wirtschaftliche und soziale Fragen von den Sozialpartnern entschieden werden sollten und immerhin noch 38% dies auch für allgemeine politische Fragen am besten hielten[16], stellt sich dennoch die Frage, ob die Institution Sozialpartnerschaft am Beginn der neunziger Jahre tatsächlich von der allgemeinen „Politikverdrossenheit“ ausgenommen ist und damit deren Strukturen nicht nur „geduldet“, sondern auf Grund ihrer Leistungen auch *legitimiert* sind ?[17] Deutliche Menetekel wie das Absinken der Wahlbeteiligung bei den Arbeiterkammerwahlen 1989 unter 50% und die Diskussion um die Pflichtmitgliedschaft bei den Kammern[18] weisen darauf hin, daß zumindest im Bereich des „Unterbaus“, bei den Verbänden selbst, Leistungsdefizite auch zu Legitimationsdefiziten geführt haben, die – zusammen mit der Frage nach der Funktion dieser Institutionen im Falle einer Mitgliedschaft Österreichs bei der EG – leicht auf die gesamte Struktur der Sozialpartnerschaft übergreifen könnten.

Damit stellt sich auch die Frage, welcher Art diese (wirtschafts)politische Stabilität ist und wie diese mit der *demokratischen Qualität* des Gesamtsystems zusammenhängt. Das Auseinanderklaffen von verbaler Ebene und Handlungsebene in der österreichischen Politik – die eine von der Rhetorik der Drohungen[19] und Versprechungen, die andere vom alles umarmenden Konsens und Kompromiß der Eliten gekennzeichnet – weist schon darauf hin, daß latente Konflikte nicht ausgetragen, sondern verdrängt werden: bei Alkoholismus, Krankheiten mit psychosomatischem Hintergrund, Selbstmordhäufigkeit und Verkehrs- wie Arbeitsunfällen nimmt Österreich im internationalen Vergleich ebenfalls einen führenden Rang ein.[20] Hohe psychische Gewalt im inneren bei gleichzeitiger hoher äußerer Harmonie dürfen also nicht dazu (ver)führen, Stabilität mit Lebensqualität zu verwechseln, wie auch die Kombination von krankheitsanfälligem Individu-

14. Fritz PLASSER/ Peter A. ULRAM: Unbehagen im Parteienstaat. Jugend und Politik in Österreich. Wien-Köln-Graz 1982. Dazu zuletzt umfassend Peter A. ULRAM: Hegemonie und Erosion. Polit. Kultur und polit. Wandel in Österreich. Wien-Köln-Graz 1990.

15. SWS-Meinungsprofile. In: JfSF, (21) 1981, 197.

16. SWS-Meinungsprofile. In: SWS-Rundschau, 30 (1990), 392ff.

17. Im Gegensatz dazu konstruiert MATZNER, Sozialpartnerschaft, 444 (Anm. 4), einen Typus „Legitimation durch Duldung“.

18. Vgl. etwa Der Standard, 16. Juni 1989, 7; 29. Sept. 1989, 4; Kleine Zeitung Graz, 24. Okt. 1989, 6; Der Standard, 23. Aug. 1990, 24; 18. Sept. 1990, 27, 21. Sept. 1990, 6 und 27;

19. Ein Paradebeispiel dafür liefert die Rede des damaligen niederösterreichischen Arbeiterkammerpräsidenten und Mitglieds des ÖGB-Bundesvorstands, Josef HESOUN, die dieser vor dem Hintergrund der Besetzung der Au bei Hainburg hielt. Zit. in: profil, 17. Dez. 1984, 14.

20. Vgl. Christof GASPARI/ Hans MILLENDORFER: Konturen einer Wende. Strategien für die Zukunft. Graz-Wien-Köln 1978, 62, 150, 162 und 169.

um, autoritärem politischen Klima und materiellem Wohlstand genau jene politische Apathie[21] fördert, die je nach demokratietheoretischem Standpunkt beklagt oder für notwendig erachtet wird.

Politische Stabilität, wirtschaftliche Effizienz und Demokratie als Leistungen des politischen Systems erscheinen somit nicht unbedingt in gleicher Weise verwirklicht zu sein. Inwieweit dies jedoch mit der das österreichische politische System prägenden Ausformung der Sozialpartnerschaft zu tun hat, kann nur die Untersuchung der *Strukturen und Funktionen* dieses korporatistischen Modells zeigen.

II. Die Strukturen der österreichischen Sozialpartnerschaft

Die Sozialpartnerschaft ist im Österreichischen Wörterbuch aber ebensowenig zu finden wie im Amtskalender oder gar im (Wiener) Telephonbuch.[22] Sozialpartnerschaft als „institutionalisierter" Klassenkampf zwischen Kapital und Arbeit ist in einem *weiteren Sinn* eine Form der Problembewältigung und Konfliktregelung durch Kooperation und Ausgleich als Wert an sich, die Ausdruck der spezifischen politischen Kultur ist und damit auf historischen kollektiven Lernprozessen sowohl der politischen Eliten als auch der Bevölkerung beruht.[23] In einem *engeren Sinn* handelt es sich um die spezifische institutionelle Ausprägung des politischen Systems, in dem Verbände als pouvoirs intermediaires Interessen aggregieren, formieren und dergestalt artikulieren sowie gegenseitig bzw. gegenüber Parteien, Parlament, Regierung und Verwaltung aushandeln und so Politik in Form einer sektorübergreifenden Konzertierung nicht nur formulieren, sondern auch (mit)entscheiden und durchsetzen. Eben dies ist jedoch, wie historische Erfahrungen und andere politische Systeme zeigen, keineswegs selbstverständlich und damit voraussetzungslos. Gerade was die Handlungssubjekte, nämlich Mitglieder, Verbände und Staat betrifft, haben diese keineswegs so gleichgerichtete Interessen, als daß sich daraus zwangsläufig jenes *umfassende korporative System kooperativer Politik* ergäbe, wie sie die österreichische

21. PLASSER/ULRAM, Unbehagen, 31 (Anm. 14).

22. Im Österr. Wörterbuch blätterte Gerald SCHÖPFER: Ist die Ruhe wirklich des Bürgers erste Pflicht ? Von der Zukunft der Sozialpartnerschaft. In: Die Presse, 29./30. Aug. 1987, 5. Im Amtskalender sind Spurenelemente der österreichischen Sozialpartnerschaft, d. h. der Paritätischen Kommission, deren Vorsitz ja vom Bundeskanzler geführt wird, beim Bundeskanzleramt zu finden.

23. Vgl. dazu Anton PELINKA: Polit. Herrschaftsrituale: Sozialpartnerschaft und polit. Kultur in Österreich. In: Fritz PLASSER/ Peter A. ULRAM/ Manfried WELAN (Hg.): Demokratierituale. Wien-Köln-Graz 1985, 171–182 sowie Franz TRAXLER: Interessenverbände der Unternehmer. Konstitutionsbedingungen und Steuerungskapazitäten, analysiert am Beispiel Österreichs. Frankfurt/Main-New York 1986, 47.

Sozialpartnerschaft darstellt. Bereits der Kompromiß zwischen den partikularen, an kurzfristigen Vorteilen orientierten Interessen der Mitglieder auf Grund ihrer jeweiligen Marktposition und ihren „gemeinsamen" Interessen als Verband erfordert eine Organisationsleistung, die einerseits den Austritt aus dem Verband verhindert, um als „free rider" an dessen Leistungen ohne Kosten zu partizipieren, andererseits aber auch die Handlungsfähigkeit des Verbandes zur Erfüllung seiner Zielsetzungen in bezug auf seine Umwelt nicht zu sehr beeinträchtigt. Dieses *Dilemma zwischen Solidarität und Strategie* [24] setzt sich auch auf der nächsten Ebene fort. Was bewegt wiederum die einzelnen Verbände mit ihren Interessengegensätzen dazu, auf deren rücksichtslose Durchsetzung zugunsten einer umfassenden korporativen Politik, die sich an makroökonomischen Zielen wie Wirtschaftswachstum, Preisstabilität und Vollbeschäftigung orientiert, zu verzichten und sich, zusammen mit dem Staat, zu einer „Wachstums- und Produktivitätsallianz"[25] zusammenzuschließen?

Diese analytischen Vorüberlegungen zeigen bereits, daß Interessen überhaupt erst durch gruppeninterne Prozesse formuliert und dann nach außen vertreten werden, sodaß nicht mehr primär Individuen als Subjekt der Politik normativ in den Vordergrund gestellt werden, sondern daß Gruppen und Institutionen als Träger des politischen Prozesses empirisch zu untersuchen sind. Daraus ergibt sich auch, daß die *Konfliktlinien* dieses Modells nicht bi- sondern *tripolar* sind, wobei die verbandlichen Führer als „janusköpfige Eliten"[26] in Konflikt mit ihren Mitgliedern einerseits, anderen Verbänden bzw. dem Staat andererseits stehen.

Im folgenden geht es daher darum, die strukturellen Voraussetzungen der Logik kollektiven Handelns der verbandlichen korporativen Ordnung empirisch am *institutionellen Gefüge* der österreichischen Sozialpartnerschaft zu untersuchen.

1. Konzentration und Totalrepräsentation

Erst nach dem Intermezzo des Ständestaates mit einer oktroyierten Einheitsgewerkschaft[27] sowie der Bildung einer Bundeshandelskammer[28] kam es zu Beginn der Zweiten Republik zur endgültigen[29] Institutionalisierung bundesweiter Einrichtungen der drei großen Kammerorganisationen – der

24. TRAXLER, Interessenverbände, 14ff (Anm. 23);
25. TRAXLER, Interessenverbände, 313 (Anm. 23).
26. So das Bild von Peter PELINKA: Janusköpfige Eliten. In: Politische Bildung 3–4/1984, 18.
27. BGBl. 132/1934.
28. BGBl. 204/1937.
29. Bereits vorher gab es die seit 1873 stattfindenden Handelskammertage sowie die nach § 23 AKG, StGBl. 100/1920 vorgesehenen, zur Beratung und Durchführung gemeinsamer Angelegenheiten von den Vorständen aller Arbeiterkammern zu bildenden jährlich zusammentretenden Arbeiterkammertage.

Bundeswirtschaftskammer (BWK), dem Österreichischen Arbeiterkammertag (AKT), seit dem neuen Arbeiterkammergesetz 1992 nunmehr Bundesarbeitskammer (BAK) genannt[30], und der Präsidentenkonferenz der Österreichischen Landwirtschaftskammern (PKLWK)[31] – sowie zur Gründung des Österreichischen Gewerkschaftsbundes (ÖGB), in dem 15 Einzelgewerkschaften nach dem Industriegruppenprinzip zusammengeschlossen sind.[32] Durch die *vertikale Integration* der Berufsgruppen in die territorialen Gliederungen sowohl bei den Kammern als auch beim ÖGB wurde damit historisch gesehen ein *kontinuierlicher Prozeß der Konzentration* auf wenige Großverbände – die „Großen Vier“[33] – vorläufig zum Abschluß gebracht und damit jener rechtlich formalisierte institutionelle Unterbau geschaffen, dessen *duale Struktur* von berufsständischer Interessenvertretung als staatlich konzessionierter Selbstverwaltung auf öffentlich-rechtlicher Grundlage in Form der Kammerorganisationen mit Zwangsmitgliedschaft und „freier“ Interessenvertretung auf der Grundlage des Vereinsrechts Ausdruck der spezifisch historischen Kombination von neoabsolutistischem Staat und eine politische Liberalisierung erforderndem Wirtschaftsliberalismus nach 1848/50 ist.

De iure auf Grund der Zwangsmitgliedschaft und de facto auf Grund des hohen Organisationsgrades werden damit (fast) alle ökonomischen Interessen in einem *System der Totalrepräsentation* erfaßt. Ist Österreich mit 68.372 Vereinen mit insgesamt 28 Millionen Mitgliedern[34] das Land der Vereine, in dem die „Vereinsmeierei“ wichtiger Teil der politischen Kultur ist, so ragen natürlich die „Großen Vier“ in ihrer machtmäßigen Bedeutung als Spitze dieses Eisberges weit heraus.

Gab es 1989 2,786.800 unselbständig Erwerbstätige im nichtlandwirtschaftlichen Bereich[35], so hatten die Arbeiterkammern mit 2,039.176 Millionen Wahlberechtigten einen diesbezüglichen *Organisationsgrad* von 73,17%.[36] Einen ebenfalls hohen Organisationsgrad mit rund 60% und damit im inter-

30. § 3 Abs 1 AKG, BGBl. 626/1991.

31. Auf Grund der bundesverfassungsrechtlichen Kompetenzverteilung ist die Präsidentenkonferenz der Landwirtschaftskammern als Verein konstituiert. Drei Versuche, analog eine Bundeslandwirtschaftskammer auf (verfassungs)gesetzlicher Grundlage zu installieren, sind bisher gescheitert. Vgl. Josef KRAMMER: Interessenorganisation der Landwirtschaft: Landwirtschaftskammern, Präsidententkonferenz und Raiffeisenverband. In: DACHS, Handbuch, 376 (Anm. 4).

32. Eine Durchbrechung des Industriegruppenprinzips stellt die Gewerkschaft der Privatangestellten (GPA) dar.

33. Diese wurden zuletzt dargestellt von Franz TRAXLER: Gewerkschaften und Unternehmerverbände in Österreichs politischem System, 335–352; Erwin WEISSEL: Die Arbeiterkammer, 353–364 und KRAMMER, Interessenorganisation, 365–376, alle in: DACHS, Handbuch (Anm. 4).

34. Vgl. Alfred KLOSE: Machtstrukturen in Österreich. Wien 1987, 55.

35. Arbeiterkammertag, Taschenbuch 91, 100 (eigene Berechnung) (Anm. 1).

36. Vgl. Arbeit und Wirtschaft 7–8/1989, 17. Der Zusammenhang von Wahlberechtigung und Mitgliedschaft ergibt sich aus § 12 AKG, BGBl. 626/1991. Nach Schätzungen des ÖAAB-Gene-

nationalen Vergleich nur noch von Belgien und Dänemark überflügelt[37], hat auch der ÖGB mit 1,644.841 Mitgliedern im Jahr 1990.[38] Demgegenüber ist der Mitgliederstand aller Landwirtschaftskammern mit 630.000 und der Handelskammern mit 261.000[39] deutlich geringer, während die Vereinigung Österreichischer Industrieller (VÖI) mit einer Mitgliederzahl von ca. 1900 Firmen, die insgesamt rund 430.000 Beschäftigte aufweisen, einen Organisationsgrad von 70% erreicht.[40] Eine noch höhere Zahl an Mitgliedern als die Arbeiterkammern erreicht der Raiffeisenverband, der durch seinen Generalanwalt und Generalsekretär in der Präsidentenkonferenz der Landwirtschaftskammern repräsentiert wird, mit 2,160.000 Mitgliedern.[41] Sowohl hinsichtlich des Repräsentationsmodells als auch des Konzentrationsgrads in Dachverbänden rangiert Österreich bei Gewerkschaften wie Unternehmerverbänden im internationalen Vergleich an der Spitze, gefolgt von Norwegen und Schweden.[42] Entscheidend für die spezifisch sektorübergreifende Konzertierung der Großverbände ist jedoch, daß weder der ÖGB und die Arbeiterkammern als Institutionen der überbetrieblichen Interessenvertretung der Arbeitnehmer durch faktische Arbeitsteilung[43] sowie die vom ÖGB dominierten Betriebsräte als Institution der innerbetrieblichen Mitbestimmung, noch die Handelskammerorganisation und die Industriellenvereinigung untereinander konkurrieren, sodaß die institutionelle Duplizität bei den Arbeitgeber- und Arbeitnehmerverbänden de facto eine *einheitliche, durch vertikale Integration arbeitsteilig organisierte Interessenvertretung* unter Führung der Bundeswirtschaftskammer sowie des ÖGB darstellt, wobei das cleavage von Kapital und Arbeit bis heute die anderen, nämlich konfessionellen, ethnischen oder Stadt-Land-Konfliktzonen zu einem bipolaren vertikal integrierten politischen Subsystem „überlagert".

---

ralsekretärs sind aber rund 250.000 Mitglieder vom Wahlrecht ausgeschlossen, weil sie bei Aufstellung der Wählerverzeichnisse über die Krankenversicherungen nicht erfaßt werden. Vgl. Claus ALBERTANI: Gegen Bonzen und Verschwendung. Rund 20 Prozent der Beitragszahler sind ohne Wahlrecht. In: Die Steirische, 8. Juni 1989, 2. Demnach würde der Organisationsgrad bei 82% liegen.

37. Diese Länder haben einen Organisationsgrad von 70%. Vgl. die Tabelle: Mitgliederzahlen, Organisationsgrad und politische Ausrichtung westeuropäischer Gewerkschaften. In: Günther OFNER: Wie demokratisch ist der ÖGB? In: Österr. Jahrbuch für Politik '84. München-Wien 1985, 190f.

38. Vgl. Arbeiterkammertag, Taschenbuch 91, 358 (Anm. 1).

39. KLOSE, Machtstrukturen, 74f und 80 (Anm. 34).

40. KLOSE, Machtstrukturen, 76 (Anm. 34).

41. Vgl. die Broschüre Raiffeisen in Österreich. 8.A. Wien 1991, 31.

42. LEHMBRUCH, Sozialpartnerschaft, 294 (Anm. 4).

43. So ist die Interessenvertretung der Arbeitnehmer und die Vertretung gegenüber den Arbeitgebern Aufgabe der Gewerkschaften, während die Arbeiterkammern Grundlagenforschung betreiben und dieselbe Personengruppe gegenüber dem Staat vertreten. Vgl. Karl KORINEK: Wirtschaftliche Selbstverwaltung. Wien-New York 1970, 109. Für die betriebliche Ebene vgl. Edgar GRANDE: Konfliktsteuerung zwischen Recht und Konsens. In: GERLICH/GRANDE/MÜLLER, Sozialpartnerschaft, 241ff (Anm. 4).

Die vom Staat autoritativ festgelegte *Zwangsmitgliedschaft* im Kammernsystem einerseits und die nach Überwindung der Richtungsgewerkschaften der Monarchie und der Ersten Republik mangelnde Alternative zum ÖGB machen es den Mitgliedern unmöglich auszutreten und sichern somit den Verbänden sowohl die personellen wie die finanziellen Ressourcen. Endgültig abgesichert wird diese *verbandliche Kartellierung* allerdings erst durch die staatliche Konzession des Repräsentationsmonopols dieser Verbände und damit Zuschreibung ihrer Wirtschaftsverbandsfunktion, insofern Mitglieder nie direkt, sondern nur über die Vermittlung der Verbände ihre Interessen gegenüber dem Staat artikulieren können.[44]

Mit der seit 1989 intensiv geführten politischen Diskussion über die Zwangsmitgliedschaft bei den Kammern, die im übrigen schon vom VdU und nicht erst von der FPÖ unter HAIDER bekämpft wurde, wird nun nicht nur das *Repräsentationsmonopol* dieser Verbände, sondern die Funktionsweise der Sozialpartnerschaft und diese damit als Institution *überhaupt* in Frage gestellt. Die verfassungsrechtstheoretische und dogmatische Frage, ob die Zwangsmitgliedschaft ein „Wesensmerkmal" der Selbstverwaltung[45] darstellt oder ob dem Gesetzgeber nicht auch die Einrichtung von Kammern mit freiwilliger Mitgliedschaft als bundesverfassungsrechtlich zulässige Option offensteht, stellt sich auch aus politologischer Sicht als Aufgabe der struktur-funktionalen Analyse, nämlich ob das Element der Zwangsmitgliedschaft eine funktionale Voraussetzung für das korporatistische System als solches darstellt. So kann aufgrund der „freerider" Strategie bei öffentlichen Gütern und des „adverse selection" Problems bei privaten Gütern[46] davon ausgegangen werden, daß die sektoral umfassende Interessenrepräsentation nicht mehr aufrechterhalten werden kann, was in der Logik des kollektiven Handelns gravierende Auswirkungen auf die Funktionsweise der Sozialpartnerschaft insgesamt hätte: Gelingt es den Verbänden nicht mehr, genügend Mitglieder zu rekrutieren und

44. TRAXLER, Interessenverbände, 9 f (Anm. 23).

45. Vgl. Karl KORINEK: Staatsrechtliche Grundlagen der Kammer- Selbstverwaltung. In : Das Recht der Arbeit, 41 (1991), 105–114 und Bernd-Chr. FUNK: Die Zwangsmitgliedschaft – ein „Wesensmerkmal" der beruflichen Selbstverwaltung? In: Oswin MARTINEK (Hg.): Arbeit, Recht und Gesellschaft. FS f. Walter Schwarz z. 65. Geb. Wien 1991, 227–238.

46. Information, Beratung, Rechtsvertretung wird nur von solchen Unternehmen gebraucht, die es sich selbst nicht leisten können, sodaß also gerade die Großfirmen keine Interessenvertretung brauchten. Vgl. PRISCHING, Bestandsaufnahme, 26ff (Anm. 4), der bei seiner Analyse der Wirkungen der Beseitigung der Zwangsmitgliedschaft mE jedoch übersieht, daß zwar freiwillige Mitgliedschaft durchaus funktionieren kann, insofern sich Drohpotential aufgrund hoher Mitgliederzahlen durch medialgerechtes Agieren ersetzen läßt, daß aber Sozialpartnerschaft als Konsensstrategie, insb. ihr „Überbau" der sektorübergreifenden Konzertierung, dann nicht mehr in der bestehenden institutionellen Form weiterbestehen könnte. Vgl. auch Karl KEHRER: Interessenvertretung durch die Handelskammerorganisation in den achtziger Jahren und die Pflichtmitgliedschaft, 5–18 sowie Heinrich NEISSER: Die Pflichtmitgliedschaft in politologischer Sicht – Lobbyismus versus gesamtgesellschaftliche Aufgaben, 60–67, beide in: WiPolBl, 38 (1991).

Loyalität sicherzustellen, sind sie also nicht mehr repräsentativ genug, verlieren sie ihre wirtschafts- und marktverbandliche Funktion. Gerade auf der Ebene der sektorübergreifenden Konzertierung geht damit ihre Fähigkeit zum Kompromiß verloren, da diese ja von der „Paktfähigkeit" abhängt, den einmal ausgehandelten Kompromiß auch gegenüber den abweichenden Interessen der Mitglieder durchzusetzen. Ganz wesentlich ist daher sogar schon die gruppenübergreifende Interessenvereinheitlichung mittels Interessenselektion durch Definition eines „gemeinsamen" Interesses von seiten der Verbandsspitzen, sodaß also in Wirklichkeit inkompatible Mitgliederinteressen ausgefiltert werden. Damit ist im Kern aber auch die verfassungsrechtliche Problematik der „sachlichen Rechtfertigung" der beruflichen Selbstverwaltung angesprochen, wobei die verfassungsrechtsdogmatische und strukturfunktionale Analyse zu einem Ergebnis kommen, das sich der rechtspolitischen Gestaltungsmacht als klare Alternative darbietet: Soweit es auch verfassungsrechtlich zulässig ist – will man ideologiekritisch gesehen nicht dem essentialistischen Vorurteil der Frage nach dem „Wesen"[47] verfallen – Kammern mit freiwilliger Mitgliedschaft einzurichten, muß man sich darüber aber auch im klaren sein, daß dann der Funktionsweise der Sozialpartnerschaft als sektorübergreifender Konzertierung und Verflechtung mit der Staatsorganisation der Boden entzogen wird.

Entgegen der veröffentlichten Meinung zeigen aber auch die Daten der öffentlich zugänglichen Meinungsforschung, daß die Aufhebung der Zwangsmitgliedschaft nur ein Anliegen von rund 10% der Österreicher ist, vor dem eindeutig mehr *Kontrolle* und – im Fall der Arbeiterkammer – die *Einkommensbegrenzung* bei Spitzenfunktionären rangieren. Indiz für das free-rider Potential ist daher v. a. der bei den Mitgliedern der Bundeswirt-

47. Das mir insofern problematisch erscheint, solange etwa das in § 4 Abs. 1 lit a) HKG, BGBL 182/1946 idF 620/1991 (8. HKG-Nov.) positivierte „gemeinsame Interesse" als Ergebnis des nur durch Selbstverwaltungskörper, nicht aber durch private Verbände realisierbaren Gemeinwohls „dogmatisiert" wird, ohne die dieser Dogmatik zugrundeliegende holistisch-ständische Ideologie ausdrücklich offenzulegen. Vgl. KORINEK, Grundlagen, 107 (Anm. 43). Andererseits scheint mir aber der Kern der verfassungsrechtlichen Problematik vom Standpunkt der staatsrechtlichen Theorie und Systembildung her auch nicht bloß in der Bedeutung eines terminologischen Vorschlags (so FUNK, Zwangsmitgliedschaft, 233/Anm. 45) zur Etikettenreservierung zu liegen, sondern in der Frage, ob es „sachgerecht" ist, durch das Mittel Zwangsmitgliedschaft den Ausgleich *aller* Interessenträger innerhalb einer bestimmten Berufsgruppe zu erzwingen und damit die oben erwähnten freerider-Strategien und adverse-selection Probleme zu verhindern, oder aber gerade durch die bewußte Aufgabe der vom Verfassungsgesetzgeber vorgefundenen institutionellen Differenzierung zwischen Vereinsfreiheit und Selbstverwaltung durch die Unterscheidung von freiwilliger und Zwangsmitgliedschaft gerade diese Strategien zu ermöglichen. Selbstverwaltung ohne Zwangsmitgliedschaft ist daher nicht deshalb „undenkbar", weil man ja „auch aus einer Gemeinde nicht ‚austreten' [kann], wie KORINEK, Grundlagen, 107 (Anm. 45) ausführt, sondern weil der „Sinn" des Rechtsinstituts Selbstverwaltung in Abgrenzung zur Vereinsfreiheit gerade darin liegt, die Interessen aller, einer nach territorialen oder sonstigen Gesichtspunkten definierten Gemeinschaft Angehörigen, zusammenzufassen und darauf aufbauend zu artikulieren, zu aggregieren und durchzusetzen.

schaftskammer im Gegensatz zur Meinung aller Österreicher signifikant unterschiedliche Prozentsatz, der meint, daß sie abgeschafft (29%) bzw. daß die Zwangsmitgliedschaft aufgehoben (16%) werden sollte.[48] Interessant ist aber auch, daß gerade die Landwirtschaftskammern den höchsten Zustimmungsgrad aufweisen, insofern im Vergleich der höchste Prozentsatz, nämlich 27% aller Mitglieder der Meinung sind, sie solle so weiterarbeiten wie bisher, während nur 28% im Vergleich zu 55% der Arbeiterkammermitglieder oder 42% der Handelskammermitglieder Reformen für notwendig halten. Ausschließlich in der Steiermark kam es jedoch im Zuge der Reformdebatte 1991 auch zu einer Urabstimmung – allerdings gleichzeitig abgehalten mit den Bauernkammerwahlen – über die Zwangsmitgliedschaft, die 82% Zustimmung brachte.[49] Systemimmanente *Reformen* gegen die mangelnde demokratische Legitimation und Kontrolle, die in der Zentralisierung und Bürokratisierung zum Ausdruck kommen, nicht die Abschaffung der Institutionen sind daher offensichtlich das zentrale Anliegen in der wissenschaftlichen Literatur[50], sowie bei den Kammerspitzenfunktionären[51] und Mitgliedern.

2. *Zentralisierung, Bürokratisierung und Professionalisierung*

Parallel, weil bedingt durch diesen Prozeß der korporativen Kartellierung, erfolgte auch verbandsintern die Zentralisierung, Bürokratisierung und Professionalisierung zum Auf- und Ausbau der Verbandsmacht und damit zum *strategischen Primat der Verbandsführung* gegenüber der Artikulation von Mitgliederforderungen.

Organisatorische Grundlage der *Zentralisation* ist die in allen Verbänden vorfindbare Kombination des dem rätedemokratischen Organisationsmodell entlehnten Delegationsprinzips zur Rekrutierung der Organe mit dem Interessenaggregation und -ausgleich sichernden freien Mandat[52] und dem Mehrheitsprinzip bei Beschlußfassungen.[53]

48. Vgl. SWS-Meinungsprofile: Österreichs Kammern im Spiegel der Meinungsforschung. In: SWS-Rundschau, 30 (1990), 572–578.

49. Die bezirksweisen Ergebnisse sind abgedruckt in: Die Steirische, 21. März 1991, 3.

50. Vgl. insb. KORINEK, Grundlagen, 112ff (Anm. 45). – NEISSER, Pflichtmitgliedschaft, 64ff (Anm. 46). – Anton PELINKA: Gegenwind – die Änderungen des polit. Umfeldes und die Arbeit der Handelskammerorganisation in den neunziger Jahren. In: WiPolBl, 38 (1991), 72f. – PRISCHING, Bestandsaufnahme, 20ff (Anm. 4).

51. Vgl. VOGLER, Zukunft, 109ff (Anm. 4) sowie Leopold MADERTHANER: Zwischenbilanz unserer Reformarbeit. In: Unternehmer 4a/1991, 5. – Ds., So soll die neue Handelskammer aussehen. In: Österr. Monatshefte, 2/1991, 37f.

52. Vgl. z. B. § 47 Abs 3 HKG und § 71 Abs 1 AKG.

53. § 52 Abs 4 sowie § 82 Abs 4 AKG; § 51a HKG; § 11 Landwirtschaftskammerngesetz (LWKG), Stmk. LGBl. 14/1970 idF 18/1991; § 7 Abs 6 Statuten ÖGB idF des X. Bundeskongresses.

a) Delegation ohne demokratische Legitimation ?

Die Macht der Präsidenten und Vorstände beruht also darauf, daß sie in *keinem* Fall von den Mitgliedern direkt gewählt werden, sondern nach dem Prinzip der *funktionalen Subsidiarität* durch in den einzelnen Verbänden verschieden viele Delegationsebenen abgeschottet sind.

Notwendiges Kriterium für die demokratische Legitimation des Delegationsprinzips als Organisationsstruktur der innerverbandlichen Demokratie – aber auch für die in die Paritätische Kommission entsandten Funktionäre[54] – bleibt jedoch die *Wahl der Organe* zumindest auf der untersten Ebene. Auch dieses demokratische Mindesterfordernis wird nicht in jedem Fall erfüllt.

So sieht das Statut des ÖGB vor, daß die Delegierten der Gewerkschaftstage von den Mitgliedern gewählt werden[55], de facto dienen aber die Betriebsrats- und Personalvertretungswahlen als *funktionales Äquivalent* für Gewerkschaftsurwahlen.[56] Auf deren Grundlage werden dann von den im Statut ebenfalls nicht erwähnten Fraktionen gemeinsame Listen eingebracht, die vom statutarisch kompetenten Wahlkörper – in der Regel einstimmig – formell akzeptiert werden, sodaß die Vertretungsorgane in den Gewerkschaften, den Landesexekutiven und im ÖGB[57] entsprechend den Betriebsrats- und Personalvertretungswahlergebnissen zusammengesetzt sind, wobei es allerdings durch die Delegation von unten nach oben zu immer stärkeren Verzerrungen zugunsten der Mehrheit kommt.[58] Umgekehrt „reflektiert" auch § 39 Arbeitsverfassungsgesetz diese Verschränkung zwischen Arbeiterkammern, Gewerkschaften und Betriebsräten.[59] So sind zwar rund 90% der Betriebsräte gewerkschaftlich organisiert, doch immer weniger fraktionell deklariert[60], so daß der „doppelte Fehler" dieser

---

54. Zumindest nach deren Selbsteinschätzung. Vgl. SONNBERGER, Neo- Korporatismus, 169 ff, 177ff, 205 (Anm. 4).

55. § 4 Statuten ÖGB.

56. Franz TRAXLER: Gewerkschaftliche Willensbildung im Wandel der Interessen-vertretung. Eine organisationssoziologische Studie am Beispiel Österreich. Wien 1979, 117. – Vgl. auch § 39 der Geschäfts- und Wahlordnung der Gewerkschaft Öff. Dienst (GÖD). Gerade in dieser Gewerkschaft sollen jedoch durch eine entsprechende Änderung des Passus, daß keine Betriebsausschußwahlen stattzufinden brauchen, wenn Betriebsrats- und Personalvertretungswahlergebnisse vorliegen, eine eigene demokratische Legitimation der Organe durch Wahlen eingeführt werden, nachdem an mehreren steirischen Schulen alternative Lehrergruppen versucht hatten, sich über „wilde" Urwahlen – weil von der Kontrollkommission regelmäßig als „ungesetzlich" aufgehoben – in die gewerkschaftlichen Betriebsausschüsse entsenden zu lassen. Vgl. Ernst SITTINGER: Lehrergewerkschaft wird demokratisch. In: Der Standard, 6. Sept. 1990, 7.

57. Helmut HOLZINGER: Der X. Bundeskongreß des Österreichischen Gewerkschaftsbundes. In: Österr. Jahrbuch f. Politik '83. München-Wien 1984, 389 f.

58. Vgl. OFNER, ÖGB, 206 ff (Anm. 37) sowie Ds., Den ÖGB erneuern und demokratisieren. Forschungsbericht 48/87 der Polit.Akademie der ÖVP. Wien 1987.

59. § 39 ArbVG, BGBl. 22/1974.

60. OFNER, ÖGB, 205 (Anm. 37). Im Bereich der Gewerkschaft der Privatangestellten (GPA) sind rund 35% der Betriebsräte nicht fraktionell deklariert oder bezeichnen sich ausdrücklich als

Verschränkung, nämlich daß erstens Nichtmitgliedern damit de facto Einfluß auf die Zusammensetzung der Organe zukommt und zweitens, daß Mitglieder, die keinen Betriebsrat wählen, damit ausgeschlossen sind, noch weiter verstärkt wird.

Besteht somit für den ÖGB ein funktionales Äquivalent zur direktdemokratischen Legitimation der Organe, ergeben sich für den Bereich der *Handels- und Landwirtschaftskammern* jedoch gravierende Mängel. So ist auch weiterhin, trotz Diskussion um die Kammerreform, bereits qua Gesetz die Möglichkeit der Einreichung von *„Einheitslisten"* vorgesehen. Vollkommen unvereinbar mit dem demokratischen Prinzip der Legitimation durch Wahlen sind jedoch die Bestimmungen des HKG[61], nach denen die Wahlwerber *automatisch* als gewählt zu erklären sind, wenn nur ein gültiger Wahlvorschlag eingereicht wird. Damit liegt es in der Hand der Funktionäre, sich durch eine geeignete Kandidatenauswahl und die Einigung darüber Wahlen überhaupt zu entziehen. Daß solche Bestimmungen als *verfassungswidrig* anzusehen sind, zeigt die Judikatur des Verfassungsgerichtshofes, in der dem Gesetzgeber aufgetragen wird, es keinem leitendem Organ einer gesetzlichen beruflichen Vertretung zu ermöglichen, „sich der Notwendigkeit periodisch wiederkehrender demokratischer Legitimierung wirksam zu entziehen."[62] Die Praxis zeigt, daß es sich bei diesen Bestimmungen nicht nur um graue Theorie handelt. Während „traditionsgemäß" in den Sektionen Industrie sowie Geld-, Kredit- und Versicherungswesen nicht gewählt wird[63], wurde 1965 in Burgenland und Vorarlberg, 1970 in Niederösterreich, Steiermark und Vorarlberg, 1975 wiederum in Burgenland und Vorarlberg, 1980 in Steiermark, Tirol und Vorarlberg, 1985 und 1990 ausschließlich in Vorarlberg sogar in überhaupt keiner einzigen Sektion gewählt![64] Wenngleich der Generalsekretär der Bundeswirtschaftskammer einmal dazu erklärte, daß es ja nur an den Gruppen der

---

parteifrei. Nach gewerkschaftsinternen Schätzungen sind sogar 98% der Betriebsräte gewerkschaftlich organisiert. Zit. n. Alfred STRÖER: Innergewerkschaftliche Demokratie aus der Sicht des ÖGB. In: Gesellschaft und Politik, 1977, 33.

61. §§ 85 Abs 3 HKG; die analogen Bestimmungen der §§ 92 Abs 3, 96 Abs 3, 97 Abs 2, 99, 101 sowie 102 HKG, die ebenfalls eine direkte Ernennung der Fachgruppen- bzw. Fachvorsteher, Sektionsobmänner und des Kammerpräsidiums auf Landes- sowie Bundesebene ermöglichten, wurden durch die 8. HKG-Nov. 1991 (Anm. 47) beseitigt. Obwohl durch die Novellierung des § 93 Abs 4 eine Direktwahl der Sektionsleitungen vorgesehen wurde, ist doch durch sinngemäße Anwendung des Wahlverfahrens für die Fachgruppenausschüsse (§ 93 Abs 1) auch weiterhin die verfassungswidrige Ernennung qua Einheitsliste möglich.

62. VfSlg. 10306/1984.

63. So Kurt KAUFMANN: Analyse der Handelskammerwahlen 1990. In: Österr. Jahrbuch für Politik '90. Wien-München 1991, 174.

64. Vgl. die Ergebnisse der Wahlen der Fachgruppenausschüsse im Jahre 1975 mit den Ergebnissen dieser Wahlen im Jahre 1970 im Anhang zu Österr. Jahrbuch für Politik '77. München-Wien 1978. – Wilfried STADLER: Analyse der Handelskammerwahlen 1985. In: Österr. Jahrbuch f. Politik '85. München-Wien 1986, 71 Fn 16, und KAUFMANN, Analyse, 179ff (Anm. 63).

Wahlwerber selbst liege, einen zweiten Wahlvorschlag einzubringen und dadurch „ein Abstimmungsverfahren zu erzwingen“ (sic!) und wenn dies in vielen Fällen nicht geschehe, zeige dies nur, daß die Mitglieder des betreffenden Wahlkörpers ihre künftige Vertretung akzeptierten[65], wird damit übersehen, daß den Mitgliedern damit formal sogar das *einzige* Protestmittel der Stimmenthaltung gegenüber einer Einheitsliste verwehrt wird.

Demgegenüber wurde als erster Reformschritt vom Steirischen Bauernbund aus Anlaß der Landwirtschaftskammerwahl 1991, die von der Diskussion über die Zwangsmitgliedschaft und der Inkompatibilität zwischen Mandaten in Parlamenten und Regierungen sowie Funktionen in Wirtschaftsverbänden überschattet war, ein zweistufiges Vorwahlmodell[66] durchgeführt: zuerst wurde über die Kammerzeitung offen aufgefordert, *Kandidaten* zu nennen, die sich anschließend einer geheimen Vorwahl der Bauernbundmitglieder zu stellen hatten, was schließlich dazu führte, daß es keinen Bezirk gab, in dem nicht mindestens die Hälfte der Kandidaten erneuert wurde. Gerade dieser Effekt, insofern an den Mängeln der innerverbandlichen Demokratie bei der Kandidatenrekrutierung selbst angesetzt und damit Erneuerung von außen und unten ermöglicht wird, kann durch „Personalisierung“ des Wahlrechts durch Streichen und der Vergabe von Vorzugsstimmen, die nur zu einer Umreihung in einer einmal vorgegebenen Liste führen, wie es nunmehr § 86 Abs 7 iVm § 88 Abs 5 HKG vorsehen, nicht erreicht werden.

b) Interessenselektion statt -artikulation

Des weiteren handelt es sich bei allen Verbänden um grundsätzlich *repräsentative Organisationsmodelle,* da Instrumente der direkten Demokratie zur kollektiven Interessenartikulation der Mitglieder nur rudimentär vorgesehen sind. So werden nach dem Statut des ÖGB die „Rechte“ der Mitglieder überhaupt dadurch definiert, daß sie keine (Rechts)ansprüche auf Rechtsschutz oder Unterstützungsleistungen der Gewerkschaften haben[67] und sogar noch der durch die 8. HKG-Nov. 1991 neu geschaffene § 32a sieht vor, daß die nach dem HKG errichteten Körperschaften, soweit dem nicht gemeinsame Interessen entgegenstehen, „auch“ einzelne Mitglieder unterstützen! Analog dem Prinzip des demokratischen Zentralismus sozialistischer Staats- und Gesellschaftsordnungen wird Gewerkschaftsmitgliedern gleichzeitig als Pflicht auferlegt, die Beschlüsse der Organe einzuhalten und bei der Durchführung von beschlossenen Aktionen Disziplin zu

65. Arthur MUSSIL: Richtigstellung von Mißverständnissen über die Wahlen in die Handelskammern. In: WiPolBl 17 (1970), 149.

66. Vgl. Alois PUNTIGAM: Von der offenen Vorwahl über die Urabstimmung zum Erfolg. In: Österr. Monatshefte, 2/1991, 34f.

67. § 18 Statuten ÖGB.

üben.[68] Dementsprechend dienen auch die in einigen Geschäftsordnungen[69] vorgesehenen Urwahlen, die vom jeweiligen Vorstand durchgeführt werden können, dem *plebiszitären Appell* an die Mitglieder, wenn die Delegierten des Gewerkschaftstages nicht dem Wunsch des Vorstandes entsprechende Beschlüsse fassen.[70] In einigen Gewerkschaften bleibt auch das Recht der Antragstellung auf die Landes- bzw. Sektionsebene beschränkt, sodaß die Mitglieder und Delegierten der Orts- bzw. Betriebsgruppen von der Artikulationsmöglichkeit gegenüber dem Gewerkschaftstag überhaupt ausgeschlossen bleiben.[71] Besonders kraß ist dies auf der Ebene des ÖGB. Da grundsätzlich nur der Bundesvorstand und die Gewerkschaftsvorstände gegenüber dem Bundeskongreß antragsberechtigt sind, bestehen für die Minderheiten keinerlei Artikulationsmöglichkeiten, sodaß nur in Ausnahmefällen diesem Organ eine andere Funktion als die eines Akklamationsforums zukommt.[72]

Ausgelöst durch die *Reformdiskussion* im Kammernbereich wurden nunmehr durch die Novellierung der entsprechenden Gesetze 1991 auch punktuell einzelne Instrumente eingeführt, die neben den Wahlen eine *direkte Mitwirkung* der Mitglieder an Sachentscheidungen ermöglichen: So wurde analog der Typologie der Instrumente der direkten Demokratie im staatlichen Bereich die „Initiative“ durch die Mitglieder eingeführt: Nach § 11 Abs 5 HKG können 200 Mitglieder an die Vollversammlung einer Handelskammer Vorschläge richten und Anträge stellen, die behandelt werden müssen, während gem. § 15 AKG 1500 Mitglieder Anträge an die Vollversammlung einer Arbeiterkammer stellen können. Daneben ist gem. § 16 auch die Möglichkeit einer „Kollektivpetition“ durch 150 Mitglieder vorgesehen, die in eigenen Petitionsausschüssen, die nach dem Fraktionsproporz zusammenzusetzen sind, behandelt werden können. Nach §§ 30a-c des Steir. LWKG ist auch der Typus der „Befragung“ vorgesehen, die für den Anlaßfall der Befragung der Kammermitglieder über die Zwangsmitgliedschaft 1991 geschaffen wurde. Demnach kann in grund-

68. § 19 Statuten ÖGB.

69. GO Gewerkschaft Metall, Bergbau und Energie (M-B-E); GO Gewerkschaft der Chemiearbeiter; GO Gewerkschaft Hotel, Gastgewerbe, persönlicher Dienst. Zit. n. TRAXLER, Willensbildung, 117 (Anm. 56).

70. Zur Unterscheidung zwischen dem wertpositiven Begriff der *direkten Demokratie*, für den die Willensbildung von unten nach oben typenbildend ist, und dem wertnegativen Attribut *plebiszitär*, das durch die Willensbildung von oben nach unten charakterisiert wird, vgl. Robert SCHEDIWY: Empirische Politik. Wien 1980, 134 ff.

71. TRAXLER, Willensbildung, 128 (Anm. 56).

72. TRAXLER, Willensbildung, 128 f (Anm. 56). Demgegenüber schreibt HOLZINGER, Bundeskongreß, 395 (Anm. 57), daß für die stimmberechtigten Delegierten das eingeschränkte Recht besteht, Initiativanträge zu einem Tagesordnungspunkt einzubringen, die von mindestens 1/5 der Delegierten unterstützt sein müssen. In der Praxis spiele dieses Antragsrecht aber keine Rolle. Da auf dem X. Bundeskongreß 44% der Gewerkschaftsanträge vom Delegiertenplenum zur weiteren Behandlung dem Bundesvorstand des ÖGB zugewiesen wurden, ist in diesem Fall wohl ein beachtliches Maß an Dissens anzunehmen.

sätzlichen Fragen der Agrarpolitik und der Organisation der Landeskammer und der Bezirkskammern eine Befragung durchgeführt werden, die allerdings – typisch österreichisch – nicht von den Mitgliedern selbst erzwungen werden kann, sondern nur auf Beschluß der Vollversammlung durchzuführen ist, sodaß durch dieses Instrument wiederum in erster Linie den Funktionären der plebiszitäre Appell und Versuch, sich erhöhte Legitimation durch Berufung auf den Willen der Mitglieder zu verschaffen, eröffnet wird.

Aber auch die geringe Eigenmacht der Delegiertenversammlungen zeigt sich etwa nach der „verräterischen" Formulierung des § 13 HKG, daß der Sektionstag jährlich „zur Entgegennahme der Berichte der Sektionsleitung" einzuberufen ist und nach der Formulierung des § 30 HKG sind die Mitglieder der Fachgruppentagung schlicht „teilnahmeberechtigt". Weiters gehören nicht nur die Delegierten selbst, sondern auch die jeweiligen Exekutivorgane ex lege bzw. ex offo[73] diesen Organen stimmberechtigt an. Wie der Vergleich mit staatlichen Organen zeigt, fehlten den Delegierten bis 1991 auch fast alle wesentlichen parlamentarischen *Kontrollrechte*. Einzige Ausnahme waren die als qualifiziertes Minderheitenrecht vorgesehenen Bestimmungen, wonach außerordentliche Sitzungen von 1/3 bis 1/5 der Mitglieder von Vollversammlungen und Kammertagen bzw. Hauptversammlungen verlangt werden konnten und können[74], wobei selbst diese Möglichkeit im Falle der Sektionstage durch die 5. HKG-Novelle wegnovelliert wurde[75], während für die Einberufung von Fachgruppentagungen nunmehr ein Quorum von 1/10 vorgesehen ist.[76] Während im Bereich der Handelskammern auch die Abgabe von Minderheitsvoten vorgesehen war[77], wurde die Möglichkeit der Abgabe eines Minderheitenberichts im Kontrollausschuß, zusammen mit diesem, erst durch § 59 AKG 1992 geschaffen.[78] Beide Kammerorganisationen sehen nunmehr jedoch vor, daß der Vorsitzende des Kontrollausschusses nicht von der Fraktion gestellt werden darf, der der Präsident angehört.

73. So besteht die Hauptversammlung der Bundesarbeitskammer sogar nur aus den Präsidenten der Landeskammern und von deren Vorständen (!) delegierten Kammerräten. Den Vollversammlungen der Landeskammern der gewerblichen Wirtschaft gehören auch die Mitglieder des Vorstandes an, die Sektionstage setzen sich aus dem Obmann und den Stellvertretern der Fachgruppenausschüsse zusammen. Der Kammertag besteht wiederum aus dem Präsidium der Bundeskammer, den Präsidien der Sektionen der Bundeskammer sowie den Präsidien und Delegierten der Landeskammern und Fachverbände. Der Bundeskongreß des ÖGB besteht neben von den Vorständen der einzelnen Gewerkschaften gewählten Delegierten aus den Mitgliedern des Bundesvorstandes, dem wiederum das Präsidium und von den Vorständen der Gewerkschaften gewählte Vertreter angehören.

74. § 13 Abs 1 AKG bzw. § 52 Abs 1 und 82 Abs 2 AKG 1992; § 50 HKG;

75. § 13 Abs 1 HKG idF 400/1974.

76. § 30 Abs 7 idF 8. HKG-Nov.

77. Vgl. § 31a sowie § 41 Abs 6 und § 43 Abs 2 HKG.

78. Während diese Möglichkeit auch weiterhin im HKG fehlt.

Konnten in der „plebiszitär-oppositionellen" Phase der Gewerkschaftsbewegung die Mitgliederversammlungen noch mittels Mißtrauensvotums den Verwaltungsausschuß oder einzelne seiner Mitglieder abwählen[79], so wurde – ausgelöst durch die Affäre um den steirischen Arbeiterkammerpräsidenten Alois RECHBERGER – als wichtigste Neuerung der „parlamentarischen" Kontrollrechte der Typus des „Mißtrauensvotums" durch die Möglichkeit der *Abwahl* geschaffen. So kann gem. HKG[80] jedem Einzelorgan vom Kollegialorgan, das es gewählt hat, das Mißtrauen ausgesprochen werden, während das AKG die Abwahl der Präsidenten, Vizepräsidenten, Vorstände und sogar einzelner Mitglieder von Kontrollausschüssen[81] ermöglicht, was gerade deren Stellung nicht unbedingt stärkt. Inwieweit aber auch dieses in der Reformdiskussion gepriesene Kontrollelement entsprechend der österreichischen Tradition wieder parteienstaatlich umgeformt wurde, zeigt allein schon der Blick auf die Ausgestaltung des Verfahrens zur Abwahl: während Arbeiterkammerpräsidenten „nur", aber immerhin von zwei Drittel der Voll- bzw. Hauptversammlung abgewählt werden können, ist die Abwahl aller anderen Funktionäre sowohl bei Handels- wie Arbeiterkammern als sog. „Fraktions-Recall" ausgestaltet, wie er auch in einigen durch Proporzelemente gekennzeichneten Landesverfassungen als „Ergänzung" zu „Fraktionswahlen" zu finden ist.[82] Eine Abwahl ist daher nur möglich, wenn mehr als die Hälfte der Mitglieder der Fraktion, von der der Betreffende nominiert wurde, dafür stimmt, was allerdings wiederum auch die kleinen Fraktionen davor schützt, daß ihnen für nach dem Proporz zustehende Mandate bestimmte Personen aufgezwungen werden können. Rechtsstaatlich äußerst bedenklich ist jedoch, daß einzelne – mißliebige – Mitglieder des Kontrollausschusses der AK jederzeit von ihren Fraktionen ausgetauscht werden können.

c) Bürokratisierung

Einhergehend mit diesem Prozeß der Zentralisierung der Willensbildung auf die Verbandsspitzen erfolgt die *Bürokratisierung*, wobei der Apparat als eigenes Subsystem neben der auf ehrenamtlicher, freiwilliger Mitarbeit beruhenden Organisation ausdifferenziert wird und das *bürokratisch-administrative* Subsystem den Primat der Politikformulierung gewinnt, sodaß die *demokratisch-politische* Dimension nur noch der Legitimationsbeschaffung dient.

So kommt es im ÖGB zur Verflechtung dieser beiden Ebenen mit ihren jeweiligen Funktionslogiken[83] durch die *personelle Durchdringung* von Ge-

79. Vgl. TRAXLER, Willensbildung, 11 (Anm. 56).

80. § 47 Abs 7.

81. § 47 Abs 2 und § 51 Abs 2 bis 5 sowie § 89 Abs 4 und 5 AKG 1992.

82. Vgl. Joseph MARKO: Die Verfassungssysteme der Bundesländer: Institutionen und Verfahren repräsentativer und direkter Demokratie. In: DACHS, Handbuch, 731f (Anm. 4).

83. TRAXLER, Willensbildung, 115 (Anm. 56). So ist die bürokratisch- administrative Dimen-

werkschaftstag, Vorstand und Sekretariat, sodaß die Gruppe der führenden Funktionäre oft mit der Leitung des Angestelltenapparates identisch ist.[84] Ausdruck der Verflechtung zwischen Verbändebürokratie und gewählten „politischen" Funktionen sind weiters die Bestimmungen, daß die von den Vorständen bestellten bzw. zu bestätigenden Direktoren der Kammerbüros (AK) bzw. Kammerdirektionen (HK) an den Sitzungen mit beratender Stimme teilnehmen.[85] Während *passiv wahlberechtigt* für die Präsidenten der Handelskammern nach der 4. HKG-Novelle alle Mitglieder sind, erfolgt die Wahl des Präsidenten der Bundesarbeitskammer weiterhin nur aus dem Kreis der Präsidenten der Arbeiterkammern, nachdem der Verfassungsgerichtshof die Bestimmung des AKG, wonach der Präsident der Wiener Arbeiterkammer automatisch Präsident des Arbeiterkammertages ist, wegen mangelnder „Basis der demokratischen Legitimation" als gleichheitswidrig aufgehoben hatte.[86] Auch der Präsident des ÖGB kann nur aus den Mitgliedern des Bundesvorstandes bzw. zentraler Leitungsorgane der Gewerkschaften sowie der Sekretäre und leitenden Referenten des ÖGB und der Gewerkschaften gewählt werden[87], wobei sich die „Macht der Sekretäre" zuletzt darin gezeigt hat, daß einer der leitenden Sekretäre beim XI.Bundeskongreß 1987 zum Präsidenten gewählt wurde (Fritz VERZETNITSCH).

d) Interessenaggregation und -transformation

Wesentliche funktionale Voraussetzung der sektorübergreifenden *Konzertierung* der Verbände ist die Verlagerung der Interessenaggregation in die interne Organisation und damit die Entlastung der „Überbaus" von dieser Funktion.

Ideologisch umgedeutet als Subsidiaritätsprinzip der katholischen Soziallehre und so im Verständnis der Funktionäre internalisiert, unterscheidet das HKG zwischen fachlichen, sektionseigenen und sogenannten „gemeinsamen" Angelegenheiten, deren Besorgung den jeweiligen Organen übertragen ist[88], die bei der Beschlußfassung im Wege des Interessenausgleichs einstimmige Beschlüsse anzustreben haben. Kommen diese nicht zustande, können Minderheitenberichte an die zuständigen Stellen abgegeben werden.[89] Eine „subsidiäre" Generalkompetenz für alle Angelegenheiten,

---

sion durch Bestellung von „oben", professionelle und funktionsspezifische Tätigkeit sowie Verantwortlichkeit gegenüber „oben" gekennzeichnet, die demokratisch-politische Dimension hingegen durch Wahl von „unten", ehrenamtliche Tätigkeit, funktionsspezifische Tätigkeit und generalisierte Verantwortlichkeit gegenüber „unten".

84. TRAXLER, Willensbildung, 126f (Anm. 56).
85. § 52 Abs 5 AKG; § 9 Abs 5 HKG.
86. §§ 8 und 21 HKG nach dF BGBl. 208/1969; § 86 AKG; VfSlg. 8644/1979.
87. § 7 Abs 4 lit. a und b Statuten ÖGB.
88. §§ 41 und 42 HKG.
89. § 43 HKG.

die über den Wirkungsbereich einer Arbeiterkammer hinausgehen, besitzt die Bundesarbeitskammer.[90] Im Gegensatz zu den Arbeiterkammern haben auf Grund der zentralistischen Organisation des ÖGB die Einzelgewerkschaften keine eigene Rechtspersönlichkeit, der Bundesvorstand kann ihnen Aufgaben, die eigentlich dem ÖGB zustehen, übertragen.[91] Parallel dazu ist etwa in der Geschäftsordnung der Gewerkschaft Öffentlicher Dienst festgelegt, daß deren Organe bei der Besorgung der Angelegenheiten auf die „allgemeinen gewerkschaftlichen Interessen" Rücksicht zu nehmen und bei Überschreitung des räumlichen und sachlichen Wirkungsbereiches an den ÖGB abzutreten haben.[92] Die *Aggregation* und *Verallgemeinerung* der Mitgliederinteressen erfolgt daher *durch* die *Abkoppelung* der betrieblichen von der überbetrieblichen Ebene der Interessenvertretung.

Inwieweit dies auch als *„sozialpartnerschaftliches Bewußtsein"* zur Loyalitätssicherung internalisiert ist, zeigen die Ergebnisse von Umfragen unter Betriebsräten.[93] Im tripolaren Konflikt zwischen Basisnähe und unmittelbaren Druck durch die je widersprüchlichen Erwartungen von Belegschaft und Geschäftsleitung sowie den besonderen (Organisations)Interessen der Gewerkschaft ist das Selbstverständnis der Betriebsräte sowohl als Belegschaftsvertreter als auch als Gewerkschaftsfunktionäre dem Inhalt nach durch Service- und Beratungsorientierung, der Form nach durch diplomatisches Vermitteln unter Verzicht auf weitergehende betriebliche und überbetriebliche Mitbestimmung gekennzeichnet. Damit ist die Kooperationspolitik der Gewerkschaften auf der Ebene betrieblicher Arbeitsbeziehungen und damit auch am Schnittpunkt ihrer demokratischen *Legitimationsbeschaffung* nicht bloß institutionell, sondern auch ideologisch-symbolisch für ihre Machtentfaltung im Bereich der sektorübergreifenden Konzertierung abgesichert.[94] Wie sehr dieses „aufgeklärt-obrigkeitsorientierte" Bewußtsein sich auch im Denken der „großen" Minderheitsfraktion im ÖGB, der Fraktion Christlicher Gewerkschafter, festgesetzt hatte, zeigte ihr Aktionsprogramm, in dem unter dem Stichwort „Gewerkschaftsdemokratie" einzig und allein die Verankerung der Fraktionen im Statut und die Besetzung von Funktionen durch den FCG gefordert wurde.[95] Demokratisierung wird also mit Gremialisierung und den „Ansprüchen" von Funktionären gleichgesetzt, wobei gleichzeitig unter dem Stichwort „Freiwilligkeit" sta-

90. § 9 AKG.

91. § 3 Abs 2 Statuten ÖGB.

92. § 4 Abs 2 GO der GÖD.

93. Hermann DENZ/ Josef WEIDENHOLZER: Betriebsrat und Politik – Ergebnisse einer Befragung oberösterr. Betriebsräte. In: JfSF, 20 (1980), 46–54. – Franz TRAXLER: Interessenvertretung aus der Sicht des Betriebsrates. In: JfSF, 24 (1984), 235–247.

94. Vgl. allgemein-theoretisch Franz TRAXLER: Unternehmerverbände und Gewerkschaften: Bedingungen kollektiver Handlungsfähigkeit. In: JfSF, 20 (1980), 11.

95. Vgl. Aktionsprogramm, abgedruckt in: fcg-magazin 2/79, 6.

tuiert wird, daß „die Arbeitnehmer die moralische Verpflichtung (haben), ihre gewerkschaftliche Interessenvertretung zu unterstützen."[96]

Zusammenfassend kann also festgehalten werden, daß die entscheidende organisatorische Voraussetzung für die bei den Verbandsspitzen autonomisierte Interessenformierung die Entkoppelung von supports und demands im internen Kommunikationsprozeß ist. Dies bedeutet, daß das Mittel der Wahl und Delegation im Hinblick auf das Problem der Funktionärsrekrutierung zwar den Mitgliedern geringe Einflußmöglichkeiten gegenüber der Selbstkooptierung der Verbändebürokratie ermöglicht, im übrigen aber fast ausschließlich der expressiven Funktion der generalisierten Loyalitätsbeschaffung anstelle der instrumentellen Funktion zur Erzeugung der Entscheidungsprämissen dient. Konzentration und Totalrepräsentation sichern dann den Vorrang der Interessenaggregation und -transformation für die Zielverwirklichung des Verbandszweckes auf der Ebene der sektorübergreifenden Konzertierung „von oben" gegen die unmittelbare Artikulation von Mitgliederinteressen als Forderungen gegenüber den Verbandsführungen ab.

3. Sektorübergreifende Konzertierung: Die Paritätische Kommission

Institutioneller Kern der sektorübergreifenden Konzertierung ist die *Paritätische Kommission (PK).*[97] Deren Vorgeschichte – abgesehen von Ansätzen kooperativer Politik und Interessenabstimmung bereits zu Zeiten der Monarchie und Ersten Republik[98] – geht auf die im Rahmen der 1947 gegründeten ständigen gemeinsamen Wirtschaftskommission der „Großen Vier" abgeschlossenen 5 Lohn- und Preisabkommen zurück sowie auf den Versuch, diese Institution in Form eines Wirtschaftsdirektoriums zu verrechtlichen, was allerdings am Verfassungsgerichtshof scheiterte, der die einfachgesetzlich vorgesehenen Mitentscheidungsbefugnisse der Sozialpartner wegen Verletzung von Art 20 B-VG aufhob.[99] In der Folge wurde auch das befristete Gesetz über das Wirtschaftsdirektorium 1954 nicht weiter verlängert. Im Gegensatz zum Scheitern der Ansätze kooperativer Politik in der Zwischenkriegszeit wurde jedoch 1957 schließlich die *Paritätische Kommission* auf der Grundlage eines Briefwechsels zwischen dem damaligen Gewerkschaftspräsidenten Johann BÖHM und dem Bundeskanzler sowie vor- und nachmaligen Präsidenten der Bundeswirtschaftskammer, Julius RAAB, und eines formellen Ministerratsbeschlusses gegründet, der wiederum die „Gro-

96. Vgl. Grundsatzprogramm. In: fcg-magazin 2/79, 2.

97. Vgl. FARNLEITNER sowie MARIN (Anm. 4).

98. Grundlegend s. Emmerich TÁLOS: Sozialpartnerschaft: Zur Entwicklung und Entwicklungsdynamik kooperativ-konzertierter Politik in Österreich. In: GERLICH/GRANDE/MÜLLER, Sozialpartnerschaft, 41–84 (Anm. 4). – Ds., Voraussetzungen und Traditionen kooperativer Politik in Österreich. In: STOURZH/GRANDNER,Wurzeln, 243–264 (Anm. 4).

99. S. BGBl. 104/1951 und VfSlg. 2330/1952.

ßen Vier“ sowie der Bundeskanzler und die Bundesminister für Inneres, für Handel, Gewerbe und Industrie sowie für soziale Verwaltung angehörten. Damit war die bereits im Namen der Institution zum Ausdruck kommende „doppelte“ *Parität*[100] hergestellt. Durch die *parteipolitische Dominanz* in den „Großen Vier“ ergibt sich einerseits ein Gleichgewicht zwischen den Lagern, das durch die traditionelle Zuordnung von je zwei der Regierungsvertreter zu einer der beiden Großparteien während der Großen Koalition ergänzt wurde. Andererseits besteht damit auch ein *„klassenspezifisches“ Gleichgewicht* von je zwei den Arbeitgeber- bzw. Arbeitnehmerverbänden zuzuordnenden Organisationen.[101] Mit dem Zerfall der Großen Koalition 1966 und den darauffolgenden Alleinregierungen wäre diese doppelte Parität gestört worden, sodaß folgerichtig die Regierungsvertreter ab 1966 auf ihr Stimmrecht verzichteten, womit jedoch gleichzeitig auch die „Autonomie“ der Paritätischen Kommission als Kooperationsorgan der Verbände formal hergestellt wurde.[102] Diese Institution auf der Basis eines „gentlemen agreements“, ursprünglich nur zuständig für die *Preiskontrolle,* wurde nach dem Raab-Olah-Abkommen 1961 noch weiter *ausdifferenziert.* Nachdem 1962 der *Lohnunterausschuß* neben dem *Preisunterausschuß* gebildet worden war, wurde 1963 der *Beirat für Wirtschafts- und Sozialfragen* gegründet, der die Kompetenzerweiterung der Sozialpartnerschaft zur Wirtschaftsplanung signalisierte und Ausdruck einer „technokratischen“ Revolution war, deren zumeist jüngere Vertreter auf der Grundlage des Paradigmenwechsels in der Nationalökonomie von dogmenhistorisch orientierten normativen Ordnungsvorstellungen zu mathematisch-statistisch fundierter Konjukturesteuerung von der Vorstellung einer „Versachlichung“ und Endideologisierung der Politik ausgingen.[103] Erst mit der auf Betreiben von Bundeskanzler Josef KLAUS 1968 gegründeten *Wirtschaftspolitischen Aussprache*[104], die anfangs vierteljährlich als Forum für Entscheidungsgrundlagen und Diskussionen aktueller Regierungs- und Nationalbankmaßnahmen tagte, und der 1970 eingeführten *Präsidentenvorbesprechung* [105] als völlig informellem Gremium war die institutionelle Ausdifferenzierung abgeschlossen.

100. Vgl. MARIN, Kommission, 36ff (Anm. 4).

101. Zur Frage, ob die Landwirtschaftskammern Arbeitgeber- oder Arbeitnehmervertreter sind zuletzt KRAMMER, Interessenorganisation. In: DACHS, Handbuch, 370 (Anm. 4)

102. Im Gegensatz zu der von PELINKA, Modellfall, 7ff (Anm. 4) getroffenen Unterscheidung zwischen autonomem und nicht-autonomem Bereich geht die juristische Literatur durchaus dort von Selbstverwaltung aus, wo PELINKA Nicht-Autonomie ortet. Vgl. Karl KORINEK, Selbstverwaltung, 209 (Anm. 43).

103. Zeitstruktur und Entscheidungsfunktion von Gremien der Paritätischen Kommission für Preis- und Lohnfragen bei MARIN, Kommission, 28f (Anm. 4). Gerade der Beirat ist für ihn das Gremium, in dem die „stille Revolution“ der Technokratie stattgefunden hat (265ff). Vgl. auch TRAXLER, Interessenverbände, 313f (Anm. 23).

104. Vgl. SCHACHNER, Un/Gleichgewicht, 88ff (Anm. 4).

105. S. Anm. 102.

Der *formale Willensbildungs- und Entscheidungsprozeß* [106] beginnt in den beiden Unterausschüssen. Der Preisunterausschuß, in dem neben den „Großen Vier" auch die Bundesministerien für Finanzen und für wirtschaftliche Angelegenheiten[107] vertreten sind, dient der Entscheidung über Anträge auf Preiserhöhung, die über die Bundeswirtschaftskammer eingebracht werden. Nicht in die Zuständigkeit der Paritätischen Kommission fallen jedoch Preise, die nach dem Preisregelungsgesetz amtlich geregelt und Preise, Gebühren und Tarife, die von allgemeinen Vertretungskörpern beschlossen werden. Im Lohnunterausschuß sind nur jeweils 2 Vertreter des ÖGB, 1 der BAK, 2 der BWK und 1 der PKLWK vertreten, den Vorsitz führen alternierend die BWK und der ÖGB, während der Preisunterausschuß alternierend in „Sonderkommissionen" unter dem Vorsitz des BWK tagt. Tagungsort und Geschäftsführung wird in beiden Fällen von der BWK als „Gastgeber" besorgt.[108] Im Gegensatz zum Preisunterausschuß besitzt der Lohnunterausschuß eine von der PK beschlossene Geschäftsordnung. Formell wird jeder neue Kollektivvertrag, den eine der 15 Fachgewerkschaften abschließen will, auf Antrag des ÖGB behandelt. Die Zustimmung bedeutet in diesem Fall jedoch nur eine Freigabe der Verhandlungen zwischen den Kollektivvertragspartnern, sodaß die Tarifautonomie formell gewahrt bleibt. Die Funktion des Lohnunterausschusses besteht daher in der zeitlichen Steuerung und damit Koordinations- und Ausgleichskompetenz des ÖGB gegenüber den Fachgewerkschaften. Im Zuge der Legitimationskrise der Sozialpartnerschaft wurden schließlich 1990 auch die Preiskontrolle und damit die Institution der Paritätischen Kommission von Wirtschaftsfunktionären hinterfragt. Mit Rücksicht darauf, daß die Lohn- und Preiskontrolle wohl nicht entkoppelt werden können, wurde daher vorgeschlagen, statt der Einzelfestlegung von rund 500 Preisen nur mehr eine nachträgliche Kontrolle von Branchentrends vorzunehmen, um Fehlentwicklungen zu korrigieren.[109]

Der *Beirat* dient als Braintrust und Kooperationsgremium der Experten der vier Verbände, wobei formell je vier Vertretern der BAK und der BWK je drei des ÖGB und der PKLWK gegenüberstehen. Diese formale Parität zwischen Arbeitgebern und Arbeitnehmern wird jedoch parteipolitisch durchbrochen, indem unter den Arbeiterkammermitgliedern ein Vertreter des ÖAAB in diesem Gremium sitzt. Unter den vier Bundeswirtschaftskammervertretern ist jeweils auch ein Mitglied der Vereinigung Österrei-

106. Vgl. MARIN, Kommission, 127ff (Anm. 4). – Beschreibungen finden sich auch bei PELINKA, Modellfall, 7ff (Anm. 4). – Karl UCAKAR, Die Entwicklung des Verbändewesens in Österreich. In: FISCHER, System, 418f (Anm. 4). – SCHACHNER, Un/Gleichgewicht, 81ff (Anm. 4).

107. § 1 Bundesministeriengesetz (BMG), BGBl. 76/1986 idgF.

108. MARIN, Kommission, 62 (Anm. 4).

109. Vgl. Reinhard SYROWY: Selbstentmachtung der Paritätischen. In: Der Standard, 2. Aug. 1990, 13. – Hans HAUMER: Sozialpartnerschaft vor Reform. In: Der Standard, 10./11. Nov. 1990, 20.

chischer Industrieller (VÖI). Die Vorrangstellung der BAK und der BWK mit je einem Vertreter mehr erklärt sich dadurch, daß die Geschäftsführung von je einem volkswirtschaftlichen Experten dieser Verbände erledigt wird, während der Vorsitz und damit der Tagungsort halbjährlich zwischen den vier Verbänden rotiert.[110] Aufgabe des Beirats ist es, langfristige Prognosen und wissenschaftliche Gutachten[111] zu erstellen, zu deren Erarbeitung eigene Arbeitsgruppen zusammengestellt werden, sodaß de facto der Beirat mitunter bis zu 300 Mitarbeiter als Experten der verschiedensten Institutionen auch von außerhalb der Verbände und Verwaltung, beschäftigt, ein beachtliches Sachverstandsreservoir also.[112]

Formelles Entscheidungsorgan der Paritätischen Kommission ist die Vollversammlung, der neben jeweils drei Repräsentanten der Verbände auch vier Regierungsmitglieder unter der Vorsitzführung des Bundeskanzlers angehören. Die Bedeutung dieses Gremiums ergibt sich bereits daraus, daß die Verbände in der Vollversammlung durch ihre Spitzen repräsentiert werden. So entsendet der ÖGB für die SPÖ- Fraktion den Ersten Präsidenten und den leitenden Sekretär, während der dritte Vertreter von der FCG nominiert wird. Die übrigen Organisationen sind jeweils durch den Präsidenten, einen Vizepräsidenten und den Generalsekretär, die alle der Mehrheitsfraktion angehören, vertreten.[113] Als Regierungsmitglieder gehören der Vollversammlung neben dem Bundeskanzler die BM für wirtschaftliche Angelegenheiten, für Arbeit und Soziales, für Land- und Forstwirtschaft sowie für öffentliche Wirtschaft und Verkehr[114] an, sie besitzen jedoch formell kein Stimmrecht. An den Sitzungen, die entweder im Bundeskanzleramt oder Parlament einmal monatlich stattfinden, nehmen regelmäßig auch noch weitere Regierungsbeamte und Verbändeexperten teil, sodaß rund 30 Personen der Vollversammlung angehören. Der Kreis, der an der Vollversammlung teilnimmt, tagt auch als Wirtschaftspolitische Aussprache, zu der grundsätzlich neben dem Finanzminister und Staatssekretär im BM für Finanzen zwei weitere Beamte, nämlich des BM für Finanzen sowie für wirtschaftliche Angelegenheiten, der Präsident und

110. SCHACHNER, Un/Gleichgewicht, 86 (Anm. 4); Hans REITHOFER: Der Beirat für Wirtschafts- und Sozialfragen. In: FS f. Eduard MÄRZ, Wien 1973, 240.

111. Im Kommuniqué der konstituierenden Besprechung wurden dem Beirat folgende Aufgaben zugewiesen: „Untersuchungen anzustellen, deren Ziel es ist, wirtschafts- und sozialpolitische Fragen unter gesamtwirtschaftlichem Aspekt zu behandeln, und jene Empfehlungen auszuarbeiten, die zur Stabilisierung der Kaufkraft, zu einem stetigen Wirtschaftswachstum und zur Vollbeschäftigung beitragen." In: Zur Paritätischen Kommission für Lohn- und Preisfragen, Materialien zur Sozial- und Wirtschaftspolitik. Wien 1966, Dokument 80, 191. Bis März 1991 gab es 61 Publikationen des Beirats, zit.n. Horst KNAPP: Mini-Multis züchten! In: Der Standard, 25. März 1991, 4. – Margarete FREISINGER: Vordenker, Warner und „Schule". Der Beirat für Wirtschafts- und Sozialfragen feiert Geburtstag. In: Die Presse, 7./8. Dez. 1988, 4.

112. REITHOFER, Beirat, 241 (Anm. 110).

113. SCHACHNER, Un/Gleichgewicht, 81 (Anm. 4).

114. Verteilungsplan für die Einladungen zu den Sitzungen der Paritätischen Kommission (unveröff.).

Vizepräsident der Nationalbank, der Leiter des Österreichischen Instituts für Wirtschaftsforschung, das von Anfang an auch im Beirat vertreten war, sowie der Präsident und der Generalsekretär der VÖI eingeladen werden.[115] Tagte dieses Gremium ursprünglich vierteljährlich, nahm die Sitzungshäufigkeit ab Mitte 1978 ab. So fanden 1979 und 1980 noch zweimal jährlich Sitzungen statt, doch wurden diese dann bis 1983 eingestellt. Ab 1983 tagte dieses Gremium dann einmal jährlich.[116]

Alle Entscheidungen in den Gremien der Paritätischen Kommission fallen *einstimmig* und *nicht öffentlich.* Eine Ausnahme ist nur im Rahmen des Beirats gegeben, insofern bei der Abgabe von Gutachten an die Präsidenten – die sie formell auch in Auftrag geben, sodaß der Beirat im Laufe seiner Entwicklung von einem gemeinsamen Organ der Regierung und Verbände stärker zu einem Zwischenverbandsorgan geworden ist – auch Minderheitsäußerungen möglich sind.

Die eigentlichen Entscheidungen fallen jedoch in einer informellen *„Präsidentenvorbesprechung"*, in der machtmäßig die beiden Stimmen der Präsidenten des ÖGB und der BWK den Ausschlag geben, insbesondere wenn die Vollversammlung bei Nichteinigung der Unterausschüsse als zweite Instanz fungiert. Hier werden die eigentlichen Kompromisse geschlossen, die dann anschließend von der Vollversammlung nur noch bestätigt werden.

Fluktuation und Konstanz in den jeweiligen Gremien sind auch Indikatoren für die machtmäßige Bedeutung der einzelnen Gremien. So ist es kein Zufall, daß mit den Präsidenten der einzelnen Verbände in der Vollversammlung und der Präsidentenvorbesprechung, entsprechend der häufigen Wiederwahl in diese Funktionen, auch der höchste Grad von Konstanz im „Überbau" dieser Pyramide der Institutionalisierung gegeben ist, die bereits „gerontokratische Züge" anzunehmen drohte, wie sie sonst in autokratischen Systemen anzutreffen ist, sodaß der Generationswechsel an der Spitze des ÖGB auf dem XI. Bundeskongreß 1987 bereits zu einem „Sprung" über zwei Generationen von Funktionären wurde.

Doppelte Parität, Informalität, der kleine Kreis von entscheidungsbevollmächtigten Vertretern, der insgesamt nicht mehr als 50 Personen umfaßt, die Freiwilligkeit des „gentlemen agreements," das als wirksamstes Drohpotential neben den „geborgten" Sanktionsmechanismen[117] auch das „agreement to disagree" umfaßt, sowie das *Einstimmigkeitsprinzip* als Ausfluß der Parität und als vielleicht bedeutendster Ausdruck österreichischer Konkordanzdemokratie wirken als Fähigkeit und Zwang zum Kompromiß zusammen, das für die „erfolgreiche" korporatistische Politikgestaltung mit ihrer Orientierung an gesamtwirtschaftlichen Zielen[118]

115. Laut Verteilungsplan.

116. SCHACHNER, Un/Gleichgewicht, 88 ff (Anm. 4) und Mitteilung des BKA an den Verfasser.

117. MARIN, Kommission, 111ff (Anm. 4).

notwendig ist. Die Funktionalität dieses Elitenkartells, deren Bestandsvoraussetzungen eben in jenen gerade beschriebenen Prinzipien liegen, darf jedoch über die bestehenden Demokratiedefizite nicht hinwegtäuschen, soll nicht die aus der Entwicklungsländerforschung bekannte Hypothese von der Notwendigkeit einer „Entwicklungsdiktatur“ in sublimierter Form auf die österreichischen Verhältnisse übertragen werden.

III. Verflechtungstendenzen

Worin Österreich jedoch letztlich dem *Idealtyp* des korporatistischen Modells nahekommt, ist die enge Verflechtung der Verbände mit den Parteien sowie mit Parlament, Regierung und Verwaltung. Erst diese *umfassende Politikverflechtung* im System der *Konkordanzdemokratie* mit ihrem *Elitenkartell* von Partei-, Verbandsspitzen und Regierung, basierend auf einem *materiellen Grundwertekonsens* der Bevölkerung sowie einer nach weltanschaulichen Lagern *strukturell versäulten Gesellschaft,* bietet die als österreichisches Spezifikum geltenden Kompromißgelegenheiten, Tausch- bzw. Junktimierungsmöglichkeiten und Koordinationszwänge.

1. Parteien und Verbände

Historische Grundlage der engen Verflechtung mit den Parteien ist die seit dem 19. Jahrhundert ausgeprägte Struktur der österreichischen Bevölkerung in ein sozialistisches und christlich-sozial/konservatives „Lager“.[119] Doch nicht nur das österreichische Parteiensystem war entsprechend den „Lagern“ institutionell lange als „hinkendes Dreiparteiensystem“[120] ausgestaltet, die „Versäulung“ der Gesellschaft kommt auch in der *Dominanz* jeweils einer Großpartei in den Verbänden, die die innerverbandliche Fragmentierung nach Berufsgruppen „überlagert“, zum Ausdruck. Die „ehernen“ Klammern dieser Verflechtung sind die *Fraktionen,* wobei im Falle der ÖVP auf Grund ihrer bündischen Gliederung diese gleichzeitig auch formell Teil der Parteiorganisation sind.[121]

118. So geht Bernd MARIN: Wie ist die „Wirtschafts- und Sozialpartnerschaft“ möglich? In: ÖZP, 11 (1982), 337 f, zwar von einer ideologischen Unterbestimmtheit der Sozialpartnerschaft aus, die aber mE nicht darüber hinwegtäuschen darf, daß „Wachstumsorientierung“ und „Vollbeschäftigung“ als makroökonomische Ziele auf der Grundlage eines materiellen Grundwertekonsenses der Bevölkerung auch die Grundwerte der sozialpartnerschaftlichen Politikgestaltung ausmachen.

119. Vgl. Adam WANDRUSZKA: Österreichs polit. Struktur. Die Entwicklung der Parteien und politischen Bewegungen. In: Heinrich BENEDIKT (Hg.): Geschichte der Republik Österreich. Wien 1954, 289–485. – Anton PELINKA: Struktur und Funktion der politischen Parteien. In: FISCHER, System, 31 ff (Anm. 4). – Hermann FRITZL/Martin UITZ: Kritische Anmerkungen zur sogenannten Lagertheorie. In: ÖZP, 4 (1975), 325 ff.

120. Wolfgang MANTL: Der österr. Parteienstaat. Retzhof/Leibnitz 1969, 26.

121. Vgl. das Organisationsstatut der ÖVP sowie Alfred STIRNEMANN: Innerparteiliche

Die Fraktionen des *ÖGB* sind bis heute nicht in den Statuten erwähnt[122], die „Überparteilichkeit" als Programm wurde auf dem X. Bundeskongreß 1983 in den Statuten verankert. Heute hat der ÖGB folgende Fraktionen, die von ihm auch mit 1% der Gesamteinnahmen[123] finanziell unterstützt werden: die Fraktion Sozialistischer Gewerkschafter (FSG) mit ca. 600.000 Mitgliedern und die Fraktion Christlicher Gewerkschafter (FCG) mit 220.000 Mitgliedern[124], sodaß geschätzt werden kann, daß das Stärkeverhältnis dieser beiden Fraktionen in der Zweiten Republik rund 3 : 1 beträgt. Die Gewerkschaftliche Einheit (GE), die bis 1968 die offizielle kommunistische Fraktion war, auf Grund der Ereignisse in der ČSSR jedoch eine „eurokommunistische" Position einnahm, sodaß daraufhin von der KPÖ eine neue „moskautreue" Fraktion, der Gewerkschaftliche Linksblock (GLB) gegründet wurde, die Arbeitsgemeinschaft der Parteifreien Betriebsräte und die Freiheitlichen Arbeitnehmer sind die weiteren Fraktionen.[125]

Daß die Dominanz der SPÖ in den *Arbeiterkammern* nicht ganz so ausgeprägt ist, zeigen die *Wahlergebnisse* 1949–1989. So blieb zwar der Anteil der FSG zwischen 1949 und 1979 mit rund 64% konstant und ging erst 1984 auf 58,7% zurück, doch nahm der Anteil des ÖAAB kontinuierlich von 14,2% auf 36,5% zu. Auch hier zeigten sich wieder die allgemeinen soziostrukturellen Trends. Die Stimmengewinne wurden vor allem durch die Zugewinne im Wahlkörper der Angestellten erreicht. Gesamtösterreichisch betrugen die Stimmengewinne des ÖAAB bei den Arbeitern 18,6%, bei den Angestellten 20,2%, sodaß der ÖAAB 1984 erstmals in diesem Wahlkörper auch gesamtösterreichisch die relative Mehrheit erreicht hatte.[126] Ausnahme von der Dominanz der SPÖ sind nur die beiden Arbeiterkammern von Tirol und Vorarlberg, in denen der Präsident vom ÖAAB gestellt wird. 1989 konnte der ÖAAB jedoch diesen Trend nicht fortsetzen und verlor in allen Bundesländern, in Tirol sogar die absolute Mehrheit, wo erstmals ein freiheitlicher Vizepräsident gewählt wurde.[127] Eigentlicher Wahlgewinner war die FPÖ, die in fast allen Landeskammern ihre Stimmenzahl zumindest verdoppeln konnte und in Kärnten mit 18,6% den ÖAAB sogar vom zweiten Platz verdrängte.[128] „The Winds of Change",

Gruppenbildung am Beispiel der ÖVP. In: Österr. Jahrbuch f. Politik '80, München-Wien 1981, 415–448.

122. Wohl aber in § 18 der GO des ÖGB.

123. Rund 12 Mill. Schilling zweckgewidmet für Schulung und Bildungsarbeit.

124. Zit.n. Die Presse, 5. Okt. 1987, 5.

125. Vgl. HOLZINGER, Bundeskongreß, 390 ff (Anm. 57).

126. Eigene Berechnungen nach den Wahlergebnissen in: Österr. Jahrbuch f. Politik '84, München-Wien 1985, 125 ff.

127. Vgl. Arbeit und Wirtschaft 9/1989, 5.

128. Vgl. Arbeit und Wirtschaft 7–8/1989, 17. Nur in Wien und auch dort nur im Wahlkörper der Angestellten kandidierte die Fraktion Liberaldemokratischer Gewerkschafter, die von dem nach der Wahl Jörg HAIDERs zum Bundesparteiobmann aus der Fraktion der Freiheitlichen

die Peter A. ULRAM anläßlich der Arbeiterkammerwahlen 1984 konstatierte[129], sind also 1989 vor allem zur FPÖ und zur größten Gruppe, den „Nichtwählern“[130], weitergezogen, da auch die mit den Eurokommunisten auf einer gemeinsamen Liste angetretenen Alternativen Gewerkschafter/innen (GE/Al) eine Splitterpartei blieben. Mit einer Wahlbeteiligung von 48, 9%, die in Wien sogar auf die 40%-Marke absank, signalisieren diese Wahlen daher ein massives Protestpotential, sodaß sich auch hier wie bei den Wahlen zu den allgemeinen Vertretungskörpern eine erhöhte Mobilitätsbereitschaft, Protest und eine Dekonzentration des Parteiensystems zeigt.

Im Vergleich dazu ist die Dominanz des Österreichischen Wirtschaftsbundes in den *Handelskammern* nicht nur konstant, sondern noch stärker ausgeprägt als die der FSG im ÖGB. Bei den Wahlen 1950 bis 1985 betrug der Anteil des ÖWB an den Mandaten in den Kammervollversammlungen 77,9%, der des Freien Wirtschaftsverbandes (FWV) 7,4%, was somit einem Stärkeverhältnis von 10,5 : 1 entspricht. In den Bundesländern Burgenland, Kärnten und Salzburg lag der ÖWB unter dem Durchschnitt, wo v. a. Fach- und Namenslisten eine Konkurrenz darstellen. Bemerkenswert erscheint dabei, daß die Auflösung der Listengemeinschaft des ÖWB mit dem Ring Freiheitlicher Wirtschaftstreibender (RFW), die 1985 auf „sanften“ Druck des Präsidenten der Bundeswirtschaftskammer auch gegen den Willen der Funktionäre in einzelnen Landeskammern erfolgte[131], dazu führte, daß er nicht mehr Mandate als die anderen Namenslisten und die Fachliste der Gewerblichen Wirtschaft erreichte.[132] Demgegenüber war der RFW bei den Handelskammerwahlen 1990[133] mit einer Zunahme von 6,1% der Mandate auf 9,2% der eindeutige Gewinner, während der ÖWB um 7,6% weniger Mandate erreichte und auf 76,4% sank und der FWV mit + 1,3% auf 9,7% leicht zunahm. Signifikant war auch der Rückgang der Wahlbeteiligung um 8% auf 61,9%, lag damit aber noch immer erheblich

Arbeitnehmer ausgetretenen Fraktionsvorsitzenden gegründet wurde. Vgl. Der Standard, 30. Mai 1989, 5.

129. Peter A. ULRAM: Ein politischer Erdrutsch: Die Wahlen zur Kammer für Arbeiter und Angestellte 1979 und 1984. In: Österr. Jahrbuch f. Politik ’84, München-Wien 1985, 122f.

130. Vgl. auch Franz SOMMER: Die AK-Wahl 1989 – Die „Wahl der Nichtwähler“. In: Österr. Jahrbuch f. Politik ’89, Wien-München 1990, 89–118.

131. STADLER, Analyse, 68 (Anm. 64). Er weist darauf hin, daß die schwarz-blauen Wahlvereinbarungen für die Handelskammerwahlen eine Klausel enthielten, mit der die Listengemeinschaft durch jeweils einen Partner auflösbar war, falls die andere Seite auf Bundesebene eine Koalition mit den Sozialisten eingeht. Eine gewisse Rolle dürften auch die Versuche von Handelsminister Norbert STEGER (FPÖ) gespielt haben, sich unter Berufung auf die Aufsichtskompetenz einen direkten Einfluß auf die BWK zu verschaffen.

132. Für die Wahlergebnisse vgl. Wolfgang E. OBERLEITNER: Polit. Handbuch Österreichs 1945–1980. Wien 1981, 143, 155, 166, 178, 189, 201, 214, 224 und 237 (eigene Berechnungen). – Österr. Jahrbuch f. Politik ’77, München-Wien 1978, ausklappbarer Anhang. – Österr. Jahrbuch f. Politik ’80, München-Wien 1981, 573. – STADLER, Analyse, 71 (Anm. 64).

133. Vgl. KAUFMANN, Analyse, 171–183 (Anm. 63).

über dem der Arbeiterkammerwahlen 1989, wobei aber gerade auch in Wien mit 44,7% und Mödling mit 38, 4% absolute Tiefpunkte im städtischen Bereich erreicht wurden. Neben dem hausgemachten Legitimationsdefizit der Handelskammerorganisation, wie es schon in den oben erwähnten Meinungsumfragen zu erkennen war, griff bei diesen Wahlen sicherlich auch der populistische Protest gegen die Zwangsmitgliedschaft, v. a. bei kleineren und mittleren Gewerbetreibenden, wie auch das allgemeine „Unbehagen am Parteienstaat" langsam aber sicher auf den Verbändestaat ausgeweitet wird.

Eine ähnliche Dominanz hatte die ÖVP auch im Bereich der *Landwirtschaftskammern* bis Mitte der achtziger Jahre. Der durchschnittliche Mandatsanteil des Österr. Bauernbundes bei Landwirtschaftskammerwahlen im Zeitraum 1949–1986 betrug 84,4%, der Anteil der SPÖ-Bauern 9,8%[134], was einem Stärkeverhältnis von 8,6 : 1 entsprach. Diese Dominanz weist allerdings einige interessante Abweichungen auf, wenn man die Wahlergebnisse länderweise vergleicht. Fast schon totalitäre Verhältnisse herrschen in Tirol, wo der Stimmenanteil des Österreichischen Bauernbundes 1950–1985 im Durchschnitt 97,3% betrug und 1991 noch immer 93,08% erreichte, sodaß FPÖ-und Unabhängige Bauern bei einem Mandatsverhältnis von 15 : 1 zu einer Splittergruppe reduziert sind. Regionale Bedeutung hatte der Allgemeine Bauernverband – eine FPÖ-nahe überparteiliche Bauernorganisation, deren Wurzeln auf den Landbund der Ersten Republik zurückreichen – in Oberösterreich und Salzburg. Ein „Haider-Effekt" – im Gegensatz zu den Handelskammerwahlen 1985 – stellte sich schließlich in Kärnten mit einer Rückkehr zum durchschnittlichen Stimmenanteil auch bei den Landwirtschaftskammerwahlen 1986 ein[135], wo die freiheitliche Bauernschaft 17,8% der Stimmen und 6 von 20 Mandaten errang. Im Zeitraum seit 1985[136] brachten die letzten Landwirtschaftskammerwahlen (vgl. Tabelle 2), weniger in Niederösterreich 1990 und kaum in Tirol 1991, wohl

134. Die Ergebnisse der Landwirtschaftskammerwahlen 1949–1990 sind abgedruckt bei OBERLEITNER, Handbuch, 143, 156, 167, 178, 190, 202, 214, 226 und 237 (Anm. 132). – Österr. Jahrbuch f. Politik '77, München-Wien 1978, 291. – Österr. Jahrbuch f. Politik '80, München-Wien 1981, 618. – Präsidentenkonferenz: Zahlen '86. Wien 1987, 140.

135. Vgl. dazu schon die Kärntner Landtagswahlen 1984 und deren Analyse durch Franz SOMMER: Die Landtagswahl in Kärnten vom 30. September 1984, in: Österr. Jahrbuch f. Politik '84, München-Wien 1985, 69ff sowie das Ergebnis der Nationalratswahl 1986, in der die Freiheitliche Partei ihren Stimmenanteil von 1983 nahezu verdoppeln konnte und sich in Kärnten sogar als Mittelpartei etablierte, von der ÖVP nur mehr rund 6% getrennt, um schließlich bei den Landtagswahlen im März 1989 mit 29% zur zweitstärksten Partei zu werden. Vgl. Fritz PLASSER/ Peter A. ULRAM: Das Jahr der Wechselwähler. Wahlen und Neustrukturierung des österr. Parteiensystems 1986. In: Österr. Jahrbuch f. Politik '86, Wien-München 1987, 6. – Der Standard, 13. 3. 1989, 4. – Jörg HAIDERs Wirkung versagte allerdings bei den Handelskammerwahlen 1985 in Kärnten, wo die HAIDER-Fraktion – dieser war seit 1977 Geschäftsführer des Ringes Freiheitlicher Wirtschaftstreibender in Kärnten – von 21, 9% 1980 auf 6% 1985 absackte.

136. Eine tabellarische Übersicht über die Ergebnisse der Landwirtschaftskammerwahlen 1985–1990 liefert KRAMMER, Interessenorganisation, 373 (Anm. 31).

aber in Salzburg 1990 sowie 1991 in Kärnten, Oberösterreich, der Steiermark und Vorarlberg deutliche Verluste des Bauernbundes zugunsten der freiheitlichen Bauernschaft und überparteilicher Listen (Notwehrgemeinschaft und überparteiliche Salzburger Bauernschaft). Die SPÖ-Bauern haben nur im Burgenland (1988: 27,7%), Kärnten, Wien und der Steiermark größere Bedeutung. Die freiheitliche Bauernschaft ist nunmehr in Kärnten mit 30,9% am stärksten, gefolgt von Vorarlberg, Salzburg und der Steiermark. Neben dem ABV, der 1991 in Oberösterreich 6,02% der Stimmen erhielt, erreichten nur die Notwehrgemeinschaft im Burgenland 1988 mit 9,2% und die slowenischen Bauern in Kärnten mit 5,3% einen größeren Anteil. Waren bis Mitte der achtziger Jahre bei den Landwirtschaftskammerwahlen keine Trendbewegungen festzustellen, kam es ab 1986 zu einer stärkeren Dekonzentration, wofür neben dem „Haider-Effekt" zugunsten der freiheitlichen Bauernschaft vor allem regionale Protestphänomene verantwortlich sind.

Tabelle 2: Ergebnisse der Landwirtschaftskammerwahlen: in %

Bundesland	Jahr	Österr. Bauern-bund	SPÖ-Bauern	Freiheitl. Bauern-schaft	ABV	Sonstige
Burgenland	1988:	63,1	27,7			9,2
Kärnten	1986:	53.6	23,3	17,8		5,3
	1991:	45,6	18,2	30,9		5,3
Niederösterreich	1985:	90,7	8,1	1,1		
	1990:	86,2	7,6	3,4		2,9
Oberösterreich	1985:	83,8	6,7	3,6	5,9	
	1991:	77,7	6,7	9,6	6,0	
Salzburg	1985:	85,8	6,2	8,0		
	1990:	80,3	5,3	10,6		3,8
Steiermark	1986:	85,5	11,6	2,1	0,8	
	1991:	80,4	9,9	9,7	0,8	
Tirol	1985:	94,8		5,2		
	1991:	93,1		6,9		
Vorarlberg	1986:	86,1	5,6	6,0		2,3
	1991:	75,9	6,3	10,7		2,5
Wien	1988:	82,3	17,7			

Quelle: Präsidentenkonferenz der Landwirtschaftskammern Österreichs (Hg.): Zahlen '90, Wien 1991, 156, und Mitteilung der Präsidentenkonferenz an den Verfasser

Zusammenfassend [137] kann also festgehalten werden, daß ähnlich wie bei Nationalratswahlen auch das Wählerverhalten im Bereich der Kammern

137. Die Verflechtung zwischen Parteien und Verbänden ist jedoch nicht nur organisatorisch und soziostrukturell, sondern – gemäß der Lagertheorie – auch weltanschaulich begründet. Der Vergleich der Partei-, Fraktions- und Verbändeprogramme kann jedoch hier nicht ausführlich genug geleistet werden. Vgl. daher Peter SPIEGEL: Die großen Fünf der österr. Gesellschaft. Eine Analyse der Grundsatzprogramme der Sozialpartnerverbände Österreichs. Wien 1987.

bis zu Beginn der achtziger Jahre einen Trend zur Konzentration auf die beiden Großparteien zeigte, Dekonzentrations-, aber auch Monopolerscheinungen waren und sind regionale Phänomene.[138] Die soziostrukturellen Änderungen durch das Entstehen der neuen Mittelschichten sowie die soziokulturellen Phänomene des „postmaterialistischen Wertwandels“[139] haben im Verbändebereich zwar noch nicht zur Ausbildung stärkerer grün-alternativer Gruppierungen geführt, doch kündigen sich gerade im Arbeitnehmerbereich aufgrund des entstandenen Protestpotentials Veränderungen an, die darauf hinweisen, daß nicht nur die Parteien, sondern auch die Verbände und damit gerade auch deren enge Verflechtung ein großes Legitimationsdefizit aufweisen.

2. *Parlament und Verbände*

Die enge Verflechtung von Parlament und Verbänden kommt einmal in *Personalunionen* zum Ausdruck, wofür Anton BENYA wohl als Symbol gelten konnte: So war dieser nicht nur Vorstandsmitglied der SPÖ, sondern auch seit 1956 Mitglied des Nationalrates und seit 1971 dessen Erster Präsident[140], ehe er 1986 aus dem Nationalrat ausschied. Damit stand einer dreißigjährigen Verweildauer im Nationalrat eine dreiundzwanzigjährige als Präsident des ÖGB gegenüber, die mit dem XI. Bundeskongreß des ÖGB im Oktober 1987 zu Ende ging.

Sieht man sich die *Sozialstruktur* des Parlaments an, so konnten 1986 noch 118 von insgesamt 183 Abgeordneten, also 64,5%, als Funktionäre von Interessenvertretungen angesprochen werden, bevor diese Zahl erstmals in der Geschichte der Republik Österreich nach den Nationalratswahlen 1991 wieder auf 43,7% sank.[141] Interessant ist in diesem Zusammenhang aber auch die Differenzierung nach Verbänden:

---

138. Zur Konzentration und Dekonzentration des österr. Parteiensystems 1949–1986 vgl. Fritz PLASSER/ Peter A. ULRAM: Der reaktive Wähler. In JfSF, 27 (1987), 141.

139. Vgl. dazu umfassend Leopold NEUHOLD: Wertwandel und Christentum. Linz 1988.

140. Vgl. Biographisches Handbuch des Nationalrates, XVI. GP, Wien 1983.

141. Als Funktionäre von Interessenvertretungen werden bei der Auswertung der Biographischen Handbücher des Nationalrates gewählte und angestellte Personen der Handelskammern, Arbeiterkammern, Landwirtschaftskammern, des ÖGB, der VÖI und des Raiffeisensektors, Personalvertreter und Betriebsräte sowie der einzelnen Fraktionen in diesen Verbänden, soweit nicht eine Doppelfunktion vorlag, gezählt. Nur durch Einbezug dieser letzten Gruppe sind die Zahlen mit dem Längsschnitt von Herbert MATIS/ Dieter STIEFEL: Der österr. Abgeordnete – Der österr. Nationalrat 1919–1979. Wien 1979, 78, vergleichbar. (Diese geben leider nicht an, welche Kategorien sie als Interessenvertreter zählen). Vgl. auch Peter GERLICH: Sozialpartnerschaft und Regierungssystem. In: GERLICH/GRANDE/MÜLLER, Sozialpartnerschaft, 121(Anm. 4) sowie Anton NEVLASCIL: Regierung und Opposition im parlamentarischen Prozeß. In: Österr. Jahrbuch f. Politik '83, München-Wien 1984, 216, der allerdings zu wesentlich niedrigeren Zahlen kommt.

Tabelle 3: Verbandsfunktionäre im Parlament: Anteil der Interessenvertretungen in %

	SPÖ-Alleinregierung	Kleine Koalition	Große Koalition 1986	Große Koalition 1991
ÖGB	22,4	22,9	21,8	18,0
AK	13,6	16,9	18,0	11,5
ÖAAB	7,6	9,3	9,8	6,5
FOG	1,1	1,6	2,2	2,2
HK	8,7	3,7	9,8	6,0
WB	4,9	6,5	6,0	3,8
VÖI	1,1	2,2	2,2	0,5
LWK	10,4	12,6	10,4	7,6
BB	8,2	9,8	9,8	7,1
Raiffeisen	–	–	2,2	2,2

Quelle: Biographisches Handbuch Nationalrat, XV.–XVIII. GP (eigene Auswertung)

Anm: Die Summen decken sich nicht mit den in der folgenden Tabelle angeführten Prozentwerten des Gesamtanteils der Verbändefunktionäre, da vor allem im Bereich der Arbeitnehmervertretungen häufige Doppelmitgliedschaften vorkommen.

Dabei ergibt sich, daß die Arbeitnehmerverbände etwa doppelt so stark im Nationalrat vertreten sind wie die Arbeitgeber, die freiheitlichen Handelskammerfunktionäre mit 15% aller von dieser Organisation besetzten Mandate im Vergleich zu den Handelskammerwahlen 1985 weit überrepräsentiert waren, wobei auch die Gewichtung der ÖVP-Fraktion im Verhältnis ÖAAB, Bauernbund und Wirtschaftsbund sich zuungunsten des ÖAAB verschoben hat, sodaß der ÖAAB in bezug auf sein Wählerpotential unter-, die beiden anderen Bünde überrepräsentiert sind.[142] Untersucht man die durchschnittlichen Prozentwerte der Verbändefunktionäre im Parlament in bezug auf die jeweiligen Regierungsformen, ergibt sich *kein* signifikanter Zusammenhang, da deren Anteil von 1918 bis 1986 fast kontinuierlich zunahm (s. Tabelle 4)[143], sodaß die Hypothese gewagt werden kann, daß die Institutionalisierung eines Ständerates, um den in der Ersten Republik heftige ideologische Auseinandersetzungen geführt wurden[144], durch den hohen Anteil der Verbändefunktionäre im Nationalrat bereits auf „schleichendem" Wege drohte.

142. Vgl. STIRNEMANN, Gruppenbildung, 418ff (Anm. 121), sowie Biographisches Handbuch des NR, XVIII. GP, Wien 1991 (eigene Auswertung).

143. Vgl. MATIS/STIEFEL, Nationalrat, 78 (Anm. 141) für den Zeitraum bis 1979, seit 1979 Biograph. Handbuch NR, XV. – XVIII. GP (eigene Auswertung).

144. Vgl. schon Hans KELSEN: Vom Wesen und Wert der Demokratie. 2.A. Wien-Leipzig 1929, 45 und 47ff. – Ignaz SEIPEL: Was sind Stände. In: Ds., Der Kampf um die österr. Verfassung. Wien 1930, 202ff. – Vgl. auch Herbert REIGER: Die Bundesgesetzgebung und die Interessenvertretungen. In: Herbert SCHAMBECK (Hg.): Österreichs Parlamentarismus. Werden und System. Berlin 1986, 602f; Karl KORINEK: Sozialpartnerschaft und Parlament. In: SCHAMBECK, Parlamentarismus, 628ff.

Tabelle 4: Verbandsfunktionäre im Parlament: Durchschnittliche Prozentwerte

Erste Republik	1920–1933	:	19,6
Große Koalition	1945–1966	:	43,8
ÖVP-Alleinregierung	1966–1970	:	54,0
SPÖ-Alleinregierung	1970–1983	:	51,2
Kleine Koalition SPÖ – FPÖ	1983–1986	:	64,5
Große Koalition	1986	:	64,5
	1991	:	43,7

Quelle: Herbert MATIS/Dieter STIEFEL: Der österr. Abgeordnete. Wien 1979, 78 und Biograph. Handbuch NR XV.–XVIII. GP.

Diese *Überrepräsentation* in bezug auf ständische Merkmale wird jedoch noch durch die „Erbhof"-Praxis der Parteien bei der Nachbesetzung freiwerdender Mandate versteinert: so wird ein ausscheidender ÖVP-Bauer in der Regel wieder durch einen Funktionär des Bauernbundes ersetzt und das Mandat eines Metallarbeiters wieder an einen Funktionär der entsprechenden Gewerkschaft vergeben.[145] Ja sogar die Österreichischen Bundesbahnen oder die Firma Steyr-Daimler- Puch scheinen einen fixen Sessel im Nationalrat gepachtet zu haben, wie die Nachbesetzung in der XVI.GP (1983–1986) zeigt.[146] Demgegenüber unternahm die steirische ÖVP 1990 einen Vorstoß, anläßlich einer Privilegiendebatte eine österreichweite Diskussion über Ämterentflechtung durch ihren Vorschlag in Gang zu setzen, daß alle politischen Ämter in Gesetzgebung und Exekutive auf Bundes-, Landes- und Gemeindeebene mit führenden Funktionen in den Wirtschaftsverbänden unvereinbar sein sollten. Mit Ausnahme der „Selbstbindung" der ÖVP anläßlich der steirischen Landtagswahlen 1991 fand dies jedoch nur bei der Salzburger Handelskammerpräsidentin Helga RABL-STADLER Nachahmung, die auf eine Wiederkandidatur für den Nationalrat verzichtete. Abgesehen davon, inwieweit solche Inkompatibilitäten den realen Machtverhältnissen entsprechen, darf bezweifelt werden, daß dies per se zu einer Stärkung der Parlamente beitragen würde: durch die Bündelung von Partei- und Verbändemacht sowie -interessen sind diese in den Parlamenten direkt und für jeden Interessierten offen erkennbar repräsentiert, andernfalls würden die Einflüsse in informelle, intransparente und jeglicher Kontrolle entzogene Bereiche verdrängt, aber nicht ausgeschaltet werden. Die Sozialstruktur der Parlamente würde noch weiter zugunsten von Parteisekretären und Beamten verzerrt und deren Entscheidungskompetenz gegenüber der Übermacht der Regierung und Bürokratie noch weiter geschwächt werden, da der juristisch-technische Sachverstand der Verbändebürokratien als Gegeneliten hinter diesen Abgeordneten nicht mehr

145. NEVLASCIL, Regierung, 217 (Anm. 141).

146. Biograph. Handbuch NR, XVI. GP: So rückte der Bundesbahner Robert STROBL 1985 für den Bundesbahner Dr. Josef LENZI nach und 1983 Hermann LEITHENMAYR für Hans HEIGL, beide ehemals Betriebsräte von Steyr- Daimler-Puch und Gewerkschaft B-M-E.

zur Verfügung stünde. Nicht zuletzt würde auch die Durchsetzungsfähigkeit der Entscheidungen ganz erheblich herabgesetzt, wenn die Verbände nicht weiter in die korporatistische Kompromißfindung eingebunden sind. Systemimmanente Alternativen, nämlich Begrenzungen der Funktionsdauer von Mandaten, um Ämterkumulierungen zu vermeiden, die Demokratisierung der Kandidatenaufstellung und Offenlegungspflichten von Interessenbindungen durch Veröffentlichung z. B. aller Verbändefunktionen in einem der allgemeinen Einsichtnahme zugänglichen Register wie in der Schweiz wurden und werden hingegen kaum diskutiert.

Daß diese de facto institutionalisierte Verflechtung von Verbänden und Parlament durch Personalunionen nicht automatisch das Parlament zum „Transmissionsriemen" der Verbändeinteressen degradiert, zeigt die Ausbildung von *Rollendifferenzierungen* bei „Verbändemandataren": so waren bei einer Untersuchung der Einstellungen der Mitglieder der Paritätischen Kommission[147] 1983 insgesamt 8 Personen gleichzeitig auch Nationalratsabgeordnete. Auf die Frage, ob die aus unterschiedlichen Politikstilen in der Paritätische Kommission und im Nationalrat resultierende Doppelgleisigkeit das Klima in der Paritätischen Kommission nicht negativ beeinflusse, waren 90% aller Mitglieder der PK der Meinung, daß dies nicht der Fall sei. Die Antwort eines Delegierten, er müsse sich erst überlegen, „welchen Hut" er dabei aufhabe[148], illustriert diese Rollendifferenzierung recht deutlich. Daß diese allerdings nicht zu einem völlig gespaltenen Bewußtsein führt, indem der Verbandsfunktionär zugunsten „des" Abgeordneten im Parlament auf die Vertretung von Sonderinteressen vergißt, um nur dem Allgemeinwohl zu dienen, zeigt die Untersuchung der Formen der *Einflußnahme der Verbände auf den Prozeß der Gesetzgebung*. Diese Untersuchung von Politikern, Experten, insbesondere solcher der Verbände, und Beamten, die am Gesetzgebungsprozeß teilnehmen[149], brachte zu Tage, daß die Experten als Abgeordnete auch im parlamentarischen Gesetzgebungsprozeß, insbesondere in den Ausschußberatungen[150], Einfluß nehmen und eine Erfolgskontrolle dergestalt ausüben, daß die im vorparlamentarischen Bereich ausgehandelten Kompromisse im Parlament auch

147. SONNBERGER, Neo-Korporatismus, 195 (Anm. 4).

148. SONNBERGER, Neo-Korporatismus, 195 ff (Anm. 4).

149. Peter GERLICH: Cause and Consequence in Legislation. A Survey of Austrian Expert Opinion, Paper prepared for the workshop on „Cause and Consequence in Legislation", ECPR Joint sessions. Salzburg 1984. Vgl. auch Herbert GOTTWEIS: Die Welt der Gesetzgebung. Wien (Phil.Diss.) 1984.

150. REIGER, Bundesgesetzgebung, 608 f (Anm. 144) schlüsselt die direkten Einwirkungsmöglichkeiten im parlamentarischen Prozeß auf: so nehmen an den vorbereitenden Sitzungen der Parlamentsfraktionen häufig auch Repräsentanten der einzelnen Verbände teil, § 40 GeO NR ermöglicht die Beiziehung von Verbändevertretern als Experten oder Auskunftspersonen in den (Unter)Ausschußsitzungen und schließlich kann der Hauptausschuß des NR gem. § 98 GeO NR auch bei Enqueten Verbändevertreter hinzuziehen, dies alles neben der erwähnten Doppelfunktion von Interessenvertretung und Abgeordnetenmandat. Gerade diese Gruppe schreibt nach GERLICH, Cause (Anm. 149) mit 82 : 18% den Ausschußberatungen Wichtigkeit zu.

eingehalten werden, sodaß dieses System für das in anderen parlamentarischen Systemen verbreitete „Lobbying" mehr als funktional äquivalent ist.[151]

Ein wesentlicher Indikator für die in Österreich besonders stark ausgeprägte korporatistische Verflechtung mit Ministerien und Parlament ist schließlich die Beeinflussung des vorparlamentarischen Gesetzgebungsprozesses. So entwickelte sich das auf der Ebene des Bundes auf einfachgesetzlicher Grundlage[152] den Kammern zugestandene Recht zur Begutachtung von Regierungsvorlagen[153] in der Praxis durch Usancen der Verwaltung zu einem *„absoluten Begutachtungsrecht"*, wobei insbesondere den drei großen gesetzlichen beruflichen Interessenvertretungen sowie dem ÖGB, der VÖI und der Bundeskonferenz der Kammern der freien Berufe Österreichs regelmäßig alle Gesetzesentwürfe von allen Ressorts zur Begutachtung zugestellt werden.[154] Weiters gibt es Institutionen, denen alle Gesetzesentwürfe eines Ressorts zugestellt, und solche, die fallweise zur Begutachtung eingeladen werden. Daneben hat sich noch die Praxis der *„Vorbegutachtung"* eingebürgert, d.h. daß ministerielle Gesetzesvorhaben schon ausgehandelt sind, bevor sie als Regierungsvorlagen zur Begutachtung versandt werden.[155] Gerade in diesem Fall wird deutlich, daß die Initiative eindeutig bei den Sozialpartnern selbst liegt, die diese wesentlichen politischen Entscheidungen bereits im vorparlamentarischen Bereich herbeiführen, sodaß das Parlament auf eine reine „Notariatsfunktion" reduziert wird. Gerade im wirtschafts- und sozialpolitischen Bereich kommt es zur Verabschiedung solcher „Verbändegesetze"[156], deren Ausarbeitung und Verhandlung sich im Stil wesentlich durch Intimität kleiner Gruppen, konsen-

151. Von der funktionalen Äquivalenz geht Heinz FISCHER: Zur Praxis des Begutachtungsverfahrens im Prozeß der Bundesgesetzgebung. In: ÖZP, 1 (1972), 53 aus. Daß dieser vielfältig verflochtene Politikverbund nicht so einfach mit „Lobbying" zu vergleichen ist, sondern in bezug auf seine Funktionen für das politische System mehr leistet, zeigt auch REIGERs Bemerkung: „Keine Bedeutung hat in Österreich der Lobbyismus als solcher." (610, Anm. 144).

152. Daneben gibt es in einzelnen Landesverfassungsgesetzen verankerte allgemeine Begutachtungsrechte als Instrumente der direkten Demokratie. Vgl. Joseph MARKO: Direkte Demokratie im Vergleich: Schweiz-Österreich-BRD. In: Joseph MARKO/ Armin STOLZ (Hg.): Demokratie und Wirtschaft. Graz-Wien-Köln 1987, 33.

153. Demgegenüber werden Initiativanträge eingebracht, um das Begutachtungsverfahren zu umgehen. Vgl. NEVLASCIL, Regierung, 222 (Anm. 141).

154. FISCHER, Praxis, 43 ff (Anm. 151).

155. Z.B. Dienstrechtsgesetze mit der zuständigen Gewerkschaft.

156. Vgl. dazu als signifikante Beispiele : Horst WÜNSCH: Die Einflußnahme der Sozialpartner auf die Gesetzwerdung. Dargestellt am Beispiel des KWG. In: SCHÖPFER, Phänomen, 125–162 (Anm. 4). – Martina KAHLER/ Erwin RIESS: Entdemokratisierung als Reform oder Reform der Entdemokratisierung? Das Arbeitsverfassungsgesetz als Beispiel „sozialpartnerschaftlicher" Reformpolitik. In: ÖZP, 11 (1981), 65–75. Zum Ausmaß sozialpartnerschaftlich bestimmter Gesetzgebung vgl. auch Wolfgang C. MÜLLER: Innovation und Tradition im Bereich verbandlich (mit)bestimmter Gesetzgebung in Österreich. In: Heinz SCHÄFFER (Hg.): Gesetzgebung und Rechtskultur. Wien 1987, 48 ff.

sualer Kommunikation und effektiver Durchsetzung und Implementation von anderen unterscheidet.[157]

Diesem Befund steht auf Seiten der Bevölkerung durchaus ein konträres, widersprüchliches Alltagsverständnis der Wirkungsweise von Parlament und Sozialpartnern gegenüber. So glaubten Ende der siebziger Jahre immerhin 45% der Österreicher, daß im Parlament alle wichtigen Gesetze erarbeitet und entschieden werden, doch nur 9% waren der Auffassung, daß die Institution Parlament mehr Einfluß auf die Politik haben sollte, und immerhin 65% hielten die Zusammenarbeit der Sozialpartner für wichtiger als das Parlament.[158] Geht man davon aus, daß das Parlament als zentrale Institution eines demokratischen Regierungssystems Ort des politischen Entscheidungsprozesses sein sollte, so ist bemerkenswert, daß im Vergleich zu 1975 die Entscheidungskompetenz 1990 wieder in verstärktem Maße den Sozialpartnern zugewiesen wird: so glauben 55% der Österreicher (1975: 41%), daß wirtschaftliche Fragen, und sogar 58% (1975: 44%), daß soziale Fragen am besten von diesen entschieden würden. Immerhin 38% (1975: 33%) halten auch die Entscheidung in allgemein politischen Fragen durch die Sozialpartner für die beste Lösung.[159]

3. Regierung und Verbände

Untersucht man den Anteil der Verbandsfunktionäre in der *Regierung,* so ergibt sich im Vergleich zum Nationalrat ein gegenläufiger Trend, der erst durch die Wiederaufnahme der Großen Koalition 1987 gebrochen zu sein schien, sich aber nach 1991 wieder gegenläufig fortsetzt:

Tabelle 5: Verbandsfunktionäre in der Regierung: in %

1956	1966	1970	1983	1987	1991
33	30	25	19	33	50

Eine Dimension der Verflechtung im Verhältnis der Regierung und Verbände ist also auch hier die Ausprägung von *Personalunionen.* So war der Vorsitzende der Gewerkschaft der Privatangestellten, Alfred DALLINGER, gleichzeitig Sozialminister und konnte in dieser „Doppelrolle", etwa bei der „postmaterialistischen Illusion" der Arbeitszeitverkürzung mit vollem Lohnausgleich, eine Taktik der zwei Schritte vorwärts und einen zurück verfolgen. Der frühere Bautenminister Karl SEKANINA war bis zu seinem „Rücktritt"[160] gleichzeitig Vorsitzender der Gewerkschaft Metall,

157. Zur Typologie von politischen, Verwaltungs- und Verbandsgesetzen s. GERLICH, Cause, 32ff (Anm. 149).

158. Peter GERLICH/Karl UCAKAR: Staatsbürger und Volksvertretung. Das Alltagsverständnis von Parlament und Demokratie in Österreich. Salzburg 1981, 67ff und 184ff.

159. Vgl. SWS-Rundschau, 30 (1990), 392ff.

160. Das gegen ihn eingeleitete Strafverfahren wurde mittlerweile eingestellt.

Bergbau und Energie und eine zeitlang auch in der populären Funktion des Präsidenten des Österreichischen Fußballbundes. Die Anwartschaft bestimmter Verbände auf bestimmte Ministersessel im Proporzsystem der Großen Koalition bis 1966 wurde allerdings durch den Übergang auf andere Regierungsformen durchbrochen. Nur die „Anwartschaft" des ÖGB auf den Posten des Sozialministers hat bisher alle Regierungsformen in Österreich überdauert, da dieser auch in der Zeit der ÖVP-Alleinregierung 1966- 1970 mit einer Christgewerkschafterin besetzt war (Grete REHOR).

Die Kritik an der Sozialpartnerschaft[161], die von einem einseitigen Verhältnis der Instrumentalisierung von Parlament und Regierung ausgeht, indem sie die Sozialpartnerschaft als die politisch entscheidende *„Nebenregierung"* ansieht, dürfte doch zu eindimensional sein. So scheint die Einschätzung SCHEDIWYs[162], daß die Sozialpartnerschaft gegen Ende der Großen Koalition Mitte der sechziger Jahre als Nothelfer des parlamentarischen Patts und während der ÖVP- Alleinregierung als „Schattenkoalition" fungierte, schon richtig, doch darf nicht übersehen werden, daß es gerade die Regierung war, auf deren Initiative hin weitere sozialpartnerschaftliche Gremien wie die vierteljährlich tagende Wirtschaftspolitische Aussprache und das Verbändekomitee im Finanzministerium geschaffen wurden. Gerade in diesen Institutionen sowie im Beirat erlangten die Sozialpartner zwar einen erheblichen Einfluß auf die Wirtschaftspolitik des Staates, doch wurde dieser – formal ohne Änderung der Regierungsform – in den siebziger Jahren wieder zurückgedrängt, erkennbar an der Behandlung der Gutachten des Beirats, an Aussagen über Wert und Funktion der Sozialpartnerschaft in den Regierungserklärungen[163], an der immer unregelmäßiger erfolgenden Einberufung der Wirtschaftspolitischen Aussprache und des Verbändekomitees bis hin zu deren völligem Funktionsverlust. Damit wurde zwar einerseits auch wieder die „Autonomie" der Sozialpartnerschaft gestärkt, andererseits aber auch der direkte Kontakt zwischen sozialdemokratischer Regierung und Arbeitnehmerverbänden hergestellt.[164] Folgerichtig klagte die Arbeitgeberseite über ein zunehmendes *Machtungleichgewicht,* sodaß die Voraussetzung für den Bestand der Sozialpartnerschaft von den Regierungen KREISKY bewußt untergraben wurde, wie dies nicht zuletzt auch in den Regierungserklärungen zum Ausdruck kam.[165] Demge-

161. Vgl. Anm. 206.

162. Robert SCHEDIWY: Neuere Entwicklungen der Sozialpartnerschaft. In: Österr. Jahrbuch f. Politik '80, Wien-München 1981, 308.

163. So wurden etwa in der Regierungserklärung 1970 die Forschungsergebnisse des Beirats zu Legitimationszwecken der Regierung eingesetzt. Vgl. Sten. Prot. NR, XII. GP, 20.

164. Vgl. REITHOFER, Beirat, 246 f (Anm. 110).

165. So heißt es zwar in der Regierungserklärung 1975, daß „die Bundesregierung bei allen ... wirtschaftspolitischen Entscheidungen unter Wahrung der Autonomie jedes Bereichs und jeder Gruppe zur engsten Zusammenarbeit mit den Wirtschaftspartnern bereit ..." sei, doch wird gleichzeitig angekündigt, daß die Förderungsmittel des Bundes nicht mehr über die LWK, sondern direkt an die Bauern zur Auszahlung gelangen sollen, was einer Androhung der Aufkün-

genüber wurden die Sozialpartner – nachdem in der Kleinen Koalition SPÖ-FPÖ das Selbstverständnis der Wirtschaft, gegenüber der Regierung in Opposition zu sein[166], aufrecht blieb und bei den Handelskammerwahlen 1985 mit Ausnahme Vorarlbergs sogar zur Auflösung der Listengemeinschaft zwischen ÖWB und RFW führte – im Arbeitsübereinkommen zwischen ÖVP und SPÖ zur Bildung der Großen Koalition[167] nicht nur nicht mehr in Frage gestellt, sondern sogar als notwendiger Faktor für die Umsetzung der Regierungspolitik in einzelnen Sachbereichen anerkannt. Daß diese „Instrumentalisierung“ allerdings nicht immer dem Selbstverständnis der Sozialpartner entspricht, zeigte sich 1989 etwa in familienpolitischen Angelegenheiten, als sich die Wirtschaft dagegen wehrte, auf Regierungsebene erzielte „Formelkompromisse“ im Detail auszuverhandeln oder gar umzusetzen.

4. Verwaltung und Verbände

Sehr vielfältig sind die Formen der Beziehungen zwischen den Verbänden und der Staatsfunktion *Verwaltung*. Auch hier gibt es wieder, vermittelt durch die Personalpolitik der Parteien de facto Nahebeziehungen zwischen einzelnen Ministerien und Verbänden. Wie das Sozialressort immer von einem Minister aus dem ÖGB dominiert wurde, der dann die Personalpolitik in seinem Ressort beeinflusste, gibt es diese Beziehungen z.B. zwischen Landwirtschaftskammern und dem Ministerium für Land- und Forstwirtschaft.

Auf Grund der verfassungsrechtlichen Grundlagen[168] ist de iure zwischen Formen der *Allein-/ Mitentscheidung* und der *Mitwirkung* der Verbände einzeln oder gemeinsam zu unterscheiden. Gewichtiges Beispiel für die Alleinentscheidung der Sozialpartner sind die funktionell als Verwaltungsbehörden tätigen Kommissionen nach dem Marktordnungsgesetz, deren Mitglieder ausschließlich aus den von den „Großen Vier“ nominierten Vertretern bestehen, die von diesen auch jederzeit wieder abberufen wer-

digung der Sozialpartnerschaft für den Bereich der Landwirtschaft gleichkommt. S. Sten. Prot. NR, XVI. GP, 24 und 29. Vgl. auch Johann FARNLEITNER/ Alfred KLOSE: Die Rolle der Verbände in der Politik 1970–1976. In: Österr. Jahrbuch f. Politik ’77, München-Wien 1978, 271–292. – Rupert DOLLINGER: Neue Entwicklungen im System der Sozialpartnerschaft. In: Österr. Jahrbuch f. Politik ’80, München-Wien 1981, 293–306. – Einen interessanten Versuch der Messung unter Zuhilfenahme der neueren sozialwissenschaftlichen Machttheorien unternimmt SCHACHNER, Un/Gleichgewicht (Anm. 4).

166. Vgl. Wilfried STADLER: Interessensverbände und Wirtschaftsordnung – die Sozialpartnerschaft vor neuen Herausforderungen. In: Österr. Jahrbuch f. Politik ’86, Wien-München 1987, 343ff.

167. Arbeitsübereinkommen zwischen der SPÖ und der ÖVP über die Bildung einer gemeinsamen Bundesregierung für die Dauer der XVII Gesetzgebungsperiode des Nationalrates, 16. Jänner 1987. In: Volksblatt Nr. 102, Jänner 1987.

168. Vgl. Wolfgang MANTL: Die Partizipation in der Verwaltung. In: Felix ERMACORA u. a. (Hg.): Allg. Verwaltungsrecht. Wien 1979, 500f und 509.

den können.[169] Möglichkeiten der Mitentscheidung ergeben sich für die einzelnen Verbände vor allem in Behörden gem. Art 133 Z. 4 B-VG.

Sehr vielfältig sind die Formen der Mitwirkung der Verbände. Hier sind in erster Linie die zahlreichen *Beiräte* zu nennen[170], in denen neben Organwaltern des Staates außenstehende Experten und Interessenvertreter zu Mitgliedern bestellt werden. Sie sind dazu da, die jeweils zuständigen staatlichen Organe fachmännisch zu beraten und ihnen Kenntnisse der differenzierten Interessenlage zu vermitteln, wobei hervorzuheben ist, daß der Sinn dieser Institution darin besteht, daß ein Meinungsaustausch zwischen den Mitgliedern des Beirats und dem zu beratenden Organ erfolgt, sodaß es zur *gleichzeitigen* Erfüllung der Beratungs-, Interessenvertretungs- und Interessenausgleichsfunktion[171] kommt. Inwieweit allerdings beispielsweise die Einrichtung eines Umweltbeirats im Wirtschaftsministerium, in dem wiederum nur die Eliten der Sozialpartnerverbände eingebunden sind[172], der Interessenvertretungs- und Interessenausgleichsfunktion angesichts der organisatorischen Integrationslücke der Sozialpartnerschaft im Hinblick auf die neuen sozialen Bewegungen und deren Konfliktpotential genüge tun kann, muß bezweifelt werden. Auch ohne institutionelle Ausformung können Verbände allerdings entweder gemeinsam oder einzeln an der Verwaltung mitwirken durch Anhörungsrechte, durch die Abgabe von Gutachten oder als Partei im Verwaltungsverfahren.[173]

---

169. § 54 MOG, BGBl. 210/ 1985. Diese Möglichkeit des Recall wird auch von Heinz Peter RILL: Verfassungskonzept und Sozialpartnerschaft. In: KORINEK, Rechtsfragen, 45f (Anm. 4), sowie von Karl KORINEK: Die Realisierung der Sozialpartnerschaft in der österr. Rechtsordnung, ebendort, 86 (Anm. 4) als „verfassungsrechtlich nicht unbedenklich" bezeichnet.

170. Vgl. Günther WINKLER: Staat und Verbände. In: Veröffentlichungen der Vereinigung der Deutschen Staatsrechtslehrer (VVDStRL), 24(1966), 34–78. – Gustav E. KAFKA: Die Beiräte in der österr. Verwaltung. In: GDS f. Hans Peters, Berlin 1967, 168–186. – Elmar PUCK: Die Beiräte in der Verwaltung. In: WiPolBl, 17 (1970), 38–45; Siegbert MORSCHER: Rechtsprechung Verfassungsgerichtshof. In: Jurist. Blätter, 95 (1973), 572ff. – Karl KORINEK: Beiräte in der Verwaltung. In: ERMACORA u.a., Verwaltungsrecht, 463–482 (Anm. 168); in weiterem Sinne werden auch Kommissionen und andere Gremien mit Entscheidungsfunktion z. T. in der Literatur mitgerechnet. Wurden 1962 noch 37 und 1966 insgesamt 40 Beiräte im weiteren Sinn gezählt, ermittelte KAFKA 1967 bereits 120 solcher Kollegien, allerdings sowohl für die Bundes- als auch für die Landesverwaltung. Anfang der siebziger Jahre wurden ca. 75 Nicht-Beamten-Beiräte, Kommissionen und Projektgruppen errichtet bzw. reaktiviert, ohne daß diese Zahlen allerdings direkt vergleichbar wären. Eine Untersuchung der Jahrgänge 1986/87 sowie 1987/88 des Österreichischen Amtskalenders ergibt die bereits von KAFKA ermittelte Zahl von rund 120 Beiräten, allerdings nur im Bereich der Bundesverwaltung, wobei rund ein Viertel mit Vertretern der „Großen Vier" beschickt ist.

171. KORINEK, Beiräte, 470 (Anm. 170).

172. Vgl. Heinrich MATHIS: Schüssel richtet Umweltbeirat im Wirtschaftsministerium ein. Gesellschaft für Umweltschutz & Technik als sozialpartnerschaftliche Basis. In: Der Standard, 22. Aug. 1989, 11.

173. Vgl. z.B. § 108 Abs 1 lit. g Universitätsorganisationsgesetz, BGBl. 258/1975; §§ 42 und 43 DatenschutzG. BGBl. 175/1978; §§ 20 und 21 EnergieleistungsG., BGBl. 545/1982; §§ 6

IV. Sozialpartnerschaft und politisches System: Probleme und Tendenzen

Die in der Einleitung aufgeworfenen Fragen und Problemstellungen nach politischer Stabilität, ökonomischer Effizienz und demokratischer Qualität können nun nach der Beschreibung und Analyse der Strukturen der Verbände und Sozialpartnerschaft wieder aufgegriffen werden, um deren *Funktionen und Effekte* für das politische System zu untersuchen.

Wenngleich der Konflikt zwischen Ökologie und Ökonomie vorerst zu einer Politisierung, Reideologisierung und dadurch Polarisierung des politischen Systems geführt hat, ist der soziale Friede in Österreich trotz der Zunahme von Formen passiven Widerstands durch Bürgerinitiativen noch keineswegs umfassend bedroht. Gerade das *Entstehen dieser neuen sozialen Bewegungen* [174] hat jedoch auch die Grenzen der Macht des sozialpartnerschaftlichen Elitenkartells in der Zange zwischem „altem", eher rechts gerichtetem und „neuem", eher links orientiertem Populismus[175] gezeigt, was die starren, auf der Klassen- und Lagerdichotomie aufgebauten Grundfeste der doppelten Parität zu erschüttern vermochte. Im Gegensatz zur Meinung PELINKAs handelt es sich dabei aber nicht nur um populistisches Agieren als internem Störfaktor[176], indem – wie Bauerndemonstrationen oder Frächterblockaden gezeigt haben – die dafür traditionell anfälligen Schichten der Kleinunternehmer, Gewerbetreibenden und Bauern gegen ihre Vertretungen revoltieren, sondern um Veränderungen im Umfeld der Sozialpartnerschaft, die trotz „Totalrepräsentation" der organisierten Interessen zu einer *doppelten Repräsentationslücke* führten.

So auf der *Ebene der Programmatik* und *Interessen* selbst, indem die den neuen ökologischen und sozialen Fragen von der Bevölkerung in zunehmendem Maße zugeschriebene Bedeutung lange Zeit weder von den einzelnen Verbänden noch von der Sozialpartnerschaft insgesamt perzipiert wurde.[177] So traten die Sozialpartner lagerübergreifend sowohl für die

und 8 VerwaltungsakademieG., BGBl. 112/1975; § 14 UmweltfondsG., BGBl. 567/1983; §§ 340, 342 und 346 GewO., BGBl 50/1974.

174. Vgl. Armand MAUSS: Social Problems as Social Movements. Philadelphia u. a. 1975; Karl W. BRAND: Neue soziale Bewegungen. Entstehung, Funktion und Perspektive neuer Protestpotentiale. Opladen 1982. – Ds. (Hg.): Neue soziale Bewegungen in Westeuropa und den USA. Frankfurt/Main-New York 1985.

175. Bernd MARIN: Neuer Populismus und „Wirtschaftspartnerschaft". In: ÖZP, 9 (1980), 157–176. – Werner W. ERNST: Zu einer Theorie des Populismus. In: Anton PELINKA (Hg.): Populismus in Österreich. Wien 1987, 10–25.

176. Anton PELINKA: Populismus und Wirtschaftsverbände. In: Ds., Populismus, 62ff (Anm. 175).

177. Wenngleich dies mittlerweile auf der Ebene der Programmatik, wie dies die Analyse der Parteien- und Verbändeprogramme zeigt, durchaus geschehen ist. Allerdings führte gerade der Widerspruch zwischen programmatischem Anspruch und politischer Praxis zu der im folgenden geschilderten Integrationslücke. Vgl. dazu als Fallbeispiel Joseph MARKO: Kommunale Re-

Inbetriebnahme des Kernkraftwerkes Zwentendorf als auch für den Bau des geplanten Wasserkraftwerks in der Au bei Hainburg an der Donau ein[178] und im Hinblick auf die Fragen der „neuen Armut" im Wohlfahrtsstaat oder der internationalen Solidarität haben beispielsweise Konflikte um Waffenexporte gezeigt, daß Gewerkschaften und (verstaatlichte) Unternehmer gleichgerichtete Interessen haben, die auch zu einer *organisatorischen Integrationslücke* führen. Es genügt daher einfach nicht, den Umweltschutz nur zum Aufgabenbereich der Arbeiterkammern[179] zu deklarieren wie auch von einer notwendigen institutionellen Reform der Erweiterung der Sozial- zu einer Umweltpartnerschaft im *symbolisch- expressiven* Konzept der „ökosozialen Marktwirtschaft" der ÖVP, das nach dem Abgang Josef RIEGLERs als Bundesparteiobmann schon wieder vergessen zu sein scheint, kaum etwas zu merken war, da der ökologische Aspekt in diesem Konzept und damit die Problematik kollektiver Güter vor allem durch den Übergang von staatlichen Verboten und materiellen Förderungen auf die marktwirtschaftliche Funktionslogik von Angebot und Nachfrage und die Abwägung von Gewinn und Kosten einzelner Unternehmerentscheidungen gelöst werden sollte.[180] Entgegenstehende Interessen und diese repräsentierende Gruppen – neben den traditionell aus dem Sozialpartnerkartell Ausgeschlossenen wie v. a. Langzeitarbeitslose, Studenten, Pensionisten oder die freien Berufe – bleiben ohne institutionelle Integration so zum populistischen Aufbau von „Gegenmacht" in der „Arena" der Parteienkonkurrenz gezwungen.

Diese doppelte Repräsentationslücke zeigt daher, daß die Frage, ob die Sozialpartnerschaft nicht gerade an ihrem Erfolg scheitern muß[181], nur vordergründig paradox ist, da die dem „ehernen Gesetz der Oligarchie" unterliegende Organisationsstruktur – frei nach Karl KRAUS – gerade zur Schaffung der Probleme beiträgt, die zu bekämpfen sie vorgibt. Wenngleich selbst einzelne Angehörige der Paritätischen Kommission ein Man-

formpolitik in Graz – Entstehungsbedingungen alternativer Gruppen. In: Österr. Jahrbuch f. Politik '83. München-Wien 1984, 293. – Franz MERLI/ Meinrad HANDSTANGER: Die Alternative Liste Graz als Erweiterung des kommunalpolitischen Systems, a.a.O. 297 ff.

178. Vgl. Rudolf BRETSCHNEIDER: Wahlen und Wähler in Österreich 1976/79. In: Österr. Jahrbuch f. Politik '79. München-Wien 1980, 3. Zu Hainburg s. Wolfgang HAUER: Hainburg – rechtliche und rechtspolitische Aspekte. Eisenstadt 1985 sowie Armin STOLZ: Hainburg und die Folgen. In: MARKO/STOLZ, Demokratie, 189–208 (Anm. 152).

179. § 4 Abs 2 Z. 5 AKG 1992.

180. Wofür die ökonomische Theorie des Rechts die entsprechende wissenschaftliche Legitimation lieferte. Siehe den Leitantrag des. 28. a0. Bundesparteitages der ÖVP: Die zehn Prinzipien der ökosozialen Marktwirtschaft. In: Polit. Akademie der ÖVP (Hg.): Insiderinfo, Dezember 1989, 7f. Vgl. auch Karl AIGINGER, Ökosoziale Marktwirtschaft: Was ist das? Drei Anliegen: hohe Einkommen, sozialer Ausgleich und eine saubere Umwelt. In: Die Steirische, 29. Dez. 1989, 20f. – Ds., Am Weg zu einer ökosozialen Marktwirtschaft, 495–511 und Walter HEINZINGER: Konturen einer Ökosozialen Marktwirtschaft, 513–529, beide in: Österr. Jahrbuch f. Politik '89. Wien-München 1990.

181. Vgl. auch TRAXLER, Klassenstruktur, 59 (Anm. 4).

ko an innovativer Funktion und die Verzögerung strukturpolitischer Reformen, die den Präsidenten zugeschrieben wurde[182], orteten, hat die *Zufriedenheit* der Mitglieder der PK mit ihrer Institution im Vergleich 1971 und 1983 sogar noch zugenommen. 80% der Arbeitgebervertreter und sogar 90% der Arbeitnehmervertreter glauben, daß die Struktur der PK für die Lösung wichtiger wirtschaftspolitischer Probleme kein Hindernis sei. Obgleich auch die jüngeren Mitglieder der PK diese in signifikantem Maße eher für ein „Schönwetterkonzept" halten, fällt die prinzipielle Alternativenlosigkeit auf. Mehr als die Hälfte der Mitglieder ist der Meinung, daß selbst bei Auflösung der PK sich wieder ähnliche Ersatzgremien bilden würden.[183]

Dieses Eigenbild entspricht allerdings nicht ganz der Fremdeinschätzung der Verbände und der Sozialpartnerschaft, wie sie durch die *Meinungsforschung* erhoben wurde. Angesprochen ist damit die eingangs gestellte Frage nach ihrer Betroffenheit durch die allgemeine Politikverdrossenheit und damit nach der Legitimation der Sozialpartnerschaft.. Bereits auf der Ebene der Verbände bietet sich ein widersprüchliches Bild: So waren zwar noch 1987 Mehrheiten der Befragten für die Pflichtmitgliedschaft bei den Kammern und, mit Ausnahme der BWK, auch die Mehrheit der Mitglieder mit ihrer Interessenvertretung generell zufrieden, über 40% glaubten allerdings auch, daß ihre Beiträge das Geld nicht wert sind.[184] Gerade bei den AK hatten allerdings 73% der Mitglieder noch nie eine Leistung in Anspruch genommen [185] und eine Grundlagenstudie zu den Arbeiterkammerwahlen[186] ergab, daß 65% der AK-Mitglieder weder aus dem Betriebs-, oder Gewerkschafts-, noch aus dem Kammerbereich ein Funktionär bekannt ist. Ein ähnliches Bild ergab sich für den ÖGB.[187] Dies setzt sich auf der Ebene der Sozialpartnerschaft fort. So zeigen die Meinungsforschungsdaten im Vergleich 1983–1990 an, daß der *Legitimationskern* der Sozialpartnerschaft langsam sinkt – so halten nach wie vor rund 60% der Österreicher diese für vorteilhaft, aber nur noch 44% sind der Meinung, daß diese allen Österreichern nützt – und die Arbeitnehmerlegitimation signifikant abnimmt, während die Indifferenz, vor allem unter Jugendlichen,

182. SONNBERGER, Neo-Korporatismus, 161 (Anm. 4).

183. SONNBERGER, Neo-Korporatismus, 123, 165 und 219 (Anm. 4).

184. Zit.. n. einer OGM-Umfrage in: profil 20. Juli 1987, 31, 27. Juli 1987, 21, und 3. August 1987, 20.

185. profil, 27. Juli 1987, 20.

186. IFES: Grundlagenstudie zu den Arbeiterkammerwahlen Österreich. Textband. Wien 1987, 23 ff.

187. Vgl. den auf der Grundlage der IFES-Studie erstellten Artikel von Fritz KLENNER: Der ÖGB im Meinungsbild der Öffentlichkeit. In: Arbeit und Wirtschaft 5/1988, 11–13.. Nur 31% der Befragten waren im großen und ganzen zufrieden, kritisiert wurde, daß die Gewerkschaft zuviel Macht in Österreich habe, 19% sehen in ihr keine Vorteile, für 39% gibt es zuviel Bürokratie und 26% meinen, daß die Funktionäre oft keine Ahnung von den wirklichen Problemen hätten.

wieder abnimmt und auch die Meinung über die Vorteilhaftigkeit der Sozialpartnerschaft 1988–1990 gerade im Urteil der Parteianhänger von FPÖ (35 : 45%), Grünen (43 : 48%) und Alternativen (19 : 50%) wieder steigt.[188]

Die relativ hohe gefühlsmäßige Bejahung der Sozialpartnerschaft, ohne aber genau zu wissen, woraus diese eigentlich besteht[189], war daher kein Paradoxon, sondern weist darauf hin, daß es sich dabei um keine werthafte, rationale, bewußte Entscheidung für dieses Modell handelte, sondern um die *traditionale Legitimation* einer undurchsichtigen Elitenherrschaft, die allerdings mehr als „geduldet"[190] wurde, solange sie die entsprechenden Ergebnisse zeitigte, wobei Ordnungs- und Sicherheitsdenken sowie sozialer „Garantismus"[191] die „Stützen" dieser Gesellschaft und dieses Herrschaftsmodells bilden.

Nicht zuletzt geht es daher auch um Fragen der *Demokratietheorie* und des *Demokratieverständnisses* der Akteure. Die Meinung Bernd MARINs, daß im Rahmen der Koexistenz von Parlamentarismus und Sozialpartnerschaft letztere zum alles beherrschenden politischen Subsystem geworden sei, sodaß diese „umfassende Steurerungskapazität des technokorporatistischen Blocks im organisierten Kapitalismus ein funktionales Äquivalent" zur „führenden Rolle" kommunistischer Parteien in nachtotalitären staatssozialistischen Systemen sowjetischer Prägung oder von militärischen Modernisierungseliten in vielen Entwicklungsländern sei, dürfte doch zu weit gehen.[192] Die im Pluralismusmodell vorausgesetzte liberale Trennung von Staat und Gesellschaft ist auch im neokorporativen Modell nicht aufgehoben, sofern dieses eben nicht mit einer autokratischen Staatsform verbunden ist.[193] Die Betonung liegt allerdings nicht auf der Trennung, schon gar

188. Vgl. SWS-Meinungsprofile: „Wirtschafts- und Sozialpartnerschaft" in Österreich 1983–1990. In: JfSF, 30 (1990), 395ff. Gingen 1983 noch 21% der Befragten davon aus, daß die Wirtschafts- und Sozialpartnerschaft „den Arbeitnehmern" alles in allem am meisten nützt, waren es 1985 nur mehr 17%. Fritz KLENNER: Umfrage über Wirtschafts- und Sozialpartnerschaft: Ein gutes Zeugnis. In: Arbeit und Wirtschaft, 3/1988, 27–29 berichtet, daß 58% in der Altersgruppe von 18–29 mit dem Begriff nichts anfangen konnten.

189. So berichtet auch SCHÖPFER, Ruhe, 5 (Anm. 22) von einer Umfrage unter erstsemestrigen Studenten, wobei gerade diejenigen, die die Sozialpartner überschwenglich gelobt hatten, die weiteren Fragen, wer diese überhaupt sind, was diese regeln können oder welchen Rechtsstatus die PK hat, kaum beantworten konnten. Die in der SWS- Rundschau 1988, 231, veröffentlichten Ergebnisse einer Umfrage über das Wirtschaftswissen der österreichischen Maturanten zeigen allerdings, daß 67% die PK richtig definieren konnten.

190. Vgl. Anm. 17.

191. PLASSER/ULRAM, Unbehagen, 41ff (Anm. 14); auch in der IMAS-Umfrage: 9. bis 29. Okt. 1986, n= 1600, in: Österr. Jahrbuch f. Politik '86, Wien-München 1987, 890f, kommen diese als Erwartungen an die kommende Regierung deutlich zum Ausdruck.

192. MARIN, „Wirtschafts- und Sozialpartnerschaft", 339 (Anm. 118).

193. So unterscheidet Philippe C. SCHMITTER: Interessenvermittlung und Regierbarkeit. In: ALEMANN/HEINZE, Verbände, 96ff (Anm. 4) zwischen einem gesellschaftlichen und einem staatlichen Korporatismus mit einem Einparteiensystem. LEHMBRUCH hingegen unterscheidet

nicht der Gewalten, wenngleich dies mitunter behauptet wird[194], sondern auf der Zuordnung und Integration, wobei der Staat eben nicht nur die Rahmenordnung des politischen Prozesses abgibt, wie die Diskussion und Kritik des Phänomens „reflexives Recht" zeigt[195], sondern selbst als „Partner" Teil des umfassenden Politikverbunds ist.[196] Wer dabei allerdings wen „instrumentalisiert", ob die „Herrschaft der Verbände"[197] in Österreich bereits zur „Dritten Republik"[198] geführt hat, oder ob die „führende Rolle" intermediärer Interessenorganisationen als funktionales Äquivalent im obigen Sinne eine unabdingbare Voraussetzung der Stabilität ist, läßt sich mE genausowenig empirisch „beweisen", wie umgekehrt die tendenzielle Instrumentalisierung der Großverbände für staatliche Steuerungsleistungen.[199] Gerade die strategische Rolle der Personalunionen für den umfassenden Politikverbund zeigt, daß dies auf die nestroysche Fragestellung: „Wer ist stärker ? I'oder i'?" hinauslaufen würde, sodaß es angemessen erscheint, nicht von einer Instrumentalisierung in die eine oder andere Richtung zu sprechen, sondern von einem „Kompromißverhalten"[200] der *gegenseitigen Vorteilsmaximierung zu Lasten Dritter* [201], also – wie die doppelte Repräsentationslücke zeigte – der nicht im oder vom Elitenkartell Vertretenen.

Allerdings droht vorschnell aus der „demokratischen Not eine krisentheoretische Tugend"[202] zu werden, insofern die empirisch orientierte Soziologie im Verein mit eher konservativ orientierter Staatsrechtslehre und Poli-

zwischen traditionellem, autoritärem und liberalem Korporatismus, in: SCHMITTER/LEHMBRUCH, Trends, 53 ff (Anm. 4), wobei sich SCHMITTERs gesellschaftlicher und LEHMBRUCHs liberaler Korporatismus decken. Speziell im Vergleich Schweiz – Österreich unterscheidet KATZENSTEIN, Corporatism, 10 (Anm. 4) noch zwischen dem privat organisierten, liberalen mit globaler Orientierung und dem öffentlich organisierten, sozialen Korporatismus mit nationaler Orientierung. Ähnlich auch GLASMEIER, Durchstaatlichung, 333 f (Anm. 4), der den dezentralen „Allpartismus" mit rein privaten Arrangements zwischen den Verbänden ohne Staat vom zentralisierten „Bipartismus" mit staatlich initiierter „Nebenregierung" unterscheidet.

194. Ferdinand O. KOPP: Die Sozialpartnerschaft als Element einer modernen rechtsstaatlichen Demokratie. In: SCHÖPFER, Phänomen, 48 f (Anm. 4) sieht so die Sozialpartnerschaft in der Theorie als notwendiges Gegengewicht gegen staatliche Allmacht und Totalität wie auch KORINEK, Grundlagen, 111 f (Anm. 45)

195. Vgl. TRAXLER/VOBRUBA, Selbststeuerung, 3–15 (Anm. 4).

196. Gerade dadurch ist die Unterscheidung zu den pluralistischen „pressure politics" gegeben.

197. Warnfried DETTLING (Hg.): Macht der Verbände – Ohnmacht der Demokratie? München 1976.

198. Alexander VODOPIVEC: Die Dritte Republik. Wien 1976.

199. Gerhard LEHMBRUCH: Wandlungen der Interessenpolitik im liberalen Korporatismus. In: ALEMANN/HEINZE, Verbände, 51 (Anm. 4).

200. Manfred PRISCHING: Krisen. Eine soziologische Untersuchung. Wien- Köln-Graz 1986, 426.

201. Vgl. auch TRAXLER/VOBRUBA, Selbststeuerung, 12 (Anm. 4).

202. PRISCHING, Krisen, 428 (Anm. 200).

tikwissenschaft – im Gegensatz zur normativ-rechtsstaatlich orientierten Jurisprudenz, die Mängel der demokratischen Qualität kritisiert und durch Verrechtlichung auf Abhilfe sinnt[203] – angesichts der vorgeblichen „Unregierbarkeitsprobleme" des modernen Wohlfahrtsstaates von der „funktionalen Notwendigkeit" einer elitendominierten korporatistischen Steuerung der Politik ausgeht, die bewußt zugunsten der politischen Stabilität und ökonomischen Effizienz auf demokratische Qualität zu verzichten bereit ist, wobei es nicht nur quantitativ um ein Mehr oder Weniger an Demokratie geht, sondern auch um *gegensätzliche Demokratiekonzepte:* so gehen die Vertreter eines Genug an Demokratie in den Verbänden bzw. der Ablehnung des Ausbaus der Mitbestimmung in der Wirtschaft[204] von einem funktionellen Repräsentationskonzept aus, nach dem „Sachgesetzmäßigkeiten" in dem für sie geltenden autonomen Bereich (Selbstverwaltung) durch funktionsgerechte Beteiligungen und durch die Heranziehung von Experten entschieden werden sollen.[205] Demgegenüber fordern Kritiker der Sozialpartnerschaft[206] die Demokratisierung der Verbände sowie der Wirtschaft unter egalitär-demokratischen Vorzeichen. Auch das Konzept der „Betroffenendemokratie" der neuen sozialen Bewegungen geht von der Ausweitung der Partizipation, sowohl was das personelle Substrat als auch die Politiksphären betrifft, aus. Welche Rolle dabei die Instrumente der direkten Demokratie spielen könnten, kann nur der Vergleich und die Analyse des schweizerischen politischen Systems zeigen, wobei gerade dort aber auch diese Instrumente eine starke antizipative Wirkung im Vernehmlassungsverfahren entfalten, die – abhängig vom Drohpotential und damit wieder der Organisationsfähigkeit – nicht unbedingt zu einer Verbesserung der Position von Minderheiten oder automatisch zur größeren Offenheit des politischen Systems führen.[207] Der Vorschlag der Lösung des „Unregierbarkeitsproblems" des Pluralismus durch *Stärkung* des *autorita-*

203. Vgl. Christian BRÜNNER: Verbände in der Parteiendemokratie. Retzhof Leibnitz 1974, 62 ff. – Ds., Die Rolle der Interessenverbände im politisch-administrativen Entscheidungsprozeß – Grundriß einer Verbändelehre. In: SCHÖPFER, Phänomen, 187ff (Anm. 4) mit den entsprechenden Nachweisen.

204. Daß der Aufbau des Systems der Sozialpartnerschaft als Form der überbetrieblichen Mitbestimmung nicht immer auch die Vertretung der Interessen der einzelnen Arbeitnehmer bedeutet, zeigen die Forderungen einer Arbeitsgruppe des steirischen ÖAAB, in denen der Ausbau der subjektiven Rechte des einzelnen gegenüber seinen Vertretern – Betriebsrat, Gewerkschaft und Arbeiterkammer -gefordert wird. Vgl. Aufbruch 3a/1987, 32 ff. Wie sehr es auch hier Formen der „Entmündigung" gibt, zeigt § 105 ArbVG, BGBl 22/1974 im Falle der Kündigung eines Arbeitnehmers. Vgl. auch KAHLER/RIESS, Entdemokratisierung, 69 ff (Anm. 156).

205. KOPP, Sozialpartnerschaft, in: SCHÖPFER, Phänomen, 51 ff (Anm. 4) unter Bezug auf Helmut SCHELSKY, Systemüberwindung, Demokratisierung und Gewaltenteilung. 2.A., Opladen 1973; KORINEK, Selbstverwaltung, 107 und 223 (Anm. 43).

206. Den Versuch der Einteilung der Kritik(er) unternimmt MATZNER, Sozialpartnerschaft. In: FISCHER, System, 445 ff (Anm. 4).

207. Vgl. Hans TSCHÄNI: Wer regiert die Schweiz ? Der Einfluß von Lobby und Verbänden. 3.A. Zürich 1983. – GLASMEIER, Durchstaatlichung, 280 f (Anm. 4); Bruno LÖTSCHER/Karin SOMM/ Heinrich UEBERWASSER: Zur Bedeutung der Volksrechte für das polit. System

tiven Korporatismus übersieht allerdings, daß auch das Elitenkartell mit seinen Problemen des Strukturkonservatismus und der Innovationsfeindlichkeit in der Dialektik zu den neuen sozialen Bewegungen stecken bleibt, die in den „neuen" Konfliktdimensionen von Ökologie und Ökonomie sowie repräsentativdemokratischer vs. basisdemokratischer Strukturprinzipien neben und gegen deren Politik zu Lasten Dritter auftreten. Die legitimitätsstiftenden *Strukturprinzipien* des Pluralismus wie Freiheit, Gleichheit und Konkurrenz sind daher *nicht funktional äquivalent* der Legitimation durch Duldung, politischer Apathie und „pragmatischem" Erfolg im funktionalen Demokratiemodell des Neokorporatismus, wenngleich es eine Zeit lang so scheinen mochte, als ob durch das „symbiotische Funktionsprinzip"[208] der Staatsentlastung durch Verbände und der Verbändeentlastung durch den Staat der gordische Knoten der Legitimationsproblematik gelöst worden wäre.

Die doppelte Repräsentationslücke der Sozialpartnerschaft zeigt also, daß die in der Vergangenheit erbrachte ökonomische und politische Leistung[209] nicht darüber hinwegtäuschen darf, daß die damit einhergehende Ultrastabilität zu einer *Strukturkonservierung* und *Innovationsfeindlichkeit* geführt hat, sodaß die als sozialpartnerschaftlichen Grundwerte fungierenden Ziele des Wirtschaftswachstums und der Vollbeschäftigung ohne Wandel durch Anpassung nicht weiter erreicht werden können. Sowohl eine radikale *Änderung der Mittel* – nämlich Konkurrenz in allen Bereichen und auf allen Ebenen anstelle von Kooperation – wie eine radikale *Änderung der Ziele* ist jedoch als reformerische Alternative nicht vorstellbar. Würden etwa die makroökonomische Orientierung – verbunden mit dem Verzicht auf Umverteilung und die damit einhergehende Anerkennung der bestehenden sozialen Ungleichheiten[210] – zugunsten selektiver Durchsetzung von Partikularinteressen aufgegeben und/oder die makroökonomischen

der Schweiz. In: MARKO/STOLZ, Demokratie, 78 f (Anm. 152). – Ulrich KLÖTI: Das Vernehmlassungsverfahren – Konsultation oder Ritual? In: Schweizer Monatshefte, 1987, 463–472. – Leonardo PARRI: Neo-Corporatist Arrangements, ‚Konkordanz' and Direct Democracy: The Swiss Experience. In: SCHOLTEN, Stability, 53 ff (Anm. 4). – Wolf LINDNER: Integration und Partizipation im polit. System der Schweiz. In: MICHALSKY, Wandel, 63–81 (Anm. 4).

208. TRAXLER, Interessenverbände, 359 (Anm. 23).

209. Die bereits in der Einleitung aufgeworfene Frage, ob Stabilität und Effizienz also durch die Sozialpartnerschaft bewirkt wurden, oder ob diese nicht selbst Ergebnis dieser Bedingungen ist, gleicht freilich dem Bild von der Henne und dem Ei. Übersehen wird durch diese polarisierte Fragestellung, daß Formen und Funktionen einer Institution ihrerseits einem Wandel unterliegen. Führt ein in Krisenzeiten ausdifferenziertes Instrument zur Stabilisierung des Gesamtsystems, welches dann die Basis für das ungestörte Funktionieren der Institution selbst bildet, kann es durch Überzentralisation und Oligarchisierungstendenzen dazu kommen, daß bei Krisen des Gesamtsystems die ursprüngliche Steuerungsfunktion verloren geht. Ursache und Wirkung im Zeitpunkt A müssen also nicht immer dieselbe bleiben.

210. Vgl. Max HALLER: Die Legitimation der sozialen Ungleichheit im Wohlfahrtsstaat. In: JfSF, 26 (1986), 451 ff. – Peter KOLLER: Die Rechtfertigung und Kritik sozialer Ungleichheit. In: Österr. Zeitschrift f. Soziologie, 12 (1987), 4–26.

Ziele im Rahmen einer neokonservativen Austeritypolitik bzw. eines planwirtschaftlichen Dirigismus hierarchisiert werden[211], so hätte dies zur Folge, daß die doppelte Parität als funktionelle Voraussetzung der Sozialpartnerschaft einseitig verschoben und damit im Endeffekt ein Machtungleichgewicht herbeigeführt würde, das nicht ohne Auswirkungen auf die Ebene der Parteienkonkurrenz und damit den parlamentarischen Bereich bleiben könnte. Wenngleich also der Mangel an innerverbandlicher Demokratie und die Informalität und Intimität der sektorübergreifenden Konzertierung bis zu einem gewissen Grad funktional für die kooperative Politikgestaltung zu sein scheinen, handelt es sich dabei doch um ein *prekäres Gleichgewicht zwischen Partizipation und Effizienz* der Interessenvermittlung durch Eliten.[212]

Ein *reformerischer Wandel,* der auch die gegensätzlichen demokratiepolitischen Vorstellungen zum Ausgleich bringen müßte, ist demnach idealtypisch in zwei Richtungen möglich. Einmal durch den Ausbau der Sozialpartnerschaft zu einer *Umweltpartnerschaft* durch die *institutionelle Integration* von Gruppen, deren Interessen bisher nicht vertreten werden. Dies erfordert, daß die Intimität des Elitenkartells, die hierarchische Zentralisation der Verbände und die „Basisdemokratie" der neuen sozialen Bewegungen durch den Aus- und Umbau der Gremien der PK in ein institutionelles „regimen commixtum", in dem realistischerweise durchaus eine abgestufte Öffentlichkeit herrschen könnte[213], miteinander vereinbar gemacht werden. Dies würde selbstverständlich auch eine *systemimmanente Reform* im Bereich des rechtlich formalisierten Unterbaus der *Verbände* selbst voraussetzen, die über die kosmetischen und parteienstaatlich schaumgebremsten Reformen der 8. HKG-Novelle und des neuen AKG 1992[214] hinausgehen: etwa nach dem Vorbild des Vorarlberger Landtagswahlrechts durch Demokratisierung des Wahlrechts über das Modell

211. Damit würde entweder das Wirtschaftswachstum und die Inflationsbekämpfung oder die Vollbeschäftigung als oberstes Ziel der Wirtschaftspolitik dienen, dem alle anderen Ziele untergeordnet wären.

212. Seit der ersten Befragung 1971 hat das elitenbewußte Selbstverständnis der Mitglieder der PK noch zugenommen: zwei Drittel sehen die Forderung nach Öffentlichkeit der Verhandlungen als utopisch an, weil die Leute davon nichts verstehen würden, kein einziger will darin einen Ausbau demokratischer Kontrolle sehen. So halten 90% ihrer Mitglieder die PK für ausreichend demokratisch – weil aus der innerverbandlichen Demokratie abgeleitet – legitimiert. Vgl. SONNBERGER, Neo-Korporatismus, 205 (Anm. 4).

213. Hier könnten sich durchaus ähnliche, gegenseitige Lernprozesse wie bei der „Parlamentarisierung" der neuen sozialen Bewegungen ergeben, sodaß es unfair ist, ihnen die erforderliche Paktfähigkeit von vornherein abzusprechen wie Horst KNAPP: Kartell gegen die Konsumenten? In: Der Standard, 2. April 1990, 24 („. . .wo findet sich unter den Grün-Alternativen irgend jemand, der sich für die Durchsetzung beispielsweise einer konkreten Standortzusage für Sondermülldeponien oder -verbrennungsanlagen im selben Maße wie seinerzeit Anton Benya oder jetzt Fritz Verzetnitsch für eine maßvolle Lohnpolitik verbürgen kann?").

214. Vgl. auch Reinhard GÖWEIL: Gegenreformation in der Handelskammer. In: Der Standard, 26. April 1991, 17; Handelskammer: Direktwahl nur bis zu den Sektionen. In: Kleine Zeitung Graz, 4. Mai 1991, 6. – Karl ÖLLINGER: Wenig Licht in der Kammer. Zaghafte

einer geschlossenen Liste hinaus, in der ja nur die Reihenfolge verändert, aber nicht auf die Kandidatenrekrutierung selbst Einfluß genommen werden kann; weiters durch Schaffung von Möglichkeiten der Mitwirkung der einzelnen Mitglieder an Sachentscheidungen durch Initiativrechte ohne derart hohe Quoren als Barrieren, aber auch durch Ermöglichung der Mitentscheidung in Form von Urabstimmungen, die sogar gegen den Willen der gewählten Funktionäre erzwungen werden könnten, wenn nach Erreichen eines bestimmten Quorums bei Initiativen automatisch eine Abstimmung durchgeführt werden muß. Schließlich sind interne Kontrollen durch Kontrollausschüsse, wo sich die zu Kontrollierenden letztlich selbst kontrollieren, wie die Zusammensetzung 13 : 1 : 1 mit Mehrheitsbeschlüssen in der BWK zeigt oder wenn die Mitglieder, wie im Falle der Arbeiterkammern, gar jederzeit abberufen werden können, wohl kaum der Weisheit letzter Schluß. Das zeigt ja auch die Diskussion um die Einführung von Rechnungshöfen als Instrumente der externen Kontrolle anstelle von Kontrollabteilungen in der allgemeinen staatlichen Verwaltung. Interessantes Modell einer solchen *institutionellen* Reform könnten etwa die Niederlande mit dem Sozial-Ökonomischen Rat sein, wo die „Entsäulung“ der Lager nicht zu einem Untergang der Sozialpartnerschaft geführt hat. So können sich dort entsprechend den von diesem Rat ausgearbeiteten Repräsentativitätskriterien auch neue Verbände im politischen Prozeß etablieren. So wurden beispielsweise die wichtigsten Konsumentenschutzverbände „sozialpartnerschaftsfähig“ und daher den Arbeitnehmerorganisationen die Repräsentativität für Konsumenteninteressen abgesprochen.[215]

Die bewußte *Selbstbeschränkung* der Sozialpartnerschaft, indem Politikfelder, die für postmaterialistische Tendenzen besonders sensibel sind, den Parteien, Parlamenten und der lokalen Ebene überlassen werden, wäre eine andere Möglichkeit[216], die die erste nicht ausschließt. Beiden Möglichkeiten ist jedoch eines gemeinsam: Sie bedeuten den „freiwilligen“ *Verzicht auf Macht,* indem diese geteilt oder erst gar nicht beansprucht wird.

Im internationalen Vergleich ist Österreichs politisches und wirtschaftliches System durch eine hohe Vernetztheit und eine „gemischte Wirtschaft“ mit einem hohen Grad von Regulierungen gekennzeichnet, worauf regelmäßig in OECD-Berichten[217] hingewiesen wird. Nicht erst mit der Vollmitgliedschaft zur EG, schon mit dem Abschluß des EWR-Vertrags, der eine weitgehende Übernahme des „acquis communautaire“ bedingt, ist

Reformen und vielerlei Versäumnisse: Vom Geist des neuen AK-Gesetzes. In: Der Standard, 19. Nov. 1991, 27.

215. Vgl. dazu insbesondere Philipp de GOEDEREN: Sozialpartnerschaft im Vergleich. In: Österr. Jahrbuch f. Politik '88, Wien-München 1989, 423 ff.

216. Dies schlägt PELINKA, Herrschaftsrituale, 178 (Anm. 23) vor.

217. Vgl. etwa Mangel an Wettbewerb kommt uns teuer. OECD-Bericht tadelt Österreichs bescheidene Bemühungen um Deregulierung. In: Der Standard, 22. März 1990, 15 und zuletzt Heinrich MATHIS: Weder recht, noch billig. Die OECD kritisiert Österreichs Agrarsystem als zu teuer und zu träge. In: Der Standard, 23. April 1992, 28.

daher auch die Sozialpartnerschaft angesichts des davon ausgehenden Zwangs zur Liberalisierung nach außen und Deregulierung im Innern vor wichtige Strukturentscheidungen gestellt, was durch die Neutralitätsdebatte völlig in den Hintergrund gedrängt wurde. Die Sozialpartner müßten sich daher in vielen Bereichen entbehrlich machen, um weiter als unentbehrlich anerkannt zu werden. Damit ist auch die wirkliche Alternative für die Zukunft der Sozialpartnerschaft angesichts der radikalen Herausforderung seitens der, nicht nur ökologischen, „Umwelt“ über die Herausbildung eines europäischen Binnenmarktes auf dem Weg zu den Vereinigten Staaten von Europa[218] – denen angesichts der revolutionären Umwälzungen in Ost- und Südosteuropa durch die Mutation des leninistisch-stalinistischen Herrschaftssystems in demokratisch-parlamentarische Mehrparteiensysteme mittelfristig auch diese Staaten in einem abgestuften Grad von Konföderation angehören könnten – klar: entweder reformerischer *Wandel* mit institutioneller *Phantasie* oder *Polarisierung* und *Konfrontation,* die zum Ende der sozialpartnerschaftlichen Kultur und Institutionen führen könnten, ohne daß klar ist, was – außer der Liechtensteinisierung Österreichs zwischen neuen östlichen und alten westlichen Gravitationszentren – danach kommt.

218. Schon die Diskussion darüber, welche Vorteile die Nachteile einer Vollmitgliedschaft bei der EG überwiegen würden, zeigte die Konfliktlinien innerhalb und zwischen den Parteien und Verbänden deutlich auf. Die „Beitrittseuphorie“ des Unternehmerflügels in der ÖVP wurde durch die deutliche Skepsis der Landwirtschaft gedämpft, die SPÖ übernahm eher zögernd die Kehrtwendungen von (damals noch) AKT und ÖGB zu einer vorsichtig positiven Einstellung. Einzig die Grün- Alternativen waren bis Anfang 1992 entschieden gegen einen EG- Beitritt. S. Johannes FARNLEITNER: Die EG und das politische System Österreichs. In: WiPolBl, 36 (1989), 334ff. Auszüge aus dem gemeinsamen Text der Sozialpartner zum EG-Beitritt sind abgedruckt in: Die Presse, 4./5. März 1989, 4. Eine differenzierte Kritik an der „patriotischen Logik“ der EG-Gegner, insbesondere des grün- alternativen Bereichs lieferten Armin KÜHNE/ Sandro CATTACIN: Österreich zwischen ‚Euromanie‘ und ‚Europhobie‘. In: Der Standard, 28. September 1989, 23. Vgl. auch Alfred KLOSE: Möglichkeiten und Grenzen einer europäischen Sozialpartnerschaft. In: Klaus ZAPOTOCZKY/ Rudolf RICHTER (Hg.): Die europ. Herausforderung Österreichs. Linz 1987, 207–221. – Georg LAHNINGER: EG und österr. Sozialpartnerschaft. Wien (Phil.Diss.) 1988. – Hans PLATZER: Art. Europäische Verbände. In: Dieter NOHLEN (Hg.): Pipers Wörterbuch zur Politik. Bd. 3. München 1984, 265ff. – Jürgen HARTMANN: Verbände in der westlichen Industriegesellschaft. Ein international vergleichendes Handbuch, Frankfurt/Main-New York 1985. – Welche Mühe die „offiziellen“ Gewerkschaften wie der ÖGB und der Europäische Gewerkschaftsbund mit den „unabhängigen“ Gewerkschaften in Ost- und Südosteuropa hatten, zeigte die 1. Konferenz über die gewerkschaftliche Zusammenarbeit in Europa im April 1989 in Wien. Vgl. Fraktion Christlicher Gewerkschafter im ÖGB (Hg.): Gewerkschaftsfreiheit und Pluralismus. Forschungsbericht der Polit. Akademie der ÖVP 58/89. Wien 1989. Ein Kooperationsrat der Chemiegewerkschaften Ungarns, Österreichs und der BRD wurde im Oktober 1989 gegründet. Vgl. Arbeit und Wirtschaft 12/1989, 45.

Struktur und Einfluß der Medien

Kurt Wimmer

I. Medienlandschaft im Umbruch

Die ausklingenden achtziger Jahre unseres Jahrhunderts zeigten das österreichische Pressewesen in einem tiefgreifenden *Umbruch,* für den zwei Phänomene kennzeichnend sind: Das Ende der *Parteipresse* und die Folgen einer *technischen Revolution,* die durch Begriffe wie Pressekonzentration, neue Medien, multimediale Monopole charakterisiert werden können.

Die *Parteipresse,* die nach 1945 den Zeitungsmarkt dominierte, hatte 1953 immerhin noch einen Anteil von fast 50% an der Tagespresse. Dieser Anteil sank 1971 auf knapp 20%, lag 1988 noch bei 11,6% und pendelte sich zwei Jahre später bei etwa 5% ein.

Einige *Daten* der letzten drei Jahre veranschaulichen diese Entwicklung: Die letzte Nummer der traditionsreichen steirischen ÖVP-Zeitung „Süd-Ost-Tagespost" erschien am 31. März 1987. Am 25. August 1989 ging die Media-Süd, die Eigentümerin des Klagenfurter VP-Organs „Neue Volkszeitung" in Konkurs, und am 5. Feber 1990 stellte dieses Blatt sein Erscheinen ein, nachdem kurz vorher am 30. Jänner, die „Neue Tiroler Zeitung" ihren journalistischen Schwanengesang absolviert hatte.

Auch die SPÖ gab ihr *Zentralorgan* auf: Just im 100. Jahr ihres Bestehens wurde die „Neue AZ" verkauft: an die Birko-Beteiligungs Ges. m. b. H., die Holding des Mehrheitseigentümers der größten österreichischen Werbeagentur, Hans G. SCHMID. Seit 12. Dezember 1989 erschien die „AZ" als unabhängige linksliberale Zeitung, die zu 90% SCHMID gehörte; die SPÖ begnügte sich mit 10%. Im Vorwort zur Broschüre, die zum 100-Jahr-Jubiläum der „AZ" erschienen war, hatte Bundeskanzler Franz VRANITZKY noch versichert: „100 Jahre sind eine gute Basis für die Zukunft . . ." Das Experiment dauerte keine zwei Jahre: Am 31. Oktober 1991 mußte die „Neue AZ" eingestellt werden.

Schon seit 1. Juli 1987 befindet sich das einstige *SPÖ-Organ* „Neue Zeit" im Eigentum der Mitarbeiter. Das in Graz erscheinende Blatt trennte sich von der Partei und versteht sich seither als unabhängige sozialdemokratische Zeitung.

Viel einschneidender aber als der Niedergang der Parteipresse ist eine andere Entwicklung: Seit 1. Jänner 1988 ist der zweitgrößte *bundesdeut-*

sche Tageszeitungskonzern „WAZ" („Westdeutsche Allgemeine Zeitung") zu 45% an der „Neuen Kronen Zeitung" beteiligt und seit 14. Juni 1988 mit demselben Prozentsatz auch am „Kurier". Laut Media-Analyse haben diese beiden Blätter eine gemeinsame Reichweite von 3,6 Millionen Lesern, was 57,6% der österreichischen Leserschaft entspricht.[1]

II. Vier Dekaden – vier Phasen

Ein historischer Rückblick zeigt, daß man den Strukturwandel des österreichischen Pressewesens, stark vereinfacht, in einem Zehnjahresrhythmus verfolgen könnte:

1. *1945–1955:* Von der sogenannten Stunde Null bis zum Abschluß des Staatsvertrages dominiert in Österreich die *Parteipresse.* Neue Phänomene tauchen in dieser Zeit auf: die *Besatzungspresse* und die *Boulevardpresse* auf Wiener Boden. Gleichzeitig entsteht aber in den Bundesländern eine Presse, die teilweise auch über den eigenen regionalen Raum hinaus Bedeutung gewinnt.
2. *1955–1965:* Die *Unabhängige Presse* wird in dieser Dekade dominierend. Signalhaftes Symptom für diese Entwicklung ist das von unabhängigen Zeitungen gestartete und getragene Rundfunk-Volksbegehren des Jahres 1964. In diesem Zeitraum beginnt auch das Fernsehen in Österreich mit seinem normalen Programm (1957), und der Wiener Zeitungskrieg 1958 zeigt sehr anschaulich das Ringen der Politiker um den Einfluß auf Medien, die nicht ihrer Kontrolle unterliegen.
3. *1965–1975:* Die *Sozialpartner* dehnen ihre Macht in den Medien aus. Das Ringen um das Fernsehen geht mit der sogenannten Gegenreform Bruno KREISKYs weiter. Ein Kauf des „Kurier" durch die „Kronen Zeitung" wird verhindert, ebenso eine kapitalsmäßige Verflechtung der beiden größten österreichischen Tageszeitungen („Elefantenhochzeit").
4. *1975 bis zur Gegenwart:* Die *elektronischen Medien* und *neue Kommunikationstechniken* breiten sich aus; die internationalen Verflechtungen werden immer stärker; der „Medien-Gau"[2] geht über die Bühne.

1. Besatzungspresse und Dominanz der Parteizeitungen

So fragwürdig der Begriff der *Stunde Null* ist – für das Zeitungswesen unmittelbar nach dem Ende des Krieges könnte man ihn verwenden: Es

1. Gertraud LANKES: Österreichs Pressemarkt im Umbruch. In: Pressehandbuch 1990. Hg. v. Verband österr. Zeitungsherausgeber. Wien 1990, 11–15. – Heinz PÜRER: Österreichs Mediensystem im Wandel. In: Pressehandbuch 1989. Wien 1989. 5–16. – Ds., Reichweite und Leserschaft der Tagespresse in Österreich. In: Pressehandbuch 1991. Wien 1991, 12–18. – Darstellung der neueren Entwicklung des österr. Mediensystems bei Fritz PLASSER: Massenmedien. In: Herbert DACHS u. a. (Hg.): Handbuch des polit. Systems Österreichs. Wien 1991, 419–432.

2. Peter Michael LINGENS: Der Medien-Gau. In: profil, Nr. 45, 9. November 1987, 14–15.

gab da kaum irgendwelche Anknüpfungspunkte an vergangene publizistische Traditionen, und die Besatzungspresse war tatsächlich etwas Neues: In deutscher Sprache wurden, mehr oder weniger kaschiert, fremde Interessen vertreten. Da gab es in der sowjetischen Zone Wiens die „Österreichische Zeitung", die Amerikaner gaben den „Wiener Kurier" heraus, die Briten die „Weltpresse" und die Franzosen die „Welt am Abend". „Weltpresse" und „Welt am Abend" waren auch die Vorläufer der *Boulevardzeitungen:* „Wirklicher Erfolg war nur dem ‚Kurier' beschieden, der lange Zeit die meistverbreitete Zeitung Österreichs war, wobei der größte Teil der Auflage in Wien abgesetzt wurde und der Rest nach Oberösterreich, Salzburg und zum Teil sogar nach Westdeutschland ging. Mit der zunehmenden Verschärfung des Kalten Krieges wuchs noch das Interesse am ‚Kurier', da ja viele Leute interessiert waren, die Stellungnahme der Amerikaner zu erfahren, und Übergriffe sowjetischer Besatzungssoldaten gegenüber Kolporteuren des ‚Kurier' dieses Interesse nur noch zusätzlich steigerten.[3]

Eine *originelle* Erscheinung auf dem österreichischen Pressemarkt war das „Neue Österreich". Das Blatt erschien vier Tage vor der Konstituierung der ersten provisorischen österreichischen Regierung, also am 23. April 1946: „Es war die erste wirklich österreichische Zeitung. Sie war ohne Beispiel und Tradition. In ihr fanden die drei Parteien eine gemeinsame Plattform, den Neubau Österreichs zu kommentieren und zu diskutieren. Dieses Blatt wurde vielfach als Beweis gewertet, daß die Parteiführungen einen Schlußstrich unter die verhängnisvolle Vergangenheit ziehen wollten . . . Die Bevölkerung war der politischen Parolen überdrüssig, sie sehnte sich nach sachlichen Informationen und nach Aussagen, die sie aus dem noch sehr grauen Erbsenalltag herauszuholen vermochten."[4]

Erster *Chefredakteur* wurde der Kommunist Ernst FISCHER, der in seinen Erinnerungen den wohlwollend-skeptischen Spruch eines Lesers dieses „Organs der demokratischen Einigung" zitiert: „Eine Zeitung, in der drei Parteien lügen, sagt schon fast die Wahrheit."[5]

Dem *Redaktionsstab* des „Neuen Österreich" gehörte auch der Schriftsteller Oskar Maurus FONTANA an, der dann erster Chefredakteur des „Wiener Kurier" wurde und zwar auf Empfehlung Ernst FISCHERs. Zu diesem war nämlich der eigentliche „Kurier"-Chef, ein kanadischer Oberst, gekommen, um ihn um einen österreichischen Stellvertreter zu bitten. Und FISCHER fragte ihn: „Warum kommen Sie zu mir? Sie wissen doch, daß ich Kommunist bin." Darauf die Antwort: „Eben darum! Ich bin kein

3. Fritz CSOKLICH: Massenmedien. In: Das neue Österreich. Geschichte der Zweiten Republik. Hg. v. Erika WEINZIERL/Kurt SKALNIK. Graz-Wien-Köln 1975, 261.

4. Kurt PAUPIÉ: Neue Wege der Presse. In: Zwanzig Jahre Zweite Republik. Österreich findet zu sich selbst. Hg. v. Ludwig REICHHOLD. Wien 1965, 318–319.

5. Ernst FISCHER: Das Ende einer Illusion. Erinnerungen 1945–1955. Wien-München-Zürich 1973, 86.

Freund Ihrer politischen Anschauungen, aber ich weiß, daß Sie mir keinen ehemaligen Nazi empfehlen werden."[6]

Im Dezember 1947 schied FISCHER auf Druck der beiden anderen Parteien aus dem Redaktionsstab. Aus dem „Organ der demokratischen Einigung" wurde ein *Koalitionsblatt,* es kam schließlich in Privatbesitz und wurde nach einem Versuch der Redakteure, es aus eigenen Kräften weiter zu führen, im Frühjahr 1967 eingestellt.

Damals, nach 1945, dominierten die *Parteizeitungen,* denn nur den offiziell zugelassenen drei Parteien, ÖVP, SPÖ und KPÖ, wurde von den Besatzungsmächten Papier zugeteilt. Ab 5. August 1945 erschienen die „Arbeiter-Zeitung" der SPÖ, das „Kleine Volksblatt" der ÖVP und die „Volksstimme" der KPÖ. Ab 1946 konnte „Die Presse" als Wochenblatt erscheinen, aber erst 1948 als Tageszeitung.

Daß die *unabhängigen Zeitungen* gerade in Wien besondere Schwierigkeiten hatten, lag auch am Staatskanzler Karl RENNER, der die Ansicht vertrat, daß nur die politischen Parteien, als Träger der politischen Willensbildung, auch als Herausgeber von Tageszeitungen fungieren dürften. Unterstützt wurde RENNER in seiner Haltung von Innenminister Oskar HELMER, der als Vorsitzender des „Verbandes Österreichischer Zeitungsverleger" auch für die Papierzuteilung zuständig war.[7]

In den *Bundesländern* faßten indes unabhängige Zeitungen Fuß: Die „Salzburger Nachrichten", die „Oberösterreichischen Nachrichten" und die „Kleine Zeitung". Die „Salzburger Nachrichten" gewannen bald eine überregionale Bedeutung und auch die „Kleine Zeitung" wurde nach der Einrichtung einer Wiener Redaktion im Jahre 1959 zu einer wichtigen Länder-Stimme in der Bundeshauptstadt.

Kennzeichnend für den wachsenden Einfluß der *Bundesländerpresse* war sicher auch die Tatsache, daß der Herausgeber der „Salzburger Nachrichten", Gustav CANAVAL, 1954 mit einem ganz anderen Blatt-Typ in Wien reüssieren wollte: Mit dem „Bild-Telegraf" sollten die Besatzungsblätter „Wiener Kurier" und „Weltpresse" konkurrenziert werden. Dieser Aufbruch und Ausbruch der „Provinz" mit Unterstützung aus Oberösterreich und Tirol war gleichzeitig ein Symbol für das erstarkte Selbstbewußtsein der Bundesländer. CANAVAL schickte damals auch seinen Lokalchef als Chefredakteur nach Wien: einen Mann namens Gerd BACHER.

2. Die „Heldenzeit" der Unabhängigen

Die zehn Jahre 1955–1965 waren die wichtigsten Jahre für den Ausbau der politischen Eigenständigkeit nach dem Abzug der Besatzungsmächte. Nur in Stichworten seien hier einige Stationen der *weltpolitischen Entwicklung*

6. FISCHER, Ende, 96 (Anm. 5).

7. PAUPIÉ, Wege, 230 (Anm. 4).

genannt, die zeigen, daß dieses unabhängige Österreich auch außenpolitisch interessant geworden war – eine Tatsache, die sich auch in der Presse auswirken mußte.

Der *österreichische Staatsvertrag* brachte zunächst ein Klima der Entspannung nach der Phase des Kalten Krieges, kurz unterbrochen durch den Aufstand in Ungarn und dessen brutale Niederschlagung. Man sprach vom „Tauwetter", und 1959 trafen sich der sowjetische Ministerpräsident Nikita S. CHRUSCHTSCHOW und der amerikanische Präsident Dwight D. EISENHOWER in Camp David. Erst mit dem Abschuß eines amerikanischen U-2 Spionageflugzeuges über der Sowjetunion kühlten die Beziehungen wieder ab. 1961 trat John F. KENNEDY sein Amt als Präsident der USA mit dem Versprechen an, eine Politik der „Neuen Grenzen" zu versuchen. Im Juni 1961 trafen sich KENNEDY und CHRUSCHTSCHOW in Wien. Es gab das Problem der Assoziierung Österreichs an die EWG und einen entscheidenden Wechsel in der Regierung: Im April 1961 trat Julius RAAB, der Staatsvertragskanzler, von seinem Amt als Regierungschef zurück. Sein Nachfolger wurde der Steirer Alfons GORBACH.

Medienpolitisch gab es Ende der fünfziger Jahre auch einige bedeutsame Ereignisse: 1957 begann das normale Fernsehprogramm mit 4000 angemeldeten Teilnehmern, 1958 kam es zum Wiener Zeitungskrieg, und am 11. April 1959 erschien die „Kronen Zeitung" zum ersten Mal. Das *Fernsehen* hatte Auswirkungen auf die innere Struktur von Zeitungen: Der graphischen Optik und dem Bild wird mehr Augenmerk geschenkt und zudem bedingt die Aktualität der elektronischen Berichterstattung auch inhaltliche Veränderungen.

Der *Wiener Zeitungskrieg* macht nach außen hin deutlich, wie heftig nach dem Abschluß des Staatsvertrages der Kampf um die Massenmedien eingesetzt hatte, wie intensiv der Parteien- und Verbändestaat, nun ohne den äußeren Druck der Besatzung, sich zu entfalten begann. Otto SCHULMEISTER hat die damalige Situation wie folgt charakterisiert: „Es ging um die Hinterlassenschaft der Besatzungsmächte auf dem Zeitungssektor wie im Rundfunk. Dieser Umbau sollte sich zäh erhalten, wenn nicht in den Organen und Einrichtungen, so doch im Personal. Besatzungsblätter wurden parteinah weitergeführt, zusammen mit der eigenen Parteipresse ergab das aber einen Krebsgang, der in den sechziger Jahren eine ganze Liquidationsserie eröffnete. Entideologisierung und neues Lebensverhalten nahmen das Interesse an den Parteiblättern, die parteiunabhängigen, also nicht parteigebundenen Zeitungen hatten nun noch mehr Zukunft vor sich. Sie wurden in der Abbauphase der Großen Koalition zu einer Art ‚vierten Gewalt', mit Hilfe des Rundfunk-Volksbegehrens führten sie bei den elektronischen Medien eine die gesamte Innenpolitik erfassende Wende herbei."[8]

8. Otto SCHULMEISTER: Der zweite Anschluß. Österreichs Verwandlung seit 1945. Wien u. a. 1979, 90.

Kurz zum *Wiener Zeitungskrieg:* Die von Fritz MOLDEN geleitete „Presse“ und der „Bild-Telegraf“ Gerd BACHERs hatten in einer Korruptionsaffäre des damaligen Wiener Parteiobmanns der ÖVP, Fritz POLCAR, gegen diesen und damit gegen die Volkspartei Stellung bezogen. Im Jahr 1957 war der „Bild-Telegraf“ von der Druckerei Metten in MOLDENs Druckerei am Fleischmarkt übersiedelt. Auch die Redaktion ließ sich im Pressehaus nieder. Der „Bild-Telegraf“ hatte finanzielle Schwierigkeiten und wurde eigentumsmäßig von Dr. Anton LEITNER, einem Vertrauensmann des Bundeskanzlers Julius RAAB kontrolliert. LEITNER hatte als Strohmann für RAAB Anteile des Blattes erworben und später die fälligen Druckrechnungen eingestellt. Ich folge hier im wesentlichen den Ausführungen eines Betroffenen, nämlich Fritz MOLDENs, der diese plötzliche Zahlungsunwilligkeit so interpretierte: Die finanzielle Basis des Pressehauses sollte geschwächt und die Finanzsituation des „Bild-Telegraf“ verbessert werden. Wenn die Schulden etwa vier Millionen erreicht hätten, sollte der „Bild-Telegraf“ eingestellt werden. Jeder Versuch, die Schulden einzutreiben, hätte an einem rechtzeitig angemeldeten Konkurs scheitern sollen. Als letzte Handlung vor der Konkursanmeldung sollten die Eigentümer schließlich den Titel „Bild-Telegraf“ an das Zeitungsunternehmen des Dr. Ludwig POLSTERER, also an den „Neuen Kurier“, übertragen. Der *liberale Bürgerliche* Fritz MOLDEN versicherte sich zunächst der Unterstützung der Eigentümer der sozialistisch dominierten „Neuen Weltpresse“, die bei ihm in Pressehaus gedruckt wurde. Es handelte sich um eine Gruppe, die er scherzhaft als „fortschrittliche liberale Kaufleute“ bezeichnete. Sprecher dieser Gruppe wiederum waren der damalige stellvertretende Generaldirektor der Länderbank AG, Dr. Franz OCKERMÜLLER, und der Rechtsanwalt Dr. Christian BRODA. Der spätere Justizminister begann seine politische Laufbahn als Rechts- und Verfassungsexperte des SPÖ-Parlamentsklubs. OCKERMÜLLER sicherte auch finanzielle Unterstützung zu, wenn bei einer Auseinandersetzung der Kredit für MOLDEN von ÖVP-nahen Banken gesperrt werden sollte. Laut soll Bundeskanzler RAAB verkündet haben: „Wenn der MOLDEN jetzt nicht nachgibt, dann zerdruck' ich ihn wie eine Wanz'n.“

Hier im Zeitraffer die weitere Abfolge dieses Zeitungskrieges: MOLDEN droht mit einer *Einstellung* des Druckes des „Bild-Telegraf“, wenn die Millionenschuld nicht bezahlt werde. Die Geschäftsführung der Boulevardzeitung erklärt, dazu nicht in der Lage zu sein. Gerd BACHER als Chefredakteur des „Bild-Telegraf“ versichert nach einer Diskussion mit seinen Redakteuren, sie seien bereit, bei einer eventuellen Nachfolgezeitung mitzutun, da sie nicht unter die Kontrolle eines Parteisekretariats geraten wollten. Unter Chefredakteur BACHER erscheint bald darauf der „Bild-Telegraf“ unter dem Titel „Bild-Telegramm“. Daraufhin erklärt sich Ludwig POLSTERER bereit, den „Bild-Telegraf“ mit Redakteuren des „Neuen Kurier“ weiter zu führen. Auch „Kurier“-Chefredakteur Hans DI-

CHAND marschierte in die Druckerei Metten, wo der „Bild-Telegraf" unter altem Namen am 17. März neuerlich gedruckt wurde. Der juristische Titelstreit samt Beschlagnahmungen endete schließlich damit, daß eine neue Zeitung auf dem Boulevardmarkt erschien: der „Expreß". 50% der Geschäftsanteile dieses Blattes sicherte sich die Gruppe Christian BRODA. Gerd BACHER und Fritz MOLDEN teilten sich die restlichen 50% im Verhältnis 25,5% und 24,4%.[9]

Damals habe der *Flirt* zwischen den liberalen Journalisten und der SPÖ begonnen, meint Viktor REIMANN, einer der Mitbegründer des Verbandes der Unabhängigen (VdU), Kolumnist der „Kronen Zeitung" und KREISKY-Biograph. REIMANN schreibt, Bruno KREISKY habe damals BRODAs Konzept unterstützt, sich jedoch im Hintergrund gehalten.[10]

Später ging dann die Mehrheit der Anteile des „Expreß" in *sozialistischen* Besitz über und BACHER wanderte in den Verlag Fritz MOLDENs. Hans DICHAND verließ bald darauf den „Kurier" und gründete mit Kurt FALK die „Kronen Zeitung". Hugo PORTISCH wurde neuer „Kurier"-Chef. Daß *Gewerkschaftspräsident* Franz OLAH als Bürge mit Sparbüchern bei der Gründung der „Kronen Zeitung" Pate gestanden war, wurde erst später bekannt. Der „Expreß" wurde später von den Sozialisten an Hans DICHAND und Kurt FALK verkauft, die das Blatt im November 1970 einstellten.

Schon am Ende der Dekade 1955–1965 kontte der Zeitungswissenschafter Kurt PAUPIÉ von einer „gigantischen Umorganisierung" in der österreichischen Publizistik sprechen, deren Grund er in der latenten *Krise der Parteipresse* sah: „Anonyme Machtgruppen übernehmen eine Führung durch Vorschicken von Mittelsmännern, [nämlich die] Eigentümer- oder Herausgeberschaft von Massenblättern. Über ihre Weisung erfolgt die Auswahl, das Hervorheben oder Weglassen von Aussagen; sie diskreditieren oder popularisieren Persönlichkeiten über den Umweg der ‚human-interest-story', oder sie nützen die Darstellung banaler Alltäglichkeiten zur Ablenkung. So zeigt sich die Presse, im Verein mit den anderen Massenkommunikationsmitteln, als Instrument kollektiver Propaganda politischer oder (und) soziologischer Führungsgremien. Sinngemäß aber muß diesem Konzept die individualistische unabhängige Presse weichen. Die Erschütterung jedoch der letzten Reste einer ihre Aufgaben als Kontrollorgan des öffentlichen Lebens und seiner wirkenden Kräfte versehenden Publizistik gefährdet den Bestand der Demokratie selbst."[11]

Diese etwas verallgemeinernde Charakteristik dürfte unter dem Eindruck einer *Kampagne* geschrieben worden sein, die von der „Kronen Zeitung"

9. Fritz MOLDEN: Besetzer, Toren, Biedermänner. Ein Bericht aus Österreich 1945–1962. Wien u. a. 259–274.

10. Viktor REIMANN: Bruno Kreisky. Das Porträt eines Staatsmannes. Wien-München-Zürich 1972, 242.

11. PAUPIÉ, Wege, 326 (Anm. 4).

1964 gegen Anton BENYA, den Nachfolger Franz OLAHs als Gewerkschaftspräsidenten gestartet worden war. Auch Justizminister Christian BRODA war von dem Blatt heftig attackiert worden.

Im Mai 1964 hatte die ÖVP ihre „Österreichische Neue Tageszeitung" eingestellt, die Julius RAAB zu einem Blatt machen wollte, das repräsentativ für die Volkspartei sein sollte. Sechseinhalb Jahre später, am 15. November 1970, erschien zum letzten Mal das ÖVP-Zentralorgan „Volksblatt". Die *Krise der Parteipresse* begann schon Mitte der fünfziger Jahre: Noch 1953 hatte sie eine Gesamtauflage von 756.000 Exemplaren; 1956 waren es nur noch 590.000. Die parteiunabhängige Presse dagegen verzeichnete 1953 eine Gesamtauflage von 637.000, hatte aber drei Jahre später mit 716.000 Exemplaren die Parteipresse bereits überflügelt.[12]

Als 1985 die „AZ" wieder einmal in einer Krise war und ihr die Einstellung drohte, hat Peter PELINKA, einer ihrer Redakteure, die *Ursachen* des Auflagenschwundes der Parteizeitungen zu analysieren versucht: „Längst gibt es keine geschlossenen Lager der Parteien mehr: weder was die Inhalte betrifft (die tatsächlich immer komplizierteren Probleme der Wirtschafts-, Energie- oder Sozialpolitik produzieren Fronten, die quer durch die Parteien und Gewerkschaften gehen), noch weniger, was andere Faktoren der Lagerbildung und -mentalität angeht: Kulturelle (wo gibt es eigenständige Lebenskultur der Arbeiterbewegung noch, die den Austromarxismus maßgeblich ausgemacht hat?). Soziologische (längst stimmt die Zuordnung bestimmter Klassen und Schichten zu bestimmten Lagern nicht mehr so klar). Und informelle. (Die Zahl derer, die ausschließlich eine Zeitung lesen, wird immer kleiner.)"[13]

Doch zurück zu den Jahren 1955–1965: In diese Zeit fällt auch das „Heldenzeitalter" der *unabhängigen Presse* in Österreich, das mit dem Rundfunk-Volksbegehren seinen Höhepunkt und Abschluß fand.

Zehn Journalisten hatten sich am 27. Mai 1964 in der Wohnung des damaligen Chefredakteurs der „Wiener Wochenpresse", Bruno FLAJNIK zusammengefunden. In einer Diskussion, die bis in die frühen Morgenstunden dauerte, wurde von den Vertretern der unabhängigen Zeitungen der Beschluß gefaßt, im Juli 1964 das *erste Volksbegehren* in der Geschichte der Zweiten Republik einzuleiten.

Am 2. Juni meldeten bereits 16 parteiunabhängige Zeitungen Österreichs, daß sie sich zu einer *gemeinsamen Aktion* zusammengefunden hätten. Am 3. Juni waren es schon 37 Zeitungen, und 38 Zeitungen veröffentlichten dann am 6. Juni einen Aufruf, dem sich später noch weitere 15 Blätter anschlossen. Für die laufenden Geschäfte wurde ein *Exekutivkomitee* ge-

12. Peter MUZIK: Die Zeitungsmacher. Österreichs Presse: Macht, Meinungen und Milliarden. Wien 1984, 131.

13. Peter PELINKA: Das Elend der Parteizeitung(en) ist das Elend der Partei(en). In: profil, Nr. 26, 24. Juni 1985, 54 f.

wählt, dem folgende Journalisten angehörten: Dr. Fritz CSOKLICH (Graz), Bruno M. FLAJNIK (Wien), Dr. Manfred NAYER (Innsbruck), Dr. Günther NENNING (Wien), Prof. Walter POLLAK (Linz), Dr. Hugo PORTISCH (Wien), Dr. Karl Heinz RITSCHEL (Salzburg) und Dr. Otto SCHULMEISTER (Wien).

Eigentlich begonnen hatte alles schon im März 1963: Damals schlossen sich „Kleine Zeitung", „Wochenpresse" und „Kurier" zu einer *Unterschriftenaktion* gegen die geplante totale Proporz-Aufteilung im Rundfunk und im Fernsehen zusammen. Bis 13. April 1963 hatten die drei Blätter bereits 370.000 Unterschriften gesammelt.

Während der Eintragungsfrist vom 5. bis 12. Oktober 1964 unterschrieben schließlich 833.389 Österreicher den Gesetzesentwurf für eine Rundfunkreform – mehr als viermal so viel, wie für ein Volksbegehren nötig gewesen wären. Am 28. Oktober tagte dann die Hauptwahlbehörde in Wien und gab das *offizielle Ergebnis* bekannt: 832.353 Unterschriften waren gültig.[14]

Erst im Juli 1966 allerdings, unter der Alleinregierung der ÖVP, wurde der *Gesetzesentwurf* im Plenum des Nationalrates angenommen. Mit der Nationalratswahl am 6. März 1966, als die Volkspartei die absolute Mehrheit gewann, hatte die Große Koalition, die schon seit Jahren nur noch dahinsiechte, ausgedient. Vorweggenommen wurde dieses Ende durch das Volksbegehren gegen den Rundfunkproporz. Eine *neue Ära* mit neuen politischen Möglichkeiten begann. Im März 1967 wurde Gerd BACHER *ORF-Generalintendant*. Nach dem kurzen Intermezzo einer SPÖ-Minderheitsregierung unter KREISKY 1970 und nach den Nationalratswahlen vom 10. Oktober 1971, die der SPÖ die absolute Mehrheit brachten, war die *ORF-„Gegenreform"* aber nicht mehr aufzuhalten. Im Oktober 1974 war es dann so weit: BACHER wurde als Generalintendant abberufen, die Ära des BRODA-Vertrauten Otto OBERHAMMER begann und erst Ende 1978 kehrte BACHER als Generalintendant wieder. 1986 wurde er von Thaddäus PODGORSKI abgelöst, der von den Sozialisten als Generalintendant favorisiert worden war – und ab Oktober 1990 sitzt wieder Gerd BACHER in der ORF-Kommandozentrale auf dem Küniglberg.

3. Die verhinderte „Elefantenhochzeit"

Die dritte Dekade von 1965 bis 1975 ist gekennzeichnet durch eine Ausdehnung der Macht der *Sozialpartnerschaft* auch im publizistischen Sektor. Jedem Herrschaftsverhältnis wohnt die Tendenz inne, die Grundlagen seines Einflusses zu festigen und die Macht auf neue Bereiche auszudehnen. 1974 hatte der sozialistische Finanzwissenschafter und Universitätsprofessor Egon MATZNER Vorgänge im Medienbereich als Beispiel angeführt, wie diese Hypothese überprüft werden könne: „Allein einige Fakten

14. Hermann STÖGER: Schwarze Welle – Roter Schirm. Der Proporz am Beispiel Rundfunk. Wien-Melk 1965, 118–126.

(Beteiligung und Einflußnahme auf Zeitungen wie ‚Die Wochenpresse', ‚Die Presse', der ‚Kurier' durch Unternehmerverbände, die Transaktionen der Gewerkschaftsbank mit dem Pressehaus, der Vergleich der ‚Kronen Zeitung' mit dem ÖGB), wenige Informationen und eine Anzahl von undementierten Berichten geben eine schmale empirische Basis für eine wissenschaftliche Beweisführung ab. Faktum ist jedoch, daß die Spitzenvertreter der ‚Sozialpartnerschaft' heute bereits, verglichen mit den Führern der politischen Parteien, erstaunlich wenig im Schußfeld der Kritik der Massenmedien stehen. Auch die ‚Sozialpartnerschaft' als Institution wird dort kaum jemals einer grundsätzlichen Kritik unterworfen."[15]

Fritz CSOKLICH hat diese These weitergeführt und konkretisiert: Die „Kronen Zeitung" wurde mit Gewerkschaftsgeldern gegründet, die Industriellenvereinigung sicherte sich die „Wochenpresse", und die „Presse" war bis Ende 1991 in der Hand der Bundeswirtschaftskammer. Als es aber 1972 zu der sogenannten *Elefantenhochzeit* zwischen „Kurier" und „Kronen Zeitung" kommen sollte, wurde deutlich, wie vielschichtig und durchdringend diese Einflüsse wirklich sind. Als Ludwig POLSTERER verlauten ließ, er wolle den „Kurier" verkaufen, meldete sich sofort eine Bankengruppe der Sozialpartner, die die verlangten 450 Millionen auf den Tisch legen wollte. Von der BAWAG wurde Kurt FALK als Geschäftsführer vorgeschlagen. Um diese Zeitungskonzentration zwischen den beiden größten Blättern Österreichs zu verhindern, schlossen sich Wirtschaftstreibende und Teile der Industriellenvereinigung zusammen und brachten das Kapital für den Kauf des „Kurier" auf.

Es gelang schließlich, die Falk-Gruppe auszumanövrieren, der „Kurier" wurde gekauft und einer der beiden Geschäftsführer der neuen „Kurier"-Gesellschaft wurde für kurze Zeit auch Styria-Generaldirektor Hanns SASSMANN, der ein Hauptinitiator des Kampfes gegen die geplante Fusionierung gewesen war: „Ende 1973 stellte sich heraus, daß hinter den Kulissen intensive Gespräche geführt wurden, um mit FALK zu einer ‚großen Lösung' auf Sozialpartnerebene zu kommen: Eine Kapitalverflechtung zwischen ‚Kurier' und ‚Kronen Zeitung' sollte die Krönung dieser Verhandlungen bilden, die auch auf eine Arrondierung der beiderseitigen Besitzstände im Bereich der Wochenzeitungen und Zeitschriften abzielten. So sollte die Gesm.b.H., die bisher den Rechtsträger der ‚Presse' bildete, an FALK verkauft werden, auch die ‚Wochenpresse' sollte in dessen Interessenbereich fallen, während die Magazine ‚trend' und ‚profil' dem ‚Kurier'-Verlag und damit dem Unternehmerbereich angegliedert wurden. Als diese Pläne im Jänner 1974 bekannt wurden, kam es zu empörten Reaktionen, vor allem in den Bundesländern, da die Information in Wien über diese Vorgänge außerordentlich lückenhaft war. Die Chefredakteure aller Bundesländerzeitungen trafen sich in Salzburg und drohten mit

15. Egon MATZNER: Funktionen der Sozialpartnerschaft. In: Das politische System Österreichs. Hg. v. Heinz FISCHER. 3. A. Wien-München-Zürich 1982, 442 f.

Kampfmaßnahmen für den Fall einer solchen ‚Elefantenhochzeit' in Wien. Daß sich bei dieser Gelegenheit alle unabhängigen Blätter sowie alle Parteizeitungen der SPÖ wie der ÖVP aus den Ländern zusammenfanden, mag ein Initiator sein, wie sehr die einstigen Gegensätze gegenüber der neuen, aktuellen und gemeinsamen Gefahr zurücktraten. Denn eines war allen Länderzeitungen klar: Die Dampfwalze der von den ‚Sozialpartnern' im Hintergrund gesteuerten Boulevardgiganten würde nach vollzogener Einigung in Wien auch die Bundesländer überrollen, in denen zum Teil ohnehin schon ein erbitterter Zeitungskrieg – vor allem in der Steiermark – begonnen hatte. Unter dem Eindruck der massiven Proteste, die sich allenthalben erhoben, steckten die Initiatoren der ‚großen Lösung' zurück. Fusionspläne wurden nunmehr dementiert. Hanns SASSMANN, der besonders nachdrücklich gegen die ursprünglichen Projekte aufgetreten war, löste man jedoch von seiner Funktion als ‚Kurier'-Geschäftsführer kurzerhand ab. Dieses turbulente Zwischenspiel auf der österreichischen Pressebühne hatte enthüllenden Charakter: Es zeigte, welche neuen Abhängigkeiten, Verstrickungen und Verfilzungen sich unterhalb der Feldzeichen und Markenbegriffe der Vergangenheit herausbilden, welche Gefahren für die Freiheit der Presse unter der Oberfläche wirksam sind."[16]

Für das österreichische *Mediensystem* Mitte der siebziger Jahre konstatiert der Salzburger Kommunikations- und Publizistikwissenschafter Hans Heinz FABRIS den Übergang von einem nationalstaatlich organisierten Mediensystem „zu immer weiterreichender internationaler Verflechtung und damit Abhängigkeit von ausländischen Erzeugnissen und Kapitalinteressen: Diese Entwicklung, die sich am Beispiel der neuen Medien, die von Beginn an unter Kontrolle der großen Konzerne gestanden sind, am deutlichsten zeigen läßt, ist analog zur allgemeinen ökonomischen Entwicklung und Verflechtung der österreichischen Wirtschaft mit ausländischen Kapitalinteressen zu sehen."[17]

Was FABRIS Mitte der siebziger Jahre analysierte, ist heute, im Jahr 1992, eine Realität, die schon Konsequenzen zeitigt und auch die Zukunft mitbestimmen wird. Die beiden größten österreichischen Zeitungen sind unter einem gemeinsamen *deutschen* WAZ-Dach und haben mit „Mediaprint" eine Tochterfirma gegründet, die zunächst den gemeinsamen Druck, den gemeinsamen Vertrieb und die gemeinsame Anzeigenwerbung gewährleisten soll. Für weitere gemeinsame Aktionen ist jedenfalls genügend Kapital vorhanden. Im Oktober 1988 wurde von der „Mediaprint" für den symbolischen Betrag von einen Schilling der Mehrheitsanteil (74%) am sozialistischen Wiener „Vorwärts"-Verlag erworben, der 1900 von Victor ADLER gegründet worden war. Aber nicht nur die Westdeutsche Allgemeine Zeitung engagierte sich mit einem massiven finanziellen Aufwand in Österreich – auch der *Springer-Verlag* wurde aktiv: Seit 17. Oktober

16. CSOKLICH, Massenmedien, 272 f. (Anm. 3).

17. Hans Heinz FABRIS: Das österr. Mediensystem. In: FISCHER, System, 501 (Anm. 15).

1988 gibt es die Tageszeitung „Der Standard", eine Gründung Oscar BRONNERs. „Der Standard" gehört zur Hälfte dem Springer-Verlag. Am 10. November 1989 übernahm Springer auch 45% der Moser-Holding AG und ist damit an der „Tiroler Tageszeitung" beteiligt. *Deutsches Kapital* ist schließlich auch an einer Gründung beteiligt, zu der sich, in einer Art Gegenstrategie, sieben Bundesländerblätter zusammenfanden: „Kleine Zeitung", „Oberösterreichische Nachrichten", „Salzburger Nachrichten", „Tiroler Tageszeitung", „Vorarlberger Nachrichten", „Neue Vorarlberger Tageszeitung" und die Wochenzeitung „Niederösterreichische Nachrichten" bieten ihren Lesern eine gemeinsame wöchentliche Fernseh-Illustrierte namens „tele". Die Startauflage betrug mehr als eine Million. Ermöglicht wurde dieses Projekt durch eine Beteiligung der Bertelsmann-Tochter „Deutscher Supplement-Verlag". Erwähnt sei auch noch, daß die „Wochenpresse" sich mit Hilfe der deutschen Holtzbrinck-Gruppe in „Österreichs großes wöchentliches Wirtschaftsmagazin" verwandelte. Die Magazine „profil", „trend", „Basta" und „Rennbahnexpreß" sind über die „Kurier" AG ebenfalls mit dem WAZ-Imperium verbunden.

Die Gesamtauflage der österreichischen Tageszeitungen beträgt derzeit 2,560.011 Exemplare. Das ist der Stand 1991, zweite Jahreshälfte.[18] Gleichzeitig aber wird, wie schon erwähnt, die *Pressekonzentration* zu einem demokratiepolitischen Problem: Das Schweigen der Politiker zum „Mega-Deal" zwischen „Kronen Zeitung", „Kurier" und WAZ verrät nicht nur Hilflosigkeit, sondern zeigt auch, daß die konzentrierte publizistische Macht allein durch ihre Existenz lähmend und angstfördernd wirkt. Da braucht sie noch gar nicht gezielt eingesetzt zu werden.

4. Die elektronische Revolution

Der *Umbruch im Medienwesen* wurde entscheidend durch eine Revolution bei der Zeitungsproduktion gefördert: Photo- und Lichtsatz haben das Blei abgelöst. Texteingaben über Bildschirm sind zur Selbstverständlichkeit geworden. Durch diese *elektronisch* gesteuerten Satzsysteme wird die Trennung zwischen *Journalisten* als Textproduzenten und dem *Setzer* als Satzproduzenten aufgehoben. Das Wissen, das sich ein Setzer in einer langjährigen Ausbildung erwerben mußte, ist nun in einem Rechner gespeichert und kann jederzeit abgerufen werden. Das bedeutet, daß dieses integrierte Texterfassungssystem (ITS) zum Aussterben des traditionsreichen Druckereigewerbes in seiner alten Form geführt hat. Die neue Technik erfordert außerdem einen Kapitaleinsatz, den sich nicht jedes Unternehmen leisten kann. Die Pressekonzentration ist also durch die technische Entwicklung vorprogrammiert.

Neben der Umstellung vom Bleisatz auf neue Produktionsmethoden sind

18. LANKES, Pressemarkt, 11 (Anm. 1) und Pressehandbuch 1992. Hg. v. Verband Österr. Zeitungsherausgeber und Zeitungsverleger. Wien 1992, 17.

die *neuen Medien* zu einer weiteren Herausforderung für die Printmedien geworden. Die großen Verlage drängen ins TV-Geschäft und werden auch gedrängt, weil sie wachsam sein müssen, wie die *Werbeindustrie* auf die neuen Kommunikationsmöglichkeiten reagieren wird. Und dieses Reagieren, sprich Inserieren, ist wesentlich für die wirtschaftliche Lage der Zeitungen, die zu etwa 60% auf Anzeigenerlöse angewiesen sind; 40% der Erlöse kommen aus dem Vertrieb. (Es handelt sich hier um Durchschnittsrelationen, die je nach Zeitung und Erscheinungsland variieren.)

Im Sog dieser dynamischen Entwicklung wird auch das *ORF-Monopol* immer mehr relativiert. Im Pressehandbuch 1992 sind zum Beispiel 15 private Radiosender angeführt. Dem ORF wird über Sender, die im Ausland installiert werden, der Kampf angesagt: „Sie umzingeln das Land mit der Absicht, im Falle des Falles gerüstet zu sein."[19] Der Umsturz im einstigen *Ostblock* bot natürlich zusätzliche Chancen, die auch genützt wurden.

Als 1977 die Publikation „Massenmedien in Österreich" erschien, kamen die Herausgeber mit ganzen sechs Seiten über „Neue elektronische Medien" aus.[20] Sechs Jahre später erschien der „Medienbericht II" und hier war dem *elektronischen Bereich* bereits ein eigener Abschnitt mit 76 Seiten gewidmet.[21] Dabei kamen die Herausgeber damals zum Schluß, daß sich „die anfangs sehr hohen Erwartungen der Elektronikindustrie hinsichtlich der Durchsetzung von ‚Neuen Medien' nicht erfüllen dürften."[22]

Nach zwei Jahren aber schaute die Situation schon wieder anders aus: Nach einer kurzen Stagnation, die vielleicht eine logische Folge der davor liegenden Überschätzung war, belebte sich der Markt wieder. Wichtigster Grund dafür war die ständig wachsende Zahl von *Satelliten-Kanälen.* Im „Medienbericht III", der den Berichtszeitraum von 1983–1986 umfaßt und daher auch schon wieder weitgehend überholt ist, wird übrigens auf eine Tatsache hingewiesen, die in Zukunft eine immer größere Rollen spielen wird: Auch in Österreich entwickeln sich die *Groß-Verlage* zu *Multi-Media-Konzernen.* Als Beispiel wird das „Kurier"-Engagement bei „SAT 1" angeführt und der Einstieg des „Kronen Zeitung"-Herausgebers Hans DICHAND bei „RTL plus".[23] Die WAZ-Gruppe ist übrigens mit 10% bei „RTL plus" beteiligt und gut im Geschäft mit Filmproduktionen.

Stürmisch verläuft der Fortschritt in der *Satelliten-Technik.* Wie erfolgreich solche Satellitensender sein können, zeigt sich an Robert MUR-

19. Peter MUZIK: Die Medienmultis. Wien-Stuttgart-Bern 1989, 110.

20. Massenmedien in Österreich. Hg. v. Institut für Publizistik und Kommunikationstheorie der Universität Salzburg. Wien 1977, 188–193.

21. Massenmedien in Österreich. Medienbericht II. Hg. v. Institut für Publizistik und Kommunikationswissenschaft der Universität Salzburg. Wien 1983, 299–375.

22. Medienbericht II., 364 (Anm. 21).

23. Massenmedien in Österreich. Medienbericht III. Hg. v. Institut für Publizistik und Kommunikationswissenschaft der Universität Salzburg. Wien 1986, 133.

DOCHs kommerziellem Kanal „Sky Channel“: Seit Beginn des Jahres 1988 können über elf Millionen angeschlossene Kabelhaushalte in 19 Ländern Europas das Programm über „Sky Channel“ empfangen. Das sind 28,6 Millionen potentielle Zuschauer. Seit Jänner 1987 verzeichnete der Kanal eine Zunahme von 43% – dank neuer Kabelsysteme in Ungarn, Dänemark und der Bundesrepublik Deutschland.

Schon aber kommt aus Amerika die Kunde, daß 1994 ein TV-Satellit den Betrieb aufnehmen wird, der bis zu 100 Fernsehkanäle direkt ins Heim der Amerikaner übertragen kann. Dieser *High-Power-Satellit* namens „Sky-Cable“ gestattet eine extreme Spezialisierung. So wird es ein Programm nur für Juristen geben, ein anderes etwa nur für Gitarren-Kurse. Die Experten sprechen von „narrow-casting“ und erwarten sich dadurch eine TV-Revolution.

Von der Zukunft zurück in die österreichische Gegenwart. Hier ist das *Kabelfernsehen* noch immer in einer Aufbauphase, macht aber beachtliche Fortschritte. Etwa 1,5 Millionen Haushalte sind bereits technisch angeschlossen, das heißt, sie haben die Möglichkeit, sich an eines der rund 200 Kabelfernsehnetze anzuschließen. Etwa 734.000 haben das bereits getan. Angesichts des angebrochenen *Satellitenzeitalters* stellt aber zum Beispiel Fritz SENGER, der Geschäftsführer der Kabel-TV-Wien und der Telekabel Wien, die rhetorische Frage, ob Kabelfernsehnetze überhaupt noch eine Chance hätten.[24] In dieses Netz werden in Österreich bis zu 20 Satellitenprogramme eingespeist. Aber Ende April 1992 gab es in Österreich auch bereits 240.000 private Parabolantennen. Und die Tendenz ist stark steigend. Selbst Experten vermögen über die Zahl der Satellitenprogramme keine genaue Auskunft zu geben, da dauernd neue Programmveranstalter auftauchen und andere wieder verschwinden. Grob geschätzt sind es etwa 100 Programme. Interessant ist die Tendenz, daß zu den nationalen Vollprogrammen immer mehr weltweite Spartenprogramme kommen. CNN für die Nachrichten ist hier ein signifikantes Beispiel. Ähnliches gilt aber auch für Musik und Sport.

Weit verbreitet unter den sogenannten neuen Medien sind auch die *Videorecorder,* die seit Mitte der siebziger Jahre ihren Siegeszug angetreten haben. In österreichischen Haushalten wird die Video-Technik vor allem zur Aufnahme von Fernsehsendungen und zum Abspielen von Filmkassetten verwendet, während die vielschichtigen Möglichkeiten des neuen Mediums, die experimentell von *Künstlern* präsentiert werden, noch eher ungenützt bleiben. Mit Valie EXPORT, Richard KRIESCHE und Peter WEIBEL wirken auf diesem Gebiet in Österreich drei Künstler, die auch international bekannt sind. Die Umsetzung eines optischen Bildes in elektronische Impulse, also die Möglichkeit, nicht nur das gesprochene Wort, sondern auch das Bild über weite Strecken zu senden, zu speichern und

24. Fritz SENGER: Kabelfernsehen in Österreich. In: Die (des)informierte Gesellschaft. Hg. v. Johannes KUNZ. Wien 1987, 219–225.

wieder abzurufen, hat viele Implikationen, von der Veränderung der Familienstruktur bis hin zu der des Weltbildes, die in ihrer umfassenden Bedeutung noch gar nicht begriffen werden: „Begriffe wie Wissen und Information, Realität und Fiktion, Privates und Öffentliches stehen in einem irreversiblen Umschichtungsprozeß."[25]

Zukunft hat längerfristig auch der *Bildschirmtext* (BTX), wenngleich die Anlaufzeit für seine umfassende Nutzung in Österreich länger war, als von den Betreibern des neuen Mediums angenommen wurde. Beim Bildschirmtext werden Fernsprecher und Fernsehgeräte miteinander verbunden. Ein MODEM und ein Decoder sind zwischengeschaltet. Eine Bildschirmtext-Datenbank kann mit Hilfe einer Tastatur angewählt werden und liefert auf Abruf die gewünschten Informationen. BTX ist also eine Einheit von Individualkommunikation, Massenkommunikation und Datenverarbeitung. Jeder kann Teilnehmer werden, wenn er über ein „ganzes Telephon" verfügt – entweder als passiver Abrufer oder als Informationsanbieter, der eigene Texte eingibt.

Der reguläre Dienst „Bildschirmtext" wurde von der Post am 5. September 1985 aufgenommen, und der „BTX-Führer" des Grazer Informationswissenschafters Hermann MAURER (Institut für Grundlagen der Informationsverarbeitung und Computergestützte neue Medien an der TU Graz) war in seiner 7. Ausgabe vom Frühjahr 1991 bereits ein Buch mit 267 Seiten. MAURER verweist zum Beispiel darauf, daß es die *Grundidee* von BTX sei, die Möglichkeiten eines Netzwerkes von Großcomputern einem großen Publikum zugänglich zu machen, ohne daß die Benützer irgendwelche EDV-Kenntnisse besitzen müssen. Mit einem posteigenen Endgerät MUPID oder einem BTX-fähigen Personalcomputer kann dieses Computer-Netzwerk bis nach Deutschland, die Schweiz und Luxemburg ausgenützt werden. Da es aber nicht nur Informationen, sondern auch Mitteilungen, Bestellungen, Transaktionen, Computerprogramme usw. transportieren kann, sieht MAURER in BTX ein universelles Informations-, Kommunikations-, Buchungs- und Transaktionssystem, das ungemein vielseitig einsetzbar ist.

Durch das *Zusammenschalten* von mehreren BTX-Programmen ist eine Auslandsabhängigkeit unvermeidlich, und schließlich ist auch die Datenschutzproblematik, neben anderen Rechtsproblemen (Urheberrecht, Wettbewerbsrecht, Medienrecht) weitgehend ungeklärt. Fazit: „Mit Sicherheit wird BTX auf lange Zeit nur für einkommensstarke Haushalte in Frage kommen. Nicht vor dem Jahr 2000 dürfte BTX als Massenmedium eine Rolle spielen."[26]

25. Bettina GRUBER/Maria VEDDER: Kunst und Video. Internationale Entwicklung und Künstler. Köln 1983, 8.

26. Franz IVAN: Die elektronische Technik erobert die Medien. In: Neue Medien. Informationsparadies oder Sündenfall. Hg. v. Charles BOHATSCH/Siegfried LUDWIG. Wien 1983, 31.

III. Zusammenfassung und Ausblick

1. Die Deformierung der österreichischen Zeitungslandschaft: Fakten und Folgen

Die *„deformierte Zeitungslandschaft"* Österreichs werde bereits stillschweigend in die Politik einkalkuliert, meint Engelbert WASHIETL, der Leiter der Wiener Redaktion der „Salzburger Nachrichten". Die statistische Diagnose ist bekannt: 80% der Wiener bedienen sich der aus einem Konzern stammenden Printprodukte. Unter 15 Zeitungstiteln besetzt die „Kronen Zeitung" mehr als 40% des gesamtösterreichischen Marktes. Beschönigend könnte man von einer realpolitischen Situation sprechen, meint WASHIETL: „Sie führt dazu, daß selbst Spitzenpolitiker glauben, daß es für sie kein Leben ohne oder gegen die ‚Krone' gibt. Ob sie mit ihrer Annahme nun recht haben oder nicht, in dem, was sie zu sagen wagen und noch deutlicher in dem, was sie lieber verschweigen und nicht anrühren, wird ein Standard gesetzt, der sich jedenfalls von dem unterscheidet, was die Demokratie braucht."[27]

Die Deformierung der Zeitungslandschaft läßt sich auch mit anderen *Zahlen* vor Augen führen: 1951 gab es noch 34 selbständige Tageszeitungseinheiten (also ohne Mutation und Nebenausgaben), 1961 war diese Zahl auf 26 gesunken, 1971 auf 20 und 20 Jahre später, mit Jahresende 1991, gab es nur noch 15 Zeitungstitel.[28]

Vergleicht man dazu im Pressehandbuch 1992 die Druckauflagen, so stellt sich heraus, daß die 34 Zeitungseinheiten des Jahres 1951 eine Gesamtauflage von 1,486.000 hatten, während die Druckauflage der 15 verbliebenen Tageszeitungen im Jahr 1991 mit 2,560.011 Exemplaren ausgewiesen ist. Das heißt, immer weniger Zeitungen werden für immer mehr Leser produziert. *Pressevielfalt* schaut anders aus. In Österreich kommt auf 500.000 Menschen eine Tageszeitung, in Deutschland auf 170.000 und in der Schweiz auf 80.000.

Der Wiener Kommunikationswissenschafter Roman HUMMEL weist auf den Zusammenhang zwischen Mediensituation und Zustand der Demokratie hin und wirft den beiden großen Parteien unseres Landes vor, durch ihre Laissez-faire-Haltung einen international beispiellosen *Medienkonzern* nicht verhindert zu haben: „Dadurch haben sich auch die Akzente des medienpolitischen Agierens bereits verschoben: Besteht Pressefreiheit nach allgemeiner Auffassung unter anderem wesentlich darin, daß Rundfunkanstalten und Zeitungen vor Pressionsversuchen von Behörden und

27. Engelbert WASHIETL in einer Stellungnahme zur Umfrage über Pressevielfalt. In: Zeitungs-Los. Pressepolitik und Konzentration in Österreich. Hg. v. Peter PELINKA/Wolfgang DUCHKOWITSCH/Fritz HAUSJELL. Salzburg 1992, 39 f.

28. Roman HUMMEL: Einfalt statt Vielfalt. In: PELINKA/DUCHKOWITSCH/HAUSJELL, Zeitungs-Los, 43 (Anm. 27).

Parteien zu schützen sind, so übt nun ein Medienkonzern seinerseits de facto Macht über politische Repräsentanten aus. (Ob es sich hierbei um tatsächliche oder vermeintliche Macht handelt, ist unerheblich). Je stärker die Marktmacht eines Mediums und je stärker die Zuschreibung politischer Macht für ein Medium ist, umso erfolgreicher kann es bei der Durchsetzung dieser Sonderinteressen sein . . ."[29]

Die Deformierung der Zeitungslandschaft in Österreich wird zudem durch die Tatsache gefördert, daß *bundesdeutsche* Medienkonzerne maßgeblichen Einfluß auf rund 70% der Gesamtauflage der Tageszeitungen gewonnen haben. Österreich sei auf dem besten Weg, eine Medienkolonie Deutschlands zu werden, konstatiert der Salzburger Publizistik-Ordinarius Hans Heinz FABRIS. Er prophezeit, daß mit dem Ende des ORF-Monopols und dem weiteren Vordringen der bundesdeutschen Privatsender der Anteil von Importprogrammen und die Kommerzialisierung der Sendungen weiter zunehmen werde. „Elektronische Fenster" eines „gesamtdeutschen" Programmes würden die Regel und nicht die Ausnahme sein. Gerade für kleinere Länder wie Österreich werde es in Zukunft entscheidend sein, welchen Part sie in der neuen internationalen Arbeitsteilung am Medien- und Informationssektor einnehmen, meint FABRIS: „verlängerte Werkbank der großen Medienkonzerne, Lieferant für den immer wichtiger werdenden immateriellen Rohstoff Information, Zulieferer in Bereichen der medien-handwerklichen Kulturproduktion wie Theater oder Konzerte, oder Spezialist für Nischen-Produktionen."[30]

Und Hans G. SCHMID, gescheiterter „AZ"-Retter und Mehrheitsgesellschafter der Birko-Beteiligungs Ges.m.b.H., sieht die Gefahr, daß unser Land zu einer „Distributions-Dependance" der in *Deutschland* etablierten Anbieter „SAT 1" und „RTL plus" werden könnte: „Es geht aber darum, Österreich auf dem Gebiet der Programmproduktion nicht zur Provinz verkommen zu lassen, die nichts weiter als ein Absatzmarkt ist."[31]

2. *Ein Zug in voller Fahrt*

In der EG publizierte die Kommission schon im Juni 1984 einen Bericht an den Rat mit dem Titel „Fernsehen ohne Grenzen – Grünbuch über die Errichtung des Gemeinsamen Marktes für den Rundfunk, insbesondere über Satellit und Kabel". Das bedeutete den Beginn der Entwicklung hin zu einer transnationalen *EG-Politik* der audiovisuellen Medien. Zu der Fernsehrichtlinie, die vom EG-Ministerrat am 3. Oktober 1989 beschlossen wurde, gehört im Artikel 18 auch der Hinweis, daß Werbung nicht

29. HUMMEL, Einfalt, 53 (Anm. 28).

30. Hans Heinz FABRIS: Medienkolonie – na und? In: In deutscher Hand? – Österreich und sein großer Nachbar. Wien 1990, 121 und 127.

31. Hans G. SCHMID: Rot-Weiß-Rot 2000: Verführerische Perspektiven. In: Jahrtausendwende in Rot-Weiß-Rot. Hg. v. Johannes KUNZ. Wien 1991, 228.

mehr als 15% der täglichen Sendezeit einnehmen dürfe. Das wäre eine Traumquote für den ORF, der ständig um mehr Werbezeit kämpft und vom Verband der Zeitungsherausgeber immer wieder mühsam eingebremst wird. Die EG steht unter dem Druck der Industrie, und die EG-Kommission startete 1986 das Aktionsprogramm MEDIA („Measures to encourage the development of the industry of audivisual production"). 1989 wurde das Projekt „EUREKA-Audiovisuelle Medien" in Angriff genommen, bei dem es vor allem um die Finanzierung von Produktion und Koproduktion europäischer Werke geht. Eine weitere Herausforderung stellt die Erarbeitung europäischer Technischer Normen dar. Das „Fernsehen der Zukunft" wird bereits entwickelt: TV mit der Bildqualität von Kinos und der Tonqualität einer CD im Wohnzimmer – das „hochauflösende Fernsehen" (High Definition Television, HDTV). Fazit: „Der Zug in Richtung Verwirklichung eines Gemeinsamen Marktes der audiovisuellen Medien, den noch vor wenigen Jahren einige Mitgliedsstaaten aus Angst vor dem Verlust der kulturellen Identität vehement aufzuhalten versuchten, befindet sich nun in voller ungebremster Fahrt."[32]

Vor diesem Hintergrund wirkt es merkwürdig biedermeierlich, wenn man in Österreich jetzt erst über ein *Privatradio-Gesetz* diskutiert. Hoffentlich lernen wir wenigstens durch diese Verspätung aus den Fehlern der anderen: In Baden-Württemberg zum Beispiel ist man dabei, das Landesmediengesetz aus dem Jahr 1985 zu ändern, weil man draufgekommen ist, daß 22 Regionalsender zu viel sind. Sie werden jetzt auf sechs reduziert.[33]

Die „deformierte Zeitungslandschaft" Österreichs ist aber nur ein Symptom anderer in diesem Land wirksamer *Deformationen:* Die Macht der Parteien und Interessensgruppen hat sich mit langwirkenden Folgen in allen gesellschaftlichen Bereichen ausgebreitet.

3. Der Einfluß des Fernsehens

Ein typisches Beispiel sind *Rundfunk und Fernsehen:* Auch nach der Rundfunkreform des Jahres 1966 aufgrund des ersten Volksbegehrens in Österreich, ist der ORF ein Instrument geblieben, das komplizierten *Proporzregeln* unterworfen ist.

Am Beispiel der „Explosion der Bilder",[34] also der Entwicklung der Programmstrukturen des österreichischen Fernsehens und der rasanten Zunahme der Fernsehteilnehmer (1959: 112.223, zehn Jahre später 1,125.126 und En-

32. Melitta SCHUBERT: Audiovisuelle Medien. In: Handbuch der europäischen Integration. Hg. v. Moritz RÖTTINGER/Claudia WEYRINGER. Wien 1991, 975–997.

33. Martin ZIMPER: Bürgerradios, Privatradios, ORF – und fünf Zutaten für Österreichs künftige Medienordnung. In: Pressehandbuch 1992, 12 (Anm. 18).

34. Franz REST: Die Explosion der Bilder. Entwicklung der Programmstrukturen im österr. Fernsehen. In: Medienkultur in Österreich. Hg. v. Hans Heinz FABRIS/Kurt LUGER. Wien-Köln-Graz 1988, 265–315.

de 1991 2,500.000 offiziell angemeldete Fernsehteilnehmer) läßt sich aber auch der intensive *Einfluß des Fernsehens auf die Printmedien* nachweisen: auf die optische Gestaltung durch die veränderten Sehgewohnheiten und auf inhaltliche Schwerpunktverlagerungen. Da das elektronische Medium auf jeden Fall schneller ist, wurden in den Zeitungen kommentierende Berichte, Kommentare und Hintergrundreportagen bestimmender als die reine Meldung. Dazu kamen Serviceleistungen, die von Zeitungen früher nicht oder nur am Rande wahrgenommen wurden. Als Beispiel seien hier nur die Varianten der Institution eines Ombudsmannes angeführt. Ende des Jahres 1991 gab es in 94% der österreichischen Haushalte zumindest ein Farbfernsehgerät, und im April 1992 erschien zum ersten Mal Kurt FALKs „Täglich Alles", die erste Tageszeitung Österreichs im Vierfarben-Tiefdruck.

Weil das Fernsehen zu einem wichtigen Vermittler dessen geworden ist, was es selbst als *Realität* deklariert, versuchen Menschen und Institutionen mit Hilfe individueller Aktionen an dieses Medium heranzukommen. Da müssen dann die Dramatik oder der Unterhaltungswert von Aktion zu Aktion wachsen.

Auf die *Innenpolitik* übertragen heißt das: „In allen Großparteien geht das Ringen um die Öffentlichkeitsarbeit tatsächlich immer wieder darum, zu einer Pressekonferenz, einer Veranstaltung das Fersehen zu bekommen. Ist die Kamera nicht dabei, dann hat für die Politiker vieles oft nur den halben Wert."[35] Das sagt einer, der es wissen muß: Herbert VYTYSKA, der einstige Pressechef Alois MOCKs, als dieser ÖVP-Obmann war. VYTYSKA weist auch auf die Folgen einer solchen Haltung hin: Viele Veranstaltungen werden nur organisiert, um den Medien, vor allem dem Fernsehen, eine Möglichkeit zu geben, über ein von den Politikern vorbereitetes Thema zu berichten und eine politische Aussage zu „transportieren". Da die Auftritte im TV meist kurz sind, wird das Bemühen gefördert, auch komplizierte Themen möglichst pointiert „über die Rampe" zu bringen. Diese Überbewertung des optisch Verwertbaren gegenüber der inhaltlichen Essenz hat auch Rückwirkungen auf die Zeitungen.

4. *Orientierungsverlust und Wirklichkeitsverlust*

Der Blick auf unsere jüngere Zeitgeschichte hat gezeigt, daß die österreichische Variante der *Parteipolitik,* und die Versuche der *Sozialpartner,* ihre Macht immer mehr auszudehnen, überhaupt erst die Voraussetzungen geschaffen haben, daß Männer wie Hans DICHAND und Kurt FALK die österreichische Presselandschaft zu einer Spielwiese ihrer persönlichen Machtkämpfe machen konnten. Diese Auseinandersetzung bildete ja auch den Anstoß, daß die WAZ-Gruppe mit ihrem Kapital sich so intensiv in Österreich engagierte.

35. Herbert VYTYSKA: Veränderung der Medienlandschaft. In: Verantwortung in Staat und Gesellschaft. Hg. v. Alois MOCK/Herbert SCHAMBECK. Wien 1977, 507 f.

Aber *Politik und Medien* beeinflussen einander wechselseitig. Zeitungen haben politische Strukturen mitbestimmt, als das Rundfunk-Volksbegehren zur Eindämmung des Parteieinflusses erfolgreich durchgesetzt werden konnte oder als die „Elefantenhochzeit" zwischen „Kurier" und „Kronen Zeitung" zunächst verhindert wurde. Aber am Ende der achtziger Jahre gab es keine konzentrierten Proteste mehr, als der *„Medien-Gau"* Wirklichkeit wurde.

Es war offenbar eine Spätwirkung dieses *Schocks*, daß sich im Dezember 1991 der „Styria"-Verlag, der die „Kleine Zeitung" herausgibt, entschloß, an einer *„österreichischen Lösung"* für die gefährdete „Presse" mitzuwirken. Der „Styria"-Verlag besitzt nun 51% der Gesellschaftsanteile, 49% hält in der neuen Verlagsgesellschaft der bisherige Alleineigentümer „Verein zu Förderung der freien bürgerlichen Presse in Österreich". Die „Styria" übernahm auch das Management bei der „Presse".

Politik und Medien beeinflussen einander wechselseitig. Ein renommierter österreichischer Journalist wie Dieter LENHARDT („Die Presse") meint zum Beispiel, daß sich das, was wir Politik nennen, bis zu Unkenntlichkeit *verformt* habe. Und als Grund gibt er die Herrschaft der Medien, Experten und Meinungsforschung an: „Politik als Gestaltung der unmittelbaren, der näheren und ferneren Zukunft in klarer, vorhersehbarer Weise ist tot."[36]

Wenn der Kommunikationswissenschafter Holger RUST von einer „zunehmenden Überfremdung der publizistischen Ziele der Medien durch die ertragsorientierten Erwägungen von Konzernen"[37] spricht, oder wenn RUSTs Kollege Maximilian GOTTSCHLICH dem *„Orientierungsverlust"* im Journalismus eine eingehende Untersuchung widmet,[38] dann sind damit zwei wichtige Themen angeschnitten, die für die Zukunft entscheidend sind. Ein drittes wäre der *„Wirklichkeitsverlust"*, den Publizistikwissenschafter bei Politikern und Journalisten konstatieren: „Die Berichterstattung spiegelt nicht mehr die tatsächlichen Existenzfragen und Bedürfnisse der Bevölkerung wider, sondern die Kommunikationsbedürfnisse der Machtelite. Zum Gaudium oder zu Entrüstung eines mit Informationen überfütterten Publikums bedienen Politiker und Medienleute gemeinsam eine Show-Maschinerie, die immer mehr zum Selbstzweck zu werden droht. Sie sitzen in einem Boot und streiten sich um die Plätze, während das Ufer der gesellschaftlichen Realität sich weiter und weiter entfernt."[39]

Immer mehr verwandeln sich die Medien in ihrer Gesamtheit von *„Mitt-*

36. Dieter LENHARDT: Midlife-crisis der Republik. Wien 1986, 33.

37. Holger RUST: Der Streik bei „Profil" und „Trend". In: PELINKA/DUCHKOWITSCH/HAUSJELL, Zeitungs-Los, 103 (Anm. 27).

38. Maximilian GOTTSCHLICH: Journalismus und Orientierungsverlust. Wien-Köln-Graz 1980.

39. Eugen SEMRAU: Die Trugkraft des Realen. Zur Transformation von Politik und Medien in der Informationsgesellschaft. In: Das österr. Parteiensystem. Hg. v. Anton PELINKA/Fritz PLASSER. Wien-Köln-Graz 1988, 682.

lern" zu einer „*Zweiten Realität*". Im Kampf um den Weltmarkt werden ständig neue, kostspielige elektronische Lösungen gefunden, von denen niemand mehr genau weiß, wem sie eigentlich nützen sollen. Klar ist, daß die Verbesserung der Informationsübertragung und die Vermehrung der Information nicht gleichbedeutend sein müssen mit einer Verbesserung der Kommunikation.

Der überzogene *Machtanspruch* der Politik hat die Tendenz zur *Entpolitisierung* gefördert, und die Medien haben mitgeholfen, diese Tendenz zu verstärken. Demokratiepolitisch hat diese Entwicklung in eine beunruhigende Sackgasse geführt. Die „*Dromokratie*" des französischen Geschwindigkeitsforschers Paul VIRILIO läßt sich im Medienwesen besonders gut studieren. VIRILIOs neuestes Buch heißt „Rasender Stillstand".

Die neuere Ausprägung der katholischen Soziallehre

Valentin Zsifkovits

I. Vorbemerkung

Die *katholische Soziallehre* kann man mit Oswald v. NELL-BREUNING[1] beschreiben als die aus katholischem Glauben abgeleitete oder mit katholischem Glauben zumindest nicht im Widerspruch stehende, in Dokumenten des kirchlichen Lehramtes anlaßorientiert niedergelegte, in katholischen „Schulen“ bzw. von bedeutenden katholischen Autoren vertretene Lehre vom Sozialen, wobei das Soziale hier im weiteren Sinn des Wortes zu verstehen ist. Die in der Tradition der Kirche reflektierende und an der Offenbarung Gottes (in seiner Schöpfungs- und Erlösungstat) sich orientierende Vernunft gelangt zu einem Verständnis von Mensch, Gesellschaft, Welt und Gott, aus welchem heraus sich Prinzipien zur Gestaltung menschlicher Existenz in ihrer individuellen und vor allem sozialen Dimension ergeben. Daher kann man katholische Soziallehre, die vor allem im katholischen Raum oft als Synonym für christliche Soziallehre gebraucht wird, nach Johannes MESSNER[2] definieren als die auf christlichem Menschenbild aufbauende Lehre von der Ordnung des gesellschaftlichen Lebens. Solche Soziallehre schlägt sich nun repräsentativ in den Sozialdokumenten der katholischen Kirche, vornehmlich des kirchlichen Lehramtes, nieder. Dabei beanspruchen die Sozialdokumente des kirchlichen Lehramtes bei all ihrem autoritativen Charakter keinen Unfehlbarkeitsanspruch.

Im folgenden sollen nun als *neuere Ausprägung* der katholischen Soziallehre in erster Linie die bemerkenswertesten Aussagen des *obersten kirchlichen Lehramtes* präsentiert werden. Als lokalorientierte Ausprägung sollen in Anschluß daran die Sozialdokumente der *Kirche Österreichs* zur Sprache kommen. Als zeitlicher Rahmen gilt die Regierungszeit der Päpste von PIUS XII. bis JOHANNES PAUL II.

Wenn auch die katholische Soziallehre nicht identisch ist mit der hier behandelten kirchlichen bzw. kirchenamtlichen Soziallehre, so scheint diese Beschränkung doch gerechtfertigt zu sein, weil an bedeutenden Doku-

---

1. Oswald v. NELL-BREUNING: Kath. und evang. Soziallehre. In: Heinz BUDDE (Hg.): Kath. und evang. Soziallehre. Recklinghausen 1967, 51–77, 51 f.

2. Johannes MESSNER: Modernes in der vormodernen christlichen Sozialethik. In: FS f. Ernst KOLB z. 60. Geb. Innsbruck 1971, 257–270, 257.

menten des Lehramts in dem beschränkt zur Verfügung stehenden Rahmen die genannte Ausprägung gut illustriert werden kann.

II. Die Soziallehre Pius' XII. (1939–1958)

PIUS XII. stand im Sturm der sozialen Wirklichkeit des Zweiten Weltkrieges. Was gefragt und notwendig war, das waren nicht große soziale Theorien, sondern Programme für die Aktion. PIUS XII. hat zwar keine seine Sozialidee zusammenfassende Sozialenzyklika nach dem Muster von „Rerum novarum" oder „Quadragesimo anno" geschrieben, aber eine große Anzahl von *Ansprachen* an Kongresse, Pilgergruppen und durch das Radio an die ganze Welt verfaßt, die sich mit den Fragen des gesellschaftlichen Lebens auseinandersetzen. Wie umfangreich seine diesbezüglichen Aussagen sind, zeigt ein Blick in die dicke, dabei aber nicht allumfassende dreibändige von UTZ und GRONER herausgegebene Sammlung „Aufbau und Entfaltung des gesellschaftlichen Lebens. Soziale Summe Pius XII.". Dieser Überblick zeigt auch, daß PIUS XII. kein theorieloser Pragmatiker war, sondern eine auf der Offenbarung, dem Naturrecht und der Tradition vor allem seiner unmittelbaren Vorgänger aufbauende Soziallehre entwikkelt hat, die auf die drängenden Fragen seiner Zeit Antwort und Lösung zu bieten bemüht war. Mit Johannes SCHASCHING kann man die Rolle und Bedeutung PIUS' XII. für die katholische Soziallehre so umschreiben: „War Pius XI. der Architekt der katholischen Soziallehre, so ist Pius XII. ihr Baumeister, der immer im Gelände ist, der die Veränderungen im gesellschaftlichen Baugrund feststellt, aber ebenso die Veränderungen im Arbeitsteam und im Baumaterial. Seine sozialen Botschaften haben den Charakter von Bauanweisungen."[3] Gedanken PIUS' XII. sollen zu folgenden Themen kurz aufgezeigt werden:

1. Zu sozialethischen Erkenntnisquellen und zum Naturrecht

PIUS XII. sieht zwei Erkenntnisquellen der katholischen Gesellschaftlehre, das *Naturrecht* und die *Offenbarung* . Beide sind zwei gleichgerichteten Wasserläufen vergleichbar, die ihre gemeinsame Quelle in Gott haben (UG 498)[4]. Er betont auch, daß die katholische Gesellschaftslehre überwiegend und wesentlich auf naturrechtlichen Erkenntnissen aufgebaut ist, sodaß er das Naturrecht als „das Fundament der kirchlichen Soziallehre" (UG 359) bezeichnet. Das Naturrecht selbst bestimmt er als jenes Gesetz, „das allen

3. Johannes SCHASCHING: Die soziale Botschaft der Kirche von Leo XIII. bis Johannes XXIII. 2.A. Innsbruck-Wien-München 1963, 48.

4. Die Sozialdokumente Pius' XII. werden nach der schon erwähnten Ausgabe: Arthur-Fridolin UTZ/Joseph-Fulko GRONER (Hg.): Aufbau und Entfaltung des gesellschaftlichen Lebens. Soziale Summe PIUS XII. 3 Bde. Freiburg/Schweiz 1954–1961 zitiert (abgekürzt UG). Die Zahlen beziehen sich auf die über die 3 Bände fortlaufenden Nummern am Rand der Ausgabe.

Menschen und Völkern gemeinsam ist, von dem die Richtlinien des Seins, des Handelns und des Sollens ausgehen und dessen Beobachtung das friedliche Zusammenleben und die gegenseitige Zusammenarbeit erleichtert und sichert." (UG 6284). Dabei hebt PIUS XII. die Unterscheidung zwischen wandelbarem und unwandelbarem Naturrecht hervor.

2. Zur Friedensordnung

Ein großer Teil des sozialen Bemühens PIUS' XII. ist dem *Frieden* gewidmet. Nicht umsonst lautet der Leitspruch seines Pontifikates nach Isaias 32,17: „Das Werk der Gerechtigkeit ist der Friede." Besonders seine *Weihnachtsansprachen* befassen sich mit dem Thema des Friedens. Als wesentliche Schritte zum Frieden nennt er: Ende des Hasses, Gerechtigkeit im inner- und überstaatlichen Leben, Verpflichtung zu weltweiter Solidarität, die Fähigkeit und den Willen zur Freiheit und die Mobilisierung der geistigen Kräfte. Institutionell schwebt ihm die Bildung eines Organs zur Aufrechterhaltung des Friedens vor Augen, „eines Organs, auf Grund gemeinsamen Beschlusses ausgestattet mit höchster Machtvollkommenheit, zu dessen Aufgabenkreis es gehören würde, jedwede Bedrohung durch Einzel- oder Kollektivangriff im Keime zu ersticken." (Aus der Weihnachtsbotschaft 1944, UG 3495).

Was den *Krieg* anlangt, so kann dieser nicht mehr „eine der vielen erlaubten Formen des politischen Handelns" (UG 6314) sein und „jede Verherrlichung des Krieges" ist als „eine Verirrung des Geistes und des Herzens zu verdammen" (UG 2368). Freilich kann sich der Fall ergeben, „daß nach dem Scheitern aller Bemühungen, den Krieg zu vermeiden, dieser zur wirksamen Verteidigung und in der Hoffnung auf glücklichen Ausgang gegenüber ungerechtem Angriff nicht als unerlaubt betrachtet werden kann." (UG 4412). Dieses *Verteidigungsrecht* ist allerdings kein absolutes und unbedingtes. Vielmehr sind drei *Prinzipien* festzuhalten:

„1. Der Krieg ist nur erlaubt in Ausübung des Notwehrrechtes und als Verteidigungskrieg zur Abwehr eines schweren Unrechts.

2. Der Verteidigungskrieg ist nur als ultima ratio erlaubt, nachdem alle anderen Mittel zur Abwehr des Unrechts erschöpft sind.

3. Auch auf den Verteidigungskrieg muß verzichtet werden, wenn die vorauszusehenden Übel des Krieges größer sind als jene Übel, die mit Hilfe des Krieges verhindert werden sollen. . ."[5]

Gerade das dritte Prinzip ist besonders zu beachten. Wenn also die Schäden, die der Krieg nach sich zieht, „unvergleichlich größer sind als die der ‚geduldeten Ungerechtigkeit', kann man verpflichtet sein, ‚die Ungerechtigkeit auf sich zu nehmen'." (UG 2366).

5. So die Zusammenfassung der Kriegsethik PIUS' XII. nach: Franz KLÜBER: Kath. Gesellschaftslehre. 1. Bd.: Geschichte und System. Osnabrück 1968, 358.

Zu bemerken bleibt noch, daß nach PIUS XII. die genannten Prinzipien für jeden Krieg, also auch für den sogenannten ABC-Krieg, gelten (Vgl. UG 2367).

3. Zur Sozialordnung

PIUS XII. war überzeugt, daß die *soziale Frage* in ein neues Stadium mit neuen Aufgaben eingetreten war. Von dieser Perspektive aus behandelt er die politische, die gesellschaftliche und die wirtschaftliche Seite der sozialen Frage:

a) *Die politische Seite* : Dem *Staat* schreibt PIUS XII. in der Verdichtung des sozialen Lebens und in der wachsenden Abhängigkeit der Menschen und der Gruppen voneinander eine erhöhte Ordnungsaufgabe zu. Dabei sind aber dem Staat aufgrund der Natur des Menschen und der Eigenständigkeit des gesellschaftlichen Gruppenlebens Grenzen gesetzt, weshalb PIUS XII. auch die Rolle vorstaatlicher Gebilde stark hervorhebt. Bezüglich der Staatsformen hält PIUS XII. zunächst mit LEO XIII. fest, daß die „Kirche keine von den verschiedenen Regierungsformen ablehnt, vorausgesetzt, daß sie in sich geeignet sind, dem Wohl der Bürger zu dienen" (UG 3471), er bekundet aber für die Demokratie einen gewissen Vorrang, indem er sagt, die demokratische Regierungsform sei für viele „eine von der Vernunft selbst gestellte natürliche Forderung" (UG 3474). Was die politische Seite der sozialen Frage anlangt, so spricht PIUS XII. häufig davon, daß die soziale Frage zu einer Frage der internationalen Ordnung geworden sei.

b) *Die gesellschaftliche Seite*: Hier geht es einmal um die endgültige Überwindung der Klassengesellschaft; sodann um die Rettung der Person von dem Kollektivdruck der verbürokratisierten Gesellschaft, wozu die Wiederherstellung und Festigung der natürlichen Ordnungsträger des gesellschaftlichen Lebens, insbesonders der *Familie,* als sehr bedeutsam angesehen werden. Weiters kommt dem *Privateigentum* und selbstverantwortlichen *vorstaatlichen Gebilden* wie Gebietskörperschaften, Gemeinden, aber auch religiösen Gemeinschaften in der Freiheitssicherung eine bedeutende Rolle zu.

c) *Die wirtschaftliche Seite:* Das Ziel der *Wirtschaft* besteht nach PIUS XII. darin, „allen Gliedern der Gesellschaft die materiellen Grundlagen, die zur Entfaltung ihres kulturellen und geistigen Lebens notwendig sind, in einer gesicherten Weise zugänglich zu machen" (UG 3431). Die wesentlichen Aufgaben einer Wirtschaftsordnung sind nach ihm: die Ausrichtung der Wirtschaft, insbesondere der Produktion, nach den aus der menschlichen Natur sich ergebenden individuellen und sozialen Bedürfnissen sowie die Entfaltung aller wirtschaftlichen Kräfte eines staatlich geeinten Volkes in richtigem Ebenmaß und in harmonischer Zuordnung zwischen Landwirtschaft, Handwerk und Industrie.

4. *Zur Kulturordnung*

PIUS XII. erkennt, daß die soziale Frage in zunehmendem Maße eine *Kulturfrage* geworden ist. In der Wohlstandsgesellschaft zeigen sich von seiten des materiellen Konsums ganz neue Bedrohungen für den Menschen, insbesonders der Verlust des Gleichgewichtes zwischen geistigen und materiellen Bedürfnissen. Die tiefste Wurzel aller Kultur liegt nach Pius XII. aber im religiösen Wert.

III. Die Sozialgedanken der wichtigsten Sozialenzykliken Johannes' XXIII. (1958–1963)

JOHANNES XXIII. war der Papst des *Aggiornamento* und der *Öffnung* der Kirche. Von seinen acht *Enzykliken* hatten die große Sozialenzyklika „Mater et magistra" und die Friedensenzyklika „Pacem in terris" epochemachende Wirkung.

1. *Die Sozialenzyklika „Mater et magistra" vom 15. Mai 1961 über die jüngsten Entwicklungen des gesellschaftlichen Lebens und seine Gestaltung im Lichte der christlichen Lehre.*[6]

Diese Enzyklika erschien 70 Jahre nach der Veröffentlichung der Enzyklika „Rerum novarum" LEOs XIII. (1891) und 30 Jahre nach der Herausgabe der Enzyklika „Quadragesimo anno" PIUS' XI. (1931) und ist somit als eine *Gedächtnisenzyklika* zu betrachten. Der Enzyklika geht es vor allem darum, sich mit den inzwischen vollzogenen Wandlungen in Welt und Kirche auf der Grundlage der christlichen Lehre auseinanderzusetzen und Orientierungen zur Lösung der drängenden Probleme zu bieten. *Drei Gedanken* bzw. Gedankenkreise dieser Enzyklika sollen besonders hervorgehoben werden, und zwar:

a) Klärung und Weiterführung der *Soziallehre* der Vorgänger JOHANNES' XXIII., von LEO XIII. bis Pius XII.: Hier wird zunächst vor allem für den Bereich der Wirtschaft der *Privatinitiative* der Einzelnen der Vorrang eingeräumt. In diesem Sinne wird u. a. das Recht auf Privateigentum, auch an Produktionsmitteln, betont, wobei das Argument der Stütze und des Ansporns für die Ausübung der Freiheit unterstrichen wird, allerdings auch eine wirksame Streuung gefordert und die soziale Verpflichtung des Eigentums betont wird. Das Zusammenwirken der Einzelnen und der Gruppen bedarf einer ordnenden Hand, weshalb das tätige Eingreifen der

6. Mater et Magistra und die folgenden Sozialdokumente sind, sofern nicht anders angeführt, zitiert nach: Texte zur kath. Soziallehre. Die sozialen Rundschreiben der Päpste und andere kirchliche Dokumente. Mit einer Einführung von Oswald v. NELL-BREUNING 7.A. Kevelaer 1989.

staatlichen Gewalt für notwendig erachtet wird. Solches Mitwirken des Staates muß freilich vom *Subsidiaritätsprinzip* getragen sein. Ein weiteres entscheidendes gesellschaftliches Ordnungsprinzip ist das wohlverstandene *Gemeinwohl,* das nach „Mater et magistra“ den „Inbegriff jener gesellschaflichen Voraussetzungen“ umfaßt, „die den Menschen die volle Entfaltung ihrer Werte ermöglichen oder erleichtern“ (Art. 65). Das Gemeinwohl erhält zum ersten Mal in einer Sozialenzyklika zwei neue Dimensionen: erstens die *Zukunftsdimension* und zweitens die *internationale Dimension.*

b) *Neue Seiten* der sozialen Frage: Drei Problemkreise der sozialen Frage von heute werden unter dem Gesichtspunkt des *Gleichgewichts* bzw. des *Ungleichgewichts* behandelt:

1. Das Gleichgewicht bzw. Ungleichgewicht innerhalb der *Wirtschaftszweige.* Hier wird die *Landwirtschaft* als besonders benachteiligt bezeichnet.

2. Das Gleichgewicht bzw. Ungleichgewicht innerhalb der *Völker,* wo es JOHANNES XXIII. als eine der größten unserer Zeit gestellten Aufgaben nennt, „zwischen den wirtschaftlich fortgeschrittenen und den wirtschaftlich noch in Entwicklung begriffenen Ländern die rechten Beziehungen herzustellen“ (Art. 157). Unter den notwendigen Maßnahmen unterscheidet er eine Soforthilfe und die noch wesentlichere Strukturhilfe.

3. Das Gleichgewicht bzw. Ungleichgewicht zwischen *Weltbevölkerung* und *Welternährung.* Das Problem der Bevölkerungsexplosion ist nach JOHANNES XXIII. trotz aller Schwierigkeiten zu lösen und zwar durch eine bessere Ausnützung der bereits vorhandenen Mittel, durch eine weltweite Solidarität, durch den Einsatz neuer technischer Mittel und durch verantwortungsvolles und opferbereites Verhalten der Menschen. Der Papst weist entschieden alle Mittel ab, welche die Würde des Menschen verletzen.

c) Die *Neuordnung* des gesellschaftlichen Lebens in der Wahrheit, der Gerechtigkeit und der Liebe mit der Formulierung des sogenannten *Personprinzips,* wenn es heißt: „Nach dem obersten Grundsatz dieser Lehre muß der Mensch der Träger, Schöpfer und das Ziel aller gesellschaflichen Einrichtungen sein. Und zwar der Mensch, sofern er von Natur aus auf Mit-Sein angelegt und zugleich zu einer höheren Ordnung berufen ist, die die Natur übersteigt und diese zugleich überwindet“ (Art. 219).

2. Die Enzyklika „Pacem in terris“ vom 11. April 1963 über den Frieden unter allen Völkern in Wahrheit, Gerechtigkeit, Liebe und Freiheit

Bemerkenswert ist zunächst einmal, daß hier zum ersten Mal in einer Enzyklika nicht nur die Katholiken, sondern *alle Menschen* guten Willens als Adressaten angesprochen werden. Das Grundanliegen des Papstes ist der Friede unter allen Völkern, der jedoch nicht verwirklicht werden kann, „wenn er nicht zuerst im Herzen jedes einzelnen Wohnung nimmt“ (Art. 165). So spricht der Papst von der Ordnung unter den Menschen, von der Ordnung der Beziehungen zwischen den Menschen und der Staatsgewalt, von der Ordnung der Beziehungen zwischen den politischen Gemeinschaften und schließlich von der Ordnung der Beziehungen zwischen den einzelnen politischen Gemeinschaften und der Völkergemeinschaft. Näherhin scheinen noch folgende Gedanken besonders hervorhebenswert zu sein:

a) Der Katalog der *Menschenrechte,* dem ein Pflichtenkatalog gegenübersteht. In enger Beziehung zu diesen Menschenrechten stehen die vier Pfeiler des allen offenstehenden Hauses des Friedens, die da heißen: Wahrheit, Gerechtigkeit, Liebe und Freiheit.[7]

b) Der wahre Friede unter den Völkern kann „nicht durch die Gleichheit der militärischen Rüstung, sondern nur durch gegenseitiges Vertrauen fest und sicher bestehen" (Art. 113). Gerechtigkeit, gesunde Vernunft und Rücksicht auf die Menschenwürde fordern dringend eine Beendigung des allgemeinen Rüstungswettlaufs, beiderseitige und gleichzeitige Verminderung der bereits zur Verfügung stehenden Waffen, Atomwaffenverbot und vereinbarte *Abrüstung* mit wirksamer gegenseitiger Kontrolle (vgl. Art. 112).

c) Im Interesse des allgemeinen Wohls der Völker wird eine *universale politische Gewalt* gefordert, die durch Übereinkunft aller Völker zu begründen ist, nicht mit Gewalt auferlegt werden darf und nach dem Subsidiaritätsprinzip zu gestalten ist (vgl. Art. 137ff).

d) Wichtig ist die Unterscheidung zwischen bestimmten geschichtlichen Bewegungen und den falschen philosophischen Theorien, aus denen solche Bewegungen entstanden sind. Während das theoretische System einer *Weltanschauung* unveränderlich ist, unterliegen solche *Bewegungen* den zeitbedingten Wandlungen und enthalten oft manches Gute und Anerkennenswerte (vgl. Art. 159).

e) Als *Zeichen der Zeit* werden drei Merkmale genannt: der wirtschaftlich-soziale Aufstieg der Arbeiterklasse; die Teilnahme der Frau am öffentlichen Leben; und die Gleichberechtigung und Freiheit für alle Völker (vgl. Art. 39–45).

IV. Der Sozialgehalt der Pastoralkonstitution des Zweiten Vatikanischen Konzils „Gaudium et spes" (1965)

Auf die Frage, was eine *Pastoralkonstitution* mit der Sache der katholischen Soziallehre zu tun habe, antwortet das Konzil, die Kirche nehme

7. Vgl. die Ansprache JOHANNES' XXIII. am 11. April 1963. In: Acta Apostolicae Sedis, 55 (1963), 392–395, 393.

„immer und überall" das Recht in Anspruch, „in wahrer Freiheit den Glauben zu verkünden, ihre Soziallehre kundzumachen" (Art. 76). Die Kirche versteht sich nach „Gaudium et spes" als „Zeichen und Schutz der Transzendenz der menschlichen Person" (Art. 76). Es werden „Heilsdienst" und „Weltdienst" der Kirche als untrennbar miteinander verbunden gesehen, wobei der Einsatz für eine *gerechtere Welt* das Schattenbild des „neuen Himmels" und der „neuen Erde" (vgl. Art. 39) hoffnungsvoll transparent machen soll. In dieser Perspektive handelt das Konzil zunächst allgemein von der *Würde der menschlichen Person,* von der menschlichen Gemeinschaft, vom menschlichen Schaffen in der Welt, von der Aufgabe der Kirche in der Welt von heute, dann speziell von der Förderung der *Ehe* und der *Familie,* von der richtigen Förderung des kulturellen Fortschritts, vom Wirtschaftsleben, vom Leben der politischen Gemeinschaft und schließlich von der Förderung des Friedens und dem Aufbau der Völkergemeinschaft mit einer scharfen Verurteilung des Rüstungswettlaufs und einer noch schärferen Verurteilung des totalen Krieges. Im einzelnen sollen folgende Punkte hervorgehoben werden:

a) Nach der Bekräftigung des *Personprinzips* von „Mater et magistra" wird betont, daß die Ordnung der Dinge der Ordnung der Personen dienstbar gemacht werden müsse und nicht umgekehrt (vgl. Art. 26).

b) Die recht verstandene Eigengesetzlichkeit (Autonomie) irdischer Wirklichkeiten wird anerkannt und betont, daß es zwischen der wissenschaftlichen Forschung, die ihre eigene Methode und die sittlichen Normen respektiert, und dem Glauben keinen echten Konflikt geben kann (vgl. Art. 36).

c) Von der *Kirche* wird gesagt, daß sie kraft ihrer Sendung und Natur an keine besondere Form menschlicher Kultur und an kein besonderes politisches, wirtschaftliches oder gesellschaftliches System gebunden sei und daß sie den Wunsch habe, sich im Dienste des Wohles aller „frei entfalten zu können unter jeglicher Regierungsform, die die Grundrechte der Person und der Familie und die Erfordernisse des Gemeinwohls anerkennt" (Art. 42). Bei dieser *prinzipiellen Offenheit* und *Neutralität für verschiedene Staats- und Regierunsformen* wird aber doch eine gewisse Option für die *Demokratie* artikuliert (vgl. Art. 31; 75).

d) Wegen der komplexen gesellschaftlichen Situation können nach der Meinung des Konzils Christen bei bestimmten Fragen und in konkreten Situationen bei gleicher Gewissenhaftigkeit zu *unterschiedlichen Ergebnissen* kommen. In solchen Fällen hat niemand das Recht, „die Autorität der Kirche ausschließlich für sich und seine eigene Meinung in Anspruch zu nehmen" (Art. 43).

e) Der *Arbeit* wird der Vorrang vor allen anderen Faktoren des wirtschaftlichen Lebens zugesprochen, denn letztere sind nur werkzeuglicher Art, während die Arbeit unmittelbarer Ausfluß der Person ist (vgl. Art. 67). Deshalb wird auch eine entsprechende Mitbestimmung gefordert (vgl. Art. 68).

f) Das Konzil bringt die klare Unterscheidung zwischen dem, was die *Christen* in ihrem eigenen Namen als *Staatsbürger* tun, und dem, was sie zusammen mit ihren *Hirten* im Namen der Kirche tun. Die Kirche wird „Zeichen und Schutz der Transzendenz der menschlichen Person" (Art. 76) genannt, und es wird von ihr gesagt, daß sie an kein politisches System gebunden sei. Sie erklärt sich auch bereit, sogar auf die Ausübung legitim erworbener Rechte zu verzichten, wenn die Lauterkeit ihres Zeugnisses gefährdet ist oder veränderte Lebensverhältnisse es erfordern. Sie nimmt aber immer und überall das Recht in Anspruch, in wahrer Freiheit den Glauben zu verkünden und ihre Soziallehre kundzumachen (vgl. Art. 76).

Soweit einige konkrete Orientierungen aus „Gaudium et spes". Dazu kommen noch andere wichtige Aussagen, etwa die über die gerechte Verteilung der irdischen Güter (z. B. Art. 66, 69, 71) und über den Frieden (Art. 77ff).

V. Wichtige Sozialaussagen Pauls VI. (1963–1978)

Die am meisten Aufsehen erregende Enzyklika PAULs VI. ist die Enzyklika „Humanae Vitae" (1968), bei welcher in der breiten Öffentlichkeit leider eine *„Pillenfixierung"* stattgefunden hat und andere sehr wesentliche und bedeutende Aussagen über den Wert und die Würde menschlichen Lebens kaum gelesen bzw. kaum zur Kenntnis genommen wurden. Eine bessere Aufnahme – wegen der großen Bedeutung „Gott sei Dank" – fand die Enzyklika „Populorum progressio". Dieser Enzyklika und dem Apostolischen Schreiben „Octogesima adveniens" soll kurz Aufmerksamkeit gewidmet werden.

1. „Populorum progressio" (1967)
Über die Entwicklung der Völker

Die Enzyklika behandelt zwei große Themenkreise: die *vollmenschliche Entfaltung* in der Hinwendung zu Gott als unserem letzten Ziel und unserer letzten Vollendung und die *Entwicklungshilfe* zugunsten der in ihrer wirtschaftlichen Entwicklung zurückgebliebenen Länder und Völker.

Folgendes erscheint in dieser Enzyklika besonders beachtenswert:[8]

a) die Schärfe, mit der die *Sozialgebundenheit* des Eigentums betont und die Enteignung als berechtigt bezeichnet wird, um gemeinwohlwidrige Verhältnisse zu bereinigen (vgl. Art. 23 f).

b) das harte Urteil über den heute noch in den zurückgebliebenen Ländern fortbestehenden manchester-liberalen *Kapitalismus* (vgl. Art. 26).

8. Die Punkte a–c sind dargestellt nach Oswald v. NELL-BREUNING.: Einführung. In: Texte zur kath. Soziallehre, 5–28, 20 (Anm. 6).

c) die Aussage, daß unter gewissen äußersten Umständen auch *gewaltsamer Umsturz* gerechtfertigt sein kann (vgl Art. 30 f).

d) der Vorschlag, aus Rüstungs- bzw. Abrüstungsmitteln einen *Weltfonds für Entwicklung* zu schaffen (vgl. Art. 51).

e) *Entwicklung* als neuer Name für Frieden (Überschrift vor Art. 76).

2. *„Octogesima adveniens" (1971)* *Apostolisches Schreiben*

Der Papst zählt in diesem Schreiben zum 80. Jahresgedächtnis der Enzyklika „Rerum novarum" zunächst eine Vielzahl von neuen Problemen auf, darunter besonders solche, die mit der *Verstädterung* zusammenhängen. Dann befaßt er sich mit *Ansprüchen* und *Ideologien.* Unter den Ansprüchen werden zwei besonders erwähnt, nämlich der Anspruch auf *Gleichheit* und der Anspruch auf *Mitbestimmung,* Ansprüche, die vom Papst als Äußerungen der menschlichen Freiheit und Würde gewürdigt werden. In diesem Zusammenhang setzt sich der Papst „in für manche Leute bestürzendem Ausmaß"[9], wie es O. v. NELL-BREUNING formuliert, für *„Demokratie"* ein, nicht nur im politischen Bereich, sondern mehr oder weniger in allen Lebensbereichen. Bei den Ausführungen über Ideologien werden *Marxismus, Sozialismus* und *Liberalismus* namentlich erörtert. Der *Marxismus* wird eindeutig abgelehnt, und zwar nicht nur als Doktrin, sondern auch als Methode, weil diese Ausfluß der Doktrin sei. Anders gelagert ist das Urteil über den *Sozialismus* und über den *Liberalismus.* Sie werden differenzierter beurteilt. Der Papst sieht in beiden weitverzweigten Strömungen viel Gutes. Besonders bezüglich des Sozialismus, der große Anziehungskraft auf viele Christen ausübt, sagt der Papst, daß die Christen prüfen sollen, wieweit sie mitgehen können, ohne in Widerspruch zu geraten mit den Wahrheiten des christlichen Glaubens.

VI. Das Sozialdokument „De iustitia in mundo" (Gerechtigkeit in der Welt) der römischen Bischofssynode 1971

Zwei Gedanken bzw. Gedankengänge dieses Dokuments verdienen besondere Beachtung: Erstens der Gedanke des inneren Zusammenhanges bzw. der unzertrennlichen Verbindung zwischen dem *Erlösungswerk Jesu Christi* und dem Kampf um mehr *Gerechtigkeit* in der Welt: Der Einsatz für die Gerechtigkeit und Beteiligung an der Umgestaltung der Welt sind „wesentlicher Bestandteil der Frohen Botschaft, d. i. der Sendung der Kirche zur

9. A.a.O., 22 (Anm. 6).

Erlösung des Menschengeschlechts und zu seiner Befreiung aus jeglichem Zustand der Bedrückung“ (Art. 6). Das Verhältnis des Menschen zu Gott setzt die christliche Botschaft „in unlösbare Einheit mit seinem Verhalten zu seinen Mitmenschen“ (Art. 35). Das ist ein wesentlicher sozialchristlicher, sozialethischer und sozialtheologischer Gedanke, der in der neuerdings aktuell diskutierten *Theologie der Befreiung* eine große Rolle spielt. Der zweite besonders beachtenswerte Gedankengang kreist um die notwendige Anwendung der verkündeten Soziallehre auf den *eigenen Bereich der Kirche,* dies besonders um der Glaubwürdigkeit des Zeugnisses willen: So wird z. B. betont, daß im eigenen Bereich der Kirche jedes Recht unbedingt zu achten sei (vgl. Art. 42); daß den Frauen der ihnen gebührende Anteil an der Verantwortung und überhaupt am öffentlichen Leben zu gewähren sei, nicht zuletzt in der Kirche (vgl. Art. 43), daß es beim Gebrauch der zeitlichen Güter niemals dazu kommen dürfe, daß das evangelische Zeugnis, das die Kirche zu geben habe, zwielichtig wird (vgl. Art. 48) und daß eine Gewissenserforschung bezüglich des Lebensstils aller notwendig sei (vgl. Art. 49). In diesem selbstkritischen Ton wird dann ausdrücklich formuliert: „Wir sind uns bewußt, daß unsere Kritik so viel Gehör finden wird, wie sie in Einklang steht mit unserem Leben und in unserem ganzen Verhalten sichtbaren Ausdruck findet.“ (Art. 58).

VII. Die Sozialimpulse[10] Johannes Pauls II. (ab 1978)

Ein abschließendes Wort über die Soziallehre der Sozialdokumente JOHANNES PAULs II. läßt sich naturgemäß derzeit noch nicht formulieren. Im folgenden sollen zunächst einige wichtige soziale *Grundanliegen* aufgezählt werden, die in den bisherigen Äußerungen dieses Papstes immer wiederkehren, um dann die Grundgedanken der Enzykliken „Laborem exercens“, „Sollicitudo rei socialis“ und „Centesimus annus“ zu präsentieren.

JOHANNES PAUL II. setzt sich in seinen Äußerungen immer wieder stark für den Wert des menschlichen *Lebens,* für die menschliche *Person* und ihre *Würde* ein. Daraus erklärt sich das vielfältige Engagement dieses Papstes rund um die Würde und Rechte dieser Person: für den Frieden und gegen das bedrohende Wettrüsten; für die Hungernden, Notleidenden und Unterdrückten vornehmlich in den Elendszonen dieser Welt; für den Schutz des ungeborenen Lebens und damit zusammenhängend für eine

10. Das Wort von den gesellschaftspolitischen „Impulsen“ stammt von JOHANNES PAUL II. selbst. Vgl. JOHANNES PAUL II.: Der Wirtschaft einen menschlichen Sinn und eine menschliche Logik geben. Ansprache an die Arbeiter im Morumbi-Stadion in Sao Paulo am 3. Juli 1980. In: Predigten und Ansprachen von Johannes Paul II. bei seiner apostolischen Reise nach Brasilien. Bonn 1980. 78–86, 83.

personal orientierte Sexualethik; für die Familie, der er ein eigenes Apostolisches Schreiben, nämlich „Familiaris consortio" (1981), gewidmet hat; für die Menschenrechte und ihre Verwirklichung; für den Vorrang der Ethik vor der Technik, den Primat der Person über die Dinge, die Überordnung des Geistes über die Materie; und schließlich für die an der Würde der menschlichen Person orientierte hohe Bewertung der menschlichen Arbeit, die in seiner vielbeachteten Enzyklika „Laborem exercens" breit ausgeführt ist. JOHANNES PAUL II. sucht immer wieder zu konkretisieren, was er in seiner Antrittsenzyklika „Redemptor hominis" programmatisch formuliert hat: Der Mensch ist *„der erste und grundlegende Weg der Kirche"*.[11] Im folgenden sollen nun einige wesentliche Gedanken der oben erwähnten Enzyklika „Laborem exercens" herausgestellt werden.

1. Die Enzyklika „Laborem exercens" Über die menschliche Arbeit vom 14. September 1981

Im Art. 3 formuliert diese zum 90. Jahresgedächtnis der Enzyklika „Rerum novarum" publizierte Enzyklika, worum es ihr vor allem geht, nämlich: vielleicht mehr als bisher herauszustellen, „daß die menschliche Arbeit sozusagen ein Dreh- und Angelpunkt ist, der sich dann als der entscheidende Dreh- und Angelpunkt der gesamten sozialen Frage erweist, wenn es darauf ankommt, sie unter der Rücksicht zu betrachten, was sie für das Wohl des Menschen bedeutet" (Art. 3). In folgenden Punkten soll der Inhalt und der Gehalt der Enzyklika kurz skizziert werden.

a) Nach der Überzeugung der Kirche stellt die *Arbeit* eine fundamentale Dimension der Existenz des Menschen auf Erden dar (Art. 4).

b) Als *Person* ist der Mensch Subjekt der Arbeit. Von diesem Personsein rührt der eigentliche Wert der menschlichen Arbeit her. Eine wichtige Schlußfolgerung daraus lautet: In erster Linie ist die Arbeit für den Menschen da und nicht der Mensch für die Arbeit.

c) Im Verhältnis von Kapital und Arbeit gilt der wichtige Grundsatz des *Vorrangs der Arbeit* gegenüber dem *Kapital.* Daher kann eine Arbeitsordnung nur dann richtig sein, wenn sie schon in ihren Grundlagen den Gegensatz zwischen Kapital und Arbeit überwindet und versucht, sich nach dem Prinzip des wesenhaften und effektiven Vorranges der Arbeit aufzubauen.

d) Es gibt kein absolutes und unantastbares Recht auf *Eigentum,* vielmehr ist das Recht auf Privateigentum dem gemeinsamen Recht auf Nutznießung untergeordnet. Das einzig gerechtfertigte Motiv des Privat- und Kollektiveigentums ist es, der Arbeit zu dienen und dadurch die Verwirklichung des ersten Prinzip der Eigentumsordnung zu ermöglichen: die Bestimmung der Güter für alle.

e) Zunehmend hängen die Möglichkeiten und Aufgaben einer *menschen-*

11. Papst JOHANNES PAUL II.: Enzyklika „Redemptor hominis". Vatikan 1979, Art. 14.

gerechten Arbeitsordnung nicht nur vom „direkten", sondern vom „indirekten" Arbeitgeber ab.

f) Der angemessene *Lohn* wird als Prüfstein für die Gerechtigkeit des gesamten sozioökonomischen Systems gesehen.

g) Die *Gewerkschaften* stellen als Vereinigungen zur Verteidigung der existentiellen Interessen der Arbeitnehmer ein unentbehrliches Element des sozialen Lebens dar.

h) Im Lichte der christlichen Offenbarung gewinnt die menschliche Arbeit eine besondere *Würde* und einen tieferen *Sinn*.

2. Die Enzyklika „Sollicitudo rei socialis" vom 30. Dezember 1987

Diese Gedächtnisenzyklika von „Populorum progressio" verfolgt das Ziel, „mit Hilfe einer theologischen Analyse der heutigen Wirklichkeit die Notwendigkeit eines umfassenderen und differenzierteren Begriffs von Entwicklung hervorzuheben" und einige Formen der *Verwirklichung* aufzuzeigen (Art. 4). Näherhin ist besonders hervorzuheben:

a) Angesichts des weltweiten Dramas der Unterentwicklung und der großen Kluft zwischen arm und reich nicht nur im Verhältnis zwischen den Industrieländern und den sogenannten Entwicklungsländern, sondern auch innerhalb der einzelnen Länder ist es der Herr *Jesus Christus* selbst, der uns in dieser Not als Leidender begegnet und an uns appelliert (vgl. Mt 25, 31–46). Überdies ist durch die infolge dieser Wohlstands- bzw. Elendskluft entstandene *Teilung der Welt* in eine Erste, Zweite, Dritte und Vierte Welt die Einheit der Welt bzw. des Menschengeschlechtes ernstlich bedroht, was speziell der Kirche nicht gleichgültig sein kann, welche nach den Worten des Zweiten Vatikanischen Konzils als „Sakrament, das heißt Zeichen und Werkzeug ... für die Einheit der ganzen Menschheit" dienen soll. Die Enzyklika ist in besonderer Weise auch an die *Adresse der Kirche* gerichtet. Dies zeigt sich z.B. in folgender Aussage der Enzyklika, die aufhorchen läßt: „So gehört zur ältesten Lehre und Praxis der Kirche die Überzeugung, daß sie selbst, ihre Amtsträger und jedes ihrer Glieder durch ihre Berufung dazu angehalten sind, das Elend der Leidenden, ob nah oder fern, nicht nur aus dem ‚Überfluß', sondern auch aus dem ‚Notwendigen' zu lindern. Angesichts von Notfällen kann man nicht einen Überfluß an Kirchenschmuck und kostbare Geräte für die Liturgie vorziehen; im Gegenteil, es könnte verpflichtend sein, solche Güter zu veräußern, um den Bedürftigen dafür Speise und Trank, Kleidung und Wohnung zu geben" (Art. 31).

b) Die wahre und tiefere Ursache der Unterentwicklung in der Welt sieht die Enzyklika „Sollicitudo rei socialis" in der *Sünde* bzw. in *Strukturen der Sünde*. Im Blick auf die heutigen Probleme ist es nach der Enzyklika angebracht, von Strukturen der Sünde zu sprechen, die „in persönlicher Sünde ihre Wurzeln haben und daher immer mit konkreten Taten von

Personen zusammenhängen, die solche Strukturen herbeiführen, sie verfestigen und es erschweren, sie abzubauen“ (Art. 36).

In der Folge spricht die Enzyklika dann von zwei Fehlhaltungen, die besonders hervorzuheben sind. Die eine Fehlhaltung ist die ausschließliche Gier nach *Profit*, und die zweite Fehlhaltung ist das Verlangen nach *Macht* mit dem Vorsatz, anderen den eigenen Willen aufzuzwingen, und bezüglich beider heißt es dann: beides „um jeden Preis“.

Angesichts solcher sündhaften Haltungen bzw. solcher Fehlhaltungen ist vor allem *Umkehr* nötig. Umkehr ist vor allem erforderlich zu mehr Solidarität hin. Der Kirche wird die sogenannte Option für die *Armen* besonders nahegelegt.

c) Eine sehr wichtige und im gewissen Sinne auch neue Aussage der Enzyklika betrifft die Bestimmung der Entwicklung und der Arbeit an der *Entwicklung als Berufung*. Im Sinne des Unterschiedes zwischen Haben und Sein, wie es die Enzyklika „Populorum progressio“ in Art. 19 ausgedrückt hat, wird gesagt, daß das Haben von Dingen und Gütern von sich aus nicht die menschliche Person vervollkommne, „wenn es nicht zur Reifung und zur Bereicherung ihres ‚Seins‘, das heißt, zur Verwirklichung der menschlichen Berufung als solcher, beiträgt“ (Art. 28).

d) Schließlich scheint aus der Enzyklika die Betonung des Rechtes auf *unternehmerische Initiative* besonders hervorhebenswert zu sein. Bei der Aufzählung der Indikatoren der Unterentwicklung erwähnt die Enzyklika auch die Unterdrückung des Rechtes auf unternehmerische Initiative als Ausdruck der Unterentwicklung und als Symptom der Abhängigkeit, was auch dazu führe, daß sogar Nationen und Gesellschaften und Bürger als Personen ihres Subjektcharakters beraubt werden.

3. Die Enzyklika „Centesimus annus“ vom 1. Mai 1991[12]

Die Frage, die beim Erscheinen der Enzyklika zum 100-Jahr-Jubiläum von „Rerum Novarum“ die Kommentatoren wohl am meisten beschäftigte, war die Frage der Wertung des *Kapitalismus*. Der Papst behandelt diese Frage sehr differenziert.

Er sagt nämlich ganz richtig, das Urteil über den Kapitalismus falle positiv oder negativ aus, je nachdem, was man unter Kapitalismus verstehe. In Art. 42 der Enzyklika heißt es dazu wörtlich: „Kann man etwa sagen, daß nach dem Scheitern des Kommunismus der Kapitalismus das siegreiche Gesellschaftssystem sei und daß er das Ziel der Anstrengungen der Länder ist, die ihre Wirtschaft und ihre Gesellschaft neu aufzubauen versuchen? Ist vielleicht er das Modell, das den Ländern der Dritten Welt vorgeschlagen werden soll, die nach dem Weg für den wahren wirtschaftlichen und gesellschaftlichen Fortschritt suchen? Die Antwort ist natürlich kompliziert. Wird

12. JOHANNES PAUL II.: Enzyklika Centesimus annus. Vatikanstadt 1991.

mit ‚Kapitalismus' ein Wirtschaftssystem bezeichnet, das die grundlegende und positive Rolle des Unternehmens, des Marktes, des Privateigentums und der daraus folgenden Verantwortung für die Produktionsmittel, der freien Kreativität des Menschen im Bereich der Wirtschaft anerkennt, ist die Antwort sicher positiv. Vielleicht wäre es passender, von ‚Unternehmenswirtschaft' oder ‚Marktwirtschaft' oder einfach ‚freier Wirtschaft' zu sprechen. Wird aber unter ‚Kapitalismus' ein System verstanden, in dem die wirtschaftliche Freiheit nicht in eine feste Rechtsordnung eingebunden ist, die sie in den Dienst der vollen menschlichen Freiheit stellt und sie als eine besondere Dimension dieser Freiheit mit ihrem ethischen und religiösen Mittelpunkt ansieht, dann ist die Antwort ebenso entschieden negativ."

Um es mit eigenen Worten auszudrücken, was aus dem Gesamtkontext und der Tendenz der Enzyklika klar hervorgeht: Eine *arbeitsgerechte, ökologisch verantwortete und sozial verpflichtete Marktwirtschaft* findet sehr wohl die positive Beurteilung durch den Papst. Mit Recht warnt aber der Papst vor einer Blindheit dem ausbeuterischen Typ des Kapitalismus gegenüber, eine Blindheit, die angesichts der Euphorie über den Konkurs der Kommandowirtschaft des Marxismus-Leninismus in den Ländern des realen Sozialismus „Osteuropas" eine reale Gefahr darstellt. Schon ein Blick auf die soziale bzw. unsoziale Lage in den Ländern dieses „realen Kapitalismus" etwa Lateinamerikas beweist die Richtigkeit und Wichtigkeit des Papstwortes.

Weitere Schwerpunkte der Enzyklika sind folgende:

1. Kritik am *Atheismus*, den der Papst als Hauptursache des Irrwegs des sogenannten „realen Sozialismus" sieht, indem er sagt: „Die Leugnung Gottes beraubt die Person ihres tragenden Grundes und führt damit zu einer Gesellschaftsordnung ohne Anerkennung der Würde und Verantwortung der menschlichen Person" (Art. 13).

2. Kritik am materialistischen *Konsumismus* der Wohlstandsgesellschaft, die den Marxismus zu überwinden vorgibt, in Wirklichkeit aber mit diesem insofern übereinstimmt, als sie „jede Eigenständigkeit, jede Berufung zum sittlichen Handeln, zum Recht, zur Kultur und zur Religion leugnet und den Menschen völlig auf den Bereich der Wirtschaft und die Befriedigung materieller Bedürfnisse reduziert" (Art. 19). Die Notwendigkeit eines groß angelegten erzieherischen und kulturellen Bemühens um entsprechende Verantwortung bei Konsumenten, Produzenten, Trägern der Massenkommunikation und bei staatlichen Behörden wird hervorgehoben (Art. 36).

3. Kritik am *Friedens- und Wohlfahrtsegoismus*: „Friede und Wohlergehen sind Güter, die dem ganzen Menschengeschlecht gehören. Es ist nicht möglich, sie zu Recht auf Dauer zu genießen, wenn sie zum Schaden anderer Völker und Nationen gewonnen und bewahrt werden, indem sie ihre Rechte verletzen oder sie von den Quellen des Wohlstandes ausschließen", heißt es in der Enzyklika (Art. 27). Die Bemühungen um Unterstützung und Hilfe für die Not und Armut erleidenden Länder der Dritten Welt dürfen angesichts der auch im Interesse Gesamteuropas notwendigen Hilfe

für die Länder Mittel- und Osteuropas nicht verringert werden (Art. 28). Die zu fordernde Entwicklung darf nicht ausschließlich ökonomisch, sondern muß im gesamtmenschlichen Sinn verstanden werden. Dabei müssen die Rechte des menschlichen Gewissens, das nur der Wahrheit verpflichtet ist, voll zur Geltung kommen (Art. 29).

4. Kritik an der *Zerstörung der natürlichen und der menschlichen Umwelt*, weshalb neben den üblichen ökologischen Forderungen die Wichtigkeit einer glaubwürdigen „Humanökologie“ und einer „Sozialökologie“ der Arbeit betont wird. (Art. 37f). Als erste und grundlegende Struktur zugunsten der „Humanökologie“ wird die *Familie* genannt, welche gegen die sogenannte „Kultur des Todes“ den Sitz der „Kultur des Lebens“ darstellt (Art. 39). Im Zusammenhang mit der Abtreibung wird von einem „Krieg mit chemischen Waffen“ gesprochen (Art. 39).

5. Bekräftigung des *Rechts auf Privateigentum*, aber auch die Betonung der sozialen Seiten und der *sozialen Verpflichtung* dieses Privateigentums auf Grund der Widmung der Erdengüter an alle. Als wichtige, der Gemeinbestimmung unterliegende Güter und damit Produktions- bzw. Wirtschaftsfaktoren werden genannt: die Erde mit ihrer Fruchtbarkeit sowie die gemeinschaftsorientierte menschliche Arbeit mit dem dahintersteckenden Besitz von Wissen, Technik und Können (Art. 30ff).

6. Das Bekenntnis zur Demokratie, die „nur in einem Rechtsstaat und auf der Grundlage einer richtigen Auffassung vom Menschen möglich“ sei (Art. 46). Weil nach der Erfahrung der Geschichte die Demokratie ohne Werte sich leicht in einen offenen oder hinterhältigen Totalitarismus verwandelt, sind solche Grundwerte wichtig. Dabei erhält der Grundwert der Freiheit durch die Annahme der Wahrheit seinen vollen Wert. Solche Grundwerte artikulieren sich auch in den Menschenrechten. Unter den vorrangigsten Menschenrechten erwähnt die Enzyklika u. a.: das Recht auf Leben, zu dem wesentlich das Recht gehört, nach der Zeugung im Mutterschoß heranzuwachsen; das Recht, an der Arbeit zur Erschließung der Güter der Erde teilzunehmen und daraus den Lebensunterhalt für sich und die Seinen zu gewinnen; das Recht auf Religionsfreiheit, verstanden als Recht, in der Wahrheit des eigenen Glaubens und in Übereinstimmung mit der transzendenten Würde der eigenen Person zu leben (Art. 47).

7. Skepsis gegenüber manchen Richtungen der *Befreiungstheologie* mit ihrem Versuch eines Kompromisses zwischen Christentum und Marxismus: Hier wird gesagt, daß die Ereignisse des Jahres 1989 für die Länder der Dritten Welt auf dem Weg ihrer Entwicklung lehrreich seien (Art. 26).

8. Bedeutung des *Umbruchs des Jahres 1989* : Bezüglich dieses Umbruchs in den Ländern Mittel- und Osteuropas erinnert die Enzyklika daran, daß die entscheidende Krise der Systeme, die vorgeben, Ausdruck der Herrschaft und der Diktatur der Arbeiter zu sein, mit den großen Arbeiterbewegungen begonnen habe, die in Polen im Namen der Solidarität stattgefunden haben (Art. 23). Die eigentliche und wahre Ursache dieses Umbruchs

liege in der vom Atheismus hervorgerufenen geistigen Leere. „Der Marxismus hatte versprochen, das Verlangen nach Gott aus dem Herzen des Menschen zu tilgen. Die Ergebnisse aber haben bewiesen, daß dies nicht gelingen kann, ohne dieses Herz selber zu zerrütten“ (Art. 24). Es wird auch ausdrücklich betont, daß „der Zusammenbruch dieser Machtblöcke überall durch einen gewaltlosen Kampf erreicht wurde, der nur von den Waffen der Wahrheit und der Gerechtigkeit Gebrauch machte“ (Art. 23).

Die Enzyklika hat noch kaum „Geschichte entwickeln können. Dennoch läßt sich eine vorläufige *Würdigung* versuchen:

JOHANNES PAUL II. ist in seiner jüngsten Sozialenzyklika „Centesimus annus“ seiner bisherigen sozialkritischen und sozialethischen Linie treu geblieben, wie sie vor allem in seinen Sozialenzykliken „Redemptor hominis“, „Laborem exercens“ und „Sollicitudo rei socialis“ vorgezeichnet ist. JOHANNES PAUL II. bleibt im großen und ganzen im guten Sinn des Wortes sozial-progressiv samt den damit verbundenen *Sozial-Real-Utopien* für die Wirtschaft und die Gesellschaft. Seine Sozialvorstellungen gründen letztlich in seinem im Glauben an den in Christus Mensch gewordenen Gott fundierten Bekenntnis zum Menschen und seiner Würde.

Diese Sozialenzyklika ist also ein *wertbekennendes sozialethisches und sozialpastorales Dokument* und keine Abhandlung einer angeblichen oder mehr oder weniger gelungenen wertfreien Sozial- bzw. Wirtschaftswissenschaft. In dieser literarischen Gattung muß es gelesen und verstanden werden.

Man wird also bei dieser Sozialenzyklika in erster Linie die *Sorge* des Papstes um den Schutz und die Förderung der menschlichen Person sowie um eine menschengerechte Wirtschaft und Gesellschaft teilen. Was die Konkretisierung einer solchen Wirtschaft und Gesellschaft anlangt, wird man die Ausführungen des Papstes nicht leichtfertig beiseite schieben. Sollte man selbst bessere Wege zu einer solchen Wirtschaft und Gesellschaft kennen, ist man selbstverständlich aufgerufen, solche zu begründen und zu realisieren.

VIII. Wichtige Sozialaussagen der katholischen Kirche Österreichs

1. Das Mariazeller Manifest (1952)

Die erste wesentliche Positionsbestimmung der Kirche Österreichs der Nachkriegsjahre in bezug auf Politik erfolgte im sogenannten *Mariazeller Manifest*[13]. Das Wort „Eine freie Kirche in einer freien Gesellschaft“ ist

13. Das Mariazeller Manifest wird zitiert nach: Richard BARTA: Freie Kirche in freier Gesell-

Titel und Tenor dieses in einer mehrtägigen Studientagung in Mariazell als Vorbereitung zum Österreichischen Katholikentag 1952 erstellten Textes.

In diesem Dokument wird eine *vierfache Zurückweisung* früherer geschichtlicher Ausprägungen des Verhältnisses der Kirche zur politischen Wirklichkeit vorgenommen. Eine freie Kirche bedeutet demnach:

„Keine Rückkehr zum Staatskirchentum vergangener Jahrhunderte ..." (92) „Keine Rückkehr zu einem Bündnis von Thron und Altar ..." (92) „Keine Rückkehr zum Protektorat einer Partei über die Kirche ..." (92) „Keine Rückkehr zu jenen gewaltsamen Versuchen, auf rein organisatorischer und staatsrechtlicher Basis christliche Grundsätze verwirklichen zu wollen" (93).

Im Anschluß an diese Zurückweisungen wird eine *positive Standortbestimmung* der Kirche vorgenommen. Hier heißt es: „Eine freie Kirche bedeutet aber nicht eine Kirche der Sakristei oder des katholischen Gettos, eine freie auf sich selbst gestellte Kirche heißt eine Kirche der weltoffenen Türen und ausgebreiteten Arme, bereit zur Zusammenarbeit mit allen ..." (93).

Dann werden Felder der *Zusammenarbeit* aufgezählt: der Staat, in allen Fragen, die gemeinsame Interessen berühren, wie Ehe, Familie, Erziehung; alle Stände, Klassen und Richtungen zur Durchsetzung des gemeinsamen Wohles; schließlich Zusammenarbeit mit allen Konfessionen. (93).

In dieser Zusammenarbeit einer *freien Kirche* und einer *freien Gesellschaft* sollen Voraussetzungen zum Schutz der Würde des Menschen gefunden werden, und die Kirche erkennt ihre Verantwortung dafür.

2. *Der Sozialhirtenbrief (1956)*

Im *Sozialhirtenbrief* der Österreichischen Bischöfe aus dem Jahre 1956[14] wird diese Verantwortung näher konkretisiert. Im Kapitel über die industrielle Arbeitswelt wird dem *Kommunismus* wie auch dem liberalen *Kapitalismus* eine Absage erteilt.

Bezüglich des *Sozialismus* wird festgestellt, daß „seine ersten Vertreter immer noch von einer *sozialistischen Weltanschauung* im Gegensatz zur christlichen und katholischen Weltanschauung" (13) sprechen. Wenn auch im Kommentar von Bischof P. RUSCH zugestanden wird, daß der *„gemäßigte moderne Sozialismus* ... mit dem marxistischen Sozialismus nicht mehr einfach identisch ist" (13), so wird doch von P. RUSCH festgestellt,

schaft. In: Ludwig REICHHOLD (Hg.): Zwanzig Jahre Zweite Republik. Österreich findet zu sich selbst. Wien 1965, 92–101, 92f. Die im folgenden im Text angeführten Zahlen beziehen sich auf die Seitenzahlen in diesem Artikel.

14. Der Sozialhirtenbrief der Österr. Bischöfe (16. Oktober 1956). Im Auftrag der Bischofskonferenz herausgegeben und mit Kommentar versehen von Bischof Dr. Paul RUSCH. Innsbruck 1957. Die im folgenden im Text angeführten Zahlen beziehen sich auf die Seitenzahlen dieses Textes.

daß auch „diesem modernen Sozialismus ... in vielen Ländern wie in Österreich die antireligiösen Vorurteile seiner Herkunft“ (13) noch anlasten. Gegenüber dem Kommunismus und dem Kapitalismus lehrt die Kirche „eine Sozialordnung des Maßes“ (17) und geht von *drei Prinzipien* aus: dem *Verantwortungsprinzip,* das fordert, das der einzelne „etwas tut, etwas leistet und selbst Verantwortung übernimmt“; (18) dem *Sozialprinzip* , das „auf das Ganze der Wirtschaft und Gesellschaft“ blickt (18) und nach dem die Wirtschaft so einzurichten ist, „daß *alle* hinreichendes Einkommen und bleibende Sicherheit haben“ (19); und dem *Vermenschlichungsprinzip,* das so formuliert wird: „Die Industrie ist um des Menschen willen da, die ganze Wirtschaft ist um des Menschen willen da“ (20). Schließlich wird das *christliche Sozialsystem* als „das soziale Partnerschaftssystem“ (22) bezeichnet. Dieses wird z. B. in bezug auf den Betrieb so konkretisiert: „Er (der Unternehmer) räumt dem Arbeiter ein Mitwirkungsrecht in allen Fragen ein, die beide Partner gleicherweise angehen“ (25).

Nach dem Kapitel über die *bäuerliche Welt,* wo in den großen Umwälzungen des bäuerlichen Lebens Richtlinien vermittelt werden sollen, geht der Hirtenbrief im 4. Kapitel auf die Welt des *Staates* ein. Folgende vier Grundsätze werden hier als wegweisend angeführt:

„Wohlfahrtsstaat, aber nicht Versorgungsstaat“ (44); „Nicht Allzuständigkeit des Staates, sondern subsidiäre Zuständigkeit“ (47); „Nicht konfessioneller Staat, nicht neutraler Staat, sondern echter Kulturstaat“ (50). „Es geht um die Wiedererweckung echten Gemeinsinns als Grundlage der staatsbürgerlichen Gesinnung.“ (52).

3. Die Dokumente des Österreichischen Synodalen Vorgangs (1974)

Die Dokumente des *Österreichischen Synodalen Vorgangs* 1974[15] streben eine *Umsetzung* der Ergebnisse des Zweiten Vatikanums in die österreichische Wirklichkeit an. Hier heißt es im Abschnitt über die „Kirche in der Gesellschaft von heute“ grundsätzlich: „Die Sendung der Kirche geht über alle gesellschaftlichen und politischen Dimensionen hinaus, sie darf weder sich selbst noch das von ihr verkündete Heil mit gesellschaftlichen Ordnungen oder Programmen identifizieren. Trotzdem hat die Kirche der Gesellschaft ihren Dienst zu leisten“ (37). Der Synodale Vorgang stellt sich den Strömungen, die von der Kirche „völlige politische Abstinenz und Beschränkung auf den kultische und seelsorgischen Bereich“ (37) fordern, entschieden entgegen. Ebenso klar ist die Absage an alle Systeme, „die den Menschen zum Mittel eines politischen oder wirtschaftlichen Zweckes erniedrigen“ (38). Ferner wird die Pflicht der Träger des kirchlichen Amtes betont, zu sprechen, „wenn es um Grundrechte und die Würde des Menschen, um Freiheit und Gerechtigkeit in der Gesellschaft geht“ (40).

15. Österr. Synodaler Vorgang. Dokumente. Wien 1974. Die im folgenden im Text angeführten Zahlen beziehen sich auf die Seitenzahlen dieses Textes.

Alle katholischen Christen Österreichs werden in weiterer Folge aufgefordert, „sich ihrer Apostolatsaufgabe bewußt (zu) werden und im Geist Christi gemäß ihren Möglichkeiten den Mitmenschen (zu) dienen“ (41). Besondere Akzente werden in bezug auf das Verhalten *ethnischen Minderheiten* gegenüber und auf „weltweite Partnerschaft und Dienst an der Weltkirche“ (49 ff) gesetzt. Ebenso wird die Verantwortung für *Benachteiligte* in der Gesellschaft betont, wobei folgender Leitsatz formuliert wird: „Für die Bereitschaft zum Helfen ist der Kirche allein der Grad der Hilfsbedürftigkeit von Bedeutung, nicht die Frage der Selbstverschuldung oder ‚Würdigkeit‘ des Bedürftigen.“ (53). Der Behandlung des Problemkreises „Der ländliche Raum“ folgen Positionsbestimmungen für die Bereiche „Ehe und Familie“, „Die Frau in der Gesellschaft unserer Zeit“, „Jugend in der Gesellschaft“, „Der alte Mensch“ und „Der Mensch in der Arbeitswelt“.

4. Der Sozialhirtenbrief (1990)

Das bisher größte, überwiegend sehr positive Echo unter den Sozialaussagen der katholischen Kirche Österreichs hat der am 15. Mai 1990 publizierte *Hirtenbrief*[16] der katholischen Bischöfe Österreichs mit dem auf ein Wort Papst JOHANNES PAULs II. zurückgehenden Titel: „Der Mensch ist der Weg der Kirche“ gefunden. Dieser Hirtenbrief, der mit der Diskussion des sogenannten *Grundtextes* mit dem Titel „Sinnvoll arbeiten – solidarisch leben“ auf breiter Basis vorbereitet wurde, widmet dem Weg des Menschen in Arbeit und Wirtschaft eine breite Aufmerksamkeit.

Als grundlegend für die Gestaltung von *Arbeit und Wirtschaft* wird die Aussage des Zweiten Vatikanischen Konzils zitiert: Das eigentliche Ziel der Wirtschaft besteht „weder in der vermehrten Produktion als solcher, noch in der Erzielung von Gewinn oder Ausübung von Macht, sondern im Dienst am Menschen, und zwar am ganzen Menschen im Hinblick auf seine materiellen Bedürfnisse, aber ebenso auf das, was er für sein geistiges, sittliches, spirituelles und religiöses Leben benötigt.“ (17, GS 64)

Der Hirtenbrief betont sowohl das *Recht auf Arbeit* wie auch die *Pflicht zur Arbeit*, „welche in vielen Fällen Erwerbsarbeit sein wird, die in Gewissenhaftigkeit, Leistungsbewußtsein und Verantwortung zu verrichten sein wird“ (28). Kritik wird an belastenden Arbeitsbedingungen geübt wie Leistungsdruck, Akkord, Arbeitsstreß, politischem Gesinnungsdruck sowie an Arbeitszeiten, welche die gesetzlich festgelegten Normen bei weitem überschreiten. Kritik wird auch an Formen von Entlassungen geübt, die Sonderzahlungen und Urlaubsansprüche umgehen.

Sorge bereitet den Bischöfen ferner die Tatsache, daß es trotz anhaltender

16. Sozialhirtenbrief der kath. Bischöfe Österreichs. 15. Mai 1990. Hg. v. Sekretariat der Österr. Bischofskonferenz, Wien 1990. Die im folgenden im Text angeführten Zahlen beziehen sich auf die im Text angeführten Nummern.

günstiger Konjunktur nicht gelungen ist, das Problem der *Arbeitslosigkeit* , besonders der Langzeitarbeitslosigkeit, befriedigend zu lösen.

Die gerechte Verteilung des Wohlstandes ist eine Grundüberzeugung der katholischen Soziallehre. Ein *gerechter Lohn* ist deshalb ein „Prüfstein für die Gerechtigkeit des gesamten ökonomischen Systems“ (37).

Mit der krisenhaften Situation der *Landwirtschaft* setzen sich die Bischöfe in einem eigenen Kapitel des Sozialhirtenbriefs auseinander. Für die Erhaltung einer menschenwürdigen *Umwelt* wird überhaupt eine erhöhte Sorgfalt gefordert, in diesem Zusammenhang wird für jeden wissenschaftlichen Fortschritt eine Umweltverträglichkeitsprüfung verlangt.

Einen breiten Raum im Sozialhirtenbrief nimmt das Thema „Gesellschaft in Solidarität und Verantwortung“ ein. Hier wird zunächst die Bedeutung der *Familie* hervorgehoben und die Benachteiligung von *kinderreichen* Familien kritisiert. Die Bischöfe fordern einen gesicherten wirtschaftlichen Lebensraum für die Familien.

Der Hirtenbrief äußert auch seine Sorge um die Situation der *Frauen* und der *Jugendlichen.* Es wird auf die vielfältigen Diskriminierungen von Frauen in der Arbeitswelt, wie niedrigerer Lohn für gleichwertige Arbeit oder erschwerte Aufstiegsmöglichkeiten, sowie auf die Belastungen von alleinerziehenden Frauen hingewiesen. Für Jugendliche wird eine qualifizierte Erstausbildung und eine umfassende Berufsberatung in Form einer mehrstufigen Berufsorientierung verlangt.

Unter der *neuen sozialen Frage* wird neben der Bedeutung und der Reform des Sozialstaates auch das Schicksal der *Flüchtlinge* und der *Einwanderer* erwähnt. Die Bischöfe erwarten in diesem Zusammenhang nicht nur den Abbau von Vorurteilen gegenüber Fremden, sondern die „Solidarität aller, auch die Bereitschaft zu einem innerstaatlichen Lastenausgleich“ (91).

Die Bischöfe sind besorgt über den Verlust und die Aushöhlung von überlieferten sittlichen und religiösen *Werten* und fordern die Aufrechterhaltung einer Wertekultur und insbesondere den Schutz des Grundwertes *Leben* vom Beginn bis zum Tod. Unter dem Wertaspekt wird auch die Bedeutung des *Sonntags* unterstrichen und zu einer Sonntagskultur aufgerufen.

Die Schlußüberlegung des Hirtenbriefs ist mit den Worten „Der Weg der Kirche“ überschrieben. Die Bischöfe unterstreichen darin auch die *Selbstverpflichtung* der Kirche und sagen, daß es nicht nur auf die Verkündigung der Heilsbotschaft, sondern auch auf die konkrete Option für die Armen ankomme. Sie heben auch hervor, daß die soziale Botschaft des Hirtenbriefes nur dann glaubwürdig ist, wenn sie in die Praxis umgesetzt wird.

IX. Zusammenfassung und Schluß

Will man abschließend einige *Eigentümlichkeiten* bzw. *Besonderheiten* der neueren Ausprägung der katholischen Soziallehre, die sich zumindest teilweise schon früher grundgelegt finden, herausstellen, so lassen sich folgende Charakteristika anführen:

1. Das starke Engagement dieser Soziallehre für den *Menschen* und seine *Würde:* Was oben für die Sozialimpulse JOHANNES PAULs II. eigens hervorgehoben wurde, gilt auch für die übrigen Sozialdokumente.

2. Die Auswertung dieser Soziallehre, regional in die *globale Dimension,* adresssatenmäßig auf *alle Menschen* guten Willens: Dies geschieht nicht zuletzt auch deshalb, weil die global interdependenter gewordenen Sozialprobleme nur durch die Mobilisierung aller Betroffenen gelöst werden können.

3. Der *allgemein gehaltene, abstrakte Charakter* dieser Soziallehre oder die mitunter vermißte Konkretheit dieser Soziallehre: Dies erklärt sich aus der Tatsache, daß die Sozialdokumente der katholischen Kirche sich dem universellen Charakter dieser Kirche verpflichtet fühlen, sodaß im Herausstellen des universell Geltenden das situationsbezogene Konkrete zu kurz kommt. Dazu kommt noch, daß, wie oben bereits erwähnt, nach Art. 43 von „Gaudium et spes“ Christen wegen der Komplexheit der gesellschaftlichen Situation bei gleicher Gewissenhaftigkeit in der gleichen Frage legitimerweise zu unterschiedlichen Ergebnissen kommen können, was schon bei der unterschiedlichen Analyse der Situation beginnen kann.

4. Die beginnende *Selbstkritik* im Sinne der um der Glaubwürdigkeit willen notwendigen Anwendung der katholischen Soziallehre auf die eigenen Reihen der Kirche: Eine der Schwächen der katholischen Soziallehre liegt ja bekanntlich darin, daß ihre Prinzipien immer wieder der Welt verkündet wurden und immer noch werden, ohne in den eigenen Reihen genügend ernst genommen zu werden. Die selbstkritischen Töne vor allem des Zweiten Vatikanischen Konzils und der Bischofssynode im Dokument „De iustitia in mundo“ stellen in dieser Frage eine deutliche Weichenstellung zum Besseren dar.

5. Und schließlich der fast *idealutopische Charakter* dieser katholischen Soziallehre: Vergleicht man die Vorstellungen der katholischen Soziallehre über die Gestaltung dieser Welt mit den faktischen Gegebenheiten dieser Welt, etwa die Aussagen der Enzyklika „Laborem exercens“ mit der realen Arbeitswelt, so muten diese Vorstellungen vielfach utopisch an. Doch sind dies *Realutopien* im Sinne hoher Fernziele, die als dynamische Faktoren zur Überwindung träger und beharrender Status-quo-Unrechtszustände notwendig sind; Realutopien, die durchaus von kompromißhaften Stufenimperativen als Wegen zu solchen hohen Zielen begleitet sind zum Unterschied von jenen gefährlichen Utopien, die mit der Wahl gefährlicher Mittel das Ziel bereits auf dem Weg zum Ziel verraten. Katholische Sozial-

lehre ist damit von jener Spannung geprägt, welche der christlichen Botschaft mit ihrer zentralen Aussage vom Kommen des *Reiches Gottes* eigen ist, eines Reiches des „Schon“ und „Noch nicht ganz“, eines Reiches, das bereits angebrochen ist und seine Vollendung am Ende der Zeiten finden wird.

Kirche – Staat – Gesellschaft: ihre Beziehungen im Wandel

Heinrich Schneider

I. Begriffliche Grundlegung

Kirche, Staat, Gesellschaft: diese drei Begriffe bilden, wie Wolfgang MANTL einmal formuliert hat, ein „magisches Dreieck".[1] Die Formel ist einprägsam, und es gibt in der Tat ein Tertium comparationis: Auch beim magischen Dreieck der Nationalökonomen handelt es sich um ein schwieriges Verhältnis: Ausgewogenheit ist schwer zu erreichen, und je nach Position und Interessenlage möchten manche diesen und andere jenen Pol des tripolaren Gefüges akzentuieren oder wichtiger nehmen als die jeweils anderen.

Jahrhundertelang war das Begriffspaar *„Kirche und Staat"* gebräuchlich. Nicht zufällig hatte sich dieser Sprachusus durchgesetzt. Das Miteinander von „geistlicher und weltlicher Gewalt", von „imperium und sacerdotium" bildete in unserem Zivilisationskreis eine Grundstruktur des Lebenszusammenhangs und der Kultur. Die begriffliche Ausprägung dieser Sichtweise ist insbesondere von Papst LEO XIII. vor ungefähr einem Jahrhundert geleistet worden:[2] Zwei „Civitates perfectae" stehen einander gegenüber und sind zugleich aufeinander verwiesen; sie bilden je ihre eigenständige Ordnung, haben an ihrer Spitze ihre jeweilige Obrigkeit, zeichnen sich durch je eigenen Ursprung und Zweck sowie durch ihre spezifische „Natur" aus; allerdings gibt es gemeinsame Anliegen – „res communes", früher sprach man eher von „res mixtae" –, um deretwillen Zusammenwirken nötig ist, im Wege von Übereinkünften der jeweiligen Verantwortungsträger. Die Obrigkeiten verkehrten sozusagen diplomatisch miteinander, regelten diese Angelegenheiten im Wege von *Konkordaten* – die einfachen Mitglieder beider Civitates waren eher die Objekte der Behütung und der Sorge der geistlichen Hirten und der weltlichen Herrschaftsträger.

Dem Zeitgenossen stellen sich die Dinge zumeist ganz anders dar. In den Augen vieler ist die „dritte Größe", die *Gesellschaft* , das Um und Auf der Politik. Kirche wie Staat erscheinen manchen Sozialwissenschaftern als

1. Wolfgang MANTL: Das magische Dreieck Kirche-Staat-Gesellschaft. In: Academia, 29 (1978), Mai/Juni, 14–17.

2. Dazu noch immer aufschlußreich: Peter TISCHLEDER: Die Staatslehre Leos XIII. Mönchen-Gladbach 1925.

bloße Subsysteme der „Gesellschaft", die als ein umfassender Lebens- und Institutionszusammenhang begriffen wird. Freilich ist das keine unumstritten anerkannte Konzeption.[3] Ob darin eine bestimmte Ideologie zum Ausdruck kommt, im Zeichen des Gedankens der Vergesellschaftung von Staat und Kirche, das hängt sicher von dem zugrundeliegenden Gesellschaftsbegriff ab; fürs erste sei das dahingestellt. Wie dem auch sei – die Erweiterung des klassischen Begriffspaars „Kirche und Staat" um den Begriff der Gesellschaft ist üblich geworden; aber weder sind die drei Begriffe so scharf umrissen wie jene, die das „magische Dreieck" der Ökonomen bilden, noch auch ist ihr Verhältnis einigermaßen eindeutig bestimmt. Daher ist wenigstens ein kursorischer Hinweis auf Ambivalenzen und Wandlungen der Bedeutung aller drei Begriffe am Platze.

Was, zum ersten, die *Kirche* betrifft, so ist diese lange Zeit hindurch schlichtweg mit der Hierarchie identifiziert worden. Kirchliches Leben war als vita activa primär die Ausübung der Lehr-, Priester- und Hirtenaufgabe; das Volk Gottes war eher der Adressat oder das Objekt des „Handelns der Kirche", der Seelsorge zumal. Schon der Umstand, daß man heute immer wieder von „der Amtskirche" redet, um damit anzudeuten, man meine nicht „die Kirche" überhaupt und schlechthin, zeigt an, daß sich da Sichtweisen verändert haben. Gewiß gab es schon seit langem Bemühungen um eine unfassendere, dynamische Deutung der Kirche als einer geistlichen und menschlichen Gemeinschaft – Bemühungen theoretischer und praktischer Art, wie sie sich z. B. in der Corpus mysticum-Theologie oder der Liturgischen Bewegung, in der Entwicklung des Laienapostolats und in vielen anderen Impulsen dargestellt haben –, aber in vollem Ausmaß hat doch wohl erst das Zweite Vatikanum die neuen Perspektiven aufgewiesen, mit seinen Aussagen über die Kirche als das pilgernde Gottesvolk, als Zeichen des Heils zwar, aber in der Pilgerschaft auch als eine nur vorläufige Größe, die sich nicht triumphalistisch mit dem Gottesreich selbst identifizieren darf und die ihre Aufgabe vor allem als eine solche des Dienstes verstehen soll. Sie hat eine Verfassung, und diese Verfassung kennt Ämter mit Vollmachten und Verantwortungen – aber die Träger des Amtes sind vor allem zum Dienst an ihren Schwestern und Brüdern berufen, und die Amtsverantwortung kommt ohne die Bereitschaft zum Dialog, ohne die Teilnahme an einem Prozeß öffentlicher Meinungs- und Urteilsbildung nicht aus – schon vor dem Konzil hat z. B. Karl RAHNER darauf nachdrücklich hingewiesen, und das Vatikanum hat den Gedanken aufgenommen und bekräftigt.[4]

3. Vgl. dazu die knappen Bemerkungen von Ulrich SCHEUNER in seinem Artikel „Staat". In: Alfred KLOSE/Wolfgang MANTL/Valentin ZSIFKOVITS (Hg.): Kath.Soziallexikon. 2.A. Innsbruck-Graz 1980, Sp. 2774ff.; siehe dazu auch Ernst W. BÖCKENFÖRDE: Staat-Gesellschaft-Freiheit. Frankfurt/Main 1976 und schon Hermann HELLER: Staatslehre (hg. v. Erhart NIEMEYER). Leiden 1934.

4. Karl RAHNER: Das freie Wort in der Kirche. Einsiedeln 1953. – Zum konziliaren Kirchen-

Inzwischen hat sich ein Prozeß der *Institutionalisierung* abgespielt, Gremien und Organisationen wirken an der Selbstverständigung der Kirche über ihre Aufgabe mit, und manchmal trotz aller Hemmnisse doch auch die sogenannten „einfachen Gläubigen". Verständigung und Auseinandersetzung findet in einer zu manch früheren Zeit kaum vorstellbaren Intensität und Extensität statt, so daß sich Anhänger des Hergebrachten darüber schon Sorgen gemacht und Kritik geübt haben. Gewiß ergeben sich daraus Probleme für das Selbstbewußtsein der Kirche (wenn man das so formulieren darf), und vielleicht auch für ihre Identität. Eine wissenssoziologische Überlegung macht das deutlich: Jahrhunderte hindurch wurde das Selbstverständnis der Kirche von Klerikern, und nur von Klerikern, artikuliert. Sie hatten einen Bildungsgang hinter sich, der sie in der Befassung mit Philosophie und Theologie in eine gemeinsame Denkwelt einführte; sie fühlten sich einer regula vitae verpflichtet, sie sprachen eine Sprache. Inzwischen aber spielen die „Laien", die „Weltchristen" (wie man heute gern sagt), eine zunehmend wichtige Rolle auch in der Kirche; sie reden mit, wenn es um das kirchliche Leben und vor allem wo es um das gesellschaftliche Wirken der Kirche geht. Je mehr das der Fall ist, desto mehr werden auch unterschiedliche Sphären von Lebenserfahrung, Denkstile (zum Beispiel professionelle), Sichtweisen (zum Beispiel solche, die von gesellschaftlichen und politischen Interessenpositionen geprägt sind) in den Vorgang innerkirchlicher Selbstverständigung und Urteilsbildung eingespeist. So leicht man sich vorstellen kann, was für Folgen das in der Praxis haben muß, so schwer fällt es vielen, damit in der Praxis produktiv umzugehen. Arbeitgeber und Arbeitnehmer (vielleicht auch Arbeitslose), überzeugte Soldaten und noch überzeugtere Wehrdienstverweigerer, Bauern und Großstädter, Konservative und Progressive, Männer und Frauen (auch solche, die sich ihres Frauseins in ganz neuer Weise bewußt werden), Ältere und Jüngere melden sich zu Wort und wollen die Kirche als ihre Kirche wahrnehmen; wenn sie das nicht können, wenn sie auf Schwierigkeiten stoßen, gibt es Konflikte.

Die Vorstellung, christliche Unternehmergruppen einerseits, Jungarbeiterbewegungen andererseits müßten sich „reibungslos" in eine *acies bene ordinata* einreihen, weil sie doch vom gleichen Glauben geprägt, in der einen und selben Kirche miteinander verbunden und darüber hinaus noch im Denken und Wollen von der katholischen Soziallehre bestimmt seien, ist einigermaßen naiv, aber dennoch weit verbreitet. Jedenfalls stellt der solcherart in Erscheinung tretende innerkirchliche *Pluralismus* ein Phänomen und ein Problem dar, das für das Verhältnis der Kirche zu Gesellschaft und Staat von Bedeutung ist. Aber auch für die Art und Weise, wie Kirche selbst begriffen wird, ist er von Belang. Nur zu leicht kommt es dazu, daß

bild und seiner Bedeutung für den Problemkomplex „Kirche-Staat-Gesellschaft" vgl. Heinrich SCHNEIDER: Katholizismus, Pluralismus und kirchliche Politik in Österreich. In: Österr. Jahrbuch für Politik '84. München-Wien 1985, 437ff.

eine bestimmte Sicht als die „eigentlich kirchliche" gilt oder ausgegeben wird, und daß man die Andersdenkenden dann schon wie eine Art von „Auswahlchristen" oder gar „Fernstehenden" betrachtet – obschon die Konzilsväter vor zwanzig Jahren unmißverständlich davor gewarnt haben, daß in Fällen legitimer Perspektivenvielfalt die Autorität der Kirche ausschließlich für eine der verschiedenen Meinungen in Anspruch genommen würde.[5]

Das Prinzip der *Vielfalt* in der *Einheit* der Kirche bedarf neuer Besinnung, und zwar nicht nur unter dem Gesichtspunkt, daß die Kirche dem „weltlichen" Pluralismus unserer Zeit ausgesetzt sei und ihm irgendwie Rechnung tragen müsse.[6] Damit soll natürlich nicht gesagt sein, daß nicht auch andere Momente des Kirchenverständnisses bedacht werden müßten, wenn man auf das Verhältnis von Kirche, Staat und Gesellschaft angemessen eingehen will – erwähnt sei nur die Frage nach der Zukunft der *„Volkskirche"* in einer neuen, Säkularisierungstendenzen ausgesetzten Welt. Aber es dürfte hinreichend deutlich geworden sein, daß jedenfalls Anlaß gegeben ist, sich der Notwendigkeit eines klärenden Nachdenkens über die Kirche, gerade insofern sie mit „Staat" und „Gesellschaft" in Beziehung steht, bewußt zu sein.

Entsprechendes gilt freilich auch im Hinblick auf den *Staatsbegriff*. Üblicherweise gilt der Staat als die politische Größe kat' exochén;[7] aber auch da gibt es Probleme des Sprachgebrauchs, in denen Probleme der Sache zum Vorschein kommen. Es gibt, vereinfacht gesprochen, ein am modernen Staat als einem „Anstaltsbetrieb" (Max WEBER) orientiertes Verständnis, das in erster Linie die souveräne Herrschaftsorganisation im Blick hat, welche im Gesamtzusammenhang des Soziallebens bestimmte Aufgaben der Ordnung und Sicherung zu erfüllen hat und in diesem Sinn vor allem als ein Gefüge von hoheitlich entscheidungsbefugten Institutionen erscheint – zum anderen aber ein Staatsverständnis, das sich am alten Begriff des „gemeinen Wesens" orientiert (civitas, societas civilis sive res publica), welches die „Staatsangehörigen" als geordnete und umfassende Gemeinschaft umfaßt, nicht aber ihnen schlechterdings gegenübersteht. Tatsächlich kulminiert natürlich das politische Geschehen in Entscheidungsakten der Staatsorgane und insofern ist das „Leben des Staates" am ehesten in den Aktivitäten der Politiker – der Regierungsmitglieder und Diplomaten, der Volksvertreter und der Spitzenbeamten, vielleicht auch noch der höchsten Verbändefunktionäre, wahrzunehmen. Aber solche Ent-

5. Pastoralkonstitution „Gaudium et spes" des Zweiten Vatikanischen Konzils (1965), Art. 43; siehe Karl RAHNER u. Herbert VORGRIMLER (Hg.): Kleines Konzilskompendium. Freiburg/Breisgau 1966, 492. Dazu auch SCHNEIDER, Katholizismus, 463 ff. (Anm. 4).

6. Siehe SCHNEIDER, Katholizismus (Anm. 4).

7. Siehe etwa Ulrich SCHEUNER: Das Wesen des Staates und der Begriff des Politischen in der neueren Staatslehre. In: Konrad HESSE u. a. (Hg.): Staatsverfassung und Kirchenordnung. Festgabe f. Rudolf SMEND. Tübingen 1962, 225 ff.

scheidungen finden stets in einem Kräftefeld statt, das selbst in die Sphäre der *Politik* gehört, und politisches Handeln liegt nach herrschendem Verständnis nicht nur da vor, wo Menschen agieren, um derartige Entscheidungsakte herbeizuführen, zu verhindern oder inhaltlich zu beeinflussen, sondern auch dort, wo Menschen gegen die Politik eines Unternehmens (nicht etwa nur eines verstaatlichten) oder zugunsten einer irgendwo stattfindenden Befreiungsbewegung demonstrieren, wenn Aktionen anläßlich der Aufführung eines Films stattfinden, wenn Tarifparteien um Übereinkünfte ringen, die Konsequenzen für die ganze Volkswirtschaft haben können – und der politische Charakter dieses Handelns hängt nicht davon ab, ob es sich an das Parlament oder an die Regierung wendet. Weder läßt sich „der Staat" geradewegs mit seinem Herrschaftsapparat identifizieren, noch auch (im Sinne der Vorstellung von der demokratischen Identität von Regierenden und Regierten, von Herrschern und Beherrschten) mit der Gesamtheit seiner „Verbandsmitglieder".[8]

Daß schließlich auch der *Gesellschaftsbegriff* nicht ohne weiteres als eindeutig vorausgesetzt werden kann, wurde schon erwähnt: Zuweilen wird „Gesellschaft" als Bezeichnung für den Totalzusammenhang des menschlichen Miteinanderlebens in allen seinen (institutionellen und anderen) Dimensionen verwendet; die politische Ordnung kann dabei dann entweder als ihre umfassende „architektonische" Gestalt verstanden werden (entsprechend der aristotelischen Konzeption der Polis und der koinonia politike) oder als ein Subsystem dieses Totalzusammenhangs. Andererseits kann „Gesellschaft" auch als die dem Staat gegenüberstehende Sphäre der freien ideen- und interessenbestimmten Interaktion von Einzelnen und Gruppen bestimmt werden – als „bürgerliche Gesellschaft" im Sinne HEGELs: Sie ist dann das Ensemble individueller und kollektiver Träger ideeller und materieller Interessen, die sich primär durch Verabredung und durch Marktbeziehungen miteinander verknüpfen lassen.[9] Dabei bestehen wiederum mannigfache sozusagen dialektische *Beziehungen*. Man hat darauf

8. Gewiß setzt polit. Herrschaft jene Macht voraus, die wie Hannah ARENDT gezeigt hat, ohne Konsens nicht bestehen kann, also die Existenz einer Bürgergemeinschaft erfordert (vgl. Hannah ARENDT: Macht und Gewalt. München 1969). Ein „Staat" kann also auch als Herrschaftsorganisation nicht (oder nur unverläßlich) funktionieren, wenn der Herrschaftsorganisation nicht ein Herrschaftsverband entspricht, der auch Momente der Gemeinschaft aufweist (siehe dazu auch Carl J. FRIEDRICH: Politik als Prozeß der Gemeinschaftsbildung. Köln-Opladen 1970); aber dieser Gemeinschaftscharakter polit. Verbände gestattet trotzdem nicht die naive Annahme einer „Identitätstheorie" insbesondere des demokratischen Staates; siehe dazu Wolfgang MANTL: Repräsentation und Identität. Wien 1975 sowie auch Martin KRIELE: Einführung in die Staatslehre. Reinbek/Hamburg 1975.

9. Vgl. die Artikel „Gesellschaft" (von P. KAUPP) und „Gesellschaft, bürgerliche" (von M. RIEDEL). In: Joachim RITTER (Hg.): Histor. Wörterbuch der Philosophie. Bd. 3, Basel 1974, Sp. 495 ff. und Sp. 466 ff., sowie die beiden Artikel „Gesellschaft, bürgerliche" und „Gesellschaft, Gemeinschaft" von Manfred RIEDEL. In: Otto BRUNNER/Werner CONZE/Reinhart KOSELLECK (Hg.): Geschichtliche Grundbegriffe. Bd. 2. Stuttgart 1975, 719 ff. und 801 ff.

aufmerksam gemacht, daß sich aus Max WEBERs Analysen des Prozesses der allgemeinen Daseinsrationalisierung der westlichen Zivilisation die Einsicht ableiten lasse, die „bürgerliche Gesellschaft" sei – gerade in ihrem Gegenüber zum Staat – gewissermaßen die Erbin der Kirche, des religiösen Gemeinwesens. In den Augen moderner Staatsgelehrter erscheint die Kirche als eines von vielerlei „gesellschaftlichen" Gebilden, mit denen es der Staat zu tun hat, sozusagen als ein besonderer Interessenverband. Die Beziehungen von Kirche und Staat geraten damit auch in die Perspektive der *„Gesellschaftspolitik"*.[10]

Die zunehmende Verwendung des Begriffs verweist jedoch auch auf andere Aspekte des gesellschaftlichen und des politischen *Wandels:* Politik hat, verglichen mit ihrer Erscheinungsform im 19. Jahrhundert, gleichsam ihre Reichweite vergrößert. Damals war sie (wenn man von den auswärtigen Beziehungen einmal absieht) vor allem Staatsverfassungspolitik: es ging um die Durchsetzung des Steuerbewilligungs- und des Gesetzgebungsrechts der Volksvertretung, um die Bindung der Regierung und der Verwaltung an die Gesetze, um die Unabhängigkeit der Justiz, um die Durchsetzung von Grundrechten: das Ringen drehte sich um die Staatsordnung. Die gesellschaftlichen Verhältnisse gelten dagegen in hohem Grade als naturgegeben – als entweder faktisch oder moralisch unverfügbar. Inzwischen hat sich das geändert: Vieles, was man früher als der Politik vorgegeben betrachtete, wird heute als *gestaltbar* wahrgenommen, und damit als Gegenstand politischer Willensbildung, und zwar nicht nur, insofern es um „Gesellschaftsveränderung" geht. Da es auch „prozessuale", sozusagen nicht intendierte und gesteuerte Wandlungsvorgänge gibt, auf die wiederum vorantreibend, bremsend oder modifizierend Einfluß genommen werden kann, erfordert auch das Konservieren, wo man es für richtig hält, Interventionen, also gesellschaftspolitische Maßnahmen.

Es gibt Politikbereiche, deren bloße Möglichkeit früher kaum bedacht worden war. Wenn aber schon eine Vielzahl von gesellschaftlichen Gegebenheiten, Abläufen, Tendenzen politisch beeinflußt werden kann, liegt es nahe, daß alle diejenigen, deren *Lebensumstände* und *Interessenlagen* davon berührt werden, ihrerseits versuchen, auf die möglichen Träger solcher Einflußnahmen im Sinne dessen, was ihnen wünschenswert oder richtig erscheint, einzuwirken. Auch das ist „Gesellschaftspolitik", nämlich politisches Handeln, das darauf ausgeht oder dazu angetan ist, auf gesellschaftliche Verhältnisse einzuwirken. Dazu ist es nicht nötig, daß solches Handeln jeweils an umfassenderen gesellschaftlichen Ordnungsbildern ausgerichtet ist. – Freilich spielt allem Anschein nach noch ein anderer Umstand mit: Wenn von „Politik" (ohne jeden Zusatz) die Rede ist, denkt man in diesem Land in aller Regel gleich an Parteipolitik (und zwar mit einem

10. Siehe etwa Hans AICHINGER: Sozialpolitik als Gesellschaftspolitik. Hamburg 1958 sowie den Artikel „Gesellschaftspolitik" (von Heinz-D. ORTLIEB und Dieter LÖSCH). In: Staatslexikon (hg. v.d. Görres-Gesellschaft). 7.A. Bd. 2. Freiburg/Breisgau 1986, Sp. 978 ff.

leicht oder weniger leicht pejorativen Beigeschmack); wer von „Gesellschaftspolitik“ spricht, möchte damit nicht selten andeuten, daß er Probleme nicht in der Perspektive partikularer Machtinteressen, sondern in der des Gemeinwohls ins Auge faßt.

Das heißt allerdings auch, daß gerade *politische Anliegen der Kirche* in erster Linie als „gesellschaftspolitische“ begriffen werden müssen, insofern es der Kirche in ihrer Einwirkung auf das soziale und das politische Leben „um die Rettung der menschlichen Person“ und „um den rechten Aufbau der menschlichen Gesellschaft“ geht; jedenfalls hat sie sich dieser Perspektive ausdrücklich verschrieben – was nicht bedeuten muß, daß dies auch ihr tatsächliches Verhalten immer, überall und in vollem Maße bestimmen muß, d. h. daß sie der selbstkritischen Überprüfung ihres Denkens und Handelns im Zeichen eines Ideologieverdachts enthoben wäre.[11]

Dies alles besagt, daß eine Betrachtung des *Problemfeldes* von Kirche, Staat und Gesellschaft nicht so ohne weiteres rechtliche Regelungen, faktische Gegebenheiten und beobachtbare Ereignisse und Entwicklungen registrieren und darstellen darf, ohne sich der Doppelbödigkeit, der Ambiguität der Auffassungsformen und der verwendeten Redeweisen bewußt zu sein. Die hermeneutischen Probleme verstehen sich nicht von selbst, und das hat Auswirkungen auf das Urteil in der Sache. Eine Schwierigkeit, über die man bei alledem nicht hinwegsehen darf, beruht darauf, daß man keineswegs voraussetzen darf, die Akteure selbst – die Staatsmänner und Politiker, die Kirchenverantwortlichen, die Exponenten christlicher und anderer gesellschaftlicher Gruppen und Organisationen – würden die Gegebenheiten und Probleme sozusagen mit Hilfe derselben Verständniskategorie wahrnehmen und begreifen, also von ein- und derselben *Metatheorie* des Verhältnisses von Kirche, Staat und Gesellschaft ausgehen, die demgemäß zuerst einmal der Vergegenwärtigung der Situationen und Konstellationen zugrundegelegt, sodann aber auch (etwa an Hand einer Grundkonzeption „politischer Kultur“ und einer dieser Grundkonzeption entsprechende Theorie des Gemeinlebens) kritisch reflektiert werden könnte. Die konkret erkenntnistheoretischen Probleme, die sich also für eine angemessene Bearbeitung unseres Themas stellen, können und müssen demgemäß namhaft gemacht werden (im Sinne einer Mahnung zur Vorsicht gegenüber interpretativen Kurzschlüssen), aber sie können nicht vorweg gelöst werden. Angesichts dieser theoretischen und methodischen Schwierigkeit bietet sich zunächst einmal ein recht konventionelles Vorgehen an: nämlich das der *historischen* Darstellung.[12]

11. Zur Charakterisierung des „politischen“ Anliegens der Kirche im Anschluß an „Gaudium et spes“ (Anm. 5), Abschnitt III, siehe RAHNER/VORGRIMLER, Konzils-Kompendium, 450 (Anm. 5). Zum Verzicht auf Machtpositionen (insbesondere auf Privilegien) vgl. dort Art. 76, a.a.O., 535.

12. Dabei wird nicht verkannt, daß auch historische Darstellungen immer von einem bestimmten Vorverständnis geprägt sind, dem ein bestimmtes Begriffsfeld samt zugehöriger Hermeneu-

II. Die Entwicklung bis 1945

Wie sich das Verhältnis von Kirche, Staat und Gesellschaft im heutigen *Österreich* tatsächlich darstellt, ist eine Frage, auf die die Beteiligten und Betroffenen wahrscheinlich sehr verschiedene Antworten geben würden, und zwar nicht zuletzt deshalb, weil ihre Einschätzung der Situation stark von ererbten Vorstellungen und Einstellungen mitbestimmt wird, die manchmal die Wahrnehmung neuer Gegebenheiten erschweren, sie zumindest in ein besonderes Licht rücken.

In der *Monarchie* bestand ein althergebrachtes Bündnis von Thron und Altar. Die Deutschnationalen wandten sich gegen die Habsburgermonarchie, aber zugleich waren sie mit der „Los von Rom"-Bewegung verbunden. Die Sozialdemokraten erstrebten die kämpferische Überwindung des bestehenden, der ökonomischen und politischen Kapitalistenherrschaft dienenden Staates,[13] aber betrachteten zugleich die Kirche als den „Erbfeind des Fortschritts und der Freiheit".[14] Freilich wurde diese Konstellation durch das Aufkommen der Christlichsozialen in Frage gestellt, die – trotz starker Unterstützung im „niederen" Klerus – eher eine gesellschaftliche Bewegung (und keineswegs einfach eine politische Vorfeldorganisation der „Amtskirche") darstellten und ob ihrer antiautoritären Tendenzen (die es neben den antikapitalistischen, antiliberalen und antisemitischen unzweifelhaft gab) von den maßgebenden konservativ-katholischen Kreisen argwöhnisch betrachtet, ja befehdet wurden.[15] Im Laufe der Zeit kam es dann aber zur Annäherung zwischen Christlichsozialen und katholischen Konservativen, und die Partei wurde mehr und mehr zu einer „staatstragenden" Kraft.[16] Für den Staat der Habsburger blieb bis zu seinem Ende, wie das Otto SCHULMEISTER einmal formuliert hat, der Katholizismus „die transzendente Krönung, die auch die Religion in den Dienst des Staates stellende universale Weltanschauung, der man sich verpflichtet sehen mochte, selbst wenn einem der Glaube . . . persönlich wenig bedeutet";[17] so wurde denn auch im eucharistischen Meßkanon der Name des Kaisers neben dem des Papstes und des Bischofs genannt.[18]

Dann kam das Ende der Monarchie, und die Kirche hat sich damit erstaun-

---

tik korreliert. – Zum folgenden vgl. Heinrich SCHNEIDER: Kath.-Kirche und österr. Politik. In: Österr. Jahrbuch f. Politik'77. München- Wien 1978, 153 ff.

13. Siehe etwa die Hainfelder „Prinzipien-Erklärung" (1888/1889). In: Klaus BERCHTOLD: Österr. Parteiprogramme 1866–1966. Wien 1967, 138 f.

14. So Victor ADLER in der „Arbeiter-Zeitung" vom 26. Jänner 1897. zit. nach Paul M. ZULEHNER: Kirche und Austromarxismus. Wien 1967, 39 f.

15. Vgl. etwa Friedrich FUNDER: Vom Gestern ins Heute, Wien 1952, 128 ff. Albert FUCHS: Geistige Strömungen in Österreich 1867–1918. Wien 1949, 54 ff.

16. Siehe BERCHTOLD, Parteiprogramme, 55(Anm. 13).

17. Otto SCHULMEISTER: Die Zukunft Österreichs. Wien 1967, 157f.

18. Dies nach Klaus BREUNING: Die Vision des Reiches. München 1969, 307.

lich rasch und problemlos abgefunden, die Bischöfe beriefen sich dabei auf Lehraussagen Thomas von AQUINs über das Naturrecht des Volkes auf Teilnahme am politischen Gemeinwesen. Trotzdem verspürte man starke Unsicherheit: Wie sollte die Kirche in einer von *revolutionären* Bewegungen bestimmten Situation ohne den Schutz des Kaisertums weiterbestehen? Bedeutete die *Republik* nicht doch die „Vergesellschaftung" des Staates, die Abschaffung dessen, was bisher als hoheitliche Repräsentation des Gemeinwohls Ordnung verbürgte? So kam es zu dem Entschluß, die Christlichsoziale Partei als Sachwalterin der kirchlichen Belange anzusehen, sozusagen als einen weltlichen Arm in einem neuen politischen Kräftefeld. Mit Ignaz SEIPEL trat ein Kirchenmann an die Spitze der Partei, der Katholische Volksbund gab Rückendeckung; einige Jahre hindurch referierte der Prälat regelmäßig vor den Bischöfen über die politische Lage und erhielt von ihnen geradezu Richtlinien – was allerdings 1925 zu Remonstrationen einiger Mitglieder der Bischofskonferenz bei deren Vorsitzenden, Kardinal PIFFL, führte: dadurch könne die „so notwendige Unabhängigkeit und Freiheit des Episkopats" beeinträchtigt werden.[19] Dennoch ging die wechselseitige Identifikation von Kirche und Partei sehr weit, was etwa in Wahlhirtenbriefen (und Gebetsnovenen für einen guten, d.h. für die Christlichsozialen erfolgreichen, Wahlausgang) sichtbar wurde.[20]

Durch die kulturpolitischen Forderungen der Sozialdemokratie wurde die Lage brisant, die politische Umgestaltung der „Überbausphäre", insondere des Eherechts und der Schulverfassung,[21] wurde zu einem Hauptanliegen. Es gab einen neuen *„Kulturkampf",* Freidenkerorganisationen wurden gefördert, die Zahl der Kirchenaustritte stieg an; SEIPEL gab demgegenüber die Parole aus „Keine Änderungen, alle Bastionen halten!". SEIPEL stellte seine Politik auf die Basis einer „antimarxistischen" Koalition, die Wirtschaftspolitik entsprach den Interessen der Wirtschaftskräfte – die weitgehende Gleichsetzung von „katholisch" und „rechtsstehend" einerseits, von „links" und „kirchenfeindlich" andererseits wurde dadurch massiv gefördert und bekräftigt. Die Antithesen spitzten sich zu; der Brand des Justizpalasts am 15. Juli 1927 mit der gewaltsamen Niederschlagung von Arbeiterunruhen brachte eine weitere Verhärtung der Positionen mit sich, es herrschte ein Bürgerkriegsklima – immerhin forderten die gewaltsamen

19. Nach Erika WEINZIERL: Der Episkopat. In: Ferdinand KLOSTERMANN u.a. (Hg.): Kirche in Österreich 1918–1965. Bd. I. Wien 1966, 21ff., hier 29ff.

20. Vgl. ebd. 43 (Anm. 19).

21. Interessanterweise ist dies ein mehrmals wiederkehrendes Phänomen, dessen Bedeutung für den *Austrosozialismus* genauer bedacht werden sollte: Wenn politische Maßnahmen, die aus marxistischer Sicht naheliegen, weil sie qualitative Schritte zum Sozialismus bedeuten, indem sie an den Produktionsverhältnissen etwas ändern, nicht durchsetzbar sind, wie sich dies bald nach Ende des Ersten Weltkriegs herausstellte, dann weicht man in die „Überbaupolitik" aus und betont in Verbindung damit, daß die sozialistische Arbeiterbewegung ihrer Natur nach stets auch eine Kulturbewegung ist.

Auseinandersetzungen bis zum „Anschluß“ Österreichs im Jahre 1938 mehr als 200 Tote und ein Vielfaches an Schwerverletzten.[22]

Freilich gab es auch *Besorgnis*, Nachdenklichkeit und den Versuch, neue Wege zu gehen, vor allem in kirchlichen Reformkreisen. Michael PFLIEGLER erkannte die pastorale Notwendigkeit einer Zuwendung auch zu jenen Getauften, die sich nicht mit dem politischen Katholizismus identifizieren konnten, und begann intensive Gespräche mit dialogbereiten Sozialisten.[23] Karl RUDOLF, der Gründer des Wiener Seelsorgeinstituts wirkte in ähnlicher Richtung. Beide waren zugleich die geistigen Führer einer sich von der Tradition des politischen Katholizismus distanzierenden Jugendbewegung; allerdings herrschte auch in diesem *„Bund Neuland“* eine eigentümliche Sicht des Verhältnisses von Christlichkeit und Politik: Antithetisch zur Lagermentalität sehnte man sich nach einer „von Machtkampf und Interessenfehden, Egoismus und Intrigen reinen Ordnung . . . der Einheit, des Friedens, der Gerechtigkeit, der Freiwilligkeit, der dienenden Gefolgschaft“ und verband dieses geradezu mit der althergebrachten Idee des Reiches; Distanz von der Parteipolitik, „Mut zur Nichtentscheidung im parteipolitischen Sinne“ betrachtete man als eine Art höherer politischer Tugend, was zugleich eine Distanzierung von der parlamentarischen Demokratie – und eine Prädisposition zugunsten ständisch- oder volksgemeinschaftlich-autoritärer Ideen einschloß.[24]

Die Träger der christlichsozialen Tradition – auch im kirchennahen Verbändewesen – fanden das befremdlich, die Kirchenführung war auch eher mißtrauisch, aber es setzten doch Bestrebungen ein, die Kirche aus der engen Verschwisterung mit der Parteipolitik herauszulösen und insbesondere dem katholischen Verbändewesen, das dabei die Mittlerrolle spielte, eine enger an die Hierarchie gebundene, von Parteibindungen gelöste *„Katholische Aktion“* gegenüberzustellen oder überhaupt das laienapostolische Organisationswesen in diesem Sinn umzustrukturieren. Noch vor der Abschaffung der konstitutionell-demokratischen Republik gab die Bischofskonferenz dem Klerus die Weisung, sich aus der Parteipolitik zurückzuziehen. Es gab also *unterschiedliche* Konzeptionen von „Katholizismus“, d. h. von der angemessenen Art kirchlicher Präsenz und Aktivität im Bereich der Politik, also in Richtung auf Gesellschaft und Staat. Zwischen den Exponenten der verschiedenen Richtungen bestanden merkbare *Spannungen* – sie setzten sich bis in die Zweite Republik fort, zumal eine offene Austragung unter den alsbald eintretenden Bedingungen (insbesondere ab 1938) kaum mehr möglich war.

22. Gerhard BOTZ: Gewalt in der Politik. 2.A. Wien 1979.

23. Vgl. Karl RUDOLF/Leopold LENTNER (Hg.): Custos quid de nocte? Festgabe für Michael Pfliegler. Wien 1961; sowie Franz M. KAPFHAMMER (Hg.): Seiner Zeit voraus – Michael Pfliegler. Graz 1973.

24. Siehe dazu BREUNING, Vision, 94 ff. (Anm. 18), sowie auch WEINZIERL, Episkopat, 85 (Anm. 19). Zu jenen „Neuländern“, die sich den autoritären Tendenzen um der (positiv gewerteten) rechtsstaatlichen Demokratie willen entgegenstellten, gehörte damals Ignaz ZANGERLE.

Die Stellung der Kirche zum *Nationalsozialismus* und zum Hitlerregime auch in Österreich wäre ein Thema für sich – einerseits riefen die Bischöfe im März 1938 die Gläubigen auf, bei HITLERs Volksabstimmung mit „Ja" zu stimmen; andererseits waren in der Zeit von 1938 bis 1945 nicht weniger als 724 österreichische Priester im Gefängnis (von ihnen kamen 7 ums Leben), 110 wurden in Konzentrationslager eingeliefert (20 von ihnen wurden dort zu Tode gebracht), und 15 Geistliche wurden zum Tode verurteilt.[25] Zugleich kam es zu einer inneren Regeneration und Konsolidierung der Kirche, zu einer Erneuerung des Glaubenslebens, nicht zuletzt in kleinen Gruppen.[26] Als dann – nach dem Zusammenbruch der Hitlerherrschaft – die Republik wiedererrichtet wurde, kam es zu einer Neugestaltung des Verhältnisses von Kirche, Staat und Gesellschaft.

III. Die Kirche in der Zweiten Republik

Die Zweite Republik stellte sich, prägnanter als die Erste, als ein *Parteienstaat* dar; symptomatisch war es bereits, daß ihre Wiedererrichtung und zugleich die Einsetzung einer ersten Regierung durch eine Erklärung der „Vorstände der politischen Parteien Österreichs" erfolgte, die sich in dieser Eigenschaft (also nicht etwa auf Grund irgendwelcher verfassungsrechtlicher Ermächtigung) zur Provisorischen Staatsregierung proklamierten, ein Verfassungsüberleitungsgesetz erließen und darin abermals die „Vorstände der politischen Parteien" zum Kreationsorgan einer eventuell erforderlich werdenden neuen Regierung erklärten.[27] Nach dem Ausscheiden der KPÖ aus der Regierung und aus dem Parlament und angesichts der jahrzehntelangen Schwäche anderer politischer Kräfte oder Lager bestand Österreich, gemäß einer gängigen Redeweise, sozusagen aus den „beiden Reichshälften", der „schwarzen" und der „roten"; die Republik entwickelte sich zunächst unter dem Regime einer *Großen Koalition*, aber auch nach deren Ende, als es Einparteienregierungen und dann die „Kleine Koalition" gab, bestanden Elemente eines „gemeinsamen Regimes" der beiden großen Kräfte weiter: auf Grund des Umstandes, daß Gestaltungsentscheidungen in wichtigen Politikbereichen auf den Konsens der großen Nationalratsfraktionen angewiesen waren (z.B. in der Schul-, aber auch in der

25. Nach Erika WEINZIERL: Der Weg des österr. Katholizismus 1918–1962. In: Löscht den Geist nicht aus (hg.v. Präsidium der Kath. Aktion Österreichs). Innsbruck 1963, 91.

26. Siehe Karl RUDOLF: Aufbau im Widerstand. Salzburg 1947.

27. Siehe dazu, und zur rechtlichen und politikwissenschaftlichen Würdigung vor allem Gustav E. KAFKA: Die verfassungsrechtliche Stellung der polit. Parteien im modernen Staat. In: Veröffentlichungen der Vereinigung der Deutschen Staatsrechtslehrer, Heft 17, Berlin 1959, 53ff., hier 66ff.; KAFKA betont die Bedeutung des Umstandes, daß die Parteiführer ja nicht den vor der Besetzung Österreichs rechtskräftigen Verfassungszustand als wiederbestehend deklariert hätten, sondern einen anderen (ebd. 68); er erklärt, die „Rechtsgemeinschaft" des Staates sei „als Rechtsgemeinschaft der politischen Parteien begründet und erhalten", die entsprechende Parteienübereinkunft (der Koalitionspakt) bilde die eigentliche Grundnorm.

Agrarpolitik); vermöge der föderalistischen Struktur, die der jeweiligen großen Oppositionspartei zumindest in etlichen Bundesländern Regierungschancen gibt; aber auch auf Grund „sozialpartnerschaftlicher“ Usancen und Einstellungen.

Von kaum überschätzbarer Bedeutung ist dabei, daß die Parteien über *Vorfeldorganisationen*, ihnen nahestehende Verbände und mannigfache andere Vorkehrungen und Mechanismen auch das gesellschaftliche Leben zu überaus weitgehendem Grade durchsetzt und geradezu unter Kontrolle gebracht haben, so daß man im Hinblick auf Österreich nicht nur von einem „Parteienstaat“, sondern auch von einer „*Parteiengesellschaft*“ sprechen konnte[28] – mindestens bis weit in die achtziger Jahre hinein. Inzwischen gibt es freilich Erosionserscheinungen. Das bedeutet natürlich eine neue *Grundkonstellation* im Verhältnis von Kirche, Staat und Gesellschaft: Gesellschaft und Staat befanden sich in den Händen des Parteienkartells (wenn man das so ausdrücken darf); die Kirche ihrerseits hatte, angesichts der ererbten Naheverhältnisse zu einem der beiden politischen „Lager“, ihre Position neu zu bestimmen. Alsbald nach Kriegsende erneuerte Theodor Kardinal INNITZER die Weisung, der *Klerus* solle sich aus der Politik heraushalten – zunächst für seine Erzdiözese; im Herbst 1945 gab die Bischofskonferenz eine gesamtösterreichische Erklärung im selben Sinn ab und bekräftigte das ein Jahr später: „Nicht der Zustand der Kirche vor dem März 1938 wird in Betracht gezogen. Die Kirche will keinerlei Bindung an irgendeine politische Partei“.[29] Zugleich verzichtete man darauf, die Rückkehr zum alten System der Staatsfinanzierung anzustreben, sondern das in der Hitlerzeit eingeführte „*Kirchenbeitragssystem*“ beizubehalten, das sich vom deutschen System der Kirchensteuer wesentlich unterscheidet.[30]

Wichtig war auch der Entschluß, die *laienapostolische* Präsenz des Katholizismus in der Gesellschaft neu zu ordnen: An die Stelle des früheren, mit dem christlichen Parteilager eng verschwisterten Verbändewesens sollte die Katholische Aktion – geradezu mit einer Monopolstellung – treten, unter einem (wie das später vom Zweiten Vatikanum formuliert wurde) „moderamen superius“ der Bischöfe und unter Vermeidung parteipolitischer Bindungen (die Abhängigkeit von der Kirchenführung war so stark, daß erst im Lauf der Zeit eine gewisse Autonomie in bezug auf Personal-

28. Manfried WELAN: Parteien und Verbände in Österreich. Wien 1985, 34. Allerdings hat die „Lagerbindung“ und hat die Akzeptanz der politischen Parteien gerade in jünster Zeit merklich abgenommen, und zugleich sind neue Kräfte und Gruppierungen auf den Plan getreten, die sich dem „Machtkartell“ nicht zurechnen lassen wollen; vgl. dazu Anton KOFLER: Parteiengesellschaft im Umbruch. Wien 1985. – Grundlegend Anton PELINKA/Fritz PLASSER (Hg.): Das österr. Parteiensystem. Wien-Köln-Graz 1988.

29. Nach WEINZIERL, Episkopat, 40 (Anm. 19). Vgl. auch Ds.: Die Kath. Kirche. In: Ds./Kurt SKALNIK (Hg.): Österreich. Die Zweite Republik. Graz-Wien-Köln 1972, Bd. 2, 285ff.

30. Vgl. Hans R. KLECATSKY: Lage und Problematik des österr. Kirchenbeitragsystems. In: Joseph KRAUTSCHEID/Heiner MARRÉ (Hg.): Essener Gespräche zum Thema Staat und Kirche. Bd. 6. Münster 1972, 54ff.

und Sachentscheidungen zustandekam). Versuche, die alten Verbände (den „Reichsbund", den „Volksbund der Katholiken Österreichs") wiederzubeleben, stießen bei den Bischöfen auf starke Reserven. Die Katholische Aktion faßte 1955 in Mariatrost den Beschluß, daß höhere Funktionen mit der Ausübung politischer Mandate und mit parteipolitischen Führungspositionen inkompatibel seien. In der Zwischenzeit ist dieser Beschluß mehrmals erneut diskutiert, aber jedesmal bekräftigt worden.[31]

Ein entscheidender Schritt zur neuen Positionsbestimmung war im Jahre 1952 eine Studientagung in Mariazell zur Vorbereitung des ersten großen Katholikentags der Nachkriegszeit. Das „*Mariazeller Manifest*" ist auch später häufig zitiert worden. Das Leitwort lautete: „Eine freie Kirche in einer freien Gesellschaft".[32] Und dazu hieß es: „Eine freie Kirche, das heißt, die Kirche ist auf sich selbst gestellt . . . Heute hat die Kirche keinen Kaiser und keine Regierung, keine Partei und keine Klasse, keine Kanonen, aber auch kein Kapital hinter sich .. die Brücken in die Vergangenheit sind abgebrochen, die Fundamente für die Brücke in die Zukunft werden heute gelegt. Eine freie Kirche bedeutet . . .: Keine Rückkehr zum Staatskirchentum vergangener Jahrhunderte, das die Religion zu einer Art ideologischen Überbaus der staatsbürgerlichen Gesinnung degradierte, das Generationen von Priestern zu inaktiven Staatsbeamten erzog. Keine Rückkehr zu einem Bündnis von Thron und Altar . . . Keine Rückkehr zum Protektorat einer Partei über die Kirche . . . Keine Rückkehr zu jenen gewaltsamen Versuchen, auf rein organisatorischer und staatsrechtlicher Basis christliche Grundsätze verwirklichen zu wollen . . ."[33] Freilich: „Eine freie Kirche bedeutet . . . nicht eine Kirche der Sakristei oder des katholischen Ghettos", sondern „eine Kirche der weltoffenen Türen und ausgebreiteten Arme, bereit zur Zusammenarbeit mit allen", und zwar sowohl „mit dem Staat" wie auch „mit allen Ständen, Klassen und Richtungen zur Durchsetzung des gemeinsamen Wohls" sowie „mit allen Konfessionen" und schließlich „mit allen geistigen Strömungen, mit allen Menschen, wer immer sie seien und wo immer sie stehen, die gewillt sind, mit der Kirche für ‚Freiheit und Würde des Menschen' zu kämpfen".[34] („Freiheit und

31. Als im Herbst 1991 eine Neuwahl des Präsidiums der Katholischen Aktion Österreichs anstand, konnte die dann Ende September neugewählte Präsidentin Eva PETRIK – deren Kandidatur schon früher im Gespräch gewesen war – nur deswegen gewählt werden, weil inzwischen eine vorzeitige Auflösung des Wiener Gemeinderates (der zugleich Landtag des Bundeslandes Wien ist) ihr Ausscheiden aus der Funktion als Mandatarin zur Folge hatte.

32. Siehe den offiziellen Bericht über die Ergebnisse der Studientagung. In: Kirche in neuer Zeit – Reden und Erklärungen des Österr. Katholikentages 1952. Innsbruck 1952, 44 ff. – Es ist ein Anlaß zum Nachdenken, daß das Leitwort bis in die achtziger Jahre hinein immer wieder unkorrekt – nämlich als „Eine freie Kirche im freien Staat" – zitiert worden ist, d. h. daß auch mit den Dingen vertraute Sprecher sozusagen kraft kognitiver Dissonanz die Bedeutung des terminologischen Wandels nicht zur Kenntnis genommen haben.

33. A.a.O., 45 (Anm. 32).

34. A.a.O., 46 (Anm. 32).

Würde des Menschen" lautete das Motto des Katholikentags, den die Mariazeller Tagung inhaltlich vorzubereiten hatte).

Das waren neue, ungewohnte Formulierungen: Die Kirche sah sich nicht mehr als Partner ausschließlich des Staates, als „die andere" societas perfecta, die in der Wahrnehmung obrigkeitlicher Funktionen als geistliche Hoheitsmacht der weltlichen gegenübertritt. Vielmehr nahm die Kirche primär „die Gesellschaft" als ihr Gegenüber wahr, und der Staat wurde als eine der gesellschaftlichen Größen, als ein Dialog- und Kooperationspartner neben anderen gesehen (mag die Reihung vom Staat über die Stände, Klassen und Richtungen bis hin zu „allen Menschen" auch – absichtlich oder unabsichtlich – eine Art Rangordnung ausdrücken). Die Träger der älteren Tradition des österreichischen Katholizismus waren von dieser Redeweise, nicht zuletzt auch angesichts der eindeutigen Distanzierung von früher maßgeblichen Standpunkten, nichts weniger als erbaut, und das Unbehagen ging u. a. weit in die ÖVP hinein.[35] Insbesondere hat man später kritisch vermerkt, die Mariazeller Linie habe den Grund zu einer politischen *Absenz* oder *Abstinenz* der Kirche gelegt.[36] Aber diese Kritik ist anfechtbar.

Im Jahre 1956 legten die Bischöfe einen aufsehenerregenden „*Sozialhirtenbrief*" vor, in dem die Grundanliegen der Arbeiterbewegung sozusagen kirchliche Legitimierung erhielten (Kommunismus und liberaler Kapitalismus wurden abgelehnt, der „gemäßigte Sozialismus" sei insofern anzuerkennen, als er eine gerechtere Gesellschaftsordnung anstrebe, die materialistisch- weltanschaulichen Züge seien freilich inakzeptabel).[37] Beim Wiener Katholikentag 1958 hat Erzbischof Dr. Franz KÖNIG (damals noch nicht Kardinal) unmißverständlich *Autorität* für kirchliche Aussagen zur Politik reklamiert: Es sei und bleibe „die Aufgabe der Kirche, die zeitlos gültigen Gesetze der Ordnung Gottes und die Prinzipien einer christlichen Gesellschaftsordnung zu verkünden. Von den Katholiken aber erwartet sie, daß sie anhand dieser Prinzipien die ihnen vorgelegten Programme prüfen und danach ihre Stellung beziehen . . ."[38] Der Anspruch, autoritative Urteile abzugeben, wurde ausdrücklich auch auf die institutionelle Sphäre bezogen, nicht nur auf die der Gesinnung.

Freilich, die politische Aufgabe der Kirche wurde im Laufe der Zeit zwar keineswegs geleugnet oder in Frage gestellt, wohl aber anders definiert als in früheren Zeiten. Fünf Jahre später, als das *Zweite Vatikanische Konzil* bereits in vollem Gang war, aber das berühmte „Schema XIII", aus dem

35. Siehe etwa Hans MAGENSCHAB: Die Zweite Republik zwischen Kirche und Parteien. Wien 1968.

36. Vgl. MAGENSCHAB, Republik (Anm. 35).

37. Siehe: Der Sozialhirtenbrief der österreichischen Bischöfe. Hg. im Auftrag der Bischofskonferenz. Innsbruck 1957.

38. Siehe: Die soziale Verantwortung des Christen in der modernen Gesellschaft – Offizieller Bericht über den Katholikentag Wien 1958, 12 f.

später die Pastoralkonstitution über die Kirche in der Welt von heute („Gaudium et spes") wurde, noch nicht vorlag, äußert sich Kardinal KÖNIG wie folgt: „Der Staat einer pluralistischen Gesellschaft braucht ein einigendes Band, um bestehen zu können, weil sonst Ideologie gegen Ideologie, Anschauung gegen Anschauung, Interesse gegen Interesse einen solchen Gegensatz erzeugen, daß sie das Staatsganze sprengen . . . Wer ist in der Lage, die Aufgabe der Integration der Gesellschaft zu erfüllen, wenn der Staat immer mehr seine . . . integrierende Funktion verliert? Gehört es nicht . . . zur dienenden Aufgabe der Kirche . . ., an der so notwendigen Integration der Gesellschaft mitzuhelfen? . . . Vielleicht ist die Kirche heute in Österreich eher in der Lage, das zu tun, als dies in der Vergangenheit der Fall war . . . Sie ist keiner Ideologie und keiner Interessengemeinschaft verhaftet. Ihre Aufgabe ist es, nicht zu trennen, sondern zu vereinen."[39] Hier wird wieder ein neuer Aspekt der kirchlichen Aufgabe im Blick auf Staat und Gesellschaft sichtbar: Staat wie Gesellschaft sind der Zerreißprobe interessen- und ideologiebedingter Antagonismen ausgesetzt (wohl eben auch deswegen, weil der Staat als Parteienstaat zu erheblichem Grade vergesellschaftet ist), und gerade deshalb bedürfen beide der Kirche als einer Kraft der Einigung, nicht der Trennung, als einer Kraft, die Frieden stiftet, fördert und sichert.[40]

Das heißt freilich keineswegs, die Kirche nähme gegenüber den gesellschaftlichen Kräften und den politischen Richtungen eine Position der *Äquidistanz* ein. Stattdessen bildete sich eine Auffassung heraus, die erst später, nämlich in den siebziger Jahren, vom „Österreichischen Synodalen Vorgang" ausformuliert wurde: „Die Kirche ist keine politische Organisation. Darum kann sie keine bestimmte Partei als alleinigen Sachwalter ihrer Anliegen betrachten. Das bedeutet nicht, daß die Kirche immer zu den konkurrierenden politischen Richtungen ein gleich nahes Verhältnis haben muß (Äquidistanz). Das Verhältnis zwischen Kirche und politischen Parteien bleibt vielmehr in der Regel variabel: Es ist abhängig vom Grad der programmatischen und praktischen Gemeinsamkeit im Erstreben humaner Grundwerte und vom Maß der Verwirklichung des kirchlichen Freiheitsraumes. In dem Maß, in dem die einzelnen Parteien mit den von der Kirche für grundlegend gehaltenen Fragen übereinstimmen oder nicht, ergibt sich von selbst eine differenzierte Nähe oder Ferne zu den Parteien. Auf diese Weise haben es die politischen Parteien in unserem Land weitgehend selbst in die Hand, ihr Verhältnis zur Kirche zu bestimmen."[41] In

39. Kardinal KÖNIG in der Ausgabe der „Furche" vom 8. Mai 1963; vgl. auch Ds.: Worte zur Zeit. Hg. von Richard BARTA. Wien 1968, 204ff.

40. Siehe auch: Kardinal Franz KÖNIG: Gesellschaftspolitik aus dem Glauben. Rede beim Delegiertentag der Kath. Männerbewegung Österreichs am 30. April 1976 in Salzburg (veröffentlicht im gleichnamigen Tagungsbericht. Hg. v. d. KMBÖ. Wien 1976). Dazu auch Heinrich SCHNEIDER: Kardinal König und der Friede, in: Annemarie FENZL (Hg.): Kardinal König, Wien 1985, 222ff., hier v.a. 230ff.

41. Siehe: Österr. Synodaler Vorgang. Dokumente. Wien 1974, 41 (Dokument II: Kirche in der

ihrer seelsorgerischen Zuwendung dürfe sich die Kirche nie „nur auf die Mitglieder oder Anhänger bestimmter politischer Parteien oder Organisationen beschränken", vielmehr müsse sie „versuchen, Zugang zu den Denkweisen und Einstellungen der Menschen aus den verschiedensten Lagern zu finden"; so solle man „Christen aus verschiedenen gesellschaftlichen Milieus und politischen Gruppierungen zur Mitarbeit ein(..)laden", es gelte, sie z.B. auch für Pfarrgemeinderäte und andere Gremien oder Vereinigungen zu gewinnen.[42]

Zur angemessenen *Einschätzung* dieser Aussagen ist es angebracht, daran zu erinnern, daß unterdessen einiges geschehen war. Einerseits hatte inzwischen das *Konzil* wegweisende Lehraussagen über das Verhältnis von Kirche, Gesellschaft und Politik verkündet, die in einer ganzen Reihe von Hinsichten die von der österreichischen Kirche nach dem Krieg eingeschlagene Richtung bekräftigten. Andererseits hatte unterdesssen die *Sozialistische Partei* die Alleinregierung übernommen (daß unter diesen veränderten Umständen u.a. vom Österreichischen Synodalen Vorgang noch einmal die Kernsätze von Mariazell als maßgeblich in Erinnerung gebracht wurden, war bemerkenswert). Bis in die sechziger Jahre hinein, ja bis zur sozialistischen Regierungsübernahme waren ja immerhin wichtige Regierungspositionen, die im Hinblick auf kirchliche Belange Schlüsselfunktionen besaßen, in den Händen kirchennaher Kräfte gelegen (z.B. das Amt des Unterrichtsministers); die Herauslösung aus dem parteipolitisch geprägten Kräftefeld war unter diesen Umständen insofern nicht besonders riskant, als man ohnehin in kritischen Situationen mit gouvernementaler Rückendeckung rechnen konnte.

Dann aber kam eine neue politische Konstellation zum Tragen; als Bruno KREISKY Bundeskanzler wurde, schien zunächst das Verhältnis zwischen Regierungsmehrheit und Kirche keinen Belastungen ausgesetzt zu sein, zumal man der Kirche z.B. in der Frage der Personalfinanzierung der katholischen Schulen in signifikanter Weise entgegenkam. Dann freilich traten *Konflikte* auf- zunächst und in Maßen bei der sog. „Kleinen Strafrechtsreform", dann aber namentlich in der Auseinandersetzung um die sogenannte *„Fristenregelung"* der Abtreibung. Das Kräftefeld schien sich in einer Weise umzuformen, die dem alten Gegenüber der großen „Lager" nahekam. Mit Billigung der Bischöfe bemühte sich die *„Aktion Leben"* um die Mobilisierung der Christen gegen die Fristenregelung, dabei kam es zuweilen zu sehr erregten Kontroversen (zumal das Thema schon zur Zeit der Ersten Republik ein nicht nur beiläufiger Streitgegenstand zwischen

---

Gesellschaft von heute, Abschnitt 1.1.15). Zum „ÖSV" vgl. SCHNEIDER, Kirche, 202ff (Anm. 12).

42. A.a.O., Abschnitt 1.1.16 (Anm. 41). Daß dann zuweilen die Furcht aufkam, Pfarrgemeinderatswahlen und ähnliche Vorgänge würden in parteipolitische Kräftefelder geraten, ist nicht unverständlich. Tatsächlich ist aber die Wahrnehmung entsprechender Funktionen durch Kirchenmitglieder, die in anderen Parteien als der ÖVP engagiert sind, nach wie vor nicht eben häufig.

kirchlichen und sozialistischen Kreisen gewesen war, so daß manche alte Ressentiments wieder auflebten). Trotz der Unterschriftenleistung von fast 900.000 Österreichern bei einem *Volksbegehren* der „Aktion Leben" hielt die SPÖ an der von ihr beschlossenen Gesetzesbestimmung fest. Das bedeutete eine deutliche *Abkühlung* des Verhältnisses zwischen Kirche und Regierung – obschon Kardinal KÖNIG auch in Phasen heftiger Auseinandersetzung über die Strafrechtsreform immer wieder betonte, daß ein Freund-Feind-Verhältnis zu demokratischen Parteien und eine Infragestellung des Friedens im Lande keine Lösung wären.

In den achtziger Jahren ging dann die Entwicklung dahin, daß auch die Gegner der Fristenregelung den geschaffenen Rechtszustand sozusagen zur Kenntnis nahmen und daß andererseits im Jahr 1985 verschiedene von einer neuen „Plattform Geborene für Ungeborene" geforderte Maßnahmen zur Förderung des ungeborenen Lebens von der nunmehrigen SPÖ-FPÖ-Regierung in die Wege geleitet wurden, was eine Klimaverbesserung andeutete.[43] Zu einer allseits befriedigenden Ausräumung der Differenzen kam es nicht, auch nicht in den Folgejahren. In katholischen Kreisen hielt und hält man die „flankierenden Maßnahmen", die dazu führen sollten, die Bereitschaft zum Kind zu heben und dadurch die Abtreibungsrate zu senken, für unzulänglich. Daneben wurde von einzelnen, auch namhaften, Persönlichkeiten aus dem konservativen Lager auch ein ausdrücklicher und weitergehender Rückgriff auf das Strafrecht als Remedium gegen die Abtreibung gefordert. Zu einer politischen Initiative kam es allerdings nicht – wohl kaum nur deshalb, weil die ÖVP, seit 1987 Koalitionspartei, kein Interesse daran hatte, sich für eine Änderung der Rechtslage stark zu machen. Auch in der Kirche selbst scheint die Bereitschaft, massiv einer Verschärfung des strafrechtlichen Schutzes des ungeborenen Lebens das Wort zu reden, nicht übermäßig groß zu sein.[44]

43. Die „Plattform Geborene für Ungeborene" hatte dem Nationalrat eine Petition vorgelegt, die unter Ausblendung der Strafrechtsprobleme Maßnahmen zur Senkung der Abtreibungsrate und zur Förderung der Geburt und der Lebenschancen ungeborener Kinder forderte. Der zuständige Nationalratsausschuß kam zu einer einhellig positiven Stellungnahme und legte dem Nationalrat im Mai 1985 einen Entschließungsantrag vor, der am 8. Mai 1985 mit den Stimmen aller Fraktionen angenommen wurde und eine Reihe von Absichtserklärungen im Hinblick auf „positive" Maßnahmen zugunsten des werdenden Lebens enthielt. Bereits vorher hatte sich gezeigt, daß schon die klimatischen Umstände dieser Initiative anders waren als zur Zeit der „Aktion Leben"; beispielsweise hatte der SPÖ-Klubomann im Nationalrat Sepp WILLE die Petition mitunterzeichnet.

44. Auch die letzte repräsentative Stellungnahme des Episkopats, nämlich der „Sozialhirtenbrief" vom 15. Mai 1990 verurteilt entschieden, „daß in Österreich fortgesetzt eine große Zahl ungeborener Menschen durch Abtreibung getötet wird" (59) und verlangt vom Gesetzgeber, jedes Lebensrecht „ausreichend zu schützen" (60). Vor allem aber wird „mehr Solidarität mit jenen" gefordert, „deren Lebenschancen ohne Schuld am meisten bedroht sind" und gefragt: „Warum werden bei Schwangerschaften in Konfliktsituationen nicht mehr Anstrengungen unternommen, um günstigere Bedingungen für ein Annehmen des Kindes oder auch für die Freigabe zur Adoption zu schaffen? Warum beteiligen sich so viele Menschen gegen Gottes Gebot an der Tötung der Ungeborenen?" (59).

IV. Das Verhältnis der Parteien zur Kirche

Hat also in der Zweiten Republik die Kirche ihr Verhältnis zu Staat und Gesellschaft, insbesondere zum „Parteienstaat" und zur „Parteiengesellschaft" neu bestimmt, so gilt Entsprechendes freilich auch für die anderen an dieser Konstellation beteiligten *Akteure*. Das waren in den abgelaufenen Jahrzehnten, wie schon deutlich wurde, nicht eigentlich „der Staat" als eine hypostasierte Größe auf der einen und „die Gesellschaft" als ein Inbegriff vielfältigster Interessen- und Ideenträger auf der anderen Seite, sondern im wesentlichen die *großen politischen Kräfte*, die ihrerseits in der Gesellschaft verwurzelt und an der staatlichen Willensbildung maßgeblich beteiligt sind.

Die *Österreichische Volkspartei*, personell und positionell die Nachfolgerin der alten „Christlichsozialen (ihre Gründung erfolgte übrigens zunächst unter dem Namen „Christlichsoziale Volkspartei"[45]), bekannte sich programmatisch zu christlichen Überlieferungen und Grundsätzen, distanzierte sich jedoch vom „Klerikalismus"; anstelle des Klassenkampfes proklamierte sie die Solidarität aller Gruppen und Schichten, wollte aber nicht als politische Vertretung der Besitzenden gelten; ganz zu Anfang dachte man sogar an einen „freien Sozialismus aus christlicher Verantwortung", und auch der Gedanke an eine österreichische Labour-Party war wirksam.[46] Freilich gab es dann deutliche Akzentverschiebungen, u. a. um liberal orientierte Kreise und „nationale" Wähler zu gewinnen.[47] Was die Positionsbestimmung gegenüber der Kirche betrifft, so waren die Unterschiede zur Vor-Hitler-Zeit offenkundig. In ihren „Wiener Leitsätzen" vom Jänner 1952 erklärte die ÖVP, sie wünsche „weitgehenden Einfluß der Lehren Christi auf das Zusammenleben der Bürger dieses Landes", sei aber dennoch „eine konfessionell ungebundene Partei".[48]

Im noch heute gültigen *Salzburger Programm* von 1972 heißt es: „Die ÖVP sieht im Christentum die ständige Herausforderung zur Gestaltung der Welt. Sie ist offen für Christen und für alle, die sich aus anderen Beweggründen zu

45. Dies vermerkte KAFKA, Stellung, 66 (Anm. 27).

46. So Kurt SKALNIK: Parteien. In: WEINZIERL/SKALNIK, Österreich, 197 ff., v. a. 200 und 202 (Anm. 29).

47. Siehe SKALNIK, Parteien (Anm. 46), vgl. auch MAGENSCHAB, Republik, 16 ff. und 38 ff. (Anm. 35). In den sechziger Jahren führte insbesondere die Durchsetzung einer „Reformer"-Gruppe um den späteren Bundeskanzler Josef KLAUS (Karl PISA, Gottfried HEINDL, Ferdinand MANNDORFF u. a.) zu einer Zurücknahme spezifisch „katholischer" Akzentuierungen im Zeichen wissenschaftsorientierter „Politik der Sachgerechtigkeit"; die Traditionsträger des politischen Katholizismus waren damit keineswegs einverstanden. Siehe dazu Heinrich DRIMMEL, Entzweiung von Religion und Politik. In: AKV-Schriftenreihe. Folge 3/1972 (hg. v. d. Arbeitsgemeinschaft Kath. Verbände). Wien 1972.

48. Nach BERCHTOLD, Parteiprogramme, 379 ff., hier 382 (Anm. 13); übrigens in Abschnitt II/15, also nicht gerade an vorderster Stelle. In der Präambel werden vor allem Solidarismus und Föderalismus „im Gegensatz zu klassenmäßigen und zentralistischen Bestrebungen" betont.

einen humanistischen Menschenbild bekennen"; zwar leite sie „ihren politischen Gestaltungswillen aus einem christlich begründeten Verständnis von Mensch und Gesellschaft ab"[49], aber die verbindliche geistige Grundlage ist offenbar doch eher das „humanistische Menschenbild", wie auch der seinerzeitge Parteiobmann Josef TAUS, der selbst in enger Beziehung zur christlichen Sozialbewegung stand, unmißverständlich dargelegt hat: „Die österreichische christlich-demokratische Bewegung bekennt sich zum gesellschaftlichen Pluralismus, zur Mehrparteiendemokratie, zur Kontrolle der Macht, zum absoluten Vorrang der Sicherung von Freiheit und Würde des Menschen, zu einem Grundrecht auf soziale Sicherheit. Die Quellen, aus denen der Mensch schöpft, um zu diesen Einsichten zu gelangen, können verschiedenartig sein. Viele werden sie aus einem christlichen Menschen- und Weltbild ableiten, andere wieder aus liberalen Überlegungen, wieder andere können über die Ethik der Erkenntnis zu ihren politischen Überzeugungen gelangen, andere aus sozialen humanen Überlegungen heraus. Diese Offenheit den Ideen gegenüber, soferne sie nicht zu irdischen Heilslehren mit ihrer totalen Neigung zur menschlichen Zwangsbeglückung über die Unfreiheit und Unterdrückung neigen, bestimmt den Standort der ÖVP. Christliches Denken, ein christlicher Humanismus wird aber immer zu den Tragmauern des von ihr vertretenen Gedankengebäudes gehören."[50]

Nicht von *der* geistigen Grundlage im Singular ist die Rede, sondern von einer *Mehrzahl* tragender Grundlagen, deren eine die *christliche* ist. Natürlich werden die Parteiprogramme (und Kommentare) stets auch im Zeichen von Strategien der Meinungsbeeinflussung entworfen, und wenn man davon ausgeht, daß die kirchentreuen Christen ohnehin die Volkspartei wählen, dann liegt es nahe, daß man Formulierungen findet, die die Partei für die anderen potentiellen Wähler und Sympathisanten attraktiv machen. Gleichwohl ist es interessant, daß die einigenden programmatischen Inhalte der christlichdemokratischen Politik nach Taus politische Ordnungsprinzipien auf weltanschaulich „vorletzter" Ebene sind. Man könnte sich zwar einerseits daran erinnern, daß in der Tradition der katholischen Soziallehre auch früher großer Wert auf die „Vernünftigkeit" der gesellschaftspolitischen Leitperspektiven gelegt wurde, d.h. daß man sich bemühte, ihre Richtigkeit ohne notwendige Bezugnahme auf Glaubensüberzeugungen (im Sinne von „Offenbarungswahrheiten") einsichtig zu machen oder als einsichtig zu bezeichnen, so daß sich eigentlich jeder unvoreingenommen der Vernunft folgende Mensch von dieser ihrer Richtigkeit überzeugen lassen müßte.[51] Aber diese Vernunft war doch jeweils mit einer bestimm-

49. Nach Albert KADAN/Anton PELINKA: Die Grundsatzprogramme der österr. Parteien – Dokumentation und Analyse. St. Pölten 1979, 190ff., hier 191 (Abschnitt 2.9., sowie 192, Abschnitt 3.1., 16).

50. Josef TAUS: Die kath. Soziallehre und die soziale Frage der Gegenwart. In: Herbert SCHAMBECK (Hg.): Kirche und Staat – Fritz Eckert z. 65. Geb. Berlin 1976, 315ff., hier 317.

51. Eben dies besagt ja auch die Idee der „naturrechtlichen" Grundlegung der Soziallehre.

ten Philosophie verknüpft, nämlich der klassischen Ontologie, wie sie im katholischen Raum vor allem in der Tradition Thomas von AQUINs lebendig erhalten oder erneuert wurde. Demgegenüber verweist die Formulierung von TAUS auf einen breiter angelegten Pluralismus von philosophischen und anderen „weltanschaulichen" Motivgründen, kraft derer man zur Bejahung der fünf von ihm genannten Ordnungsgrundsätze kommen könne.

Übrigens hat gut eineinhalb Jahrzehnte später der heutige (1992) Parteiobmann der ÖVP die von TAUS deklarierte Positionsbestimmung mit einer gewissen Akzentverschiebung bekräftigt. Erhard BUSEK bezeichnete die Volkspartei als „eine Partei, die im wesentlichen von Menschen geprägt wird, die Katholiken sind und meistens auch aus irgendeinem Engagement in diesem Bereich kommen. Sie hat aber durchaus auch andere in ihren Reihen, die zum selben Ergebnis kommen, ohne die gleiche Wurzel zu haben."[52] Die ÖVP-These vom Pluralismus der Motivgründe für die Bejahung der gemeinsamen, die geistig-politische Identität der Partei zum Ausdruck bringenden Grundsätze war übrigens der bewußte oder unbewußte Reflex auf eine programmatische Entwicklung der anderen großen politisch-ideologischen Kraft.

Die *Sozialistische Partei Österreichs* hatte im Jahre 1947 in einem Aktionsprogramm zunächst die Aussagen des Linzer Programms von 1926 erneuert („Religion ist Privatsache . . . keine Unterstützung einer Konfession oder konfessionellen Einrichtung aus Staatsmitteln").[53] In der Folgezeit spielte sich aber eine erhebliche Veränderung ab. Im *Wiener Programm* der SPÖ von 1958 las man: „Gleichviel ob Sozialisten ihre Überzeugung aus den Ergebnissen marxistischer oder anders begründeter sozialer Analysen oder aus religiösen oder humanitären Grundsätzen ableiten, alle erstreben ein gemeinsames Ziel: eine Gesellschaftsordnung der sozialen Gerechtigkeit, der höheren Wohlfahrt, der Freiheit und des Weltfriedens.. Sozialismus und Religion sind keine Gegensätze.."[54] Der erste Satz dieser Passage stellt übrigens kein Eigengut der SPÖ dar, sondern ist aus einer Grundsatzerklärung der Sozialistischen Internationale aus dem Jahre 1952 übernommen. Hier wird also, und zwar zeitlich vor der vergleichbaren programmatischen Positionsbestimmung der ÖVP, ebenfalls keine Festlegung auf letzte weltanschauliche Überzeugungen verlangt, sondern

52. Erhard BUSEK in einem Interview. In: „Kirche Intern" (Reisenberg). 1991 Heft 11 (November 1991), 14.

53. Nach BERCHTOLD, Parteiprogramme, 268ff., hier 277 (Anm. 13) (der vorletzte Absatz, unter der Überschrift „Für Glaubensfreiheit, gegen Gewissenszwang").

54. BERCHTOLD, Parteiprogramme, 286ff., hier 289 (Anm. 13)(Abschnitt „Sozialismus und Religion"). Der Gedanke der „Äquidistanz" der Partei gegenüber den mit sozialistischen Vorstellungen zu vereinbarenden Weltanschauungen wird durch folgende Aussage nahegelegt: „Die Sozialisten achten das Bekenntnis zu einem religiösen Glauben wie zu einer nichtreligiösen Weltanschauung als innerste persönliche Entscheidung jedes einzelnen. Sie stehen daher zu dem Grundsatz der Gleichberechtigung aller Bekenntnisse in der staatlichen Ordnung".

sozusagen eine Übereinstimmung in (religiös oder metaphysisch) „vorletzten“ Dingen proklamiert. Der Ausdruck „gleichviel“ könnte sogar auf eine prinzipielle „Äquidistanz“ des Sozialismusverständnisses gegenüber letzten Begründungen (marxistischen, religiösen, humanitären . . .) hindeuten.

Das 1978 beschlossene *Programm der SPÖ* ist demgegenüber merkwürdigerweise sowohl einen Schritt nach vorn als auch einen Schritt zurück gegangen:[55] Einerseits spricht es von „tiefer Sympathie“ der Sozialisten gegenüber der christlichen Botschaft und erklärt, viele Sozialisten seien Sozialisten nicht obwohl, sondern weil sie Christen sind. Andererseits gibt es in diesem Programm einen Abschnitt mit der Überschrift „Die Welt, aus der wir kommen“, der eine Gesellschaftsanalyse bietet, die mit ziemlich eindeutig marxistischen Begriffen und Denkfiguren unternommen wird und doch offenbar auch zum verbindlichen Bestand der politischen Identität der SPÖ gehören soll. Dem entspricht es, daß auch in anderen Teilen dieses Programms Formulierungen aufscheinen, die eine Affinität zur MARXschen Lehre aufweisen, jedoch mit den Prinzipien der katholischen Soziallehre kaum vereinbar sind.[56]

Dabei handelt es sich charakteristischerweise nicht um Aussagen über die sozialistische Wirtschaftsverfassung, sondern um solche, die eher *anthropologischen* und *prinzipiell-gesellschaftstheoretischen* Charakter haben. Man erinnert sich in diesem Zusammenhang an die Aussage des bischöflichen Sozialhirtenbriefs aus dem Jahre 1956, der Bedenken gegenüber der sozialistischen Programmatik vor allem im Hinblick auf „metaphysische“ Positionen (nämlich auf den Materialismus) herausstellte – übrigens durchaus im Einklang mit päpstlichen Äußerungen; die Enzyklika „Quadragesimo anno“ aus dem Jahre 1931 verurteilte ja den Sozialismus an Hand des Menschenbildes und der Gesellschaftsphilosophie, die ihm eigen seien, nicht so sehr an Hand der wirtschaftspolitischen Prinzipien – was zur Folge hatte, daß gleich nach der Publikation der Enzyklika der Erzbischof von Westminster der britischen Labour Party bescheinigte, daß sie von der Verurteilung des Sozialismus durch den Papst nicht betroffen sei – obschon die Labour Party eindeutig für die Sozialisierung und für die Planwirtschaft eintrat, ohne daß

55. Siehe KADAN/PELINKA, Grundsatzprogramme, 141ff. (Anm. 49). Vgl. dazu Heinrich SCHNEIDER. Das neue Parteiprogramm der SPÖ – eine kritische Analyse. In: Österr. Jahrbuch f. Politik '78. München-Wien 1979, 103ff.

56. Im Abschnitt über die Rechtsordnung (3.1.2., 154f.) (Anm. 49) wird diese geradewegs als „der juristische Überbau der ökonomischen Struktur der Gesellschaft“ bezeichnet, d.h. es wird ein klasseninvarianter ethischer Sinngehalt der Rechtsordnung implizit geleugnet, eine eindeutig materialistische Rechtstheorie vertreten. Der für diese Formulierung entscheidend mitverantwortliche damalige Justizminister Christian BRODA erläuterte übrigens seinerzeit, in einer Diskussion beim Katholischen Akademikerverband Wien darauf angesprochen, er habe mit diesem Hinweis zum Ausdruck bringen wollen, daß die Rechtsordnung nicht ohne Rücksicht auf die gegebenen gesellschaftlichen Verhältnisse gestaltet werden könne – es sei darum gegangen, die Vorstellung abzuwehren, man könne auf der Basis noch nichtsozialistischer ökonomischer Verhältnisse sozialistische Rechtsvorstellungen realisieren.

sie das allerdings mit einer „parteioffiziellen" un- oder gar antichristlichen Anthropologie oder Sozialtheorie begründete.[57]

Vielleicht sollte, zumindest um der Vollständigkeit willen, noch hinzugefügt werden, daß die *Freiheitliche Partei* in ihrem Bad Ischler-Programm und in ihrem „Manifest zur Gesellschaftspolitik" die seit langem von nationalen und von liberalen Gruppierungen vertretene Linie festgeschrieben hat, wie sie in der Formel „Trennung von Kirche und Staat" zum Ausdruck kommt. Allerdings hat gerade in den achtziger Jahren die FPÖ den Dialog mit der Kirche und mit kirchlichen Gesprächspartnern gesucht – wenngleich angesichts der parteiinternen Diskussionslage dies nicht zu den dringlichsten Anliegen zu gehören schien.[58]

Die *Kommunistische Partei Österreichs* ist wie eh und je aus Prinzip religions- und kirchengegnerisch eingestellt. Allerdings bemühen sich die Kommunisten, unbeschadet ihrer unveränderten Grundsatzpositionen, um Kontakte mit christlichen und kirchlichen Kreisen; dabei dürften vor allem zwei Intentionen maßgeblich sein. Einerseits befindet sich die KPÖ in Österreich seit langem in einer Art von Ghettoposition,[59] aus der herauszukommen ein starkes Interesse bestehen dürfte. Andererseits war man bestrebt, „fortschrittliche Christen" für Aktionsbündnisse zu gewinnen, die sich auf konkrete politische Ziele beziehen, z. B. auf das Eintreten gegen die Rüstungspolitik der NATO; die Friedensbewegung bot Anfang der achtziger Jahre dafür eine Plattform.[60] Inzwischen ist die KPÖ noch weiter in ein gesellschaftliches und politisches Ghetto geraten, nachdem der Umbruch im Osten und insbesondere die Perestroika-Politik in der Sowjetunion vorübergehend eine weniger dogmatisch orientierte, reformbereite Parteiführung an die Spitze gebracht hatte, die aber nach kurzer Zeit scheiterte und wieder von Exponenten des „alten Denkens" abgelöst wurde.

Bis zur Mitte der achtziger Jahre hätte eine Beschreibung des Verhältnisses der politischen Parteien zur Kirche mit den soeben gegebenen Andeutungen das Bewenden haben können. Seit den Nationalratswahlen vom 23. November 1986 hat sich die österreichische Parteienlandschaft aber nicht unerheblich geändert: Es gibt eine vierte Parlamentspartei, und sie

57. Vgl. dazu Heinrich SCHNEIDER: Les Chrétiens et la Social- Démocratie. In: Jean-Pierre DELARGE (Hg.): Socialismes et Chrétiens en Europe. Paris 1979, 57 ff. insbes. 75.

58. Ein ausführlicher Meinungsaustausch zwischen Vertretern der FPÖ und dem auch auf Wunsch der Bischofskonferenz von der Kath. Aktion gebildeten Kontaktkomitee für Gespräche mit den politischen Parteien fand erstmals am 7. Dezember 1981 statt.

59. Es gibt in Österreich keine Rechtsvorschriften, die Kommunisten beispielsweise den Zugang zum öffentlichen Dienst erschweren, wie (in Gestalt des sog. „Radikalenerlasses") in der Bundesrepublik Deutschland; trotzdem waren Kontakte und kooperative Aktionen zwischen Kommunisten und der ÖVP eher sehr selten, namentlich wenn man vom Bereich der Jugendorganisationen absieht. Anders war das am ehesten im Rahmen der Friedensbewegung.

60. Vgl. dazu Heinrich SCHNEIDER: Zur Entwicklung der Friedensbewegung in Österreich. In: Österr. Jahrbuch f. Politik'83. München-Wien 1984, 571 ff.

bestimmt das politische Leben im Lande mit.[61] Die „Grün-Alternativen" erhielten fast 5 Prozent der Stimmen und 8 Nationalratsmandate. Dieser Erfolg beruhte darauf, daß verschiedene „grüne", „alternative" und „bürgerinitiativ" orientierte Gruppierungen erstmals an einem Strang zogen. Das schloß spätere Auseinandersetzungen zwischen den konstituierenden Strömungen nicht aus, was schließlich zu einer mindestens relativen Dominanz der eher linksorientierten „alternativen" Richtung führte. Man kann daher die ideologische Position der „vierten Partei" einigermaßen treffend mit den aus der deutschen Szene übernommenen vier Leitbegriffen kennzeichnen: „ökologisch"/„solidarisch"/„basisdemokratisch"/„gewaltfrei". Das bedeutet die Chance, Sympathisanten auch im christlichen Bereich zu finden, insbesondere bei den Anhängern der Friedensbewegung („gewaltfrei"), bei jenen, die ein nichthierarchisches, „geschwisterliches" Miteinander für die dem Evangelium entsprechende Art des Zusammenlebens halten und die bereit sind, sich für das „Teilen" (des eigenen Reichtums mit den Armen, namentlich in der Dritten Welt) einzusetzen; auch das ökologische Anliegen ist – unter dem Stichwort „Bewahrung der Schöpfung" – zur Sache sensibilisierter Christen geworden.[62] So konnte man sagen, „daß ein bestimmtes Spektrum jener in der Kirche, die von Entwicklungshilfe, vom Engagement für das Leben sehr beeindruckt waren, in Richtung Grün abgewandert ist."[63] Die Dominanz der „alternativen" Richtung bedeutet allerdings, daß die „vierte Partei" im ganzen gesehen kirchliche Anliegen eher mißtrauisch und potentiell gegnerisch betrachtet.

Dies alles bedeutet: Nicht nur das Bild, das sich die für die Kirche Verantwortlichen von der politischen Gesamtsituation und von den diese Situation prägenden Kräften machen, hat sich verändert, sondern auch die Einschätzung der Kirche durch diese Kräfte selbst.

Das Beziehungsgefüge zwischen der Kirche und den politischen Parteien ist von der politischen Grundkonstellation mitbestimmt, die für die ersten Jahrzehnte der Zweiten Republik charakteristisch war: an die Stelle schroff antagonistischer Positionen der politisch- weltanschaulichen „Lager", die ihre Militanz durch die Aufstellung (und zuweilen auch durch den Einsatz) ihrer eigenen bewaffneten Kräfte sichtbar machten, ist eine *„Partnerschaft"* getreten, die auf einem weitestgehenden *Verfassungskonsens* beruht und auf einer Neigung, Politik nach der Maxime zu betreiben: Soviel Miteinander wie möglich, soviel Gegeneinander wie nötig.[64] Es wäre je-

61. Zum folgenden siehe Sonja PUNTSCHER RIEKMANN in diesem Band (mit weiterer Literatur).

62. Vgl. dazu den Sozialhirtenbrief 1990 (Anm. 44), Abschnitt 7 („Schöpfung, Natur und Umwelt"), 28 ff.

63. Erhard BUSEK in dem in Anm. 52 belegten Interview; der ÖVP-Obmann meinte: von der Volkspartei abgewandert.

64. Siehe dazu Rainer NICK/Anton PELINKA: Bürgerkrieg – Sozialpartnerschaft. 2.A. Wien-München 1984.

doch falsch zu sagen, daß die *Kirche* als lediglich passive politische Größe ihnen ausgesetzt gewesen wäre und sich ihnen daher einfach anpassen mußte; umgekehrt hat die kirchliche Politik, insbesondere unter dem maßgebenden Einfluß des Vorsitzenden der Bischofskonferenz Kardinal Franz KÖNIG, daran bestimmenden und gestaltenden Anteil.[65] Daß sich während der letzten Jahre ein diesbezüglicher Szenenwechsel abgespielt hat, wird noch zur Sprache kommen.[66]

V. Die Kirche in Staat und Gesellschaft: Einzelaspekte

Was in den vorangehenden Abschnitten über die Positionsbestimmungen der Kirche und der großen Parteien in bezug auf unseren Problemzusammenhang dargelegt wurde, bildet natürlich noch *kein hinreichendes Bild*, und zwar aus mehreren Gründen: Erstens handelt es sich im wesentlichen um programmatische Äußerungen; die faktischen Gegebenheiten und Entwicklungen sind damit noch nicht hinreichend charakterisiert, zumindest nicht notwendigerweise. Zweitens sind die Beziehungen zwischen Kirche und politischen Parteien zwar bedeutende Momente des Themas, aber sie erschöpfen es nicht.

Dies legt immerhin zumindest eine Reihe ergänzender Bemerkungen und Hinweise nahe.

1. Auch der Parteienstaat ist ein *Rechtsstaat.* Die Frage nach den für den Status der Kirche im öffentlichen Leben maßgeblichen Rechtsstatuten ist daher keineswegs irrelevant. Die diesbezügliche Entwicklung spiegelt die weiter oben skizzierten Wandlungsvorgänge in charakteristischer Weise wider. Noch in der Ära DOLLFUSS, am 5. Juni 1933, war ein *Konkordat* zwischen Österreich und dem Heiligen Stuhl abgeschlossen (und am 1. Mai 1934 kundgemacht) worden.[67] Seine Gültigkeit war in den Nachkriegsjahren Gegenstand politischer Auseinandersetzungen. Insbesondere der spätere Bundespräsident Dr. Adolf SCHÄRF argumentierte mehrmals und heftig gegen die Gültigkeit des „Dollfuß-Konkordates“. Als der Staatsvertrag 1955 der Republik die Pflicht auferlegte, die durch die deutsche Besetzung verursachten Schäden der kirchlichen Rechts- und Vermö-

65. Siehe dazu Erika WEINZIERL: Die gesellschaftspolit. Grundlinien des Kardinals König. In: Österr. Jahrbuch f. Politik ’79. München-Wien 1980, 153 ff., sowie FENZL, Kardinal König (Anm. 40).

66. Siehe unten Abschnitt VI.

67. Siehe dazu Willibald M. PLÖCHL: Wesen und Funktion der Konkordate am Beispiel des österr. Konkordats; – Alfred KOSTELECKY: Anerkennung der Rechtsgültigkeit des österr. Konkordats vom 5. Juni 1933 durch die Zusatzverträge mit dem Hl. Stuhl in den Jahren 1960 bis 1976; beide In: SCHAMBECK, Kirche, 209 ff. und 215 ff. (Anm. 50).

genspositionen wiedergutzumachen, nahm dies die Kirche zum Anlaß, ihre Sicht der Dinge in einem Weißbuch der Öffentlichkeit vorzulegen.[68]

Daß es in der Folge zu einer befriedigenden *Regelung* kam, beruht nach dem, was bekannt wurde, auf einer Reihe eigentümlicher Vorgänge. Bundespräsident Theodor KÖRNER starb am 4. Jänner 1957, die SPÖ stellte ihren Vorsitzenden, Vizekanzler Dr. Adolf SCHÄRF, als Kandidaten auf, er wurde am 7. Mai 1957 mit einem Vorsprung von 100.000 Stimmen vor dem bürgerlichen Gegenkandidaten Univ. Prof. Dr. Wolfgang DENK gewählt. Ein gutes halbes Jahr vorher hatten die Bischöfe den bereits erwähnten Sozialhirtenbrief vorgelegt. Bei seiner Angelobung erklärte der neue Bundespräsident seine Absicht, auf eine Regelung des Verhältnisses zwischen dem Staat und der römisch- katholischen Kirche positiv hinzuwirken, und bald danach beschloß der Ministerrat, die entsprechenden Schritte einzuleiten. Notenwechsel und Verhandlungen folgten, und 1960 waren mit dem Abschluß neuer Verträge mit dem Heiligen Stuhl die Probleme bereinigt. Später hat allerdings Franz OLAH mitgeteilt, es habe im Vorfeld der Bundespräsidentenwahl vertrauliche Gespräche zwischen den Führungen der SPÖ und der Kirche gegeben, die zu einem Übereinkommen geführt hätten, daß erstens die Kirche sich in bezug auf Wahlkampfbeeinflussungen gegen den bekenntnislosen Kandidaten SCHÄRF zurückhalten werde, daß zweitens die SPÖ ihren Widerstand gegen die Fortgeltung des Konkordates aufgeben würde – und daß drittens die Kirche für die Zukunft eine Haltung der Äquidistanz zu den großen Parteien zugesagt hätte.[69]

In der Folge wurde noch eine Reihe weiterer *Verträge* zwischen dem Ballhausplatz und dem Vatikan abgeschlossen, und die formellen Beziehungen zwischen römischer Kirche und österreichischem Staat entwickelten sich positiv. Besonders deutlich wurde dies noch im September 1983 anläßlich des mit dem Katholikentag verbundenen Besuches von Papst JOHANNES PAUL II. in Österreich.[70] Es muß auch vermerkt werden, daß Formeln wie die von der „freien Kirche in der freien Gesellschaft" (oder auch Kardinal INNITZERs Wendung von der „freien Kirche im neuen Staat") kaum je Anlaß gegeben haben, den rechtlichen Status der Kirche etwa in dem Sinn in Frage zu stellen, daß sie – wie entsprechend auch

68. Sekretariat der Österr.Bischofskonferenz (Hg.): Kirche und Staat in Österreich. Wien 1955.

69. „Profil", 13. September 1977, (Nr. 37), 19 f. und später nochmals. Ein allfälliges Dementi ist dem Verf. dieses Beitrages nicht bekannt. Im kirchenoffiziellen Sprachgebrauch kommt der Ausdruck „Äquidistanz" allenfalls als Gegenstand der Kritik bzw. der Ablehnung vor.

70. Siehe dazu v. a. „Aviso 83", Nr. 18 (Kathpress-Sonderdienst zum Österr. Katholikentag 1983): Predigten, Reden und Ansprachen, v. a. 52 ff. (Ansprache des Papstes am 11. September 1983 im Rahmen des Empfangs beim Bundespräsidenten); vgl. auch Alois KRAXNER/Eduard PLOIER/Walter SCHAFFELHOFER (Hg.): Österr. Katholikentag 1983 – Eine Dokumentation. Graz 1984 („Hoffnung leben – Hoffnung geben"); ferner (kritisch): Andreas KHOL: Kirche und Politik in Österreich. In: Österr. Jahrbuch f. Politik '84. Wien- München 1985, 401ff; Dazu wiederum SCHNEIDER, Katholizismus (Anm. 4).

andere Religionsgemeinschaften – ihrer öffentlichrechtlichen Positionen entkleidet, d.h. zu einem privatrechtlichen Verein reduziert werden sollte, wie das in der Bundesrepublik Deutschland beispielsweise in den siebziger Jahren von der F. D. P. propagiert wurde.[71] Während die deutschen Liberalen diese Vorstellungen mit dem Hinweis auf die liberale Idee der Trennung von Kirche und Staat begründeten, hat anläßlich der parlamentarischen Genehmigung der Kirchenverträge von 1960 auch der SPÖ-Sprecher in der Nationalratsdebatte „das Prinzip des Zusammenwirkens" (im Gegensatz zu dem der Trennung) bejaht.[72] Allerdings muß man dabei berücksichtigen, daß in Österreich ohnehin der „politische Pluralismus" sich von vergleichbaren Systemen in anderen rechtsstaatlich-demokratischen Staaten durchaus unterscheidet, daß Interessengruppen in großer Zahl als „gesetzliche Interessenvertretungen" öffentlich-rechtlichen Status haben, als „Kammern" sozusagen von Staats wegen institutionalisiert und privilegiert (freilich auch gewissen Kontrollen ausgesetzt) sind.[73] Angesichts dessen wäre eine rechtliche Verweisung der Kirchen in die Sphäre privater Organisationen sozusagen in den Augen der Allgemeinheit eine kaum vorstellbare Degradierung und „Entwürdigung", und es ergäbe sich der Eindruck, daß religiöse Belange – sozusagen „ideelle Interessen" – von der staatlichen Rechtsordnung den materiellen Interessen und ihrer Vertretung deutlich hintangestellt würden.

2. Mit dieser rechtlichen Statusfrage ist freilich auch eine *geistig-politische* verknüpft. Der schon erwähnte „Österreichische Synodale Vorgang" hatte der Bischofskonferenz empfohlen, alle fünf Jahre einen „Bericht über den Stand der gesellschaftlichen Wirksamkeit der Kirche in Österreich" erstellen zu lassen. Die Bischofskonferenz folgt dieser Empfehlung; im ersten dieser *Berichte* wurde die Frage aufgeworfen, welchen Ort die Kirche überhaupt im Verhältnis zur Gesellschaft, zum Staat und zu den maßgebenden Institutionen und Kräften einehmen solle: „Soll die Kirche sich als Teilhaberin am Konzert der gesellschaftlichen Machtträger ansehen oder betrachten lassen (zugespitzt gesprochen: als Teilhaberin am Machtkartell), also gewissermaßen die Rolle einer (vierten, fünften ...) Partei oder die Rolle einer weiteren ‚Kammer' (neben Wirtschaft, Gewerkschaft, Landwirtschaft usw.) übernehmen? Oder soll sie sich stärker aus dem Prozeß der gesamtgesellschaftlichen Willensbildung und Machtverwaltung

71. Siehe dazu Liselotte FUNCKE/Cornelius A. v. HEYL/Johannes NIEMEYER: Kirche in Staat und Gesellschaft. Stuttgart 1974, v. a. das Dokument der F. D. P.-Kommission „Staat und Kirche", 98 ff.

72. Abg. z. NR. Dr. Max NEUGEBAUER, zit. nach KOSTELECKY, Anerkennung, 233 (Anm. 67).

73. Vgl. WELAN, Parteien, 24 (Anm. 28): „Die österreichische Verbändegesellschaft kommt dem Modell am nächsten, das von der Politikwissenschaft als „Neokorporatismus" bezeichnet wird. Wenn es eine formierte Gesellschaft im Rahmen einer liberalen Verfassung gibt, so ist es die österreichische. Für dieses formierte System von Interessen sind vor allem die Kammern charakteristisch."

herauslösen?“[74] Kardinal KÖNIG hat diesbezüglich eine deutliche Antwort gegeben: „Die Kirche als Gemeinschaft der an Christus Glaubenden ist etwas ganz anderes als eine Interessenvertretung – so wie der Glaube etwas ganz anderes ist als eine Ideologie, wenn man darunter ein Rechtfertigungssystem für vorgegebene Interessen versteht. Die Kirche hat nicht irgendwelche Interessen zu vertreten. Ihre Aufgabe ist es, den Glauben zu verkünden.“[75]

So richtig das ist, so läßt sich doch auch nicht leugnen, daß die Kirche auch eine von Menschen getragene *gesellschaftliche Größe* ist, mit hauptamtlich Tätigen, mit eigenem Vermögen, mit institutionalisierten Beziehungen zum Bildungswesen (vom Religionsunterricht an den Pflichtschulen bis zum Bestand Katholisch-theologischer Fakultäten an Universitäten), zum Gesundheitswesen (als Trägerin von Krankenanstalten), zum Sozialwesen (Caritas, Altersheime, Fürsorgeeinrichtungen, Gastarbeiter- und Flüchtlingsbetreuung), zur Jugendarbeit, zur Erwachsenenbildung, zur Medienwelt (in Gestalt eigener Presseorgane, nahestehender Verlage, mit eigenen Vertretern in den Gremien des Rundfunks bzw. Fernsehens) und mit vielen der Kirche zuzurechnenden oder nahestehenden Organisationen, Verbänden und Vereinigungen in vielen Bereichen des sozialen Lebens (vom Sport bis zur Wissenschaft, von Arbeiterbewegungen bis zu Unternehmervereinigungen), und dies hat zur Konsequenz, daß kirchliches Leben stets auch Interaktion mit der Gesellschaft darstellt, was stets auch zumindest die Möglichkeit wechselseitiger Anpassung bedeutet. Wenn Clemens BAUER unter dem Titel „Bild der Kirche – Abbild der Gesellschaft“ von einem „Gesetz der Verschränkung mit der Gesellschaft und ihren Ordnungen“ gesprochen hat,[76] so wirkt sich dieses Gesetz gerade unter den österreichischen Umständen – auf der Basis einer jahrhundertealten volkskirchlichen Tradition – in besonderem Grade aus.

Das ist vor allem von Bedeutung, wenn man sich überlegt, welche Relevanz die seit geraumer Zeit so gängig gewordene Rede von der „gesellschaftskritischen Funktion der Kirche“ haben soll. Wie weit kann und soll die Kirche in die Gesellschaft *integriert* sein, wie weit soll sie von ihr *Distanz* halten? Bedeutende Theologen betonen: Wenn die Kirche „eigentlich weltliche Dinge . . . in eigene Regie nehmen sollte“, würde sie „nicht diese verkirchlichen, sondern sich selbst dabei verweltlichen“; so wie unter den Stämmen Israels der Stamm Levi „als einziger Stamm . . . kein eigenes Erbland besaß, sondern allein Gott selbst, sein Wort und seine

74. Fünfjahresbericht über den Stand der gesellschaftlichen Wirksamkeit der Kirche in Österreich. Wien 1977, 14f.

75. KÖNIG, Gesellschaftspolitik, 12 (Anm. 40).

76. Clemens BAUER: Deutscher Katholizismus – Entwicklungslinien und Profile. Frankfurt/Main 1964, 9ff., hier v. a. 13. In der Sozialwissenschaft spricht man im Anschluß an Talcott PARSONS von „Interpenetration“; vgl. z. B. Richard MÜNCH: Dialektik der Kommunikationsgesellschaft. Frankfurt/Main, 1991.

Zeichen als seinen Losanteil gezogen hatte", müsse die Kirche „entweltlicht" existieren, auch gerade wenn sie „sich zur Welt geöffnet hat, um sich von ihrer Verstrickung zu lösen"; erst so werde „..ihr missionarisches Wollen glaubhaft werden und sich wieder unübersehbar von jeder Interessenvertretung weltlicher Mächte unterscheiden.."[77] Aber wie läßt sich dies in einem Land wie Österreich in gelebte Realität umsetzen – in einem Land mit christlichen Kulturtraditionen, mit einem Katholikenanteil von über 80%, wobei immerhin 74% ausdrücklich Wert darauf legen, getaufte Christen zu sein (wenn auch nahezu 80% meinen, man könne auch ohne Besuch der Sonntagsmesse ein guter Christ sein)?[78]

Wie gesagt, wirkt die Kirche mit eigenen Einrichtungen, Anstalten und Diensten an der Erfüllung mannigfacher *gesellschaftlicher Aufgaben* mit. Sie ist aber auch in *staatliche Willensbildungsprozesse* einbezogen: bei der Vorbereitung von Gesetzentwürfen ist sie in das Begutachtungsverfahren eingebunden (allerdings weit weniger umfassend als die großen Interessenverbände oder auch der Österreichische Bundesjugendring!); in einer Reihe von *öffentlichen Einrichtungen* wirkt sie mit, etwa durch die Entsendung von Vertretern in Kommissionen und Beiräte (vom Österreichischen Rundfunk bis zu sozialpolitischen Gremien).

Wie verhält sich dies zu den Zitaten, die eher auf eine Distanz der Kirche zum Getriebe der Interessen und gegenüber der politischen Macht hindeuten? Das letzte Konzil hat angesichts solcher Probleme, wie es scheint, einen neuen Weg gewiesen, indem es betont, es müsse „zwischen dem, was die Christen als Einzelne oder im Verbund im eigenen Namen als Staatsbürger . . . und dem, was sie im Namen der Kirche zusammen mit ihren Hirten tun, klar unterschieden"[79] werden, so daß gewissermaßen die integrierte Mitwirkung von Christen an gesellschaftlichen und politischen Vorhaben nicht „im Namen der Kirche" geschieht. Trotzdem freilich sollen Kirche und politisches Gemeinwesen zum Wohle aller „rechtes Zusammenwirken miteinander pflegen", wobei die Kirche sich selbst auch des Zeitlichen bedient, „soweit es ihre eigene Sendung erfordert".

Diese Aussagen wurden vor 20 Jahren formuliert. Inzwischen hat man in Rom erneut Veranlassung genommen, sich mit den hier in Rede stehenden Problemen zu befassen, und zwar im Blick auf die Bischofssynode von 1987; dazu wurde eine Diskussionsunterlage unter dem Titel „*Lineamenta*" (Richtlinien) über Berufung und Sendung der Laien in Kirche und Welt herausgegeben, die deutlich werden läßt, daß man im Vatikan eine Reihe

77. Joseph RATZINGER: Das Neue Volk Gottes. Düsseldorf 1972, 124.

78. Dies nach: Die Kath. Kirche in Österreich, hrsg. von „Pro Mundi Vita" und vom Institut für Kirchliche Sozialforschung Wien. Wien-Brüssel 1985, 21f. Die vom Verf. in seinem in Anm. 12 erwähnten Beitrag aus dem Jahre 1978 unterbreiteten Angaben u. a. über Religiosität und Kirchlichkeit werden in dieser Schrift durch knappe, aber instruktive neuere Befunde ergänzt bzw. überholt.

79. Konzilskonstitution „Gaudium et spes", Art. 76, 534 (Anm. 5).

von Problemen sieht: Wieweit können gesellschaftliche Aktivitäten katholischer Organisationen „als echtes Sichtbarwerden der Kirche anerkannt" werden?[80] Wie kann man einer „Klerikalisierung der Laien und einer Laisierung des Klerus" entgegenwirken?[81] Es wird die „einzige und ungeteilte Identität" der Laien betont, „insofern sie gleichzeitig Glieder der Kirche und Glieder der Gesellschaft" sind – von den Trägern kirchlicher Weiheämter wird das weder so noch ähnlich gesagt;[82] mitbürgerliche Verantwortung ist die Aufgabe der Laien, vor allem im Bereich der Politik, des Sozialen, der Wirtschaft, aber auch der Kultur, der Wissenschaften und Künste, des internationalen Lebens und der Massenmedien.[83] Man gewinnt den Eindruck, daß recht deutlich die gesellschaftliche und politische Präsenz der Kirche stärker von den *Laien*, die sozusagen ohnehin in das weltliche Leben integriert sind, wahrgenommen werden soll, während die *Kleruskirche* sozusagen eine stärkere Entweltlichung auf sich nehmen solle. Das ist eine Akzentverschiebung gegenüber den Konzilsaussagen, möglicherweise ausgelöst von Sorgen angesichts der direkten politischen Aktivität von Geistlichen in bestimmten Kulturen (die nikaraguanischen Priester-Minister, die befreiungstheologisch orientierten politischen Aktivisten etwa in Lateinamerika). Ob das eine tragfähige, den Problemen zur Lösung verhelfende Perspektive ist, wird sich noch zeigen müssen. Was Österreich betrifft, ist hingegen ein relativ enges *Miteinander* von Geistlichen und „Weltchristen" gerade auch im gesellschaftlichen Wirken zu beobachten.[84]

3. Einen anderen, jedoch mit dem soeben behandelten zusammenhängenden Aspekt stellt die *Spannung* zwischen intendierter *„Überparteilichkeit"* der Kirche und faktischer Parteinähe der Kirchenmitglieder dar. Die Kirche identifiziert sich weder mit einem politischen System noch mit einer Ideologie; Kardinal KÖNIG hat betont, die Kirche könne nicht *Partei* sein, nicht in einem Freund-Feind-Verhältnis zu anderen Parteien stehen; „in der Kirche gibt es keine Klassenunterschiede, keine Rangordnung nach dem politischen Bekenntnis", ihre Aufgabe sei es, „die Katholiken, wo immer sie politisch stehen, zu bestärken."[85] Tatsächlich aber steht die klare Mehrheit der kirchlich und laienapostologisch engagierten Katholiken deutlich der *ÖVP* näher als anderen Parteien: beispielsweise ergab eine 1979 vorgelegte Untersuchung über die Pfarrgemeinderäte, daß deren Mitglieder zu

80. Berufung und Sendung der Laien in Kirche und Welt – zwanzig Jahre nach dem II. Vatikanischen Konzil/Lineamenta, hg. v. Sekretariat der Bischofssynode. Vatikanstadt 1985, 8.

81. A.a.O., 11, vgl. auch 9 (Anm. 80).

82. A.a.O., 22 (Anm. 80).

83. A.a.O., 23f. unter Bezugnahme auf das Apostolische Schreiben „Evangelii nuntiandi" von Papst PAUL VI. (Anm. 80).

84. Die Kath. Aktion Österreichs hat sich immer wieder zu der Formel vom „gemeinsamen Dienst von Priestern und Laien" bekannt.

85. KÖNIG, Gesellschaftspolitik, 13 (Anm. 40).

85% eine Präferenz der ÖVP angeben, nur zu 3% eine der SPÖ.[86] Das Pendant zu solchen Gegebenheiten ist es, daß noch immer „die Kirche“ als eine Größe beurteilt wird, die am konkordanzdemokratischen Kräftegefüge teilnimmt und zwar als Bestandteil der „schwarzen Reichshälfte“: jedenfalls hätte man das bis weit in die achtziger Jahre so ausgedrückt, entsprechend einem Erwartungsmuster, das für die österreichische politische Kultur typisch zu sein schien: Alle gesellschaftlich und politisch relevanten Kräfte werden irgendwie in ein „pluralistisches“ System eingeordnet gedacht und erhalten Funktionen zugesprochen, kraft derer sie die *„Ausgewogenheit“* des Ganzen sichern helfen. Beispielsweise hat die Kirche – ebenso wie die Bereiche „Wissenschaft“ und „Volksbildung“ einen Sitz in der „Hörer- und Sehervertretung“ des *Österreichischen Rundfunks*, und indirekt dadurch auch einen Sitz im ORF-Kuratorium. Den Verfassern des Rundfunkgesetzes schien es außer Zweifel zu stehen, daß die entsprechenden Gremialmitglieder der „ÖVP-Fraktion“ beitreten würden, und bei der Konzipierung der genannten Organe wurde dies sozusagen im Sinne der „Austarierung“ in Rechnung gestellt. Als nach der Konstituierung die drei Virilstimmeninhaber den Gedanken hatten, eine unabhängige Position einzunehmen, stieß das auf Beunruhigung und schien sozusagen das Gefüge ins Wanken zu bringen.[87]

Ein anderes Beispiel bildet der *Österreichische Bundesjugendring*, innerhalb dessen ein Konsortium der „großen Vier“ de facto eine Position einnahm, die jener der ständigen Sicherheitsratsmitglieder bei den Vereinten Nationen vergleichbar war: Waren die Vertreter dieser Verbände, die im Vorstand des Bundesjugendrings das Sagen haben, sich einig, dann liefen die Dinge; andernfalls nicht. Dabei hatte man abermals schlichtweg eine „rotschwarze“ Parität in Aussicht genommen und die Gewerkschaftsjugend der „roten“, die Katholische Jugend der „schwarzen Seite“ zugerechnet. Wenn die Katholische Jugend – entgegen solchen Erwartungen – „unabhängig“ auch in dem Sinn agierte, daß sie andere Positionen einnahm, als man das vom „bürgerlichen“ Lager erwartete, kam sie sogleich in den Ruf, die Fronten zu wechseln – weil stets das Deutungs- und Erwartungsschema von den „beiden Reichshälften“ die Einschätzung prägte.[88] Tatsächlich hat sich gerade im Jugendbereich eine Entwicklung abgespielt, die diese Traditionen in *Frage* gestellt hat; beispielsweise in Aussagen und Aktivitäten zur Friedensfrage, zum Zivildienst, zur Arbeitsverfassung, aber auch zu anderen Themen wird man den Erwartungen kaum mehr gerecht, die einer Nachwuchsorganisation für das „konservative Lager“

86. Siehe: Pfarrgemeinderäte – Eine Untersuchung über Aufgabenbereiche, Arbeitsweise und Arbeitseffizienz von Pfarrgemeinderäten in Österreich, hg. vom Institut für Kirchliche Sozialforschung. Wien 1979, 10.

87. Nach Mitteilungen des ORF-Kuratoriumsmitglieds Eduard PLOIER.

88. Vgl. die Wiener politikwiss. Dissertation von Verena AIGNER-KUNRATH: Der Österr. Bundesjugendring (1983).

entgegengebracht werden. Auch außerhalb des Bereichs der Jugendarbeit gibt es Anzeichen für eine Ausrichtung bestimmter Gruppierungen und Einrichtungen an anderen Wertungs- und Sichtweisen als den bislang gewohnten; auch wenn der sog. *„Linkskatholizismus“* in Österreich weit weniger entwickelt ist als etwa in der Bundesrepublik, so kann man ihn gleichwohl nicht übersehen – um so mehr, als es sich nicht mehr nur um Gruppenbildungen innerhalb der Sozialistischen Partei – mit eher schwacher oder nur indirekter Ankoppelung an die Kirche – handelt, die es schon zur Zeit der Ersten Republik gab, sondern um Kräfte und Größen eindeutig kirchlichen Charakters (auch im Hinblick auf den rechtlichen Status), das gilt beispielsweise für die *Katholische Arbeiterjugend Österreichs* als eine Gliederung der Katholischen Aktion, aber auch für die Katholische *Sozialakademie* als eine Einrichtung der Bischofskonferenz, aber auch für bestimmte Abteilungen von *Pastoralämtern* .[89] Für geraume Zeit konnte man den Eindruck gewinnen, daß solche Gruppen und Einrichtungen sich zu „Subkulturen“ des kirchlichen Lebens entwickeln würden; im übrigen gibt es „Sonderkulturen“ mit eigentümlicher Prägung auch in anderen Dimensionen, etwa in Gestalt bestimmter spiritueller und charismatischer Bewegungen und Gruppen. Aber inzwischen läßt sich die Situation nicht mehr so beschreiben; es gibt nicht mehr die dominante „main stream“-Position der Kirche einerseits, subkulturelle Abweichungen anderseits: die Konstellation der innerkirchlichen Positionen ist komplizierter geworden.

Jedenfalls aber stellt das Vorhandensein einer Pluralität von Orientierungen, Positionen und Handlungsperspektiven im Gesamtfeld kirchlicher und kirchennaher Gruppen, Kräfte und Organisationen so gut wie alle Akteure vor neue Probleme.[90]

VI. Das Ende einer Epoche

Das Wirken der *Kirche* in ihrer Begegnung mit *Staat* und *Gesellschaft* war in der Jahrzehnten bis um die Mitte der siebziger Jahre von der Bemühung bestimmt, die Einsichten und Wegweisungen des Zweiten Vatikanischen Konzils[91] und die neuen Entwicklungen im eigenen Land in eine produkti-

89. Zur Kath. Arbeiterjugend Österreichs vgl. Gerhard STEGER: Marx contra Christus? – Die Entwicklung der Kath. Arbeiterjugend Österreichs 1946 bis 1980. Wien 1983; zur Kath. Sozialakademie: Gerhard STEGER: Christ und gesellschaftliche Verantwortung – Am Beispiel der Kath. Sozialakademie Österreichs 1958 bis 1980. Wien 1984. Der Verfasser dieser Bücher hat bereits 1980 eine Buchfassung seiner Wiener politikwiss. Dissertation unter dem Titel „Der Brückenschlag – Katholische Kirche und Sozialdemokratie in Österreich“ vorgelegt.

90. Dazu siehe SCHNEIDER, Katholizismus (Anm. 4), wo auch an einigen Fallbeispielen dargelegt wird, wie sich solche Probleme stellen und welche Arten der Behandlung möglich sind.

91. Siehe außer dem in Anm. 5 als Zitatquelle angegebenen „Kleinen Konzilskompendium“ insbesondere: Das Zweite Vatikanische Konzil, Bd. 12, 13 und 14 der 2.A. des „Lexikons für

ve Beziehung zu bringen. Umgekehrt hat die österreichische Kirche schon in den Jahrzehnten zuvor neue Ideen und Handlungsweisen entwickelt, die dann von der Weltkirche übernommen wurden. Das betraf nicht nur liturgische Reformbestrebungen oder Pastoralstrategien, sondern eben auch das Verständnis der kirchlichen Position gegenüber der gesellschaftlichen Realität und der politischen Ordnung.[92] Dabei wird man die Bedeutung des Wirkens von Franz Kardinal KÖNIG kaum überschätzen können.[93]

Es war nicht nur formell ein *Epochenwandel,* als um die Mitte der achtziger Jahre die „Ära KÖNIG" zu Ende ging.[94] Zur Zeit seiner Entpflichtung war der Kardinal bereits 80 Jahre alt; daß das übliche Rücktrittsgesuch fünfundsiebzigjähriger Bischöfe so lange nicht angenommen worden war, konnte man als einen besonderen Vertrauensbeweis des Papstes betrachten. Dann aber löste im Sommer 1986 die *Ernennung* des Nachfolgers, des marianisch gesinnten, in der Förderung der Volksfrömmigkeit verdienten Benediktinerpaters und Religionsprofessors Hans Hermann GROER, große Überraschung aus. Wenige Monate danach wurde Prälat Alfred KOSTELECKY, Sekretär der Bischofskonferenz und Präsident des Metropolitangerichts, zum Militärordinarius ernannt, was ein Novum (wie in Deutschland hatte auch in Österreich vorher ein „ziviler" Diözesanbischof auch das Amt des Militärbischofs wahrgenommen) und außerdem auch in der Bischofskonferenz mehrheitlich nicht gewollt worden war. Freilich: die Bedenken galten – auch in anderen Kreisen, in denen man über die Entscheidung Roms nicht glücklich war – keineswegs der Person, sondern der Verselbständigung des Militärbischofsamts als solcher. Der neue Militärbischof seinerseits wählte signifikanterweise „Pax et Iustitia" zu seinem Wahlspruch. Eine wirkliche Protestwelle löste im März 1987 die Ernennung des Oberösterreichers Kurt KRENN, der an der Theologischen Fakultät in Regensburg eine Professur innehatte und als Kritiker des mit dem Namen von Kardinal KÖNIG verbundenen kirchlichen Kurses galt, zum Weihbischof in Wien aus. 17 der 20 Stadtdechanten forderten Prof. KRENN auf, auf das Amt zu verzichten; die Bischofsweihe wurde zum Anlaß von Demonstrationen vor dem Dom genommen.

Die nächsten *Personalentscheidungen* vergleichbaren Ranges fielen einige Jahre später: Im Jänner 1989 wurde – abermals zur Überraschung der Öffentlichkeit – der Altenmarkter Dechant Georg EDER zum Erzbischof von Salzburg ernannt und kurz danach der Regionalvikar des „Opus Dei" für

Theologie und Kirche". Freiburg/Breisgau 1966. Sonderausg. 1986, sowie Johann Christoph HAMPE (Hg.): Die Autorität der Freiheit. Bd. I/II/III, München 1967.

92. Vgl. z.B. die Hinweise zum Laienapostolat und zum „Mariazeller Manifest", oben in Abschnitt III.

93. Siehe dazu Anm. 40.

94. Dazu und zum folgenden vgl. Paul SCHULMEISTER: Konfliktlinien innerhalb des österr. Katholizismus 1987. In: Österr. Jahrbuch f. Politik '87, Wien-München 1988, 401ff., v. a. 404ff.

Österreich Klaus KÜNG zum Bischof von Feldkirch.[95] Im September 1991 wurde Weihbischof KRENN dann Ordinarius der Diözese St. Pölten – was abermals zu Demonstrationen führte.

Daß diese Revirements nicht von ungefähr kamen, ergibt sich aus anderen Vorgängen.

Als sich nach dem mit einem *Katholikentag* verbundenen Papstbesuch in Österreich im Herbst 1983 der ÖVP-Politiker Andreas KHOL mit kritischen Vorhaltungen gegenüber dem Kurs der Kirche – und vor allem des Episkopats – zu Wort meldete, tat er das nicht zum erstenmal; schon 1977 hatte er die Frage gestellt, ob „die Kirche Österreichs im Irrtum" lebe:[96] die moderne Theologie bereite „der heilen Welt des gesicherten, monolithischen Glaubensgebäudes" ein Ende, der innerkirchliche Pluralismus führe zu einer Reduktion der „Wertesubstanz" und der „Glaubenssubstanz". Nun aber kritisierte er noch weit deutlicher:[97] Die Hierarchie mache es sich leicht, wenn sie die Gläubigen zum politischen Engagement auffordere, sich selbst aber auch zu grundsätzlichen Problemen verschweige; der Pluralismus der Positionen führe zu einem „Meinungsbrei" und zum Profilverlust; das neue Verständnis der Kirche als „Volk Gottes" bedeute, daß jegliche Meinung irgendeiner Gruppe von getauften Katholiken die gleiche Geltungsqualität zugesprochen werde, das hierarchische Prinzip würde nicht hinreichend ernst genommen, und die Hierarchie selbst habe „das Lehramt nicht ausgeübt" und weniger linientreue Organisationen „zu lange an der langen Leine geführt". Papst JOHANNES PAUL II. habe dagegen unmißverständlich ganz andere Akzente gesetzt. Der Autor fügte hinzu: „. . . Es ist dies auch ein Langzeitprogramm. Die Bischofsernennungen in Österreich, die Wirkung der Bischöfe auf den Klerus, all dies sind wichtige Instrumente, die aber Zeit benötigen."[98]

Man hat im Anschluß daran hin und wieder spekuliert, ob das nicht ein beabsichtigtes *Signal* und überdies ein Indiz für das Zusammenspiel konservativ-katholischer Kräfte in Österreich mit vatikanischen Einflußträgern gewesen wäre. Wie dem auch sei, das „Langzeitprogramm" schien umgesetzt zu werden und zu greifen, freilich nicht ohne Schwierigkeiten. Es umfaßte nicht nur die Neubesetzungen von Bischofsstühlen selbst.

Im Juni 1986 brachte die italienische katholische Monatsschrift „Trenta Giorni" einen Artikel über die Lage der Kirche in Österreich, in dem von

95. Schon im Dezember 1986 gab es Pressemeldungen über diese angeblich bevorstehende Bischofsernennung, was einen „Sturm der Entrüstung" auslöste, so daß die Entscheidung über die Nachfolge des bisherigen Bischofs um ein Jahr aufgeschoben wurde: siehe SCHULMEISTER, Konfliktlinien, 405 (Anm. 94).

96. Andreas A. KHOL: Lebt die Kirche Österreichs im Irrtum? In: Die Presse, 25./26. Juni 1977, 5 f.

97. Andreas KHOL: Katholikentag und Papstbesuch 1983: Eine kritische Würdigung. Österr. Jahrbuch f. Politik '84, München-Wien 1985, 401ff.

98. A.a.O. 431.

einer „entchristlichten Gesellschaft“ und vom Niedergang des kirchlichen Lebens die Rede war.[99] Der aus Österreich gebürtige Kurienkardinal Alfons STICKLER reagierte auf die Kritik an der Bischofsernennung von Prof. KRENN mehrmals – Ende März und Anfang April 1987 – mit dem Vorwurf der „Rebellion“ und des untragbaren Ungehorsams; die Bischöfe hätten ihre Verantwortung nicht angemessen wahrgenommen – sie hätten zugesehen, daß in der Kirche Lehrmeinungen vertreten würden, die zum kirchlichen Lehramt, ja zu ewigen Wahrheiten in Widerspruch stünden.[100] Der damalige Vorsitzende der Bischofskonferenz, Erzbischof Karl BERG, wies die Vorwürfe öffentlich zurück, auch die Bischofskonferenz als ganze verwahrte sich dagegen. Kardinal STICKLER wiederholte daraufhin im Mai 1987 seine Vorwürfe in pointierterer Weise.[101] Kein Geringerer als Papst JOHANNES PAUL II. selbst warnte dann anläßlich des „Ad-Limina-Besuchs“ der österreichischen Bischöfe davor, es etwa an der Einmütigkeit mit dem Heiligen Stuhl fehlen zu lassen, und forderte sie zu „großer Wachsamkeit“ im Hinblick auf die Theologie und die Glaubensvermittlung auf.[102]

Einige der neu ernannten Bischöfe verstanden es allem Anschein nach tatsächlich als ihre Aufgabe, einen *Gegenkurs* zur bisherigen Linie zu steuern. Erzbischof EDER verweigerte dem wiedergewählten Präsidenten der Katholischen Aktion seiner Diözese das Vertrauen, später kam es zu Differenzen mit dem Priesterrat. Bischof KRENN geriet – offenbar nicht unwillentlich – in Auseinandersetzungen mit der Katholischen Hochschuljugend und mit dem Priesterseminar (bzw. seiner Leitung) in Wien und mit namhaften katholischen Publizisten.[103]

Solche und andere Vorkommnisse führten zu *Enttäuschung,* ja zu Verbitterung, und zwar nicht nur in „progressistischen“ Kreisen und Randgruppen, sondern in der das kirchliche Leben bislang nach Kräften mittragenden „breiten, engagierten Mitte“.[104] Selbstverständlich wird der Kurs jener Bischöfe, die für die „neue Linie“ stehen, nicht vom gesamten Episkopat mitgetragen. Es gibt offenbar in der Bischofskonferenz selbst mehr „Pluralismus“ und Polarisierung als in den vergangenen Jahrzehnten.

99. Tommaso RICCI: Ein Erbe für den Thron des Franz König. In: Trenta Giorni, 6. Juni 1986; dazu SCHULMEISTER, Konfliktlinien, 416f. (Anm. 94), sowie kritisch der Linzer Pastoraltheologie Wilhelm ZAUNER: Fremdeinschätzung der Kirche – Zu einem Artikel über den Zustand der Kirche in Österreich in „Trenta Giorni“. In: Kath. Aktion Österreichs (Hg.); Fünfjahresbericht 1982–1987 über den Stand der gesellschaftlichen Wirksamkeit der Katholischen Kirche in Österreich (mimeogr.), 112ff.

100. Siehe SCHULMEISTER, Konfliktlinien, 407 (Anm. 94).

101. Siehe ebd. 417 (Anm. 94).

102. Siehe a.a.O. 413 und 416 (Anm. 94).

103. Vgl. Fritz CSOKLICH: Was ist in Österreichs Kirche los? – Eine „Machtergreifung“ mit fatalen Folgen. In: Herder-Korrespondenz, 43 (1989), 456ff.

104. A.a.O. 461 (Anm. 103).

Vor allem aber hat die Polarisierung der Positionen sich im Felde katholischer oder kirchennaher Organisationen und Gruppen zugespitzt. Es gibt mehr oder weniger moderate Kritiker der „Tendenzwende“, etwa in der Gruppe „Kirche ist Gemeinschaft“;[105] zugleich aber gibt es eine ganze Reihe von intransigenten traditionalistischen Gruppen, denen Vorwürfe, Unterstellungen, ja Denunziationen leicht von der Hand gehen und die ein führender Journalist, langjähriger Vizepräsident der Katholischen Aktion Österreichs, wie folgt charakterisiert: „. . . Nichts und niemand ist mehr katholisch genug, kritische Äußerungen und kritische Menschen sind im kirchlichen Leben unerwünscht . . ., der Vorwurf der ‚Linkslastigkeit‘ wird bei jeder nur denkbaren Gelegenheit erhoben, die Denunzierung des anderen ersetzt nur zu oft das Argument.“[106] Die Mahnung des Alterzbischofs, „es wäre gefährlich, wenn wir uns in unseren Konflikten festbeißen und so der Welt das Schauspiel eines Streites liefern“[107], wurde nur zu wenig beherzigt.

Die Folgen für die Kirche insgesamt waren nicht erfreulich. Es gibt zu denken, wenn der ÖVP-Bundesparteiobmann noch gegen Ende 1991, längst nach dem Ausbruch der Konflikte, als man eigentlich eine Konsolidierung hätte erwarten mögen, auf die Frage nach seiner Einschätzung der kirchlichen Lage meinte: „Als Katholik bin ich besorgt. Besorgt über die Spannungen, die hier sichtbar werden, vielleicht auch über einen Kurs der Kirche gerade in einer Zeit, da sie so gefragt ist. Ich halte das Sichzurückziehen auf innerkirchliche Ordnungsmaßnahmen für mehr als problematisch. In einer bewegten Zeit hat Kirche Hoffnung zu geben: Zukunft, Glauben, letztlich auch Liebe, und ich kann alle drei im Moment nicht entdecken..“[108]

Das heißt nicht, daß die Kirche in der Nach-König-Ära weniger lebendig und weniger aktiv gewesen wäre; *Konflikte* können ja auch ein Zeichen der Lebendigkeit sein. Aber ihr Wirken fand unter veränderten Voraussetzungen statt, übrigens nicht nur, was ihre innere Verfassung betrifft.

In den achtziger Jahren kam es ja auch zu einer erneuten *Veränderung* in der gesellschaftlichen und politischen Konstellation.

VII. Neue politische Konstellationen

Auch in Gesellschaft und Politik kam es, wie angedeutet, in den achtziger Jahren zum Ende einer *Epoche*. Schon 1983 verlor die SPÖ die absolute Mehrheit, Bruno KREISKY trat als Bundeskanzler ab, es kam zu einer

105. Siehe SCHULMEISTER, Konfliktlinien, 408 (Anm. 94); – Vgl. auch die entsprechenden Beiträge In: Dolores BAUER/Franz HORNER/Peter KRÖN (Hg.); Wir sind Kirche – sind wir Kirche? Eine Bestandsaufnahme aus Österreich. Salzburg 1988, sowie das seit 1987 vom Reisenberger Pfarrer Rudolf SCHERMANN herausgegebene Monatsmagazin „Kirche Intern“.

106. CSOKLICH, Kirche, 460 (Anm. 103).

107. Kardinal Franz KÖNIG. In: Kathpress, 6. April 1987.

108. Vizekanzler Erhard BUSEK in „Kirche intern“, 14 ff. (Anm. 52).

sozialliberalen Koalition unter Fred SINOWATZ und Norbert STEGER. Aber diese wurde in der Folge heftigen Zerreißproben ausgesetzt, denen sie schließlich zum Opfer fiel.

Bürgerinitiativen und gesellschaftliche Bewegungen (Friedensbewegung, feministische Bewegung, Ökologiebewegung. . .) zeigten, daß sich längst nicht mehr alle Österreicher vom herkömmlichen System der Interessenartikulation und -verarbeitung angemessen vertreten und in der gesellschaftlich-politischen Gesamtordnung zu Hause fühlten. Zwentendorf und Hainburg zeigten, „daß neuartige Konflikte sich der Beherrschung durch die politischen Eliten entziehen;“ an der Schwelle zum fünften Jahrzehnt der Zweiten Republik“ sei „der sozialkonservative Grundkonsens zum ersten Mal seit 50 Jahren wirklich bedroht.“[109]

Während die *Friedensbewegung* – mit ihrem Höhepunkt in den frühen achtziger Jahren – noch weitgehend von Exponenten etablierter Kräfte gesteuert worden war,[110] zeigte sich am Fall Hainburg, daß die Großparteien und Großverbände die Gesellschaft nicht mehr ohne weiteres unter Kontrolle haben. Es war eben nicht alltäglich, daß ein Bundeskanzler – Fred SINOWATZ – kurz vor Jahresende vor laufenden Fernsehkameras Fehleinschätzungen eingestand und seine Betroffenheit über das Geschehen zum Ausdruck brachte.[111] Kardinal KÖNIG hat damals übrigens die Beteiligten in einem dramatischen „beschwörenden Appell“ aufgerufen, das Gemeinsame über das Trennende zu stellen und keine Konfrontation zuzulassen, die sich nicht wieder gutmachen ließ.[112]

Unter konflikthaft erhitzten Umständen lief der *Präsidentschaftswahlkampf* an, mit der Kampagne gegen den ÖVP-Kandidaten Kurt WALDHEIM unter Bezugnahme auf dessen Verhalten im Zweiten Weltkrieg. Der Eindruck eines Hand-in-Hand-Gehens von SPÖ und ausländischen, insbesondere amerikanisch-jüdischen, Gruppierungen führte zur Trotzreaktion vieler Wähler, zum Wahlsieg WALDHEIMs – endgültig im zweiten Wahlgang am 8. Juni 1986 –, und tags darauf zum Rücktritt des Bundeskanzlers SINOWATZ. Die SPÖ-FPÖ-Koalition, erst noch unter Führung des bisherigen Finanzministers Franz VRANITZKY, zerfiel, nachdem im September 1986 der bisherige Vizekanzler Norbert STEGER als Obmann der Freiheitlichen Partei von Jörg HAIDER gestürzt wurde. Die Nationalrats-

109. Anton PELINKA: Windstille. Klagen über Österreich. Wien-München 1985, 156. – Vgl. auch Maria WINTER (Hg.): Hainburg und die demokratische Republik. Mattersburg 1985.

110. Im „Koordinierungsausschuß“ spielten v. a. die Exponenten der auch im Österr. Bundesjugendring einflußreichen Jugendorganisationen eine bestimmende Rolle; siehe SCHNEIDER, Entwicklung (Anm. 60); sowie Ds.: „Friedensbewegung in Österreich“ – Probleme von Identität und Differenz in einer komplexen Gruppierung. In: Österr. Zeitschrift f. Politikwissenschaft, 31 (1984), 197ff.

111. Siehe WINTER, Hainburg, 73 (Anm. 109).

112. Siehe die Erklärung von Kardinal KÖNIG am 20. Dezember 1984. In: Kathpress 20. Dezember 1984, 1, sowie die Fernsehansprache am 31. Dezember 1984. In: Kathpress, 2. Jänner 1985, 8 f.

wahlen wurden auf den 23. November 1986 vorverlegt. Das Wahlergebnis brachte schließlich die Bildung einer Großen Koalition (SPÖ/ÖVP) unter Führung von Franz VRANITZKY und Alois MOCK, die sich tiefgreifende Reformen vornahm und vom einen Partner als „Modernisierungs-", vom anderen als „Sanierungspartnerschaft" bezeichnet wurde.

In diesem Zusammenhang muß man auch die Absicht sehen, Österreich so weit wie möglich an die Dynamik des werdenden *EG-Binnenmarktes* heranzuführen, von dessen Kraftfeld man sich eine Induktionswirkung auf die österreichische Wirtschaft – eine zur eigenen Dynamisierung zwingende Herausforderung – versprach.[113] Es tauchten Zweifel auf, ob die dauernde *Neutralität* – sie war inzwischen aus einem Mittel zur Erlangung der sowjetischen Zustimmung zum Staatsvertrag und zur Sicherung der Unabhängigkeit Österreichs zu einer Art von staatslegitimierendem „Grundwert" geworden – im Falle des EG-Beitritts aufrechterhalten werden könne.[114] So wurde die zielstrebige EG-Beitrittspolitik der Koalition zu einem Katalysator von Zukunftszweifeln und -ängsten.

Übrigens wirkten einige kirchliche oder kirchennahe Gruppierungen und Einrichtungen an dieser Bewußtseinsentwicklung z. T. nach Kräften mit (etwa die Katholische Jugend oder die Katholische Sozialakademie), so daß in den Augen mancher Beobachter „katholisch" und „EG-gegnerisch" hochkorrelative Einstellungsmerkmale darstellten.[115] Es könnte sein, daß die ohnehin bereits stark entwickelte Distanz der Bürger zur offiziellen und etablierten Politik[116] dadurch noch verstärkt wurde.

Die Kräftekonstellation der *Parteien* hat sich gewandelt: Unter der Führung von Jörg HAIDER hat die FPÖ starken Wählerzustrom gewonnen, auf lokaler und regionaler Ebene ist es ihr hier und da gelungen, zur zweitstärksten Partei zu werden. Die ÖVP hat Einbußen hinnehmen müssen; die Grünen haben sich in gewissem Grade in das politische Spiel eingepaßt[117] und sind zu einer etablierten Größe geworden.

Hinzu kommt, daß erst allmählich deutlich wurde und wird, wie sehr das Land für geraume Zeit „über seine Verhältnisse gelebt hatte",[118] welche

113. Siehe Heinrich SCHNEIDER: Alleingang nach Brüssel. Österreichs EG-Politik. Bonn 1990.

114. Zur Problematik der österr. Neutralität vgl. Herbert KREJCI/Erich REITER/Heinrich SCHNEIDER (Hg.): Österreichs Neutralität. Mythos und Wirklichkeit. Wien 1992.

115. Siehe etwa Peter Michael LINGENS: Ein Expo-Schicksal für die EG. In: Wochenpresse/Wirtschaftswoche, 21. November 1991), 15 f.

116. Vgl. Alfred GRAUSGRUBER: Anomie und Entfremdung in österr. Parteiensystem. In: PELINKA/PLASSER, Parteiensystem. 272 ff. (Anm. 28).

117. Signifikant war der Abgang des bisherigen Klubvorsitzenden im Nationalrat Johannes VOGGENHUBER. In Deutschland hätte man gesagt: Die „Realos" haben sich gegenüber den „Fundis" durchgesetzt.

118. So Fritz CSOKLICH im „Fünfjahresbericht 1982–1987", 8 (Anm. 99). Die Anfang 1992 auch für die allgemeine Öffentlichkeit deutlich werdende, seit langem erwartbare Krise des

Anstrengungen und welche Einschränkungen nötig sind, um z. B. die öffentlichen Finanzen in Ordnung zu bringen.[119] Dies, zusammen mit einer nahezu permanent gewordenen, während der letzten Jahre kontinuierlich steigenden Arbeitslosigkeit[120] bedeutet eine gesellschaftliche Verunsicherung, die ihren Ausdruck u. a. in zunehmender Fremdenfeindlichkeit gefunden hat. Populistische Bewegungen können hier Chancen sehen.

Auf der anderen Seite zeigen Umfragen, daß *hedonistische, individualistische* (individual- oder gruppenegoistische) Einstellungen sich ausbreiten, und daß das Lebensgefühl der Geborgenheit in überkommenen Ordnungen und Sinnwelten geschwächt wird – was durch zunehmende Symptome von Anomie (Drogenkonsum u. ä.) bestätigt zu werden scheint.[121]

Die Gesellschaft befindet sich erneut in einer Phase der Umstellung, des Wandels und der Verunsicherung. Die *Kirche* muß oder müßte sich in dieser Situation besonders zu einer Intensivierung und Neubestimmung ihres gesellschaftlichen Wirkens herausgefordert fühlen: die Aufgabe, *Hoffnung* zu geben[122] und zur „Integration" beizutragen[123] – also z. B. gegen *Entsolidarisierungstendenzen* anzukämpfen –, wäre unter diesen Umständen wohl noch dringlicher als in der Zeit der „alten" Großen Koalition und der unangefochtenen Sozialpartnerschaft und der herrschenden Fortschrittsperspektiven.

VIII. Gesellschaftliche Aktivitäten der Kirche in der neuen Ära

Tatsächlich hat sich die *Kirche* in den achtziger und in den frühen neunziger Jahren keineswegs auch nur relativ vom gesellschaftlichen *Engagement* zurückgezogen. Dazu seien nur einige Beispiele genannt:

1. Die *Caritas* gehört nach wie vor zu den wichtigsten Trägern der *freien Wohlfahrtspflege* in Österreich. Im letzten veröffentlichten „Fünfjahresbe-

Pensionssystems ist ein eindrucksvolles Indiz. Vgl. dazu Franz KOHMAIER: Gesicherte Pensionen? In: Österr. Jahrbuch f. Politik '86, Wien-München 1987, 369 ff.

119. Nur mit großer Mühe gelingt es z. B. jeweils, ein akzeptables Budget über die Runden zu bringen (d. h. die Staatsverschuldung nicht ins Unvertretbare steigen zu lassen).

120. Die Arbeitslosenquote betrug im Jahresdurchschnitt 1989 noch 5,0% (149.177 Personen), 1990 bereits 5,4% (165.795 Personen), 1991 sodann 5,8% (185.029 Personen), während für 1992 vom Wirtschaftsforschungsinstitut eine Rate von 6,0% prognostiziert wurde (Mittlg. von Hofrat Dr. Kurt KLEIN, Österr. Statistisches Zentralamt).

121. Allerdings war Österreich in dieser Beziehung schon immer ein „Problemland", wie z. B. die – im europäischen Zusammenhang – traditionell hohe Sebstmordrate ausweist; vgl. z. B. Christof GASPARI/Hans MILLENDORFER: Prognosen für Österreich. München 1973.

122. „Hoffnung leben – Hoffnung geben" war das Leitwort des Katholikentags 1983.

123. Vgl. die Hinweise auf die diesbezüglichen wegweisenden Aussagen von Kardinal KÖNIG in Abschnitt III. dieses Beitrags.

richt" über das gesellschaftliche Wirken der Kirche in Österreich wird u. a. über folgende Aktivitätsfelder berichtet:

- *Altenbetreuung* (Heimhilfen, Essen auf Rädern, Altersheime und Pflegeheime bzw. -stationen),
- *Behindertenheime,* Therapiestationen, Schaffung von Arbeitsplätzen für Behinderte (im Jahre 1986 gab es 15.991 von der Caritas betreute Behinderte)
- Initiativen und Einrichtungen für *Arbeitslose, Obdachlose* und Angehörige von *Randgruppen,*
- *Flüchtlingsbetreuung,*
- Hilfe im *Ausland* anläßlich von Notstandsfällen und im Rahmen von Entwicklungsprojekten.[124]

2. Das Engagement für die *Dritte Welt* ist nicht nur Sache der Caritas. Die hierfür von der Bischofskonferenz eingerichtete Koordinierungsstelle hat hierüber u. a. folgendes berichtet:

Die dort zusammenwirkenden katholischen Einrichtungen und Organisationen brachten in den Jahren 1981–1985 mehr als 2 Milliarden Schilling für die Dritte Welt auf; Rund 45% der Summe floß in pastorale Projekte, rund 42% in Entwicklungsprojekte, 9% wurden für Katastrophen- und Nothilfeprojekte aufgewandt, der Rest für Bildungs- und Informationsvorhaben.

Von 1982 bis 1986 waren insgesamt über 1.400 von den zwei katholischen Fachorganisationen entsandte Entwicklungshelfer und Experten im Einsatz, und zwar im Ausmaß von 14.600 Lebensmonaten;[125] nicht gerechnet sind dabei die rund 665 österreichischen Weltpriester und Ordensleute, die in der Dritten Welt wirkten. Über 600 Studenten aus der Dritten Welt konnten mit Hilfe von Stipendien katholischer Organisationen in Österreich studieren.[126] In den Folgejahren sind die Leistungen der Kirche für die Dritte Welt weiter angestiegen.[127] In den 4 Jahren von 1987 bis 1990 brachten die in der „Koordinierungsstelle" zusammenwirkenden Organisationen für Entwicklungshilfe und Mission rund 3,3 Milliarden Schilling für entsprechende Vorhaben auf, wobei die Verwendungsbereiche ähnliche Proportionen aufwiesen wie in den Vorjahren.[128]

3. Wie bisher wurde auch das kirchliche *Schulwesen* weitergeführt und konnte seine hervorragende Reputation erhalten.

---

124. Siehe „Fünfjahresbericht 1982–1987", 94 ff. (Anm. 99). – Allein im Jahre 1985 betrug der Kostenaufwand für die Notleidenden und Behinderten in Österreich selbst 831,340.733.– Schilling (wovon lediglich 90,226.198 Schilling von der öffentlichen Hand zugewendet wurden). Die Tendenz der Aufwendungen war und ist steigend.

125. Hierfür erhielten die Entsenderorganisationen staatliche Subventionen.

126. „Fünfjahresbericht 1982–1987", 100 f. (Anm. 99).

127. Das folgende aus einem dem Verf. zur Verfügung stehenden Beitrag für den in Vorbereitung befindlichen Fünfjahresbericht für die Jahre 1987 bis 1992.

128. 46% für Pastoralprojekte, 44% für die Entwicklungsförderung (wobei die Schwerpunkte in der Ausbildung, im Sozialbereich und im Gesundheitswesen lagen), 6% Katastrophenhilfe, 4% für Sensibilisierungs- und Bildungsprojekte in Österreich.

Es gab aber darüber hinaus in dem hier speziell betrachteten Zeitraum auch eine ganze Reihe von Vorgängen und Aktionen, die über die „normalen“ Aktivitäten hinausgingen:

1. Schon vor der „Wende“ in *Osteuropa* hat die katholische Kirche in Österreich sich auf vielfältige Weise um Unterstützung für die Kirche in den osteuropäischen Ländern bemüht. Das entsprechende Engagement hat im Zuge der Öffnung der Grenzen und des Abbaus kommunistischer Diktaturen neue Chancen erhalten.[129]

2. Als in Verbindung mit dem Präsidentschaftswahlkampf 1986 in Österreich neue Regungen des Antisemitismus sichtbar wurden, unternahm die Kirche besondere Bemühungen zur *christlich-jüdischen Verständigung* und zur Zurückweisung antisemitischer Parolen. Schon vorher hatte Diözesanbischof Reinhold STECHER (Innsbruck) das „auf völliger Unwahrheit beruhende Ärgernis“ des Kultes um das angeblich 1462 einem Ritualmord zum Opfer gefallene Kind „Anderl von Rinn“ aus der Welt geschafft.[130] Nun wurden nicht nur die Bemühungen des „Koordinierungsausschusses für christlich-jüdische Zusammenarbeit“ verstärkt weitergeführt, sondern es gab eine Reihe eindrucksvoller christlich-jüdischer Begegnungen, auch unter aktiver Mitwirkung von Erzbischof Dr. GROER.[131]

3. Die fünfzigste Wiederkehr des *„Anschlusses“* Österreichs an das Hitlerreich sowie der Judenpogrome im Frühjahr und im Herbst 1938 gab 1988 Anlaß, im Rahmen eines *„Bedenkjahrs“* eine historische Rückschau und eine moralisch-politische Selbstbesinnung in die Wege zu leiten.[132] Ein keineswegs kirchenfreundlicher Beobachter charakterisierte die in diesem Zusammenhang zu verzeichnenden kirchlichen Unternehmungen wie folgt: „Besonders beeindruckte die selbstkritische Grundhaltung der katholischen Kirche, die insbesondere ihrer historischen Verantwortung für den Antisemitismus nicht auswich.“[133] Allerdings beschränkten sich die Beiträge der Kirche und kirchlicher Organisationen zur „Vergangenheitsbewältigung“ keineswegs auf die bereits erwähnten Bemühungen zur christlich-jüdischen Begegnung und zur Auseinandersetzung mit antisemitischen Vorstellungen. Thematisiert wurden u. a. die Probleme des „Christlichen Ständestaates“, der Haltung von Kirchenverantwortlichen und anderen einflußreichen Katholiken zum Nationalsozialismus – und vor allem

129. Für den Zeitraum 1982 bis 1987 vgl. den „Fünfjahresbericht“, 88 ff. (Anm. 99).

130. Siehe dazu Nadine HAUER: Judenstein – Legende ohne Ende? Wien 1985.

131. Siehe den Berichtsband „Schalom für Österreich“, hg. von der Kath. Aktion Österreichs. Wien 1987, sowie den „Fünfjahresbericht 1982–1987“, 79 ff. (Anm. 99).

132. Vgl. Theodor FAULHABER: 50 Jahre und kein bißchen weise... Gedanken zum „Gedenkjahr“ 1988. In: Österr. Jahrbuch f. Politik ’88. Wien-München 1989, 227ff. – Alfred STIRNEMANN: Beobachtungen im Bedenkjahr 1988, ebd. 243 ff.

133. So der Leiter des „Dokumentationsarchivs des österreichischen Widerstandes“, Wolfgang NEUGEBAUER, Bilanz des Gedenkjahres. In: Polit. Bildung, Zeitschrift für Erwachsenenbildung, Jg. 1989, Nr. 1, zit. nach STIRNEMANN, Beobachtungen, 256 (Anm. 132).

die Frage, welche Konsequenzen sich daraus für die Bewußtseinsbildung heute ergeben.[134]

4. Die Restriktionen in der österreichischen *Asylpolitik* sowie die Anzeichen einer wachsenden Fremdenfeindlichkeit wurden von einer Reihe kirchlicher oder kirchennaher Organisationen zum Anlaß von Studien, Eingaben und Vorsprachen bei den zuständigen Regierungsstellen sowie von öffentlichen Verlautbarungen genommen. Im Herbst 1989 veranstalteten die Katholische Aktion Österreichs und die Kommission „Iustitia et Pax" zunächst eine Studientagung zum Thema „Fremd sein in Österreich". Daraus ergab sich im Frühjahr 1990 die Gründung einer „Plattform gegen Ausländerfeindlichkeit", an der sich außerdem auch die Caritas und das Diakonische Werk der Evangelischen Kirche beteiligten. Daneben gab es eine ganze Anzahl von praktischen Initiativen zur Unterbringung und Betreuung von Flüchtlingen und Asylanten.[135] Anzumerken ist, daß Persönlichkeiten, die sich in solchem Sinne einsetzen – wie z. B. der Wiener Weihbischof Florian KUNTNER (der Vorsitzende der „Kommission Iustitia et Pax") – dafür mit zahlreichen, nicht immer anonymen Beschimpfungen und Drohungen bedacht wurden.

Daneben gab es auch weiterhin Bemühungen, *kirchliche Anliegen* (nicht nur Interesen der Kirche im engeren Sinn, sondern auch solche, die nach kirchlicher Auffassung Erfordernisse des Gemeinwohls zum Inhalt hatten), gegenüber dem Staat zur Geltung zu bringen:

1. Bei den Parteienverhandlungen über die Bildung der *Großen Koalition* im Anschluß an die Nationalratswahlen 1986 einigten sich SPÖ und ÖVP u. a. über die verfassungsgesetzliche Verankerung des staatlichen Schutzes für *Ehe und Familie*. Dies war ein lang gehegtes katholisches Anliegen. Aus der verfassungsgesetzlichen Regelung wurde jedoch nichts, weil die maßgebenden SPÖ-Verantwortlichen auf der Gleichstellung eheähnlicher Lebensgemeinschaften beharrten und die „Diskriminierung" unvollständiger Familien ablehnten.

2. Seit längerem bemüht sich die Kirche um die Vermeidung von Verschlechterungen bzw. um günstigere Regelungen im Hinblick auf den *Kirchenbeitrag* – einerseits gab es Probleme anläßlich von Absichten der Regierung, dic auf cinc Erschwerung der Identifizierung kirchenbeitragspflichtiger Bürger hinausgelaufen wären; andererseits betrachtet es die Kirche als ungerechtfertigt, daß man Gewerkschaftsbeiträge in voller Höhe, Kirchenbeiträge aber nur bis zu einer bestimmten Grenze von der Steuer absetzen kann. Auseinandersetzungen um solche und ähnliche Probleme sind immer wieder an der Tagesordnung, ohne daß dies zu spektakulären Erregungen führt.

134. Siehe dazu Maximilian LIEBMANN (Hg.): 1938 – Kirche in Österreich – 1988 – Eine Dokumentation. Graz-Wien-Köln 1990.

135. Näheres dazu wird voraussichtlich im derzeit vorbereiteten „Fünfjahresbericht" über die Jahre 1987–1992 dargestellt werden.

3. Anläßlich zahlreicher Gesetzgebungsvorhaben wurde die Kirche im Rahmen des üblichen *Begutachtungsverfahrens* zur Stellungnahme eingeladen. Dabei ging es in den vergangenen Jahren um sehr unterschiedliche Gegenstandsbereiche – vom Namensrecht (Wahl des Familiennamens bzw. sogar unterschiedlicher Familiennamen bei der Eheschließung) über die Familienförderung, die medizinisch ermöglichte Weitergabe menschlichen Lebens u. a. m.

Gerade bei heiklen Problemen hat sich gezeigt, daß ein Problem der *Argumentationsweise* besteht:[136] Einerseits gibt es die Neigung, traditionelle Positionen ohne Rücksicht auf das gesellschaftliche Meinungsklima und die Kräftekonstellation in den politischen Willensbildungsorganen vorzutragen. Andererseits wird dafür plädiert, die eigene Argumentation so auszurichten, daß sie bei den Entscheidungsträgern größere Akzeptanzchancen hat. Diese Alternative wirkt sich auf den Stil der Darlegung aus, mag aufs erste als eine Sache der klugen Taktik erscheinen, beruht aber doch auch auf unterschiedlichen Grundvorstellungen über die jeweilige „Sache", aber auch über das Verhältnis von „Kirche" und „Welt".

Ein Vorgang verdient aber schließlich doch noch eine etwas ausführlichere Besprechung: die Herausgabe eines neuen *„Sozialhirtenbriefes"*, der am 15. Mai 1990 publiziert wurde.[137] Er war nicht der erste seiner Art,[138] aber die Art der Erarbeitung war für österreichische Verhältnisse gänzlich neu.[139] Nach einem Grundsatzbeschluß der Bischofskonferenz im Herbst 1986 wurden ein Beraterkreis und ein kleines Redaktionsteam gebildet; dort wurden zunächst zwei Schwerpunkte bestimmt: die Arbeitswelt (im Anschluß an die päpstliche Enzyklika „Laborem exercens", 1981) und „Solidarität" (im Anschluß an die Enzyklika „Sollicitudo rei socialis", 1987). Ein sogenannter „Grundtext" wurde im Herbst 1988 unter dem Titel „Sinnvoll arbeiten, solidarisch leben" vorgelegt – als er z. T. auf heftigen Widerspruch stieß – u.a. in den Bereichen der Wirtschaft und der politischen Parteien, wo man gelegentlich von „Realitätsferne", „utopischen Vorstellungen" usw. sprach –, wurde erklärt, es handle sich nicht um einen Vorentwurf des Hirtenbriefs selbst, sondern lediglich um ein Papier zur Diskussionsanregung. Diese Ausarbeitung wurde weit verbreitet, und die Bischöfe forderten kirchliche Organisationen, aber auch alle anderen interessierten Gruppen zur Erörterung und zur Einreichung von Stellungnahmen auf.[140] Die Reso-

136. Siehe dazu den von Generalanwalt Christoph MAYERHOFER betreuten Abschnitt „Rechtswesen" für den derzeit vorbereiteten „Fünfjahresbericht 1987–1992".

137. Der Text wurde vom Sekretariat der Österr. Bischofskonferenz herausgegeben. Siehe auch den Beitrag von Valentin ZSIFKOVITS in diesem Band.

138. Auf den 1956 veröffentlichten Sozialhirtenbrief wurde weiter oben bereits hingewiesen.

139. Man verfuhr ähnlich wie die Bischofskonferenz der USA bei der Vorbereitung ihrer großen „Pastoral Letters".

140. Dies führte dazu, daß Kritiker des Projekts sich über den „Herdenbrief" (anstelle eines echten Hirtenbriefs) mokierten.

nanz war beachtlich: Es gingen rund 2.400 schriftliche Stellungnahmen ein, an deren Abfassung sich mehr als 15.000 Personen beteiligt hatten. Unter Bedachtnahme hierauf kam es dann zur Überarbeitung, zur Veröffentlichung – und zu einer durchwegs positiven Aufnahme in der Öffentlichkeit. Besonders Engagierte meinten daraufhin, dies deute auf einen Mangel an Entschiedenheit – ein Hirtenbrief über die soziale und wirtschaftliche Lage, der nirgendwo Anstoß errege, habe zu wenig Profil. Tatsächlich waren aber nicht wenige Passagen des Pastoralschreibens geeignet, aufhorchen zu lassen:

1. Die Bischöfe verwiesen auf den Umbruch, der sich in der *Arbeits- und Wirtschaftswelt* abspielt, etwa im Zeichen der Internationalisierung der Märkte, und auf den gesamtgesellschaftlichen und ethischen Zusammenhang, in dem auch das Wirtschaftsleben steht.

2. Die *Mitbestimmung* wird bejaht, verbesserungsbedürftige, unzumutbare Arbeitsbedingungen werden kritisiert.

3. Daß die Gesellschaft anscheinend bereit sei, *Arbeitslosigkeit* „einfach als gegeben hinzunehmen“, wird als höchst bedenklich bezeichnet.

4. Die *Landwirtschaft* verdiene Erhaltung und Förderung, da sie nicht nur Nahrungsmittel produziere, sondern auch für die Erhaltung des ländlichen Naturhaushalts sorge.

5. Ausführlich und nachdrücklich verlangen die Bischöfe die gesellschaftliche Gleichberechtigung der *Frau*.

6. An der österreichischen *Verbändegesellschaft* wird die Gefahr der „Erstarrung von . . . Strukturen“ kritisch vermerkt.

7. Von den grundsätzlichen und theologischen Abschnitten sind u. a. jene über die *Solidarität* und über die „Option der Kirche für die Armen“ bemerkenswert prägnant.

8. Schließlich werden alle Pfarren und Ordensgemeinschaften sowie die katholischen Organisationen und Bewegungen zu *konkreten Initiativen* im Sinn der einzelnen Weisungen und Anregungen aufgefordert.[141]

Allerdings: In welchem Maße der „Sozialhirtenbrief“ auf Dauer Einstellungen und Handlungsweisen beeinflußt, ist schwer abzuschätzen.[142]

141. Selbstverständlich wurden auch hier wieder nur einige von vielen Themen und Gesichtspunkten herausgegriffen.

142. Kurz vor der Veröffentlichung selbst – also nach dem Ende der nach dem Wunsch der Bischöfe möglichst breit geführten Diskussion über den „Grundtext“ – ergab eine Befragung, daß rund 30% der Österreicher überhaupt vom Vorhaben gehört oder gelesen hatten (höhere Prozentsätze gab es bei den Gebildeten, nämlich 48%, bei den Wohlhabenderen, und zwar 50%; das Interesse bei ÖVP- und SPÖ-Anhängern war gleich überdurchschnittlich (38%; die Vergleichswerte für die Sympathisanten der FPÖ und der Grünen liegen niedriger: 28 bzw. 24%); dies nach Paul ZULEHNER: Tauziehen um Kirchengestalten. In: Nachrichten und Stellungnahmen der Kath. Sozialakademie, 1990, BNr. 15, 7ff.

IX. Die Kirche auf dem Weg zum dritten Jahrtausend

Wie schon erwähnt, findet das kirchliche Wirken in Gesellschaft und Staat, ungeachtet vieler Kontinuitäten, unter neuartigen inneren und äußeren Voraussetzungen statt.

Von den äußeren war bereits die Rede.[143] Es wäre unredlich, nicht auch die *inneren* zur Sprache zu bringen.

Der Wiener Pastoraltheologe Paul ZULEHNER publizierte 1990 einen Artikel „über die Lebendigkeit der Kirche in Österreich", dessen erste Abschnitte unter dem Leitwort stehen: „Abraham und Sara waren alt geworden"; darin berichtet er über eine Pfarrerkonferenz, bei der ein Teilnehmer meinte, er komme sich vor, als verwalte er eine Konkursmasse: „kein Aufbruch droht"...[144] ZULEHNER verweist in einem zweiten Teil seines Aufsatzes auch auf gegenläufige *Tendenzen:* „Alte Gestalten sind kraftlos geworden und sind am Vergehen, neue Formen wachsen aber gleichzeitig": er nennt u.a. die Erneuerung des gemeindlichen Lebens in den Pfarren, die Bereitschaft vieler Laien zum Engagement, ehrenamtlich und hauptamtlich, und nicht etwa nur zum Ausgleich für den Priestermangel.[145]

Gleichwohl hieß es in einer offiziellen Textvorlage für das *„Wiener Diözesanforum"*, mit einer zwar zurückhaltenden, aber aufschlußreichen Wortwahl: „Die Bereitschaft, das Leben der Kirche mitzutragen und sein Leben für die Botschaft des Evangeliums einzusetzen, wird zur Zeit in unseren (Pfarr)Gemeinden nicht größer."[146]

Man diagnostiziert „eine (im Vergleich zu den letzten zehn Jahren deutlich gewachsene) 'neue Gleichgültigkeit' breiter Bevölkerungskreise gegenüber der offiziellen Kirche."[147] Die *Kirchlichkeit* nimmt ab; Soziologen messen sie traditionell unter Bezugnahme auf den sonntäglichen Meßbesuch; er lag 1980 bei 28%, schon 1985 nur noch bei 24%; bei den Jugendlichen lag der Prozensatz 1980 bei 29, 1991 nur noch bei 19. Zwei Drittel der Österreicher geben an, sie wären religiös – aber dabei handelt es sich

143. Siehe Abschnitt VII.

144. Paul M. ZULEHNER: Sara lachte still in sich hinein... In: Gerd BACHER/ Karl SCHWARZENBERG/Josef TAUS (Hg.): Standort Österreich. Graz-Wien-Köln 1990, 85.

145. A.a.O., 99 und 97 (Anm. 144). – Der letzte veröffentlichte „Fünfjahresbericht" (für 1982–1987) spricht von 11.966 Laien im kirchlichen Dienst, davon seien 1.152 Pfarrmitarbeiter (von ihnen 308 Pastoralassistenten bzw. Pastoralassistentinnen), 1.014 Mitarbeiter der Caritas, 1.194 seien in kirchlichen Heimen beschäftigt, 995 bei den Finanzkammern, 347 in den Diensten der Kath. Aktion, 313 in den bischöflichen Ordinariaten, 293 in den kirchlichen Pädagogischen Akademien, 84 als hauptberufliche Jugendleiter (Anm. 99).

146. Zitiert nach Katharina VLAY: Wiener Diözesanforum. In: Kirche intern, 1991 Heft 11, 21.

147. ZULEHNER, Tauziehen, 7 (Anm. 142). So sei es „den Österreichern ... beispielsweise 1990 deutlich mehr als noch vor zehn Jahren egal, ob es in ihrer Pfarrei einen Pfarrer gibt oder nicht."

nicht unbedingt um einen Glauben an den Gott der Bibel, sondern oft um die Meinung, es gäbe irgend eine Art von höherem Wesen oder geistiger Macht.[148] 19 Prozent der Österreicher beten, aber nur 12 Prozent der Jugendlichen zwischen 15 und 24 Jahren.

Was die Kirchen betrifft, so meinen fast 50 Prozent, daß man keine Kirche zum persönlichen Glauben brauche, und zwei Drittel haben das Gefühl, die großen Religionen und Kirchen seien heute „unglaubwürdig" geworden.

Das gilt insbesondere für ihre Kompetenz zu gesellschaftlicher und politischer *Wegweisung*. Die Österreicher möchten zu 89 Prozent, daß die Kirche sich gegenüber den politischen Parteien neutral verhält,[149] und 63 Prozent meinen, sie solle sich überhaupt nicht zu politischen Fragen äußern. Das scheint nach weit verbreiteter Meinung ohnehin nicht sehr relevant zu sein: 9% sprechen der Kirche großen politischen Einfluß zu, 34% geringen, und 48% gar keinen.[150]

Es mag dahingestellt bleiben, ob und inwieweit der sich hieraus ergebende Eindruck der *Schwächung* der Kirche zu der nachlassenden Bindung der Kirchenmitglieder einerseits und zum Rückgang der Mitgliederzahl andererseits in Bezug gesetzt werden kann.[151]

Besonders bedenklich müßte die Kirche die zunehmende Distanzierung der *jüngeren Generation* finden: von den 15-bis-24-Jährigen setzen nur 7% „sehr viel" Vertrauen in die Kirche, 48% „wenig", 18% „überhaupt keines" (nur das Bundesheer und die Massenmedien kommen noch schlechter weg); auf die Frage, ob die Kirche wohl eine Antwort auf moralische Probleme und Nöte des einzelnen geben kann, antworten 22% mit „Ja", aber 58% mit „Nein"; dieselbe Frage, bezogen auf Familienprobleme,

148. Dies und das folgende u. a. nach Peter A. ULRAM: Wie katholisch ist Österreich? In: politicum, Heft 36 November 1987, 11 f.

149. 48 Prozent meinen übrigens, die Kirche entspreche tatsächlich dieser Erwartung und übe gegenüber den Parteien „Äquidistanz". Dagegen meinen 36%, die Kirche unterstütze, wenn es darauf ankommt, nach wie vor die ÖVP; nach der Meinung von 5% nähere sie sich in letzter Zeit der SPÖ. Dies nach Franz HORNER/Paul ZULEHNER: Kirchen und Politik. In: Herbert DACHS u. a. (Hg.): Handbuch des politischen Systems Österreichs. Wien 1991, 445.

150. A. a. O. – Insofern muß man die vom Verf. vor rund 15 Jahren vertretene Meinung, die österreichische Politik ließe sich ohne Einbeziehung der Kirche und der religiösen Akteure gar nicht adäquat beschreiben (SCHNEIDER, Kirche, 153/Anm. 12) mittlerweile massiv in Frage stellen – auch wenn Umfrageergebnisse über mutmaßliche Einflußchancen nicht mit Erkenntnissen über die tatsächliche Einflußposition verwechselt werden dürfen.

151. In den Jahren 1958 bis 1983 sind insgesamt 424.000 Österreicher aus der Katholischen Kirche ausgetreten; eine merkliche Zunahme der Austrittsrate war ab 1968 – dem Jahr der Studentenunruhen – zu verzeichnen. Seither hat die Austrittsbewegung bis zum Ende der achtziger Jahre zugenommen, seither ist sie wieder etwas zurückgegangen; die entsprechenden Zahlen lauten: 33.088 (für 1986), 34.804 (für 1987), 36.224 (für 1988), 37.154 (für 1989) und 32.688 (für 1990). Die „spektakuläre" Zahl von Kirchenaustritten in der Folge der massiven sozialdemokratischen Kampagne im Jahr des Justizpalast-Brandes und damit der Konfrontation zwischen Prälat SEIPEL und den „Roten" (1927) lag bei etwa 28.000. Dies nach: „Fünfjahresbericht 1982–1987" (Anm. 99).

findet 18% Ja- und 64% Nein-Antworten, und was „soziale Probleme" betrifft, so liegt die Ja-Rate bei 18%, die Nein-Rate bei 60%.[152] Das heißt: die Kirche ist nur noch für eine Minderheit eine lebensbestimmende Kraft – ihre Mitglieder unterscheiden sich „lebensmäßig" wenig von anderen Zeitgenossen,[153] und „Salz im Sauerteig" sind allenfalls noch eine Minderheit der Getauften (und Gefirmten!).

Welche *Folgerungen* die Träger kirchlicher Verantwortung daraus ziehen sollten – darüber gibt es höchst gegensätzliche Meinungen, und zwar auch deshalb, weil man für die in den wiedergegebenen Zahlen zum Ausdruck kommenden Entwicklungen sehr unterschiedliche Erklärungshypothesen anführen kann.

Beispielsweise wäre es möglich, die Trends zur Schwächung der Kirche auf *unabänderliche Prozesse* des gesellschaftlichen und geistigen Wandels in modernen Gesellschaften zurückzuführen: *Modernisierung* bedeute nun einmal *Säkularisierung,* mindestens aber Schwächung der institutionalisierten Religiosität, und Österreich sei da eben einem historischen Prozeß ausgesetzt, der nicht einfach gestoppt werden könne (so wie er wohl demnächst in den osteuropäischen Ländern unabwendbar Platz greifen werde).[154]

Ganz anders argumentiert, wer den Kraftverlust der Kirche auf ihre eigenen *Verhaltensweisen* zurückführt und damit den Gedanken der Unentrinnbarkeit von epochalen Trends abweist oder doch relativiert. Aber auch da gibt es entgegengesetzte Standpunkte: Die einen sagen, die Kirche habe, seit dem Zweiten Vatikanischen Konzil vor allem, das „Aggiornamento" zu weit getrieben, sich also zu sehr dem *Zeitgeist* angepaßt. „Der Rauch des Satans ist durch irgendeinen Riß in den Tempel Gottes eingedrungen: Zweifel, Unsicherheit, Hinterfragung, Unruhe, Unzufriedenheit, Konfrontationen haben sich breitgemacht. . . Der Zweifel ist in unsere Gewissen eingedrungen." Dies ist kein Auszug aus einer Traditionalistenpostille, sondern eine etwa 20 Jahre alte Aussage von Papst PAUL VI.[155] Wer so denkt, für den müßte es höchste Zeit sein, den verhängnisvollen Folgen des Konzils entgegenzutreten.

Es gibt aber auch die andere These, die Kirche komme nicht mehr an, weil sie sich nicht hinreichend klar und konsequent zum *„Aggiornamento"*

152. So die Ergebnisse der vom Österr. Institut für Jugendkunde durchgeführten sog. „Österreichischen Jugend-Wertestudie" (Juni 1991), nach Egon E. KRAUS: Kann die Jugend noch mit der Kirche? In: Kirche intern, 1991/Heft 11, 24 ff.

153. Die Formulierung bei ZULEHNER, Sara, 89 (Anm. 144).

154. Aus der unübersehbaren Literatur vgl. z.B. Raban TILMANN: Sozialer und religiöser Wandel. Düsseldorf 1972. – Peter L. BERGER: Zur Dialektik von Religion und Gesellschaft. Frankfurt/Main 1973. – Niklas LUHMANN: Funktion der Religion. Frankfurt/Main 1977. – Peter L. BERGER: Der Zwang zur Häresie – Religion in der pluralistischen Gesellschaft. Frankfurt/Main 1980.

155. PAUL VI. am 29. 6. 1972, nach ZULEHNER, Sara, 92 (Anm. 144).

entschlossen habe, sondern mit hergebrachten Formeln und Verhaltensweisen viele Menschen von heute nur noch zum Achselzucken oder Kopfschütteln bewege. Gegenüber einer solchen Polarisierung der Auffassungen klingt es zu billig, wollte man einfach meinen, die Wahrheit liege wohl in der Mitte. Sie liegt wohl noch am ehesten dort nahe, wo man bestrebt ist, beides miteinander zu bejahen: die Identität des Glaubens (der Christ von morgen müsse ein Mystiker sein, meinte einst Karl RAHNER) und die Solidarität mit der Welt.

Einige *Hinweise* dürften aber in diesem Zusammenhang nicht übergangen werden, die kürzlich zwei österreichische an der Kirche stark interessierte Wissenschafter gegeben haben:[156]

Erstens seien trotz aller „Angleichungstendenzen“ doch noch deutliche Merkmale von *Religiosität* und damit von religiösen Menschen aufweisbar – aber sie würden eine differenzierte Betrachtung erheischen: es gelte, unterschiedliche Arten von Religiosität wahrzunehmen; zwei Formen müsse man auseinanderhalten: eine, in der *Stabilisierungsfunktionen,* Befriedigungen des Sicherheits- und Trostbedürfnisses die entscheidende Rolle spielen; hier sei Religiosität der Ausdruck von Ich-Unsicherheit und Lebensangst; und eine andere, gleichsam metafunktionale, in der man sich von Gott herausgerufen, zum *Aufbruch* (christlich gesprochen: in die Freiheit der Kinder Gottes geholt) erfahre.[157] Die „funktionale“ Ausprägung der „Leutereligion“ sei an das gekoppelt, was die Sozialpsychologen „Autoritarismus“ nennen; Kennzeichen seien die Betonung des Gehorsams statt des personalen Gewissens, die Konzentration z. B. auf eine rigide Sexualmoral und das Bedürfnis nach Anlehnung an fraglose Ordnungen, die von den Anstrengungen der Mündigkeit entlasten. Der andere Ausprägungstyp sei durch eine personalere, freiheitsbestimmte Ausrichtung auf Gott bestimmt. Das Gegenüber der heute zu beobachtenden kirchenpolitischen Strömungen stehe in deutlicher Korrelation zu diesen Typen von Religiosität. Aber, und dies sind die beiden Pointen dieser These, der „neokonservative“ Kirchenkurs habe erstens eine „solide Basis“ nur noch bei 10 oder maximal 20 Prozent der Österreicher,[158] und zweitens seien dies eben nicht die besonders religiösen, sondern die sicherheitsbedürftigen, autoritär orientierten Charaktere.

Eine weitere These verdient ebenfalls Aufmerksamkeit: Religiosität in

156. Das folgende nach HORNER/ZULEHNER, Kirchen (Anm. 149).

157. Die Gegenüberstellung erinnert an Henri BERGSONs beide „Formen der Moral und der Religion“ (die „geschlossene“ und die „offene“), aber auch an Karl BARTHs Unterscheidung von „Religion“ und „christlichem Glauben“. Inwieweit die referierten empirischen Untersuchungen und ihre Sekundärauswertungen im Zirkel eines entsprechenden Vorverständnisses befangen sind, kann hier nicht erörtert werden.

158. Dies auf Grund des Umstandes, daß die stark autoritäre Ausrichtung erheblich zurückgegangen sei, von 51% (1970) auf 18% (1990); HORNER/ZULEHNER, Kirchen, 454 (Anm. 149).

dem in unserem Zivilisationskreis maßgeblichen Sinn bedeutet die Antithese zu einer reinen *Diesseitsorientierung* („. . . mit dem Tod ist alles aus!"); überdies könne man erkennen (d.h. hier: empirisch-wissenschaftlich aufweisen), daß religiöse Menschen den Gegentyp zu der heute immer weiter verbreiteten Haltung des *Utilitarismus,* der Selbstbezogenheit und der „Flexibilität" in sozialen Beziehungen darstellen: sie seien eher imstande, sich von der Haltung des Belohnungsstrebens („Wos bringt ma des?") zu distanzieren, und sie seien im mitmenschlichen Umgang eher zu Verläßlichkeit und Solidarität fähig.[159]

Wenn das so ist, dann besteht trotz allem eine *Chance,* daß die Kirche – als Gemeinschaft der Gläubigen – „Sauerteig" in der Gesellschaft sein kann, und daß sie damit auch dem staatlichen Gemeinwesen einen unersetzbaren Dienst leistet. Die Gläubigen selbst werden dabei daran denken, daß „der Geist weht, wo Er will." Aber das entbindet sie andererseits nicht von der Aufgabe, die Umstände der Zeit zu erkennen und ihre Zeichen zu deuten.

159. Als Indikator für die Verläßlichkeit sozialer Bindungen wird i. a. die Aufrechterhaltung des Eheversprechens genommen, also das negative Korrelat zur Scheidungsbereitschaft. – Nach ULRAM, Österreich (Anm. 148), lag das Verhältnis von Ehescheidungen zu Eheschließungen 1970 bei 18,1%, 1980 bei 26,3%, 1984 bei 29,6%.

Die Lage der Frau und ihre politische Rolle

Karin Maria Schmidlechner

I. Die österreichischen Frauen in der Statistik

Im Jahre 1991 lebten in Österreich 7,600.000 Menschen. 3,980.000 (52% und um 360.000 mehr als Männer) davon waren *Frauen,* womit auf 1.000 Frauen 909 Männer kamen. Allerdings gibt es nicht in allen Altersstufen mehr Frauen als Männer, z. B. ist innerhalb der bis 25jährigen ein Männerüberschuß und bei den 25–50jährigen ein ziemlich ausgeglichenes Verhältnis zwischen den Geschlechtern zu verzeichnen. Der Anteil der Frauen überwiegt erst bei den über 50jährigen und zwar mit zunehmendem Alter immer mehr. Unter den über 75jährigen gibt es mehr als doppelt so viele Frauen wie Männer. Dieses zahlenmäßige Ungleichgewicht ist zum Teil noch immer eine Folge des Zweiten Weltkrieges und wird sich in Zukunft weiter reduzieren.[1]

Derzeit haben Frauen bei der Geburt eine durchschnittliche Lebenserwartung von 78,6 Jahren und Männer eine von 72 Jahren. 1982 betrug der Unterschied zwischen der Lebenserwartung von Männern und Frauen noch 7,1 Jahre. Die Verringerung ist darauf zurückzuführen, daß sich die Lebenserwartung der Männer in den letzten Jahren mehr als die der Frauen erhöht hat.

Während gegenwärtig 90% der 45–55jährigen Frauen (Geburtsjahrgänge 1935–1945) verheiratet sind, waren 1981 59% und 1987 mehr als 70% der 20–25jährigen Frauen (fast 90% der Männer) und 24% bzw. 33% der 25–30jährigen Frauen ledig.[2] Eine der wesentlichsten Ursachen für diese Entwicklung ist die Tatsache, daß sich die Zahl der jungen Frauen, die eine qualifizierte Ausbildung erhalten, erhöht hat und damit auch die Familiengründung aufgeschoben wird. Aufgrund der dadurch erworbenen finanziellen Unabhängigkeit wird dann oft von einer Eheschließung überhaupt Abstand genommen, was sich vor allem an den Akademikerinnen zeigt, die mit 32% einen besonders hohen Anteil von unverheirateten Frauen verzeichnen. Dies ist auch darauf zurückzuführen, daß sich unter den gegenwärtigen gesellschaftlichen Bedingungen berufliche Karriere und familiäre Verpflichtungen für Frauen nur schwer vereinbaren lassen und eine Heirat eine zusätzliche Belastung mit familiären Aufgaben darstellt.

Dazu kommt auch, daß sich in der Gegenwart die soziale Notwendigkeit,

1. Frauen in Österreich. 1985–1990. Wien 1991, 8.
2. Frauen in Österreich, 10 (Anm. 1).

zu heiraten, verringert hat, weil das *Zusammenleben ohne Trauschein* zu einer gesellschaftlich weitgehend akzeptierten Lebensform geworden ist.[3] Es wird aber insgesamt nicht nur weniger, sondern vor allem später geheiratet. Im Jahre 1988 betrug das Erstheiratsalter der Frauen 23,8 Jahre, 1983 lag es noch bei 22,6 Jahren.[4]

Unverändert geblieben ist in Österreich seit einigen Jahren die *Scheidungsrate*. Sie liegt derzeit bei 29,5%, d. h., daß fast jede dritte Ehe und damit pro Jahr zwischen 14.000 und 15.000 Ehen geschieden werden, wobei 35% der Scheidungen innerhalb der ersten fünf Ehejahre erfolgen.[5] Der Entschluß, sich scheiden zu lassen, hängt nicht nur vom Zustand der Ehe ab, sondern auch von der wirtschaftlichen Situation der Ehepartner, wobei sich berufstätige, also finanziell einigermaßen unabhängige Frauen eher scheiden lassen als Hausfrauen.

Die *Gesamtfruchtbarkeitsrate* liegt derzeit bei 1,45 Kindern pro Frau, wobei sie mit 1,6 Kindern in Vorarlberg am höchsten und 1,3 Kindern im Burgenland am niedrigsten ist.[6]

Die Zahl der *alleinerziehenden* Frauen hat in den letzten Jahren kontinuierlich zugenommen. Derzeit gibt es in Österreich 235.000 alleinstehende Elternteile mit Kindern und von diesen sind über 200.000 (87%) Frauen. Davon sind 33% ledig, 56% geschieden bzw. getrennt lebend und 11% verwitwet.[7]

Nur leicht schwankte in den letzten Jahren mit 22,5% der Anteil der *unehelich* geborenen Kinder. Er ist am höchsten in jenen Regionen, in denen er traditionell hoch ist und in denen uneheliche Geburt nicht als Makel gilt, wie in Salzburg (31%), Kärnten (30%) und in der Steiermark (29%) und nicht in den Städten, wie am Beispiel Wiens mit einem Anteil von nur 18% ersichtlich ist. Den geringsten Prozentsatz weist mit 10% das Burgenland auf.[8]

Vergleicht man diese Angaben mit denen der unmittelbaren *Nachkriegszeit* und danach, so kann man in verschiedenen Bereichen wesentliche Unterschiede erkennen, während andere wiederum fast keinen Veränderungen unterworfen waren:

So ist beispielsweise das *Scheidungsverhalten* der ÖsterreicherInnen zwischen 1945 und der Gegenwart fast gleich geblieben. Es wurden auch im Jahre 1946 schon 13.423 Ehen geschieden, 1949 12.855 und im Jahre 1948, in dem der Höhepunkt der Nachkriegs-Scheidungswelle zu verzeichnen war, 14.256.[9]

3. Frauen in Österreich, 9 (Anm. 1).
4. Frauen in Österreich, 10 (Anm. 1).
5. Frauen in Österreich, 11 f. (Anm. 1).
6. Frauen in Österreich, 8 (Anm. 1).
7. Frauen in Österreich, 12 (Anm. 1).
8. Frauen in Österreich, 12 (Anm. 1).
9. Neue Zeit, 12. Juli 1952.

Deutlich verringert haben sich dagegen in den letzten Jahren das Ost-West-Gefälle und der Stadt-Land-Unterschied bezüglich der *Geburtenrate,* die Anfang der sechziger Jahre z. B. für Wien 1,83 und für Vorarlberg 3,3 betrug. Die Geburtenrate ist seither kontinuierlich gesunken und hat im Jahre 1987 ihren Tiefstand erreicht.[10]

Bezüglich der *unehelichen* Geburten ist ein Anstieg festzustellen. Hier betrug der höchste Anteil im Jahre 1958 19,7% (Salzburg, gefolgt von Kärnten mit 17,7%), der niedrigste 9,6% (Burgenland).[11]

Eine interessante Verschiebung ist auch bezüglich des *Heiratsalters* zu konstatieren. Es ist in den achtziger Jahren zwar leicht angestiegen, lag aber mit 23,8 Jahren im Jahre 1988 noch immer weit unter dem der fünfziger Jahre. Damals (1958) betrug das Durchschnittsalter der Frauen 25 Jahre, wobei die Burgenländerinnen mit 22 bis 23 Jahren am jüngsten und die Wienerinnen mit 27 Jahren am ältesten waren. Allerdings wurde dieses Heiratsalter damals als ein relativ niedriges angesehen.[12]

Selbstverständlich können diese wenigen Angaben keine vollständigen Entwicklungslinien ergeben. Sie sollen lediglich auf *exemplarische* Weise versuchen, den sozialen und gesellschaftlichen Wandel, der im folgenden behandelt wird, zu veranschaulichen.

II. Die Rolle der Frau im sozialen Wandel

Auf der ganzen Welt – und daher auch in Österreich – hat die Lage der *Frauen* seit dem Jahre 1945 in vielen Lebensbereichen einen beträchtlichen *Wandel* erfahren.[13] Weil sich dieser Wandel nicht für alle Frauen im selben Ausmaß und im selben Rhythmus vollzogen hat, ist bei einer Beschäftigung mit dieser Thematik eine nach Alter, Beruf, Bildungsstand, sozialem Milieu und anderen Kriterien der Frauen *differenzierte* Betrachtungsweise notwendig. Ebenso muß berücksichtigt werden, daß sich für jene Frauen, welche in einem späteren Stadium dieses Veränderungsprozesses von ihm betroffen worden sind, andere Konsequenzen ergeben haben, als für diejenigen, die mit ihm in seinen Anfängen konfrontiert wurden, oder ihn sogar selbst initiiert haben.[14]

Nicht nur aus diesen Gründen ist es relativ *schwierig,* diesen Wandel einerseits zu definieren, andererseits *darzustellen* und zu analysieren, son-

10. Frauen in Österreich, 8 (Anm. 1).

11. Frauen in Österreich, 6 (Anm. 1).

12. Kleine Zeitung, 1. Jänner 1958.

13. Zum sozialen Wandel im allgemeinen Irmfried SPEISER in diesem Band.

14. Bezüglich der politischen Konsequenzen dieser Veränderungsprozesse sei verwiesen auf Gerda NEYER: Frauen in der Politik. Am Beispiel der Repräsentation von Frauen im Nationalrat. In: Herbert DACHS u. a. (Hg.): Handbuch des polit. Systems Österreichs. Wien 1991, 296–308.

dern auch auf Grund der Tatsache, daß er sich zu einem sehr großen Teil in solchen Bereichen vollzogen hat, in denen man dafür nicht die Hilfe von meßbaren Faktoren in Anspruch nehmen kann, weil es sich um Meinungen, Einstellungen und andere ähnlich schwierig zu fixierende Kriterien handelt. Dagegen ist die Frage nach seinen *Ursachen* relativ einfach zu beantworten. Sie liegen einerseits in den grundlegenden Veränderungen in den gesellschaftlichen Systemen der verschiedenen Staaten, andererseits in den neuen Erkenntnissen von Wissenschaft und Technik, die in den letzten vier Jahrzehnten gewonnen wurden.

So kam es schon bald nach 1945 zu einem starken *Infragestellen* der bestehenden gesellschaftlichen Strukturen in Hinsicht auf den Status der Frauen in der Gesellschaft, vor allem, was die Berechtigung und moralische Legitimation der geschlechtlichen *Rollenverteilung* anlangte. Damit wurden auf der einen Seite Diskussionen der Zwischenkriegszeit, die durch den Zweiten Weltkrieg unterbrochen worden waren, wieder aufgenommen; auf der anderen Seite handelte es sich um Auswirkungen der Tatsache, daß es während des Zweiten Weltkrieges Frauen möglich geworden war, nicht nur in der *Familie,* sondern auch im *Berufsleben* Funktionen zu übernehmen, die bis dahin den nun fehlenden, weil im Krieg agierenden, Männern vorbehalten gewesen waren, und diese ausgezeichnet zu ersetzen. Während sie die familiären Aufgaben teilweise auch nach der Rückkehr der Männer beibehielten, wurden sie aus den beruflichen Positionen zum größten Teil wieder entfernt, teilweise unter Zuhilfenahme jener biologischen Rollenstereotype, die eine Frau primär als Hausfrau und Mutter definierten. Nicht verhindert hatte aber werden können, daß sehr viele Frauen aus ihren Leistungen als alleinstehende Familienerhalterinnen während und nach der Kriegszeit *Selbstbewußtsein* und *Selbstbestätigung* erfahren hatten und sich danach nicht mehr kritiklos mit dem herkömmlichen Rollenstatus zufrieden gaben.

Eine gewisse *Sensibilisierung* der Gesellschaft als ganzer für die Probleme einzelner Gruppen bewirkte auch die fortschreitende *Konsolidierung* der politischen und wirtschaftlichen Lage in Europa und den USA nach den Nachkriegswirren. „Fragenkomplexe, wie die der Schwachen in unserer Gesellschaft und die, bei denen es um die Frauen geht, werden Gegenstand kollektiver Überlegung und ein geeignetes Thema für die Massenmedien. Die Wohlstandsgesellschaft erlaubt sich, ihre Kultur in Frage zu stellen und bringt ein kollektives Schuldbewußtsein hervor . . .“[15]

Zu den bedeutsamsten Ursachen bezüglich der Veränderung der Lage der Frauen gehören die wissenschaftlichen, medizinischen und technischen *Fortschritte* der letzten Jahrzehnte. Sie trugen entscheidend dazu bei, daß sich die auf die unterschiedlichen biologischen Gegebenheiten zurückzuführenden Lebensbedingungen für Männer und Frauen ganz beträchtlich verringerten.

15. Evelyne SULLEROT: Die Rolle der Frauen in Europa am Rande der 70er Jahre. In: Ds. (Hg.), Die Wirklichkeit der Frau. München 1979, 594–632 (597).

So wurde z.B. erst durch die neuen, gegenüber früher ungleich wirksameren Methoden zur *Empfängnisverhütung* wie etwa die Anti-Baby-Pille eine exakte Geburtenplanung möglich wie auch die Situation einer Schwangeren durch die Verminderung der Wochenbettsterblichkeit und andere medizinische Fortschritte wesentlich erleichtert und weniger riskant wurde. Dazu enthob die Entwicklung vorgefertigter *Babynahrung* die Mütter von der unbedingten Notwendigkeit, ihre Kinder zu stillen und ermöglichte dadurch die Einbeziehung der Väter oder anderer Bezugspersonen in die Versorgung der Babies. Dadurch wurde es auch möglich, daß berufstätige Mütter schon relativ bald nach der Geburt wieder an ihre Arbeitsplätze zurückkehrten. Tatsächlich wurden im Jahre 1971 nur mehr 6% der österreichischen Neugeborenen gestillt, während es 1945 noch 46% waren. Durch verschiedene Pro-Still-Kampagnen, z.B. des Gesundheitsministeriums, aber auch privater Initiativgruppen, in denen auf die unschätzbaren Vorteile des Stillens hingewiesen wurde, konnte eine Steigerung auf 20% im Jahre 1984 erreicht werden.[16]

Von großem Einfluß auf den Ablauf der Lebensperioden und die damit verbundenen Rollen waren auch die Verlängerung der *Lebensdauer* der Frauen – die in Österreich zwischen 1949 und 1990 von 67 Jahren auf 78,6 Jahre gestiegen ist[17] die früher einsetzende *Pubertät* und der Altersrückgang in der *Menopause,* weil auf sie unter anderem die Verlängerung des Lebens nach den Mutterschaften, die Senkung des Heiratsalters und eine kürzere Mutterschaftsperiode zurückzuführen waren.

Zusätzlich bewirkte die Beschleunigung der Entwicklung von *Industrie* und *Technik* eine vollkommene Veränderung der wirtschaftlichen Bedeutung der *Hausfrauenarbeit.* Die Reduzierung des für die Haushalts- und Familienversorgung notwendigen Zeit- und Kraftaufwandes – bedingt durch die Ausstattung der Haushalte mit arbeitssparenden Einrichtungen wie Zentralheizung, Warmwasser und technischen Haushaltsgeräten – und die Vervielfältigung des Angebotes an Fertigprodukten bei den Nahrungsmitteln, der Kleidung und den Putz- und Pflegemitteln führten zu einer beträchtlichen Verringerung des Wirtschaftswertes der Hausarbeit, so daß es im Gegensatz zur Zeit um 1950 in der Gegenwart wirtschaftlich gesehen rentabler ist, berufstätig zu sein und die benötigten Produkte und Dienstleistungen zu kaufen, als sie im Haushalt selbst herzustellen bzw. zu verrichten.

Diese Überlegung berücksichtigt allerdings nur den *wirtschaftlichen* Aspekt und trägt weder dem *kulturellen* bzw. *ideellen* Wert der Arbeit einer Hausfrau und Mutter noch der *Doppelbelastung,* der berufstätige Frauen unterliegen – wobei in Österreich im Jahre 1987 immerhin 53% der Frauen mit Kindern (1983: 49%) erwerbstätig waren [18] –, Rechnung. Gerade die

16. Eltern, 1984/I, 11.

17. Die wirtschaftliche Rolle der Frau in Österreich. Wien 1984, 22. – Frauen in Österreich, 8 (Anm. 1).

18. Frauen in Österreich, 38 (Anm. 1).

von dieser Doppelbelastung betroffenen Frauen haben aber die herkömmliche Rollenaufteilung am frühesten in Frage gestellt.

Es ist im nachhinein nicht mehr feststellbar, ob die eben angeführten Faktoren maßgebend für die Entstehung neuer Einstellungen und die in Richtung auf die *Gleichberechtigung* der Frauen zielenden Initiativen der Legislative in den einzelnen Ländern waren oder ob eher die zumindest partiell vorhandene Bereitschaft des Gesetzgebers, den Frauen gleiche Rechte und Pflichten zuzugestehen und dies auch verfassungsmäßig zu verankern, dieses neue Bewußtsein unterstützt bzw. gefördert hat.

Jedenfalls haben zwischen 1945 und 1960 etwa 15 europäische Länder ihre Verfassung dahingehend geändert, daß nicht nur das *Wahlrecht* für Frauen eingeführt – welches in Österreich bereits seit 1918/19 besteht – sondern auch die *Gleichheit* der Geschlechter vor dem Gesetz ausdrücklich anerkannt wurde. Darüber hinaus wurden in vielen Staaten Maßnahmen ergriffen, die darauf abzielten, die Gleichberechtigung der Geschlechter bezüglich Ehe, Kindererziehung, Besitz und Verwaltung von Gütern, Sozialgesetzen, Arbeitsplätzen und Löhnen zu erreichen.

III. Die österreichische Situation der Frau in Ehe, Familie und Beruf

In *Österreich* kam es diesbezüglich relativ spät zu konkreten Beschlüssen: Nach gescheiterten Versuchen in den Jahren 1925 und 1951 konnte die *Familienrechtsreform* nach vielen innenpolitischen Differenzen erst in den letzten Jahren durchgeführt werden. Am 1. Jänner 1976 trat das Gesetz über die persönlichen Rechtswirkungen der Ehe, mit welchem das patriarchalische Ehemodell in Österreich abgeschafft wurde, in Kraft; zweieinhalb Jahre später die sogenannte ‚kleine Scheidungsreform', womit die ‚einverständliche Scheidung' und die Scheidung auch gegen den Einspruch des Ehepartners möglich geworden war.[19]

Beim neuen *Strafrecht,* welches seit dem 1. Jänner 1975 rechtskräftig ist, betraf die für die Frauen wichtigste Änderung die Reform der jahrzehntelang umstrittenen Paragraphen 144–148, die eine Entkriminalisierung von *Schwangerschaftsabbrüchen* innerhalb der ersten drei Monate mit sich brachte, was von vielen Sozialdemokraten bereits in der Ersten Republik vehement gefordert worden war.[20] Seit damals war dieses Problem auch immer wieder Gegenstand heftiger öffentlicher Kontroversen und das in den siebziger Jahren gegen die Fristenlösung initiierte Volksbegehren, die

19. Trautl BRANDSTALLER: Frauen in Österreich. Bilanz und Ausblick. Wien 1981, 67–74.

20. Karin LEHNER: Reformbestrebungen der Sozialdemokratie zum § 144 in Österreich in der Ersten Republik. In: Die ungeschriebene Geschichte. Historische Frauenforschung. Hg. v. Wiener Historikerinnen. Himberg/Wien 1984, 298–310.

sogenannte ‚Aktion Leben', erzielte mit 823.000 Unterschriften eine Rekordbeteiligung. Im übrigen ist die Debatte für und wider die Abtreibung in den letzten Jahren neuerlich aufgeflammt und wird von allen Beteiligten außerordentlich emotionell geführt.

Ein weiteres zentrales Problem, mit welchem sich der Gesetzgeber auseinandergesetzt hat, liegt im Bereich der *Arbeitswelt.*

Die allgemeine *Erwerbsquote* von Frauen (Anteil der Berufstätigen an der Gesamtbevölkerung) betrug 1982 32%, die spezielle Erwerbsquote (Anteil der Berufstätigen bezogen auf die Bevölkerung zwischen 15 und 65 Jahren) 50%.[21] Bei den unselbständig Erwerbstätigen betrug der Frauenanteil schon im Jahre 1950 32,7% (625.000) und erhöhte sich bis 1983 auf 40,6% (1,116.600).

Im Jahre 1988 waren 59,2% der Frauen zwischen 15 und 60 Jahren berufstätig (1981: 56,9%). Vor allem bei den Frauen zwischen 20 und 55 Jahren ist eine steigende Erwerbstätigkeit zu verzeichnen, was nicht nur eine Folge der konjunkturellen Belebung, sondern auch Ausdruck der sich verändernden Rolle der Frau in der Gesellschaft ist. Aus der Tatsache, daß 84% der Hochschulabsolventinnen zwischen 30 und 55 Jahren, aber nur 53% der Pflichtschulabsolventinnen berufstätig sind, läßt sich ein klarer Zusammenhang zwischen Erwerbsbeteiligung und *Bildungsniveau* der Frauen, welches in den letzten Jahren eine deutliche Erhöhung erfahren hat, erkennen.

Im Unterschied zu den Männern besteht bei den Frauen ein wesentlich stärkerer Zusammenhang zwischen Erwerbsbeteiligung und *familiärer Situation:* 1987 waren Frauen ohne Kinder zu 63% berufstätig, von den Frauen mit Kindern waren es 53% (1983: 49%). 56% der verheirateten Mütter mit einem Kind unter 15 Jahren sind berufstätig und 37% der verheirateten Frauen mit drei oder mehr Kindern.[22] Im Jahre 1971 hatten 27% der Frauen Kinder unter 15 Jahren.[23] Bei den alleinstehenden Müttern, für die die Berufstätigkeit hauptsächlich aus wirtschaftlichen Gründen notwendig ist, ist die Erwerbsbeteiligung jedoch bedeutend höher: 81% der Alleinerzieherinnen mit einem Kind unter 15 Jahren sind erwerbstätig, von den Alleinerzieherinnen mit drei oder mehr Kindern immerhin noch 58%.[24]

Der Anteil der Frauen an den *unselbständig* Erwerbstätigen beträgt 41%.

Insgesamt arbeiten 84% der Frauen als Unselbständige, davon sind 30% Arbeiterinnen, 54% Angestellte bzw. Beamtinnen.

Der Frauenanteil beträgt in der *Land-und Forstwirtschaft* 31%, in der

21. Elfriede STURM: Chefetage. Reservat der Männer. In: akzente, 11/12, 1984, 15. – Rolle, 27. (Anm. 17).

22. Frauen in Österreich, 38 (Anm. 1).

23. STURM, Chefetage, 15. (Anm. 21).

24. Frauen in Österreich, 38 (Anm. 1).

Industrie und im *verarbeitenden Gewerbe* 26% und in den *Dienstleistungsberufen* knapp 50%.

Am allerhöchsten ist der Frauenanteil in der Wirtschaftsklasse *„Haushaltung und Hauswartung"*, mehr als 80% beträgt er in der *Bekleidungsherstellung* und mehr als 70% im *Gesundheits- und Fürsorgewesen* und in der Wirtschaftsklasse *„Körperpflege, Reinigung, Bestattungswesen"*. Im *Hotel- und Gaststättenwesen* sowie im *Unterrichtswesen* beträgt der Frauenanteil um 60%.[25]

Auch im *öffentlichen Dienst* war die Entwicklung seit 1945 durch eine ständige Zunahme des Frauenanteils gekennzeichnet. So ist z.B. der Beschäftigungsanteil der Frauen in Einrichtungen der Gebietskörperschaften, Sozialversicherungsträger und Interessensvertretungen zwischen 1951 und 1971 von 26,6% auf 31% gestiegen.[26]

Noch im Jahre 1983 wurde im Sozialbericht die Meinung vertreten, daß selbst in wirtschaftlichen *Krisenzeiten* der Anteil der berufstätigen Frauen nur minimal rückläufig und ihre *Arbeitslosenquote* geringer als die der Männer sei, was vor allem auf die Tatsache, daß die Frauen kaum in jenen Bereichen, die am stärksten von der Wirtschaftskrise betroffen werden, beschäftigt sind, zurückgeführt wurde.[27] Im Jahre 1988 wiesen die Frauen mit einer Arbeitslosenrate von 5,6% gegenüber 5,1% der Männer aber bereits eine höhere Arbeitlosenrate als diese auf.[28]

Die Gründe, die verheiratete Frauen veranlassen, berufstätig zu sein, sind vielfältig. Sehr viele berufstätige Frauen leisten – trotz eines meistens niedringen Verdienstes – einen beträchtlichen und unbedingt notwendigen Beitrag zum *Familieneinkommen* und haben eigentlich gar keine Wahlmöglichkeit. Ein großer Teil ist – daneben oder auch ausschließlich – aber auch aus Interesse, der Möglichkeit zu sozialen Kontakten oder dem Bestreben nach finanzieller Unabhängigkeit berufstätig. Ein weiterer Grund, sich zu einer beruflichen Tätigkeit zu entschließen, liegt häufig in dem Wunsch nach *gesellschaftlicher Identität,* die sich in unserer materiell und wirtschaftlich orientierten Welt in erster Linie über eine berufliche Tätigkeit definieren und erreichen läßt.

Sicherlich trägt auch die Tatsache, daß die Frauen heute über mehr *Bildung* verfügen und durch die schon angeführten Erleichterungen im Haushalt sowie durch weniger Schwangerschaften nicht mehr so sehr ans Haus gebunden sind, zur Berufstätigkeit bei.

25. Frauen in Österreich, 38 f. (Anm. 1).

26. Rosemarie DORRER: Die Situation der Frau im Bundesdienst. Histor. Entwicklung und empirische Standortbestimmung. Hg. v. Bundesministerium für soziale Verwaltung. Schriftenreihe zur sozialen und beruflichen Stellung der Frau, 11, 1979, 12.

27. Bericht über die soziale Lage 1983. Sozialbericht (=Tätigkeitsbericht des Bundesministeriums für soziale Verwaltung). Wien 1984, 65. – Rolle, 30ff (Anm. 17).

28. Frauen in Österreich, 41 (Anm. 1).

Ein sehr wesentlicher Faktor in diesem Zusammenhang ist auch, daß immer mehr der *Staat* und seine Institutionen Aufgaben und Verantwortungen übernehmen, die früher ausschließlich im Bereich der Familien lagen und im 19. und zu Beginn des 20. Jahrhunderts zum größten Teil von den Frauen getragen wurden. So hat etwa die Ausweitung staatlicher *Vorschuleinrichtungen,* die im Unterschied zum vorigen Jahrhundert in unserer Zeit nicht mehr ausschließlich als Aufbewahrungsstätten für die Kinder berufstätiger Mütter angesehen werden, sondern der frühzeitigen Sozialisation aller Kinder dienen sollen, in einigen industrialisierten Ländern eine beträchtliche Entlastung der berufstätigen Mütter gebracht.

Für Österreich hat diese Bemerkung allerdings nur eine sehr beschränkte Gültigkeit. Es ist zwar richtig, daß die Zahl der einen *Kindergarten* besuchenden Drei- und Vierjährigen in Österreich von 1,2% im Jahre 1954 auf 30% im Jahre 1984 gestiegen ist und daß von den Vier- und Fünfjährigen 21% im Jahre 1954 und 60% im Jahre 1984 einen Kindergarten besuchten. Bei den Schulanfängern stieg die Zahl in diesem Zeitraum sogar von 28% auf 78%. Insgesamt besuchten 1954 65.950 österreichische Kinder einen Kindergarten, dreißig Jahre später waren es 161.113, von welchen 62.175 eine berufstätige Mutter hatten.[29]

Richtig ist aber leider auch, daß in der Gegenwart laut einer Schätzung des Familienministeriums 170.000 Kindergartenplätze fehlen und nur für zwei Drittel der Kinder zwischen drei und sechs Jahren Kindergartenplätze vorhanden sind. Ganztägig betreut, was für berufstätige Mütter besonders wichtig wäre, können überhaupt nur 36% der Kinder werden, wobei in der Steiermark nicht einmal jedes zehnte Kind in einem *Ganztageskindergarten* untergebracht werden kann. Auch in Niederösterreich sind kaum Ganztageskindergartenplätze vorhanden.[30]

Noch trister war und ist die Situation für berufstätige Mütter von Kindern unter *drei Jahren:*

1977/78 gab es in ganz Österreich nur 29 *Säuglingskrippen* (davon 24 in Wien) und 155 *Kinderkrippen* (davon 131 in Wien), wobei der Anteil der in diesen Einrichtungen betreuten Säuglinge – gemessen an der Gesamtpopulation – nur etwa 0,2% betrug.[31] 1991 bestehen landesweit 7000 Unterbringungsmöglichkeiten, davon 6000 in Wien, überhaupt keine in Vorarlberg, wo entsprechend zur damit verbundenen konservativen Familienideologie auch die Familienförderung des Landes an die Aufgabe der Erwerbstätigkeit der Frau gebunden ist, was zur Folge hat, daß Alleinerzieherinnen, die sehr oft ja gezwungen sind, berufstätig zu sein, nicht in den Genuß einer solchen Beihilfe kommen.

Ein weiteres Problem stellt die Betreuung der *Schulkinder* dar. Nur 5% der

29. Eltern, VI (Anm. 16).
30. profil, 23. (1992), Nr. 4, 52.
31. STURM, Chefetage, 7 (Anm. 21).

österreichischen Schulen werden ganztägig geführt. Von einer Entlastung für berufstätige Mütter kann mit diesen Betreuungsmöglichkeiten sicher noch keine Rede sein.

Versuche, dieses Angebot zu erhöhen, scheitern in der Regel an den Vertretern einer konservativen Familienideologie, deren Prinzipien in der Theorie von der Mehrheit der Österreicher – 75% sind der Meinung, daß die Familie darunter leidet, wenn die Frau berufstätig ist – akzeptiert werden. Allerdings hinkt die Theorie in diesem Fall weit hinter der Praxis nach, wie die Zahlen über die Berufstätigkeit der Frauen zeigen. Gerade jene Mütter, die aus finanziellen Gründen arbeiten müssen, stehen hier vor sehr großen, kaum lösbaren Problemen.

Es ist daher nicht verwunderlich, daß die österreichische *Geburtenrate* von 1,45 Kindern pro Frau eine der niedrigsten der Welt ist. Daß es auch anders ginge, sieht man am Beispiel der skandinavischen Länder, wo, beispielsweise in Schweden, die Geburtenrate trotz einer Frauenbeschäftigungsrate von 80% in den letzten Jahren auf 2,1 gestiegen ist. Dazu beigetragen hat unter anderem, daß die Frauen dort ein Karenzgeld erhalten, das 90% ihres Gehalts beträgt und sie auf ein dichtes Netz von Betreuungsmöglichkeiten für ihre Kinder zurückgreifen können, sich also Kinder und Berufstätigkeit miteinander vereinbaren lassen.[32]

Die Tendenzen zur Institutionalisierung all dessen, was zum familiären Bereich gehört – in dieselbe Richtung weist ja auch die Übernahme von Pflichten gegenüber älteren Familienmitgliedern durch den Staat in Form von *Pensionen* und *Altersheimen* – waren vor allem in den osteuropäischen Staaten sehr ausgeprägt (freilich mit niederen Standards) und wurden im übrigen Europa in erster Linie von sozialistischen Regierungen und diese unterstützende Strömungen stark gefördert, während auf konservativen Ideologien basierende Gruppen ihnen eher kritisch bis ablehnend gegenüberstehen. Daraus läßt sich die unterschiedlich intensive Entwicklung in den einzelnen Ländern erklären. In Österreich trat sie, wie gerade gezeigt wurde – trotz sozialdemokratischer oder sozialdemokratisch dominierter Regierungen seit dem Jahre 1970 – in eher gemäßigter Form auf. Hier wurde das Hauptaugenmerk auf Maßnahmen auf dem *Bildungssektor,* wie etwa der Einführung der Schülerfreifahrt, der Gratisschulbücher, das gebührenfreie Studium usw. gelegt, durch welche die Chancengleichheit für Kinder aus dem Arbeitermilieu gefördert werden sollte. Indirekt wurden aber genau dadurch in erster Linie die Bildungschancen für Mädchen aus dem Mittelstand gefördert.

So ist der Anteil der Frauen, die außer der *Pflichtschule* keine weitere Ausbildung haben, von 1971 bis 1978 vom 73% auf 58% und zwischen 1978 und 1988 auf 53% gesunken, während der Anteil der Frauen, die eine *Lehre* oder *mittlere Schule* absolviert haben, im selben Zeitraum von 22%

32. profil, 53 f. (Anm. 30).

auf 34% gestiegen ist. Ebenso hat die Zahl der *Maturantinnen* seit 1973 zugenommen (um 61%), und ist zwischen 1981 und 1988 von 6,1% auf 12,4% gestiegen,[33] wobei sich im höheren wie auch im mittleren Schulbereich allerdings noch immer eine Konzentration der Schülerinnen auf einige bestimmte Schultypen, nämlich auf die Handelsakademien und auf die Höheren Lehranstalten für wirtschaftliche Frauenberufe, zeigt.

Auch nach der Matura tendieren die Mädchen weiter dazu, die niederrangigen den höherrangigen Ausbildungswegen vorzuziehen, sodaß z. B. der Anteil der Frauen in den *Pädagogischen Akademien* bei 93% liegt. Aber auch die Anzahl der weiblichen *Universitätsabsolventen* hat sich erhöht.[34] Trotz dieser an und für sich günstigen Tendenzen sind einige typische Merkmale weiblicher Ausbildung, wie z. B., daß Mädchen noch immer viel häufiger als Burschen niederrangige berufsbildende Ausbildungsgänge, was Dauer und Qualifikation betrifft, besuchen und daß sie sich noch immer vorwiegend auf jene wenigen Schultypen, deren Ausbildungsziele dem traditionellen weiblichen Rollenverständnis am nächsten kommen, also Lehr-, Sozial-, Gesundheits-, Büro- und Dienstleistungsberufe, konzentrieren, nach wie vor gültig. Dasselbe gilt auch für die Lehrberufe. 90% aller weiblichen Lehrberufe sind in nur 10 Lehrberufen, 80% in Lehrberufen, die einen Frauenanteil zwischen 70% und 100% aufweisen – davon 40% als Einzelhandelskaufmann – tätig.[35]

Die wesentlichsten – zum größten Teil noch aus der Ersten Republik stammenden – Forderungen für berufstätige Frauen seit 1945 – *freier Zugang von Frauen zu allen beruflichen Tätigkeiten und gleicher Lohn für gleiche Arbeit* – wurden in der Zwischenzeit durch das Gehaltsüberleitungsgesetz für Bundesbeamte aus dem Jahre 1947, dem zufolge männliche und weibliche Bundesbedienstete in ihrer dienstrechtlichen Behandlung grundsätzlich gleichgestellt sind[36] und durch das 1979 beschlossene Bundesgesetz über die Gleichbehandlung von Männern und Frauen bei der Festsetzung der Löhne[37] zwar gesetzlich geregelt, sind in Wirklichkeit jedoch bis heute nicht durchgesetzt.

So zeigen z. B. neuere Untersuchungen zur Situation der Frau im *Bundesdienst,* daß weibliche Bedienstete vorwiegend in der unteren hierarchischen Ebene tätig sind, daß Frauen in einem wesentlich geringeren Maße als Männer öffentlich-rechtliche Dienstverhältnisse aufweisen und daß sie in den Akademiker- und Maturantenposten deutlich unterrepräsentiert sind.[38]

33. Frauen in Österreich, 26 (Anm. 1).
34. BRANDSTALLER, Frauen, 11–32 (Anm. 19).
35. Frauen in Österreich, 16 (Anm. 1).
36. DORRER, Situation, 33 (Anm. 26).
37. BRANDSTALLER, Frauen, 56 (Anm. 19).
38. DORRER, Situation, 33 (Anm. 26).

Noch immer sind die Frauen in den *Spitzenpositionen* kaum vertreten.[39] Von 100 Frauen haben nur ca. 10 die Chance, eine leitende Position zu erreichen (gegenüber 35 Männern).[40]

Diese Feststellungen treffen zweifellos für alle berufstätigen Frauen zu, ja, es ist sogar anzunehmen, daß in der *Privatwirtschaft* noch wesentlich größere Diskriminierungen bestehen.

1987 haben nur 16% aller *Akademikerinnen* eine hochqualifizierte bzw. führende Tätigkeit als Angestellte oder Beamtin ausgeübt (gegenüber 39% der Männer).

Der Platz der Frauen ist vorwiegend in den *unteren und mittleren Positionen,* oben sind die Männer noch weitgehend unter sich.[41]

Nur 2% aller *Kommerzialräte* sind Frauen, in den 470 österreichischen Aktiengesellschaften gibt es 13 weibliche *Vorstandsdirektoren.*[42]

Es zeigt sich auch immer wieder, daß der Zugang von Frauen zu Berufen, die bisher Männern vorbehalten waren, allein nicht ausreicht, um eine wirkliche *Gleichberechtigung* durchzusetzen. Schließlich handelt es sich sicher um keinen Zufall, daß eine Tätigkeit an Wert verliert, wenn sie an Frauen übergeht, bzw. an Frauen übergeht, wenn sie an Wert verloren hat.

Noch gravierender ist die Ungleichheit jedoch bei den *Löhnen.* Die schon immer bestehenden geschlechtsspezifischen Einkommensunterschiede haben sich auch in jüngster Zeit nicht verändert. Noch im Jahre 1983 verdienten Männer auf nahezu allen vergleichbaren Positionen in der Einkommenshierarchie um etwa die Hälfte mehr als die Frauen.[43]

Die *Median-Einkommen* (50% verdienen weniger, 50% verdienen mehr) betrugen im Jahre 1988 bei den weiblichen Arbeitern 11.161.– brutto (Männer 17.522.–), bei den weiblichen Angestellten 14.970.– (Männer 24.734.–) im Monat. Männer beziehen generell Bruttoeinkommen, die um 40% bis 50% über jenen der Frauen liegen.[44]

Jede fünfte Frau, aber nur jeder 23. Mann zählen zu den 10% aller unselbständig Beschäftigten, die im Jahre 1983 ein geringeres Nettoeinkommen als 5.610,– S im Monat bezogen. Im gleichen Jahre erhielten 75% der Arbeiterinnen weniger Lohn als das am schlechtesten bezahlte Viertel der Arbeiter. Bei gleichem Niveau der beruflichen Qualifikation verdienten männliche Facharbeiter noch immer um 32% mehr als weibliche.[45] Im Durchschnitt betrug der *Einkommensvorteil* der Männer bei den Arbeitern

39. A.a.O., 13, (Anm. 26).

40. A.a.O., 11 (Anm. 26).

41. Frauen in Österreich, 47 (Anm. 1).

42. STURM, Chefetage, 16 (Anm. 21).

43. Sozialbericht 1983, 105 (Anm. 27).

44. Frauen in Österreich, 40 f. (Anm. 1).

45. Sozialbericht 1983, 108 (Anm. 27).

und Angestellten in der Privatindustrie jeweils ca. 40%, im öffentlichen Dienst ungefähr 18%. Auch wenn man die Schulbildung als Kriterium für die Höhe der Löhne heranzieht, verdienen Männer um 20 – 30% mehr als Frauen mit dem gleichen Schulabschluß.[46]

Einer der Hauptgründe für die Diskriminierungen, denen berufstätige Frauen noch immer ausgesetzt sind, liegt in dem Weiterbestehen verschiedener *Vorurteile,* die den Frauen Führungsfähigkeiten, Durchsetzungsvermögen, Sachlichkeit und Kreativität, im Grunde genommen alle Fähigkeiten, die man in leitenden Positionen benötigt, absprechen. Auch die Tatsache, daß die Frauen Kinder bekommen könnten, wirkt sich auf ihre Karrierechancen sehr nachteilig aus. Von der Bildungsuniversität Klagenfurt wurde mit Hilfe des Verbandes der Akademikerinnen Österreichs festgestellt, „daß Fleiß, Leistung, Fähigkeit und Intelligenz erst dann für eine höhere Karriere zum Tragen kommen, wenn die Frau bereit ist, in den entscheidenden Jahren zwischen 20 und 35 ihre ganze Zeit und Kraft uneingeschränkt ihrem Beruf zu widmen, wenn sie zudem noch die Kraft und Zeit aufbringt, berufsbezogene, soziale Beziehungen einzugehen und aufrechtzuerhalten".[47]

Für Frauen im Bundesdienst wurde Anfang 1980 eine interministerielle Arbeitsgruppe zur *Förderung* der Chancengleichheit und Gleichbehandlung geschaffen. Diese Maßnahme erfolgte im Rahmen des Frauenförderungsprogrammes, welches in Übereinstimmung mit der UNO- Konvention zur Beseitigung jeder Form von Diskriminierung der Frauen erarbeitet und 1982 ratifiziert wurde. Ziel dieses Programmes ist es, das ungünstige Verhältnis zwischen Männern und Frauen bei der Aufnahme in den Bundesdienst zu bessern und durch die gezielte Besetzung von leitenden Positionen eine deutliche Verschiebung zugunsten der Frauen zu erreichen.[48]

Intensiver und sicherlich auch mit größerem Erfolg war der Gesetzgeber auf dem Gebiet der *Schutzbestimmungen* für berufstätige Frauen und Mütter, aber auch für Hausfrauen tätig. Hier erfolgte im Jahre 1957 die gesetzliche Regelung des *Mutterschutzes,* in dessen Zuge die schon früher festgesetzten Bestimmungen über Beschäftigungs- und Nachtarbeitsverbote für Schwangere und die Schutzfristen vor und nach der Geburt einerseits zusammengefaßt, andererseits erweitert wurden.[49]

Zur bereits 1956 in Form einer einmaligen Zahlung bestehenden *Geburtenbeihilfe* kam 5 Jahre später der vor allem von den katholischen Familienorganisationen schon in den fünfziger Jahren geforderte *Karenzurlaub* für berufstätige Mütter. Seit 1974 erhalten alle Frauen, die diesen Karenzurlaub in Anspruch nehmen – das waren im Jahresdurchschnitt 1982 im-

46. A.a.O. (Anm. 27).
47. STURM, Chefetage, 16 f. (Anm. 21).
48. A.a.O. (Anm. 21).
49. BRANDSTALLER, Frauen, 59 (Anm. 19).

merhin 40.193 und damit 95% der anspruchsberechtigten Frauen – ein monatliches Karenzgeld; im selben Jahr erfolgte auch die Erhöhung der Geburtenbeihilfe von 2.000,– auf 16.000,– S.[50] Seit 1. Jänner 1990 haben alle österreichischen Eltern die Möglichkeit, den Karenzurlaub wahlweise in Anspruch zu nehmen und für alle nach dem 30. Juni 1990 geborenen Kinder kann ein zweites Karenzjahr in Anspruch genommen werden. Außerdem wird in Oberösterreich, Niederösterreich, Tirol und Vorarlberg seit 1988 bzw. 1989 an sozial schwache Familien innerhalb eines befristeten Zeitraumes ein Erziehungsgeld ausgezahlt.[51]

Eine weitere Maßnahme für berufstätige Frauen war die Herabsetzung der *Altersgrenze* zur Pensionsberechtigung von 65 auf 60 Jahre, die in den sechziger Jahren erfolgte [52], eine Bestimmung, die mittlerweile vom Verfassungsgerichtshof aufgehoben wurde, wogegen heftige Proteste von Frauen aller politischen Richtungen erfolgten.

Nicht realisiert wurden hingegen die von den verschiedensten Frauenorganisationen, der ÖVP und kirchlichen Organisationen immer wieder erhobenen Forderungen nach einem *eigenen Gehalt* sowie einer *Versicherung* für nicht berufstätige Frauen und Mütter. Gerade bei diesen Forderungen zeigt sich, wie unterschiedlich die Anschauungen über die Stellung der berufs- und nicht berufstätigen Frauen gerade bei den Frauen selbst sind. So wird von sehr vielen stark bezweifelt, daß eine solche Maßnahme geeignet sein könnte, bestehende Prestige- und andere Diskrepanzen abzubauen.

Trotz all dieser Maßnahmen von staatlicher Seite, die Qualität der *Arbeitsbedingungen* zu verbessern und den Konflikt zwischen beruflicher und familiärer Rolle zu verringern, ist das *Entlastungssystem* für verheiratete Berufstätige noch immer sehr beschränkt und in keiner Weise der Belastungssituationen angepaßt.

Pro Jahr leisten die österreichischen Frauen -sehr oft eben zusätzlich zu ihrer Berufstätigkeit- unbezahlte *Hausarbeitstätigkeiten* im Wert von 400 Milliarden Schilling. Unabhängig davon, ob eine Frau berufstätig ist oder nicht, muß der Großteil der anfallenden Hausarbeit von ihr allein bewältigt werden. Ein Grund dafür liegt darin, daß in der Mehrheit der österreichischen Familien noch immer keine *Teilung* der familiären Aufgaben vorgenommen wird. Nach wie vor sind es die Frauen, die die *Hauptverantwortung* für Haushalt und Kinderbetreuung zu tragen haben.[53] Ein Zeitvergleich der Ergebnisse der Mikrozenus-Erhebungen 1969, 1977 und 1982 über die weiblichen Lebensverhältnisse zeigt insgesamt zwar, daß die Mithilfe der Ehemänner im Haushalt und besonders bei der Kinderbetreuung

50. A.a.O., 60 (Anm. 19). – Rolle, 98 (Anm. 17).

51. Frauen in Österreich, 22 (Anm. 1).

52. BRANDSTALLER, Frauen (Anm. 19). – Rolle, 43 (Anm. 17).

53. Maximiliane E. SZINOVACZ: Lebensverhältnisse der weiblichen Bevölkerung in Österreich. Teilnahme am Erwerbsleben und familiäre Situation. Hg. v. BMin. f. soz. Verw. Schriftenreihe zur sozialen und beruflichen Stellung der Frau, 9 (1979), 44 f.

im Zunehmen begriffen ist (von ung. 10% auf rund 30% bei der Mithilfe im Haushalt und auf rund 60% bei der Kinderbetreuung), aber auch, daß sehr viele Ehemänner (ca. 40%) nach wie vor keine Hilfe leisten, unabhängig davon, ob die Frauen berufstätig sind oder nicht.[54]

Zum Großteil liegt dies an dem in Österreich auch bei den berufstätigen Frauen vorherrschenden Rollenbild, demzufolge diese Bereiche Frauensache seien. Dazu gehört auch die Vorstellung, daß noch immer der Mann das „Haupt der Familie" sei, vor allem bei den unteren Bildungsschichten, während Angehörige der oberen Bildungsschichten schon zunehmend für ein *partnerschaftliches* Ehemodell eintreten.

Wie stark dieses traditionelle Rollenbild noch immer wirksam ist, sieht man nicht zuletzt auch daran, daß sogar ein Großteil der selbst berufstätigen Frauen für ihre *Söhne* eine bessere Ausbildung als für ihre *Töchter* vorsehen.[55]

Nach einem Bericht der UNO über den Einfluß der *Massenmedien* auf die Bildung einer neuen Haltung in bezug auf die Rolle der Frau in der heutigen Gesellschaft sind zu einem sehr großen Teil die Medien dafür verantwortlich, daß der Emanizipationsprozeß der Geschlechter noch keine größeren Fortschritte gemacht hat, weil sie die Rolle der Frau in der Gesellschaft in den letzten Jahren nicht richtig dargestellt haben. So sei das von ihnen gezeichnete Rollenbild ausschließlich dem traditionellen Ideal verpflichtet gewesen, dessen wesentlichstes Kennzeichen die traditionelle Arbeitsteilung zwischen den Geschlechtern ist, der zufolge der Mann der Produktions-, die Frau der Reproduktionssphäre zugewiesen wird.[56]

„Die Standardform der modernen Erwerbstätigkeit – die durchgehende, ganztägige, außerhäusliche Erwerbstätigkeit – ist Ende des 20. Jahrhunderts noch immer eine Domäne von Männern und kinderlosen Frauen. Die Erwerbsorientierung der Frauen hat allerdings deutlich zugenommen. Die Zahl der Frauen, die der Kinder wegen den Beruf aufgeben, wird geringer, die Zeiten der familienbedingten Berufsunterbrechungen werden kürzer. Berufliche und familiäre Verpflichtungen zu vereinbaren, ist nach wie vor schwierig. Im Berufsleben gereicht es Frauen zum Nachteil, daß die Verantwortung für Haushalt und Kinder (und die damit verbundene Arbeit) traditionellerweise auf ihnen lastet. Einerseits werden sie unter dem Hinweis (bzw. Vorwand) auf ihre höhere Beanspruchung durch familiäre Pflichten von qualifizierten (und entsprechend bezahlten) Tätigkeiten fern-

54. Lebens- und Erwerbsverhältnisse der weiblichen Bevölkerung in Österreich. Mikrozensus-Sondererhebung März 1969 des Österreichischen Statistischen Zentralamtes. Hg. vom BMin. f. soz. Verw. Schriftenreihe zur sozialen und beruflichen Stellung der Frau, 1 (1972). – Rolle, 108ff. (Anm. 17).

55. SCINOVACZ, Lebensverhältnisse, 45 (Anm. 53).

56. Hans.-H. FABRIS/Herta KREUZHUBER: Das Internationale Jahr der Frau 1975 und die Darstellung von Frauenthemen in den österr. Massenmedien. Hg. v. BMin. f. soz. Verw. Schriftenreihe zur sozialen und beruflichen Stellung der Frau, 6 (1976), 21.

gehalten, andererseits haben tatsächlich viele Frauen Rücksicht auf die Bedürfnisse der Familie (Schulzeiten der Kinder, Arbeitszeiten des Mannes etc.) zu nehmen.“[57]

In diesem Sinne sei auch das Eindringen der Frauen in von Männern dominierte Berufsbereiche von den *Massenmedien* in keiner Weise gefördert, sondern immer nur kritisiert worden. Der immer deutlicher werdende Anachronismus dieses von den Massenmedien proklamierten Frauenbildes werde in jüngster Zeit mehr und mehr von dem Slogan der sogenannten *„Doppelrolle“* der Frau abgelöst, der im Grunde genommen aber nichts anderes sei als eine Modernisierung des althergebrachten Frauenbildes, in dem die Frauen weiterhin auf ihre primären Wirkungsbereiche Haushalt und Familie verwiesen werden und ihr Beruf nur einen zusätzlichen und immer sekundär bleibenden Wirkungsbereich darstellt: „. . . in diesem ‚sekundären Wirkungsbereich‘ bleibt die Frau weiterhin nur Gast, ‚Gastarbeiterin in der Männergesellschaft‘, mit allen Diskriminierungen, denen auch die ausländischen Arbeitskräfte ausgesetzt sind: sie erhält weniger Lohn und ihr Arbeitsplatz ist unsicherer als der ihres männlichen Konkurrenten. Der Gesellschaft wird durch das Schlagwort von der ‚Doppelrolle‘ jede Verpflichtung abgenommen, den Widerspruch zwischen den beiden konfligierenden Rollen der Frau zu lösen, d. h. Alternativen zu schaffen, die der Frau die Wahl zwischen den beiden Rollen leichter machen als bisher.“[58]

Bei einer im Jahre 1973 durchgeführten Untersuchung über das *Selbst- und Rollenverständnis* der Frau in Österreich war die Mehrzahl der befragten Frauen zwar der Meinung, „daß sich die gesellschaftliche Position der Frauen in den letzten Jahrzehnten im Sinne einer fortschreitenden Emanzipierung verändert hat“,[59] aber auch, „daß die Möglichkeit zur Selbstverwirklichung für die Frau in viel geringerem Ausmaß gegeben sei, als für den Mann. Als Frau müsse man auf seine Umwelt und die gegebenen Normen wesentlich mehr Rücksicht nehmen, Ansichten und Wünsche von Frauen werden in der Gesellschaft wesentlich weniger akzeptiert als jene der Männer“.[60]

Daher wäre als langfristiges Ziel die Gleichberechtigung der Frau hinsichtlich der allgemeinen *Wertschätzung*, eine Aufwertung des Status der Frauen und ein Abbau der Vorurteile, die sowohl Männer als auch Frauen ausgebildet haben, anzustreben. „Eine Frau sollte nicht mehr nur aufgrund ihres Geschlechts von vornherein als geistig zweitrangiges, in vielen Lebensbereichen vom Mann abhängiges Wesen behandelt werden.“[61]

57. Frauen in Österreich, 48 (Anm. 1).

58. FABRIS/KREUZHUBER, Jahr der Frau, 21 (Anm. 56).

59. Die folgenden Angaben und Zitate stammen aus der empirischen Studie „Selbst- und Rollenverständnis der Frau in Österreich“. Dr. Fessel + GfK-Institut. Wien 1973.

60. A.a.O. (Anm. 59).

61. A.a.O. (Anm. 59).

Um dieses Ziel zu erreichen, müßte man, vor allem nach Ansicht der jungen Frauen, bereits bei der *Erziehung* der Kinder einsetzen und Mädchen und Buben nach den gleichen Erziehungsprinzipien behandeln, wobei auch die Übernahme von Haushaltspflichten für die Kinder beiderlei Geschlechts eine Selbstverständlichkeit sein sollte. Gleichzeitig müßte die *berufliche* Stellung der Frauen verbessert werden, unter anderem auch dadurch, daß das Prestige der typischen Frauenberufe angehoben und die Gleichstellung hinsichtlich der Bezahlung und Aufstiegschancen forciert werden sollten. Für ebenso wichtig wird aber auch eine generelle *Aufwertung* der in *Haushalt* und *Familie* tätigen Frau gehalten. „Die Haushaltsarbeit sollte sowohl bei den Familienmitgliedern als auch in der Gesellschaft mehr Anerkennung finden, eine verstärkte Einbeziehung des Mannes in diesen Tätigkeitsbereich wäre erstrebenswert.“[62]

IV. Frau und Politik

Im Gegensatz dazu wird relativ selten an eine Erhöhung des Mitspracherechts im *öffentlichen Leben* bzw. in der *Politik* gedacht, obwohl die Einbeziehung der Frauen in diesen Bereich als Voraussetzung für eine weitere Entwicklung der Emanzipation angesehen wird, weil „letzten Endes doch nur Frauen in der Lage wären, frauenspezifische Probleme zu durchleuchten, zu werten und daraus Schlüsse zu ziehen“.[63] Damit weisen aber gerade die Frauen ihren Vertreterinnen in der Politik einen Sonderstatus, bzw. ein begrenztes Aufgabengebiet zu, was nicht unproblematisch ist, weil dadurch den Frauen der Zugang zu anderen Bereichen des politischen Lebens noch mehr erschwert, wenn nicht überhaupt unmöglich gemacht wird.

Im Zuge einer anderen Befragung über dieselbe Thematik waren allerdings wieder sehr viele Frauen der Meinung, daß Frauen sehr wohl geeignet seien, andere als speziell auf Frauen bezogene politische Funktionen auszuüben, wobei 50% der Befragten die Ansicht vertraten, daß es in Österreich nicht genügend *Politikerinnen* gäbe. Tatsächlich beträgt die Zahl der Frauen, die sich in der Politik engagieren, zwischen 2 und 13%. Größeres Interesse können nur kurzfristige Aktionen und solche, die speziell auf Frauenprobleme eingehen, erwecken.

Die *Bereitschaft* der Frauen, sich in der Politik zu engagieren, hängt, wie auch das Interesse an Politik überhaupt, vom Alter, dem Bildungsniveau, der beruflichen Stellung und dem Wohnort ab, wobei beide Bereiche am größten bei jungen, in der Stadt lebenden, berufstätigen Akademikerinnen sind. Unabhängig davon wurde jedoch in den letzten Jahren bei Frauen aller Bevölkerungsschichten eine Zunahme des Interesses festgestellt.

62. A.a.O. (Anm. 59).

63. A.a.O. (Anm. 59).

Das *politische Interesse* der weiblichen Bevölkerung ist in den letzten zwei Jahrzehnten stark gestiegen und steigt weiter an. 1969 gaben noch 53% der Frauen an, sich um Politik nicht zu kümmern, 1980 waren es „nur noch" rund ein Viertel.

Bei den Frauen unter 30 ist zufolge einer Untersuchung aus dem Jahre 1987 das politische Interesse erstmals sogar größer als bei den gleichaltrigen Männern. Zu diesem Ergebnis kam eine Repräsentativbefragung, die im Bundesland Salzburg durchgeführt wurde. Parallel zum stark steigenden politischen Interesse sinkt die Bereitschaft, sich an *politische Parteien* zu binden (und zwar bei beiden Geschlechtern).

Insgesamt ist die Zahl der Frauen, die sich für *Bundespolitik* überhaupt nicht interessieren, zwischen 1980 und 1987 von 26 auf 16% zurückgegangen (jener der Männer hingegen von 7% auf 11% gestiegen).[64] Bei dieser Untersuchung stellte sich auch heraus, daß Frauen Diskriminierungen gegenüber sensibler sind als Männer. Außerdem haben Solidarität und soziale Gerechtigkeit für Frauen einen bedeutend höheren Stellenwert. Die Benachteiligung der Frauen, die Situation von Minderheiten und Gastarbeitern, die Rassentrennung in Südafrika sind beispielsweise Probleme, deren Lösung Frauen um vieles dringlicher scheint als Männern. Allerdings fühlen Frauen sich in der Politik um vieles machtloser als die Männer. Letzteres kommt nicht von ungefähr. Frauen sind in der Politik kraß *unterrepräsentiert* und es gelingt nur sehr langsam, den Frauenanteil in politischen Gremien und Entscheidungspositionen zu erhöhen.[65]

Schon seit dem Jahre 1945 bestehen in Österreich verschiedene *politische Frauenorganisationen* und zwar die Frauenorganisation der ÖVP, das Frauenkomitee der SPÖ, dazu trat dann das Frauenreferat der FPÖ. Zusammen mit dem 1948 gegründeten, der KPÖ nahestehenden Bund demokratischer Frauen sind sie seit 1969 im Österreichischen Frauenring zusammengeschlossen.[66] Die enge Koppelung der Frauenorganisationen an die jeweiligen *Parteien* hat sich langfristig gesehen eher als *Nachteil* herausgestellt, weil dadurch einerseits die Frauen in den Spitzengremien der Parteien mit dem Verweis auf ihre eigene Organisation bis zur Gegenwart nicht ausreichend berücksichtigt wurden, andererseits aber gerade durch die – auf Grund dieser Parteinähe – gebotene Rücksicht auf jeweilige Parteiinteressen nicht immer ausschließlich im Interesse der Frauen agiert wurde. Zudem wurde dadurch sehr lange die Entstehung einer *parteiunabhängigen* Frauenbewegung behindert. Erst im Jahre 1973 kam es – als eine der zahlreichen Spätfolgen von 1968 – zur Gründung der AUF (autonome Frauenbewegung), die aber auf wenig Resonanz in der breiten Öffentlichkeit stieß. „Aber ganz abgehoben hatte sie ja nie, die Neue Frauenbewe-

64. Frauen in Österreich, 75 (Anm. 1).

65. A.a.O. (Anm. 1).

66. Karin SCHMIDLECHNER: Frauen und Politik, Frauen in der Politik. In: politicum, 11, 1982, 27.

gung in Österreich. Zu einer Massenbewegung, wie zu einem gewissen Zeitpunkt in Italien, wurde sie nie, zu katholisch, zu autoritär, zu traditionell-patriarchalisch sind die Familienstrukturen, besonders auf dem Land. Zu autoritär, rigid und traditionell-patriarchalisch sind auch die Strukturen in den Parteien und Gewerkschaften bis hin zu den Grünen, um ein Aufbegehren der Frauen größeren Ausmaßes möglich zu machen."[67] In den letzten Jahren haben sich vor allem viele junge Frauen in der verschiedenen Alternativgruppen engagiert und dort auch großen Einfluß gewonnen.

Einen nicht zu unterschätzenden Einfluß – allerdings in erster Linie passiven – auf die Gestaltung der Politik der Zweiten Republik hatten die Frauen schon seit deren Bestehen, stellten sie doch im ganzen Zeitraum mit über 55% der *Wahlberechtigten,* 1945 mit sogar 64%, eine wahlentscheidende Gruppe dar, deren Interessen schon aus diesem Grund berücksichtigt werden mußten.[68]

Betrachtet man die politische Landschaft Österreichs hinsichtlich der *Repräsentanz* der Frauen von 1945 bis zur Gegenwart und zieht als Kriterien die Zahl der weiblichen Regierungsmitglieder und Abgeordneten im Nationalrat, im Bundesrat, in den Landtagen und in den Stadt- und Gemeinderäten, ferner in den Verwaltungsinstitutionen, Parteien und Interessenvertretungen heran, fällt auf, daß sich in diesem Zeitraum erstaunlich wenig Fortschritte ergeben haben. Nach wie vor sind die Frauen in diesen Gremien, bzw. deren maßgebenden Instanzen, äußerst gering bis überhaupt nicht vertreten. So stieg der Anteil der weiblichen Abgeordneten im *Nationalrat* von1945 bis 1984 lediglich von 9 auf 16. In diesem Jahr wurden im Parlament 46% männlicher Wähler von 88% männlichen Abgeordneten vertreten und 54% weiblicher Wähler von nur 12% weiblichen Abgeordneten.[69] 1985 betrug der Frauenanteil im Parlament 9,8%, 1989 14,8% Frauen (27). Zwölf der siebenundzwanzig weiblichen Abgeordneten gehörten der SPÖ an, zehn der ÖVP, vier der FPÖ und eine der Grünen Alternative.[70] Nach den letzten Nationalratswahlen im Jahre 1990 sind 39 Frauen (21,31%) im Parlament.[71]

Weltweit gesehen ist der Anteil der Frauen in den Parlamenten so niedrig wie seit 16 Jahren nicht mehr. In den politischen Volksvertretungen sitzen im Schnitt nur noch 11% Frauen, ermittelte die Interparlamentarische Union in Genf. Schuld daran ist vor allem der Auszug der Frauen aus den Parlamenten der osteuropäischen Länder. 1975 waren durchschnittlich etwa 12,5% Frauen in den Parlamenten der Welt vertreten, 1988 exakt 14,6%. Seither geht es wieder bergab. Unter den 28.019 Parlamentsmit-

67. Erica FISCHER: Frauenbewegung in Österreich. In: Frauenbewegungen in der Welt. Bd 1. Hamburg 1988, 185.

68. Erika WEINZIERL: Emanzipation? Österr. Frauen im 20. Jahrhundert. Wien 1975, 45.

69. Elisabeth DITTRICH: Frauen in der SPÖ. In: akzente, 11/12, 1984, 8.

70. Frauen in Österreich, 77 (Anm. 1).

71. Internationaler Frauenkongreß in Graz. 1991, 29.

gliedern aus 131 Ländern waren Mitte des Jahres gerade noch 3.081 Frauen. Die meisten Polit-Frauen sitzen nach wie vor in Finnland (38,5%), Schweden (38,1%) und Dänemark (33%) auf Parlamentsstühlen. Den durch die Wahlen 1989 verursachten stärksten Rückgang gab es in Rumänien (von 34,4% auf 3,6%), Albanien (von 28,8% auf 3,6%), in der Mongolei (von 24,9% auf 2,1%), in der ČSFR (von 29,5% auf 3,6%), sowie in Ungarn (von 20,9% auf 7%). Ganz ohne weibliche Volksvertreter sind neben rund einem Dutzend weiterer Länder Marokko und Libanon. Deutschland liegt statistisch gesehen im Mittelfeld: Seit der gesamtdeutschen Wahl beträgt der Frauenanteil im Bundestag 20,4% (Vergleich: Ex-BRD 15,4% und Ex-DDR 32,2%).[72]

In der österreichischen *Bundesregierung* waren seit 1945 nur wenige Frauen vertreten. Nach Helene POSTRANECKY, die im Jahre 1945 als Staatssekretärin für Volksernährung tätig war, wurde in Österreich erstmals im Jahre 1966 mit Grete REHOR (ÖVP, für soziale Verwaltung) eine Frau mit einem Ministeramt betraut. Im Jahre 1971 (SPÖ-Alleinregierung) wurden die sozialistischen Politikerinnen Hertha FIRNBERG zur Wissenschaftsministerin und Ingrid LEODOLTER zur Gesundheits-und Umweltministerin ernannt, Gertrude WONDRACK und Elfriede KARL waren als Staatssekretärinnen tätig. Zwischen 1979 und 1983 betrug der Frauenanteil an den Regierungsmitgliedern 27%.[73] Damals waren sechs Frauen in der Regierung.

Diese Phase wird von der feministischen Publizistin Erica FISCHER als eine vom sozialistischen Bundeskanzler Bruno KREISKY initiierte neue Ära *sozialistischer Frauenpolitik* bezeichnet: „Ohne Vorwarnung und gegen den Willen eines Großteils seiner Parteigenossen setzte der Kanzler vier weibliche Staatssekretäre ein, von denen zwei sich ausschließlich Frauenfragen widmen sollten."[74]

Außer den neu ernannten Staatssekretärinnen Johanna DOHNAL (SPÖ, für Frauenfragen), Franziska FAST (SPÖ,für soziale Verwaltung), Anneliese ALBRECHT (SPÖ, für Handel) und Beatrix EYPELTAUER (SPÖ, für Bauten) waren damals außerdem noch eine weitere Staatssekretärin (Elfriede KARL, SPÖ) und eine Ministerin (Hertha FIRNBERG, SPÖ, für Wissenschaft) in der Regierung.

Bereits 1983 – mit dem Übergang von der SPÖ-Alleinregierung zur SPÖ-FPÖ-Koalitionsregierung – wurde die Zahl der Frauen in der Regierung auf drei reduziert. (Elfriede KARL, SPÖ, Familienministerin bis 1984, Gertrude FRÖHLICH-SANDNER bis 1986, Johanna DOHNAL als Staatssekretärin).

In der SPÖ-ÖVP-Koalitionsregierung, die von 1987 bis 1990 im Amt war,

72. Brigitte, 2, 1992, 49.

73. Frauen in Österreich, 79 (Anm. 1).

74. FISCHER: Frauenbewegung, 186 (Anm. 67).

waren ebenfalls drei Frauen vertreten: Die Ministerinnen Hilde HAWLICEK (SPÖ, für Unterricht, Kunst und Sport) und Marlies FLEMMING (ÖVP, für Umwelt, Jugend und Familie) und Johanna DOHNAL als Staatssekretärin für Frauenfragen.[75]

In der gegenwärtigen Bundesregierung befinden sich mit Johanna DOHNAL (SPÖ, für Frauenfragen) und Ruth FELDGRILL-ZANKEL (ÖVP, für Umwelt, Jugend und Familie) zwei Ministerinnen und eine Staatsekretärin (Maria FEKTER, ÖVP, für Bauten und Technik).

Im Jahre 1986 wurde erstmals ein Frau, die ÖVP-Abgeordnete Marga HUBINEK, (zweite) Nationalratspräsidentin.[76]

Im *Bundesrat* war der Frauenanteil schon immer höher als der im *Nationalrat* und ist innerhalb der letzten Jahre weiter angestiegen. Im Jahre 1983 waren 12 Frauen im Bundesrat vertreten. 1989 betrug die Zahl der weiblichen Abgeordneten 15 (23,8%), davon gehörten 11 der SPÖ, 3 der ÖVP, 1 der FPÖ an.[77]

Die Situation in den einzelnen *Landtagen* ist regional unterschiedlich, weswegen auch kein einheitlicher Trend feststellbar ist. 1984 stellte Salzburg mit 6 Frauen die meisten weiblichen Abgeordneten, dahinter folgten Kärnten mit 5, die Steiermark und Oberösterreich mit je 4, Burgenland und Vorarlberg mit 3, Niederösterreich mit 2 und Tirol mit einer weiblichen Abgeordneten, wobei in Tirol noch im Jahre 1973 überhaupt keine Frau im Landtag vertreten war.[78] 1989 war der Frauenanteil im Wiener Landtag mit 26% am höchsten (18 SPÖ, 6 ÖVP, 2 FPÖ), im Burgenland mit 5,5% am niedrigsten. In Salzburg und Vorarlberg betrug der Anteil 16,7% (1984: 16,7% und 8,3%), in der Steiermark 14,3% (1984: 7,1%), in Tirol und Kärnten 13,9% (1984: 2,8% und 13,9%), in Oberösterreich 10,7% (1984: 7,1%) und in Niederösterreich 7,1% (1984: 3,6%). Bezüglich des Frauenanteils in den einzelnen Fraktionen ergeben sich 1989 Werte von 0,0% (FPÖ in Burgenland, Kärnten, Oberösterreich, Steiermark, Tirol und Vorarlberg) bis 100% (GAL in Vorarlberg). In Tirol betrug der Anteil der weiblichen GAL-Abgeordneten 66,7% und in der Steiermark 50,0%.[79]

In den *Landesregierungen* – Wien ausgenommen – gab es 1984 nur in Niederösterreich 2 weibliche Landesräte. In Oberösterreich und in der Steiermark, wo mit der sozialistischen Abgeordneten Maria MATZNER bereits 1946 eine Frau – damals als erste in Österreich – die Funktion einer Landesrätin ausübte, wurde das Amt des ersten, bzw. dritten *Landtagspräsidenten* von einer Frau ausgeübt.

Noch wesentlich geringer sind die Frauen jedoch auf der untersten Ebene

75. Frauen in Österreich, 79 (Anm. 1).

76. A.a.O., 81 (Anm. 1).

77. A.a.O., 78 (Anm. 1).

78. Mündlich eingeholte Auskunft der zuständigen Behören der einzelnen Bundesländer.

79. Frauen in Österreich, 78. (Anm. 1).

der politischen Repräsentation, nämlich in den *Stadt-* und *Gemeinderäten* vertreten. Hier beträgt der Frauenanteil – Wien ausgenommen – durchschnittlich nur 1%.[80] So waren 1984 von den 2.813 SPÖ Gemeinderäten in der Steiermark nur 172 Frauen.[81] In der Mehrzahl der österreichischen Gemeinderäte gibt es überhaupt keine Frauen, was umso bedauerlicher ist, als gerade in diesem Bereich konkrete politische Themen, die die Lebenswelt der Frauen sehr direkt und unmittelbar berühren, zur Diskussion und Entscheidung gestellt sind.

Ebenso entspricht der Einfluß der Frauen in den *Führungsgremien* der Parteien mit durchschnittlich 10% in keiner Weise ihrer Mitgliederzahl (33%).

1985 wurde ein von der SPÖ-Frauenorganisation gestellter Antrag auf Einführung der *Quotenregelung* vom Bundesparteitag angenommen. Seither muß der Anteil der Frauen in den Kandidatenlisten für öffentliche Funktionen 25% der zu Wählenden betragen und hat sich auch merklich erhöht, wobei es allerdings diesbezüglich große regionale Unterschiede gibt.

Von der FPÖ wurde als erster politischer Partei eine Frau zur *Generalsekretärin* ernannt.

Beim Bundeskongreß der Grünen Alternative im Jahre 1989 wurde der Beschluß gefaßt, daß *Geschlechterparität* absoluten Vorrang zu haben hat und bei der Erstellung von Kandidatenlisten für Wahlen jeder ungerade Platz (erster, dritter usw.) ‚mit einer Frau zu besetzen ist, was am GAL-Frauenanteil in den Landtagen 1989 bereits deutlich zu erkennen ist.‘[82]

Mit wenigen Ausnahmen sind die Frauen auch in den *Führungsgremien* und wichtigen Funktionen der Gewerkschaften und Kammern kaum vertreten. So scheint z. B. in den Kammern der freien Berufe mit Ausnahme der Apothekerkammer keine einzige Frau in einer wichtigen Funktion auf. Nur im Vergleich dazu ist die Situation in den Kammern für Arbeiter und Angestellte noch als relativ günstig zu bezeichnen.[83]

Ganz im Gegensatz zu diesem eher deprimierenden Ergebnis steht die offizielle *Einstellung* führender männlicher Politiker zur Rolle der Frauen im öffentlichen Leben. Bei einer diesbezüglichen Befragung erklärten nämlich 78% der Politiker, daß Frauen ihren Fähigkeiten nach für leitende Funktionen in der Politik geeignet seien.[84] 70% konnten sich sogar eine Frau als Vorsitzende ihrer eigenen Partei vorstellen. Allerdings sprachen sich nur 48% für eine Beteiligung der Frauen in den Parteigremien entspre-

80. WEINZIERL, Emanzipation, 46 (Anm. 68).

81. Entnommen einer statistischen Zusammenstellung der JG-Steiermark.

82. Frauen in Österreich, 81f. (Anm. 1).

83. BRANDSTALLER, Frauen, 91–102 (Anm. 19).

84. Bericht über die Situation der Frau in Österreich, Frauenbericht 1975. Heft 7: Die Frau im öffentlichen Leben. Wien 1975, 20–23.

chend ihrem Anteil unter den Parteimitgliedern aus. Nur 11% waren der Meinung, daß der Anteil der derzeit in der Politik tätigen Frauen ausreichend sei, um die Interessen der Frauen zu vertreten. 93% meinten aber auch, daß Frauen es schwerer hätten als Männer, eine politische Karriere zu ergreifen.[85] Diese Feststellung – wahrscheinlich die einzige, bei der es sich nicht um ein verbales Lippenbekenntnis handelt – ist ohne Zweifel richtig. Es fragt sich nur, warum es die Frauen so viel schwerer haben als die Männer, wenn sie sich politisch betätigen wollen und das nicht immer nur in den untersten, einflußlosen Bereichen.

Wertvolle Aufschlüsse vermitteln uns diesbezüglich die *Aussagen* der wenigen Frauen, denen es gelungen ist, in der Politik Positionen zu erreichen, die fast ausschließlich den Männern vorbehalten sind.[86] Diese waren fast einhellig der Meinung, daß die politische Rolle der Frau mit ihrer sonstigen benachteiligten gesellschaftlichen Stellung in Einklang steht. Diejenigen, die trotzdem eine Laufbahn als Politikerin anstreben, müssen einen harten *Ausleseprozeß* über sich ergehen lassen. Als Vorteil wirkt sich dabei ein überdurchschnittlich politisch aktives Elternhaus, in welchem politisches Engagement wie etwa politische Tätigkeit in einer Jugendorganisation begünstigt wird, aus.

Um ein Mandat zu erreichen, sei es notwendig, sich hartnäckig in der Parteihierarchie (oft jahrelang) *hinaufzudienen.* Widerstände, Vorurteile und Konflikte sowohl in den männlich dominierten Parteigremien, als auch in den Frauenorganisationen gehören dabei sozusagen zum Alltag. Übereinstimmend und unabhängig von der Parteizugehörigkeit wurde von Politikerinnen als größtes Hindernis der Widerstand der Männer, Frauen über einfache Funktionen an der Basis hinaus vordringen zu lassen und wenn dies schon nicht zu verhindern war, der Versuch, sie auf spezielle „Frauenreservate" abzudrängen, genannt.

Zu den Hindernissen, die einer gleichberechtigten Teilnahme von Frauen am politischen Geschehen entgegenstehen, gehört auch, daß die Parteien einen Teil der Mandate an Vertreter der ihnen nahestehenden *Organisationen* (Gewerkschaften bzw. Bünde) vergeben. Da Frauen in diesen Institutionen, jedenfalls in höheren Positionen, nur vereinzelt aufscheinen, ist ihre Chance, auf diesem Weg ins Parlament oder einen Landtag zu kommen, minimal.[87]

Da Frauen in der Vergangenheit – von Ausnahmen abgesehen – kaum die Chance hatten, in der Politik Karriere zu machen, haben sie sich mit den bestehenden *Machtstrukturen* nicht in dem Maße identifizert wie die Männer. Daher fällt es ihnen wesentlich leichter, diese in Frage zu stellen und neue Formen gesellschaftlicher Mitbestimmung zu entwickeln, wie die

85. A.a.O. (Anm. 84).

86. A.a.O. (Anm. 84).

87. Frauen in Östereich, 80 (Anm. 1).

vielen basisdemokratisch organisierten Fraueninitiativen und Frauenprojekte zeigen, die sicher zu einem großen Teil eine Reaktion auf die hierarchischen und weitgehend frauenfeindlichen Strukturen traditioneller politischer Einrichtungen sind.[88]

„Aber das Land wurde trotzdem schleichend von einem Netz von Frauenprojekten durchzogen. Manche sind wegen des akuten Bedarfs sehr erfolgreich, wie etwa die Häuser für geschlagene Frauen in fast allen Bundesländern, andere fristen aus Geldmangel eine eher klägliche Existenz. Schleichend haben Feministinnen auch so manche Institution unterwandert und leisten nun, von männlichem Unverstand und Unwillen behindert, zähe Kleinarbeit in Ministerien, Forschungsinstituten, den Medien . . .“[89]

Zusammenfassend wäre somit festzustellen, daß – von wenigen Ausnahmen abgesehen – mit dem sozial, wissenschaftlich und technisch bedingten Wandel der Situation der Frauen während der letzten Jahrzehnte kein nennenswerter Wandel der realen wirtschaftlichen und politischen *Machtverhältnisse* einhergegangen ist und in diesen Bereichen nach wie vor ein eklatantes Übergewicht der Männer besteht.

Obwohl sehr viele Gründe dafür sprechen, für dieses Ungleichgewicht von Einfluß, Repräsentanz und Entscheidungsgewalt nur die Männer verantwortlich zu machen, wäre dies deshalb nicht legitim, weil dieses Phänomen eigentlich nur Ausdruck und Ergebnis einer an einer bestimmten *Werthaltung* – in diesem Fall eben an einer traditionell partriarchalischen Erziehung – interessierten Gesellschaft und als solches nicht Ursache der Situation ist. Eine Umorientierung wird erst dann möglich sein, wenn sich in der Gesellschaft die Auffassung von der Gleichwertigkeit der Geschlechter mit den damit verbundenen Konsequenzen so durchgesetzt hat, daß in allen Belangen – also auch bei der Verteilung der Macht – danach gehandelt wird.[90] Allerdings muß man sich diesbezüglich immer bewußt sein, daß es sich bei diesem gesellschaftlichen *Strukturmuster* um ein sehr stabiles handelt, bei welchem Veränderungen nur über längere Zeiträume hinweg vor sich gehen.

88. A.a.O., 79 (Anm. 1).

89. FISCHER. Frauenbewegung, 185 (Anm. 67).

90. In diesem Zusammenhang verweise ich auf Michelle Zimbalist ROSALDO/Louise LAMPHERE: Woman, Culture and Society. Stanford/Cal. 1980.

Die Volksgruppen in Österreich

Valentin Inzko

I. Die Österreichidee und die Volksgruppen[1]

Es ist ein beglückendes Gefühl, sagen zu können, Österreich ist unsere Heimat, Österreich ist unser Vaterland. Aus dieser Liebe zu *Österreich* entstand der Text zur österreichischen Bundeshymne „Land der Berge, Land am Strome“ von Paula v. PRERADOVIĆ.

---

1. Als pluralistischer Einstieg in das Thema: Arbeitsgemeinschaft Alpen-Adria (Hg.): Die Minderheiten im Alpen-Adria-Raum. Klagenfurt 1990. – Arbeitsgemeinschaft Volksgruppenfrage (Hg.): Kein einig Volk von Brüdern. Studien zum Mehrheiten-/Minderheitenproblem am Beispiel Kärntens. Wien 1982. – Rainer BAUBÖCK u. a. (Hg.): . . . Und raus bist Du! Ethnische Minderheiten in der Politik. Wien 1988. – Gerhard BAUMGARTNER u. a. (Hg.): Identität und Lebenswelt. Ethnische, religiöse und kulturelle Vielfalt im Burgenland. Eisenstadt 1989. – Ds., Sinti und Roma in Österreich. In: pogrom 130/1987, 260–265. – Ds./Bernhard PERCHINIG: Minderheitenpolitik. In: Herbert DACHS u. a. (Hg.): Handbuch des polit. Systems Österreichs. Wien 1991, 578–590. – Mirko BOGOTAY: Die Kärntner Slowenen. Klagenfurt-Wien 1989. – Karl M. BROUSEK: Wien und seine Tschechen. Wien 1980. – Christlicher Kulturverband (Hg.): Leben in zwei Kulturen. Beiträge zum internationalen Volksgruppensymposion Schlaining. Salzburg 1987. – christliche demokratie. Schwerpunktthema: Das nichtdeutschsprachige Österreich, Heft 4/1989. – Comité Européen pour la Defense des Refugiés et Immigrés (C.E.D.R.I.) (Hg.): Gemeinsam oder getrennt? Die Situation der slowenischen Minderheit in Kärnten am Beispiel der Schulfrage. Basel 1985. – Deutsch-slowenischer Koordinationsausschuß der Diözese Gurk (Hg.): Das gemeinsame Kärnten – Skupna Koroška. Klagenfurt/Celovec, 11 Bde bis 1991. – Josef FELDNER: Grenzland Kärnten. Klagenfurt 1982. – Wilhelm FILLA u. a.: Am Rande Österreichs. Ein Beitrag zur Soziologie der österr. Volksgruppen. Wien 1982. – Peter GSTETTNER: Zwanghaft Deutsch? Über falschen Abwehrkampf und verkehrten Heimatdienst. Klagenfurt/Celovec 1988. – Hans HAAS/Karl STUHLPFARRER: Österreich und seine Slowenen. Wien 1977. – Reinhold HENKE (Hg.): Leben lassen ist nicht genug. Minderheiten in Österreich. Wien 1988. – Institut za narodnostna vprašanja, Ljubljana (Hg.): Minority education in Carinthia. o.O. o.J. – Wolf in der MAUR: Die Zigeuner. Wanderer zwischen den Welten. Wien-München 1978. – Claudia MAYERHOFER: Dorfzigeuner. Kultur und Gesellschaft der burgenländischen Roma von der Ersten Republik bis zur Gegenwart. Wien 1987. – Bernhard PERCHINIG: „Wir sind Kärntner und damit hat sich's . . .“ Deutschnationalismus und politische Kultur in Kärnten. Klagenfurt 1989. – Politische Bildung. Schwerpunktthema: Volksgruppen, Heft 2/1986. – Österr. Rektorenkonferenz (Hg.): Bericht der Arbeitsgruppe „Lage und Perspektiven der Volksgruppen in Österreich.“ Mit einem statistischen Ergänzungsheft. Wien 1989. – Fritz ROBAK: Kroaten im Burgenland. Wien 1985. – Bela SCHREINER: Das Schicksal der burgenländischen Kroaten durch 450 Jahre. Sudbina gradišćanskih Hrvatov kroz 450 ljet. Eisenstadt/Željezno 1983. – Valentin SIMA u. a. (Hg.): Slowenische Jahrbücher 1986–1988. Klagenfurt 1988. – Arnold SUPPAN: Die österr. Volksgruppen. Tendenzen ihrer gesellschaftlichen Entwicklung. Wien 1983. – Ralf UNKART u. a.: Zur Lage der Slowenen in Kärnten. Klagenfurt 1984. – Ralf UNKART (Hg.): Kärntner Pädagogenmodell und die Minderheiten-

In den 1967 im Molden-Verlag erschienenen gesammelten Werken der Dichterin Paula v. PRERADOVIĆ wird die künstlerische Gestaltung ihrer dichterischen Aussage in Zusammenhang gebracht mit dem „Zusammenklang von Kroatischem und Deutschem, von Süd und Nord, von altem und neuem Österreich". Der Vater der Dichterin Dušan v. PRERADOVIĆ war zur Zeit der österreichisch-ungarischen Monarchie Seeoffizier. Er war der Sohn des großen Dichters Petar v. PRERADOVIĆ. Das Kroatische war der Dichterin von Kindheit her vertraut. Sie ist aufgewachsen in einem *Vielvölkerstaat* zwischen den Nationen und Traditionen, als Tochter eines Mannes, der ganz von deutsch-österreichischer Kultur geprägt war, sich jedoch ganz als Kroate fühlte und sich zu seinem kroatischen Volkstum bekannte.

Im Jubiläumsband anläßlich des 25jährigen Bestandes des Bundesgymnasiums für *Slowenen,* lesen wir: „Am 17. Juni 1957 erhielt der Gründungsdirektor des damaligen Slowenischen Realgymnasiums in Klagenfurt Dr. Josef Tischler bei einer Besprechung im Unterrichtsministerium in Wien von Sektionschef Dr. Johann Vogelsang den Wunsch auf den Weg, für eine gute Bildung zu sorgen und die anvertrauten Schüler zu guten Österreichern und guten Slowenen zu erziehen."[2]

Der *Gründer* des Bundesgymnasiums für Slowenen, Bundesminister a.D. Dr. Heinrich DRIMMEL, schrieb dem Direktor der Anstalt, Prof. Dr. Reginald VOSPERNIK, anläßlich des erwähnten Jubiläums: „Ihre Schule ist eine Aktualität und sie soll eine sein, denn nur was heute aktuell ist, wird morgen vital und von Bedeutung bleiben. Ihnen, dem Lehrkörper und allen Schülern wünsche ich, daß die Schule geistige Heimat für sie bleibe; Heimat, in der sich der ganze Kulturkreis Ihres Volkes erfülle; auf eine Art und Weise, daß Sie aus Überzeugung Ihren Schülern sagen können: ‚Sagt ja zu Österreich, Ihr gehört dazu und wir zu Euch!'."[3]

Die Schüler des Bundesgymnasiums für Slowenen sind in zwei *Kulturkreisen* beheimatet: im deutsch-österreichischen und slowenischen Kulturkreis. Im Schicksal der österreichischen Dichterin Paula v. PRERADOVIĆ spiegelt sich hinsichtlich ihrer ethnisch-kulturellen und geistigen Heimat das Schicksal der in Österreich beheimateten Volksgruppen, der burgenländischen Kroaten und Magyaren, der Wiener Tschechen und der Kärntner Slowenen wider.

So ist es nur natürlich, daß der Wortlaut der österreichischen *Bundeshymne*

Schulreform. Die amtlichen Dokumente. Klagenfurt 1988. – Theodor VEITER: Das Recht der Volksgruppen und Sprachminderheiten in Österreich. Wien-Stuttgart 1970. – Theodor VEITER: Das österr. Volksgruppenrecht seit dem Volksgruppengesetz 1976. Wien 1979. – Wiener Arbeitsgemeinschaft der österreichischen Volksgruppen (Hg.): Ethnische Gruppen in der Bundeshauptstadt Wien. Wien 1982. – Wiener Arbeitsgemeinschaft für Volksgruppenfragen – Volksgruppeninstitut (Hg.): Unterricht und Bildung in den Volksgruppenfragen. Wien 1987.

2. 25 Jahre Bundesgymnasium für Slowenen. Klagenfurt 1982.

3. A.a.O. (Anm. 2).

„Land der Berge, Land am Strome" sehr bald ins Slowenische übertragen worden ist und bei Veranstaltungen zum Österreichischen Nationalfeiertag, die unter dem Titel „Dober večer sosed! Guten Abend Nachbar!" vom Slowenischen Kulturverband und vom Christlichen Kulturverband in Kärnten alljährlich im Sinne einer slowenisch-deutschen Begegnung veranstaltet werden, die österreichische Bundeshymne auch in slowenischer Sprache gesungen wird.

1. Strophe:
„Ti dežela vsa gorata,
ob reki polj, cerkva bogata,
v delu ti bodočnost je.
Dom sinov velikih bila,
rod k lepoti obdarila,
naj ti čast bo Avstrija."

3. Strophe:
„Hrabro v novi čas stopimo,
prosto, verno, glej, hodimo,
upa polni, delavni.
Bratski zbor prisega hkrati,
zvestobo domovini dati,
ljubljena nam Avstrija."

Allen österreichischen Staatsbürgern gemeinsam ist das österreichische Vaterland, ist die *Österreichidee,* die es gilt, aufgrund überlieferter Traditionen, immer wieder mit neuem Inhalt zu erfüllen. Dazu gehört die Achtung der in Österreich beheimateten Volksgruppen, die Bereitschaft, zur Erhaltung und Entfaltung dieser Volksgruppen beizutragen, das Erkennen ihrer kulturellen und geistigen Werte, ihrer Brückenfunktion zu unseren Nachbarn im mitteleuropäischen Raum, zu einem Europa, das die slawischen Völker des Ostens und Südosteuropas miteinschließt. Freilich dürfen wir auch das Schicksal der Zigeuner (Sinti und Roma) nicht verdrängen.

1977 wurde vom Bundeskanzleramt in Wien eine Dokumentation unter dem Titel „Die rechtliche Stellung der Volksgruppen in Österreich" herausgegeben. Die Dokumentation befaßt sich eingehend mit dem am 7. Juli 1976 vom Nationalrat beschlossenen Volksgruppengesetz und der Einführung von Volksgruppenbeiräten. Diese Beiräte sind als Forum mit demokratischem Mitspracherecht der Volksgruppenangehörigen in Volksgruppenfragen für die slowenische, kroatische, ungarische und tschechische Volksgruppe eingerichtet worden. Die Lage dieser Volksgruppen wird im vorliegenden Beitrag behandelt. Hier sei auch kurz erwähnt, daß die Judikatur des *Verfassungsgerichtshofes* durchaus volksgruppenfreundliche Züge trägt (z. B. VfSlg. 9224/1981, 9744/1983, 9801/1983, 11585/1987 und VfGHE G 233, 234/89–13 v. 15. Dezember 1989).

II. Die Kärntner Slowenen

In Kärnten gibt es rund 45.000 *Slowenen.* Ein Drittel davon ist volksbewußt. Den Beginn eines Zusammenlebens im Sinne eines gemeinsamen Kärnten stellt nach dem Zusammenbruch des Dritten Reiches die für den Südkärntner Raum getroffene *Schulregelung* dar. Da Südkärnten von Slowenen und Deutschen besiedelt wird, entschloß sich die Kärntner Landesregierung, im gesamten zweisprachigen Gebiet ein obligates zweisprachiges Schulwesen einzurichten. Die Verordnung der Kärntner Landesregierung vom 3. Oktober 1945 verpflichtete alle Schüler des zweisprachigen Gebietes zur Erlernung beider Landessprachen.

1. Die Verwirklichung der Minderheitenschutzbestimmungen

Am 9. November 1945 erging an die Bezirks- und Stadtschulräte ein Erlaß des Landesschulrates für Kärnten, betreffend die Neugestaltung der zweisprachigen Volksschulen, in dem es hieß: „Der Landesschulrat erwartet, daß alle an der Durchführung dieser Verordnung Beteiligten ihre ganze Kraft einsetzen werden, die Absichten des Gesetzgebers durchzuführen, die dahingehen, einen Beitrag zur Wiedergutmachung des Unrechts zu leisten, welches in der nationalsozialistischen Zeit den Kärntner Slowenen zugefügt wurde."

In der historischen *Landtagssitzung* vom 28. Jänner 1947 brachte in diesem Zusammenhang Landeshauptmannstellvertreter FERLITSCH unter dem Beifall des Hauses (Landeshauptmann Ferdinand WEDENIG und Landesrat Dr. Alois KARISCH waren zu der Zeit als Vertreter des Landes Kärnten bei den Beratungen in London, um für die Unteilbarkeit des Kärntner Landes einzutreten) eine Regierungserklärung zur Kenntnis, in der zur Wiedereinführung des slowenischen Unterrichtes an den Schulen Kärntens festgestellt wird: „Das Dritte Reich hat die Minderheitenschulen zerschlagen und jeden Lehrernachwuchs verhindert. Wir haben nach Schweizer Vorbild in einem bestimmten Gebiet des Landes in allen Gemeinden, wo auch nur ein kleiner Bruchteil der Bevölkerung slowenischer Muttersprache ist, ein zweisprachiges Schulsystem eingeführt und fragen das Kind nicht, ob deutsch oder slowenisch, sondern fordern die Erlernung beider Sprachen von jedem Schüler. Wir sind der Überzeugung, daß dies zum Vorteil der Völker ist, die unser Land bewohnen."

Die österreichische Delegation berief sich bei den *Staatsvertragsverhandlungen* des öfteren auf diese, wie sie betonte, „vorbildliche Lösung" der Schulfrage im zweisprachigen Gebiet Kärntens. Auf Grund der neuen Regelung wurde in den ersten drei Schulstufen der Gesamtunterricht in annähernd gleichem Ausmaß in deutscher und slowenischer Sprache erteilt. Deutsch und Slowenisch waren gleichwertige Unterrichtssprachen. In der vierten Schulstufe wurde Slowenisch im Ausmaß von vier und von der 5. bis 8. Schulstufe im Ausmaß von drei Wochenstunden unterrichtet. Der Religionsunterricht war an den 107 zweisprachigen Schulen ausschließlich in der Muttersprache der Kinder vorgesehen.

Die *Schulverordnung* aus dem Jahre 1945 bestimmte ferner, daß alle Schüler, die aus zweisprachigen Schulen kommen, in der Haupt- und Mittelschule der genannten Gemeinden sowie in Hermagor, Villach und Klagenfurt den Slowenischunterricht im Ausmaß von drei Wochenstunden verbindlich zu besuchen haben.

Kaum war jedoch am 15. Mai 1955 in Wien der österreichische *Staatsvertrag,* der die Grenzen von 1938 sicherte, unterzeichnet worden, änderte sich die Lage zusehends. Unter Berufung auf das Elternrecht organisierten *deutsch-nationalistisch* orientierte Kreise *Schulstreiks* und *Unterschriftenaktionen* gegen das obligatorische zweisprachige Schulwesen. Selbst der Landeshauptmann von Kärnten, Ferdinand WEDENIG, der Jahre hindurch ein großes Interesse an der Entwicklung des zweisprachigen Schulwesens gezeigt hat, erklärte angesichts der Schulstreiks, daß er keine Möglichkeit sehe, den Streikparolen Einhalt zu gebieten, da es sich seiner Meinung nach bei den Schulstreiks um ein demokratisches Mittel der Eltern handelt, ihre Wünsche durchzusetzen. So kam es, daß der Landeshauptmann dem Druck der deutsch-nationalistischen Kreise und Organisationen nachgab und im Erlaßweg eine Änderung des verfassungsmäßigen Zustandes auf dem Schulsektor des zweisprachigen Schulwesens herbeiführte.

Das *Minderheiten-Pflichtschulwesen* wurde dann auf der Grundlage des Minderheitenschulgesetzes vom 19. März 1959 geregelt. Die Teilnahme am zweisprachigen Unterricht bzw. Slowenischunterricht ist nur für jene Schüler vorgesehen, die von ihren Eltern zu diesem Unterricht angemeldet werden. Es können somit Eltern im Bereich des Minderheitenpflichtschulwesens, das sich mit dem Siedlungsgebiet der slowenischen Volksgruppe deckt, ihre Kinder im zweisprachigen Teil der Bezirke Hermagor, Klagenfurt-Land, Bezirk Villach-Land, Villach-Stadt (VS Maria Gail) und im Bezirk Völkermarkt, zum zweisprachigen Unterricht anmelden. Die derzeitige Regelung sieht die Anmeldung zum zweisprachigen Unterricht an 84 Volksschulen in 35 Gemeinden vor. Die tatsächliche Inanspruchnahme des zweisprachigen Unterrichtes erfolgte während des Schuljahres 1990/91 an 65 Volksschulen und 19 Hauptschulen. An den 65 Volksschulen waren 1342 Schüler und Schülerinnen zum zweisprachigen Unterricht angemeldet. Den Slowenischunterricht an Hauptschulen besuchten 320 Schüler und Schülerinnen. Insgesamt besuchten im Bereich des Minderheitenpflichtschulwesens im Schuljahr 1990/91 1662 Schüler und Schülerinnen den zweisprachigen Unterricht bzw. Slowenischunterricht. In dieser Zahl sind 100 Schüler und Schülerinnen von 2 zweisprachigen Volksschulen in Klagenfurt inbegriffen. In Klagenfurt besteht nämlich eine zweisprachige konfessionelle private Volksschule mit Öffentlichkeitsrecht der Hermagoras-Bruderschaft. Außerdem wird in Klagenfurt ab dem Schuljahr 1990/91 auch eine öffentliche zweisprachige Volksschule (an der Rennerschule) geführt.

Laut Minderheitenschulgesetz aus dem Jahre 1959 werden die zum *Slowenischunterricht* angemeldeten Schüler in den ersten drei Schulstufen in annähernd gleichem Ausmaß in deutscher und slowenischer Unterrichtssprache unterrichtet. Ab der vierten Schulstufe sind vier Stunden Slowenischunterricht vorgesehen. Dasselbe gilt für die Hauptschulen.

Das im Jahre 1957 gegründete *Bundesgymnasium* für Slowenen besuchten während des Schuljahres 1990/91 436 Schüler und Schülerinnen. Bisher haben das Slowenische Gymnasium über 1000 Maturanten verlassen. Außer im Gegenstand Deutsch erfolgt der Unterricht zur Gänze in slowenischer Unterrichtssprache.

Ab dem Schuljahr 1981/82 wurde an der *Bundeshandelsakademie* in Klagenfurt ein zweisprachiger Abiturientenkurs geführt. Das Bundesministerium für Unterricht und Kunst hat für die Schuljahre 1983/84 und 1984/85 die Führung des zweisprachigen Schulversuches „Kaufmännisches Kolleg für Slowenen“ an der Bundeshandelsakademie I in Klagenfurt genehmigt. Ab dem Schuljahr 1990/91 besteht in Klagenfurt eine zweisprachige Handelsakademie. Außerdem wird Slowenisch an mehreren höheren und mittleren Schulen als Freigegenstand bzw. alternativer Pflichtgegenstand angeboten. Insgesamt besuchten an diesen Schulen während des Schuljahres 1990/91 232 Schüler den Slowenischunterricht im Ausmaß von 3 Wochenstunden.

Im Bereich des *berufsbildenden Schulwesens* gibt es auch eine zweisprachig geführte Einjährige Private Fachschule für wirtschaftliche Frauenberufe des Konvents der Schulschwestern in St. Peter bei St. Jakob im Rosental. Die durch 20 Jahre hindurch geführte Dreijährige Fachschule für wirtschaftliche Frauenberufe wurde Ende des Schuljahres 1989/90 aufgelassen, da ab dem Schuljahr 1987/88 vom Konvent der Schulschwestern eine fünfjährige Bundeslehranstalt für wirtschaftliche Berufe mit Öffentlichkeitsrecht geführt wird. Während des Schuljahres 1990/91 besuchten beide Schulen 100 Schülerinnen und Schüler. In St. Ruprecht bei Völkermarkt gibt es auch eine private, zweisprachig geführte Landwirtschaftliche Fachschule des Konvents der Schulschwestern.

Insgesamt besuchten im Bereich des *Minderheitenschulwesens* während des Schuljahres 1990/91 2496 Schüler und Schülerinnen den Gegenstand Slowenisch bzw. nahmen am Unterricht in slowenischer oder deutscher und slowenischer Unterrichtssprache teil.

Der *Lehrernachwuchs* für zweisprachige Pflichtschulen wird an der deutschsprachigen Pädagogischen Akademie des Bundes in Klagenfurt herangebildet. Es gibt bisher rund 250 Lehrer und Lehrerinnen, die für die Erteilung des Slowenischunterrichtes an Pflichtschulen geprüft sind.

Das Slowenische ist zusätzlich zum Deutschen als *Amtssprache* bei den Bezirksgerichten in Ferlach, Bleiburg und Eisenkappel vorgesehen, außerdem in 13 Gemeinden. Zweisprachige *Ortstafeln* gibt es in 8 Gemeinden bzw. in Ortsteilen dieser Gemeinden. Zur jetzigen Regelung auf dem Gebiet zweisprachiger Ortstafeln ist es gekommen, nachdem es gegen das von der Sozialistischen Partei Österreichs im Parlament eingebrachte und von den Abgeordneten der SPÖ beschlossene Ortstafelgesetz in Kärnten einen Widerstand gegeben hat, der unter der Bezeichnung „Kärntner Ortstafelsturm 1972“ in die Geschichte eingegangen ist. Die jetzige Regelung basiert – genauso wie die Amtssprachenregelung – auf Verordnungen aus dem Jahre 1977, die im Zuge einer Dreiparteieneinigung auf der Grundlage des Volksgruppengesetzes aus dem Jahre 1976 beschlossen worden sind. Die auf Grund des Ortstafelgesetzes 1972 vorgesehenen 205 zweisprachigen Ortstafeln wurden auf Grund der Durchführungsverordnungen zum Volksgruppengesetz auf 91 reduziert.

Für slowenische *Sendungen* beim ORF Studio Kärnten ist täglich durchschnittlich eine Stunde vorgesehen, außerdem wöchentlich ein halbstündiges Fernsehprogramm unter dem Titel „Dober dan Koroška". Die Kärntner Slowenen unterhalten vier Studentenheime, zwei Druckereien, zwei Verlage und zwei Buchhandlungen in Klagenfurt, ein eigenes Genossenschaftswesen und rund 30 Darlehenskassen.

Eine sehr rege Tätigkeit entfalten der Rat der Kärntner Slowenen und der Zentralverband slowenischer Organisationen als *politische Zentralorganisationen* der Kärntner Slowenen, der Christliche Kulturverband und der Slowenische Kulturverband, der Verband slowenischer Genossenschaften, der Slowenische Athletikklub und der Klub slowenischer Studenten in Wien und Graz. Ein politischer Artikulierungsversuch der Kärntner Slowenen war die Kärntner Einheitsliste (KEL).

Während die im Kärntner Landtag vertretenen *Parteien* nach der Beschlußfassung des Volksgruppengesetzes 1976 und der Erlassung der Durchführungsverordnungen die Bestimmungen des Artikels 7 des Staatsvertrages von Wien (1955) als realisiert ansehen, vertreten die beiden politischen Zentralorganisationen der Kärntner Slowenen, der Rat der Kärntner Slowenen und der Zentralverband slowenischer Organisationen, das Gegenteil.

Die politischen Parteien konnten nach dem *„Ortstafelsturm"* mit der Verabschiedung des Volksgruppengesetzes durch das Österreichische Parlament in den eigenen Reihen auf konkrete Resultate hinweisen, vor allem darauf, in der Volksgruppenfrage einen gemeinsamen Nenner gefunden zu haben. Anders die Slowenenorganisationen. Deren Vertreter haben sich dafür entschieden, in der Studienkommission für Probleme der slowenischen Volksgruppe beim Bundeskanzler, genannt Ortstafelkommission, nicht mitzuarbeiten und die Internationalisierung des Minderheitenproblems in die Wege zu leiten. Ihrem Ersuchen entsprechend, hatte Bundeskanzler Dr. Bruno KREISKY ein Kontaktkomitee als Gesprächsbasis mit den Volksgruppenvertretern eingerichtet. Dieses Kontaktkomitee, in dem zweifellos positive Arbeit geleistet worden ist, haben jedoch die Vertreter der slowenischen Zentralorganisationen verlassen, als die im Parlament vertretenen Parteien den Beschluß gefaßt haben, in Kärnten als Grundlage für die Verwirklichung der Minderheitenschutzbestimmungen entsprechend dem Artikel 7 des Staatsvertrages eine Volkszählung besonderer Art – eine *Minderheitenfeststellung* also – durchzuführen.

Zu einer Zeit, in der in Österreich über vitale Interessen der slowenischen

Volksgruppe verhandelt und entschieden worden ist, konzentrierte die slowenische Volksgruppenführung, vertreten durch den Rat der Kärntner Slowenen und den Zentralverband slowenischer Organisationen, ihre politischen Aktivitäten fast ausschließlich auf die *Internationalisierung* des Kärntner Minderheitenproblems, was zur Folge hatte, daß die Organisationen der Kärntner Slowenen innerstaatlich den Prozeß der vorbereitenden Arbeiten einer Volksgruppengesetzgebung zwecks Lösung der Frage zweisprachiger Aufschriften und der Zulassung des Slowenischen als Amtssprache kaum beeinflussen konnten. Die Internationalisierung des Kärntner Minderheitenproblems hat für die slowenische Volksgruppe in Kärnten zu keinen konkreten Resultaten geführt.

Bis 1989 weigerten sich der Rat der Kärntner Slowenen und der Zentralverband slowenischer Organisationen außerdem, in dem im Volksgruppengesetz 1976 vorgesehenen *Volksgruppenbeirat* mitzuwirken. Dies war darauf zurückzuführen, daß die Volksgruppenführung das Volksgruppengesetz als Ganzes abgelehnt hat und zwar im Einklang mit Jugoslawien, das die Auffassung vertrat, daß das Volksgruppengesetz keine Erfüllung, sondern eine Restriktion der staatsvertraglichen Verpflichtungen darstelle.[4] Zum Eintritt von Vertretern des Rates der Kärntner Slowenen und des Zentralverbandes slowenischer Organisationen in den Volksgruppenbeirat ist es gekommen, nachdem es seitens des Bundeskanzleramtes zu konkreten Zusagen bezüglich der Errichtung zweisprachiger Kindergärten in Südkärntner Gemeinden und einer zweisprachigen Handelsakademie in Klagenfurt gekommen ist.

Rückblickend kann gesagt werden, daß das *Volksgruppengesetz 1976* zweifellos einen Ausweg aus einer mit dem „Ortstafelsturm 1972" entstandenen Situation darstellt. Die Diskussion um den Inhalt dieses Gesetzes müßte jedoch weitergeführt werden.

2. *Der Artikel 7 des Staatsvertrages und das Volksgruppengesetz 1976*

1977 schrieb Franz MATSCHER: „Artikel 7 des Staatsvertrages über die Wiederherstellung eines unabhängigen und demokratischen Österreich vom 15. Mai 1955 verpflichtet die Republik Österreich, zugunsten der slowenischen und kroatischen Volksgruppe in Kärnten, in der Steiermark und im Burgenland ein besonderes System von Minderheitenschutzregelungen einzuführen."[5]

Der Artikel 7 des österreichischen *Staatsvertrages* garantiert den angeführten Volksgruppen eine freie Entfaltung ihrer Nationalität. Er sichert Minderheitenangehörigen das Recht auf eigene Organisationen, auf Versammlungen und eine eigene Presse in ihrer Sprache. Minderheitenangehörige

4. VEITER, Volksgruppenrecht, 60 (Anm. 1).

5. Franz MATSCHER: Die slowenische und die kroatische Volksgruppe in Österreich. In: Bundeskanzleramt (Hg.): Die rechtliche Stellung der Volksgruppen in Österreich. Wien 1977, 7.

dürfen gegenüber deutschsprachigen Staatsbürgern im Umgang mit staatlichen Einrichtungen nicht benachteiligt werden. Der Staat selbst ist verpflichtet, für Schulunterricht auf der Ebene von Elementarschulen und im höheren Bildungsbereich in der Muttersprache zu sorgen. In Verwaltungs- und Gerichtsbezirken mit slowenischer, kroatischer oder gemischter Bevölkerung sind zweisprachige topographische Aufschriften anzubringen. Minderheitenfeindliche Organisationen sind zu verbieten.

Als sich nach dem Kärntner „Ortstafelsturm 1972" eine Studienkommission für Probleme der slowenischen Volksgruppe beim Bundeskanzler mit Fragen der Anbringung von zweisprachigen topographischen Aufschriften und der Zulassung des Slowenischen als Amtssprache auseinandersetzte, wurde die kroatische Volksgruppe bei den Gesprächen kaum erwähnt. In der weiteren Folge kam es jedoch 1976 zu einem Volksgruppengesetz, dessen zentraler Grundsatz die Erhaltung und Sicherung des Bestandes aller in Österreich beheimateten Volksgruppen und die Achtung ihrer Sprachen zum Ziel hat.

Franz MATSCHER führt dazu aus, daß das Gesetz dem Motivenbericht nach diesem Grundsatz mit folgender Zielsetzung dient: „Es soll die gesetzlichen Grundlagen für eine besondere Förderung der Volksgruppen schaffen. Eine solche Förderung liegt nicht nur im Interesse der Minderheit, sondern im allgemeinen staatspolitischen, insbesondere kulturellen Interesse, und ist zur Erhaltung der Vielgestaltigkeit der österreichischen Kultur erforderlich. Die spezifische wirtschaftlich-finanzielle Förderung der Volksgruppen, die neben die generellen, allen österreichischen Staatsangehörigen zugute kommenden Förderungsmaßnahmen des Bundes und der anderen Rechtsträger (Presseförderung, Studienförderung usw.) tritt, kann in Form von Geldbeträgen an Volksgruppenorganisationen sowie an Kirchen und Religionsgemeinschaften, aber auch auf andere Weise erfolgen. Zur Sicherstellung einer kontinuierlichen Förderung hat der jährliche Bundesvoranschlag einen entsprechenden Betrag vorzusehen. Ferner soll für die Volksgruppenangehörigen ein Forum geschaffen werden, durch das sie ihre legitimen Anliegen vorbringen können. Als repräsentative Vertretung der Volksgruppen werden Volksgruppenbeiräte gebildet."[6]

Die Verordnung der Bundesregierung vom 18. Jänner 1977 über die *Volksgruppenbeiräte* sieht für die kroatische Volksgruppe, für die slowenische Volksgruppe, die ungarische Volksgruppe und die tschechische Volksgruppe Volksgruppenbeiräte vor. Der Volksgruppenbeirat für die kroatische Volksgruppe besteht aus 24 Mitgliedern, der Volksgruppenbeirat für die slowenische Volksgruppe aus 16 Mitgliedern, der Volksgruppenbeirat für die ungarische Volksgruppe besteht aus 8 Mitgliedern, der Volksgruppenbeirat für die tschechische Volksgruppe setzt sich ebenfalls aus 8 Mitgliedern zusammen.

6. MATSCHER, Volksgruppe, 16 f. (Anm. 5).

Das Volksgruppengesetz spricht auch von Bezeichnungen und Aufschriften *topographischer* Natur in deutscher Sprache und in der Sprache von in Betracht kommenden Volksgruppen, die durch Verordnung der Bundesregierung zu erlassen sind.

Auf Grund zu erlassender Verordnungen regelt das Volksgruppengesetz auch die Verwendung der Sprache einer Volksgruppe zusätzlich zur deutschen *Amtssprache* bei Behörden und Dienststellen. In welchem Umfang zweisprachige Aufschriften und die Zulassung des Slowenischen als Amtssprache in Kärnten verwirklicht worden ist, wurde bereits aufgezeigt.

Aus dem Volksgruppengesetz – wie überhaupt aus der minderheitenpolitischen Situation – das *Beste* herauszuholen, ist Aufgabe der politischen Überlegungen, verbunden mit dem Bemühen um einen dauernden, aufbauenden *Dialog* und dem Bestreben, zur Verbesserung des gegenseitigen Verständnisses und zu einem Vertrauen erweckenden Klima beizutragen. In diese Richtung gehen die Bestrebungen der katholischen Kirche in Kärnten. So wurde zur Frage der ethnischen Minderheiten seitens der Österreich-Synode 1974 festgestellt: „Alle Volksgruppen haben ein Recht auf ihren auch zukünftigen Bestand und ihre harmonische religiöse, kulturelle, wirtschaftliche und gesellschaftliche Entfaltung.“

3. Kirche und Slowenen

Die Bedeutung der Muttersprache für die Erhaltung einer Volksgruppe hat die *Österreich-Synode,* deren Dokumente in der Form der Beschlußfassung durch die österreichischen Bischöfe am 2. Juli 1974 veröffentlicht worden sind,[7] im folgenden Appell als besonderes Anliegen der Kirche und der Gesellschaft in Österreich hervorgehoben: „Für die Erhaltung der ethnischen Eigenart sind vor allem die Grunderziehung und der Unterricht in der Muttersprache entscheidend. Entsprechende Einrichtungen müssen in genügendem Umfang zur Verfügung stehen; sie werden aber nur dann angemessen genützt werden, wenn jede Diskriminierung unterbleibt.“ In einem weiteren Appell heißt es: „Die Mehrheit soll sich verpflichtet fühlen, der Minderheit bei der Bewahrung ihrer ethnischen Eigenart zu helfen und beide sollen Versuchen entgegentreten, die auf eine gezielte Änderung des ethnischen Charakters eines Lebensraumes hinarbeiten.“ Schließlich wurde von der Österreich-Synode folgender Beschluß gefaßt: „Die Bischöfe der Diözesen, in denen ethnische Minderheiten siedeln, und die Österreichische Bischofskonferenz werden sich bei dem in ihren Bereichen politisch Verantwortlichen um gerechte und fördernde Lösungen für Probleme ethnischer Minderheiten einsetzen, welche aufgrund der gemeinsamen Verantwortung mit diesen einvernehmlich zu suchen sind.“

Daß die *Kirche* in Österreich sich keineswegs nur damit begnügen wollte,

7. Österr. Synodaler Vorgang. Dokumente. Wien 1974.

grundsätzliche Aussagen zu Existenzfragen der ethnischen Minderheiten in Österreich zu treffen, besagt folgender Beschluß der Österreich-Synode: „Die Kirche in Österreich stellt sich durch ihre Diözesen, Gemeinden und Institutionen zur Hilfe bei der Lösung ethnischer Konflikte im gesellschaftlichen Raum und zur Schaffung einer Atmosphäre gegenseitigen Verständnisses zur Verfügung."

In welchen Bereichen wurde das *Engagement* der Kirche in der Volksgruppenfrage sichtbar und wirksam? Während die Slowenen im gesellschaftspolitischen Bereich nicht selten das Gefühl haben, sich als Volksgruppe in einer Isolation zu befinden, trifft dies für den Bereich der Kirche nicht zu. Die Christen slowenischer Volkszugehörigkeit sind überzeugt, mit allen für das kirchliche Leben im Lande und Staate Verantwortlichen in den großen Prozeß der Glaubenserneuerung im Geist des Zweiten Vatikanums miteingebunden zu sein und als Partner die Mitverantwortung für die Zuwendung der Kirche zur Welt und zur menschlichen Gesellschaft zu tragen.

Die Hauptverantwortung für die Realisierung der Synodenbeschlüsse über das Zusammenleben der Deutschen und Slowenen in der Kirche Kärntens hat der *Kärntner Diözesanrat* als repräsentative Vertretung der Katholiken Kärntens übernommen.

Da es zur Koordinierung des Zusammenlebens und Zusammenarbeitens der beiden Volksgruppen vorausschauender Planung in Seelsorge und Organisation, eingehender Beratung des Bischofs und der Amtsträger bei zu treffenden Maßnahmen, Motivation derselben vor den Betroffenen und vor der Öffentlichkeit und schließlich der Schlichtung auftretender Meinungsverschiedenheiten bedarf, wurde auf diözesaner Ebene ein permanenter *Koordinationsausschuß* des Kärntner Diözesanrates eingesetzt, der paritätisch mit je drei Vertretern beider Volksgruppen besetzt ist.

Das sichtbarste gesellschaftspolitische Engagement des Deutsch-slowenischen Koordinationsausschusses kommt in der Herausgabe der *Publikationsreihe* „Das gemeinsame Kärnten – Skupna Koroška" zum Ausdruck. Die Kirche hat „das gemeinsame Kärnten" als Anliegen bewußt in den gesellschaftspolitischen Raum des Landes gestellt. Die Vertreter des Deutsch-slowenischen Koordinationsausschusses der Diözese Gurk-Klagenfurt nahmen auch an den Beratungen der Studienkommission für Probleme der slowenischen Volksgruppe beim Bundeskanzler teil. Die Vertreter der Kirche sind in der „Ortstafelkommission" konsequent für eine staatsvertragskonforme Regelung der Minderheitenschutzbestimmungen eingetreten. Sie haben immer wieder um Verständnis für die Haltung der Repräsentanten slowenischer Organisationen in der Studienkommission geworben und die historisch und politisch bedingten Schwierigkeiten aufgezeigt, denen sich die Führung der Kärntner Slowenen gegenübersieht. Als der alleinige Vertretungsanspruch slowenischer politischer Organisationen in der Diskussion vom Teilnehmerkreis her in der Studienkommission in Frage gestellt wurde, war auch hier die Antwort der Kirchenvertreter eindeutig: Vertreter im Sinne des Artikel 7 des Staatsvertrages sind der Rat der Kärntner Slowenen und der Zentralverband slowenischer Organisationen. Die Vertreter der Kirche haben sich nie als dritte politische Kraft bzw. als mögliche Plattform einer solchen politischen Kraft bei der Lösung des Kärntner Volksgruppenkonflikts verstanden.

Die Existenz von zwei *politischen Organisationen* der Kärntner Slowenen findet ihre Begründung im weltanschaulichen Bereich. Bei der Gründung des Rates der Kärntner Slowenen (Narodni svet koroških Slovencev) wurde ausdrücklich hervorgehoben, daß sich seine gesellschaftspolitische Tätigkeit nach den Grundsätzen christlicher Weltanschauung orientieren werde. Die Ideologie des Zentralverbandes slowenischer Organisationen hat ihren Ursprung in der OF (der Befreiungsfront des werktätigen Volkes) des Zweiten Weltkrieges und wird heute durch den Umstand beeinflußt, daß sich die Mitarbeiter des Zentralverbandes slowenischer Organisationen parteipolitisch teilweise in der SPÖ Kärntens, teilweise bei der Grünen Alternative und zu einem geringen Teil auch in der KPÖ betätigen. Eine Gesetzgebungsperiode gehörte im Rahmen der Grünen Alternative der Kärntner Slowene Karl Smolle als Vertreter der Kärntner Einheitsliste (Koroška enotna lista – KEL) dem österreichischen Parlament an. Zu einer politischen und ideologischen Konsolidierung ist es in der slowenischen Volksgruppe noch nicht gekommen. Zu stark wirken die Veränderungen, zu denen es in der politischen Landschaft der Volksgruppe nach 1945 gekommen ist, noch nach.

Den Vertretern der Kirche ging es sowohl bei den Arbeiten in der Ortstafelkommission als auch bei ihrer bisherigen *Öffentlichkeitsarbeit* im Lande darum, sich für die Interessen der slowenischen Volksgruppe nach ihrem besten Wissen und Gewissen einzusetzen und zu einer Verbesserung der seit dem Ortstafelsturm stark vergifteten Atmosphäre Kärntens beizutragen. Ausdrücklich sei festgestellt, daß sich die Vertreter der Kirche in der Ortstafelkommission und bei anderen Anlässen auf Grund der besonderen Situation in Kärnten stets dezidiert gegen eine Minderheitenfeststellung bzw. Volkszählung besonderer Art ausgesprochen haben.

Es ist bekannt, daß die österreichische Bundesregierung die Regelung der durch den „Kärntner Ortstafelsturm" aufgeworfenen Fragen nicht auf der Grundlage der Ergebnisse der Studienkommission getroffen hat, sondern im Wege einer Dreiparteieneinigung, die zum Volksgruppengesetz 1976 geführt hat. Mit den *Durchführungsverordnungen* zum Volksgruppengesetz wurde auf der Grundlage bzw. in Anlehnung an die Ergebnisse der Volkszählung besonderer Art in 13 von 35 zweisprachigen Gemeinden Slowenisch als Amtssprache zugelassen, in 8 Gemeinden bzw. Ortsteilen dieser Gemeinden wurden zweisprachige Ortstafeln vorgesehen. Die Kärntner Slowenen haben die Volkszählung besonderer Art boykottiert. Die Slowenenorganisationen vertreten den Standpunkt, daß der Artikel 7 des Staatsvertrages, der Minderheitenschutzbestimmungen für die slowenische und kroatische Volksgruppe in Österreich enthält, eine *Minderheitenfeststellung* zwecks Realisierung von Minderheitenschutzbestimmungen nicht vorsieht. Außerdem könnten von einer Minderheitenfeststellung keine objektiven Ergebnisse erwartet werden.

In Zusammenarbeit mit dem Landesschulrat für Kärnten organisierte der Deutsch-slowenische Koordinationsausschuß in den Jahren 1978 bis 1982 vier *Internationale Historikerseminare* zur Entwicklung der nationalen Frage in Kärnten ab 1848 bis zur Gegenwart für Geschichtsprofessoren an höheren und mittleren Schulen.

Die bedeutendste Aussage bezüglich des Zusammenlebens der beiden Volksgruppen in Kärnten hat die Kärntner Diözesansynode 1971/72 im *Synodaldokument* über das „Zusammenleben der Deutschen und Slowenen in der Kirche Kärntens" getroffen. In diesem Dokument werden eingehend die Bereiche der Liturgie, des Religionsunterrichtes, der kirchlichen Gremien, der diözesanen Vertretung der Slowenen und der Bereich zur Koordinierung des Zusammenlebens und Zusammenarbeitens der beiden Volksgruppen in der Diözese behandelt.

Schwierigkeiten sind bei den Wahlen in die *Pfarrgemeinderäte* zweisprachiger Pfarren aufgetreten. Auf Diözesanebene wird im Bereich der von der Synode geschaffenen kirchlichen Gremien dem Zusammenleben voll Rechnung getragen. An der Basis sind die Probleme zwar schwieriger, aber auch hier ist in den Pfarren und Dekanaten des zweisprachigen Gebietes das Aufeinanderzugehen der beiden Volksgruppen unverkennbar. In Südkärnten gibt es 70 zweisprachige Pfarren, in denen Slowenen und Deutsche in gewählten Pfarrgemeideräten um eine Zusammenarbeit bemüht sind.

4. Die neueste Entwicklung

Zu einer Verschärfung der Gegensätze zwischen den beiden Volksgruppen hat der im November 1983 von der Freiheitlichen Partei im Kärntner Landtag eingebrachte *Antrag* auf Reduzierung von Schulstandorten, an denen eine Anmeldung zum zweisprachigen Unterricht möglich sein soll, geführt. Eine Reduzierung des Geltungsbereiches zweisprachiger Schulen sah auch das vom Kärntner Heimatdienst initiierte und im August 1984 durchgeführte *Volksbegehren* vor. Sowohl der Kärntner Heimatdienst als auch die Freiheitliche Partei traten an Pflichtschulen außerdem für eine Trennung nach Sprachgruppen ein.

Die *slowenische Volksgruppe* war sowohl für eine Beibehaltung des Geltungsbereiches der Anmeldungen zum zweisprachigen Unterricht, wie sie das Minderheitenschulgesetz aus dem Jahre 1959 vorsieht, als auch für eine gemeinsame Erziehung slowenischsprachiger und deutschsprachiger Kinder. Schüler, die von ihren Eltern zum zweisprachigen Unterricht angemeldet worden sind, sollten auch in Zukunft mit Schülern, die nur einsprachigen Unterricht besuchen, in gemeinsamen Klassen unterrichtet werden. Diese Regelung habe sich – so die Kärntner Slowenen – im Interesse des Zusammenlebens der beiden Volksgruppen in Kärnten bewährt.

Auf Grund einer 1988 erfolgten *Novellierung* des Minderheitenschulgesetzes 1959 wurden an zweisprachigen Schulen in Klassen, in denen Schüler, die zum zweisprachigen Unterricht angemeldet sind und Schüler, die nur den Unterricht in deutscher Unterrichtssprache besuchen, Zweitlehrer (Assistenzlehrer) eingeführt. Ihre Aufgabe besteht in der pädagogischen Betreuung von Kindern, für die der Unterricht ausschließlich in deutscher Unterrichtssprache erfolgt. Die Einführung des Zweitlehrers wird heute im großen und ganzen positiv beurteilt. Nicht aber die teilweise Trennung von Schülern, die infolge der Verringerung der Klassenschülerzahl das Anwachsen zusätzlicher deutschsprachiger Klassen ermöglicht.

Zur 2. Novellierung des Minderheitenschulgesetzes kam es 1990 auf Grund eines Erkenntnisses des *Verfassungsgerichtshofes* aus dem Jahre 1989 (G 223, 234/89–13 v. 15. Dezember 1989) das bei vorhandenem Bedarf einen Besuch des zweisprachigen Unterrichtes auch außerhalb des bisherigen Geltungsbereiches des Minderheitenschulgesetzes ermöglicht (z. B. in Klagenfurt).

Am 4. September 1989 fand im Bundeskanzleramt die konstituierende Sitzung des *Volksgruppenbeirates* für die slowenische Volksgruppe statt. Nach einer mehr als zweijährigen Tätigkeit des Volksgruppenbeirates kann gesagt werden, daß der Volksgruppenbeirat für die slowenische Volksgruppe Initiativen gesetzt hat, die positive Auswirkungen im Bereich des Minderheitenschutzes zur Folge hatten.

Die Förderung des höheren Schulwesens der Volksgruppe – das Bundesgymnasium für Slowenen besteht seit 35 Jahren – hat mit zu einer starken Belebung des kulturellen Lebens der slowenischen Volksgruppe geführt. Auf dem Gebiet der bildenden Kunst, des Theaterwesens, der Musik, der Chorpflege, des literarischen Schaffens, des slowenischen Verlagswesens, slowenischer Radio- und Fernsehsendungen, der Wissenschaft, mit der Herausgabe von Zeitschriften für Literatur, Kritik, kulturelle, gesellschaftliche, religiöse und interkulturelle Fragen ist eine Tätigkeit zu verzeichnen, die für das Land Kärnten und Österreich eine Bereicherung darstellt und viel zur Stärkung des slowenischen *Selbst- und Kulturbewußtseins* der Kärntner Slowenen beigetragen hat. Eine Reihe von slowenischen Galerien bereichern die Kulturszene des Landes. Sie alle stehen – wie das gesamte reichhaltige Kulturleben der Kärntner Slowenen – im Dienste des friedlichen Zusammenlebens in Kärnten.

Auch die Zukunftsaussichten für die slowenische *Wirtschaft* werden von Experten auf Grund der gegenwärtigen Entwicklung als gut bezeichnet.

Der Deutsch-slowenische Koordinationsausschuß der Diözese Gurk-Klagenfurt, der sich kontinuierlich um ein friedliches Zusammenleben der Volksgruppe in Kärnten bemüht, hat 1991 einen 747 Seiten umfassenden Band zur *Volksgruppenfrage* herausgegeben, in dem die Entwicklung der nationalen Frage in Kärnten von 1848 bis 1990 in den Bereichen Politik, Kultur, Wirtschaft und Kirche aufgearbeitet worden ist.

III. Die Kroaten im Burgenland und in Wien

Im Jahre 1951 gaben in 42 Mehrheits- und 18 Minderheitsgemeinden rund 34.000 Burgenländer *Kroatisch* (oder eine Sprachkombination mit Kroatisch) als Umgangssprache an, 5.250 Magyarisch. Die Volkszählung 1961 ergab etwas mehr als 28.000 Angehörige der kroatischen Volksgruppe im Burgenland. Laut Statistik der Diözese Eisenstadt aus dem Jahre 1961 gab es im Burgenland allerdings 37.828 Katholiken mit kroatischer Umgangssprache. Dazu kommen noch die burgenländischen Kroaten in Wien, deren Zahl mit 12.000 bis 15.000 angenommen wird. Wie dramatisch der Rückgang der kroatischen Bevölkerung im Burgenland ist, beweisen drastisch die Ergebnisse der Volkszählung 1971 und 1981: Wies die Volkszählung 1971 noch 24.332 (9,0%) Burgenländer mit Kroatisch als Umgangssprache aus, waren es 1981 nur noch 18.880 (7,1%).

Der *Kroatische Kulturverein* „Hrvatsko kulturno društvo“ gab 1983 anläßlich der 450-Jahrfeier der Ansiedlung der Kroaten in den westungarischen, niederösterreichischen, mährischen und slowakischen Gebieten einen Jubiläumsband in deutscher und kroatischer Sprache unter dem Titel „Das Schicksal der burgenländischen Kroaten“ heraus. Verfasser des Buches ist Hofrat Prof. Bela SCHREINER, langjähriger Präsident des Kroatischen Kulturvereins. Um das Bild über die Lage der Kroaten im Burgenland so objektiv wie nur möglich wiederzugeben, wurde der folgende Kurzbericht vorwiegend in Anlehnung an die Jubiläumsausgabe des Kroatischen Kulturvereins verfaßt. In dieser Ausgabe charakterisiert der damalige Obmann des Kroatischen Kulturvereins Dr. Johann MÜLLER die Situation der burgenländischen Kroaten folgendermaßen:

Die tragende Säule der nationalen Selbstbehauptung war bei den Kroaten im österreichisch-ungarischen Grenzraum durch Jahrhunderte die *katholische* Kirche. Die Kroaten leben seit 450 Jahren mit ihren Mitbürgern deutscher und ungarischer Muttersprache im besten Einvernehmen. Sie fühlen sich jedoch als Volksgruppe in ihren Rechten gegenüber dem Mehrheitsvolk benachteiligt. Trotz Artikel 7 des Staatsvertrages 1955, der Minderheitenschutzbestimmungen auf Grund eines internationalen Vertrages enthält, fehlt es an entsprechenden Durchführungsbestimmungen. Die sich loyal zu Österreich bekennende Volksgruppe der burgenländischen Kroaten wartete jahrzehntelang vergeblich auf die Erfüllung des Artikels 7 des Staatsvertrages. Es ist ausschließlich dem starken Lebenswillen der kroatischen Volksgruppe zu verdanken, daß sie sich bis zum heutigen Tag – wenngleich nicht ohne Substanzverlust – erhalten konnte.

Die burgenländischen Kroaten haben durch Jahrhunderte den Beweis erbracht, daß sie die Liebe zur *Muttersprache* sehr wohl mit ihrer Liebe und Treue zum gemeinsamen *Vaterland* verbinden können. Die Treue der burgenländischen Kroaten zu Österreich ist sprichwörtlich.

1. Die Zeit der Umsiedlung

Seit sich die *Türken* auf der Balkanhalbinsel festgesetzt hatten, eroberten sie verhältnismäßig rasch ein Land nach dem anderen. Mit der Schlacht auf dem Amselfeld (Kosovo polje) 1389 zerschlugen die Türken das serbische Reich und wurden damit Nachbarn der Kroaten. Mit der Besetzung Bosniens und Herzegowinas kam ein beachtlicher Teil des kroatischen Volkes unter türkische Herrschaft. Den Kroaten war nur ein Drittel ihres ehemaligen Gebietes verblieben: die Länder an der Save, Slawonien an der Grenze gegen Ungarn, sowie die Gebiete um die Hauptstadt Zagreb und an den Flüssen Una und Kupa, die an das österreichische Krain und an die Untersteiermark grenzten.

Als Folge der *Türkenkriege* – 1529 erfolgte die erste Belagerung Wiens – und der nachfolgenden wirtschaftlichen Not erlitten die davon betroffenen Teile Westungarns, Niederösterreichs und der Steiermark schwere Verluste. Die Dörfer waren verwüstet und menschenleer, auf den großen Gütern der Grundherrn fehlte es an Bauern und Handwerkern, die sie wieder instandsetzen, den Boden bebauen und notfalls auch verteidigen konnten. Daher ist es verständlich, daß die Adeligen, deren Ländereien teils in den bedrohten Gebieten Kroatiens, teils in den verödeten Landstrichen Westungarns lagen, alles daran setzten, ihre Güter wieder zu reaktivieren. So sind bereits um 1515 die ersten kroatischen Familien in der Herrschaft Eisenstadt anzutreffen. Es folgte eine zweite, dritte, vierte und fünfte Welle der *Besiedlung*. Die letzte Migration füllte schließlich alle verödeten Dörfer des mittleren und nördlichen Burgenlandes auf, reichte über die Leitha nach Niederösterreich, über die Donau in das Marchfeld und dann weit hinüber in die Slowakei und nach Mähren.

Es ist sicherlich interessant, aus welcher Gegend Kroatiens die Ansiedler kamen. In erster Linie ist es die Landschaft *Slawonien.* Weiters kamen die kroatischen Ansiedler aus der Gegend des nördlichen *Bosnien,* aus den westlichen Gebieten der Lika und Krbava, aus dem Nordteil *Dalmatiens* und aus dem *Kroatischen Küstenland.* Insgesamt wanderten an die 200.000 Menschen nach dem Norden aus. Erst als im 17. Jh. von Seiten Österreichs zur Verteidigung seiner Südost- und Südgrenze ein wohldurchdachtes Verteidigungssystem, die *Militärgrenze,* ausgebaut wurde, hörten die Einfälle und Raubzüge der Türken allmählich auf und die Wanderbewegung der Kroaten kam zum Stillstand.

2. Die weitere historische Entwicklung

In der Zeit der *Reformation* mußten die Kroaten, welche alle Katholiken waren, einen ständigen Kampf um ihren religiösen und damit auch nationalen Bestand führen. Ihrem Verlangen, ihre Pfarrer selbst wählen zu dürfen, wurde in einem Privileg von König und Kaiser FERDINAND I. Rechnung getragen. Dieses Recht auf eine gewisse kirchliche Autonomie hat in der Geschichte der Kroaten eine große Bedeutung, denn aus ihm resultieren auch die anderen Rechte, die eine Magyarisierung und eine Germanisierung der Umsiedler in den ersten 150 Jahren verhinderten.

Nach dem *Ausgleich* Österreichs mit Ungarn 1867 änderten sich auch die schulischen Zustände bei den westungarischen Kroaten. Das neue Schulgesetzwerk garantierte den in Ungarn lebenden Kroaten und Deutschen alle Rechte in den staatlichen und konfessionellen Schulen. Der Schulunterricht war für sechs Jahre verpflichtend. Alle Gegenstände wurden in kroatischer Sprache unterrichtet. Die Volksschulen waren in ihrer überwiegenden Mehrheit konfessionelle Schulen. Die Pflege der kroatischen Sprache und Literatur nahm in der weiteren Folge eine gute Entwicklung.

Nach einer *Statistik* aus dem Jahre 1910 hatten die westungarischen Kroaten in 101 Ortschaften die absolute Mehrheit. Die Gesamtzahl der Einwohner dieser Ortschaften betrug 73.044. Von diesen waren 46.474 Kroaten, 13.613 Deutschsprechende und 13.937 Ungarn. Vor dem Ersten Weltkrieg hatten die Kroaten in diesen Ortschaften 60 konfessionelle katholische sechsjährige Volksschulen. An ihnen unterrichteten mindestens 120 Lehrer mit kroatischer Muttersprache. In den katholischen Pfarren zählte man 145 Priester mit kroatischer Muttersprache.

3. Die Kroaten in Österreich

Nach dem Ersten Weltkrieg wurde auf der Friedenskonferenz in Saint Germain der Vorschlag der österreichischen Delegation berücksichtigt, jene Gebiete, in denen mehr als 80% deutschsprachige Bewohner siedelten, an Österreich anzugliedern. Die Angliederung dieser Gebiete an Österreich erfolgte im Herbst 1921, nachdem eine Volksabstimmung im Raum von Ödenburg zugunsten Ungarns ausgefallen war. Das an Österreich angeschlossene Gebiet erhielt den Namen *Burgenland*. Die Kroaten nennen es in ihrer Sprache Gradišće.

Die neugezogene *Grenze* traf die kroatische Volksgruppe besonders schwer, da rund 20 Dörfer bei Ungarn verblieben, während 60 rein oder vorwiegend kroatische Dörfer an Österreich fielen. Einige wenige Dörfer kamen zur Tschechoslowakei. Damit begann ein neuer Abschnitt in der Geschichte der burgenländischen Kroaten.

Im Jahre 1923 begannen die burgenländischen Kroaten zwei *Wochenzei-*

tungen herauszugeben. Während die Mitarbeiter der Zeitung „Hrvatske Novine" vorwiegend der Christlichsozialen Partei angehörten, stand „Naš Glas" im Dienste der Politik und Ideologie der Sozialdemokratischen Partei. Da sich „Naš Glas" mit aller Kraft für die Beseitigung der konfessionellen Schulen einsetzte, „Hrvatske Novine" aber konsequent für deren Erhaltung eintrat, wurde der Unterschied der Weltanschauungen in dieser Frage unüberbrückbar. Beide Zeitungen trennte in erster Linie die Meinungsverschiedenheit über die Rolle der katholischen Kirche im öffentlichen Leben. Die Auswirkungen dieser damals begonnenen *Zweiteilung der Kroaten* sind bis zum heutigen Tag nicht überwunden worden. Die burgenländischen Kroaten fanden nach dem Anschluß des Burgenlandes an Österreich ihre politische Heimat in den beiden großen Parteien des Landes, in der Christlichsozialen und in der Sozialdemokratischen Partei.

Am 8. August 1929 wurde der *Kroatische Kulturverein* „Hrvatsko kulturno društvo" gegründet. Zahlreiche Gesangs- und Tamburizzavereine belebten das kulturelle Leben der burgenländischen Kroaten.

Zur Zeit des *Nationalsozialismus* wurde der Kroatischunterricht an den Volksschulen verboten, jegliche kulturelle Tätigkeit, die sich auch auf die Herausgabe kroatischer Publikationen erstreckte, wurde eingestellt.

Die *Wiedererrichtung* eines selbständigen Burgenlandes im Rahmen der Zweiten Republik ist nach 1945 mit dem Namen einer der bedeutendsten Persönlichkeiten der burgenländischen Kroaten, Dr. Lorenz KARALL, verbunden. Er wurde der erste freigewählte Landeshauptmann des Burgenlandes. Eine mit einem festen und entschlossenen Willen getragene Bildungs- und Kulturarbeit der kroatischen Volksgruppe begann im Bereich des Presse- und Verlagswesens, vor allem aber im Rahmen der Bildungs- und Kulturarbeit des Kroatischen Kulturvereins.[8]

Der am 15. Mai 1955 unterzeichnete *Staatsvertrag* enthält im Artikel 7 sehr wesentliche Minderheitenschutzbestimmungen zugunsten der slowenischen und kroatischen Volksgruppe.

Zur *Lage* der kroatischen Volksgruppe im Burgenland schrieb der frühere Obmann des „Hrvatsko Kulturno Društvo", des Kroatischen Kulturvereins im Burgenland, Dr. Ivo MÜLLER 1975: „Obwohl im Artikel 7 die Einführung der kroatischen Sprache als zusätzliche Amtssprache vorgesehen ist, wurde in dieser Richtung nichts erreicht."[9] Erst mit VfSlg 11585/1987 wurde die unmittelbare Anwendbarkeit der kroatischen Amtssprache vor den Verwaltungsbehörden und Gerichten in den zweisprachigen Gebieten des Burgenlandes durch den Verfassungsgerichtshof bestätigt. Die entsprechende Durchführungsverordnung der Bundesregierung ist jedoch noch

8. Vgl. SCHREINER, Schicksal (Anm. 1).

9. Ivo MÜLLER: Die kroatische Volksgruppe im Burgenland. In: Das gemeinsame Kärnten – Skupna Koroška, Bd. 3, Klagenfurt 1975, 80 (Anm. 1).

nicht erlassen worden. Auch dieses Recht mußte sich die Volksgruppe demnach selbst erkämpfen.

Das *Minderheitenschulwesen* für die burgenländischen Kroaten ist folgendermaßen geregelt: „Die Unterrichtssprache an den Volksschulen ist gemäß § 7 des Burgenländischen Landesschulgesetzes von 1937, LGBl. 40, und Artikel VII Abs. 1 des Bundesverfassungsgesetzes vom 18. Juli 1962, BGBl. 215, festgelegt. Kroatisch gilt als Unterrichtssprache, wo 70% der Bevölkerung dieser Muttersprache sind, die Staatssprache ist pflichtmäßiger Lehrgegenstand. Ist die Ortsbevölkerung zwischen 30% und 70% kroatischer Muttersprache, sind die kroatische und deutsche Sprache als Unterrichtssprache zu verwenden. Sind weniger als 30% der Bevölkerung kroatischer Sprache, ist es der Gemeinde freigestellt, für den Unterricht in der Muttersprache Sorge zu tragen."[10] Leider entspricht die Realität an den meisten zweisprachigen Volksschulen bei weitem nicht der gesetzlichen Regelung, da in der Mehrzahl Kroatisch nur durch einige Wochenstunden als Unterrichtsgegenstand gelehrt wird, und das sehr oft in einer keineswegs zufriedenstellenden Art und Weise. Die Schulaufsicht an den zweisprachigen Volksschulen und für den Kroatischunterricht an Hauptschulen untersteht einem Bezirksschulinspektor für das kroatische Schulwesen im Burgenland. Allerdings besteht keine im zit. Art. VII vorgesehene eigene Abteilung beim Landesschulrat und die Kompetenz des kroatischen Schulinspektors ist deutlich schwächer als die des für den jeweiligen Verwaltungsbezirk zuständigen Bezirksschulinspektors.

Die *Schulregelung* der kroatischen Volksgruppe charakterisiert der seinerzeitige Präsident des Kroatischen Kulturvereins in der Nummer 3 der Publikationsreihe „Das gemeinsame Kärnten – Skupna Koroška": „Der Bestand einer Volksgruppe steht und fällt mit einer befriedigenden Regelung des Schul- und Erziehungswesens. Wir hatten mit dem in Durchführung des Staatsvertrages von St. Germain beschlossenen Landesschulgesetz 1937 ein für die damaligen Verhältnisse geradezu vorbildliches Gesetz, dessen für uns entscheidender § 7 aber leider nur für die Volksschulen gilt. Durch den Trend zur höheren Schulbildung, den auch wir aus vollem Herzen begrüßen, und die damit verbundene Abschöpfung der Oberstufen an den Volksschulen ist die Bedeutung dieses ehemals sehr guten Gesetzes aus einleuchtenden Gründen entscheidend beeinträchtigt worden. An den zu höherer Bildung führenden Schulen hatte die kroatische Sprache bis vor kurzem im Burgenland nicht einmal die Stellung einer lebenden Fremdsprache wie Englisch, Französisch oder Russisch." Dieser Zustand hat sich in jüngster Zeit deutlich zugunsten der kroatischen Volksgruppe geändert, was auch durch die Erklärung des Bundesministers Dr. Rudolf SCHOLTEN über die Errichtung eines Volksgruppengymnasiums in Oberwart (für die kroatische und ungarische Volksgruppe gemeinsam) ab dem Schuljahr 1992/93 bestätigt wird.

10. Vgl. Heinrich KUNNERT: Die Kroatische Volksgruppe im Burgenland. In: Manfred STRAKA (Hg.): Handbuch der eur. Volksgruppen. Wien-Stuttgart 1970, 497 ff.

Das Landesstudio Burgenland begann 1979 mit der etappenweisen Einführung von *Hörfunksendungen* in burgenländisch-kroatischer Sprache, die aber bis heute nicht den Umfang der vergleichbaren slowenischen Sendungen des Landesstudios Kärnten erreicht haben. Sowohl die Hörfunksendungen als auch die vor zwei Jahren eingeführten *Fernsehsendungen* haben für die kroatische Volksgruppe einen hohen Stellenwert und müßten gerade wegen ihrer eminenten Bedeutung nach Ansicht maßgebender Vertreter der Volksgruppe ausgebaut werden. Die Kroaten leben im Burgenland zwar in keinem geschlossenen Siedlungsraum, jedoch in 6 von 7 Verwaltungsbezirken des Landes. Es sind dies die Bezirke Oberwart, Oberpullendorf, Eisenstadt, Neusiedl/See, aber auch die Bezirke Güssing und Mattersburg.

Der vor längerer Zeit erschienene *Lyrikband* „Ptići i slavuji" (Falken und Nachtigallen) in kroatischer und englischer Sprache mit Gedichten von acht kroatischen Dichtern, soll Zeugnis dafür sein, daß es eine eigene und eigenständige literarische Ausdrucksform der burgenländisch-kroatischen Volksgruppe innerhalb der österreichischen Gegenwartsliteratur gibt. Das Ringen der Autoren in den Gedichten um ihre dichterische und nationale Identität ist aber auch mit der Erkenntnis verbunden, „daß eine allzu begrenzte und nur auf sich selbst ausgerichtete Brauchtums- und Folklorepflege nichts bewirken kann für die Erhaltung der kulturellen Identität einer Minderheit. Wesentlich entscheidender für diese Identität und ihre Erhaltung für das Leben und Überleben einer Volksgruppe ist der Gebrauch der eigenen Sprache, der der alltäglichen Umgangssprache, der des dichterischen Wortes . . . So sind diese Gedichte auch Zeichen der Mahnung, sich doch endlich darauf zu besinnen, daß der Verlust der eigenen Identität der größte ist, für den einzelnen sowie für alle."[11]

Der im Volksgruppengesetz 1976 vorgesehene *Volksgruppenbeirat* wurde von den Kroaten bisher nicht beschickt. Der Kroatische Kulturverein, der für die Erhaltung, Sicherung und Festigung der kroatischen Volksgruppe im Burgenland eintritt, hat das Volksgruppengesetz zwar grundsätzlich begrüßt, jedoch dem Bundeskanzleramt eine Reihe von Verbesserungsvorschlägen unterbreitet. Im Zusammenhang mit der Beschickung des Volksgruppenbeirates bestehen große Schwierigkeiten deshalb, weil vorerst von einer gewissen Seite auch die Bestellung von notorischen Assimilanten zu Mitgliedern des Volksgruppenbeirates angestrebt wurde und nun seit Jahren von den politischen Verantwortlichen die parteipolitische Dominanz in der Zusammensetzung dieses Gremiums so sehr forciert wird, daß jene Organisationen, die seit eh und je die politische und kulturelle Arbeit in der und für die Volksgruppe geleistet haben, eindeutig unterrepräsentiert sein würden, während die der SPÖ nahestehende Bürgermeisterkonferenz der kroatischen Gemeinden Burgenlands in Volksgruppenfragen eine deutliche assimilationswillige Politik vertritt.

11. Peter WIPLINGER: Beiblatt zum Lyrikband „Ptići i slavuji". Wien 1983.

Für die Pflege und Erhaltung des kroatischen *Volkstums* setzt sich in *Wien* der Burgenländisch-Kroatische Kulturverein ein. In der Publikation „integratio", die unter dem Titel „Ethnische Gruppen in der Bundeshauptstadt" 1982 erschienen ist, schildert Werner VARGA die Situation der Burgenländischen Kroaten in Wien: „In seiner langen Existenz gelang es dem Kroatischen Kulturverein in Wien durch viele Jahrzehnte kein einziges Mal, auch nur einen einzigen Groschen an Subventionen zu erhalten . . . Wir wollen die kroatische Volksgruppe und ihre jahrhundertealte Kultur erhalten. Daß sich noch immer etliche solcher Idealisten finden, die trotz all der Widrigkeiten versuchen, weiterzuarbeiten, ist lediglich ein Ausdruck des noch immer fest verankerten Volksbewußtseins und nicht das Ergebnis einer gezielten Minderheitenförderung. Nur diese Amateure sorgen unter großer Aufopferung von Zeit und Geld dafür, daß die Volksgruppe institutionell weiterbestehen kann. Ihr Einsatz ist jedoch auf die Dauer unzureichend, sodaß viele Idealisten langsam durch die lang anhaltende Ignoranz entmutigt sind."

IV. Die ungarische Volksgruppe im Burgenland

Ludwig und Andreas SZEBERÉNYI veröffentlichten anläßlich des zwanzigjährigen Jubiläums des Burgenländisch-ungarischen Kulturvereins im Jahre 1988 im Rahmen einer zweisprachigen Informationsschrift (Warter Hefte) einen Beitrag zur Lage der burgenländischen *Ungarn*. Dieser Broschüre sind mit Genehmigung des Herrn Prof. Ludwig SZEBERÉNYI vorwiegend die Ausführungen über die burgenländischen Ungarn entnommen.

Die Angehörigen der im Burgenland beheimateten bodenständigen *ungarischen Volksgruppe* sind die Nachfahren von Grenzwächtern, die im 11. Jahrhundert von den ersten ungarischen Königen zum Schutze der Westgrenze angesiedelt wurden. Heute findet man die ungarischen Siedlungen nur mehr im südlichen Burgenland, im Tal der Pinka – diese Gegend wird als „in der Wart" bezeichnet – und im mittleren Burgenland, im Gebiet um Oberpullendorf. Viele ungarischsprachige Menschen sind in den übrigen Orten des Burgenlandes verstreut zu finden. Zahlreiche Ungarn sind auch als Arbeiter, Gewerbetreibende oder Händler in die Städte gewandert, so nach Wien oder Graz, halten aber weiterhin engen Kontakt mit der alten Heimat und können der ungarischen Volksgruppe zugerechnet werden.

Nach dem Ersten Weltkrieg erhob die neu entstandene *Republik Österreich* Anspruch auf die mehrheitlich von Deutschsprachigen bewohnten Gebiete Westungarns. Als das Burgenland 1921 an Österreich angeschlossen wurde, lebten auf diesem Gebiet nach der Volkszählung 1920 295.137 Einwohner, darunter 24.889 Ungarn.

Im Staatsvertrag von Saint Germain wurde der *Schutz der Minderheiten* allgemein ausgesprochen, doch war es gar nicht notwendig, auf diese Bestimmungen besonders hinzuweisen, denn das Leben der ungarischen Volksgruppe ging in gewohnter Weise weiter. Ein Wandel trat erst 1938 ein, als Österreich aufhörte zu existieren. Die Zeit des Nationalsozialismus, in der die konfessionellen Schulen sofort liquidiert worden sind und in denen nur mehr die deutsche Unterrichtssprache gestattet war, sowie der Krieg fügten der ungarischen Volksgruppe große Verluste zu, wie dies auch aus den Statistiken zu entnehmen ist.

Nach dem Zweiten Weltkrieg schloß *Ungarn* in der Rákosi-Ära vollkommen seine Grenzen, wodurch die ungarische Volksgruppe die verwandtschaftlichen und freundschaftlichen Beziehungen zum Muttervolk zur Gänze verlor.

Im *Österreichischen Staatsvertrag* von 1955 wurden die Rechte von Angehörigen der slowenischen und kroatischen Minderheiten in Österreich festgelegt. Die Angehörigen der ungarischen Volksgruppe sind der Auffassung, daß der Artikel 7 des Österreichischen Staatsvertrages trotz ihrer Nichtnennung auch für sie uneingeschränkt Geltung hat. Im Volksgruppengesetz 1976 sind allerdings auch die ungarische und die tschechische Volksgruppe genannt, für die Volksgruppenbeiräte beim Bundeskanzleramt vorgesehen sind. Im Rahmen der konstituierenden Sitzung des Volksgruppenbeirates für die ungarische Volksgruppe erklärte der damalige Bundeskanzler Dr. KREISKY: „. . . der Beirat ist kein Gremium einer Landsmannschaft, sondern bezieht sich auf Personen, die in Österreich seit Generationen leben; dies ist die ungarische Volksgruppe."

Von den Vertretern der ungarischen Volksgruppe wird darauf verwiesen, daß der *Volksgruppenbeirat* in wesentlichen Fragen in den vergangenen Jahren keine Erfolge erzielen konnte. Der Beirat hat kein Mitspracherecht und ist nur beratendes Organ.

Im Bereich des *Minderheitenschulwesens* wird in den Volksschulen von Unterwart und Siget i. d. Wart Ungarisch als Pflichtgegenstand in drei Wochenstunden unterrichtet. An den Volksschulen in Oberwart und Oberpullendorf ist Ungarisch Freigegenstand. An den Hauptschulen in Oberwart und Oberpullendorf wurden Schulversuche gestartet. Die Kinder, die von den Eltern für den Ungarischunterricht angemeldet werden, sind in eigenen Klassen zusammengefaßt. Ungarisch wird in zwei Leistungsgruppen unterrichtet. Diese ungarischen Schwerpunktklassen entsprechen den Vorstellungen der Volksgruppe über einen effektiv geführten, erfolgreichen Ungarischunterricht. Alle Bemühungen, im Hinblick auf die sprachliche Qualifikation der Lehrer für die Volksgruppe ein Mitspracherecht bei der Anstellung von Lehrpersonen zu erreichen, sind bisher ergebnislos geblieben.

Seit Beginn des Schuljahres 1987/88 wird im Gymnasium Oberpullendorf eine sogenannte *„pannonische Klasse"* geführt. Es handelt sich hiebei um Klassen, in denen die Kinder in Ungarisch und Kroatisch als Pflichtgegenstand unterrichtet werden. Unterrichtsminister SCHOLTEN hat in einer Erklärung die Errichtung eines Volksgruppengymnasiums in Oberwart für die kroatische und ungarische Volksgruppe gemeinsam ab dem Schuljahr 1992/93 angekündigt.

Auf die Bitte des Volksgruppenbeirates hin, die *Schulaufsicht* für den Ungarischunterricht einer Regelung zuzuführen, wurde zwar ein Fachberater ernannt, der allerdings kein selbständiges Inspektorat besitzt.

Die ungarische Volksgruppe gehört drei verschiedenen *Kirchen* an. Die überwiegende Mehrheit der Ungarn in Oberwart ist evangelisch H. B. (Helvetisches Bekenntnis), ein kleiner Teil ist römisch-katholisch. Katholisch sind auch die Einwohner von Unterwart und Oberpullendorf. Die Bevölkerung von Siget i. d. Wart hingegen ist evangelisch A. B. (Augsburgisches Bekenntnis).

Es wird bei der Behandlung von Volksgruppenfragen immer wieder auf die geringe *Zahl* der ungarischen Volksgruppe hingewiesen. Laut Volkszählung 1981 gibt es im Burgenland 4.147 Ungarn. Die tatsächliche Zahl ist jedoch höher. Kaum bestritten wird, daß die Zahl der ungarischen Volksgruppe etwa 10.000 Personen beträgt. Interessant in diesem Zusammenhang ist ein Bericht, den Prof. Ludwig SZEBERÉNYI, Vorsitzender des Volksgruppenbeirates für die ungarische Volksgruppe in Oberwart, am 21. Juni 1991, im Zusammenhang mit der zahlenmäßigen Stärke der ungarischen Volksgruppe im Burgenland abgegeben hat. Auf Grund des Berichtes über eine Erhebung der Burgenländischen Forschungsgesellschaft im Auftrag des Amtes der Burgenländischen Landesregierung und des Bundesministeriums für Wissenschaft und Forschung, die im Mai 1991 durchgeführt worden ist, gibt es im Burgenland insgesamt 16.475 Angehörige der ungarischen Volksgruppe.

Warum die Zahlen dieser Erhebung mit den Angaben der Volkszählungen *nicht übereinstimmen*, ist folgendermaßen zu erklären: Zur Zeit der Volkszählung 1981 war in Ungarn noch eine kommunistische Regierung. Viele hielten es für klüger, ihre Sprachkenntnisse zu verheimlichen. Durch die Öffnung der Grenzen werden andererseits jetzt Personen mit Ungarischkenntnissen in Wirtschaft und Handel bevorzugt.

V. Die Tschechen in Wien

„Die Zahl der Tschechen, die das geistige, kulturelle, wissenschaftliche und wirtschaftliche Leben Wiens in den letzten zwei Jahrhunderten bereichert und zum Ruhme dieser Metropole beigetragen haben, ist weit größer als man allgemein annimmt. Daß der Wiener Tscheche heute immer noch mit Schuster, Schneider, Tischler, Hausmeister, Köchin und Dienstmädchen – und das vielfach abwertend – identifiziert wird, ändert nichts an der Tatsache, daß die Angehörigen dieser Volksgruppe in Österreich und Wien auf dem Gebiet der Wissenschaft, Wirtschaft und Kultur Großes geleistet haben und immer noch leisten und daß sie als Faktor der Völkerverständigung unersetzbar sind. Über den Wert der Volkszählungen in den letzten hundert Jahren ist schon viel geschrieben und diskutiert worden. Da sich die Kriterien der Sprachenzugehörigkeit von Fall zu Fall geändert haben, ist der objektive Aussagewert der amtlich ermittelten Ziffern als gering zu bezeichnen."[12]

1910 haben sich zur tschechischen bzw. slowakischen Umgangssprache 98.461 Personen in Wien bekannt. Unmittelbar nach dem Ersten Weltkrieg sind über 180.000 Tschechen in die ČSR zurückgekehrt. Allein daraus ist schon ersichtlich, wie problematisch die Sprach- bzw. Volkszählungsergebnisse sein können. Grundsätzlich kann gesagt werden, daß die Anzahl von Volksgruppenangehörigen größer ist, als dies die jeweilige Sprach- bzw. Volkszählungsergebnisse aufweisen. Woher bei der Volkszählung 1923 79.000 Tschechen und über 2.000 Slowaken trotz der Rückkehr von über 180.000 Tschechen und Slowaken nach dem I. Weltkrieg in die ČSR kommen, wird ein Rätsel bleiben. Bei der Volkszählung 1951 haben sich 4.137 Personen zur tschechischen bzw. slowakischen Umgangssprache bekannt.

Nach Ende des Zweiten Weltkrieges konstituierte sich mit Billigung der Besatzungsmächte der „Tschechoslowakische Zentralausschuß". Dem Zentralausschuß gehörten alle namhaften Vorkriegsorganisationen der tschechischen Volksgruppe in Wien an. Auf Grund einer Aufforderung der tschechoslowakischen Regierung wanderten nach 1945 binnen zwei Jahren an die 20.000 Wiener Tschechen aus. Nach der kommunistischen Machtübernahme kam 1948 nur ein kleiner Teil wieder als Rückwanderer nach Wien zurück. Während bei der Volkszählung 1961 keine Zahl für die Tschechen und Slowaken mehr angegeben wurde, waren es bei der Volkszählung 1971 wieder 6.528. 1949 kam es innerhalb der tschechischen Volksgruppe zu einer scharfen politischen und ideologischen Differenzierung. Es kam zur Gründung der sogenannten „pragfreundlichen", de facto eindeutig kommunistischen „Vereinigung der Tschechen und Slowaken in Österreich", während sich die im demokratischen Lager befindlichen Organisationen der Vor- und Nachkriegszeit dem wiedererstandenen „Minderheitsrat" angeschlossen haben.

Nach Ende des „Prager Frühlings" kam es in den Jahren 1968/69 zu einer starken *Emigration*. Mehr als 17.000 ČSSR-Staatsbürger suchten in Österreich um politisches Asyl an. Diese Flüchtlinge zeigten jedoch kein besonderes Interesse an der Mitarbeit in den Volksgruppenorganisationen der Wiener Tschechen. Der Grund liegt einerseits in der Weiteremigration dieser Gruppen, andererseits wollten sie aus verschiedensten Gründen in keiner Kartei irgendeiner Vereinigung der hier beheimateten Landsleute erfaßt werden.

12. Karl MATAL: Die Wiener Tschechen und Slowaken im Wandel der Jahrhunderte. In: Ethnische Gruppen in der Bundeshauptstadt Wien. Wien 1982, 90 f. (Anm. 1).

Auch für die *Wiener Tschechen* gilt, was bereits vorher von der ungarischen Volksgruppe gesagt worden ist, daß sich nämlich deren rechtliche Lage mit dem Volksgruppengesetz 1976 zweifellos gebessert hat. Zur Bildung eines Volksgruppenbeirates ist es jedoch bisher nicht gekommen. Ideologische und politische Gründe haben die Konstituierung eines Volksgruppenbeirates für die tschechische Volksgruppe verhindert. Als es zu Vorverhandlungen zur Bildung eines Volksgruppenbeirates für die tschechische Volksgruppe gekommen ist, wurden zu Gesprächen auch zwei erst vor kurzem gegründete Emigrantenorganisationen sowie ein unrepräsentativer Verein hinzugezogen. An diesen Verhandlungen nahm der tschechische Minderheitsrat nicht teil, weil er die Auffassung vertritt, „daß Flüchtlinge, die in Österreich Asyl gefunden haben, und ihre Organisationen nicht unter den Begriff ‚Volksgruppe' fallen."[13]

Karl MATAL vertritt bezüglich der Beschickung des *Volksgruppenbeirates* für die tschechische Volksgruppe den Standpunkt, daß sich auf Grund der derzeitigen Situation nur die zwei großen Organisationen, der demokratische Minderheitsrat und die pragfreundliche „Vereinigung der Tschechen und Slowaken" im Verhältnis 3:1 bei vier zu vergebenden Sitzen um eine Vertretung im tschechischen Volksgruppenbeirat bewerben können.

Ein Ort der Begegnung für die Tschechischen Katholiken ist die tschechische Kirche am Rennweg 63, die im Jahre 1908 vom Wiener St. Method-Verein käuflich erworben wurde. Dieser Verein sorgt seit seiner Gründung im Jahre 1865 für die Führung und Erhaltung der tschechischen Gottesdienste in Wien, die außer in der erwähnten eigenen Kirche auch in weiteren Kirchen Wiens („Maria am Gestade" im 1. Bezirk seit 1820!) abgehalten werden. Neben der religiösen Aufgabe haben sie seit jeher auch zur Erhaltung und Festigung des nationalen Bewußtseins und der Identität wesentlich beigetragen. Der Großteil der seelsorglichen Arbeit unter den Wiener Tschechen wird von drei Patres bewältigt. Die Seelsorgetätigkeit konzentriert sich auf die Wiener Tschechen, hier vor allem auf die Jugend, den Religionsunterricht an der „Privaten Komensky-Volksschule" und an der „Privaten Komensky-Hauptschule", die jeweils von rund 70 Schülern und Schülerinnen besucht werden.

13. A.a.O., 95 (Anm. 12).

Erziehung und Bildung

Josef Thonhauser

I. Vorbemerkung: Die Zweite Republik in der Pädagogischen Historiographie

Die Geschichte von Erziehung und Bildung in der Zweiten Republik ist – mehr oder minder umfassend – Gegenstand einer Reihe von Publikationen mit wissenschaftlichem Anspruch.[1] Sie wurden in der Mehrzahl – wie die kundige Leserin und der kundige Leser sofort bemerken werden – von Autoren verfaßt, die selbst an exponierten Stellen der Bildungsverwaltung standen oder stehen und daher erwartungsgemäß zu einer *apologetischen* Behandlung der tatsächlichen bzw. politisch intendierten Entwicklung des Bildungswesens neigen. Immerhin verdanken wir diesem Umstand vergleichsweise ausführliche Darstellungen dieser Epoche. Das steht nicht im Widerspruch dazu, daß in diesen Arbeiten weltanschaulich begründete bildungspolitische Präferenzen sichtbar werden. Eine vom Bewußtsein, ein bildungspolitisches Programm mitzutragen, bzw. von der Verpflichtung, ein solches loyal exekutieren zu müssen, unbeeinflußte Darstellung größeren Umfangs fehlt hingegen bis heute. Diese Lücke vermochte auch die im Institut für sozioökonomische Entwicklungsforschung der Österreichischen Akademie der Wissenschaften erstellte, vom Ansatz her interessante historische Analyse[2] oder das opus magnum des Kremser Gymnasialdirektors Helmut ENGELBRECHT nicht zu schließen, so verdienstvoll dieses auf traditioneller Quellenarbeit beruhende Werk ohne Zweifel ist. Einige Arbeiten, die sich mit bestimmten Details beschäftigen, deuten immerhin an, wo die Defizite einer kritisch-historischen Forschung liegen, die einem sozialwissenschaftlichen Paradigma folgen.[3]

---

1. Hans-Joachim BODENHÖFER: Bildungspolitik. In: Herbert DACHS u. a. (Hg.): Handbuch des polit. Systems Österreichs. Wien 1991, 546–557. – Franz BURGSTALLER/Leo LEITNER: Pädagogische Markierungen. Probleme-Prozesse-Perspektiven. 25 Jahre österr. Schulgeschichte (1962–1987). Wien 1987. – Helmut ENGELBRECHT: Geschichte des österr. Bildungswesens. Erziehung und Unterricht auf dem Boden Österreichs. Bd. V: Von 1918 bis zur Gegenwart. Wien 1988. – Franz HÖRBURGER: Geschichte der Erziehung und des Unterrichts. Wien 1967 (mit starken Rückgriffen in die Zeiten der Ersten Republik). – Josef SCHEIPL/Helmut SEEL: Die Entwicklung des österr. Schulwesens in der Zweiten Republik 1945–1987. Graz 1988. – Hermann SCHNELL: Die österr. Schule im Umbruch. Wien-München 1974. Othmar SPACHINGER/Hans SPREITZER/Karl SRETENOVIC (Hg.): Die österreichische Schule 1945–1975. Wien 1975.

2. Julius MENDE/Eva STARITZ/Ingrid TOMSCHITZ: Schule und Gesellschaft. Entwicklung und Probleme des österr. Bildungssystems. Wien 1980.

3. Susanne DERMUTZ: Der österr. Weg. Schulreform und Bildungspolitik in der Zweiten

Auch der im vorgegebenen Rahmen notwendigerweise sehr komprimierte Versuch über die Geschichte der *Erziehung und Bildung* in der Zweiten Republik wird nicht und will nicht davon absehen, wie sich diese in Gesetzen oder offiziösen Dokumenten spiegelt. Diese sollen jedoch als Produkt *politischer Entscheidungen* beurteilt werden, die sich in Konkurrenz mit anderen, pädagogisch nicht in jedem Falle schlechteren Vorstellungen durchgesetzt haben. Darüberhinaus sollen Veränderungen *gesellschaftlicher Strukturen* beleuchtet werden, die die geschichtliche Entwicklung des Bildungswesens begünstigt haben oder zu dieser in ein Spannungsverhältnis oder gar in Widerspruch geraten sind. Dieses Konzept bringt zwar nicht die Abkehr, aber doch einen freieren Umgang mit der Chronologie als strukturierender Kategorie der Historiographie mit sich.

II. Ein Neubeginn auf Trümmern

Wie die Zweite Republik insgesamt, mußte ihr Bildungswesen – im wörtlichen wie im metaphorischen Sinn gemeint – aus *Trümmern* neu aufgebaut werden. Schulen, Universitäten und andere Bildungseinrichtungen waren in den letzten Kriegsjahren zu einem großen Teil zerstört worden. Jahrelang mußte in Notquartieren und in Schichtbetrieb unterrichtet werden. Trotz großer Anstrengungen in den ersten Nachkriegsjahren dauerte es im Pflichtschulbereich, der von einer Neuaufteilung der Schulerhaltungskompetenzen zwischen Bund, Ländern und Gemeinden begünstigt wurde, bis in die späten fünfziger Jahre, an den höheren Schulen noch länger, bis sich die Lage spürbar verbessert hat. An den Universitäten waren die kriegsbedingten Raumprobleme noch lange nicht beseitigt, als mit der gewaltigen Zunahme der Hörerzahlen bereits neue hinzukamen.[4] Die physische Versorgung war indessen nicht das einzige Problem. Die Folgen der jahrelangen Abwesenheit der Väter von den Familien oder deren kriegsbedingte Zerrüttungen mußten bewältigt werden. Vor allem aber hatten sich politische und moralische Vorstellungen in einem bisher kaum denkbaren Ausmaß als irrig erwiesen. Sie mußten durch neue ersetzt werden. Es galt, die Erblast zweier diktatorischer Regime abzuschütteln, und das zu einem guten Teil mit den gleichen Menschen, die diese, wo nicht willig zugelassen oder sogar mitgetragen, zumindest nicht verhindert hatten.

Das Programm einer umfassenden *Umerziehung* und die Notwendigkeit eines *radikalen Umdenkens* betrafen Eltern und Kinder, Lehrer und Schü-

Republik. Wien 1983. – Detlef GLOWKA: Schulreform und Gesellschaft in Österreich. 1947–1972. Die Differenzierung des allgemein bildenden Schulwesens als Thema der Bildungspolitik vor und nach der Schulreform von 1962. In: Saul B. ROBINSOHN (Hg.): Schulreform im gesellschaftlichen Prozeß. Ein interkultureller Vergleich. Bd. 2. Stuttgart 1975, 301–421. – Peter GSTETTNER: Zwanghaft Deutsch? Über falschen Abwehrkampf und verkehrten Heimatdienst. Klagenfurt//Celovec 1988.

4. ENGELBRECHT, Geschichte, 411f. (Anm. 1).

ler, die alte und die junge Generation zugleich. Für die oberen Instanzen war es unter diesen Voraussetzungen gewiß leichter, dafür Leitlinien festzulegen, als eine entsprechende *konkrete Erziehungsarbeit* in den *Familien* und *Schulen* sicherzustellen. Die Proklamation des eigenständigen, demokratischen Österreich, das allem faschistischen und nationalsozialistischen Gedankengut abschwor, war das eine, die Bewältigung einer letztlich für alle schrecklich endenden Vergangenheit das andere. Mit den neuen politischen Verhältnissen war der von vielen Österreichern empfundene Widerspruch, das Kriegsende zugleich als Niederlage erlebt zu haben und als Befreiung von der nationalsozialistischen Herrschaft begreifen zu sollen, nicht beseitigt.

Dieser Situation wurde offensichtlich Rechnung getragen. Denn in der Bezeichnung des zuständigen *Ressorts* als „Staatsamt für Volksaufklärung, für Unterricht und Erziehung und für Kultusangelegenheit" kündigte sich eine umfassende Programmatik an; seine Besetzung mit dem *Kommunisten* Ernst FISCHER schien die Richtung zu bestimmen. Aber abgesehen davon, daß seine Amtsführung nur wenige Monate dauerte, war es FISCHER offensichtlich wichtiger, in den Menschen das Bewußtsein aufzubauen, als Staatsbürger des kleinen Österreich eine große geistige und kulturelle Tradition fortsetzen zu sollen und zu können, als – womöglich mit Hilfe der sowjetischen Besatzungsmacht – Machtbefugnisse zu gewinnen oder Realpolitik zu betreiben.[5]

Es ist schwer zu beurteilen, wie weit bereits damals abzuschätzen war, daß die „staatsbürgerliche Erziehung" hinsichtlich ihrer großen Ziele *Österreichbewußtsein, aktive Teilnahme an der Demokratie und Vergangenheitsbewältigung* unterschiedlich erfolgreich sein würde. Der nicht nur unentwegt (z. B. in Erlässen 1945 und 1949) geforderte, sondern von den Exponenten des politischen Systems und der Kirche auch überzeugend vorgelebte Glaube an diesen Staat wurde bald von vielen, allmählich von nahezu der Gesamtheit der Staatsbürger geteilt.[6] Hingegen schienen bei der fraglosen Anerkennung der Demokratie als Staatsform und der demokratischen Verfaßtheit von Ländern und Gemeinden *demokratische Entwicklungen* in einzelnen Institutionen gerade auch der Erziehung und Bildung schwerfällig, zögernd und nicht immer von Überzeugung getragen zu sein. Dabei war ein entsprechendes Programm bereits von den Besatzungsmächten, insbesondere den USA, eingemahnt worden. Aber der Widerspruch zwischen der Verfassung für die große staatliche Politik und dem Innenleben vieler von den beteiligten und betroffenen Menschen unmittelbarer erfah-

5. Ernst FISCHER: Das Ende einer Illusion. Erinnerungen 1945–1955. Wien-München-Zürich 1973. – Vgl. Wendelin SCHMIDT-DENGLER: Gerettete Kontinuität. Hinweis auf eine Schrift Ernst Fischers. In: Schulheft, Heft 49, 1988, 16–40.

6. Peter A. ULRAM: Einstellungen der Österreicher zu ihrem Staat, seiner Neutralitätsverpflichtung und seinen zeitgeschichtlichen Krisen. In: Albert G. ABSENGER (Hg.): Österreichbewußtsein, Vergangenheitsbewältigung, Neutralitätspolitik. Wien 1986, 1–24.

rener Institutionen (der Schulen, kirchlicher Organisationen, beruflicher Interessensvertretungen) und insbesondere der Familie wurde bzw. blieb den meisten sehr lange verborgen. Zum Teil bedurfte es revolutionärer Bewegungen – z. B. 1968 an den Universitäten oder der gleichzeitig entstehenden Frauenbewegung –, um wirkungsvolle (und für manche der Betroffenen schmerzvolle) *Demokratisierungsschübe* auszulösen. Und diese entsprachen durchaus nicht einem einhelligen Bedürfnis, wie z. B. die heftigen Auseinandersetzungen um die im UOG vorgesehene erweiterte Mitbestimmung oder um familienpolitische Maßnahmen, die die Rechte der Frauen und zum Teil auch der Kinder stärken, dokumentieren.[7] Das zeigen aber auch verbliebene Widersprüche. Sie lassen z. B. noch immer zu, daß Lehrerinnen und Lehrer, die als Studierende eine weitreichende Mitbestimmung praktizieren hatten können, in der Schule wieder *obrigkeitsstaatliche Strukturen* vorfinden. Diese verweigern ihnen, aber auch den Eltern, noch immer ein effektives Mitspracherecht bei sie zentral betreffenden Belangen (z. B. bei der Auswahl ihres Direktors). Es bleibt abzuwarten, ob die Novellierung der betreffenden Bestimmungen in der 4. Novelle zum Schulunterrichtsgesetz (BG 1986) eine neue Entwicklung eingeleitet und entscheidende Änderungen gebracht hat. Die gegenwärtige Autonomie-Diskussion könnte dazu beitragen. In den Familien hatte sich indessen ein beträchtlicher Wandel vollzogen. Wir kommen darauf noch zurück.

Am wenigsten gründlich erfolgte die Auseinandersetzung mit der Frage nach dem Anteil Österreichs am *Nationalsozialismus* und all dem Greuel, der in seinem Namen geschehen war. Die Frage, wie es hatte kommen können, daß die Lehrer an den Schulen und die Professoren an den Universitäten kaum Widerstand entwickelt, sondern sich in großer Zahl bereit gefunden hatten, ihre Arbeit der nationalsozialistischen Ideologie zu verpflichten, blieb lange unbeantwortet. Die strukturellen Bedingungen für das (wie immer es quantifiziert wird) bestürzend hohe Ausmaß an Mittätern und Mitläufern wurden lange nicht ernsthaft erforscht,[8] und noch weniger den Menschen zum Bewußtsein gebracht.

Damit wurde die Auffassung begünstigt, am Ende des Dritten Reiches auch dessen Voraussetzungen überwunden zu haben. Die *„Entnazifizierung"* wurde nur halbherzig geleistet.[9] Dazu kam im Schulwesen noch ein gewisser Handlungsdruck. Vor allem in den westlichen Bundesländern stand man oft vor der Alternative: entweder keine Schule oder eine, in der auch belastete Lehrer unterrichten. Die mit Duldung der dortigen Besat-

7. Darüber ausführlich viele einschlägige Beiträge in Österr. Hochschulzeitung, 27 (1975), bzw. bei Erika WEINZIERL/Karl STADLER (Hg.): Familienrechtsgesetzgebung in Österreich. Wien o.J. (1977).

8. Gerhard BOTZ/Ernst HANISCH/Gerald SPRENGNAGEL (Hg.): Kontroversen um Österreichs Zeitgeschichte. Frankfurt/Main 1990.

9. Dieter STIEFEL: Entnazifizierung in Österreich. Wien-München-Zürich 1981, 161ff.

zungsmächte getroffene Entscheidung wäre als Notlösung vielleicht verständlich. Aber sie markiert den Beginn der sich allmählich etablierenden allgemeinen Strategie des für Österreich nicht untypischen Umgangs mit ähnlichen Problemen: der *Verdrängung*. Begünstigt durch die Tatsache, daß sich viele hohe politische Funktionsträger mit Recht als Opfer der Nationalsozialisten bezeichnen konnten, wurde diese Rolle bald für Österreich insgesamt in Anspruch genommen und prägte die offiziellen, vor allem auch die für die Jugend bestimmten Geschichtsdarstellungen, soferne das Problem überhaupt thematisiert wurde.[10] Einer „staatsbürgerlichen Erziehung“, die treue, tüchtige und österreichbewußte Bürger zum Ziele hatte (Erlaß 1949), schien die Erinnerung an belastende Vergangenheit eher als hinderlich; sowohl in den Schulen als auch in den Familien blieb sie lange Zeit ein Tabu.

Unter diesen Bedingungen wuchs in der Jugend eine Generation heran, die die neuen politischen Gegebenheiten zwar zunehmend aktzeptierte, einer engagierten Teilnahme an der *Politik* jedoch großteils eher reserviert gegenüberstand. Diese „skeptische Generation“ (Helmut SCHELSKY) war vornehmlich an der Entfaltung der eigenen Lebensmöglichkeiten orientiert, wozu der in den fünfziger Jahren einsetzende wirtschaftliche Aufschwung zusätzlich Anlaß bot. Für die nachrückende „Generation der Unbefangenen“ (Viggo Graf BLÜCHER) ist die Benützung der formaldemokratischen Einrichtungen bereits selbstverständlich. Ihr Interesse war auf Gegenwart und Zukunft gerichtet.[11] Doch die Schatten der weitgehend unbearbeiteten, geschweige denn „bewältigten“ Vergangenheit sollten sich als länger erweisen, als es der zurückgelegte Weg zu Wohlstand und etablierten demokratischen Institutionen war. Die Auseinandersetzung mit der *Vergangenheit* mußte später nachgeholt werden.

Erstmals wurde die Notwendigkeit dazu „auf den Brettern, die die Welt bedeuten“, offenkundig, als dort am Beginn der sechziger Jahre das von vielfältigen Reaktionen begleitete satirische Einpersonenstück *„Der Herr Karl“* gegeben wurde.[12] In der Folge der Vorgänge insbesondere an den bundesdeutschen Hochschulen 1968, bei denen die Forderungen nach Gewissenserforschung und Aufklärung mit provokanten Schuldzuweisungen an die Erwachsenen auch Teil eines besonders heftig ausgetragenen *Generationskonflikts* gewesen sein mag, haben sich das Forschungsinteresse und das politische Interesse an dieser Epoche verstärkt und differenzierte Ergebnisse gezeitigt, die der allgemeinen Tendenz des Vergessens entgegenarbeiteten. Das aufgestaute, durchaus auch einer in diesem Punkte

10. Ingrid GASSNER/Josef THONHAUSER: Vergangenheitsbewältigung in österr. Geschichtslehrbüchern. In: Wilfried BOS/Christian TARNAI (Hg.): Angewandte Inhaltsanalyse in empirischer Pädagogik und Psychologie. Münster-New York 1989, 204 ff.

11. Helmut FEND: Sozialgeschichte des Aufwachsens. Bedingungen und Jugendgestalten im 20. Jahrhundert. Frankfurt/Main 1988, 202 ff.

12. Carl MERZ/Helmut QUALTINGER: Der Herr Karl. München 1962, Reaktionen, 35–37.

nachlässigen Erziehung anzulastende *Unbehagen* mit der von den Jüngeren gar nicht mehr selbst erlebten Vergangenheit entlud sich am heftigsten im Zusammenhang mit dem merkwürdigen Empfang des von Italien entlassenen Kriegsverbrechers Walter REDER durch den österreichischen Verteidigungsminister Friedhelm FRISCHENSCHLAGER und den Vorgängen rund um die Wahl Kurt WALDHEIMs zum Präsidenten der Republik. Die Flut an Veranstaltungen und Publikationen, die die nachfolgenden *Ge- bzw. Bedenktage* der Republik ausgelöst haben, dokumentieren das unbefriedigte Bedürfnis von Teilen der Bevölkerung nach Information und Auseinandersetzung über dieses Thema nachhaltig.[13]

An den Schulen hatte man schon 1978 mit einer neuen Definition der *Politischen Bildung* diesem Bedürfnis Rechnung zu tragen bzw. es zu wecken versucht (Erlaß 1978).

III. Die restaurative Phase

Für den *Wiederaufbau* des Bildungswesens war es wichtig, eine gemeinsame politische Plattform zu finden. Dafür bot sich der 1927 nach heftigen Auseinandersetzungen der beiden großen politischen Lager erreichte Kompromiß an. Das bedingte freilich auch die Wiederaufnahme der Diskussion um die großen Themen der staatlichen Bildungspolitik: In welcher Weise sollen die Funktionen der Erziehung zwischen *Familie* und *(staatlichen)* Bildungseinrichtungen aufgeteilt werden? Wie lange soll die für alle Schüler einheitliche Schule dauern? Wie sollen die Institutionen der *Lehrerbildung* beschaffen sein? Wieweit darf bzw. soll der Einfluß der *katholischen Kirche* auf das Bildungswesen reichen? Im letzten Punkt hat man später zu einer beiderseits akzeptierten Einigung gefunden. Alle anderen Fragen blieben trotz Kompromissen bei Zwischenlösungen bis heute in Diskussion.

Sehr bald war klar, daß die *Bildungspolitik* der Ersten Republik in der Zweiten trotz einer zwölfjährigen Unterbrechung ihre beinahe nahtlose Fortsetzung fand. Sie war praktisch auf die Programme von ÖVP und SPÖ beschränkt, in denen die alten Gegensätze wieder sichtbar wurden. Die SPÖ, schon zu Otto GLÖCKELs Zeiten optimistisch, mit einer entsprechenden staatlichen Erziehung einen neuen Menschen machen zu können, war für ein weiteres Vergesellschaften der Erziehung und damit für eine öffentliche Rechtfertigung und Kontrolle ihrer Ziele und Maßnahmen. Sie forderte aus gleichen Überlegungen erneut eine einheitliche Mittelschule, um über sie die Entwicklungsbedingungen milieubenachteiligter Kinder zu verbessern, und trat für eine Akademisierung der Pflichtschullehrerbildung ein. Der kirchliche Einfluß auf die Erziehungsinstitutionen sollte, wo nicht

13. Peter MALINA: Geschichte ist die Vergangenheit, die uns angeht. In: Schulheft, Heft 43, 1988, 5–18. – Ds.: Über das Vergessen und Erinnern. In: a.a.O., 19–43.

beseitigt, verringert werden. Die ÖVP hingegen verteidigte das Elternrecht, blieb bei der Ablehnung der „Einheitsschule“, bestand auf der Ausbildung von Pflichtschullehrern in eigenen Sekundarschulen („Lehrerbildungsanstalten“ oder „Lehrerakademien“) und unterstützte die traditionellen Ansprüche der Kirche im Privatschulwesen und in der Lehrerbildung.

Es herrschte eine Art politischer *Pattstellung*. Diese sorgte einerseits – was als Positivum angesehen wurde – für stabile Verhältnisse, die insbesondere der wirtschaftlichen Entwicklung durchaus zuträglich gewesen sein mögen. Die Entwicklung des Bildungswesens verlief andererseits unter diesen Bedingungen eher stagnierend – was kritisch vermerkt werden muß. Es gibt aber kaum Anzeichen dafür, daß die Bildungspolitik von einer ihrer Ansprüche und Möglichkeiten bewußten Bevölkerung unter Handlungsdruck gesetzt worden wäre. Das restaurative Programm scheint im allgemeinen akzeptiert worden zu sein. Die Erfolgsbilanzen beruhten hauptsächlich auf der Instandsetzung und dem Neubau zahlreicher Schulgebäude. Wenn damit auch notwendige äußere Rahmenbedingungen geschaffen wurden, so ist diese *Bautätigkeit* aus heutiger Sicht doch eher als Investition in die Wirtschaft als in das Bildungswesen zu sehen. Denn die inneren Strukturen der Schulen blieben weitgehend unberührt. Unter ökonomischem Aspekt betrachtet, schienen weiterreichende Investitionen in das Bildungswesen in diesen Jahren auch gar nicht vertretbar oder zumindest nicht notwendig zu sein. Denn die vorhandene Arbeitsplatzstruktur, kriegsbedingt auf einem niedrigen technologischen Stand, erforderte im Moment keine höheren Qualifikationen, die zudem die Lohnkosten gesteigert hätten.

Eine längerfristige *ökonomische Perspektive* , unter der Bildung als Humankapital durchaus auch in ökonomischen Rentabiltitätsberechnungen aufscheinen hätte können, war damals nicht Inhalt bildungspolitischer Programme.[14] Eine der wenigen Reformen, die in dieser Phase geschichtliche Bedeutung erlangten, war die *„Landschulbewegung“*. Sie wandte sich einem lange vernachlässigten Bereich zu. Initiiert und energisch gefördert vom Leiter der Pflichtschulsektion im Unterrichtsministerium, Ludwig LANG, trachtete sie, konservative und progressive Tendenzen zu vereinen. Die Schule sollte im Dorf bleiben und dort mit Hilfe einer ortsverbundenen Lehrerschaft zum Zentrum einer bäuerlichen Kultur werden. Damit hoffte man, der Landflucht entgegensteuern und dem von den Sozialisten forcierten Ausbau zweizügiger Hauptschulen in den größeren Gemeinden eine attraktive Alternative entgegensetzen zu können. Mit Hilfe einer beachtenswerten Schulversuchs- und Fortbildungstätigkeit (Landschultagungen) wurden innovative didaktische Konzepte (z. B. Varianten des Jenaplans oder Daltonplans) zur inneren Differenzierung in altersheterogenen Klassen vermittelt und ihre Erprobung gefördert. Begünstigt durch die Festsetzung von niedrigeren Klassenschüler- bzw. Klassenteilungszahlen und

14. MENDE/STARITZ/TOMSCHITZ, Schule, 144 f. (Anm. 2).

durch ein besonderes Augenmerk der Lehrerbildung auf die Landschule (Landschul-Praktika) wurden zwei Ziele erreicht: der Abbau von wenig gegliederten Schulen auf organisatorischer Ebene sowie die Vermittlung effektiver Lehrmethoden und ansprechender Formen des sozialen Lernens im Unterricht. Letztlich blieb diese Initiative, gemessen an ihrer politischen Zielsetzung, jedoch Episode, weil sie die von der Schule nicht steuerbaren Entwicklungen weder im ländlichen Raum noch insgesamt aufzuhalten vermochte.[15] Die Landschulbewegung hat jedoch geholfen, wichtige pädagogische Ideen, die zum Beispiel unter den besonderen Voraussetzungen der zweisprachigen Schulen in Gebieten ethnischer Minderheiten durchaus aktuell wären,[16] in den Bewußtseinshorizont von Lehrerinnen und Lehrern zu bringen und dafür Interesse zu wecken.

Erst nach dem *Staatsvertrag* 1955 geriet wieder mehr Bewegung in das Bildungswesen. Die Voraussetzungen dafür sind vielschichtig. Die SPÖ fand – im Zuge ihrer Bemühungen, in Österreich mehrheitsfähig zu werden – zu einem neuen Verhältnis zur *katholischen Kirche* . Diese wiederum war parteipolitisch – im Gegensatz zu früher – zurückhaltend. Mag auch die später auftauchende Formel von einer „Äquidistanz zu den Parteien" überzogen erscheinen, so vermittelt sie dennoch etwas von der zunehmenden *Dialogbereitschaft,* die in der Ära Kardinal KÖNIGs und Bruno KREISKYs einen Höhepunkt erreichen sollte. Schließlich war nicht ohne Bedeutung, daß die SPÖ in der entscheidenden Phase mit Max NEUGEBAUER einen engagierten Katholiken an den Verhandlungstisch brachte. Unter diesen Voraussetzungen konnte erst einmal das Hindernis des umstrittenen, 1933 abgeschlossenen Konkordats durch einen Zusatzvertrag aus dem Weg geräumt werden. Andererseits wurde das Ungenügen der rechtlichen Basis des Schulwesens immer offenkundiger, bis eine verfassungsgerichtliche Entscheidung vom 14. Juni 1960 (VfSlg. 3734/1960) feststellte, daß sämtliche seit dem 1. Mai 1945 ergangenen Rechtsakte der Landes- und Bezirksschulbehörden gesetzes- wenn nicht sogar verfassungswidrig seien. Eine umfassende gesetzliche Neuregelung des Schulwesens war damit unabdingbar geworden.[17]

IV. Das Schulgesetzwerk 1962

Die Vorgeschichte um die *zähen Verhandlungen* der Großparteien sind in den in der Vorbemerkung erwähnten Werken ausführlich dargestellt. Wir können uns hier deshalb auf einige wesentliche Aspekte beschränken.

15. Gustav SCHMIDBERGER: Landschulerneuerung in Österreich. In: SPACHINGER/SPREITZER/SRETENOVIC, Schule, 210f. (Anm. 1).

16. Vgl. GSTETTNER, Deutsch, 55 (Anm. 3).

17. ENGELBRECHT, Geschichte, 474 (Anm. 1). – Leo KÖVESI/Franz JONAK (Hg.): Das österr. Schulrecht. Wien 1976, Einleitung.

Politisch gesehen, trugen folgende *Komponenten* zum Gelingen bei: die Einsicht in die unabdingbare Notwendigkeit; die Hoffnung, daß die Einigung der beiden Koalitionspartner in dieser schwierigen, von einer komplizierten Vorgeschichte belasteten Materie von den Wählern honoriert würde; der persönliche Einsatz und die postive Gesprächsbasis der beiden Delegationsführer Unterrichtsminister Heinrich DRIMMEL und Stadtschulratspräsident Max NEUGEBAUER; und die Kompromißbereitschaft der SPÖ gegenüber der katholischen Kirche. In der entscheidenden Phase verhandelten die Delegationen hinter verschlossenen Türen. Dabei wurde eine zum Teil massive Kritik aus den eigenen Reihen, insbesondere den Lehrerverbänden, in Kauf genommen.[18] Entscheidende konstruktive Vorschläge wurden jedoch durch eine breitere Beteiligung offenbar nicht erwartet, eher die Gefährdung der zielstrebigen Verhandlungen befürchtet.

Welche Seite ihre Vorstellungen letztlich besser durchsetzen konnte, läßt sich kaum eindeutig beantworten. Jedenfalls war es beiden darum zu tun, die mühsam erreichten *Ergebnisse* zu sichern. Damit diese nicht durch geringfügige Wechsel in den politischen Mehrheitsverhältnissen gefährdet werden konnten, wurden Schulgesetze durch eine Einfügung in das Bundesverfassungsgesetz gleichsam in den Rang von Verfassungsgesetzen erhoben, können also seither nur mehr mit einer qualifizierten Mehrheit im Parlament verändert werden. Praktisch bedeutet dies, daß seither Reformen nur dann möglich sind, wenn beide Großparteien zustimmen. Der als Erfolg erlebte Kompromiß wurde damit im Sinne einer „Bildungspartnerschaft"[19] institutionalisiert. Das hatte für die weitere Entwicklung des Bildungswesens unabsehbare *Konsequenzen,* die durchaus ambivalent gesehen werden müssen. Ihre Merkmale sind: Zentralismus und damit geringer Spielraum für lokale Initiativen; eine kontrollierte Entwicklung, die keinen Wildwuchs kennt und kaum Blüten treibt – allerdings auch nicht in des Wortes positiver Bedeutung. Die Entwicklung verläuft, nach internationalen Maßstäben gemessen,[20] langsam und insoferne risikoarm, als auch Reformvorschläge als Kompromisse ausgehandelt werden müssen und daher naturgemäß alles, was als zu kühn erscheint, Einsprüchen der einen oder anderen Seite zum Opfer fällt. Das wird insbesondere am Ende der Schulversuchsperiode deutlich werden.

Sehr bald ist die Frage aufgeworfen worden, ob mit den Schulgesetzen 1962 eine *neue Periode* des Bildungswesens eingeleitet oder lediglich der damals aktuelle *Stand der Entwicklung festgeschrieben* worden ist. Auch

18. Vgl. Adolf HARWALIK: Die Schulerneuerung durch das Schulgesetzwerk 1962. In: Peter LALICS/Adolf MÄRZ/Hans SPREITZER (Hg.): Schulwirklichkeit und Schulerneuerung in Österreich. FS zum 75. Geb.v. Sektionschef Dr. Ludwig Lang. WIEN 1977, 136. – Max NEUGEBAUER. Schulwesen. In: Erika WEINZIERL/Kurt SKALNIK (Hg.): Österreich. Die Zweite Republik. Bd. 2. Graz-Wien-Köln 1972, 331f. und 342.

19. DERMUTZ, Weg (Anm. 3).

20. John NAISBITT: Megatrends. London 1984.

diese Frage ist nicht einfach beantwortbar. Erzielt wurde jedenfalls eine bundesweite *Vereinheitlichung* . Mit ihr wurden die Unterschiede, die sich nach dem Krieg etabliert hatten, beseitigt. In den westlichen Bundesländern waren die Kinder mit geringer Leistungsfähigkeit und bescheidenen Bildungswünschen in der Mehrzahl in den oft niedrig organisierten Volksschuloberstufen verblieben, während in Wien von Anfang an und in einigen östlichen Bundesländern und größeren Städten allmählich die zweizügige Hauptschule forciert worden war. Im Westen basierte das Gymnasium auf Bestimmungen aus dem Jahre 1934, im Osten auf denen von 1927. Die neuen gesetzlichen Regelungen betrafen die Schulaufsicht (damit auch die wichtige Kompetenzaufteilung auf Bund und Länder), die Schulpflicht und die Schulorganisation. Aus der Sicht späterer Jahre sind die folgenreichsten Veränderungen im Bereich der Schulen der Fünfzehn- bis Neunzehnjährigen und in der Lehrerausbildung zu orten. Die Verlängerung der Schulpflicht auf neun Jahre, über deren (vor allem ökonomische) Zweckmäßigkeit schon lange Einigkeit geherrscht hatte, hat im Pflichtschulbereich zu einem neuen Schultyp geführt: dem *Polytechnischen Lehrgang.* Ihm sollte die durchaus wichtige Funktion zufallen, den Berufswahlhorizont der Schülerinnen und Schüler vor der Berufsentscheidung zu erweitern. Uneinheitliche Zugangsbedingungen einerseits – sie führten zu einer vergleichsweise heterogenen Schülerschaft – und ein mäßiges Image – die Absolventen erhalten keine weitere Berechtigung – haben jedoch verhindert, daß dieser Schultyp von Eltern und Schülerschaft voll angenommen wurde und die Aufgabe der Allokation für die betroffene Schülergruppe effizient erfüllt werden konnte.[21] Spätere *Schulversuche,* bei denen allerdings eine forcierte berufskundliche Orientierung von der Möglichkeit, einen für weiterführende Schulen qualifizierten Pflichtschulabschluß nachholen zu können, konkurrenziert wurde, schienen zwar vorübergehend den Stellenwert dieses Schultyps zu sichern, heute ist er jedoch wieder stark in Frage gestellt.

Als zukunftsträchtig stellte sich hingegen der zweite neugeschaffene Schultyp heraus: das *Musisch-pädagogische Realgymnasium.* Ursprünglich Sonderform und vor allem als Zubringer für die ebenfalls neu geschaffenen Pädagogischen Akademien gedacht und von der Bezeichnung und der vielfach gegebenen Schulraumidentität her von der Bevölkerung als Nachfolger der Lehrerbildungsanstalten angesehen, entwickelte es sich – durch Neugründungen im ländlichen Raum und einen damit einhergehenden neuerlichen Expansionsschub begünstigt – sehr bald zu einem stark frequentierten Schultyp. Zwei spätere Veränderungen, die gleichzeitig mit der Sistierung des neunten Gymnasialjahres vorgenommene Verkürzung auf vier Jahre und die Entlastung von den Aufgaben einer Sonderform, haben ihm, seit 1975 unter der Bezeichnung *„Oberstufenrealgymnasium"* Normalform, zwei Funktionen eingetragen: den regional benachteiligten

21. MENDE/STARITZ/TOMSCHITZ, Schule, 168 f, (Anm. 2).

Kindern neue Chancen auf eine höhere Schulkarriere zu eröffnen und Gymnasiasten und Realgymnasiasten mit Schulschwierigkeiten einen sozial und ökonomisch möglicherweise folgenschweren schulischen Abstieg zu ersparen. Und beide Funktionen stießen auf ein starkes Bedürfnis von Eltern- und Schülerschaft. Es überrascht nicht, daß von Anfang an Hauptschüler diesen Typ besonders frequentierten. Ihre Schullaufbahn kam damit tatsächlich jener nahe, die die Sozialisten ursprünglich vor Augen hatten: die selbständige Oberstufe nach einer für alle Schülerinnen und Schüler gemeinsamen Schule der Zehn- bis Vierzehnjährigen.

Die zunehmende Attraktivität der *Berufsbildenden Höheren Schule,* deren Absolventen seit der Zuerkennung der vollen Hochschulreife ein beträchtliches Kontingent der Studierenden an Universitäten und Hochschulen stellten, paßte ebenfalls gut in das Konzept der Sozialisten. Sie hatten sich auch in der neuen Lehrerbildung stärker durchgesetzt – allerdings um den Preis, beinahe die Hälfte der neugeschaffenen Pädagogischen Akademien den Diözesen zu überlassen. Die meisten Lösungen entsprachen zwar nicht vollständig den Vorstellungen, die die Parteien in die Verhandlungen mitgebracht hatten, sehr wohl aber dem herrschenden politischen Klima: Durch Kompromisse erhielten beide Seiten etwas von dem, was ihnen wichtig war, und diese wurden in den mit wenigen Personen besetzten obersten Etagen der Bildungsverwaltung ausgehandelt. Der unmittelbare Einfluß der Basis blieb unbedeutend.

Die weitere Entwicklung deutet allerdings darauf hin, daß die Sozialisten ihr Ziel der *„Pädagogischen Hochschulen“,* wie sie damals in der Bundesrepublik Deutschland eingerichtet wurden, nicht aufgegeben haben. Spätere Veränderungen, wie die Übernahme der gesamten Pflichtschullehrerausbildung, die Verlängerung der Ausbildungszeit auf 6 Semester (1982), die verstärkten Bemühungen, Universitätslehrer an der Ausbildung zu beteiligen, aber auch die formale Angleichung der Ausbildung der Berufsschullehrer in Berufspädagogischen Akademien (1975) können als Schritte in diese Richtung gedeutet werden.[22] Wenn auch das Scheitern der Versuche, für die Zehn- bis Vierzehnjährigen eine *integrierte Gesamtschule* zu errichten, einen Rückschlag in dieser Entwicklung bedeutet haben mag, verläuft sie, wenn auch verzögert, unverkennbar in diese Richtung.[23] Das liegt durchaus im allgemeinen Trend einer Verlängerung der Dauer und der Anhebung der formalen Qualität der Abschlüsse von Ausbildungsgängen, der in den achtziger Jahren vorherrschte.

Das Schulgesetzwerk 1962 muß indessen noch unter einem anderen

22. Richard OLECHOWSKI: Schulpolitik. In: Erika WEINZIERL/Kurt SKALNIK (Hg.): Das neue Österreich. Geschichte der Zweiten Republik. Graz-Wien-Köln 1975, 231.

23. Ds.: Die Pädagogik der Glöckelschen Schulreform und ihre Bedeutung für die neunziger Jahre. In: Hans MATZENAUER u. a. (Hg.): Die Schulreform geht weiter. Vorträge und Diskussionen anläßlich des Symposions zum 50. Todestag von Otto GLÖCKEL. Wien-München 1985, 153.

Aspekt betrachtet werden. Nach Jahren der Rechtsunsicherheit im Schulwesen gewinnt nunmehr *juristisches Denken* stark an Bedeutung, wenn nicht sogar Oberhand. Man hat beinahe den Eindruck, als habe sich nach dem legislativen Erfolg so etwas wie eine Eigendynamik des Triumphes entwickelt. Als 1974 dem Schulorganisationsgesetz das längst fällige Schulunterrichtsgesetz zur Regelung der inneren Verhältnisse in den Schulen folgte – beide Gesetze erfuhren seither zudem zahlreiche Novellierungen – auch weitere Gesetze ergänzend hinzukamen, gewann die gesamte Materie einen gewaltigen Umfang. Die Rechte und Pflichten aller Beteiligten und Betroffenen – Schulleiter, Lehrerinnen und Lehrer, Schülerinnen und Schüler, Eltern – wurden zusehends genauer festgelegt. Da gleichzeitig ihre Rechtsfähigkeit im Anspruchs- bzw. Konfliktfall zugenommen hat, wurde die rechtliche Dimension für den schulischen Alltag (z.B. im Zusammenhang mit Prüfungen, Berechtigungen, Absenzen, Disziplinarfällen) immer bedeutsamer. Die Schuljuristen haben darauf mit wachsendem Selbstbewußtsein hingewiesen[24] und die gesetzlichen Bestimmungen , mehr oder minder erfolgreich um Benützerfreundlichkeit bemüht, mehrfach dargestellt.[25] Zehn Jahre lang wurden aktuelle gesetzliche Bestimmungen in einer eigenen Zeitschrift erläutert („Recht und Schule").

Es ist keine Frage, daß das Prinzip der *Rechtsstaatlichkeit* auch in der Schule zu gelten hat. Fragwürdig hingegen ist die Verrechtlichung der Schule insofern, als sie eine Trennung von juristischem Expertenwissen, das sich vornehmlich bei der Schulaufsicht angesammelt hat, und der pädagogischen Arbeit, die Lehrerinnen und Lehrern zugemutet wird, begünstigte. Außerdem wäre es interessant zu untersuchen, wie sich das Verhältnis von Fähigkeit und Bereitschaft, pädagogische Probleme didaktischer Art oder des persönlichen Umgangs im Vertrauen auf eigene Kompetenzen engagiert zu lösen, und der lähmenden *Ängstlichkeit,* gegen Gesetze zu verstoßen, entwickelt hat. Viele Stimmen aus dem Alltag der „verwalteten Schule" stimmen nachdenklich! Das blieb der Schulverwaltung nicht verborgen.[26]

V. Das Gespenst der „Bildungskatastrophe"

Wer glaubte, mit der Festschreibung der gesetzlichen Rahmenbedingungen sei das Bildungswesen in eine Ordnung gebracht worden, in der es die Ansprüche der Gesellschaft angemessen erfüllen könne, sah sich sehr bald mit Entwicklungen konfrontiert, die diese Hoffnungen erschüttern mußten.

24. Z.B. Karl HAIDER/Franz JONAK: Schulrecht I. Wien-München 1974, 10.

25. Z.B. Branomir BREZOVICH/Wilhelm WOLF: Schulrecht in der Praxis. Fallbeispiele Allgemeinbildender Pflichtschulen. Wien-München 1985. – Leo KÖVESI/Friedrich JELLOUSCHEK (Hg.): Die Schulgesetze des Bundes. Wien 1963ff. – KÖVESI/JONAK, Schulrecht (Anm. 17).

26. Vgl. BURGSTALLER/LEITNER, Markierungen, 274f. (Anm. 1). – Hermann SCHNELL, Schule, 242f. (Anm. 1).

Was sich lange nur leise angekündigt hatte, kam Mitte der sechziger Jahre in der *„explosion scolaire"* (Louis CROS) zum Ausbruch. Plötzlich war der Besuch weiterführender Schulen und der Universitäten nicht mehr in erster Linie eine Funktion demographischer Entwicklungen, sondern die eines gesteigerten Bildungsinteresses. Dabei wirkten mehrere Faktoren zusammen: Die zunehmend günstigen ökonomischen Verhältnisse erlaubten es vor allem den Eltern der (unteren) Mittelschichten, unterstützt durch staatliche Maßnahmen, über ihre Kinder Aufstiegswünsche zu realisieren, die ihnen selbst noch versagt geblieben waren.[27]

Die zunehmende Berufstätigkeit der *Frauen,* die in Österreich – quantitativ – schon damals ein beträchtliches Ausmaß aufwies, half, die Bildungsaspirationen der Mädchen entscheidend zu steigern, weil ihnen der Zusammenhang zwischen Ausbildungsniveau und beruflichen Aufstiegsmöglichkeiten anschaulich vor Augen geführt wurde. In den siebziger Jahren erfuhren die Bildungsaspirationen durch die einsetzende Emanzipationsbewegung noch einmal einen kräftigen Schub. Die einschlägige Forschung lieferte – ausgehend von der Annahme einer dynamischen, d.h. durch die Umwelt entscheidend beeinflußbaren Begabung – massive Hinweise dafür, daß eine Verlängerung schulischer Bildung für die geistige Entwicklung der Jugendlichen von entscheidender Bedeutung sei. Der von Heinrich ROTH 1969 herausgegebene, für die bundesdeutsche Schulreformpolitik höchst bedeutsame Sammelband „Begabung und Lernen" wurde auch in Österreich ein wissenschaftlicher Bestseller.[28]

Und nicht zuletzt: Aufgrund der zunehmenden Verflechtungen in die Wirtschaftssysteme westlicher Industrienationen setzte sich in Österreich einerseits die Erkenntnis vom Zusammenhang der Bildungsqualität und des *Wirtschaftswachstums* durch, andererseits die Einsicht, daß dem bisher viel zu wenig Beachtung geschenkt worden war. Ökonomische und sozialpolitische Argumentationen (vgl. z.B. zahlreiche einschlägige Beiträge der Zeitschriften „Die Industrie" bzw. „Arbeit und Wirtschaft" aus den Jahren 1964ff) konvergierten somit in der Forderung nach einer *Bildungsoffensive.* Ihre Dringlichkeit belegten zwei gleichzeitig erschienene umfassende Bedarfsstudien[29] und Ernst GEHMACHERs drastische Ankündigung eines „Wettlauf(s) mit der Katastrophe"[30] mit statistischen Fakten und erschrek-

27. Vgl. Yvonne SCHÜTZ: Zur Veränderung im Eltern-Kind-Verhältnis seit der Nachkriegszeit. In: Rosemarie NAVE-HERZ (Hg.): Wandel und Kontinuität der Familie in der Bundesrepublik Deutschland. Stuttgart 1988, 95ff.

28. Heinrich ROTH (Hg.): Begabung und Lernen. Ergebnisse und Folgerungen neuerer Forschungen. Stuttgart 1969. – Vgl. Franz BEER/Norbert KUTALEK/Hermann SCHNELL: Der Einfluß von Intelligenz und Milieu auf die Schulleistung. Wien-München 1968.

29. OECD (Hg.): Bildungsplanung in Österreich. Erziehungsplanung und Wirtschaftswachstum 1965–1975. Wien-München o.J. (1967). – Josef STEINDL: Bildungsplanung und wirtschaftliches Wachstum. Der Bildungsbedarf in Österreich bis 1980. Wien 1967.

30. Ernst GEHMACHER: Wettlauf mit der Katastrophe. Eur. Schulsysteme. Wien-Frankfurt/Main-Zürich 1965.

kenden Extrapolationen in die nahe Zukunft, die alle große Defizite des Angebots an qualifiziertem Nachwuchs enthielten.

Im zuständigen Ressort reagierte man darauf einerseits mit einer neuartigen Informationskampagne über Ausbildungsmöglichkeiten, andererseits – nach der griffigen Parole „Jedem Bezirk eine höhere Schule!“ – mit einem *Ausbauprogramm*, das bisher vernachlässigte Regionen begünstigte. Gleichzeitig versuchte man mit dem Schlagwort der „(ungenützten) Begabungsreserven“[31] den Eltern Mut zu machen, ihre bzw. ihrer Kinder Bildungsansprüche zu erhöhen. Minister Theodor PIFFL-PERČEVIĆ kündigte ein „Bildungsjahrzehnt“ an. Die Realität setze diesem allerdings einige Hindernisse entgegen: einen – z. T. durch die Umstellung auf die neue, um ein Jahr verlängerte Ausbildung bedingten – eklatanten Lehrermangel; einen Mangel an Schulraum und Schulheimen; und einen Mangel an (neustrukturierten) Lehrplänen, die den neuen organisatorischen Gegebenheiten entsprochen hätten.

Dieser Mangel trug mit dazu bei, daß die Gleichsetzung von Bildungsdauer und Bildungsqualität nicht mehr ohne weiteres hingenommen wurde. Während jedoch an der Pflichtschulzeit – vor allem aus ökonomischen Gründen – nicht gerüttelt wurde, stellten sowohl die Vertreter der Wirtschaft als auch – freilich teilweise mit ihnen identisch – betroffene Eltern das *9. Gymnasialjahr,* über dessen inhaltliche Gestaltung erst vage Vorstellungen herrschten, in seiner Zweckmäßigkeit in Frage. Mit einem Volksbegehren, das mit 340.000 Stimmen aus heutiger Sicht nicht gerade überwältigend unterstützt wurde, erreichten die Eltern der Gymnasiasten zunächst, was sie wollten: die Sistierung des 13. Schuljahres. Sie lösten damit jedoch eine Bewegung aus, die sicher nicht im Sinne dieser Eltern verlief. Minister PIFFL-PERČEVIĆ, der bis zuletzt vehement für dieses Jahr, das als Übergang zur Universität völlig neu hätte gestaltet werden sollen, und gegen z.T. niveaulose Gegenargumente gekämpft hatte, trat nicht ohne Bitterkeit zurück: „Die Aufhebung des 13. Schuljahres erschien mir als Herostratentat, als die Tat einer im Wohlstandstaumel der Renn- und Autobahnen, in Jagd- und Mallorcaseligkeit schwelgenden Gesellschaft, die darob an ihrer eigenen Jugend einzusparen sich kein Gewissen mehr macht. Die Geldquellen für das Köpfungswerk murmelten es deutlich genug: Es käme uns zu teuer.“[32] Sein damals sehr junger Nachfolger Alois MOCK und mit ihm die ÖVP, aus deren Reihen die Initiative zum Volksbegehren hervorgegangen war, bekamen die Entwicklung nicht mehr in den Griff.[33] Die SPÖ, die während der Zeit ihrer Opposition ein differenziertes Bildungsprogramm ausgearbeitet hatte,[34] war auf die Situation weit

31. Margareta SONNLEITNER u. a.: Die Begabungsreserven des Burgenlands. Eine Modellstudie des Pädagogisch-Psychologischen Dienstes Österreichs. Wien 1966.

32. Zit. nach SCHEIPL/SEEL, Entwicklung, 78 (Anm. 1).

33. DERMUTZ, Weg, 44 f. (Anm. 3).

34. Sozialistische Partei Österreichs: Bildung für die Gesellschaft von morgen: Schulprogramme der SPÖ. Wien o.J. (1969).

besser vorbereitet und stellte den Antrag auf Einberufung einer Schulreformkommission, die sich mit einem umfassenden Reformkatalog zu beschäftigen hatte.[35] Die Geschichte des Bildungswesens stand am Beginn eines neuen Abschnitts.

VI. Aufbruch zu Reformen

Die Zeit schien reif. Das kommt in kaum einem anderen Dokument so deutlich zum Ausdruck wie in den ersten beiden *Regierungserklärungen* Bruno KREISKYs.[36] Selbst an der Spitze eines Minderheitenkabinetts schreckte er nicht davor zurück, Ziele anzukündigen – Gesamtschule, Ganztagsschule, Änderungen der dualen Lehrlingsausbildung, Akademisierung der Lehrerbildung –, die noch wenige Jahre vorher zum „Verdun der österreichischen Schulpolitik" – wie eine beliebte Abschreckungsformel der Konsenspolitiker beider Parteien lautete – erklärt worden wären. Der Wahlerfolg ein Jahr später zeigte indessen, daß es zumindest nicht politisch inopportun war, die Wähler mit folgenden programmatischen Forderungen zu konfrontieren: Die Chancen auf höhere Qualifikationen aller Kinder, insbesondere der Kinder der sozialen Grundschichten, der Landkinder und der Mädchen, müßten objektiv erhöht und Anreize zur subjektiven Nutzung der gebotenen Chancen geschaffen werden. Um diese Aufgabe erfüllen zu können, müßten die Schulen reformiert und die Reformen in Schulversuchen erprobt werden. Eine Chancenverteilung nach dem liberalen Prinzip genüge nicht mehr, es seien sozial progressive Strategien erforderlich.

Ihnen entsprechend, wurden in der Folge einige – freilich relativ moderate – *Umverteilungsmaßnahmen* zugunsten der ökonomisch Schwächeren vorgenommen: alle direkten Ausbildungsgebühren, soweit sie noch bestanden hatten, wurden abgeschafft; die Schulbücher und die Fahrten zur Schule wurden unentgeltlich, Schul- und Heimbeihilfen erheblich großzügiger. Einige der bestehenden bzw. als solche angesehenen *Bildungsbarrieren* wurden in den folgenden Jahren beseitigt (BG 1974), z. B. das für die gesamte Schullaufbahn besonders demotivierende Repetieren auf der ersten Schulstufe und die Aufnahmsprüfung in die AHS, der allenthalben eher eine psychologische als eine leistungsgerechte Selektionsfunktion zugeschrieben wurde. Bei anderen Barrieren wurden Alternativen erprobt, unter denen die Integrierte Gesamtschule als „demokratische Leistungsschule" (Helmut SEEL), die als weniger sozialselektive Schule die Unterstufe der AHS ablösen sollte, sicher die größte Bedeutung hatte. Weitere

35. SCHNELL, Schule, 93 ff. (Anm. 1).

36. Bruno KREISKY: Regierungserklärung der Bundesregierung 1970 und1971. In: Maximilian GOTTSCHLICH/Oswald PANAGL/Manfried WELAN: Was die Kanzler sagten. Regierungserklärungen der Zweiten Republik 1945–1987. Wien-Köln 1989, 186 ff. und 207ff.

Versuche mit Maßnahmen zur Förderung aller Schüler und Schülerinnen oder bestimmter Schülergruppen – z. B. behinderter Kinder – wurden eingerichtet.

Die Schule geriet in *Bewegung,* denn die sachgerechte Durchführung der Versuche erforderte vorbereitete Lehrerinnen und Lehrer, ein Kommunikationsnetz zwischen ihnen und ihren Betreuern, z. T. neue Lehrpläne, neue Lehrmittel und neue Lehr- und Beurteilungsverfahren. Die Angebote der nach der „realistischen Wendung" (Heinrich ROTH) für die Schulpraxis relevanter werdenden Erziehungswissenschaften aus der BRD, aber auch aus Übersee, stießen auf vermehrtes Interesse. Sie begünstigten einen *sozialtechnologischen Optimismus,* der den Verzicht auf eine konsequente Meliorisierung der erzieherischen Umwelt geradezu als unmoralisch erscheinen ließ. Da die Welt inzwischen allgemein als zunehmend komplizierter erfahren wurde, schien es nur konsequent, Erziehungsfunktionen und Bildungsentscheidungen immer mehr *professionell,* und das hieß damals in (staatlichen) familienergänzenden Institutionen zu lösen. Der vergleichende Blick über die Grenzen, insbesondere auch nach Schweden, wo die Strukturreform schon eine Zeit lang abgeschlossen war, wurde häufiger. Im Sog dieser Bewegung zeigten auch ein Teil der konservativen Bildungspolitiker und ihr nahestehende Personen und Institutionen sowie Vertreter katholischer Schulen Interesse und Sympathie für eine Schulentwicklung, die eindeutig von sozial progressiven Vorstellungen geprägt war.[37]

Bald war, wenngleich im beschränkten Rahmen der Zehn-Prozent-Klausel, das Bundesgebiet, freilich mit einem ausgeprägten Ost-West-Gefälle, von einem Netz von *Versuchsschulen* überzogen, die vom Zentrum für Schulversuche mit seinen Abteilungen in Klagenfurt, Graz und Wien betreut wurden. Viele Lehrerinnen und Lehrer, Schülerinnen und Schüler und Eltern waren im Zusammenhang mit der Entscheidung, ob sich ihre Schule an einem Schulversuch beteiligen soll, mit Fragen der Schulentwicklung befaßt wie nie zuvor. Neue bzw. reformierte Formen der Mitberatung – der Schülerbeirat bzw. der Elternbeirat – wurden im Ministerium eingerichtet. Freilich darf dabei nicht übersehen werden, daß mit der Einladung, mitzureden, nicht das Recht einer tatsächlichen Mitentscheidung verbunden war. Aber immerhin wurde den beteiligten Gruppen, wie in der *Schulreformkommission,* das Gefühl gegeben, daß ihre Ansichten gehört werden wollen.

Zu neuen Formen der *Lehrerfortbildung,* von denen insbesondere die Lehrerinnen und Lehrer an Versuchsschulen profitierten, traten – zunächst pro-

37. Vgl. Rupert VIERLINGER: Durchkomponierte Schulreform. Linz 1972. – Johannes WINKELBAUER FSC: Die Friedensschule der Diözese Münster – ein Gesamtschulversuch. In: Ordensnachrichten, Heft 42, 1971, 3–16. – Später Richard OLECHOWSKI: Neue Mittelstufe – Skizze eines Schulmodells. In: Ds./Erika WEINZIERL (Hg.): Neue Mittelstufe. Skizze eines Schulmodells für die Sekundarstufe I. Wien- Freiburg/Breisgau-Basel 1981, 19–48.

grammatisch und organisatorisch, dann aber auch praktisch – neue Bemühungen in der *Erwachsenen–* , speziell der *Elternbildung.*[38] Auch der nach dem Vorbild eines bundesdeutschen Funkkollegs[39] gestaltete, vom ORF ausgestrahlte und von bundesweit organisierten lokalen Begleitveranstaltungen unterstützte vielteilige Lehrgang „Erziehen, Lehren und Lernen“[40] verdient trotz seiner zum Teil zweifelhaften Qualität als weiterer Indikator der weite Kreise erfassenden Aufbruchsstimmung genannt zu werden. Immerhin hatte die Einrichtung einer Projektgruppe „Massenmedien“ den Bildungsprogrammen in Hörfunk und Fernsehen, dem „Lernen im Medienverbund“, unverkennbar einen Aufschwung gebracht.[41]

Plötzlich hielten sich in den Bestsellerlisten auch *pädagogische Werke,* zum Beispiel die Darstellung der Idee Summerhill.[42] Zentrale pädagogische Begriffe, wie Chancengleichheit, Curriculumentwicklung oder Erziehungsstil, fanden als Schlagwörter Eingang in die Tagesdiskussion. Die humanistische Erziehungsphilosophie der *Partnerschaftlichkeit,* von Carl ROGERS entworfen und in unseren Breiten am stärksten von Reinhard TAUSCH vermittelt,[43] begann – nicht nur auf der Ebene verbaler Bekenntnisse – patriarchalisch-autokratische Vorstellungen in der bürgerlichen Pädagogik abzulösen, während sich linksprogressive Kreise – seit den Ereignissen des Jahres 1968 in der öffentlichen Diskussion unvergleichlich stärker präsent als vorher – theoretisch und praktisch mit der Möglichkeit einer *antiautoritären Erziehung* beschäftigten. Im damals herrschenden, für österreichische Verhältnisse ungewöhnlich liberalen Klima erschien vieles als tolerierbar.

Die Zuversicht der Reformer war so stark, daß sie selbst auf kontrollierte *Schulversuche* setzten.[44] Fast hatte es den Anschein, als habe sich in Österreich eine Schulpolitik etablieren können, die ihre Entscheidungen rational, d. h. auf der Basis von Fakten und kritischer Auseinandersetzung mit sozialwissenschaftlichen Theorien, zu treffen bereit war. Diese Aussicht währte freilich nicht lange. Die Gründe dafür sind vielschichtig. Einge sollen im folgenden thesenartig angedeutet werden.

Die reformfreudigen Bildungspolitiker haben zu früh eine „early majority“ (Ronald G. HAVELOCK) für ihre Innovationen zu orten vermeint. Aber was sich anfangs oberflächlich als begründbare Zustimmung ausgenom-

38. Walter GÖHRING: Bildung in Freiheit. Die Erwachsenenbildung in Österreich nach 1945. Wien-München-Zürich 1983, 239 ff.

39. Wolfgang KLAFKI u. a.: Erziehungswissenschaft. Eine Einführung. 3 Bde. Frankfurt/Main-Hamburg 1970.

40. Marian HEITGER: Erziehen, Lehren und Lernen. Wien o.J.

41. Dazu exemplarisch: Ines M. BREINBAUER: Erwachsenenbildung und Medienverbund. Dargestellt am Studienprogramm „Management“ des ORF. Wien-München 1977.

42. Alexander S. NEILL: Theorie und Praxis der antiautoritären Erziehung. Das Beispiel Summerhill. 11.A. Reinbek/Hamburg 1970.

43. Reinhard und Annemarie TAUSCH: Erziehungspsychologie. 5.A. Göttingen 1970.

44. Hermann SCHNELL: Die Neue Mittelschule als Gesamtschule. Wien-München 1980.

men hatte, stand, wie sich bald herausstellte, im *Widerspruch* zu rational weniger kontrollierbaren Kräften, die sich bald wieder einer „Politik der Gefühle" (Josef HASLINGER) zuwenden sollten. Österreich war ja erst spät internationalen bildungspolitischen Trends gefolgt. Und kaum ins Stadium der versuchsweisen Umsetzung gekommen, mußten die Reformer zur Kenntnis nehmen, daß sich – wieder einmal unter dem Einfluß ökonomischer Entwicklungen (Erdölkrise) – der *Tauschwert* der Bildungspolitik drastisch verringerte. Da hatte es die Gegenseite leichter, sich zur Verteidigung der alten Strukturen zu formieren. Über die *Medien* ließ sich alsbald eine Stimmung verbreiten, die eine ungenügend aufgeklärte Elternschaft rasch in eine *reformfeindliche* Haltung brachte.[45]

Es rächte sich, daß die Reformer es verabsäumt hatten, ihre Erfolgskriterien vor dem Vorliegen der Evaluationsergebnisse genau zu definieren und von den Politikern bestätigen zu lassen. So aber waren Tür und Tor für politisch motivierte *Ad-hoc-Interpretationen* offengeblieben und einer wissenschaftlich begründeten Argumentation der Boden entzogen worden. Allerdings ist zu bemerken, daß die österreichische *(Erziehungs-) Wissenschaft* in diesem Zusammenhang – im Unterschied etwa zu Schweden oder auch der Bundesrepublik Deutschland – nur eine bescheidene Rolle gespielt hat. Dazu trug nicht zuletzt eine vom damaligen Unterrichtsminister Alois MOCK monokratisch vorgenommene, eher unglückliche Auswahl von Universitätspädagogen für die *Schulreformkommission* bei. Ihre Bestellung ad personam und auf Lebenszeit half kaum Verantwortungsbewußtsein gegenüber ihrer Disziplin zu entwickeln. Die Zunft fühlte sich nicht repräsentiert. Nach kurzfristigen Aktivitäten im Bereich erziehungsphilosophischer Formulierungen beschränkte sich die fünfköpfige Mannschaft sehr bald auf eine affirmative Funktion, was dazu beigetragen haben mag, daß kritische Stimmen leichter ungestraft überhört werden konnten.[46] Insbesondere Marian HEITGER unterstützte die konservative Wende mit zahlreichen Äußerungen in den Medien und später mit Veranstaltungen des Instituts für Medienpädagogik am Internationalen Forschungszentrum für Grundfragen der Wissenschaften, das von der Deutschen Bischofskonferenz in Salzburg eingerichtet worden war.

VII. Das Scheitern der Reformen

Gemessen an den Ankündigungen und Erwartungen (bzw. Befürchtungen der Gegner) ist die Schulreform in Österreich gründlich *mißglückt*.[47] Die vorübergehend in Frage gestellten traditionellen Strukturen sind im we-

45. Vgl. z. B. Salzburger Nachrichten, Nr. 181, 1979, 2: Schulversuche beenden! – Die Presse, Nr. 9412/1979, 1: Schulversuche nicht verlängern!

46. Susanne DERMUTZ/Peter GSETTNER/Peter SEIDL (Hg.): Schulreform – die Kritik geht weiter. Wien 1986, XIff.

47. Vgl. Karl H. GRUBER: Die verdrängte Schulreform. In: Walter BERGER (Hg.): Kritik der

sentlichen bewahrt worden: Es blieb – entgegen den Vorstellungen der Reformer, die ein stärkeres Ineinandergreifen von Vorschule und Grundschule enthielten, und der erfolgreichen Erprobung einiger Versuchsmodelle[48] – bei der auch mit der Kompetenzverteilung abgesicherten Trennung von Kindergarten als familienergänzendem Angebot und (Vor-)Schule. Es blieb – trotz durchaus erfolgreicher Schulversuche zur Integration[49] – bei der Segregation behinderter und lernschwacher Kinder in Sonderschulen. Es blieb – trotz beachtlicher Evaluationsergebnisse, die in eine andere Richtung gewiesen hätten – bei der äußeren Differenzierung der Schulen der Zehn- bis Vierzehnjährigen in AHS und Hauptschule. Es blieb vorderhand beim Verzicht auf eine akademische Lehrerbildung. Die Reform der AHS-Oberstufen erfüllte weder die schon in den sechziger Jahren im Zusammenhang mit der Diskussion um das neunte Gymnasialjahr induzierten Erwartungen hinsichtlich ihrer studienvorbereitenden Funktion, noch löste sie das sich angesichts eines fortschreitenden Effizienzverlustes von Universitätstudien verschärfende Problem, daß die Kaufkraft eines Reifezeugnisses zunehmend geringer wird. Für die berufsbildenden Schulen waren schon die Ankündigungen bescheidener, so daß in diesem Bereich weitgespannte Erwartungen von vornherein nicht realistisch gewesen wären. Diese Schulen, die höheren zumal, halfen gemäß dem 1970 beschlossenen und 1978 revidierten Schulentwicklungsprogramm die entgegen dem demographischen Trend auch in den achtziger Jahren anhaltend expandierende Nachfrage nach weiterführenden Schulen zu befriedigen.

Die starke *Orientierung* an der Bundesrepublik Deutschland, aber auch Entwicklungen in England, hatten die Reformer insofern unter Zugzwang gebracht, als man die antizipierten Analogien zu den dort teilweise gebremsten oder zurückgenommenen Reformen argumentativ hätte bekämpfen müssen. Aber angesichts des außerhalb und innerhalb Österreichs sinkenden Tauschwerts der Bildungspolitik war die *Regierungspartei* offensichtlich schon Ende der siebziger Jahre nicht mehr bereit, für ihre Ideen zu kämpfen, sondern suchte schließlich wieder den realpolitischen Erfolg im Kompromiß. Ausgerechnet bei einem zum 50. Todestag von Otto GLÖCKEL veranstalteten Symposion mit dem Titel „Die Schulreform geht weiter“ mußte es sich die Sozialistische Partei gefallen lassen, daß ihr Anton PELINKA ins Stammbuch schrieb, sie sei zwar, gemessen an ihren Wahlerfolgen, die erfolgreichste sozialistische Partei Europas in der Nachkriegszeit, gemessen an der Durchsetzung ihrer schulpolitischen Vorstellung aber extrem erfolglos.[50]

Entwicklung der höheren Schule in Österreich. Beiträge zur Neugestaltung. Klagenfurt 1985, 149–166.

48. Zentrumsbericht, 40: Schulversuch „Einigungsstufe“. Klagenfurt 1977.

49. Heinz GRUBER/Gottfried PETRI: Schulversuche zum gemeinsamen Unterricht behinderter und nichtbehinderter Kinder. Arbeitsbericht II/21. Graz 1989.

50. Anton PELINKA: Sozialdemokratische Schulpolitik als Gesellschaftspolitik. In: MATZENAUER, Schulreform, 32f. (Anm. 23).

Die über viele Jahre mit großem Aufwand und hohen Kosten durchgeführten Schulversuche sind als Instrument der Schulreform entwertet worden, weil die politischen Entscheidungen wiederholt gegen die Logik ihrer Ergebnisse getroffen wurden. Ihre zum Teil überlange *Dauer* – die sogenannten Gesamtschulversuche und die Versuche zur Reform der AHS-Oberstufe(n) dauerten jeweils anderthalb Jahrzehnte – schwächte bei Beteiligten und Betroffenen das Bewußtsein, an einer Reform mitzuwirken, deren ursprüngliche Ziele längst ihre motivierende Kraft verloren hatten.[51] Und die im Vergleich zum ursprünglichen Anspruch bescheidene Veränderungen ließen auf die Frage nach dem Verhältnis von Aufwand, Absicht und Erfolg der Schulversuche kaum ermutigende Antworten zu.[52]

Gerettet wurden aus der Reformperiode schließlich die (so gut wie allgemeine) Koedukation, die Betreuung schulpflichtiger, aber nicht schulreifer Kinder in Vorschulklassen, die fremdsprachliche Vorschulung in den Volksschulen, der Zugang zu den allgemeinbildenden höheren Schulen ohne Aufnahmsprüfung, diverse Förder- und Stützmaßnahmen materieller und didaktischer Art und Empfehlungen zur inneren Reform der Schulen, sowohl die Sach-, als auch die Beziehungsebene betreffend, sowie Alternativen zum Hochschulzugang.

VIII. Wo halten wir zur Zeit?

Die, nach internationalem Standard gemessen, verzögerte Entwicklung in der staatlichen Reformpolitik hat allerdings in anderen, sie betreffenden Lebensbereichen nicht unbedingt eine Entsprechung gefunden, was die Frage aufwirft, inwieweit die Schule als bisher weitaus wichtigste *sekundäre Sozialisationsinstanz* an Bedeutung verlieren bzw. von anderen Institutionen Konkurrenz erhalten könnte. Die Befunde über eine zunehmende Schulmüdigkeit der Jugend und ihre Bewältigungsstrategie weisen in diese Richtung.[53]

In anderen für die Jugend wichtigen Lebensbereichen hat sich schon länger der allgemeine Trend durchgesetzt, sich aus langfristigen *Bindungen* an Institutionen gedanklich, aber auch real zu lösen. Gleichzeitig sind neue Formen der *Partizipation* zu beobachten, die einem Teil der Jugend zwei Gewißheiten vermitteln sollen: sich selbst gefunden zu haben und Institu-

51. Ausführlicher bei Josef THONHAUSER: Bewertung von Instrumenten, Verfahren und Zeithorizonten schulischer Veränderungen. In: Leo LEITNER (Hg.): Wie öffnet sich die Schule neuen Entwicklungen und Aufgaben? Schulentwicklung Bd. 23. Wien 1990, 213f.

52. Vgl. Josef HÖCHTL: Entwicklungstendenzen der Bildungspolitik im Spiegel empirischer Befunde. In: Ds./Friedrich WINDHAGER (Hg.): Bildungspolitik in Österreich. Wien 1983, 41ff.

53. Ferdinand EDER: Wichtig, aber stressig: Schule als Teil der Lebenswirklichkeit. In: Herbert JANIG u.a. (Hg.): Schöner Vogel Jugend. Analysen zur Lebenssituation Jugendlicher. Linz 1988, 388ff.

tionen nicht auf Dauer verpflichtet zu sein. Die erste entspricht einem traditionellen Bedürfnis der Jugend, die zweite weist hingegen auf eine neue, möglicherweise für unsere Zeit typische Qualität hin. In der Folge tauchen Phänomene auf, die, oberflächlich betrachtet, *widersprüchlich* erscheinen: der Bedeutungsverlust von Religionsgemeinschaften als nicht hinterfragbare normenstiftende Instanzen einerseits und eine neue, zwischen ökumenischer Reform und Sektierertum angesiedelte Religiosität andererseits; die zunehmende Skepsis gegenüber überkommenen Formen politischer Beteiligung einerseits und die Suche nach unkonventionellen Alternativen andererseits; die Ausnützung der durch materielle Prosperität erweiterten, von Angeboten der Freizeitindustrie über Alkohol und Nikotin bis hin zu Drogen reichenden Konsummöglichkeiten einerseits und die Orientierung nach postmateriellen Werten andererseits; der frühe, durch die Verbreitung empfängnisverhütender Mittel möglich gewordene unbekümmerte Genuß der Sexualität einerseits und eine weniger als früher von fremdgesetzten Normen bestimmte, sondern aus primärer Motivation gewonnene Partnerschaftlichkeit andererseits; die Beeinflußbarkeit durch (rechts-)radikales Gedankengut als Hintergrund jugendlicher Protesthaltung einerseits und das aufwendige Engagement für Frieden, Solidarität mit den Schwachen in unserer Gesellschaft und Zuwendung zu den Ländern der Dritten Welt andererseits; der von den Erwachsenen vorgelebte sorglose Umgang mit der Natur einerseits und das Bemühen um ein neues, geradezu anthropomorphes Verhältnis zu ihr andererseits.[54]

Wird die *Polarisierung* der Jugend in konforme, konsum-, karriere- und machtorientierte Subgruppen einerseits und in nonkonforme, wertkonservative, verzichtbereite und teilungswillige andererseits als prägendes Merkmal in die Beschreibung dieser Generation eingehen? Und wird sich unsere Gesellschaft mit ihren Widersprüchlichkeiten in dieser Jugendgeneration wie in einem Spiegel wiedererkennen müssen?[55]

Welche Rolle spielt die *Familie* in dieser Entwicklung, die sie als primäre Sozialisationsinstanz ebenso bedingt, wie sie von ihr betroffen ist? Sicher haben die Bereiche, in denen Jugendliche Autonomie beanspruchen, bei den Burschen früher als bei den Mädchen, zugenommen. Sie umfassen heute nicht nur das Freizeitverhalten oder Freunde, sondern auch Partnerbeziehungen, Wohnverhältnisse oder politisch-ideologische Ansichten und Entscheidungen.[56] Die Zugeständnisse mögen einerseits als Ausdruck eines partnerschaftlichen Umgangs zwischen Eltern und Kindern gedeutet

54. Vgl. Helmut KLAGES: Wertorientierungen im Wandel. Rückblick, Gegenwartsanalyse, Prognosen. Frankfurt/Main 1984.

55. Vgl. Leopold ROSENMAYR: Jugend als Spiegel der Gesellschaft? Zur Geschichte der Deutung neuerer österr. Forschung. In: JANIG, Vogel, 15 ff. (Anm. 53). Alle Themen, die hier nur kurz angedeutet werden können, behandelt ausführlich die erste umfassende österr. Jugendstudie JANIG, Vogel, (Anm. 53).

56. Michael MITTERAUER: Entwicklungstrends der Familie in der neueren eur. Geschichte. In: Richard GISSER u. a. (Hg.): Lebenswelt Familie. Wien 1990, 52 ff.

werden; andererseits führen sie zu einer frühen Loslösung, nicht selten bei gleichzeitiger Inanspruchnahme der Familie als Versorgungsinstanz. Auch dieses Verhalten kennt seine Parallele in der Gesellschaft. Zudem erfahren Kinder und Jugendliche seit Jahren die Familie zunehmend ambivalent: einerseits – im Gegensatz zum Beispiel zur weitgehend funktionalistisch orientierten Schule – als Ort, „an dem das Gesamtverhalten, das als Person Bezugspunkt für Kommunikation werden kann, behandelt, erlebt, sichtbar gemacht, überwacht, betreut, gestützt werden kann“,[57] andererseits als zunehmend instabile Institution; einerseits als Ort, in der eine neue Rollenaufteilung von Mann und Frau vorgelebt werden kann, andererseits – insoferne Familie als ein Hindernis der aktuellen Selbstverwirklichung eines Mitglieds gesehen wird – als Quelle des Konflikts; einerseits als Ort, an dem die von den einzelnen Mitgliedern beigetragenen Umwelterfahrungen gemeinsam verarbeitet werden können, andererseits als einschränkende Bedingung für die Entfaltung der Fähigkeit, die Umwelt in ihrer ganzen Komplexität wahrzunehmen und zu ertragen.

Werden die Familien in Zukunft in verstärktem Maße Wünsche und Forderungen an die *öffentlichen Erziehungsinstitutionen* herantragen, damit diese ihre Aufgaben rechtzeitig sehen und wahrnehmen, oder werden sie, weil sie einen weiteren Funktionsverlust befürchten, eher mit Abwehr reagieren? Aktuelle Erfahrungen legen eine zweigeteilte Antwort nahe: Neuerungen, die die (tatsächlichen oder suggerierten) Entwicklungschancen oder Berechtigung der Kinder erhöhen, werden angenommen, zumindest nicht verhindert. Beispiel: elektronische Datenverarbeitung als vierte Kulturtechnik. Versuche der Schule, politische oder moralische Einstellungen zu beeinflussen, werden beargwohnt oder bekämpft. Beispiel dafür stellen die heftigen Auseinandersetzungen um die Bereitstellung von Materialien für die Sexualerziehung dar, die ein Erlaß seit zwanzig Jahren als allgemeines Unterrichtsprinzip einmahnt.[58]

Daß viele *Reformvorhaben* im Bildungswesen der Zweiten Republik vorderhand gescheitert sind (oder zumindest aufgeschoben wurden, sagen die einen, abgewehrt worden sind, die anderen,) kann auch kein Euphemismus verschleiern. Ausgerechnet jener Regierungschef, der zuvor zwölf Jahre lang das Unterrichtsressort geleitet hatte, verlas beim Amtsantritt einen Text, in dem die Bildungspolitik, weit hinten rangierend, nur mehr mit wenigen, unverbindlichen Ankündigungen bedacht wird. Von Innovationen ist keine Rede mehr.[59] Solche wurden auch bei den Koalitionsvereinbarungen 1986/87 erfolgreich ausgespart. Soferne wahr ist, was von den

57. Niklas LUHMANN zit. nach Liselotte WILK: Familie in der „Postmoderne“. In: GISSER, Lebenswelt, 105 (Anm. 56).

58. Anneliese FRANTSITS/Karl-H. AUER (Hg.): Sexualität zwischen Verdrängung und Befreiung. Wien 1989.BMfFuU/BMfUuK (Hg.): Medienkoffer Sexualerziehung. Partnerschaft: Liebe in Verantwortung. Wien 1990.

59. Fred SINOWATZ: Regierungserklärung der Bundesregierung 1983. In: GOTT-

Verhandlungen an die Öffentlichkeit durchsickerte, stand die Zuteilung des Ressorts nicht, wie früher, unter der Frage „Welche Partei erhält den Unterrichtsminister“, sondern unter der Frage „Wer nimmt ihn?“. Nicht zufällig machte unter diesen Voraussetzungen eine Frau das Rennen. Es herrschte bildungspolitische „Windstille“ (Anton PELINKA).

Zwei Tendenzen, die sich in den letzten Jahren zart angedeutet haben, könnten sie beendet haben: *Initiativen von unten* und *Dezentralisierung*. Beides ist mit einer gesamtgesellschaftlichen Entwicklung möglich geworden, die auch in Österreich die lange Zeit festgefügten, hierarchisch-zentralistischen Strukturen lockert und direkte Einflußnahme Betroffener in vermehrtem Maße zuläßt und erfolgversprechend macht. An Beispielen aus der jüngsten Zeit wird das deutlich.

Das internationale Jahr der Behinderten 1981 gab Anlaß, die Situation *behinderter Kinder*, die trotz durchaus nicht erfolgloser Schulversuche zu ihrer Integration,[60] in den Sonderschulen verblieben waren, neu zu überdenken. Als sich seitens initiativer Eltern entsprechende Forderungen ankündigten, wollte man im Unterrichtsministerium diese Bewegung zunächst mit einem Grundsatzerlaß auffangen, der in Richtung einer teilweisen Integration körper- und sinnesbehinderter Kinder ging. Die Wünsche der initiativ gewordenen Eltern reichten jedoch wesentlich weiter.[61] Im Burgenland war ohne rechtliche Grundlage ein Quasi-Schulversuch mit „Integrierten Klassen“ eingerichtet worden. Ende 1985 wurden diese Initiative und weitere Vorstellungen zur Integration Behinderter auf einem Symposion in Bad Tatzmannsdorf diskutiert. Diese Veranstaltung fand ein beachtliches Medienecho und begünstigte die Bildung von weiteren regionalen Gruppen, in denen Eltern, Lehrerinnen und Lehrer, Therapeuten und Wissenschafter gemeinsam an die Arbeit gingen. Anfang 1987 erzwang eine Delegation eine Vorsprache bei Bundesminister Herbert MORITZ, wo die Anliegen „emotional und in einem für einen Bundesminister ungewohnten Stil“[62] vorgetragen wurden. Die Delegation hatte Erfolg. Ihre Anliegen fanden einen Niederschlag im Parteienübereinkommen der damals laufenden Koalitionsverhandlungen. Die in der Folge verabschiedete Novelle zum Schulorganisationsgesetz sieht vier Alternativen zur Allgemeinen Sonderschule vor, die derzeit an vielen Schulen erprobt werden.[63]

Kein gleicher Erfolg war bisher den Kärntner *Slowenen* bei der Verteidi-

---

SCHLICH/PANAGL/WELAN, Kanzler, 280 (Anm. 36). Vgl. Maximilian GOTTSCHLICH: Regierungserklärungen als Modellfälle politischer Kommunikation. In: a.a.O., 42ff.

60. GRUBER/PETRI, Schulversuche, 7ff. (Anm. 49).

61. Birgit MEISTER-STEINER u. a. (Hg.): Blinder Fleck und rosarote Brille. Behinderung und Integration als Herausforderung für Familie, Kindergarten und Schule. Thaur/Innsbruck 1989, bes. 91ff. und 113ff.

62. Heinz GRUBER: Gemeinsamer Unterricht behinderter und nichtbehinderter Kinder in Österreich – ein Situationsbericht. In: Erziehung und Unterricht, 139 (1989), 265.

63. GRUBER/PETRI, Schulversuche, 11ff. (Anm. 49).

gung ihres Anspruches auf adäquate Schulen beschieden. Doch zeigt auch dieses Beispiel, daß es schwieriger wird, Entscheidungen über die Köpfe von Gruppen hinweg, die zu einem neuen politischen Bewußtsein gelangt sind, durchzudrücken.[64] In beiden Fällen haben folgende Komponenten zusammengewirkt: die Legitimität des Anliegens; der Durchsetzungswille der Betroffenen; die Kooperation der Betroffenen mit kompetenten Intellektuellen; eine gewisse, sicher auch von den Medien beeinflußte Sensibilität bei den politischen Entscheidungsträgern und der Druck eines internationalen Trends.

Noch steht in Frage, in welchem Maße diese Beispiele Schule machen werden. Aber zweifellos ist wieder *Bewegung* in die Schule gekommen, diesmal aus einer anderen Richtung.[65] Das zuständige Ressort hat darauf in einer bemerkenswerten Art und Weise reagiert. Es forciert seinerseits die Öffnung und die Autonomie der Schule.[66] Es scheint damit der allgemein zunehmenden Einsicht Rechnung zu tragen, daß eine erfolgversprechende Antwort auf die wachsende Geschwindigkeit der Entwicklung bzw. die Kurzlebigkeit gültiger Prognosen und auf die weitere Zunahme der Komplexität von Lebensvollzügen die Dezentralisierung ist, das heißt, eine Verlagerung von Entscheidungskompetenzen vom Zentrum an die Peripherie, von der Obrigkeit an die Basis.[67] Dabei wird freilich nicht außer Betracht bleiben dürfen, daß es Probleme gibt – seien sie nun die Folge verhinderter oder verzögerter Reformen oder demographischer Entwicklungen[68] oder kaum vorhersehbarer und schwer steuerbarer Migrationsbewegungen –, deren Lösung auf nationaler Ebene gesucht oder zumindest koordiniert werden muß.

Ob eine *Entwicklung* in diese Richtung mit den Initiativen des Wiener Bürgermeisters Helmut ZILK (Einberufung einer Wiener Schulreformkommission zur Beratung von Lösungen drängender regionaler Schulprobleme, insbesondere im Bereich der Zehn- bis Vierzehnjährigen) oder des Präsidenten des Landesschulrates der Steiermark Bernd SCHILCHER, der eine eigene Strukturmodell-Variante zur Diskussion gestellt hat, eingeleitet worden ist, wird die Zukunft weisen.[69]

64. GSTETTNER, Deutsch, 141ff. (Anm. 3).

65. Vgl. z. B. den Tagungsbericht Konrad KRAINER/Walter TIETZE (Hg.): LehrerInnen machen Schule. Wien-Köln 1992 (in Vorbereitung).

66. Z. B.: BMfUuK: Schulautonomie – inhaltlich-organisatorische Rahmenkonzepte. Und Ds.: Freiräume und Autonomie. Beiträge zur pädagogischen Diskussion Heft 1 und 2, Oktober 1991.

67. Dazu Peter POSCH/Herbert ALTRICHTER: Entwicklungsperpektiven des österr. Bildungswesens. Innsbruck 1992 (in Vorbereitung).

68. Vgl. ÖIBF: Bildungsbericht. Demographie – Bildung – Arbeitsmarkt. Wien 1989. – Ds.: Facharbeiter in Österreich – Prognose bis 2004. Wien 1989. – Lorenz LASSING: Ausbildung und Berufe in Österreich. Wien 1989.

69. Völlig offen ist auch, in welcher Form und Intensität sich die Dynamik der *europäischen* Transformationsprozesse auf das österreichische Bildungssystem auswirken wird.

Es wäre übertrieben zu sagen, die Geleise, auf denen wir die Lösung aktueller Probleme erreichen werden, seien schon alle ausgelegt und fest verankert. Aber es ist auszumachen, wie die Trassierung vorzunehmen ist. Sie wird zu berücksichtigen haben, daß der einzelne Bürger noch besser als heute in der Lage sein muß, mit *Komplexität* umzugehen, das heißt, Probleme zu sehen und für ihre Lösung selbst situationsspezifische Strategien zu entwerfen. Denn die Möglichkeiten, daß eine zentral organisierte Institution das für ihn leistet, werden abnehmen. Das hat auch Auswirkungen auf die Struktur des Bildungswesens und auf die Lernkultur.

Noch mehr als bisher wird es darauf ankommen, sackgassenartige Behinderungen einer weiterführenden *Bildungskarriere* zu beseitigen, neben Aspirationen auf hohe Qualifikationen die Motivation für den Wiedereinstieg in den Bildungsprozeß zu fördern und den Schwerpunkt von der Rezeption vorstrukturierten Wissens auf die Fähigkeit zu verlagern, Wissen aus Anlaß konkreter *Problembearbeitung* zumindest teilweise selbst zu konstruieren. Dabei werden neue Lernorte außerhalb der Schule, Medien außerhalb des approbierten Repertoires und vielleicht auch Menschen, die nicht Lehrer sind, für den Lernprozeß an Bedeutung gewinnen.

Die einzelne *Schule* wird mehr *Autonomie* brauchen,[70] die Lehrerinnen und Lehrer eine weiterentwickelte *Professionalität,* die nicht bei der ersten Instanz einer hierarchisierten Verwaltung und Aufsicht ihre Grenzen erfährt, Schülerinnen und Schüler sowie Eltern mehr Kompetenzen, die Prozesse mitzugestalten. Die Schule wird sich öffnen und neue Formen der *Kooperation und Kommunikation* vorleben müssen, und zwar in einer *multikulturellen Perspektive* . Ohne sie bliebe die Vision eines sich neuformierenden Europa, mit der ja schon einige Zeit Politik gemacht wird, unglaubwürdig.

70. Vgl. Peter POSCH/Herbert ALTRICHTER u. a.: Schulautonomie in Österreich. Gutachten im Auftrag des BMfUuK. Klagenfurt 1992.

Das wissenschaftlich-rationale Denken

Elemente auf dem Wege zu einer Wissenschaftskultur

Johann Götschl

I. Universalisierung, Internationalisierung und Dynamisierung: Die Stellung des wissenschaftlich-rationalen Denkens

Österreich nach 1945 ist als *Kulturkraft*[1] insbesondere durch drei Charakteristika darstellbar. Zum ersten sind es die durch den Zweiten Weltkrieg bedingten materiellen und die damit verbundenen geistigen Deformationen und Destruktionen. Zum zweiten erlitt Österreich in seinen soziokulturellen Dimensionen gewaltige Deformationen durch Faschismus und Krieg, weil führendes geistiges Potential aus Wissenschaft und Kultur einerseits

1. Bundesministerium für Wissenschaft und Forschung. Österr. Forschungskonzeption 80. Wien 1983. – Bundesministerium für Wissenschaft und Forschung. Technologiepolitisches Konzept der Bundesregierung und Katalog operationeller technologiepolitischer Maßnahmen. Wien 1989. – Norbert ELIAS: Über den Prozeß der Zivilisation. Frankfurt/Main 1982. – Heinz FISCHER (Hg.): Forschungspolitik für die 90er Jahre. Wien-New York 1985. – Heinrich GOMPERZ: Die Wissenschaft und die Tat. Wien 1934. – Johann GÖTSCHL: Herausforderung an das Menschenbild der wissenschaftlich-technischen Kultur am Ausgang des 20. Jahrhunderts. In: Ds./Christoph KLAUSER (Hg.): Herausforderungen an der Jahrtausendwende. Gesellschaft im Wandel von Wirtschaft und Wissenschaft. Wien 1986, 11–20. – Ds., Philosophical and scientific conceptions of nature and the place of responsibility. In: International Journal of Science Education, 12 (1990), 288–296. – Ds., Zum Menschenbild in der Technikdiskussion. Die Stellung des Menschen in der wissenschaftlich-technischen Kultur. In: Walther Ch. ZIMMERLI (Hg.): Herausforderung der Gesellschaft durch den technischen Wandel. Düsseldorf 1989, 233–263. – Ds., Zur philosophischen Bedeutung des Paradigmas der Selbstorganisation für den Zusammenhang von Naturverständnis und Selbstverständnis. In: Wolfgang KROHN/Günter KÜPPERS (Hg.): Selbstorganisation. Aspekte einer wissenschaftlichen Revolution. Braunschweig 1990, 181–199. – Ds., Wissenschaftlicher Fortschritt und die Bedingungen für Humanitätsgewinn. Aspekte eines Humanismus der wissenschaftlich-technischen Kultur. In: Zeitschrift für Wissenschaftsforschung, 4 (1988), H. 2, 9–23. – Ds. (Hg.): Erwin Schrödinger's World View: The Dynamics of Knowledge and Reality. Dordrecht 1992. – David L. HULL: Science as a process. An evolutionary account of the social and conceptual development of science. Chicago-London 1988. – Karl JASPERS: Wahrheit und Wissenschaft. In: Baseler Universitätsreden. Basel 1960. 3–29. – Karl JASPERS: Die Idee der Universität. Berlin-Göttingen-Heidelberg 1961. – Raoul F. KNEUCKER: Förderungsentscheidungen in Österreich, insbes. für Forschungsschwerpunkte der Grundlagenforschung. In: Heinz FISCHER (Hg.): Forschungspolitik

emigrieren mußte, andererseits gewalttätig eliminiert und vernichtet wurde. Zum dritten gilt das Charakteristikum, daß Österreich nach 1945 zeitweilig am Verlust internationaler Reputation gelitten hat, an der Besetzung durch die Alliierten, wodurch das Erkennen und Erscheinen des eigenen Kultur- und Wissenschaftspotentials verdrängt, zurückgehalten oder auch verdeckt wurde. Obwohl die Alliierten, insbesondere die USA, einen erheblichen Humanbeitrag durch deren materielle Hilfe zuerst zum Überleben, dann zur Lebensentfaltung Österreichs geleistet haben, ist die Zeit bis etwa Mitte der fünfziger Jahre als eine Phase anzusehen, in der die werdende kulturelle Identität Österreichs zwar zu erkennen war, diese neue Identität mit ihrem eigenen Kultur- und Wissenschaftspotential aber undeutlich bleiben mußte.

Österreich befand sich in diesen ersten Phasen von etwa zwei bis drei Jahrzehnten nach dem Kriege in einem besonderen soziokulturellen Umbruchsprozeß, im Prozeß einer inneren Transformation hin zu einer neuen kulturellen Identität und einem neuen staatlichen Selbstbewußtsein, auch wenn die tieferen Schichten dieses inneren Transformationsprozesses erst aus gegenwärtigen Perspektiven und Rekonstruktionen sichtbar gemacht werden können. Denn das anfangs eher verborgene Identitätsbewußtsein begründete und ermöglichte erst ein Bewußtsein in bezug auf staatliche Identität und Autonomie. Das Wissen um die Legitimität und die Notwendigkeit einer österreichischen Identität wuchs nach dem Zweiten Weltkrieg zu einer tief in der österreichischen Tradition liegenden, aber verborgenen Selbstverständlichkeit heran, welche als Fundament für die Kreation und Entfaltung der eine Kultur tragenden Säulen figurierte: nämlich für *Bildung, Wissenschaft und Kunst.* Man kann sagen, daß die fünfziger und sechziger Jahre eine Art Renaissance österreichischer Identität hervorbrachten, als Ergebnis eben einer inneren Transformation. Diese verkörperte nämlich das Werden einer neuen Synthese auf der Grundlage einer Selbstbestimmung mit Rücksicht auf deformierte Geschichtlichkeit einerseits und andererseits auf dem Wissen darum, daß historische Abgeschlossenheiten weder wünschbare noch gangbare Szenarien darstellen.

Dieser innere *Transformationsprozeß,* aus dem sich das neue Österreich

für die 90er Jahre. Wien-New York 1988, 211–237. – Werner LEINFELLNER: Die Entscheidungstheorie – eine Konfliktlösungstheorie. In: Zeitschrift für Wissenschaftsforschung, 4 (1987), H. 1, 15–31. – Wolfgang MANTL: Was ist aus der Universität geworden? In: Erhard BUSEK/Wolfgang MANTL/Meinrad PETERLIK (Hg.): Wissenschaft und Freiheit. Ideen zu Universität und Universalität. Wien – München 1969, 11–45; darin insbes. Kapitel VIII: Die Zukunft der Universität, 36–44. – OECD-Report: Die Zukunftschancen der Industrienationen. Frankfurt/Main – New York 1981. – OECD: Science and Technology Outlook. Paris 1985. – OECD: Reviews of National Science and Technology Policy. Austria. Paris 1988. – Karl R. POPPER: Objektive Erkenntnis. Hamburg 1973. – Erika WEINZIERL/Kurt SKALNIK (Hg.): Österreich. Die Zweite Republik. 2 Bde. Wien-Köln-Graz 1972. – Ernst ZARUBA: Wissenschaftspolitik im Wandel. In: Johann GÖTSCHL/Christoph KLAUSER (Hg.): Herausforderungen an der Jahrtausendwende. Gesellschaft im Wandel von Wirtschaft und Wissenschaft. Wien 1986, 84–87.

nach dem Kriege herausbildete, hat durch die neutralitätspolitische Dimension eine spezifische Form erhalten. Denn die politisch selbst gegebene *Neutralität* wurde und ist Kriterium sowohl für die soziokulturelle wie soziopolitische Abgrenzung zu als auch für die Öffnung zu Assoziationen und Integrationen mit anderen Staaten, insbesondere mit den Staaten der Europäischen Gemeinschaft. Die hohe Akzeptanz der Neutralität in der Bevölkerung ist ein deutlicher Indikator dafür, daß die Neutralität weitgehend ihren primär politisch-instrumentellen Charakter verloren hat, sondern vielmehr zu einem immanenten Prinzip der Lebenswelt der Menschen geworden ist. Oder anders ausgedrückt: Ein politisches Prinzip – die Neutralität – wurde im Laufe der Zeit kulturalisiert und ist damit zu einer geschichts- und gesellschaftskonstitutiven Größe geworden. Dies bedeutet, daß der politische Umgang mit dieser kulturalisierten Neutralität nur dann einen adäquaten politischen Imperativ repräsentiert, wenn die politisch gewünschte bzw. erforderliche Anpassung und Dynamik mit dem soziokulturellen Veränderungspotential korreliert. Und dies kann nur erreicht werden, wenn die Dialoginstrumentarien und die Dialogprozesse, verstanden als Entwicklungsregulative, zwischen Politik und den lebensweltlichen Vielheiten verdichtet werden.

Was Österreich in der Zweiten Republik auszeichnet, ist in Summe betrachtet auch das Auftauchen einer höheren Stellung des *wissenschaftlich-rationalen Denkens* in seiner speziellen wie in seiner allgemeinsten Gestalt. Dies drückt sich einmal deutlich darin aus, daß es zu einer stetigen Konvergenz von an sich verschiedenen Rationalitäten kommt: die *politische,* die *wissenschaftliche* und die *Alltagsrationalität* konvergieren. Diese drei Rationalitätsformen, die nicht voneinander ableitbar, sehr wohl aber aufeinander bezogen sind, waren es auch, die das österreichische Staatengebilde zu einem homogenen Kulturganzen und zu einem anerkannten Wohlfahrtsstaat haben werden lassen. Jetzt kann ein weiteres Stück explizit gemacht werden, das im österreichischen Kultur- und Staatsbewußtsein als eher implizites Wissen schon immer da war: wissenschaftliche Rationalität ist nicht bloß abstrahierte Alltagsrationalität, und Politik ist weder generalisierte Alltags- noch verallgemeinerte wissenschaftliche Rationalität. Entscheidend für Österreichs Entwicklung hinein in die siebziger und achtziger Jahre ist, daß Einsicht und Verständnis dafür wachsen, daß dem wissenschaftlich-rationalen Denken in Staat und Gesellschaft eine Sonderstellung zukommt und zuzuordnen ist. Aus diesem Wissen und Bewußtsein heraus wächst die Ausdifferenzierung der österreichischen Kultur, in der Ausdifferenzierung primär eine kulturelle Ausdifferenzierung ist und nicht primär eine Ausdifferenzierung hin zu gesellschaftlichen Schichtungen. Vor diesem Hintergrund konstituiert sich ein Geschichtsbild und Weltbild, welches weder fatalistisch noch agnostisch ist, sondern in fünf zentralen Prinzipien erfaßt werden kann.

Es sind im Kern *fünf Prinzipien,* die als starke *Rationalisierungsleistungen* den Entwicklungsprozeß der Zweiten Republik weitgehend bestimmen. Diese Rationalisierungsleistungen haben sich aus dem Zusammenwirken von historischen Erfahrungen, tradierten Identitäten und der Einsicht in die Notwendigkeit und Fruchtbarkeit einer wissenschaftlich-rationalen Grundlegung der Gesellschaft herausgebildet. Die Zunahme der Produktion und Akquisition von wissenschaftlich-rationalem Wissen einerseits, die zunehmende Diffusion dieses Wissens andererseits, hat zu einer Verdichtung der wissenschaftlich-rationalen Begründung für gesellschaftspolitische Zukunftsorientierungen geführt. Diese Rationalisierungsleistungen in der Zweiten Republik bestehen im Kern aus fünf Grundpfeilern, die sich in einem differenzierten *Fortschrittsverständnis* manifestieren. Oder anders ausgedrückt: Diese Grundsäulen eines neuen geschichts- und gesellschaftspolitischen Bewußtseins figurieren als Voraussetzungen für gesellschaftlichen Fortschritt. Die Zweite Republik durchlebte und durchlebt insofern eine Renaissance, als Humanitätsorientierung auch in der politischen Dimension zunehmend begründet wird und die gesellschaftlichen Verwirklichungen von Humanitätsideen mit Ideen und Instrumentarien der Demokratie vollzogen werden. Die fundamentale Erkenntnis der Zusammengehörigkeit von Erkenntnis und Humanität wird in der Zweiten Republik in einem starken Sinne in die politische Dimension aufgenommen. Dies führt in der Tendenz dazu, daß eine neue politische Kultur herausgebildet wird mit dem zentralen Merkmal, daß sich Politik und Lebenswelt tendenziell hin zu einem Kontinuum entwickeln konnten. Hieraus erklärt sich zum Teil die große politische Stabilität der Zweiten Republik, die durch lebensweltliche wie auch durch politische Pluralisierung niemals gefährdet war. Diese, die Zweite Republik kennzeichnenden fünf Rationalisierungsleistungen sind es auch, durch die die österreichische Gesellschaft einen erheblichen Zuwachs an *Universalisierung, Internationalisierung* und *Dynamik* erhält; sie lassen sich folgendermaßen darstellen:

1. Bewußtsein der Irreversibilität der Geschichte

Hier treten in der Zweiten Republik zwei Faktoren gleichzeitig in Erscheinung. Einmal die Einstellung, daß die Wiederherstellung von vergangenen gesamtstaatlichen Konstellationen in welcher Form auch immer – Monarchie und Erste Republik – nicht nur nicht gewollt wird, sondern als gar nicht möglich erkannt wird. Letzteres ist die eigentliche Leistung einer wissenschaftlich rationalen *Demokratisierung,* weil diese vom Wissen und der Überzeugung getragen ist, daß die dem gesellschaftspolitischen Leben zugrunde liegenden *Menschenbilder* verschieden sind. Denn durch die Diffusion von wissenschaftlichem Wissen sowie durch die Kulturalisierung durch Bildung und Kunst konstituierte sich ein völlig neues lebensweltliches Selbstverständnis, welchem ein universales wissenschaftlich-rationales Menschenbild zugrunde liegt, wodurch der Bezug zu historischen Vorgängerkonstellationen der Zweiten Republik kategorial verlagert wird. Die Zweite Republik ist keine lineare Fortsetzung der Ersten Republik, denn das alles entscheidende Merkmal der Zweiten Republik ist die Ausrichtung auf Selbstbestimmbarkeit und Offenheit hin zu Integration mit anderen Kulturen bzw. Nationen. Dieser alles entscheidende Aspekt liegt also im Bewußtsein, daß nicht eine kategoriale Abgrenzung zu anderen Kulturen und Staaten eine kulturbewahrende wie auch eine kulturevolutive Maxime sein kann, sondern vielmehr eine behutsame politische Einbettung in ein offenes Kulturgeschehen transnationalen Charakters eine Maxime bilden kann: Nur vor diesem Hintergrund kann es zu einer Bewahrung des Bewahrenswerten und zu einer Preisgabe des nicht Bewahrenswerten in rationaler Form kommen.

2. Lernen aus der Geschichte ist möglich

Hier reift in der Zweiten Republik eine Rationalisierungsleistung dahingehend heran, daß es sehr wohl eine Verträglichkeit gibt zwischen dem Lernen-Können aus der Geschichte einerseits und dem Nicht-Wissen-Können von Zukunft andererseits. Die in der Zweiten Republik voranschreitende Expansion von wissenschaftlich-rationalem Wissen und differenzierter Demokratisierung spiegelt die *fundamentale Liberalität* einer sich neu formierenden Gesellschaft wider. Die politisch demokratische Selbstorganisierung hat ihr Korrelat in einer tieferen Schicht in Form eines spezifischen Geschichtsverständnisses, denn dieses neue geschichtlich-gesellschaftliche Selbstverständnis ist vollständig nicht-deterministisch und evolutionär. Etwas völlig Neues, klassisch in der Idee, neu hinsichtlich der Einsicht in die Möglichkeiten einer Realisierung wie auch hinsichtlich des Realisierungswillens, nämlich die Idee eines revolutionären Fortschritts, wurde zu einem transformatorischen Regulativ. *Revolutionen* in Wissenschaft und Technik, in Bildung, Kunst und Literatur finden statt und haben ihren kulturellen und politischen Ort im Denkrahmen eines *evolutionären* und *demokratischen Fortschritts*. Dies ist eine erhebliche Rationalisierungsleistung, weil sie die dem Wesen des Menschen entsprechenden Fähigkeiten – Kontinuitäten und Diskontinuitäten hervorzubringen – in ein dynamisches Ganzes zu integrieren versteht. Denn die Basis für das evolutionäre Fortschrittsgeschehen sind Einsicht und Akzeptanz von ethischen und anthropologischen Grundverfaßtheiten des Menschen, denn das ethische und anthropologische Menschenbild ist zunehmend universalistisch, internationalistisch und dynamisch. Erst dadurch reduzieren sich nationalistische und ethnische Selbstbezüge und bringen Freiraum für die Selbstentfaltung zu größerer Humanität.

3. Humanistisch orientierte Säkularisierung

Diese Form der Säkularisierung verkörpert eine Rationalisierungsleistung dahingehend, daß dort, wo Distanzierung und Ausdifferenzierung gegenüber Kirche und Religion auftreten, diese Distanzierungs- und Abgrenzungsprozesse gleichzeitig die Akzeptanz frei gewählter Beziehungen zu

Kirche und Religion bedeuten. Der Kern dieser Rationalisierungsleistung besteht wohl darin, daß hiedurch die geistigen und emotionalen Grundverfaßtheiten nicht gestört werden. Die zunehmende Selbstbestimmbarkeit als Ausdruck der individuellen Entscheidung für die säkulare oder religiös-kirchliche Dimension ist der rationale Ausdruck eines *neuen Humanismus*. Das in das öffentliche Bewußtsein gelangende wissenschaftlich-rationale Wissen um das Wesen des Menschen hat zwar auch die Grenzen und Möglichkeiten eines solchen Wissens genauer bestimmt, dadurch aber auch das rationale Entscheidungsniveau beträchtlich erhöht. Das Streben nach einer Verwirklichung eines säkular ausgerichteten Humanismus und das Streben nach einem religiös-kirchlich ausgerichteten Humanismus koexistieren nicht mehr in getrennten Bereichen, wie dies größtenteils in der Ersten Republik der Fall war, sondern konvergieren. Denn das säkulare wie das religiös ausgerichtete Humanitätsstreben erhalten ihre Universalisierung, Internationalisierung und Dynamisierung ja gerade auch dadurch, daß eine dem Individuum gerecht werdende Aufwertung nur möglich ist, sofern die materiellen und kulturellen Niveaus kontinuierlich angehoben werden. Es kann und soll daher materielles und kulturelles Wachstum geben. Die Ergebnisse solchen Wachstums sind in einen demokratisch organisierten Transformationsmechanismus integriert und werden dadurch zur Grundlage eines außerordentlichen soziokulturellen wie auch sozioökonomischen Innovationsgeschehens. Die immer tieferen Einsichten in den interdependenten Zusammenhang von *Demokratie* und *Verantwortung* führen in der Zweiten Republik zu einer vertieften Reflexion auf die Formen von Verantwortungsfähigkeit und Verantwortungsbereitschaft. Dies ist eine Rationalisierungsleistung von besonders hohem Stellenwert, weil darin deutlich wird, daß die Begründung für individuelle wie für kollektive Entscheidungsprozesse ein viel höheres Gewicht haben als Entscheidungen, die durch gesellschaftliche Konstellationen herbeigeführt oder auch erzwungen werden. Im Denken der Zweiten Republik wird in der Tendenz die Erkenntnis zu einer kulturellen Selbstverständlichkeit, daß politische Entscheidungsprozesse wesentlich weitergehend einer wissenschaftlich-rationalen Erfassung zugänglich gemacht werden können, als dies vorher angenommen wurde. Das wissenschaftlich-rationale Denken, das verstärkt in allen Ebenen des gesellschaftlich-politischen Diskurses Einzug hält, bedeutet eine nahezu proportionale Abnahme eines politischen Dezisionismus. Diese Abnahme ist Ausdruck des Entstehens eines immanenten Zusammenhangs von Rationalität und Humanität. Die vertiefte kulturelle Integration von Rationalität ist zentrale Voraussetzung für Humanität.

4. Regulative zu einem neuen Humanismus: Wissenschaft und Bildung als „Werte an sich"

Beginnend in den sechziger Jahren, sich progressiv entfaltend in den siebziger und achtziger Jahren, hinein in die neunziger Jahre, werden *Wissen-*

schaft und Bildung endgültig zu Grundwerten, zu *„Werten an sich"*. Damit ist die Verwirklichung der Idee eines neuen Humanismus verbunden, ein Antriebsprinzip geradezu für eine humane Gesellschafts- und Staatsentwicklung, worin Wissenschaft und Bildung entscheidend dafür sind, daß zwei diesem neuen Humanismus entsprechende Ziele schrittweise realisiert werden. Der kulturelle Wert des wissenschaftlich-rationalen Denkens einerseits, der materielle, d. h. sozioökonomische Wert andererseits werden erkannt. Beide Wertdimensionen werden zu integralen Bestandteilen des gesellschaftlichen Wandels. Wissenschaft und Bildung repräsentieren insoferne „Werte an sich", als erst durch die Integration von Wissenschaft und Bildung als Ausdruck universalistischer Strukturen einerseits mit dem gleichzeitigen Anstieg an individueller Selbstbestimmbarkeit und individueller Integrationsfähigkeit andererseits, eine neue Ebene von Rationalisierungsleistung in der Zweiten Republik auftritt. Erst vor diesem Hintergrund einer nicht kulturrelativistischen, einer nicht gesellschaftsspezifischen Auffassung von Wissenschaft und Bildung, kommt es zu einer dynamischen Ausgewogenheit zwischen Selbstbestimmung und Fremdbestimmung, zwischen wissenschaftlicher Rationalität und Emotionalität, zwischen Sein und Sollen und zwischen Können und Wollen. Eine Rationalisierungsleistung in bezug auf Wissenschaft und Bildung besteht in der Zweiten Republik also darin, daß Wissenschaft und Bildung als permanente, sich wandelnde Prozesse eingestuft werden, daß diese Prozesse erst auf der Basis individuell-personaler Grundfreiheiten, gewahrt durch ein System kollektiver Rahmenbedingungen, zur Entfaltung kommen können. Das Menschenbild dieses neuen Humanismus der Zweiten Republik basiert darauf, daß Menschsein erst eine Identität, Kontinuität, Entfaltung, Selbstverfügbarkeit und Würde bedeutet, wenn Wissenschaft und Bildung zu starken anthropologischen Kategorien geworden sind, d. h. Wissenschaft und Bildung nicht in erster Linie Mittel zum Zweck sind, sondern in einem starken Sinne einen Selbstzweck repräsentieren.

5. Ein Regulativ am Ausgang des 20. Jahrhunderts: „Rationalität mit Unsicherheit"

Die achtziger Jahre und die unmittelbare Gegenwart sind dadurch gekennzeichnet, daß eine Reihe von Entwicklungen stattgefunden hat, die zur Herausbildung eines neuen Rationalitätsverständnisses führen, welches am Ausgang des 20. Jahrhunderts als *„Rationalität mit Unsicherheit"* bezeichnet werden könnte.

Welche Entwicklungen kennzeichnen diesen wahrscheinlich kategorialen Wandel? Im wesentlichen kann die langsam deutlicher erkennbare „Rationalität mit Unsicherheit" auf folgende Einsichten zurückgeführt werden:

a) Einsicht in den Tatbestand, daß *zunehmende Komplexität und Dynamik* der Gesellschaft mit den Kategorien des klassischen wissenschaftlich-rationalen Denkens nicht mehr verstanden bzw. auch nicht mehr bewältigt werden können. Denn die Sozialstrukturen moderner Gesellschaften sind zunehmend von Technologie durchdrungen, und dies erzwingt die Entwicklung von „wissenschaftlich-technischer Rationalität". Die *technologische Dimension* ergibt sowohl eine neue Qualität der Sicherheit wie auch eine der Unsicherheit.

b) Einsicht in den Tatbestand, daß zunehmende Komplexität und Dynamik der Gesellschaft zu einer *prinzipiellen Begrenztheit ihrer Voraussagbarkeit* führen. Dies zeigt uns die moderne Wissenschaft der komplexen und dynamischen Systeme. Die Gesellschaft „spürt", bedingt durch die Diffusion von Wissen über Ereignismöglichkeiten auf verschiedenen und vernetzten Ebenen, daß das gesellschaftliche System nicht mehr voraussagbar ist, daß wir zunehmend über ein Wissen von Nicht-Wissen-Können verfügen. Dieses repräsentiert eine neue, höhere Form von Rationalität bzw. eine „Rationalität mit Unsicherheit". Diese ist für die Gesellschafts- und Staatsplanung von Vorteil, kann aber auch, sofern dieses Nicht-Wissen-Können nicht verstehend in den kulturellen Kreislauf integriert wird, kulturpessimistische Funktion haben.

c) Einsicht in den Tatbestand der wissenschaftlich-technischen Transformation von Deformation der *ökologischen Dimension.* Dieses Faktum hat die klassische Rationalitätsform in die Ebene der „Rationalität mit Unsicherheit" verlagert. Diese neue Rationalitätsform enthält auch die Zweifel an zwei bestens bekannten Imperativen, erstens, wonach die durch Wissenschaft und Technik überzeugten ökologischen Deformationen nur wieder durch Wissenschaft und Technik behoben bzw. gelöst werden können. Zweitens verstärken sich Zweifel an der These, wonach es quasi naturnotwendig eine Symbiose von Ökonomie und Ökologie geben müsse. Aber gegenwärtig ist auch folgendes klar: Beide Imperative sind gegenwärtig noch eher als Wunsch- und Hoffnungsszenarien einzustufen und nicht als wissensmäßige Evidenzen, obwohl auch genauso klar ist, daß es zu den beiden Imperativen keine gangbaren Alternativen gibt. Aber wie immer sich Staat und Gesellschaft auf der Grundlage von „Rationalität mit Unsicherheit" manifestieren, der gesellschaftliche Druck zu innovativen Lösungen ist gewaltig im Ansteigen begriffen. Welche sind die zentralen Zivilisationserscheinungen der Gegenwart, die „Rationalität mit Unsicherheit" kennzeichnen? Zum ersten hat man es mit einer Zivilisationsweise zu tun, die auf einer nukleartechnischen und chemotechnischen Industrialisierungsform beruht. Zum zweiten ist man eingebettet in einen Prozeß der sich beschleunigenden Entwicklung der Kybernetisierung bzw. Computerisierung der sozialen und kognitiven Prozesse, d. h. es findet im Grunde eine Technologisierung des Geistes statt, die Mensch-Maschine-Relationen entwickeln sich zu völlig neuen soziokognitiven Phänomentypen. Drittens ist man durch die Optionen und Szenarien in Zusammenhang mit Genetik bzw. Gentechnologie herausgefordert. Und viertens steht man vor dem Problem einer potentiellen Nichtintegrierbarkeit von wissenschaftlich-technisch vollzogenen Naturausschnitten in die biotische Dimension von Natur.

So unterschiedlich die letztgenannten vier Zivilisationserscheinungen auch sein mögen, sind ihnen doch einige Charakteristika gemeinsam. Im Kern sind es die folgenden Qualitäten, die diese neue Rationalität, die *„Rationalität mit Unsicherheit"* erkennen lassen.

- Der erkannte und zunehmende *instrumentell-praktische Nutzen* von theoretischer Wissenschaft kann von der idealen humanistischen Bedeutung von Wissenschaft wegführen. Eine Entkulturalisierung im Sinne einer Reduktion universalistischer Grundorientierung erkenntnismäßiger Sinngebung des Lebens kann stattfinden.
- Das in Entwicklung befindliche, sich zunehmend verdichtende gesellschaftliche Netzwerk führt offensichtlich zur Einsicht, daß man es mit einem erheblichen Ansteigen von *irreversiblen Ereignissen* zu tun hat. Die moderne Gesellschaft verkörpert ein Netzwerk mit Eigendynamik in Hinsicht auf die zunehmenden Vernetzungen von materiellen und kognitiven Strukturen.
- Im Zusammenhang mit der erwähnten zunehmenden Vereinigung von Wissenschaft und Technik – Wissenschaft wird technischer und Technik wird wissenschaftlicher – steigen die *Options- und Transformationspotentiale* gewaltig an. In der Tendenz ergibt sich hieraus eine Zunahme der Unabschließbarkeit und Interdependenz von Ereignissen.

Welche Implikation zeichnet sich ab? Die Antwort scheint klar zu sein: Die klassische Rationalitätsform löst sich nahezu dramatisch auf zugunsten einer „Rationalität mit Unsicherheit". Dieser Prozeß signalisiert in eindringlicher Weise das neue Spannungsverhältnis zwischen Rationalität und Humanität. Eine vierte Einsicht verweist auf die *Tiefenstruktur* von „Rationalität mit Unsicherheit":

d) Anstieg der *Transparenz* von Grundeigenschaften der Wissenschaften als Regulativ zu einer Wissenschaftskultur.

Das Auftauchen einer „Rationalität mit Unsicherheit" hängt eng damit zusammmen, daß eine Reihe von Grundeigenschaften der Wissenschaft und Technik transparent geworden sind und das öffentliche Bewußtsein als ein existenzielles Bewußtsein erreicht haben, wodurch sich eine spezifische Wissenschaftskultur herauszubilden beginnt:

- Da ist die Evidenz für die *prinzipielle Fallibilität* von Wissenschaft und Technik. Diese Fallibilität trägt bei zur erwähnten inneren Transformation der gegenwärtigen Gesellschaft. Denn diese kulturalisierte Fallibilität bestimmt das Verhältnis zwischen Bürgern, wissenschaftlich-technischen Experten und Politik. Die Entscheidungsgrundlagen formieren sich neu, sie werden multidimensional, d. h. Wissen auf zum Teil kategorial verschiedenen Lebens- und Reflexionsebenen muß für politische Entscheidungen reflektiert, organisiert und gebündelt werden. Neue

Wahrnehmungs- und Kategorisierungs- und Entscheidungsleistungen sind von der Wissenschaftspolitik im speziellen, von der Politik im allgemeinen gefordert.

- Es tauchen verschiedene Formen von *Relativismen* auf, verbunden mit Unsicherheit in bezug auf die Wertfreiheitsthese für Wissenschaft. Die mit der neuen Wissenschaftskultur aufkommende Rationalisierungsleistung liegt darin, daß zwischen der Objektivität und der Wertfreiheit von Wissenschaft differenziert wird. Wissenschaft kann objektiv sein, ist aber nicht wertfrei. Diese Einsicht ist eine Widerspiegelung des Werdens einer höheren Kulturform, insoferne dadurch die möglichen Zusammenhänge von Wissenschaft und Verantwortung durchsichtiger werden.
- Die kritische Reflexion auf Wissenschaft und Technik hat zu epistemologischem und methodologischem *Pluralismus* hingeführt. Die Einheit der Wissenschaften ist damit in Schwierigkeiten geraten, auch wenn damit nicht gesagt ist, daß es nicht eine Einheit wissenschaftlicher Erkenntnis bei einer Pluralität sowohl der Disziplinen als auch der Methoden geben kann. Der epistemologische und methodologische Pluralismus hat aber eine spezifische Dialektik in sich: Die „Rationalität mit Unsicherheit" geht einher mit einer Intensivierung des Suchens nach jenen interdisziplinären und auch transdisziplinären Begründungsformen, die als Wissensbasis für Gesellschaftsorientierung fungieren können.
- Eng damit verbunden ist das Phänomen eines *Problematisierungszuwachses* an Realitätsverständnis im Zusammenhang mit Zweifeln an der These der Wahrheitsapproximation durch Wissenschaft als idealste Form der Objektivität. Aus den innerwissenschaftlichen Entwicklungen lassen sich Tendenzen erkennen, daß eine schrittweise Einbeziehung des erkennenden Subjekts in die Realitätsrepräsentation erfolgt, wodurch zwar der Grad an Holismus zunimmt, die kategoriale Trennung von Subjekt und Objekt aber abnimmt. Es verdeutlicht sich eine dahingehend transparenter werdende Kulturform, daß *Objektivität* so wenig wie *Subjektivität* als Eigenschaften der Natur ausgewiesen werden können.

II. Die gesellschaftspolitische Aufwertung des wissenschaftlich-rationalen Denkens durch die Wissenschaftspolitik

Das wissenschaftlich-rationale Denken erhält in der Zweiten Republik eine gewaltige Aufwertung dadurch, daß der wissenschaftlich-technische Fortschritt, die wachsenden Einsichten in die Möglichkeiten und Grenzen von Wissenschaft und Technologie, in *staatspolitischen* und *wissenschaftspoli-*

tischen Kategorien reflektiert und in gewissem Ausmaß *operationalisiert* werden. Dies fand die deutlichste Manifestation in der Errichtung eines *eigenen Ministeriums für Wissenschaft und Forschung* im Jahre 1970. Dieser wichtige wissenschaftspolitische Vollzug ist das Resultat auch der gesellschaftspolitischen Wahtnehmung von Wissenschaft und Technologie und deren Auswirkungen. Dies führte auch zur politischen Wertung, daß Wissenschaft und Technologie, gleichsam als autonome Prozesse, ins Zentrum des gesellschaftlichen Geschehens aufrückten. Wissenschaftlich-technische „Rationalität mit Unsicherheit" wird zur Quelle staatlicher, insbesondere wissenschaftspolitischer Wahrnehmungsnotwendigkeit. Die Selbststeuerung der Wissenschaft wird befragt und hinterfragt, Wissenschaft wird zum Gegenstand spezifischer politischer Rationalisierungsleistung, d. h. es kommt zur Kreation und Implementierung von entwicklungsfähigen Beziehungen zwischen *Wissenschaft und Politik* im Dienste der Gesellschaft als Ganzes.

Die wissenschaftspolitische Wahrnehmung von Wissenschaft hat in der Zweiten Republik bis in die unmittelbare Gegenwart insofern *neue Pfade* betreten, als die Dimension von Forschung und Technologie in den Wissenschaftsbegriff Eingang fand und damit eine neue begriffliche Basis für Wissenschaftspolitik entstand. Der gegenwärtige Wissenschaftsbegriff enthält zwar zentral die Dimension reiner Erkenntnis, ist aber zunehmend vernetzt und erweitert um die stark *pragmatischen* Dimensionen von *Forschung und Technologie*. Mit dieser pragmatischen Wendung des Wissenschaftsbegriffs sind wissenschaftspolitische Grundpositionen verbunden, welche die hierarchischen und antihierarchischen Zusammenhänge von Wissenschaft und Politik deutlicher erkennen lassen. Als zentral für den Weg der wissenschaftspolitischen Aufwertung des wissenschaftlich-rationalen Denkens im allgemeinen, von Wissenschaft, Forschung und Technologie im besonderen, können die folgenden *Orientierungsprinzipien* angeführt werden, die gegenwärtig dazu beitragen, eine Wissenschaftskultur entstehen zu lassen, die überführt in eine Gesellschaft, in der die Bedeutung von Wissenschaft in jeder Facette der Kultur identifiziert und erlebt werden kann.

1. Orientierungsprinzip Nr. 1

Das moderne Wissenschaftssystem figuriert als Subsystem eines globaleren Systems, insofern gibt es ein gewisses *hierarchisches Ordnungsgefüge*. Dieses Ordnungsgefüge ist primär durch die juridischen und organisatorischen Gesetze und Regeln des globaleren, des Staatssystems, repräsentiert. Dies gilt jedoch nicht für die wissenschaftlichen Erkenntnisinhalte. Denn wissenschaftlich-inhaltlich ist das Wissenschaftssystem keine Subordinate des gesamtgesellschaftlichen Systems, weil Kulturalisierung, Transformation und Transport von wissenschaftlichen Inhalten zu öffentlichem Bewußtsein stattfindet, auch wenn diese Prozesse lange dauern können. Dieses so konstituierte öffentliche Bewußtsein ist Regulativ für die Veränderung des wissenschaftspolitischen Denkens. In diesem Sinne kann es daher auch keine durchgehende Axiomatik des Wissenschaftssystems geben, die mit wissenschaftspolitischen Axiomen bzw. Imperativen beginnt und mit Wissenschaft als Implikation endet.

2. Orientierungsprinzip Nr. 2

Die zunehmende Komplexität und Dynamik der Gesellschaft der Zweiten Republik am Ausgang des 20. Jahrhunderts führte zur Erkenntnis, wissenschaftspolitische Entscheidungen auf eine *neue Qualitätsstufe* zu bringen, d. h. die wissenschaftspolitischen Entscheidungen sind im Kern damit konfrontiert, die Veränderung der Wissenschaftspolitik durch die Wissenschaft und umgekehrt die Veränderung der Wissenschaft durch die Wissenschaftspolitik zu durchdenken und einzubringen. Denn zwischen *Wissenschaft und Wissenschaftspolitik* bestehen auf gewissen Ebenen Asymmetrien, auf gewissen Ebenen Symmetrien. Wegen der den Wissenschaften immanenten Grundzüge wie Einschränkung auf einen wissenschaftlich-theoretischen Bereich, begriffliche Repräsentation eines Bereiches mittels der Kategorien Universalität, Invarianz, Intersubjektivität, Objektivität und Wahrheit, kurz: Erfassung eines eingeschränkten Bereiches mittels des Zusammenspiels von logischen Ordnungsleistungen und Erfahrungen, hat Wissenschaft ihrem Inhalt nach eine stark internalistische Charakteristik. Der innere Fortgang der Wissenschaft hat eine starke Eigendynamik. Diese Eigendynamik korreliert mit dem Entwicklungsniveau der Wissenschaft wie auch mit dem soziokulturellen Invarianzniveau. Wissenschaftspolitik dagegen ist nicht primär auf die durch die wissenschaftlichen Theorien repräsentierten Bereiche bezogen, sondern auf Wissenschaft in der makrosoziologischen Form eines Handlungssystems. Daraus resultiert die Erkenntnis, daß eine Asymmetrie zwischen Wissenschaft und Wissenschaftspolitik besteht: Langfristig gesehen wird Wissenschaftspolitik stärker durch Wissenschaft verändert als umgekehrt. Aber dies bedeutet nicht, daß Wissenschaftspolitik nur eine marginale Funktionalität hat. Das Gegenteil ist der Fall, nur muß diese Funktionalität immer wieder aufs neue genauer lokalisiert werden. Eine Rekonstruktion und Modellierung der unterschiedlichsten Funktionen von Wissenschaft läßt erkennen, daß es für die Wissenschaftspolitik zumindest *drei Funktionalitäten* gibt, wodurch die Ebenen, auf denen Symmetrien zwischen Wissenschaft und Wissenschaftspolitik bestehen, etwas expliziter gemacht werden. Die dritte von den drei Funktionalitäten ist eine Differenzierung der ersten.

a) Zur ersten Funktionalität: Implementierung von wissenschaftspolitischen Rahmenbedingungen für die *Erzeugung und Diffusion* von wissenschaftlichem Wissen. Das Wissen um die wissenschaftspolitisch initiierte und realisierte gesellschaftliche Konstruktion des Systems Wissenschaft mit der Sicherung des Freiraumes für Erkenntnisinteresse und wissenschaftliche Kreativität, versehen mit dem Imperativ soziokultureller Verantwortung durch Wissenschaft und für Wissenschaft.

b) Zur zweiten Funktionalität: Implementierung von wissenschaftspolitischen Rahmenbedingungen für die gesellschaftlich verantwortbaren wie vorteilhaften *Anwendungen wissenschaftlichen Wissens;* d. h. Wissenschaftspolitik implementiert jene Instrumentarien, die als Brückenprinzipien für die Diffusion von anwendbarem Wissen dienen. Da Wissen nicht a priori in anwendbares und nicht-anwendbares Wissen eingeteilt werden kann, ist es nötig, daß wissenschaftspolitisch Instrumentarien für zweierlei entwickelt werden: für die Sicherung auch langer Vorlaufsphasen für die Anwendung und Sicherung dafür, daß verfügbares Wissen „aktiv" gehalten wird.

c) Zur dritten Funktionalität: Implementierung von wissenschaftspolitischen Instrumentarien für die *verantwortbaren Mittel,* mit denen wissenschaftliches Wissen erzeugt wird (Nukleartechnologie, Gentechnologie, Psychotechnologie, Tierversuche u. a. m.). Diese dritte Funktionalität stellt insoferne eine Neuigkeit dar, daß hier explizit das Problem erscheint, daß eine moderne Wissenschaftspolitik nicht nur an ganz sensiblen Punkten mit dem Wissenschaftssystem gekoppelt sein muß, sondern daß man darüber hinaus stärker mit der Tatsache konfrontiert ist, daß eine Wissenschaftspolitik ohne *explizite Ethik* nicht mehr gangbar sein wird. Das Wissenschaftssystem ist ein äußerst sensibles System, das an gewissen Punkten mit ebenso sensiblen wissenschaftspolitischen Regularien vernetzt werden muß. So gesehen entwickelt sich Wissenschaftspolitik als Mittel sowohl der Aufwertung des „wissenschaftlich-rationalen Denkens" wie auch der Aufwertung der gesamtgesellschaftlichen Verantwortung. Denn Wissenschaftspolitik ist in einem starken Sinne zunehmend transformierte Widerspiegelung des Kerns von Wissenschaft, d. h. daß Wissenschaft nicht bloß als Ergebnis, sondern als sozialer Prozeß spezifischen Typs aufzufassen ist.

3. Orientierungsprinzip Nr. 3

Die wissenschaftspolitische Wahrnehmung von Wissenschaft führt in der Tendenz zur Herausbildung und Aufwertung einer antidogmatischen und evolutionären *Wissenschaftskultur.* Wissenschaftspolitik wird zu einem integrativen Prinzip, welches sich ins Zentrum von Kultur begibt, weil in immer stärkerem Ausmaß Kultur, Bildung, Wirtschaft, Kunst, Recht und Politik von Wissenschaft durchdrungen werden. Wissenschaftspolitik ist in einem entscheidenden Sinne eine starke Widerspiegelung von Grundeigenschaften der Wissenschaft, d. h. Wissenschaftspolitik enthält in einem erheblichen Ausmaß Wissen von Wissenschaft in einem transdisziplinären

Verständnis. Von dieser Ebene aus fließen wissenschaftliche Inhalte in wissenschaftspolitischer Form in die globaleren politischen Entscheidungsprozesse ein. Die Grundeigenschaften von Wissenschaften in transdisziplinärer Gestalt sind die folgenden: Unter allen Kulturphänomenen repräsentiert wissenschaftlich-rationales Wissen das stärkste soziokulturelle Invarianzphänomen. Es bedeutet, daß damit die eigentliche Basis für transkulturelle und transnationale *Gesellschaftsorientierung* gegeben ist. Man hat es zu tun mit der Einsicht in die *prinzipielle Unabschließbarkeit* von wissenschaftlich-rationalem Wissen.

Auf der Ebene der Wissenschaftspolitik bedeutet dies, daß durch diese der Begriffs-, der Organisations- und der Gesetzesrahmen dafür eingebracht werden muß, um *Unvorhersehbares* zu ermöglichen, zu sichern und auch zu fördern. Die durch wissenschaftlich-technische Revolutionen hervorgerufenen gesellschaftlichen Veränderungen bedeuten, daß es permanente Rückkoppelungen zwischen Wissenschaft und Wissenschaftspolitik geben muß. Wissenschaftspolitik reagiert auf den historischen Tatbestand, daß durch wissenschaftliche Revolutionen bestehende Welt- und Leitbilder vollständig zusammenbrechen können.

4. Orientierungsprinzip Nr. 4

Wissenschaft, Wissenschaftspolitik und Demokratie lassen einen unauflöslichen inneren *Zusammenhang* erkennen. Denn die Erkenntnis vertieft sich, daß sich Wissenschaft langfristig nur in einem demokratischen Gefüge entfalten kann. Genauso gilt, daß die Entfaltung von Wissenschaft zu einer Voraussetzung für demokratische Entfaltung wird. Der Beitrag der Wissenschaft zur Herausbildung eines dynamischen Gleichgewichts von Demokratie im allgemeinen, von demokratischer Wissenschaftspolitik im besonderen, liegt darin begründet, daß Wissenschaft unter anderem die folgenden Potentiale für gesamtgesellschaftliche Zusammenhänge einbringt:

a) Potential für *Wirklichkeitserfassung*

b) Potential für *Wirklichkeitskonstruktion*

c) Potential für *Rationalitätsbildung*

d) Potential für *Aufklärung*

e) Potential für *Politik*

Diese fünf Potentiale von Wissenschaft fungieren als ein *verschränktes System*. Denn der expansiv-dynamische Charakter von Wissenschaft, der unter gewissen gesellschaftlichen Rahmenbedingungen einen stark selbstorganisierenden Charakter aufweist, verändert die Formen der Anpassung an natürliche und soziale Realität und deren Konstruktion. Wissenschaft, insbesondere in ihrer realitätserzeugenden Funktion, erzwingt die Neuformierung wissenschaftspolitischer Kategorisierung. Es gibt *Entwicklungs-*

regulative, die den wissenschaftlichen Gehalt in den wissenschaftspolitischen Orientierungen immer deutlicher erkennen lassen. Wissenschaftlich-technologisch erzeugte Komplexität und Dynamik der Gesellschaft gehen immer stärker einher mit inneren Ausdifferenzierungen von Kompetenz. *Ausdifferenzierte Kompetenz* in komplexen und dynamischen Systemen bedeutet einerseits eine Aufwertung des *wissenschaftlich-rationalen Denkens,* erfordert andererseits höherwertige *Kommunikationsleistungen* zur Vermittlung zwischen verschiedenen Kompetenzebenen. Das Auftauchen der Ausdifferenzierung von Kompetenz erfordert – sollen Wissenschaftsinhalte nicht verloren gehen – die demokratisch-partizipatorische Strukturierungs- und Innovationsleistung. Die demokratische Leistung ist innovativ und humanisierend zugleich, soferne durch Demokratie gesichert wird, daß ein dynamisches Gleichgewicht aufrechterhalten wird zwischen den Wissenschaftspotentialen einerseits und den eher wissenschaftsfernen bzw. wissenschaftsexternen Gesellschaftspotentialen andererseits.

Damit wird ersichtlich, daß sich Wissenschaftspolitik der Gegenwart und unmittelbaren Zukunft an einem immer rascher in Entwicklung befindlichen Szenario ausrichtet. Dieses *Szenario* besteht aus wissenschaftlichem, vor allem aber aus transformiertem wissenschaftlichen Wissen, welches zu einem immanenten Bestandteil wissenschaftspolitischen Wissens wird. Hiedurch erst können die evolutiv gangbaren gesellschaftlichen Entwicklungspfade leichter identifiziert und zur Grundlage von Entscheidungen gemacht werden. Dies impliziert, daß zumindest die folgenden beiden *Entwicklungsdeterminanten* für wissenschaftspolitische Entscheidungen ein zunehmendes Gewicht erhalten:

a) Unser Wissen über das Verhalten von komplexen und dynamischen Systemen verweist auf die Grenzen und Möglichkeiten langfristiger *Planung und Zukunftsgestaltung.* Das Wissenschaftssystem und das wissenschaftspolitische System müssen daher mit sensiblen und flexiblen *Rückkoppelungen* ausgestattet sein. Solche dynamischen Beziehungen zwischen Wissenschaft und Politik verlangen die Etablierung von Instrumentarien für einen möglichst kontinuierlichen *Informationsfluß* zwischen Wissenschaft und Politik.

b) Wissenschaftspolitik wird daher zu einem *immanenten Regulativ* gesamtstaatlicher Politik. Dies ist durch die Erkenntnis legitimiert, daß sich Wissenschaftssysteme der Gegenwart und absehbarer Zukunft als soziokognitive Systeme verstehen lassen mit zwei entscheidenden *Charakteristika:*

- Das Wissenschaftssystem expandiert hinein in den gesellschaftlichen Rahmen. Dabei ist entscheidend, daß verschiedene Wissenschaften mit je unterschiedlicher Bedeutung für Sozietäten eben nicht nur beschreibende, sondern auch *systemerzeugende Funktion* haben. Dies ist der bekannte Prozeß der Verwissenschaftlichung der Kultur, durch den erst in Abhängigkeit vom symmetrischen Zusammenhang zwischen wissenschaftlichen und demokratischen Entwickungsniveaus Humanitätsideen nicht nur rascher erzeugt, sondern vor allem auch rascher realisiert werden können. Hier ist das Werden einer modernen Wissenschaftskultur in Konturen zu erkennen, wonach Wissenschaft in ihrer theoretischen Reife und gesellschaftlichen Wirksamkeit eingeordnet wird.

- Das Wissenschaftssystem als expandierendes soziokognitives System konfrontiert wissenschaftspolitisches Denken mit der Notwendigkeit, Voraussetzungen für das Entstehen von jenen *kulturellen Konfigurationen* zu schaffen, wodurch die humanen Potentiale von Wissenschaft zu gesellschaftlicher Realität werden können.

Der tiefere Sinn von Wissenschaft besteht wohl darin – dies ist die durch Wissenschaftspolitik in das öffentliche Bewußtsein zu transportierende Erkenntnis – daß mit Wissenschaft nicht nur theoretische Erkenntnis und praktischer Nutzen verbunden sind, sondern es weit darüber hinausgehend um den Gewinn an theoretischer und praktischer, individueller und kollektiver *Freiheit* geht. Erst eine kulturelle Einordnung der wissenschaftlichen Weltaneignung konstituiert jene Leistungen der Identitätsbildung und des Verstehens, wodurch gleichermaßen *Erkenntnis-, Freiheits- und Humanitätsgewinn* auftreten können. Wissenschaftspolitik der Gegenwart und unmittelbaren Zukunft ist unter anderem dadurch herausgefordert, zum Entstehen jener Wissenschaftskultur beizutragen, in der der tiefere Sinn von Wissenschaft zur Geltung gebracht wird, nämlich die Einheit von Erkenntnis und Humanität.

Die Entwicklung des Bürgerlichen Rechts

Bernd Schilcher

I. Zur Begriffsbildung

Nach herkömmlichem Verständnis ist das *Bürgerliche Recht* oder Zivilrecht ein Teil des Privatrechts. Dieses wird gewöhnlich dem Öffentlichen Recht gegenübergestellt und umfaßt daher auch das Handels-, Arbeits- und Versicherungsrecht sowie die sogenannten „Sonderprivatrechte" – wie zum Beispiel das Wettbewerbsrecht, das Immaterialgüterrecht, das Wertpapierrecht u. a.

Da es im nachstehenden Bericht über die Rechtsentwicklung des Bürgerlichen Rechts, nicht um Einzelheiten und Spezialfragen geht, sondern um allgemeine Entwicklungstendenzen, bei denen nur das Öffentliche Recht und die Prozeßrechte ausgeblendet bleiben, wird der Begriff des Bürgerlichen Rechts im umfassenden Sinne des *Privatrechts* gebraucht.[1]

II. Die zentrale Rechtsquelle

Zentrale *Rechtsquelle* des Bürgerlichen Rechts in Österreich ist nach wie vor das *Allgemeine Bürgerliche Gesetzbuch (ABGB)* von 1811. Das mag erstaunlich erscheinen. Immerhin entstand dieses Gesetzbuch in den Zeiten des aufgeklärten Absolutismus, trat nur kurz vor dem METTERNICHschen Polizeistaat in Kraft und überdauerte die – in Österreich freilich episodenhaft kurze – Periode des Liberalismus und die ebenso kurze Zeit des Tausendjährigen Reiches und zeigt heute im parteien- und verbändedemokratischen Wohlfahrtsstaat noch immer eine beachtliche Kraft.

Will man daher die Entwicklung des Bürgerlichen Rechts in der Zweiten Republik verstehen, so muß man ein wenig vom ABGB verstehen, das nunmehr mit dem Code Civile von 1804 zu den *ältesten* Gesetzbüchern der Welt zählt, die in Geltung sind.

1. Daß die Ausblendung des Öffentlichen Rechts vielfach freilich nur aus Gründen der Arbeitsteilung und weniger der Sachgerechtigkeit erfolgt, wird noch zu zeigen sein.

III. Das Allgemeine Bürgerliche Gesetzbuch

Trotz seines Namens („Bürgerliches" Gesetzbuch) darf die Kodifikation nicht als ideologisches Werk des Bürgertums verstanden werden. Davon ist es weit entfernt. Das Wort *bürgerlich* ist keine Referenz an den damals gerade erwachenden dritten Stand, sondern nur die Übersetzung von ius civile.

Zudem reichen die *Vorarbeiten* des Gesetzbuchs bis in das Jahr 1753, also noch vor die Zeit der Französischen Revolution zurück. Damals setzte MARIA THERESIA die erste Kompilationskommission mit dem Auftrag ein, die verschiedenen Landesrechte der Erbländer zu erheben. Die entscheidenden Redaktoren waren Anhänger der Aufklärung, des Naturrechts und der Wohlfahrtsökonomie.

Dies gilt vor allem für den Vizepräsidenten der obersten Justizstelle Carl Anton von MARTINI, dessen Entwurf aus dem Jahre 1794 entscheidendes Vorbild für das heutige Gesetzbuch wurde. Dieser Entwurf ist zweifellos eine originelle und individuelle Leistung. Er wurde – im wesentlichen als *„Westgalizisches Gesetzbuch"* – 1797 publiziert. Dort heißt es einleitend: „Recht ist alles, was an sich selbst gut ist, was nach seinen Verhältnissen und Folgen etwas Gutes enthält oder hervorbringt und zur allgemeinen Wohlfahrt beiträgt".

Nachhaltigen Einfluß übte schießlich noch der Grazer Appellationsrat und Professor Franz von ZEILLER auf die endgültige Formulierung des ABGB aus. Auch er war ein Anhänger des *Naturrechts* und sah im ABGB durchaus „die Freyheit der Personen und des Eigenthums zum Hauptaugenmerk gemacht".[2]

Nicht minder eindringlicher betonte ZEILLER aber auch die *Gleichheit:* „Nach der reinen Vernunft", heißt es in der zitierten Abhandlung, „haben alle Menschen gleiche, angeborene Rechte und eine gleiche rechtliche Fähigkeit, neue Rechte zu erwerben".[3] Daraus folgt für ZEILLER auch die „gleiche" Geltung des Gesetzes für alle ohne Unterschied.[4]

Dieser geistige *Hintergrund* des ABGB erklärt eine Reihe von besonderen Eigenschaften und Charakterzügen dieses Gesetzbuches.

1. Da ist zunächst einmal der (naturrechtliche) *Proklamationsstil,* in dem eine Reihe von Bestimmungen verfaßt sind. Sie erinnern an Verfassungsnormen. So heißt es beispielsweise im § 16 ABGB im Sinne ZEILLERs: „Jeder Mensch hat angeborene, schon durch die Vernunft einleuchtende Rechte, und ist daher als eine Person zu betrachten".

Nicht ganz so feierlich, aber dafür mindestens so großzügig ist die *Eigen-*

2. Franz v. ZEILLER: Abhandlung über die Prinzipien des ABGB 1816–1820 (Hg. Wilhelm BRAUNEDER, Wien 1986), 187.

3. ZEILLER, Abhandlung, 175 f. (Anm. 2).

4. ZEILLER, Abhandlung, 172 (Anm. 2).

tumsfreiheit formuliert: „Als ein Recht betrachtet, ist Eigentum das Befugnis, mit der Substanz und den Nutzungen einer Sache nach Willkür zu schalten, und jeden andern davon auszuschließen".[5]

2. Der philosophische Entschluß der Redaktoren, das Gesetz als Ausdruck von Prinzipien zu begreifen[6], hatte vor allem eine wohltuende Wirkung auf die Wahl der Abstraktionshöhe der Gesetzesformulierungen. Es ist eine *mittlere Abstraktionshöhe,* welche die detailverliebte Konkretheit des deutschen BGB ebenso vermeidet wie die aussageschwache Vagheit reiner Generalklauseln.

3. In weiser Zurückhaltung wurden so manche *Lebensbereiche* entweder überhaupt nicht verrechtlicht oder doch nur sehr rahmenhaft bestimmt. Das gilt vor allem für das Eherecht. So meinte ZEILLER: „Kaum über irgendeinen derjenigen Gegenstände, welche in dem Privatrecht abgehandelt zu werden pflegen, weiß das strenge Recht so wenig zu sagen als über die Ehe". Und dies nicht nur, weil „(sich) die Rechtsgelehrten ja nicht einmal über den eigentlichen Zweck der Ehe unter sich einig sind"[7]; vielmehr glaubte ZEILLER, daß „die meisten Bestimmungen über die Ehe . . . der Moral, der Religion und Staatsklugheit vorbehalten (bleiben)".[8]

4. Schießlich fällt eine umfassende *Dialektik* von Freiheit und Bindung sowohl im ABGB selbst als auch im Verhältnis zwischen dem Bürgerlichen Gesetzbuch und den dieses umgebenden politischen, wirtschaftlichen und sozialen Umständen auf.

Um bei letzterem zu beginnen: Entgegen dem erwähnten Freiheitspathos bei der Definition der Person und der Eigentumsfreiheit, das an liberale Verheißungen erinnert, begründet das ABGB keine „Privatrechtsgesellschaft".[9] Ganz im Gegenteil. Staatsrechtlich herrschte damals, wie gesagt, das System des aufgeklärten Absolutismus bzw. bald darauf der METTERNICHsche Polizeistaat. Im Außenhandel und in der Industrie dominierten die Merkantilisten und Kameralisten, die eine staatsorientierte Wirtschaftsphilosophie vertraten.

In der Landwirtschaft waren Untertänigkeit und Robot trotz aller Versuche

5. § 354 ABGB; vgl. John LOCKE: Two Treatises on Government 1690, deutsch von Hans J. HOFFMANN. Wien 1967, § 222: „The reason why men enter into society is the preservation of their property."

6. So meinte ZEILLER, das ABGB müsse außer aus den „Rechtsgrundsätzen der reinen Vernunft" auch noch aus den „Prinzipien der Philosophie, der positiven Gesetzgebung und der Politik" bestehen; ZEILLER, Abhandlung, 171 (Anm. 2).

7. ZEILLER, Abhandlung, 178 (Anm. 2).

8. ZEILLER, Abhandlung, 179 (Anm. 2).

9. Begriff von Franz BÖHM: Privatrechtsgesellschaft und Marktwirtschaft. In: Ordo, 17 (1966), 78 ff. Vgl. auch Franz BYDLINSKI: Privatrecht und umfassende Gewaltenlenkung. In: Willibald POSCH (Hg.): Wertung und Interessenausgleich im Recht. FS f. Walter Wilburg z. 70. Geb., Graz 1975, 63. – Wolfgang ZÖLLNER: Die polit. Rolle des Privatrechts. In: Jus, 1988, 330.

der Landesherren, sie aufzulockern, drückende *Freiheitsbeschränkungen.* Soweit es eine Forstwirtschaft überhaupt gab, wurde sie auf den *Kammergütern mit Hilfe von „Ämtern"*[10] und „Waldamtsinstruktionsordnungen" abgewickelt.

Im Gewerbe verhinderten Zunftwesen und „Landordnungen" nach Möglichkeit jede Veränderung und Erneuerung. Und das Bodenrecht blieb weiterhin feudal nach den Grundsätzen des „Obereigentums und Nutzungseigentums" geordnet. Das heißt, praktisch führte das allgemeine Bürgerliche Recht ein *Lückenbüßerdasein:* Nur soweit nicht *öffentlich-rechtliche Vorschriften bzw. Sitte, Moral, Religion und Wirtschaftsverfassung* eingriffen, blieb ein Raum für Eigentums- und Vertragsfreiheit sowie für die Freiheit der Person unter Lebenden und auf den Todesfall (Testierfreiheit).

5. Doch hatte und hat das ABGB selbst nicht nur Freiheiten im Auge, sondern auch die entsprechenden *Bindungen.* So nominierte das ABGB *nicht nur die Freiheit des Eigentums,* sondern auch die Eigentumsbeschränkungen im Nachbarrecht (§§ 364 ff.) und die vollständige Enteignung „zum allgemeinen Besten" (§ 365).

6. Die im § 861 ABGB proklamierte Vertragsautonomie („so kommt durch den übereinstimmenden Willen beider Teile ein Vertrag zustande") hat ihre *Schranken* nicht nur im Gesetz und in den guten Sitten (§ 879 ABGB), sondern vor allem auch in den Ideen des Vertrauensschutzes und der inneren Ausgewogenheit von Leistung und Gegenleistung: § 934 – laesio enormis.

7. Rund um das Prinzip der Testierfreiheit (§ 533 ABGB) entwickelt das ABGB ein ausgeklügeltes System von *Familienbindungen,* beginnend mit strengen Formvorschriften für Testamente, deren Verletzung zur Familienerbfolge führen, (§ 601 ABGB), über Sittenwidrigkeitsanordnungen („Geliebtentestament" – § 543 ABGB) und Ruptionsvorschriften bei nachgeborenen Erben (§§ 777 ff. ABGB) bis hin zu den Pflichtteilsanordnungen (§§ 762 ff. ABGB).

8. Dasselbe gilt schließlich für das *Schadenersatzrecht.* Dort wurde zwar der Grundsatz der Verschuldenshaftung sozusagen als Kehrseite des Willensdogmas zentral nominiert („fehlerhafter" Wille führt zum Schadenersatz, § 1295 ABGB) – aber schon einige Bestimmungen später stark relativiert: Der Wohnungsinhaber haftet für herabfallende und herausgeworfene Gegenstände; der Hausinhaber für sich ablösende Gebäudeteile und der Tierhalter für seine Tiere nicht nach Verschulden, sondern nach den Grundsätzen der Gefährdungshaftung.[11]

9. Hinzu kommt, daß schon die Redaktoren des ABGB die Haftung von Unmündigen und Geisteskranken (§ 1310 ABGB) nicht zuletzt auf *soziale*

10. So z. B. das berühmte Waldamt „Purkersdorf".

11. §§ 1318, 1319, 1320 ABGB; dazu Helmut KOZIOL: Österr. Haftpflichtrecht II. 2. A. Wien 1984, 387 ff.

Erwägungen gestützt haben. EHRENBERG, LYRO und SCHEPPEL meinten bei der Beratung des § 1310, daß den „Kindern und Wahnsinnigen" zwar die „Freiheit ihrer Handlungen" fehle, daß sie aber immerhin „Ursache der Schädigung" seien. Und noch näher liege ihre Ersatzpflicht, „wenn man sich den Beschädiger wohlhabend, den Beschädigten arm, oft nur von seiner Handarbeit sich ernährend, denkt, wozu ihn ersterer, der ihn sogar verstümmelt hat, nunmehr ganz unfähig macht".[12] Unter dem Eindruck dieser Ausführungen wurde das „Vermögen" als zusätzlicher Haftungsgrund bei nicht deliktsfähigen Schädigern in den § 1310 aufgenommen.

IV. Die Fortentwicklung des Bürgerlichen Rechts: ABGB und BGB

Diese *Ausgewogenheit* zwischen Freiheit und Bindung, der Betonung der Selbstbestimmung des einzelnen auf der einen Seite, bei gleichzeitiger Anerkennung sozialer Rücksichten als Aufgabe des Bürgerlichen Rechts auf der anderen, ist gemeinsam mit der weniger kasuistischen Formulierung der einzelnen Gesetzesbestimmungen und den oft nur rahmenhaften Festlegungen der Hauptgrund für das lange Leben des ABGB. Hierin liegt seine oft zitierte *„Elastizität":* Je nach geistigem Klima und wirtschaftlicher Verfassung konnte einmal die Freiheit und dann wieder die Bindung betont werden.

Diese Elastizität mußte sich schon bald im Zuge des aufkommenden *Liberalismus* „bewähren".

1. Das *liberale Programm* hielt nicht viel von Ausgewogenheit und Pluralität, sondern war zumindest bei vielen seiner Vertreter eine ideologische Apotheose des wirtschaftlich Tüchtigen. Ihm mußte Handlungsfreiheit und damit auch ein großer Aktionsspielraum eingeräumt werden. Nicht nur das Öffentliche Recht (Nachtwächterstaat), sondern – und vor allem – auch das Privatrecht hatte bloß Rahmenbestimmungen vorzugeben und darauf zu achten, daß dem notwendigen wirtschaftlichen Fortschritt keine rechtlichen Prügel in den Weg gelegt wurden.

Damit wurde aber das Recht der bürgerlichen Freiheiten gleichzeitig zu einer verfassungsrechtlichen Grundordnung: zur *„Privatrechtsgesellschaft"*. Eingriffe des Staates waren verpönt, die gesellschaftliche Harmonie ergab sich einzig und allein durch das egoistische Streben des einzelnen nach individuellem Fortschritt und Erfolg.

12. Julius OFNER: Der Ur-Entwurf und die Beratungs-Protokolle des Österr. Allgemeinen bürgerlichen Gesetzbuches II. Wien 1889, 189. Freilich kann man ZEILLER deswegen nicht als Vertreter des „Sozialprinzips" sehen: vgl. Theo MAYER-MALY: Zeiller, das ABGB und wir. In: Walter SELB/Herbert HOFMEISTER: Forschungsband Franz v. Zeiller. Wien-Graz-Köln 1980, 10. – Herbert HOFMEISTER: Die Rolle Zeillers bei den Beratungen des ABGB, a.a.O., 123.

2. Es liegt auf der Hand, daß in einem solchen System alles möglichst rasch und unbehindert ablaufen muß. Verträge sollten daher auch ohne besonderen Aufwand geschlossen und ebenso leicht wieder aufgelöst werden können. *Für feierliche Formen war kein Platz;* auch nicht für Vertrauensschutz oder gar „soziale" Rücksichtnahme auf die innere Ausgewogenheit von Leistung und Gegenleistung. Alles wurde *disponibel* und zur „Ware": Grund und Boden, Arbeitskraft, Wohnraum, ja letztlich auch die Familie. Sie wurde zumindest in ökonomischer Hinsicht sowohl unter Lebenden wie von Todes wegen weitgehend der Vertrags(Testier)freiheit ausgeliefert. Als Grenzen der Freiheit wurden nun Sitte und Moral akzeptiert, die sich in ihrer Vagheit freilich sehr weitherziger Auslegung zugänglich erwiesen.[13]

3. Interessant ist die *Reaktion* der österreichischen Gesetzgebung und Praxis auf diese vor allem von Deutschland her kommende liberale Welle. Man kann diese Reaktion kurz und bündig als juristischen Anschluß an das Deutsche BGB bezeichnen. Und zwar bei aufrechtem ABGB.

Der Gesetzgeber hat diesen *Anschluß* im wesentlichen mit seinen Teilnovellen zum ABGB durchgeführt. Die Praxis mußte naturgemäß andere Mittel anwenden. Um beispielsweise Verträge ähnlich leicht wie im DBGB anfechtbar zu machen, mußte der Vertrauensschutz geltend gemacht werden (§ 871 ABGB). Die Judikatur erfand nun einfach einen vierten: Den „gemeinsamen Irrtum", der den Vertrag sofort auflösbar machte.[14] Gleichzeitig wurde das Prinzip der inneren Ausgewogenheit von Leistung und Gegenleistung aufgegeben: Es wurde üblich, die laesio enormis in Verträgen auszuschließen.

4. Konnte sich der Geschicktere sohin auf Kosten des weniger Geschickten schon durch Rechtsgeschäfte *bereichern,* so ist nicht verwunderlich, daß Grund und Umfang des altehrwürdigen Instituts der „ungerechtfertigten Bereicherung" problematisch wurden. Tatsächlich fiel den Vertretern der liberalen bürgerlichen Doktrin dazu wenig ein. Man stützte die Rückforderung in der Regel auf das Prinzip der „Billigkeit", was im Grunde einer Abdankung der Dogmatik gegenüber dem allgemeinen Ruf „enrichissez vous" gleichkam.[15]

13. § 138 II DBGB war aber nahezu der einzige „Tropfen sozialen Öls" im sonst klassisch liberalen Privatrechtsmodell des deutschen bürgerlichen Rechts. Vgl. Franz WIEACKER: Das Sozialmodell der klassischen Privatrechtsgesetzbücher und die Entwicklung der modernen Gesellschaft. Karlsruhe 1953, 14.

14. OGH 8. 2. 1899 GlUNF 503; 14. 4. 1909 GlUNF 4578; 10. 12. 1929 SZ 11/255; noch weiter geht Armin EHRENZWEIGs Reintegrationslehre: Demnach kann der Irrende seinen Anfechtungsanspruch selbst dann noch aufrecht erhalten, wenn sein Vertragspartner bereits Dispositionen getroffen hat, indem er ihm diesen Dispositionsschaden ersetzt (Armin EHRENZWEIG: System des österr. allg. Privatrechts, I. Bd./1. Hälfte. Wien 1951, 234) – im Ergebnis erkauft sich der Irrende damit sein Anfechtungsrecht.

15. Vgl. dazu kritisch bereits Walter WILBURG: Die Lehre von der ungerechtfertigten Bereicherung. Graz 1934, 18 ff.

5. Aber auch im *Bodenrecht* fielen rechtliche Schranken. Der dort seit Jahrhunderten praktizierte „Vertrauens- und Verkehrsschutz" in Gestalt des Publizitätsprinzips wurde bei Bedarf ebenso geopfert wie die kluge Regel des sachenrechtlichen Typenzwangs. Das wachsende Kreditbedürfnis der liberalen Wirtschaft sprengte alle Fesseln. Man suchte nach angemessenen Besicherungen. Da das Faustpfandprinzip als zu eng erkannt wurde – der Schuldner wollte mit der verpfändeten Sache arbeiten – revitalisierte man die alte fiducia des römischen Rechts in Gestalt der Sicherungsübereignung, bei der der Eigentumsübergang durch bloße Erklärung auch vom Obersten Gerichtshof (OGH) lange Zeit hindurch anerkannt wurde.[16] Hand in Hand damit wurde das Grundbuch entwertet, indem man großzügig „außerbücherliches Eigentum" bzw. „außerbücherliche Servituten" anerkannte. Weder der Käufer noch der Verkäufer waren nunmehr verpflichtet, sich die Liegenschaften in natura anzusehen – sie konnten wie jede andere Ware auch vom grünen Tisch aus ver- und gekauft werden.

6. Daß dies alles nicht dem Geist des alten ABGB, ja vielfach nicht einmal dem Buchstaben des Gesetzes entsprach, störte niemanden. Man nannte es vielmehr eine notwendige *Rechtsfortbildung*.

Zu diesem Zweck wurden die entsprechenden *Prinzipien* des DBGB einfach ins österreichische Recht übertragen. Ein Beispiel dafür ist der „favor testamenti", wonach im Zweifel ein Testament so auszulegen ist, daß es gültig bleibt. Dieser Grundsatz ist dem ABGB fremd, da dieses, wie gezeigt, das Familienerbrecht bevorzugt. Nichtsdestoweniger wurde dieser favor von Lehre und Rechtsprechung zum geltenden Recht erhoben.[17]

7. Dort wo das österreichische Recht keine dezidierte eigene Regelung kannte, zog vor allem die österreichische Zivilrechtsdoktrin einfach die entsprechenden Regeln des DBGB heran, so als *wären* sie geltendes österreichisches Recht. Armin EHRENZWEIG beispielsweise pflegte eine ganze Reihe seiner Lehrmeinungen einfach mit dem entsprechenden Paragraphen des DBGB zu begründen.[18]

8. Bisweilen wurde das Deutsche Bürgerliche Gesetzbuch selbst dort zur *unmittelbaren Rechtsquelle,* wo die österreichische Lehre und Praxis Jahrzehnte hindurch den gegenteiligen Standpunkt vertreten hatte. Ein Beispiel dafür ist § 31 DBGB. Demnach haftet eine juristische Person nur für ihre verfassungsmäßigen Organe; eine GmbH also für ihre Geschäftsführer, ein

16. Vgl. OGH JBl. 1917, 33; 21. 9. 1915 GlUNF 7580, 8. 1. 1914 GlUNF 6750.

17. Armin EHRENZWEIG/Winfried KRALIK: System des allg. bürgerlichen Rechts IV. 3. A. Wien 1983, 124.

18. So beispielsweise die Ansicht, daß der Todeszeitpunkt für die Errichtung eines Vermächtnisses entscheidend sei, falls der Erblasser im Testament keinen Zeitpunkt nominiert hatte – § 2181 DBGB; § 151 DBGB mußte herhalten, um EHRENZWEIGs Lehre vom erlaubten Verzicht auf die Anerkennungserklärung durch den Vertragsofferenten zu stützen; vgl. EHRENZWEIG, System II, 3. A., 85, 135; ähnliche Anleihen beim DBGB auf den Seiten 33, 100, 101, 192, 110, 122, 133 u. a. (Anm. 14).

Verein für seinen Vorstand usw. Es liegt auf der Hand, daß auf diese Weise Unternehmungen, die körperschaftlich organisiert waren, möglichst von Schadenersatzansprüchen freigehalten wurden. Das entsprach ganz dem Fortschritts- und Tüchtigkeitsglauben des Liberalismus.

Es widersprach hingegen ebenso deutlich der jahrzehntelangen Praxis des OGH. Dieser ließ juristische Personen sogar für ganz *subalterne Personen* einstehen, die für diese juristischen Personen handelten. Also zum Beispiel eine Omnibusgesellschaft für das Verschulden eines Pferdekutschers, der die Gäste im Auftrag der Gesellschaft zum Omnibus brachte und dabei einen Unfall verursachte.[19] Die nunmehr gegenteilige unternehmensfreundliche Auffassung wurde ab sofort praktiziert und bis in die siebziger Jahre unseres Jahrhunderts hinein auf § 31 DBGB gestützt.

Für eine ähnliche *Unternehmerfreundlichkeit* sorgte § 831 BGB. Demnach konnte sich ein Unternehmer bei schuldhaftem Verhalten eines „Verrichtungsgehilfen“ exkulpieren. In Österreich hat der Novellengesetzgeber nachgezogen: Gemäß § 1315 ABGB haftet ein Unternehmer für seinen „Besorgungsgehilfen“ nur bei „wissentlicher Gefährlichkeit“ bzw. „Untüchtigkeit“.

Dies entsprach der allgemeinen *liberalen Tendenz*, Unternehmungen frei von ökonomischen Belastungen durch Schadenersatzansprüche zu lassen. Es waren ja die Unternehmungen, die den Fortschritt sicherten und den Reichtum mehrten.

9. Daher überraschte es auch nicht, daß der Liberalismus keinerlei Verständnis für *soziale Abwägungen* aufbrachte. Die Haftung der Kinder und Geisteskranken wurde nicht mehr länger auf Erwägungen wie „arm“ oder „reich“ gestützt, wie das noch die Redaktoren des ABGB taten, sondern ganz forsch auf das „Interesse des Verkehrstüchtigen“ gegenüber allen anderen, die diesen Standard nicht erreichten.[20] Denn: „Die Welt des Rechts ist kein Tollhaus und keine Kleinkinderbewahranstalt“.[21]

Dieser Bruch in der Einstellung zur sozialen Abwägung findet praktisch zwischen zwei *Generationen* statt. Noch UNGER hatte ganz allgemein den Grundsatz des „richesse oblige“ bei schuldloser Schadenszufügung vorgeschlagen und den Grund dieser Haftung „im objektiven Sozialmoment“ gesehen.[22]

Schon sein Schüler PFAFF hatte dafür keinerlei Verständnis. Für ihn waren Kategorien wie arm und reich im Rechtsleben völlig belanglos. In seiner

19. OGH 11. 11. 1903 GlUNF 2486, vgl. auch 7. 2. 1901 GlUNF 1279, 22. 12. 1909 GlUNF 4848.

20. Max RÜMELIN: Schadenersatz ohne Verschulden, Tübingen 1910, 53.

21. Hans A. FISCHER: Die Rechtswidrigkeit mit besonderer Berücksichtigung des Privatrechts. München 1910, 45.

22. Joseph UNGER: Handeln auf eigene Gefahr. Jena 1904, 140 f.: „Es kommt auf die ökonomische Tragfähigkeit an.“

berühmten Replik gegen UNGER hielt er seinem Lehrer entgegen, daß es im Schadenersatzrecht einzig und allein auf das *Verschulden* ankomme, unverschuldetes Unrecht müsse ohne Ersatz bleiben.[23] Soziale Rücksichten waren den liberalen Dogmatikern bloße „sentiments de charité" wie sie PLANIOL bezeichnet und nicht mehr.[24] RÜMELIN konnte sich solche Sentimentalitäten bestenfalls im Öffentlichen Recht, etwa im Rahmen der bereits geschaffenen Sozialversicherung vorstellen, niemals aber im Privatrecht.[25]

V. Die Zweite Republik

Die – einseitige – Antwort auf diese einseitige Apotheose der Tüchtigkeit, Freiheit und Selbstbestimmung ließ nicht lange auf sich warten. Das so in Pflicht genommene *Öffentliche Recht* wucherte zum Sozialrecht schlechthin aus. Zunächst einmal interimistisch und episodenhaft in Gestalt eines „Rechts der Volksgenossen" mit den spezifisch kollektiven Elementen des Nationalsozialismus.

Aber schon bald nach dem Zweiten Weltkrieg entstand der neue *soziale Wohlfahrtsstaat*. Mit vielen Zügen der alten Wohlfahrtsökonomie des aufgeklärten Absolutismus. War es dort der „gute Kaiser" gewesen, der um seine Untertanen bis hin zu Kleidervorschriften und Gestaltungsanordnungen für die Fest- und Feiertage besorgt war, so kümmerten sich nunmehr die Parteien und Verbände um ihre „Konsumenten". Sie wurden und werden in allen Lebenslagen geschützt: durch Mieterschutz, Arbeitnehmerschutz, Kreditschutz, Wettbewerbsschutz, Berufsstandesschutz bis hin zum Konsumenten- und Umweltschutz.

Der *Staat* tritt auf als protector generalis und Maschinist einer gewaltigen Umverteilungs- und Zuteilungsmaschinerie. Die politische Verfassung dieser Schutzordnung ging wieder wie schon im Absolutismus auf das Öffentliche Recht über. Von einer „Privatrechtsgesellschaft" konnte keine Rede mehr sein. Das ABGB degenerierte abermals zum Lückenbüßer.[26]

1. Hatte man in der liberalen Periode die *Bindungen* der Vertrags- und Eigentumsfreiheit weitgehend vergessen oder „weginterpretiert", so wurden sie nunmehr überstrapaziert. Der Privatautonomie wurde das Prinzip des „Schwächerenschutzes" gegenübergestellt. Dieser geht über den alten

23. Leopold PFAFF: Zur Lehre vom Schadenersatz und Genugtuung nach österr. Recht. Wien 1881, 112.

24. Marcel PLANIOL, Revue crit. lég 34 Paris 1905, 282, 289.

25. RÜMELIN, Schadenersatz, 9 Anm. 4 (Anm. 20).

26. Ein ähnlicher Befund wird auch für das deutsche Recht aufgenommen: vgl. ZÖLLNER, Rolle, 33 ff. (Anm. 9). – Ds., Zivilrechtswissenschaft und Zivilrecht im ausgehenden 20. Jahrhundert. In: Archiv für die civilistische Praxis (AcP), 188 (1988), 85 ff. – Ernst-J. MESTMÄK - KER: Der Kampf ums Recht in der offenen Gesellschaft. In: Rechtstheorie, 20 (1989), 282 ff.

Vertrauensgrundsatz des ABGB und über die Idee der Äquivalenz von Leistung und Gegenleistung hinaus.

So wurde im Zuge des *Konsumentenschutzes* die laesio enormis im ABGB unabdingbar gestellt – aber gleichzeitig eine darüber hinausgehende umfassende Inhaltskontrolle von Verträgen in einem eigenen Konsumentenschutzgesetz (KSchG) eingeführt („Materialisierung des Privatrechts").

Als Antwort auf aggressive Werbemethoden kennt dieses Gesetz vor allem ein Rücktrittsrecht ohne weitere Begründung bei sogenannten „Haustürgeschäften" und eine stattliche Anzahl von verbotenen Klauseln. Gleichzeitig wurden den alten Sittenwidrigkeits- und Wuchergrenzen neue, verdünnte Nichtigkeitstatbestände vorgeschaltet: Die „überraschenden" Klauseln (§ 864a) und die „gröbliche Benachteiligung" (§ 879 Abs. 3).[27]

Insgesamt wurden die *Bürger* solcherart ziemlich generell jenen Personen gleichgestellt, die „unter dem besonderen Schutz der Gesetze" stehen.[28] Ob der einzelne auf diese Weise auf die Tücken des Rechtsverkehrs sinnvoll vorbereitet wird oder im Gegenteil nie lernt, ohne Krücken zu gehen, ist durchaus offen.

2. Ein ähnlicher *Schwächerenschutz* dominiert heute auch die *Eigentumsordnung*. Hier regiert die „Sozialbindung". Dafür reichen freilich die Ansätze im ABGB nicht aus. Der Großteil der neuen Schutzrechte wurde im Öffentlichen Recht entwickelt.[29]

So standen sehr bald der Eigentumsfreiheit des § 354 ABGB zahllose öffentlich-rechtliche Gesetze gegenüber, die allesamt in die *Gegenrichtung* zielten: Grundverkehrsgesetze, Bauordnungen, Flächenwidmungspläne, Raumordnungsvorschriften, Stadterneuerungsgesetze und Bodenbeschaffungsgesetze, Ortsbilderhaltungsvorschriften usw. Dazu kamen „Legalservituten"[30], Anschlußzwangsvorschriften und zahlreiche entschädigungslose Eigentumsbeschränkungen bzw. Enteignungen.

Insgesamt führte diese öffentlich-rechtliche Gesetzesinflation zu einer *Refeudalisierung* von Grund und Boden: Der Staat erscheint zunehmend als Obereigentümer – der einzelne Bürger als sein Lehensnehmer und Nutznießer.

27. Vgl. Heinz KREJCI: Handbuch zum Konsumentenschutzgesetz. Wien 1981, passim. – Günther HÖNN: Kompensation gestörter Vertragsparität. München 1982. – Franz BYDLINSKI: Die Grundlagen des Vertragsrechts im Meinungsstreit. In: Baseler Juristische Mitteilungen, 1982, 26 ff. – Wolfgang SCHUHMACHER: Verbraucherschutz bei Vertragsanbahnung, Wien 1983.

28. Das sind Personen, die „alle oder einzelne ihrer Angelegenheiten selbst gehörig zu besorgen nicht vermögen" – § 21 ABGB. Vgl. zur „Schutz-Ideologie": Herman WEITNAUER: Der Schutz des Schwächeren im Zivilrecht. Karlsruhe 1975. – Eike von HIPPEL: Der Schutz des Schwächeren. Tübingen 1982.

29. Ähnlich auch die Beobachtungen von Martin BULLINGER: Öff. Recht und Privatrecht. Stuttgart 1968, 76 ff. – BYDLINSKI, Privatrecht, 64 f. (Anm. 9). – ZÖLLNER, Rolle, 331 (Anm. 9).

30. Darunter versteht man öffentlich-rechtliche Belastungen, die den jeweiligen Liegenschaftseigentümer treffen, ohne daß sie – wie z. B. Leitungsrechte – im Grundbuch aufscheinen.

3. Im gleichen Ausmaß, in dem der Eigentümer von Grund und Boden, von Haus und Wohnraum immer stärker zum Adressaten neuer öffentlich-rechtlicher Belastungen wurde, räumte man Mietern und ähnlichen Nutzungsberechtigen *eigentumsähnliche* Rechte ein. Zunächst erhielten die Mieter von Lehre und Rechtsprechung denselben Schutz vor Störungen und Beschädigungen wie der Eigentümer.[31] Der eigentliche Mieterschutz tat noch ein übriges: Er schuf „Eintrittsrechte" naher Angehöriger in das Mietverhältnis, die geradezu erbrechtlichen Charakter haben und gewährt darüberhinaus den Mietern Tausch- und Abtretungsrechte ohne Einspruchsmöglichkeit des Liegenschaftseigentümers.[32]

Diese Entwicklung führt zu einer schiefen *Verantwortungslage* zwischen Eigentümern und obligatorisch Nutzungsberechtigten. Die einen haben den guten Tropfen, die anderen den schlechten. Den Eigentümern wachsen immer mehr Pflichten zu, die Mieter und Nutzungsberechtigte nicht treffen, dafür bekommen letztere immer mehr eigentümerähnliche Rechte.[33] Kein Wunder, wenn solche eigentumsähnlichen Rechtspositionen ohne entsprechende Pflichtenlage beim Publikum besser ankommen, als das öffentlich-rechtlich stark belastete Grund-, Haus- und Wohnungseigentum.[34]

4. Daß solche *Berechtigungslagen ohne entsprechende Verpflichtungen* der Idee der Selbstbestimmung und Eigenverantwortung kraß widersprechen, liegt auf der Hand. Sie sind aber typisch für die Sozialisierung privater Verantwortung in der Zweiten Republik. Das gilt für die Familie genauso wie für den Konsumenten, für den Arbeitnehmer wie für den Schadenersatzgläubiger.

Im *Familienrecht* ist die Verstaatlichung alter privater Funktionen am weitesten gediehen.[35] Ein verzweigtes System von staatlichen Zuschüssen, Beihilfen, Rentenzahlungen und sonstigen Transferüberweisungen übernimmt einen guten Teil der Existenzsicherungsfunktion der Familie. Die Erziehung wird heute zunehmend in die Hände von staatlichen Kindergärten und staatlichen Ganztagsschulen gelegt.

In den Krisenfällen des Lebens, wie Krankheit, Arbeitslosigkeit und in der Altersvorsorge, schaltet sich die *Sozialversicherung* ein.

31. Heinrich KLANG: Der Rechtsschutz des Mieters gegen Dritte. In: JBl., 1947, 429–435 mwN der Judikatur. – OGH 2. 10. 1984, in: JBl., 1985, 492. – Peter APATHY: Die Publizianische Klage. Wien 1981. Seit neuestem gewährt der OGH dem Mieter die Bereicherungsklage (JBl., 1990, 453), die Negatorienklage (JBl., 1990, 447) und die Schadenersatzklage (JBl., 1991, 247).

32. Vgl. §§ 14, 13 und 12 Abs. 1 und 2 Mietrechtsgesetz (MRG).

33. Zu dieser Entwicklung Bernd SCHILCHER: Die Stellung des Mietrechtsgesetzes im System der Wohnrechtsordnung. In: Heinz KREJCI: Handbuch des MRG. Wien 1985, 82 ff. – Ablehnend auch Karl SPIELBÜCHLER: Entscheidungsbesprechung. In: JBl., 1990, 449.

34. Das dürfte einer der Gründe sein, weshalb großangelegte Angebote der öffentlichen Hand, Mietwohnungen in Eigentumswohnungen überzuführen, auf relativ geringes Echo stoßen.

35. So auch Theo MAYER-MALY: Rechtswissenschaft. 2. A. München 1981, 178 f.

Und selbst für die verbleibenden *Restfunktionen* der Familie hat die Reformgesetzgebung der Zweiten Republik einen erheblichen Sozialisierungsschub gebracht.

Unter dem Gesichtspunkt der *Gleichheit* wurden Mann und Frau in der Ehe gleichgestellt. Damit trat aber an die Stelle des Mannes als Haupt der Familie der Richter: Schon wenn sich heute zwei Eheleute über den Vornamen ihres frischgeborenen Kindes nicht einigen können, muß das Gericht entscheiden.

Daß die *formlose Lebensgemeinschaft* gleichzeitig in vieler Hinsicht der Ehe gleichgestellt wurde, macht heute nicht nur praktizierenden Katholiken erhebliches Kopfzerbrechen.

Eine ähnliche Verstaatlichung hat das *Kindschaftsrecht* erfahren. Jugendämter und Familiengerichte haben bei Scheidungswaisen und im Falle nicht funktionierender Familienbeziehungen weitreichende Eingriffsmöglichkeiten erhalten.

5. Am deutlichsten ist freilich der Abschied vom Liberalismus im *Schadenersatzrecht* ausgefallen. Das liegt nicht nur an der Erhöhung des technischen Schädigungspotentials durch Eisenbahnen und Kraftfahrzeuge, Arbeitsmaschinen, Flugzeuge, Atomkraftwerke usw., sondern in erster Linie auch an der neuen Empfindlichkeit der Bürger, die von einer überaus sozial gestimmten Gesetzgebung und Judikatur stark gefördert wird.

Das ABGB sah noch im § 1311 vor, daß im Zweifel der Geschädigte den Schaden selbst zu tragen habe. Nur ausnahmsweise, bei Vorliegen besonderer Gründe wie Verschulden, Gefährlichkeit und Schadenersatzfähigkeit (§ 1310 ABGB) sollte eine *Überwälzung* auf den Schädiger stattfinden.

Heute ist diese *Wertung* auf den Kopf gestellt. Grundsätzlich darf kein Geschädigter auf seinem Schaden sitzen bleiben. Und dies scheint auch möglich und zumutbar, da heute hinter den meisten Schädigern eine Versicherung steht. Eine staatliche oder private. § 1 der heimlichen österreichischen Haftungsordnung lautet daher: „Wer versichert ist, der haftet" – „richesse oblige" im neuen Gewande.

Sozialisiert man die *Haftung* auf diese Weise, dann werden Unternehmungen, Gesellschaften und Körperschaften zu guten Haftungsadressaten. Das heißt, auch hier wurde die liberale Wertung umgedreht: Waren Lehre und Rechtsprechung ehedem bemüht, solche Unternehmen möglichst von allen Ersatzansprüchen freizuhalten, so sind sie heute zu guten Adressen für die Schadensüberwälzung geworden. Oft bleibt ihre Fähigkeit, den Schaden über die Preise weiterzugeben, der einzige Haftungsgrund. So etwa bei Unternehmen, die für unvermeidbare „Ausreißerschäden" nach dem Produkthaftungsgesetz (PHG) haften, oder noch deutlicher bei Importeuren von solchen Waren.[36] Ihre Haftung entspricht nur noch dem Bedürfnis des Geschädigten, im Inland eine Haftungsstelle zu finden.

36. Vgl. § 1 und 2 PHG 1988.

Ähnliche Entwürfe einer strikten Haftung liegen bereits für *Umweltschäden* vor und werden europaweit diskutiert.[37]

6. Für derart „verdünnte" Schadenszurechnungen werden neben dem Gesichtspunkt des Schwächerenschutzes vor allem auch *ökonomische* Überlegungen ins Treffen geführt. Je rascher und kostengünstiger der Ersatz, desto besser für den Geschädigten und für die Schadenskollektive.

Getreu diesem Grundsatz haben Privat- und Sozialversicherungen schon längst *„Teilungsabkommen"* geschlossen, bei denen sie Regreßforderungen „rationalisieren". Die Privatversicherung ersetzt der Sozialversicherung den geltend gemachten Schaden in der Höhe von etwa 60 Prozent – dafür aber ohne Prüfung der „Sach- und Rechtslage".

Wird aber von den eigentlichen *Verantwortungsgründen* abstrahiert, dann ist von den Teilungsabkommen zu den reinen Versicherungslösungen, bei denen nur der Schaden geprüft wird und der Ersatz aus einem großen Topf erfolgt, in den alle hineinzahlen, nur mehr ein sehr kleiner Schritt.

Solche *Koalitionen* zwischen sozialgestimmten Schutztheoretikern und den reinen Pragmatikern des „economic approach" sind natürlich der Tod aller liberalen Selbstbestimmungsüberlegungen.[38] Der Schaden wird ersetzt, weil er eingetreten ist – nicht weil jemand dafür verantwortlich gemacht werden kann. Der unmittelbare Ersatzpflichtige ist nur noch eine „Durchgangsstation". Man erwartet von ihm als „cheapest cost avoider", daß er diesen Schaden entweder über die Preise oder über Versicherungsprämien auf ein großes Publikum hin „pulverisiert" („risk spreading").

7. An dieser Entwicklung gegen den Liberalismus ist zu einem erheblichen Teil der Liberalismus selber schuld. So hatten die Redaktoren des liberalen DBGB die Idee, den Haftungsumfang durch die Schwere des Verschuldens zu begrenzen, als einen Rückfall in „moralisierende" Zustände brüsk zurückgewiesen. Zweck des Schadenersatzes sei nicht Strafe oder Prävention, sondern der Ausgleich des Nachteils.[39] Wer aber alles *Moralische* aus dem Recht verbannt, darf sich nicht wundern, daß letztlich auch der Wert der Eigenverantwortung dasselbe Schicksal teilt.

Je mehr Gesetzgebung, Lehre und Rechtsprechung die Haftungshürden senken, desto größer wird aber auch die *Begehrlichkeit*. Es ist eine typi-

37. Dazu Bernd SCHILCHER: Umweltschutz und Haftpflichtrecht. In: Ergänzungen. Ergebnisse der Wissenschaftlichen Tagung anläßlich der Einweihung des Ergänzungsbaus der Hochschule St. Gallen. Bern-Stuttgart 1990. 575 ff. – Peter RUMMEL/Ferdinand KERSCHNER (Hg.): Umwelthaftung im Privatrecht. Wien 1991. – Monika GIMPEL-HINTEREGGER: Der Umweltschaden im Privatrecht. In: ÖJZ, 1992 (im Druck).

38. Wie so oft lassen sich liberale „Technokraten" gerne vor den Karren sozialer Romantiker spannen: Da ihr Hauptaugenmerk nur der Kostenrationalisierung gilt, rationalisieren sie mit den Kosten häufig auch die wichtige gesellschaftliche Wertung weg – hier den Wert der persönlichen Verantwortung. So gesehen ist der „economic approach" ein Katalysator für Sozialisierung von Verantwortung.

39. Motive zum Entwurf eines Bürgerlichen Gesetzbuches für das Deutsche Reich II, 17 f.

sche Erscheinung der Rechtsentwicklung der Zweiten Republik, daß neue anspruchsbegründende Gesetze oder ebensolche Judikaturwendungen meist nicht bedarfsdeckend, sondern bedarfsweckend wirken. Die „Begehrungsneurose“, zu Beginn des Jahrhunderts noch eine vom OGH anerkannte Spezialkrankheit,[40] ist heute zur Grundeinstellung des Bürgers geworden.

8. Ein übriges tut die *Gesetzgebung* allgemein. Ihr inflationsartiges Anwachsen läßt auch die Zahl der Schadenersatzprozesse explodieren. Vertragsverfasser, Ärzte, Beamte, Schuldirektoren, Sozialversicherungsangestellte – sie alle leben heute ziemlich riskant, weil sie von Gesetzen, Verordnungen, Erlässen geradezu umzingelt sind und das Übersehen von Bestimmungen oder deren Verletzung oft kaum noch vermeidbar erscheint. Die rasch anwachsende Zahl von Prozessen gegen Anwälte, Ärzte und Gebietskörperschaften untermauert diese These eindrucksvoll.

Daß bei diesem „privaten Umverteilungsprozeß“ durch Schadenersatz, ähnlich wie beim öffentlichen der Transferzahlungen, die Geschickteren und weniger Skrupelhaften und wohl auch jene, die sich aufwendigen Rechtsbeistand leisten können, auf Kosten der „braven Bürger“ profitieren, die über Steuern und Versicherungsprämien zwar immer ordentlich mitzahlen, aber nur ganz selten „gewinnen“, macht die ganze Entwicklung nicht sympathischer.[41]

9. Auffallend bei dieser Art des Schwächerenschutzes ist zudem, daß er gegenüber der *öffentlichen Hand* so gut wie nicht funktioniert. Das beginnt schon mit dem bekannten „Zugang zum Recht“. Ihn findet, wie schon angedeutet, gerade nicht der Schwächere. Das beweist die geringe Zahl von Konsumentenschutzklagen – im übrigen auch von Verbandsklagen[42] – und die Struktur der Produkthaftungsprozesse: Letztere werden in den seltensten Fällen von Konsumenten, in der überwiegenden Zahl von großen Unternehmungen oder Versicherungen angestrengt. Je höher die Streitsummen, je komplizierter die Prozesse, desto verläßlicher scheiden die kleinen Leute als Kläger aus. Gerichtsverfahren schrecken heute mehr denn je ab: Aufgrund der hypertrophen Gesetzeslage sind sie ja nicht einfacher und auch nicht kostengünstiger geworden als vorher.

10. Noch deutlicher wird der versagende *Konsumentenschutz* überall dort, wo sich die öffentliche Hand private Rechtsformen und Institute für ihre Zwecke zurechtrichtet.

40. Unter Begehrungsneurose versteht der OGH den zwanghaften Wunsch, vom Schädiger mehr zu bekommen, als rechtlich zusteht; er wird als „Körperschade“ eingestuft OGH GlUNF 4386, JBl., 1919, 28.

41. Vgl. Bernd SCHILCHER: Die Selbständigen und die Betreuten. In: Josef KRAINER/Wolfgang MANTL/Manfred PRISCHING/Michael STEINER (Hg.): Nachdenken über Politik. Graz-Wien-Köln 1985, 87.

42. Sogenannte Verbandsklagen berechtigen Kammern und Verbände z. B. sittenwidrige Vertragsklauseln in Allg. Geschäftsbedingungen feststellen zu lassen – vgl. § 28 KSchG.

Das beginnt zum Beispiel in den *Wohnbauförderungsgesetzen* mit leicht modifizierten „Darlehenskonstruktionen" der öffentlichen Hand. Als bürgerlich-rechtliche Rechtsinstitute verhindern sie die öffentlichrechtliche Kontrolle – und aufgrund ihrer kleinen „Modifikationen" muß jeder Kläger auch vor den bürgerlichen Gerichten scheitern.[43]

Nach dem selben Muster sind *Subventionen* gestrickt, die in Gestalt von – modifizierten – Schenkungen auftreten, oder „Verträge" zwischen Bürgern und Steuerbehörden, die unter dem Druck von Steuerprüfungen abgeschlossen werden.[44]

Das Bodenbeschaffungsgesetz und das Stadterneuerungsgesetz kennen ein *„Vorkaufsrecht"*, das freilich zu einem von der Behörde bestimmten Preis und ohne Rücksicht auf sonstige Nebenbedingungen, die nicht in Geld ablösbar sind, von der öffentlichen Hand ausgeübt werden kann – und sohin nichts anderes darstellt als eine Enteignung ohne Verfahrensschutz.[45]

Vergleichsweise harmlos sind hier noch die schon erwähnten *„Legalservituten"*, die in keinem Grundbuch eingetragen sein müssen, die man daher häufig gar nicht kennt und die zur echten Tücke für einen Liegenschaftskäufer werden können.

11. In solchen und ähnlichen Fällen wird das Bürgerliche Recht vom Öffentlichen schlicht und einfach instrumentalisiert. Solche *Instrumentalisierungen* passieren aber auch durch private Bürger. Sie und ihre Rechtsvertreter stellen privatrechtliche Institute ganz einfach in den Dienst der Steuer- oder Sozialversicherungsvermeidung; und noch weitgehend in den Dienst der Abwehr von Schutzgesetzen mit „überschießender Regelungstendenz": Mieterschutz, Arbeitnehmerschutz usw.[46]

So verdankt das Superädifikat seine Renaissance weniger einem echten Bedürfnis nach Wohn- und Geschäftsräumen als vielmehr dem Wunsch nach *steuerschonender* Teilung von Grund und Boden einerseits und „Überbau" andererseits.

Rechtsanwälte führen endlose Kämpfe um immer *neue Vertragsformen,* die keine arbeitnehmerschutzrechtlichen und sozialversicherungspflichti-

43. Vgl. §§ 11 ff. WohnbauförderungsG 1968; dazu krit. Franz BYDLINSKI: Zur Erneuerung der Struktur der Rechtsordnung. Wien 1969, 34.

44. Vgl. dazu Hans G. RUPPE: Konsumentenschutz und Abgabenrecht. In: Bernd SCHILCHER/Rudolf BRETSCHNEIDER: Konsumentenschutz im öff. Recht. Wien 1984, 210 ff.

45. So Josef AICHER: Das Bodenbeschaffungsgesetz. Wien 1975, 42 ff.

46. Da solche gesetzlichen Anordnungen von den „Partnern" der Geschützten nicht selten bereits als „rechtswidrige" Angriffe auf eigene Güter empfunden werden, handelt man in „Notwehrgesinnung"; vgl. dazu Bernhard GROSSFELD: Zivilrecht als Gestaltungsaufgabe. Heidelberg-Karlsruhe 1977, 79 ff. – W. Rainer WALZ: Die steuerrechtliche Herausforderung des Zivilrechts. In: Zeitschrift für das gesamte Handelsrecht und Wirtschaftsrecht (ZHR), 147 (1983), 281–312. – Roger ZÄCH: Das Privatrecht in veränderter Umwelt. In: ZfSchwR, 1986, 3–46. – ZÖLLNER, Rolle, 331 (Anm. 9).

gen Folgen auslösen.[47] JOERGES hat hier zutreffend an die Fabel von Hase und Igel erinnert.[48]

Dasselbe gilt für „mieterschutzvermeidende" *Wohnrechtsformen.* Sie werden von findigen Anwälten in Verkehr gesetzt, überdauern die eine oder andere Entscheidung erster Instanz und werden schließlich vom OGH mehr oder weniger zurückgestutzt.[49]

Nun kann man auch hier zur Not noch von der „freiheitsbewahrenden" Funktion privatrechtlicher Institute sprechen – von ihrem *ursprünglichen Zweck* sind sie freilich meilenweit entfernt. Daß ein guter Teil der bürgerlichrechtlichen Praxis heute vorwiegend bis ausschließlich damit beschäftigt ist, Gesetze mit der besagten überschießenden Regelungsdichte zu korrigieren bzw. zu umgehen und daß der andere, nämlich gerichtliche Teil, ebenso umfassend mit der Korrektur dieser Korrekturen voll ausgelastet wird, verleiht der österreichischen Rechtsentwicklung eher die Züge eines Hahnenkampfes als einer überzeugenden Pflege der Rechtskultur.[50]

VI. Eine Renaissance des Bürgerlichen Rechts?

Angesichts der gescheiterten sozialistischen Systeme in der Sowjetunion und anderen kommunistischen Staaten haben die *bürgerliche Gesellschaft* und damit das *Bürgerliche Recht* weltweit Auftrieb erhalten.[51] Die Idee der Selbstgestaltung der eigenen Angelegenheiten anstelle von staatlicher Planung und Verwaltung gewinnt ebenso wieder an Ansehen wie die Topoi der Marktwirtschaft, der Privatisierung und der Gewaltenteilung.[52] KANTs Antagonismus von Staat und Gesellschaft soll erneut fruchtbar gemacht werden.[53] Der Staat garantiert dabei die Gleichheit der Chancen – nicht die

47. Ein Beispiel ist der „Werkvertrag" anstelle des „Dienstvertrags" – oder die gesetzlich abgesicherte „besondere" Vertragsgestaltung zwischen dem ORF (Österr. Rundfunk) als Dienstgeber und seinen freien Mitarbeitern; Wolfgang ZÖLLNER: Privatautonomie und Arbeitsverhältnis. In: AcP, 176 (1976), 221–246.

48. Christian JOERGES: Verbraucherschutz als Rechtsproblem. Eine Untersuchung zum Stand der Theorie und zu den Entwicklungsperspektiven des Verbraucherrechts. Heidelberg 1981, 71. – Zustimmend Dieter REUTER: Die ethischen Grundlagen des Privatrechts – formale Freiheitsethik oder materiale Verantwortungsethik? In: AcP, 189 (1989), 218.

49. Das trifft z. B. auf das „obligatorische Wohnrecht" zu, mit dem der alte „usus habitationis" wieder erweckt wurde – vgl. SCHILCHER, Stellung, 65 ff. (Anm. 33). – Heinrich HONSELL: Privatautonomie und Wohnungsmiete. In: AcP, 186 (1986), 115–186.

50. Das gilt insbesondere für das Sozialversicherungs- und Steuerrecht; vgl. Heinz KREJCI: Konsumentenschutz und Sozialrecht. In: SCHILCHER/BRETSCHNEIDER, Konsumentenschutz, 119 ff. und RUPPE: Konsumentenschutz und Abgabenrecht, ebenda, 197 f. (Anm. 44).

51. Vgl. Ernst-J. MESTMÄCKER: Die Wiederkehr der bürgerlichen Gesellschaft und ihres Rechts. In: Die Zeit, 2. August 1991, 18.

52. MESTMÄCKER, Kampf, 281 f. (Anm. 26). – REUTER, Grundlagen, 214 ff. (Anm. 48). – ZÖLLNER, Rolle, 335 f. (Anm. 9).

53. So ausdrücklich MESTMÄCKER, Kampf, 282 (Anm. 26).

der Einkommen – die Gesellschaft gibt dem einzelnen Bürger Individualrechte zurück, damit an die Stelle des gegenwärtigen kollektiven Verteilungskampfes wieder ein individueller „Kampf ums Recht" – sprich: ein Wettbewerb der Leistungsfähigen tritt. Statt der materiellen Verantwortungsethik als Maßstab der rechtlichen Gestaltung soll wieder die formale Freiheitsethik an Bedeutung gewinnen.[54]

Diesen stark ideologisch gefärbten Positionen entsprechen freilich bereits einige konkrete Entwicklungen in Österreich. So ist der verwaltende Staat vor allem im *Raumplanungs-* und *Umweltrecht* deutlich an die Grenzen des kollektiv Machbaren angelangt. Die Instrumente der privaten Umwelthaftung treten daher wieder in den Vordergrund. Ebenso erkennt man, daß der *Wettbewerb* staatlichen Kontrollen zumindest in Teilbereichen überlegen ist. Jedenfalls in der Preisgestaltung, unter Umständen aber sogar im Mietrecht. Selbst der traditionelle Arbeitnehmer-, Lehrlings- und Mutterschutz wird heute nicht nur als Fortschritt empfunden. Ähnliches gilt bereits vom Konsumentenschutz.

Immer häufiger kommt es auch zu *„Ausgliederungen"* staatlicher Aufgaben und damit zu einer ersten Stufe der *Privatisierung*. Ganz allgemein flüchtet der Staat gerne in die Privatwirtschaftsverwaltung und bedient sich dort bürgerlich-rechtlicher Instrumente, wie vor allem des Vertrags. Dieser findet freilich auch in der Hoheitsverwaltung Anwendung.

Folgt man den neuen Ideologien der *bürgerlichen Freiheit,* so müßten wirtschaftliche Tüchtigkeit, Eigentumsfreiheit und Selbstbestimmung wieder zu den dominierenden Staats- und Gesellschaftszielen werden. Das Privatrecht hätte aus seiner Lückenbüßerfunktion in eine führende Rolle im politischen Programm und in der täglichen Praxis umzusteigen. Kurt BIEDENKOPF spricht geradezu von der „Wiederentdeckung des Privatrechts".[55]

Die entscheidende Frage lautet daher: *Zurück* zum Privatrecht und damit zum Liberalismus des 19. Jahrhunderts – oder doch nur *Korrektur* der überbordenden Wohlfahrtsökonomie der letzten 50 Jahre mit den Instrumenten des Privatrechts?

Für die Antwort auf diese Frage ist ein Blick auf die *Entwicklung des ABGB* nützlich. Sein Dualismus von Freiheit und Gleichheit, von Selbstbestimmung und Sozialbindung, von Privatautonomie und materieller Richtigkeitsgewähr sollte im Verein mit den Erfahrungen seiner fast zweihundertjährigen Geschichte vor neuen Einseitigkeiten bewahren. Das Bild des Bürgers darf sich weder an den überlebenden „Helden" ruinöser Konkurrenzkämpfe noch am unmündigen Untertanen mit lebenslager Schutznot-

54. REUTER, Grundlagen, 214 f. (Anm. 48).

55. Kurt H. BIEDENKOPF: Die Wiederentdeckung des Privatrechts. In: Norbert HORN (Hg.): Eur. Rechtsdenken in Geschichte und Gegenwart. FS f. Helmut Coing z. 70. Geb., Bad. II, München 1982, 21.

wendigkeit orientieren. Beides sind ideologisierte Teilwahrheiten. Sie signalisieren nicht zuletzt die Unfähigkeit, mit gesellschaftlicher und rechtlicher Pluralität zu leben.[56]

VII. Die Bilanz der Zweiten Republik: Pluralismus als Aufgabe der Rechtsentwicklung[57]

Die duale bzw. dialektische Anlage des ABGB hat das bürgerliche Recht in Österreich freilich nicht davor bewahrt, in einseitige *Übertreibungen* zu verfallen. So wurden akademische „Lehren" oder sogar „Schulen" in aller Regel bewußt antagonistisch formuliert. Den Anhängern der „Vertragsfreiheit" standen die Verfechter der „Vertrauenslehre" gegenüber; wollten die einen das Erbrecht nur unter dem Gesichtspunkt der Testierfreiheit sehen, so hielten die anderen ausschließlich die Familienerbfolge für legitim. Wer sich dem „Verschuldensdogma" im Schadenersatzrecht verschrieben hatte, konnte das „Verursachungsprinzip" nur als „Ruine germanischen Rechtsdenkens" empfinden.[58]

Schließlich gehört auch die Hypostasierung des *Öffentlichen Rechts* bei gleichzeitiger Abwertung des Privaten in dasselbe Strickmuster einseitiger Verabsolutierungen. Gründe dafür findet man im Sachlichen wie im Methodischen:

1. *Sachlich* ist das Leben als Monist leichter, spannender und transmissibler als in pluralistischen Bezügen. Es entspricht wahrscheinlich auch dem menschlichen Hang zur Vereinfachung. Eine Welt aus Gut und Böse, Richtig und Falsch läßt sich leichter überblicken und bewältigen. Außerdem kann man sie auch eindrucksvoller darstellen und vermitteln.

Politisch gesehen droht einem „System" *monistischer* Prinzipien mit ausschließlichem Geltungsanspruch die Gefahr der ideologischen Immunisierung und Überspitzung. Die Monisten leben sozusagen auf Kosten der Toleranten. Bei schwindender Toleranz machen sich Aggression und Gewalt bemerkbar.

Das scheint gegenwärtig der Fall zu sein. Es steigen *Aggression und Gewalt* gegen Andersgläubige und Andersartige, es wächst die Unfähigkeit zum politischen Kompromiß, und gleichzeitig sinken die Lösungskapazitä-

56. So auch Ulrich K. PREUSS: Selbstvergessenheit der Rechtsvernunft? Jurisprudenz in der pluralistischen Gesellschaft. In: FAZ 10. August 1988, 27.

57. Dazu umfassend: Monismus oder Pluralismus der Rechtskulturen? Anthropologische und ethnologische Grundlagen traditioneller und moderner Rechtssysteme. Verhandlungen des 13. Weltkongresses der Internationalen Vereinigung für Rechts- und Sozialphilosophie (IVR) in Kobe (1987). In: Rechtstheorie, Beiheft 12, Berlin 1991.

58. So noch Joseph UNGER: System des allg. bürgerlichen Privatrechts. 5.A. II. Bd., Leipzig 1892, 232 f.

ten. Die alten Institutionen der Integration von den großen Kirchen über die Volksparteien bis zur Sozialpartnerschaft schrumpfen und machen *fundamentalistischen* Kleingruppen Platz – angefangen von religiösen über historisch kulturelle bis hin zu den ethnischen und rassischen „Kampftruppen". An die Stelle des Kollektiven tritt nicht das Individuelle, sondern der blanke *Egoismus.* Versöhnliche integrative Persönlichkeiten fehlen, statt dessen reüssieren die Demagogen der gekonnten Zuspitzung.

2. *Methodisch* gesehen, fehlt nicht zuletzt das *Instrumentarium,* um gesellschaftliche *Pluralität* zu verarbeiten. Das vorherrschende Modell ist in mehrfacher Hinsicht dual angelegt. Basis ist die zweiwertige Logik des Richtig oder Falsch, auf der die juristische Begriffsbildung aufbaut. Das führt zum traditionellen Entweder-Oder- bzw. Alles-oder-Nichts-Prinzip bei der Anspruchsbegründung. Typisches Beispiel wiederum der Schadenersatz: Liegen die Voraussetzungen vor, dann wird voller Schadenersatz gewährt, fehlt auch nur eine Voraussetzung, gibt es überhaupt keine Haftpflicht.

3. Ähnlich gegensätzlich geht es in der *Vertragslehre* zu. Diese wird entweder als Ausfluß des Willensdogmas konstruiert – oder nach dem Vertrauensgrundsatz.[59] Und auch im Sachenrecht ist man entweder Eigentümer – oder bloß obligatorisch Berechtigter.

Schießlich arbeitet auch das *legistische Schema* dual: Entweder entscheidet sich der Gesetzgeber für minutiös geregelte Kasuistik und ausformulierte Tatbestände – oder für vage Generalklauseln.[60] Entweder weist er eine Materie dem Öffentlichen Recht zu – oder dem Privatrecht. Diese Grundhaltung der Rechtswissenschaft nimmt ihr die Fähigkeit, mehrere zum Teil konfligierende Prinzipien des Soziallebens wie zum Beispiel das liberale Prinzip der Selbstbestimmung und das Sozialprinzip des Schwächerenschutzes miteinander zu kombinieren. Diese Kombinationsleistung ist aber ganz entscheidend. Ohne sie kommt es zu Ungleichgewichten, Unausgewogenheiten und verlorenem Augenmaß.

4. Neu im Katalog der rechtlichen Werte ist das *ökologische* Prinzip. Es ist allerdings noch nicht absehbar, ob und in welchem Umfang es als selbständiger Wertungsgesichtspunkt neben dem liberalen Grundsatz der Selbstbestimmung und dem sozialen Prinzip auch rechtlich relevant wird. Deutlicher werden seine Konturen bereits im Umwelthaftpflichtrecht, wo es heute beispielsweise um die Frage geht, ob „Arterhaltung" oder der Schutz der (lokalen) ökologischen Gleichgewichte Inhalt von privatrechtlichen Scha-

59. Dazu Franz BYDLINSKI: Privatautonomie und objektive Grundlagen des verpflichtenden Rechtsgeschäfts. Wien 1967. – Ernst A. KRAMER: Die „Krise" des liberalen Vertragsgedankens. München-Salzburg 1974. – Jürgen SCHMIDT: Vertragsfreiheit und Schuldrechtsreform. Berlin 1985.

60. Dazu Bernd SCHILCHER: Gesetzgebung und Bewegliches System. In: Franz BYDLINSKI/Herbert KREJCI/Bernd SCHILCHER/Viktor STEININGER: Das bewegliche System im geltenden und künftigen Recht. Wien-New York 1986, 289 ff.

denersatzansprüchen werden können. Die teilweise vehemente Abwehr der traditionellen Zivilrechtsdogmatik gegen die Einbeziehung derartiger ökologischer Güter in den Kreis der geschützten Rechtsgüter des Schadenersatzrechts erinnert hier freilich an die ähnlich gelagerte Auflehnung liberaler Privatrechtslehrer wie PLANIOL, PFAFF und RÜMELIN gegen soziale Abwägungen im Privatrecht.[61]

Sieht man von durchaus begründeten Bedenken ab – wer soll z. B. für die Arterhaltung zuständig sein? – so dürfte dafür wohl auch die Erkenntnis bestimmend sein, daß die erforderliche *Kombination* von liberalen, sozialen und ökologischen Wertungsgesichtspunkten die traditionelle Methodologie überfordert.

5. Es scheint so, als würde das WILBURGsche System auf der Basis einer *komparativen Logik* diese notwendige kombinatorische Leistung noch am ehesten vollbringen.

Walter WILBURG selbst hat schon vor geraumer Zeit die liberale Idee des Verschuldens mit den sozialen Vorstellungen der Gefährlichkeit und Schadenstragungsfähigkeit zu einem umfassenden *beweglichen System* des Haftpflichtrechts zu kombinieren versucht.[62] Andere sind ihm gefolgt. Sie haben dieses bewegliche System anhand der Rechtsgeschäftslehre, des Erbrechts, des Konsumentenschutzes, des Gewerbebegriffes, des Arbeitnehmerbegriffes usw. erprobt.[63]

Eine der entscheidendsten noch ausstehenden Leistungen dürfte aber die Entwicklung eines *Allgemeinen Teils des Rechts* sein, der die Gestaltungsprinzipien des Öffentlichen und des Privaten Rechts kombiniert.[64] Dafür gibt es schon eine Reihe von Vorarbeiten. Dazu zählen alle Arbeiten im Grenzbereich vom Privaten und Öffentlichen Recht wie zum Beispiel AICHERs Untersuchung zum Eigentumsbegriff, KERSCHNERs Arbeit zur

61. Uwe DIEDERICHSEN, Referat am 56. Deutschen Juristentag (DJT) 1986, II L 70.

62. Walter WILBURG: Die Elemente des Schadensrechts. Marburg/Lahn 1941.

63. So BYDLINSKI, Privatautonomie (Anm. 59). – Bernd SCHILCHER: Erbrecht und Bewegliches System. In: JBl., 1977, 57–70. – Theo MAYER-MALY: Der leitende Angestellte im österr. Recht. In: Zeitschrift für Arbeits- und Sozialrecht (ZAS), 1974, 203–209. – Karl KORINEK: Der gewerberechtliche Industriebegriff in Wilburgs beweglichem System. In: Willibald POSCH (Hg.): Wertung und Interessenausgleich im Recht. FS f. Walter Wilburg z. 70. Geb., Graz 1975, 163–171. – Theodor TOMANDL: Bemerkungen zum Witwenpensions-Erkenntnis des VfGH. In: ZAS, 1980, 209. – Axel FLESSNER: Bewegliches System und Bereicherungsrecht. In: BYDLINSKI/KREJCI/SCHILCHER/STEININGER, System, 159–176 (Anm. 60). – Bernd SCHILCHER: Das Rücktrittsrecht des Verbrauchers nach § 3 KSchG. In: KREJCI, Handbuch, 217–313 (Anm. 27). – Monika GIMPEL-HINTEREGGER: Billigkeitserwägungen bei der Aufteilung des ehelichen Gebrauchsvermögens und der ehelichen Ersparnisse in der Rechtsprechung des OGH. In: JBl., 1986, 553–570.

64. So schon Franz BYDLINSKI, Theo MAYER-MALY und Robert WALTER in: Zur Erneuerung der Struktur der Rechtsordnung. Wien 1969. – Bernd SCHILCHER in: Günther WINKLER/Bernd SCHILCHER (Hg.): Kritische Überlegungen zur Gesetzgebungslehre und zur Gesetzgebungstechnik. Wien-New York 1981, 47 ff. – Heinz SCHÄFFER/Otto TRIFFTERER (Hg.): Rationalisierung der Gesetzgebung. Baden-Baden 1984.

Bereicherung im Öffentlichen Recht, BULLINGERs Vertrag im Öffentlichen Recht und ähnliche mehr.[65]

Ob in eine solche umfassende *Kombination* auch der bislang dual geführte Rechtsschutz – hier bürgerlich-rechtliche Streitigkeit, dort Verwaltungssache – einbezogen werden sollte, bedarf noch genauerer Untersuchung.

6. Legistisch gesehen geht es dem beweglichen System um die *Formulierung von Rechtsprinzipien auf mittlerer Abstraktionshöhe* anstelle von Tatbestandskasuistik und Generalklauselvagheit. Ihre Konkretisierung im Einzelfall ist der Verantwortung des Richters überlassen, den das bewegliche System nicht als bloßen „Mund des Gesetzes" sieht, sondern als einen Rechtsgestalter mit individueller und sozialer Verantwortung.

Womit wir wieder beim Ausgangspunkt angelangt wären. Was die Redaktoren des ABGB verlangten, nämlich daß ein Gesetzbuch Rechtsprinzipien formulieren sollte, und was sie freilich mehr intuitiv als legistisch faßbar durchführten, nämlich eine Dialektik von Freiheit und Bindung, von liberaler Selbstbestimmung und sozialem Schwächerenschutz, das müßte nunmehr auf der Basis gesicherter *Methoden* durchgeführt werden. Freilich in einem viel umfassenderen Sinne: Das Recht der Zukunft wird zumindest Teile des Öffentlichen und des Privaten Rechts miteinander *kombinieren* müssen, weil die herrschende Zweiteilung in vielen Fällen zufällig und sachlich durchaus nicht einleuchtend erscheint.

7. Unverzichtbar ist schließlich eine (individual-)*ethische* Fundierung des Rechts. Die liberal-positivistische Entleerung der Rechtsbegriffe von jeder *moralischen Substanz* hat zwar ihre universelle Verwendbarkeit gefördert, aber gleichzeitig zu einer unerträglichen „Beliebigkeit" der Rechtsinhalte geführt. Bürgerliche Freiheit ohne gleichzeitige moralische Bindung muß unweigerlich zum Recht des Stärkeren führen und damit einen permanent reparierenden und kontrollierenden „Schutzstaat" geradezu herausfordern.

Dessen nunmehr zunehmend erkennbare Unfähigkeit zur ständigen Reparatur und Kontrolle macht dezentrale *„Ligaturen"* (Ralf DAHRENDORF) notwendig. Die sinnvollsten sind zweifellos die individuellen Selbstbindungen, die sich auf einen Mindeststandard gemeinsamer moralischer Überzeugung gründen. Es entspricht den oben zitierten „dualen" Vorstellungen von „Reinheit" contra eklektizistischer „Vermengung", daß man sich bislang in derartigen Diskussionen entweder zu einem positivistisch-formalen oder naturrechtlich-inhaltlichen Rechtsbegriff „bekennen" mußte. Andernfalls traf das Verdikt den „Synkretismus".

Erkennt man hinter diesen Vorwürfen jedoch die ideologische Absicht bzw. die methodologische Einsicht in die Unfähigkeit zur *pluralen* Gestaltung, so verlieren das Eklektizismus- bzw. Synkretismusargument an

65. Josef AICHER: Grundfragen der Staatshaftung bei rechtmäßigen hoheitlichen Eigentumsbeeinträchtigungen. Berlin 1978. – Ferdinand KERSCHNER: Bereicherung im öff. Recht. Wien-New York 1983. – BULLINGER, Privatrecht (Anm. 29).

Schärfe: Es scheint beispielsweise durchaus sinnvoll, einen pragmatisch-positiven Rechtsbegriff beizubehalten, ihn aber an „fundamentalen“ Prinzipien wie Gerechtigkeit, Rechtssicherheit und Zweckmäßigkeit zu orientieren.

Somit steht am Ende der bürgerlich-rechtlichen Entwicklung in der Zweiten Republik ein faszinierendes Programm für die Zukunft: Die Entwicklung eines allgemeinen Teils des Rechts, der mit den Gestaltungsmitteln des Privaten und Öffentlichen Rechts der gesellschaftlichen Pluralität unserer Zeit sachlich, methodisch und moralisch gerecht wird.[66]

66. So auch Franz BYDLINSKI: Fundamentale Rechtsgrundsätze. Wien-New York 1988, 157 ff; für einen derartigen „Eklektizismus“: offenbar auch Peter KOLLER; Zur ethischen Begründung von Recht und Staat. In: JBl., 1989, 477–487 und 563–574.

Die Entwicklung des Verfassungsrechts

Bernd-Christian Funk

I. Der Neubeginn[1]

Die *Unabhängigkeitserklärung* vom 27. April 1945[2] bildet den Anfang und die Grundlage einer Reihe von staatsrechtlichen Akten, mit denen die Republik Österreich und ihr Verfassungsleben nach dem Zweiten Weltkrieg wiederhergestellt wurden. In dieser Proklamation, die von den drei antifaschistischen Parteien (SPÖ, ÖVP, KPÖ) ausgegangen ist, werden der Anschluß Österreichs an Deutschland im Jahre 1938 als aufgezwungen und daher „null und nichtig" und die demokratische Republik Österreich als wiederhergestellt erklärt; sie soll *„im Geiste der Verfassung von 1920"* eingerichtet werden.

---

1. Die Vorgaben betreffend den Umfang des Beitrages erzwingen Beschränkungen sowohl bei der Darstellung als auch bei der Dokumentation. Entwicklungen im Verfassungsrecht können nur in den wichtigsten Bereichen und in großen Zügen behandelt werden. Nachweise und Belege können nicht die für wissenschaftliche Untersuchungen sonst übliche Dichte erreichen, sondern müssen auf exemplarische Angaben von weiterführenden und rezenten Quellen beschränkt bleiben.
Allg. Literatur zur Entwicklung des Verfassungsrechts in der Zweiten Republik vor allem: Ludwig ADAMOVICH: Zur Lage des österr. Bundesverfassungsrechts. In: Juristische Blätter (JBl.), 1975, 629 ff. – Ludwig ADAMOVICH/Bernd-Christian FUNK: Österr. Verfassungsrecht. Verfassungsrechtslehre unter Berücksichtigung von Staatslehre und Politikwissenschaft. 3.A. Wien-New York 1985, 80 ff. – Wilhelm BRAUNEDER/Friedrich LACHMAYER: Österr. Verfassungsgeschichte. 5.A. Wien 1989. – Felix ERMACORA: Die Entwicklung des österr. Bundesverfassungsrechts seit 1956. In: Jahrbuch des öff. Rechts der Gegenwart, 1967, 251 ff. Ds., Die Entwicklung des österr. Staatsrechts seit 1966. In: Jahrbuch des öff. Rechts der Gegenwart, 1975, 135 ff. – Ds., Die Entwicklung des österr. Bundesverfassungsrechts seit 1975. In: Jahrbuch des öff. Rechts der Gegenwart, 1977, 183 ff. – Ds., Österr. Verfassungsentwicklung von 1978–1990. In: Jahrbuch des öff. Rechts der Gegenwart, 1991, 537 ff. – Ds., Österr. Verfassungslehre. 2 Bde. Wien 1970 und 1980. Edwin LOEBENSTEIN: 40 Jahre Republik – 30 Jahre Staatsvertrag – ein Zeitzeuge erinnert sich. In: Österr. Juristenzeitung (ÖJZ), 1985, 609 ff. – Theo ÖHLINGER: Die Verfassungsentwicklung in Österreich seit 1974. In: Zeitschrift f. ausländisches öff. Recht und Völkerrecht, 1977, 399 ff. – Herbert SCHAMBECK (Hg.): Das österr. Bundes-Verfassungsgesetz und seine Entwicklung. Berlin 1980. Robert WALTER/Heinz MAYER: Grundriß des österr. Bundesverfassungsrechts. 6.A. Wien 1988, RdZ 67 ff. – Aus politikwissenschaftlicher Sicht jüngst die Beiträge von Karl UCAKAR, Heinz FISCHER, Wolfgang C. MÜLLER, Hans-Georg HEINRICH/Manfried WELAN, Heinrich NEISSER und Helmut WIDDER. In: Herbert DACHS u. a. (Hg.): Handbuch des polit. Systems Österreichs. Wien 1991, 81 ff.
2. Kundgemacht im StGBl. 1945/1.

Die rechtliche Geltung der Unabhängigkeitserklärung kann nicht auf eine andere, historisch ältere Verfassungsordnung zurückgeführt werden. Geht man vom (formellen) Gesichtspunkt des juristischen Delegationszusammenhanges aus, so ist die Unabhängigkeitserklärung die *historisch erste Verfassung* der Zweiten Republik.[3] Inhaltlich wird jedoch durch die Unabhängigkeitserklärung die Verfassung der Ersten Republik vom Oktober 1920 wiederum in Geltung gesetzt und fortgeführt. Diese historische Verbindung soll durch die formalrechtliche, auf Delegationszusammenhängen beruhende Diagnose nicht verwischt werden.

Die *Rückkehr zur verfassungsrechtlichen Ordnung der Ersten Republik* war angesichts der politischen Erfahrungen dieser Ära alles andere als selbstverständlich. Diese Verfassung war durch die Erinnerung an eine Zeit der inneren Gegensätze, der Zerstörung der parlamentarischen Demokratie und des gewaltsamen Unterganges des Staates belastet. Obgleich diese Ereignisse nicht auf eine Mangelhaftigkeit des Verfassungsrechts zurückzuführen und von diesem daher nicht zu verantworten waren, konnte das Verfassungsrecht dennoch wegen seiner Verbindung mit der unseligen politischen Entwicklung der Ersten Republik kompromittiert erscheinen.

In ihrem „zweiten Leben“ war die Verfassungsrechtsordnung des Bundes-Verfassungsgesetzes (B-VG) in ein weitaus günstigeres soziopolitisches Umfeld gestellt. Die Ursachen für den Erfolg sind in den wesentlich *veränderten Gegebenheiten des politischen Systems* zu suchen. War das Verhältnis zwischen den beiden großen Parteien in der Zeit der Ersten Republik durch ein feindseliges Lagerdenken beherrscht, so bildete sich in der Zweiten Republik unter dem Eindruck der gemeinschaftlich erlittenen Verfolgung durch den Nationalsozialismus und unter dem Druck der Probleme der Nachkriegszeit ein Klima der Kooperation der großen politischen Parteien und Kräfte heraus, deren Grundkonsens sich auch auf den Bestand der verfassungsrechtlichen Ordnung als Ganzes erstreckte.

Die Wiederherstellung der Verfassung des B-VG ist schrittweise erfolgt. Vom 1. Mai 1945 an war vorerst ein *Verfassungsprovisorium*[4] in Geltung, welches der Regierung interimistisch weitgehende legislative Vollmachten – auch auf dem Gebiet der Verfassunggebung – einräumte. Diese Übergangsverfassung ist mit der Konstituierung des Nationalrates am 19. Dezember 1945 außer Kraft getreten.

Zu den typischen Begleiterscheinungen von Zusammenbrüchen politischer Systeme gehören *staatsrechtliche Diskussionen über Kontinuitätsfragen*, in deren Hintergrund neben wissenschaftlichen und theoretischen Anliegen zumeist auch handfeste politische und ideologische Interessen stehen.[5]

3. So auch die Auffassung von WALTER/MAYER, Bundesverfassungsrecht, RdZ 67 (Anm. 1).

4. Vorläufige Verfassung vom 1. Mai 1945, StGBl. 5. Sie beruhte auf einem Verfassungs-Überleitungsgesetz vom gleichen Tage, StGBl. 4.

5. Dazu sei nur an die staatsrechtliche Auseinandersetzung über das rechtliche Schicksal des

Solche Auseinandersetzungen hat es in den Jahren nach 1945 auch in Österreich gegeben. Es ging dabei um die Frage, ob der Anschluß im Jahre 1938 als Annexion mit der Folge des Unterganges der rechtlichen Existenz des Staates oder aber als Okkupation anzusehen sei, die als solche nur zum Verlust der Handlungsfähigkeit geführt hat.[6]

Die Antwort auf diese Frage war vor allem für die Beurteilung der Übernahme des *Konkordates von 1934* von entscheidender Bedeutung. Auf der Grundlage der Annexionstheorie wäre dieser Vertrag aus der Ära des christlichen Ständestaates für die Zweite Republik nicht verbindlich gewesen. Dieser Aspekt ist vor allem auf sozialdemokratischer Seite auf großes Interesse gestoßen.

In der Konkordatsfrage (und auch sonst) hat sich weitgehend die *Okkupationstheorie* und damit die Auffassung durchgesetzt, daß Österreich durch den Anschluß an das Deutsche Reich nur seine Handlungsfähigkeit, nicht aber auch seine Rechtspersönlichkeit verloren hat. Diese Deutung wird zwar durch die historischen Fakten nicht sonderlich gut belegt, sie hat sich aber als eine Art staatsrechtliche Legende über die Entstehung der Zweiten Republik etabliert und bewährt.

II. Grundlinien der weiteren Entwicklung

1. Äußere Gestalt der Verfassung: Quellen und Texte des Verfassungsrechts

Das österreichische Verfassungsrecht war von Anfang an in seinen Quellen inhomogen und in den Texten stark *zersplittert*. Der Ursprung dieses Zustandes kann bis in die Zeit der konstitutionellen Monarchie zurückverfolgt werden.[7] Auch bei der Verfassunggebung des Jahres 1920 ist es nicht gelungen, eine systematisch geschlossene, in den Quellen einheitliche und textlich bereinigte Kodifikation des Bundesverfassungsrechts herbeizuführen.

Die Verfassung von 1920 war *kein* umfassendes Reformwerk. Das B-VG erinnert nur sehr entfernt an eine Verfassungsurkunde, in der das Verfassungsrecht in seiner Gesamtheit niedergelegt ist. Vieles war außerhalb des

---

Deutschen Reiches von 1871 und seinen Fortbestand über den 8. Mai 1945 hinaus erinnert. Siehe etwa die Hinweise bei Theodor MAUNZ/Reinhold ZIPPELIUS: Deutsches Staatsrecht. 28.A. München 1991, § 2.I.

6. Leopold WERNER: Das Österreich vom 13. 3. 1938 und vom 27. 4. 1945. In: JBl., 1946, 2 ff. – Ds., Das Wiedererstehen Österreichs als Rechtsproblem. In: JBl., 1946, 85 ff. und 105 ff.; 1947, 137 ff. und 161 ff.

7. Die Verfassungsgeschichte der Monarchie seit 1848 läßt eine starke Neigung zur Diversifikation und Streuung der Quellen des Staats- und Verfassungsrechts erkennen. Ein Blick in die Sammlung der Rechtsquellen bei Edmund BERNATZIK: Die österr. Verfassungsgesetze mit Erläuterungen. 2.A. Wien 1911, macht dies deutlich.

B-VG geregelt; zum Teil wurden ältere Normenbestände vorläufig übernommen und weitergeführt.[8] Einige der Provisorien sind im Jahre 1945 als verfassungspolitische „Altlasten" übernommen und erst in der Zeit danach aufgearbeitet worden.[9]

Schon im Jahre 1920 war das Verfassungsrecht des Bundes durch eine reichhaltige *Schichtung der Quellen* und durch eine starke *Zersplitterung seiner Texte* gekennzeichnet. Dieser Zustand hat sich in der weiteren Entwicklung verstärkt. Eine Arrondierung der Quellen und Bereinigung der Texte hat es auch in der Zweiten Republik nicht gegeben.

Gegenwärtig weist das Verfassungsrecht des Bundes eine Vielfalt von *Quellen- und Textschichten* auf.[10] Sein Normenbestand umfaßt Vorschriften, die aus verschiedenen politischen Systemen stammen. Dazu gehört Staatsrecht aus der Zeit der konstitutionellen Monarchie (1867–1918), der Republik Deutsch-Österreich, der Ersten Republik (bis zum 4. März 1933), der Übergangszeit vom 27. April bis 19. Dezember 1945 und der anschließenden vollen Wiederherstellung der Verfassung des B-VG. Die Zeit des Ständestaates und der nationalsozialistischen Ära haben im Staatsrecht der Zweiten Republik keine normativen Spuren hinterlassen.[11]

Diese historische Schichtung wird durch eine breite *Fächerung der Quellentypen* des Verfassungsrechts durchdrungen und überlagert. Im Verfassungsrecht des Bundes finden wir neben dem B-VG als einer Art Stammnorm diverse verfassungsrechtliche Nebengesetze, transformierte völkerrechtliche Verträge im Verfassungsrang, einzelne Verfassungsbestimmungen in Bundesgesetzen und in gesetzesrangigen Staatsverträgen.

Der großen Vielfalt der Quellen entspricht eine starke Zersplitterung der Texte. Anders als etwa das Grundgesetz (GG) für die Bundesrepublik Deutschland kennt das österreichische Bundesverfassungsrecht kein Gebot der *Inkorporation* von Verfassungsänderungen in den Stammtext der Verfassung.[12] Da sich auch die Praxis der österreichischen Verfassungsgesetzgebung nicht an dieser Maxime zu orientieren pflegt, ist es um die Einheit von Verfassungsrecht und Verfassungstext denkbar schlecht bestellt.

---

8. Siehe nur den Katalog der rezipierten Rechtsvorschriften aus der Zeit der Monarchie (Art. 149 B-VG).

9. Die Neuordnung der *Gemeindeverfassung* ist 1962 erfolgt (siehe im folgenden IV.9.), die der *Schulverfassung* in den Jahren 1962 (allgemeines Schulwesen) und 1975 (land- und forstwirtschaftliches Schulwesen) (siehe im folgenden IV.10.). Die Neukodifikation der *Grundrechte* ist nach wie vor ausständig.

10. Übersicht bei Robert WALTER: Österr. Bundesverfassungsrecht. System. Wien 1972, 45 ff.

11. Das Verfassungs-Überleitungsgesetz vom 1. Mai 1945 (StGBl. 4) knüpft an den Stand des Verfassungsrechts am 5. März 1933 an. Alle nach diesem Zeitpunkt erlassenen Verfassungsregelungen werden ausnahmslos aufgehoben.

12. Nach Art. 79 (1) GG kann das Grundgesetz nur durch ein Gesetz geändert werden, das den Wortlaut des Grundgesetzes ausdrücklich ändert oder ergänzt.

2. *Inhaltliches Profil*

Der Übergang von der konstitutionellen Monarchie zur Republik im Jahre 1918 ist zwar unter Bruch der staatsrechtlichen Kontinuität erfolgt, die institutionelle Welt der Dezemberverfassung von 1867 lebt jedoch zu einem beträchtlichen Teil in der Verfassungsordnung der Republik weiter. Dieses historische Erbe ist im wesentlichen bis heute erhalten geblieben. In ihrem Kern setzt die Verfassung der Republik weitgehend die *konstitutionelle Tradition des 19. Jahrhunderts* fort. Sie gehört zur Familie der liberal-rechtsstaatlichen, gewaltentrennenden, parlamentarisch-demokratischen Verfassungen.

Die *systematische Qualität* des Bundesverfassungsrechts war von Anfang an mangelhaft und ist es bis heute geblieben. Die Verfassunggebung von 1920 hat kein abgeschlossenes Regelungswerk zustande gebracht. Wichtige Bereiche, wie die Finanzverfassung, die bundesstaatliche Ordnung, die Schul- und Gemeindeverfassung sowie der Grundrechtskatalog, konnten zunächst nur provisorisch bewältigt werden, indem man vorhandene Regelungen aus vorrepublikanischer Zeit vorerst weiter in Geltung beließ. Wie bereits erwähnt, sind einige dieser Provisorien erst in der Zweiten Republik aufgearbeitet worden. Die Reform der Grundrechte ist nach wie vor von einem Abschluß weit entfernt.

Die systematische Qualität des Bundesverfassungsrechts ist überdies durch eine intensive Praxis häufiger *Verfassungsänderungen ohne Rückhalt durch ein weitblickendes verfassungspolitisches Konzept* schwer beeinträchtigt. Viele Reglementierungseingriffe im Bereich der Verfassung sind das Ergebnis erfolgreicher partikulärer Interessenpolitik oder gar des Mißbrauchs der Verfassungsrechtssetzung zur punktuellen Beseitigung oder Lahmlegung von schrankensetzenden Funktionen der Verfassung.[13]

Hinzu kommen Belastungen des Verfassungsrechts durch *detailkasuistische* und *labyrinthische Regelungen*, durch *Formulierungskompromisse* und ähnliche legistische und regulative Mängel.[14]

In seinem normativen Gehalt ist das Verfassungsrecht des Bundes in hohem Maße dem Modell einer *Spielregelverfassung* verpflichtet. Es ist mehr

13. Es handelt sich um Fälle der verfassungsrechtlichen Gelegenheitsgesetzgebung, die ohne Rücksicht auf die Folgen für das System und die Funktion der Verfassung punktuelle Eingriffe, speziell in die Kompetenz- und Grundrechtsordnung, bisweilen gar zur Korrektur von Folgen der Verfassungsrechtsprechung (!), unternimmt. Befund und Kritik dieser Praxis sind u. a. nachzulesen bei Bernd-Christian FUNK: Formenmißbrauch und Verfassungsumgehung durch die Legislative. Ein Problem im Spannungsfeld von formalem und materiellem Verfassungsverständnis. In: Siegbert MORSCHER u. a. (Hg.): Recht als Aufgabe und Verantwortung. FS f. Hans R. Klecatsky z. 70. Geb. Wien 1990, 67 ff. – Johannes HENGSTSCHLÄGER: Totaländerung der Verfassung durch Gesetzessanierung? In: Heinz MAYER u. a. (Hg.): Staatsrecht in Theorie und Praxis. FS f. Robert Walter z. 60. Geb. Wien 1991, 215 ff.

14. Hans R. KLECATSKY hat die bekannte und pointierte Formel von der „inneren und äußeren Ruinenhaftigkeit" der österreichischen Bundesverfassung geprägt. Siehe nur Hans R. KLECATSKY: Bundes-Verfassungsgesetz und Bundesverfassungsrecht. In: SCHAMBECK, Bundes-Verfassungsgesetz, 94 (Anm. 1).

als Organisations- und Verfahrensgrundlage und als Schranke und weniger als materielle Zielvorgabe für den politischen Prozeß konzipiert. Dieser Akzent hat sich jedoch im Laufe der Entwicklung verändert. Mehrere *Staatszielbestimmungen*, die insbesondere das Bekenntnis zur immerwährenden Neutralität,[15] zur umfassenden Landesverteidigung,[16] zum umfassenden Umweltschutz[17] und zur Sicherung des gesamtwirtschaftlichen Gleichgewichts bei der Haushaltsführung der Gebietskörperschaften[18] zum Inhalt haben, bringen verfassungsrechtliche Wertungen zum Ausdruck, die als positive Aufträge an die Adresse der Politik und zugleich auch als verbindliche Maßstäbe für die Gesetzgebung und Vollziehung fungieren.

Der Wandel des Verfassungsrechts von einer hauptsächlich als Spielregel verstandenen Ordnung zu einem wertungserfüllten und zielbestimmenden Normensystem manifestiert und verwirklicht sich auch in der „Entdekkung" der materiell-finalen Seite von Normen im Bereich der *grundrechtlichen Verbürgungen* und der *baugesetzlichen Vorgaben*. Vor allem die Rechtsprechung des Verfassungsgerichtshofes (VfGH) zum Gleichheitssatz weist in die Richtung einer verfassungsrechtlichen Inpflichtnahme der Gesetzgebung, die über das bloße Unterlassen von Eingriffen hinausgeht und Maßnahmen zum Schutz und zur Verwirklichung von Grundrechtspositionen verlangt.[19] Ein anderes Beispiel für eine zunehmende „Materialisierung" des Verfassungsverständnisses bietet die vom VfGH anerkannte, aus dem bundesstaatlichen Prinzip entwickelte Pflicht des Bundes und der Länder zur gegenseitigen Rücksichtnahme auf verfassungsmäßige Akte der anderen Gebietskörperschaft.[20]

3. *Verfassungsverständnis*

Das Verfassungsverständnis ist generell *juristisch* geprägt: Wie andere Bereiche der Rechtsordnung wird auch das Verfassungsrecht als normative Ordnung und als Gegenstand der juristischen Auslegung begriffen, die in methodengerechter Professionalität zu betreiben ist.[21] Der Vorrang der historischen Interpretation und andere Besonderheiten sind lediglich als

15. Bundesverfassungsgesetz (BVG) v. 26. Oktober 1955 über die Neutralität Österreichs (BGBl. 211).

16. Art. 9 a B-VG in der Fassung BGBl. 1974/444.

17. BVG v. 27. November 1984 über den umfassenden Umweltschutz (BGBl. 491).

18. Art. 13 (2) B-VG in der Fassung BGBl. 1986/212.

19. Siehe nur die Bestandsaufnahme und Analyse von Michael HOLOUBEK: Die Interpretation der Grundrechte in der jüngeren Judikatur des VfGH. In: Rudolf MACHACEK u. a. (Hg.): 70 Jahre Republik. Grund- und Menschenrechte in Österreich. Grundlagen, Entwicklung und internationale Verbindungen. Kehl 1991, 43 ff. – Alfred GROF: Zur Schutzrichtung (Bindungswirkung) der Grundrechte. In: MACHACEK, 70 Jahre Republik, 101 ff.

20. Grundlegend die Entscheidung des VfGH v. 3. Dezember 1984, Slg. 10292, betreffend das Verhältnis von Forst- und Jagdrecht.

21. Zum Verfassungsverständnis und zur Verfassungsauslegung siehe etwa ADAMO-

technische Akzentuierungen zu verstehen, die keine methodisch relevante Verschiedenheit der Verfassungsauslegung begründen.

Auf das Vordringen eines „materialen Verfassungsverständnisses" wurde bereits hingewiesen (siehe vorhin unter II.2.). In enger Wechselbeziehung damit steht eine allgemeine *perspektivische Verfeinerung und Vertiefung* in der verfassungsrechtlichen Rechtsprechung und Lehre. Diese Entwicklung ist durch eine wachsende methodische Öffnung gegenüber der *Teleologie* bedingt. Sie äußert sich in einem veränderten Stil der Verfassungsrechtsprechung, der in der vergangenen Dekade zunehmend differenzierter und stärker wertungsorientiert geworden ist. Dies hat unter anderem zu einer wesentlichen Erhöhung der verfassungsgerichtlichen Kontrolldichte in der Normenkontrolle geführt.

4. Verfassungsrecht und politisches System

Als *rechtliche Grundordnung*[22] des Staatsverbandes hat das Verfassungsrecht die Aufgabe, das politische System in seinen Einrichtungen und Abläufen normativ zu gestalten und zu bestimmen. Im Verhältnis zwischen Verfassungsrecht und Verfassungswirklichkeit kommt es naturgemäß zu Divergenzen und Spannungen, die sich unter Umständen zu einer Gefahr für die Funktion der normativen Verfassung als Grundordnung steigern können.

In der Zweiten Republik ist die Funktion des Verfassungsrechts als Grundordnung im ganzen gesehen stets intakt gewesen. Es gab und gibt allerdings einzelne störungsanfällige Bereiche und Entwicklungen, die diese Funktion des Verfassungsrechts gefährden können. So hat im besonderen das *Wirken der politischen Parteien* und der großen *Interessenverbände*, speziell im Rahmen der *Sozialpartnerschaft*[23] verschiedentlich dazu geführt, daß verfassungsrechtliche Leitbilder und Wertvorstellungen durch die politische Wirklichkeit geradezu konterkariert werden. Das verfassungsrechtliche Konzept der demokratisch-parlamentarischen Entscheidung, der Gewaltentrennung im Verhältnis zwischen Regierung und Legislative und der Herrschaft des Rechts in öffentlichen Angelegenheiten ist dadurch vielfach in Frage gestellt worden.[24]

VICH/FUNK, Verfassungsrecht, 37 ff. (Anm. 1). – Heinz SCHÄFFER: Die Interpretation. In: SCHAMBECK, Bundes-Verfassungsgesetz, 57 ff. (Anm. 1).

22. Werner KÄGI: Die Verfassung als rechtliche Grundordnung des Staates. Zürich 1971.

23. Peter GERLICH/Edgar GRANDE/Wolfgang C. MÜLLER (Hg.): Sozialpartnerschaft in der Krise. Leistungen und Grenzen des Neokorporatismus in Österreich. Wien 1985. – Karl KORINEK: Wirtschaftliche Selbstverwaltung. Wien 1970, 161 ff. – Egon MATZNER: Funktionen der Sozialpartnerschaft. In: Heinz FISCHER (Hg.): Das polit. System Österreichs. 3.A. Wien 1982, 429 ff. – Anton PELINKA: Die österr. Sozialpartnerschaft im internationalen Vergleich. In: Österreichische Zeitschrift f. Politikwissenschaft, 1982, 355 ff. – Manfred PRISCHING: Bestandsaufnahme der Sozialpartnerschaft. In: Wirtschaft und Gesellschaft, 1991, 9 ff. – Georg RESS (Hg.): Rechtsfragen der Sozialpartnerschaft. Köln 1987.

24. In diesem Sinne die fundamentale Kritik von Hans R. KLECATSKY am Parteien- und

Hier zeigt sich ein eigenartiges Paradoxon: Parteien und Verbände sind einerseits Träger und Garanten, andererseits aber auch Gefahrenquellen für die demokratische Verfassungsordnung. Eine besondere Form der Gefährdung der Funktion der Verfassung als Grundordnung entsteht dort, wo das Verfassungsrecht der Disposition jener politischen Kräfte ausgeliefert ist, deren Wirken durch das Verfassungsrecht gesteuert und gestaltet werden soll. Solche Situationen haben sich in Zeiten von *Großen Koalitionen* ergeben, bei denen die Koalitionspartner gemeinsam über die für Verfassungsänderungen erforderliche parlamentarische Mehrheit verfügen und daher ohne weiteres in der Lage sind, hinderliches Verfassungsrecht zu beseitigen bzw. den Bedürfnissen ihrer Politik anzupassen.

Fehlverwendungen bzw. gar Mißbräuche der Verfassungsgesetzgebung (wenn auch ohne verfassungspolitisches Unrechtsbewußtsein der Beteiligten) hat es in den Zeiten der älteren Großen Koalitionen[25] vor allem zu Lasten des Föderalismus und der *Zuständigkeiten der Länder* gegeben. Unter der Neuauflage der Großen Koalition[26] sind solche Vorgänge in dem (bei weitem sensibleren) Bereich der *grundrechtlichen Gewährleistungen* zu beobachten.

III. Leitende Prinzipien der Bundesverfassung

1. Demokratie

a) Repräsentativsystem und plebiszitäre Komponenten

Das B-VG hat dem System der *repräsentativen Demokratie* den Vorzug gegeben. Das Schwergewicht der Entscheidungen in der Gesetzgebung des Bundes und der Länder und bei der Beschlußfassung auf Gemeindeebene liegt bei parlamentarischen Einrichtungen. Die plebiszitären Komponenten in Form der Volksabstimmung und des Volksbegehrens waren von Anfang an weitgehend in die Abhängigkeit einer parlamentarischen Entscheidung gestellt. Sie bildeten kein echtes Gegengewicht, das die Dominanz des Repräsentativsystems abgeschwächt oder gar aufgehoben hätte.

Trotz einer *Ausweitung und Aufwertung der Instrumente der direkten Demokratie* trifft dieser Befund für den Bereich des Bundes und der Länder nach wie vor zu. Auf Bundesebene ist das Zustandekommen von Volksbegehren erleichtert und die Möglichkeit von Volksbefragungen eingeführt worden.[27] Die Länder haben in ihrem Bereich Einrichtungen der direkten

Verbändestaat: Siehe nur Hans R. KLECATSKY: Der Rechtsstaat zwischen heute und morgen. Wien 1967, 207 ff. (Interessenverbände und Parlament), 237 ff. (Die kollektiven Mächte im Arbeitsleben und die Bundesverfassung).

25. ÖVP und SPÖ in den Jahren von 1945 bis 1966.

26. Neuerliche Koalition von SPÖ und ÖVP seit 1987.

27. Herabsetzung der Unterstützungserfordernisse bei *Volksbegehren* durch die B-VG-Novelle

Demokratie in großer Vielfalt entwickelt und ausgebaut. Auch sie sind jedoch an den bundesverfassungsrechtlich vorgegebenen Vorrang des parlamentarischen Systems gebunden.

Im Bereich der *Gemeinden* hat es eine Veränderung des Verhältnisses von parlamentarischer und direktdemokratischer Willensbildung gegeben: Die B-VG-Novelle 1984 brachte die Möglichkeit einer „unmittelbaren Teilnahme und Mitwirkung" der Gemeindebürger in Angelegenheiten des eigenen Wirkungsbereiches der Gemeinde.[28] Die plebiszitäre Willensbildung ist damit zu einer ebenbürtigen Alternative zum bisherigen Entscheidungsmonopol der Gemeindevertretung (= Gemeinderat) aufgewertet worden.

Für den Fall einer *Gesamtänderung der Bundesverfassung* sieht Art. 44 (3) B-VG eine *obligatorische Volksabstimmung* vor. Die Regelung ist bisher niemals zur Anwendung gekommen. Es gibt jedoch eine Reihe von aktuellen Perspektiven, bei denen die Frage einer Gesamtänderung der Bundesverfassung eine Rolle spielt. Dazu gehören die Reichweite der Verfahrensgarantien des Art. 6 (1) Menschenrechtskonvention (MRK) in bezug auf „civil rights and obligations",[29] weiters die Folgenbeseitigung von Ergebnissen der Rechtsprechung des VfGH durch Akte der Verfassungsgesetzgebung[30] und vor allem die Auswirkungen einer Teilnahme Österreichs an der europäischen Integration auf das Gefüge der Baugesetze der Bundesverfassung.[31]

1981 (BGBl. 350) (bisher: 200.000 Stimmberechtigte oder je die Hälfte der Stimmberechtigten dreier Länder; nunmehr: 100.000 Stimmberechtigte oder je ein Sechstel der Stimmberechtigten dreier Länder) und Vereinfachung der Form durch die B-VG-Novelle 1988 (BGBl. 685) (bisher mußte die Initiative als Gesetzesantrag eingebracht werden; nunmehr ist diese Erschwerung weggefallen). Das Institut der *Volksbefragung* (Art. 49 b B-VG) geht ebenfalls auf die B-VG-Novelle 1988 (BGBl. 685) zurück.

28. Art. 117 (7) B-VG in der Fassung BGBl. 1984/490.

29. Im Erkenntnis v. 14. Oktober 1987, Slg. 11500 (Fall Miltner), hat der VfGH (im Gegensatz zur Rechtsprechung des Europäischen Gerichtshofs für Menschenrechte) die Auffassung vertreten, daß die Garantien des Art. 6 MRK im vollen Umfang nur im *„Kernbereich"* des Zivilrechts, nicht aber auch dort zur Anwendung kommen, wo auf Grund von öffentlichrechtlichen Vorschriften behördliche Entscheidungen getroffen werden, die für die Ausübung privater Rechtspositionen bedeutsam sind; in diesem Bereich sei die nachprüfende Kontrolle durch die Gerichtshöfe des öffentlichen Rechts ausreichend, um den Garantien des Art. 6 MRK Genüge zu tun. Der VfGH hat sich dabei u. a. auf den Gesichtspunkt einer Gesamtänderung der Bundesverfassung berufen: Eine Erstreckung dieser Garantien auf traditionell öffentlichrechtliche Rechtsverhältnisse würde im Ergebnis auf eine solche Gesamtänderung hinauslaufen. Diese Lösung werde durch die Maxime der baugesetzkonformen Auslegung von Verfassungsrecht (in diesem Falle: der MRK) ausgeschlossen. Siehe dazu etwa Heinz MAYER: Zivilrechtsbegriff und Gerichtszuständigkeit. In: Zeitschrift f. Verwaltung, 1988, 473 ff.

30. Siehe vorhin Anm. 13.

31. Eine Mitgliedschaft Österreichs bei den EG würde in sämtliche Baugesetze der Bundesverfassung eingreifen und käme daher in ihrer Wirkung einer Gesamtänderung der Bundesverfassung gleich. Unklar ist allerdings, ob Art. 44 (3) B-VG in Verbindung mit Art. 50 (3) B-VG eine Gesamtänderung durch völkerrechtlichen Vertrag ausschließt oder zu den üblichen Bedingungen (obligatorische Volksabstimmung) erlaubt oder von einem Referendum gar freistellt. Der Verfassungstext läßt alle drei Normhypothesen zu. Nach überwiegender Auffassung in der Staats-

b) Parlament und Regierung

Das verfassungsrechtliche Grundkonzept geht vom *Vorrang der Legislative gegenüber der Exekutive* aus. In der politischen Realität sind allerdings die Gewichte durchwegs anders verteilt. Zum Unterschied von der konstitutionellen Monarchie gibt die republikanische Verfassung dem Parlament (Nationalrat) die Möglichkeit, die Regierung oder einzelne Minister durch ein sog. Mißtrauensvotum abzuberufen.[32] Ein solcher Beschluß bedarf einer einfachen Mehrheit der abgegebenen Stimmen.

In der Praxis wird von der Möglichkeit einer Abberufung der Regierung über Parlamentsbeschluß nicht Gebrauch gemacht. Die bloße Möglichkeit einer solchen Aktion hat jedoch zur Folge, daß sich keine Bundesregierung auf Dauer ohne politischen Rückhalt bei der Mehrheit der Mitglieder des Nationalrates behaupten kann. Dies führt zur Tendenz einer *politischen Gleichrichtung von Regierung und Parlamentsmehrheit* im Nationalrat. Daraus ergibt sich in weiterer Folge, daß die parlamentarische Kontrolle der Regierung in ihrer Funktion nur dort gesichert ist, wo sie auch von einer Minderheit der Mitglieder des Nationalrates zur Anwendung gebracht werden kann. Dies ist jedoch nur bei einigen schwächeren Kontrollinstrumenten der Fall.[33] Die starken Mittel der rechtlichen und politischen Kontrolle in Gestalt des Untersuchungsrechts, der staatsrechtlichen Anklage und des Mißtrauensvotums sind der Verfügung durch die Parlamentsmehrheit vorbehalten.

An die Stelle der Gewaltentrennung zwischen Parlament und Regierung ist heute der Antagonismus im Verhältnis zwischen der parlamentarischen Mehrheit und ihrer Regierung auf der einen Seite und der *parlamentarischen Minderheit (Opposition)* auf der anderen Seite getreten. Diese Entwicklung ist eine von Anfang an bestehende verfassungsrechtliche Konstruktionsfolge. Sie hat sich in der Zweiten Republik unter dem Einfluß der politischen Integrativwirkung der Parteien profiliert und gefestigt.

Neben diesen großen Tendenzen sind als einzelne Ereignisse in der verfas-

rechtslehre ist eine Gesamtänderung der Bundesverfassung durch den Beitrittsvertrag zulässig, eine Volksabstimmung jedoch geboten. Siehe zuletzt Stefan GRILLER: Wird Österreich das dreizehnte EG-Mitglied? Neutralität und Grundprinzipien des österreichischen Bundesverfassungsrechts als Prüfsteine des Beitrittsantrages. In: Eur. Zeitschrift f. Wirtschaftsrecht, 1991, 679.

32. Zufolge Art. 74 B-VG hat der Bundespräsident die Pflicht, die Bundesregierung oder den betreffenden Bundesminister des Amtes zu entheben, wenn ihnen der Nationalrat durch ausdrückliche Entschließung das Vertrauen versagt hat.

33. Vor allem bei den verschiedenen Formen der parlamentarischen Interpellation. Weiters bietet das Geschäftsordnungsgesetz (GeOG) des Nationalrates die Möglichkeit, den Rechnungshof mit einer Sonderprüfung zu betrauen. Dazu genügt die Unterstützung eines entsprechenden Antrages durch 20 Abgeordnete (§ 99 Abs. 2 GeoG).

34. In Erinnerung an die Ereignisse des 4. März 1933 treffen Art. 28 (6) B-VG und § 6 (2–4) GeoG Vorsorge für den Fall einer Verhinderung oder Amtserledigung aller drei Präsidenten des Nationalrates.

sungsrechtlichen Entwicklung in der Beziehung von Parlament und Regierung die *Sicherung der präsidialen Funktionen für den Nationalrat*,[34] die ausdrückliche *Aufhebung des Kriegswirtschaftlichen Ermächtigungsgesetzes*,[35] das in der Ersten Republik bei der Ausschaltung der parlamentarischen Demokratie durch die Regierung eine unselige Rolle gespielt hat, sowie der *Ausbau der staatsnotrechtlichen Befugnisse der Exekutive*[36] zu erwähnen.

c) Parteienverfassungsrecht und Abwehr von politischem Extremismus

Vor der Erlassung des Parteiengesetzes im Jahre 1975 ist der Bestand an formellen und materiellen verfassungsrechtlichen Normen betreffend die Einrichtung und das Wirken von politischen Parteien äußerst *fragmentarisch und lückenhaft* gewesen.[37] Das Verfassungsrecht hat die politischen Parteien vorausgesetzt, ohne sich ihrer näher anzunehmen. Einige Parteien hatten sich nach Vereinsrecht konstituiert. Bei den übrigen waren die verbandsrechtlichen Verhältnisse, einschließlich des rechtlichen Status, ungeklärt.

Das *Parteiengesetz aus 1975*[38] befaßt sich zwar mit Angelegenheiten der Parteienverfassung, es huldigt jedoch einem normativen Minimalismus und läßt wesentliche Fragen bzw. zentrale Anliegen ungelöst und ungeregelt. Insbesondere die Probleme des Vorgehens gegen *verfassungsfeindliche Parteien* werden von diesem Gesetz geflissentlich ausgeblendet und an die Vollziehung weitergereicht.

Das Gesetz richtet ein denkbar einfaches Gründungsverfahren ein: Voraussetzungen für die rechtliche Existenz einer politischen Partei sind lediglich die Publikation und Hinterlegung der Statuten. Ein *behördliches Verfahren*, mit dem die Parteigründung untersagt wird, ist im Gesetz nicht vorgesehen. Der VfGH akzeptiert nicht einmal eine bescheidmäßige Feststellung des Gründungserfolges. Er verlangt vielmehr, daß diese Frage von jeder Behörde in jedem einzelnen Fall erneut zu prüfen und zu lösen ist.[39]

Eine besondere, von der Gesetzgebung selbst wohl nicht kalkulierte Bedeutung gewinnt in diesem Zusammenhang die *Generalklausel betreffend das Verbot nationalsozialistischer Betätigung*.[40] Der VfGH sieht darin eine

35. BVG vom 25. Juli 1946 (BGBl. 143).

36. Einführung eines Notverordnungsrechts der Landesregierung (Art. 97 Abs. 3 und 4 B-VG) nach dem Muster des Notverordnungsrechts des Bundespräsidenten sowie Ermächtigung des Landeshauptmannes zu Notmaßnahmen im Rahmen der mittelbaren Bundesverwaltung (Art. 102 Abs. 8 B-VG); beide Bestimmungen gehen auf die B-VG-Novelle 1984 (BGBl. 490) zurück.

37. Zur Lage des Parteienrechts vor der Erlassung des Parteiengesetzes 1975 siehe ERMACORA, Verfassungslehre, Bd. 1, 113 ff. (Anm. 1).

38. Bundesgesetz (BG) v. 2. Juli 1975 über die Aufgaben, Finanzierung und Wahlwerbung politischer Parteien (BGBl. 404).

39. Wegweisend das Erkenntnis des VfGH v. 1. März 1983, Slg. 9648 (betr. die „Liste gegen Ausländer").

40. § 3 des Verfassungsgesetzes v. 8. Mai 1945 über das Verbot der NSDAP (Verbotsgesetz)

für sämtliche Rechtsverhältnisse relevante Maßstabsnorm, die auch die Grundlage für die Beurteilung der rechtlichen Existenz einer politischen Partei und die Wirksamkeit der von ihr gesetzten Rechtshandlungen abgibt. Diese Frage ist jedoch durch jede Behörde incidenter in jedem Einzelfall zu prüfen und zu lösen. Eine generelle Verfügung (etwa in Form eines Verbotes) oder Feststellung ist nach Auffassung des Gerichtshofes mit dem Parteiengesetz nicht vereinbar.[41]

Wenn es die Absicht des VfGH gewesen ist, mit dieser Judikatur das Unvermögen des Gesetzgebers zu dokumentieren, so ist ihm dies in überzeugender Weise gelungen. Der Preis ist allerdings hoch: Er besteht in einem kaum erträglichen Maß an *Rechtsunsicherheit* und möglichem Dissens über die rechtliche Existenz einer politischen Partei und die Wirksamkeit ihrer Rechtshandlungen.

2. *Republikanische Staatsform*

a) Abkehr von der Monarchie

Im republikanischen Prinzip der Bundesverfassung manifestiert sich die Absage an eine monarchische Staatsform, im besonderen die *historische Abkehr von der Monarchie der Habsburger*. Diese Zielrichtung findet ihren normativen Niederschlag vor allem im Habsburgergesetz[42] und im Ausschluß der Mitglieder regierender Häuser und ehemals regierender Familien vom Amte des Bundespräsidenten.[43]

Noch in den sechziger Jahren hat es heftige politische Kontroversen und tiefgreifende juristische Auseinandersetzungen um die Auslegung und Anwendung von Bestimmungen des Habsburgergesetzes gegeben.[44] Heute ist das Thema „Habsburg" kein Gegenstand des politischen Streites mehr. Vereinzelte Verfahren[45] stoßen außerhalb des Kreises der Beteiligten nur mehr auf wissenschaftliches Interesse.

(StGBl. 13) enthält folgende Bestimmung: „Es ist jedermann untersagt, sich, sei es auch außerhalb dieser Organisationen, für die NSDAP oder ihre Ziele irgendwie zu betätigen".

41. Grundlegend das Erkenntnis des VfGH v. 29. November 1985, Slg. 10705 (betreffend die Hochschülerschaftswahl).

42. Gesetz v. 3. April 1919 (StGBl. 209), betreffend die Landesverweisung und die Übernahme des Vermögens des Hauses Habsburg-Lothringen; gilt kraft Art. 149 (1) B-VG als formelles Verfassungsgesetz des Bundes.

43. Art. 60 (3) B-VG.

44. Siehe die Darstellung der Ereignisse bei ADAMOVICH/FUNK, Verfassungsrecht, 121 (Anm. 1).

45. Zuletzt hat sich der VfGH mit der Materie in einer Entscheidung v. 29. November 1989, G 39-45/89, betreffend mehrere Individualanträge gegen das Habsburgergesetz und gegen Art. 60 (3), zweiter Satz B-VG befaßt.

b) Stellung des Staatsoberhauptes

In bezug auf das Amt des Bundespräsidenten hat es seit der B-VG-Novelle 1929 keine tiefgreifenden verfassungsrechtlichen Änderungen gegeben. Überlegungen über eine Rückkehr zur *Wahl des Staatsoberhauptes durch die Bundesversammlung* sind zwar mehrfach aufgetaucht, jedoch niemals in das Stadium eines aktuellen Reformvorhabens getreten.

Neuerungen hat es bei den Regelungen über die *Vertretung* des Bundespräsidenten und in bezug auf die *Wahl* im (wohl nur theoretischen) Fall einer einzigen Bewerbung um dieses Amt gegeben.[46]

3. Bundesstaat

a) Bund und Länder als Verfassungsstaaten

Die Entstehung des Bundesstaates gehört zu den politisch und rechtlich umstrittenen Themen des österreichischen Verfassungslebens.[47] Die Anhänger der sog. *Dezentralisationstheorie* führen die rechtliche Existenz der Länder und ihrer Verfassungen auf die Verfassungsrechtsordnung des Bundes zurück. Dem steht als Antithese die Auffassung gegenüber, daß die Länder als Träger originärer Staatlichkeit den föderativen Gesamtstaat sowohl 1918 als auch 1945 *gegründet* haben.

Für die Lösung konkreter verfassungsrechtlicher Probleme ist diese Kontroverse kaum relevant. Ihre Bedeutung liegt im Bereich des politischen Klimas und der *Verfassungspolitik* im Bundesstaat. De constitutione lata ist das bundesstaatliche System in Österreich stark zentralistisch geprägt.

Dies äußert sich insbesondere auch darin, daß das Bundesverfassungsrecht viele wichtige Fragen des Verfassungslebens der Länder eingehend regelt und dem Landesverfassungsrecht nur wenig Raum für eigene Entwicklungen läßt. Seit der Mitte der siebziger Jahre sind zwar in der Verfassungsgesetzgebung des Bundes Tendenzen in die Richtung einer Erweiterung der Verfassungsautonomie der Länder zu verzeichnen, der *hegemoniale Grundzug der Bundesverfassung* ist dadurch jedoch nicht gebrochen worden.

Die Länder haben lange Zeit das schmale Band an Möglichkeiten für eine *eigenständige Verfassungsgestaltung* nur unzureichend genützt und damit auch selbst zur Zweitrangigkeit des Landesverfassungsrechts beigetragen. Seit etwa zwei Jahrzehnten ist bei den Ländern eine stärkere Zuwendung

46. Die Regelung des Art. 64 B-VG über die Vertretung des Bundespräsidenten geht auf eine B-VG-Novelle aus 1977 (BGBl. 323) zurück. Für den Fall der Bewerbung eines einzigen Kandidaten sieht Art. 60 (1) B-VG vor, daß die Wahl in Form einer Abstimmung durchzuführen ist. Diese Bestimmung ist durch eine Novelle aus 1982 (BGBl. 354) eingefügt worden.

47. Zum sog. Gründungsstreit des Bundesstaates siehe die eingehende Darstellung bei Peter PERNTHALER: Die Staatsgründungsakte der österreichischen Bundesländer. Eine staatsrechtliche Untersuchung über die Entstehung des Bundesstaates. Wien 1979.

zur eigenen Verfassung, verbunden mit einem Aufschwung an Phantasie und Kreativität der Verfassungsgestaltung, zu verzeichnen.[48]

b) Kompetenzverteilung

Die bundesstaatliche Kompetenzverteilung spiegelt einen Großteil der Probleme und Mängel des Verfassungsrechts und der Verfassung als Ganzes wider: Sie ist wie dieses in den Quellen inhomogen, in den Texten stark zersplittert und in ihrem inneren System schwer notleidend. Das Fehlen einer Gesamtkodifikation, die Konzept- und Rücksichtslosigkeit von Eingriffen in die Kompetenzverteilung und die mangelnde Sensibilität für die Probleme einer zunehmend anachronistischen Aufgabenverteilung, die noch an den klassischen Ressortzuständigkeiten des Ordnungsstaates orientiert ist, haben zu einer *chronischen Krise* der verfassungsrechtlichen Kompetenznormen geführt, deren Funktion als aufgabengerechte Verteilungsordnung weitgehend fragwürdig geworden ist.[49]

4. Rechtsstaat

a) Grundrechte

Die Zweite Republik hat auch bei den Grundrechten das verfassungsrechtliche Erbe der Ersten Republik übernommen, dessen Kernbestand den Grundrechtskatalog der Dezemberverfassung von 1867 umfaßt. Dazu kamen zusätzliche Normenschichten aus republikanischer Zeit. Die Vielfalt der Grundrechtsquellen ist in der Zweiten Republik durch neue Schichten vergrößert worden. Von besonderer Bedeutung war die Übernahme der *Europäischen Menschenrechtskonvention (MRK)* und ihrer Zusatzprotokolle als formelles und unmittelbar anwendbares Verfassungsrecht des Bundes.[50]

Die Tragweite dieses Schrittes war zu Anfang nicht erkennbar; es war auch nicht möglich, die Entwicklung der Rechtsprechung der Konventionsorgane vorherzusehen. Rückblickend ist festzuhalten, daß die *innovative Wir-*

48. Richard NOVAK: Bundes-Verfassungsgesetz und Landesverfassungsrecht. In: SCHAMBECK, Bundes-Verfassungsgesetz, 111 ff. (Anm. 1). – Bernd-Christian FUNK: Die Bedeutung gliedstaatlichen Verfassungsrechts in der Gegenwart. In: Veröffentlichungen der Vereinigung der Deutschen Staatsrechtslehrer, 46 (1988), 57 ff. – Allg. zum Landesverfassungsrecht: Friedrich KOJA: Das Verfassungsrecht der österr. Bundesländer. 2.A. Wien-New York 1988.

49. Zur Diagnose und Therapie siehe Peter PERNTHALER: Kompetenzverteilung in der Krise. Voraussetzungen und Grenzen der Kompetenzinterpretation in Österreich. Wien 1989. Sowie die Ergebnisse einer Untersuchung im Auftrag des Bundeskanzleramtes: Neuordnung der Kompetenzverteilung in Österreich. Grundlagen und Ergebnisse der Arbeitsgruppe für Fragen der Neuordnung der Kompetenzverteilung (Strukturreformkommission). Wien 1991. Hg. v. Bundeskanzleramt. Mit Gutachten von Heinz SCHÄFFER, Hans-Georg RUPPE, Bernd-Christian FUNK und Wilfried SCHÖNBÄCK.

50. Eine authentische Klarstellung des Verfassungsranges der MRK ist durch das BVG v. 4. März 1964 (BGBl. 59) erfolgt.

kung der MRK und ihrer Zusatzprotokolle in Verbindung mit der richterrechtlichen Fortbildung die Grundrechtskultur in Österreich tiefgreifend verändert hat. Seit jeher haben grundrechtliche Fragen im Rahmen von verfassungsrechtlichen Erwägungen eine wichtige Rolle gespielt. Dank der MRK sind diese Fragen heute in das Zentrum des verfassungsrechtlichen Denkens und Argumentierens gerückt.[51]

Die Inkorporation der Garantien der MRK in das Bundesverfassungsrecht hat teilweise zu starken *Spannungen* im Verhältnis zu bestehenden Rechtstraditionen geführt. Die weitaus größten Probleme haben sich bei den Garantien des Art. 6 MRK für das Verfahren in Zivil- und Strafrechtssachen ergeben.[52] Die MRK geht diesbezüglich von einem in der angelsächsischen Rechtstradition verwurzelten *justizstaatlichen* Modell aus und verlangt eine Entscheidung durch Gerichte oder gerichtsähnliche unabhängige und unparteiliche Instanzen (Tribunale). Dieses Konzept gerät mit den in Österreich vorherrschenden *verwaltungsstaatlichen* Verhältnissen in Konflikt.

Angesichts der weitgehend flächendeckenden Reichweite, der normativen Feinheit und Tiefe der grundrechtlichen Ordnung der MRK stellt sich die Frage, ob eine *Kodifikation der freiheitsgewährenden Grundrechte* im innerstaatlichen Bereich überhaupt noch aktuell ist. Vieles spricht dafür, daß der Katalog der Menschen- und Bürgerrechte durch die MRK im wesentlichen ausreichend abgedeckt ist und ein Bedarf nach weiterer Grundrechtskodifikation nur mehr bei den sozialen Gewährleistungen besteht.

Die verfassungspolitische Praxis hat sich diese Sicht nicht zu eigen gemacht. Sie arbeitet (bereits seit langer Zeit) an einer *Neufassung der Freiheitsrechte* wie auch der *sozialstaatlichen Leistungsgarantien*. Vom ursprünglichen Vorhaben einer großen Reform ist man längst abgekommen. Statt dessen ist eine Strategie der kleinen Schritte geplant, die allerdings nach einer ersten Etappe[53] ebenfalls zu scheitern droht.[54]

51. Dies wird auch durch einen ungeheuren mengenmäßigen Aufschwung der Rechtsprechung und Literatur zu den Grundrechten dokumentiert. Österreich hat damit (erst in der Zweiten Republik) den Durchbruch zum *Grundrechtsstaat* geschafft.

52. Die Entwicklung und der aktuelle Stand der Rechtsprechung werden vor allem durch die Entscheidungen des VfGH v. 14. Oktober 1987, Slg. 11500 (Fall Miltner/Anm. 29), und v. 14. Oktober 1987, Slg. 11506 (betr. das Apothekerkammergesetz), wiedergegeben.

53. Die einzige Neukodifikation, die eher als Kompilation zu werten ist, hat es beim Grundrecht auf *Schutz der persönlichen Freiheit* gegeben (BVG v. 29. November 1988 über den Schutz der persönlichen Freiheit, BGBl. 684). Ein Entwurf des Bundeskanzleramtes betreffend ein Bundesverfassungsgesetz über *wirtschaftliche und soziale Rechte* ist im September 1991 in das Begutachtungsverfahren gegangen. Das Gesetz sieht allerdings nur eine Teilkodifikation auf dem Gebiet von sozialen Grundrechten und anderen sozialstaatlichen Verfassungsgarantien vor. Zur tragisch-komischen Geschichte der Grundrechtsreform in Österreich siehe Gerhart HOLZINGER: Die Grundrechtsreform in Österreich. In: MACHACEK, 70 Jahre Republik, 459 ff. (Anm. 19). – Edwin LOEBENSTEIN: Die Behandlung des österreichischen Grundrechtskataloges durch das Expertenkollegium zur Neuordnung der Grund- und Freiheitsrechte. In: MACHACEK, 70 Jahre Republik, 365 ff. (Anm. 19).

54. Wenn man von den bisherigen „Erfolgen" der Reform ausgehend eine Schätzung des zu

Inzwischen schreitet die Entwicklung der Grundrechte im Wege der *richterlichen Ausgestaltung und Rechtsfortbildung* zügig voran. In neuerer Judikatur hat der VfGH die Eingriffsvoraussetzungen vertieft und durch die Kriterien der Erforderlichkeit, Eignung und Angemessenheit präzisiert.[55] Zugleich hat er die generelle Grundrechtspflichtigkeit der Gesetzgebung betont und ein im Vergleich zu seiner älteren Rechtsprechung weit strengeres Kontrollregime vor allem auch gegenüber der Legislative aufgebaut. Besonders die Judikatur zur Erwerbsfreiheit legt davon ein beeindruckendes Zeugnis ab.[56] Nur zögernd und in Ansätzen tritt der VfGH dem Gedanken näher, daß in den liberalen Grundrechten auch Schutzpflichten enthalten sind, was im Ergebnis auf eine (mittelbare) Drittwirkung im Bereich von privatrechtlichen Beziehungen hinausläuft.[57]

b) Rechtsschutz

Bei den staatsrechtlichen Einrichtungen des Rechtsschutzes hat es in der Zweiten Republik einige Veränderungen gegeben. Eine wesentliche Erweiterung brachte die Einführung des *Individualantrages auf Normenkontrolle*.[58] Zur Entlastung des VfGH ist bei Grundrechtsbeschwerden gegen Verwaltungsakte die Möglichkeit einer *Ablehnung ohne nähere Prüfung* geschaffen worden.[59] Eine solche Entscheidung ist zulässig, wenn die Beschwerde keine hinreichende Aussicht auf Erfolg hat oder (sic!) wenn die Klärung einer verfassungsrechtlichen Frage nicht zu erwarten ist. Die Lösung hat wegen der zu befürchtenden Beeinträchtigung des verfassungsrechtlichen Rechtsschutzes keine ungeteilte Zustimmung gefunden.[60] Bei *gerichtlichen Entscheidungen* haben die Parteien nach wie vor keine Mög-

erwartenden Zeitbedarfes anstellt, dann ist mit dem Abschluß des Vorhabens wohl noch vor der Mitte des kommenden Jahrtausends zu rechnen.

55. Darstellung und Analyse der Entwicklung bei Walter BERKA: Die Gesetzesvorbehalte der Eur. Menschenrechtskonvention. In: Zeitschrift f. Öff. Recht, 1986, 71 ff. – Bruno BINDER: Der materielle Gesetzesvorbehalt der Erwerbsfreiheit (Art. 6 StGG). Überlegungen zur neueren Judikatur des VfGH. In: Österr. Zeitschrift für Wirtschaftsrecht, 1988, 1 ff.

56. Siehe etwa das Erkenntnis des VfGH v. 8. März 1991, G 227-251/91 (betr. die landwirtschaftliche Marktordnung). BINDER, Gesetzesvorbehalt, 1 ff. (Anm. 55).

57. Ansätze, die in diese Richtung weisen, ergeben sich etwa aus der Entscheidung des VfGH v. 22. Juni 1989, G 142/88, 168/88 (betr. die Verteilung der Obsorge für Kinder im Fall der Scheidung) oder aus dem Erkenntnis v. 12. Oktober 1990, B 20/89 (betr. den Schutz einer Versammlung vor Störungen), weiters aus dem Erk. v. 30. November 1989, G 245-250/89 (betr. den Schutz von Unternehmensdaten im Zusammenhang mit statistischen Erhebungen).

58. Art. 130 (1) und Art. 140 (1) B-VG in der Fassung der B-VG-Novelle 1975, BGBl. 302.

59. Art. 144 (2) B-VG in der Fassung zweier „Entlastungsnovellen" von 1981 (BGBl. 350) und 1984 (BGBl. 296).

60. Hans R. KLECATSKY spricht von einer „verfahrensfreien Repulsion von Rechtsschutz suchenden Grundrechtsträgern". KLECATSKY, Bundes-Verfassungsgesetz, 110 (Anm. 14). Tatsächlich führt die Ablehnung zu einer Reduzierung der „Eintrittsintensität" bei der Normenkontrolle.

lichkeit einer Beschwerde an den VfGH. Dies versperrt nicht nur die verfassungsgerichtliche Prüfung von Akten der Gerichtsbarkeit, sondern macht auch die Normenkontrolle in bezug auf präjudizielles Justizrecht von einem Gerichtsantrag an den VfGH abhängig.

Neue Horizonte des Grundrechtsschutzes sind durch den *internationalen Menschenrechtsschutz* erschlossen worden. Das am meisten durchgebildete und in der Praxis bedeutsame Verfahren bietet die MRK in Form der Individualbeschwerde bei der Europäischen Kommission für Menschenrechte. Andere völkerrechtliche Vertragswerke kennen ähnliche Verfahren zum Schutz von Menschenrechten.[61]

Eine gewichtige Änderung des innerstaatlichen Rechtsschutzes ergibt sich aus der Einführung der *Unabhängigen Verwaltungssenate*, die als Tribunale in letzter Verwaltungsinstanz eingerichtet wurden, um den Anforderungen des Art. 6 (1) MRK zu entsprechen.[62]

5. *Gewaltentrennung*

a) Rechtliche und politische Aspekte

Das verfassungsrechtliche Konzept der *Gewaltentrennung* erstreckt sich auf das Verhältnis von Gerichtsbarkeit und Verwaltung und auf jenes zwischen Legislative und Exekutive. Daran hat sich in der weiteren Entwicklung grundsätzlich nichts geändert. Auf die in ihrer tatsächlichen Wirksamkeit weitgehend gestörte Trennung zwischen Parlament und Regierung wurde bereits hingewiesen (III.1.b.).

b) Formelle und materielle Elemente

Die *formell-organisatorische Seite* der Trennung zwischen Gerichtsbarkeit und Verwaltung hat eine durch die Rechtsprechung gefestigte und gut durchgebildete dogmatische Basis. Das Verbot wechselseitiger Weisungsbindungen und Instanzenzüge, das Erfordernis einer klar abgegrenzten Zuständigkeitsordnung und die Unzulässigkeit von organisatorischen Mischformen bilden die tragenden Maximen dieser Beziehung. Sog. Sukzessivzuständigkeiten (Quasiinstanzenzüge) zwischen Verwaltung und Gerichtsbarkeit sind vom VfGH verfassungsrechtlich nicht beanstandet worden.[63] Sie könnten sich sogar im Hinblick auf Art. 6 MRK als konventionskonformes Modell erweisen.

61. Internationale Rechtsschutzverfahren nach dem Muster der MRK sind auf Grund eines Fakultativprotokolls (BGBl. 1988/105) zum Internationalen Pakt über bürgerliche und politische Rechte (BGBl. 1978/591) und des Übereinkommens gegen Folter und andere grausame, unmenschliche oder erniedrigende Behandlung oder Strafe (BGBl. 1987/492) eingerichtet. Siehe auch Manfred NOWAK: UNO-Pakt über bürgerliche und politische Rechte und Fakultativprotokoll. CCPR-Kommentar. Kehl 1989.

62. Art. 129 a und Art. 129 b B-VG, eingefügt durch die B-VG-Novelle 1988 (BGBl. 685).

63. *Sukzessivzuständigkeiten* (Quasiinstanzenzüge) sind dadurch gekennzeichnet, daß in einer

Die weit diffizilere *materielle Seite* der Trennung von Gerichtsbarkeit und Verwaltung hat durch Art. 6 MRK neue Aspekte bekommen. Lehre und Rechtsprechung haben erst einen Teil davon entdeckt und aufgearbeitet. Neue Perspektiven und Impulse ergeben sich dabei vor allem für die Beurteilung der *Bindung* an Akte der anderen Staatsfunktion.[64] Entsprechende Schnittstellen gibt es in allen Bereichen der Rechtsordnung, vor allem aber beim Umweltrecht. Die aus Art. 6 MRK abzuleitenden Anforderungen an das Verfahren in Zivil- und Strafrechtssachen begünstigen generell die Angleichung des Verwaltungsverfahrens an den Standard eines Gerichtsverfahrens und die Anreicherung des materiellen Verwaltungsrechts mit interessengerechten Mitwirkungsrechten der Betroffenen im Verfahren.

IV. Entwicklungen in einzelnen Bereichen

1. Wahlrecht

Das Bundesverfassungsrecht begnügt sich mit der Festlegung von Grundsätzen und der Vorgabe eines relativ weiten Rahmens für die Gestaltung des Wahlrechts durch die einfache Gesetzgebung. Wahlrechtsreformen führen daher in der Regel nicht zu Änderungen des formellen Verfassungsrechts, sondern finden ihren Niederschlag im wesentlichen in entsprechenden Änderungen der Wahlgesetze.[65] An den *bundesverfassungsrechtlichen Rahmenbedingungen* des Wahlrechts hat sich wenig geändert. Zu erwähnen sind die Herabsetzung des Wahlalters[66] und die Einführung der Briefwahl für Wahlberechtigte im Ausland.[67]

---

bestimmten Angelegenheit erst eine verwaltungsbehördliche Entscheidung ergeht, wobei aber die beteiligten Parteien das Recht haben, in dieser Sache das Gericht anzurufen. Mit diesem Schritt tritt die Verwaltungsentscheidung ex lege außer Kraft. Die Sache ist nun vom Gericht neu zu behandeln. Die Konstruktion bezweckt eine Entlastung der Gerichte. Sie ist im Enteignungsrecht, im Sozialversicherungsrecht und im Mietrecht anzutreffen. Der VfGH hegt unter dem Gesichtspunkt der Gewaltentrennung (Art. 94 B-VG) keine Bedenken (siehe nur Erk. v. 28. September 1971, Slg. 6537).

64. Dazu die folgende Auswahl an neuerer Rechtsprechung und Literatur: EGM 28. Juni 1990, Nr. 6/1989/166/222 (= ÖJZ, 1991, 22) – Art. 6 MRK verlangt, daß Entscheidungen von Verwaltungsbehörden mit bindender Wirkung gegenüber Gerichten in Zivilrechtssachen in Übereinstimmung mit den Erfordernissen des Art. 6 MRK zustandegekommen sind (Fall Obermeier). VfGH 12. Oktober 1990, G 73/89 (betr. § 268 ZPO). Siegbert MORSCHER: Bindung und Bundesverfassung. In: JBl., 1991, 86 ff.

65. Die geltende Nationalratswahlordnung geht auf das Jahr 1971 zurück. Eine Reform, die der Stärkung der Persönlichkeitswahl dienen soll, ist in Aussicht genommen. Das *Verhältniswahlrecht* steht nicht zur Diskussion.

66. Die *Altersgrenzen* für die Wahlen des Nationalrates betragen 19 Jahre (aktives Wahlrecht) und 21 Jahre (passives Wahlrecht). Siehe Art. 26 (1) und (4) B-VG in der Fassung BGBl. 1979/92.

67. Nach Auffassung des VfGH ist die *Briefwahl* mit den verfassungsrechtlichen Wahlrechtsgrundsätzen der persönlichen und geheimen Stimmabgabe nicht vereinbar (Erk. v. 16. März

2. *Parlamentarische Immunität*

Die Funktion und die Berechtigung der Immunität der Mitglieder gesetzgebender Körperschaften sind seit langem umstritten. Das B-VG hat dieses Rechtsinstitut im wesentlichen unverändert aus der Zeit der konstitutionellen Monarchie übernommen. In dieser Form ist es auch in der Zweiten Republik fortgeführt worden. Mit einer Reform im Jahre 1979 ist die *außerberufliche Immunität* bei jenen strafbaren Handlungen beseitigt worden, die offensichtlich in keinem Zusammenhang mit der politischen Tätigkeit des betreffenden Abgeordneten stehen.[68] Die Entscheidung über das Vorliegen eines solchen Zusammenhanges liegt allerdings in der Hand der gesetzgebenden Körperschaft. Es ist auch nicht möglich, bei der Beurteilung dieses Zusammenhanges eine Typisierung von Delikten vorzunehmen. Beides hat zur Folge, daß die mit der Reform verfolgte Einschränkung der außerberuflichen Immunität unter Umständen relativiert wird.

3. *Haushaltsrecht*

Mit der Wiederherstellung der verfassungsrechtlichen Ordnung des B-VG ist im Jahre 1945 auch das *Bundeshaushaltsrecht* der Ersten Republik erneut in Geltung getreten, dessen Wurzeln im Haushaltsrecht der konstitutionellen Monarchie liegen.

Eine Reform aus dem Jahr 1986 brachte eine umfassende *verfassungs- und einfachgesetzliche Kodifikation*[69] dieses bis dahin nur rudimentär geregelten Rechtsgebietes. Die Reform stand im Zeichen einer Anpassung des Haushaltsrechts an die Erfordernisse einer modernen Finanzwirtschaft. Schwerpunkte der Reform bilden eine Erhöhung der Flexibilität des Budgetvollzuges, eine Stärkung der Funktionen des Finanzministers, eine Aufwertung der Mitwirkung des Nationalrates sowie die Schaffung von besonderen Ermächtigungen für Not- und Gefahrenfälle.[70]

1985, Slg. 10412). Die Einführung der Briefwahl ist für den Bundesbereich durch mehrere Verfassungsbestimmungen in den Wahlrechtsgesetzen erfolgt (siehe § 62 a NRWO in der Fassung BGBl. 1990/148).

68. Art. 57 B-VG in der Fassung der Novelle BGBl. 1979/134. – Christian KOPETZKI: Grenzen der außerberuflichen Immunität der Abgeordneten. In: Österr. Zeitschrift f. öff. Recht, 1986, 101 ff.

69. B-VG-Novelle 1986 (BGBl. 212) und Bundeshaushaltsgesetz (BGBl. 1986/213). – Johannes HENGSTSCHLÄGER: Überlegungen zur Reform des Haushaltsverfassungsrechtes (aktuelle Probleme des Budgetrechts). In: Das Öffentliche Haushaltswesen, 1980, 113 ff. – Michael HOLOUBEK: Das neue Haushaltsrecht des Bundes. Ein Überblick. In: Das Öff. Haushaltswesen, 1989, 173 ff. – Heinrich NEISSER: Die Bundeshaushaltsrechtsreform in Österreich. In: Die Verwaltung, 1988, 335 ff.

70. Auf die Ermächtigungen in Art. 51 b B-VG zu außer- und überplanmäßigen Ausgaben ist zu verweisen.

4. Wehrverfassung

Bis zum Inkrafttreten des Staatsvertrages von 1955 waren die aus der Ersten Republik stammenden Bestimmungen des B-VG über die Einrichtung und Aufgaben des Bundesheeres wegen des Fehlens der wehrpolitischen Handlungsfähigkeit Österreichs obsolet. Der Staatsvertrag brachte eine durch Auflagen beschränkte *Wiederherstellung der österreichischen Wehrhoheit.* Neue Rahmenbedingungen der Wehrverfassung ergaben sich auch aus dem Status Österreichs als eines immerwährenden neutralen Staates.

Die neuere Entwicklung der *Wehrverfassung* stand im Zeichen der Verankerung der militärischen als Teil der umfassenden Landesverteidigung, der verfassungsrechtlichen Festlegung der allgemeinen Wehrpflicht aller männlichen österreichischen Staatsbürger,[71] der verfassungsrechtlichen Definition der Aufgaben des Bundesheeres,[72] der Entscheidung für das Milizsystem[73] als Grundlage des Wehrsystems und der Beteiligung des Heeres an Auslandseinsätzen über Ersuchen von internationalen Organisationen,[74] im besonderen der Vereinten Nationen.

5. Rechnungs- und Gebarungskontrolle

Die Institution des *Rechnungshofes* wurzelt in der vorkonstitutionellen Zeit.[75] Das bestehende System der finanziellen Kontrolle durch den Rechnungshof als einer von der Exekutive getrennten akzessorischen Hilfstätigkeit für die Legislative geht auf die Erste Republik zurück. In den Jahren nach 1945 hat es zahlreiche bundesverfassungsrechtliche Änderungen zur Fortentwicklung der Rechnungs- und Gebarungskontrolle gegeben. Besonders hervorzuheben ist eine Reform aus dem Jahre 1948,[76] durch die unter anderem die Kontrolle im Bereich öffentlicher Unternehmen erweitert wurde. Diese Linie ist in einer weiteren Reform im Jahre 1977 fortgeführt und verstärkt worden.[77] Erwähnt sei auch die zeitliche Begrenzung der Funktionsdauer des Präsidenten und des Vizepräsidenten des Rechnungshofes.[78]

---

71. Art. 9 a (3) B-VG.

72. Art. 79 B-VG in der Fassung der Novelle BGBl. 1975/368.

73. Art. 79 (1) letzter Satz B-VG in der Fassung der Novelle BGBl. 1988/341.

74. BVG v. 30. Juni 1965 über die Entsendung österr. Einheiten zur Hilfeleistung in das Ausland auf Ersuchen internationaler Organisationen (BGBl. 173).

75. Zur Organisationsgeschichte siehe Johannes HENGSTSCHLÄGER: Der Rechnungshof. Organisation und Funktion der obersten Finanzkontrolle in Österreich. Berlin 1982, 17 ff.

76. BVG v. 16. Juni 1948 (BGBl. 143) in Verbindung mit dem Rechnungshofgesetz 1948 (BGBl. 144).

77. BVG v. 18. Oktober 1977 (BGBl. 539).

78. Der Präsident und der Vizepräsident des Rechnungshofes werden vom Nationalrat für eine Funktionsdauer von 12 Jahren gewählt. Eine Wiederwahl ist ausgeschlossen (Art. 122 Abs. 4 B-VG in der Fassung der Novelle BGBl. 1986/212).

6. Volksanwaltschaft

Das Bundesverfassungsrecht sieht ein gut entwickeltes System von prozeßförmlichen Einrichtungen zum Schutz des Einzelnen und zur Wahrung der Rechtsordnung vor. Es hat sich aber gezeigt, daß dieses Instrumentarium nicht ausreicht, um das Recht als öffentliches Gut für jedermann zugänglich zu machen und zu erschließen. Die Mittel der rechtsförmlichen Durchsetzung bedürfen vielmehr einer Ergänzung durch rechtlich geregelte *Serviceeinrichtungen*, die in informeller Weise Hilfe durch Auskunft, Rat und Intervention gewähren.

Auf diesen Prinzipien beruht die seit 1981 nach einer Probezeit von vier Jahren dauernd eingerichtete *Volksanwaltschaft des Bundes*.[79] Sie ist zur Prüfung von behaupteten oder amtswegig wahrgenommenen Mißständen in der Verwaltung des Bundes berufen. Die Länder haben die Wahl, ihre Verwaltung der Kontrolle durch die Volksanwaltschaft des Bundes zu unterstellen oder eigene Volksanwaltschaften einzurichten.[80] Organisatorisch ist sie als selbständige Kontrollbehörde im Funktionsbereich der Legislative tätig. Ihre Einrichtung weist Parallelen mit jener des Rechnungshofes auf.

7. Äußere Angelegenheiten

Die Verdichtung der *internationalen Beziehungen* und die Teilnahme Österreichs an der *europäischen Integration* haben ihren Niederschlag in einer Reihe von verfassungsrechtlichen Innovationen gefunden.

Eine Neuordnung der Regelungen des B-VG über *Staatsverträge* war die Antwort auf eine Reihe von Fragen, die sich im Zusammenhang mit der Transformation und den innerstaatlichen Wirkungen der MRK ergeben haben.[81]

In den Angelegenheiten ihres Wirkungsbereiches haben die *Länder* die Befugnis zum *Abschluß von völkerrechtlichen Verträgen* mit Nachbarstaaten der Republik Österreich erhalten.[82] Die Länder stehen dabei allerdings weitgehend unter der Bevormundung und Aufsicht des Bundes. Die völkerrechtliche Vertragspraxis der Länder fristet bisher nur ein Schattendasein.

79. Volksanwaltschaftsgesetz 1977 (BGBl. 121) und B-VG-Novelle 1981 (BGBl. 350).

80. Art. 148 i B-VG. – Norbert WIMMER: Die Ombudsman-Einrichtungen im Verfassungsgefüge. In: JBl., 1984, 281. Von der Möglichkeit der Einrichtung eigener volksanwaltschaftlicher Einrichtungen haben die Länder *Tirol* und *Vorarlberg* Gebrauch gemacht.

81. Quellennachweis in Anm. 50. – Zu den Gründen und Problemen der Neuregelung siehe Richard NOVAK: Probleme des Bundesverfassungsgesetzes v. 4. März 1964 über die Staatsverträge. In: JBl., 1969, 307 ff. – Robert WALTER: Die Neuregelung der Transformation völkerrechtlicher Verträge in das österr. Recht. In: ÖJZ, 1964, 453 ff. – Günther WINKLER: Zur Frage der unmittelbaren Anwendbarkeit von Staatsverträgen. In: JBl., 1961, 8 ff.

82. Art. 16 B-VG in der Fassung der Novelle BGBl. 1988/685.

Bis zur B-VG-Novelle 1981 konnten *Rechtssetzungsbefugnisse von Staatengemeinschaftsorganen* nur mit Hilfe von entsprechenden Ermächtigungen im Verfassungsrang begründet werden. Seit dieser Novelle genügt dazu ein einfaches Gesetz oder ein gesetzesrangiger Staatsvertrag.[83] Die Übertragungsmöglichkeit ist jedoch auf einzelne Hoheitsrechte des Bundes beschränkt. Sie bietet keinesfalls eine tragfähige Basis für jenen umfangreichen Transfer an Souveränitätsrechten, der durch die Verwirklichung der von Österreich beantragten EG-Mitgliedschaft erforderlich wird.

8. Rundfunkverfassung

Die Schaffung von speziellen verfassungsgesetzlichen Garantien und Auflagen für den Rundfunk war ein Teil der *Rundfunkreform des Jahres 1974.*[84] Die Einrichtung eines öffentlichrechtlichen Rundfunks mit Monopolstellung ist zwar als solche kein Teil der verfassungsrechtlichen Bestimmungen über den Rundfunk, sie bildet aber eine systemharmonische gesetzliche Ausgestaltung der rundfunkverfassungsrechtlichen Grundlagen. Fragwürdig erscheint dagegen die Monopolisierung im Hinblick auf die Garantien der *Medienfreiheit* durch die MRK.[85] Diese Beurteilung bleibt jedoch der Rechtsprechung durch die Konventionsorgane überlassen.

9. Gemeindeverfassung

Die Gemeindeverfassungsnovelle von 1962 brachte die Aufarbeitung eines der im Jahre 1920 begründeten Provisorien der Verfassunggebung.[86] Die Neuordnung der Rechtsstellung und der Aufgaben der Gemeinden stand im Zeichen der allgemeinen *Stärkung der Gemeinde als autonomer Verband* bei gleichzeitiger Verfeinerung und Erhöhung der Effizienz der

83. Die Novelle 1981 (BGBl. 350) hat dem Art. 9 B-VG den Abs. 2 angefügt. Danach können durch Gesetz oder durch gesetzesrangigen Staatsvertrag *einzelne Hoheitsrechte* des Bundes auf zwischenstaatliche Einrichtungen und ihre Organe übertragen und die Tätigkeit von Organen fremder Staaten im Inland sowie die Tätigkeit österreichischer Organe im Ausland im Rahmen des Völkerrechts geregelt werden. Die Neuregelung orientiert sich am Vorbild des Art. 24 (1) Bonner GG: „Der Bund kann durch Gesetz Hoheitsrechte auf zwischenstaatliche Einrichtungen übertragen." Hier fehlt allerdings die Einschränkung, die sich bei Art. 9 (2) B-VG aus dem Wort „einzelne" Hoheitsrechte ergibt.

84. BVG v. 10. Juli 1974 über die Sicherung der Unabhängigkeit des Rundfunks (BGBl. 396) und BG v. 10. Juli 1974 über die Einrichtung und die Aufgaben des Österr. Rundfunks (BGBl. 397).

85. Walter BERKA: Rundfunkmonopol auf dem Prüfstand. Die Freiheit und öff. Verantwortung des Rundfunks in Österreich. Wien 1988. – Michael HOLOUBEK: Rundfunkfreiheit und Rundfunkmonopol. Wien 1990.

86. Neufassung der Art. 115-120 B-VG durch die Bundes-Verfassungsgesetznovelle 1962 (BGBl. 205).

Gemeindeaufsicht. Weitergehende Anliegen einer Reform der lokalen Verwaltungsstrukturen wurden auf unbestimmte Zeit aufgeschoben.[87]

10. Schulverfassung

Auch hier gab es eine verfassungspolitische Altlast in Form eines aus der Ersten Republik übernommenen Provisoriums. Die Aufarbeitung erfolgte in zwei Teilschritten durch die Schulverfassungsnovellen der Jahre 1962 und 1975.[88] Erstere betraf das allgemeine, letztere das land- und forstwirtschaftliche Schulwesen. In beiden Bereichen sind wesentliche schulpolitische Maßnahmen der einfachen Gesetzgebung an eine parlamentarische Beschlußfassung im Nationalrat mit *qualifizierter Mehrheit* (2/3) und damit an den politischen Konsens der beiden großen Fraktionen gebunden.[89] Dies erklärt, weshalb Maßnahmen der Schulreform in Österreich de facto nur in großkoalitionärer Eintracht verwirklicht werden können.

V. Ausblick

1. Weitere Verfassungsreformen

Absehbare Reformanliegen ergeben sich im Hinblick auf eine *umfassende Bereinigung und Verbesserung* der Quellen, der Texte und des Systems des Bundesverfassungsrechts. Dies gilt im besonderen für die bundesstaatliche Kompetenzordnung, einschließlich der Finanzverfassung. Die *Grundrechtsreform* ist ein längst überfälliges, selbst im Konzept der kleinen Schritte stagnierendes Anliegen.

Die weitere Entwicklung und die Teilnahme Österreichs an der *europäischen Integration*[90] werden verfassungsrechtliche Maßnahmen verschiedenster Art erforderlich machen. Ein künftiges Abkommen über die Mitgliedschaft Österreichs bei den EG wird als verfassungsändernder Staatsvertrag mit der Wirkung einer Gesamtänderung der Bundesverfassung zu

87. Art. 120 B-VG mahnt als verfassungsrechtlicher Erinnerungsposten an Reformen (Stichwort: „Demokratisierung") der *Bezirksverwaltung* und der Neustrukturierung des local government, die von Zeit zu Zeit diskutiert, aber mit schöner Regelmäßigkeit immer wieder aufs Eis gelegt werden.

88. BVG v. 18. Juli 1962 (BGBl. 215) und v. 28. April 1975 (BGBl. 316).

89. Art. 14 (10) und Art. 14 a (8) B-VG.

90. Österreich hat mit gleichlautenden Schreiben v. 17. Juli 1989 an die drei Teilgemeinschaften einen Antrag auf Aufnahme als Mitglied in die EG gestellt. Eine grundsätzlich positive Stellungnahme (Avis) der Kommission an den Rat v. 31. Juli 1991 liegt vor. Davon abgesehen ist mit einer Beteiligung Österreichs am Vertrag über den Europäischen Wirtschaftsraum (EWR) zu rechnen, der die Staaten der EG und der EFTA zu einem weitgehend binnenmarktähnlichen Wirtschaftsraum zusammenschließen soll.

behandeln und einem Referendum zu unterziehen sein.[91] Soll dieses Referendum bereits vor der parlamentarischen Behandlung plaziert werden, so wäre auch diese Modifikation des Verfahrensablaufes als Gesamtänderung der Bundesverfassung zu behandeln. Nicht vergessen sei auch die Notwendigkeit einer Änderung oder Aufhebung des Neutralitätsgesetzes als Voraussetzung für einen Beitritt Österreichs zur EG.

2. *Die Zukunft Österreichs als Verfassungsstaat*

Unter dem Gesichtspunkt einer Mitgliedschaft Österreichs bei der EG stellt sich die Frage nach der *Aufrechterhaltung seiner Eigenstaatlichkeit*: Gibt es einen „EG-festen“ Kern an einzelstaatlichem Verfassungsrecht[92] oder ist damit zu rechnen, daß dieses eine capitis deminutio erfährt, die es in seiner Bedeutung und Funktion auf die Stufe eines Regionalstatuts stellt?

Beim gegebenen Stand der Gemeinschaftsverfassung und für die nächsten absehbaren Schritte der Integration scheint das mitgliedstaatliche Verfassungsrecht als Grundordnung des einzelstaatlichen Verbandes nicht existenziell bedroht. In langfristiger Perspektive ist das *Ende des Verfassungsstaates* jedoch in der Logik der Entwicklung gelegen. Als besonderer Unsicherheitsfaktor kommt hinzu, daß es für die Gemeinschaft in ihrer Vollendung zwar verschiedene mögliche Szenarien, nicht jedoch ein anerkanntes und verbindliches Modell gibt. Die Frage nach der Zukunft Österreichs als Verfassungsstaat kann unter diesem Gesichtspunkt nicht beantwortet, das heißt auch nicht bejaht werden.

91. Siehe vorhin in Anm. 31.

92. So in bezug auf die Normenkontrolle Stefan GRILLER: Rechtsangleichung und Normenkontrolle. In: Karl KORINEK/Heinz Peter RILL (Hg.): Österr. Wirtschaftsrecht und das Recht der EG. Wien 1990, 113 ff.

Wirtschaft und Wirtschaftspolitik

Gunther Tichy

Die Entwicklung der österreichischen Wirtschaft und der österreichischen Wirtschaftspolitik der Zeit nach dem Zweiten Weltkrieg kann nicht verstanden werden, ohne auf die vorhergehende *Geschichte* Österreichs Bezug zu nehmen. Schon im 19. Jahrhundert war Österreich kein Spitzenreiter der Industrialisierung, da sich diese von Nordwesten nach Südosten fortpflanzte und Österreich relativ spät erreichte. Darüber hinaus hemmten die bloß schwachen liberalen Tendenzen und der große Börsenkrach von 1873 den jungen Industrialisierungsprozeß. 1918 wurde ein einheitliches Wirtschaftsgebiet zerrissen, Österreichs Industrie verlor Lieferanten und Absatzmärkte; unkonsolidiert – als Form dieser Faktoren – wurde die österreichische Industrie von der Weltwirtschaftskrise besonders hart getroffen. Bürgerkrieg und Anschluß waren unvermeidliche Folgen des mangelnden Glaubens an die wirtschaftliche Lebensfähigkeit des Landes. Die Industrialisierung der Ostmark baute nicht auf der uneinheitlichen Wirtschaftsstruktur des Landes, sondern auf dem Rohstoffbedarf eines auf 1000 Jahre geplanten Reiches auf. Die Nachkriegszeit übernahm Industrietorsi aus unterschiedlichen Epochen, aber auch – als Folge von Ständestaat und Bürgerkrieg – den Willen zur Zusammenarbeit und die Sozialpartnerschaft. Auf dieser Basis gelang es zum ersten Mal seit mehr als einem halben Jahrhundert, eine halbwegs *integrierte Wirtschaftsstruktur* aufzubauen.

Die *Wirtschaftsentwicklung*[1] Österreichs seit dem Ende des Zweiten Welt-

1. Hanns ABELE/Ewald NOWOTNY/Stefan SCHLEICHER/Georg WINCKLER (Hg.): Handbuch der österr. Wirtschaftspolitik. Wien 1982. – Karl AIGINGER/Gunther TICHY: Die Größe der Kleinen. Die überraschenden Erfolge kleiner und mittlerer Unternehmungen in den achtziger Jahren. Wien 1984. – Sven W. ARNDT (Hg.): The Political Economy of Austria. Washington-London 1982. – Fritz BREUSS: Österreichs Außenwirtschaft 1945–1982. Wien 1983. – Alois GUGER (Hg.): Umverteilung durch öff. Haushalte in Österreich. Wien 1987. – Helmut KRAMER: Strukturprobleme der österr. Industrie. Industrielle Strukturprobleme Österreichs. Wien 1983. Wien 1983. – Ds./Felix BUTSCHEK (Hg.): Strukturpolitik als Dimension der Vollbeschäftigungspolitik. Stuttgart-Wien 1983. – Dies. (Hg.), Vom Nachzügler zum Vorbild? Österr. Wirtschaft 1945 bis 1985. Stuttgart-Wien 1985. – Bernd MARIN: Die Paritätische Kommission. Aufgeklärter Technokorporatismus in Österreich. Wien 1982. – Österr. Institut für Raumplanung/Österr. Institut für Wirtschaftsforschung/Gunther TICHY: Regionalstudie Obersteiermark. Bericht der Gutachter. Wien 1982. – Hans SEIDEL/Helmut KRAMER: Die österr. Wirtschaft in den achtziger Jahren. Wien 1980. – Michael STEINER: Regionale Ungleichheit. Wien-Köln-Graz 1990. – Hannes SUPPANZ/Derek ROBINSON: Prices and Incomes Policy. The Austrian Experience. Paris 1972. – Gunther TICHY: Strategy and Implementation of Employment Policy

krieges verlief nach allen denkbaren Kriterien ungemein günstig. Dabei darf jedoch nicht übersehen werden, daß Österreich einen erheblichen Rückstand aufzuholen hatte, der durch die Verluste des Ersten Weltkrieges, den Zerfall der Monarchie, die hier besonders tiefe und schmerzvolle Weltwirtschaftskrise sowie durch die wirtschaftlichen Verluste des Zweiten Weltkrieges entstanden war: Das Bruttonationalprodukt von 1913 konnte erst 1949 wieder übertroffen werden; es galt eine fünfunddreißigjährige Stagnation von Wirtschaftsaktivität und Wohlstand aufzuholen. Diese Entwicklung soll im folgenden nachgezeichnet und die sie bestimmenden Faktoren herausgearbeitet werden.

I. Sechs Phasen der österreichischen Wirtschaftsentwicklung und der österreichischen Wirtschaftspolitik

1. Die Überwindung der Kriegsfolgen 1945 bis 1952

Der Zweite Weltkrieg hinterließ eine völlig *zerrüttete* Wirtschaft. Fabriken waren zerstört, in den östlichen Landesteilen demontiert, das Land in vier Zonen mit zunächst sogar unterschiedlicher Währung geteilt. Dennoch war die Produktion mehr durch den Mangel an Vormaterial, Energie und Transportmöglichkeiten behindert als durch den Mangel an Produktionsanlagen. Zwischen 1946 und 1952 konnte das Bruttonationalprodukt durch die allmähliche *Überwindung* dieser Probleme real mit einer durchschnittlichen Rate von 13% wachsen. Träger dieser Expansion waren vor allem *Industrie* und *Bauwirtschaft*. Nicht zuletzt dank amerikanischer Hilfe (1945/55 1,6 Mrd. Dollar) konnte die Investitionsquote gegenüber der Zwischenkriegszeit fast verdoppelt werden und erreichte gegen Ende der Periode bereits 17%.

Der rasche *Aufschwung* war allerdings trotz der drastischen *Abschöpfung* von Geldkapital von erheblicher Inflation begleitet. Immer rascher jagten einander immer wirkungslosere Preis- und Lohnabkommen. 1951 kam es dann in einer großen nationalen Anstrengung zu einem *Preis- und Lohn-*

in Austria. In: Kyklos, Internationale Zeitschrift für Sozialwissenschaften, 37 (1984), 363–386. – Ds., Österreich und die Integration der eur. Forschung. Herausforderung und Chancen. Wien 1987. – Ds., Von Glanz und Ende des Austro-Keynesianismus. In: Peter MITTER/Andreas WÖRGÖTTER (Hg.): Austro-Keynesianismus. Heidelberg 1990, 76–101. – Ds., Regionalförderung. In: Österr. Institut für Raumplanung (Hg.): Neuordnung der kooperativen Raumpolitik. Wien 1990, 44–68. – Ds., Erwartungsbildung und Konjunkturforschung: Axiomatik versus Erhebungen. Research Memorandum der Nationalökonomischen Institute der Karl-Franzens-Universität Graz Nr. 9104, Graz 1991. – Vgl. auch die Beiträge von Volkmar LAUBER, Waltraud WINKLER-RIEDER, Markus F. HOFREITHER und Herbert GOTTWEIS/Michael LATZER in: Herbert DACHS u. a. (Hg.): Handbuch des polit. Systems Österreichs. Wien 1991.

stop, verbunden mit deutlich restriktiver Währungspolitik und etwas später zu einer Abwertung der Währung. Der Aufschwung wurde temporär unterbrochen: In der Stabilisierungskrise von 1952 stagnierte das Bruttonationalprodukt und die Beschäftigung schrumpfte, die Arbeitslosenrate stieg auf 7½%. Damit war die Zäsur zur unmittelbaren Nachkriegszeit gesetzt und die Basis gelegt, auf der ein ruhigerer Aufschwung einsetzen konnte, der rund 20 Jahre anhalten sollte.

Tabelle 1: Die wirtschaftliche Entwicklung Österreichs

	Wachstumsrate %	Inflationsrate %	Außenbilanzquote %	Leistungsbilanzsaldo %	Budgetdefizit %
1946–1952	12,0	37,0	4,5	–	–
1953–1963	5,7	2,0	4,9	–0,2[1])	–0,8[1])
1964–1969	4,8	3,5	2,7	–0,5	–1,1
1970–1973	5,6	5,7	2,0	–0,6	–1,0
1974–1982	2,3	6,3	2,2	–1,6	–3,6
1983–1991	2,7	2,9	5,1	+0,0	–4,4

1) 1954–1963

Quelle: Wifo-Datenbank

2. *Der große Aufschwung 1953 bis 1963*

Der *große Aufschwung* der fünfziger und frühen sechziger Jahre wurde durch zwei Steuersenkungen (1954 und 1955), die Einführung der indirekten Investitionsförderung (1955), den Beginn des Autobahnbaus und die Ausgabe von Volksaktien (1956) eingeleitet. Es folgte eine weitere Steuerabsenkung (1958), die Konvertibilität des Schillings (1959) und eine Liberalisierung des Kapitalverkehrs (1962). Der kräftige Aufschwung mit einer fast durchschnittlichen Wachstumsrate von 6% pro Jahr ließ die Steuereinnahmen kräftig steigen, sodaß trotz hoher staatlicher Investitionen die Budgets etwa ausgeglichen gehalten werden konnten. Die Bedeutung der wirtschaftlichen und wirtschaftspolitischen Leistungen dieser Periode kann nur ermessen werden, wenn man berücksichtigt, daß Österreich bis 1955 besetzt war und erhebliche Reparationen leisten mußte, die zum Teil noch lange über den Staatsvertragsabschluß hinausreichten.

Der Aufschwung der österreichischen Wirtschaft war Folge eines erheblichen Industrialisierungsprozesses, der rückblickend am besten als *Industrialisierung* eines Niedriglohnlandes beschrieben werden kann: Die Grundstoffkapazitäten wurden drastisch ausgebaut; Stahl, Magnesit, Holz, Holzfaserplatten und Papier waren die Produkte, die den überwiegenden Teil der Erzeugung und der Exporte ausmachten. Dazu kam, vor allem in der zweiten Hälfte der Periode, die zunehmende Ansiedlung von Niedriglohnindustrien (Textil, Bekleidung, Schuhe), die auf ihrer Wanderung vom

Hochlohn-Norden in den Niedriglohn-Süden in Österreich einen längeren Zwischenstopp einschalteten, weil das Lohnniveau damals relativ zur Qualifikation der Arbeiterschaft niedrig war.

Zu Beginn der sechziger Jahre hatte man sich an das *„Wirtschaftswunder"*, das mit den Namen Julius RAAB und Richard KAMITZ identifiziert wurde, gewöhnt: die Ansprüche stiegen, die Flexibilität nahm ab. Trotz der zunehmenden Konjunktur gelang es immer weniger, die *Budgetdefizite* in Grenzen zu halten, KAMITZ wechselte aus der Regierung in die Nationalbank, der Raab-Kamitz-Kurs bröckelte ab. Für die Konsolidierung der österreichischen Wirtschaft und die Bildung eines Staatsbewußtseins war diese Periode jedoch von entscheidender Bedeutung: Es war nicht nur gelungen, den Wiederaufbau in ein geregeltes und konsolidiertes Wachstum überzuführen, sondern es war auch der Beweis der wirtschaftlichen Lebensfähigkeit Österreichs gelungen, dessen Fehlen sich in der Zwischenkriegszeit so katastrophal ausgewirkt hatte.

3. Die erste Strukturkrise 1964 bis 1969

Der lange Aufschwung hatte die Österreicher so an das Wirtschaftswunder unproblematischen, ununterbrochenen Wachstums und stets steigender Beschäftigung gewöhnt, daß die erste merkbare *Rezession* von 1967 geradezu als Schock empfunden wurde, als Zeitenwende. Tatsächlich aber waren die Probleme schon vorher zu erkennen gewesen, konnten damals allerdings nicht richtig interpretiert werden. Der Aufschwung kam schon ab 1964 ins Stocken, ohne daß die Kapazitäten entsprechend ausgelastet waren. Insbesondere der Auslandsabsatz ließ nach, die Handelsbilanz verschlechterte sich. Österreich war mit seiner Produktionspalette von Grundstoffen und traditionellen Konsumgütern nicht mehr konkurrenzfähig, die Löhne hatte sich rascher angepaßt als die Produktionsstruktur, die Staatsausgaben wuchsen mit Raten von vielfach über 10% pro Jahr. Der Schock der Rezession von 1967 und ein Regierungswechsel führten zu einem raschen *Umdenken.* Ein Paket von Steuermaßnahmen leitete die *Budgetkonsolidierung* ein, Maßnahmen zur Förderung des Kapitalmarktes und der Unternehmensfinanzierung wurden beschlossen (Koren-Plan). Vor allem aber rationalisierte die Industrie rasch und kräftig und paßte sich damit an das gestiegene Lohnniveau an: In den Jahren 1963 und 1968 baute die Industrie trotz steigender Produktion fast 50.000 Beschäftigte ab (insgesamt -7%) und steigerte die Stundenproduktivität Jahr für Jahr um mehr als 7%. Der Export wurde nicht zuletzt dadurch belebt, daß Österreich die deutsche Aufwertung 1969 nicht mitmachte, de facto also gegenüber seinem wichtigsten Handelspartner und Konkurrenten abwertete.

4. Wachstumseuphorie im Sog der Weltkonjunktur 1969 bis 1973

Auf der Basis dieser Konsolidierung konnte 1969 die stärkste *Hochkonjunktur* der österreichischen Nachkriegsgeschichte einsetzen. Zwei Faktoren waren im besonderen Maße dafür entscheidend: Erstens das Zusammentreffen einer Hochkonjunktur in den USA und einer solchen in Europa, was zu einer sehr starken Anspannung der Grundstoffmärkte führte, sodaß sich die noch heute merkbare Grundstofflastigkeit der österreichischen Struktur temporär als Vorteil erwies. Zweitens plante die sozialistische Alleinregierung, die zu Beginn dieser Periode an die Macht kam, eine „zweite Industrialisierungswelle". Die durchschnittliche Wachstumsrate sollte von 4 1/2% im Jahrzehnt vorher auf 6% gesteigert werden und erreichte im Durchschnitt dieser Jahre auch tatsächlich 5,6%. Großzügige Investitionsprogramme wurden konzipiert, der Arbeitsmarkt war trotz zunehmender Beschäftigung von Gastarbeitern voll ausgelastet (Arbeitslosenquote im Durchschnitt 2,0%), die Löhne begannen, rascher zu steigen, selbst die konjunkturbedingt extrem rasch steigenden Staatseinnahmen (+ 10%) konnten mit den Staatsausgaben (+ 11%) nicht Schritt halten, so daß in dieser Periode die Grundlagen für die gegenwärtigen Budgetprobleme gelegt wurden. Die bloß konjunkturbedingten Mehreinnahmen hätten nämlich nicht ausgegeben, sondern zur Verringerung der Staatsschuld verwendet werden müssen. Tatsächlich aber wurden nicht bloß sie ausgegeben, sondern darüberhinaus noch weitere Ausgaben durch Schuldenaufnahme finanziert. Dadurch wurde die ohnedies überhitzte Konjunktur weiter angeheizt, in weiterer Folge die daraus resultierende Krise verschärft und der Spielraum zu ihrer Bekämpfung (durch die hohe Staatsverschuldung) eingeschränkt.

Demgemäß begannen schon 1973, vor der *Ölkrise,* die Wachstumskräfte nachzulassen: *Strukturprobleme* und *Verteilungskämpfe* traten auf. In dieser labilen Situation mußte die Ölkrise, die ihrerseits überhaupt nur in der überhitzten Weltkonjunktur erfolgreich inszeniert werden konnte, einen tiefen Schock auslösen, der eine rasche Anpassung der Strukturen erschwerte.

Trotz alledem sollte das euphorische Intermezzo der geplanten Wachstumsexplosion der frühen siebziger Jahre in seiner Bedeutung nicht unterschätzt werden: Die Entwicklung Österreichs zum *Industriestaat,* die im großen Aufschwung der späten fünfziger und frühen sechziger Jahre eingeleitet wurde, wurde in dieser Periode abgeschlossen; Österreich wurde wirklich zum Industriestaat, seine außenwirtschaftliche Verflechtung stieg kräftig an, der Wachstumsrückstand wurde weiter verringert. Es kann allerdings auch nicht verschwiegen werden, daß ein etwas behutsameres Herangehen an die großen Ziele weniger große Probleme hinterlassen hätte.

Tabelle 2: Indikatoren der Wirtschaftspolitik 1974–1982

Ziele	A	D	NL	S	CH	UK	USA
1 Durchschnittliche Arbeitslosenrate (%)	2,1 (2)	4,6 (4)	6,3 (6)	2,1 (2)	0,3 (1)	6,2 (5)	7,2 (7)
2 Beschäftigtenwachstum (%)	0,9 (4)	–3,5 (5)	4,8 (3)	6,5 (2)	–4,8 (6)	–5,0 (7)	14,6 (1)
3 Inflationsrate[1]) (%)	57,9 (3)	44,5 (2)	66,7 (4)	120,0 (6)	34,7 (1)	195,2 (7)	95,7 (5)
4. Wirtschaftswachstum[1]) (BIP real)	19,0 (1)	15,5 (3)	9,8 (4)	9,2 (5)	1,5 (7)	7,6 (6)	17,5 (2)
5 Produktivitätsanstieg[1]) (%) (BIP je Beschäftigten)	18,1 (2)	19,0 (1)	5,0 (5)	2,7 (7)	6,3 (4)	12,6 (3)	2,9 (6)
6 Leistungsbilanz/BIP (%)	–1,7 (5)	0,4 (3)	1,0 (4)	–2,0 (6)	3,4 (7)	0,0 (1)	–0,0 (1)
7 BIP/Kopf in $ (1982)	8.835	10.691	9.615	11.907	14.928	8.523	13.106
Durchschnittlicher Rang							
1 + 3	2	3	5	4	1	6	6
2 + 3	2	2	2	6	2	7	1
1 + 3 + 4 + 6	2	2	4	6	1	7	5
2 + 3 + 5 + 6	3	1	4	7	5	5	2
Misery index[2]) (%)	9,4 (2)	10,2 (3)	14,6 (4)	17,1 (5)	4,6 (1)	30,6 (7)	19,1 (6)
Instrumente							
Budgetdefizit/BIP (%)[3])[4])	3,6 (5)	2,1 (2)	3,4 (3)	6,8 (6)	0,9 (1)	6,9 (7)	3,5 (4)
Staatsschuld/BNP 1974 (%)[5])	17,6 (1)	19,5 (2)	39,2 (5)	35,9 (4)	25,3 (3)	77,7 (7)	50,8 (6)
Staatsschuld/BNP 1981 (%)	39,2 (3)	35,3 (2)	48,4 (5)	60,4 (7)	26,5 (1)	59,3 (6)	47,9 (4)

1) Kumulativ
2) Inflationsrate + Arbeitslosenrate
3) Bund
4) 1974–1981
5) Bund, Länder und Gemeinden

Quelle: Wifo-Datenbank

5. *Geschicktes Durchtauchen durch die Ölkrise 1973 bis 1980*

Die Herausforderung der Ölkrise wurde von der österreichischen *Konjunkturpolitik* (im Gegensatz zur *Strukturpolitik)* geschickter aufgenommen als von der vieler anderer Staaten. Zum Teil waren hier die Voraussetzungen etwas günstiger, weil selbst die außerordentliche Überhitzung der Konjunktur in Österreich dank der Tätigkeit der Sozialpartnerschaft weniger

Preis- und Lohnsteigerungen und damit einen geringeren Stabilisierungsbedarf bedingt hatte. Überdies entschloß man sich in Österreich, den Inflationsschub der Ölkrise mit der Aufwertung des Schilling und nachfolgender einkommenspolitischer Konsolidierung, anstatt mit Nachfragebeschränkung zu bekämpfen und den restriktiven außenwirtschaftlichen Einflüssen durch expansive Budgetpolitik entgegenzuwirken. Dadurch blieben die Unternehmererwartungen positiver als anderswo; die Industrie baute zwar Arbeitskräfte ab, aber der Dienstleistungssektor, der seinen Arbeitskräftebedarf in der Hochkonjunktur nicht befriedigen konnte, nahm dank des relativ günstigen Klimas weiterhin Arbeitskräfte auf. Die Arbeitslosenrate war im Durchschnitt dieser Periode mit 2,2% außerordentlich niedrig.

Die Voraussetzungen zur *Bekämpfung* der Erdölrezession waren in Österreich aber auch deswegen relativ günstig, weil mit der *Einkommens-* und der *Wechselkurspolitik* zwei Instrumente zur Verfügung standen, die vielen anderen Staaten fehlen, teils mangels institutioneller Voraussetzungen (Einkommenspolitik), teils weil diese Instrumente nur kleinen Ländern offenstehen (Wechselkurspolitik). Dadurch gelang es Österreich, die wirtschaftspolitischen Ziele überdurchschnittlich gut zu erreichen (siehe Tabelle 2), mit Ausnahme des außenwirtschaftlichen Gleichgewichtes, doch diese Zielverletzung erfolgte bewußt im Rahmen der Aufwertungspolitik, mit der Absicht einer mittelfristigen Konsolidierung.

Allerdings muß betont werden, daß der österreichische Wachstumsvorsprung in dieser Periode nicht mehr – wie zuvor – überwiegend der Konkurrenzfähigkeit der österreichischen Wirtschaft zu verdanken war, sondern teils auf die *expansive Budgetpolitik* zurückging, teils auf die generell bessere Konjunkturpolitik Österreichs. Die Instrumente der österreichischen Konjunkturpolitik des *Austrokeynesianismus,* die gerade in dieser Periode besonders geschickt eingesetzt wurden, werden in Abschnitt II.1. beschrieben.

Die *Strukturpolitik* hingegen versagte in dieser Periode weitgehend: Die noch immer grundstofflastige Industrie, insbesondere die verstaatlichte Industrie wurde von der Energieverteuerung und von dem Ende der abnormalen Grundstoffkonjunktur schwer betroffen. Alle daraus resultierenden Probleme wurden jedoch lange aufgeschoben und die unmittelbaren Folgen durch Subventionen übertüncht.

6. Grundlegung einer neuen Wachstumsperiode 1982 bis 1992

Zu Beginn der achtziger Jahre stand Österreich vor schwierigen *Problemen:* Stagnation, hohe Arbeitslosigkeit, bloß allmählich abklingende Inflation, hohe Budgetdefizite, Strukturprobleme. Zwar gab es ähnliche Probleme auch in den meisten anderen Staaten, doch gab es markante Unterschiede: Im Ausland waren die Probleme meist dadurch entstanden, daß man auf die ölpreisbedingte (Kosten-) Inflation mit restriktiver Nachfragepolitik geantwortet und dadurch einerseits Stagflation erzeugt hatte, andererseits aber auch einen starken Druck auf Anpassung der Struktur. In Österreich hatte man durch eine grundsätzlich richtige Bekämpfung der Kosteninflation zwar die negativen Folgen der Ölkrise gemildert, durch die Überdeckung der Strukturprobleme via Subventionen an notleidende Unternehmungen jedoch nicht bloß keine positive sondern sogar eine negative Strukturpolitik betrieben. Die Situation am Beginn dieser Phase sah somit dadurch erheblich günstiger aus als im Ausland, auf mittlere Sicht war sie infolge der ungelösten Strukturprobleme aber bedrohlicher.

Eine genaue Analyse der Probleme der siebziger Jahre zeigte allerdings auch *positive Aspekte:* denn entgegen der landläufigen Meinung war die Krise keinesfalls ausschließlich, nicht einmal überwiegend durch die Verteuerung des Erdöls ausgelöst worden: Die Krise war zunächst einmal eine Reaktion auf die enorm überhitzte Hochkonjunktur der frühen siebziger Jahre, ihrer Strukturverzerrungen und ihrer Inflation; sie war zweitens eine Anpassungskrise an das säkular langsamere Wachstum nach Ende des europäischen Nachkriegs-Aufholprozesses, und ihre Folgen wurden drittens durch einen demographischen Schub und viertens durch verbreiteten Wachstumspessimismus verstärkt.

Tabelle 3: Entwicklung des Bruttosozialprodukts

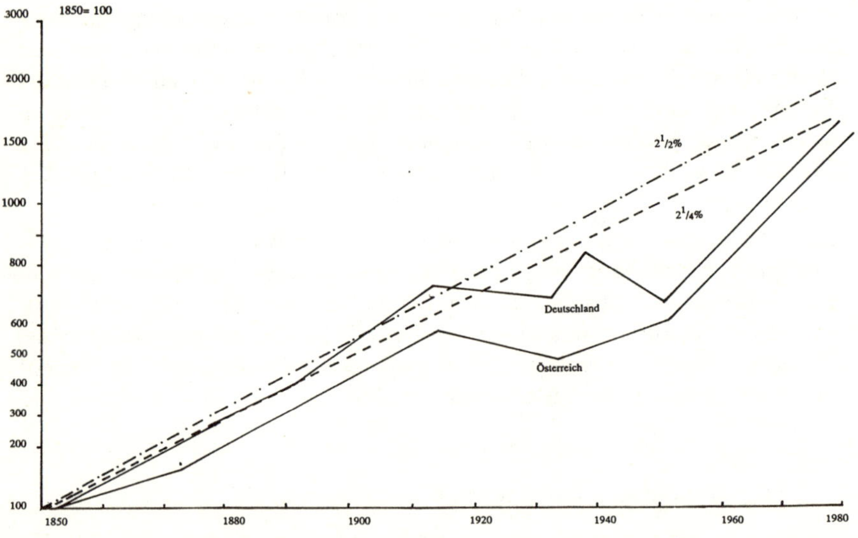

Quelle: Gunther TICHY: Probleme der österr. Wirtschaft beim Übergang zu niedrigeren Wachstumsraten. In: Österr. Forschungsinstitut für das Sparkassenwesen (Hg.): Volkswirtschaftliche Probleme in schrumpfenden Wirtschaftsbereichen. Wien 1982, 11.

Der erste Punkt: Krise als Folge der überhitzten Hochkonjunktur, bedarf angesichts der Ausführungen im vorhergehenden Abschnitt keiner weiteren Erläuterung; es sei bloß betont, daß das Erdölkartell Folge eben dieser Hochkonjunktur war, und insofern gar keine eigenständige Ursache der Krise. Den Charakter der Krise als *Anpassungskrise* an langsameres Wachstum illustriert Tabelle 3: Sie läßt erkennen, daß die österreichische Wirtschaft bis 1913 mit etwa 2% wuchs; durch die Stagnation 1913 bis 1949 entstand ein Aufholbedarf, der allein das im Durchschnitt etwa 5%ige Wachstum bis in die siebziger Jahre erklären kann. Gegen Ende der siebziger Jahre war der Rückstand (verglichen mit dem „normalen" Wachstum bzw. dem derjenigen Staaten, die unter Weltkriegen und Weltwirtschaftskrisen weniger gelitten hatten) weitgehend aufgeholt, und das Wachstum mußte sich auf die im langfristigen Durchschnitt üblichen 2 bis 3% einspielen. Angesichts der zwanzigjährigen Gewöhnung an rasches Wachstum führte das zu Anpassungsproblemen. Diese wurden dadurch – fast dramatisch – verschärft, daß gerade in der Krisenperiode die Bevölkerung im erwerbsfähigen Alter außerordentlich kräftig wuchs (siehe Tabelle 4), nachdem sie in der Wachstumsperiode der zwei vorhergehenden Jahrzehnte sogar geschrumpft war, sodaß sich die Wirtschaft daran gewöhnt hatte, Arbeitskräfte so sparsam wie möglich einzusetzen. Es war nicht überraschend, daß in einer solchen Situation ein tiefer Wachstumspessimismus entstand, welcher sich in den Berichten des „Club of Rome" spiegelt, der seinerseits Investitions- und Konsumbereitschaft dämpfte, und insoweit die Krise weiter verschärfte.

Tabelle 4: Bevölkerung im erwerbsfähigen Alter (Veränderungen in 1000)

	1951–1961	1961–1971	1971–1981	1981–1991
unter 15 Jahren	– 2	+237	–215	–111
15 Jahre bis Pensionsalter	– 35	– 60	+336	+131
im Pensionsalter	+177	+205	– 71	– 70
Bevölkerung insgesamt	+140	+302	+ 50	– 50

Quelle: Wifo-Datenbank

In den frühen achtziger Jahren verloren alle diese *Faktoren* an Gewicht: Die Ölpreise normalisierten sich (inflationsbereinigt), der demographisch bedingte Zustrom junger Menschen auf den Arbeitsmarkt ließ nach, man gewöhnte sich allmählich an das langsamere Wachstum, der Pessimismus wurde überwunden, die private Wirtschaft hatte ihre Strukturprobleme überwunden und die Sanierung der Verstaatlichten wurde in die Wege geleitet. Im Durchschnitt der Periode erreichte das Wachstum wieder 2 3/4%, die Inflationsrate blieb unter 3%, die Leistungsbilanz war ausgeglichen, und die Arbeitslosenrate mit 5%, verglichen mit der Vergangenheit, zwar hoch, verglichen mit der anderer Staaten jedoch niedrig (siehe Tabelle 2). Das Budgetdefizit blieb mit 4 1/2% des Bruttoinlandsprodukts relativ hoch, und deutet, gemeinsam mit den zugrundeliegenden Problemen der überbordenden Subventionen an Landwirtschaft und Bundesbahn sowie der Finanzierungs- und Strukturkrise des Sozialversicherungssystems, auf abnehmende Problemlösungskapazität des politischen Systems.

II. Versuch einer Analyse der österreichischen Wirtschaftspolitik

1. Die Kluft zwischen gesetzter und gelebter Ordnungspolitik

Die *soziale Marktwirtschaft* entstand in Österreich nicht, wie in der BRD, aus einem theoretischen Konzept, sondern entwickelte sich in der Praxis. Unmittelbar nach dem Krieg standen beide Parteien der Marktwirtschaft nicht sonderlich nahe: In der sozialistischen Partei wirkte austromarxistisches, in der Volkspartei christlichsoziales Gedankengut nach, für das liberal-kapitalistisch einen negativen Beigeschmack hatte. Demgemäß war die Verstaatlichung, entgegen gängiger Auffassung, keineswegs bloß ein Trick, mit dem der Zugriff der russischen Besatzungsmacht verhindert werden sollte, sondern gemeinsame Aversion gegen Großkapital im allgemeinen und ausländisches Großkapital im besonderen. Allerdings war man in beiden Parteien, und insbesondere im Kreise der Sozialpartner, pragmatisch genug, um die Versuche, Verstaatlichung und Sozialpartnerschaft als Instrumente der Planung zu verwenden, rasch aufzugeben, als sie sich als kontraproduktiv herausstellten.

Das Wesen der österreichischen *Ordnungspolitik* kann am besten durch einen alten Witz charakterisiert werden: In den USA ist alles erlaubt, was nicht ausdrücklich verboten ist, in der Bundesrepublik Deutschland ist alles verboten, was nicht ausdrücklich erlaubt ist, und in Österreich ist alles erlaubt, was ausdrücklich verboten ist. Österreich hat eine soziale Marktwirtschaft, die sehr sozial und recht wenig marktwirtschaftlich aussieht, tatsächlich aber nicht besonders sozial ist und kaum planerische Elemente enthält.

Zur *sozialen Tarnung:* Das *Umverteilungsvolumen* ist in Österreich enorm hoch; schon der Durchschnittsbürger leidet unter Abzügen von nicht sehr viel weniger als der Hälfte seines Einkommens, bei den zusätzlich verdienten Beträgen von noch mehr. Aber im allgemeinen bekommt nicht nur der Durchschnittsbürger, sondern auch der überdurchschnittlich Reiche ebenso wie der überdurchschnittlich Arme sein Geld wieder zurück: Als Alleinverdiener, als Kinderhalter, für Heirat, Geburt, Schulbücher, Schülerfreifahrten, für Wohnen, Milchtrinken und Autofahren. Und zwar erhält man diese Beträge in der Regel unabhängig von der Einkommenshöhe; man muß nur die objektiven Tatbestände erfüllen. Mit enormem Verwaltungsaufwand hat Österreich ein Sozialsystem aufgezogen, dessen überwiegender Effekt darin besteht, Geld von der rechten in die linke Tasche *desselben* Staatsbürgers umzuverteilen. Dabei ist es gelungen, das System zugleich leistungsfeindlich, sozial ineffizient und fiskalisch unergiebig zu gestalten. Extrem hoch ist vor allem die marginale Besteuerung der Arbeitseinkommen, die zusätzliche Leistung wird bestraft. Die durchschnittliche Besteuerung wird durch zahllose Steuerfreibeträge, insbesondere die de-facto Steuerfreiheit eines Sechstels der Bezüge stark gedrückt und die Kapitaleinkommen werden (infolge der Anonymität) de facto nicht besteuert. Die Sozialversicherung ist durch die Gestaltung der Beitrags- und Leistungsregelungen mehr *Zwangs- als Sozial*versicherung. Soweit die Unübersichtlichkeit der Regelungen des österreichischen Umverteilungssystems Untersuchungen überhaupt zuläßt, sind sie durchwegs zu dem Schluß gekommen, daß die Umverteilungswirkung insgesamt bescheiden ist. Zur Hilfe an wirklich Benachteiligte fehlt es an Geld, nur große und organisierte Gruppen können sich durchsetzen.

Sieht somit das Sozialsystem Österreichs sehr viel sozialer aus, als es tatsächlich ist, so ist umgekehrt der *marktwirtschaftliche Charakter* der österreichischen Wirtschaft sehr viel stärker ausgeprägt als der erste Blick vermuten ließe. Denn der ungeübte Beobachter erkennt bloß wenig marktwirtschaftliche Elemente: Rund ein Fünftel aller Industriebeschäftigten und ein Achtel aller industriell- gewerblich Beschäftigten arbeiten in der Verstaatlichten Industrie, etwa noch einmal soviel in den Konzernbetrieben von Kreditunternehmungen, die direkt oder indirekt im Besitz der öffentlichen Hand sind. Der Kreditapparat besteht überwiegend aus gemeinwirtschaftlichen Unternehmungen, solchen im Besitz des Bundes, der Länder und Gemeinden, aus Sparkassen oder Kreditgenossenschaften. Kaum eine Investition wird in Österreich ohne indirekte oder (zunehmend) direkte Hilfe getätigt, mehr als die Hälfte aller Kredite ist subventioniert. Die Wettbewerbspolitik ist ebenso unterentwickelt wie die Regulation überentwickelt.

Und doch führt der erste Blick in die Irre: Die *Verstaatlichte Industrie* und die *Bankenkonzerne* wurden auch schon vor der Sanierung um die Mitte der achtziger Jahre weitgehend *privatwirtschaftlich* geführt; nirgendwo ist die Macht der Manager so groß und die Macht von Aufsichtsräten und Hauptversammlungen so gering wie gerade dort. Die oft zitierten Gegenbeispiele besagen nichts: Kündigungen größeren Ausmaßes versuchen Regierung und Gewerkschaft auch in privaten Großbetrieben soweit wie möglich zu verhindern und auch in Familienaktiengesellschaften werden Leitungsfunktionen nicht *nur* nach der Leistung vergeben. Soweit Einfluß auf die Verstaatlichte Industrie genommen wird, ist es eher ein Parteien- als ein Staatseinfluß; ähnliches gilt für den gemeinwirtschaftlichen Bereich des Kreditapparates in vielleicht noch stärkerem Ausmaß. Was die enorm starke Wirtschaftsförderung und Kreditsubventionierung betrifft, hat ihr Ausmaß die lenkende Wirkung weitgehend aufgehoben. Da alles in irgendeiner Form gefördert wird, hat sich hier wie im Bereich des Sozialen das Prinzip der Umverteilung von der rechten in die linke Tasche durchgesetzt; *alle* müssen mehr Steuern zahlen und *alle* bekommen Förderung. Hier wie dort allerdings ist das System leistungsfeindlich: Die Erfolgreichen zahlen mehr, bekommen aber im Zweifelsfall nur gleich viel Förderung, es sei denn, sie sind auch beim Förderungserwerb überdurchschnittlich geschickt. Der Mangel an Wettbewerbspolitik wiederum wird durch die starke Auslandsabhängigkeit der österreichischen Wirtschaft weitgehend neutralisiert, sodaß neben der Leistungsfeindlichkeit des Förderungssystems eigentlich nur die Leistungsfeindlichkeit der Regulation als nichtmarktwirtschaftliche Elemente bleiben. Doch beides sind keine Lenkungselemente, sondern im Zweifelsfall bloß Dämpfungselemente für Flexibilität und Mobilität, Erschwernisse bei Unternehmensgründung und Umstrukturierung.

Kein Zweifel, *Deregulierung* wäre in Österreich wichtiger und weniger bedenklich als in den USA; sie könnte die Effizienz der österreichischen Wirtschaft erheblich steigern. Staatseinfluß ginge dadurch nicht verloren, denn er fehlt auch derzeit weitestgehend; eher erpressen die Manager den österreichischen Staat, als daß dieser sie wirklich lenken könnte.

2. Der Dilettantismus der Struktur- und Regionalpolitik

Die relativ gute Entwicklung des österreichischen Arbeitsmarktes als Folge einer vernünftigen Einkommens- und Konjunkturpolitik hat die zeitweise gravierenden Strukturprobleme einzelner Branchen überlagert. Eine effiziente *Strukturpolitik* hat es in Österreich nie gegeben und gibt es auch derzeit nicht. Sehr wohl aber wird über Strukturpolitik laufend geredet: In der ersten Strukturkrise der sechziger Jahre war es das Märchen von den „Wachstumsbranchen“, die man fördern wollte, aber – zwangsläufig – nicht fand, in der zweiten Strukturkrise der späten siebziger und achtziger Jahre wurde das Schlagwort Wachstumsbranchen durch „intelligente Produkte“ ersetzt; sonst änderte sich nichts. Auch sie fanden die Förderungsbehörden natürlich nicht. Daß Österreich trotz des Mangels an Strukturpolitik kräftig wuchs und zumindest die Strukturprobleme der sechziger Jahre überwunden werden konnten, hing mit der eingebauten strukturverbessernden Wirkung des österreichischen Systems der indirekten Investitionsförderung zusammen: Die vorzeitige Abschreibung förderte jene Betriebe besonders, die hohe Gewinne erzielen; Betriebe ohne Gewinne konnten das Instrument nicht nutzen und wurden demgemäß nicht gefördert. Diese eingebaute Strukturpolitik hat relativ lange gut funktioniert und die Wachstumsdifferenzen zwischen guten und schlechten Betrieben vergrößert. Als diese Wirkung jedoch in das Bewußtsein der breiteren Öffentlichkeit drang, wurde diese Wirkung durch die Einführung von Investitionsprämien und den Ausbau der direkten Wirtschaftsförderung abgeschwächt. Dementsprechend langsamer wurde das österreichische Wirtschaftswachstum und desto größer wurde der Bedarf an echter Strukturpolitik. Unzureichende Ansatzpunkte dafür fanden sich in der TOP-Aktion. Notwendig wäre weiters eine deutliche Umschichtung der Förderung von den Investitionen zu den Innovationen und eine Änderung der Organisationsform der Großbetriebe, insbesondere der Verstaatlichten Industrie und der Bankkonzerne. Dort bestanden aus historischen Gründen viel zu stark ausgeprägte hierarchisch-zentrale Organisationsstrukturen, die unter dem Aspekt der inzwischen eingetretenen Diversifizierung der Produktionsprogramme die laufende Suche nach neuen Produkten, neuen Vertriebsformen und neuen Märkten sowie die Ausnützung von Marktnischen nicht gestatteten. Erste Reformen auf beiden Gebieten wurden in den letzten Jahren eingeleitet.

Ähnliches wie für die Strukturpolitik gilt auch für die *Regionalpolitik.* Sie gehört zum Sonntagsredner-Repertoire, nicht zum politischen Handeln. Regionalpolitische Förderungen (also solche, die über das hinausgehen, was Betriebe auch in nicht speziell geförderten Regionen bekommen können) beschränken sich auf 10.000 Schilling-Beträge für Arbeitsplatzschaffungen im Grenzland und Taschengelder für Bergbauern. Insgesamt werden strukturstarke und einkommensstarke Regionen viel stärker gefördert als schwache, doch auch in den strukturstarken Regionen eher die schwachen Betriebe. Die großen Regionalprobleme, insbesondere die der alten Industriegebiete Niederösterreichs und der Steiermark, die Entsiedelung Wiens oder die Randlage Kärntens wurden entweder nicht erkannt oder mit den falschen Instrumenten bekämpft. In Wien etwa werden traditionelle Industriebetriebe angesiedelt, für die die Arbeitskräfte fehlen, statt Forschungs- und Dienstleistungseinrichtungen massiv zu fördern und dadurch die Zentralität zu erhöhen; in alten Industriegebieten versuchte man zuerst, die Struktur unverändert zu erhalten und setzte dann auf weitgehend passive Sanierung statt auf Umstrukturierung und Neuansiedlung von Betrieben. Entscheidende Impulse müssen jeweils aus der Region selbst kommen („endogene Sanierung").

3. Der Einfallsreichtum der österreichischen Konjunkturpolitik

Der Mut, der Innovationsreichtum und die Effizienz der österreichischen *Konjunkturpolitik* stehen in auffallendem Gegensatz zu den Mängeln der Ordnungs-, Struktur- und Regionalpolitik und überdeckten zumindest lange Zeit deren Schwächen. Die Konzeption der österreichischen Konjunkturpolitik entstand zunächst unbewußt im Zusammenspiel von Praxis und Theorie, mit einer gewissen Führungsfunktion der Praxis.

Im Gegensatz zu der Entwicklung in anderen europäischen Staaten ist in diesem Zusammenhang bemerkenswert, daß die Grundlinien der österreichischen Konjunkturpolitik trotz wechselnder politischer Lage – Alleinregierung jeweils einer der beiden Großparteien, Große und Kleine Koalition – über vier Jahrzehnte im wesentlichen beibehalten wurden. Zwei Elemente verdienen gesonderte Erwähnung und Hervorhebung: die Verstetigung der *Rahmenbedingungen* für unternehmerische Entscheidungen und der unkonventionelle Einsatz der Instrumente.

Die *Verstetigung der Rahmenbedingungen* hat das Ziel, in einer Welt der Unsicherheit die Grundlagen für unternehmerische Entscheidungen durchsichtig zu machen und dadurch die unternehmerische Investitionsneigung, damit zugleich Angebot und Nachfrage zu erhöhen. Die Verstetigungsstrategie selbst enthält vier konstituierende Elemente: Investitionsförderung, Exportförderung, Hartwährungspolitik und Sozialpartnerschaft.

Die *Investitionsförderung* wurde bereits unter Finanzminister Reinhard KAMITZ um die Mitte der fünfziger Jahre eingeführt und über alle Regierungsformen hinweg unbestritten beibehalten. In ihrem Zentrum stand die vorzeitige Abschreibung, ein zinsenloser Steuerkredit an die Unternehmungen, der insofern einen Investitionszwang auslöst, als er durch weitere Investitionen laufend prolongiert werden kann. Die vorzeitige Abschreibung erhöht nicht nur die Rendite der Investitionen, sondern sichert auch ihre Finanzierung. Sie wurde zunehmend durch direkte Formen der Investitionsförderung (Subventionen, Kredite) ergänzt, deren verstetigende Wirkung allerdings gering einzuschätzen ist.

Die *Exportförderung* erfolgte früher überwiegend durch – vielfach überhöhte – Umsatzsteuerrückvergütungen, heute durch ein raffiniert ausgeklügeltes System von Garantien und zinsgestützten Krediten. So wie die indirekte Investitionsförderung ist auch dieses System für die Unternehmer durchsichtig und die Förderungsmaßnahmen von vornherein kalkulierbar und abschätzbar.

Die *Hartwährungspolitik* nimmt den Unternehmern das Wechselkursrisiko gegenüber den Haupthandelspartnern ab und bildet die psychologische Basis für die Dämpfung der Verteilungskämpfe im Rahmen des Systems der österreichischen Einkommenspolitik. Obwohl sie im Export in Weichwährungsländer generell und in Hartwährungsländer dann Nachteile bringt, wenn die Lohnforderungen nach Aufwertungen erst verzögert eingeschränkt werden, wird sie auch von den Unternehmern meist positiv eingeschätzt. Das hängt wohl damit zusammen, daß den Erschwerungen der Exporte durch Aufwertungen entsprechende Verbilligungen der Importe gegenüberstehen und daß die Vorhersehbarkeit der Entwicklung gerade in einem stark außenhandelsabhängigen Land als besonders wichtig angesehen wird.

Die *Sozialpartnerschaft* letztlich verstetigt die Lohn- und Preisentwicklung und macht beide für die Beteiligten vorhersehbar. Trotz harter Verhandlungen im Einzelfall und gelegentlicher Betriebsunfälle größerer Abweichungen sind die informellen Berechnungsregeln der Lohnsteigerungen (produktivitätsorientierte Lohnpolitik) und der Preissteigerungen (Gewinnquotenneutralität) so durchsichtig, daß Lohn- und Preissteigerungen nahezu fehlerfrei prognostiziert werden können und auch tatsächlich fehlerfrei prognostiziert werden. Das erleichtert nicht nur die betriebliche Planung, sondern vermeidet auch teure und ineffiziente Verteilungskämpfe, die letztlich die Einkommensverteilung doch kaum ändern können. Daß andererseits die Sozialpartnerschaft nicht nur auf den Relikten des Ständestaates und auf der Basis der Verstaatlichung der Schwerindustrie entstehen konnte, als deren Folge der Repräsentant der Arbeitgeber in den sozialpartnerschaftlichen Gremien stets ein Kleinunternehmer ist (der sozial den Arbeitnehmern sehr viel näher steht als den Großindustriellen), sowie daß die Sozialpartnerschaft aus politologischer wie soziologischer Sicht weniger günstig eingeschätzt werden kann als aus volkswirtschaftlicher, sei am Rande angeführt, kann aber nicht weiter ausgeführt werden.

Durch die Verstetigung wurde der Bedarf an *unmittelbarer Nachfragesteuerung* stark verringert, und es läßt sich nachweisen, daß diese in Österreich auch tatsächlich eine relativ geringere Bedeutung hat. Vor allem aber konnte eine neue Dimension der Ablaufspolitik dadurch erschlossen werden, daß über die fiskalische Nachfragesteuerung hinaus auch die Einkommens- und Wechselkurspolitik in den Dienst der Konjunkturpolitik gestellt wurde und die Instrumente flexibel eingesetzt werden. Inflation etwa wird in Österreich nicht generell mit restriktiver Nachfragepolitik bekämpft, sondern je nach ihrer Ursache mit Einkommenspolitik (wenn es sich um Lohnkosteninflation handelt), durch Aufwertung (im Fall der importierten Inflation) oder durch Nachfragebeschränkung (bei Nachfrageinflation). Leistungsbilanzdefizite werden nicht, wie im Ausland, mit Abwertungen bekämpft, weil das in der Regel zusätzliche Inflation auslöst, sondern mit Einkommenspolitik. Durch diese Form der Zuordnung von Instrumenten zu Zielen (Assignation) bleibt die Fiskalpolitik in der Regel als Instrument zur Aufrechterhaltung der Vollbeschäftigung frei.

Daß die Ölkrise in Österreich so viel besser bewältigt werden konnte als in den meisten anderen Staaten (s. Tabelle 2), hängt vor allem mit dieser Art der *Konjunkturpolitik* zusammen. Die Konzentration auf die erfolgreiche Konjunkturpolitik führte jedoch zu zwei Fehlern: Erstens übersah man, daß Instrumente der Konjunkturpolitik grundsätzlich nur dazu geeignet sind, durch Perioden *temporär* mangelnder Nachfrage durchzutauchen; zehn oder fünfzehn Jahre lang mangelnde Nachfrage und übermäßiges Arbeitskräfteangebot mit konjunkturpolitischen Instrumenten zu bekämpfen, hätte von vornherein keinen besonderen Erfolg versprochen. In einer lang anhaltenden Periode weltwirtschaftlicher Nachfrage kann daher ein kleines außenhandelsabhängiges Land selbst bei perfekter Konjunkturpolitik keinen nennenswert besseren Grad an Verwirklichung der wirtschaftspolitischen Ziele erreichen als seine Nachbarn. Das wäre bloß mit guter *Wachstums- und Strukturpolitik* möglich. Tatsächlich aber wurde die österreichische Wirtschaftspolitik – das ist der zweite Fehler – durch konjunkturpolitische Anfangserfolge so geblendet, daß sie weder deren langfristige Kosten noch den Bedarf an ergänzenden Maßnahmen der Strukturpolitik erkannte.

4. Die Internationalisierung der österreichischen Wirtschaft und der österreichischen Wirtschaftspolitik

Der spezifisch *„österreichische"* Charakter der Wirtschaftspolitik hat sich in den achtziger Jahren deutlich abgeschwächt, auch die österreichische Wirtschaftspolitik ist *europäischer* geworden. Auch die Wissenschafts- und Forschungspolitik kann davon nicht unberührt bleiben. Die Steuerreforminitiativen der Großen Koalition und die Tatsache, daß Entstaatlichung, Deregulierung und Privatisierung zumindest Themen der wirtschaftspolitischen Diskussion in Österreich wurden, weisen in die europäische Zukunft. Der Konkurrenzdruck der postkommunistischen Reformstaaten: Ostmitteleuropas und Osteuropas wird früher oder später zunehmen. Für die österreichische Wirtschaft ist die Situation nicht leichter geworden. Zum nicht geringen Teil war das unvermeidliche Folge des bewußt angestrebten größeren Grades an internationaler Offenheit und des dadurch bedingt verstärkten internationalen Wettbewerbs.

Eine kleine offene Wirtschaft kann keine nennenswert anderen wirtschaftspolitischen Ziele verfolgen als seine Wirtschaftspartner, insbesondere kann es keinen wesentlich höheren Beschäftigungsgrad erreichen. Die Elemente der Preisregulierung durch die Paritätische Kommission (als Bestandteil der Einkommenspolitik) mußten ebenso an Bedeutung verlieren, wie die Versuche, die Verstaatlichte Industrie als Vorreiter der Sozialpolitik einzusetzen. Die Idee der Sozialpartnerschaft verlor an Attraktivität, auch aus zahlreichen anderen Gründen auf die hier nicht näher eingegangen werden kann (neue Interessen, etwa Umweltprobleme, Tendenzen zu mehr Basisdemokratie, Mitgliederschwund), aber auch als Folge der steigenden Bedeutung ausländischer Firmen in Österreich. Die Hartwährungspolitik zwingt, die österreichische Geldpolitik der deutschen anzugleichen, und der angepeilte *EG-Beitritt* (samt der Zwischenstufe des *EWR-Beitritts*) zwingt zu einer „europäischen" Politik auf vielen anderen Gebieten. Allerdings muß betont werden, daß es zu dieser Entwicklung de facto keine Alternative gibt: Österreich ist in die europäische Wirtschaft inzwischen so eingeflochten, daß ein nennenswerter Spielraum für merklich andere Politik ohnedies nicht besteht – selbst sehr viel größere Staaten wie Italien oder Frankreich mußten das inzwischen leidvoll erfahren.

Das Netz der sozialen Sicherheit

Theodor Tomandl

I. Die beiden sozialen Netze

Österreich nimmt weltweit eine Spitzenposition bei sozialen *Transferleistungen* ein.[1] 1987 wurden nicht weniger als 28% des Bruttoinlandsprodukts (BIP) für soziale Zwecke ausgegeben. Im Vordergrund stand dabei die Sozialversicherung für die allein rund 16% des BIP aufgewendet wurden.[2] Dieser Anteil hatte 1948 erst 4,8% ausgemacht und ist seither stetig gestiegen.[3] Die restlichen sozialen Aufwendungen betrafen die Alterssicherung der Beamten, Sozialprogramme der Bundesländer und Gemeinden und (geschätzte) Leistungen Privater (vor allem Betriebspensionen). Schon allein an diesen Zahlen ist der hohe Stellenwert der sozialen Sicherheit in der Prioritätenliste der Österreicher abzulesen.

Anders als in der Ersten Republik wurde der *Ausbau* der sozialen Sicherheit nach 1945 im großen und ganzen von einem breiten Konsens der österreichischen Bevölkerung, der großen Parteien und Interessensverbände getragen.[4] Gegenüber der Ersten Republik verschoben sich die Schwerpunkte. Zwar zielt noch immer ein beträchtlicher Teil aller sozialpolitischen Maßnahmen auf Arbeitnehmer ab. Darin wurden aber eher Modelle gesehen, die mutatis mutandis auch auf Selbständige anwendbar schienen. Speziell die Sozialversicherung wandelte ihr Gesicht. Gegen Ende des 19. Jahrhunderts nicht zuletzt dazu konzipiert, die Arbeiter mit dem Staat zu versöhnen und der marxistischen Theorie vom Staat – als einem Herrschaftsinstrument in den Händen der Bourgeoisie zur Unterdrückung des

1. Einen Gesamtüberblick über diesen Rechtsbereich bietet Theodor TOMANDL: Grundriß des österr. Sozialrechts. 4. A. Wien 1989.

2. Vgl. Bericht über die soziale Lage 1988. Sozialbericht. Bundesministerium für Arbeit und Soziales. Wien 1989, 301 f. – Handbuch der österr. Sozialversicherung für das Jahr 1988. Hauptverband der österreichischen Sozialversicherungsträger. Wien oJ (1989), 16.

3. Vgl. Robert HOLZMANN (Hg.): Ökonomische Analyse der Sozialversicherung. Ergebnisse für Österreich. Wien 1988, 47.

4. Vgl. die eingehenden Nachweise bei Emmerich TÁLOS: Staatliche Sozialpolitik in Österreich. Rekonstruktion und Analyse. 2. A. Wien 1981, 304 ff. – Siehe auch Erwin MIGSCH: Sozialprogramme und Wirklichkeit. Wien oJ. – Modell für die Zukunft. Die Österr. Sozialdemokratie im Spiegel ihrer Programme 1889 – 1978. Wien oJ. – Jüngste Übersicht bei Emmerich TÁLOS: Sozialpolitik. In: Herbert DACHS u. a. (Hg.): Handbuch des polit. Systems Österreichs. Wien 1991, 525–535.

Proletariats – entgegenzuwirken, verlor sie ihre ausschließliche Ausrichtung auf Arbeitnehmer und bezog praktisch die gesamte Erwerbsbevölkerung in ihren Schutz ein. Dahinter stand die vor allem in der Menschenrechtserklärung der Vereinten Nationen verankerte Anerkennung eines Menschenrechts auf soziale Sicherheit.

Der *Mensch* als unmittelbarer Bezugspunkt der Hilfe wird allerdings nur im *zweiten* österreichischen Sicherungsnetz anerkannt, im Recht der Sozialhilfe, das von den Ländern ausgestaltet wird.[5] Dagegen dominiert in dem vom Bund eingerichteten *ersten* Netz die Anknüpfung an die *Erwerbstätigkeit.* Wer nicht selbst erwerbstätig ist oder als Angehöriger eines Erwerbstätigen Schutz erhält, bleibt damit im Regelfall von den im ersten Netz vorgesehenen (günstigeren) Leistungen ausgeschlossen.

II. Das erste Netz

In dieses erste Netz sind praktisch sämtliche *Erwerbstätige* und deren *Angehörige* im Weg der gesetzlichen *Krankenversicherung* einbezogen. Da auch Arbeitslose und Pensionisten krankenversichert sind, genießen rund 99% der österreichischen Wohnbevölkerung den Schutz der gesetzlichen Krankenversicherung.[6] Diese deckt den notwendigen Bedarf an Gesundheitsgütern flächendeckend ab. Dazu kommt ein gewisser Ersatz des krankheitsbedingten Einkommensausfalles.

Der Schutz für den Fall des *Alters* und der *Behinderung* wurde im ersten Netz hingegen nicht flächendeckend realisiert. Er blieb auf erwerbstätige Personen beschränkt. Angehörige erhalten erst nach dem Tode des Erwerbstätigen Hinterbliebenenleistungen. Das erste Netz gewährt auch keinen allgemeinen Anspruch auf ein *Mindesteinkommen:* Ein solches steht nur dem zu, der einen Anspruch auf eine Rente oder eine Pension erworben hat.

Bei *Unfallsopfern* trifft das erste Netz eine bedeutsame Unterscheidung: *Opfer eines Arbeitsunfalls oder einer Berufskrankheit* erhalten besondere Leistungen zur Wiederherstellung der Gesundheit, zur Wiedereingliederung in das Berufsleben und zum Einkommensersatz, wobei diese letztgenannten Leistungen mit anderen Sozialleistungen, die ebenfalls dem Einkommensersatz dienen, kombiniert werden können. *Opfer anderer Unfälle* sind von diesen Leistungen ausgeschlossen und auf Ansprüche gegen die Krankenversicherung, einen allfälligen Schädiger oder den Träger einer Invaliditätsleistung beschränkt. Der Begriff des Arbeitsunfalls ist allerdings weit über solche Unfälle hinaus ausgeweitet worden, die tatsächlich in einem unmittelbaren Zusammenhang mit der ausgeübten Erwerbstätig-

5. Soziale Struktur Österreichs. Bundesministerium für soziale Verwaltung. Wien 1982, 278 ff.
6. Handbuch der österreichischen Sozialversicherung 1988, 19.

keit stehen. Das macht diese Zweiteilung der Unfallsopfer umso weniger verständlich.

Gegen das Risiko der *Arbeitslosigkeit* stellt das erste Netz nur einen Schutz für Arbeitnehmer zur Verfügung, soferne sie bereits eine gewisse Zeit gearbeitet haben. Ausgeklammert sind sowohl junge Menschen, die erstmals in den Arbeitsmarkt drängen, als auch selbständig Erwerbstätige, die ihr Unternehmen nicht mehr weiterführen können.

Die Entscheidung, im ersten Netz grundsätzlich auf die Erwerbstätigkeit abzustellen, hängt mit der *Finanzierung* zusammen. Das erste Netz wird überwiegend durch Versicherungsbeiträge der einbezogenen Personengruppen finanziert. Versicherbar erschien aber nur die entgeltlich ausgeübte Erwerbstätigkeit. Aus dem Versicherungscharakter des ersten Netzes folgt weiters, daß die Leistungen präzise festgelegt und einklagbar sind. Allerdings erfährt der Versicherungsgedanke durch die Gewährung von Zuschüssen aus öffentlichen Mitteln und die Übertragung „versicherungsfremder Leistungen" eine wesentliche Modifikation. Diese kann so weit gehen, daß – wie bei der Alterssicherung der Beamten und der Selbständigen – die Beitragsfinanzierung zur Restgröße schrumpft.

Die Versorgung von *Opfern* des Zweiten Weltkrieges und der folgenden Besetzung Österreichs verlor im Laufe der Jahrzehnte an Bedeutung. Als immer bedeutungsvoller erwiesen sich dagegen die im ersten Netz neueingeführten Leistungen des *Familienlastenausgleichs,* die jedermann kraft Rechtsanspruches, der nicht an eine Beitragsleistung gebunden ist, zustehen: Kinderbeihilfen, Schulfahrten, Schulbücher. Mit ihnen wurde im ersten Netz erstmals die Idee des Menschenrechts auf soziale Leistungen voll verwirklicht und die Anknüpfung an die Erwerbstätigkeit fallen gelassen. Dagegen wurde der gleichfalls nicht auf Erwerbstätigkeit abstellende soziale Schutz von *Opfern von Gewaltverbrechen* oder der Rechtsanspruch auf staatliche *Bevorschussung nichtgeleisteter Unterhaltszahlungen* für Kinder auf Staatsbürger beschränkt.

III. Das zweite Netz

Im zweiten Netz dominieren *landesgesetzliche* Regelungen für *Behinderte* und das Recht der *Sozialhilfe.* In diesen Regelungen spielt die Erwerbstätigkeit zum Anspruchserwerb keine Rolle, abgestellt wird vielmehr auf den *Notstand.* Das zweite Netz ist damit zwar personell universell angelegt, bleibt aber in seinen Leistungen in der Regel hinter dem ersten Netz zurück. Auf Leistungen des zweites Netzes bestehen nur zum Teil Rechtsansprüche, über weite Strecken dominieren Ermessensleistungen. Damit ist es zwar möglich, in einer flexiblen Weise auf festgestellte Notstände individuell zu reagieren, der Notleidende sieht sich aber in die Rolle eines Bittstellers gedrängt, der vom Wohlwollen der entscheidenden Behörde abhängig ist.

Neben diesen Trägern öffentlicher Hilfe existieren vielfältige *private Hilfsorganisationen,* zumal kirchliche, die verschiedenartige soziale Dienste, Geld und Sachgüter zur Verfügung stellen. Auch auf Leistungen dieser Organisationen besteht kein Anspruch.

IV. Die sozialpolitische Grundstimmung

Die Ausgestaltung dieser beiden Netze erfolgte im allgemeinen auf der Basis eines weitreichenden *Konsenses* zwischen den verschiedenen politischen Gruppierungen und Interessensverbänden, der auf die Zustimmung breiter Kreise der Öffentlichkeit stieß. Das *Sicherheitsdenken* war allgemein verbreitet. Keine politische Gruppierung konnte es sich leisten, dagegen ernsthaft Widerstand zu leisten. Vereinzelte Vorschläge zum Abgehen vom Versicherungsgedanken und zur Einführung von Systemen mit Einheitsleistungen für alle blieben Episode. Die Einbeziehung der Selbständigen stieß auf keine nachhaltigen prinzipiellen Widerstände. Der ÖGB und die von ihm in sozialpolitischen Fragen stark beeinflußte SPÖ ließen die längste Zeit über ihre Vorliebe für eine stärkere Staatsfinanzierung erkennen. Die in den siebziger Jahren beginnenden volkswirtschaftlichen Probleme und die akzeptierte Priorität der *Budgetstabilisierung* führten jedoch in der Folge zu einer klaren Haltungsänderung. Ohne die Zuführung neuer Mittel einerseits und die Kürzung von Ausgaben andererseits schien das soziale Netz seine Aufgabe nicht mehr erfüllen zu können. In dieser Situation betonten nunmehr auch der ÖGB und die SPÖ den *Versicherungsgedanken* und schufen damit die argumentative Voraussetzung für Vorschläge zur Beitragserhöhung und zur Neudefinierung von Sozialleistungen. Dabei wurden Leistungsbestandteile (wie zum Beispiel der Grundbetrag in der Pensionsversicherung) abgebaut, für die eine ausreichende versicherungstechnische Deckung zu fehlen schien. Damit näherten sich die sozialpolitischen Grundhaltungen in den beiden großen politischen Lagern einander an.

Diese Grundhaltungen wurden erst in letzter Zeit von kleineren Gruppen in *Frage* gestellt. Eine Gruppe im *katholischen Lager* trat für die Schaffung eines *Mindesteinkommens* ohne Arbeit ein.[7] Auch bei den *Grün-Alternativen* scheint eine generelle Vorliebe für eine Grundsicherung für alle zu bestehen. Die *FPÖ* wollte ein Mindesteinkommen für Erwerbsunfähige und Alte.[8] Solche Vorschläge blieben bisher aber Minderheitenprogramme. Die breite Öffentlichkeit diskutierte eher über *„Sozialschmarotzer"*. Das deutet darauf hin, daß allgemein nach wie vor die Auffassung dominiert, Sozialleistungen sollten an die Erwerbsarbeit anknüpfen und vor allem

7. Vgl. Herwig BÜCHELE/Luise WOHLGENANNT: Grundeinkommen ohne Arbeit. Kath. Sozialakademie Österreichs. Wien 1985.

8. Vgl. Freiheitliches Manifest zur Gesellschaftspolitik. Wien oJ. (1973).

Einkommensausfälle wegen des vorübergehenden oder dauernden Verlustes der Erwerbsfähigkeit ersetzen.

Das erklärt, warum in der *öffentlichen Meinung* das zweite Netz nicht den gleichen Grad an Anerkennung findet. Probleme *Behinderter* haben etwa in Österreich wesentlich weniger Eingang in das öffentliche Bewußtsein gefunden als in anderen Sozialstaaten. Allerdings haben es auch die Behinderten bisher nicht geschafft, eine einflußreiche umfassende Interessensvertretung aufzubauen. Die bestehenden sehr spezialisierten Verbände sehen einander offenbar eher als Konkurrenten im Kampf um einen Anteil am Sozialbudget an, denn als Verbündete.

Noch schwieriger ist die Situation der *nicht behinderten Sozialhilfeempfänger*. Sie verfügen über keinerlei Organisation oder Lobby und stehen im Verdacht, „Sozialschmarotzer" zu sein. Der Versuch, der öffentlichen „Fürsorge" durch eine Umbenennung in „Sozialhilfe" ihren stigmatisierenden Charakter zu nehmen, war von vornherein aussichtlos. Es muß die Aufgabe eines letzten Sicherungsnetzes sein, dann Hilfe zu leisten, wenn alle anderen Einrichtungen versagen. Aus dieser Aufgabenstellung folgen zwei bleibende Grundsätze, wie immer man die Institution bezeichnet: 1. Hilfe ist *unabhängig* davon zu leisten, welche Gründe (und damit auch *selbstverschuldete* Umstände) zur Notlage geführt haben und 2. Hilfe ist erst nach einer *Prüfung der Bedürftigkeit* zu gewähren. Auch die moderne Sozialhilfe konnte daher in ihrem Kernbereich, der Hilfe zur Existenzsicherung, ihre Ausrichtung auf Arme nicht abstreifen. Daher konnte sich durch die Übernahme zusätzlicher Aufgaben (Bereitstellung sozialer Dienste auch an nicht mittellose Personen) nichts Grundlegendes an der Haltung der Bevölkerung gegenüber dieser Institution ändern.

V. Gibt es noch Armut?

Die Ergebnisse der hier skizzenhaft vorgestellten Sozialpolitik lassen sich selbst im rein quantitativen Bereich nicht einfach bewerten. Die Gretchenfrage lautet: Ist es gelungen, die *Armut* zu beseitigen? Die moderne Armutsforschung[9] zeigt, daß die von den Betroffenen selbst empfundene Armutsgrenze ungefähr beim Richtsatz für die Ausgleichszulagen in der Pensionsversicherung liegt. *Pensionisten* können daher mit einer Sicherung des konventionellen Existenzminimums rechnen. Dem entspricht es, daß nur eine kleine Minderheit (11%) die zu geringe Höhe von Sozialleistungen für Armut verantwortlich macht.[10] Im übrigen weichen aber Realität und Vorstellungen der Bevölkerung voneinander ab. So leugnet jeder siebente Österreicher das Vorhandensein von Armut. Dagegen zeigen die

9. Vgl. Peter SCHNEIDEWIND (Hg.): Mindestlebensstandard in Österreich. Forschungsberichte aus Sozial- und Arbeitsmarktpolitik. Bundesministerium für soziale Verwaltung. Wien 1985.

10. Vgl. SCHNEIDEWIND: Mindestlebensstandard, 168 (Anm. 9).

wissenschaftlichen Untersuchungen, daß besonders *Alleinerzieher* und *Haushalte mit Einkommensstützung* (Ausgleichszulagen, Arbeitslosenunterstützung, Sozialhilfe) armutsgefährdet sind. Erwerbslosigkeit ist somit keineswegs die einzige Ursache von Armut. Meist spielen mehrere Gründe zusammen. Daher gibt es auch keine Berufsgruppe, die vor ihr sicher wäre.

Die Ergebnisse der Studie bestärken die Vermutung, daß sehr viele Arme wegen der befürchteten *Stigmatisierung* die Leistungen der Sozialhilfe nicht in Anspruch nehmen.[11] Dissertationen über das Recht der Sozialhilfe, die der Verfasser betreut hat[12], weisen darauf hin, daß nicht selten die Furcht vor *Regreßansprüchen* gegenüber Familienangehörigen wirklich Arme davon abhält, die Sozialhilfe in Anspruch zu nehmen. Sie befürchten, daß dann die meist ohnedies gestörten familiären Kontakte gänzlich abreißen würden.

Damit wird ein *Spannungsfeld* sichtbar, in dem sich die Sozialpolitik bewegt. Der Einsatz öffentlicher Mittel schwächt die Bereitschaft, einem in Not geratenen Familienmitglied beizustehen und fördert die Abschiebung Hilfsbedürftiger zu Einrichtungen der öffentlichen Hand. Versuche, die Angehörigen über Regreßbestimmungen doch zu einem angemessenen Beitrag zu zwingen, drohen zu dem Ergebnis zu führen, daß Arme unversorgt bleiben, weil sie ihre Angehörigen keinem rechtlichen Druck aussetzen wollen. Manche Sozialhilfegesetze verzichten daher auf jeden Regreß gegen nahe Angehörige, wie sie auch darauf verzichten, Leistungen der freien Wohlfahrtspflege auf Leistungen der Sozialhilfe in Anrechnung zu bringen. Diese im Interesse der Armen vorgenommene Kehrtwendung verstärkt freilich wiederum Vorurteile in der Öffentlichkeit, unsere Gesellschaft züchte „Sozialschmarotzer."

Wie stark diese Haltung die *Politik* beeinflußt, zeigt die bekannte Tatsache, daß im Falle der Notwendigkeit von Einsparungen im Sozialhaushalt üblicherweise zunächst auf Subsysteme gegriffen wird, die der Bekämpfung der Armut dienen. Auch in Österreich hat sich daher die Diskussion vor allem auf die *Arbeitslosenversicherung* konzentriert. Ihr wurde die Begünstigung von in Wahrheit gar nicht Arbeitswilligen vorgeworfen. In der Folge wurden ihre Leistungen eingeschränkt. In anderen Staaten geriet als erstes die *Sozialhilfe* unter Druck. Dagegen verstehen es die Lobbies starker Gruppen, die durch das geltende Sozialrecht begünstigt werden, Angriffe auf ihre sozialen Besitzstände abzuwehren. So sind beispielsweise die Leistungsunterschiede zwischen *Beamtenregelungen* (und hier besonders der Altersversorgung der *Eisenbahner)* und dem allgemeinen Sozial-

11. Siehe zu diesen Aussagen SCHNEIDEWIND, Mindestlebensstandard, 20 ff (Anm. 9).

12. Bisher abgeschlossen: Sieglinde GAHLEITNER: Das Sozialhilferecht in Oberösterreich. Wien 1989. – Gerald GINDL: Das Recht der Sozialhilfe in Salzburg. Wien 1989. – Adelheid PACHER: Das Recht der Sozialhilfe in Kärnten. Wien 1989. – Christa KRÖSL: Das Sozialhilferecht in Tirol. Wien 1991. – Susanne UMFAHRER: Das Steiermärkische Sozialhilfegesetz. Wien 1991.

versicherungsrecht nicht verringert, die Möglichkeiten des Bezuges von *Mehrfachrenten* und *Mehrfachpensionen* nicht eingeschränkt, ja sogar die Chancen der ungeschmälerten Kombination von Pensionen und Erwerbseinkommen vergrößert worden.

Ganz offenkundig gilt Arbeitslosigkeit oder nicht gesundheitlich bedingte Erwerbslosigkeit in Österreich als suspekt. Dagegen erfreuen sich die Sozialversicherung im engeren Sinn und ihr verwandte Systeme, die nicht primär auf *Armutsbekämpfung* abstellen, großer Beliebtheit. Die sozialpolitischen Konsequenzen: Die Frage, wer in Österreich aktuell schutzbedürftig ist und welches Ausmaß an Schutz er benötigt, tritt eher in den Hintergrund. Statt dessen wird vor allem diskutiert, wie mögliche Mißbräuche verhindert werden können. Damit wird die Sozialpolitik aber auf den Kopf gestellt.

VI. Ist der Lebensabend gesichert?

Wir wissen nicht, ob sich die Österreicher durch die sozialen Netze generell ausreichend gesichert fühlen. Auf dem Teilgebiet der *Alterssicherung* ist dieses Gefühl jedenfalls im Schwinden. Die letzten „Pensionsreformen“ haben jedermann drastisch vor Augen geführt, daß die Einbahnstraße zu immer höheren Pensionen zu Ende ist und sie in Hinkunft mit *niedrigeren Pensionen* rechnen müssen. Die erstmalige Aussetzung der Pensionsanpassung für ein halbes Jahr machte den schon im Ruhestand Befindlichen klar, daß auch sie nicht darauf vertrauen dürfen, von Einbußen verschont zu bleiben. Seit einigen Jahren kann auch niemand mehr die Augen davor verschließen, daß die wirklichen Probleme erst die auf uns zukommende *Überalterung* bringen wird. Daß die damit verbundene Gefahr durchaus ernst genommen wird, beweist die starke Belebung des Geschäfts der privaten Lebensversicherungen.

Die *politische Tragik* besteht darin, daß die *drastische Veränderung* der Zusammensetzung unserer *Bevölkerung* erst nach dem Jahr 2000 eintreten wird.[13] In den anschließenden 30 Jahren wird die Zahl der Personen im erwerbsfähigen Alter (15–60) selbst unter günstigen Annahmen um etwa 1 Million zurückgehen, gleichzeitig aber die Zahl der über sechzigjährigen um 700.000 zunehmen. Niemand kann sich heute vorstellen, wie die Erwerbstätigen diese auf sie zukommenden Pensionslasten finanzieren werden. Der zu erwartende Rückgang der Zahl der Kinder um 460.000 trägt nur zu einer teilweisen Entlastung der öffentlichen Haushalte bei, weil die

13. Vgl. zum Folgenden Peter FINDL/Robert HOLZMANN/Rainer MÜNZ: Bevölkerung und Sozialstaat. Szenarien bis 2050. Wien 1987. – Vgl. aber auch die ähnlichen Ergebnisse bei Georg BUSCH/Wilhelm HANISCH/Silvia HELLMER: Wirtschafts- und Finanzpolitische Aspekte des österr. Pensionsversicherungssystems. Bestandsaufnahme, Entwicklungstendenzen, internationaler Vergleich. Wien 1986 und Langfristige Finanzierung der Pensionsversicherung. Ergebnisse einer Arbeitsgruppe. Bundesministerium für Arbeit und Soziales. Wien 1988.

Pro-Kopf-Ausgaben für ältere Menschen zwei- bis dreimal so hoch sind wie für jüngere. Überdies ist es wenig wahrscheinlich, daß rechtzeitig kompensatorische Einsparungen (etwa durch Schließung von Kindergärten und Schulen) vorgenommen werden. Eine formierte *Einwanderungspolitik* dürfte auf große Akzeptanzschwierigkeiten in der österreichischen Bevölkerung stoßen, verstärkt durch einzelne politische Parteien (FPÖ) und Massenmedien (Kronen Zeitung).

Wie steht es daher um die *Zukunft* der Alterssicherung? *Optimisten* vertrauen darauf, daß die Menschen immer noch rechtzeitig Strategien entwickelt haben, um mit auftretenden Problemen fertig zu werden. Sie rechnen vor, daß bereits ein langfristiges Wirtschaftswachstum von 1 bis 1,5% jährlich die finanziellen Probleme lösen könnte. Dieses Wachstum würde ausreichen, um den Aktiven geringe Nettoeinkommenszuwächse zu garantieren und dennoch die zusätzlichen Kosten der Alterssicherung zu decken. Diese Milchmädchenrechnung baut allerdings auf zwei *unrealistischen Prämissen* auf: 1. auf der Annahme, wir wüßten, welche Wirtschaftspolitik ein solches langfristiges Wachstum garantiert und 2. auf der weiteren Annahme, die künftige Aktivbevölkerung würde sich die fast völlige Wegsteuerung ihrer Einkommenssteigerungen gefallen lassen und die dadurch erzielbaren Mittel würden tatsächlich ausschließlich in die Alterssicherung gesteckt. *Ebensowenig realitätsnah* erscheint die *pessimistische* Option, die uns einen Zusammenbruch des geltenden Systems der Alterssicherung voraussagt und daher bereits jetzt einen radikalen Kurswechsel befürwortet. Es ist schwer vorstellbar, daß eine künftige Generation – bildlich gesprochen – den bestehenden Generationsvertrag einseitig aufkündigt und die alte Generation in ein Vakuum stößt. *Realistisch* erscheint vielmehr, daß man mit *großen politischen Anstrengungen* versuchen wird, auf der einen Seite doch noch zusätzliche Mittel für die Alterssicherung aufzutreiben und andererseits weitere Einsparungen bei den Pensionen vorzunehmen, um das System als solches weiterführen zu können.

Entgegen politischen Schönfärbereien gibt es *keine absolute Garantie eines gesicherten Lebensabends*. Der Lebensabend der Alten kann nur durch Leistungen der jungen Generation gesichert werden. Das war immer so und daran kann sich auch in Zukunft nichts ändern. Jene Generation, die den Wahlspruch prägte, *„Kinder sind Privatsache"*, wird die Konsequenzen einer in erster Linie dem *Eigennutz* gewidmeten Lebensführung zu tragen haben. Können wegen des Kindermangels die Pensionen nicht mehr in dem Ausmaß gewährt werden, wie man sich das noch vor Jahren erwartet hatte, dann ist das letztlich der Preis für diese Lebenshaltung. Eine rechtliche Bindung der kommenden Generation, dieses Manko im Rahmen des Generationenvertrages auszugleichen, kann es nicht geben. Jedes heute verabschiedete Gesetz, selbst ein Verfassungsgesetz, kann morgen mit entsprechender Mehrheit wieder aufgehoben werden. Auch die jüngere Rechtsprechung des *Verfassungsgerichtshofes* kann daher nur beschränkten Schutz bieten. Sie läßt gesetzliche Eingriffe in erworbene Anwartschaften nur aus besonderen sachlichen Gründen und mit entsprechenden Übergangsfristen zu.[14] Neue Verfassungsbestimmungen könnten auch diese Grundsätze verändern.

Die Wahrscheinlichkeit solcher tiefgreifender Veränderungen darf aber andererseits nicht überschätzt werden. Die Überalterung Österreichs wird die *alten Menschen* zu einem *politischen Machtfaktor* machen. Die jüngsten Versuche zur Bildung einer *„grauen" Partei* lassen erahnen, welche Veränderungen auf der politischen Landkarte eintreten könnten. Allerdings dürfte auch die Erwartung – die ins Konzept der Optimisten passen würde – trügen, die alte Generation könnte mit ihrer politischen Macht den Jungen rücksichtslos beliebige Pensionslasten aufbürden. Selbst wenn dies die Alten versuchen würden, wären als lindeste Reaktion der Jungen massive Leistungsverweigerungen oder Auswanderungen zu erwarten.

Rechtliche Garantien dürfen daher nicht überschätzt werden. Entscheidender wird die *Erwartungshaltung* der Bevölkerung und ihre Bereitschaft zu *solidarischem Handeln* sein. Das setzt einen umfassenden *Erziehungsprozeß* voraus, der damit beginnen muß, der Bevölkerung reinen Wein darüber einzuschenken, welche sicheren Aussagen wir über die Zukunft machen können und welchen Risken wir entgegen gehen. Diese Bereitschaft ist in den politischen Führungskorps unseres Landes (noch) nicht vorhanden. Niemand will sich der Gefahr aussetzen, Wähler zu schockieren und allenfalls negative Reaktionen zu ernten. So wird *verniedlicht* und *verharmlost.* Eine *Pensionsreform* wird zwar verlangt, doch bewußt verschwiegen, worin sie bestehen soll. Kein Politiker besitzt den Mut, offen auszusprechen, daß eine Reform, die die Pensionen längerfristig sichern will, auf *neue Belastungen und/oder Leistungskürzungen* nicht verzichten kann. Eine solche Pensionsreform muß eine *Verteilung von Opfern* beinhalten: Opfer bei der Erwerbsbevölkerung, von der mehr Beiträge oder höhere Steuern abverlangt werden und/oder Opfer bei den Alten, deren Pensionserwartungen reduziert werden müssen. Wer eine Pensionsreform fordert, ohne gleichzeitig seine Zielvorstellungen und Verteilungsgrundsätze offen zu legen, will nur erreichen, daß sich jeder Bürger vorstellt, die Reform werde gerade ihm Vorteile bringen, wogegen die Lasten andere tragen werden.

Es kann nicht verwundern, daß die *Harmonisierungsforderungen* unserer Politiker nicht ankommen. Erschöpfen sie sich doch in dem Verlangen, *„Privilegien"* einzelner (nicht zur eigenen Klientel gehörender) Gruppen abzubauen. Es ist verständlich, daß solche Gruppen hartnäckigen Widerstand leisten, solange umfassende Globalkonzepte fehlen und sie anscheinend als einzige Haare lassen sollen.

14. Vgl. VfGH ZAS 1987, 174 (Anm. TOMANDL) und ZAS 1988, 208 sowie Theodor TOMANDL: Der VfGH zum Ruhen von Beamtenpensionen, In: Zeitschrift f. Arbeits- und Sozialrecht (ZAS), 1988, 181 ff.

Chancen dürften nur *umfassende Konzepte* haben, die an die *Gesamtsolidarität* appellieren und ein klares Verteilungsziel verfolgen, das von der großen Mehrheit akzeptiert werden kann. Erst vor diesem Hintergrund können sachlich nicht (mehr) begründbare Sonderwünsche einzelner Gruppen abgewehrt werden. Dazu muß der Mut aller politischen Entscheidungsträger kommen, ihrer Klientel öffentlich begreiflich zu machen, daß auch der Sozialstaat nicht mehr ausgeben kann, als er einnimmt. Die Zeiten, in denen zunächst der Ausgabenrahmen festgelegt wurde, nach dem sich dann die Einnahmen zu richten hatten, sind vorüber. Zukunft dürften nur Konzepte haben, die den *Ausgabenrahmen* den jeweils erzielbaren *Einnahmen* anpassen. Zunächst müßte festgelegt werden, welche Belastungen den Bürgern zur Finanzierung der sozialen Netze im Wege von Beiträgen und Abgaben auferlegt werden können. Dieser Kuchen kann dann an die Sozialleistungsempfänger verteilt werden.

VII. Gesundheitsschutz und Pflege

Die Hauptlast des *Gesundheitsschutzes* trägt die soziale Krankenversicherung. Ihre Ausgaben steigen zwar ständig (ihr Anteil am BIP erhöhte sich von 2,1% im Jahre 1948 auf 3,7% im Jahre 1981, um dann bis 1985 wieder auf 3,6% zu fallen[15]), doch ist ihr Anteil an den Gesamtausgaben der Sozialversicherung langfristig von 35,5% im Jahre 1955 auf Werte zwischen 25% und 26% gesunken.[16] 1988 betrug er 26,1%[17] und machte damit weniger als ein Drittel der Ausgaben der Pensionsversicherung aus. Der beträchtliche *Kostenanstieg* im Gesundheitswesen blieb somit ständig unter Kontrolle. Ob dies auch in Zukunft so bleiben wird, ist fraglich. Viel wird darauf ankommen, ob es gelingen wird, die Menschen zu einem *gesünderen Leben* zu bewegen. Heute herrscht eher die Tendenz vor, *riskante Gewohnheiten* (Rauchen, Trinken, übermäßiges Essen) beizubehalten und damit in Kauf zu nehmen, für spätere Heilungsversuche mehr ausgeben zu müssen. Wesentlich wird auch sein, ob es endlich gelingt, die Krankenanstalten zu einer kostenbewußteren Gebarung zu bewegen, insbesondere von der an der Aufenthaltsdauer orientierten Berechnung der Verpflegungskosten abzugehen.

Die *Überalterung* wird auch hier Probleme mit sich bringen. Die Krankenversicherung wird immer stärker für *Altersleiden* vorsorgen und aus diesem Grunde mit zusätzlichen *Kostensteigerungen* rechnen müssen. Dabei wird sich der Gesetzgeber dem von ihm verdrängten Problem der Gewährung von Pflegeleistungen nicht länger entziehen können. Die Krankenver-

15. Vgl. HOLZMANN, Analysen, 27f. (Anm. 3).

16. Vgl. Theodor TOMANDL (Gesamtleitung): Finanzierungsprobleme der österreichischen Sozialversicherung. Wien 1979, 107f.

17. Handbuch der österreichischen Sozialversicherung. Wien 1988, 15.

sicherung hat Leistungen nur solange zu erbringen, als ein Patient noch medizinisch beeinflußt werden kann. Hat ein Leidenszustand, zB. eine Lähmung oder eine Geisteskrankheit, aber einmal ein Stadium erreicht, in dem die Ärzte dem Patienten nicht mehr helfen und auch seine Leiden nicht mehr lindern können, endet ihre Leistungspflicht auch dann, wenn der Patient ohne fremde Hilfe nicht mehr imstande ist, lebenswichtige Verrichtungen vorzunehmen. Eigentümlicherweise werden solche *Pflegeleistungen* (Ernährung, Körperpflege, Ankleiden usw.) jedoch als Nebenleistungen von der Krankenversicherung finanziert, solange der Patient ärztliche Pflege benötigt. Aber auch für Unfallrentner oder Pensionisten ist vorgesorgt: Sie können – wieder als Nebenleistung – einen Hilflosenzuschuß erhalten, der zumindest einen Teil dieser Pflegekosten deckt. Wer aber nicht mehr medizinisch beeinflußbar ist und auch keine Rente oder Pension bezieht (wie Angehörige), erhält aus der Sozialversicherung weder Pflege noch einen Hilflosenzuschuß.

Es ist ein struktureller Mangel unserer Sozialversicherung, daß sie zwar für eine ganze Fülle von *Bagatellbeeinträchtigungen* Leistungen bereitstellt, ihre Hilfe aber gerade dann versagt, wenn ein Mensch *unheilbar krank* geworden ist und *ständig* Pflege benötigt. Selbst wenn ein *Hilflosenzuschuß* zusteht, ist dieser häufig viel zu niedrig. In der *Kriegsopferversorgung* hat man längst erkannt, daß es viele Stufen der Hilflosigkeit gibt und daher die Pflegezulage in variabler Höhe eingeführt; bei schwerster Hilflosigkeit beträgt sie weit mehr als die eigentliche Rente. Nur für diesen Bereich hat der Gesetzgeber auch zur Kenntnis genommen, daß der Ehegatte, der sich der Pflege seines schwerst hilflosen Partners annimmt, daneben keiner Berufstätigkeit nachgehen kann und daher nach dem Tode des Versehrten ohne ausreichende Altersversorgung dasteht. In der Kriegsopferversorgung garantiert er daher diesem überlebenden Ehegatten eine Altersversorgung in der Höhe von mindestens 2/3 der Pflegezulage. Obwohl sich dasselbe Problem in gleicher Weise auch im Sozialversicherungsrecht stellt, findet sich dort keine vergleichbare Garantie. Wer die erforderliche Pflege nicht selbst finanzieren kann, wird daher ebenso auf die Sozialhilfe verwiesen, wie der überlebende Gatte, der wegen seiner Pflegetätigkeit keine Pensionsansprüche erworben hat.

Die Vorsorge für *Pflegebedürfnisse* wird eines der dringendsten Probleme einer *überalterten* Gesellschaft sein. Schon derzeit schätzt man, daß 300.000 bis 500.000 Menschen pflegebedürftig sind. Nach jahrzehntelangem Zuwarten hat der Nationalrat endlich die Dringlichkeit dieses Problems erkannt und die Bundesregierung mit Entschließung vom 27. September 1988 um Lösungsvorschläge ersucht. Solche werden aber nur in Kooperation mit den Ländern erarbeitet werden können, da beide Netze involviert sind. Ausgliederungen von Risken aus der Sozialhilfe und ihre Überführung in das erste Netz werfen schwierige Finanzausgleichsprobleme auf. Das ist offenbar der Grund, warum man solche Maßnahmen gerne vermeidet und warum es bisher nicht gelungen ist, das Problem der Pflegevorsorge umfassend zu lösen.

VIII. Das Behindertenproblem

Das leitet über zur besonderen Problematik der *Behinderten.* So weit es darum geht, ihnen die erforderliche *Pflege* angedeihen zu lassen, gilt alles bisher dazu Gesagte. Behinderte benötigen darüber hinaus aber häufig noch *Hilfsmittel* (zB. Rollstühle, teure Körperersatzstücke, Adaptierungen eines Kraftfahrzeugs), spezielle *Ausbildungen* oder *Anpassungen* ihrer Wohnung an die besonderen Erfordernisse ihrer Behinderung (zB. Einbau von Aufzügen, Hebekränen u. dgl.). Das geltende Recht hat diesbezüglich zwei Klassen von Behinderten geschaffen: Einerseits solche, die wegen früherer Erwerbstätigkeit von der Sozialversicherung erfaßt werden und daher primär die Rehabilitationsleistungen der Sozialversicherung (speziell der Unfallversicherung) in Anspruch nehmen können und andererseits Menschen, die bereits behindert waren, bevor sie in das Erwerbsleben eintreten konnten, und daher allein auf Leistungen des zweiten Netzes angewiesen sind. Dort werden sie in die Rolle von Bittstellern gedrängt, da die meisten für sie in Betracht kommenden Leistungen nur Ermessensleistungen darstellen, auf die *kein Rechtsanspruch* besteht.

Behinderte sehen sich zudem einer für sie kaum bewältigbaren *Zuständigkeitsvielfalt* ausgesetzt. Neben der Sozialversicherung und den Sozialämtern der Länder kommen als Leistungsträger auch die Invalidenämter des Bundes und seit 1981 auch der österreichische Nationalfonds für Behindertenhilfe in Betracht. Nicht sozialversicherungsgeschützte Behinderte können versuchen, aus den Unterstützungsfonds jener Sozialversicherungsträger freiwillige Leistungen zu erhalten, bei denen ihre Eltern versichert sind. Den Behinderten hat man damit auch das Ausfindigmachen aller Leistungsträger (zu denen noch private Organisationen kommen), die Führung des mühsamen Formularkrieges und die Koordination aller Ansuchen aufgebürdet. Diese Zersplitterung der Zuständigkeiten und das Fehlen von Rechtsansprüchen auf behindertengerechte Leistungen zählen zu den auffallenden Mängeln unseres Systems der sozialen Sicherheit.

IX. Arbeit und Sozialeinkommen

Ein letzter Aspekt, der hier noch berührt werden soll, betrifft die *Einstellung unserer Gesellschaft zur Arbeit.* Wie wir gesehen haben, vermittelt grundsätzlich nur Arbeit den *Zugang zum ersten sozialen Netz.* Zunehmend wird die Aufgabe des ersten Netzes aber nicht mehr darin gesehen, dem Versicherten, der nicht mehr imstande ist, durch Arbeit sein Brot zu verdienen, einen Einkommensausgleich zu bieten. Durch einfache Übertragung privatsicherungsrechtlicher Vorstellungen wird etwa in der Alterspension eine durch eigene Beiträge finanzierte Prämie für die Erreichung eines bestimmten Lebensalters erblickt. In dieser Sicht soll die Pension daher ab Erreichung des Pensionsalters völlig unabhängig davon zustehen, ob der Pensionsberechtigte daneben noch arbeitet oder nicht. Solche Vorstellungen übersehen allerdings nicht nur die Auswirkungen auf die Finanzierung der Alterssicherung, sie vernachlässigen auch *sozialpolitische Grundsatzüberlegungen.*

Zunächst einmal beruhen diese Überlegungen auf einer unrichtigen Prämisse. Die Pensionen werden nicht einfach vom *Versicherten* finanziert, nahezu ein Drittel schießt die *Allgemeinheit* bei. Solche Vorschläge führen aber auch zu einer völlig *verfehlten Verteilung des individuellen Lebenseinkommen.* Wir wissen längst, daß das Ausscheiden aus dem Erwerbsleben häufig zu einem gesundheitsbedrohenden *„Pensionsschock"* führt. Der Pensionist hat große Schwierigkeiten, mit seiner neuen Lebenssituation fertig zu werden. Um diesen Pensionsschock nicht auch noch durch einen *Einkommensschock* zu verstärken, hat sich die Sozialpolitik seit Jahrzehnten bemüht, die Pensionshöhe möglichst nahe an das letzte Aktiveinkommen heranzuführen: Der Übergang in den Ruhestand soll wenigstens zu keinen großen Einkommenseinbußen führen. Die vor kurzem vorgenommene völlige Aufhebung der Ruhensbestimmungen steht zu dieser sozialpolitischen Zielsetzung in einem diametralen Gegensatz. Arbeitet der Versicherte nach Erreichung des Pensionsalters nämlich weiter, dann kann er grundsätzlich zu seinem Arbeitsverdienst die Pension erhalten und damit mehr verdienen, als je zuvor. Will er sich aber dann wirklich zur Ruhe setzen, fällt er auf die Pension zurück und erleidet einen exorbitanten Einkommensausfall.

Sozialpolitisch geht es aber noch um viel grundlegendere Fragen: Soll der Bezieher einer existenzsichernden Sozialleistung, wenn er daneben arbeitet, ebenso viel verdienen wie derjenige, der ausschließlich aus seinem Arbeitsverdienst seinen eigenen und den Lebensunterhalt seiner Familie bestreiten muß? Die Frage läßt sich noch radikaler formulieren. Soll dieser Sozialleistungsbezieher überhaupt zusätzliches Entgelt für seine Arbeit erhalten? Das gesetzliche *Mindesteinkommen* für alle wird etwa damit begründet, daß es seinen Bezieher in die Lage versetzen soll, Arbeit ohne jeden Erwerbsdruck leisten und dadurch den Eigenwert der Arbeit erleben zu können.[18] Dagegen übt die Möglichkeit der *vollen Kombination von Sozial-* und *Arbeitseinkommen* zweifellos einen *maximalen Leistungsanreiz* aus. Sie appelliert an den *individuellen Eigennutz* und schafft *Privilegierte,* die unter massivem Einsatz öffentlicher Mittel eine *Einkommensmaximierung* betreiben können.

18. Vgl. BÜCHELE/WOHLGENANNT: Grundeinkommen (Anm. 7).

Sozialpolitiker sollten aber sorgfältig prüfen, ob sie damit einen gesellschaftspolitisch richtigen Weg einschlagen. Wäre es nicht an der Zeit, dem Menschen wieder beizubringen, welchen *Wert* die Arbeit für ihn selbst als *Person* haben kann, wie dies beispielsweise die *katholische Soziallehre* vorschlägt?[19] Bestünde nicht die Chance, Menschen in größerem Umfang dazu zu bewegen, für ihre Mitmenschen wichtige Arbeiten auch *unentgeltlich* oder *geringer entlohnt* zu übernehmen, wenn ihre Lebensbedürfnisse durch Sozialleistungen *ausreichend gedeckt* sind? Moderne Untersuchungen zum Problem der Arbeit[20] widerlegen die beliebte These, unserer Gesellschaft sei die Arbeit ausgegangen. Wir sind nur nicht imstande, alle gesellschaftlich wünschenswerten Arbeiten zu Marktpreisen zu finanzieren. Eine Sozialpolitik, die die Bürger dazu verleitet, der Einkommensmaximierung nachzujagen und damit die Bereitschaft zu solidarischem Verhalten schwächt, muß auf falschen Prämissen beruhen. Es stünde unseren Politikern gut an, sich nicht länger von der *Lobby der Unersättlichen* treiben zu lassen und die Chancen für eine Neubesinnung unseres Verhältnisses zur Arbeit zu ergreifen.

19. Vgl. dazu vor allem die Enzyklika „Laborem exercens". Siehe auch Robert PRANTNER (Hg.): Glaube und Arbeit. Wien 1989.

20. Vgl. etwa Karl VAK (Hg.): Arbeit. Die neue Herausforderung. Wien-Zürich 1989.

VI.
Politisches Denken

Joseph Alois Schumpeter

Manfred Prisching

Zuweilen scheint es, daß sich politische und ästhetische, materielle und kulturelle, theoretische und lebensweltliche Entwicklungen verdichten, wie dies wohl im Wien der Jahrhundertwende und der Jahrzehnte danach der Fall gewesen ist.[1] Joseph A. SCHUMPETER, einer der profiliertesten österreichischen *Sozialwissenschafter,* hat diese Einflüsse in sich aufgenommen, ohne sich jedoch dem Sog einer dieser Strömungen anzuvertrauen. Er konnte, aus diesen Einflüssen eklektisch schöpfend, ein originelles Werk schaffen, das sich den gängigen Etiketten theoretischer Schulbildungen[2] verweigert. Da seine Theorien den weltanschaulichen Lagern keine eindeutigen Optionen zu ermöglichen schienen, war die Einschätzung SCHUMPETERs für viele ein schwieriges Unterfangen; und diese Verortungsschwierigkeiten etikettierungsgeneigter Zeitgenossen, die sich etwa darin ausdrücken, daß SCHUMPETER abwechselnd sozialistischer, liberaler und konservativer Neigungen verdächtigt wird, scheinen zuweilen heute noch nicht überwunden zu sein.[3]

---

1. Vgl. z. B. Peter BERNER/Emil BRIX/Wolfgang MANTL (Hg.): Wien um 1900. Aufbruch in die Moderne. Wien-München 1986. – William M. JOHNSTON: Österr. Kultur- und Geistesgeschichte. Gesellschaft und Ideen im Donauraum 1848 bis 1938. Wien-Köln-Graz 1974. – Albert FUCHS: Geistige Strömungen in Österreich 1867–1918. Wien 1978 (erstmals 1949); Carl E. SCHORSKE: Wien. Geist und Gesellschaft im Fin de Siècle. Frankfurt/Main 1982.

2. Vgl. seine Abschiedsrede, gehalten vor der Bonner staatswissenschaftlichen Fakultät am 20. Juni 1932, abgedruckt in Joseph A. SCHUMPETER: Aufsätze zur ökonomischen Theorie. Tübingen 1952, unter dem Titel „Das Woher und Wohin unserer Wissenschaft", 598–608, hier 600 f.

3. Nach Aussage Edgar SALINs war SCHUMPETER wohl *Sozialist;* er fügt aber hinzu: „Aber kein Sozialist, gehöre er zu den Marxisten oder Fabiern, wird seinen Sozialismus bei Schumpeter finden." Joan ROBINSON dagegen meint mit etwas größerer Berechtigung, daß Schumpeter wenig Liebe für den Sozialismus und gar keine für die Sozialisten empfindet. Edgar SALIN in der Einleitung zur deutschen Ausgabe des Buches von Joseph A. SCHUMPETER: Kapitalismus, Sozialismus und Demokratie. 4. A. München 1975 (Capitalism, Socialism and Democracy. New York 1942), 8; Joan ROBINSON: Review of Capitalism, Socialism, and Democracy. In: Economic Journal, 53 (1943), 381–383. SCHUMPETER war aber natürlich auch ein *Liberaler;* sowohl im Sinne eines politischen Liberalismus, insofern er die Spielregeln der Demokratie zu verteidigen suchte, als auch im Sinne eines ökonomischen Liberalismus, der für die Vorzüge der Marktmechanismen streitet: Viele haben, wie Erwin von BECKERATH berichtet, sein Buch über „Kapitalismus, Sozialismus und Demokratie" als „Apologie des Kapitalismus" angesehen. Erwin von BECKERATH: Größe und Verfall des Kapitalismus. Betrachtungen zu Schumpeters Buch über „Kapitalismus, Sozialismus und Demokratie". In: Zeitschrift für die gesamte Staatswissenschaft, 106 (1950), 193–222. SCHUMPETER war aber schließlich auch ein *Konservativer;* einerseits in einem liberal-konservativen Sinne, der ihn veranlaßte, wider die staatsinterventionistischen Vorschläge seines Kollegen John M. KEYNES aufzutreten, andererseits schillern konservative Impulse beispielsweise auch in seiner besonderen Wertschätzung der Aristokratie und ihrer politischen Leistungen durch.

SCHUMPETER trat für die freie Marktwirtschaft ein und war doch 1919 Mitglied der österreichischen Sozialisierungskommission; er schätzte das Unternehmertum und propagierte doch nach dem Ersten Weltkrieg eine gravierende Vermögensabgabe zur Sanierung der Staatsfinanzen; er hielt den Konkurrenzmechanismus für unabdingbar und war doch keineswegs besorgt über das Entstehen von Monopolen; er hielt den Kapitalismus für äußerst erfolgreich und prognostizierte doch seinen Untergang; er sah das Entstehen einer sozialistischen Gesellschaftsordnung voraus, die er als „rationaler“ und zugleich als unfreier im Vergleich mit der kapitalistischen beurteilte. Solche *Widersprüchlichkeiten* haben nicht nur den ideengeschichtlichen Reiz des Bizarren und Originellen, sondern entfalten auch die anregende Wirkung, theoretisch-politische „Selbstverständlichkeiten“ aufzulösen und auf der Wahrung eines (modelltheoretisch oft allzu restringierten) hinreichenden Komplexitätsniveaus sozialwissenschaftlicher Beschreibungen zu insistieren.

Das erste Vierteljahrhundert der Zweiten Republik fiel in das „keynesianische Zeitalter“,[4] das geprägt war von der Überzeugung, man habe die ökonomische Entwicklung vermittels der „General Theory“ des John Maynard KEYNES sozialtechnologisch im Griff. Die ökonomischen *Turbulenzen* der siebziger Jahre jedoch haben nicht nur dieses regulierungspolitische Selbstbewußtsein zum Schwinden gebracht, sondern auch Unsicherheit darüber ausgelöst, was KEYNES wirklich gemeint habe („what Keynes really meant“) und was er zu den Schwierigkeiten der Gegenwart wohl sagen würde. Zumindest der verbreitete „Vulgärkeynesianismus“, der sich mit dem Bewußtsein der wirtschaftspolitischen Kompetenz häufig verbunden hat – nämlich die Betrachtung der Wirtschaft als eines hydraulischen Hebelwerkes ökonomischer Variablen, deren Feinabstimmung man beliebig herbeiführen könne –, ist den ökonomischen Stürmen der siebziger Jahre nicht gewachsen gewesen. Der angesichts dieser Ratlosigkeit sich abzeichnende *Paradigmenwechsel* aber führt zu einer Renaissance zentraler Komponenten der SCHUMPETERschen Vision, in der ökonomische, politische und kulturelle Faktoren der gesellschaftlichen Entwicklung untrennbar verflochten sind. Die Zweite Republik tritt in das „Zeitalter Schumpeters“ ein,[5] und dies trifft auch auf andere Industriegesellschaften zu.

I. Der Forscher, der Lehrer und der Politiker

Zunächst ein kurzer Blick auf SCHUMPETERs Leben und Werk: SCHUMPETER wurde am 8. Feber 1883 – im Todesjahr von Karl MARX – in Triesch in Mähren als Sohn eines Textilfabrikanten geboren und besuchte, da seine Mutter in zweiter Ehe in das Wiener aristokratische

4. Vgl. John R. HICKS: The Crisis in Keynesian Economics. Oxford 1974.

5. Herbert GIERSCH überschreibt seinen Würdigungsaufsatz zum 100. Geburtstag ganz

Milieu eingeheiratet hatte, die Wiener Nobelschule Theresianum.[6] Er blieb zeit seines Lebens eine *bürgerlich-aristokratische* Persönlichkeit von *alteuropäischem* Zuschnitt, mit einer Wertschätzung des entsprechenden Lebensstils, mit einer elitär geprägten Weltbetrachtung und mit Freude an stilvollen Formulierungen. Er studierte *Rechtswissenschaften* , hörte im Verlaufe seines Studiums unter anderem Vorlesungen bei Karl Theodor v. INAMA-STERNEGG, Friedrich WIESER, Eugen v. BÖHM-BAWERK und Eugen v. PHILIPPOVICH und diskutierte im Seminar BÖHM-BAWERKS unter anderem mit Otto BAUER, Rudolf HILFERDING, Emil LEDERER und Ludwig v. MISES.

Während eines zweijährigen Aufenthalts am Internationalen Gerichtshof in Kairo verfaßte er seine 1908 veröffentlichte, als Gesamtentwurf der *theoretischen Ökonomie* – in Abhebung von der in Deutschland herrschenden Historischen Schule – konzipierte Schrift über „Wesen und Hauptinhalt der theoretischen Nationalökonomie", mit der er sich 1909 habilitierte.[7] SCHUMPETER zeigte sich in diesem Werk, das mehr den theoretischen Geist von Lausanne als den von Wien atmet, von der walrasianischen

schlicht mit „The Age of Schumpeter": In: American Economic Review, Papers and Proceedings, 74 (1984), 103–109. Gleichermaßen erwartet FRISCH ein Wiedererwachen des Interesses an Schumpeters Arbeiten und an seinem Stil der gesellschaftlichen Analyse; Helmut FRISCH (Hg.): Schumpeterian Economics. New York 1981, X.

6. Vgl. über Schumpeter z.B. Reinhard SCHAEDER: Schumpeter, Joseph A(lois), in: Handwörterbuch der Sozialwissenschaften, 9(1956), 151- 159. – Seymour E. HARRIS: Schumpeter, Social Scientist. Cambridge/Mass. 1951. – Erich SCHNEIDER: Joseph A. Schumpeter. Leben und Werk eines großen Sozialökonomen. Tübingen 1970. – Eduard MÄRZ: Joseph Alois Schumpeter – Forscher, Lehrer und Politiker. Wien 1983. – Gottfried EISERMANN: Joseph Schumpeter als Soziologe. In: Kyklos, 18(1965), 288–315. – Christian SEIDL: Joseph Alois Schumpeter: Character, Life and Particulars of his Graz Period. In : Ds. (Hg.): Lectures on Schumpeterian Economics. Berlin u.a. 1984, 187–205. – Robert Loring ALLEN: Opening Doors. The Life and Work of Joseph Schumpeter. 2 vol. New Brunswick – London 1991.

7. In der Folge wird auf einige der folgenden Werke SCHUMPETERs Bezug genommen: Das Wesen und der Hauptinhalt der theoretischen Nationalökonomie. Unveränderter Nachdruck der 1908 erschienenen ersten Auflage, 2.A. Berlin 1970. – Theorie der wirtschaftlichen Entwicklung. Eine Untersuchung über Unternehmergewinn, Kapital, Kredit, Zins und den Konjunkturzyklus. Berlin 1911 (5.A. 1952). – Die Krise des Steuerstaates. Graz 1918. – Zur Soziologie der Imperialismen. In: Archiv für Sozialwissenschaft und Sozialpolitik, 46(1919), 1ff. und 275 ff. – Sozialistische Möglichkeiten von heute. In: Archiv für Sozialwissenschaft und Sozialpolitik, 48(1920/21), 305–360. – Die sozialen Klassen im ethnisch homogenen Milieu. In: Archiv für Sozialwissenschaft und Sozialpolitik, 57(1927), 1ff. – Business Cycles. A Theoretical, Historical and Statistical Analysis of the Capitalist Process. New York-London 1929; deutsch: Konjunkturzyklen. Eine theoretische, historische und statistische Analyse des kapitalistischen Prozesses. 2 Bde. Göttingen 1961. – Capitalism, Socialism, and Democracy. New York 1942; deutsch: Kapitalismus, Sozialismus und Demokratie. Einleitung von Edgar SALIN (Erstausgabe Bern 1946), 4.A. München 1975. – History of Economic Analysis. Ed. from Manuscript by Elizabeth B. SCHUMPETER, New York 1953; deutsch: Geschichte der ökonomischen Analyse. Nach dem Manuskript herausgegeben von Elizabeth B. SCHUMPETER. Mit einem Vorwort von Fritz K. MANN. 2 Bde. Göttingen 1965. – Aufsätze zur ökonomischen Theorie. Tübingen 1952. – Aufsätze zur Soziologie. Tübingen 1953. – Dogmenhistorische und biographische Aufsätze. Tübingen 1954. – Ten Great Economists. From Marx to Keynes. London 1952.

Leistung, den *Markt* als umfassendes Gleichgewichtssystem zu konzipieren, sehr beeindruckt,[8] vermerkte jedoch einschränkend, daß sich diese Darstellung auf das „reine“ Modell einer zeitlosen und statischen Kreislauf-Wirtschaft beschränke. Die reine und herbe Luft der statischen Abstraktion verließ Schumpeter mit dem 1912 veröffentlichten Buch über die „Theorie der wirtschaftlichen Entwicklung“, in welchem er der *Dynamik* des Wirtschaftens und den Imponderabilien des realen Lebens den gebührenden Stellenwert zuwies. Schon zuvor hatte ihm seine Habilitation eine außerordentliche *Professur* in Czernowitz in der Bukowina eingetragen, und 1911 wurde der junge Gelehrte auf Betreiben BÖHM-BAWERKs durch „allerhöchste Entschließung“ und gegen das Votum der Fakultät an die Universität Graz berufen.

Nach dem Ersten Weltkrieg folgten einige Jahre *politischer* und *praktisch-wirtschaftlicher* Tätigkeit. 1919 wurde SCHUMPETER Finanzminister in der österreichischen Koalitionsregierung, scheiterte aber an dem Mißtrauen, das die beiden großen Parteien den weltanschaulich oftmals unbekümmerten Vorschlägen des politisch keineswegs naiven Fachmannes entgegenbrachten. Wenig später übernahm SCHUMPETER die Leitung einer Wiener Privatbank, die im Zuge der Stabilisierungskrise 1924 zusammenbrach. Seine Berufung auf einen Lehrstuhl für Finanzwissenschaft an der Universität Bonn kam nicht nur zeitgerecht, um ihm eine neue berufliche Grundlage zu bieten, sondern erlaubte es ihm auch, sich den im Zuge des Zusammenbruchs der Biedermann-Bank erfolgenden Zugriffen der Steuerbehörden zu entziehen. Freilich fiel es SCHUMPETER nicht leicht, bedrängt durch eine hohe Schuldenlast und deprimiert durch den Tod seiner jungen Frau, sich wieder auf die *wissenschaftliche* Arbeit zu konzentrieren.

Nach einigen Gastprofessuren in den USA nahm SCHUMPETER 1932 eine Berufung nach Harvard an, von wo aus er mit Erbitterung und Resignation die *Zerstörung Europas* beobachtete. Er nützte diese unter besseren Arbeitsbedingungen verbrachten Jahre zum Ausbau seines *wirtschaftsdynamischen Konzeptes,* dessen Einheitlichkeit erst in einem Überblick über seine Arbeiten deutlich wird: Der 1939 publizierte Band über „Konjunkturzyklen“ versucht eine umfassende historische, statistische und ökonomische Fundierung der SCHUMPETERschen Entwicklungstheorie zu leisten, eine Abstützung jener *historischen Vision,* in welche sich auch die soziologischen Arbeiten – über den Steuerstaat, den Imperialismus oder die sozialen Klassen – einfügen.

Am deutlichsten treten die *Angelpunkte* von SCHUMPETERs Denken in

8. Vgl. Erich SCHNEIDER: J. A. Schumpeter – der Theoretiker, in: Weltwirtschaftliches Archiv, 65(1950), 169f. – Die Wertschätzung des WALRASschen Werkes wurde bereits in einem zwei Jahre vorher veröffentlichten Aufsatz „Über die mathematische Methode der theoretischen Ökonomie“ deutlich (in: Zeitschrift für Volkswirtschaft, Sozialpolitik und Verwaltung, 15(1906), 30–49; wiederabgedruckt in den „Aufsätzen zur ökonomischen Theorie“, 529- 548).

dem bekanntesten seiner Bücher „Kapitalismus, Sozialismus und Demokratie" (1942) hervor, das eine Würdigung der bedeutenden MARXschen Vision mit einer scharfen Kritik an dessen Wirtschaftstheorie und eine Lobpreisung der ungeheuren Erfolge des Kapitalismus mit der entschiedenen Prognose vom Absterben dieses Systems verbindet. In den letzten Jahren seines Lebens arbeitete Schumpeter an seiner „Geschichte der ökonomischen Analyse", die jedoch durch seinen Tod am 8. Jänner 1950 unvollendet bleiben und erst 1954 erscheinen sollte; seine unvergleichliche Belesenheit wie auch die zuweilen polemische Schärfe seines Urteils kommen in diesem umfangreichen Werk deutlich zum Ausdruck.

Wie diese Hinweise belegen, ist es schwer, im Rahmen sozialwissenschaftlicher Arbeiten *nicht* auf SCHUMPETER zu stoßen: Geht es um Klassentheorien oder Demokratiekonzepte, um Konjunktur- oder Wachstumstheorien, um die Krise des Wohlfahrtsstaates oder jene des Interventionismus, um Konvergenz- oder Imperialismustheorien, um die Debatte über den Sozialismus oder um die Analyse des Zeitgeistes – SCHUMPETERs *Aktualität* scheint sich in vielen zeitgenössischen Diskussionen zu verstärken.[9] SCHUMPETER hat einige neue theoretische Perspektiven eröffnet, und es ist die Präsenz seiner Ideen in den letzten Jahrzehnten, die sein Werk nicht nur als archivierungswürdiges Prunkstück der österreichischen Geistesgeschichte erscheinen läßt, sondern ihm auch in der sozialwissenschaftlichen Diskussion der *Zweiten Republik* einen Platz sichert.

II. Die Unternehmerwirtschaft: Der Kapitalismus als dynamisches System

Die Suche nach jenem sagenhaften Wesen, das in seiner Leistungsfreude und Innovationsbereitschaft für eine *kapitalistische* Ordnung kennzeichnend sein soll, war nicht das vorrangige Anliegen der österreichischen Wirtschaftspolitiker in den letzten Jahrzehnten. Der hohe Anteil verstaatlichter Betriebe, eine sozialstaatlich gebremste Marktwirtschaft, der holprige Weg zur „Europareife" ließen in der Zweiten Repubik eher *neoklassische* Unternehmerbilder dominieren: Individuen, die unter bekannten Verhältnissen Gewinnfunktionen maximieren; betriebswirtschaftlich gebildete Experten, die letztlich Routineaufgaben vollführen,[10] zudem noch geleitet und betreut von einem obsorgenden Staat. Aber der „instinktive Keynesianismus"[11], wie er seit den fünfziger Jahren betrieben wurde, und

9. Vgl. zur Befassung mit SCHUMPETER auch Arnold HEERTJE (Hg.): Schumpeter's Vision. Capitalism, Socialism and Democracy after 40 Years. New York 1981.

10. Vgl. dazu Peter SWOBODA: Schumpeter's Entrepreneur in Modern Economic Theory. In: SEIDL, Lectures, 17–29 (Anm. 6).

11. Erich STREISSLER: Vollbeschäftigungspolitik in der Stagnation. In: Stephan KOREN/Karl

die expertokratische Substitution des „Unternehmers“ waren jener Situation, mit welcher die Industriestaaten in den siebziger Jahren konfrontiert waren, nicht angemessen: Die Diskussion verlagerte sich folgerichtig von den Problemen der „richtigen“ Betriebsführung zu jenen der Innovation, von der kurzfristigen Regulierungs- zur langfristigen Ordnungspolitik. Der *Unternehmer* wurde als *dynamisch-innovatorische Zentralgestalt* der kapitalistischen Entwicklung wiederentdeckt – und damit stoßen wir auf die SCHUMPETERsche Charakterisierung des entrepreneurialen Typus.

„Der Kapitalismus“, so beobachtet SCHUMPETER, „ist . . . von Natur aus eine Form oder Methode der ökonomischen Veränderung und ist nicht nur nie stationär, sondern kann es auch nie sein.“[12] Während Léon WALRAS meint, daß das wirtschaftliche Leben seiner Auffassung nach passiv sei und sich natürlichen und sozialen Einflüssen bloß anpasse,[13] sucht SCHUMPETER *innerhalb* des Systems nach einer gleichgewichtszerstörenden, leistungserzeugenden, wachstumsträchtigen „Energiequelle“. Es ist die *Durchsetzung neuer Kombinationen von Produktionsmitteln,* die den statischen Kreislaufprozeß durchbricht; d.h.: die Herstellung eines neuen Gutes, der Einsatz einer neuen Produktionsmethode, die Erschließung eines neuen Arbeitsmarktes oder neuer Bezugsquellen für Rohstoffe und Vorprodukte oder organisatorische Verbesserungen.[14] Diese Neuerungen, die schwierig und zumeist nur im Kampf gegen eine feindliche soziale Umwelt durchzusetzen sind, werden von den *Unternehmern* realisiert: „Führungsgestalten“, die derartige Kombinationen ins Leben zu rufen vermögen.

Hier stoßen wir zum ersten Mal auf jene *elitentheoretische Komponente* in Schumpeters Darlegung, die auch für seine demokratietheoretischen Erörterungen grundlegend ist. Die Vorstellung, daß die ökonomische Dynamik auf sozial hervorgehobenen Individuen mit spezifischen Fähigkeiten beruht, stellt eine Übertragung von Elitekonzeptionen aus der theoretischen Werkstatt von Gaetano MOSCA und Vilfredo PARETO, Friedrich NIETZSCHE und Gabriel TARDE auf einen engen ökonomischen Bereich, nämlich auf den Markt konkurrierender Produzenten, dar. Der *Führer* habe eine besondere Art, Dinge zu sehen, meint SCHUMPETER in einer enthusiastischen Beschreibung; er übe eine besondere Wirkung auf andere aus, die man als „Autorität“ oder als „Gehorsamfinden“ bezeichnen könne. Ihm sei eine besondere Vereinigung von Schärfe und Enge des Gesichtskreises und der Fähigkeit zum Alleingehen eigen. Die *Motivationen*, die seinem

PISA/Kurt WALDHEIM (Hg.): Politik für die Zukunft. FS f. Alois Mock. Wien-Köln-Graz 1984, 193–201.

12. SCHUMPETER: Kapitalismus, 136 (Anm. 7)

13. SCHUMPETER berichtet in einem Vorwort zur japanischen Ausgabe seiner „Theorie der wirtschaftlichen Entwicklung“ von einem Gespräch mit WALRAS, in dem dieser jene Passivität der Wirtschaft behauptet habe.

14. SCHUMPETER, Theorie, 100 (Anm. 7)

Verhalten zugrunde liegen, seien: der Traum und der Wille, ein privates Reich zu gründen – ein Reich, das Raum gewährt und Machtgefühl; der Siegerwille, Kämpfen wollen und Erfolg haben wollen um des Erfolges als solchen willen; schließlich die Freude am Gestalten, der Kraftüberschuß, der diesen Typus zum Verändern treibt, um des Änderns und Wagens und der Schwierigkeiten willen.[15] Um diese zur Schaffung von Neuem geborenen Gestalten, auf deren Beschreibung auch heute noch von Vertretern entrepreneurialer Gruppen mit großem Behagen in Festreden hingewiesen wird, zentriert sich SCHUMPETERs Auffassung einer *dynamischen und kapitalistischen* Entwicklung: Sie realisieren jene Innovationen, welche die Wirtschaft aus ihrem statischen Zustand reißen und ihnen selbst Pioniergewinne ermöglichen; solche normalerweise kreditfinanzierten Verschiebungen von Produktionsfunktionen treten zumeist scharenweise auf und finden nach einiger Zeit Nachahmer, dadurch kommt es zu einem allgemeinen Aufschwung, zum Prozeß der „kreativen Zerstörung“, der, wenn die expansiven Impulse erschlaffen, einen neuen, allerdings höheren Gleichgewichtspunkt erreichbar werden läßt.[16]

Es ist offenkundig schwer zu beschreiben, worin denn diese *spezifischen Fähigkeiten,* welche die besondere Führereignung solcher Personen konstitutieren, bestehen. Denn sie zeichnen sich keineswegs durch intellektuelle Kompetenz aus, sondern vielmehr durch eine besondere Art des *Irrationalismus;* es gehören dazu Fingerspitzengefühl, Charisma, die richtige „Spürnase“, psychischer Elan und dergleichen.[17] Während Werner SOMBART noch das Gleichgewicht der beiden Komponenten unternehmerischer Haltungen: einerseits das rational-kalkulierende, buchhalterisch selbstdiziplinierte Element, andererseits das dynamisch-kreative, vorwärtsdrängende und abenteuernde Element, betont[18], verschiebt sich SCHUMPETERs Beschreibung zu der letzteren Komponente. Gerade in

15. Vgl. vor allem SCHUMPETER, Theorie, 110–139 (Anm. 7)

16. Einige *ökonomische Kategorien*, denen hier nicht weiter nachgegangen werden kann, werden durch dieses Modell in ein neues Licht gerückt: Phänomene wie „Zins“ und „Gewinn“ kommen in SCHUMPETERs Sicht ausschließlich in einer dynamischen Wirtschaft vor, nicht aber in einer statischen; als Normalfall einer Investitionsfinanzierung wird der „Kredit“ betrachtet (wodurch die „Banken“ zu zentralen Agenturen der Wachstumsdynamik werden); allein die Ungleichgewichte treiben die Wirtschaft voran, es kann also prinzipiell keinen „gleichgewichtigen Wachstumspfad“ geben usw. Vgl. etwa zum Zinsproblem schon die klassische Arbeit von Eugen BÖHM-BAWERK: Eine dynamische Theorie des Kapitalzinses. In: Zeitschrift für Volkswirtschaft, Sozialpolitik und Verwaltung, 22(1913), 1ff. und 640ff., sowie die Entgegnung SCHUMPETERs im gleichen Band 599ff., wiederabgedruckt in den Aufsätzen zur ökonomischen Theorie, 465–510; oder jetzt Paul A. SAMUELSON: Schumpeter as an Economic Theorist. In: FRISCH, Economics, 1–27 (Anm. 5).

17. Innovationen kommen jedenfalls nicht dadurch zustande, daß sich Kalkulierbarkeitsbedingungen oder relative Preise verschoben haben; vgl. dazu Gunther TICHY: Schumpeter‘s Business Cycle Theory. Its Importance for our Time. In: SEIDL, Lectures, 77–78 (Anm. 6).

18. Vgl. Werner SOMBART: Der Bourgeois. Zur Geistesgeschichte des modernen Wirtschaftsmenschen. Reinbek/Hamburg 1988 (erstmals 1913).

einer wirtschaftlichen Situation, in der – wie am Ende der siebziger Jahre – viele von der „Eurosklerose" geängstigt wurden und ein Erlahmen des Produktzyklus europäischer Industrieunternehmen befürchteten, gewannen SCHUMPETERs dynamische Akteure neues Interesse.

Das Heldenepos der *Entrepreneure*[19] darf jedoch, soll es sinnvolle wirtschaftspolitische Impulse setzen, nicht zur sprachlosen Bewunderung etablierter Eliten, zur Reprivilegierung begüterter Schichten oder zur mythisch forcierten Akzeptierung organisierter Unternehmerforderungen führen. Die Anwendung SCHUMPETERscher Lehren auf die Bedingungen der österreichischen Szenerie am Ende des 20. Jahrhunderts kann allerdings zu einem größeren Verständnis für die spezifischen Vorzüge und Bewegungsgesetze einer *marktwirtschaftlichen* Ordnung führen; zu einer *ökonomischen Kultur,* die unternehmerische Leistungen – im staatlichen, halbstaatlichen oder privaten Sektor – zu unterstützen oder hervorzurufen vermag. Die Blickrichtung der Analyse SCHUMPETERs ist zudem auch mit den makroökonomischen *Reinterpretationen* des KEYNESschen Paradigmas vereinbar, das in den letzten Jahren durch „Unsicherheit" und „Stimmungs"-Variablen angereichert und damit zu einer Soziologie des Unternehmerverhaltens weiterentwickelt wird. Soweit der *Austrokeynesianismus* als eine behutsame, zukunftsoffene Strategie der Erwartungsstabilisierung verstanden wird, ist er mit dem Aktivitätsstreben des SCHUMPETERschen Unternehmers vereinbar; wird er als sozialpartnerschaftlich gehütete Inflexibilitätsdoktrin zur Grundlage einer Status-quo-Ideologie der Zweiten Republik, wird SCHUMPETERs Zukunftserwartung – das Ende des „Unternehmers" in einer bürokratisierten, rationalisierten Welt – vorweggenommen.[20]

---

19. In Österreich, so meint Eduard MÄRZ, Schumpeter, 94ff. (Anm. 6), lag die Antithese vom Unternehmer und der großen Masse der statischen „Geschäftsführer" in der Luft; im 19. Jahrhundert vollzog sich in Österreich ein wirtschaftlicher Aufholprozeß, gestützt vom Staat, von den Banken und ausländischen Technikern und Handwerkern, welcher die Bedeutung der Unternehmerpersönlichkeit mit Nachdruck vor Augen führte, ohne daß diese Händler und Produzenten in der Beamten- und Rentiergesellschaft vor dem Ersten Weltkrieg Anschluß an die bessere Gesellschaft finden hätten können; umso mehr aber verdichtete sich das Bedürfnis des Großbürgertums nach einer „Heroisierung" der führenden Unternehmer gegenüber den Aristokraten und Großgrundbesitzern. Dies zeigt sich auch daran, daß sich in dem 1876 in Wien erschienen Buch „Österreichs Wiedergeburt" von WIRTH dieselbe Einschätzung der innovativen Produzenten findet, und daß auch Werner SOMBART und Friedrich v. WIESER den Unternehmerbegriff SCHUMPETERs weitgehend antizipiert haben. Vgl. Erich STREISSLER: Schumpeters Vienna and the Role of Credit in Innovation. In: FRISCH, Economics, 60–83 (Anm. 5). STREISSLER hat die These vorgebracht, daß die Einschätzung SCHUMPETERs mit den sozialen Rollen im Vorkriegsösterreich zusammenhänge: Die Bankiers stellten nicht nur (wie anderswo auch) die Elite der Geschäftsleute dar, sondern waren auch mit der administrativen Elite eng verflochten, welche die „zweite Gesellschaft" dominierte. Möglicherweise wollte Schumpeter aber auch nur, so vermutet STREISSLER weiter, ein Modell der *wünschenswerten* Entwicklung vorgeben, von dem er dachte, es sei in England realisiert worden und auch für Österreich erstrebenswert.

20. Vgl. etwa Stephan BÖHM: Die Keynes'sche Renaissance. In: Wirtschaftspolitische Blätter,

III. Die Entwicklungszyklen: Die Vision historischer Regelmäßigkeiten

Die *wirtschaftliche Entwicklung* wird von Gleichgewicht zu Gleichgewicht durch unternehmerische Neuerungsstöße vorangetrieben; in seinem Buch über „Konjunkturzyklen" gelangt SCHUMPETER zu einem Schema, in dem drei Typen von dadurch ausgelösten Zyklen unterschieden werden.[21] Der erste Typ sind die von KONDRATIEFF hervorgehobenen *langen Wellen* mit einer Periodendauer von 54 bis 60 Jahren: Die Periode der industriellen Revolution von 1780 bis 1842 stellt eine derartige Welle dar, die Periode von „steam and steel" 1842 bis 1897, dann – abgebrochen durch den Ersten Weltkrieg – die Periode von Elektrizität, Chemie und Automobil. Der zweite Typ sind die Juglar-Zyklen mit einer Dauer von 9 bis 10 Jahren, von denen sechs in einem Kondratieff enthalten sind. Der dritte Typ schließlich sind die Kitchin-Zyklen, von denen drei in einem Juglar Platz finden; sie haben demgemäß eine Dauer von rund 40 Monaten.

Damit sind *Konjunktur- und Wachstumstheorie* in einem geschlossenen Modell auf eine Weise verbunden, wie dies der ökonomischen Theorie auch mittlerweile kaum besser gelungen ist. Gerade in den letzten Jahren gewinnt diese SCHUMPETERsche Variante eines langfristigen Entwicklungskonzeptes wieder neues Interesse, sind doch die Krisen der siebziger und achtziger Jahre, folgt man beim kursorischen Blick auf die Wirtschaftsgeschichte den Modellen der langen Wellen, ungefähr „zeitgerecht" eingetroffen. Auch wenn diese Modelle immer eine etwas verdächtige Sonderexistenz in den Sozialwissenschaften geführt haben, ist doch nie geleugnet worden, daß die wirtschaftliche Expansion tatsächlich langfristige Schwankungen aufweist; dies war die empirische Basis von SCHUMPETERs Ideen, aber auch jene der Konzeptionen von Arthur SPIETHOFF, Simon KUZNETS und Nikolai KONDRATIEFF.[22]

Die Idee von der langfristigen Dynamik dieser Wirtschaftsordnung und von den im Zuge ihrer Entfaltung zum Vorschein gelangenden Rhythmen der Expansion[23] läßt auch eine weitere Rückwendung zur SCHUMPE-

29(1982), 65–77. – Gunther TICHY: Austro-Keynesianismus – Gibt's den? Angewandte Psychologie als Konjunkturpolitik. In: Wirtschaftspolitische Blätter, 29(1982), 50- 64.

21. Vgl. Felix LEHNIS: Der Beitrag des späten Schumpeter zur Konjunkturforschung. Interpretation und methodologische Würdigung der „Business Cycles". Stuttgart 1960.

22. Vgl. Simon KUZNETS: Schumpeter's Business Cycles. In: American Economic Review, 30(1940), 257–271. – Nikolai D. KONDRATIEFF: Die langen Wellen der Konjunktur. In: Archiv für Sozialwissenschaft und Sozialpolitik, 56(1926), 573–609. – Arthur SPIETHOFF: Die wirtschaftlichen Wechsellagen. Aufschwung, Krise, Stockung. 2 Bde. Tübingen-Zürich 1955.

23. Allerdings gibt es gravierende *Einwände* gegen die Theorie der langen Wellen: Wie lassen sich die „Basisinnovationen" von den sonstigen laufenden Neuerungen des Wirtschaftsprozesses abgrenzen? Welche Gründe sollten dafür sprechen, daß technisch- organisatorische Neuerungen

TERschen Vorstellung erklärlich werden: die derzeit zu beobachtende Verlagerung der *ordnungspolitischen* Diskussion von statischen zu *dynamischen Konzepten.* Über Jahrzehnte hinweg wurde – ganz im Sinne der Gleichgewichtstheorie – die optimale Allokationsfunktion der Marktwirtschaft beschworen, die sich durch ihre „invisible hand" als systemgewordene Kollektivvernunft empfehlen konnte. Sein Interesse an der Dynamik hat SCHUMPETER dagegen dazu veranlaßt, die *marktwirtschaftliche* Ordnung vor allem aus einem anderen Grunde, und zwar insbesondere wegen ihrer expansionistischen, wachstumsträchtigen Strukturen zu preisen; gerade in dieser dynamischen Sichtweise des *Wettbewerbsprozesses*, in der das Modell eines vollkommenen Wettbewerbs abgelehnt wird, finden sich Ähnlichkeiten der Schumpeterschen Analyse mit jener von Ludwig von MISES, Friedrich A. von HAYEK oder Vertretern der neoösterreichischen Schule wie etwa Israel M. KIRZNER[24].

Auch in der wirtschaftspolitischen Ratlosigkeit der Gegenwart wird man wieder eher des Umstands gewahr, daß *allokative Effizienz* zwar eine feine Sache ist, daß die *dynamische Effizienz* eines Wirtschaftssystems jedoch um so vieles wichtiger zu sein scheint, daß im Vergleich mit einem Versagen der Antriebskräfte des Systems selbst manche Allokationsmängel leichter zu wiegen scheinen.[25] Eine dynamische Wirtschaft aber ist zwangsläufig auch redistributiv; im Prozeß der „schöpferischen Zerstörung", der für die Gesellschaft insgesamt vorteilhaft ist, müssen einige der Mitspieler gleichwohl verlieren. Wenn man dieses Prinzip umkehrt, läßt sich eine gerade für die *Zweite Republik,* das Musterland korporatistischer Strukturen, nützliche politische Lehre daraus ziehen: Wenn jegliche Verlu-

des Kondratieff-Typs immer gleich lange Ausreifungs- und Diffusionsprozesse – nämlich einen ungefähr sechzigjährigen Zyklus – erfordern sollten? Warum sollten die gleichen Ursachen den so verschiedenen Wellenbewegungen zugrunde liegen? Warum sollten Innovationen in derart regelmäßigen Zeitabständen realisiert werden? Warum sollten die äußeren strukturellen Umstände, die für Imitations- und Diffusionsgeschwindigkeit bedeutsam sind, konstant bleiben? Vgl. zur Diskussion etwa Dietmar PETZINA/Ger van ROON (Hg.): Konjunktur, Krise, Gesellschaft. Wirtschaftliche Wechsellagen und soziale Entwicklung im 19. und 20. Jh. Stuttgart 1981. Auch neuere Modelle der langen Wellen knüpfen an Vorstellungen SCHUMPETERs an; so etwa Gerhard O. MENSCH, der in seinem 1975 erschienen Buch „Das technologische Patt" innovative Auswege aus der Krise empfiehlt, oder Walt W. ROSTOW, der 1978 ein monumentales Werk über „The World Economy" veröffentlichte, in dem er den bevorstehenden Beginn des fünften Kondratieff-Zyklus ankündigte. Vgl. Gerhard O. MENSCH: Das technologische Patt. Innovationen überwinden die Depression. Frankfurt/Main 1975. – Walt W. ROSTOW: The World Economy, History and Prospect. London-Basingstoke 1978. – Ds., Getting From Here to There. A Policy for the Post-Keynesian Age, London-Basingstoke 1978.

24. Vgl. etwa Friedrich A. HAYEK: Individualismus und wirtschaftliche Ordnung. 2.A. Zürich 1976. – Ds., Die Verfassung der Freiheit. Tübingen 1971. – Israel M. KIRZNER: Competition and Entrepreneurship. Chicago 1973. – Ds., The Economic Point of View. 2.A. Menlo Park 1976.

25. Vgl. auch Jochen RÖPKE: Zur Stabilität und Evolution marktwirtschaftlicher Systeme aus klassischer Sicht. In: Erich STREISSLER/Christian WATRIN (Hg.): Zur Theorie marktwirtschaftlicher Ordnungen. Tübingen 1980, 124–154.

ste auf sozialpartnerschaftlich-politischem Wege unterbunden werden, landet die *Nullsummengesellschaft* in der *sozialen Sklerose* – es resultiert ein *politischer Immobilismus* angesichts der Unfähigkeit, irgendwelche Problemlösungen voranzutreiben, ohne daß Besitzstände angetastet werden.[26]

IV. Die Demokratie: Elitenherrschaft und Stimmenmaximierung

Die *Zweite Republik* hat sich als *rechtsstaatliche Demokratie* westlicher Prägung begründet, und sie hat ihre Legitimität vor allem durch wirtschaftlichen Erfolg und den Ausbau sozialstaatlicher Sicherungssysteme erworben. Im Wohlstand der sechziger Jahre wurden weitergehende Forderungen laut: nach einer Ausweitung der Partizipationschancen, der Herstellung einer „sozialen Demokratie", ja der Demokratisierung aller Lebensbereiche. Der Begriff der Demokratie wurde zum magischen Zauberwort, der alles Gute, Wahre und Schöne in sich zu bergen schien. In den siebziger Jahren wurden neue soziale Bewegungen und neue Kleinparteien zu den Trägern der ihres Erachtens einzig „wahren Demokratie", der Demokratie „von unten", der „Basisdemokratie".

SCHUMPETERs *Demokratiemodell* ist von solchen Ideen weit entfernt. Er verwirft die Vorstellung, die Demokratie sei mit der Verwirklichung von Freiheit, Gemeinwohl oder anderen letzten Zwecken zu identifizieren, und er anerkennt, daß Eliten und Oligarchien auch in demokratischen Ordnungen existieren. Elitetheoretiker wie MOSCA, PARETO oder ORTEGA Y GASSET haben an dem Umstand, daß immer nur Minoritäten die tatsächliche Herrschaft ausüben, keinen Anstoß genommen; nicht nur weil es ohnehin der aktive und fähige Teil der Bevölkerung sei, der an die Herrschaft gelange, sondern auch weil die demokratische Kontrolle solange gewahrt bleibe, als der Zugang zu den *Eliten* offengehalten werde und deren Konkurrenz untereinander funktioniere. Das Volk übt dann keine direkte Kontrolle mehr aus, sondern die Entscheidungen fallen bei den Parteiführern und in der Bürokratie: ein unausweichlicher Prozeß, wie auch Robert MICHELS mit seinem „Gesetz der Oligarchie" gezeigt hat. Der Ideale der „klassischen Demokratietheorie" weist auch SCHUMPETER zurück, indem er ein konsistentes politisches Modell entwickelt, das *„Demokratie"* und *„Elite"* vereint; die Demokratie ist für ihn ein *bloßes Mittel* der Hervorbringung notwendiger Führungsschichten: „Die Demokratie ist eine politische *Methode,* das heißt: eine gewisse Art institutioneller Ordnung, um zu politischen – legislativen und administrativen – Entscheidungen zu

26. Vgl. Lester C. THUROW: Die Null-Summen-Gesellschaft. Einkommensverteilung und Möglichkeiten wirtschaftlichen Wandels. München 1981. – Charles P. KINDLEBERGER: The Aging Economy. In: Weltwirtschaftliches Archiv, 114(1978), 407–421.

gelangen, und daher unfähig, selbst ein Ziel zu sein, unabhängig davon, welche Entscheidungen sie unter gegebenen historischen Verhältnissen hervorbringt."[27] SCHUMPETERs *Demokratietheorie*, die in dem Satz zusammengefaßt werden kann: „Demokratie bedeutet nur, daß das Volk die Möglichkeit hat, die Männer, die es beherrschen sollen, zu akzeptieren oder abzulehnen",[28] verwandelt nach BACHRACHs Meinung die klassischen Inhalte in einen formellen Mechanismus: aus einer Theorie, die auf an Würde und Wertschätzung des einzelnen Menschen gebundenen Idealen gegründet war, wird eine *politische Methode*, die sich von jeglichen besonderen Idealen oder letztgültigen Werten losgesagt hat.[29] Tatsächlich bleibt in einer Mediengesellschaft nur noch der scharfe Wettbewerb um Wählerstimmen: Die Erosion der weltanschaulichen Profilierung der politischen Parteien ist nur Symptom dieses Geschehens, das die politischen Führer zwingt, sorgsam auf Meinungsumfragen und Stimmungsschwankungen zu achten und zu reagieren. Demokratie reduziert sich auf institutionalisierten Opportunismus, der als solcher nicht sichtbar werden darf. Das ist die Quintessenz von SCHUMPETERs – berühmt gewordener – Definition, die demokratische Methode sei „diejenige Ordnung der Institutionen zur Erreichung politischer Entscheidungen, bei welcher einzelne die Entscheidungsbefugnis vermittels eines Konkurrenzkampfes um die Stimmen des Volkes erwerben."[30] SCHUMPETER wurde mit dieser *„Konkurrenztheorie"* der Demokratie zum Ahnherrn einer heute lebenskräftigen Richtung politischer Theoriebildung, indem er aus seinem Modell konkurrierender Gruppen, die jeweils beim Bürger durch programmatische Offerte Anklang zu finden suchen, die logische Folgerung zog, daß sich Politiker nicht anders verhalten könnten wie Unternehmer, daß sie mit den Stimmen der Wähler „handeln" müßten wie die Geschäftsleute mit ihren Waren.[31]

27. SCHUMPETER, Kapitalismus, 384 (Anm. 7).

28. SCHUMPETER, Kapitalismus, 452 (Anm. 7).

29. Peter BACHRACH: Die Theorie demokratischer Elitenherrschaft. Eine kritische Analyse. Frankfurt/Main 1970, 30.

30. SCHUMPETER, Kapitalismus, 428. (Anm. 7). SCHUMPETER hat auch auf den Umstand hingewiesen, daß das „Menschenmaterial" in der Politik von überdurchschnittlicher Qualität sein müsse. Wie es scheint, hat er die englische Aristokratie im Blick, wenn er betont, es sei eine soziale Schicht erforderlich, die weder allzu exklusiv noch dem Außenseiter allzu leicht zugänglich sein dürfe. Sicher handelt es sich auch hierbei um einen Nachklang aus dem alten Europa. In einem Brief aus Bonn 1919 hat sich Schumpeter über die Verhältnisse in folgenden Worten beklagt: „(. . .) Ansonst gefällt mir manches nicht – an der Universität und im Reiche: Wissen Sie, nach und nach werde ich sehr antirepublikanisch weder die Hohenzollern- noch die Habsburgermonarchie hat solche Mißwirtschaft gekannt – die systematisch alles ruiniert und durch Unfähigkeit noch mehr sündigt als durch die Grundsatzlosigkeit, durch Unfähigkeit, wie sie keine Aristokratie überbieten könnte." (S. MÄRZ, Schumpeter, 180/Anm. 6).

31. Damit hat SCHUMPETER erste Ideen zur „Neuen Politischen Ökonomie" geliefert. Vgl. Anthony DOWNS: An Economic Theory of Democracy. New York 1957. – Kenneth J. ARROW: Social Choice and Individual Values. New York 1951. – Mancur OLSON: The Logic of Collective Action. Cambridge 1965. – Vgl. zur Übersicht Dennis C. MUELLER: Public Choice.

Wenn wir die Vorstellung von miteinander konkurrierenden stimmen- maximierenden *Oligarchien* auf die politischen Verhältnisse der *Zweiten Republik* anwenden, so können wir freilich durchwegs – im Kontrast zu den gewaltsamen Konflikten der Zwischenkriegszeit – von einem „friedlichen Konkurrenzkampf" der Parteien sprechen.[32] Der weltanschauliche Konvergenzprozeß der Großparteien, der die *Oligopolsituation* der wenigen politischen „Anbieter" durch Kooperations- und Proporzmechanismen abgefedert hat, ließ jedoch den Eindruck eines echten, programmatisch-ideologisch begründeten Konkurrenzkampfes nur mit Mühe aufrechterhalten. Spezialisierte (grüne und alternative) Gruppen, welche die politischen Chancen in einer differenzierten Gesellschaft nutzen, stoßen daher in die „Marktlücken" vor und beleben die politische Konkurrenz.[33]

Die zunächst am Ende der sechziger Jahre und in anderer Form im Verlaufe des folgenden Jahrzehnts virulent gewordenen *Partizipationsforderungen* haben zur Folge, daß das repräsentative System der *Zweiten Republik,* das ja letztlich eine „verdoppelte" – parteienstaatliche und sozialpartnerschaftliche – konsensuelle Elitenherrschaft darstellt, mit direktdemokratischen Elementen angereichert wird. Gerade im Hinblick auf solche aktuell-politischen Themen dringen allerdings auch die *Begrenzungen* des Modells der Elitenkonkurrenz deutlicher ins Bewußtsein:[34] Wie demokratisch ist eine Ordnung, wenn bestimmte als relevant erkannte Fragen von allen konkurrierenden politischen Gruppen ausgespart werden? Wie leicht ist der Zutritt zum politischen Markt für neue Gruppierungen? Wie steht es mit den Manipulationschancen von Elitenkartellen? Welchen Zeitraum der Wirksamkeit politischer Maßnahmen können Eliten in ihrer Konkurrenzsituation berücksichtigen? Mag auch Hans KELSEN in verfassungspolitischen Debatten am öftesten zitiert werden, so ist doch unleugbar, daß auch SCHUMPETER die Demokratiediskussionen der Zweiten Republik – gerade als kritischer Kontrapunkt zu mancher Schwärmerei – mitbeeinflußt hat.

Cambridge 1979. – Zu SCHUMPETERs Anregungen vgl. Bruno S. FREY: Schumpeter, Political Economist. In: FRISCH, Economics, 126–142 (Anm. 5).

32. Vgl. Manfred PRISCHING: Der lange Weg von der Ersten zur Dritten Republik. Krisensteuerung und Konfliktbewältigung als geschichtlicher Lernprozeß. In: 1934 – Erfahrungen und Lehren. Hg. v. Dr. Karl-Kummer-Institut. Graz 1984, 30–45.

33. Nach SCHUMPETERs Meinung wäre es ohnehin völlig realitätsfremd, dem Willen des Individuums Unabhängigkeit und rationale Qualität in einem Maße beizulegen, welches die Annahmen der klassischen Demokratietheorie rechtfertigen könnte. Gerade in jenen Belangen, die von der Familie und den engeren Lebensbereichen des einzelnen Bürgers entfernt sind und eher in die Regionen nationaler und internationaler Angelegenheiten führen, gehe den Mitgliedern des Gemeinwesens der Sinn für die Wirklichkeit völlig verloren (Kapitalismus, 414). „So fällt der Bürger", meint Schumpeter mit geziemender Verachtung, „auf eine tiefere Stufe der gedanklichen Leistung, sobald er das politische Gebiet betritt . . . Er wird wieder zum Primitiven. Sein Denken wird assoziativ und affektmäßig." (Kapitalismus, 416f./Anm. 7)).

V. Die Finanzkrise: Grenzen der Besteuerung und der staatlichen Aktivitäten

Der Konkurrenzkampf der Parteien wird mit öffentlichen Geldern ausgetragen, und so verschränken sich wirtschaftliche und politische Betrachtungen wieder. In den siebziger und achtziger Jahren der *Zweiten Republik* waren häufig Befürchtungen zu hören, die irreversible Expansion der staatlichen Budgets, die insbesondere durch sozialpolitische Aufgaben vorangetrieben wird, könne lähmende Wirkungen auf die wirtschaftliche Dynamik haben. „Die Finanzen“, so behauptet SCHUMPETER 1918 in seiner Broschüre über die „Krise des Steuerstaates“, „sind einer der besten Angriffspunkte der Untersuchung des sozialen Getriebes, besonders, aber nicht ausschließlich, des politischen“.[35] Er nimmt dabei einen Gedanken von Rudolf GOLDSCHEID auf, der gerade ein Jahr zuvor für eine *Finanzsoziologie* plädiert hatte, die allein „vollen Einblick in das wahre Wesen des Staates zu gewähren (vermag)“ und allein imstande sei, „sowohl für seine kraftvollsten Leistungen wie für sein mannigfaches folgenschweres Versagen die ausschlaggebenden Gründe aufzuspüren.“[36] Für SCHUMPETER schlagen sich somit ökonomische, politische und kulturelle Entwicklungen in den staatlichen Budgets in einer Weise nieder, daß eine Analyse der Finanzwirtschaft Aufschlüsse über wichtige Veränderungen zu geben vermag. Gerade für Krisenzeiten schien SCHUMPETER die Analyse der staatlichen Finanzen besonders aufschlußreich: „Namentlich an jenen Wendepunkten – oder besser Wendeepochen –, in denen Vorhandenes abzusterben und in Neues überzugehen beginnt und die auch stets finanziell Krisen der jeweils alten Methoden sind, zeigt sich die ganze Fruchtbarkeit dieses Gesichtspunktes: Sowohl in der ursächlichen Bedeutung – insofern als staatsfinanzielle Vorgänge ein wichtiges Element des Ursachenkomplexes jeder Veränderung sind – als auch in ihrer symptomatischen Bedeutung – insofern als alles, was geschieht, sich in der Finanzwirtschaft ausdrückt.“[37]

Als um die Jahrhundertwende verschiedene finanzsoziologische Probleme des *Steuerstaates* diskutiert wurden – man denke etwa an Adolph WAG-

34. Vgl. Claus OFFE: Politische Legitimation durch Mehrheitsentscheidung. In: Journal für Sozialforschung, 22(1982), 311–335; zu einigen Fragen Manfred PRISCHING: Soziale Koordinationsprinzipien und politischer Konsens. In: Werner KRAWIETZ/Helmut SCHELSKY/Günther WINKLER/Alfred SCHRAMM (Hg.): Theorie der Normen. FS f. Ota Weinberger. Berlin 1984, 299–322.

35. Vgl. seinen Aufsatz „Die Krise des Steuerstaates“; er ist in dem folgenden Band wiederabgedruckt worden: Rudolf GOLDSCHEID/Joseph SCHUMPETER: Die Finanzkrise des Steuerstaates. Beiträge zur polit. Ökonomie der Staatsfinanzen. Hg. v. Rudolf HICKEL. Frankfurt/Main 1976, 329–379. Das Zitat findet sich auf S. 332.

36. Rudolf GOLDSCHEID: Staatssozialismus oder Staatskapitalismus. Ein finanzsoziologischer Beitrag zur Lösung des Staatsschuldenproblems (erstmals 1917), in: GOLDSCHEID/SCHUMPETER, Finanzkrise, 40–252, hier 41 (Anm. 35).

37. SCHUMPETER, Steuerstaat, 332 (Anm. 35).

NER, Albert SCHÄFFLE, Knut WICKSELL oder Erik LINDAHL[38] – waren die expansive Entwicklung der staatlichen Tätigkeit und der Trend zur Absorbierung immer größerer Teile des Sozialprodukts nicht absehbar. In der sozialistischen Tradition wurde die Möglichkeit einer reformistischen Politik angesichts des Umstandes skeptisch beurteilt, daß durch die Trennung eines privatwirtschaftlichen Bereichs von einem gemeinwohlorientierten Staat dieser zum „Kostgänger" der Privatwirtschaft werden müsse: Wie aber können – so sorgten sich die Finanzwissenschafter – Interessen der Arbeiterschaft durchgesetzt werden, wenn der Staat in seiner Finanzierung von den Kapitalisten, um deren Privilegien es dabei gehen soll, finanziell abhängig ist?[39] Auch wenn SCHUMPETER eine derartige Analyse GOLDSCHEIDs für weitgehend richtig hält und ihm in der Auffassung zustimmt, daß der Staat – in der damaligen Nachkriegssituation – verhältnismäßig arm an Mitteln den Privatwirtschaften gegenüberstehe und auf das angewiesen sei, was er ihnen entwinden könne,[40] so hält er doch vom staatskapitalistischen Ausweg wenig. Denn in der bürgerlichen Gesellschaft sei das *Individualinteresse* die treibende Kraft: „In dieser Welt lebt wirtschaftlich der Staat als Parasit. Nur so viel kann er der Privatwirtschaft entziehen, als mit dem Fortwirken dieses Individualinteresses in jeder konkreten sozialpsychologischen Situation vereinbar ist. Mit anderen Worten: Der Steuerstaat darf den Leuten nicht so viel abfordern, daß sie das finanzielle Interesse an der Produktion verlieren oder doch aufhören, ihre beste Energie daran zu setzen."[41] SCHUMPETER glaubt nicht daran, daß unter staatskapitalistischen Verhältnissen den Unternehmern größere finanzielle Ressourcen entzogen werden können als jene, die aus derselben Industrie durch eine geschickte direkte und indirekte Besteuerung herausgepreßt werden könnten: denn die Grenze der steuerlichen Abschöpfungsmöglichkeiten findet sich in dem Erfordernis der Aufrechterhaltung der *unternehmerischen Motivationen* im Hinblick auf Leistung und Investition.[42]

38. Vgl. etwa Adolph WAGNER: Staat in nationalökonomischer Hinsicht. In: Handwörterbuch der Staatswissenschaften. 2.A. Bd. 6. Jena 1901. – Albert SCHÄFFLE: Die Steuern, 2. Bde. Leipzig 1885–97. – Knut WICKSELL: Finanztheoretische Untersuchungen nebst Darstellung und Kritik des Steuerwesens Schwedens. Jena 1896. – Erik LINDAHL: Die Gerechtigkeit der Besteuerung. Eine Analyse der Steuerprinzipien auf der Grundlage der Grenznutzentheorie. Lund 1919.

39. Rudolf GOLDSCHEID: Staat, öffentlicher Haushalt und Gesellschaft (erstmals 1926). In: GOLDSCHEID/SCHUMPETER, Finanzkrise, 253–316 (Anm. 35).

40. SCHUMPETER, Steuerstaat, 345 (Anm. 35).

41. SCHUMPETER, Steuerstaat, 346 (Anm. 35).

42. Der zitierte Aufsatz mag mit ein Grund dafür sein, daß Schumpeter als Finanzminister im März 1919 in das Kabinett RENNER berufen wurde: in einer akuten Notsituation, in der die Staatsschulden astronomische Höhen erreichten, ohne daß man wußte, wie allein die laufenden Ausgaben zu decken wären. Vgl. zu diesen Monaten das Kap. VII in MÄRZ' Buch „Joseph A. Schumpeter als österreichischer Finanzminister". Die Sozialisten brachten ihm einige Sympathie entgegen, war er doch für eine radikale Vermögensabgabe zur Abdeckung der staatlichen

Die *Zweite Republik* aber ist ein Musterbeispiel für die *Vereinbarkeit* weiter Bereiche verstaatlichter Unternehmen mit privatwirtschaftlichen Grundstrukturen, standen doch an ihrer Wiege erfolgreichere Sozialisierungsversuche als in SCHUMPETERs ministerieller Amtszeit. Allerdings hat sich SCHUMPETERs Skepsis gegenüber jenen Auffassungen, denen zufolge die Aneignung von Produktionsbetrieben den Staat mit reichlich fließenden Quellen zur Abschöpfung finanzieller Ressourcen ausstatten würde, als gerechtfertigt erwiesen; die Einbettung in nationale und internationale Wirtschaftsentwicklungen läßt diesen Unternehmen wenig Spielraum. Angesichts der Dotierung steigender *Staatsaufwendungen* durch Steuern, die mittlerweile beinahe die Hälfte des Sozialprodukts über die staatlichen Kassen fließen lassen, werden aber auch SCHUMPETERs Mahnungen zur steuerpolitischen Bescheidenheit virulent. Gerade dieses Problem des Zusammenhangs zwischen Staatsanteil und wirtschaftlicher Dynamik hat in den siebziger Jahren schon aus dem Grunde ein erhöhtes Interesse erfahren, weil in zeitlichem Gleichklang mit der starken Expansion der von den Staatsapparaten abgeschöpften Teile des Sozialprodukts in den Industriestaaten eine Erlahmung der Wachstumskräfte eingetreten war.

Auch neuere Theorien[43] vermögen allerdings letztlich die kaum quantifizierbare Behauptung SCHUMPETERs nicht zu überschreiten, daß es zwar

---

Finanzverpflichtungen eingetreten und sprach wiederholt sein Verständnis für die aktuellen Sozialisierungsforderungen hinsichtlich wichtiger Teile der österreichischen Industrie aus. Schon bald jedoch traten die Differenzen mit Otto BAUER, der ein umfassendes Sozialisierungsprogramm durchsetzen wollte, und SCHUMPETER, der eine sehr beschränkte Sozialisierungsaktion, die vor allem ausländisches Kapital nicht abschrecken sollte, befürwortete, deutlich zutage; SCHUMPETER wandte sich zudem gegen die Anschlußbemühungen BAUERs und knüpfte verschwiegene Fäden zu den Christlichsozialen. SCHUMPETER verstand es virtuos, so kommentiert dies Felix SOMARY in seinen Erinnerungen, „jedes Spiel von der äußersten Linken bis zur äußersten Rechten zu spielen . . . Hilferding", der damals Vorsitzender der deutschen Sozialisierungskommission war, „sprach mir", so fährt SOMARY fort, „wiederholt sein Erstaunen über den Radikalismus Schumpeters aus, der aber war nichts weniger als radikal; er zog nur die Folgerung aus den gegebenen Prämissen: wenn man am Ende eines Krieges sozialisieren wolle, müsse es in bestimmter Weise geschehen." (Felix SOMARY: Erinnerungen aus meinem Leben. Zürich 1959, 171). Zwei Jahre später hat Schumpeter in einem Aufsatz über „Sozialistische Möglichkeiten von heute" geschrieben: „Vollsozialisierung als unmittelbares Programm ist in Deutschland und Österreich nicht mehr als politische Phraseologie gewesen". (SCHUMPETER, Möglichkeiten, 334; im Wiederabdruck in den Aufsätzen zur Soziologie, 484/Anm. 7).

43. William J. BAUMOL: Macroeconomics of Unbalanced Growth: The Anatomy of the Urban Crisis. In: American Economic Review, 57(1967), 415–426. – Winfried VOGT: Zur langfristigen ökonomischen Entwicklung eines kapitalistischen Systems. In: Leviathan, 1(1973), 161–188. – James O'CONNOR: Die Finanzkrise des Staates. Frankfurt/Main 1974 (erstmals engl. 1973). – Rolf GRAUHAN/Rudolf HICKEL: Krise des Steuerstaates? Zu einigen staatlichen Funktions- und Finanzierungsproblemen in der BRD. In: Heinz MARKMANN/Diethart B. SIMMERT (Hg.): Krise der Wirtschaftspolitik. Köln 1978, 175. – Vgl. auch Rolf GRAUHAN/Rudolf HICKEL (Hg.): Krise des Steuerstaates? Widersprüche, Perspektiven, Ausweichstrategien (Sonderheft 1 des Leviathan) Opladen 1978.

keinen zwingenden Weg in die *Finanzkrise* gebe, daß eine allzu große Anspannung der steuerlichen Leistungsfähigkeit jedoch die Prinzipien dieses Wirtschaftssystems gefährde. „Wenn nun der Wille eines Volkes", so SCHUMPETERs Resümee, „nach immer höheren gemeinwirtschaftlichen Ausgaben geht und immer größere Mittel für Zwecke verwendet werden, für die sie der Private nicht geschaffen hat, wenn immer größere Macht hinter jenem Willen steht und schließlich ein Umdenken über Privateigentum und Lebensformen alle Kreise des Volkes ergreift – dann ist der Steuerstaat überwunden und die Gesellschaft auf andere Triebfedern der Wirtschaft angewiesen als die Individualegoismen. Diese Grenze – und damit die Krise, die er nicht überleben könnte – kann gewiß erreicht werden: Kein Zweifel, der Steuerstaat *kann* zusammenbrechen."[44] Diese Anspielungen auf einen *kulturellen Transformationsprozeß* und auf neue soziale Steuerungsprinzipien aber verweisen bereits auf die säkulare Vision SCHUMPETERs vom evolutiven *Untergang* der kapitalistischen Ordnung.

VI. Die Zukunft: Der Untergang des Kapitalismus aufgrund seiner Erfolge

Ein rasch geschriebenes, ein populäres und tiefgründiges, ein kraftvolles und subtiles, ein „großes" Buch – das ist die kenntnisreiche Darstellung vom *Wachsen* und vom *Sterben* der reichen Gesellschaft: „Kapitalismus, Sozialismus und Demokratie." Die sterbende Kultur Wiens um die Jahrhundertwende mag sich darin widerspiegeln, die großen Kriege und die Bedrohung des alten Kontinents mögen die pessimistische Grundstimmung verstärkt haben. Auf die zentrale Frage: „Kann der Kapitalismus weiterleben?" gibt SCHUMPETER gleich zu Beginn eine bündige Antwort: „Nein, meines Erachtens nicht".[45] Diese Prognose wird nun unter Einsatz des gesamten Instrumentariums der gesellschaftsbezogenen Wissenschaften untermauert: Elemente von Philosophie, Geschichte, Soziologie, Ökonomie und Politikwissenschaft sind hier kunstvoll in einer Darstellung der sozialen Kräfte der neueren geschichtlichen Entwicklung verbunden.[46]

Wer aber nach dem apodiktischen Entree erwartet, ein Szenarium von tendenzieller Widersprüchlichkeit, ökonomischer Insuffizienz oder gar wirtschaftlichem Zusammenbruch des Systems vorgeführt zu bekommen, wird enttäuscht. Dies wäre ja durchaus nahe gelegen, nach den Erfahrungen der Weltwirtschaftskrise und angesichts der in den vierziger Jahren

44. SCHUMPETER, Steuerstaat, 351f. (Anm. 35).

45. SCHUMPETER, Kapitalismus, 105 (Anm. 7).

46. Herbert v. BECKERATH: Joseph A. Schumpeter as a Sociologist. In: Weltwirtschaftliches Archiv, 65(1950), wiederabgedruckt in HARRIS: Schumpeter, 112 (Anm. 6).

verbreiteten Befürchtungen einer unvermeidbaren Stagnation in der Nachkriegszeit. Doch SCHUMPETER räumt energisch die *Illusionen* all jener beiseite, die in der ökonomischen Struktur des Kapitalismus Gründe für ein vermeintlich drohendes Absterben jener Gesellschaftsformation zu erkennen vermeinen: Das marktwirtschaftliche System ist seines Erachtens in ökonomischer Perspektive ungemein *erfolgreich*, ja die Erfolge seiner Struktur treten im Laufe der Zeit immer deutlicher hervor. SCHUMPETER hält nichts von der MARXschen Prognose, derzufolge eine fallende Profitrate, die Verelendung der Arbeiterschaft und ihre steigende Ausbeutung ein krisengeschütteltes Industriesystem voraussehen lassen; er hält auch nichts von Stagnationstheorien in der „bürgerlichen" Tradition, wie etwa von jener Alvin HANSENs, der eine Lähmung der Investitionsdynamik aufgrund mangelnden kapitalintensiven technischen Fortschritts, mangelnder Bevölkerungszunahme und mangelnder neu zu erschließender Territorien voraussagt;[47] er hält schließlich auch nichts von den düsteren Prophezeihungen liberaler Marktverteidiger, welche die zunehmende Vermachtung der Märkte, die Kartellierung und Oligopolisierung mit Sorge betrachten. Das ökonomische System ist seines Erachtens rundum erfolgreich, da es eine historisch einmalige Wachstumsrate der Gütererzeugung und eine progressive Erhöhung des *Lebensstandards* der Massen zu sichern imstande war.

SCHUMPETERs Theorie des strukturellen Ineinandergreifens verschiedener Gesellschaftsformationen verweist auf die im wesentlichen außerkapitalistischen Faktoren, denen der Kapitalismus seine Funktionsfähigkeit und seinen Erfolg verdankt. *Institutionen und Verhaltensmuster*, die dem Kapitalismus seine Existenz garantieren, stammen aus der feudalen Gesellschaft. Auf diese „Restbestände" ist das Wirtschaftssystem angewiesen, doch genau diese *feudalen Strukturen* muß es im Laufe seiner Entfaltung zwangsläufig vernichten. Trotz seines ökonomischen Erfolgs entzieht es sich auf diese Weise evolutiv selbst die Grundlagen seiner Existenz.[48]

Für WEBER wie für SCHUMPETER ist mit diesem *Modernisierungs-* und *Rationalisierungsprozeß* ein umfassender, quasi gesamtgesellschaftlicher *Bürokratisierungsprozeß* verbunden. Die ethischen und sinnvermittelnden

47. Vgl. Alvin HANSEN: Full Recovery or Stagnation? New York 1938.

48. Der Prozeß der Ausbreitung einer alle Lebensbereiche durchwaltenden *Rationalität* wird zur Schlüsselstelle der Analyse. Der Rationalismus, die zweckrationale Gestaltung des äußeren Lebens, die „Rechenhaftigkeit" des Denkens in allen Dimensionen, wie sie auch von Norbert ELIAS in seiner Zivilisationstheorie beschrieben wurde, kennzeichnet die zentrale soziokulturelle Tendenz der Gesellschaft und hat auch Rückwirkungen auf den ökonomischen und politischen Bereich. Dieses geschichtstheoretische Modell ist natürlich den Auffassungen Max WEBERs verpflichtet, der die Ausbreitung dieses bestimmten Typs von Rationalismus im Okzident in seiner Religionssoziologie untersucht hat. Vgl. Norbert ELIAS: Über den Prozeß der Zivilisation. Soziogenetische und psychogenetische Untersuchungen. 6.A. 2 Bde. Frankfurt/Main 1978/79. – Max WEBER: Wirtschaft und Gesellschaft. Grundriß der verstehenden Soziologie. 5.A. Tübingen 1972.

Wurzeln sterben ab, die rein formelle Rationalität tritt hervor, der Kapitalismus beginnt über eine allgemeine Durchstaatlichung, Verbeamtung, Durchkartellierung seine eigenen Voraussetzungen – wie etwa die Freiheit der Märkte – zu zerstören.[49] – Sechs Aspekte sind in diesem Szenarium der *Selbstdestruktion* eines erfolgreichen Systems bedeutsam.

1. *Die Bürokratisierung des Entrepreneurs*: Die *Unternehmerfunktion*, die der Motor des Fortschritts und die Grundlage der Systemdynamik war, verliert im Prozeß der Rationalisierung an Bedeutung; der wissenschaftlich-technische Fortschritt – in bürokratischen Stäben „erzeugt" – verdrängt die geniale Erleuchtung zugunsten rationaler *Planungstechniken.* Die Umwelt hat sich an wirtschaftliche Neuerungen gewöhnt und leistet ihnen keinen Widerstand mehr – Persönlichkeit und Willenskraft zählen viel weniger. Der initiative Führer wird ersetzt durch *Büroarbeiter;* die soziale Stellung des kapitalistischen Unternehmers, aber auch der gesamten Bourgeoisie als Klasse, die personell und finanziell von diesen Einkommen abhängig ist, wird unterhöhlt. Die Revolution der Manager, die James BURNHAM [50] beschrieben hat, verdrängt die Eigentümer-Unternehmer; die charismatischen Persönlichkeiten werden – so würde Max WEBER formulieren – von den *„Ordnungsmenschen"* ersetzt, die ihr Handeln nur an den bestehenden Verhältnissen ausrichten.

2. *Der Verlust unternehmerischer Legitimität*: In diesen Prozessen werden die wirtschaftlichen Grundlagen der kleinen Produzenten und Kaufleute untergraben. Mit den kleinen und mittelgroßen Firmen verschwinden die lebenskräftigsten und ausdrucksstärksten Gestalten aus dem Gesichtskreis des Volkes, auf das sie den wesentlichsten Einfluß hatten. Wenn dieser stabilisierende Einfluß wegfällt – und in einem Großbetrieb wird dies rasch der Fall sein –, wird eine Institution wie das *private Eigentum* obsolet. Im Herzen des kapitalistischen Systems, in den großen Konzernen und Aktiengesellschaften, erwachsen daher *sozialistische* Tendenzen, die schon MARX wahrgenommen hatte und die von Werner SOMBART und Rudolf HILFERDING gleichfalls für charakteristisch erachtet wurden;[51] die Marktwirtschaft wandelt sich zum „organisierten Kapitalismus".[52]

3. *Die Erschütterung kapitalistischer Institutionen*: Wenn die Legitimation jedoch nicht mehr im Bewußtsein des Volkes verankert ist, werden auch die Fundamente des *Privateigentums* und des *freien Vertragsrechts* er-

49. Vgl. Wolfgang SCHLUCHTER: Aspekte bürokratischer Herrschaft. Studien zur Interpretation der fortschreitenden Industriegesellschaft. München 1972, bes. 69ff., 79ff. – Ds., Rationalismus der Weltbeherrschung. Studien zu Max Weber. Frankfurt/Main 1980.

50. Vgl. James BURNHAM: Das Regime der Manager. 1958 (The Managerial Revolution. 1941).

51. Vgl. z.B. Werner SOMBART: Der moderne Kapitalismus. 3 Bde. München 1987 (erstmals 1902ff., 2. Aufl. 1916–27). – Rudolf HILFERDING: Das Finanzkapital. Wien 1910.

52. Vgl. heute Heinrich A. WINKLER (Hg.): Organisierter Kapitalismus. Voraussetzungen und Anfänge. Göttingen 1974.

schüttert. In den Großunternehmen liegt weder bei den bezahlten Exekutivorganen noch bei den Aktionären ein spezifisches Eigentumsinteresse vor. Das freie Vertragsrecht wird ersetzt durch einen stereotypen, unpersönlichen und bürokratischen Vertrag, den man nicht gestalten, sondern nur annehmen oder ablehnen kann. „So schiebt der kapitalistische Prozeß alle jene Institutionen, namentlich die Institutionen des Eigentums und des freien Vertragsrechts, die einst die Bedürfnisse und die Formen der wahrhaft ‚privaten' Wirtschaftstätigkeit ausgedrückt hatten, in den Hintergrund". Aber ein „Eigentum, das von Person und Materie gelöst und ohne Funktion ist, macht keinen Eindruck und erzeugt keine moralische Treuepflicht, wie es die lebenskräftige Form des Eigentums einst tat. Zuletzt bleibt niemand mehr übrig, der sich wirklich dafür einsetzen will – niemand innerhalb und niemand außerhalb der Bezirke der großen Konzerne".[53]

4. *Die politische Destabilisierung*: Der Rationalisierungsprozeß wirkt aber nicht nur auf das ökonomische System und gefährdet lebenswichtige Institutionen, sondern übt auch krisengenerierende Einflüsse auf das *politische System* aus, indem er die kooperative Arbeitsteilung zwischen *Bürgertum* und *Aristokratie,* die sich aus der feudalen Gesellschaftsordnung stabilisierend in den Kapitalismus fortgesetzt hatte, zerbricht.[54]

5. *Die Motivationskrise*: Schließlich ergibt sich aus den skizzierten Entwicklungen – aus dem Prozeß der alles durchdringenden Rationalität und den dadurch hervorgerufenen Veränderungen der gesellschaftlichen Strukturen – eine generelle Abschwächung der *dynamischen Motivationen.* Die Kraftquelle im Inneren der Menschen, aus der die bürgerliche Gesellschaft ihre Dynamik geschöpft hatte, wird in einer Motivationskrise erstickt, wie sie heute von Claus OFFE und Jürgen HABERMAS beschrieben wird.[55] Das *Wertsystem* und die *Pflichtauffassung* der wirtschaftenden Menschen machen im Zuge der Verflüchtigung der Eigentumssubstanz eine entscheidende Veränderung durch. Durch das Übergreifen der Rationalisierung auf die private Lebenssphäre löst sich die bürgerliche *Familie* auf. Die Notwendigkeit der Akkumulation von „Konsumentenkapital" – etwa in Form einer ausgedehnten Haushaltung – und damit die Wünschbarkeit von Ein-

53. SCHUMPETER, Kapitalismus, 230 (Anm. 7).

54. Diese These mag zu den fragwürdigen Bestandteilen des Krisenszenariums gehören. In der aktiven Symbiose zweier Schichten lebte die *Aristokratie* , die nach Schumpeters Auffassung allein in der Lage war, die Nation auf der Grundlage ihrer herrscherlichen Haltung und traditionellen Führungseigenschaften zu führen, zunehmend von Erträgen der Kapitalisten; in Distanz versuchte der Adel daher, deren Interessen Rechnung zu tragen. In der kapitalistischen Entwicklung würden nun diese schützenden Schichten eliminiert. Diese Deutung, wohl in erheblichem Maße an Großbritannien im 19. Jahrhundert orientiert, trifft aber weniger auf andere europäische Staaten und gar nicht auf die USA zu.

55. Vgl. Claus OFFE: Strukturprobleme des kapitalistischen Staates. Aufsätze zur Politischen Soziologie. Frankfurt/Main 1972. – HABERMAS, Jürgen: Legitimitätsprobleme im Spätkapitalismus. Frankfurt/Main 1973.

kommen über einem bestimmten Niveau nehmen nach SCHUMPETERs Auffassung ab. Denn die Familie und ihr Haus waren die hauptsächliche Triebfeder und die typisch bürgerliche Art des Gewinnmotivs; daher geht nun die Bourgeoisie zunehmend „der kapitalistischen Ethik verlustig, welche für die Zukunft zu arbeiten einschärft, unabhängig davon, ob man die Ernte selbst einbringen wird oder nicht.“[56] Aus diesem anderen Standpunkt gegenüber den Werten und Maßstäben der kapitalistischen Ordnung, der um sich greift, und aus der Tatsache, daß die bürgerliche Ordnung für die Bourgeoisie selbst keinen Sinn mehr hat, formiert das Bürgertum keine entschlossene *Abwehrfront* gegen die feindseligen Angriffe gegen den Kapitalismus, sondern agiert mit ungewöhnlichem Sanftmut, Kompromißbereitschaft und defensivem Verhalten.

6. *Die Feindseligkeit der Intellektuellen*: Der fortgeschrittene Rationalismus, dessen Entwicklung so reiche Erfolge beschert hat, frißt schließlich seine Kinder: Er wendet sich zur Masse der kollektiven Ideen zurück und fragt etwa, warum es Könige, Päpste, Zehnten und Eigentum gibt.[57] Die Mauern der bürgerlichen Festung bröckeln, es kommt eine *aggressive soziale Atmosphäre* auf, ein Groll gegen die kapitalistische Struktur. Insbesondere wird dieser Groll aber genährt von der Gruppe der *Intellektuellen*, deren Tätigkeit – wie SCHUMPETER ironisch schreibt – vorwiegend darin besteht, „sich gegenseitig zu bekämpfen und Lanzen zu brechen für Klasseninteressen, die nicht ihre eigenen sind.“[58] Die kapitalistische Zivilisation müsse den Erziehungs- und Bildungsapparat ausdehnen, wodurch ein *intellektuelles Proletariat* entstehen könne, das seine aus der peripheren sozialen Stellung erwachsene Feindseligkeit gegen die kapitalistische Ordnung in die Arbeiterbewegung, in Stäbe, Parteien und Bürokratien hineintrage.[59] Den Regierungen sei es noch nie gelungen, sich die Gefolgschaft der Intellektuellen zu sichern,[60] disziplinierende Maßnahmen seien nicht möglich: In der kapitalistischen Wirtschaft müsse jeder Angriff auf die Intellektuellen auch gegen die bürgerliche Wirtschaft vorgehen, deren Institutionen ihnen Schutz bieten. Denn jene Freiheiten, die die bürgerliche Schicht mißbilligt, können nicht vernichtet werden, ohne daß nicht auch Freiheiten, die sie billigt, beseitigt werden. Die kapitalistische Ordnung könne somit ihren intellektuellen Sektor nicht erfolgreich kontrollieren.[61]

56. SCHUMPETER: Kapitalismus, 259 (Anm. 7)

57. SCHUMPETER, Kapitalismus, 200 (Anm. 7).

58. SCHUMPETER, Kapitalismus, 236 (Anm. 7).

59. SCHUMPETER, Kapitalismus, 248 f. (Anm. 7).

60. SCHUMPETER, Kapitalismus, 238–242 (Anm. 7).

61. SCHUMPETER, Kapitalismus, 243 (Anm. 7). – Die Berechtigung einer solchen Kritik ist sorgsam abzuwägen, soll sie nicht voreilig einer unrühmlichen Tradition der Diskreditierung *intellektuellen Aufbegehrens* eingereiht werden. Freilich scheint sich am Ende der sechziger Jahre ein Klima entwickelt zu haben, das universitäre Revolten – wie etwa in Berkeley, Paris oder Berlin – förderte; die schärfsten Kritiker kamen in der Tat oft aus den bürgerlichsten Familien. Aber jene Phänomene, die zunächst so treffend die Prognose vom antikapitalistischen

Damit ist das SCHUMPETERsche Schauspiel in Szene gesetzt: Der Kapitalismus geht an seinen Erfolgen zugrunde, da ihn der von ihm ausgelöste Rationalismus der Weltbetrachtung einholt und sein kulturelles Fundament untergräbt. Es entsteht, ganz unmerklich und von selbst, ein *sozialistisches* System in den Strukturen der *kapitalistischen Ordnung* . SCHUMPETER ist sich in der *Untergangsvision* mit MARX einig, aber er stellt ihn – in einem weiteren nachhegelianischen Schritt – wieder auf den Kopf. Der Kapitalismus, um eine Metapher LEONTIEFs[62] zu verwenden, geht nicht an einem bösartigen Krebsgeschwür, nicht an seinem ökonomischen Versagen zugrunde, sondern an einer psychosomatischen Krankheit, an einer Neurose in den Köpfen.[63]

VII. Der Sozialismus: Rationalität und Unfreiheit

SCHUMPETER hat seine Vision eines der *Erosion* anheimgegebenen *Kapitalismus* wenige Tage vor seinem Tod in einem Vortrag vor der American Economic Association unter dem Titel „The March into Socialism"[64] wie-

Groll der Intellektuellen zu bestätigen schienen, sind mittlerweile wieder abgeflaut. Die Schwierigkeit, eine Soziologie dieser sozialen Gruppe selbst auf kurze Frist zu entwerfen, ohne in Idiosynkrasien abzugleiten, läßt sich verschiedentlich beobachten: etwa anhand von Helmut SCHELSKYs Studie über „Klassenkampf und Priesterherrschaft der Intellektuellen", deren Gedankengänge sich in manchem mit jenen SCHUMPETERs decken; anhand von John K. GALBRAITHs humanistischen Erwartungen an eine neue „Technostruktur" in den Konzernen; oder anhand von Alain TOURAINEs Beschreibung einer aufsteigenden intellektuellen Elite, die sich des verlorengegangenen Klassenkampfs annimmt. Das intellektuelle Potential ist offenbar nach wie vor auch für den Gesellschaftstheoretiker schwierig in den Griff zu bekommen. Helmut SCHELSKY: Die Arbeit tun die anderen. Klassenkampf und Priesterherrschaft der Intellektuellen. München 1977. – John K. GALBRAITH: Die moderne Industriegesellschaft. München-Zürich 1968 (The New Industrial State, 1967). – Alain TOURAINE: Die postindustrielle Gesellschaft. Frankfurt/Main 1972 (La société post- industrielle, 1969).

62. Diese berichtet Paul A. SAMUELSON: Schumpeter's Capitalism, Socialism and Democracy. In: HEERTJE, Vision, 1–21, hier 8 (Anm. 9).

63. Die geschilderten Tendenzen sowie die daran geknüpften Erwartungen werfen natürlich weitere *Fragen* auf: Führt der abendländische Rationalisierungsprozeß tatsächlich immer weiter, oder sollten wir Daniel BELL glauben, der von der Ausbreitung eines hedonistischen Lebensgefühls spricht und von diesem eine Systembedrohung erwartet? Sind die „angestellten Unternehmer" und ihre Stäbe in den Großkonzernen in der Tat weniger innovativ als die traditionellen Kleinkapitalisten? Lassen sich keine neuen Legitimierungsmuster für die Existenz von Privatunternehmen entwickeln? Ist die Einschätzung der Funktion des Adels auch im Fortschreiten dieses Jahrhunderts haltbar? Muß die Motivationskrise nicht – etwa im HABERMASschen Sinne – durch andere Prozesse begründet werden? Gibt es nicht auch systemtreue Fraktionen der Intellektuellen, die zugunsten der kapitalistischen Ordnung arbeiten; oder modische Pendelbewegungen der theoretischen Diskussion („Tendenzwenden")? Hat sich nicht das „spätkapitalistische" System als höchst leistungsfähige Apparatur erwiesen, deren Legitimität sich gerade auf ihre Erfolge – auf wohlfahrtsstaatliche Programme und Umverteilungsmaßnahmen – gründet? Wie steht es mit den Stabilisierungsleistungen der Mischform „soziale Marktwirtschaft"? Leistet die neue Mittelklasse nicht eine hinlängliche politische Stabilisierung?

64. In: American Economic Review, 401(1950), 446–456f.

derholt. Ein wenig spielte bei solchen Prognosen freilich das „épater le bourgeois“ mit, das SCHUMPETER immer gereizt hat; aber in seinem Buch hat er die Frage: „Kann der Sozialismus funktionieren?“ mit einem klaren „Selbstverständlich kann er es“ beantwortet.[65] Darüber sei kein Zweifel möglich, wenn die erforderliche Stufe der industriellen Entwicklung erreicht sei und Übergangsprobleme bewältigt werden könnten. In vielem schrieb er einer *sozialistischen Ordnung* sogar eine höhere Rationalität zu im Vergleich mit einer kapitalistischen Struktur: Sie werde die konjunkturellen Schwankungen beseitigen, die Arbeitslosigkeit in den Griff bekommen und beste Möglichkeiten zur Einführung wissenschaftlich-technischer Neuerungen bieten.[66] Die „sozialistische Leitung“, so SCHUMPETER, „wird sich vermutlich dem Kapitalismus der Großunternehmung ebenso überlegen erweisen, wie der Kapitalismus der Großunternehmung sich jener Art von Konkurrenzkapitalismus überlegen gezeigt hat, dessen Prototyp die englische Industrie vor gut hundert Jahren war.“[67]

Nun knüpfen derartige Überlegungen an die theoretischen Probleme der *Sozialisierungsdebatte* an, wie sie nach dem Ersten Weltkrieg geführt wurde.[68] SCHUMPETER hält alle Bedenken über die Funktionsfähigkeit einer sozialistischen Ordnung nicht für schlüssig; man dürfe sich allerdings keine Illusionen machen, daß diese Ordnung ein gesteigertes Maß an Freiheit – oder auch an Wirtschaftsdemokratie – bedeuten würde. Im sozialistischen Staat werden die *herrschenden Gruppen,* die in SCHUMPETERs Beschreibung der „neuen Klasse“ von Milovan DJILAS[69] durchaus ähneln, unbekümmert in der Lage sein, ihre *autoritäre Disziplin* durchzusetzen; der Staat werde fest sein in der Führung der Jugend und disziplinierend gegenüber den Arbeitern; ein „Streik wäre eine Meuterei“;[70] es

65. SCHUMPETER: Kapitalismus, 267 (Anm. 7).

66. SCHUMPETER, Kapitalismus, 310 ff. (Anm. 7).

67. SCHUMPETER, Kapitalismus, 313 (Anm. 7).

68. Damals hatte Ludwig v. MISES gemeint nachweisen zu können, daß eine planwirtschaftliche Ordnung mangels eines Investitionsgütermarktes nicht funktionieren könne; schon vorher hat allerdings Enrico BARONE die theoretische Möglichkeit hiezu aufgezeigt, Oskar LANGE hat später die Einwände von MISES widerlegt. Konsequenterweise hat sich Friedrich A. v. HAYEK später auf Fragen der Praktikabilität und der politischen Folgen verlegt, um seine Angriffe gegen Sozialisierungsideen, wie sie etwa in seinem Buch „Der Weg zur Knechtschaft“ dargelegt wurden, zu stützen. Vgl. Ludwig v. MISES: Die Wirtschaftsrechnung im sozialistischen Gemeinwesen. In: Archiv für Sozialwissenschaft und Sozialpolitik, 47(1920/21). – Ds., Die Gemeinwirtschaft. Untersuchungen über den Sozialismus. Jena 1922. – Enrico BARONE: The Ministry of Production in the Collectivist State. In: Collectivist Economic Planning, hg. v. F. A.v.HAYEK. London 1935. – Oskar LANGE: On the Economic Theory of Socialism. In: The Review of Economic Studies, (1936/37). – Vgl. auch Maurice DOBB: On Economic Theory and Socialism. London 1955. – Friedrich A. v. HAYEK: Der Weg zur Knechtschaft. München 1976 (The Road to Serfdom, 1944).

69. Vgl. Milovan DJILAS: Die neue Klasse. München 1960.

70. SCHUMPETER, Kapitalismus, 334 ff., 228 ff. (Anm. 7).

herrscht keine Diktatur *durch* , sondern *über* das Proletariat.[71] „Praktische Notwendigkeit mag dazu führen, daß sich die sozialistische Demokratie letzten Endes als größerer Trug erweist, als es die kapitalistische Demokratie je gewesen ist.“[72]

Die langfristige Vision Schumpeters ist somit unleugbar eine pessimistische, sein heraufdämmernder *Sozialismus quasitotalitärer,* zumindest *autoritärer Prägung* kündet nicht die Morgenröte der Befreiung, sondern das Erstehen jenes eisernen bürokratisch-rationalen Gehäuses der Hörigkeit, das auch Max WEBER fürchtete. Freilich sind jene totalitären Systeme, die den realen Sozialismus begründen und als das leistungsfähigere System erweisen wollten, mittlerweile zerbrochen. Der Kapitalismus gilt als „Sieger“ im Systemwettstreit, und die ehemals planwirtschaftlichen Länder, die, statt Güterfülle zu gewähren, das Wohlstandsniveau eines Entwicklungslandes kaum überschritten haben, drängen sich darum, Marktmechanismen zu installieren. Die Prognosen über die allmähliche Transformierung des kapitalistischen Systems in ein sozialistisches ist falsch; nur die Behauptung, daß ein sozialistisches System weniger Freiheit gewähren würde, ist richtig. Insofern ist SCHUMPETER in seiner langfristigen Vision dem Zeitgeist der Zwischenkriegszeit erlegen: Denn Skepsis über die dauerhafte Existenz dieses Wirtschaftssystems lag in der Luft, ebenso wie die Skepsis am Überleben der abendländischen Zivilisation generell. Prognosen, so betont SCHUMPETER mehrmals, bedeuten nicht die Wünschbarkeit des vorausgesagten Verlaufs der Dinge: „Wenn ein Arzt voraussagt, daß sein Patient nächstens sterben wird, bedeutet das nicht, daß er es wünscht.“[73] Gegen die Zuschreibung einer *kulturpessimistischen* Haltung aber hätte SCHUMPETER nichts einzuwenden gehabt; schreibt er doch in einem Nachwort 1946 den lapidaren Satz: „(. . .) heute ist eine jener Situationen, in denen Optimismus nichts ist als eine Form der Pflichtvergessenheit.“[74] Überdenkt man den Lauf der geschichtlichen Entwicklung, so ließe sich dieser Satz auch in den nächsten Jahrzehnten – bis in unsere Tage – des öfteren wiederholen. Die Zeitumstände in der Epoche zwischen den großen Kriegen waren nicht dazu angetan, Fortschrittsgläubigkeit wachzurufen und das Wirtschaftssystem als funktionstüchtige Maschinerie zu betrachten.

Die gigantische Wachstumsperiode in der *Zweiten Republik* erst hat Vertrauen geweckt, doch in den siebziger Jahren – nach der Ölkrise – wurde dieses Vertrauen wiederum sehr rasch erschüttert. Am Ende der achtziger und in den frühen neunziger Jahren herrscht wieder *marktwirtschaftliche Euphorie,* gerade in Anbetracht des offenkundig gewordenen Desasters alternativer Wirtschaftsformen und in Erwartung weiterer Dynamik im

71. SCHUMPETER, Kapitalismus, 480 (Anm. 7).
72. SCHUMPETER, Kapitalismus, 480 (Anm. 7).
73. SCHUMPETER, Kapitalismus, 106 (Anm. 7).
74. SCHUMPETER, Kapitalismus, 492 (Anm. 7).

Zuge der *europäischen Integration.* Auf jene lange Sicht jedoch, mit der sich WEBER, SOMBART und SCHUMPETER beschäftigten, sieht die Sache schon wieder anders aus: Daß die Industrieländer mit jenen Problemen fertig werden, die sich ihnen in den nächsten Jahrzehnten stellen – Ökologie, Demographie, Nationalismus, Dritte Welt –, ist erst noch zu beweisen.

VIII. Der „dritte Mann“ – Am Beginn von Schumpeters Ära?

SCHUMPETERs „unerfreuliche“ Prognosen dürfen nicht als Ausfluß einer *historizistischen Geschichtsauffassung* mißverstanden werden – wie dies nicht so selten geschieht.[75] Auch wenn bestimmte gesellschaftliche Entwicklungen mit größerer Wahrscheinlichkeit zu gewärtigen sind als andere, besagt dies seines Erachtens nicht, daß keine andere Entwicklung möglich wäre. „Jede Analyse“, so schreibt er in aller Deutlichkeit, „sei sie ökonomischer oder sonstiger Art, wird jedenfalls nie mehr als eine Feststellung der in einem Beobachtungsobjekt vorhandenen Tendenzen enthalten können. Diese sagen uns niemals, was mit dem Objekt geschehen *wird,* sondern nur was geschehen *würde,* wenn sie weiterhin wirkten, wie sie in dem Zeitabschnitt wirksam waren, den unsere Beobachtung umfaßt, auch wenn keine anderen Faktoren aufträten. ‚Unvermeidlichkeit‘ oder ‚Notwendigkeit‘ kann niemals mehr als dies bedeuten.“[76] Dies ist weder eine *deterministische* noch eine *tautologische* Formulierung; denn SCHUMPETER fügt den Warnungen, aus einem gegenwärtigen Trend weitreichende Schlußfolgerungen für die Zukunft zu ziehen, die Feststellung hinzu: „Diese Schwierigkeiten sollten immerhin nicht übertrieben werden. Wir werden sehen, daß die dominierenden Züge des Bildes deutlich gewisse Schlußfolgerungen stützen; diese sind trotz gewisser Einschränkungen, die möglicherweise beigefügt werden müssen, zu stark, um mit der Begründung vernachlässigt werden zu können, daß sie nicht im gleichen Sinn wie eine Behauptung EUKLIDS beweisbar sind“.[77] „Beweisbar“ ist in den Sozialwissenschaften ohnehin sehr wenig; wenn es jedoch um die „Plausi-

75. Vgl. z. B. Lothar WURZER: Die Zukunft der Marktwirtschaft. eine Auseinandersetzung mit J. A. Schumpeter. Köln (Wirtsch.– u. Sozialwiss. Diss.) 1965; aber auch neuere Arbeiten.

76. SCHUMPETER, Kapitalismus, 105 (Anm. 7). Vgl. zu diesen Problemen auch Dieter ALDRUP: Schumpeter und der Marxismus, in: Jahrbuch für Sozialwissenschaft, 22(1971), 12–17.

77. SCHUMPETER, Kapitalismus, 105 f. (Anm. 7). In dem Aufsatz „The March into Socialism“ drückt Schumpeter dies folgendermaßen aus. „Any prediction is extra-scientific prophecy that attempts to do more than to diagnose observable tendencies and to state what results would be if these tendencies should work themselves out according to their logic.“ (447/Anm. 64). – Vgl. zu dieser Frage auch Karl ACHAM: Schumpeter – the Sociologist, in: SEIDL, Lectures, 155–172 (Anm. 6).

bilität" von Deutungsversuchen geht, so gewinnt SCHUMPETER, was die Aufmerksamkeit sozialwissenschaftlicher Kreise anbelangt, in diesen Jahren an Terrain gegenüber seinen theoretischen Konkurrenten Karl MARX und John Maynard KEYNES.

Denn im Verein mit ihnen wird SCHUMPETERs Name immer häufiger genannt, wenn nach theoretischen *Interpretationen* der wirtschaftlichen Situation in den Industriestaaten gesucht wird.[78] Die *MARXschen Lehren* haben ihre Attraktivität – nach ihrer letzten, auf Teile der jüngeren Intelligenz beschränkten Hochkonjunktur am Ende der sechziger Jahre und am Anfang der siebziger Jahre – weitgehend eingebüßt, und der Zerfall der Länder des „realen Sozialismus" hat ihnen die Basis entzogen; die Stagnation der frühen achtziger Jahre mögen kaum noch Sozialwissenschafter mit der fallenden Profitrate, die eine verelendete industrielle Reservearmee erzeugt, erklären. Die *KEYNESsche Theorie* – zumindest in ihrer verbreiteten vulgärkeynesianistischen Variante – ist durch die Krisen der siebziger Jahre diskreditiert; der Glaube an die präzise Steuerbarkeit des Wirtschaftsprozesses wird von der Ratlosigkeit über die Veränderung „irgendwelcher" Rahmenbedingungen, die das Konzept nicht mehr im gewohnten Maße wirksam werden lassen, abgelöst. Angesichts dieser Situation könnte es wohl sein, daß SCHUMPETER, der KEYNES vorgeworfen hatte, kurzfristige Schwankungen analysiert, aber die zentralen Funktionsmechanismen der kapitalistischen Wirtschaft verkannt zu haben, und der MARX ob seiner Vision des ökonomischen Entwicklungsprozesses mit Lob überschüttete, während er seine konkrete Wirtschaftstheorie als rundweg unzulänglich destruierte, an Terrain gewinnt. Es ist eine Tatsache, daß sich Wirtschaftsfachleute – auch in der *Zweiten Republik* –, die nach Möglichkeiten der Krisenbewältigung suchen, und Regierungen der osteuropäischen Länder, die sich um ihre Systemtransformation bemühen, genau mit jenen lange Zeit völlig vernachlässigten Themen beschäftigen, die für SCHUMPETER die zentralen Probleme einer kapitalistischen Ordnung waren: Was ist das Geheimnis der *Dynamik* dieses Wirtschaftssystems? Wie lassen sich *endogene Wandlungskräfte* entfalten? Wie läßt sich eine *unternehmerische Haltung* ermutigen? Wie können *institutionelle Verkrustungen* verhindert werden?[79] Was kann eine demokratische Ordnung unter den Bedingungen einer *Nullsummengesellschaft* [80] leisten? Welche *wohlfahrtsstaatlichen Maßnahmen* sind mit dieser Wirtschaftsordnung verein-

78. Vgl. z. B. Peter HALL: The Third Man of Economics. In: New Society 1. Dezember 1983, 351–354. – Harald SCHERF: Marx, Schumpeter, Keynes. Gibt es eine zeitunabhängige ökonomische Krisentheorie. In: Merkur, 37(1983), 292–300. – Christian SEIDL: Keynes, Marx und Schumpeter. In: Dieter BÖS/Hans-Dieter STOLPER (Hg.): Schumpeter oder Keynes – Zur Wirtschaftspolitik der neunziger Jahre. Berlin u. a. 1984, 97–117.

79. Vgl. z. B. Tibor SCITOVSKY: Can Capitalism Survive? An Old Question in a New Setting. In: American Economic Review, Papers and Proceedings, 70 (1980), 1–9. – Mancur OLSON: The Rise and Decline of Nations. New York 1982.

80. Vgl. THUROW, Null-Summen-Gesellschaft. (Anm. 26).

bar?[81] Welche Konsequenzen hat der demokratisch forcierte *Konkurrenzkampf der Eliten* für die Systemeffizienz?

Diese Fragen machen uns bewußt, daß wir um *die Analyse* des *Zusammenspiels* vielfältiger ökonomischer, politischer und kultureller Prozesse mit dem gesamten *Repertoire,* das die sozialwissenschaftlichen Disziplinen zur Verfügung stellen, nicht herumkommen: eine Aufgabe, die SCHUMPETER in brillanter Weise angegangen ist. Daß in der Auseinandersetzung mit ihm auch mancherlei theoretische und empirische Einwände zu erörtern sind, kann – um mit Paul A. SAMUELSON zu sprechen – als die höchste Form des Lobes betrachtet werden: Jahrzehnte, nachdem SCHUMPETER seine Schriften veröffentlicht hat, nehmen wir sie ernst und behandeln sie als lebendige Beiträge zur gegenwärtigen Debatte.[82] Auch im Österreich der *Zweiten Republik* ist Joseph A. SCHUMPETER – explizit und implizit – ein anregender Diskussionspartner.

81. Vgl. z. B. OECD: The Welfare State in Crisis. Paris 1981.

82. SAMUELSON, Schumpeter's Capitalism, Socialism and Democracy, 20 (Anm. 62).

Hans Kelsen

Gerhart Klaus Wielinger

I. Einleitung

Manchen Großen der Kulturgeschichte war es beschieden, im Bewußtsein der Nachwelt nicht für jenes Werk oder jene Leistung, die sie selbst am höchsten eingeschätzt hatten, gegenwärtig zu bleiben, sondern für etwas von ihnen selbst nicht so hoch Bewertetes. So wird etwa berichtet, GOETHE habe keineswegs seinen „Faust“ als sein wichtigstes Werk angesehen, sondern seine Farbenlehre und von Wilhelm FURTWÄNGLER ist bekannt, daß er sein kompositorisches Schaffen weit über seine Leistungen als Dirigent gestellt hat. Mit Hans KELSEN verhält es sich zwar nicht ganz genauso, wohl aber ähnlich: Dem an Rechtstheorie interessierten Juristen ist er durchaus wegen jenes Teiles seines Werkes präsent, den er selbst als den zentralen angesehen hat, nämlich wegen seiner Beiträge zur *Rechtstheorie* . Außerhalb dieser Fachwelt erinnert man sich KELSENs – auch unter Juristen – aber primär im Zusammenhang mit der *österreichischen Bundesverfassung*. So brachte die österreichische Post zu KELSENs 100. Geburtstag eine Gedenkmarke heraus, die die Aufschrift trägt: „Mitgestalter der Bundesverfassung“.

Durch diese Würdigung wird allerdings nicht etwa ein episodenhaftes Detail in KELSENs Wirken in Erinnerung gerufen, sondern ein Teil seines Werkes, dessen Bedeutung schon seinen Zeitgenossen, aber auch ihm selbst durchaus bewußt gewesen ist: sein Beitrag zum *politischen Denken* . Daß man seiner deshalb gedenkt, dürfte nicht daran liegen, daß die Nachwelt sein Werk anders bewertet, als er selbst es getan haben mag, sondern schlicht und einfach daran: Die Politik interessiert mehr Menschen als die Rechtstheorie.

Wenn man sich KELSENs als eines politischen Denkers erinnert und wenn man dies im Zusammenhang mit der Schaffung der österreichischen Bundesverfassung von 1920 tut, wird allerdings sehr oft der enge *Zusammenhang* zwischen KELSENs Rechtstheorie – genauer deren Grundlage – und seinen Beiträgen zum politischen Denken übersehen. Im folgenden soll versucht werden, diesen Beitrag in diesem Zusammenhang zu skizzieren, aber auch Aspekte des politischen Denkens KELSENs aufzuzeigen, die in keinem Zusammenhang mit seiner Rechtstheorie stehen. Weiters soll die Frage gestellt werden, inwieweit KELSENs politische Gedanken im *heutigen Österreich* noch wirksam sind.

II. Lebenslauf[1]

Hans KELSEN wurde am 11. Oktober 1881 in Prag geboren. Die Familie des Vaters stammte aus der jüdischen Gemeinde Brody in Galizien (dem Geburtsort des Dichters Joseph ROTH), die Familie der Mutter aus dem jüdischen Bürgertum Böhmens. KELSENs Vater betrieb einen Handel mit Beleuchtungskörpern, später in Wien, wohin die Familie 1883 übersiedelte, eine kleine Lampenfabrik. In Wien kamen auch KELSENs Geschwister – zwei Brüder und eine Schwester – zur Welt. 1900 legte KELSEN die Matura ab, anschließend leistete er seinen Militärdienst als „Einjährig-Freiwilliger". Danach begann er das *Studium* der Rechtswissenschaft. Der übliche Vorlesungsbetrieb des rechtshistorischen und des judiziellen Studienabschnitts interessierten KELSEN nicht besonders, wohl aber die Vorlesungen von Leo STRISOWER über Rechtsphilosophie. Dort erhielt er die Anregungen für sein erstes Buch „Die Staatslehre des Dante Alighieri", das 1904 erschienen ist. Schon in dieser Zeit begann er mit Vorarbeiten zu jenem, Grundfragen der Rechtstheorie gewidmeten Werk, das seine *Habilitationsschrift* werden sollte. Am dritten Studienabschnitt fand KELSEN mehr Gefallen, insbesondere beeindruckten ihn die Vorlesungen des Staatsrechtlers Edmund BERNATZIK. 1906 schloß er das Studium mit der *Promotion* ab.

Schon 1905 war KELSEN der evangelischen Kirche beigetreten. Für diesen Schritt waren jedoch nicht religiöse Motive maßgeblich gewesen – KELSEN war Zeit seines Lebens *religiös indifferent* – vielmehr tat er dies, um wenigstens dem religiös bestimmten Antisemitismus zu entkommen.

Bereits während des Studiums war in KELSEN der Entschluß gereift,die *Habilitation* anzustreben. Der Verwirklichung dieses Vorhabens stand aber zunächst die wirtschaftliche Notlage der Familie nach dem Tod des Vaters 1907 entgegen. 1908 erhielt KELSEN ein Stipendium, das ihm die Fortsetzung seiner Studien in Heidelberg ermöglichte. Dort widmete er sich vor allem der Arbeit an seinem schon in Wien begonnenen Werk. Er führte ein zurückgezogenes Leben und hatte kaum Kontakte. So lernte er auch nicht den zu dieser Zeit in Heidelberg lehrenden Max WEBER kennen.

Aus familiären Gründen mußte KELSEN den Heidelberger Aufenthalt vor Abschluß der Arbeit abbrechen und in Wien Arbeit suchen. Dabei erlebte er Zurücksetzungen wegen seiner *Abstammung*. Ein zweites Stipendium ermöglichte ihm einen weiteren Aufenthalt in Heidelberg und ein kurzes Studium in Berlin.

1. Die ausführlichste Darstellung von KELSENs Leben findet sich in: Rudolf Aladar MÁTALL: Hans Kelsen. Leben und Werk, Wien 1969. – Siehe auch Friedrich KOJA: Hans Kelsen oder Die Reinheit der Rechtslehre. Wien-Köln-Graz 1988, 9–32, und Gerhart WIELINGER: Rechtstheorie in Österreich: Hans Kelsen und die Wiener rechtstheoretische Schule. In: Österreichische Philosophen und ihr Einfluß auf die analytische Philosophie der Gegenwart, Band I, 1977, 365–376.

1910 schloß er die Arbeit an seiner Schrift „Hauptprobleme der Staatsrechtslehre, entwickelt aus der Lehre vom Rechtssatz“ ab. Das Buch erschien 1911, es wurde als *Habilitationsschrift* angenommen. Die beiden Gutachter BERNATZIK und MENZEL äußerten sich sehr positiv und dies, obwohl ihnen die von KELSEN behandelten Themenkreise fremd gewesen sind. BERNATZIK hat sich nämlich kaum jemals mit Rechtstheorie befaßt und MENZELs philosophisches Interesse konzentrierte sich auf die antike Staatsphilosophie. KELSEN wurde die Lehrbefugnis für Staatsrecht und Rechtsphilosophie verliehen. Sein Seminar wurde ab 1912 zum Sammelpunkt der an Fragen der Rechtstheorie Interessierten an der Wiener Universität und damit zum Kristallisationskern der Wiener Rechtstheoretischen Schule.

1912 heiratete KELSEN. Seine Frau Margarethe hat seinen *Lebensweg* bis kurz vor dessen Ende begleiten können. Dem Ehepaar wurden während der Zeit des Ersten Weltkrieges zwei Töchter geboren.

1914 erhielt KELSEN die Stelle eines beamteten *Dozenten* an der „Exportakademie“ des Handelsministeriums, der späteren Hochschule für Welthandel und heutigen Wirtschaftsuniversität.

Bei *Kriegsausbruch* wurde er als Oberleutnant der Reserve einberufen und, da nicht fronttauglich, in verschiedenen Verwendungen im Rahmen der Militärverwaltung und Militärjustiz eingesetzt. 1917 wurde er zum persönlichen juristischen Mitarbeiter des letzten k.u.k. Kriegsministers bestellt. Als solcher verfaßte er im Herbst 1918 eine Denkschrift über die Reorganisation des Staates auf der Grundlage von Nationalstaaten, die einen Staatenbund bilden sollten. Diese Schrift war Anlaß, daß KELSEN unmittelbarer Zeuge der Versuche zur Rettung der Donaumonarchie in den Monaten September und Oktober 1918 geworden ist.

Im Juli 1918 wurde KELSEN zum *außerordentlichen Professor* an der Wiener Universität ernannt. Nach dem Zusammenbruch der Monarchie wollte er sich voll dieser wissenschaftlichen Tätigkeit widmen, bald wurde er jedoch von Karl RENNER, dem Kanzler der Provisorischen Staatsregierung eingeladen, an der Ausarbeitung einer Verfassung für die Republik Deutsch-Österreich mitzuwirken. Die genauen Motive RENNERs für die Berufung KELSENs sind nicht bekannt. Zwar hatte KELSEN schon während der Zeit des Ersten Weltkrieges persönliche Beziehungen zu sozialdemokratischen Intellektuellen, besonders enge Kontakte zu RENNER hatte er jedoch damals noch nicht.[2]

1919 wurde KELSEN als Nachfolger des plötzlich verstorbenen Edmund

2. Dazu: Gerald STOURZH: Hans Kelsen, Die österr. Bundesverfassung und die rechtsstaatliche Demokratie. In: Die Reine Rechtslehre in wissenschaftlicher Diskussion, Wien 1982, 7–29. hier: 10ff., neu abgedruckt in: Gerald STOURZH: Wege zur Grundrechtsdemokratie, Studien zur Begriffs- und Institutionsgeschichte des liberalen Verfassungsstaates. Wien-Köln 1989, 309–324. Zu den Beziehungen Renners zu Kelsen siehe Georg SCHMITZ: Karl Renners Briefe aus Saint Germain und ihre rechtspolitischen Folgen. Wien 1991, 140.

BERNATZIK zum *ordentlichen Professor* für Staats- und Verwaltungsrecht berufen. 1920 erschien sein zweites großes Werk „Das Problem der Souveränität und die Theorie des Völkerrechts“. In dessen Untertitel finden sich erstmals jene Worte, die später gleichsam zum Markenzeichen für KELSENs Rechtstheorie werden sollten, nämlich „Reine Rechtslehre“.

1921 wurde KELSEN in den *Verfassungsgerichtshof* berufen. Dies bedeutete eine Würdigung seiner Tätigkeit als Experte bei der Ausarbeitung der Bundesverfassung und schuf ihm die Möglichkeit, durch Erfahrungen in der Praxis seine theoretischen Überlegungen über die Staatsgerichtsbarkeit zu prüfen und zu vertiefen.

KELSENs Ruf als *Wissenschafter* drang bald über die Grenzen Österreichs; zahlreiche Hörer aus dem Ausland kamen seinetwillen nach Wien. Er pflegte enge Kontakte zu Franz WEYR und dessen Brünner rechtstheoretischer Schule. KELSENs Rechtstheorie wurde in dieser Zeit in der Diskussion mit seinen Schülern weiterentwickelt. Dabei ist vor allem Adolf MERKL zu erwähnen, dessen Überlegungen zur Rechtsdynamik, also zur Erzeugung und Weiterentwicklung des Rechts, eine wesentliche Modifikation und Bereicherung der Theorie KELSENs bewirkt haben. Diese wurde in jener Zeit aber auch Gegenstand von Diskussionen, deren Heftigkeit bis zur persönlichen Anfeindung ging.

KELSENs Lehrtätigkeit in Wien endete 1929 mit seiner *Berufung* nach Köln. Der Anlaß für seine Übersiedlung war eine im Gefolge der Verfassungsreform von 1929 erfolgte *Umbildung des Verfassungsgerichtshofes,* durch die KELSEN seine Funktion als Mitglied dieses Gerichtshofes verloren hatte. Diese war unter dem Schlagwort der „Entpolitisierung“ des Gerichtshofs von der Parlamentsmehrheit unter der Führung der Christlichsozialen Partei durchgesetzt worden. Ihr Ziel war freilich ein durchaus politisches, nämlich eine weitgehende Verdrängung der liberalen und linksstehenden Mitglieder des Gerichtshofes; sie wurde daher von Adolf MERKL treffend als „Umpolitisierung“ gegeißelt. KELSEN war tief getroffen, lehnte es aber ab, als einer der beiden der Sozialdemokratischen Partei zugestandenen „Vertrauensmänner“ wieder Mitglied des Gerichtshofes zu werden. Seiner Auffassung nach war nämlich die Bindung an eine politische Partei mit der für Richter eines Höchstgerichtes erforderlichen *Distanz* zum politischen Tagesstreit unvereinbar.

1929 bis 1933 war KELSEN in Köln Ordinarius für Völkerrecht und Rechtsphilosophie. Nach der Machtergreifung durch die *Nationalsozialisten* wurde er, trotz intensiver Bemühungen durch seine Kollegen – die einzige Ausnahme war Carl SCHMITT –, ihn zu schützen, aus seinem Amt entlassen. Er verließ Deutschland und wurde 1933 nach Genf an ein Forschungsinstitut berufen. Dort schloß er die Arbeiten an der 1. Auflage seiner „Reinen Rechtslehre“ ab, 1934 in Wien erschienen. 1936 wurde KELSEN an die Deutsche Universität in Prag berufen. Er las jeweils ein Semester in Genf und Prag, konnte aber in Prag als Ziel heftiger Angriffe von Nationalsozialisten nicht zu ruhiger Arbeit finden. 1940 verließ er Europa und ging in die USA. Eine erste Stelle fand er in New York an der als eine Art Emigrantenhochschule eingerichteten New School for Social Research. 1940 bis 1942 war er in Harvard tätig, ab 1942 in Berkeley. Dort trat er 1952 in den Ruhestand.

Während der Zeit, die KELSEN bis zu seiner *Emeritierung* in den USA zubrachte, befaßte er sich primär mit Fragen des *Völkerrechts* und widmete sich der theoretischen Analyse des angloamerikanischen Rechtssystems. Nach seiner Emeritierung arbeitete er verstärkt über rechtstheoretische Fragen und veröffentlichte 1960 die 2. Auflage seiner „Reinen Rechtslehre“. Sie enthält gegenüber der 1. Auflage wesentliche Änderungen, war aber nicht der Schlußpunkt in KELSENs Werk. Auch nach seinem 80. Geburtstag veröffentlichte er noch Studien, in denen er seine Lehre weiterentwickelt und in wesentlichen Punkten revidiert hat. Trotz seines Alters hielt er in dieser Zeit zahlreiche Gastvorlesungen und Vorträge, so 1962 seinen ersten öffentlichen Vortrag in Wien seit dem Jahr 1929.

Österreich und *Deutschland* bemühten sich, die KELSEN angetane Unbill wieder gut zu machen. KELSEN war bereit zu verzeihen; für eine Übersiedlung nach Europa fühlte er sich jedoch schon zu alt. So behielt er seinen ständigen Wohnsitz in Berkeley. Dort starb er am 19. April 1973.

KELSENs *Werk* ist sehr umfangreich und vielfältig, das Schriftenverzeichnis umfaßt über 500 Positionen, darunter zahlreiche Übersetzungen – sogar solche in das Japanische.[3]

Sein hoher Rang in der *Geistesgeschichte* gründet sich vor allem auf sein Werk als *Rechtstheoretiker*. Das Feld der von ihm behandelten Themen umfaßt aber weit mehr als die Rechtstheorie, nämlich das Verfassungsrecht und die Verfassungspolitik Österreichs und Deutschlands, politische Theorie, Ideologiekritik, antike Philosophie und das Völkerrecht.[4]

III. Die philosophischen Grundlagen von Kelsens Werk

1. Positivismus, Agnostizismus, Naturrechtsskepsis und Wertrelativismus

KELSEN geht davon aus, daß eine metaphysische Quelle für Gebote, eine metaphysische Autorität für die Festlegung von Werten nicht erkennbar ist. Daraus folgt die Ablehnung jedes *„Naturrechts“*, d. h. jeder Normenord-

3. Das erste Schriftenverzeichnis wurde von KELSENs Schüler Rudolf Aladar MÁTALL erstellt. Die jüngste Bibliographie findet sich in: Robert WALTER: Hans Kelsen – ein Leben im Dienste der Wissenschaft. Wien 1985.

4. Die wesentlichsten Aufsätze KELSENs zur Rechtstheorie finden sich in: Hans KLECATSKY/René MARCIC/Herbert SCHAMBECK (Hg.): Die Wiener rechtstheoretische Schule,

nung, deren Geltung aus irgendetwas anderem als dem *Willen von Menschen* abgeleitet wird, sei es aus dem Willen einer göttlichen Autorität, aus der „Natur“ des Menschen, aus Gesetzlichkeiten der Rasse oder aus Gesetzlichkeiten, die den Geschichtsverlauf bestimmen sollen. Dies richtet sich in gleichem Maße gegen die katholische Naturrechtslehre, die das Recht als etwas durch den Willen Gottes Geschaffenes, den Menschen Vorgegebenes und Geoffenbartes ansieht, gegen die rationalistische Naturrechtslehre der Aufklärung, für die das Recht eine in der Natur vorgegebene und mit der menschlichen Vernunft erkennbare Ordnung ist, wie gegen den Nationalsozialismus, der rechtliche Gebote aus den Gegebenheiten der Rasse ableiten wollte, und den Marxismus, der das Recht als „Abbild“ des jeweiligen Stadiums des nach „objektiven“ historischen Gesetzlichkeiten ablaufenden Klassenkampfes ansieht.

Für KELSEN ist eine Rechtsordnung eine von Menschen erzeugte *Normenordnung,* deren Normen ein menschliches Verhalten dadurch gebieten, daß sie das gegenteilige Verhalten zur Bedingung dafür erklären, daß gegen den so Handelnden ein Zwangsakt (Strafe – Exekution) gesetzt werden soll. (So wird z. B. geboten, nicht zu stehlen, indem Diebstahl mit Strafe bedroht wird.) Damit eine solche Ordnung von Zwangsnormen im Sinne von KELSEN als Rechtsordnung angesehen werden kann, ist noch erforderlich, daß ihre Gebote im großen und ganzen befolgt werden.[5]

Dieser Rechtsbegriff und die Leugnung der Existenz von Normen, die nicht menschlichen Ursprungs sind, die über allem von Menschen erzeugten Recht stehen und die daher Maßstab für die Güte des vom Menschen erzeugten Rechts sind, hat aber keineswegs die Folge, daß KELSEN jeder Rechtsnorm einen (moralischen) Anspruch auf Befolgung einräumen oder daß er jede Kritik am *Inhalt* einer Rechtsordnung ausschließen würde. Im Gegenteil: Gerade weil KELSEN es ablehnt, eine Rechtsordnung aus einer über ihr stehenden Normenordnung zu legitimieren, kann er auch keiner Rechtsnorm einen (moralischen) Anspruch auf Befolgung zubilligen. Er kann nur feststellen, daß Rechtsordnungen mit dem Anspruch auftreten, daß ihre Normen befolgt werden. Seiner Ansicht nach ist es Sache der *Rechtswissenschaft*, Rechtsordnungen zu *beschreiben,* nichts sonst. Die moralische Qualifikation einer Rechtsordnung ist hingegen nicht Sache der Rechtswissenschaft. Damit ist aber keineswegs gesagt, der Rechtswissenschafter (oder auch ein in der Praxis tätiger Jurist) dürfe nicht unter Berufung auf moralische Prinzipien kritisch zum Inhalt einer Rechtsordnung Stellung nehmen. Gesagt ist nur, daß diese inhaltliche Kritik nicht als Ergebnis wissenschaftlicher Erkenntnis ausgegeben werden darf, sondern

Frankfurt/Main u. a. 1968 (im folgenden zitiert: WRS, Anm. 4). Wesentliche Texte zur Ideologiekritik finden sich in: Ernst TOPITSCH (Hg.): Hans Kelsen. Aufsätze zur Ideologiekritik. Neuwied/Rhein-Berlin 1964, sowie in: Norbert LESER (Hg.): Kelsen. Demokratie und Sozialismus. Ausgewählte Aufsätze. Wien 1967.

5. Zu KELSENs Begriff der Rechtsnorm siehe: Reine Rechtslehre, 2.A. Wien 1960, 3 ff.

daß sie als ein Bekenntnis deklariert werden muß. In diesem Sinn betont KELSEN selbst seine geistige Verwandtschaft mit Max WEBER[6], der sich gegen die Behauptung, die Forderung nach Objektivität wissenschaftlicher Erkenntnis bedeute ein Verbot an den Wissenschafter zur Positionsnahme, mit folgenden Worten gewendet hat: „Die Fähigkeit der Unterscheidung zwischen Erkennen und Beurteilen und die Erfüllung sowohl der wissenschaftlichen Pflicht, die Wahrheit der Tatsachen zu sehen, als auch der praktischen, für die eigenen Ideale einzutreten, ist das, woran wir uns wieder stärker gewöhnen wollen."[7]

Die eben angesprochenen Unterscheidungen zwischen Erkenntnis und Bekenntnis weist auf den zweiten zentralen Punkt, auf den hier einzugehen ist:

2. *Die Unterscheidung von Sein und Sollen*

KELSEN vertritt die auf David HUME zurückgehende, in die deutsche Philosophie von Immanuel KANT eingebrachte Ansicht, daß aus Tatsachen niemals Normen abgeleitet werden können, daß also zwischen dem Bereich des Seins und jenem des Sollens ein Wesensunterschied besteht. *Sein und Sollen* sind demnach „ursprüngliche Kategorien", die nicht weiter definierbar, dem Bewußtsein unmittelbar gegeben sind. Sein ist dabei das „Natursein der kausalgesetzlichen Bestimmtheit", nicht aber auch das „gedankliche Gesetztsein oder der Gegenstand der Erkenntnis schlechthin".[8]

Wenn aus Tatsachen niemals Normen abgeleitet werden können, so bedeutet dies, ein Sollen, eine Norm kann *logisch* niemals aus einer Tatsache, sondern wiederum nur aus einer Norm abgeleitet werden. KELSEN hat sich in diesem Zusammenhang immer wieder gegen die Unterstellung gewehrt, er meine, die Aussage, ein Sollen könne nur aus einer Norm abgeleitet werden, laufe auf die Behauptung hinaus, daß der Inhalt einer Norm, also z. B. einer Rechtsvorschrift, nicht der Erzeugung durch einen menschlichen Akt bedürfe. Er betont, daß selbstverständlich der Inhalt einer Rechtsvorschrift stets und ausschließlich durch Akte, die von Menschen gesetzt werden, festgelegt werden müsse. Daß aber ein solcher Akt, z. B. der Beschluß einer parlamentarischen Körperschaft, als Erzeugung eines Gebotes eines bestimmten Inhalts wirken kann, ist nicht die logische Folge des tatsächlichen Vorgangs, sondern das Ergebnis der Anwendung

6. Hauptprobleme der Staatsrechtslehre, Vorrede zur 1. Auflage, 1911, IX (Neudruck der 2. Auflage 1960, die Vorrede zur 1. Auflage findet sich auch dort).

7. Max WEBER: Die „Objektivität" sozialwissenschaftlicher und sozialpolitischer Erkenntnis. In: Johannes WINCKELMANN (Hg.): Weber: Soziologie, weltgeschichtliche Analysen, Politik, 3.A., Stuttgart 1964, 194.

8. Hans KELSEN, Der soziologische und der juristische Staatsbegriff, Kritische Untersuchungen des Verhältnisses zwischen Staat und Recht, 2.A. Tübingen 1928, 76 (Neudrucke 1962 und 1981).

einer Ermächtigungsnorm. So ist z. B. der Beschluß einer Versammlung dann ein verbindliches Gesetz einer bestimmten Rechtsordnung, wenn diese Versammlung nach der betreffenden Verfassung als Parlament zu qualifizieren ist, also durch diese Verfassung zur Schaffung allgemein verbindlicher Vorschriften ermächtigt ist.

Bis in sein Alterswerk versteht KELSEN die Unterscheidung von Sein und Sollen allerdings in einem sehr strikten Sinn: Er meint, daß *Normen- und Seinstatsachen* nicht Gegenstand derselben wissenschaftlichen Disziplin sein könnten. Dabei ging er so weit, eine Reflexion über *Zwecksetzungen* im Rahmen der Rechtswissenschaft abzulehnen, weil eine Zwecksetzung auf die Bewirkung einer Kausalität, also auf etwas im Bereich des Seins Gelegenes gerichtet sei. Daraus ergab sich die wichtige Konsequenz, daß er erst in seinem Alterswerk die Bedeutung der Zwecksetzung einer Norm für die Ermittlung des Norminhalts anerkannt hat. Damit war aber für lange Zeit das nach KELSENs Ansicht dem Rechtswissenschafter offenstehende Blickfeld stark verengt. So konnte der Staat für den Juristen ein ausschließlich rechtliches Phänomen sein, ja KELSEN identifizierte den Staat mit der Rechtsordnung.

Aus der Unterscheidung zwischen Sein und Sollen ergibt sich aber auch die Unterscheidung zwischen *Rechtserkenntnis und Rechtserzeugung*. Damit wird auch streng zwischen der Funktion der Rechtswissenschaft und jener eines Rechtssetzungsorgans unterschieden. Die Wissenschaft kann das Recht nur beschreiben, d. h. sie kann nur die Organisation des Prozesses der Rechtserzeugung, die bestehenden Ermächtigungen dazu und das Ergebnis dieses Prozesses darstellen; neues Recht zu schaffen, ist ausschließlich Funktion der dazu besonders ermächtigten Organe.

IV. Kelsens politisches Denken als Widerspiegelung der philosophischen Grundlagen und Ausdruck persönlichen Engagements

Die eben geschilderten Grundlagen bestimmen nicht nur KELSENs Position in der wissenschaftlichen Methodologie, sondern auch jenen Teil seines Werkes, der Themen zum Gegenstand hat, die zum Bereich der *„Politik“* gezählt werden. Darauf sei nun näher eingegangen.

1. Ideologiekritik

KELSENs Ablehnung jeglichen Naturrechts und seine Betonung der Unterscheidung zwischen Rechtserzeugung und Rechtserkenntnis bewirken eine *politische Positionsnahme* :

Für KELSEN ist die Behauptung der Existenz *„naturrechtlicher“* Normen jeder möglichen Spielart dieses Begriffs der Versuch einer Immunisierung von Normensystemen gegen Kritik und gegen rationale Diskussion. Diese Ansicht und die Unterscheidung zwischen Erkenntnis und Entscheidung, zwischen Rechtserkenntnis und Rechtserzeugung machten es geradezu unausweichlich, daß KELSEN immer wieder Kritik an einer unter der Maske wissenschaftlicher Erkenntnis betriebenen Legitimation von Machtansprüchen üben mußte. KELSEN tat dies auf zwei Feldern: Einmal durch die allgemeine Kritik an einer *politisierenden Wissenschaft* und zum anderen durch konkrete Stellungnahmen gegen *politische Machtansprüche*, die im Namen der Durchsetzung „objektiver" Erkenntnisse erhoben werden.

KELSEN hat immer gegen eine *politisierende Wissenschaft* im allgemeinen und gegen eine *politisierende Jurisprudenz* im besonderen Stellung genommen. Dies tat er ohne Rücksicht auf die jeweils herrschende politische Idee und intellektuelle Moden. So findet sich eine Absage an eine Rechtswissenschaft, die sich als Instrumentarium zur Durchsetzung politischer Forderungen andient, schon in der Vorrede seiner „Hauptprobleme" (1911), in der Vorrede zur 1. Auflage seines Buches „Das Problem der Souveränität" (1920), wie im Vorwort zur 1. Auflage der „Reinen Rechtslehre" (1934), in der Studie „Science and Politics" (1951) und in der Vorrede der 2. Auflage der „Reinen Rechtslehre" (1960). Gerade in jenem Text, der 1934, also angesichts des in Europa ausbrechenden politischen Irrsinns und der sich anbahnenden Katastrophe geschrieben war, wendet er sich besonders scharf gegen Rechtswissenschafter, die sich der Politik andienen. Er tut dies mit folgenden Worten: „Das Ideal einer objektiven Wissenschaft von Recht und Staat hat nur in einer Periode des sozialen Gleichgewichts Aussicht auf allgemeine Anerkennung. Und so scheint denn heute nichts unzeitgemäßer zu sein, als eine Rechts-Lehre, die ihre Reinheit bewahren will, während es für die anderen überhaupt keine Macht gibt, der sich anzubieten sie nicht bereit wären, während man sich nicht mehr scheut, laut und öffentlich den Ruf nach einer politischen Rechtswissenschaft zu erheben und für diese den Namen einer ‚reinen' zu beanspruchen, so als Tugend preisend, was höchstens bitterste persönliche Not gerade noch entschuldigen könnte."[9]

Das zweite Feld der Ideologiekritik KELSENs ist die Auseinandersetzung mit den *Naturrechtslehren* der verschiedensten Ausprägungen. In seiner Studie „Naturrecht und positives Recht" (1928)[10] wendet er sich gegen die These, es habe im 17. und 18. Jahrhundert eine einzige einheitliche Lehre des Naturrechts gegeben und das von dieser postulierte Naturrecht sei die Grundlage für die Umwälzungen am Ende des 18. Jahrhunderts gewesen. Er führt dagegen ins Treffen, die „revolutionäre" Naturrechtslehre, die auf ROUSSEAU zurückgeführt wird, sei keineswegs die Naturrechtslehre schlechthin gewesen. Es habe vielmehr gerade in der Zeit des Absolutis-

9. Dieses Vorwort findet sich auch in der 2. Auflage der Reinen Rechtslehre, 1960, III (Anm. 5).

10. Naturrecht und positives Recht, abgedruckt in: WRS, 215 (Anm. 4).

mus sehr viele Juristen gegeben, die unter Berufung auf ein Naturrecht jede Herrschaftsmaßnahme gerechtfertigt hätten. Diese *Legitimationsfunktion* sei typisches Charakteristikum des Naturrechts und daher müsse konsequenterweise auch jede Rechtslehre, die im Namen „ewiger“ Normen Herrschaftsansprüche anmeldet oder rechtfertigt, als Naturrechtslehre bezeichnet werden. So rechnet KELSEN auch die historische Rechtsschule des 19. Jahrhunderts und die konservativen Staatstheoretiker, wie Friedrich Julius von STAHL, zu den Vertretern von Naturrechtslehren.

Die gegen Naturrechtslehren gerichtete Ideologiekritik KELSENs wendet sich aber auch gegen die im Zeichen des *Nationalstaats* erhobene Behauptung vom Staat als einer auf Interessensharmonie beruhenden Gemeinschaft und gegen die *marxistische* Rechtfertigung von Herrschaftsansprüchen aus einer Geschichtsmetaphysik.

Diese beiden kritischen Auseinandersetzungen finden sich in KELSENs Schriften zum Thema *Demokratie*, jene mit dem *Marxismus* im besonderen Maße in der in Auseinandersetzung mit Max ADLER entstandenen Schrift „Sozialismus und Staat“ (1923) und in „Communist Theory of Law“ (1955).

Naturrechtsskepsis und Ideologiekritik bedeuten für KELSEN aber nicht, daß er meinte, der Jurist dürfte nicht die Frage stellen: Was ist *gerecht* ? Er selbst hat sich damit immer wieder und sehr intensiv befaßt. Dabei betont er zwar stets, daß es nicht möglich sei, absolute, ewig gültige Beurteilungskriterien zu finden, daß aber gerade deshalb jeder Mensch und vor allem jeder Jurist zur *persönlichen Entscheidung und Positionsnahme* aufgefordert ist. Bezeichnenderweise hat KELSEN seine Abschiedsvorlesung im Jahr 1952 diesem Thema gewidmet und sie mit folgenden Worten beendet: „Und in der Tat, ich weiß nicht und kann nicht sagen, was Gerechtigkeit ist, die absolute Gerechtigkeit, dieser schöne Traum der Menschheit. Ich muß mich mit einer relativen Gerechtigkeit begnügen und kann nur sagen, was Gerechtigkeit für mich ist. Da Wissenschaft mein Beruf ist und sohin das Wichtigste in meinem Leben, ist es jene Gerechtigkeit, unter deren Schutz Wissenschaft und mit Wissenschaft, Wahrheit und Aufrichtigkeit gedeihen können. Es ist die Gerechtigkeit der Freiheit, die Gerechtigkeit des Friedens, die Gerechtigkeit der Demokratie, die Gerechtigkeit der Toleranz.[11]

2. *Demokratietheorie*[12]

In KELSENs politischem Denken nimmt die *Demokratie* einen zentralen Platz ein, sie stellt einen hervorragenden Beitrag zum politischen Denken

11. Zitiert nach: Was ist Gerechtigkeit? 2.A. Wien 1975, 43.

12. KELSENs Demokratietheorie ist zusammengefaßt in seiner Schrift Vom Wesen und Wert der Demokratie. 2.A. Tübingen 1929 (Nachdrucke 1963 und 1981). Daneben sind noch hervorzuheben sein Vortrag auf dem 5. Deutschen Soziologentag, 1927, abgedruckt unter dem Titel: Demokratie in: WRS, Anm. 4, 1743, weiters: Was ist Gerechtigkeit? (Anm. 11).

der Welt dar. Seine Äußerungen zu diesem Thema sind von seiner philosophischen Grundposition bestimmt, beschränken sich aber nicht nur auf theoretische Erörterungen, sondern beinhalten auch sehr engagierte und pointierte persönliche Stellungnahmen. Sein Votum für die Demokratie ist bestimmt von seinem *Wertrelativismus*: Wenn es nicht möglich ist, auf rationalem Weg absolut gültige Normen zu erkennen, ist es auch nicht möglich, ein absolut gültiges Kriterium für die Entscheidung von Konflikten zwischen entgegengesetzten Interessen zu finden. Daher stehen für eine Lösung dieser Konflikte nur zwei Möglichkeiten offen: „Entweder das eine Interesse auf Kosten des anderen zu befriedigen oder ein Kompromiß zwischen beiden herbeizuführen." Es sei nicht möglich zu beweisen, daß nur die eine, nicht aber die andere Lösung gerecht ist. Dann folgt aber sein Bekenntnis: „Wenn ein sozialer Friede als höchster Wert vorausgesetzt wird, mag die Kompromißlösung als gerecht erscheinen."[13] *Kompromißlösungen* sind für KELSEN aber Ausdruck der *Toleranz,* und Toleranz ist für ihn das Wesenselement der Demokratie.

Er war der Auffassung, nicht selbst einen Begriff der Demokratie zu bilden, sondern „die Idee der Demokratie" erkennen zu können. Für ihn steht im Zentrum dieser Idee die *Freiheit* und *nicht* die *Gleichheit.*[14] Zwar sagt er, daß die Synthese der Prinzipien der Freiheit und der Gleichheit für die Demokratie charakteristisch sei, Gleichheit versteht er aber nicht im Sinn einer tatsächlichen oder materiellen Gleichheit von Menschen, sondern lediglich im Sinne der Gleichheit in der Freiheit. Damit setzt er sich entschieden und bewußt in Gegensatz zu marxistischen Demokratietheoretikern, für die das entscheidende Merkmal der Demokratie die ökonomische Gleichheit ist.

KELSEN ist sich dessen bewußt, daß die „Idee der Freiheit" im Sinne einer *Identität* von Subjekt und Objekt der Herrschaft, von Herrschenden und Beherrschten in reiner Form nicht Grundlage einer sozialen Ordnung sein kann, denn Identität von Herrschenden und Beherrschten wäre eine Negation jeder Herrschaft, Ordnung setzt aber begriffsnotwendig Herrschaft voraus. So stellt sich für ihn die Frage, wie eine Ordnung und damit ein Herrschaftssystem organisiert werden können, bei denen noch ein möglichst hohes Maß an Freiheit gewährleistet ist.

Wenn KELSEN von der Gewährleistung eines möglichst hohen Maßes an Freiheit im Zusammenhang mit der Organisation eines Herrschaftssystems spricht, hat er allerdings einen anderen Begriff der Freiheit im Auge als den traditionellen *liberalen* Freiheitsbegriff. Nach diesem bedeutet Freiheit ein Fehlen von Regelungen. Für KELSEN bedeutet in seiner Demokratietheorie „Freiheit" jedoch etwas anderes, nämlich die Möglichkeit zur *Bestimmung des Inhalts* der Regeln einer Ordnung. Dies heißt allerdings

13. Was ist Gerechtigkeit?, 40 (Anm. 11).

14. Wesen und Wert der Demokratie, 9 und 93 f (Anm. 12).

nicht, daß KELSEN *individuelle Freiheit* im Sinne des liberalen Freiheitsbegriffs für nicht möglich hielte oder daß er sie gar ablehnen würde. Im Gegenteil, die individuelle Freiheit stellt sich für ihn dar als Forderung an den Inhalt einer Rechtsordnung, und er läßt keinen Zweifel daran, daß er die Demokratie als jene Methode zur Erzeugung des Rechtsinhalts ansieht, die am besten geeignet ist, individuelle Freiheit zu gewährleisten.

Als Schlüssel für die Lösung des Problems, wie ein möglichst hohes Maß an Freiheit im Zusammenhang mit der Bestimmung des Inhalts der Regeln einer Herrschaftsordnung gewährleistet werden kann, sieht KELSEN die *politische Willensbildung nach dem Mehrheitsprinzip*. Dieses sei auf vernünftigem Weg nur aus dem Gedanken begründbar, daß möglichst viele Menschen frei seien. Das Mehrheitsprinzip ist für ihn also nur aus der Idee der Freiheit, nicht aber aus jener der Gleichheit abzuleiten.

Für KELSEN ist im *Massenstaat* schon aus quantitativen Gesichtspunkten eine politische Willensbildung im Wege der *direkten Demokratie* nur in Ausnahmsfällen möglich. Daher besteht schon aus Gründen der *Arbeitsökonomie* ein unausweichlicher Zwang zu einer indirekten, d. h. *parlamentarischen Demokratie*. Damit kann aber das primäre politische Phänomen nicht der isolierte Einzelne, sondern nur die Gruppe sein, in der die Einzelnen primär nach Interessensgesichtspunkten organisiert sind. Daher sind *politische Parteien* ein wesentliches, ja unverzichtbares Element der Demokratie.

Mehrheit bedeutet für KELSEN *parlamentarische* Mehrheit, d. h. die Mehrheit eines durch allgemeine Wahlen gebildeten Parlaments. Die Mehrheit ist für ihn aber keineswegs Trägerin einer „volonté générale“ im Sinne ROUSSEAUS, die als Vertreterin der „wahren“ Interessen des Volkes auch die Interessen der Minderheit vertritt. Vielmehr ist die Mehrheit eben die Repräsentantin der Interessen der größeren Zahl der Bevölkerung. Damit wird aber jede Verklärung der Mehrheit als Trägerin des Willens *des* Volkes abgelehnt. Daraus ergibt sich eine weitere Konsequenz: Das Mehrheitsprinzip kann in einer Demokratie nicht als Legitimation zur bedingungslosen Durchsetzung des Willens der Mehrheit verstanden werden. Eine Diktatur der Mehrheit über die Minderheit würde nämlich dazu führen, daß die Minderheit, die sich auf die Dauer zur Einflußlosigkeit verurteilt sieht, die Mitwirkung an der politischen Willensbildung aufgibt. Damit wäre aber eine Existenzvoraussetzung der Demokratie, nämlich die *Pluralität* und Gegensätzlichkeit der organisierten Interessen zerstört. Politische Kräfte, die zusammen die Mehrheit in einem demokratischen Staat bilden und die die Demokratie aufrecht erhalten wollen, können daher nicht umhin, die *Minderheit* als politische Kraft aufrecht zu erhalten und das heißt, der Minderheit Zugeständnisse zu machen, mit ihr Kompromisse zu schließen. KELSEN sagt, in der Demokratie könne es gar nicht das Mehrheitsprinzip, sondern in Wahrheit nur ein *„Majoritäts-Minoritäts-Prinzip“* geben.

Aus diesem Prinzip leitet KELSEN wiederum die Bedeutung des *Parlaments* für die Demokratie ab: „Das ganze parlamentarische Verfahren mit seiner dialektisch-kontradiktorischen, auf Rede und Gegenrede, Argument und Gegenargument abgestellten Technik ist gerichtet auf die Erzielung eines Kompromisses.“[15]

KELSEN hat sich dagegen gewehrt, daß seine Aussagen über die zentrale Bedeutung des Kompromisses als ein Postulat an die politische Moral in einer Demokratie interpretiert wird.[16] Er hat demgegenüber betont, Demokratie setze *Toleranz* und damit die Bereitschaft zum *Kompromiß* voraus. Für ihn ist der *Relativismus* die Weltanschauung, die der demokratische Gedanke voraussetzt, daher kann seiner Ansicht nach ein Regime, das zur brutalen Majorisierung der Minderheiten entschlossen ist, nicht beanspruchen, eine Demokratie zu sein. Toleranz und Wertrelativismus bedeuten für KELSEN allerdings nicht, daß sich eine Demokratie ihren Feinden kampflos ergeben müßte. Eine Demokratie dürfe zwar friedliche Äußerungen antidemokratischer Anschauungen nicht unterdrücken, wohl aber dürfe sie Versuche, sie mit *Gewalt* zu beseitigen, mit Gewalt unterdrücken.[17]

3. Theorie der Verfassung und der Verfassungsgerichtsbarkeit

KELSENs *Verfassungstheorie* steht in engem Kontakt mit seiner Rechtstheorie und seiner Demokratietheorie, ihr zentrales Element ist die *Theorie der Verfassungsgerichtsbarkeit.* Daß KELSEN sich dem Thema Verfassung zugewendet hat, ist eine Konsequenz der starken Beeinflussung seines Denkens durch Adolf MERKLs Theorie der Rechtsdynamik.

Im Sinne dieser Theorie ist die *Verfassung* die oberste Regel für die *Rechtserzeugung,* d. h. jene Regel, die festlegt, wie die zur Rechtserzeugung ermächtigten Organe bestellt werden sollen, wie der Prozeß der Rechtserzeugung ablaufen soll und welche Organe für welche Rechtssetzungsakte zuständig sein sollen. Die Verfassung begründet die Geltung aller Rechtsakte einer bestimmten Rechtsordnung.[18]

Im Sinne dieses *formalen* Verfassungsbegriffs hat jeder Staat eine Verfassung, mag es auch im Recht eines konkreten Staates keine eigene „Verfassungsform“ d. h. keine Vorschriften geben, die als „Verfassung“ bezeichnet sind und die nur schwerer als andere Rechtsvorschriften abgeändert werden können.

Die Verfassung kann aber auch die Funktion haben, den *Inhalt* künftiger Gesetze zu bestimmen, insbesondere indem sie gewisse Inhalte aus-

15. Wesen und Wert der Demokratie, 56 (Anm. 12).

16. Demokratie, WRS, 1743, hier: 1776 (Anm. 4).

17. Was ist Gerechtigkeit?, 42 (Anm. 11).

18. Die Funktion der Verfassung. In: Forum, 11 (1964), 583, abgedruckt in: WRS, 1961 (Anm. 4), und KOJA, Hans Kelsen, 89 (Anm. 1).

schließt. Dies kann die Verfassung aber nur dann leisten, wenn ihr ein höherer Rang als sonstigen Rechtsvorschriften eingeräumt wird, d.h. wenn festgelegt wird, daß die Verfassung nur unter anderen, schwerer zu erfüllenden Bedingungen abgeändert werden kann als „einfache" Gesetze. Dazu bedarf es aber wiederum der formalen Hervorhebung all jener Gesetze, die nur unter besonderen Bedingungen veränderbar sein sollen, es bedarf also der Einführung einer besonderen Form von Gesetzen, eben der „Verfassungsform".[19]

KELSEN hat – als Konsequenz der von ihm lange Zeit vertretenen Ansicht, Erwägungen über Zwecksetzungen von Rechtsvorschriften können nicht Gegenstand der Rechtswissenschaft sein – die Verfassung nicht als eine Regel über die Zuweisung und Begrenzung von *Machtchancen* in einem Staat bezeichnet. In seinen Schriften zur Demokratietheorie hat er aber dennoch diese Funktion der Verfassung betont – freilich ohne sie ausdrücklich zu benennen. So unterstreicht er die Bedeutung der Verfassungsform als Instrument der Begrenzung der Macht der einfachen Mehrheit eines Parlaments und damit als Instrument des Schutzes der parlamentarischen Minderheit, dies heißt, des Schutzes von Personen, deren Interessen diese Minderheit vertritt.

Diese Funktion kann die Verfassung aber wiederum nur dann leisten, wenn es eine Institution gibt, die Verletzungen der Verfassung ahnden kann. Dies kann nach KELSEN nur ein *Verfassungsgericht* sein und daher ist für ihn die Verfassungsgerichtsbarkeit in jedem Staat, dessen Verfassung auch Macht begrenzen soll, unverzichtbar. Er drückt dies mit folgenden Worten aus: „Wenn man das Wesen der Demokratie nicht in einer schrankenlosen Majoritätsherrschaft, sondern in dem steten Kompromiß zwischen den im Parlament durch Majorität und Minorität vertretenen Volksgruppen erblickt, dann ist die Verfassungsgerichtsbarkeit ein besonders geeignetes Mittel, diese Idee zu verwirklichen. In der Hand der Minorität kann schon die bloße Drohung mit der Anfechtung vor dem Verfassungsgericht ein geeignetes Instrument sein, verfassungswidrige Interessenverletzungen durch die Majorität, letzten Endes: Diktatur der Majorität zu verhindern, die dem sozialen Frieden nicht minder gefährlich ist, als die Diktatur einer Minderheit."[20]

KELSEN ist sich der *politischen Dimension* der Verfassungsgerichtsbarkeit und auch der mit einer solchen Einrichtung möglicherweise verbundenen politischen Problematik durchaus bewußt gewesen. Er hat darauf hingewiesen, daß die Gefahr besteht, es könne eine „von der Verfassung gewiß nicht intendierte und politisch höchst unangebrachte Machtver-

19. Wesen und Entwicklung der Staatsgerichtsbarkeit. In: Veröffentlichungen der Vereinigung der Deutschen Staatsrechtslehrer, Berlin 1929, 30, hier: 36f. , abgedruckt in: KOJA, Hans Kelsen, 113, hier: 117ff. (Anm. 1).

20. Wesen und Entwicklung der Staatsgerichtsbarkeit, 81 (ANm. 19), KOJA, Hans Kelsen, 157 (Anm. 1).

schiebung vom Parlament zu einer außerhalb desselben stehenden Instanz" stattfinden. Dies sei dann zu befürchten, wenn die Zuständigkeit des Verfassungsgerichts und die Kriterien, nach denen dieses zu entscheiden hat, nicht präzis umschrieben sind. Er fordert daher, die Verfassung müsse sich, „wenn sie ein Verfassungsgericht einsetzt, jeder Phraseologie enthalten; und, wenn sie Grundsätze, Richtlinien, Schranken für den Inhalt der zu erlassenden Gesetze aufstellen will, diese so präzis wie möglich bestimmen".[21] Diese politische Überlegung war mitbestimmend für KELSENs Ablehnung programmatischer Deklarationen in einer Verfassung. So hat er sich gegen die Formulierung des Art. 1 B-VG („Österreich ist eine demokratische Republik. Ihr Recht geht vom Volk aus.") ausgesprochen.[22]

Daß die politische Dimension der Tätigkeit eines Verfassungsgerichts unvermeidlich ist und daß ein Verfassungsgericht auch nicht umhinkommt, *politisch* zu handeln, hat KELSEN nie bestritten. In seiner Tätigkeit als Mitglied des Verfassungsgerichtshofs hat er selbst so gehandelt und sich auch dazu bekannt. So in den von ihm maßgeblich bestimmten Entscheidungen des Verfassungsgerichtshofs in der Frage der Gültigkeit der sogenannten *Dispensehen.* KELSEN hat diese Entscheidungen öffentlich – in einer Diskussion auf der Tagung der Vereinigung deutscher Staatsrechtslehrer im Jahre 1928 – als Beispiel dafür bezeichnet, daß richterliche Tätigkeit nie reine Subsumtion, sondern in hohem Maß auch *Rechtsgestaltung* ist. Dabei hat er betont, die erwähnten Entscheidungen seien zwar wohl juristisch begründbar, aber auch von zusätzlichen, außerrechtlichen Entscheidungsmotiven determiniert gewesen.[23]

V. Konzepte für einen Anschluß Österreichs an das Deutsche Reich

KELSEN war ein typischer Exponent jener *liberalen Großdeutschen,* die den Ideen von 1848 verpflichtet, von der Schaffung eines gemeinsamen Staates träumten, der alle Deutschsprechenden, deren Vorfahren einmal in einem Teil des Heiligen Römischen Reiches deutscher Nation gelebt hatten, umfassen sollte. Für ihn war der Zusammenbruch der übernationalen

21. Wesen und Entwicklung der Staatsgerichtsbarkeit, 70 (Anm. 19), KOJA, Hans Kelsen, 146, (Anm. 1).

22. Wegen der Aufnahme einer derartigen Bestimmung in die Bundesverfassung kam es zu Meinungsverschiedenheiten zwischen KELSEN und RENNER. KELSEN hatte eine derartige Bestimmung als überflüssig und irrelevant bezeichnet, RENNER hatte demgegenüber auf Deklarationen, die im staatsbürgerlichen Unterricht verwendet werden könnten, Wert gelegt. Siehe dazu: STOURZH, Hans Kelsen, 19 bzw. 323 (Anm. 2).

23. Diskussionsbeitrag zum Thema „Überprüfung von Verwaltungsakten durch die ordentlichen Gerichte". In: Veröffentlichung der Vereinigung der Deutschen Staatsrechtslehrer, Berlin 1929, 222.

österreichisch-ungarischen Monarchie der Wegfall eines Hindernisses für die Verwirklichung seines nationalstaatlichen Traumes gewesen. Die *Anschlußkonzepte* der Alldeutschen, die sich eine Angliederung Österreichs an das Deutsche Reich nur unter Austilgung aller österreichischen Tradition und Eigenart vorstellen konnten, lehnte KELSEN aber nicht nur wegen des Antisemitismus dieser Bewegung ab.

Die Befürwortung des Anschlusses war für KELSEN auch bei seinen Überlegungen zur Neugestaltung einer österreichischen Verfassung bestimmend: Er lehnte eine *föderalistische Konstruktion* vor allem deshalb ab, weil diese einen Anschluß erschweren würde. Als aber Österreich ein Bundesstaat geworden war, stellte KELSEN Überlegungen an, wie dieses Österreich unter Wahrung seines föderalen Aufbaues in das Deutsche Reich eingegliedert werden könnte.[24]

Für KELSEN war es schauerlich, erleben zu müssen, daß das von ihm so heiß herbeigesehnte Ziel zum Programm einer Bewegung werden sollte, deren Instrumente Täuschung und Terror gewesen sind und von der er die physische Vernichtung zu befürchten hatte.

VI. Kelsen als Mitgestalter der österreichischen Bundesverfassung

KELSEN ist immer wieder als Schöpfer des Bundes-Verfassungsgesetzes von 1920 bezeichnet worden, auch schon zur Zeit der Ersten Republik. Für diese Verfassung ist sogar der Ausdruck *„Kelsen-Verfassung“* geprägt worden. Die Zuschreibung der Bundesverfassung an KELSEN ist freilich in der Ersten und in der Zweiten Republik aus jeweils höchst unterschiedlichen Motiven erfolgt: In den späten Zwanziger Jahren wurde von KELSEN als dem Schöpfer der Verfassung vornehmlich in Kreisen gesprochen, die diese Verfassung und damit die parlamentarische Demokratie ablehnten. KELSEN, aber auch RENNER wurden als Väter der Verfassung bezeichnet, weil ein Grundgesetz, das „a Jud und a Sozi“ ausgearbeitet hatten, nur schlecht sein und daher die parlamentarische Demokratie nur ein „jüdischer Schwindel“ sein konnte. Im Zuge dieser Kampagne wurde KELSEN auch unterstellt, er habe die Verfassung „gemacht“, um sich in der Nachkriegszeit den linken Kräften zu empfehlen und es wurde ihm geraten, doch gefälligst die Zeichen der Zeit zu erkennen und eine Verteidigung dieser Verfassung zu unterlassen.[25]

24. Die staatsrechtliche Durchführung des Anschlusses Österreichs an das Deutsche Reich. Wien 1927, nachgedruckt in: Zeitschrift für öffentliches Recht, VI (1927), 329. Dazu: WIELINGER, Juristische Konzepte für einen Anschluß Österreichs an das Deutsche Reich aus der Zeit von 1933. In: Geschichte und Gegenwart, 7(1988), 175.

25. Ein Beispiel findet sich bei Herbert HALLER: Hans Kelsen, Schöpfer der verfassungsge-

In der Zweiten Republik sollte die Betonung von KELSENs Bedeutung für das Zustandekommen der Verfassung ein Akt der *Wiedergutmachung* sein. Vermutlich spielte dabei auch die Überlegung eine Rolle, die Verfassung gegen Kritik seitens der Besatzungsmächte, vor allem der Sowjetunion, dadurch zu immunisieren, daß ein vor dem Nationalsozialismus Geflohener als Autor in Anspruch genommen wurde.

Die nunmehr vorliegenden Ergebnisse der Forschung zeigen, daß die undifferenzierte Qualifikation KELSENs als *„Schöpfer"* der Bundesverfassung nicht zutrifft.[26] Wohl aber war KELSENs Anteil an der *Ausarbeitung* dieser Verfassung sehr bedeutend. Die bisher erfolgte Auswertung der in Betracht kommenden Quellen legt den Schluß nahe, daß KELSEN die wesentlichsten *legistischen Arbeiten*, d.h. Entwurfstätigkeiten und gesetzestechnische Betreuung geleistet und daß er als Redakteur die Möglichkeit gehabt und genutzt hat, in wesentlichen Punkten seine Vorstellungen zur Grundlage der rechtspolitischen Diskussion zu machen. Die Texte, welche als Diskussionsgrundlagen in den Konferenzen der Länder, aber auch in den Überlegungen der Sozialdemokraten und der Christlichsozialen gedient haben, gehen im wesentlichen auf *Vorentwürfe* KELSENs zurück. Auch im Verfassungsunterausschuß, der schließlich den endgültigen Text des B-VG erarbeitet hat, ist KELSEN als *Berater* tätig gewesen.

So wichtig auch KELSENs Tätigkeit als Redakteur der Entwurfstexte gewesen ist, so darf nicht übersehen werden, daß die Bedeutung einer solchen Tätigkeit im Zuge der Ausarbeitung eines Gesetzes Grenzen hat. Dies wurde mit folgenden Worten treffend umschrieben: „Obwohl kein Zweifel darüber besteht, daß es KELSEN gelang, einzelne Formulierungen nach seinen rechtstheoretischen Erkenntnissen zu prägen, die Entstehung der Bundesverfassung war viel eher ein politischer als ein theoretischer Vorgang. Die Akteure dieses politischen Vorgangs waren aber die Parteien- und Ländervertreter."[27]

VIII. Kelsens Wirkung

KELSEN hat schon zu Lebzeiten *Ehrungen* erfahren wie nur wenige Gelehrte. In der „Republik des Geistes" wurden ihm 11 Ehrendoktorate zuteil, aber auch Staaten haben es an Anerkennungen und sichtbaren Aus-

richtlichen Gesetzesprüfung?, Arbeitshefte der Wirtschaftsuniversität Wien, Reihe Rechtswissenschaft Nr. 4, 1977, 3.

26. Eine Zusammenfassung dieser Forschungsergebnisse findet sich bei STOURZH, Hans Kelsen, 7 bzw. 309 (Anm. 2). Die Entwürfe KELSENs für die österr. Bundesverfassung sind abgedruckt in Georg SCHMITZ: Die Vorentwürfe Hans Kelsens für die österreichische Bundesverfassung. Wien 1981. Neue Erkenntnisse zu diesem Thema vermittelt das jüngst erschienene Werk von Georg SCHMITZ: Karl Renners Briefe aus Saint Germain und ihre rechtspolitischen Folgen. Wien 1991, insb. 140ff.

27. SCHMITZ, Vorentwürfe, 112 (Anm. 26).

zeichnungen nicht fehlen lassen. Seine alte Heimat Österreich hat ihm zu seinem 90. Geburtstag ganz außerordentliche Ehrungen zuteil werden lassen; die herausragendste war die Errichtung einer Stiftung mit dem Namen Hans-Kelsen-Institut durch die Bundesregierung. Dieses Institut soll gemäß dem Stiftbrief „das Lebenswerk Hans KELSENs, die Reine Rechtslehre und ihren wissenschaftlichen Widerhall im In- und Ausland dokumentieren, darüber informieren und die weitere Durchdringung, Fortführung und Entwicklung fördern". KELSENs 100. Geburtstag war Anlaß von Kundgebungen ehrenden Gedenkens.

Man möchte meinen, das Werk eines so geehrten Gelehrten müsse gerade in seiner Heimat auf das *Geistesleben* stark prägend gewirkt haben. Dies ist indessen nicht der Fall: KELSEN wird im einschlägigen Wissenschaftsbetrieb und darüber hinaus als *Klassiker* behandelt, aber wie es mit Klassikern eben so zu gehen pflegt, ihre Werke stehen an würdiger Stelle im Bücherschrank, man führt einige Zitate aus ihnen im Munde, beruft sich bei passend scheinender Gelegenheit auf sie, zollt ihrem Andenken *ritualisierten Respekt* und läßt sich im übrigen in seinem Denken und Tun von ihnen nicht stören.

Es liegt auf der Hand, daß das Werk eines Wissenschafters von der Nachwelt nicht als unantastbar angesehen wird. So ist es auch selbstverständlich, daß KELSENs Lehren und Ansichten einer *kritischen Diskussion* unterzogen werden. Daß politische Vorstellungen und Konzepte, die von Wissenschaftern entwickelt worden sind, in ihrer praktischen Wirkung oft sehr begrenzt sind, ist ebenfalls eine Binsenweisheit.

In bezug auf KELSENs Werk und seine politischen Gedanken läßt sich aber noch etwas anderes beobachten: Sie werden gerade wegen ihrer ideologiekritischen Dimension als *unbequem,* mitunter geradezu als *bedrohlich* empfunden und daher wird versucht, sich von ihnen gleichsam zu emanzipieren. Diese Emanzipation manifestiert sich zum Teil als eine Vereinnahmung für naturrechtliche Konzepte, zum Teil als Flucht vor den Folgerungen aus Prämissen, die man nicht zu bestreiten wagt, zum Teil als Kritik auf der Grundlage falscher Behauptungen.

Die *Inanspruchnahme* KELSENs für *naturrechtliche* Ideen erfolgte im Zuge einer „Heimholung" in den späten fünfziger und in den sechziger Jahren. Da wurde seine Theorie der Verfassungsgerichtsbarkeit mit einer Ideologie des Richterstaates in Verbindung gebracht und seine Lehre vom Vorrang des Völkerrechtes vor dem innerstaatlichen Recht zur Legitimation einer naturrechtlichen Idee eines Weltrechtsstaates herangezogen.[28] Dies alles war von edlen Motiven bestimmt und wandte sich auch gegen die in der Nachkriegszeit betriebene Denunziation des Rechtspositivismus – auch in der Ausprägung der Wiener rechtstheoretischen Schule – als

28. Als Beispiel sei genannt: René MARCIC: Prinzip Österreich – das Prinzip der Welt. In: Felix ERMACORA/Hans KLECATSKY/René MARCIC (Hg.): 100 Jahre Verfassungsgerichtsbarkeit, 50 Jahre Verfassungsgerichtshof. Wien u. a. 1968, 279.

eines Wegbereiters des Nationalsozialismus, aber es lief auf eine Verfälschung von KELSENs Lehren hinaus.

Der Versuch, *nicht die Folgerungen aus Prämissen ziehen* zu müssen, die man nicht in Frage stellen möchte, wird von vielen Vertretern *öffentlichrechtlicher* Disziplinen unternommen. Dabei geht es um folgendes: drei zentrale Lehren der Wiener rechtstheoretischen Schule wurden vermutlich deshalb von vielen Vertretern des öffentlichen Rechts in Österreich akzeptiert, weil in ihnen Gedanken auf den Punkt gebracht worden sind, die dem österreichischen Verwaltungsjuristen seit dem 19. Jahrhundert vertraut gewesen waren.[29] Dies sind: die Unterscheidung zwischen *Norm und Aussage* und damit zwischen Erzeugung und Erkenntnis des Rechts, der *formale Rechtsbegriff* und die Lehre vom *Stufenbau des Rechts* . Die letztgenannte Theorie geht auf Adolf MERKL zurück;[30] sie wird im wesentlichen unverfälscht akzeptiert, der formale Rechtsbegriff, also die Bestimmung des Begriffs „Recht“ nach ausschließlich formalen, nicht aber nach inhaltlichen Kriterien, wird in Österreich kaum jemals in Frage gestellt. Vor den Konsequenzen einer Unterscheidung zwischen Erkenntnis und Erzeugung des Rechts suchen aber viele Juristen zu fliehen, obwohl sie diese Prämisse selbst nicht in Frage stellen. Als Mittel für diese Flucht dient eine großzügige, ja phantasievolle Heranziehung der Zwecke einer Rechtsnorm zur Ermittlung des Sinnes einer Rechtsvorschrift. Dabei wird nicht selten nach dem Grundsatz vorgegangen: „Was man nicht herausverhören kann, das verhöret man hinein.“ Dies erfolgt vielfach deshalb, um sich auch als Rechtswissenschafter praktisch nützlich machen und das alte Geschäft der Jurisprudenz betreiben zu können, Entscheidungen, also Machtsprüche, als Akte der Erkenntnis erscheinen zu lassen. Gerade dieses Selbstverständnis der Rechtswissenschaft als *Rechtfertigungswissenschaft* war aber ein zentraler Punkt der KELSENschen Ideologiekritik, die auf der Unterscheidung von Rechtserzeugung und Rechtserkenntnis basiert.

Die Kritik von Lehren und politischen Konzepten KELSENs auf der Grundlage falscher Behauptungen ist überwiegend nicht Ausdruck unlauterer Absicht, sondern beruht oft auf *Irrtum*, insbesondere auf jenem, traditionelle Denkweisen und Vorstellungen österreichischer Juristen für eine Folge einer Prägung durch die Reine Rechtslehre zu halten. Auf diesem Irrtum beruht auch die Behauptung, die bis in die siebziger Jahre übliche, mitunter extrem formalistische Haltung des Verfassungsgerichtshofes sei Ausdruck einer besonders intensiven Beeinflussung seiner Mitglieder

29. Dazu siehe: Gerhart WIELINGER: Mutmaßungen über einen Zusammenhang zwischen der Denkweise der österreichischen Verwaltung und der Wiener Schule der Rechtstheorie. In: Rechtskultur – Denkkultur, Beiheft Nr. 35 zum Archiv für Rechts- und Sozialphilosophie, 1989, 165.

30. Adolf MERKL, Prolegomena einer Theorie des rechtlichen Stufenaufbaues, In: Alfred VERDROSS (Hg.): FS f. Hans Kelsen z. 50. Geb. Frankfurt/Main u. a. 1931, 252, Neudruck in: WRS, 1311 (Anm. 4).

durch die Reine Rechtslehre.[31] Dabei wird schlicht und einfach übersehen, daß KELSENs Theorie der Verfassungsgerichtsbarkeit wesentlich stärker von seiner Demokratietheorie geprägt ist als von rechtstheoretischen Konzepten.

Auch KELSENs *politisches Denken* ist heute in Österreich kaum noch wirksam.

KELSENs *Verfassungsverständnis* entsprach traditionellem österreichischem Staatsrechtsdenken: Die Funktion der Verfassung wurde seit den sechziger Jahren des 19. Jahrhunderts ohne jedes Pathos als die einer *Verfahrensregel* für die Umsetzung der Ergebnisse des politischen Prozesses in Rechtsvorschriften verstanden. Dieses *„juristische"* Verfassungsverständnis – wie oben dargelegt, von KELSEN mit besonderer Strenge vertreten – war in der österreichischen Staatsrechtspraxis, aber auch in der Staatsrechtslehre bis in die siebziger Jahre vorherrschend.[32] Seither wird aber in immer stärkerem Maße das in der Bundesrepublik Deutschland üblich gewordene *„politische"* Verfassungsverständnis rezipiert. Nach diesem soll die Verfassung den politischen Prozeß auch durch inhaltliche Vorgaben bestimmen. Das praktische Ergebnis dieses Wandels im Verfassungsverständnis zeigt sich in der Aufnahme von „Bekenntnissen" in das Bundesverfassungsrecht, vor allem aber in das Verfassungsrecht mehrerer österreichischer Bundesländer.

Auch der *Verfassungsgerichtshof* hat sein Selbstverständnis deutlich gewandelt: Für seine Spruchpraxis in der Zeit der Zweiten Republik ist, wie bereits gesagt, keineswegs KELSENs Rechtstheorie maßgeblich gewesen, wohl aber hat der Gerichtshof ein *„juristisches" Verfassungsverständnis* gehabt. Seit einigen Jahren neigt er aber dazu – augenscheinlich inspiriert durch das Selbstverständnis des Bundesverfassungsgerichts der Bundesrepublik Deutschland – aus der Verfassung immer mehr *politische Determinanten* für die Gesetzgebung herauszulesen. So versteht er das *Gleichheitsgebot* der Bundesverfassung im Sinne eines allgemeinen Sachlichkeitsgebots und erachtet es als seine Sache, zu sagen, was sachlich ist und was nicht.[33]

Ein Blick in die in Betracht kommenden Bereiche hat gezeigt, daß KELSENs *Lehren* und *politische Gedanken* im heutigen Österreich nicht sehr einflußreich sind. Ein Blick in die politische Realität Österreichs zeigt aber, daß dieses Land eine *Lektion* aus KELSENs politischem Denken

31. So z. B. Manfried WELAN: Der Verfassungsgerichtshof – eine Nebenregierung?, In: Heinz FISCHER (Hg.): Das politische System Österreichs, 3.A., Wien 1982, 271, hier: 306.

32. Zum Verfassungsverständnis und dessen Wandel siehe: Gerhart WIELINGER: Gesamtreform der Bundesverfassung – Gesamtreform des Verfassungsverständnisses? In: Reform des Rechts, Festschrift zur 200-Jahr-Feier der rechtswissenschaftlichen Fakultät der Universität Graz. Graz 1979, 561.

33. Dazu siehe: Klaus BERCHTOLD: Der Gleichheitssatz in der Krise. In: FS f. Felix ERMACORA. Kehl/Rhein 1988, 327.

gelernt hat: Heute wird hierzulande von keiner ernstzunehmenden Kraft in Frage gestellt, daß eine Demokratie nur leben kann, wenn die politischen Kräfte bereit sind, einander zu *tolerieren*. Diese Lektion wurde aber nicht durch das Studium der Schriften KELSENs gelernt, sondern durch Erfahrungen, die wesentlich unangenehmer gewesen sind als es die Lektüre eines Buches je sein kann.

Friedrich August von Hayek

Manfried Welan

I. Warum der Prophet im eigenen Land wenig gilt

Obwohl Friedrich August v. HAYEK fast 93 Jahre alt wurde, ist er in *Österreich* den meisten Menschen unbekannt geblieben. Selbst viele Ökonomen, Juristen, Soziologen, Philosophen, Historiker und Politikwissenschafter kennen ihn nicht. Dabei gibt es österreichische „Propheten", die HAYEK im philosophischen Ansatz nahe stehen und sehr viel gelten: So ist einem anderen „Sir", nämlich Sir Karl POPPER, ein ganzer Absatz der Regierungserklärung 1983 zitatmäßig zugefallen.[1]

Als HAYEK 1983 von der Bundeshauptstadt Wien geehrt wurde, meldete die Rathauskorrespondenz nur, daß ein „Professor Friedrich August" Ehrenbürger geworden sei; „v. Hayek" war buchstäblich vergessen worden. Das „Wiener Journal" glossierte dieses Vergessen, diese Verdrängung. Warum wird HAYEK in Österreich wenig akzeptiert? Anläßlich seines 90. Geburtstages wurde er zumindest in den österreichischen Massenmedien eindrucksvoll gewürdigt. Aber er wurde in erster Linie als Ökonom gefeiert, weniger als politischer Denker, als Rechts- und Staatsphilosoph, der sich jahrzehntelang Recht, Staat und Verfassung gewidmet hat.

Ein Spitzenpolitiker meint, v. HAYEK werde in Österreich nicht rezipiert, „weil er wirklich ein Liberaler ist". Ein Wiener Wissenschafter, der v. HAYEK persönlich gut kannte, erklärt die mangelnde Akzeptanz mit der *Radikalität* des *liberalen Denkers*. Ein Meinungsforscher meint, er komme nicht an, weil viele glaubten, daß man mit ihm nicht ankomme. Von vielen wurde er lange nur als „Arbeitslosigkeitsbefürworter" angesehen, so interpretierte ihn Bruno KREISKY. Nicht einmal ein Herbert KREJCI ist ganz für v. HAYEK. Die Freiheitliche Partei Österreichs hat ein Schmerling-Institut errichtet, aber kein Hayek-Institut. Der Vorschlag, ein Hayek-Institut einzurichten, kam bisher nirgends an. An keiner Universität gibt es ein Hayek-Institut. Es gibt auch keinen Preis, keine Stiftung und kein Stipendium zu seinen Ehren.

Die „Nichtannahme" HAYEKs ist symbolhaft für den *Liberalismus* in Österreich. Sie entspricht dem Mangel an Verfassungs-, Institutionen- und

1. Regierung SINOWATZ: Erklärung der österr. Bundesregierung vom 13. Mai 1983, StProtNR 16.GP 11–30; auch in: Maximilian GOTTSCHLICH/Oswald PANAGL/Manfried WELAN: Was die Kanzler sagten. Regierungserklärungen der Zweiten Republik 1945–1987. Wien-Köln 1989, 280.

Grundrechtsbewußtsein. Sie entspricht unserer politischen Tradition, die keine städtische, bürgerliche, liberale Kultur ist. „Wo der Absolutismus auf uralten historischen Wurzeln im Volke steht, wird er die Gewohnheiten und Anschauungen auch der konstitutionellen Gesetzgeber und Selbstverwalter noch auf lange hinaus beherrschen", schrieb Ferdinand KÜRNBERGER1861.[2] Wo Jahrhunderte der Grundherrschaft und Jahrzehnte der Parteienherrschaft zu guten Untertanen erzogen, fällt die Erziehung und Beziehung zu Grundrechten schwer. Erst in letzter Zeit ist Österreich liberaler geworden.

Der Mangel des Freiheits- und Rechtssinnes in Angelegenheiten des öffentlichen Lebens ist aber eine traditionelle Hypothek, die noch lange nicht getilgt sein dürfte. Der liberale Nachlaß ließ die Maxime des „Leben und Lebenlassens" groß werden, aber nicht politisches Denken in liberalen Institutionen. Es gibt so etwas wie einen *etatistischen Individualismus,* der das Recht, im Intimbereich in Ruhe gelassen zu werden, mit einem großen *Anspruchsdenken* gegenüber öffentlichen Händen jeder Art verbindet. Liberalität bis zur Privatanarchie im Intimbereich und ein starker Sozial- und Umweltgarantiestaat sind gefragt. Auch bei der Jugend.

II. Die Grundüberzeugung Friedrich August von Hayeks

Friedrich August v. HAYEK[3] wurde am 8. Mai 1899 in Wien geboren. Er stammte aus dem Milieu, das die Wiener intellektuelle Elite der zwanziger und dreißiger Jahre stellte. Und er erlebte die für die höheren Schichten liberale *Donaumonarchie,* die sicher keine Demokratie, aber ein relativ verläßlicher Rechtsstaat war.

Den Ersten Weltkrieg machte er als Offizier der k. u. k. Armee mit, studierte Rechts- und Staatswissenschaften, wurde 1921 zum Dr. Jur., 1923 zum Dr. rer.pol. promoviert. Wie viele seiner Generation, die der katholischen Kirche fernstanden, wie selbst der letzte Altliberale Ludwig v. MISES und gerade auch Sir Karl POPPER, stand er zunächst dem *Sozialismus* nahe. Wahrscheinlich unter dem Eindruck der negativen Folgen der Preisregelung auf dem Wohnungsmarkt und auf Grund der Erfahrungen in seiner beruflichen Tätigkeit im Wiener Abrechnungsamt 1921–1926 verwarf er Eingriffe in den Markt. 1927–1931 war er mit Ludwig v. MISES Leiter des

2. Rudolf HOLZER: Das Leben Kürnbergers. In: Ferdinand KÜRNBERGER. Spiegelungen. Graz-Wien 1960, 10.

3. Biographisches und eine ausführliche Bibliographie z. B. bei John GRAY: HAYEK on Liberty. 2.A. Oxford 1986; und jüngst Erich W. STREISSLER: Friedrich August von HAYEK – ein Portrait. In: liberal aktuell, Nr. 27/Nov.-Dez. 1991. – Allgemein Fritz MACHLUP (Hg.): Essays on Hayek. London 1977.

von ihm gegründeten Österreichischen Instituts für Konjunkturforschung. 1929 *habilitierte* er sich für die Fächer Volkswirtschaftslehre und Statistik an der Universität Wien. 1931 erhielt er einen Ruf an die London School of Economics, wo er bis 1950 Professor für Economic Science und Statistics war. 1938 wurde er *britischer* Staatsbürger. Er schreibt selbst, daß er jenen 20 Jahren in London mehr als irgendwelchen anderen die Formung seiner Persönlichkeit und seiner eigenen Ideen verdankt. Die eingehende Beschäftigung mit der anglo-schottischen Moralphilosophie des 18. Jahrhunderts bildet vielleicht den wichtigsten Schlüssel zu seinem Werk. David HUME, sein größter Schüler Adam SMITH, und dessen Zeitgenosse Adam FERGUSON, aber auch „The British way of life" und die Irrtümer und Versuchungen vieler britischer Intellektueller, deren Sympathien für den Sozialismus und Leninismus wahrscheinlich intellektueller Apperzeptionsverweigerung entsprangen, beeinflußten ihn. Der Satz David HUMEs: „Die Gesetze der Moral sind nicht das Ergebnis unserer Vernunft", hinterließ ebenso Spuren in HAYEKs Werk wie der Satz Lord KEYNES': „Ich bleibe ein Immoralist, und ich will es immer bleiben."

HAYEK war zunächst *Wirtschaftstheoretiker.*[4] Als solcher widmete er sich aber auch der *Dogmengeschichte*. Er war davon überzeugt, daß manche neuen Irrtümer weniger Verbreitung fänden, wenn man alte Wahrheiten besser oder überhaupt kennen würde. Nicht zuletzt aus diesem Grunde wurde er im Laufe der Zeit zum *politischen Denker?*[5] Das Problem der Gesellschaftsordnung wurde zu der Frage, die ihn nicht mehr losließ. Seine politische Theorie umfaßt außerordentlich viele Themen und Bereiche. HAYEK erweist sich in seinen Werken als der große Sucher nach Prinzipien, auf Grund derer spontane, offene gesellschaftliche Ordnungen gebildet werden können, ohne daß konkrete Zwecke im Detail vorgegeben sind. Um die *Offenheit* und *Spontaneität* zu erhalten, muß eine solche Gesellschaftsordnung sich einem Set von *Regeln gerechten Verhaltens* unterwerfen. HAYEK ist seit Jahrzehnten auf der Suche nach solchen Regeln gerechten Verhaltens oder Gesetzen im eigentlichen Sinn gewesen, damit ein Maximum von individueller Freiheit sich in einer festen Ordnung entfalten kann. Daher wurde HAYEK schon früh der Gegner aller Sozialisten, die glauben, alles zu wissen und viel zu viel konkret vorschreiben und die Freiheit durch totale Reglementierung vernichten.

4. Vgl. HAYEKs Monographien: Geldtheorie und Konjunkturtheorie. Wien-Leipzig 1929. – Preise und Produktion. Wien 1931. – Monetary Nationalism and International Stability. London-New York 1937. – Profits, Interest and Investment: and Other Essays on The Theory of Industrial Fluctuations. London 1939. – The Pure Theory of Capital. London 1941.

5. The Road to Serfdom. London-Chicago 1944; dt. Der Weg zur Knechtschaft. Zürich 1945. – Individualism and Economic Order. London 1948. – The Counter-Revolution of Science: Studies on the Abuse of Reason. Glencoe/Illinois 1952. – The Political Ideal of the Rule of Law. Kairo 1955. – Studies in Philosophiy, Politics and Economics. London- Chicago 1967. – Freiburger Studien. Gesammelte Aufsätze. Tübingen 1969. – New Studies in Philosophy, Politics, Economics and the History of Ideas. London-Chicago 1978.

HAYEK wurde durch seine *Polemik* gegen den Sozialismus zum Propheten der *Freiheit.* Sein Pamphlet „Der Weg zur Knechtschaft“[6] erschien als „The road to serfdom“ 1944, gewidmet „Den Sozialisten in allen Parteien“. Die deutsche Übersetzung wurde von Eva RÖPKE besorgt und von Wilhelm RÖPKE eingeleitet. Sie erschien1945, bezeichnenderweise in der Schweiz und nicht in Deutschland und Österreich. Im Vorwort zur *amerikanischen* Auflage von 1976 sagt HAYEK mit Blick zurück: „Ich habe mich lange dagegen gewehrt, durch etwas, was ich damals als Pamphlet betrachtete, bekannter geworden zu sein als durch meine streng wissenschaftliche Arbeit. Nachdem ich im Lichte von 30 weiteren Studienjahren über die damals angesprochenen Probleme meine damalige Schrift überprüft habe, bin ich anderer Meinung.“[7]

Er zeigte schon früh auf, „daß es mehr als eine oberflächliche Ähnlichkeit zwischen dem Trend im deutschen Denken während und nach dem letzten Kriege und der gegenwärtigen Ideenströmung in den Demokratien gibt. In diesen Ländern existiert dieselbe Entschlossenheit, daß die Organisation der Nation, die für Verteidigungszwecke erreicht worden ist, für Zwecke des Aufbaus beibehalten werden soll. Es gibt dieselbe Verachtung für den Liberalismus des 19. Jahrhunderts, denselben ‚Realismus‘ und sogar Zynismus, dieselbe fatalistische Akzeptanz von ‚unvermeidlichen Trends‘. Und wenigstens neun von den zehn Lehren, die unsere lautstärksten Reformer uns aus dem Krieg ziehen lassen wollen, sind genau die Lehren, die die Deutschen aus dem letzten Krieg gelernt haben und die viel zur Entstehung des Nazisystems beigetragen haben.“[8]

Es heißt dort auch: „. . . durch über 200 Jahre hatten sich englische Ideen nach Osten ausgebreitet . . . Um 1870 hatte die Herrschaft dieser Ideen wahrscheinlich ihre östlichste Grenze erreicht. Von da ab begannen sie ihren Rückzug, und eine andere Art von Ideen, die nicht wirklich neu, sondern sehr alt sind, begann vom Osten her vorzudringen . . . Für die nächsten 60 Jahre war Deutschland das Zentrum, von dem die Ideen, die die Welt im 20. Jahrhundert beherrschen sollten, sich nach Westen und Osten ausbreiteten. Ob es Hegel oder Marx, List oder Schmoller, Sombart oder Mannheim, ob es der Sozialismus in seiner radikaleren Form oder bloß ‚Organisation‘ oder ‚Planung‘ einer weniger radikalen Art war, überall wurden bereitwillig deutsche Ideen importiert und deutsche Institutionen imitiert.“[9]

HAYEK ist ein *Wächter der Freiheit,* der immer wieder die moderne und freie Gesellschaft vor den Spielarten des atavistischen Sozialismus warnt. 1950 bis 1962 lehrte er an der Universität Chicago als Professor für Social und Moral Sciences und folgte so seinen großen Vorbildern. 1962 über-

6. Dieses Buch (Anm. 5) ist wohl HAYEKs berühmtestes Werk, gefolgt von seiner „Verfassung der Freiheit“ (Anm. 11).

7. The Road to Serfdom. Chicago 1976, XXI (Übersetzung durch den Autor).

8. A.a.O., 2f. (Anm. 7).

9. A.a.O., 21. (Anm. 7).

nahm er ein Ordinariat an der Universität Freiburg im Breisgau, wurde dort 1969 emeritiert und war über Initiative René MARCISs einige Jahre Gastprofessor in Salzburg.

HAYEK wirkte vor allem in England, in den USA, in der Bundesrepublik Deutschland und in Japan, wo er von der Universität Tokio 1964 sein erstes *Ehrendoktorat* erhielt. 1974 erhielt er den *Nobelpreis* für Wirtschaftswissenschaften gemeinsam mit dem von ihm so verschiedenen Gunnar MYRDAL. In dem von Fritz MACHLUP herausgegebenen Werk „Essays on Hayek" (1976) schreibt ein anderer Nobelpreisträger, Milton FRIEDMAN:

„Friedrich Hayek's influence has been tremendous. His work is incorporated in the body of technical economic theory; has had a major influence on economic history, political philosophy and political science; has affected students of the law, of scientific methodology and even of psychology. But . . . all of these are secondary to Hayek's influence in strengthening the moral and intellectual support for a free society".[10]

Am 23. März 1992 starb Friedrich August v. HAYEK in Freiburg im Breisgau.

III. Die Verfassung der Freiheit

Der einzige große Staat der Welt, der nunmehr über 200 Jahre Freiheit im Inneren und nach außen im großen und ganzen gewährt und gewährleistet, der die älteste geschriebene Verfassung der Welt als Grundlage für das immer wieder neue und junge Experiment einer freien Gesellschaft lebendig hält, in der jeder von Rechts wegen die Chance hat, seine angeborenen Fähigkeiten zu entwickeln, wie, wann und wo er will, war der Grund und Boden für HAYEKs Monumentalwerk der *politischen Philosophie:* „Die Verfassung der Freiheit", das 1960 erschienen ist. Es ist der Versuch, das *Freiheitsideal* zu beschreiben und zu begründen, das der westlichen Zivilisation zugrunde liegt. Das Ziel ist normativ: „Mein Ziel ist, ein Ideal darzustellen, zu zeigen, wie es erreicht werden kann, und zu erklären, was seine Verwirklichung in der Praxis bedeuten würde."[11] Die normative Identität stützt sich auf die Empirie sozialer Realität. HAYEK begründet mit alten Erfahrungen und Erkenntnissen. So ist das Buch auch eine *Ideen- und Institutionengeschichte* der Freiheit. HAYEKs ungeheure Belesenheit und das ihm dadurch zur Verfügung stehende Assoziationsmaterial erlaubten es ihm, alte Wahrheiten und gerade auch die unangenehmen, immer wieder neu zu präsentieren und zu aktualisieren. Er bringt vor allem in Erinnerung, daß die Menschheit mühevoll, aus langer, opferreicher und schmerzreicher Erfahrung gelernt hat, daß das Recht der Freiheit gewisse Eigenschaften besitzen muß.

10. In: MACHLUP, Essays, XXI (Anm. 3).

11. The Constitution of Liberty. London-Chicago 1960; dt. Die Verfassung der Freiheit. Tübingen 1971, V.

HAYEKs Argumente für die *individuelle Freiheit* beruhen hauptsächlich auf der Erfahrung und Erkenntnis, daß sich jeder von uns in Unkenntnis oder Ungewißheit eines großen Teiles der Faktoren befindet, von denen die Erreichung unserer Ziele und Wohlfahrt abhängt. *Der Mensch weiß wenig.* Er ist informationsarm. Er neigt zum Irrtum, vor allem in Beziehung auf die Zukunft. Kein Mensch, keine Gruppe und keine Institution kann die Information über die Lebenssituation aller Individuen besitzen und verarbeiten, die von einer geplanten Maßnahme betroffen sind. Gäbe es einen Doktor Allwissend, dann wäre Freiheit nicht notwendig. Weil wir aber so wenig wissen und auch selten wissen, wer etwas am besten weiß, brauchen wir Freiheit und nicht Anmaßung von Wissen durch irgendwelche Führer oder Zentralen, die uns willkürlich Vorschriften machen.

Da auf Grund unserer Unterinformation niemand legitimiert ist, fremde Lebensräume und andere Lebensführungen inhaltlich zu gestalten, kann *Freiheit* nur aus *Fehlen von Zwang und Willkür* (also formal und negativ) definiert werden. Deshalb erinnert HAYEK hinsichtlich der *Ordnung des Zusammenlebens* an das alte Ideal: Eine Herrschaft von Gesetzen und nicht von Menschen. Kurz: Nicht rex = lex, sondern lex = rex. Sir Karl POPPER hat gesagt „Mündige Bürger brauchen keine Führer" und dem würde Sir Friedrich August v. HAYEK zustimmen. *Nomos – basileus, Lex – rex,* Herrschaft von Gesetzen, nicht von Menschen, rule of law and not of men, das ist es, worauf es (ihm) ankommt.

Die *Gesellschaft* ist informationsreicher als der *einzelne,* denn jeder weiß etwas. Der auf Eigennutz basierende *Wettbewerb* dient als *Entdeckungsverfahren* der Nutzung des weitverstreuten Wissens in der Gesellschaft. Übertrieben formuliert: der Mensch ist dumm, und auch manchmal böse, die freie Gesellschaft des Wettbewerbs ist gut und klug. Wir können darauf vertrauen, daß die unabhängigen und wettbewerblichen Bemühungen vieler die Dinge hervorbringen, die wir wünschen werden, wenn wir sie sehen.

Der *Wettbewerb* ist eines der machtvollsten Werkzeuge zur Verbreitung von *Wissen* und führt gewöhnlich den Wert des Wissens jenen, die es nicht besitzen, vor Augen. Dabei bezweifelt HAYEK nicht, daß die Verwertung des Wissens durch bewußte Bemühung sehr gesteigert werden kann. Wissen ist Macht. Erkenntnis der Unwissenheit ist der Anfang der Weisheit. Wissen existiert aber nicht als Wissen von Einzelnen. Die Summe des Wissens aller Einzelnen existiert nirgends als integriertes Ganzes. Aber durch den Wettbewerb profitieren alle von diesem Wissen.

HAYEKs *Werk* ist von einer Fülle und Vielfalt, daß es verwirrt. Er selbst führt in seinem 1988 erschienenen Buch „The fatal conceit" in sein umfassendes Werk ein.[12] Im Zentrum seiner Gesellschaftstheorie steht die Verbindung von sozioökonomischer Evolution und spontaner Ordnung. HAYEK entwickelt seine *Gesellschaftstheorie* ausgehend von der für die *Wirt-*

12. The Fatal Conceit. The Errors of Socialism. Chicago 1988.

schaftstheorie zentralen Frage, wie die Interaktion des fragmentarischen und verstreuten individuellen Wissens *(Information)* zu gesellschaftlichen Ergebnissen führen kann.

Für HAYEK sind es *spontane Ordnungen,* die dies zustande bringen, weil sie über Wettbewerb, Preise und Regeln individuelles Verhalten weit besser koordinieren, als dies eine zentrale Planung vermag. Im besonderen führt der *Wettbewerb* dazu, daß dezentrales Situationswissen, das in abstrakter Form gar nicht weitergegeben werden könnte, für Problemlösungen eingesetzt und damit einer Bewährung ausgesetzt wird. Wettbewerb ist die treibende Kraft der wirtschaftlichen und gesellschaftlichen *Evolution.* Seine Ergebnisse sind weder vorhersehbar noch planbar. Sie sind das Resultat menschlichen Handelns, nicht aber eines Planes.

Die in der jüngsten Vergangenheit unverhüllt zu Tage getragenen Erfahrungen im *real existierenden Sozialismus* haben gezeigt, daß gesellschaftliche Planung für alle Beteiligten und für die natürliche Umwelt viel schlechtere Ergebnisse brachte als spontane Interaktionen individueller Problemlösungen im Wettbewerb. Diese schlechteren Ergebnisse waren überdies mit größeren Opfern verbunden als die besseren in der Wettbewerbsgesellschaft. Schließlich mußte im realen Sozialismus auf Freiheit verzichtet werden, ohne daß wirklich Sicherheit bestand.

HAYEK geht davon aus, daß der *Fortschritt und die Erhaltung unserer Zivilisation* von der größtmöglichen Gelegenheit für den Eintritt von *Zufälligkeiten* abhängt. Alle Einrichtungen der Freiheit sind Anpassungen an die Tatsache des Unwissens, Anpassung daran, daß wir es mit Möglichkeiten und Wahrscheinlichkeiten, nicht mit Gewißheiten zu tun haben. Gewißheit können wir nicht erreichen. „Sicherheit ist nirgends!" wie es Arthur SCHNITZLER im „Paracelsus" formuliert.

Der Mensch kann aber lernen. Er lernt vor allem durch die *Enttäuschung von Erwartungen.* Wir verdanken es den wechselseitigen, aneinander angepaßten Verhaltensweisen vieler Menschen, daß mehr Wissen genützt wird, als irgend eine Einzelperson besitzt oder als ein Verstand synthetisch bilden könnte. Weil *Freiheit* von vornherein einen Verzicht auf direkte Lenkung der individuellen Bemühungen bedeutet, kann eine Gesellschaft freier Menschen von viel mehr Kenntnissen Gebrauch machen, als die Vernunft des weisesten Herrschers erfassen könnte.

Da die Gesellschaft und ihre Entwicklung von höchster *Komplexität* sind, ist sie für den einzelnen nicht voll durchschaubar. Sie ist auch nicht vorhersehbar. Keine menschliche Entscheidung läßt sich in ihren Konsequenzen voll angeben. Die Gesellschaft läßt sich *nicht* planen. Nur die Planer wissen das nicht. Denn die Gesellschaft ist das Ergebnis von Verhaltensweisen und nicht das Resultat eines „human design". Die politischen Institutionen sind nicht Konstrukte des Intellekts, sondern das Ergebnis von Geschichte, Entwicklung und Erfahrung.

Die Erfahrung, daß Machthaber dazu neigen, ihre Macht zu mißbrauchen, ist die Grundlage für die *Gewaltenteilung,* die Bindung an Verfassung und Gesetz, den *Rechtsstaat.*

Die Erkenntnis, daß niemand weiß, was für uns gut ist, ist das Argument für die *individuelle Freiheit.* Die Erfahrung, daß niemand von uns viel darüber weiß, was unser Wohl und das unserer Nachkommen ausmacht, ist die Grundlage für ein allgemeines und freies *Verfahren* der Meinungs- und Willensbildung. Das Argument für die Freiheit ist so aber auch ein Argument für ein System von Prinzipien und Strukturen. Freiheit ist nicht nur eine Ordnung, in der alle Regierungstätigkeit von Grundsätzen geleitet wird, sondern auch ein *Ideal,* das sich nicht erhalten wird, wenn es nicht selbst als beherrschendes Prinzip anerkannt wird.

Man hat HAYEK vorgeworfen, daß er zu einem veralteten *laissez faire-Standpunkt* zurückgekehrt sei und in der Hoffnung, daß alles gut gehen werde, den Dingen ihren Lauf lasse. Sicher ist nach HAYEK der Wettbewerb nicht zuletzt dadurch gerechtfertigt, daß man nicht weiß, was dabei herauskommt und weil man dem Zufall zu seinem Recht verhilft. Aber er will die Dinge nicht einfach laufen lassen. Es geht ihm um Ordnung, um eine *Ordnung für die Freiheit.* Nur sie ist Weg und Mittel zur Freiheit, nicht der Zentralplan und der Befehl einer Autoriät. Es geht nicht um einen Sozialplan, sondern um freie Gesellschaftsentwicklung. Gebarenskoordination, Konventionen, Sprache, moralische Verhaltensregeln usw. in einem unpersönlichen Prozeß sind der Weg dazu. Es geht um dezentrales, ungeplantes Entstehen von Regeln.

Es gibt *zwei Traditionen* der Freiheit. Die eine ist empirisch und unsystematisch, spontan und unbewußt, die andere spekulativ, rationalistisch und bewußt. Diese ist die *gallische,* cartesianische, im Gegensatz zur *anglikanischen,* empirischen Freiheit. Die eine betont die rationale Konstruktion der kollektiven Organisation, Befehl und Plan von oben, Regierung, Staat; die andere die Spontaneität, Entwicklung und Erfahrung, das allgemeine Gesetz, den Einzelnen. HAYEK steht in dieser zweiten Tradition. Er sieht das Wesen der Freiheit in Spontaneität und in dem Fehlen von Willkür und Zwang, während die andere Tradition glaubt, daß man Freiheit nur dann verwirklichen kann, wenn ein absolutes kollektives Ziel angestrebt wird. Die eine tritt für dezentrales, organisches, langsames, halb unbewußtes Wachstum ein, die andere für doktrinär endogenes zentrales Entscheiden; die eine für ein pluralistisches Angehen der Probleme nach dem Prinzip von „trial and error", die andere für eine monistische, erzwungene, allein gültige Ordnung; die eine ist für konkretes, vielfältiges menschliches Handeln in Abwesenheit von Zwang in einem Prozeß kumulativen Wachstums, die andere für die abstrakte Planung der Gesellschaft, für den Gesellschaftsvertrag als Konstruktion. Die einen sind für *„Athen"*, die anderen für*„Sparta"*, wie SCHILLER es formuliert hätte.

Die rationalistischen Theorien des *Geplantseins* fußen auf der Annahme der Neigung des Menschen zu rationalem Handeln, auf seiner Intelligenz und Güte. Sie gehen davon aus, daß der Mensch ursprünglich gut ist, die Gesellschaft aber schlecht: Daher muß man die Gesellschaft ändern, damit die Menschen wieder gut werden. Die anderen stehen der Tradition der christlichen Fehlbarkeit und Sündhaftigkeit des Menschen näher und suchen Einrichtungen, wonach schlechte Menschen möglichst wenig Schaden stiften können, wobei Generationen experimentieren und *Erfahrungen* sich in Institutionen niederschlagen. Die beste Gesellschaft ist dann die, in der böse und schlechte Menschen am wenigsten Schaden stiften.

Wir wissen wenig. Aber „wir haben so unsere Erfahrungen" (Alexander DUBČEK) und diese sind in den *politischen Institutionen der Freiheit* organisatorisch ausgedrückt. Aber alles fließt. Wir dürfen nicht nur Zuschauer sein. Wir müssen auch versuchen, Politik energisch als „activity of amendment" (Michal OAKESHOTT) zu entfalten, um die Strukturen der Entscheidungsprozesse zu verbessern. Es geht darum, die Regeln des Zusammenlebens stetig für die Entwicklung der Gesellschaft zu verbessern. Wir müssen ständig auf der Suche nach günstigen Bedingungen für Freiheit und Kultur sein und sie so schaffen, „wie es ein Gärtner für das Wachstum seiner Pflanzen macht" (Dietrich SCHINDLER).

IV. Recht und Freiheit – Rechtswissenschaft als Freiheitswissenschaft

HAYEKs politisches Denken ist weitgehend *Rechtsdenken.* Nach ihm hat das Recht die Aufgabe, dem Einzelnen einen freien, sicheren Raum abzustecken, in dem er seinen Lebensplan entwerfen, seine Lebensführung gestalten und seinen Lebensweg entscheiden kann. Er soll gewissermaßen die Freiheiten haben, Dummheiten zu begehen und Fehler zu machen. Aber er soll seine Lebenschancen nach seinen Vorstellungen, seiner Begabung, seinem Charakter, seiner Moral wahrnehmen können. Er soll täglich nach seinen Bedürfnissen, Wünschen und Interessen vorgehen und seine Pläne ändern können.

Der Begriff der *Freiheit unter dem Gesetz* ist ein Hauptgegenstand der „Verfassung der Freiheit". Immer wieder hebt HAYEK hervor, daß wir mit der Befolgung von Gesetzen im Sinne von allgemeinen abstrakten Regeln, die unabhängig von ihrer Anwendung auf uns niedergelegt werden, nicht dem Willen eines anderen unterworfen und daher frei sind. Die Begründung, warum jedem Einzelnen ein bekannter *Bereich* zugesichert wird, innerhalb dessen er über seine Verhaltensweisen entscheiden kann, ist, ihm den vollsten Gebrauch seines Wissens, insbesondere seiner konkreten und nur ihm gegebenen Erkenntnisse der besonderen Umstände von Zeit und Ort, zu ermöglichen. So kommt es auf Grund der Wissensteilung zur Zusammenarbeit der Individuen und der gemeinsamen Regeln. Die Organisierung der Gesellschaft ist, verkürzt gesagt, die *Organisierung des Wissens.*

HAYEK geht es nicht so sehr darum, was der einzelne in seinem Freiheitsraum tut, sondern um die *Abgrenzung* der vielen persönlichen individuellen Bereiche durch allgemeine und abstrakte Regeln. Freiheit kann nur als Freiheit unter dem Gesetz und als Gleichheit vor dem Gesetz bestehen. Denn das *Gesetz* ist die Grundlage der Freiheit: wo keine Grenzen, keine Freiheit. Hier steht HAYEK in der Tradition von Charles de MONTESQUIEU, Immanuel KANT, Wilhelm v. HUMBOLDT, Alexis de TOCQUEVILLE. Der *Zweck des Rechts* ist ihm vor allem Freiheit. Während andere das Recht durch Zwang definieren, definiert er es durch Freiheit. Rechtswissenschaft ist ihm „die Wissenschaft von der Freiheit", so wie es Charles BEUDANT 1891 formuliert hat.[13]

Beim Recht geht es um die Zuteilung und Gewährleistung von *Freiheitssphären* durch abstrakte Regeln, die dem Schutz und der Abgrenzung der Individualbereiche dienen, in die niemand eingreifen darf. Es handelt sich um Regeln, die der „ungeselligen Geselligkeit" Rechnung tragen, die Sphären der Freiheit der Menschen gegeneinander aus- und abgrenzen und bestimmte Verhaltensweisen verbieten, die diese Freiheitssphären und das Zusammenleben stören. Das „Negative" ist somit das Positive des Rechts.

HAYEKs Freiheitsbegriff ist also *formal-negativ:* Die Freiheit wird erst etwas Positives durch den Gebrauch, den wir von ihr machen. Im Gegensatz zu vielen anderen sieht aber HAYEK den letzten Sinn der Freiheit nicht in der Steigerung sozialer Gerechtigkeit. Seine Freiheit überläßt uns als Individuen zu entscheiden, was wir aus den Umständen machen, in denen wir uns befinden.

Im menschlichen Zusammenleben entwickeln sich Gewohnheiten, Konventionen, regelmäßige Verhaltensmuster, die eine *Erwartungsstruktur* ohne konkrete Ziele aufbauen. Sie sind abstrakt und allgemein, sodaß sie nicht als Befehle eines anderen und als Druck von außen bewußt werden. Sie wirken als Ordnung durch *Gleichgewicht* in der Gesellschaft und instrumental in dem Sinn, daß der Einzelne in ihrer Befolgung immer noch seine eigenen Ziele und nicht die eines anderen befolgt. Ein spezieller Befehl, der einen besonderen Zweck, ein konkret zu erreichendes Ziel kommandiert, kann nie ein Gesetz sein. HAYEK konstatiert in der Entwicklung einen Übergang vom Besonderen und Konkreten zum Allgemeinen und Abstrakten im Zusammenleben, so auch in der Entwicklung von Gewohnheitsregeln zu Gesetzen im modernen Sinn. Das *Gesetz* kommt durch den Beitrag vieler in der Generationenfolge vieler als Folge der spontanen Bildung polyzentrischer Ordnungen zum normativen Ausdruck.

Durch die Herrschaft des Gesetzes, durch die „rule of law and not of men",

13. Charles BEUDANT: Le Droit individuel et l'état. Paris 1891, 5.

besteht eine *Gleichheit in der Freiheit* der Menschen. Es handelt sich um „Isonomie", einen alten Begriff, welcher in Vergessenheit geraten ist. Gleichheit *vor* dem Gesetz und Freiheit *unter* dem Gesetz bedeuten insbesondere, daß die Regierung ein Individuum niemals zwingen darf, außer in der Durchsetzung einer bekannten Regel. „Herrschaft des Gesetzes" setzt allerdings voraus, daß die Gesetze gewissen *Grundsätzen* entsprechen. Im Grunde ist die Herrschaft des Gesetzes nicht eine Regel des Rechts, sondern eine Regel darüber, was und wie Recht sein soll. Daher begibt sich HAYEK immer wieder auf die Suche nach der Wiedergewinnung und Präzisierung der Begriffe des Gesetzes, auf dem sich das Ideal der Freiheit unter dem Gesetz aufbaut.

HAYEK will dementsprechend zu einer Rechtsordnung führen, in der das Recht nicht von einem Gesetzgeber konstruktiv und bewußt geschaffen wird, sondern sich von Regeln ableitet, die nicht erfunden, sondern *gefunden* werden. Bemerkenswert ist, daß er eigentlich nur dem *Zivilrecht* und dem *Strafrecht* Rechtscharakter zukommen läßt. Hier geht es ja primär um die Begrenzung und Beschränkung der Freiheitsräume gegeneinander, wobei noch finalakzessorisches Recht dazukommt. Im Zivilrecht und Strafrecht hat sich vorteilhaftes Handeln kodifiziert. Es ist gewissermaßen Ergebnis der normativen Kraft des Faktischen. Im *Verwaltungsrecht* geht es um die faktische Kraft des Normativen im Sinne einer konstruktivistischen Weisheit, also gewissermaßen um Atavistisches nach HAYEK. Der Häuptling, der Führer befiehlt usw.

V. Ordnung, Freiheit und Gerechtigkeit

In der Trilogie „Recht, Gesetzgebung und Freiheit" („Regeln und Ordnung" 1973, „Die Illusion der sozialen Gerechtigkeit" 1976 und „Die Verfassung einer Gesellschaft freier Menschen" 1979) legt HAYEK eine zusammenfassende *Neubegründung* seiner politischen Philosophie vor, die vor allem den Schwerpunkt auf die Aufzeichnung und Beschreibung von *Spielregeln und Ordnungen* legt, die ein Dasein in Freiheit ermöglichen.[14]

Die gesuchte Ordnung ist nach HAYEK die *gewachsene* Ordnung („Kosmos"), die er gegen die *gemachte* Ordnung („Taxis") abgrenzt. Dem Einwand, daß in jeder Gesellschaft gewachsene Ordnung und bewußte Organisation nebeneinander auftreten, versucht er die Spitze zu nehmen, indem er meint, die beiden können nie vermischt auftreten. Denn die Regeln einer spontanen Ordnung seien immer unabhängig von einem Zweck. Freiheit werde zerstört, wenn man einer vorgeschriebenen Zweckmäßigkeit folgen

14. Im Original: Law, Legislation and Liberty: A New Statement of the Liberal Principles of Justice and Political Economy. Bd. 1: Rules and Order. London 1973. Bd. 2: The Mirage of Social Justice. London 1976. Bd. 3: The Political Order of a Free People. London 1979; dt. München 1978/79/81.

muß. Allerdings könne es notwendig sein, die oft zu langsame Entwicklung der *spontanen Ordnung* durch *bewußte Gesetzgebung* zu korrigieren. Aber grundsätzlich bleiben für ihn die Regeln des gerechten Verhaltens die im Vorbewußtsein oder Bewußtsein der Rechtsgenossen verankerten Erfahrungen, Vorstellungen und Erwartungen, die noch nicht verbalisiert sind. Dies wiest auf das Gewohnheitsrecht hin.

Für HAYEK gibt es keine *soziale Gerechtigkeit,* sondern nur *Regeln des gerechten Verhaltens.* Sie müssen gewisse *Kriterien* erfüllen: Sie müssen *abstrakt* sein, das heißt, daß die Regeln für eine unbekannte und unbestimmte Anzahl künftiger Fälle gelten. Sie beschränken also nur gewisse Aspekte und Ausschnitte von in unbekannten Umständen vorzunehmenden Verhaltensweisen. Generell-abstrakt ist jede an eine unbestimmte Vielheit von Personen, auf eine unbestimmte Vielheit von Fällen gerichtete Regel. Diese Regeln zielen nur auf die Bildung einer abstrakten Ordnung mit unvorhersehbarem konkreten Inhalt und nicht auf besondere Zwecke. Grundsätzlich müssen sie *universalisierbar* sein, dürfen nur das Verhalten gegenüber anderen Personen *begrenzen,* und zwar im wesentlichen durch Verbote, welche die geschützten, individuellen Sphären abgrenzen (Leben, Freiheit, Eigentum). Daß wir zur Herbeiführung einer spontanen Ordnung, die viel komplexer ist, weil sie mehr Wissen nützt, als wir intellektuell meistern können, uns solcher Regeln bedienen müssen, bedeutet aber, daß diese allgemeinen Normen das wichtigste Instrument sind, das der Mensch gefunden hat, um die Beherrschung der Umwelt über den Bereich seines konkreten Wissens auszudehnen.

Das alles gilt nur für das Verhältnis zwischen den Verhaltensregeln des *Privatrechts* und des *Strafrechts* und der spontanen Ordnung der Gesellschaft, nicht für das Verhältnis zwischen den Organisationsregeln des *öffentlichen Rechts* und der von ihnen bestimmten Ordnung des Staatsapparates und der Staatszwecke. Die Entdeckung des 18. Jahrhunderts, daß Bestrebungen der Einzelnen, die auf individuelle Ziele gerichtet sind, (und nicht auf das Gemeinwohl), durch die sie beschränkenden Regeln des gerechten Handelns so kanalisiert werden können, daß sie dem Gemeinwohl dienen (freilich nur im Sinne der Herstellung einer abstrakten Ordnung) muß also immer den Ausgangspunkt für die Analyse des Zusammenspiels zwischen Rechtsordnung und Verhaltensordnung bilden. Daß die Normen des Eigentums und des Vertragsrechts der Bildung einer solchen Ordnung dienen, war den Denkern des 18. Jahrhunderts eine Selbstverständlichkeit.

HAYEK wendet sich scharf gegen die *rationalistische Anmaßung,* daß der Mensch in seiner Weisheit eine Ordnung bewußt schaffen könne. Er ist gegen den naiven *konstruktivistischen* Rationalismus und Voluntarismus und gegen jenen Positivismus, der alles Recht vom Willen eines Gesetzgebers ableitet und in der Rechtsphilosophie als Dezisionismus verbreitet wurde.

Das bewußt geschaffene Recht muß, um *„gerecht"* im Sinne HAYEKs zu sein, vor allem dem Kritierium der Abstraktheit, der „Zwecklosigkeit" genügen, d.h. die Gesetzgebung muß hinter einem RAWLSschen Schleier des Nichtwissens (nämlich über die Folgen ihrer Entscheidung) handeln. „Gerechtigkeit" ist bei HAYEK also – wie gesagt – ein rein formaler Begriff.

VI. Zusammenfassung

Fassen wir die *Grundgedanken* der politischen Philosophie HAYEKs zusammen: Er wendet sich gegen die Anmaßung von Wissen, wie sie Sozialisten aller Schattierungen praktizieren. Er kämpft gegen den konstruktivistischen Rationalismus, Voluntarismus, Etatismus, Positivismus, Zentralismus, Dezisionismus. Er geht davon aus, daß praktisch alle Probleme der Gesellschaft und Politik Probleme sind, die sich aus einer unabänderlichen *Beschränktheit unseres Wissens* ergeben. Mit dem Fortschritt des Wissens entsteht immer mehr Einsicht in unser Nichtwissen. Je mehr wir wissen, desto mehr wissen wir, wie wenig wir wissen.

Damit jedem der vollste Gebrauch seines Wissens, insbesondere seiner konkreten und oft nur ihm gegebenen Kenntnisse der besonderen Umstände von Zeit und Ort ermöglicht wird, ist jedem Einzelnen ein bekannter *Bereich* zuzusichern, innerhalb dessen er über sein Verhalten entscheiden kann. Mit der Befolgung von Gesetzen im genannten Sinn sind wir nicht dem Willen eines anderen unterworfen und daher frei. Die *Zuteilung der Freiheit* unter diesen den einen gegenüber den anderen abgrenzenden allgemeinen Gesetzen, ist Sache des *Rechts.* Es ermöglicht damit dem Einzelnen den wirksamen Gebrauch seines eigenen Wissens.

Es trägt damit auch seinem Wissen bei, es verkörpert auch das Wissen und die Ergebnisse früherer Erfahrung, die genützt werden, solange die Menschen nach diesen Regeln handeln. Die Zusammenarbeit der Individuen unter gemeinsamen Regeln beruht auf einer Art *Wissensteilung.*

Die *gerechten Regeln* konstituieren eine *Ordnung der Freiheit,* in der jeder seine Lebenschancen und Ziele wahrnehmen kann und in der mehr Wissen in der Gesellschaft genützt werden kann, als je synthetisch an einer Stelle konzentriert werden könnte.

HAYEK ist *skeptisch* gegenüber den Tendenzen des Szientismus, Egalitarismus, Zentralismus, Bürokratismus, Demokratismus: Die *Institutionen der Gesellschaft* kommen als Ergebnis menschlichen Handelns, nicht aber durch obrigkeitliche Planung zustande. Sie stammen von „human action, but not from human design".

Eine *freie Gesellschaft von Individuen* ist nur gesichert, unter der „rule of law", worunter die Herrschaft allgemeiner Regeln zu verstehen ist, die so wenig Spielraum für obrigkeitliche Ermessensentscheide lassen wie irgend möglich.

Das *Gemeinwohl* findet seinen Ausdruck in eben diesen allgemeinen Regeln und nicht in konkreten Zielen der Politik. Ziele sind „Anmaßung von Wissen“. HAYEK erinnert an den alten Traum der Herrschaft von Gesetzen und nicht von Menschen. „Rule of law“ heißt *Gleichheit* aller Menschen vor dem Gesetz und *Freiheit* aller Menschen unter dem Gesetz. HAYEK sagt auch, wie dieses Gesetz ausschauen muß, damit der Traum verwirklicht wird. Unter der „rule of law“ kommt es zur Herausbildung einer „spontanen Ordnung“ im Sinne eines *dauernden Suchprozesses* nach vorher unbekannten neuen und besseren Möglichkeiten. HAYEK kann im Kern seines Denkens als *Informationstheoretiker* verstanden werden.

Für HAYEK ist *Sozialismus* jeder Art, auch die Forderung nach „sozialer Gerechtigkeit“, ein atavistischer Rückfall in primitives Stammesdenken. Die *offene Gesellschaft* (oder „Große Gesellschaft“) wird erst durch die Verdrängung konkreter Ziele und Befehle durch abstrakte Verhaltensregeln möglich. Das wiederum verlangt nach einer neuen Art der Verhaltenskoordination, nach dem Spielen eines neuen Spiels und neuen Spielregeln. Die Orientierung an gemeinsamen Indikatoren führt zur Bildung einer *spontanen (Markt-) Ordnung*. So entstehen *Verfahren,* durch die alle relevanten und weitverstreuten Informationen für eine ständig wachsende Zahl von Menschen in Form der Marktpreise zugänglich werden. Darin sieht HAYEK die Rationalisierung und Domestizierung uralter Instinkte, wobei die Auswirkungen der Ergebnisse auf verschiedene Personen und Gruppen nicht mehr die uralten Instinkte befriedigen. Durch das Spiel des Marktes bringen wir den Fremden dazu, uns freundlich und nützlich zu sein.

Die allmähliche Ausbreitung der *Moral,* welche die neue, offene und große Gesellschaft verlangt, erfordert vor allem, daß die gleichen Verhaltensregeln auf die Beziehung eines Einzelnen zu allen Mitgliedern der Gesellschaft angewendet werden – abgesehen von den natürlichen Banden zu den Mitgliedern der eigenen *Familie.* Die Ausweitung alter moralischer Regeln auf weitere Kreise wird von den meisten Leuten, insbesondere von den Intellektuellen, als ein moralischer Fortschritt willkommen geheißen. Aber sie haben offensichtlich nicht erkannt, und werden sehr ungehalten darüber, wenn sie entdecken, daß die Gleichheit der Regeln, die auf das Verhältnis der Einzelnen zu allen anderen anwendbar sind, nicht nur notwendigerweise nach sich zieht, daß auf Personen neue Verpflichtungen ausgedehnt werden, denen sie bisher nicht nachzukommen hatten, sondern daß auch alte Verpflichtungen, die gegenüber bestimmten Leuten einzuhalten waren, aber nicht auf alle ausgedehnt werden könnten, verschwinden müssen.

Fortschritt und Wohlstand sind das Ergebnis des, wenn auch noch unvollkommenen Sieges allgemeiner Regeln über bestimmte Ziele als Methode der gesellschaftlichen Koordination. Diese Entwicklung hat sowohl die offene Gesellschaft als auch die individuelle Freiheit ermöglicht. Nach HAYEK können wir aus Prämissen, die ausschließlich Aussagen über Ursache und Wirkung enthalten, keine Schlüsse auf das, was sein sollte, ableiten. Wir seien immer wieder gezwungen, anzuerkennen, daß es in Wahrheit *keine* wie immer gearteten absoluten Werte gibt.

Moralische Pflichten sind individuelle Pflichten, und der *moralische Fortschritt* einiger Gruppen resultiert daraus, daß ihre Mitglieder Regeln annehmen, die der Erhaltung und der Wohlfahrt der Gruppen förderlich sind. Moralischer Fortschritt verlangt die Möglichkeit *individuellen Experimentierens,* insbesondere, daß innerhalb eines begrenzten Rahmens von zwingenden abstrakten Regeln der Einzelne frei ist, sein eigenes Wissen für seine eigenen Zwecke zu nutzen und der Zufall zu seinem Recht kommt.

Dem Prinzip der *persönlichen Verantwortlichkeit* für die eigenen Handlungen und ihre Folgen sowie der *Freiheit,* daß der einzelne seine eigenen Ziele verfolgen kann und nicht einem Führer der Horde, der er angehört, gehorchen muß, haben wir die Entwicklung der *Zivilisation* zu verdanken. HAYEK ist überzeugt, daß nach einer gewissen Zeit die Menschen allgemein erkennen werden, daß man einem Zustand den Vorzug geben sollte, in dem das Wohlbefinden und der relative Status des Einzelnen vom Ergebnis des Spiels des Marktes, nicht vom Willen eines Vorgesetzten abhängen, dem man durch eine übergeordnete Instanz zugeteilt ist.

Die Entwicklung von Regeln und von Moral spielt in der HAYEKschen *Evolutionstheorie* eine zentrale Rolle. Sie sind auf einer Ebene zwischen Instinkt und Vernunft angesiedelt. Sie sind das Ergebnis eines langen Entwicklungsprozesses, in welchem bestimmte Verhaltensweisen eingeübt werden, ohne daß man ein Verständnis für ihre Funktion besitzt. Solche Verhaltensweisen entstehen, ohne daß ein individuell geplanter und kontrollierter Prozeß vorliegt. Es gibt *keinen zentralen Plan.* Während ihr Entstehen rein zufällig sein kann, entscheide die Selektion darüber, welche dieser Verhaltensweisen überlegen und erfolgreich sind. So sind die erfolgreichen Systeme das Resultat eines langen Evolutionsprozesses, der einfach deshalb nicht schnell aufgeholt werden kann, weil er auch das Resultat von Verhaltensweisen, Werten und Regeln ist, die ihrerseits das Resultat von Evolutionsprozessen sind, und nicht geplant, sondern nur allmählich erlernt werden können.

Die *Verhaltensregeln* zwischen anonymen Marktteilnehmern sind andere als die einer kleinen Gruppe. Das für *Kleingruppen* typische Solidaritätsverhalten kann nicht auf die „große Gesellschaft“ übertragen werden, ohne die Funktionen des Marktes schwer zu beeinträchtigen, sondern muß durch abstrakte Regeln wie Freiheitsrechte und Wettbewerbsregeln ersetzt werden. Gerade aber diese abstrakte, unpersönliche Form der *Interaktionen* in spontanen Ordnungen erscheint vielen Kritikern der Marktwirtschaft als nicht wünschenswert.

Sie sehnen sich nach der Wärme und dem Wert der *überschaubaren* Kleingruppe, gewissermaßen nach „Stamm“ und „Stall“, zurück. Sie glauben, daß gesellschaftliche Probleme durch ihre Entscheidungen gelöst werden können.

Verhaltenskoordination in *spontanen Ordnungen* bedarf abstrakter Regeln. Konkrete Befehle und Weisungen, die bestimmte Zustände erreichen wollen, stören die Entwicklungen spontaner Ordnungen. Dazu kommt, daß der konkrete Text von Vorschriften nie ganz mit der Rechtswirklichkeit übereinstimmt.

Gegen spontane Entwicklungsprozesse richtet sich also nicht nur die Auflehnung der menschlichen *Vernunft,* der *Konstruktivismus,* der glaubt, alles besser zu wissen, sondern auch die Auflehnung der menschlichen *Instinkte,* die vor allem *Sicherheit* wollen. Dem *Sozialismus* wirft HAYEK beides vor: Er kombiniere die maßlose Überschätzung der menschlichen Vernunft, des Rationalismus der Aufklärung, mit dem romantischen Hang zu instinktiven Werten der Kleingruppe.

Österreich ist ein Land mit einer langen Tradition des *obrigkeitlichen Konstruktivismus,* einer starken Präferenz für *gesellschaftliche Harmonie* und eines starken *Kleingruppendenkens* mit *Besserwisserei.* Meines Erachtens liegt dies in der langen Herrschaft der absoluten Monarchie, der Bürokratie und der katholischen Kirche begründet. Es mag aber auch mit der Erfahrung vieler Niederlagen, Kriege und Krisen zusammenhängen. Heute, in der fortgeschrittenen *Zweiten Republik,* sollten die Anliegen HAYEKs im Zusammenhang mit der Liberalisierung und Internationalisierung Österreichs aber doch endlich zum Thema in Wissenschaft und Politik werden. *Glasnost* und *Perestroika* im Osten fordern dazu gerade uns heraus. Eine *Verfassung der Freiheit* und Regeln gerechten Verhaltens für die Weltgesellschaft sind die Aufgabe der Zukunft.

Karl Raimund Popper

Kurt Salamun

I. Zur Biographie und intellektuellen Entwicklung

Sir Karl Raimund POPPER, geb. am 28. Juli 1902 in Wien, zählt neben Ludwig WITTGENSTEIN und Hans KELSEN zu den bedeutendsten *Philosophen,* die *Österreich* in diesem Jahrhundert hervorgebracht hat. Er entwickelte wichtige Gedanken zur Erkenntnis- und Wissenschaftslehre, zum Leib-Seele-Problem, zur Sozialphilosophie und politischen Theorie, die heute in aller Welt diskutiert werden. Wie POPPER in einem autobiographischen Buch hervorhebt,[1] wurde seine *politische Grundüberzeugung* entscheidend durch Auseinandersetzungen in der Ersten Republik geprägt, mit denen er während der Jugend- und Studienzeit im Wien der zwanziger Jahre konfrontiert war. Der marxistisch inspirierte eschatologische Utopismus und Verbalradikalismus der damaligen sozialistischen Bewegung machten ihn zum engagierten Gegner jeglicher Spielart des *Marxismus;* genauso stießen ihn klerikal-dogmatische Ausprägungen des damaligen *Katholizismus* in Österreich ab und ließen ihn zu einem Kritiker jeder religiös-fundamentalistischen Weltanschauung und zum Vertreter einer anti-dogmatischen, liberalen und kritisch-rationalen Grundüberzeugung werden.

An POPPERs *grundsätzlich antimarxistischer Einstellung* änderte sich auch dann nichts, als er später zumindest den moralischen Anliegen, die Karl MARX bei der Konzipierung seiner revolutionären Gedanken geleitet haben, eine gewisse Anerkennung zollte.[2] Aus POPPERs interessanter Lebensgeschichte ist erwähnenswert, daß er während des Studiums an der Wiener Universität auch als *Möbeltischler* und *Erzieher* für sozial gefährdete Jugendliche arbeitete und nach dem Studienabschluß eine Zeitlang als *Hauptschullehrer* für Mathematik und Physik in Wien tätig war. Als 1934 sein Buch „Logik der Forschung" erschien, wurde er über die Grenzen Österreichs hinaus bekannt und 1935/36 zu Gastvorlesungen nach London

1. Vgl. Karl R. POPPER: Ausgangspunkte. Meine intellektuelle Entwicklung. Hamburg 1979, 40 ff; weitere Informationen zu POPPERs Lebensgeschichte finden sich in: William W. BARTLEY: Ein schwieriger Mensch. Eine Portraitskizze von Sir Karl Popper. In: Philosophen des 20. Jahrhunderts in Portraits. Hg. v. Eckhard NORDHOFEN. Königstein/Taunus 1980, 45 ff. – Ds., Popperian Harvest. In: In Pursuit of Truth. Essays on the Philosophy of Karl Popper on the Occasion of His 80th Birthday. Edited by Paul LEVINSON. New Jersey 1982, 249 ff.

2. Vgl. Karl R. POPPER: Die offene Gesellschaft und ihre Feinde. Bd. 2: Falsche Propheten: Hegel, Marx und die Folgen. Bern 1958, 103 und 149 f.

eingeladen. 1937 nahm er eine Berufung an die Universität Christchurch in Neuseeland an, nachdem durch die Machtübernahme HITLERs in Deutschland das Leben für Menschen mit jüdischer Abstammung auch in Österreich immer gefährlicher zu werden begann. In Neuseeland schrieb POPPER seine beiden sozialphilosophischen Hauptwerke „Das Elend des Historizismus" (engl. 1944/45, deutsch 1965) und „Die offene Gesellschaft und ihre Feinde" (engl. 1945, deutsch 1957/58), in denen die wichtigsten Gedanken seiner politischen Philosophie enthalten sind.

Im Jahr 1946 erhielt POPPER eine Berufung an die London School of Economics and Political Science, nicht zuletzt auf Betreiben des dort lehrenden österreichischen Nationalökonomen und späteren Nobelpreisträgers Friedrich August v. HAYEK. POPPER lehrte an dieser berühmten Hochschule bis zu seiner *Emeritierung* im Jahr 1969. 1964 wurde er mit dem Adelstitel „Sir" ausgezeichnet. Sowohl vor der Emeritierung als auch danach wirkte er an vielen Universitäten und wissenschaftlichen Institutionen Europas und der USA als Gastprofessor, in Österreich u. a. am Institut für Höhere Studien in Wien. Einen besonders intensiven Kontakt zu Österreich pflegte er über die seit 1945 alljährlich in Alpbach stattfindenden *Europäischen Hochschulwochen* (dem „Europäischen Forum Alpbach"), an denen er in den Jahren 1948, 1955, 1958, 1961, 1974, 1978, 1982, 1983 und 1984 teilnahm und dabei so manchem österreichischen Philosophen, Wissenschafter und kritischen Intellektuellen fruchtbare Denkanstöße vermittelte.

Unter den wichtigsten *Einflüssen*, die POPPERs Denken bestimmt haben, muß an erster Stelle die Philosophie Immanuel KANTs genannt werden. Dort liegt u. a. die Wurzel für das *starke Aufklärungsethos*, das POPPERs gesamtes Philosophieren kennzeichnet und das er selbst auch noch auf den Einfluß von Bertrand RUSSELL und der neopositivistischen Philosophie des Wiener Kreises (Moritz SCHLICK, Rudolf CARNAP, Fritz WAISMANN, Herbert FEIGL u. a.) zurückgeführt hat.[3] Weitere nachhaltige *Impulse* auf POPPER, die hier nicht erörtert werden können, gingen vom Sprachpsychologen Karl BÜHLER, den Physikern Erwin SCHRÖDINGER und Albert EINSTEIN, dem Logiker Alfred TARSKI aus, sowie, in bezug auf das politische Denken, von John St. MILL und Friedrich A. v. HAYEK. POPPER hat MILL verschiedentlich wegen seines Psychologismus und Historizismus kritisiert. Trotzdem scheint ihn dieser Klassiker des *Liberalismus*, dessen Gedanken er bereits im Elternhaus durch den Vater, einen liberalen Wiener Rechtsanwalt, kennenlernte, in bedeutsamen Grundüberzeugungen geprägt zu haben; so etwa in der Auffassung, daß gesellschaftliche Entwicklungen und Institutionen mit ihren positiven und negativen Konsequenzen letztlich aus dem Verhalten und den Handlungen von Individuen erklärbar sind und nicht aus irgendwelchen ganzheitlichen

3. Vgl. POPPER, Ausgangspunkte, 122f., (Anm. 1). Zum Kant-Einfluß auf POPPER vgl. Lothar SCHÄFER: Karl R. Popper. München 1988, 25ff.

gesellschaftlichen Entitäten bzw. Kollektivphänomenen, oder in der Überzeugung, daß die *Sicherung der individuellen Freiheit* letztlich das primäre Ziel allen politischen Handelns sein muß.

II. Irrtumsanfälligkeit der Vernunft und kritische Rationalität

Für das Verständnis von POPPERs *politischem Denken* ist wichtig, sich einige erkenntnis- und wissenschaftstheoretische Vorstellungen vor Augen zu halten, die mit seinen politischen Gedanken unmittelbar zusammenhängen. Eine zentrale Annahme seiner *Erkenntnislehre* liegt in der These von der prinzipiellen *Fehlbarkeit der Vernunft* („Fallibilismus"). Für POPPER ist die menschliche Vernunft stets irrtumsanfällig, sodaß sie zu keinen absolut sicheren und ein für allemal gewissen Erkenntnissen gelangen kann, wenngleich in der menschlichen Psyche starke emotionale Bedürfnisse nach *Gewißheit* und einem absolut gesicherten Wissen tief verankert sind. Diese Bedürfnisse haben ihren Niederschlag auch noch in den traditionellen Erkenntnislehren von *Empirismus* und *Rationalismus* gefunden, mit denen POPPER ein *Offenbarungsmodell der Erkenntnis* bzw. eine Offenbarungstheorie der Wahrheit verbunden sieht: d.h. die Vorstellung, daß es eine letzte Begründungsinstanz geben müsse, die die Wahrheit von Erkenntnissen gleichsam offenbar machen und absolut garantieren könne. Für den klassischen Empirismus besteht diese Instanz in der Sinneserfahrung; der klassische Rationalismus (Intellektualismus) in der Tradition René DESCARTES' meinte eine solche Instanz in der erfahrungsunabhängigen Vernunfteinsicht gefunden zu haben.

POPPER bringt gegen die Idee der möglichen *Letztbegründung* von Erkenntnissen verschiedene Argumente[4] vor: Aus *logischer Sicht* kritisiert er, die Skepsis David HUMEs teilend, das mit dem Begründungsmodell der Erkenntnis verbundene *Induktionsprinzip*. Er führt dagegen u. a. die Argumente an, daß bei der Begründung des Induktionsprinzips als generelle Regel immer schon die Gültigkeit dieses Prinzips vorausgesetzt werden müsse, und daß mit diesem Prinzip darüberhinaus eine Problematik verbunden sei, die Hans ALBERT, der bedeutendste POPPER-Interpret und Fortführer seiner Gedanken im deutschen Sprachraum, im Verlauf der erkenntnistheoretischen Diskussion um die Auffassungen POPPERs treffend als *„Münchhausen-Trilemma"* bezeichnet hat.[5] Versucht man Er-

4. Vgl. dazu vor allem: Karl R. POPPER: Logik der Forschung. 2.A. Tübingen 1966, 74f. und 198ff. – Conjectures and Refutations. The Growth of Scientific Knowledge. (1963). 8. A. London 1981, 3 ff und 33 ff. – Objektive Erkenntnis. Ein evolutionärer Entwurf. Hamburg 1973, 42f. und 89 ff. – Die beiden Grundprobleme der Erkenntnistheorie. Tübigen 1979, 135f.

5. Vgl. Hans ALBERT: Traktat über kritische Vernunft. Tübingen 1969, 5. erw. u. verb. A. 1991, 11 ff. – Ds.: Die Wissenschaft und die Fehlbarkeit der Vernunft. Tübingen 1982, 64 ff. und 137ff.

kenntnisse auf induktivem Weg positiv zu rechtfertigen und zu bestätigen, führt die Argumentation letztlich in *drei Sackgassen:* Entweder gerät man in einen *unendlichen Regreß,* weil man jedes begründende Argument durch ein weiteres Argument begründen muß; oder man verfällt in einen *„Zirkel",* weil man in der Argumentationskette des Begründungsverfahrens bereits vorgebrachte Argumente wiederholt; oder man *bricht* das Begründungsverfahren bei einem bestimmten Argument *ab,* womit aber dieses Argument im Vergleich zu den vorhergegangenen und den möglichen weiteren Argumenten dogmatisiert wird.

Aus *wissenschaftspragmatischer Sicht* wendet POPPER gegen die Idee der möglichen Letztbegründung von Erkenntnissen ein, daß sie den Erkenntnisfortschritt beeinträchtigt. Werden einmal gewonnene Erkenntnisse als hinreichend begründet und absolut wahr betrachtet, stellt man sie nicht mehr in Frage und prüft sie nicht mehr durch kritischen Vergleich mit alternativen Problemlösungsvorschlägen. Sie werden als selbstverständlich vorausgesetzt und dogmatisiert. Damit aber sind sie dem Verfahren von „trial and error", von *Versuch und Irrtum,* entzogen, das POPPER als charakteristisch für die menschliche Denkentwicklung und den Erkenntnisfortschritt ansieht.[6]

Aus *ideologiekritischer und soziologischer Sicht* verwirft POPPER die Vorstellung von der Möglichkeit einer letzten Begründung von Erkenntnissen, weil er damit in Gesellschaft und Politik *autoritäre* und *antidemokratische* Verhaltensformen und Institutionen einhergehen sieht. Im Kontext von Ideologien und politischen Doktrinen, die der Idee einer absolut garantierten Wahrheit und Gewißheit verpflichtet sind, kommt es häufig zur Ausbildung von *elitären Erkenntnisansprüchen,* mit denen Einzelpersonen oder soziale Gruppen vorgeben, einen privilegierten Zugang zur Wahrheit zu besitzen (bzw. ein Privileg von Ideologien). Die Idee der absoluten Wahrheitsgarantie ist für POPPER im psychischen, sozialen und politischen Bereich viel zu oft mit blindem *Fanatismus,* missionarischem *Eifertum, Autoritarismus* usw. verbunden, als daß sie mit den Idealen der kritischen Rationalität und Toleranz vereinbar wäre. „The theory that truth is manifest not only breeds fanatics – men possessed by the conviction that all those who do not see the manifest truth must be possessed by the devil – but it may also lead, though perhaps less directly than does a pessimistic epistemology, to authoritarianism. This is so, simply, because truth is not manifest, as a rule. The allegedly manifest truth is therefore in constant need, not only of interpretation and affirmation, but also of re-interpretation and re-affirmation. An authority is required to pronounce

6. Zur weiteren Diskussion dieser Auffassung vgl. u.a.: Imre LAKATOS/Alan MUSGRAVE (Hg.): Criticism and the Growth of Knowledge. London 1970. Deutsch: Kritik und Erkenntnisfortschritt. Braunschweig 1974. – Gerard RADNITZKY/Gunnar ANDERSSON (Hg.): Fortschritt und Rationalität der Wissenschaft. Tübingen 1980. – Ds. (Hg.): Voraussetzungen und Grenzen der Wissenschaft. Tübingen 1981.

upon, and lay down, almost from day to day, what is to be the manifest truth, and it may learn to do so arbitrarily and cynically".[7]

Als Alternative zur Idee, es müsse eine letzte Begründung von Erkenntnissen und eine absolute Wahrheitsgarantie geben, vertritt POPPER im Zusammenhang mit der These von der Fehlbarkeit der Vernunft die Auffassung eines *konsequenten Kritizismus*. Mit dieser Auffassung, die in POPPERs Wissenschaftslehre im *Falsifikationsprinzip* – als ausdrücklicher Gegensatz zum Verifikationsprinzip oder empirischen Sinnkriterium des „Wiener Kreises" formuliert – ihren Niederschlag gefunden hat,[8] wird folgendes verlangt: Anstatt Erkenntnisse, Problemlösungsvorschläge, Überzeugungen usw. positiv zu rechtfertigen und auf möglichst sichere und letzte Gründe zurückzuführen, muß man sie konsequent der Kritik aussetzen. Nicht durch den Rekurs auf Dogmen und letzte Rechtfertigungsgründe, sondern durch *kritische Prüfung* und *Diskussion* können Fehler und Schwächen in Erkenntnissen und Überzeugungen frühzeitig erkannt und ausgeschaltet werden; nur auf dem *Weg der Fehlereliminierung* lassen sich unsere Erkenntnisse und Überzeugungen Schritt für Schritt verbessern. Hans ALBERT umschreibt die Idee des konsequenten Kritizismus einmal folgenderweise: „Setzt man an . . . die Stelle der Begründungsidee die *Idee der kritischen Prüfung*, der kritischen Diskussion aller in Frage kommenden Aussagen mit Hilfe rationaler Argumente, dann verzichtet man zwar auf selbstproduzierte Gewißheiten, hat aber die Aussicht, durch Versuch und Irrtum – durch versuchsweise Konstruktion prüfbarer Theorien und ihre kritische Diskussion an Hand relevanter Gesichtspunkte – der Wahrheit näher zu kommen, ohne allerdings jemals Gewißheit zu erreichen."[9]

Bereitschaft zur Kritik und *Offenheit für Kritik* werden von POPPER nicht bloß für das wissenschaftliche Denken gefordert, sondern als allgemeine *Lebensform* postuliert. Diese Lebensform äußert sich in der Methode, „. . . dauernd nach Fehlern zu suchen, und frühzeitig kleine und beginnende Fehler zu korrigieren. Diese Methode der rechtzeitigen Fehlerkorrektur zu verfolgen, ist nicht nur eine Weisheitsregel, sondern geradezu eine moralische Pflicht: es ist die Pflicht zur dauernden Selbstkritik, zum dauernden Lernen, zu dauernden kleinen Verbesserungen unserer Einstellungen, unserer Urteile, unserer Theorien."[10] Die Entscheidung zu dieser *kritizistischen Grundhaltung* hat Konsequenzen für alle Lebensbereiche, so auch für das

7. Vgl. POPPER, Conjectures, 8 f. (Anm. 4).

8. Vgl. POPPER, Logik, 47ff. (Anm. 4). – Über POPPERs Verhältnis zum Wiener Kreis des Neopositivismus vgl. Victor KRAFT: Popper and the Vienna Circle. In: The Philosophy of Karl Popper. Edited by Paul Arthur SCHLIPP. La Salle /Ill. 1974, 185ff.

9. ALBERT, Traktat, 35 (Anm. 5). Vgl. auch: Ds.: Traktat über rationale Praxis. Tübingen 1978, 33 ff. – Paul K. FEYERABEND: Knowledge without Foundations. Oberlin/Ohio 1961. – William W. BARTLEY: Flucht ins Engagement. Versuch einer Theorie des offenen Denkens. München 1962. 2. A. Tübingen 1987. – Gerard RADNITZKY/ William W. BARTLEY (eds.): Evolutionary Epistemology, Rationality and the Sociology of Knowledge. La Salle/Ill. 1987.

10. Karl R. POPPER: Das Elend des Historizismus. Tübingen 1965, IX.

Politikverständnis und die *Ethik,* wie besonders ALBERT deutlich gemacht hat. Es werden politische und ethische Auffassungen abgelehnt, die „letzte" Wertentscheidungen und Wertstandpunkte gänzlich in den Bereich des Irrationalen abschieben, wo sie dann jeder erkenntnismäßigen Kritik entzogen sind. Dem gegenüber wird die Ansicht vertreten, daß Wertorientierungen und Wertentscheidungen zwar nicht aus Sacherkenntnissen logisch ableitbar sind, sich aber nicht selten von Sacherkenntnissen aus kritisieren und im Lichte solcher Erkenntnisse revidieren lassen. Zur Überbrückung der Distanz zwischen Soll-Sätzen und Sachaussagen fordert ALBERT „Brückenprinzipien", die zugleich auch die Grundlage für *sachliche Kritik* an *Wertüberzeugungen* abgeben können und nennt dabei vor allem das Realisierbarkeitspostulat „Sollen impliziert Können"[11].

III. Selbstüberschätzungen der Vernunft im historisch-politischen Denken

In seinem Buch „Das Elend des Historizismus" setzt sich POPPER mit Denkformen und Überzeugungen auseinander, die er, wie bereits der Titel des Buches ersichtlich macht, der eine Anspielung auf die Schrift „Das Elend der Philosophie" von Karl MARX darstellt, besonders in der politischen Lehre des *Marxismus* ausgeprägt sieht. Seine Bedenken richten sich gegen die Überzeugung, daß es den *Geschichtsverlauf bestimmende Gesetzmäßigkeiten* gebe, die man nur herauszufinden brauche, um dann langfristige, *absolut sichere Vorhersagen* über die künftige Gesellschaftsentwicklung und den weiteren Verlauf der Geschichte machen zu können. POPPER bezeichnet diese Überzeugung als *„Historizismus"* und definiert sie einmal als „jene Einstellung zu den Sozialwissenschaften . . . die annimmt, daß *historische Voraussage* deren Hauptziel bildet und daß sich dieses Ziel dadurch erreichen läßt, daß man die Rhythmen oder Patterns, die Gesetze oder Trends entdeckt, die der geschichtlichen Entwicklung zugrunde liegen."[12]

Es ist hier nicht der Ort, genauer darauf einzugehen, in welchem Ausmaß der Historizismus-Vorwurf, den POPPER gegen MARX und die marxistische Denktradition erhebt, berechtigt oder nicht berechtigt ist. Man kann gegen POPPERs Kritik einwenden, daß die Gesellschafts- und Geschichtstheorie der marxistischen Klassiker genauso auch Komponenten eines *voluntaristischen* Geschichtsdenkens enthält, die dem Menschen durchaus die Möglichkeit einräumen, die Geschichte nach seinem eigenen Wollen zu gestalten. Damit läßt sich aber der stark *deterministische* oder *mechani-*

11. ALBERT, Traktat, 76 ff. (Anm. 5).

12. POPPER, Elend, 2 (Anm. 10). Vgl. auch: Ds., Offene Gesellschaft, Bd. 2, 119, 320 und 332 ff. (Anm. 2).

stische Zug in der Geschichtsdeutung von Karl MARX und Friedrich ENGELS, auf den POPPERs Vorwurf abzielt, nicht vom Tisch wischen, wie dies in der neueren MARX-Diskussion nicht selten von marxistischer Seite versucht worden ist.[13] Der deterministische Grundzug in der Geschichtsauffassung von MARX und ENGELS war das Ergebnis ihrer festen Überzeugung, in den Beziehungen zwischen den *Produktivkräften* und den *Produktionsverhältnissen* einer Gesellschaft die *historischen Entwicklungsgesetze* entdeckt zu haben, welche den Übergang von einer geschichtlichen Epoche zur anderen bewirken. Durch die Kenntnis dieser Gesetzmäßigkeiten glaubten sie in der Lage zu sein, die künftige Entwicklung der bürgerlichen Gesellschaft zu der von ihnen gewünschten proletarischen Revolution und zur klassenlosen Gesellschaft mit absoluter Sicherheit voraussagen zu können.

Die *Selbstüberschätzung der Vernunft,* gegen die sich POPPERs grundsätzliche Kritik an der historizistischen Denkweise wendet, kann im historisch-politischen Denken in verschiedenen Ausprägungen[14] vorkommen: In *teleologischen* Fortschrittslehren der Geschichte, in denen man den Geschichtsprozeß unaufhaltsam auf ein positives Endziel zusteuern sieht; in *Zyklen-* und *Niedergangstheorien* der Geschichte, in denen man ein bestimmtes Prinzip als allerletzte Ursache für die ewige Wiederkehr des Gleichen oder aber für die unausweichliche Entwicklung einer Gesellschaft in die Katastrophe erkannt zu haben vorgibt. Je nach Art des vorausgesetzten geschichtsbestimmenden Prinzips lassen sich mehrere Spielarten historizistischen Denkens unterscheiden: Wird als letztlich bestimmende Macht in der Geschichte der Wille eines göttlichen Wesens angenommen, den es zu ergründen gilt, um die Zukunft vorauszusehen, kann man von einer *theistischen* Variante des Historizismus sprechen; stellt das letzte Prinzip der Geschichte, wie in HEGELs Geschichtsmetaphysik, ein Weltgeist dar, der im Prozeß der Geschichte zu seinem Selbstverständnis gelangt, liegt eine *spiritualistische* Variante vor; werden Rassengegensätze und Rassenkämpfe als dominierende Gesetzmäßigkeiten der Geschichte betrachtet, wie dies in der Ideologie des Nationalsozialismus der Fall war, hat man es mit einer *naturalistischen* oder *biologistischen* Ausprägung des Historizismus zu tun; auf eine *ökonomistische* Ausprägung, die dem historischen Materialismus zugrundeliegt, wurde bereits hingewiesen.

13. Zur Diskussion um die deterministische Komponente in der marxistischen Geschichtsauffassung vgl. Karl LÖWITH: Weltgeschichte und Heilsgeschehen. 4. A. Stuttgart 1961, 38ff. – Ernst TOPITSCH: Marxismus und Gnosis. In: Ds.: Sozialphilosophie zwischen Ideologie und Wissenschaft. 2. A. Neuwied/Rhein 1966, 261 ff. – Maurice CORNFORTH: Marxistische Wissenschaft und antimarxistisches Dogma. Wien 1970, 139ff. – Svetozar STOJANOVIĆ: Kritik und Zukunft des Sozialismus. München 1970, 148f.; Karl ACHAM: Analytische Geschichtsphilosophie. Freiburg/Breisgau-München 1974, 222ff.

14. Vgl. dazu auch: Franz SCHUPP: Poppers Methodologie der Geschichtswissenschaft. Bonn 1975, 95ff. – Otto Peter OBERMEIER: Poppers „Kritischer Rationalismus". Eine Auseinandersetzung über die Reichweite seiner Philosophie. München 1980, 96f.

Für POPPER liegt allen historizistischen Lehren und Auffassungen – er unterscheidet zwischen antinaturalistischen und pronaturalistischen Lehren, je nachdem, ob sie gegen die Naturwissenschaften eingestellt sind oder sich an diesen orientieren – die Selbstüberschätzung der Vernunft zugrunde, in gewissen Entwicklungstendenzen und umkehrbaren sozialen Trends, die im gesellschaftlich-historischen Geschehen beobachtbar sind, sogleich allgemeine und irreversible Gesetzmäßigkeiten erkannt zu haben.[15] Erst diese maßlose Überschätzung der menschlichen Vernunft- und Erkenntnisfähigkeit erlaubt es den Historizisten, subjektive Prophezeiungen über den künftigen Geschichtsverlauf als *wissenschaftliche Prognosen* auszugeben. Aufgrund dieser Selbstüberschätzung der Vernunft werden Aussagen über die Existenz von gesellschaftlichen Trends, die die Form von singulären Sätzen („Es-gibt-Sätze") haben müßten, fälschlich als universale historische Gesetze („All-Sätze") formuliert. Werden diese „Gesetze" dann zusammen mit verschiedenen Randbedingungen als Prämissen eines hypothetisch-deduktiven Ableitungsschemas verwendet, kann man daraus leicht sogenannte wissenschaftliche Prognosen über den Geschichtsverlauf deduzieren, was unmöglich wäre, wenn man anstelle der fälschlich formulierten universalen Gesetzesaussagen nur Singuläraussagen über Trends als Prämissen zur Verfügung hätte. Denn aus singulären Sätzen lassen sich unter Berücksichtigung noch so vieler Randbedingungen logisch konsistent keine Voraussagen ableiten, dazu bedarf es immer zumindest *einer* Gesetzesaussage. So hätte auch MARX seine Prophezeiungen über die Aufhebung der kapitalistischen Gesellschaftsordnung nicht als streng wissenschaftliche Voraussagen ausgeben können, wenn er die zu seiner Zeit beobachtbaren Geburtswehen der industriellen Revolution, wie steigende Arbeitslosigkeit, wachsende Verarmung der gerade erst neu entstandenen Klasse der Industriearbeiter usw., nicht fälschlich als Einsichten in „eherne Gesetze" der kapitalistischen Wirtschafts- und Gesellschaftsordnung ausgelegt hätte, sondern als Beobachtung sozialer Trends, die früher oder später wieder gestoppt werden können.

Neben dem Vorwurf an die marxistische Gesellschafts- und Geschichtstheorie, die Beobachtung von umkehrbaren gesellschaftlichen Tendenzen oder Trends fälschlich zu tiefen Einsichten in irreversible historische Gesetzmäßigkeiten hochzustilisieren, führt POPPER im Rahmen seiner Historizismus-Kritik noch andere wichtige Argumente an, warum man über den künftigen Verlauf der Geschichte *prinzipiell* keine exakten wissenschaftlichen Langzeitprognosen abgeben kann. Ein wesentlicher Grund dafür liegt in einem Phänomen, das er „Ödipus-Effekt" von sozialen Prognosen nennt und das in der Methodendiskussion der Sozialwissenschaften als das Phänomen der „self-destroying" und „self-fulfilling-prophecy" diskutiert wird.[16] Damit wird dem Umstand Rechnung getragen, daß *Progno-*

15. POPPER, Elend, 83 ff. und 94 ff. (Anm. 10).

16. Vgl. dazu etwa: Robert K. MERTON: Social Theory and Social Structure. New York 1957,

sen im Gesellschaftsbereich das vorhergesagte Ereignis insofern zu beeinflussen vermögen, als sie es überhaupt erst *herbeiführen* oder aber sein Eintreffen *verhindern* können. Dieses Problem spielt im politischen Alltag ja immer wieder in Überlegungen eine Rolle, in denen es darum geht, ob man Wahlprognosen vor bevorstehenden Wahlen veröffentlichen solle oder nicht, weil die Veröffentlichung das Wahlverhalten und das Wahlergebnis beeinflussen könnte.

Ein weiteres Argument gegen historizistische Denkformen ergibt sich aus dem *liberalen Menschenbild,* das POPPERs gesamtem Denken zugrundeliegt. In „Das Elend des Historizismus" heißt es dazu: „Anstatt soziologische Überlegungen auf die scheinbar feste Grundlage der Psychologie der menschlichen Natur zurückzuführen, könnten wir sagen, daß der menschliche Faktor d a s letztlich ungewisse und unberechenbare Element im gesellschaftlichen Leben und in allen sozialen Institutionen ist. In ihm haben wir wirklich das Element vor uns, das letztlich von den Institutionen nicht vollkommen beherrscht werden k a n n . . . Denn jeder Versuch, es vollständig zu beherrschen, muß zur Tyrannei führen, und das bedeutet: zur Allmacht des menschlichen Faktors – der Launen von ein paar Menschen, vielleicht sogar eines einzigen."[17] Ist hier allgemein vom „menschlichen Faktor" die Rede, der unberechenbar und durch Institutionen nicht reglementierbar sei, so wird diese liberale Grundvorstellung durch später entwickelte *ontologische* Auffassungen von POPPER noch differenziert.

Zum Unterschied von monistischen und dualistischen ontologischen Theorien vertritt POPPER in der Diskussion um das Leib-Seele-Problem eine *Drei-Welten-Theorie.* Für ihn existieren die „Welt 1", das ist die Welt der physikalischen Objekte, die „Welt 2", das ist die Welt der subjektiven Erfahrungen und Bewußtseinszustände, und schließlich noch die „Welt 3", die „Welt der möglichen Gegenstände des Denkens: die Welt der Argumente an sich; die Welt der Problemsituationen an sich"[18]. Anders formuliert könnte man sagen, daß der Mensch für POPPER neben einer physischen und psychischen Dimension eine dritte Verwirklichungsdimension besitzt, und zwar die *Welt des Geistes,* wo er nie gänzlich berechenbar und reglementierbar ist. Was er in dieser Dimension als Ergebnis seiner „almost poetic intuition"[19] hervorbringt, die *Erfindungen, kreativen Ideen,*

421ff., oder das ins Deutsche übersetzte Kapitel dieses Buches: Die Eigendynamik gesellschaftlicher Voraussagen. In: Logik der Sozialwissenschaften. Hg. v. Ernst TOPITSCH unter Mitarbeit v. Peter PAYER. 10. A., Königstein/Taunus 1980, 144–161.

17. POPPER, Elend, 124 (Anm. 10).

18. Vgl. POPPER, Erkenntnis, 172 ff. (Anm. 4), sowie Karl R. POPPER/John C. ECCLES: The Self and its Brain – An Argument for Interactionism. London-New York 1977. Deutsch: Das Ich und sein Gehirn. München 1982, 61 ff. – Karl R. POPPER: Auf der Suche nach einer besseren Welt. Vorträge und Aufsätze aus dreißig Jahren. München 1984, 16 ff. – Ds./Konrad LORENZ: Die Zukunft ist offen. München 1985, 74 ff.

19. POPPER, Conjectures, 192 (Anm. 4).

Hypothesen usw., welche über die Sprache vermittelt in Büchern, elektronischen Informationsspeichern usw. eine von ihrem Schöpfer unabhängige, objektive Realität gewinnen, ist mit wissenschaftlichen Methoden nicht exakt voraussagbar. Ähnlich wie Immanuel KANT in seinem dualistischen Menschenbild den Menschen als Wesen bestimmt, das zwar in der Welt der Erscheinung als physisches Wesen der Naturgesetzlichkeit unterworfen („heteronom") ist, aber in der intelligiblen Welt als moralisches Wesen sich selber ein Sittengesetz aufzuerlegen imstande ist, bestimmt POPPER den Menschen als ein Wesen, das über seine determinierte physische und psychische Existenz hinaus in seinem geistigen Sein, der Welt des kreativen Geistes, notwendig eine *Dimension der Freiheit* besitzt. Diese liberale Grundidee ist die Hintergrundvorstellung für POPPERs folgendes prinzipielle antihistorizistische Argument: Der Verlauf der Menschheitsgeschichte wird durch den Zuwachs an menschlichem Wissen stark beeinflußt; wir können mit rational-wissenschaftlichen Methoden das künftige Anwachsen unserer wissenschaftlichen Erkenntnisse nicht langfristig vorhersagen; deshalb können wir auch den zukünftigen Verlauf der Menschheitsgeschichte nie eindeutig vorhersagen.

In der Auseinandersetzung mit dem Historizismus hebt POPPER auch eine Selbstüberschätzung der Vernunft im Zusammenhang mit sprachlichen Begriffen hervor, die er *„Essentialismus"* nennt und die in der Politik eine nicht unbedeutende Rolle spielt. Es ist die Vorstellung, die menschliche Vernunft sei dazu in der Lage, durch intensive wissenschaftliche Forschung oder durch eine geniale Intuition die *wahre* und *eigentliche Bedeutung von Begriffen* wie z.B. „Gerechtigkeit", „Freiheit", „Staat", „Demokratie" usw. zu erfassen, um dann ein für allemal im Besitz der Einsicht in das „wahre Wesen der Freiheit", die „wahre Idee des Staates", das „eigentliche Wesen der Demokratie" zu sein. Diese Vorstellung ist deswegen falsch, weil es keine ein für allemal gültigen, wahren Bedeutungen von sprachlichen Ausdrücken gibt. Wörter wie „Gerechtigkeit", „Freiheit" usw. werden wie andere theoretische Begriffe in unsere Überlegungen und Argumentationen eingeführt, um uns bei der Interpretation und Erklärung der gesellschaftlichen Wirklichkeit behilflich zu sein. Ihre Bedeutung wird durch den Sprachgebrauch und durch Definitionen festgelegt und kann wieder geändert werden. Sie wird nicht von irgendwie gearteten ewigen und unveränderlichen Normgestalten oder Wesenheiten bestimmt, die „hinter" diesen Wörtern stehen, wie dies platonistische Begriffsspekulationen nahelegen. Im Gegensatz zum *methodologischen Essentialismus* stellt der *methodologische Nominalismus,* den POPPER vertritt, keine „was"-Fragen, sondern „wie"-Fragen. Anstatt der essentialistischen Frage: Was ist der Staat bzw. was ist seine wahre Natur, sein Wesen?, gilt es vielmehr zu fragen: Welche Forderungen stellen wir an den Staat, welche Institutionen gilt es einzurichten, um gewisse Ziele erreichen zu können?[20] Durch

20. POPPER, Offene Gesellschaft, Bd. 2, 155 ff. (Anm. 2).

Angabe der Ziele und Institutionen wird ohnedies näher bestimmt, was unter dem Begriff des Staates jeweils zu verstehen ist.

Eine weitere Selbstüberschätzung der Vernunft, die POPPER im Zusammenhang mit historizistischen politischen Doktrinen kritisiert, nennt er *„Holismus"*.[21] Damit meint er ein Denken, das aus einer vagen *Ganzheits-* oder *Totalitätsidee* heraus vorgibt, eine „Gesellschaft als Ganzes" erfassen zu können und das gesellschaftliche Veränderungen nur dann für sinnvoll hält, wenn sie möglichst total sind und bestehende Gesellschaften als „Ganzes" verändern. In der jüngeren Gesellschaftstheorie und politischen Philosophie hat besonders Herbert MARCUSE ein derartiges Konzept der Gesellschaftsveränderung vertreten.[22] POPPER hält holistische Vorstellungen in politischen Philosophien für äußerst gefährlich, weil sie optimistische Erwartungen wecken, die nicht nur gänzlich unrealistisch sind, sondern oft auch *totalitäre Folgen* haben; sie wecken z. B. die Erwartung, daß man eine neue, humane und befriedete Welt gleichsam ganzheitlich planen und mit einem Schlag durch ein möglichst *radikales, holistisches Sozialexperiment* in die Wirklichkeit umsetzen könne. Man brauche die bestehenden Institutionen nur durch eine einmalige gewaltsame Revolution total niederzureißen, um die neue, exakt geplante humane Zukunftsgesellschaft anstelle der alten Gesellschaft ein für allemal einrichten zu können.

IV. Permanente Reform anstatt radikaler Revolution

POPPER hält der holistischen Idee von der totalen Planung und dem radikalen Sozialexperiment das Konzept des „piecemeal social engineering" entgegen, d. h. das Konzept einer Sozialtechnik der Lösung von Einzelproblemen bzw. des schrittweisen Umbaus einer Gesellschaftsordnung – man hat dieses Konzept auch in einer nicht adäquaten Übersetzung aus dem Englischen das Konzept einer sozialen „Stückwerk-Technik" genannt. POPPER geht von der Einsicht aus, daß die „Logik der totalen Revolution" in der bisherigen Menschheitsgeschichte nur zu oft „zu einer totalitären Ordnung" geführt habe und daß jeder politische Eingriff in eine soziale Ordnung neben den im voraus eingeplanten Folgen stets auch eine Reihe von *nicht eingeplanten Konsequenzen* und *unbeabsichtigten Nebenwirkun-*

21. POPPER, Elend, 14f. und 61ff. (Anm. 10).

22. Vgl. Herbert MARCUSE: Der eindimensionale Mensch. Studien zur Ideologie der fortgeschrittenen Industriegesellschaft. Neuwied/Rhein 1967, 61, 236ff. und 239. – Ds., Befreiung von der Überflußgesellschaft. In: Kursbuch, 16 (1969), 193. – Ds., Konterrevolution und Revolte. Frankfurt/Main 1973, 7f. und 24. – Zur Kritik an diesem Konzept vgl. u. a. meinen Artikel: Der holistische Grundzug in Herbert Marcuses neomarxistischer Gesellschaftstheorie und Ideologiekritik. In: Kurt SALAMUN (Hg.): Aufklärungsperspektiven. Weltanschauungsanalyse und Ideologiekritik. Tübingen 1989, 69–80.

gen mit sich bringt. Er spricht sich deshalb für vorsichtige, schrittweise aber nichts desto weniger konsequente Veränderungen von gesellschaftlichen Strukturen aus, bei denen es stets verantwortungsbewußt die möglichen Konsequenzen der geplanten Veränderung in Rechnung zu stellen gilt. „Der Stückwerk-Ingenieur . . . mag zwar einige Vorstellungen von der idealen Gesellschaft ‚als Ganzem' haben, . . . aber er ist nicht dafür, daß die Gesellschaft als Ganzes neu geplant wird. Was immer seine Ziele sein mögen, er sucht sie schrittweise durch kleine Eingriffe zu erreichen, die sich dauernd verbessern lassen . . . Daher wird er nur Schritt für Schritt vorgehen und die erwarteten Resultate stets sorgfältig mit den tatsächlich erreichten vergleichen, immer auf der Hut vor den bei jeder Reform unweigerlich auftretenden unerwünschten Nebenwirkungen. Er wird sich auch davor hüten, Reformen von solcher Komplexität und Tragweite zu unternehmen, daß es ihm unmöglich wird, Ursachen und Wirkungen zu entwirren und zu wissen, was er eigentlich tut."[23]

In engster Beziehung zu diesem *gradualistischen* Gesellschaftveränderungsgedanken steht in POPPERs politischem Denken eine ethische Grundmaxime, die man *„negativen Utilitarismus"* genannt hat. Für POPPER kann es in der Politik nicht, wie es eine Maxime von utilitaristischen Denkern ist, um Maximierung von Glück für möglichst viele Menschen in einer Gesellschaft oder gar im Weltmaßstab gehen, sondern immer nur um die *Minimierung* von *vermeidbarem Leid.* Anstatt das Verwirklichen von nebulosen und individuell oft sehr variablen Glücksvorstellungen zum Ziel politischen Handelns zu machen, was nur allzu leicht in Zwangsbeglükkungsmaßnahmen und Erziehungsdiktaturen mündet, gilt es in der Politik primär gegen die mannigfachen Formen und Ursachen von vermeidbarem Leid wie Armut, Krankheit, Arbeitslosigkeit, physische und psychische Unterdrückung, wirtschaftliche Ausbeutung usw. anzukämpfen. Die politisch Handelnden müssen permanent an Institutionen konstruktiv „herumbasteln", die die objektiven Bedingungen und realen Ursachen von Leiderfahrungen vermindern. Im Vorwort zu „Das Elend des Historizismus" bringt POPPER diese Grundabsicht seines Politikverständnisses in dem pathetischen Appell zum Ausdruck: „Wie andere vor mir, so gelangte auch ich zu dem Resultat, daß die Idee einer utopischen sozialen Planung großen Stils ein Irrlicht ist, das uns in einen Sumpf lockt. Die Hybris, die uns versuchen läßt, das Himmelreich auf Erden zu verwirklichen, verführt uns dazu, unsere gute Erde in eine Hölle zu verwandeln – eine Hölle, wie sie nur Menschen für ihre Mitmenschen verwirklichen können. Wenn wir die Welt nicht wieder ins Unglück stürzen wollen, müssen wir unsere Träume der Weltbeglückung aufgeben. Dennoch können und sollen wir Weltverbesserer bleiben – aber bescheidene Weltverbesserer. Wir müssen uns mit der nie endenden Aufgabe begnügen, Leiden zu lindern, vermeidbare Übel zu bekämpfen, Mißstände abzustellen; immer eingedenk der unvermeidba-

23. POPPER, Elend, 53f. (Anm. 10).

ren ungewollten Folgen unseres Eingreifens, die wir nie ganz voraussehen können und die nur allzu oft die Bilanz unserer Verbesserungen zu einer Passivbilanz machen.“[24]

Wenn gegen dieses Konzept des „piecemeal social engineering“ der Vorwurf erhoben wurde, es *stabilisiere bestehende Macht- und Herrschaftsverhältnisse* und verhindere weitergehende gesellschaftliche Veränderungen, weil es eher zur Korrektur von Symptomen gesellschaftlicher Mißstände geeignet sei und nicht zur Änderung der strukturellen Voraussetzungen von Mißständen,[25] so läßt sich dagegen vorbringen, daß POPPER das Konzept der gewaltlosen gradualistischen Reformpolitik keineswegs dogmatisch vertritt und prinzipiell in *allen* politischen Verhältnissen als geeignet ansieht. Er stellt in Ausnahmefällen durchaus die Notwendigkeit von radikalen revolutionären Eingriffen in ein politisches System und von *politischer Gewaltanwendung* in Rechnung. Derartige Ausnahmefälle stellen gewaltsame Aktionen gegen eine Willkürherrschaft zwecks Einrichtung eines demokratischen politischen Systems dar, in dem gewaltlose kontinuierliche Reformen überhaupt erst möglich werden, sowie der gewaltsame Widerstand gegen Umsturzaktionen zur Beseitigung der Demokratie, seien diese nun von außerhalb oder von innerhalb eines pluralistischen, demokratischen Staatsgebildes initiiert.[26]

Ein weiterer Einwand gegen den Vorwurf des Konservatismus in bezug auf POPPERs Konzept der gradualistischen Gesellschaftsveränderung läßt sich von einem Grundgedanken seiner politischen Philosophie ableiten, den man als *verantwortungsethisch motiviertes politisches Konsequenzendenken* bezeichnen kann. Dieser Gedanke, dessen Stellenwert im Gesamtkontext von POPPERs politischer Philosophie von seinen Kritikern oft unterschätzt wird, beinhaltet zwar einerseits die Forderung, radikale Sozialexperimente in pluralistischen, demokratischen Gesellschaftssystemen prinzipiell abzulehnen. In solchen Systemen sind auf Grund des hohen Maßes an Rechtsstaatlichkeit, persönlichen Freiheitsspielräumen, institutionell abgesicherten sozialen Sicherheitsnetzen usw. die *humanen Errungenschaften* in Bezug auf die Minderung von Armut, Not, willkürlicher Unterdrückung, erniedrigender Ausbeutung und vermeidbarem Leid für die überwiegende Mehrzahl der Bevölkerung bereits so groß, daß ein radikaler politischer Umsturz nur allzu leicht eine *Passivbilanz* mit sich brin-

24. A.a.O., VIII (Anm. 10).

25. Vgl. Peter CLEVER: Kritischer Rationalismus und Konservatismus. In: Kritischer Rationalismus und Sozialdemokratie II. Diskussion und Kritik. Hg. v. Georg LÜHRS u.a. Berlin-Bonn 1976, 360f. – Werner KURZAWA: Problematische Aspekte des Kritischen Rationalismus und die Rationalität des politischen Handelns. In: Theorie und Politik aus kritisch-rationaler Sicht. Hg. v. Georg LÜHRS u.a. Berlin-Bonn 1978, 217. – Vgl. zu dieser Diskussion auch: Heiner FLOHR: Rationalität und Politik. Bd. 1: Einige Grundprobleme von Theorie und Praxis. Neuwied/Rhein-Berlin 1975, 45ff. – Fred EIDLIN: The Radical Revolutionary Strain in Popper's Social and Political Philosophy. In: ETC.: A Review of General Semantics, 42 (1985), 283ff.

26. POPPER, Offene Gesellschaft, Bd. 2, 126f. (Anm. 2).

gen könnte. Auf der anderen Seite legt der gleiche Gedanke aber auch nahe, daß in Gesellschaften, wo die überwiegende Bevölkerungsmehrheit keine humanen Errungenschaften zu verlieren hat, eine gewaltsame radikale Revolution mit ihren Risken und Kosten in Kauf zu nehmen ist, weil sich daraus aller Voraussicht nach ohnedies nur eine positive Bilanz für die meisten Menschen ergeben kann. Wo etwa eine autoritäre militärische Clique, die über Verwandtschaftsbeziehungen mit Großgrundbesitzern und Kapitaleignern sowie durch Profit- und Ausbeutungsinteressen mit ausländischen Investoren verbündet ist, die gesamte Staatsmacht an sich gerissen hat und die Masse der Bevölkerung in Armut, Unwissenheit und Ausbeutung dahinvegetieren läßt, erscheint auch aus der Sicht von POPPERs politischem Denken nahezu jedes revolutionäre Mittel erlaubt, um diesen Zustand zum Besseren hin zu verändern.

V. Gefährliche Tendenzen in politischen Doktrinen und Ideologien

Wie ich auch anderenorts gezeigt habe,[27] enthält POPPERs politische Philosophie eine Reihe von äußerst wichtigen Hinweisen auf gefährliche Tendenzen in politischen Doktrinen und Ideologien, die für jedes Konzept einer *politischen Bildung* auf der Grundlage einer demokratischen pluralistischen Weltanschauung von großer Bedeutung sind. Die Gesichtspunkte zur kritischen Analyse von politischen Weltanschauungen und Ideologien, die sich aus POPPERs politischem Denken ableiten lassen, können eine wertvolle Hilfe darstellen, wenn es gilt, inhumane autoritäre oder totalitäre Tendenzen im politischen Denken frühzeitig zu erkennen und vor deren Folgen zu warnen.

Ein *erster* wichtiger Gesichtspunkt zur Warnung vor solchen Tendenzen läßt sich POPPERs Kritik an der holistischen Denkhaltung entnehmen. Mit dem Denken in „Ganzheiten“ oder „Totalitäten“ ist in Gesellschaftslehren und politischen Überzeugungssystemen häufig eine Tendenz verknüpft, die man als *Tendenz* zu einer *dogmatischen bipolaren Deutung* der *politischen Wirklichkeit* bezeichnet hat. POPPER erwähnt diese Tendenz in der Auseinandersetzung mit einem gefühlsorientierten Irrationalismus, wenn er feststellt, daß dieser letztlich dazu führen müsse, „daß wir die Menschheit in Freund und Feind teilen; in jene Menschen, die unserem Stamme, unserer emotionalen Gemeinschaft angehören, und in jene Menschen, die

27. Vgl. Kurt SALAMUN: The Problem of Ideology and Critical Rationalism. In: Gunnar ANDERSSON (Ed.): Rationality in Science and Politics. Dordrecht 1984, 249 – 260. – Ds., Perspektiven einer Ideologietheorie aus der Sicht des Kritischen Rationalismus. In: Karl R. Popper und die Philosophie des Kritischen Rationalismus. Hg. v. Kurt SALAMUN. Amsterdam 1989, 254 ff.

außerhalb dieser Gemeinschaft stehen; in Gläubige und Ungläubige; in Mitbürger und Fremde; in Klassengenossen und Feinde; und in Führer und Geführte."[28] Es ist eine triviale und in erkenntnis- und sozialpsychologischen Forschungen oft hervorgehobene Grundtatsache, daß wir in unserer täglichen Auseinandersetzung mit der Umwelt ständig gezwungen sind, sehr komplexe Phänomene, Sachverhalte und Situationszusammenhänge mehr oder weniger stark zu vereinfachen. Man hat diesen Vorgang im Erkenntnisprozeß und im Prozeß der Weltorientierung, soweit er gesellschaftliche Phänomene betrifft, mit Niklas LUHMANN auch den Prozeß der „Reduktion sozialer Komplexität" genannt. In unserem Zusammenhang ist nun wichtig, daß ideologische Gedankengebilde sehr häufig die Tendenz zu einer extremen und stark *übertriebenen Reduktion sozialer Komplexität* aufweisen. In ihrer schärfsten Ausprägung offenbart sich diese Tendenz, wenn im Rahmen von Ideologien und politischen Doktrinen die Deutung der sozialen Wirklichkeit und des politischen Geschehens über starre, bipolare Deutungsschemata erfolgt. Es werden dann vielfältige und recht unterschiedliche Sachverhalte auf ein Entweder-Oder, ein Fürmich oder Gegen-mich, ein Freund-Feind-Verhältnis reduziert, wodurch es in der Regel zu krassen Simplifizierungen, Verzerrungen und Verfälschungen von Sachverhalten kommt. Beispiele für derartige bipolare Deutungsraster wären etwa: in der nationalsozialistischen Ideologie das Kategorienpaar „arisch/jüdisch"; in der marxistisch/leninistischen Ideologie die Kategorienpaare „bürgerlich/proletarisch" und „kapitalistisch/sozialistisch"; in neokonservativen und neoliberalistischen Ideologien die Kategorienpaare „demokratisch/kommunistisch" und „freiheitlich/marxistisch". Mit Hilfe solcher Deutungsraster teilt man dann die politische und soziale Welt in zwei sich ausschließende Lager, wobei das *eigene* als Vertreter des schlechthin Guten, der ganzen Wahrheit und der ganzen Gerechtigkeit hingestellt wird, das *gegnerische* Lager aber als Repräsentant des schlechthin Bösen, des totalen Irrtums und alles moralisch Verwerflichen.

In enger Beziehung zum Gesichtspunkt, politische Doktrinen daraufhin zu prüfen, wie weit sie Tendenzen zur dogmatischen bipolaren Deutung der politischen Wirklichkeit enthalten, steht ein *zweiter* Gesichtspunkt zur Kritik von politischen Weltanschauungen und Ideologien, auf den POPPER im Gefolge seiner Auseinandersetzungen mit PLATONs Staatslehre zu sprechen kommt. Er stellt u. a. fest, daß es „eine allgemeine Tendenz aller Tyranneien" sei, „ihre Existenz dadurch zu rechtfertigen, daß sie den Staat (oder das Volk) vor seinen Feinden retten – eine Tendenz, die nach der erfolgreichen Unterwerfung der alten Feinde stets zur Schaffung oder Erfindung neuer Feinde führen muß."[29] Damit wird auf eine Tendenz aufmerksam gemacht, die in nicht wenigen Ideologien und politischen Doktrinen, auch wenn sich diese in ihrem Inhalt noch so sehr unterscheiden, in

28. POPPER, Offene Gesellschaft, Bd. 2, 289 (Anm. 2).
29. Ds., Offene Gesellschaft, Bd. 1, 245 (Anm. 2).

strukturell gleicher Weise vorhanden ist, nämlich die *Bildung von dämonischen Feind-Stereotypen.* Durch An-die-Wand-Malen eines Feind-Bildes kann unter gewissen Voraussetzungen Konfliktreduzierung und engeres Zusammenrücken zwischen Mitgliedern einer Gruppe bewirkt werden und darüber hinaus auch noch die zeitweilige Stabilisierung der in dieser Gruppe bestehenden Machtverhältnisse. Eine solche *Integrations-* und *Stabilisierungsaufgabe* erfüllen Feind-Bilder im Rahmen von Ideologien und politischen Doktrinen nicht selten in Verbindung mit *Sündenbockstrategien* und *Verschwörungstheorien,* in denen bestimmte Personen oder Gruppen dämonisiert und zu gefährlichen Feindesmächten stilisiert werden. POPPER meint zu diesem Phänomen, auf das er in seiner Historizismus-Kritik öfters zu sprechen kommt: „Der Glaube an die homerischen Götter, deren Verschwörungen die Geschichte des Trojanischen Krieges erklären, ist verschwunden. Die Götter sind abgeschafft. Aber ihre Stelle nehmen nun mächtige Männer oder Gruppen ein – unheilvolle Druckgruppen, deren Bosheit für alle Übel verantwortlich ist, unter denen wir leiden – wie die Weisen von Zion, die Monopolisten, die Kapitalisten oder die Imperialisten."[30]

Zwei *weitere* Gesichtspunkte zur Kritik von politischen Doktrinen und Ideologien ergeben sich aus POPPERs Auseinandersetzung mit dem Essentialismus und der Theorie von einer manifesten absoluten Wahrheit. *Essentialistische Vorurteile* liegen, wie hier schon erwähnt wurde, dann vor, wenn Ideologen und Politiker von sich, ihren Gruppen oder politischen Parteien behaupten, mit der eigenen Weltanschauung im Gegensatz zu politischen Gegnern die „wahre Idee" der Freiheit, das „eigentliche Wesen" der Demokratie usw. erfaßt zu haben. Dabei wird gewöhnlich mit essentialistischen Definitionen wie etwa „Freiheit *ist* die Einsicht in die Notwendigkeit" oder „Freiheit *ist* die Abwesenheit von Zwang" der Eindruck geweckt, es gebe nur eine einzige adäquate oder absolut wahre Definition für die betreffenden politischen Sachverhalte. Daß Gesellschaftslehren und politische Doktrinen, die dem Essentialismus und der Idee einer manifesten absoluten Wahrheit verpflichtet sind und einen dogmatisierten Kodex von angeblich absoluten gültigen Einsichten und Prinzipien enthalten, in ihrem gesellschaftlichen Unterbau nur allzu leicht dem Entstehen von *autoritären Eliten* Vorschub leisten, die für sich ein *Erkenntnismonopol* oder *Interpretationsprivileg* auf die Deutung von dogmatisierten ideologischen Grundwahrheiten in Anspruch nehmen, hat POPPER sehr deutlich gesehen. Er kommt darauf vor allem in der Kritik an der Idee der „königlichen Philosophen" von PLATONs Staatslehre zu sprechen, wie immer man sonst auch zu seiner Platon-Kritik stehen mag.[31]

30. Ds., Offene Gesellschaft, Bd. 2, 120 (Anm. 2).

31. Zur Diskussion um POPPERs Platon-Deutung vgl. Ronald LEVINSON: In Defence of Plato. Cambridge/Mass. 1953. – John WILD: Popper's Interpretation of Plato. In: The Philosophy of Karl Popper. Book II. Edited by Paul A. SCHILPP. La Salle/Ill. 1974, 859 – 875.

Als *weiteren* fruchtbaren ideologiekritischen Gesichtspunkt kann man an POPPERs politischer Philosophie den Hinweis auf die *Tendenz* zum *Abschirmen* der *Kernannahmen* von Ideologien *gegenüber Kritik* hervorheben. Es gibt die verschiedensten Wege, wie Verfechter von Ideologien ihr politisches Überzeugungssystem vor dem kritischen Infragestellen seiner Grundprinzipien zu bewahren versuchen. Dazu zählen die schon erwähnte Sündenbockstrategie, sowie Verschwörungs-, Handlanger-, Agenten-, Abweichler- und Revisionismustheorien, mit denen Ideologen mißliebige Kritiker zum Schweigen zu bringen trachten und in ein negatives Licht rücken. Nicht selten gründen sich solche *Immunisierungsstrategien* auf Argumentationsmuster, die bei genauerer Betrachtung einen *genetischen Fehlschluß* aufweisen. Es wird der falsche Eindruck vermittelt, man könne Gedanken und Auffassungen allein schon durch den Hinweis auf ihre Genese, d. h. auf ihre Entstehungsbedingungen, als falsch erweisen. POPPER kritisiert die Verabsolutierung des genetischen Aspekts, die typisch für solche Immunisierungsstrategien ist, in seinen politischen Schriften auf mehrfache Weise. So etwa in Stellungnahmen zu Arnold TOYNBEEs Marx-Deutung oder in kritischen Bemerkungen über das Verfahren von Marxisten, „die jene Ideen ihrer Gegner, die sich von ihren eigenen unterscheiden, aus deren Klassenvorurteil erklären“[32].

Ein *letzter* Gesichtspunkt zur Kritik von Ideologien und politischen Doktrinen, der hier noch zu erwähnen ist, ergibt sich aus POPPERs Bekenntnis zu einem Standpunkt, den er „kritischen Dualismus“ oder „Dualismus von Tatsachen und Entscheidungen“ nennt. Von der auf den schottischen Aufklärungsphilosophen David HUME zurückführbaren Einsicht ausgehend, daß sich Entscheidungen, Normen und Werturteile nicht auf Tatsachenerkenntnisse oder theoretische Sachaussagen reduzieren lassen bzw. daraus nicht mit logischer Notwendigkeit ableitbar sind, kritisiert POPPER etwa an PLATON, er habe einen Großteil seiner deskriptiven soziologischen Aussagen in einen „so engen Zusammenhang mit seinen ethischen und politischen Forderungen gebracht, daß die deskriptiven Elemente zum Großteil übersehen wurden“[33]. POPPER wendet sich noch an zahlreichen anderen Stellen seines Werks entschieden gegen die Praxis, den *Unterschied zwischen Tatsachenerkenntnissen* und *Wertgesichtspunkten* zu *verwischen,* weil er darin eine ideologische Strategie sieht, mit der weltanschauliche Glaubensüberzeugungen als wissenschaftliche Tatsachenerkenntnisse getarnt und auf diese Weise leichter unaufgeklärten Adressaten suggeriert werden können.

Faßt man die bisher genannten *Gesichtspunkte* zusammen, gilt es bei der kritischen Analyse von politischen Doktrinen und Ideologien stets folgendes zu beachten: 1. Lassen sich an Ideologien Tendenzen zu einer starren und dogmatischen bipolaren Deutung der politischen Wirklichkeit beob-

32. POPPER, Offene Gesellschaft, Bd. 2, 265 und 314 (Anm. 2).
33. Ds., Offene Gesellschaft, Bd. 1, 64 (Anm. 2).

achten, die in dichotomischen Interpretationsrastern und *Schwarz-Weiß-Zeichnungen* ihren Ausdruck finden? 2. Bis zu welchem Grad sind Tendenzen zur Ausbildung von dämonisierten *Feind-Stereotypen* vorhanden und damit zusammenhängend Sündenbockstrategien, Agenten-, Abweichler- und Verschwörungstheorien? 3. Wie weit kann man Tendenzen zum *dogmatischen Behaupten* von absolut wahren Einsichten und Grundprinzipien und im Zusammenhang damit elitäre Gruppen antreffen, die ein *Erkenntnismonopol* oder Interpretationsprivileg auf die Auslegung solcher Einsichten beanspruchen? 4. Wie weit sind Tendenzen zum Abschirmen von ideologischen Kernannahmen gegenüber Kritik ausgeprägt und wie sind die Strategien beschaffen, mit denen die *Immunisierung* erfolgt? 5. In welchem Ausmaß sind politisch-weltanschauliche Wertprämissen offen als solche deklariert und in welchem Ausmaß sind sie als allgemeingültige und selbstverständliche *Tatsachenerkenntnisse* getarnt?

VI. Das Konzept der offenen Gesellschaft

Die Idee der *offenen Gesellschaft* bildet in POPPERs politischem Denken ein normatives Konzept oder Annäherungsideal. Eine wesentliche Komponente dieses Konzepts ist der Gedanke der *institutionellen Absicherung größtmöglicher Freiheit* für den Einzelnen. POPPER tritt für größtmögliche Freiheit der Individuen ein, allerdings mit der Einschränkung, daß durch Freiheit, die eine Gesellschaft ihren einzelnen Mitgliedern einräumt, nicht die individuelle Freiheit anderer beeinträchtigt wird. Daß man auch die Idee der Freiheit nicht dogmatisch und mit einem Absolutheitsanspruch vertreten darf, macht POPPER deutlich, indem er das *„Paradoxon der Freiheit"* betont, d.h. den Umstand, daß schrankenlose Freiheit ihr Gegenteil, nämlich Unfreiheit, bewirkt und sich sozusagen selbst aufhebt. „Schrankenlose Freiheit bedeutet, daß es dem Starken freisteht, den Schwachen zu tyrannisieren und ihn seiner Freiheit zu berauben. Das ist der Grund, warum wir verlangen, daß der Staat die Freiheit in gewissem Ausmaß einschränke, sodaß am Ende jedermanns Freiheit vom Gesetz geschützt wird. Niemand soll der *Gnade* eines anderen ausgeliefert sein, aber alle sollen das *Recht* haben, vom Staat geschützt zu werden."[34] Wie andere liberale Denker betrachtet POPPER als primäre Aufgabe des Staates den Schutz der individuellen Freiheit seiner Bürger. Der *Staat* ist ein *sozialtechnisches Instrument* zur Schaffung von Gesetzen, Institutionen und Regeln, die dazu dienen sollen, Macht- und Herrschaftsambitionen von Einzelpersonen und Gruppen zu beschränken und zu kontrollieren, sodaß größtmögliche Freiheitsspielräume für jeden einzelnen Bürger ge-

34. A.a.O, 153 (Anm. 2); Daß POPPERs Paradoxon der Freiheit auf zwei unterschiedlichen Freiheitsbegriffen beruht, wird deutlich gemacht in: Werner BECKER: Die Freiheit, die wir meinen. Entscheidung für die liberale Demokratie. München 1982, 199ff.

währleistet sind. Dabei bestimmt POPPER den *Begriff der Freiheit* ganz ähnlich wie Friedrich A. von HAYEK[35] im wesentlichen *negativ,* und zwar als Freiheit von Unterdrückung und Zwang durch andere. Die Freiheit kann nicht ein Souverän garantieren, sondern nur eine Pluralität von Institutionen, Konventionen, Gesetzen und Regeln, die stets von neuem auf ihre Aufgabe der größtmöglichen individuellen Freiheitssicherung geprüft werden müssen.

In der Auseinandersetzung mit POPPERs politischer Philosophie haben vor allem marxistische Kritiker mehrfach den Eindruck verbreitet, POPPERs liberale Freiheitsidee sei notwendig mit einem ökonomischen Laissez-faire-Liberalismus verknüpft und propagiere letztlich einen *schrankenlosen Kapitalismus.* Diese Sichtweise trifft nicht zu, weil POPPER in seinen Ausführungen über das Paradoxon der Freiheit neben der schrankenlosen physischen auch die unbeschränkte wirtschaftliche Freiheit als Bedrohung für die von ihm angestrebte Freiheit ansieht; deswegen fordert er eine wirksame politische und staatliche Kontrolle wirtschaftlicher Macht. „Wir müssen soziale Institutionen konstruieren, die die wirtschaftlich Schwachen vor den wirtschaftlich Starken schützen, und die Staatsgewalt muß diesen Institutionen zur Wirksamkeit verhelfen. Der Staat muß darauf achten, daß niemand aus Furcht vor Hunger oder vor wirtschaftlichem Zusammenbruch ein ungerechtes Abkommen zu schließen braucht: wenn wir die Freiheit sicherstellen wollen, dann müssen wir fordern, daß die Politik schrankenloser ökonomischer Freiheit durch die geplante ökonomische Intervention des Staates ersetzt werde. Wir müssen fordern, daß der schrankenlose *Kapitalismus* einem *ökonomischen Interventionismus* weiche."[36]

Zur Frage der institutionellen Absicherung größtmöglicher individueller Freiheit zählt POPPER nicht nur den Schutz des Einzelnen vor physischer Gewalt und wirtschaftlicher Unterdrückung durch andere, sondern ebenso das für ihn grundlegendste Problem aller Politik: die *Kontrolle der politischen Macht* bzw. der staatlichen Kontrollgewalt, welche die individuelle physische Gewalt und die wirtschaftliche Macht in Grenzen halten soll. Dazu gibt POPPER keine konkreten Lösungsanweisungen (etwa in Form von Verfassungsvorschlägen), er erörtert dieses Problem vielmehr auf einer grundsätzlichen und sehr allgemeinen Ebene; so wenn er das *Paradoxon des staatlichen Planens* hervorhebt, das darin liegt, daß jedes vernünftige staatliche Planen von freiheitssichernden Institutionen und die indivi-

35. Vgl. Friedrich A. v. HAYEK: The Constitution of Liberty. Chicago-London 1960. Deutsch: Die Verfassung der Freiheit. Tübingen 1983. Wichtige Gemeinsamkeiten und Unterschiede in der politischen Philosophie POPPERs und HAYEKs sind in folgenden beiden Artikeln herausgearbeitet: Yoshihisa HAGIWARA: Zum Verständnis von Liberalismus bei Popper und Hayek; Hardy BOUILLON: Polit. Philosophie im Rahmen einer offenen Gesellschaft: Anmerkungen zu Popper und Hayek, beide sind abgedruckt in: Kurt SALAMUN (Hg.): Moral und Politik aus der Sicht des Kritischen Rationalismus. Amsterdam-Atlanta 1991, 59–72 und 141–160.

36. POPPER, Offene Gesellschaft, Bd. 2, 154 (Anm. 2).

duelle Freiheit dann aufhören, wenn in zu großem Ausmaß geplant wird und dem Staat ein zu hohes Maß an Entscheidungs- und Planungskompetenzen übertragen wird. Die *pluralistische Demokratie* ist aus POPPERs Sicht die einzige Staatsform, die es möglich macht, eine allzu große politische Machtkonzentration zu verhindern. Ohne verschiedene Demokratievorstellungen (etwa repräsentative, plebiszitäre oder präsidiale Formen der Demokratie) voneinander zu unterscheiden, sieht er in der Demokratie generell ein System von Institutionen, das es möglich macht, den Machtgebrauch von Politikern wirksam zu kontrollieren, Mißbräuche hintanzuhalten und möglichst auszuschließen, daß „schlechte Politiker einen allzu großen Schaden anrichten"[37].

Weitere wesentliche Komponenten des Konzepts der offenen Gesellschaft sind die Idee des *politisch-weltanschaulichen Pluralismus* und die Vorstellung von der *friedlichen politischen Konkurrenz*. Ähnlich wie POPPER es in der Wissenschaft für notwendig hält, daß ein Theorienpluralismus gegeben ist und alternative Theorien und Problemlösungsvorschläge offen miteinander konkurrieren können, damit sich die erklärungskräftigen Theorien durchsetzen und Erkenntnisfortschritte und optimale Problemlösungen zu erzielen sind, hält er es im gesellschaftlichen Bereich für notwendig, daß verschiedene politische Standpunkte und Parteien miteinander konkurrieren können, damit ein kontinuierlicher Fortschritt bei der Minimierung von Armut, Unterdrückung, Leid usw. erzielt werden kann. Die politische Pluralität in einer demokratischen Gesellschaft darf allerdings nicht so weit reichen, daß auch politische Gruppen und Personen uneingeschränkt toleriert werden, die sich das Abschaffen von Demokratie, Toleranz, Freiheit und Pluralität zum erklärten Ziel ihrer politischen Aktivitäten setzen. Der für die Offenheit der Gesellschaft so bedeutsame Wert der *Toleranz* darf ebensowenig verabsolutiert werden wie das Prinzip der Freiheit, das Prinzip der Kontrolle und des staatlichen Planens usw., weil es sonst zu einer *Selbstaufhebung* der pluralistischen Demokratie kommen würde.

Zwei weitere wichtige Ideen des Konzepts der offenen Gesellschaft, die mit der Idee vom politisch-weltanschaulichen Pluralismus und der Vorstellung von der friedlichen politischen Konkurrenz aufs engste zusammenhängen, sind die Idee der *institutionalisierten öffentlichen Kritik* und die Idee der *politischen Konfliktregelung durch kritisch-rationale Diskussion*. Wie bereits erwähnt, stellt die Idee der Kritik bzw. des kritischen Problemlösungsverhaltens (im Gegensatz zum dogmatischen Rechtfertigungsdenken) das entscheidende Fundament von POPPERs Erkenntnis- und Wissenschaftslehre dar. Sie ist Grundlage sowohl für das Falsifikationsprinzip, das er anstelle des neopositivistischen Verifikationsprinzips als methodologisches Leitprinzip für das Überprüfen von wissenschaftlichen Erkenntnisaussagen vorschlägt, als auch für das Konzept vom Erkenntnisfortschritt

37. A.a.O., 162 (Anm. 2).

durch Versuch und Irrtum. Dabei muß man sich bewußt sein, daß POPPER das kritische Problemlösungsverhalten stets in einem doppelten Sinn versteht: Als Bemühen um *ehrliche Selbstkritik* und um *Bereitschaft* zu *öffentlicher Kritik.* Welch großen Stellenwert POPPER dem Moment der *Öffentlichkeit* einräumt, wird aus dem Umstand ersichtlich, daß für ihn wissenschaftliche Objektivität nicht durch noch so bemühte Selbstkritik, sondern stets erst durch vielseitige öffentliche Kritik und Infragestellung von Erkenntnisaussagen und Hypothesen konstituiert wird.

POPPER erhebt auch hinsichtlich des politischen Handelns die Forderung, man solle gesellschaftliche *Konflikte und Interessengegensätze* möglichst auf dem Weg über *öffentliche, kritisch-rationale Diskussionen* austragen. Politische Entscheidungen dürfen keine willkürlichen, dezisionistischen Akte und einsamen Beschlüsse von politischen Machtträgern sein, sondern sollten in öffentlichen, kritisch-rationalen Diskussionen, in denen die verschiedenen Parteien Kompromisse über die divergierenden Interessenlagen anstreben, soweit wie möglich vorbereitet werden. Die Möglichkeit zur vorhergehenden öffentlichen Diskussion und zur nachträglichen Kritik und Kontrolle von politischen Entscheidungen muß durch Einrichtungen garantiert werden, wie sie z. B. *Presseorgane* darstellen, die nicht an parteipolitische Weisungen gebunden sind, oder staatliche *Kontrollorgane,* die dem direkten Einfluß von politischen Machtträgern entzogen sind (in Österreich etwa der Rechnungshof).

In der Diskussion über POPPERs politisches Denken wurden sowohl gegen die Idee von der institutionalisierten öffentlichen Kritik als auch gegen die Forderung nach politischer Konfliktregelung durch kritisch-rationale Diskussion verschiedene *Einwände* erhoben.[38] Gegen die zuerst genannte Idee hat man das Argument vorgebracht, mit Kritik seien nur zu oft *destruktive Konsequenzen* verbunden, denen gegenüber POPPER durch seine Fixierung auf die Idee der Kritik blind sei. Dieser Einwand berücksichtigt nicht, daß die von POPPER intendierte antidogmatische, kritisch-rationale Einstellung *jegliche Dogmatisierung,* somit auch die Dogmatisierung der Idee der Kritik, ablehnt. Sind in einer Gesellschaft institutionalisierte Möglichkeiten der öffentlichen Kritik vorhanden, bedeutet dies für den kritischen Rationalisten keineswegs, daß er diese Möglichkeiten in allen Situationen bis zur allerletzten Konsequenz (etwa bis zur totalen Desavouierung des politischen Gegners oder bis zur Selbstvernichtung) ausnützen muß. Die *verantwortungsethische* Komponente, die im kritischen Rationalismus von POPPER einen zentralen Stellenwert hat, fordert vielmehr, in allen Situationszusammenhängen auch die Konsequenzen und Nebenfol-

38. Vgl. Lothar F. NEUMANN: Traktat über einige Unzulänglichkeiten des „Kritischen Rationalismus". In: Rationalismus, Hg. v. Georg LÜHRS u. a., 78 und 84 (Anm. 25). – Fritz RAHMEYER: Kritik der Politikkonzeption des Kritischen Rationalismus. In: a.a.O. 278. – Helmut SPINNER: Popper und die Politik. Rekonstruktion und Kritik der Sozial-, Politik- und Geschichtsphilosophie des kritischen Rationalismus. Berlin-Bonn 1978, 97f.

gen von Kritik *verantwortungsbewußt* zu überdenken. Die Konsequenzüberlegungen können Anlaß dazu geben, in bestimmten Situationen kritische Argumente *maßvoller* vorzubringen oder kurzfristig überhaupt hintanzustellen, falls sie offensichtlich und massiv gegen die ethische Maxime der Minimierung von Leid verstoßen.

POPPERs Forderung nach politischer Konfliktregelung durch kritisch- rationale Diskussion wurde mit dem Argument kritisiert, das liberale Konfliktlösungsmodell der kritisch-rationalen Diskussion könne dem tatsächlichen politischen Handeln nur in äußerst beschränktem Maße gerecht werden. Dieses Modell funktioniere nur in Fällen, bei denen es bloße *Meinungskonflikte* zu regeln gilt, nicht aber bei tieferliegenden *Überzeugungs-* und *Grundwertkonflikten*. Das Bewältigen solcher Konflikte setze ein vielfältiges abgestuftes Instrumentarium von Konfliktregelungsverfahren voraus, das von POPPER zur Gänze ignoriert werde. Dazu gehört der abgestufte und vernünftige Einsatz von Macht, den POPPER auf Grund seines pauschalen Mißtrauens gegenüber jeder Form von Macht unberücksichtigt lasse, sowie auch der subtile Einsatz von Mitteln materieller Gratifikation. Der Vorwurf, POPPER habe ein verkürztes und unrealistisches Verständnis von Politik, wurde noch durch andere Argumente begründet, so etwa durch das Argument, er übertrage ein Konfliktregelungsmodell aus der von politischen Anforderungen weitgehend entlasteten „scientific community" in einen Bereich, wo es ein höchst untaugliches Instrument zur Konfliktaustragung darstelle. Kritisch-rationale Diskussion eigne sich zwar gut zum Austragen von theoretischen Meinungsverschiedenheiten im Elfenbeinturm der Wissenschaft, nicht aber zur Regelung von Konflikten im Bereich politischer Interessengegensätze, gesellschaftlicher Machtkämpfe und Gruppenauseinandersetzungen. Diese Art von Einwänden weist große Ähnlichkeit mit der Kritik am politischen Denken eines anderen bedeutenden liberalen Philosophen unseres Jahrhunderts, Karl JASPERS, auf. Auch ihm wurde mangelnde Beachtung der Kompliziertheit von politischen Prozessen und Entscheidungsmechanismen und damit zusammenhängend ein verkürztes, unrealistisches Politikverständnis vorgeworfen.[39]

Bei dieser Art von Einwänden wird ignoriert, daß Philosophen wie POPPER und JASPERS mit ihren Überlegungen zur Politik nicht primär eine *exakte Darstellung und Beschreibung* von faktisch ablaufenden politischen Prozessen anstreben, sondern vielmehr *normative Konzepte* vor Augen stellen möchten, wie man Politik in Zukunft betreiben *sollte*. Aus dieser

39. Zu diesen Vorwürfen gegen JASPERS' politische Philosophie, die er u. a. in den Büchern „Die Schuldfrage" (1946), „Vom Ursprung und Ziel der Geschichte" (1949), „Die Atombombe und die Zukunft des Menschen" (1958), „Freiheit und Wiedervereinigung. Über Aufgaben deutscher Politik" (1960), entwickelte, vgl. meine JASPERS-Monographie: Karl Jaspers. München 1985, 102ff., wo ich im Gegensatz zur üblichen seinsspekulativen Jaspers-Interpretation die liberal-aufklärerische Seite seines Denkens hervorhebe, sowie meinen Artikel: Die liberal-aufklärerische Dimension in Jaspers' Denken – ein Beispiel moderner Aufklärung. In: Kurt SALAMUN (Hg.): Karl Jaspers. Zur Aktualität seines Denkens. München 1991, 46–69.

Perspektive ist dann POPPERs Konfliktregelungsmodell der kritisch-rationalen Diskussion als ein normatives Konzept aufzufassen, an dem sich politisch Handelnde beim Streben nach Ausgleich von unterschiedlichen Interessen und Machtansprüchen und beim Bemühen um friedliche Konfliktregelungen stets orientieren sollten. So verstanden, stellt dieses Konzept ein *Annäherungsideal* dar, das man in Zukunft graduell stärker berücksichtigen und auf das man konsequenter als bisher hinarbeiten muß, auch wenn man im aktuellen politischen Geschehen in vielen Situationen noch sehr weit davon entfernt ist. Auch wenn die gänzliche Verwirklichung dieses Konzepts als utopisch und mit dem Realisierbarkeitspostulat nicht vereinbar erscheint, kann man graduelle Verwirklichungsschritte als durchaus realistisch betrachten.

VII. Poppers Wirkung

POPPERs Philosophie des Kritischen Rationalismus hat eine *große internationale Resonanz* erfahren, seine Erkenntnis- und Wissenschaftslehre bildet einen wichtigen Bestandteil des Wissenschaftsverständnisses unserer Zeit und beeinflußte die *Grundlagendiskussion* in zahlreichen Wissenschaftsdisziplinen (Soziologie, Ökonomie, Politikwissenschaft, Erziehungswissenschaft usw.). Die internationale Wertschätzung für POPPERs Denken wird nicht zuletzt dadurch dokumentiert, daß ihm ein Band der „Library of Living Philosophers" gewidmet wurde und zu seinen Ehren mehrere Festschriften mit Beiträgen von sehr bedeutenden Gelehrten erschienen sind[40].

In den *angelsächsischen Ländern* wurden seine Ideen besonders von Imre LAKATOS, John WATKINS und William W. BARTLEY weiterentwickelt, im *deutschsprachigen Raum* gilt, wie bereits erwähnt, Hans ALBERT als wichtigster Interpret und Fortführer seiner Gedanken. ALBERT war der Hauptexponent des Kritischen Rationalismus in dem politisch nicht unbedeutsamen *Positivismusstreit* in der deutschen Soziologie, der Ende der sechziger Jahre zwischen Kritischen Rationalisten und Vertretern der neomarxistischen Kritischen Theorie der Frankfurter Schule (vor allem Theodor W. ADORNO und Jürgen HABERMAS) geführt wurde.[41] Zu den Denkern, die zumindest in einer bestimmten Phase ihrer Entwicklung kritische

40. Vgl.: The Critical Approach to Science and Philosophy. Ed. by Mario BUNGE. In Honour of Karl R. POPPER. London-New York 1964. – The Philosophy of Karl Popper. Vol. I. u. II. Ed. by Paul A. SCHILPP. La Salle/Ill. 1974. (The Library of Living Philosophers, Vol. XIV). – In Pursuit of Truth. Essays on the Philosophy of Karl Popper on the Occasion of His 80th Birthday. Ed. by Paul LEVINSON. New Jersey 1982. – Karl R. Popper und die Philosophie des Kritischen Rationalismus. Zum 85. Geburtstag von Karl R. Popper. Hg. v. Kurt SALAMUN. Amsterdam 1988.

41. Vgl. Theodor W. ADORNO/Hans ALBERT u.a: Der Positivismusstreit in der deutschen Soziologie. Neuwied/Rhein-Berlin 1969.

Rationalisten waren, oder von POPPERs Ideen wichtige Impulse erfahren haben, gehören so bekannte Gelehrte wie die Wissenschaftstheoretiker Paul FEYERABEND und Joseph AGASSI, die Biologen Sir Peter MEDAWAR und Konrad LORENZ, der Neurophysiologe Sir John ECCLES, der Psychologe Donald D. CAMPBELL, der Soziologe Ralf DAHRENDORF, der Philosoph und Sporttheoretiker Hans LENK, der Kunsttheoretiker Ernst GOMBRICH und der Erziehungswissenschafter Wolfgang BREZINKA.

In *Österreich* sind Gedanken von POPPER schon während der sechziger Jahre von in Graz (Karl ACHAM, Bernd SCHILCHER, Kurt SALAMUN) und Salzburg (Paul WEINGARTNER) tätigen akademischen Lehrern rezipiert worden. Als Ernst TOPITSCH, der während seiner Lehrtätigkeit als Soziologe in Heidelberg enge wissenschaftliche Kontakte zu Hans ALBERT hatte, 1969 auf einen Lehrstuhl für Philosophie nach Graz berufen wurde, verstärkte sich dort noch der Einfluß von POPPERs Philosophie. So wurden vor allem dessen Gedanken zur Weltanschauungsanalyse und Ideologiekritik weiter zu entwickeln versucht.[42] An der Wiener Universität wurde anläßlich des 80. Geburtstags von POPPER ein öffentliches Kolloquium abgehalten, 1984 wurde POPPER zum Honorarprofessor an der Universität Wien ernannt. Von der Universität Salzburg erhielt er bereits im Jahr 1979 das Ehrendoktorat verliehen. Einer breiteren Öffentlichkeit in Österreich wurde POPPER durch Fernsehsendungen bekannt, vor allem durch vom Wissenschaftsjournalisten Franz KREUZER mit ihm geführte Gespräche über sein Werk, sowie durch den medienwirksam als Kamingespräch inszenierten Gedankenaustausch mit seinem Jugendfreund Konrad LORENZ, dem berühmten österreichischen Biologen und Nobelpreisträger.[43]

Der *Einfluß* POPPERs *auf die Politik* ist nur schwer abzuschätzen. In England schrieb der ehemalige Labourabgeordnete und Philosophieprofessor Bryan MAGEE, der dort als unermüdlicher Propagandist von POPPERs Ideen hervorgetreten ist, über dessen politische Wirkung Mitte der siebziger Jahre: „Seine politische Philosophie hatte einen tiefgreifenden Einfluß auf einige ‚radicals' mit der größten Anziehungskraft in der britischen Politik – und zwar aller Parteien . . ."[44]

42. Karl ACHAM: Vernunft und Engagement. Sozialphilosophische Untersuchungen. Wien 1972. – Bernd SCHILCHER: Ideologie, Pragmatismus – oder was sonst? In: Ds. (Hg.): Zwischen Pragmatismus und Ideologie. Steirische Beiträge zur Grundlagendiskussion der ÖVP. Graz 1972, 19ff. – Ernst TOPITSCH/Kurt SALAMUN: Ideologie – Herrschaft des Vor-Urteils. München 1972. – Kurt SALAMUN: Ideologie – Wissenschaft – Politik. Sozialphilosophische Studien. Wien-Graz-Köln 1975. – Ds., Ideologie und Aufklärung. Weltanschauungstheorie und Politik. Wien-Köln-Graz 1988.

43. Vgl. Offene Gesellschaft – offenes Universum. Franz Kreuzer im Gespräch mit Karl R. Popper. Wien 1982. – Karl. R. POPPER/Konrad LORENZ: Die Zukunft ist offen. Das Altenberger Gespräch. Mit den Texten des Wiener Popper-Symposiums. Hg. v. Franz KREUZER. München 1985.

44. Bryan MAGEE: Karl Popper und der Kritische Rationalismus. In: Kritischer Rationalismus und Sozialdemokratie I. Hg. v. Georg LÜHRS u. a. Berlin-Bonn 1975, 73.

In der Bundesrepublik Deutschland scheint POPPERs politische Philosophie die *politische Grundsatz-* und *Grundwertediskussion* in den Parteien nicht unerheblich geprägt zu haben. Nachdem bereits in den sechziger Jahren der damals noch in der Politik tätige Soziologe Ralf DAHRENDORF Gedanken von POPPER in die weltanschauliche Programmatik der FDP einzubringen versuchte,[45] beriefen sich in den siebziger Jahren politische Grundsatzdenker aus der CDU[46] und der SPD[47] wiederholt auf POPPER. Sie betonten, daß in ihren Parteien wesentliche Vorstellungen des Kritischen Rationalismus bereits übernommen oder noch zu integrieren seien. In der SPD unternahmen jüngere Grundsatzdenker den Versuch, im Gegensatz zum linken Parteiflügel, der sich an der marxistischen Denktradition orientierte, gewisse sozialliberale, reformistische Wert- und Zielvorstellungen stärker ins Blickfeld zu rücken, die mit Grundgedanken von POPPERs Kritischem Rationalismus übereinstimmen. Der damalige Bundeskanzler Helmut SCHMIDT verfaßte selbst das Vorwort zu einem in dieser Absicht herausgegebenen Sammelband. Er stellte darin zwar taktisch vorsichtig fest: „Ich bin kein Marxist, ich bin ebenso wenig ein Anhänger des Kritischen Rationalismus. Jedoch empfehle ich, Marx zu lesen, ebenso Popper . . .“[48], nichts desto weniger identifizierte er sich aber mit vielen Gedanken POPPERs, wie der kritisch-rationalen Einstellung, dem Antidogmatismus und Antiutopismus, der gradualistischen Reformpolitik, der offenen Gesellschaft, dem ökonomischen Interventionismus im Rahmen einer liberalen Markt- und Konkurrenzwirtschaft. SCHMIDT schrieb auch ein Vorwort zu einer 1982 im angelsächsischen Sprachraum erschienenen Festschrift für POPPER sowie einen Würdigungsartikel anläßlich von dessen 85. Geburtstag.[49] Vielleicht läßt sich der Stellenwert von POPPERs Philosophie im öffentlichen politischen Denken in der Bundesrepublik Deutschland am besten so kennzeichnen, wie dies der um

45. Zu DAHRENDORFs Popper-Rezeption vgl. vor allem: Ralf DAHRENDORF, Ungewißheit, Wissenschaft und Demokratie. (1962). Wiederabgedruckt in: Ds., Konflikt und Freiheit. München 1972, 269 – 315. – Ds., Stagnation und offene Gesellschaft. In: Liberal, 11. Jg. (1969), 566 – 571. – Ds.: Politik der Liberalität statt Bündnis der Unbeweglichkeit. Rede auf dem 19. Bundesparteitag der FDP in Freiburg. Bonn 1968.

46. Vgl. vor allem: Wamfried DETTLING. Demokratische Gesellschaft oder offene Gesellschaft? In: Ds. u. a., Demokratischer Sozialismus oder offene Gesellschaft? Neuwied/Rhein 1972. (RCDS-Schriftenreihe, Nr. 10), 5 – 12. – Ds., Der kritische Rationalismus und die Programmatik der CDU. In: Wulf SCHÖNBOHM (Hg.): Zur Programmatik der CDU. Bonn 1974, 78 – 107.

47. Vgl. die hier schon zitierten, von Georg LÜHRS/Thilo SARRAZIN/Frithjof SPREER/Manfred TIETZEL herausgegebenen Sammelbände: Kritischer Rationalismus und Sozialdemokratie I. und II. Berlin-Bonn 1975 u. 1976. – Theorie und Politik aus kritisch-rationaler Sicht. Berlin-Bonn 1978.

48. Helmut SCHMIDT: Vorwort. in: LÜHRS: Rationalismus, XV (Anm. 44).

49. Vgl. Helmut SCHMIDT: Foreword: The Way of Freedom. in: LEVINSON Pursuit, XI f. (Anm. 40). – Ds., Der Mann mit dem Goldhelm. Der Meister des Kritischen Rationalismus: Karl Popper zum 85. Geburtstag. In: DIE ZEIT, Nr. 31, 24. Juli 1987, 31..

Bewahrung der *radikal-liberalen Tradition* des Kritischen Rationalismus bemühte ehemalige Albert-Schüler Helmut F. SPINNER tut. SPINNER kommt zum Ergebnis, daß der Kritische Rationalismus POPPERs zwar zu keinem positionsbildenden, aber doch zu einem *meinungstragenden* intellektuellen Faktor in der politischen Kultur der Bundesrepublik geworden sei, der gelegentlich bis in die Tages- und Parteipolitik, sowie in Gerichtsurteile und Expertengutachten auch über philosophieferne Angelegenheiten hineinwirke.[50]

Daß sich auch in *Österreich* Politiker und Intellektuelle verschiedenster Provenienz nicht selten auf POPPER berufen haben[51] und auch heute noch berufen, sobald es gilt, gegen Totalitarismus und autoritäre politische Systeme Stellung zu beziehen oder für das *Ideal* der *pluralistischen, westlich-parlamentarischen Demokratie* einzutreten, macht die Breitenwirkung und Ausstrahlungskraft von POPPERs Gedanken in der *Zweiten Republik* deutlich. Wie aus der hier gegebenen Darstellung von Hauptgedanken aus seiner Philosophie ersichtlich wurde, enthält diese Philosophie eine Fülle von wertvollen Argumenten zur Kritik an ideologischen Fanatismen, Absolutheitsansprüchen usw. und zur Rechtfertigung einer freiheitsorientierten Politik, weshalb sich Verfechter einer derartigen Politik, die sich in allen demokratischen Parteien finden, wohl noch oft auf POPPER beziehen werden, wenn es darum geht, gegen autoritäre Intoleranz, gesinnungsethischen Fanatismus und totalitäre Ansprüche bei eigenen politischen Gesinnungsfreunden, in politischen Konkurrenzgruppen und in diktatorischen Herrschaftssystemen anzukämpfen.

Diese Philosophie könnte in Hinkunft auch in den ehemaligen marxistischen Staaten Mittel- und Osteuropas eine wichtige Funktion erfüllen, falls ihre Rezeption an den dortigen Bildungsinstitutionen (Universitäten, Schulen, Kulturinstituten usw.) genügend gefördert wird: sie könnte als geistige Orientierungsstütze beim mühsamen Aufbau liberal-demokratischer Institutionen dienen und zur philosophischen Rechtfertigung der dort neu etablierten pluralistisch-demokratischen Staatsordnungen.

50. Vgl. Helmut F. SPINNER: Ist der Kritische Rationalismus am Ende? Auf der Suche nach den verlorenen Maßstäben des Kritischen Rationalismus für eine offene Sozialphilosophie und kritische Sozialwissenschaft. Weinheim/Basel 1982, 41.

51. Der Name POPPERs findet sich auch in der Regierungserklärung der SPÖ-FPÖ-Koalitionsregierung erwähnt, die diese beiden Parteien nach den Wahlen vom 24. April 1983 bildeten. Vgl.: Regierungserklärung von Bundeskanzler Dr. Fred Sinowatz am 31. Mai 1983. Hg. v. Bundespressedienst Wien 1983, 38, jetzt auch in Maximilian GOTTSCHLICH/Oswald PANAGL/Manfried WELAN: Was die Kanzler sagen. Regierungserklärungen der Zweiten Republik 1945–1987. Wien-Köln 1989, 280.

Ernst Fischer

Leopold Spira

I. Vom Expressionismus zum Marxismus

Unter dem Begriff *Politiker* versteht man heute im allgemeinen einen *Professional,* der ein bestimmtes Gebiet beherrscht, oder einen *Managertyp,* der problemlos von einem Ressort ins andere wechseln kann. Die Position als Staatsfunktionär ist meist mit einer führenden Stellung in einer *Partei-* oder *Berufsorganisation* verbunden. Die Zeit ist vorbei, in der führende Politiker als richtungsgebende *Denker* galten, wie Karl RENNER, Otto BAUER oder Iganz SEIPEL. Politiker hinterlassen heutzutage in der Regel nur Sammlungen von Reden oder selektive Erinnerungen.

Ernst FISCHER[1] war ein Vierteljahrhundert lang ein *prominenter Politiker,* in geringerem Maße aufgrund seiner Funktionen, in höherem Maßé wegen seiner Fähigkeit, in Wort und Schrift Gedanken und Ansichten so zu formulieren, daß sie auch dann originell und persönlich wirkten, wenn sie nichts anderes als den Standpunkt seiner Partei wiedergaben. Aber Ernst FISCHER ging schließlich über den *Parteistandpunkt* hinaus. Auch als vielbeschäftigter Politiker widmete er einen Teil seiner Energie der Literatur und kulturellen Fragen im allgemeinen, ein Gebiet, dem er sich voll

---

1. Die wichtigsten *(kultur)politischen* Veröffentlichungen Ernst FISCHERs: Krise der Jugend. Wien-Leipzig 1931. – Die Entstehung des österr. Volkscharakters. Wien 1945. – Jahr der Befreiung. Aus Reden und Aufsätzen. Wien 1946. – Österreich 1848. Probleme der demokratischen Revolution in Österreich. Wien 1946. – Dichtung und Deutung. Beiträge zur Literaturbetrachtung. Wien 1953. – Von der Notwendigkeit der Kunst. Dresden 1959. – Von Grillparzer zu Kafka. Wien 1962. – Probleme der jungen Generation. Ohnmacht oder Verantwortung. Wien u. a. 1963. – Zeitgeist und Literatur. Gebundenheit und Freiheit der Kunst. Wien u. a. 1964. – Kunst und Koexistenz. Beitrag zu einer modernen marxistischen Ästhetik. Reinbek/Hamburg 1966. – Erinnerungen und Reflexionen. Reinbek/Hamburg 1969. – Die Revolution ist anders. Reinbek/Hamburg 1971. – Das Ende einer Illusion. Erinnerungen 1945–1955. Wien-München-Zürich 1973. – Aus der *künstlerischen* Produktion Ernst FISCHERs: Das Schwert des Attila (*Drama,* 1923 am Wiener Burgtheater aufgeführt). – Die schwarze Flamme. Wien 1947 (Gedichte). – Der große Verrat (stalinistisches Anti-Tito-Stück, 1950 an der Wiener „Scala" aufgeführt). Prinz Eugen. Wien 1955 (Roman, mit seinr späteren, zweiten Frau Luise EISLER verfaßt). – Über Ernst FISCHER *informieren:* Trautl BRANDSTALLER: Ernst Fischer. In: Neue Österr. Biographie ab 1815. Große Österreicher. Bd. XXI. Wien-München 1982, 30–36. – Ernst Fischer. Itinéraire d'une vie. Sonderheft der von Felix KREISSLER in Rouen hg. Zeitschrift „Austriaca. Cahiers universitaires d'information sur l'Autriche", Mai 1985, Nr. 20. – Bruno FREI: Der Weg Ernst Fischers, eine Dokumentation. In: Brennpunkte und Dokumente, Dezember 1968, Nr. 1 (Standpunkt der orthodoxen, moskautreuen KPÖ). – Helmuth A. NIEDLERLE (Hg.): Ernst Fischer. Ein marxistischer Atistoteles? St. Pölten 1980.

widmen konnte, als er aufhörte, Politiker zu sein – ohne deswegen von der Politik Abschied zu nehmen.

„Ich bin ein politisch engagierter Mensch, kein Politiker. Mit unzureichenden Mitteln einer zu werden, wurde ich durch die Situation genötigt,“[2] schrieb Ernst FISCHER in seinen Erinnerungen. Die „Situation“ war die *Krise* von Wirtschaft und Demokratie zu Beginn der dreißiger Jahre, die zur Krise der bürgerlichen Welt auch wie der Sozialdemokratie wurde. Mit dem Erscheinen des Büchleins „Krise der Jugend“, 1931, war Ernst FISCHER „für tausende junge Sozialisten zu einer Hoffnung geworden. Ohne mir dessen sofort bewußt zu sein, hatte ich, der bisher anarchisch Verantwortungslose, eine mich überfordernde Verantwortung übernommen“.[2] Aus dem *sozialdemokratischen* Journalisten, Literaten und Propagandisten war ein Politiker geworden. Und die übernommene Verantwortung trug er, nach dem Feber 1934, als führender Funktionär der *Kommunistischen Partei Österreichs (KPÖ)* bis zum Jahr 1959. Damals verlor die KPÖ die parlamentarische Vertretung, Ernst FISCHER war nicht mehr Abgeordneter und eine schwere Erkrankung, bei der sicherlich *psychosomatische* Faktoren eine auslösende Rolle spielten, legte den Verzicht auf Parteifunktionen nahe. Aber nun erreichte der „politisch engagierte Mensch“ eine literarische und politische Bedeutung, die er zu dieser Zeit als Parteifunktionär niemals hätte erreichen können. Der individualistische *Intellektuelle,* der sich in einer alle Kräfte und Fähigkeiten beanspruchenden Epoche auch innerlich einer strengen Disziplin unterworfen hatte, konnte sich intellektuell frei entfalten, weil er die engen Grenzen einer Disziplin übersprang, die moralisch nicht länger zu rechtfertigen war. Aber er wurde „kein verlorener Sohn, der reuig in den Schoß der Familie, des Bürgertums, der Sozialdemokratie oder sonst einer Variante des ‚Immergleichen‘ (Adorno) zurückkehrte. Er fühlte sich nach wie vor als Kommunist, als Marxist . . .“[3], schrieb sein Freund Franz MAREK in einem Nachruf auf den am 31. Juli 1972 in Deutschfeistritz in der Steiermark Verstorbenen.

Der am 3. Juli 1899 in Komotau in Böhmen geborene, später in Graz und Wien lebende Ernst FISCHER gehörte einer Generation an, die keine Verankerung in der stabilen Welt vor 1914 mehr hatte. Sein Protest gegen das Fronterlebnis in einem verlorenen *Krieg* kam, wie bei vielen anderen, im *Expressionismus* zum Ausdruck, und in seinem ersten Artikel im Grazer „Arbeiterwille“, erschienen am 26. April 1920, finden sich die Worte: „. . . weil wir eines vor allem hassen: Erstarrung – eines vor allem lieben: Bewegung . . .“.

„Der ‚Expressionismus‘ – das war für FISCHER in einem die Anklage der Bürgerwelt und aufgeregter Widerspruch gegen eine Sozialdemokratie, deren kulturpolitischer Versuch, die Arbeiter an die ‚klassische‘ nicht an

2. FISCHER, Erinnerungen, 230 (Anm. 1).

3. Franz MAREK: Ernst Fischer. In: Wiener Tagebuch, September 1972, 2.

die moderne, an die überkommene, nicht an die experimentierende Kunst heranzuführen, ihn schon deswegen verstörte, weil er so fürchten mußte, im sozialdemokratischen Bildungsverein jener Bürgerlichkeit wiederzubegegnen, der er eben entlaufen war."[4]

Vom radikalen Expressionismus führte ein Weg zum *antibürgerlichen Faschismus*, zum *Nationalsozialismus;* bei Ernst FISCHER führte er, wie bei vielen anderen, auch seinen Brüdern Walter und Otto, zum *Marxismus* und *Kommunismus.* Doch am Ende des Weges landeten die Kategorien „entartete Kunst" und „sozialistischer Realismus" doch wieder bei einer im Grunde genommen *kleinbürgerlichen* Kunst- und Lebensauffassung. In einem in viele Sprachen übersetzten Buch „Von der Notwendigkeit der Kunst", dessen erste Auflage 1959 in Dresden erscheinen konnte, vermochte Ernst FISCHER unter Ausnützung des CHRUSCHTSCHOWschen „Tauwetters" noch parteikonform gegen die „Verhunzung der Kunst und Literatur durch kleinbürgerliche Verlogenheit, Sentimentalität und Banalität" zu Felde zu ziehen. Je mehr aber das „Tauwetter" zu einer neuen ideologischen *Eiszeit* erstarrte, desto weniger parteikonform waren nicht nur die politischen, sondern auch die kunsttheoretischen Ansichten und Äußerungen Ernst FISCHERs.

In Österreich blieben, Opfer der Mentalität des *Kalten Krieges,* die Studien FISCHERs über LENAU, NESTROY, GRILLPARZER, Karl KRAUS oder MUSIL lange Zeit weitgehend unbekannt. „Der Durchbruch erfolgte erst, als Ernst Fischer in wachsenden Gegensatz zu den Apparaten der Kommunistischen Partei geriet. Dem Blockdenken, dem blockierten Denken einer Öffentlichkeit, die den Namen Pasternak erst durch den Schiwago- Skandal erfuhr und das ‚Prinzip Hoffnung' erst anerkannte, als Bloch von Leipzig nach Tübingen floh, wurden nun fast pausenlos Studien aus der Feder des nach Lukács bedeutendsten marxistischen Literaturkritikers präsentiert"[5], schrieb Franz MAREK.

Über ein halbes Jahrhundert lang, von seinen Anfängen bis zu den Arbeiten, die der Tod unterbrach, waren für Ernst FISCHER *Politik und Kunst* keine Gegensätze, sie bildeten in seinem Denken eine Einheit. Vielleicht erklärt sich daraus die Wirkung, die er als Politiker, Redner, Schriftsteller und Kunsttheoretiker erzielen konnte.

II. Der kommunistische Politiker

Als nach dem Feber 1934 tausende Sozialdemokraten der illegalen KPÖ beitraten, galt Ernst FISCHER nach innen wie nach außen als Sprecher und Repräsentant dieser *„neuen" Kommunisten,* deren Zahl größer war als

4. Karl-Markus GAUSS (Hg.): Ernst Fischer: Kultur, Literatur, Politik. Frühe Schriften. Frankfurt/Main 1984, 234.

5. MAREK, Fischer, 2 (Anm. 3).

die der „alten". Die nicht nur quantitativ, sondern auch qualitativ erneuerte Partei diente auf dem VII. Weltkongress der Kommunistischen Internationale in Moskau, Juli/August 1935, als Beispiel für die Möglichkeit einer demokratischen Einheitsfront-Politik als Kern einer anzustrebenden *Volksfront,* die im Feber 1934 in Paris den Faschismus abgewehrt hatte und dieselbe Funktion international erfüllen sollte. Ernst FISCHER sprach auf dem Kongress als Vertreter der zur Einsicht gekommenen Sozialdemokraten, die endlich ihre *wahre Heimat* gefunden hatten. Er konnte in einer neuen Atmosphäre, die eine Kritik an der kampflosen Niederlage der deutschen Kommunisten und an der von STALIN vertretenen Politik, die zu dieser Niederlage beigetragen hatte, implizierte, einen neuen Ton anschlagen, der sich sehr merklich von der früheren Theorie, die Sozialdemokratie sei nichts anderes als „Sozialfaschismus", unterschied. Ernst FISCHER sagte: „Die österreichische Sozialdemokratie hat eine schwere Niederlage der Arbeiterklasse verschuldet, aber sie hat gleichzeitig in den Massen den Gedanken . . . des Sozialismus wachgehalten und die Sympathien der Massen für die Sowjetunion nicht unterdrückt. . . . Wir wenden uns gegen die einfache Formulierung: ‚Die Führer haben versagt!' Auch kommunistische Führer können versagen. Das ist nicht entscheidend. Das Entscheidende ist, daß die Sozialdemokratie nicht fähig ist, den Sieg der Arbeiterklasse herbeizuführen . . ."[6]

In der *Sowjetunion* schien sich damals eine Wendung zur Demokratie anzubahnen. Die „Stalinsche" Verfassung, 1936 beschlossen, kontrastierte scharf mit der Faschisierung im kapitalistischen Europa. Ernst FISCHER schrieb eine Broschüre „Die neuen Menschenrechte", in der er die Verfassungsklauseln für bare Münze nahm und enthusiastisch begrüßte. Bald darauf verfaßte er eine Broschüre „Vernichtet den Trotzkismus!", eine propagandistische Unterstützung der Schauprozesse. Wie konnte sich Ernst FISCHER so täuschen lassen? Diese Frage ist ja nicht nur an ihn zu stellen, und in einem eigenen Kapitel soll versucht werden, einiges zu ihrer Beantwortung beizutragen.

Die demokratische Wende des VII. Weltkongresses der Kommunistischen Internationale zur Volksfrontpolitik wurde in *Österreich* dadurch unterstrichen, daß die KPÖ ihrem antifaschistischen Konzept eine *nationale* Komponente hinzufügte. Aus der Ablehnung eines Anschlusses an Hitler-Deutschland wurde eine Verteidigung der Unabhängigkeit der österreichischen Nation. Parteioffiziell erfolgte diese Wende mit einem Artikel von Alfred KLAHR in der Zeitschrift „Weg und Ziel", April 1937. Noch ein paar Monate früher, in der Juli/August-Nummer 1936 derselben Zeitschrift, hatte Ernst FISCHER geschrieben: „Das österreichische Volk betrachtet sich als einen Teil des deutschen Volkes, mit dem es sich, wenn auch die Volksmassen in Deutschland das Joch des Faschismus abgeworfen werden haben, vereinigen wird." Der Anstoß zur Diskussion der „na-

6. FISCHER, Erinnerungen, 332 (Anm. 1).

tionalen Frage" kam von Georgi DIMITROW, Generalsekretär der Kommunistischen Internationale. Dem Bulgaren, der lang in Wien und in Deutschland gelebt hatte, waren die nationalen Unterschiede deutlicher als vielen Österreichern, die durch die deutschnationale Schule gegangen waren und – wie Ernst FISCHER – den *Deutschnationalismus* der Sozialdemokratie in sich aufgenommen hatten.

Es handelte sich in diesem Falle nicht um eine der häufigen Wendungen der *„Parteilinie"*, sondern setzte bei den meisten Kommunisten, auch bei Ernst FISCHER, Gedanken und Gefühle frei, die verschüttet gewesen waren. In Reden und Artikeln, als Essayist und Literaturkritiker und, nicht zuletzt, als Verfasser und Sprecher hunderter Propaganda-Sendungen von Radio Moskau während des Krieges brachte Ernst FISCHER die neugewonnene *nationale Identität* zum Ausdruck und machte sie zur Grundlage seines antifaschistischen Kampfes.

Daß die KPÖ aus dieser Rolle eines nationalen Vorkämpfers keinen größeren politischen Gewinn herausschlagen konnte, hängt wohl damit zusammen, daß sie die *Unabhängigkeit* zwar gegenüber Deutschland verteidigte, nicht aber gegenüber Moskau. Die Vorstellung, daß die *Interessen der Sowjetunion* immer und überall mit denen Österreichs übereinstimmen, determinierte viele Jahre auch das politischen Denken Ernst FISCHERs.

Die nach dem VII. Weltkongress der Kommunistischen Internationale eingeschlagene Orientierung behielt die KPÖ auch nach *Kriegsende* bei. Als Mitglied der Provisorischen Regierung und Chefredakteur der überparteilichen Tageszeitung „Neues Österreich" war Ernst FISCHER der bekannteste und populärste kommunistische Politiker. Als Ernst FISCHER 1969 aus der KPÖ ausgeschlossen wurde, schrieb Friedrich HEER in einer Würdigung: „Nach 1945 für kurze Zeit Staatssekretär für Unterricht; man stelle sich heute vor: Ernst Fischer wäre richtiger Unterrichtsminister gewesen, für ein Jahrzehnt!"[7]

Für ein Jahrzehnt? Auch nach dem für die KPÖ enttäuschenden Wahlergebnis vom Dezember 1945 gab Ernst FISCHER im Namen der KPÖ zu Leopold FIGLs *Regierungserklärung* eine positive Wertung ab: „Ich glaube den Bundeskanzler richtig verstanden zu haben, wenn ich sage: Keine Westorientierung, keine Ostorientierung, sondern Orientierung auf ein freies, unabhängiges Österreich . . . Wir werden niemals unsere Weltanschauung, unser sozialistisches Ziel verheimlichen, aber wir halten es für das gemeinsame Interesse der überwältigenden Mehrheit unseres Volkes, den demokratischen Weg der Entwicklung auf jede Weise zu sichern."[8]

Im Frühjahr 1946, auf dem 13. Parteitag der KPÖ in Wien, zeichnete Ernst FISCHER die *Perspektiven* der Partei. Die internationalen Kräfteverhältnisse hätten sich wesentlich verändert, „daraus ergeben sich neue Möglich-

7. Friedrich HEER: Fischer hat Zukunft. In: Neues Forum, Heft 191/II, Mitte November 1969.
8. Stenographisches Protokoll des Nationalrates vom 21. Dezember 1945, 33.

keiten, neue Wege zum Sozialismus ... Viele Völker haben begonnen, eine neue Demokratie, eine Volksdemokratie aufzurichten ...“[9] Für Österreich bestünde dieselbe Aufgabenstellung. Damals wurde der Begriff der *„Volksdemokratie“* noch als Alternative zum System in der Sowjetunion verstanden. Das Wort blieb erhalten, aber der Inhalt änderte sich bald.

Die Möglichkeit eines *anderen Weges* zum Sozialismus als in der Sowjetunion war auch durch eine Stellungnahme STALINs legitimiert. Einer Delegation der britischen Labour Party erklärte er im Sommer 1946, es gebe „zwei Wege zum Sozialismus, den russischen und den englischen“, parlamentarischen. Die KPÖ erklärte sich für den englischen Weg, dasselbe tat Klement GOTTWALD in Prag.[10]

Aber mit dem Beginn des *Kalten Krieges* war das alles wie weggewischt. Die theoretische Hürde wurde mit der Formulierung übersprungen, die Volksdemokratie „erfülle die Aufgaben der Diktatur des Proletariats“. Die *Sowjetunion* war wieder das verbindliche *Vorbild.* Die Kommunisten konnten sich damals nicht für „den Westen“, für das „amerikanische Jahrhundert“ entscheiden, das wäre ein Verzicht auf jede sozialistische Perspektive gewesen. Die Frage ist, ob sie sich vorbehaltlos für „den Osten“ erklären mußten.

Ernst FISCHER gehörte zu jenen, die damals leidenschaftlich ihre Stimme gegen die Gefahr eines *Atomkrieges* erhoben, gegen die „roll-back“-Politik der USA. Aber er erhob nicht zur gleichen Zeit seine Stimme gegen die Exzesse des Stalinismus, die nach dem Krieg wieder voll einsetzten. Niemand hat Ernst FISCHER gezwungen, 1949 das Stück „Der große Verrat“ zu schreiben, das sich gegen den „Dissidenten“ TITO richtete. Was hat ihn damals bewegt? „Entscheidend ... war die eigene Verwandlung durch den Kalten Krieg ... Die Treue zur Sowjetunion sei der Prüfstein für jeden revolutionären Politiker; zwei Fronten gebe es und nichts zwischen ihnen, nicht Baum und Strauch, keine unabhängige Politik.“[11] Und diesem *Entweder-Oder* unterwarf sich auch Ernst FISCHER.

Das Jahr 1956 brachte die große Erschütterung. Ernst FISCHER erfuhr in Berlin von Bert BRECHT, daß Nikita CHRUSCHTSCHOWs *„Geheimbericht“* auf dem XX. Parteitag der KPdSU nicht vom amerikanischen Geheimdienst erfunden, wie es parteioffiziell hieß, sondern authentisch war. „Ernst Fischer ist seither die Gewissensfrage nicht losgeworden: Wie konnte ich mich und alle, die auf mich hörten, so täuschen? Die Ereignisse in Polen und Ungarn bestärkten ihn in der Überzeugung, Gewissensfragen nicht mehr der Parteidisziplin zu unterwerfen ... Und zum ersten Mal

9. Ernst FISCHER: Was wollen die österreichischen Kommunisten, Rede auf dem 13. Parteitag der KPÖ. Wien, 1946, 11.

10. Leopold SPIRA: Ein gescheiterter Versuch. Der Austro- Eurokommunismus. Wien-München 1979, 13 f.

11. FISCHER, Ende, 268 (Anm. 1).

hörten seine Freunde von ihm laut ausgesprochen die Erwägung, es wäre besser gewesen, Künstler und Kunstkritiker zu sein und zu bleiben und auf die Laufbahn eines verantwortlichen Politikers zu verzichten",[12] schrieb Franz MAREK. Drei Jahre später war es dann so weit (1959).

III. Wie war es möglich?

Es drängt sich immer wieder die Frage auf, wieso auch intelligente, im wesentlichen integre und humanistisch denkende Menschen *Stalinisten* werden konnten. In Österreich drängt sich ja auch immer wieder die Frage auf, wieso auch intelligente, im wesentlichen integre und christlich erzogene Menschen *Nationalsozialisten* werden konnten. Es handelt sich um komplexe Fragen. Bei der Suche nach Motivationen mag man da und dort auf Parallelen stoßen, politisch und geistesgeschichtlich handelt es sich aber um sehr verschiedenartige Phänomene. Hier soll nur dem Stalinismus nachgegangen werden und dazu sind die Aussagen von Ernst FISCHER von nicht geringer Bedeutung.

Die eigene *Entwicklung* darstellend schrieb er: „Der Haß gegen Hitler, die Konzentration auf den Kampf gegen Hitler-Deutschland, bewog ihn, alle Zweifel zum Schweigen zu bringen und sich der kommunistischen Disziplin zu fügen ... Er ging nach Moskau, glaubte wie Millionen anderer Kommunisten an Stalins Genialität und weltgeschichtliche Größe. Obwohl er sich nicht dafür hielt, war er ein Stalinist."[13]

Er hielt sich nicht für einen Stalinisten, nicht zuletzt deshalb, weil es diesen Begriff damals noch nicht gab. Dazu kommt, daß die Einordnung in eine *große Organisation* mit einem *allmächtigen Apparat* die Selbsterkenntnis abstumpft. Und wenn er durchschaut hätte, was sich hinter den Kulissen, hinter dem ideologischen Paravent abspielte? Beinahe drei Jahrzehnte nach dem Krieg antwortete Ernst FISCHER in einem „Spiegel"-Interview: „Wenn ich damals gewußt hätte, was ich heute weiß, ich hätte den Kampf gegen Hitler ebenso geführt, oder vielleicht Selbstmord begangen. Es gab keine Alternative ..."[14]

Zur Zeit, als Ernst FISCHER, wie er schreibt, Stalinist wurde, gab es bereits *Warnungen und Warner.* Aber es ist eine Tatsache, daß die Sozialdemokratrie im *Kampf gegen HITLER* eine erstaunlich geringe Rolle spielte. Die Repräsentanten dieses Kampfes waren CHURCHILL, ROOSEVELT, General de GAULLE und – STALIN. Wenn jemand einen sozialistischen Ausweg aus der die ganze Welt erfassenden tödlichen Krise suchte – und das trifft auf Ernst FISCHER zu – dann blieb nur STALIN oder

12. Franz MAREK: Nachwort zu FISCHER, Erinnerungen, 381 f. (Anm. 1).

13. FISCHER, Erinnerungen, 11 f. (Anm. 1).

14. „Spiegelgespräch" mit dem kommunistischen Theoretiker Ernst Fischer, 17. September 1969, Nr. 47, 154.

der Selbstmord, wenn schon nicht der physische, dann der moralische und politische.

Was zum Beispiel Karl RENNER nach dem Krieg schrieb, wäre für jemanden mit dem Temperament und der Gesinnung Ernst FISCHERs unerträglich gewesen: Er, Renner, habe „seit Jahren mit der Möglichkeit gerechnet, daß Österreich seine Erfahrungen als Kanzler der Jahre 1918 bis 1920 . . . noch einmal brauchen werde, und in dieser Überzeugung habe er alles getan, um die Verfolgungen der NSDAP von sich abzulenken“.[15]

Die Sowjetunion und die kommunistische Bewegung boten jedenfalls jemandem mit *sozialistischer Gesinnung* die beste und in vielen Fällen die einzige Möglichkeit, am Kampf gegen HITLER teilzunehmen.

Einen anderen Grund, warum *Intellektuelle,* die es hätten besser wissen müssen, anfällig für den Stalinismus waren, hat Ernst FISCHER in seinen Lebenserinnerungen angeführt: „. . . je störrischer das primäre, das anarchische Ich sich auflehnt, dieses nie verstummende Nein des jasagenden Intellektuellen, desto heftiger wird der zu Gebundenheit sich Nötigende Disziplin, so tief ihm zuwidere Disziplin gegen den Ungehorsam verteidigen, also gegen sich selbst, den Ketzer, der er ist.“[16]

In einem Kampf auf *Leben und Tod* verfällt man leicht in ein Schwarz-Weiß-Freund-Feind-Denken: „Es kam hinzu, daß Stalin ein Meister der vereinfachenden Argumentation war . . . Es war vor allem die in widerspruchsvollen Situationen die Stellungnahme so erleichternde *Vereinfachung,* der wir erlegen sind“[17] (Hervorhebung im Original). Dabei mag auch das *schlechte Gewissen* des Intellektuellen zum Vorschein gekommen sein, dem in der Arbeiterbewegung so oft vorgeworfen wird, den „einfachen Klassenstandpunkt“, der angeblich jedem Arbeiter quasi angeboren ist, zu verwirren und zu komplizieren. Das der Eitelkeit schmeichelnde Bewußtsein, einer Elite anzugehören, trägt auch nicht dazu bei, an die Dinge einen kritischen Maßstab anzulegen.

In eine andere Richtung weisen folgende Bemerkungen Ernst FISCHERs: „Die Deformation des Bewußtseins durch einen permanenten atmosphärischen Druck ist fürchterlich. Auch die absurdesten Behauptungen, die verrücktesten Lügen beeinflussen, wenn sie Tag für Tag wiederholt werden, das Bewußtsein.“[18] Allerdings muß dieses *Bewußtsein* prädisponiert sein, um die Absurditäten und Lügen zu akzeptieren. Man wollte lieber das Unwahrscheinliche glauben als das Unvorstellbare, das sich dann als die Wahrheit herausstellte.

Ernst FISCHER war nach dem *Zusammenbruch der Demokratie* in

15. Karl RENNER: Denkschrift über die Geschichte der Unabhängigkeitserklärung Österreichs und die Einsetzung der Provisorischen Regierung. Wien 1945, 6.

16. FISCHER, Erinnerungen, 12 (Anm. 1).

17. A.o.O., 300 (Anm. 1).

18. A.o.O., 369 (Anm. 1).

Deutschland und Österreich, in einer Zeit, da auch der „demokratische Westen" vor dem Faschismus zurückwich, Kommunist geworden. Die kämpfenden Schutzbündler hatten die sozialistische Ehre gerettet. Dem Faschismus kann man nur mit dem Gewehr in der Hand entgegentreten, der faschistischen Diktatur muß man mit der Diktatur des Proletariats beikommen. Solche Gedanken lagen einem *Austromarxisten* nicht fern. Und in den folgenden Jahren haben sich solche Vorstellungen erhärtet, und als zweifelhaft erkannte Begleiterscheinungen wurden als zweitrangig beiseitegeschoben, wenn sie auch, wie Ernst FISCHER berichtet, bei Leuten wie Georgi DIMITROW, Palmiro TOGLIATTI und ihm selber den Vorsatz stärkten, „wir" würden es einmal anders machen. Aber daß es Agenten und Verräter gab, hatte man selbst ebenso erlebt wie die oft krassen Folgen, die innerparteiliche Auseinandersetzungen und Eifersüchteleien haben konnten.

Auch nach der „Geheimrede" CHRUSCHTSCHOWs auf dem XX. Parteitag der KPdSU im Feber 1956 war die „Deformation des Bewußtseins" nicht völlig überwunden. Die Ereignisse in Polen und Ungarn im Herbst desselben Jahres brachten eine weitere *Erschütterung,* aber zwei Umstände verzögerten die völlige Loslösung von den alten Vorstellungen und Bindungen: die Nachwirkungen der *„Lager"-Mentalität des Kalten Krieges,* der jetzt wieder auszubrechen schien, und die Hoffnung, daß die beginnende Demokratisierung in der Sowjetunion nur vorübergehend gestört sei und weitergehen werde. „Obwohl wir es besser wissen mußten", schrieb Ernst FISCHER, „hielten wir an der Fiktion, den Resten der Fiktion fest, daß die Sowjetunion von heute trotz allem ein sozialistischer Staat sei, die Großmacht eines, wenn auch deformierten, Sozialismus. Der 21. August [1968] war das Ende dieser Illusion."[19]

Es gab andere kommunistische Intellektuelle, zum Beispiel Arthur KÖSTLER, die viel früher als Ernst FISCHER und ohne langes Zögern mit einem Schritt und einem Schnitt den *Bruch* mit dem Stalinismus vollzogen hatten. Aber für Arthur KÖSTLER war der Bruch mit dem Stalinismus gleichzeitig ein Bruch mit der sozialistischen Idee. Schwieriger und langwieriger war dieser Prozeß für Menschen wie Ernst FISCHER, die an der *Idee des Sozialismus,* als demokratisch und humanistisch verstanden, festhielten. Ein halbes Jahrhundert lang war für den Sozialdemokraten wie für den Kommunisten Ernst FISCHER die Welt in zwei Teile zerfallen, in einen kapitalistischen und einen dem Charakter nach sozialistischen. Es war nicht leicht, ein *völlig verändertes Weltbild* zur Kenntnis zu nehmen. Da war zwar der Kapitalismus, der eine unerwartete Lebenskraft aufwies aber auch immer neue Erscheinungen zeigte, die man ablehnte; auf der anderen Seite gab es ein zweifellos nichtkapitalistisches System, das man aber doch nicht als sozialistisch definieren konnte. Hier eröffnet sich ein theoretisches Neuland; Ernst FISCHER hat es zwar betreten, aber nicht lange genug gelebt, um es tiefer erforschen zu können.

19. FISCHER, Ende, 12 (Anm. 1).

IV. Ausbruch aus dem ideologischen Ghetto

Die sechziger Jahre waren durch die weltpolitische *Entspannung* gekennzeichnet, mit der in der kommunistischen Bewegung, zumindest in Teilen von ihr, eine ideologische *Entkrampfung* verbunden war. Diese hielt zunächst auch nach dem 1964 erfolgten Sturz CHRUSCHTSCHOWs an.

Ein *Signal* für Ereignisse, die bevorstanden, war eine im Mai 1963 in Liblice bei Prag abgehaltene Konferenz über Franz KAFKA. Im Mittelpunkt stand das Problem der „Entfremdung", das der junge MARX als charakteristische Erscheinung im Kapitalismus beschrieben hatte. Nun wurde, und das war keine literarische, sondern eine politische Diskussion, festgestellt, daß die „Entfremdung" *auch* in Ländern wie der ČSSR weiterbestehe. Die Vertreter der DDR lehnten das nachdrücklich ab, Eduard GOLDSTÜCKER, Roger GARAUDY, Ernst FISCHER und andere vertraten den entgegengesetzten Standpunkt. Auf dieser Konferenz wurde die *Gärung* innerhalb der kommunistischen Intelligenz der ČSSR sichtbar, die ein paar Jahre später den „Prager Frühling" hervorbrachte.

Seit der *Prager Kafka-Konferenz* polemisierte die SED mit zunehmender Schärfe gegen Ernst FISCHER. Einerseits wirkten seine Arbeiten und Stellungnahmen schon aus sprachlichen Gründen in die DDR hinein, andererseits schlug man Ernst FISCHER, wollte aber die KPÖ treffen, die im Mai 1965 „programmatische Leitsätze" beschlossen hatte, die in manchem eine Vorwegnahme des *„Eurokommunismus"* bedeuteten. Ernst FISCHER löste damals innerhalb und außerhalb der KPÖ durch Artikel und Bücher Diskussionen aus, deren Schärfe absurd erscheinen muß, wenn man sie nicht im Zusammenhang mit *Auseinandersetzungen* sieht, die nicht auf Österreich beschränkt waren. Eine dieser Diskussionen wurde durch einen für die KPI- Zeitschrift „Rinàscita" verfaßten Artikel, „Marxismus und Ideologie", ausgelöst, der im Mai 1965 auch von „Weg und Ziel" abgedruckt wurde. So wie in dem im folgenden Jahr bei Rowohlt, Hamburg, erschienenen Buch „Kunst und Koexistenz" bezeichnete Ernst FISCHER in dem Artikel die Ideologie, so wie MARX an einer Stelle, als „falsches Bewußtsein". In „Kunst und Koexistenz" schrieb Ernst FISCHER: „Der Marxismus ist keine Ideologie, wohl aber haben die kommunistischen Parteien ein ideologisches System herausgebildet und ihm den Namen ‚Marxismus- Leninismus' gegeben."[20] Dieser wurde damit als „falsches Bewußtsein" definiert, dessen Schöpfer STALIN war.

Bald darauf erschienen bei Molden, Wien, zwei Bücher, die Ernst FISCHER gemeinsam mit Franz MAREK geschrieben hatte, „Was Lenin wirklich sagte" und „Was Marx wirklich sagte". Gezeigt werden sollte, daß sich bei MARX wie bei LENIN Gedanken und Überlegungen finden, die mit dem *„Marxismus-Leninismus"* nichts zu tun haben. Diese und

20. FISCHER, Kunst, 51 (Anm. 1).

andere Schriften wie auch die Teilnahme Ernst FISCHERs an Diskussionen im westdeutschen Fernsehen führten zu Interventionen der SED bei der österreichischen „Bruderpartei“, wodurch Ernst FISCHER, der eigentlich am Parteileben nicht mehr teilnahm, in den Mittelpunkt ideologischer Diskussionen gerückt wurde.

Eine neue, von Ernst FISCHER seit langem erhoffte Situation entstand mit der *Wende in Prag* im Jänner 1968. Was hier zum Durchbruch kam, war ein Sozialismus in einem industrialisierten Land mit demokratischen Traditionen, in dem es keine fremden Truppen gab und die Kommunistische Partei bei „normalen“ Wahlen 40 Prozent der Stimmen erreicht hatte und nicht, wie in Polen, als antinational galt. Was in Prag geschah, hatte naturgemäß spürbare *Auswirkungen* auch für die KPÖ. In einem Vorwort zur deutschen Übersetzung des im April 1968 beschlossenen Aktionsprogramms der KPČ wünschte KPÖ-Vorsitzender Franz MUHRI den „tschechoslowakischen Freunden von ganzem Herzen Erfolg bei der Verwirklichung der neuen Aufgaben. Nicht nur, weil das für die ČSSR gut ist, sondern weil das auch die beste Hilfe in unserem Kampf für Demokratie und Sozialismus in Österreich ist“. Damals stand MUHRI noch auf dem Boden der „Programmatischen Leitsätze“ von 1965.

Die *militärische Intervention* der Sowjetunion am 21. August 1968 mußte auch als Verdammung der Programmatik der KPÖ verstanden werden. In einer erregten Sitzung lehnte die Mehrheit des Zentralkomitees der KPÖ die Intervention ab. Ernst FISCHER erreichte mit seinem Diskussionsbeitrag, daß in der damals gefaßten Resolution das Wort „Mißbilligung“ durch „Verurteilung“ ersetzt wurde. Er, der sich 1959 aus dem politischen Leben zurückgezogen hatte, stand auf einmal wieder im Mittelpunkt der Auseinandersetzungen. Das von ihm geprägte Wort *„Panzerkommunismus“* wurde zu einem politischen Programm. Mehr noch als bisher konzentrierten die SED, die KPdSU und auch die moskauorientierten Funktionäre der KPÖ ihre Polemiken auf Ernst FISCHER. Bezeichnend ist ein Bericht des damaligen Korrespondenten der „Volksstimme“ in Ostberlin, Kurt SELIGER; seine deutschen Verbindungsmänner erklärten offen, daß die Angriffe auf Ernst FISCHER eigentlich der KPÖ galten, die man nicht direkt angreifen wollte.[21] Es ging nicht nur darum, einen unbequemen Publizisten zum Schweigen zu bringen, sondern die KPÖ „umzudrehen“.

Die *Entscheidung* fiel, als eine Mehrheit des Zentralkomitees der KPÖ am 28. Oktober 1969 den *Ausschluß* von Ernst FISCHER aus der Partei bestätigte. Das war gleichzeitig das Ende einer Periode, in der die KPÖ versucht hatte, einen unabhängigen Kurs zu steuern. Neben Ernst FISCHER entfernte man auch den übrigen „Sand aus dem Getriebe“, das deswegen nicht besser lief. Ernst FISCHER war abermals, so wie zu Beginn der dreißiger Jahre, zu einer politischen Symbolfigur geworden. Aber es stand nicht, wie

21. SPIRA, Versuch, 108 (Anm. 10).

damals, ein neuer Zug bereit, in den man umsteigen konnte. In den wenigen Jahren, die ihm noch verblieben, nahm Ernst FISCHER in Wort und Schrift teil an der Suche nach den Formen einer erneuerten sozialistischen Politik.

Am *letzten Tag* seines Lebens, am 31. Juli 1972, schrieb Ernst FISCHER für ein Buch, das er nicht mehr fertigstellen konnte: „Der Autor dieses Buches hat immer wieder gehofft, der Kommunismus könne seine Fehlentwicklung korrigieren. Er wurde 1969 als Siebzigjähriger aus seiner Partei ausgeschlossen, weil er nicht aufgehört hat, den Überfall der Sowjetunion auf die Tschechoslowakei und ihre keineswegs sozialistische Großmachtpolitik zu verurteilen. Er ist nicht bereit, das ‚Prinzip Hoffnung‘ aufzugeben, auch wenn es für die Hoffnung immer schwieriger wird, der Kritik standzuhalten.“[22]

In einem zu dieser Zeit verfaßten Gedicht zieht Ernst FISCHER Bilanz seines politisch determinierten Lebens:

> „Wird nach so viel Frost
> der Baum grünen?
> Niemand weiß es.
> Wir graben ihn sorgsam
> aus schlechter Erde.
> Wird er anderswo
> Wurzeln schlagen?
> Niemand weiß es.
> Wir bemühen uns.
> Und stirbt er dennoch –
> irgendwo grünen Bäume.
> Über uns wird Gras wachsen.
> Umsonst. Nichts
> blieb als dieses.
> Das kleine Stück
> einer großen Wiese.
> Der grüne Frühling.
> Nichts war umsonst.“

22. FISCHER, Ende, 378 (Anm. 11).

Friedrich Heer als Therapeut der österreichischen Neurose

Erwin Ringel

I. Das Wesen der Neurose

1. Was ist eine Neurose?

Was ist eine *Neurose,* wie entsteht sie, welche Symptome kennzeichnen, welche Folgen hat sie? Bedenkt man, daß sich diese Krankheit in unserer überzivilisierten Welt immer mehr verbreitet, so daß man sie zu Fug und Recht als das Gesundheitsproblem Nr. 1 bezeichnen kann, ist es erschütternd, zu sehen, wie sehr man ihr in weiten Kreisen mit Gleichgültigkeit und Unwissenheit begegnet. Wahrlich, wir leben so, als hätten die Entdekker der Neurose, Sigmund FREUD und Alfred ADLER, nie gelebt und nie in unserer Mitte gelehrt.

Die einen verharmlosen die Erkrankung mit dem Satz „Ach was, neurotisch sind wir alle", die anderen verwenden den Ausdruck „Du Neurotiker" als ein Schimpfwort, mit dem man Unliebsame stigmatisiert und degradiert; wieder andere halten sie mit dem „Rest" von *Antisemitismus,* der noch immer in uns lebt und der gar nicht so gering ist, für eine jüdische „Erfindung", geboren aus „Ruhm-" und Geldsucht. In vielen Büchern kommt der Begriff zwar vor; selten läßt sich dabei aber Übereinstimmung finden, und der verwirrte Leser mag daraus den berechtigten Schluß ziehen: Die wissen ja selbst nicht, wovon sie reden, und an so etwas soll ich glauben?

Unter diesen erschwerenden Bedingungen will ich dennoch versuchen, ein klares und verständliches Bild der Neurose zu zeichnen. Sie kann definiert werden als *Konflikt* zwischen *bewußten* und *unbewußten* Tendenzen in unserem *Inneren.* Ohne Anerkennung des „Unbewußten" ist ein Verstehen der Neurosenlehre unmöglich. Das bedeutet, einzusehen, daß in unserem Inneren viele ungewußte Faktoren, Gedanken und Gefühle schlummern: wir haben von ihrer Existenz keine Ahnung, werden nur von Zeit zu Zeit an ihr Vorhandensein, gewöhnlich sehr schmerzlich, erinnert, wenn sie völlig überraschend aus uns herausbrechen und uns dann, im nachhinein, zu der Frage veranlassen: Wie war das möglich, wie konnte das passieren?

Das *Unbewußte* hat viele Quellen: Was unsere Vorfahren im Verlaufe der Jahrhunderte dorthin „absinken“ ließen, womit wir uns also nicht mehr auf der bewußten Ebene „herumschlagen“ müssen, ist hier ebenso zu erwähnen wie das, was wir im Laufe der Zeit vergessen haben, weil wir einfach nicht imstande sind, uns alles zu merken, was wir erlebten (jeder kann dies bei sich mühelos nachprüfen). *Krankmachend* im Unbewußten sind aber jene Faktoren, die nicht zufällig, sondern *absichtlich vergessen* werden – weil sie uns peinlich, unangenehm, weil sie unerlaubt sind und uns daher mit großen Schwierigkeiten konfrontieren. Friedrich NIETZSCHE hat diesen Vorgang in die folgenden Worte zusammengefaßt: „Das habe ich getan, sagt mein Gewissen. Das kann ich nicht getan haben, sagt mein Stolz. Und mein Stolz siegt.“

Es ist leicht zu erkennen, daß auf den ersten Blick die *Verdrängung* einen Vorteil mit sich bringt: Nun ist ja das belastende Problem aus meinem Bewußtsein verschwunden, und ich kann erleichtert aufatmen. Auf längere Sicht erweist sich diese Annahme jedoch als *Trugschluß,* denn nur allzu oft beginnen nun die verdrängten Dinge in unserer Tiefe ein Eigenleben zu führen, das sich unserer Kontrolle entzieht, um in *quälende Symptome* (eben der *Neurose)* zu münden, die sich dann viel schlimmer und unheimlicher auswirken, als wenn man sich den Problemen auf der bewußten Ebene gestellt hätte.

Für den *Erwachsenen* ist es charakteristisch, daß er verdrängen kann, aber selbstverständlich nicht *muß* (obwohl man darüber diskutieren könnte, ob es nicht Erlebnisse gibt – zum Beispiel im KZ – , die man nur bewältigen kann, indem man sie verdrängt), weil ihm auch andere Konfliktlösungsmöglichkeiten zur Verfügung stehen.

Die Situation des *Kindes* aber ist, sofern es sich um einen Konflikt mit den *Eltern* handelt, eine andere. Es ist von den Eltern in einem solchen Maße abhängig, sie haben in seinem Leben eine solche „gottähnliche“ Position, daß es mit bewußten Haßgefühlen gegenüber den Eltern nicht lebensfähig wäre. Daher müssen solche im Unbewußten bleiben, wobei der „Verdrängungsmechanismus“ beim Kind natürlich anders aussieht als beim Erwachsenen: Diese *Haßgefühle* werden erst gar nicht ins Bewußtsein gelassen, sondern im Vorbewußtsein gehalten und abgefangen: ein entscheidender Schutzmechanismus, der dem Kind zur Verfügung steht. Daraus folgt: Wenn Eltern durch falsches Verhalten – worunter immer eine chronisch anhaltende, seelenvergiftende Atmosphäre zu verstehen ist und nicht eine einmalige Entgleisung – Aggressionen im Kinde erzeugen, wird dadurch ein Verdrängungsprozeß im Kinde erzwungen und damit die *Neurotisierung* mit hoher Wahrscheinlichkeit hervorgerufen.

Der *Unterschied* zwischen Kind und Erwachsenem bezüglich der Neurotisierung liegt damit auf der Hand: Das *Kind* wird durch falsches Verhalten der Eltern in die Neurose hineingezwungen: für den *Erwachsenen* werden viele Umstände eine mehr oder weniger große Verführung zum Verdrängen bedeuten, aber von einem diesbezüglichen Zwang kann nicht gesprochen werden. Wenn wir schließlich bedenken, daß die Neurose sich logischerweise umso schlimmer auswirken muß, je früher sie beginnt und je wehrloser der Mensch ist, und ferner noch einen *therapeutischen* Aspekt berücksichtigen – daß es nämlich viel leichter sein muß, Verdrängungen des Erwachsenen, die ja erst kurz zurückliegen, durch Wiederbewußtmachung aufzuheben, als Verdrängungen aus der frühen Kindheit –, dann wird man verstehen, daß wir jene Symptome, welche durch erzwungene Verdrängung in den ersten sechs Lebensjahren entstehen, als *Neurosen,* alle auf spätere Verdrängungen zurückgehenden als bloße *„neurotische Reaktionen"* bezeichnen. Es erübrigt sich auf Grund dieser Ausführungen wohl, auf die enorme schicksalhafte psychohygienische Bedeutung der *frühen Kindheit* noch gesondert hinzuweisen.

Im folgenden möchte ich nun die Grundsymptome der *kindlichen Neurose* beschreiben, wobei schon vorweggenommen sei, daß sich jedes einzelne von ihnen katastrophal auswirken und zu unbeschreiblicher Not des Kranken selbst, aber auch der Menschen, die mit ihm in nahen Kontakt kommen, führen kann.

2. *Die Ambivalenz*

Unter Ambivalenz verstehen wir die Tatsache, daß die Gefühle gegenüber ein und derselben Person (oder auch mehreren Personen) nicht einheitlich sind, sondern ihr gegenüber *Liebe und Haß* zugleich bestehen, wobei die eine dieser Gefühlsqualitäten (gewöhnlich natürlich die Ablehnung) im Unbewußten gehalten wird. Ist der Zustand der Ambivalenz einmal erzeugt, bedeutet er in mehrfacher Hinsicht eine enorme *Schädigung* des Betroffenen. Die Einheit der Gefühlssphäre gegenüber den wichtigsten Personen des kindlichen Lebens ist zerstört; ein Riß geht gleichsam durch die kindliche Seele. Man könnte bereits von zwei einander entgegengesetzten Kräften in ihm sprechen, die miteinander im Kriege liegen. Der im Unbewußten gehaltene Haß droht immer wieder stärker zu werden, und er kann dann plötzlich zu einer Handlung führen, durch die er sich verrät. Diese Handlung kann nicht nur für den Kranken selbst, sondern auch für seine Umgebung zu schlimmen Folgen führen.

Die Ambivalenz ist also ein tragisches neurotisches Verhaltensmuster, welches gegenüber den Eltern entwickelt wird. Schlimm ist es nun aber auch, daß der Neurotiker später diese Ambivalenz, die er also in der frühen Kindheit „erworben" hat, auf andere Personen überträgt, und zwar nach dem Grundsatz: Je wichtiger die Person, desto wahrscheinlicher erfolgt die *Übertragung* der in der Kindheit gelernten Ambivalenz auf sie.

3. Die neurotische Angst

Wenn man etwas ins Unbewußte abschiebt bzw. es im Vorbewußten hält, wie es beim Kinde der Fall ist, so entwickelt es verständlicherweise nach den physikalischen Gesetzen die Tendenz, ins Bewußtsein eindringen zu wollen. Sigmund FREUD hat diesen Prozeß mit einem Lehrer verglichen, der einen unliebsam störenden Schüler aus seiner Klasse verbannt. Zum Prozeß des Verdrängens bei dem Erwachsenen gehören ja zwei Voraussetzungen: nämlich zuerst einmal etwas Unangenehmes wegschieben, dann aber auch zu vergessen, daß man es weggeschoben hat. Beim *Verdrängungsprozeß* des Kindes ist dies, wie bereits beschrieben, anders, da ja das Verdrängte gar nicht erst ins Bewußtsein eingelassen wird. Gleich bleiben aber für den Erwachsenen wie für das Kind die Folgen. Um es wieder mit dem Bild FREUDs darzustellen: Nun beginnt dieser hinausgeworfene Schüler durch allerlei Zeichen, Klopfen und Scharren, die Klasse zu beunruhigen. Dadurch, daß man sich des Vorhandenseins des Hinausgeworfenen nicht mehr bewußt ist, entsteht eine viel größere Unruhe, ja Panik, als wenn man wüßte, von wem das Klopfen und Scharren ausgeht.

Noch dieses eine muß vielleicht an dieser Stelle hervorgehoben werden: Das Kind in seiner *Unerfahrenheit* des Ichs ist dieser *neurotischen Angst* besonders qualvoll ausgeliefert, während der Erwachsene immerhin die Möglichkeit hat, durch den Abwehrmechanismus der *Rationalisierung* die wesenlose *Angst in Furcht* zu verwandeln. Im übrigen ist es wohl klar, daß die Angst des Neurotikers so lang andauern wird, solang die verdrängten Gefühle im Unbewußten die Tendenz haben, ins Bewußtsein einzudringen. Die neurotische Angst des Kindes hat selbstverständlich mit irgendwelchen geistigen Problemen nichts zu tun; sie geht vielmehr zurück auf die im Unbewußten gehaltenen Aggressionen gegen die Eltern. Mit Recht bezeichnen wir daher die neurotische Angst als *irrational.* Es wäre ein Wahnsinn, zu hoffen, man könnte eine solche Angst mit dem Willen oder mit verstandesmäßigen Überlegungen beseitigen (in Österreich werden einem diese beiden „Therapieangebote“ von ahnungslosen Menschen gewöhnlich nahegelegt). Das Gesetz, daß die neurotische Angst mit dem Willen nicht zu beseitigen ist, gilt sowohl für den Erwachsenen als auch für das Kind.

4. Das neurotische Minderheitsgefühl

Das Kind, welches sich nicht geliebt fühlt, kann sich selbst nicht lieben, gemäß dem wunderbaren Satz Friedrich RÜCKERTs: „Daß du mich liebst, macht mich mir wert.“ Für das *ungeliebte Kind* verwandelt sich dieser Satz etwa so: Da du mich nicht liebst, kann ich mich nicht akzeptieren. Es ist aber eine Lebensnotwendigkeit, daß wir lernen, uns selbst zu achten, zu uns selbst eine positive Beziehung zu haben. Peter TURRINI drückt dies wie folgt aus:

„Wie lange noch
werde ich alles hinunterschlucken
und so tun
als sei nichts gewesen?
Wie lange noch
werde ich auf alle eingehen
und mich selbst
mit freundlicher Miene
vergessen?
Wie lange
müssen sie mich noch schlagen
bis dieses lächerliche Grinsen
aus meinen Gesicht fällt?
Wie lange noch
müssen sie mir ins Gesicht spucken
bis ich mein wahres
zeige?
Wie lange
kann ein Mensch
sich selbst nicht lieben?
Es ist so schwer
die Wahrheit zu sagen
wenn man gelernt hat
mit der Freundlichkeit
zu überleben."

Alfred ADLER hat jenen Zustand, der uns nicht ermöglicht, an uns selbst zu glauben, als *Minderwertigkeitskomplex* bezeichnet. Dieser Ausdruck ist heute zu einem Allgemeinbegriff geworden, ganz losgelöst von seinem Schöpfer, sehr ähnlich jenem Prozeß, der zu einem *Volkslied* führt. Dies alles spricht dafür, daß heute der Minderwertigkeitskomplex unglaublich weit verbreitet ist, und auch dieses wiederum hat verhängnisvolle Folgen für den Träger genauso wie für seine Umgebung.

Aus der *Heiligen Schrift* wissen wir: „Liebe Deinen Nächsten wie Dich selbst." In einer klareren Form kann nicht gezeigt werden, daß *Selbstbejahung* die Voraussetzung für die *Nächstenliebe* ist, oder, um es in der Negation auszudrücken, daß, wer sich selbst nicht bejaht, auch andere nicht lieben kann. In der Öffentlichkeit sind gerade über diesen Punkt falsche Ansichten weit verbreitet, nämlich etwa die: Die Selbstbejahung stünde der Nächstenliebe im Wege.

Man darf aber die Selbstbejahung nicht mit *Selbstliebe* verwechseln. Wer eine gute, natürliche, gesunde Beziehung zum eigenen Ich hat, der wird imstande sein, zum Partner eine Beziehung aufzubauen, welche eine *von Subjekt zu Subjekt* ist, denn er braucht den anderen nicht, um sich selbst zu bestätigen; er ruht gewissermaßen in sich selbst. Wo es jedoch zu einer

Verunsicherung des eigenen Ichs, etwa zum Minderwertigkeitskomplex, gekommen ist, dort wird der andere benötigt, um auf dessen Kosten das ramponierte Selbstgefühl wiederherzustellen. Hier entsteht also nicht eine Beziehung zwischen zwei Subjekten, sondern der andere wird zum *Objekt,* als Mittel zum Zweck, degradiert. Es ist auch nicht annähernd zu vermuten, wie oft dieser Vorgang heute vorkommt und wie oft auch an ihm zwischenmenschliche Beziehungen scheitern.

Noch eine Konsequenz muß ausgedrückt werden: Wer sich minderwertig fühlt, fühlt sich schlecht; wer sich schlecht fühlt, zieht sich entweder in die *Einsamkeit und Isolation* zurück, oder aber er entwickelt Charakterzüge der *Verbitterung* wie zum Beispiel Neid, Haß, Tendenz zur Gewaltanwendung und zur Machtgier. LAING hat in einer seiner „Knotenbildungen" diesen Prozeß wunderbar nachvollzogen:

> „Meine Mutter liebt mich.
> Ich fühle mich gut.
> Ich fühle mich gut, weil sie mich liebt.
> Ich bin gut, weil ich mich gut fühle.
> Ich fühle mich gut, weil ich gut bin.
> Meine Mutter liebt mich, weil ich gut bin.
> Meine Mutter liebt mich nicht.
> Ich fühle mich schlecht.
> Ich fühle mich schlecht, weil sie mich nicht liebt.
> Ich bin schlecht, weil ich mich schlecht fühle.
> Ich fühle mich schlecht, weil ich schlecht bin.
> Ich bin schlecht, weil sie mich nicht liebt.
> Sie liebt mich nicht, weil ich schlecht bin."

In dieser *„Knotenbildung"* wird noch ein anderer Prozeß meisterhaft dargestellt: Das ungeliebte Kind wird bösartig und liefert damit den Eltern tragischerweise das Alibi dafür, wie man es immer wieder hört, „daß man ja einen solchen zu Recht nicht geliebt habe, ja, ihn nicht liebhaben könne." Daß dabei die wahre Kausalität ganz anders läuft, nämlich, daß die Eltern das Kind völlig unberechtigter- und unerlaubterweise nicht geliebt haben und daß erst daraus das sogenannte *„böse Kind"* resultierte, wird dabei geflissentlich übersehen.

5. Das neurotische Schuldgefühl und die daraus resultierende neurotische Selbstbestrafungstendenz

Wer jemals begonnen hat, seine Eltern auf Grund ihres Verhaltens zu hassen und gezwungen war, diese Aggression im Vorbewußten zu halten, bei dem entwickelt sich tragischerweise ein *Schuldgefühl,* das ebenso unbewußt bleibt wie seine Quelle – die *Aggression.* In dieser Feststellung, die ungezählte Male wissenschaftlich belegt wurde, verbirgt sich eine doppelte Tragödie. Fürs erste muß bedacht werden, daß ein Kind ja nichts dafür kann, wenn in ihm Aggressionen als Reaktion auf das falsche Verhalten der Eltern entstehen. Leider ist aber das Kind noch nicht imstande, dies zu erfassen und zu analysieren. Selbst wenn ihm die Aggressionen bewußt wären – was sie ja nicht sind –, wäre ihm dies auf Grund seiner *begrenzten* Fähigkeiten noch nicht möglich.

Zum zweiten kann es ja bei diesem Prozeß zu keiner schuldhaften Handlung des Kindes kommen. Dennoch genügt die Tatsache, daß der *unbewußte* Hintergrund des Kindes von Haß gegen die Eltern besetzt ist, um ein Schuldgefühl zu erzeugen. Es resultiert aus all dem der unbeschreiblich tragische Tatbestand, daß es sich schuldig fühlt, ohne im geringsten schuldig zu sein.

Wir haben in der Regel folgenden Ablauf: Auf der einen Seite sind da die Eltern, die das Kind schädigen, in die Aggression und Neurose hineintreiben, die aber dabei überzeugt sind, entweder nur das Beste für das Kind zu wollen, oder aber nur vom Recht Gebrauch zu machen, das ihnen eben zusteht, und die jedenfalls weit von jedem *Schuldgefühl* entfernt sind, als hätten sie das Christuswort nicht gehört: „Wehe den Menschen, von denen das Ärgernis für die Kinder kommt. Es muß zwar Ärgernis geben, aber wehe dem Menschen, von dem es ausgeht."

Auf der anderen Seite stehen die Kinder, die *schuldlos* in den Haß gegen die Eltern hineingetrieben werden, die man nicht hassen darf, und bei denen sich nun auf Grund dieses unbewußten Schuldgefühles eine unbewußte, enorme, unaufhaltsame chronische *Selbstbestrafungstendenz* entwickelt. Man kann das nicht oft genug sagen: Hier wird der Mensch unbewußt zu seinem allerschlimmsten Feind, und für diese Person gilt der CSOKORsche Satz: „Das Wichtigste wäre es, den Menschen vor sich selbst zu schützen."

So entstehen *Lebensläufe,* durch die wie ein roter Faden von Anbeginn bis zum Ende die unbewußte Tendenz der Selbstbestrafung festzustellen ist, wobei man natürlich dem Grade nach zwischen *Selbstschädigung, Selbstzerstörung und Selbstvernichtung* unterscheiden kann.

Überflüssig zu sagen, daß es nur eine wirkliche Chance gibt, diese unersättliche Selbstbestrafungstendenz zu beenden: die Heilung der Neurose, die Befreiung vom Schuldgefühl.

6. Das Bedürfnis, die neurotische Konfliktsituation durch immer neue Symptome symbolisch darzustellen

Die Neurose entsteht im Kind aus einem Konflikt zwischen *Triebtendenzen,* nämlich Aggressionen gegen die Eltern (durch deren falsches Verhalten hervorgerufen), und der Tatsache, daß diese Triebtendenzen verboten sind. Die *Verdrängung,* welche den Konflikt zu lösen versucht (die Zurückhaltung der Aggressionen im Vorbewußtsein), führt nun zu einer *Pseudolösung*, denn weder die Triebwünsche noch die Gewissensforderungen werden durch sie voll befriedigt: Es kommt ja weder auf der einen Seite zu einem Ausleben der Aggressionen noch zu einer Überwindung der verbotenen Triebwünsche. (Beim Kind könnte es zu einer solchen Überwindung nicht einmal auf der bewußten Ebene kommen, weil das Ich des Kindes ja noch nicht reif genug dazu ist.) Daher werden nun in *neurotischen Symptomen* die beiden Kräfte, deren Aufeinanderprallen die Neurose bedingt haben, *symbolisch* dargestellt und gleichzeitig befriedigt.

In jedem neurotischen Symptom findet man dementsprechend eine *aggressive Tendenz* (zum Beispiel im Bettnässen die Auflehnung, die Verunreinigung) und gleichzeitig auch eine *Befriedigung des Gewissens,* eben in der Form der bereits erwähnten Selbstbestrafungstendenz.

Hier ergibt sich noch eine *Dialektik* der neurotischen Symptomatik. Im Grunde ist jedes neurotische Symptom ein Schrei um Hilfe, ein Wunsch, auf sich aufmerksam zu machen, eben im Sinne der Bitte: liebt mich nun mehr und liebt mich besser als bisher. Die Tragik aber ist, daß in der Regel der Neurotiker gerade das Gegenteil erreicht, nämlich einen zusätzlichen *Liebesentzug.* Wir sollten in diesem Zusammenhang die Maxime von Alfred ADLER nie vergessen: „Wer Schwierigkeiten macht, hat welche.“ Und wir sollten vor allen Dingen diesen Satz so fortsetzen: „Wenn das Kind Schwierigkeiten hat, vielleicht sind wir daran schuld.“

Aber leider, die Eltern verhalten sich hier so, wie später auch viele andere Institutionen gegenüber neurotischen Menschen: Wenn diese *Schwierigkeiten* machen, so ist es schon ihr allerletzter Gedanke, daß sie daran *schuld* sein könnten.

II. Die Spezifika der österreichischen Neurose

Selbstverständlich liegt es mir fern, mit den folgenden Äußerungen Verallgemeinerungen primitiver Art durchzuführen, als gäbe es *den Österreicher.* Es werden hier nur Symptome zusammengetragen, die man sehr häufig bei Österreichern antreffen kann, die in der Kindheit neurotisiert worden sind. Jedem Leser muß es überlassen bleiben, zu beurteilen, wie häufig diese Symptome in Österreich feststellbar sind: meiner Meinung nach auf alle Fälle zu häufig.

1. Haß und Erbitterung

Sehr viele Österreicher glauben, nicht zuletzt infolge ihrer schlimmen Kindheitserlebnisse, Stiefkinder Gottes, des Lebens und des Glückes zu sein. Es werden daher ständig Personen gesucht, an denen der daraus entstehende Haß abreagiert werden kann: vor allem *Fremde, schwache und*

Minderheiten, die sich nicht wehren können (Ausländer, Juden, Slowenen und Behinderte aller Art).

2. *Die Verdrängung*

Die Österreicher haben nur allzu oft das *Verdrängen* in der Kindheit gelernt. Eine große Mehrheit von ihnen will daher mit ihrer *Geschichte* (= Vergangenheit) nicht konfrontiert werden. Man möchte sich an nichts Negatives und Schlechtes erinnern, flüchtet ins *Vergessen* („Glücklich ist, wer vergißt . . .„), ignoriert auch die Erkenntnisse FREUDs und ADLERs und verachtet Menschen, die einer Psychotherapie (= Aufhellung der eigenen Lebensgeschichte) bedürfen.

3. *Vorurteile*

Je weniger man in Österreich infolge von Punkt 2 bereit ist, sich selber kennenzulernen (von Ferdinand RAIMUND als die „größte denkbare Sünde" bezeichnet), desto mehr ist man bemüht, alles Böse, das in der eigenen Person geleugnet wird, in andere hineinzuprojizieren und hineinzudeuten. Hiermit entstehen, chronisch anhaltend und kaum zu korrigieren, *Vorurteile,* die ein *negatives Feindbild* schaffen.

4. *Die Diskussionsverweigerung*

Um die Aufrechterhaltung der Feindbilder (andere Weltanschauung, andere Partei usw.) zu garantieren, wird nach Tunlichkeit jede *Diskussion* vermieden. Vielfach ist der Österreicher nicht nur nicht diskussionsbereit, sondern sogar -unfähig. Die *Sprache* ist dementsprechend als Kommunikationsmittel verarmt.

5. *Der Neid*

Ein besonderer Ausdruck, welcher das Gefühl der eigenen Benachteiligung mit dem Haß auf andere verbindet, ist der *Neid* („Da ist der allerärmste Mann dem andren noch zu reich . . ."). Gelingt einem anderen Bedeutendes, wird es abgewertet und nicht anerkannt, unter der doppelten Devise: „Warum ist es nicht *mir* eingefallen", und „Wenn es von einem anderen entdeckt wurde, kann es nichts wert sein".

6. *Mißtrauen und Angst*

Das Verhältnis zu den Mitmenschen ist, dem Modell der Beziehung zu den Eltern folgend, häufig durch *Mißtrauen und Angst* gekennzeichnet: „Was mag seine geheime Absicht sein", wird selbst der Wohltäter skeptisch beurteilt. Es gibt kaum etwas, das nicht als Tücke eingeschätzt würde. Vor hundert Jahren schrieb Franz SCHUBERT in sein Tagebuch: „Keiner der den Schmerz des Andern und keiner der die Freude des Andern versteht! Man glaubt immer, zueinander zu gehen, und man geht immer nur nebeneinander. O Qual für den, der dies erkennt!" Man könnte hier auch die Verwandlung des Satzes aus der Heiligen Schrift anführen, die PALIN vorgenommen hat: „Mißtraue deinem Nächsten wie dir selbst" (letzteres ist durch mangelnde Selbsterkenntnis gegeben). Es versteht sich von selbst, daß daraus das Gefühl enormer *Vereinsamung* resultiert.

7. *Die Ambivalenz*

Die in der Kindheit nur allzu oft erworbene *Ambivalenz* wird später vielen Menschen gegenüber zum Ausdruck gebracht. Der plötzliche Übergang von betonter Freundlichkeit („Gemütlichkeit", scheinbarer Hilfsbereitschaft) zu unbarmherzigem Im-Stiche-Lassen ist schon vielen *Opfern* zum Verhängnis geworden, besonders aber, wenn sie als „Ahnungslose", „Gutgläubige" davon aus heiterem Himmel überrascht wurden.

8. *Die mangelnde Hilfsbereitschaft*

Nur selten setzten sich in Österreich *Betroffenheit* über das Schicksal des Mitmenschen in tätigen *Beistand* um. Auch auf diesem Gebiet ist dem unvergeßlichen Helmut QUALTINGER mit seinem „Herrn Karl" eine archetypische Zeichnung des Österreichers gelungen, wenn er beim Vorbeifahren eines Rettungswagens sich mit den Worten beruhigt: „Karl, du bist's net . . ." Erst kürzlich hat eine Umfrage *wiederum* bestätigt, daß man in Österreich einem Bedrohten nur äußerst zögernd zu Hilfe kommt, gemäß dem Song von Georg KREISLER: „Wenn einer laut um Hilfe schreit, außer sich, ist er zu leise für mich." Es blieb einigen Journalisten vorbehalten, zu behaupten, ein solches Verhalten sei durchaus akzeptabel, denn man wisse ja nicht, in welche Gefahr und „Unannehmlichkeiten" man sich damit bringe!

9. *Der Minderwertigkeitskomplex*

Am so häufig anzutreffenden *Minderwertigkeitskomplex* des Österreichers (nicht zufällig hier von Alfred ADLER entdeckt und beschrieben) sind vor allem zwei Elemente beteiligt: erstens das *persönliche Schicksal* durch die Neurotisierung in der Kindheit; zweitens aber auch die *politische Geschichte* des Landes. Wir haben durch Jahrhunderte die Regenten des „Heiligen Römischen Reiches Deutscher Nation" gestellt, und als wir 1806 und endgültig 1866 aus dieser Position vertrieben wurden, war noch keineswegs alles verloren. Denn in der Zwischenzeit war es uns gelungen, zum Haupterben des zerfallenen osmanischen Großreiches zu werden und im Osten einen *Vielvölkerstaat* aufzubauen, der sehr wohl als *Großmacht* zu bezeichnen war. Als uns auch dieses (nicht ohne unser Verschulden, nämlich Versagen) geraubt wurde (1918), wollten wir uns mit diesem Schicksal nicht abfinden. Die Sehnsucht „Heim ins Reich" muß zumindest partiell als Wunsch verstanden werden, wieder an der *Macht* „mitnaschen" zu können. Erst als es stattdessen eine Form der Kolonialisierung und eine Reise in den Tod und in die Zerstörung wurde, waren wir davon endgültig geheilt. Aber noch immer fühlen wir uns unterschwellig minderwertig und träumen von der „guten alten Zeit" unter der Herrschaft der Habsburger. Dazu sagt Gerhard ROTH: „Wie man in weniger wohlhabenden Familien notgedrungenerweise in die großen Schuhe, die ausgelatschten, schweißigen faltenreichen Treter des ältesten Bruder zu steigen hatte, hatten und haben die übriggebliebenen Österreicher nur noch das hinterlassene Gewand dieses verstorbenen Habsburger Bruders geerbt – aber sie selbst wuchsen nicht mehr. Sie blieben kleinwüchsig von Natur auf, und sie hatten nur die Wahl, in das zu große Gewand zu schlüpfen und sich lächerlich zu machen oder es zu ändern, doch der Stoff, das Material mußte noch für lange Zeit abgetragen werden."

10. Der Selbsthaß

Ein besonders deutlich in Österreich in Erscheinung tretendes neurotisches Symptom ist der *Selbsthaß*. Wolfgang BAUER hat darauf aufmerksam gemacht, daß die Umrisse unseres Landes auf der Landkarte einer Bauchspeicheldrüse ähnlich seien und diese ein Organ darstelle, welches die Fähigkeit habe, sich selber „anzudauen". Wenn man beobachtet, wie wir seit Jahrhunderten bestrebt sind, uns zu schädigen, wie wir keine Gelegenheit versäumen, unseren eigenen Ohrfeigen nachzulaufen, dann wird man diesen Vergleich mehr als berechtigt finden!

11. Die spezifisch österreichische Neurose

Auch in anderen Ländern mag die Neurotisierung ähnliche Symptome (vielleicht nicht so häufig und so ausgeprägt) hervorbringen. Jene Verhaltensweisen, die ich unter diesem Punkt nun zu beschreiben versuche, scheinen mir aber ganz *spezifisch österreichisch* zu sein. Die neurotische Symptomatik entsteht, wie gezeigt wurde, durch den Versuch, zwei einander entgegengesetzte Forderungen (die Triebwünsche und die Gewissensansprüche) nach Art eines *Kompromisses* auf einen gemeinsamen Nenner zu bringen, gleichsam also zwei Fliegen mit einem Schlage zu treffen.

Das, was das Kind gezwungen war, zu lernen, das setzt der erwachsene Österreicher ein ganzes Leben lang konsequent fort. Zuerst einmal wird der Konflikt *verharmlost,* damit er nicht ganz so schrecklich aussieht („Die Situation ist hoffnungslos, aber nicht ernst.") Sodann wird eine *Scheinlösung* gesucht, die geeignet ist, beiden Seiten zu dienen und die dann geradezu als Beispiel unserer Toleranz und Kompromißbereitschaft verherrlicht wird („Wir werden keine Richter brauchen“). In Wirklichkeit ist aber diese „Versöhnungsgeste“ eine *faule Sache,* die niemandem dienlich ist, genau nach dem Muster der kindlichen Neurose: denn der Protest ist ja mit der Selbstbestrafung und andererseits wieder die Unterordnung mit der heimlichen Auflehnung gekoppelt. So lassen wir uns in der *Gegenreformation* gegen unseren Willen wieder „katholisch machen“, aber wir rächen uns dadurch, daß wir nur Taufscheinkatholiken werden und in Opposition abseits stehenbleiben. Am Ende sind wir dann weder Evangelische noch Katholische, wenn man die Sache vom Standpunkt des Engagements betrachtet. So hat keine Idee einen Gewinn aus unserer „patenten“ Lösung und wir selber wohl auch nicht, denn was ist der Mensch ohne leitende Idee?

Betrachten wir diese Problematik noch von einer anderen Seite, nämlich von dem *Spannungszustand* zwischen Regierenden und Regierten. Man muß dazu vorher den Unterschied zwischen einem echten Kompromiß und einem *neurotischen Pseudo-Kompromiß* erfassen: Bei ersterem kommt man zu einer neuen Einstellung, die gleichsam die Resultierende der beiden entgegengesetzten Auffassungen ist. Bei der neurotischen „Lösung“ entwickelt sich nichts Neues; man bleibt weiterhin *beiden* konträren Wünschen verpflichtet, wodurch sich, wenn man den einen durchzusetzen versucht, der andere (bewußt oder unbewußt) als Bremsfaktor erweisen wird. Die neurotische Pseudolösung beruht eben *nicht* auf einer sorgfältigen und verantwortungsbewußten Durch- und Aufarbeitung des Konfliktes. Die Resultate müssen dementsprechend eine „halbe Sache“ sein: Das wußte auch der heilige AUGUSTINUS, als er vom Mißerfolge jener Personen sprach, die „zum Teil wollen und zum Teil nicht wollen.“

Wie sieht dies nun aus der Position der *Regenten* aus? Niemand hat es besser beschrieben als Franz GRILLPARZER, wenn er MATHIAS (und nicht RUDOLF II., wie viele meinen) im „Bruderzwist in Habsburg“ sagen läßt:

> „Das ist der Fluch von unserm edeln Haus:
> Auf halben Wegen und zu halber Tat
> Mit halben Mitteln zauderhaft zu streben.“

Und die *Regierten?* Niemals kann man auf Grund einer neurotischen Lösung eine *Revolution* machen, denn diese ist „keine halbe Sache“. Und siehe da: Die österreichische Geschichte kann eigentlich mit einer Revolution nicht dienen. Über die von 1848 schreibt kein Geringerer als Johann NESTROY in seiner so scharfsinnigen Posse „Freiheit in Krähwinkel“: „Wir haben ein absolutes Tyrannerl, wir haben ein unverantwortliches Ministeriumerl, ein Bureaukratieerl, ein Zensurerl, Staatsschulderln, weit über unsere Kräfterln, also müssen wir auch ein Revolutionerl und durchs Revolutionerl ein Konstitutionerl und endlich a Freiheiterl krieg'n.“

Was das Jahr 1918 betrifft, so wagen nicht einmal die Konservativen zu behaupten, damals hätte eine Revolution stattgefunden. Und 1945: Leider haben wir uns die *Demokratie* nicht selbst geschaffen; wir waren nicht stark genug, aus eigenen Kräften das Hitler-Joch abzuschütteln (viel zu viele trugen es gerne); so bekamen wir sie als Geschenk der Alliierten.

Als Folge der neurotischen Pseudolösung schwankt der Österreicher oft zwischen *Herrschen* (Machtbedürfnis), *Dienen,* vorauseilendem *Gehorsam* und wieder auch *Auflehnung,* und er selbst weiß oft nicht, ob, was er sagt, Wahrheit oder Lüge ist, weil die entgegengesetzte Tendenz ja unverarbeitet in ihm stets auf der Lauer ist. Nach Gerhard ROTH ist dies die typisch österreichische Charaktermischung, die aus Unterwürfigkeit, zu großer Freundlichkeit und Schmeichellust besteht, aber jederzeit in die seit Anbeginn bestehende Stänkerlust, Frechheit, Grantigkeit und Unfreundlichkeit umschlagen kann. Er fügt hinzu: „Dabei kann man als gegeben annehmen, daß die anfangs Frechsten bei Gelegenheit die Unterwürfigsten und die anfangs Unterwürfigsten hinter dem Rücken die größten Stänkerer sind."

III. Friedrich Heer als „Therapeut" der österreichischen Neurose

Wir haben gesehen, wie die neurotische Struktur auch das politische Denken und Handeln des Österreichers beeinflußt. Es soll nun gezeigt werden, wie umgekehrt das politische Denken – besser gesagt: der *politische Denker* – das Klima in einem Land beeinflussen, entneurotisieren könnte – wenn man nur bereit wäre, auf ihn zu hören. Und ich wüßte keinen Besseren hier als Zeugen aufzuweisen, als den unvergeßlichen Friedrich HEER,[1] der unersetzlich, denn wer vermöchte die Lücke zu schließen, die er hin-

1. Die wichtigsten *geschichtswissenschaftlichen* und *kulturpolitischen* Veröffentlichungen Friedrich HEERs: Die Stunde des Christen. Wien 1947. – Anfang Europas. Eine Studie zu den Zusammenhängen zwischen polit. Religiosität, Frömmigkeitsstil und dem Werden Europas im 12. Jahrhundert. Wien-Zürich 1949. – Gespräch der Feinde. Wien-Zürich 1949. – Die Tragödie des Heiligen Reiches. Stuttgart 1952. – Eur. Geistesgeschichte. Stuttgart 1953. – Grundlagen der eur. Demokratie der Neuzeit. Wien 1953. – Ehe in der Welt. Nürnberg-Zürich 1955. – Quellgrund dieser Zeit. Histor. Aufsätze. Einsiedeln 1955. – Land im Strom der Zeit. Österreich, gestern, heute, morgen. Wien.-München 1958. – Die dritte Kraft. Der eur. Humanismus zwischen den Fronten des konfessionellen Zeitalters. Frankfurt/Main 1959. – Offener Humanismus. Bern-Stuttgart-Wien 1962. – Österreich – ein Leben lang. Geschichtlicher Essay. Wien-München 1962. – Kirche und Zukunft. Rückkehr zur Brüderlichkeit. Wien u. a. 1963 (mit Wilfried DAIM/August M. KNOLL). – Europa, Mutter der Revolutionen. Stuttgart 1964. – Das Glück der Maria Theresia. Wien-München 1966. – Gottes erste Liebe. 2000 Jahre Judentum und Christentum. München-Eßlingen 1967. – Der Glaube des Adolf Hitler. Anatomie einer polit. Religiosität. München-Eßlingen 1968. – Jugend zwischen Haß und Hoffnung. München-Eßlingen 1971. – Abendrot und Morgenröte. Zeitkritische Betrachtungen. Zürich 1972. – Dunkle Mutter Wien, mein Wien. Ein Essay. Wien-Freiburg/Breisgau-Basel 1978. – Der Kampf um die österr. Identität. Wien-Köln-Graz 1981. – Der König und die Kaiserin. Friedrich und Maria Theresia, ein deutscher Konflikt. München 1981. – Ausgesprochen. Zusammengestellt von

terlassen hat? Eine *Vorbemerkung* sei gestattet: HEER war sich natürlich im klaren darüber, daß die Zweite Republik auf einem wesentlich besseren Fundament ruht als die Erste Republik. Zum einen bedeutet dies aber noch keineswegs ein gutes Zeugnis, weil es ja um die Erste Republik tatsächlich *sehr* schlecht bestellt war, zum zweiten aber war HEER davon überzeugt, daß man auch das Österreich nach 1945 noch lange nicht als Demokratie bezeichnen kann: um dieses Ziel zu erreichen, sei vielmehr noch ein langer und mühevoller *Lernprozß* nötig – eine Auffassung, die von jedem, der die Situation verantwortungsbewußt beurteilt, geteilt werden muß.

Friedrich HEER wurde am 10. April 1916 in Wien geboren, studierte hier an der Universität Geschichte, Germanistik und Kunstgeschichte, fand in den dreißiger Jahren zu einem eigenständigen *Katholizismus* und zu einem dezidierten *Österreichertum.* Er promovierte 1938 zum Doktor der Philosophie, wurde schon im März 1938 zum ersten Mal von der Gestapo verhaftet, weitere Verhaftungen folgten zwischen 1938 und 1940. HEER war Kontaktmann zwischen einzelnen Widerstandsgruppen und wurde 1940 zu einer Luftnachrichteneinheit einberufen, geriet in englische Kriegsgefangenschaft und kehrte 1946 nach Wien zurück, wo er eine reiche, unkonventionelle *publizistische* („Die Furche" sowie „Wort und Wahrheit"), *wissenschaftliche* (1950 unter Schwierigkeiten Habilitation für Geistesgeschichte des Abendlandes, 1961 Ernennung zum Extraordinarius) und *kulturelle* (1961 Leiter der Dramaturgie des Burgtheaters, 1971 Leiter des neugeschaffenen Sekretariats für kulturelle Angelegenheiten und internationale Kontakte am Burgtheater) Tätigkeit entfaltete. Friedrich HEER starb am 18. September 1983 in Wien. Sein *literarisches* Werk ist durch eine pulsierende, expressionistisch eindringliche Sprache und durch assoziationsreiche, engagierte Inhalte gekennzeichnet. HEER setzte *Zeichen* durch Widerspruch und gegen Widerspruch, das „juste milieu" der Zweiten Republik heftig attackierend und irritierend.

Ich will bei meiner Darstellung so vorgehen, daß ich HEER immer wieder zitiere und meine Kommentare so knapp wie möglich halte.

1. Die Selbsterkenntnis

Der erste Beitrag HEERs zum Erreichen dieses Zieles lautete: *Ohne Selbsterkenntnis kann man keinen sinnvollen, konstruktiven Beitrag zum Wohl der Gemeinschaft leisten:*

Franz R. REITER. Wien-Köln-Graz 1983. – Das *Romanwerk* Friedrich HEERs: Der achte Tag. Roman einer Weltstunde (utopischer Roman unter dem Pseudonym Hermann GOHDE, dem Mädchennamen seiner Mutter). – Scheitern in Wien. Wien-München-Zürich 1974. – Aster und der Alte. Wien 1976. – Über Friedrich HEER *informieren:* Evelyn ADUNKA: Friedrich HEER. Eine intellektuelle Biographie. Wien (Phil. Diss.) 1990. – Adolf GAISBAUER: Friedrich Heer (1916–1983). Eine Bibliographie. Wien-Köln 1990. – Norbert LESER (Hg.): Heer-Schau. Briefe an und über Friedrich Heer. Wien-Köln-Graz 1985.

„Statischer Friede im Menschen ist bereits ein Kirchhoffriede, ein fauler Friede. Menschen, die sehr viel in sich ständig unterdrücken, verdrängen, leben als lineare Existenzen, früh erstarrt, verfestigt. Sie lassen sofort ihren eisernen Vorhang herunter, wenn ein anderer eine Wirklichkeit, eine Tatsache berührt, die in ihm nicht zur Sprache kommen soll. Es sind diese Menschen, die sich selbst falsch befrieden, indem sie alle Elemente der Unruhe, des Zweifels, all ihre Schwierigkeiten permanent unterdrücken, die als Eltern, Lehrer, Politiker, Kirchenmänner Friede nur als Ordnung machen verstehen können und in großer Angst davor zurückscheuen, Frieden, lebendigen Frieden in sich selbst, im Haushalt, in der Ökonomie ihrer Person als eine permanente Schwebelage, als ein Leben in Konflikten zu verstehen, in dem sich tagtäglich neue Gegner zu Wort melden können, die als unerlaubte Triebe, Leidenschaften, Versuchungen, etwa auch des Fleisches, natürlich auch des Geistes auszuscheiden sind."

Man könnte so kommentieren: Die erste Voraussetzung für die Konstituierung einer echten Demokratie ist, daß der Einzelne bereit erscheint, in sich selber ein *demokratisches System* zuzulassen. In uns finden sich ungezählte Gegensätze; leben heißt – wie Romano GUARDINI gelehrt hat –, diese Gegensätze auszuhalten. Die meisten Menschen haben davor Angst und verwandeln deshalb ihr eigenes Inneres in eine Art von *Diktatur,* indem sie nur Argumentationen zulassen, die mit ihrer angeborenen Überzeugung im Einklang stehen. Dieser verhängnisvolle Vorgang wird dadurch noch verstärkt, daß jeder, der die Argumente des Gegners für sinnvoll und diskussionswürdig hält – weil er sie auch in sich zuläßt –, als *Verräter* gebrandmarkt wird.

2. Das Gespräch

Nur das *Gespräch,* so HEER, vermag aus unqualifizierten Feinden qualifizierte Gegner zu machen. Und die Beseitigung der *„Feindschaft"* ist lebensnotwendig für die Demokratie. Schließlich war er es, der die Worte geprägt hat:

„Wir müssen uns die Erkenntnis erzwingen, erkämpfen, daß wir den Gegner, den Feind brauchen, weil er oft unser zweites Ich verkörpert, immer einen nicht nur furchtbaren, sondern auch fruchtbaren Gegenpol zu uns darstellt, im Hin- und Herschwingen zu dem erst unser eigenes Wesen seine volle Ausfaltung und Spannkraft entfalten kann, immer eine Möglichkeit, ein Spiegelbild unseres eigenen Selbst. Wir brauchen den Gegner, den Feind, unser zweites Ich, unseren Gegenpol, unser Spiegelbild, deshalb müssen wir ihn hüten und pflegen als den kostbarsten Schatz, den wir auf dieser Erde besitzen. Dieses Korrektiv, das uns unerbittlich unsere Fehler aufzeigt, diesen einzigen Freund, der ganz ehrlich zu uns ist – mag er auch einer erschreckend im Realismus versunkenen Christenheit zum erstenmal wieder das Absolute seiner Volksgerichte und Tribunale vorhalten, die wieder die Wahrheitsfrage an uns stellen: Wozu bekennst du dich?"

„Durchaus wächst der Mensch auf Möglichkeiten hin, die noch lange nicht erfaßt worden sind. Denn wir haben in unserer Aufklärung alle Denkmittel und auch alle wissenschaftlichen Mittel, einzusehen, daß es durchaus möglich ist, das sehr starke Potential gegnerischer, feindseliger – ich nenne nicht das Wort, bitte, darauf zu achten, ich verwende nicht das Wort feindlich, aber feindselig, sozusagen im Genuß des eigenen Feinderlebnisses – daß es durchaus möglich ist, dieses riesige Potential von Aggressionen, von Mißtrauen, von Angst, von Minderwertigkeitsgefühlen zu lockern. Es ist möglich, die anderen Menschen zunächst zu integrieren, das heißt, aufzunehmen in den täglichen zum Wachsen verpflichteten Innenraum.

Der eigene Innenraum muß wachsen, damit ich mehr Konflikte aufnehmen kann. Wenn ich eng bin, kann ich ja nicht mehr aufnehmen. Das muß man immer vorausdenken. Enge Menschen, sogenannte Friedenskämpfer, ja was sollen sie denn schon aufnehmen von den Potenzen der Gegner, wenn sie kaum einen richtigen Platz in sich haben, um ihre vielen eigenen Konflikte zu lichten, zu lüften, die Fenster zu öffnen?

Wir brauchen die Wahrnehmung, das heißt die Hereinnahme der Gegner in die eigene Existenz, sodaß die Konflikte der Gegner in uns selbst arbeiten. In mir selbst müssen die großen Konflikte, die Schwierigkeiten, die Animositäten, ja auch die Haßausbrüche der anderen, der politischen Gegner arbeiten können, sodaß sie zu gären vermögen, sodaß sie Sturm und Most und Wein des Lebens, bitterer Wein des Lebens, kein süßer Wein, kein Süßstoff, Wein ohne Zucker, werden können. Erziehung bedeutet, von Jahr zu Jahr um die Erweiterung des eigenen Innenraumes zu kämpfen, sodaß die eigenen Konflikte darin Platz haben, nicht ständig verdrängt werden, und daß die vielen äußeren Konflikte wirklich wahrgenommen werden."

„Gespräch ist immer Streitgespräch, ist immer agonal, ist bitterstes, heißes Ringen. Es hat nichts zu tun mit jenem oberflächlichen Plaudern des Salons, sondern ist ganz etwas anderes: schwere Begegnung verschiedener, meist gegensätzlicher Naturen. Zu seinem Wesen gehört es, daß es wohl einen Anfang hat, aber kein eigentliches Ende: denn ein echtes Gespräch zwischen Menschen, Völkern, Kulturen, Wesen wird noch fortgeführt, wenn seine ersten Träger längst schon vermodert sind. Dies ist der Ausdruck einer wesentlichen Seite des Gesprächs: es kennt keine billige Lösung des Vordergrunds, denn es lebt in der Spannung und baut ständig Brücken über Abgründe, sucht diese durch Gründe zu überwinden. Der Kurzschluß aber ist der Tod."

Besser und überzeugender ist niemals die sogenannte *„Abkürzung"* als der wahre Untergang von Menschen beschrieben worden. Hier ist der *österreichischen Krankheit* gerade auch in der Zweiten Republik der Finger auf die offene Wunde gelegt worden. Die Differenzen werden nämlich nicht zu Ende diskutiert, sondern in einem *faulen Kompromiß* scheinbar bereinigt. Dort warten sie, wie alles schlecht Bewältigte, auf den Moment, wo sie aus der Tiefe der einzelnen Beteiligten als *Urfeindschaft* wieder aufbrechen.

Der faule Kompromiß erzeugt gleichsam ein Vehikel, in dem der Fahrer gleichzeitig Gas gibt und auf die Bremse tritt. Jeder kann sich vorstellen, daß auf diese Weise ein echter *Fortschritt* nicht zu erreichen ist. Durch viele Jahre, nämlich von 1950 bis 1966 hat sich auf diese Weise die Große Koalition, die angesichts der Erfahrungen der Ersten Republik doch gleichsam als die erwünschte Lösung für Österreich zu bezeichnen war, in einen Alptraum der *Unbeweglichkeit* und *Erstarrung* verwandelt. Jedermann müßte klar sein – und dafür trat HEER leidenschaftlich ein –, daß dies nicht unbedingt so sein muß, sondern daß Koalitionen der beiden Großparteien denkbar wären, die durchaus der Weiterentwicklung, dem Fortschritt und der Innovation neuer Ideen dienen könnten. Die Inauguration einer neuen Großen Koalition 1987 verband sich mit der Hoffnung, daß sich die einmalige Gelegenheit bieten könnte, dieser Überzeugung Friedrich HEERs durch offenes *Austragen der Konflikte* und Diskussion bis zu einem echten versöhnlichen Ende zur realen Verwirklichung zu verhelfen.

3. Wissensbildung und Gewissensbildung

Friedrich HEER postuliert mit Nachdruck: „Ohne Analyse der Vergangenheit kann es keine geglückte Gegenwart geben, sind wir davon beherrscht, in der Zukunft Ähnliches zu erleben (‚Vom Holocaust an den Juden zum Holocaust an der Menschheit‘).“

Für den Historiker HEER war gar kein Fixpunkt ausmachbar, mit dem die österreichische Geschichte begann; immer ging er noch ein wenig weiter zurück. Besonders aber beschäftigte er sich mit der Zeit zwischen den beiden Weltkriegen und dem tragischen, selbstzerstörerischen Kampf zwischen *Christlichsozialen* und *Sozialdemokraten.* Wenn man die Gedenkfeiern für das Jahr 1934 (Feber, Juli) im Jahre 1984 Revue passieren läßt, so sind sie bei allem verbal vorgetragenen Versöhnungswillen doch noch immer von der gemeinsamen Tendenz getragen gewesen, die *Hauptschuld beim Gegner* zu suchen. Wie anders Friedrich HEER! Obwohl er ein begeisterter Anhänger des Mannes Engelbert DOLLFUSS war, von dem er bekennt, daß er nie im Leben an eine Persönlichkeit geglaubt habe wie an ihn, und mit dessen Wirken er (gleich mir) *Österreichs Selbständigkeit* verbunden sah, war er dennoch imstande, das ungeheure, unmenschliche *Unrecht* zu erkennen, das im Feber 1934 der Sozialdemokratie zugefügt wurde, war er dementsprechend bedingungslos und bedenkenlos bereit, den Opfern dieser Tage persönlichen Beistand zu leisten. Schon damals aber stellte er die *Interessen Österreichs* über die Interessen jeder Partei! Gegen Ende der achtziger Jahre hat der zweifellos größte Staatsmann Österreichs in der Zweiten Republik, Bruno KREISKY, rückblickend bekannt, daß für ihn der Feber 1934 mit der Zerschlagung der Sozialdemokratischen Partei viel schlimmer gewesen sei, als der Verlust der Selbständigkeit des Landes im Jahre 1938. Bei allem Mitgefühl für das, was der Sozialdemokratischen Partei im Feber 1934 angetan wurde, wäre HEER mit einer solchen Formulierung nicht einverstanden gewesen, weil für ihn die Vernichtung der Selbständigkeit Österreichs das schlimmste aller denkbaren Traumata war. Er hätte allerdings hinzugefügt, daß gerade durch die Ausschaltung der Sozialisten die Widerstandskraft Österreichs gegen die *braune Sturmflut* entscheidend reduziert worden wäre. In diesem Sinne war er auch bemüht, wenigstens im letzten Moment die beiden verfeindeten Großparteien zu einer gemeinsamen Verteidigung des Vaterlandes zu bringen. Folgerichtig war er auch einer der ersten, die dem Zugriff der Gestapo zum Opfer fielen.

Und die Jahre zwischen 1938 und 1945? HEER hat immer wieder betont, daß wir sie *niemals vergessen* dürfen, stets einbekennen müssen, welchen Anteil wir an den *nationalsozialistischen Greueltaten* hatten – in den knappen und unübertrefflich klaren Worten Friedrich HEERs: „Dieser Krieg war ein Verbrechen, an dem viele Österreicher teilgenommen haben" – , daß wir nicht nur *Opfer,* sondern leider auch *Täter* waren. Wenn er das Wort von Helene MAIMANN noch gehört hätte: „Wir müssen uns diese Vergangenheit aneignen", er hätte ihm voll zugestimmt; wenn er das Jahr 1986 noch erlebt hätte, vielleicht wäre es seiner Autorität gelungen, die Österreicher zu bewegen, sich nicht von *Verdrängungstendenzen,* vom Vergessen, Verbergen irrational beeinflussen zu lassen. Um ihn nun auch hier selber wieder zu Worte kommen zu lassen:

„Österreich ist ja wesentlich auch dies: eine Verdrängungsgemeinschaft, in der man die nahe Vergangenheit verdrängte, wie man in der Ersten Republik die Erinnerung an das alte Reich verdrängte. Für diese Verdrängungen müssen heute und morgen unsere politischen Parteien bezahlen; und es bezahlen, ohne es zu wissen, unsere in den Schulen unaufgeklärten jungen Generationen: *Ohne Wissensbildung gibt es keine Gewissensbildung*. Bei uns in Österreich kommt es auch deswegen zu wenig politischer Gewissensbildung, weil Wissensbildung zuwenig stattfindet. Der Österreicher Adolf Hitler hat mit einigem Recht das Gewissen als eine jüdische Erfindung angesprochen."

„Die heutige Pervertierung von ‚Auschwitz' in Österreich, die böse Verwendung des Namens Auschwitz, die eben hier und heute zu erinnern war, kann uns aufmerksam machen: *wir brauchen in Österreich* in unserem Volke noch *dringend* eine *Entmythisierung, eine Entmagnetisierung. Hitler war kein Zufall,* war auch keine Gabe der Vorsehung, wie noch viele Österreicher glauben. Auschwitz wurde nicht von Dämonen erfunden, sondern von schlichten Männern, wie wir ihnen täglich auf der Straße und des öfteren bei Verkehrsunfällen begegnen. Und dies *ist die Lage des Menschen,* der Menschheit heute und morgen: *Auschwitz ist eine Möglichkeit des Menschen, die täglich praktiziert werden kann, ganz ohne schlechtes Gewissen."*

4. Die österreichische Identität

Was die *Identität* Österreichs im Rahmen der Zweiten Republik betrifft, so ist HEER nicht nur als *Therapeut* der österreichischen Neurose, sondern auch als *Baumeister* eines neuen österreichischen Selbstwertgefühles zu bezeichnen. Unermüdlich hat er an dieser Identitätsfindung mitgearbeitet. Sein Buch „Der Kampf um die österreichische Identität“ ist trotz seines großen Umfanges nur die knappe Zusammenfassung seiner diesbezüglichen Bemühungen. Friedrich TORBERG schreibt: „In einem Punkt sind die Heutigen besser daran als ihre Vorfahren: Wenn sie Österreich sagen, so wissen sie, was sie meinen, und wenn sie sich zu diesem Österreich bekennen, so wissen sie, warum“, so möchte ich hinzufügen: Sie wissen es nicht zuletzt auch dank der klärenden und aufklärenden Tätigkeit des Historikers, Denkers und Redners Friedrich HEER. Wie erfolgreich er in Wirklichkeit gewesen ist, das hat vielleicht am deutlichsten (und dramatischsten) das Jahr 1986 unter Beweis gestellt: Da ist alles erdenklich Üble, Unverarbeitete, Verdrängte ans Tageslicht gebracht worden; unsere Vergeßlichkeit, unser Fremdenhaß, unser Antisemitismus, unsere Selbstschädigungstendenz – nur *eines* nicht: der Ruf „Heim ins Reich“ – der scheint für alle Zeiten gestorben zu sein.

Das bedeutet noch lange nicht, daß die Auseinandersetzung um unsere *Identität* erfolgreich abgeschlossen ist. HEER sah sie als einen Kampf zwischen HITLER und FREUD. Hier kritiklose Akzeptierung von chauvinistischen aggressiven Parolen, dort kritische Selbsterforschung der eigenen Geschichte, die aber nicht in Selbsthaß ausarten darf. Die bisherige *Geschichte Österreichs* sieht HEER dabei als ein Musterbeispiel der Beeinflussung von außen, der er endlich die Gestaltung des Landes *aus dem eigenen Inneren* entgegengesetzt sehen will. Das Land wird dabei für ihn zum Symbol jedes einzelnen seiner Einwohner: auch da kann ja die Wandlung nur aus der Änderung der *eigenen* Person entspringen. *Kenntnis der Vergangenheit,* Geschichtsunterricht wird in diesem Zusammenhang unentbehrliches Nahrungsmittel; hier sieht er (mit gutem Grund) ein enormes Defizit, das schleunigst beseitigt werden müßte. Mit aller *Leidenschaft* weist der Historiker HEER die Eigenständigkeit Österreichs innerhalb des Heiligen Römischen Reiches Deutscher Nation schon zu Beginn nach, zeigt auf, daß es eine „Ostmark“ nie gegeben hat. Ein eigenes Kapitel widmet er dem verhängnisvollen *Fehler* Kurt SCHUSCHNIGGs, Österreich als ein „zweites deutsches Land“ zu bezeichnen, welcher Ausdruck nicht nur geschichtlich falsch war, sondern auch politisch gesehen bereits die *Kapitulation* vor HITLER beinhaltete. Aus der geographischen Lage Österreichs erwächst auf diesem Boden die *Begegnung vieler Völker,* die den *„österreichischen Menschen“* hervorbringt, welcher logisch in den Begriff der *österreichischen Nation* mündet. Diesen beiden Definitionen müßte ein innerlich großräumiges, sehr selbstkritisches, freimütiges, welt- und europaoffenes *Österreichbewußtsein* entsprechen. Mit dieser Verpflichtung, Auszeichnung, Last, Mahnung, Würde sollte anhaltend weiter gerungen werden, um endlich ein *österreichisches Selbstbewußtsein* (= Überwindung des oben skizzierten Minderwertigkeitskomplexes) zu erreichen. Dabei traut HEER den „einfachen Leuten" mehr zu als den „gehobenen Schichten". Je weiter man nach oben komme, müßte man sich fragen: „Schläft Österreich? Wo sind die neuen Ideen?" (Es schiene wünschenswert, daß jede neue Regierung „den HEER" sorgfältig liest!)

Aber lassen wir ihn nun selbst zum Abschluß dieser Thematik zu Wort kommen:

„Österreich. Dieses Land wird solange zwischen Sein und Nichtsein schweben, bis eine ‚neue Ordnung' des Abendlandes geschaffen worden ist. In letzter Unsicherheit eigner ‚Existenz' muß dieses Land die Schmerzen der Geburt, die Wehen des Gebärens leidend ausstehen. Denn dieses Österreich gleicht einem farbbunten Falter, auf dessen Gefieder der Schmelz aller Träume, Sehnsüchte und Wirklichkeiten des alten Europa liegt: Blut, Leben, Pulsschlag des schmächtigen und doch starken, weil starkfühlenden und tief erregbaren Körpers wird bestimmt durch Wärme und Kälte, Macht und Ohnmacht, Ordnungskraft und chaotisches Gären seiner Umwelt. Dies will kein billigpoetisches Bild, sondern Versuch einer Deutung tausendjähriger Wirklichkeit und Wirksamkeit sein. Österreich findet sein Eigengewicht und -bewußtsein nur dann, wenn es sich in der Harmonie eines größeren Sinnzusammenhanges begreifen kann. Sein spezifisches Gewicht ist abhängig vom Gesamtgewicht einer größeren geschichtlichen Einheit, eben der Europas.

Um dies möglichst klar herauszustellen: alle anderen Länder und Völker Europas besitzen ein ‚spezifisches Gewicht', das sich ausprägt in einem ihnen eigentümlichen Volks- und Staatsbewußtsein, welches merkwürdig konstant, trotzend allen Wandlungen, in sich ruht; dieses spezifische Gewicht ist dort am stärksten, dichtesten, wo die Konstanz des ‚Landes', die Einheit des Volkes und des Staatsbodens sich verbindet mit der Variablen der Geschichte. Dort also, wo Einheit des Landes und Eigenständigkeit seiner politischen Verfassung, seiner ‚Herrschaft', sich aufs engste verbinden. Dies gilt, wenn auch unter schwersten geschichtlichen Überflutungen geworden, für England, Frankreich und zumal Rußland. Völlig falsch aber wäre die Annahme, daß Größe des ‚Landes' und politische ‚Eigenständigkeit' unbedingt erforderlich sind zur Erstellung dieses spezifischen Gewichtes als der unerläßlichen Grundlage des eigenen Volks- und Staatsbewußtsein.

Nein, das Gerede vom ‚Zwergstaat Österreich' und von der ‚deutschen Volkszugehörigkeit' der Österreicher gibt keine Deutung für das Fehlen eines österreichischen Volks- und Staatsbewußtseins, das gerade in großen Krisenzeiten zu verhängnisvollster Auswirkung kommt."

5. Der Katholizismus

Der *Katholik* Friedrich HEER gibt Auskunft über die Rolle, die der Katholizismus bei der Gestaltung des politischen Lebens der Zweiten Republik spielen soll. Folgende autobiographische Anmerkung HEERs stehe am Beginn:

„Durch Mitschüler kam ich in Begegnung mit jungen radikalen Sozialisten. Lebenslängliche Freundschaft, bis heute.

Zitternd, bebend am ganzen Körper, höre ich, Kopfhörer, Detektorapparat, mit meiner Mutter und Großmutter die Machtübernahme Hitlers in Berlin. Wir drei wissen nun: Hitler wird Österreich fressen, und es gibt Krieg. Ich werde Katholik, als politischer Katholik, im Kampf an der Universität Wien und in der Öffentlichkeit, 1934–38, gegen eine nationalsozialistische Majorität an den Hochschulen."

War HEER nach 1945 noch immer „politischer Katholik"? Sicher blieb sein politisches Denken weiter von seiner *„katholischen Gesinnung"* beeinflußt, wie ja jedes politische Denken Ausdruck einer Weltanschauung ist. Aber es lassen sich doch ganz wesentliche Unterschiede zwischen dem jugendlichen und dem gereiften Friedrich HEER feststellen:

a) Vor 1934 reagiert HEER vorwiegend *emotional;* er fühlt sich wie schon früher erwähnt, DOLLFUSS enorm „verbunden". Das Jahr 1934 bringt diesbezüglich eine Änderung, weil er den Feber 1934 nicht billigen kann. Aber seine Enttäuschung wird verdeckt durch die fünf Monate später erfolgende Ermordung von DOLLFUSS, die er trotz alledem schmerzlichst erlebt. Zu seinem Nachfolger SCHUSCHNIGG kann er nicht einen Moment lang eine positive Beziehung entwickeln; er bleibt aber aus Verstandesgründen auf seiner Seite, weil für ihn die Erhaltung der Selbständigkeit Österreichs den Zentralwert darstellt. Aus dieser Entwicklung kann man erkennen, wie HEER lernt, obwohl er selbst immer ein überaus emotional gesteuerter Mensch war, im politischen Denken Emotionen durch *rationale Erwägungen* zu korrigieren; ein Prinzip, dem er in der Zweiten Republik stets treu blieb, und das für uns alle Vorbild sein sollte.

b) Der Katholik HEER hatte zwischen 1938 und 1945 Gefängnisse (Gestapo) und Kriegsgefangenschaft (englische in Norddeutschland) kennengelernt. Er hatte dabei leidvoll begriffen: Christen und Atheisten leben und leiden in der gleichen Welt. Dies vermittelte ihm *Verständnis, Geduld* und *Toleranz.* Er schreibt:

„Hinter der weltgeschichtlichen Dynamik eines wissenschaftlichen, politischen und religiösen Atheismus wird ein großes Phänomen sichtbar: Der Aufbruch von Menschen, die der Epiphanie eines größeren Gottes entgegenziehen, eines Gottes, der nicht behängt ist mit den Eitelkeiten und Süchten kleiner ichverliebter Begierden.

Katholiken sollten vom zeitgenössischen Atheismus vorerst als erstes dies lernen: die Sachlichkeit in inneren Auseinandersetzungen. Unser christliches, unser katholisches Geistesleben könnte in Wissenschaft und Theologie neu aufblühen, wenn es sich die sachliche Auseinandersetzung in der modernen Wissenschaft, die, zumal in den Naturwissenschaften, so stark atheistisch geprägt ist, zum Vorbild nehmen würde."

Und er erkannte, daß dieses Prinzip natürlich auch Geltung haben müßte bei der *Begegnung* der verschiedenen Religionen mit- und untereinander.

c) Er hatte aber auch eine *kritische Haltung* gegenüber seiner eigenen *Kirche* gelernt. In zunehmendem Maße begann er, sie besonders dort zu kritisieren, wo sie versuchte, politische Macht auszuüben. Er erkennt im *christlichen Antisemitismus,* vollkommen zu Recht, die Vorstufe des nationalsozialistischen Holocaust; er spricht vom „österreichischen Katholiken Adolf Hitler"; in der kritiklosen Verdammung der kommunistischen Idee sieht er eine Grundlage des verhängnisvollen „Kreuzzuges gegen den Bolschewismus" und begeht mit dem mutigen Bekenntnis zu all diesen Wahrheiten nach seinen eigenen Worten eine Art von politischem Selbstmord, der ihm von allen Seiten *Verachtung und Verfolgung* einträgt. Ein Unterrichtsminister der Zweiten Republik verhindert, daß der „Jugendführer" ordentlicher Universitätsprofessor wird, und in den letzten Wochen seiner Todeskrankheit sagt er einigen vertrauten Freunden sachlich und nicht aggressiv: „Wißt Ihr, woran ich sterbe? Ich sterbe an Österreich."

Nun soll auch hier Friedrich HEER zu Wort kommen:

„Dies wäre von Christen zu leisten: ein Leben, das generös, edelmütig, voll Noblesse ist; ein seelisch, geistig, spirituell vornehmes, adeliges Leben. Ein Leben aus der Kraft und Tugend jener magnanimitas, jenes hohen Mutes, der antike Weise, christliche Ritter und Gentlemen wie Thomas Morus, beseelt hat. Ein Christenleben also, das heiter die eigene Schwäche und die Größe von Gegnern wahrnimmt. Ein solches Christenleben wäre für viele Menschen, die heute keinen Zugang mehr zum Christentum, zur Kirche, zu unseren Gottesbildern finden, ein Gottesbeweis. *Der Gottesbeweis für Atheisten kann von Christen nur als Menschenbeweis geführt werden,* durch ein Leben, das in seiner Denkkraft und Liebeskraft, in Opfer und konkreter Leistung das Leben des atheistischen Bruders mit sich trägt, und den Atheismus und das Christentum von heute in Richtung Zukunft überholt. Das Reich Gottes ist beider Fernziel, verstellt, verbildet von den Christen, unerkannt von den Atheisten. Im Ringen um die Meisterung der Zukunft werden Christen und Atheisten die Redlichkeit ihres Glaubens zu erweisen haben. Beiden, Christen und Atheisten, wird von der Gottheit dies abgefordert: zu zeigen, was sie leisten können. Aus der Weltgeschichte kann keiner mehr desertieren; in der einen Wirklichkeit kann der Christ nicht mehr von der Front des Menschen in ein falsches, fiktives, eingebildetes Jenseits desertieren, und der Atheist kann von dieser Erde nicht in den Weltraum, etwa auf einen roten Mond, flüchten. Hier, auf dieser Erde, müssen sich beide begegnen: *Als Gegner und als Brüder,* als Streitgenossen, als Konkurrenten; als wache Beobachter je ihrer Schwächen und Stärken, ihrer Tugenden und Laster. Christen würden sich selbst preisgeben, wenn sie es nicht wagten, dem Atheisten ins Gesicht zu sehen. Nur in ihm und nur im Leben und in der Leistung atheistischer Menschen werden wir uns selbst kennenlernen und werden dann *im Menschen der Gegenwart,* im Christen *und* Atheisten, den ‚Möglichkeitsmenschen' ersehen, wie ihn 1930 Robert Musil im ‚Mann ohne Eigenschaften' ersehen hat, den ‚Möglichkeitsmenschen', der ‚die noch nicht erwachten Absichten Gottes' in sich trägt. Er ist, wie Musil sagt, ein ‚Stückchen vom noch flüssigen Feuerkern der Schöpfung'."

Das zusammenfassende Resümee seines Verhaltens auf diesem Gebiete lautet also: In jeder Situation werde ich mich auch in meinem politischen Denken und Handeln als *Katholik* verhalten, aber den politischen Katholizismus mit seinem *Machtmißbrauch* mit all meinen Kräften bekämpfen. Und siehe: Es ist sehr interessant zu sehen, wie diese Haltung Friedrich HEERs mit jenem Kurs übereinstimmt, den die *offizielle Kirche* unter der Führung von Kardinal Franz KÖNIG eingeschlagen hat.

Abschließend: Einen Teil seiner therapeutischen Tätigkeit gegenüber der österreichischen Neurose hat Friedrich HEER bereits zu seinen *Lebzeiten* erfolgreich vollbracht, vieles aber bleibt für uns *Nachfahren* in seinem Sinne noch zu tun. Vor allem dürfen wir nie vergessen, daß die *Zweite Republik* noch lange nicht die vorbildliche Demokratie ist, wie sie es sich kritiklos oft einbildet, schon zu sein. HEER selbst hat sich mit einem „brennenden Dornbusch" verglichen: daß er sich in unserem Dienste verzehrt hat, darüber gibt es keinen Zweifel. Mögen wir aber wenigstens dem *Flammenzeichen,* das er uns gesetzt hat und immer noch setzt, in Gegenwart und Zukunft folgen.

Wie erlebt ein Steirer die Zweite Republik?

Erwägungen zum geistigen Klima Österreichs

Hanns Koren[1]

Was verlangt und vereinbart wird, ist ein *Erlebnisbericht.* Aber die eigenen *Erfahrungen* reichen nicht aus, das geistige Klima Österreichs – ein sehr umfassendes Thema – gültig zu beschreiben, noch weniger, es zu analysieren. So wird es zu einer Einladung, mitzuerinnern, zu ergänzen und zu widersprechen. In der gebotenen und vernünftig bemessenen Zeit soll versucht werden, wenigstens eine Grunderfahrung herauszuheben. Sie ergibt sich aus den Notizen eines *Zeugen der Zeit,* die er in einer gewissen *Nähe zur Politik* sammeln konnte. Dabei ist es nicht die ganz große Politik, in der nur robustere Naturen mitmischen und gescheitere Menschen Ziel und Richtung bestimmen.

Zu sagen, daß man *katholisch* ist, braucht heute keinen besonderen Mut. Man könnte damit freilich auch nicht prahlen, weil ein sogenannter guter Katholik in Tat und Wort ein schlechter Christ, oder sagen wir lieber ein mangelhafter, schwacher, wenig engagierter Glaubensbruder sein kann. Es sind aber auch Beobachtungen aus dem Blickwinkel einer *akademischen* Disziplin festgehalten, zu der ein zweiter Beruf im öffentlichen Leben kaum mehr als ein „schlampiges Verhältnis" zuläßt, die aber immerhin für eine Einschätzung des kulturellen Lebens in seiner Entfaltung hilfreich sein können.

Nun beginnen wir zunächst mit dem Hinweis, daß nach 1945 weltweit die *Großväter* das Sagen hatten. Es ist eine geschichtliche Erfahrung, fast möchte ich sagen, eine Gesetzmäßigkeit, daß nach Zeiten, in denen männerbündische, burschenschaftliche Verbände herrschten – Heere, Armeen, auch Partisaneneinheiten gehören dazu – die radikal anderen, also die Generationen der *Väter,* wieder die Führung übernimmt. Nun zeigt sich nach dem Zweiten Weltkrieg, daß es durchwegs Großväter gewesen sind, die das Geschick ihrer Länder in die Hand nehmen. CHURCHILL nach kurzer Pause, de GAULLE, ADENAUER – auch Karl RENNER ist dazuzurechnen. In der entscheidenden Riege in Österreich sind nicht die Großväter

---

1. Der große steirische Intellektuelle und Kulturpolitiker Hanns KOREN hielt dieses Referat in meinem Konversatorium „Politisches Denken Österreichs im 20. Jahrhundert" am 14. Juni 1984 an der Universität Graz und übergab mir den Text für dieses Buch. Hanns KOREN ist am 27. Dezember 1985 im 80. Lebensjahr verstorben (Wolfgang MANTL).

gestanden, aber immerhin die Väter, 1945/46 alle noch in besten Mannesjahren, RAAB und FIGL, SCHÄRF und HELMER. In der Führung der *Parteien* und *Parlamentsfraktionen* sind neue, andere Berufsvertreter zu Wort gekommen als vor 1938. Bauernführer waren schon seit den Zeiten der Monarchie aus dem eigenen Stand herausgewachsen. Arbeiterführer waren vordem vor allem Akademiker, Juristen, aber branchen- und ortsverschieden, kamen sie auch aus den sogenannten Intelligenzberufen – der Buchdrucker und der Glasmacher –, waren sie aufgestiegene Gewerkschafter. Die sind nun nach dem Krieg immer stärker hervorgetreten und indirekt haben sie mutatis mutandis in allen „Lagern" den Stand der *Berufspolitiker* begründet.

Es mag ein Zufall sein, aber schon ein merkwürdiger, daß in den *Kabinetten,* in denen früher ein sogenannter gewöhnlich Sterblicher kaum zu finden war, hauptsächlich waren es Doktoren, iuris utriusque, jetzt das Regiment, fast möchte man sagen, die Vorherrschaft der Ingenieure, begonnen hat. Entscheidend für das geistige Klima war ohne Zweifel die *Zusammenarbeit* der aus den Gefängnissen und Konzentrationslagern zurückgekehrten, die, einmal nicht nur Gegner, sondern oft Feinde, nun belehrt und auf ihre menschlichen Grundhaltungen reduziert, miteinander mühsam genug den Karren wieder auf die Räder brachten. Es war keine Euphorie, aber es war die Grundstimmung des Aufeinander-angewiesen-Seins und des Zusammengehörens, die unter der Last des *Quotidianums* gelitten hat und unverbindlicher wurde, die aber aller Strategie und Propaganda der Parteizentralen und ihrer Filialunternehmungen zum Trotz in ihrem Kern erhalten blieb und bleiben muß.

Ein Element der die Parteigrenzen überschreitenden *Verständnisbereitschaft* bildete auch die Auswahl auf den zweiten Rängen in der Politik – in den *Ländern* und *Gemeinden.* Der schwarze Josef KRAINER, der rote Bürgermeister BLÜMEL in Voitsberg, der rote Gewerkschafter ZWANZGER kommen aus dem Bauernstand – sie sind alle der Generation der Väter zugehörig. Ihre Leuteverständnis, ihre Arbeitszähigkeit und ihre aus einem urgesunden Habitus ausströmende innere Autoriät befähigte sie, jeder auf seinem Platz, für alle Menschen zuerst das Notwendigste, dann immer noch das Notwendige und schließlich auch noch die Butter auf das Brot zu besorgen. Sie hatten auch noch die Nerven, die der ersten Generation „nach den Bauern" in besonderer Qualität zur Verfügung stehen. Sie blieben auch, wie es beispielhaft für Josef KRAINER gilt, in den „Sielen" bis zum Tod.

In der Leistung dieser *Persönlichkeiten,* in der Mitarbeit der einzelnen, in der Masse der Arbeiter, der Bauern, der Kaufleute, der Künstler, der Richter, der Ärzte und der Priester, in der Leistung der Frauen und Männer liegen die Würde und der innere Wert der *Zweiten Republik* begründet. Billiger Spott erreicht nicht den Patriotismus, der in dieser Feststellung lebt. Daß auch schwarze Schafe nicht nur auf sauren Wiesen grasen, wird das Land überstehen, dem schon 1945 die Alliierten die unversehrten Grenzen von 1938 besiegelten – trotz der Einwände der ungarischen, jugoslawischen und italienischen Nachbarn. „Heiß umfehdet, wild umstritten liegst dem Erdteil du inmitten“, hat Paula von PRERADOVIĆ diesem Österreich zugerufen, heute ist es von außen und von innen unbestritten, als funktionstüchtiges Mittelland, Mittlerland, als tragfähige Brücke für Menschen guten Willens, von Volk zu Volk – wir freuen uns innig, wenn es, „einem starken Herzen gleich“, das Eigenleben der Republik so durchblutet und durchpulst, daß sie von ihren Bürgern auch als *Vaterland* angenommen wird.

Vaterland, das heißt nicht nur ein durch eine *Verfassung* normiertes Territorium, eine *Demokratie* mit allen geübten und respektierten *Menschenrechten,* ein *Rechtsstaat* – wenn der Staat nicht mehr ist, wenn nichts mehr hinter ihm steht, warum wacht er so eifersüchtig auf seine Grenzen, warum betont er seine Selbständigkeit, seine Eigenständigkeit? Der Staat muß eine *tragende Idee* besitzen, die keineswegs in eine romantische oder eine utilitaristische Ideologie ausarten muß. Der *Föderalismus* hält uns zusammen, das Wort ist von foedus abgeleitet, das Bund heißt, und Bund heißt wieder, füreinander da sein, nicht nur voneinander etwas haben wollen, sondern auch für einen oder für die anderen im Bund Opfer zu bringen bereit sein.

Mag sein, daß es nach den historischen, aber nach 1918 locker und unverbindlich gewordenen Klammern, das Praktikabelste war, die *Kronländer,* die ihre Herzogshüte in die Museen gestellt haben, in einem Bündnis zu vereinigen, in dem man wie in einem Verein seine Mitgliedschaft anmelden kann. So ist es dann auch geschehen, als Renner im Jahre 1918 die deutschen Erbländer einlud und aufforderte, schriftlich ihren Beitritt zu einem neuzugründenden Staat *Deutsch-Österreich* anzumelden. Die Steiermark hat mit dem Beschluß des provisorischen Landtages am 8. November 1918 diesem Wunsch entsprochen.

1945 hat es einer solchen Einladung und eines solchen Beitritts nicht bedurft. Österreich war als selbständiges, zusammenhängendes und ineinandergefügtes Gebilde ein durchaus respektiertes und offenkundig als nützlich geltendes Objekt der Weltpolitik anerkannt. Die Landtagsbeschlüsse der Bundesländer von 1918 und das Gesetz über die Wiedereinführung der Österreichischen Verfassung 1945 wurden *bürokratisch* exekutiert. Aber der trockenste Staat, auch wenn er dem verlorenen Glanz seiner Geschichte nicht mehr nachhängen und nachtrauern möchte, kommt ohne *Poesie* nicht aus. Die rot-weiß-rote Fahne, das Staatswappen, die Bundeshymne – rein rechtlich, rein ökonomisch, höchst überflüssige Abzeichen. In einem Land, in dem der Mensch mehr zu gelten und zu bedeuten hat als die Apparate werden diese Abzeichen zu Zeichen, zu sinnlich wahrnehmbaren Metaphern einer die verschiedensten Gruppierungen übergreifenden *Gemeinsamkeit.* Dazu braucht die Gesellschaft das Poetische, die Poesie im politischen Alltag und Jahrlauf.

Dieses Österreich hat es bewiesen: Es stimmte nicht, was die Friedensmacher in den Pariser Vororten glaubten und wollten, es war nicht ein Rest, es war ein *Kern,* der in der Ersten Republik unter einer rauhen, ungefälligen und unscheinbaren Schale verborgen blieb, ein Land, das sich in der und durch die Vernichtung seines Namens erfangen hat, weil es nicht vernichtet werden konnte. Die Poesie des Staates verleiht den *Sorgen* im Kampf um das Lebensnotwendigste der Menschen eine eigene Dimension. Der Bestand eines Menschenlebens lebt aber auch im sorgenden Händereichen der *Eltern den Kindern* gegenüber und im hilfreichen Händereichen der groß gewordenen *Kinder den alt gewordenen Eltern* gegenüber, und in der Dauer dieses Wechselspieles über die *Generationen* hin liegt die menschliche Gewähr für das *Fortwirken* einer Geschichte, die nicht für alle Ewigkeit gesichert sein muß, sondern wie sie einmal angefangen hat, auch einmal ihr Ende finden kann. Jetzt geht der Streit darum, ob die Menschen in diesem Land eine *Nation* seien. Nation ist ein europaweit schillernder Name für unterschiedliche Inhalte. Die Begriffe Volk und Staat und Stamm und andere noch werden in die Diskussion geworfen. Bis zum letzten Atemzug der Ersten Republik war Österreich ein *deutsches* Land. Wer bis dahin durch das Leben und seine Schule gegangen war, hat es nicht anders gelernt. Wer nach 1945 geboren oder groß geworden ist, hat noch den Nachhall dieser vergangenen Zeit im Ohr, seine *Heimat* ist ein auf seine Eigenart und Eigenständigkeit eingeschworenes, wiedererstandenes freies neutrales Österreich.

Ein eindeutiges Wort in dieser Sache bedarf einer behutsamen, mit überzeugenden Argumenten und geduldig geführten *Vorbereitung.* Erzwungene, aber auch mit Vorbehalt abgegebene Bekenntnisse sind wertlos. Worauf aber nicht verzichtet werden darf, ist ein *Österreichbewußtsein,* ein *Österreichbekenntnis,* das die *Identität* des Landes außer Zweifel stellt. Es geht nicht an, die „liebe grüne Steiermark“, das „heilige Land Tirol“ oder das „lei anzige Kärnten“ als *Vorwand* zu benutzen, um Österreich in einem heute leider schwer definierbaren und darum nebulosen *Abendland* zu integrieren. Einer geschichtlich begründeten, einsichtigen, in Arbeit und geistiger Lebendigkeit in der Zweiten Republik bewährten Identität Österreichs darf nicht mehr ausgewichen werden. Ein in seiner Identität gefestigtes Land hält, wenn es nicht von außen gestört wird: es könnte – es ist eine schreckliche, aber doch nicht hoffnungslose Vision – nach einer apokalyptischen Sintflut, die die Welt bedroht, sich wie die alte *Arche* auch auf einem neuen Berge Ararat finden.

Zur österreichischen Identität gehört aber auch die Überwindung einer albernen und törichten, jeweils von Ideologen geschürten Einstellung der Länder ihrer *Hauptstadt Wien* gegenüber. Die Einwände sind vorbei, oder nur mehr in Resten versteckt. Seit Wien nicht mehr ein Reichsgau Großdeutschlands ist, gewann die Stadt nicht nur als Sitz des Parlaments, der Regierung, der höchsten Behörden seine alte Bedeutung wieder. Es liegt auf ihr der *Glanz* der Hauptstadt eines Friedensreiches, mag noch soviel Schatten diesen Glanz der Metropole überziehen. Ohne die Bundesländer in eine geistige Inferiorität abschieben zu wollen, Wissenschaft und Kunst und ihre Werke gehören zu den Schatzkammern, die nicht nur in der Burg die Insignien aller Herrlichkeit bewahren, sondern allüberall, wo gearbeitet wird, als Stolz und Hoffnung allen Österreichern bewußt geworden sind.

Auch die Geschichte der Zweiten Republik ist nicht langweilig gewesen, sie hat *Hochzeiten* gehabt – wie nach dem alten österreichischen Rezept, tu felix Austria nube, aber ohne Grenzüberschreitungen –, sie kannte *Katastrophen,* kannte *Durststrecken,* die man heute *Krisen* nennt. Es hat Klugheiten gegeben, Dummheiten auch, ehrliches Paktieren und gelerntes Intrigieren – aber summa summarum ist es ein gutes Land, wohl wert, in ihm zu regieren oder regiert zu werden.

Ich bin *glücklich,* ein *Österreicher* der Zweiten Republik zu sein. Aber ich habe einige *Anmerkungen* zu machen, die anscheinend unwichtigte Dinge betreffen, die nicht zum großen Staatsgeschehen zählen, aber in einem Gesamtüberblick in Rechnung zu stellen sind. Die ganze Fülle und Mannigfaltigkeit der 40 Jahre Zweite Republik wird nur wahrgenommen von Menschen, die es gelten lassen, daß sich in dieser Zeit die ganze Welt geändert hat, das Weltbild und die Weltanschauung, die hofften, die nicht erwarteten, daß dieses Österreich aus dem Inferno des Zweiten Weltkrieges, aus dieser die ganze Erde umpflügenden und umfassenden Katastrophe wie ein Phönix aus der Asche strahlend und unversehrt auferstehen wird. Für beide Seiten gilt es, die ungeschönte Wahrheit anzunehmen, für die, die Österreich 1934 damals glühend wollten, es wie ein neuentdecktes Land begrüßten und es sich nicht nehmen lassen wollten, und für die anderen, die es 1938 ebenso glühend, wie sie meinten, „endlich" – nach 1866 und nach 1918 – wieder „heim ins Reich" begleiteten. Für beide gilt, daß das Festhalten an den Jahren 1934 und 1938, das Verkennen, daß es in diesen Jahren in Österreich keine Sieger und nur Verspieler gegeben hat, das große Verhängnis ist, das hemmend und hindernd immer noch wirksam ist und Gottes Sonne noch lange wird aufgehen lassen müssen, um auf ein „glücklich Österreich" herunter strahlen zu können.

Es gibt parallel eine *präkonziliare* Fixierung, für die ein *lateinisch* levitiertes Hochamt als der Gipfel des Kultes höher zu schätzen ist als ein von allen verstandener und miterlebter Gottesdienst in der *Muttersprache.* Es ist die große Unterlassung, es ist die Ursünde der Zweiten Republik, daß so viele ihrer Bürger glaubten, dort wieder anknüpfen zu können oder zu müssen, wo sie 1938 aufgehört haben, und nicht erkannten, daß unbelastet und voll Vertrauen ein *neuer Anfang* gemacht werden müßte. Der Schock und die Schrecken des zu Ende gehenden Krieges waren zu groß.

Ein vielbeschworenes Wort in der Demokratie ist die *Toleranz.* Künstler, Dichter, Maler verlangen Toleranz, sie haben ein Recht darauf. Ich gebe zu, das fordert von den Betrachtern und Kunstfreunden Geduld und Verständnis. Der *Christ* muß erkennen, daß es neben ihm und unter den Künstlern nicht mehr nur Getaufte gibt, sondern Menschen, die eine Freiheit nützen, die nicht von religiös gesetzten Normen begrenzt und beschränkt ist, denen überhaupt der Zugang zur Tradition und zu den noch traditionell getragenen und gefärbten Lebensformen verschlossen ist, denen nie von einer Mutter ein Abendgebet vorgebetet und ein Kreuz auf die Stirn gezeichnet wurde, die auch heute nie einer Mutter TERESA aus Kalkutta oder einer Schwester EMMANUELLE aus den Slums von Kairo begegnet sind und die vom Lebensstil der sie umgebenden Kirchgänger nicht beeindruckt sind.

Künstler, die Toleranz verlangen, sollten sie freilich auch untereinander üben und gegeneinander, aber wer will einen anderen gelten lassen, der von sich besessen ist, von der absoluten Wahrheit seiner Definition, über das, was *Kunst* ist, soll und muß. Aber Kunst ist nicht nur in Galerien und Museen zu suchen. Auf Schritt und Tritt im ganzen Land begegnen wir der Kunst und der Unkunst auch. Welches Durcheinander der Ausdrucksform, welche Widersprüchlichkeit in den Auffassungen von dem, was schön, gut und heiter zugleich.

Adolf LOOS hat schon recht: Der *Bauer* hat nie gebaut, um einen malerischen Wert in der Gestaltung von Haus und Hof zu erzielen, er hat immer das Material benützt, das ihm erreichbar war, er hat so billig wie möglich gebaut und so zweckgerecht, wie es die jeweilige Wirtschaftsform verlangt hat. Daß die Dinge für ihn gut und für uns schön geworden sind, war die *Gewöhnung,* wohl aber auch der *Anstand,* mit denen er das Menschenwerk in die natürliche Umwelt hineingestellt und den *Maßstab* vom Menschen her genommen hat und seinen natürlichen Maßen, von der Spanne zwischen dem kleinen Finger und dem Daumen, von der Elle, vom Fuß, vom Schritt – tempi passati –, aber daß ausgerechnet an Stelle des alten, aber oft noch im Holz gesunden Bundwerk-Stadels und des in seiner sinnvollen Geräumigkeit errichteten Bauernhauses die häßlichste, protzigste, jedes natürliche Ebenmaß entbehrende Farm oder Ranch hingestellt wird, ist ein Schmerz und eine Schande zugleich. Aber der Fisch stinkt vom Kopf. Weil man im Land eben den Dichterarzt Hans KLOEPFER feiert, sei ein Satz aus einem seiner Essays zitiert: Er heißt „im Grund war's doch immer so, die Kranken sterben an den Ärzten, die Juristen verpfuschen das Recht und die Baumeister, mein Gott, die Baumeister tun halt auch, was sie können." Vielleicht dürfte man heute noch einen Stand nennen und sagen, die Theologen machen die Leute auch nicht frommer und auch nicht besser.

Nun gottlob, die Dinge bessern sich, aber es ist schlimm genug, was schon geschehen ist. Wir setzen auf *Zeichen,* die ein Umdenken und Einlenken erkennen lassen. Wir setzen aber auch auf die trotz aller Verschüttungen unverwüstliche, wohl störbare, aber nie zu zerstörende *Natur* der menschlichen Existenz. Raden, Kornblumen und Mohnblumen sind von den Getreidefeldern verschwunden, nun beginnt man, an den Rändern wenigstens, Samen dieser Blumen, die man mit der Unkrautbekämpfung vertilgt hat, wieder anzusäen. Der Mensch braucht ein Stück Poesie. Gerettet ist die Welt noch nicht, es wird noch viel Bildung notwendig sein, und gerade die, die schuld oder mitschuldig sind, daß so viel *oberflächliches Denken* geduldet, soviel pseudowissenschaftliche Phrasen in der Werbung für Kuschelweiches, Röstfrisches und biologisch Reines auf den Menschen losgelassen werden und daß eine nachgerade horrende geistige Genügsamkeit eines in Beifallsstürmen sich überschlagenden Publikums der diversen Monstergaude in „Stadeln" und „Tennen" in Einschaltziffern gemessen werden kann – gerade die Schuldigen, alle, fast alle *Medien,* sollten den Auftrag, der ihnen von Gesetzes wegen gegeben ist, ernster bedenken. Das wäre wichtiger als eine übertriebene *Regionalisierung,* die in der mit Gewißheit zu erwartenden Bedrängnis um ausreichende Programme auf durchschnittliche und unterdurchschnittliche „Kräfte" angewiesen ist und so häufiger „sogenannte", man merke wohl „sogenannte" Bauerntheater zum Zuge kämen, deren Primitivitäten und oft schmierige Zweideutigkeiten belustigt hingenommen werden und in ihrer Massenwirkung scheinbar harmlos, in Wirklichkeit aber abscheulicher sind als manches gewagte, aber direkte und darum wahrhaftige Wort moderner Dramatiker, die als Pornographen verschrien werden, während sie im Grunde in einer gewiß manchmal überzogenen Realistik harte Kritik, Gesellschaftskritik und Milieukritik üben.

Ich kann von der Ermahnung zur *Geduld* nicht ablassen. Es ist eine Überforderung, nach der Zulassung freier Parteien nach einigen Jahrzehnten schon eine funktionierende ideale Demokratie zu erwarten oder zu glauben, daß nach Katholikentag und Papstbesuch eine durchaus katholische Landschaft aufgeblüht wäre. Auch die *Kunstgeschichte* der Zweiten Republik ist eine Schule der Geduld. Wie viele künstlerische Tendenzen hat Österreich seit 1945 erlebt oder daran teilgenommen! Erfunden hat Österreich weder die Abstrakten noch die Kubisten, nicht die Tachisten und Aktionisten, nicht die phantastischen Realisten und nicht die Surrealisten, nicht die Informellen und nicht die neuen Wilden – wer könnte in dieser Epoche und aus diesen *Experimenten* seit 1945 eine zusammenfassende Einheit, einen bezeichnenden Stil der Zweiten Republik verlangen. Das Fieber nach Auschwitz und Hiroshima wird lange noch in der Kunst nachwirken und die *Angst* vor dem gefürchteten kommenden Unheil sich in ihnen spiegeln. Man erwarte vom Künstler, der zurück und voraus schaut, kein Beruhigungsmittel.

Statistische Erhebungen über die *Nachwirkungen* des Katholikentages und des Papstbesuches im Jahre 1983 sagen weniger als die Leuchtspuren, wenn man sie sehen will, die vom Steirischen Katholikentag 1981 im Grazer Stadtpark und von den Festtagen in Wien aufgestiegen sind und in Gruppen innerhalb der Stadtpfarren und in kleinen Gemeinden am Land weiterglühen. Menschen aus Kreisen, für die es einmal genant gewesen ist, an der Kirchenmauer nur anzustreifen, kommen jetzt ohne sich ihrer Prominenz zu rühmen oder sie zu verleugnen, und verrichten den Dienst in der diakonischen Ordnung vom Vorlesen der Epistel und Fürbitten bis zum Einsammeln der Kollekte für Caritas und Gottesdienstbedarf.

Nach diesem Hinweis bleibt es uns doch nicht erspart, an die *Götzendienste* zu erinnern, deren Diener die ganze Welt beherrschen und auch in Österreich ihre Kultstätten finden und vielen verschiedenen Idolen ihre Reverenz erweisen. Mit Leib und Seele verschreiben sich die Menschen den Götzenbildern unserer Zeit, das Goldene Kalb ist immer noch da, wenn auch seine Anbetung oft der Öffentlichkeit entzogen ist und nur in intensiver Privatandacht verehrt wird. Man glaubt, ein Goldenes Kalb wäre das *Auto.* Es ist mit ihm verwandt, aber in der großen Masse erweist es sich doch als nützliches Haustier. Ein Goldenes Kalb heute, ist die Vergötzung einer einmal als Dienst der Verständigung für die Jugend der Welt geborene Idee. Es ist eine Absurdität, daß der *olympische Gedanke* COUBERTINs, das „Schneller, Höher, Weiter", das für das Maß und das Bild eines Menschen bestimmt war, in eine Hybris übergeschlagen ist, die in der Kommerzialisierung und Verpolitisierung ihren ursprünglichen Sinn verspielen mußte. Emanzipiert aus allem hat sich der Schnelligkeitswahn, von dem alle Sportarten, vom Autorennfahrer bis zum Skiläufer, besessen sind. Mit Hundertstelsekunden Vorsprung wird ein Sieg bemessen, den man unter dem unsittlichen Risiko der Gefährdung des Lebens erkämpft hat. Und damit man um 20 Minuten rascher von Wien nach Graz fahren kann, soll für die Eisenbahn durch den *Semmering ein Tunnel* gebaut werden.

Ich schließe mit der *Wiederholung:* Im großen und ganzen sollen wir froh und glücklich sein, daß wir dieses Land besitzen, daß die Zweite Republik transparenter ist als die Zeit vorher, daß unsere *soziale Ordnung* Anerkennung findet in der ganzen zivilisierten Welt und daß wir uns unserer Künstler und Wissenschafter nicht zu schämen brauchen, daß wir uns aber schämen, daß es immer noch genug Arme, Heimatlose und Verlassene gibt, die dankbar für ein bißchen Wärme aus den Vorzimmern der Prunksäle wären, in denen, wie in einer turbulenten Untergangsstimmung, die Sektkorken knallen. Ich weiß, das alles klingt wie Gemeinplätze, und sie ließen sich mit leichter Hand fortsetzen. Aber sie beschreiben jeder für sich eine Wahrheit, die kostbare vor allem, daß wir ein *freies Land sind,* daß jeder frei denken, reden und handeln kann, so lange es den Mitbürgern nicht schadet, das wissen nur die zu schätzen, denen die Freiheit einmal verwehrt worden ist. Freilich ganz lupenrein möchte ich die Zweite Republik nicht nennen, noch fehlt die *wahre Freiheit.* Die beglückende, ja die beseligende Freiheit liegt in der Anerkennung der radikal entgegengesetzten Meinung eines anderen, ihrer Hochschätzung und ihrer Respektierung als autonomes Recht, auch wenn ihre Konsequenzen nicht gebilligt und abgelehnt werden und ihnen offen entgegnet und begegnet werden müßte, allerdings mit der einzigen legitimen Waffe, dem besseren Argument.

Aber was wollen wir unzulänglichen Menschen in dieser unzulänglichen Welt? Bleibt uns der innerste Wert der Zweiten Republik auch vorenthalten – eine Vorschule, eine Präparandie oder Propädeutik ist das Leben in dieser Zeit und in diesem Land doch. Aber bedenke jeder für sich, daß er wohl in irgendeiner Weise eine Art *Lebensreifeprüfung* recht und schlecht bestanden haben mag, aber das Vollkommene, auf das er innerlich angelegt wäre, die *Vollendung,* auf dieser Welt nicht erreichen wird.

Die Nacht von Pokhara

Hannelore Valencak

Nach Sonnenuntergang war der Phewa See von einem feuerfarbenen Email überzogen. Das Wasser war lau, als wäre tief unten ein Glutkern, der es erwärmte, aber die Luft war sehr schnell erkaltet, nachdem die Sonne verschwunden war.

„Wir könnten zur Insel fahren", sagte Doris. – In ruhigem Einverständnis lenkte Norbert das Boot hinüber.

Die Insel war klein und beinahe kreisrund. Ein paar steinerne Stufen führten von ihr in den See. Ein Tempelchen stand inmitten von Bäumen. In seinem verschlossenen Innenraum war schon Nacht. Sie standen am Wassersaum und schauten nach Norden, wo das Anapurna-Massiv von leuchtenden Wolken verdeckt war. Die Spitze des Machhapuchhare, des Berges, auf dem die Götter wohnten, war frei. Er war der beherrschende Gipfel bei Pokhara, obwohl er bei weitem nicht der höchste war. Er war noch unbezwungen, da ihn kein Sherpa betrat oder auch nur bereit war, eine Expedition zu begleiten, deren Ziel die Erstürmung des Machhapuchhare war. – Dies hatte ihnen zumindest ihr junger Träger versichert, der heute morgen mit ihnen auf den Pacchhaiya-Hügel gestiegen war.

Doris war von diesem Erlebnis noch stark bewegt. „Ich möchte wissen, warum ich mich so wohl fühle", sagte sie. „Mir tut jeder Knochen und jedes Gelenk weh. Trotzdem ist mir ganz wunderbar zumute. Wie kommt das?"

„Es könnte eine Belohnung sein", meinte Norbert. „Ein dummer alter Instinkt in dir ist stolz auf dich. Du bist müde, und damit bluffst du ihn. Er glaubt, daß du etwas Lebensnotwendiges getan hast."

„Es kommt darauf an, was man unter Leben versteht." Doris dachte an die junge Frau, von der sie einige Photos gemacht hatte. Die hatte in einem Lehmhäuschen Tee ausgeschenkt, um für sich und ihr Kind ein wenig Geld zu verdienen. Ob sie Pläne für eine bessere Zukunft hatte? Doris wurde aus ihren Gedanken geschreckt. In der Luft war plötzlich ein sausender, knatternder Ton. Aus dem Himmel stürzte ein Adler, ein mächtiges Tier, er streckte die kräftigen Fänge zum Landen aus und rauschte, kaum, daß er den Boden berührt hatte, wieder davon. – Auch Norbert zuckte zusammen und starrte ihn an – dieses riesige mythologische Tier, das wie aus einer anderen Welt herabkam, sich für wenige Augenblicke verkörpert hatte und sich als ein unnahbarer Schatten von ihnen entfernte. Sie hatten einander bei den Händen gepackt, standen fest aneinandergelehnt und schauten ihm nach. Dann stiegen sie schweigend und einmütig wieder ins Boot, um die Fülle des heutigen Tages nach Hause zu bringen.

Sie saßen nachher in der Fish Tail Lodge und warteten auf das Abendessen. Das Hochgefühl wich einer ruhigen Schwere.

Auf einem hölzernen Hocker neben dem Teetisch lagen ein paar Reiseprospekte und ein paar kleine Hefte aus grobem grauen Papier: nepalesische Literaturzeitschriften in englischer Sprache. Doris hatte eine an sich genommen und durchblätterte sie mit oberflächlichem Interesse. Ein Leserbrief fiel ihr auf, in dem jemand Klage führte, daß diese Monatsheftchen zu teuer waren, und auch, daß die Ausstattung zu dürftig war.

Das Heftchen kostete natürlich nicht viel. Es kostete weniger als eine europäische Tageszeitung. Doch für die Leute in diesem Land, auch für die, die sich ein wenig kulturelles Interesse leisten konnten, war das viel Geld. Nepal gehört zu den ärmsten Ländern der Welt, weil der ständige Krieg, den es führte, nicht zu gewinnen war: Zerstörung und Wiederaufbau im Jahresrhythmus. Jeden Sommer, wenn die großen Monsunregen kamen und wenn das Schmelzwasser von den riesigen Bergen hereinbrach, wurden die Hütten der armen Leute, die aus ungebrannten Lehmziegeln aufgebaut waren, zerweicht. Nicht immer wurden sie wieder in Ordnung gebracht. Viele hatten noch jetzt in der Trockenzeit klaffende Mauern, und ihre Besitzer wohnten darin, bis das nächste Hochwasser kam und die ganze Behausung mit sich nahm. Vor allem die Häuser, die in den Flußtälern standen, waren bedroht. An den abgeholzten Hängen der Berge standen sie auf dem Stück ebenen Grundes, den ihre Besitzer den Steilflanken abgetrotzt hatten. Bis hoch auf die Gipfel des Mittelgebirges, des Pahar, sah man die Reis- und Getreideterrassen der Bauern. Immer wieder schwemmte der Regen die Erde davon. Die Frauen der Bergbauern hackten Laub von den Bäumen und trugen es als Viehfutter heim, denn für den Grasanbau waren die Erdterrassen zu kostbar. Vor Doris erstand das Bild einer alten Frau, der sie heute auf dem Rückweg begegnet waren. Sie trug einen hochbepackten Korb auf dem Rücken. Der Korb hing an einem Riemen, der ihr über die Stirn lief, denn so trug man hierzulande die schweren Lasten. Sie hatte gekeucht, jeder Atemzug hatte gerasselt, doch hatte sie unbeirrt Fuß vor Fuß gesetzt. Ihr Gesicht war ruhig gewesen, ohne Anklage, ohne Verdruß. Sie tat ihre lebensnotwendige Alltagsarbeit.

Doris blätterte weiter und stieß auf ein Gedicht. Der Name des Autors war ihr unbekannt. Das Gedicht war sehr stark und spontan. Es berührte sie tief. Es war eine Anklage gegen den Prinzen Siddhartha, der später zu Buddha geworden war. Und dieser Buddha erdreistete sich, von Menschen Entsagung und Wunschlosigkeit zu verlangen, die noch gar nicht wußten, was Wunscherfüllung war. – Du hattest dein Wohlleben hinter dir, Prinz Siddhartha – du warst satt. Du hast deine Frau und deinen Sohn verlassen. Du hast alles losgelassen, nachdem du alles gehabt hast. – Aber wir? – Immer wieder las Doris die letzten Zeilen dieses Gedichtes: „Ein Mensch ist durstig, solange er nicht das Meer ausgetrunken hat, und solange er keinen Berg gegessen hat, ist er nicht satt.“

Als sie später im Bett lag, konnte sie nicht schlafen. Immer noch war sie bestürzt über das Gedicht. Sie erlebte noch einmal den vergangenen Tag, sah die Bergbewohner, die ihnen begegnet waren, und immer wieder die junge Frau, die ihnen in ihrem Lehmhäuschen Tee ausgeschenkt hatte. Sie war auf dem glatten, sauberen Estrich gesessen, hatte einen jungen und schlanken Körper gehabt, und ihr schönes Gesicht hatte eigenartig geschimmert. In einer aus Gurten geflochtenen Liege, die von der Decke hing, war gerade ihr Kind erwacht und hatte zu weinen begonnen. Und Doris hatte ihre Photos gemacht.

Die junge Frau sah zufrieden aus. Alles an ihr war harmonisch und angenehm. Ihre Bewegungen waren sparsam und zielbewußt, und gerade dies machte ihre Anmut aus. Aus ihrem Haarknoten hatte sich eine Strähne gelöst, hatte sich über ihre Wange gelegt und im Mundwinkel verfangen.

Dies glich einem alten Erinnerungsbild. Aber welchem? Doris wußte es nicht. Oder wollte sie es nicht wissen? Das Nachdenken war ihr unangenehm. Aber sie spürte auch, daß sie nicht einschlafen konnte, ehe sie wußte, was sie nicht wissen wollte.

Das war es! Sie sah das Gesicht ihrer Mutter vor sich. Ein ganzer Tag tauchte auf, und mit ihm eine ganze Zeit. Es war die Zeit der erwachenden Wünsche gewesen, in der auf einmal so vieles erreichbar war, was man früher nicht einmal in Gedanken angestrebt hatte – die Zeit nach dem Zweiten Weltkrieg. Und jener Tag, an den sie denken mußte, war, wie so oft, von einem Streit überschattet.

„Wir lassen uns unseren Sonntagsausflug nicht nehmen", sagte die Mutter. „Du hast heute Zeit, dich selbst um dein Kind zu kümmern.

Wir nehmen euch Sylvia nur ab, wenn es notwendig ist, und niemand kann sagen, daß sie es bei uns nicht gut hat."

Wenn es notwendig ist! Wenn es notwendig ist! – Ich kann das schon bald nicht mehr hören, dachte Doris. Nur meine Arbeit erkennt sie als notwendig an, aber meine Freizeit nicht.

Die Mutter wußte, daß Doris erbittert war, aber sie war überzeugt, im Recht zu sein, und begriff nicht, daß ihre Tochter das nicht einsah. „Mein Gott, siehst du denn nicht, was heute für ein schöner Märztag ist? Kannst du nicht verstehen, daß wir den ausnützen müssen?"

„Ach was!", sagte Doris. „Immer nur ihr. An uns denkt ihr überhaupt nicht. Ihr seid Egoisten."

Die Antwort der Mutter war schroff. „Ihr seid jung und habt eure Zukunft. Aber wir haben eine Menge nachzuholen".

Es lief immer wieder auf das gleiche hinaus. Immer wieder dachte Doris: Sie hat ja recht. Sie haben den Ersten und den Zweiten Weltkrieg erlebt und die Zwischenkriegszeit war ebenfalls schwer für sie. Aber ich war ja nicht daran schuld, und Christian auch nicht.

Christian war ihr Mann. Er war jung wie sie. Doch beide hatten sie das Gefühl, schon recht alt zu sein. Zumindest stellten sie sich das Jungsein anders vor. Sie gingen einmal in der Woche ins Kino und kamen mit Wünschen und Illusionen nach Hause – das war alles. Sie waren ungeduldig. Sie wollten viel mehr. – Einhellig waren sie davon überzeugt, daß ihnen für die Freuden der Jugend nicht mehr viel Zeit blieb. Nur wenige Jahre, und sie waren dreißig. Dann wartete das gewöhnliche Leben auf sie. – Doris war jedesmal erbost, wenn sie zuschauen mußte, was ihre Eltern, die schon über fünfzig waren, aus ihrem Daseinsrest noch herauspressen wollten. Auch Christian fand, daß sie aufreizend waren. Sie besaßen eines der gelben Motorräder, die sich in den fünfziger Jahren schon viele Leute erwirtschaftet hatten, und die man wegen ihrer Farbe Cremeschnitten nannte. Auf dem fuhren sie an den Sonn- und Feiertagen und auch an den Samstagnachmittagen über Land. Nur selten borgten sie es Doris und Christian. Zu jeder Jahreszeit und bei jedem Wetter, sogar bei Regen waren sie unterwegs. Da verkrochen sie sich in ihren schwärzlichen Gummimänteln, verunstalteten sich mit Beinschonern und Kapuzen, die sie bis über die Augenbrauen zusammenzogen und sahen wie bucklige Gnome aus, wenn der Fahrtwind in ihre Gummimäntel fuhr und sie blähte. Christian, Doris und Sylvia blieben zu Haus.

Die Wochenenden waren einander so ähnlich, daß Doris beim Zurückerinnern oft glaubte, sie hätte nur ein einziges erlebt. Alle stereotypen Ereignisse waren gebündelt: am Samstag das Einkaufen und das Putzen der Wohnung, das Kopfwaschen und das Haareeindrehen, das Strümpfestopfen und das Wäschewaschen. Die Perlonstrümpfe stopfte sie nur an den Sohlen. Die Laufmaschen wurden repassiert. Sie überlegte, ob sie sich ein Gerät dafür anschaffen sollte, tat es dann aber doch nicht. Es hätte sich erst nach Jahren amortisiert.

Eine Waschmaschine war vorhanden. Die hatten sie gemeinsam mit ihren Eltern gekauft. Es war eine Fertigteilwaschmaschine gewesen, die ihr Vater zusammengeschraubt und vernietet hatte. Sie funktionierte, aber machte viel Lärm. Christian ärgerte sich, wenn sie in Betrieb war.

Auch für ihn gab es keine freien Wochenenden. Er studierte. Daß er Diplomingenieur war, genügte ihm nicht. Er war in einer Maschinenfabrik in Graz beschäftigt und arbeitete dort an seiner Dissertation. Er war ehrgeizig und gescheit und sehr ungeduldig. Seine Arbeit befriedigte ihn nicht, weil sie eintönig war. Er hatte mit der Endkontrolle zu tun und behauptete, er hätte dafür nicht studieren müssen.

Seine Dissertationsarbeit interessierte ihn. Es ging da um eine verbesserte Prüfmethode, mit der man viel Arbeitszeit einsparen konnte. Er sagte: „Vielleicht spare ich damit sogar mich ein."

Doris erinnerte sich an diese Bemerkung, weil sie eine seiner seltenen Scherze gewesen war. Sonst war er sehr ernsthaft und oft auch recht mißvergnügt. Er war tüchtig und wollte beweisen, daß er es war. Vor allem wollte er damit Geld verdienen. Was er zur Zeit verdiente, war nicht gerade ein Schandlohn. Doch für das Leben, das er anstrebte, genügte es nicht. Wahrscheinlich hätte er jetzt schon besser verdient, wenn er nach dem Studium Zeit gehabt hätte, eine bessere Stellung zu suchen oder ins Ausland zu gehen. Aber das Kind war schon unterwegs gewesen, bevor er die Zweite Staatsprüfung abgelegt hatte. Er war Vater geworden und dann erst Diplomingenieur und hatte die nächstbeste Anstellung akzeptiert. – Doris glaubte, daß er ihr das immer verübelt hatte. Als hätte sie Sylvia durch Jungfernzeugung bekommen.

Christian hatte genug verdient, daß sie die Miete für die Dreizimmerwohnung bezahlen, sich kleiden und satt essen hätten können, aber nicht mehr. Zwar hätte auch eine kleinere Wohnung genügt, zum Beispiel Küche, Bad und Wohnschlafzimmer und ein kleineres Zimmer für Sylvia, aber Christian wollte nicht so bescheiden beginnen. Er war der Sohn eines kleinen Bauern, hatte nie ein eigenes Zimmer gehabt und haßte die Enge. Sein Studium hatte er sich als Werkstudent selbst finanziert und war außergewöhnlich schnell damit fertig geworden. Doch er wollte an diese Zeit nicht erinnert werden, obwohl er doch allen Grund hatte, auf sie stolz zu sein. Er sprach über sie nur verächtlich und angeekelt: „Dieses Loch von einem Untermietzimmer, damals! Dieser Mensafraß und dieses verschwitzte Gewand!" – Von der Arbeit, mit der er sein Geld verdient hatte, von der Rackerei in den Ferien, sprach er nie. Er hatte sich nie dieser Leistung gerühmt, auch nicht vor sich selbst. Zu sehr glich sie der bedrückenden Mühsal in seiner Kindheit. Er wollte kein Bauer und auch kein Arbeiter sein. Er wollte lernen, viel leisten und viel verdienen. Der Grundriß dieser angestrebten Zukunft sollte nicht klein sein. Das mindeste war somit die Dreizimmerwohnung.

Damit diese Wohnung möbliert werden konnte, mußte auch Doris berufstätig sein. Sie sah das ein und sträubte sich nicht dagegen. Beinahe alle jungen Frauen verdienten Geld, und zwar zumeist aus dem gleichen Beweggrund wie sie. Doris fragte sich nie, ob sie ihre Berufsarbeit gern tat, ob sie ihre Erfüllung oder ihre Selbstverwirklichung darin fand. Das Wort Selbstverwirklichung war damals noch gar nicht erfunden. – Sie hatte nach ihrer Matura den Abiturientenkurs an der Handelsakademie gemacht und war Buchhalterin. Für sie war das ein Zufallsberuf – ein Job. Auch dieses Wort war noch nicht in Mode gekommen. Sie machte sich nicht bewußt, daß ihr diese Arbeit nicht lag. Ihr fehlte die Leidenschaft für die Genauigkeit. Sie dachte nicht gradlinig und diszipliniert – sie war zu phantasievoll. Doch sie sagte sich, daß sie sich damit abfinden mußte.

Immer hatte das Leben einen Zwang auf sie ausgeübt. Nur in Tagträumen hatte sie sich ihre Wünsche erfüllt. Sie wünschte sich Freiheit und Wohlergehen. Sie wollte nicht unausgeschlafen aufstehen müssen, schnell duschen, sich anziehen, das Frühstück kochen, das Schlafzimmer lüften, die Betten machen, den Koks in den Dauerbrandofen füllen, das Kaffeegeschirr ausschwemmen, den Tisch abwischen und dann Sylvia aus dem Bett holen, sie füttern und fast im Laufschritt zur Großmutter bringen, die auf dem Weg zum Arbeitsplatz wohnte. Sie wollte nicht früher fortgehen müssen als Christian, der nur eine Station mit dem Autobus fahren mußte. Aber wer fragte sie schon danach, was sie wollte?

Der Dienst begann auch für Angestellte um sieben Uhr früh. Aber wenigstens hörte mit ihm das Hasten und Jagen auf. Man konnte in Ruhe Bleistifte spitzen, das Buchungsgut herrichten und sich entspannen.

Die Arbeit selbst strengte Doris an, weil sie ihr viel zu langsam von der Hand ging und sie immer wieder überprüfen mußte, ob ihr nicht ein Fehler unterlaufen war. Sie machte viele Fehler, doch da sie gewissenhaft war, entdeckte sie alle und korrigierte sie. Ihr Vorgesetzter war zufrieden mit ihrer Arbeit. Wie sehr sie sich verausgabte, wußte er nicht. Sie war abends derart müde und ausgebrannt, daß sie fluchtartig ihre Arbeitsstätte verließ. Nur ungern dachte sie an diese Zeit.

In dieser Nacht nach vielen Jahren, in der sie schlaflos in Pokhara lag, angenehm müde und hochgestimmt, fragte sie sich, woran es damals gelegen war, daß ihre Müdigkeit sie nicht froh gemacht hatte. Sie war überreizt gewesen, hatte Kopfweh gehabt und bedrückt ihre häusliche Arbeit verrichtet. Kein Belohnungsmechanismus hatte gewirkt, obwohl ihre Arbeit doch sinnvoll gewesen war. Wenn man den Nutzen, den ihre heutige Bergbesteigung für die Menschheit oder auch nur für sie selbst erbrachte gegen den Nutzen ihrer korrekten Buchungen abwog, so hätte sie damals angenehmer müde sein müssen als jetzt. – Norbert hatte ihr heute die Antwort gegeben, warum ihr Körper anderer Meinung war. Er hatte wohl recht. Sie dachte: Die Körper, mit denen wir geboren werden, sind alt. Sie haben sich seit Jahrhunderten kaum noch verändert. Und vor Jahrhunderten ist es um das Leben gegangen, wenn ein Mensch sich jeden Tag müde gemacht hat. Das Leben belohnt die Erhaltung der Art und wohl auch die Selbsterhaltung, doch kann man es täuschen. Mein Körper glaubt dem, was er fühlt, und nicht dem, was ich weiß.

Die doppelte Buchführung oder die Werkstoffkontrolle war von dem, was am Menschen stammesgeschichtlich alt war, noch nicht als Lebensnotwendigkeit anerkannt worden. Es war auch in der Tat ganz überflüssig für alles, was an ihnen nur kreatürlich gewesen war. Doch für das, was sie unter Leben verstanden, für diesen neuen und drängenden Anspruch, hatten sie noch nicht genug Geld und Freizeit gehabt.

Es gibt eine Art von Bedürftigkeit, dachte Doris, die nichts damit zu tun hat, daß man hungert und friert. Sie kommt daher, daß man weiß, was man haben kann. Sie konnten damals eine Dreizimmerwohnung haben, jede Wand mit einer anderen Farbe bemalt. Neue Möbel, die SW-Möbel, waren modern, und wer auf der Höhe der Zeit sein wollte, mußte sie haben: Streifnuß mit sparsamer Einlegearbeit, oder, in der höheren Preisklasse, Birne mit Ahorn. Auch eine verspiegelte und beleuchtete Hausbar war unerläßlich. Sie kauften sie statt eines Kühlschranks – natürlich auf Raten.

Auch Doris gefiel es, einer Welt zu entwachsen, die nicht nur durch Bomben zerstört worden war. Auch ihr machte es Vergnügen, von Freunden besucht zu werden, denen man etwas neu Erworbenes vorführen konnte, zum Beispiel eine elektrische Nähmaschine oder den Mixer. Trotzdem spürte sie jenes Ungenügen, das sie für die Folge ihrer Müdigkeit hielt. Doch fügte sie sich bereitwillig der Übereinkunft, was ihr angemessener Lebensstandard war, und bezahlte dafür mit ihrem kreatürlichen Glück.

Sie wußte nicht, ob Christian ihr dankte. Warum auch? Verausgabte nicht auch er sich total? Sie wußte, wie sehr ihn seine schlechte Bezahlung empörte. Er hatte studiert, war Diplomingenieur und verdiente nicht wesentlich mehr als sie. Sie erinnerte sich an sein erstes Arbeitsjahr und wie erbittert er darüber gewesen war, daß er weniger Gehalt bekam als ein Schlosser. Von den Mechanikern redete er schon gar nicht. – Nun ja, die Bomben, die im Krieg gefallen waren, hatten handfeste Dinge zerstört, und die Mechaniker erzeugten diese Dinge. Die wurden auch ohne Endkontrolle gekauft, denn man brauchte sie dringend.

Warte nur, sagte Christian, bis die Zeit kommt, in der sie neue Ideen brauchen! Und bis ich mein Doktorat gemacht habe. Warte nur ab. – Er hatte es schrecklich eilig, nach oben zu kommen. Das war ein Trieb, gegen den er nicht ankämpfen konnte. Erst heute verstand sie, woher er gekommen war. Er war mit Christian in der Armut herangewachsen, als ein dumpfes, eingemauertes Unbehagen, als schlafender Schmerz. Dann hatte er miterlebt, wie Mauern stürzten und hatte gespürt, daß auch die Mauer in ihm nicht mehr da war. Er konnte aus seiner Armut ausbrechen, und das tat er. Die Freiheit, zu werden, was er wollte, spornte ihn an.

Jetzt wurde auf ein Auto gespart. Einige Arbeitskollegen Christians hatten schon Autos. Sogar ein junger, unverheirateter Facharbeiter kam täglich mit seinem Puch 500 daher.

Christian war nicht neidisch, aber herausgefordert. Und das Auto, das er zu erwerben gedachte, durfte selbstverständlich kein ganz kleines sein. Das mindeste war ein Volkswagen-Käfer.

Doris freute sich darauf, ein Auto zu haben. Da konnten sie endlich mit Sylvia Ausflüge machen. Ihr Leben würde nicht mehr so eintönig sein. Sie malte sich Fahrten ins Grüne aus, wo sie am Waldrand eine Decke ausbreiten würden. Da konnten sie in der Sonne liegen, während Sylvia über die Wiese lief.

Was sie jetzt an den Sonntagen tun konnten, freute sie nicht. Am schönsten war noch das Frühstück, wenn der Kaffee gut roch und aus dem Radio die Sonntagsmorgensendung ertönte: „Was gibt es Neues?" mit Heinz Conrads. – Da stellte sich manchmal ein Sonntagsgefühl bei ihr ein – vielleicht auch nur, weil sie ausgeschlafen war. – Dann räumte sie das Geschirr vom Tisch und ging kochen, und Christian setzte sich an seine Skripten und Bücher. Am Nachmittag machten sie ihren Sonntagsspaziergang, damit Sylvia an die frische Luft kam, und dabei trugen sie auch ihre Kleider spazieren. Christian legte Wert darauf, daß sie standesgemäß gekleidet waren. Vor allem Sylvia war herausgeputzt.

Auch diese Sonntagsspaziergänge waren in Doris' Erinnerung zu einer einzigen Begebenheit zusammengebündelt, zu einem bis zum Überdruß betrachteten Film mit zu flauen Bildern. Nicht einmal wenn die Sonne schien, wenn ein warmer Tag war, war ihnen Vergnügen beschieden. Da waren die Fenster offen, da spielten die Radios. Aus allen ertönte das Nachmittagswunschkonzert. Es fing mit dem Pilgerchor aus dem Tannhäuser an oder auch mit dem Gefangenenchor aus Nabucco und endete unbarmherzig in einem Geleier, das wie eine boshaft ausgeklügelte Untermalung zu der lähmenden Öde dieser Spaziergänge war. Oft hatte Doris das Gefühl, durch ein Sumpfland aus abgeschmackten Klängen zu waten, das sie immer tiefer und tiefer zog und sie erstickte.

Wenn sie einmal ein Auto hatten, würde dies anders sein. Ihr wäre auch ein Kleinwagen recht gewesen – sogar lieber als ein teures Vehikel, weil sie nicht gar so lang darauf sparen mußten. Doch in diesem Punkt ließ Christian nicht mit sich reden.

Er war es, der die Ansprüche stellte. Sein Sinn für Rang und Stand war sehr ausgeprägt. Doris' bescheidenere Ansprüche ärgerten ihn, und sie gab nach, weil sie nicht streiten mochte. Streiten war kraftraubend, und sie benötigte all ihre Kraft – nicht nur für die Hausarbeit und die Berufsarbeit, sondern auch für die Schwierigkeiten des Geldeinteilens.

Von ihrer Mutter hatte sie sparen gelernt. Ihr Vater war Vorarbeiter in einer Papierfabrik und hatte es sogar zu einem Häuschen gebracht, hatte es nach einem Bombenschaden neu hergerichtet, mit neuen Fenstern und einem neuen Zaun, und jetzt besaß er auch noch sein gelbes Motorrad. Es war das äußerste, was sie sich leisten konnten. Es kam ihnen auch nicht in den Sinn, sich noch mehr zu wünschen, doch sie genossen unnachgiebig den Wohlstand, zu dem sie so spät gekommen waren. Immer seltener versuchte Doris sie zu erweichen, daß sie einmal an einem Sonntag bei Sylvia blieben und ihr und Christian das Motorrad borgten. Sie hatten es nur zwei- oder dreimal getan, aber jedesmal an bewölkten Tagen. Und dann hatten sie sich noch als Wohltäter aufgespielt.

Doris hatte gedacht: Wir raufen um Freude wie Raubtiere um einen Fetzen Fleisch. Jedesmal faßte sie den Vorsatz, es nicht mehr zu tun. Doch dann überwältigte sie wieder ihr Lebenshunger.

Jener warme Vorfrühlingstag war gekommen. Sie hatten den Streit gehabt. Er war nutzlos gewesen. Die Mutter hatte gesagt: „Uns geht es erst jetzt gut. Das lassen wir uns nicht nehmen." – Und dabei blieb es. Sie saß auf dem Rücksitz des Motorrades und sagte, während der Vater den Kickstarter trat: „Jetzt seid ihr dann auch bald so weit. Bald habt ihr ein Auto. Also geduldet euch noch die kurze Zeit."

Sie strahlte vor Unternehmenslust. Der Wind blies ihr eine Haarsträhne ins

Gesicht, die sich über die Wange und in den Mundwinkel legte wie bei der jungen Nepalesin,die Tee ausgeschenkt hatte. Es war die letzte Erinnerung an die Mutter. Als Doris sie wiedersah, lebte sie nicht mehr. In einer schattigen Straßenbiegung, in der das Schmelzwasser wieder gefroren war, war das Motorrad ins Schleudern gekommen und gegen eine Mauer geprallt. Die Mutter war auf der Stelle tot gewesen und hatte ein völlig zerstörtes Gesicht gehabt. Der Vater hatte noch zwei Stunden gelebt.

Doris war entsetzt und sehr traurig gewesen. Da lagen die toten Eltern, kalt und entstellt und waren ihrer besseren Zukunft beraubt. Was sie hinterließen, hatten sie mühsam erworben. Es war gut erhalten und sorgsam gepflegt. Die Vollrundbaumöbel aus Kaukasischer Nuß mit den Samtquasten an den Schrankschlüsseln glänzten. Nun wollte sie niemand haben – auch nicht geschenkt. Sie gehörten in eine Zeit, zu der sich niemand bekannte.

Doris und Christian erbten das Häuschen, doch sie mochten nicht darin wohnen. Es war zu ärmlich. Sie mußten es billig verkaufen, da keine Garage dabei war und auch nicht dazugebaut werden konnte. Um den Erlös erwarben sie einen Volkswagen und einen Kühlschrank. Was übrig blieb, wurde auf ein Sparbuch gelegt.

In dieser Nacht von Pokhara dachte Doris: Wir haben damals eine kleine Welt verkauft – den Atem, der darin war, die Gedanken, die Träume, den krummen alten Lederapfelbaum, den kleinen Gemüsegarten, der uns im Krieg ernährt hatte, die Gänseblümchen und den Löwenzahn. Das waren vergangene Träume.

Ein paar Monate nach dem Unfall der Eltern wurde Christian zum Doktor promoviert, im Jahre 1958, im neunundzwanzigsten Lebensjahr. Damals war Sylvia vier Jahre alt. Sie kam in den Kindergarten und lebte sich dort ein. An den Sonntagen machten sie Autoausflüge zu dritt. Im Sommer fuhren sie an die Adria, wenn auch nur für vierzehn Tage, da Doris noch nicht mehr Urlaub bekam. Erst im nächsten Jahr, nach fünf Arbeitsjahren, konnten sie volle drei Wochen unterwegs sein.

Christian hatte zur richtigen Zeit promoviert – ein paar Monate ehe sein Betriebsleiter in Pension ging. Er kam als Nachfolger in Betracht, denn der Krieg hatte eine ganze Generation dezimiert. In die Lücke rückten die Jungen nach – die ganz Jungen, die in normalen Zeiten Geduld haben müssen.

Der ungeduldige Christian hatte plötzlich die Chance, nach der er gefiebert hatte. Eines Abends suchte er ein Gespräch mit Doris. Ein wenig umständlich bereitete er es vor. Er sagte, es werde notwendig sein, der richtigen Partei beizutreten, und sie gab zu bedenken, ob man sich damit nicht verkaufte. Ihren Einwand, er sei doch gescheit und tüchtig genug, um es allein mit seinem Wissen zu etwas zu bringen, entkräftete er sehr einleuchtend mit der Bemerkung, man werde sich zweifellos seines Wissens bedienen, nur werde er dann eben der Mann im Hintergrund sein, und sein Mitbewerber, der Parteimitglied war und Technik studiert hatte so wie er, werde sein Vorgesetzter und Nutznießer sein. – „Es ist Notwehr“, sagte er, „Ich bin ja der bessere Mann, und ich verschaffe mir keinen Vorteil, der mir nicht zusteht. Ich muß zur Partei gehen, wenn ich etwas werden will. Das hat mir unser Personalleiter offen gesagt.“ – Etwas weniger nachdrücklich setzte er noch hinzu, daß er ohnehin mit jener Partei, die in seinem Betrieb die Oberhand hatte, sympathisiere und es in Ordnung fände, ihr beizutreten. Doch sie wußte, er hätte es auch sonst getan.

Sie hatte sich seinen Argumenten gefügt, weil auch sie sich ein leichteres Leben wünschte, das nicht mehr von ordentlich verbuchten Zahlen beherrscht war. Sie wollte Musik hören, Bücher lesen und endlich mehr Zeit für Sylvia haben. Und nicht mehr Tag für Tag ins Büro gehen müssen.

Als sie das aussprach, wurde Christian stutzig. Er fragte: „Ja, willst du denn nicht mehr berufstätig sein? Ich habe immer geglaubt, daß du eine moderne Frau bist!“

Modern oder nicht! Das war unerheblich. Sie hatte einen Beruf, der ihr wesensfremd war. Er interessierte sie nicht und strengte sie an. Das gestand sie sich endlich ein und sprach es auch aus.

Es kam zu einem Streit mit Christian, der damit rechnete, daß sie weiterhin Geld verdiente. Er hatte den Plan, ein Haus zu bauen. Sie fand, daß die Wohnung groß und schön genug war. Immer häufiger, immer erboster stritten sie und wurden einander von Tag zu Tag fremder. – Christian bekam zuletzt, was er wollte. Er wurde Betriebsleiter und baute ein Haus. Nur wohnte er mit einer anderen Frau darin – mit einer Ärztin. Von Doris hatte er sich scheiden lassen, nachdem sie in ihrer Firma gekündigt hatte, weil sie als Hausmütterchen nicht die richtige Frau für ihn war. Sie fühlte sich zu gedemütigt, um sich zu wehren.

Als es zur Scheidung gekommen war, war Sylvia schon zur Schule gegangen. Sie blieb bei Doris. Auch auf die Wohnung und auf das Auto verzichtete Christian. Er glaubte wahrscheinlich, daß das sehr großzügig von ihm war.

Doch Doris wußte nicht, wie sie die Miete bezahlen sollte. Trotzdem suchte sie sich keine feste Anstellung mehr.

Sie wußte jetzt, daß die Freiheit ihr wichtiger war als alles, was sie sich kaufen konnte. Auch sollte Sylvia kein Schlüsselkind sein. Sie hätte gern eine kleinere Wohnung gemietet und einen Teil ihrer neuen Möbel verkauft, doch niemand wollte etwas Gebrauchtes. Sie bot die Möbel Christian für sein Haus an. Auch er lehnte ab. Er wollte Stilmöbel oder Möbel aus Teakholz haben.

So blieb sie in ihrer Dreizimmerwohnung und brachte sich in den ersten Monaten mit dem Geld durch, das vom Verkaufserlös ihres Elternhauses noch da war. Später verhalf ihr Christian, der bald viele einflußreiche Leute kannte, zu Buchhaltungsarbeiten, die sie zu Hause erledigen konnte. Sie war für viele kleine Geschäftsleute tätig, die sich keinen ständigen Buchhalter leisten konnten und verdiente auf diese Weise ganz gut.

Viel Zeit verging, viel Böses und Gutes geschah. Es gab glückliche Zufälle, die ihr weiterhalfen, und Widerstände, gegen die sie ankämpfen mußte, bis ihre Existenz gesichert war.

Etwas in ihr entspannte sich, als sie an Sylvias Kindheit und frühe Jugend dachte, und an das gute Einvernehmen, das lange zwischen ihnen gewesen war. Sie dachte auch an den erschreckenden Ausbruch von Feindschaft, der die halb erwachsene Sylvia wie eine Krankheit heimgesucht hatte, von der sie nur langsam wieder genesen war. – Die vielen Zufälle gingen ihr durch den Sinn, die so präzise zusammengewirkt hatten, daß sie dem Reiseschriftsteller Norbert begegnet war, an dessen Seite sie sich mit der Zeit ihren guten Ruf als Photoreporterin erworben hatte, ohne gewußt zu haben, daß dies ihr wahrer Beruf war. Sie erinnerte sich an die ersten Ermutigungen, nach denen die Ernüchterungen gekommen waren, an das beharrliche Ringen um Anerkennung, bis sie unumstritten gewesen war.

Alles war gut geworden, wenn auch sehr spät. Sie war jetzt so alt wie ihre Eltern gewesen waren, als sie sich angeschickt hatten, endlich besser zu leben und eben dies mit dem Leben bezahlen mußten. – Ich habe kein Meer ausgetrunken, dachte Doris. Ich habe noch keinen Berg gegessen. Ich bin nicht satt. Und die beiden, auf ihrem gelben Motorrad, waren es auch nicht. – Das Gesicht ihrer Mutter mit der Haarsträhne über der Wange vermischte sich mit Traumbildern und erlosch. Doris schlief ein, und die Traumzeit verging im Flug.

Jemand klopfte hart an die Tür ihres Bungalows und weckte sie auf. Eine Stimme sagte: „Mountains clear and bright!“ Sie hörte, wie sich Schritte entfernten, sie hörte das Klopfen an der Nachbartür und die gleichen Worte: „Mountains clear and bright!“ – Da wußte sie wieder, daß sie in Nepal war.

Norbert war schon aufgestanden. Sie sah sein sonnengebräuntes Gesicht, seine frohe Erwartung. Auch sie hatte nach der Zeitreise ihrer Gedanken einen tiefen, erfrischenden Schlaf gehabt. Sie traten in den kalten Morgen hinaus und sahen die Berge. Die waren von Neuschnee bedeckt und unirdisch rein. Die Sonne war noch nicht aufgegangen, aber der Himmel war schon von ihr aufgehellt. Herrlich und unnahbar stand das Gebirge da: der massige Dhaulagiri ganz im Westen, daneben das Anapurna-Massiv mit seinen beinahe senkrechten Riesenmauern und, alles beherrschend, der Machhapuchhare. Die Sonne ging auf und bewirkte vollkommene Schönheit, die vom Phewa See widergespiegelt, ein zweites Mal vollkommen war. Der Augenblick wurde zum Bestandteil des Lebens: ein unverdünnter Tropfen der Existenz. Doris dachte, daß auch dies ein Besitz war, den sie mit Norbert auf andere Weise teilte, als einen gemeinsam erworbenen Gegenstand. Sie würden nie darum streiten müssen, auch wenn sie sich trennten. Und daß es so lange gedauert hatte, bis sie den Weg hierher gefunden hatte, spielte in diesem Moment keine Rolle mehr. Was war früh? Was war spät? Es war jetzt.

Dichtung und politisches System in Österreich seit 1945

Walter Weiss

Für das Verhältnis zwischen *Dichtung/Literatur und politischem System* im Österreich der Zweiten Republik wurden bisher verschiedene Erklärungsmodelle bemüht. Ich skizziere diese kurz, bevor ich einen eigenen Versuch vorlege. Dabei wähle ich weniger den Stil der gelehrten Abhandlung als den des Essays. Das kann ich umso leichter tun, als ich auf eigene frühere Beiträge zur österreichischen Literatur seit 1945 verweisen kann, die ich hier voraussetze, aber auch korrigiere und fortführe.[1]

1959 erklärt Friedrich HEER in seinen „Perspektiven österreichischer Gegenwartsdichtung" programmatisch: ihr „Grundzug" sei „eine Kontinuität, die – ungebrochen im Innersten – mitten durch die Brüche und Katastrophen des Menschentums und der Gesellschaft in Österreich hindurchführt."[2] Er führt damit ein Erklärungsmodell ein, das die österreichische Literatur von den politischen Veränderungen abhebt und in einen *Traditionszusammenhang* hineinstellt, den die Vertreter der sog. österreichischen Idee nach dem Untergang der Habsburgermonarchie bis ins Zeitalter des Barock, anders gesagt, ins Österreich der Gegenreformation und der siegreichen Türkenkriege, zurückverfolgt haben. Andere gingen noch weiter zurück bis zum Reich des Mittelalters. Wieder andere bezogen sich auf das Österreich FRANZ JOSEPHs I., besonders der Jahrhundertwende, bis zum Ende der Monarchie 1918 (vgl. z. B. Franz Theodor CSOKORs „3. November 1918"). Gemeinsam ist allen diesen Ansätzen das Pochen auf die *Kontinuität.* Dabei werden österreichische Traditionen, die scheinbar weniger gut ins runde Bild passen, zurückgedrängt bis übergangen, so z. B. die österreichische Aufklärung, von JOSEPH II. und dem fortlebenden Josephinismus bis zu den österreichischen Jakobinern. Sie werden erst seit etwa 15 Jahren, im Zeichen problematischer gewordener Traditionsbildungen, zunehmend beachtet.[3]

---

1. Die Literatur der Gegenwart in Österreich. In: Manfred DURZAK (Hg.): Die deutsche Literatur der Gegenwart. Stuttgart 1971, 1981, 386–399, 602–619. – Literatur (1945–1971). In: Erika WEINZIERL/Kurt SKALNIK (Hg.): Österreich. Die Zweite Republik. Bd. 2. Graz-Wien-Köln 1972, 439–477. – Österreichische Beiträge zur Gegenwartsliteratur. In: Walter WEISS/Sigrid SCHMID (Hg.): Zwischenbilanz. Eine Anthologie österr. Gegenwartsliteratur. Salzburg 1976, 11–32. – Zur Diskussion über die österr. Literatur. In: Friedrich KOJA/Gerald STOURZH (Hg.): Schweiz-Österreich. Ähnlichkeiten und Kontraste. Wien-Köln-Graz 1986, 69–82.

2. In: Deutsche Literatur in unserer Zeit. Göttingen. 3. Aufl. 1961, 125.

3. Etwa seit Leslie BODIs Buch „Tauwetter in Wien". Zur Prosa der österr. Aufklärung 1781–1795. Frankfurt/Main 1977.

Ein zweites, sehr wirksam gewordenes Erklärungsmodell hat der Triestiner Claudio MAGRIS mit seinem „habsburgischen Mythos in der österreichischen Literatur" (it. 1963, dt. 1966, 2. A. 1988)[4] vorgelegt. Es ist vom erstgenannten Modell nicht grundverschieden, unterscheidet sich von ihm aber doch auch wieder deutlich. Es ist nicht bloß affirmativ, sondern *ambivalent* zwischen politisch-gesellschaftlicher Kritik und ästhetischer Verklärung.

Seine Entstehung wird kritisch verbunden mit der österreichischen *Abwehrhaltung* gegenüber der Französischen Revolution und ihren modernen nationalen wie demokratischen Tendenzen, hervorgetreten zuerst im österreichischen Kaisertum seit 1804, doch weiterwirkend über den Untergang der Monarchie hinaus bis in die Gegenwart. Seine literarischen Ergebnisse erscheinen oft faszinierend, von GRILLPARZER, STIFTER, RAIMUND bis HOFMANNSTHAL, MUSIL, DODERER, aber sie verraten doch auch Einseitigkeiten des *habsburgischen Mythos:* Statik, Kult der Hierarchie, scheinhafte Übernationalität, Hedonismus.

MAGRIS selbst hat in der Folge die kritischen Aspekte seines Erklärungsmodells abgeschwächt und die affirmativen verstärkt, indem er es mit einem auch zukunftsorientierten *Mitteleuropa*-Konzept verband, das in den letzten Jahren, besonders seit der Wende von 1989, nicht zuletzt Anklang bei österreichischen Politikern, wie etwa Erhard BUSEK, fand. Bei der ersten traditionsbildenden Zusammenkunft jugoslawischer und österreichischer Germanisten während der sechziger Jahre in Graz brachte es der Doyen der Jugoslawen, der Kroate Zdenko SKREB, etwa auf die folgende Formel: „Unser politisches Auseinandergehen mußte wohl sein. Umsomehr haben wir Anlaß, die uns verbindenden kulturellen Traditionen zu pflegen und weiterzuentwickeln".

Im Unterschied zu den traditionsbezogenen Erklärungsmodellen bot Robert MENASSE ein *gegenwartsbezogenes* an: „Die sozialpartnerschaftliche Ästhetik" (1990).[5] Er versucht da, das gesamte literarische Leben der Zweiten Republik bis heute, einschließlich von Werkstrukturen, auf die eine sozioökonomische Tiefenstruktur der für die Zweite Republik ohne Zweifel wichtigen Institution der *Sozialpartnerschaft* und einer durch sie erzeugten österreichischen Geistesauffassung zurückzuführen. Er bedient sich dabei *hegelianisch-marxistischer* Denkkategorien, vermittelt durch die Dialektik der *Frankfurter Schule.* So fügen sich seinem Erklärungsmodell an der Oberfläche so verschiedene Phänomene wie die auffallende Rolle des Dieners in der österreichischen Literatur (anvisiert durch die HEGELsche Dialektik von Herr und Knecht), wie der Pluralismus dieser Literatur (gedeutet als Nivellierung, Gleichgültigwerden von Gegensätzen

4. Il mito absburgico nella letteratura austriaca moderna. Torino 1963; Der Habsburgische Mythos in der österr. Literatur. Salzburg 1966, 2. Aufl. 1988, mit einem von mir übersetzten Vorwort „Zwanzig Jahre danach", VII–XIII.

5. Die sozialpartnerschaftliche Ästhetik. Essays zum österr. Geist. Wien 1990.

durch den Tauschwert, im Rahmen der Kulturindustrie und ihrer Konsumtionsmechanismen), wie die auffallende Vielzahl beachtlicher Schriftsteller in einem so kleinen Land (verstanden nach dem Verhältnis von „Überbau“ und ökonomischer Basis in „ökonomisch zurückgebliebenen Ländern“, mit der österreichischen Besonderheit einer besonders weit fortgeschrittenen Organisationsform) und wie schließlich die Tilgung von Widersprüchen, die Harmonisierung (nach dem der öffentlichen Auseinandersetzung entzogenen Konfliktlösungsmodell der Sozialpartnerschaft).

Man konnte gegen das Erklärungsmodell des *„habsburgischen Mythos“* zurecht einwenden, daß es abweichende Erscheinungen und Traditionen österreichischer Literatur und Philosophie gar nicht oder doch zu wenig berücksichtigt.[6]

Das *„sozialpartnerschaftliche“* Erklärungsmodell stülpt dem im Untertitel genannten „österreichischen Geist“ ein Begriffssystem über, gegen das sich prägende Autoren, Philosophen, Wissenschaftstheoretiker der Vergangenheit und Gegenwart, von GRILLPARZER, STIFTER, NESTROY bis MUSIL, HANDKE, von Franz BRENTANO bis Ludwig WITTGENSTEIN, POPPER immer wieder scharf abgegrenzt haben. Und das geschieht mit einem Anspruch auf Totalität, der angeblich jede beliebige Auswahl von Beispielen rechtfertigt und in der Analyse bzw. dialektischen Erklärung dieser Beispiele bemerkenswert pauschal bleibt. Die absolute Verdammung des österreichischen Kompromisses zugunsten des Widerspruchs und der HEGELschen Synthese sollte wohl auch befragt werden.

Ich möchte dagegen bei dem folgenden Versuch eher an österreichische Denktraditionen von *„Partiallösungen“* (MUSIL), von begrenzten Hypothesen anschließen.

Die literarischen Anfänge nach 1945 sind charakterisiert durch ihre *Vielstimmigkeit.* Da gibt es die *Traditionalisten,* die weiterführen, was sie in der Ersten Republik, im Ständestaat und unter dem nationalsozialistischen Regime geschrieben und vertreten haben. Sie entsprechen der Kontinuitätsthese Friedrich HEERs; nicht ohne eine von diesem wohl nicht gemeinte Zweideutigkeit, worauf vor allem die jüngere österreichische Forschung hingewiesen hat.[7] Ich nenne als Beispiele nur die Namen Max MELL, Karl Heinrich WAGGERL, Rudolf HENZ, Alexander LERNET-HOLENIA.

Heimito von DODERER gehört weniger dazu, insofern er eine literarische Wandlung vollzogen und Brücken zu einer *avantgardistischen* Formation geschlagen hat. Diese bildete sich bereits in den ersten Jahren, vor allem über die nachgeholte Auseinandersetzung mit der avantgardistischen Mo-

6. Walter WEISS: Österr. Literatur – eine Gefangene des habsburgischen Mythos? In: Deutsche Vierteljahresschrift für Literaturwissenschaft und Geistesgeschichte, 43 (1969), 333–345.

7. Beispiele: Friedbert ASPETSBERGER: Literarisches Leben im Austrofaschismus. Der Staatspreis. Königstein/Taunus 1980. – Klaus AMANN/Albert BERGER (Hg.): Österr. Literatur der dreißiger Jahre. Wien-Köln-Graz 1985. – Karl MÜLLER: Zäsuren ohne Folgen. Das lange Leben der literarischen Antimoderne Österreichs seit den dreißiger Jahren. Salzburg 1990.

derne, nicht zuletzt des *Surrealismus,* heraus (z. B. H. C. ARTMANN, Andreas OKOPENKO, Ernst JANDL u. a.). In diesem Zusammenhang seien nur die Zeitschrift „Plan" und der Art-Club Paris GÜTERSLOHs genannt.

Diese vielfältigen literarischen Ansätze treten hervor in einer noch nicht verfestigten *politischen Situation,* die allerdings bereits aus den Erfahrungen mit dem Bürgerkrieg in der Ersten Republik und mit dem NS-Regime heraus auf dem Weg zur Großen Koalition und über die Paritätische Kommission auf dem Weg zur Sozialpartnerschaft ist.

Der *Traditionalismus* erhielt kulturpolitisch einen starken Auftrieb im Umfeld der *Stabilisierung* der Zweiten Republik bis hin zum Staatsvertrag von 1955. Im Vorwort zum 1. Heft der mit dem Staatsvertragsjahr hervortretenden repräsentativen österreichischen Literaturzeitschrift „Wort in der Zeit" beschwört der Herausgeber Rudolf HENZ „die literarischen Zusammenhänge zwischen dem alten und dem neuen Österreich". Das damals weit über die Grenzen hinaus wirksame Werk österreichischer Literatur, Heimito von DODERERs „Die Strudlhofstiege oder Melzer und die Tiefe der Jahre" (1951), wurde besonders unter diesem Aspekt aufgenommen. In seinem Tagebuch „Tangenten" lesen wir: „Der Grundzug des Geistes in Bezug auf die Objektswelt ist konservativ".[8] Selbst die Gedichte Ingeborg BACHMANNs, die man heute ganz anders liest, wurden damals als wenig radikale Verbindung von Avantgarde und Tradition aufgefaßt.

Eine ideologische Stütze lieferte die im Untergang der Monarchie und in der Ersten Republik unter starker Beteiligung österreichischer Autoren formulierte rückgewandte *„Österreich-Idee",* die die österreichische Schulpolitik (Heinrich DRIMMEL) und Außenkulturpolitik noch bis weit in die sechziger Jahre hinein prägte. Eines ihrer Organe war die Reihe „Das österreichische Wort", deren Jubiläumsband Nr. 100 den bezeichnenden Titel „Das große Erbe" (1962) trug.

Dem gegenüber formierte sich ab 1952 die avantgardistische, experimentelle *„Wiener Gruppe",* die von der offiziellen Kulturpolitik heftig abgelehnt, als anarchistische Attacke auf die angestrebte Harmonisierung empfunden wurde. Das bekam noch 1964 Gerhard FRITSCH als Redakteur von „Wort in der Zeit" zu spüren, als er darin Texte der Wiener Gruppe veröffentlichte.

Das Buch von Claudio MAGRIS „Der habsburgische Mythos in der österreichischen Literatur" bewirkte insofern einen Einschnitt, als es die *rückgewandte* Österreich-Idee bzw. -Ideologie erschütterte, ohne die *ästhetischen* Qualitäten der ihr zugeordneten Werke und Autoren damit radikal in Frage zu stellen. Wir haben uns eingangs unter dem Aspekt der Erklärungsmodelle bereits damit beschäftigt.

Zeitlich fällt die Rezeption dieses Buches in Österreich zusammen mit

8. München 1964, 92.

dem Problematischwerden und schließlich, 1966, dem Ende der *Großen Koalition.* Damit war auch ein Zeichen für den Beginn einer *gesellschaftlichen Kritik* gesetzt, die sich nicht nur auf Oberflächenerscheinungen, sondern auch auf Strukturen der Zweiten Republik richtete. Die ÖVP-Alleinregierung bot dafür günstigere Bedingungen als die Große Koalition und die SPÖ-Alleinregierung nach 1970 unter Kanzler Bruno KREISKY. Dazu gesellten sich gegen Ende des Jahrzehnts die Auswirkungen der 68er Bewegung.

1960 bereits erschien der erste, traditionsprägende, *kritische Heimatroman,* „Die Wolfshaut" von Hans LEBERT. Darin wird, ausgehend von dem Ort mit dem sprechenden Namen „Schweigen", das Verschweigen, Verdrängen und damit Fortleben der NS-Vergangenheit in die gegenwärtige Gesellschaft zu einem Thema, das zumindest ganz Österreich betrifft. Thomas BERNHARD hat es später bis zu seinem letzten Stück „Heldenplatz" (1988) aufgegriffen und weitergeführt, und in der realen Politik hat es spätestens mit der Waldheim-Wahl (1986) beklemmende Aktualität erhalten.

Im Erscheinungsjahr von LEBERTs Roman begann der zweite Schub der österreichischen *Avantgarde,* mit der Gründung des *„Forum Stadtpark"* in Graz. Den in diesem Zusammenhang verwendeten literarischen Verfahrensweisen entsprechend nimmt da die *Gesellschaftskritik* „abstrakten", strukturalen Charakter an, ohne daß sie dadurch an Brisanz verlöre; – dies gegen die vielfach, z. B. von Ulrich GREINER („Der Tod des Nachsommers")[9], vorgetragene und von Robert MENASSE übernommene These von der Realitätsflucht der österreichischen Gegenwartsliteratur. „Kaspar" (1967) von Peter HANDKE, „Die Klosterschule" (1968) von Barbara FRISCHMUTH, „Geometrischer Heimatroman" (1969) von Gert F. JONKE üben solche *strukturale* Gesellschaftskritik. Vom Erscheinungsjahr her fallen sie in die skizzierte politische Situation.

Unter den veränderten politischen Bedingungen der Ära KREISKY, die im Zeichen der *Modernisierung* Österreichs stand, kam es zu einer Art „Heimholung" der bisher ausgegrenzten Avantgarde. Die „Wiener Gruppe" und die Autoren des „Forum Stadtpark" wurden nun zu Vorzeigeartikeln österreichischer *Außenkulturpolitik.* Wolfgang KRAUS, der Leiter der „Österreichischen Gesellschaft für Literatur", ergänzte diesen Vorgang durch die von ihm betriebene, bis dahin vernachlässigte Einladung bedeutender Emigranten, wie Manès SPERBER, Elias CANETTI, Erich FRIED, zu Lesungen, Vorträgen, Aufenthalten. Die in Österreich auffallend starke staatliche *Subventionspolitik* in Sachen Kultur – ein deutscher Kritiker nannte die österreichischen Verlage einmal spitz „Subventionsrentner" – wurde z. B. vom Salzburger Residenzverlag geschickt für die Gegenwartsliteratur genützt.

9. Aufsätze, Porträts, Kritiken zur österr. Gegenwartsliteratur. München-Wien 1979.

Hätte man allenfalls erwarten können, daß mit der *Alleinregierung* der SPÖ unter KREISKY den literarischen Gesellschaftskritikern ihr Gegner abhanden käme, so ist das Bild in der Literatur nicht so einfach. Einige Positionen fügen sich der neuen Harmonie nicht so recht oder durchbrechen sie.

Da ist einmal eine in den siebziger Jahren hervortretende literarische Tendenz, die man als *„neue Innerlichkeit"* bezeichnet hat. MENASSE ordnet sie eindeutig der Sozialpartnerschaft zu, die mit ihren undurchschaubaren, anonymen politischen Handlungs- und Entscheidungsstrukturen den Einzelnen nur den Rückzug in die Innerlichkeit erlaube. Nun ist hier die österreichische Literatur anders als in der 68er Bewegung nicht nachgehinkt, sondern eher vorangegangen, doch spielt in dieser Tendenz die Literatur in der ehemaligen DDR (Christa WOLF, Irmtraud MORGNER u. a.) eine ebenso wichtige Rolle. Damit eignet sich die Sozialpartnerschaft kaum als alleiniger Erklärungsschlüssel. Außerdem geht es da nicht einfach um einen Rückzug aus der Gesellschaft, sondern nicht zuletzt um die subjektive Erfahrung und Darstellung gesellschaftlicher Situationen und Verhältnisse durch Betroffene, etwa des familiär abhängigen Landarbeiters Franz INNERHOFER („Schöne Tage", 1974) oder des Arbeiters im Übergang zum Angestellten bei Gernot WOLFGRUBER („Niemandsland", 1978). Ich spreche deshalb lieber von *„neuer Subjektivität"* oder im Anschluß an Christa WOLF von *„subjektiver Authentizität"*. Das ist anwendbar auch auf einen Trendsetter dieser Richtung, Peter HANDKEs „Wunschloses Unglück" (1972).

Wieder nicht auf Österreich beschränkt, aber sehr markant trat in diesen Jahren, parallel zur „neuen Subjektivität", eine *feministische* Tendenz der Literatur hervor, die am Etablierten rüttelte. In ihrem Zeichen las man Autorinnen wie Ingeborg BACHMANN nun anders als früher. Ähnliches gilt für „Die Klosterschule" der Barbara FRISCHMUTH, die in der Folge eine eigene Linie der Frauenemanzipation verfolgte.

Anders und sowohl *sexuell* wie auch *sozial* aggressiver als sie bezog Elfriede JELINEK („Die Liebhaberinnen", „Lust") auf ihrem Emanzipationsweg *marxistische* Positionen und berührte sich dabei mit männlichen Autoren wie Michael SCHARANG und Peter TURRINI („Alpensaga", „Arbeitersaga"), die sich der neuen sozialdemokratischen Form der Harmonisierung verweigerten.

Die *Österreich-Kritik* wurde in den achtziger Jahren zu einer vordringlichen Aufgabe österreichischer Autoren, bis hin zu Thomas BERNHARDs „Heldenplatz". Das geschah im Kontext des Gedenkens an den Bürgerkrieg von 1934 (1984) und des „Bedenkjahres" zum „Anschluß" (1988/1938). Einen besonderen Anstoß lieferte das Waldheim-Wahljahr (1986), und dann noch der innenpolitische Aufstieg Jörg HAIDERs.

Was im Zeichen des Aufbaus der Zweiten Republik lange tabuisiert worden war, die Konflikte der Ersten Republik, der „gewöhnliche Faschismus" und der fortlebende *Antisemitismus,* wurde nun zum Thema in der Literatur wie auch in der Literaturwissenschaft, bis hin zu der Politiker-Erklärung des Bundeskanzlers Franz VRANITZKY zur österreichischen *Schuld und Verantwortung* vom 8. Juli 1991.

Als österreichische Politologen in den siebziger Jahren den *Wertehierarchien* der Österreicher nachgingen, kamen sie zu dem Ergebnis, sie seien tatsächlich *stabil* geblieben, über die historischen Umbrüche dieses Jahrhunderts hinweg. Umso bemerkenswerter ist es, wenn sich österreichische Autoren nun zunehmend mit diesen *„Tiefenstrukturen"* auseinandersetzen: mit dem *Obrigkeitsstaat,* der sich immer wieder, wenn auch mit wechselnden politisch-ökonomischen Vorzeichen, durchsetzt, und seinem bürokratischen Ordnungsmodell; mit der *Kirche*, geprägt durch das Bündnis von Gegenreformation und Absolutismus; mit dem fortlebenden *Juden- und Fremdenhaß.*

Als *Beispiele* dafür aus den letzten fünf Jahren nenne ich Peter TURRINI „Die Minderleister" (1988), Josef WINKLER „Der Leibeigene" (1987), Robert SCHINDEL „Gebürtig" (1992). TURRINI zeigt das Fortleben des *Obrigkeitsstaates* unter veränderten Vorzeichen: „Unser ganzes Gemeinwesen basiert auf dieser Aufteilung. Die einen arbeiten, und die anderen kontrollieren sie".[10] WINKLER setzt sich mit *kirchlich* beherrschten Lebens- und Denkformen auseinander und endet mit dem protestierenden Zitat aus Jakob AYRER „Ich bin doch des todes leibeigen / Und es kann anders werden nicht."[11] SCHINDEL bietet eine Diagnose heutiger österreichischer (Seelen-)Zustände, Beziehungsprobleme aus der Sicht eines in Österreich unter dem NS-Regime aufgewachsenen betroffenen *Juden* und liefert damit ein neues Beispiel für „subjektive Authentizität": (Als Statist in einem Theresienstadt-Film) „Da ich perfekt bin in der Judenlämmerkluft, darf ich mich wieder rückverwandeln in Den von heute . . .; ich bin perfekt, weil nachgeboren, also spielend. Müssen wir Verzweifelte sein? Wo doch mein Humor mit meiner Eitelkeit um ein passendes Lebensgefühl kämpft, jenseits von Depressenburg in der Melancholei?"[12]

Ich frage mich, ob die stereotyp wiederholten Klagen und Vorwürfe über das Ausbleiben der großen *realistischen* Darstellung österreichischer Verhältnisse nicht mit einem verkürzten Begriff von der Funktion der Literatur und von ihrem Realismus zusammenhängt.

Im Jahr der Erinnerung an Robert MUSILs Tod vor 50 Jahren erinnere ich mich an eine Diskussion mit Hans MAYER im Jahr von MUSILs 100. Geburtstag, 1980. MAYER warf da MUSILs „Mann ohne Eigenschaften" im Vergleich zu Alfred DÖBLINs „Berlin Alexanderplatz" mangelnden sinnlich-realistischen Zugriff, zu große Abstraktion vor. Und ich erlaubte mir

10. Die Minderleister. Wien-Zürich 1988, 118.
11. Der Leibeigene. Frankfurt/Main 1987, nach 312.
12. Gebürtig. Frankfurt/Main 1992, 344.

die Gegenfrage, ob die Realität unseres Jahrhunderts mehr durch *Sinnlichkeit* oder mehr durch *Abstraktionen* bestimmt sei.

Diese Überlegung läßt sich modifiziert auch auf das hier besprochene Verhältnis zwischen der *Dichtung* und dem *politischen System* in Österreich anwenden.

Musik als Spiegel von Politik und Geistesgeschichte

Dramaturgische Notizen zum Opernspielplan der Zweiten Republik

Oswald Panagl

I. Die Aporie als Chance: Statt eines Vorworts

Aus der *Spielplangestaltung der führenden Musiktheater*[1] *kulturpolitische* Rückschlüsse zu ziehen, mag manchem kritischen Leser ähnlich vorkommen wie eine Prophezeiung aus dem Kaffeesatz – willkürlich, unverläßlich (wenn nicht unzulässig), ein sinnloses Unterfangen. Gibt es da nicht die berüchtigten *Imponderabilien* des Theaterbetriebes, die letztlich zum Triumph der Kasuistik über die Planung, der Pragmatik über das Programm, des Zufalls über die Notwendigkeit führen? Vorzeitig kündigende oder

1. Herbert BARTH (Hg.): Der Festspielhügel. Richard Wagners Werk in Bayreuth von den Anfängen bis zur Gegenwart. 4. A. Bayreuth 1987. – Hans CHRISTIAN: Die Wiener Staatsoper 1945–1980. Eine Dokumentation. Künstler-Generalregister zusammengestellt von Harald HOYER. Wien o. J. – Ds., Die Wiener Staatsoper 1980–1985. Eine Dokumentation. Mitarbeit und Künstler-Register von Ingeborg MOSNIČKA. Wien o. J. – Peter DUSEK/Helmut KOLLER: Die Wiener Staatsoper „live". Wien 1987. – Rudolf FLOTZINGER/Gernot GRUBER: Musikgeschichte Österreichs. Bd. II: Vom Barock zur Gegenwart (bes. Kap. 18–20). Graz 1979. – Edda FUHRICH/Gisela PROSSNITZ: Die Salzburger Festspiele. Ihre Geschichte in Daten, Zeugnissen und Bildern. Bd. I: 1920–1945. Salzburg 1990; Bd. II (1945–1990) ist für 1993 geplant. – Stephen GALLUP: Die Geschichte der Salzburger Festspiele. Wien 1989. – Hubert HACKENBERG/Walter HERRMANN: Die Wiener Staatsoper im Exil 1945–1955. Wien 1985. – Josef KAUT: Die Salzburger Festspiele 1920–1981. Mit einem Verzeichnis der aufgeführten Werke und der Künstler des Theaters und der Musik zusammengestellt von Hans JAKLITSCH. Salzburg 1982. – Gottfried KRAUS (Hg.): Musik in Österreich. Eine Chronik in Daten, Dokumenten, Essays und Bildern. Wien 1989. – Marcel PRAWY: Die Wiener Oper. Geschichte und Geschichten. Wien-München-Zürich 1969. – Andrea SEEBOHM (Hg.): Die Wiener Oper. 350 Jahre Glanz und Tradition. Wien 1986. – Norbert TSCHULIK: Musiktheater in Österreich. Die Oper im 20. Jahrhundert. Wien 1984. – Cosima WAGNER: Die Tagebücher. Ediert und kommentiert von Martin GREGOR-DELLIN und Dietrich MACK. Bd. I: 1869–1877; Bd. II: 1878–1883. München-Zürich 1976/1977. – Alexander WITESCHNIK: Wiener Opernkunst. Von den Anfängen bis zu Karajan. Wien 1959. – An anonym publizierten Dokumentationen seien in Auswahl erwähnt: Jubiläumsausstellung 100 Jahre Wiener Oper am Ring (17. Mai bis 28. September 1969). Katalog Wien 1969. – Karl Böhm an der Wiener Staatsoper. Eine Dokumentation. Wien o. J. – Wiener Staatsoper. Die Direktion Egon Seefehlner. Wien o. J. – Weiters sei auf die jährlich erscheinenden broschierten Saisonspielpläne der beiden Wiener Opernhäuser, auf die Jahresberichte des österreichischen Bundestheaterverbandes sowie auf das jeweilige „Offizielle Programm" in Buchform der Salzburger Festspiele (zuletzt 1991) verwiesen.

gekündigte Direktoren, dazu Regisseure und Dirigenten, die gegen alle euphorischen Ankündigungen bei Pressekonferenzen nicht miteinander auskommen, berühmte Sänger, die nach einem Scherzwort über einen langen Zeitraum ihre Indisposition zu treffen pflegen. Weiters geplatzte Kompositionsaufträge, Unzulänglichkeiten der Bühnentechnik und des Orchesterraumes, Intrigen, Querelen, schwankendes Publikumsinteresse, Interventionen der Medien, der Einfluß der Schallplattenkonzerne . . .; die Liste der Störfaktoren ließe sich beliebig lang fortsetzen. Und doch: Gehören nicht auch diese Momente zum kulturpolitischen Geschehen? Läßt sich ein System vielleicht auch über seine Lücken definieren? Und erlaubt die alte Redewendung, wonach jemand vor lauter Bäumen den Wald nicht sieht, nicht ebenso den Umkehrschluß, daß selbst der größte und geschlossenste Wald letztlich ein Kollektiv von Bäumen ist?

Der Autor dieses Beitrags darf sich als Freund, sogar als Liebhaber, zuweilen als Besessenen des österreichischen *Musiktheaters* bezeichnen. Seine Hörerfahrung mit einzelnen Arien reicht durch einen sangeskundigen Vater in das frühe Volksschulalter und damit in die unmittelbare Nachkriegszeit zurück. Opernkonzerte und Festspielübertragungen aus Salzburg über beeinträchtigten Mittelwellenempfang hatten damals für den Zehnjährigen den emotionalen Nennwert eines Open Airs oder eines Video-Clips in der heutigen Jugendszene. Und das vergilbte Textbuch des „Troubadour" oder „Fidelio" hat er verschlungen wie andere das aktuelle Western-Heft oder ihren Karl MAY. Zur Begeisterung für das Metier tritt also eine *Zeitzeugenschaft,* die beinahe mit der Epoche der Zweiten Republik kongruiert.

Dieser ebenso begründende wie einschränkende Vorspann will also nicht bloß dem ehrwürdigen Topos der *captatio benevolentiae* beim geneigten Leser genügen. Die Anfangsapologetik soll dem Verfasser aus der Klemme realer persönlicher Bedenken und möglicher falscher Erwartungen heraushelfen. Es kann nicht das Anliegen dieses Beitrags sein, der überquellenden Literatur zur Geschichte der Wiener Staatsoper und der Salzburger Festspiele ein weiteres Kapitel anzukleben, den PRAWY zum „Prawyssimo" zu verdichten. Zwischen dickleibigen Enzyklopädien und trockener Statistik, zwischen Memoirenseligkeit und Presseschelte mag der schmale Grat für ein *Feuilleton* reichen. Es wird sich zwischen Prolegomena und Paralipomena zu bewegen haben. Der Leser mag Selbstverständliches vermissen und Dargestelltes selbstverständlich finden, je nachdem. Wenn individuelles Erleben die Leitlinie zeichnet und subjektives Bedürfnis das Maß setzt, kann, ja darf das vorgegebene Lemma nur ins Dilemma führen.

Die *Eingrenzung* meines Unternehmens auf das Repertoire der Wiener Staatsoper und das Programm der Salzburger Festspiele möchte weder bewerten noch andere dramatische Spielstätten abwerten. Ebenso wenig wird damit der teuren Hochkultur um jeden Preis das Wort geredet. Aber immerhin senden diese beiden Institutionen mit ihrer Spielplangestaltung deutliche, von der Resonanz einer *überregionalen Öffentlichkeit* verstärkte

Signale. Und was dieser Aussage vielleicht an Symbolkraft fehlt, das taugt zumindest als Symptom. Zur sachlichen Motivation gesellt sich noch ein persönliches Moment: Die beiden Städte Wien und Salzburg waren und sind für den Autor zugleich die wesentlichen Stätten seiner fachlichen Ausbildung (als Philologe und Sänger) und die Stationen seiner beruflichen Laufbahn (als Universitätslehrer für vergleichende Sprachwissenschaft, zuletzt auch nebenbei als gelegentlicher Musikdramaturg).

II. Ein Neubeginn zwischen Programmatik und Pragmatik

Die *Geschichte* des österreichischen Musiklebens und in ihm – pars pro toto – der Wiener Staatsoper spiegelt die Geschichte Österreichs in der Mitte dieses Jahrhunderts mit all ihrer *Pluralität* und *Ambivalenz* zwischen Zulauf und Anpassung in der Nazi-Zeit, zwischen Widerstand und Vernichtung, zwischen Zäsur und Kontinuität. Aus dieser schmerzlichen Mischung wuchs dann der Wiederaufbau. Einzelschicksale berühren durch ihre Konkretheit: Bruno WALTER, Alfred PICCAVER und Richard TAUBER wurden in die Emigration getrieben, Egon HILBERT war im KZ und Josef KRIPS tauchte als „U-Boot" in Wien unter, wo er durch heimliches Korrepetieren überlebte.

Der „schwarze Montag", jener 12. März 1945 also, an dem die *Wiener Staatsoper* das unschuldige Opfer eines verheerenden Bombenangriffs geworden ist, der bald darauf folgende Endkampf um die Stadt Wien, der Einzug der sowjetischen Streitkräfte und die deutsche Kapitulation konnten das einheimische Musikleben kaum unterbinden. Das traditionsreiche Gebäude war zur monumentalen Ruine verstümmelt, aber das Bedürfnis nach der *Kunstform Oper* war diesseits und jenseits der Rampe ungebrochen. Die Begeisterung für das Genre überdauerte das Emblem. Ihre Realisierung verlagerte sich eben vom Zentrum an die Peripherie, vom Ring zum Gürtel. Die unversehrt gebliebene *Volksoper*, ein zum Regierungsjubiläum von Kaiser FRANZ JOSEPH I. 1898 errichtetes Stadttheater, das seither wechselhaftem Geschick unterworfen war, bot sich als Spielstätte an. Bereits am 1. Mai 1945 um 15 Uhr präsentierten der interimistische Direktor Alfred JERGER und der Chefdirigent der ersten Stunde Josef KRIPS eine denkwürdige Aufführung: MOZARTs „Die Hochzeit des Figaro" in einer rasch geschaffenen Inszenierung von Oscar Fritz SCHUH, die immerhin bis zu einer Neugestaltung im April 1955 für den Redoutensaal halten und über 200 Aufführungen erleben sollte. Mit Hilde KONETZNI, Irmgard SEEFRIED, Sena JURINAC, Elisabeth HÖNGEN, Alfred POELL und Alois PERNERSTORFER in den Hauptrollen waren schon damals Künstler am Werk, die sich später als Stützen des legendären Nachkriegsensembles bewähren sollten. Der Neubeginn mit einer Mozartoper wird im Rückblick gerne als Bekenntnis gewertet und mit Symbolkraft aufgeladen. Doch diese Besinnung auf die gewachsene *Tradition,* die Akzentuierung der *österreichischen Opernkultur* war nur die leuchtende Vorderseite der Medaille. Dahinter verbergen sich handgreifliche *theaterpraktische* Gesichtspunkte: ein Rollenverzeichnis, das mit hauseigenen Kräften abzudecken war; ein szenischer Ablauf, der sich mit bescheidenem Dekor und viel kompensatorischer Spielfreude umsetzen ließ; nicht zuletzt eine Handlung, die über Schwierigkeiten und Intrigen zu einem positiven Ende führt und damit auch dem angestauten Unterhaltungsbedürfnis des kriegsgeprüften Publikums entgegenkam. Diese Behauptung läßt sich durch einen Blick auf die weiteren Neuproduktionen des Kalenderjahres 1945 stützen, unter denen das *heitere Repertoire* vorherrscht. Noch im Juni folgen dicht hintereinander LORTZINGs „Waffenschmied“, dann im Redoutensaal die postume STRAUSS-Operette „Wiener Blut“, schließlich wieder in der Volksoper ROSSINIs „Der Barbier von Sevilla“, der via BEAUMARCHAIS auch zur Eröffnungsvorstellung eine thematische Brücke schlug. Das Bild eines fröhlichen Musiktheaters mit *kompensatorischer Absicht* setzt sich im durchspielten Sommer mit SMETANAs „Die verkaufte Braut“, MOZARTs „Così fan tutte“ und Friedrich von FLOTOWs „Martha“ fort. Und auch nach jener legendären Aufführung des „Fidelio“ am 6. Oktober 1945, mit der der neue Direktor Franz SALMHOFER das mühsam errungene und zum funktionierenden Spielort adaptierte *Theater an der Wien* eröffnet hat, erhält die Heiterkeit wieder ihr Recht: mit der STRAUSS-Operette „Die Fledermaus“, die auch abseits von Silvesterlaune den Spielplan auflockerte, mit DONIZETTIs „Don Pasquale“ und mit HUMPERDINCKs „Hänsel und Gretel“, der altbewährten Advent- und Weihnachtsoper, die ab dem 21. November 1945 in Nachmittagsvorstellungen auch Kinder für die Gattung Oper gewinnen sollte.

Die Betonung des *österreichischen* Moments, das Bemühen um eine *nationale Selbstfindung* wie um *kulturelle Identität* zeigt sich in Wilhelm KIENZLs Volksoper „Der Evangelimann“, in Direktor SALMHOFERs „Das Werbekleid“, mit dem auch das zeitgenössische Musiktheater zu seinem Recht kam, vor allem aber in jener denkwürdigen „Fidelio“-Premiere, von der bereits kurz die Rede war. Den Hintergrund des Bühnenbildes stellte die nackte Feuermauer des Theaters dar. Schlecht verputzte Ziegel ersetzten den künstlichen Prospekt und erzeugten eine elementare Wirkung, der heute Regisseure wie Peter ZADEK aus ästhetischen Gründen nacheifern. Die Not an materiellem Aufwand geriet damals zur Tugend des theatralischen Effekts. Drei Einzelheiten vor allem sind Besuchern der Aufführung unauslöschlich in Erinnerung geblieben und kehren in dokumentierender Literatur leitmotivisch wieder: Der Auftritt der Gefangenen, die einem Teil des Publikums persönliche Erfahrung ins Bewußtsein hoben; der befreiende Schlußjubel, dessen ideelle Botschaft über die Sorgen eines bedrückenden Alltags hinauszutragen vermochte; der reale politische Alltag, der dem angekündigten Sänger des Florestan, Max LORENZ, das Überschreiten der Demarkationslinie verwehrte, so daß sich zunächst Willy FRANTER in der anspruchsvollen Partie bewähren mußte.

Die weiteren Stücke dieser ersten vollständigen Spielzeit lassen sich der Gattung *Literaturoper* zurechnen („Salome"), kommen vielleicht auch den patriotischen Wünschen der russischen Besatzungsmacht entgegen (TSCHAIKOWSKYs „Pique Dame") und nützen die Singschauspieler des Hauses zur Demonstration packend-realistischen Musiktheaters: so geschehen in der Premiere von VERDIs „Othello" am 21. Dezember 1945. Hilde KONETZNI, Max LORENZ und Paul SCHÖFFLER in den Hauptrollen, die eindrucksstarke Regiearbeit von Oscar Fritz SCHUH und die Philharmoniker unter Josef KRIPS ließen das in Mänteln sitzende Publikum im ungeheizten Theater die winterliche Außentemperatur vergessen. Die Pause nach dem Schwurduett von Othello und Jago wurde angeblich durchgeklatscht. Begeisterung, der verständliche Wunsch nach wärmender körperlicher Betätigung und das Fehlen eines labenden Buffets fügten sich zu einem triftigen Ensemble von Gründen.

Aus heutiger Sicht mögen zwei Beobachtungen zum Spielplan der *unmittelbaren Nachkriegszeit* erlaubt sein:

MOZART, dessen „Hochzeit des Figaro" das markante Startzeichen zum musikdramatischen *Wiederbeginn* gesetzt hatte, war daneben nur mit der bühnentechnisch praktikablen und besonders homogen besetzbaren „Così fan tutte" gegenwärtig. Von den sechs Rollen des Personals hatten Fiordiligi (Irmgard SEEFRIED), Guglielmo (Erich KUNZ) und Don Alfonso (Paul SCHÖFFLER) beinahe zehn Jahre lang ausnahmslos dieselben Interpreten: aus dem Blickwinkel fluktuierenden Gastspielwesens ein schier unglaublicher Fall von konstantem Repertoirebetrieb auf höchstem Niveau. Aber die anderen Mozartopern ließen noch auf sich warten: „Don Giovanni" und „Die Entführung aus dem Serail" folgten immerhin kurz hintereinander im Oktober 1946; „Die Zauberflöte" erklang erst im Jänner 1948; der mit nur drei Aufführungen wenig erfolgreiche „Titus" wurde im Oktober 1949 aus Salzburg übernommen; „Idomeneo" und die anderen Jugendopern Mozarts fehlten überhaupt im Repertoire des ersten Dezenniums. Das Thema Mozart-Pflege bedarf also einer Korrektur von Stereotypen. Die Legende hat die nachprüfbare Wirklichkeit überwuchert.

Richard WAGNER hielt am 29. Mai 1946 mit „Tristan und Isolde" seinen *Einzug* in das Haus an der Wienzeile. Erst so spät und nur so spärlich, werden die einen sagen. Schon so bald und überhaupt, dürften sich andere wundern . . .

III. Der Fall Wagner

Richard WAGNER war mit dem *politischen Umbruch* beinahe über Nacht von einem Gefeierten zu einem Verfemten geworden. Die letzten Kriegsfestspiele in Bayreuth mit einer Aufführungsserie der „Meistersinger von Nürnberg“ hatten im plakativen Ewigkeitsanspruch der deutschen Kunst von der Bühne her Durchhalteparolen verkündet.

Am 30. Juni 1944 war in der Wiener Staatsoper zum letztenmal der Eiserne Vorhang nach einer regulären Vorstellung gefallen. Die von Berlin aus verhängte vollständige *Theatersperre,* ein verhängnisvolles Korrelat zum angekündigten bzw. massenpsychologisch suggerierten *„totalen Krieg“* hatte den regulären Spielplan einer geplanten Theatersaison generell außer Kraft gesetzt. Der Wiener Schlußpunkt mit WAGNERs „Götterdämmerung“ unter der Leitung von Hans KNAPPERTSBUSCH war künstlerisch mit dem Abschluß der „Ring“-Tetralogie gerechtfertigt und von zwingender dramaturgischer Logik. Die negativen Konnotationen und schlimmen Assoziationen gerade dieses Stücktitels waren von den politischen Machthabern keineswegs vorgesehen, ja ihnen geradezu widerwärtig. Doch die Konvergenz von Bühnengeschehen und historischer Wirklichkeit sollte sich nur allzu bald bestätigen: „. . . und für das Ende sorgt Alberich“!

Nach dem Krieg waren *Wagneraufführungen* auf deutschsprachigen Bühnen zunächst undenkbar. Zu den pragmatischen Gründen zerstörter Opernhäuser und räumlich unzulänglicher Behelfsbühnen, weiters von politisch verdächtigen Spitzendirigenten und renommierten Sängerpersönlichkeiten, die sich erst langwierigen Entnazifizierungsverfahren unterziehen mußten, kamen Vorbehalte gegen das Werk WAGNERs selbst. Hatte sich nicht Adolf HITLER selbst jener theatralischen Jugenderlebnisse mit „Rienzi“ und „Lohengrin“ gerühmt, die ihm die *politisch-ideologische Fährte* gewiesen hätten? Waren nicht propagandistische Großveranstaltungen wie die Reichsparteitage zu Nürnberg von Opernereignissen aus dem Wagner-Repertoire begleitet? Hatte nicht Wagnermusik als eingängiger musikalischer Subtext von Aufmärschen oder Wochenschausequenzen gedient? Und war nicht Richard WAGNER selbst in hohem Maße unter faschistischen Ideologieverdacht geraten, wenn man allein an Passagen des „Lohengrin“ denkt? Vom „öden Ost“, in dem die Feinde lauern, ist da ebenso die Rede wie vom „Führer“ als politischem Schlüsselbegriff. Mit den beiden Versen: „Seht da den Herzog von Brabant! Zum Führer sei er euch ernannt!“ schließt bekanntlich dieses Libretto. Von den unzähligen „Heil“-Rufen in diesem und anderen Bühnenwerken Wagners sei gar nicht weiter gesprochen.

Doch stellt sich auch hier die Frage, wie weit ein Künstler für seine *Rezeptionsgeschichte* und seinen außerästhetischen Mißbrauch verantwortlich gemacht werden darf. Hat Richard WAGNER eine doktrinäre Nische von Wagnerianern verschuldet oder sie zumindest durch sein wirkendes Wort bestätigt? Die Frage ist viel behandelt worden und m. E. eher verneinend zu beantworten. Sicher, es gibt zu mißbilligende Stellen in seinem theoretischen Schrifttum (etwa „Das Judentum in der Musik“), es gibt auch jene nationalistischen Auswüchse, mit denen WAGNER den Sieg der deutschen Armee in der Schlacht von Sedan (1. September 1870) feierte und – stilistisch recht unbedarft – eine antifranzösische Spott- und Hetzkampagne betrieb. Aber er war auf beiden Bahnen durchaus kein Solitär, im Gegenteil, er lag im rechtsorientierten Geist seiner Zeit. Liest man dagegen die erst in jüngster Vergangenheit herausgegebenen Tagebücher seiner Frau Cosima gerade als Begleitkommentar für die siebziger und frühen achtziger Jahre kritisch durch, so vernehmen wir neben den bekannten Ressentiments auch die Kundgabe eines abgrundtiefen Pessimismus gegenüber jeglicher Tagespolitik, rührende Sympathiebeweise für jüdische Freunde und Mitarbeiter sowie den Grundtenor einer tragischen Weltsicht, die sich in den Textbüchern der „Ring“-Dichtung und des „Parsifal“ wiederfindet.

Das Wiener Musikleben der Nachkriegszeit übte keine so lange und konsequente *Wagner-Abstinenz* wie die Theater in Deutschland. Vielleicht war es die „Gnade“ eines politischen Nebenschauplatzes im Verein mit der geringeren Konfliktintensität (in pro und contra) und einer notorischen „Vergeßlichkeit“ der Wiener Mentalität („für die Ewigkeit, immer so wie heut', wenn wir morgen noch dran denken“ heißt es so hintergründig ironisch im Verbrüderungsensemble des zweiten Aktes der „Fledermaus“!), daß die Direktion SALMHOFER sich schon überraschend bald an die Wagnerpflege wagte. „Tristan und Isolde“ hatte – wie erwähnt – bereits gegen Ende der ersten vollständigen Saison Premiere (29. Mai 1946). Am 20. September 1946 folgte in der Volksoper der „Tannhäuser“, am 2. Dezember desselben Jahres wieder im Theater an der Wien „Die Walküre“ und am 30. Oktober 1947 „Der fliegende Holländer“. Daß „Lohengrin“ in einer problematischen, stark abstrahierenden Neuinszenierung von Stefan BEINL erst am 30. April 1948, „Die Meistersinger von Nürnberg“ gar erst am 30. November 1949 wieder auf die Nachkriegsbühne kamen, mag zunächst befremden. Aber neben den beträchtlichen Ansprüchen an Chor und Gesangssolisten dürfte in beiden Fällen die explizite Ideologie des Textes, die doch unüberhörbar aufdringliche Deutschtümelei im Wortschatz retardierend gewirkt haben.

Damit waren die Inszenierungen der WAGNERschen Musikdramen vor der *Neueröffnung* des Hauses am Ring abgeschlossen. Die Frage, warum es in den Jahren vor 1955 keinen kompletten „Ring des Nibelungen“ und keinen „Parsifal“ gegeben hat, zieht sich leitmotivisch durch die Literatur zur Geschichte des Wiener Opernlebens. Der eifrige Hinweis auf die orchestralen und bühnentechnischen Ansprüche der ausstehenden Werke relativiert sich vor den 65 Aufführungen der „Meistersinger“, vor den 39 Vorstellungen von „Tristan und Isolde“ und den 46 Abenden mit „Die Walküre“.

War es im Falle des „Ringes“ vielleicht doch die Scheu vor der Monumentalität des Unternehmens, der ängstliche Blick auf die Aktivitäten in *Neu-Bayreuth* (seit 1951) und die wohlbegründete Sorge, daß ohne durchgängiges Regiekonzept, nur mit der Pranke des Theaterpraktikers, diesem Bühnenkoloß nicht beizukommen sei. Bei „Parsifal“ mag die spät (1914) einsetzende Wiener Aufführungstradition, die noch geringe szenische Erfahrung mit diesem außerordentlichen, den Tagen um Allerheiligen und Ostern vorbehaltenen Bühnenweihfestspiel mitgespielt haben. Immerhin mußten die Wiener Musikfreunde auch vor der Existenz von Langspielplatten und Rundfunkübertragungen aus Bayreuth auf dieses Segment des Repertoires nicht gänzlich verzichten. Eine komplette „Ring“-Produktion der RAVAG unter Rudolf MORALT, zwischen Oktober 1948 und März 1949 aktweise vor Publikum aufgezeichnet, machte durch den unternehmerischen Mut und die Qualität der Besetzung internationales Aufsehen und regte den anwesenden Wilhelm FURTWÄNGLER zu einer späteren ähnlichen Realisierung mit der RAI in Rom an.

Die *konzertanten* Aufführungen des dritten Aktes von „Parsifal“ zu Allerheiligen und Allerseelen genügten vor allem einem spirituellen Musikinteresse. Eine Bühneninterpretation dieses Werkes wagte erst Herbert von KARAJAN zu Ostern 1961, nachdem davor ein Gastspiel der Stuttgarter Oper in den Novembertagen 1959 die empfindliche Spielplanlücke vorübergehend geschlossen hatte.

IV. Oper und Politik: Drei Lesarten eines Begriffspaares

1. Die kleine Politik der Konzessionen

Der erste designierte *Direktor* der Staatsoper im Theater an der Wien war Franz SALMHOFER, eine anekdotenumrankte Persönlichkeit, ein charmanter Pragmatiker, konzessionsfreudig und kompromißbereit, wenn es um die Belange eines funktionierenden Theaterbetriebs ging. Die „Welt als Wille zur Vorstellung“ war seine populärphilosophische Leitmaxime.

Die Sänger und das Orchester standen ihm bald zur Verfügung, das Publikum war musikhungriger denn je. Aber wie sollte ein *Opernhaus* ohne Energieversorgung auskommen? Die Bühnenpraxis fordert ihr unverzichtbares materielles Substrat. Wem die Notlage des ersten Nachkriegswinters nicht aus eigener Erfahrung bekannt ist, der braucht nur in der berühmten vorweihnachtlichen Radioansprache des ersten Bundeskanzlers Leopold FIGL die einschlägigen bitteren Sätze nachzulesen.

Wo es den Haushalten am Nötigsten gebrach, wußte Franz SALMHOFER im Umgang mit der *russischen* Besatzungsmacht klugen Rat. Er konnte mit diplomatischem Verhandlungsgeschick erreichen, daß sein Theater an der Wien an das Stromnetz eines russischen Lazaretts angeschlossen wurde. Die politischen Machthaber wurden mit den bescheidenen Möglichkeiten der Intendanz für dieses Entgegenkommen entschädigt. Mehrere Monate lang standen die Dienstsitze der Direktion den Alliierten pauschal für jede Aufführung zur Verfügung.

Auch der Spielplan selbst schien nicht ganz frei von der Einmischung *politischer* Momente, insbesondere von den Wünschen der russischen Führung. Sicher war das slawische Opernrepertoire in den vergangenen sieben Jahren stark vernachlässigt worden, der künstlerische Nachholbedarf war demnach beträchtlich. Die frühe Neuinszenierung von TSCHAIKOWSKYs „Pique Dame" am 22. März 1946, von der bereits früher die Rede war, läßt sich daher auch apolitisch begründen. Ein ausdrückliches Entgegenkommen an die Besatzungsmacht war hingegen die Aufführung der russischen Nationaloper „Boris Godunow" von Modest MUSSORGSKIJ. Dieses monumentale Werk überstieg zunächst die bühnentechnischen Ressourcen der beiden Häuser, sodaß das Publikum mit konzertanten Aufführungen am 26. Juli und am 2. August 1945 im Konzerthaus vorliebnehmen mußte. Die Wiederholungen dieses Unternehmens, gleichfalls ohne Bühnenbild, im Theater an der Wien am 7. und 18. November desselben Jahres waren sodann ein klares Zugeständnis an den sowjetischen Nationalfeiertag und damit eine politische Verbeugung vor der Besatzungsmacht.

Ein kasuistischer Splitter im Spannungsfeld von Opernspielplan und politischem Geschehen läßt sich an einem anderen Spitzenwerk des russischen Musiktheaters ausmachen. Alexander BORODINs postum eingerichtete Oper „Fürst Igor" erlebte am 28. Mai 1947 eine vielbeachtete und umjubelte Neuinszenierung durch das bewährte Team Oscar Fritz SCHUH, Robert KAUTSKY und Josef KRIPS. Im Mittelpunkt der Aufführung stand der Heldenbariton Paul SCHÖFFLER in der Titelpartie, der sich in seinem großen Monolog ein bemerkenswertes *Extempore* leistete. Durch eine Pluralisierung des Personalpronomens lautete der Text auf dem musikalischen Höhepunkt der Arie unvermutet: „O gebt *uns unsre* Freiheit wieder", was die Zuschauer spontan verstanden und mit Sonderbeifall quittierten. Aber auch die anwesenden Repräsentanten der sowjetischen Besatzung waren sich über die Anspielung und ihre Resonanz voll im klaren. Der Sänger wurde tags darauf mit dem nachdrücklichen Ersuchen um textliche Werktreue vor den russischen Stadtkommandanten zitiert. Der Begriff „Freiheit" hatte in den vergangenen zwei Jahren seine politische Semantik deutlich verändert: Aus den Befreiern der ersten Stunde waren hartnäckige Besetzer des Landes und Unterdrücker seiner Souveränität geworden.

Ein weiteres Detail politischer Ingerenz auf das musiktheatralische Angebot steht zumindest der *Interpretation* offen: Als Nikita

CHRUSCHTSCHOW bei seinem legendären Staatsbesuch im Jahr 1961 auch ein Opernabend angeboten wurde, empfahl die Direktion Umberto GIORDANOs „André Chénier“, der damals gerade in prominenter Besetzung als ein Glanzstück des aktuellen Repertoires galt. Doch der russische Gast entschied sich ausdrücklich für eine Aufführung der „Zauberflöte“, was sich mit dem Nimbus von Wien als Mozartstadt hinlänglich erklären ließe. Doch hinter den Tapetentüren munkelte man, daß der Staatsmann weniger einem Stereotyp genügen oder seinen musikalischen Geschmack beweisen wollte, als daß ihm der Inhalt einer Oper suspekt erschien, in der bekanntlich die Revolution ihre eigenen Kinder frißt.

2. Wiener Opernkultur als integrativer politischer Faktor

Daß die Rolle der Musik als Mittel der *Völkerversöhnung und Friedensstiftung* mehr ist als ein besinnliches Wort zum Nationalfeiertag, läßt sich an den frühen Auslandsgastspielen der Wiener Staatsoper in der Nachkriegszeit schlüssig erweisen.

Ein Gastspiel der Pariser Oper mit „Pelléas et Melisande“ von Claude DEBUSSY im Theater an der Wien eröffnete im November 1946 folgenreiche kulturelle Kontakte. Der musikalische Leiter der Aufführung Roger DÉSORMIÈRE war vom Mozartstil des Wiener Ensembles so beeindruckt, daß er nach seiner Rückkehr in einer französischen Zeitschrift enthusiastisch über die bedeutenden künstlerischen Leistungen unter schwierigsten ökonomischen Umständen berichtete. Die mittelbare Folge war eine Einladung der Wiener Oper zu einem Gesamtgastspiel nach *Nizza* und *Paris* für den März des folgenden Jahres. Um die schwierige Spedition von Bühnenbild und Requisiten quer durch das viergeteilte Österreich unbehindert möglich zu machen, organisierte der Oberkommandant der französischen Besatzungstruppen, General Emile Marie BÉTHOUART, einen veritablen Militärtransport.

Das überwältigende Echo von Publikum und Presse in Frankreich auf die Darbietung der Wiener Staatsoper mit „Così fan tutte“ und „Don Giovanni“ (beide Werke übrigens in deutscher Sprache) zog internationale Kreise und zeitigte bald weitere Einladungen. So gastierte das Ensemble zwischen 16. September und 4. Oktober 1947 an der Covent Garden Opera in *London,* wobei zu den beiden schon bewährten Mozartopern noch „Die Hochzeit des Figaro“, BEETHOVENs „Fidelio“ und „Salome“ von Richard STRAUSS traten. Neben Josef KRIPS stand Clemens KRAUSS an der Spitze der Wiener Philharmoniker. Nach seinen frühen politischen Rehabilitierungen sollte dieser bedeutende Dirigent das musikalische Profil der Folgejahre entscheidend prägen. Sein plötzlicher Tod durch eine Herzattacke in Mexico City am 16. Mai 1954, für Beobachter der kulturpolitischen Szene eine Folge seiner kränkenden Zurücksetzung gegenüber Karl BÖHM als Direktor der wiedererbauten Staatsoper, unterbrach jäh eine konstruktive, vielversprechende Zusammenarbeit. Jenes frühe England-Gastspiel schien zunächst von Imponderabilien gefährdet. Indispositionen wichtiger Rollenträger mußten ausgeglichen werden, und englische Orchestermusiker protestierten gegen den Auftritt ihrer Wiener Kollegen. Doch der politische Effekt der künstlerischen Mission war frappierend. Am Tag der ersten Aufführung berichtete die Zeitung „Times" von der sofortigen Aufhebung des Kriegszustandes mit Österreich, und so konnte der österreichische Gesandte SCHMIDT Premierminister Clement ATTLEE und Außenminister Ernest BEVIN in seine Loge bitten. Als ein musisches Signal der Versöhnung sang der bereits todkranke Emigrant Richard TAUBER in der „Don Giovanni"-Aufführung vom 27. September an der Seite seiner Wiener Partner noch einmal den Don Ottavio.

Mit diesen beiden bedeutenden *Auslandsreisen* war der Bann gebrochen. Dank der unermüdlichen Initiativen des später so umstrittenen Egon HILBERT als Leiter der Bundestheaterverwaltung reihte sich Einladung an Einladung: im Mai 1948 nach Antwerpen und Brüssel, an der Jahreswende 1948/49 nach Mailand, Florenz und Rom (mit einer Audienz bei Papst PIUS XII.), im März 1949 nach Paris, gleich darauf im Mai zum Maggio Musicale nach Florenz, im Juni/Juli nach Brüssel und Amsterdam usw. Das Bild dieser Spielstätten wiederholte sich mit den anhaltenden Erfolgen in den späteren Jahren, erweitert um einen bemerkenswerten Zuwachs: Seit 1950 gastierte das Wiener Ensemble mit seinem Mozart-Repertoire auch regelmäßig bei den Maifestspielen in Wiesbaden. Damit wurden auch die schwierigen und vielfach belasteten politischen Beziehungen zur jungen Bundesrepublik Deutschland im Wege der künstlerischen Zirkulation normalisiert.

3. Zwischen staatlicher Repräsentation und kulturpolitischer Identität: Das Opernfest der Wiedereröffnung

Die *Wiedereröffnung* der beiden großen Häuser am Ring, des Burgtheaters im Oktober 1955 und der Staatsoper wenige Wochen darauf im November, wurde von der Öffentlichkeit als Symbol der neuen *Souveränität* Österreichs empfunden, begrüßt und gebührend gefeiert. Der Staatsakt am Vormittag des 5. November, an dem Direktor Karl BÖHM aus Ministerhand den Schlüssel des wiedererstandenen Hauses empfing, stand an *Symbolkraft* und emotionaler Wertigkeit der Unterzeichnungszeremonie des österreichischen Staatsvertrages im Belvedere vor knapp einem halben Jahr kaum nach. Ja man war und ist geneigt, diese beiden Ereignisse in einem engen Zusammenhang zu sehen: die zeitliche Koinzidenz gerät im Bewußtsein der Bevölkerung zur historischen Kausalität.

Über das *kulturpolitische* Karussell vor der Ernennung Karl BÖHMs ist viel geschrieben worden und gäbe es manches hinzuzufügen. Doch werden entscheidende Details erst den Schritt von der Kolportage zur Authentizität überwinden können, falls und sobald der schriftliche Nachlaß von Ernst MARBOE, dem damaligen Leiter der Bundestheaterverwaltung, kritisch gesichtet ist und publiziert vorliegt. Die gleiche Feststellung gilt für die Hintergründe der Demission des neuen Direktors BÖHM. Nach längerer Absenz zu Gastspielen im Ausland und eher trostlosen Wochen eines enttäuschenden Repertoirebetriebs empfing ihn das ernüchterte Stehplatz-Publikum bei seinem ersten Dirigat, einer „Fidelio"-Aufführung am 1. März 1956, mit einem Pfeifkonzert. Gelenkte Aktion oder spontane Kundgabe des Unwillens, von langer Hand vorbereitete Intrige oder prompte Reaktion auf jenen provokant-lapidaren Satz, den der prominente Heimkehrer schon auf dem Flughafen vor Journalisten geäußert hatte: „Ich denke nicht daran, meine Karriere der Wiener Staatsoper zu opfern."? Waren diese stürmischen Märztage die unerwartete Ursache oder der erwünschte Anlaß für einen Kurswechsel, für die Kontakte mit dem eigentlichen Wunschkandidaten Herbert von KARAJAN? Von all dem soll hier nicht die Rede sein, vielmehr von der Stückwahl und Spielplangestaltung der ersten vier Wochen, mit denen die neue Opernleitung ihre kulturelle Visitenkarte abgab.

Für die Eröffnungsvorstellung am 5. November 1955 hatte man nach längerer Überlegung die Befreiungsoper schlechthin, BEETHOVENs „Fidelio", ausgewählt. Die Erinnerung an den Neubeginn im Theater an der Wien sowie die Botschaft des „Per aspera ad astra" haben für dieses Stück gesprochen, das gleichwohl in seiner langen Aufführungsgeschichte auch Diktaturen als künstlerische Legitimation und politisches Feigenblatt gedient hatte. Die Kooperation des deutschen Altmeisters der Regie Heinz TIETJEN mit dem österreichischen Doyen Clemens HOLZMEISTER als Bühnenbildner konnte ästhetisch nicht wirklich überzeugen, doch der erkennbare Wille galt für das nur teilweise gelungene Werk.

Für viele Opernbesucher war daher die „Don Giovanni"-Premiere des Folgetages (6. November 1955) die eigentliche Festaufführung der wiedererstandenen Staatsoper, jene „Oper aller Opern", mit der man 1869 das neu erbaute Haus am Ring eingeweiht hatte. Ein hochkarätiges und homogenes Sängerensemble unter der musikalischen Leitung des Hausherrn begeisterte das Publikum und ließ optische Bedenken gegen das praktikable, aber farblose Einheitsbühnenbild von Caspar NEHER kaum aufkommen.

Als weitere Galapremieren des Opernfestes folgten in chronologischer Abfolge „Die Frau ohne Schatten", „Aida", „Die Meistersinger von Nürnberg", „Der Rosenkavalier", „Wozzeck" und zuletzt ein Ballettabend mit „Giselle" und „Der Mohr von Venedig". Die Programmatik des Anfangs war also verheißungsvoll, ließ sich als eine gelungene Mischung aus internationaler Gepflogenheit und lokaler Akzentuierung verstehen, wobei die persönliche Vorliebe Karl BÖHMs für „Die Frau ohne Schatten" und „Wozzeck" noch zwei subjektive Lichter setzte. Die Balance zwischen bewährten Zugstücken und Raritäten erschien gewahrt. Mit MOZART, BEETHOVEN, Giuseppe VERDI, Richard WAGNER und Richard

STRAUSS waren die tragenden Säulen jedes Opernspielplans repräsentativ vertreten. Durch Alban BERGs „Wozzeck“, der lange verfemten und verkannten Meisteroper, erwies man der klassischen Moderne und dem österreichischen Musiktheater die fällige Reverenz. Und auch der Pflichtabend für die Ballettfreunde vereinte Adolphe ADAMs zugkräftige „Giselle“ mit der Uraufführung von Boris BLACHERs „Othello“-Version „Der Mohr von Venedig“ zu einem reizvollen Tandem aus kulinarischer Klassik und spröder Avantgarde.

Bei den Sängern stach eine Diskrepanz besonders ins Auge. Der verantwortliche Direktor lud die Stars von gestern und vorgestern als Ehrengäste zur Eröffnungsvorstellung ein und übersah verdiente Künstler der Nachkriegsära bei der Besetzung der festlichen Produktion. Oder er schickte ihnen im Vollbesitz ihrer stimmlichen Kräfte überhaupt den „blauen Brief“, um in der Folge mit unzulänglichen Debütanten das Publikum zu verärgern.

V. Avantgarde und Tradition – Bilanz und Ausblick

Der Spielplan eines Musiktheaters von der Größenordnung und dem Zuschnitt der Wiener Staatsoper ist, wir sagten es schon zu Anfang, eine Summe aus planender Vorausschau, praktischen Gegebenheiten und unvorhersehbaren Zufällen. Zu den *Konstanten* des traditionell bewährten und international gefragten Repertoires, auf das jedes Großstadtpublikum Anspruch erhebt, treten die Variablen der Wiederentdeckungen, der Raritäten und der Uraufführungen, mit denen eine bedeutende Bühne ihr Profil zeigt und einen kulturpolitischen Auftrag erfüllt. Über das rechte Mischungsverhältnis wird es immer unterschiedliche Meinungen geben, auch unter Kennern und Liebhabern des Genres, ja gerade unter diesen. Der *Stimmenfetischist,* eine gerade in Wien besonders ausgeprägte Species des Opernfreundes, wird seine „Aida“, „Carmen“ und „Tosca“ in variierender, aber stets hochkarätiger Sängerbesetzung nicht oft genug im Repertoire der Staatsoper antreffen und jede Gelegenheit zum Aufführungsbesuch nützen. Auf diese Publikumsschicht baut gerade das programmatische Konzept der gegenwärtigen Operndirektion (Eberhard WAECHTER † – Ioan HOLENDER).

Wer hingegen ohne avantgardistische Vorlieben, also mit durchaus konventionellem Musikgeschmack, die *Abwechslung* der Stücke liebt und im Spielplan auch eine Erweiterung seines theatralischen Horizontes sucht, der wird die Werke eines BERLIOZ, HALÉVY, MEYERBEER oder BELLINI im Repertoire vermissen, auf die Opern eines jungen VERDI warten, neben Richard STRAUSS auch auf seine Zeitgenossen Hans PFITZNER, Eugen d'ALBERT, Franz SCHREKER, Ferruccio BUSONI und Max von SCHILLINGS hoffen.

Der Habitué des *zeitgenössischen* Musiktheaters, eine immerhin qualifizierte Minderheit von Experten, Zunftgenossen, aber auch im besten Wortsinn neu-gierigen teilnehmenden Beobachtern der modernen Kulturszene, wird die Tauglichkeit eines Spielplans nicht zuletzt an der Zahl und dem Wert der Novitäten, also der Ur- und Erstaufführungen, besonders aber der erfolgreichen Auftragskompositionen eines Opernhauses bemessen.

Als ein geglücktes Beispiel für den sinnvoll erfüllten Kulturauftrag, das moderne Musiktheater konsequent und systematisch zu fördern, nenne ich die Jahre 1947 bis 1961 (ausgenommen 1956) in der Geschichte der *Salzburger Festspiele*. Beginnend mit der international anerkannten Uraufführung von „Dantons Tod" (in exquisiter Besetzung), die den Komponisten Gottfried von EINEM mit einem Schlag zu einer Galionsfigur des neuen Musiktheaters erhob und dem jungen Dirigenten Ferenc FRICSAY die Opernhäuser und Konzertsäle Europas öffnete, präsentierte sich Salzburg mit wachsendem Echo auch als eine Pflegestätte der zeitgenössischen Oper. In führender Stellung, die die politische Kontroverse um sein Engagement für Bertolt BRECHT, seine planende Tätigkeit im Direktorium jäh beendete, hat von EINEM mit altruistischem Einsatz auch die Uraufführungen seiner Kollegen gefördert und mehrere Kompositionsaufträge der Folgejahre angeregt. So folgten an wirklichen Novitäten Carl ORFFs „Antigonae" (1949), Gottfried von EINEMs „Der Prozeß", Rolf LIEBERMANNs „Penelope" (1954), Werner EGKs „Irische Legende" (1955), LIEBERMANNs „Die Schule der Frauen" (als deutschsprachige Uraufführung, 1957), Heimo ERBSEs „Julietta" (1959), Frank MARTINs „Mysterium von der Geburt des Herrn" (szenische Uraufführung, 1960) und Rudolf WAGNER-RÉGENYs „Das Bergwerk zu Falun" (1961).

Aber auch die Reihe Salzburger und zumeist auch österreichischer *Erstaufführungen* von Werken der Avantgarde konnte sich sehen und hören lassen: Frank MARTINs „Der Zaubertrank" (1948), Benjamin BRITTENs „Der Raub der Lucrezia" gepaart mit Boris BLACHERs „Romeo und Julia" (1950), Alban BERGs „Wozzeck" – als erste Inszenierung nach dem Weltkrieg (1951) – und „Die Liebe der Danae" von Richard STRAUSS (1952), zwar kein modernes Werk im strengen Sinn, aber die verdiente Premiere einer Altersoper, deren geplante Uraufführung bei den Festspielen von 1944 nur bis zur Generalprobe gediehen war; schließlich Samuel BARBERs „Vanessa".

Auf dieses Kontinuum des modernen Musiktheaters bei den Salzburger Festspielen folgte eine mehrjährige *Unterbrechung:* schöpferische Pause, Erschöpfung der innovativen Kräfte oder fehlender Mut zum Risiko, Spekulation mit dem gesicherten Erbe, finanzielles Kalkül nach dem zum Schlagwort geronnenen Prinzip der Umweltrentabilität? Immerhin, mit der Uraufführung von Hans Werner HENZEs „Die Bassariden" (1966) hat die Festspielleitung den einstigen Kurs wieder eingeschlagen, sporadisch wenigstens und jeweils im Respektsabstand mehrerer Jahre: Es folgten Carl

ORFFs spätes Bekenntniswerk „De Temporum fine comoedia“ (1973) mit Herbert von KARAJAN am Pult, dann Friedrich CERHAs Literaturoper „Baal“ (1981), „Un Re in ascolto“ von Luciano BERIO (1984) und Krzystof PENDERECKIs „Die schwarze Maske“ (1986) – die letzten drei Werke übrigens im Zeichen budgetärer Ökonomie als Koproduktion mit der Wiener Staatsoper, die die Inszenierungen in der jeweils folgenden Saison kurzzeitig in ihren Spielplan übernommen hat.

Auch eine Zusammenarbeit mit dem *Salzburger Landestheater* hat in jüngster Zeit der Förderung des spezifisch österreichischen Musiktheaters gedient. Gerhard WIMBERGERs musikalische Lokalhistorie „Fürst von Salzburg – Wolf Dietrich“ wurde 1987 als Eigenproduktion der Landesbühne in das Festspielprogramm integriert. Das Mozartjahr 1991 zeitigte mit dem ambitionierten Auftragswerk „Mozart in New York“ von Helmut EDER auf ein geistvolles Libretto von Herbert ROSENDORFER ein geglücktes Beispiel für die Kooperation von bodenständiger Musikszene und festlichem Anspruch. Die Uraufführung der zwischen Scherz, Satire, Ironie – auch Nostalgie – und tieferer Bedeutung pendelnden Oper unter der Regie von Lutz HOCHSTRAATE und der musikalischen Leitung von Hans GRAF war ein nicht unumstrittenes, aber international beachtetes Ereignis.

Ein kritisches *Resümee* über den Spielplan und die Dramaturgie der Wiener Staatsoper, des Sinnbilds und zugleich Aushängeschildes österreichischer Musikkultur, in der Epoche der Zweiten Republik kann nur pauschal – mit punktuellen Details –, subjektiv und behutsam ausfallen. Ein Längsschnitt durch eine inzwischen zweistellige Zahl von Direktionen ergäbe selbst im gehetzten Zeitraffer nur ein monströses Faktenkonglomerat. Auch für statistische Aufzählungen fehlt ebenso der Platz wie die inhaltliche Rechtfertigung. Quantitative Rohdaten ohne qualitative Analyse sind zudem jedem Kulturwissenschafter gründlich suspekt. Der oft jähe und unvermutete Leitungswechsel ließ langfristige Pläne zunichte werden und schuf zudem den notorischen Profilierungsdruck des jeweils neuen Führungsteams. Dieser äußerte sich bisweilen in durchdachter Kurskorrektur, manchmal in kurzatmigen Umdispositionen, mitunter gar nur in verbaler, programmatisch klingender Kostümierung trivialer Sachzwänge: wenn etwa die zu mehreren konstanten Besetzungen von Repertoirestücken genutzte Anwesenheit etlicher Spitzensänger das anspruchsvolle Etikett „Blocksystem“ erhielt.

An Stelle einer gedrängten Chronik der abgelaufenen Geschehnisse und der versäumten Gelegenheiten, was nach den Prämissen meiner Darstellung ohnehin einer „Quadratur des Sisyphos“ gleichkäme, sei zum Abschluß ein knapper „State of the Art“, ein sehr persönlich gesehener *Zustandsbericht* mit *Zukunftsperspektiven* formuliert. In der folgenden Punktation ergeben Anerkennung und Tadel, Erfüllung und Desiderat, Anamnese und Prognose durchaus bewußt ein Merkmalbündel, wie es auch dem Zusammenspiel von Aktion und Reaktion, von Wunsch und Realität in der täglichen Theaterpraxis entspricht.

1. Die Wiener Staatsoper hat mit Gottfried von EINEM („Der Besuch der alten Dame", „Kabale und Liebe", zuletzt „Der Tulifant") einen Hauskomponisten von Rang durch mehrere Uraufführungen gewürdigt. Sie hat weiters mit Friedrich CERHA („Baal", „Der Rattenfänger") eine Musikerpersönlichkeit mit Bühneninstinkt und konstruktivem Einfühlungsvermögen (seine Vollendung der dreiaktigen Fassung von Alban BERGs „Lulu"!) gefördert und an sich gebunden. Aber der Gesamtbefund wirkungsträchtiger musikdramatischer *Uraufführungen* an Wiens großer Bühne erscheint eher bescheiden. So ist etwa für die fünfziger Jahre im Grunde nur Frank MARTINs Shakespeare-Oper „Der Sturm" (1956) als eigentliche Novität zu buchen. Die großen zukunftsweisenden Ereignisse des zeitgenössischen Musiktheaters der letzten Jahrzehnte haben anderswo stattgefunden: Ich nenne als prominente Beispiele György LIGETIs „Le Grand Macabre", Luigi NONOs „Prometeo", Olivier MESSIAENs „François d'Assise", Aribert REIMANNs „Lear" oder Hans ZENDERs „Stephen Climax". Die Oper „Die Soldaten" von Bernd Alois ZIMMERMANN, für manche das Gipfelwerk der modernen Opernliteratur, hat immerhin in der Direktionsära von Claus Helmut DRESE im April 1980 verspäteten Einzug in die Wiener Staatsoper gehalten.

2. Wird man das Haus am Ring demnach nicht gerade als die Speerspitze der musikalischen Avantgarde bezeichnen dürfen, so verdienen die Bemühungen um die *„klassische Moderne"*, die sich auch als späte Wiedergutmachung an lange unverstandenen oder böswillig boykottierten Werken verstehen lassen, allen Respekt: Wieder beschränke ich mich auf „Karl V." von Ernst KRENEK sowie die umjubelte Uraufführung seines 1930 entstandenen satirischen Volksstücks „Kehraus um St. Stephan" im Ronacher (1990), auf „Erwartung" und „Moses und Aron" von Arnold SCHÖNBERG. Was ich hingegen vermisse, mir für die Zukunft wünsche, ist ein zyklisches Aufführungsprojekt der Opern von Leoš JANÁČEK, eine breitere Beachtung des musikdramatischen Lebenswerkes von Benjamin BRITTEN zwischen „Peter Grimes" und „Tod in Venedig".

3. Wenn von langfristiger Programmgestaltung die Rede ist, so bietet sich neben spezifischen Werktiteln und individuellen Komponistennamen auch eine gezielte Orientierung an *thematisch-typologischen Gattungen* des Musiktheaters an. Ich denke dabei an Projekte mit den Typen der Künstleroper, der mythologischen Species, besonders aber der Bühnenwerke mit politischer Botschaft: Die Resonanz auf Udo ZIMMERMANNs „Die weiße Rose" erscheint wie ein vorweggenommenes Placet eines künftigen Publikums.

4. Als naheliegende Folge aus der Wiener Vorliebe für szenischen Prunk und stimmliche Virtuosität ist das internationale *Regietheater* an der Staatsoper eher ein Randphänomen geblieben. Gastinszenierungen von Joachim HERZ und Harry KUPFER, von Wieland WAGNER und Giorgio STREHLER, von Jürgen FLIMM, Adolf DRESEN und Luc BONDY, einer

Ruth BERGHAUS sowie des Ehepaars Karl-Ernst und Ursel HERMANN bleiben als wichtige Episoden im Gedächtnis und verlangen nach einer Fortsetzung und einer Erweiterung um andere bedeutende Namen (Patrice CHÉREAU, Peter STEIN, Herbert WERNICKE u. a.)

5. Der Kulturauftrag einer Oper sollte dem Musikfreund auch die Bekanntschaft mit *vergessenen Zugstücken* der Vergangenheit ermöglichen, die oft nur noch als Namen kursieren und selbst von der Plattenindustrie ignoriert werden: AUBERs „Die Stumme von Portici", MEYERBEERs „Die Hugenotten", GOLDMARKs „Die Königin von Saba", „Die toten Augen" von Eugen d'ALBERT . . . *Konzertante Aufführungen* könnten den szenischen Aufwand aussparen, die Kosten minimieren und doch der Wiederbegegnung und Neuüberprüfung (mit oft genug erstaunlichem Resultat) eine Chance eröffnen. Werkeinführungen mit Kompetenz, Charme und ohne akademische Pedanterie, wie sie sich in der jüngsten Vergangenheit bewährt haben, sollten einen Schlüssel zum Verständnis mitliefern.

6. Ein Institut von der Strahlkraft der Staatsoper müßte bisweilen die bequeme, breite Straße des programmierten Erfolges verlassen und sich dem wirklichen Neuen wie den Hürden eines Parcours aussetzen. Trotz – oder vielleicht wegen – eines grimmigen Bonmots von Franz SCHALK, dem erfahrenen, langjährigen Wiener Operndirektor der zwanziger Jahre: „Jedes Theater ist ein Narrenhaus, aber die Oper ist die Abteilung für Unheilbare."

VI. Statt eines Nachworts

„Verehrtes Publikum, jetzt kein Verdruß:
Wir wissen wohl, das ist kein rechter Schluß.
Vorschwebte uns: die goldene Legende.
Unter der Hand nahm sie ein bitteres Ende.
Wir stehen selbst enttäuscht und sehn betroffen
Den Vorhang zu und alle Fragen offen."

(Bertolt BRECHT: Der gute Mensch von Sezuan)

VII.
„Meine“
Zweite Republik –
Erinnerung und
Erfahrung

„Meine“ Zweite Republik – Erinnerung und Erfahrung

Die Künstlerin: Elisabeth Orth

Es gab schon einmal eine *Republik,* die ich wohl meine hätte nennen müssen, wenn man als zweijähriges, eher finster dreinblickendes Kind danach gefragt hätte. Meine Erste Republik lag im Sterben, als ich geboren wurde. Ich sprach außerdem nichts in meinen ersten beiden Lebensjahren, den letzten, die der Ersten Republik noch beschieden waren. Ich schwieg so, daß sich Familienmitglieder schon fragten, wer mich wohl auf den Kopf hätte fallen lassen und sich mit dieser Tatsache jetzt nicht heraustraute. Ich brach mein Kinderschweigen erst, als es die Erste Republik nicht mehr gab. Dafür sprach ich aber gleich ganze Sätze. Aber da hatten wir schon die Diktatur.

Hineingeboren also in eine Republik, die es schon fast nicht mehr gab, deren *Totengräber* nicht nur jenseits ihrer Grenzen schon längst bereitstanden. *Hitler* ließ meinen Eltern zu meiner Geburt ein Telegramm schicken, in welchem „zum Stammhalter“ gratuliert wurde. Er meinte wohl, ich müsse auf jeden Fall vom Geschlechte derer sein, die später zäh wie Leder usw. zu werden hatten. Die Tatsache, daß ich ein Mädchen war, blieb leider meine einzige Gelegenheit, den Mann zu seinen Lebzeiten Lügen zu strafen. So, hing er nur, finster mahnend, als ungemütliches Photo an meiner Taferlklassenzimmerwand.

Hineingeboren in ein riesiges, wunderschönes Haus am Stadtrand von *Wien* als geliebtes und ersehntes Kind zweier berühmter und erfolgreicher österreichischer Schauspieler, die Film- und Theaterarbeit immer wieder aus meinem Kinderzimmer entführte. Sie ließen mich aber in der Obhut der besten aller Tetas, die mich mit Volksliedern in den Schlaf sang. Mit *österreichischen.*

Geboren an einem Vorfrühlingstag des Jahres 1936. „Vorkriegsware“ zu sein, reklamierte ich später im Geschwisterkreis allein für mich. In diesem Jahr 1936 waren also der ersten meiner beiden Republiken noch zwei Jahre beschieden. Als Dreijährige sollte ich keine Österreicherin mehr sein, denn einen Monat nach meinem zweiten Geburtstag, dem mit den zwei Kerzen auf der Torte und den Geschenken der hastig abreisenden Kollegen und Freunde meiner Eltern daneben, gab es schon kein Österreich mehr. Meine ersten *Plüschtiere* stammten von Onkeln und Tanten, die mir beim Spielen mit den teuren Elefanten und Lämmern auf Rädern nicht mehr zusehen konnten, weil sie außer Landes gehen mußten, und als sie wiederkommen konnten, existierten die geliebten Tiere längst nicht mehr.

Den verabschiedenden Segenswunsch des *Kanzlers* an meine Erste Republik, die es unmittelbar darauf nicht mehr geben sollte, habe ich als Zweijährige wohl kaum im Radio gehört. Und daß er in meinem Geburtsjahr die *Heimwehr* auflöste und Starhemberg aus der Regierung entfernte, fand ich auch erst heraus, als ich viele Jahre später ein Kleid der schönen Nora Gregor, seiner zweiten Frau, auf der Bühne trug, das man für mich aus dem sagenhaften Burgtheater-Kostümfundus hervorzauberte. Es war aus weißem, leuchtendem Brokat, der Stoff kann heute gar nicht mehr erzeugt werden. Er überstand das Tausendjährige Reich und die Nachkriegszeit, und ich trug den nur leicht vergilbten Traum, mit Kunststofftüll angereichert, in einem Stück von Ionesco. Es hieß „Das große Massakerspiel". Als Brautkleid für eine Greisin. Theater!

Im Sechsunddreißigerjahr erhielt den *Friedensnobelpreis* ein C. Saavreda Lamas aus Argentinien, ein Jahr zuvor hatte Hitler den Deutschen die Annahme dieses Preises verboten. Den *Literaturnobelpreis* erhielt in meinem Geburtsjahr ein Mann namens Eugene O'Neill. Es gibt Leute, die meinten später, er müsse an uns, meinen Vater, meine Mutter und mich gedacht haben, als er sein Stück „Fast ein Poet" schrieb. Es ist das einzige Drama geblieben, in dem wir zu dritt auf der Bühne standen. In meinem Geburtsjahr wird in meiner Ersten Republik die allgemeine Wehrpflicht eingeführt, und deutsche Truppen marschieren in die entmilitarisierte Zone des Rheinlandes ein. „Nur schwache Proteste des Auslands" steht in Klammern hinter dieser Zeile in einem der dicken Wälzer, aus denen ich mir seit Jahr und Tag Historisches über meine Wurzeln zusammensuche, um dem *Schul-Geschichtsunterricht* nachzuhelfen, der uns im Gymnasium um so vieles genauer über das Heraufdämmern und die Blütezeit des christlichen Abendlandes als über das Werden der Katastrophe des Jahrhunderts informierte, in dem zu leben und zu bestehen wir ja schließlich auf den Schulbänken vorbereitet wurden. Wir lernten nun einmal mehr über die Babenberger als über den Ständestaat, mehr über die Hunnen als über die Nazis, mehr über Rudolf den Stifter als über Eichmann und Himmler. Wir paukten Jahreszahlen von vielen, vielen Schlachten und hatten wenig bis gar keine Ahnung von 1918, 1934 und 1938 und erlebten 1945 als Volksschüler, die im Rechnen bis zum Multiplizieren vorgedrungen waren, und den Austausch des Hitlerbildes führten sie auch nicht während des Heimatkundeunterrichts durch. Ich erinnere mich an den hellen Fleck auf der Wand hinter dem Kreuz.

Als ich geboren wurde, starben Maxim Gorki, Federico Garcia Lorca und Oswald Spengler, Kipling und Pirandello. In Garmisch-Partenkirchen gab's eine Winterolympiade, vor „Karli" Schäfer machte ich noch ein Knickschen auf wackligen Eislaufbeinchen, und in Berlin fand eine *Olympiade* für den Sommer statt, bei welcher der Sieg eines Schwarzen dem „Führer" des Gastgeberlandes ein einziges Ärgernis war. Kein Ärgernis war die Goldmedaille im Fechten der Ellen Müller-Preis, die mir zwanzig

Jahre später als Frau Professor im Reinhardt-Seminar eine Ahnung von der menschlichen Atemsäule vermittelte. Sie hätte mich übrigens fast durch die Abschlußprüfung dortselbst sausen lassen müssen, weil ich wohl ihren Unterricht zu häufig schwänzte. Das tue ich heute, weitere siebenundzwanzig Jahre später, wieder mit dem von der Frau Professor und Olympiasiegerin allwöchentlich in den Räumen der Ehrengalerie des Burgtheaters abgehaltenen Kursus für Bühnenfechten und Atemgymnastik.

Aus dem Vorkriegsbaby wurde also ein Volksschulkind des *Tausendjährigen Reiches,* bekam zu dessen Beginn ein Schwesterchen und knapp vor seinem Zusammenbruch noch ein zweites. Das Volksschulkind streckte brav den rechten Arm schräg nach vorne aufwärts von sich weg und sprach „Heil Hitler" im Chor mit der Klasse, weil es der Herr Oberlehrer mit dem schwarzen, gestutzten Oberlippenbärtchen so wollte. Dem Kind schlief einmal im Zuge dieser frühen staatsbürgerlichen Übungen der Arm ein, der hochgestreckte, rechte, es ließ ihn sinken und dachte, daß solches nicht auffallen würde unter so vielen, nach rechts aufwärts gestreckten Armen, aber der eine gesenkte fiel auf und das Kind bekam eine Rüge, über welche es sich weit weniger ärgerte als über das Kribbeln im eingeschlafenen Arm und über das Verbot, diesen mit dem freien linken abzustützen, was die seltsame Turnübung etwas weniger unbequem hätte gestalten können. Unsere „Heil"-Wünsche schienen aber die Geschäfte des Herrn, den wir da per Arm zu grüßen hatten, nicht mehr positiv bestrahlt zu haben, denn wir bauten unseren schönen alten Weinkeller zu Hause, in den wir Kinder nicht allein hinunter durften, zu einem Luftschutzkeller um, er war groß genug, um auch die Nachbarfamilien aufzunehmen. Wir lernten das Magenweh bei Fliegeralarm kennen und das Aufatmen bei Entwarnung, zählten die Luftschutzsirenen auf den Dächern in Grinzing und lernten Feindflugzeuge am Motorengeräusch erkennen. Die *Luftschutzkeller* meiner Kinderzeit waren im Zivilleben übrigens alle *Weinkeller.* Über einem von ihnen hält der Betriebsrat des künstlerischen Personals des Burgtheaters heute unsere „Betriebsausflüge" in Gestalt eines gemütlichen Heurigen ab.

Fliegeralarm gab's öfter, die Erwachsenen zeigten besorgte Mienen, wenn sich tragische Musik und aufgeregte Männerstimmen aus dem Volksempfänger in den sonntäglichen Mittagsfrieden mischten. Wir wurden *evakuiert,* unseren Eltern schien Wien nicht mehr bombensicher genug. Sie konnten ja nicht wissen, daß der Krieg nur mehr ein halbes Jahr dauern würde. Also Abschied von der Volksschule in der Mannagettagasse. Diese Gasse mündete damals in die Saarlandstraße, welche heute ganz einfach wieder Straßergasse heißt. Die Schule roch damals nach einer mir unvergeßlichen Mischung aus Schülerklo und Bohnerwachs. Sie roch unvergleichlich besser, ausgesprochen neutral, als sie in der Zweiten Republik meinen Eltern als Wahllokal diente. „Evakuiert" werden hieß für uns Kinder so etwas wie Ferien mitten im Oktober, Koffer packen, aber größere als die für die bisherigen Sommerfrischen im Niederösterreichischen, außer der Lieblingspuppe und den Märchenbüchern mußten auch die Schultaschen mit. Wir fuhren nach Tirol, nach Sölden im Ötztal ins Hotel Post, und nur die Tatsache, daß wir jeden Morgen in die Dorfschule wanderten, unterschied unser Dasein in den Alpen von dem in einer besonders schönen Sommerfrische. Ich hatte Sprachschwierigkeiten in dem fremdsprachigen Ausland *Tirol*, ich verstand meine einheimischen Mitschüler schon beim Grüßen nicht, und die Ötztaler Bauernbuben und -mädchen dürften ähnliche Probleme mit meiner Sprechweise gehabt haben. Mit dem Berliner Jargon der KLV-Buben, die den Bomben auf ihre Heimatstadt mit der „Kinderlandverschickung" ins Hotel Post ausgewichen waren, ging's leichter. Wir sahen sonntags nach der Messe die Jungmänner des Tals betrunken ihre Einberufung zum Heer feiern und Tiroler, Berliner, Kölner und Wiener Eltern, sehr, sehr viel mehr Mütter als Väter, in kleinen Gruppen immer besorgter miteinander reden. „Wir danken unserem Führer" ließ der LAMA (ich erfuhr erst längere Zeit danach, daß dieses nette Wort Lagermannschaftsführer bedeutete), ein blonder Recke von kaum 18 Jahren aus *Großdeutschlands* nördlichsten Gauen seine KLV-Buben nach jedem Mittagessen im Hotelspeisesaal brüllen, und wir wußten, daß sie sich weniger bei Adolf Hitler bedanken sollten als beim Hotelier Isidor Riml, der auf nur ihm bekannten Wegen bis zuletzt die Verpflegung für sein vollbesetztes Haus heranschaffte. Die Schuldirektorin sei eine Nazisse, hieß es, aber ich kann mich an keine Grußübung mit dem rechten Arm erinnern. Das Führerbild hing auch im Büro der Hotelleitung, aber in der *Sonntagsmesse* sangen wir all die Lieder, die das Heilige Land Tirol in Notzeiten schon immer gesungen hat. Meine Mutter erwartete ihr drittes Kind, wovon weder ihr erstes noch ihr zweites eine Ahnung hatte. Sie brachte unsere dritte Schwester in einem Militärlazarett zur Welt, und ihr Geburtshelfer konnte nur mehr unter Alkohol seine Arbeit lebensungefährdend verrichten. Ich blieb also das einzige republikanische Kind in unserer Familie. Österreicher der Ersten Republik mußten beim Anschluß übrigens ihre *Pässe* abgeben und sie gegen großdeutsche eintauschen. Meine Mutter lieferte ihren österreichischen Paß nie ab. Sie hat ihn aufgehoben, sie hat ihn heute noch. Die Republik widerstand bei uns in der Schublade, irgendwo tief unter den vielen Rollenbüchern, Verehrerbriefen, hymnischen Kritiken und Bühnenfotos im Grinzinger Haus.

Im Ötztal und in seinen Seitentälern, also um uns herum, widerstand *Österreich* auf wirksamere Weise. Die Widerstandskampfgruppe um den sozialistischen Lokomotivführer Saurwein und den Pfarrer Kriessner zählte zur Zeit unserer Ankunft da oben schon mehr als 60 Personen. Einer aus dieser Partisanengruppe heißt Wolfgang Pfaundler, ich lernte ihn fünfzehn Jahre später kennen, da war er schon fast Professor. In seinem Piburger Haus ließ es sich herrlich schreiben, einen Sommer lang habe ich dort auf historischem Boden mir selbst Nachhilfestunden in österreichischer Geschichte geben können. Er selbst hat nie viel über die Zeit im Widerstand gesprochen, er muß wohl auch angenommen haben, daß ich Bescheid wüßte. Aber zu der Zeit hatte ich schon Theater und anderes im Kopf. Als Student und aktiver Widerstandskämpfer hat er aber damals ziemlich genau gewußt, wer aller da oben in Sölden das Kriegsende erwartete und wie. „Eine von euch ist getauft worden da oben, nicht? Ich erinnere mich an Kinder. Wir waren ja in der Nähe.“ Ich kam mir, beim Anhören der spärlichen Erzählung viele Jahre später, noch rückwirkend beschützt vor. Bei der *Taufe* meiner jüngsten Schwester mußten wir übrigens damals noch außen an die versperrte Kirchentür klopfen und im eiskalten Ötztaler Wintersturm warten, daß uns aufgetan wurde. Wir froren von Herzen. Ich kann mich nicht mehr erinnern, ob es im Kircheninneren damals sehr viel wärmer war.

„Mami, der Krieg ist aus!“ Den Satz brachte ich meiner Mutter ins Hotel mit, es war der 12. Mai 1945, und wir bekamen schulfrei. Ich erhielt eine mütterliche Umarmung und sah, daß sie weinte, obwohl ihr die Nachricht sicher nichts Neues mehr war. Einer aus der Hoteliersfamilie nahm das *Hitlerbild* von der Bürowand und warf es gelassen in die Schmelzwasser führende Ötztaler Ache, ich sah ein paar *Stahlhelme* hinterher schwimmen. Dann befreiten uns die „Akrimaner“, wie wir sagten. Der erste amerikanische Soldat, den ich zu Gesicht bekam, stand aufrecht in seinem Jeep und ließ sich vorsichtig um die Kurve neben dem wild gurgelnden Fluß auf den Dorfplatz fahren. Auf der Kühlerhaube des Fahrzeugs war eine hölzerne Hitlerbüste befestigt. Als der Jeep zum Stehen kam, griff mein erster *Amerikaner* nach dem Führerkopf und hielt ihn der ängstlich staunenden Dorfjugend feixend entgegen. Um ihn dann ebenfalls in hohem Bogen in die Ache zu werfen. Ich sehe ihn noch heute trudeln und versinken.

Die KLV-Buben waren in letzter Minute noch in ein höher gelegenes Alpental „verlegt“ worden, die meisten von ihnen wußten nichts über das Schicksal ihrer Eltern im *zerbombten* Deutschland, die einheimische Jugend lernte Kaugummi kauen und die ersten englischen Brocken mit Tiroler Zungen radebrechen. Unserem Vater – auch in letzter Minute noch zum Volkssturm eingezogen – rettete auf kurzem Heimaturlaub ein schwerer Gallenanfall nach dem Genuß einer üppigen Begrüßungstorte mit Buttercreme aus der Söldener Hotelküche wahrscheinlich das Leben, denn der Dr. Praxmarer, sonst Tag und Nacht auf seinem klapprigen Motorrad von Weiler zu Einödhof unterwegs, ließ ihn nicht wieder zum Volkssturm, und so waren wir schon wieder vollzählig beim Koffer- und Schultaschenpakken für die Talfahrt nach Innsbruck auf dem Lastwagen. Noch fast ein Jahr lang war an eine Heimkehr nach Wien nicht zu denken, im Grinzinger Haus waren nacheinander *Russen* und *Amerikaner* einquartiert. Wir fanden Unterkunft bei Freunden im letzten Stock eines Stadthauses am *Innsbrukker* Hofgraben, von den Fenstern dieser Wohnung konnte man die Nordkette hoch über der Stadt sehen. Tief unter uns marschierten die Schützen mit Trommel und Fahne, und oben auf den Hängen der Nordkette las man die aus Feuern gebildete Schrift, die „Südtirol zu uns“ forderte. Wir bekamen Lebertran, und in der Klosterschule hing das Kruzifix ohne weißen Fleck dahinter an der Wand. Ich wußte über das Wipptal und seine kleinen Seitentäler besser Bescheid als über die Wiener Ringstraße und was auf ihr vorging, lernte das Häkeln lieben und die Mathematik verabscheuen.

In amerikanischer Uniform kam ein Wiener aus New York uns besuchen und führte uns Kinder in seinem Jeep durch die besetzte Stadt. Wir kannten einen Sieger. Sieben Jahre später führte derselbe Amerikaner aus Wien mich über Schleichwege ohne Eintrittskarte in die alte Met, wo wir zwischen italienischen Auswanderern, die sich keinen Sitzplatz leisten konnten, auf dem Boden des Zuschauerraums sitzend, die „Macht des Schicksals“ hörten. Er hieß Gustl und lebt nicht mehr. Er ist vor einiger Zeit „drüben“ gestorben. In seiner New Yorker Wohnung bekam ich – halb Englisch, halb Wienerisch mit ihm redend – die erste Ahnung von *Kultur,* die man zum Ende meiner Ersten Republik aus ihr verjagt hatte und die der Zweiten so sehr fehlen würde. Mein „Leutnant Gustl“ kam immer nur zu Besuch nach Österreich. Aber viele „Tanten“ und „Onkel“ meiner Ersten Republik kehrten nach Hause zurück.

Meine *Zweite Republik* meldete sich bei mir knapp Zehnjährigen mit einem Antragsformular für eine Schülermonatskarte für die Wiener Straßenbahn, ich füllte es noch in Innsbruck mit einem Hochgefühl sondergleichen aus. Wir packten wieder einmal die Schultaschen und die Koffer, es ging ostwärts, heim nach *Wien.* Ich führte zwei Bücher im Reisegepäck mit mir, das eine hieß „Marcel“ und das andere war Felix Saltens „Bambi“. „Marcel“ erzählte die Geschichte eines französischen Buben aus dem Frankreich während des Krieges, der zum Schluß in die Schweiz reisen und dort die erste Tafel Schokolade seines Lebens essen durfte. Ich las von Bombenhagel und Flucht, von Hunger und dem Tod naher Verwandter. Wir Kinder hatten keinen Tag Hunger gelitten, unser Elternhaus stand, und wir hatten keinen nahen Verwandten verloren. Und mit „Bambi“ wollte ich auch nie auf mich schießen lassen, und die Wälder, in denen die Rehe des Buches lebten, konnten nur die unserer Sommerfrische während des Krieges sein, einer g'scherten Gegend in der Buckligen Welt, dort, wo Niederösterreich und das Burgenland sich Gute Nacht sagen.

Wenn ich als Kind *„Österreich“* dachte, dann hieß das für mich Waldrand und Hochstand, Geiß und Bock im sinkenden Abendlicht, Milch holen und Kühehüten beim Bauern Kabicher, Windrauschen in den Föhren und der Geruch von wilden Zyklamen. So sah meine erste „Au“ aus. Dieses mein Stück Österreich gab es für mich nie mehr wieder nach dem Krieg, der Ort lag zuerst in der russischen Zone, und später habe ich ihn nur mehr ein paar Mal aufgesucht, nach der verödeten Zeit mußte der Jungwald dort Betonauffahrten und Peitschenleuchten vor abenteuerlichen Bungalowkreationen des Wirtschaftswunders weichen und die Zyklamen den Koniferen aus dem Katalog.

Ich erhielt die *Schülerkarte* der Wiener Verkehrsbetriebe und benützte sie die kommenden acht Jahre auf meinem Weg ins Realgymnasium, an dessen Wänden es vor Kreuzen nur so wimmelte, die „Schwestern vom armen Kinde Jesu" nahmen es sehr ernst mit dem Jahrgang, aus dem die ersten Maturantinnen ihrer Schule nach dem Krieg hervorgehen sollten. Und wenn ich heute so despektierlich über ihre Kreuze rede, so weiß ich, daß ich von dem, was von ihnen ausging, ganz bestimmt keinen Schaden davongetragen habe. Ich erinnere mich fast mit Zärtlichkeit an die Nonnen meiner *Gymnasialzeit,* an die mit und an die ohne Hofratsrang, sie kamen mit der sich langsam wiederaufbauenden Republik recht gut zurecht, ließen ihrem weltlichen Lehrkörper freie Hand, liefen mit hochgeschürzten Röcken mit uns Ski und bangten mit mehr Eifersucht um ihre Fensterscheiben während unserer wilden Völkerballschlachten als ununterbrochen um das Heil unserer Seelen. Die *rotweißrote Fahne* machte sich gut in unserem Festsaal, und hinter ihren alljährlich im Klostergarten aufgestapelten Kohlkopfreihen bauten sie uns sehr bald ein Schwimmbad. Sie machten uns auf das genau gegenüber der Klosterpforte gelegene *KPÖ-Parteilokal* zwar aufmerksam, versuchten uns aber nicht weiszumachen, daß dort drinnen der Antichrist hauste. Daß politische Bildung noch kein Unterrichtsfach war, lag wohl nicht an ihnen.

In meiner Klasse saßen „die Tochter vom Figl" und „die Tochter vom Dr. Draxler", deren *beider Familiengeschichten* allein schon den *Geschichtsunterricht* eines ganzen Schuljahres hätte bestreiten können, aber aus meiner eigenen wußte ich, wer Otto Glöckel war und wie der Zusammenbruch der Monarchie von einem blutjungen Leutnant nach seiner Rückkehr von der Italienfront auf dem Weg zu Fuß durch Österreich, den „Rest", erlebt worden war, von den Schlachten des Ersten Weltkrieges wußte ich mehr als von denen des Zweiten Weltkrieges, von dem Leben kleiner Geschäftsleute im Wien der Ersten Republik wußte ich mehr als von den Mühen des gleichen Standes in der Zweiten Republik. Eltern und Großeltern erzählten gerne und viel „von früher". Die *Gegenwart* blieb uns zur *Entdeckung* überlassen. Ich war so etwas wie eine „Höhere Tochter", aber unter dieser Tatsache begann ich erst beim Theater zu leiden. Ich marschierte selbstverständlich hinter der Fahne der *Katholischen Jugend* den Ring entlang, was meine Mutter schon für „zu öffentlich" hielt, sammelte für das Dach des Stephansdomes, stand auf der Baustelle des Burgtheaters herum, machte meinen Knicks vor Werner Krauß und sah noch im Ronacher meine ersten Klassiker. Teilte die Magenschmerzen meiner Mutter beim Überqueren der Demarkationslinie an der Ennsbrücke während der sommerlichen Fahrten Richtung Westen auf der alten Bundesstraße 1 zu den *Festspielen* nach Salzburg, sah Max Reinhardts Inszenierung des „Jedermann" noch fast so, wie er sie erdacht hatte, und ließ mir erzählen, wie stimmungsvoll die Stadt zu Festspielzeiten vor dem Krieg war. Wie in Holzmeisters „Fauststadt" manchmal eine echte Kröte in die Bühnenscheinwerfer blinzelte und zu Gretchens Gebet der Phlox duftete.

Mein erster Verehrer fuhr keinen Porsche, sondern Fahrrad, und meinen ersten Kuß bekam ich auf dem Heimweg von der Maiandacht. Ich konnte außerdem seine Einladung zu einer Österreich-Radrundfahrt nicht annehmen, da ich nach Erhalt meines ersten eigenen Reisedokuments nach *England* fahren mußte zwecks Verbesserung meiner Sprachkenntnisse. Dort stellte ich zum ersten Mal die leidige Angelegenheit mit Australia und Austria richtig, hatte meine liebe Not mit der Antwort auf die Frage, was denn mein Vaterland „during the war" gemacht hätte und wo genau es denn auf dem Kontinent läge. Ich schluckte meine flammende Empörung über die Unwissenheit dieser Ausländer hinunter und hörte ihren Familiengeschichten zu. Sah die Republik zum ersten Mal *von außen*. Das sollte Staatsbürgerpflicht sein. Ich ging dann ein Jahr lang in der Hauptstadt der *Vereinigten Staaten* in die Schule und beschrieb dort meine Republik ahnungslosen amerikanischen Altersgenossinnen, die im Geschichtsunterricht über das komplizierte Durcheinander der europäischen Machtverhältnisse während des Mittelalters und der beginnenden Neuzeit stöhnten, und die Austria, abgesehen von der chronischen Verwechslung mit dem Känguruh-Erdteil, für ein Ländchen mit kleinen rotbedachten Bauernhäuschen und einigen Bergen dazwischen hielten. Ich ließ mir verzweifelt Bildbände über Österreich von zu Hause nachschicken.

Ich saß heulend vor Heimweh in einer *Washingtoner* Internatsbadewanne und schrieb Feldpostbriefe nach Korea, an einen Soldaten, „der die wenigste Post bekommt". Ich beschrieb ihm auf vielen Bogen Luftpapier die Hauptstadt meiner Republik. Ich traf mich mit emigrierten Freunden meiner Eltern in New Yorker Cafeterias und erklärte ihnen, warum ich auf jeden Fall wieder nach Österreich zurückwollte, und sah das Heimweh in ihren Augen.

Ein Jahr nach meiner *Matura* unter der rotweißroten Fahne im Festsaal der Klosterschule hatte meine Republik ihren *Staatsvertrag* und war frei.

Ich ging – nach einigen Umwegen – zum *Theater*. Und verließ das Land. Einem ungeschriebenen Gesetz folgend, wonach man in der schützenden Nestwärme der Wiener Kulturszene als höheres Töchterl darin Prominenter schon am Beginn einer Theaterlaufbahn zum Einschlafen eingeladen wird. Ich sah meine Republik zehn Jahre lang aus der *Bundesrepublik Deutschland* an, von außen. Fiel von einem Nachholbedarf in den anderen. Rannte jeder Information über den *Holocaust* nach, die ich nur bekommen konnte. Lernte noch einmal *sprechen*, d. h. die „österreichischen Osterglocken" aus meiner Stimme merzen und die Vokale trocknen. Empfand es als Lob, wenn mir Theatermacher bescheinigten, daß man es gar nicht gleich merken würde, daß ich aus „Österreich" sei. Und gar aus Wien. „Wie diese Österreicherin die deutsche Sprache beherrscht" stand verwundert in einer Kritik. Es lag dem Anlaß Schiller zugrunde. Ich lernte Lessing nachdenken und die irreführende Macht des Wiener Charmes kennen und nicht mehr sehr mögen. Ich lernte versteckte und offene Verachtung an der deutschen

Theaterszene für den „Operettenstaat“ kennen und für die *rückständige* Art, mit der bei uns zu Hause angeblich schon immer Theater gespielt würde, japste nach Gegenargumenten und verbiß mir manchmal das Lachen.

Behielt meine *Staatsbürgerschaft* und meinen Paß, trotz „Anschluß“ durch Heirat. Zuckte zusammen, wenn Wiener im Hofbräuhaus laut wurden. Weigerte mich, Gumpoldskirchner in deutschen Lebensmittelläden zu kaufen und ihn auch noch zu trinken. Las Brecht und hörte den Intellektuellen zu, und es fielen mir die Namen der jeweiligen österreichischen Regierungsmitglieder nie ein. Ich konnte nicht wählen und dachte gar nicht daran, dafür nach Hause zu fahren. Ich mochte die SPD sehr viel mehr als die CDU/CSU und hörte schnell damit auf, die beiden mit der heimischen Rot-Schwarz-Teilung zu vergleichen. Ich brachte Kollegen den korrekten Handkuß bei und sagte Pfund statt Kilo, wenn ich in Salzburg Mozartkugeln für Münchner Weißwurstfeste einkaufte. Ich genoß es, wenn mir an letzten Drehtagen niemand schöne Empfehlungen an meine Eltern auftrug. Ich las mich durch deutsche Zeitungen und war entsetzt über Kulturberichte aus Wien, genauer gesagt über die *Anbiederung* an die herrschende deutsche Meinung in Sachen Kultur. Ich sah österreichische Kollegen sich eingemeinden, hörte sie bald schnarren und schnappen und ihren Wiener, Grazer oder Linzer Sprechgesang auf Ruhrgebiet-Kürzel reduzieren.

Ich tat mit bei Lesungen gegen den *Vietnamkrieg* und erlebte Publikumsdiskussionen nach Aufführungen im Zuschauerraum, bei denen ratlose Schauspieler vor glänzend argumentierenden *Studenten* kapitulierten. Als das Jahr 68 ausbrach, fuhr ich schon mit dem Burgtheater um die Welt, und als die Kollegen in Deutschland auf die Straße gingen, kehrte ich heim nach Wien, brachte das Kind eines Wieners in *meiner* Republik zur Welt und trat meinen *Burgtheatervertrag* an. Kam zurecht zum Beginn der Regierungsverantwortung der SPÖ, zu Kreisky, in den Theatern hielten sie noch keine Politvorlesungen mit anschließender Dauerdiskussion ab – hier ist gut bleiben, dachte ich. Und ich stürzte mich in die Arbeit, zog mein Kind auf, begrub meinen Mann.

Die Feiern zum 40. Geburtstag dieser unserer Republik liefen an, sie dauern an, sind nicht an Tage gebunden. Sie muß sich feiern lassen, damit sie wieder ins *Gerede* kommt, in unser aller gutes Gerede. Sie ist nicht im besten Gerede zur Zeit. Politikverdrossenheit, Demokratiemüdigkeit. Sie reden schon von der Dritten Republik.

Ich stand in der *Hainburger Au* an dem Tag, als sie die junge Esche pflanzten, nicht weit von den geschlägerten Bäumen und der großen Brükke über die Donau. Ich sang die *Bundeshymne* mit, leise. Ich stand nicht bei den Pressephotographen. Es war ein halbsonniger Wintertag, sehr kalt. Ich fürchtete für den jungen Baum in dem gefrorenen Boden. Sie sagten mir, diese Art sei zäh. Er hätte eine Chance. Der Wind vertrug die Worte der Hymne.

Ich hielt es für eine *historische Stunde*. Nicht so sehr eine des Umweltschutzes, nein. Die Republik stand plötzlich nackt da, und man konnte ihr bis in die Eingeweide schauen. Für einen Moment zerriß das Gewebe staatsbürgerlicher Verdrängungen. Sie mußte sich einen Befund ausstellen lassen, diese Republik, eine Zustandsmomentaufnahme war möglich. Wo ist das „größere Österreich"?

Es ist schwer, das meinem Sohn zu erklären. Es ist auch nicht wirklich wichtig, dafür *Begriffe* zu finden. Das soll er für sich tun. Er soll sich gar nicht erst bei *Grenzen* aufhalten. Die können tödlich sein, gerade für ein kleines Land. Wichtig ist, öfter als zu Jahrestagen der eigenen Biographie in die Eingeweide zu schauen, nachsehen, was sich die innere vita von der äußeren hat antun lassen. Man wird Spuren der *Täterschaft* auch der Republik entdecken. Es darf an der Beseitigung der *Deformation* gearbeitet werden. Es wird auch der Republik zum Heil gereichen. Es ist zu überprüfen, was einen in jungen Jahren in dieses Land verliebt gemacht hat.

Wir von der Zunft der Künste haben *staatenlos* zu sein. Wir zahlen unsere Steuern an die *Schöpfung*. Unsere *Phantasie* muß anarchisch gesinnt sein, wir sitzen im Parlament der *Utopie*. Wir sind immerwährend fatal.

„Meine“ Zweite Republik – Erinnerung und Erfahrung

Der Wissenschafter: Meinrad Peterlik

Zum Thema „‚Meine‘ Zweite Republik – Erinnerung und Erfahrung“ zu schreiben, heißt für mich, der ich kein Historiker bin, zu klären und klarzulegen, wie *Geschichte* nicht nur in der „zufälligen“ Abfolge mehr oder minder „geschichtsträchtiger“ Ereignisse, an die man sich erinnert, sondern über das Ereignishafte hinaus in Entitäten komplexer Wirklichkeiten und daher als Realität erfahren, und wie diese Erfahrung tradiert werden kann. Woraus besteht also die „innere Wirklichkeit“ der Zweiten Republik, das heißt des Zeitabschnittes von 1945 bis. . .?

So vordergründig leicht der *Beginn* der Zweiten Republik gleichzusetzen ist mit der Befreiung, der Bildung der ersten österreichischen Regierung und dem Kriegsende im Jahr 1945 sowie mit dem darauffolgenden „Wiedererstehen eines freien und demokratischen Österreich“ (um in der Diktion der Zeit zu bleiben), obwohl damals – der von Stephan Verosta formulierten Okkupationstheorie folgend – ja nur ein Austausch der Besatzungstruppen erfolgte, so hintergründig schwer ist das *Ende* der Zweiten Republik zu bestimmen oder vorauszusagen. Ich glaube, daß es zu dem Zeitpunkt anzusetzen ist, zu dem es der intellektuell und politisch engagierten Minderheit unseres Landes klar werden mußte, daß sie es verabsäumt hatte, ihre Erfahrung der geistigen und politischen Wirklichkeiten unseres Landes so zu formulieren, daß sie auch an eine nachfolgende Generation weitergegeben werden konnte. Allerdings ist es fraglich, ob jene auch bereit gewesen wäre – obwohl sie durch eine Präsentation in den sogenannten Medien (z. B. in der eindrucksvollen Fernsehreihe „Österreich II“) viele historische Ereignisse auch nacherleben hatte können –, jene Erfahrung für sich zu akzeptieren. Mit anderen Worten wäre es für die „Meinungsbildner“ einer jüngeren Generation darum gegangen, aus tradierter Erfahrung eine Stringenz politischen Denkens und Handelns entweder für sich abzuleiten – was sie wahrscheinlich nicht konnten – oder wenigstens nachzuvollziehen – was sie offenbar nicht wollten. Es ist daher nicht der Verlust *der* „politischen Kultur“ im allgemeinen, sondern *einer* politischen Kultur im besonderen festzustellen und zu beklagen, die ihre Wirklichkeit und Wirksamkeit und dadurch auch ihre Verbindlichkeit verloren hatte, weil sie – auch und besonders wegen mangelnder Akzeptanz – nicht mehr tradiert werden konnte.

Äußere Zeichen für dieses Phänomen gab es viele; es waren Ereignisse, denen wir hilflos zuschauen mußten und die uns retrospektiv bewußt machten, daß mit dem *Verlust* der die Zweite Republik bestimmenden politischen Kultur auch der Verlust der politischen Identität unseres Staatswesens verbunden war, sodaß wir heute dem geistigen Aufbruch in Mittel- und Osteuropa nach dem Verschwinden der kommunistischen Diktaturen und der davon weitgehend bestimmten Neustrukturierung Europas fast nur unbeteiligt zuschauen können.

Wir mußten hilflos zuschauen, als eine österreichische Regierung die Wiener Prügelpolizei (es hätte zu dieser Charakterisierung nicht erst eines Berichtes von Amnesty International bedurft) auf die Besetzer der *Hainburger Au* losließ, die sich ihr mit rot-weiß-roten Fahnen entgegenstellte.

Wir mußten hilflos zuschauen, wie die Spitzen der Regierung so erpreßbar wurden, daß ihnen eine Anklage wegen *Neutralitätsgefährdung* drohte. In diesem Zusammenhang gilt es zu bedenken, was es heißt, wenn fast ein gesamtes Kabinett zu einem Zeitpunkt, zu dem niemand das Ende des Ost-Westkonfliktes auch nur ahnen konnte, die Neutralität Österreichs bagatellisierte, die uns ein Überleben in eben diesem Konflikt ermöglicht hatte.

Wir mußten hilflos zuschauen, als Österreich 1983 eine „national"- sozialistische Regierung aus FPÖ und SPÖ bekam, und dadurch eine Schranke durchbrochen wurde, die bisher verhindert hatte, daß diejenigen Leute, denen zwar weniger die Selbständigkeit als vielmehr die *Eigenständigkeit* Österreichs zutiefst zuwider war und ist, in der Form der Regierungsbeteiligung über die aktuelle und zukünftige Entwicklung des Landes mitbestimmen konnten.

Dies alles kann als Symptom dafür gesehen werden, daß der Konsens über die österreichische *Identität* als konstitutiven Faktor der Zweiten Republik im Schwinden begriffen ist.

Ich möchte im folgenden versuchen, mir und anderen begreiflich zu machen, wie sich die Umwandlung der Erfahrung von Ereignissen, die sich nachträglich als „geschichtlich" herausstellten, in intellektuelles und politisches Bewußtsein – und daraus resultierend – in intellektuelles und politisches Wollen in den Jahren, in denen die Zweite Republik Bestand hatte (sie mag zwar jetzt noch bestehen, ob sie aber Bestand hat, sei dahin gestellt), bei einer *Generation* von Gleichgesinnten vollzog, für die ich stellvertretend schreiben möchte: das heißt, vor allem stellvertretend für die Nachkommen jener Österreicher, die in den Märztagen 1938 nicht auf dem Heldenplatz gejubelt und die auch im sogenannten Ständestaat nicht im Traum daran gedacht hatten – auch nicht angesichts aller wirtschaftlichen Schwierigkeiten – sich den Nationalsozialisten zuzuwenden, weil sie sich genug politische und intellektuelle Redlichkeit für die „Unterscheidung der Geister" bewahrt hatten, sodaß sie die im Rahmen des unseligen „Bedenkjahres" 1988 erhobenen Beschuldigungen bzw. Zumutungen zur Übernahme von Kollektivschuld nur als Gemeinheit empfinden mußten.

Natürlich ist mir die Herkunft aus einem *Elternhaus,* in dem Vater und Mutter von der katholischen Jugendbewegung „Neuland" geprägt waren, erst viel später als in den letzten Monaten des Krieges, auf die meine Erinnerung zurückgeht, bewußt geworden: Luftangriffe auf Wien, Fliegeralarm, die unheimlichen verschlüsselten Radiomeldungen, der Gang in den Luftschutzkeller, Sirenen, entferntes Flakfeuer, Entwarnung, das brennende Haus vis-à-vis, das alles habe ich als Sechsjähriger nicht mit dem Regime in Zusammenhang gebracht, dem wir das alles zu „verdanken" hatten. Natürlich habe ich zu dieser Zeit die Ereignisabläufe und die inneren Zusammenhänge nicht begriffen, die zwischen dem Ende der Eigenstaatlichkeit Österreichs, dem Beginn des Krieges, dem millionenfachen Tod im Konzentrationslager und dem ganzen unsagbaren Elend, das die Welt erfaßt hatte, bestanden. Es muß wohl in den ersten Mittelschuljahren nach 1948 gewesen sein, als mir klar wurde, daß meine Eltern, ihre Freunde und viele Gleichgesinnte daran keinen Anteil und keine Schuld hatten.

Wenn heute behauptet wird, daß in Österreich die Vergangenheit generell und bewußt verleugnet wurde, so ist das ganz einfach nicht wahr: Es hat in jener Zeit genug *Information* innerhalb und außerhalb der Schule über die Jahre des Krieges und die Greueltaten der Nationalsozialisten gegeben, über die Beteiligung *von* Österreichern daran (nicht: *der [!]* Österreicher, wie es heute Mode geworden ist zu behaupten), aber auch über die Formierung des inneren und äußeren Widerstandes gegen die Unterdrückung durch das NS-Regime. Es ist daher nicht verwunderlich, daß in unserer Generation langsam, aber stetig das Bewußtsein wuchs, in einer Umgebung, in einem Land, in einem Staat zu leben, dessen gestalterische Kräfte aus der Ablehnung der vergangenen menschenverachtenden Diktatur entstanden waren und die noch dazu – trotz aller Hindernisse und Rückschläge durch Zeitumstände und alliierte Besatzung – im letzten erfolgreich den „Wiederaufbau des Staates" vorantrieben und sich so bei der Beseitigung einer uns alle bedrückenden Lebenssituation bewährten. Das waren wesentliche Elemente, die das Bild Österreichs als eines demokratischen Staatswesens ausmachten, und mit dem sich der Großteil der Bevölkerung identifizieren konnte. In dieser Zeit war keine Rede von Österreich als einem „Staat, den keiner wollte", obwohl die äußeren Lebensumstände wohl eher Grund zum Defaitismus gegeben hätten. In der Erinnerung an die Jahre unmittelbar nach 1945 fällt auf, daß nicht nur der Mangel an materiellen Gütern bedrückend empfunden wurde, sondern vor allem die Ungewißheit der zukünftigen weltpolitischen Entwicklung. Was war denn schon zu erhoffen für das Leben in einem Land, in dem die Besatzungsmächte so präsent waren, daß der tägliche Anblick von fremden Soldaten, Fahnen, Aufschriften, Bildern auch jedem nur Zehnjährigen das Prekäre und das Abnorme der Situation signalisieren mußte – und das, obwohl der Vergleich mit der Normalität nur wenigen möglich war: einerseits, weil die ältere Generation, in der Zwischenkriegszeit von den Ereignissen der Jahre 1918, 1927, 1934 geprägt, wohl auch kaum eine Normalität des

Lebens, wie wir sie heute erfahren, an uns weitergeben konnte; und weil andererseits der Vergleich mit der Normalität in anderen Ländern, etwa durch Reisen oder Urlaub, nicht möglich war (obwohl es gerade mir vergönnt war, in den Jahren 1947 und 1948 jeweils einige Wochen in der Schweiz zu verbringen).

Es ist nicht verwunderlich, daß in dieser Zeit schon Zehnjährige politisch sensibilisiert werden konnten, wurden doch sogar die Kinder – auch ohne die Situation reflektieren zu können – von *Lebensangst* befallen, wenn sie die Angst der Eltern, am nächsten Morgen unter russisch-kommunistischer Herrschaft aufwachen zu müssen, zu verstehen versuchten. Schon kurze Zeit nach Beendigung des Krieges und der Naziherrschaft war wieder die Bedrohung der persönlichen Existenz durch eine Ideologie zur Bedrohung durch deren nationale „Träger“ geworden. Es ist nicht die Schuld, aber es ist das historische Schicksal der „Russen“ und der Deutschen, daß sie somit als Angehörige dieser Nationen in den Augen derer, deren Lebensgrundlagen in Form eines eigenbestimmten Staates durch Kommunismus oder Nationalsozialismus gefährdet waren, diese Ideologien auch als einzelne „verkörperten“.

Es scheint mir jetzt am Beginn der neunziger Jahre daher fast selbstverständlich, daß sich gerade in der *Extremsituation* der Nachkriegszeit auch Heranwachsende Gedanken über die Gründe und Ursachen machten, die zu diesen einzigartigen persönlichen, politischen und historischen Lebensumständen geführt hatten. Wir haben als Mittelschüler Schritt für Schritt entdeckt, daß auch der Mensch als Individuum historisch bestimmt ist, zumindest weil die auf ihn einstürzende Gegenwart immer auch als Resultat der Vergangenheit erfahren werden kann. Für eine Generation, die die Zwischenkriegszeit nicht erlebt hat, war es sehr einfach, sich mit dem Österreich der Zweiten Republik zu identifizieren, da sie nicht durch das zwiespältige Erleben der Ersten Republik daran gehindert wurde. Wir lernten bald verstehen, daß das Österreich nach 1945 kein Kunstgebilde war, in das wir vom Schicksal zwangsverschickt worden waren, sondern eine – wenn auch neue – Ausformung einer fast tausendjährigen Realität, die existierte als Landschaft oder Lehen, als Herzogtum oder Kaisertum, als Casa d'Austria oder als Österreich-Ungarn, als Inner-, Vorder-, Nieder- oder Oberösterreich. In Rückverfolgung der historischen *Tradition* Österreichs wurde uns bald bewußt, daß die geringe Chance Österreichs, auch nach 1918 weiter zu existieren, nicht ausschließlich zwar, aber doch zuletzt durch den „Anschluß“ im Jahre 1938 zunichte gemacht wurde. Kein Wunder also, daß die Existenz eines solchen Landes und die Existenz in einem solchen Land, die ja nicht nur in der Abwendung der täglichen materiellen Not bestehen konnte, erst sinnvoll wurden und sinnhaft erfahren werden konnten durch den Anspruch, in einem Staat zu leben, der als Kleinstaat die guten Traditionen des alten Vielvölkerstaates konservieren wollte, um sie für die politische Entwicklung Europas nutzbar zu machen.

Sicher war uns damals diese Staatsphilosophie und Staatsidee Österreichs, die von der Intelligenz des Landes – und hier möchte ich den Namen Friedrich Heer symbolisch für viele nennen – vertreten wurden, nicht so explizit bewußt, wie wir sie heute zu formulieren imstande sind. Doch was war es anderes, was dem Wunsch nach Freiheit des Landes, die damals am Beginn der Fünfziger Jahre für die Mehrzahl der Österreicher wohl auch ein existentielles Bedürfnis war, zugrunde lag? Warum kann ich mich zum Beispiel heute noch – nach fast vierzig Jahren – an die tiefe Niedergeschlagenheit erinnern, die mich als Sechzehnjährigen erfaßte, weil im Jahr 1954 der Staatsvertrag nach der für Österreich ergebnislos verlaufenen Außenministerkonferenz in Berlin in unendlich weite Ferne gerückt zu sein schien? Es muß wohl der allgemeine Wunsch, nicht nur frei zu sein, sondern auch in einem freien Staat zu leben, und in diesem sinnvoll zu leben, das Bewußtsein, die Wünsche, die Erwartungen und vor allem die Haltungen der damaligen jungen Generation geprägt haben.

Die Identifikation mit Österreich in Orientierung auf seine historische Tradition und der Wille, das politische Leben dieses Landes zu gestalten, der sich allmählich aus dem Bewußtsein entwickelte, daß es sinnvoll sei, sich für die Art des Zusammenlebens von Menschen zu engagieren, die als *„typisch österreichisch“* umschrieben werden konnte, waren aber untrennbar mit dem Suchen nach *demokratischen* Prinzipien zur Gestaltung weiter Lebensräume verbunden.

Grundlage für diese Streben bildete sicher auch die *katholische Erziehung* in Elternhaus, Schule – im Schottengymnasium in Wien – und kirchlichen Gemeinschaften – von denen ich besonders die Katholische Hochschuljugend Österreichs nennen möchte, die mir die Begegnung mit Karl Strobl und Otto Mauer ermöglichte. Hier wurde uns die Gleichheit der Menschen aus christlicher Brüderlichkeit als Selbstverständlichkeit vor Augen geführt. Wir erfuhren eine katholische Kirche, von der wir wußten, daß viele ihrer Angehörigen – Priester und Laien – aus eben dieser Motivation Diktatur und Totalitarismus existentiell abgelehnt und intellektuell bekämpft hatten. Wir erlebten aber auch eine Kirche, die nicht nur in der Vergangenheit vom Nationalsozialismus verfolgt worden, sondern die in unseren östlichen Nachbarländern tagtäglich der Unterdrückung durch die Kommunisten ausgesetzt war.

Kirche und Staat waren nach 1945 in einer ähnlichen Situation: Beide Institutionen befanden sich in einer Aufbruchsstimmung, waren – unter Ausnützung und Überwindung mitunter jahrhundertealter Traditionen – auf der Suche nach neuen Wegen zu größerer politischer und intellektueller sowie innerer und äußerer Freiheit, zur Selbstgestaltung und Selbstverwaltung des gemeinschaftlichen Lebens.

Katholik, Demokrat und Österreicher zu sein, waren nicht nur verschiedene Facetten und Aspekte bewußten persönlichen Erlebens, sie wurden auch konsequent umgesetzt und integriert in die Ausprägung persönlichen Lebens, in Haltungen und Imperative, die die *politische Kultur* in Österreich mitbestimmen wollten.

In diesem Zusammenhang möchte ich mit einigem Nachdruck darauf hinweisen, daß es in der Zweiten Republik keinen kirchlichen *Antisemitismus* gegeben hat – weder im Religionsunterricht, noch in der Predigt, schon gar nicht in der Bildungsarbeit der Katholischen Jugend Österreichs, die ganze Generationen junger Katholiken in ihrer geistigen Haltung beeinflußt hat. Im besonderen habe ich während meiner Schulzeit in einem Benediktinergymnasium und auch während meiner Studienzeit in der Katholischen Hochschuljugend Österreichs nicht das geringste von einem pseudotheologisch motivierten Antisemitismus gespürt, dessen angebliche Wirksamkeit insbesonders im Zusammenhang mit dem „Bedenkjahr 1988“ beschworen wurde. Ich meine, daß es gerade diese katholische Erziehung war, die uns für dieses „Thema“ im Vergleich zu anderen Angehörigen unserer Generation in erhöhtem Ausmaß sensibilisiert hat.

Das Lebensgefühl in den ersten zwei Jahrzehnten der Zweiten Republik war aber nicht ausschließlich von den „äußeren“, politischen Umständen bestimmt, sondern auch – ich möchte fast sagen: in komplementärer Weise – durch die Entdeckung einer spezifischen, als „österreichisch“ empfundenen Geisteshaltung, besonders in den Werken der *Literatur und Philosophie,* wobei wir mit größtem intellektuellen und emotionellen Genuß die Spannungsfelder durchmaßen und die Spannung zwischen den Polen auskosteten, die durch die Namen Karl Kraus, Joseph Roth, Ludwig Wittgenstein, Heimito von Doderer, Franz Kafka, Fritz von Herzmanovsky-Orlando, Friedrich Torberg, Robert Musil, Franz Grillparzer, H. C. Artmann – um nur einige zu nennen – gekennzeichnet sind.

Es ist heute bei der Betrachtung der Anfangsjahre der Zweiten Republik vielleicht schon in Vergessenheit geraten, mit welch innerer Heftigkeit damals die Diskussion geführt wurde, ob *Demokratie* nur als eine Sammlung von Spielregeln aufzufassen oder als Lebensprinzip zu verstehen wäre. Die Entwicklung einer ungebrochenen Demokratietradition in Österreich war durch die Ereignisse in der Ersten Republik und durch die Besetzung Österreichs nicht möglich, sodaß die Demokratieerfahrung gering war. Die Formalprinzipien der Demokratie als Leitlinien politischen Handelns anzuerkennen, fiel nicht schwer, weil es dazu keine Alternative gab: Wohin autoritärer Ständestaat und insbesonders die Nazidiktatur geführt hatten, war zu offensichtlich, und die Bedrohung durch den kommunistischen Totalitarismus – noch dazu am Beispiel der „Volksdemokratien“ tagtäglich erfahrbar – war zu beeindruckend, um auch nur in Gedanken an den Werten der Demokratie oder an den Werten des Lebens in der Demokratie zu zweifeln.

Einem Akzeptieren von demokratischen Lebensprinzipien in *allen* Teilen des öffentlichen und auch privaten Lebens stellten sich aber die alten *konservativen* Ideologien entgegen. Obwohl die katholische Kirche bereit war, die Begriffe der „Gleichheit“ (der Menschen vor Gott) und der „Brüderlichkeit“ („Ihr alle aber seid Brüder“) auch als politische Kategorien zu akzeptieren, taten sich bestimmte Denkrichtungen innerhalb der Kirche mit dem Begriff der „Freiheit“ schwer, vielleicht weil die vielzitierte „Freiheit des Christenmenschen“ eine Vielzahl von Interpretationen zuließ, ohne den persönlichen und politischen, d. h. demokratischen Freiheitsbegriff notwendigerweise zu inkludieren. Daß ein Bekenntnis zu Gleichheit und Brüderlichkeit ohne Garantie auch der persönlichen und politischen Freiheit im weitesten Sinn (d. h. auch in Hinsicht auf den innerkirchlichen Bereich) unglaubwürdig ist, das konnte man wohl aus dem Festhalten am hierarchischen Prinzip in der vorkonziliaren Zeit vielfach nicht verstehen. So war im „rechten Lager“ immer wieder die Auffassung zu hören, daß zum Beispiel auch eine „ständestaatliche“ Regierung, solange ihre Handlungen im Prinzip von einem nicht näher definierten Gemeinwohl bestimmt wären, auch bei Hintansetzung des Freiheitsprinzipes akzeptiert werden könnte. Demokratie war dieser Auffassung zufolge nur eine zeitbedingte und daher nicht einmal besondere Art der Formalisierung des politischen Entscheidungsprozesses.

Es soll aber nicht vergessen werden, daß andere konservative Ideologien wie der *Sozialismus* zu keinem wesentlich anderen Verständnis der Demokratie fähig waren. Noch bis in das Jahr 1958 galt im Parteiprogramm das Prinzip „Demokratie der Weg – Sozialismus das Ziel“. Man übersieht heute vielleicht, welch gefährliche Geisteshaltung hier überwunden werden mußte, denn die in diesem Prinzip ausgedrückte Relativierung des Wertes der Demokratie machte eine theoretische Abgrenzung gegenüber den Zielvorstellungen der kommunistischen Diktaturen nicht gerade leicht. Ganz ist sie auch nie gelungen, wofür die in den sechziger Jahren einsetzende Verteufelung des Antikommunismus durch eine gewisse linke „Intelligenzija“ nur allzu beredtes Zeugnis abgelegt hat. Vielleicht sollte man diese heute angesichts der Auflösung des kommunistischen Machtbereiches sprachlos gewordene Gruppierung ein wenig daran erinnern.

Die *Demokratiediskussion* in der Zweiten Republik hat sicher periodenweise unterschiedliche Qualitäten gehabt: So war sie bis zum Jahr 1955, das uns die Befreiung von den Besatzungsmächten durch den Staatsvertrag brachte, anders motiviert als in der darauffolgenden Zeit bis zum Jahr 1966, in der die demokratiepolitisch bedenklichen Auswirkungen des von der Großen Koalition regierten Verbände- und Kammernstaates – nach dem Fallen der letzten Schranke auf dem Weg zu äußerer Freiheit – besonders deutlich wurden. Als Ergebnis dieser Diskussion lag eine große Zahl von Vorschlägen zur *Reform* des politischen Lebens vor; der Reformwille, der ihnen zugrunde lag, wurde aber in den Jahren der ÖVP-Alleinregierung nach 1966 – wahrscheinlich in der Euphorie über die Erlangung der absoluten Mehrheit – politisch nicht umgesetzt; vielleicht auch deswegen nicht, weil das nicht unumstrittene Bemühen von Josef Klaus, Politik durch „Sachlichkeit" zu ersetzen, dem entgegenstand. Ab 1970 unter den diversen Regierungen Kreisky sind dann alle Initiativen zur Demokratiereform schlicht und einfach in Vergessenheit geraten. Heute scheint es mir, daß das qualvolle Ende der Zweiten Republik bereits zu dieser Zeit seinen Anfang genommen hat, und daß aus der ordnungspolitischen Leere des Bemühens um die vielzitierte „Transparenz" sich das staatspolitische Fiasko der letzten Jahre entwickelte.

Bei der Diskussion um den Zustand der Demokratie in Österreich erhebt sich allerdings eine Frage, die noch nicht ausreichend beantwortet wurde und die wahrscheinlich auch nicht zufriedenstellend beantwortet werden kann: Warum sind die Ereignisse des *Jahres 1968,* die ganz Westeuropa durcheinanderwirbelten, nicht auch in Österreich geschichtsmächtig geworden? Zum einen hat sicher die Erkenntnis und vor allem das Erleben dazu beigetragen, daß innerhalb der österreichischen Realverfassung auch die Auflösung „verkrusteter Strukturen" möglich war, was durch das Ende der Großen Koalition als Folge der Nationalratswahlen 1966 augenscheinlich geworden war, zum anderen hatte die historisch bedingte gänzlich andere Entwicklung demokratischer Institutionen in Österreich – im Gegensatz besonders zu Frankreich und wohl auch zur Bundesrepublik Deutschland – die Notwendigkeit der Analyse undemokratischer oder pseudodemokratischer Strukturen nicht vordringlich erscheinen lassen. Dies bezieht sich nicht zuletzt auf die eigenständige Entwicklung spezifischer, auf Gesprächsfähigkeit und vor allem Gesprächsbereitschaft beruhender Konfliktlösungs- und Konfliktvermeidungsmodelle (Sozialpartnerschaft usw.), die ihre Meriten auch darin hatten, daß sie die innere Stabilität und damit den inneren Frieden Österreichs zu einer Zeit der äußeren Bedrohung garantierten. Es sollte daher leicht zu verstehen sein, daß die Scheu vor dem Infragestellen althergebrachter und überlieferter politischer Strukturen in ungeschützter Position am „Eisernen Vorhang" größer war als anderswo.

Trotzdem sind die Geschehnisse des Jahres 1968 in Europa nicht ohne Auswirkungen auf Österreich geblieben. Zu offensichtlich war die Tatsache, daß die Überlegungen bzw. die Kämpfe um die „Radikaldemokratie" ihren Ausgangspunkt von den *Universitäten* genommen hatten, um nicht auch Überlegungen zur Universitätsreform in Österreich, die jedoch ihre eigenständigen Wurzeln hatten und jedenfalls schon viel früher angestellt worden waren, zu beeinflussen. Allerdings hat dieser Reformkurs im Jahr 1970 durch den Beginn der sozialistischen Alleinregierung eine Entwicklung genommen, die zur Geburt eines demokratiepolitischen Monstrums, des Universitätsorganisationsgesetzes 1975, führte.

Der allmähliche Verlust an demokratiepolitischen Vorstellungen und an ordnungspolitischem Konsens seit dem Jahr 1970, der das schleichende Ende der Zweiten Republik bedeutet, wird für mich nirgends klarer demonstriert als an der Entstehung und an den Auswirkungen des *Universitätsorganisa-*

tionsgesetzes. Ausgehend von der durch nichts bestreitbaren und von niemandem bestrittenen Notwendigkeit einer Reform des Universitätswesens wurden formaldemokratische Richtlinien zum inhaltlichen Prinzip erhoben, das einer differenzierten Organisation qualifizierter Forschung und Lehre niemals gerecht werden konnte. Noch dazu wurde in dem – durchaus gerechtfertigten – Bemühen, die Standesinteressen der Professoren („Ordinarienuniversität") zu paralysieren, paradoxerweise ein „ständestaatlich" motiviertes Kuriensystem installiert, das die Universitäten den Siegern im Kampf der Gruppeninteressen auslieferte. Die Universitäten – einst Träger einer in ihrer Idee begründeten Universalität – wurden zum Spielfeld und Spielball ideenloser und selbstgerechter Interessenvertreter, die ihre akademische Karriere nicht eigener wissenschaftlicher Arbeit, sondern der Unterstützung auf persönlichen Vorteil bedachter Gleichgesinnter verdankten.

1970 war das geschehen, was viele für undenkbar hielten: Ich meine nicht die Tatsache, daß die Sozialisten stimmenstärkste Partei geworden waren, das war ja schon im Jahr 1958 der Fall gewesen, sondern die Bildung eines Minderheitskabinetts durch Bruno Kreisky, die nur durch die Zustimmung der sogenannten *Freiheitlichen* möglich geworden war. Kreisky hatte – Parteiinteresse vor Staatsinteresse stellend – die FPÖ, die damals genauso wenig wie heute ihre Herkunft aus dem Nationalsozialismus leugnen konnte, zu einem Zeitpunkt zu einer entscheidenden politischen Rolle verholfen und sie staatspolitisch „salonfähig" gemacht, als ihre politische Bedeutung im Vergleich zu früheren Jahren bis zur Bedeutungslosigkeit abgesunken war. Nicht genug damit, wurden durch die „Achse" Kreisky-Peter die „Freiheitlichen" auch zur Zeit der „Absoluten" der Sozialisten politisch am Leben gehalten und zu schlechter Letzt dann sogar noch „regierungsfähig" gemacht. Kreisky und die Sozialisten haben 1970 nicht die staatspolitische Größe aufgebracht, wenigstens für eine kurze Zeit mit der ÖVP eine Koalition einzugehen, und so die historisch einmalige Chance vergeben, den Abschied der Pseudoliberalen aus der Politik einzuleiten. Im Gegenteil, es wurden die Voraussetzungen für den Aufstieg einer Partei geschaffen, die vordergründigen Populismus zu Neutralitätsgefährdung und Flüchtlingshetze benutzt und damit beweist, daß sie niemals staatstragend war und es auch nicht sein wird. Das ist ein sicheres Anzeichen für das Ende der Zweiten Republik, wenn derartige Geisteshaltungen, die das nationale und internationale Ansehen Österreichs herabsetzen, zu einem bestimmenden Faktor des öffentlichen Lebens werden können.

Nebenbei bemerkt, scheint es mir eine Ironie des Schicksals zu sein, daß am Ende der Zweiten Republik die Diskussion um die Vergangenheit eines Oberleutnants der Deutschen Wehrmacht gerade von Leuten vom Zaun gebrochen wurde, die die Beziehungen ihrer Partei zur äußersten *Rechten* – von Zeiten der Unterstützung der Gründung des VdU, über die Affäre Peter bis zur „national"-sozialistischen Regierung der Jahre 1983 bis 1987 – von jeder „Vergangenheitsbewältigung" fernhalten wollen.

Die Einbeziehung der „Freiheitlichen" nicht nur in politische Überlegungen sondern auch in politische Entscheidungen – von Kreisky begonnen und von ihm auch durch Sinowatz vollendet – war ein sehr frühes Signal, daß in der sogenannten „Ära Kreisky" manch ungeschriebene Gesetze des politischen Anstandes aus früheren Zeiten nichts mehr gelten und zugunsten eines sich liberal gebenden Wertepositivismus aufgegeben werden würden. Es konnte daher die Parallelität der Entwicklung sowohl zum staatspolitischen als auch zum ordnungspolitischen *Fiasko* am Ende der Zweiten Republik nicht überraschend kommen, das, wie an dieser Stelle erinnert werden sollte, gerade von Sozialisten wie Bruno Pittermann als erste vorausgesehen worden war („Das Ende der Ära Kreisky wird schrecklich sein!"). Es war wohl die Leichtigkeit, mit der man sich – unterstützt auch vom herrschenden Zeitgeist – von ungeschriebenen und leider vielfach auch unausgesprochenen Wertvorstellungen, die bisher einen Teil der politischen Kultur ausmachten, abwandte. Der daraus folgende Zusammenbruch der Glaubwürdigkeit weiter Bereiche des öffentlichen Lebens und seiner Vertreter kann durch die Chiffren der Skandale AKH, Androsch, Lütgendorf, Lucona, Noricum, VÖEST, Rechberger usw. charakterisiert werden. Was blieb von der *„Ära Kreisky"?* Zur Beantwortung dieser Frage sei aus einem Nachruf zitiert, der in einer seiner Politik nicht gerade fernstehenden Zeitung erschienen ist: „Zu den wichtigsten Reformen der Kreisky-Ära gehörten die Landesverteidigung, sowie der Familien- und Strafrechtsbereich . . ."

Es ist wohl auch die mangelhafte Reflexion der Geschichte und der geschichtlichen Tradition Österreichs, der man sich in der *„linken Reichshälfte"* (welche Ironie steckt doch in dieser Begriffsprägung) allerdings nie sonderlich verbunden fühlte, ein Grund dafür, daß in der öffentlichen politischen Diskussion am Ende der achtziger Jahre vom einstigen – doch sehr weitreichenden – *Konsens* über die Identität Österreichs nichts mehr zu spüren ist. Es wäre allerdings eine schreckliche Vereinfachung, wollte man die Schuldigen an dieser Entwicklung allein im linken Lager suchen, wurde sie doch begünstigt durch die jahrzehntelange Dominanz eines zum geringen Teil charismatischen, mehrheitlich jedoch bornierten und bornierenden anti-intellektuellen *Provinzialismus* in der *„rechten Reichshälfte"*, sodaß sich die politische Landschaft, in der wir gerne gelebt hatten, in eine geistige Wüste umwandelte. Wie soll es weitergehen, welche politische Kultur soll sich entwickeln, wenn „Beton- und „Ökofaschismus", Minderheitenfeindlichkeit und Ausländerfurcht inmitten klerikaler Restauration die Gestaltung des öffentlichen Lebens in Österreich unmöglich machen?

Es ist daher in diesen Tagen der politischen Umwälzungen in unserer *mitteleuropäischen* Nachbarschaft nur zu hoffen, daß eine Neubesinnung auf unsere historische Herkunft die geistige und politische Position Österreichs klar und somit unsere zukünftige Orientierung wieder eindeutig machen wird. Es wird Aufgabe der *Dritten Republik* sein, eine eigenständige Rolle Österreichs in einem *neuen Europa* zu konzipieren, in dem der Zusammenbruch der alten und der Aufbruch zu neuen politischen Strukturen die Aufrechterhaltung antithetischer Initiativen, wie der großen Militärbündnisse oder der auf Teileuropa konzentrierten Wirtschaftsblöcke einschließlich der EG, letztlich sinnlos erscheinen läßt. Wenn das nicht gelingt, werden wir Österreicher in die politische Bedeutungslosigkeit verschwinden – wie alle „Kinder von Marx und Coca-Cola“.

„Meine“ Zweite Republik – Erinnerung und Erfahrung

Der Beamte: Edwin Loebenstein

Vorausschicken möchte ich, daß ich – der Staatslehre und dem Staatsrecht verpflichtet, in seinen Größenordnungen denkend – nicht oder zumindest nur sehr ungern von einer Zweiten Republik spreche. Nach meinem Verständnis von der Republik und von der Verfassung dieser Republik ist sie staatsrechtlich sowohl nach positivem Recht als auch dogmatisch nicht ein neuer Staat und daher nicht als eine Zweite Republik zu sehen. Es ist vielmehr eben *dieselbe Republik* , die 1920, und zwar damals in bewußter Ablehnung der Kontinuität gegenüber den im Reichsrat vertretenen Königreichen und Ländern neu errichtet worden ist, wenngleich sie 1920 völkerrechtlich durch die Friedensverträge zum Rechtsnachfolger der Monarchie erklärt worden ist. Innerstaatlich war sie dies sicher nicht.

Diese Republik ist trotz der gewaltsamen Besetzung 1938 durch das *Nationalsozialistische Deutsche Reich* nicht untergegangen, sondern nur ihrer Handlungsfähigkeit beraubt worden. Das ergibt sich nicht nur aus der *Moskauer Deklaration* der drei Mächte Großbritannien, Sowjetunion und USA vom 30. Oktober/1. November 1943 bzw. 16. November 1943, dem Zeitpunkt des Beitritts Frankreichs hiezu, das besagt auch die *Proklamation* der drei politischen Parteien vom 27. April 1945, StGBl. 1, über die Selbständigerklärung Österreichs.

Diese *Rechtsauffassung* hat sich in Lehre, Rechtsprechung und Politik durchgesetzt, wenngleich in der Politik hin und wieder – jedoch mehr parteipolitisch bedingt – von einem Untergang der Republik durch die Besetzung im Jahre 1938 gesprochen worden ist. Gerade in jüngerer Zeit wird diese Rechtsauffassung von bestimmter Seite zum Teil aus politischen Gründen im In- und Ausland wieder stärker diskutiert und angezweifelt. Diese Diskussion sollte nicht Schule machen. Sie wäre ein schlechtes Beispiel für die Bemühungen um die Wiederherstellung eines demokratischen Verfassungslebens in Europa. Als jüngstes Beispiel seien hier die politischen Auseinandersetzungen zwischen dem tschechischen und slowakischen Teil der ČSFR erwähnt (vgl. beispielhaft die Tageszeitung „Die Presse“ vom 19. September 1991, 4: „Ein Sprengsatz, der die Föderation zertrümmern könnte, Preßburg benutzt das Münchner Abkommen von 1938 zur Legitimierung seines Souveränitätsanspruches“). Sicher mag man mit Rücksicht auf veränderte Vorstellungen von den Aufgaben des Staates – Übergang vom Ordnungsstaat zum sozialen Leistungsstaat der Daseinsvorsorge und der sozialen Sicherung – und mit Rücksicht auf industrielle und technische Errungenschaften und im Hinblick auf geänderte oder geforderte Veränderungen im Verständnis vom Staat und der Gesellschaft in soziologischer und politologischer Hinsicht von einer „Zweiten Republik“ sprechen. Das ist aber staatsrechtlich – wie gesagt – nicht exakt, ich benütze diesen Ausdruck nur als *Arbeitstitel.*

Freilich ist die Republik Österreich heute mit einer Fülle neuer innen-, außen-, wirtschafts- und kulturpolitischer sowie technologischer Probleme konfrontiert, die sich etwa Mitte der achtziger Jahre noch nicht in diesen scharfen Konturen abgezeichnet haben. Die verfassungsrechtlichen Institute und Institutionen haben einen wesentlichen Wandel durchgemacht, auf die beispielhaft im folgenden noch kurz einzugehen sein wird.

Was ist nun das für mich Faszinierendste an der *Entwicklung* unserer Republik seit 1945 bis zur Gegenwart und vielleicht auch für die künftige Entwicklung?

Es bedeutet für mich auch heute noch ein *Wunder,* mit welchen geringen oder zum Teil überhaupt nicht vorhandenen Mitteln finanzieller, technischer und wirtschaftlicher Art die Organisation des Staates, der Wirtschaft, der Kultur und des sozialen Lebens in so kurzer Zeit wieder aufgebaut werden konnte. Es war, wenn man in die Menschen der damaligen Zeit hineingehört hat und vielleicht noch hineinhört, der große Idealismus und das, was vielleicht heute leider fehlt oder anders gesehen wird, der Glaube an die *Lebensfähigkeit* unserer Republik. Sehr zum Unterschied von der Zwischenkriegszeit war man nach 1945 opferfreudiger als heute. *Staatsbejahung,* ganz im Gegensatz zur Entwicklung der jüngeren Zeit, in der Staats- und Parteiverdrossenheit vielfach besteht, ließ den Einzelnen für Staat, Wirtschaft, Kultur und soziales Leben *Höchstleistungen* erbringen. Der Einfallsreichtum und die Improvisation waren damals alles, um den Staat und die Gesellschaft in ihrem Bestand zu sichern. Wenngleich die Bevölkerung von Hunger und Not bedroht war, glaubte sie fest an diesen Staat. Eine Integration von Staat und Gesellschaft, wie sie heute vielfach als Ideal und Lösung vieler Probleme gesehen wird, war damals nicht vorstellbar; hierauf werde ich noch zu sprechen kommen. Diese Erfahrungen Österreichs seit 1945 könnten gerade jetzt in den vom Kommunismus befreiten Staaten oder Teilen von Staaten vielleicht ein Ansporn für eine baldige Konsolidierung dieser Staatsgebilde sein und der Bevölkerung Mut und Optimismus einflößen.

Die *Besetzung* durch die *vier Großmächte* brachte es mit sich, daß – so merkwürdig es klingen mag – alte Gegensätze aus der Vergangenheit begraben oder zumindest zurückgestellt wurden. Die *Verständigungsbereitschaft* der einzelnen Gruppen der Bevölkerung und der politischen Parteien scheint mir rückschauend ein großes Atout für die Bemühungen um den Wiederaufbau des Staates, der Gesellschaft, der Wirtschaft, der Kultur und des sozialen Lebens gewesen zu sein. Die *politischen Parteien* hatten ungeachtet ihrer unterschiedlichen und oft gegensätzlichen Programme

Achtung voreinander und erkannten einander an. Wir waren in jeder Hinsicht bescheiden und anspruchslos, wir freuten uns schon, wenn etwa die *Versorgung* mit Mitteln des täglichen Bedarfes geringfügig verbessert, Treibstoff und Brennmaterial zugeteilt wurden und elektrische Energie zur Verfügung stand. Wir fanden nichts daran, in unbeheizten oder wenig beheizten Arbeitszimmern, die wir mit ein oder zwei Mitarbeitern teilen mußten, intensive Aufbauarbeit zu leisten. Wir scheuten uns nicht, weite Anmarschwege zur Arbeitsstätte in Hitze, Kälte und Finsternis zurückzulegen, weil die allgemeinen Beförderungsmittel nicht oder nur unzulänglich funktionierten. Dabei war es gar nicht ausgemacht, daß man den Arbeitsplatz erreichte oder wieder nach Hause zurückkehrte, ohne der Gefahr der *Verschleppung* durch Besatzungsangehörige ausgesetzt zu sein.

Die Gesellschaft von heute, die vom *Konsumrausch* erfüllt ist, wird dies vielleicht auch in den vom kommunistischen Joch befreiten Staaten wenig verstehen. Der Nationalismus, wie er heute gegenüber der Zeit vor und nach dem Ersten Weltkrieg immer stärker betont wird, sollte sich doch in Grenzen halten, wenn die Menschen friedlich miteinander leben und den verschiedenen Volksgruppen der in internationalen Konventionen zugesicherte Schutz zuteil werden soll. Letztere sind nicht nur Wünsche, sondern völkerrechtlich verbriefte Gruppen- und Individualrechte.

Zu den nachhaltigen Eindrücken aus meiner Tätigkeit im Verfassungsdienst des Bundeskanzleramtes (BKA), in den ich im Sommer 1945 wieder zurückkehren konnte und meine Arbeit dort fortsetzte, wo ich sie 1938 abbrechen mußte, gehören die Bemühungen um die *Wiederherstellung* der Einheit des Landes ohne Rücksicht auf die Teilung in Besatzungszonen und die Wiederherstellung und Verlebendigung des föderalistischen Gedankens in seinen vielfachen Erscheinungsformen und seiner Ausstrahlungskraft.

Das begann im Herbst 1945 mit *Kontaktnahmen* der vier Besatzungsmächte zur Provisorischen Staatsregierung, deren Funktionsbereich sich zunächst nur auf die sowjetische Besatzungszone erstreckte, mit den provisorischen Landesregierungen der anderen Bundesländer aus Anlaß der 1. und 2. Länderkonferenz. Man muß wissen, daß die sowjetische Besatzungszone und damit die Provisorische Staatsregierung zunächst durch *Demarkationslinien* hermetisch von den anderen Bundesländern abgeschnitten war. Es war mir klar, daß die *Vorläufige Verfassung*, unter der wir seit 1. Mai 1945 zunächst lebten, solange es keine freigewählten parlamentarischen Organe gab, mit ihrer zentralistischen Organisation in jeder Beziehung einen Fremdkörper darstellte. Eine wirkungsvolle Zusammenarbeit der Provisorischen Staatsregierung mit den Bundesländern hätte meiner Meinung nach zur Voraussetzung gehabt, daß der zentralistische Staatsgedanke der Vorläufigen Verfassung durch das *bundesstaatliche* Prinzip abgelöst wird. Als bei der 1. Länderkonferenz die Vertreter der westlichen Bundesländer diese Forderung erhoben, hatten wir bereits den Entwurf einer *Novelle* zur Vorläufigen Verfassung vorbereitet, die die Sache in das richtige Lot bringen sollte. Dieser Entwurf fand glücklicherweise sehr rasch die Zustimmung der Provisorischen Staatsregierung, der vorläufigen Regierungen der Länder und letztlich auch des Alliierten Rates. Vielleicht rührt aus dieser Zeit das vertrauensvolle, auf Gegenseitigkeit beruhende Verhältnis und Verständnis zwischen den Bundesländern und mir in allen Verfassungsfragen, gleichgültig, ob die Länder eine sozialistische Mehrheit oder eine solche der Österreichischen Volkspartei aufzuweisen hatten. Alle kamen zu mir, das mag überheblich klingen, um *Rat und Hilfe* nicht nur in Verfassungsfragen, sondern auch in solchen der Organisation des Staates und auf vielen anderen Gebieten zu suchen.

Ich habe es immer, auch als Präsident des Verwaltungsgerichtshofes, als selbstverständlich angesehen, die von mir als legitim erachteten *Interessen der Länder* mir zu eigen zu machen, auch wenn sie mit Gedanken und Vorstellungen der Organe des Bundes nicht immer übereingestimmt haben; darauf bin ich heute noch stolz.

Ein Gleiches gilt für die, wenn auch viel später einsetzenden Bemühungen um die Einrichtung einer echten *Gemeindeautonomie*. Auch hier habe ich Leitbilder zu entwickeln versucht, die die berechtigten Interessen der Gemeinden gegenüber den Interessen der Länder und des Bundes in ein mir richtig erscheinendes Verhältnis zu bringen geeignet waren. Ähnlich lagen die Verhältnisse bei der Schaffung der mehr oder weniger gleichzeitig mit der Gemeinde-Verfassungsnovelle in Kraft getretenen Schul-Verfassungsnovelle 1962. Damals prallten die Gegensätze zwischen dem einen scharfen Zentralismus vertretenden Bundesminister für Unterricht und den Ansichten der Länder aufeinander. Leider konnten wir hier nicht viel zugunsten des *föderalistischen* Prinzips der Länder durchsetzen.

Die *Entwicklung* der Verfassung und das Verfassungsverständnis sind durch mehrere Momente geprägt, mit denen ich insbesondere auch in der täglichen Kleinarbeit als Leiter des *Verfassungsdienstes des BKA* konfrontiert war.

Nachdem die *bundesstaatliche* Organisationsreform unserer Republik durch eine Novelle zur Vorläufigen Verfassung dem Prinzip nach gesichert war, hatte dieses Prinzip dennoch in der weiteren Folge keinen großen Stellenwert. Zu sehr war man der Überzeugung, daß in Nachkriegszeiten in einem Land, das unter einer vierfachen Besetzung stand und damit auch die Lasten einer solchen Besetzung zu tragen hatte, manches „besser“ vom Oberstaat „Bund“ und seinen Organen erledigt werden könne und müsse als von den Gliedstaaten. Das galt insbesondere im Bereich der sog. *Bewirtschaftungsmaßnahmen* des Bundes aufgrund des Kompetenztatbestandes des Art 10 (1) Z. 15 B-VG: „... aus Anlaß eines Krieges oder im Gefolge eines solchen zur Sicherung der einheitlichen Führung der Wirtschaft notwendig erscheinende Maßnahmen, insbesondere auch hinsichtlich der Versorgung der Bevölkerung mit Bedarfsgegenständen“.

Jedenfalls galt diese Zuständigkeit für die Dauer der vierfachen Besetzung in Gesetzgebung und Vollziehung (so die Rechtssprechung des Verfassungsgerichtshofes, insbesondere Slg. 2264/1952„ 3748/1960, 4570/1963 und 4939/1965). Nach dem *Wegfall dieser Zuständigkeit,* d.h. nach Inkrafttreten des Staatsvertrages, dachte der Bund aber nicht daran, die Regelung der Wirtschaftsbereiche, soweit ihm nicht ein anderer Kompetenztatbestand die Gesetzgebung und Vollziehung einräumte, wieder in die Kompetenz der Länder zu entlassen. Es ist allseits bekannt, daß der Bund nach 1955 durch zunächst befristete Verfassungsbestimmungen, in Wahrheit aber für immer, die Kompetenz zur Gesetzgebung und Vollziehung im Bereich der Wirtschaftslenkung umfassend in Anspruch nahm und auch heute immer wieder nimmt.

Führte schon dieser Sachverhalt zu einer beträchtlichen und bedauerlichen *Aushöhlung* der Länderzuständigkeiten, so bedeuteten verfassungsgesetzliche Maßnahmen zur einheitlichen Führung der Aufgaben der Aufrechterhaltung der öffentlichen Ordnung und Sicherheit durch Schaffung von *Sicherheitsdirektionen* eine schwere Minderung der Stellung der Landeshauptmänner als Träger der mittelbaren Bundesverwaltung; waren doch diese Sicherheitsdirektionen in unmittelbarer Unterordnung unter den Bundesminister für Inneres Bundesbehörden mit einem beamteten Behördenleiter. Man vermeinte, durch Übernahme dieser Einrichtung aus der sonst abgelehnten Ära der Verfassung von 1934 gerade im Hinblick auf die vierfache Besetzung die öffentliche Ruhe und Sicherheit besser aufrecht erhalten zu können. Ob dies zielvoll war, möchte ich bezweifeln, wenn ich mir z.B. die Situation während der Ungarn-Krise 1956 und die Situation im Juli 1978 im Zusammenhang mit der sog. LKW-Blockade – letztere als Protest gegen die Einführung einer LKW-Steuer – in Erinnerung rufe.

Im ersteren Fall galt es, unmittelbar an der Grenze weit über den Bereich der Sicherheit hinaus Maßnahmen insbesondere im Zusammenhang mit dem *Flüchtlingsstrom* und unbefugten Grenzüberschreitungen zu treffen; im letzteren Fall war beispielsweise das Land Salzburg vier Tage hermetisch von den Zollgrenzen abgesperrt, der grenzüberschreitende Verkehr völlig zusammengebrochen und die Gefahr innenpolitischer *Unruhen* ebenso wenig auszuschließen wie tiefgreifende wirtschaftliche *Schäden.* In diesem Fall hat der Landeshauptmann als politisch verantwortliches Organ durch Schaffung von Krisenstäben die notwendige Koordination aller Bereiche, insbesondere auch der Sicherheitsvorkehrungen in die Hand genommen.

Versuche, dem *Landeshauptmann* als Träger der mittelbaren Bundesverwaltung einen, wenn auch bescheidenen, Einfluß auf die Besorgung der Sicherheit im Lande zu verschaffen, wie dies etwa § 16 des Bundesgesetzes vom 25. Mai 1966, BGBl. 70, über die Errichtung eines Bundesministeriums für Bauten und Technik und über die Neuordnung des Wirkungsbereiches einiger Bundesministerien unternahm, sind durch eine damals leider nach wenig föderalismusfreundliche Rechtsprechung des Verfassungsgerichtshofes alsbald wieder zunichte gemacht worden (vgl. Slg 6913/1972).

Insbesondere im sechsten Dezennium erfuhr der *föderalistische* Gedanke seitens der Länder eine wesentliche Wiederbelebung, die vor allem von den westlichen Bundesländern ausging. Unmittelbarer Anlaß war die einseitige Änderung des Finanzausgleichsgesetzes durch Schaffung einer Bundesgewerbesteuer neben der bisher in den Ländern bzw. den Gemeinden zukommenden Gewerbesteuer. Die Verhandlungen über das damals präsentierte Forderungsprogramm gestalteten sich zwischen Ländern und Bund sehr mühevoll und zeitaufwendig. Auch heute sind sie noch nicht zu einem endgültigen Abschluß gelangt und werden dies wohl auch nie. Vieles im Kompetenzverteilungsbereich zwischen Bund und Ländern, der Administrierung der Bundesgesetzgebung durch die Länder (Ausbau des Art. 11 B-VG und möglicher Wegfall der mittelbaren Bundesverwaltung) harrt noch der Lösung. Jedenfalls ist bei der Einstellung der Sozialdemokratischen Partei zum föderalistischen Prinzip ein erfreuliches Umdenken gegenüber den zwanziger Jahren feststellbar. Das gilt auch für den Bereich des Finanzausgleichs, der ja heute noch in weitem Umfang auf den Grundlagen der bis 1938 in Geltung gestandenen reichsdeutschen Normen aufbaut. Wird künftig stärker von Art. 11 B-VG Gebrauch gemacht werden, wäre eine Neuregelung der Kosten für die landeseigene Verwaltung von bundesrechtlich geregelten Bereichen im Finanzausgleich geboten.

Ein sehr heikles Problem war die *demokratische* Legitimierung unseres Verfassungslebens, insbesondere die demokratische Rechtserzeugung aufgrund der Verfassung. Hier waren gewisse unerwünschte Reminiszenzen aus der Vergangenheit zu beseitigen, da der Regierung aufgrund des sog. Kriegswirtschaftlichen Ermächtigungsgesetzes vom 14. April 1917, RGBl. 307, ein umfassend gesetzvertretendes und gesetzergänzendes Verordnungsrecht eingeräumt wurde. Das Bundesverfassungsgesetz vom 25. Juli 1946, BGBl. 143, hat diese Ermächtigung beseitigt und damit die *strenge Bindung* der Verwaltung an das Gesetz, wie dies Art. 18 unserer Verfassung vorschreibt, wieder voll zur Geltung gebracht. Freilich war man mit dieser strengen Bindung der Verwaltung an das Gesetz nicht immer glücklich. Von der Einstellung einzelner Besatzungsmächte zur Verfassung 1920/1929 will ich in diesem Zusammenhang besser gar nicht sprechen.

Das vielleicht bedeutendste und politisch interessanteste Phänomen im Verfassungsleben nach 1945 war das sog. *Koalitionssystem* auf der einen Seite und das *Verbände- und Interessenvertretungswesen* auf der anderen Seite, das insbesondere in der international bekanntgewordenen *Sozialpartnerschaft* seinen Ausdruck fand.

Freilich haben diese Phänomene das Bild der geschriebenen Verfassung zum Teil stark beeinflußt, sodaß man von einer *„Realverfassung“* bzw.

von der *„Verfassungswirklichkeit"* sprach, wenn man Koalitionssystem und Sozialpartnerschaft analysierte. Das sehr fein ausgeklügelte Koalitionssystem, das durch *Pakte* nach den einzelnen Nationalratswahlen jeweils neu vereinbart wurde, bedeutete im Ergebnis eine *Entmachtung der Parlamente* zugunsten der Regierungen und der politischen Parteien von Bund und Ländern. Nicht von ungefähr sprach man davon, daß die gesetzgebenden Organe mehr oder weniger zu Spruchautomaten und Vollzugsorganen der Koalitionspartner herabgesunken sein und der Parteienstaat das „Sagen" habe.

Die strenge Bindung des Gesetzgebers an *Beschlüsse der Koalitionspartner* führte insbesondere in den Jahren nach 1960 immer wieder zu Reformideen. Das Schlagwort des „koalitionsfreien Raumes" wurde in dieser Zeit ebenso geboren wie die Meinung, Beschlüsse der Regierung bedürften nicht der Einstimmigkeit. Vielleicht ist heute nur mehr wenigen bekannt, daß maßgebende Funktionäre der ÖVP schon Anfang der fünfziger Jahre einen Initiativantrag im Nationalrat auf Erlassung eines Verfassungsgesetzes über die sog. *unmittelbare Volksgesetzgebung* eingebracht haben. Die Geschichte wiederholt sich! Wenn man bedenkt, daß gerade jetzt wieder unter dem Schlagwort der Dritten Republik Überlegungen über eine stärkere Beteiligung des Volkes an der Gesetzgebung in Gang gebracht werden, ohne daß man sich daran erinnert, daß hier nicht sehr viel Neues geboten wird. Auch die Funktion der Regierung war mit diesem Koalitionssystem in die Abhängigkeit des Koalitionsausschusses gebracht worden. Das *Gewaltenteilungssystem,* wie es die Verfassung in der Funktion u. a. von Gesetzgebung und Verwaltung (Regierung) normiert, war auf eine harte Probe gestellt. Man kann darüber streiten, ob die Abhängigkeit der Regierung von Beschlüssen des Koalitionsausschusses nicht schon durch das Erfordernis der Einstimmigkeit der Beschlüsse der Bundesregierung bewirkt wurde, wenn die Bundesregierung aus Vertretern zweier oder mehrerer politischer Parteien zusammengesetzt war.

Sicher ist der *Großen Koalition* ein bleibendes Verdienst um die *Stabilisierung* der politischen, wirtschaftlichen und sozialen Verhältnisse in Österreich zuzubilligen. Die Gründe dafür, daß sie in ihrer letzten Phase zwischen 1961 und 1966 kaum mehr handlungsfähig war, sind mannigfacher Art und können hier nicht nachgezeichnet werden. Es mag auch ein *persönliches Moment* bestimmend gewesen sein: war doch diese Koalition seinerzeit von einem Julius Raab oder Johann Böhm oder Adolf Schärf getragen, die sicher mehr Gesprächsbasis miteinander gefunden haben als spätere Exponenten der politischen Parteien in der Regierung. So sehr die ursprünglichen Koalitionen durch Abwertung des parlamentarischen Systems zur Realverfassung und zum Verbändestaat beigetragen haben, so sehr hat wiederum die Sozialpartnerschaft zur Schaffung eines ausgewogenen wirtschaftlichen und sozialpolitischen Klimas beigetragen.

Während die später gebildete Kleine Koalition mehr oder weniger wahltaktischen Überlegungen entsprach, verdankt die seit 1987 wieder eingerichtete, verfassungsrechtlich wesentlich verbesserte Große Koalition ihre Wiederbelebung der Erkenntnis, daß die nunmehr anstehenden außen-, wirtschafts-, budget- und umweltpolitischen Probleme – um nur die wesentlichen zu nennen – doch nur durch einen Konsens auf breiter Basis in den Griff bekommen werden können.

Es ist ein sehr interessantes Anzeichen, daß die politischen Parteien nach 1945 insbesondere im Zusammenhang mit der Erkenntnis von den veränderten Aufgaben des Staates ihre Domäne nicht immer vornehmlich in Gesetzgebung und Regierung des Bundes und der Länder sehen, sondern weit darüber hinausgreifend die unmittelbare und mittelbare *Staatsverwaltung* für sich in Anspruch nehmen. Sie erinnerten sich offenbar nicht immer der Lehrmeinung Adolf J. Merkls, der die Verwaltung auch dann als demokratisch legitimiert erkannt hat, wenn sie von Organen besorgt wird, die ihrerseits durch demokratisch bestellte Organe in ihre Funktion berufen sind. Wer könnte leugnen, daß der Staat heute ein *Verwaltungsstaat* ist? So wenig es wünschbar und zu billigen ist, den Ausdruck „Macht“ zu verwenden, so zeigt sich deutlich, daß die politischen Parteien vermeinen, sich auf dem Gebiet der Konglomeration von „Macht“ in der Verwaltung stärker und besser profilieren zu können, als in ihrer klassischen Domäne, der Gesetzgebung. Es ist verständlich, daß sich damit eine stärkere *„Verpolitisierung“* – um nicht zu sagen *„Überpolitisierung“* – von Bereichen eröffnet hat, die weit in das gesellschaftliche Leben hineinreichen. Man denke nur an den großen Sektor der verstaatlichten Banken, der Industrie und der Energiewirtschaft, an wirtschaftslenkende Fonds, um nur einige markante Beispiele zu nennen.

Unter *„Proporz“* verstehe ich insbesondere die Postenvergabe nach dem Parteibuch. Die Vergabe von Posten wird nicht in erster Linie den zur Besetzung der betreffenden Posten berufenen Organen, sondern insbesondere etwa früher dem *Koalitionsausschuß,* heute mitunter den *Parteisekretariaten,* vorbehalten. Der Ruf nach *Objektivierung* der Bewerbung, der Auswahlkriterien und der Auswahlmethoden ist die Antwort auf diese Erscheinung. Man muß wissen, daß dieses Proporzsystem zum Teil sogar gesetzlich institutionalisiert wurde und für die schon beispielhaft genannten Bereiche heute immer noch – wenn auch in eingeschränktem Umfang – maßgebend ist. Ich habe meinen Vorgesetzten immer gesagt: Es ist durchaus möglich, daß ein politisch ausgeprägter Bürger ein bedeutender Fachmann sein kann und daher unter gleichen Bedingungen wie ein Fachmann ohne Parteibuch zum Zuge kommen kann und soll. Verderblich ist es aber – und das wurde von mir immer abgelehnt –, daß ein politisch nicht engagierter Bürger, der keiner Partei angehört und von einer solchen nicht favorisiert wird, von solchen Positionen ausgeschlossen sein soll, wenn er gleiche und mitunter sogar fachlich höhere Fähigkeiten besitzt. Diese Erscheinung erfuhr freilich auch Ausnahmen im Sinne meiner Auffassung.

Das *Proporzdenken* ging oft so weit, daß gewisse staatliche Stellen, insbesondere Ministerien, als Domäne einer Partei angesehen wurden und umgekehrt. Das böse Erwachen kam meist erst, wenn infolge einer Wahl zu den gesetzgebenden Organen eine Verschiebung in der Verteilung der Ressorts zwischen den Parteien vor sich ging. In diesem Bereich sind seither doch manche Auswüchse beseitigt worden, wenn auch noch viel zu tun verbleiben mag.

Knapp nach Wiedererlangung der Handlungsfähigkeit hat der Gesetzgeber an die bewährten Grundsätze des *Berufsbeamtentums,* wie sie noch in der Monarchie und nach Errichtung der Republik in Geltung standen, angeknüpft. Er war sich allerdings bewußt, daß das Berufsbeamtentum insoweit eine Wandlung mitmachen müsse, als der Staat vom Ordnungsstaat klassischer Prägung zum sozialen Leistungsstaat mit umfassenden Aufgaben geworden ist. Es wäre unrichtig, den großen Anteil des Berufsbeamtentums, sofern es noch aus der Zeit vor 1938 in die neugebildeten Personalstände übernommen werden konnte, am Wiederaufbau Österreichs zu leugnen. Die Institution des Berufsbeamtentums sollte nicht in Frage gestellt werden! Das gilt in *gleicher Weise* für *Verwaltung und Gerichtsbarkeit.* Die wirklich schier unvorstellbaren, oftmals mit verhältnismäßig wenig sachlichen Hilfsmitteln und unter schlechter Bezahlung erbrachten Leistungen verdienen heute Anerkennung. Daß *Ethos, Moral* und *Verantwortungsbewußtsein* gerade im Berufsbeamtentum heute mehr denn je notwendig sind, wenn es seine Bewährung bestehen soll, ist selbstverständlich. Eine Rückbesinnung auf diese Werte ist geboten.

Der Begriff des *Bürokratismus* hatte nach 1945 keineswegs den Beigeschmack, den man ihm mitunter heute zu unterstellen bereit ist. Das Vertrauen zum Beamten war damals sicher ein größeres, als es heute der Fall ist. Freilich tragen gewisse neue Organisationsformen im Bereich der Ministerien das ihre dazu bei, daß der parteipolitische Einfluß im Berufsbeamtentum zunimmt. Sicher mag es verständlich sein, daß ein Minister sich etwa Personen seines Vertrauens insbesondere in die Funktion als Leiter seines *Kabinetts* holt. Das sollte aber nicht in Durchbrechung der Grundsätze des hierarchisch aufgebauten Berufsbeamtentums geschehen.

Heute sind die Anforderungen an das Berufsbeamtentum in fachlicher, technischer und vielen anderen Beziehungen weit über das klassische Bild des Berufsbeamtentums hinausgewachsen. Der Beamte ist nun einem *Manager* in der Wirtschaft in gutem Sinne des Wortes vergleichbar, wenn er Aufgaben, die es zu lösen gilt, gewachsen sein will. Das gilt sowohl von der verstärkten Befassung mit wirtschaftlichen, technischen und politischen Bereichen als auch hinsichtlich der Beziehungen zum Ausland. Der „Beamte auf Zeit“, der für solche Funktionen zunächst beschränkt auf gewisse Sachgebiete, aber immer mehr übergreifend auch auf andere Bereiche hiefür geschaffen wird, ist dann positiv zu bewerten, wenn damit nicht politisch willfährige Personen eingeschleust und fachlich höher qualifizierte, politisch aber nicht genehme Personen abgeschirmt werden sollen.

Unsere Verfassung geht auch heute noch von dem unverbrüchlichen Grundsatz aus, daß *Staat und Gesellschaft* zwei voneinander *verschiedene* Größen sind. Eine Gleichstellung von Staat und Gesellschaft ist darnach unstatthaft. Beide sind unterscheidbare, aufeinander angewiesene, gewissermaßen ineinander stehende Größen, die einander kraft verfassungsrechtlicher Grundentscheidungen, insbesondere durch die Grundrechte, unaufhebbar gegenüberstehen. Allerdings zeichnet sich, insbesondere etwa seit den fünfziger Jahren, eine grundsätzliche weltanschauliche Akzentverschiebung in diesem Bereich ab. Das Gesicht unserer Republik hat in dieser Beziehung bis zur Gegenwart ständig Veränderungen erfahren und erfährt sie noch. Das mag auch damit zusammenhängen, daß das *Demokratieverständnis* über den politischen und staatlichen Bereich hinaus auf Sachverhalte und Postulate im gesellschaftlichen Bereich angewendet und verstanden wird. Die „Durchflutung aller Lebensbereiche“ mit diesem Prinzip, die „Demokratie als allgemeine Lebensform“ sind Ausdruck dieser Entwicklung. Eine scharfe Trennung – vielleicht besser „Unterscheidung“ – von Staat und Gesellschaft, verbunden mit der Erwartung, die Gesellschaft reguliere sich selbst, ist sicher kaum möglich und wird auch in dieser Schärfe nicht vertreten. Der Staat hat nach der positiven österreichischen Verfassung eine sozial ordnende und sozial gestaltende Kraft, er hat aber die Gesellschaft nicht zur Gänze zu integrieren. Freilich haben in dieser Richtung Wandlungen großen Ausmaßes stattgefunden, die mitunter die verfassungsrechtlichen Grenzen zu überschreiten drohen. Hier seien nur beispielhaft die großen Reformen auf dem Gebiet des Familienrechts und des Strafrechts, des Arbeitsverfassungsrechts, der Universitätsorganisation, erwähnt.

Die Einkommensverteilung ist teils durch steuerliche Lenkungsmaßnahmen, teils durch lohngestaltende Maßnahmen auf eine weitgehende *Egalisierung* abgestellt. Man muß sich ernstlich fragen, wohin das führen soll, wenn Freiheit, Eigenständigkeit und Selbstverantwortung des Menschen nicht völlig verloren gehen sollen.

Mit der Entwicklung des Staates und neuen Einflüssen wissenschaftlicher und technischer Erkenntnisse auf die Gesellschaft mögen auch neue Erscheinungen auf dem *Grundrechtssektor* zusammenhängen, die Anfang der sechziger Jahre unseres Jahrhunderts zu Bemühungen um eine *Neukodifikation* der Grund- und Freiheitsrechte beigetragen haben. Sicher haben auch internationale Entwicklungen, insbesondere die Ausbildung sog. sozialer Grundrechte, einen wesentlichen Anteil hieran.

Der *Bürger* ist heute gegenüber dem Staat weit kritischer geworden, als er dies in den Jahren nach der Befreiung war. Wenngleich das Grundrechtsbewußtsein und das Grundrechtsverständnis in der Bevölkerung nicht immer so lebendig sind, wie sie es sein sollten, sind doch die Initiativen und

Aktivitäten der Bürger und der Institutionen von Staat und Gesellschaft gegenüber einer Reihe von heute sehr bedeutsamen Fragen wesentlich stärker. Die hergebrachten Funktionsstrukturen des Staates, insbesondere der *Repräsentationsgedanke,* werden weitgehend durch das Verlangen nach einer unmittelbaren *Beteiligung* der Bevölkerung an Gesetzgebung und Verwaltung überschattet. Derartige Aktivitäten sind, soweit sie auf eine stärker legitimierte *demokratische* Mitwirkung am Entscheidungsprozeß in Gesetzgebung und Vollziehung gerichtet sind, durchaus positiv zu beurteilen. Terrorismus und Obstruktion sind dagegen abzulehnen.

Ob die *Partizipation* zu einer unmittelbaren Volksgesetzgebung führen soll, und zwar unter Ausschaltung des repräsentativen Gesetzgebers, bedarf allerdings noch sehr vorsichtiger Überlegungen. Dabei sei auch daran erinnert, daß dieser Gedanke keineswegs erst in den letzten Jahrzehnten geboren wurde; schon 1953 sind, wie bereits ausgeführt, derartige Initiativen der Österreichischen Volkspartei festzustellen.

Die *Gewaltenteilung,* wie sie in unserer Verfassung – übernommen aus jahrhundertealten Lehrmeinungen und Entwicklungen – in Gestalt von Gesetzgebung, Gerichtsbarkeit und Verwaltung verankert ist, erfährt heute mitunter neue Facetten. Die Macht der *Medien* entwickelt sich, um es verkürzt auszudrücken, zu einer vierten Gewalt im Staat. Sie sollen gewissermaßen das unabhängige Gewissen im Interesse der Bürger und der Nation sein. Das kommt etwa im Versuch zum Ausdruck, Rundfunk und Fernsehen sowie die Presse als möglichst staats- und parteiunabhängig zu organsieren.

Wer ahnte, daß insbesondere das *Fernsehen* – in seiner meinungsbildenden Bedeutung zunächst meist unterschätzt – nun oft von der Medienfreiheit in einer Weise Gebrauch macht, daß man von einer *Telekratie* sprechen könnte. So sehr es die Aufgabe und das Verdienst des Fernsehens ist, die Politik in allen ihren Verzweigungen dem Einzelnen vor Augen zu führen und ins Haus zu liefern, so ist doch zu fragen, ob mitunter nicht Sensationshascherei und Vordergründigkeit wichtiger sind als sachgerechte objektive Information. So sehr man den Medien dankbar sein muß, oft bessere Einsichten in Vorgänge in Staat und Gesellschaft des In- und Auslandes zu vermitteln, ist doch auch die Frage, was z. B. geheimhaltungsbedürftig und schützenswert ist, nicht nur von den Medien allein zu beantworten oder gar zu entscheiden. Sicher wird hier eine Güterabwägung am Platze sein, wenn Informationsfreiheit und Informationspflicht mit höheren Staatsgütern in Konkurrenz stehen.

War die Staats- und Völkerrechtsordnung in den vergangenen Jahrzehnten weitgehend auf dem Verfassungsbegriff im herkömmlichen Sinn aufgebaut, d. h. verkürzt ausgedrückt: auf nationale Souveränität – Staatsvolk – Staatsgebiet – Staatsgewalt zugeschnitten, so ist insbesondere seit Beginn der fünfziger Jahre in verstärktem Maße ein Zug zu *multilateralen* und *supranationalen* Staatsorganisationen feststellbar. Stellvertretend für solche Erscheinungen seien die Europäische Wirtschaftsgemeinschaft, die sich anschickt, nunmehr auch gemeinsame Außen- und Sicherheitspolitik der Mitgliedstaaten für sich in Anspruch zu nehmen, und verschiedene multilaterale Menschenrechtskonventionen mit supranationalen Kontrollorganen und einem Individualpetitionsrecht an solche internationale Organisationen genannt. Dazu kommt noch der starke angelsächsische Einfluß der Wandlung des Verwaltungsstaates zum Justizstaat, wie er etwa in Art. 6 der EMRK zum Ausdruck kommt. Man kann deshalb, sehr pointiert formuliert, die Frage stellen, ob die nationalen Verfassungsordnungen unter all diesen Aspekten noch ihrem historischen Stellenwert gerecht werden können. Ganz besonders deutlich wird dies in bundesstaatlich organisierten Verfassungsordnungen. Die Gliedstaaten von Mitgliedstaaten solcher supranationaler Organisationen verlangen immer mehr in organisatorischer Hinsicht eine Mitwirkung bzw. Mitbestimmung bei der Rechtssetzung solcher Organisationen, wie sie auf der anderen Seite einen Ausgleich für die an solche Organisationen abzutretende gliedstaatliche Kompetenzen begehren.

All dies erfordert heute rechtliche Voraussetzungen für den *Innovationsprozeß* im internationalen Umfeld zwecks verstärkter Kommunikation zwischen den Beamten in der Verwaltung mit der Notwendigkeit verstärkter Weiter- und Fortbildungsaktionen in Bereichen, die zu den Aufgaben solcher internationaler Organisationen gehören.

Dieser Entwicklung steht in jüngerer Zeit im Zusammenhang mit dem Zusammenbruch der *kommunistischen* Regime in weiten Teilen Europas der Drang zur Gründung von *Nationalstaaten* auf dem Gebiet der bisher zu einem einheitlichen Staatswesen zusammengefaßten Staaten gegenüber. Diese versuchen ihrerseits wieder als „Nationalstaaten“ Mitglieder oder Assoziierte multilateraler und supranationaler Staatengemeinschaften zu werden.

„Meine“ Zweite Republik – Erinnerung und Erfahrung

Der Journalist: Hubert Feichtlbauer

Als der Zweite Weltkrieg zu Ende ging, war ich dreizehn. Mein *Interesse* galt den Themengebieten „Wetterlage, Persönliches, Lokales, Politisches“. So verrät es jedenfalls der Untertitel des Tagebuches, das ich in jenen Jahren führte. Im Frühjahr 1945 (von mir schon damals in kühner Urteilsfreude als „ereignisreichstes Jahr der ersten Hälfte des 20. Jahrhunderts“ apostrophiert) las sich das dann so: „Budapest gefallen ... Biologieprüfung ... Herrliches Frühjahrswetter ... Starker Bombenangriff auf Wien ... Tante Resi aus Wien gestorben ... Tieffliegerangriffe im Innviertel; ich hole mir Bombensplitter ... Roosevelt an Gehirnschlag gestorben ... Erster Salat aus dem Mistbeet ... St. Pölten gefallen ...“

Die *Namen* von Regierungsmitgliedern und Parteifunktionären, von zwei Dutzend Außenministern und Konferenzunterhändlern waren mir mindestens so geläufig wie jener von Bismarck, den ich bei einer unvergeßlichen Geschichtsprüfung in der ersten Gymnasialklasse als „großen Österreicher“ bezeichnet hatte, oder der Lehrsatz des Pythagoras. Das für heutige Begriffe – ich denke an die eigenen Kinder – unverhältnismäßig große Interesse für *Politik* hatte sicher mehrere Ursachen. Krieg, Umbruch und der durch jahrelanges Abhören von „Feindsendern“ geweckte Appetit auf eine neue, bessere *Zukunft* schufen naturgemäß Nachrichtenhunger und Leidenschaft auf Politik. Unser Klassenvorstand im Gymnasium hatte dieses Interesse von Anbeginn zusätzlich geweckt – in mäßig getarnter, deutlich regimekritischer Weise, die uns nicht allzu sehr staunen ließ, daß er nach dem „Umsturz“ als Chef der ersten demokratischen Bezirksregierung auftauchte.

Dazu kamen politische Debatten in der eigenen *Großfamilie,* in der es einen sozialdemokratischen Gemeinderat, einen Nazi-Kreisleiter genau so wie einen Kommunisten gab, der wegen eines Attentats auf Hitler ins Konzentrationslager gewandert war. Es dürfte in vielen Familien ähnlich bunt gewesen sein. Man lernte dabei ein Doppeltes: die eigene Meinung prononciert zu vertreten und die Träger anderer Meinungen menschlich zu respektieren.

Ein solches Credo der *politischen Toleranz,* die in festem Standort wurzelt, artikulierte für mich am überzeugendsten in jenen Jahren der oberösterreichische Landeshauptmann Heinrich Gleissner. Selbst Opfer schwerer politischer Verfolgung, aber nicht müde werdend, Versöhnung und Zusammenarbeit auch unter einstigen Gegnern zu predigen, war er eines meiner großen *politischen Vorbilder* der Nachkriegszeit.

Vaterländisch, also *österreichnational,* und *katholisch* motiviert, als „Fahrschüler“ seit dem zehnten Lebensjahr in elternferner Umgebung auf persönliche Freundschaften angewiesen, wurde mir eine farbentragende *katholische Mittelschul-* und später eine ebensolche *Hochschulverbindung* problemlos zur zweiten Heimat (Rugia-Ried und Kürnberg in Wien). MKV- und CV-Verbindungen von den Schlacken einer anfechtbaren Vergangenheit – sprich: dem Ruf, Sauf- und Protektionsvereine zu sein – zu befreien, war für idealistisch gesinnte junge Menschen damals ein mächtiger Ansporn zum *Engagement.* Heinrich Drimmel war starker Motivator. Konkret hieß dies für mich: von jedem Mitglied so viel kirchliches Engagement wie möglich, so viel selbstlosen Einsatz wie nur erwirkbar, zu verlangen – nur möglichst makellose Perfektionisten sollten nach meiner Idealvorstellung Mitglieder sein.

Später bin ich in diesem Punkt viel nachsichtiger, großzügiger, „liberaler“ geworden. Die Erkenntnis, daß niemand perfekt ist, so mancher hinter der Fassade formeller *Vollkommenheit* Prinzipienschwäche verbirgt, vor allem aber, daß es anmaßend ist, über die Tugend anderer zu urteilen, standen diesem Einstellungswandel Pate.

An der St. Louis University im US-Bundesstaat Missouri aber, wo ich 1951/52 als *Fulbright-Austauschstudent* Politikwissenschaft, Philosophie und Literatur inskribierte, fand der jugendliche Eiferer bei einem CVer bekannten Namens für seine himmelstürmenden Reformpläne viel Zustimmung und befruchtenden Impuls: Bundeskanzler a.D. Kurt Schuschnigg, der in St. Louis dozierte, machte kein Hehl aus seiner Überzeugung, daß vieles anders als früher gemacht gehörte, wenn das *neue Österreich* bestehen sollte. Seine selbstkritische Haltung imponierte mir. Es war mir eine Freude, in bescheidener Briefträgerrolle später zu seiner *Heimkehr* nach Österreich einen kleinen Beitrag leisten zu können: Eine Erkundigung bei Justizminister Christian Broda ergab, daß die SPÖ sich seiner Rückkehr nicht widersetzen würde, wenn er auf eine politische Tätigkeit verzichten würde. Die Nachricht wurde nach St. Louis weitergeleitet und zustimmend aufgenommen. Schuschnigg kehrte zurück und wurde zu keinem zweiten Fall Habsburg. Er und die SPÖ haben Wort gehalten.

Das *Studienjahr* in den USA war das am stärksten prägende meines Lebens. Es offenbarte dem lernbegierigen Demokratieschüler die Stärke eines politischen Systems, das voller Mängel und Fehler ist und doch immer wieder die Kraft zur *Selbstreinigung* aufbringt. Nie mehr in meinem Leben habe ich daran gezweifelt, daß nicht „die“ Supermächte das Übel der Welt sind, sondern daß auch bei schwersten Fehlern einer demokratischen Regierung das demokratische System mit Abstand das höherwertige ist und es auch in ärgsten Entwicklungskrisen bleibt.

Die positive *Grundeinstellung* zu „den Amerikanern“ war freilich schon in den ersten Nachkriegsjahren gereift. Diese lieferten einen Anschauungsunterricht im *Qualitätsvergleich* der Systeme, den sich niemand vorstellen kann, der diese Jahre nicht selbst bewußt miterlebt hat. Die USA dürften kaum je populärer in Österreich gewesen sein als zu der Zeit, als sie hier eine Besatzungsmacht unterhielten. Die Sowjets sind auch nach deren Abzug bei uns nicht berühmt geworden – bis sich in den frühen neunziger Jahren zeigte, daß auch in diesem Fall jede Verallgemeinerung die volle Wirklichkeit Lügen strafte.

Nicht nur in Österreich gab es 1950 einen Versuch der *Kommunisten,* die demokratisch bestellte Bundesregierung zu Fall zu bringen (auch wenn spätere Historiker, die ihre Materialien nur noch in Archivdokumenten suchen, diesen Anschlag zu verharmlosen suchten). Auch in Frankreich und Italien wurden mehrfach kommunistische Quasi- Revolutionsakte gesetzt. Zusammen mit dem, was in den osteuropäischen Satellitenstaaten der UdSSR tatsächlich geschah, konnte in Österreich gar kein anderer Eindruck als dieser entstehen: Wenn die Kommunisten sich durchsetzen, haben auch wir eine moskauhörige Regierung zu erwarten!

Antikommunismus wuchs damals quasi naturgesetzlich – aber auch ein recht handfester *Pragmatismus.* Daß man sich mit der Sowjetunion staatspolitisch zu arrangieren hatte, wurde ziemlich allen bald klar. Die behutsame Akzentsetzung in der Außenpolitik durch Bundeskanzler Julius Raab war den Österreichern nicht schwer verständlich zu machen. Die Sternstunde, in der sie ihre Früchte trug, kam mit der Unterzeichnung des *Staatsvertrages* am 15. Mai 1955, als ich, mit einem Presseausweis der „Rieder Volkszeitung" und einer Boxkamera bewaffnet, vor dem Oberen Belvedere das unvergeßliche Ereignis in mich aufsog.

Damit war auch die *berufliche Laufbahn* entschieden – nicht zuletzt unter dem Eindruck einer Förderung, die ich von den Zeitungen des Katholischen Preßvereins der Diözese Linz schon während der Studienzeit durch das Offert einer Mitarbeitsmöglichkeit erfahren hatte. Ich war einer von Hunderttausenden, die sich damals entschlossen, unbelastet von der Bürde einer blutigen Bürgerkriegsvergangenheit, aber im leidenschaftlichen Eifer, diese Vergangenheit konstruktiv zu überwinden, in weltanschaulich klar abgegrenzter Position, aber mit demonstrativem Verständnis für andere demokratische Positionen, am *Wiederaufbau* eines freien und souveränen Österreich mitzuarbeiten.

An der *Ehrlichkeit* der politischen Überzeugungen anderer zweifelte ich im Regelfall nie. Selbst dafür war ich zu streiten bereit, daß die Herrscher der Sowjetunion von der Richtigkeit ihrer Politik überzeugt waren. Die gängige Unterstellung, selber sei man ein Idealist, die anderen aber glaubten selbst nicht an ihre Prinzipien und verträten diese nur zum Schein, während es ihnen allein um Machterhaltung ginge, halte ich prinzipiell für ein großes *Mißverständnis* und die Quelle erheblicher *Übel* und *Konflikte.*

In diesem Sinne habe ich auch die Bemühungen des späteren FPÖ-Obmanns Friedrich Peter aus nächster (oberösterreichischer) Nähe von Anbeginn verfolgt, seinen Gesinnungsgenossen behutsam, aber halt doch ihr *Nazi-Gedankengut* auszureden. Ich glaube, daß ihm dies wirklich ein Anliegen war, um dem traditionellen dritten Lager der österreichischen Parteiengeschichte wieder einen Platz am Regierungstisch zu vermitteln. (Auf Landesebene haben Volksparteiler und Sozialisten dafür schon relativ bald eigene Vorarbeit geleistet.) Man darf nicht auf Dauer die Selbstachtung einer politischen Gruppierung durch *Pauschalunterstellungen* beleidigen, sondern muß vielmehr die wirklich *liberalen* Elemente dieser Gesinnungsgemeinschaft ermutigen und für den Staat einnehmen. Sollte je wieder eine wirkliche *Krise* diese Republik heimsuchen, kann das *Fundament* nicht breit genug sein, das sie tragen und retten muß. Jörg Haider hat späteren politischen Partnern eine solche Grundhaltung schwer genug gemacht. Grundsätzlich richtig blieb sie auch in seinen Tagen.

Deshalb hielt ich es für richtig, daß die Freiheitliche Partei 1983 auch *Regierungsverantwortung* übertragen bekommen hatte. Lange Zeit habe ich geglaubt, daß die Frage der Regierungsform – Alleinregierung oder Koalition? Welche Koalition? – vom Grundsätzlichen her entschieden werden müsse. Die *Große Koalition* von ÖVP und SPÖ war für mich fast bis zu ihrem Ende 1966 das Non plus ultra an *Staatsweisheit,* hatte sie doch die Bürgerkriegsmentalität endgültig überwinden geholfen. Dann traten die *Schattenseiten* dieses Regierungsbündnisses – Versteinerung, Immobilität durch ständige Junktimierung von Sachproblemen, Personalproporz, Korruption – immer deutlicher in Erscheinung. Als Josef Klaus 1966 nach Erringen der absoluten Mehrheit das Experiment einer ÖVP-*Alleinregierung* wagte, teilte ich die Euphorie des neuen Aufbruchs: endlich etwas Neues, endlich die „eigentlich richtige“ Demokratie! Es folgten die SPÖ-Minderheitsregierung 1970, die absolute Mehrheit der SPÖ bei den Wahlen von 1971, 1975 und 1979 , dann das SPÖ/FPÖ-Regierungsbündnis und schließlich wieder eine Große Koalition, diesmal unter der Führung der SPÖ.

Heute bin ich zutiefst davon überzeugt, daß man die *Regierungsform nicht in der Verfassung festschreiben* sollte. Nach 1945 war die Große Koalition von ÖVP und SPÖ ganz ohne Frage die bestmögliche Regierungskonstellation. Dann mußten Alleinregierungen gewagt werden: Die der ÖVP bot Gelegenheit zum Doppelbeweis, daß die „Schwarzen“ nicht die Demokratie und die „Roten“ als Opposition nicht die Sozialpartnerschaft und damit den sozialen Frieden abschaffen würden. Die Alleinregierung der SPÖ verschaffte den Sozialisten endgültig das Bewußtsein, daß es auch „ihr“ Staat war, den sie mittrugen. Inzwischen ist dieses Bewußtsein auch den Freiheitlichen vermittelt worden. Der *Saldo* aller bisher erprobten Regierungsformen lautet wohl: Nur mit beiden Großparteien in einer Bundesregierung kann man wirklich große Aufgaben lösen.

Alleinregierungen und vielleicht Kleine Koalitionen sind für eine Belebung erstarrter Strukturen und Rituale notwendig. Das beständig Gute an der Demokratie aber ist – der *Wechsel.* Entschieden werden muß nach jeder *Wahl* auf Grund des Wahlergebnisses. Je weniger verfassungsrechtliche Bindungen bestehen, um so flexibler kann im konkreten Fall unter Bedachtnahme auf Möglichkeiten und Notwendigkeiten gehandelt werden. Das Festhalten an der geltenden Bundesverfassung bietet hiefür die besten Voraussetzungen.

Flexibilität statt Rigorismus, *Prinzipientreue* ohne Formendogmatismus: Die Überzeugung, daß dies auch die richtige Grundhaltung im *kirchlichen* Leben ist, hat in den 45 Jahren der österreichischen Geschichte seit Kriegsende in mir immer stärkere Konturen angenommen. Im Gymnasium war uns in den Nachkriegsjahren von der ersten Stunde an daran gelegen, zwischen einer MKV-Verbindung und der Katholischen Mittelschuljugend keine Rivalität, sondern soviel *Gemeinsamkeit* wie möglich aufkommen zu lassen. Wir wollten aktive Mitglieder bei beiden sein. Gleiches galt für die Universitätszeit: CV-Verbindung und Katholische Hochschuljugend sollten, wo immer es Zeit und Umstände erlaubten, miteinander *verbunden* werden. Vom Beginn meiner Berufszeit an fühlte ich mich der Katholischen Aktion (KA) und ihren Gliederungen verbunden und fand es wichtig, zwischen ihr und der Arbeitsgemeinschaft Katholischer Verbände (AKV), in der MKV, CV, Kolping und andere Gruppierungen vertreten sind, so viel wie möglich zu *vermitteln.* Heute ist es ebenso unerläßlich, daß alle diese Bewegungen und Verbände mit den *charismatischen* Erneuerungsgruppen Verbindung und Verbindlichkeit begründen. Auch im Vorstand des Katholischen Laienrates Österreichs, dem ich jahrelang angehören durfte, war mir diese Grundhaltung immer ein Anliegen.

Vielfalt ist eines der großen Geschenke einer recht verstandenen Freiheit – auch im Organisationswesen. Sinnvoll ist sie aber nur dann, wenn zwischen den vielfältigen Gruppen *Solidarität* und nicht Rivalität, wohl ein gewisser *Wettbewerb,* aber nicht kleinliche Eifersüchteleien überwiegen. Wo es diese noch immer gibt, gilt es, sie mit allen verfügbaren Kräften zu überwinden. Die Vorbereitungen für den Österreichischen Katholikentag 1983 haben bewiesen, daß dies möglich und für die ganze Kirche fruchtbar ist. Die Jahre danach brachten manchen Rückschlag, aber keine Widerlegung dieses Zielvorhabens.

Vielfalt innerhalb der von Grundsätzen und Glaubenswahrheiten gezogenen Grenzen muß in der Kirche aber nicht nur im organisatorischen Bereich zur Selbstverständlichkeit werden. Es muß möglich sein, als katholischer *Christ* in allen *demokratischen Parteien* zu wirken, wofür die Kirche ebenso wie die Parteien die Voraussetzungen schaffen müssen. Die katholische Kirche hat das vor allem durch den Erzbischof von Wien, Kardinal Franz König, getan. Dieses sein Verdienst wird für immer die Bezeichnung „historisch" beanspruchen können. Österreich ist mit dem Katholikentag von 1952 und dem ihm vorangehenden „Mariazieller Manifest" („Eine freie Kirche in einer freien Gesellschaft“) dem Zweiten Vatikanum vorausgeschritten.

Daß Rückschläge folgten, ist bekannt. Besorgniserregend ist nicht ein erstarrender Konservativismus, sondern der *Fundamentalismus,* der nicht nur in christlichen Kirchen, sondern auch in anderen Religionsgemeinschaften (Islam!), aber auch in politischen Bewegungen (bestimmte Segmente der Grün-Alternativen) sein Unwesen treibt. Eine humane politische Kultur kann auf Toleranz mit Pluralismus nicht verzichten. Das bedeutet nicht Annahme einer Gleichwertigkeit aller Positionen oder Nichterkennbarkeit von Werten, sondern Verzicht auf den Versuch, eigene Wertvorstellungen anderen aufzuzwingen, notfalls auch mit physischer oder psychischer Gewalt. Wo solche Versuche unternommen werden, kann man ihnen gar nicht entschieden genug entgegentreten.

Frieden in Kirche und Gesellschaft ist ein hohes Gut, doch darf eine oberflächliche Harmonisierung nicht zur Konfliktverweigerung werden. Es ist eine berechtigte Sorge derer, die nicht im Abwürgen, sondern im menschenwürdigen, geschwisterlichen, gewaltfreien Austragen von *Konflikten* ein erstrebenswertes Ziel sehen. Dies gilt für gesellschaftliche Konflikte (Sozialpartnerschaft!) genauso wie für innerkirchliche Meinungsverschiedenheiten.

Persönlich habe ich es deshalb mit der Enzyklika „Humanae vitae“ vom 29. Juli 1968 immer so gehalten, daß ich die darin vertretene Auffassung des Papstes, jeder Sexualakt zwischen Ehepartnern müsse „grundsätzlich“ für die Zeugung offen sein und jede Anwendung von „unnatürlichen“ Empfängnisverhütungsmethoden sei sündhaft, für einen *Irrtum* hielt. Ich respektiere auch jene, die eine der vielen Ausnahmeerfindungen durch löblich bemühte Bischöfe für den besseren Weg halten, sich um diese für Millionen Katholiken unannehmbare Forderung zu drücken. Mir aber erscheint die Irrtumsannahme, zu der jeder katholische Christ nach ehrlicher *Gewissensprüfung* ja immer berechtigt war und ist, als der sauberere Ausweg aus einem Dilemma, das ungewollt von seinen Verursachern, zu einer allgemeinen *Autoritätskrise* des kirchlichen Lehramtes geführt hat. Deren Auswirkungen sind auch in Österreich nicht zu übersehen.

Daß man darüber aber auch als *katholischer Journalist* immer frei und unbehindert schreiben konnte, war vor allem Kardinal König zu danken. Dank seiner persönlichen Glaubwürdigkeit und seinem hohen Ansehen konnte er diese Linie auch im österreichischen Episkopat durchsetzen. Das war nicht, wie manche meinen, ein Abrücken von Wahrheit, ein Aufweichen von Grundsätzen oder ein Leichtermachen des Christseins. Es ist nur die Konsequenz aus der *Pluralitäts-* und *Gewissenslehre,* wie sie auch das Zweite Vatikanum bekräftigt (nicht erfunden) hat.

Die Frage, ob ein katholischer Journalist besser in einer katholischen Zeitung oder in einem „neutralen“ Medium wirke, hat mich mehrmals in meinem *Berufsleben* beschäftigt. Zunächst erschienen mir „Rieder Volkszeitung“ und „Linzer Volksblatt“ als Blätter des Katholischen Preßvereins der Diözese Linz die richtige Antwort auf diese Frage zu sein. Der Pastoraltheologe Ferdinand Klostermann hatte freilich keine große Mühe, mich davon zu überzeugen, daß es auch andere sinnvolle Antworten gab, wenn man den journalistischen Auftrag nicht als vordergründigen Missionsbefehl, sondern als Verpflichtung verstand, um Wahrheit, Gerechtigkeit, Menschenrechte und Menschenwürde bemüht zu sein. Hunderte christliche Journalisten, Verleger und Medienmanager tun dies heute in österreichischen Druckmedien, Hörfunk und Fernsehen, ohne von Eigentümern, Herausgebern oder Intendanten daran gehindert zu werden. Man kann Gesinnung in *„neutralen“ Medien* zeigen und in kirchlichen verraten (und umgekehrt natürlich auch): Das ist keine Frage der Organisationsform, sondern des *Charakters,* allenfalls noch eines gewissen Stehvermögens.

Zwei meiner journalistischen *Vorbilder* machten es mir leicht, die Probe aufs Exempel zu wagen: Gustav A. Canaval und René Marcic, beide nacheinander Chefredakteure der „Salzburger Nachrichten“, deren über die Staatsgrenzen hinaus wirksamen Ruf sie maßgeblich begründen und bewahren halfen. An Canaval bestach die *Universalität* seiner Bildung, seine Fähigkeit, über die Sternenwelt nicht weniger faszinierend als über Kirche, Welt- und Österreich-Politik zu schreiben. Bei Marcic beeindruckte neben seiner Fähigkeit, packenden Alltagsjournalismus mit hohem *wissenschaftlichen Anspruch* zu verbinden und in brillanter Sprache auszudrücken, die warme Menschlichkeit, mit der er sein journalistisches Handwerk betrieb.

Canaval wie Marcic wurden nicht müde in ihrem Werben um *Versöhnung,* wonach die Zweite Republik lange dürstete. An der Versöhnung Österreichs mit seiner Geschichte zwischen 1918 und 1934, zwischen 1934 und 1938, aber auch zwischen der Kriegs- und der Wiederaufbaugeneration hatten die beiden und die „SN“ entscheidenden Anteil. Darf man sich wehmütig daran erinnern, daß die Kunst eines kritischen Journalismus mit menschlichem Gesicht immer seltener anzutreffen ist? Canaval wie Marcic waren, wie es für allen guten Journalismus unverzichtbar ist, beißend und unnachsichtig in ihrer *Kritik* – aber nie lieblos, kaltschnäuzig, unmenschlich. *Mißstände* wurden lieber als mißliebige Personen (freilich bisweilen auch diese) abgekanzelt, das Ziel war *Reform,* nicht Vernichtung.

Solche Motivierung war auch bei Friedrich Funder, meinem dritten unerreichten *Berufsvorbild,* unschwer erkennbar. Als ich 1978 nach „Salzburger Nachrichten“, „Wochenpresse“ und „Kurier“ – Stationen des beruflichen Wirkens, von dem ich nicht einen einzigen Tag aus der Erinnerung streichen möchte – bei der „Furche“ einzog, stand mir der betagte Mann des Jahres 1952 überdeutlich vor Augen. Damals hatte er mich mit dem ehrenvollen Auftrag ausgezeichnet, sein Monumentalwerk „Vom Gestern ins Heute“ (Herold, 1952) für eine gekürzte Übertragung ins Englische („From Empire to Republic“, Unger, 1963) zu bearbeiten. Auch Funder und seine „Furche“-Mitarbeiter, allen voran der unvergessene Friedrich

Heer, waren *Versöhner:* zwischen Konservativen und Progressiven in der Kirche, zwischen Kirche und Arbeiterschaft, Kirche und Sozialisten, Sozialistischer Partei und Staatsgewalt, zwischen Gegenwart und Vergangenheit.

Friedrich Funder, der gewaltige Kämpfer von einst, der nicht immer den feinen Degen, sondern auch das grobschlächtige Schwert geführt hatte, war außerdem (hier Canaval nicht unähnlich) ein Beispiel für Fähigkeit und Willen, an *neuen Herausforderungen* zu wachsen und zu reifen. Ohne solche Menschen wäre Österreich nicht geworden, was es (im Guten) geworden ist. Die spätere Entwicklung zeigte, wohin ein Volk, ein Staat driften, wenn die Herausforderungen fehlen oder nicht wahrgenommen werden.

Wofür, wird oft gefragt, sollen und können sich *junge Menschen* in ihrem idealistischen Tatendrang heute begeistern, da Überfluß und Sinnleere, Korruption und blanker Egoismus Staat und Gesellschaft zu erdrücken drohen? Die *„grüne" Bewegung* (die viel weiter reicht als Sympathien für grüne Parteien) bezeugt die *Sehnsucht* nach solcher Idealismuskanalisation. Die Übernahme von Mitverantwortung im überschaubaren Raum, das Erproben neuer Lebens- und Gemeinschaftsformen, die Sorge um Umwelt und Frieden sind richtige, wichtige Ansätze für gemeinwohlbezogene Leistungen in einem *Österreich auf Zukunftskurs.* Aber diese müßten stärker konkretisiert, in einen größeren Sinnzusammenhang gestellt und von den Schlacken einer realitätsfernen Romantik befreit (aber nicht um ihre idealistische Perspektive gebracht) werden.

Überschaubarer Raum ist gut für einen *Neuanfang* in der Politik – aber das macht Befassung mit Mammutproblemen nicht entbehrlich. Der *Friede* muß in der eigenen Partnerschaft, im eigenen Haus beginnen – aber ehe er so von unten bis oben wächst, muß „oben" verhindert werden, daß die Menschheit sich mit einem Schlag selbst vernichtet. Völkerverständigung ist notwendig – wer aber als Angehöriger des Mehrheitsvolkes eines Staates mit *ethnischen Minderheiten und Volksgruppen* nicht zurechtkommt, verwirkt die Anwartschaft auf eine Mittlerrolle. Entwicklungshilfe wird immer erforderlich sein – so wie Caritas. Aber nur eine umfassende *Entwicklungspolitik* wird (wie dereinst Sozialpolitik das Elendproblem der Industrialisierung) den Skandal des Welthungers und eines krassen Verteilungsunrechts auf Dauer beseitigen können. Demokratie ist unverzichtbar und erlernbar. Staaten und Völker auf dem Weg zu ihr Hilfe zu gewähren, ist Bürgerpflicht derer, die auf diesem Weg durch die Gnade der Geschichte vorauseilen durften.

Das sollten keine *Herausforderungen* sein, an denen sich der Idealismus einer vom politischen Sittenverfall angeekelten jungen Generation entzünden kann? Freilich ist eins für all das notwendig: die *Bereitschaft,* überhaupt ja zur Zukunft zu sagen. Diese ist voll möglicher Schrecknisse. Aber damit aus der Möglichkeit eine Realität wird, müssen die Menschen etwas tun, Gutes oder Übles. Weder ein atomarer noch ein ökologischer und auch nicht ein genetischer Holokaust sind ein Naturgesetz. In *Grenzen* ist jeder Mensch frei. Bis zu diesen Grenzen reicht mit der *Freiheit* auch die *Verantwortung*. „Mensch sein heißt, verantwortlich zu sein, sich der Not anderer zu schämen, auch wenn man dafür keine persönliche Schuld trägt": Haben wir vergessen, was Antoine de Saint-Exupéry damit sagen wollte? Dazu kommt der unaufhaltsame Prozeß der *Integration Europas*. Für eine Teilnahme Österreichs bieten sich plötzlich ungleich bessere Chancen als je zuvor. Daß eine EG-Mitgliedschaft nicht nur Vorteile, sondern auch erhebliche Anpassungsprobleme, unterm Strich aber einen Positivsaldo bringt, sollte unbestritten sein. Daß auch von kirchlicher Seite vor diesem „Reich der kalten Brutalität" gewarnt wird, ist bei aller Ankerkennung der Notwendigkeit einer Bändigung des Brüsseler Bürokratenregimes ein fast skurriles Mißverständnis. Tausend Jahre lang haben die größten Geister Europas von einer Einigung des Kontinents geträumt. In einer einzigen Generation sind wir heute weiter gekommen als früher in zehn. Und nun sollen wir, während die Völker Osteuropas an uns vorbei in die Europäische Gemeinschaft drängen, mit vielem Wenn und Aber an ihren Zäunen stehenbleiben? Die Situation schreit nach kraftvoller, überzeugender Führung, nicht nach mutloser Resignation.

In einem großen, die Grenzen von Taktik, Parteipolitik und Wahlkampfquerelen sprengenden *Anlauf* müßten Christen, Sozialdemokraten, Liberale, müßten Demokraten aller Farben und Lager ungeachtet aller Differenzen über Wege und Methoden sich gemeinsam auf den Weg machen, um diese *Perspektiven* in einer Weise zu verfolgen, die auch eine skeptische junge Generation entflammt und mitreißt. Ob die traditionellen Parteien (die FPÖ eingeschlossen) dafür noch stark genug sind oder nicht eines nahen Tages einer völligen Neuformung der Parteienlandschaft Platz machen werden, sei zumindest zu Protokoll gegeben.

Katholische Christen finden eine Motivation für Zukunftsbejahung auf der Grundlage eines *biblischen Menschen- und Weltbildes* nirgendwo einprägsamer formuliert als in „Populorum progressio" (1967), wo der in Fragen der Kirchendoktrin eher ängstliche Paul VI. allen Kleinmut abstreift und Entwicklung als „neues Wort für Frieden" proklamiert, aber auch aller Kleingläubigkeit und Ungeduld in die Parade fährt: Fortschritt ist, argumentiert der Papst, trotz aller Rückschläge möglich und auch nachweisbar – und zwar nicht nur in Wissenschaft und Technik, sondern auch in Politik und Moral. Die spektakulären Veränderungen der politischen Landkarten Europas in den jüngsten Jahren haben dem Papst und nicht den professionellen Untergangspropheten rechtgegeben.

Friede ist genausowenig ein Naturgesetz wie Krieg. *Friede* ist auch nicht Freisein von Konflikten. Friede ist menschenwürdige, menschengerechte Austragung von Konflikten nach wechselseitig vereinbarten Regeln. Im zwischenmenschlichen und im innerstaatlichen Bereich ist es gelungen,

Friede zum Regelfall und Gewaltanwendung zu tabuisiertem, durch Exekutive und Justiz gebändigten Ausnahmeverhalten zu machen. Warum sollte ähnliches eines Tages nicht auch im *Weltmaßstab* gelingen? Voraussetzung dafür ist ein Höchstmaß von Anstrengungen in jedem und durch jeden Staat. Wenn *Österreich* das Seine dazu beitragen soll, muß es von dem nicht erlahmenden Bemühen aller seiner Bürger getrieben sein, den Geist und die Institutionen der Zweiten Republik ständig zu erneuern und zu verbessern. Eine Dritte Republik braucht man dazu nicht.

„Meine“ Zweite Republik – Erinnerung und Erfahrung

Die Studentin: Veronika Cortolezis-Csoklich

Die Zweite Republik befand sich altersmäßig gerade an der *Schwelle* zwischen Jugend und Erwachsenwerden, als ich 1963 das Licht der Welt erblickte und als fünftes von sieben Kindern meinen Platz in einer bis heute nicht typischen *Großfamilie* einnahm. Innerhalb der Familie war ich damals selbstverständlich das Tagesgespräch, doch Österreich registrierte mich bestenfalls statistisch, und das Weltgeschehen bemerkte mich überhaupt nicht. Unbeeindruckt von meiner Ankunft nahmen die Dinge ihren Lauf, wie Chroniken zu entnehmen ist. Am 9. März 1963 sprach Außenminister Bruno Kreisky über Österreichs Teilnahme an der wirtschaftlichen Integration Europas. Am 28. April 1963 wurde Adolf Schärf zum Bundespräsidenten wiedergewählt, und am 10. Juli 1963 beschloß der Nationalrat das Volksbegehrensgesetz. Im August 1963 erreichte die Bürgerrechtsbewegung für die Gleichberechtigung der Schwarzen mit dem Marsch auf Washington, an dem unter der Führung von Martin Luther King 200.000 Demonstranten teilnahmen, ihren Höhepunkt, und im November wurde Präsident John F. Kennedy, der im Juni den Berliner Bürgern „Ich bin ein Berliner“ zugerufen hatte, in Dallas ermordet.

Atemprobleme im Lauf meiner ersten sechs Lebensjahre waren an der Tagesordnung, denn ich war ein sogenanntes „blaues Baby“ mit einem kleinen, aber folgenschweren Loch in der Herzscheidewand. Dadurch und altersbedingt zeigte ich den folgeträchtigen *68er Jahren* die kalte Schulter. Ich habe es der Grazer ärztlichen Kunst, die sich eine in London entwikkelte Technik zunutze machte, zu verdanken, daß ich – quasi neu geboren – zumindest körperlich nicht atemlos die ersten kleinen Schritte eines Menschen auf dem Mond und den so großen Schritt für die Menschheit verfolgen konnte. Als ich wieder gesund war, traten schlagartig die tagtäglichen sozialen Umgangsformen an die Stelle jahrelanger, mir durchaus nicht unangenehm gewesener Rücksichtnahme und Hätschelei. Sechs Geschwister, drei Schwestern und drei Brüder, und ein wegbegleitendes, aber nicht wegvorzeichnendes *Elternhaus* waren Grund genug, rasch die richtige Mischung aus Durchsetzungsvermögen und Kompromißbereitschaft zu finden – Eigenschaften, die bis heute ein nutzbringender Wegbegleiter auf den verschlungenen Pfaden meines Lebens waren und sind.

Die *Machtverschiebung* in Österreich von der ÖVP-Alleinregierung zu den Sozialisten mit Bruno Kreisky als Bundeskanzler an der Spitze – der Beginn der Ära Kreisky – zeigt mit der Einführung des Gratisschulbuchs schon zu Beginn meiner Mittelschulzeit seine Auswirkungen. Mußte ich die ersten Jahre, geistig die Zähne fletschend, die häufig zerflederten gebrauchten Lehrbücher meiner älteren Geschister weiterverwenden, so zauberten nun die jährlich neu ausgegebenen Schulbücher Freude in mein Gesicht und Glanz in meine Schultasche. Plötzlich aber herrschte Platznot zu Hause, denn nicht wenige Exemplare drängten sich in drei-, manchmal vierfacher Ausgabe in den Bücherregalen. Dieser Überfluß setzte meine bis dahin undifferenzierte Freude im Lauf der Zeit in Richtung *Umweltgedanken* in Bewegung. Da sage noch jemand, Bildungspolitik und Umweltschutz seien nicht miteinander verwoben. Unter meinen Geschwistern war ich die erste, die dank sozialistischer Bildungspolitik nicht mehr durch die Mühle einer Aufnahmsprüfung mußte. Sicher wußte Kreisky nicht, wie sehr er für die Entwicklung meines Umweltbewußtseins verantwortlich zeichnet. Er zettelte Ende der siebziger Jahre aus bekannten Gründen die Volksabstimmung über das Atomkraftwerk in *Zwentendorf* an. Ich erinnere mich gut an die hitzigen Wortgefechte in meiner Klasse, in der in den Pausen die Argumente pro und contra Kernenergie herumschwirrten. Erstmals erlebte ich im Zug dieses „Glaubenskriegs“, wie die vom Elternhaus geprägten Parteipräferenzen plötzlich durcheinandergewürfelt und lose wurden und sich neue Gruppierungen bildeten. Spätestens mit dem Nichtvollzug des Rücktritts Kreiskys nach verlorener Atomabstimmung könnte man den Beginn meines bewußten Politikverständnisses festsetzen.

Wie überhaupt jene ungewöhnliche Häufung von *Ereignissen und Affären,* die sich wie ein roter Faden durch die achtziger Jahre zogen und denen „Der Spiegel“ unter dem Titel „Die Republik büßt ihre Würde ein“ fast süffisant eine große Story widmete, besonderes Interesse und politischen Spürsinn in mir geweckt haben dürften. Der AKH-Skandal, der Fall Androschs, der Abgang Sekaninas, das Konferenzzentrum, der Weinskandal, die Wahlniederlage Kreiskys und seine Erbschaft Kleine Koalition, Hainburg, die parlamentarischen Untersuchungsausschüsse in Sachen Noricum und Lucona mit ihren weitreichenden Folgen seien hier wahllos und stellvertretend genannt. Dabei soll der verworrene Handschlag Friedhelm Frischenschlagers mit dem Kriegsverbrecher Walter Reder nicht unerwähnt bleiben.

Eine wichtige Kreuzung auf dem Weg vom passiven zum *aktiven Bürger* und Mitglied der Republik passierte ich mit dem Erreichen des Wahlalters. Meiner ersten Nationalratswahl 1983 mit dem Ergebnis Bundeskanzler Sinowatz, der ohne Partei nichts war, folgte 1986 die Bundespräsidentenwahl und die Kampagne gegen Kurt Waldheim. Ausgelöst durch wertelose innerösterreichische Kurzsichtigkeit und mittels geschickt aufgegriffener Behauptungen aus dem Ausland bis zur Staatstragödie hochgespielt, bescherte diese Wahl unserem Land nicht nur ein völlig isoliertes Staatsoberhaupt, sondern auch eine tiefe und mehr als gedankliche *Bruchlinie* quer durchs Volk. In welchem Umfang Waldheim im Zweiten Weltkrieg in die

Nazi-Maschinerie involviert war oder nicht, war und ist für mich nie eine wirklich entscheidende Frage gewesen, herrschten doch in einem totalitären System zum einen unbeschreibbare Verhältnisse und will ich es mir andererseits nicht anmaßen, andere, die in dieser Zeit leben mußten, zu verurteilen. Sehr wohl steht es mir, denke ich, aber zu, Verhaltensweisen und Äußerungen der Gegenwart zu beurteilen und daraus meine Meinung zu bilden. Hier hat Waldheim offengelegt, wie er es persönlich mit Vergangenheitsbewältigung gehalten hat. Zweifelhafte Gedächtnislücken, Verdrängung statt Konsequenzen, Verteidigung an Stelle verarbeiteter Einsicht scheint mir nicht die richtige Haltung zu sein, besonders angesichts des Beispiels Richard von Weizsäckers, des deutschen Bundespräsidenten.

Neben meinem Stipendium dienten mir während meines Studiums an der Grazer Universität unterschiedliche *Jobs,* von Serviererin bis zur Arbeit in einer Arztpraxis, als benötigte und daher willkommene Einnahmequelle, zudem gewann ich Einblicke in die Berufswelt und unwiederbringliche Erfahrungen. Es war wieder die Umwelt, die als Thema anläßlich einer Seminararbeit in Politikwissenschaft ein neues Kapitel in meinem Leben aufschlug. Diese 15 Seiten brachten mir die Chance, Studienassistentin zu werden, eine bis heute fortdauernde und mich bereichernde Erfahrung. Nach Abschluß meines Studiums mutierte diese Halbtagsstelle in die einer Vertragsassistentin. Diese inhaltsreichen Jahre waren im wahrsten Sinn des Wortes lehrreich und wohl nicht zuletzt ausschlaggebend dafür, für Recherchen im Rahmen meiner Dissertation ein Jahr an der University of California in Berkeley zu verbringen.

Es ist interessant und stimmt nachdenklich, welche Dimensionen Gedanken und Betrachtungen über die *Heimat* annehmen können, wenn man erst einmal *fern* von ihr ist. Der Schritt aus dem Kreis und der teils wehmütige, teils erhabene Blick von außen auf unsere Republik sind ein Erlebnis für sich. Urplötzlich sah ich mich mit Fragen konfrontiert, für die Antworten zu finden waren, obwohl alles so selbstverständlich schien. Mein bisher größerenteils eher geographisch abstraktes Verständnis von Heimat nahm ich vielfältigst angereichert wieder mit in diese zurück. Heimat, so meine jetzige Sicht, sind auch meine Familie und mein Freundeskreis, die gewohnten sozialen Umgangsformen, das einzigartige und unverwechselbare Landschaftsbild mit dem ihm anhaftenden Geruch und den darin lebenden Menschen mit ihren typischen Gesichtern, sind die hierzulande ungerechtfertigterweise als Selbstverständlichkeit angenommenen vier Jahreszeiten. Heimat ist natürlich meine Muttersprache in dem mir gewohnten Dialekt. Ergänzt wird dieser mehrdimensionale Heimatbegriff durch die Interessens- oder Ideenheimat. Ein Gefühl der Zugehörigkeit weniger zu einer bestimmten Partei oder sozioökonomischen Gruppe als vielmehr zu jener nur vage bestimmbaren Gemeinschaft, mit der mich bestimmte Ideen oder Interessen verbinden. Sei dies nun die Sorge um die Erhaltung unserer Umwelt, die Besorgnis über die zu nachlässige Bedachtnahme auf die

Menschenrechte, der Wunsch nach friedfertigem Zusammenleben oder die Kritik an unserer politischen Alltagskultur.

In den *Vereinigten Staaten* kommt man nicht umhin, die Definition von Freiheit neu zu überdenken. Dabei stieß ich auf unerwartete Schwierigkeiten. Während zu Hause dem Amerikaner pauschal der unbehinderte Erwerb einer Waffe oder das alle Lebensbereiche berührende Automobil als Symbol der Freiheit unterstellt wird, war für mich die Freiheit ein Jahr lang präsent, ohne sie wirklich erfassen oder beschreiben zu können. Sie war einfach da. Ganz subjektiv spürbar im täglichen Blick hinüber zum „Golden Gate“, dem Tor zum Pazifik, mit seiner faszinierenden Brücke. Oder daran, daß es in den USA niemanden interessiert, wer oder was der Vater, die Mutter, die Geschwister beruflich sind oder gesellschaftlich repräsentieren. In *Österreich* hingegen wird man kaum einmal nach der eigenen Persönlichkeit beurteilt, sondern immer eingebettet in sein *soziales Umfeld* gesehen. Kaum eine Rolle spielen in den USA im täglichen Leben die *Parteien,* während sie in Österreich weitreichend in die Privatsphäre vorgedrungen sind und sich der Rückzug schwierig gestaltet. Trotzdem ist *Politikerverdrossenheit* auch jenseits des großen Teichs keine Unbekannte, und „termlimits“, also Funktionen auf Zeit, wie immer man darüber denken möge, sind hoch in Mode.

Ein gründlicherer Blick auf den Hamburger essenden, Coca Cola trinkenden und Kaugummi kauenden Amerikaner bringt die geduldig schlangestehende, große Gerechtigkeit verfechtende Kehrseite zutage, die es liebt, die Spezialitäten aus aller Herren Länder in zahllosen Restaurants zu genießen. Komplett verstecken müssen wir uns dennoch nicht. Obwohl dank Franz Klammer, Arnold Schwarzenegger, Petra Kronberger und auch Kurt Waldheim, die Verwechslung mit Australia immer seltener passiert, halten die Amerikaner ihr Allgemeinwissen und ihre Kenntnis unseres Landes vornehm zurück. Die *amerikanischen Positionen,* die uns über die Medien vermittelt werden, lernte ich, ein Jahr lang mit ihrer Denkweise unmittelbar konfrontiert, besser verstehen. Amerikaner beziehen grundsätzlich viel klarer Position, was häufiges Schwarz-Weiß-Denken und somit Vorteile wie Nachteile zur Folge hat. So gibt es verwässerte Polit-Statements à la „Das ist alles sehr kompliziert“ nicht, andererseits hängt der Erfolg oder Mißerfolg eines Politikers, Richters oder Sheriffs davon ab, ob sie sich einen Seitensprung gestatteten oder Jugendjoints rauchten.

Teilweise Abbitte leistet man der vielgeschmähten *Sozialpartnerschaft* in Österreich angesichts des dürftigeren sozialen Netzes der Supermacht. Die immer mächtiger werdende Schar der homeless people, die bloß von Ignoranten übersehen werden können, sind nur das sichtbare Mahnmal für unhaltbare Zustände. 837.000 Neuankömmlinge durfte Kalifornien 1989 begrüßen, rund 180.000 davon waren Ausländer. Lebten 1980 noch 76% Weiße im verheißenen Land, waren es 1990 nur mehr 57%. Die Gruppe der Einwohner hispanischer oder mexikanischer Abstammung wuchs im selben Zeitraum um 70%, die der Asiaten um 127%. Trotz gewaltiger Probleme, die sich aus dem wahren Schmelztiegel der Völker zwangsläufig ergeben, kann deren Nebeneinanderleben der Welt als Beispiel dienen. So werden an der University of California die verschiedenen ethnischen Gruppen gemäß einem minderheitengerechten Schlüssel aufgenommen.

Mit den verheerenden Rassenunruhen und Ausschreitungen vom Frühjahr 1992 schließt sich der Kreis zum Marsch auf Washington in meinem Geburtsjahr. Die Ereignisse von damals wiederholen sich heute, anders gelagert, unterschiedlich im Ausdruck. Mitten in die Periode der sogenannten *Zweiten Republik* hineingeboren, ist in meinem Bewußtsein nur *die* Republik verankert. Überlegungen über eine *Dritte Republik,* wie sie seit Jahren von verschiedener Seite in variabler Intensität aufgeworfen werden, stellen sich meiner Meinung nach nicht. Wir brauchen keine Dritte Republik, die als Feigenblatt in neuer Hülle alte Inhalte fortsetzt, sondern *offene und ambitionierte Menschen,* die sich dafür einsetzen, daß sich gewisse Ereignisse nicht mehr wiederholen und sich unsere Republik positiv und nicht ängstlich den Herausforderungen der Zeit stellt und dementsprechend entwickelt. Das bedeutet für mich, meine bisherigen Erfahrungen (Lebenserfahrungen wäre für mein Alter doch zu hoch gegriffen) dahingehend umzusetzen.

VIII.
Zeichen des Wandels

Defizite der Zweiten Republik

Leopold Ungar[1]

Ich habe den größeren Teil des *Zweiten Weltkrieges* in England verbracht, also in einer Demokratie, den kleineren vorher in Frankreich, einer Demokratie, und bin, nachdem ich 1947 gleich nach dem Kriegsende *Kriegsgefangene* betreut hatte und diese Tätigkeit nicht aufgeben wollte, in die Zweite Republik zurückgekehrt. Ich war zunächst mehr als erstaunt, ja entsetzt darüber, daß hier nicht mehr *Deutsch* unterrichtet wurde, sondern eine Unterrichtssprache, offenbar um den Siegern klar vor Augen zu führen, daß man etwas ganz anderes war als die besiegten Deutschen, die ja einer gelungenen juristischen Interpretation nach Österreich okkupiert haben, so daß der österreichische Staat sich unschuldig aus der Verwicklung in den Zweiten Weltkrieg herausziehen konnte, wo nur einzelne Schuldige, denen man ja den Prozeß machte, zur Verantwortung zu ziehen waren. Bezüglich der zweifellos schon kurze Zeit nach der Besetzung durch HITLER entstandenen *österreichisch-nationalen* Gesinnung hatte ich keine Zweifel, wenngleich es ziemlich evident war, daß zu den Schönheitsfehlern der Zweiten Republik schon die Tatsache gehörte, daß durch einen *Kompromiß* zwischen den entscheidenden politischen Fraktionen Theodor INNITZER auf der einen Seite und Karl RENNER auf der anderen Seite unter Naturschutz oder Denkmalschutz gestellt werden, was mich besonders im Falle RENNER eigenartig berührt hat, da er ja eine politische Funktion übernommen hatte, während Kardinal INNITZER mit einer vorübergehend übertriebenen Kompromißbereitschaft die Fehler begangen hatte, die er begangen hatte, und nicht nur er, sondern auch die österreichische Bischofskonferenz.

Die Tatsache, daß es einen Morgenthau-Plan gab – und nicht nur einen Marshall-Plan – hatte Einfluß auf die Entscheidungen der Rechtsprechenden. Ich merkte sehr bald bei meiner Tätigkeit in einer Pfarre als Kaplan, wo mir die Pfarrjugend anvertraut war, daß keinerlei Spuren von *Nationalsozialismus* bei der *Jugend* anzutreffen waren. Soweit ich die Familien kennenlernte, wußte ich sehr wohl, daß die *Eltern* zum Teil fanatische Nationalsozialisten gewesen waren, hatte aber nicht den Eindruck, daß sie es noch waren, wie ja überhaupt gleich nach dem Anschluß zu bemerken war, daß honorige Leute jeder Weltanschauung, ja auch religiöser Weltanschauung, an einer Art nationalistischer rassistischer Infektionskrankheit

1. Leopold UNGAR hat diesen Text in seiner impulsiven Sprache für dieses Buch auf Band gesprochen und – schon schwer erkrankt – noch durchgearbeitet. Der vorbildliche Österreicher Leopold UNGAR starb am 30. April 1992, nur wenige Monate vor seinem 80. Geburtstag (Wolfgang MANTL).

litten, die sich bei manchen nach drei, vier, sechs Wochen oder nach einigen Monaten wieder gelegt hatte, ja in einigen Fällen dazu geführt hatte – auch unter meinen persönlichen Freunden und Schulkollegen –, daß sie sich dem Widerstand angeschlossen hatten und aktiv tätig waren, um Österreich von der braunen Pest zu befreien.

Die Tatsache, daß Gruppen, die in der *Ersten Republik* miteinander nicht auskommen konnten und einander bekämpften – subjektiv wohlmeinend, so wie das Gute das Böse bekämpft –, hatte, wie ja allgemein bekannt ist, einen Wandel erfahren, als die führenden Leute beider Richtungen, beider Lager im *Konzentrationslager* entdeckt hatten, daß sie Menschen waren, daß jeder das Gute auf seine Art durch die Vernichtung des Bösen oder zumindest Ächtung des Bösen oder Ausschließung des Bösen von der Möglichkeit zu schaden zu realisieren bestrebt war. In der Ersten Republik war es typisch für alle erwachsenen Leute, soweit sie politisch überzeugt waren, daß für sie *Religion* eher eine Art Tradition war, die nicht gelebt wurde, und nicht eine erlebte Gemeinschaft mit Gott und dem Nächsten, daß sie für die *Doktrin* der jeweiligen politischen Gruppe bereit waren, zu leben, zu kämpfen, zu sterben, aber auch zu töten. Die *Demokratie* in dem Sinne, daß die Minderheit Mehrheitsentscheidungen je ernsthaft akzeptiert hätte, war unmöglich, weil die *politischen Parteien* eigentlich *Ersatzreligionen* waren und es nicht zwei oder drei absolute Wahrheiten geben kann, sondern eben nur eine. Daher der *Radikalismus*, daher die tragischen *Mißverständnisse,* daher der *Bürgerkrieg* und schließlich der *Verfall* der politischen Strukturen und die Übernahme durch das Dritte Reich.

Die Zweite Republik hat, ohne es zu bemerken, von der Zwischenlösung zwischen der Ersten und Zweiten Republik, nämlich vom sogenannten *christlichen Ständestaat,* ohne sich dessen bewußt zu sein, etwas geerbt, nämlich die Idee, daß die *berufliche* Tätigkeit eine Gemeinschaft schafft, die eine gute Grundlage für politisches und soziales Verhalten ermöglicht. Und daraus ist – jetzt aufgrund freiwilliger Akzeptanz der großen politischen Gruppen – die einzige positive Verlassenschaft dieses tragischen Experiments zustande gekommen, die *„Sozialpartnerschaft"* genannt wird und was von den Sozialisten anderer Länder manchmal als eine Art Faschismus bezeichnet wurde und daher abgelehnt wurde – gerade von der englischen Gewerkschaft, die es als eine fast religiöse Notwendigkeit ansieht, wegen jeder Kleinigkeit einmal einen *Streik* zu beginnen, und die übersehen hatte, welcher Gewinn für die ökonomische Entwicklung tatsächlich zustande kommen kann, wenn sich die Sozialpartner *zusammensetzen* und das Plus, das sie erwirtschaftet haben, in halbwegs gerechter Weise auf die Unternehmer und Arbeiter wie Angestellten aufteilen. Ich betrachte es nicht, wie jetzt immer wieder gesagt wird, als eine Schwäche unserer Zweiten Republik, daß es diesen Einfluß gibt und daß die großen wirtschaftlichen Gruppierungen gefragt werden, während sie nach der *Verfassung* gar kein Recht haben, sich in die entscheidenden politischen und insbesondere sozialpolitischen Veränderungen samt ihren rechtlichen Konsequenzen einzumischen.

Ich betrachte es nur als einen *Mangel* der Zweiten Republik, daß die beiden großen Gruppierungen eigentlich ihre Vergangenheit *restlos* vergessen oder jedenfalls das Gegenteil dessen darzustellen bemüht sind, was sie in der Ersten Republik waren. Während in der Ersten Republik die *Sozialdemokraten,* wie sie sich nannten, eigentlich doch eine Art marxistische Diktion, theoretisch wenigstens, anstrebten, wobei sie sich Demokraten nannten, war in der Zweiten Republik der Name derselben Gruppierung *Sozialisten,* sie dachten gar nicht an so etwas, sondern eher daran, jene sozialen Positionen und Leistungen, welche die Errungenschaft des politischen Aufstieges für die wenigen gewesen war, den vielen zugänglich zu machen, die seinerzeit in der Partei ihre Ersatzkirche zu erkennen glaubten. Und ähnlich lief es – vielleicht mit etwas mehr Pathos – in der Partei, deren Vorgänger sich Christlichsoziale genannt hatten, und die sich jetzt *Volkspartei* nannte. In den beiden Parteien war die Versuchung groß, die Gegensätze der Vergangenheit wenigstens als eine subkutane Realität anzusehen. Das war mein Eindruck im Gespräch mit Leuten in den ersten Jahren der Zweiten Republik, daß auf dem Gipfel die Sonne schien, während es unten eiskalt war. Ich erinnere mich, daß ich als Priesterseminarist in der Ersten Republik das Problem hatte, wenn wir mit dem Talar in der Straßenbahn fuhren, daß manche Leute vor uns ausgespuckt hatten oder extra weggegangen waren. Ich erinnere mich aber auch, daß in der Zweiten Republik Leute, die mir als Kaplan in der Pfarre in Meidling Liebesdienste erwiesen, stolz darauf waren, daß ich den Mut hatte – wenngleich bei der Gemeinde Wien angestellt – ein Kreuz zu tragen, weil das eigentlich kurios war, wie „Grüß Gott" zu sagen. Man konnte und kann noch immer bei den älteren Angehörigen der Partei, die sich sozialistisch nennt, eine Sprechhemmung auslösen, wenn man „Grüß Gott" sagt, sie sagen „Grüße Sie".

Was die *Kirche* betrifft, so hatte sie tatsächlich aus den Fehlern der Vergangenheit die Konsequenz gezogen, daß sie – wiederum an der Spitze stärker als an der Basis – die Einmischung von Klerikern in die *Parteipolitik* verboten hatte und damit das vorbereitete, was erfreulicherweise eine Selbstverständlichkeit geworden ist, daß niemand wegen seiner religiösen Überzeugung verfolgt, zurückgesetzt wird, es sei denn wiederum bei Leuten, die noch an den Komplexen leiden, die in einer Zeit zustande gekommen waren, wo tatsächlich auch auf Arbeitersiedlungen geschossen worden war oder tatsächlich religiöse Gesinnung verhöhnt und kirchliches Leben fast ähnlich bekämpft wurde wie das Judentum. Gehässige Karikaturen waren nicht nur in nationalsozialistischen Zeitungen zu finden, sondern eben auch in der „Arbeiter-Zeitung".

In der Zweiten Republik ist es typisch, daß die *Parteien* von ihren Anhängern und Mitgliedern eigentlich keineswegs überschätzt wurden, aber daß man gefunden hatte, daß sie eine Art *Versorgungspflicht* haben, ob es um Wohnungen, um Bundes- oder Landes- oder Gemeindeposten ging, oder zumindest um Aufträge für wirtschaftliche Tätigkeiten der jeweiligen Partei. Besonders gut durchsetzen konnten sich jene, die schon lang vor der Ersten Republik, nämlich bereits in der Monarchie als Konsument oder Erzeuger von landwirtschaftlichen Gütern eine sehr mutige Vertretung gefunden hatten, nämlich in einem Fall die *Raiffeisenkasse* und im anderen Fall die *Konsumvereine,* wobei die einen den Bauern vor Unterbezahlung und Schädigung durch den Handel, die anderen die Proletarier, die Armen vor Wucherpreisen zu schützen angetreten waren, die beide sich jedoch im Verlauf der Dinge jeweils zu gewaltigen Imperien mit akkumulierten Milliarden entwickelt hatten.

Wir sind in einer schnellen Entwicklung begriffen und haben mit Erstaunen in den letzten Jahren gesehen, daß das *Volk* sich seines Elends in den sogenannten sozialistischen Ländern bewußt geworden war, und daß, wenn man bereit ist, Gefahren auf sich zu nehmen, die Möglichkeit besteht, mit Hilfe der *Medien* – wohlgemerkt in dieser Zeit, in der die Medien eine so große Rolle spielen – eine scheinbar wie ein Dauerverhängnis regierende Gruppe von *Machthabern* zu beseitigen.

Ich hege die Hoffnung, daß es etwas wie die Dritte österreichische Republik die großen Parteien vielleicht in *Schrecken* versetzen kann dadurch, daß man etwas tut, was eigentlich ein Kinderspiel ist. Man könnte beispielsweise mit einer *Demonstration,* wenn die Medien mitmachen, bewirken, daß die *Furcht Gottes* in die Regierungen soweit eindringt, daß sie gewisse existierende und krasse Mißstände beseitigt und sich besinnt auf die Ideale, in deren Namen sie ursprünglich angetreten sind. Denn der Sozialismus hat unbewußt christliche Ahnen und die christlichen Parteien bewußt christliche Ahnen, und beide sind eigentlich dazu verpflichtet, *Not,* die abschaffbar ist, abzuschaffen.

International und *übernational* zu denken und nicht nur *transnational* zu wirtschaften. Wer transnational wirtschaftet, hat alles Elend den Naivlingen in der Dritten Welt in die Schuhe geschoben, wenngleich diese transnationalen Firmen besser bezahlen, als die individuellen Ausbeuter der jeweiligen Länder Lateinamerikas und Asiens. Ich würde also meinen, daß z. B. zu den Versäumnissen der Sozialisten gehört, daß ihre Gewerkschaftsbewegung sich gar nicht trauen würde – und zwar nicht nur in Österreich, sondern es ist auf der ganzen Welt so – zu verlangen, daß solche Artikel wie Tee einen gerechten Preis erhalten.

Die Ausrede, daß es uns so gut geht, ist eine *Wahrheit,* die uns schuldig spricht, denn je besser es uns geht, desto leichter müßte es möglich sein, die Schatten, die es in diesem Lichtermeer gibt, zu beseitigen. Das *Dunkel,* in dem noch manche leben, aus der Welt zu schaffen, das wäre eine Anstrengung, die geringer ist als etwa die, die man für die Weltausstellung zu unternehmen bereit war. Für die riesigen Vorbereitungen waren Milliarden von Schilling durchaus eingeplant. Insofern müßten die beiden großen Parteien doch versuchen, wieder *Gesinnungsgemeinschaften* zu werden, d. h. sich zu besinnen: auf die Majestät, auf die Würde, auf den Vorrang der Armen, der Vertriebenen, der Flüchtlinge, der Hilflosen und daß sie das, was der Sozialgesetzgebung bei uns noch fehlt, einvernehmlich so ändern, daß niemand hungert, niemand friert. Sie müßten trachten, daß die sozialpolitischen Selbstverständlichkeiten, die man durchgesetzt hat, auch Menschen gewährt werden, die formalrechtlich keinen Anspruch darauf haben, ohne daß wir allerdings durch eine Übertreibung die Abneigung steigern und verstärken. Denn damit würde man ja neue Gefahren für Randgruppen schaffen. Der Blick auf ältere Demokratien darf uns keine billige Ausrede sein. In Frankreich werden immer noch Algerier getötet, und in den großen Städten Englands herrscht Kriegsstimmung, die überaus beunruhigend ist. Auch in Amerika ist das Problem der Schwarzen noch immer nicht gelöst.

Durch Krankheit und Zufall habe ich mich wieder mit Dingen befaßt, die mich in der Ersten Republik und in meiner Jugend stark beeinflußt haben – abgesehen von Karl KRAUS –, nämlich mit dem „Brenner" und dessen Herausgeber Ludwig v. FICKER. Wenn man die „Brenner"-Jahrgänge überfliegt und sieht, um wieviel intensiver damals die *religiösen* Auseinandersetzungen stattgefunden haben – zugegebenermaßen zwischen wenigen Leuten – wenn man also die Beiträge eines Carl DALLAGO oder eines Ferdinand EBNER vergleicht mit dem, was an geistig-religiöser Auseinandersetzung selbst seit dem Zweiten Vatikanum in Österreich erfolgte, dann wäre es empfehlenswert, auch hier ein nationales Erbe wieder ernsthaft lebendig zu machen und sich davon beeinflussen zu lassen und zu verstehen, was eigentlich christlich ist und wie das eigentlich Wirklichkeit werden kann, bei den wenigen zunächst, da wir ja daran glauben, daß der Glaube ansteckend ist, ohne daß wir etwa elitäre Gruppen anstreben.

Das Lösegeld, das man eben dafür bezahlen mußte, daß nicht rabiate Pseudoreligionen einander mit aller Brutalität vergangener Kreuzzüge und Religionszüge bekämpfen, ist der *Opportunismus* in der Politik. Ich glaube, daß man immer wieder andere Demokratien wie Amerika heranziehen muß, um nicht ungerecht zu werden. Verglichen mit den *Wahlkämpfen* anderer Demokratien ist Österreich immer noch relativ harmlos, aber die Tendenz ist da, mit den Methoden der Reklame der Madison-Avenue-Technik aus Niemanden große Männer zu fabrizieren und der Welt ein paar dumme Phrasen einzureden, die etwa so klingen wie „Grau raus und Weiß rein". Die Gefahr ist, daß Parolen wie „Rot raus und Schwarz rein" oder umgekehrt das politische Leben in der Zukunft immer mehr bestimmen werden, es sei denn, es kommt der Segen einer gewissen *Pleite* am Ende dieses ständig wachsenden Wohlstandes, der den meisten Leuten nicht wohl tut. Interessant ist, daß es ein politischer Vorteil ist, daß die grüne Welle dadurch bekämpft wurde, daß man nach Möglichkeit alles, was halbwegs vernünftig an den Forderungen der Grünen war, in die jeweiligen Parteiprogramme der großen Parteien inkorporiert hat.

Zu empfehlen wäre für die Demokratie die Nachahmung des *englisch-amerikanischen* Systems mit den Wahlkreisen, für die ein Abgeordneter zuständig ist. Wenn auch die Stimmen der anderen Parteien gar keinen Wert haben, ist der gewählte Abgeordnete dann doch moralisch verpflichtet, auch die Interessen der Besiegten zu akzeptieren. Nun ließe sich dieses Prinzip aber auch ausdehnen darauf, daß jeder von einer Partei vorgeschlagene Kandidat vom Moment der erfolgten Wahl an der Partei nur insofern verpflichtet bleibt, als er nicht gegen etwas im Parteiprogramm bzw. allenfalls im Wahlprogramm definitiv Beschlossenes Stellung nimmt, in allen anderen Fragen aber nicht nur berechtigt, sondern verpflichtet ist, die jeweils vernünftige Meinung einer kleineren Partei, größeren Partei, jedenfalls anderen Partei zur entscheidenden Richtlinie für seine Stellungnahme zu machen. Das hätte auch den Vorteil, daß im Parlament auch einmal die Konsumenten wieder etwas zu reden haben.

Das *Parlament* würde stärker werden. Die Tatsache, daß es ja nur eine scheinpolitische Bedeutung hat, weil alles schon vorher von anderen wichtigeren und realen Mächten entschieden worden ist, wäre auszugleichen. Es wäre ausgleichbar dadurch, daß im Parlament *Mehrheiten* sich bilden in einer Weise, die den Zuhörer oder Zuschauer und die heranwachsende oder spätere Wählerschaft interessieren könnte. Das Parlament könnte interessant werden, während es jetzt eine anödende mittelmäßige Leistung an Rhetorik und dergleichen bietet, die nicht mit der politischen Willensbildung direkt im Zusammenhang steht. Eine ganz einfache Geschichte: die ganze Problematik um Kurt WALDHEIM hätte man im Namen der Vernunft auf diese Weise lösen können, ohne daß die Parteien ihr pro und contra vor der Wahl ändern müssen.

Das Ziel wären *Parlamentarier,* die nicht Puppen und Marionetten sind. Sie sind dazu da, nach bestem Wissen und Gewissen die Interessen des Volkes zu vertreten. Sie sind *Volks-* und nicht *Parteivertreter.* Es sollten auch nicht parteigebundene Leute kandidieren. Überdies müßte man achtgeben, daß Personen, die vorgeschlagen werden, nicht lauter Leute sind, die beurlaubt sind, solang sie eine politische Funktion ausüben, da dies praktisch die ohnedies drohende Übermacht des *Beamtentums* – und das ist wahrlich ein ganz großer Schatten der Zweiten Republik – noch ärger machen würde, als sie ohnehin schon ist.

Man bedenke, daß die Zweite Republik mehr *Beamte* in Bund, Ländern, Gemeinden usw. braucht als die Monarchie, die eine funktionierende Großmacht und eine bewundernswert administrierende Kolonialmacht war. Diese Gruppe wird noch mächtiger, als sie schon ist, zumal ja jede Partei sich hüten wird, die Stimmen einer so großen Gruppe zu verlieren. Es wäre also darauf zu achten, daß diese Übermacht in irgendeiner Form reduziert wird, da ja sonst wahr wird, was einmal bei einer Dienstprüfung

Polizisten auf die Frage über die österreichische Verfassung antworteten, nämlich: „Österreich ist eine bürokratische Republik, alle Macht geht am Volk aus." Dies hängt teils mit der Unmöglichkeit zusammen, daß die *Politiker* sich wirklich auskennen. Sie müssen von einer Eröffnung zur anderen und von einem Gipfel zum anderen und von einem Staatsbesuch zum anderen gehen und sich und uns vortäuschen, daß sie damit Politik machen, während die einzigen, die halbwegs informiert sind, ja doch die *Beamten* sind. Das ist auch eine schreckliche alptraumhafte Perspektive natürlich für die jetzt eben freigewordenen ehemaligen *sozialistischen* Länder. Die Beamten bleiben ja und werden die nichtkommunistischen Politiker beraten.

Und jetzt kommen wir zum schrecklichsten Schatten der Zweiten Republik: Meiner Meinung nach sind die größten Fehler in der Zweiten Republik begangen worden durch ein Mißverhältnis der *Gleichheit* der Konsequenzen. Die Regierungen haben so wie die absoluten Herrscher früher Geschenke verteilt, ohne ein Recht zu haben, das zu tun. Den Armen haben sie nicht etwa die Gleichheit der Staatsbürger vor dem Gesetz geschenkt, sondern jedem das *Gleiche.* (Wenn ein Ministerium nicht das Recht hatte, eine bestimmte Tätigkeit zu fördern, so wurde ein Verein gegründet. Ein Vertrauensmann des jeweiligen Ministers wurde der Vorsitzende des Vereins, und die absolut unpolitischen Ziele des Vereins wurden häufig subventioniert.) Die vorhin erwähnte formalgleiche Förderungspraxis ist eine Schweinerei, weil sie ein Diebstahl an den Bedürftigen ist. Ich habe persönlich bei einem Alpbacher Gespräch mit Christian BRODA, Heinz FISCHER und einigen anderen so heftig dagegen protestiert, daß sie sagten, das mit den Gratisschulbüchern, das müßte bleiben, da ihre Abschaffung eine so furchtbare Demütigung wäre, aber die anderen Sachen, darüber könnte man reden. Und ich hatte gemeint, es hätte sich die Vernunft durchgesetzt und man würde z. B. für Leute, die wirklich in untermenschlichen Wohnverhältnissen leben oder heiraten wollen, für die Eheschließung dann den fünffachen Betrag gewähren, wenn sie unter einer bestimmten Einkommensstufe liegen. Nein, man hat es nicht gemacht, sondern einen Zustand angestrebt, mit dem die Mehrheit der Wähler zufrieden ist, und das bezeichne ich geradezu als symbolisch, nicht etwa den Abprall der großen Parteien von den belebenden geistigen Richtungen, denen sie ihre Existenz verdanken: Sozialismus – Christentum: daß man es als absolut selbstverständlich angesehen hat, die quantitative Gleichheit durchzuziehen, womit die Wähler halt zufrieden sind.

Ich weiß nicht, ob die Zweite Republik zu *Ende* geht. Was mir besondere Sorge bereitet, ist der Vorrang des *Ökonomischen* vor dem *Politischen* und des Politischen vor dem *Moralischen.* Was wird mit der *Gerechtigkeit* sein? Blaise PASCAL hat darüber nachgedacht: Gerechtigkeit ist ein geistiger Begriff und hat an sich keine Macht, wenn diese Gerechtigkeit nur von genug Leuten verletzt wird.

Die Zweite Republik im Druckfeld neuer Probleme

Engelbert Washietl

I. Nicht gesucht, aber gefunden: Illusionslosigkeit

Der Beginn der neunziger Jahre läßt eine neue, für einen längeren Zeitraum gültige Position Österreichs in der Welt erkennen. Ein *Wendepunkt* ist überschritten, ein Zurück gibt es nicht mehr – nur ein kurzer Blick soll noch rasch das entschwindende Kontrastbild erfassen.

Dort erscheint ein Österreich, das sich in den drei auf den *Staatsvertrag* von 1955 folgenden Jahrzehnten mit beträchtlichem Erfolg in der Welt engagierte. Das Auf und Ab der Tagespolitik mochte die Zeitgenossen manchmal verwirren, im Rückblick weisen sie sich als Teilnehmer eines zielgerichteten Prozesses aus, der unabhängig von Personen und Kolorit der jeweiligen Regierungen ablief. Österreich sah nicht nur 30 Jahre lang eine Rolle für sich, es hatte auch eine. Sie paßte.

Europa war noch scharf in *West und Ost* geteilt; die Ungarn- Revolution, die ein Jahr nach dem Staatsvertrag ausbrach, hatte die Zeitgenossen gelehrt, jede Hoffnung aufzugeben, daß der Kommunismus freiwillig ein Beutestück aufgäbe. Von dieser Zeit, die fast noch zum Kalten Krieg gerechnet werden muß, über die koexistenziellen Verknöcherungen der Chruschtschow- und Breschnjew-Ära bis zur Entspannungspolitik der siebziger Jahre brachte Österreich in glaubwürdiger Form sein bescheidenes Gewicht in der Weltpolitik zur Geltung.

„Aktive Neutralitätspolitik“ hieß alsbald der technische Begriff eines außenpolitischen Kurses, der sich überraschend schnell von dem im Moskauer Memorandum (1955) erwähnten Schweizer Vorbild ablöste: Der Beitritt zu den Vereinten Nationen erfolgte noch im Staatsvertragsjahr 1955, Wien wurde Ort der Begegnung, Österreich Schauplatz spektakulärer Gipfeltreffen. Daß die 1957 gegründete Internationale Atomenergie-Organisation (IAEA) ihren Sitz in Wien aufschlug, war der erste bedeutende Erfolg bei dem Versuch, die geographisch-politische Lage außenpolitisch zu nutzen. Der Kommentar, den Bundeskanzler Julius RAAB dazu in der Regierungserklärung vom 4. Juli 1956 abgab, wies bereits in die Richtung, die bis zur Gründung der „UNO-City“ an der Donau, bis zu den Konferenzen für

Truppenabbau (MBFR), strategische Rüstungsbegrenzung (SALT) und jenen im Rahmen der KSZE unverändert Gültigkeit haben sollte: „Österreich glaubt besonders geeignet zu sein, gerade diese Organisation bei sich aufzunehmen, deren Aufgabe es sein wird, die neuerweckten Kräfte der Atomenergie dem Frieden und dem Wohlstand der Völker dienstbar zu machen", erklärte RAAB damals.[1]

„Besonders geeignet": Wien wurde einer der offiziellen Amtssitze der Vereinten Nationen; die Ost-West-Truppenabbaukonferenz MBFR, die 1973 zusammentrat, schien sich in Wien geradezu verewigen zu wollen; Teilkonferenzen im Rahmen des KSZE-Prozesses fanden hier statt, vor allem auch das „Wiener Treffen" (1986–1989), auf dem das letzte bedeutende KSZE-Dokument des geteilten Europa verabschiedet wurde. Noch Anfang 1990 wurde im Außenministerium der Traum der *„Europa- Hauptstadt Wien"* geboren, in der nicht nur eine KSZE- Gipfelkonferenz stattfinden, sondern gleichzeitig permanente KSZE-Institutionen, die Ost-West-Bank, die Chemiewaffen-Kontrollagentur und andere Organisationen ihren permanenten Platz finden sollten.

Aber das war nur noch ein verspäteter *Nachhall* der Staatsvertragsära, der Wendepunkt war bereits überschritten. 1990 wurde Bruno KREISKY zu Grabe getragen, der als Bundeskanzler von 1969 bis 1983 den internationalen Anspruch Österreichs zur Blüte gebracht, aber auch beigetragen hatte, daß eine österreichische *Illusion* entstand; daß also in den Augen vieler Landsleute und erst recht der Politiker aus dem „besonders geeignet" ein „besonders privilegiert" wurde und daß Österreich immer und überall – sei es im Nahen Osten oder in der Ost-West-Politik – ein von allen Staaten geschätzter und fast unentbehrlicher Ratgeber und Helfer sei.

Hatte schon die *Waldheim-Affäre* 1986 diesem nationalen Gottesgnadentum einen schweren Stoß versetzt, so führte der Prozeß schrittweiser *Ernüchterung* bis 1992 in eine nicht mehr so komfortable Wirklichkeit hinunter. Drei Faktoren waren es insbesondere, die die schmerzhafte Neueinschätzung förderten: 1. Die *Präsidentschaft Kurt WALDHEIMs* gestaltete sich, entgegen den Erwartungen mancher Optimisten, zu einer langandauernden Phase internationaler Versuche, Österreich auszugrenzen. 2. Die *osteuropäische Revolution* von 1989/90 verwandelte Österreichs Position grundlegend und rührte auch an dem Gut, das bisher als heilig und unantastbar gegolten hatte – dem Sinn und der Funktion der immerwährenden Neutralität. 3. Die gewollte *„Demokratisierung" der Außenpolitik* führte zu deren Entzauberung, weil jeder Rückschlag, jeder Fehltritt, jeder zu kurz geratene Sprung sofort in den Medien thematisiert wurde.

Nicht Sorge, aber *Illusionslosigkeit* wurde zur weitverbreiteten Grundhaltung in Österreich. Auch der große Aufbruch Europas wurde von dem

1. Hans MAYRZEDT/Waldemar HUMMER: 20 Jahre österr. Neutralitäts- und Europapolitik (1955–1975), Teil I, Wien 1976, 110.

Moment an sehr nüchtern betrachtet, als *Menschenmassen* aus den Ostblockländern Österreich überschwemmten: als Flüchtlinge, als Asylanten, als Schwarzarbeiter, als Touristen mit der dünnen Brieftasche. So hatte man sich in Österreich die Folgen der neuen Freiheit nicht ganz vorgestellt. Die Begeisterungs- und Solidaritätswellen, die es 1956 und 1968 gegeben hatte, waren zum unwirksamen Klischee verkalkt. Österreich hatte es plötzlich mit „ganz normalen Nachbarn" zu tun, und die Österreicher erkannten, daß auch sie selbst nicht mehr „besonders geeignet", sondern bestenfalls „ganz normal" sind. Sie sind folgerichtig dabei, einen ganz *normalen Platz* in Europa und in der Welt zu suchen.

II. Die demokratisierte Außenpolitik

Eine Begleiterscheinung der Politik des *EG-Beitritts* ist die „Demokratisierung" der Außenpoltiik. Vielleicht ist es besser, zunächst von einer „Popularisierung" zu sprechen. Die Außenpolitik wurde enttabuisiert, populärer, profaner; sie wurde als etwas erkannt, das auch den „Mann auf der Straße" betrifft und nicht nur Berufshobby gelernter Diplomaten und Politiker sein soll. Das Phänomen hatte Vorläufer. Österreichische Politiker holten sich schon immer ihren Ruhm gern auf dem *internationalen Parkett*. Der Staatsvertragskanzler Julius RAAB tat es, Bruno KREISKY brillierte gern als welterfahrener Staatsmann, und der Wahlkampfslogan für den Präsidentschaftskandidaten Kurt WALDHEIM hieß 1986 beziehungsreich: „Der Mann, dem die Welt vertraut". Allzuviel war aber vor diesem Zeitpunkt von dem, was „oben" als *Kabinettspolitik* betrieben wurde, nicht nach unten durchgesickert. Die bescheidenen außenpolitischen Teile der meisten Zeitungen, das noch nicht ausgebaute Korrespondentennetz des ORF ließen eine breite Diskussion außenpolitischer Stoffe schon aus Kapazitätsgründen nicht zu, und auch die Nationalratsabgeordneten erkämpften sich ihre ersehnten Listenplätze gewiß nicht in außenpolitischen Parlamentsdebatten. Der außenpolitische Konsens der Parlamentsparteien in Grundsatzfragen wirkte alles eher denn stimulierend. Eine Diplomatengeneration, die altersmäßig noch der alten Schule angehörte, zeigte ihrerseits wenig Neigung, sich unters Volk zu mischen, und für manchen von ihnen hatte ein ins Mikrophon gesprochener Satz den Beigeschmack unwürdiger Effekthascherei.

Es war ein Teufelskreis der *Nichtakzeptanz* eines wichtigen Themas – der Außenpolitik. Dies begann sich schrittweise und zunächst unbeachtet erst Ende der achtziger Jahre zu bessern. Es war dies eine Zeit, in der Österreich selbst oft genug eingebunden wurde in internationale Ereignisse. Der KSZE-Prozeß, deutliche Lockerungserscheinungen in Osteuropa mit den sich für Österreich ergebenden Chancen, dann freilich auch die Waldheim-Affäre, die die Bevölkerung auf dem Umweg über die internationale Ebene polarisierte – alle diese Faktoren machten Außenpolitik „griffig", und spätestens als 1989 in der SPÖ beträchtliche Auseinandersetzungen um Österreichs EG- Kurs ausbrachen und in Tirol und Vorarlberg wütende Bauern vor der Zerstörung ihrer Landwirtschaft durch Brüssel warnten, war der Punkt erreicht: *Außenpolitik wurde Innenpolitik,* mit allen positiven und negativen Folgen, die man in anderen Ländern schon längst studieren konnte. Der Zerfall Jugoslawiens 1991 und die bis 1992 verschleppte Frage der diplomatischen Anerkennung der Teilrepubliken als selbständige Staaten bildeten den bisherigen Höhepunkt der Verflechtung zwischen „inneren" und „äußeren" Ereignissen. Im angeblich spannungslos gewordenen Europa mußte das Bundesheer mobilisiert werden, um die Südgrenze des Landes zu sichern. Die Slowenen-Frage, die Jahrzehnte hindurch die Kärntner Landespolitik, die Bundespolitik sowie auch die Beziehungen zwischen Jugoslawien und Österreich belastet hatte, wurde österreichischerseits plötzlich in anderem Licht gesehen und gehandhabt. Eine außergewöhnliche Note erlangte die Jugoslawien-Krise schließlich durch den Umstand, daß Österreich für Jugoslawien und dessen Republiken eine besondere Rolle spielte: Österreich war für jugoslawische Politiker soviel wie „Öffentlichkeit". Der offizielle Besuch, den Bundeskanzler Franz VRANITZKY am 5. und 6. April 1990 in Belgrad abstattete, hatte kaum einen anderen Sinn als das Interesse Wiens an einer friedlichen Regelung innerhalb des Gesamtstaates zu unterstreichen – eine von der Belgrader Zentralregierung gewürdigte Haltung, die aber schon damals Irritationen in Laibach auslöste.[2]

Drei Monate später besuchten Sloweniens Ministerpräsident Lojze PETERLE und Außenminister Dimitrij RUPEL Österreich; sie wurden, ähnlich wie ihre kroatischen Kollegen, bald Stammgäste auf dem Wiener Ballhausplatz und – in dem Zusammenhang nicht zu unterschätzen – im ORF-Zentrum am Küniglberg.

An der österreichischen Nebenfront der Jugoslawien-Krise wurde erneut der Konflikt zwischen Bundeskanzler VRANITZKY und Außenminister Alois MOCK sichtbar, die ihre Differenzen in der Anerkennungsfrage im Dezember 1991 öffentlich austrugen. Ähnliches hatte sich schon im Dezember 1988 bei der Vorbereitung des Antrages auf EG-Mitgliedschaft abgespielt. Beides beweist, daß der Prozeß des Öffentlichwerdens außenpolitischer Dinge durch die innenpolitische Konstellation seit der Bildung der Großen Koalition (1987) beschleunigt worden ist.

Die ÖVP, genauer: deren Obmann Alois MOCK, beanspruchte nach der Nationalratswahl vom 23. November 1986 hartnäckig das Außenministerium und erhielt es. Die Wirkung war größer, als zunächst zu erkennen war. Denn seit dem Ausscheiden KREISKYs als Außenminister (1966) war das

2. Vgl. dazu APA 162 v. 4. Juni 1990: Der damalige Kandidat für einen slowenischen Sitz im Staatspräsidium, Dimitrij RUPEL, erklärte auf einer Wahlversammlung in Laibach: „Vranitzky benimmt sich so, als ob Slowenien noch immer unter österreichischer Herrschaft wäre."

Ministerium entweder von Ministern ohne Hausmacht und Parteizugehörigkeit geleitet worden – Kurt WALDHEIM, Rudolf KIRCHSCHLÄGER, Erich BIELKA, Willibald PAHR – oder aber von Politikern der Partei des Bundeskanzlers – Lujo TONČIĆ, Erwin LANC, Leopold GRATZ. Somit war von 1966 weg der Effekt praktisch immer derselbe: Auf den jeweiligen Außenminister strahlte nur soviel Glanz ab, als der dazugehörige Bundeskanzler übrig ließ, und Innenpolitik ließ sich aus der Ministeretage des Hauses am Ballhausplatz erst recht nicht betreiben. Peter JANKOWITSCH schließlich hätte dank seiner internationalen Erfahrung derartige Barrieren vielleicht überspringen können, doch war ihm im SPÖ-Schicksalsjahr 1986 keine Zeit gegönnt.

1987 aber wurde mit Alois MOCK plötzlich ein *Diplomat* und *Vollblutpolitiker* Chef der Diplomatie. Daß ihm die Dreierfunktion Vizekanzler-Parteichef-Außenminister schlecht bekam, bis sie durch Parteibeschluß fast gewaltsam gedrittelt wurde, ändert nichts daran, daß MOCK auch als Außenminister wußte, wo man Wählerstimmen holt. Seine Besuchsreisen führten grundsätzlich nicht nur nach Brüssel oder in die USA, sondern auch in den Pinzgau und nach Laa an der Thaya.

Führende Politiker in der größeren Koalitionspartei hatten die Verschiebung im Kräfteparallelogramm sehr bald erkannt und versuchten, dem entgegenzuwirken. Die Stunde der „Demokratisierung" der Außenpolitik schlug, denn plötzlich betrieb die *Sozialistische Partei* möglichst in allen Gremien Außenpolitik: nicht nur im Außenpolitischen Rat, sondern auch im Kanzleramt und im SPÖ-Parlamentsklub, und der Streit um Zuständigkeiten, Kompetenzen und Koordinierungsgremien belastete vor dem EG-Beitrittsantrag monatelang das Koalitionsklima. Der sozialistische Klubobmann Heinz FISCHER verfolgte konsequent eine Strategie der Basiserweiterung in außenpolitischen Fragen und versuchte dies auch öffentlich immer wieder zu begründen.[3] Nicht zufällig bauten genau in dieser Periode auch die *Medien* ihren außenpolitischen, wenn auch auf Österreich bezogenen Teil aus. Die osteuropäische Revolution tat das ihre dazu, die Außenwelt ins Zentrum österreichischer Aufmerksamkeit und österreichischen Erlebens zu rücken.

Im Ergebnis ist die Außenpolitik für die Österreicher *transparenter* geworden. Licht und Schatten, Höhepunkte und Trivialitäten gab es im Bereich der internationalen Beziehungen immer, aber jetzt sind sie sichtbarer und greifbarer geworden. Eine jüngere Generation von Diplomaten ist auskunftsfreudiger, als ihre Lehrmeister es gewesen waren; es gibt den Mut, unterschiedliche Standpunkte zu artikulieren. Eine tiefe psychologische Wirkung hatten auch die öffentlichen Vernehmungen im parlamentari-

3. Zum Beispiel: Sozialistische Korrespondenz v. 29. August 1989, zitiert auch in der APA Nr. 157 v. 29. August: Heinz FISCHER und Peter JANKOWITSCH stellen anläßlich der Einberufung des Außenpolitischen Rates fest, daß dieses Gremium in wichtigen Fragen eine möglichst breite Basis „zwischen Regierung und Parlament" herstellen solle.

schen Untersuchungsausschuß zur *Lucona-Affäre* sowie das Linzer Noricum-Gerichtsverfahren, das den illegalen Waffenhandel zum Gegenstand hatte. Plötzlich wurden Botschafter und Botschaftssekretäre ins harte Kreuzverhör genommen, und nicht nur sie, sondern alle ihre Kollegen im Außenministerium erfuhren, daß ihre in der Abgeschiedenheit höherer diplomatischer Regionen erbrachten Leistungen im Ernstfall nicht ungeprüft bleiben, sondern daß von ihnen persönliche Verantwortung verlangt und Rücksprache mit dem eigenen Gewissen erwartet werden.

Der *außenpolitische Konsens* ist durch diesen Öffnungsprozeß, durch die Politisierung der Abläufe, nicht zu Schaden gekommen, ja er hat sogar in der Entscheidung für den EG-Beitritt 1989 seine höchstmögliche Ausgestaltung erlangt.

Somit ist als Nebenergebnis der vergangenen Jahre, die durch manche nationale Frustration gekennzeichnet waren, auch ein *Positivum* zu vermelden. Eine wichtige, wenn auch beileibe nicht die einzige Voraussetzung, um den Anforderungen des Jahrzehnts gewachsen zu sein, ist geschaffen. Wenn sich Österreich mehr als je zuvor in einer offenen, konkurrierenden europäischen Staatenfamilie bewähren, wenn es ein geachteter Partner in den immer wichtiger werdenden mulitlateralen Prozessen bleiben, wenn es den EG-Beitritt mit allen seinen praktischen Folgen verkraften will, dann geht dies nur auf der Grundlage einer geistigen *Horizonterweiterung* im Binnenland Österreich.

III. Offene europäische Gesellschaft

Mulitlaterale Prozesse – um dieses unschöne, aber sehr praktische Fremdwort zu gebrauchen – erlangen eine immer größere Bedeutung, und ihr Anteil am Gesamtgeschehen nimmt zu. Schon jetzt hängen ganze Garnituren von österreichischen *Diplomaten* im Räderwerk mehrstaatlicher Maschinerien: Europarat, EFTA, Konferenz für Sicherheit und Zusammenarbeit in Europa, Vereinte Nationen und wie sie alle heißen. Sie okkupieren permanent Spitzenpersonal mehrerer Ministerien, und die Europäische Gemeinschaft ist hier noch gar nicht erwähnt. Ganze Brigaden von Beamten werden für Tätigkeiten abgestellt, die für gewöhnliche Staatsbürger zwar nicht geheim, aber ziemlich undurchschaubar, auf keinen Fall aber aufregend sind. Die österreichische Botschaft bei den Vereinten Nationen in New York war die längste Zeit die personell stärkste unter allen Auslandsvertretungen – ein krasser Gegensatz zur minimalen Aufmerksamkeit, die die österreichische Öffentlichkeit üblicherweise den UNO-Angelegenheiten zollt.

Jetzt liegt das Schwergewicht des diplomatischen Einsatzes in *Brüssel.* „Die dynamische Entwicklung der internationalen Beziehungen erfordert, daß auch Österreich seine Internationalisierung konsequent vorantreibt. Unser angestrebter Beitritt zu den Europäischen Gemeinschaften stellt einen qualitativ wie quantitativ neuen Aspekt unserer Außenbeziehungen dar", heißt es in einem 1990 verabschiedeten, dem Nationalrat unterbreiteten Grundsatzpapier des Außenministeriums.[4] Von Transit bis Umweltschutz, von Zollverhandlungen bis zur Wissenschaft reicht der Bogen ständiger Anforderungen, die in zahlreichen, oft parallel agierenden Organisationen erwachsen.

Paradoxerweise ist der Anteil des *Außenministeriums* am Gesamtbudget seit 1959 von 0,49 auf 0,3 Prozent im Jahr 1992 zurückgegangen – eine Entwicklung, die in den siebziger Jahren durch die vielfältigen Aufgaben, die anderen Monsterministerien zuwuchsen, erklärlich war, jetzt aber eine gefährliche Lücke erkennen läßt: Es wird befürchtet, daß Österreich gar nicht so rasch den personellen Apparat mobilisieren kann, den es zur Bewältigung seiner internationalen Aufgaben braucht. Das Außenministerium hat weniger Bedienstete als das Statistische Zentralamt und die Postsparkasse. Ein in dem Bericht an das Parlament erwähnter Mißstand ist nicht etwa Schwarzmalerei, sondern Faktum: Das Außenministerium ist bei der Rekrutierung seiner Nachwuchskräfte in eine erdrückende Konkurrenz zu potenten Organisationen (Großbanken, multinationalen Betrieben, internationalen Organisationen) geraten, die auf ähnlichen Arbeitsfeldern besseres bieten. Daß sich das Ministerium durch veraltete Dienstvorschriften und Arbeitsabläufe auch heute noch oft selbst blockiert, steht auf einem anderen Blatt.

Wahrscheinlich wird man sich in wenigen Jahren nostalgisch an gewisse praktische *Nebenerscheinungen* der Teilung Europas erinnern. Auf dem durch die kommunistischen Chefplaner heruntergewirtschafteten Gelände Osteuropas konnten westliche Sendboten auch mit zweit- und drittklassigen Talenten wuchern, und zwar mit Erfolg – politisch, geistig, wissenschaftlich, nachbarschaftlich. Auch Österreicher nutzten die Chancen und schafften es manchmal auf die bequemeTour.

Damit ist es aus. *Europa* entwickelt sich, sofern keine schicksalhaften Rückschläge globaler Art eintreten, im Sturmschritt in Richtung einer *offenen Völkerfamilie*. Neue Bewerber sind da. Prag, Budapest, Berlin betätigen sich als Bestbieter, wenn eine internationale Aufgabe zu vergeben ist. Es gibt viele ernstzunehmende Anwärter, aber wenn der europäische Aufbruch gelingt, dann wird es auch viel mehr Bedarf geben.

Es hätte keinen Sinn, einer kaum zwei Jahre zurückliegenden Ära nachzutrauern, in der sich Österreich noch mit Brücken-, Nischen- und Mittlerfunktionen ins Spiel brachte. Sie ist vorbei, was heute zählt, ist die *Leistung,* ist die personelle Ausstattung: Manpower ist gefragt, um Österreichs Position zu sichern.

Das klingt wie eine Formel, ist aber dringend nötiger *Anspruch*. Der Bedarf an hochqualifizierten Menschen, die mobil zwischen Brüssel, Straß-

4. „Das Bundesministerium für Auswärtige Angelegenheiten vor neuen Herausforderungen", 23. Mai 1990.

burg, Helsinki oder Prag einsetzbar sind, ist enorm, aber es sage niemand, daß dieser Bedarf nicht zu decken wäre. Österreichs *Hochschulen* „produzieren" jährlich tausende Absolventen jeglicher Studienrichtungen; natürlich könnte man jetzt wieder das Klagelied über mangelnde Qualität, sinkendes Allgemeinwissen und gebremstes Engagement anstimmen, aber es schallt ins Leere. Eine überlegte Auswahl und sorgfältige berufliche Weiterführung könnten Wunder wirken, Österreich braucht sich nicht zu verbergen. Aber nach wie vor stehen bürokratische und interministerielle Hindernisse im Weg. Es hat den Anschein, als würde die Hauptschlacht um Österreichs internationale Stellung nicht an der Außenfront, sondern in der Heimat geführt werden müssen.

Das Jahr 1991 und insbesondere das Gipfeltreffen der Mitglieder der Europäischen Gemeinschaften in *Maastricht* im Dezember haben das Konzept der europäischen Einigung tiefgreifend verändert. Der Widerstand gegen beitrittswillige Staaten hat sich gelockert, deren Wert wird auch durch Brüssel formell anerkannt, so besonders auch in der „Stellungnahme der Kommission der EG zum Beitrittsantrag Österreichs" (kurz „Avis"), in der es heißt: „Der Beitritt Österreichs wäre für die Gemeinschaft global ein Gewinn, denn damit würde sich der Kreis jener Länder erweitern, die über genügende Leistungskraft in den Bereichen Wirtschaft, Währung und Haushalt verfügen, um die Wirtschafts- und Währungsunion rasch voranzubringen. Der Gemeinschaft werden ferner die Erfahrungen eines Landes zum Vorteil gereichen, das wie Österreich aufgrund seiner geographischen Lage, seiner Vergangenheit und der ererbten und neu hinzugewonnenen Verbindungen genau im Mittelpunkt des Geschehens liegt, aus dem das neue Europa entsteht."[5] Die Beitrittsanträge Schwedens. Finnlands und der Schweiz relativieren freilich die Position Österreichs, reduzieren seine Attraktivität für die EG.

Das geeinte Europa wird ein Europa weitgehender *Vielfalt* sein, so daß Österreichs Regierung zu Recht annehmen darf, daß Eigenart und Eigenständigkeit dieses Staates sich nach dem EG-Beitritt nicht im Nichts einer standardisierten Universalität auflösen werden.

Anstatt hier eine Fülle von einander widersprechenden Politikeräußerungen zu zitieren, sei ein Ausblick des britischen Europa-Beamten John FITZMAURICE ins Jahr 2000 wiedergegeben: „Es wird sicher keine Zwölfergemeinschaft mehr geben, Erweiterung ist unumgänglich. Die Gemeinschaft wird immer stärker gleichbedeutend mit Europa als Ganzem sein. Die EG wird als dynamischer Grundstein der gesamteuropäischen Architektur dastehen . . . Wenn Österreich Mitte der neunziger Jahre Vollmitglied wird, ist die Gemeinschaft lang nicht mehr die, die sie im Jahr des Antrages war."[6]

5. Österreichische außenpolitische Dokumentation, Sonderdruck 1991, BMfAA, 29.

6. Moritz RÖTTINGER/Claudia WEYRINGER (Hg.): Handbuch der eur. Integration. Wien 1991, 370.

IV. Immerwährend neutral?

Österreich erlitt, sieht man von einigen Enttäuschungen im Konferenzorte-Wettbewerb ab, in der *Wendezeit* 1989/90 keine Einbußen. Im Gegenteil, die osteuropäische Öffnung schenkte diesem Staat, der mehr als vier Jahrzehnte als Schlußstück der westlichen Welt wie in einer geographischen Sackgasse verbracht hatte, den natürlichen *Nachbarschaftsraum* zurück. Österreich liegt seither nicht mehr am Ende und auch nicht dazwischen, sondern in der *Mitte* (was nicht heißt, daß diese Mitte heutzutage noch zu monopolisieren wäre).

Außenminister Alois MOCK, der das Jahr 1989 eine „Zäsur in der Geschichte Europas" nannte, stellt im gleichen Atemzug fest: „Das Jahr 1989 hat in der Geschichte unseres Landes einen hervorragenden Platz."[7] 1990, als nur noch Albanien als letzte der kommunistischen Diktaturen Europas übrig war, schien auch eine andere Saat aufzugehen. Das *„gemeinsame Haus Europa"* , von dem der sowjetische Staats- und Parteichef gesprochen hatte, erschien als realistische Möglichkeit am Horizont der gemeinsamen Zukunft. Und das hieß: Plötzlich lag Österreich, das am 17. Juli 1989 gleich einem riskiofreudigen Einzelgänger den Antrag auf Mitgliedschaft bei der Europäischen Gemeinschaft gestellt hatte, im vollen Fahrtwind. Alle Staaten drängten zur Kooperation, zu größeren Einheiten, zu Verbindungen; Deutschland erlangte die Wiedervereinigung; in neutralen Partnerstaaten wurde den Politikern bewußt, daß sie die EG-Diskussion erst vor- und nicht etwa hinter sich hätten.

Es mußte ein Ereignis in einem anderen Weltteil eintreten, um zu zeigen, daß sich eine Kern- und Statusfrage Österreichs plötzlich in neuem Licht stellte, aber nicht leichter zu beantworten war: die der *Neutralität*.

Die Vorbereitung der EG-Politik war zur Gänze im Zeichen der *Bewahrung* des Neutralitätsstatus sowie der Frage gestanden, ob die Sowjetunion die Annäherung Österreichs an die EG mit dem Neutralitätsargument nicht politisch torpedieren würde. Der Widerstand Moskaus löste sich aber genauso auf wie die Sowjetunion selbst. Die Absicherung der österreichischen Neutralitätspolitik gegenüber der EG wurde durch die Parteienvereinbarung zwischen SPÖ und ÖVP versucht, in der es heißt: „Für Österreich ist die Wahrung seiner immerwährenden Neutralität auch im Falle einer EG-Mitgliedschaft unabdingbar und muß daher in den Verhandlungen mit den Europäischen Gemeinschaften völkerrechtlich entsprechend abgesichert werden . . . Der notwendige politische Handlungsspielraum muß gewahrt werden, damit Österreich als Mitglied der Europäischen Gemeinschaften seine auch im gesamteuropäischen Interesse liegende Neutralitätspolitik fortsetzen kann."[8]

7. Außenpolitischer Bericht 1989/Jahrbuch der österr. Außenpolitik, IX f.
8. Österr. außenpolitische Dokumentation, Jänner 1990, BMfAA, 54.

In abgewandelter, wohlüberlegter Form hieß es dann im *Beitrittsantrag* an den Rat der EG: „Österreich geht bei der Stellung dieses Antrages von der Wahrung seines international anerkannten Status der immerwährenden Neutralität . . . sowie davon aus, daß es auch als Mitglied der Europäischen Gemeinschaften aufgrund des Beitrittsvertrages in der Lage sein wird, die ihm aus seinem Status als immerwährend neutraler Staat erfließenden rechtlichen Verpflichtungen zu erfüllen und seine Neutralitätspolitik als spezifischen Beitrag zur Aufrechterhaltung von Frieden und Sicherheit in Europa fortzusetzen.“[9]

Was in beiden Dokumenten noch wie „Neutrality first“ klang, erschien jedoch schon im „Aide Mémoire“ der Bundesregierung an die EG und deren Mitgliedstaaten (Februar 1990) nur noch als günstiges *Angebot* : Auch in der Zeit der Kooperation könne das neutrale Österreich „der EG zusätzlich Profil und Gravitationskraft geben und ein Element zu ihrer Stärkung darstellen“.[10]

Die Neutralität, Eckstein der 1955 geschaffenen Souveränität und Unabhängigkeit Österreichs, war in eine Phase der *Neuinterpretation* geraten, und allmählich wagten es Politiker, die nicht zu Unrecht Respekt vor der neutralitätsbewußten Meinung der Mehrheit der Österreicher hatten, das Problem zu verbalisieren. So schrieb einer der ideologischen Berater des Außenministeriums, der Direktor der politischen Akademie, Abgeordneter Andreas KHOL: „War es noch vor einem Jahr . . . nicht möglich, die österreichische Neutralität zu relativieren, so mehren sich die Stimmen, die auch in der Neutralität ein Kind der Zeit und nicht die absolute Wahrheit sehen.“[11] Aber auch der als völkerrechtlicher Konsulent für das Außenministerium wirkende Univ.-Prof. Karl ZEMANEK markierte die kritische Stelle: „Damit stellt sich die Frage, ob ein neutraler Status ohne Funktion denkbar ist . . . Grundsätzlich wird man aber annehmen müssen, daß mit dem Wegfall der Funktion, beispielsweise infolge der grundlegenden Umgestaltung oder der Beendigung des ihr zugrundeliegenden Machtkonflikts, das Interesse der entscheidenden Mächte, aber wohl auch das der gesamten Staatengemeinschaft, an der Aufrechterhaltung des neutralen Status abnimmt, wenn nicht gar erlischt.“[12] Ohne zunächst einen Ausweg zu nennen, warnte er doch: „Der Essay sollte aber – hoffentlich – gezeigt haben, daß durch das unreflektierte Fortschreiten früher bewährter Konzepte allein befriedigende Antworten nicht gefunden werden können.“[13] Erst die im August 1990 durch den Irak ausgelöste *Golfkrise* (Annexion Kuwaits) machte aber in eindringlicher Weise klar, daß Österreichs Neutralitätsstatus einer grundlegenden *Überprüfung* bedurfte. Die Einigkeit

9. A.a.O., 54 (Anm. 8).

10. Österr. Jahrbuch f. Politik '89. – Wien-München 1990, 839f.

11. A.a.O., 824 (Anm. 10).

12. In: Verantwortung in unserer Zeit. FS f. Rudolf KIRCHSCHLÄGER. Wien 1990, 259.

13. A.a.O., 265 (Anm. 12).

des UNO-Sicherheitsrates bei der Verurteilung eines Aggressors sowie das Schlüsselwort „internationale Solidarität“ schienen das außer Kraft zu setzen, was in der EG-Parteienvereinbarung noch mühsam verteidigt worden war: den neutralitätspolitischen Handlungsspielraum. Daß Österreich den USA erlaubte, Militärmaschinen durch seinen Luftraum Richtung Mittelost fliegen zu lassen, akzentuierte das Problem. Plötzlich zeigte sich in voller Schärfe, daß mit dem Verschwinden des historischen Kräftegleichgewichtes zwischen USA und Sowjetunion auch Österreichs Neutralität das Gleichgewicht verloren hatte: Neutralität zwischen wem? Vorsorgliche Neutralitätspolitik auf welchen Neutralitätsfall hin?

Wieder ließen begleitende Texte erkennen, wie weit die *Erosion* des 1955er-Modells der Neutralität bereits gediehen war, so daß die zwischen 1955 und 1989 gültig gewesene Neutralitätsauffassung in der veränderten Umwelt plötzlich wie eine fundamentalistische Zuspitzung wirkte. Der damalige Generalsekretär Thomas KLESTIL vom Außenministerium sagte vor der jährlichen Botschafterkonferenz Anfang Sepember 1990: „Die Golfkrise führt uns vor Augen, daß bei einhelliger Verurteilung eines Aggressors durch die Völkergemeinschaft eine Solidaritätspflicht entsteht, der sich auch ein Neutraler nur schwer entziehen kann“,[14] und kurz darauf relativierte er in einem Vortrag den Unterschied zwischen Bündnis und Neutralität: „Ich könnte mir vorstellen, daß sich in einer engen Zusammenarbeit anstelle der bisherigen Konfrontation langfristig die Unterschiede zwischen Neutralität und Bündniszugehörigkeit abschleifen und in eine gesamteuropäische Solidarität übergehen“.[15]

Wohin geht der Weg? Die eine Methode, Österreichs immerwährende Neutralität wie ein *Fossil* unverändert in die neue Zeit zu schleppen, wäre nicht glaubhaft und somit auch keine akzeptable Neutralitätspolitik, die ja immer auf Glaubwürdigkeit angewiesen ist. Die entgegengesetzte, vom Kärntner Landeshauptmann und FPÖ- Vorsitzenden Jörg HAIDER mitten im Wahlkampf 1990 ins Spiel gebrachte Variante, die Neutralität als *Hemmschuh* der vollen Souveränität umzuetikettieren, [16] ist weder glaubwürdig noch weise. Nicht glaubwürdig, weil hier offenbar der Nation empfohlen wird, eine in Jahrzehnten bewährte Politik zu wechseln wie ein altes Hemd. Nicht weise, weil gerade die rapiden Veränderungen, die Europa seit 1989 durchgemacht hat, zeigen, wie rasch sich eben etwas ändern kann – weshalb es von Kurzsichtigkeit zeugen würde, den Status der Neutralität bloß deshalb abzuschütteln, weil er vorübergehend unpassend wirkt.

Ein funktionierendes europäisches Sicherheitssystem – sei es nun kollektiver oder kooperativer Natur – wäre in der Tat eine nie dagewesene frie-

14. „Salzburger Nachrichten“ v. 8. September 1990, 1.
15. Redetext „Österreich und das Europa der Zukunft“, Fassung v. 11. September 1990.
16. Vergleiche dazu: APA 114 und 235 v. 13. September 1990.

denspolitische Organisationsform in Europa, die die Funktion der Neutralität relativieren oder sogar aufheben könnte. Zwei Fakten aber werden von denen, die die Neutralität lieber heute als morgen abschaffen möchten, zumeist verschwiegen:

1. Es gibt noch kein derartiges Sicherheitssystem, und die blutige Selbstzerstörung Jugoslawiens bei Mißachtung aller Prinzipien der Selbstbestimmung und Menschenrechte zeigt, wie weit wir davon entfernt sind.

2. Sollte aber jemals im Rahmen der EG oder der KSZE oder wo immer ein Sicherheitssystem entstehen, so wird sein Wesen gewiß nicht mit dem übereinstimmen, was auf dem Papier entworfen wurde. Sein Funktionieren wird von Macht- und Großmachteinflüssen abhängig sein, so wie es seinerzeit beim Völkerbund der Fall war und heute in der UNO selbstverständlich der Fall ist. Der Golf-Krieg 1991 hat uns in einem ganz anderen Teil der Welt und obendrein im Rahmen der Vereinten Nationen gelehrt, wie, wann und warum mächtige Staaten unter dem Prätext kollektiver Sicherheit eine Region pazifizieren.

Projiziert auf ein gemeinsames Europa, dem 15 oder 20 oder noch mehr Staaten angehören und in dessen Sicherheitsstruktur vermutlich auch die USA, auf jeden Fall aber Rußland und das mächtige Deutschland eine Rolle spielen werden, kann dies nur einen Schluß erlauben: Nach dem heutigen Stand unseres Wissens darf niemand behaupten, daß sich nicht auch innerhalb eines kollektiven Sicherheitssystems sehr rasch europäische Situationen ergeben werden, auf die ein neutraler Staat eine passende Antwort fände.

Die Einengung

Markus Jaroschka

Seit Stunden war er ziellos durch die Stadt geirrt, an fremden Menschen vorüber, die nach einem ihm unbekannten Gesetz merkwürdig sicher, ohne jemals zurückzusehen, unsichtbaren Zielen zuzustreben schienen. Manchmal, an nicht weiter benennbaren Tagen, versuchte er in diesen Menschenstrom einzutauchen, darin Ausschau zu halten, mit einem leisen Anflug von Hoffnung, ja, kaum bemerkbar, mit einem zärtlichen Zwang von Zuneigung. In diesen Gesichtern glaubte er noch das Licht, die Schatten jener rastlosen Stadt, jenes, wie er manchmal dachte, so gewöhnlichen Landes, den unausweichlichen Weg eines ihm dennoch unerklärlichen Ganzen zu deuten, welches ohne wärmende Friedlichkeit einem nicht erkennbaren Horizont zuströmte.

Seit früher Kindheit kannte er jene ihm eigene Sehnsucht, die darin begründet schien, daß er jenes Licht, jene Schatten für sich zu erklären versuchte. Immer wieder. Nie aufgebend. Und in dieser lebenslangen Anstrengung, eine verborgene Erschütterung, mühte er sich, als Maler und Zeichner, sein Sehen, seine Erkenntnis von Welt in Bildern, Zeitbildern, wie er sie nannte, mit ihren helleren und dunkleren Landschaften Wirklichkeit werden zu lassen. Solch eine Übereinstimmung, wo sich Wirklichkeit und Vollkommenheit leise näherten, vielleicht zusammenfielen, war für ihn erst der Anfang, seine Neuerschaffung der Welt. Ein einsames Unterfangen in langen nächtlichen Stunden. Das anhaltende Schweigen der Bilder erschien ihm dann gleichsam als Beweis von Vollkommenheit, und ein überraschtes Aufblicken, ein Schweigelächeln, war dann das Zeichen eigener Tröstung.

Doch wenn ihm, gebeugt über den Zeichentisch, die Stille in seinem Dachzimmer unerträglich zu werden schien, wenn ihn das Einsamkeitsfieber erfaßte, es schüttelte ihn wie wirkliches Fieber, wenn der Alkohol, die Flasche stand immer vor ihm auf dem Tisch, ein beunruhigendes Rauschen in den Ohren erzeugte, dann mußte er aufspringen, um nicht von der Nähe der schon wahnhaften Vorstellungen erdrückt zu werden. Erregt durchmaß er, eine langsam zugewachsene, nichtbewußte Gewohnheit, mit wenigen Schritten sein Zimmer, vier Schritte in der Länge, zwei Schritte in der Breite. Die Enge des Raumes war körperlich fühlbar, und um nicht aufschreien zu müssen, warf er sich auf sein Bett. Sein ganzer Körper zuckte. Es war keine Helle um ihn; wenn er kurz aufschaute, merkte er die bedrohliche Nähe der Gegenstände, und sein Kopf sank wieder müde zurück.

In dieser Dachkammer, einem fast leeren Raum, in dem sich nur das

Notwendigste befand, tat sich ihm jedoch, in still innerem Umschauen, unversehens eine neue Zwischenzeit auf, und nach einigen Herzschlägen, von einem dunklen, verborgenen Punkt aus, gewann ein Bild Konturen. Erschöpftes, geduldiges Ausharren. Und beim nächsten Blick zurück, tiefer, ausgedehnter, leuchtete eine Landschaft auf, mit einem Licht, das ihm, immer erträumt, verwandt schien mit jenem Licht weit im Süden am Meer. Dies Geschehen war ihm nicht unbekannt, ja, es wurde ihm eine Gewohnheit, darauf zu warten. In solchen Stunden flüchtete er bereitwillig in die Ekstase wärmender Erinnerungen, zurück in seine Studienzeit, wo zuerst schemenhaft, dann immer deutlicher in seiner Vorstellung ein Mensch ins Bild rückte, den er schließlich als seinen Lehrer, inzwischen weltberühmt, erkannte. Er fühlte sogleich wieder die ungewöhnliche Beziehung zu diesem schon fernen Mann, der ihn, den feinhörigen Schüler, in die schöpferischen Geburtsstunden von Meisterbildern, Weltbildern, wie er heute wußte, eingeführt hatte. Er nahm jenes Geheimnisvolle seines Lehrers mit in die eigenen Bilder, doch, wie er eines Tages entdeckte, wußte nur er allein darum. Lange Zeit hindurch war jenes Wissen die verborgene, künstlerische Kraft, die ihn aufrecht gehalten hatte.

In jener Stadt eingetaucht in die Welle von dahinströmenden Menschen, ließ er sich, mechanisch-starr im Schritt, mitreißen; die große, dunkle Sonnenbrille verdeckte weitgehend sein rötliches, aufgedunsenes Gesicht, und die blaue, abgestoßene Baskenmütze war tief in die Stirne gezogen. Beides, Brille und Mütze, waren Merkmale der Scheu, besondere Kennzeichen seines Sich-Verbergens, aber dies wußten nur jene, die ihn näher kannten. War er ab und zu gezwungen, irgendwo ein Wort, einen Satz auszusprechen, dies war zumeist nur in den immer zahlreicher werdenden Supermärkten notwendig oder in Gasthäusern, um ein Glas Wein zu bestellen, so überraschte die leise und hohe Stimme, betont durch eine eckige, Fremden gegenüber peinlich berührende ehrerbietige Körperhaltung.

Auf seinen ziellosen Wanderungen durch die belebten Straßenschluchten oder schon weiter draußen am Rande der Stadt, in bereits offener Landschaft, blickte er manchmal erstaunt auf, vielleicht im ersten frühen Schnee, und entdeckte nordwärts die für ihn, wie er empfand, immer zu leichten Wolken. Es waren nur zarte Schleier und nicht jene prallen, weißen Wolkenschiffe, die mit einem fernen Ziel mächtig und beruhigend über das Land zogen. Diese plötzliche Wahrnehmung der Unveränderlichkeit des Himmels erfüllte ihn nicht selten mit Schmerz. Man erkannte es daran, daß er still die Hände gegen die Brust preßte. Unversehens erinnerte sein Gesicht an stumpfgraues Kalkgestein. Nur die Sonnenbrille, die mit seinem Gesicht verwachsen schien, half ihm, dieses Erlebnis dem Zublick seines Beobachters zu entziehen. Aber auch, und das war sein Geheimnis, verborgen Ausschau zu halten nach einem Gesicht, welches in ihm oftmals in überraschender Klarheit aufstieg. Indessen, im rasenden Ablauf von Lebensbildern, wie in einem Film, in dem eine ihm heute ferne Frau auftauchte, überfiel ihn ohne Vorwarnung eine ihm eigene Art von Verzweiflung.

Mit einem leeren Blick in einen fernen Raum, ohne Gegenstände, ohne Abstände, setzte ein für ihn eigentümliches Geschehen ein, das er gut kannte. Denn irgendwie hatte dies mit seiner Geschichte, mit seiner Herzbiographie, zu tun, der zwanghafte Ablauf, die Unentrinnbarkeit seiner Erinnerung. Eine jähe Hitze durchlief, durchschwemmte seinen Körper. Schweiß quoll, wie er fühlte, aus allen Poren hervor. Wenig später, irgendwo auf einer der Straßen der Stadt, hatte er sich an eine Mauer gelehnt; es schwindelte ihn. Lange Zeit verharrte er dort unbeweglich. Es schien, als würde er auf jemanden warten, auf jemanden, der vielleicht mit einem Ausruf der Überraschung, der Freude auf ihn zutrat, dabei ihm die Hände entgegenstreckte und ihn, den Mann mit den dunklen, abweisenden Sonnengläsern und der Baskenmütze, aus der Starre erlöste. Doch nichts dergleichen geschah.

Langsam, vor seinen Augen, verwandelte sich die Erscheinung dieser weit entfernten Frau in ein schönes, lächelndes Gesicht und unversehens, ohne Übergang, in einen weichen, warmen Körper, der ihm vertraut war. Er hatte jedoch Furcht vor diesem Bild, weil es ihn an eine verlorene Erfahrung erinnerte. Manchmal empfand er Ergriffenheit bei dieser Vorstellung, zumeist aber, wenn ihn, er litt darunter, die Fremdheit, die tiefe Kälte der Welt überfiel, erfuhr er jene Verlassenheit, die ihn ständig zu kopfloser Flucht zwang. Er fürchtete diese Stunden. Aber sie kamen immer wieder; es gab kein Entrinnen. So wurde ihm mit der Zeit einsichtig, daß alles ein Eigenleben habe, mit einem innewohnenden Willen, obgleich das Geschehen, wie er wußte, allein in seinem Kopfe ablief.

Niemand in seiner Umgebung, in der belebten Straße, er stand noch immer an die Mauer gestützt, bemerkte seine Qual, und das beruhigte ihn. Langsam kehrte die Kraft in seine Beine zurück, und nach einem kaum bemerkbaren Umsehen beschloß er, auf dem kürzesten Wege nach Hause zu eilen. Die Sonne war unterdessen ohne Wärme hinter den Wohnblöcken verschwunden. Die Dachränder der hohen Häuser hoben sich ungewöhnlich scharf vom Himmel ab, der bereits dunkelte. Eingekeilt in die Farblosigkeit der unzähligen Menschen wartete er gezwungen still an Straßenkreuzungen auf das Umspringen der Verkehrsampeln, die den Weg freigeben sollten. Schrecklich, diese Lichtsignale, dachte er, der Maler, auf keinem Bild hatte er je solche kalten Farben, Zweckfarben, murmelte er vor sich hin, gesehen, die hier so bestimmend, so mechanisch zwingend in das Leben aller eingriffen. Ohne sein Zutun fiel ihm das Wort „Gewalt" ein. Aber er wurde weitergeschoben. Er ging neben unbekannten Menschen einher, die, wie ihm schien, jede plötzliche Regung verloren hatten. Wieder hielt der Menschenzug abrupt an, vor ihnen fuhren, immer wieder stockend, zahllose Autos vorbei, namenlos, starr auch dort die Menschen darin. Er entdeckte an ihnen kaum ein Merkmal eines unterscheidbaren

Alters, selbst die Kinder wirkten mit ihren stummen Blicken, als hätten sie die sonnenoffene Kindheit weit hinter sich gelassen, frühzeitig und endgültig. In diesen ruckenden Lebensabläufen, er beobachtete dies auf seinen Wanderungen, den Fluchtspaziergängen, seit langer Zeit, konnte er niemals, obgleich er es mit einer für ihn bezeichnenden treuen Anstrengung versuchte, einen warmen Rhythmus, eine innere Bewegung entdecken. Vergeblich war die Suche nach einer verborgenen Helle, dem Wissen vom „Lächeln einer Landschaft“. So dachte er manchmal, und er sprach es laut aus, es war in der Zeit seiner großen, letzten Rückzüge, daß er ausgewandert sei, aus der Realität, der Wirklichkeit, ausgewandert aus „der Welt“. Für ihn war in ihr nichts mehr auffindbar, und er empfand wie ein Ausgestoßener urplötzlich Haß auf sein Land.

Und erneut standen die Autos. Die Geräusche ihrer Motoren erfüllten den Umraum, bleierne Nebel, die Benzinschwaden, umschlossen ihn und die wartenden, schweigenden Menschen. Unser Lebensraum, bemerkte er zu sich selbst, und er wagte, mit unbewegtem Blick hinter der Sonnenbrille, kaum mehr zu atmen. Warum, fragte er sich wenig später und sah sich hilfesuchend um, schreit niemand aus der Menge auf, warum trommelt keiner mit seinen Fäusten auf die Dächer der Autos, warum tritt keiner mit seinen Füßen gegen die Blechwände der Wagen? Warum fleht niemand, vielleicht auf den Knien, hört auf mit dem Wahnsinn, schaltet ab die Motoren, denn wir ersticken! Er horchte lange diesen Fragen nach, ohne Antwort geblieben, erkannte er, als er den Blick hob, die Schönheit der langen, alten Allee, deren Bäume, am Ende eines weiten Sommers, schon frühzeitig von rostiger Bräune überzogen waren. Es war keine natürliche Bräune. Nein, er fühlte, wie in ihnen die Natur aufschrie und sie in einem gefälschten Herbst nach Atem rangen.

Er, der Maler, erinnerte sich an das Wort eines ihm wichtigen Dichters, eines Jahrhundertgefährten, der schrieb: „Und kein Vogel, der ihm die Landschaft rettete“; er lachte grimmig, als in ihm eine jähe Übelkeit aufstieg. Es war ein seltsam dünnes, hohes Lachen, aber keiner der Vorübergehenden schien es wahrzunehmen. In einem allmählich bewußtseinslosen Weitergehen verlor sich seine Vorstellung in bunten, friedlichen Landschaftsmalereien vergangener Jahrhunderte, in welchen, einst, mit einem Male wußte er es sicher, ein aufflatternder Vogel die Landschaft wirklich noch retten konnte. Langsam verdichtete sich in ihm, dem schon Landfremden, die Frage, wann die deutlichen Jahreszeiten wiederkehren würden. Das Bewußtwerden dieser Frage in seinem Denken, und er verstand sogleich, daß diese Frage mit seinem Lebensgefühl zu tun hatte, ließ ihn mit einem Ruck stehenbleiben. Lange schaute er in den Abendhimmel. Und später, am Ende einer langen Straße, fand er das Wort „Anmaßung“. An riesigen Wahlplakaten vorübergehend, erkannte er die volle Anmaßung, die Schamlosigkeit, die aus ihnen sprach: die wuchtigen, großen Wörter der Zukunft, die pralle Kraft erotischer Blumen, grüne Traumlandschaften, die es nur in riesigen Glashäusern geben konnte, die Aufdringlichkeit von Köpfen, die soeben von einem langen Meeraufenthalt zurückgekommen sein mußten, darunter, fiel ihm plötzlich ein, vielleicht der eine oder andere vermeintlich „Große Bruder". Ja, nickte er vor sich hin, das ist der Beginn der ungenauen Wörter, der falschen Sprache, die Lautheit des Unwichtigen, das ist die Verballhornung des Gefühls in diesem Land. Dabei fiel ihm das Wort „Seelenlosigkeit" ein. Angestrengt dachte er wieder über sein Lebensgefühl nach, das ihn, wie er jetzt wußte, von dieser Gegenwart und auch von einer undeutlichen Zukunft ausschloß.

Nach einer Weile, in schon vertrauten Straßenzügen, zögerte er, anfangs fast unmerklich, im Schritt. In diesem langsamen Innehalten wurde ihm klar, daß er es wieder nicht schaffen würde, durch das Gasthaus, vorbei am Schankraum, es war der einzige Weg, in sein Untermietzimmer, einem Dachraum im zweiten Stock, zu gelangen. Zu oft, und darin hatte er Erfahrung, war er am Schanktisch stehengeblieben, zumeist im abgetragenen Mantel, mit der dunklen Brille und der Baskenmütze auf dem Kopf, und nach schweren, sonderlichen Träumen irgendwann, manchmal an der Grenze zwischen Nacht und Tag, mit einer bodenlosen Leere in der Brust aufgewacht.

Er lebte seit vielen Jahren in diesem Gasthaus am Rande der Stadt, einer Vorstadt, wie man früher sagte; mit ihm wohnten noch andere Mieter in diesem Haus, die sich jedoch kaum kannten, weil ein ständiges Kommen und Gehen stattfand. Eine auffällige Flüchtigkeit. So war jeder von ihnen, und das wunderte und befremdete ihn anfangs, merkwürdig bemüht, die Zimmertür möglichst wenig zu öffnen und wieder raschest zu schließen. Er überlegte, wie viele mißtrauisch feindliche Blicke ihm aus diesen Türspalten entgegengestarrt hatten. Doch nach einiger Zeit nahm er, ohne es recht zu bemerken, dieselbe Eigenart an, und später, wenn es an seine Tür klopfte, öffnete er überhaupt nicht mehr. Von Wohnungen konnte in diesem Haus kaum gesprochen werden, da es in dem weiten Dachgeschoß aneinandergereiht nur sehr kleine Zimmer gab. Der Gang löste in ihm die Erinnerung an ein Krankenhaus oder Gefängnis aus, wo Zelle an Zelle folgte, wie er es oft in Filmen gesehen hatte. In den kleinen Zimmern selbst war das Dachgiebelfenster zugleich das Breitenmaß, und um aus dem Fenster sehen zu können, mußte man sich auf die Zehenspitzen stellen. Er hatte es aufgegeben, aus diesem Fenster zu schauen, weil es ihm keinen landschaftlichen, malerischen Reiz bot. Nur in der Ferne konnte er einige Bäume in mattem Grün erkennen. Unter dem Fenster, er konnte sie nicht sehen, war eine stark befahrene Straße, eine der Ausfallstraßen der Stadt. Den ganzen Tag und mehr als die halbe Nacht brandete der Lärm des Verkehrs in sein Zimmer; die Gegenstände zitterten, wenn ein schwerer Lastwagen vorbeifuhr. Wie der Beginn eines Erdbebens, dachte er manchmal und vergrub seinen Kopf tiefer in sein Bettzeug.

Auf der anderen Seite der Straße, diesen Teil konnte er vom Fenster aus sehen, war eine große Tankstelle bis tief in die Nacht taghell erleuchtet. Dahinter schloß sich das Areal einer weit ausgedehnten Autowerkstatt an, was leicht daran zu erkennen war, daß vor einer Halle eine große Anzahl von Autos scheinbar planlos auf dem Platz eines ehemals schattigen Obstgartens herumstanden. Die Bäume waren eines frühen Morgens von einem Caterpillar aus der Erde gerissen worden. Lange hatte er dieses Treiben beobachtet. Er wunderte sich, daß kein mit den Holzarbeiten beschäftigter Arbeiter in seinem Tun zögerte oder ein vielleicht zufällig Vorüberkommender stehenblieb und diesem stillen Sterben fassungslos zusah. Alles war wie gewohnt, im Ablauf ein arbeitssamer Tag. Nur er, der Maler, klammerte sich hilflos an den Fensterrahmen. An der Tankstelle fuhren weiterhin Autos vor, um Benzin zu tanken. Menschen holten mit Kanistern das erste Heizöl, weil die Abende kühler wurden. Überall, auch in seinem Stiegenhaus, standen Plastikkanister mit Heizöl herum, dessen unangenehmer Geruch das Haus bis ins letzte Zimmer durchzog. Es war in jener Zeit, wo durch Jahre hindurch das Wort Erdöl die Nachrichten und Titelseiten der Zeitungen beherrschte. Die Weltwichtigkeit „Erdöl" und die tatsächliche Existenz der „Kälte der Welt", welch ein Widerspruch, sagte er manchmal laut vor sich hin, schüttelte darüber den Kopf und dachte bei sich, daß über die Lebenswichtigkeit von Milch und Brot trotz des Verhungerns von Millionen von Menschen kaum jemand sprach.

Dieser Gedanke kam ihm, wenn er im Supermarkt Brot und Milch kaufte, wobei ihn die Überfülle dieser Waren, immer neu beobachtet, sehr verwunderte. Für ihn war das keine Alltäglichkeit. Gerade das Wort Milch hatte für ihn einen zärtlichen Bezug zu Erinnerungen, die weit zurück in seine Kindheit reichten. Diese Erinnerungen wurden ihm unbemerkt allmählich wichtiger, in seinem ausdauernden Schweigen erkannte er sie eines Tages als die wirklichen Ereignisse seines Lebens. In seinen Träumen, in den tagweiten Phantasien entstanden jene absonderlichen Bilder, die er dann in seinen Zeichnungen festzuhalten suchte. Und es bedrückte ihn seit langer Zeit, daß die Verkündigung seiner „Welt" ein so einsamer Weg war.

All dies vor Augen, bereits in der Nähe des Gasthauses, in welchem er wohnte, fühlte der Heimkehrende aus der Stadt körperlich schon die Enge seines Dachzimmers, spürte die darin eingenistete leise Kälte der bereits kurzen Sonnentage, die Färbung des Himmels weckte in ihm die Ahnung des kommenden Herbstes. Er sah vor sich die Trostlosigkeit seines unaufgeräumten Zimmers, das er fluchtartig verlassen hatte: ein ungemachtes Bett, einen nicht abgeräumten kleinen Tisch, worauf noch das Eßgeschirr stand, ein halbes Glas Rotwein, einen Teller mit aufdringlichen Speiseresten, auf dem Elektrokocher ein Topf, seine Außenwand war schmutzig und von der Hitze braun-schwarz gebrannt.

Mit diesen Vorstellungen, sein Atem ging plötzlich angestrengt und flach, stand er wenig später an der Theke des belebten Gastzimmers, ein letzter hilfloser Blick noch zur Tür im Hintergrund des Raumes, dahinter sich das

Stiegenhaus verbarg, welches zu seiner Mietdachkammer führte. Doch schon klopfte ihm jemand auf die Schulter. Es war ein Arbeiter aus der Autowerkstatt über der Straße, und ein anderer drängte ihm freundlich ein Glas Rotwein auf. Meist trank er schweigend, umgeben von diesen lachenden, grob scherzenden Männern, die er fast alle kannte; aber er beantwortete, mit seiner unverkennbar hohen und dünnen Stimme, selten die eine oder andere an ihn gerichtete Frage. Dennoch mochte er sie in ihren blauen und gelben Arbeitsanzügen. Auf eine für ihn unbekannte Art fühlte er sich ihnen zugehörig, wenngleich er in ihrem Kreis nie die dunkle Brille, nie die Baskenmütze abnahm. Sie übersahen dies mit einer wissenden, aber unausgesprochenen Geste von Großzügigkeit. Er hörte ihren derben Gesprächen gerne zu, die so frei und einfach, voll Überzeugung von deren Wichtigkeit geführt wurden. Ihre Sätze, mit einer besonderen Färbung in der Sprache, waren kurz und klar. Es waren aktuelle, politische Themen, die mit Flüchen und Verwünschungen des jeweiligen Gegners und mit dem gewohnten Faustschlage auf den Tisch kommentiert wurden, oder die bestimmte Seite einer Zeitung, worauf täglich das freizügige Bild einer Frau zu sehen war, die mit lautem Gelächter und doch mit verstohlenem, genauerem Hinsehen gemeinsam betrachtet wurde. Die Köpfe über der Zeitung erschienen eng zusammengepreßt. Einem fremden Beobachter wäre nie der Gedanke gekommen, daß es in dieser Welt eine große Bedrohung geben könnte. Diese Sprache, dachte er, bildet eine Welt ab, die noch beschreibbar, noch erklärbar ist. Irgendwie schien ihm aber diese Erklärung als zu einfach, er schüttelte leicht den Kopf, währenddessen er an seine eigene Undurchsichtigkeit im Bewußtsein, in der Sprache seiner Bilder dachte. Den Arbeitern war seine Mühe mit der Sprache, mit der „Welt" unbekannt, wohl bemerkten sie seine Undurchdringlichkeit und warfen manch scheuen Blick auf ihn, aber sie wußten auch, daß er zeichnete und malte, und das genügte ihnen. Es war ein Beruf, wie eben einer von ihnen jenseits der Straße als Tankwart arbeitete. Sie nannten ihn einen „Künstler", dies zumeist scherzhaft, aber mit einer beinahe zärtlichen, ehrfürchtigen Betonung. Er hatte niemals eine versteckte Ironie in ihrer Zuwendung bemerkt. Und manch einer von ihnen hatte schon ein Bild nach Hause getragen, vielleicht mit ein wenig Stolz, die Bezahlung war oft nur ein Glas Wein.

Nach einer Weile, wenn die Wärme des Alkohols in seinem Körper aufstieg und es in seinen Ohren zu rauschen begann, zog er sich mit zitternden Beinen an einen Tisch in die letzte Ecke des Gastzimmers zurück, der, da es in diesem Teil des Raumes kein Fenster gab, immer fast völlig im Dunkeln lag. Es war, eine feste Gewohnheit, sein Platz geworden. Durch seine dunkle Brille beobachtete er von dort die Menschen bei ihrem geselligen Treiben im rauchigen Gastzimmer: die Begeisterung, die Enttäuschung beim Kartenspiel, die Ausbrüche der Freude oder des Zorns bei den Glücksspielautomaten, alles von einer bunt schillernden Musikbox übertönt.

In der stillen Einübung des Beobachtens, durch viele Jahre betrieben, war ihm dieser Raum eine eigene Welt geworden, die nichts mehr mit der Welt draußen gemein hatte. Hier konnte er vergessen, entdeckte er, der „Weltflüchtling“, eines Tages, daß es vor der Stadt noch einen Wald, einen Bach und Berge, Wolken, Wind und Schnee gab. Die „inneren“ Tiefenbilder. Darüber langes Nachsinnen. Ein Aufseufzen mit geschlossenen Augen. Rückkehr aus anderen Bildern. Wieder im Gasthaus. Er versuchte aus den Gesichtern der Gäste, eine Beschäftigung seit langer Zeit, die leisen Prägungen von Tagesabläufen abzulesen, die tägliche schwere Arbeit, die Zuflucht in dieses Gasthaus, die späte Heimkehr im Dunklen, vielleicht in eine neue Verzweiflung. Das bläuliche Licht aus Fenstern gab Abend für Abend davon Nachricht, sodann eine kurze bleierne Nacht.

In dieser Annäherung an einen nach Stunden erstmals wieder leichtgefügten, abgeschlossenen Gedanken, ja, in einer vielleicht nur kurzen, persönlichen Gewißheit standen ihm, in der sehr späten Abendstunde, unversehens jene zwei Männer vor Augen, die täglich, so auch heute, sie hatten sich jedoch schon wieder grußlos entfernt, zum Glücksspiel in das Lokal kamen. Dabei sprachen sie kein Wort, kein Lächeln erwärmte ihr Gesicht, nur ihre Körper schwangen vor den rasselnden Automaten in einem ihm unbekannten Rhythmus; die Folge zahlreicher, offensichtlich notwendiger Griffe beim Spiel erinnerte ihn an Roboter, die er mit ihren eckigen Bewegungen in einer Fernsehsendung gesehen hatte. Zwei Männer, zwei Menschen, zwei, drei Stunden, mit unzähligen Herzschlägen, befangen in einem einsamen, wortlosen Spiel mit einem seelenlosen Gegenüber; er schloß wieder die Augen. Es schwindelte ihn. Er begriff den bedrohlichen Gleichklang von Mensch und Maschine.

„Glücks-Spiel-Maschine“ lallte er hilflos vor sich hin, wobei die Betonung stark auf dem Wort Glück lag. Später fiel ihm, ohne Anstrengung „Glückssuche“ ein, ein Wort, das ihm heute ganz ungewöhnlich erschien. Eine blitzartige Erinnerung aus der Jugendzeit, die irgendwie, er fühlte es sogleich, glücklich erhellt war, tauchte vor seinen Augen auf. Ein Spiel, ein Ballspiel mit längst verschollenen Freunden. Spielen hat mit Menschen zu tun, dachte er mühsam und starrte in das Feuerwerk der bunten, blinkenden Lichter der Spielautomaten. Jetzt waren sie verlassen. Ein sonderlicher Anblick. Leise Kälteerinnerung.

Er merkte das Nachlassen seiner Kräfte; die Einengung, die unausweichliche Einengung stürzte auf ihn ein. Der Alkohol, seine Alltäglichkeit durch viele Jahre, seine lange Beschwernis, verstärkte in ihm die Erkenntnis seines Aufgebens. Starr harrte er jeden Abend aus, und dies schon seit Monaten, bis sein Kopf schwer auf den Gasthaustisch fiel: der schon gewohnte, tägliche Zusammenbruch. Und er wartete trotz aller Erfahrung weiterhin stumpf auf das Aufwachen, irgendwann in seinem kalten, übel riechenden Zimmer, einer stickigen Höhle zwischen Himmel und Erde. Jeder Glaube an eine sanfte Landschaft war darin geschwunden, nur der

Verkehr, unten auf der Straße, erinnerte ihn manchmal noch an die Eigentümlichkeit einer Außenwelt: ihr Rauschen, ihre Erschütterung im Zwischenraum, in der Dämmerung von Traum und Wachheit.

Eines Tages war der Unbekannte aufgetaucht; er hatte an die Tür geklopft, geduldig, aber nichts rührte sich; er war wiedergekommen, hatte erneut geklopft, und eines Abends rief der Maler und Zeichner, der Ortsgebundene, herein. Es war der Anfang einer Begegnung, die einige Monate währte. Der Besucher blieb trotz treuen Wiederkommens ein Fremder, in der richtigen Entfernung, ein ferner Zuhörer, der jenseits eines Flusses am anderen Ufer stand. Bei der Musik jenes bekannten venezianischen Meisters, worin die Silhouette des Meeres, die Schwärme kreischender Möven, die Wärme und Kälte der Jahreszeiten durchschimmerten, jenes Meisters, der verarmt und einsam in der Hauptstadt dieses Landes starb, der Maler hatte dies, vielleicht im Gleichklang mit dem Schicksal dieses fernen Vorfahren, nachdrücklich erwähnt, bei dieser leisen Musik aus einem kleinen Radiogerät entstand jene lange Erzählung, eine Lebenserzählung, die dem Besucher überraschend eine andere Landschaft auftat. Es war der Rückblick in ein weites Jahrzehnt, gesehen, neubegriffen durch andere Augen, die Biographie einer Landschaft, einer andersfarbenen Atmosphäre.

Der Maler, er lag schwer atmend im Bett, lachte auf, als er von jener hellen, anderen Zeit sprach. Er hatte in der Hauptstadt des Landes studiert, wo er mit jungen Menschen, vereint auf diesem Kontinent, vereint auch in diesem Land durch die Straßen der Stadt zog, mit dem Gefühl einer neuen Berührung der „Welt" in der Brust. Nach dem vielen Stückwerk des Einzelnen hatte er sie erkannt. „Phantasie an die Macht" und „Kunst in den Alltag" schrie er, der Mitdenkende, in den Versammlungen, er wollte diese großen Fragen niemals wieder loslassen. Sie waren seine Gewißheit in seinem Kopf, das Gegenteil des täglichen Kleinen. So kam er, der Freiphantasierte, nach seinem Studium als Kunstlehrer in eine andere Stadt, die zweitgrößte des Landes. Nie werde er, erzählte er nachdenklich dem Besucher, vergessen, mit welcher Erwartung er am ersten Tag die Schulklasse betrat; seine Begeisterung riß ihn damals fort, so bei den Beschreibungen der Bilder jenes unerklärlichen niederländischen Malers, den erst dieses Jahrhundert, das „Jahrhundert des Unbewußten", zu verstehen glaubte. Diese Spannung klinge noch heute in ihm nach, setzte er stockend hinzu.

Doch der Versuch, von all dem Neuen zu erzählen, schlug fehl. Die Klasse blieb stumm, eine lähmende Stille trotz der üblichen Lautheit der Moden ihres anderen Denkens, ihrer anderen Sprache, ihrer anderen Musik. Ja, und dann lachten sie, sie lachten so lange, bis er eines Tages die Klasse verließ. Gebrochen, als kranker Mann. Damals begriff er das Scheitern seines Traumes. Die „Weltberührung" hat nicht stattgefunden. Sie blieb im täglichen Blick eine fremde Berührung. – Er schwieg erschöpft und schien nach den Tönen der venezianischen Musik zu horchen, die wie Pinien den Weg seiner Erinnerung säumten. Seit jener Zeit sei er froh, allein zu sein, sagte er noch leise. Sein Kopf sank in das Kissen zurück. Er schloß die Augen. Nach einer Weile hörte der schweigende Besucher tiefe, regelmäßige Atemzüge. Der Maler war eingeschlafen. Langsam verließ der Fremde das Zimmer. Im Gastzimmer, durch welches er das Haus wieder verlassen mußte, waren unzählige Menschen vor einem Fernsehgerät versammelt. Ein sehr bekannter Politiker, der Regierungschef des Landes, der Schweiß stand ihm sichtbar auf der Stirne, erklärte soeben, warum er nach verlorener Volksabstimmung dennoch nicht zurücktreten wolle. Die Menschen im Gastzimmer lachten, manche aber schwiegen. Der Besucher blieb kurz stehen. Plötzlich wußte er, daß eine lange, graue Zwischenzeit vorüber war. Der Sinn der Natur, der Sinn von Landschaften erschließt sich diesem Jahrhundert neu, dachte er, als er auf die Straße trat. Ein leiser Herbstregen färbte den Asphalt dunkler.

Einige Monate später, nach einem langen Krankenhausaufenthalt des Malers, die Ärzte sprachen fachlich vom „Letztstadium", betrat der Besucher wieder das Dachzimmer. Es war einer der letzten Besuche, wie er sich später erinnern sollte. Sogleich gewahrte er die Unaufhaltsamkeit der Krankheit im Gesicht des Malers. Die bodenlose Verzweiflung setzte sich in diesem Raum schon über den Bettrand des Kranken hinaus fort; die am Boden liegenden Kleider, Bücher, Bilder und Lebensmittel, darunter Brot und eine umgestürzte Milchflasche, waren die Zeichen des Auseinanderfallens seiner Welt. Der Fremde hob langsam die Dinge auf, die ihm wichtig waren. Dann stellte er nachdenklich einiges auf dem kleinen Tischchen zurecht, eine Geste der Verlegenheit, der Hilflosigkeit. Der Kranke schwieg mit geschlossenen Augen. Es war schließlich ein gemeinsames Warten, weltabgewandt, ein Aufbrechen von Stille, am Ende der Formen und Farben in diesem Raum. Ein Ende der Bedeutungen. Der Besucher, er hatte sich unterdessen auf die Bettkante am Fußende des Liegenden gesetzt, verstand, für den Zeichner gab es draußen keine Landschaft mehr, mit einem Licht hin bis zum Horizont. Die Grenze der Schönheit der letzten Dinge war unwiderruflich überschritten. Das „Sinnende" erreicht. Der Gast erkannte diese Nachricht aus den letzten Zeichnungen, letzte Versuche, die noch verstreut umherlagen: Über weißem Vordergrund der Himmel, nachtschwarz, als Grenze unüberwindlich. Vögel standen, schwebten davor hilflos im Luftraum.

Nach einigen mühsamen Atemzügen nahm der Kranke aus einer neben dem Bett stehenden Flasche einen tiefen Schluck, sogleich roch es in dem kleinen Zimmer nach diesem aufdringlichen Getränk. Dann öffnete er die Augen und lachte auf, voll Hohn und Verzweiflung; es war ungewohnt, ihm ohne Brille in die Augen sehen zu müssen. Langsam drehte er sich ganz dem Besucher zu und sagte mit besonderem Nachdruck, aber mit tonloser Stimme, er sei gescheitert. Er habe aufgegeben. Sein wichtigstes Bild, er zeigte neben das Bett, habe er für solch eine Schnapsflasche hergegeben. Wieder lachte er auf. Nach einer Atempause setzte er fort, es sei sein „Lebensbild“ gewesen, worin seine Liebe, seine Kinder eingesenkt waren, sein täglicher Blick darauf war seine tägliche Heimatsuche. Er liebte dieses Bild und haßte es zugleich. Er habe viele Bilder verschenkt, verkauft, aber dieses, sagte er, war unverkäuflich. Und er wußte, dies war in der letzten Zeit seine tiefe Angst, daß sein Ende gekommen sei, wenn auch dieses Bild weggegeben. Es ist geschehen, stöhnte er auf. Tränen standen ihm in den geröteten Augen.

Er schwieg. Doch langsam, leise begann er von seinen zwei Söhnen zu erzählen, von seiner Frau, die, nachdem die Ehe, wie er feststellte, durch seine Schuld geschieden, in eine weit entfernte Gegend des Landes zog, in eine neue Ehe. Er durfte seine Kinder nicht mehr sehen. Der Besucher erkannte die zerstörende Sehnsucht, die sich unter der atemlosen Brust des Kranken verbarg. Sie vermehrte sich noch, als er schilderte, wie er mehrmals in den letzten Jahren in jene Gegend fuhr, von Ferne nach dem Haus ausschaute und wie ein streunender Hund um den Garten strich, in dem seine beiden Kinder spielten. Ein Schluchzen, insgeheim das Ende der Lebenserschöpfung, erfüllte den Raum. Undeutlich hörte der Besucher einige Wortstücke, allmählich hatte er sie, ohne nachzufragen, in seinen Gedanken zusammengesetzt: „Es ist die Krankheit. Die Flucht war vergeblich. Andere sind durchgekommen, ich nicht!“

Überstürzt verläßt der Besucher an diesem Nachmittag den Kranken, er befragt die Arbeiter unten im Gastzimmer, an der Tankstelle gegenüber, in der Autowerkstatt nach dem Bild; einer erinnert sich, an einen Mann, einen Anwalt, der immer wieder kommt, nach diesen Bildern fragt, sie kauft, spottbillig; am nächsten Tag Anruf in der Anwaltskanzlei, ein Termin wird vereinbart, noch am gleichen Tag; am Nachmittag Vorsprache im Büro, einem geschäftigen, rastlosen Menschen gegenüber, eine riesige Mappe auf dem Tisch, unverkennbar die Landschaften, die Horizonte; endlich Auffindung des „Lebensbildes“, wiedererkannt nach der Erzählung, Entzifferung des Titels: „Mann und Frau im Essigkrug“; Entdeckung der Teilung des Bildes durch einen übergroßen Krug, auf der einen Seite ein ländliches Haus, charakteristisch die Bauart für den Westen des Landes, inmitten von Wäldern und Bergen, woher ferne Friedlichkeit grüßt; die andere Seite, im Vordergrund noch ein Kornfeld, doch dahinter drohend eine öde Ebene bis an den Horizont, durchschnitten von Telegraphenleitungen, worauf schwarze Vögel schwer sitzen, am Himmel zwei fremdartige Gestirne; ein Weg krümmt und verliert sich in der trostlosen Landschaft, bei genauerem Hinsehen Spuren auf diesem Landweg, Abdrücke von nackten Füßen; deutlich ihre Richtung in die Mitte des Bildes, zur einzigen Weggabelung, zum Essigkrug, davor ein Mann und eine Frau; der eine Weg weist in jenes ferne Bergdorf, gut sichtbar ein Bauernhaus mit spitzem Glockentürmchen, der andere Weg führt hinaus, genaues Erkennen, in die Wüste, die nackte Fußspur anfangs noch tief, die Ränder noch schattig, später leichter, dann unsichtbar.

Ja, murmelt der Besucher unverständlich, das ist das Geheimnis, sein Lebensgeheimnis, die Nachricht seines Scheiterns. Er schüttelt langsam den Kopf und blickt auf, der Anwalt sitzt ihm lächelnd gegenüber. Er möchte dieses Bild dem Künstler zurückkaufen, es ist sehr wichtig, er liegt im Sterben, sagt er laut, mit fast zu lauter Stimme, und steht auf. Der Anwalt lächelt kühler und nennt einen Preis. Eine entsetzliche Lähmung, Hitze, Atemnot, Starre im Blick, grußlos der Weggang aus dem Zimmer, dem Vorraum, über die Stiege. Das Ende, das Ende, es ist das Ende, stammelt er hilflos, allein auf der Straße.

Später, an einem Weihnachtstag, der Mann schmückt mit seinen Kindern den Christbaum, wird ein Brief abgegeben, ein kurzes Schreiben, ein Weihnachtsgruß, wie er am Namen sogleich erkennt, von der Mutter des Malers und Zeichners, in schöner, ruhiger, altertümlicher Schrift. Dem Brief ist eine Parte beigelegt. Ein langer, leerer Blick des Mannes aus dem Weihnachtszimmer seines Hauses, hinaus in den winterlichen Garten. Dann liest er das schwarzumrandete Blatt. „Der allmächtige und gütige Gott hat meinen lieben Sohn, unseren herzensguten Vater, Bruder, Onkel, Neffen und Cousin, Herrn . . . , Professor i.R., am Samstag, dem . . . , nach schwerer Krankheit, im 44. Lebensjahr, für immer zu sich genommen. Wir werden den lieben Verstorbenen wunschgemäß in aller Stille beisetzen."

(für M. St.)

Die Signatur der Veränderung

Wolfgang Mantl

„Wir bedürfen gar sehr der Thatkraft, der Vereinigung aller Kräfte – hiezu aber ist der frohe Muth unerläßlich, welchen nur die Hoffnung des Gelingens geben kann."[1]
Victor Frh. v. ANDRIAN-WERBURG

I. Der Bestand

1. Das „Glück" der Zweiten Republik

Ist die *Zweite Republik* langweilig? Gemessen am rückwärtsgewandten Interesse an der versinkenden Donaumonarchie und am starken Gewicht, das die politische Bildung den heftigen Konflikten der Ersten Republik beilegt, erscheint die Zweite Republik fast blaß und fad. Ihr fehlen die starken Farben: das imperiale Gold des Großreiches, aber auch das blutige Rot des Bürgerkrieges. George SAIKO, der die menschliche Dissoziation des Jahres 1934 mit seinen beiden Bürgerkriegen in seinem Roman „Der Mann im Schilf" (1955) über die Politik hinaus bis in die Brüchigkeit einer desolaten Sexualität aufgespürt hat, läßt einen seiner Protagonisten sagen: „Lassen Sie sich durch die Geographie nicht beirren. Wir haben hier wirklich eine Art Afghanistan. Ich persönlich, wenn ich die Wahl hätte, würde das andere allerdings vorziehen."[2] Hier blitzt auf, was man das „Glück" der Zweiten Republik nennen könnte, ihren Erfolg und ihre Leistung: Wer würde heute wünschen, in Afghanistan und nicht in Österreich zu leben? Der Hauptheldin Hanna im Juli 1934 zerrissene Halsschlagader am Ende von SAIKOs obgenanntem Roman war nicht das letzte Wort der österreichischen Geschichte.

Beharrlich nach 1945 wachsender Fundamentalkonsens und innerer Friede (die Zweite Republik ist die definitive Absage an die Bürgerkriegsbereitschaft der Ersten Republik), nationale Identität und Unabhängigkeit, aber auch Wohlstand heben die Zweite Republik vorteilhaft von ihrer Vorgängerin ab, tragen jene diffuse *Legitimität,* die nicht nur starr an jeweilige Erfolge und ökonomische Wohlstandserwartungen geknüpft ist, also rela-

1. Victor Frh. v. ANDRIAN-WERBURG: Oesterreich und dessen Zukunft. Zweiter Theil. Hamburg 1874, 205.

2. George SAIKO: Der Mann im Schilf. Wien 1968, 12.

tiv effizienzunabhängig die Stabilität eines politischen Systems stützt. Die hoffnungsvolle *Zukunftsöffnung* der Jahre nach 1945 fand in autobiographischen Aufzeichnungen berührenden Ausdruck: „Und nun war das Fenster in die Zukunft aufgestoßen, und es drang so reich und bunt und verwirrend von draußen herein, brandete auf einen zu, daß man vor dieser Menge von Eindrücken, Möglichkeiten, Gedanken und Vorstellungen nichts begriff, als daß da eine ungeheure Fülle sich auftat, die einem gehörte. Wohl registrierte das Gehirn die unbehaglichen Einzelheiten des Alltags und der politischen Realität. Aber das Gefühl war voll von einem glücklichen Staunen über den Wiedergewinn einer lang verlorenen, schon vergessenen Dimension der Zeit: Zukunft, die Ausweitung des Lebensgefühls nach vorn.“[3]

Die *Affirmation,* die meine Schul- und Studienzeit beherrschende *Übereinstimmung* mit all den Leistungen, die mit den Namen FIGL, RAAB, SCHÄRF und HELMER verbunden sind, die ruhige, selbstverständliche *Zustimmung* zum materiellen wie – das darf ja nicht vergessen werden – auch immateriellen *Wiederaufbau* des Landes sind blaß geworden, aber auch doch noch nicht fern genug, um so richtig „gute alte Zeit“ zu sein, die ja ihrerseits jene leuchtende Patina hätte, an der sich das nostalgische Auge sattsehen könnte. Das Gestern ist schwächer als das Vorgestern. An den Rand unseres Bewußtseins gerückt sind die farbreichen Blätter Herbert BOECKLs vom steirischen Erzberg und die ruhigen Bilder Rudolf SZYSZKOWITZ’ von den rauchenden Schloten in Donawitz als mächtigen Zentren österreichischer Industrielandschaft – Reminiszenzen an eine Zeit, die stolz war auf ihre kommunalen Sportplätze, Frei- und Hallenbäder, die das Asphaltieren der Bundes- und Landesstraßen noch nicht als „Zubetonieren“ kritisierte und die jedes neugebaute Autobahnlos und jedes elektrifizierte Teilstück des österreichischen Bahnnetzes als Errungenschaft feierte. Unlängst fiel mir wieder die Besichtigung des Wasserkraftwerkes Kaprun als ein Höhepunkt einer Österreich-Rundfahrt mit unserem Religionsprofessor Alois BECK im Jahre 1955 ein. Die heute so alt sind wie ich damals, die Sechzehnjährigen unserer Tage, lächeln da nur müde.

2. *Die Erschütterung des österreichischen Selbstbewußtseins*

Die Bewußtseinslage der Wiederaufbaujahre, bis heute zwar konserviert in der geradezu mythischen Hochschätzung des *Staatsvertrages* und der *Neutralität* durch die Bevölkerung dieses Landes, war dann doch mancherlei *Gefährdungen* ausgesetzt, die den Aufbruchs- und Erneuerungsoptimismus schwinden ließen: Es drohte die selbstgefällige *Erstarrung* zu einer bloßen Draperie schöner Erinnerungen und glänzender Phrasen, gegen die sich seit

3. Inge MERKEL: Der Vogel des Lebens. In: Jochen JUNG (Hg.): Vom Reich zu Österreich. Kriegsende und Nachkriegszeit, erinnert von Augen- und Ohrenzeugen. Salzburg-Wien 1983, 219.

den sechziger Jahren kontrapunktisch der *Widerspruch* intellektuellen und jugendlichen Protests zu Wort meldete – oder es drohte die fatalistische Biedermeierlichkeit eines zynisch-listigen *Privatismus,* der sich gleichsam geschlossenen Auges den Wein und den Status quo schmecken ließ.

Das *„gemäßigte Klima"* von Nüchternheit, Augenmaß, Aushandeln und Kompromiß war nicht die Voraussetzung für eine *„üppige Vegetation"* – das wurde lange Zeit durchaus als Vorteil betrachtet, später dann, namentlich im kulturellen Bereich als Mangel empfunden, weil emotionell karg, zu wenig kreativ und ohne entschlossene Kontur. Und nicht immer ist es nur die so kühl-ironische Distanz, die den Ton der *Kritik* bestimmt, wie bei Barbara FRISCHMUTH, wenn sie bemerkt: „Die Älpler stellen ihre Gegend, die Wiener sich und ihre Denkmäler zur Schau. Wer bei jedem Heurigen ein Original vorgeführt bekommt, mag sich wahrhaftig nach den wenigen echten Querulanten sehnen, die einem anderswo begegnet sind."[4]

So schoß vieles im Mißfallen zusammen. Was der Sozialwissenschafter Legitimitätszweifel nennt, erschien dem Alltagsbeobachter als No-Future-Stimmung von Jugendlichen, als kalte Wut von Künstlern, als taedium vitae von Intellektuellen, als Klagelied von Professoren, als düstere Beschwörung von Club 2-Schamanen. Noch in sehr *weltlichen* Mißlichkeiten spiegelt sich auch die Schwäche einer *Kirche,* deren Räume veröden. Wen vermag es da zu trösten, daß der *Kommunismus* zerfiel? Die *Freude* an der Zweiten Republik ist bei einer wachsenden Zahl von Kritikern der *Schadenfreude* über die Glücklosigkeit vieler Politiker gewichen. Interessanter als die Berufung eines Spitzenpolitikers in sein Amt scheint seine Abberufung zu sein. Die Intervalle zwischen den innenpolitischen „Fieberstößen" wurden kürzer.

Im vergangenen Jahrzehnt wurde die Pragmatik der *Alltagspolitik* immer mehr durch Turbulenzen irritiert, die umso leichter um sich greifen konnten, als das Selbstbewußtsein Österreichs durch einen mahnenden Einbruch der *Geschichte* in den scheinbar so wohlgeordneten Interpretationshaushalt der Zweiten Republik erschüttert worden ist. Der *Parteien-* und *Verbändestaat* zog die Pfeile mannigfacher Infragestellung auf sich. Die von Dolf STERNBERGER als Energiequelle des Bürgersinns bezeichnete „Lust an den öffentlichen Angelegenheiten"[5] nahm eine fatale Richtung, wurde nicht selten zur sich außerhalb des politischen Geschehens aufpflanzenden Haltung der skeptisch bis höhnisch beobachtenden, abwartenden *Apathie* und *Abstinenz*, des *Nichtwählens* und *Nichthandelns.* Dann droht die Diastase der im Begriff „Polis" liegenden Verknüpfung von Lebensort und Gemeinwesen. Dann beginnt die Austrocknung und Ausfransung des politischen Systems.

4. Barbara FRISCHMUTH: Österreich – versuchsweise betrachtet. In: Jochen JUNG (Hg.): Glückliches Österreich. Literarische Besichtigung eines Vaterlandes. Salzburg-Wien 1978, 69.

5. Dolf STERNBERGER: Bürgertum und Bürgerschaft. Rede zu einem Stadtjubiläum [= Darmstadt 1980]. In: Ds., Die Stadt als Urbild. Frankfurt/Main 1985, 37.

Die kritisch drängende Frage nach der *Zukunft Österreichs* schiebt alle Niedlichkeit und Harmlosigkeit zur Seite, die sich als beruhigende Wahrnehmungspanzer um uns zu legen anschickten und den Blick für Risse und Sprünge der Zweiten Republik verstellten. *Fragen über Fragen:* Sind wir dem Streß der Optimierungsaufgabe für ökonomische und ökologische Probleme gewachsen? Finden wir uns als sinn- und glücksuchende Wesen in Zeit und Welt zurecht? Ist unser Leben mehr als Annex von Auto, Fernseher und Computer? Ist die Kirche dieses Landes noch „Salz der Erde“, oder droht sie sich zur Freundlichkeit eines Serviceklubs zu säkularisieren oder zur Schrumpf- und Trutzsekte zu verhärten? Wie behandeln wir Fremde und Minderheiten, zu denen heute schon die Kinder zählen? Geht ein Riß durch die politische und die künstlerische Kultur? Ist die Glaubwürdigkeit des politischen Personals schon in Effizienzschwäche und Korruption verspielt? Verschanzen wir Intellektuelle uns nicht hinter scheinheiliger Rechthaberei? Bricht eine neue Kluft zwischen Wien und den Bundesländern auf? Wo liegt dieses Land in Europa? Wahrlich eine Kette von *Fragezeichen!*

Doch: Noch ist nicht alles in *offener Krise* zugespitzt, noch ist die *Zweite Republik* nicht abgetreten. Apokalyptische Schauer würden uns nur in eine Dramatisierungsspirale treiben und zur Selbstlähmung führen. Wir sind froh über unseren österreichischen Paß. Aber wir werden wieder sehr viel Erfindungsgabe, Entdeckerfreude, Phantasie und Beharrlichkeit brauchen, um – unpathetisch gesagt – „weiterzukommen“. Es gibt keine einfachen *„Rezepte“*, keinen *„archimedischen Punkt“* der Reformpolitik. Manchmal muß man sich fragen, ob unsere Reflexion nicht dem Singen ängstlicher Kinder im finsteren Wald gleicht, der überdies schon vom sauren Regen heimgesucht ist. Aber: Singen hilft immer noch mehr als Weinen.

3. Die Legitimitätsgrundlagen

Als Mitte der achtziger Jahre das *Selbstbild* und das *Fremdbild* Österreichs immer weniger übereinstimmten, wurde es unausweichlich, über die *Grundlagen* unseres Zusammenlebens von neuem nachzudenken. Man kann die Schmerzfurchen unserer Vergangenheit nicht zu Lachfalten der Geschichte umdeuten. Die bitteren, blutigen Seiten der österreichischen Geschichte lassen keine naive Unbefangenheit zu. Weder Kollektiv*schuld* noch Kollektiv*entschuldigung* befreit die Seelen. Wir tun uns leicht mit den *pragmatischen* Legitimitätsgrundlagen: dem kontinuierlich gewachsenen ökonomischen, aber auch ideellen *Output* des Wiederaufbaus, geleistet von den Österreichern, „organisiert“ durch die großen sozialen Integrationsparteien christlichdemokratischen und sozialdemokratischen Zuschnitts und die Sozialpartnerschaft.[6] Die Fülle der pragmatischen Legitimität wird durch die hiefür meist eingesetzten Chiffren Staatsvertrag und Neutralität nur unvollständig erfaßt.

6. Dazu eingehend Alfred ABLEITINGER in diesem Band.

Die pragmatische Legitimität allein kann das Bedürfnis nach *geistig-moralischer* Legitimität nicht stillen. Hier wendet sich der Blick zurück zur *Gründungssituation* des Jahres 1945, zur Verwerfung des *Nationalsozialismus* (Unabhängigkeitserklärung v. 27. April 1945) und des *Kommunismus*[7] (Wahlen v. 25. November 1945), zum Einschwenken des historischen Pendels auf die mittlere Linie eines gegen rechte wie linke Extreme gewandten *Antitotalitarismus*. Freilich müssen wir uns im klaren sein, daß nicht der Kommunismus, sondern der Nationalsozialismus unser „hausgemachtes" Problem, unsere bodenständige historische Last ist. Ich erinnere mich noch, als Bub im Vorschulalter – evakuiert nach Matzleinsdorf bei Melk – im Winter 1944/45 ausgemergelte, marschierende KZler (Melk hatte ein Außenlager von Mauthausen) gesehen zu haben. Als Gymnasiast las ich das Tagebuch der Anne FRANK, die Geschichte der Geschwister SCHOLL und ihrer „Weißen Rose", hielt meine ersten Referate als Student und Assistent über den Nationalsozialismus, sprach mit den zwei Bundeskanzlern, die im KZ waren (Leopold FIGL und Alfons GORBACH), sowie mit Alfred MALETA und Franz OLAH. Gerade die KZler in Führungsrollen der Großparteien, aber auch die Kriegsopfer, Bombenschäden, der Wohnungs-, Kleidungs- und Nahrungsmittelmangel der Nachkriegsjahre gaben uns ja bis in die sechziger Jahre ein gutes Gewissen, das uns die Defizite (zu geringe Sorge um die Opfer, namentlich jüdischen Opfer des Nationalsozialismus, kaum explizite Einladung an Emigranten zur Rückkehr) nicht scharf ins Bewußtsein treten ließ. Die *Selbstvergewisserung*[8] ist für jede Generation

7. Der gegenwärtige Zerfall des Kommunismus ist ja auch so etwas wie eine Bestätigung des so oft als grobschlachtig getadelten Antikommunismus der österreichischen Bevölkerung der Nachkriegszeit. Gegen Ende seines Lebens sagte Ernst FISCHER, der intellektuell funkelndste österreichische Kommunist, schon geschieden von seiner Partei: „Ich gebe zu: Es ist ein Glück für dieses Land, daß es nicht kommunistisch wurde . . ." (Das Ende einer Illusion. Erinnerungen 1945–1955. Wien-München-Zürich 1973, 374).

8. Ein rezentes offizielles Dokument hiezu ist die Erklärung des Bundeskanzlers Franz VRANITZKY im Nationalrat am 8. Juli 1991 (Sten.Prot. XVIII. GP, 35. Sitzung, 3282 f.): „Viele haben Widerstand geleistet und dabei ihr Leben für Österreich gegeben. Aber wir dürfen auch nicht vergessen, daß es nicht wenige Österreicher gab, die im Namen dieses Regimes großes Leid über andere gebracht haben, die teilhatten an den Verfolgungen und Verbrechen dieses Reichs. . . . gerade deshalb müssen wir uns auch zu der anderen Seite unserer Geschichte bekennen: zur Mitverantwortung für das Leid, das zwar nicht Österreich als Staat, wohl aber Bürger dieses Landes über andere Menschen und Völker gebracht haben. Es ist unbestritten, daß Österreich im März 1938 Opfer einer militärischen Aggression mit furchtbaren Konsequenzen geworden war: Die unmittelbar einsetzende Verfolgung brachte Hunderttausende Menschen unseres Landes in Gefängnisse und Konzentrationslager, lieferte sie der Tötungsmaschinerie des Nazi-Regimes aus, zwang sie zu Flucht und Emigration. Hunderttausende fielen an den Fronten oder wurden von den Bomben erschlagen. Juden, Zigeuner, körperlich oder geistig Behinderte, Homosexuelle, Angehörige von Minderheiten, politisch oder religiös Andersdenkende – sie alle wurden Opfer einer entarteten Ideologie und eines damit verbundenen totalitären Machtanspruchs. Dennoch haben auch viele Österreicher den Anschluß begrüßt, haben das nationalsozialistische Regime gestützt, haben es auf vielen Ebenen der Hierarchie mitgetragen. Viele Österreicher waren an den Unterdrückungsmaßnahmen und Verfolgungen des Dritten Reichs beteiligt, zum Teil an prominenter Stelle. Über eine moralische Mitverantwortung für Taten unserer

neue Aufgabe, kann nicht „kanonisiert" und abgeheftet werden, entzieht sich auch einer „handlichen" Dichotomie von *Tätern* und *Opfern.* Wir Österreicher waren weder allesamt nur Täter, noch allesamt nur Opfer. Man übersieht auch nur zu leicht, daß *beide* Generalisierungen gerade die österreichischen Nationalsozialisten exkulpieren würden. Die Zwischenstufen erfordern redliche und differenzierte Beachtung.[9]

4. Landvermessung

In den fünfziger Jahren hatten viele von uns – Manfried WELAN erzählt oft davon – zu Hause eine Flügelmappe, auf der *„Österreich"* stand und in der Zitate und Texte über Österreich (meist zur Abgrenzung von Deutschland) gesammelt wurden. Getragen wurde dieser *Austriakismus* – es sei, weil grundlegend, noch einmal erwähnt – durchaus von zustimmender Emotion. Diese durchaus intellektuelle Gestimmtheit popularisierte sich allmählich zu jener Selbstgefälligkeit, die Österreich als „Insel der Seligen" sehen ließ, bis die Bewußtseinsanfechtungen der Mittachtzigerjahre dieses Land auf einmal nicht ohne Selbstmitleid als eine „Insel der Ausgesetzten, Mißverstandenen" deuteten. Dieses schließlich durchaus *ambivalente Inselgefühl*[10] löste die ältere Harmoniezuversicht auf; Tag für Tag spürt man die schwierige *Spannweite:* zwischen Heimito von DODERERs „Strudlhofstiege" und Helmut QUALTINGERs „Herrn Karl", zwischen Friedrich TORBERGs Leitartikeln im alten „FORUM" seit 1954 und André HELLERs Feuerwerken in Lissabon (1983) und Berlin (1984), zwischen der Traurigkeit des Meidlinger Bahnhofs und der Großartigkeit des Salzburger Dombezirkes, zwischen Kaffeehaus und Reihenhaus, zwischen Tierliebe und Kinderarmut, zwischen Wiederaufbau und Umweltzerstörung, zwischen Bürokratismus und Innovation – Spannungen, Konflikte, belastend und bereichernd zugleich: Der moderne *Pluralismus* hat diesen so lang in sich und seinen Traditionen ruhenden Staat erreicht, erfaßt und durchdrungen.

In vielen ausländischen Publikationen kommen wir nur als *Fremdenverkehrsland* vor, gruppiert um Wien und Salzburg, einige gastronomische

Bürger können wir uns auch heute nicht hinwegsetzen. Vieles ist in den vergangenen Jahren geschehen, um, so gut dies möglich war, angerichteten Schaden wiedergutzumachen, angetanes Leid zu mildern. Vieles bleibt nach wie vor zu tun, und die Bundesregierung wird auch weiterhin alles in ihrer Macht Stehende unternehmen, um jenen zu helfen, die von den bisherigen Maßnahmen nicht oder nicht ausreichend erfaßt oder bisher in ihren moralischen oder materiellen Ansprüchen nicht berücksichtigt wurden. Wir bekennen uns zu allen Daten unserer Geschichte und zu den Taten aller Teile unseres Volkes, zu den guten wie zu den bösen; und so wie wir die guten für uns in Anspruch nehmen, haben wir uns für die bösen zu entschuldigen – bei den Überlebenden und bei den Nachkommen der Toten."

9. Dieser Verhaltenspluralität geht Anton PELINKA in diesem Band nach.

10. Ambivalent ist ja auch die Bedeutung von *„österreichisch":* einmal positiv verstanden als „friedlich, kompromißbereit, menschlich", dann negativ als „schlampig, verwaschen, verspätet".

Spezialitäten, um MOZART, MARIA THERESIA, FRANZ JOSEPH I., Sigmund FREUD und neuerdings um Kurt WALDHEIM und den „Ötzi" (Homo Tirolensis).

Woran *erinnern* wir uns als für uns wichtig, wesentlich, typisch? An Türkenabwehr und Barockzeit, Überwindung Napoleons und Wiener Kongreß, an Gründerzeit und Fin de Siècle, an die blaue Eleganz des altösterreichischen Abends, das opalische Fluoreszieren des Untergangs, aus dem auch Neues hervorschoß. Diese Reminiszenzen übersehen nur zu leicht, daß die berückenden Pastelltöne bloß historischer Größe und Schönheit unaufhaltsam verblassen:

> „Glatte Worte, bunte Bilder,
> Halbes, heimliches Empfinden.
> Agonien, Episoden . . ."[11]

Sind wir ein Staat der Girondisten? Oder so etwas wie die Juli-Monarchie LOUIS PHILIPPEs? Fragen wir uns überhaupt, wo in der europäischen *Revolutionsgeschichte* wir uns einordnen könnten? Nein, wir verstehen uns als Fortsetzung des *aufgeklärten Absolutismus,* wünschen uns – was ja stets überaus wichtig ist – eine gute Regierung, eine gute Administration, aber vergessen dabei, daß die Zentralfigur der *Demokratie* der gute Bürger sein sollte. Wo ist der gute Bürger? Wir stehen so – pointiert gesagt – erst am Anfang der *Republik!*

Bezeichnend dafür ist, wie wir das *Jahr 1848* in unseren Bewußtseinshaushalt einfügen. Bald werden 150 Jahre seit diesem Aufbruchsjahr vergangen sein – welch eine Chance für ein europäisches, zumindest mitteleuropäisches Geschichtswerk über die Revolutionen von Palermo bis Prag! Studenten halten Kremsier für einen Vorort von Krems. Der Wiener Stadtkommandant des Oktobers 1848, Wenzel MESSENHAUSER, ist vergessen. Der Radetzkymarsch von Johann STRAUSS Vater ist lebendig und der patriotische, auf Feldmarschall RADETZKY gemünzte Vers GRILLPARZERs von Anfang Juni 1848 „In deinem Lager ist Österreich", nicht sein nach dem 13. März 1848 geschriebenes Gedicht „Mein Vaterland", mit der berührenden, Zäsur und Kontinuität, Aufschwung und Vorsicht ausdrückenden Anfangsstrophe:

> „Sei mir gegrüßt, mein Österreich
> Auf deinen neuen Wegen,
> Es schlägt mein Herz wie immer gleich
> Auch heute dir entgegen."

Ernst BRUCKMÜLLERs Vorstellungen von der *österreichischen Nation* münden in das „schweizerische" Postulat von der *partizipatorischen* Natur der Identitätsstiftung.[12] Das erfordert neben der Aktivitäts- und Mitwir-

11. LORIS (= Hugo von HOFMANNSTHAL): Einleitung (Herbst 1892) zu „Anatol" von Arthur SCHNITZLER.

12. Ernst BRUCKMÜLLER: Nation Österreich. Sozialhistor. Aspekte ihrer Entwicklung. Wien-Köln-Graz 1984, 212–222.

kungsbereitschaft auch Selbstachtung und Zuversicht. Das ins Werk Gesetzte gibt Bewußtheit, nicht das schon Gegebene und bloß Ergriffene. Hugo v. HOFMANNSTHAL schrieb am Vorabend des Ersten Weltkrieges an seinen labilen, kleinmütigen Freund Leopold v. ANDRIAN, damals österreichischer Generalkonsul im russischen Warschau, und zwar am 24. August 1913 von seinem Sommerdomizil in Aussee: „Wir müssen trachten, *etwas* zu sein, dann ist in diesem *etwas* auch Österreich. Vielleicht kommen bessere Zeiten und andere Generationen."[13]

5. *Die Kleinstaatlichkeit*

Bundeskanzler Leopold FIGL war einer der ersten österreichischen Spitzenpolitiker, die bereit waren, Österreichs *Kleinheit* auch emotionell zu akzeptieren und dieses Land nicht als verstümmelten *Großstaat* unbefriedigt gerade hinzunehmen. Es ist ein Gemeinplatz, dieses „nachwirkliche" Großstaatsbewußtsein bei Ignaz SEIPEL und Otto BAUER zu konstatieren. Aber auch Julius RAAB, um ein Jahrzehnt älter als FIGL, dürfte dieses gefühlsmäßige Attachement noch ziemlich stark in sich getragen haben. Als Student hörte ich eine kurze Ansprache RAABs – der im Ersten Weltkrieg noch k.u.k. Offizier gewesen war – während des Wiener Katholikentages 1958, vom Balkon des Bundeskanzleramtes am Ballhausplatz aus gehalten, in der er die Österreichcharakteristik deutlich altösterreichisch einfärbte.

Die *Kleinstaatlichkeit* Österreichs als eines nüchternen Landes sachlicher Professionalität – gleichsam der Maschinenbauer, Betriebswirte und Juristen – mit ihrer unheroischen Alltäglichkeit ist für das geisteswissenschaftliche Urteil nicht besonders aufregend. Daraus resultiert wohl auch das seit den sechziger Jahren wachsende – durch internationale kulturwissenschaftliche Diskussionen stimulierte – Interesse am *Fin de Siècle* („Wien um 1900"), das die *territoriale* Befindlichkeit durch *kulturelle* Bemühungen zu überschreiten trachtet, nicht als imperialer Zugriff verstanden, sondern als Wille zur Großzügigkeit, Bewegung, Kreativität, Leistung und Erneuerung. Das war ja auch das Programm einer gemeinsam mit Budapest 1995 zu veranstaltenden Wiener *Weltausstellung*, die freilich in einer Wiener Volksbefragung im Mai 1991 verworfen wurde, in der sich die Präferenz des Kleinräumigen Geltung verschaffte, die bei den nun angestrebten *Millenniumsfeiern* Österreichs 1996 wohl das Grundmuster bilden wird.

Kleinstaatlichkeit kann *positiv* die kompakte Erfahrung der Zweiten Republik – so etwas wie eine weltliche „Volksfrömmigkeit" – widerspiegeln, *negativ* aber auch zum Paravent einer xenophoben Abkapselung werden. Gerald STOURZH hofft auf die Entfaltung der positiven Möglichkeit: „Selbstvertrauen und Selbstbewußtsein im blühenden Kleinstaat Öster-

13. Walter H. PERL (Hg.): Hugo v. Hofmannsthal/Leopold v. Andrian: Briefwechsel. Frankfurt/Main 1968, 201 (Hervorhebungen im Original).

reich sollten groß genug sein, um im radikal veränderten Europa der Neunzigerjahre den Platz Österreichs zu sichern."[14]

II. Die Spezifika der Zweiten Republik

1. Das politische System

Wenn das politische System Österreichs in der Ausprägung der Zweiten Republik immer wieder internationales sozialwissenschaftliches Interesse gefunden hat, so darf nicht übersehen werden, daß es auf mancherlei, zum Teil sehr alten *Kontinuitätselementen* aufbaut: Es sind hier die in den meisten Fällen bis ins Mittelalter zurückreichenden *Länder*[15] zu nennen, dann die mit der neuzeitlichen Staatsbildung (namentlich in der Epoche des aufgeklärten Absolutismus) verbundene *Verwaltung* samt ihrem Personal (Berufsbeamtentum) sowie die auf eine mehr als hundertjährige Geschichte zurückblickenden *Parteien* (mit Ausnahme der „jungen" Grün-Alternativen) und *Verbände* der beruflichen und wirtschaftlichen Interessenvertretung, schließlich das *Bundes-Verfassungsgesetz 1920* in der Fassung seiner beiden großen Novellen 1925 und 1929 als wichtiges „Erbstück" der Ersten Republik, worin wieder die noch ältere Kontinuität der liberalen Systemkonstruktion der Institutionen (mit Wurzeln in den Verfassungsentwürfen bzw. -werken von 1848 und 1867) positiviert wurde.

Österreich gilt (muß man schon sagen: galt?) als Schulbeispiel eines *Parteien-* und *Verbändestaats,* verbunden mit einer weitgehenden Penetration auch der *Gesellschaft.* Das historisch internalisierte Lagerdenken ließ die Parteien bis in die Mitte der achtziger Jahre mit zahlreichen Vorfeldorganisationen den verästelten Lebensformen der Gesellschaft „nachdrängen", „nachwachsen", wobei es nicht wunder nimmt, daß in diesen Großkollektiven das Verhältnis zwischen Führung und Mitgliedschaft zu dem zwischen Clique und Claque zu schrumpfen drohte, wodurch die historische Leistung der Emanzipation und Partizipation der Mittel- und Unterschichten (die ja immer auch schon Einbindung und Kanalisierung war und handlungspraktisch auch sein mußte) zu dunkeln begann.[16] Eine Folge dieser Penetrationsvorgänge war auch – bei Korruptionen grell zutage tretend –

14. Gerald STOURZH: Vom Reich zur Republik. Studien zum Österreichbewußtsein im 20. Jahrhundert. Wien 1990, 9.

15. Ds., Reich, 58 (Anm. 14): „Die Länder Österreichs haben sich als das stabilste Element der österreichischen Geschichte im 20. Jahrhundert erwiesen."

16. Diese historische Leistung *christlichdemokratischer* und *sozialdemokratischer* Parteien wird beim Vergleich mit anderen, namentlich romanischen Ländern bewußt, in denen es nicht so früh gelungen ist, das Volk aus feudaler Abhängigkeit, Patronage und Klientel, aber auch aus liberaler Exklusivität der sich auf ein enges („Besitz und Bildung") Wahlrecht stützenden (groß)bürgerlichen Honoratiorenpolitik zu lösen.

daß parteipolitische Partikularität mit verfestigter Gruppenmoral allzuleicht unter Verdrängung des mühsamen Prozesses pluralistischer Konfliktaustragung und Kompromißfindung mit dem Allgemeininteresse gleichgesetzt wurde (Kartellbildung der Großkräfte konnte die Durchsetzung der beteiligten Partikularinteressen maximieren). Aber diese Kritikpunkte aus heutiger Sicht sollen die Leistungen der Parteien und Verbände in der Zweiten Republik nicht wegleugnen.

Neben der starken Durchdringung von Staat und Gesellschaft durch die *Parteien*[17] und *Verbände*[18] samt deren spezifischem Interaktionsmodell, der *Sozialpartnerschaft*[18] sind Charakteristika der Zweiten Republik:
- sozialer *Friede,* soziale *Sicherheit* und wirtschaftliche Prosperität;
- ein großer *öffentlicher Wirtschaftssektor* mit akkumulierter Macht, aber oft nur situationsbestimmter Arbeitsteilung (Defizite an klaren Aufgabendefinitionen und Verantwortlichkeiten);
- *Wirtschaftinterventionen* des Staates, Transfers und Subventionen;
- Bereitstellung von *Infrastruktur* und *Dienstleistungen* durch die öffentliche Hand;
- weitere *Urbanisierung,* durchaus verbunden mit wachsendem *Föderalismus* („urbs" ist eben nicht nur Wien);
- hohe *Regelungsdichte* (Normenflut) in einem ausgebauten, bürokratisierten *Rechtsstaat;*
- hohe *Staatsquote,* gemessen an der Steuerbelastung des Bruttoinlandsproduktes (besonders intensive Ausweitung der vier großen „A" der Moderne: Aufgaben, Abgaben, Ausgaben und Apparat des Staates).

Noch einmal ein Blick – heute muß man fast schon sagen: ein Blick zurück – auf die bis Mitte der achtziger Jahre das österreichische Parteiensystem kennzeichnenden *Eigentümlichkeiten:*

a) *Hohe Organisationsdichte:* Das heißt sehr viele Wähler einer Partei sind auch Mitglieder dieser Partei. Bei den Großparteien waren das ca. 30%, bei den Kommunisten sogar 50%, selbst bei den Freiheitlichen 12%. Diese Zahlen gewannen an Schärfe, wenn man sie mit den deutschen Werten verglich: SPD: 6%, CDU: 4%, FDP: 2,5%. Die Parteibeitrittsmotive waren vielfältig und reichten von edlen Partizipationswünschen über Eitelkeit und Gschaftlhuberei bis zum handfesten Streben nach Wohnung und Arbeitsplatz, deren Erwerb häufig über die Parteien „lief". Die Organisationsdichte geht nunmehr zurück. Die Großparteien und der Gewerkschaftsbund verlieren Mitglieder. Auf die Dauer werden auch persönliche Wahlerfolge wie der Franz VRANITZKYs diese „westliche" Wandlung von der straffen Mitgliederpartei zur lockeren

17. Die „Summe" der österreichischen Parteienstaatlichkeit an der Schwelle zur gegenwärtigen Parteienkritik wird gezogen in dem großen Sammelband: Anton PELINKA/Fritz PLASSER (Hg.): Das österr. Parteiensystem. Wien-Köln-Graz 1988.

18. Joseph MARKO stellt in diesem Band Verbände und Sozialpartnerschaft sehr gründlich und kritisch dar.

Wählerpartei selbst bei der SPÖ nicht aufhalten können. Die ÖVP wurde von dieser Transformation bereits voll erfaßt.

b) *Hohe Konzentration* der Stimmen und Mandate auf zwei Parteien: Lange Zeit lag diese Marke über 90%. Nun sinkt sie ständig und erreichte bei der Nationalratswahl v. 7. Oktober 1990 nur mehr 75,15%, das ist weniger als der niedrigste Wert der Ersten Republik bei der Wahl zur Konstituierenden Nationalversammlung v. 16. Feber 1919 (76,7%). Das österreichische Parteiensystem pluralisiert sich zunehmend (Auftreten neuer Parteien wie der Grünen Alternative, Ausdehnung des alten dritten Lagers, der Freiheitlichen).

c) *Enge Verflechtung* von Parteien und Verbänden: Österreichischer Neukorporatismus bedeutete enge persönliche und sachliche Verflechtung von Parteien- und Verbändesystem (Personalunionen). Auch diese österreichische Eigentümlichkeit verändert sich jetzt und wird sich noch mehr verändern, wenn es zu einer deutlichen Personalisierung des Wahlrechts kommen sollte.

Das Zusammenwirken der großen politischen Kräfte in einer *Großen Koalition* (und in landesverfassungsrechtlich vorgegebenen Allparteienregierungen in den Bundesländern außer Vorarlberg und Wien) wird zurecht neben der Sozialpartnerschaft als österreichisches Spezifikum herausgestrichen, ja dient neben dem Beispiel der Schweiz und der Niederlande dazu, die Legitimität einer eigenständigen Demokratievariante neben der angelsächsischen *Konkurrenzdemokratie* nachzuweisen: der *Konkordanzdemokratie*.[19] Damit ist ein gerade oft erst nach heftigen Auseinandersetzungen (z. B. Bürgerkriegen) in der politischen Kultur verankertes Konfliktregelungsmuster (der Eliten) gemeint, in dem gütliche Einigung und Verständigung, Aushandeln und Kompromiß, Sich-Vertragen nach Gleichgewichts- und Balancegesichtspunkten (Proporz und/oder Parität) unter Zurückdrängung des Mehrheitsprinzips mit der Tendenz zur Einstimmigkeit oder zumindest zu qualifizierten Mehrheiten vorherrscht.

Die *Vorteile* der Konkordanzdemokratie sind: innerer Friede, Integration und Stabilität, breite demokratische Legitimation, Erschließung eines großen ideellen und personellen Reservoirs, Erfüllung von Gerechtigkeitspostulaten, Entschärfung des Mehrheitsprinzips, Kompromißbereitschaft und Mitverantwortung, Versachlichung der Politik, Vermeidung fundamentalistischer Konfrontationen. Heute werden auch die möglichen *Nachteile* häufiger betont: Defizite an Kritik und Kontrolle, an Wettbewerb (Kartellierung der Macht), Entscheidungskraft und Innovation, Gewöhnung des

19. Vgl. Gerhard LEHMBRUCH: Proporzdemokratie. Polit. System und polit. Kultur in der Schweiz und in Österreich. Tübingen 1967. – René MARCIC: Die Koalitionsdemokratie. Das österr. Modell im Lichte der Wiener rechtstheoretischen Schule. Karlsruhe 1966. – Margarete MOMMSEN-REINDL: Die österr. Proporzdemokratie und der Fall Habsburg. Wien-Köln-Graz 1976, 228: „Dem System der Großen Koalition waren durchaus genuine demokratieschöpferische Züge zu eigen, und es hat insofern gewiß mehr als nur den Staatsvertrag und die Toleranz zwischen den politischen Gruppen erwirkt.“.

politischen Personals an Machtausübung ohne Ablösedruck, Problemverdrängung (Verstaatlichte Industrie, Verwaltungsreform, Pensionsreform), Einflußminderung des Parlaments, Proporzgerangel.

2. *Die politische Kultur und Selbstdarstellung der Zweiten Republik*

Die Orientierung der Menschen in ihrer politischen Umwelt, ihr auf das Zusammenleben gerichtetes Wissen und Fühlen, wurde von den modernen Sozialwissenschaftern mit dem Fachausdruck *„politische Kultur"*[20] belegt, worunter die Gesamtheit der Kenntnisse, Meinungen, Einstellungen, Werte und Gefühle zu verstehen ist, die das politische Verhalten der Mitglieder eines bestimmten Gemeinwesens prägen. Die politische Kultur ist neben und vor den gesatzten Normen und den verfestigten Institutionen eine wesentliche Voraussetzung für Integration, Kohäsion und Identität eines politischen Systems.

Mit verschiedenen *Termini* versucht man die Eigenart der österreichischen politischen Kultur differenzierend, pointierend zu umkreisen: Austropragmatismus, Gouvernementalismus, Formalismus, Juridismus, sozialer Garantismus . . . Die genannten Phänomene haben zum Teil alte historische Wurzeln. Neu für die Zweite Republik ist ein gerade in heftigen Polemiken „standhaft" aufblitzendes *Österreichbewußtsein* und die Zunahme der *Mobilität,* die sich auch aus der Zunahme der Fremdsprachenkenntnisse ablesen läßt:

Tabelle 1: Fremdsprachenkenntnisse in Österreich, ČSFR und der ehemaligen DDR:

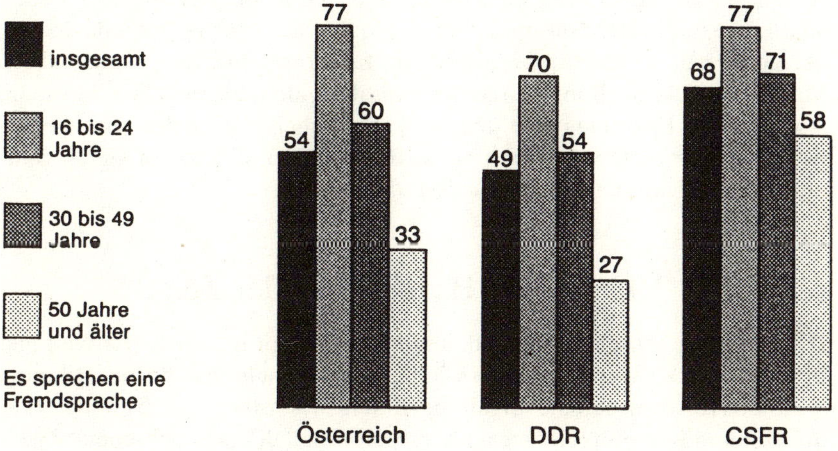

Quelle: Österr. Jahrbuch f. Politik '90. Wien-München 1991, 982.

20. Als einer der ersten in Österreich hat Peter GERLICH mit dem theoretischen Instrumentari-

Bemerkenswert ist auch der lebensweltliche *Traditionsschwund* infolge der Veränderung der *Familienstruktur* und des Rollenverständnisses der *Frau,* aber auch durch das Verblassen der *bäuerlichen Welt* mit ihrem jahrhundertealten Wertsystem und Lebensgefühl (jeder von uns hat ja noch bäuerliche Vorfahren und Verwandte). Nun werden wir eine mittelständische Dienstleistungsgesellschaft, buchstäblich „Kleinbürger", die sich ebenso nach der „großen Welt" der letzten Jahrhundertwende sehnen, wie sie fürchten, daß die EG die bäuerliche Welt noch mehr minimieren könnte.

Nicht zu Unrecht wurde die Stabilität der Zweiten Republik auch auf eine *„gemeinsame Sprache",* eine weitgehende Übereinstimmung der Begriffe bei den politischen Akteuren und Experten (*Juristen:* die „Sprache" Hans KELSENs, *Ökonomen:* die „Sprache" John M. KEYNES'), zurückgeführt. In dieser „Sprachdecke" über dem gesellschaftlichen Pluralismus zeigen sich jedoch zunehmend Risse und Sprünge, die sich als Kritik an Klischeehaftigkeit und Ritualismus der Politik, als Sehnsucht nach Ursprünglichkeit und Einfachheit der politischen Sprache äußern. Die technokratische Trockenheit der Ausdrucksweise gilt nicht mehr als Zeichen besonderer Sachkunde. Politiker mit einer persönlichen Sprache – durchaus mit umgangssprachlichen, ja dialekthaften Einsprengseln – finden Anklang, so war es schon bei KREISKY und WALLNÖFER, so ist es heute bei VRANITZKY, BUSEK, KRAINER und HAIDER.

Die *Selbstdarstellung* der Republik hat eine karge Ästhetik: Die berührende Resonanz des Einzugs der Pummerin in Wien (1952), des Staatsvertragsjubels beim Belvedere und der Eröffnung von Burg und Oper (alles 1955), mancher Staatsbegräbnisse (z. B. FIGL, KREISKY in Wien, KRAINER sen., H. KOREN in Graz) will nicht mehr recht gelingen. Paraden sind eingestellt. Der Nationalfeiertag bietet flach-emsige Fitneßmärsche, der Opernball wurde für Besucher wie für Protestierer zur Verlegenheit. Manches glückt noch in den Ländern mit ihrer alten historischen Substanz, etwa bei der Eröffnung und dem volkstümlichen Alltag der von Niederösterreich vor mehr als 30 Jahren „erfundenen" und heute in vielen Bundesländern praktizierten Landesausstellungen.

III. An den Bruchlinien der Zeit

Die durch Wissenschaft, Technik und Medizin geprägte *moderne* Welt und ihre wichtigsten Wertkategorien wie Leistung, Pflichtbewußtsein, Bildung, Wettbewerb, menschliche Erfüllung durch Wachstum von Bildung, Produktion und Konsum blieben auch im Österreich der „erwachsenen" Zwei-

um „politische Kultur" gearbeitet, dazu jüngst sein Beitrag: Polit. Kultur der Subsysteme. In: Herbert DACHS u. a. (Hg.): Handbuch des polit. Systems Österreichs. Wien 1991, 457–465. – Vgl. auch Hans-Georg HEINRICH/Alfred KLOSE/Eduard PLOIER (Hg.): Polit. Kultur in Österreich. FS f. Heinrich Schneider z. 60. Geb. Linz 1989.

ten Republik keine Selbstverständlichkeit mehr. Deutlich wuchsen Unbehagen, Hektik, Angst, Krisengefühle und soziale Unrast. Die Partikularisierung von Glaube, Religion und Kirche erleichtert die Verbreitung neuer Weltdeutungen (Postmoderne, New Age, Esoterik). Die Furcht, etwas zu verlieren (Wohlstand, Sicherheit) und die Welt nicht mehr zu begreifen, kann zu Illiberalismus und Einigelung in sektenhafte Resistenz oder fundamentalistische Revolte führen.

Neue Grundhaltungen, Lebensstile und Erwartungen führten zur Konfrontation mit eingespielten Wirklichkeiten. *Spannungen* und *Konflikte* durchziehen die österreichische Industriegesellschaft. Gewandte *Zeitgeistsurfer* flitzen erfolgstüchtig herum. Angriffslustige, unverblümte und unverbrauchte Gruppen agieren gegen den Status quo. Das *Normbewußtsein* und das *Institutionenvertrauen* sinken.[21]

Peter Graf KIELMANSEGG weist darauf hin, daß die *Demokratie* namentlich in Krisen unter den Druck ihrer eigenen Prämissen gerät, Wohlstand und individuelle Freiheit zu gewährleisten.[22] Die neuere Geschichte auch Österreichs ist eine Geschichte der Größe und Zerbrechlichkeit der *Autonomie* des Subjekts, die vollständig auch in der Demokratie mit ihren Mitwirkungs- und Mitbestimmungschancen nicht eingelöst werden kann, worauf der moderne Mensch von Zeit zu Zeit mit anarchischen oder totalitären Sehnsüchten, ja Fluchtversuchen reagierte. Das robuste Postulat der *Selbstverwirklichung* – selbst in der leisen Variante reiner Innerlichkeit hinter verschlossenen Türen – bedeutet immer auch Ausnützung anderer Menschen, Verfügung über sie. Auch und gerade die liberale Demokratie lebt nicht nur von Öffentlichkeit und Toleranz, sie braucht ihre Ergänzung, Abstützung durch verantwortete Mitmenschlichkeit, durch Solidarität, Hilfs- und Opferbereitschaft. Das sind *„Tiefenschichten"*, die auch in Österreich Sorge bereiten. Es bleibt bei einem vagen „Seminarhumanismus", wenn es nicht gelingt, universelle Menschheitsmoral mit individueller Gewissensbindung zu einer Aktivitätsformel zu verbinden.

Die Beurteilung des vielzitierten *Wertwandels* wird durch die Tatsache erschwert, daß der *Zeitgeist* nicht homogen ist. Es gibt Dissonanzen und eigentümliche Neukombinationen:

Garantismus (Sicherheitsstreben) – *Hedonismus* der persönlichen Lebensgestaltung – *Rigorismus* der politischen Moral und der ökologischen Postulate;

21. Dazu Hermann LÜBBE: Polit. Moralismus. Der Triumph der Gesinnung über die Urteilskraft. Berlin 1987, 65: „Institutionentreue und Regelkonvenienz sind als Medien der Demonstration höherer Moral ungeeignet. Sie legen überdies einen grauen Schleier über die politische Szene. Die Medien bleiben schlagzeilenärmer, und die Intellektuellen, deren Moralismus, um sich entfalten zu können, doch auf Ausnahmelagen angewiesen ist, sind frustriert. Nichtsdestoweniger machen gerade Institutionentreue und strikte Verfahrensgeltung die Normalität der Politik und des Rechtslebens aus."

22. Vgl. Peter Graf KIELMANSEGG: Volkssouveränität. Eine Untersuchung der Bedingungen demokratischer Legitimität. Stuttgart 1977.

- *Ordnungswünsche* – geradezu anarchische *Freiheitssuche;*
- egalitäre *Partizipationskonzepte* – elitäre Faszination durch *„starke Männer";*
- *Weltumarmung – Fremdenfeindlichkeit;*
- *Säkularisierung – magisch-mythische Sehnsucht;*[23]
- *Staats-, Parteien-* und *Bürokratiekritik* – Ruf nach dem *Staat* (und damit nach den *Parteien* und der *Verwaltung*) als Problemlöser für Arbeitsmarkt- und Umweltkrisen.

Freilich hebt sich ein Grundzug der Zeit stärker heraus: der Trend zur *Individualisierung* und *Pluralisierung* und komplementär hiezu der Trend zur *Entsolidarisierung*. Gemeinsames Handeln der Menschen wird schwieriger. Der Abbau der Bindungen und der Wechsel der Maßstäbe lassen häufig nur mehr die *persönliche Glaubwürdigkeit* als „Interaktionsbrücke" übrig – und die ist realiter weitgehend abhängig von der Fähigkeit zur Selbstdarstellung, zumal in den Medien.

Die *Grundformen* menschlichen Zusammenlebens werden immer kontroverser und verwundbarer: die dauerhafte und geglückte Verbindung von Mann und Frau (Ehe als Ort der Mitmenschlichkeit und der erfüllten Subjektivität), die Freude an Kindern, ihre Pflege und Erziehung in familiärer Stabilität, der menschliche Umgang mit Alten, Kranken und Behinderten. Wie werden Geburt und Tod, Kindheit und Alter im Jahre 2000 ausschauen? Abtreibung und Euthanasie als „Eckdaten"? Fast jeder dritte Wiener steht im Pensionsalter. Drei Viertel der Österreicher sterben im Spital, Tote werden nicht mehr im offenen Sarg aufgebahrt. Geschlechter- und Generationenkonflikte werden noch zunehmen.

Bruchlinien der Zeit werden auch deutlich, wenn heutzutage fast inflationär von *politischer Moral* die Rede ist. Machen wir es uns mit dieser neuen hochmoralischen Attitude nicht etwas leicht? Gerade weil wir oft nicht mehr wissen, wie wir zusammenleben sollen, reden wir wortmagisch von der politischen Moral. Dabei sind wir doch mehr denn je auf das *positive Recht* angewiesen, wagen wir – ähnlich den Amerikanern – allmählich keinen öffentlichen Schritt ohne Rechtsanwalt und Steuerberater. Es besteht wohl auch ein kompensatorischer Bedarf für politische Moral in einer individualmoralisch permissiven Gesellschaft. Am liebsten sind uns generell gehaltene Kapuzinerpredigten ohne individuelle Verbindlichkeit.

Es muß festgehalten werden: Der Individualisierungs- und Pluralisierungstrend unserer Zeit hat in den entwickelten Gesellschaften des Nordens der Welt mehr Menschen denn je ein majestätisches Selbstbewußtsein der *Freiheit* verschafft – wie im Flugzeug hoch über der Erde. Aber man muß auch landen und tanken können. Wie können wir heute das *soziale Band* knüpfen? Die Suche danach greift über das hinaus, was vertrautes Geschäft der Politik ist, die ihr *ethisches Umfeld* gerade nicht selbst bestellen

23. So dürfte – zumindest im ländlichen Raum – die „Fleischweihe" am Karsamstag das am stärksten besuchte katholische Ereignis des ganzen Kirchenjahres sein.

kann. Moral entsteht im „Kleinen“ und kann dann erst im „Großen“ wirken. Die bloße Beschwörung der politischen Moral genügt nicht, ja verdunkelt den Blick für die Einsicht, daß es hier nicht um eine „Bereichsmoral“ für die Politik im Sinne der Staatswillensbildung oder gar nur für die „Großkopferten“ geht, sondern daß es sich um eine öffentliche und private Moral umfassende Lebensform handelt. Heute hat nicht einmal die Behauptung Evidenz für sich, daß menschliches Zusammenleben überhaupt auf *Tugenden* und *Standards* angewiesen ist, die über bloße individuelle Nutzen-, Gewinn- und Luststeigerung hinausgehen und so erst Mitmenschlichkeit ermöglichen: Einpflanzung, Vermittlung und Einübung dieser Tugenden und Standards der *Solidarität* bedürfen des *persönlichen Vorbilds* in Familie, Schule, Kirche, dann auch in Parteien und Medien.[24]

IV. Das Szenario der Kritik und der Reform

1. Die Kritik

Ergebnisse der empirischen Meinungsforschung der Endachtzigerjahre interpretierend, stellt Gerald STOURZH (Vergleich zwischen 1982 und 1987) fest: „Stark zurückgegangen ist die Wertschätzung österreichischer Leistungen auf dem Gebiet des Sports, und – geradezu herausragend – vor allem der Staatspolitik (von 72% auf 27% gesunken!). Hier zeigt sich, daß die Achtzigerjahre, politisch gesehen, das schwierigste, um nicht zu sagen, belastendste Jahrzehnt in der Geschichte der Zweiten Republik gewesen sind.“[25]

Die oben skizzierte *Individualisierung* und *Pluralisierung* der Bevölkerung und in ihr der Wählerschaft trifft gerade die *Großparteien,* zwingt sie zu immer neuen Themen und Personenangeboten, um die schrumpfenden „Kerne“ mit wachsenden „Rändern“ zu umgeben, wobei die immer noch beachtlichen „Kerne“ nicht verlorengehen dürfen, wie es der Labour Party in nicht unbeträchtlichem Maße passierte. Unüberhörbar ist der Ruf nach *Entparteilichung,* ja Entpolitisierung von Lebensbereichen, unübersehbar das ratlose Ausweichen in *symbolische Politik.* Erst in den letzten Jahren wurde deutlich, daß Kritik und Veränderung in analoger Weise auch die *Verbände* trifft. Von Kommentatoren der politischen Szene wird die Pluralisierung des österreichischen Parteiensystems im allgemeinen begrüßt, man erhofft sich mehr Dynamik, Innovation und Kontrolle. Freilich sollte man jene Errungenschaften der Zweiten Republik, die mit dem Abstieg der

24. Nicht Leitartikel, nicht Festreden, auch nicht philosophische Traktate allein können dauerhaft und allgemein Tugenden verankern: *Sozialisation* und *Enkulturation* beginnen früh in Kindheit und Jugend, ihr traditioneller Ort ist die Familie, deren Krise gerade hier bittere Konsequenzen hat.

25. STOURZH, Reich, 110 (Anm. 14).

Großparteien schwächer werden, nicht geringschätzen: Stabilität und Integration. Die Veränderung des Parteiensystems hat ihre politischen Kosten. Sind Vielparteiensysteme wie Italien, Israel und die Niederlande wirklich ideal?

Das Bild der *Politiker* in der öffentlichen Meinung war nie besonders gut, in den letzten Jahren hat es sich weiter verschlechtert. „Politikerverdrossenheit“ – gespeist aus edlen und weniger edlen Motiven, aus berechtigten und unberechtigten Vorwürfen – richtet sich in einer „negativen“ personalistischen Reduktion von Problemkomplexität als Sündenbockfixierung vor allem gegen die Politiker der Großparteien, die sich ja lange Zeit konkurrenzlos als Gemeinwohlgaranten präsentiert haben. Uwe THAYSEN spricht plastisch von einer „Repräsentationslücke“[26] zwischen Bürgern und Politikern, die nun neue Gruppen mit neuen Themen, Personen und Politikformen zu füllen trachten. Die Bereitschaft zu unkonventionellen Partizipationsformen zeigt die Veränderung des Politikbezugs auf, freilich österreichisch gedämpft:

Tabelle 2: Bereitschaft zu unkonventionellen Partizipationsformen (Österreich 1989):

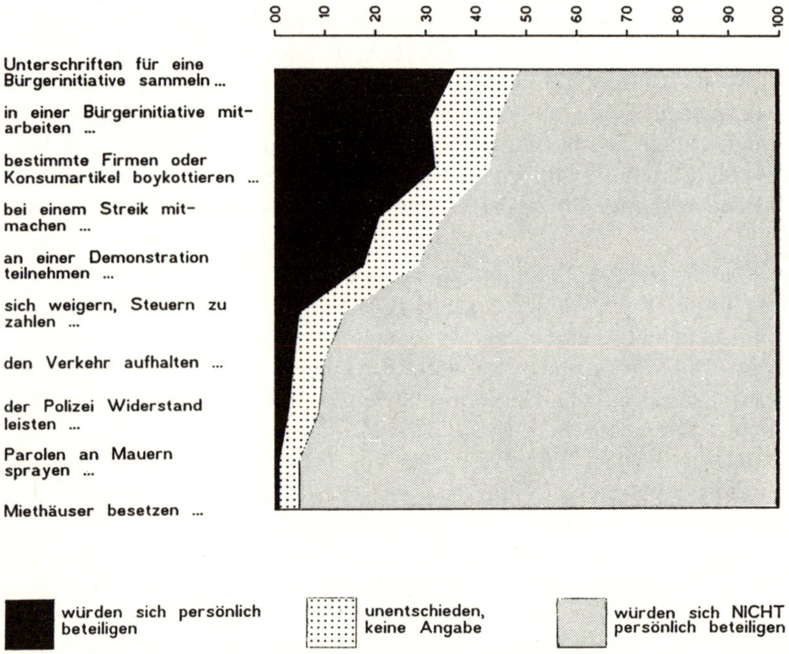

Quelle: Fritz PLASSER/Peter A. ULRAM: Polit. Kultur im internationalen Vergleich. Projektbericht: Österreich. Wien 1989, 26.

26. Uwe THAYSEN: Bürgerinitiativen, Parlamente und Parteien in der Bundesrepublik. In: Zeitschrift f. Parlamentsfragen, 9 (1978), 92.

In Großkollektiven ist die individuelle *Partizipationschance* nicht sehr groß. Glaubwürdigkeitsverluste treten auf infolge unsanktionierter Korruptionsfälle, gleichheitswidriger Patronage und Protektion, ungerechter Parteibuchwirtschaft bei Vergabe von Aufträgen, Förderungen, Wohnungen, Positionen im öffentlichen Dienst und in der Verstaatlichten Industrie. Negativpunkte sind auch Privilegien der Berufspolitiker, Verschwendung und Bürokratisierung der Parteiarbeit, wobei andererseits die Parteien manchmal sogar ein großes Professionalitätsdefizit aufweisen, das sie an langfristiger politischer Planung hindert und sie auf die Bürokratien des Staates und der Verbände verweist. So fällt es schwer, Linie zu entwickeln und Linie zu halten.

Der *lebensweltliche Stellenwert* der Parteien ist kleiner geworden als in der Wiederaufbauzeit. Es ist so etwas wie eine *politische Säkularisierung*[27] eingetreten: Politik erscheint dem Österreicher nicht sehr wichtig und aufregend. Das private Wohlergehen, die Freizeit- und Urlaubsgestaltung lassen Politik doch recht „exzentrisch" erscheinen. Die neuen Mittelschichten, die Jugend, die Gebildeten und Erfolgreichen glauben auf Politik bei der Entwicklung ihres Lebens verzichten zu können. Warum etwa soll eine berufstätige fünfunddreißigjährige Frau zu einer Partei gehen? Parteimitgliedschaft wird immer weniger Alltagspräferenz.

Partizipationswünsche lassen sich heute direkter und erlebbarer in Klubs, Vereinen und informellen Freundeskreisen erfüllen als in den (Groß-)Parteien. Das *Serviceangebot* der Parteien (gesellige Abende, Ausflüge, Ferienaktionen, Sportarrangements) – von Senioren noch dankbar angenommen – wirkt für die jüngere Wohlstandsgeneration altmodisch und kleinkariert. Eine entpolitisierte Discokultur führt ja auf Dauer auch eher weg von den Parteien. Sonstige Serviceleistungen (Beratung und Intervention) stoßen auf ein „undankbares" Publikum, das dieses Angebot zwar annimmt und benützt, aber nicht mit Parteitreue und Mitarbeit belohnt.

Emotionelle Bindungen an eine Partei verlieren sich im neuen Lebensgefühl („dealignment"). Diese Demotivierung schlägt sich nieder in Wahlenthaltungen, ungültiger Stimmabgabe, später Wahlentscheidung („late decision") und im Wechsel der Partei. Die Nichtwähler sind im Bund schon die drittgrößte „Partei" (bei der Nationalratswahl 1990 lagen sie mit 16,78% noch vor den 16,6% der FPÖ).

Politik wird zum „Movie", wird über die *Medien* transportiert. Das bedeutet vor allem *Personalisierung* der Politik. In der Arena des Fernsehens reüssieren Personen, die Lockerheit, Natürlichkeit, Kompetenz und Sicherheit in abbildbarer „Leibhaftigkeit" verkörpern. Wer nicht über die Erfolgsrampe des Fernsehens kommt, darf nicht hoffen, Stimmengewinn, Integration und Motivierung zu erzielen, und das alles ist notwendig, um Pluralismus über die Person des Spitzenpolitikers zumindest für einige Zeit zu bündeln.

27. Peter A. ULRAM: Hegemonie und Erosion. Polit. Kultur und polit. Wandel in Österreich. Wien-Köln-Graz 1990, 22–28.

Wenig erhebend wäre das Entstehen eines neuen *aufgeklärten Absolutismus*, in dem populistisch agierende, durch direkte Volkswahl legitimierte Spitzenpolitiker die Politik mit ihren „Chefbeamten" gestalten. Dies wäre mit dem Autonomiebewußtsein des modernen Subjekts unvereinbar, wenn, ja wenn sich dieses nicht am Ende in eine neue Unmündigkeit fallen ließe. Bei allem für die Demokratie unerläßlichen Grundvertrauen in den urteilsstarken „common sense" des zeitgenössischen Bürgers bleibt da ein ungemütlicher Rest an sorgenvoller Ungewißheit.

2. *Die Reform*

Die Zweite Republik notiert heute auf der Meinungsbörse unter ihrem Wert. Dieser Wert besteht nicht nur aus ihren historischen Verdiensten, ja ihrer „Größe", sondern auch darin, daß sie noch solide Reserven hat, um sich weiterzuentwickeln und zu erneuern, in jener „dynamischen Stabilisierung"[28], die man *Reform* nennt. Nicht Nabelschau, nicht Status quo-Stocherei, nicht krampfhafte Harmonie, nicht lähmender Konformismus helfen weiter, sondern die Bereitschaft, die Produktivität des Konflikts in einem durchaus „kreativen Milieu" zu akzeptieren sowie voneinander, miteinander und von den anderen (den „Nichtösterreichern") zu lernen. Die *Rundfunkreform* 1967 (partizipatorisch durch das erste Volksbegehren der österreichischen Geschichte 1964 initiiert) ist ein gelungenes Beispiel der Reformbereitschaft und -fähigkeit der Zweiten Republik. Die *Grundrechtsreform* ist freilich ein Beispiel des Nichtgelingens.

Die *Reformpalette* ist groß und muß groß sein: Sie reicht von der *Staatsreform* (Aufgabenkritik, Kompetenzverteilung, neue Gewaltenteilung, direkte Demokratie/Partizipation, Kontrolle, Parlamentsreform, Verwaltungsreform), über *Parteien-* und *Verbändereform* sowie die Reform der *Mentalitäten* (Liberalität und Solidarität) bis zur *Strukturreform* von Wirtschaft und Umweltgestaltung. Wenn es auch in Wahrheit keine „Schlüsselfrage" als alleinige Reformaufgabe gibt, so hat nicht zuletzt der Wahlerfolg Thomas KLESTILs bei der Bundespräsidentenwahl v. 24. Mai 1992 gezeigt, daß Fragen der *Wahlrechts-* und der *Parteienreform* ganz besonders im Scheinwerferkegel der öffentlichen Aufmerksamkeit stehen. Die „Erfolgsformel" lautet plakativ: Der relativ parteiferne Politiker als Persönlichkeit mit Aura, Atmosphäre und Ausstrahlung, aber bei fortbestehendem Parteihintergrund, hält die Stammwähler, gewinnt Wechselwähler, wodurch die „Lager" und die „Hochburgen" noch mehr relativiert werden. Daß dabei das Amt des *Bundespräsidenten*[29] überschätzt wird, ändert den Befund wenig.

28. Christian Graf v. KROCKOW: Reform als polit. Prinzip. München 1976, 23.

29. Ich teile die Zurückhaltung jener Autoren, die mit verschiedener Intensität ein nüchternes bis skeptisches Bild des republikanischen Staatsoberhaupts zeichnen: Klaus BERCHTOLD: Der Bundespräsident. Eine Untersuchung zur Verfassungstheorie und zum österr. Verfassungsrecht. Wien-New York 1969. – Peter PERNTHALER: Das Staatsoberhaupt in der parlamentarischen Demokratie. In: Veröffentlichungen der Vereinigung der Deutschen Staatsrechtslehrer. H. 25.

In nächster Zukunft werden die Rufe nach *Personalisierung* und nach realem Einfluß der Bürger auf die Bestimmung von Abgeordneten und sonstigen Amtsinhabern (Direktwahl der Bürgermeister, bereits in Kärnten und Tirol eingeführt) in Wahlrechtsdebatten ihren Fokus finden (Kandidaten-Hearings, Vorwahlen, kleine Wahlkreise, Stimmensplitting, Vorzugsstimmen). Sozialwissenschafter neigen in ihrer begreiflichen Furcht vor dem „starken Mann" dazu, die Tatsache zu vernachlässigen, daß auch ein demokratisch-rechtsstaatliches System überwiegend rationaler Legitimierung und Ausprägung nicht nur aus Institutionen, Normen und Verfahren besteht, sondern auch glaubwürdige und leistungsstarke *Persönlichkeiten* braucht, wobei der Plural zu betonen ist. Dennoch sollte das Wort Karl RENNERs nicht überhört werden, der am 8. September 1915 in der „Arbeiter-Zeitung" geschrieben hat: „Es ist ein schwerer Mangel unserer ganzen österreichischen Geistigkeit, daß wir zu viel persönlich, zu wenig in Maßregeln, gar nicht in Einrichtungen denken. Immer bereit, Personen zu lobhudeln oder zu schmähen, dringen wir in das Gebiet nicht vor, wo die Politik erst beginnt, in das Reich der Einrichtungen."[30] Wie bei jeder Reform, geht es um eine Optimierung durch Kombination der genannten Alternativen.

Die Bürger dieses Landes wollen mehr *parteifreie* Politik, ja mehr *politikfreie* Räume überhaupt, neue Privatheit, neue gesellschaftliche Selbstorganisation. *Liberalisierungsvorgänge* im umfassenden Sinn stehen auf der Tagesordnung. Das läuft unter den Parolen der Bescheidung, Entschlakkung und Abrüstung. Jedenfalls wird ein weitgehender Rückzug der Parteien aus *Wirtschaft, Arbeitsplatz-* und *Wohnungsvergabe* gefordert. An die Stelle parteipolitischer Einflußnahme sollen andere Zuteilungskriterien für soziale Positionen treten, die auch nicht immer unproblematisch sind, aber als gerechter denn der Zugriff der Parteien empfunden werden. Es geht um *Ausschreibungen, Hearings,* also um *Objektivierungs-* und *Rationalisierungs*bemühungen, wie wir sie aus dem *angelsächsischen* Raum, aber auch aus dem *universitären* Rekrutierungsverfahren kennen. Ich kann mir nicht vorstellen, daß die parteipolitische Zusammensetzung der *kollegialen Schulbehörden* gem. Art. 81 a B-VG (erst auf dem Höhepunkt des Proporzdenkens 1962 in die Bundesverfassung eingefügt!) weiterhin beibehalten werden kann.

Abbau der Parteienmacht bedeutet selbstverständlich *Machtverlust,* aber doch auch Abwerfen von *Ballast,* eine *Revitalisierung* und *Repolitisierung* der Parteien selbst. Von Zeit zu Zeit müssen sich auch die Parteien einen Ruck zur *„Verwesentlichung"* geben. Es ist wirklich die Frage, ob Politiker bei jedem Schnapserturnier und bei jeder Balleröffnung dabei sein müssen. Der ehemalige deutsche Bundeskanzler Helmut SCHMIDT hat

Berlin 1967, 95–208. – Am dezidiertesten mehrmals Manfried WELAN, zuletzt: Der Bundespräsident. Kein Kaiser in der Republik. Wien-Köln-Graz 1992.

30. Karl RENNER: Oesterreichs Erneuerung. Polit.-programmatische Aufsätze. Wien 1916, 78.

einmal so etwas wie ein *„politikfreies Wochenende"* pro Monat angeregt. Ich halte auch die Reflexionsruhe von weltlichen (und durchaus auch spirituellen) *Politikerexerzitien* für kraftspendend. Jeder von uns kennt den Politiker, der mit zitternder Hand das Glas nimmt, eine Zigarette nach der anderen raucht und nur mehr vorgestanzte Formeln aus dem Mund bringt.

Wir müssen uns im klaren sein, daß, wie immer die Entwicklung läuft, von den *europäischen Transformationsprozessen* (EG-Dynamik, postkommunistische Umgestaltung Ostmitteleuropas und Osteuropas) ein weiterer Reformdruck ausgeht, um Österreichs politisches System aktionsfähig zu erhalten. Dann könnte das stark pluralisierte politische System nach einem Muster funktionieren, das ich *„offenes Kapillarsystem"* nenne, in dem es (am besten nicht zu viele) *Parteien,* eben auch *Großparteien,* gibt, die das kontinuierliche politische Geschäft in einem belebten Parlament besorgen, daneben *Verbände,* die von einem universellen Machtanspruch auf berufliche und wirtschaftliche Interessenvertretung zurückgestuft wurden, und eine *politische Umwelt* von *Bürgeraktivitäten,* die sich von Fall zu Fall mittels durchlässiger Kapillare Geltung verschaffen. Deshalb kann sich kein politisches System auf Dauer „Gefäßstörungen" leisten. Die Binnenstruktur der Parteien sollte stärker in die Richtung von *Bürger-* und *Clubparteien* gehen (wie schon jetzt die Demokraten im Staate New York). Österreichische Ansätze liegen in der *Modellarbeit* der Parteien. Die alte *Sektion* dürfte wegsterben. Die Parteien müßten sich über ihre Kernschichten und traditionell einflußreichen Gruppen hinaus offenhalten für neue Personen („Quereinsteiger"), neue Themen und neue Formen der Politik, ohne sie gleich besetzen und inhalieren zu wollen.

V. Der Wandel

So sehr die dramatischen *Veränderungen* der Welt, nicht nur Europas,[31] seit 1989 die Österreicher bewegen, so wenig wird der historisch-politische *Wandel* auch in diesem Land selbst mit all seiner Ungewißheit als eine Rückkehr zur *Labilität* der *Ersten Republik* erlebt. Liegt nicht gerade darin ein Indiz für die Stärke der *Zweiten Republik?* Auch wenn ihr manches *Gegenbild* entgegengehalten wird, rückwärtsgewandt etwa *„Wien um 1900"*, als Zukunftsprognose ihr baldiger Übergang in die *Dritte Republik.* Für Österreich ist der *„Zeitenbruch"*, der in einem solchen Zählvorgang seinen Ausdruck fände, noch nicht gekommen, obwohl die Chiffre immer häufiger in den politischen Diskussionen auftaucht. Ich halte den Anbruch der Dritten Republik erst mit dem vollzogenen *EG-Beitritt* und den damit verbundenen Änderungen der Legitimitäts- und Legalitätsgrundlagen für gegeben, einer Gesamtänderung der Bundesverfassung, die gem. Art. 44

31. Vgl. Wolfgang MANTL (Hg.): Die neue Architektur Europas. Reflexionen in einer bedrohten Welt. Wien-Köln-Graz 1991.

(3) B-VG eine Volksabstimmung erfordert – einer Politik- und Rechtslage, die weit über das hinausgeht, was vergleichsweise bescheiden vor 40 Jahren mit dem Erkenntnis des Verfassungsgerichtshofs Slg. 2455/1952 als Thema „Gesamtänderung" angeschnitten wurde. Politisch mag auch eine Preisgabe der *Konkordanzdemokratie* in Rechtserzeugung und Sozialpartnerschaft jene tiefe Kerbe bedeuten, die mehr als beiläufig und metaphorisch von Dritter Republik zu sprechen rechtfertigen würde.

Diese terminologischen Debatten markieren nur den Extrempunkt des Wandels; die *Herausforderungen* der Zweiten Republik sind groß genug: *Wirtschaft* (Exportorientierung, Transit, Fremdenverkehr, Landwirtschaft), *Umwelt, demographische* Entwicklung der Bevölkerung, die *nationalen Turbulenzen* im postkommunistischen Europa (zum Teil in unmittelbarer Nachbarschaft Österreichs) als sicherheitspolitisches Problem und die *Flucht-* und *Wanderungsströme* von Ost nach West und zunehmend auch von Süd nach Nord.

Oft unausgesprochen werden die politischen Diskussionen in Österreich von drei *Reformparadigmen* gespeist:

a) *Modernisierung:* Programm der Großen Koalition von SPÖ und ÖVP, Fortsetzung des pragmatischen, wachstumsorientierten Weges der Zweiten Republik auf der Grundlage eines konzentrierten Parteiensystems und der Sozialpartnerschaft mit Zielrichtung EG-Mitgliedschaft und – damit verbunden – „Liberalisierung" weiterer Lebensbereiche;

b) *Schweizer Modell:* namentlich in den siebziger und achtziger Jahren in den Bundesländern als Programm des forcierten Föderalismus und der Konkordanzdemokratie mit direktdemokratischen Elementen wirksam;

c) *Mitteleuropa:* (unter Einschluß der Leuchtkraft von „Wien um 1900") als kulturelles Programm.

Modernisierung und *Schweizer Modell* sind politisch-wirtschaftliche Konzepte, die gerade angesichts der EG-Dynamik schwer miteinander kompatibel sind, während *Mitteleuropa* (ich widerspreche hier einer gewissen Skepsis politischer Beobachter) als kulturelles Konzept mit den beiden erstgenannten Paradigmen kombinierbar ist (solang es sich nicht „politisch" zu einer neuen „Insel-Idee" auflädt).

Wenn Österreich bei aller Fortentwicklung den Grundideen der Zweiten Republik von *Identität* und *Prosperität* treu bleibt, steht es vor gewaltigen *Aufgaben:*

a) *praktische Konkordanz* einer *universalistischen* Menschheitsmoral (Menschenrechte) mit einer *partikularen* Betroffenheit, also Wegsuche zwischen Kosmopolitismus und Nationalismus jenseits des Kartells der Bequemlichkeit und Angst, der Beharrung und Abwehr;

b) *Europapolitik,* die sich bewußt ist, daß die *EG* der Fokus von Modernität und damit Leistungsstachel und Anstrengungsformel für das übrige Europa ist (nichts zeigt dies mehr als der Andrang der europäischen Staaten zur EG), sie ist seit den Mittachtzigerjahren das Gravitationszentrum Europas, wenn auch Maastricht und die jüngste Volksabstimmung in Dänemark gezeigt haben, daß mit dem Überschreiten der bloß wirtschaftlichen Integration in Richtung auf eine Europäische Union (mit all den schwierigen Fragen der Währungs-, Außen-, Sicherheits-, Sozial- und Umweltpolitik) die Amplitude der Konflikte weit größer ist, als der Optimismus der letzten Jahre vermuten ließ;

c) *Nachbarschaftspolitik* in ihrer internationalen und transnationalen Dimension, ohne Minderwertigkeitskomplex und ohne Präpotenz, entkrampft im Umgang mit den ostmitteleuropäischen Nachbarn, aber auch mit Deutschland, der Schweiz und Italien;

d) *soziopolitisches Laboratorium,* das den postkommunistischen Reformstaaten ohne aufdringliche „Brücken"-Phraseologie „Erfahrungshilfe" aus einem schwierigen Jahrhundert anbieten kann;

e) *gute Dienste* auch nach wie vor im UNO-Rahmen. Gerade der Kleine, machtpolitisch Schwache muß mit klarer und lauter Stimme für Recht und Gerechtigkeit in der Völkergemeinschaft eintreten (Recht als Ressource auch in Situationen materieller Knappheit; der sozialdarwinistische Zugriff des Stärkeren muß erschwert, verhindert werden).

Vor 25 Jahren gaben Erhard BUSEK und Meinrad PETERLIK als Beitrag zu einem „Österreich ohne Phrase" einen Sammelband zur Verbesserung des politischen Profils dieses Landes unter dem mahnenden Titel „Die unvollendete Republik" heraus, um die österreichische Demokratie stärker mit republikanischem Inhalt zu erfüllen.[32] Ähnliche Bücher folgten. Diese Aufgabe ist immer noch gestellt. Gerade ein kleines Land braucht einen weiten Horizont. Österreich lebt von der Partizipation seiner *Bürger,* von der Effizienz und dem Amtsethos seiner *Politiker* und *Beamten,* nicht jedoch dauerhaft von *Mythen* („starke Männer", Staatsvertrag, Neutralität). Historisch wichtige, aber auch historisch variable Phänomene wie die *Neutralität*[33] dürfen nicht hypostasiert, nicht zur Fluchtformel vor Modernität und Verantwortung, nicht zum „Deckblatt" für Absentismus werden, als bloße „formule magique" können weder Staatsvertrag noch Neutralität Österreichs Identität und Sicherheit auf längere Sicht bewahren helfen. 1992 wurde dies alles unausweichlich zum Thema, da die anderen europä-

32. Erhard BUSEK/Meinrad PETERLIK (Hg.): Die unvollendete Republik. Wien 1968. – In einer einleitenden Umfrage „Zur Situation der Republik" sammelten sie Antworten von 22 damals jungen Intellektuellen, die fast alle in den dreißiger Jahren geboren waren und die fast alle heute noch als Wissenschafter, Politiker, Journalisten und Beamte in diesem Land und für dieses Land tätig sind. Die Liste beginnt mit Gerhart BRUCKMANN und endet mit Manfried WELAN, dazwischen finden sich unter anderen Fritz CSOKLICH, Hubert FEICHTLBAUER, Heinz FISCHER, Peter JANKOWITSCH, Egon MATZNER, Anton PELINKA, Gerfried SPERL und Werner VOGT.

33. Der österreichische Meinungspluralismus in der Beurteilung der Neutralität wird neuestens abgebildet in: Herbert KREJCI/Erich REITER/Heinrich SCHNEIDER (Hg.): Neutralität. Mythos und Wirklichkeit. Wien 1992.

ischen Neutralen (Schweiz, Schweden, Finnland) in unglaublicher Rasanz ihre europäische Positionierung veränderten: nach der EG-Dynamik und dem Zusammenbruch des Kommunismus die *dritte* große exogene Herausforderung für Österreich in wenigen Jahren.

Abschiede sind immer auch Anfänge. Unser in der Zweiten Republik gewonnenes *Selbstvertrauen* sollte uns ermuntern und ermutigen, die Stunde des Aufbruchs in eine neue Gründerzeit und zu neuen Qualitäten nicht zu verschlafen, zumal dort, wo ein kleines Land auch heute noch *Eigenständiges* zustandebringen kann: in Kultur, Kunst, Wissenschaft, Lebensqualität, Umweltgestaltung. Und bei der Wissenschaft geht es nicht nur – wie viele fürchten – um angewandte Disziplinen, sondern auch um Grundlagenforschung[34] sowie um die Geistes- und Sozialwissenschaften, die für das Leben, Zusammenleben und Überleben der Menschen ebenso wichtig sind wie Naturwissenschaften, Technik und Medizin.

Totalitäre Systeme wähnen sich im Besitz eines sicheren Wissens über die Wahrheit der Geschichte und die Zukunft der Menschheit. Die Zweite Republik Österreichs als demokratischer, pluralistischer Staat ist viel „unwissender", aber auch offener, das bedeutet jedoch letztlich auch lern- und wandlungsfähiger. Demokratische Politik sollte trotz aller Vorsicht und Ungewißheit nichts Ängstliches, Engherziges sein, sondern ganz im Gegenteil schöpferisches Tun, in dem sich die Republik stets von neuem „konstituiert". Bei der erwähnten Umfrage BUSEKs und PETERLIKs zur Lage der Republik schrieb Peter JANKOWITSCH mit auch heute unverblichener Eindringlichkeit: „Die Republik Österreich ist also auch Ausdruck eines zeitgemäßen Lebensideals der europäischen Völker, Teil ihrer demokratischen Gemeinschaft. Ein Teil ihrer Aufgabe ist es daher auch, zusammen mit den anderen Völkern des demokratischen Europa die Faszination und Lebenskraft der Demokratie immer wieder zu beweisen."[35]

34. Dazu lapidar Manfred PRISCHING: Wirtschaftstheoretische Aspekte von Bildung und Wissenschaft. In: Kurt FREISITZER/Walter HÖFLECHNER/ Hans-Ludwig HOLZER/Wolfgang MANTL (Hg.): Tradition und Herausforderung. 400 Jahre Universität Graz. Graz 1985, 657: „. . . Grundlagenforschung ist nicht nur in einem allgemeinen Sinne ‚nützlich'; es läßt sich wissenschaftsgeschichtlich zeigen, daß gerade die wichtigsten praktischen Ergebnisse aus Projekten resultieren, die auf ‚reine Erkenntnis' gerichtet waren."

35. Peter JANKOWITSCH am Ende seiner Antwort auf die Frage „Vor 50 Jahren wurde Österreich Republik. Was verbinden Sie heute mit dem Begriff ‚Republik Österreich'?" In: BUSEK/PETERLIK, Republik, 13 (Anm. 32).

Die Autoren

Alfred Ableitinger

Geb. 1938 in Oberhausen/Deutschland; Studium der Geschichte an der Universität Graz, 1964 Promotion zum Dr. phil., 1966–1977 Assistent am Institut für Geschichte, 1974 Habilitation für Allgemeine neuere Geschichte, seit 1977 Extraordinarius am Institut für Geschichte der Universität Graz.

Wichtigste Veröffentlichungen: Ernest von Koerber und das Verfassungsproblem im Jahr 1900. Österreichische Nationalitäten- und Innenpolitik zwischen Konstitutionalismus, Parlamentarismus und oktroyiertem allgemeinen Wahlrecht, 1973; Demokratisierung und Verfassung in den Ländern 1918–1920, 1983 (Hg.).

Rudolf Bretschneider

Geb. 1944 in Wien; Studium der Psychologie, Germanistik und Leibesübungen an der Universität Wien, 1969 Promotion zum Dr. phil.; seit 1965 Markt- und Sozialforscher beim Fessel + GfK-Institut, zur Zeit Geschäftsführer und Leiter der Abteilung für Sozialforschung, Lehrbeauftragter an der Universität Wien, seit 1989 National Representative bei der European Society for Opinion and Marketing Research (ESOMAR).

Wichtigste Veröffentlichungen: Konsumentenschutz im Öffentlichen Recht (Hg. mit Bernd Schilcher), 1984; Flexible Arbeitszeiten, 1985 (mit Rupert Dollinger/Joachim Lamel/Peter A. Ulram); National Cultures and International Research: A Central European Contribution, 1991; seit 1986 Herausgeber: „Wiener Journal" („NÖ Journal", „Salzburger Journal", „Grazer Journal").

Ernst Bruckmüller

Geb. 1945 in St. Leonhard am Forst/NÖ; Studium der Geschichte und Germanistik an der Universität Wien; 1963 Promotion zum Dr. phil.; Assistent am Institut für Wirtschafts- und Sozialgeschichte der Universität Wien, 1976 Habilitation für Wirtschafts- und Sozialgeschichte, seit 1979 Extraordinarius am Institut für Wirtschafts- und Sozialgeschichte der Universität Wien, seit April 1991 Vorsitzender des Instituts für Österreichkunde.

Wichtigste Veröffentlichungen: Landwirtschaftliche Organisation und gesellschaftliche Modernisierung. Vereine, Genossenschaften und politische Mobilisierung der Landwirtschaft Österreichs vom Vormärz bis 1914, 1977; Nation Österreich. Sozialhistorische Aspekte ihrer Entwicklung, 1984; Sozialgeschichte Österreichs, 1985.

Erhard Busek

Geb. 1941 in Wien; Studium der Rechte an der Universität Wien; 1963 Promotion zum Dr. iur.; 1964–1968 Zweiter Klubsekretär der ÖVP im Parlament, Engagement im Österreichischen Wirtschaftsbund: 1972–1976 Generalsekretär, seit 1977 Vizepräsident; 1975/1976 Generalsekretär der Österreichischen Volkspartei (ÖVP); 1975–1978 Abgeordneter zum Nationalrat, 1975–1979 Wissenschaftssprecher der ÖVP, 1975–1989 Kultursprecher der ÖVP, 1976–1989 Landesparteiobmann der Wiener Volkspartei, 1976–1978 und 1987–1989 Stadtrat in Wien, 1978–1987 Vizebürgermeister von Wien, 1979–1989 Präsident der Österreichischen Forschungsgemeinschaft; seit 1989 Bundesminister für Wissenschaft und Forschung, seit Juli 1991 Vizekanzler der Republik Österreich und Bundesparteiobmann der ÖVP.

Wichtigste Veröffentlichungen: Die unvollendete Republik 1968 (Hg. mit Meinrad Peterlik); Demokratiekritik – Demokratiereform, 1968 (mit Gerhard Wilflinger); Urbanisierung, 1970 (mit mehreren Autoren); Qualitative Marktwirtschaft, 1975 (mit Christian Festa/Inge Görner); Wien – ein bürgerliches Credo, 1978; Mut zum aufrechten Gang, 1983; Sprache und Phantasie, 1984 (Hg. mit Meinrad Peterlik); Projekt Mitteleuropa, 1986 (mit Emil Brix); Wissenschaft und Freiheit. Ideen zur Universität und Universalität (Hg. mit Wolfgang Mantl/Meinrad Peterlik), 1989.

Veronika Cortolezis-Csoklich

Geb. 1963 in Graz; 1981–1989 Studium der Rechtswissenschaften an der Universität Graz, 1989 Sponsion zur Mag.iur., 1985–1989 Studienassistentin, 1989–1991 Assistentin am Institut für Öffentliches Recht, Politikwissenschaft und Verwaltungslehre der Universität Graz, 1991–1992 Visiting Scholar am Institute of Governmental Studies der University of California in Berkeley/Cal., USA.

Wichtigste Veröffentlichungen: Die neuesten Auseinandersetzungen um den Totalitarismusbegriff (Rechtswiss. Diplomarbeit), 1989; Direkte Demokratie in Gliedstaaten. Eine vergleichende Untersuchung des österreichischen Bundeslandes Steiermark und des amerikanischen Bundesstaates Kalifornien (Rechtswiss. Diss.; in Ausarbeitung).

Hubert Feichtlbauer

Geb. 1932 in Obernberg am Inn/OÖ; Studium Dolmetsch für Englisch und Staatswissenschaften an der Universität Wien und St. Louis University, St. Louis/Miss., USA, 1955 Promotion zum Dr. rer. pol. und Diplom-Dolmetsch, journalistische Tätigkeit bei „Rieder Volkszeitung", „Linzer Volksblatt“, „Salzburger Nachrichten“, „Wochenpresse“, „Kurier“, Chefredakteur der „Furche“, freier Mitarbeiter des ORF, Leiter der Presseabteilung der Bundeswirtschaftskammer.

Wichtigste Veröffentlichungen: Demokratiereform, 1969 (mit mehreren Autoren); Der Computer macht's möglich, 1978; Brauchen wir ein neues Konzil?, 1987; Frieden und Gesellschaftsordnung, 1988; Wie Völker miteinander umgehen, 1988.

Heinz Fischer

Geb. 1938 in Graz; Studium der Rechte an der Universität Wien, 1965 Promotion zum Dr. iur., seit 1971 Abgeordneter zum Nationalrat (SPÖ), 1978 Habilitation für Parlamentsrecht und Politikwissenschaft an der Universität Innsbruck, 1983–1987 Bundesminister für Wissenschaft und Forschung, seit November 1990 Präsident des Nationalrates.

Wichtigste Veröffentlichungen: Einer im Vordergrund. Taras Borodajkewycz. Eine Dokumentation, 1966 (Hg.); Kommentar zur Geschäftsordnung des Nationalrates samt Unvereinbarkeitsgesetz, 1968, 2.A. 1982 (mit Wilhelm F. Czerny); Texte zur österreichischen Verfassungsgeschichte, 1970 (mit Gerhard Silvestri); Das politische System Österreichs, 1974, 3. ergänzte Auflage 1982; Forschungspolitik für die 90er Jahre, 1985 (Hg.).

Friedhelm Frischenschlager

Geb. 1943 in Salzburg; Studium der Rechte an der Universität Wien, 1969 Promotion zum Dr. iur., seitdem Assistent, bis 1971 am Institut für Völkerrecht und Öffentliches Recht, ab 1971 am Institut für Politikwissenschaft der Universität Salzburg. 1969/70 Stellvertretender Vorsitzender im Zentralausschuß der ÖH, 1972–1977 Gemeinderat und Mitglied des Stadtsenats von Salzburg. 1977–1983 und wieder seit 1986 Abgeordneter zum Nationalrat (FPÖ), Wissenschafts-, Verfassungs-, Verteidigungs- und außenpolitischer Sprecher, 1983–1987 Bundesminister für Landesverteidigung, 1980–1983 Mitglied der Parlamentarischen Versammlung des Europarates.

Wichtigste Veröffentlichung: Liberalismus in Europa, Wien 1984 (mit Erich Reiter).

Bernd-Christian Funk

Geb. 1943 in Trofaiach/Steiermark; Studium der Rechte und Wirtschaftspädagogik an der Universität Wien und an der Wirtschaftsuniversität Wien, 1968 Promotion zum Dr. iur., 1971 Lehramtsprüfung für die Fächer Volkswirtschaftslehre, kaufmännische Rechtslehre und Bürgerkunde; 1974–1978 in der Bundeswirtschaftskammer (Begutachtung von Gesetzesentwürfen, Gesetzesverhandlungen und Rechtsberatung), 1974 Habilitation für Österreichisches Verfassungs- und Verwaltungsrecht, seit 1978 Ordinarius für Öffentliches Recht an der Universität Graz, seit 1980 Vorstandsmitglied der Studiengesellschaft für Recht und Wirtschaft, 1985–1987 Vorsitzender des Beschwerdeausschusses der Ärztekammer für Steiermark, seit 1989 Mitglied der Expertengruppe beim Bundeskanzleramt für Fragen der Neuordnung der bundesstaatlichen Kompetenzverteilung, seit 1990 Mitglied der Kommission beim Bundesministerium für Inneres zur Prüfung des Umfanges der Auskunftspflicht in staatspolizeilichen Angelegenheiten.

Wichtigste Veröffentlichungen: Der verfahrensfreie Verwaltungsakt. Die „faktische Amtshandlung“ in Praxis und Lehre. Eine Integration von Ordnungsvorstellungen auf dem Gebiete des Verwaltungsaktes, 1975; Der Verwaltungsakt im österreichischen Rechtssystem. Eine ideengeschichtliche, funktionstheoretische und rechtssystematische Untersuchung mit Ausblick auf die bundesdeutsche Rechtsordnung, 1978; Wohnungsgemeinnützigkeitsgesetz. Loseblattsammlung und Kommentar, 1979 (Hg. mit Karl Korinek u.a.); Das System der bundesstaatlichen Kompetenzverteilung im Lichte der Verfassungsrechtssprechung, 1980; Verfassungsrechtliche Fragen der Bundeszuständigkeit zur Abwehr gefährlicher Umweltbelastungen, 1984; Österreichisches Verfassungsrecht. Kurzlehrbuch. 3.A., 1985 (mit Ludwig Adamovich); Allgemeines Verwaltungsrecht. Kurzlehrbuch. 3.A., 1987 (mit Ludwig Adamovich); Der Sachverständige im Wirtschaftsleben, 1990; Einführung in das österreichische Verfassungsrecht. Kurzlehrbuch. 7.A., 1991; Die Gewährleistung der persönlichen Freiheit im geltenden Recht (im Druck).

Johann Götschl

Geb. 1939 in Leoben/Steiermark; Ausbildung zum Schweißer, 1964 Externistenmatura, 1964–1971 Studium der Philosophie und Physik an der Universität Graz, 1971 Promotion zum Dr. phil., Assistent, 1979 Habilitation für Philosophie mit besonderer Berücksichtigung der Wissenschaftstheorie, seit 1981 Extraordinarius für Philosophie und Wissenschaftstheorie, Gastprofessor in den U.S.A. (1976, 1984, 1992) und Deutschland (1984, 1987, 1989), Wissenschaftlicher Leiter des Ludwig Boltzmann Institutes für Wissenschaftsforschung, Vorsitzender des Wissenschaftlichen Beirates der Forschungsgesellschaft Joanneum.

Wichtigste Veröffentlichungen: Der Sozialdemokratische Intellektuelle (Hg. mit Christoph Klauser), 1983; Herausforderungen an der Jahrtausendwende (Hg. mit Christoph Klauser), 1986; Wissenschaftlicher Fortschritt und die Bedingungen für Humanitätsgewinn (Hg.), 1988; Erwin Schrödinger's View: The Dynamics of Knowledge and Reality, 1992.

Valentin Inzko

Geb. 1923 in Suetschach im Rosental/Kärnten; Studium der Slawistik und Geschichte an der Universität Graz, 1948 Promotion zum Dr. phil., ab 1949 Unterricht (Slowenisch und Geschichte) an Gymnasien in Klagenfurt, 1960–1968 Obmann des Rates der Kärntner Slowenen, 1963–1988 Fachinspektor für das Bundesgymnasium für Slowenen und Slowenisch an höheren und mittleren Schulen, 1970–1972 Vertreter der Slowenen in der Kärntner Diözesansynode und der Österreichsynode, 1973/1974 Mitarbeiter der Publikationsreihe „Das gemeinsame Kärnten – Skupna Koroška", stellvertretender Vorsitzender des Kärntner Diözesanrates und des Slowenischen Pastoralausschusses, Vertreter der röm.kath. Kirche im Volksgruppenbeirat für Slowenen beim Bundeskanzleramt.

Wichtigste Veröffentlichungen: Koroški Slovenci v evropskem prostoru (Die Kärntner Slowenen im europäischen Raum), 1970; Zgodovina Slovencer do leto 1918 (Geschichte der Slowenen bis 1918), 1978; Wir lernen Slowenisch – Ucimo se slovensko, 1981; Zgodovina Koroških Slovencev od leta 1918 do danes z upoštevanjem vseslovenske zgodovine, 1985; Geschichte der Kärntner Slowenen von 1918 bis zur Gegenwart mit Berücksichtigung der gesamtslowenischen Geschichte, 1988.

Markus Jaroschka

Geb. 1942 in Graz; nach Bäcker- und Kochlehre Externistenmatura, Studium der Philosophie und Mathematik an der Universität Graz, 1977 Promotion zum Dr. phil., 1977–1986 Erwachsenenbildner im Bildungshaus Retzhof/Leibnitz, 1982–1986 Pädagogischer Leiter des Bildungshauses Retzhof, ab 1986 Direktor der Österreichischen Urania für Steiermark in Graz, seit 1978 schriftstellerische Tätigkeit.

Wichtigste Veröffentlichungen: Sprachwechsel, 1980; Die Unruhe in den Sätzen, 1983; Die Grenze des Gesichts, 1990.

Hanns Koren

Geb. 1906 in Köflach/Steiermark, gest. 1985 in Graz; Studium der Germanistik, Geschichte und Volkskunde an der Universität Graz, 1932 Promotion zum Dr. phil. als Hörer Viktor v. Gerambs und erster Student der Fachrichtung Volkskunde; 1932–1936 Assistent und später Leiter am Salzburger Institut für religiöse Volkskunde, 1936 Assistent am steirischen Volkskundemuseum in Graz, 1940–1944 Militärdienst, 1946 Habilitation für Volkskunde, 1951 tit. Extraordinarius, 1955–1972 Ordinarius an der Grazer Universität, 1953–1957 Abgeordneter zum Nationalrat, 1956 Gründung des Steirischen Volksbildungswerkes und erster Obmann, 1957–1963 Landesrat, 1960 Gründung der „Steirischen Akademie", 1962 Gründung des Österreichischen Freilichtmuseums in Stübing, 1963 Gründung des „Trigon", 1963–1970 Landeshauptmannstellvertreter, 1968 Gründung des „Steirischen Herbstes", 1970–1983 Präsident des Steiermärkischen Landtags, 1972–1985 Präsident des Kuratoriums des Landesmuseums Joanneum.

Wichtigste Veröffentlichungen: Die steirischen Joseph-Spiele (Phil.Diss.), 1931; Volksbrauch im Kirchenjahr, 1934; Volkskunde als gläubige Wissenschaft, 1936; Fahrt in die Heimat, 1946; Pflug und Arl. Ein Beitrag zur Volkskunde der Ackergeräte, 1950; Volkskunde in der Gegenwart, 1952; Die Spende. Eine volkstümliche Studie über die Beziehungen „Arme Seelen – arme Leute", 1954; Die Steiermark. Einheit und Eigenart des Landes, 1963; Josef Krainer – 60 Jahre, 1963; Bauernhimmel. Heiligendarstellungen im bäuerlichen Brauchtum, 1974; Momentaufnahmen. Menschen, die mir begegneten, 1975; Nachlese. Bilder und Betrachtungen, 1978; Daheim. Unterhaltliche Erinnerungen, 1980; Wieder daheim, 1984.

Norbert Leser

Geb. 1933 in Oberwart/Burgenland; Studium der Rechte an der Universität Wien, 1958 Promotion zum Dr. iur., 1969 Habilitation für Rechts- und Staatsphilosophie an der Universität Graz, ab 1971 Ordinarius für Politikwissenschaft an der Universität Salzburg, seit 1977 Honorarprofessor für Politikwissenschaft an der Universität Wien. P.E.N.-Club-Mitglied, Vizepräsident des Internationalen Hans-Kelsen-Instituts, ab 1980 Ordinarius für Gesellschaftsphilosophie an der Universität Wien, seit 1989 Leiter des Ludwig-Boltzmann-Institutes für neuere österreichische Geistesgeschichte (Wien-Bregenz).

Wichtigste Veröffentlichungen: Begegnung und Auftrag. Beiträge zur Orientierung im zeitgenössischen Sozialismus, 1963; Zwischen Reformismus und Bolschewismus. Der Austromarxismus als Theorie und Praxis, 1.A. 1968 und 2. A. 1985; Die Odyssee des Marxismus. Auf dem Weg zum

Sozialismus, 1971; Sozialismus zwischen Relativismus und Dogmatismus. Aufsätze im Spannungsfeld von Marx und Kelsen, 1974; . . . mit Österreich verbunden. Burgenlandschicksal 1918–1945, 1975 (mit Richard Berczeller); Als Zaungäste der Politik. Österreichische Zeitgeschichte in Konfrontationen, 1977; Gottes Spuren in Österreich. Mein Verhältnis zum (politischen) Katholizismus, 1978; Marx und Freud als Sozialphilosophen. Studien zur philosophischen Anthropologie, 1980; Grenzgänger. Österreichische Geistesgeschichte in Totenbeschwörungen, Bd. I 1981 und Bd. II 1982; Das geistige Leben Wiens in der Zwischenkriegszeit, Protokoll eines während der Wiener Festwochen 1980 veranstalteten Symposions, 1981 (Hg.); Max Adler – Ausgewählte Schriften, 1983 (Mitherausgeber); Wilhelm Ellenbogen – Ausgewählte Schriften, 1983 (Mitherausgeber); Religion und Kultur an Zeitenwenden. Auf Gottes Spuren in Österreich, 1984 (Hg.); Sozialphilosophie – Vorlesungen zur Einführung, 1984; Genius Austriacus. Beiträge zur politischen Geschichte und Geistesgeschichte Österreichs, 1986; Macht und Gewalt in der Politik und Literatur des 20. Jahrhunderts, 1985;Die Wiener Schule der Nationalökonomie. Schriftenreihe des Ludwig Boltzmann-Institutes für neuere österreichische Geistesgeschichte, 1986; Salz der Gesellschaft. Wesen und Wandel des österreichischen Sozialismus, 1988.

Edwin Loebenstein

Geb. 1911 in Wien; Studium der Rechte an der Universität Wien, 1934 Promotion zum Dr. iur., 18 Jahre Leiter des Verfassungsdienstes im Bundeskanzleramt, 1973–1979 Präsident des Verwaltungsgerichtshofes, ständiger Rechtskonsulent bei verschiedenen staatlichen, halbstaatlichen und privaten Rechtsträgern, Honorarprofessor der Universität Wien für öffentliches Recht.

Wichtigste Veröffentlichungen: Das Nationalsozialistengesetz. Das Verbotsgesetz 1947, 1948 (mit Ludwig Viktor Heller/Leopold Werner); Das Österreichische Recht, 1948 (Hg. mit Alfred Heinl/Stephan Verosta); Kommentar zum Amtshaftungsgesetz, 1951 und Nachtrag (mit Gustav Kaniak); Das österreichische Wahlrecht mit Erläuterungen und einschlägiger Rechtssprechung der Gerichtshöfe des öffentlichen Rechts, 1958 (mit Felix Ermacora); Festschrift Zwanzig Jahre „Das Österreichische Recht", 1969 (Hg.); Wirtschaftspraxis und Rechtswissenschaft. Festschrift für Walther Kastner, 1972 (Hg. mit Johann Mayer u. a.); Die Entwicklung der österreichischen Verwaltungsgerichtsbarkeit. Festschrift zum 100jährigen Bestehen des österreichischen Verwaltungsgerichtshofes, 1976 (Hg. mit Friedrich Lehne/Bruno Schimetschek).

Wolfgang Mantl

Geb. 1939 in Wien; Studium der Rechte an der Universität Wien, 1961 Promotion zum Dr. iur., 1962–1965 Assistent an der Hochschule für Welthandel (heute Wirtschaftsuniversität) Wien, ab 1965 an der Universität Graz, 1974 Habilitation für Allgemeine Staatslehre, Politikwissenschaft und Österreichisches Verfassungsrecht, 1977 Extraordinarius, 1979 Ordinarius für Politikwissenschaft und Verfassungsrecht an der Rechtswissenschaftlichen Fakultät der Universität Graz, 1979–1990 Mitarbeit an der steirischen Verfassungsreform (Landesrechnungshof, Volksrechte, Kontrollinitiative), 1986–1989 Vorsitzender des Wissenschaftlichen Beirats der Österreichischen Forschungsgemeinschaft in Wien, 1990 Vorstand des Instituts für Öffentliches Recht, Politikwissenschaft und Verwaltungslehre der Universität Graz.

Wichtigste Veröffentlichungen: Der österreichische Parteienstaat. Die Rolle und einige Gegenwartsprobleme der Parteien in der österreichischen Demokratie, 1969; Repräsentation und Identität. Demokratie im Konflikt, 1975; Katholisches Soziallexikon, 2.A., 1980 (Hg. mit Alfred Klose/Valentin Zsifkovits); Studien zu Politik und Verwaltung, seit 1981 (Hg. mit Christian Brünner/Manfried Welan); Tradition und Herausforderung. 400 Jahre Universität Graz, 1985 (Hg. mit Kurt Freisitzer/Walter Höflechner/Hans-L. Holzer); Verfassungspolitik. Dokumentation Steiermark, 1985 (mit Christian Brünner/Dietmar Pauger/Reinhard Rack); Nachdenken über Politik. Jenseits des Alltags und diesseits der Utopie, 1985 (Hg. mit Josef Krainer/Manfred Prisching/Michael Steiner); Wien um 1900. Aufbruch in die Moderne, 1986 (Hg. mit Peter Berner/Emil Brix); Wissenschaft und Freiheit. Ideen zur Universität und Universalität, 1989 (Hg. mit Erhard Busek/Meinrad Peterlik); Die neue Architektur Europas. Reflexionen in einer bedrohten Welt, 1991 (Hg.).

Joseph Marko

Geb. 1955 in Wagna bei Leibnitz/Steiermark; Studium der Rechte und des Englischen an der Universität Graz, 1977 Promotion zum Dr. iur. und akad. Übersetzer, 1978/79 Studium von Politikwissenschaft, Soziologie und Völkerrecht an der Universität München, ab 1979 Assistent am Institut für Öffentliches Recht, Politikwissenschaft und Verwaltungslehre der Universität Graz, ab 1989 Assistenzprofessor, daneben Tätigkeit in der Politik- und Rechtsberatung als Mitglied der Salzburg-Kommission, für den Magistrat Graz und das Land Steiermark, Amnesty International sowie in der Erwachsenenbildung.

Wichtigste Veröffentlichungen: Bedingungen eines konstruktiven Friedensbegriffs. Ein interdisziplinäres Seminar, 1983 (Hg. mit Kurt Salamun); Österreich⟨bewußt⟩sein – bewußt Österreicher sein? Ein Unterrichtsbehelf, 1985 (Mit Dirk Lyon/Eduard Staudinger/Christian Weber); Demokratie und Wirtschaft, 1987 (Hg. mit Armin Stolz); Slowenien-Kroatien-Serbien.

Die neuen Verfassungen, 1991 (Hg. mit Tomislav Borić); Alle Macht nach unten? Regionen und Gemeinden gestalten die neuen Demokratien Europas, 1992 (Hg. mit Michael Steiner/Hubert Isak).

Elisabeth Orth

Geb. 1936 in Wien; Kammerschauspielerin.

Wichtigste Bühnenstationen: Ulmer Theater, Bühnen der Stadt Köln, Bayrisches Staatsschauspiel München, seit 1973 Burgtheater Wien; zahlreiche Rollen, u.a. Titelrolle in Lessings „Emilia Galotti", Rosalie in Nestroys „Das Mädl aus der Vorstadt", Franziska in Lessings „Minna von Barnhelm", Irma in Giraudoux' „Die Irre von Chaillot", Hero in Grillparzers „Des Meeres und der Liebe Wellen", Marie in Büchners „Woyzeck", Titelrolle in Goethes „Iphigenie auf Tauris", Doña Proeza in Claudels „Der seidene Schuh", Marja in Tschechows „Drei Schwestern", Sara Melody in O'Neills „Fast ein Poet", Eboli in Schillers „Don Carlos", Elektra in Aischylos' „Orestie", Frau des Kommandeurs in Schnitzlers „Der Ruf des Lebens", Mutter in Strindbergs „Der Pelikan", Frau Francine in Frischs „Triptychon" sowie in Fernsehspielen.

Wichtigste Veröffentlichung: Märchen ihres Lebens: Meine Eltern Attila Hörbiger und Paula Wessely, 1975.

Oswald Panagl

Geb. 1939 in Mauer bei Wien; Studium der Klassischen Philologie und der Indogermanistik an der Universität Wien, 1968 Promotion zum Dr. phil., Gesangsstudium an der Hochschule für Musik und darstellende Kunst Wien, 1966 künstlerische Reifeprüfung, 1977 Habilitation für Historisch-vergleichende Sprachwissenschaft, seit 1979 Ordinarius für Allgemeine und vergleichende Sprachwissenschaft an der Universität Salzburg, Mitglied und stellvertretender Vorsitzender des Wissenschaftlichen Beirates der Österreichischen Forschungsgemeinschaft in Wien, Mitglied der mykenischen Kommission der Österreichischen Akademie der Wissenschaften, Gastdramaturg am Salzburger Landestheater.

Wichtigste Veröffentlichungen: Historisch-vergleichende Sprachwissenschaft – ein Anachronismus? 1982; Die frühgriechischen Texte aus mykenischer Zeit. Zur Erforschung der Linear B-Tafeln, 1986 (mit Stefan Hiller); Was die Kanzler sagten. Regierungserklärungen der Zweiten Republik 1945–1987, 1989 (mit Maximilian Gottschlich/Manfried Welan); Mitherausgeber der Reihe „Wort und Musik. Salzburger Akademische Beiträge".

Anton Pelinka

Geb. 1941 in Wien; Studium der Rechte an der Universität Wien, 1964 Promotion zum Dr. iur., 1972 Habilitation für Politikwissenschaft, 1973 Professor für Politikwissenschaft in Essen, 1974 Ordentlicher Professor für Politikwissenschaft in Berlin, seit 1975 Ordinarius für Politikwissenschaft in Innsbruck, 1981 Gastprofessor an der University of New Orleans, 1990/91 Schumpeter Fellow am Center for European Studies der Harvard University, Cambridge/Mass., USA.

Wichtigste Veröffentlichungen: Stand oder Klasse? Christliche Arbeiterbewegung Österreichs 1933–1938, 1972; Dynamische Demokratie. Zur konkreten Utopie gesellschaftlicher Gleichheit, 1974; Sozialdemokratie in Europa. Grundsätze ohne Macht oder Macht ohne Grundsätze? 1980 (amerikanische Ausgabe 1983); Gewerkschaften im Parteienstaat. Ein Vergleich zwischen dem Deutschen und dem Österreichischen Gewerkschaftsbund, 1980; Modellfall Österreich? Möglichkeiten und Grenzen der Sozialpartnerschaft (italienische Ausgabe 1985), 1981; Windstille. Klagen über Österreich, 1985; Das österreichische Parteiensystem, 1988 (Hg. mit Fritz Plasser); Karl Renner zur Einführung 1989; Zur österreichischen Identität. Zwischen deutscher Vereinigung und Mitteleuropa, 1990.

Waltraud Petek

Geb. 1961 in Graz; Studium der Rechte an der Universität Graz, 1984 Promotion zur Dr. iur., 1985/86 Studium an der Rutgers Law School, Camden/NJ, USA, 1982–1987 Assistentin am Institut für Öffentliches Recht, Politikwissenschaft und Verwaltungslehre der Universität Graz, seit 1987 im Bundesministerium für Umwelt, Jugend und Familie in Wien, in dieser Zeit auch Tätigkeit bei der EG-Kommission in Brüssel, seit 1989 Leiterin der Rechtsabteilung II/5 im genannten Bundesministerium.

Wichtigste Veröffentlichungen: Kommentar zum Chemikaliengesetz, In: Helmut Kuntscher (Hg.): Das neue österreichische Chemikalienrecht, 1988; Chemie, Störfälle, In: Österreichische Gesellschaft für Ökologie: Umwelt EG-Österreich, 1991.

Meinrad Peterlik

Geb. 1938 in Wien; Studium der Chemie und Medizin an der Universität Wien, 1963 Promotion zum Dr. phil., 1972 zum Dr. med., 1961–1962 Vorsitzender der Katholischen Hochschuljugend Österreichs, 1964–1978 Assistent, 1974–1975 Forschungsaufenthalt an der Cornell University, Ithaca/N.Y., USA, seit 1977 Generalsekretär der Österreichischen Forschungsgemeinschaft in Wien, 1978 Habilitation, seit 1983 Ordinarius für allgemeine und experimentelle Pathologie an der Universität Wien, seit 1991 Vorstandsmitglied der Ludwig Boltzmann-Gesellschaft.

Wichtigste Veröffentlichungen: Die unvollendete Republik, 1968 (Hg. mit Erhard Busek); Funktionelle Pathologie, 1988 (Hg. mit Georg Wick/Siegfried Schwarz/Othmar Förster); Wissenschaft und Freiheit. Ideen zur Universalität und Universität, 1990 (Hg. mit Erhard Busek/Wolfgang Mantl); Geist und Wissenschaft mit politschem Aufbruch Mitteleuropas, 1991 (Hg. mit Werner Waldhäusl).

Walter Pieringer

Geb. 1942 in Graz; Studium der Medizin an der Universität Graz, 1968 Promotion zum Dr. med., Facharztausbildung für Psychiatrie und Neurologie an der Universitätsklinik Graz, Psychotherapieausbildung in Individualpsychologie, Gruppentherapie und Psychodrama, Lehranalytiker im Österreichischen Verein für Individualpsychologie, 1979 Habilitation für Medizinische Psychologie und Psychotherapie, seit 1981 Ordinarius und Vorstand des Instituts für Medizinische Psychologie und Psychotherapie an der Grazer Universität, Präsident der Österreichischen Gesellschaft für Medizinische Psychologie, Psychotherapie und Psychosomatik, Regionalsekretär der Fédération internationale des Organismes de Psychologie Medicale.

Wichtigste Veröffentlichungen: Zur Somatisierung der Gefühle, 1978; Eine anthropologische Krankeitsordnung, 1988; Sexualität und Erkenntnis, 1990; Zum Methodenstreit in der Psychotherapie, 1990.

Manfred Prisching

Geb. 1950 in Bruck an der Mur/Steiermark; Studium der Rechte und Volkswirtschaftslehre an der Universität Graz, 1977 Sponsion zum Mag. rer. soc. oec., 1979 Promotion zum Dr. iur., Assistent an den Instituten für Rechtsphilosophie, Volkswirtschaftslehre und Volkswirtschaftspolitik und Soziologie. 1985 Habilitation für Soziologie, 1987/88 an der Rijksuniversiteit Limburg, Maastricht, Niederlande.

Wichtigste Veröffentlichungen: Nachdenken über Politik. Jenseits des Alltags und diesseits der Utopie. 1985 (Hg. mit Josef Krainer/Wolfgang Mantl/Michael Steiner); Krisen. Eine soziologische Analyse, 1986; Arbeitslosenprotest und Resignation in der Wirtschaftskrise, 1988; Soziologie. Themen, Theorien, Perspektiven, 1990.

Sonja Puntscher Riekmann

Geb. 1954 in Bozen; Studium der Germanistik und Romanistik an der Universität Wien, 1980 Promotion zur Dr. phil., Post graduate Studium der Politikwissenschaft am Institut für Höhere Studien in Wien, wissenschaftliche Referentin im Grünen Klub, Research Fellow am Vienna Centre, Programmkoordination der Grün-Alternativen Partei, Deputy Director des Vienna Centre.

Wichtigste Veröffentlichungen: Mozart. Ein bürgerlicher Künstler. Studien zu den Libretti „Le Nozze di Figaro", „Don Giovanni" und „Così fan tutte", 1982; Gramsci: Pasolini. Ein imaginärer Dialog, 1987 (mit Johanna Borek/ Birgit Wagner).

Erwin Ringel

Geb. 1921 in Temesvár; Studium der Medizin an der Universität Wien; 1946 Promotion zum Dr. med., 1961 Habilitation, 1948 Aufbau des ersten Selbstmordverhütungszentrums Europas, seit 1954 Aufbau der Ersten Psychosomatischen Station an der Psychiatrischen Universitätsklinik Wien und Vorstand, 1961–1989 Präsident des Vereins der Individualpsychologen, danach Ehrenpräsident, ab 1981 Ordinarius für Medizinische Psychologie an der Universität Wien.

Wichtigste Veröffentlichungen: Die Tiefenpsychologie hilft dem Seelsorger, 1953 (mit Wenzel von Lun); Der Selbstmord. Abschluß einer krankhaften psychischen Entwicklung. Eine Untersuchung an 745 geretteten Selbstmördern, 1953; Die Zeit und ihre Neurose, 1956 (mit Hans Hoff); Einführung in die Grundprobleme der Neurose. Unter besonderer Berücksichtigung ihrer Beziehung zur Seelsorge, 1959; Selbstmord. Appell an die anderen. Eine Hilfestellung für Gefährdete und ihre Umwelt, 2.A., 1976; Sucht und Suizid. (u.a.) 1976; Situationsbewältigung durch Fragen. Das dialogische Prinzip im Lernprozeß, 1977 (mit Gerhard Brandl); Das Leben wegwerfen? Reflexionen über Selbstmord, 1978; Der fehlgeleitete Patient. Psychosomatische Patientenkarrieren und ihre Akteure, 1983 (mit Ulrich Kropiunigg); Die österreichische Seele, 1984; Religionsverlust durch religiöse Erziehung. Tiefenpsychologische Ursachen und Folgerungen. 2.A., 1986; Zur Gesundung der österreichischen Seele (Hg. Michael Lewin), 1987; Unbewußt-höchste Lust. Oper als Spiegel des Lebens. 1990; Seelenspiegel. Wegweiser durch unsere Gefühlswelt. 1991; Selbstschädigung durch Neurose. Psychotherapeutische Wege zur Selbstverwirklichung, 12.A., 1991.

Kurt Salamun

Geb. 1940 in Leoben/Steiermark; Studium der Philosophie, Psychologie, Germanistik und Anglistik an der Universität Graz, 1965 Promotion zum Dr. phil., 1973 Habilitation für Philosophie mit besonderer Berücksichtigung der Philosophie der Politik und Ideologiekritik; 1975 Extraordinarius am Institut für Philosophie der Universität Graz, Lehrtätigkeit an der Universität Innsbruck, Klagenfurt, Montanuniversität Leoben, Inter University Centre of Postgraduate Studies in Dubrovnik, Vortragstätigkeit an zahlreichen US-Universitäten, 1990 Gastprofessur an der German Summer School der University of New Mexico, Begründer und Präsident der österreichischen Karl-Jaspers-Gesellschaft, Begründer eines internationalen und interdisziplinären Symposions zur Philosophie Karl. R. Poppers am Inter University Centre of Postgraduate Studies in Dubrovnik.

Wichtigste Veröffentlichungen: Schriftenreihe zur Philosophie Karl R. Poppers und des Kritischen Rationalismus (Alleinherausgeber) ab 1991; Ideologie-Herrschaft des Vorurteils (mit Ernst Topitsch), 1972; Ideologie-Wissenschaft-Politik. Sozialphilosophische Studien, 1975; Sozialphilosophie als Aufklärung, 1979 (Hg.); Was ist Philosophie? Neuere Texte zu ihrem Selbstverständnis, 1980, 3. verb. A. 1992, (Hg.); Bedingungen eines konstruktiven Friedensbegriffs. Ein interdisziplinäres Seminar, 1983 (Hg. mit Joseph Marko); Karl Jaspers, 1985, span. Ausgabe 1987, japan. Ausgabe 1992; Ideologie und Aufklärung. Weltanschauungstheorie und Politik 1988, japan. 1992; Karl R. Popper und die Philosophie des Kritischen Rationalismus, 1989 (Hg.); Aufklärungsperspektiven. Weltanschauungsanalyse und Ideologiekritik, 1989 (Hg.); Moral und Politik aus der Sicht des Kritischen Rationalismus, 1991 (Hg.); Karl Jaspers – Zur Aktualität seines Denkens, 1991 (Hg.).

Bernd Schilcher

Geb. 1940 in Graz; zuerst Studium der Medizin, dann der Rechte an der Universität Graz, 1964 Promotion zum Dr. iur., mehrere Auslandsaufenthalte, Studenten- und Assistentenvertreter, 1975 Habilitation für Privatrecht, seit 1978 Ordinarius für Bürgerliches Recht an der Universität Graz, Mitarbeiter am Salzburger Programm der ÖVP und am Modell Steiermark, 1976–1991 Abgeordneter zum Steiermärkischen Landtag (ÖVP); 1984 Klubobmann, Mitglied des Gesellschaftsausschusses und des Aufsichtsrats der Steiermärkischen Krankenanstalten-Ges. m. b. H., Mitglied des ORF-Kuratoriums, Mitglied des Präsidiums des „Steirischen Herbstes", Mitglied des Gesellschaftsausschusses und des Aufsichtsrats der Forschungsgesellschaft Joanneum, Amtsführender Präsident des Landesschulrats für Steiermark.

Wichtigste Veröffentlichungen: Zwischen Pragmatismus und Ideologie. Steirische Beiträge zur Grundlagendiskussion der ÖVP, 1972; Theorie der sozialen Schadensverteilung, 1977; Konsumentenschutz, ABGB und Verfahrensrecht, 1978 (mit anderen); Gesetzgebung, 1981; Rechtsentwicklung in der Produkthaftung, 1981 (Hg.); Konsumentenschutz im öffentlichen Recht, 1984 (Hg.).

Karin Maria Schmidlechner

Geb. 1954 in Graz; Studium der Geschichte und Germanistik an der Universität Graz, 1980 Promotion sub auspiciis zur Dr. phil., seit 1984 Assistentin an der Abteilung Zeitgeschichte des Instituts für Geschichte der Universität Graz, Aufbau eines Dokumentationsarchivs zur Geschichte der steirischen Industriearbeiterschaft.

Wichtigste Veröffentlichungen: Die steirischen Arbeiter im 19. Jahrhundert, 1983; Revolutionäres Potential in Europa am Ende des Ersten Weltkrieges (Hg. mit Helmut Konrad), 1991.

Heinrich Schneider

Geb. 1929 in Brandenburg an der Havel; Studium der Theaterwissenschaften an den Universitäten in Bamberg, Cleveland/Ohio, USA, und München, dort 1955 Promotion zum Dr. phil., 1955–1959 Tätigkeit in der Europäischen Bewegung, 1959–1962 Dozent und Stellvertreter des Direktors der Akademie für Politische Bildung in Tutzing, 1962 Lehrstuhl für Politische Wissenschaft in Hannover, 1967 Professur für Philosophie der Politik und Ideologiekritik an der Universität Wien. 1971–1991 Ordinarius für Politikwissenschaft in Wien; Präsident des Katholischen Akademikerverbandes Österreichs, Vizepräsident der Katholischen Aktion Österreichs, Vorsitzender des Österreichischen Laienrates, Kuratoriumsvorsitzender der Katholischen Sozialakademie Österreichs, Direktor der Österreichischen Kommission „Iustitia et Pax“, Vorsitzender des Wissenschaftlichen Direktoriums des Instituts für Europäische Politik (Bonn), 1986–1990 Vorsitzender der Geistes- und Sozialwissenschaftlichen Kommission beim Bundesministerium für Landesverteidigung (Wien).

Wichtigste Veröffentlichungen: Pädagogische Hochschule und politische Wissenschaft, 1965; Leitbilder in der Politik, 1972; Leitbilder der Demokratie, 1973; Friedensforschung und Friedenspädagogik, 1974; Auf dem Weg zur Europäischen Union? Diskussionsbeiträge zum Tindemans Bericht, 1977 (Hg. mit Wolfgang Wessels); Der Weg zur Integration, 1977; Leitbilder der Europapolitik, 1977; Bibliographie zur Politik. Eine Auswahl, 1982; Akzeptanzprobleme der österreichischen Landesverteidigung,

1987; Alleingang nach Brüssel. Österreichs EG-Politik, 1990; Neutralität – Mythos und Wirklichkeit (Hg. mit Herbert Krejci/Erich Reiter), 1992.

Irmfried Speiser

Geb. 1929 in Wien; Studium der Mathematik und Physik an der Universität Wien, 1953 Lehramtsprüfung, Sponsion zur Mag. rer. nat. und 1969 Promotion zur Dr. phil., 1953–1966 Lehrtätigkeit am Gymnasium, 1966–1978 Lehrtätigkeit an den Universitäten Linz und Wien, 1978 Habilitation aus Empirischer Soziologie, 1983 Extraordinaria, 1989 Ruhestand. Rechnungsprüferin der Österr. Gesellschaft für Soziologie, Vorstandsmitglied der Österr. Statistischen Gesellschaft.

Wichtigste Veröffentlichungen: Wo sind Großstädter daheim? (Mit Erich Bodzenta/Karl Thum), 1981; Strukturverbesserung für Wien. Eine Delphi-Studie (mit Erich Bodzenta/Christian Reuer), 1983; Politische Bildung in der Schule. Ergebnisse einer Lehrerbefragung, 1986; Bildungshilfe als Entwicklungshilfe, 1990.

Gerfried Sperl

Geb. 1941 in Oberzeiring/Steiermark; Studium der Germanistik, Anglistik und Philosophie an der Universität Graz, 1969 Promotion zum Dr. phil., 1963–1965 Vorsitzender der Hochschülerschaft an der Universität Graz, 1978 Leiter des Projekts „Steirisches Fernsehen“, 1987/88 Mitglied der ministeriellen Studienreformkommission, von 1967–1982 Mitarbeit bei der „Kleinen Zeitung“, 1982–1987 Chefredakteur der „Süd-Ost Tagespost“, 1987/88 Stellvertretender Chefredakteur des „Kurier“, seit 1988 stellvertretender Chefredakteur des „Standard“.

Wichtigste Veröffentlichungen: Was-Hefte für Kultur und Politik; seit 1978 (Hg. mit Michael Steiner); Provokation Brüderlichkeit. Ein Buch zum Steirischen Katholikentag, 1981.

Leopold Spira

Geb. 1913 in Wien; 1937 von der Universität Wien relegiert, nach der Emigration 1946–1969 im Apparat (ZK-Mitglied) der KPÖ, 1971 ausgeschlossen, bis 1977 Projektleiter bei IFES, danach Ruhestand.

Wichtigste Veröffentlichungen: Ein gescheiterter Versuch. Der Austro-Eurokommunismus, 1979; Feindbild „Jud“, 1981.

Dieter Stiefel

Geb. 1946 in Linz; nach Hotelfachlehre Berufstätigkeit in Deutschland, Frankreich und Schweiz, 1968 Externistenmatura in Wien, 1968–1976 Studium der Handelswissenschaften an der Hochschule für Welthandel in Wien, 1974 Promotion zum Dr. rer. soc. oec., 1973 Assistent am Institut für Wirtschafts- und Sozialgeschichte an der Wirtschaftsuniversität Wien, 1974–1978 Studium der Geschichte an der Universität Wien, 1978 Promotion zum Dr. phil., 1981 Research Fellow am Robinson College der Universität Cambridge, England, 1986 Habilitation für Wirtschafts- und Sozialgeschichte, 1989 Research Fellow am Center for European Studies der Universität Harvard, Cambridge/Mass., USA. Geschäftsführer und Generalsekretär der Schumpeter Gesellschaft an der Wirtschaftsuniversität Wien, Vorstandsmitglied der Österreichischen Gesellschaft für Unternehmensgeschichte, Vorstandsmitglied des Ludwig Boltzmann-Instituts für historische Prozeßanalyse.

Wichtigste Veröffentlichungen: Arbeitslosigkeit. Soziale, politische und wirtschaftliche Auswirkungen am Beispiel Österreichs 1918–1938, 1979; Wirtschaftsgeschichte des österreichischen Fernsehens, 1980; Entnazifizierung in Österreich, 1981; Der österreichische Abgeordnete. Der österreichische Nationalrat 1919–1979, Versuch einer Kollektivbiographie, 1982 (mit Herbert Matis); Unternehmenskultur in Österreich, 1987 (mit Herbert Matis); Die große Krise in einem kleinen Land. Österreichische Finanz- und Wirtschaftspolitik 1929–1938, 1988; Finanzdiplomatie und Weltwirtschaftskrise. Die Krise der Credit-Anstalt für Handel und Gewerbe 1931, 1989; Eta Gräfin Polesini, 1991; Die Weltwirtschaft. Strukturwandel und Entwicklung im 20. Jahrhundert, 1991 (mit Herbert Matis).

Josef Thonhauser

Geb. 1939 in Linz; 1957–1963 Studium an der Universität Wien (Latein und Geschichte) und am Konservatorium der Stadt Wien (Klavier), 1966 Promotion zum Dr. phil., 1963–1969 Lehrer bzw. Universitätsassistent, danach Mitarbeiter des Pädagogischen Instituts des Bundes in Wien, 1977 Habilitation für Pädagogik, seit 1979 Extraordinarius für Pädagogik an der Universität Salzburg, Vorsitzender der Interuniversitären Kommission für die Pädagogische Ausbildung der Lehramtskandidaten in Salzburg, Mitglied der Wiener Schulreformkommission.

Wichtigste Veröffentlichungen: Verfasser der österreichischen Berichte für die 8.Konferenz der Europäischen Kultusminister 1973; Prinzipielle und aktuelle Überlegungen zur Berufsbildung, 1970, 3.A. 1980; Determinanten unterschiedlicher Bildungswünsche, 1977 (mit Manfred Machold/Peter Posch); Österreichische Beiträge zur empirisch-pädagogischen Forschung,

1989 (mit Volker Krumm); Studieren in Österreich. Projektbericht für das Bundesministerium für Wissenschaft und Forschung, 1991; Umwelterziehung und Umweltbildungspolitik, OECD-Bericht, Länderprüfung 1992.

Gunther Tichy

Geb. 1937 in Wien; 1955–1960 Studium der Rechte in Wien, Konzentration auf Nationalökonomie und Völkerrecht, 1960 Promotion zum Dr. iur., 1956/57 Abiturientenkurs an der Handelsakademie, 1960 im Institut für Wirtschaftsforschung als Währungsreferent, ab 1969 Konjunkturreferent, 1967/68 Forschungsstipendium an der Columbia-University, New York, USA, Verwendbarkeit der Geldstromrechnung, 1972 Mitglied des Führungsteams des Österreichischen Instituts für Wirtschaftsforschung, 1974 Habilitation an der Universität Wien, seit 1979 Ordinarius für Volkswirtschaftslehre und -politik an der Universität Graz, 1991 Leiter der Forschungsstelle für Technikbewertung der Österreichischen Akademie der Wissenschaften.

Wichtigste Veröffentlichungen: Indikatoren der österreichischen Konjunktur, 1972; Konjunkturschwankungen – Theorie, Messung, Prognose, 1975; Die Größe der Kleinen. Die überraschenden Effekte kleiner und mittlerer Unternehmungen in den achtziger Jahren, 2.A., 1984 (mit Karl Aiginger); Schrumpfende Märkte – Die neue Herausforderung für den Unternehmer, 1985 (mit Herbert Kraus/Hannes Piber); Österreich und die Integration der europäischen Forschung, 1987. Konjunkturpolitik, 1988, 2.A. 1991.

Ilse Tielsch

Geb. 1929 in Auspitz, ČSR; Studium der Publizistik und Germanistik an der Universität Wien, 1953 Promotion zur Dr. phil., seit 1964 freie Schriftstellerin, Vizepräsidentin des österreichischen P.E.N.-Clubs.

Wichtigste Veröffentlichungen: Romantrilogie: Die Ahnenpyramide, 1980; Heimatsuchen 1982, Die Früchte der Tränen, 1989; Fremder Strand, 1982; Die Zerstörung der Bilder, Reiseberichte aus Mähren und Böhmen, 1991; mehrere Lyrikbände, zuletzt: Zwischenbericht, 1986.

Theodor Tomandl

Geb. 1933 in Baden bei Wien/NÖ; Studium der Rechte an der Universität Wien, 1955 Promotion zum Dr. iur., 1953–1968 in der Wiener Handelsbzw. der Bundeswirtschaftskammer tätig. 1965 Habilitation für Arbeits- und Sozialrecht, seit 1968 Ordinarius für Arbeits- und Sozialrecht, 1983

Gastprofessur an der Cornell University, N.Y./USA, 1992 wirkliches Mitglied der Österreichischen Akademie der Wissenschaften, Vizepräsident der österreichischen Gesellschaft für Arbeits- und Sozialrecht und der Österreichischen Forschungsgesellschaft für Arbeitsbeziehungen, Mitglied des Fachbeirates des Max-Planck-Instituts für Internationales und Vergleichendes Sozialrecht in München, Mitglied der Kommission zur Vorbereitung der Kodifikation des österreichischen Arbeitsrechts beim Bundesministerium für Arbeit und Soziales und des Beirates für die Renten- und Pensionsdynamik.

Wichtigste Veröffentlichungen: Hg. der Schriftenreihe „Wiener Beiträge zum Arbeits- und Sozialrecht" (bisher 27 Bände); Finanzierungsprobleme der österreichischen Sozialversicherung, 1979 (Hg.); System des österreichischen Sozialversicherungsrechts, 1979 (Hg.); Festschrift für Hans Schmitz, 1967 (Hg. u.a.); Schriftleitung der Zeitschrift für Arbeitsrecht und Sozialrecht, seit 1966; Rechtsprobleme des Akkord- und Prämienlohns, 1961; Rentenversicherung und Rentendynamik in Österreich, 1962; Streik und Aussperrung als Mittel des Arbeitskampfes, 1965; Der Einbau sozialer Grundrechte in das positive Recht, 1965; Wesensmerkmale des Arbeitsvertrages, 1971; Grundriß des österreichischen Sozialrechts, 4.A., 1989; Das Leistungsrecht der österreichischen Unfallversicherung, 1977; Arbeitsrecht 1, 2.A., 1988; Arbeitsrecht 2, 1990; Social Partnership – The Austrian System of Industrial Relations and Social Insurance, 1986 (mit Karl Fürböck).

Peter A. Ulram

Geb. 1951 in Wien; Studium der Politikwissenschaft an der Universität Wien und am Institut für Höhere Studien in Wien, 1976 Promotion zum Dr. phil., 1978–1983 Referent für Grundlagenforschung in der ÖAAB Bundesleitung, seit 1983 Mitarbeiter am Fessel+GfK-Institut (Wien), Bereichsleiter für Politikforschung am Fessel+GfK-Institut für Markt- und Meinungsforschung, 1989 Habilitation für politische Wissenschaften, Universitätslektor für Politikwissenschaft an den Universitäten Wien und Graz.

Wichtigste Veröffentlichungen: Zwischen Bürokratie und Bürger. Sozialistische Kommunalpolitik in Wien, Bologna und Stockholm, 1978; Unbehagen im Parteienstaat. Jugend und Politik in Österreich, 1982 (mit Fritz Plasser); Demokratierituale. Zur politischen Kultur der Informationsgesellschaft, 1985 (Hg. mit Fritz Plasser/Manfried Welan); Hegemonie und Erosion. Politische Kultur und politischer Wandel in Österreich, 1990; Staatsbürger oder Untertanen? Politische Kultur Deutschlands, Österreichs und der Schweiz im Vergleich, 1991 (Hg. mit Fritz Plasser).

Leopold Ungar

Geb. 1912 Wiener Neustadt/NÖ; gest. 1992 in Wien; Studium der Rechte und Eintritt in das Wiener Priesterseminar, 1935 Promotion zum Dr. iur., Emigration, 1939 Priesterweihe, 1948 Sekretär der Wiener Caritas, 1950–1988 Leiter der Caritas der Erzdiözese Wien, 1953 Ernennung zum Prälaten, 1964–1991 Präsident der Caritas Österreich und leitender Mitarbeiter bei der Caritas Internationalis.

Wichtigste Veröffentlichungen: Die Hungrigen speisen, die Traurigen trösten, 1978; Die Weltanschauung Gottes, 1987.

Andreas Unterberger

Geb. 1949 in Wien; 1968–1973 Studium der Rechte und Volkswirtschaft an der Universität Wien, 1973 Promotion zum Dr. iur., 1972/73 am Institut für Höhere Studien/Politikwissenschaft tätig, seit 1973 Redaktionsmitglied der „Presse", fünf Jahre Chef vom Dienst, seit 1984 Ressortleiter Außenpolitik und leitender Redakteur, seit 1989 Lehrbeauftragter an der Universität Wien im Bereich Politikwissenschaft und Außenpolitik.

Wichtigste Veröffentlichung: A wie Alternativ, 1983 (Hg.).

Hannelore Valencak

Geb. 1929 in Donawitz/Steiermark; Studium der Physik an der Universität Graz, 1955 Promotion zur Dr. phil., danach in der Wirtschaft tätig, ab 1966 als Konsulentin; ab 1950 literarische Publikationen anfangs in Zeitungen, im Rundfunk und in Anthologien; seit 1975 freie Schriftstellerin, seit etwa 1980 zusätzlich Photographie, Vorstandsmitglied des österreichischen P.E.N.-Clubs.

Wichtigste Veröffentlichungen: Morgen werden wir es wissen, 1961; Die Höhlen Noahs, 1964; Nur dieses eine Leben, 1966; Zuflucht hinter der Zeit, 1967 (1977 bearbeitet unter dem Titel „Das Fenster zum Sommer"); Vorhof der Wirklichkeit, 1972; Erzählungen, 1973; Das ungarische Tagebuch, 1981; Mein Tag – mein Jahr, Photo-Lyrikband, 1983 (mit Doris Mühringer); Zahlreiche Jugendbücher, Übersetzungen in den USA und Spanien (katalanisch und spanisch).

Alois Vogel

Geb. 1922 in Wien; nach dem zweiten Bildungsweg Besuch der Akademie der Bildenden Künste, freier Schriftsteller, 1965–1972 Herausgeber des

Jahrbuches „Konfigurationen“, 1968–1985 Redakteur der Zeitschrift „Alte und moderne Kunst“, 1971–1991 Herausgeber der Reihe „Lyrik aus Österreich“, 1971–1992 Redakteur der Literaturzeitschrift „Podium“, 1971–1986 Generalsekretär, ab 1986–1992 Leiter des Literaturkreises „Podium“.

Wichtigste Veröffentlichungen: Jahr und Tag, Pohanka, 1964; Sprechen und Hören, 1971; Schlagschatten, 1977; Totale Verdunkelung, 1980; Das Fischgericht, 1982; Beobachtungen am Manhartsberg, 1985; Pulkauer Aufzeichnungen, 1986; Erosionsspuren, 1987; Im Zeitstaub, 1990; Nordöstliches Triptychon, 1991.

Engelbert Washietl

Geb. 1941 in Stockerau/NÖ; Studium der Neueren und Alten Geschichte an der Universität Wien, 1966 Promotion zum Dr. phil., außenpolitischer Ressortleiter, 1979–1985 Deutschland-Korrespondent und stellvertretender Chefredakteur der „Presse“, seit 1988 Leiter der Wiener Redaktion und stellvertretender Chefredakteur der „Salzburger Nachrichten“.

Wichtigste Veröffentlichung: Österreich und die Deutschen, 1987.

Erika Weinzierl

Geb. 1925 in Wien; Studium der Geschichte und der Kunstgeschichte an der Universität Wien, Absolvierung des Instituts für österreichische Geschichtsforschung, 1948 Promotion zur Dr. phil., 1961 Habilitation für Österreichische Geschichte, 1948–1964 Archivarin am Haus-, Hof- und Staatsarchiv Wien, seit 1965 Vorstand des Instituts für kirchliche Zeitgeschichte am Internationalen Forschungszentrum Salzburg, 1967 Extraordinaria für Österreichische Geschichte mit besonderer Berücksichtigung der Zeitgeschichte an der Universität Salzburg, 1969 Ordinaria, 1977 Leiterin des Ludwig Boltzmann-Instituts für Geschichte der Gesellschaftswissenschaften (seit 1991 für Geschichte und Gesellschaft) Wien-Salzburg, seit 1979 Ordinaria für Neuere Geschichte mit besonderer Berücksichtigung der Neuesten Geschichte an der Universität Wien.

Wichtigste Veröffentlichungen: Geschichte des Benediktinerstiftes Millstatt in Kärnten, 1951; Die österreichischen Konkordate von 1855 und 1934, 1960; Der Österreicher und sein Staat, 1965 (Hg.); Zu wenig Gerechte. Österreicher und Judenverfolgung, 1969, 3.A., 1986; Universität und Politik in Österreich. Antrittsvorlesung geh. am 1. Juni 1968 an der Universität Salzburg, 1969; Die päpstliche Autorität im katholischen Selbstverständnis des 19. und 20. Jahrhunderts, 1970; Österreich. Die Zweite Republik. 2 Bde, 1972 (Hg. mit Kurt Skalnik); Österreich. Zeitgeschichte in Bildern, 1918–1975, 2.A. 1975 (mit Peter Hofrichter); Von der

Pastoraltheologie zur praktischen Theologie, 1975; Emanzipation? Österreichische Frauen im 20. Jahrhundert, 1975; Österreich 1918–1938. Geschichte der Ersten Republik, 1983 (Hg. mit Kurt Skalnik); Ecclesia semper reformanda, 1985; Seit 1973 Herausgeberin der Zeitschrift „Zeitgeschichte".

Walter Weiss

Geb. 1927 in Landsberg am Lech/Tirol; 1945–1949 Studium der Philosophie, Geschichte und Deutschen Philologie an der Universität Innsbruck, 1953 Promotion zum Dr. phil., 1954–1958 Lektor an der Universität Catania, 1958–1961 Mitarbeiter am Germanistischen Institut der Universität Innsbruck, Forschungsauftrag der Deutschen Forschungsgemeinschaft zur deutschen Gegenwartssprache, 1961 Assistent am Institut für Germanistik der Universität Innsbruck, 1962 Habilitation für Neuere deutsche Sprache und Literatur, seit 1965 Ordinarius in Salzburg, 1980–1988 Vizepräsident des Fonds zur Förderung der wissenschaftlichen Forschung, 1980 Mitglied des Ausschusses der Internationalen Vereinigung für Germanische Sprach- und Literaturwissenschaften, 1981 korrespondierendes Mitglied der Österreichischen Akademie der Wissenschaften, seit 1986 wirkliches Mitglied, 1990 Obmann der Kommission für Literaturwissenschaft.

Wichtigste Veröffentlichungen: Goethes Mephisto. Entwicklung und Wesen vom Faust II aus gesehen, 1952; Enttäuschter Pantheismus. Zur Weltgestaltung der Dichtung in der Restaurationszeit, 1962; Thomas Manns Kunst der sprachlichen und thematischen Integration, 1964; Gegenwartsliteratur. Zugänge zu ihrem Verständnis. 1973; Zwischenbilanz. Eine Anthologie österreichischer Gegenwartsliteratur, 1976 (mit Silvia Schmid); Vermittlungen. Texte und Kontexte österreichischer Literatur und Geschichte im 20. Jahrhundert, 1990 (mit Ernst Hanisch).

Manfried Welan

Geb. 1937 in Wien; Studium der Rechte an der Universität Wien, 1961 Promotion zum Dr. iur., danach im rechtskundigen Verwaltungsdienst, Bundesministerium für Unterricht, 1962–1966 Verfassungsgerichtshof, 1967–1969 Bundeswirtschaftskammer, seit 1969 Ordinarius an der Universität für Bodenkultur (BOKU), Wien, Institut für Rechtswissenschaften, 1977–1981 Rektor, 1979–1981 Vorsitzender der Rektorenkonferenz, 1983–1986 Gemeinderat/Landtagsabgeordneter, 1986 Stadtrat/Mitglied der Landesregierung der Bundeshauptstadt Wien, 1987 Gemeinderat/Landtagsabgeordneter, Dritter Präsident des Wiener Landtags, seit 1991 Rektor der BOKU.

Wichtigste Veröffentlichungen: Demokratie und Verfassung in Österreich, 1971 (mit Anton Pelinka); Der Bundeskanzler im österreichischen Verfassungsgefüge, 1971 (mit Heinrich Neisser); Das Amt des Bundespräsidenten, 1974; Umweltrecht, 1984; Demokratierituale 1985, (Hg. mit Fritz Plasser/Peter A. Ulram); Das österreichische Staatsoberhaupt, 2.A., 1986; Regierungssystem und direkte Demokratie in Österreich, 1986; Demokratischer Rechtsstaat und modernes Regierungssystem, 1986; Gesetzgebung und Gesetzgebungskritik, 1986 (mit Hans-Georg Heinrich); Verrechtlichung der Gesellschaft – Entrechtlichung des Menschen, 1987; Der Streit um Hainburg in Verwaltungs- und Gerichtsakten, 1988 (mit K. Wadl); Aus dem Elfenbeinturm, 1989; Was die Kanzler sagten. Regierungserklärungen der Zweiten Republik 1945–1987, 1989 (mit Maximilian Gottschlich/Oswald Panagl); Der Bürgermeister der Bundeshauptstadt, 1991; Der Bundespräsident. Kein Kaiser in der Republik, 1992.

Gerhart Klaus Wielinger

Geb. 1941 in Graz; Studium der Rechte in Graz und Caen, Frankreich; 1966 Promotion zum Dr. iur., Assistent am Institut für Öffentliches Recht der Universität Graz, 1974 Habilitation für Verfassungs- und Verwaltungsrecht, tätig im Bundeskanzleramt und in der Verwaltungsakademie des Bundes, seit 1977 im Verfassungsdienst des Amtes der Steiermärkischen Landesregierung, seit 1980 dessen Leiter, Mitglied verschiedener österreichischer Delegationen bei zwischenstaatlichen Verhandlungen und Konferenzen bei der UNO, Gastvortragender in Argentinien, Chile, Deutschland, Marokko, Ungarn, USA.

Wichtigste Veröffentlichungen: Das Verordnungsrecht der Gemeinden, 1974; Die Immunität von Abgeordneten – Wohltat oder Plage? 1990 (Hg. mit Gerold Ortner); Einführung in das Österreichische Verwaltungsverfahrensrecht, 5.A., 1992 (mit Gunther Gruber); Reflexiones sobre la Theoria y Práctica de la Democracia (Argentinien), im Druck.

Kurt Wimmer

Geb. 1932 in Linz; Studium der Fächer Geschichte und Französisch an der Universität Graz, 1958 Promotion zum Dr. phil., 1958 Eintritt in die Redaktion der „Kleinen Zeitung“, 1960 Redakteur, seit 1964 stellvertretender Chefredakteur der „Kleinen Zeitung“.

Wichtigste Veröffentlichungen: Liberalismus in Oberösterreich, 1979; Josef Krainer – ein Leben für die Steiermark, 1981 (mit anderen Autoren); Damals – 1938, 1988.

Valentin Zsifkovits

Geb. 1933 in Stinatz/Burgenland; Studium der Theologie und Staatswissenschaften an der Universität Wien, 1963 Promotion zum Dr. theol. und 1969 zum Dr. rer. pol., 1973 Habilitation für Ethik und Sozialwissenschaft an der Universität Wien, seit 1974 Ordinarius für Ethik und Sozialwissenschaft an der Karl-Franzens-Universität Graz.

Wichtigste Veröffentlichungen: Der Staatsgedanke nach Paulus in Röm 13, 1-7, 1964; Der Friede als Wert, 1973; Ethik des Friedens, 1987; Politik ohne Moral?, 1989; Katholisches Soziallexikon, 2.A., 1980 (Hg. mit Alfred Klose/Wolfgang Mantl).

Bibliographie

(Auswahl)

ABELE, Hanns/Ewald NOWOTNY/Stefan SCHLEICHER/Georg WINCKLER (Hg.): Handbuch der österreichischen Wirtschaftspolitik. 3.A. Wien 1989

ADAMOVICH, Ludwig/Bernd-Christian FUNK: Österreichisches Verfassungsrecht. Verfassungsrechtslehre unter Berücksichtigung von Staatslehre und Politikwissenschaft. 3.A. Wien-New York 1985

ANDICS, Hellmut: 50 Jahre unseres Lebens. Wien-München-Zürich 1968

AUER, Clemens Martin/Reinhard LINKE (Hg.): Junge Positionen. Zur Kultur und Politik Österreichs. Graz-Wien-Köln 1986

BACHER, Gerd/Karl SCHWARZENBERG/Josef TAUS (Hg.): Standort Österreich. Über Kultur, Wirtschaft und Politik im Wandel. Für Josef Krainer zum 60. Geburtstag. Graz-Wien-Köln 1990

BECK, Ulrich: Risikogesellschaft. Auf dem Weg in eine andere Moderne. Frankfurt/Main 1986

BECK, Ulrich: Gegengifte. Die organisierte Unverantwortlichkeit. Frankfurt/Main 1988

BELL, Daniel: Die Zukunft der westlichen Welt. Kultur und Technologie im Widerstreit. Frankfurt/Main 1976

BENEDIKT, Heinrich (Hg.): Geschichte der Republik Österreich. Wien 1954

BERCHTOLD, Klaus (Hg.): Österreichische Parteiprogramme 1868–1966. Wien 1967

BERKA, Walter: Das Recht der Massenmedien. Ein Lehr- und Handbuch für Studium und Praxis. Wien-Köln-Graz 1989

BERNER, Peter/Emil BRIX/Wolfgang MANTL (Hg.): Wien um 1900. Aufbruch in die Moderne. Wien 1986

BEYME, Klaus v.: Parteien in westlichen Demokratien. München 1982

BIELKA, Erich/Peter JANKOWITSCH/Hans THALBERG (Hg.): Die Ära Kreisky. Schwerpunkte der österreichischen Außenpolitik. Wien 1983

BLUHM, William T.: Building an Austrian Nation. The Political Integration of a Western State. New Haven/Conn.-London 1973

BODZENTA, Erich/Hans SEIDEL/Karl STIGLBAUER: Österreich im Wandel. Gesellschaft, Wirtschaft, Raum. Wien-New York 1985

BOTZ, Gerhard/Ernst HANISCH/Gerald SPRENGNAGEL (Hg.): Kontroversen um Österreichs Zeitgeschichte. Frankfurt/Main 1990

BRAND, Karl-Werner (Hg.): Neue soziale Bewegungen in Westeuropa und in den USA. Ein internationaler Vergleich. Frankfurt/Main-New York 1985

BRAUNEDER, Wilhelm/Friedrich LACHMAYER: Österreichische Verfassungsgeschichte. 5.A. Wien 1989

BREICHA, Otto/Gerhard FRITSCH (Hg.): Aufforderung zum Mißtrauen. Literatur, Bildende Kunst, Musik in Österreich seit 1945. Salzburg 1967

BREICHA, Otto/Reinhard URBACH (Hg.): Österreich zum Beispiel. Literatur, Bildende Kunst, Film und Musik seit 1968. Salzburg-Wien 1982

BRUCKMANN, Gerhart (Hg.): Die Zukunft Österreichs. Das Leben im Jahr 2019. Wien 1984
BRUCKMANN, Gerhart: Österreicher: Wer bist Du? Versuch einer Orientierung. Wien 1989
BRUCKMÜLLER, Ernst: Nation Österreich. Sozialhistorische Aspekte ihrer Entwicklung. Wien-Köln-Graz 1984
BRUCKMÜLLER, Ernst: Sozialgeschichte Österreichs. Wien-München 1985
BRÜNNER, Christian (Hg.): Korruption und Kontrolle. Wien-Köln-Graz 1981
BRÜNNER, Christian/Wolfgang MANTL/Dietmar PAUGER/Reinhard RACK: Verfassungspolitik. Dokumentation Steiermark. Wien-Köln-Graz 1985
BÜHL, Walter L.: Krisentheorien. Politik, Wirtschaft und Gesellschaft im Übergang. Darmstadt 1984
BURGER, Rudolf/Egon MATZNER/Anton PELINKA (Hg.): Verarbeitungsmechanismen der Krise. Wien 1988
BURGHARDT, Anton/Herbert MATIS: Die Nation-Werdung Österreichs. Historische ud soziologische Aspekte. Wien 1976
BUSEK, Erhard/Emil BRIX: Projekt Mitteleuropa. Wien 1986
BUSEK, Erhard/Meinrad PETERLIK (Hg.): Die unvollendete Republik. Wien 1968

CZEMPIEL, Ernst-Otto: Weltpolitik im Umbruch. Das internationale System nach dem Ende des Ost-West-Konflikts. München 1991

DACHS, Herbert u.a. (Hg.): Handbuch des politischen Systems Österreichs. Wien 1991
DEISER, Roland/Norbert WINKLER: Das politische Handeln der Österreicher. 2.A. Wien 1982
DESPUT, Joseph F. (Hg.): Österreich 1934–1984. Erfahrungen, Erkenntnisse, Besinnung. Graz-Wien-Köln 1984
DUSEK, Peter/Anton PELINKA/Erika WEINZIERL: Zeitgeschichte im Aufriß. Österreich von 1918 bis in die Mitte der achtziger Jahre. Wien 1981

EHALT, Hubert Ch./Gernot HEISS/Hannes STEKL (Hg.): Glücklich ist, wer vergißt . . .? Das andere Wien um 1900. Wien-Köln-Graz 1986
ENGELMAYER, Günther (Hg.): Die Diener des Staates. Das bürokratische System Östereichs. Wien-München-Zürich 1977
ERMACORA, Felix: 20 Jahre österreichische Neutralität. Frankfurt/Main 1975

FARNLEITNER, Johann: Die Paritätische Kommission. Eisenstadt 1977
FISCHER, Heinz (Hg.): Das politische System Österreichs. 3.A. Wien-München-Zürich 1982

FRÖSCHL, Erich/Helge ZOITL (Hg.): Der österreichische Weg 1970–1985. Fünfzehn Jahre, die Österreich verändert haben. Wien 1986

FUNK, Bernd-Christian/Reinhard RACK/Dietmar PAUGER: Gemeindeautonomie und Bürgermitbestimmung. Graz 1981

GÄRTNER, Heinz u.a. (Hg.): Österreich im internationalen Kräftefeld. Wien 1990

GERLICH, Peter/Edgar GRANDE/Wolfgang C. MÜLLER (Hg.): Sozialpartnerschaft in der Krise. Leistungen und Grenzen des Neokorporatismus in Österreich. Wien 1985

GERLICH, Peter/Wolfgang C. MÜLLER (Hg.): Zwischen Koalition und Konkurrenz. Österreichs Parteien seit 1945. Wien 1983

GERLICH, Peter/Karl UCAKAR: Staatsbürger und Volksvertretung. Das Alltagsverständnis von Parlament und Demokratie in Österreich. Salzburg 1981

GINTHER, Konrad: Neutralität und Neutralitätspolitik. Die österreichische Neutralität zwischen Schweizer Muster und sowjetischer Koexistenzdoktrin. Wien-New York 1975

GOTTSCHLICH, Maximilian/Oswald PANAGL/Manfried WELAN: Was die Kanzler sagten. Regierungserklärungen der Zweiten Republik 1945–1987. Wien-Köln 1989

GUTKAS, Karl: Die Zweite Republik. Österreich 1945–1985. Wien 1985

HALLER, Max/Kurt HOLM (Hg.): Werthaltungen und Lebensformen in Österreich. Ergebnisse des sozialen Survey 1986. Wien 1987

HANNAK, Jacques (Hg.): Bestandaufnahme Österreich 1945–1963. Wien-Hannover-Bern 1963

HARPPRECHT, Klaus: Am Ende der Gemütlichkeit. Ein österreichisches Tagebuch. Wien 1987

HEER, Friedrich: Der Kampf um die österreichische Identität. Wien-Köln-Graz 1981

HEINRICH, Hans-Georg/Alfred KLOSE/Eduard PLOIER (Hg.): Politische Kultur in Österreich. Festschrift für Heinrich Schneider zum 60. Geburtstag. Linz 1969

HUMMER, Waldemar/Michael SCHWEITZER: Österreich und die EWG. Neutralitätsrechtliche Beurteilung der Möglichkeit der Dynamisierung des Verhältnisses zur EWG. Wien 1987

INGLEHART, Ronald: Kultureller Umbruch. Wertwandel in der westlichen Welt. Frankfurt/Main 1989

JANIK, Alan/Stephen TOULMIN: Wittgensteins Wien. München-Wien1984

JOHNSTON, William M.: Österreichische Kultur- und Geistesgeschichte. Gesellschaft und Ideen im Donauraum 1848 bis 1938. Wien-Köln-Graz 1974

JUNG, Jochen (Hg.): Glückliches Österreich. Literarische Besichtigung eines Vaterlands. Salzburg-Wien 1978
JUNG, Jochen (Hg.): Vom Reich zu Österreich. Kriegsende und Nachkriegszeit, erinnert von Augen- und Ohrenzeugen. Salzburg-Wien 1983
JUNG, Jochen: Reden an Österreich. Schriftsteller ergreifen das Wort. Salzburg-Wien 1988

KADAN, Albert/Anton PELINKA: Die Grundsatzprogramme der österreichischen Parteien. Dokumentation und Analyse. St. Pölten 1979
KICKER, Renate/Andreas KHOL/Hanspeter NEUHOLD (Hg.): Außenpolitik und Demokratie in Österreich. Strukturen-Strategien-Stellungnahmen. Salzburg 1983
KLECATSKY, Hans R. (Hg.): Die Republik Österreich. Gestalt und Funktion ihrer Verfassung. Wien 1968
KLINGENSTEIN, Grete (Hg.): Krise des Fortschritts. Wien-Köln-Graz 1984
KLOSE, Alfred: Ein Weg zur Sozialpartnerschaft. Das österreichische Modell. Wien-München 1970
KLOSE, Alfred: Machtstrukturen in Österreich. Wien 1987
KOFLER, Anton: Parteiengesellschaft im Umbruch. Partizipationsprobleme von Großparteien. Wien-Köln-Graz 1985
KOJA, Friedrich: Das Verfassungsrecht der österreichischen Bundesländer. 2.A. Wien-New York 1988
KORINEK, Karl: Wirtschaftliche Selbstverwaltung. Wien 1970
KOSLOWSKI, Peter: Die postmoderne Kultur. Gesellschaftlich-kulturelle Konsequenzen der technischen Entwicklung. München 1987
KRAINER, Josef/Wolfgang MANTL/Manfred PRISCHING/Michael STEINER (Hg.): Nachdenken über Politik. Jenseits des Alltags und diesseits der Utopie. Graz-Wien-Köln 1985
KRAUS, Herbert (Hg.): Politik und Verwaltung. Wien 1981
KREISSLER, Felix: Der Österreicher und seine Nation. Ein Lernprozeß mit Hindernissen. Wien-Köln-Graz 1984
KREJCI, Herbert/Erich REITER/Heinrich SCHNEIDER (Hg.): Neutralität. Mythos und Wirklichkeit. Wien 1992
KRIECHBAUMER, Robert: Österreichs Innenpolitik 1970–1975. München-Wien 1981
KRIECHBAUMER, Robert: Parteiprogramme im Widerstreit der Interessen. Die Programmdiskussionen und die Programme von ÖVP und SPÖ 1945–1986. Wien-München 1990

LACHS, Thomas: Wirtschaftspartnerschaft in Österreich. Wien 1976
Paul Lazarsfeld-Gesellschaft (Hg.): Was wird zählen? Ein Rechenschaftsbericht über die Zweite Republik. Wien 1988
LEHMBRUCH, Gerhard: Proporzdemokratie. Politisches System und politische Kultur in der Schweiz und in Österreich. Tübingen 1967

LENHARDT, Dieter: Midlife-crisis der Republik. Wien 1986
LYON, Dirk/Joseph MARKO/Eduard STAUDINGER/Franz Christian WEBER (Hg.): Österreich⟨bewußt⟩sein – bewußt Österreicher sein? Materialien zum Österreichbewußtsein seit 1945. Wien 1985

MANTL, Wolfgang: Der österreichische Parteienstaat. Die Rolle und einige Gegenwartsprobleme der Parteien in der österreichischen Demokratie. Retzhof/Leibnitz 1969
MANTL, Wolfgang: Repräsentation und Identität. Demokratie im Konflikt. Wien-New York 1975
MANTL, Wolfgang (Hg.): Die neue Architektur Europas. Reflexionen in einer bedrohten Welt. Wien-Köln-Graz 1991
MARCIC, René/Franz-M. SCHMÖLZ/Erika WEINZIERL (Hg.): Zur Reform der österreichischen Innenpolitik 1955–1965. Dokumentation. 2 Bde. Wien-Frankfurt/Main-Zürich 1966 und 1968
MARIN, Bernd: Die Paritätische Kommission. Aufgeklärter Technokorporatismus in Österreich. Wien 1982
MARKO, Joseph/Armin STOLZ (Hg.): Demokratie und Wirtschaft. Wien-Köln-Graz 1987
MEISSL, Sebastian/Klaus-D. MULLEY/Oliver RATHKOLB (Hg.): Verdrängte Schuld, verfehlte Sühne. Entnazifizierung in Österreich. 1945–1955. Wien 1986
MOMMSEN-REINDL, Margarete: Die österreichische Proporzdemokratie und der Fall Habsburg. Wien-Köln-Graz 1976

NASSMACHER, Karl-Heinz: Das österreichische Regierungssystem. Große Koalition oder alternierende Regierung? Köln-Opladen 1968
NEUHOLD, Leopold: Wertwandel und Christentum. Linz 1988
NICK, Rainer/Anton PELINKA: Bürgerkrieg – Sozialpartnerschaft. Das politische System Österreichs. 1. und 2. Republik. Ein Vergleich. 2.A. Wien-München 1984
NICK, Rainer/Anton PELINKA: Politische Landeskunde der Republik Österreich. Berlin 1989
NOWAK, Manfred: Politische Grundrechte. Wien-New York 1988
NOWOTNY, Thomas: Europtimismus – oder warum das Abendland nicht untergeht. Wien-Köln 1991

Österreich. Die 2. Republik im Wandel. Politicum, 3(1982), Heft 13/Dezember 1982 (Redaktion: Peter BERMANN)

PELINKA, Anton: Windstille. Klagen über Österreich. Wien-München 1985
PELINKA, Anton (Hg.): Populismus in Österreich. Wien 1987
PELINKA, Anton: Zur österreichischen Identität. Zwischen deutscher Vereinigung und Mitteleuropa. Wien 1990

PELINKA, Anton/Fritz PLASSER (Hg.): Das österreichische Parteiensystem. Wien-Köln-Graz 1988
PELINKA, Anton/Erika WEINZIERL: Das große Tabu. Österreichs Umgang mit seiner Vergangenheit. Wien 1987
PELINKA, Anton/Manfried WELAN: Demokratie und Verfassung in Österreich. Wien-Frankfurt/Main-Zürich 1971
PERNTHALER, Peter: Allgemeine Staatslehre und Verfassungslehre. Wien-New York 1986
PFABIGAN, Alfred (Hg.): Ornament und Askese. Im Zeitgeist des Wien der Jahrhundertwende. Wien 1985
PISA, Karl: Österreich. Land der begrenzten Unmöglichkeiten. Stuttgart 1985
PLASSER, Fritz: Parteien unter Streß. Zur Dynamik der Parteiensysteme in Österreich, der Bundesrepublik Deutschland und den Vereinigten Staaten. Wien-Köln-Graz 1987
PLASSER, Fritz/Peter A. ULRAM: Unbehagen im Parteienstaat. Jugend und Politik in Österreich. Wien-Köln-Graz 1982
PLASSER, Fritz/Peter A. ULRAM: Politische Kultur im internationalen Vergleich (Bundesrepublik Deutschland, Schweiz und Österreich). Projektbericht: Österreich. Wien 1989
PLASSER, Fritz/Peter A. ULRAM/Manfried WELAN (Hg.): Demokratierituale. Zur politischen Kultur der Informationsgesellschaft. Wien-Köln-Graz 1985
PORTISCH, Hugo: Österreich I. Die unterschätzte Republik. Wien 1989
PORTISCH, Hugo/Sepp RIFF: Österreich II. Bd.1: Die Wiedergeburt unseres Staates. Bd.2: Der lange Weg zur Freiheit. Wien 1985/86
PRISCHING, Manfred: Krisen. Eine soziologische Untersuchung. Wien-Graz-Köln 1986

RAUCHENSTEINER, Manfried: Der Sonderfall. Die Besatzungszeit in Österreich 1945 bis 1955. Graz-Wien-Köln 1979
RAUCHENSTEINER, Manfried: Die Zwei. Die Große Koalition in Österreich 1945–1966. Wien 1987
REICHHOLD, Ludwig (Hg.): Zwanzig Jahre Zweite Republik. Österreich findet zu sich selbst. Wien 1965
REITER, Erich: Technikskepsis und neue Parteien. Politische Folgen eines „alternativen“ Technikbildes. Wien-Köln-Graz 1987
REITERER, Albert F.: Die unvermeidbare Nation. Ethnizität, Nation und nachnationale Gesellschaft. Frankfurt/Main-New York 1988
RINGEL, Erwin: Die österreichische Seele. Zehn Reden über Medizin, Politik, Kunst und Religion. Wien-Köln-Graz 1984
RÖTTINGER, Moritz/Claudia WEYRINGER (Hg.): Handbuch der europäischen Integration. Wien 1991
ROSENMAYR, Leopold (Hg.): Politische Beteiligung und Wertwandel in Österreich. Einstellungen zu Politik und Wertwandel im internationalen Vergleich. München-Wien 1980

ROTTER, Manfred: Die dauernde Neutralität. Berlin 1981

SEBESTYÉN, György (Hg.): Spectrum Austriae. Wien 1990
SIEGLER, Heinrich: Österreichs Souveränität, Neutralität und Prosperität, 1945–1959. Wien 1967
SKALNIK, Kurt: Republikanische Mitte. Überlegungen und Überzeugungen. Wien-Frankfurt/Main-Zürich 1966
SOTRIFFER, Kristian (Hg.): Das größere Österreich. Geistiges und soziales Leben von 1880 bis zur Gegenwart. Wien 1982
SULLY, Melanie A.: A Contemporary History of Austria. London-New York 1990
SUPPAN, Arnold: Die österreichischen Volksgruppen. Tendenzen ihrer gesellschaftlichen Entwicklung im 20. Jahrhundert. Wien 1983
SWOBODA, Hannes (Hg.): Wien. Identität und Stadtgestalt. Wien 1990

SCHAMBECK, Herbert (Hg.): Österreichs Parlamentarismus. Werden und System. Berlin 1986
SCHARANG, Michael (Hg.): Geschichten aus der Geschichte Österreichs 1945–1983. Darmstadt-Neuwied/Rhein 1984
SCHATTOVITS, Helmuth A.: Aufgabenplanung. Ansätze für eine rationale Verwaltungsreform. Wien-Köln-Graz 1987
SCHATZ, Oskar/Hans SPATZENEGGER (Hg.): Wovon werden wir morgen geistig leben? Mythos, Religion und Wissenschaft in der „Postmoderne". Salzburg 1986
SCHAUSBERGER, Norbert: Österreich. Der Weg der Republik 1918–1980. Graz-Wien 1980
SCHNEIDER, Heinrich: Alleingang nach Brüssel. Österreichs EG-Politik. Bonn 1990
SCHNEIDER, Reinhold: Winter in Wien. Aus meinen Notizbüchern 1957/58. Freiburg/Breisgau-Basel-Wien 1958
SCHORSKE, Carl E.: Wien. Geist und Gesellschaft im Fin de Siècle. Frankfurt/Main 1982
SCHULMEISTER, Otto (Hg.): Offene Briefe an die Österreicher. Wien-München-Zürich 1970
SCHULMEISTER, Otto (Hg.): Spectrum Austriae. Österreich in Geschichte und Gegenwart. Neuausgabe. Wien u.a. 1980
SCHULMEISTER, Otto/Johann Christoph ALLMAYER-BECK/Erich LESSING (Hg.): Imago Austriae. 8.A. Wien 1979
SCHWEITZER, Michael: Dauernde Neutralität und europäische Integration. Wien-New York 1977

STADLER, Gerhard (Hg.): Die EG und Österreich. Rechtsvorschriften und Dokumente. Wien 1989
STEINER, Kurt: Politics in Austria. Boston/Mass. 1972
STEINER, Kurt (Hg.): Modern Austria. Palo Alto/Cal. 1981

STEINER, Michael: Regionale Ungleichheit. Wien-Köln-Graz 1990

STIEFEL, Dieter: Entnazifizierung in Österreich. Wien-München-Zürich 1981

STOURZH, Gerald: Geschichte des Staatsvertrages 1945–1955. Österreichs Weg zur Neutralität. 3.A.(Studienausgabe). Graz-Wien-Köln 1985

STOURZH, Gerald: Wege zur Grundrechtsdemokratie. Studien zur Begriffs- und Institutionengeschichte des liberalen Verfassungsstaates. Wien-Köln-Graz 1989

STOURZH, Gerald: Vom Reich zur Republik. Studien zum Österreichbewußtsein im 20. Jahrhundert. Wien 1990

STOURZH, Gerald/Margarete GRANDNER (Hg.): Historische Wurzeln der Sozialpartnerschaft. Wien 1986

STOURZH, Gerald/Peter A. ULRAM: Österreichbewußtsein. Wien 1987

TÁLOS, Emmerich: Staatliche Sozialpolitik in Österreich. Rekonstruktion und Analyse. 2.A. Wien 1981

TÁLOS, Emmerich/Wolfgang NEUGEBAUER (Hg.): „Austrofaschismus". Beiträge über Politik, Ökonomie und Kultur 1934–1938. Wien 1984

TÁLOS, Emmerich/Ernst HANISCH/Wolfgang NEUGEBAUER (Hg.): NS-Herrschaft in Österreich 1938–1945. Wien 1988

UCAKAR, Karl: Demokratie und Wahlrecht in Österreich. Zur Entwicklung von politischer Partizipation und staatlicher Legitimationspolitik. Wien 1985

ULRAM, Peter A: Hegemonie und Erosion. Politische Kultur und politischer Wandel in Österreich. Wien-Köln-Graz 1990

VERDROSS, Alfred: Die immerwährende Neutralität. Wien 1977

VODOPIVEC, Alexander: Wer regiert in Österreich? Ein politisches Panorama. Wien o.J. (1960)

VODOPIVEC, Alexander: Die Dritte Republik. Machtstrukturen in Österreich. Wien 1976

WAGNER, Manfred: Kultur und Politik – Politik und Kunst. Wien-Köln-Graz 1991

WALTER, Robert/Heinz MAYER: Grundriß des österreichischen Bundesverfassungsrechts. 7.A. Wien 1992

WEHLING, Hans-Georg (Hg.): Österreich. Stuttgart 1988

WEINZIERL, Erika/Kurt SKALNIK (Hg.): Österreich. Die Zweite Republik. 2 Bde. Graz-Wien-Köln 1972

WEINZIERL, Erika/Kurt SKALNIK (Hg.): Das neue Österreich. Geschichte der Zweiten Republik. Graz-Wien-Köln 1975

WEINZIERL, Erika/Kurt SKALNIK (Hg.): Österreich 1918–1938. Geschichte der Ersten Republik. Graz-Wien-Köln 1983

WEISS, Walter/Ernst HANISCH (Hg.): Vermittlungen. Texte und Kontexte österreichischer Literatur und Geschichte im 20. Jahrhundert. Salzburg-Wien 1990

WEISS, Walter/Sigrid SCHMID (Hg.): Zwischenbilanz. Eine Anthologie österreichischer Gegenwartsliteratur. Salzburg 1976

WELAN, Manfried: Parteien und Verbände in Österreich. Wien 1985.

WELAN, Manfried: Der Bundespräsident. Kein Kaiser in der Republik. Wien-Köln-Graz 1992

WELZIG, Elisabeth: Die 68er. Karrieren einer rebellischen Generation. Wien-Köln-Graz 1985

WIMMER, Norbert/Wolfgang MEDERER: EG-Recht in Österreich. Konsequenzen eines EG-Beitritts in zentralen verfassungs- und wirtschaftsverwaltungsrechtlichen Bereichen. Wien 1990

ZAPOTOCZKY, Klaus/Rudolf RICHTER (Hg.): Die europäische Herausforderung Österreichs. Festschrift für Erich Bodzenta zum 60. Geburtstag. Linz 1987

ZSIFKOVITS, Valentin: Politik ohne Moral? Linz 1989

ZULEHNER, Paul M.: Solidarität in den Wählervölkern. Graz, Kummer-Institut-Schriften, 1/1992

Die Zweite Republik. Wirtschaft, Gesellschaft und Politik in Österreich. Politische Bildung, Sondernummer 1/1991

Wichtige quantitative und qualitative Informationen und Analysen zum politischen System und zur politischen Kultur Österreichs finden sich in dem von Andreas KHOL/Günther OFNER/Alfred STIRNEMANN herausgegebenen „Österreichischen Jahrbuch für Politik“, Wien-München seit 1978 (Verlag für Geschichte und Politik/R. Oldenbourg Verlag).

Sachregister

Personenregister

Studien zu Politik und Verwaltung

Herausgegeben von
Christian Brünner · Wolfgang Mantl · Manfried Welan

1 **Korruption und Kontrolle**. Herausgegeben von Christian Brünner. 1981. 726 S. mit 8 Tab. Brosch. ISBN 3-205-08457-8

2 **Unbehagen im Parteienstaat**. Jugend und Politik in Österreich. Von Fritz Plasser u. Peter A. Ulram. 1982. 208 S., Tab. u. Graph. i. Text. Brosch. ISBN 3-205-08458-6 (vergriffen)

3 **Landesverfassungsreform**. Herausgegeben von Reinhard Rack. 1982. 255 S. Brosch. ISBN 3-205-08459-4

4 **Nation Österreich**. Sozialhistorische Aspekte ihrer Entwicklung. Von Ernst Bruckmüller. 1984. 271 S. Brosch. ISBN 3-205-08460-8 (vergriffen)

5 **Krise des Fortschritts**. Herausgegeben von Grete Klingenstein. 1984. 172 S., Graph. i. Text. Brosch. ISBN 3-205-08461-6

6 **Parteiengesellschaft im Umbruch.** Partizipationsprobleme von Großparteien. Von Anton Kofler. 1985. 132 S., 58 Tabellen im Text. Brosch. ISBN 3-205-08463-2

7 **Grundrechtsreform.** Herausgegeben von Reinhard Rack. 1985. 302 S. Brosch. ISBN 3-205-08462-4

8 **Aufgabenplanung**. Ansätze für rationale Verwaltungsreform. Von Helmut Schattovits. 1988. 224 S. Brosch. ISBN 3-205-08464-0

9 **Demokratierituale**. Zur politischen Kultur der Informationsgesellschaft. Herausgegeben von Fritz Plasser, Peter A. Ulram und Manfried Welan. 1985. 291 S., 91 Tab. i. Text. Brosch. ISBN 3-205-08467-5

10 **Politik in Österreich**. Die Zweite Republik: Bestand und Wandel. Herausgegeben von Wolfgang Mantl. 1992. 1.087 S. Geb. ISBN 3-205-05379-6

11 **Flexible Arbeitszeiten**. Eine fixe Idee. Von Rudolf Bretschneider, Rupert Dollinger, Joachim Lamel und Peter A. Ulram. 1985. 133 S., 33 Tab. i. Text. Brosch. ISBN 3-205-08469-1

12 **Verfassungspolitik**. Dokumentation Steiermark. Von Christian Brünner, Wolfgang Mantl, Dietmar Pauger und Reinhard Rack. 1985. 294 S. Brosch. ISBN 3-205-08465-9

13 **Krisen**. Eine soziologische Untersuchung. Von Manfred Prisching. 1986. 730 S., zahlr. Tabellen und Graphiken im Text. Brosch. ISBN 3-205-08468-3

14 **Schweiz - Österreich.** Ähnlichkeiten und Kontraste. Herausgegeben von Friedrich Koja und Gerald Stourzh. 1986. 279 S. Brosch. ISBN 3-205-08902-2

B Ö H L A U

Studien zu Politik und Verwaltung

Herausgegeben von
Christian Brünner · Wolfgang Mantl · Manfried Welan

15 **Was die Kanzler sagten**. Regierungserklärungen der Zweiten Republik. Von Maximilian Gottschlich und Oswald Panagl. 1989. VI, 325 S. Brosch. ISBN 3-205-08900-6

16 **Technikskepsis und neue Parteien**. Politische Folgen eines „alternativen" Technikbildes. Von Erich Reiter. 1987. 168 S. Brosch. ISBN 3-205-08904-9

17 **Demokratie und Wirtschaft**. Herausgegeben von Joseph Marko und Armin Stolz. 1987. 372 S. Brosch. ISBN 3-205-08905-7

18 **Society, Politics and Constitutions.** Western and East European Views. Von Antal Adam und Hans Georg Heinrich. 1987. 206 S. Brosch. ISBN 3-205-08907-3

19 **USA - Verfassung und Politik.** Von Francis H. Heller. 1987. 124 S. Brosch. ISBN 3-205-08906-5

20 **Umweltschutzrecht**. Von Bernhard Raschauer. 1987. 304 S. Brosch. ISBN3-205-08908-1

21 **Verfall und Fortschritt im Denken der frühen römischen Kaiserzeit**. Studien zum Zeitgefühl und Geschichtsbewußtsein des Jahrhunderts nach Augustus. Von Karl Dietrich Bracher. 1987. 344 S. Brosch. ISBN 3-205-08909-X

22 **Das österreichische Parteiensystem**. Herausgegeben von Anton Pelinka und Fritz Plasser. 1988. 800 S. Brosch. ISBN 3-205-08910-3

23 **Parteien unter Streß**. Zur Dynamik der Parteiensysteme in Österreich, der Bundesrepublik Deutschland und den Vereinigten Staaten. Von Fritz Plasser. 1987. 344 S. Brosch. ISBN 3-205-08911-1

24 **Ideologie und Aufklärung**. Von Kurt Salamun. 1988. 142 S. Brosch. ISBN3-205-05126-2

25 **Die neue Architektur Europas**. Reflexionen in einer bedrohten Welt. Herausgegeben von Wolfgang Mantl. 1991. 336 S. Ln. m. SU. ISBN 3-205-05412-1

26 **Die große Krise in einem kleinen Land**. Österreichische Finanz- und Wirtschaftspolitik 1929-1938. Von Dieter Stiefel. 1988. X, 428 S. Brosch. ISBN 3-205-05132-7

27 **Das Recht der Massenmedien**. Ein Lehr- und Handbuch für Studium u. Praxis. Von Walter Berka. 1989. II, 356 S. Brosch. . ISBN 3-205-05194-7

28 **Staat und Wirtschaft.** Am Beispiel der österreichischen Forstgesetzgebung von 1950 - 1987. Von Werner Pleschberger. 1989. 579 S. Brosch. ISBN 3-205-05204-8

B Ö H L A U

Studien zu Politik und Verwaltung

Herausgegeben von
Christian Brünner · Wolfgang Mantl · Manfried Welan

29 **Wege zur Grundrechtsdemokratie**. Studien zur Begriffs- und Institutionengeschichte des liberalen Verfassungsstaates. Von Gerald Stourzh. 1989. XXII, 427 S. Brosch. ISBN 3-205-05218-8

30 **Geist und Wissenschaft im politischen Aufbruch Mitteleuropas**. Herausgegeben von Meinrad Peterlik und Werner Waldhäusl. 1991. 268 S. Brosch. ISBN 3-205-05464-4

31 **Finanzkraft und Finanzbedarf von Gebietskörperschaften** Analysen und Vorschläge zum Gemeindefinanzausgleich in Österreich. Herausgegeben von Christian Smekal und Engelbert Theurl. 1990. 307 S. Brosch. ISBN 3-205-05237-4

32 **Regionale Ungleichheit.** Von Michael Steiner. 1990. 258 S. ISBN 3-205-05237-4

33 **Bürokratische Anarchie**. Der Niedergang des polnischen „Realsozialismus". Von August Pradetto. 1992. 156 S. Brosch. ISBN 3-205-05421-0

34 **Vor der Wende**. Krise, Gesellschaft und politische Reformen im Ungarn der achtziger Jahre. Von Sandor Kurtan. In Vorbereitung.

35 **Hegemonie und Erosion**. Politische Kultur und politischer Wandel in Österreich. Von Peter A. Ulram. 1990. 366 S. Brosch. ISBN 3-205-05346-X

36 **Gehorsame Rebellen**. Bürokratie und Beamte in Österreich 1780 - 1848. Von Waltraud Heindl. 1991. 388 S., 12 SW-Abb. Geb.m.SU. ISBN 3-205-05370-2

37 **Kultur und Politik - Politik und Kunst.** Von Manfred Wagner. 1991. 367 S. Brosch. ISBN 3-205-05396-6

38 **Revolution und Völkerrecht**. Völkerrechtsdogmatische Grundlegung der Voraussetzungen und des Inhalts eines Wahlrechts in bezug auf vorrevolutionäre völkerrechtliche Rechte und Pflichten. Von Michael Geistlinger. 1991. 554 S. Brosch. ISBN 3-205-05414-8

39 **Slowenien - Kroatien - Serbien**. Die neuen Verfassungen. Herausgegeben von Joseph Marko und Tomislav Boric. 1991. 480 S. Brosch. ISBN 3-205-05459-8

40 **Der Bundespräsident.** Kein Kaiser in der Republik. Von Manfried Welan. 1992. 124 S. Brosch. ISBN 3-205-05529-2

41 **Wege zur besseren Finanzkontrolle.** Von Herbert Kraus und Walter Schwab. 1992. 167 S. Brosch. ISBN 3-205-05530-6

42 **Planung und Re-formation der Universität.** Von Stefan Titscher und Christian Brünner. Ca. 200 S. Brosch. ISBN 3-205-05496-2

43 **Regierungsdiktatur oder Ständeparlament?** Gesetzgebung im autoritären Österreich. Von Helmut Wohnout. Ca. 476 S. Brosch. ISBN 3-205-05547-0

BÖHLAU